**המדריך ההכרחי לנוסעים,**
**לסטודנטים, לבלשנים, ולאיש ברחוב**

עכשיו תוכל לתרגם מעברית לאנגלית ומאנגלית לעברית בקלות. המלון החדש המקיף הזה מיועד לספק את צרכיו של כל אדם: מהתייר עד לאיש העסקים הבין־לאומי. מלון זה יספק לך גם אוצר מלים יסודי וגם היקף של ידיעות מיוחדות – מערכים תנכיים למונחים הטכניים החדישים ביותר. בכל מצב שתימצא בו, לא תחסרנה לך מלים עם –

**מלון עברי־אנגלי אנגלי־עברי**
**של מסדה־פרס**

# מלון
# עברי־אנגלי
# אנגלי־עברי
## סיגנט

מאת
## דב בן־אבא

## מסדה־פרס

**indicates primary accent X′ מְסַמֵּן אֶת הַטַּעַם הָעִקָּרִי**
**indicates secondary accent X″ מְסַמֵּן אֶת הַטַּעַם הַמִּשְׁנִי**

**Abbreviations — רָאשֵׁי תֵּבוֹת**

*adj.* — adjective
*adv.* — adverb
*Arab.* — Arabic
*Aram.* — Aramaic
*conj.* — conjunction
*f.* — feminine
*geom.* — geometry
*gram.* — grammar
*imp.* — imperative
*interj.* — interjection
*m.* — masculine
*math.* — mathematics
*n.* — noun
*pl.* — plural
*prep.* — preposition
*sing.* — singular
*trig.* — trigonometry
*v.* — verb
*v.i.* — intransitive verb
*v.t.* — transitive verb

# Key to Pronunciation

**Vowels and diphthongs** תְּנוּעוֹת וְדוּ-תְּנוּעוֹת

This dictionary is designed mainly for persons requiring English and Hebrew for everyday usage. It also contains specialized vocabularies in the exact sciences, the arts, and various sports as well as words on a literary level. The purpose has been whenever possible to translate words into equivalent terms; however, where no equivalents exist, a short definition is given. The Hebrew verbs are given in the third person masculine singular of the past tense.

אַ = a במלה but (בַּט)
אָ = a במלה father (פָד׳ר)
אֶ = a במלה man (מֶן)
אֵ = e במלה men (מֵן); התנועה במלה dirt (דֶרְט)
אְ = e חטופה כהגית התנועה הסופית במלה lesson (לֶסְן)
אֲ = a חטופה במלה attention (אֲטֶנְשֶן)
אִ = i במלה sit (סִט)
אִי = ea במלה seat (סִיט)
אֻ = u במלה put (פֻּט)
וּ = oo במלה soon (סוּן)
אֵ = ai במלה hair (הֵר)
אֵי = ey במלה they (דֵ׳י)
וֹ = o במלה hope (הוֹפּ)
אַי = y במלה my (מַי)
אַאוּ = ow במלה cow (קַאוּ)
וֹי = oi במלה join (ג׳וֹין)

## עִצוּרִים

ב = b
ג = g
ג׳ = j
ד = d
ד׳ = th במלה this
ה = h
ו = v או w לפי המלה
ז = z

ז׳ = zh
(כהגית s במלה pleasure)
ט = t
י = y
ל = l
מ = m
נ = n
ס = s

פּ = p
פ = f
צ = ts
צ׳ = ch
ק = k
ר = r
ש = sh
ת׳ = th במלה thin

# מלון
# עברי־אנגלי

# א

א נ׳ (*Alef*) Aleph (the first letter of the Hebrew alphabet); one; first

אָאוֹרְטָה נ׳ (*aOrta*) aorta

אָב ז׳ (*av*) father; origin; God; arch-

– קַדְמוֹן (*kadMON*) ancestor

־וֹת ז״ר ancestors; antecedents

אַבָּא ז׳ (*ABba*) father, daddy, pappa; abbé

אָבַד פעל ע׳ (*aVAD*) be lost; disappear; cease; be destroyed

אִבֵּד פעל י׳ (*ibBED*) lose; annihilate

– עַצְמוֹ לָדַעַת commit suicide

– עֶשְׁתּוֹנוֹתָיו loses one's head

אֲבֵדָה נ׳ (*aveDA*) loss; damage

אֲבַדּוֹן ז׳ (*avadDON*) destruction; hell

אָבְדָן ז׳ (*ovDAN*) loss

אָבָה פעל ע׳ (*aVA*) want; agree

אֲבָהוּת נ׳ (*avaHUT*) paternity; fatherhood

אֲבָהִי ת׳ (*avaHI*) fatherly

אַבּוּב ז׳ (*abBUV*) oboe; pipe; tube, inner tube

אִבּוּד ז׳ (*ibBUD*) loss; waste

– לָדַעַת suicide

אָבוּד ת׳ (*aVUD*) lost; hopeless

אֲבוֹי מ״ק (*aVOI*) alas

אִבּוּן ז׳ (*ibBUN*) fossilization

אֵבוּס ז׳ (*eVUS*) trough

אָבוּס ת׳ (*aVUS*) fattened; stuffed

אִבּוּק ז׳ (*ibBUK*) covering with dust; dusting; pulverizing

אֲבוֹקָדוֹ ז׳ (*avoKAdo*) avocado

אֲבוּקָה נ׳ (*avuKA*) torch

אַבְזֵם ז׳ (*avZEM*) buckle

אַבְזָר ר׳ אֲבִיזָר

אָב חוֹרֵג ז׳ (*av ḥoREG*) stepfather

אִבְחֵן פעל י׳ (*ivḤEN*) diagnose

אַבְחָנָה נ׳ (*avḥaNA*) diagnosis; distinction

אִבְטַח פעל י׳ (*ivTAḤ*) secure, protect

אֲבַטִּיחַ ז׳ (*avatTIaḥ*) watermelon

אַבְטִיפּוּס ז׳ (*avtiPUS*) archetype; prototype

אַבְטָלָה נ׳ (*avtaLA*) unemployment

אֲבִי־ (*aVI*) father of

אָבִיב ז׳ (*aVIV*) spring, springtime, inital stage

אֲבִיבִי ת׳ (*aviVI*) vernal, fresh, spring-like

אֶבְיוֹן ז׳ (*evYON*) pauper; poor man; beggar

אֲבִיזָר ז׳ (*aviZAR*) accessory, appurtenance

אָבִיךְ ת׳ (*aVIKH*) hazy

אַבִּיק ז׳ (*abBIK*) retort

אַבִּיר ת׳ ז׳ (*abBIR*) brave, strong, knight

אַבִּירוּת נ׳ (*abbiRUT*) courage, chivalry, knighthood

הַעֲנָקַת – accolade

אֹבֶךְ ז׳ (*Ovekh*) haze

אֲבָל מ״ח (*aVAL*) but; however; indeed

אָבֵל ז׳ (*aVEL*) mourning; desolate

אֵבֶל ז׳ (*Evel*) mourning, sorrow

אֲבֵלוּת נ׳ (*aveLUT*) mourning

אֶבֶן נ׳ (*Even*) stone; rock; weight

– בֹּחַן touchstone

– נֶגֶף obstacle

– פִּנָּה cornerstone, foundation

– רֵחַיִם millstone

אַבְנֵט ז׳ (*avNET*) sash, belt

אַבְנִי ת׳ (*avNI*) stony

אָבְנַיִם ז״ר (*ovNAyim*) potter's wheel; work bench; childbearing couch

אַבְּסוֹלוּטִי ת׳ (*absoLUti*) absolute

אַבְּסוֹלוּטִיזְם ז׳ (*absoluTIzm*) absolutism

absurdity (abSURD) אַבְּסוּרְד ז׳
absurd (abSURdi) אַבְּסוּרְדִי ת׳
abstract (abSTRAKti) אַבְּסְטְרַקְטִי ת׳
abscissa (absTSIsa) אַבְּסְצִיסָה נ׳
blister, pustule (ava'bu'A) אֲבַעְבּוּעָה נ׳
smallpox (ava'bu'OT) אֲבַעְבּוּעוֹת נ״ר
aorta (AV orKIM) אַב־עוֹרְקִים ז׳
zinc (aVATS) אָבָץ ז׳
dust (ibBEK) אִבֵּק פעל י׳
dust; powder (aVAK) אָבָק ז׳
powder; pollen (avaKA) אֲבָקָה נ׳
stamen (avKAN) אַבְקָן ז׳
אֲבַק שְׂרֵפָה ז׳ (aVAK sereFA) gunpowder
member (eVAR) אֵבֶר ז׳
canvas; tarpaulin (abbarZIN) אַבַּרְזִין ז׳
young man (avREKH) אַבְרֵךְ ז׳
aberration (abbeRAtsya) אַבֶּרַצְיָה נ׳
breeches, pantaloons (avraKAyim) אַבְרָקַיִם ז״ז
by, by way of (aggav) אַגַּב מ״ח
incidentally – תה״פ
by the way, incidentally – דֶּרֶךְ
tie together; bunch (agAD) אָגַד פעל י׳
bind, tie together well; collect (iggED) אִגֵּד פעל י׳
bunch, bundle; group; bandage (Eged) אֶגֶד ז׳
bundle; association, organization (agudDA) אֲגֻדָּה נ׳
division (ugDA) אֻגְדָּה נ׳
legend; tale; myth; narrative and hermeneutical part of Talmud (aggaDA) אַגָּדָה נ׳
legendary; fictitious, imaginary; exaggerated (aggaDI) אַגָּדִי ת׳
egoism, selfishness (egoIZM) אֶגוֹאִיזְם ז׳
egotist (egoIST) אֶגוֹאִיסְט ז׳
association; binding (iggUD) אִגּוּד ז׳
thumb; big toe (aguDAL) אֲגוּדָל ז׳
nut; nut tree (egOZ) אֱגוֹז ז׳
peanut – אֲדָמָה
coconut – הֹדּוּ

flank attack, flanking movement (iggUF) אִגּוּף ז׳
stored; collected (agUR) אָגוּר ת׳
$\frac{1}{100}$ Israeli pound; biblical coin (agoRA) אֲגוֹרָה נ׳
collection; hoarding (agiRA) אֲגִירָה נ׳
drop; bead (Egel) אֶגֶל ז׳
lake (aGAM) אֲגַם ז׳
reed, bulrush; fish hook (agMON) אַגְמוֹן ז׳
basin (agGAN) אַגָּן ז׳
pelvis – הַיְרֵכַיִם
pelvis – הַחֲלָצַיִם
jug-handle; brim; flange (Ogen) אֹגֶן ז׳
pear (agGAS) אַגָּס ז׳
wing; side; annex; flank; branch, arm (aGAf) אֲגַף ז׳
outflank (igGEF) אִגֵּף פעל י׳
flanking (agapPI) אֲגַפִּי ת׳
collect; hoard (aGAR) אָגַר פעל י׳
toll, levy, tax (agRA) אַגְרָה נ׳
agronomist (agroNOM) אֲגְרוֹנוֹם ז׳
agronomy (agroNOMya) אֲגְרוֹנוֹמְיָה נ׳
fist (egROF) אֶגְרוֹף ז׳
making a fist; boxing (igROOF) אִגְרוּף ז׳
boxer, pugilist; brass knuckles (egroFAN) אֶגְרוֹפָן ז׳
vase (agarTAL) אֲגַרְטָל ז׳
aggressive (agresSIvi) אַגְרֶסִיבִי ת׳
make a fist (igREF) אִגְרֵף פעל י׳
agrarian (agRAri) אַגְרָרִי ת׳
letter; document; bill (igGEret) אִגֶּרֶת נ׳
airletter – אֲוִיר
bond, debenture – חוֹב
vapor; gas (ed) אֵד ז׳
vaporize; steam (idDA) אִדָּה פעל י׳
ripple (adVA) אַדְוָה נ׳
vaporization; steaming (idDUi) אִדּוּי ז׳

אָדוֹן ז׳ (aDON) lord, master, ruler; mister (Mr.)

אָדוּק ת׳ (aDUK) pious, zealous; orthodox

אַדְוֶרְבִּיאָלִי ת׳ (adverbiYALi) adverbial

אָדִיב ת׳ (aDIV) polite, courteous

אֲדִיבוּת נ׳ (adiVUT) courtesy, politeness

אֲדִיקוּת נ׳ (adiKUT) piety; orthodoxy; zeal

אַדִּיר ת׳ (adDIR) great, mighty

אָדִישׁ ת׳ (aDISH) indifferent; aloof; apathetic; bland

אֲדִישׁוּת נ׳ (adiSHUT) indifference; apathy

אָדֹם ת׳ (aDOM) red

אֹדֶם ז׳ (Odem) red; ruby; lipstick

אָדָם ז׳ (aDAM) person; human being; a man; someone; mankind

– הָרִאשׁוֹן Adam

אֲדַמְדָּם ת׳ (adamDAM) reddish

אֲדָמָה נ׳ (adaMA) earth, soil, ground; territory

– עוֹבֵד farmer

– עֲבוֹדַת agriculture, farming

אַדְמוֹנִי ת׳ (admoNI) red-haired; rosy-cheeked

אַדְמִינִיסְטְרָטוֹר ז׳ (adminisTRAtor) administrator

אַדְמִינִיסְטְרָטִיבִי ת׳ (administraTIvi) administrative

אַדְמִינִיסְטְרַצְיָה נ׳ (adminisTRAtsya) administration

אַדְמִירָל ז׳ (admiRAL) admiral

אַדְמִירָלוּת נ׳ (admiRALut) admiralty

אַדֶּמֶת נ׳ (adDEmet) German measles

אֶדֶן ז׳ (Eden) base; railroad tie, sill

אַדְנוּת נ׳ (adNUT) rule, authority

אֲדֹנָי ז׳ (adoNAI) God, Lord

אֶדֶר ז׳ (Eder) maple

אֲדָר ז׳ (aDAR) 6th Hebrew month (12th, in Bible)

אַדְּרַבָּה, אַדְּרַבָּא תה״פ (adderabBa) on the contrary

אִדְרָה נ׳ (idRA) fishbone

אַדְרִיכָל ר׳ אַרְדִיכָל

אַדֶּרֶת נ׳ (adDEret) overcoat

אָהַב פעל י׳ (aHAV) love; like, cherish; regard with affection; desire

אַהֲבָה נ׳ (ahaVA) love

– פָּרָשַׁת אֲהָבִים – affair

אֲהַבְהָב(־ים) ז׳ (ahavHAV) flirt

אָהַד פעל י׳ (aHAD) sympathize with; like; lean towards; be a fan of

אַהֲדָה נ׳ (ahaDA) sympathy, good will

אֲהָהּ! מ״ק (aHA) alas, woe

אָהוּב ת׳ ז׳ (aHUV) beloved; liked; desired; lover

אָהוּד ת׳ (aHUD) liked, likeable

אָהִיל ז׳ (aHIL) lampshade, shade

אֹהֶל ז׳ (Ohel) tent

אָהַל פעל ע׳ (aHAL) pitch a tent, camp

אוֹ מ״ח (O) or

– ... – either...or

אוֹב ז׳ (OV) necromancy

אוֹבֵד ת׳ ז׳ (oVED) lost; unfortunate

אוֹבְּיֶקְט ז׳ (obYEKT) object

אוֹבְּיֶקְטִיבִי ת׳ (obyekTIvi) objective

אוֹבֶּלִיסְק ז׳ (obeLISK) obelisk

אוֹגֵד ז׳ (oGED) copula

אוֹגְדָן ז׳ (ogeDAN) binder

אוֹגֶף ר׳ אֲגַפִּי

אוֹגֵר ז׳ (oGER) collector; hoarder; hamster

אוּד ז׳ (UD) firebrand

אוֹדוֹת נ״ר (oDOT) about, concerning

– עַל about

אוֹדִיטוֹרְיוּם ז׳ (odiTORyum) auditorium

אָוָה נ׳ (aVA) wish, desire, lust

אִוָּה פעל י׳ (ivVA) want, desire

אוֹהֵב ז׳ (oHEV) lover; friend

אַוָּז ז׳ (avVAZ) goose

אוֹטוֹבּוּס ז׳ (otoBUS) bus, omnibus

אוטוֹבִּיוֹגְרַפְיָה נ׳ (otobioGRAFya) autobiography
אוטוֹגְרָף ז׳ (otoGRAF) autograph
אוטוֹ־דָה־פֶה, אוטוֹדָפֶה ז׳ (otodaFE) auto-da-fé
אוטוֹמוֹבִּיל ז׳ (otomoBIL) automobile, car
אוטוֹמָט ז׳ (otoMAT) automat, automatic device
אוטוֹמָטִי ת׳ (otoMAti) automatic
אוטוֹנוֹמִי ת׳ (otoNOmi) autonomous; independent
אוטוֹנוֹמְיָה נ׳ (otoNOMya) autonomy
אוטוֹפְּיָה נ׳ (uTOPya) utopia
אוטוֹקְרָט נ׳ (otoKRAT) autocrat
אוטוֹרִיטָה נ׳ (otoRIta) authority
אוטַרְקְיָה נ׳ (oTARkya) autarchy
אוֹי מ״ק (oy) alas, woe
אוֹיֵב ז׳ (oYEV) enemy, foe
אֱוִיל ז׳ (eVIL) fool, blockhead
אֱוִילוּת נ׳ (eviLUT) foolishness, stupidity
אֱוִילִי ת׳ (eviLI) foolish, silly, stupid
אֲוִיר ז׳ (aVIR) air
חֵיל — ז׳ air force
סְפִינַת — נ׳ airship
מִזּוּג — ז׳ air conditioning
חֲסַר — ת׳ airless
אִגֶּרֶת — נ׳ airletter
דֹּאַר — ז׳ air mail
נְמַל — ז׳ airport
הַפְצָצַת — נ׳ air raid
אֲוִירָה נ׳ (aviRA) atmosphere
אֲוִירוֹבָּטִיקָה נ׳ (aviroBAtika) aerobatics
אֲוִירוֹן ז׳ (aviRON) airplane
אֲוִירוֹנָאוּטִיקָה נ׳ (aviroNAUtika) aeronautics
אֲוִירִי ת׳ (aviRI) aerial; airy
אֲוִירִיָּה נ׳ (aviriYA) air force; aircraft
אוּלְטִימָטוּם ז׳ (ultiMAtum) ultimatum
אוּלַי מ״ח (uLAI) maybe, perhaps

אוֹלִיגַרְכְיָה נ׳ (oliGARkhya) oligarchy
אוֹלִימְפִּיאָדָה נ׳ (olimpiAda) olympics, olympic games
אוּלָם ז׳ מ״ח (uLAM) hall; large room; auditorium; but, however
אוּלְקוּס ז׳ (ULkus) ulcer
אוֹלָר ז׳ (oLAR) jackknife; penknife, pocketknife
אִוֶּלֶת נ׳ (ivVELet) foolishness; nonsense
אוֹמֵן ז׳ (oMEN) tutor, trainer
אוֹמֶנֶת נ׳ (OMENet) governess, nurse
אוֹן ז׳ (ON) strength, power; seed, offspring
אָוֶן ז׳ (Aven) evil
אוֹנָאָה נ׳ (ona'A) deception, fraud
אֶוַנְגֶּלְיוֹן ז׳ (evanGELyon) Gospel, New Testament
אוּנִיבֶרְסִיטָה נ׳ (uniVERsita) university
אוּנִיבֶרְסָלִי ת׳ (univerSAli) universal
אוֹנָנוּת נ׳ (onaNUT) masturbation
אוֹפֶה ז׳ (oFE) baker
אוֹפּוֹזִיצְיָה נ׳ (opoZITSya) opposition
אוֹפְּטִימִי ת׳ (opTImi) optimistic
אוֹפְּטִימִיסְט ז׳ (optiMIST) optimist
אוֹפְּטִיקָה נ׳ (OPtika) optics
אוֹפְּיוּם ז׳ (OPyum) opium
אוֹפָן ז׳ (oFAN) wheel; kind of angel
אוֹפְנָה ר׳ אָפְנָה
אוֹפַנּוֹעַ ז׳ (ofanNO'a) motorcycle
אוֹפַנַּיִם ז״ר (ofanNAyim) bicycle
אוֹפֶנְסִיבָה נ׳ (ofenSIva) offensive
אוֹפֶּרָה נ׳ (Opera) opera
אָץ פעל ע׳ (ATS) hasten, rush; run
אוֹצָר ז׳ (oTSAR) treasure; treasury
אוֹקְיָנוֹס ז׳ (okyaNOS) ocean
אוֹר ז׳ (OR) light
אוֹר פעל ע׳ (OR) light up, shine, become light
אוֹרֵג ז׳ (oREG) weaver

אוֹרְגָנִי ת׳ (*orGAni*) organic
אוֹרָה נ׳ (*oRA*) light
אִוְרוּר ז׳ (*ivRUR*) ventilation, airing
אוֹרֵחַ ז׳ (*oREaḥ*) guest, visitor
אוֹרְחָה נ׳ (*oreḤA*) caravan, convoy
אוֹרִיגִינָלִי ת׳ (*origiNAli*) original
אוּרִים וְתֻמִּים ז״ר (*uRIM vetumMIM*) oracle
אוֹרְיֶנְטַצְיָה נ׳ (*oryenTATSya*) orientation
אַוְרִירִי ת׳ (*avriRI*) aerial
אוֹרְלוֹגִין ז׳ (*orloGIN*) clock
אוּרָן, אוּרַנְיוּם ז׳ (*uRAN; uRANyoom*) uranium
אִוְרֵר פעל י׳ (*ivRER*) air, ventilate
אוֹרְתוֹדוֹכְּסִי ת׳ (*ortoDOKsi*) orthodox
אוֹרְתוֹפֶּדִי ת׳ (*ortoPEdi*) orthopedic
אִוְשָׁה נ׳ (*ivSHA*) rustle
אוֹת ז׳ (*OT*) sign; proof, miracle
— נ׳ letter (of alphabet)
אוֹתִי נ׳ (*oTI*) me (objective pronoun.)
אוֹתְךָ, אוֹתָךְ (*oteKHA, oTAKH*) you
אוֹתוֹ (*OTO*) him
אוֹתָהּ (*OTAH*) her
אוֹתָנוּ (*oTAnu*) us
אֶתְכֶם, ־ן (*etKHEM,-KHEN*) you
אוֹתָם, ־ן (*oTAM,-TAN*) they
אוֹתֶנְטִי ת׳ (*oTENti*) authentic
אוֹתֶנְטִיּוּת ז׳ (*oTENtiyut*) authenticity
אוֹתֵת פעל י׳ (*oTET*) to signal
אָז תה״פ (*az*) then; thus
אַזְבֶּסְט ז׳ (*azBEST*) asbestos
אִזְדָּרֶכֶת נ׳ (*izdaREkhet*) chinaberry
אַזְהָרָה נ׳ (*azhaRA*) warning
אֵזוֹב ז׳ (*eZOV*) moss
אִזּוּן ז׳ (*izZUN*) balance; equilibrium
אֵזוֹר ז׳ (*eZOR*) region; zone; belt
אֲזוֹרִי ת׳ (*azoRI*) regional
אֲזַי תה״פ (*aZAI*) then

אַזְכָּרָה נ׳ (*azkaRA*) memorial service
אָזַל פעל ע׳ (*aZAL*) be exhausted; give out
אִזְמֵל ז׳ (*izMEL*) scalpel; chisel
אִזְמָרַגְד ז׳ (*izmaRAGD*) emerald
אֹזֶן נ׳ (*Ozen*) ear; handle
אִזֵּן פעל י׳ (*izZEN*) balance
אָזְנִיָּה נ׳ (*ozniYA*) earphone
אַזְעָקָה נ׳ (*az'aKA*) alarm, alert
אֲזִקִּים ז״ר (*azikKIM*) handcuffs; shackles
אָזַר פעל י׳ (*uZAR*) gird on
— חַיִל (חֲלָצָיו; מָתְנָיו) take heart
אֶזְרָח ז׳ (*ezRAḤ*) citizen, national; civilian; subject; burgess
אִזְרֵחַ פעל י׳ (*izREaḥ*) nationalize
אֶזְרָחוּת נ׳ (*ezraḤUT*) citizenship; nationality; civilian life; civics
אֶזְרָחִי ת׳ (*ezraḤI*) civil; civilian
אָח ז׳ (*AḤ*) brother; friar; male nurse
— נ׳ fireplace
אֹחַ ז׳ (*Oaḥ*) eagle owl
אֶחָד ש״מ ז׳ אַחַת ש״מ נ׳ (*aḤAT; eḤAD*) one, single
אִחֵד פעל י׳ (*iḤED*) join, unite
אַחְדוּת נ׳ (*aḥDUT*) unity, agreement; oneness
אֲחָדִים ז״ר (*aḥaDIM*) few
אַחַד־עָשָׂר ש״מ ז׳ (*aḤAD 'aSAR*) eleven
אִחָה פעל י׳ (*iḤA*) sew together; join
אָחוּ ז׳ (*Aḥu*) meadow
אִחוּד ז׳ (*iḤUD*) union, combination
אַחֲוָה נ׳ (*aḥaVA*) fraternity, brotherhood
אָחוּז ז׳ (*aḤUZ*) percent
אִחוּי ז׳ (*iḤUY*) joining, fastening together
אִחוּל ז׳ (*iḤUL*) good wish, congratulation, blessing
אָחוֹר ז׳ (*aḤOR*) back; rear
לְ — תה״פ backwards, back
מֵ — מ״י תה״פ in back, behind
אֲחוֹרָה תה״פ backwards

אָחוֹרָה פָּנֶה — about face
מֵאֲחוֹרֵי תה״פ — behind
אִחוּר ז׳ (*iḤUR*) tardiness; lateness; delay
אֲחוֹרִי ת׳ (*aḥoRI*) back; rear, hind
אֲחוֹרַיִם ז״ז (*aḥoRAyim*) rear, posterior, buttocks
אֲחוֹרַנִּית תה״פ (*aḥoranNIT*) backwards
אָחוֹת נ׳ (*aḤOT*) sister; nurse
אָחַז פעל י׳ (*aḤAZ*) hold, grasp, seize
– עֵינַיִם deceive, swindle
אֲחֻזָּה נ׳ (*aḥuzZA*) estate; property
אָחִיד ת׳ (*aḤID*) uniform
אֲחִידוּת נ׳ (*aḥiDUT*) uniformity
אֲחִיזָה נ׳ (*aḥiZA*) grasp; support, hold
– ת עֵינַיִם trickery, deceit
אַחְיָן ז׳ (*aḥYAN*) nephew
אִחֵל פעל י׳ (*iḤEL*) wish; bid, bless, congratulate
אִחְסוּן ז׳ (*iḥSUN*) storage
אִחְסֵן פעל י׳ (*iḥSEN*) store, storage
אַחַר תה״פ מ״י (*aḤAR*) after; behind
ל – (מִכֵּן) תה״פ afterward(s)
– (י) הַצָּהֳרַיִם afternoon
– כָּךְ afterwards, later
מֵ – שֶׁ־ because
אֵחַר פעל ע׳ (*eḤAR*) be late
אַחֵר ז׳ ת׳ (*aḤER*) another
אַחֲרַאי ת׳ (*aḥara'I*) responsible, accountable
אַחֲרוֹן ת׳ (*aḥaRON*) last; latter; recent
אַחֲרֵי מ״י (*aḥaREY*) behind; after; following
אַחֲרֵי־כֵן תה״פ afterwards, later
אַחֲרָיוּת נ׳ (*aḥaraYUT*) accountability, responsibility
אַחֲרִית נ׳ (*aḥaRIT*) end; remnant
אַחֶרֶת תה״פ (*aḤEret*) otherwise
אַחַת ש״מ, נ׳ (*aḤAT*) one (f.)

אַחַת עֶשְׂרֵה ש״מ, נ׳ (*aḤAT 'esRE*) eleven (f.)
אַט תה״פ (*AT*) slowly
אַט־אַט very slowly
אָטוּם ת׳ (*aTUM*) sealed; airtight; opaque; dull
אָטוֹם ז׳ (*aTOM*) atom
אָטוֹמִי ת׳ (*aTOmi*) atomic
אִטִּי ת׳ (*itTI*) slow
אָטִים ת׳ (*aTIM*) sealed, airtight, watertight
אֲטִימוּת נ׳ (*atiMUT*) waterproof; airtightness; impenetrability
אִטְלִיז ז׳ (*itLIZ*) butchershop
אַטְלַנְטִי ת׳ (*atLANti*) Atlantic
אַטְלַס ז׳ (*ATlas*) atlas; satin
אָטַם פעל י׳ (*aTAM*) seal, shut, fill up
אִטֵּם פעל י׳ (*itTEM*) sealed, make watertight, etc.
אֶטֶם ז׳ (*Etem*) seal, gasket
אַטְמוֹסְפֵרָה נ׳ (*atmosFEra*) atmosphere
אִטֵּר ת׳ (*itTER*) left-handed
– יַד יְמִינוֹ left-handed
אִטְרִיָּה נ׳ (*itriYA*) noodle
אִי ז׳ (*I*) island; jackal
אִי מלת שלילה (*I-*) non-; un-; in-; prefix of negation
אֵי מלת שאלה (*ey*) where?
– אֵלֶּה few, some
אֵיבָה נ׳ (*eyVA*) hate, enmity
אֵיבָר ר׳ אֵבָר
אֵיד ז׳ (*EYD*) affliction, trouble, distress; holiday
אִידֵאָה נ׳ (*iDE'a*) idea
אִידֵאוֹלוֹגְיָה נ׳ (*ideoLOGya*) ideology
אִידֵאָל ז׳ (*ide'AL*) ideal, example
אִידֵאָלִי ת׳ (*ide'Ali*) ideal, exemplary
אִידְיוֹט ז׳ (*idYOT*) idiot
אִידִישׁ ר׳ יידית
אִידָךְ מ״ג (*iDAKH*) that
מֵ – גִּיסָא on the other hand

אַיָּה נ׳ (*ayYA*) kite
אַיֵּה מלת שאלה · (*aYE*) where?
אִיּוּם ז׳ (*iYUM*) threat
אֵיזֶה מ״ג ז׳; אֵיזוֹ מ״ג נ׳ (*eyZE; eyZO*) which? who?; of what quality?; any
אֵיזֶהוּ מ״ג ז׳; אֵיזוֹהִי מ״ג נ׳ (*eyZEhoo; eyZOhi*) who is?
אֵיזוֹר ר׳ אֵזוֹר
אֵיזֶשֶׁהוּ מ״ג ז׳ (*eyzesheHU*) any one, someone
אֵיךְ מ״ש (*eykh*) how
– שֶׁהוּא somehow
אֵיכוּת נ׳ (*eyKHUT*) quality
אֵיכוּתִי ת׳ (*eykhuTI*) qualitative
אַיִל ז׳ (*Ayil*) ram; leader
אֵיל־הוֹן (*eyl-HON*) tycoon
אֵיל בַּרְזֶל (*eyl-barZEL*) battering ram
אַיָּל ז׳ (*aiYAL*) deer
– קוֹרֵא elk, moose
אֵילוּ מ״ג ר׳ (*EYlu*) these
אֵילָךְ תה״פ (*eyLAKH*) below, henceforth, onwards
אִילָן ז׳ (*iLAN*) tree
– יַחַס ז׳ (*–YAḥas*) family tree
אִיֵּם פעל י׳ (*iYEM*) threaten; frighten
אָיֹם ת׳ (*aYOM*) terrible, awful
אֵימָה נ׳ (*eyMA*) terror
אֵימָל ר׳ אֶמָאִיל
אִימְפֶּרְיָה נ׳ (*imPERya*) empire
אִימְפֶּרְיָאלִיזְם ז׳ (*imperyaLIZM*) imperialism
אֵימָת, אֵימָתַי מ״ש (*eymaTAI*) when?
כָּל – שֶׁ־ (*eyMAT*) whenever
אֵימְתָנוּת נ׳ (*eymetaNUT*) terrorism
אַיִן ז׳ (*Ayin*) nothing; nothingness
אֵין (*eyn*) there is not; there are not
אֵין דָּבָר (*– daVAR*) never mind
אֵין לִי I do not have
אִינְדוּקְטִיבִי ת׳ (*indukTIvi*) inductive
אִינְדוּקְצְיָה נ׳ (*inDUKtsya*) induction
אִינְדֶקְס ז׳ (*INdeks*) index

אִינְוֶנְטָר ז׳ (*invenTAR*) stock, inventory
אִינְטוּאִיצְיָה נ׳ (*intu'ITSya*) intuition
אִינְטִימִי ת׳ (*inTImi*) intimate
אִינְטִימִיּוּת נ׳ (*inTImiyut*) intimacy
אִינְטֶלִיגֶנְטִי ת׳ (*inteliGENti*) intelligent
אִינְטֶלִיגֶנְצְיָה נ׳ (*inteliGENtsya*) intelligence; intelligentsia
אִינְטֶנְסִיבִי ת׳ (*intenSIvi*) intensive
אִינְטְרִיגָה נ׳ (*inTRIga*) intrigue
אִינְטֶרְנַצְיוֹנָל ז׳ (*internatsyoNAL*) socialist international; Internationale
אִינְטֶרֶס ז׳ (*inteRES*) interest; affair, benefit
אֵינְסוֹף ז׳ (*eynSOF*) infinity
אֵינְסוֹפִי ת׳ (*eynsoFI*) infinite
אִינְסְטָלָטוֹר ז׳ (*instaLAtor*) plumber
אִינְפוֹרְמַצְיָה נ׳ (*inforMATSya*) information
אִינְפְלַצְיָה נ׳ (*inFLATSya*) inflation
אִינְקְוִיזִיצְיָה נ׳ (*inkviZITSya*) inquisition; torture
אִינֶרְצְיָה נ׳ (*iNERTSya*) inertia
אִיסְלָם ר׳ אִסְלָאם
אֵיפָה נ׳ (*eyFA*) ephah (old measure of corn, about 40 liters)
– וְ – false weights; unfairness; partiality
אֵיפֹה מ״ש (*eyFO*) where?
אֵיפוֹא ר׳ אֵפוֹא
אִיקוֹנִין ז׳ (*ikoNIN*) icon, image
אֵיקָלִיפְּטוּס ז׳ (*eykaLIPtus*) eucalyptus
אִיָּר ז׳ (*iYAR*) 8th Hebrew month (2nd, in Bible)
אִירוֹנְיָה נ׳ (*iRONya*) irony
אֵירוֹפָּה נ׳ (*eyROpa*) Europe
אִישׁ ז׳ (*ISH*) man; male; husband; person; anyone, one; personality
– צָבָא soldier
אִישׁוֹן ז׳ (*iSHON*) pupil, bull'seye
– לַיְלָה the dead of night
אִישׁוּת נ׳ (*iSHUT*) marital status, matrimony, wedlock

אִישִׁי ת׳ (iSHI) private, personal
אִישִׁית תה״פ personally
אִישִׁיּוּת נ׳ (ishiYUT) personality; personage
אִיֵּת פעל י׳ (iYET) spell
אֵיתָן ת׳ (eyTAN) strong, firm
– אֵיתָנֵי הַטֶּבַע elements
אַךְ מ״ח (AKH) but; only
אִכּוּל ז׳ (ikKOOL) corrosion; consumption
אַכְזָב ת׳ (akhZAV) failing, unreliable
אִכְזֵב פעל י׳ (ikhZEV) disappoint
אַכְזָבָה נ׳ (akhzaVA) disappointment
אַכְזָר, אַכְזָרִי ת׳ (akhZAR[I]) cruel, harsh
אַכְזָרִיּוּת נ׳ (akhzariYUT) cruelty, harshness
אָכִיל ת׳ (aKHIL) edible
אֲכִילָה נ׳ (akhiLA) eating
אָכַל פעל י׳ (aKHAL) eat, consume, destroy
אִכֵּל פעל י׳ (ikKEL) consume, corrode
אֹכֶל ז׳ (Okhel) food
אֻכְלוּסִיָּה נ׳ (ukhlusiYA) population
אַכְלָן ז׳ (akhLAN) glutton
אִכְלֵס פעל י׳ (ikhLES) populate
אָכֵן תה״פ (akHEN) indeed, certainly, but, yet
אַכְסַדְרָה נ׳ (akhsadRA) corridor; vestibule
אִכְסוּן ז׳ (ikhSUN) accommodation; lodging
אִכְסֵן פעל י׳ (ikhSEN) accommodate, put up, quarter
אַכְסַנְיָה נ׳ (akhsanYA) hostel, inn, hotel; quarters
אָכַף פעל י׳ (aKHAF) compel, enforce
אֻכָּף ז׳ (ukKAF) saddle
אִכְפַּת (ikhPAT) concern, involvement; pressing
אִכְפַּת לִי, לְךָ וכו׳ I care, I mind
אִכָּר ז׳ (ikKAR) farmer

אַל מלת שלילה (AL) ...not (in negation of imperatives) non-; (prefix of negation); -less
אֶל מ״י (el) to, by, near
אֵל ז׳ (EL) god
אֶלָּא מ״ח (elLA) but, only, except; consequently
אַלִבָּא מ״י (allibBA) according to
אַלְבּוֹם ז׳ (alBOM) album
אַלְגֶּבְּרָה נ׳ (ALgebra) algebra
אֶלֶגַנְטִי ת׳ (eleGANti) elegant
אֶלֶגַנְטִיּוּת נ׳ (eleGANtiyut) elegance
אֵלָה נ׳ (eLA) terebinth; oak
אֵלָה נ׳ (eLA) goddess
אַלָּה נ׳ (alLA) bat, cudgel
אָלָה נ׳ (aLA) oath; curse
אֵלֶּה מ״ג (ELle) these, those
אֱלֹהַּ, אֱלוֹהַּ ז׳ (eLOah) god; divinity, deity
אֱלֹהוּת נ׳ (eloHUT) divinity, godliness; god
אֱלֹהִי ת׳ (eloHI) divine, godly
אֱלֹהִים ז״ר (eloHIM) God; judge
אֵלּוּ מ״ג (ELlu) these, those
אִלּוּ מ״ח (ilLU) if; in case
אֱלוּל ז׳ (eLUL) 12th Hebrew month (6th, in Bible)
אִלּוּלֵא, אִלּוּלֵי מ״ח (illuLE) if not, were it not for
אֲלוּמִינְיוּם ז׳ (aluMINyum) aluminium
אַלּוֹן ז׳ (alLON) oak
אֲלוֹנְטִית נ׳ (alonTIT) towel
אֲלוּנְקָה נ׳ (alunKA) stretcher
אַלּוּף ז׳ (aLUF) chief, leader, champion; close friend; major general; lord; domesticated animal
־מִשְׁנֶה (– mishNE) Aluf Mishne (colonel)
סְגַן – Sgan Aluf (lieutenant colonel)
רַב – Rav Aluf (lieutenant general)
תַּת – Tat Aluf (brigadier general)

אִלּוּף ז׳ (ilLUF) domestication, taming
אִלּוּץ ז׳ (ilLUTs) compulsion, coercion
אַלְחוּט ז׳ (alḤUT) wireless, radio
אַלְחוּטַאי ז׳ (alḥuTAI) wireless operator
אַלְחֶלֶד ז׳ (alḤEled) stainless metal, rust-proof metal
אַלְט ז׳ (ALT) alto
אַלְטֶרְנָטִיבָה נ׳ (alternaTIva) alternative
אֵלִיבָּא ר׳ אַלִּבָּא
אַלִּיבִּי ז׳ (aLIbi) alibi
אַלְיָה נ׳ (alYA) fat tail (of sheep); earlobe
– וְקוֹץ בָּהּ fly in the ointment, there's a catch
אֱלִיל ז׳ (eLIL) idol
אֱלִילוּת נ׳ (eliLUT) paganism
אֱלִילִי ת׳ (eliLI) pagan
אַלִּים ת׳ (alLIM) violent; strong
אַלִּימוּת נ׳ (alliMUT) violence; strength
אַלִּיפוּת נ׳ (alliFUT) championship
אֶלִיפְּסָה נ׳ (elLIPsa) ellipse
אַלְכּוֹהוֹל ז׳ (ALkohol) alcohol
אַלְכִּימַאי ז׳ (alkiMAI) alchemist
אַלְכִּימְיָה נ׳ (alKIMya) alchemy
אֲלַכְסוֹן ז׳ (alakhSON) diagonal
אֲלַכְסוֹנִי ת׳ (alakhsoNI) diagonal, slanted
אֵלֶם ז׳ (Elem) silence; muteness
אִלֵּם ת׳ (ilLEM) mute
אַלְמֹג ז׳ (alMOG) coral
אֲלֻמָּה נ׳ (alumMA) sheaf; beam
אַלְמוֹנִי ת׳ (almoNI) anonymous, anonymous person; anyone; someone unknown
אִלְּמוּת נ׳ (illeMUT) muteness
אַלְמָוֶת ז׳ (alMAvet) immortality
אַלְמוֹתִי ת׳ (almoTI) immortal
אִלְמָלֵא, אִלְמָלֵי מ״ח (ilmaLE) if not; if
אַלְמָן ז׳ (alMAN) widower

אַלְמָנָה נ׳ (almaNA) widow
אַלְמְנוּת נ׳ (almeNUT) widowhood; destitution
אַלְמַתֶּכֶת נ׳ (almaTEkhet) non-metal
אֶלַסְטִי ת׳ (eLASti) elastic
אִלֵּף פעל י׳ (ilLEF) train, tame
אֶלֶף ז׳ (Elef) thousand
אָלֶף נ׳ (Alef) Aleph, (the first letter of the Hebrew alphabet); one, first
אָלֶף־בֵּית, אָלֶפְבֵּית (alefBET) ABC, alphabet
אָלֶפְבֵּיתִי ת׳ (alefBEYti) alphabetized
אַלְפוֹן ז׳ (alFON) children's primer
אַלְפִּית נ׳ (alPIT) thousandth
אֻלְפָּן ז׳ (ulPAN) atelier; studio; school; Ulpan
אִלְפָּס ז׳ (ilPAS) casserole, pot
אִלֵּץ פעל י׳ (ilLETS) compel, force
אֶלֶקְטְרוֹנִי ת׳ (elektROni) electronic
אֶלֶקְטְרוֹנִיקָה נ׳ (elektROnika) electronics
אֱלֹקִים ז״ר (eloKIM) God (used to avoid mentioning the divine name)
אַלְקָלִי ז׳ (alKAli) alkali
אַלֶרְגִי ת׳ (alLERgi) allergic
אַלֶרְגְיָה נ׳ (alLERgya) allergy
אִלְתּוּר ז׳ (ilTUR) improvisation
אִלְתִּית נ׳ (ilTIT) salmon
[לְ]אַלְתַּר תה״פ (l'alTAR) at once, immediately
אִלְתֵּר פעל י׳ (ilTER) improvise
אֵם נ׳ (EM) mother, matriarch; abbess; metropolis; matrix
– הַדֶּרֶךְ נ׳ crossroads
אִם מ״ח (IM) if, in case; when
– ... (ו) – .... whether...or...
– כֵּן under the circumstances, so
– כִּי although
הַאִם (introduces question)
אֹם ז׳ (OM) nation
אֹם נ׳ nut
אִמָּא נ׳ (IMma) mother, ma, mummy, etc.

אֶמָאיל ז׳ (*eMA'il*) enamel
אֲמֶבָּה נ׳ (*aMEba*) amoeba
אַמְבּוּלַנְס ז׳ (*AMbulans*) ambulance
אַמְבָּט ז׳, אַמְבַּטְיָה נ׳ (*amBAT; amBATya*) bath; bath tub; bathroom; washing
אַמְבִּיצְיָה נ׳ (*amBITSya*) ambition
אַמְבִּיצְיוֹזִי ת׳ (*ambiTSYOzi*) ambitious
אָמַד פעל י׳ (*aMAD*) estimate
אֻמְדָן ז׳, אֻמְדָנָה נ׳ (*umDAN; umdaNA*) estimation
אָמָה נ׳ (*aMA*) maid, female slave
אַמָּה נ׳ (*amMA*) forearm; cubit; middle finger; penis
אִמָּה נ׳ (*imMA*) matrix (printing), mold
אֻמָּה נ׳ (*umMA*) nation
אִמָּהוּת נ׳ (*immaHUT*) motherhood
אִמָּהִי ת׳ (*immaHI*) motherly
אָמוֹדַאי ז׳ (*amoDAI*) diver
אִמּוּם ז׳ (*imMUM*) shoetree; mannequin
אִמּוּן ז׳ (*imMUN*) training, practice
אֵמוּן ז׳ (*eMUN*) belief; confidence, trust
אַמּוֹן ז׳ (*amMON*) ammonium
אֱמוּנָה נ׳ (*emuNA*) belief; faith
תְּפֵלָה, טְפֵלָה – superstition
אֱמוּנִים ר׳ אֵמוּן
אַמּוֹנְיָק ז׳ (*amMONyak*) ammoniac
אִמּוּץ ז׳ (*imMUTS*) adoption; encouragement; strengthening
אָמוֹק ז׳ תה״פ (*aMOK*) amok
אַמּוֹרְטִיזַצְיָה נ׳ (*amortiZATSya*) amortization
אֲמוֹרְפִי ת׳ (*aMORfi*) amorphous
אִמּוּת ז׳ (*imMUT*) verification
אָמִיד ת׳ (*aMID*) well-to-do
אֲמִיל ר׳ אֶמָאיל
אָמִין ת׳ (*aMIN*) faithful, authentic; reliable
אֲמִינוּת נ׳ (*amiNUT*) credibility
אַמִּיץ ת׳ (*amMITS*) brave, courageous

אָמִיר ז׳ (*aMIR*) treetop, crown (of tree)
אֲמִירָה נ׳ (*amiRA*) utterance, saying
אֻמְלָל ת׳ (*umLAL*) wretched, miserable
אִמְלֵל פעל י׳ (*imLEL*) make wretched
אָמַן פעל י׳ (*aMAN*) bring up, educate
אִמֵּן פעל י׳ (*imMEN*) train, instruct
אָמֵן תה״פ (*aMEN*) amen
אָמָּן ז׳ (*oMAN*) artist; expert
אֻמָּן ז׳ (*umMAN*) craftsman, artisan
אֲמָנָה נ׳ (*amaNA*) covenant, pact; convention
שְׁטַר – IOU; promissory note
אָמְנָה נ׳ (*omNA*) pilaster, buttress
אַמְנוֹן וְתָמָר ז׳ (*amNON vetaMAR*) pansy
אֻמָּנוּת נ׳ (*ummaNUT*) craft, skill, vocation, trade
אָמָּנוּת נ׳ (*ommaNUT*) art
אָמָּנוּתִי ת׳ (*ommanuTI*) artistic
אָמָּנִית נ׳ (*ommaNIT*) female, artist
אָמְנָם תה״פ (*omNAM*) indeed
הַאֻמְנָם? (*ha-umNAM*) is that so?
אֱמַנְצִיפַּצְיָה נ׳ (*emantsiPATSya*) emancipation
אַמְפִיבִּי ת׳ (*amFIbi*) amphibious
אַמְפִיתֵאַטְרוֹן ז׳ (*amfiteyatRON*) amphitheater
אַמְפְּלִיטוּדָה נ׳ (*ampliTUda*) amplitude
אָמַץ פעל ע׳ (*aMATS*) be strong
אִמֵּץ פעל י׳ (*imMETS*) adopt, encourage, clasp
אֹמֶץ ז׳ (*Omets*) courage, bravery
אַמְצָאָה נ׳ (*amtsa'A*) invention
אֻמְצָה נ׳ (*umTSA*) piece of raw meat; steak
אֶמְצַע ז׳ (*emTSA*) middle, center
אֶמְצָעוּת נ׳ (*emtsa'UT*) means, agency
אֶמְצָעִי ז׳ (*emetsa'I*) agent, medium, mean
– ת׳ middle; intermediate
בִּלְתִּי – ת׳ immediate, direct

אֶמְצָעִים ז״ר means; capital
אָמַר פעל י׳ (aMAR) say, utter, tell
אֹמֶר ז׳ (Omer) speech, word
אִמְרָה נ׳ (imRA) saying, motto; word; utterance; hem, border
אָמֶרִיקָנִי ז׳ ת׳ (ameriKAni) American
אֲמַרְכָּל ז׳ (amarKAL) administrator
אֶמֶשׁ תה״פ (Emesh) last night; yesterday
— ז׳ night
אֱמֶת נ׳ (eMET) truth
אִמֵּת פעל י׳ (imMET) verify
אֲמִתָּה נ׳ (amitTA) axiom, truth
אֲמִתּוּת נ׳ (amitTUT) truth; authenticity
אַמְתַּחַת נ׳ (amTAḥat) bag, pouch
אֲמִתִּי ת׳ (amitTI) true; real; authentic
אַמַתְלָה נ׳ (amatLA) excuse
אַמַּת־מִדָּה נ׳ (amMAT-midDA) measuring rod; criterion
אַמַּת־מַיִם נ׳ (amMAT-MAyim) aqueduct
אָנָּא מ״ק (anNA) please
אַנְגְּלוֹ־סַקְסִי ת׳ (angloSAKsi) Anglo-Saxon; English-speaking (in Israel)
אַנְגְּלִיקָנִי ז׳ ת׳ (angliKAni) Anglican
אַנְדְּרוֹגִינוֹס ז׳ (andROginos) hermaphrodite
אַנְדַּרְטָה נ׳ (andarTA) statue
אַנְדְּרַלְמוּסְיָה נ׳ (andralaMUSya) chaos, confusion, disorder; bloodshed
אִנָּה פעל י׳ (inNA) cause, chance
אָנָה מ״ש (Ana) whither; where
אָנָה וָ — hither and thither; back and forth
אֻנָּה נ׳ (unNA) lobe
אָנוּ מ״ג (Anu) we
אֲנוֹמַלְיָה נ׳ (anoMALya) anomaly
אָנוּס ת׳ ז׳ (aNUS) forced; forced convert, Marrano
אִנּוּס ז׳ (inNUS) compulsion, coercion
אָנוּשׁ ת׳ (aNUSH) severe, mortal (wound)

אֱנוֹשׁ ז׳ (eNOSH) man, human being
אֱנוֹשׁוּת נ׳ (enoSHUT) mankind
אֱנוֹשִׁי ת׳ (enoSHI) human, humane
אֱנוֹשִׁיּוּת נ׳ (enoshiYUT) humanity; humaneness
אֲנָחָה נ׳ (anaḤA) sigh
אֲנַחְנוּ מ״ג (aNAḤnu) we
אַנְטַארְקְטִי ת׳ (antARKti) antarctic
אֲנָטוֹמְיָה נ׳ (anaTOMya) anatomy
אֲנָטוֹמִי ת׳ (anaTOmi) anatomical
אַנְטִיבְּיוֹטִי ת׳ (antibiYOti) antibiotic
אַנְטִיבְּיוֹטִיקָה נ׳ (antibiYOtika) antibiotics
אַנְטִילוֹפָּה נ׳ (antiLOpa) antelope
אַנְטִיסֶפְּטִי ת׳ (antiSEPti) antiseptic
אַנְטִיפּוֹדִים ז״ר (antiPOdim) antipodes
אַנְטִיפָּתִי ת׳ (antiPAti) repulsive
אַנְטִיפַּתְיָה נ׳ (antiPATya) antipathy
אַנְטִישֵׁמִי ז׳ ת׳ (antiSHEmi) anti-Semite; anti-Semitic
אַנְטִישֵׁמִיּוּת נ׳ (antiSHEmiyut) anti-Semitism
אַנְטִיתֵזָה נ׳ (antiTEza) antithesis
אַנְטֶנָּה נ׳ (anTEna) aerial; antenna
אֲנִי מ״ג ז׳ (aNI) I; ego
אֳנִיָּה נ׳ (oniYA) ship, boat
אָנִין ת׳ (aNIN) sensitive, refined; fastidious; sissified
אֲנִין־הַדַּעַת ז׳ ר׳ אָנִין
אֲנִין־הַטַּעַם ת׳ gourmet; discriminating
אָנִיץ ז׳ (aNITS) bundle; fibers
אֲנָךְ ז׳ (aNAKH) plumb-line; perpendicular
אָנֹכִי מ״ג (anoKHI) I
אֲנָכִי ת׳ (anaKHI) perpendicular; vertical
אָנֹכִיִּי ת׳ (anokhiYI) selfish, egotistic
אֲנַכְרוֹנִיזְם ז׳ (anakhroNIZM) anachronism
אֲנָלוֹגְיָה נ׳ (anaLOGya) analogy
אֲנָלוֹגִי ת׳ (anaLOgi) analogous

אנליזה נ׳ (*anaLIza*) analysis
אנליטי ת׳ (*anaLIti*) analytic, analytical
אנמיה נ׳ (*aNEMya*) anemia
אננס ז׳ (*Ananas*) pineapple
אנס פעל י׳ (*aNAS*) force, compel; rape
אנס ז׳ (*Ones*) compulsion; rape
אנפה נ׳ (*anaFA*) heron
אנפוף ז׳ (*inPUF*) nasalization, nasal speech
אנפף פעל ע׳ (*inPEF*) speak through the nose
אנציקלופדיה נ׳ (*entsikloPEDya*) encyclopedia
אנקדוטה נ׳ (*anekDOta*) anecdote
אנקה נ׳ (*anaKA*) sigh, groan, moan
אנקול ז׳ (*anKOL*) hook
אנקור ז׳ (*anKOR*) swallow
אנרגיה נ׳ (*eNERgya*) energy
אנרכיה נ׳ (*aNARkhya*) anarchy
אנרכיסט ז׳ (*anarKHIST*) anarchist
אנשים ז״ר (*anaSHIM*) men, people
אנתולוגיה נ׳ (*antoLOGya*) anthology
אנתרופולוגיה נ׳ (*antropoLOGya*) anthropology
אס (בקלפים) ז׳ (*AS*) ace
אסדה נ׳ (*asDA*) raft
אסוך ז׳ (*aSUKH*) oilcan
אסום ז׳ (*isSUM*) storage (of grain)
אסון ז׳ (*aSON*) disaster; accident; adversity
אסוף ז׳ (*isSUF*) collection; accumulation
אסופי ז׳ (*asuFI*) foundling
אסוציאציה נ׳ (*asotsiATSya*) association
אסור ת׳ (*aSUR*) forbidden, prohibited; chained, imprisoned
אסור ז׳ (*isSUR*) prohibition; ban
אסטיגמטיות נ׳ (*astigMATiyut*) astigmatism
אסטניס ת׳ (*isteNIS*) sensitive, delicate, spoiled
אסטניסות נ׳ sensitiveness, delicacy, spoiling
אסטרולוג ז׳ (*astroLOG*) astrologer
אסטרולוגיה נ׳ (*astroLOGya*) astrology
אסטרונום ז׳ (*astroNOM*) astronomer
אסטרונומיה נ׳ (*astroNOMya*) astronomy
אסטרטג ז׳ (*astraTEG*) strategist
אסטרטגי ת׳ (*astraTEgi*) strategic
אסטרטגיה נ׳ (*astraTEGya*) strategy
אסיה נ׳ (*ASya*) Asia
אסיים ז״ר (*issiYIM*) Essenes
אסימון ז׳ (*asiMON*) worn coin, worthless coin; telephone token
אסיסטנט ז׳ (*asisTENT*) assistant
אסיף ז׳ (*aSIF*) harvest
אסיפה נ׳ (*asiFA*) gathering
אסיר ז׳ (*aSIR*) prisoner
אסכולה נ׳ (*asKOla*) school, system
אסכרה נ׳ (*asKAra*) diphtheria
אסל ז׳ (*Esel*) yoke, pole
אסלאם ז׳ (*isLAM*) Islam
אסם ז׳ (*aSAM*) granary; barn
אסם פעל י׳ (*isSEM*) store
אסמכתה נ׳ (*asmakhTA*) support, authority
אסף פעל י׳ (*aSAF*) collect; gather; assemble
אסף ז׳ (*Osef*) collection
אספה נ׳ (*aseFA*) meeting, assembly
אספירין ז׳ (*aspiRIN*) aspirin
אספלט ז׳ (*asFALT*) asphalt
אספלנית נ׳ (*ispelaNIT*) adhesive bandage; compress
אספן ז׳ (*asseFAN*) collector
אספסוף ז׳ (*asafSUF*) rabble, mob; riffraff
אספסת נ׳ (*asPEset*) alfalfa
אספקה נ׳ (*aspaKA*) supply
אספקט ז׳ (*asPEKT*) aspect
אספקלריה נ׳ (*aspakLARya*) mirror

אַסְפָּרָגוֹס, אַסְפֶּרֶג ז׳ (aspaRAgos; asPEreg) asparagus
אָסַר פעל י׳ (aSAR) imprison, arrest; tie; forbid
אִסְרוּ־חַג ז׳ (Iseru-ḤAG) day following holiday
אֶסְתֶּטִי ת׳ (esTEti) aesthetic
אֶסְתֶּטִיקָה נ׳ (esTEtika) aesthetics
אַסְתְּמָה נ׳ (ASTma) asthma
אַף ז׳ (AF) nose; anger, wrath
אַפַּיִם nostrils; face
— מ״ח also, too
עַל — מ״י even though
— כִּי although
— שֶׁ..., — — עַל פִּי שֶׁ... although
— עַל פִּי כֵן nevertheless, despite
אֲפֻדָּה נ׳ (afudDA) sweater; vest
אָפָה פעל י׳ (aFA) bake
אֵפוֹא מלת הדגשה (eFO) then, in that case; however
אַפּוֹטְרוֹפּוֹס ז׳ (apoTROpos) guardian; administrator; trustee
אַפּוֹטְרוֹפְּסוּת נ׳ (apoTROPsut) guardianship, administration
אָפוּי ת׳ (aFUI) baked
אִפּוּל ז׳ (ipPUL) blackout
אַפּוֹלוֹגֶטִי ת׳ (apoloGEti) apologetic
אֲפוּנָה נ׳ (afuNA) pea
אִפּוּר ז׳ (ipPUR) make up
אֹפִי ז׳ (Ofi) character, nature
אַפִּי ת׳ (apPI) nasal
אֶפִּידֶמְיָה נ׳ (epiDEMya) epidemic
אֲפִיָּה נ׳ (afiYA) baking
אֶפִּיטְרוֹפּוֹס ר׳ אַפּוֹטְרוֹפּוֹס
אֲפִילוּ ר׳ אֲפִלּוּ
אַפַּיִם ר׳ אַף
אִפְיֵן פעל י׳ (ifYEN) characterize
אָפְיָנִי ת׳ (ofyaNI) characteristic
אַפִּיפְיוֹר ז׳ (apifYOR) pope
אַפִּיפְיוֹרִי ת׳ papal; apostolic; Catholic
אֲפִיפִית נ׳ (afiFIT) wafer
אָפִיק ז׳ (aFIK) channel, river bed

אֶפִּיקוֹרוֹס ז׳ (epiKOros) atheist; heretic, skeptic
אֶפִּיקוֹרְסוּת נ׳ (epikorSUT) atheism, heresy, skepticism
אֹפֶל ז׳ (Ofel) darkness
אָפֵל ת׳ (aFEL) dark
אֲפֵלָה נ׳ (afeLA) darkness
אֲפִלּוּ מ״ח (aFILlu) even, even if, even though
אַפְלוּלִי ת׳ (afluLI) dim
אַפְלוּלִיּוּת נ׳ (afluliYUT) dimness
אַפְלָיָה נ׳ (aflaYA) discrimination
אֹפֶן ז׳ (Ofen) manner, mode, way
אַפֶּנְדִּיצִיט ז׳ (apendiTSIT) appendicitis
אָפְנָה נ׳ (ofNA) fashion, style
אִפְנוּן ז׳ (ifNUN) modulation
אָפְנָתִי ת׳ (ofnaTI) fashionable, stylish
אָפֵס פעל ע׳ (aFES) cease, be exhausted
אֶפֶס ז׳ (Efes) zero, nothing, end
אִפֵּס פעל י׳ (ipPES) zero (weapon or instrument), set to zero; equate to zero
אַפְסִי ת׳ (afSI) insignificant, worthless
אַפְסְנָאוּת נ׳ (afsena'UT) supply
אַפְסְנַאי ז׳ (afseNAI) quartermaster, storekeeper
אַפְסָר ז׳ (afSAR) leash
אֶפְעֶה ז׳ (ef'E) Burton's carpet viper
אַף עַל פִּי שֶׁ... מ״ח although, even though
אָפַף פעל י׳ (aFAF) surround
אֹפֶק ז׳ (Ofek) horizon
אָפְקִי ת׳ (ofKI) horizontal
אֵפֶר ז׳ (Efer) ash
אָפֹר ת׳ (aFOR) gray; ashen
אָפָר ז׳ (aFAR) meadow
אִפֵּר פעל י׳ (ipPER) make up (the face)
אֶפְרוֹחַ ז׳ (efROaḥ) chicken, nestling
אֲפַרְוּרִי ת׳ (afruRI) grayish
אַפִּרְיוֹן ז׳ (appirYON) canopy
אַפְרִיקָנִי ז׳ ת׳ (afriKAni) African

earphone, (*afarKEset*) אֲפַרְכֶּסֶת נ׳
earpiece; funnel; external ear
listen attentively עָשָׂה אָזְנוֹ כַּ –
persimmon; (*afarseMON*) אֲפַרְסְמוֹן ז׳
balsam, balm
peach (*afarSEK*) אֲפַרְסֵק ז׳
grayish, pale (*afarPAR*) אֲפַרְפַּר ת׳
gray
my wish (*efSHI*) אֶפְשִׁי
I don't want... אִי־אֶפְשִׁי
possible; (*efSHAR*) אֶפְשָׁר תה״פ
perhaps, maybe
impossible, cannot be אִי־אֶפְשָׁר
enable, make (*ifSHER*) אִפְשֵׁר פעל י׳
possible
possibility, (*efshaRUT*) אֶפְשָׁרוּת נ׳
chance; alternative
possible (*efshaRI*) אֶפְשָׁרִי ת׳
indifferent, apathetic (*apPAti*) אַפָּתִי ת׳
apathy (*apPATya*) אַפָּתְיָה נ׳
אַפְתָּעָה ר׳ הַפְתָּעָה
hurry, run, hasten (*ATS*) אָץ פעל ע׳
finger; index finger, (*etsBA*) אֶצְבַּע נ׳
forefinger
act of God – אֱלֹהִים
toe – הָרֶגֶל
does not lift a finger – אֵינוֹ נוֹקֵף
thimble (*etsbaON*) אֶצְבָּעוֹן ז׳
alga (algae) (*atsTSA*) אַצָּה נ׳
shelf, ledge (*itstaBA*) אִצְטַבָּה נ׳
astrologer (*itstagNIN*) אִצְטַגְנִין ז׳
stadium (*itstadYON*) אִצְטַדְיוֹן ז׳
stomach (*itstomKHA*) אִצְטוֹמְכָה נ׳
acetone (*atseTON*) אַצֶטוֹן ז׳
cylinder (*itstevaNA*) אִצְטְוָנָה נ׳
robe, cloak (*itsteLA*) אִצְטְלָה נ׳
pine cone, (*itstruBAL*) אִצְטְרֻבָּל ז׳
cone
upper arm (*atsTSIL*) אַצִּיל ז׳
nobleman, (*atSIL*) אָצִיל ז׳ ת׳
aristocrat; gentle
noblewoman; (*atsiLA*) אֲצִילָה נ׳
vesting, delegating

nobility; (*atsiLUT*) אֲצִילוּת נ׳
aristocracy; divine emanation
(Kabbala)
noble (*atsiLI*) אֲצִילִי ת׳
accumulating, (*atsiRA*) אֲצִירָה נ׳
hoarding
near, close to, at the (*Etsel*) אֵצֶל מ״י
side of, by, at, care of (c/o)
delegate; lay (*aTSAL*) אָצַל פעל י׳
aside; emanate
nobility, (*atsulLA*) אֲצֻלָּה נ׳
aristocracy
bracelet; anklet (*ets'aDA*) אֶצְעָדָה נ׳
collect, (*aTSAR*) אָצַר פעל י׳
accumulate, hoard
pistol; red precious (*ekDAḤ*) אֶקְדָּח ז׳
stone
revolver תֻּפִּי –
university (*akadeMA'i*) אֲקָדֶמַאי ז׳
graduate
academic (*akaDEmi*) אֲקָדֶמִי ת׳
academy (*akaDEMya*) אֲקָדֶמְיָה נ׳
aqueduct (*akveDUKT*) אַקְוֶדוּקְט ז׳
economical (*ekoNOmi*) אֶקוֹנוֹמִי ת׳
acoustics (*aKUStika*) אֲקוּסְטִיקָה נ׳
accordion (*akordYON*) אָקוֹרְדְיוֹן ז׳
aquarium (*akVARyum*) אַקְוַרְיוּם ז׳
timely, current (*aktu'Ali*) אַקְטוּאָלִי ת׳
assets (*akTIV*) אַקְטִיב ז׳
climate (*akLIM*) אַקְלִים ז׳
acclimate; (*ikLEM*) אִקְלֵם פעל י׳
acclimatize
axiom (*aksYOma*) אַקְסְיוֹמָה נ׳
acacia (*aKATSya*) אֲקַצְיָה נ׳
acre (*Akr*) אַקְר ז׳
chance (*akRAI*) אַקְרַאי ז׳
by chance, incidentally, בְּ – תה״פ
at random
acrobat (*akroBAT*) אַקְרוֹבָּט ז׳
(*akroBAtika*) אַקְרוֹבָּטִיקָה נ׳
acrobatics
(*akrostiKHON*) אַקְרוֹסְטִיכוֹן ז׳
acrostic

אֲקָרִית נ׳ (akaRIT) mite
אָרַב פעל ע׳ (aRAV) ambush, lurk
אַרְבֶּה ז׳ (arBE) locust, locusts
אֲרֻבָּה נ׳ (aruBA) chimney; hatch, skylight
אַרְבָּה נ׳ (arBA) barge
אַרְבַּע ש״מ (arBA') four (f.)
אַרְבָּעָה ש״מ (arba'A) four (m.); foursome
אַרְבָּעָה עָשָׂר ש״מ (arba'A aSAR) fourteen (m.)
אַרְבָּעוֹן ז׳ (araba'ON) tetrahedron
אַרְבָּעִים ש״מ (arba'IM) forty
אַרְבַּע עֶשְׂרֵה ש״מ (aı BA esRE) fourteen (f.)
אָרַג פעל י׳ (aRAG) weave
אֶרֶג ז׳ (Ereg) fabric, shuttle (weaver's)
אִרְגּוּן ז׳ (irGUN) organization, organizing
אַרְגָּז ז׳ (arGAZ) case, crate, box; chest; body
אַרְגָּמָן ז׳ (argaMAN) purple
אִרְגֵּן פעל י׳ (irGEN) organize
אַרְגָּעָה נ׳ (arga'A) calming, relieving; all-clear
אָרָד ז׳ (aRAD) bronze
אַרְדִּיכָל ז׳ (ardiKHAL) architect
אַרְדִּיכָלוּת נ׳ (ardikhaLUT) architecture
אָרָה פעל י׳ (aRA) gather, pick, pluck
אֻרְוָה נ׳ (urVA) stable
אֵרוּחַ ז׳ (eRUah) hospitality, accommodation
אֲרוּחָה נ׳ (aruḤA) meal
אֵרוֹטִי ת׳ (eROti) erotic
אֲרוּכָה נ׳ (aruKHA) healing, cicatrix
הֶעֱלָה – recovered
אֲרוֹמָה נ׳ (aROma) aroma
אָרוֹן ז׳ (aRON) closet, chest, wardrobe, cupboard, locker; coffin, ark
אֲרוֹן הַקֹּדֶשׁ Holy Ark
אָרוּס(־ה) ז׳(נ׳) (aRUS-A) fiancé; betrothed

אֵרוּסִים ז״ר (eruSIM) engagement
אָרוּר ת׳ (aRUR) accursed
אֶרֶז ז׳ (Erez) cedar; sturdy; young man, good fellow
אָרַז פעל י׳ (aRAZ) pack
אֹרֶז ז׳ (Orez) rioo
אֹרַח ז׳ (Oraḥ) way, manner, routine, custom
אַגַּב (אָרְחָא) by the way
אֵרַח פעל י׳ (eRAḤ) accommodate, display hospitality to
אָרְחֵי־פָּרְחֵי ז״ר (orḤEY-porḤEY) tramps, bums
אַרְטִילֶרְיָה נ׳ (artiLERya) artillery
אַרְטִיסְט ז׳ (arTIST) artist, actor; malingerer
אֲרִי, אַרְיֵה ז׳ (aRI; arYE) lion; Leo
אָרִי ת׳ (Ari) Aryan
אָרִיג ז׳ (aRIG) fabric
אֲרִיזָה נ׳ (ariZA) packing; packaging
אָרִיחַ ז׳ (aRIaḥ) tile; brick, briquet;
אֲרִיכוּת נ׳ (ariKHUT) length
– יָמִים longevity
אָרִיס ז׳ (aRIS) tenant farmer, sharecropper
אֲרִיסוּת נ׳ (ariSUT) land tenancy, sharecropping
אֲרִיסְטוֹקְרָט ז׳ (aristoKRAT) aristocrat
אֲרִיסְטוֹקְרַטְיָה נ׳ (aristoKRATya) aristocracy
אֲרִיתְמֶטִי ת׳ (aritMEti) arithmetical
אֲרִיתְמֶטִיקָה נ׳ (aritMEtica) arithmetic
אָרַךְ פעל ע׳ (aRAKH) endure, last, continue
אָרֹךְ ת׳ (aROKH) long
אֹרֶךְ ז׳ (Orekh) length
לְאֹרֶךְ תה״פ along
אַרְכֵאוֹלוֹג ז׳ (arkhe'oLOG) archaeologist
אַרְכֵאוֹלוֹגְיָה נ׳ (arkhe'oLOGya) archaeology

knee, crank-handle, crank (arkubBA) אַרְכֻּבָּה נ׳

archaic (arkha'I) אַרְכָאִי ת׳

extension (arKA) אַרְכָּה נ׳

stirrup; boot (torture), stocks (arKOF) אַרְכּוֹף ז׳

at length (arukKOT) אֲרֻכּוֹת תה״פ

arch- (ARkhi-) אַרְכִי־ ת׳

(arkhibiSHOF) אַרְכִיבִּישׁוֹף ז׳ archbishop

archduke (arkhidukKAS) אַרְכִידֻכָּס ז׳

archives (arkhiYON) אַרְכִיּוֹן ז׳

(arkhitekTUra) אַרְכִיטֶקְטוּרָה נ׳ architecture

archipelago (arkhipeLAG) אַרְכִיפֶּלָג ז׳

Aram; Aramea (aRAM) אֲרָם נ׳

Mesopotamia – נַהֲרַיִם

palace, castle, citadel, mansion (arMON) אַרְמוֹן ז׳

Aramaic, Aramean (aramMI) אֲרַמִּי ת׳

Aramaic (araMIT) אֲרָמִית נ׳

pine (Oren) אֹרֶן ז׳

hare (arNAV) אַרְנָב ז׳

hare (arNEvet) אַרְנֶבֶת נ׳

tax, property tax (arnoNA) אַרְנוֹנָה נ׳

bolete (orniYA) אָרְנִיָּה נ׳

wallet, purse, bag, billfold (arNAK) אַרְנָק ז׳

become engaged to (eRAS) אֵרַס פעל י׳

poison, venom (Eres) אֶרֶס ז׳

poisonous (arSI) אַרְסִי ת׳

poisonousness (arsiYUT) אַרְסִיּוּת נ׳

arsenic (arSEN) אַרְסָן ז׳

be, happen, occur (aRA) אָרַע פעל ע׳

happen, occur; make temporary (eRA) אֵרַע פעל ע׳

temporary, chance; transitional (ara'I) אֲרָעִי ת׳

transitoriness; impermanence (ara'iYUT) אֲרָעִיּוּת נ׳

land, country; soil, ground; earth; state (Erets) אֶרֶץ נ׳

earth (the globe) כַּדּוּר הָאָרֶץ

national, country-wide; earthly, material, temporal (arTSI) אַרְצִי ת׳

arak (oriental brandy) (Arak) אָרָק ז׳

ground, ground-wire (arKA) אַרְקָה נ׳

arctic (ARkti) אַרְקְטִי ת׳

curse (aRAR) אָרַר (אָר) פעל י׳

אֶרֶשׁ ר׳ אֵרַס

expression (areREshet) אֲרֶשֶׁת נ׳

fire, blaze (ESH) אֵשׁ נ׳

cob, spadix (eshBOL) אֶשְׁבּוֹל ז׳

waterfall, cascade (Eshed) אֶשֶׁד ז׳

slope; declivity (asheDA) אֲשֵׁדָה נ׳

woman, wife; female; anyone (f.), one (f.) (ishSHA) אִשָּׁה נ׳

fir (ashSHU'ah) אַשּׁוּחַ ז׳

accusation, indictment, charge (ishSHUM) אִשּׁוּם ז׳

beech; step (aSHUR) אֲשׁוּר ז׳

precisely, perfectly, properly לַאֲשׁוּרוֹ תה״פ

Assyria (ashSHUR) אַשּׁוּר נ׳

confirmation; endorsement, sanction; certificate (ishSHUR) אִשּׁוּר ז׳

אִשׁוּת ר׳ אִישׁוּת

foundation (oshYA) אָשְׁיָה נ׳

testicle (Eshekh) אֶשֶׁךְ ז׳

requiem; burial (ashkaVA) אַשְׁכָּבָה נ׳

cluster, bunch (eshKOL) אֶשְׁכּוֹל ז׳

versatile scholar אִישׁ – וֹת

grapefruit (eshkoLIT) אֶשְׁכּוֹלִית נ׳

Ashkenaz (traditional name for Germany); European Jewry (ashkeNAZ) אַשְׁכְּנַז נ׳

European Jew – י

tamarisk; scholar (Eshel) אֶשֶׁל ז׳

potash (ashLAG) אַשְׁלָג ז׳

potassium (ashleGAN) אַשְׁלְגָן ז׳

delusion, illusion (ashlaYA) אַשְׁלָיָה נ׳

guilty, accused (aSHEM) אָשֵׁם ת׳

sin, crime; guilt; guilt offering (aSHAM) אָשָׁם ז׳

אָשַׁם פעל ע׳ (aSHAM) be guilty, sin
אַשְׁמַאי ז׳ (ashMAI) confirmed sinner
אַשְׁמְדַאי ז׳ (ashmeDAI) Asmodeus, King of Demons
אַשְׁמָה נ׳ (ashMA) guilt, blame, crime
אַשְׁמוּרָה, אַשְׁמֹרֶת נ׳ (ashmuRA; ashMOret) vigil, watch (part of night)
אֶשְׁנָב ז׳ (eshNAV) small window, porthole, hatch, skylight
אַשָּׁף ז׳ (ashSHAF) wizard, magician, sorcerer
אַשְׁפָּה נ׳ (ashPA) garbage, refuse, dirt; quiver
אִשְׁפּוּז ז׳ (ishPUZ) hospitalization; accommodation
אִשְׁפֵּז פעל י׳ (ishPEZ) hospitalize
אַשְׁפָּרָה נ׳ (ashpaRA) finish
אִשֵּׁר פעל י׳ (ishSHER) confirm; acknowledge, authenticate, authorize
אֹשֶׁר ז׳ (Osher) happiness, bliss
אֲשֶׁר מ״ח (aSHER) that, who, which, that which; as to, regarding
כַּ — תה״פ when, whenever
— ל־ a propos
אַשְׁרַאי ז׳ (ashRAI) credit, trust
אַשְׁרָה נ׳ (ashRA) visa, ratification
אִשְׁרוּר ז׳ (ishRUR) ratification
אַשְׁרֵי מ״ק (ashREY) happy is...
אִשְׁרֵר פעל י׳ (ishRER) ratify; approve
אֶשְׁתָּקַד תה״פ (eshtaKAD) last year
אֶת־, אֵת מ״י (et) sign of the accusative case [direct object]

— מ״י with
אֵת ז׳ (ET) spade, shovel
אַתְּ מ״ג (AT) you (f.s.)
אַתֵּאִיזְם ז׳ (ate'ISM) atheism
אַתֵּאִיסְט ז׳ (ateIST) atheist
אֶתְגָּר ז׳ (etGAR) challenge
אַתָּה מ״ג (atTA) you (m.s.)
אָתוֹן נ׳ (aTON) she-ass
אִתּוּר ז׳ (itTUR) locating; localizing
אִתּוּת ז׳ (itTUT) signalling
אֶתִּי ת׳ (Etti) ethical
אֶתִיקָה נ׳ (Etika) ethics
אֶתְכֶם, ־ן מ״ג; ז׳ נ׳ (etKHEM/N) you ([pl.] in the accusative case)
אִתְּכֶם, ־ן with you (pl.)
אַתְלֵט ז׳ (atLET) athlete
אַתְלֵטִיקָה נ׳ (atLEtika) athletics
— קַלָּה track and field sports
אַתֶּם, ־ן מ״ג ז׳ נ׳ (aTEM/N) you (pl.)
אֶתְמוֹל ז׳ ותה״פ (etMOL) yesterday
אֶתְנַחְתָּא נ׳ (etnaḥTA) pause
אֶתְנִי ת׳ (ETni) ethnic
אֶתְנָן ז׳ (etNAN) harlot's pay; corrupt earnings
אֲתַר ז׳ (aTAR) place
אִתֵּר פעל י׳ (itTER) locate, find; localize
אֶתֶר ז׳ (Eter) ether
אַתְרָאָה ר׳ הַתְרָאָה
אֶתְרוֹג ז׳ (etROG) ethrog, citron
אֹתֹת ר׳ אוֹתֹת
אַתָּת ז׳ (atTAT) signaller

# ב

ב נ׳ (*BEYT*) Beit (the second letter of the Hebrew alphabet); two, second

ב – אות־יחס in, by, at, during, because of, for, according to, against (preposition that transforms noun into adverb [..-ly])

בָּא פעל ע׳ (*BA*) come, arrive; happen; set (sun)

– ־כֹּחַ ז׳ representative, delegate, spokesman

– בַּיָּמִים ת׳ aged

בֹּא ז׳ (*BO*) arrival

בֵּאוּר ז׳ (*be'UR*) explanation, commentary

בָּאוּשׁ ת׳ (*ba'USH*) stinking, spoilt

בֵּאֵר פעל י׳ (*be'ER*) explain, clarify

בְּאֵר נ׳ (*be'ER*) well

בָּאַשׁ פעל ע׳ (*ba'ASH*) stink, rot

בָּבָה נ׳ (*baVA*) pupil

בָּבַת־עַיִן apple of the eye

בֻּבָּה נ׳ (*bubBA*) doll, puppet

בָּבוּאָה נ׳ (*bavu'A*) reflection, image

בַּבּוּן ז׳ (*baBUN*) baboon

בַּבּוֹנָג ז׳ (*baboNAG*) camomile

בָּבֶל נ׳ (*baVEL*) Babylon

בְּבַת אַחַת תה״פ (*beVAT-aḤAT*) all at once

בָּגַד פעל ע׳ (*baGAD*) betray, act treacherously, deceive

בֶּגֶד ז׳ (*BEged*) garment, apparel, dress; coat

– ־יָם ז׳ bathing suit

בְּגֶדֶר תה״פ (*beGEder*) within the scope of . . .

בְּגִידָה נ׳ (*begiDA*) betrayal, treason, treachery, infidelity; adultery

בְּגִין מ״י (*beGIN*) for the sake of, for; because of

בִּגְלַל מ״י (*bigLAL*) for, because of, on account of, thanks to

בְּגַפּוֹ תה״פ (*begapPO*) alone

בַּג״ץ = בֵּית דִּין גָּבֹהַּ לְצֶדֶק High Court of Justice; Supreme Court

בָּגַר פעל ע׳ (*baGAR*) grow up, mature

בַּגְרוּת נ׳ (*bagRUT*) maturity, puberty; matriculation

בַּד ז׳ (*BAD*) fabric, cloth; staff, branch; oil-press; lie, fiction

בַּדַּאי ז׳ (*badDAI*) liar

בָּדַד פעל ע׳ (*baDAD*) be alone, be in seclusion

בִּדֵּד פעל י׳ (*bidDED*) isolate, insulate

בָּדָד תה״פ (*baDAD*) alone, solitary

בָּדָה פעל י׳ (*baDA*) invent a story, fabricate, make up

בִּדָּה פעל י׳ (*bidDA*) prove a liar; give the lie to

בִּדּוּד ז׳ (*bidDUD*) insulation; isolation

בָּדוּחַ ת׳ (*baDUaḥ*) gay, amused

בִּדּוּחַ ז׳ (*bidDUaḥ*) amusement, entertainment, jesting

בֶּדְוִי ת׳ ז׳ (*BEDwi*) bedouin

בָּדוּי ת׳ (*baDUY*) fabricated, made up, assumed

שֵׁם – ז׳ alias

בִּדּוּל ז׳ (*bidDUL*) differentiation, distinction

בַּדּוֹן ז׳ (*badDON*) canvas hut

בָּדוּק ת׳ (*baDUK*) checked, proven, tested, verified, inspected

בִּדּוּר ז׳ (*bidDUR*) entertainment, amusement, recreation, diversion

בְּדוּת, בְּדוּתָה נ׳ (*beDUT; beduTA*) fiction; falsehood, fabrication; lie

בִּדַּח פעל י׳ (*bidDAḤ*) amuse

בַּדְּחָן ז׳ (baddeḤAN) jester, clown; humorist

בַּדְּחָנוּת נ׳ (baddeḥaNUT) jesting, fun

בְּדֵי מ״ח (beDEY) for, for the sake of, according to

— עָמָל תה״פ with difficulty

בְּדִידוּת נ׳ (bediDUT) loneliness, seclusion

בְּדָיָה נ׳ (bedaYA) fiction; falsehood, fantasy

בְּדִיחָה נ׳ (bediḤA) joke, jest

בְּדִיחוּת נ׳ (bediḤUT) jesting, joy, fun-making

בְּדִיל ז׳ (beDIL) tin

בְּדִיעֲבַד תה״פ (bedi'aVAD) after the event, post factum, ex post facto

בְּדִיקָה נ׳ (bediKA) check, examination, inspection, test

בִּדֵּל פעל י׳ (bidDEL) differentiate, separate; isolate

בָּדָל ז׳ (baDAL) piece, end, flap, lobe, butt

בְּדֹלַח ז׳ (beDOlaḥ) crystal

בַּדְלָנוּת נ׳ (badlaNUT) separatism; isolationism

בַּדְלָנִי ת׳ (badlaNI) separatist, isolationist

בָּדַק פעל י׳ (baDAK) examine, inspect, assay, check, scrutinize; repair, renovate

בֶּדֶק ז׳ (BEdek) repair, overhaul, maintenance; breach, gap; examination

בִּדֵּר פעל י׳ (bidDER) entertain, amuse, distract; divert; scatter; disperse

בָּהּ מ״ג (BAH) in her; in it (f.)

בָּהָה פעל ע׳ (baHA) wonder, be confused

בָּהוּל ת׳ (baHUL) anxious; worried; hasty; urgent; frightened

בַּהַט ז׳ (BAhat) alabaster

בְּהֶחְלֵט תה״פ (behehLET) absolutely

בְּהִילוּת נ׳ (behiLUT) haste, urgency, excitement

בָּהִיר ת׳ (baHIR) clear, bright, articulate; light, pale

בְּהִירוּת נ׳ (behiRUT) clarity, brightness, clearness

בֶּהָלָה נ׳ (behaLA) fright, panic; excitement; confusion; haste

בְּהֵמָה נ׳ (beheMA) domesticated animal; beast, animal; brute

בַּהֲמִי ת׳ (bahaMI) bestial; brutish; expressionless

בַּהֲמִיּוּת נ׳ (bahamiYUT) brutishness, beastliness; impassivity

בֹּהֶן נ׳ (BOhen) thumb; big toe

בָּהַק פעל ע׳ (baHAK) shine, gleam, glow

בֹּהַק ז׳ (BOhak) brightness; leucoderma

בַּהֶרֶת נ׳ (baHEret) bright spot; pale spot

— קַיִץ freckle

בּוֹ מ״ג (BO) in him, in it (m.); therein

בּוֹא ז׳ (BO) advent, arrival, entering; setting (sun)

בּוֹאֲךָ, בּוֹאֲכָה תה״פ (bo'aKHA) in the direction of, toward

בּוֹאֵשׁ ז׳ (boESH) skunk

בּוֹגֵד ז׳ (boGED) traitor, betrayer

בּוֹגְדָנוּת נ׳ (bogedaNUT) treachery, disloyalty

בּוֹגְדָנִי ת׳ (bogedaNI) treacherous, disloyal

בּוֹגֵר ז׳ת׳ (boGER) adult, mature; graduate, alumnus

— אוּנִיבֶרְסִיטָה bachelor

בְּוַדַּאי תה״פ (bevadDAI) certainly

בּוֹדֵד ת׳ז׳ (boDED) lonely, alone, isolated; individual, single

בּוֹדֵק ז׳ (boDEK) examiner, tester

בּוֹהֶמִי ת׳ (boHEmi) bohemian

בּוֹהֵק ת׳ (boHEK) glittering

בּוּז ז׳ (*BUZ*) scorn, contempt, mockery; shame
בּוֹזֵז ז׳ (*boZEZ*) plunderer, robber
בּוֹחֵן ז׳ (*boḤEN*) inspector, examiner, tester
בּוֹחֵר ז׳ (*boḤER*) voter; elector
בּוֹטֶה ת׳ (*boTE*) harsh, biting, blunt
בּוֹטָנִיקָה נ׳ (*boTAnika*) botany
בּוּל ז׳ (*BUL*) stamp, bull's eye; block, log; harvest
בּוּלָאוּת נ׳ (*bula'UT*) stamp collecting, philately
בּוּלַאי ז׳ (*buLAI*) stamp collector, philatelist
בּוּלְדוֹג ז׳ (*BULdog*) bulldog
בּוּלְדוֹזֶר ז׳ (*bulDOzer*) bulldozer
בּוֹלֵט ת׳ (*boLET*) protruding; conspicuous; prominent
בּוֹלֶשֶׁת נ׳ (*boLEshet*) secret police, department of detectives
בּוֹנֶה ז׳ ת׳ (*boNE*) builder; beaver; constructive
בּוֹסֵס פעל ע׳ (*boSES*) tread, trample; tramp
בּוּעָה נ׳ (*bu'A*) bubble; blister
בּוּעִית נ׳ (*bu'IT*) small, bubble
בּוֹעֵר ת׳ (*bo'ER*) burning, ablaze feverish; ignorant; urgent
בּוּץ ז׳ (*BUTS*) fine linen
בּוֹצֵר ז׳ (*boTSER*) grape harvester, vintager
בּוּקִיצָה נ׳ (*bukiTSA*) elm
בּוֹקֵעַ ת׳ (*boKE'A*) breaking through piercing, penetrating
בּוֹקֵר ז׳ (*boKER*) cattleman, herdsman, cowboy
בּוֹר ז׳ (*BOR*) hole, pit, cistern; dungeon; grave; boron, borax
בּוּר ת׳ ז׳ (*BUR*) illiterate, ignorant, boorish, boor, ignoramus; fallow, uncultivated
בּוֹרֵא ז׳ (*boRE*) Creator, God; maker
בּוּרְגָנוּת נ׳ (*burgaNUT*) bourgeoisie
בּוּרְגָנִי ז׳ ת׳ (*burgaNI*) bourgeois
בּוּרוּת נ׳ (*buRUT*) ignorance, illiteracy
בּוּרְסָה נ׳ (*burSA*) stock exchange, stock market
בּוֹרֵר ז׳ (*boRER*) arbitrator, arbiter; sorter
בּוֹרְרוּת נ׳ (*boreRUT*) arbitration
בּוֹשׁ פעל ע׳ (*BOSH*) be ashamed
בּוּשָׁה נ׳ (*buSHA*) shame, disgrace
בּוֹשֵׁשׁ פעל ע׳ (*boSHESH*) be late, tarry, be delayed
בַּז ז׳ (*BAZ*) falcon; plunder, loot, spoils
בָּז פעל ע׳ despise, mock, scorn
בִּזְבּוּז ז׳ (*bizBUZ*) waste
בִּזְבֵּז פעל י׳ (*bizBEZ*) squander, waste; spend
בַּזְבְּזָן ז׳ (*bazbeZAN*) wastrel, spendthrift, squanderer
בַּזְבְּזָנוּת נ׳ (*bazbezaNUT*) squandering, wastefulness
בִּזָּה פעל י׳ (*bizZA*) scorn, despise, abase
— נ׳ plunder
בָּזוּי ת׳ (*baZUY*) despised, vile
בִּזּוּי ז׳ (*biZUY*) deprecation, scorning, despising
בָּזַז פעל י׳ (*baZAZ*) plunder, sack, loot
בִּזָּיוֹן ז׳ (*bizzaYON*) shame, disgrace; contempt
בָּזִיךְ ז׳ (*baZIKH*) beaker, cup
בְּזִיל הַזּוֹל תה״פ (*beZIL hazZOL*) very cheap
בַּזֶּלֶת נ׳ (*bazZElet*) basalt
בָּזָק ז׳ (*baZAK*) lightning
בָּזַק פעל ע׳ י׳ (*baZAK*) sprinkle, scatter; flash
בָּחוּר ז׳ (*baḤUR*) youth, young man; jack; bachelor
בַּחוּרָה נ׳ (*bahuRA*) girl, maiden
בְּחִילָה נ׳ (*behiLA*) nausea, disgust

בְּחִינָה נ׳ (*beḥiNA*) examination, test; aspect
בִּבְחִינַת like, comparable to
מִבְּחִינַת from the point of view of
בָּחִיר ת׳ (*baḤIR*) chosen, elect, select
בְּחִיר לִבּוֹ fiancée
בְּחִירָה נ׳ (*beḥiRA*) choice, choosing; election
— וֹת נ״ר elections
בְּחִישָׁה נ׳ (*beḥiSHA*) mixing, stirring
בָּחַל פעל ע׳ (*baḤAL*) abhor, loathe
בָּחַן פעל י׳ (*baḤAN*) examine, test, assay
בֹּחַן ז׳ (*BOḥan*) examination, quiz; test, trial
בָּחַר פעל י׳ (*baḤAR*) choose, elect, prefer, select
בַּחֲרוּת נ׳ (*baḥaRUT*) youth
בָּחַשׁ פעל י׳ (*baḤASH*) stir
בִּטֵּא פעל י׳ (*bitTE*) pronounce; express, articulate
בִּטָּאוֹן ז׳ (*bitta'ON*) organ, mouthpiece
בָּטוּחַ ת׳ (*baTUaḥ*) safe, assured
בִּטּוּחַ ז׳ (*bitTUaḥ*) insurance
בְּטוּחוֹת תה״פ (*battuḤOT*) safely
בִּטּוּי ז׳ (*bitTUY*) pronunciation, expression, utterance, articulation
בִּטּוּל ז׳ (*bitTUL*) annulment, abolition; disrespect, contempt
בֶּטוֹן ז׳ (*beTON*) concrete
בָּטַח פעל ע׳ (*baTAḤ*) trust; be at ease, be unafraid
בִּטַּח פעל י׳ (*bitTAḤ*) insure
בֶּטַח תה״פ (*BEtaḥ*) in safety, securely; surely
בִּטְחָה נ׳ (*bitḤA*) security, safety, certainty
בִּטָּחוֹן ז׳ (*bittaḤON*) trust, faith; security
בְּטִיחוּת נ׳ (*betiḤUT*) safety, security
בָּטֵל פעל ע׳ (*baTEL*) cease, end

בִּטֵּל פעל י׳ (*bitTEL*) abolish, repeal; despise, belittle
בָּטֵל ת׳ (*baTEL*) idle; null, void
בַּטָּלָה נ׳ (*battaLA*) idleness; leisure; vanity
בַּטְלָן ז׳ (*batLAN*) idler, loafer; good-for-nothing; bungler; Torah scholar living on alms
בַּטְלָנוּת נ׳ (*batlaNUT*) idleness, loafing; inefficiency, bungling
בֶּטֶן נ׳ (*BEten*) belly, abdomen; stomach; depth; protuberance; pregnancy
בָּטְנָה ז׳ (*botNE*) pistachio nut; peanut
בִּטְנָה נ׳ (*bitNA*) lining
בַּטְנוּן ז׳ (*batNUN*) bass
בַּטֶּרְיָה נ׳ (*baTERya*) battery
בָּטַשׁ פעל ע׳ (*baTASH*) trample, stomp, kick
בִּי מ״ג (*BI*) in me; with me
— מ״ק please
בִּיאָה נ׳ (*bi'A*) entrance, coming; coitus
בִּיב ז׳ (*BIV*) sewer, gutter
בִּיבְּלִיוֹגְרָף ז׳ (*bibliyoGRAF*) bibliographer
בִּיבְּלִיוֹגְרַפְיָה נ׳ (*bibliyoGRAFya*) bibliography
בֵּיבָר ז׳ (*beVAR*) zoo, menagerie
בִּיגַמְיָה נ׳ (*biGAMya*) bigamy
בִּיּוּב ז׳ (*biYUV*) sewage, drainage, canalization
בִּיּוֹגְרָף ז׳ (*biyoGRAF*) biographer
בִּיּוֹגְרַפְיָה נ׳ (*biyoGRAFya*) biography
בִּיּוֹלוֹג ז׳ (*biyoLOG*) biologist
בִּיּוֹלוֹגְיָה נ׳ (*biyoLOGya*) biology
בִּיּוּם ז׳ (*biyYUM*) staging, directing
בִּיּוּן ז׳ (*biYUN*) intelligence; interposition
בִּיּוֹסְפֵירָה נ׳ (*biyoSFEra*) biosphere
בִּיּוּץ ז׳ (*biYUTS*) ovulation; mixing in an egg

house, home; chamber; (baYIT) בַּיִת ז׳
family, tribe; school; verse, stanza;
Jerusalem Temple; receptacle; interior
domestícate (biYET) בַּיֵּת פעל י׳
family, tribe (beyt-AV) בֵּית אָב ז׳
home for aged (beyt-aVOT) בֵּית אָבוֹת ז׳
handle (bet-aḥiZA) בֵּית אֲחִיזָה ז׳
prison (beyt-asuRIM) בֵּית־אֲסוּרִים ז׳
oil press (beyt BAD) בֵּית־בַּד ז׳
chamber; throat (beyt bli'A) בֵּית־בְּלִיעָה ז׳
brothel (beyt BOshet) בֵּית־בֹּשֶׁת ז׳
court, tribunal (beyt DIN) בֵּית־דִּין ז׳
press (printing) (beyt deFUS) בֵּית־דְּפוּס ז׳
armpit (beyt ha-SHEḥi) בֵּית־הַשֶּׁחִי ז׳
refinery (beyt zikKUK) בֵּית־זִקּוּק ז׳
hospital (beyt ḥoLIM] בֵּית־חוֹלִים ז׳
source of life; cemetery (beyt ḥaiYIM) בֵּית־חַיִּים ז׳
(beyt ḥaROshet) בֵּית־חֲרֹשֶׁת ז׳
factory
sleeve; handle, glove (beyt YAD) בֵּית־יָד ז׳
pottery; (beyt yoTSER) בֵּית־יוֹצֵר ז׳
workshop; source of creativity
foundry (beyt yetsiKA) בֵּית־יְצִיקָה ז׳
church, mosque (beyt yir'A) בֵּית־יִרְאָה ז׳
latrine, toilet (beyt kaVOD) בֵּית־כָּבוֹד ז׳
prison (beyt KEle) בֵּית־כֶּלֶא ז׳
synagogue (beyt keNEset) בֵּית־כְּנֶסֶת ז׳
toilet (beyt kisSE) בֵּית־כִּסֵּא ז׳
(beyt midRASH) בֵּית־מִדְרָשׁ ז׳
Talmudic school; seminary;
synagogue; school, system
(beyt mitbaḤAyim) בֵּית־מִטְבָּחַיִם ז׳
slaughter house
(beyt melaKHA) בֵּית־מְלָאכָה ז׳
workshop

(byuroKRATya) בְּיוּרוֹקְרַטְיָה נ׳
bureaucracy
shaming, humiliating (biYUSH) בִּיּוּשׁ ז׳
domestication (biYUT) בִּיּוּת ז׳
most, greatly; especially (beyoTER) בְּיוֹתֵר תה״פ
Bilu (1882 pioneer group) (BIlu) בִּיל״וּ
billion (bilYON) בִּילְיוֹן ז׳
stage; direct (biYEM) בִּיֵּם פעל י׳
stage manager (biMAI) בִּימַאי ז׳
stage; platform (biMA) בִּימָה נ׳
between; among, amidst; inter- (BEYN) בֵּין מ״י
wisdom, (biNA) בִּינָה נ׳
understanding, comprehension, insight
binomial (biNOM) בִּינוֹם ז׳
middle, average, (beynoNI) בֵּינוֹנִי ת׳
mediocre, intermediate; present participle
mediocrity (beynoniYUT) בֵּינוֹנִיּוּת נ׳
middle (beyNAyim) בֵּינַיִם ז״ז
Middle Ages יְמֵי הַ –
interim condition מַצַּב –
(beyn-le'umMI) בֵּין־לְאֻמִּי ת׳
international
meanwhile (beynTAyim) בֵּינְתַיִם תה״פ
ovulate; mix an egg (biYETS) בִּיֵּץ פעל י׳
egg; ovum, ovule (beyTSA) בֵּיצָה נ׳
oval, egg-like (beyTSI) בֵּיצִי ת׳
fried egg, omelet (beytsiYA) בֵּיצִיָּה נ׳
beer (BIra) בִּירָה נ׳
ale – כֵּהָה
capital (city) (biRA) בִּירָה נ׳
garter; ring, hoop (biRIT) בִּירִית נ׳
bad (BISH) בִּישׁ ת׳
shame, disgrace (biYESH) בִּיֵּשׁ פעל י׳
bishop (biSHOF) בִּישׁוֹף ז׳
bashful (bayeSHAN) בַּיְשָׁן ת׳
bashfulness (baiyeshaNUT) בַּיְשָׁנוּת נ׳

בֵּית־מַרְזֵחַ ז׳ (beyt marZEaḥ) barroom
בֵּית־מֶרְחָץ ז׳ (beyt merḤATS) bathhouse
בֵּית־מִרְקַחַת ז׳ (beyt mirKAḥat) pharmacy, drugstore
בֵּית־מִשְׁפָּט ז׳ (beyt mishPAT) court, courthouse
בֵּית־נִבְחָרִים ז׳ (beyt nivḥaRIM) parliament; legislature, assembly
בֵּית נְכוֹת ז׳ (beyt neKHOT) museum
בֵּית־נְתִיבוֹת ז׳ (beyt netiVOT) terminal building, train station
בֵּית־סֹהַר ז׳ (beyt SOhar) prison
בֵּית־סֵפֶר ז׳ (beyt SEfer) school
בֵּית־עֲבוֹט ז׳ (beyt aVOT) pawnshop
בֵּית־עוֹלָם ז׳ (beyt oLAM) cemetery
בֵּית־עָם ז׳ (beyt AM) assembly, hall, community center
בֵּית־קְבָרוֹת ז׳ (beyt kevaROT) cemetery
בֵּית־קָפֶה ז׳ (beyt kaFE) café, coffee shop
בַּיִת רִאשׁוֹן ז׳ (BAyit riSHON) First Temple
בַּיִת שֵׁנִי ז׳ (BAyit sheNI) Second Temple
בֵּית־שִׁמּוּשׁ ז׳ (beyt shimMUSH) latrine, toilet
בֵּית־תַּמְחוּי ז׳ (beyt tamḤUY) free kitchen
בֵּיתִי ת׳ (beyTI) domestic, homely
בֵּיתִיּוּת נ׳ (beytiYUT) domesticity
בִּיתָן ז׳ (biTAN) pavilion
בְּךָ מ״ג ז׳ (beKHA) in you; with you (m.)
בָּךְ מ״ג נ׳ (baKH) in you, with you (f.)
בָּכָה פעל ע׳ (baKHA) cry, weep
בִּכָּה פעל י׳ (bikKA) bewail, mourn
בְּכוֹר ז׳ (beKHOR) first-born, senior, elder
בְּכוֹרָה נ׳ (bekhoRA) birthright, primogeniture, seniority
בִּכּוּרִים ז״ר (bikkuRIM) first harvest
חַג הַ־ — Shavu'ot, Pentecost

בְּכִי ז׳ (beKHI) weeping
בְּכִיָּה נ׳ (bekhiYA) weeping
בַּכְיָן ז׳ (bakhYAN) weeper, cry-baby
בַּכְיָנוּת נ׳ (bakhyaNUT) weeping, disposition to weep, whining
בָּכִיר ת׳ (baKHIR) senior, superior
בֻּכְיָר ז׳ (bukhYAR) shuttle, spindle
בָּכֶם מ״ג ז״ר (baKHEM) in you, with you (m. pl.)
בָּכֶן מ״ג נ״ר (baKHEN) in you, with you (f. pl.)
בְּכֵן, וּבְכֵן מ״ח (beKHEN, uvKHEN) if so, and so, accordingly; thus
בֻּכְנָה נ׳ (bukhNA) piston
בִּכֵּר פעל י׳ (bikKER) prefer; give birth for the first time
בֵּכֶר ז׳ (BEkher) young male camel
בִּכְרָה נ׳ (bikhRA) young female camel
בַּל מ״ח (BAL) non-, do not; (particle of negation, especially in imperatives)
בְּלֹא מ״י (beLO) without
בְּלָאו הָכֵי תה״פ (beLAV-haKHI) any-way, in any case
בַּלָּאט תה״פ (balLAT) stealthily, secretly
בְּלַאי ז׳ (beLAI) wear; amortization
בִּלְבַד תה״פ (bilVAD) only, just, alone
בִּלְבּוּל ז׳ (bilBUL) confusion
בֻּלְבּוּל ז׳ (bulBUL) bulbul (bird)
בֻּלְבּוּס ז׳ (bulBUS) potato; bulb
בִּלְבֵּל פעל י׳ (bilBEL) confuse. bewilder
בֶּלְגִי ז׳ ת׳ (BELgi) Belgian
בַּלָּגָן ז׳ (balaGAN) confusion, disorder, mess
בַּלָּדָה נ׳ (baLAda) ballad
בַּלְדָּר ז׳ (balDAR) courier
בָּלָה פעל ע׳ (baLA) become worn, age, decay, wither
בִּלָּה פעל י׳ (bilLA) wear out, waste, spend; spend time, have a good time; outlive, survive

בָּלֶה ת׳ (baLE) worn-out, old

בַּלָּהָה נ׳ (ballaHA) horror, dread, terror

חֲלוֹם בַּלָּהוֹת nightmare

בְּלוֹ ז׳ (beLO) excise

בְּלוֹאִים ז״ר (beloIM) rags

בַּלּוּט ז׳ (balLUT) acorn

בַּלּוּטָה נ׳ (balluTA) gland

בִּלּוּי ז׳ (bilLUY) pastime, recreation; wearing out

בָּלוּי ת׳ (baLUY) worn out, ragged

בָּלוּל ת׳ (baLUL) mixed, mingled

בָּלוּם ת׳ (baLUM) closed, sealed; full; braked

בַּלּוֹן ז׳ (balLON) balloon; gas container

בְּלוֹנְדִי, בְּלוֹנְדִינִי ת׳ (bLONdi, blonDIni) blond

בְּלוֹרִית נ׳ (beloRIT) forelock

בִּלּוּשׁ ז׳ (bilLUSH) crime detection, investigation, sleuthing

בָּלַט פ״ע (baLAT) protrude; be emphasized, be conspicuous

בַּלֶּט ז׳ (balLET) ballet

בָּלָטָה נ׳ (baLAta) floor tile, flat surface

בֶּלֶטְרִיסְטִיקָה נ׳ (belletRIStika) fiction, belles lettres

בְּלִי מלת שלילה (beLI) without

בְּלִיטָה נ׳ (beliTA) protrusion, bulge

בְּלִיל ז׳ (beLIL) mixture, concoction, mixed fodder

בְּלִילָה נ׳ (beliLA) mixing

בְּלִימָה נ׳ (beliMA) braking; nothingness

בַּלִּיסְטִיקָה נ׳ (balLIStika) ballistics

בַּלִּיסְטְרָא נ׳ (ballistRA) catapult, ballista

בְּלִיעָה נ׳ (bli'A) swallowing, absorption

גּוֹרֵם הַ– absorption coefficient

בֵּית הַ– chamber (gun)

בְּלִיַּעַל ז׳ (beliYA'al) wickedness, evil

אִישׁ (בֶּן) – villain; swindler

בָּלַל פעל י׳ (baLAL) mix, confuse, assimilate

בָּלַם פעל י׳ (baLAM) brake, stop, shut

בֶּלֶם ז׳ (BElem) brake

בֻּלְמוּס ז׳ (bulMUS) desire, lust, intense hunger

בַּלָּן ז׳ (balLAN) bath attendant

בָּלַע פעל י׳ (baLA') swallow; absorb, assimilate

בִּלַּע פעל י׳ (bilLA') destroy, confuse

בֶּלַע ז׳ (BEla) destruction; mouthful; deceit, slander

בִּלְעָדִי ת׳ (bil'aDI) exclusive

בִּלְעָדִיּוּת נ׳ (bil'adiYUT) exclusiveness

בַּלְעָן ז׳ (bal'AN) glutton

בַּלֶּרִינָה נ׳ (balleRIna) ballerina

בָּלַשׁ פעל י׳ (baLASH) search, investigate

בַּלָּשׁ ז׳ (balLASH) detective

בַּלָּשׁוּת נ׳ (ballaSHUT) investigation, crime detection

בַּלָּשִׁי ת׳ (ballaSHI) detective

בַּלְשָׁן ז׳ (balSHAN) linguist; philologist

בַּלְשָׁנוּת נ׳ (balshaNUT) linguistics, philology

בִּלְתִּי מ״י (bilTI) not, except; without

בָּם מ״ג ז״ר (BAM) in them, with them (m.)

בַּמַּאי ז׳ (bamMAI) director (stage or film), stage-manager

בַּמְבּוּק ז׳ (BAMbuk) bamboo

בָּמָה נ׳ (baMA) stage, pulpit, rostrum, mound; altar; mesa; scaffold

– לְתִזְמֹרֶת bandstand

בְּמוֹ מ״ח (beMO) in his own, with his own

בִּמּוּי ז׳ (bimMUY) direction (stage)

בַּמְיָה נ׳ (BAMya) bamia, okra

בִּמְקוֹם מ״י (bimKOM) instead of

בְּמֶשֶׁךְ תה״פ (beMEshekh) during

בֵּן ז׳ בֶּן־ (BEN) son, boy, child (male), native, inhabitant, member of, ...of age

human being (*ben aDAM*) בֶּן־אָדָם ז׳
immortal (*ben alMAvet*) בֶּן־אַלְמָוֶת ז׳
familiar; (*ben BAyit*) בֶּן־בַּיִת ת׳ ז׳
close friend
Jew; ally (*ben beRIT*) בֶּן־בְּרִית ת׳
cousin (*ben DOD*) בֶּן־דּוֹד ז׳
spouse, mate, (*ben ZUG*) בֶּן־זוּג ז׳
partner
bastard (*ben zenuNIM*) בֶּן־זְנוּנִים ת׳
child born (*ben zekuNIM*) בֶּן־זְקוּנִים ז׳
to elderly parents
stepson (*ben ḥoREG*) בֶּן חוֹרֵג ז׳
freeman (*ben ḥoRIN*) בֶּן־חוֹרִין ז׳
brave man, hero (*ben ḤAyil*) בֶּן־חַיִל ז׳
son of good (*ben toVIM*) בֶּן־טוֹבִים ז׳
family
Jew; (*ben yisra'EL*) בֶּן־יִשְׂרָאֵל ז׳
Israelite
escort, (*ben levaYA*) בֶּן־לְוָיָה ז׳
follower
deserving (*ben MAvet*) בֶּן־מָוֶת ת׳
death
of the same (*ben miNO*) בֶּן־מִינוֹ ת׳
kind
hostage (*ben arubBA*) בֶּן־עֲרֻבָּה ז׳
instantly (*bin REga*) בִּן־רֶגַע
scholar, (*ben toRA*) בֶּן־תּוֹרָה ת׳
learned in the Torah
mortal (*ben temuTA*) בֶּן־תְּמוּתָה ז׳
(*ben ta'aROvet*) בֶּן־תַּעֲרֹבֶת ת׳
hybrid, of mixed breeds
understand, study (*BAN*) בָּן פעל י׳
internationalization (*bin'UM*) בִּנְאוּם ז׳
building, (*banna'UT*) בַּנָּאוּת נ׳
construction, architecture
construction (*banNAI*) בַּנַּאי ז׳
worker, builder
build, construct, (*baNA*) בָּנָה פ״י
establish, make
build up; (*binNA*) בִּנָּה פעל י׳
reconstruct, repair, strengthen
in us; with us; us (*BAnu*) בָּנוּ מ״ג

construction; building (*binNUY*) בִּנּוּי ז׳
up; reconstruction
built-up, constructed (*baNUY*) בָּנוּי ת׳
gasoline (*benZIN*) בֶּנְזִין ז׳
construction, building (*beniYA*) בְּנִיָּה נ׳
(*beney me'A'yim*) בְּנֵי־מֵעַיִם ז״ר
intestines, guts
building, edifice, (*binYAN*) בִּנְיָן ז׳
construction, building up;
conjugation, basic rule
archtype בִּנְיַן אָב ז׳
banal (*baNALi*) בָּנָלִי ת׳
banality (*baNALiyut*) בָּנָלִיּוּת נ׳
banana (*baNAna*) בָּנָנָה נ׳
bank (*BANK*) בַּנְק ז׳
banking (*banka'UT*) בַּנְקָאוּת נ׳
banker (*banKAI*) בַּנְקַאי ז׳
bank; banking (*banka'I*) בַּנְקָאִי ת׳
bass (*BAS*) בַּס ז׳
well, in order; (*beSEder*) בְּסֵדֶר תה״פ ת׳
satisfactorily; all right; safe; yes;
satisfactory
perfuming (*bisSUM*) בִּסּוּם ז׳
basing; (*bisSUS*) בִּסּוּס ז׳
establishing; strengthening,
supporting
basis, base, (*baSIS*) בָּסִיס ז׳
foundation; alkali
basic, fundamental; (*besiSI*) בְּסִיסִי ת׳
alkaline
perfume, (*bisSEM*) בִּסֵּם פעל י׳
flavor; gladden; intoxicate
base, found; (*bisSES*) בִּסֵּס פ״י
establish, strengthen, support
trample, tread (*baSAS*) בָּסַס פעל י׳
unripe fruit; (*BOser*) בֹּסֶר ז׳
immaturity; unfinished work
orchard, garden (*busTAN*) בֻּסְתָּן ז׳
bubble, boil (*bi'BA*) בִּעְבַּע פעל ע׳
(*be'AD; BA'ad*) בְּעַד, בַּעַד מ״י
for the sake
of, for, through; after; because of

מִבַּעַד (mibBA'ad) through

בְּעוֹד תה"פ (be'OD) while, as long as

בְּעוּלָה נ' (beu'LA) married woman; non-virgin

בִּעוּר ז' (bi'UR) removal, annihilation

בִּעוּת ז' (bi'UT) terror, horror

בָּעַט פעל י' (ba'AT) kick; trample, despise; revel

בְּעֶטְיוֹ שֶׁל מ"י (be'et YO shel) because of, due to

בְּעָיָה נ' (be'aYA) problem

בְּעִיטָה נ' (be'iTA) kick

בְּעִילָה נ' (be'iLA) sexual intercourse

בָּעִיר ת' (ba'IR) inflammable

בְּעִיר ז' (be'IR) domestic animals

בְּעָיָתִי ת' (be'ayaTI) problematical

בָּעַל פעל י' (ba'AL) have sexual intercourse with; be master of

בַּעַל ז' (BA'al) husband; owner, possessor; master, lord; Baal; land not requiring irrigation

בַּעַל־אֶגְרוֹף ז' (BA'al egROF) ruffian

בַּעַל־אֹפִי ז' (BA'al O'fi) person of character

בַּעַל־בַּיִת ז' (BA'al BAyit) houseowner, landlord; master, host; well-off person

בַּעַל־בֵּיתִי ת' (BA'al bey'TI) middle-class; bourgeois; provincial

בַּעַל בְּרִית ז' (BA'al beRIT) ally, associate

בַּעַל־דֵּעָה ת' (BA'al de'A) influential; intelligent

בַּעַל־חוֹב ז' (BA'al HOV) debtor; creditor

בַּעַל־חַיִּים ז' (BA'al hai YIM) animal

בַּעַל־חֻלְיוֹת ז' (BA'al hul YOT) vertebrate

בַּעַל־כָּנָף ז' (BA'al kaNAF) bird

בַּעַל־מוּם ז' (BA'al MUM) cripple, invalid

**Left column:**

בַּעַל־מְלָאכָה ז' (BA'al melaKHA) artisan

בַּעַל־נִסָּיוֹן ת' (BA'al nissaYON) experienced

בַּעַל־עֲבֵרָה ז' (BA'al aveRA) sinner

בַּעַל־צוּרָה ת' (BA'al tsuRA) dignified

בַּעַל־קוֹמָה ת' (BA'al koMA) tall

בַּעַל־קוֹרֵא, בַּעַל־קְרִיאָה ז' (BA'al koRE; BA'al keri'A) reader (scriptures in synagogue)

בַּעַל־(הַ)רַחֲמִים ז' (BA'al [ha]rahaMIM) All Merciful One, God

בַּעַל־שִׂמְחָה ז' (BA'al simHA) celebrator

בַּעַל־שְׂרָרָה ז' (BA'al seraRA) senior government official, wielder of power

בַּעַל־תְּפִלָּה ז' (BA'al tefilLA) cantor, reader

בַּעַל־תְּשׁוּבָה ז' (BA'al teshuVA) repenting sinner

בַּעַל־תּוֹקֵעַ, בַּעַל־תְּקִיעָה ז' (BA'al toKE'a; BA'al teki'A) shofar (rams horn) blower

בַּעֲלוּת נ' (ba'aLUT) ownership, possession

בְּעָלִים ז"ר (be'aLIM) owner

בְּעַל כָּרְחוֹ תה"פ (be'AL korHO) reluctantly

בְּעָלְמָא תה"פ (be'alMA) unintentionally, just like that, for no reason

בַּעֲלָן ז' ת' (ba'aLAN) avid, eager person

בְּעַל פֶּה תה"פ (be'alPE) by heart

בְּעֶצֶם תה"פ (be'Etsem) as a matter of fact, actually

בָּעַר פעל ע' (ba'AR) blaze, burn

בִּעֵר פעל י' (bi'ER) kindle, ignite; remove; annihilate; exterminate

בַּעַר ז׳ (BA'ar) ignoramus, fool
בְּעֵרָבוֹן מֻגְבָּל (בע״מ) (be'eraVON mugBAL) limited liability (Ltd.; Inc.)
בְּעֵרָה נ׳ (be'eRA) blaze, fire
בַּעֲרוּת נ׳ (ba'aRUT) stupidity; ignorance
בְּעֶרֶךְ תה״פ (be'Erekh) approximately, about, around
בַּעַת ז׳ (BA'at) phobia; fear
בְּעָתָה נ׳ (be'aTA) sudden fear; terror
בִּפְנֵי תה״פ (bifeNEY) in presence of, before, in sight of
בִּפְנִים תה״פ (bifeNIM) inside, within
בְּפֹעַל תה״פ ת׳ (beFO'al) actually; actual, acting
בִּפְרָט תה״פ (bifeRAT) particularly
בֹּץ ז׳ (BOTS) mud
בִּצְבּוּץ ז׳ (bitsBUTS) bursting, sprouting
בִּצְבֵּץ פעל ע׳ (bitsBETS) burst forth, sprout
בִּצָּה נ׳ (bitsTSA) swamp, marsh
בִּצּוּעַ ז׳ (bitsTSU'a) performance, realization, practice, execution
בִּצּוּר ז׳ (bitsTSUR) fortification
בְּצִיעָה נ׳ (betsi'A) slicing
בָּצִיר ז׳ (baTSIR) grape harvest, vintage
בָּצָל ז׳ (baTSAL) onion, bulb
בְּצַלְצָל ז׳ (betsalTSAL) shallot, scallion
בָּצַע פעל י׳ (baTSA) slice, break off; effect a compromise
בִּצֵּעַ פעל י׳ (bitsTSE'a) perform, execute, carry out; accomplish
בֶּצַע ז׳ (BEtsa) profit, unjust gain; advantage
אַהֲבַת (רְדִיפַת, תַּאֲוַת) – נ׳ greed; avarice
בָּצֵק ז׳ (baTSEK) dough, paste, batter

בָּצַק פעל ע׳ (baTSAK) swell, become pasty
בְּצֵקִי ת׳ (betseKI) pasty, swollen
בַּצֶּקֶת נ׳ (batsTSEket) edema
בָּצַר פעל י׳ (baTSAR) harvest (vine); subdue
בִּצֵּר פעל י׳ (bitsTSER) fortify; strengthen
בֶּצֶר ז׳ (BEtser) ore; strength
בַּצֹּרֶת נ׳ (batsTSOret) drought
בִּצָּתִי ת׳ (bitstsaTI) swampy, marshy
בַּקְבּוּק ז׳ (bakBUK) bottle
בִּקּוּעַ ז׳ (biKU'a) splitting, chopping; crack
בָּקוּעַ ת׳ (baKU'a) broken, split, cleft, cloven
בִּקּוּר ז׳ (bikKUR) visit, attendance; examination
בִּקּוּשׁ ז׳ (bikKUSH) demand
בַּקְטֶרְיָה נ׳ (bakTERya) bacteria
בָּקִי ת׳ (baKI) expert, learned; adept
בְּקִיאוּת נ׳ (bekiUT) expertness, adaptness, familiarity
בְּקִיעַ ז׳ (beKI'a) breach, gap, fissure; pond
בְּקִיעוּת נ׳ (beki'UT) fissionability, fissure
בַּקָּלָה נ׳ (BAKkala) hake, cod, codfish
בָּקֶלִיט ז׳ (bakeLIT) bakelite
בָּקַע פעל י׳ (baKA') cleave, split, break; penetrate
בִּקַּע פעל י׳ (bikKA') split, chop
בֶּקַע ז׳ (BEka) split, rift; half shekel
בִּקְעָה נ׳ (bik'A) valley
בִּקֵּר פעל י׳ (bikKER) visit, attend; examine, criticize, check
בָּקָר ז׳ (baKAR) cattle
בְּשַׂר – ז׳ beef
בַּקָּר ז׳ (bakKAR) checker; inspector; examiner
בֹּקֶר ז׳ (BOker) morning
בְּקֶרֶב מ״י (beKErev) amid (st), among (st)

בְּקִרְבַת־ תה״פ (*bekirVAT*) around, near, in the vicinity of

בַּקָּרָה נ׳ (*bakkaRA*) control, examination, inspection

בְּקֵרוּב תה״פ (*bekeRUV*) nearly, approximately; around, about

בְּקָרוֹב תה״פ (*bekaROV*) shortly, soon

בִּקֹּרֶת נ׳ (*bikKOret*) criticism, review, critique, inspection; censorship

לְמַתּוֹחַ – פעל ע׳ criticize, censure

בִּקָּרְתִּי ת׳ (*bikkorTI*) critical

בִּקָּרְתִּיּוּת נ׳ (*bikkortiYUT*) censoriousness, critical attitude

בִּקֵּשׁ פעל י׳ (*bikKESH*) ask, request; search; intend

בַּקָּשָׁה נ׳ (*bakkaSHA*) request; seeking; entreaty, application

בְּבַקָּשָׁה please

בִּקְתָּה נ׳ (*bikTA*) hut

בָּר, בַּר ז׳ ת׳ (*BAR*) grain; cereals; open field, wilderness; wild, undomesticated

בַּר ז׳ ת׳ exterior, pure, clean; son; possessing...; worthy of...

– מ״י except, without

בַּר־מִנַּן ז׳ (*bar-minNAN*) corpse; God forbid

בָּרָא פעל י׳ (*baRA*) create

בֵּרֵא פעל י׳ (*beRE*) cut down; clear (forest)

בְּרֵאשִׁית תה״פ (*bereSHIT*) in the beginning, to begin with; Genesis (book)

בְּרֵאשִׁיתִי ת׳ (*bereshiTI*) primeval

בַּרְבּוּר ז׳ (*barBUR*) swan

בַּרְבָּרִי ז׳ ת׳ (*barBAri*) barbarian, barbaric

בַּרְבָּרִיּוּת נ׳ (*barBAriyut*) barbarism, vandalism

בֹּרֶג ז׳ (*BOreg*) screw, bolt

בְּרֹגֶז תה״פ (*beROgez*) angry with, "mad at"; on bad terms with

– ז׳ quarrel

בָּרְגִּי ת׳ (*borGI*) spiral; screw-like

בֻּרְגָּנוּת נ׳ (*burgaNUT*) bourgeoisie

בָּרָד ז׳ (*baRAD*) hail

בָּרֹד ת׳ (*baROD*) spotted, piebald

בַּרְדְּלָס ז׳ (*bardeLAS*) cheetah; spotted predatory feline

בַּרְדָּס ז׳ (*barDAS*) hood, cowl

בָּרוּא ז׳ (*baRU*) creature

בֵּרוּא ז׳ (*beRU*) clearing, deforestation

בַּרְוָז ז׳ (*barVAZ*) duck

בַּרְוָזִיָּה נ׳ (*barvaziYA*) duck house

בַּרְוָזָן ז׳ (*barvaZAN*) platypus

בְּרוּטוֹ ז׳ ת׳ (*BRUto*) gross, total, overall

בְּרוּטָלִיּוּת נ׳ (*bruTAliyut*) brutality

בָּרוּךְ ת׳ (*baRUKH*) blessed

– הַבָּא welcome

בְּרוֹם ז׳ (*beROM*) bromine

בָּרוֹמֶטֶר ז׳ (*baroMEter*) barometer

בָּרוֹן ז׳ (*baRON*) baron

בְּרוֹנְזָה נ׳ (*beRONza*) bronze

בֵּרוּץ ז׳ (*beRUTS*) surplus, excess, overflow

בָּרוּר ת׳ (*baRUR*) clear, evident, obvious

בֵּרוּר ז׳ (*beRUR*) clarification, explanation; selection; classification

בְּרוּרוֹת תה״פ (*beruROT*) clearly

בְּרוֹשׁ ז׳ (*beROSH*) cypress

בֶּרֶז ז׳ (*BErez*) faucet, tap, valve, cock

בָּרַז פעל י׳ (*baRAZ*) open faucet; open tap and pour

בַּרְזֶל ז׳ (*barZEL*) iron, iron bar

– חָשִׁיל wrought iron

– יְצִיקָה cast iron

– עָשׁוֹת steel

בַּרְזִלִּי ת׳ (*barzilLI*) ferrous

בַּרְזְלָן ז׳ (*barzilLAN*) ironworker

בְּרֶזֶנְט ז׳ (*breZENT*) canvas, tarpaulin

בָּרַח פעל ע׳ (*baRAḤ*) run away, flee, escape; bolt

בָּרִי תה"פ (baRI) clear, certain; indisputable
בֹּרִי ז׳ (BOri) health, strength;
עַל בֻּרְיוֹ perfectly; thoroughly
בָּרִיא ת׳ (baRI) healthy; stout, corpulent
בְּרִיאָה נ׳ (bri'A) creation; cosmos
בְּרִיאוּת נ׳ (bri'UT) health, soundness
בְּרִיגָדָה נ׳ (briGAda) brigade
בְּרִיָּה נ׳ (beriYA) creature, human being; nature
בִּרְיוֹן ז׳ (birYON) hoodlum, bully; "tough guy"
בִּרְיוֹנוּת נ׳ (biryoNUT) hooliganism, vandalism, terrorism
בְּרִיחַ ז׳ (beRIaḥ) bolt; latch; collarbone
בְּרִיחָה נ׳ (beriḤA) flight, escape
בָּרִיטוֹן ז׳ (bariTON) baritone
בָּרִיקָדָה נ׳ (bariKAda) barricade
בְּרִירָה נ׳ (beriRA) selection, choice
בְּרִירוּת נ׳ (beriRUT) clarity
בְּרִית נ׳ (beRIT) treaty, pact, alliance; union; testament
בְּנֵי — ז״ר allies; Jews
— הַמּוֹעָצוֹת נ׳ Soviet Union
— מִילָה נ׳ circumcision
כָּרַת — פעל ע׳ form an alliance
בָּרַיְתָא נ׳ (baRAIta) external Mishnah
בָּרַךְ פעל ע׳ (baRAKH) kneel, bend
בֵּרֵךְ פעל י׳ (beRAKH) bless, greet, congratulate
בֶּרֶךְ נ׳ (BErekh) knee, lap, bend
בְּרָכָה נ׳ (beraKHA) benediction, blessing; congratulations, salute; luck; profit, prosperity, gift
בְּרֵכָה נ׳ (bereKHA) pool, pond; cistern, reservoir
בְּרַם תה"פ (beRAM) but, however
בַּרְנָשׁ ז׳ (barNASH) fellow, guy, chap; human being

בֻּרְסְקִי ז׳ (bursKI) tanner
בָּרָק ז׳ (baRAK) lightning, glitter, gloss, shine
בָּרַק פעל י׳ ע׳ (baRAK) flash (lightning); glow, shine
בַּרְקָן ז׳ (barKAN) thorn (notobasis)
בָּרֶקֶת נ׳ (baREket) agate
בָּרַר פעל י׳ (baRAR) choose, select; examine; purify
בֵּרֵר ז׳ (beRAR) clarify, make clear, explain; purify, clean
בְּרָרָה נ׳ (beRAra) inferior fruit
בְּרֵרָה נ׳ (bereRA) choice, alternative
בַּרְרָן ז׳ (bareRAN) choosy person; chooser, hard to please
בַּרְרָנוּת נ׳ (bareraNUT) choosiness, fastidiousness
בֵּרֵשׁ פעל י׳ (beRASH) brush
בִּשְׁבִיל מ״י (bishVIL) for the sake of, for; because of; to
בִּשּׁוּל ז׳ (bishSHUL) cooking, cookery
בִּשּׂוּם ז׳ (bisSUM) perfuming
בְּשׂוֹרָה נ׳ (besoRA) news, tidings, annunciation, Gospel
בְּשִׁילָה נ׳ (beshiLA) ripening, maturation
בָּשַׁל פעל ע׳ (baSHAL) ripen, be cooked
בִּשֵּׁל פעל י׳ (bishSHEL) cook
בָּשֵׁל ת׳ (baSHEL) ripe, mature
בְּשֶׁל מ״י (beSHEL) on account of, because of, due to
בֹּשֶׂם ז׳ (BOsem) perfume, fragrance
בַּשָּׂם ז׳ (basSAM) perfumer
בִּשֵּׂם פעל י׳ (bisSEM) perfume; make pleasant
בָּשְׂמִי ת׳ (bosMI) perfumed, fragrant
בִּשֵּׂר פעל י׳ (bisSER) announce, herald
בָּשָׂר ז׳ (baSAR) meat, flesh; body
— וָדָם mortal

בְּשַׂר בָּקָר ז׳ beef

תַּאֲוַת בְּשָׂרִים נ׳ carnal lust

בְּשָׂרִי ת׳ (besaRI) alive; for meat dishes

בַּשְׂרָנִי ת׳ (basraNI) fat; fleshy; succulent

בֹּשֶׁת נ׳ (BOshet) shame, disgrace; indemnity; pubic area; pagan deity

בַּת נ׳ (BAT) daughter, girl; possessor

– זוּג נ׳ spouse, mate

– יַעֲנָה נ׳ ostrich; desert owl

– עַיִן נ׳ pupil (eye)

– ־צְחוֹק, ־שְׂחוֹק נ׳ smile

– קוֹל נ׳ echo; divine voice

חֶבְרַת – נ׳ subsidiary

בְּתֵאָבוֹן תה״פ (bete'aVON) eat hearty, bon appétit

בָּתָה נ׳ (baTA) wasteland; moor; neglected field; terrain overrun with undergrowth

בְּתוֹךְ מ״י (beTOKH) inside, amid, among

בָּתוּל נ׳ (baTUL) chaste youth, virgin (male)

בְּתוּלָה נ׳ (betuLA) virgin, maid; Virgo

בְּתוּלִי ת׳ (betuLI) virginal, chaste

בְּתוּלִים ז״ר (betuLIM) virginity, maidenhood

בִּתּוּק ז׳ (bitTUK) splitting, piercing, severing

בִּתּוּר ז׳ (bitTUR) dissection, cutting up, dismemberment, severing; indentation

בְּתוֹר תה״פ (beTOR) as a, in the capacity of

בָּתִּים ר׳ בַּיִת (batTIM) houses etc. (pl.)

בִּתֵּק פעל י׳ (bitTEK) cut, up, split, hack

בָּתַר פעל י׳ (baTAR) cut up; bisect, halve, dissect

בִּתֵּר פעל י׳ (bitTER) cut up; dissect, dismember, carve

בֶּתֶר ז׳ (BEter) section, slice, portion; ravine

בִּתְרוֹן ז׳ (bitRON) gully, ravine, canyon

בִּתְרוֹנוֹת badlands

# ג

Gimel (the third letter of the Hebrew alphabet); three, third (*GImel*) ג׳

proud, haughty (*GE; ge'E*) גֵּא, גֵּאֶה ת׳

rise, grow; be uplifted (*ga'A*) גָּאָה פעל ע׳

geographer (*geoGRAF*) גֵּאוֹגְרָף ז׳

geographical (*geoGRAfi*) גֵּאוֹגְרָפִי ת׳

geography (*geoGRAFya*) גֵּאוֹגְרַפְיָה נ׳

geodesy (*geoDESya*) גֵּאוֹדֶסְיָה נ׳

pride; haughtiness, vanity (*ga'aVA*) גַּאֲוָה נ׳

redeemed (*ga'UL*) גָּאוּל ת׳

geologist (*geoLOG*) גֵּאוֹלוֹג ז׳

geological (*geoLOgi*) גֵּאוֹלוֹגִי ת׳

geology (*geoLOGya*) גֵּאוֹלוֹגְיָה נ׳

geometry (*geoMETriya*) גֵּאוֹמֶטְרִיָּה נ׳

genius; scholar; Gaon (title); pride, conceit, majesty; high tide (*ga'ON*) גָּאוֹן ז׳

genius (*ge'oNUT*) גְּאוֹנוּת נ׳

brilliant (*ge'oNI*) גְּאוֹנִי ת׳

genius (*ge'oniYUT*) גְּאוֹנִיּוּת נ׳

high tide; majesty; pride (*ge'UT*) גֵּאוּת נ׳

boastful, proud (*ga'avTAN*) גַּאַוְתָן ת׳

(*ga'avtaNUT*) גַּאַוְתָנוּת נ׳ boastfulness, arrogance

redeem, ransom, free; marry deceased kin's widow (*ga'AL*) גָּאַל פעל י׳

redemption, deliverance (*ge'ulLA*) גְּאֻלָּה נ׳

back; elevation (*GAV*) גַּב ז׳

on, on the back of עַל –, עַל גַּבֵּי מ״י

regarding, for לְגַבֵּי מ״י

waterhole, cistern (*GEV*) גֵּב ז׳

pit, den (*GOV*) גֹּב ז׳

office of synagogue director; collection (*gabba'UT*) גַּבָּאוּת נ׳

synagogue director tax collector (*gaBAI*) גַּבַּאי ז׳

heap, pile in disorder (*gibBEV*) גִּבֵּב פעל י׳

straw, rakings, verbiage (*gevaVA*) גְּבָבָה נ׳

be high; be haughty; be lofty; be exalted; rise (*GAvah*) גָּבַהּ פעל ע׳

height; altitude; pitch (*GOvah*) גֹּבַהּ ז׳

high; tall; haughty (*gavo'AH*) גָּבֹהַּ ת׳

eyebrow (*gabBA*) גַּבָּה נ׳

collect (*gaVA*) גָּבָה פעל י׳

height, pride (*gavHUT*) גַּבְהוּת נ׳

heap, disorderly, pile, accumulation (*gibBUV*) גִּבּוּב ז׳

collection; backing (*gibBUY*) גִּבּוּי ז׳

border, limit, frontier; boundary, territory, province (*geVUL*) גְּבוּל ז׳

trespassing הַסָּגַת –

cheesemaking; curvature (*gibBUN*) גִּבּוּן ז׳

hero; strong man; warrior, victor; central character (*gibBOR*) גִּבּוֹר ז׳

heroism, strength; heroic deed (*gevuRA*) גְּבוּרָה נ׳

crystallization, consolidation (*gibBUSH*) גִּבּוּשׁ נ׳

bald in front; very tall (*giBEah*) גִּבֵּחַ ת׳

frontal baldness; smooth side; clearing (*gabBAhat*) גַּבַּחַת נ׳

dorsal (*gabBI*) גַּבִּי ת׳

collection (*geviYA*) גְּבִיָּה נ׳

eyebrow (*gaVIN*) גָּבִין ז׳

cheese (*geviNA*) גְּבִינָה נ׳

goblet, cup; calyx (*gaVI'a*) גָּבִיעַ ז׳

cup-shaped (*gevi'I*) גְּבִיעִי ת׳

master, lord, rich man (*geVIR*) גְּבִיר ז׳

גְּבִירָה נ׳ (*geviRA*) mistress, lady; queen; rich woman; queen mother

גְּבִירוּת נ׳ (*geviRUT*) wealth

גָּבִישׁ ז׳ (*gaVISH*) crystal

גְּבִישִׁי ת׳ (*geviSHI*) crystalline

גָּבַל פעל ע׳ י׳ (*gaVAL*) adjoin; border on; set a limit; establish boundary

גִּבֵּן ז׳ (*gibBEN*) hunchback

גִּבֵּן פעל י׳ (*giBEN*) hunch, curve; become hunched; make cheese

גַּבְנוּן ז׳ (*gavNUN*) hunch, hump

גַּבְנוּנִי ת׳ (*gavnuNI*) hunchbacked; humped; convex

גַּבְנוּנִיּוּת נ׳ (*gavnuniYUT*) convexity

גִּבְּנוּת נ׳ (*gibbeNUT*) hunchbacked condition

גֶּבֶס ז׳ (*GEves*) gypsum, plaster of paris

גִּבְעָה נ׳ (*giv'A*) hill, height

גֶּבַע ז׳ (*GEva'*) hill, height

גִּבְעוֹל ז׳ (*giv'OL*) stalk, stem

גָּבַר פעל ע׳ (*gaVAR*) prevail, increase, be strong

גֶּבֶר ז׳ (*GEver*) man, male, hero, cock, rooster

גַּבְרָא ז׳ (*gaVRA*) man (Aram.)

כֹּחַ – potency, virility

הָאִי – this man

– רַבָּא distinguished man

גַּבְרוּת נ׳ (*gavRUT*) manliness; manhood

גַּבְרִי ת׳ (*gavRI*) manly, virile

גַּבְרִיּוּת נ׳ (*gavriYUT*) manliness, virility

גְּבֶרֶת נ׳ (*geVEret*) lady; madam; Mrs., Miss

גְּבַרְתָּן ז׳ (*gevarTAN*) strong man

גִּבֵּשׁ פעל י׳ (*gibBESH*) crystallize, consolidate

גַּבְשׁוּשִׁית נ׳ (*gavshuSHIT*) protrusion; hillock

גַּג ז׳ (*GAG*) roof, top

גַּגּוֹן ז׳ (*gagGON*) awning

גָּדָה נ׳ (*gaDA*) bank; brim

גְּדוּד ז׳ (*geDUD*) battalion, troop, group, band, force

גְּדוּדִי ת׳ (*geduDI*) battalion

גָּדוֹל ת׳ (*gaDOL*) great, large, big, mighty, noble

גִּדּוּל ז׳ (*gidDUL*) growth, upbringing, breeding, growing; crop, plant; tumor; enhancement

גָּדוּם ת׳ (*gaDUM*) clipped, cut, amputated

גִּדּוּם ז׳ (*gidDUM*) amputation

גָּדוּעַ ת׳ (*gaDU'a*) cut down, felled

גִּדּוּעַ ז׳ (*gidDU'a*) cutting down, felling

גִּדּוּף ז׳ (*gidDUF*) abuse, insult

גָּדוּר ת׳ (*gaDUR*) fenced, fenced off

גִּדּוּר ז׳ (*gidDUR*) fencing (off), restraint

גָּדוּשׁ ת׳ (*gaDUSH*) brimming, overflowing, packed

גָּדִיל ז׳ (*gaDIL*) fringe

גָּדַל פעל ע׳ (*gaDAL*) grow, increase, become great

גִּדֵּל פעל י׳ (*gidDEL*) rear, bring up, raise, grow, exalt

גֹּדֶל ז׳ (*GOdel*) size, greatness, quantity; power, magnitude

גְּדֻלָּה נ׳ (*gedulLA*) greatness, importance; high rank

גַּדְלוּת נ׳ (*gadLUT*) greatness; arrogance

גִּדֵּם ז׳ (*gidDEM*) one-armed, amputee

גָּדַם פעל י׳ (*gaDAM*) cut off, amputate

גֶּדֶם ז׳ (*GEdem*) stump

גָּדַע פעל י׳ (*gaDA'*) cut off, cut down, fell, destroy

גִּדֵּף פעל י׳ (*gidDEF*) abuse, insult, curse

גָּדַר פעל י׳ (*gaDAR*) fence (off), obstruct, restrain

גָּדֵר נ׳ (*gaDER*) fence; refuge; restriction; limit

– חַיָּה hedge

פּוֹרֵץ – transgressor

יָצָא מִגִּדְרוֹ lose his temper

גָּדַשׁ פעל י׳ (*gaDASH*) heap, pile, fill to overflowing

גֹּדֶשׁ ז׳ (*GOdesh*) surplus, overflow, plenty

גִּהוּץ ז׳ (*giHUTS*) ironing

גִּהוּק ז׳ (*giHUK*) belch, burp

גֵּהוּת נ׳ (*geHUT*) hygiene

גְּהִירָה נ׳ (*gehiRA*) stretching upon, bending over

גִּהֵץ פעל י׳ (*giHETS*) iron, press

גַּהָץ ז׳ (*gaHATS*) presser

גִּהֵק פעל ע׳ (*giHEK*) belch, burp

גָּהַר פעל ע׳ (*gaHAR*) stretch oneself upon

גֵּו ז׳ (*GEV*) body, back

גּוֹאֵל ז׳ (*go'EL*) redeemer, savior

גּוּאַשׁ ז׳ (*gu'ASH*) gouache

גּוּבַיְנָא נ׳ (*guVAIna*) collection, collect

גּוֹבֵל ת׳ (*goVEL*) adjoining; adjacent

גּוֹדֵר ז׳ (*goDER*) fencemaker, mason

גִּוּוּן ז׳ (*givVUN*) variety; coloring; tone

גּוֹזֵז ז׳ (*goZEZ*) shearer, clipper

גּוֹזָל ז׳ (*goZAL*) nestling

גּוֹי ז׳ (*GOY*) Gentile, nation; backslider, heretic

גְּוִיָּה נ׳ (*geviYA*) corpse; body

גְּוִיל ז׳ (*geVIL*) parchment; scroll; undressed stone; exterior of hide

גְּוִיעָה נ׳ (*gevi'A*) dying, death

גּוֹלָה נ׳ (*goLA*) exile, Diaspora

גּוֹלֶה ז׳ (*goLE*) exile, wanderer

גּוֹלֵל ז׳ (*goLEL*) burial stone

סָתַם הַגּוֹלֵל finish off

גּוֹלְף ז׳ (*golf*) golf

גּוּלָשׁ ז׳ (*GUlash*) goulash

גּוּמִי ז׳ (*GUmi*) rubber

– לְעִיסָה ז׳ chewing gum

גָּוֶן ז׳ (*GAven*) shade, hue, nuance; complexion

גִּוֵּן פעל י׳ (*givVEN*) variegate; assort, diversify; tint, shade

גּוֹסֵס ת׳ (*goSES*) dying

גָּוַע פעל ע׳ (*gaVA'*) die

גּוֹעֵשׁ ת׳ (*go'ESH*) stormy

גּוּף ז׳ (*GUF*) body; self; person; element, object, substance; essence; hull, fuselage; solid

– רִאשׁוֹן first person

גּוּפָא ז׳ (*guFA*) very same, same, itself; subject under discussion

גּוּפָה נ׳ (*guFA*) corpse, torso

גּוּפִיָּה נ׳ (*gufiYA*) undershirt

גּוּפִיף ז׳ (*guFIF*) corpuscle

גּוּפָנִי ת׳ (*gufaNI*) corporal, bodily, physical, material

גּוּץ ת׳ (*GUTS*) short

גּוּר ז׳ (*GUR*) cub; pup

גּוֹרֵד־שְׁחָקִים ז׳ (*goRED-sheḥaKIM*) skyscraper

גּוֹרִילָה נ׳ (*goRIla*) gorilla

גּוֹרָל ז׳ (*goRAL*) fate; lot

גּוֹרָלִי ת׳ (*goraLI*) fateful, crucial

גּוֹרֵם ז׳ (*goREM*) factor, cause

גּוֹרֶרֶת נ׳ (*goREret*) tugboat; tow truck

גּוּשׁ ז׳ (*GUSH*) lump, bulk, block, mass, bloc

גּוּשְׁפַּנְקָה נ׳ (*gushpanKA*) seal

גֵּז ז׳ (*GEZ*) wool, fleece; shearing season; shorn wool

גַּז ז׳ (*GAZ*) gas

גִּזְבָּר ז׳ (*gizBAR*) treasurer, bursar

גִּזְבָּרוּת נ׳ (*gizbaRUT*) treasury, accounts department; bursar's office, paymaster's office

גִּזָּה נ׳ (*gizZA*) shorn wool, fleece

גָּזָה נ׳ (*GAza*) gauze

גַּזּוֹז ז׳ (*gazZOZ*) soda pop

גְּזוּזְטְרָא נ׳ (*gezuzTRA*) balcony

גִּזּוּם ז׳ (*gizZUM*) trimming, pruning

גָּזוּר ת׳ (*gaZUR*) cut, shaped; derived

גָּזַז פעל י׳ (*gaZAZ*) cut, shear, clip, trim

גַּזָּז ז׳ (*gazZAZ*) sheep shearer
גַּזֶּזֶת נ׳ (*gazZEzet*) ringworm, trichophytosis
גַּזִּי ת׳ (*gazZI*) gaseous
גָּזִיז ז׳ (*gaZIZ*) fragment, piece
גְּזִיזָה נ׳ (*geziZA*) shearing, clipping
גְּזִיר ז׳ (*geZIR*) log, clipping
גְּזִירָה נ׳ (*geziRA*) cutting; derivation, differentiation
גָּזִית נ׳ (*gaZIT*) dressed stone; hewing
גָּזַל פעל י׳ (*gaZAL*) rob, plunder
גָּזֵל ז׳ (*gaZEL*) robbery, loot
גְּזֵלָה נ׳ (*gezeLA*) robbery, loot
גַּזְלָן ז׳ (*gazLAN*) robber
גַּזְלָנוּת נ׳ (*gazlaNUT*) robbing, robbery
גָּזַם, גִּזֵּם פעל י׳ (*gaZAM; gizZEM*) trim, clip, prune
גָּזָם ז׳ (*gaZAM*) locust larva
גֻּזְמָה נ׳ (*guzMA*) exaggeration
גַּזְּמָן ז׳ (*gazzeMAN*) exaggerator
גְּזֹמֶת נ׳ (*geZOmet*) pruned branches
גֶּזַע ז׳ (*GEza'*) trunk, stem, race, breed
גִּזְעִי ת׳ (*giz'I*) purebred
גִּזְעִיּוּת נ׳ (*giz'iYUT*) racial purity
גִּזְעָנוּת נ׳ (*giz'aNUT*) racism
גִּזְעָנִי ת׳ (*giz'aNI*) racist, racial
גָּזַר פעל י׳ (*gaZAR*) cut, clip; decree; order; forbid; derive, differentiate
גֶּזֶר ז׳ (*GEzer*) carrot; piece, part, fragment; block; clipping
גַּזָּר ז׳ (*gazZAR*) cutter
גְּזַר־דִּין ז׳ (*gezar-DIN*) verdict; sentence
גְּזֵרָה נ׳ (*gezeRA*) decree, prohibition, harsh law, persecution; derivation
גִּזְרָה נ׳ (*gizRA*) cut, figure, sector, section
גַּזְּרָן ז׳ (*gazzeRAN*) cutter
גָּח פעל ע׳ (*GAḤ*) burst out, emerge, leave
גִּחוּךְ ז׳ (*giḤUKH*) grim, ridiculousness
גָּחוֹן ז׳ (*gaḤON*) belly

גָּחוּן ת׳ (*gaḤUN*) bent over
גְּחִינָה נ׳ (*geḥiNA*) bending
גִּחֵךְ פעל ע׳ (*giḤEKH*) grin
גַּחֲכָן ז׳ (*gaḥaKHAN*) jester
גַּחְלִילִית נ׳ (*gaḥliLIT*) firefly
גַּחֶלֶת נ׳ (*gaḤElet*) live coal; ember
גָּחַן פעל ע׳ (*gaḤAN*) bend
גֵּט ז׳ (*GET*) divorce; document
גֶּטוֹ ז׳ (*GETto*) ghetto
גַּיְא ז׳ (*GAI*) gorge, defile
גִּיגִית נ׳ (*giGIT*) large bowl, tub
גִּיד ז׳ (*GID*) tendon, sinew
גֵּיהִנּוֹם ז׳ (*gehinNOM*) Gehenna, hell
גִּיּוּס ז׳ (*giYUS*) mobilization, draft
גִּיּוּר ז׳ (*giyYUR*) proselytization, conversion to Judaism
גִּיּוֹרֶת נ׳ (*giYOret*) female proselyte, convert (f.) to Judaism
גֵּיזֶר ז׳ (*GEYzer*) geyser
גִּיחָה נ׳ (*giḤA*) sally, sortie, dash
גִּיל ז׳ (*GIL*) age; joy
גִּילַאי ז׳ (*giLAI*) member of age group
גִּילָה נ׳ (*giLA*) joy, gladness
גִּילְיוֹטִינָה נ׳ (*gilyoTIna*) guillotine
גִּימַטְרִיָּא נ׳ (*gimatriYA*) numeral value of letters
גִּימֶל נ׳ (*GImel*) Gimel (3rd letter of Hebrew alphabet)
גִּימְנַסְיָה נ׳ (*gimNASya*) academic high school
גִּינֶקוֹלוֹג ז׳ (*ginekoLOG*) gynecologist
גִּינֶקוֹלוֹגְיָה נ׳ (*ginekoLOGya*) gynecology
גִּיס ז׳ (*GIS*) brother-in-law
גִּיֵּס פעל י׳ (*giYES*) mobilize; draft, enlist, recruit
גַּיִס ז׳ (*GAyis*) army corps, battalion; force
חֲמִשִׁי — fifth column
גַּיָּס ז׳ (*gaiYAS*) recruiter
גִּיסָא ז׳ (*giSA*) side
מֵחַד — on the one hand
מֵאִידָךְ — on the other hand

גִּיסָה נ׳ (giSA) sister-in-law
גִּיסָן ז׳ (giSAN) brother of brother- (or sister) in-law
גִ׳יפּ ז׳ (JIP) jeep
גִּיר ז׳ (GIR) chalk; limestone
גִּיֵּר פעל י׳ (giYER) proselyte, convert to Judaism
גִּירִי ת׳ (giRI) chalky
גִּירִית נ׳ (giRIT) badger
גִּישָׁה נ׳ (giSHA) approach, access
גֵּישָׁה נ׳ (GEYsha) geisha
גַּל ז׳ (GAL) wave; heap, mound; ruin; lever, shaft
גָּל פעל ע׳ (GAL) rejoice, be merry
גַּלַּאי ז׳ (galLAI) detector
גַּלָּב ז׳ (galLAV) barber
גִּלְגּוּל ז׳ (gilGUL) rolling, revolving; metamorphosis, change, transformation; wandering; transmigration
גִּלְגֵּל פעל י׳ (gilGEL) roll, turn, revolve; roll up; move; cause; impose, require; have dealings
גַּלְגַּל ז׳ (galGAL) wheel; circle; winch
– מְשֻׁנָּן ז׳ gear
גַּלְגִּלָּה נ׳ (galgilLA) pulley
גַּלְגַּלִּי ת׳ (galgalLI) round
גֻּלְגֹּלֶת נ׳ (gulGOlet) skull; person
מַס – poll tax
גַּלְגֶּלֶת נ׳ (galGElet) tackle
גֶּלֶד ז׳ (GEled) skin, crust; cicatrice; side, sole
גָּלַד פעל ע׳ (gaLAD) freeze, congeal
גַּלְדָּנִי ת׳ (gildaNI) thick-skinned, leathery
גָּלָה פעל ע׳ (gaLA) go into exile, wander
גִּלָּה פעל י׳ (gilLA) discover, reveal, uncover; disclose, betray
גֻּלָּה נ׳ (gulLA) marble, knob, ball, bowl; blobe; spring
גֻּלַּת הַכּוֹתֶרֶת crowning feature; high point, top

גְּלוֹבּוּס ז׳ (GLObus) globe
גְּלוֹבָּלִי ת׳ (gloBAli) global
גִּלְוּן ז׳ (gilVUN) galvanization
גָּלוּחַ ת׳ (gaLUah) shaved
גִּלּוּחַ ז׳ (gilLUah) shave, shaving
גָּלוּי ת׳ (gaLUY) uncovered, apparent, known, bare
גְּלוּיוֹת תה״פ openly, frankly
גִּלּוּי ז׳ (gilLUY) uncovering, revelation, exposure; manifestation
– דַּעַת announcement
– לֵב frankness
– רֹאשׁ bareheadedness
– עֲרָיוֹת adultery; incest, forbidden sexual behavior
גְּלוּיָה נ׳ (geluYA) postcard, postal card
גְּלוּלָה נ׳ (geluLA) pill
גָּלוּם ת׳ (gaLUM) wrapped; involved; latent; inherent; crude
גִּלּוּם ז׳ (gilLUM) embodiment, concretization
גַּלּוֹן ז׳ (galLON) gallon
גִּלְוֵן פעל י׳ (gilVEN) galvanize
גְּלוֹסְקָמָה נ׳ (gloskaMA) sarcophagus
גִּלּוּף ז׳ (gilLUF) carving, engraving, etching
גְּלוּפָה נ׳ (geluFA) cut, plate
גִּלּוּפִין (gilluFIN)
בְּ – tipsy, slightly drunk
גְּלוּקוֹזָה נ׳ (gluKOza) glucose
גָּלוּת נ׳ (gaLUT) exile, banishment, Diaspora; exiles
גָּלוּתִי ת׳ (galuTI) of Diaspora nature, mentality, etc.
גִּלַּח פעל י׳ (gilLAH) shave
גַּלָּח נ׳ (galLAH) priest (Christian)
גַּלַּחַת נ׳ (galLAhat) shaved place
גַּלִּי ת׳ (galLI) wavy, undulant
גְּלִיד ז׳ (geLID) ice, icicle
גְּלִידָה נ׳ (geliDA) ice cream
גִּלָּיוֹן ז׳ (gillaYON) sheet, page; copy, issue; margin, slate; apocalypse

גַּלִּיּוּת נ׳ (galliYUT) waviness, undulation

גָּלִיל ז׳ (gaLIL) cylinder, roll, spool; province; Galilee

גְּלִיל מַיִם ז׳ catchment basin

גְּלִילָה נ׳ (geliLA) rolling; rolling up; province; roll cake

גְּלִילִי ת׳ (geliLI) cylindrical; regional; Galilean

גְּלִימָה נ׳ (geliMA) cloak, mantle, gown

גְּלִיפָה נ׳ (geliFA) engraving

גְּלִישָׁה נ׳ (geliSHA) sliding; gliding; skiing, skating, overflowing

גָּלַל פעל י׳ (gaLAL) roll, wrap; roll off, roll up

גְּלַל, בִּגְלַל מ״י (geLAL; bigLAL) because of

גָּלָל, גֶּלֶל ז׳ (gaLAL; GElel) dung, droppings

גָּלַם פעל י׳ (gaLAM) wrap; shape, form

גֹּלֶם ז׳ (GOlem) pupa; ignoramus, boor; clumsy person, clod; shapeless mass; unfinished article; robot; automaton in human form; dummy

גֶּלֶם ז׳ (GElem)

חֹמֶר־ — row material

גַּלְמוּד ת׳ (galMUD) solitary, lonely, forlorn, barren

גָּלְמִי ת׳ (golMI) raw, crude

גָּלְמִיּוּת נ׳ (golmiYUT) crudeness

גָּלְמָנִי ת׳ (golmaNI) clumsy

גַּלַנְטֶרְיָה נ׳ (galenTERya) dry goods

גַּלְעֵד ז׳ (galED) monument, memorial

גַּלְעִין ז׳ (gal'IN) pit, stone

גָּלַף פעל י׳ (gaLAF) engrave, carve

גִּלֵּף פעל י׳ (gilLEF) engrave, carve

גַּלָּף ז׳ (galLAF) engraver, carver; zincographer

גַּלֶּרְיָה נ׳ (galLERya) gallery

גָּלַשׁ פעל ע׳ (gaLASH) slide, glide, overflow; ski, skate

גֶּלֶשׁ ז׳ (GElesh) avalanche; curl

גַּם, גַּם־כֵּן מ״ח (GAM; gam-KEN) too, also; even

גָּמָא פעל י׳ (gaMA) gulp

גִּמֵּא פעל י׳ (gimME) gulp

גֹּמֶא ז׳ (GOme) papyrus

גִּמְגּוּם ז׳ (gimGUM) stuttering

גִּמְגֵּם פעל ע׳ (gimGEM) stutter

גַּמְגְּמָן ז׳ (gamgeMAN) stutterer

גֹּמֶד ז׳ (GOmed) cubit; smallness, tininess; face protector

גַּמָּד ז׳ (gamMAD) dwarf

גָּמַד פעל י׳ ע׳ (gaMAD) reduce; contract

גַּמָּדִי ת׳ (gammaDI) tiny, dwarfish

גֻּמָּה נ׳ (gumMA) hole, pit, dimple, depression

גְּמוּל ז׳ (geMUL) reward; payment; retribution; retaliation; deed

גָּמוּר ת׳ (gaMUR) finished, absolute; complete

גֻּמְחָה נ׳ (gumḤA) niche, alcove, bay, recess

גְּמִיאָה נ׳ (gemi'A) drinking, gulping

גְּמִילָה נ׳ (gemiLA) weaning; ripening, recompensing

גְּמִילוּת נ׳ (gemiLUT) pay, recompense, benevolence

גְּמִיעָה נ׳ (gemi'A) drinking, gulping

גָּמִישׁ ת׳ (gaMISH) elastic, flexible, adaptable; quick

גְּמִישׁוּת נ׳ (gemiSHUT) elasticity, flexibility

גָּמַל פעל ע׳ י׳ (gaMAL) ripen; mature; recompense, reward, retaliate; wean

גָּמָל ז׳ (gaMAL) camel

גְּמַל שְׁלֹמֹה ז׳ praying mantis

גַּמָּל ז׳ (gamMAL) cameleer

גַּמְלוֹנִי ת׳ (gamloNI) awkward; large, huge

גִּמְלָה נ׳ (gimLA) benefit, pension

יָצָא לְגִמְלָאוֹת go on pension

גַּמֶּלֶת נ׳ (gamMElet) camel caravan

גָּמַע פעל י׳ (gaMA') drink, gulp
גָּמַר פעל י׳ (gaMAR) finish, conclude
גְּמָרָא נ׳ (gemaRA) Gemara (commentary on the Mishna); Talmud
גַּן ז׳ (GAN) garden, orchard, park
– חַיּוֹת ז׳ zoo
– יְלָדִים ז׳ kindergarten, nursery-school
– יָרָק ז׳ vegetable garden
– עֵדֶן ז׳ Garden of Eden, paradise
גְּנַאי ז׳ (geNAI) disgrace, disrepute
גָּנַב פעל י׳ (gaNAV) steal; deceive; cross stealthily
גַּנָּב ז׳ (ganNAV) thief
גְּנֵבָה נ׳ (geneVA) theft, stolen goods
בִּ – תה״פ stealthily
גַּנְגְּרֶנָה נ׳ (gangREna) gangrene
גֻּנְדָּה נ׳ (gunDA) unit, troop, company, battery (artillery)
גִּנְדֵּר פעל י׳ (ginDER) beautify excessively, primp
גַּנְדְּרָן ז׳ (gandeRAN) dandy, "sharp dresser"
גַּנְדְּרָנוּת נ׳ (ganderaNUT) dandyism
גִּנָּה נ׳ (ginNA) small garden; garden; orchard
גִּנָּה פעל י׳ (ginNA) denounce; blame
גָּנוּב ת׳ (gaNUV) stolen
גְּנוֹגֶנֶת נ׳ (genoGEnet) awning; parasol
גָּנוּז ת׳ (gaNUZ) hidden, secret, latent
גִּנּוּי ז׳ (ginNUY) denunciation; condemnation; disgrace
גִּנּוּן ז׳ (ginNUN) manner; style; planting gardens
גַּנּוֹן ז׳ (ganNON) prekindergarten school
גְּנוּת נ׳ (geNUT) disgrace; denunciation
גָּנַז פעל י׳ (gaNAZ) hide, file away; shelve, table; store away
גֶּנֶז, גְּנָזִים ז״ר (genaZIM) treasure; valuable collection
גַּנְזַךְ ז׳ (ganZAKH) archives; treasure house

גָּנַח פעל ע׳ (gaNAḤ) cough and spit blood or phlegm; groan
ג׳נְטֶלְמֶן ז׳ (JENtelmen) gentleman
גְּנִיזָה נ׳ (geniZA) hiding, storage; archives; repository of torn sacred books
גְּנִיחָה נ׳ (gniḤA) groan, groaning; coughing and spitting blood or phlegm
גָּנַן פעל י׳ (gaNAN) protect
גַּנָּן ז׳ (ganNAN) gardener
גַּנָּנוּת נ׳ (gannaNUT) gardening, horticulture
גַּנֶּנֶת נ׳ (ganNEnet) kindergarden teacher; gardener
גֶּנֶרָטוֹר ז׳ (geneRAtor) generator
גֶּנֶרָל ז׳ (geneRAL) general
גַּס ת׳ (GAS) coarse, blunt, vulgar, "dirty"; impudent
גַּסּוּת נ׳ (gasSUT) coarseness, crudeness; rudeness, vulgarity
גְּסִיסָה נ׳ (gesiSA) dying
גָּסַס פעל ע׳ (gaSAS) expire; breathe one's last, be at death's door
גַּעְגּוּעִים ז״ר (ga'gu'IM) longing, yearning, nostalgia
גִּעְגַּע פעל י׳ (gi'GA) honk, quack; wallow
גָּעָה פעל ע׳ (ga'A) moo, low, bleat; weep
גְּעִיָּה נ׳ (ge'iYA) mooing, bleating; weeping; wailing
גְּעִילָה נ׳ (ge'iLA) loathing, abhorring
גָּעַל פעל י׳ (ga'AL) loathe, detest
גֹּעַל ז׳ (GO'al) disgust, loathing, nausea
גָּעֳלִי ת׳ (go'oLI) disgusting, revolting
גָּעַר פעל ע׳ (ga'AR) rebuke, scold, curse
גְּעָרָה נ׳ (ge'aRA) rebuke, threat
גָּעַשׁ פעל ע׳ (ga'ASH) storm, shake, tremble; erupt
גַּעַשׁ ז׳ (GA'ash) rage, eruption, quaking

volcano — הַר־ — ז׳
touching (GA'at) נַעַת שם הפעל של נגע
wing; limb, extremity; flight; handle (GAF) גַּף ז״נ
alone, by himself (begapPO) בְּגַפּוֹ ת׳
embrace; caress; shutting (gipPUF) גִּפּוּף ז׳
vulcanization; fumigation, sulfurization (gipPUR) גִּפּוּר ז׳
vine (GEfen) גֶּפֶן נ׳
embrace, caress (gipPEF) גִּפֵּף פעל י׳
vulcanize; sulfurize, fumigate (gipPER) גִּפֵּר פעל י׳
sulfate (gofRA) גָּפְרָה נ׳
match (gafRUR) גַּפְרוּר ז׳
sulfide (gofRI) גָּפְרִי ז׳
sulfur (gofRIT) גָּפְרִית נ׳
sulfurous (gofriTI) גָּפְרִיתִי ת׳
sulfuric (gofraTI; gofritaNI) גָּפְרָתִי, גָּפְרִיתָנִי ת׳
spark (GETS) גֵּץ ז׳
proselyte, convert to Judaism; foreigner (GER) גֵּר ז׳
dwell, abide, sojourn (GAR) גָּר פעל ע׳
eczema; large earthenware jug; cask (gaRAV) גָּרָב ז׳
stocking, sock (GErev) גֶּרֶב ז׳
put on (stockings) (gaRAV) גָּרַב פעל י׳
eczema (gaREvet) גָּרֶבֶת נ׳
gargle; berry picking; prattle (girGUR) גִּרְגּוּר ז׳
berry; grain (garGIR; garGER) גַּרְגִּיר, גַּרְגֵּר ז׳
gargle; berry (girGER) גִּרְגֵּר פעל ע׳
glutton (gargeRAN) גַּרְגְּרָן ז׳
gluttony, voracity (gargeraNUT) גַּרְגְּרָנוּת נ׳
windpipe, trachea, Adam's apple (garGEret) גַּרְגֶּרֶת נ׳
scratch; scrape, dig up (geRED) גֵּרֵד פעל י׳
scratched spot; itch; fringe, tassel (GEred) גֶּרֶד ז׳

scaffold, gallows (garDOM) גַּרְדּוֹם ז׳
wardrobe (gardeROba) גַּרְדְּרוֹבָּה נ׳
scabies (gaREdet) גָּרֶדֶת נ׳
metal shavings (geROdet) גְּרֹדֶת נ׳
cud (geRA) גֵּרָה נ׳
chewing the cud — מַעֲלֶה
excite, stimulate, irritate (geRA) גֵּרָה פעל י׳
dried fig (geroGEret) גְּרוֹגֶרֶת נ׳
scratching, abrasion (geRUD) גֵּרוּד ז׳
junk, scrap metal (geruta'OT) גְּרוּטָאוֹת נ״ר
grotesque (groTESki) גְּרוֹטֶסְקִי ת׳
stimulus; provocation, dispute (geRUY) גֵּרוּי ז׳
bony (gaRUM) גָּרוּם ת׳
throat, larynx (gaRON) גָּרוֹן ז׳
guttural, throaty (geroNI) גְּרוֹנִי ת׳
inferior, bad, worse (gaRU'a) גָּרוּעַ ת׳
raking, sweeping (geRUF) גֵּרוּף ז׳
towed; trailer; satellite, follower (gaRUR) גָּרוּר ת׳ ז׳
deportation, expulsion, banishment (geRUSH) גֵּרוּשׁ ז׳
divorced (m.); divorcé (gaRUSH) גָּרוּשׁ ת׳ ז׳
divorced (f.); divorcée (geruSHA) גְּרוּשָׁה ת׳ נ׳
divorce (geruSHIM; geruSHIN) גֵּרוּשִׁים, גֵּרוּשִׁין ז״ר
proselytism, conversion to Judaism; residence in a foreign country; foreign quarter (geRUT) גֵּרוּת נ׳
(gaRAZH) גָּרָז׳ ז׳ ר׳ מוּסָךְ
ax, hatchet (garZEN) גַּרְזֶן ז׳
alone; only, exclusively (gereyDA) גְּרֵידָא תה״פ
scratching; scraping; curettage גְּרִידָה נ׳
guerilla (geRIla) גֵּרִילָה נ׳
— warfare — מִלְחֶמֶת
causation (geriMA) גְּרִימָה נ׳
groats (geRIS) גְּרִיס ז׳

גְרִיסָה נ׳ (geriSA) coarse milling; crushing, munching; groats

גְרִיעָה נ׳ (geri'A) decrease

גְרִיעוּת נ׳ (geri'UT) inferiority; deterioration

גְרִיפָּה נ׳ (GRIpa) influenza

גְרִיפָה נ׳ (geriFA) raking; sweeping

גְרִירָה נ׳ (geriRA) dragging, towing; bond; involvement

גֶרֶם נ׳ (GErem) bone; celestial body; strength

– מַעֲלוֹת ז׳ stair, stairway

גָרַם פעל י׳ (gaRAM) cause, bring about; gnaw bones

גַרְמִי ת׳ (garMI) bony

גַרְמִיּוּת נ׳ (garmiYUT) boniness

גֶרְמָנִי ת׳ (germaNI) German

גֹּרֶן נ׳ (GOren) threshing floor

חֲצִי – (עִגְּלָה) נ׳ semicircle

גְרָנִיט ז׳ (graNIT) granite

גָרַס פעל י׳ (gaRAS) crush, mill, grind; subscribe to, maintain; learn; determine version, formulate, read

גִרְסָה נ׳ (girSA) text, version, reading; study

גָרַע פעל י׳ (gaRA') reduce, subtract; diminish

גֵרָעוֹן ז׳ (gera'ON) deficit, lack

גַרְעִין ז׳ (gar'IN) seed, kernel, stone, nucleus; granule

גַרְעִינִי ת׳ (gar'iNI) nuclear; fundamental; granular

גַרְעֶנֶת נ׳ (gar'Enet) trachoma

גָרַף פעל י׳ (gaRAF) sweep, clean, rake; drag; blow nose; collect

גֶרֶף ז׳ (geRAF) graph; chamberpot, bedpan

גְרָפִי ת׳ (GRAfi) graphic

גְרָפִיט ז׳ (graFIT) graphite

גְרָפִיקַאי ז׳ (grafiKAI) commercial artist

גְרָפִיקָה נ׳ (GRAfika) commercial art

גְרֹפֶת נ׳ (geROfet) silt, gravel, pebbles

גָרַר פעל י׳ (gaRAR) drag, tow, bring about, imply; chew the cud; grate

גֶרֶר ז׳ (geRAR) towing, dragging; addition; lingering

טַעַם – aftertaste

גְרָרָה נ׳ (geraRA) slide; sledge; sliderule

גֵרֵשׁ פעל י׳ (geRESH) expel, deport; banish; divorce

גֶרֶשׁ ז׳ (GEresh) groats; produce

גֵרֵשׁ ז׳ (geRESH) apostrophe

גֵרְשַׁיִם quotation marks

גַשׁ, גֶשׁ ר׳ נָגַשׁ

גָשׁוּם ת׳ (gaSHUM) rainy

גִשּׁוּם ז׳ (gishSHUM) realization, materialization

גִשּׁוּר ז׳ (gishSHUR) bridging

גִשּׁוּשׁ ז׳ (gishSHUSH) groping, probing, searching; tracking

גָשׁוֹשׁ ז׳ (gaSHOSH) sounder, sounding-line

גֶשֶׁם ז׳ (GEshem) rain; substance, material

גַשְׁמִי ת׳ (gashMI) corporeal, material, temporal

גַשְׁמִיּוּת נ׳ (gashmiYUT) corporeality, temporality; materialism

הִתְפַּשְּׁטוּת הַ – נ׳ dematerialization, immaterialization

גְשְׁפַּנְקָה נ׳ ר׳ גוּשְׁפַּנְקָה

גֶשֶׁר ז׳ (GEsher) bridge

גִשֵּׁר פעל י׳ (gishSHER) bridge

גַשָּׁשׁ ז׳ (gashSHASH) tracker, scout, pathfinder

גִשְׁתָּה נ׳ (gishTA) siphon

גַת נ׳ (GAT) wine press, vat; sinus

גִתִּי ת׳ (gitTI) wine treader

# ד

ד נ׳ (*DAlet*) Dalet (the fourth letter of the Hebrew alphabet); four, fourth

בְּ – אַמּוֹתָיו nearby, close to him

דָא נ׳ (*DA*) this (*Aram.*)

– עָקָא that's the trouble

עַל – וְעַל הָא about various matters

דָאַב פעל ע׳ (*da'AV*) be sad, hurt

דְאָבָה נ׳ (*de'aVA*) sorrow

דָאָבוֹן ז׳ (*de'aVON*) sorrow, pain, distress

דָאַג פעל ע׳ (*da'AG*) worry, care, be concerned, be anxious

דְאָגָה נ׳ (*de'aGA*) anxiety, worry, care, concern

דָאָה פעל ע׳ (*da'A*) glide; fly

דָאוֹן ז׳ (*da'ON*) glider

דְאִיָּה נ׳ (*de'iYA*) gliding; flying

דֹאַר ז׳ (*DO'ar*) mail; post office

– אֲוִיר air mail

דֹב ז׳ (*DOV*) bear

– לָבָן polar bear

שֵׁרוּת – ז׳ unintentional disservice

דֶבֶב ז׳ (*DEvev*) interview

דְבָב ז׳ (*deVAV*) hate, antagonism

בַּעַל – adversary; foe

דֻבְדְבָן ז׳ (*duvdeVAN*) cherry

דִבָּה נ׳ (*dibBA*) slander, defamation

דֻבָּה נ׳ (*dubBA*) she-bear

דֻבּוֹן ז׳ (*dubBON*) bear cub; teddy bear

דָבוּק ת׳ (*daVUK*) attached; glued

דִבּוּק ז׳ (*dibBUK*) attaching, joining; Dibbuk (demon or soul in the body of another)

דִבּוּר ז׳ (*dibBUR*) speech, word, saying; talk

דַבּוּר ז׳ (*dabBUR*) wasp, hornet

דָבוּר ת׳ (*daVUR*) said, uttered, spoken

דְבוֹרָה נ׳ (*devoRA*) bee

דֶבִּיל ז׳ (*debBIL*) moron, cretin, simpleton

דָבִיק ת׳ (*daVIK*) sticky, adhesive

דְבִיקָה נ׳ (*deviKA*) attachment, union

דְבִיקוּת נ׳ (*deviKUT*) adhesiveness, stickiness

דְבִיר ז׳ (*deVIR*) sanctuary; Holy of Holies

דְבֵלָה נ׳ (*deveLA*) cake of dried figs

דַבְלוּל ז׳ (*davLUL*) strand

דָבַק פעל ע׳ (*daVAK*) adhere, cling, stick, be attached

דָבֵק ת׳ (*daVEK*) attached to, clinging

דֶבֶק ז׳ (*DEvek*) glue, adhesive

דֶבְּקָה נ׳ (*DEBka*) Debka (Arab dance)

דְבֻקָּה נ׳ (*devukKA*) stick of bombs; succession of paratroopers

דְבֵקוּת נ׳ (*deveKUT*) adherence; intense devotion

דָבָר ז׳ (*daVAR*) thing (object); matter, affair; word, speech; something, anything

אֵין דָבָר it does not matter

בִּדְבַר מ״י regarding

דְבַר־מָה ז׳ something

עַל דְבַר מ״י concerning, about; because of

דִבְרֵי־הַיָּמִים ז״ר chronicles, annals

דִין וּדְבָרִים claims, arguments

דִבֵּר פעל י׳ (*dibBER*) talk, speak, say

דִבֵּר עַל לִבּוֹ persuade

דִבֵּר ז׳ (*dibBER*) speech, word, saying, commandment

דַבָּר ז׳ (*dabBAR*) leader, spokesman

דֶבֶר ז׳ (*DEver*) plague, pest

דִּבְרָה נ׳ (*divRA*) word; statement, saying
עַל דִּבְרָתִי upon my word
דַּבְּרָן ז׳ (*dabbeRAN*) orator, chatterbox
דַּבְּרָנוּת נ׳ (*dabberaNUT*) oratory; talkativeness
דְּבַשׁ ז׳ (*deVASH*) honey
דִּבְשִׁי ת׳ (*divSHI*) honey-like, containing honey
דֻּבְשָׁן ז׳ (*duvSHAN*) honey cake
דֻּבְשָׁנִית נ׳ (*duvshaNIT*) honey cookie
דַּבֶּשֶׁת נ׳ (*dabBEshet*) camel's hump
דָּג ז׳ (*DAG*) fish
– מָלוּחַ ז׳ herring
דָּגִים ז״ר Pisces
דָּג פעל י׳ (*DAG*) fish; angle
דִּגְדֵּג פעל י׳ (*digDEG*) tickle
דַּגְדְּגָן ז׳ (*dagdeGAN*) clitoris
דִּגְדּוּג ז׳ (*digDUG*) tickling, tickle
דָּגָה נ׳ (*daGA*) fish (*pl.*)
דָּגוּל ת׳ (*daGUL*) distinguished, prominent, outstanding
דִּגּוּל ז׳ (*digGUL*) raising (banner, flag); presenting (arms)
דָּגוּשׁ ת׳ (*daGUSH*) marked with a dagesh; stressed
דָּגִיג ז׳ (*daGIG*) small fish, minnow
דְּגִימָה נ׳ (*degiMA*) sampling
דְּגִירָה נ׳ (*degiRA*) hatching, incubation
דֶּגֶל ז׳ (*DEgel*) flag, banner
דָּגַל פעל י׳ (*daGAL*) raise the banner of, profess; praise
דִּגֵּל פעל י׳ (*digGEL*) raise (banner, flag), present (arms)
דַּגְלָן ז׳ (*dagLAN*) flagbearer, standard-bearer
דֶּגֶם, דְּגָם ז׳ (*DEgem; deGAM*) model, sample, pattern
דֻּגְמָה, דֻּגְמָא נ׳ (*dugMA*) sample, example, paradigm
דֻּגְמָן ז׳ (*dugMAN*) manikin, model (*m.*)
דֻּגְמָנִית נ׳ (*dugmaNIT*) model (*f.*)
דָּגָן ז׳ (*daGAN*) grain, cereals
דְּגָנִי ת׳ (*degaNI*) cereal
דְּגָנִיָּה נ׳ (*deganiYA*) cornflower
דֶּגֶנֶרָט ז׳ (*degeneRAT*) degenerate
דָּגַר פעל י׳ (*daGAR*) brood (on eggs), hatch; work persistently
דָּגֵשׁ ז׳ (*daGESH*) dagesh (dot doubling or affecting pronunciation of Hebrew consonants); emphasis
דִּגֵּשׁ פעל י׳ (*digGESH*) insert a dagesh; stress
דַּד ז׳ (*DAD*) breast, teat; nipple; tap
דִּדָּה פעל ע׳ (*didDA*) hop; stumble; help; walk; throw
דִּדּוּי ז׳ (*didDUY*) hopping; stumbling
דָּהָה פעל ע׳ (*daHA*) fade
דֵּהֶה, דָּהוּי ת׳ (*deHE, daHUY*) faded
דִּהוּי ז׳ (*diHUY*) fading, discoloration
דְּהִיָּה נ׳ ר׳ דִּהוּי (*dehiYA*)
דְּהַיְנוּ תה״פ (*deHAInu*) that is to say; i.e.
דְּהִירָה נ׳ (*dehiRA*) gallop
דֹּהַן ז׳ (*DOhan*) oil; pomade; polish; grease
דָּהַר פעל ע׳ (*daHAR*) gallop
דְּהָרָה נ׳ (*dehaRA*) gallop
דַּהֲרָן ז׳ (*dahaRAN*) fast horse
דּוּ־ (*DU*) two, bi-, di-, ambi-, amphi-; co-
דּוּ־לְאֻמִּי ת׳ binational
דּוּ־מְמַדִּי ת׳ two-dimensional
דּוּ־קְרָב ז׳ duel
דּוּ־תַּחְמֹצֶת... נ׳ - dioxide
דּוּ־קִיּוּם ז׳ co-existence
דּוּאָלִי ת׳ (*du'Ali*) dual; binary
דואר ר׳ דֹּאַר
דּוֹבֵב פעל י׳ (*doVEV*) cause to speak
דּוֹבֵר ז׳ (*doVER*) speaker, spokesman
דּוֹבְרָה נ׳ (*doveRA*) raft
דּוּגִית נ׳ (*duGIT*) dinghy
דוגמה ר׳ דֻּגְמָה

דוֹגְמָטִי ת׳ (*dogMAti*) dogmatic

דוֹגֶרֶת נ׳ (*doGEret*) brooding hen

דוּד ז׳ (*DUD*) boiler, vat; large basket

דַּוָּד ז׳ (*davVAD*) boilermaker; kettlemaker; tinker

דּוֹד ז׳ (*DOD*) uncle; (biblical) lover, friend

דּוּדָא ז׳ (*duDA*) mandrake, love apple

דּוֹדָה נ׳ (*doDA*) aunt

דּוֹדִים ז״ר (*doDIM*) love, lovemaking

דּוֹדָן ז׳; דּוֹדָנִית נ׳ (*doDAN; dodaNIT*) cousin

דָּוָה פעל ע׳ (*daVA*) be ill; regret

דָּוֶה ת׳ (*daVE*) sad, mournful, sick

דִּוּוּחַ ז׳ (*di VU'aḥ*) reporting; report; informing

דִּוַּח פעל י׳ (*divVAḤ*) report, inform

דו״חַ, דוח נ׳ (*du'AḤ; DOḤ*) report, account, briefing

דּוֹחֶה ת׳ (*doḤE*) repulsive

דּוּחַי ז׳ (*duḤAI*) amphibian

דְּוַי ז׳ (*deVAI*) pain, sorrow distress, sickness

דּוּכִיפַת נ׳ (*dukhiFAT*) hoopoe

דּוּכָן ז׳ (*duKHAN*) platform, pulpit, rostrum; counter

דּוֹלְפִין ז׳ (*dolFIN*) dolphin

דּוֹלָר ז׳ (*DOlar*) dollar

דּוּמָה נ׳ (*duMA*) grave; hell; abode of the dead; guardian angel of the dead

דּוֹמֶה ת׳ (*doME*) similar, resembling, like, analogous; it appears; it seems

דּוּמִיָּה נ׳ (*dumi YA*) silence, stillness

דּוּמָם תה״פ (*duMAM*) silently

דּוֹמֵם ת׳ (*doMEM*) inanimate

טֶבַע — ז׳ still life

דּוֹמֵם פעל ע׳ (*doMEM*) quiet, soothe; remain silent

דּוֹמַנִי (*doMAni*) it seems to me

דּוֹמֵעַ ת׳ (*doME'a*) shedding tears, tearful

דּוּ־מַשְׁמָעוּת נ׳ (*dumashma'UT*) ambiguity

דּוּ־מַשְׁמָעִי ת׳ (*dumashma'I*) ambiguous

דּוֹנַג ז׳ (*doNAG*) wax, beeswax

דּוּנָם ז׳ (*Dunam*) dunam (1000 sq. meters; 1/4 acre)

דּוּפִיָּה נ׳ (*dufi YA*) burette

דַּוְקָא תה״פ (*davKA*) only so, exactly so; precisely, especially, just; just for spite

דּוֹקְטוֹר ז׳ (*DOKtor*) doctor

דּוֹקְטוֹרָט ז׳ (*doktoRAT*) doctorate, doctor's thesis

דּוֹקְטְרִינָה נ׳ (*doktRIna*) doctrine

דּוּ־קְרָב ז׳ (*dukeRAV*) duel; dogfight

דּוּקְרָן ז׳ (*dukeRAN*) forked stick; sear

דּוֹר ז׳ (*DOR*) generation; age, era

דּוּר ז׳ (*DUR*) circle, rim, whorl

דַּוָּר ז׳ (*davVAR*) mailman, postman

דּוּרֶגֶל ז׳ (*dureGAL*) bipod

דּוּרָה נ׳ (*DUra*) sorghum

דּוֹרוֹן ז׳ (*doRON*) gift, present

דּוֹרֵס ת׳ (*doRES*) predatory, rapacious

דּוֹרֵשׁ ז׳ (*doRESH*) preacher

דַּוְשָׁה נ׳ (*davSHA*) pedal

דַּוְשַׁת הַדֶּלֶק accelerator

דָּחָה פעל י׳ (*daḤA*) repel, reject, push away, put off; postpone, delay, defer

דָּחוּי ת׳ (*daḤUY*) postponed; repelled

דִּחוּי ז׳ (*diḤUY*) delay

דָּחוּס ת׳ (*daḤUS*) compressed, crowded, congested

דָּחוּף ת׳ (*daḤUF*) urgent

דָּחוּק ת׳ (*daḤUK*) hard-pressed; in need of; crowded; narrow

דְּחִי ז׳ (*deḤI*) failure, mishap

דְּחִיָּה נ׳ (*deḥiYA*) delay, postponement; rejection

דְּחִילוּ נ׳ (*deḤIlu*) fear, awe

דְחִיסָה נ׳ (deḥiSA) compression
דְחִיסוּת נ׳ (deḥiSUT) density, compressibility
דְחִיפָה נ׳ (deḥiFA) push, impulse
דְחִיפוּת נ׳ (deḥiFUT) urgency
דְחִיקָה נ׳ (deḥiKA) pressing, thrust, repulsion
דַחְלִיל ז׳ (daḥLIL) scarecrow
דֹחַן ז׳ (DOḥan) millet
דָחַס פעל י׳ (daḤAS) compress, press
דַחַס ז׳ (DAḥus) congestion
דַחַף ז׳ (DAḥaf) impulse, push, thrust
דָחַף פעל י׳ (daḤAF) push, impel
דַחְפּוֹר ז׳ (daḥPOR) bulldozer
דָחַק פעל י׳ (daḤAK) press, oppress; push; urge, try
דֹחַק, דְחָק ז׳ (DOḥak; deḤAK) pressure, congestion; distress, need, want
בְּדֹחַק תה״פ scarcely, with difficulty
דַחֲקוּת נ׳ (daḥaKUT) distress, poverty
דַי, דֵי־ ז׳ תה״פ (DAI; DEY-) enough, plenty; amply, sufficiently
– וְהוֹתֵר ז׳ ample
דַיֶּךָּ! enough!
יוֹתֵר מִדַּי too much
לְמַדַּי תה״פ sufficiently
מִדֵּי תה״פ every (-time)
דִיאַגְנוֹזָה נ׳ (diagNOza) diagnosis
דִיאַגְרָמָה נ׳ (di'aGRAma) diagram
דִיאֶטָה נ׳ (di'Eta) diet
דִיאָלוֹג ז׳ (di'aLOG) dialogue
דִיאָלֶקְטִיקָה נ׳ (di'aLEKtika) dialectics
דִיבִיזְיָה נ׳ (diVIZya) division
דַיָּג ז׳ (daiYAG) fisherman
דַיִג ז׳ (DAyig) fishing, fishery
דִידַקְטִיקָה נ׳ (diDAKtika) education, didactics
דַיָּה נ׳ (daiYA) kite (bird)
דְיוֹ זו״נ (deYO) ink
דְיוֹטָה נ׳ (deyoTA) floor, story

דִיּוּן ז׳ (diYUN) discussion, deliberation; debate
דְיוֹנוּן ז׳ (deyoNUN) squid
דְיוֹפִי ז׳ ר׳ דוּפְיָה (deyoFI)
דִיּוּק ז׳ (diYUK) accuracy, precision
בְּדִיּוּק תה״פ exactly
דְיוֹקָן ז׳ (deyoKAN) portrait, image
דִיּוּר ז׳ (diYUR) housing
דִיּוּת נ׳ (diYUT) ink drawing, inking, retouching
דְיוֹת נ׳ (deYOT) India ink
דְיוֹתָה נ׳ (deyoTA) inkwell
דִיזֶנְטֶרְיָה נ׳ (dizenTERya) dysentery
דַיָּל ז׳ (daiYAL) steward
דַיֶּלֶת נ׳ (daiYElet) stewardess; hostess
דִימוּס ז׳ (diMOS) freedom
יָצָא בְּ־ go free; resign, retire
דִין ז׳ (DIN) trial; judgment, verdict; justice; law, rule
בְּדִין תה״פ rightly, justifiedly
דִין וְחֶשְׁבּוֹן (דו״חַ) ז׳ report, account
בֵּית־דִין ז׳ court
בַּעַל־דִין ז׳ party, litigant
גְמַר־דִין ז׳ verdict
חֹמֶר־הַדִּין ז׳ the letter of the law
נָתַן אֶת הַדִּין account for, pay the penalty
עוֹרֵךְ־דִין ז׳ lawyer
שׁוּרַת־הַדִּין נ׳ justice, strict law
לִפְנִים מִשּׁוּרַת הַדִּין תה״פ with special leniency
דַיָּן ז׳ (daiYAN) judge, judge of rabbinical court
דַיָּנוּת נ׳ (daiyaNUT) office of judge (in rabbinical court); duties of judge
דִינָמוֹ ז׳ (DInamo) dynamo
דִינָמִי ת׳ (diNAmi) dynamic
דִינָמִיּוּת נ׳ (diNAmiyut) dynamics
דִינָמִיקָה נ׳ (diNAmica) dynamics
דִינָר ז׳ (diNAR) dinar, denarius
דַיְסָה נ׳ (daySA) cereal, porridge, mess

aloofness, reserve (disTANS) דִּיסְטַנְס ז׳
washer, disc, dogtag (disKIT) דִּיסְקִית נ׳
dissertation (diserTATSya) דִּיסֶרְטַצְיָה נ׳
דיעבד ר׳ בדיעבד
diphtheria (difTERya) דִּיפְטֶרְיָה נ׳
diplomacy (diploMATya) דִּיפְּלוֹמַטְיָה נ׳
differential (diferentsYAli) דִּיפֶרֶנְצְיָאלִי ת׳
joy (diTSA) דִּיצָה נ׳
be punctual, be precise, be accurate (diYEK) דִּיֵּק פעל ע׳
siege towers; parapet (daYEK) דָּיֵק ז׳
dean (diKAN) דִּיקָן ז׳
punctual, prompt, meticulous (daiyeKAN) דַּיְּקָן ת׳
accuracy; punctuality (dayyekaNUT) דַּיְּקָנוּת נ׳
sheep pen, shed (DIR) דִּיר ז׳
accommodate, house (diYER) דִּיֵּר פעל י׳
tenant, occupant (daiYAR) דַּיָּר ז׳
apartment, flat; dwelling (diRA) דִּירָה נ׳
board of directors (direktorYON) דִּירֶקְטוֹרְיוֹן ז׳
threshing; threshed grain; trampling (daiYISH) דַּיִשׁ ז׳
threshing; trampling; repetitious activity (diSHA) דִּישָׁה נ׳
addax, antelope (diSHON) דִּישׁוֹן ז׳
ink; retouch; diffuse (diYET) דִּיֵּת פעל ע׳ י׳
oppressed, wretched, poor (DAKH) דַּךְ ת׳
oppress, subdue, crush, suppress (dikKE) דִּכֵּא פעל י׳
oppressed, tormented (dakKA) דַּכָּא ת׳
depression, melancholy (dikka'ON) דִּכָּאוֹן ז׳
depression, dejection (dikhDUKH) דִּכְדּוּךְ ז׳
depress, deject, dismay (dikhDEKH) דִּכְדֵּךְ פעל י׳

bruising, crushing (dakKA) דַּכָּה נ׳
man with injured testicles — פְּצוּעַ־
suppression, crushing, oppression (dikKUY) דִּכּוּי ז׳
duke (dukKAS) דֻּכָּס ז׳
poor, meager, wretched, lean (DAL) דַּל ת׳
plane-tree (DOlev) דֹּלֶב ז׳
leap over, skip; jump (daLAG) דָּלַג פעל ע׳
skip; jump (dilLEG) דִּלֵּג פעל ע׳
weakening, impoverishment; degeneration (dilDUL) דִּלְדּוּל ז׳
weaken, impoverish, deplete (dilDEL) דִּלְדֵּל פעל י׳
the poor, the masses; forelock (daLLA) דַּלָּה נ׳
impoverished masses דַּלַּת־הָעָם
draw, raise (daLA) דָּלָה פעל י׳
skip, omission; skipping, jumping (dilLUG) דִּלּוּג ז׳
turbid; sad (daLU'aḥ) דָּלוּחַ ת׳
pollution (dilLU'aḥ) דִּלּוּחַ ז׳
thinning, dilution (dilLUL) דִּלּוּל ז׳
on fire, burning, lighted (daLUK) דָּלוּק ת׳
poverty, scarcity (dalLUT) דַּלּוּת נ׳
pollute, dirty, befoul (daLAḤ) דָּלַח פעל י׳
bucket; pail; Aquarius (deLI) דְּלִי ז׳
drawing (deliYA) דְּלִיָּה נ׳
vertical branch (daliYA) דָּלִיָּה נ׳
diluted, thin (daLIL) דָּלִיל ת׳
thinness, sparseness (deliLUT) דְּלִילוּת נ׳
dripping, leak, leaking (deliFA) דְּלִיפָה נ׳
inflammable (daLIK) דָּלִיק ת׳
become poor; decrease (daLAL) דָּלַל פעל ע׳
dilute, thin out (dilLEL) דִּלֵּל פעל י׳
squash (deLA'at) דְּלַעַת נ׳

דָּלַף פעל ע׳ (daLAF) leak, drip
דֶּלֶף ז׳ (DElef) leak, drizzle
דַּלְפוֹן ז׳ (dalFON) pauper
דֶּלְפֵּק ז׳ (delPEK) counter, bar
דָּלַק פעל ע׳ (daLAK) burn, be on (light); pursue
דָּלָק ז׳ (daLAK) marten
דֶּלֶק ז׳ (DElek) fuel
דְּלֵקָה נ׳ (deleKA) blaze, fire
דַּלֶּקֶת נ׳ (dalLEket) inflammation
דַּלַּקְתִּי ח׳ (dallakTI) inflammatory
דֶּלֶת נ׳ (DElet) door; column (in scroll)
דָּלֶת נ׳ (DAlet) Dalet (the fourth letter of the Hebrew alphabet)
דְּלָתַיִם נ״ז (delaTAyim) double doors
בִּ– סְגוּרוֹת in camera
...דם מ״ק attention!
דָּם ז׳ (DAM) blood
גְּאֻלַּת דָּם, נִקְמַת דָּם נ׳ blood feud, vendetta
בִּקֵּשׁ אֶת דָּמוֹ seek his murderer
דָּמוֹ בְּרֹאשׁוֹ he bears the responsibility
דַּם־הַמַּכַּבִּים ז׳ strawflower, helichrysum
אִישׁ דָּמִים ז׳ murderer
שְׁפִיכוּת־דָּמִים נ׳ bloodshed
דֶּמַגוֹג ז׳ (demaGOG) demagogue
דִּמְדּוּם ז׳ (dimDUM) dimness; vagueness, twilight, decline
דִּמְדּוּמִים ז״ר twilight
דִּמְדֵּם פעל ע׳ (dimDEM) be dazed, emit dim light
דַּמְדְּמָנִית נ׳ (damdemaNIT) red currant
דָּמָה פעל ע׳ (daMA) resemble, be like
דִּמָּה פעל י׳ (dimMA) liken, compare; imagine; think, suppose; intend, plot
דִּמּוּי ז׳ (dimMUY) comparison, likeness; idea; image; allegory; metaphor

דָּמוּי ת׳ (daMUY) similar to-, like
דְּמוּי – (deMUY) - shaped, -form, - like (-al, -ular)
דִּמּוּם ז׳ (dimMUM) bleeding, hemorrhage
דִּמּוּעַ ז׳ (dimMU'a) weeping, shedding tears
דֶּמוֹקְרַטְיָה נ׳ (demoKRATya) democracy
דֶּמוֹרָלִיזַצְיָה נ׳ (demoraliZATSya) demoralization
דְּמוּת נ׳ (deMUT) image, form; character
דָּמִי ת׳ (daMI) bloody
דֳּמִי ז׳ (DOmi) silence, quiet; rest
דִּמְיוֹן ז׳ (dimYON) analogy; similarity, likeness; imagination, fantasy; example
דִּמְיוֹנִי ת׳ (dimyoNI) imaginary, fanciful, fantastic
דָּמִים ז״ר (daMIM) money, cost, fee, value
ר׳ גם דם
דְּמֵי־כִּיס pocket money
דְּמֵי־כְּנִיסָה admission fee
דְּמֵי־נְסִיעָה fare
דְּמֵי־שְׁתִיָּה tip
דִּמְיֵן פעל י׳ (dimYEN) imagine
דְּמִיעָה נ׳ (demi'A) weeping, shedding tears
דָּמַם פעל ע׳ (daMAM) be silent, be still
דִּמֵּם פעל ע״י (diMEM) bleed; immobilize
דֶּמֶם ז׳ (DEmem) bleeding
דְּמָמָה נ׳ (demaMA) silence
דֹּמֶן ז׳ (DOmen) dung, manure
דִּמֵּן פעל י׳ (dimMEN) fertilize, spread dung
דָּמַע פעל ע׳ (daMA') shed tears
דֶּמַע ז׳ (DEma) tear
דִּמְעָה נ׳ (dim'A) tear
דָּן פעל י׳ (DAN) deliberate, discuss; judge; rule; punish, chastise
דִּנֵּג פעל י׳ (dinNEG) wax

דְנַן ז׳ (*deNAN*) this, the one in question (*Aram.*)

דִסְקוּס ז׳ (*DISkus*) disc, discus

דִסְקִית נ׳ ר׳ דִיסְקִית

דַע ר׳ יָדַע

דֵעָה נ׳ (*de'A*) opinion; knowledge; understanding; conduct, character, trait

– קְדוּמָה prejudice

הוֹגֵה דֵעוֹת thinker, philosopher

שְׁפוּי בְּדַעְתּוֹ sane

דְעִיכָה נ׳ (*de'iKHA*) expiring, flickering

דָעַךְ פעל ע׳ (*da'AKH*) fade, flicker, be extinguished, die out

דַעַץ ז׳ (*DA'ats*) ancient Hebrew script

דַעַת נ׳ (*DA'at*) knowledge, mind, thought

הִתְקַבֵּל עַל הַ– make sense

מֵנִיחַ אֶת הַ – be adequate

נָחָה דַעְתּוֹ calmed down

קַלּוּת־ – נ׳ frivolity

דַעְתָּן ז׳ (*da'TAN*) intelligent person; erudite person; determined person

דַף ז׳ (*DAF*) plate; flap; strip of cloth; plank, board; page; leaf; sheet (of paper)

דִפְדּוּף ז׳ (*difDUF*) leafing

דִפְדֵף פעל י׳ (*difDEF*) leaf through, browse

דַפְדֶפֶת נ׳ (*dafDEfet*) loose-leaf notebook

דְפוּס ז׳ (*deFUS*) print, printing press; form, mold

דֹפִי ז׳ (*DOfi*) fault; scorn, aspersion

דְפִיקָה נ׳ (*defiKA*) knock, blow, beating

דֹפֶן ז׳ (*DOfen*) side, wall, partition

יוֹצֵא – ת׳ exceptional, unusual, odd

דַפְנָה נ׳ (*dafNA*) laurel

דַפָּס ז׳ (*dapPAS*) printer

דָפַק פעל י׳ (*daFAK*) knock; beat, drive

דֹפֶק ז׳ (*DOfek*) pulse

דֶפְּרֶסְיָה נ׳ (*depRESya*) depression (mental)

דֶצֶמְבֶּר ז׳ (*deTSEMber*) December

דֶצֶנְטְרָלִיזַצְיָה נ׳ (*detsentraliZATSya*) decentralization

דָק פעל ע׳ (*DAK*) scrutinize

דַק ת׳ (*DAK*) thin, narrow, fine, slim

דֹק ז׳ (*DOK*) thin cloth; diaphragm; membrane; corneal ulcer

דִקְדּוּק ז׳ (*dikDUK*) grammar; exactness; detail; scrutiny

דִקְדּוּקֵי עֲנִיּוּת ז״ר hair splitting

דִקְדּוּקִי ת׳ (*dikduKI*) grammatical

דִקְדֵק פעל ע׳ (*dikDEK*) be exact, be strict; scrutinize; investigate grammar

דַקְדְקָן ז׳ (*dakdeKAN*) grammarian; meticulous person

דַקָּה נ׳ (*dakKA*) minute (time)

דַקּוּת נ׳ (*dakKUT*) thinness; fineness, delicacy

דַקִּיק ת׳ (*dakKIK*) very thin, very fine

דַקִּיקוּת נ׳ (*dakkiKUT*) thinness

דְקִירָה נ׳ (*dekiRA*) stab, prick, puncture; barb

דֶקֶל ז׳ (*DEkel*) palm tree; date palm

דִקְלוּם ז׳ (*dikLUM*) recitation

דִקְלֵם פעל י׳ (*dikLEM*) recite

דֶקֶר ז׳ (*DEker*) crowbar; dibble; pick

דָקַר פעל י׳ (*daKAR*) stab, puncture, prick

דָר פעל ע׳ (*DAR*) dwell, reside

דֵרָאוֹן ז׳ (*dera'ON*) disgrace

דִרְבּוּן ז׳ (*dirBUN*) spurring, urging on

דָרְבָן ז׳ (*dareVAN*) spur; goad; thorn, sticker

דַרְבָּן ז׳ (*darBAN*) porcupine

דִרְבֵּן פעל י׳ (*dirBEN*) goad, spur

דֵּרֵג פעל י׳ (deREG) grade, gradate, make steps, terrace

דֶּרֶג ז׳ (DEreg) grade; echelon

דַּרְגָּה נ׳ (darGA) rank, grade, level, step, stair

דַּרְגְּנוֹעַ (deragNO'a) escalator

דַּרְגָּשׁ ז׳ (darGASH) sofa, divan, couch; footstool

דִּרְדּוּר ז׳ (dirDUR) rolling, dispersing

דַּרְדַּק ז׳ (darDAK) child, infant

דַּרְדַּר ז׳ (darDAR) thistle, centaury

דִּרְדֵּר פעל י׳ (dirDER) to roll, roll away and disperse

דָּרוּג ת׳ (daRUG) terraced; graded

דֵּרוּג ז׳ (deRUG) grading, scaling; terracing

דָּרוּךְ ת׳ (daRUKH) tense, taut, alert, ready; cocked

דָּרוֹם ז׳ (daROM) south

דְּרוֹמִי ת׳ (deroMI) southern, south

דְּרוֹר ז׳ (deROR) freedom, liberty, liberation; sparrow

דְּרוּשׁ ז׳ (deRUSH) sermon; discourse; midrashic exposition, hypothesis

דָּרוּשׁ ת׳ (daRUSH) required, wanted, necessary

דְּרִיכָה נ׳ (deriKHA) treading; cocking, drawing (bow)

דְּרִיכוּת נ׳ (deriKHUT) tension, preparedness

דְּרִיסָה נ׳ (deriSA) trampling, running over; treading

דְּרִיסַת רֶגֶל foothold, freedom of entry; entrance; accidental touch of the foot

דְּרִישָׁה נ׳ (deriSHA) demand; appeal; inquiry; investigation; sermon

דְּרִישַׁת שָׁלוֹם regards

דָּרַךְ פעל ע׳ י׳ (daRAKH) step, tread, press; cock, draw (bow)

דֶּרֶךְ ז׳ נ׳ (DErekh) way, road; manner; means; mood (*gram.*)

– מ״י by, through

– אַגַּב by the way

– אֶרֶץ proper manners

בְּ – כְּלָל generally

– הַמֶּלֶךְ highway

– מָשָׁל for instance

דַּרְכּוֹן ז׳ (darKON) passport

דְּרָמָה נ׳ (deRAma) drama

דְּרָמָטוּרְג ז׳ (dramaTURG) playwright

דְּרָמָתִי ת׳ (deraMAti) dramatic

דָּרַס פעל י׳ (daRAS) trample, run over; tear with claws; prey upon; force-feed

דְּרַסְטִי ת׳ (deRASti) drastic

דְּרָקוֹן ז׳ (deraKON) dragon

דָּרַשׁ פעל ע׳ י׳ (daRASH) preach, discourse; appeal; pray for; demand, require; inquire, investigate; seek, study; explain, interpret

דְּרַשׁ ז׳ (deRASH) homiletical interpretation, midrashic exposition, exegesis

דְּרָשָׁה נ׳ (deraSHA) midrashic exposition; sermon, discourse

דַּרְשָׁן ז׳ (darSHAN) preacher; hermeneutical interpreter

דַּרְשָׁנוּת נ׳ (darshaNUT) preaching, discoursing; interpreting

דָּשׁ פעל י׳ (DASH) thresh; trample, crush; thrash; beat; deal with repeatedly

דַּשׁ ז׳ (DASH) lapel, flap

דֶּשֶׁא ז׳ (DEshe) lawn, young grass

דִּשְׁדּוּשׁ ז׳ (dishDUSH) treading; trampling; prattle

דִּשְׁדֵּשׁ פעל ע׳ (dishDESH) tread, trample, wallow in

דִּשּׁוּן ז׳ (dishSHUN) fertilization; ash removal

דֶּשֶׁן ז׳ (DEshen) fat; chemical fertilizer

דָּשֵׁן ת׳ (daSHEN) fat, rich, fertile

דִּשֵּׁן פעל י׳ (dishSHEN) fertilize; fatten; remove ashes

דָּת נ׳ (*DAT*) religion; law, custom, decree

כַּ – properly, as required

דָּתִי ת׳ (*daTI*) religious, devout, orthodox

דָּתִיּוּת נ׳ (*datiYUT*) orthodoxy, religiosity

# ה

He (fifth letter of the Hebrew alphabet); five; fifth (*HE*) ה נ׳

the (*HA-*) הַ־ (הָ, הֶ־)

(prefix to first word in interrogative sentence) (*HA*) הֲ־ (הַ־, הֶ־)

God (*adoNAI; ha-SHEM*) ה׳

He (fifth letter of the Hebrew alphabet) (*HE*) הֵא נ׳

definite article – הַיְדִיעָה

interrogative particle – הַשְּׁאֵלָה

destruction הָאֲבָדָה נ׳

destroy (*he'eVID*) הֶאֱבִיד פעל י׳

pollinate (*he'eVIK*) הֶאֱבִיק פעל י׳

pollination (*ha'avaKA*) הַאֲבָקָה נ׳

wrestling; struggle (*he'avKUT*) הֵאָבְקוּת נ׳

redden (*he'DIM*) הֶאְדִים פעל ע׳

glorify (*he'DIR*) הֶאְדִיר פעל י׳

reddening (*ha'daMA*) הַאְדָמָה נ׳

glorifying (*ha'daRA*) הַאְדָרָה נ׳

cover; shelter; shade (*he'eHIL*) הֶאֱהִיל פעל י׳

covering; sheltering; shading (*ha'ahaLA*) הַאֲהָלָה נ׳

listen; listen in, tap, eaves drop (*he'eZIN*) הֶאֱזִין פעל ע׳

listening; listening in; tapping; eavesdropping (*ha'azaNA*) הַאֲזָנָה נ׳

hurray (*he'AḤ*) הֶאָח מ״ק

unification; standardization; making uniform (*ha'aḥaDA*) הַאֲחָדָה נ׳

pioneering settlement (*he'aḥaZUT*) הֵאָחֲזוּת נ׳

unify; combine; make uniform, standardize (*he'eḤID*) הֶאֱחִיד פעל י׳

slow down (*he'ET*) הֵאֵט פעל י׳

slowdown (*he'aTA*) הָאָטָה נ׳

urge; accelerate (*he'ITS*) הֵאִיץ פעל י׳

illuminate; light up; kindle; elucidate; explain (*he'IR*) הֵאִיר פעל י׳

feed (*he'eKHIL*) הֶאֱכִיל פעל י׳

feeding (*ha'akhaLA*) הַאֲכָלָה נ׳

deification; idolization (*ha'alaHA*) הַאֲלָהָה נ׳

deify; idolize (*he'eLIah*) הֶאֱלִיהַּ פעל י׳

believe; trust; confirm; accredit (*he'eMIN*) הֶאֱמִין פעל ע׳ י׳

rise; soar; praise (*he'eMIR*) הֶאֱמִיר פעל ע׳

accreditation; confirmation; belief (*ha'amaNA*) הַאֲמָנָה נ׳

sharp rise; praise (*ha'amaRA*) הַאֲמָרָה נ׳

(*he'eNISH*) הֶאֱנִישׁ פעל י׳ anthropomorphize

(*ha'anaSHA*) הַאֲנָשָׁה נ׳ anthropomorphism

darken; conceal; obscure; overshadow (*he'eFIL*) הֶאֱפִיל פעל ע׳ י׳

turn gray (*he'eFIR*) הֶאֱפִיר פעל ע׳

blackout; darkening (*ha'afaLA*) הַאֲפָלָה נ׳

darkening; making gray; shading; turning gray (*ha'afaRA*) הַאֲפָרָה נ׳

acceleration; urging (*he'aTSA*) הֵאָצָה נ׳

impart; ennoble (*he'eTSIL*) הֶאֱצִיל פעל י׳

inspiration; ennobling; emanation; sublimation (*ha'atsaLA*) הַאֲצָלָה נ׳

illumination; lighting; elucidation; light (*he'aRA*) הֶאָרָה נ׳

accommodation; lodging (*ha'araḤA*) הַאֲרָחָה נ׳

guest house – בֵּית

lengthen; prolong; extend; linger (*he'eRIKH*) הֶאֱרִיךְ פעל י׳ ע׳

ground (he'eRIK) הֶאֱרִיךְ פעל י׳
extension; (ha'araKHA) הַאֲרָכָה נ׳
prolongation; lengthening
grounding, (ha'araKA) הַאֲרָקָה נ׳
ground
accuse; (he'eSHIM) הֶאֱשִׁים פעל י׳
arraign; indict; blame
accusation; (ha'ashaMA) הַאֲשָׁמָה נ׳
blame; charge
bringing; quotation (hava'A) הֲבָאָה נ׳
nonsense; (haVAI) הֲבַאי ז׳
exaggeration
stench; (hav'aSHA) הַבְאָשָׁה נ׳
causing a stink
defamation; giving הַבְאָשַׁת רֵיחַ
a bad name
stink; (hiv'ISH) הִבְאִישׁ פעל ע׳ י׳
cause a stench; defame, arouse hatred; ripen
defame, give a bad name — רֵיחַ
separate; set (hivDIL) הִבְדִּיל פעל י׳
aside; perform Havdala ceremony
not to be mentioned together —לְ
difference; (hevDEL) הֶבְדֵּל ז׳
distinction; remainder
Havdala (havdaLA) הַבְדָּלָה נ׳
(ceremony at conclusion of Sabbaths and holidays); difference; distinction
separation; (hibbadeLUT) הִבָּדְלוּת נ׳
isolation; segregation
let us (HAva) הָבָה מ״ק
flicker; (hivHEV) הִבְהֵב פעל ע׳ י׳
simmer; scintillate; singe; toast; broil
flickering; (hivHUV) הִבְהוּב ז׳
simmering; singeing; scintillation; broiling
alarm; (hivHIL) הִבְהִיל פעל י׳
frighten; urge; bring quickly; rush
flash (hivHIK) הִבְהִיק פעל ע׳
clarify (hivHIR) הִבְהִיר פעל י׳
alarming; rushing (havhaLA) הַבְהָלָה נ׳
fright (hibbahaLUT) הִבָּהֲלוּת נ׳
flash (hevHEK) הֶבְהֵק ז׳
flash (havhaKA) הַבְהָקָה נ׳
clarification (havhaRA) הַבְהָרָה נ׳
give (HAvu) הָבוּ פעל י׳
flash; strafe (hivZIK) הִבְזִיק פעל ע׳ י׳
flash (hevZEK) הֶבְזֵק ז׳
strafing; flash (havzaKA) הַבְזָקָה נ׳
nauseate; (hivḤIL) הִבְחִיל פעל ע׳ י׳
feel nauseous; ripen; age
distinguish (hivḤIN) הִבְחִין פעל י׳
between; discern
causing nausea; (havḥaLA) הַבְחָלָה נ׳
ripening; artificial ripening; aging
discernment; (havḥaNA) הַבְחָנָה נ׳
discrimination; distinction
election (hibbaḥaRUT) הִבָּחֲרוּת נ׳
aspect (hebBET) הֶבֵּט ז׳
look (habbaTA) הַבָּטָה נ׳
promise; (havtaḤA) הַבְטָחָה נ׳
assurance; securing
promise; (hivTI'aḥ) הִבְטִיחַ פעל י׳
assure, secure
bring; quote (heVI) הֵבִיא פעל י׳
take into account — בְּחֶשְׁבּוֹן
afflict with — עַל
look (hibBIT) הִבִּיט פעל ע׳
bewilder; (heviKH) הֵבִיךְ פעל י׳
confuse; embarrass
hazy (haVIL) הָבִיל ת׳
understand; (heVIN) הֵבִין פעל י׳
observe; explain
defeat; rout (heVIS) הֵבִיס פעל י׳
express (hibBI'a) הִבִּיעַ פעל י׳
lay waste (heVIR) הֵבִיר פעל י׳
embarrassment; (havaKHA) הֲבָכָה נ׳
confusion
ripen (hivKIR) הִבְכִּיר פעל י׳ ע׳
early; give birth for the first time
first birth (havkaRA) הַבְכָּרָה נ׳
vanity; foolishness; (HEvel) הֶבֶל ז׳
vapor, breath
restraint (havlaGA) הַבְלָגָה נ׳
folly; foolishness (havLUT) הַבְלוּת נ׳
flickering (havlaḤA) הַבְלָחָה נ׳

הַבְלָטָה נ׳ (havlaTA) emphasis; prominence
הִבָּלְטוּת נ׳ (hibbaleTUT) prominence; conspicuousness
הִבְלִיג פעל ע׳ (hivLIG) contain; repress; exercise restraint
הִבְלִיחַ פעל ע׳ (hivLI'ah) flicker
הִבְלִיט פעל י׳ (hivLIT) emphasize; make conspicuous
הִבְלִיעַ פעל י׳ (hivLI'a) cause to swallow; insert; conceal; elide
הַבְלָעָה נ׳ (havla'A) slurring over; absorption; assimilation; elision
הָבְנֶה ז׳ (hovNE) ebony
הֲבָנָה נ׳ (havaNA) understanding
אִי־ — misunderstanding
הֲבָסָה נ׳ (havaSA) defeat; rout
הַבָּעָה נ׳ (haba'A) expression
הִבְעִיר פעל י׳ (hiv'IR) kindle; set fire
הִבְעִית פעל י׳ (hiv'IT) frighten; intimidate
הַבְעָרָה נ׳ (hav'aRA) kindling; setting on fire
הַבְעָתָה נ׳ (hav'aTA) intimidation; terrorizing
הִבְקִיעַ פעל י׳ (hivKI'a) break through; pierce
הַבְקָעָה נ׳ (havka'A) breakthrough
הַבְרָאָה נ׳ recovery; recuperation; convalescence
בֵּית — resort; convalescent home
דְּמֵי — vacation allowance
סְעֻדַּת — mourner's meal
הַבְרָגָה נ׳ (havraGA) screwing; screw; thread
הֲבָרָה נ׳ (havaRA) syllable
הַבְרָחָה נ׳ (havraḤA) smuggling; chasing away; bolting
הִבְרִיא פעל ע׳ י׳ (hivRI) recover; recuperate; make healthy
הִבְרִיג פעל י׳ (hivRIG) screw; screw in
הִבְרִיחַ פעל י׳ (hivRI'aḥ) smuggle; chase away; put to flight; bolt

הִבְרִיךְ פעל י׳ (hivRIKH) cause to kneel; bend
הִבְרִיק פעל ע׳ (hivRIK) glitter; twinkle; flash; shine; telegraph; cable
הִבְרִישׁ פעל י׳ (hivRISH) brush
הַבְרָכָה נ׳ (havraKHA) causing to kneel; bonding
הַבְרָקָה נ׳ (havraKA). glittering; twinkling; flashing; shining; bright idea; telegraphing, cabling
הַבְרָשָׁה נ׳ (havraSHA) brushing
הִבְשִׁיל פעל י׳ ע׳ (hivSHIL) ripen; age
הַבְשָׁלָה נ׳ (havshaLA) ripening; aging
הַגָּ"א (HAga) civil defense
הַגַּאי ז׳ (hagGAI) navigator, helmsman
הֲגָבָה נ׳ (hagaVA) reaction; response
הַגְבָּהָה נ׳ (hagbaHA) lifting; raising Torah scroll for display
הִגְבִּיהַּ פעל י׳ (higBI'ah) lift; raise
הִגְבִּיל פעל י׳ (higBIL) limit, restrict
הִגְבִּיר פעל י׳ (higBIR) amplify; intensify
הַגְבָּלָה נ׳ (hagbaLA) limitation; restriction
הַגְבָּרָה נ׳ (hagbaRA) amplification; intensification
הַגָּדָה נ׳ (haggaDA) narrating; narration; telling; Passover story
הַגָּדַת עֲתִידוֹת fortunetelling
הִגְדִּיל פעל י׳ ע׳ (higDIL) enlarge; increase; magnify; grow
הִגְדִּיר פעל י׳ (higDIR) define
הִגְדִּישׁ פעל י׳ (higDISH) fill to capacity
— הַסְּאָה overdo it
הַגְדָּלָה נ׳ (hagdaLA) enlargement; enlarging; increase, magnification
הַגְדָּרָה נ׳ (hagdaRA) definition
— עַצְמִית self determination
הַגְדָּשָׁה נ׳ (hagdaSHA) filling to capacity
הָגָה פעל י׳ (haGA) pronounce; articulate; express; study; think; meditate; growl; moan; remove

הֶגֶה ז׳ (*HEge*) sound; moan; sigh; rudder; helm; steering wheel

הֲגָהָה נ׳ (*haggaHA*) proofreading; marginal note; galley proof

הָגוּי ת׳ (*haGUY*) pronounced; articulated

הִגּוּי ז׳ (*higGUY*) pronunciation; steering

הָגוּן ת׳ (*haGUN*) decent; respectable; proper

הָגוּת נ׳ (*haGUT*) meditation; thought

הִגְזִים פעל ע׳ (*higZIM*) exaggerate

הַגְזָמָה נ׳ (*hagzaMA*) exaggeration

הֵגִיב פעל ע׳ (*heGIV*) react; respond

הִגִּיד פעל י׳ (*higGID*) tell; relate; explain; read Passover story

הִגִּיהַּ פעל י׳ (*higGI'ah*) proofread; shine

הֲגִיָּה נ׳ (*hagiYA*) study; meditation; pronunciation; articulation; moaning

הִגָּיוֹן ז׳ (*higgaYON*) logic; common sense

הֶגְיוֹנִי ת׳ (*hegyoNI*) logical

הֵגִיחַ פעל ע׳ (*heGIah*) sally forth

הֲגִינוּת נ׳ (*hagiNUT*) decency; respectability; fairness

הִגִּיעַ פעל ע׳ י׳ (*higGI'a*) arrive; reach; attain; bring; cause to touch; extend to; suffice; deserve; be coming to

הֵגִיף פעל י׳ (*heGIF*) shut

הֲגִירָה נ׳ (*hagiRA*) emigration; migration

הִגִּישׁ פעל י׳ (*higGISH*) serve; bring near; present

הַגְלָדָה נ׳ (*haglaDA*) cicatrization; freezing

הֶגְלָה פעל י׳ (*hegLA*) exile; banish

הִגְלִיד פעל ע׳ (*higLID*) cicatrize; freeze

הַגְלָיָה נ׳ (*haglaYA*) exile; banishment

הֲגַם תה״פ (*haGAM*) although

הֶגְמוֹן ז׳ (*hegMON*) bishop; ruler

הֶגְמוֹנְיָה נ׳ (*hegMONya*) hegemony; rule; superiority; bishopric

הִגָּמְלוּת נ׳ (*higgameLUT*) weaning

הֹגֶן ז׳ (*HOgen*) propriety

כַּ־ properly

הֵגֵן פעל י׳ (*heGEN*) defend; protect

הַגְנָבָה נ׳ (*hagnaVA*) smuggling; introduction by stealth

הֲגַנָּה נ׳ (*haganNA*) defense; protection; Hagana (Israeli pre-state defense organization)

הִגְנִיב פעל י׳ (*higNIV*) smuggle in; introduce by stealth

הֲגַנָּתִי ת׳ (*hagannaTI*) defensive

הַגָּעָה נ׳ (*hagga'A*) arrival; reaching

הִגְעִיל פעל י׳ (*hig'IL*) scald (to render suitable for Passover); nauseate

הַגְעָלָה נ׳ (*hag'aLA*) scalding (to render suitable for Passover); make disgusting

הֲגָפָה נ׳ (*hagaFA*) shutting

הִגֵּר פעל ע׳ (*higGER*) emigrate; migrate

הִגְרִיל פעל י׳ (*higRIL*) draw lots; raffle off; win in a raffle

הַגְרָלָה נ׳ (*hagraLA*) lottery; raffle

הִגָּרְרוּת נ׳ (*higgareRUT*) dragging

הַגָּשָׁה נ׳ (*haggaSHA*) serving; presenting; presentation; submitting

הִגְשִׁים פעל י׳ (*higSHIM*) realize; implement; materialize

הַגְשָׁמָה נ׳ (*hagshaMA*) realization; implementation; materialization

הֵד ז׳ (*HED*) echo

הִדְאִיג פעל י׳ (*hid'IG*) worry; bother

הִדְבִּיק פעל י׳ (*hidBIK*) glue; infect; overtake

הִדְבִּיר פעל י׳ (*hidBIR*) subjugate; exterminate

הַדְבָּקָה נ׳ (*hadbaKA*) gluing; sticking; contagion; overtaking

הַדְבָּרָה נ׳ (*hadbaRA*) subjection; destruction; extermination

הִדְגִּים פעל י׳ (*hidGIM*) demonstrate

הִדְגִּיר פעל י׳ (*hidGIR*) set; hatch; incubate

הִדְגִּישׁ פעל י׳ (hidGISH) stress; emphasize

הַדְגָּמָה נ׳ (hadgaMA) demonstration

הַדְגָּרָה נ׳ (hadgaRA) setting; hatching; incubation

הַדְגָּשָׁה נ׳ (hadgaSHA) stress; emphasis

הֲדָדִי ת׳ (hadaDI) mutual; reciprocal

אֲגֻדָּה הֲדָדִית cooperative society

הֲדָדִיּוּת נ׳ (hadadiYUT) reciprocity

הִדְהֵד פעל ע׳ (hidHED) echo; re-echo; reverberate

הִדְהָה פעל י׳ (hidHA) fade

הִדְהוּד ז׳ (hidHUD) echoing; reverberation

הַדְהָיָה נ׳ (hadhaYA) fading

הִדְהִים פעל י׳ (hidHIM) astound; shock

הִדְהִיר פעל י׳ (hidHIR) gallop

הַדְהָמָה נ׳ (hadhaMA) bewilderment; shock, stupefaction

הֹדּוּ נ׳ (HODdu) India

תַּרְנְגוֹל – turkey

הֲדוֹם ז׳ (haDOM) stool; footstool

– הָרִים piedmont; foothill

הֶדוֹנִיזְם ז׳ (hedoNIZM) hedonism

הִדּוּק ז׳ (hidDUK) tightening; strengthening

הָדוּק ת׳ (haDUK) tight; close

הָדוּר ת׳ (haDUR) splendid;

– ז׳ magnificent curve; uneven mountainous terrain; rough ground

יִשֵּׁר אֶת הַהֲדוּרִים remove obstacles; remedy faults, iron out difficulties

הִדּוּר ז׳ (hidDUR) honoring; splendor; ornamentation; elegance

הֲדָחָה נ׳ (hadaḤA) rinsing; washing

הַדָּחָה נ׳ (haddaḤA) dismissal; impeachment; misleading; leading astray

הִדָּחֲפוּת נ׳ (hiddahaFUT) being pushed; rush

הֹדִּי ת׳ (hodDI) Indian (from India)

הֶדְיוֹט ת׳ ז׳ (hedYOT) simple; ordinary; lay; ignorant; layman; idiot

הֶדְיוֹטוּת נ׳ (hedyoTUT) laity; vulgarity; ignorance

הֵדִיחַ פעל י׳ (heDI'aḥ) rinse; wash

הִדִּיחַ פעל י׳ (hidDI'aḥ) dismiss; impeach, depose, discharge; lead astray

הִדַּיֵּן ר׳ הִתְדַּיֵּן

הִדִּיף פעל י׳ (hidDIF) disseminate

הֲדִיפָה נ׳ (hadiFA) push; thrust

הֲדִיפַת כַּדּוּר shot put

הֲדִיקָה נ׳ (hadiKA) tightening; clasping tightly

הִדִּיר פעל י׳ (hidDIR) prohibit

הִדַּלְדֵּל פעל ע׳ (hiddalDEL) become impoverished

הִדַּלְדְּלוּת נ׳ (hiddaldeLUT) impoverishment

הִדְלִיף פעל י׳ (hidLIF) leak

הִדְלִיק פעל י׳ (hidLIK) kindle; light; ignite

הַדְלָפָה נ׳ (hadlaFA) leaking

הַדְלָקָה נ׳ (hadlaKA) kindling; igniting

הִדַּמּוּת נ׳ (hiddamMUT) similarity; assimilation

הֵדֵס פעל ע׳ י׳ (hidDES) hop; scratch; stagger

הֲדַס ז׳ (haDAS) myrtle

הָדַף פעל י׳ (haDAF) repel; ward off; push away; push

הֶדֶף ז׳ (HEdef) shock; thrust; blast

– אֲוִיר blast

הַדָּפָה נ׳ (haddaFA) dissemination

הִדְפִּיס פעל י׳ (hidPIS) print; type

הֶדְפֵּס ז׳ (hedPES) offprint; printing

– רֶכֶב surcharge

הַדְפָּסָה נ׳ (hadpaSA) printing; typing

הִדֵּק פעל י׳ (hidDEK) tighten; fasten

הֵדֵק פעל י׳ (heDEK) pulverize; pound; crush

הֶדֶק ז׳ (HEdek) trigger

הָדָר ז׳ (haDAR) splendor; glory; elegance; citrus

הָדַר פעל י׳ (haDAR) honor; respect; show deference to

glorify; respect; adorn; observe scrupulously (*hidDER*) הִדֵּר פעל י׳

gradualness; gradual transition (*hadraGA*) הַדְרָגָה נ׳

gradually – בְּ

(*hadraGI; hadragaTI*) הַדְרָגִי, הַדְרָגָתִי ת׳ gradual; progressive

roll down; deteriorate (*hiddarDER*) הִדַּרְדֵּר פעל ע׳

rolling down; deterioration (*hiddardeRUT*) הִדַּרְדְּרוּת נ׳

glory; splendor (*hadaRA*) הֲדָרָה נ׳

dignified aspect הַדְרַת פָּנִים

respect; reverence הַדְרַת קֹדֶשׁ

guidance; briefing; explanation; training (*hadraKHA*) הַדְרָכָה נ׳

turning southward (*hadraMA*) הַדְרָמָה נ׳

encore (*hadRAN*) הַדְרָן מ״ק ז׳

guide; direct; brief; train (*hidRIKH*) הִדְרִיךְ פעל י׳

turn south; go south (*hidRIM*) הִדְרִים פעל ע׳

put forth grass; cause to sprout (*hidSHI*) הִדְשִׁיא פעל י׳

prepare new edition; republish (*hehDIR*) הֶהְדִּיר פעל י׳

that; that one (*m.*) (*haHU*) הַהוּא מ״ג ז׳

that; that one (*f.*) (*haHI*) הַהִיא מ״ג נ׳

dare (*heHIN*) הֵהִין פעל ע׳

those (*m.*) (*haHEM*) הָהֵם מ״ג ז״ר

those (*f.*) (*haHEN*) הָהֵן מ״ג נ״ר

alas; woe; O, oh (*HO*) הוֹ מ״ק

he; it; (as copula) (*HU*) הוּא מ״ג ז׳

the same holds true – הַדִּין

any thing, something – מַה שֶּׁ

anything whatsoever כְּ – זֶה

agree (*ho'IL*) הוֹאִיל פעל ע׳

since – וְ...

lead; convey; transport; haul (*hoVIL*) הוֹבִיל פעל י׳

howitzer (*HOvitser*) הוֹבִיצֶר ז׳

transportation; transporting (*hovaLA*) הוֹבָלָה נ׳

fatigue; weary (*hoGI'a*) הוֹגִיעַ פעל י׳

fair; decent; suitable (*hoGEN*) הוֹגֵן ת׳

tiring out (*hoga'A*) הוֹגָעָה נ׳

glory; grandeur; beauty (*HOD*) הוֹד ז׳

Your Majesty – מַלְכוּתוֹ

Your Excellency – מַעֲלָתוֹ

Your Holiness – קְדֻשָּׁתוֹ

Your Eminence – רוֹמְמוּתוֹ

admission; confession of guilt; acknowledgement; thanks; thanking (*hoda'A*) הוֹדָאָה נ׳

admit; confess guilt; acknowledge; thank (*hoDA*) הוֹדָה פעל ע׳ י׳

thanks to (*hoDOT le-*) הוֹדוֹת לְ... תה״פ

praise; thanksgiving; admission (*hodaYA*) הוֹדָיָה נ׳

announce; inform; notify (*hoDI'a*) הוֹדִיעַ פעל ע׳ י׳

announcement; notice; notification; communiqué; message (*hoda'A*) הוֹדָעָה נ׳

affida – בִּשְׁבוּעָה

evil (*havVA*) הַוָּה נ׳

unfortunately for him לְהַוָּתוֹ

constitute; cause to be (*hivVA*) הִוָּה פעל י׳

present; reality; actual situation; present tense (*hoVE*) הֹוֶה נ׳

dreamer; visionary (*hoZE*) הוֹזֶה ז׳

reduce price; mark down (*hoZIL*) הוֹזִיל פעל י׳

reduction; markdown (*hozaLA*) הוֹזָלָה נ׳

hope (*hoḤIL*) הוֹחִיל פעל ע׳

woe; oh (*HOY*) הוֹי מ״ק

way of life; conviviality (*haVAI*) הֲוַי ז׳

social evening – עֶרֶב

existence; being; formation; coming into being (*havaYA*) הֲוָיָה נ׳

as it really is כַּהֲוָיָתוֹ

Tetragrammaton – שֵׁם

proof; evidence; (*hokhaḤA*) הוֹכָחָה נ׳
demonstration; reproof
prove; (*hoKHI'aḥ*) הוֹכִיחַ פעל י׳
establish; demonstrate; reprove; reprimand
begetting (*holaDA*) הוֹלָדָה נ׳
beget (*hoLID*) הוֹלִיד פעל י׳
lead; convey; (*hoLIKH*) הוֹלִיךְ פעל י׳
transport; guide; conduct; cause to walk
bamboozle; lead astray – שׁוֹלָל
transportation; (*holaKHA*) הוֹלָכָה נ׳
delivery; conducting, leading
rake; dissolute person (*hoLEL*) הוֹלֵל ז׳
licentiousness; (*holeLUT*) הוֹלֵלוּת נ׳
mischief
suitable (*hoLEM*) הוֹלֵם ת׳
Netherlands (*HOland*) הוֹלַנְד נ׳
Dutch; (*hoLANdi*) הוֹלַנְדִי ת׳ ז׳
Dutchman
noisy; bustling (*hoME*) הוֹמֶה ת׳
homogeneous (*homoGEni*) הוֹמוֹגֶנִי ת׳
הוֹמוֹסֶקְסוּאָלִי ת׳ (*homoseksu'Ali*)
homosexual
(*homoseksu'Aliyut*) הוֹמוֹסֶקְסוּאָלִיוּת נ׳
homosexuality
(*homoseksua'LIST*) הוֹמוֹסֶקְסוּאָלִיסְט ז׳
homosexual
humor (*huMOR*) הוּמוֹר ז׳
(*huMOri; humoRISti*) הוּמוֹרִי, הוּמוֹרִיסְטִי ת׳
humorous
humorist (*humoRIStan*) הוּמוֹרִיסְטָן ז׳
humane (*huMAni*) הוּמָנִי ת׳
humanity; (*huMAniyut*) הוּמָנִיוּת נ׳
humaneness
humanism (*humaNIZM*) הוּמָנִיזְם ז׳
(*humaniTAri*) הוּמָנִיטָרִי ת׳
humanitarian
humanist (*humaNIST*) הוּמָנִיסְט ז׳
(*humaNIStika*) הוּמָנִיסְטִיקָה נ׳
humanities

capital; wealth; riches (*HON*) הוֹן ז׳
circulating capital – חוֹזֵר
great wealth – תּוֹעָפוֹת
deceit; fraud; (*hona'A*) הוֹנָאָה נ׳
swindle
deceive; swindle (*hoNA*) הוֹנָה פעל י׳
addition; (*hosaFA*) הוֹסָפָה נ׳
increase; supplement
add, append; (*hoSIF*) הוֹסִיף פעל י׳
affix
summon; invite (*ho'ID*) הוֹעִיד פעל ע׳
be useful; (*ho'IL*) הוֹעִיל פעל ע׳
benefit; help
consultation (*hivva'aTSUT*) הִוָּעֲצוּת נ׳
appear (*hoFI'a*) הוֹפִיעַ פעל ע׳
appearance (*hofa'A*) הוֹפָעָה נ׳
taking out; (*hotsa'A*) הוֹצָאָה נ׳
expense; publication; edition
take out; (*hoTSI*) הוֹצִיא פעל י׳
spend; publish
slander – דִּבָּה
publish – לָאוֹר
carry out; execute – לַפּוֹעַל
give a bad name to – שֵׁם רַע עַל
except, with the exception of – לְ
execute; put to death – לַהוֹרֵג
formation; (*hivvatseRUT*) הִוָּצְרוּת נ׳
creation
denounce; (*hoKI'a*) הוֹקִיעַ פעל י׳
condemn; stigmatize; hang
admire; (*hoKIR*) הוֹקִיר פעל י׳
appreciate
denunciation; (*hoka'A*) הוֹקָעָה נ׳
condemnation; stigmatizing; exposure; hanging
esteem; (*hokaRA*) הוֹקָרָה נ׳
admiration; appreciation; price rise
teaching; (*hora'A*) הוֹרָאָה נ׳
instruction; order; meaning
murderer; killer (*hoREG*) הוֹרֵג ז׳
execute הוֹצִיא לַ —
taking down; (*horaDA*) הוֹרָדָה נ׳
deposing; decreasing, lowering

הוֹרָה פעל י׳ (*hoRA*) teach; instruct
— נ׳ mother; parent
הוֹרָה נ׳ (*HOra*) hora (dance)
הוֹרֶה ז׳ (*hoRE*) parent; father
הוֹרוֹסְקוֹפּ ז׳ (*horoSKOP*) horoscope
הוֹרִיד פעל י׳ (*hoRID*) take down; depose; decrease, lower
הִוְרִיד פעל ע׳ י׳ (*hivRID*) become pink; make pink
הוֹרִים ז״ר (*hoRIM*) parents
הוֹרִיק פעל ע׳ י׳ (*hoRIK*) become green; turn green; make green
הוֹרִישׁ פעל י׳ (*hoRISH*) bequeath; hand down; transmit; expel
הוֹרְמוֹן ז׳ (*horMON*) hormone
הוֹרְסָנִי ת׳ (*horesaNI*) destructive
הוֹרָקָה נ׳ (*horaKA*) becoming green; making green
הוּרָקָן ז׳ (*hura'KAN*) hurricane
הוֹרָשָׁה נ׳ (*horaSHA*) bequeathing; passing on; transmitting; expelling
הוֹשָׁבָה נ׳ (*hoshaVA*) seating; setting; placing; settling
הוֹשָׁטָה נ׳ (*hoshaTA*) extending; holding out
הוֹשִׁיב פעל י׳ (*hoSHIV*) seat; set; settle; appoint
הוֹשִׁיט פעל י׳ (*hoSHIT*) extend; hold out
הוֹשִׁיעַ פעל י׳ (*hoSHI'a*) help; save
הוֹשַׁעְנָא נ׳ (*hosha'NA*) Hosanna; "please save"
— רַבָּה seventh day of Sukkot
הוֹתִיר פעל י׳ (*hoTIR*) leave
דֵּי וְהוֹתֵר more than enough
הַזָּאָה נ׳ (*hazza'A*) sprinkling
הִזְדַּהָה פעל ע׳ (*hizdaHA*) identify
הִזְדַּהוּת נ׳ (*hizdaHUT*) identification
הִזְדַּהֵם פעל ע׳ (*hizdaHEM*) be infected
הִזְדַּהֲמוּת נ׳ (*hizdahaMUT*) infection
הִזָּה פעל י׳ (*hizZA*) sprinkle
הִזְדַּוֵּג פעל ע׳ (*hizdavVEG*) mate; copulate

הִזְדַּוְּגוּת נ׳ (*hizdavveGUT*) mating; copulation
הִזְדַּיֵּן פעל ע׳ (*hizdaYEN*) arm
הִזְדַּמֵּן פעל ע׳ (*hizdamMEN*) chance; come accidentally; prepare oneself
הִזְדַּמְּנוּת נ׳ (*hizdammeNUT*) opportunity; chance; occasion
הִזְדַּנֵּב פעל ע׳ (*hizdanNEV*) trail; stretch out behind
הִזְדַּעֲזֵעַ פעל ע׳ (*hizda'aZE'a*) be shocked
הִזְדַּקֵּן פעל ע׳ (*hizdakKEN*) become old; aged
הִזְדַּקֵּף פעל ע׳ (*hizdakKEF*) stand upright; become erect; straighten up
הִזְדַּקֵּק פעל י׳ (*hizdakKEK*) need; have recourse to; be purified, be refined
הִזְדַּקְּקוּת נ׳ (*hizdakkeKUT*) being in need of; purification; needing
הִזְדַּקֵּר פעל ע׳ (*hizdakKER*) push through; be conspicuous, stand out
הִזְדָּרֵז פעל ע׳ (*hizdaREZ*) hurry; make haste
הָזָה פעל ע׳ (*haZA*) daydream
הִזְהִיב פעל י׳ (*hizHIV*) gild
הִזְהִיר פעל י׳ (*hizHIR*) warn; caution
הַזְהָרָה נ׳ (*hazhaRA*) warning; cautioning
הֲזָזָה נ׳ (*hazaZA*) moving
דֶּלֶת — sliding door
הֵזִיד פעל י׳ (*heZID*) act wilfully
הֲזָיָה נ׳ (*hazaYA*) daydream; fancy; delusion
הַזָּיָה נ׳ (*hazzaYA*) sprinkling
הֵזִיז פעל י׳ (*heZIZ*) move
הֵזִיחַ פעל י׳ (*heZI'ah*) move
הֵזִיל פעל י׳ (*heZIL*) lower; reduce
הִזִּיל פעל י׳ (*hizZIL*) shed; drop
הֵזִין פעל י׳ (*heZIN*) feed
הִזִּיעַ פעל ע׳ (*hizZI'a*) perspire; sweat
הִזִּיק פעל י׳ (*hizZIK*) harm; hurt; damage

purification (hizzakKUT) הַזַּכּוּת נ׳
remind; (hizKIR) הִזְכִּיר פעל י׳
 mention; proclaim; offer a sacrifice; burn incense; commemorate
reminder; (hazkaRA) הַזְכָּרָה נ׳
 mention; Tetragrammaton; memorial service
memorial service for the dead הַזְכָּרַת נְשָׁמוֹת
הַזָּלָה ר׳ הוֹזָלָה
sprinkle; water (hizLIF) הִזְלִיף פעל י׳
sprinkling; (hazlaFA) הַזְלָפָה נ׳
 watering
disprove an alibi; (heZEM) הֵזֵם פעל י׳
 refute testimony
refutation; (hazamMA) הֲזַמָּה נ׳
 disproving alibi
invite; (hizMIN) הִזְמִין פעל י׳
 summon; order; prepare
invitation; (hazmaNA) הַזְמָנָה נ׳
 summon; order
made-to-order לְפִי –
feeding; food (hazaNA) הֲזָנָה נ׳
neglect; (haznaḤA) הַזְנָחָה נ׳
 negligence; abandonment
neglect; (hizNI'aḥ) הִזְנִיחַ פעל י׳
 abandon; cast off
release; start off (hizNIK) הִזְנִיק פעל י׳
start (haznaKA) הַזְנָקָה נ׳
perspiring, (hazza'A) הַזָּעָה נ׳
 sweating
summon; (hiz'IK) הִזְעִיק פעל ע׳ י׳
 assemble; sound alarm; proclaim
alarm; sounding (haz'aKA) הַזְעָקָה נ׳
 alarm; summoning
damage; injury (hezZEK) הֶזֵּק ז׳
grow old; age (hizKIN) הִזְקִין פעל ע׳ י׳
inseminate; (hizRI'a) הִזְרִיעַ פעל י׳
 breed; bring forth seed
cause to flow, (hizRIM) הִזְרִים פעל י׳
 pour

inject (hizRIK) הִזְרִיק פעל י׳
causing to flow; (hazraMA) הַזְרָמָה נ׳
 flow; pouring
insemination; (hazra'A) הַזְרָעָה נ׳
 sowing
injecting (hazraKA) הַזְרָקָה נ׳
hiding; concealing (haḥba'A) הַחְבָּאָה נ׳
hide; conceal (hehBI) הֶחְבִּיא פעל י׳
infiltrate; (heḥDIR) הֶחְדִּיר פעל י׳
 insert; introduce sharply; cause to penetrate
piercing; (haḥdaRA) הַחְדָּרָה נ׳
 infiltrating; inserting deeply
reveal; show (heḥeVA) הֶחֱוָה פעל י׳
take a bow – קִדָּה
pale; blanch; (heḥeVIR) הֶחֱוִיר פעל ע׳ י׳
 whiten
paling; blanching (haḥvaRA) הַחְוָרָה נ׳
 clarification
hold; contain; (heḥeZIK) הֶחֱזִיק פעל י׳
 seize; attack; sustain; maintain
be grateful – טוֹבָה
hold out – מַעֲמָד
return; (heḥeZIR) הֶחֱזִיר פעל י׳ ע׳
 restore; turn; reflect; reply
holding; seizing; (haḥzaKA) הַחְזָקָה נ׳
 maintaining
gratitude הַחְזָקַת טוֹבָה
reflex (heḥZER) הֶחְזֵר ז׳
return; reflection (haḥzaRA) הַחְזָרָה נ׳
persuasion to mend his ways – לְמוּטָב
causing to sin; (haḥta'A) הַחְטָאָה נ׳
 missing; miss
cause to sin; (heḥeTI) הֶחֱטִיא פעל י׳
 miss
revival; (haḥaya'A) הַחֲיָאָה נ׳
 resurrection; letting live
revive; (heḥeYA) הֶחֱיָה פעל י׳
 resurrect; let live; preserve
apply; put into effect (heḤIL) הֵחִיל פעל י׳
accelerate; (heḤISH) הֵחִישׁ פעל י׳
 speed up

הֶחְכִּים פעל י׳ ע׳ (*heḥKIM*) make wise;
impart knowledge; become wise
הֶחְכִּיר פעל י׳ (*heḥKIR*) lease; rent
הַחְכָּרָה נ׳ (*haḥkaRA*) leasing; renting
הֵחֵל פעל י׳ (*heḤEL*) begin
הַחְלָאָה נ׳ (*haḥla'A*) making ill
הַחְלָדָה נ׳ (*haḥlaDA*) rusting; causing
to rust
הֶחָלָה נ׳ (*heḥaLA*) applying;
putting into effect
הֶחֱלָה פעל י׳ (*heḥeLA*) make ill
הֶחְלֵט ז׳ (*heḥLET*) decision
בְּ — תה״פ definitely; absolutely
הַחְלָטָה נ׳ (*haḥlaTA*) decision;
resolution
הֶחְלֵטִי ת׳ (*heḥleTI*) decisive
הֶחְלֵטִיּוּת נ׳ (*heḥletiYUT*) decisiveness;
resoluteness
הֶחֱלִיד פעל ע׳ י׳ (*heḥeLID*) rust;
cause to rust
הֶחְלִיט פעל ע׳ (*heḥLIT*) decide;
determine; resolve
הֶחֱלִים פעל ע׳ י׳ (*heḥeLIM*) recover;
cure; heal
הֶחֱלִיף פעל י׳ (*heḥeLIF*) exchange;
change
כֹּחַ – regain strength
הֶחֱלִיק פעל ע׳ י׳ (*heḥeLIK*) slide; skid;
slip; skate; ski; slip away; smoothen;
cause to slip; caress lightly; flatter
הֶחֱלִישׁ פעל י׳ (*heḥeLISH*) weaken
הַחְלָמָה נ׳ (*haḥlaMA*) recovery
הַחְלָפָה נ׳ (*haḥlaFA*) exchanging;
changing
הֶחָלְצוּת נ׳ (*heḥaleTSUT*)
volunteering; rush to help; rescue;
extraction
הַחְלָקָה נ׳ (*haḥlaKA*) skidding; slipping;
skating; skiing
הַחְלָשָׁה נ׳ (*haḥlaSHA*) weakening
הֶחֱמִיא פעל ע׳ (*heḥeMI*) compliment
הֶחֱמִיץ פעל ע׳ י׳ (*heḥeMITS*) sour;
declare unfit for Passover; keep

– הִזְדַּמְּנוּת miss an opportunity
הֶחְמִיר פעל י׳ ע׳ (*heḥMIR*) be strict;
worsen
הַחְמָצָה נ׳ (*haḥmaTSA*) souring;
leavening; fermenting; oxydation;
coming late; missing
הַחְמָרָה נ׳ (*haḥmaRA*) worsening;
strictness
הֶחֱנָה פעל י׳ (*heḥeNA*) park
הַחֲנָיָה נ׳ (*haḥanaYA*) parking
הֶחֱנִיף פעל ע׳ (*heḥeNIF*) flatter
הֶחֱנִיק פעל י׳ (*heḥeNIK*) strangle; stifle
הַחְנָקָה נ׳ (*haḥnaKA*) strangling
הֶחֱסִין פעל י׳ (*heḥeSIN*) store
הֶחְסִיר פעל י׳ ע׳ (*heḥSIR*) deduct;
subtract; be absent
הַחְסָנָה נ׳ (*haḥsaNA*) storing; storage
הֶחָפְזוּת נ׳ (*heḥafeZUT*) haste
הַחְרָבָה נ׳ (*haḥraVA*) destroying;
destruction
הַחְרָדָה נ׳ (*haḥraDA*) terrifying
הֶחֱרָה פעל י׳ (*heḥeRA*) arouse anger
– הֶחֱזִיק encourage
הֶחֱרִיב פעל י׳ (*heḥeRIV*) destroy; dry up
הֶחֱרִיד פעל י׳ (*heḥeRID*) terrify; appall;
alarm
הֶחֱרִים פעל י׳ (*heḥeRIM*) confiscate;
excommunicate; boycott; ostracize;
destroy; dry up
הֶחֱרִיף פעל י׳ ע׳ (*heḥeRIF*) worsen;
aggravate; deteriorate; become more
serious
הֶחֱרִישׁ פעל י׳ ע׳ (*heḥeRISH*) be silent;
silence; drown out (sound); deafen;
approve tacitly
הַחְרָמָה נ׳ (*haḥraMA*) confiscation;
excommunication; boycott;
ostracizing; destruction
הַחְרָפָה נ׳ (*haḥraFA*) worsening;
aggravation; deterioration
הַחְשָׁבָה נ׳ (*haḥshaVA*) considering
important; respecting

הַחְשָׁדָה נ׳ (haḥshaDA) arousing suspicion against; rendering suspect

הֶחֱשָׁה פעל ע׳ י׳ (heḥeSHA) keep silent refrain from acting; demand silence; silence

הָחָשָׁה נ׳ (heḥaSHA) acceleration; speeding

הֶחֱשִׁיד פעל י׳ (heḥeSHID) arouse suspicion against; render suspect

הֶחְשִׁיב פעל י׳ (heḥSHIV) consider important; respect

הֶחְשִׁיךְ פעל י׳ ע׳ (heḥSHIKH) darken; become dark; stay until nightfall

הַחְשָׁכָה נ׳ (haḥshaKHA) darkening; waiting until nightfall

הֶחְתִּים פעל י׳ (heḥTIM) sign up; sign on as subscriber; stamp; postmark

הַחְתָּמָה נ׳ (haḥtaMA) signing up; stamping; postmarking

הֲטָבָה נ׳ (hataVA) improvement; doing a favor; benefit; bonus

הִטְבִּיל פעל י׳ (hitBIL) dip; immerse; baptize

הִטְבִּיעַ פעל י׳ (hitBI'a) sink; drown; stamp; coin; mint

הַטְבָּלָה נ׳ (hatbaLA) dipping; immersion; baptism

הַטְבָּעָה נ׳ (hatba'A) sinking; drowning; stamping; coining; minting

הִטָּה פעל י׳ (hitTA) divert; bend; incline; bank; follow

– אֹזֶן listen

– דִּין pervert justice

– רֹאשׁ nod; shake (head)

הִטַּהֲרוּת נ׳ (hittahaRUT) purification; becoming pure; clearing

הֲטָחָה נ׳ (hataḤA) striking; throwing; plastering

הֲטָחַת דְּבָרִים insolence

הַטָּיָה נ׳ (hattaYA) diversion; bending; inclining; following

הֵטִיחַ פעל י׳ (heTI'aḥ) strike; plaster

– דְּבָרִים כְּלַפֵּי speak insolently

– הָאַשְׁמָה accuse

הֵטִיל פעל י׳ (heTIL) throw; lay; extrude; drop

– גּוֹרָל draw lots

– מַיִם pour water; urinate

הִטִּיל פעל י׳ (hitTIL) place; put; impose; levy

הֵטִיס פעל י׳ (heTIS) fly; airlift

הִטִּיף פעל י׳ (hitTIF) preach; sermonize; drip

– מוּסָר moralize

הֶטֵּל ז׳ (hetTEL) levy; tax; projection

הַטָּלָה נ׳ (hattaLA) putting; placing; imposing; levying

הֲטָלָה נ׳ (hataLA) throwing; casting; projection

הַטְלָאָה נ׳ (hatla'A) patching; cannibalization

הִטַּלְטֵל פעל ע׳ (hittalTEL) wander; be carried

הִטַּלְטְלוּת נ׳ (hittalteLUT) wandering; being carried; being moved around

הִטְלִיא פעל י׳ (hitLI) patch

הִטַּמְטֵם פעל ע׳ (hittamTEM) become stupid; become dumb; thicken

הִטַּמְטְמוּת נ׳ (hittamteMUT) becoming stupid; becoming numb; thickening

הִטְמִין פעל י׳ (hitMIN) hide; keep warm

הִטְמִין חַמִּין keep food warm for Sabbath

הִטְמִיעַ פעל י׳ (hitMI'a) assimilate

הַטְמָנָה נ׳ (hatmaNA) hiding; keeping warm

הַטְמָעָה נ׳ (hatma'A) assimilation

הֲטָסָה נ׳ (hataSA) flying; air transportation; airlifting

הִטְעָה פעל י׳ (hit'A) mislead; deceive

הַטְעָיָה נ׳ (hat'aYA) misleading, deceiving; feint; sophism

הִטְעִים פעל י׳ (hit'IM) stress; emphasize; recite; give to taste; flavor; accentuate; recite

הִטְעִין פעל י׳ (*hit'IN*) load

הַטְעָמָה נ׳ (*hat'aMA*) stressing; emphasis; accentuation; recitation; allowing to taste; flavoring

הַטְעָנָה נ׳ (*hat'aNA*) loading

הַטָּפָה נ׳ (*hattaFA*) preaching; sermonizing; dripping

הַטָּפַת מוּסָר moralizing

הִטָּפְלוּת נ׳ (*hittafeLUT*) accosting; joining

הִטַּפֵּשׁ פעל ע׳ (*hittapPESH*) become foolish; play the fool

הֶטֶרוֹגֶנִי ת׳ (*heteroGEni*) heterogeneous

הַטְרָדָה נ׳ (*hatraDA*) annoyance; harassment

הֶטֶרוֹגֶנִיּוּת נ׳ (*heterogeniYUT*) heterogeneity

הַטְרָחָה נ׳ (*hatraḤA*) troubling; bothering; annoyance

הִטְרִיד פעל י׳ (*hitRID*) annoy; badger; harass

הִטְרִיחַ פעל י׳ (*hitRI'aḥ*) trouble; bother; annoy

הִטְרִיף פעל י׳ (*hitRIF*) pronounce ritually unfit; forbid (unkosher food)

הִטַּשְׁטֵשׁ פעל ע׳ (*hittashTESH*) become unclear; become obliterated

הִטַּשְׁטְשׁוּת נ׳ (*hittashteSHUT*) becoming unclear; becoming obliterated

הִי ז׳ מ״ק (*HI*) lament; woe; alas; oh

הֵי מ״ק (*HEY*) here is

הִיא מ״ג נ׳ (*HI*) she; it (as; copula)

הֵיאַךְ מ״ש (*hey'AKH*) how

הִיגְיֶנָה נ׳ (*higYEna*) hygiene

הִיגְיֶנִי ת׳ (*higYEni*) hygienic

הֵידָד מ״ק (*heyDAD*) hurray; hurrah

קָרָא – acclaim, cheer

הִידְרוֹגְרַפְיָה נ׳ (*hidroGRAFya*) hydrography

הִידְרוֹלוֹגְיָה נ׳ (*hidroLOGya*) hydrology

הִידְרוֹלִי ת׳ (*hidROli*) hydraulic

הִידְרוֹלִיקָה נ׳ (*hidROlika*) hydraulics

הִידְרַנְט ז׳ (*hidRANT*) hydrant

הָיָה פעל ע׳ (*haYA*) be; belong; happen; become of

– ל... become

– אֶת לִבּוֹ, – בְּדַעְתּוֹ intend

– עִם לִבּוֹ want

– עָלָיו, הָיָה לוֹ ל... have to

– עִם help

– וְ it will come to pass

וַיְהִי and it came to pass

וַיְהִי הַיּוֹם once upon a time

וִיהִי מָה come what may

הֱיוֹת נ׳ (*heYOT*) being; reality; existence

– שֶׁ... שה״פ של היה since

הֵיטֵב תה״פ (*heyTEV*) well

הֵיטִיב פעל י׳ (*heyTIV*) do good; improve; do a favor; benefit

הֵיךְ מ״ש (*HEYKH*) how

הֵיכָל ז׳ (*heyKHAL*) palace; Jerusalem Temple

הֵיכָן תה״פ (*heyKHAN*) where

– שֶׁ... wherever

הֵילִיל פעל ע׳ (*heyLIL*) mourn; lament; weep

הֵילֵל בֶּן שַׁחַר ז׳ (*heyLEL ben SHAḥar*) Venus; morning star

הֵימִין פעל ע׳ (*heyMIN*) turn to the right

הֵימֶנּוּ מ״ג ז׳ (*heyMENnu*) from him; from it

הִימְנוֹן ז׳ (*himNON*) hymn; anthem

הַיְנוּ תה״פ (*HAInu*) this is; that is

– הָךְ it's all the same

הֵינִיק פעל י׳ (*heyNIK*) nurse; suckle

הִיסְטוֹרִי ת׳ (*hisTOri*) historic; historical

הִיסְטוֹרְיָה נ׳ (*hisTORya*) history

הִיסְטוֹרְיוֹן ז׳ (*historYON*) historian

הִיסְטֶרִי ת׳ (*hisTEri*) hysterical

הִיסְטֶרְיָה נ׳ (*hisTERya*) hysteria
הִיפּוֹתֵיזָה נ׳ (*hipoTEza*) hypothesis
הִיפּוֹתֵיטִי ת׳ (*hipoTEti*) hypothetical
הִיפְּנוֹזָה נ׳ (*hipNOza*) hypnosis
הִיפְּנוֹטִי ת׳ (*hipNOti*) hypnotic
הֵירוֹאִי ת׳ (*heRO'i*) heroic
הִירוֹגְלִיפִים ז״ר (*hiyeroGLIfim*) hieroglyphics
הִירַרְכְיָה נ׳ (*hiyeRARkhya*) hierarchy
הֵישִׁיר פעל ע׳ י׳ (*heySHIR*) go straight; straighten
הַיָשֵׁר תה״פ (*haiSHER*) straight; directly
הַכָּאָה נ׳ (*haka'A*) striking; hitting; beating
הִכְאִיב פעל י׳ (*hikh'IV*) hurt; cause pain
הַכְבָּדָה נ׳ (*hakhbaDA*) bother; inconvenience; sweeping
הִכְבִּיד פעל י׳ (*hikhBID*) bother; burden; inconvenience
הִכְבִּיר פעל י׳ (*hikhBIR*) increase; multiply
– מִלִּים gab
הִכָּה פעל י׳ (*hikKA*) strike; hit; beat
הִכְהָה פעל י׳ (*hikhHA*) darken; dim
הִכְוִין פעל י׳ (*hikhVIN*) align; tune; direct
הִכּוֹן פעל ע׳ (*hikKON*) be prepared!
– ז׳ alert; standby
הַכְוָנָה נ׳ (*hakhvaNA*) alignment; tuning; directing
הַכְזָבָה נ׳ (*hakhzaVA*) disappointment; denial
הִכְזִיב פעל י׳ (*hikhZIV*) disappoint; deny
הַכְחָדָה נ׳ (*hakhḥaDA*) destruction; annihilation
הִכְחִיד פעל י׳ (*hikhḤID*) destroy; annihilate
הִכְחִיל פעל ע׳ (*hikhḤIL*) turn blue
הִכְחִישׁ פעל י׳ (*hikhḤISH*) deny
הַכְחָשָׁה נ׳ (*hakhḥaSHA*) denial

הֲכִי מ״ש (*haKHI*) (particle introducing question); most
הֵכִיל פעל י׳ (*heKHIL*) contain
הֵכִין פעל י׳ (*heKHIN*) prepare
הִכִּיר פעל י׳ (*hikKIR*) recognize; be acquainted with, know, discern
– טוֹבָה be grateful
הִכִּישׁ פעל י׳ (*hikKISH*) strike; tap; bite (snake)
הַכְלָאָה נ׳ (*hakhla'A*) crossbreeding; hybridization
הִכְלִיא פעל י׳ (*hikhLI*) crossbreed
הִכְלִיב פעל י׳ (*hikhLIV*) baste
הִכְלִיל פעל י׳ (*hikhLIL*) generalize
הִכְלִים פעל י׳ (*hikhLIM*) shame; insult
הַכְלָלָה נ׳ (*hakhlaLA*) generalization
הַכְלָמָה נ׳ (*hakhlaMA*) shaming; insulting
הָכֵן תה״פ (*haKHEN*) ready
– ז׳ preparedness
– מַצָּב standby
הֲכָנָה נ׳ (*hakhaNA*) preparation; readiness
הִכְנִיס פעל י׳ (*hikhNIS*) bring in; admit; introduce
הִכְנִיעַ פעל י׳ (*hikhNI'a*) subdue; overpower; subjugate; humiliate
הַכְנָסָה נ׳ (*hakhnaSA*) income; revenue; proceeds; bringing in; introduction
הַכְנָסַת אוֹרְחִים hospitality
הַכְנָסַת כַּלָּה wedding; contributions towards dowry, bride's fund
הַכְנָעָה נ׳ (*hakhNA'a*) suppression; humility
הִכְסִיף פעל י׳ (*hikhSIF*) silverplate; turn silvery; turn white
הִכְעִיס פעל י׳ (*hikh'IS*) anger; irritate
הִכְפִּיל פעל י׳ (*hikhPIL*) multiply; double; duplicate
הַכְפָּלָה נ׳ (*hakhpaLA*) multiplying; multiplication; doubling; duplicating
הֶכֵּר ז׳ (*hekKER*) recognition
– סִימָן identifying mark

הַכָּרָה נ׳ (hakkaRA) recognition
acquaintance; awareness; discernment; consciousness; cognizance; cognition
בַּעַל – fully aware person
– דֶה יוּרֶה de jure recognition
– דֶה פַקְטוֹ de facto recognition
– פְּנִימִית conscience
הַכָּרַת טוֹבָה gratitude
הַכָּרַת פָּנִים appearance;
countenance; facial feature
תַּת־ – subconscious
הֶכֵּרוּת נ׳ (hekkeRUT) acquaintance
הַכְרָזָה נ׳ (hakhraZA) proclamation;
declaration; announcement; bid
הֶכְרֵחַ ז׳ (hekhRE'aḥ) necessity
הֶכְרֵחִי ת׳ (hekhreḤI) necessary;
essential; obligatory
הֶכְרֵחִיּוּת נ׳ (hekhreḥiYUT)
unavoidability; obligatoriness
הִכְרִיז פעל י׳ (hikhRIZ) proclaim;
announce; bid
הִכְרִיחַ פעל י׳ (hikhRI'aḥ) force; compel
הִכְרִיעַ פעל י׳ (hikhRI'a) force to kneel;
subjugate; suppress; tip; decide
הַכְרָעָה נ׳ (hakhra'A) decision;
tipping (scales); defeat; subjection
הַכָּרָתִי ת׳ (hakkaraTI) conscious
הַכָּשָׁה נ׳ (hakkaSHA) blow; knock;
tap; snake bite
הִכְשִׁיל פעל י׳ (hikhSHIL) cause to fail;
cause to stumble; flunk; mislead; corrupt
הִכְשִׁיר פעל י׳ (hikhSHIR) prepare;
qualify; train; make ritually fit; pronounce kosher
הַכְשָׁלָה נ׳ (hakhshaLA) failing;
tripping; corrupting
הֶכְשֵׁר ז׳ (hekhSHER) certificate of
ritual fitness; preparation; rendering ritually fit; sanction; license
הַכְשָׁרָה נ׳ (hakhshaRA) training;
preparation; qualifying; rendering ritually fit
הַכְתָּבָה נ׳ (hakhtaVA) dictation;
dictating
הִכְתִּיב פעל י׳ (hikhTIV) dictate
הִכְתִּים פעל י׳ (hikhTIM) stain;
besmirch; sully
הִכְתִּיף פעל י׳ (hikhTIF) shoulder
הִכְתִּיר פעל י׳ (hikhTIR) crown; award;
bestow
הַכְתָּמָה נ׳ (hakhtaMA) staining;
besmirching; sullying
הַכְתָּפָה נ׳ (hakhtaFA) shouldering;
carrying on the shoulder
הַכְתָּרָה נ׳ (hakhtaRA) coronation;
crowning; awarding
הֲלֹא מ״ש (haLO) is it not so? surely
הֶלְאָה פעל י׳ (hel'A) tire
הָלְאָה תה״פ (HAl'a) beyond; far
away; henceforth; down with
גֶּשׁ – get out of here
וְכֵן – and so on
הִלְאִים פעל י׳ (hil'IM) nationalize
הַלְאָמָה נ׳ (hal'aMA) nationalization
הִלְבִּין פעל י׳ ע׳ (hilBIN) whiten;
bleach, blanch
– פָּנִים shame
הִלְבִּישׁ פעל י׳ (hilBISH) dress; clothe
הַלְבָּנָה נ׳ (halbaNA) whitening;
bleaching
הַלְבָּנַת פָּנִים shaming
הַלְבָּשָׁה נ׳ (halbaSHA) dressing; clothing
הֻלֶּדֶת נ׳ (huLEdet) birth
יוֹם – birthday
הַלָּה מ״ג (halLA) that one
הִלָּה נ׳ (hilLA) halo; aura; radiance
הִלְהִיב פעל י׳ (hilHIV) inflame; arouse
enthusiasm; excite
הַלּוֹ מ״ק (halLO) hello; hey
הַלְוָאָה נ׳ (halva'A) loan; loaning
הַלְוַאי מ״ק (halVAI) would that; it
would have been better; I wish
הִלְוָה פעל י׳ (hilVA) loan; lend

הַלְוָיָה נ׳ (halvaYA) funeral; escort; accompaniment

הִלּוּךְ ז׳ (hilLUKH) walk; gait; movement; way; conduct; gear

– מֵעַיִם bowel movement

הִלּוּל ז׳ (hilLUL) praising

הִלּוּלִים joyful hymns; merrymaking

פְּרִי הִלּוּלִים beautiful fruit

הִלּוּלָא, הִלּוּלָה נ׳ (hilluLA) wedding; gaiety; rejoicing; merrymaking

– וְחִנְגָּא jubilation; carousing

הֲלוֹם תה״פ (haLOM) here; hither

עַד – to this condition

הָלוּם ת׳ (haLUM) struck

הָלוּצִינַצְיָה נ׳ (halutsINATSya) hallucination

הִלְחִים פעל י׳ (hilḤIM) solder

הִלְחִין פעל י׳ (hilḤIN) compose

הַלְחָמָה נ׳ (halḥaMA) soldering; solder

הַלְחָנָה נ׳ (halḥaNA) composing

הֶלְיוּם ז׳ (HELyum) helium

הֵלִיז פעל י׳ (heLIZ) slander

הֵלִיט פעל י׳ (heLIT) cover; wrap

הָלִיךְ ז׳ (haLIKH) walk; gait; conduct; behavior; process; procedure; action

הֲלִיכָה נ׳ (haliKHA) walking; going; caravan; conduct; practices

הֲלִימָה נ׳ (haliMA) striking; pulsation

הֲלִימוּת נ׳ (haliMUT) aptness; appropriateness

הֵלִין פעל י׳ (heLIN) accommodate; delay; hold back

הִלִּין פעל ע׳ (hilLIN) complain; grumble

הֶלִיקוֹפְּטֶר ז׳ (heliKOPter) helicopter

הָלַךְ פעל ע׳ (haLAKH) go; walk; move; proceed; travel; depart; continue; go on

– בְּדֶרֶךְ כָּל הָאָרֶץ go the way of all flesh; pass away

– בָּטֵל be idle

– בַּתֶּלֶם toe the line

– לְאִבּוּד get lost

– לְעוֹלָמוֹ die; pass away

– רְכִיל slander; gossip

– שׁוֹלָל be taken in by

הָלוֹךְ וָשׁוֹב going and coming; return trip

לֵךְ וָשׁוּב run-around

הִלֵּךְ פעל ע׳ י׳ (hilLEKH) walk about; cause to move; cast

– אֵימִים terrify

– בִּגְדוֹלוֹת aspire to great deeds

הֵלֶךְ ז׳ (HElekh) wanderer; wayfarer

הֲלָךְ־נֶפֶשׁ (haLOKH-NEfesh) mentality; thinking

הֲלָךְ־רוּחַ ז׳ (haLOKH-RU'aḥ) mood

הֲלָכָה נ׳ (halaKHA) law; legal part of Talmud; theory

כַּ – properly

לְ – theoretically

– לְמַעֲשֶׂה in actual practice; designed for implementation, practical

לְ– וּלְמַעֲשֶׂה in theory and in practice

הֲלָכִי ת׳ (halaKHI) legal; theoretical; halakhic

הִלְכָּךְ מ״ח (hilKAKH) therefore; consequently

הִלְכָתִי ת׳ (hilkhaTI) halakhic; pertaining to the הֲלָכָה (which see)

הִלֵּל פעל י׳ (hilLEL) praise

הַלֵּל ז׳ (halLEL) praise; song of praise; Psalms 113-118

גָּמַר עָלָיו אֶת הַ – heap praise upon

הַלָּלוּ מ״ג (halLAlu) these; those

הַלְלוּיָהּ (haleluYAH) praise the Lord; halelujah

הָלַם פעל י׳ (haLAM) strike; hit; smite; beat; daze, confound; fit, suit

הֶלֶם ז׳ (HElem) shock

הַלְמוּת נ׳ (halMUT) striking; beating

הַלָּן תה״פ (halLAN) farther on

לְ – below

הֲלָנָה נ׳ (halaNA) accommodating for the night; delay until morning

הֲלָנַת שָׂכָר delaying payment of wages

הַלְעִיב פעל י׳ (hil'IV) insult
הַלְעִיג פעל ע׳ י׳ (hil'IG) slander
הַלְעִיז פעל י׳ (hil'IZ) slander; translate; introduce foreign usage
הַלְעִיט פעל י׳ (hil'IT) stuff; feed
הֲלָצָה נ׳ (halaTSA) joke; joking
הַלְקָאָה נ׳ (halka'A) whipping; flogging; flagellation
הִלְקָה פעל י׳ (hilKA) whip; flog
הִלְשִׁין פעל י׳ (hilSHIN) inform on; denounce; slander
הַלְשָׁנָה נ׳ (halshaNA) informing; denunciation; slander
הֵם מ״ג ז״ר (HEM) they (m.)
— — they themselves
הָ — those
הִמְאִיס פעל י׳ (him'IS) make hateful
הֵמָּה מ״ג ז״ר (HEMma) they
הָמָה פעל ע׳ (haMA) growl; groan; make noise; coo; rage
הִמְהוּם ז׳ (himHUM) rustling; murmur
הִמְהֵם פעל ע׳ (himHEM) rustle; murmur
הָמוּם ת׳ (haMUM) stunned; aghast
הָמוֹן ז׳ (haMON) multitude; many; mass; mob; noise
הֲמוֹנִי ת׳ (hamoNI) vulgar; common
הֲמוֹנִיּוּת נ׳ (hamoniYUT) vulgarity; commonness
הִמּוּר ז׳ (himMUR) bet; wager
הַמְחָאָה נ׳ (hamḥa'A) check; draft; money order
הַמְחָזָה נ׳ (hamḥaZA) dramatization
הִמְחִיז פעל י׳ (himḤIZ) dramatize
הִמְחִישׁ פעל י׳ (himḤISH) concretize; make real
הַמְחָשָׁה נ׳ (hamḥaSHA) concretization
הִמְטִיר פעל י׳ (himTIR) bring down rain; irrigate (by sprinkler)
הַמְטָרָה נ׳ (hamtaRA) bringing down rain; irrigation (by sprinkler)
הֶמְיָה נ׳ (hemYA) growl; groan; noise; cooing; yearning

הֵמִיט פעל י׳ (heMIT) cause; cast, bring down
הֵמִיר פעל י׳ (heMIR) change; exchange
הֵמִית פעל י׳ (heMIT) kill; put to death
הֲמֻלָּה נ׳ (hammuLA) noise; commotion; tumult
הַמְלָחָה נ׳ (hamlaḤA) salting
הַמְלָטָה נ׳ (hamlaTA) giving birth; rescue
הִמָּלְטוּת נ׳ (himmaleTUT) escape
הִמְלִיחַ פעל י׳ (himLI'aḥ) salt; salinate
הִמְלִיט פעל י׳ (himLIT) give birth; rescue
הִמְלִיךְ פעל י׳ (himLIKH) crown
הִמְלִיץ פעל ע׳ (himLITS) recommend
הַמְלָכָה נ׳ (hamlaKHA) crowning; coronation
הַמְלָצָה נ׳ (hamlaTSA) recommendation
הָמַם פעל י׳ (haMAM) confound; stun; terrify
הִמָּנְעוּת נ׳ (himmane'UT) abstention; abstaining; restraint; impossibility
הֵמֵס פעל י׳ (heMES) melt
הֲמַסָּה (hammasSA) melting
הִמְעִיד פעל י׳ ע׳ (him'ID) trip; cause to fall; stumble
הַמְעָטָה נ׳ (ham'aTA) lessening; diminishing; reducing
הַמְעָטַת דְּמוּת derogation
הִמָּעֲטוּת נ׳ (himma'aTUT) diminishing
הִמְעִיט פעל י׳ (him'IT) lessen; diminish; reduce
— דְּמוּת derogate
הַמְצָאָה נ׳ (hamtsa'A) invention; device; supply
הִמָּצְאוּת נ׳ (himmatse'UT) finding; existence
הִמְצִיא פעל י׳ (himTSI) invent; devise; provide

הִמֵּר פעל ע׳ (himMER) bet; wager
הַמְרָאָה נ׳ (hamra'A) takeoff
הִמְרָה פעל י׳ (himRA) disobey; rebel against; provoke; depress
הֲמָרָה נ׳ (hamaRA) change; conversion
הִמְרִיא פעל ע׳ (himRI) take off
הִמְרִיד פעל י׳ (himRID) incite to rebellion
הִמְרִיץ פעל י׳ (himRITS) urge; press; move
הַמְרָצָה נ׳ (hamraTSA) urging; pressuring; stimulation; motion
הַמְשָׂגָה נ׳ (hamsaGA) conceptualization
הִמְשִׁיךְ פעל י׳ (himSHIKH) continue; prolong; pull; drag; cause to flow
הִמְשִׁיל פעל י׳ (himSHIL) liken; compare; instal as ruler
הֶמְשֵׁךְ ז׳ (hemSHEKH) continuation; installment
הַמְשָׁכָה נ׳ (hamshaKHA) continuation; prolonging; causing to flow
הִמָּשְׁכוּת נ׳ (himmasheKHUT) continuation; inclination; attraction to
הֶמְשֵׁכִיּוּת נ׳ (hemshkhiYUT) continuity
הֲמָתָה נ׳ (hamaTA) killing
הִמְתִּין פעל ע׳ (himTIN) wait; delay; be moderate
הִמְתִּיק פעל י׳ (himTIK) sweeten; embellish; desalinate
— דִּין mitigate sentence
— סוֹד consult; devise means
הַמְתָּנָה נ׳ (hamtaNA) waiting
הַמְתָּקָה נ׳ (hamtaKA) sweetening; desalination
הַמְתָּקַת דִּין mitigation of sentence; clemency
הַמְתָּקַת סוֹד consultation; devising means
הֵן מ״ג נ׳ (HEN) they (f.)
— — they themselves
— מ״ק yes
הֵן צֶדֶק ז׳ (HEN TSEdek) word of honor
הֲנָאָה נ׳ (hana'A) pleasure; enjoyment
— טוֹבַת slight benefit; recognition of services rendered
הֲנָבָה נ׳ (hanaVA) yield; produce
הַנְבָּטָה נ׳ (hanbaTA) causing to sprout; sprouting
הִנְבִּיט פעל י׳ (hinBIT) cause to sprout
הַנְגָּנָה נ׳ (hangaNA) intonation
הַנְדָּסָה נ׳ (handaSA) engineering; geometry
הַנְדָּסִי ת׳ (handaSI) geometrical
הֵנָּה מ״ג נ׳ (HENna) they (f)
כְּ — וְכָ — many times over
— תה״פ here; to this place; hither
עַד — thus far; until today
הִנֵּה מ״י (hinNE) behold; here; see
הֵנָה פעל י׳ (hinNA) give pleasure
הַנְהָגָה נ׳ (hanhaGA) leadership; behavior; conduct
הִנְהִיג פעל י׳ (hinHIG) lead; introduce
הַנְהָלָה נ׳ (hanhaLA) management; directorate; administration
הַנְהָלַת חֶשְׁבּוֹנוֹת bookkeeping
הַ — הַצִּיּוֹנִית Zionist Executive
הִנְהֵן פעל ע׳ (hinHEN) say yes; assent
הִנָּזְרוּת נ׳ (hinnazeRUT) abstinence
הֲנָחָה נ׳ (hanaḤA) discount; reduction; rest
הַנָּחָה נ׳ (hannaḤA) putting; assumption; supposition; hypothesis; determining terminology
הִנְחָה פעל י׳ (hinḤA) guide; lead
הַנְחָיָה נ׳ (hanḥaYA) directive; term of reference; management; guidance
הִנְחִיל פעל י׳ (hinḤIL) teach; bequeath, leave; impart
הִנְחִית פעל י׳ (hinḤIT) land
הַנְחָלָה נ׳ (hanḥaLA) bequeathing; leaving; imparting; teaching

landing (hanḥaTA) הַנְחָתָה נ׳

prevent; turn away; dissuade (heNI) הֵנִיא פעל י׳

yield; produce; bear fruit (heNIV) הֵנִיב פעל י׳

shake; exile (heNID) הֵנִיד פעל י׳

bring rest; soothe (heNI'aḥ) הֵנִיחַ פעל י׳

satisfactory מֵנִיחַ אֶת הַדַּעַת

place; put; assume; suppose; leave; allow; lay down; determine terminology (hinNI'aḥ) הִנִּיחַ פעל י׳

put on phylacteries – תְּפִלִּין

rout (heNIS) הֵנִיס פעל י׳

move; set in motion; start (heNI'a) הֵנִיעַ פעל י׳

lift; wave; display (flag) (heNIF) הֵנִיף פעל י׳

lower (hinMIKH) הִנְמִיךְ פעל י׳

lowering (hanmaKHA) הַנְמָכָה נ׳

argumentation, substantiation; elucidation; explaining reasons (hanmaKA) הַנְמָקָה נ׳

moving; movement; starting; setting in motion (hana'A) הֲנָעָה נ׳

front-wheel drive – קִדְמִית

put on shoes; shoe (hin'IL) הִנְעִיל פעל י׳

make pleasant (hin'IM) הִנְעִים פעל י׳

supplying shoes; putting on shoes; shoeing (han'aLA) הַנְעָלָה נ׳

lifting; waving; displaying (flag) (hanaFA) הֲנָפָה נ׳

issue (hinPIK) הִנְפִּיק פעל י׳

issue (hanpaKA) הַנְפָּקָה נ׳

shining (haNETS) הָנֵץ ז׳

sunrise – הַחַמָּה

bud; blossom; sprout (heNETS) הֵנֵץ פעל ע׳

budding; flowering (hanaTSA) הֲנָצָה נ׳

immortalizing; perpetuating (hantsaḤA) הַנְצָחָה נ׳

immortalize; perpetuate (hinTSI'aḥ) הִנְצִיחַ פעל י׳

rescue; escape (hinnatseLUT) הִנָּצְלוּת נ׳

nursing; suckling; breast feeding (hanaKA) הֲנָקָה נ׳

restoring respiration; artificial respiration (hanshaMA) הַנְשָׁמָה נ׳

sundering; severance; being cut off (hinnateKUT) הִנָּתְקוּת נ׳

quiet; sh...; hush (HAS) הַס מ״ק

mum's the word – מִלְּהַזְכִּיר

cause to go around; turn; avert; transfer; hand over; endorse; sit at the table; sit in a reclining position; cause (heSEV) הֵסֵב פעל י׳

reclining; transfer; endorsement (hasabBA; hasaVA) הֲסַבָּה, הֲסָבָה נ׳

job retraining הֲסַבַּת מִקְצוֹעַ

explain; illustrate (hisBIR) הִסְבִּיר פעל י׳

receive with a smile – פָּנִים

explanation (hesBER) הֶסְבֵּר ז׳

information (hasbaRA) הַסְבָּרָה נ׳

friendly reception הַסְבָּרַת פָּנִים

explanatory; imparting information (hasbaraTI) הַסְבָּרָתִי ת׳

removal (hassaGA) הַסָּגָה נ׳

encroachment; trespassing; unethical competition הַסָּגַת גְּבוּל

hand over; deliver; surrender; extradite (hisGIR) הִסְגִּיר פעל י׳

blockade; quarantine; detention (hesGER) הֶסְגֵּר ז׳

detention; delivering; extradition (hasgaRA) הַסְגָּרָה נ׳

regularize; adjust; settle; arrange (hisDIR) הִסְדִּיר פעל י׳

arrangement; settlement; adjustment; regularization (hesDER) הֶסְדֵּר ז׳

regularization; arrangement (hasdaRA) הַסְדָּרָה נ׳

be silent; silence; hush (hisSA) הִסָּה פעל ע׳ י׳

הַסְוָאָה נ׳ (hasva'A) camouflage
הִסְוָה פעל י׳ (hisVA) camouflage
הִסּוּס ז׳ (hisSUS) hesitation
הֶסַּח ז׳ (hesSAḤ) removal
– הַדַּעַת inattention
בְּ – הַדַּעַת unexpectedly; inadvertently
הַסָּחָה נ׳ (hassaḤA) removal; diversion; deflection
הַסָּחַת הַדַּעַת diversion of attention
פְּעֻלַּת – diversionary action
הִסָּחֲפוּת נ׳ (hissaḥaFUT) being swept away
הֶסֵּט ז׳ (hesSET) pushing aside; removal; deviation, deflection
הֲסָטָה נ׳ (hasaTA) shifting; removal
הִסִּיג פעל י׳ (hᵉsSIG) remove
– גְּבוּל encroach upon; compete unethically; trespass
הִסִּיחַ פעל י׳ (hisSI'aḥ) remove; divert; deflect
– אֶת הַדַּעַת divert attention
הֵסִיט פעל י׳ (heSIT) move away; remove; shift
הִסִּיעַ פעל י׳ (hisSI'a) transport; remove; move
הִסִּיק פעל י׳ (hisSIK) conclude; infer; heat; light a fire
הֵסִיר פעל י׳ (heSIR) remove
הֵסִית פעל י׳ (heSIT) incite; instigate
הִסְכִּים פעל ע׳ (hisKIM) agree, consent, acquiesce, assent, accept
הִסְכִּין פעל ע׳ (hisKIN) become accustomed
הֶסְכֵּם ז׳ (hesKEM) agreement, arrangement, accord, pact
בָּאוּ לִידֵי – come to an agreement
הַסְכָּמָה נ׳ (haskaMA) agreement, consent, acquiescence, acceptance
הִסְמִיךְ פעל י׳ (hisMIKH) ordain; authorize; draw near; thicken;
הִסְמִיק פעל ע׳ (hisMIK) blush

הַסְמָכָה נ׳ (hasmaKHA) bringing nearer; ordination; authorization; thickening
הַסְמָקָה נ׳ (hasmaKA) blushing
הִסֵּס פעל ע׳ (hisSES) hesitate
הַסְּסָן ז׳ (hasseSAN) hesitant person; irresolute person
הַסְּסָנוּת נ׳ (hassesaNUT) hesitancy; indecision
הַסְּסָנִי ת׳ (hassesaNI) hesitant
הַסָּעָה נ׳ (hassa'A) transportation; removal; moving
הִסְעִיר פעל י׳ (his'IR) agitate, stir up; cause a storm
הַסְעָרָה נ׳ (has'aRA) causing a storm; agitation
הִסָּפְגוּת נ׳ (hissafeGUT) absorption
הֶסְפֵּד ז׳ (hesPED) eulogy; funeral oration; lament
הִסְפִּיג פעל י׳ (hisPIG) dry; impregnate
הִסְפִּיד פעל י׳ (hisPID) mourn; eulogize
הִסְפִּיק פעל י׳ ע׳ (hisPIK) supply, provide; enable; succeed; manage; suffice
הֶסְפֵּק ז׳ (hesPEK) output; capacity; power
הַסְפָּקָה נ׳ (haspaKA) supply; provision; maintenance, support
הַסָּקָה נ׳ (hassaKA) heating
הֲסָרָה נ׳ (hasaRA) removal
הַסְרָטָה נ׳ (hasraTA) filming; making a movie
הִסְרִיחַ פעל ע׳ (hisRI'aḥ) stink
הִסְרִיט פעל י׳ (hisRIT) film; make a movie
הִסְתָּאֵב פעל ע׳ (hista'EV) become contaminated, become corrupt, become polluted
הִסְתָּאֲבוּת נ׳ (hista'aVUT) becoming corrupt; defilement; pollution
הִסְתַּבֵּךְ פעל ע׳ (histabBEKH) become involved; become complicated
הִסְתַּבְּכוּת נ׳ (histabbeKHUT)

הִסְתַּבֵּן פעל ע׳ (histabBEN) soap oneself

הִסְתַּבֵּר פעל ע׳ (histabBER) become clear; appear reasonable, stand to reason, be probable

הִסְתַּבְּרוּת נ׳ (histabbeRUT) probability

הִסְתַּגֵּל פעל ע׳ (histagGEL) adapt oneself

הִסְתַּגְּלוּת נ׳ (histaggeLUT) adaptation

הִסְתַּגֵּף פעל ע׳ (histagGEF) mortify oneself

הִסְתַּגֵּר פעל ע׳ (histagGER) shut oneself up; seclude oneself

הִסְתַּדֵּר פעל ע׳ (histadDER) arrange oneself; be arranged; come out well, manage, make out

– בְּשׁוּרָה form a line

הִסְתַּדְּרוּת נ׳ (histaddeRUT) organization; arrangement; coming out well

הַ – The Histadrut (Israel's Federation of Labor)

הִסְתַּדְּרוּתִי ת׳ (histadderuTI) of the Histadrut (see הִסְתַּדְּרוּת)

הֲסָתָה נ׳ (hasaTA) incitement; instigation

הִסְתּוֹבֵב פעל ע׳ (histoVEV) revolve, rotate, go around; roam

הִסְתּוֹבְבוּת נ׳ (histoveVUT) turning around; going around, circling; rotation

הִסְתּוֹדֵד פעל ע׳ (histoDED) whisper, confer secretly

הִסְתּוֹדְדוּת נ׳ (histodeDUT) whispering, conferring in secret

הִסְתּוֹפֵף פעל ע׳ (histoFEF) visit often

הִסְתַּחְרֵר פעל ע׳ (histaḥRER) become dizzy; turn around

הִסְתַּיֵּג פעל ע׳ (histaiYEG) reserve opinion

הִסְתַּיְּגוּת נ׳ (histaiyeGUT) reservation, qualification

הִסְתַּיְּדוּת נ׳ (histaiyeDUT) calcification

– הָעוֹרְקִים arteriosclerosis, hardening of the arteries

הִסְתַּיֵּם פעל ע׳ (histaiYEM) end

הִסְתַּיֵּעַ פעל ע׳ (histaiYE'a) be helped; rely on the assistance of

הִסְתִּיר פעל י׳ (hisTIR) hide, conceal.

הִסְתַּכֵּל פעל ע׳ (histakKEL) look, observe

הִסְתַּכְּלוּת נ׳ (histakkeLUT) observation; looking

הִסְתַּכֵּם פעל ע׳ (histakKEM) amount to; be summed up

הִסְתַּכֵּן פעל ע׳ (histakKEN) risk; be in danger

הִסְתַּכְסֵךְ פעל ע׳ (histakhSEKH) quarrel with

הִסְתַּלֵּק פעל ע׳ (histalLEK) go away, withdraw; depart; die

הִסְתַּלְּקוּת נ׳ (histalleKUT) departure, withdrawal, cessation; death

הִסְתַּמֵּא פעל ע׳ (histamME) become blind

הִסְתַּמֵּךְ פעל ע׳ (histaMEKH) rely; refer to

הִסְתַּמְּכוּת נ׳ (histammeKHUT) reliance; reference

הִסְתַּמֵּן פעל ע׳ (histamMEN) be marked; become apparent

הִסְתַּנְוֵר פעל ע׳ (histanVER) be dazzled; be blinded

הִסְתַּנֵּן פעל ע׳ (histanNEN) be filtered; infiltrate

הִסְתַּנְּנוּת נ׳ (histanneNUT) infiltration; filtering

הִסְתַּנֵּף פעל ע׳ (histanNEF) be affiliated

הִסְתָּעֵף פעל ע׳ (hista'EF) branch off

הִסְתָּעֲפוּת נ׳ (hista'aFUT) ramification, branch; branching off

הִסְתָּעֵר פעל ע׳ (hista'ER) storm, assault, sweep across

הִסְתָּעַרְבוּת נ׳ (*hista'arVUT*) arabization; assimilation to Arab way of life

הִסְתָּעֲרוּת נ׳ (*hista'aRUT*) assault

הִסְתַּפֵּק פעל ע׳ (*histapPEK*) be satisfied with

הִסְתַּפְּקוּת נ׳ (*histappeKUT*) self-sufficiency

– בְּמוּעָט abstemiousness

הִסְתַּפֵּר פעל ע׳ (*histapPER*) take a haircut

הַסְתָּרָה נ׳ (*hastaRA*) hiding; concealment

הִסְתָּרֵס פעל ע׳ (*histaRES*) become castrated

הִסְתָּרֵק פעל ע׳ (*histaREK*) comb one's hair

הִסְתַּתֵּם פעל ע׳ (*histatTEM*) become blocked up

הִסְתַּתְּמוּ טַעֲנוֹתָיו he had no further arguments

הִסְתַּתֵּר פעל ע׳ (*histatTER*) hide

הֶעֱבִיד פעל י׳ (*he'eVID*) provide work; employ; force to work, enslave

הֶעֱבִיר פעל י׳ (*he'eVIR*) transfer, remove; hand over

הַעֲבָרָה נ׳ (*ha'avaRA*) transfer

הֶעֱדִיף פעל י׳ (*he'eDIF*) prefer

הַעֲדָפָה נ׳ (*ha'daFA*) preference

הֶעְדֵּר ז׳ (*he'DER*) absence; lack

הֶעְדְּרוּת נ׳ (*he'adeRUT*) absence; absenteeism

הֶעֱוָה פעל י׳ ע׳ (*he'eVA*) pervert; sin

הַעֲוָיָה נ׳ (*ha'avaYA*) grimace

הֵעֵז פעל ע׳ (*he'EZ*) dare

הֶעָזָה נ׳ (*he'aZA*) daring; insolence

הֶעֱטָה פעל י׳ (*he'eTA*) cover; wrap; envelop

הֵעִיב פעל י׳ (*he'IV*) darken

הֵעִיד פעל ע׳ (*he'ID*) testify; bear witness; attest; warn

הֵעִיף פעל י׳ (*he'IF*) fly; eject; throw out

הֵעִיק פעל י׳ (*he'IK*) oppress; bear down, press; cause depression

הֵעִיר פעל י׳ (*he'IR*) awaken, wake up; remark, comment

הַעֲלָאָה נ׳ (*ha'la'A*) raise; lifting, raising; promotion

– בְּדַרְגָּה promotion, advancement

הַעֲלָבָה נ׳ (*ha'alaVA*) insulting

הֵעָלְבוּת נ׳ (*he'aleVUT*) becoming insulted

הֶעֱלָה פעל י׳ (*he'eLA*) raise, lift; advance; grow

– בָּאֵשׁ burn down

– בְּיָדוֹ succeed in doing

– גֵּרָה chew the cud

– חֲלוּדָה become rusty

– חֶרֶס בְּיָדוֹ fail

הֶעֱלִיב פעל י׳ (*he'eLIV*) insult, offend

הֶעֱלִיל פעל י׳ (*he'eLIL*) slander, accuse falsely

הֶעֱלִים פעל י׳ (*he'eLIM*) conceal, hide

– עַיִן shut one's eye to

הַעֲלָמָה נ׳ (*ha'alaMA*) concealing, hiding

הַעֲלָמַת עַיִן shutting one's eye to

הֵעָלְמוּת נ׳ (*he'aleMUT*) disappearance

הַעֲמָדָה נ׳ (*ha'amaDA*) setting up, causing to stand, placing

הַעֲמָדַת פָּנִים pretending; pretense

הֶעֱמִיד פעל י׳ (*he'eMID*) stand; set up; appoint; stop; erect; rebuild; establish

– בָּנִים begot children

– עַל... apprise

– פָּנִים make believe, pretend

הֶעֱמִיס פעל י׳ (*he'eMIS*) load, overload

הֶעֱמִיק פעל י׳ ע׳ (*he'eMIK*) deepen; descend deeply

הַעֲמָסָה נ׳ (*ha'amaSA*) loading

הַעֲמָקָה נ׳ (*ha'amaKA*) deepening; delving deeply

הֵעָנוּת נ׳ (*he'aNUT*) response

grant, bestow, (*he'eNIK*) הֶעֱנִיק פעל י׳
present, award; accord

punish, (*he'eNISH*) הֶעֱנִישׁ פעל י׳
penalize

granting a (*ha'anaKA*) הַעֲנָקָה נ׳
bonus; grant, benefit; bestowing

punishing (*ha'anaSHA*) הַעֲנָשָׁה נ׳

employ; keep (*he'eSIK*) הֶעֱסִיק פעל י׳
busy

absorb – כָּלִיל

employment, (*ha'asaKA*) הַעֲסָקָה נ׳
employing

flying, ejecting (*he'aFA*) הֶעָפָה נ׳

strive upwards, (*he'PIL*) הֶעְפִּיל פעל ע׳
dare; run British blockade

striving upwards; (*ha'paLA*) הַעְפָּלָה נ׳
daring; running British blockade of unauthorized immigration to Palestine

remark; observation, (*he'aRA*) הֶעָרָה נ׳
comment; note; awakening

estimate, (*he'eRIKH*) הֶעֱרִיךְ פעל י׳
appraise, evaluate; assess; appreciate

trick, evade, (*he'eRIM*) הֶעֱרִים פעל ע׳
cheat

admire, (*he'eRITS*) הֶעֱרִיץ פעל י׳
esteem, adore

estimate, (*ha'araKHA*) הַעֲרָכָה נ׳
appraisal, evaluation; assessment; appreciation

deployment (*he'arKHUT*) הֵעָרְכוּת נ׳

tricking; (*ha'araMA*) הַעֲרָמָה נ׳
cheating; evasion

admiration, (*ha'araTSA*) הַעֲרָצָה נ׳
esteem; adoration

enrich (*he'eSHIR*) הֶעֱשִׁיר פעל י׳

enrichment (*ha'ashaRA*) הַעֲשָׁרָה נ׳

copy; translate; (*he'TIK*) הֶעְתִּיק פעל י׳
move, shift

pray, (*he'TIR*) הֶעְתִּיר פעל ע׳ י׳
entreat; respond; multiply, shower, give abundantly

copy; moving, (*he'TEK*) הֶעְתֵּק ז׳
displacement, shift; translation

copy, copying; (*ha'taKA*) הַעְתָּקָה נ׳
translation; removal, shift

dispelling, easing, (*hafaGA*) הֲפָגָה נ׳
reducing

shelling, (*hafgaZA*) הַפְגָּזָה נ׳
bombardment, barrage

shell (*hifGIZ*) הִפְגִּיז פעל י׳

demonstrate (*hifGIN*) הִפְגִּין פעל ע׳

bring together, (*hifGISH*) הִפְגִּישׁ פעל י׳
cause to meet, introduce

demonstration (*hafgaNA*) הַפְגָּנָה נ׳

demonstrative (*hafganaTI*) הַפְגָּנָתִי ת׳

bringing (*hafgaSHA*) הַפְגָּשָׁה נ׳
together; meeting

pause, lull; truce (*hafuGA*) הֲפוּגָה נ׳

overturned, (*haFUKH*) הָפוּךְ ת׳
upside down; reverse, inverted

coffee with much milk קָפֶה –

change; turning (*hipPUKH*) הִפּוּךְ נ׳
over; reverse, opposite; inversion; antithesis

scaring, (*hafḥaDA*) הַפְחָדָה נ׳
intimidation

blowing, (*hafaḤA*) הֲפָחָה נ׳
blowing out; fanning (flame)

blowing, (*happaḤA*) הַפָּחָה נ׳
blowing up, inflating

frighten, (*hifḤID*) הִפְחִיד פעל י׳
intimidate

reduce, (*hifḤIT*) הִפְחִית פעל י׳
decrease, diminish; abate

reduction, (*hafḥaTA*) הַפְחָתָה נ׳
decrease, diminution, abatement

let go, send (*hifTIR*) הִפְטִיר פעל י׳
away; exempt, release; end; conclude; read a selection from the Prophets

(*haftaRA; haftoRA*) הַפְטָרָה, הַפְטוֹרָה נ׳
reading from the Prophets; end, conclusion

dispel, ease, lighten (*heFIG*) הֵפִיג פעל י׳

blow, blow out (*heFI'aḥ*) הֵפִיחַ פעל י׳

הֵפִיחַ פעל י׳ (*hipPI'ah*) blow, blow up, inflate

הָפִיךְ ת׳ (*haFIKH*) reversible

הֲפִיכָה נ׳ (*hafiKHA*) coup d'état; reversal; overturning; conversion, changing

הִפִּיל פעל י׳ (*hipPIL*) throw down; destroy; overthrow

(הִפִּילָה בִּשְׁעַת לֵדָה) abort; miscarry

הֵפִיס פעל י׳ (*heFIS*) pacify, appease

הֵפִיץ פעל י׳ (*heFITS*) distribute; circulate; scatter

הֵפִיק פעל י׳ (*heFIK*) produce; derive

הֵפִיר פעל י׳ (*heFIR*) cancel, neutralize

הָפַךְ פעל י׳ (*haFAKH*) turn, turn over; destroy; change, convert

הֵפֶךְ, הֶפֶךְ ז׳ (*HEfekh*) opposite, contrary

— לְ on the contrary

הֲפֵכָה נ׳ (*hafeKHA*) overthrow; revolt, destruction

הֲפַכְפַּךְ ת׳ (*hafakhPAKH*) fickle; crooked

הַפְלֵא תה״פ (*hafLE*) exceedingly

— וָפֶלֶא how wonderful

הַפְלָגָה נ׳ (*haflaGA*) sailing, departure; exaggeration

הִפְלָה פעל י׳ (*hifLA*) separate; discriminate; differentiate

הַפָּלָה נ׳ (*happaLA*) throwing down; dropping; abortion; miscarriage

הַפְלָטָה נ׳ (*haflaTA*) ejection; discharge

הִפְלִיא פעל י׳ (*hifLI*) astound, surprise; do wonderfully

הִפְלִיג פעל י׳ (*hifLIG*) sail, depart; go to sea; exaggerate

הַפְלָיָה נ׳ (*haflaYA*) discrimination

הִפְלִיט פעל י׳ (*hifLIT*) emit, eject, discharge

הִפְלִיל פעל י׳ (*hifLIL*) incriminate; arraign

הַפְלָלָה נ׳ (*haflaLA*) arraignment; incrimination

הִפְנָה פעל י׳ (*hifNA*) direct, cause to turn; refer

הִפְנֵט פעל י׳ (*hipNET*) hypnotize

הַפְנָיָה נ׳ (*hafnaYA*) turn; directing, referring

הַפְנָמָה נ׳ (*hafnaMA*) introversion

הֶפְסֵד ז׳ (*hefSED*) loss, damage

הִפְסִיד פעל י׳ (*hifSID*) lose, suffer loss

הִפְסִיק פעל י׳ (*hifSIK*) stop, cease

הַפְסָקָה נ׳ (*hafsaKA*) intermission, recess, cessation, stopping

הַפְסָקַת אֵשׁ ceasefire

הִפְעִיל ז׳ (*hif'IL*) Hifil (active causative form of the Hebrew verb)

— פעל י׳ activate; start, set in motion; operate

הָפְעַל, הֻפְעַל ז׳ (*hof'AL; huf'AL*) Hofal (passive causative form of the Hebrew verb)

הַפְעָלָה נ׳ (*haf'aLA*) activation; operation; starting, setting in motion

הֲפָצָה נ׳ (*hafaTSA*) scattering; spreading; distribution, circulation

הִפְצִיץ פעל י׳ (*hifTSITS*) bomb

הִפְצִיר פעל ע׳ (*hifTSIR*) implore; urge

הַפְצָצָה נ׳ (*haftsaTSA*) bombing, bombardment

הַפְצָצַת אֲוִיר air raid

הַפְצָרָה נ׳ (*haftsaRA*) imploring, entreaty, urging

הַפְקָדָה נ׳ (*hafkaDA*) depositing; appointing

הֲפָקָה נ׳ (*hafaKA*) producing

הִפְקִיד פעל י׳ (*hifKID*) entrust to; appoint; charge with; deposit

הִפְקִיעַ פעל י׳ (*hifKI'a*) expropriate, requisition

הִפְקִיר פעל י׳ (*hifKIR*) abandon; forfeit; renounce, forsake

הַפְקָעָה נ׳ (*hafka'A*) expropriation; requisition, attachment

הַפְקָעַת שְׁעָרִים, הַפְקָעַת מְחִירִים profiteering

הֶפְקֵר ז׳ (*hefKER*) property without an owner; lawlessness

בֶּן אָדָם שֶׁל – irresponsible person; wastrel

זָכָה מִן הַ – receive a windfall

יֶלֶד – waif, homeless child

הַפְקָרָה נ׳ (*hafkaRA*) abandonment; renunciation

הֶפְקֵרוּת נ׳ (*hefkeRUT*) lawlessness, anarchy

הֵפֵר פעל י׳ (*heFER*) violate; break; annul; cancel; rescind; disturb

הַפְרָדָה נ׳ (*hafraDA*) separation; segregation

– גְּזְעִית apartheid

הַפְרָדַת כֹּחוֹת disengagement

הִפָּרְדוּת נ׳ (*hippareDUT*) separation; detachment

הִפְרָה פעל י׳ (*hifRA*) fertilize

הֲפָרָה נ׳ (*hafaRA*) violation; infraction; annulment, cancellation; disturbing

הַפְרָזָה נ׳ (*hafraZA*) exaggeration

הַפְרָחָה נ׳ (*hafraḤA*) flying; spreading; causing to flower

הִפְרִיד פעל י׳ (*hifRID*) separate, segregate

הַפְרָיָה נ׳ (*hafraYA*) fertilization

– מְלָאכוּתִית artificial insemination

הִפְרִיז פעל ע׳ (*hifRIZ*) exaggerate

הִפְרִיחַ פעל י׳ (*hifRI'aḥ*) fly; spread; cause to flower

הִפְרִיךְ פעל י׳ (*hifRIKH*) refute, disprove

הִפְרִיעַ פעל י׳ (*hifRI'a*) disturb, interrupt, interfere

הִפְרִישׁ פעל י׳ (*hifRISH*) set aside; separate; distinguish; excrete; discharge; set out

הַפְרָכָה נ׳ (*hafraKHA*) refutation, disproving

הַפְרָעָה נ׳ (*hafra'A*) disturbance, interruption, interference

הֶפְרֵשׁ ז׳ (*hefRESH*) difference

הַפְרָשָׁה נ׳ (*hafraSHA*) secretion; excretion; allocation; setting aside; setting out; separation

הֶפְרֵשִׁיּוּת נ׳ (*hefreshiYUT*) scale of differences

הַפְשָׁטָה נ׳ (*hafshaTA*) abstraction; skinning, flaying

הִפְשִׁיט פעל י׳ (*hifSHIT*) undress; flay, skin; make abstract

הִפְשִׁיל פעל י׳ (*hifSHIL*) roll up, fold back; throw

הִפְשִׁיר פעל ע׳ י׳ (*hifSHIR*) melt; thaw

הַפְשָׁלָה נ׳ (*hafshaLA*) rolling up, folding back

הַפְשָׁרָה נ׳ (*hafshaRA*) melting; thaw

הִפְתִּיעַ פעל י׳ (*hifTI'a*) surprise

הַפְתָּעָה נ׳ (*hafta'A*) surprise

הַצָּבָה נ׳ (*hatsaVA*) erecting, placing, establishing; stationing; assignment; substitution

הִצְבִּיעַ פעל ע׳ (*hitsBI'a*) vote; point at, indicate; raise one's finger (to attract attention)

הַצְבָּעָה נ׳ (*hatsba'A*) voting; pointing out, indicating

הַצָּגָה נ׳ (*hatsaGA*) performance; display, presentation; introduction; demonstration

הִצִּיג פעל י׳ (*hitsTSIG*) present, introduce; place; display; perform; demonstrate

הַצִּדָּה תה״פ (*hatsTSIdda*) aside

הִצְדִּיעַ פעל ע׳ (*hitsDI'a*) salute

הִצְדִּיק פעל י׳ (*hitsDIK*) justify

הַצְדָּעָה נ׳ (*hatsda'A*) salute

הַצְדָּקָה נ׳ (*hatsdaKA*) justification

הִצְהִיב פעל ע׳ (*hitsHIV*) turn yellow

הִצְהִיר פעל י׳ (*hitsHIR*) declare, affirm

הַצְהָרָה נ׳ (*hats'haRA*) declaration, affirmation

– בִּשְׁבוּעָה affidavit

הִצְהַרְתִּי ת׳ (hats'haraTI) declarative, declaratory

הִצְחִיק פעל י׳ (hitsḤIK) cause to laugh

הַצְחָקָה נ׳ (hatsḥaKA) causing to laugh

הִצְטַבֵּר פעל ע׳ (hitstabBER) accumulate

הִצְטַבְּרוּת נ׳ (hitstabbeRUT) accumulation

הִצְטַדֵּק פעל ע׳ (hitstadDEK) justify oneself; apologize

הִצְטַדְּקוּת נ׳ (hitstaddeKUT) self-justification; apology

הִצְטַוָּה פעל ע׳ (hitsavVA) be ordered

הִצְטוֹפֵף פעל ע׳ (hitstoFEF) crowd together, be packed in

הִצְטוֹפְפוּת נ׳ (hitstofeFUT) crowding, congestion

הִצְטַחֵק פעל ע׳ (hitstaḤEK) smile; grin

הִצְטַחֲקוּת נ׳ (hitstaḥaKUT) smile; grin

הִצְטַיֵּד פעל ע׳ (hitstaiYED) be provided

הִצְטַיְּדוּת נ׳ (hitstaiyeDUT) being provided

הִצְטַיֵּן פעל ע׳ (hitstaiYEN) excel, distinguish oneself

הִצְטַיְּנוּת נ׳ (hitstaiyeNUT) distinction, excellence

הִצְטַיֵּר פעל ע׳ (hitstaiYER) be described, be pictured, be conceived

הִצְטַלֵּב פעל ע׳ (hitstalLEV) cross oneself; cross

הִצְטַלְּבוּת נ׳ (hitstalleVUT) crossing, intersection; crossing oneself

הִצְטַלֵּם פעל ע׳ (hitstalLEM) be photographed, have one's picture taken

הִצְטַמְצֵם פעל ע׳ (hitstamTSEM) be confined, limit oneself; be reduced

הִצְטַמְצְמוּת נ׳ (hitstamtseMUT) limiting, confinement; decline; contenting oneself

הִצְטַמֵּק פעל ע׳ (hitstamMEK) be dried up, shrivel, shrink

הִצְטַמְּקוּת נ׳ (hitstammeKUT) drying up, shrinking, contraction

הִצְטַנֵּן פעל ע׳ (hitstanNEN) catch cold; cool

הִצְטַנְּנוּת נ׳ (hitstaneNUT) cooling off; cold, catching cold

הִצְטַעֲצֵעַ פעל ע׳ (hitsta'aTSA) preen oneself

הִצְטַעַצְעוּת נ׳ (hitsta'atse'UT) preening

הִצְטַעֵר פעל ע׳ (hitsta'ER) regret, feel sorry, feel sad

הִצְטָרֵךְ פעל ע׳ (hitstaREKH) be in need of

הִצְטָרְכוּת נ׳ (hitstareKHUT) being in need of; need

הִצְטָרֵף פעל ע׳ (hitstaREF) join

הִצְטָרְפוּת נ׳ (hitstareFUT) joining

הִצִּיב פעל י׳ (hitsTSIV) erect, place, establish; station; assign; substitute

הִצִּיל פעל י׳ (hitsTSIL) save, rescue

הִצִּיעַ פעל י׳ (hitsTSI'a) suggest, propose, offer; make (bed)

הֵצִיף פעל י׳ (heTSIF) flood

הֵצִיץ פעל ע׳ (heTSITS) peek, peer

הֵצִיק פעל י׳ (heTSIK) annoy, ail, beset; oppress

הִצִּית פעל י׳ (hitsTSIT) set fire to; light, ignite

הַצְלָבָה נ׳ (hatslaVA) crossing; crossbreeding

הַצָּלָה נ׳ (hatsaLA) rescue, saving, deliverance

חֲגוֹרַת – lifebelt

סִירַת – lifeboat

הַצְלָחָה נ׳ (hatslaḤA) success

בְּ – good luck, I wish you success

הִצְלִיב פעל י׳ (hitsLIV) cross; crossbreed

הִצְלִיחַ פעל ע׳ (hitsLI'aḥ) succeed

הִצְלִיף פעל ע׳ (hitsLIF) whip, lash; snipe

הַצְלָפָה נ׳ (hatslaFA) whipping, flogging

הַצְמָדָה נ׳ (*hatsmaDA*) attaching, joining, linking
הִצָּמְדוּת נ׳ (*hitsameDUT*) being linked
הַצְמָחָה נ׳ (*hatsmaḤA*) growing
הִצְמִיא פעל י׳ (*hitsMI*) make thirsty
הִצְמִיד פעל י׳ (*hitsMID*) attach; couple; link
הִצְמִיחַ פעל י׳ (*hitsMI'aḥ*) cause to grow; grow
הַצְנָחָה נ׳ (*hatsnaḤA*) parachuting
הִצְנִיחַ פעל י׳ (*hitsNI'aḥ*). parachute, drop (by parachute)
הִצְנִיעַ פעל י׳ (*hitsNI'a*) hide, conceal
הַצְנָעָה נ׳ (*hatsna'A*) hiding, concealment
הֶצֵּעַ ז׳ (*heTSA'*) supply
הַצָּעָה נ׳ (*hatsa'A*) suggestion, proposal, offer; motion; making bed
הַצָּעַת חֹק bill
הַצָּעַת הַחְלָטָה draft resolution
הֲצָפָה נ׳ (*hatsaFA*) flooding; dumping
הִצְפִּין פעל י׳ ע׳ (*hitsPIN*) hide; encode; travel northward
הֲצָצָה נ׳ (*hatsaTSA*) peeping, peering
הֲצָקָה (*hatsaKA*) annoying, harassing; oppressing
הֵצֵר פעל י׳ ע׳ (*heTSER*) bother; narrow, limit; feel distressed, grieve
הֲצָרָה נ׳ (*hatsaRA*) bothering, narrowing, constriction
הִצָּרוּת נ׳ (*hitsaRUT*) narrowing
הַצְרָחָה נ׳ (*hatsraḤA*) castling
הִצְרִיחַ פעל י׳ (*hitsRI'aḥ*) castle
הִצְרִיךְ פעל י׳ (*hitsRIKH*) necessitate require; cause to need
הַצְרָכָה נ׳ (*hatsraKHA*) necessitating; causing to need
הַצָּתָה נ׳ (*hatsaTA*) lighting, ignition; arson
הֲקָאָה נ׳ (*haka'A*) vomiting
הִקְבִּיל פעל ע׳ י׳ (*hikBIL*) be opposite; be parallel; compare, confront
הִקְבִּיל אֶת פְּנֵי... receive, welcome
הִקְבִּיץ פעל י׳ (*hikBITS*) group
הַקְבָּלָה נ׳ (*hakbaLA*) parallel
הַקְבָּלַת פָּנִים reception, welcome
הַקְבָּצָה נ׳ (*hakbaTSA*) grouping
הִקְדִּיחַ פעל י׳ (*hikDI'aḥ*) burn, scorch
הִקְדִּים פעל י׳ ע׳ (*hikDIM*) precede, do before, advance; do early; preface, introduce; receive, welcome
הִקְדִּיר פעל ע׳ י׳ (*hikDIR*) darken
הִקְדִּישׁ פעל י׳ (*hikDISH*) consecrate, dedicate; devote; sanctify
הֶקְדֵּם ז׳ (*hekDEM*) acting early
בְּ — soon, as soon as possible
הַקְדָּמָה נ׳ (*hakdaMA*) foreword, preface, introduction; advancing; doing early; preceding
הֶקְדֵּשׁ ז׳ (*hekDESH*) consecration; Temple treasury; hostel for poor; endowment
הַקְדָּשָׁה נ׳ (*hakdaSHA*) dedication, consecration, sanctification
הִקְהָה פעל י׳ (*hikḤA*) blunt, dull; set on edge
הִקְהִיל פעל י׳ (*hikHIL*) assemble, convoke
הִקְטִין פעל י׳ ע׳ (*hikTIN*) make smaller, reduce, lessen; become small
הִקְטִיר פעל י׳ (*hikTIR*) burn incense
הַקְטָנָה נ׳ (*haktaNA*) lessening, diminution, making smaller ,reduction; diminutive
הֶקְטָר ז׳ (*hekTAR*) hectare
הַקְטָרָה נ׳ (*haktaRA*) burning a sacrifice; burning incense
הֵקִיא פעל י׳ (*heKI*) vomit
הִקִּיז פעל י׳ (*hikKIZ*) let blood, shed blood; bleed; drain
הֵקִים פעל י׳ (*heKIM*) establish, found, build, erect; raise
הִקִּיף פעל י׳ (*hikKIF*) encompass, circle, surround

הֵקִיף פעל י׳ (*heKIF*) advance credit
הֵקִיץ פעל ע׳ (*heKITS*) awaken
הֵקִישׁ פעל י׳ (*heKISH*) compare
הִקִּישׁ פעל י׳ (*hikKISH*) knock, tap, rap; compare, draw an analogy; infer
הֵקֵל פעל י׳ (*heKEL*) lighten, ease; alleviate; reduce; mitigate
— רֹאשׁ disparage, regard lightly
הֲקָלָה, הֲקַלָּה נ׳ (*hakaLA; hakalLA*) lightening, easing; relief; concession
הַקְלָטָה נ׳ (*haklaTA*) recording
הִקְלִיט פעל י׳ (*hikLIT*) record
הֲקָמָה נ׳ (*hakaMA*) establishment, founding; erecting, building
הִקְנָה פעל י׳ (*hikNA*) impart, transmit
הַקְנָטָה נ׳ (*haknaTA*) vexation, irritation
הַקְנָיָה נ׳ (*haknaYA*) imparting, transmitting, transfer
הִקְנִיט פעל י׳ (*hikNIT*) vex, irritate, provoke
הִקְסִים פעל י׳ (*hikSIM*) charm, captivate
הֶקֵּף ז׳ (*hekKEF*) scope, range; orbit; perimeter, periphery
הַקְפָּאָה נ׳ (*hakpa'A*) freeze, freezing
הַקְפָּדָה נ׳ (*hakpaDA*) strictness, precision
הֲקָפָה נ׳ (*hakaFA*) credit
— בַּ on credit
הַקָּפָה נ׳ (*hakkaFA*) circling, encompassing; orbiting; procession around the synagogue on Simhat Torah
הֶקֵּפִי ת׳ (*hekkeFI*) peripheral
הִקְפִּיא פעל י׳ (*hikPI*) freeze
הִקְפִּיד פעל ע׳ (*hikPID*) be strict
הִקְפִּיץ פעל י׳ (*hikPITS*) bounce; jar, shock
הַקְצָאָה נ׳ (*haktsa'A*) allotment, allocation

הַקְצָבָה נ׳ (*haktsaVA*) allocation, appropriation; allowance
הִקְצָה פעל י׳ (*hikTSA*) allot, set aside
הִקְצִיב פעל י׳ (*hikTSIV*) allocate, appropriate
הִקְצִיעַ פעל י׳ (*hikTSI'a*) plane
הִקְצִיף פעל י׳ (*hikTSIF*) froth, foam; anger, provoke; whip (cream)
הַקְצָעָה נ׳ (*haktsa'A*) planing
הַקְצָפָה נ׳ (*haktsaFA*) provoking; whipping (cream)
הַקְרָאָה נ׳ (*hakra'A*) reading; recitation
הִקְרִיא פעל י׳ (*hikRI*) read
הִקְרִיב פעל י׳ (*hikRIV*) sacrifice, offer; drawing near
הִקְרִיחַ פעל ע׳ י׳ (*hikRI'aḥ*) become bald; pull out hair; pull out plants
הִקְרִין פעל י׳ (*hikRIN*) project, show a movie; radiate
הִקְרִישׁ פעל י׳ (*hikRISH*) congeal, coagulate, clot; freeze
הַקְרָנָה נ׳ (*hakraNA*) projection, showing a movie; radiation
הַקְרָשָׁה נ׳ (*hakraSHA*) congealing, coagulation, clotting; freezing
הֶקֵּשׁ ז׳ (*hekKESH*) analogy; comparison
הַקְשָׁבָה נ׳ (*hakshaVA*) listening; attention
הִקְשָׁה פעל י׳ (*hikSHA*) harden, stiffen; solidify
הַקָּשָׁה נ׳ (*hakkaSHA*) knocking, knock, tapping
כְּלִי — percussion instrument
הַקְשָׁחָה נ׳ (*hakshaḤA*) stiffening, hardening
הִקְשִׁיב פעל ע׳ (*hikSHIV*) listen; pay attention
הִקְשִׁיחַ פעל י׳ (*hikSHI'aḥ*) stiffen, harden
הֶקְשֵׁר ז׳ (*hekSHER*) context, connection

הַר ז׳ (HAR) mountain
– גַּעַשׁ volcano
הַרְבֵּה תה״פ (harBE) much; many
הִרְבִּיץ פעל י׳ (hirBITS) make lie down; sprinkle; disseminate; hit
הַרְבָּעָה נ׳ (harba'A) mating, copulation
הַרְבָּצָה נ׳ (harbaTSA) making to lie .down; sprinkling, disseminating; hitting
הָרַג פעל י׳ (haRAG) kill
הֶרֶג ז׳ (HEreg) killing
הֲרֵגָה נ׳ (hareGA) killing, murder, massacre
הַרְגָּזָה נ׳ (hargaZA) angering, provoking
הִרְגִּיז פעל י׳ (hirGIZ) anger, provoke, stir up
הִרְגִּיל פעל י׳ (hirGIL) accustom, habituate
הִרְגִּיעַ פעל י׳ (hirGI'a) calm, soothe
הִרְגִּישׁ פעל י׳ (hirGISH) feel
הֶרְגֵּל ז׳ (herGEL) habit
הַרְגָּעָה נ׳ (harga'A) calming, soothing
הַרְגָּשָׁה נ׳ (hargaSHA) feeling
הַרְדּוּף ז׳ (harDUF) oleander
הִרְדִּים פעל י׳ (hirDIM) put to sleep; narcotize, anesthetize
הַרְדָּמָה נ׳ (hardaMA) putting to sleep; narcotization, anesthetization; anesthesia
הֵרָדְמוּת נ׳ (heradeMUT) falling asleep
הָרָה פעל ע׳ י׳ (haRA) become pregnant, conceive; produce, create
– נ׳ ת׳ pregnant woman; bearing, on the verge of producing, about to cause, permeated with
הִרְהוּר, הַרְהוֹר ז׳ (hirHUR; harHOR) thought, reflection
רָאָה מֵהִרְהוּרֵי לִבּוֹ indulge in wishful thinking
הִרְהִיב פעל ע׳ (hirHIV) dare

הִרְהֵר פעל ע׳ (hirHER) think; think over
הֵרוֹאִי ת׳ (heRO'i) heroic
הָרוּג ת׳ (haRUG) slain, dead; all in
הִרְוָה פעל י׳ (hirVA) quench; saturate
הַרְוָחָה נ׳ (harvaḤA) relief; comfort, ease
הִרְוִיחַ פעל י׳ ע׳ (hirVI'aḥ) earn, make; feel relieved; afford relief; widen
הָרוּס ת׳ (haRUS) destroyed, demolished
הַרְזָאָה, הַרְזָיָה נ׳ (harza'A; harzaYA) reducing (weight)
הִרְזָה פעל ע׳ י׳ (hirZA) reduce (weight)
הַרְחָבָה נ׳ (harḥaVA) broadening, widening; expanding; enlarging
הֲרָחָה נ׳ (haraḤA) smelling, sniffing
הֵרִיחַ פעל י׳ (heRI'aḥ) smell, sniff
הִרְחִיב פעל י׳ (hirḤIV) broaden, widen; expand; enlarge
– אֶת הַדִּבּוּר discuss at length
הִרְחִיק פעל י׳ ע׳ (hirḤIK) remove, move away; get rid of; alienate; reject; go far
– לָלֶכֶת go too far
הַרְחֵק תה״פ (harḤEK) far off, far away
הַרְחָקָה נ׳ (harḥaKA) removal; getting rid of; rejecting; alienation, estrangement
הַרְטָבָה נ׳ (hartaVA) wetting
הֵרָטְבוּת נ׳ (herateVUT) becoming wet
הִרְטִיב פעל י׳ (hirTIV) wet
הֲרֵי מ״ק תה״פ (haREY) behold, see, here is; for surety..., isn't it so that...; already
הֲרִיגָה נ׳ (hariGA) killing; death; manslaughter
הֵרָיוֹן ז׳ (heraYON) pregnancy
הֵרִים פעל י׳ (heRIM) lift, raise
הֲרִיסָה נ׳ (hariSA) demolition, destruction, ruin

הֵרִיעַ פעל ע׳ (heRI'a) cheer, acclaim
הֵרִיץ פעל י׳ (heRITS) cause to run; rush; dispatch; break in
הֵרִיק פעל י׳ (heRIK) empty
הֶרְכֵּב ז׳ (herKEV) composition
הַרְכָּבָה נ׳ (harkaVA) assembly; causing to mount; raising; grafting; combining; inoculation, vaccination
הַרְכָּבַת אֲבַעְבּוּעוֹת inoculation against smallpox, vaccination
הִרְכִּיב פעל י׳ (hirKIV) assemble; put on; cause to mount, give a ride; raise; graft; form; compound, combine; inoculate
הִרְכִּין פעל י׳ (hirKIN) bow, bend, lower
הַרְכָּנָה נ׳ (harkaNA) bowing, bending, lowering
הֲרָמָה נ׳ (haraMA) lifting, raising
הֲרָמַת יָדַיִם show of hands
הֲרָמַת מִשְׁקָלוֹת weight lifting
הַרְמוֹן ז׳ (harMON) harem
הַרְמוֹנִי ת׳ (harMOni) harmonious
הַרְמוֹנְיָה נ׳ (harMONya) harmony, accord
הַרְמוֹנִיזַצְיָה נ׳ (harmoniZATSya) harmonization
הֶרְמֵטִי ת׳ (herMEti) hermetical; airtight, watertight
הִרְמֵן פעל י׳ (hirMEN) harmonize
הָרַס פעל י׳ ע׳ (haRAS) demolish, tear down, destroy; dare
הֶרֶס ז׳ (HEres) destruction
הַרְסָנוּת נ׳ (harsaNUT) destructiveness
הַרְסָנִי ת׳ (harsaNI) destructive
הֵרַע פעל י׳ (heRA) harm, do evil, make worse; misbehave, act sinfully
הַרְעָבָה נ (har'aVA) starving
הֲרָעָה נ׳ (hara'A) doing evil, harming; worsening, deterioration; trumpeting
הִרְעִיב פעל י׳ (hir'IV) starve
הִרְעִיל פעל י׳ (hir'IL) poison

הִרְעִים פעל ע׳ (hir'IM) thunder, fulminate
הִרְעִישׁ פעל י׳ (hir'ISH) jolt, shake; shell; bombard; make noise; cause a sensation, cause a storm
– עוֹלָמוֹת create a huge fuss
הַרְעָלָה נ׳ (har'aLA) poisoning
הַרְעָשָׁה נ׳ (har'aSHA) jolting, shaking, shelling, bombardment
הֶרֶף (HEref) leave... alone; stop it
– עַיִן instant
בְּ– עַיִן, כְּ– עַיִן in the twinkling of an eye
הִרְפָּה פעל י׳ (hirPA) relax, loosen
הַרְפָּיָה נ׳ (hurpaYA) relaxing
הַרְפַּתְקָה, הַרְפַּתְקָא נ׳ (harpatKA) adventure
הַרְפַּתְקָן ז׳ (harpatKAN) adventurer
הַרְפַּתְקָנוּת נ׳ (harpatkaNUT) love of adventure, adventurousness
הַרְפַּתְקָנִי ת׳ (harpatkaNI) adventurous
הַרְצָאָה נ׳ (hartsa'A) lecture; counting
הִרְצָה פעל ע׳ י׳ (hirTSA) lecture; repay, count; relate
הֲרָצָה נ׳ (haraTSA) causing to run; dispatching; breaking in
הִרְצִין פעל ע׳ (hirTSIN) become serious
הַרְקָבָה נ׳ (harkaVA) causing to rot; rotting, decay, decomposition
הֵרָקְבוּת נ׳ (herakeVUT) decay, rotting
הִרְקִיב פעל י׳ ע׳ (hirKIV) cause to rot; decay
הִרְקִיד פעל י׳ (hirKID) make dance; shake
הִרְקִיעַ פעל ע׳ (hirKI'a) beat; soar
הֲרָקָה נ׳ (haraKA) emptying
הֲרָרִי ת׳ ז׳ (haraRI) mountainous; mountaineer
הֲרָרִים ז״ר (haraRIM) mountains
הַרְשָׁאָה נ׳ (harsha'A) authorization, power of attorney

הִרְשָׁה פעל י׳ (*hirSHA*) allow, permit, authorize, grant power of attorney

– לְעַצְמוֹ afford

הִרְשִׁים פעל י׳ (*hirSHIM*) impress; record

הִרְשִׁיעַ פעל י׳ (*hirSHI'a*) convict; condemn

הַרְשָׁמָה נ׳ (*harshaMA*) registration; impressiveness

הַרְשָׁעָה נ׳ (*harsha'A*) conviction

הִרְתִּיחַ פעל י׳ (*hirTI'aḥ*) boil; infuriate

הִרְתִּיעַ פעל י׳ (*hirTI'a*) deter

הֵרָתְמוּת נ׳ (*herateMUT*) being harnessed

הַרְתָּעָה נ׳ (*harta'A*) deterring, deterrence; withdrawal, flinching

הַשָּׁאָה נ׳ (*hasha'A*) enticement, persuasion; suggestion

הַשָּׂאָה נ׳ (*hassa'A*) transporting; lifting; marrying off; assumption

הִשְׁאִיל פעל י׳ (*hish'IL*) lend

הִשְׁאִיר פעל י׳ (*hish'IR*) leave, leave behind

הַשְׁאָלָה נ׳ (*hash'aLA*) lending

בְּ – on loan

סִפְרִיַּת – lending library

הַשְׁאָרָה נ׳ (*hashaRA*) leaving, leaving behind

הַשְׁאָרַת הַנֶּפֶשׁ immortality of the soul

הִשָּׁאֲרוּת נ׳ (*hisha'aRUT*) staying, remaining

– הַנֶּפֶשׁ immortality of the soul

הֲשָׁבָה נ׳ (*hashaVA*) returning, restoring, reinstatement

הֶשְׁבּוֹן ז׳ (*hishaVON*) refund; restitution

הַשְׁבָּחָה נ׳ (*hashbaḤA*) improvement

הִשְׁבִּיחַ פעל י׳ ע׳ (*hishBI'aḥ*) improve

הִשְׁבִּיעַ פעל י׳ (*hishBI'a*) administer oath, swear in; adjure

הִשְׂבִּיעַ פעל י׳ (*hisBI'a*) satisfy; satiate

הִשְׁבִּית פעל י׳ (*hishBIT*) disturb; lock out; terminate

הַשְׁבָּעָה נ׳ (*hashba'A*) adjuration, administration of oath, swearing in; incantation

הַשְׂבָּעָה נ׳ (*hasba'A*) satisfying; satiating

הַשְׁבָּתָה נ׳ (*hashbaTA*) lockout; terminating

הֶשֵּׂג ז׳ (*hesSEG*) achievement, accomplishment; exploit

– יָד means; reach

הַשָּׂגָה נ׳ (*hassaGA*) achieving, obtaining; grasping; reaching, attainment; criticism, objection, qualification; overtaking, catching

הַשָּׂגַת יָד means, ability to acquire

הַשְׁגָּחָה נ׳ (*hashgaḤA*) supervision; Providence; attention

הִשְׁגִּיחַ פעל ע׳ (*hishGI'aḥ*) take care of, supervise; pay attention

הִשְׁהָה פעל י׳ (*hishHA*) delay

הַשְׁהָיָה נ׳ (*hash'haYA*) delay

הַשְׁוָאָה נ׳ (*hashva'A*) comparison; equalization

הַשְׁוָאָתִי ת׳ (*hashva'aTI*) comparative

הִשְׁוָה פעל י׳ (*hishVA*) compare, liken, equalize; straighten out

הַשְׁחָזָה נ׳ (*hashḥaZA*) sharpening, whetting, grinding

הִשְׁחִיז פעל י׳ (*hishḤIZ*) sharpen, whet, grind

הִשְׁחִיל פעל י׳ (*hishḤIL*) thread, insert

הִשְׁחִים פעל י׳ ע׳ (*hishḤIM*) brown; turn brown

הִשְׁחִיר פעל י׳ ע׳ (*hishḤIR*) blacken; turn black

הִשְׁחִית פעל י׳ (*hishḤIT*) destroy, ruin; deform, deface; corrupt

הַשְׁחָלָה נ׳ (*hashḥaLA*) threading, inserting

הִשָּׁחֲקוּת נ׳ (*hishaḥaKUT*) grinding; being ground

הַשְׁחָרָה נ׳ (*hashḥaRA*) blackening; turning black
הַשְׁחָתָה נ׳ (*hashḥaTA*) destruction, ruining; deforming; corruption
הֲשָׁטָה נ׳ (*hashaTA*) floating, sailing
הִשִּׁיא פעל י׳ (*hishSHI*) entice, persuade; suggest
הִשִּׂיא פעל י׳ (*hisSI*) transport; give in marriage, marry off
– עֵצָה counsel
הֵשִׁיב פעל י׳ (*heSHIV*) return, reply; restore; reinstate
הִשִּׂיג פעל י׳ (*hisSIG*) obtain, get, achieve; reach, attain; grasp; object to, question; overtake; catch
יָדוֹ מַשֶּׂגֶת he can afford
הֵשִׁיט פעל י׳ (*heSHIT*) float, sail
הִשִּׁיל פעל י׳ (*hishSHIL*) discard, shed
הִשִּׁיק פעל י׳ (*hishSHIK*) launch; touch
הִשִּׁיר פעל י׳ (*hishSHIR*) throw away, discard
הַשְׁכָּבָה נ׳ (*hashkaVA*) laying down, putting to bed
– תְּפִלַּת burial prayer
הִשְׁכִּיב פעל י׳ (*hishKIV*) lay down, put to bed
הִשְׁכִּיחַ פעל י׳ (*hishKI'aḥ*) cause to forget
הִשְׂכִּיל פעל ע׳ י׳ (*hisKIL*) become wise; succeed; look at; make wise
הִשְׁכִּים פעל ע׳ (*hishKIM*) rise early
הִשְׁכִּין פעל י׳ (*hishKIN*) place; establish
הִשְׂכִּיר פעל י׳ (*hisKIR*) rent, hire out
הַשְׂכֵּל ז׳ (*hasKEL*) intelligence, understanding
– מוּסָר moral
הַשְׂכָּלָה נ׳ (*haskaLA*) learning; education; wisdom; enlightenment
הַשְׁכֵּם תה״פ (*hashKEM*) early
– וְהַעֲרֵב many times; often
הַשְׁכָּמָה נ׳ (*hashkaMA*) early rising, reveille

הַשְׁכָּנָה נ׳ (*hashkaNA*) placing; establishing
הַשְׂכָּרָה נ׳ (*haskaRA*) hiring out, hire, renting
הַשְׁלָטָה נ׳ (*hashlaTA*) raising to power; establishing, enforcing; imposing
הִשְׁלִיט פעל י׳ (*hishLIT*) raise to power; impose; establish; enforce
הִשְׁלִיךְ פעל י׳ (*hishLIKH*) throw
הִשְׁלִים פעל י׳ ע׳ (*hishLIM*) complete; make peace, reconcile oneself; hand over; be completed
הִשְׁלִישׁ פעל י׳ (*hishLISH*) deposit
הַשְׁלָכָה נ׳ (*hashlaKHA*) throwing; projection; implication
הַשְׁלָמָה נ׳ (*hashlaMA*) completion; making peace; reconciling oneself
הַשְׁלָשָׁה נ׳ (*hashlaSHA*) depositing
הֵשַׁם פעל י׳ (*heSHAM*) devastate, lay waste
הִשְׂמְאִיל פעל ע׳ (*hisme'IL*) turn to the left
הַשְׁמָדָה נ׳ (*hashmaDA*) destruction; extermination
הַשְׁמָדַת עַם genocide
הַשְׁמָטָה נ׳ (*hashmaTA*) omission; allowing to lie fallow; debt cancellation, renunciation
הִשְׁמִיד פעל י׳ (*hishMID*) destroy, annihilate
הִשְׁמִיט פעל י׳ (*hishMIT*) omit; allow to lie fallow, cancel (debts); drop
הִשְׁמִין פעל ע׳ (*hishMIN*) grow fat, put on weight
הִשְׁמִיעַ פעל י׳ (*hishMI'a*) utter
הִשְׁמִיץ פעל י׳ (*hishMITS*) defame, smear; discredit
הַשְׁמָנָה נ׳ (*hashmaNA*) growing fat
הַשְׁמָצָה נ׳ (*hashmaTSA*) defamation, smearing; discrediting
הִשְׂנִיא פעל י׳ (*hisNI*) cause to be hated
הִשְׁעָה פעל י׳ (*hish'A*) suspend
הַשְׁעָיָה נ׳ (*hash'aYA*) suspension

הַשָּׁעֲנוּת נ׳ (*hisha'aNUT*) reliance; dependence

הַשְׁעָרָה נ׳ (*hash'aRA*) conjecture, surmise, guess

הִשְׁפִּיל פעל י׳ (*hishPIL*) degrade, humiliate

הִשְׁפִּיעַ פעל י׳ (*hishPI'a*) influence, affect; shower an abundance

הִשְׁפִּיר פעל י׳ (*hishPIR*) finish; improve

הַשְׁפָּלָה נ׳ (*hashpaLA*) degradation; humiliation

הַשְׁפָּעָה נ׳ (*hashpa'A*) influence; showering with abundance

הַשְׁפָּרָה נ׳ (*hashpaRA*) finishing, finish

הַשְׁקָאָה נ׳ (*hashka'A*) watering, irrigation; giving to drink

הִשְׁקָה פעל י׳ (*hishKA*) water, irrigate; give to drink

הַשָּׁקָה נ׳ (*hashaKA*) launching

הַשְׁקָטָה נ׳ (*hashkaTA*) soothing, allaying, calming

הִשְׁקִיט פעל י׳ (*hishKIT*) soothe, allay, calm

הִשְׁקִיעַ פעל י׳ (*hishKI'a*) invest; deposit; imbed

הִשְׁקִיף פעל ע׳ (*hishKIF*) look, view

הַשְׁקָעָה נ׳ (*hashka'A*) investment; depositing, sedimentation

הַשְׁקָפָה נ׳ (*hashkaFA*) looking, viewing; view, outlook; review

הַשְׁקָפַת עוֹלָם philosophy, outlook

נְקֻדַּת – point of view

הַשְׁרָאָה נ׳ (*hashra'A*) inspiration; imparting; induction

הִשְׁרָה פעל ע׳ (*hishRA*) impart; inspire; induce

הַשָּׁרָה נ׳ (*hashaRA*) shedding, casting off

הִשְׁרִיץ פעל י׳ (*hishRITS*) breed

הִשְׁרִישׁ פעל י׳ ע׳ (*hishRISH*) implant deeply, cause to strike roots

הַשְׁרָשָׁה נ׳ (*hashraSHA*) implanting, causing to strike roots

הִשְׁתָּאָה פעל ע׳ (*hishta'A*) be surprised

הִשְׁתָּאוּת נ׳ (*hishta'UT*) surprise, astonishment

הִשְׁתַּבֵּחַ פעל ע׳ (*hishtabBAḤ*) praise oneself; boast

הִשְׁתַּבֵּץ פעל ע׳ (*hishtabBETS*) fit in, be integrated

הִשְׁתַּבֵּשׁ פעל ע׳ (*hishtabBESH*) be mistaken, be full of mistakes; become confused; deteriorate, become unusable

הִשְׁתַּגֵּעַ פעל ע׳ (*hishtagGE'a*) become insane, go crazy

הִשְׁתַּדֵּךְ פעל ע׳ (*hishtadDEKH*) make a match

הִשְׁתַּדְּכוּת נ׳ (*hishtaddeKHUT*) making a match; employing a matchmaker; marriage

הִשְׁתַּדֵּל פעל ע׳ (*hishtadDEL*) try, attempt, endeavor

הִשְׁתַּהָה פעל ע׳ (*hishtaHA*) tarry, delay

הִשְׁתּוֹבֵב פעל ע׳ (*hishtoVEV*) make mischief

הִשְׁתַּוָּה פעל ע׳ (*hishtavVA*) come to an agreement, agree; become equal

הִשְׁתּוֹלֵל פעל ע׳ (*hishtoLEL*) rage, run wild

הִשְׁתּוֹלְלוּת נ׳ (*hishtoleLUT*) raging, unruly behavior, running wild

הִשְׁתּוֹמֵם פעל ע׳ (*hishtoMEM*) wonder, marvel, be amazed

הִשְׁתּוֹמְמוּת נ׳ (*hishtomeMUT*) astonishment, wonder

הִשְׁתּוֹקֵק פעל ע׳ (*hishtoKEK*) yearn, crave

הִשְׁתּוֹקְקוּת נ׳ (*hishtokeKUT*) yearning, craving

הִשְׁתַּזֵּף פעל ע׳ (*hishtazZEF*) get a tan, sunbathe

הִשְׁתַּזְּפוּת נ׳ (*hishtazzeFUT*) getting a tan, sunbathing

הִשְׁתַּחֲוָה פעל ע׳ (*hishtaḥaVA*) bow down, prostrate oneself

הִשְׁתַּחֲוָיָה נ׳ (*hishtaḥavaYA*) prostration, bow

הִשְׁתַּחֵק פעל ע׳ (*hishtaḤEK*) become worn

הִשְׁתַּחְרֵר פעל ע׳ (*hishtaḥRER*) free oneself, be relieved

הִשְׁתַּחְרְרוּת נ׳ (*hishtaḥreRUT*) freeing, release, liberation; relief

הִשְׁתַּטָּה פעל ע׳ (*hishtaTA*) pretend to be demented; go mad

הִשְׁתַּטַּח פעל ע׳ (*hishtatTAḤ*) stretch out, prostrate oneself; become superficial

הִשְׁתַּיֵּךְ פעל ע׳ (*hishtaiYEKH*) belong

הִשְׁתִּיל פעל ע׳ י׳ (*hishTIL*) transplant, implant

הִשְׁתַּיְּכוּת נ׳ (*hishtaiyeKHUT*) belonging, affiliation, membership

הִשְׁתִּיק פעל י׳ (*hishTIK*) silence

הִשְׁתִּית פעל י׳ (*hishTIT*) found, base

הִשְׁתַּכַּח פעל ע׳ (*hishtakKAḤ*) be forgotten

הִשְׁתַּכְלֵל פעל ע׳ (*hishtakhLEL*) improve, become improved; become perfected

הִשְׁתַּכְלְלוּת נ׳ (*hishtakhleLUT*) improvement, perfection

הִשְׁתַּכֵּן פעל ע׳ (*hishtakKEN*) move into a home, find a place to live; tenant

הִשְׁתַּכְּנוּת נ׳ (*hishtakkeNUT*) settling, finding a place to live, moving in, becoming a tenant

הִשְׁתַּכְנֵעַ פעל ע׳ (*hishtakhNA'*) be convinced

הִשְׁתַּכֵּר פעל ע׳ (*hishtakKER*) become drunk

הִשְׁתַּכֵּר פעל י׳ (*hishtakKER*) earn

הִשְׁתַּכְּרוּת נ׳ (*hishtakkeRUT*) intoxication, becoming drunk

הִשְׁתַּכְּרוּת נ׳ (*histakkeRUT*) earning

הִשְׁתַּכְשֵׁךְ פעל ע׳ (*hishtakhSHEKH*) splash

הִשְׁתַּלֵּב פעל ע׳ (*hishtalLEV*) fit in, become integrated

הִשְׁתַּלְּבוּת נ׳ (*hishtalleVUT*) integration

הַשְׁתָּלָה (*hashtaLA*) transplantation, implantation

הִשְׁתַּלְהֵב פעל ע׳ (*hishtalHEV*) be inflamed, flare up

הִשְׁתַּלֵּט פעל ע׳ (*hishtalLET*) take control, seize power; conquer, dominate

הִשְׁתַּלְּטוּת נ׳ (*hishtalleTUT*) taking control, seizing power; domination

הִשְׁתַּלֵּם פעל ע׳ (*hishtalLEM*) pursue advanced studies; perfect oneself; be paid, be rewarded

הִשְׁתַּלְּמוּת נ׳ (*hishtalleMUT*) advanced study; perfecting oneself

הִשְׁתַּלְשֵׁל פעל ע׳ (*hishtalSHEL*) develop, evolve

הִשְׁתַּלְשְׁלוּת נ׳ (*hishtalsheLUT*) development

הִשְׁתַּמֵּד פעל ע׳ (*hishtamMED*) abandon Judaism

הִשְׁתַּמֵּט פעל ע׳ (*hishtamMET*) evade

הִשְׁתַּמְּטוּת נ׳ (*hishtammeTUT*) evasion, dodging responsibility

הִשְׁתַּמַּע פעל ע׳ (*hishtamMA'*) be interpreted, be deduced; be heard; let oneself be heard

הִשְׁתַּמֵּר פעל ע׳ (*hishtamMER*) be preserved; be cautious, watch out

הִשְׁתַּמֵּשׁ פעל ע׳ (*hishtamMESH*) use, make use of, employ, apply

– שֶׁלֹּא כַּדִּין abuse

הַשְׁתָּנָה נ׳ (*hashtaNA*) urinating

הִשְׁתַּנָּה פעל ע׳ (*hishtanNA*) alter, change; vary, be different

הִשְׁתַּנּוּת נ׳ (*hishtanNUT*) change, changing

**הִשְׁתַּעְבֵּד** פעל ע׳ (*hishta'BED*) become a slave, be enslaved; be subjected; be mortgaged

**הִשְׁתַּעְבְּדוּת** נ׳ (*hishta'beDUT*) enslavement, subjection; mortgaging

**הִשְׁתַּעֵל** פעל ע׳ (*hishta'EL*) cough

**הִשְׁתַּעֲמֵם** פעל ע׳ (*hishta'aMEM*) be bored

**הִשְׂתָּעֵר** פעל ע׳ (*hista'ER*) storm, assault

**הִשְׁתַּעֲשֵׁעַ** פעל ע׳ (*hishta'aSHE'a*) toy, play, amuse oneself

**הִשְׁתַּפֵּךְ** פעל ע׳ (*hishtapPEKH*) spill out, overflow; roll; pour out one's heart

**הִשְׁתַּפְּכוּת** נ׳ (*hishtappeKHUT*) overflowing, outpouring, effusion

**הִשְׁתַּפֵּר** פעל ע׳ (*hishtapPER*) improve

**הִשְׁתַּפְּרוּת** נ׳ (*hishtappeRUT*) improvement

**הִשְׁתַּפְשֵׁף** פעל ע׳ (*hishtafSHEF*) wear out, be defaced; undergo a rigorous regime

**הַשְׁתָּקָה** נ׳ (*hashtaKA*) silencing

**הִשְׁתַּקֵּם** פעל ע׳ (*hishtakKEM*) rehabilitate oneself

**הִשְׁתַּקַּע** פעל ע׳ (*hishtakKA'*) settle

**הִשְׁתַּקֵּף** פעל ע׳ (*hishtakKEF*) be reflected

**הִשְׁתַּקְּפוּת** נ׳ (*hishtakkeFUT*) reflection

**הִשְׁתַּרְבֵּב** פעל ע׳ (*hishtarBEV*) be extended, become lengthened; shoot out; be misplaced, be transposed

**הִשְׂתָּרֵךְ** פעל ע׳ (*histaREKH*) trudge, plod

**הִשְׂתָּרַע** פעל ע׳ (*histaRA'*) extend, stretch out

**הִשְׂתָּרֵר** פעל ע׳ (*histaRER*) dominate, tyrannize

**הִשְׁתָּרֵשׁ** פעל ע׳ (*hishtaRESH*) strike roots, take root

**הִשְׁתַּתֵּף** פעל ע׳ (*hishtatTEF*) participate, share in

**הִשְׁתַּתְּפוּת** נ׳ (*hishtatteFUT*) participation, sharing

– בְּצַעַר sympathy

**הִשְׁתַּתֵּק** פעל ע׳ (*hishtatTEK*) fall silent

**הִתְאַבֵּד** פעל ע׳ (*hitabBED*) commit suicide

**הִתְאַבְּדוּת** נ׳ (*hitabbeDUT*) suicide

**הִתְאַבֵּךְ** פעל ע׳ (*hitabBEKH*) rise up, spiral up; raise clouds of dust

**הִתְאַבֵּל** פעל ע׳ (*hitabBEL*) mourn

**הִתְאַבֵּן** פעל ע׳ (*hitabBEN*) turn to stone, become petrified; become fossilized

**הִתְאַבֵּק** פעל ע׳ (*hitabBEK*) be covered with dust; wrestle; struggle

**הִתְאַבְּקוּת** נ׳ (*hitabbeKUT*) wrestling; being covered with dust

**הִתְאַגֵּד** פעל ע׳ (*hitagGED*) unite, organize

**הִתְאַגְּדוּת** נ׳ (*hitaggeDUT*) union, organization, association

**הִתְאַגְרֵף** פעל ע׳ (*hitagREF*) box

**הִתְאַגְרְפוּת** נ׳ (*hitagreFUT*) boxing

**הִתְאַדָּה** פעל (*hitadDA*) evaporate

**הִתְאַדּוּת** נ׳ (*hitadDUT*) evaporation

**הִתְאַדֵּם** פעל ע׳ (*hitadDEM*) redden, flush

**הִתְאַהֵב** פעל ע׳ (*hitaHEV*) fall in love

**הִתְאַהֲבוּת** נ׳ (*hitahaVUT*) falling in love; love

**הִתְאַוָּה** פעל ע׳ (*hitavVA*) desire, lust after, crave; want

**הִתְאַוּוּת** נ׳ (*hitavVUT*) desire, craving

**הִתְאוֹנֵן** פעל ע׳ (*hitonNEN*) complain, protest

**הִתְאַוְרֵר** פעל ע׳ (*hitavRER*) be ventilated

**הִתְאוֹשֵׁשׁ** פעל ע׳ (*hitoSHESH*) recover, regain strength, pull oneself together

**הִתְאוֹשְׁשׁוּת** נ׳ (*hitosheSHUT*) recovery, regaining strength

**הִתְאַזֵּן** פעל ע׳ (*hitazZEN*) be balanced, balance

strengthen (*hitazZER*) הִתְאַזֵּר פעל ע׳
oneself, gird oneself

be (*hitazRE'aḥ*) הִתְאַזְרֵחַ פעל ע׳
naturalized

(*hitazreḤUT*) הִתְאַזְרְחוּת נ׳
naturalization

unite (*hitaḤED*) הִתְאַחֵד פעל ע׳

union, (*hitaḥaDUT*) הִתְאַחֲדוּת נ׳
organization, association

be joined, (*hitaḤA*) הִתְאַחָה פעל ע׳
become stitched together

joining, (*hitaḤUT*) הִתְאַחוּת נ׳
linking, union; repair

settlement (*hitaḥaZUT*) הִתְאַחֲזוּת נ׳

come late, (*hitaḤER*) הִתְאַחֵר פעל ע׳
delay, be tardy

resemble; (*hit'IM*) הִתְאִים פעל ע׳ י׳
suit, fit; adapt

be (*hitakhZEV*) הִתְאַכְזֵב פעל ע׳
disappointed

be cruel, (*hitakhZER*) הִתְאַכְזֵר פעל ע׳
act cruelly

cruelty (*hitakhzeRUT*) הִתְאַכְזְרוּת נ׳

lodge (*hitakhSEN*) הִתְאַכְסֵן פעל ע׳

become (*hitalMEN*) הִתְאַלְמֵן פעל ע׳
widowed; become a widower; lose one's spouse

accord, agreement, (*het'EM*) הֶתְאֵם ז׳
harmony

in accordance with בְּ – לְ...

adapting, (*hat'aMA*) הַתְאָמָה נ׳
adjusting; agreement; relation

discrepancy אִי־ –

become (*hitamLEL*) הִתְאַמְלֵל פעל ע׳
miserable

train, (*hitamMEN*) הִתְאַמֵּן פעל ע׳
practise

try, (*hitamMETS*) הִתְאַמֵּץ פעל ע׳
endeavor, strive, make an effort

effort (*hitammeTSUT*) הִתְאַמְּצוּת נ׳

be (*hitamMET*) הִתְאַמֵּת פעל ע׳
verified, turn out to be true

turning (*hitammeTUT*) הִתְאַמְּתוּת נ׳
out to be true, verification

pick a quarrel (*hitanNA*) הִתְאַנָּה פעל ע׳
with, provoke an argument, pick on

provoking (*hitanNUT*) הִתְאַנּוּת נ׳

sigh, sighing (*hitanNAḤ*) הִתְאַנַּח פעל ע׳

become (*hitasLEM*) הִתְאַסְלֵם פעל ע׳
a Moslem, adopt Islam

gather, (*hitasSEF*) הִתְאַסֵּף פעל ע׳
assemble

restrain (*hitapPEK*) הִתְאַפֵּק פעל ע׳
oneself, exercise self-control

restraint, (*hitappeKUT*) הִתְאַפְּקוּת נ׳
self-control

make up (*hitapPER*) הִתְאַפֵּר פעל ע׳

become (*hitafSHER*) הִתְאַפְשֵׁר פעל ע׳
possible

become (*hitakLEM*) הִתְאַקְלֵם פעל ע׳
acclimated

(*hitakleMUT*) הִתְאַקְלְמוּת נ׳
acclimatization

organize (*hitarGEN*) הִתְאַרְגֵּן פעל ע׳

(*hitargeNUT*) הִתְאַרְגְּנוּת נ׳
organization, organizing; regrouping

stay with, (*hitaRAḤ*) הִתְאָרֵחַ פעל ע׳
accept the hospitality of

lodging, (*hitareḤUT*) הִתְאָרְחוּת נ׳
accepting the hospitality of

lengthen, (*hitaREKH*) הִתְאָרֵךְ פעל ע׳
become long, be prolonged

(*hitareKHUT*) הִתְאָרְכוּת נ׳
prolongation, lengthening, extending

occur, (*hitaRA'*) הִתְאָרַע פעל ע׳
happen

be (*hitashSHER*) הִתְאַשֵּׁר פעל ע׳
confirmed, be corroborated

mature (*hitbagGER*) הִתְבַּגֵּר פעל ע׳

maturing, (*hitbaggeRUT*) הִתְבַּגְּרוּת נ׳
maturation, maturity, ripening

adolescence תְּקוּפַת הַ –

be proved (*hitbadDA*) הִתְבַּדָּה פעל ע׳
false; turn out to be wrong

**הִתְבַּדּוּת** נ׳ (*hitbadDUT*) being false; proving to be wrong

**הִתְבַּדַּח** פעל ע׳ (*hitbadDAḤ*) jest, joke; make merry

**הִתְבַּדֵּל** פעל ע׳ (*hitbadDEL*) dissociate oneself; isolate oneself; withdraw, stand aloof

**הִתְבַּדְּלוּת** נ׳ (*hitbaddeLUT*) isolation, seclusion, aloofness, withdrawal

**הִתְבַּדֵּר** פעל ע׳ (*hitbadDER*) be entertained; scatter

**הִתְבַּהֵר** פעל ע׳ (*hitbaHER*) become clear, clear up

**הִתְבַּהֲרוּת** נ׳ (*hitbahaRUT*) becoming clear, clearing up; clarification

**הִתְבּוֹדֵד** פעל ע׳ (*hitboDED*) be alone, seclude oneself

**הִתְבּוֹדְדוּת** נ׳ (*hitbodeDUT*) seclusion, solitude, retirement

**הִתְבּוֹלֵל** פעל ע׳ (*hitboLEL*) become assimilated

**הִתְבּוֹלְלוּת** נ׳ (*hitboleLUT*) assimilation

**הִתְבּוֹנֵן** פעל ע׳ (*hitboNEN*) look, regard, observe

**הִתְבּוֹנְנוּת** נ׳ (*hitboneNUT*) looking, regarding, observation

**הִתְבּוֹסֵס** פעל ע׳ (*hitboSES*) roll, wallow

**הִתְבּוֹשֵׁשׁ** פעל ע׳ (*hitboSHESH*) be ashamed; be late

**הִתְבַּזְבֵּז** פעל ע׳ (*hitbazBEZ*) be squandered, be wasted

**הִתְבַּזָּה** פעל ע׳ (*hitbazZA*) degrade oneself, humiliate oneself

**הִתְבַּטֵּא** פעל ע׳ (*hitbatTE*) express oneself

**הִתְבַּטְּאוּת** נ׳ (*hitbatte'UT*) expressing oneself, expression

**הִתְבַּטֵּל** פעל ע׳ (*hitbatTEL*) be cancelled; be abolished; idle away the time, loaf; belittle oneself

**הִתְבַּטְּלוּת** נ׳ (*hitbatteLUT*) self-disparagement; loafing, idling; abolition

**הִתְבַּיֵּשׁ** פעל ע׳ (*hitbaiYESH*) feel ashamed

**הִתְבַּלְבֵּל** פעל ע׳ (*hitbalBEL*) become confused

**הִתְבַּלָּה** פעל ע׳ (*hitbalLA*) wear out

**הִתְבַּלֵּט** פעל ע׳ (*hitbalLET*) be conspicuous, stand out; show off

**הִתְבַּלְּטוּת** נ׳ (*hitballeTUT*) conspicuousness; becoming conspicuous

**הִתְבַּסֵּם** פעל ע׳ (*hitbasSEM*) become tipsy, become drunk; perfume oneself

**הִתְבַּסֵּס** פעל ע׳ (*hitbasSES*) be substantiated; be consolidated; be strengthened; be based

**הִתְבַּסְּסוּת** נ׳ (*hitbasseSUT*) consolidation; substantiation

**הִתְבַּצֵּעַ** פעל ע׳ (*hitbaTSA'*) be carried out, be executed

**הִתְבַּצֵּר** פעל ע׳ (*hitbatsTSER*) fortify oneself; strengthen oneself

**הִתְבַּצְּרוּת** נ׳ (*hitbatseRUT*) fortifying oneself; strengthening oneself

**הִתְבַּקֵּעַ** פעל ע׳ (*hitbakKA'*) split, be cleft

**הִתְבַּקֵּשׁ** פעל ע׳ (*hitbakKESH*) be asked, be requested; be summoned

**הִתְבָּרֵךְ** פעל ע׳ (*hitbaREKH*) bless oneself, be blessed with; congratulate oneself

**הִתְבָּרֵר** פעל ע׳ (*hitbaRER*) become clear

**הִתְבַּשֵּׁל** פעל ע׳ (*hitbashSHEL*) ripen, mature, cook

**הִתְבַּשֵּׂם** ר׳ **הִתְבַּסֵּם**

**הִתְבַּשֵּׂר** פעל ע׳ (*hitbasSER*) receive good news; be told glad tidings

**הִתְגָּאָה** פעל ע׳ (*hitga'A*) boast, brag

**הִתְגַּבֵּהַּ** פעל ע׳ (*hitgabBAH*) act arrogantly

**הִתְגַּבֵּן** פעל ע׳ (*hitgabBEN*) become hunch-backed; become cheese, curdle

**הִתְגַּבֵּר** פעל ע׳ (*hitgabBER*) overcome; overpower; be strong

**הִתְגַּבֵּשׁ** פעל ע׳ (*hitgabBESH*) crystallize; become consolidated

**הִתְגַּבְּשׁוּת** נ׳ (*hitgabbeSHUT*) crystallization; consolidation

**הִתְגַּדֵּל** פעל ע׳ (*hitgadDEL*) boast, praise oneself

**הִתְגַּדֵּר** פעל ע׳ (*hitgadDER*) boast; brag; become prominent; fence oneself in, build a barrier around

**הִתְגּוֹדֵד** פעל ע׳ (*hitgoDED*) gather in groups; scratch oneself; inflict wounds on oneself

**הִתְגּוֹלֵל** פעל ע׳ (*hitgoLEL*) roll

**הִתְגּוֹנֵן** פעל ע׳ (*hitgoNEN*) defend oneself

**הִתְגּוֹנְנוּת** נ׳ (*hitgoneNUT*) self defense

**הִתְגּוֹרֵר** פעל ע׳ (*hitgoRER*) dwell, reside

**הִתְגּוֹשֵׁשׁ** פעל ע׳ (*hitgoSHESH*) wrestle

**הִתְגּוֹשְׁשׁוּת** נ׳ (*hitgosheSHUT*) wrestling, clashing

**הִתְגַּיֵּס** פעל ע׳ (*hitgaiYES*) enlist, be inducted; volunteer

**הִתְגַּיֵּר** פעל ע׳ (*hitgaiYER*) adopt Judaism, become a Jew ·

**הִתְגַּיְּרוּת** נ׳ (*hitgaiyeRUT*) proselytization; adopting Judaism

**הִתְגַּלְגֵּל** פעל ע׳ (*hitgalGEL*) roll; unfold, develop

**הִתְגַּלָּה** פעל ע׳ (*hitgalLA*) appear, be revealed; be uncovered; reveal oneself; expose oneself

**הִתְגַּלּוּת** נ׳ (*hitgalLUT*) revelation; exposure; appearance

**הִתְגַּלַּח** פעל ע׳ (*hitgalLAḤ*) shave

**הִתְגַּלֵּם** פעל ע׳ (*hitgalLEM*) be embodied; pupate

**הִתְגַּלְּמוּת** נ׳ (*hitgalleMUT*) embodiment, personification; pupation

**הִתְגַּלַּע** פעל ע׳ (*hitgalLA'*) break out, flare up

**הִתְגַּנֵּב** פעל ע׳ (*hitganNEV*) steal away; come (go) by stealth; sneak in, sneak out

**הִתְגַּנְדֵּר** פעל ע׳ (*hitganDER*) show off; strut; display finery

**הִתְגַּנְדְּרוּת** נ׳ (*hitgandeRUT*) conceit, display of finery, showing off

**הִתְגַּעְגֵּעַ** פעל ע׳ (*hitga'GA'*) long, yearn

**הִתְגָּרֵד** פעל ע׳ (*hitgaRED*) scratch oneself

**הִתְגָּרָה** פעל ע׳ (*hitgaRA*) tease, provoke

**הִתְגָּרוּת** נ׳ (*hitgaRUT*) provocation; teasing

**הִתְגָּרֵשׁ** פעל ע׳ (*hitgaRESH*) get a divorce, divorce each other

**הִתְגַּשֵּׁם** פעל ע׳ (*hitgashSHEM*) materialize; come true, be realized

**הִתְגַּשְּׁמוּת** נ׳ (*hitgasheMUT*) materialization, realization; incarnation

**הִתְדַּיֵּן** פעל ע׳ (*hitdaiYEN*) argue, dispute

**הִתְדַּיְּנוּת** נ׳ (*hitdaiyeNUT*) disputing; litigation

**הִתְדַּלְדֵּל** פעל ע׳ (*hitdalDEL*) become impoverished, be depleted

**הִתְדַּלְדְּלוּת** נ׳ (*hitdaldeLUT*) impoverishment

**הִתְדַּפֵּק** פעל ע׳ (*hitdapPEK*) knock repeatedly

**הִתְדַּפְּקוּת** נ׳ (*hitdappeKUT*) protacted knocking

**הִתְדַּרְדֵּר** ר׳ הִדַּרְדֵּר

**הִתְהַדֵּק** פעל ע׳ (*hit'hadDEK*) tighten

**הִתְהַדֵּר** פעל ע׳ (*hit'hadDER*) boast; put on all one's finery, adorn oneself excessively

**הִתְהַוָּה** פעל ע׳ (*hit'havVA*) become, come into being; be formed, emerge

**הִתְהַוּוּת** נ׳ (*hit'havVUT*) formation, coming into being

**הִתְהוֹלֵל** פעל ע׳ (*hit'hoLEL*) roister, behave boisterously; pretend madness, go mad

**הִתְהַלֵּךְ** פעל ע׳ (*hit'halLEKH*) walk about, walk; roam; live, conduct oneself

הִתְהַלֵּל פעל ע׳ (*hithaLEL*) praise oneself; boast, glory

הִתְהַפֵּךְ פעל ע׳ (*hit'hapPEKH*) turn over; roll over; change

הִתְוַדָּה פעל ע׳ (*hitvadDA*) confess

הִתְוַדַּע פעל ע׳ (*hitvadDA'*) make oneself known, introduce oneself

הִתְוָה פעל י׳ (*hitVA*) mark off, delineate, outline

הִתּוּךְ ז׳ (*hitTUKH*) melting

כּוּר — melting pot

הִתְוַכַּח פעל ע׳ (*hitvakKAḤ*) dispute, debate, argue; discuss

הִתּוּל ז׳ (*hitTUL*) derision, ridicule

הִתּוּלִי ת׳ (*hittuLI*) humorous, comic

הִתּוֹסֵף פעל ע׳ (*hittoSEF*) be added

הִתְוַעֵד פעל ע׳ (*hitva'ED*) meet; convene; keep an appointment

הַתָּזָה נ׳ (*hattaZA*) cutting off; sprinkling; strong emphasis

הִתְחַבֵּא פעל ע׳ (*hithabBE*) hide

הִתְחַבֵּב פעל ע׳ (*hithabBEV*) endear oneself

הִתְחַבֵּט פעל ע׳ (*hithabBET*) struggle, exert oneself, strive

הִתְחַבֵּק פעל ע׳ (*hithabBEK*) embrace

הִתְחַבֵּר פעל ע׳ (*hithabBER*) associate with; join; be written, be compiled

הִתְחַדֵּד פעל ע׳ (*hithadDED*) become acute, sharpen

הִתְחַדֵּשׁ פעל ע׳ (*hithadDESH*) be renewed; renew oneself

הִתְחַדְּשׁוּת נ׳ (*hithaddeSHUT*) renewal, renovation; regeneration

הִתְחוֹלֵל פעל ע׳ (*hithoLEL*) take place, break out, rage, come into being

הִתְחַיֵּב פעל ע׳ (*hithaiYEV*) undertake, pledge; be found guilty; be obliged

הִתְחַיְּבוּת נ׳ (*hithaiyeVUT*) obligation, commitment; pledge

הִתְחַכֵּךְ פעל ע׳ (*hithakKEKH*) rub against

הִתְחַזָּה פעל ע׳ (*hithazZA*) impersonate, pretend to be, disguise oneself as

הִתְחַזּוּת נ׳ (*hithazZUT*) impersonating, impersonation

הִתְחַזֵּק פעל ע׳ (*hithazZEK*) become strong, increase

הִתְחַזְּקוּת נ׳ (*hithazzeKUT*) becoming strong

הִתְחִיל פעל י׳ (*hitḤIL*) begin, start, commence

הִתְחַכֵּם פעל ע׳ (*hithakKEM*) pretend to be wise; be a wise guy, show off one's knowledge; devise means; become wise

הִתְחַכְּמוּת נ׳ (*hithakkeMUT*) pretending to be wise, trickery

הַתְחָלָה נ׳ (*hathaLA*) beginning, start; commencement; element

הִתְחַלָּה פעל ע׳ (*hithalLA*) feign illness, malinger

הִתְחַלְחֵל פעל ע׳ (*hithalḤEL*) tremble, shake

הִתְחַלֵּף פעל ע׳ (*hithalLEF*) change

הִתְחַלֵּק פעל ע׳ (*hithalLEK*) divide; be divided; slip

הִתְחַמֵּם פעל ע׳ (*hithamMEM*) warm up, become warmer

הִתְחַמְּמוּת נ׳ (*hithammeMUT*) warming up

הִתְחַמְצֵן פעל ע׳ (*hithamTSEN*) oxidize

הִתְחַמֵּק פעל ע׳ (*hithamMEK*) slip away; evade

הִתְחַמֵּשׁ פעל ע׳ (*hithamMESH*) arm, arm oneself

הִתְחַנְחֵן פעל ע׳ (*hithanḤEN*) coquet, flirt

הִתְחַנְחֲנוּת נ׳ (*hithanhanNUT*) coquetry

הִתְחַנֵּךְ פעל ע׳ (*hithanNEKH*) be educated

הִתְחַנֵּן פעל ע׳ (*hithanNEN*) entreat, beg, plead

הִתְחַנְּנוּת נ׳ (*hithanneNUT*) entreating, begging, pleading

**הִתְחַנֵּף** פעל ע׳ (*hitḥanNEF*) ingratiate oneself, curry favor, fawn

**הִתְחַסֵּד** פעל ע׳ (*hitḥasSED*) pretend to be pious, act hypocritically

**הִתְחַסְּדוּת** נ׳ (*hitḥasseDUT*) hypocrisy, cant

**הִתְחַסֵּל** פעל ע׳ (*hitḥasSEL*) liquidate oneself

**הִתְחַסְּלוּת** נ׳ (*hitḥasselLUT*) liquidation

**הִתְחַפֵּר** פעל ע׳ (*hitḥaPPER*) dig in

**הִתְחַפֵּשׂ** פעל ע׳ (*hitḥapPES*) disguise oneself, masquerade; dress up in a costume, go as...

**הִתְחַצֵּף** פעל ע׳ (*hitḥatsTSEF*) act insolently, be impertinent

**הִתְחַקָּה** פעל ע׳ (*hitḥakKA*) look into, keep an eye on, attempt to keep track of, trail

**הִתְחַקּוּת** נ׳ (*hitḥakKUT*) keeping an eye on, trailing

**הִתְחַרְבֵּן** פעל ע׳ (*hitḥarBEN*) "get taken", "fix" oneself, fail

**הִתְחָרָה** פעל ע׳ (*hitḥaRA*) compete

**הִתְחָרוּת** נ׳ (*hitḥaRUT*) competition, rivalry; contest, match

**הִתְחָרֵט** פעל ע׳ (*hitḥaRET*) regret, be sorry

**הִתְחָרֵשׁ** פעל ע׳ (*hitḥaRESH*) become deaf

**הִתְחַשֵּׁב** פעל ע׳ (*hitḥashSHEV*) have regard for, take into account, consider

**הִתְחַשְּׁבוּת** פעל ע׳ (*hitḥasheVUT*) consideration, having regard for

**הִתְחַשְׁבֵּן** פעל ע׳ (*hitḥashBEN*) settle accounts

**הִתְחַשְׁבְּנוּת** נ׳ (*hitḥashbeNUT*) settling accounts

**הִתְחַשְׁמֵל** פעל ע׳ (*hitḥashMEL*) electrocute oneself, be electrified

**הִתְחַשֵּׁק** פעל ע׳ (*hitḥashSHEK*) desire, feel like

**הִתְחַתֵּן** פעל ע׳ (*hitḥatTEN*) marry; marry into, become related by marriage

**הִתְיָאֵשׁ** פעל ע׳ (*hitya'ESH*) despair

**הִתְיַבֵּשׁ** פעל ע׳ (*hityabBESH*) dry up

**הִתְיַבְּשׁוּת** נ׳ (*hityabbeSHUT*) drying up, becoming dry

**הִתְיַגֵּעַ** פעל ע׳ (*hityagGA'*) exert oneself, wear oneself out, become weary

**הִתְיַדֵּד** פעל ע׳ (*hityadDED*) become friends, be on friendly terms

**הִתְיַדְּדוּת** נ׳ (*hityaddeDUT*) making friends; fraternization

**הִתְיַהֵד** פעל ע׳ (*hityaHED*) become a Jew, adopt Judaism

**הִתְיַוֵּן** פעל ע׳ (*hityavVEN*) become hellenized, become Greek

**הִתִּיז** פעל י׳ (*hitTIZ*) cut off; sprinkle; emphasize strongly

**הִתְיַחֵד** פעל ע׳ (*hityaḤED*) be alone, seclude oneself; meet in privacy; commune; be devoted

**הִתְיַחֲדוּת** נ׳ (*hityaḥaDUT*) isolation, seclusion; communion, association

**הִתְיַחֵם** פעל ע׳ (*hityaḤEM*) rut, be in heat

**הִתְיַחֵס** פעל ע׳ (*hityaḤES*) regard, look upon; refer; trace ancestry to, claim descent; pretend relationship with

**הִתְיַחֲסוּת** נ׳ (*hityaḥaSUT*) reference, regard; relation; claiming descent, pretending relationship with

**הִתִּיךְ** פעל י׳ (*hitTIKH*) melt

**הִתְיַמֵּר** פעל ע׳ (*hityamMER*) pretend, boast

**הִתְיַסֵּד** פעל ע׳ (*hityasSED*) be founded

**הִתְיַסֵּר** פעל ע׳ (*hityasSER*) suffer; be afflicted, be disciplined

**הִתְיָעֵץ** פעל ע׳ (*hitya'ETS*) consult, confer

**הִתְיָעֲצוּת** נ׳ (*hitya'aTSUT*) consultation

**הִתְיַפָּה** פעל ע׳ (*hityapPA*) make oneself beautiful, prink

הִתְיַפֵּחַ פעל ע׳ (*hityapPAḤ*) sob

הִתְיַפְּחוּת נ׳ (*hityappeḤUT*) sobbing

הִתְיַצֵּב פעל ע׳ (*hityatsTSEV*) stand, station oneself, take a stand; become stabilized; report, present oneself

הִתְיַצְּבוּת נ׳ (*hityatseVUT*) reporting for duty; standing before; stabilization

הִתְיַקֵּר פעל ע׳ (*hityakKER*) increase, rise in price

הִתְיַקְּרוּת נ׳ (*hityakkeRUT*) rise in prices

הִתִּיר פעל י׳ (*hitTIR*) allow, permit; untie, loosen, release; cancel; solve

הִתְיָרֵא פעל ע׳ (*hityaRE*) fear, be afraid

הִתִּישׁ פעל י׳ (*hitTISH*) weaken

הִתְיַשֵּׁב פעל ע׳ (*hityashSHEV*) settle; sit down

הִתְיַשְּׁבוּת נ׳ (*hityasheVUT*) settlement, settling; calm deliberation

הִתְיַשֵּׁן פעל ע׳ (*hityashSHEN*) become obsolete

הִתְיַשְּׁנוּת נ׳ (*hityashNUT*) becoming old; obsolescence

חֹק הַ – statute of limitations

הִתְיַשֵּׁר פעל ע׳ (*hityashSHER*) straighten up, become straight

הִתְיַתֵּם פעל ע׳ (*hityatTEM*) become orphaned

הִתְכַּבֵּד פעל ע׳ (*hitkabBED*) glory, have the honor, help oneself (to refreshment)

הַתָּכָה נ׳ (*hattaKHA*) melting

הִתְכַּוֵּן פעל ע׳ (*hitkavVEN*) intend

הִתְכּוֹנֵן פעל ע׳ (*hitkoNEN*) prepare oneself, get ready

הִתְכּוֹפֵף פעל ע׳ (*hitkoFEF*) bend

הִתְכַּוֵּץ פעל ע׳ (*hitkavVETS*) shrink

הִתְכַּחֵשׁ פעל ע׳ (*hitkaḤESH*) alienate oneself, abjure, deny

הִתְכַּנֵּס פעל ע׳ (*hitkanNES*) assemble, convene; withdraw within oneself

הִתְכַּסָּה פעל ע׳ (*hitkasSA*) cover oneself

הִתְכַּעֵס פעל ע׳ (*hitka'ES*) become angry

הִתְכַּעֵר פעל ע׳ (*hitka'ER*) become ugly

הִתְכַּרְבֵּל פעל ע׳ (*hitkarBEL*) wrap oneself, swathe oneself

הִתְכַּתֵּשׁ פעל ע׳ (*hitkatTESH*) fight, exchange blows

הִתְכַּתְּשׁוּת נ׳ (*hitkatteSHUT*) fight, fist fight

הִתְכַּתֵּב פעל ע׳ (*hitkatTEV*) correspond

הִתְכַּתְּבוּת נ׳ (*hitkatteVUT*) correspondence

הִתֵּל פעל ע׳ (*hitTEL*) mock, make fun of

הִתְלַבֵּט פעל ע׳ (*hitlabBET*) struggle, strive to cope with difficulties, debate with oneself

הִתְלַבְּטוּת נ׳ (*hitlabbeTUT*) worry, mental struggle

הִתְלַבֵּן פעל ע׳ (*hitlaBEN*) become clear; turn white, become white-hot

הִתְלַבֵּשׁ פעל ע׳ (*hitlabBESH*) dress (oneself)

הִתְלַהֵב פעל ע׳ (*hitlaHEV*) become enthusiastic

הִתְלַהֲבוּת נ׳ (*hitlahaVUT*) enthusiasm, ardor

הִתְלַהֵט פעל ע׳ (*hitlaHET*) become incandescent

הִתְלַוָּה פעל ע׳ (*hitlavVA*) accompany, escort, be accompanied

הִתְלוֹנֵן פעל ע׳ (*hitloNEN*) complain, grumble

הִתְלוֹצֵץ פעל ע׳ (*hitloTSETS*) joke, clown, jest

הִתְלוֹצְצוּת נ׳ (*hitlotseTSUT*) joking, banter

הִתְלַחֵשׁ פעל ע׳ (*hitlaḤESH*) whisper

הִתְלַכֵּד פעל ע׳ (*hitlakKED*) rally, join forces, stand united

הִתְלַכְּדוּת נ׳ (*hitlakkeDUT*) uniting, rallying, joining forces

הִתְלַכְלֵךְ פעל ע׳ (*hitlakhLEKH*) dirty oneself, become dirty

הִתְלַמֵּד פעל ע׳ (*hitlamMED*) teach oneself, learn by oneself

הִתְלַקַּח פעל ע׳ (*hitlakKAḤ*) flare up, catch fire, burst into flames

הִתְלַקְּחוּת נ׳ (*hitlakkHUT*) catching fire, bursting into flames; rapid spreading, flare-up

הִתְמַגֵּל פעל ע׳ (*hitmagGEL*) suppurate, fill with pus

הַתְמָדָה נ׳ (*hatmaDA*) diligence; persistency, perseverance

בְּ — persistently

הִתְמַהְמֵהַּ פעל ע׳ (*hitmahME'ah*) tarry, delay

הִתְמוֹגֵג פעל ע׳ (*hitmoGEG*) melt, dissolve

הִתְמוֹדֵד פעל ע׳ (*hitmoDED*) contend, compete, pit oneself against, face up to

הִתְמוֹדְדוּת נ׳ (*hitmodeDUT*) contest, match, struggle, confrontation

הִתְמוֹטֵט פעל ע׳ (*hitmoTET*) collapse

הִתְמוֹטְטוּת נ׳ (*himoteTUT*) collapse

הִתְמַזֵּג פעל ע׳ (*hitmazZEG*) blend, merge, be fused together

הִתְמַזְּגוּת נ׳ (*hitmazzeGUT*) fusion, blending, merging

הִתְמַזֵּל פעל ע׳ (*hitmazZEL*) luck has it

הִתְמַזְמֵז פעל ע׳ (*hitmazMEZ*) neck, pet; wear out, dissipate

הִתְמַחָה פעל ע׳ (*hitmaḤA*) specialize

הִתְמַחוּת נ׳ (*hitmaḤUT*) specialization

הִתְמִיד פעל ע׳ (*hitMID*) persist, persevere

הִתְמִיהַּ פעל י׳ (*hitMI'ah*) amaze, astonish

הִתְמַכֵּר פעל ע׳ (*hitmakKER*) devote oneself; become addicted

הִתְמַכְּרוּת נ׳ (*hitmakkeRUT*) addiction

הִתְמַלֵּא פעל ע׳ (*hitmalLE*) fill, be full; be fulfilled

הִתְמַלֵּט פעל ע׳ (*hitmalLET*) escape

הִתְמַמֵּשׁ פעל ע׳ (*hitmamMESH*) be realized, materialize

הִתְמַנָּה פעל ע׳ (*hitmanNA*) be appointed

הִתְמַסֵּד פעל ע׳ (*hitmasSED*) become institutionalized

הִתְמַסְמֵס פעל ע׳ (*hitmasMES*) decay, fall apart, disintegrate, break down

הִתְמַסֵּר פעל ע׳ (*hitmasSER*) devote oneself; hand oneself over, give oneself

הִתְמַסְּרוּת נ׳ (*hitmasseRUT*) devotion; delivering oneself

הִתְמַעֵט פעל ע׳ (*hitma'ET*) decrease, grow less, become smaller, diminish

הִתְמַעֲטוּת נ׳ (*hitma'aTUT*) diminution, decrease, lessening

הִתְמַעֵךְ פעל ע׳ (*hitma'EKH*) be crushed

הִתְמַצֵּא פעל ע׳ (*hitmatsTSE*) find one's way, orient oneself, determine one's position

הִתְמַצְּאוּת נ׳ (*hitmatse'UT*) orientation; determining one's position

הִתְמַצָּה פעל ע׳ (*hitmatsTSA*) be exhausted; be squeezed out

הִתְמַצֵּק פעל ע׳ (*hitmatsTSEK*) become solid, solidify

הִתְמַקֵּחַ פעל ע׳ (*hitmakKAḤ*) bargain, haggle

הִתְמַקְּחוּת נ׳ (*hitmakkeḤUT*) bargaining, haggling

הִתְמַקֵּם פעל ע׳ (*hitmakKEM*) take up a position

הִתְמָרֵד פעל ע׳ (*hitmaRED*) rebel, revolt

הִתְמַרְמֵר פעל ע׳ (*hitmarMER*) resent

הִתְמַרְמְרוּת נ׳ (*hitmarmeRUT*) resentment

הִתְמָרֵס פעל ע׳ (*hitmaRES*) fester

הִתְמַשֵּׁךְ פעל ע׳ (*hitmashSHEKH*) continue, stretch out, extend

הִתְמַתַּח פעל ע׳ (*hitmatTAḤ*) stretch

הִתְמַתֵּן פעל ע׳ (*hitmatTEN*) become moderate

הִתְנָאָה פעל ע׳ (*hitna'A*) attempt to appear beautiful; beautify oneself; adorn oneself; boast

הִתְנַבֵּא פעל ע׳ (*hitnabBE*) prophesy

הִתְנַגֵּב פעל ע׳ (*hitnagGEV*) dry oneself

הִתְנַגֵּד פעל ע׳ (*hitnagGED*) oppose, resist, object

הִתְנַגְּדוּת נ׳ (*hitnaggeDUT*) opposition, objection; resistance; antagonism

הִתְנַגֵּשׁ פעל ע׳ (*hitnagGESH*) clash, collide, conflict

הִתְנַגְּשׁוּת נ׳ (*hitnaggeSHUT*) collision, clash, conflict

הִתְנַדֵּב פעל ע׳ (*hitnadDEV*) volunteer, offer

הִתְנַדְּבוּת נ׳ (*hitnaddeVUT*) volunteering

הִתְנַדְנֵד פעל ע׳ (*hitnadNED*) rock, sway, swing, fluctuate; pitch

הִתְנַדֵּף פעל ע׳ (*hitnadDEF*) evaporate; vanish

הִתְנָה פעל ע׳ (*hitNA*) stipulate

– אֲהָבִים make love

הִתְנַהֵג פעל ע׳ (*hitnaHEG*) act, behave

הִתְנַהֲגוּת נ׳ (*hitnahaGUT*) behavior, conduct, actions

הִתְנוֹדֵד פעל ע׳ (*hitnoDED*) pitch, sway, vacillate

הִתְנַוֵּן פעל ע׳ (*hitnavVEN*) degenerate, deteriorate, decline; atrophy

הִתְנַוְּנוּת נ׳ (*hitnavveNUT*) degeneration, deterioration, decline; atrophy

הִתְנוֹסֵס פעל ע׳ (*hitnoSES*) wave; be hoisted

הִתְנוֹעֵעַ פעל ע׳ (*hitno'e'A*) move, sway

הִתְנוֹפֵף פעל ע׳ (*hitnoFEF*) flutter, wave

הִתְנוֹצֵץ פעל ע׳ (*hitnoTSETS*) glitter, sparkle, gleam

הִתְנַזֵּר פעל ע׳ (*hitnazZER*) abstain from, give up; lead a hermit's life

הִתְנַחֵל פעל ע׳ (*hitnaḤEL*) settle

הִתְנַחֵם פעל ע׳ (*hitnaḤEM*) be consoled; regret

הִתְנִיעַ פעל י׳ (*hitNI'a*) start

הַתְנָעָה נ׳ (*hatna'A*) starting

הִתְנַכֵּל פעל ע׳ (*hitnakKEL*) plot, scheme

הִתְנַכְּלוּת נ׳ (*hitnakkeLUT*) plotting, scheming

הִתְנַכֵּר פעל ע׳ (*hitnakKER*) alienate oneself, shun, pretend to be a stranger

הִתְנַכְּרוּת נ׳ (*hitnakkeRUT*) alienation, estrangement, shunning

הִתְנַמְנֵם פעל ע׳ (*hitnamNEM*) doze

הִתְנַסָּה פעל ע׳ (*hitnasSA*) experience

הִתְנַעֲנֵעַ פעל ע׳ (*hitna'NE'a*) sway

הִתְנַעֵר פעל ע׳ (*hitna'ER*) awaken, wake up; shake off; throw off, get rid of

הִתְנַעֲרוּת נ׳ (*hitna'aRUT*) awakening; waking up; shaking off, getting rid of

הִתְנַפֵּחַ פעל ע׳ (*hitnapPAḤ*) swell; be swell-headed; be inflated, brag

הִתְנַפְּחוּת נ׳ (*hitnappeḤUT*) swelling; swell-headedness, bragging

הִתְנַפֵּל פעל ע׳ (*hitnapPEL*) fall upon, attack

הִתְנַפְּלוּת נ׳ (*hitnappeLUT*) attack

הִתְנַפְנֵף פעל ע׳ (*hitnafNEF*) flutter, wave

הִתְנַפֵּץ פעל ע׳ (*hitnapPETS*) shatter, break

הִתְנַצֵּחַ פעל ע׳ (*hitnatsTSAḤ*) argue, bicker

הִתְנַצְּחוּת נ׳ (*hitnatseḤUT*) argument, clash

הִתְנַצֵּל פעל ע׳ (*hitnatsTSEL*) apologize; strip off

הִתְנַצְּלוּת נ׳ (*hitnatseLUT*) apology; removal, stripping off

הִתְנַצֵּר פעל ע׳ (*hitnatsTSER*) become a Christian

הִתְנַצְּרוּת נ׳ (*hitnatseRUT*) christianization, becoming Christian

הִתְנַקֵּם פעל ע׳ (*hitnakKEM*) avenge, take revenge

הִתְנַקֵּשׁ פעל ע׳ (*hitnakKESH*) assault, attack, attempt to kill

הִתְנַקְּשׁוּת נ׳ (*hitnakkeSHUT*) assault, attack on one's life, attempt to kill

הִתְנַשֵּׂא פעל ע׳ (*hitnasSE*) be exalted; rise; boast, be haughty

הִתְנַשֵּׁם פעל ע׳ (*hitnashSHEM*) pant; inhale

הִתְנַשֵּׁף פעל ע׳ (*hitnashSHEF*) breathe heavily, puff

הִתְנַשֵּׁק פעל ע׳ (*hitnashSHEK*) kiss, kiss each other

הִתְנַשְּׁקוּת נ׳ (*hitnasheKUT*) kissing

הִתְסִיס פעל י׳ (*hitSIS*) cause fermentation, arouse ferment

הַתְסָסָה נ׳ (*hatsaSA*) fermentation; causing ferment

הִתְעַבָּה פעל ע׳ (*hit'abBA*) thicken, condense

הִתְעַבּוּת נ׳ (*hit'abBUT*) thickening, condensation

הִתְעַבֵּר פעל ע׳ (*hitabBER*) become pregnant, conceive; be angry

הִתְעַגֵּל פעל ע׳ (*hitagGEL*) become round

הִתְעָה פעל י׳ (*hit'A*) mislead, lead astray

הִתְעוֹדֵד פעל ע׳ (*hit'oDED*) be encouraged, be strengthened

הִתְעוֹפֵף פעל ע׳ (*hit'oFEF*) fly

הִתְעַוֵּר פעל ע׳ (*hit'avVER*) become blind

הִתְעוֹרֵר פעל ע׳ (*hit'oRER*) arise, awake, wake up

הִתְעוֹרְרוּת נ׳ (*hit'oreRUT*) awakening, revival

הִתְעַטֵּף פעל ע׳ (*hit'atTEF*) wrap oneself, cover oneself

הִתְעַטֵּשׁ פעל ע׳ (*hit'atTESH*) sneeze

הִתְעַטְּשׁוּת נ׳ (*hit'atteSHUT*) sneezing

הִתְעַיֵּף פעל ע׳ (*hit'aiYEF*) become tired

הִתְעַכֵּב פעל ע׳ (*hit'akKEV*) delay, tarry

הִתְעַכֵּל פעל ע׳ (*hit'akKEL*) be digested

הִתְעַלָּה פעל ע׳ (*hit'alLA*) be exalted; rise above

הִתְעַלֵּל פעל ע׳ (*hit'alLEL*) abuse, maltreat

הִתְעַלְּלוּת נ׳ (*hit'aleLUT*) maltreatment, abuse, brutality

הִתְעַלֵּם פעל ע׳ (*hit'alLEM*) ignore, disregard, overlook

הִתְעַלְּמוּת נ׳ (*hit'alleMUT*) disregard, overlooking

הִתְעַלֵּס פעל ע׳ (*hit'alLES*) make love

הִתְעַלְּסוּת נ׳ (*hit'alleSUT*) love-making

הִתְעַלֵּף פעל ע׳ (*hit'alLEF*) faint

הִתְעַלְּפוּת נ׳ (*hitalleFUT*) fainting

הִתְעַמֵּל פעל ע׳ (*hit'amMEL*) exercise

הִתְעַמְּלוּת נ׳ (*hit'ammeLUT*) exercise, gymnastics, calisthenics

הִתְעַמֵּק פעל ע׳ (*hit'amMEK*) delve deeply, immerse oneself

הִתְעַמְּקוּת נ׳ (*hit'ammeKUT*) delving deeply, penetrating study

הִתְעַנֵּג פעל ע׳ (*hit'anNEG*) enjoy, derive pleasure

הִתְעַנָּה פעל ע׳ (*hit'anNA*) torment oneself, fast; suffer torment

הִתְעַנְיֵן פעל ע׳ (*hit'anYEN*) be interested, interest oneself; look around

הִתְעַנְיְנוּת נ׳ (*hit'anyeNUT*) interest

הִתְעַנֵּן פעל ע׳ (*hit'anNEN*) become cloudy

הִתְעַנְּנוּת נ׳ (*hit'aneNUT*) clouding

הִתְעַסֵּק פעל ע׳ (*hit'asSEK*) occupy oneself, engage in, deal with, do; fight; make advances, flirt

הִתְעַסְּקוּת נ׳ (*hit'asseKUT*) occupation, business

הִתְעַצֵּב פעל ע׳ *(hit'atsTSEV)* feel sad

הִתְעַצְבֵּן פעל ע׳ *(hit'atsBEN)* be nervous

הִתְעַצֵּל פעל ע׳ *(hit'aTSEL)* be lazy

הִתְעַצֵּם פעל ע׳ *(hit'atsTSEM)* become strong

הִתְעַצְּמוּת נ׳ *(hit'atseMUT)* growing strong, growth, expansion

הִתְעַקֵּם פעל ע׳ *(hit'akKEM)* become crooked

הִתְעַקֵּשׁ פעל ע׳ *(hit'akKESH)* be stubborn, be obstinate; insist

הִתְעָרֵב פעל י׳ ע׳ *(hit'aREV)* bet, wager; mix together, be mixed in; interfere, intervene

הִתְעַרְבֵּב פעל ע׳ *(hit'arBEV)* become mixed

הִתְעַרְבְּבוּת נ׳ *(hit'arbeVUT)* mixing with one another, mixture

הִתְעָרְבוּת נ׳ *(hit'areVUT)* bet, wager; intervention; interference; mixture

הִתְעָרָה פעל ע׳ *(hit'aRA)* strike roots

הִתְעָרוּת נ׳ *(hit'aRUT)* striking roots

הִתְעַרְטֵל פעל ע׳ *(hit'arTEL)* undress; disrobe; expose oneself, strip

הִתְעַרְעֵר פעל ע׳ *(hit'ar'ER)* become shaky, begin to totter

הִתְעַשֵּׁר פעל ע׳ *(hit'ashSHER)* become rich

הִתְעַשְּׁרוּת נ׳ *(hitasheRUT)* growing rich

הִתְעַשֵּׁת פעל ע׳ *(hit'ashSHET)* think over, consider

הִתְעַתֵּד פעל ע׳ *(hit'atTED)* prepare, get ready

הִתְפָּאֵר פעל ע׳ *(hitpa'ER)* boast

הִתְפָּאֲרוּת נ׳ *(hitpa'aRUT)* boasting

הִתְפַּגֵּל פעל ע׳ *(hitpagGEL)* become impure, be adulterated, be spoiled, be denatured

הִתְפַּגֵּר פעל ע׳ *(hitpagGER)* die, "croak"

הִתְפַּדֵּר פעל ע׳ *(hitpadD ER* powder one's nose

הִתְפּוֹצֵץ פעל ע׳ *(hitpoTSETS)* explode, blow up

הִתְפּוֹצְצוּת נ׳ *(hitpotseTSUT)* explosion, blast

הִתְפּוֹרֵר פעל ע׳ *(hitpoRER)* crumble, fall apart, disintegrate

הִתְפּוֹרְרוּת נ׳ *(hitporeRUT)* crumbling, falling apart, disintegration

הִתְפַּזֵּר פעל ע׳ *(hitpazZER)* scatter, disperse; spread oneself

הִתְפַּחֵם פעל ע׳ *(hitpaḤEM)* be electrocuted

הִתְפַּטֵּם פעל ע׳ *(hitpatTEM)* stuff oneself

הִתְפַּטֵּר פעל ע׳ *(hitpatTER)* resign, abdicate; get rid of

הִתְפַּטְּרוּת נ׳ *(hitpatteRUT)* resignation; abdication

הִתְפִּיל פעל י׳ *(hitPIL)* desalinate; render tasteless, make flat

הִתְפַּיֵּס פעל ע׳ *(hitpaiYES)* become reconciled, become conciliated, be appeased

הִתְפַּיְּסוּת נ׳ *(hitpaiyeSUT)* reconciliation

הִתְפַּכֵּחַ פעל ע׳ *(hitpakKAḤ)* sober up, face reality

הִתְפַּכְּחוּת נ׳ *(hitpakkeḤUT)* sobering up, sobriety, facing reality

הִתְפַּלֵּא פעל ע׳ *(hitpalLE)* wonder, marvel, be amazed

הִתְפַּלֵּג פעל ע׳ *(hitpalLEG)* split, separate, part

הִתְפַּלְּגוּת נ׳ *(hitpalleGUT)* split. division, parting

הַתְפָּלָה נ׳ *(hatpaLA)* desalination; making tasteless

הִתְפַּלֵּל פעל ע׳ *(hitpalLEL)* pray

הִתְפַּלְמֵס פעל ע׳ *(hitpalMES)* argue, dispute

הִתְפַּלְמְסוּת נ׳ *(hitpalmeSUT)* arguing, disputing; disputation, polemic

הִתְפַּלְסֵף פעל ע׳ (*hitpalSEF*) philosophize

הִתְפַּלְפֵּל פעל ע׳ (*hitpalPEL*) split hairs, argue

הִתְפַּלֵּץ פעל ע׳ (*hitpalLETS*) shudder

הִתְפַּלֵּשׁ פעל ע׳ (*hitpalLESH*) wallow, roll

הִתְפַּנָּה פעל ע׳ (*hitpanNA*) be free, have time to spare; be vacant

הִתְפַּנֵּק פעל ע׳ (*hitpanNEK*) pamper oneself

הִתְפַּנְּקוּת נ׳ (*hitpanneKUT*) pampering oneself

הַתְפָּסָה נ׳ (*hatpaSA*) apperception

הִתָּפְסוּת נ׳ (*hittafeSUT*) being caught

הִתְפָּעֵל פעל ע׳ (*hitpa'EL*) admire, be impressed

— ז׳ Hitpa'el (passive and reflexive form of the Hebrew verb)

הִתְפָּעֲלוּת נ׳ (*hitpa'aLUT*) admiration, wonder, enthusiasm

הִתְפָּעֵם פעל ע׳ (*hitpa'EM*) be moved, be stirred, be excited

הִתְפַּצֵּל פעל ע׳ (*hitpatsTSEL*) be split, be subdivided

הִתְפַּצְּלוּת נ׳ (*hitpatseLUT*) splitting, division

הִתְפַּקֵּד פעל ע׳ (*hitpakKED*) be counted, be mustered

— ! count off!

הִתְפַּקֵּחַ פעל ע׳ (*hitpakKAḤ*) regain sight or hearing; acquire sense

הִתְפַּקֵּעַ פעל ע׳ (*hitpakKA'*) burst

הִתְפַּקֵּק פעל ע׳ (*hitpakKEK*) be plugged, be stopped up, be sealed; decompose

הִתְפַּקֵּר פעל ע׳ (*hitpakKER*) become immoral; become atheistic, become a heretic

הִתְפַּקְּרוּת נ׳ (*hitpakkeRUT*) immorality; heresy, atheism

הִתְפַּרְחֵחַ פעל ע׳ (*hitparḤE'aḥ*) become unruly; act like a ruffian; behave mischievously

הִתְפַּרְנֵס פעל ע׳ (*hitparNES*) make a living

הִתְפָּרֵס פעל ע׳ (*hitpaRES*) deploy, fan out

הִתְפַּרְסֵם פעל ע׳ (*hitparSEM*) become famous, acquire renown; acquire notoriety

הִתְפָּרַע פעל ע׳ (*hitpaRA'*) riot, run wild, create a disturbance; be repaid

הִתְפָּרְעוּת נ׳ (*hitpare'UT*) rioting, creating a disturbance

הִתְפָּרֵץ פעל ע׳ (*hitpaRETS*) break out; break into, burst into; rebel; erupt

הִתְפָּרְצוּת נ׳ (*hitpareTSUT*) outbreak, outburst; breaking into; rebellion; excitement; eruption

הִתְפַּרְקֵד פעל ע׳ (*hitparKED*) lie on one's back

הִתְפָּרֵשׁ פעל ע׳ (*hitpaRESH*) be interpreted

הִתְפַּשֵּׁט פעל ע׳ (*hitpashSHET*) spread out, expand; undress

הִתְפַּשְּׁטוּת נ׳ (*hitpasheTUT*) expansion, spreading out; undressing

הִתְפַּשֵּׁר פעל ע׳ (*hitpashSHER*) compromise

הִתְפַּתָּה פעל ע׳ (*hitpatTA*) be seduced, be enticed, be persuaded

הִתְפַּתֵּחַ פעל ע׳ (*hitpatTAḤ*) develop

הִתְפַּתְּחוּת נ׳ (*hitpatteḤUT*) development; evolution

הִתְפַּתְּחוּתִי ת׳ (*hitpatteḥuTI*) developmental

הִתְפַּתֵּל פעל ע׳ (*hitpatTEL*) twist; writhe; wriggle

הִתְקַבֵּל פעל ע׳ (*hitkabBEL*) be received, be accepted

הִתְקַבֵּץ פעל ע׳ (*hitkabBETS*) gather

הִתְקַדֵּם פעל ע׳ (*hitkadDEM*) advance, get ahead, proceed

הִתְקַדְּמוּת נ׳ (*hitkaddeMUT*) advance, advancement

הִתְקַדֵּר פעל ע׳ (*hitkadDER*) darken

הִתְקַדֵּשׁ פעל ע׳ (*hitkadDESH*) be purified; be sanctified; prepare oneself, consecrate oneself

הִתְקַדְּשׁוּת נ׳ (*hitkaddeSHUT*) purification; sanctification, consecration

הִתְקַהֵל פעל ע׳ (*hitkaHEL*) gather, assemble

הִתְקַהֲלוּת נ׳ (*hitkahaLUT*) assembly, gathering

הִתְקוֹטֵט פעל ע׳ (*hitkoTET*) quarrel

הִתְקוֹטְטוּת נ׳ (*hitkoteTUT*) quarreling

הִתְקוֹמֵם פעל ע׳ (*hitkoMEM*) rebel, rise up

הִתְקוֹמְמוּת נ׳ (*hitkomeMUT*) uprising, revolt, rebellion

הִתְקַיֵּם פעל ע׳ (*hitkaiYEM*) exist; materialize, come true

הִתְקִין פעל ע׳ (*hitKIN*) install; prepare, arrange; introduce, establish

הִתְקִיף פעל י׳ (*hitKIF*) attack, assault

הִתָּקְלוּת נ׳ (*hitakkeLUT*) encounter

הִתְקַלֵּחַ פעל ע׳ (*hitkalLAḤ*) take a shower

הִתְקַלֵּס פעל ע׳ (*hitkalLES*) mock, jeer at

הִתְקַלֵּף פעל ע׳ (*hitkalLEF*) peel

הִתְקַלְקֵל פעל ע׳ (*hitkalKEL*) become spoiled; break down

הִתְקַמֵּט פעל ע׳ (*hitkamMET*) wrinkle

הִתְקַמְּטוּת נ׳ (*hitkammeTUT*) wrinkling

הֶתְקֵן נ׳ (*hetKEN*) device

הִתְקַנֵּא פעל ע׳ (*hitkanNE*) envy

הַתְקָנָה נ׳ (*hatkanNA*) installing, installation; preparation; introducing

הֶתְקֵף ז׳ (*hetKEF*) attack, access

הַתְקָפָה ז׳ (*hatkaFA*) attack, assault

הִתְקַפֵּל פעל ע׳ (*hitkapPEL*) fold up, fold; roll; "take off", "pull out"

הִתְקַצֵּף פעל ע׳ (*hitkatsTSEF*) be angry

הִתְקָרֵב פעל ע׳ (*hitkaREV*) approach, approximate

הִתְקָרְבוּת נ׳ (*hitkareVUT*) coming near, approaching; approach; rapprochement

הִתְקָרֵחַ פעל ע׳ (*hitkaRAḤ*) bald, become bald

הִתְקָרֵר פעל ע׳ (*hitkaRER*) cool off; catch cold

הִתְקָרְרוּת נ׳ (*hitkareRUT*) cooling; catching cold

הִתְקָרֵשׁ פעל ע׳ (*hitkaRESH*) coagulate, thicken, congeal

הִתְקַשָּׁה פעל ע׳ (*hitkaSHA*) harden; find it difficult; become difficult

הִתְקַשֵּׁט פעל ע׳ (*hitkashSHET*) adorn oneself

הִתְקַשֵּׁר פעל ע׳ (*hitkashSHER*) be tied, be bound, be joined; gather; get in touch; form an alliance; keep company

הִתְקַשְּׁרוּת נ׳ (*hitkasheRUT*) being joined, attachment; forming an alliance; commitment, alliance

הֶתֵּר ז׳ (*heTER*) permission, permit; release

הִתְרָאָה פעל ע׳ (*hitra'A*) see each other

לְהִתְרָאוֹת so long, au revoir

הַתְרָאָה נ׳ (*hatra'A*) warning

הִתְרַבָּה פעל ע׳ (*hitrabBA*) multiply, increase

הִתְרַבּוּת נ׳ (*hitrabBUT*) increase

הִתְרַבְרֵב פעל ע׳ (*hitravREV*) boast, brag

הִתְרַבְרְבוּת נ׳ (*hitravreVUT*) boasting, bragging

הִתְרַגֵּז פעל ע׳ (*hitragGEZ*) be angry

הִתְרַגֵּל פעל ע׳ (*hitragGEL*) get used to, become accustomed to

הִתְרַגֵּשׁ פעל ע׳ (*hitragGESH*) become excited

הִתְרָה פעל י׳ (*hitRA*) warn

הַתָּרָה נ׳ (*hattaRA*) permission, permitting; loosening, untying, releasing, solving, solution; abolition, cancellation

הִתְרוֹמֵם פעל ע׳ (*hitroMEM*) rise

הִתְרוֹעֵעַ פעל ע׳ (*hitro'E'a*) become friends, associate

הִתְרוֹפֵף פעל ע׳ (*hitroFEF*) weaken; loosen; diminish

הִתְרוֹצֵץ פעל ע׳ (*hitroTSETS*) rush around, run around

הִתְרוֹצְצוּת נ׳ (*hitrotseTSUT*) rushing around, running around; clash

הִתְרוֹקֵן פעל ע׳ (*hitroKEN*) empty

הִתְרוֹקְנוּת נ׳ (*hitrokenNUT*) emptying, becoming empty

הִתְרוֹשֵׁשׁ פעל ע׳ (*hitroSHESH*) become poor

הִתְרוֹשְׁשׁוּת נ׳ (*hitrosheSHUT*) impoverishment

הִתְרַחֵב פעל ע׳ (*hitraḤEV*) broaden, expand, dilate

הִתְרַחֲבוּת נ׳ (*hitraḥaVUT*) broadening, expansion; dilation

הִתְרַחֵץ פעל ע׳ (*hitraḤETS*) bathe; wash up

הִתְרַחֵק פעל ע׳ (*hitraḤEK*) go far away; keep aloof, keep one's distance, draw away, become estranged

הִתְרַחֲקוּת נ׳ (*hitraḥaKUT*) going far; keeping aloof; keeping one's distance, drawing away, estrangement

הִתְרַחֵשׁ פעל ע׳ (*hitraḤESH*) happen, occur

הִתְרַחֲשׁוּת נ׳ (*hitraḥaSHUT*) happening, occurrence

הִתְרַטֵּב פעל ע׳ (*hitratTEV*) become wet

הִתְרַכֵּז פעל ע׳ (*hitrakKEZ*) concentrate; be concentrated

הִתְרִים פעל ע׳ (*hitRIM*) induce to contribute, collect donations

הִתְרִיס פעל ע׳ (*hitRIS*) defy, object to, contradict

הִתְרִיעַ פעל ע׳ (*hitRI'a*) object strenuously, complain bitterly; sound a trumpet call

הִתְרַכֵּךְ פעל ע׳ (*hitraKEKH*) soften, become soft

הִתְרַכְּכוּת נ׳ (*hitrakeKHUT*) softening

הַתְרָמָה נ׳ (*hatraMA*) inducing to contribute; collecting donations

הַתְרָסָה נ׳ (*hatraSA*) defiance, objection, contradiction

הִתְרַסֵּן פעל ע׳ (*hitrasSEN*) control oneself, restrain oneself

הִתְרַסֵּק פעל ע׳ (*hitrasSEK*) crash

הִתְרַסְּקוּת נ׳ (*hitrasseKUT*) crash

הַתְרָעָה נ׳ (*hatra'A*) objection, complaint; trumpet call

הִתְרָעֵם פעל ע׳ (*hitra'EM*) grumble

הִתְרַעֲנֵן פעל ע׳ (*hitra'aNEN*) refresh oneself, become refreshed

הִתְרַפֵּא פעל ע׳ (*hitrapPE*) seek a cure, be under a physician's care; be under treatment; be cured, recover

הִתְרַפָּה פעל ע׳ (*hitrapPA*) weaken, slacken, loosen; become lazy

הִתְרַפּוּת נ׳ (*hitrapPUT*) weakening, slackening, loosening; becoming lazy

הִתְרַפֵּס פעל ע׳ (*hitrapPES*) humble oneself, fawn

הִתְרַפְּסוּת נ׳ (*hitrappeSUT*) humbling oneself; fawning, obsequiousness

הִתְרַפֵּק פעל ע׳ (*hitrapPEK*) hug, hold close; yearn

הִתְרַפְּקוּת נ׳ (*hitrappeKUT*) hugging, embracing, holding close

הִתְרַצָּה פעל ע׳ (*hitratsTSA*) be reconciled; make a favorable impression

הִתְרַקֵּם פעל ע׳ (*hitrakKEM*) be formed

הִתְרַשֵּׁל פעל ע׳ (*hitrashSHEL*) be negligent

הִתְרַשֵּׁם פעל ע׳ (*hitrashSHEM*) be impressed

הִתְרַתַּח פעל ע׳ (*hitratTAḤ*) be furious

הֲתַשָּׁה נ׳ (*hatashSHA*) attrition; weakening

# ו

ו נ׳ (*VAV*) Vav, Waw (the sixth letter of the Hebrew alphabet); six, sixth

וְ־, וּ־, וָ־ מ״ח and, also; (*ve-*, *u-*, *va-*) but; then; [in biblical Hebrew: converts future tense into past and past into future]

וָאדִי ז׳ (*VAdi*) wadi, dry, water, course (except during rainy season)

וִדֵּא פעל י׳ (*vidDE*) verify

וַדָּאוּת נ׳ (*vada'UT*) certainty

וַדַּאי ז׳ (*vadDAI*) truth, certainty

בְּ – תה״פ surely, certainly

וַדָּאִי ת׳ (*vada'I*) certain, clear

וִדָּה פעל י׳ (*vidDA*) hear confession

וִדּוּי ז׳ (*vidDUY*) confession

וָו ז׳ (*VAV*) hook, letter vav

וּולְגָרִי ת׳ (*vulGAri*) vulgar, coarse

וּולְפְרָם ז׳ (*VOLFram*) tungsten

וָזִיר ז׳ (*vaZIR*) minister, vizier

וֶטוֹ ז׳ (*VEto*) veto

וֶטֶרִינָר ז׳ (*veteriNAR*) veterinary

וַי מ״ק (*VAI*) woe

וִיזָה נ׳ (*VIza*) visa

וִיטָמִין ז׳ (*vitaMIN*) vitamin

וִילוֹן ז׳ (*viLON*) curtain, veil, blind, drape; velum

וִירוּס ז׳ (*VIrus*) virus

וִירְטוּאוֹז ז׳ (*virtu'OZ*) virtuoso

וִכּוּחַ ז׳ (*vikKU'aḥ*) debate, argument discussion, disputation

וַכְּחָן ז׳ (*vakkeḤAN*) argumentative person; polemist

וַכְּחָנִי ת׳ (*vakkeḥaNI*) argumentative

וָלָד ז׳ (*vaLAD*) infant; newborn offspring, young whelp

וַלְדָנוּת נ׳ (*valdaNUT*) multiparity

וַלְדָנִית נ׳ (*valdaNIT*) prolific mother, multipara

וַלְס ז׳ (*VALS*) waltz

וַנְדָל ז׳ (*vanDAL*) vandal

וָנִיל ז׳ (*vaNIL*) vanilla

וִסּוּת ז׳ (*visSUT*) regulation, adjusting

וֶסֶת ז׳ נ׳ (*VEset*) menstruation

וִסֵּת פעל י׳ (*visSET*) adjust, regulate

וַסָּת ז׳ (*vasSAT*) regulator, governor

וִעֵד פעל י׳ (*ve'ED*) summon, assemble

וַעַד ז׳ (*VA'ad*) committee, board; meeting

וַעֲדָה נ׳ (*va'a'DA*) committee, commission

וְעִידָה נ׳ (*ve'i'DA*) convention, conference; meeting

וֶקְטוֹר ז׳ (*VEKtor*) vector

וֶרֶד ז׳ (*VEred*) rose

וָרֹד ת׳ (*vaROD*) pink

וְרַדְרַד ת׳ (*veradRAD*) rosy, pinkish

וָרִיד ז׳ (*vaRID*) vein

וְרִידִי ת׳ (*veriDI*) venous

וַרְיַצְיָה נ׳ (*varYATSya*) variation

וֶשֶׁט ז׳ (*VEshet*) esophagus, gullet

וִתּוּר ז׳ (*vitTUR*) concession, surrender, renunciation

וָתִיק ת׳ (*vaTIK*) veteran, old, senior

וֶתֶק ז׳ (*VEtek*) seniority, tenure

וִתֵּר פעל ע׳ (*vitTER*) concede, yield, renounce

וַתְּרָן ז׳ (*vatteRAN*) indulgent person, lenient person; generous

וַתְּרָנוּת נ׳ (*vatteraNUT*) leniency, indulgence

# ז

ז נ׳ (ZAyin) Zayin (the seventh letter of the Hebrew alphabet); seven, seventh
זְאֵב ז׳ (ze'EV) wolf
זְאֵבִי ת׳ (ze'eVI) wolfish
זְאֵבִיּוּת נ׳ (ze'eviYUT) wolfishness
זַאֲטוּט ז׳ (za'aTUT) youngster, boy; mischievous child, imp
זֹאת נ׳ מ״ג (ZOT) this (f.), this one
בְּכָל — nevertheless, still
זָב פעל ע׳ (ZAV) ooze, drip, trickle
— ז׳ afflicted with gonorrhea
זֶבֶד ז׳ (ZEved) gift
זִבְדָה נ׳ (zivDA) butterfat
זְבוּב ז׳ (zeVUV) fly
בַּעַל־ — Beelzebub
זִבּוּל ז׳ (zibBUL) manuring, fertilizing
זְבוֹרִית נ׳ (zevoRIT) ballast
זִבּוּרִית נ׳ (zibbuRIT) poor soil; inferior merchandise
זָבַח פעל י׳ (zaVAḤ) sacrifice
זֶבַח ז׳ (ZEvaḥ) sacrifice
זְבִיחָה נ׳ (zeviḤA) sacrificing
זְבִיל ז׳ (zeVIL) container, case
זֶבֶל ז׳ (ZEvel) dung, manure; refuse, feces; garbage, waste
בֵּל פעל י׳ (zibBEL) fertilize
זַבָּן ז׳ (zabBAN) salesman
זַבָּנוּת נ׳ (zabbaNUT) selling (in store)
זֶבְּרָה נ׳ (ZEBra) zebra
זַגָּג ז׳ (zagGAG) glazier
זִגֵּג פעל י׳ (zigGEG) glaze
זַגָּגוּת נ׳ (zaggaGUT) glaziery, glasswork
זִגּוּג ז׳ (zigGUG) glazing; frosting, icing
זְגוּגִי ת׳ (zeguGI) glassy; translucent
זְגוּגִית נ׳ (zeguGIT) glass, pane; glaze

זֵד ז׳ (ZED) scoundrel, villain
זָדוֹן ז׳ (zaDON) malice
זֵדוֹן ז׳ (zeDON) evil-doer
זְדוֹנִי ת׳ (zedoNI) malicious
זֶה ז׳ מ״ג (ZE) this one, this (m.)
— מ״ח that; then; already
— אֶת — each other
— לֹא כְּבָר not long ago
— עַתָּה just now
— בָּ in this here, hereby
— כָּ such a...
זָהָב ז׳ (zaHAV) gold
זָהֹב ת׳ (zaHOV) golden
זְהַבְהַב ת׳ (zehavHAV) golden, golden brown
זִהָה פעל י׳ (ziHA) identify
זֶהֶה ת׳ (zeHE) identical
זֶהוּ מ״ג (ZEhu) this is (-it), is
זִהוּי ז׳ (ziHUY) identification
זִהוּם ז׳ (ziHUM) pollution; infection; fouling
זְהוֹרִית נ׳ (zehoRIT) rayon; crimson cloth
זֶהוּת נ׳ (zeHUT) identity
זָהִיר ת׳ (zaHIR) careful, cautious
זְהִירוּת נ׳ (zehiRUT) caution
זִהֵם פעל י׳ (ziHEM) pollute, infect; contaminate
זֻהֲמָה נ׳ (zuhaMA) filth, dirt
זֹהַר ז׳ (zoHAR) glow, brilliance glamor; Zohar
זָהַר פעל ע׳ (zaHAR) glow, shine
זַהֲרוּר ז׳ (zahaRUR) glow, radiance
זוֹ מ״ג (ZO) this (f.)
זוּ מ״ח (ZU) that, which, who
זוֹאוֹלוֹג ז׳ (zo'o'LOG) zoologist
זוֹאוֹלוֹגְיָה נ׳ (zo'oLOGya) zoology
זוֹב ז׳ (ZOV) flow, discharge

pair, couple (*ZUG*) זוג ז׳
spouse; mate בֶּן־ –; בַּת־ –
pair, match (*zivVEG*) זִוֵּג פעל י׳
wife (*zuGA*) זוּגָה נ׳
even, dual, binary (*zuGI*) זוּגִי ת׳
pairing, matching; spouse; mating (*zivVUG*) זִוּוּג ז׳
reptile, insect (*zoḤEL*) זוֹחֵל ז׳
miniature, tiny (*ZUta*) זוּטָא ת׳
trifle, brief anecdote, sketch (*zuTA*) זוּטָה נ׳
junior, small (*zuTAR*) זוּטָר ת׳
angle; corner (*zaVIT*) זָוִית נ׳
square (*zaviTON*) זָוִיתוֹן ז׳
angular (*zaviTI*) זָוִיתִי ת׳
low price; cheap, inferior (*ZOL*) זוֹל ז׳ ת׳
cheapness (*zoLUT*) זוֹלוּת נ׳
glutton, low, insignificant (*zoLEL*) זוֹלֵל ת׳
glutton (*zoleLAN*) זוֹלְלָן ז׳
except, other than- (*zuLAT*) זוּלַת מ״י
fellow man, other person הַ –
prostitute (*zoNA*) זוֹנָה נ׳
horror; atrocity; earthquake (*zeva'A*) זְוָעָה נ׳
atrocious; horrible (*zav'a'TI*) זַוְעָתִי ת׳
sneeze (*zoRER*) זוֹרֵר פ״ע
move, budge (*ZAZ*) זָז פעל ע׳
arrogant (*zaḤU'aḥ*) זָחוּחַ ת׳
sliding, movable (*zaḤI'aḥ*) זָחִיחַ ת׳
movability; movement; haughtiness (*zeḥiḤUT*) זְחִיחוּת נ׳
crawl, creeping, self-abasement (*zeḥiLA*) זְחִילָה נ׳
crawl, creep, humble oneself (*zaḤAL*) זָחַל פעל ע׳
larva, caterpillar; caterpillar-track; tracked vehicle (*ZAḥal*) זַחַל ז׳
crawler; slowpoke; slide; sycophant (*zaḥLAN*) זַחְלָן ז׳
self abasement; sluggishness; delay (*zaḥlaNUT*) זַחְלָנוּת נ׳
gonorrhea; flowing (*ziVA*) זִיבָה נ׳
brightness, glory (*ZIV*) זִיו ז׳
arming, armament; sexual intercourse (*ziyYUN*) זִיּוּן ז׳
bright (*zivaNI*) זִיוָנִי ת׳
counterfeiting, forgery, fraud, fake (*ziYUF*) זִיּוּף ז׳
projection, bracket; motion (*ZIZ*) זִיז ז׳
cheapness; go! (Aram.) (*ZIL*) זִיל ז׳
dirt cheap – הַזּוֹל
gill (*ZIM*) זִים ז׳
arms, weapon; penis (*ZAyin*) זַיִן ז׳
arm; copulate with (*ziYEN*) זִיֵּן פעל י׳
tremor; stir, movement (*ZI'a*) זִיעַ ז׳
bristle, whisker (*ZIF*) זִיף ז׳
counterfeit, forge, fake (*ziYEF*) זִיֵּף פעל י׳
coarse sand (*ZIFzif*) זִיפְזִיף ז׳
forger, counterfeiter, faker (*zaiyeFAN*) זַיְּפָן ז׳
forgery, deception (*zaiyefaNUT*) זַיְּפָנוּת נ׳
spark, flash; bit; comet (*ZIK*) זִיק ז׳
זִיקָה ר׳ זְקָה
arena, theater, scene (*ziRA*) זִירָה נ׳
olive, olive tree (*ZAyit*) זַיִת ז׳
the size of an olive, tiny quantity, anything at all – כְּ
pure, clear, clean (*ZAKH*) זַךְ ת׳
acquitted, innocent; worthy; entitled (*zakKAI*) זַכַּאי ת׳
win, be fortunate; be acquitted; be worthy (*zaKHA*) זָכָה פעל ע׳
acquit; favor (*zikKA*) זִכָּה פעל י׳
acquittal; granting of possession; crediting (*zikKUY*) זִכּוּי ז׳
personal deductions זִכּוּיִים אִישִׁיִּים
purification, refining (*zikKUKH*) זִכּוּךְ ז׳

זְכוּכִית נ׳ (zekhuKHIT) glass
זָכוּר ת׳ ז״ר (zaKHUR) remembered; males
זְכוּת נ׳ (zeKHUT) right, privilege; credit; acquittal; merit, favor; advantage
בִּ – thanks to, by right of
דָן לְכַף – acquit, make allowances for
זָקַף לִזְכוּתוֹ שֶׁל... credit...
לִמֵּד – עָלָיו plead his cause
– קְדִימָה right of way
– בְּכוֹרָה primogeniture
זַכּוּת נ׳ (zakKUT) purity, clarity
זְכִיָּה נ׳ (zekhiyYA) winning; accomplishment; right
זִכָּיוֹן ז׳ (zikkaYON) concession
זְכִירָה נ׳ (zekhiRA) remembrance, recollection
זִכֵּךְ פעל י׳ (zikKEKH) purify, refine
זָכַר פעל י׳ (zaKHAR) remember, recollect, memorize
זָכָר ז׳ (zaKHAR) male; masculine
זֵכֶר ז׳ (ZEkher) memory, trace
זִכָּרוֹן ז׳ (zikkaRON) memory, recollection; storage (computer)
זַכְרוּת נ׳ (zakhRUT) masculinity, virility; penis
זִכְרִי ת׳ (zekhaRI) male, manly
זַכְרָנוּת נ׳ (zakhraNUT) memorizing ability
זָלַג פעל ע׳ י׳ (zaLAG) drip, flow; cause to flow, pour
זַלְדְקָן ת׳ (zaldeKAN) sparsely-bearded
זִלּוּג ז׳ (zilLUG) dripping, flowing
זִלּוּף ז׳ (zilLUF) sprinkling
זִלְזוּל ז׳ (zilZUL) contempt, disparagement
זִלְזֵל פעל ע׳ (zilZEL) belittle, disparage, degrade
זַלְזַל ז׳ (zalZAL) twig
זְלִיגָה נ׳ (zeliGA) dripping, flowing
זְלִילָה נ׳ (zeliLA) gluttony, devouring
זְלִיפָה נ׳ (zeliFA) dripping, sprinkling
זָלַל פעל י׳ (zaLAL) eat greedily, overeat, devour
זַלְעָפָה נ׳ (zal'aFA) trembling, storm
רוּחַ זִלְעָפוֹת raging wind, tempest
זָלַף פעל י׳ (zaLAF) cause to drip, sprinkle
זִמָּה נ׳ (zimMA) lewdness, evil, abomination; adultery
זִמּוּן ז׳ (zimMUN) summons, meeting, appointment; assignation
זְמוֹרָה נ׳ (zemoRA) branch, twig
זִמְזוּם ז׳ (zimZUM) buzz, hum
זַמְזָם ז׳ (zamZAN) buzzer
זִמְזֵם פעל ע׳ י׳ (zimZEM) hum, buzz
זָמִין ת׳ (zaMIN) available; transferable
זְמִינוּת נ׳ (zemiNUT) availability; transferability
זָמִיר ז׳ (zaMIR) nightingale; songbird
זְמִירָה נ׳ (zemiRA) pruning; singing; hymn
זָמָם ז׳ (zeMAM) plot, perjury; muzzle
זָמַם פעל י׳ (zaMAM) plot, scheme, conspire; muzzle
זְמָן ז׳ (zeMAN) time; period, season; tense; holiday
זִמֵּן פעל י׳ (zimMEN) prepare; summon together; invite; say grace in company
זְמַנִּי ת׳ (zemanNI) temporary; acting, ad hoc
זָמַר פעל י׳ (zaMAR) prune
זִמֵּר פעל י׳ (zimMER) sing; praise in song; play (instrument)
זֶמֶר ז׳ (zemer) singing; song, melody
זַמָּר ז׳ (zamMAR) singer
זְמָרַגְד ר׳ אִזְמָרַגְד
זִמְרָה נ׳ (zimRA) singing, music
זַמֶּרֶת נ׳ (zamMEret) singer (f.)
זָן פעל י׳ (ZAN) feed, provide
זַן ז׳ (ZAN) kind, variety

זַנַּאי ז׳ (*zanNAI*) pimp; adulterer, fornicator
זָנָב ז׳ (*zaNAV*) tail
חֲסַר – ת׳ acaudal
זִנֵּב פעל י׳ (*zinNEV*) dock the tail; cut off tip; destroy stragglers
זְנַבְנָב ז׳ (*zenavNAV*) small tail
זַנְגְּבִיל ז׳ (*zangVIL*) ginger
זָנָה פעל ע׳ (*zaNA*) commit adultery; commit idolatry; stray from the right path; prostitute oneself
זִנּוּב ז׳ (*zinNUV*) docking the tail; destruction of stragglers
זְנוּנִים ז״ר (*zenuNIM*) prostitution, lewdness
זִנּוּק ז׳ (*zinNUK*) sortie, leap; start; take-off
זְנוּת נ׳ (*zeNUT*) prostitution
זָנַח פעל י׳ (*zaNAḤ*) abandon, neglect
זִנֵּק פעל ע׳ (*zinNEK*) jump, leap, spring
זָע פעל ע׳ (*ZA'*) move, budge; tremble
זֵעָה נ׳ (*ze'A*) perspiration, sweat
זָעוּם ת׳ (*za'UM*) scanty, meager; angry; cursed
זָעוּף ת׳ (*za'UF*) angry, bad-tempered
זַעֲזוּעַ ז׳ (*za'aZU'a*) shock, tremor
זִעְזַע פעל י׳ (*zi'ZA*) shake, shock
זָעִיר ת׳ (*za'IR*) tiny, miniature, minor
זְעֵיר תה״פ (*ze'EYR*) a little, slightly
– אַנְפִּין miniature, small scale
– בּוּרְגָּנִי petit bourgeois
זָעַם פעל ע׳ י׳ (*za'AM*) be angry
זַעַם ז׳ (*ZA'am*) wrath, anger
זַעֲמָן ז׳ (*za'aMAN*) racer (snake)
זָעַף פעל ע׳ (*za'AF*) resent; be angry; be cross, scowl; storm
זַעַף ז׳ (*ZA'af*) anger
גֶּשֶׁם – torrential rain
זָעֵף ת׳ (*za'EF*) angry; ill-tempered
זְעַפְרָן ז׳ (*ze'afRAN*) saffron
זָעַק פעל ע׳ (*za'AK*) cry; scream, call out; implore; weep
– חָמָס cry out against injustice

זְעָקָה נ׳ (*ze'aKA*) cry, outcry
זַעֲרוּרִי ת׳ (*za'aruRI*) minuscule
זְעַרְעָר ת׳ (*ze'ar'AR*) tiny
זִפּוּת ז׳ (*zipPUT*) asphalting; tarring
זֶפֶק ז׳ (*ZEfek*) crop, goiter
זִפֵּת פעל י׳ (*zipPET*) tar, asphalt; spoil
זֶפֶת נ׳ (*ZEfet*) tar, pitch, asphalt
זַפָּת ז׳ (*zapPAT*) tar maker, tar worker
זִפְת ת׳ (*ZIFT*) "lousy"
זֵק ז׳ (*ZEK*) spark; fetter
זִקָּה נ׳ (*zikKA*) connection, attachment, sympathy, bond; relation; requirement
מִלַּת – relative pronoun
מִשְׁפַּט – dependent clause
זְקוּנִים ז״ר (*zekuNIM*) old age
בֶּן – son born in old age, last born
זָקוּף ת׳ (*zaKUF*) vertical, erect
זָקוּק ת׳ (*zaKUK*) need, require; needy; chained
זִקּוּק ז׳ (*zikKUK*) distillation, purification; refining; firecracker; flare; spark
זִקּוּקִין דִּי־נוּר fireworks
זָקִיף ז׳ (*zaKIF*) sentry, sentinel
זְקִיפָה נ׳ (*zekiFA*) charging (an account); erecting
– לִזְכוּת crediting
– לְחוֹבָה debiting
זְקִיפוּת נ׳ (*zekiFUT*) erectness, uprightness
זִקִּית נ׳ (*zikKIT*) chameleon
זָקֵן ת׳ ז׳ (*zaKEN*) old, aged, veteran, senior; old man, elder, chieftain, representative, patriarch, scholar, grandfather
זָקֵן פעל ע׳ (*zaKEN*) be old, age, become old
זֹקֶן ז׳ (*ZOken*) old age
זָקָן ז׳ (*zaKAN*) beard
זְקֵנָה נ׳ (*zekeNA*) old woman, grandmother

זקנה, זקנות נ׳ (zikNA; zikNUT) old age

זקנקן ז׳ (zekanKAN) small beard

זקף פעל ע׳ י׳ (zaKAF) raise up, lift, straighten, stand erect, charge (an account); attribute

זקף ז׳ (zakEF) side of a right angle

זקק פעל י׳ (zikKEK) refine, purify, distill

זקר פעל י׳ (zaKAR) push, thrust

זר ז׳ (ZER) wreath, bouquet; frame, edge

– ־דפנה laurel (wreath)

זר ת׳ ז׳ (ZAR) strange, foreign, alien; stranger, foreigner, alien, outsider; layman

עבודה זרה נ׳ idolatry

זרא ז׳ (zaRA) loathing, disgust

זרבובית נ׳ (zarbuVIT) spout

ז׳רגון ז׳ (zharGON) jargon; Yiddish

זרד ז׳ (ZEred) twig, sprig; stick

זרה פעל י׳ (zaRA) scatter, disperse, sprinkle

זרוז ז׳ (zeRUZ) urging, accelerating, catalysis

זרוי ז׳ (zeRUY) dispersal

זרוי ת׳ (zaRUY) scattered

זרוע נ׳ (zeRO'a) arm, forearm, shankbone; strength; violence; branch (of army); spoke, tributary

זרוע ת׳ (zaRU'a) sown, strewn

זרות נ׳ (zaRUT) anomaly; strangeness; laity

זרז פעל י׳ (zeREZ) urge, spur, accelerate; catalyze

זרז ז׳ (zaRAZ) catalyst

זרזיף ז׳ (zarZIF) drizzle; stream

זרזיר ז׳ (zarZIR) starling

זרזף פעל ע׳ י׳ (zirZEF) overflow, drip; drizzle, spout

זרח פעל ע׳ (zaRAḤ) rise (sun), shine, bloom

זרחה נ׳ (zarḤA) phosphate

זרחן ז׳ (zarḤAN) phosphorus

זרחנות נ׳ (zarḥaNUT) phosphorescence

זרחני ת׳ (zarḥaNI) phosphoric

זרחתי ת׳ (zarḥaTI) phosphorous

זריה נ׳ (zeriYA) sprinkling, scattering

זריז ת׳ (zaRIZ) agile, adroit, alert, quick, nimble, industrious, skillful

זריזות נ׳ (zeriZUT) adroitness, agility, alacrity

זרים ת׳ (zaRIM) streamlined

זריחה נ׳ (zeriḤA) sunrise, shining, glowing

זרימה נ׳ (zeriMA) flow

תרשים – ז׳ flow-chart

זריעה נ׳ (zeri'A) sowing

זריקה נ׳ (zeriKA) throw, throwing; injection; sprinkling

זרירה נ׳ (zeriRA) sneeze, sneezing

זרם פעל ע׳ י׳ (zaRAM) flow, stream, sweep away, flood

זרם ז׳ (ZErem) stream; current, flow, trend, course

– חילופין ז׳ alternating current

– ישר ז׳ direct current

זרמה נ׳ (zirMA) flow; issue, ejaculation

זרנוק ז׳ (zarNUK) hose, fire hose; tube

זרניך ז׳ (zarNIKH) arsenic

זרע פעל י׳ (zaRA') sow, seed, scatter

זרע ז׳ (ZEra') seed; corn, grain; sowing season; sperm, semen, issue, offspring

זרעון ז׳ (zera'ON) seed; spermatozoon, achene

זרעי ת׳ (zar'I) having seed

זרק פעל י׳ (zaRAK) throw; hurl; sprinkle

זרקור ז׳ (zarKOR) projector; searchlight

זרת נ׳ (ZEret) little finger, pinky; span

# ח

ח נ׳ (ḤET) Het (the eighth letter of the Hebrew alphabet); eight, eighth
חַאן ז׳ (KHAN) inn, caravansary
חֹב ז׳ (ḤOV) bosom
בְּחֻבּוֹ inside
חָב פעל ע׳ (ḤAV) owe, incur debt
חָבַב פעל י׳ (ḥaVAV) be fond of, like
חִבֵּב פעל י׳ (ḥibBEV) like, love, regard with affection
חִבָּה נ׳ (ḥibBA) affection, liking, attachment, fondness
חִבּוּב ז׳ (ḥibBUV) liking
חַבּוּב ז׳ (ḥabBUB) darling
חִבּוּט ז׳ (ḥibBUT) beating
חָבוּט ת׳ (ḥaVUT) beaten
חָבוּי ת׳ (ḥaVUY) hidden
חָבוּל ת׳ (ḥaVUL) wounded, beaten, given as security, mortgaged; tied
חִבּוּץ ז׳ (ḥibBUTS) churning
חָבוּק ת׳ (ḥaVUK) hugged
חִבּוּק ז׳ (ḥibBUK) embrace, hug
חִבּוּר ז׳ (ḥibBUR) joining, connecting, joint; addition, attachment, connection; composition; essay; articulation
חַבּוּרָה נ׳ (ḥabbuRA) bruise
חֲבוּרָה נ׳ (ḥavuRA) group, band, company
חָבוּשׁ ת׳ (ḥaVUSH) tied, imprisoned; bandaged; worn (hat); saddled
חַבּוּשׁ ז׳ (ḥabBUSH) quince
חָבַט פעל י׳ (ḥaVAT) beat, strike, thresh, thrash down
חֲבָטָה נ׳ (ḥavaTA) blow
חָבִיב ת׳ (ḥaVIV) lovable, pleasant, amiable, dear
חֲבִיבוּת נ׳ (ḥaviVUT) affability; pleasantness; amiability

חֶבְיוֹן ז׳ (ḥevYON) hiding place
חֶבְיוֹנָה נ׳ (hevyoNA) cask, keg
חֲבִיטָה נ׳ (ḥaviTA) beating, blow
חֲבִילָה נ׳ (ḥaviLA) package, bundle, parcel
חֲבִיצָה נ׳ (ḥaviTSA) pudding, custard
חֲבִישָׁה נ׳ (ḥaviSHA) bandaging; putting on; saddling; imprisonment
חָבִית נ׳ (ḥaVIT) barrel, cask; large jug
חֲבִיתָה נ׳ (ḥaviTA) omelet
חֲבִיתִיָּה, חֲבִיתִית נ׳ (ḥavitiyYA; ḥaviTIT) blintze, stuffed omelet
חָבַל פעל י׳ (ḥaVAL) wound, damage; pledge, pawn, take possession of, repossess a pledge
חִבֵּל פעל י׳ (ḥibBEL) destroy, sabotage, injure; plot, scheme
חֶבֶל ז׳ (ḤEvel) rope, district; snare; portion, lot; group
חֵבֶל ז׳ (ḤEvel) pain, suffering; birth pangs
חֶבְלֵי לֵדָה labor pains
חֶבְלֵי מָשִׁיחַ pre-Messianic tribulations
חֲבָל מ״ק (ḥaVAL) too bad!
חֲבַלְבַּל ז׳ (ḥavalBAL) bindweed, convolvulus
חֲבָלָה נ׳ (ḥavaLA) injury; indemnity
חַבָּלָה נ׳ (ḥabbaLA) sabotage, destruction; demolition
חַבְּלָן ז׳ (ḥabbeLAN) sapper, demolition expert; saboteur; terrorist
חַבְּלָנוּת נ׳ (ḥabbelaNUT) acts of sabotage
חִבֵּץ פעל י׳ (ḥibBETS) churn
חֲבַצֶּלֶת נ׳ (ḥavaTSElet) lily (pancratium)

חָבַק פעל י׳ (ḥaVAK) embrace, clasp
חִבֵּק פעל י׳ (ḥibBEK) embrace, hug
חָבַר פעל ע׳ (ḥaVAR) associate, affiliate, unite against; stitch; bewitch, practice magic
חִבֵּר פעל י׳ (ḥibBER) join, connect, add, attach, bind; compose, write
חֶבֶר ז׳ (ḤEver) company, association, staff, league, gang; magic
חָבֵר ז׳ (ḥaVER) friend, comrade, fellow, member, colleague; scholar, equal, companion, associate, mate
חֶבְרָה נ׳ (ḥevRA) company, association, society
חֶבְרַת בַּת subsidiary
מַדָּעֵי הַ – social sciences
חֶבְרֶה ז״ר (ḤEVre) group, band, gang
ה – the (our) group; the gang
חֲבֵרוּת נ׳ (ḥaveRUT) friendship; membership
חַבְרוּתָא נ׳ (ḥavruTA) company, society
חַבְרוּתִי ת׳ (ḥavruTI) sociable; social, friendly
חַבְרוּתִיּוּת נ׳ (ḥavrutiYUT) sociability
חֲבֵרִי ת׳ (ḥaveRI) friendly, comradely
חַבְרַיָּא, חֶבְרַיָּה ז״ר (ḥavraiYA; ḥevraiYA) friends, pals
חֶבְרַיָּה נ׳ (ḥevraiYA) company; the group, the gang
חֶבְרְמַן ז׳ (ḤEVreman) one of the gang, regular fellow, good mixer; clever guy, "cool cat"
חֶבְרָתִי ת׳ (ḥevraTI) social
חָבַשׁ פעל י׳ (ḥaVASH) bandage; put on (hat); saddle; tie, bind; imprison
חַבַּשִׁי ת׳ (ḥabbaSHI) Ethiopian
חָג פעל י׳ (ḤAG) circle, turn around; make a circle
חַג ז׳ (ḤAG) holiday, festival, celebration, feast

חַג׳ ז׳ (ḤAJ) Hajj
חָגָב ז׳ (ḥaGAV) grasshopper
חָגַג פעל י׳ (ḥaGAG) celebrate, feast; dance, reel
חָגָו ז׳ (ḥaGAV) crevice
חָגוּר ת׳ (ḥaGUR) girded, belted; in full pack
חֲגוֹר ז׳ (ḥaGOR) full pack
חֲגוֹרָה נ׳ (ḥagoRA) belt, girdle
חֲגִיגָה נ׳ (ḥagiGA) celebration, party; festivity
חֲגִיגִי ת׳ (ḥagiGI) festive, solemn, ceremonial
חֲגִיגִית תה״פ solemnly
חֲגִיגִיּוּת נ׳ (ḥagigiYUT) festivity; solemnity
חֲגִירָה נ׳ (ḥagiRA) girding on, putting on pack
חָגְלָה נ׳ (ḥogLA) partridge, rock partridge
חָגַר פעל י׳ (ḥaGAR) gird on; encircle; make a supreme effort
חִגֵּר ת׳ (ḥigGER) lame
חִגְּרוּת נ׳ (ḥiggeRUT) lameness
חַד ת׳ (ḤAD) sharp, acute, biting, shrill
חָד פעל י׳ (ḤAD) pose a riddle
חוֹד ז׳ (ḤOD) point, sharpness, edge, apex, spike
חַד ז׳ ת׳ (ḤAD) one, single
מֵחַד גִּיסָא on the one hand
חַד – (prefix) mono-, uni-
– פַּעֲמִי unique
– צְדָדִי unilateral
– תָּאִי monocellular, protozoan
– תָּאִיִּים protozoa
חַדְגּוֹנִי ת׳ (ḥadgoNI) monotonous
חַדְגּוֹנִיּוּת נ׳ (ḥadgoniYUT) monotony
חִדֵּד פעל י׳ (ḥidDED) sharpen
חִדּוּד ז׳ (ḥidDUD) sharpening; sting, joke
חַדּוּד ז׳ (ḥadDUD) point, spike, edge
חֶדְוָה נ׳ (ḥedVA) joy, gaiety

חָדוּר ת׳ (ḥaDUR) imbued with, saturated, permeated, penetrated
חִדּוּשׁ ז׳ (ḥidDUSH) innovation, regeneration, renewal; discovery
חַדּוּת נ׳ (ḥadDUT) sharpness, acuity, keenness
חָדִיר ת׳ (ḥaDIR) permeable, penetrable, pervious
חֲדִירָה נ׳ (ḥadiRA) penetration, incursion, invasion
חֲדִירוּת נ׳ (ḥadiRUT) permeability, penetrability
חָדִישׁ ת׳ (ḥaDISH) modern, novel, brand new
חָדַל פעל י׳ ע׳ (ḥaDAL) cease, stop
חָדֵל ת׳ (ḥaDEL) ceasing, failing; forsaking, transient
חֲדַל־אִישִׁים good-for-nothing
חֶדֶל ז׳ (ḤEdel) this world; cessation, the grave
חִדָּלוֹן ז׳ (ḥiddaLON) destruction, cessation
חַדַּף ז׳ (ḥadDAF) shrew
חֶדֶק ז׳ (ḤEdek) trunk (elephant), snout, proboscis
חִדְקוֹנִית נ׳ (ḥidkoNIT) weevil
חִדֶּקֶל ז׳ (ḥidDEKel) Tigris
חִדְקָן ז׳ (ḥidKAN) sturgeon
חָדַר פעל ע׳ (ḥaDAR) penetrate, enter, invade
חֶדֶר ז׳ (ḤEder) room; chamber, cell; ventricle; recess; inner place, space; religious elementary school; apartment
חֲדַר־שֵׁנָה bedroom
חֲדַר־מֵתִים morgue
חַדְרוֹן ז׳ (ḥadRON) alcove, cubicle
חַדְרָן ז׳ (ḥadRAN) steward, valet
חַדְרָנִית נ׳ chambermaid
חִדֵּשׁ פעל י׳ (ḥidDESH) renew, renovate; invent, discover
חָדָשׁ ת׳ (ḥaDASH) new
מֵחָדָשׁ תה״פ anew
חֹדֶשׁ ז׳ (ḤOdesh) month, new moon

רֹאשׁ חֹדֶשׁ first of the month, new moon
חֲדָשָׁה נ׳ (ḥadaSHA) novelty
חֲדָשׁוֹת נ״ר news
חָדְשִׁי ת׳ (ḥodSHI) monthly
חַדְּשָׁן ז׳ (ḥaddeSHAN) innovator, modernizer, inventor
חַדְּשָׁנוּת נ׳ (ḥaddeshaNUT) disposition to innovate, inventiveness
חוֹב ז׳ (ḤOV) debt
בַּעַל־ — ז׳ lender; debtor
שְׁטַר־ — ז׳ note
חוֹבֵב ז׳ (ḥoVEV) lover; admirer; amateur
חוֹבְבוּת, חוֹבְבָנוּת נ׳ (ḥoveVUT; ḥovevaNUT) amateurishness
חוֹבְבָן ז׳ (ḥoveVAN) amateur, dilettante
חוֹבְבָנִי ת׳ (ḥovevaNI) amateurish
חוֹבָה נ׳ (ḥoVA) duty, obligation, conviction; guilt; debit, liability
דָּן לְכַף — convict, accuse
יָצָא יְדֵי חוֹבָתוֹ do one's duty, fulfil obligation
לִמֵּד — עַל־ pronounce guilty
חוֹבֵל ז׳ (ḥoVEL) officer, mate; sailor
— רִאשׁוֹן first mate
רַב־ — skipper, captain
חוֹבְלָנִי ת׳ (ḥovelaNI) destructive
חוֹבֵר ז׳ (ḥoVER) magician
חוֹבֶרֶת נ׳ (ḥoVEret) booklet, pamphlet; issue, copy; notebook
חוֹבֵשׁ ז׳ (ḥoVESH) medic, medical orderly, male nurse; jailer
— בֵּית הַמִּדְרָשׁ scholar
חוֹבְשׁוּת נ׳ (ḥoveSHUT) medical corpsmans' course
חוּג ז׳ (ḤUG) circle, sphere; orb; tropic, horizon; group, class, department, course; ring (math.)
חוֹגֵג ז׳ (ḥoGEG) celebrant
חוּגָה נ׳ (ḥuGA) dial; wood lark
חוֹגֵר ז׳ (ḥoGER) person liable for

military service; enlisted man; non-commissioned officer
penetrating, piercing; acute (ḥoDER) חוֹדֵר ת׳
armor-piercing – שִׁרְיוֹן
experience, be impressed (ḥaVA) חָוָה פעל ע׳
indicate, pronounce, state (ḥivVA) חִוָּה פעל י׳
farm, ranch (ḥavVA) חַוָּה נ׳
statement, indication (ḥivVUY) חִוּוּי ז׳
indicative mood דֶּרֶךְ –
declarative sentence מִשְׁפָּט –
expressed; experienced (ḥaVUY) חָווּי ת׳
contract; seer, prophet (ḥoZE) חוֹזֶה ז׳
circular (letter or memorandum) (ḥoZER) חוֹזֵר ז׳
returning, repeating – ת׳
repentant sinner, penitent – בִּתְשׁוּבָה
feedback הֶזֵּן־ –
golden thistle, fissure, cleft; hook, ring (ḤO'aḥ) חוֹחַ ז׳
goldfinch (ḥoḤIT) חוֹחִית נ׳
string, thread, cord; wire, line, filament; streak (ḤUT) חוּט ז׳
wire – בַּרְזֶל
electric wire – חַשְׁמַל
spinal cord – הַשִּׁדְרָה
thread of scarlet; characteristic element – הַשָּׁנִי
hair's-breadth – הַשַּׂעֲרָה
sinner (ḥoTE) חוֹטֵא ז׳
hewer, carver (ḥoTEV) חוֹטֵב ז׳
woodcutter, lumberjack – עֵצִים
thread-like, stringy (ḥuTI) חוּטִי ת׳
experience, profound impression (ḥavaYA) חֲוָיָה נ׳
villa (ḥaviLA) חֲוִילָה נ׳

profound, impressive, elevating (ḥavayaTI) חֲוָיָתִי ת׳
laughter, fun (ḤUkha) חוּכָא נ׳
laughing stock – וְאִטְלוּלָא
tenant, lessee (ḥoKHER) חוֹכֵר ז׳
outside the country; foreign countries (ḤUTS la'-Arets; ḤUL) חו״ל = חוּץ לָאָרֶץ
abroad – בְּ
sand; phoenix (ḤOL) חוֹל ז׳
quicksand – טוֹבְעָנִי
shifting sands חוֹלוֹת נוֹדְדִים
milkman; dairyman (ḥoLEV) חוֹלֵב ז׳
milch cow (ḥoLEvet) חוֹלֶבֶת נ׳
חוֹלֵד ר׳ חֹלֶד
rat (ḥulDA) חֻלְדָּה נ׳
sick, ill, ailing; patient (ḥoLE) חוֹלֶה ת׳ ז׳
seriously ill – אָנוּשׁ
mentally ill חוֹלֵה רוּחַ
חוֹלִי ר׳ חֳלִי
חוֹלְיָה ר׳ חֻלְיָה
חוֹלִין ר׳ חֻלִּין
sand dune (ḥoLIT) חוֹלִית נ׳
generate, produce, bear, create; cause to tremble; dance; kill (ḥoLEL) חוֹלֵל פעל י׳
Hebrew vowel corresponding to Latin O (ḥoLAM) חוֹלָם ז׳
dreamy (holemaNI) חוֹלְמָנִי ת׳
sickly (ḥolaNI) חוֹלָנִי ת׳
sickliness (ḥolaniYUT) חוֹלָנִיּוּת נ׳
pincers, corkscrew, extractor; performer of *halitsa* (ḥoLETS) חוֹלֵץ ז׳ (ר׳ חליצה)
חוֹלְצָה ר׳ חֻלְצָה
חוֹלְשָׁה ר׳ חֻלְשָׁה
brown (ḤUM) חוּם ת׳
wall (solid fence); shelter, rampart (ḥoMA) חוֹמָה נ׳
chick-pea dish (ḤUmus) חוּמוּס ז׳
חוֹמֶט ר׳ חֹמֶט
חוֹמֶץ ר׳ חֹמֶץ

חוּמְצָה ר׳ חֻמְצָה
חוּמְרָה ר׳ חֻמְרָה
חוּמָשׁ ר׳ חֻמָּשׁ
חוֹסֵם עוֹרְקִים ז׳ (ḥoSEM oreKIM) tourniquet
חוֹסֶן ר׳ חֹסֶן
חוֹף ז׳ (ḤOF) coast, shore, beach
חוּפָּה ר׳ חֻפָּה
חוֹפְזָנִי ת׳ (ḥofezaNI) hasty
חוֹפֶן ר׳ חֹפֶן
חוֹפֵף ת׳ (ḥoFEF) overlapping, covering; congruent
חוֹפְפוּת נ׳ (ḥofeFUT) congruity
חוֹפֶשׁ ר׳ חֹפֶשׁ
חוּפְשָׁה ר׳ חֻפְשָׁה
חוּץ ז׳ (ḤUTS) outside, exterior; street
– מִ־ תה״פ except, excluding
בַּ – תה״פ outside
– לְ־, מִ – לְ־ מ״י outside of
– לָאָרֶץ outside the country, abroad
שַׂר הַ – foreign minister
– ־ (prefix) extra-
חוֹצֵב ז׳ (ḥoTSEV) quarryman
חוּצְפָּה ר׳ חֻצְפָּה
חָוָק ז׳ (ḥaVAK) rung
חוּקָּה ר׳ חֻקָּה
חוּקִּי ר׳ חֻקִּי
חוּקִּיּוּת ר׳ חֻקִּיּוּת
חוֹקֶן ר׳ חֹקֶן
חוֹקֵר ז׳ (ḥoKER) investigator, examiner; researcher, scholar
חָוַר פעל ע׳ (ḥaVAR) become pale
חִוֵּר פעל י׳ (ḥivVER) clarify, explain; make pale
חַוָּר ז׳ (ḥavVAR) chalky soil, marl
חִוֵּר ת׳ (ḥivVER) pale, pallid
חוֹר ז׳ (ḤOR) hole, aperture, pore, eyesocket; nobleman, freeman
חוּרְבָּה ר׳ חֻרְבָּה
חוּרְבָּן ר׳ חֻרְבָּן
חוֹרֵג ת׳ (ḥoREG) step-; aberrant
בֵּן – stepson
אֵם־חוֹרֶגֶת stepmother

חִוָּרוֹן ז׳ (ḥivvaRON) paleness, pallor
חֲוַרְוַר ת׳ (ḥavarVAR) palish
חוֹרִין ז׳ free
בֶּן־חוֹרִין (BEN-ḥoRIN) free man
חִוַּרְיָן ת׳ (ḥivvarYAN) palish, whitish
חוֹרֶף ר׳ חֹרֶף
חוֹרֶשׁ ר׳ חֹרֶשׁ
חוּרְשָׁה ר׳ חֻרְשָׁה
חוּשׁ ז׳ (ḤUSH) sense; feeling, penchant
חוּשְׁחָשׁ ר׳ חֻשְׁחָשׁ
חוּשִׁי ת׳ (ḥuSHI) sensory; sensual
חוֹשֶׁךְ ר׳ חֹשֶׁךְ
חוּשָׁם ז׳ (ḥuSHAM) nickname for a fool
חוּשָׁנִי ת׳ (ḥushaNI) sensual; corporeal
חוּשָׁנִיּוּת נ׳ (ḥushaniYUT) sensuality
חוֹשֵׁק ז׳ (ḥoSHEK) lover
חוֹשֵׁשׁ, חוֹשְׁשָׁנִי ת׳ (ḥoSHESH; ḥosheshaNI) apprehensive, afraid, hesitant
חוֹתֵךְ ת׳ ז׳ (ḥoTEKH) decisive; clear; transversal, secant
חוֹתָל ז׳ (ḥoTAL) wrapper
חוֹתֶלֶת נ׳ (ḥoTElet) puttee, legging
חוֹתָם ז׳ (ḥoTAM) seal, signet ring; stamp, mark, imprint
חוֹתֵם ז׳ (ḥoTEM) endorsee, subscriber; signer
חוֹתֶמֶת נ׳ (ḥoTEmet) seal, rubber stamp, stamp
חוֹתֵן ז׳ (ḥoTEN) father-in-law (of man)
חוֹתֶנֶת נ׳ (ḥoTEnet) mother-in-law (of man)
חַזַּאי ז׳ (ḥazZAI) weather forecaster
חָזָה פ״י (ḥaZA) see, behold, observe; prophesy, foresee, predict
חָזֶה ז׳ (ḥaZE) chest, breast
חִזּוּי ז׳ (ḥizZUY) prediction, weather forecasting
חָזוֹן ז׳ (ḥaZON) prophecy, revelation; vision
– נִפְרָץ common phenomenon

עוֹד – לַמּוֹעֵד it's not yet time

חִזּוּק ז׳ (ḥizZUK) strengthening, support

חִזּוּר ז׳ (ḥizZUR) courting, wooing; circling, reduction (chemistry)

– עַל הַפְּתָחִים begging (from door to door)

חָזוּת נ׳ (ḥaZUT) prophecy; vision; appearance

חָזוּתִי ת׳ (ḥazuTI) visual, optical

חֲזָזִית נ׳ (ḥazaZIT) lichen; acne

חָזִי ת׳ (ḥaZI) pectoral

חֲזִיָּה נ׳ (ḥaziYA) brassiere, bra; waistcoat, vest

חִזָּיוֹן ז׳ (ḥizzaYON) drama, play; vision, revelation

חֲזִיז ז׳ (ḥaZIZ) flash; thunderbolt; petard

חֲזִיר ז׳ (ḥaZIR) pig, boar, pork

– ־בָּר wild boar

– יָם guinea pig

חֲזִירָה נ׳ (ḥaziRA) sow; return

חֲזִירוּת נ׳ (ḥaziRUT) swinishness; grossness

חֲזִירִי ת׳ (ḥaziRI) swinish, piggish

חֲזִירִיָּה נ׳ (ḥaziriYA) pig sty, pig farm

חֲזִית נ׳ (ḥaZIT) front; foreground; facade

חֲזִיתִי ת׳ (ḥaziTI) frontal, head-on

חֲזַ״ל ז״ר חֲכָמֵינוּ זִכְרוֹנָם לִבְרָכָה our sages of blessed memory

חַזָּן ז׳ (ḥazZAN) cantor

חַזָּנוּת נ׳ (ḥazzaNUT) cantoral music; synagogue chanting; cantor's office

חָזַק פעל ע׳ (ḥaZAK) be strong, be courageous, be hard, overcome, overpower

– עַל,

חִזֵּק פעל י׳ (ḥizZEK) strengthen, encourage, harden, reinforce, aid

חָזָק ת׳ (ḥaZAK) strong, courageous, hard, severe

חֹזֶק ז׳ (ḤOzek) strength, force intensity

חָזְקָה נ׳ (ḥozKA) strength, courage, violence

בְּ – תה״פ aggressively, violently, powerfully

חֶזְקָה נ׳ (ḥezKA) strength; power

חֲזָקָה נ׳ (ḥazaKA) right of possession, established claim, seizing

– עָלָיו שֶׁ־ it may be presumed that he shall...

חָזַר פעל ע׳ (ḥaZAR) return, revert; repeat; regret, repent; do repeatedly

– בּוֹ, – בִּתְשׁוּבָה repent

– חֲלִילָה recur

חִזֵּר פעל ע׳ (ḥizZER) go around, roam; court, woo; reduce (chemistry)

חֲזָרָה נ׳ (ḥazaRA) return, repetition; penance; rehearsal, review; reflection

חֲזַרְזִיר ז׳ (ḥazarZIR) piglet

חִזְרָן ז׳ (ḥizRAN) bamboo

חֲזֶרֶת נ׳ (ḥaZEret) horseradish

חַזֶּרֶת נ׳ (ḥazZEret) mumps

חָח ז׳ (ḤAḤ) nose ring, ring, hook, swivel

חַט ז׳ (ḤAT) tusk, incisor; cold chisel

חָטָא פעל ע׳ (ḥaTA) sin, transgress; miss, fail

חִטֵּא פעל י׳ (ḥitTE) disinfect; purify

חֵטְא ז׳ (ḤET) sin

חַטָּא ז׳ (ḥatTA) sinner

חַטָּאָה, חֲטָאָה, חַטָּאת נ׳ (ḥata'A; ḥaTAT) sin, guilt; sin offering; atonement

חָטַב פעל י׳ (ḥaTAV) cut wood; chop wood

חִטֵּב פעל י׳ (ḥitTEV) cut, carve, sculpt

חִטָּה נ׳ (ḥitTA) wheat

חִטּוּא ז׳ (ḥitTU) disinfection

חָטוּב ת׳ (ḥaTUV) cut, carved; shapely

חִטּוּב ז׳ (ḥitTUV) carving; shape, curve

חָטוּט ת׳ (ḥaTUT) pockmarked

חִטּוּט ז׳ (ḥitTUT) pecking,

scratching, snooping, digging, searching

חֲטוֹטֶרֶת נ׳ (ḥatoTEret) hump, hunch

חִטּוּי ז׳ (ḥitTUY) disinfection, purification

חָטוּף ת׳ (ḥaTUF) snatched, kidnaped; quick, sudden; marked with a חֲטָף

מִיתָה חֲטוּפָה sudden death

חָטַט פעל י׳ (ḥaTAT) peck, dig, scratch

חִטֵּט פעל י׳ (ḥitTET) pick at, snoop, peck, dig, search, scratch; handle details

חַטְטָן ז׳ (ḥatteTAN) snoop, nosey person; digger

חַטְטָנוּת נ׳ (ḥattetaNUT) faultfinding, nosiness, snooping

חַטְטָנִי ת׳ (ḥattetaNI) probing, snooping, faultfinding; meticulous

חַטֶּטֶת נ׳ (ḥatteTET) boils

חֲטִיבָה נ׳ (ḥatiVA) brigade, group; section, block; figure; cutting

חֲטִיבָתִי ת׳ (ḥativaTI) brigade

חֲטִיטָה נ׳ (ḥatiTA) scratching, digging, probing

חֲטִיפָה נ׳ (ḥatiFA) kidnaping, abduction

בַּ – תה״פ hastily

חֹטֶם ז׳ (ḤOtem) nose

חָטְמִי ת׳ (ḥotMI) nasal

חָטַף פעל י׳ (ḥaTAF) kidnap, abduct; do in haste

חֲטַף, חָטֵף (ḥaTAF; ḥaTEF) ultrashort vowel (a = ֲ ; e = ֱ ; o= ֳ)

חַטְפָן ז׳ (ḥatFAN) robber; child-snatcher (for military service during reign of Nicholas I in Russia)

חֹטֶר ז׳ (ḤOter) shoot, twig, rod; offspring; pointer

חַי ת׳ (ḤAI) living, alive, lively; alert, animate; fresh; raw

חִיֵּב פעל י׳ (ḥiYEV) oblige, bind, compel; convict, pronounce guilty; charge, debit; approve, favor

חַיָּב ת׳ (ḥaiYAV) owe, indebted, obliged; guilty

חִיֵּג פעל י׳ (ḥiYEG) dial

חִידָה נ׳ (ḥiDA) riddle, enigma; puzzle, allegory

חִידוֹן ז׳ (ḥiDON) quiz

חִידוֹנַאי ז׳ (ḥidoNAI) quiz-master

חַיְדַּק ז׳ (ḥaiDAK) germ, microbe

חָיָה, חַי פעל ע׳ (ḥaYA, ḤAY) live, be alive, survive; recover, be revived

יְחִי long live...!

חִיָּה פעל י׳ (ḥiYA) let live, enliven; give life; resurrect, revive; animate; nourish

חַיָּה נ׳ (ḥayYA) animal, beast; spirit of life, life; midwife; woman in childbirth

– רָעָה beast of prey

חַיַּת כִּיס marsupial

חָיֶה ת׳ (ḥaYE) lively, healthy, vigorous

חִיּוּב ז׳ (ḥiYUV) approval, affirmation; positive; obligation; conviction; debiting, charging

חִיּוּבִי ת׳ (ḥiyuVI) positive, favorable, affirmative

חִיּוּג ז׳ (ḥiYUG) dialing

צְלִיל – dial tone

חִיּוּךְ ז׳ (ḥiYUKH) smile

חִיּוּל ז׳ (ḥiYUL) induction

חִיּוּנִי ת׳ (ḥiyuNI) vital; indispensible

חִיּוּנִיּוּת נ׳ (ḥiyuniYUT) vitality, vigor; indispensability

חִיּוּת, חַיּוּת נ׳ (ḥiYUT; ḥaiYUT) vitality, vividness, living, animality, animation

חַיָּט ז׳ (ḥaiYAT) tailor

חִיֵּט פעל י׳ (ḥiYET) sew, tailor

חַיָּטוּת נ׳ (ḥaiyaTUT) tailoring

חַיִּים ז״ר (ḥaiYIM) life, livelihood, lifetime, living, being

alive — בְּ – ת׳
lively — מָלֵא – ת׳
enjoy life — עָשָׂה –
standard of living — רָמַת –
animal — בַּעַל –
eternal life — חַיֵּי עוֹלָם
ephemeral life — חַיֵּי שָׁעָה
smile (*ḥiYEKH*) חִיֵּךְ פעל ע׳
smiler (*ḥaiyeKHAN*) חַיְּכָן ז׳
smiling (*ḥaiyekhaNI*) חַיְּכָנִי ת׳
power, strength; wealth; army, force, corps, arm (*ḤAyil*) חַיִל ז׳
air force — חֵיל אֲוִיר
corps of engineers — חֵיל הַנְדָּסָה
navy — חֵיל יָם
reserves — חֵיל מִלּוּאִים
garrison — חֵיל מַצָּב
ordnance corps — חֵיל חִמּוּשׁ
signal corps — חֵיל קֶשֶׁר
infantry — חֵיל רַגְלִים
cavalry — חֵיל פָּרָשִׁים
armored corps — חֵיל שִׁרְיוֹן
artillery — חֵיל תּוֹתְחָנִים
soldier; pawn (chess) (*ḥaiYAL*) חַיָּל ז׳
induct (*ḥiYEL*) חִיֵּל פעל י׳
bulwark, (*ḤEYL; ḤEL*) חֵיל, חֵל ז׳
birth pangs; shudder, trembling, quake (*ḤIL*) חִיל ז׳
incidence (*ḥiLA*) חִילָה נ׳
soldiering (*ḥaiyaLUT*) חַיָּלוּת נ׳
soldierly, military (*ḥaiyaLI*) חַיָּלִי ת׳
woman soldier (*ḥaiYElet*) חַיֶּלֶת נ׳
חִימַאי ר׳ כִּימַאי
חִימִי ר׳ כִּימִי
חִימְיָה ר׳ כִּימְיָה
partition, screen, barrier, buffer (*ḥaYITS*) חַיִץ ז׳
partition, serve as partition, extrapolate, screen off (*ḥiYETS*) חִיֵּץ פעל י׳
outer, external; irreligious, heretic (*ḥiTSON*) חִיצוֹן ת׳
Apocrypha — סְפָרִים חִיצוֹנִים

external, exterior (*ḥitsoNI*) חִיצוֹנִי ת׳
exterior (*ḥitsoniYUT*) חִיצוֹנִיּוּת נ׳
bosom, inside (*ḤEYK*) חֵיק ז׳
his wife — אֵשֶׁת חֵיקוֹ
infantry (*ḤIR*) חִי״ר (= חֵיל רַגְלִים) ז׳
חִירוּרְג ר׳ כִּירוּרְג
Hebrew vowel (*ḥiRIK*) חִירִיק ז׳
(sl*ee*p) = אִי — גָּדוֹל –
(sl*i*p) = אִ — קָטָן –
quickly (*ḤISH*) חִישׁ תה״פ
haste; feeling, sensation; thicket (*ḥiSHA*) חִישָׁה נ׳
sensibility (*ḥishoNUT*) חִישׁוּנוּת נ׳
sensitive (*ḥishoNI*) חִישׁוּנִי ת׳
Het (the eighth letter of the Hebrew alphabet); eight, eighth (*ḤET*) חֵית נ׳
animal, bestial (*ḥaiyaTI*) חַיָּתִי ת׳
palate (*ḤEKH*) חֵךְ ז׳
wait, expect, bide, await (*ḥikKA*) חִכָּה פעל ע׳
fishing rod, fishhook (*ḥakKA*) חַכָּה נ׳
waiting (*ḥikKUY*) חִכּוּי ז׳
friction, scratching, itch; squabble (*ḥikKUKH*) חִכּוּךְ ז׳
leased, let, hired (*ḥaKHUR*) חָכוּר ת׳
palatal (*ḥikKI*) חִכִּי ת׳
leasing, letting, (*ḥakhiRA*) חֲכִירָה נ׳
scratch, rub, hesitate, have doubts (*ḥakHAKH*) חָכַךְ פעל ע׳ י׳
scratch, rub; clear one's throat (*ḥikKEKH*) חִכֵּךְ פעל י׳
reddish, rosy (*ḥakhLIL*; *ḥakhliLI*) חַכְלִיל, חַכְלִילִי ת׳
be wise, be clever, become wise (*ḥaKHAM*) חָכַם פעל ע׳
wise, clever, intelligent; prudent, skilful, learned; rabbi, sage (*ḥaKHAM*) חָכָם ת׳
scholar, sage — תַּלְמִיד –
wise woman; midwife (*ḥakhaMA*) חֲכָמָה נ׳

חָכְמָה נ׳ (ḥokhMA) wisdom, intelligence; knowledge; experience; science; wisecrack, trick

חָכַר פעל י׳ (ḥaKHAR) hire, lease, let

חָל פעל ע׳ (ḤAL) be due, apply to; fall on

חֵל ר׳ חֵיל

חֹל ז׳ (ḤOL) non-holy; secular; common, workaday

יְמוֹת הַ – weekdays

חֶלְאָה נ׳ (hel'A) dirt, filth; scum

חֲלָאִים ז״ר ר׳ חֳלִי

חֲלָאִים ז״ר ר׳ חֱלִי

חָלַב פעל י׳ (ḥaLAV) milk, yield milk

חָלָב ז׳ (ḥaLAV) milk

טִפַּת – infant care center

שְׁבִיל הֶ – Milky Way

חֵלֶב ז׳ (ḤElev) fat, grease

חֶלְבּוֹן ז׳ (ḥelBON) egg white, protein; albumen

חֶלְבּוֹנִי ת׳ (ḥelboNI) protein, albuminous

חֲלָבִי ת׳ (ḥalaVI) milky; for milk dishes, dairy

חַלְבָּן ז׳ (ḥalBAN) milkman, dairyman

חַלְבָּנוּת נ׳ (ḥalbaNUT) dairying, dairy farming; selling dairy products

חֶלֶד ז׳ (ḤEled) world; lifetime

בִּימֵי חֶלְדִּי in my lifetime

חֹלֶד ז׳ (ḤOled) skink

חֻלְדָּה נ׳ (ḥulDA) rat

חֲלֻדָּה נ׳ (ḥaludDA) rust

חִלָּדוֹן ז׳ (ḥillaDON) wheat rust

חָלָה פעל ע׳ (ḥaLA) be sick, be ill, ail, fall sick

חִלָּה פעל י׳ (ḥilLA) ask for, beg; sweeten

– אֶת־פָּנָיו implore

חַלָּה נ׳ (ḥalLA) challah, Sabbath bread; priests' share of dough

חַלַּת דְּבַשׁ honeycomb

חָלוּד ת׳ (ḥaLUD) rusty

חָלוּדָה ר׳ חֲלֻדָּה

חַלְוָה נ׳ (ḥalVA) halvah

חָלוּט ת׳ (ḥaLUT) decided; boiled

לַחֲלוּטִין תה״פ absolutely

חִלּוּי ז׳ (ḥilLUY) entreaty; sweetening

חָלוּל ת׳ (ḥaLUL) hollow

חִלּוּל ז׳ (ḥilLUL) desecration; secularization

– הַשֵּׁם blasphemy

– הַקֹּדֶשׁ sacrilege

חֲלוֹם ז׳ (ḥaLOM) dream

חַלּוֹן ז׳ (ḥalLON) window

– רַאֲוָה shop window; display window

הַחַלּוֹנוֹת הַגְּבוֹהִים senior bureaucracy

חִלּוֹנִי ת׳ (ḥilloNI) secular; lay

חִלּוֹנִיּוּת נ׳ (ḥilloni YUT) secularity

חֲלוֹף ז׳ (ḥaLOF) passing away

בֶּן־חֲלוֹף ת׳ ephemeral

חִלּוּף ז׳ (ḥilLUF) exchange; opposite, reverse, substitution; variation

– חֳמָרִים metabolism

חֹק הַ – commutative law

– חֲלָקִי spare parts

– מִשְׁמָרוֹת changing the guard

חִלּוּפֵי גַבְרָא personnel changes

חִלּוּפֵי דְבָרִים change of words

חִלּוּפִין ז״ר (ḥilluFIN) alternation

זֶרֶם – alternating current

חֲלוּפִין ז״ר (ḥaluFIN) alternation

לַחֲלוּפִין תה״פ alternatively

חִלּוּפִית נ׳ (ḥilluFIT) amoeba

חִלּוּץ ז׳ (ḥiLUTS) recovery; rescue, salvaging; elimination (math.)

– עֲצָמוֹת body strengthening; physical exercise

חָלוּץ ז׳ ת׳ (ḥaLUTS) pioneer, vanguard, spearhead, advance guard, forward (in soccer); man refusing to marry brother's widow

חֲלוּצָה נ׳ (ḥaluTSA) pioneer (f.); widow whose brother-in-law refuses to marry

חֲלוּצִי ת׳ (*ḥaluTSI*) pioneer
חֲלוּצִיּוּת נ׳ (*ḥalutsiYUT*) pioneering
חָלוּק ז׳ ת׳ (*ḥaLUK*) robe, gown, smock; different; disputing
חַלּוּק ז׳ (*ḥalLUK*) smooth pebble
חִלּוּק ז׳ (*ḥilLUK*) division; difference, dispute
חִלּוּקֵי דֵעוֹת disagreement
חֲלוּקָה ר׳ חֲלֻקָּה
חָלוּשׁ ת׳ (*ḥaLUSH*) weak, feeble, sick
חָלוּת נ׳ (*ḥaLUT*) incidence; applicability
חִלָּזוֹן ז׳ (*ḥillaZON*) snail; spiral; cataract (eye)
חֶלְזוֹנִי ת׳ (*ḥelzoNI*) spiral, wormlike
חִלְחוּל ז׳ (*ḥilḤUL*) seepage; trembling
חִלְחֵל פעל ע׳ (*ḥilḤEL*) permeate, perforate, seep; tremble
חַלְחָלָה נ׳ (*ḥalḥalLA*) trembling, terror, fear
חַלְחֹלֶת נ׳ (*ḥalḤOlet*) rectum
חָלַט פעל י׳ (*ḥaLAT*) scald, prepare with boiling water; decide
חֲלִי ז׳ (*ḥaLI*) ornament, necklace
חֳלִי, חֹלִי ז׳ (*ḥoLI*) sickness, disease
חֲלִיבָה נ׳ (*ḥaliVA*) milking
חָלִיד ת׳ (*ḥaLID*) rusting, susceptible to rust
חֻלְיָה נ׳ (*ḥulYA*) link; joint; vertebra, segment; detail (military)
בַּעַל חֻלְיוֹת vertebrate
חֲלִיטָה נ׳ (*ḥaliTA*) scalding, preparing with boiling water
חָלִיל ז׳ (*ḥaLIL*) flute
חָלִילָה מ״ק (*ḥaLIla*) God forbid
חֲלִילָה תה״פ (*ḥaliLA*) circling, circumambulation
וְחוֹזֵר – and so on and so forth
חֲלִילִית נ׳ (*ḥaliLIT*) small flute, recorder
חֻלִּין ז״ר (*ḥulLIN*) secularism; object for profane use; profane matter, workday matter

שִׂיחַת – small talk
חָלִיף ז׳ ת׳ (*ḥaLIF*) fresh shoot (replacing cut branch); exchangeable; interchangeable
חַ׳לִיף ז׳ (*khaLIF*) caliph
חֲלִיפָה נ׳ (*ḥaliFA*) suit; change, substitution
חֲלִיפַת מִכְתָּבִים correspondence
חֲלִיפוֹת תה״פ alternately
חֲלִיפִין ז״ר (*ḥaliFIN*) barter, exchange
שַׁעַר – rate of exchange
חֲלִיצָה נ׳ (*ḥaliTSA*) removal, extraction; suit, armor; ceremony of shoe removal when man refuses to marry brother's childless widow
חֳלִירַע ז׳ (*ḥoliRA*) cholera
חֲלִישָׁה, חֲלִישׁוּת נ׳ (*ḥaliSHA*); *ḥaliSHUT*) weakness, feebleness
– הַדַּעַת grief
– הַשֵּׂכֶל feeblemindedness
חֵלֶךְ ז׳ (*ḤEleh*) wretched man
חָלָל ז׳ (*ḥaLAL*) fatality, dead man; cavity, hollow, blank; space; son born to a woman forbidden in marriage to a priest
חָלַל פעל ע׳ (*ḥaLAL*) be hollow
חִלֵּל פעל י׳ (*ḥilLEL*) desecrate, violate, defile; make common; play the flute
חֲלָלִי ת׳ (*ḥalaLI*) spatial; profane
חָלַם פעל י׳ ע׳ (*ḥaLAM*) dream; be healthy
חֶלְם נ׳ (*ḤELM*) Chelm (city of fools)
חֶלְמָאִי ז׳ ת׳ (*ḥelma'I*) fool (inhabitant of Chelm); foolish
חֶלְמוֹן ז׳ (*ḥelMON*) yolk
חֶלְמוֹנָה נ׳ (*ḥelmoNA*) egg brandy
חֶלְמוֹנִי ת׳ (*ḥelmoNI*) yolk-like
חַלָּמִישׁ ז׳ (*ḥallaMISH*) flint
חֶלְמִית נ׳ (*ḥelMIT*) common mallow
חָלַף פעל ע׳ (*ḥaLAF*) pass, go away, vanish

חִלֵּף פעל י׳ (ḥilLEF) change, replace
חֵלֶף ז׳ מ״י (ḤElef) spare part; instead, in exchange for
חַלָּף ז׳ (ḥalLAF) slaughterer's knife
חַלְפָן ז׳ (ḥalleFAN) moneychanger
חַלְפָנוּת נ׳ (ḥallefaNUT) moneychanging
חָלַץ פעל י׳ (ḥaLATS) pull off, remove, pull out, rescue; give חֲלִיצָה
חִלֵּץ פעל י׳ (ḥilLETS) rescue, salvage, recover, eliminate (math.)
חֲלָצַיִם ז״ר (ḥalaTSAyim) loins
אָזַר חֲלָצָיו gird one's loins
חֻלְצָה נ׳ (ḥulTSA) shirt, blouse
חָלַק פעל י׳ ע׳ (ḥaLAK) divide; distinguish; allot; differ; be smooth
– עַל־ – dissent, disagree, differ
– כָּבוֹד – honor
חִלֵּק פעל י׳ (ḥilLEK) divide; distribute, allot; distinguish
חָלָק ת׳ (ḥaLAK) smooth; bald, hairless; blank
חֵלֶק ז׳ (ḤElek) part, portion; lot; plot; inheritance; character, smoothness
– כְּ – equally
– הַדִּבּוּר, – הַדִּבֵּר part of speech
חֶלְקֵי חִלּוּף spare parts
חִלָּק ז׳ (ḥilLAK) herring
חֶלְקָה נ׳ (ḥelKA) lot; plot; smooth part
חֲלֻקָּה נ׳ (ḥalukKA) division; allotment, distribution of alms; difference of opinion
חַלְקוּת נ׳ (ḥalKUT) smoothness
חֲלָקוֹת נ״ר (ḥalaKOT) flattery
חֶלְקִי ת׳ (ḥelKI) partial
חֶלְקִיּוּת נ׳ (ḥelkiYUT) partiality
חֶלְקִיק ז׳ (ḥelKIK) particle
חֲלַקְלַק ת׳ (ḥalakLAK) slightly smooth, slippery
חֲלַקְלַקָּה נ׳ (ḥalaklakKA) glacis
חֲלַקְלַקּוּת נ׳ (ḥalaklakKUT) smoothness, slipperiness

חָלַשׁ פעל ע׳ (ḥaLASH) be weak, become weak
– עַל – dominate, command
חַלָּשׁ ת׳ (ḥalLASH) weak, feeble
חֻלְשָׁה נ׳ (ḥulSHA) weakness
חַלָּשׁוּת נ׳ (ḥallaSHUT) faintness, weakness
חַם ת׳ (ḤAM) hot, warm
פעל ע׳ ר׳ חָמַם
– נֶשֶׁק – firearms
חֹם ז׳ (ḤOM) heat, warmth; temperature; enthusiasm
חָם ז׳ (ḤAM) father-in-law (of wife)
חֶמְאָה נ׳ (ḥem'A) butter
חַמָּאם ז׳ (ḥamMAM) Turkish bath
חָמַד פעל י׳ (ḥaMAD) covet, desire
– לָצוֹן – joke
חֶמֶד ז׳ (ḤEmed) charm, beauty
– צֶמֶד – a lovely couple
חֶמְדָּה נ׳ (ḥemDA) precious thing; desire, delight
חַמְדָן ז׳ (ḥamDAN) greedy; lustful; envious
חַמְדָנוּת נ׳ (ḥamdaNUT) avarice, greed; lust
חַמְדָנִי ת׳ (ḥamdaNI) acquisitive, avaricious; lustful
חַמָּה נ׳ (ḥamMA) sun; heat; fever
חֵמָה נ׳ (ḥeMA) wrath; poison
מֵחֲמַת because of
חָמוּד, חֲמוּדוֹן ת׳ (ḥaMUD; ḥamuDON) lovely, pretty, delightful, charming, cute
חֲמוּדוֹת נ״ר (ḥamuDOT) precious object; grace, charm
חִמּוּם ז׳ (ḥimMUM) heating, warming
חָמוּם ת׳ (ḥaMUM) hot; enthusiastic
חֲמוּם־מֹחַ (־רֹאשׁ, ־מֶזֶג) hot-headed, hot-tempered
חָמוֹס ז׳ (ḥaMOS) polecat
– גַּמָּד – weasel
חָמוּץ ת׳ (ḥaMUTS) sour; acid; red
חֲמוּצִים assorted pickles

חִמּוּץ ז׳ (*ḥimMUTS*) souring, acidification; missing an opportunity

חָמוּק ז׳ (*ḥaMUK*) curve

חֲמוֹר ז׳ (*ḥaMOR*) donkey, ass; vaulting horse, trestle, sawhorse

– יָם codfish

– גֶּרֶם strong donkey; jackass

– סְפָרַדִּי hedgehog (military)

חָמוּר ת׳ (*ḥaMUR*) grave, severe; important

חֲמוֹרִי ת׳ (*ḥamoRI*) asinine

חָמוּשׁ ת׳ (*ḥaMUSH*) armed

חִמּוּשׁ ז׳ (*ḥimMUSH*) armament, arms

חָמוֹת נ׳ (*ḥaMOT*) mother-in-law (of wife)

חַמּוּת נ׳ (*ḥamMUT*) warmth, heat

חֹמֶט ז׳ (*ḤOmet*) mole rat

חַמִּים, חַמִּין ז״ר (*ḥamMIM, ḥamMIN*) hot water, hot springs; hot tea, hot stew; cholent

חָמִים ת׳ (*ḥaMIM*) warm, lukewarm

חֲמִימוּת נ׳ (*ḥamiMUT*) warmth; cosiness

חַמִּין ר׳ חַמִּים

חֲמִיצָה נ׳ (*ḥamiTSA*) sour vegetable soup, borsht (beet soup)

חֲמִיצוּת נ׳ (*ḥamiTSUT*) sourness, acidity

חֲמִישִׁי ר׳ חֲמִשִּׁי

חֲמִישִׁיָּה נ׳ (*ḥamishiYA*) quintet; quintuplets

חֲמִישִׁית נ׳ (*ḥamisHIT*) fifth

חָמַל פעל ע׳ (*ḥaMAL*) pity, spare

חֶמְלָה נ׳ (*ḥemLA*) pity

חָמַם פעל ע׳ (*ḥaMAM*) be warm, become warm

חִמֵּם פעל י׳ (*ḥiMEM*) heat, warm

חֲמָמָה נ׳ (*ḥamaMA*) hothouse, hotbed

חַמָּנִית נ׳ (*ḥammaNIT*) sunflower

חָמָס ז׳ (*ḥaMAS*) violence; injustice

– זָעַק complain of injury

חָמַס פעל י׳ (*ḥaMAS*) rob, wrong; destroy, do violence

חַמְסִין ז׳ (*ḥamSIN*) hot dry weather, sirocco

חַמְסָן ז׳ (*ḥamSAN*) robber, violent man

חַמְסָנוּת נ׳ (*ḥamsaNUT*) robbery, violence

חָמַץ פעל ע׳ (*ḥaMATS*) become sour, ferment, become leavened

חִמֵּץ פעל י׳ (*ḥimMETS*) make sour; leaven; delay

חָמֵץ ז׳ (*ḥaMETS*) leavened bread, leaven; hametz (anything not *kasher* for Passover)

חֹמֶץ ז׳ (*ḤOmets*) vinegar

חֻמְצַת – נ׳ acetic acid

חֻמְצָה נ׳ (*ḥumTSA*) acid

חִמְצָה נ׳ (*ḥimTSA*) chick pea

חִמְצוּן ז׳ (*ḥimTSUN*) oxidation

חֻמְצִי ת׳ (*ḥumTSI*) acid

חֻמְצִיּוּת נ׳ (*ḥumtsiYUT*) acidity

חַמְצִיץ ז׳ (*ḥamTSITS*) oxalis, wood sorrel

חֲמַצְמַץ ת׳ (*ḥamatsMATS*) sourish

חַמְצָן ז׳ (*ḥamTSAN*) oxygen

חִמְצֵן פ״י (*ḥimTSEN*) oxidize

חַמְצָנִי ת׳ (*ḥamtsaNI*) oxygen

חָמַק פעל ע׳ (*ḥaMAK*) slip away

חֲמַקְמַק ת׳ (*ḥamakMAK*) evasive, elusive

חָמַר פעל ע׳ י׳ (*ḥaMAR*) seethe, froth; tar; scorch, burn; pile, collect

חִמֵּר פעל י׳ (*ḥimMER*) drive a donkey

חַמָּר ז׳ (*ḥamMAR*) donkey driver

חֵמָר ז׳ (*ḥeMAR*) bitumen, clay, asphalt

חֹמֶר ז׳ (*ḤOmer*) material, substance, matter; clay, mortar; severity, strictness; heap; sermon

קַל וָ – all the more so

בְּכָל – הַדִּין severely

חֻמְרָה נ׳ (*ḥumRA*) severity, strictness, austerity

חַמְרָה נ׳ (*ḤAMra*) red loam

חָמְרִי ת׳ (*ḥomRI*) material, corporeal; economical

חָמְרִיּוּת נ׳ (*ḥomriYUT*) corporeality; materialism

חַמְרָן ז׳ (*ḥamRAN*) aluminium

חָמְרָנוּת, חַמְרָנוּת נ׳ (*ḥomraNUT; ḥamraNUT*) materialism

חָמְרָנִי ת׳ (*ḥomraNI*) materialistic

חָמֵשׁ ז׳ (*ḥaMESH*) five (f.)

חֲמֵשׁ עֶשְׂרֵה נ׳ fifteen (f.)

חֹמֶשׁ ז׳ (*ḤOmesh*) fifth part; five years; belly, groin

חֻמָּשׁ ז׳ (*ḥumMASH*) Pentateuch

חִמֵּשׁ פעל י׳ (*ḥimMESH*) arm, equip; multiply by five

חַמְשָׁה נ׳ (*ḥamSHA*) group of five; staff

חֲמִשָּׁה ז׳ (*ḥahmiSHA*) five (m.)

– עָשָׂר ז׳ fifteen (m.)

חֲמִשִּׁי ת׳ (*ḥamishSHI*) fifth

יוֹם – Thursday

חֲמִשִּׁים ז׳ נ׳ (*ḥamishSHIM*) fifty

חַמְשִׁיר ז׳ (*ḥamSHIR*) limerick

חֵמֶת נ׳ (*ḤEmet*) skin bottle

– חֲלִילִים bagpipe

חֲמַת ר׳ מַחֲמַת

חֵן ז׳ (*ḤEN*) charm, beauty; favor, grace

חֵן חֵן thanks

אֶבֶן – precious stone

יַעֲלַת – pretty woman

חוּט שֶׁל – touch of grace

חִנְגָּא נ׳ (*ḥinGA*) dance, feast; merrymaking

חָנָה פעל ע׳ (*ḥaNA*) park; encamp, bivouac

חָנוּט ז׳ (*ḥaNUT*) mummy

חִנּוּךְ ז׳ (*ḥinNUKH*) education, training, upbringing

חֲנוּכָּה ר׳ חֲנֻכָּה

חִנּוּכִי ת׳ (*ḥinnuKHI*) educational

חַנּוּן, חָנוּן ת׳ (*ḥanNUN; ḥaNUN*) merciful

חֶנְוָנוּת נ׳ (*ḥenvaNUT*) shopkeeping

חֶנְוָנִי ז׳ (*ḥenvaNI*) storekeeper

חֲנוּפָּה ר׳ חֲנֻפָּה

חָנוּק ת׳ (*ḥaNUK*) strangled, choked; pressed hard

חָנוּת נ׳ (*ḥaNUT*) store; fly (trousers)

חָנַט פעל י׳ (*ḥaNAT*) embalm

חֲנָיָה, חֲנִיָּה נ׳ (*ḥanaYA; ḥaniYA*) parking; encampment, bivouac

חַנְיוֹן ז׳ (*ḥanYON*) campground; bivouac; parking area

חֲנִיטָה נ׳ (*ḥaniTA*) embalming

חָנִיךְ ז׳ (*ḥaNIKH*) apprentice, student, trainee

חֲנִיכוּת נ׳ (*ḥaniKHUT*) apprenticeship

חֲנִיכַיִם ז״ר (*ḥaniKHAyim*) gums

חֲנִינָה נ׳ (*ḥaniNA*) amnesty, pardon, mercy; compassion

חֲנִיפָה נ׳ (*ḥaniFA*) flattery

חֲנִיקָה נ׳ (*ḥaniKA*) strangling, choking

חֲנִית נ׳ (*ḥaNIT*) spear, lance

חָנַךְ פעל י׳ (*ḥaNAKH*) dedicate, inaugurate, hold house warming ceremony; train, teach

חִנֵּךְ פעל י׳ (*ḥinNEKH*) educate, bring up, train

חֲנֻכָּה נ׳ (*ḥanukKA*) inauguration, dedication, consecration; Hanukka (feast)

חֲנֻכִּיָּה נ׳ (*ḥanukkiYA*) Hanukka lamp

חִנָּם תה״פ (*ḥinNAM*) free, gratis, without pay; without cause, in vain

חָנַן פעל י׳ (*ḥaNAN*) favor, absolve; pity, amnesty; bestow, grant

חִנָּנוּת נ׳ (*ḥinnaNUT*) charm, grace, comeliness

חִנָּנִי ת׳ (*ḥinnaNI*) attractive, charming

חָנֵף פעל ע׳ (*ḥaNAF*) sin; flatter; desecrate

חָנֵף ת׳ (*ḥaNEF*) flatterer, hypocrite, sinner

חֲנֻפָּה נ׳ (*ḥanupPA*) flattery

חַנְפָן ז׳ (*ḥanFAN*) flatterer, sycophant

חָנַק, חִנֵּק פעל י׳ (*ḥaNAK; ḥinNEK*) strangle, choke, garrotte

חֶנֶק ז׳ (*ḤEnek*) strangulation, suffocation
חֲנָקָה נ׳ (*ḥanKA*) nitrate
חַנְקָן ז׳ (*ḥanKAN*) nitrogen; shrike
חַנְקָנִי ת׳ (*ḥankaNI*) nitrogenous, nitric
חַנְקָתִי ת׳ (*ḥankaTI*) nitrous
חָס פעל י׳ (*ḤAS*) pity; have pity on
חַס וְחָלִילָה, חַס וְשָׁלוֹם מ״ק God forbid!
חֶסֶד ז׳ (*ḤEsed*) charity, favor, benevolence, grace
חוּט שֶׁל – a touch of grace
גְּמִילוּת – (־ים) charity
חָסָה פעל ע׳ (*ḥaSA*) find refuge, find shelter; trust, rely on
חַסָּה נ׳ (*ḤASsa*) lettuce
חָסוּד ת׳ (*ḥaSUD*) charming, pretty; hypocritical
חִסּוּי ז׳ (*ḥisSUY*) shelter, protection
חָסוּי ת׳ (*ḥaSUY*) sheltered, protected; restricted
חָסוּךְ ת׳ (*ḥaSUKH*) lacking; saved
חֲסוּךְ־בָּנִים childless
חִסּוּל ז׳ (*ḥisSUL*) liquidation
חִסּוּם ז׳ (*ḥisSUM*) forging, tempering, strengthening; tempered edge; muzzling; density
חָסוּם ת׳ (*ḥaSUM*) blocked, barred; muzzled; hard
חִסּוּן ז׳ (*ḥisSUN*) immunization; innoculation; strengthening
חִסּוּר ז׳ (*ḥisSUR*) subtraction; lack, absence
חָסוּת נ׳ (*ḥaSUT*) refuge, protection, auspices, patronage
אֶרֶץ – protectorate
בִּקֵּשׁ – seek protection
חַסְחוּס ז׳ (*ḥasḤUS*) cartilage
חָסִיד ת׳ ז׳ (*ḥaSID*) righteous, pious, Hassidic; follower, fan
חֲסִידָה נ׳ (*ḥasiDA*) stork
חֲסִידוּת נ׳ (*ḥasiDUT*) piety, benevolence; Hassidism

חָסִיל ז׳ (*ḥaSIL*) locust larva
חֲסִימָה נ׳ (*ḥasiMA*) blocking, barring; muzzling
חָסִין ת׳ (*ḥaSIN*) immune, resistant, proof; mighty, strong
חֲסִינוּת נ׳ (*ḥasiNUT*) immunity; resistance
חָסַךְ פעל י׳ (*ḥaSAKH*) save, economize; spare
חִסָּכוֹן ז׳ (*ḥissaKHON*) saving, thrift, economy
חַסְכָן ת׳ ז׳ (*ḥasKHAN*) thrifty, economical
חַסְכָנוּת נ׳ (*ḥaskhaNUT*) thrift, economy, saving, parsimony
חַסְכָנִי נ׳ (*ḥaskhaNI*) thrifty, economical
חָסַל פעל י׳ (*ḥaSAL*) destroy, bring to an end
חִסֵּל פעל י׳ (*ḥisSEL*) liquidate, put an end to
חֲסַל מ״ק (*ḥaSAL*) the end; finished; that's all
חָסַם פעל י׳ (*ḥaSAM*) block, bar, barricade; restrain, muzzle; inscribe (*geom.*)
חִסֵּם פעל י׳ (*ḥisSEM*) forge; temper
חֶסֶם ז׳ (*ḤEsem*) block, lock
חַסָּם ז׳ (*ḥasSAM*) tourniquet
חִסֵּן פעל י׳ (*ḥisSEM*) immunize, strengthen
חֹסֶן ז׳ (*ḤOsen*) strength, immunity, power; riches
חָסֹן ת׳ (*ḥaSON*) strong, robust, athletic
חִסְפּוּס ז׳ (*ḥisPUS*) roughness, coarseness
חִסְפֵּס פעל י׳ (*ḥisPES*) roughen
חֲסָקָה נ׳ (*ḤAsaka*) surfboat
חָסַר, חָסֵר פעל ע׳ (*ḥaSAR; ḥaSER*) be deficient, lack, want, miss; be absent; decrease, diminish
חִסֵּר פעל י׳ (*ḥisSER*) subtract, deduct, diminish; cause loss

חָסֵר ת׳ (*ḥaSER*) lacking, wanting, deficient; – less, minus, un-
חֲסַר־אוֹנִים powerless
חֲסַר־הַכָּרָה unconscious
חֹסֶר ז׳ (*ḤOser*) lack, want, deficiency
חִסָּרוֹן, חֶסְרוֹן ז׳ (*ḥissaRON; ḥesRON*) deficiency, defect, loss
חַף ת׳ (*ḤAF*) innocent
– מִפֶּשַׁע innocent, not guilty
חָפָה פעל י׳ (*ḥaFA*) cover, overlap
חִפָּה פעל י׳ (*ḥipPA*) protect, cover; cover up for
חֻפָּה נ׳ (*ḥupPA*) canopy, covering, wedding ceremony
נִכְנַס לְ – be wed
חָפוּז ת׳ (*ḥaFUZ*) rapid, hasty, rash
חָפוּי ת׳ (*ḥaFUY*) covered
חֲפוּי־רֹאשׁ ashamed
חִפּוּי ז׳ (*ḥipPUY*) protection, covering, covering up for
חָפוּן ת׳ (*ḥaFUN*) handful
חִפּוּשׂ ז׳ (*ḥipPUS*) search, quest
חִפּוּשִׁית נ׳ (*ḥippuSHIT*) beetle
חָפוּת ת׳ (*ḥaFUT*) tucked up, turned up, rolled up
חַפּוּת נ׳ (*ḥapPUT*) innocence
חָפַז ר׳ נֶחְפַּז
חֹפֶז ז׳ (*ḤOfez*) haste, rush
חָפְזָה נ׳ (*ḥofZA*) haste, rush
חִפָּזוֹן ז׳ (*ḥippaZON*) haste, rush
חֲפִינָה נ׳ (*ḥafiNA*) taking a handful
חֲפִיסָה נ׳ (*ḥafiSA*) packet, deck (cards), bar (chocolate)
חֲפִיפָה נ׳ (*ḥafiFA*) overlapping, congruence(*geom.*), covering, washing hair, shampoo; "washing up", "bawling out"
חֲפִיר ז׳ (*ḥaFIR*) ditch, moat (dry)
חֲפִירָה נ׳ (*ḥafiRA*) excavation, digging; ditch, trench, pit
חֹפֶן ז׳ (*ḤOfen*) handful
חָפַן פעל י׳ (*ḥaFAN*) take a handful
חַפָּן ז׳ (*ḥapPAN*) masseur
חָפַף פעל י׳ (*ḥaFAF*) overlap, be congruent; cover, wash hair, rub shampoo
חָפֵץ פעל ע׳ (*ḥaFETS*) want, desire
חֵפֶץ ז׳ (*ḤEfets*) wish, desire; thing, object, article
בְּ – לֵב with pleasure
מְחוֹ – objective
חֲפָצִים ז״ר baggage, belongings
חָפַר פעל י׳ ע׳ (*ḥaFAR*) dig, excavate; search, explore; be ashamed
חַפָּר ז׳ (*ḥapPAR*) digger; sapper
חֲפַרְפֶּרֶת נ׳ (*ḥafarPEret*) mole
חִפֵּשׂ פעל י׳ (*ḥipPES*) search, seek; disguise
חֹפֶשׁ ז׳ (*ḤOfesh*) freedom, liberty; vacation
חֻפְשָׁה נ׳ (*ḥufSHA*) vacation, leave
חָפְשִׁי ת׳ (*ḥofSHI*) free; secular, irreligious
חָפְשִׁיּוּת נ׳ (*ḥofshiYUT*) freedom, ease; secularity
חָפַת פעל י׳ (*ḥaFAT*) fold, roll, tuck up
חֵפֶת ז׳ (*ḤEfet*) cuff, fold
חֵץ ז׳ (*ḤETS*) arrow
חֲצָאִית נ׳ (*ḥatsa'IT*) skirt
חָצַב פעל י׳ (*ḥaTSAV*) quarry; hew, carve, chisel
חָצָב ז׳ (*ḥaTSAV*) squill
חַצֶּבֶת נ׳ (*ḥatsTSEveṭ*) measles
חָצָה פעל י׳ (*ḥaTSA*) divide, part, bisect; cross
חָצוּב ת׳ (*ḥaTSUV*) hewn, carved, quarried
חֲצוּבָה נ׳ (*ḥatsuVA*) tripod
חָצוּי ת׳ (*ḥaTSUY*) halved, bisected, divided; crossed
חָצוּף ת׳ (*ḥaTSUF*) insolent, impudent, impertinent
חֲצוֹצְרָה נ׳ (*ḥatsotseRA*) trumpet, bugle

trumpeter, (ḥatsotseRAN) חֲצוֹצְרָן ז׳
bugler
midnight (ḥaTSOT) חֲצוֹת נ׳
midday – הַיּוֹם
half; (ḥaTSI; ḤEtsi) חֲצִי, חֵצִי ז׳
semi-; demi-, hemi-
partly לַחֲצָאִין תה״פ
peninsula (ḥaTSI-I') חֲצִי־אִי ז׳
stonecutting, (ḥatsiVA) חֲצִיבָה נ׳
quarrying; carving, hewing
(ḥatsaYA, ḥatsiYA) חֲצָיָה, חֲצִיָּה נ׳
halving, bisection; partitioning; crossing
eggplant (ḥaTSIL) חָצִיל ז׳
insolence, (ḥatsiFUT) חֲצִיפוּת נ׳
impudence
partition, (ḥatsiTSA) חֲצִיצָה נ׳
separating
hay, grass (ḥaTSIR) חָצִיר ז׳
bosom (ḤOtsen) חֹצֶן ז׳
wash one's hands of נָעַר חָצְנוֹ מ־
insolence, impudence (ḥutsPA) חֻצְפָּה נ׳
insolent, impudent חֻצְפָּנִי ת׳
impudence (ḥutspaNUT) חֻצְפָּנוּת נ׳
partition, (ḥaTSATS) חָצַץ פעל י׳ ע׳
divide; serve as partition; pick (teeth)
gravel (ḥaTSATS) חָצָץ ז׳
blow a (ḥitsTSER) חִצְצֵר פעל ע׳
trumpet, bugle
yard, courtyard; (ḥaTSER) חָצֵר נ׳
court; suburb; village
premises חֲצֵרִים
maintenance (ḥatsRAN) חַצְרָן ז׳
man, janitor, courtier
yard (ḥatsraNUT) חַצְרָנוּת נ׳
maintenance; court customs, court life
law, decree, statute, (ḤOK) חֹק ז׳
act, ordinance, rule; limit; portion
constitution; law, (ḥukKA) חֻקָּה נ׳
custom
imitate, mimic, (ḥikKA) חִקָּה פעל י׳
impersonate

imitation, (ḥikKUY) חִקּוּי ז׳
mimicry
engraving, (ḥikKUK) חִקּוּק ז׳
inscribing; enactment
investigation (ḥikKUR) חִקּוּר ז׳
lawful, legal, legitimate (ḥukKI) חֻקִּי ת׳
khaki (ḤAki) חָקִי ז׳
legality, (ḥukkiYUT) חֻקִּיּוּת נ׳
legitimacy, lawfulness; constancy
imitator, mimic (ḥakYAN) חַקְיָן ז׳
mimicry (ḥakyaNUT) חַקְיָנוּת נ׳
legislation; (ḥakiKA) חֲקִיקָה נ׳
engraving, inscription
examination, (ḥakiRA) חֲקִירָה נ׳
investigation, inquiry; research
agriculture (ḥaklaUT) חַקְלָאוּת נ׳
farmer, (ḥakLAI) חַקְלַאי ז׳
agriculturist
agricultural, (ḥakla'I) חַקְלָאִי ת׳
agrarian
enema (ḤOken) חֹקֶן ז׳
engrave, (ḥaKAK) חָקַק פעל י׳
inscribe; legislate, enact
investigate, (ḥaKAR) חָקַר פעל י׳
examine, inquire, interrogate
examination, inquiry (ḤEker) חֵקֶר ז׳
unfathomable אֵין – ת׳
citadel (ḤAKra) חָקְרָה נ׳
examiner, (ḥakRAN) חַקְרָן ז׳
prober, hairsplitter
examining, (ḥakraNUT) חַקְרָנוּת נ׳
hairsplitting
be (ḥaRAV) חָרַב פעל ע׳ י׳
destroyed; dry up; destroy
destroyed, (ḥaREV) חָרֵב ת׳
ruined, desolate; arid, dry
aridity, dryness, (ḤOrev) חֹרֶב ז׳
drought; waste, desolation
sword, saber, blade (ḤErev) חֶרֶב נ׳
double-edged sword – פִּיפִיּוֹת
ruin, ruins (ḥurBA) חֻרְבָּה נ׳
dry land, dryness (ḥoraVA) חֳרָבָה נ׳

failure, flop (*ḥerBON*) חֶרְבּוֹן ז׳

cause failure, (*ḥirBEN*) חִרְבֵּן פעל י׳
spoil; defecate

deviate; leap out (*ḥaRAG*) חָרַג פעל ע׳

grasshopper (*ḥarGOL*) חַרְגּוֹל ז׳

be afraid, (*ḥaRAD*) חָרַד פעל ע׳
tremble, be anxious

fearful, anxious, (*ḥaRED*) חָרֵד ת׳
concerned; orthodox, pious, God-fearing

fear, horror, (*ḥaraDA*) חֲרָדָה נ׳
concern; anxiety

starred lizard, (*ḥarDON*) חַרְדּוֹן ז׳
agama

pious, religious (*ḥareDI*) חֲרֵדִי ת׳

mustard (*ḥarDAL*) חַרְדָּל ז׳

be angry, burn (*ḥaRA*) חָרָה פעל ע׳

carob (*ḥaRUV*) חָרוּב ז׳

rhyme, verse; bead (*ḥaRUZ*) חָרוּז ז׳

strung; rhymed, (*ḥaRUZ*) חָרוּז ת׳
versified

cone; (*ḥaRUT*) חָרוּט ז׳ ת׳
engraved, carved

conic, cone-shaped (*ḥaruTI*) חֲרוּטִי ת׳

scorched (*ḥaRUKH*) חָרוּךְ ת׳

thorn, nettle (*ḥaRUL*) חָרוּל ז׳

emergency (*ḥeRUM*) חֵרוּם ז׳

emergency שְׁעַת –

blunt, snub (*ḥaRUM*) חָרוּם ת׳

flat-nosed, (*ḥaruMAF*) חֲרוּמַף ז׳
snub-nosed, pug-nosed

wrath (*ḥaRON [af]*) חָרוֹן, חֲרוֹן אַף ז׳

חֲרוֹסֶת ר׳ חֲרֹסֶת

abuse; curse (*ḥeRUF*) חֵרוּף ז׳

great risk, self sacrifice – נֶפֶשׁ

betrothed (*ḥaruFA*) חֲרוּפָה נ׳

female slave given in – שִׁפְחָה
marriage to male slave; miserable drudge

diligent, (*ḥaRUTS*) חָרוּץ ת׳ ז׳
industrious; complete, decided; toothed, indented, notched, fine gold

utter destruction – כִּלָּיוֹן

notched, (*ḥaRUK*) חָרוּק ת׳
indented; crenate

grinding, notching (*ḥeRUK*) חֵרוּק ז׳

gnashing one's teeth – שִׁנַּיִם

full of holes (*ḥaRUR*) חָרוּר ת׳

plowed (*ḥaRUSH*) חָרוּשׁ ת׳

freedom, (*ḥeRUT*) חֵרוּת נ׳
liberty, license

engraved, inscribed (*ḥaRUT*) חָרוּת ת׳

string, array; (*ḥaRAZ*) חָרַז פעל י׳
rhyme, versify

versifier, rhymester (*ḥarZAN*) חַרְזָן ז׳

doggerel; (*ḥarzaNUT*) חַרְזָנוּת נ׳
writing inferior verse

stirring up, (*ḥirHUR*) חִרְחוּר ז׳
agitation, incitement; grunt (of camel)

stir up, incite, (*ḥirHER*) חִרְחֵר פעל י׳
agitate; grunt (camel); gargle

instigator, (*ḥarḥaRAN*) חַרְחֲרָן ז׳
intriguer

engrave, carve, (*ḥaRAT*) חָרַט פעל י׳
etch, chisel

stylus, nib, pen; (*ḤEret*) חֶרֶט ז׳
etching

lathe operator; (*ḥaRAT*) חָרָט ז׳
turner, engraver

remorse, regret, (*ḥaraTA*) חֲרָטָה נ׳
repentance

beak, nose, prow; (*ḥarTOM*) חַרְטוֹם ז׳
toe (of shoe)

lathe operation; (*ḥaraTUT*) חֲרָטוּת נ׳
engraving

Egyptian priest (*ḥarTOM*) חַרְטֹם ז׳
or magician

hieroglyphics כְּתַב הַחַרְטֻמִּים

wrath (*ḥoRI-af*) חֳרִי־אַף ז׳

exception; (*ḥaRIG*) חָרִיג ז׳ ת׳
irregularity, deviation; amiss, irregular; exceptional

deviation, breach (*ḥariGA*) חֲרִיגָה נ׳

rhyming; stringing (*ḥariZA*) חֲרִיזָה נ׳

חֲרִיטָה נ׳ (*ḥariTA*) turning, carving, etching

חֲרִיכָה נ׳ (*ḥariKHA*) scorching

חָרִיעַ ז׳ (*ḥaRI'a*) safflower

חָרִיף ת׳ (*ḥaRIF*) sharp, pungent, acrid; acute; witty, sharpwitted

חֲרִיפוּת נ׳ (*ḥariFUT*) acuteness, sharpness, pungency, acrimony; acumen, sharpwittedness

חָרִיץ ז׳ (*ḥaRITS*) crack, scratch; particle, shaving; ditch

חֲרִיץ חָלָב cheese

חֲרִיצָה נ׳ (*ḥariTSA*) cut, groove; slitting; cutting; deciding

חֲרִיצַת דִּין (מִשְׁפָּט) verdict

חֲרִיצַת לָשׁוֹן slander

חָרִיצוּת נ׳ (*ḥariTSUT*) diligence, industry

חֲרִיקָה נ׳ (*ḥariKA*) grating, gnashing (teeth), cracking, creaking

חָרִיר ז׳ (*ḥaRIR*) small hole, peephole

חָרִישׁ ז׳ (*ḥaRISH*) plowing season, plowing

חֲרִישָׁה נ׳ (*ḥariSHA*) plowing; deafness, grove

חֲרִישִׁי ת׳ (*ḥariSHI*) silent, still

חֲרִיתָה נ׳ (*ḥariTA*) engraving, inscription

חָרַךְ פעל י׳ (*ḥaRAKH*) scorch, singe, char

חָרָךְ ז׳ (*ḥaRAKH*) aperture, crevice, port (hole)

חֵרֶם ז׳ (*ḤErem*) excommunication, boycott, ban; forfeited property; consecration; distraction; disgrace

חָרְמָה נ׳ (*ḥorMA*) destruction, annihilation

חֶרְמֵשׁ ז׳ (*ḥerMESH*) scythe

חֶרֶס ז׳ (*ḤEres*) clay, sherd

כְּלִי – earthenware, pottery

חַרְסִינָה נ׳ (*ḥarsiNA*) china, chinaware, porcelain

חַרְסִית נ׳ (*ḥarSIT*) reddish soil, kaolin

חֲרֹסֶת נ׳ (*ḥaROset*) mixture of grated apple, nuts, wine etc., (to simulate mortar at the Passover seder)

חֹרֶף ז׳ (*ḤOref*) winter

חָרַף פעל ע׳ (*ḥaRAF*) winter, hibernate

חָרַפּ sleep, "hit the sack"

חֵרֵף פעל י׳ (*ḥeREF*) abuse, insult, curse

– נַפְשׁוֹ risk one's life

חֶרֶף תה״פ (*ḤEref*) despite

חֶרְפָּה נ׳ (*ḥerPA*) disgrace, shame

חִרְפּוּשִׁית נ׳ (*ḥarpuSHIT*) scarab

חָרְפִּי ת׳ (*ḥorPI*) wintry, winter

חָרַץ פעל י׳ (*ḥaRATS*) cutnotch, slit; decide; arbitrate

– מִשְׁפָּט adjudicate

– לָשׁוֹן prepare to bite; menace

דְּמֵי לֹא יֶחֱרַץ hush money, bribe

חֶרֶץ ז׳ (*ḤErets*) incision, slit; destruction; verdict

חַרְצֻבָּה נ׳ (*ḥartsubBA*) fetter, chain

חַרְצִית נ׳ (*ḥarTSIT*) chrysanthemum

חַרְצָן ז׳ (*ḥarTSAN*) grape seed; pit

חָרַק פעל י׳ ע׳ (*ḥaRAK*) grate, gnash, creak, grind

חֶרֶק ז׳ (*ḤErek*) insect

חֲרָקִירִי ז׳ (*ḥaraKIri*) harakiri

חֶרֶשׁ תה״פ (*ḤEresh*) secretly, silently

שׁוֹטֵר – plain-clothes man

חָרַשׁ פעל י׳ (*ḥaRASH*) plow; devise; keep silent, be deaf

– רָעָה devise evil

חֵרֵשׁ ז׳ (*ḥeRESH*) deaf person

חֹרֶשׁ ז׳ (*ḤOresh*) thicket, grove, wood

חָרָשׁ ז׳ (*ḥaRASH*) artisan, craftsman

חֶרֶשׂ ר׳ חֶרֶס

חֻרְשָׁה נ׳ (*ḥurSHA*) grove, small wood

חֵרְשׁוּת נ׳ (*ḥerSHUT*) deafness

חֻרְשָׁף ז׳ (*ḥurSHAF*) artichoke

industry, (ḥaROchet) חֲרֹשֶׁת נ׳
manufacture, craft
factory בֵּית – ז׳
industrialist, (ḥaroshTAN) חֲרֹשְׁתָּן ז׳
manufacturer
engrave, inscribe, (ḥaRAT) חָרַת פעל י׳
carve
tanner's black dye (ḤEret) חֶרֶת נ׳
inscription (ḥaROtet) חֲרֹתֶת נ׳
feel; hasten, hurry (ḤASH) חָשׁ פעל ע׳
silence, stillness (ḥaSHAI) חֲשַׁאי ז׳
secretly בַּ – תה״פ
secret (ḥasha'I) חֲשָׁאִי ת׳
think, intend, (ḥaSHAV) חָשַׁב פעל י׳
regard, consider, reckon
calculate, (ḥishSHEV) חִשֵּׁב פעל י׳
compute, count, estimate; reckon, consider; be likely; be about to
accountant (ḥashSHAV) חַשָּׁב ז׳
arithmetic; (ḥeshBON) חֶשְׁבּוֹן ז׳
account; bill; calculus (*math.*)
moral self examination – נֶפֶשׁ
report; account דִּין וְ – (דו״ח)
bookkeeping הַנְהָלַת חֶשְׁבּוֹנוֹת
bookkeeper מְנַהֵל חֶשְׁבּוֹנוֹת
auditor רוֹאֵה –
on credit... עַל הַ –
take into account הֵבִיא בְּ –
intention, (ḥishaVON) חִשָּׁבוֹן ז׳
thinking; device, contrivance
accountancy, (ḥeshbonaUT) חֶשְׁבּוֹנָאוּת נ׳
accounting
accountant (ḥeshboNAI) חֶשְׁבּוֹנַאי ז׳
arithmetical (ḥeshboNI) חֶשְׁבּוֹנִי ת׳
abacus (ḥeshboniYA) חֶשְׁבּוֹנִיָּה נ׳
good at figures (ḥashsheVAN) חַשְׁבָן ז׳
make accounts (ḥishBEN) חִשְׁבֵּן פעל י׳
suspect (ḥaSHAD) חָשַׁד פעל י׳ ע׳
suspect the innocent – בִּכְשֵׁרִים
suspicion (ḥaSHAD) חֲשַׁד ז׳
askance בְּ – תה״פ
suspicious (ḥashDAN) חַשְׁדָן ז׳ ת׳
(person)

suspicion (ḥashdaNUT) חַשְׁדָנוּת נ׳
distrustful, (ḥashdaNI) חַשְׁדָנִי ת׳
suspicious
be silent, be still (ḥaSHA) חָשָׁה פעל ע׳
important (ḥaSHUV) חָשׁוּב ת׳
be considered, be regarded as – כְּ־
calculation, (ḥiSHUV) חִשּׁוּב ז׳
reckoning, computation, analysis; attaching importance
adding machine מְכוֹנַת –
suspect, (ḥaSUHD) חָשׁוּד ת׳
suspicious
dark, obscure (ḥaSHUKH) חָשׁוּךְ ת׳
חָשׁוּךְ ת׳ ר׳ חָסוּךְ
forging, tempering (ḥISHUL) חִשּׁוּל ז׳
(ḥeshVAN) חֶשְׁוָן ז׳ ר׳ מַרְחֶשְׁוָן
exposed, bald, (ḥaSUF) חָשׂוּף ת׳
bare, stripped; bleak
laying bare, (ḥisSUF) חִשּׂוּף ז׳
exposure
(ḥiSHUK; ḥaSHUK) חִשּׁוּק, חָשׁוּק ז׳
hoop, band
desired, beloved (ḥaSHUK) חָשׁוּק ת׳
spoke; hub (ḥiSHUR) חִשּׁוּר ז׳
bitter orange (ḥushHASH) חֻשְׁחָשׁ ז׳
thinking (ḥashiVA) חֲשִׁיבָה נ׳
importance (ḥashiVUT) חֲשִׁיבוּת נ׳
malleable (ḥaSHIL) חָשִׁיל ת׳
uncovering, (ḥasiFA) חֲשִׂיפָה נ׳
exposure, disrobing
desiring (ḥashiKA) חֲשִׁיקָה נ׳
hashish (ḥaSHISH) חָשִׁישׁ ז׳
become dark (ḥaSHAKH) חָשַׁךְ פעל ע׳
be stunned, be in – הָעוֹלָם בַּעֲדוֹ,
great distress חָשְׁכוּ עֵינָיו
darkness, dark (ḤOshekh) חֹשֶׁךְ ז׳
dark, gloomy (ḥaSHEKH) חָשֵׁךְ ת׳
חָשַׂךְ פעל י׳ ר׳ חָסַךְ
darkness (ḥasheKHA) חֲשֵׁכָה נ׳
forge, (ḥishSHEL) חִשֵּׁל פעל י׳
temper, mold
electrification, (ḥishMUL) חִשְׁמוּל ז׳
electrocution

electricity (*ḥashMAL*) חַשְׁמַל ז׳
electrify, galvanize; electrocute (*ḥishMEL*) חִשְׁמֵל פעל י׳
(*ḥashmalla'UT*) חַשְׁמַלָּאוּת נ׳ electrician's vocation, electrical engineering, theory of electricity
electrician (*ḥashmalLAI*) חַשְׁמַלַּאי ז׳
electric (*ḥashmalLI*) חַשְׁמַלִּי ת׳
street car, trolley, tram (*ḥashmalLIT*) חַשְׁמַלִּית נ׳
cardinal (*ḥashMAN*) חַשְׁמַן ז׳
breastplate (*ḤOshen*) חֹשֶׁן ז׳
bare, expose, uncover, discover (*ḥaSAF*) חָשַׂף פעל י׳
striptease (*ḥasfaNUT*) חַשְׂפָנוּת נ׳
stripper (*ḥasfaNIT*) חַשְׂפָנִית נ׳
desire, covet; fasten (*ḥaSHAK*) חָשַׁק פעל ע׳ י׳
fasten with hoops (*ḥishSHEK*) חִשֵּׁק פעל י׳
desire, delight, lust, longing, appetite (*ḤEshek*) חֵשֶׁק ז׳
strong desire, lust (*ḥashkaNUT*) חַשְׁקָנוּת נ׳
desirous, lascivious, amorous (*ḥashkaNI*) חַשְׁקָנִי ת׳
accumulation (*ḥashRA*) חַשְׁרָה נ׳
be anxious; worry; feel apprehensive; fear; feel pain (*ḥaSHASH*) חָשַׁשׁ פעל ע׳
anxiety, apprehension, misgiving, fear (*ḥaSHASH*) חֲשָׁשׁ ז׳
straw (*ḥaSHASH*) חֲשַׁשׁ ז׳
apprehensive person (*ḥasheSHAN*) חַשְׁשָׁן ז׳
hesitation, apprehension (*ḥasheshaNUT*) חַשְׁשָׁנוּת נ׳
hesitant, apprehensive (*ḥasheshaNI*) חַשְׁשָׁנִי ת׳
be shattered, terrified, afraid (*ḤAT*) חַת פעל י׳
fear – ז׳

fearless, dauntless עָשׂוּי לִבְלִי –
– נ׳ ר׳ אַחַת
fear (*ḤET*) חֵת ז׳
gather, rake; abhor (*ḥaTA*) חָתָה פעל י׳
raking (*ḥitTUY*) חִתּוּי ז׳
cut, carved; (*ḥaTUKH*) חָתוּךְ ת׳
cutting; etching; intersection (*ḥitTUKH*) חִתּוּךְ ז׳
articulation, diction – דִּבּוּר
diaper; wrapping (*ḥitTUL*) חִתּוּל ז׳
cat (*ḥaTUL*) חָתוּל ז׳
catty, feline (*ḥatuLI*) חֲתוּלִי ת׳
sealed, signed, stamped; closed, locked; subscriber (*ḥaTUM*) חָתוּם ת׳ ז׳
the undersigned הֶ – מַטָּה
a sealed book, unintelligible – סֵפֶר
sealing, signing, underwriting (*ḥitTUM*) חִתּוּם ז׳
marrying, marriage (*ḥitTUN*) חִתּוּן ז׳
חֲתוּנָּה ר׳ חֲתֻנָּה
obstacle (*ḥatḤAT*) חַתְחַת ז׳
handsome man, ladies' man, dandy (*ḥaTIKH*) חָתִיךְ ז׳
piece, slice; cutting; pretty woman, "doll", "chick", "broad" (*ḥatiKHA*) חֲתִיכָה נ׳
signature, signing, autograph; sealing, end, verdict, conclusion; subscription (*ḥatiMA*) חֲתִימָה נ׳
trace of beard חֲתִימַת זָקָן
undermining, subversion, sabotage; rowing; effort; digging, ditch (*ḥatiRA*) חֲתִירָה נ׳
fright, terror (*ḥitTIT*) חִתִּית נ׳
cut, intersect; articulate; decide (*ḥaTAKH*) חָתַךְ פעל י׳
cut up; articulate (*ḥitTEKH*) חִתֵּךְ פעל י׳
(*ḥaTAKH; Ḥetekh*) חֲתָךְ, חֶתֶךְ ז׳ section, cross section, incision, intersection; wound
cross section – רֹחַב
diaper, swaddle; wrap, bandage (*ḥiTEL*) חִתֵּל פעל י׳

חֲתַלְתּוּל ז׳ (*ḥatalTUL*) kitten
חָתַם פעל י׳ (*ḥaTAM*) sign, seal, finish, terminate, close; subscribe
חָתָן ז׳ (*ḥaTAN*) bridegroom; son-in-law; prizewinner, laureate
חֲתֻנָּה נ׳ (*ḥatunNA*) marriage, wedding ceremony

חָתַף פעל י׳ (*ḥaTAF*) snatch, rob
חֶתֶף ז׳ (*ḤEtef*) robbery
כְּ — תה״פ suddenly
חָתַר פעל י׳ (*ḥaTAR*) undermine, dig under; row, paddle; make a vigorous effort
חֲתַת ז׳ (*ḥaTAT*) terror

# ט

Tet (the ninth letter (*TET*) ט נ׳
of the Hebrew alphabet); nine, ninth

sweep (*tiTE*) טִאטֵא פעל י׳

sweeping (*tiTU*) טִאטוּא ז׳

good (*Aram.*); (*TAV*) טָב ת׳
(*pl.*) bonds, securities

hard cash טָבִין וּתְקִילִין

land registry office (*TAbu*) טַבּוּ ז׳

taboo (*taBU*) –

dipping; baptizing (*tibBUL*) טִבּוּל ז׳

immersed, dipped (*taVUL*) טָבוּל ת׳

submerging, (*tibBU'a*) טִבּוּעַ ז׳
sinking, drowning; coining, minting; ringing

drowned, sunk; (*taVU'a*) טָבוּעַ ת׳
minted, coined, struck, engraved, impressed

navel, hub, center (*tabBUR*) טַבּוּר ז׳

navel (orange) (*taBUri*) טַבּוּרִי ת׳

slaughter, (*taVAH*) טָבַח פעל י׳
butcher; massacre; chop up

slaughter, massacre (*TEvaḥ*) טֶבַח ז׳

cook, chef; (*tabBAḤ*) טַבָּח ז׳
executioner

cooking, (*tabbaḤUT*) טַבָּחוּת נ׳
cookery

cook (*f.*) (*taBAḥat*) טַבַּחַת נ׳

slaughter; massacre (*teviḤA*) טְבִיחָה נ׳

baptism; (*teviLA*) טְבִילָה נ׳
dipping; immersion

טָבִין וּתְקִילִין ר׳ טָב

drowning, (*tevi'A*) טְבִיעָה נ׳
sinking; minting; coining, impressing, stamping; stamp, mark, print

fingerprints טְבִיעַת אֶצְבָּעוֹת

perceptiveness טְבִיעַת עַיִן

dip, immerse; (*taVAL*) טָבַל פעל י׳
baptize

board; table, plate, (*tavLA*) טַבְלָה נ׳
slate, tableland, plateau

tablet (*tavLIT*) טַבְלִית נ׳

grebe; attendant (*tavLAN*) טַבְלָן ז׳
(in מִקְוֶה)

sink; be (*taVA'*) טָבַע פעל ע׳ י׳
drowned; coin, mint, impress, stamp

sink, drown; (*tibBA'*) טִבַּע פעל י׳
ring, put a ring on

nature; character (*TEva'*) טֶבַע ז׳

naturalism, (*tiv'oNUT*) טִבְעוֹנוּת נ׳
doctrine of eating only raw fruits and vegetables

naturalistic, (*tiv'oNI*) טִבְעוֹנִי ת׳ ז׳
nature-loving; eater of raw fruits and vegetables only

natural, genuine, (*tiv'I*) טִבְעִי ת׳
artless

life-size – בְּגֹדֶל

naturalness (*tiv'iYUT*) טִבְעִיּוּת נ׳

ring; seal; circle (*taBA'at*) טַבַּעַת נ׳

anus – פִּי הַ

ringlike (*taba'TI*) טַבַּעְתִּי ת׳

tobacco (*taBAK*) טַבָּק ז׳

snuff טַבַּק הֲרָחָה

tobacconist (*tabaKAI*) טַבָּקַאי ז׳

Tebeth, 4th (*teVET*) טֵבֵת ז׳
Hebrew month (10th in Bible)

frying (*tigGUN*) טִגּוּן ז׳

fry (*tigGEN*) טִגֵּן פעל י׳

טֵה ר׳ תֵּה

pure, clean; (*taHOR*) טָהוֹר ת׳
immaculate; absolute

purge, (*tiHUR*) טִהוּר ז׳
purification, cleansing

be cleansed, (*taHAR*) טָהַר פעל ע׳
be pure

purify, cleanse, (*tiHER*) טִהֵר פעל י׳
purge; absolve

טֹהַר ז׳ (*TOhar*) purity; cleanness, clarity; integrity

טָהֳרָה נ׳ (*tohoRA*) purity, purification; object declared ritually clean

טַוַּאי ז׳ (*tavVAI*) spinner

– הַמֶּשִׁי silkworm

טוֹב ת׳ (*TOV*) good; kind, fair, pleasant, nice; better

– יוֹתֵר ת׳ better

הַ – בְּיוֹתֵר ת׳ best

ז׳ good thing, benefit

– פעל ע׳ be pleasant, be good

טוּב ז׳ (*TUV*) goodness; wealth;

טוּבִים, טוּבִין (*pl.*) goods

– לֵב kindness, benevolence

טוֹבָה נ׳ (*toVA*) favor, kindness, benefit

לְטוֹבַת on behalf of

טוֹבְעָנִי ת׳ (*tov'aNI*) boggy, swampy

טָוָה פעל י׳ (*taVA*) spin

טִוּוּחַ ז׳ (*tiVU'ah*) range-finding, adjustment of fire

טְוָח ז׳ (*teVAḤ*) range

– רָחוֹק long range

טִוַּח פעל י׳ (*tivVAḤ*) find range, adjust fire

טוֹחֵן ז׳ (*toḤEN*) miller

טוֹחֶנֶת נ׳ (*toḤEnet*) molar; miller (*f.*); miller's wife

טוֹטָלִי ת׳ (*toTAli*) total

טוֹטָלִיטָרִי ת׳ (*totaliTAri*) totalitarian

טוֹטֶם ז׳ (*TOtem*) totem

טוֹטֶפֶת נ׳ (*toTEfet*) forehead ornament; forehead phylactery; insignia, badge

טְוִיָּה נ׳ (*teviYA*) spinning (thread)

טומאה ר׳ טֻמְאָה

טומטום ר׳ טֻמְטוּם

טוֹן ז׳ (*TON*) tone; ton

טוּנְדְּרָה נ׳ (*TUNdra*) tundra

טוֹנָה נ׳ (*TOna*) ton

טוּנָה, טוּנוּס ז׳ (*TUna; TUnus*) tuna

טוֹנָז׳ ז׳ (*toNAZH*) tonnage

טַוָּס ז׳ (*tavVAS*) peacock

טוֹעֵן ז׳ (*to'EN*) plaintiff; defense attorney; pretender (to throne)

טוֹפּוֹגְרָפִי ת׳ (*topoGRAfi*) topographical

טוֹפּוֹגְרַפְיָה נ׳ (*topoGRAFya*) topography

טוֹפִי ז׳ (*TOfi*) toffee

טופס ר׳ טֹפֶס

טוּר ז׳ (*TUR*) row, line; column; file, series, progression (*math.*)

טוּרַאי ז׳ (*tuRAI*) private (soldier)

טוּרָאִים rank and file

טוּרְבִּינָה נ׳ (*turBIna*) turbine

טורדן ר׳ טַרְדָן

טוֹרְדָנִי ת׳ (*tordaNI*) troublesome, nagging

טורח ר׳ טֹרַח

טוֹרְט ז׳ (*TORT*) cream-filled cake, tart, pie

טוּרִי ת׳ (*tuRI*) arranged in a column, in a row; parallel

דוּ־טוּרִי arranged in two columns, double-breasted

טוּרִיָּה נ׳ (*tuRIYya*) wide hoe

טוֹרֵף ת׳ (*toREF*) predatory; carnivorous; shuffler (cards)

טוֹרְפֵּדוֹ ז׳ (*torPEdo*) torpedo

טוֹרְפָנִי ת׳ (*torefaNI*) predatory

טוּרְקִי ת׳ (*turKI*) Turkish

טוּשׁ ז׳ (*TUSH*) Indian ink

טָח פעל י׳ (*TAḤ*) plaster, coat, daub

טַחַב ז׳ (*TAḥav*) dampness, mustiness

טְחָב ז׳ (*teḤAV*) moss, bryophyte, liverwort

טָחוּב ת׳ (*taḤUV*) damp, musty, moldy

טְחוֹל ז׳ (*teḤOL*) spleen

טָחוּן ת׳ (*taḤUN*) ground

טְחוֹרִים ז״ר (*teḥoRIM*) hemorrhoids

טְחִינָה נ׳ (*teḥiNA*) grinding, crushing

– נ׳ tehina (ground sesame seeds)

טָחַן פעל י׳ (taḤAN) grind, mill, crush

טֶחָן ז׳ (teḤAN) miller

טַחֲנָה נ׳ (taḥaNA) mill

טַחֲנַת רוּחַ windmill

טִיב ז׳ (TIV) quality; character, nature; connection

טִיֵּב פעל י׳ (tiYEV) improve

טִיגְרִיס ז׳ (tigRIS) tiger

טִיּוּב ז׳ (tiYUV) improvement

טִיּוּחַ ז׳ (tiYU'aḥ) plastering

טִיּוּט ז׳ (tiYUT) drafting

טִיּוּל ז׳ (tiYUL) walk, trip, tour, hike, stroll, outing, drive

טִיחַ ז׳ (TI'aḥ) plaster

טִיֵּחַ פעל י׳ (tiYAḤ) plaster, coat, daub

טַיָּח ז׳ (taiYAḤ) plasterer

טַיָּחוּת נ׳ (taiyaḤUT) plastering

טִיט ז׳ (TIT) mortar, loam, clay; mud, mire

טִיֵּט פעל י׳ (tiYET) draft

טִיֵּל פעל ע׳ (tiYEL) go for a walk, stroll, hike, take a trip

טַיָּל ז׳ (taiYAL) hiker, tourist, stroller, rambler

טִיל ז׳ (TIL) missile

טַיֶּלֶת נ׳ (taiYElet) promenade

טִין ז׳ (TIN) silt; clay

טִינָה נ׳ (tiNA) grudge, resentment, hate, grievance, complaint

טַיָּס ז׳ (taiYAS) pilot, aviator

טַיִס ז׳ (TAyis) flying, flight, aviation

טִיסָה נ׳ (tiSA) flight, flying

טִיסָן ז׳ (tiSAN) flying model (airplane)

טַיֶּסֶת נ׳ (taiYEset) squadron; pilot (f.)

טיפה ר׳ טִפָּה

טַיְפוּן ז׳ (tayFUN) typhoon

טִיפוּס ז׳ (TIfus) typhus

– הַבֶּהָרוֹת typhus

– הַמֵּעַיִם typhoid

טִיפּוּס ז׳ (tiPUS) type

טִיפּוּסִי ת׳ (tipuSI) typical

טִירָה נ׳ (tiRA) castle; encampment

טַיָּרָה נ׳ (taiYAra) kite

טִירוֹן ז׳ (tiRON) recruit, beginner

טִירוֹנוּת נ׳ (tiroNUT) basic training

טִירָן ז׳ (tiRAN) tyrant

טֵית נ׳ (TET) Teth (the ninth letter of the Hebrew alphabet) ט

טִכּוּס ז׳ (tikKUS) ordering

– עֵצָה taking counsel

טֶכְנַאי ז׳ (tekhNAI) technician

טֶכְנוֹלוֹג ז׳ (tekhnoLOG) technologist

טֶכְנוֹלוֹגִי ת׳ (tekhnoLOgi) technological

טֶכְנוֹלוֹגְיָה נ׳ (tekhnoLOGya) technology

טֶכְנִי ת׳ (TEKHni) technical

טֶכְנִיּוֹן ז׳ (tekhniYON) technical school

טֶכְנִיקָה נ׳ (TEKHnika) technique

טִכֵּס פעל י׳ (tikKES) arrange, order; praise

– עֵצָה take counsel, discuss, seek a solution

טֶכֶס ז׳ (TEkhes) ר׳ טֶקֶס

טֶכְסְט ר׳ טֶקְסְט

טֶכְסְטִיל ר׳ טֶקְסְטִיל

טַכְסִיס ז׳ (takhSIS) tactic; practice

טַל ז׳ (TAL) dew

טְלַאי ז׳ (teLAI) patch

טֶלֶגְרָמָה נ׳ (teleGRAMma) telegram, cable

טֶלֶגְרָף ז׳ (teleGRAF) telegraph

טִלְגְּרֵף פעל י׳ (tilGREF) cable, wire, telegraph

טֶלֶגְרָפִי ת׳ (teleGRAfi) telegraphic

טָלֶה ז׳ (taLE) lamb; Aries

טָלוּא ת׳ (taLU) patched; speckled, polka-dotted

טֶלֶוִיזְיָה נ׳ (teleVIZya) television

טָלוּל ת׳ (taLUL) dewy

טִלְטוּל ז׳ (tilTUL) moving, carrying; wandering

טלטולי דרך tribulations of travel
טלטל פעל י׳ (tilTEL) move, transfer, cause to wander; shake
טלטל ז׳ (talTAL) connecting rod
טליה נ׳ (talYA) lamb (*f.*)
טלית נ׳ (taLIT) Tallith, prayer shawl
טלסקופ ז׳ (teleSKOP) telescope
טלסקופי ת׳ (teleSKOpi) telescopic
טלף ז׳ (TElef) hoof
טלפון ז׳ (teleFON) telephone
טלפונאי ז׳ (telefoNAI) telephonist, telephone operator
טלפן פעל י׳ (tilP(F)EN) phone, call
טלפתיה נ׳ (telePATya) telepathy
טמא ת׳ (taME) unclean, defiled, corrupted, profane
טמא פעל ע׳ (taME) become unclean, be contaminated, be defiled
טמאה נ׳ (tum'A) uncleanness, defilement, contamination
טמון ת׳ (taMUN) buried, hidden
טמטום ז׳ (tumTUM) hermaphrodite; moron
טמטום ז׳ (timTUM) dulling, stupidity, causing stupidity
טמטם פעל י׳ (timTEM) make stupid, make dull
טמיון ז׳ (timYON) government treasury
ירד ל– – go down the drain
טמינה נ׳ (temiNA) hiding
טמיעה נ׳ (temi'A) assimilation; mixture
טמיר ת׳ (taMIR) secret, hidden, occult
טמן פעל י׳ (taMAN) bury, hide, conceal
– ידו בצלחת sit idle
– פח (רשת) set a trap
טמפרטורה נ׳ (temperaTUra) temperature
טנא ז׳ (TEne) wicker basket
טנבור ז׳ (tanBUR) small drum; tambourine

טנגו ז׳ (TANgo) tango
טנגנס ז׳ (TANgens) tangent (*trig.*)
טנדו תה״פ (tanDU) in two, two together
טנדר ז׳ (TENder) pickup truck
טנוף ז׳ (tinNUF) filth, dirt
טנור ז׳ (teNOR) tenor
טניס ז׳ (TENnis) tennis
– שלחן ping pong
טנף פעל י׳ (tinNEF) dirty, make filthy befoul
טנפת נ׳ (tinNOfet) filth, dirt, excrement, waste
טנק ז׳ (TANK) tank
טס ז׳ (TAS) tray
טסה־טסה ז׳ (TSE-TSE) tse-tse fly
טסית נ׳ (tasSIT) small tray, platelet
–־דם thrombocyte
טעה פעל ע׳ (ta'A) make a mistake, err
טעון ת׳ (ta'UN) requiring; loaded; charged with; subject to
טעון ז׳ (ti'UN) argument, reasoning
טעון ז׳ (te'ON) load
טעות נ׳ (ta'UT) error, mistake, fault
– מקח bad bargain
טעיה נ׳ (te'iYA) erring
טעים ת׳ (ta'IM) tasty, delicious
טעימה נ׳ (te'iMA) tasting, taste
טעינה נ׳ (te'iNA) loading; charging
טעם פעל י׳ (ta'AM) taste, savor; experience
טעם ז׳ (TA'am) taste, flavor; sense; logic, reason, cause; nature, character; order, accent, intonation
– לפגם disqualification; faulty reasoning
– לשבח sound reasoning, supporting reason
מטעם appointed by-, by order of-
– אנין connoisseur
– דברים של sensible words
– סר senseless, tasteless

טָעַן פעל י׳ (ta'AN) load, charge; be loaded; claim, sue, plead; argue, state, reason, maintain

טַעֲנָה נ׳ (ta'aNA) claim, argument, pleading, assertion, plea, reason

טְעָנוֹת וּמַעֲנוֹת ifs and buts

טַף ז׳ (TAF) small children

טִפָּה נ׳ (tipPA) drop, a little, a bit

– מָרָה liquor

טִפִּין־טִפִּין drop by drop

כִּשְׁתֵּי טִפּוֹת מַיִם like two peas in a pod

טִפּ־ – a little

טִפּוּחַ ז׳ (tipPU'ah) attendance, care, nurture

טִפּוּל ז׳ (tipPUL) care, treatment

טָפוּל ת׳ (taFUL) connected

טִפּוּס ז׳ (tipPUS) climbing

טֶפַח, טֹפַח ז׳ (TEfah; TOfah) hand's-breadth, span

גִּלָּה – reveal a little

טָפַח פעל י׳ (taFAḤ) strike, knock, slap; become moist, swell

טִפַּח פעל י׳ (tipPAḤ) take care of, nurture, cultivate, attend to; clap, slap

טִפְחָה נ׳ (tifḤA) rafter

מִמַּסָּד עַד הַטְּפָחוֹת from top to bottom

טִפְטוּף ז׳ (tifTUF) dripping, drizzle

טִפְטֵף פעל ע׳ י׳ (tifTEF) drip, drop

טַפְטֶפֶת נ׳ (tafTEfet) dropper, pipette

טְפִיחָה נ׳ (tefiḤA) clap, slap

טַפִּיט ז׳ (tapPIT) rug; wallpaper

טַפִּיל ז׳ (tapPIL) parasite

טַפִּילוּת נ׳ (tappiLUT) parasitism

טַפִּילִי ת׳ (tappiLI) parasitic

טְפִיפָה נ׳ (tefiFA) mincing walk, patter

טָפַל פעל י׳ (taFAL) attribute; attach; paste

טִפֵּל פעל י׳ (tipPEL) attend to, care for, handle, look after

טָפֵל ת׳ (taFEL) additional, incidental, unimportant, secondary

טֹפֶס ז׳ (TOfes) copy; form; formula; mold

טִפֵּס פעל ע׳ (tipPES) climb, mount

טַפְּסָן ז׳ (tappeSAN) climber

טַפְסָן ז׳ (tafSAN) construction worker, form-maker

טַפְסָנוּת נ׳ (tafsaNUT) form-making, scaffolding construction

טַפְסָר ז׳ (tafSAR) scribe, clerk, dignitary; angel

טָפַף פעל ע׳ (taFAF) mince, patter

טִפֵּשׁ ז׳ (tipPESH) fool

– ־עֶשְׂרֵה ת׳ teens

טִפְּשׁוֹן ז׳ (tippeSHON) little fool

טִפְּשׁוּת נ׳ (tippSHUT) stupidity, folly

טִפְּשִׁי ת׳ (tippeSHI) stupid, foolish, silly

טַקְט ז׳ (TAKT) tact

טִקְטוּק ז׳ (tikTUK) ticking; typing

טַקְטִי ת׳ (TAKti) tactical

טַקְטִיקַאי ז׳ (taktiKAI) tactician

טַקְטִיקָה נ׳ (TAKtica) tactics

טִקְטֵק פעל ע׳ י׳ (tikTEK) tick; type

טֶקֶס ז׳ (TEkes) ceremony; protocol

טִקֵּס פעל י׳ (tikKES) order; organize a ceremony

טִקְסִי ת׳ (tikSI) ceremonial

טִקְסִיּוּת נ׳ (tiksiYUT) formalism, ritualism, ceremonialism, ceremony

טְרַגֶּדְיָה נ׳ (traGEDya) tragedy

טְרָגִי ת׳ (teRAgi) tragic

טְרָגִיּוּת נ׳ (teRAgiyut) tragedy

טְרָגִיקוֹן ז׳ (teragiKON) tragedian

טָרַד פעל י׳ (taRAD) drive out, expel, push; trouble; disturb, distress, harass

טִרְדָה נ׳ (tirDA) trouble, bother, concern, distress, nuisance

טַרְדָן ז׳ ת׳ (tarDAN) pest, bore, nuisance, bothersome, troublesome

טַרְדָנוּת נ׳ (tardaNUT) troubling, bothering, nuisance

טֵרוּד ז׳ (teRUD) banishment; bother

טָרוּד ת׳ (*taRUD*) busy, occupied; troubled; banished

טָרוּט ת׳ (*taRUT*) bleary

טְרוּטָה נ׳ (*teruTA*) trout

טְרוֹם־ מ״י (*teROM*) pre-, before

טְרוֹמְבּוֹן ז׳ (*tromBON*) trombone

טְרוֹמִי ת׳ (*teroMI*) prefabricated

טְרוּנְיָה נ׳ (*teruniYA*) grievance; severe complaint

טֵרוּף ז׳ (*teRUF*) confusion, mixture; scrambling; insanity; madness, frenzy

טָרוּף ת׳ (*taRUF*) torn apart, devoured; torn out; chopped; mixed; scrambled

טְרוֹפִּי ת׳ (*TROPi*) tropical

טֶרוֹר ז׳ (*teROR*) terror

טֶרוֹרִיסְט ז׳ (*teroRIST*) terrorist

טַרְזָן ז׳ (*tarZAN*) dandy

טָרַח פעל ע׳ (*taRAḤ*) trouble oneself, take pains; trouble, bother

טֹרַח ז׳ (*TOraḥ*) bother, hardship, trouble

טִרְחָה נ׳ (*tirḤA*) trouble, bother, toil

טַרְחָן ז׳ (*tarḤAN*) troublesome person

טַרְחָנוּת נ׳ (*tarḥaNUT*) troubling, bothering

טִרְטוּר ז׳ (*tirTUR*) rattle; harassment

טִרְטֵר פעל ע׳ (*tirTER*) rattle, make noise; harass

טָרִי ת׳ (*taRI*) fresh, moist

טְרִיגוֹנוֹמֶטְרִיָּה נ׳ (*trigonoMETriya*) trigonometry

טְרִיּוּת נ׳ (*triYUT*) freshness, newness

טְרִיז ז׳ (*teRIZ*) wedge

טֶרִיטוֹרְיָה נ׳ (*teriTORya*) territory

טֶרִיטוֹרְיָלִי ת׳ (*teritorYAli*) territorial

טְרִיפָה נ׳ (*teriFA*) tearing apart; devouring; mixing, scrambling

טְרִיקוֹ ז׳ (*triKO*) textile, knitted fabric

טְרַכוֹמָה נ׳ (*teraKHOma*) trachoma

טֶרֶם, בְּטֶרֶם תה״פ (*TErem*) before, not yet

טֶרְמוֹ ר׳ תֶּרְמוֹ

טֶרְמִיט ז׳ (*terMIT*) termite

טֶרְמִינוֹלוֹגְיָה נ׳ (*terminoLOGya*) terminology

טְרַנְזִיסְטוֹר ז׳ (*tranZIStor*) transistor

טְרַנְס־ מ״ח (*TRANS*) trans-

טְרַנְסְפוֹרְמָטוֹר ז׳ (*transforMAtor*) transformer

טְרַנְסְצֶנְדֶנְטָלִי ת׳ (*transtsendenTAli*) transcendental

טְרַנְסְקְרִיפְּצְיָה נ׳ (*transKRIPtsya*) transcription

טֶרָסָה נ׳ (*teRASsa*) terrace

טְרַסְט ז׳ (*TRAST*) trust

טַרְסִי ז׳ (*tarSI*) weaver, embroiderer

טָרַף פעל י׳ (*taRAF*) prey upon, tear apart, devour, seize; wreck; mix, confuse, shuffle, beat, scramble; declare ritually unfit

טֶרֶף ז׳ (*TEref*) prey, food; mixture

חַיַּת — beast of prey

טְרֶף ז׳ (*TREF*) club (cards)

טָרָף ז׳ (*taRAF*) blade (of leaf)

טָרֵף ת׳ (*taREF*) forbidden, unfit, unkosher

טִרְפֵּד פעל י׳ (*tirPED*) torpedo

טַרְפֶּדֶת נ׳ (*tarPEdet*) torpedo boat

טְרֵפָה נ׳ (*tereFA*) prey; animal killed by other animal; unkosher food

טְרַפֶּז ז׳ (*traPEZ*) trapeze

טַרְפָן ז׳ (*tarFAN*) cruel, predatory; eater of unkosher food

טֶרְפֶּנְטִין ז׳ (*terpenTIN*) turpentine

טְרַקְטוֹר ז׳ (*trakTOR*) tractor

טְרַקְטוֹרִיסְט ז׳ (*traktoRIST*) tractor driver

טְרַקְלִין ז׳ (*terakLIN*) drawing room, salon, parlor, living room

טֶרֶשׁ ז׳ (*TEresh*) stone, boulder, rock, hard soil

טָרָ"שׁ (= טוּרָאי רִאשׁוֹן) ז׳ (*taRASH*) private first class

טַרְשִׁי ת׳ (*tarSHI*) stony, rocky

טָרֶשֶׁת נ׳ (*taREshet*) sclerosis

טִשְׁטוּשׁ ז׳ (*tishTUSH*) obscuring; erasing; covering up; obliterating

טִשְׁטֵשׁ פעל י׳ (*tishTESH*) obscure, cover up, obliterate

# י

Yod (the (*YOD; YUD*) י נ׳
tenth letter of the Hebrew alphabet); ten, tenth

fit, befit; be fair (*ya'A*) יָאָה פעל ע׳

fitting, proper, right (*ya'E*) יָאֶה ת׳

Nile; channel (*ye'OR*) יְאוֹר ז׳

despair (*ye'USH*) יֵאוּשׁ ז׳

properly (*ya'UT*) יָאוּת תה״פ

cause despair, discourage (*ye'ESH*) יֵאֵשׁ פעל י׳

import (*yibBE*) יִבֵּא פעל י׳

sob, whimper (*yibBEV*) יִבֵּב פעל ע׳

sob, whimper (*yevaVA*) יְבָבָה נ׳

import (*yeVU*) יְבוּא ז׳

importation (*yibBU*) יִבּוּא ז׳

importer (*yevu'AN*) יְבוּאָן ז׳

sobbing, whimpering (*yibBUV*) יִבּוּב ז׳

harvest, crop, produce (*yeVUL*) יְבוּל ז׳

weeding (*yibBUL*) יִבּוּל ז׳

marriage to a brother's childless widow (*yibBUM*) יִבּוּם ז׳

drying; drainage (*yibBUSH*) יִבּוּשׁ ז׳

gnat (*yavHUSH*) יַבְחוּשׁ ז׳

weed; callus; cause blisters; celebrate anniversary (*yibBEL*) יִבֵּל פעל י׳

stream (*yaVAL*) יָבָל ז׳

Bermuda grass, Bahama grass (*yabLIT*) יַבְלִית נ׳

callus; blister (*yabBElet*) יַבֶּלֶת נ׳

brother-in-law (*yaVAM*) יָבָם ז׳

marry one's brother's childless widow (*yibBEM*) יִבֵּם פעל י׳

sister-in-law (*yevaMA*) יְבָמָה נ׳

dry, dry up (*yaVESH*) יָבַשׁ פעל ע׳

dry, drain; dehydrate (*yibBESH*) יִבֵּשׁ פעל י׳

dry (*yaVESH*) יָבֵשׁ ת׳

dryness, drought (*YOvesh*) יֹבֶשׁ ז׳

dry land, mainland, aground (*yabbaSHA*) יַבָּשָׁה נ׳

aground, ashore עַל הַ –

dryness (*yeveSHUT*) יְבֵשׁוּת נ׳

dryness, drying up (*yeVOshet*) יְבֹשֶׁת נ׳

continent; dry land (*yabBEshet*) יַבֶּשֶׁת נ׳

jaguar (*YAGwar*) יָגוּאָר ז׳

grief, sorrow (*yaGON*) יָגוֹן ז׳

toil, labor; effort; produce (*yaGI'a*) יְגִיעַ ז׳

toil, labor, effort, trouble, exertion (*yegi'A*) יְגִיעָה נ׳

toil, work, labor, exert oneself; be weary, become tired (*yaGA'*) יָגַע פעל ע׳

tired, fatigued (*yaGE'a*) יָגֵעַ ת׳

things are pretty bad הַדְּבָרִים יְגֵעִים

fear, be afraid (*yaGOR*) יָגֹר פעל ע׳

hand; projection; handle; monument, memorial; share, portion; force; place; hand-, manual (*YAD*) יָד נ׳

in unison יָד אַחַת

generosity – פְּתוּחָה

stinginess – קְמוּצָה

courage – רָמָה

busybody, aggressive יָדוֹ בַּכֹּל

have the upperhand יָדוֹ עַל הָעֶלְיוֹנָה

be the loser יָדוֹ עַל הַתַּחְתּוֹנָה

by, through – בְּ

according to the ability of, according to – כְּ

offhand – כִּלְאַחַר

near, at hand – לְ

to, to a state of לִידֵי

immediately מִיָּד

from מִידֵי

near; because of — עַל־ –
by means of — עַל־יְדֵי
impotence — אָזְלַת –
without effort — בְּאֶפֶס –
sleeve — בֵּית –
manuscript — כְּתַב –
occupation — מִשְׁלַח –
palm — כַּף –
handball — כַּדּוּר –
beggar — פּוֹשֵׁט –
weakness — קֹצֶר –
large, wide — רְחַב יָדַיִם
wrist watch — שְׁעוֹן יָד
attain — בָּא לְיָדוֹ
afford — הִגִּיעָה (הִשִּׂיגָה) יָדוֹ
be involved in — הָיְתָה יָדוֹ בְּ־
revolt against — הֵרִים יָדוֹ בְּ־
hands off! — הֶרֶף יָדְךָ!
be able to — יֵשׁ לְאֵל יָדוֹ
be in possession of — יֵשׁ תַּחַת יָדוֹ
treat severely — כָּבְדָה יָדוֹ
authorize — מִלֵּא אֶת יָדוֹ
be able — מָצְאָה יָדוֹ
withdraw from — מָשַׁךְ יָדוֹ (סִלֵּק)
take oath — נָשָׂא יָדוֹ
agree, participate — נָתַן יָדוֹ
authorize — סָמַךְ יָדוֹ עַל
succeed, menage — עָלָה בְּיָדוֹ
unite — עָשׂוּ יָד אַחַת
withhold from — קָפַץ אֶת יָדוֹ מ־
be unable — קָצְרָה יָדוֹ
steal; strike — שָׁלַח יָדוֹ בְּ־
commit suicide — שָׁלַח יָד בְּנַפְשׁוֹ
attain — בָּא לִידֵי
perform one's duty — יָצָא יְדֵי חוֹבָתוֹ
be disappointed — יָצָא וְיָדָיו עַל רֹאשׁוֹ
change hands — עָבַר מִיָּד לְיָד
throw — יָדָה פעל י׳ (*yaDA*)
throw — יִדָּה פעל י׳ (*yidDA*)
throwing — יִדּוּי ז׳ (*yidDUY*)
known, certain — יָדוּעַ ת׳ (*yaDU'a*)
chronically ill — יְדוּעַ חֹלִי
to some extent — בְּמִדָּה יְדוּעָה

identification; making definite (*yidDU'a*) יִדּוּעַ ז׳
friend (*yaDID*) יָדִיד ז׳
friendship, friendliness; amity, affection (*yediDUT*) יְדִידוּת נ׳
friendly, amiable amicable (*yediduTI*) יְדִידוּתִי ת׳
knowledge; news; information (*yedi'A*) יְדִיעָה נ׳
bulletin (*yedi'ON*) יְדִיעוֹן ז׳
handle (*yaDIT*) יָדִית נ׳
know, have knowledge of, be aware of; have sexual intercourse with (*yaDA'*) יָדַע פעל י׳
specify (noun as definite); appoint; cause to know (*yidDA'*) יִדַּע פעל י׳
soothsayer, magician (*yid'oNI*) יִדְּעוֹנִי ז׳
expert, connoiseur, Savant (*yad'AN*) יַדְעָן ז׳
knowledge-ableness (*yad'aNUT*) יַדְעָנוּת נ׳
God; woe (*YAH*) יָהּ ז׳
let there be (*yeHE*) יְהֵא
burden; hope, prospect (*yeHAV*) יְהָב ז׳
give (*yaHAV*) יָהַב פעל י׳
convert to Judaism; Judaize (*yiHED*) יִהֵד פעל י׳
Judaism; Jewry (*yahaDUT*) יַהֲדוּת נ׳
conversion to Judaism; Judaization (*yiHUD*) יִהוּד ז׳
Jew, Jewish (*yehuDI*) יְהוּדִי ז׳ ת׳
Jewess (*yehudiYA*) יְהוּדִיָּה נ׳
Jehovah, God (*adoNAI*) יהוה
let there be (*yeHI*) יְהִי
haughty, arrogant (*yaHIR*) יָהִיר ת׳
haughtiness, arrogance (*yehiRUT*) יְהִירוּת נ׳
diamond (*yahaLOM*) יַהֲלוֹם ז׳
diamond merchant; diamond polisher (*yahaloMAN*) יַהֲלוֹמָן ז׳

diamond (*yahalomaNUT*) יַהֲלוֹמָנוּת נ׳
trade
haughtiness, (*yohoRA*) יְהָרָה נ׳
arrogance
jubilee; (*yoVEL*) יוֹבֵל ז׳
anniversary; ram; ram's horn
stream, brook; (*yuVAL*) יוּבַל ז׳
tributary
farmer (*yoGEV*) יוֹגֵב ז׳
yoga (*YOga*) יוֹגָה נ׳
yoghurt (*YOgurt*) יוֹגוּרְט ז׳
yogi (*YOgi*) יוֹגִי ז׳
Yod (the (*YOD; YUD*) יוֹד, יוּד נ׳
tenth letter of the Hebrew alphabet);
iota, trifle
iodine (*YOD*) יוֹד ז׳
Judaica (*yuDA'ika*) יוּדָאִיקָה נ׳
iodide (*yoDID*) יוֹדִיד ז׳
initiator, pioneer (*yoZEM*) יוֹזֵם ז׳
lineage, (*yuḥaSIN*) יוּחֲסִין ז״ר
pedigree, genealogy
family register, pedigree. מְגִלַּת –
family tree שַׁלְשֶׁלֶת –
jute, burlap (*YUta*) יוּטָה נ׳
(*yoLEdet; yoleDA*) יוֹלֶדֶת, יוֹלֵדָה נ׳
woman in confinement; parturient
woman; mother
July (*YULi*) יוּלִי ז׳
day; time (*YOM*) יוֹם ז׳
birthday – הֻלֶּדֶת
memorial day; – זִכָּרוֹן
remembrance day
holiday, festival – טוֹב
everyday – ־ –
today הַ –
on the very day – בּוֹ בַּ
some day – מִן הַיָּמִים
two days יוֹמַיִם
never in his life מִיָּמָיו
antiquity יְמֵי קֶדֶם
Middle Ages יְמֵי הַבֵּינַיִם
rainy season יְמוֹת הַגְּשָׁמִים
days of redemption יְמוֹת הַמָּשִׁיחַ

day laborer – שְׂכִיר
his time has come בָּא יוֹמוֹ
one day old בֶּן יוֹמוֹ
longevity אֹרֶךְ יָמִים
aged בָּא בַּיָּמִים
chronicles; annals דִּבְרֵי הַיָּמִים
old הֶאֱרִיךְ יָמִים
young עוּל יָמִים
the End of Days אַחֲרִית הַיָּמִים
weekday (*YOM ḤOL*) יוֹם חֹל
Day of (*YOM kipPUR*) יוֹם כִּפּוּר
Atonement
daily newspaper (*yoMON*) יוֹמוֹן ז׳
daily (*yoMI*) יוֹמִי ת׳
daily, (*yomyoMI*) יוֹמְיוֹמִי ת׳
commonplace
by day (*yoMIT*) יוֹמִית תה״פ
daily, in the (*yoMAM*) יוֹמָם תה״פ
day time
(*YOM ha-shaNA*) יוֹם (הַ)שָּׁנָה ז׳
anniversary
diary; journal, (*yoMAN*) יוֹמָן ז׳
register; log; newsreel
desk sergeant (*yomaNAI*) יוֹמָנַאי ז׳
mud, mire, muck (*yaVEN*) יָוֵן ז׳
Greece (*yaVAN*) יָוָן נ׳
hellenize (*yivVEN*) יִוֵּן פעל י׳
pigeon (*m.*); ion (*YON*) יוֹן ז׳
pigeon (*f.*), dove (*yoNA*) יוֹנָה נ׳
Greek; Hellenistic (*yevaNI*) יְוָנִי ת׳
June (*YUni*) יוּנִי נ׳
Ionian, Ionic (*YOni*) יוֹנִי ת׳
mammal; suckling; (*yoNEK*) יוֹנֵק ז׳
sapling
(*yoNEK ha-deVASH*) יוֹנֵק־הַדְּבַשׁ ז׳
humming bird
mammals (*yoneKIM*) יוֹנְקִים ז״ר
counsellor, adviser (*yo'ETS*) יוֹעֵץ ז׳
יופי ר׳ יֹפִי
departing (*yoTSE*) יוֹצֵא ת׳
liable for army service – צָבָא
odd, exceptional – דֹּפֶן

exceptional; extraordinary מִן הַכְּלָל –
transitive verb פֹּעַל –
similiar, such as- כְּ – בְּ...
creator, maker, (*yoTSER*) יוֹצֵר ז׳
inventor; God; potter; generator (*math.*); Yotzer (prayer)
potter's workshop; workshop בֵּית –
turn things הֶחֱלִיף אֶת הַיּוֹצְרוֹת
upside down
copyright זְכוּת יוֹצְרִים
יוקר ר׳ יֹקֶר
hunter, trapper (*yoKESH*) יוֹקֵשׁ ז׳
minelayer (*yoKEshet*) יוֹקֶשֶׁת נ׳
down on his luck; (*yoRED*) יוֹרֵד ת׳ ז׳
pauperized; emigrant (from Israel)
seafarer יָם –
first rainfall; early (*yoRE*) יוֹרֶה ז׳
part of rainy season
large kettle (*yoRA*) יוֹרָה נ׳
jurdicial (*yuRIdi*) יוּרִידִי ת׳
heir, successor (*yoRESH*) יוֹרֵשׁ ז׳
crown prince עֶצֶר –
(*yoSHEV keraNOT*) יוֹשֵׁב־קְרָנוֹת
idler
(*yoSHEV ROSH*) יוֹשֵׁב־רֹאשׁ
chairman
יושר ר׳ יֹשֶׁר
more; excess (*yoTER*) יוֹתֵר תה״פ
too much מִדַּי –
most בְּ –
at most לְכָל הַ –
memorial prayer (*yizKOR*) יִזְכֹּר ז׳
initiate, launch (*yaZAM*) יָזַם פעל י׳
initiator, pioneer (*yazZAM*) יַזָּם ז׳
initiative, (*yozMA*) יָזְמָה נ׳
enterprise
sweat (*YEza'*) יֶזַע ז׳
set apart, assign, (*yiḤED*) יִחֵד פעל י׳
single out; leave alone; profess the unity of
together (*YAḥad*) יַחַד תה״פ
setting aside; (*yiḤUD*) יִחוּד ז׳
singularity, uniqueness; profession of unity of God
especially בְּ – תה״פ
hope (*yiḤUL*) יִחוּל ז׳
sexual excitement (*yiḤUM*) יִחוּם ז׳
lineage, pedigree; (*yiḤUS*) יִחוּס ז׳
relation; connection, reference;
cutting (*yiḤUR*) יִחוּר ז׳
יחוש ר׳ יחוס
single, singular, (*yaḤID*) יָחִיד ז׳
individual, alone, private
private property רְשׁוּת הַ־
elect יְחִידֵי סְגֻלָּה
unit; single (*f.*) (*yeḥiDA*) יְחִידָה נ׳
solitariness; (*yeḥiDUT*) יְחִידוּת נ׳
singleness; uniqueness
alone (*yeḥiDI*) יְחִידִי ת׳
hope (*yiḤEL*) יִחֵל פעל ע׳
be in heat; be (*yaḤAM*) יָחַם פעל ע׳
sexually excited
excite sexually (*yiḤEM*) יִחֵם פעל י׳
fallow deer (*yaḥMUR*) יַחְמוּר ז׳
attribute, date; (*yiḤES*) יִחֵס פעל י׳
assign; trace the descent
relation, connection, (*YAḥas*) יַחַס ז׳
bearing; treatment; lineage, descent; inclination; ratio, proportion
regarding בְּ – לְ־
preposition מִלַּת –
have relations; have קִיֵּם יְחָסִים עִם
sexual intercourse
case (*yaḥaSA*) יַחֲסָה נ׳
relativity (*yaḥaSUT*) יַחֲסוּת נ׳
relative (*yaḥaSI*) יַחֲסִי ת׳
relativity; (*yaḥasiYUT*) יַחֲסִיּוּת נ׳
relativism
relatively (*yaḥasSIT*) יַחֲסִית תה״פ
man of good (*yaḥSAN*) יַחְסָן ז׳
family; personage; snob
distinguished (*yaḥsaNUT*) יַחְסָנוּת נ׳
lineage; snobbishness, haughtiness
barefoot(ed) (*yaḤEF*) יָחֵף ת׳
barefootedness (*yeḥeFUT*) יְחֵפוּת נ׳

יַחְפָן ז׳ (*yaḥFAN*) tramp, vagabond, vagrant

יַחְפָנוּת נ׳ (*yaḥfaNUT*) vagrancy, dereliction

יַחַשׂ ר׳ יַחַס

יָטַב פעל ע׳ (*yaTAV*) be good

יְיָ God, Adonai (*adoNAI; ha SHEM*)

יִידִישׁ, יִדִית נ׳ (*YIdish; yiDIT*) Yiddish

יַיִן ז׳ (*YAyin*) wine

יֵינִי ת׳ (*yeyNI*) winy

יֵינָן ז׳ (*yeyNAN*) wine maker; wine vendor

יַכְטָה נ׳ (*YAKHta*) yacht

יָכֹל פעל ע׳ (*yaKHOL*) be able, be capable of; be permitted; overcome

כִּבְיָכוֹל so to speak

יְכֹלֶת נ׳ (*yeKHOlet*) ability, capability; faculty, capacity; possibility

יָלַד פעל י׳ (*yaLAD*) bear

יִלֵּד פעל י׳ (*yilLED*) deliver (child)

יֶלֶד ז׳ (*YEled*) child, offspring; boy; son; youth

יַלְדָּה נ׳ (*yalDA*) girl

יַלְדוֹן ז׳ (*yalDON*) little boy

יַלְדוּת נ׳ (*yalDUT*) childhood; childishness

יַלְדוּתִי ת׳ (*yalduTI*) childish

יַלְדוּתִיּוּת נ׳ (*yalduti YUT*) childishness

יָלוּד ז׳ (*yaLUD*) newborn baby; infant

יְלוּד אִשָּׁה human, mortal

יִלּוֹד ז׳ (*yilLOD*) newborn baby; infant

יִלּוּד ז׳ (*yilLUD*) midwifery

יְלוּדָה נ׳ (*yeluDA*) birth rate

הַגְבָּלַת הַ – birth control

יָלִיד ז׳ (*yaLID*) native; son

יֵלֵךְ ר׳ הָלַךְ

יִלֵּל פעל ע׳ (*yilLEL*) wail, howl

יְלֵל ז׳, יְלָלָה נ׳ (*yeLEL; yelaLA*) wailing, howl

יֶלֶק ז׳ (*YElek*) locust larva

יַלְקוּט ז׳ (*yalKUT*) bag, satchel; collection; anthology

יָם ז׳ (*YAM*) sea, ocean; lake; west; vat

יוֹרְדֵי – seafarers

מַחֲלַת – seasickness

מֵעֵבֶר לַ – overseas

שְׂפַת הַ – seashore

– תִּיכוֹן (*YAM tiKHON*) Mediterranean Sea

– תִּיכוֹנִי ת׳ (*YAM tikhoNI*) Mediterranean

יַמָּאוּת נ׳ (*yamma'UT*) seamanship

יַמַּאי ז׳ (*yamMAI*) seaman

יַמָּה נ׳ (*yamMA*) lake

יְמוֹת־ ז״ר (*yeMOT*) days of

יַמִּי ת׳ (*yamMI*) sea, marine, maritime, naval; aquatic

יַמִּיָּה נ׳ (*yammiYA*) navy, fleet

יְמֵי־הַבֵּינַיִם ז״ר (*yeMEY ha-beyNAyim*) Middle Ages

יָמִים ז״ר ר׳ יוֹם

יָמִין ז׳ (*yaMIN*) right, right hand

הֶחֱזִיק בִּימִינוֹ encourage

יָמִינָה תה״פ (*yaMIna*) to the right

יְמִינִי ת׳ ז׳ (*yemiNI*) right handed; right; Benjaminite

יְמָמָה נ׳ (*yemaMA*) a day and a night (24 hours)

יְמָנִי ת׳ (*yemaNI*) right, right-handed; rightist

יָמְרָה נ׳ (*yomRA*) pretension, pretence

יָמְרָנוּת נ׳ (*yomraNUT*) pretentiousness, ambition

יָמְרָנִי ת׳ (*yomraNI*) pretentious, ambitious

יָנוּאָר ז׳ (*YAnuar*) January

יִנּוּן ז׳ (*yinNUN*) ionization

יַנּוּקָא ז׳ (*yanNUka*) babe, child; child rabbi

יְנִיקָה נ׳ (*yeniKA*) sucking, suckling; suction; intake, absorption

יָנַק פעל י׳ (*yaNAK*) suck, absorb, take in

יַנְקוּת נ׳ (*yanKUT*) infancy

יַנְקוּתִי ת׳ (*yankuTI*) infant

יַנְשׁוּף ז׳ (*yanSHUF*) owl

יָסַד פעל י׳ (*yaSAD*) found, establish

יִסֵּד פעל י׳ (*yisSED*) found, establish

יְסוֹד ז׳ (*yeSOD*) foundation, basis; principle; element; origin

עַל – on the basis of

נְטוּל – unfounded

יִסּוּד ז׳ (*yisSUD*) founding

יְסוֹדִי ת׳ (*yesoDI*) fundamental, basic; elementary; thorough

יְסוֹדִיּוּת נ׳ (*yesodiYUT*) thoroughness

יִסּוּר ז׳ (*yisSUR*) torment, suffering; correction; admonition, warning

יִסּוּרִים agony, suffering

יַסְמִין ז׳ (*yasMIN*) jasmine

יַסְעוּר ז׳ (*yas'UR*) shearwater

יָסַף פעל י׳ ע׳ (*yaSAF*) add; repeat; continue

יָסַר פעל י׳ (*yaSAR*) punish, admonish

יִסֵּר פעל י׳ (*yisSER*) punish, admonish

יָעַד פעל י׳ (*ya'AD*) designate, destine, set apart

יִעֵד פעל י׳ (*yi'ED*) destine, appoint, set apart; betroth

יַעַד ז׳ (*YA'ad*) aim, objective; purpose

יָעֶה ז׳ (*ya'E*) dustpan, coal pan, shovel, scoop

יִעוּד ז׳ (*yi'UD*) designation; mission, assignment; destiny; promise

יָעוּד ת׳ (*ya'UD*) designated, set apart

יִעוּל ז׳ (*yi'UL*) increasing efficiency

יִעוּר ז׳ (*yi'UR*) afforestation

יְעִידָה נ׳ (*ye'iDA*) designation; assembly; statement

יָעִיל ת׳ (*ya'IL*) efficient; useful

יְעִילוּת נ׳ (*ye'iLUT*) efficiency; usefulness

יִעֵל פעל י׳ (*yi'EL*) make efficient

יָעֵל ז׳ (*ya'EL*) ibex, mountain goat

יְעֵלָה נ׳ (*ye'eLA*) mountain goat (f.)

יַעֲלַת חֵן lovely woman

יָעֵן ז׳ (*ya'EN*) ostrich

יַעַן מ״י (*YA'an*) because, since

– אֲשֶׁר, – כִּי because, on account of, since

יָעַף פעל ע׳ (*ya'AF*) be tired

יָעֵף ת׳ (*ya'EF*) tired

יְעָף ז׳ (*ye'AF*) flight; haste, hurry; volley

יָעַץ פעל י׳ (*ya'ATS*) advise

יִעֵץ פעל י׳ (*ye'ETS*) advise

יַעַר ז׳ (*YA'ar*) forest; honeycomb

יִעֵר פעל י׳ (*yi'ER*) plant a forest, afforest

יַעֲרָה נ׳ (*ya'aRA*) honeycomb

יַעֲרִי ת׳ (*ya'aRI*) forest, wooded, sylvan

יַעֲרָן ז׳ (*ya'aRAN*) forester

יַעֲרָנוּת נ׳ (*ya'a'raNUT*) forestry

יָפָה פעל ע׳ (*yaFA*) be beautiful, grow beautiful

יִפָּה פעל י׳ (*yipPA*) make beautiful, beautify, adorn, improve

– כֹּחוֹ authorize, empower

יָפֶה ת׳ (*yaFE*) beautiful, pretty, fair, nice; good; pleasant; worthy; wanted

– תה״פ beautifully; well

יְפֵהפֶה ת׳ (*yefeFE*) very beautiful

יְפֵהפִיָּה נ׳ beauty (f.)

יִפּוּי ז׳ (*yipPUY*) beautification

–כֹּחַ authorization; accreditation; power of attorney

יֹפִי ז׳ (*YOfi*) beauty

יְפֵיפָה פעל ע׳ (*yofyaFA*) be very beautiful

יְפֵיפֶה ר׳ יְפֵהפֶה

יָצָא פעל ע׳ (*yaTSA*) go out, come out; go away; stand out; be set apart; emerge, originate; follow (as consequence), be caused; expire, end; be exempt; defecate

– בְּדִימוֹס resign, abdicate
– הַגּוֹרָל עַל the lot fell on
– הַדִּין judgment was delivered
– יְדֵי חוֹבָתוֹ perform perfunctory duties
– לָאוֹר be published
יָצְאָה נַפְשׁוֹ אֶל long for
יָצְאָה נִשְׁמָתוֹ died
– שְׁמוֹ become famous
יָצְאָה הַשֶּׁמֶשׁ the sun has risen
– לַפֹּעַל be carried out, executed
– מִגִּדְרוֹ lose one's temper
– מִדַּעְתּוֹ lose one's mind
– מִכֵּלָיו lose one's temper
– מִן הַכְּלָל be an exception
– בְּשֵׁן וָעַיִן suffer serious losses
– וְיָדָיו עַל רֹאשׁוֹ lose
– שְׂכָרוֹ בְּהֶפְסֵדוֹ his loss exceeded his gain
– הֶפְסֵדוֹ בִּשְׂכָרוֹ his gain exceeded his loss
יִצֵּא פעל י׳ (yitsTSE) export
יַצְאָנִית נ׳ (yats'aNIT) streetwalker, prostitute
יִצֵּב פעל י׳ (yitsTSEV) stabilize
יִצֵּג פעל י׳ (yitsTSEG) represent
יִצְהָר ז׳ (yitsHAR) fresh pure olive oil
יְצוּא ז׳ (yeTSU) export
יְצוּאָן ז׳ (yetsu'AN) exporter
יִצּוּב ז׳ (yitsTSUV) stabilization
יִצּוּג ז׳ (yitsTSUG) representation
יָצוּל ז׳ (yaTSUL) shaft, temple (glasses)
יָצוּעַ ז׳ (yaTSU'a) couch, bed
יָצוּק ת׳ (yaTSUK) cast, forged
יְצוּר ז׳ (yeTSUR) creature
יִצּוּר ז׳ (yitsTSUR) production, manufacturing
יְצִיאָה נ׳ (yetsi'A) going out, departure, exit; emigration; death; expense; sunrise; defection
יַצִּיב ת׳ (yatsTSIV) stable, solid, firm

יְצִיבָה נ׳ (yetsiVA) carriage, posture
יַצִּיבוּת נ׳ (yatstsiVUT) stability
יְצִיגָה נ׳ (yetsiGA) posture, stand
יָצִיעַ ז׳ (yaTSI'A) gallery (theater), grandstand, balcony; floor; wing (building), annex; carpet
יְצִיקָה נ׳ (yetsiKA) casting; pouring
בֵּית־ – foundry
בַּרְזֶל – cast iron
יְצִיר ז׳ (yeTSIR) creature; figure; production; creation
יְצִירָה נ׳ (yetsIRA) creation; production; generation; deed, work; work of art, composition; pottery
יָצַק פעל י׳ (yaTSAK) pour; cast
יַצֶּקֶת נ׳ (yatsTSEket) cast iron
יָצַר פעל י׳ (yaTSAR) create, produce, generate; fashion, compose
יֵצֶר ז׳ (YEtser) inclination, drive, instinct, lust; creature
הָרָע – evil nature
יַצְרָן ז׳ (yatseRAN) manufacturer, producer
יַצְרָנוּת נ׳ (yatseraNUT) productivity; manufacturing
יֶקֶב ז׳ (YEkev) wine cellar; wine press
יָקַד פעל ע׳ (yaKAD) burn, blaze
יְקוֹד ז׳ (yeKOD) burning, fire
יְקוּם ז׳ (yeKUM) universe
יִקּוּר ז׳ (yikKUR) making dear; price rise; endearment
יַקִּנְתּוֹן ז׳ (yakkinTON) hyacinth
יְקִיצָה נ׳ (yekiTSA) awakening
יַקִּיר ת׳ ז׳ (yakKIR) dear, beloved; respectable; important; dignitary
יָקַר פעל ע׳ (yaKAR) be dear; be respected; be precious; be costly; be heavy
יִקֵּר פעל י׳ (yikKER) increase price, make expensive; honor
יָקָר ת׳ (yaKAR) dear; expensive; rare; precious

honor, value; (*yeKAR*) יקר ז׳
precious object; charm, glow

high cost, high price; (*YOker*) יקר ז׳
expensiveness; price rise; cost

prestige (*yukRA*) יקרה נ׳

expensiveness, (*yakRUT*) יקרות נ׳
high prices

one who charges (*yakRAN*) יקרן ז׳
high prices

demanding (*yakraNUT*) יקרנות נ׳
high prices

ensnare, (*yaKOSH*) יקש פעל י׳
trap, mine

fear, apprehend; (*yaRE*) ירא פעל ע׳
worry; respect; stand in awe of

fearful; fearing; afraid; – ת׳
apprehensive; timid; respecting

God-fearing ירא־שמים

fear awe; respect (*yir'A*) יראה נ׳

place of worship בית –

awe, respect יראת כבוד

jerboa (*yarBU'a*) ירבוע ז׳

great tit (*yargaZI*) ירגזי ז׳

come down, go (*yaRAD*) ירד פעל ע׳
down; descend; fall, decrease, deteriorate

the day is approaching – היום
its end

persecute, torment – לחיי

be lost, go down the drain – לטמיון

be improverished – מנכסיו

shoot, fire; throw (*yaRA*) ירה פעל י׳

low, lowly, inferior (*yaRUD*) ירוד ת׳

interception (*yeRUT*) ירוט ז׳
(airplane)

green scum, algae (*yeroKA*) ירוקה נ׳

warbler (*yeroKIT*) ירוקית נ׳

ירושה ר׳ ירשה

moon (*yaRE'ah*) ירח ז׳

month (*YErah*) ירח ז׳

honeymoon – הדבש

monthly (*yarHON*) ירחון ז׳
(magazine)

lunar (*yereHI*) ירחי ת׳

intercept (airplane) (*yeRET*) ירט פעל י׳

shooting, fire; shot (*yeRI*) ירי ז׳

opponent, rival; (*yaRIV*) יריב ז׳
enemy

rivalry (*yeriVUT*) יריבות נ׳

fair, market (*yaRID*) יריד ז׳

descent, drop, (*yeriDA*) ירידה נ׳
going down, landing; decline; deterioration, decrease; degeneration; emigration (from Israel)

shot, shooting; (*yeriYA*) ירייה נ׳
firing

sheet, tarpaulin; (*yeri'A*) יריעה נ׳
curtain; fly (tent), flap; parchment sheet

spitting (*yeriKA*) יריקה נ׳

thigh, loin; side; (*yaREKH*) ירך נ׳
flank

stern, rear; end; (*yarKHA*) ירכה נ׳
abutment; buttress

stern; (*yarkhaTAyim*) ירכתים
remote region

spit (*yaRAK*) ירק פעל י׳

green; greenhorn (*yaROK*) ירק ת׳

greenery (*YErek*) ירק ז׳

vegetable (*yaRAK*) ירק ז׳

green; chlorosis (*yeraKON*) ירקון ז׳

greenfinch (*yarKON*) ירקון ז׳

greenness (*yarKUT*) ירקות נ׳

greengrocer; (*yarKAN*) ירקן ז׳
vegetable grower

greenish (*yerakRAK*) ירקרק ת׳

(*yerakrakKUT*) ירקרקות נ׳
greenishness

inherit; take (*yaRASH*) ירש פעל י׳
possession of; succeed

inheritance, (*yerushSHA*) ירשה נ׳
possession

there is, there are (*YESH*) יש תה״פ

- have, - has (with noun or pronoun) ־ל –
I have לי –
he has לו –
one has to (with verb) ־ל –
he is inclined אֶת נַפְשׁוֹ –
he intends בְּדַעְתּוֹ –
he is capable לְאֵל יָדוֹ –
what is there? what's up? מַה – ?
being, reality, existence; possession, assets ז׳ –
sit, dwell, stay, settle, be (at) (yaSHAV) יָשַׁב פעל ע׳
sit in court בְּדִין –
sit idle בָּטֵל –
fast בְּתַעֲנִית –
ponder, deliberate עַל הַמְּדוֹכָה –
preside רֹאשׁ –
settle, adjust, populate; set; order; explain; mediate (yishSHEV) יִשֵּׁב פעל י׳
buttock, bottom; behind; "ass"; sitter; settler (yashVAN) יַשְׁבָן ז׳
Jesus (YEshu) יֵשׁוּ ז׳
settlement; population; proper civilized society; explaining; consideration; mediation; accommodating; ordering (yiSHUV) יִשּׁוּב ז׳
settlement of conflicts סִכְסוּכִים –
presence of mind דַּעַת –
seated; inhabited (yaSHUV) יָשׁוּב ת׳
of the population; of the settlement; civilized (yishuVI) יִשּׁוּבִי ת׳
application (yisSUM) יִשּׂוּם ז׳
putting to sleep; aging (yishHUN) יִשּׁוּן ז׳
salvation; rescue; prosperity (yeshu'A) יְשׁוּעָה נ׳
Jesuit, Jesuitic; hypocritical (yeshu'I) יֵשׁוּעִי ת׳
straightening; rectification (yishSHUR) יִשּׁוּר ז׳
entity; existence; being (yeSHUT) יֵשׁוּת נ׳

sitting; meeting; session; settlement, residence; Yeshiva (Talmudic academy) (yeshiVA) יְשִׁיבָה נ׳
desert, wasteland (yeshiMON) יְשִׁימוֹן ז׳
direct; immediate, through (yaSHIR) יָשִׁיר ת׳
very old; aged (yaSHISH) יָשִׁישׁ ת׳ ז׳
sleep (yaSHEN) יָשֵׁן פעל ע׳
put to sleep; cause to age (yishSHEN) יִשֵּׁן פעל י׳
old, outmoded (yaSHAN) יָשָׁן ת׳
oldness; former condition (YOshen) יֹשֶׁן ז׳
he (it) is, she is יֶשְׁנוֹ, יֶשְׁנָהּ
ר׳ יש
oldness, obsolescence (yashNUT) יַשְׁנוּת נ׳
there are, they are יֶשְׁנָם, יֶשְׁנָן
ר׳ יש
sleepyhead (yashNAN) יַשְׁנָן ז׳
salvation, help (YEsha') יֶשַׁע ז׳
jasper (yasheFE) יָשְׁפֵה נ׳
go straight, be straight, be agreeable (yaSHAR) יָשַׁר פעל ע׳
make straight; straighten (yishSHER) יִשֵּׁר פעל י׳
straight; honest; right; upright; smooth; agreeable (yaSHAR) יָשָׁר ת׳
be pleasing... ...יָשָׁר בְּעֵינֵי
honesty; straightness; rectitude (YOsher) יֹשֶׁר ז׳
Israeli; Jewish; Israelite (yisrae'eLI) יִשְׂרְאֵלִי ת׳ ז׳
straightness; honesty; rectitude (yashRUT) יַשְׁרוּת נ׳
stake; wedge; peg, nail; metric foot (poetry) (yaTED) יָתֵד נ׳
cuneiform כְּתַב הַיְתֵדוֹת
staking out (yitTUD) יִתּוּד ז׳
orphan; destitute; alone (yaTOM) יָתוֹם ז׳ ת׳

בֵּית יְתוֹמִים orphanage

יִתּוּם ז׳ (*yitTUM*) orphaning

יִתּוּר ז׳ (*yitTUR*) excess, remainder

יַתּוּשׁ ז׳ (*yatTUSH*) mosquito

יַתִּיר ת׳ (*yatTIR*) superfluous

יִתָּכֵן תה״פ (*yittaKHEN*) maybe, perhaps

לֹא – it's impossible

יָתַם פעל ע׳ (*yaTAM*) become an orphan

יִתֵּם פעל י׳ (*yitTEM*) make an orphan

יַתְמוּת נ׳ (*yatMUT*) orphanhood

יִתֵּר פעל י׳ (*yitTER*) add, overdo

יָתֵר ת׳ (*yaTER*) superfluous, excessive; great; greater; advantageous

עַל כֵּן – furthermore

יֶתֶר ז׳ (*YEter*) remainder; abundance; excess; string; hypotenuse

יִתְרָה נ׳ (*yitRA*) remainder; balance

יִתְרוֹן ז׳ (*yitRON*) advantage; profit

יְתֵרוּת נ׳ (*yeteRUT*) superiority

# כ

כ נ׳ (*KAF*) Kaph (the eleventh letter of the Hebrew alphabet); twenty, twentieth

כְּ־ מ״ח (*ke-*) as, like; about, approximately; when; at; according to

כָּאַב פעל ע׳ (*ka'AV*) ache, feel pain, hurt; suffer

כְּאֵב ז׳ (*ke'EV*) pain, ache, sorrow, grief; anguish

כָּאוּב ת׳ (*ka'UV*) painful, aching

כאורה ר׳ לְכְאוֹרָה

כְּאִלּוּ מ״ח (*ke'I'lu*) as if, as

כָּאָמוּר ת׳ (*ka'a'MUR*) as said before

כָּאן תה״פ (*KAN*) here; in this case

מִכָּאן שֶׁ־ hence

כַּאֲשֶׁר מ״ח (*ka'aSHER*) when, while

כַּבָּאוּת נ׳ (*kabba'UT*) fire extinguishing

כַּבַּאי ז׳ (*kabBAI*) fireman

כָּבֵד פעל ע׳ (*kaVED*) be heavy; be difficult; be grievous; be important

כִּבֵּד פעל י׳ (*kibBED*) honor, respect; sweep (floor)

כָּבֵד ת׳ ז׳ (*kaVED*) heavy; difficult; grievous; abundant; liver

כֹּבֶד ז׳ (*KOved*) weight, heaviness, gravity; difficulty; abundance

כְּבֻדָּה נ׳ (*kevudDA*) possessions, burden

כְּבֵדוּת נ׳ (*keveDUT*) heaviness; slowness; fatigue

כְּבֵדִי ת׳ (*keveDI*) of the liver; hepatic

כָּבָה פעל ע׳ (*kaVA*) be extinguished; go out (fire, etc.)

כִּבָּה פעל י׳ (*kibBA*) extinguish, put out, turn off (light)

כָּבוֹד ז׳ (*kaVOD*) honor, respect; splendor; majesty; wealth; riches

כְּבוֹד־ Your (his) Honor...

לְכָבוֹד to (Mr., Miss, etc.); in honor of

בִּכְבוֹדוֹ וּבְעַצְמוֹ in person

כָּל הַכָּבוֹד good for you! (all due respect)

בֵּית כָּבוֹד toilet

בְּכָבוֹד רַב yours sincerely

כִּבּוּד ז׳ (*kibBUD*) refreshments; respecting; honoring; sweeping (floor)

כָּבוּד ת׳ (*kaVUD*) honorable; important

כָּבוּי ת׳ (*kaVUY*) extinguished; extinct

כִּבּוּי ז׳ (*kibBUY*) extinguishing; extinction; putting out, turning off (light)

כָּבוּל ת׳ ז׳ (*kaVUL*) fettered; chained; bound; turf; peat

כָּבוּן ת׳ (*kaVUN*) clasped; pinned; wrapped; pinned up (hair)

כִּבּוּס ז׳ (*kibBUS*) washing; laundering

כִּבּוּשׁ ז׳ (*kibBUSH*) conquest; occupation; accomplishment; pressing, compressing; suppression; repression; pickling

כָּבוּשׁ ת׳ (*kaVUSH*) occupied; conquered; enslaved; pickled; preserved; pressed; compressed; suppressed; paved

כְּבוּשִׁים ז״ר (*kevuSHIM*) pickled vegetables; pickled fruits; pickled food

כְּבִיָּה נ׳ (*keviyYA*) extinction; going out (fire, light, etc.)

כִּבְיָכוֹל תה״פ (*kivyaKHOL*) so to speak; as it were

כְּבִילָה נ׳ (*keviLA*) chaining; fettering; binding

כָּבִיס ת׳ (kaVIS) washable
כְּבִיסָה נ׳ (keviSA) laundering; laundry
כַּבִּיר ת׳ (kabBIR) great, mighty; tremendous
כְּבִירָה נ׳ (keviRA) sifting
כְּבִישׁ ז׳ (keVISH) road, highway
כְּבִישָׁה נ׳ (keviSHA) pressing; compressing; pickling; preserving; conquering
כָּבַל פעל י׳ (kaVAL) bind; chain; restrain; restrict
כֶּבֶל ז׳ (KEvel) cable; wire; chain, bond
כָּבַן פעל י׳ (kaVAN) clasp; pin (hair)
כְּבֵנָה נ׳ (keveNA) hairpin; clasp; brooch; hairnet
כָּבַס פעל י׳ (kaVAS) launder
כִּבֵּס פעל י׳ (kibBES) launder; cleanse; wash
כְּבָסִים ז״ר (kevaSIM) laundry; laundered articles
כָּבַר פעל י׳ (kaVAR) sift
כְּבָר תה״פ (keVAR) already
מִ — previously
זֶה — a long time ago
כְּבָרָה נ׳ (kevaRA) sieve
כִּבְרַת אֶרֶץ fair measure of road; plot of land
כִּבְרַת דֶּרֶךְ certain distance
כֶּבֶשׂ ז׳ (KEves) sheep
כֶּבֶשׁ ז׳ (KEvesh) gangway; gangplank; ramp
כָּבַשׁ פעל י׳ (kaVASH) conquer; occupy; capture; enslave; press; compress; pave (road); pickle; preserve; hide; suppress
כִּבְשָׂה נ׳ (kivSA) ewe
כִּבְשָׁן ז׳ (kivSHAN) furnace; kiln; oven
כְּגוֹן תה״פ (keGON) such as; e.g.
כַּד ז׳ נ׳ (KAD) jug; pitcher; rounded; oval; blunt
כֹּד ז׳ (KOD) blunt end; rounded end

כְּדַאי ת׳ תה״פ (keDAI) worthwhile
כְּדָאִיּוּת נ׳ (keda'iYUT) degree of being worthwhile; profitableness
כִּדְבָעֵי תה״פ (kidva'EY) properly
כַּדָּד ז׳ (kadDAD) jug maker
כַּדּוֹמֶה תה״פ (kaddoME) and the like; ditto, etc.
כַּדּוּר ז׳ (kadDUR) ball; sphere; bullet; round; tablet; pill
— הָאָרֶץ the globe
— פּוֹרֵחַ balloon
כַּדּוּרֶגֶל ז׳ (kadduREgel) soccer (football)
כַּדּוּרַגְלָן ז׳ (kadduragLAN) soccer player
כַּדּוּרִי ת׳ (kadduRI) spherical; round
כַּדּוּרִיּוּת נ׳ (kadduriYUT) sphericality; roundness
כַּדּוּרִית נ׳ (kadduRIT) corpuscle; globule; small ball
כַּדּוּרְסַל ז׳ (kaddurSAL) basketball
כַּדּוּרְסַלָּן ז׳ (kaddursalLAN) basketball player
כַּדּוּרְעָף ז׳ (kaddurAF) volley ball
כְּדֵי (keDEY) in order
— שֶׁ- in order that
— לְ- in order to
מִכְּדֵי more than
תּוֹךְ — while
כַּדִּית נ׳ (kadDIT) small jug
כַּדְכֹּד ז׳ (kadKOD) chalcedony; jacinth
כִּדֵּן פעל י׳ (kidDEN) fix a bayonet
כִּדֵּר פעל י׳ (kidDER) make round
כִּדְרוּר ז׳ (kidRUR) dribble
כִּדְרֵר פעל י׳ (kiDRER) dribble
כַּדֹּרֶת נ׳ (kadDOret) bowling
כֹּה תה״פ (KO) so, thus; here; now
עַד — until now, up to this point
בֵּין — וָכֹה meanwhile, at any rate
כְּהֹגֶן תה״פ (keHOgen) properly; fairly
כָּהָה פעל ע׳ (kaHA) become dim; be dark

כָּהוּ עֵינָיו his eyesight weakened
כִּהָה פ״ע (kiHA) reprove; admonish
כֵּהֶה ת׳ (keHE) dark; obscure; dim
כָּהוּי ת׳ (kaHUY) dim; dark
כִּהוּי ז׳ (kiHUI) dimming; reproach
כהונה ר׳ כְּהֻנָּה
כֵּהוּת נ׳ (keHUT) dimness; darkness
כֹּהַל ז׳ (KOhal) alcohol
כָּהֳלִי ת׳ (kohoLI) alcoholic
כַּהֲלָכָה תה״פ (kahalaKHA) right; correctly; properly
כִּהֵן פעל ע׳ (kiHEN) serve (as...); hold office; serve as priest
כְּהֻנָּה נ׳ (kehunNA) service; tenure of office; priesthood; priest's office
כָּהֵנָּה מ״ג (kaHENna) such as they (f.)
– וְכָהֵנָּה more and more; more of the same kind
כֹּהֲנִי ת׳ (kohaNI) priestly
כֹּהֶנֶת נ׳ (koHEnet) priestess
כּוֹאֵב ת׳ (ko'EV) ill; hurting; painful
כּוֹבֶסֶת נ׳ (koVEset) washerwoman
כּוֹבַע ז׳ (KOva; koVA) hat
כּוֹבָעָן ז׳ (kova'AN) hatter; milliner
כּוֹבֵשׁ ז׳ (koVESH) conquerer
כָּוָה פעל י׳ (kaVA) burn; scorch; make a burn
כִּוָּה פעל י׳ (kivVA) cauterize; burn
כַּוָּה נ׳ (kavVA) hatchway; porthole
כִּוּוּן ז׳ (kivVUN) direction; aiming; diverting
כִּוּוּנִי ת׳ (kivvuNI) directional
כִּוּוּץ ז׳ (kivVUTS) shrinking; contraction; pressing
כּוֹזֵב ת׳ (koZEV) false
כְּוִיָּה נ׳ (keviYA) burn
כָּוִיץ ת׳ (kaVITS) shrinkable
כּוּךְ ז׳ (KUKH) niche; crypt
כּוֹכָב ז׳ (koKHAV) star; Mercury; luck; success; asterisk
– חַמָּה sun; Mercury
– לֶכֶת planet
– שָׁבִיט comet

– נוֹפֵל meteor
כּוֹכַב־יָם ז׳ (koKHAV yam) starfish
כּוֹכָבוֹן ז׳ (kokhaVON) small star; asterisk
כּוֹכָבִי ת׳ (kokhaVI) star; stellar; astral
כּוֹכָבִית נ׳ (kokhaVIT) chickweed
כּוֹכֶבֶת נ׳ (koKHEvet) star (f.); Venus
כּוֹלֵל ת׳ ז׳ (koLEL) inclusive; including; comprehensive; general; overall; community; congregation
כּוֹלֶרָה נ׳ (koleRA) cholera
כומר ר׳ כֹּמֶר
כומתה ר׳ כֻּמְתָּה
כִּוֵּן פעל י׳ (kivVEN) direct; aim; tune; attune
כַּוָּנָה נ׳ (kavvaNA) intention; purpose; meaning; devotion
– תְּחִלָּה premeditation
בְּכַוָּנָה intentionally; on purpose
כִּוְנוּן ז׳ (kivNUN) adjustment; tuning
כִּוְנֵן פעל י׳ (kivNEN) adjust; tune
כּוֹנֵן פעל י׳ (koNEN) establish. found; constitute; fix; affix
כּוֹנְנוּת נ׳ (koneNUT) alertness; alert; preparedness
כּוֹנָנִית נ׳ (konaNIT) bookcase; shelf
כּוֹנֵס ז׳ (koNES) receiver
– ־נְכָסִים receiver
כַּוֶּנֶת נ׳ (kavVEnet) sight (gun); guide (machine)
כּוֹס נ׳ (KOS) glass; tumbler; portion; lot
– ז׳ little owl
כּוֹסִית נ׳ (koSIT) small glass
כוסמת ר׳ כֻּסֶּמֶת
כּוֹפֵל ז׳ (koFEL) multiplier
כּוֹפֵר ז׳ (koFER) heretic, unbeliever; atheist; denier of charge
כופר ר׳ כֹּפֶר
כופתה ר׳ כֻּפְתָּה
כָּוַץ פעל ע׳ (kaVATS) shrink

כִּוֵּץ פעל י׳ (*kivVETS*) cause to shrink, contract

כֶּוֶץ ז׳ (*KEvets*) shrinkage; fold

כּוּר ז׳ (*KUR*) furnace; melting pot

– אֲטוֹמִי atomic reactor

כּוֹרֶה ז׳ (*koRE*) miner

כּוֹרֵיאוֹגְרַפְיָה נ׳ (*koreoGRAFya*) choreography

כּוֹרֵךְ ז׳ (*koREKH*) bookbinder

כּוֹרְכוּת נ׳ (*koreKHUT*) bookbinding

כּוֹרֵם ז׳ (*koREM*) vineyard proprietor

כַּוְּרָן ז׳ (*kavRAN*) beekeeper

כַּוְּרָנוּת נ׳ (*kavraNUT*) beekeeping; apiculture

כורסה ר׳ כֻּרְסָה

כּוֹרֵת ז׳ (*koRET*) reaper; logger

כַּוֶּרֶת נ׳ (*kavVEret*) beehive

כּוּשׁ ז׳ (*KOSH*) spindle; shaft

כּוּשִׁי ת׳ ז׳ (*kuSHI*) black; negro; Ethiopian

כּוֹשֵׁל ז׳ (*koSHEL*) faint; failing

כושר ר׳ כֹּשֶׁר

כותונת ר׳ כֻּתֹּנֶת

כותל ר׳ כֹּתֶל

כותנה ר׳ כֻּתְנָה

כּוֹתֶפֶת נ׳ (*koTEfet*) shoulder strap; epaulet

כּוֹתֶרֶת נ׳ (*koTEret*) headline; capital (column): heading; caption; corolla

– עָלֶה petal

כָּזַב פעל י׳ (*kaZAV*) lie; deceive

כִּזֵּב פעל י׳ (*kizZEv*) lie, deceive

כָּזָב ז׳ (*kaZAV*) lie, falsehood, deceit

כַּזְּבָן ז׳ (*kazzeVAN*) liar

כַּזְּבָנוּת נ׳ (*kazzevaNUT*) deceitfulness

כַּזְּבָנִי ת׳ (*kazzevaNI*) deceitful

כְּזַיִת ז׳ (*keZAyit*) very small amount (the size of an olive)

כֹּחַ ז׳ (*KO'aḥ*) force; strength; power; might; ability; resource; violence; validity; wealth; authority

– גַּבְרָא sexual potency

– ־סוּס horsepower

– בָּא representative

– יִפּוּי authority, power of attorney

עָצַר – לְ... be able, muster the strength for

כָּח פעל ע׳ (*KAḤ*) cough up phlegm

כִּחֵד פעל י׳ (*kiḤED*) deny; conceal

כחול ר׳ כָּחֹל

כְּחוֹל ז׳ (*keḤOL*) blue; azure; eye shadow

כָּחוּשׁ ת׳ (*kaḤUSH*) lean; thin; skim (milk)

כִּחוּשׁ ז׳ (*kiḤUSH*) denial

כֹּחִי ת׳ (*koḤI*) strong; potential

כְּחִישׁוּת נ׳ (*keḥiSHUT*) leanness

כִּחְכַּח פעל י׳ (*kiḥKAḤ*) clear the throat

כָּחַל פעל י׳ (*kaḤAL*) paint (eyelids) blue

כָּחֹל ת׳ (*kaḤOL*) blue

כָּחָל ז׳ (*kaHAL*) blue paint; eye shadow

בְּלֹא – וּבְלֹא שָׂרָק unadorned

כְּחַלְחַל ת׳ (*keḥalḤAL*) bluish

כַּחְלִילִי ת׳ (*kaḥliLI*) bluish

כָּחַשׁ פעל ע׳ (*kaḤASH*) become lean; decrease

כִּחֵשׁ פעל ע׳ (*kiḤESH*) deny; lie; disappoint

כַּחַשׁ ז׳ (*KAḤash*) lying; deceit; leanness; meagerness

כִּי מ״ח (*KI*) because, since; for; that; while; if; but only

– אָז then

– אִם but only

– עַל כֵּן since

בְּכִי טוֹב successfully

הֲכִי is it because; the most

וְכִי (to introduce question)

– אִם although

– אַף even though

– אֶפֶס but

לא כִּי it is not (... but)
עַד – until
תַּחַת – because
כִּיב ז׳ (KIV) ulcer
כִּידוֹד ז׳ (kiDOD) spark
כִּידוֹן ז׳ (kiDON) bayonet; spear; lance; javelin
כִּיּוּל ז׳ (kiYUL) calibration; measurement; titration
כֵּיוָן תה״פ (keyVAN) directly
– שֶׁ... since; seeing that; when
כִּיּוֹר ז׳ (kiYOR) basin, sink
כִּיּוּר ז׳ (kiyYUR) molding
כִּיחַ ז׳ (KI'aḥ) phlegm; spittle; spit
כִּיחָה נ׳ (kiḤA) spitting; expectoration
כִּיכְלִי ר׳ קִיכְלִי
כִּיֵּל פעל י׳ (kiYEL) calibrate; measure; titrate
כַּיִל ז׳ (KAyil) measurement
כילה ר׳ כִּלָּה
כִּילוּת נ׳ (kiLUT) stinginess
כִּילַי ז׳ (kiLAI) miser; tightwad
כֵּילַף ז׳ (keyLAF) hatchet
כִּימַאי ז׳ (kiMAI) chemist
כִּימִי ת׳ (kiMI) chemical
כִּימְיָה נ׳ (kimYA) chemistry
כִּינִין ז׳ (kiNIN) quinine
כִּיס ז׳ (KIS) pocket; pouch
כַּיָּס ז׳ (kaiYAS) pickpocket
כִּיסָן ז׳ (kiSAN) dumpling
כיף ר׳ כַּף
כיפה ר׳ כִּפָּה
כֵּיף ז׳ (KEYF) fun; "kicks"
כִּיֵּף פעל ע׳ (kiyYEF) have a good time; have fun
כֵּיצַד מ״ש (keyTSAD) how
כִּיֵּר פעל י׳ (kiyYER) mold; model
כִּירָה נ׳ (kiRA) burner; range
כִּירוּרְג ז׳ (kiRURG) surgeon
כִּירוּרְגִי ת׳ (kiRURgi) surgical
כִּירוּרְגְיָה (kiRURGya) surgery
כִּירַיִם ז״ז (kiRAyim) stove; range

כִּישׁוֹר ז׳ (kiSHOR) spindle; distaff
כָּךְ תה״פ (KAKH) so, thus
בְּכָךְ by this
לְכָךְ to this; therefore
מִ – from this
אַחַר – afterwards
בֵּין – וּבֵין – anyhow
כָּל – so much
מַה בְּכָךְ what of it?
דָּבָר שֶׁל מַה בְּכָךְ trifle
עַד כְּדֵי – as much as
עַל יְדֵי – by this
כָּכַב, כִּכֵּב פעל ע׳ (kaKHAV; kikKEV) star (in film, etc.)
כָּכָה תה״פ (KAkha) so, thus
– – so-so
כִּכָּר נ׳ (kikKAR) loaf; cake; square; plaza; circle; valley; talent (weight)
כֹּל, כָּל־ ז׳ ת׳ (KOL) all, the whole; all, every; any, multi-, pan-
– אֶחָד each
– אֵימַת שֶׁ... whenever
– בּוֹ having everything; department store
– יָכוֹל omnipotent; Almighty
– עוֹד as long as
לֹא – שֶׁכֵּן all the more
– שֶׁ... inasmuch as
הַ – all, everybody
בְּכָל אֹפֶן anyhow
בְּכָל זֹאת for all that, nevertheless
מִ – וָכֹל absolutely
מִ – מָקוֹם anyhow
סַךְ הַכֹּל sum total
עַל – פָּנִים in any case
רֻבּוֹ כְּכֻלּוֹ the major part of
כָּלָא פעל י׳ (kaLA) imprison; withold; prevent
כֶּלֶא ז׳ (KEle) prison
בֵּית־ – jail; prison
כַּלַּאי ז׳ (kalLAI) warden (prison)

כִּלְאַיִם ז״ז (*kil'A'yim*) hybrid, crossing (breeding)
בֶּן – hybrid, mongrel
כִּלֵּב פעל י׳ (*kilLEV*) make irregular stitches
כֶּלֶב ז׳ (*KElev*) dog
– שׁוֹטֶה mad dog
רָעֵב כְּכֶלֶב hungry as a wolf
כֶּלֶב־יָם ז׳ (*KElev-yam*) seal
כֶּלֶב־נָהָר ז׳ (*KElev-naHAR*) otter
כַּלְבָּה נ׳ (*kalBA*) bitch
כַּלְבִּי ת׳ (*kalBI*) canine
כְּלַבְלָב ז׳ (*kelavLAV*) small dog
כַּלְבָּן ז׳ (*kalBAN*) dog trainer
כַּלְבָּנוּת נ׳ (*kalbaNUT*) dog training
כַּלֶּבֶת נ׳ (*kalLEvet*) rabies
כָּלָה פעל י׳ (*kaLA*) be finished; cease; perish; run out; long
כִּלָּה פעל י׳ (*kilLA*) finish; complete; destroy; annihilate
כָּלָה נ׳ (*kaLA*) extinction
– תה״פ entirely
כָּלֶה ת׳ (*kaLE*) transitory; short-lived
כַּלָּה נ׳ (*kalLA*) bride; betrothed; daughter-in-law; Sabbath; bi-annual, conference of religious sholars
כִּלָּה נ׳ (*kilLA*) mosquito net; canopied bed
כָּלוּא ת׳ (*kaLU*) imprisoned
כְּלוּב ז׳ (*keLUV*) cage; wicker basket
כִּלּוּי ז׳ (*kilLUY*) completion; finishing; annihilation
כָּלוּל ת׳ (*kaLUL*) included; complete; perfect
כְּלוּלוֹת נ״ר (*keluLOT*) wedding; nuptials; engagement; becoming a bride
כְּלוּם ז׳ (*keLUM*) something; anything
– תה״פ (to introduce question)
לֹא – nothing

כְּלוֹמַר מ״ח (*keloMAR*) that is; namely
כְּלוֹנָס ז׳ (*keloNAS*) pole; pile; picket; stilt
כְּלוֹר ז׳ (*keLOR*) chlorine
כְּלוֹרוֹפוֹרְם ז׳ (*kloroFORM*) chloroform
כְּלוֹרוֹפִיל ז׳ (*kloroFIL*) chlorophyll
כְּלוֹרִי ת׳ (*kloRI*) chloric
כְּלוֹרִיד ז׳ (*kloRID*) chloride
כְּלוֹת־הַנֶּפֶשׁ נ׳ (*keLOT ha-NEfesh*) longing; yearning
כֶּלַח ז׳ (*KElah*) old age
אָבַד עָלָיו – become obsolete, become outworn
כְּלִי ז׳ (*keLI*) tool, utensil; instrument; weapon; thing; article; artifact; vessel; container; organ; member; dress; garment
כְּלֵי־זַיִן weapons, arms
כְּלֵי־זֶמֶר musical instruments; wedding musicians
כְּלִי־טַיִס aircraft
כְּלֵי־יוֹצֵר earthenware
כְּלֵי־לָבָן linen
כְּלֵי־מִטָּה bedding
– רֶכֶב vehicle
– אֵין חֵפֶץ בּוֹ useless (thing, person)
נֶחְבָּא אֶל הַכֵּלִים be shy
יָצָא מִכֵּלָיו lose one's temper
נוֹשֵׂא כֵּלִים apprentice; squire; disciple
כֵּלַי ז׳ (*keLAI*) miser
כַּלִּיא־בָּרָק ז׳ (*kalLI-baRAK*) lightning rod
כְּלִיאָה נ׳ (*keli'A*) imprisonment
כִּלְיָה נ׳ (*kilYA*) kidney
כְּלָיוֹת mind, conscience
מוּסַר כְּלָיוֹת pangs of conscience
כְּלָיָה נ׳ (*kelaYA*) annihilation
כִּלָּיוֹן ז׳ (*killaYON*) destruction, ruin, annihilation
– חָרוּץ utter ruin

כִּלְיוֹן עֵינַיִם impatience; yearning
כָּלִיל ת׳ (kaLIL) complete; perfect
– תה״פ completely; totally
– ז׳ burnt offering
כלימה ר׳ כְּלִמָּה
כָּלִיף ר׳ חָ׳לִיף
כַּלִּירַעַם ז׳ (kalliRA'am) lightning rod
כַּלֵּךְ מ״ק (kalLEKH) get out; turn away
כִּלְכּוּל ז׳ (kilKUL) maintenance, nourishing
כִּלְכֵּל פעל י׳ (kilKEL) maintain, support; nourish; contain; organize
כַּלְכָּל ז׳ (kalKAL) steward
כַּלְכָּלָה נ׳ (kalkaLA) economy; maintenance; economics
כַּלְכָּלִי ת׳ (kalkaLI) economic
כַּלְכְּלָן ז׳ (kalkaLAN) economist
כָּלַל פעל י׳ (kaLAL) include; complete
כְּלָל ז׳ (keLAL) rule; total; entirety; community; society
– לא, – וּכְלָל לא not at all
בִּכְלָל generally
בְּדֶרֶךְ – as a rule
יוֹצֵא מִן הַ – exception(al); excellent
לִכְלָל towards
מִ – from; hence
כְּלָלוּת נ׳ (kelaLUT) generality
כְּלָלִי ת׳ (kelaLI) general; comprehensive; common; public; universal
כְּלָלִיּוּת נ׳ (kelaliYUT) generality
כְּלִמָּה, כְּלִמּוּת נ׳ (kelimMA; kelimMUT) shame; disgrace; insult
כַּלָּנִית נ׳ (kallaNIT) anemone
כִּלְעֻמַּת שֶׁ־ מ״י (kil'umMAT-she) just as, in the same way
כְּלַפֵּי מ״י (kelapPEY) toward; against; regarding
כָּלְשֶׁהוּ ז׳ (kolsheHU) any; any such; some
כָּלְשֶׁהִי נ׳ (kolsheHI)

כַּמָּה מ״ש (kamMA) how many, how much; a few; some
– וְכַמָּה many
כָּמָה ר׳ כְּמוֹ
כָּמַהּ פעל ע׳ (kaMAH) long; yearn
כְּמֵהָה נ׳ (kemeHA) truffle
כְּמוֹ מ״י (keMO) as, like
– מ״ח when, as if
– כֵן also
– שֶׁהוּא as it is, as is
כַּמּוּבָן תה״פ (kammuVAN) certainly, of course
כַּמּוֹן ז׳ (kamMON) cumin
כָּמוּס ת׳ (kaMUS) hidden, latent, concealed, occult
כְּמוּסָה נ׳ (kemuSA) capsule
כְּמוּרָה נ׳ (kemuRA) clergy; priesthood
כָּמוּשׁ ת׳ (kaMUSH) withered
כְּמוֹת מ״י (keMOT) as, like
כַּמּוּת נ׳ (kamMUT) quantity, amount
כַּמּוּתִי ת׳ (kammuTI) quantitative
כְּמִיהָה נ׳ (kemiHA) longing; yearning
כְּמִישָׁה נ׳ (kemiSHA) withering
כָּמַס פעל י׳ (kaMAS) hide; conceal
כִּמְעַט תה״פ (kim'AT) almost; about; nearly
כֹּמֶר ז׳ (KOmer) priest; minister
כֻּמְרִית נ׳ (komRIT) priestess; minister's wife
כָּמַשׁ פעל ע׳ (kaMASH) wither
כָּמֵשׁ ת׳ (kaMESH) withered
כִּמְשׁוֹן ז׳ (kimSHON) late blight
כֻּמְתָּה נ׳ (kumTA) beret; vizorless cap
כֵּן תה״פ (KEN) yes; aye; so; thus; rightly
– ת׳ sincere; frank; artless
וּבְכֵן if so; thus
וְכֵן הָלְאָה and so on
וְכֵן and so
לָכֵן therefore

שֶׁכֵּן because
אַחַר כֵּן afterwards, then
אִם כֵּן if so
אַף־עַל־פִּי־כֵן nevertheless
כָּל שֶׁכֵּן certainly then
עַל כֵּן therefore
יָתֵר עַל כֵּן moreover
כִּי עַל כֵּן because
עַל מְנָת כֵּן for this purpose
כַּן, כֵּן ז׳ (KAN; KEN) stand; pedestal; bracket; position
הֵשִׁיב עַל כַּנּוֹ reinstate
כַּנָּה נ׳ (kanNA) stock; stand; mounting; bracket
כִּנָּה נ׳ (kinNA) louse
כִּנָּה פעל י׳ (kinNA) name; call; designate
כִּנּוּי ז׳ (kinNUY) appelation; name nickname; title; pronoun; alias; pseudonym
כִּנּוּן ז׳ (kinNUN) establishment; foundation; directing; printing; aiming
כִּנּוּס ז׳ (kinNUS) assembly; conference; gathering
כָּנוּעַ ת׳ (kaNU'a) submissive
כנופיה ר׳ כְּנֻפְיָה
כִּנּוֹר ז׳ (kinNOR) violin; fiddle
כֵּנוּת נ׳ (keNUT) sincerity; frankness
כְּנִימָה נ׳ (keniMA) scale bug; mealybug
כְּנִימַת עָלִים aphid
כְּנִיסָה נ׳ (keniSA) entrance; admission; assembly; gateway; beginning; inlet
כְּנִיעָה נ׳ (keni'A) surrender; capitulation; submission
כְּנִיעוּת נ׳ (keni'UT) submissiveness
כִּנֵּן פעל י׳ (kinNEN) adjust; wind; wrap; direct; aim
כַּנֶּנֶת נ׳ (kanNEnet) winch
כָּנַס פעל י׳ ע׳ (kaNAS) gather; convene; assemble; collect; be shortened
כִּנֵּס פעל י׳ (kinNES) gather; convene
כֶּנֶס ז׳ (KEnes) meeting; gathering; conference
כְּנֵסִיָּה נ׳ (kenesiYA) church; assembly
כְּנֵסִיָּתִי ת׳ (kenesiyaTI) ecclesiastical; church
כְּנֶסֶת נ׳ (keNEset) Knesset (Israeli parliament); assembly
כְּנַעַן ז׳ (kena'AN) Canaan
כְּנַעֲנִי ת׳ (kena'a'NI) Canaanite; merchant
עֶבֶד – slave for life; non-Hebrew slave
כָּנָף נ׳ (kaNAF) wing; corner; end; skirt; fringe; shelter; fender
כְּנֻפְיָה נ׳ (kenufYA) gang; band; group
כַּנָּר ז׳ (kanNAR) violinist; fiddler
כִּנֵּר פעל י׳ (kinNER) play the violin
כַּנִּרְאֶה תה״פ (kannirE) apparently
כַּנָּרִית נ׳ (kannaRIT) canary
כֵּס ז׳ (KES) throne; seat
כִּסֵּא ז׳ (kisSE) chair; seat
בֵּית – latrine; toilet
כִּסָּה פעל י׳ (kisSA) cover; conceal
כִּסּוּחַ ז׳ (kisSU'aḥ) cutting down; moving; clipping
כָּסוּחַ ת׳ (kaSU'aḥ) cut off; mown
כִּסּוּי ז׳ (kisSUY) covering; concealing; camouflaging; cover; coverage
כִּסּוּף ז׳ (kisSUF) longing; yearning
כְּסוּת נ׳ (keSUT) cover; covering; garment; clothes
כָּסַח פעל י׳ (kaSAḤ) cut down; mow
כִּסַּח פעל י׳ (kisSAḤ) cut off; mow
כְּסָיָה נ׳ (kesaYA) glove
כְּסִיחָה נ׳ (kesiḤA) cutting off; mowing
כְּסִיל ז׳ (keSIL) fool; Orion
כְּסִילוּת נ׳ (kesiLUT) folly, stupidity

כְּסִיסָה נ׳ (*kesiSA*) chewing; gnawing; crunching
כִּסְכֵּס פעל י׳ (*kisKES*) scrub; crunch
כִּסְלֵו ז׳ (*kisLEV*) Kislev, 3rd Hebrew month (9th, in Bible)
כֻּסֶּמֶת נ׳ (*kusSEMet*) spelt, buckwheat
כִּסְנוֹעַ ז׳ (*kesNO'a*) rocking chair
כָּסַס פעל י׳ (*kaSAS*) chew, gnaw; crunch
כֶּסֶף ז׳ (*KEsef*) silver; money; coin
– קָטָן change
כְּסָפִים finance
כֻּסְפָּה נ׳ (*kusPA*) oil cake
כַּסְפִּי ת׳ (*kasPI*) financial; silvery
כַּסְפִּית נ׳ (*kasPIT*) mercury
כַּסְפִּיתִי ת׳ (*kaspiTI*) mercurous; mercurial
כַּסְפִּיתָנִי ת׳ (*kaspitaNI*) mercuric
כַּסֶּפֶת נ׳ (*kasSEfet*) safe
כֶּסֶת נ׳ (*KEset*) featherbed; quilt; large pillow; strap; ribbon
כָּעוּס ת׳ (*ka'US*) angry
כִּעוּר ז׳ (*ki'UR*) ugliness
כָּעוּר ת׳ (*ka'UR*) ugly
כְּעֵין תה״פ (*ke'EYN*) like; similar to
כַּעַךְ ז׳ (*KA'akh*) pretzel; beigel
כִּעְכּוּעַ ז׳ (*ki'KU'a*) slight cough
כִּעְכַּע פעל ע׳ (*ki'KA'*) cough; clear the throat
כָּעַס פעל ע׳ (*ka'AS*) be angry
כַּעַס ז׳ (*KA'as*) anger; sorrow
כַּעֲסָן ז׳ (*ka'aSAN*) quick tempered person; irritable person
כַּעֲסָנוּת נ׳ (*ka'asaNUT*) irascibility; irritability
כִּעֵר פעל י׳ (*ki'ER*) make ugly
כַּף נ׳ (*KAF*) palm (hand), sole (foot); spoon; tablespoon; handle; scale(s); branch; authority; Kaf (the eleventh letter of the Hebrew alphabet)
– מֹאזְנַיִם scale (balance)
– נַעַל shoehorn

בָּא בַּכַּף be caught
תָּקַע – shake hands
שָׂם נַפְשׁוֹ בְּכַפּוֹ risk one's life
יְגִיעַ כַּפַּיִם, עֲבוֹדַת כַּפַּיִם manual labor
נְקִי כַּפַּיִם honest man
מָחָא כַּפָּיו, סָפַק כַּפָּיו clap hands
כֵּף ז׳ (*KEF*) cliff; cape; promontory
כָּפָה פעל י׳ (*kaFA*) force; compel; coerce; turn over
כִּפָּה נ׳ (*kipPA*) dome; vault; skullcap; cap; bottom of palm branch; stack; pile
מָלַךְ (מָשַׁל) בְּכִפָּה rule everywhere; rule the whole world
כַּפָּה נ׳ (*kapPA*) palm (hand); palm branch
כָּפוּי ת׳ (*kaFUY*) forced
כְּפוּי טוֹבָה ungrateful
כָּפוּל ת׳ (*kaFUL*) double; multiplied; times..., ... by... (multiplication)
כְּפוּלָה נ׳ (*kefuLA*) duplicate; multiple; fold
כָּפוּף ת׳ (*kaFUF*) bent; subject to; subordinate
כִּפּוּף ז׳ (*kipPUF*) bending; bend; subordination
כְּפוֹר ז׳ (*keFOR*) frost
כִּפּוּר ז׳ (*kipPUR*) atonement; forgiveness
יוֹם –, יוֹם הַכִּפּוּרִים Day of Atonement
כְּפוֹרִי ת׳ (*kefoRI*) frosty
כָּפוּשׁ ת׳ (*kaFUSH*) downtrodden; trampled; ugly
כָּפוּת ת׳ (*kaFUT*) bound; tied; fettered
כִּפֵּחַ ת׳ (*kipPE'aḥ*) very tall; lanky
כְּפִי מ״י (*keFI*) according to; like
– אֲשֶׁר, – שֶׁ־ since
כְּפִיָּה נ׳ (*kefiyYA*) compulsion; coercion; overturning; epilepsy

Arab head kerchief (*kaFIya*) כָּפִיָּה נ׳
binding (*kefiyYUT*) כְּפִיּוּת נ׳
ingratitude – טוֹבָה
double (*kaFIL*) כָּפִיל ז׳
folding; (*kefiLA*) כְּפִילָה נ׳
doubling; multiplying
duality; (*kefiLUT*) כְּפִילוּת נ׳
duplication
beam; board; rafter (*kaFIS*) כָּפִיס ז׳
flexible (*kaFIF*) כָּפִיף ת׳
flexion; (*kefiFA*) כְּפִיפָה נ׳
subordination; basket
together בִּכְפִיפָה אַחַת
flexibility; (*kefiFUT*) כְּפִיפוּת נ׳
subordination
young lion (*keFIR*) כְּפִיר ז׳
denial; heresy; (*kefiRA*) כְּפִירָה נ׳
atheism; young lionness
small spoon; (*kapPIT*) כַּפִּית נ׳
teaspoon
binding; fettering (*kefiTA*) כְּפִיתָה נ׳
multiply; (*kaFAL*) כָּפַל פעל י׳
double; repeat
double, doubling; (*KEfel*) כֶּפֶל ז׳
multiplication; -fold
double, twice (*kifLAyim*) כִּפְלַיִם תה״פ
hunger (*kaFAN*) כָּפָן ז׳
bend; incline; (*kaFAF*) כָּפַף פעל י׳
arch; curve; subject; subordinate
bend (*KEfef*) כֶּפֶף ז׳
glove (*kefaFA*) כְּפָפָה נ׳
deny; be (*kaFAR*) כָּפַר פעל ע׳ י׳
heretical; besmear
absolve, atone for; (*kipPER*) כִּפֵּר פעל י׳
pardon; forgive
ransom; (*KOfer*) כֹּפֶר ז׳
indemnity; bribe; asphalt; pitch; tar
village (*keFAR*) כְּפָר ז׳
atonement; (*kappaRA*) כַּפָּרָה נ׳
forgiveness; absolution
rustic; rural; villager (*kafRI*) כַּפְרִי ת׳ ז׳
rusticity; (*kafriYUT*) כַּפְרִיּוּת נ׳
country style

heretic, (*kafRAN*) כַּפְרָן ז׳
unbeliever; liar
heresy; denial (*kafraNUT*) כַּפְרָנוּת נ׳
covering of the (*kapPOret*) כַּפֹּרֶת נ׳
Holy Ark; curtain
bind, tie, fetter (*kaFAT*) כָּפַת פעל י׳
dumpling (*kufTA*) כֻּפְתָּה נ׳
button; knob; (*kafTOR*) כַּפְתּוֹר ז׳
bud; capital (column); Crete
buttoning (*kifTUR*) כִּפְתּוּר ז׳
button (*kifTER*) כִּפְתֵּר פעל י׳
pillow; cushion; (*KAR*) כַּר ז׳
meadow; field; fattened sheep;
battering ram
properly (*kara'UY*) כָּרָאוּי תה״פ
wrap up; (*kirBEL*) כִּרְבֵּל פעל י׳
cover; bundle up
coxcomb (*karBOlet*) כַּרְבֹּלֶת נ׳
as usual (*karaGIL*) כָּרָגִיל תה״פ
dig, mine; make (*kaRA*) כָּרָה פעל י׳
a feast
call someone's attention to – אֹזֶן לְ־
feast, banquet (*keRA*) כֵּרָה נ׳
cabbage; cherub (*keRUV*) כְּרוּב ז׳
cauliflower (*keruVIT*) כְּרוּבִית נ׳
proclamation (*keRUZ*) כְּרוּז ז׳
crier; announcer; (*kaROZ*) כָּרוֹז ז׳
barker; herald
wrapped; (*kaRUKH*) כָּרוּךְ ת׳
swaddled; bound; folded; twisted
right behind him; – אַחֲרָיו
attracted to him
involves – בְּ־
crane (bird) (*kerukhYA*) כְּרוּכְיָה נ׳
strudel (cake) (*keruKHIT*) כְּרוּכִית נ׳
chrome (*keROM*) כְּרוֹם ז׳
(*kromoSOM*) כְּרוֹמוֹסוֹם ז׳
chromosome
chromatic (*keroMAti*) כְּרוֹמָטִי ת׳
(*keronoLOgi*) כְּרוֹנוֹלוֹגִי ת׳
chronological
(*keronoLOGya*) כְּרוֹנוֹלוֹגְיָה נ׳
chronology

כְּרוֹנִי ת׳ (*keROni*) chronic
כְּרוֹנִיקָה נ׳ (*keROnika*) chronicles, news
כְּרָזָה נ׳ (*keraZA*) placard, poster
כֹּרַח ז׳ (*KOraḥ*) necessity; compulsion
כַּרְטוֹגְרַפְיָה נ׳ (*kartoGRAFya*) cartography
כַּרְטִיס ז׳ (*karTIS*) card, ticket
כַּרְטִיסִיָּה נ׳ (*kartisiYA*) card index, file
כַּרְטִיסָן ז׳ (*kartiSAN*) ticket-seller, conductor
כַּרְטֶסֶת נ׳ (*karTEset*) card index, file
כְּרִיָּה נ׳ (*keriYA*) mining, digging
כָּרִיךְ ז׳ (*kaRIKH*) sandwich
כְּרִיכָה נ׳ (*keriKHA*) binding (book); winding; wrapping; bundle
כְּרִיכִיָּה נ׳ (*kerikhiYA*) bindery
כְּרִיעָה נ׳ (*keri'A*) kneeling
כָּרִישׁ ז׳ (*kaRISH*) shark
כָּרִית נ׳ (*kaRIT*) small pillow, pad
כְּרִיתָה נ׳ (*keriTA*) cutting; excommunication; divorcing
כְּרִיתַת בְּרִית signing a covenant
כְּרִיתוּת נ׳ (*keriTUT*) divorce
כָּרַךְ פעל י׳ (*kaRAKH*) wrap up; connect; combine; bind (book)
כֶּרֶךְ ז׳ (*KErekh*) volume, tome; bundle, package
כְּרַךְ ז׳ (*keRAKH*) large city; metropolis
כַּרְכֹּב ז׳ (*karKOV*) ledge; rim
כרכום ר׳ כַּרְכֹּם
כִּרְכּוּר ז׳ (*kirKUR*) dance; leap; circumvention
כַּרְכֹּם ז׳ (*karKOM*) crocus; saffron
כִּרְכֵּר פעל ע׳ (*kirKER*) dance; leap; go in circles, circumvent
כֻּרְכָּר ז׳ (*kurKAR*) soft building limestone
כִּרְכָּרָה נ׳ (*kirkaRA*) light carriage; buggy

כַּרְכֶּשֶׁת נ׳ (*karKEshet*) intestine; rectum
כֶּרֶם ז׳ (*KErem*) vineyard; orchard
כֶּרֶס נ׳ (*KEres*) belly, abdomen
כְּרֵסָהּ בֵּין שִׁנֶּיהָ in an advanced stage of pregnancy
כֻּרְסָה נ׳ (*kurSA*) armchair
כִּרְסוּם ז׳ (*kirSUM*) gnawing; milling
כַּרְסֹם ז׳ (*karSOM*) cutter; milling machine
כִּרְסֵם פעל י׳ (*kirSEM*) gnaw; chew; mill
כַּרְסָן, כַּרְסְתָן ת׳ ז׳ (*karSAN; karseTAN*) potbellied; corpulent
כָּרַע פעל ע׳ (*kaRA'*) kneel, crouch; collapse
כֶּרַע נ׳ (*KEra*) leg
כַּרְפַּס ז׳ (*karPAS*) celery; parsley; fine cloth (white cotton or linen)
כֶּרֶץ ז׳ (*KErets*) roundworm; pinworm
כָּרָר ז׳ (*kaRAR*) saddlemaker
כָּרֵשׂ נ׳ (*kaRES*) belly
כָּרַת פעל י׳ (*kaRAT*) cut off; cut down; fell; destroy
— בְּרִית make a covenant
כָּרֵת ז׳ (*kaRET*) excommunication; premature death (as divine punishment)
כִּשּׁוּף ז׳ (*kishSHUF*) sorcery, magic
כָּשׁוּף ת׳ (*kaSHUF*) enchanted; bewitched
כִּשּׁוּר ז׳ (*kiSHUR*) qualification
כַּשּׁוּרָה תה״פ (*kashuRA*) properly; in order
כַּשִּׁיל ז׳ (*kaSHIL*) heavy ax; sledge hammer
כָּשִׁיר ת׳ (*kaSHIR*) fit; able-bodied; qualified
כְּשִׁירוּת נ׳ (*keshiRUT*) fitness; qualification
כִּשְׁכּוּשׁ ז׳ (*kishKUSH*) wagging (tail)
כִּשְׁכֵּשׁ פעל י׳ (*kishKESH*) wag

כָּשַׁל פעל ע׳ (kaSHAL) stumble, stagger, fail, lag

כֶּשֶׁל ז׳ (KEshel) failure; slip; mistake

אַל – failproof; fail safe

כִּשָׁלוֹן ז׳ (kishaLON) failure; defeat; mistake; weakness

כְּשֵׁם שֶׁ– מ״ח (keSHEM SHE-) inasmuch; just as

כִּשֵּׁף פעל י׳ (kiSHEF) practise magic; bewitch, enchant; cast spell

כַּשְׁפָנוּת נ׳ (kashefaNUT) sorcery; witchcraft

כָּשַׁר פעל ע׳ (kaSHAR) succeed; suit; be right

כָּשֵׁר ת׳ (kaSHER) proper, right; fair; allowed (by dietary laws), ritually fit, kasher (kosher); honest, decent

כֹּשֶׁר ז׳ (KOsher) ability; fitness; propriety; talent; kashruth

גּוּפָנִי – physical fitness

בַּעַל – able-bodied

שְׁעַת ה – opportunity; the proper time

כִּשָׁרוֹן ז׳ (kishaRON) talent; aptitude; ability

כִּשְׁרוֹנִי ת׳ (kishroNI) talented; gifted

כַּשְׁרוּת נ׳ (kashRUT) propriety; fitness; kashruth

כַּת נ׳ (KAT) sect; party; faction; class; group

כָּתַב פעל י׳ (kaTAV) write, write down

כְּתָב ז׳ (keTAV) writing; handwriting; script; scripture; document, writ; statement

כְּתַב־אַשְׁמָה charge sheet

כְּתַב־יָד handwriting; manuscript

כְּתַב־עֵת periodical

כִּתְבֵי־קֹדֶשׁ Holy Scriptures

כַּתָּב ז׳ (katTAV) reporter; correspondent; scribe

---

כַּתָּבָה נ׳ (kattaVA) report, correspondence; article

כְּתֻבָּה נ׳ (ketubBA) marriage contract

כַּתְבָן ז׳ (katVAN) typist (m.); clerk; scribbler

כַּתְבָנוּת נ׳ (katvaNUT) typing; scribbling

כַּתְבָנִית נ׳ (katvaNIT) typist (f.)

כְּתֹבֶת נ׳ (keTOvet) address; inscription

קַעֲקַע – tattoo

כִּתָּה נ׳ (kitTA) class; grade; classroom; squad; crew; section; sect

כָּתוּב ת׳ז׳ (kaTUV) written; biblical verse; biblical quotation

כְּתוּבִים ז״ר (ketuVIM) Hagiographia
כתובה ר׳ כְּתֻבָּה
כתובת ר׳ כְּתֹבֶת
כתום ר׳ כָּתֹם

כִּתּוּף ז׳ (kitTUF) shouldering

כִּתּוּר ז׳ (kitTUR) surrounding; encirclement

כָּתוּשׁ ת׳ (kaTUSH) pounded; ground

כָּתוּת ת׳ (kaTUT) crushed; pounded

כִּתּוּת ז׳ (kitTUT) pounding; beating

רַגְלַיִם – waste of energy; runaround; long tiring walk

כְּתִיב ז׳ (keTIV) spelling; orthography; written version

חָסֵר – Hebrew spelling without matres lectionis

מָלֵא – Hebrew spelling with matres lectionis

כְּתִיבָה נ׳ (ketiVA) writing

וַחֲתִימָה טוֹבָה – Happy New Year

תַּמָּה – calligraphy

כְּתִיבַת הָאָרֶץ geography

מְכוֹנַת – typewriter

שֻׁלְחָן – desk

כְּתִישָׁה נ׳ (ketiSHA) pounding

כְּתִיתָה נ׳ (ketiTA) beating; crushing

כֹּתֶל ז׳ (KOtel) wall

הַ – הַמַּעֲרָבִי remnant of Western Wall of Herod's Temple

כֶּתֶם ז׳ (*KEtem*) spot, stain; blemish; fine gold

כָּתֹם ת׳ (*kaTOM*) orange

כְּתַמְתַּם ת׳ (*ketamTAM*) pale orange; orange-yellow

כֻּתְנָה נ׳ (*kutNA*) cotton

כֻּתֹּנֶת, כְּתֹנֶת נ׳ (*kutTOnet; keTOnet*) shirt; tunic

כְּתֹנֶת לַיְלָה nightgown

כָּתֵף נ׳ (*kaTEF*) shoulder; side; end; projection; ledge; shelf

כִּתֵּף פעל י׳ (*kitTEF*) shoulder; carry

כַּתָּף ז׳ (*katTAF*) bellboy; porter

כְּתֵפָה נ׳ (*keteFA*) suspender

כִּתְפָּה נ׳ (*kitPA*) epaulet; shoulder strap

כְּתֵפִיָּה נ׳ (*ketefiYA*) cape; suspender

כִּתֵּר פעל י׳ (*kitTER*) encircle; surround; wait; write headline

כֶּתֶר ז׳ (*KEter*) crown; title; flourish

כתרת ר׳ כּוֹתֶרֶת

כָּתַשׁ פעל י׳ (*kaTASH*) pound; grind

כַּתְּשָׁן ז׳ (*katteSHAN*) pounder, beater, bully

כְּתֹשֶׁת נ׳ (*keTOshet*) pulp

כָּתַת פעל י׳ (*kaTAT*) crush; beat; pound

כִּתֵּת פעל י׳ (*kitTET*) beat

– אֶת רַגְלָיו waste one's energy; run around in vain

כִּתָּתִי ת׳ (*kittaTI*) class (school); sectarian; factional

כִּתָּתִיּוּת נ׳ (*kittatiYUT*) factionalism; sectarianism

# ל

ל נ‎ Lamed (the twelfth **(LAmed)** letter of the Hebrew alphabet; thirty, thirtieth

לְ- מ״י‎ (le; with other vowels as well) to, towards; by; for; according to; of; about; as; in order to

לֹא מלת שלילה **(LO)** no, not
– כִּי‎ not so
– כָּל שֶׁכֵּן‎ all the more
– כְּלוּם‎ nothing
– עָלֶיךָ (עָלֵינוּ...)‎ may it not befall you (us)
– אִם‎ surely; if not
בְּלֹא‎ without
הֲלֹא‎ is it not... that?; indeed...
וְלֹא‎ or else
כְּלֹא‎ as if not
לְלֹא‎ without
עַד שֶׁלֹּא‎ before

לָאָה ח׳‎ **(le'E)** tired, fatigued

לָאו מלת שלילה **(LAV)** no; prohibition; negation
– דַּוְקָא‎ not exactly so
בְּ – הָכֵי‎ anyhow

לְאוֹם, לְאוּמִי, לְאוּמְיָ וכו׳
ר׳ לְאֹם, לְאֻמִּי, לְאֻמְיָ וכו׳

לְאוּת נ׳‎ **(le'UT)** weariness; fatigue; tiredness

לָאַט פעל ע״י‎ **(la'AT)** whisper; speak slowly; cover, conceal

לְאַט תה״פ‎ **(le'AT)** slowly

לְאַלְתַּר תה״פ‎ **(le'alTAR)** at once, right away

לְאֹם ז׳‎ **(le'OM)** nation, nationality

לְאֻמִּי ח׳‎ **(le'umMI)** national
בֵּין –‎ international

לְאֻמִּיּוּת נ׳‎ **(le'ummiYUT)** nationalism; patriotism; nationality

לְאֻמְּנוּת נ׳‎ **(le'ummaNUT)** extreme nationalism; chauvinism

לְאֻמְּנִי ח׳‎ **(le'ummaNI)** nationalistic; chauvinistic

לֵאמֹר שה״פ‎ **(leMOR)** that is to say; saying; viz.

לְאָן מ״ש‎ **(le'AN)** whereto, whither; where

לֵב ז׳‎ **(LEV)** heart
אֹמֶץ –‎ courage
גְּבַהּ –‎ arrogant
גִּלּוּי –‎ frankness
גְּלוּי –‎ frank
מֻג –‎ coward; cowardly
מֹרֶךְ –‎ cowardice
טוֹב –‎ kind
רֹחַב –‎ wisdom; generosity
שָׂם –‎ pay attention
שְׁרִירוּת –‎ arbitrariness
תְּשֹׂמֶת –‎ attention; heed
אֵין בְּלִבּוֹ עַל‎ bears no malice towards
אָמַר אֶל לִבּוֹ‎ think
בָּדָה מִלִּבּוֹ‎ fabricate
הֵשִׁיב אֶל לִבּוֹ‎ pay attention
טוֹב לִבּוֹ‎ be happy
מִלֵּא לִבּוֹ‎ dare
סָעַד אֶת לִבּוֹ‎ eat
עָלָה עַל לִבּוֹ‎ occur to him
עָרַב אֶת לִבּוֹ‎ dare

לֵבָב ז׳‎ **(leVAV)** heart (mostly in compounds)
בַּר- –‎ pure-hearted
יָשָׁר- –‎ honest
רַךְ- –‎ cowardly
בְּכָל לְבָבוֹ‎ with all his heart

לִבֵּב פעל״י‎ **(libBEV)** attract; enchant; encourage; make pancakes

לְבָבִי ח׳‎ **(levaVI)** hearty; amicable; kind

154

cordiality; (*levaviYUT*) לְבָבִיּוּת נ׳
heartiness; kindness
alone; only; a part (*leVAD*) לְבַד תה״פ
alone לְבַדּוֹ
only בְּ –
in addition; apart from מִלְּבַד
felt (*LEved*) לֶבֶד ז׳
veneer; (*libBED*) לִבֵּד פעל י׳
combine; make plywood
lava (*labBA*) לַבָּה נ׳
core; nucleus; heart (*libBA*) לִבָּה נ׳
inflame, fan (*libBA*) לִבָּה פעל י׳
(flames)
enchantment; (*libBUV*) לִבּוּב ז׳
pancake making
united; (*laVUD*) לָבוּד ת׳
combined; veneered
plywood; veneer עֵץ –
veneering; felting (*libBUD*) לִבּוּד ז׳
inflaming; (*libBUY*) לִבּוּי ז׳
fanning (flames)
bleaching; (*libBUN*) לִבּוּן ז׳
purifying; heating to whiteness (metal); elucidation; making bricks
frankincense (*levoNA*) לְבוֹנָה נ׳
dress; garment; (*leVUSH*) לְבוּשׁ ז׳
clothing; cover; disguise; shell
dressed (*laVUSH*) לָבוּשׁ ת׳
safely; (*laVEtaḥ*) לָבֶטַח תה״פ
peacefully
lion (*laVI*) לָבִיא ז׳
lioness (*levi'A*) לְבִיאָה נ׳
pancake; "latke" (*leviVA*) לְבִיבָה נ׳
plywood (*laVID*) לָבִיד ז׳
dressing; wearing (*leviSHA*) לְבִישָׁה נ׳
blossom, bloom (*livLEV*) לִבְלֵב פעל ע׳
pancreas (*lavLAV*) לַבְלָב ז׳
blossoming, (*livLUV*) לִבְלוּב ז׳
blooming
clerk (*lavLAR*) לַבְלָר ז׳
clerking; (*lavlaRUT*) לַבְלָרוּת נ׳
office work
make bricks (*laVAN*) לָבַן פעל י׳

whiten; bleach; (*libBEN*) לִבֵּן פעל י׳
heat to whiteness (iron); clarify; elucidate; cleanse
white (*laVAN*) לָבָן ת׳
underwear; linen; lingerie לְבָנִים
whiteness; white (*LOven*) לֹבֶן ז׳
soured milk; yogurt (*LEben*) לֶבֶּן ז׳
whitish (*levanBAN*) לְבַנְבַּן ת׳
moon (*levaNA*) לְבָנָה נ׳
very large letters אוֹתִיּוֹת שֶׁל קִדּוּשׁ –
brick (*leveNA*) לְבֵנָה נ׳
snowbell (*livNE*) לִבְנֶה ז׳
whitish (*lavnuNI*) לַבְנוּנִי ת׳
underwear; (*levaNIM*) לְבָנִים ז״ר
linen; lingerie
cabbage butterfly (*lavNIN*) לַבְנִין ז׳
a bino (*lavKAN*) לַבְקָן ז׳
wear; dress; put on (*laVASH*) לָבַשׁ פעל י׳
take the form of... צוּרַת... –
liquid measure (about (*LOG*) לֹג ז׳
½ quart)
legion (*ligYON*) לִגְיוֹן ז׳
legionary; (*ligyoNAR*) לִגְיוֹנָר ז׳
Jordanian soldier
legitimate (*legiTImi*) לֶגִיטִימִי ת׳
legitimacy (*legiTImiyut*) לֶגִיטִימִיּוּת נ׳
drink; draft; sip; (*legiMA*) לְגִימָה נ׳
swallow
jar; jug (*laGIN*) לָגִין ז׳
sneer; mock; (*ligLEG*) לִגְלֵג פעל ע׳
deride; scoff
sneerer; mocker (*lagleGAN*) לַגְלְגָן ז׳
sneering; (*laglegaNI*) לַגְלְגָנִי ת׳
mocking
legal (*leGAli*) לֶגָלִי ת׳
legality (*legaliYUT*) לֶגָלִיּוּת נ׳
(*legaliZATSya*) לֶגָלִיזַצְיָה נ׳
legalization
drink; sip; swallow (*laGAM*) לָגַם פעל י׳
completely; (*legamREY*) לְגַמְרֵי תה״פ
entirely
birth; delivery; (*leyDA*) לֵדָה נ׳
creation

לְדִידִי מ״ג (lediDI) as far as I am concerned; as for me

לָדִינוֹ ז׳ (laDIno) Ladino; Jewish-Spanish (dialect)

לֶדֶת ר׳ יָלַד

לָהּ מ״ג (LAH) her; to her; to it (*f.*)

לַהַב ז׳ (LAhav) blade; flame; glitter

לְהַבָּא תה״פ (lehabBA) henceforth

לֶהָבָה נ׳ (lehaVA) flame

לַהַבְיוֹר ז׳ (lahavYOR) flamethrower

לַהַג ז׳ (LAhag) chatter; dialect

לָהַג פעל י׳ (laHAG) talk nonsense; prattle; pronounce; talk

לַהֲגָנוּת נ׳ (lahagaNUT) idle talk; talkativeness

לָהוּט ת׳ (laHUT) eager; excited; enthusiastic

לִהוּט ז׳ (liHUT) blaze, burning

לְהוֹצִיא (lehoTSI) excluding

לָהַט פעל ע׳ (laHAT) burn, blaze, glow

לַהַט ז׳ (LAhat) intense heat; flame; enthusiasm; sword blade; sorcery

לַהֲטוּט ז׳ (lahaTUT) trick; juggling; acrobatics

לַהֲטוּטָן ז׳ (lahatuTAN) juggler; trickster

לַהֲטוּטָנוּת נ׳ (lahatutaNUT) juggling

לָהִיט ז׳ת׳ (laHIT) hit (music), fad; with passion; con passione

לְהִיטוּת נ׳ (lehiTUT) eagerness; enthusiasm; strong desire, excitement

לְהַלָּן תה״פ (lehalLAN) below, as follows, later

לָהֶם מ״ג (laHEM) them; to them (*m.*)

לָהֶן מ״ג (laHEN) them, to them (*f.*)

לַהַק ז׳ (LAhak) group, band; wing (USAF)

לַהֲקָה נ׳ (lahaKA) group, band, company; troupe; ensemble, combo

לְהִת׳, לְהִתְרָאוֹת מ״ק (leHIT; lehitra'OT) see you! so long! goodbye! au revoir!

לוֹ מ״ג (LO) him, to him, to it (*m.*)

לוּ, לוּא מ״ח (LU) if; oh if...!

לְוַאי מ״ח (leVAI) oh that; if only; would

– ז׳ת׳ (LEVAY) auxiliary; attachment; attribute; nickname; secondary

לובן ר׳ לֹבֶן

לוֹגִי ת׳ (LOgi) logical

לוֹגִיסְטִיקָה נ׳ (loGIStica) logistics

לוֹגִיקָה נ׳ (LOgika) logic

לוֹגָרִיתְם, לוֹגָרִיתְמוּס ז׳ (logaRITM, logaRITmus) logarithm

לוּדָר ז׳ (luDAR) gladiator; wrestler

לָוָה פעל י׳ (laVA) borrow

לִוָּה פעל י׳ (livVA) accompany, escort

לוֹהֵט ת׳ (loHET) burning; scorching; enthusiastic

לוֹוֶה ז׳ (loVE) borrower

לִוּוּחַ ז׳ (livVU'aḥ) planking; tabulation

לִוּוּי ז׳ (livVUY) accompaniment; escort

לוּז ז׳ (LUZ) almond tree

– הַשִּׁדְרָה uppermost vertebra; element; essence; eternal force, core

לוּחַ ז׳ (LU'aḥ) plank; board; blackboard; slab, plate; panel; table; schedule; calendar

– סְפָרוֹת dial

לוּחוֹת הַבְּרִית tablets of the Decalogue

לִוַּח פעל י׳ (livVAḤ) tabulate; saw into boards

לוּחִית נ׳ (luḤIT) plate, tag

לוֹחֵם ז׳ (loḤEM) fighter, warrior; belligerent

לוּט ת׳ (LUT) enclosed

לוֹט ז׳ (LOT) cover, veil

לוֹטוּס ז׳ (LOtus) lotus

לֵוִי ז׳ (leVI) Levite

לִוְיָה נ׳ (livYA) ornament; charm; cry of woe

funeral; escort, accompaniment (levaYA) לְוָיָה נ׳
companion, escort בֶּן –
accompanied by בְּלִוְיַת...
satellite (lavYAN) לַוְיָן ז׳
whale; leviathan; sea monster (livyaTAN) לִוְיָתָן ז׳
diagonally; slant (lokhSAN) לוֹכְסָן תה״פ ז׳
chicken coop, hen house; playpen; spiral staircase (LUL) לוּל ז׳
ſ not, were it not for... (luLEY) לוּלֵא, לוּלֵי מ״ח
loop, noose; buttonhole (lula'A) לוּלָאָה נ׳
undeveloped palm branch (luLAV) לוּלָב ז׳
bolt (loLAV) לוֹלָב ז׳
acrobat; helix (lulYAN) לוּלְיָן נ׳
acrobatics (lulyaNUT) לוּלְיָנוּת נ׳
spiral (lulyaNI) לוּלְיָנִי ת׳
poultry farmer (luLAN) לוּלָן ז׳
lumbago (lumBAgo) לוּמְבָּגוֹ ז׳
amusement park (LUna PARK) לוּנָה פַּרְק ז׳
Levant, eastern Mediteranean countries (leVANT) לֶוַנְט ז׳
Levantine (levanTIni) לֶוַנְטִינִי ת׳
לוע ר׳ לֹעַ
foreign, strange, stranger, foreigner (lo'aZI) לוֹעֲזִי ת׳ ז׳
foreign language (other than Hebrew) – לוֹעֲזִית
dishcloth gourd, vegetable sponge (LUfa) לוּפָה נ׳
local (loKAli) לוֹקָלִי ת׳
lord (LORD) לוֹרְד ז׳
לְזָבִית ר׳ לְסָבִית
crookedness, perversity (leZUT) לְזוּת נ׳
slander – שְׂפָתַיִם
moisture; freshness, vigor (LE'aḥ) לֵחַ ז׳

moist; fresh (LAḤ) לַח ת׳
moisture; pus; phlegm; saliva; body liquid (leḤA) לֵחָה נ׳
separately, apart, alone (leḤUD) לְחוּד תה״פ
pressed, compressed; difficult (laḤUTS) לָחוּץ ת׳
moisture, dampness; humidity; freshness (laḤUT) לַחוּת נ׳
cheek, jaw; board; side (LEḥi) לְחִי, לֶחִי נ׳
slap in the face סְטִירַת –
to your life; cheers (toast) (leḤAIyim) לְחַיִּים מ״ק
eating grass; lapping; licking; slight friction (leḥiKHA) לְחִיכָה נ׳
fighting (leḥiMA) לְחִימָה נ׳
snap; push button, knob (leḤITS) לְחִיץ ז׳
pressing; compressing; clasp, grip (leḥiTSA) לְחִיצָה נ׳
handshake לְחִיצַת יָד
whisper, whispering; hissing; slander (leḥiSHA) לְחִישָׁה נ׳
lick; lap up; consume (laḤAKH) לָחַךְ פעל י׳
lick; consume; devour (liḤEKH) לִחֵךְ פעל י׳
sycophant; flatterer מְלַחֵךְ פִּנְכָּה
dampening; freshening; moisture (liḥLU'aḥ) לִחְלוּחַ ז׳
slightly moist (laḥluḤI) לַחְלוּחִי ת׳
slight moisture; freshness; vitality; fluid (laḥluḤIT) לַחְלוּחִית נ׳
absolutely (laḥaluTIN) לַחֲלוּטִין תה״פ
moisten, freshen (liḥLAḤ) לִחְלַח פ״י
fight, wage war (laḤAM) לָחַם פעל י׳
bread; loaf; food; meal; livelihood (LEḤem) לֶחֶם ז׳
daily bread – חֹק
prison fare – צַר
support – מַטֶּה
slice of bread; livelihood – פַּת

לַחַם ז׳ (*LAḥam*) solder

לְחָמָה נ׳ (*loḥMA*) warfare, belligerency

לַחְמָנִיָּה נ׳ (*laḥmaniyYA*) roll (bread), bun

לַחַן ז׳ (*LAḥan*) tune

לָחַץ פעל י׳ (*laḤATS*) press, oppress, compress, force, squeeze

לַחַץ ז׳ (*LAḥats*) pressure; oppression; distress

מַיִם –, לֶחֶם – meager fare

לַחְצָנִית נ׳ (*laḥtsaNIT*) snap; knob; push button

לָחַשׁ פעל י׳ (*laHASH*) whisper; cast a spell; hiss; flicker

לַחַשׁ ז׳ (*LAhash*) whisper; hiss; incantation

לַחֲשׁוּשׁ ז׳ (*lahaSHUSH*) whisper, murmur

לַחְשָׁן ז׳ (*laḥSHAN*) prompter, whisperer

לָט ז׳ (*LAT*) spell

– בַּ secretly; quietly

לט ר׳ לוט

לְטָאָה נ׳ (*leta'A*) lizard

לִטּוּף ז׳ (*litTUF*) caress; caressing; pat

לִטּוּשׁ ז׳ (*litTUSH*) polish, polishing; finish; honing; sharpening

לָטִינִי ת׳ (*laTIni*) Latin; Roman

לָטִינִית נ׳ (*laTInit*) Latin (language)

לְטִיפָה נ׳ (*letiFA*) caress; pat

לְטִישָׁה נ׳ (*letiSHA*) sharpening; honing; polishing

לְטִישַׁת עֵינַיִם stare, staring

לִטֵּף פעל י׳ (*litTEF*) caress; pat; pet

לַטְפָנִי ת׳ (*latfaNI*) caressing

לָטַשׁ פעל י׳ (*laTASH*) sharpen, hone, polish

– עֵינַיִם stare

לִטֵּשׁ פעל י׳ (*litTESH*) sharpen, polish

לִי מ״י (*LI*) to me, me; for myself

ליאות ר׳ לֵאוּת

לִיבֶּרָל ז׳ (*libeRAL*) liberal

לִיבֶּרָלִיּוּת נ׳ (*libeRAliyut*) liberalism

לִיגָה נ׳ (*LIga*) league

לְיַד מ״י (*leYAD*) near, by, beside

לידה ר׳ לֵדָה

לִידֵי מ״י (*liDEY*) to; into a position of; into the hands of

ליח ר׳ לֵחַ

ליחה ר׳ לֵחָה

ליטוגרפיה ר׳ ליתוֹגְרַפְיָה

לִיטֶר ז׳ (*LIter*) liter; (1.0567 U.S. quarts)

לִיטְרָה נ׳ (*litRA*) pound

לַיִל ז׳ (*LAyil*) night, eve

לֵיל שַׁבָּת Sabbath eve

לַיְלָה ז׳ (*LAIla*) night; darkness

– בְּאִישׁוֹן in the middle of the night

– בֵּן overnight

– חֲצוֹת הַ midnight

– כְּתֹנֶת nightgown

– סִיר chamber pot

לֵילִי ת׳ (*leyLI*) nocturnal

לִילִית נ׳ (*liLIT*) owl; Lilith (queen of devils)

לִילָךְ ז׳ (*liLAKH*) lilac

לִימוֹן ז׳ (*liMON*) lemon

לִימוֹנָדָה נ׳ (*limoNAda*) lemonade

לִימְפָה נ׳ (*LIMfa*) lymph

לִינָה נ׳ (*liNA*) lodging, billet; staying the night

לִינוֹטִיפּ ז׳ (*LInotip*) linotype

לִינוֹלֶאוּם ז׳ (*linoLE'um*) linoleum

לִינְץ׳ ז׳ (*LINCH*) lynch, lynching

לִיף ז׳ (*LIF*) fiber

לֵיצָן ז׳ (*leyTSAN*) clown, jester, joker, mocker

לֵיצָנוּת נ׳ (*leytsaNUT*) jesting; joking; mockery

לִיקֶר ז׳ (*liKER*) liqueur

לִירָה נ׳ (*LIra*) pound (currency)

לִירִי ת׳ (*LIri*) lyrical

לִירִיקָה נ׳ (*LIrika*) lyrics

לַיִשׁ ז׳ (*LAyish*) lion

לִישָׁה נ׳ (liSHA) kneading
לֵית (LEYT) there is not (Aram.)
– בְּרֵרָה there is no choice
בִּדְלֵית בְּרֵרָה for want of an alternative
לֵית דִּין וְלֵית דַּיָּן there is no justice and no judge
לִיתוֹגְרַפְיָה נ׳ (litoGRAFya) lithography
לְךָ מ״י ז׳, לָךְ מ״י נ׳ (leKHA; LAKH) to you, you
לִכְאוֹרָה תה״פ (likhe'o'RA) apparently
לָכַד פעל י׳ (laKHAD) capture, trap, seize; take by lot
לִכֵּד פעל י׳ (likKED) unite
לַכָּה נ׳ (LAka) varnish; lacquer, shellac
לִכּוּד ז׳ (likKUD) uniting; union; consolidation
לְכִידָה נ׳ (lekhiDA) capture, capturing; trapping
לְכָל הַיּוֹתֵר תה״פ (leKHOL hayoTER) at most
לְכָל הַפָּחוֹת תה״פ (leKHOL happaḤOT) at least
לִכְלוּךְ ז׳ (likhLUKH) dirt; dirtying
לִכְלֵךְ פעל י׳ (likhLEKH) dirty
לָכֶם מ״י ז״ר (laKHEM; to you (pl.), you
לָכֶן מ״י נ״ר (laKHEN)
לָכֵן מ״ח (laKHEN) accordingly; therefore
לִכְסוּן ז׳ (likhSUN) tilting, slanting
לְכְסִיקוֹגְרָף ר׳ לֶקְסִיקוֹגְרָף
לְכְסִיקוֹן ר׳ לֶקְסִיקוֹן
לִכְסֵן פעל י׳ (likhSEN) tilt, slant
– מַבָּטוֹ look out of the corner of his eye
לִכְשֶׁ־ (likhshe-) when
לֶכֶת (LEkhet) to go (infinitive); going
כּוֹכָב – planet
לְכַתְּחִלָּה תה״פ (lekhattehiLA) at first; initially

לְלֹא מלת שלילה (leLO) without
לְלָן ר׳ לוּלָן
לָמַד פעל י׳ (laMAD) learn; study; come to know
לִמֵּד פעל י׳ (limMED) teach; train
– זְכוּת (סַנֵּגוֹרְיָה) עַל argue in favor of; advocate
– חוֹבָה (קַטֵּגוֹרְיָה) עַל accuse, prosecute
לְלַמֵּד שֶׁ־ to show that
לָמֵד ת׳ ז׳ (laMED) learning; learn; learner
מִכָּאן אַתָּה – from this it may be deduced
לְמַדַּי תה״פ (lemadDAI) sufficiently; enough
לַמְדָן ז׳ (lamDAN) scholar; Talmudic scholar
לַמְדָנוּת נ׳ (lamdaNUT) learning; scholarship
לַמְדָנִי ת׳ (lamdaNI) scholarly
לָמָּה מ״ש (LAMma) why? what for?
לָמָה נ׳ (LAma) llama
לָמוּד ת׳ (laMUD) trained; accustomed; experienced
לִמּוּד ז׳ ת׳ (limMUD) instruction; learning; study; discipline; tuition; student; trained; accustomed; stave
סֵפֶר – textbook
שְׂכַר – tuition
לִמּוּדִי ת׳ (limmuDI) instructional; didactic; educational; theoretical; academic
לְמַטָּה תה״פ (leMATta) below; beneath
לְמִידָה נ׳ (lemiDA) learning
לְמַכְבִּיר תה״פ (lemakhBIR) much; a great deal; abundantly
לִמְלוּם ז׳ (limLUM) muttering
לִמְלֵם פעל ע׳ (limLEM) mutter
לְמַעֵט תה״פ (lema'ET) excluding
לְמַעְלָה תה״פ (leMA'la) above; up; upwards; before
לְמַעַן מ״ח (leMA'an) in order to; for the sake of; on account of

לְמַעֲשֶׂה תה״פ (lema'aSE) actually, in fact

לְמַפְרֵעַ תה״פ (lemafRE'a) backwards; retrospectively; retroactively; in advance

לַמְרוֹת תה״פ (lamROT) despite

לְמָשָׁל תה״פ (lemaSHAL) for example

לְמִשְׁעִי תה״פ (lemish'I) neatly; cleanly; smoothly

לָנוּ מ״י (LAnu) to us; us

לֶס ז׳ (LES) loess

לֶסְבִּית ת׳ נ׳ (LESbit) lesbian

לִסְטוּת נ׳ (lisTUT) robbery

לִסְטִים ז׳ (lisTIM) robber

לִסְטֵם פעל י׳ (lisTEM) rob

לְסֵרוּגִין תה״פ (leseruGIN) alternately;

עָשָׂה – alternate

לֶסֶת נ׳ (LEset) jaw

לֹעַ ז׳ (LO'a) pharynx; throat; mouth (of carnivore); muzzle; crater

לֹעַ אֲרִי ז׳ (LO'a aRI) snapdragon

לָעַג פעל ע׳ (la'AG) mock; scorn; ridicule

לַעַג ז׳ (LA'ag) mockery; scorn

לַעֲגָנִי ת׳ (la'agaNI) mocking; scornful

לָעַד תה״פ (la'AD) forever

לְעוֹלָם תה״פ (le'oLAM) forever; always

לעומת ר׳ לְעֻמַּת

לָעַז פעל ע׳ (la'AZ) slander; speak foreign language

לַעַז ז׳ (LA'az) slander; foreign language (other than Hebrew)

לַעֲזָאזֵל מ״ק (la'azaZEL) damn! to hell with it!

לָעַט פעל י׳ (la'AT) swallow; devour

לֹעִי ת׳ (lo'I) guttural; pharyngal

לְעִיגָה נ׳ (le'IGA) mockery

לְעִיזָה נ׳ (le'iZA) slander

לְעֵיל תה״פ (le'EYL) above; before

מִלְעֵיל penultimate (accent)

לְעִיסָה נ׳ (le'iSA) chewing

לְעֵלָּא תה״פ (le'Ella) above; more

לְעֻמַּת מ״י (le'umMAT) against; opposite; in contrast to; compared with

כְּ – שֶׁ – in the same way; just as

לַעֲנָה נ׳ (la'aNA) wormwood; bitterness; absinthe

לָעַס פעל י׳ (la'AS) chew

לְעֵרֶךְ תה״פ (le'Erekh) approximately

לִפּוּף ז׳ (lipPUF) winding; wrapping

לָפוּף ת׳ (laFUF) wound; wrapped

לִפּוּת ז׳ (lipPUT) adding relish to bread; flavoring

לָפוּת ת׳ (laFUT) clasped; grasped

לְפָחוֹת תה״פ (lefaHOT) at least

לְפִי מ״י (leFI) according to

לַפִּיד ז׳ (lapPID) torch; flame

לְפִיכָךְ מ״ח (lefiKHAKH) therefore

לְפִיתָה נ׳ (lefiTA) clasp; grasp

לִפְנוֹת תה״פ (lifNOT) just before, towards

לִפְנֵי מ״י (lifNEY) before, in front of; ahead of; ago

– הַצָּהֳרַיִם before noon

לִפְנַי תה״פ (lifNAI) within; inside

לְפָנִים תה״פ (lefaNIM) previously; formerly; in front

לִפְנִים תה״פ (lifNIM) within; inside

לִפְעָמִים תה״פ (lif'aMIM) sometimes

לָפַף פעל י׳ (laFAF) wrap, wind; clasp

לִפֵּף פעל י׳ (lipPEF) wind

לִפְרָקִים תה״פ (lifraKIM) sometimes

לָפַת פעל י׳ (laFAT) grasp; clasp

לִפֵּת פעל י׳ (lipPET) add relish, spice or vegetables; flavor

לֶפֶת נ׳ (LEfet) turnip

לִפְתָּן ז׳ (lifTAN) dessert; stewed fruit; food eaten with bread

לֵץ ז׳ (LETS) joker; clown; prankster; mocker

לָצוֹן ז׳ (laTSON) jesting; jest; joking

לִצְמִיתוּת תה״פ (litsmiTUT) forever

לָקָה פעל ע׳ (laKA) be stricken; be affected; be defective; be eclipsed

לָקוֹחַ ז׳ (laKO'aḥ) client; customer

לִקּוּט ז׳ (likKUT) collection; gathering

לָקוּי ת׳ (laKUY) defective; spoiled

לִקּוּי ז׳ (likKUY) defect, fault; blemish; eclipse

לִקּוּק ז׳ (likKUK) lick, licking

לְקוּת נ׳ (leKUT) defect; deficiency

לָקַח פעל י׳ (laKAḤ) take; receive; purchase

לֶקַח ז׳ (LEkaḥ) lesson; moral; learning; instruction

לָמַד – draw a lesson

לָקַט פעל י׳ (laKAT) gather; pluck; pick

לִקֵּט פעל י׳ (likKET) collect; gather; pluck; pick; compile; catch

לֶקֶט ז׳ (LEket) collection; compilation; gleanings; patch

לְקִיחָה נ׳ (lekiḤA) taking; receiving; buying; marriage

לְקִיטָה נ׳ (lekiTA) gathering; picking

לְקִיקָה נ׳ (lekiKA) lick, licking

לִקְלֵק פעל י׳ (likLEK) lick

לְקַמָּן תה״פ (lekamMAN) below

כִּדְלְקַמָּן as follows

לֶקְסִיקוֹן ז׳ (leksiKON) dictionary; lexicon

לֶקְסִיקוֹגְרָף ז׳ (leksikoGRAF) lexicographer

לָקַק פעל י׳ (laKAK) lick; lick up

לִקֵּק פעל י׳ (likKEK) lick

לַקְקָן ז׳ (lakkeKAN) person with sweet tooth

לַקְקָנוּת נ׳ (lakekaNUT) liking for candy

לִקְרַאת תה״פ (likRAT) towards

לָרֹב תה״פ (laROV) mostly; usually; abundantly

לְרַבּוֹת תה״פ (lerabBOT) including

לְרֶגֶל מ״י (leREgel) because of, on the occasion of

לָשׁ פעל י׳ (LASH) knead

לְשַׁד ז׳ (leSHAD) marrow; fat; vigor

לָשׁוֹן נ׳ז׳ (laSHON) tongue; language; expression; speech; style, version

– אַחֵר in other words

– בְּנֵי־אָדָם ordinary speech

– הָרָע slander; gossip

– חֲכָמִים Mishnaic language

– יַבָּשָׁה peninsula

– יָחִיד singular (*gram.*)

– יָם inlet

– נוֹפֵל עַל – play on words

– נְקִיָּה euphemism

– הַקֹּדֶשׁ Hebrew

– רַבִּים plural

– בָּזֶה הַ – in these words

– חֲלָקוֹת flattery, sycophancy

– חָרַץ snarl

לְשׁוֹנִי ת׳ (leshoNI) lingual; linguistic; language

– דּוּ bilingual

לִשְׁכָּה נ׳ (lishKA) office; bureau; chamber; cell

לִשְׁלֶשֶׁת נ׳ (lishLEshet) droppings; bird droppings

לֶשֶׁם ז׳ (LEshem) opal

לְשֵׁם מ״י (leSHEM) for the sake of

לְשֶׁעָבַר תה״פ (leshe'a'VAR) previously; formerly, ex-

לֶתֶת ז׳ (LEtet) malt

# מ

מ, נ׳ (*MEM*) Mem (the thirteenth letter of the Hebrew alphabet); forty, fortieth

מִ־, מֵ־ מ״י (*mi-*, *me-*) from, of, more than, because of, rather than, since; (abbreviated form of מִן)

מִזְּמַן long since, a long time

מְאֻבָּן ז׳ ת׳ (*me'ubBAN*) fossil; petrified

מַאֲבָק ז׳ (*ma'aVAK*) struggle; anther

מַאֲבֵק ז׳ (*ma'aVEK*) spray gun; duster

מְאֻבָּק ת׳ (*me'ubBAK*) dusty, powdered

מְאֻגָּד ת׳ (*me'ugGAD*) connected; associated; unionized, organized

מְאֹד תה״פ ז׳ (*me'OD*) very, much; power

מְאֻדֶּה ת׳ (*me'udDE*) steamed

מַאְדִּים ז׳ (*ma'DIM*) Mars

מֵאָה ש״מ (*me'A*) hundred, century; wealth; very many

מְאַהֵב ז׳ (*me'aHEV*) lover, beau

מְאֹהָב ת׳ (*me'oHAV*) in love, enamored

מְאַהֶבֶת נ׳ (*me'aHEvet*) lover (*f.*)

מַאֲהָל ז׳ (*ma'aHAL*) encampment

מַאֲוַיִּים ז״ר (*ma'avaiYIM*) desires, wishes

מְאוּם ז׳ (*meUM*) something

מְאוּמָה נ׳ (*me'U'ma*) something; anything

מֵאוּן ז׳ (*me'UN*) refusal, refusing

מָאוּס ת׳ (*ma'US*) abominable; loathesome; repulsive

מֵאוּס ז׳ (*mi'US*) abomination; repulsiveness

מָאוֹר ז׳ (*ma'OR*) light, lighting; brightness; window

— גָּדוֹל sun; great man, shining light

— קָטָן moon

מְאוּרָה נ׳ (*me'uRA*) cave, den, hole

מְאַוְרֵר ז׳ (*me'avRER*) ventilator; fan

מְאֻוְרָר ת׳ (*me'uvRAR*) aired; ventilated; air-conditioned

מְאוֹתֵת ז׳ (*me'oTET*) signaler, blinker

מֵאָז תה״פ (*me'AZ*) since; long since

מַאֲזִין ז׳ (*ma'aZIN*) auditor; listener

מְאַזֵּן ת׳ (*me'azZEN*) balancing: offsetting

מְאֻזָּן ת׳ (*me'uzZAN*) balanced; horizontal

מַאֲזָן ז׳ (*ma'aZAN*) balance; balance sheet

מַאֲזֵנָה נ׳ (*ma'azeNA*) level

מֹאזְנַיִם ז״ר (*mozNAyim*) scales; balance; Libra

מַאֲזֶנֶת נ׳ (*ma'aZEnet*) aileron

מְאֻזְרָח ת׳ (*me'uzRAḤ*) naturalized

מְאֻחָד ת׳ (*me'uḥAD*) united

מְאֻחֶה ת׳ (*me'uḤE*) stitched together; joined

מֵאָחוֹר תה״פ (*me'aḤOR*) from behind; behind

מַאֲחָז ז׳ (*ma'aHAZ*) handle: grip; hold

מַאֲחֵז ז׳ (*ma'aḤEZ*) clip; holder

מְאַחֵר ת׳ (*me'aḤER*) latecomer

מְאֻחָר תה״פ (*me'uḤAR*) late; it is late

מֵאַחַר שֶׁ־ תה״פ (*me'aḤAR*) since

מַאי ז׳ (*MAI*) May

— מ״ש what, why (*Aram.*)

מְאַיֵּד ז׳ (*me'aiYED*) carburetor

מְאֻיָּד ת׳ (*me'uyYAD*) steamed, vaporized, evaporated

מֵאִידָךְ תה״פ (*me'iDAKH*) on the other hand

— גִּיסָא on the other hand

מְאֻיָּךְ ת׳ (*me'uYAKH*) qualified

since when (*me'eymaTAI*) מֵאֵימָתַי מ״ש
whence: from (*me'Ayin*) מֵאַיִן מ״ש
where
for lack of; (*me'EYN*) מֵאֵין מ״י
lacking
abhorrence; (*me'iSA*) מְאִיסָה נ׳
loathing
accelerator, primer (*me'iTS*) מֵאִיץ ז׳
shining (*me'IR*) מֵאִיר ת׳
hundredth (*me'IT*) מֵאִית נ׳
disappointed (*me'ukhZAV*) מְאֻכְזָב ת׳
food; dish; (*ma'aKHAL*) מַאֲכָל ז׳
meal
corroding; (*me'akKEL*) מְאַכֵּל ת׳
caustic
populated (*me'ukhLAS*) מְאֻכְלָס ת׳
consumption; (*ma'aKHOlet*) מַאֲכֹלֶת נ׳
annihilation
slaughtering (*ma'aKHElet*) מַאֲכֶלֶת נ׳
knife
saddled; (*me'ukKAF*) מְאֻכָּף ת׳
saddlebacked
by himself; (*me'eLAV*) מֵאֵלָיו מ״י
by herself; by itself; alone
combine (*me'alLEmet*) מְאַלֶּמֶת נ׳
trainer; (*me'alLEF*) מְאַלֵּף ז׳ ת׳
tamer; illuminating; illustrative; instructive
tamed; trained (*me'ulLAF*) מְאֻלָּף ת׳
forced (*me'ulLATS*) מְאֻלָּץ ת׳
believer (*ma'aMIN*) מַאֲמִין ז׳
coach; trainer (*me'amMEN*) מְאַמֵּן ז׳
trained; (*me'uMAN*) מְאֻמָּן ת׳
practiced
effort; strain (*ma'aMATS*) מַאֲמָץ ז׳
adopted; (*me'umMATS*) מְאֻמָּץ ת׳
strenuous
article; (*ma'aMAR*) מַאֲמָר ז׳
utterance; decree; chapter; category
who, which, what; (*MAN*) מָאן מ״ג
whoever; whichever
refuse (*me'EN*) מֵאֵן פעל פ׳

(*me'unNAKH*) מְאֻנָּךְ ת׳
perpendicular; upright; vertical
hooked (*me'unKAL*) מְאֻנְקָל ת׳
abhor; despise; (*ma'AS*) מָאַס פעל י׳
hate
rearguard; local (*me'asSEF*) מְאַסֵּף ז׳
(public vehicle); literary collection
imprisonment, (*ma'aSAR*) מַאֲסָר ז׳
arrest
pastry; baked (*ma'aFE*) מַאֲפֶה ז׳
goods
bakery (*ma'afiYA*) מַאֲפִיָּה נ׳
(*me'upPAL; mo'oFAL*) מְאֻפָּל, מָאֳפָל ת׳
darkened; blacked out
zeroed (*me'upPAS*) מְאֻפָּס ת׳
restrained; (*me'upPAK*) מְאֻפָּק ת׳
reserved
made-up; (*me'upPAR*) מְאֻפָּר ת׳
painted
ashtray (*ma'afeRA*) מַאֲפֵרָה נ׳
(*me'utsBA'*) מְאֻצְבָּע ת׳
finger-shaped; digitate
ambush (*ma'aRAV*) מַאֲרָב ז׳
curse (*me'eRA*) מְאֵרָה נ׳
host (*me'aRE'ah*) מְאָרֵחַ ז׳
hostess (*me'aRAhat*) מְאָרַחַת נ׳
extension rod, (*ma'aRIKH*) מַאֲרִיךְ ז׳
lengthening bar; long-winded
drawn out; (*mo'oRAKH*) מָאֳרָךְ ת׳
extended; oblong
fiancé; (*me'oRAS*) מְאֹרָס ז׳ ת׳
engaged; betrothed
event; affair; (*me'oRA'*) מְאֹרָע ז׳
clash; attack
grounded (*mo'oRAK*) מָאֳרָק ת׳
(electrically)
accusing; (*ma'aSHIM*) מַאֲשִׁים ז׳ ת׳
accuser; prosecutor
accused; (*mo'oSHAM*) מָאֳשָׁם ת׳
prosecuted
happy, (*me'uSHAR*) מְאֻשָּׁר ת׳
content; approved; certified

מְאֻשָּׁשׁ ת׳ (*me'uSHASH*) strong; fundamental

מֵאֵת מ״י (*me'ET*) by, from

מָאתַיִם ש״מ (*ma'TAyim*) two hundred

מַבְאִישׁ ת׳ (*mav'ISH*) stinking

מְבֻגָּר ת׳ (*mevugGAR*) adult; grown-up; mature

מְבֻדָּד ת׳ (*mevudDAD*) isolated; insulated

מַבְדֵּד ז׳ (*mavDED*) insulator

מִבְדּוֹק ז׳ (*mivDOK*) drydock

מְבַדֵּחַ ת׳ (*mevadDE'aḥ*) humorous, amusing; funny, comical

מַבְדֶּלֶת נ׳ (*mavDElet*) room divider

מִבְדָּק ז׳ (*mivDAK*) check-up; analysis; examination; quiz

מַבְהִיל ת׳ (*mavHIL*) frightening; terrifying

מַבְהִיק ת׳ (*mavHIK*) shining; gleaming; sparkling

מְבֹהָל ת׳ (*mevoHAL*) terrified; frightened; rushing; hurrying

מֻבְהָק ת׳ (*muvHAK*) obvious; clear; outstanding; distinguished

מָבוֹא ז׳ (*maVO*) introduction; preface; preamble; entrance; alley; passage

מָבוֹי ז׳ (*maVOY*) alley, passage

— סָתוּם blind alley

מָבוֹךְ ז׳ (*maVOKH*) labyrinth; maze

מְבוּכָה נ׳ (*mevuKHA*) perplexity; confusion; embarrassment

מַבּוּל ז׳ (*mabBUL*) flood; deluge

מַבּוּעַ ז׳ (*mabBU'a*) spring; fountain

מְבוּקָה נ׳ (*mevuKA*) emptiness; waste

מְבוּשִׁים ז״ר (*mevuSHIM*) genitals, privates

מֻבְחָל ת׳ (*muvḤAL*) artificially ripened

מִבְחָן ז׳ (*mivḤAN*) test; trial; examination; audition; probation

מַבְחֵנָה נ׳ (*mavḥeNA*) test tube

מִבְחָר ז׳ (*mivḤAR*) choice; selection; assortment

מֻבְחָר ת׳ (*muvḤAR*) picked; selected; choice

מַבָּט ז׳ (*mabBAT*) view; glance; look; aspect

מִבְטָא ז׳ (*mivTA*) pronunciation; accent; utterance

— זָר foreign accent

מִבְטָח ז׳ (*mivTAḤ*) confidence; security; shelter; fortress

מֻבְטָל ז׳ (*muvTAL*) unemployed

מְבֻיָּל ת׳ (*mevuYAL*) stamped

מְבֻיָּם ת׳ (*mevuYAM*) staged; produced; artificial; contrived; "rigged"

מֵבִין ז׳ (*meVIN*) expert; authority; savant

מֵבִישׁ ת׳ (*meVISH*) shameful; disgraceful

מִבַּיִת תה״פ (*mibBAyit*) from within

מְבֻיָּת ת׳ (*mevuYAT*) domesticated

מַבְכִּירָה נ׳ (*mavkiRA*) primipara, giving birth for the first time

מְבֻלְבָּל ת׳ (*mevulBAL*) confused; mixed up; perplexed

מַבְלֵט ת׳ (*mavLET*) die

מַבְלְטָן ז׳ (*mavleTAN*) diemaker

מִבְּלִי מ״ח (*mibbeLI*) without; for lack of

מֻבְלָע ת׳ (*muvLA'*) intermingled; implicit

מִבַּלְעֲדֵי מ״י (*mibbal'aDEY*) except; save

מֻבְלָעָה, מֻבְלַעַת נ׳ (*muvla'A*; *muvLA'at*) enclave

מִבְנֶה ז׳ (*mivNE*) form; structure; frame; building, edifice

מְבֻנֶּה ת׳ (*mevunNE*) built up

מִבְנִי ת׳ (*mivNI*) structural

מַבְסוּט ת׳ (*mabSUT*) happy; satisfied (*Arab.*)

מְבֻסָּם ת׳ (*mevusSAM*) scented; tipsy; drunk

מְבֻסָּס ת׳ (mevusSAS) based; established; founded; well-founded
מַבָּע ז׳ (mabBA') expression; utterance
מִבַּעַד לְ־ תה״פ (mibBA'ad le-) from behind; through
מִבְּעוֹד תה״פ (mibbe'OD) so long as, while it is still...
מַבְעִית ת׳ (mav'IT) frightful; awful
מַבְעֵר ז׳ (mav'ER) burner
מִבְצָע ז׳ (mivTSA') operation; project
מְבַצֵּעַ ת׳ (mevatsTSE'a) administrative; executive
מִבְצָעִי ת׳ (mivTSA'i) operational
מִבְצָר ז׳ (mivTSAR) fortress; fort; citadel
מְבֻצָּר ת׳ (mevutsTSAR) fortified
מְבֻקָּע ת׳ (mevukKA') rent; breached; split
מְבַקֵּר ז׳ (mevakKER) critic; inspector; checker; comptroller; guest, visitor
– חֶשְׁבּוֹנוֹת auditor
מְבֻקָּר ת׳ (mevukKAR) checked; inspected; criticized
מְבֻקָּשׁ ת׳ (mevukKASH) wanted; required; sought after
מַבְרֵג ז׳ (mavREG) screwdriver
מַבְרֵז ז׳ (mavREZ) tap
מֻבְרָח ת׳ (muvRAḤ) smuggled; contraband; bolted
מַבְרִיחַ ז׳ (mavRI'aḥ) smuggler
מַבְרִיק ת׳ (mavRIK) shining; polished; brilliant
מְבֹרָךְ ת׳ (mevoRAKH) blessed
מִבְרָק ז׳ (mivRAK) telegram; cablegram
מִבְרָקָה נ׳ (mivraKA) telegraph office
מְבֹרָר ת׳ (mevoRAR) selected; select; clarified
מִבְרֶשֶׁת נ׳ (mivREshet) brush
מִבְשָׁלָה נ׳ (mivshaLA) brewery
מְבַשֶּׁלֶת נ׳ (mevaSHElet) cook (*f.*)
מְבֻשָּׂם ת׳ (mevusSAM) scented; perfumed; balmy; spiced; tipsy; drunk
מִבְשָׂמָה נ׳ (mivsaMA) perfumery
מְבַשֵּׂר ז׳ (mevasSER) herald; messenger; Elijah
מָג ז׳ (MAG) magician; magus
מַגָּב ז׳ (magGAV) wiper; squeegee
מַגְבֵּהַ ז׳ (magBE'ah) jack
מִגְבָּה ז׳ (migBAH) elevation; height
מַגְבִּיר ת׳ (magBIR) strengthening; amplifying
– קוֹל ז׳ loudspeaker; amplifier
מַגְבִּית נ׳ (magBIT) collection; fund raising; fund
מֻגְבָּל ת׳ (mugBAL) limited; restricted; confined
מִגְבָּלָה נ׳ (migbaLA) limitation; restriction; shortcoming
מִגְבַּעַת נ׳ (migBA'at) hat
מַגְבֵּר נ׳ (magBER) amplifier; booster
מְגֻבָּשׁ ת׳ (megubBASH) crystallized; consolidated; solidified; solid; cohesive
מַגֶּבֶת נ׳ (magGEvet) towel
מֶגֶד ז׳ (MEged) sweetness; goodness
מַגְדִּיר ז׳ (magDIR) handbook; guide
מִגְדָּל ז׳ (migDAL) tower; turret; pulpit
מְגַדֵּל ז׳ (megadDEL) grower; breeder
מְגֻדָּל ת׳ (megudDAL) grown; grown-up; large
מֻגְדָּל ת׳ (mugDAL) enlarged; magnified
מִגְדַּלּוֹר ז׳ (migdalLOR) lighthouse; beacon
מַגְדֶּלֶת (זְכוּכִית) נ׳ (magDElet) magnifying glass
מִגְדָּן ז׳ (migDAN) confection; candy; gift
מִגְדָּנִיָּה נ׳ (migdaniYA) pastry shop; bakery

defined (mugDAR) מֻגְדָּר ת׳
iron (magHETS) מַגְהֵץ ז׳
ironed; (megoHATS) מְגֹהָץ ת׳
pressed; smart
varied; (meguvVAN) מְגֻוָּן ת׳
variegated; diverse; colorful
assortment; (migVAN) מִגְוָן ז׳
diversity; color range
sluice, valve (maGOF) מָגוֹף ז׳
plug, stopper (meguFA) מְגוּפָה נ׳
fear (maGOR) מָגוֹר ז׳
destruction; (migGUR) מִגּוּר ז׳
defeat
barn, granary; (meguRA) מְגוּרָה נ׳
bin; compartment; cell
residence; (meguRIM) מְגוּרִים ז״ר
dwelling
exaggerated; (mugZAM) מֻגְזָם ת׳
overdone
sector, segment; (migZAR) מִגְזָר ז׳
piece, cut
wirecutters (migzaRAyim) מִגְזָרַיִם ז״ר
ramming; goring; (magGAḤ) מַגָּח ז׳
joint
ridiculous; (meguḤAKH) מְגֻחָךְ ת׳
ludicrous; absurd
magic (MAgi) מָגִי ת׳
narrator; preacher (magGID) מַגִּיד ז׳
soothsayer; fortune teller – עֲתִידוֹת
veined; sinewy (meguYAD) מְגֻיָּד ת׳
proofreader (magGI'ah) מַגִּיהַּ ז׳
magic (MAGya) מָגְיָה נ׳
recruit, (meguYAS) מְגֻיָּס ז׳ ת׳
conscript; draftee; conscripted; mobilized
master (M.A., (maGISter) מָגִיסְטֶר ז׳
M.Sc. etc.)
waiter, server (magGISH) מַגִּישׁ ז׳
sickle (magGAL) מַגָּל ז׳
whip, crop, lash (magLEV) מַגְלֵב ז׳
roll, scroll; (megilLA) מְגִלָּה נ׳
story; Book of Esther; lengthy account

family tree; pedigree מְגִלַּת יֻחֲסִין
pus (mugLA) מֻגְלָה נ׳
shaved (megulLAḤ) מְגֻלָּח ת׳
engraving tool; (magLEF) מַגְלֵף ז׳
carving knife; stylus
skis; (miglaSHAyim) מִגְלָשַׁיִם ז״ז
skids; runners; launchers
purulent; (muglaTI) מֻגְלָתִי ת׳
suppurative
stutterer; (magamGEM) מְגַמְגֵּם ז׳
stammerer
tendency; (megamMA) מְגַמָּה נ׳
direction; trend; course; orientation
completed; (mugMAR) מֻגְמָר ת׳
accomplished
tendentious; (megammaTI) מְגַמָּתִי ת׳
interested
(megammatiYUT) מְגַמָּתִיּוּת נ׳
tendentiousness
shield; defender; (maGEN) מָגֵן ז׳
protection; egis; fender, mudguard; back (soccer; football)
Shield of David – דָּוִד
defender; back (meGEN) מֵגֵן ז׳
(soccer, football)
coquettish; (megunDAR) מְגֻנְדָּר ת׳
flaunting, "dolled-up", flashily dressed
sorrow; grief (meginNA) מְגִנָּה נ׳
sorrow מְגִנַּת לֵב
disgraceful; (megunNE) מְגֻנֶּה ת׳
improper; ugly
magnetization (migNUT) מִגְנוּט ז׳
magnesium (magNEZyum) מַגְנֶזְיוּם ז׳
magnet (magNET) מַגְנֵט ז׳
magnetize (migNET) מִגְנֵט פעל י׳
magnetic (magNEti) מַגְנֵטִי ת׳
magnetism (magNEtiyut) מַגְנֵטִיּוּת נ׳
מַגְנֶסְיוּם, מַגְנִיּוֹן ר׳ מַגְנֶזְיוּם
fortification; defense (migNAN) מִגְנָן ז׳
touch; contact; (magGA') מַגָּע ז׳
liason; relation; intercourse

מַגְעִיל ת׳ (mag'IL) disgusting; revolting; repulsive

מַגָּף ז׳ (magGAF) boot

מַגֵּפָה נ׳ (maggeFA) plague; epidemic; trouncing; wound

מֶגָפוֹן ז׳ (MEgafon) megaphone

מְגֻפָּר ת׳ (megupPAR) sulfurized; vulcanized

מִגֵּר פעל י׳ (migGER) destroy; fling down; overpower

מַגְרֵד ז׳ (magRED) scraper; curette; grater

מְגֹרָד ת׳ (megoRAD) scraped; grated

מְגָרֵד שְׁחָקִים ז׳ (megaRED shehaKIM) skyscraper

מַגְרֶדֶת נ׳ (magREdet) scouring brush

מְגֵרָה נ׳ (megeRA) drawer; case; large saw

מְגָרֶה ת׳ (megaRE) stimulating; exciting; irritating

מְגֹרֶה ת׳ (megoRE) irritated; stimulated; excited

מְגֹרָם ת׳ (megoRAM) filleted; scraped; gnawed

מַגְרֵסָה נ׳ (magreSA) crusher; grinding mill

מִגְרָע ז׳ (migRA') fault; defect; lack; notch; recess

מִגְרָעָה נ׳ (migra'A) recess; niche; bay

מִגְרַעַת נ׳ (migRA'at) deficiency; fault; notch; recess; fillister plane

מַגְרֵפָה נ׳ (magreFA) rake

מִגְרָר ז׳ (migRAR) skid; trailer

מִגְרָרָה נ׳ (migraRA) sleigh; sled

מִגְרֶרֶת נ׳ (migREret) grater

מִגְרָשׁ ז׳ (migRASH) plot; lot; site; field; area

מִגְרַשׁ חֲנָיָה parking lot

מִגְרַשׁ טֶנִיס tennis court

מִגְרַשׁ סְפּוֹרְט sports field (ground)

מַגָּשׁ ז׳ (magGASH) tray

מְגֻשָּׁם ת׳ (meguSHAM) coarse; crude; awkward; clumsy; materialistic; soaked

מַד ז׳ ר׳ מַדִּים (MAD) meter; gage, -meter

מֻדְאָג ת׳ (mud'AG) worried; concerned

מַדְאוֹר ז׳ (mad'OR) photometer

מְדֻבְלָל ת׳ (meduvLAL) thin, sparse

מִדַּבֵּק ת׳ (middabBEK) adhesive; sticky; contagious; catching

מַדְבֵּקָה נ׳ (madbeKA) gummed label; stamp hinge

מִדְבָּר ז׳ (midBAR) desert; wilderness; prairie; speech

מְדַבֵּר ז׳ (medabBER) speaker; first person singular

מִדְבָּרִי ת׳ (midbaRI) barren; arid; desert, wild

מִדְבָּרִיּוּת נ׳ (midbariYUT) desolation; desert nature

מַד־גֹּבַהּ ז׳ (mad-GOvah) altimeter

מִדְגֶּה ז׳ (midGE) fishery; fish breeding

מִדְגָּם ז׳ (midGAM) sample; model; design

מֻדְגָּם ת׳ (mudGAM) exemplified; modeled

מַדְגֵּרָה נ׳ (madgeRA) incubator; hatchery

מַדְגֶּשֶׁם ז׳ (madGEshem) rain gage

מָדַד פעל י׳ (maDAD) measure; gage

מַדָּד ז׳ (maDAD) index; indicator

מִדָּה נ׳ (midDA) measure; measurement; quantity, degree; unit; portion; measuring device; rule; principle; character; disposition; ethos; moral; custom

– כְּנֶגֶד – measure for measure

מִדַּת הַדִּין strict justice

מִדַּת הָרַחֲמִים merciful justice

קְנֵה – standard; scale; yardstick

אִישׁ מִדּוֹת tall person; man of distinction

בֵּית מִדּוֹת large house
מִדּוֹת נ״ר ethics, morality
תּוֹרַת הַמִּדּוֹת ethics, morality
מָדוּד ת׳ (maDUD) measured; considered
מַדְוֶה ז׳ (madVE) pain; grief; sickness
מְדוּזָה נ׳ (meDUza) jellyfish
מַדּוּחַ ז׳ (madDU'ah) obstacle; illusion; allurement
מָדוֹךְ ז׳ (maDOKH) pestle
מְדוֹכָה נ׳ (medoKHA) mortar; seat; smoke-launcher (pot)
יָשַׁב עַל הַ – seek a solution (to a problem)
מָדוֹן ז׳ (maDON) quarrel; strife
מַדּוּעַ מ״ש (madDU'A) why
מְדוּפְלָם ר׳ מְדֻפְלָם
מָדוֹר ז׳ (maDOR) department; compartment; section; branch; dwelling
מְדוּרָה נ׳ (meduRA) fire; flames; pyre; bonfire
מַדְזָוִית ז׳ (madzaVIT) protractor
מַדְזְמַן ז׳ (madzeMAN) chronometer
מַדְזֶרֶם ז׳ (madZErem) ammeter
מֻדָּח ת׳ (mudDAH) exiled; deposed
מַדְחֹם ז׳ (madHOM) thermometer
מַדְחָן ז׳ (madHAN) parking meter
מַדְחֵס ז׳ (madHES) compressor
מַדְחֵף ז׳ (madHEF) propeller; screw
מֻדְחָק ת׳ (mudHAK) repressed; supressed
מַדְטְוָח ז׳ (madteVAH) range finder
מִדֵּי מ״י (midDEY) whenever; every time
– יוֹם בְּיוֹמוֹ every day
מִדַּי תה״פ (midDAI) sufficiently; enough; more than enough
– יוֹתֵר too much
לְמַדַּי תה״פ (lemadDAI) enough, sufficiently
מַדִּיד ז׳ (madDID) gage, caliper; indicator

מָדִיד ת׳ mesurable
מְדִידָה נ׳ (mediDA) measuring; measurement; surveying
מֶדְיוּם ז׳ (MEDyum) medium
מַדִּיחַ ז׳ (madDI'ah) instigator, seducer
מַדִּים ז״ר (madDIM) uniform
מְדִינָאוּת נ׳ (medina'UT) statesmanship
מְדִינַאי ז׳ (medinAI) statesman
מְדִינָאִי ת׳ diplomatic; political
מְדִינָה נ׳ (mediNA) state; province; country
מְדִינִי ת׳ (mediNI) political
מְדִינִיּוּת נ׳ (mediniYUT) policy; politics
מְדַיֵּק ת׳ (medaYEK) punctual
מְדֻיָּק ת׳ (meduYAK) accurate; exact
מְדַכֵּא ת׳ (medakKE) depressing; oppressive
מְדֻכָּא ת׳ (medukKA) depressed; oppressed
מְדַכְדֵּךְ ת׳ (medakhDEKH) depressing
מַדְכֹּחַ ז׳ (madKOah) dynamometer
מְדֻלְדָּל ת׳ (medulDAL) dangling; sparse; impoverished; poor
מַדְלֶה ז׳ (madLE) crane; derrick
מַדְלַחוּת ז׳ (madlaHUT) hygrometer
מַדְלַחַץ ז׳ (madLAhats) manometer
מֶדַלְיָה נ׳ (meDALya) medal
מְדַלֵּל ת׳ (medaLEL) thinner
מְדֻמֶּה ת׳ (medumME) imaginary; simulated; pseudo-
מְדַמֵּם ת׳ (medamMEM) bleeding
מַדְמֵנָה נ׳ (madmeNA) dunghill; dump
מְדָנִים ז״ר (medaNIM) quarrel; strife
מַדָּע ז׳ (madDA') science; knowledge
מַדָּעֵי הָרוּחַ liberal arts, humanities
מַדָּעִי ת׳ (madda'I) scientific
מַדָּעִיּוּת נ׳ (madda'iYUT) scientific inquiry; scientific method
מַדְּעָן ז׳ (madda'AN) scientist

shelf (madDAF) מַדָּף ז׳
printer (madPIS) מַדְפִּיס ז׳
certified; (medupLAM) מְדֻפְלָם ת׳
holding a dipolma
printing press (madpeSA) מַדְפֵּסָה נ׳
grammarian; (medakDEK) מְדַקְדֵּק ז׳
pedant; stickler
precise; (medukDAK) מְדֻקְדָּק ת׳
detailed; strict
piercing; (madkeRA) מַדְקֵרָה נ׳
stabbing
prescribed (midderabbaNAN) מִדְּרַבָּנָן
by the Talmudic sages
terraced; (medoRAG) מְדֹרָג ת׳
graded; graduated
stair, step; (madreGA) מַדְרֵגָה נ׳
degree; level; grade
wind gage (madRU'ah) מַדְרוּחַ ז׳
slope; slant; (midRON) מִדְרוֹן ז׳
incline; bank
guide; (madRIKH) מַדְרִיךְ ז׳
instructor; trainer; guidebook;
handbook; directrix (geom.)
foothold; (midRAKH) מִדְרָךְ ז׳
footboard; step
guided (mudRAKH) מֻדְרָךְ ת׳
sidewalk; (midraKHA) מִדְרָכָה נ׳
pavement
arch support; (midRAS) מִדְרָס ז׳
foothold; stepping
study; (midRASH) מִדְרָשׁ ז׳
commentary; midrashic exegesis;
non-halakhic part of Talmud
house of study; synagogue בֵּית –
school; (midraSHA) מִדְרָשָׁה נ׳
college; academy
midrashic (midraSHI) מִדְרָשִׁי ת׳
(see מדרש)
lawn (midsha'A) מִדְשָׁאָה נ׳
fatty, fat (medushSHAN) מְדֻשָּׁן ת׳
satisfied; self-satisfied מְדֻשַּׁן עֹנֶג
what; (ma, ma, me) מ״ש מ״ח (מָה, מֶה) מַה
which; how much; why; how; some;
something; whatever
as . . . ,so . . . – אַף...
what's the – בֵּין... לְ...
difference between . . .
so what; trivial – בְּכָךְ
the more so, moreover – גַּם שֶׁ...
what is the reason – טַעַם
what's the matter – יֵּשׁ
what do I have to do with him – לִּי וָלוֹ
what's the matter with you – לְּךָ
the case is not so – שֶּׁאֵין כֵּן
something מַה־שֶּׁהוּא, מַשֶּׁהוּ
how בַּמֶּה
something; anything דָּבָר –
like כְּמָה
whatever maybe וִיהִי –
steaming; foggy; (mahBIL) מַהְבִּיל ת׳
misleading
honest; worthy (mehugGAN) מְהֻגָּן ת׳
emigrant; (mehagGER) מְהַגֵּר ז׳
immigrant
edition (mahaduRA) מַהֲדוּרָה נ׳
editor; reader (mahaDIR) מַהֲדִיר ז׳
paper clip; (mehadDEK) מְהַדֵּק ז׳
clothespin; clamp; stapler
meticulous (mehadDER) מְהַדֵּר ז׳
observer; strictly orthodox Jew
strict observers; מְהַדְּרִין מִן הַמְהַדְּרִין
finest of the fine
fancy, elegant; (mehudDAR) מְהֻדָּר ת׳
luxurious; de-luxe; adorned
what is he; (MAhu) מַהוּ מ״ש
what is it
faded; worn-out (maHU'ah) מָהוּהַּ ת׳
diluted; mixed; (maHUL) מָהוּל ת׳
blended; circumcised
tumult; (mehuMA) מְהוּמָה נ׳
confusion; turmoil; bedlam; trouble;
riot; panic
מְהוּקְצָע ר׳ מְהֻקְצָע
essence; nature; (maHUT) מָהוּת נ׳
quality

מַהוּתִי ת׳ (*mahuTI*) essential
מַהִי מ״ש (*MA'hi*) what is she; what is it
מֵהֵיכָן תה״פ (*meheyKHAN*) where from whence
מְהִילָה נ׳ (*mehiLA*) dilution; mixing; circumcision
מְהֵימָן ת׳ (*meheyMAN*) reliable; trustworthy
מְהֵימָנוּת נ׳ (*meheymaNUT*) reliability; trustworthiness
מָהִיר ת׳ (*maHIR*) quick; fast; rapid; swift; adroit; diligent; prompt
מְהִירוּת נ׳ (*mehiRUT*) speed; velocity
בִּ־ quickly
מָהַל פעל י׳ (*maHAL*) dilute; mix; circumcise
מֹהַל ז׳ (*MOhal*) sap; juice
מַהֲלָךְ ז׳ (*mahaLAKH*) course; stroke; move; distance; walking; journey; gear (transmission)
מַהְלְכִים ז״ר (*mahleKHIM*) ways; access
מְהֻלָּל ת׳ (*mehulLAL*) glorious; praised; blessed
מַהֲלֻמָּה נ׳ (*mahalumMA*) blow; stroke; bang; bash
מַהֲמוֹרָה נ׳ (*mahamoRA*) pit; hole; pothole
מְהַמֵּר ז׳ (*mehamMER*) bettor; gambler
מְהַנְדֵּס ז׳ (*mehanDES*) engineer
מַהְפָּךְ ז׳ (*mahPAKH*) tropic
מְהֻפָּךְ ת׳ (*mehupPAKH*) reversed; upside down
מַהְפֵּכָה נ׳ (*mahpeKHA*) revolution; upheaval
מַהְפְּכָן ז׳ (*mahpeKHAN*) revolutionary; revolutionist
מַהְפְּכָנוּת נ׳ (*mahpekhaNUT*) revolutionary zeal; revolutionary activity
מַהְפְּכָנִי ת׳ (*mahpekhaNI*) revolutionary

מְהַפְּנֵט ז׳ (*mehapNET*) hypnotist
מְהֻפְּנָט ת׳ (*mehupNAT*) hypnotized
מְהֻקְצָע ת׳ (*mehukTZA'*) planed; polished
מִהֵר פעל ע׳ י׳ (*miHER*) hasten; hurry; be quick; accelerate; urge
מַהֵר תה״פ (*maHER*) quickly; fast; rapidly; swiftly
מֹהַר ז׳ (*MOhar*) bride price
מְהֵרָה תה״פ (*meheRA*) quickly
בִּ — quickly; soon; shortly
מַהֲתַלָּה נ׳ (*mahatalLA*) joke; farce
מוּאָר ת׳ (*mu'AR*) lighted; lit-up; elucidated
מוּבָאָה נ׳ (*muva'A*) quotation; citation
מובהק ר׳ מֻבְהָק
מובחר ר׳ מֻבְחָר
מובטח ר׳ מֻבְטָח
מובטל ר׳ מֻבְטָל
מוֹבִיל ז׳ (*moVIL*) conveyor; transporter; carrier; conduit
מוֹבָל ז׳ (*moVAL*) duct; conduit
מוּבָן ז׳ ת׳ (*muVAN*) sense; meaning; understandable, comprehensible
— מֵאֵלָיו obvious; of course
מוּבָס ת׳ (*muVAS*) defeated; trampled
מוּבָר ת׳ (*muVAR*) uncultivated; fallow
מוּג־לֵב ת׳ ז׳ (*mug-LEV*) coward
מוגבל ר׳ מֻגְבָּל
מוגבר ר׳ מֻגְבָּר
מוגדל ר׳ מֻגְדָּל
מוגדר ר׳ מֻגְדָּר
מוגזם ר׳ מֻגְזָם
מוגלה ר׳ מֻגְלָה
מוגמר ר׳ מֻגְמָר
מוּגָן ת׳ (*muGAN*) defended; protected
מוּגָף ת׳ (*muGAF*) closed; slammed; shut
מוֹדֵד ז׳ (*moDED*) surveyor; meter; index
מוֹדָה נ׳ (*MOda*) fashion

מודוס ז׳ (MOdus) mode; manner; mood (gram.)
מודיעין ז״ר (modi'IN) intelligence (military); information
מודל ז׳ (moDEL) model
מודע ז׳ (moDA') acquaintance; friend
מודע ת׳ ז׳ (muDA') conscious; aware
תת – subconscious
לא – unconscious
מודעה נ׳ (moda'A) advertisement
מודעות נ׳ (muda'UT) awareness
מודרני ת׳ (moDERni) modern
מודרניזציה נ׳ (moderniZATSya) modernization
מוהל ז׳ (moHEL) circumciser
מוזאיקה נ׳ (moZAika) mosaic
מוזג ז׳ (moZEG) bartender; tavern owner
מוזגת נ׳ barmaid
מוזה נ׳ (MUza) Muse
מוזיאון ז׳ (muZEYon) museum
מוזיקה ר׳ מוסיקה
מוזר ת׳ (muZAR) strange; odd; peculiar
מוזרות נ׳ (muzaRUT) strangeness
מוחלט ר׳ מחלט
מוחץ ת׳ (moḤETS) smashing; crushing
מוחק ז׳ (moḤEK) eraser
מוחש ת׳ (muḤASH) concrete; tangible; perceptible; substantial; accelerated
מוחשי ת׳ (muḥaSHI) tangible; concrete; substantial
מוחשיות נ׳ (muḥashiYUT) concreteness; tangibility
מוט ז׳ (MOT) rod; pole; staff; bar
מוטב תה״פ ז׳ (muTAV) it is better; rather; beneficiary
מוטה נ׳ (moTA) pole; yoke
מוטור ז׳ (moTOR) motor
מוטיב ז׳ (moTIV) motif

מוטל ר׳ מטל
מוטל ז׳ (moTEL) motel
מוטס ת׳ (muTAS) airborne
מוטעה ר׳ מטעה
מוטעם ר׳ מטעם
מוטציה נ׳ (muTATSya) mutation
מוך ז׳ (MOKH) cotton wool; down
מוכ״ז (מוסר כתב זה) (moKAZ) bearer
מוכח ת׳ (muKHAḤ) proven
מוכחד ר׳ מכחד
מוכחש ר׳ מכחש
מוכיח ז׳ (moKHI'aḥ) preacher; reprover
מוכן ת׳ (muKHAN) ready; prepared
מוכנית תה״פ (mukhNIT) mechanically
מוכס ז׳ (moKHES) customs' official; tax collector
מוכסן ז׳ (mokheSAN) tax collector
מוכסף ר׳ מכסף
מוכפל ר׳ מכפל
מוכר ז׳ (moKHER) vendor; salesman; seller
מוכתר ז׳ (mukhTAR) village headman
מול מ״י (MUL) in front of, facing, opposite; against; counter
מול ז׳ (MOL) flat (music)
מו״ל (מוציא לאור) ז׳ (MOL) publisher
מולד ז׳ (moLAD) birth; new moon
חג ה – Christmas
מולדת נ׳ (moLEdet) native land; homeland; birthplace
מולט ז׳ (muLAT) mulatto
מוליך ז׳ (moLIKH) conductor
מוליכות נ׳ (moliKHUT) conductivity
מולך ר׳ מלך
מולקולה נ׳ (moLEkula) molecule
מולקולרי ת׳ (molekuLAri) molecular
מום ז׳ (MUM) blemish; defect; deformity; fault
בעל – cripple; invalid
מו״מ (משא ומתן) ז׳ negotiations
מומחה ר׳ ממחה

מוּמְיָה נ׳ (MUMya) mummy
מומלץ ר׳ מֻמְלָץ
מוֹמֶנְט ז׳ (moMENT) moment; torque
מוֹמֶנְטוּם ז׳ (moMENtum) momentum
מוּמָר ז׳ (muMAR) convert; apostate
מוֹנְגוֹלִי ת׳ (monGOli) Mongolian
מוֹנֶה ז׳ (moNE) meter, counter; numerator (math.)
מוֹנוֹגָמִי ת׳ (monoGAmi) mongamous
מוֹנוֹגַמְיָה נ׳ (monoGAMya) monogamy
מוֹנוֹטוֹנִי ת׳ (monoTOni) monotonous
מוֹנוֹלוֹג ז׳ (monoLOG) monologue; soliloquy
מוֹנוֹפּוֹלִי ת׳ (monoPOli) monopolistic
מוֹנוֹפּוֹל, מוֹנוֹפּוֹלִין ז׳ (monoPOL, monopoLIN) monopoly
מוֹנִיטִין ז״ר (moniTIN) fame, reputation; repute; coins
יָצְאוּ לוֹ – he became famous
מוֹנִים ז״ר (moNIM) times
מוּנִיצִיפָּלִי ת׳ (munitsiPAli) municipal
מוֹנִית נ׳ (moNIT) taxi; cab
מוֹנֵעַ ת׳ (moNE'a) preventive; prophylactic; hindering
מוֹנַרְךְ ז׳ (moNARKH) monarch
מוֹנַרְכְיָה נ׳ (moNARKHya) monarchy
מוסגר ר׳ מֻסְגָּר
מוֹסָד ז׳ (moSAD) institution; institute
מוסה ר׳ מוּזָה
מוסווה ר׳ מֻסְוֶה
מוסיאון ר׳ מוּזֵיאוֹן
מוּסִיקַאי ז׳ (musiKAI) musician
מוּסִיקָה נ׳ (MUsika) music
מוּסִיקוֹלוֹגְיָה נ׳ (musikoLOGya) musicology
מוּסִיקָלִי ת׳ (musiKAli) musical
מוּסָךְ ז׳ (muSAKH) garage, hangar
מוסכם ר׳ מֻסְכָּם
מוסכמה ר׳ מֻסְכָּמָה
מוסלמי ר׳ מֻסְלְמִי
מוסמך ר׳ מֻסְמָךְ

מוּסָף ז׳ ת׳ (muSAF) supplement; Mussaf (additional sacrifice or prayer); added
מוּסָר ז׳ (muSAR) chastisement; morals; ethics; punishment
הִטִּיף – moralize; reprove
מוּסַר הַשֵּׂכֶל lesson; moral
מוּסַר כְּלָיוֹת regret; remorse
מוֹסֵרָה נ׳ (moseRA) rope
מוּסָרִי ת׳ (musaRI) moral; ethical
מוּסָרִיּוּת נ׳ (musariYUT) morality
מוּעָב ת׳ (mu'AV) cloudy
מוֹעֵד ז׳ (mo'ED) fixed time; season; term; time; holiday; festivity; meeting; rendezvous; temple
בְּמוֹעֲדוֹ on time
מוֹעֲדִים לְשִׂמְחָה! Happy Festival
אֹהֶל – the Tabernacle
בְּעוֹד – in good time
חֹל הַ־ intermediate days of festival
קְצַר – short-term
מוּעָד ת׳ (mu'AD) forewarned; liable to full indemnity; habitual; designed for
מוֹעֲדוֹן ז׳ (mo'aDON) club
מוּעָט ת׳ (mu'AT) small, scanty; a little
מוֹעִיל ת׳ (mo'IL) useful; advantageous; beneficial
מועמד ר׳ מֻעֲמָד
מוֹעֵן ז׳ (mo'EN) sender
מוֹעָצָה נ׳ (mo'aTSA) council; board; soviet
בְּרִית הַמּוֹעָצוֹת U.S.S.R.
מוֹעַצְתִּי ת׳ (mo'atsTI) federative
מוּעָקָה נ׳ (mu'aKA) distress; pressure
מוּפָז ת׳ (muFAZ) gilded
מופלג ר׳ מֻפְלָג
מופלה ר׳ מֻפְלֶה
מוֹפָע ז׳ (moFA') appearance; show; phase
מופקע ר׳ מֻפְקָע
מופקר ר׳ מֻפְקָר

מופרז ר׳ מֻפְרָז
מופרע ר׳ מֻפְרָע
מופשט ר׳ מֻפְשָׁט
מופשל ר׳ מֻפְשָׁל
מוֹפֵת ז׳ (moFET) example, model; sign; token; wonder; proof
– לְ – exemplary
מוֹפְתִי ת׳ (mofeTI) exemplary
מופתע ר׳ מֻפְתָּע
מוץ ר׳ מֹץ
מוֹצָא ז׳ (moTSA) exit; outlet; origin; source; ancestry; east
מוצב ר׳ מֻצָּב
מוצדק ר׳ מֻצְדָּק
מוצהר ר׳ מֻצְהָר
מוֹצִיא לָאוֹר ז׳ (moTSI-la'OR) publisher
מוֹצִיא לְפֹעַל ז׳ (moTSI lefo'AL) executor, executive officer
מוצל ר׳ מֻצָּל
מוצלב ר׳ מֻצְלָב
מוצלח ר׳ מֻצְלָח
מוצנע ר׳ מֻצְנָע
מוּצָף ת׳ (muTSAF) flooded
מוּצָק ז׳ ת׳ (muTSAK) solid; cast
מוּצָקוּת נ׳ (mutsaKUT) solidity
מוּצָר ז׳ (muTSAR) product
מוֹקֵד ז׳ (moKED) focus; fire; pyre
מוקדם ר׳ מֻקְדָּם
מוקטן ר׳ מֻקְטָן
מוּקְיוֹן ז׳ (mukYON) clown
מוֹקִיר ז׳ (moKIR) admirer
מוּקָע ת׳ (muKA') stigmatized; condemned
מוֹקֵשׁ ז׳ (moKESH) mine; trap; obstacle
מור ר׳ מֹר
מוֹרָא ז׳ (moRA) fear; awe; miracle
מוֹרַג ז׳ (moRAG) threshing sledge
מוֹרָד ז׳ (moRAD) slope; incline; descent; decline
מוֹרֵד ז׳ (moRED) rebel

מוֹרֶה ז׳ (moRE) teacher; instructor; guide
מוֹרֵה דֶרֶךְ guide
מוֹרָה נ׳ (moRA) teacher (f.)
– ז׳ razor
מורך ר׳ מֹרֶךְ
מורכב ר׳ מֻרְכָּב
מוֹרָל ז׳ (moRAL) morale
מוּרָם ת׳ (muRAM) elevated
מוֹרְס ז׳ (MORS) Morse code
מורסה ר׳ מֻרְסָה
מורעב ר׳ מֻרְעָב
מורעל ר׳ מֻרְעָל
מוֹרְפוֹלוֹגְיָה נ׳ (morfoLOGya) morphology
מוֹרְפִיוּם ז׳ (MORfyum) morphine
מוֹרָשָׁה נ׳ (moraSHA) heritage; legacy; inheritance; possession
מורשע ר׳ מֻרְשָׁע
מורת רוח ר׳ מֹרַת רוּחַ
מושא ר׳ מֻשָּׂא
מוֹשָׁב ז׳ (moSHAV) sitting; seat; dwelling; residence; settlement; moshav (smallholders' cooperative settlement)
מוֹשָׁבָה נ׳ (moshaVA) village; settlement; colony
מושבע ר׳ מֻשְׁבָּע
מושג ר׳ מֻשָּׂג
מושחת ר׳ מֻשְׁחָת
מוּשָׁט ת׳ (muSHAT) extended; floated
מוֹשִׁיעַ ז׳ (moSHI'a) savior; deliverer
מוֹשֵׁךְ ת׳ (moSHEKH) appealing; attractive
מוֹשְׁכוֹת נ״ר (mosheKHOT) reins
מוֹשֵׁל ז׳ (moSHEL) ruler; governor
מושלם ר׳ מֻשְׁלָם
מוּשְׁק ז׳ (MUSHK) musk; musk deer
מָוֶת ז׳ (MAvet) death
מותן ר׳ מֹתֶן
מותנה ר׳ מֻתְנֶה
מותר ר׳ מֻתָּר

מוֹתָר ז׳ (*moTAR*) remainder; superfluity; advantage
ל – לְצַיֵּן needless to say
מוֹתָרוֹת luxury; luxuries
מִזְבֵּחַ ז׳ (*mizBE'aḥ*) altar
מִזְבָּלָה נ׳ (*mizbaLA*) garbage dump; refuse heap
מֶזֶג ז׳ (*MEzeg*) temperament; mixture; mixed wine
– אֲוִיר weather
מָזַג פעל י׳ (*maZAG*) pour; mix; blend
מִזֵּג פעל י׳ (*mizZEG*) merge; amalgamate; fuse; temper; condition (air)
מְזֻגָּג ת׳ (*mezugGAG*) glazed; frosted; lacquered
מְזֻגְזָג ת׳ (*mezugZAG*) zigzag
מַזְגַן אֲוִיר ז׳ (*mazGAN-aVIR*) air conditioner
מָזֶה ת׳ (*maZE*) exhausted; withered
מְזֵה־רָעָב starving
מֻזְהָב ת׳ (*muzHAV*) gilded
מְזֻהֶה ת׳ (*mezuHE*) identified
מַזְהִיר ת׳ (*mazHIR*) shining; bright; brilliant; cautionary
מְזֹהָם ת׳ (*mezoHAM*) filthy; contaminated; polluted
מִזּוּג ז׳ (*mizZUG*) fusion; amalgamation; mixing; integration; merger
– אֲוִיר air conditioning
מְזֻוָּג ת׳ (*mezuvVAG*) paired
מִזְוָדָה נ׳ (*mizvaDA*) suitcase; valise; bag; trunk
מְזָוֶה ז׳ (*mezaVE*) pantry; barn
מוזהה ר׳ מְזֻהֶה
מוזהם ר׳ מְזֹהָם
מְזוּזָה נ׳ (*mezuZA*) door post; Mezuzah (parchment scroll in container attached to doorpost)
מָזוּט ז׳ (*maZUT*) crude oil; heating oil
מוזין ר׳ מְזֻיָּן
מוזיף ר׳ מְזֻיָּף
מָזוֹכִיזְם ז׳ (*mazoKHIZM*) masochism
מָזוֹכִיסְט ז׳ (*mazoKHIST*) masochist
מזומן ר׳ מְזֻמָּן
מָזוֹן ז׳ (*maZON*) food; nourishment
מְזוֹנוֹת alimony
מָזוֹנִיט ז׳ (*mazoNIT*) masonite
מזועזע ר׳ מְזֻעְזָע
מזופת ר׳ מְזֻפָּת
מזוקן ר׳ מְזֻקָּן
מזוקק ר׳ מְזֻקָּק
מָזוֹר ז׳ (*maZOR*) bandage; healing; wound; disease
מָז׳וֹר ז׳ (*maZHOR*) major (music)
מֵזַח ז׳ (*MEzaḥ*) jetty
מִזְחֶלֶת נ׳ (*mizḤElet*) sled
מְזִיגָה נ׳ (*meziGA*) pouring; mixing; blending; synthesis
מֵזִיד ז׳ (*meZID*) intentional wrongdoer
בְּ – intentionally; with malice
מְזֻיָּן ת׳ (*mezuYAN*) armed; equipped; reinforced
מֵזִין ת׳ (*meZIN*) nourishing; nutritive
מְזַיֵּף ת׳ (*mezaYEF*) forger; counterfeiter; faker
מְזֻיָּף ת׳ (*mezuYAF*) counterfeit; forged; false; phony
מַזִּיק ת׳ ז׳ (*mazZIK*) destructive; bad; pest; demon
מַזְכִּיר ז׳ (*mazKIR*) secretary
מַזְכָּ"ל (מזכיר כללי) secretary general
מַזְכִּירוּת נ׳ (*mazkiRUT*) secretariat; office
מֻזְכָּר ת׳ (*muzKAR*) mentioned
מַזְכֶּרֶת נ׳ (*mazKEret*) souvenir; memorial; remembrance
מַזָּל ז׳ (*mazZAL*) luck; fortune; fate; destiny; stars; signs of the zodiac
– טוֹב good luck, congratulations
לְרֹעַ הַ – unfortunately
בִּישׁ־ – unlucky
בַּר־ – lucky
שִׂחֵק לוֹ מַזָּלוֹ succeeded
עוֹבֵד כּוֹכָבִים וּמַזָּלוֹת pagan; idolator; heathen; gentile

מַזְלֵג ז׳ (*mazLEG*) fork

מַזְלֵף ז׳ (*mazLEF*) watering-can; atomizer

מְזִמָּה נ׳ (*mezimMA*) conspiracy; plot; design; evil device

מִזְמוּז ז׳ (*mizMUZ*) flirting; "necking"; softening

מַזְמוּט ז׳ (*mazMUT*) amusement; gaiety

מִזְמוֹר ז׳ (*mizMOR*) song; chant; hymn; anthem

מִזְמֵז פעל י׳ (*mizMEZ*) flirt; "neck"; destroy

מְזֻמָּן ת׳ (*mezumMAN*) ready; prepared; cash

—ים cash

לְעִתִּים מְזֻמָּנוֹת from time to time, at fixed intervals

מִזְּמַן תה״פ (*mizzeMAN*) long ago

מַזְמֵרָה נ׳ (*mazmeRA*) clipper; pruning shears; pruning hook

מִזְנוֹן ז׳ (*mizNON*) buffet; cupboard; diner; refreshment stand

מִזְנוֹנַאי ז׳ (*miznoNAI*) refreshment stand attendant; waiter

מֻזְנָח ת׳ (*muzNAḤ*) neglected; derelict

מַזְנִיק ז׳ (*mazNIK*) starter

מְזַעְזֵעַ ת׳ (*meza'ZE'a*) shocking

מְזֻעְזָע ת׳ (*mezu'ZA'*) shocked

מִזְעָר תה״פ (*miz'AR*) little; least

מְעַט — very little

מִזְעָרִי ת׳ (*miz'aRI*) minimal

מְזֻפָּת ת׳ (*mezupPAT*) tarred; asphalted; paved; lousy; rotten

מְזֻקָּן ת׳ (*mezukKAN*) bearded

מְזֻקָּק ת׳ (*mezukKAK*) refined; distilled

מַזְקֵקָה נ׳ (*mazkeKA*) refinery; distillery

מְזֹרֶה ת׳ (*mezoRE*) winnowed; scattered

מִזְרוֹן ז׳ (*mizRON*) mattress

מְזֹרָז ת׳ (*mezoRAZ*) accelerated; quick

מִזְרָח ז׳ (*mizRAḤ*) east; orient; east wall of synagogue; ornamental sign indicating the east

מִזְרָחִי ת׳ ז׳ (*mizraḤI*) eastern; oriental; easterner

מִזְרְחָן ז׳ (*mizreḤAN*) orientalist

מִזְרְחָנוּת נ׳ (*mizreḥaNUT*) oriental studies

מִזְרָע ז׳ (*mizRA'*) sown area

מַזְרֵק ז׳ (*mazREK*) syringe; injector

מִזְרָקָה נ׳ (*mizraKA*) fountain

מֹחַ ז׳ (*MO'aḥ*) brain; marrow; core

בִּלְבּוּל — confusion; nonsense

חַמּוּם — hotheaded

שְׁטִיפַת מֹחַ brainwashing

מֵחַ ז׳ (*ME'aḥ*) fatness; marrow

מָחָא פעל י׳ (*maḤA*) clap

— כַּף clap hands, applaud

מְחָאָה נ׳ (*meḥa'A*) protest

מַחֲבוֹא ז׳ (*maḥaVO*) hiding place; hideout

מַחֲבוֹאִים ז״ר (*maḥavo'IM*) hide-and-seek

מַחְבֵּט ז׳ (*maḥBET*) bat, racket; carpet-beater

מְחַבֵּל ז׳ (*meḥabBEL*) destroyer; saboteur; demon; terrorist

מַחְבֵּצָה נ׳ (*maḥbeTSA*) churn

מְחַבֵּר ז׳ (*meḥabBER*) author; composer

מַחְבֵּר ז׳ (*maḥBER*) connector; stapler; mortise joint

מַחְבֶּרֶת נ׳ (*maḥBEret*) notebook; copybook

מַחֲבַת נ׳ (*maḥaVAT*) frying pan; skillet

מַחְגֵּר ז׳ (*maḥGER*) ratchet

מְחַדֵּד, מַחְדֵּד ז׳ (*meḥadDED*) pencil sharpener *maḥDED*)

מֶחְדָּל ז׳ (*meḥDAL*) shortcoming; failure; oversight

מְחַדֵּשׁ ז׳ (*meḥadDESH*) innovator; inventor

מָחָה פעל י׳ ע׳ (*maḤA*) wipe; erase; oblitrate; protest

יִמַּח שְׁמוֹ may his name be blotted out

מִחָה פעל י׳ (*miḤA*) protest

מָחוֹג ז׳ (*maḤOG*) hand (of clock), pointer; needle (of meter); gesture

מְחוּגָה נ׳ (*meḥuGA*) compass(es), calipers

מַחֲוֶה ז׳ (*maḥaVE*) pointer

מֶחֱוָה נ׳ (*meḥeVA*) gesture; phrase

מָחוֹז ז׳ (*maḤOZ*) district; region

מְחוֹזִי ת׳ (*meḥoZI*) district

מחויב ר׳ מְחֻיָּב

מָחוֹךְ ז׳ (*maḤOKH*) girdle, corset

מחוכם ר׳ מְחֻכָּם

מָחוֹל ז׳ (*maḤOL*) dance

מְחוֹלֵל ז׳ (*meḥoLEL*) generator; performer; doer; dancer

מַחֲוָן ז׳ (*maḥaVAN*) indicator; pointer

מְחוֹנָן ת׳ (*meḥoNAN*) talented; gifted; pardoned

מחוסן ר׳ מְחֻסָּן

מחוספס ר׳ מְחֻסְפָּס

מחופה ר׳ מְחֻפֶּה

מִחוּץ תה״פ (*miḤUTS*) outside

– לַתְּחוּם out of bounds

מְחוֹקֵק ז׳ (*meḥoKEK*) legislator; engraver

מְחֻוָּר ת׳ (*meḥuvVAR*) clear; clarified

מחורבן ר׳ מְחֻרְבָּן

מֵחוֹשׁ ז׳ (*meḤOSH*) ache; pain

מָחוֹשׁ ז׳ (*maḤOSH*) antenna (insect)

מחושב ר׳ מְחֻשָּׁב

מַחֲזָאוּת נ׳ (*maḥaza'UT*) dramatics; play writing

מַחֲזַאי ז׳ (*maḥaZAI*) playwright

מַחֲזֶה ז׳ (*maḥaZE*) play; drama; view; sight; spectacle

מַחֲזֵה תַּעְתּוּעִים mirage

מַחֲזוֹר ז׳ (*maḥaZOR*) cycle; circulation; regular course; graduation class; period; prayer book for holidays

– הַדָּם ...lood circulation

מַחֲזוֹרִי ת׳ (*maḥazoRI*) ...irculation; cyclic; recurring; circular; periodic

מַחֲזוֹרִיּוּת נ׳ (*maḥazoriYUT*) periodicity; recurrence

מַחֲזִירוֹר ז׳ (*maḥaziROR*) ...eflector

מְחֻזָּק ת׳ (*meḥuzZAK*) ...einforced

מֻחְזָק ז׳ (*muḥZAK*) ...eld; supported; maintained; considered; convinced

מְחַזֵּר ז׳ ת׳ (*meḥazZER*) ...uitor; wooer; wanderer; rambler

מָחַט פעל י׳ (*maḤAT*) ...lean; trim; blow (nose)

מַחַט נ׳ (*MAḥat*) ...eedle

עֲצֵי – ...onifers

מְחַטֵּא ת׳ (*meḥatTE*) ...ntiseptic; disinfecting

מְחֻטָּא ת׳ (*meḥutTA*) ...isinfected

מְחֻטָּב ת׳ (*meḥuTAV*) ...arved; well-formed; well-shaped

מַחְטָנִי ת׳ (*maḥtaNI*) ...eedle-shaped; coniferous

מְחִי ז׳ (*MeḤI*) ...low; stroke

מֹחִי ת׳ (*moḤI*) ...erebral

מְחִיאָה נ׳ (*meḥi'A*) ...apping; knocking

מְחִיאַת כַּפַּיִם ...applause

מְחַיֵּב ת׳ (*meḥaiYEV*) ...firmative; positive; obliging; committing; accusing; convicting

מְחֻיָּב ת׳ (*meḥuYAV*) ...bliged; bound

– הַמְּצִיאוּת ...ecessary; inevitable

מִחְיָה נ׳ (*miḥYA*) ...eans of livelihood; subsistence; living

יֹקֶר הַ– ...ost of living

מְחִילָה נ׳ (*meḥiLA*) ...ardon; amnesty; forgiveness; indulgence

מְחִיצָה נ׳ (*meḥiTSA*) ...artition

מְחִיקָה נ׳ (*meḥiKA*) ...asing; erasure

מְחִיר ז׳ (*meḤIR*) ...ice; cost

מְחִירוֹן ז׳ (*meḥiRON*) ...ice list

מְחִית נ׳ (*meḤIT*) ...rée; mash

מְחֻכָּם ת׳ (*meḥukKAM*) ...tful; clever; shrewd

מָחַל פעל ע׳ (*maḤAL*) forgive, pardon; absolve

מַחְלָבָה נ׳ (*maḥlaVA*) dairy; dairy shop

מַחֲלָה נ׳ (*maḥaLA*) illness; disease; ailment; sickness

מְחִלָּה נ׳ (*meḥilLA*) tunnel; cave; burrow

מחלוקת ר׳ מַחֲלֹקֶת

מֻחְלָט ת׳ (*muḥLAT*) absolute; definite; decisive

מַחֲלִיא ת׳ (*maḥaLI*) sickening; pathogenic

מַחֲלִיף ת׳ (*maḥaLIF*) alternate; substitute; relief

מַחֲלִיקַיִם ז״ז (*maḥaliKAyim*) ice-skates

מַחְלֵף ז׳ (*maḥLEF*) changer (instrument), converter

מֶחְלָף ז׳ (*meḥLAF*) interchange

מַחְלָפָה נ׳ (*maḥlaFA*) plait; braid; lock

מַחְלֵץ ז׳ (*maḥLETS*) corkscrew; extractor

מַחֲלָצוֹת נ״ר (*maḥalaTSOT*) fine clothing; elegant attire

מְחַלֵּק ז׳ (*meḥalLEK*) divider; divisor

מְחֻלָּק ז׳ ת׳ (*meḥulLAK*) dividend; divided

מַחְלָקָה נ׳ (*maḥlaKA*) department; class; platoon; ward

מַחֲלֹקֶת נ׳ (*maḥaLOket*) controversy; argument; dispute; discord; conflict

סֶלַע הַ – bone of contention

שְׁנוּי בְּ – controversial; at issue

מַחְלַקְתִּי ת׳ (*maḥlaKTI*) departmental

מֵחָם ז׳ (*meḤAM*) samovar

מַחֲמָאָה נ׳ (*maḥama'A*) compliment; flattery

מַחְמָד ז׳ (*maḥMAD*) precious thing; delight

מַחֲמִיר ת׳ (*maḥaMIR*) strict; severe

מַחְמָל ז׳ (*maḥMAL*) beloved thing

מְחֻמְצָן ת׳ (*meḥumTSAN*) oxidized

מְחֻמָּשׁ ז׳ (*meḥumMASH*) pentagon

– ת׳ five-sided; fivefold

מֵחֲמַת מ״י (*meḥaMAT*) because of; owing to

מַחֲנָאוּת נ׳ (*maḥana'UT*) camping; campcraft

מַחֲנָאִי ת׳ (*maḥana'I*) camp (adj.)

מַחֲנֶה ז׳ (*maḥaNE*) camp; encampment; host; mass; army (unit)

מַחֲנַיִם dodgeball

מְחַנֵּךְ ז׳ (*meḥanNEKH*) educator; pedagogue

מַחֲנָק ז׳ (*maḥaNAK*) suffocation; stifling

מַחְסֶה ז׳ (*maḥSE*) shelter; refuge

מַחְסוֹם ז׳ (*maḥSOM*) obstacle; barrier; block; barricade; muzzle; gag

מַחְסוֹר ז׳ (*maḥSOR*) shortage; want

מְחֻסָּם ת׳ (*meḥusSAM*) tempered; hardened

מְחֻסָּן ת׳ (*meḥusSAN*) immune; protected; -proof

מַחְסָן ז׳ (*maḥSAN*) warehouse; depot; bin

מַחְסְנָאוּת נ׳ (*maḥsena'UT*) warehouse keeping; supply

מַחְסָנִית נ׳ (*maḥsaNIT*) magazine (ammunition)

מְחֻסְפָּס ת׳ (*meḥusPAS*) rough

מְחֻפֶּה ת׳ (*meḥupPE*) covered

מַחְפִּיר ת׳ (*maḥPIR*) shameful; disgraceful

מַחְפֵּר ז׳ (*maḥPER*) dredge; steamshovel; excavator

מַחְפֹּרֶת נ׳ (*maḥPOret*) trench; dugout; mine

מְחֻפָּשׂ ת׳ (*meḥupPAS*) disguised; masked; wanted

מָחַץ פעל י׳ (*maḤATS*) crush; beat; wound

מַחַץ ז׳ (*MAḥats*) strike; shock; bruise; wound

מַחְצָב ז׳ (*maḥTSAV*) mineral; ore; quarry; origin

מַחְצָבָה נ׳ (*maḥtsaVA*) quarry; origin
מֶחֱצָה נ׳ (*meheTSA*) half; middle
מְחִצָּה נ׳ (*meḥitsTSA*) partition; bulkhead
מַחֲצִית נ׳ (*maḥaTSIT*) half; half time
מַחְצֶלֶת נ׳ (*maḥTSElet*) mat
מְחֻצָּף ת׳ (*meḥutsTSAF*) impudent
מַחְצָצָה נ׳ (*meḥtsaTSA*) toothpick
מְחַצְצֵר ז׳ (*meḥatseTSER*) bugler; trumpeter
מָחַק פעל י׳ (*maḤAK*) erase; blot out; rub out; remove a little; pierce
מַחַק ז׳ (*MAḥak*) eraser
מְחַקֶּה ז׳ (*meḥakKE*) imitator; mimic
מֶחְקָר ז׳ (*meḥKAR*) research; inquiry; study; depth
מָחָר תה״פ ז׳ (*maḤAR*) tomorrow; the morrow
מַחֲרָאָה נ׳ (*maḥaraA*) toilet; latrine
מָחֳרָב ת׳ (*moḥaRAV*) destroyed; ruined
מְחֻרְבָּן ת׳ (*meḥurBAN*) rotten; lousy; cursed
מַחֲרֹזֶת נ׳ (*maḥaROzet*) necklace; string (beads etc.); combination; set
מְחַרְחֵר ז׳ (*meḥarḤER*) provoker; instigator
מַחֲרֵטָה נ׳ (*maḥareTA*) lathe
מַחֲרִיד ת׳ (*maḥaRID*) shocking; frightful
מַחֲרִישׁ ת׳ (*maḥaRISH*) silent; deafening
מָחֳרָם ת׳ (*moḥoRAM*) banned; excommunicated; confiscated
מַחֲרֵצָה נ׳ (*maḥareTSA*) grooving plane
מְחֹרָר ת׳ (*meḥoRAR*) full of holes
מַחֲרֵשָׁה נ׳ (*maḥareSHA*) plow
מָחֳרָת תה״פ (*moḥoRAT*) the following day
לְ – on the following day
מָחֳרָתַיִם תה״פ (*moḥorataYIM*) the day after tomorrow

מְחַשֵּׁב ז׳ (*meḥashSHEV*) calculator; accountant; computer
מַחְשֵׁב ז׳ (*maḥSHEV*) computer
מְחֻשָּׁב ת׳ (*meḥushSHAV*) calculated; considered
מַחֲשָׁבָה נ׳ (*maḥashaVA*) thought; idea; intention; thinking; contemplation; cogitation
בְּ – תְּחִלָּה deliberately
מַחֲשֶׁבֶת נ׳ (*maḥaSHEvet*) skill
מְלֶאכֶת – artistic work; fine work; masterpiece
מַחְשׂוֹף ז׳ (*maḥSOF*) exposed place; exposure; decolletage
מַחְשָׁךְ ז׳ (*maḥSHAKH*) darkness; dark place; hiding place
מְחֻשָּׁל ת׳ (*meḥushSHAL*) forged; well-formed
מַחְתָּה נ׳ (*maḥTA*) shovel
מְחֻתָּךְ ת׳ (*meḥutTAKH*) cut; articulated
מְחֻתָּן ז׳ (*meḥutTAN*) relative by child's marriage; married
מַחְתֶּרֶת נ׳ (*maḥTEret*) underground; breach; tunnel
מָט פעל ע׳ (*MAT*) stagger; keel over
מָט ז׳ (*MAT*) checkmate
מֶטֶאוֹר ז׳ (*meteOR*) meteor
מֶטֶאוֹרוֹלוֹג ז׳ (*meteoroLOG*) meteorologist
מֶטֶאוֹרוֹלוֹגִי ת׳ (*meteoroLOgi*) meteorological
מֶטֶאוֹרוֹלוֹגְיָה נ׳ (*meteoroLOGya*) meteorology
מֶטֶאוֹרִיט ז׳ (*meteoRIT*) meteorite
מַטְאֲטֵא ז׳ (*mat'aTE*) broom
מִטְבָּח ז׳ (*miBAḤ*) kitchen
בֵּית מִטְבָּחַיִם slaughterhouse
מַטְבֵּחַ ז׳ (*matBE'aḥ*) slaughter
מַטְבֵּעַ ז׳ נ׳ (*matBE'a*) coin; currency; coinage; form; formula
מִטְבָּע ז׳ (*mitBA'*) imprint; stamp
מִטְבָּעָה נ׳ (*mitba'A*) mint

מְטֻגָּן ת׳ (metugGAN) fried
מִטָּה נ׳ (mitTA) bed; cot; berth; bunk; litter; bier
מַטֶּה ז׳ (matTE) staff; cane; baton; headquarters; tribe
מַטָּה, לְמַטָּה תה״פ (MATta; leMATta) down; downward; under; beneath; below; less than-
מֻטֶּה ת׳ ז׳ (mutTE) inclined; slanted; mistrial; injustice
מֻטָּה נ׳ (mutTA) span (wing); spread
מטוגן ר׳ מְטֻגָּן
מַטְוֶה ז׳ (matVE) yarn
מִטְוָח ז׳ (mitVAḤ) range (rifle etc.)
מַטְוִיָּה נ׳ (matviYA) spinning mill
מָטוֹל ז׳ (maTOL) launcher; projector
מטומטם ר׳ מְטֻמְטָם
מטונף ר׳ מְטֻנָּף
מָטוֹס ז׳ (maTOS) airplane; aircraft
נוֹשֵׂאת מְטוֹסִים aircraft carrier
מטופח ר׳ מְטֻפָּח
מטופל ר׳ מְטֻפָּל
מטופש ר׳ מְטֻפָּשׁ
מטורף ר׳ מְטֹרָף
מטושטש ר׳ מְטֻשְׁטָשׁ
מָטוּתָא נ׳ (matuTA) request (Aram.)
בְּ – מִמְּךָ please
מַטָּח ז׳ (matTAḤ) volley; salvo
מִטְחָוֶה ז׳ (metaḥaVE) range
מַטְחֵנָה נ׳ (matḥeNA) meat grinder; mincer
מְטֻטֶּלֶת נ׳ (metutTElet) pendulum
מְטֻיָּב ת׳ (metuYAV) improved
מְטִיל ז׳ (meTIL) bar; ingot
מְטַיֵּל ז׳ (metaiYEL) hiker; tourist
מַטִּיף ז׳ (matTIF) preacher
מֻטָּל ת׳ (mutTAL) placed; imposed
מְטֻלָּא ת׳ (metulLA) patched
מְטַלּוּרְגִיָּה נ׳ (metaLURgya) metallurgy
מִטַּלְטֵל ת׳ (mittalTEL) portable
מִטַּלְטְלִין movable property
מַטְלִית נ׳ (matLIT) rag; piece of cloth; patch

מַטְמוֹן ז׳ (matMON) treasure
מֶטָמוֹרְפוֹזָה נ׳ (metamorFOza) metamorphosis
מְטֻמְטָם ת׳ (metumTAM) stupid; thick-headed
מְטֻנָּף ת׳ (metunNAF) filthy, dirty
מַטָּס ז׳ (matTAS) flight
מַטָּע ז׳ (matTA') plantation; orchard
מַטְעֶה ת׳ (mat'E) misleading
מֻטְעֶה ת׳ (mut'E) mistaken
מֻטְעָם ת׳ (mut'AM) accented; stressed
מִטְעָן ז׳ (mit'AN) load; cargo; freight; baggage; charge
מַטְעֵן ז׳ (mat'EN) ammunition clip
מַטְפֶּה ז׳ (matPE) fire extinguisher
מֶטָפוֹרָה נ׳ (metaFOra) metaphor
מְטֻפָּח ת׳ (metupPAḤ) nursed; cultivated well; cared for
מִטְפַּחַת נ׳ (mitPAḤat) kerchief
מְטַפְטֵף ז׳ (metafTEF) dropper
מֶטָפִיסִיקָה נ׳ (metaFIsika) metaphysics
מְטַפֵּל ז׳ (metapPEL) therapist; attendant
מְטַפֶּלֶת נ׳ (metapPElet) nursemaid; therapist (f.)
מְטֻפָּל ת׳ (metupPAL) burdened
מְטַפֵּס ז׳ (metapPES) climber; creeper
מְטֻפָּשׁ ת׳ (metupPASH) foolish; silly
מָטָר ז׳ (maTAR) rain
מֶטֶר ז׳ (MEter) meter (unit), tape measure, meterstick
מִטְרָד ז׳ (miTRAD) nuisance; bother; annoyance
מַטָּרָה נ׳ (mattaRA) aim; object; objective; goal; target; mark
מַטְרוֹנָה, מַטְרוֹנִית נ׳ (matroNA; matroNIT) matron; lady
מֶטְרוֹנוֹם ז׳ (metroNOM) metronome
מֶטְרוֹפּוֹלִין נ׳ (metropoLIN) metropolis; capital; mother country
מֶטְרִי ת׳ (METri) metric
מַטֶּרְיָאלִי ת׳ (materYAli) material

מַטֶרְיָאלִיזְם ז׳ (*materyaLIzm*)
materialism
מַטֶרְיָאלִיסְט ז׳ (*materyaLIST*)
materialist
מַטֶרְיָאלִיסְטִי ת׳ (*materyaLISti*)
materialistic
מַטְרִיאַרְכְיָה נ׳ (*matriARKHya*)
matriarchy
מִטְרִיָּה נ׳ (*mitriYA*) umbrella
מַטְרִיצָה נ׳ (*matRItsa*) matrix
מְטֹרָף ת׳ (*metoRAF*) mad; crazy
מַטְרֵף ז׳ (*matREF*) beater; eggbeater
מְטֻשְׁטָשׁ ת׳ (*metushTASH*) blurred;
dim; dazed; perplexed
מִי מ״ג (*MI*) who; whoever; he who;
he that, the one who
אֶת – whom
שֶׁל –, לְ – whose
– שֶׁהָיָה has been, ex-
מִי ז׳ (*MI*) mi (music), E
מֵי־ ר׳ מַיִם (*MEY*) possessive case of
מַיִם (water)
מְיֹאָשׁ ת׳ (*meyoASH*) desperate;
hopeless
מְיֻבָּל ת׳ (*meyubBAL*) rough; horny
מְיַגֵּעַ ת׳ (*meyagGE'a*) exhausting;
arduous
מִיָּד תה״פ (*miYAD*) at once;
immediately
תֵּכֶף וּ – right away
מִיַּד־, מִידֵי מ״י (*miyad; miDEY*)
from (from the hand[s] of)
מִיָּדִי ת׳ (*miyadDI*) immediate;
instantaneous
מִיָּדִיּוּת נ׳ (*miyadiYUT*) urgency;
immediacy
מְיֻדָּע ת׳ (*meyudDA*) acquaintance;
definite; containing the definite article
מֵידָע ז׳ (*meyDA*) information
מִיהוּ מ״ג (*MIhu*) who is (he)
מיואש ר׳ מְיֹאָשׁ
מיובל ר׳ מְיֻבָּל
מיודע ר׳ מְיֻדָּע

מיוזע ר׳ מְיֻזָּע
מיוחד ר׳ מְיֻחָד
מיוחס ר׳ מְיֻחָס
מִיּוּן ז׳ (*miYUN*) classifying;
classification; sorting; categorizing
מַיּוֹנֵז ז׳, מַיּוֹנִית נ׳ (*maiyoNEZ*;
*maiyoNIT*) mayonnaise
מיועד ר׳ מְיֻעָד
מיופה ר׳ מְיֻפֶּה
מיושב ר׳ מְיֻשָּׁב
מיושן ר׳ מְיֻשָּׁן
מיותם ר׳ מְיֻתָּם
מיותר ר׳ מְיֻתָּר
מְיֻזָּע ת׳ (*meyuzZA*) sweaty; perspiring
מְיֻחָד ת׳ (*meyuḤAD*) special; specific;
extra
– בְּמִינוֹ unique
מְיֻחָל ת׳ (*meyuḤAL*) hoped for
מְיֻחָם ת׳ (*meyuḤAM*) in heat (animal)
מְיֻחָס ת׳ (*meyuḤAS*) of good family;
well-born; pedigreed; privileged; important; attributed (to)
מֵיטָב ז׳ (*meyTAV*) the best of,
choice; optimum
מֵטִיב ז׳ ת׳ (*meyTIV*) benefactor;
beneficial; benevolent; benign
מיכל ר׳ מְכָל
מיכלית ר׳ מְכָלִית
מיכני ר׳ מֻכָנִי
מיכניקה ר׳ מֶכָנִיקָה
מִיל ז׳ (*MIL*) mile; mil
(1/1000 of a pound)
לֹא שָׁוֶה – worthless
מֵילָא מ״ק (*MEYla; meyLA*) let it be
so; so be it
מְ – by itself; in any case
מְיַלֵּד ז׳ (*meyalLED*) obstetrician;
accoucheur
מְיַלְּדוּת נ׳ (*meyalleDUT*) midwifery;
obstetrics
מְיַלֶּדֶת נ׳ (*meyalLEdet*) midwife
מִילָה נ׳ (*miLA*) circumcision

circumcision ceremony, Brit — בְּרִית מִילָה
ash (meyLA) מֵילָה נ׳
milli- (mili) מִילִי־
billion (milYARD) מִילְיַרְד ז׳
million (milYON) מִילְיוֹן ז׳
millionaire (milyoNER) מִילְיוֹנֶר ז׳
militarism (militaRIZM) מִילִיטָרִיזְם ז׳
militarist (militaRIST) מִילִיטָרִיסְט ז׳
millimeter (miliMEter) מִילִימֶטֶר ז׳
militia (miLITSya) מִילִיצְיָה נ׳
water (MAyim) מַיִם ז״ר
knee-deep water; urine — מֵי־בִּרְכַּיִם
perfumed water — מֵי־בֹּשֶׂם
mead — מֵי־דְבַשׁ
hydrogen peroxide — מֵי־חַמְצָן
still waters — מֵי־מְנוּחוֹת
soda water — מֵי־סוֹדָה
eau de cologne — מֵי־קוֹלוֹן
urine — מֵי־רַגְלַיִם
marsh water — מֵי־רֶקֶק
sewage water — מֵי־שְׁפָכִין
drinking water — מֵי־שְׁתִיָּה
ground water — מֵי־תְהוֹם
water tower — מִגְדַּל –
waterway — נְתִיב –
watershed — פָּרָשַׁת –
watercolor — צֶבַע –
water clock — שְׁעוֹן –
the situation is unbearable — בָּאוּ – עַד נֶפֶשׁ
urinate — הֵטִיל –
study under someone (an illustrious teacher) — יָצַק – עַל יָדָיו
watery; aqueous (meyMI) מֵימִי ת׳
canteen (meymiYA) מֵימִיָּה נ׳
long since; a long time (miyaMIM) מִיָּמִים תה״פ
every year — – יָמִימָה
turning right; right-handed (maiMIN) מַיְמִין ת׳
hydrogen (meyMAN) מֵימָן ז׳

skilled; adroit; adept (meyumMAN) מְיֻמָּן ת׳
skill; dexterity; adroitness; adeptness (meyummaNUT) מְיֻמָּנוּת נ׳
hydrogenous (meymaNI) מֵימָנִי ת׳
saying; expression; proverb (memRA) מֵימְרָה נ׳
kind; species; sex; heretic (MIN) מִין ז׳
like — כְּ –
sexual life — חַיֵּי הַ –
of the same kind — בֶּן מִינוֹ
classify; sort; assort; catalogue (miyYEN) מִיֵּן פעל י׳
classifier (maiYAN) מַיָּן ז׳
minus (MInus) מִינוּס ז׳
minor (music) (miNOR) מִינוֹר ז׳
hersey (miNUT) מִינוּת נ׳
sexual; venereal (miNI) מִינִי ת׳
miniature (minyaTUra) מִינְיָאטוּרָה נ׳
miniature (minyaTUri) מִינְיָאטוּרִי ת׳
sexuality (miniYUT) מִינִיּוּת נ׳
minimum (MInimum) מִינִימוּם ז׳
minimal (miniMAli) מִינִימָלִי ת׳
minister; secretary of government department (miNISter) מִינִיסְטֶר ז׳
ministry; department (of government) (ministerYON) מִינִיסְטֶרְיוֹן ז׳
wet nurse (meyNEket) מֵינֶקֶת נ׳
mineral (mineRAL) מִינֶרָל ז׳
mineralogy (mineraLOGya) מִינֶרָלוֹגְיָה נ׳
mineral (mineRAli) מִינֶרָלִי ת׳
founder (meyasSED) מְיַסֵּד ז׳
mystic; mystical (MISti) מִיסְטִי ת׳
mysticism (MIStika) מִיסְטִיקָה נ׳
mission (religious) (misYON) מִיסְיוֹן ז׳
missionary (misyoNER) מִיסְיוֹנֶר ז׳
destined; designate; intended; future (meyu'AD) מְיֻעָד ת׳
advisory; advisor; counsellor (meya'ETS) מְיָעֵץ ת׳ ז׳
afforested; wooded (meyo'AR) מְיֹעָר ת׳

מְיֻפֶּה ת׳ (meyupPE) adorned; beautified; authorized; empowered

מְיֻפֶּה כֹּחַ charge d'affaires

מִיץ ז׳ (MITS) juice; squash

מְיַצֵּב ז׳ ת׳ (meyatsTSEV) stabilizer; fin; stabilizing

מְיַצֵּג ת׳ (meyatsTSEG) representing; representative

מִיקְרוֹ־ (MIKro-) micro-

מִיקְרוֹבִּיּוֹלוֹגְיָה נ׳ (mikrobiyoLOGya) microbiology

מִיקְרוֹסְקוֹפּ ז׳ (mikroSKOP) microscope

מִיקְרוֹפוֹן ז׳ (mikroFON) microphone; mike

מִיקְרוֹפִילְם ז׳ (mikroFILM) microfilm

מְיֻשָּׁב ת׳ (meyushSHAV) settled; stable; moderate; calm; level-headed; appropriate; sitting

מִישֶׁהוּ ז׳; מִישֶׁהִי נ׳ (misheHU; misheHI) somebody; someone

מִישׁוֹר ז׳ (miSHOR) plain; plane; surface; level

מִישׁוֹרִי ת׳ (mishoRI) flat; level

מְיֻשָּׁן ת׳ (meyushSHAN) obsolete, outmoded; old; antiquated; archaic; sleepy

מְיַשֵּׁר ז׳ (meyashSHER) rectifier

מֵישָׁר ז׳ (meySHAR) horizontal line; level area; plain

מֵישָׁרִים ז״ר straightness; righteousness

מִיתָה נ׳ (miTA) death; execution

– חֲטוּפָה sudden death

מִיתַת בֵּית דִּין capital punishment

– נְשִׁיקָה euthanasia

מִיתוֹלוֹגִי ת׳ (mitoLOgi) mythological

מִיתוֹלוֹגְיָה נ׳ (mitoLOGya) mythology

מִיתוֹס ז׳ (MItos) myth

מְיֻתָּם ת׳ (meyutTAM) orphaned; isolated; solitary

מְיֻתָּר ז׳ (meyutTAR) unnecessary; superfluous; redundant

מֵיתָר ז׳ (meyTAR) string; chord; sinew

מֵיתַר הַקּוֹל vocal chord

מַכְאוֹב ז׳ (makh'OV) pain; grief

מַכְאִיב ת׳ (makh'IV) painful

מְכֻבָּד ת׳ (mekhubBAD) honored; respected; esteemed

מְכַבֶּה ת׳ (mekhaBE) extinguisher

מְכַבֵּה אֵשׁ fireman

מַכְבִּיר ז׳ (makhBIR) abundance

לְ– abundantly

מַכְבֵּנָה נ׳ (makhbeNA) hairpin

מִכְבָּסָה נ׳ (mikhbaSA) laundry

מַכְבֵּשׁ ז׳ (makhBESH) press; steamrolier; roller

מִכְּדֵי תה״פ (mikKEDEY) too; more than is needed

מְכֻדָּן ת׳ (mekhudDAN) bayoneted

מְכֻדָּר ת׳ (mekhudDAR) rolled up into a ball, spherical

מַכָּה נ׳ (makKA) blow; stroke; hit; defeat; wound; disaster; plague

מֻכֶּה ת׳ (mukKE) beaten; afflicted

מכובד ר׳ מְכֻבָּד

מכודן ר׳ מְכֻדָּן

מכודר ר׳ מְכֻדָּר

מִכְוָה נ׳ (mikhVA) burn; scar (of burn)

מכוון ר׳ מְכֻוָּן

מכולת ר׳ מַכֹּלֶת

מְכוּלָה נ׳ (mekhuLA) container

מָכוֹן ז׳ (maKHON) institute; foundation; site; place; basis

מְכוֹן יֹפִי beauty parlor

מְכֻוָּן ת׳ (mekhuvVAN) directed; aimed; intentional; accurate; adjusted; parallel

מִכּוּן ז׳ (mikKUN) mechanization; automation

מַכְוֵן ז׳ (makhVEN) regulator; tuner

מְכוֹנָאוּת נ׳ (mekhona'UT) mechanics

מְכוֹנַאי ז׳ (mekhoNAY) mechanic

מכונה ר׳ מְכוֹנָה

מְכוֹנָה נ׳ (mekhoNA) machine; base; cage

מְכוֹנַת יְרִיָּה machine-gun

מְכוֹנַת כְּבִיסָה washing machine
מְכוֹנַת כְּתִיבָה typewriter
מְכוֹנַת תְּפִירָה sewing machine
מְכוֹנַת תֹּפֶת infernal machine
מְכוֹנִית נ׳ (*mekhoNIT*) car; automobile; vehicle
– כִּבּוּי fire engine
– מַשָּׂא truck
מְכוֹנֵן ז׳ (*mekhoNEN*) founder; establisher; mechanic
אֲסֵפָה מְכוֹנֶנֶת constitutional assembly
מכונס ר׳ מְכֻנָּס
מכוסה ר׳ מְכֻסֶּה
מכוער ר׳ מְכֹעָר
מְכֻוָּץ ת׳ (*mekhuvVATS*) cramped; shrunken
מָכוּר ת׳ (*maKHUR*) addicted; sold; sold out; betrayed
מְכוֹרָה נ׳ (*mekhoRA*) homeland; origin
מִכְוֶרֶת נ׳ (*mikhVEret*) apiary
מַכּוֹשׁ ז׳ (*makKOSH*) pick; pickax; knocker; clapper
מִכֹּחַ תה״פ (*mikKO'aḥ*) by virtue of
מִכְחוֹל ז׳ (*mikhḤOL*) paint brush; brush
מֵכִיל ת׳ (*meKHIL*) including; containing; comprising
מְכִינָה נ׳ (*mekhiNA*) preparatory class
מַכִּיר ת׳ (*makKIR*) acquaintance; friend
מְכִירָה נ׳ (*mekhiRA*) sale; selling
– פֻּמְבִּית auction
מְכֻכָּב ת׳ (*mekhukkAV*) starry
מֵכָל ז׳ (*mekHAL*) container; tank
מֻכְלָא ת׳ (*mukhLA*) crossed; hybridized
מִכְלָאָה נ׳, מִכְלָה נ׳ (*mikhla'A*; *mikhLA*) pen; corral; stockade
מִכְלוֹל ז׳ (*mikhLOL*) totality; entirety; wholeness; generality; splendor
מְכָלִית נ׳ (*mekhaLIT*) tanker

מִכְלָל ז׳ (*mikhLAL*) perfection; completness; assembly, total components; encyclopedia
מכלל ר׳ כְּלָל
מִכְלָלָה נ׳ (*mikhlaLA*) college; university
מַכֹּלֶת נ׳ (*makKOlet*) provisions; groceries; grocery
– חֲנוּת grocery; grocery store
מִכְמָן ז׳ (*mikhMAN*) treasure
מַכָּ״ם ז׳ (*makKAM*) radar
מִכְמֹרֶת נ׳ (*mikhMOret*) scine; fishing net
מִכֵּן פעל י׳ (*mikKEN*) mechanize
מְכַנֶּה ז׳ (*mekhanNE*) denominator
מְכֻנֶּה ת׳ (*mekhunNE*) named; called; nicknamed
מֵכָנִי ת׳ (*meKHAni*) mechanical
מְכָנִיזְם ז׳ (*mekhaNIZM*) mechanism
מַכְנִיס ת׳ (*makhNIS*) bring in; profitable
– אוֹרְחִים hospitable
מֵכָנִיקָה נ׳ (*meKHAnika*) mechanics
מְכֻנָּם ת׳ (*mekhunNAM*) lousy
מִכְנָס ז׳ (*mikhNAS*) trouser leg; breech; stored produce; stock; income
מְכֻנָּס ת׳ (*mekhunNAS*) gathered in; folded; tight; compact
מִכְנָסַיִם ז״ז (*mikhnaSAYim*) pants; trousers; breeches
– קְצָרִים shorts
מְכֻנָּף ת׳ (*mekhunNAF*) winged
מֶכֶס ז׳ (*MEkhes*) customs; levy; tax
מִכְסָה נ׳ (*mikhSA*) quota; amount
מִכְסֶה ז׳ (*mikhSE*) lid; cover
מְכֻסֶּה ת׳ (*mekhusSE*) covered; clad
מַכְסֵחָה נ׳ (*makhseḤA*) mower
מַכְּסִימוּם ז׳ (*MAKsimum*) maximum
מַכְּסִימָלִי ז׳ (*maksiMAli*) maximal
מַכְסִיף ת׳ (*makhSIF*) silvery; graying; turning white

silvery; (mukhSAF) מְכֻסָּף ת׳
silver-plated
ugly (mekho'AR) מְכֹעָר ת׳
doubled; (mekhupPAL) מְכֻפָּל ת׳
multiplied
double; (mukhPAL) מֻכְפָּל ת׳ ז׳
duplicated; copied; mimeographed; multiplied; multiplicand
product (math.) (makhpeLA) מַכְפֵּלָה נ׳
traditional burial cave of patriarchs in Hebron מְעָרַת הַ –
hem; (makhPElet) מַכְפֶּלֶת נ׳
mimeograph
buttoned; (mekhufTAR) מְכֻפְתָּר ת׳
buttoned-up
sell; sell out; (maKHAR) מָכַר פעל י׳
betray
sale; goods; price (MEkher) מֶכֶר ז׳
best seller רַב־ –
bill of sale שְׁטַר –
acquaintance; (makKAR) מַכָּר ז׳
friend
known; well-known; approved; recognized (mukKAR) מֻכָּר ת׳
wrapped (mekhurBAL) מְכֻרְבָּל ת׳
mine; pit (mikhRE) מִכְרֶה ז׳
bid, tender (mikhRAZ) מִכְרָז ז׳
compelled; (mukhRAḤ) מֻכְרָח ת׳
must; need
decisive (makhRI'a) מַכְרִיעַ ת׳
saffron-hued; (mekhurKAM) מְכֻרְכָּם ת׳
yellowish; reddish orange
yellow with grief or shame פָּנִים מְכֻרְכָּמוֹת
rodent; (mekharSEM) מְכַרְסֵם ז׳ ת׳
gnawing
obstacle; (mikhSHOL) מִכְשׁוֹל ז׳
hindrance; bar; barrier
gadgetry; (mikhSHUR) מִכְשׁוּר ז׳
instrumentation; apparatus
appliance; (makhSHIR) מַכְשִׁיר ז׳
instrument; tool; implement; gadget; apparatus; mean(s)

(makhshiraNUT) מַכְשִׁירָנוּת נ׳
instrument maintenance
obstacle; ruin (makhsheLA) מַכְשֵׁלָה נ׳
sorcerer; (mekhashSHEF) מְכַשֵּׁף ז׳
wizard
witch מְכַשֵּׁפָה נ׳
able; capable; (mukhSHAR) מֻכְשָׁר ת׳
qualified; apt; talented; gifted; koshered
letter; epistle; (mikhTAV) מִכְתָּב ז׳
writing
desk; (makhteVA; מַכְתֵּבָה, מִכְתָּבָה נ׳
writing cabinet mikhtaVA)
epigram; (mikhTAM) מִכְתָּם ז׳
aphorism
surrounded (mekhutTAR) מְכֻתָּר ת׳
crowned; (mukhTAR) מֻכְתָּר ת׳ ז׳
titled; village headman
mortar; (makhTESH) מַכְתֵּשׁ ז׳
cavity; hollow; socket; crater
circumcise (MAL) מָל פעל י׳
be full; fill; (maLE) מָלֵא פעל ע׳ י׳
become full; be completed; be ample
. . . years passed מָלְאוּ... שָׁנִים
be . . . years old מָלְאוּ לוֹ... שָׁנִים
dare מְלָאוֹ לִבּוֹ
fill; complete; (milLE) מִלֵּא פעל י׳
fill up; fill in; fulfil; stuff
keep one's promise – הַבְטָחָתוֹ
fill out a form – טֹפֶס
do one's duty – חוֹבָתוֹ
obey . . . – אַחֲרֵי...
authorize . . . – יְדֵי...
replace; succed; – מָקוֹם
substitute for
acting . . . מְמַלֵּא מָקוֹם (מ״מ)...
full; complete; (maLE) מָלֵא ת׳
ample; filled; stuffed; drunk; stoned
plene spelling כְּתִיב –
old – יָמִים
expressly – בְּפֶה
tiresome; tedious (mal'E) מַלְאֶה ת׳
fullness (meleUT) מְלֵאוּת נ׳

מְלַאי ז׳ (meLAI) stock; inventory
מַלְאָךְ ז׳ (mal'AKH) angel; herald; messenger
מְלָאכָה נ׳ (melaKHA) work; craft; trade; skill; labor; art
בֵּית – workshop
בַּעַל – craftsman
מְלֶאכֶת מַחֲשֶׁבֶת art; masterpiece
מְלֶאכֶת יָד handicraft
מְלָאכוּתִי ת׳ (melakhuTI) artificial
מְלָאכוּתִיּוּת נ׳ (melakhutiYUT) artificiality
מַלְאָכִי ת׳ (mal'aKHI) angelic
מֻלְאָם ת׳ (mul'AM) nationalized
מְלַבֵּב ת׳ (melabBEV) appealing; attractive
מִלְּבַד מ״י (milleVAD) aside from; besides
מַלְבּוּשׁ ז׳ (malBUSH) garment; clothes
מַלְבִּין ת׳ (malBIN) bleacher; whitener
– פָּנִים insulting
מַלְבֵּן ז׳ (malBEN) rectangle; frame; brick mold
מַלְבֵּנִי ת׳ (malbeNI) rectangular
מִלְּבַר תה״פ (milleVAR) from without; outside
מְלֻבָּשׁ ת׳ (melubBASH) dressed
מִלְגָּה נ׳ (milGA) scholarship
מִלְּגֵו, מִלְּגַו תה״פ (milleGEV; milleGAV) from within; inside
מַלְגֵּז ז׳ (malGEZ) pitchfork
מַלְגֵּזָה נ׳ (malgeZA) lift truck
מִלָּה נ׳ (milLA) word
– בְּ – literally
מִלַּת גּוּף (= כִּנּוּי) pronoun
מִלַּת חִבּוּר conjunction
מִלַּת יַחַס preposition
מִלַּת קְרִיאָה interjection
מִלַּת קִשּׁוּר conjunction
מִלַּת שְׁאֵלָה interrogative
מִלִּים בְּעָלְמָא mere talk
מִשְׂחַק מִלִּים play on words

מִלּוּא ז׳ (milLU) filling; stuffing; full capacity
מְלוֹא, מְלֹא ז׳ (meLO) fullness; capacity; fill; the whole; plenum
– קוֹמָתוֹ one's full height
מִלּוּאִים ז״ר (milu'IM) supplement; addenda; reserves (army); spare-; filling; stuffing
מלובש ר׳ מְלֻבָּשׁ
מלובן ר׳ מְלֻבָּן
מְלוֹג ז׳ (meLOG) usufruct
מְלוֹדִי ת׳ (meLOdi) melodious
מְלוֹדְיָה נ׳ (meLODya) melody
מֶלוֹדְרָמָה נ׳ (meloDRAma) melodrama
מֶלוֹדְרָמָתִי ת׳ (melodraMAti) melodramatic
מַלְוֶה ז׳ lender
– בְּרִבִּית money lender; loan-shark
מִלְוֶה ז׳ (milVE) loan
מִלְוָה נ׳ (milVA) loan
מְלַוֶּה ז׳ (melaVE) companion; escort; attendant; chaperone; accompanist
מָלוּחַ ז׳ ת׳ (maLU'aḥ) salty; briny; salted
דָּג – herring
מִלּוּט ז׳ (milLUT) escape; rescue; deliverance; ejection
מִלּוּי ז׳ (milLUY) filling; stuffing; refill; cartridge; fulfillment
– חוֹבָה fulfillment of a duty
מְלוּכָה נ׳ (meluKHA) kingdom; reign; monarchy
מלוכלך ר׳ מְלֻכְלָךְ
מְלוּכָנוּת נ׳ (melukhaNUT) monarchism; royalism
מְלוּכָנִי ת׳ (melukhaNI) royal; royalist; monarchist
מלוכסן ר׳ מְלֻכְסָן
מִלּוּלִי ת׳ (milluLI) verbal; literal
מלומד ר׳ מְלֻמָּד
מֶלוֹן ז׳ (meLON) melon
מָלוֹן ז׳ (maLON) hotel

מִלּוֹן ז׳ (*milLON*) dictionary
מְלוֹנַאי ז׳ (*meloNAI*) hotelkeeper
מִלּוֹנַאי ז׳ (*milloNAI*) lexicographer
מְלוֹנָאוּת נ׳ (*melona'UT*) hotelkeeping
מְלוּנָה נ׳ (*meluNA*) doghouse; kennel; watchman's hut
מֶלַח ז׳ (*MElaḥ*) salt
בְּרִית – everlasting covenant
יָם הַ – Dead Sea
מָלַח פעל י׳ (*maLAḤ*) salt
מַלָּח ז׳ (*malLAḤ*) sailor
מְלֵחָה נ׳ (*meleḤA*) salt flat; salt marsh
מְלֵחוּת נ׳ (*meleḤUT*) salinity
מִלְחִי ת׳ (*milḤI*) saline
חֻמְצָה מִלְחִית hydrochloric acid
מַלְחִין ז׳ (*malḤIN*) composer
מְלַחֵךְ פִּנְכָּא ז׳ (*melaḤEKH pinKA*) bootlicker
מַלְחֵם ז׳ (*malḤEM*) soldering iron
מִלְחָמָה נ׳ (*milḥaMA*) war; warfare; struggle; campaign
מִלְחַמְתִּי ת׳ (*milḥamTI*) war; warlike; belligerent; military
מֶלְחָצַיִם ז״ז (*melḥaTSAyim*) vise
מַלְחֶצֶת נ׳ (*malḤEtset*) clamp
מְלַחַת נ׳ (*meLAḥat*) sodium nitrate; saltpeter; niter
מִלֵּט פעל י׳ (*milLET*) cause to escape; deliver; rescue; give birth
– אֶת נַפְשׁוֹ save one's own life
מֶלֶט ז׳ (*MElet*) cement; concrete; mortar
מְלֻטָּשׁ ת׳ (*melutTASH*) polished; honed
מִלְטָשָׁה נ׳ (*miltaSHA*) polishing shop
מַלְטֶשֶׁת נ׳ (*malTEshet*) grinder
מְלִיאָה נ׳ (*meli'A*) plenary session; fullness; whole field
מָלִיחַ ז׳ (*malLI'aḥ*) herring
מְלִיחָה נ׳ (*meliḤA*) salting
מְלִיחוּת נ׳ (*meliḤUT*) salinity, saltiness
מְלִיטָה נ׳ (*meliTA*) birth (animal); escape; cementing

מֵלִיץ ז׳ (*meLITS*) interpreter; advocate; orator
– יֹשֶׁר advocate
מְלִיצָה נ׳ (*meliTSA*) flowery language; florid phrase; poetic style; fable; riddle
מְלִיצִי ת׳ (*meliTSI*) florid; poetic; rhetorical
מְלִיקָה נ׳ (*meliKA*) wringing neck; decapitation
מִלִּית נ׳ (*milLIT*) particle (gram.)
מְלִית נ׳ (*meLIT*) stuffing
מָלַךְ פעל ע׳ (*maLAKH*) be king; reign; rule
מֶלֶךְ ז׳ (*MElekh*) king; ruler; the best; superior
מֹלֶךְ ז׳ (*MOlekh*) Moloch
מְלֻכָּד ת׳ (*melukKAD*) united
מַלְכֹּדֶת נ׳ (*malKOdet*) trap; snare
– פְּתָאִים booby trap
מַלְכָּה נ׳ (*malKA*) queen; the Sabbath
מַלְכוּת נ׳ (*malKHUT*) kingship; kingdom; royalty; empire; state; majesty
הוד מַלְכוּתוֹ His Majesty
מַלְכוּתִי ת׳ (*malkhuTI*) regal; majestic
מְלֻכְלָךְ ת׳ (*melukhLAKH*) dirty
מְלֻכְסָן ת׳ (*melukhSAN*) diagonal; slanting
מִלְכַתְּחִלָּה תה״פ (*milekhateḥilLA*) from the start; to begin with
מֶלֶל ז׳ (*MElel*) speech; verbiage
מִלֵּל פעל י׳ (*milLEL*) say; utter; articulate; think
מַלְמָד ז׳ (*malMAD*) goad
מְלַמֵּד ז׳ (*melamMED*) teacher; tutor (religious)
מְלֻמָּד ז׳ ת׳ (*melumMAD*) scholar; scientist; learned, educated; trained
מְלַמְּדוּת נ׳ (*melammeDUT*) teaching (in elementary religious school)
מִלְמוּל ז׳ (*milMUL*) muttering; murmur; jabbering

מִלְמַטָּה ר׳ מַטָּה

מִלְמֵל פעל י׳ (*milMEL*) mutter; murmur; jabber

מַלְמָלָה נ׳ (*malmaLA*) muslin

מֶלַנְכּוֹלִי ת׳ (*melanKOli*) melancholic

מֶלַנְכּוֹלְיָה נ׳ (*melanKOLya*) melancholy

מִלְעֵיל תה״פ (*milleEYL*) on the penult; penultimate (accent)

מִלְעֵילִי ת׳ (*milleyLI*) penultimate

מַלְעָן ז׳ (*mal'AN*) awn, beard

מְלָפְפוֹן ז׳ (*melufeFON*) cucumber

מֶלְצַר ז׳ (*melTSAR*) waiter

מֶלְצָרוּת נ׳ (*meltsaRUT*) waiter's trade; waiting on tables

מֶלְצָרִית נ׳ (*meltsaRIT*) waitress

מָלַק פעל י׳ (*maLAK*) decapitate (by wringing neck)

מַלְקוֹחַ ז׳ (*malKO'aḥ*) booty; loot; spoils; bag

מַלְקוֹשׁ ז׳ (*malKOSH*) latter rain; spring rains (concluding winter rainy season)

מַלְקוּת, מַלְקוֹת נ״ר (*malKUT; malKOT*) lashing; whipping; flogging

מֶלְקָחַיִם ז״ז (*melkaḤAyim*) tongs; forceps; pincers

מַלְקֶטֶת נ׳ (*malKEtet*) tweezers; pincers

מָלַרְיָה נ׳ (*maLARya*) malaria

מִלְרַע תה״פ (*milleRA'*) on the ultimate (accent)

מִלְרָעִי ת׳ (*millera'I*) ultimate (accent)

מַלְשִׁין ז׳ (*malSHIN*) informer; stoolpigeon

מַלְשִׁינוּת נ׳ (*malshiNUT*) informing

מֶלְתָּחָה נ׳ (*meltaḤA*) wardrobe; cloakroom

מֶלְתָּחָן ז׳ (*meltaḤAN*) cloakroom attendant

מַלְתָּעָה נ׳ (*malta'A*) premolar (of carnivores)

מֵם נ׳ (*MEM*) Mem (the thirteenth letter of the Hebrew alphabet)

מַמְאִיר ת׳ (*mam'IR*) malignant; stinging; burning

מֶמְבְּרָנָה נ׳ (*memBRAna*) membrane

מַמְגוּרָה נ׳ (*mamguRA*) granary

מְמֻגָּל ת׳ (*memugGAL*) full of pus; purulent

מֵמַד ז׳ (*meMAD*) dimension; measure; extent

מְמַדִּי ת׳ (*memadDI*) dimensional

תְּלַת־ – three dimensional

ממוזג ר׳ מְמֻזָּג

ממוכן ר׳ מְמֻכָּן

מִמּוּל תה״פ (*mimMUL*) in front of; opposite

ממולא ר׳ מְמֻלָּא

ממולח ר׳ מְמֻלָּח

מָמוֹן ז׳ (*maMON*) money

מִמּוּן ז׳ (*mimMUN*) financing

ממונה ר׳ מְמֻנֶּה

ממונע ר׳ מְמֻנָּע

ממוצע ר׳ מְמֻצָּע

ממוקם ר׳ מְמֻקָּם

ממוקש ר׳ מְמֻקָּשׁ

ממורט ר׳ מְמֹרָט

ממורמר ר׳ מְמֻרְמָר

מִמּוּשׁ ז׳ (*mimMUSH*) realization; carrying out

ממושך ר׳ מְמֻשָּׁךְ

ממושמע ר׳ מְמֻשְׁמָע

ממושקף ר׳ מְמֻשְׁקָף

מַמּוּתָה נ׳ (*mamMUTA*) mammoth

מְמֻזָּג ת׳ (*memuzZAG*) temperate; air-conditioned; blended

מַמְזֵר ז׳ (*mamZER*) bastard; shrewd individual

מַמְזֵרוּת נ׳ (*mamzeRUT*) bastardy; illegitimacy; cunning

מַמְזֵרִי ת׳ (*mamzeRI*) bastardly; damned; cunning

מֻמְחֶה ז׳ (*mumḤE*) expert; specialist

מֻמְחָז ת׳ (*mumḤAZ*) dramatized

מִמְחָטָה נ׳ (*mimḥaTA*) handkerchief

מֻמְחִיּוּת נ׳ (*mumḥiYUT*) expertness;

expertise; skill; specialization; mastery

מְמַטֵרָה נ׳ (mamteRA) sprinkler

מְמִילָא ר׳ מֵילָא

מְמֻיָּן ת׳ (memuyYAN) classified

מְמַיֶּנֶת נ׳ (memaYEnet) sorting machine; sorter

מֵמִית ת׳ (meMIT) lethal

מִמְּךָ, מ״י ז׳; מִמֵּךְ מ״י נ׳ (mimmeKHA; mimMEKH) from you

מְמֻכָּן ת׳ (memukKAN) mechanized

מִמְכָּר ז׳ (mimKAR) sale; marchandise

מִקָּח ו– bargaining; give-and-take

מְמֻלָּא ת׳ (memulLA) filled; stuffed

מְמַלֵּא מָקוֹם ז׳ (memalLE maKOM) substitute; stand-in; acting-

מְמֻלָּח ת׳ (memulLAḤ) salty; sharp; clever; cunning

מִמְלָחָה נ׳ (mimlaḤA) saltshaker

מַמְלָכָה נ׳ (mamlaKHA) kingdom; state; realm

מַמְלַכְתִּי ת׳ (mamlakhTI) of state

מַמְלַכְתִּיּוּת נ׳ (mamlakhtiYUT) statehood; sovereignty

מֻמְלָץ ת׳ (mumLATS) recommended; prescribed

מְמֻמָּן ת׳ (memumMAN) financed

מְמֻמָּשׁ ת׳ (memumMASH) realized; effectuated

מִמֵּן פעל י׳ (mimMEN) finance

מְמֻנֶּה ת׳ ז׳ (memunNE) appointed; in charge; commissioner; official

מִמֶּנָּה מ״י נ׳ (mimMEnna) from her; from it

מִמֶּנּוּ מ״י ז׳ (mimMEnnu) from him; from it

מִמֶּנִּי מ״י (mimMEnni) from me

מְמֻנָּע ת׳ (memunNA') motorized

מְמֻסָּד ת׳ (memusSAD) established; institutionalized

מְמֻסְפָּר ת׳ (memusPAR) numbered

מִמְסָר ז׳ (mimSAR) relay

מִמְסָרָה נ׳ (mimsaRA) transmission, drive

מִמַּעַל תה״פ (mimMA'al) above

מִמְצָא ז׳ (mimTSA) find; discovery

מְמַצֶּה ת׳ (mematsTSE) exhaustive; thorough

מַמְצִיא ז׳ (mamTSI) inventor

מְמֻצָּע ז׳ ת׳ (memutsTSA') average; medium; in the middle

מְמֻקָּם ת׳ (memukKAM) placed; localized

מְמֻקָּשׁ ת׳ (memukKASH) mined

מַמְרֶה ת׳ (mamRE) rebellious

מִמְרָח ז׳ (mimRAḤ) spread

מְמֹרָט ת׳ (memoRAT) polished; worn; shabby

מְמֻרְטָט ת׳ (memurTAT) tattered; worn; shabby

מַמְרִיץ ת׳ (mamRITS) stimulating

מְמֻרְמָר ת׳ (memurMAR) embittered

מַמָּשׁ תה״פ ז׳ (mamMASH) really; actually; being; reality; substance; concreteness

מִמֵּשׁ פעל י׳ (mimMESH) execute; carry out; realize; effect

מַמָּשׁוּת נ׳ (mamaSHUT) substance; concreteness; reality; being

מַמָּשִׁי ת׳ (mammaSHI) real; substantial; actual; tangible

מַמָּשִׁיּוּת נ׳ (mamashiYUT) reality; concrete value; feasibility

מְמֻשָּׁךְ ת׳ (memushSHAKH) prolonged

מְמֻשְׁכָּן ת׳ (memushKAN) mortgaged; pawned

מִמְשָׁל ז׳ (mimSHAL) rule; government; administration; jurisdiction; law

מֶמְשָׁלָה נ׳ (memshaLA) government; rule; dominion; cabinet

מֶמְשַׁלְתִּי ת׳ (memshalTI) government; governmental

מְמֻשְׁמָע ת׳ (memushMA') disciplined

מְמֻשְׁקָף ת׳ (memushKAF) bespectacled

מִמְתָּח ז׳ (mimTAḤ) span

מַמְתָּק ז' (mamTAK) — candy; sweet; sweetmeat

מְמֻתָּק ת' (memutTAK) — sweetened

מָן ז' (MAN) — manna

מִן מ"י (MIN) — from; out of; of; than; among; since; because

– הַדִּין probably

– הַיָּשָׁר it is right (honest)

– הַמִּנְיָן registered; regular

– הַסְּתָם probably

– הָרָאוּי it is proper

– לְ' from the time that

מִנְבָּטָה נ' (minbaTA) — seed bed

מְנֻגָּד ת' (menugGAD) — opposed; against; contrary

מַנְגִּינָה נ' (mangiNA) — tune; melody

מְנַגֵּן ז' (menagGEN) — musician; player (of instrument)

מַנְגָּן ז' (manGAN) — manganese

מַנְגָּנוֹן ז' (mangaNON) — mechanism; apparatus; machinery; bureaucracy; staff, personnel

מְנֻגָּע ת' (menugGA') — infected; contaminated

מְנֻדֶּה ת'ז' (menudDE) — ostracized; excommunicated; pariah

מַנְדּוֹלִינָה נ' (mandoLINa) — mandolin

מַנְדָט ז' (manDAT) — mandate; British mandatory government

מַנְדָּרִינָה נ' (mandaRIna) — tangerine

מָנָה פעל"י (maNA) — count; enumerate

מִנָּה פעל"י (minNA) — appoint; assign; allot

מָנָה נ' (maNA) — portion; share; course; ration; present (of food); amount; measure; quotient; ratio

מִנְהָג ז' (minHAG) — custom; manner; conduct

מַנְהִיג ז' (manHIG) — leader

מְנַהֵל ז' (menaHEL) — manager; director; administrator; boss; foreman; headmaster; principal

– חֶשְׁבּוֹנוֹת bookkeeper, accountant

– עֲבוֹדָה foreman

מְנַהֵל ז' (minHAL) — management; administration

מִנְהָלָה נ' (minhaLA) — administration; management

מִנְהֶלֶת הָעָם — Israel's provisional government 1948-9

מִנְהָלִי ת' (minhaLI) — administrative; executive; managerial

מִנְהָרָה נ' (minhaRA) — tunnel

מנוגד ר' מְנֻגָּד

מנוגע ר' מְנֻגָּע

מָנוֹד ז' (maNOD) — nodding, shaking

מְנוֹד־רֹאשׁ — sympathy; scorn; doubt

מנודה ר' מְנֻדֶּה

מנוול ר' מְנֻוָּל

מנוון ר' מְנֻוָּן

מנוזל ר' מְנֻזָּל

מָנוֹחַ ז' (maNO'ah) — resting place; rest; the late; deceased

מִנּוּחַ ז' (minNU'ah) — terminology

מְנוּחָה נ' (menuHA) — rest; repose; tranquillity; stillness

– לֵיל good night

– הִדְרִיךְ give no rest

מָנוּי ז' (maNUY) — subscriber; counted; designated

– וְנִגְמָר it is firmly decided

מִנּוּי ז' (minNUY) — appointment; assignment; nomination; subscription

מְנֻוָּל ז'ת' (menuVAL) — villain; corrupt; ugly; repulsive

מנומנם ר' מְנֻמְנָם

מנומס ר' מְנֻמָּס

מנומק ר' מְנֻמָּק

מנומר ר' מְנֻמָּר

מנומש ר' מְנֻמָּשׁ

מִנּוּן ז' (minNUN) — dosage

מְנֻוָּן ת' (menuvVAN) — degenerate

מָנוֹס ז' (maNOS) — escape; refuge

מְנוּסָה נ' (menuSA) — flight

מנוסה ר' מְנֻסֶּה

מנוסח ר' מְנֻסָּח

| | |
|---|---|
| regular student (full time) | תַּלְמִיד מִן ה – |
| motive; stimulus; impulse; cause; mover | מֵנִיעַ ז׳ (meNI'A) |
| hindrance; prevention; prophylaxis | מְנִיעָה נ׳ (meni'A) |
| injunction | צַו – |
| contraceptives | אֶמְצָעֵי – |
| fan | מְנִיפָה נ׳ (meniFA) |
| manifesto | מָנִיפֶסְט ז׳ (maniFEST) |
| manicure | מָנִיקוּר ז׳ (maniKUR) |
| director-general | מַנכַּ״ל (מנהל כללי) ז׳ (manKAL) |
| drowsy | מְנֻמְנָם ת׳ (menumNAM) |
| polite; well-mannered | מְנֻמָּס ת׳ (menumMAS) |
| explained; reasoned; substantiated | מְנֻמָּק ת׳ (menumMAK) |
| spotted; flecked; speckled; colored | מְנֻמָּר ת׳ (menumMAR) |
| freckled | מְנֻמָּשׁ ת׳ (menumMASH) |
| experienced; expert; trained; tried out | מְנֻסֶּה ת׳ (menusSE) |
| formulated; phrased; styled | מְנֻסָּח ת׳ (menusSAH) |
| sawmill; prism | מִנְסָרָה נ׳ (minsaRA) |
| prevent; withhold; deny | מָנַע פעל׳ (maNA') |
| prevention | מֶנַע ז׳ (MEna') |
| motorize | מִנַּע פעל׳ (minNA) |
| lock | מַנְעוּל ז׳ (man'UL) |
| shoe | מִנְעָל ז׳ (min'AL) |
| delicacy; pleasure | מַנְעָם ז׳ (man'AM) |
| key (piano, typewriter) | מְנַעֲנֵעַ ז׳ (mena'a'NE'a) |
| sifted; selected; choice | מְנֻפֶּה ת׳ (menupPE) |
| inflated; swollen; puffed up; exaggerated | מְנֻפָּח ת׳ (menupPAH) |
| shattered; combed; carded | מְנֻפָּץ ת׳ (menupPATS) |
| pinnate; feathery; plumed | מְנֻצֶּה ת׳ (menutsTSE) |

| | |
|---|---|
| motor; engine | מָנוֹעַ ז׳ (maNO'a) |
| motorized; motor | מְנוֹעִי ת׳ (meno'I) |
| lever; crane; arm; impetus; incentive | מָנוֹף ז׳ (maNOF) |
| crane operator | מְנוֹפַאי ז׳ (menoFAI) |
| מנופה ר׳ מְנֻפֶּה | |
| מנופח ר׳ מְנֻפָּח | |
| מנופף ר׳ מְנֻפָּף | |
| מנופץ ר׳ מְנֻפָּץ | |
| מנוצח ר׳ מְנֻצָּח | |
| מנוצל ר׳ מְנֻצָּל | |
| מנוקב ר׳ מְנֻקָּב | |
| מנוקד ר׳ מְנֻקָּד | |
| warp beam | מָנוֹר ז׳ (maNOR) |
| lamp; torch; menorah | מְנוֹרָה נ׳ (menoRA) |
| מנושל ר׳ מְנֻשָּׁל | |
| מנותק ר׳ מְנֻתָּק | |
| having a cold; having a running nose | מְנֻזָּל ת׳ (menuzZAL) |
| abbey, monastery; convent | מִנְזָר ז׳ (minZAR) |
| term; put; laid | מֻנָּח ז׳ת׳ (munNAH) |
| coin terms; create terminology | מִנַּח פעל׳ (minNAH) |
| gift; offering; tribute; minhah (afternoon prayer) | מִנְחָה נ׳ (minHA) |
| chairman; M.C., moderator; guide | מַנְחֶה ז׳ (manHE) |
| diviner; soothsayer | מְנַחֵשׁ ז׳ (menaHESH) |
| landing pad | מִנְחָת ז׳ (minHAT) |
| mentality | מֶנְטָלִיּוּת נ׳ (menTAliyut) |
| since | מִנִּי מ״י (minNI) |
| share (stock) | מְנָיָה נ׳ (menaYA) |
| counting; enumerating | מְנִיָה נ׳ (meniYA) |
| immediately; on the spot | מִנַּיהּ וּבֵיהּ |
| from where; when | מִנַּיִן מ״ש (minNAyin) |
| number; amount; counting; quorum for public prayer | מִנְיָן ז׳ (minYAN) |
| regular; included | מִן ה – |
| full professor | פְּרוֹפֶסוֹר מִן ה – |

מְנַצֵּחַ ז׳ (*menatsTSE'aḥ*) victor; winner; conductor
מְנֻצָּח ת׳ (*menutsTSAḤ*) vanquished; defeated
מְנַצֵּל ת׳ ז׳ (*menatsTSEL*) exploiting; exploiter
מְנֻצָּל ת׳ (*menutsTSAL*) exploited
מְנֻקָּב ת׳ (*menukKAV*) perforated; punched; pierced, riddled
מְנֻקָּד ת׳ (*menukKAD*) vocalized; in plene spelling; piebald; dotted
מְנַשֵּׁל ז׳ (*menashSHEL*) dispossessor
מְנֻשָּׁל ת׳ (*menushSHAL*) dispossessed; exiled
מִנְשָׁר ז׳ (*minSHAR*) proclamation
מְנָת נ׳ (*meNAT*) portion; share
עַל – in order to
מִנְתָּה, מֶנְתָּה נ׳ (*MINta; MENta*) mint
מְנַתֵּחַ ז׳ (*menatTE'aḥ*) surgeon
מְנֻתָּק ת׳ (*menutTAK*) cut off; severed; disconnected; unattached
מַס ז׳ (*MAS*) tax; tribute; service; levy; duty; fee
– הַכְנָסָה income tax
– חָבֵר membership fee
– שְׂפָתַיִם lip service
מְסֹאָב ז׳ (*meso'AV*) filthy; soiled; tarnished
מַסַּאי ז׳ (*masSAI*) essayist
מֵסֵב ת׳ (*meSEV*) sitting; reclining
מֵסַב ז׳ (*meSAV*) bearing
מִסְבָּאָה נ׳ (*misba'A*) tavern; barroom
מְסֻבָּב ז׳ (*mesubBAV*) effect
מְסִבָּה נ׳ (*mesibBA*) party; reception
מְסִבּוֹת circumstances
מְסֻבָּךְ ת׳ (*mesubBAKH*) complex; complicated; entangled; involved
מֻסְבָּר ת׳ (*musBAR*) explained
מֶסֶג ז׳ (*MEseg*) alloy
מִסְגָּד ז׳ (*misGAD*) mosque
מְסֻגָּל ת׳ (*mesugGAL*) capable; fit; able; adapted; suited

מְסַגְנֵן ז׳ (*mesagNEN*) stylist; rewrite man
מְסֻגְנָן ת׳ (*mesugNAN*) styled; stylized
מְסֻגָּר ת׳ (*mesugGAR*) closed; locked up
מֻסְגָּר ת׳ (*musGAR*) parenthetical; extradited
מַסְגֵּר ז׳ (*masGER*) machanist; locksmith; lock; prison
מַסְגֵּרוּת נ׳ (*masgeRUT*) locksmith's trade; machine shop
מַסְגֵּרִיָּה נ׳ (*masgeriYA*) locksmith's shop; machine shop
מִסְגֶּרֶת נ׳ (*misGEret*) frame; framework; border; limits; scope; rim; ledge
מַסָּד ז׳ (*masSAD*) basis; foundation
מִסֵּד פעל י׳ (*misSED*) institutionalize; adapt to establishment
מִסְדָּר ז׳ (*misDAR*) inspection; parade; order; fraternity
מְסֻדָּר ת׳ (*mesudDAR*) arranged; orderly; set up (type)
מִסְדְּרוֹן ז׳ (*misdeRON*) corridor
מַסְדֶּרֶת נ׳ (*masDEret*) typesetting machine
מַסָּה נ׳ (*masSA*) essay; trial
– נ׳ (*MASsa*) mass
מִסָּה נ׳ (*MISsa*) mass (prayer)
מסובב ר׳ מְסֻבָּב
מסובין ר׳ מֵסֵב
מסובך ר׳ מְסֻבָּךְ
מְסֻוָּג ת׳ (*mesuvVAG*) classified; graded
מסוגל ר׳ מְסֻגָּל
מסוגנן ר׳ מְסֻגְנָן
מסוגר ר׳ מְסֻגָּר
מִסּוּד ז׳ (*misSUD*) institutionalization; adapting to establishment
מסודר ר׳ מְסֻדָּר
מַסְוֶה ז׳ (*masVE*) disguise; mask; veil

מְסֻוֶּה ת׳ (*musVE*) camouflaged; disguised

מסוּג ר׳ מְסֻיָּג

מסוּם ר׳ מְסֻיָּם

מִסּוּךְ ז׳ (*misSUKH*) curtaining; screening; screen; interference

מסוכם ר׳ מְסֻכָּם

מסוכסך ר׳ מְסֻכְסָךְ

מסולסל ר׳ מְסֻלְסָל

מסולף ר׳ מְסֻלָּף

מסומל ר׳ מְסֻמָּל

מסומם ר׳ מְסֻמָּם

מסומן ר׳ מְסֻמָּן

מסומר ר׳ מְסֻמָּר

מסונן ר׳ מְסֻנָּן

מְסוֹס ז׳ (*meSOS*) rot

מסועף ר׳ מְסֹעָף

מָסוֹף ז׳ (*maSOF*) terminal

מסופח ר׳ מְסֻפָּח

מסופק ר׳ מְסֻפָּק

מַסּוֹק ז׳ (*masSOK*) helicopter

מסוקס ר׳ מְסֻקָּס

מַסּוֹר ר׳ מַשּׂוֹר

מָסוּר ת׳ (*maSUR*) handed down; devoted; given

מסורבל ר׳ מְסֻרְבָּל

מסורג ר׳ מְסֹרָג

מְסוֹרָה, מָסוֹרָה נ׳ (*mesoRA; masoRA;*) Massorah (body of traditional explanations regarding orthography and reading of the Hebrew Old Testament)

מַסּוֹרִית נ׳ (*massoRIT*) fret saw

מסורס ר׳ מְסֹרָס

מסורת ר׳ מָסֹרֶת

מְסוֹרָתִי ת׳ (*mesoraTI*) Masoretic; traditional; adhering to Jewish tradition but not strictly observant

מַסָּז׳ ז׳ (*masSAZH*) massage

מִסְחוּר ז׳ (*misḤUR*) commercialization

מַסְחֵטָה נ׳ (*masheTA*) squeezer; wringer

מִסְחָר ז׳ (*misḤAR*) commerce; trade; business

— בֵּית־ store; shop

מִסְחֵר פעל י׳ (*misḤER*) commercialize

מִסְחָרִי ת׳ (*mishaRI*) commercial

מְסַחְרֵר ת׳ (*mesahRER*) dizzying

מַסִּיבִי ת׳ (*masSIvi*) massive

מַסִּיבִיּוּת נ׳ (*massiviYUT*) massivity

מְסֻיָּג ת׳ (*mesuYAG*) reserved; qualified; enclosed; restricted

מְסֻיָּם ת׳ (*mesuYAM*) certain; definite; particular

מָסִיס ת׳ (*maSIS*) soluble

מְסִיסוּת נ׳ (*mesiSUT*) solubility

מְסַיֵּעַ ת׳ (*mesaYE'a*) auxiliary; accessory; ancillary

מַסִּיק ז׳ (*masSIK*) fireman; stoker

מָסִיק ז׳ (*maSIK*) olive harvest

מְסִירָה נ׳ (*mesiRA*) handing; giving; transmitting; handing-in; betraying; informing against

מְסִירוּת נ׳ (*mesiRUT*) devotion; dedication; adherence

— נֶפֶשׁ risking one's life; utter devotion

מָסַךְ פעל י׳ (*maSAKH*) pour out; mix; blend

מֶסֶךְ ז׳ (*MEsekh*) mixed wine; cocktail

מָסָךְ ז׳ (*maSAKH*) screen; curtain

מִסֵּךְ פעל י׳ (*misSEKH*) screen

מַסֵּכָה נ׳ (*masseKHA*) mask; disguise

מְסֻכָּם ת׳ (*mesukKAM*) summed up

מֻסְכָּם ת׳ (*musKAM*) agreed; conventional

מֻסְכָּמָה נ׳ (*muskaMA*) convention

מְסֻכָּן ת׳ (*mesukKAN*) dangerous

מִסְכֵּן ז׳ ת׳ (*misKEN*) wretch; poor; miserable

מִסְכֵּנוּת נ׳ (*miskeNUT*) wretchedness; poverty

מְסֻכְסָךְ ת׳ (*mesukhSAKH*) embroiled; involved in a quarrel; in conflict; complicated

מִסְכֶּרֶת נ׳ (*misKEret*) sugar bowl

מַסֶּכֶת נ׳ (masSEkhet) web; weaving; tractate; treatise; chapter; set

מְסִלָּה נ׳ (mesilLA) road; track; orbit; course; railroad

מְסִלַּת בַּרְזֶל railroad

מַסְלוּל ז׳ (masLUL) course; road; lane; path; trajectory; groove, orbit

מֻסְלְמִי ז׳ (musleMI) Moslem

מְסֻלְסָל ת׳ (mesulSAL) curly; adorned; embellished

מְסֻלָּע נ׳ (mesulLA') rocky

מְסֻלָּף ת׳ (mesulLAF) distorted; falsified

מִסְלָקָה נ׳ (mislaKA) clearing house

מִסְמוּס ז׳ (misMUS) melting; squeezing; decay

מִסְמָךְ ז׳ (misMAKH) document; certificate; diploma

מֻסְמָךְ ת׳ (musMAKH) authorized; authentic; authoritative; certified; ordained; qualified; competent; master (degree)

מְסֻמָּל ת׳ (mesumMAL) symbolized; characterized

מְסֻמָּם ת׳ (mesumMAM) drugged; poisoned

מְסֻמָּן ת׳ (mesumMAN) marked; designated

מִסְמֵס פעל י׳ (misMES) melt; soften; squeeze

מַסְמֵר ז׳ (masMER) nail; peg; highlight

קָבַע מַסְמְרוֹת בַּדָּבָר establish as an indisputable fact

מִסְמֵר פעל י׳ (misMER) nail

מְסֻמָּר ת׳ (mesumMAR) nailed; spiked; full of nails

מְסַמְרֵר ז׳ (mesamRER) riveter

מַסְמֶרֶת נ׳ (masMEret) rivet

מְסֻנָּן ת׳ (mesunNAN) filtered; strained

מִסְנָן ז׳ (misNAN) filtrate; residue

מַסְנֵן ז׳ (masNEN) filter

מְסַנֶּנֶת, מִסְנֶנֶת נ׳ (mesaNEnet; misNEnet) strainer; filter

מַסָּע ז׳ (masSA') journey; travel; voyage; march; expedition; campaign; drive; move (chess)

מַסַּע צְלָב crusade

מִסְעָד ז׳ (mis'AD) support; back (of chair)

מִסְעָדָה נ׳ (mis'aDA) restaurant

מְסֹעָף ת׳ (meso'AF) branched; ramifed; complex

מִסְעָף ז׳ (mis'AF) road junction; branching; fork

מִסְפֵּד ז׳ (misPED) mourning; funeral oration

מִסְפּוֹא ז׳ (misPO) fodder

מִסְפּוּר ז׳ (misPUR) numbering

מְסֻפָּח ז׳ (mesupPAḤ) annexed; attached; appended

מַסְפִּיק ת׳ (masPIK) enough; sufficient; adequate; passing mark

מִסְפָּנָה נ׳ (mispaNA) shipyard; dock

מְסַפֵּק ת׳ ז׳ (mesapPEK) satisfactory; supplier

מְסֻפָּק ת׳ (mesupPAK) doubtful; supplied; satisfied

מְסֻפְּקַנִי I doubt

מִסְפָּר ז׳ (misPAR) number; quantity; a few

מְתֵי — a few people

מִסְפֵּר פעל י׳ (misPER) number

מְסַפֵּר ז׳ (mesapPER) storyteller, fiction writer

מִסְפָּרָה נ׳ (mispaRA) barbershop

מִסְפָּרִי ת׳ (mispaRI) numerical; quantitative

מִסְפָּרַיִם ז״ז (mispaRAyim) scissors; shears

מָסַק פעל י׳ (maSAK) harvest olives

מֻסָּק ת׳ (mussSAK) heated; concluded; inferred

מַסְקָנָה נ׳ (masskaNA) conclusion; result; inference

מְסֻקָּס ת׳ (*mesukKAS*) knotted; gnarled

מָסַר פעל י׳ (*maSAR*) hand over; give; transmit; hand down; betray; inform against

מְסֻרְבָּל ת׳ (*mesurBAL*) awkward; clumsy

מְסֹרָג ת׳ (*mesoRAG*) barred; latticed; alternate

מַסְרֵגָה נ׳ (*masreGA*) knitting needle

מַסְרֵטָה נ׳ (*masreTA*) movie camera

מַסְרִיחַ ת׳ (*masRI'ah*) stinking

מַסְרִיט ז׳ (*masRIT*) cameraman; motion picture producer

מְסֹרָס ת׳ (*mesoRAS*) castrated, gelded; distorted; perverted; reversed

מַסְרֵק ז׳ (*masREK*) comb

מְסֹרָק ת׳ (*mesoRAK*) combed; carded

מָסֹרֶת נ׳ (ר׳ מסורה) (*masoRET*) tradition; *Massorah*

שׁוֹמֵר — traditionalist

מָסָרְתִּי ת׳ (*masorTI*) traditional; traditionalist

מָסָרְתִּיּוּת נ׳ (*msortiYUT*) traditionalism

מִסְתַּבֵּר ת׳ (*mistaBER*) apparently

מִסְתּוֹר ז׳ (*misTOR*) refuge, hiding place

מִסְתּוֹרִי ת׳ (*mistoRI*) mysterious

מִסְתּוֹרִין ז׳ (*mistoRIN*) mystery

מַסְתֵּם ז׳ (*masTEM*) plug; valve

מִסְתַּנֵּן ז׳ (*mistanNEN*) infiltrator

מִסְתָּר ז׳ (*misTAR*) secret place; hiding place

מְסֻתָּת ת׳ (*mesutTAT*) cut; hewn

מְעֻבָּד ת׳ (*me'ubBAD*) processed; worked; tilled; cultivated; adapted for; finished; polished

מַעְבָּדָה נ׳ (*ma'baDA*) laboratory

מַעְבַּדְתִּי ת׳ (*ma'badTI*) laboratorial

מַעֲבֶה ז׳ (*ma'aVE*) depth; thick

מְעֻבֶּה ת׳ (*me'ubBE*) thickened; dense

מַעֲבִיד ז׳ (*ma'aVID*) employer

מַעֲבָר ז׳ (*ma'aVAR*) passage; pass; ford; aisle; transition; transit

בְּחִינַת — intermediate examination

תְּעוּדַת — pass; laissez passer

מֵעֵבֶר לְ־ מ״י (*me'E'ver le-*) beyond; on the other side

מַעְבָּרָה נ׳ (*ma'baRA*) transit camp; ford; ferry; small bridge; pass

מַעְבֹּרֶת נ׳ (*ma'BOret*) ferryboat

מְעֻבֶּרֶת ת׳ (*meu'bBEret*) pregnant

שָׁנָה — leap year

מַעְגִּילָה נ׳ (*ma'giLA*) roller; mangle

מַעְגָּל ז׳ (*ma'GAL*) circle; orbit; course; circuit

מְעֻגָּל ת׳ (*me'ugGAL*) circular; rounded; curved

מַעֲגָן ז׳ (*ma'aGAN*) anchorage; jetty

מָעַד פעל ע׳ (*ma'AD*) trip; stumble; slip

מְעֻדְכָּן ת׳ (*meu'dKAN*) up-to-date; updated

מְעֻדָּן ת׳ (*me'udDAN*) delicate; refined

מַעֲדָן ז׳ (*ma'aDAN*) delicacy; pleasure; delight

מָעֳדָף ת׳ (*mo'o'DAF*) preferred; given priority

מַעְדֵּר ז׳ (*ma'DER*) hoe

מָעָה נ׳ (*ma'A*) small coin; grain

מָעוֹת money

מעובה ר׳ מְעֻבֶּה

מעוברת ר׳ מְעֻבֶּרֶת

מעוגל ר׳ מְעֻגָּל

מְעוֹדֵד ת׳ (*me'oDED*) encouraging

מעודן ר׳ מְעֻדָּן

מָעוֹז, מָעֹז ז׳ (*ma'OZ*) fortress; fortified outpost; shelter; refuge; rock

מָעוּט ת׳ (*ma'UT*) scanty; meager; poor

מִעוּט ז׳ (*mi'UT*) minority; little; mini-mum; least; diminution; exclusion

מָעוֹט ז׳ (*ma'OT*) catapult

מעוטר ר׳ מְעֻטָּר

מעוין ר׳ מְעֻיָּן

מָעוּךְ ת׳ (ma'UKH) crushed; squeezed; bruised

מִעוּךְ ז׳ (mi'UKH) crushing; squeezing

מעולה ר׳ מְעֻלֶּה

מֵעוֹלָם תה״פ (me'oLAM) never; of old

מעולף ר׳ מְעֻלָּף

מעומלן ר׳ מְעֻמְלָן

מעומעם ר׳ מְעֻמְעָם

מָעוֹן ז׳ (ma'ON) dwelling; residence; house; den; home; dormitory; hostel; quarters

מָעוּף ז׳ (ma'OF) flight; vision

מְעוֹפֵף ת׳ ז׳ (me'oFEF) flying; flyer; volleyball player

מעופש ר׳ מְעֻפָּשׁ

מעוצבן ר׳ מְעֻצְבָּן

מעוצה ר׳ מְעֻצֶּה

מעוקב ר׳ מְעֻקָּב

מעוקם ר׳ מְעֻקָּם

מעוקר ר׳ מְעֻקָּר

מעורב ר׳ מְעֹרָב

מעורה ר׳ מְעֹרֶה

מעורם ר׳ מְעֹרָם

מְעוֹרֵר ת׳ (me'oRER) awaking; arousing; stimulating; exciting

שָׁעוֹן — alarm clock

מעושב ר׳ מְעֻשָּׂב

מעושה ר׳ מְעֻשֶּׂה

מעושן ר׳ מְעֻשָּׁן

מעושר ר׳ מְעֻשָּׂר

מְעֻוָּת ת׳ ז׳ (me'uvVAT) distorted; crooked; wrong

מָעַט פעל ע׳ (ma'AT) decrease; diminish; be small

מִעֵט פעל י׳ (mi'ET) lessen; reduce; decrease

לְמַעֵט... excluding . . .

מְעַט ת׳ תה״פ (me'AT) little; few; a little

כִּ — almost; about

עוֹד — soon

מַעֲטֶה ז׳ (ma'aTE) covering; mantle

מְעֻטָּף ת׳ (meutTAF) wrapped; paperback

מַעֲטָפָה נ׳ (ma'ataFA) envelope; wrapper; dust-jacket

מַעֲטֶפֶת נ׳ (ma'aTEfet) cloak; mantle; curved or lateral surface (of solid); jacket; casing; involucre

מְעֻטָּר ת׳ (me'utTAR) crowned; adorned

מְעִי ז׳ (me'I) intestine

מֵעַיִם ז״ר entrails; guts

מְעִידָה נ׳ (me'iDA) stumbling

מְעִיכָה נ׳ (me'iKHA) squeezing; crushing

מְעִיל ז׳ (me'IL) coat; mantle; jacket

מְעִילָה נ׳ (me'iLA) embezzlement; betrayal; treachery

מַעְיָן ז׳ (ma'aYAN) spring; fountain; source; attention

מְעֻיָּן ז׳ ת׳ (me'uYAN) rhombus, diamond; diamond-shaped; balanced

מֵעֵין מ״י (me'EYN) linked to; resembling; as if; quasi-

מֵעִיק ת׳ (me'IK) oppressive

מָעַךְ פעל י׳ (ma'AKH) squeeze; crush

מִעֵךְ פעל י׳ (mi'EKH) squeeze; press; crush; lower

מְעֻכָּל ת׳ (me'ukKAL) digested; consumed

מָעַל פעל י׳ (ma'AL) embezzle; betray; misuse; sin

מַעַל ז׳ (MA'al) treachery; fraud; embezzlement

מֹעַל ז׳ (MO'al) raising

— יָד raising the hand

(מֵעַל) מִמַּעַל תה״פ above; aloft

מַעֲלֶה ז׳ (ma'aLE) ascent; rise; slope; platform

— גֵּרָה ruminant; ruminating

מַעֲלָה נ׳ (ma'aLA) stair; step; degree; position; advantage; merit

מַעֲלַת כְּבוֹדוֹ his honor

הוֹד מַעֲלָתוֹ his excellency

מַעְלָה תה״פ (*MA'la*) upward; above; aloft; heaven
מְעֻלֶּה ת׳ (*me'ulLE*) excellent; superior
מַעֲלִית נ׳ (*ma'aLIT*) elevator
מַעֲלָל ז׳ (*ma'aLAL*) deed; action
מְעֻלָּף ת׳ (*me'uLAF*) caused to faint; fainting; covered
מֵעִם מ״י (*me'IM*) from
מַעֲמָד ז׳ (*ma'aMAD*) class (social); position; stand; status; rank; presence; posture; pedestal; scene (in play), event
בְּמַעֲמַד־ in the presence of
הֶחֱזִיק – stand fast
מֻעֲמָד ז׳ candidate
מֻעֲמָדוּת נ׳ (*mu'amaDUT*) candidacy
מַעֲמָדִי ת׳ (*ma'amaDI*) class
מַעֲמָדִיּוּת נ׳ (*ma'amadiYUT*) class consciousness; class behavior
מְעֻמְלָן ת׳ (*me'umLAN*) starched; stiff
מַעֲמָס ז׳ (*ma'aMAS*) burden; load; capacity
מַעֲמָסָה נ׳ (*ma'amaSA*) burden
מְעֻמְעָם ת׳ (*me'umAM*) dim
מַעֲמָק ז׳ (*ma'aMAK*) depth; bottom; deep penetration
מַעַן ז׳ (*MA'an*) address
לְ – for the sake of
מִעֵן פעל י׳ (*me'EN*) address (letter)
מַעֲנֶה ז׳ (*ma'aNE*) answer; reply
מְעֻנֶּה ת׳ (*me'unNE*) tortured; tormented
מְעַנְיֵן ת׳ (*me'anYEN*) interesting
מְעֻנְיָן ת׳ (*me'unYAN*) interested
מַעֲנִית נ׳ (*ma'aNIT*) furrow
מְעֻנָּן ת׳ (*me'unNAN*) cloudy
מַעֲנָק ז׳ (*ma'aNAK*) grant; bonus; allowance
מָעֳסָק ת׳ (*mo'oSAK*) employed
מַעְפִּיל ז׳ (*ma'PIL*) daring person; clandestine immigrant
מְעֻפָּשׁ ת׳ (*me'upPASH*) moldy; stinking

מְעֻצָּב ת׳ (*me'uTSAV*) shaped; designed; styled
מְעַצְבֵּן ת׳ (*me'atsBEN*) irritating; annoying
מְעֻצְבָּן ת׳ (*meu'tsBAN*) nervous; annoyed; high-strung; irritable
מְעֻצֶּה ת׳ (*me'utsTSE*) woody
מַעְצוֹר ז׳ (*maTSOR*) brake; block; obstacle; hindrance; inhibition
מַעֲצִיב ת׳ (*ma'aTSIV*) sad; saddening
מַעֲצָמָה נ׳ (*ma'atsaMA*) power
מַעֲצָר ז׳ (*ma'aTSAR*) detention; arrest
מְעֻקָּב ת׳ (*me'ukKAV*) cubic
מַעֲקָב ז׳ (*ma'aKAV*) follow-up; sequence; surveillance
מַעֲקֶה ז׳ (*ma'aKE*) banister, balustrade; rail; railing; parapet
מְעֻקָּל ת׳ (*me'ukKAL*) distorted; curved; attached (by court)
מְעֻקָּם ת׳ (*me'ukKAM*) crooked; bent;
מְעֻקָּר ת׳ (*me'ukkAR*) sterilized; castrated
מְעֹרָב ת׳ (*me'oRAV*) mixed; mingled; involved
מַעֲרָב ז׳ (*ma'aRAV*) west
מְעֻרְבָּב ת׳ (*me'urBAV*) mixed; confused
מַעֲרָבָה תה״פ (*ma'aRAva*) westwards
מַעַרְבוֹן ז׳ (*ma'arVON*) western
מַעֲרָבִי ת׳ (*ma'araVI*) western
מְעַרְבֵּל ז׳ (*me'arBEL*) concrete mixer
מְעַרְבֹּלֶת נ׳ (*me'arBOlet*) whirlpool; vortex; turbulence; maelstrom
מְעֻרְגָּל ת׳ (*me'urGAL*) rolled
מַעֲרֶה ז׳ (*ma'aRE*) bare spot; clearing
מְעָרָה נ׳ (*me'aRA*) cave
מְעֹרֶה ת׳ (*me'oRE*) rooted; integrated
מַעֲרוֹךְ ז׳ (*ma'aROKH*) rolling pin; pastry board
מערומים ר׳ מַעֲרֻמִּים
מְעֻרְטָל ת׳ (*me'urTAL*) exposed; naked
מַעֲרִיב ז׳ (*ma'aRIV*) evening prayer
מַעֲרִיךְ ז׳ (*ma'aRIKH*) assessor; appraiser; exponent (math.)

מַעֲרִיץ ז׳ (*ma'aRITS*) admirer; adorer
מַעֲרָךְ ז׳ (*ma'aRAKH*) formation; array; project; plan; arrangement; disposition; alignment
מַעֲרָכָה נ׳ (*ma'araKHA*) campaign; battle; struggle; battle line; army; array; arrangement; act (in play); set; order; system; sub-kingdom
מַעַרְכוֹן ז׳ (*ma'arKHON*) one-act play
מַעֲרֶכֶת נ׳ (*ma'aREkhet*) editorial board; staff (office); row; system; set; order
מַעֲרֻמִּים ז״ר (*ma'arumMIM*) nakedness
מְעַרְעֵר ז׳ (*me'arER*) appellant
מְעֻרְפָּל ת׳ (*me'urPAL*) foggy; vague
מַעַשׂ ז׳ (*MA'as*) deed; action
מְעֻשָּׂב ת׳ (*me'usSAV*) weeded; grassy
מַעֲשֶׂה ז׳ (*ma'aSE*) deed; action; work; act; practice; conduct; occurrence; event; product; story; tale; fable
בְּאֶפֶס — idly
בִּשְׁעַת — in the very act
הֲלָכָה לְ— practical instruction
לְאַחַר — post factum
לְ— in practice; in fact
— בְּ— it so happened
מַעֲשֵׂה־... ...-work
" בְּרֵאשִׁית creation
" חוֹשֵׁב skilful work
" נִסִּים miracle
" סְדוֹם sodomy
" קֻנְדֵּס practical joke
" שָׂטָן bad luck
מַה מַּעֲשֶׂיךָ? what do you do? what are you doing?
מְעֻשֶּׂה ת׳ (*me'usSE*) artificial; affected
מַעֲשִׂי ת׳ (*ma'aSI*) practical; feasible
מַעֲשִׂיָּה נ׳ (*ma'asiYA*) tale; legend; fairy tale; fable; anecdote
מַעֲשִׂיּוּת נ׳ (*ma'asiYUT*) practicalness; feasibility

מְעַשֵּׁן ז׳ (*me'ashSHEN*) smoker
מְעֻשָּׁן ת׳ (*me'ushSHAN*) smoked
מַעֲשֵׁנָה נ׳ (*ma'asheNA*) smokestack; chimney
מַעֲשֵׂר ז׳ (*ma'aSER*) tithe
מְעֻשָּׂר ת׳ ז׳ (*me'usSAR*) tithed; decagon
מֵעֵת לְעֵת ז׳ תה״פ (*me'ET le'ET*) twenty four hour period; now and then
מְפֹאָר ת׳ (*mefo'AR*) magnificent; splendid
מִפְּאַת מ״י (*mippe'AT*) because of; for
מַפְגִּיעַ ת׳ (*mafGI'a*) insisting
בְּ — pressingly; urgently
מְפֻגָּל ת׳ (*mefugGAL*) spoiled
כֹּהַל — denatured spirits
מִפְגָּן ז׳ (*mifGAN*) parade; rally; demonstration
מִפְגָּע ז׳ (*mifGA'*) obstacle; nuisance; target
מְפַגֵּר ת׳ (*mefagGER*) retarded; backward; slow
מִפְגָּשׁ ז׳ (*mifGASH*) reunion; meeting; rendezvous; meeting place
מִפְדֶּה ז׳ (*mifDE*) redemption; ransom
מִפָּה פעל י׳ (*mipPA*) map
מַפָּה נ׳ (*mapPA*) tablecloth; map; chart
מפוגל ר׳ מְפֻגָּל
מפוזר ר׳ מְפֻזָּר
מַפּוּחַ ז׳ (*mapPU'aḥ*) bellows
מַפּוּחִית נ׳ (*mappuḤIT*) harmonica
— יָד accordion
מפוחלץ ר׳ מְפֻחְלָץ
מפוחם ר׳ מְפֻחָם
מפוטם ר׳ מְפֻטָּם
מפוטר ר׳ מְפֻטָּר
מִפּוּי ז׳ (*mipPUY*) mapping
מפויח ר׳ מְפֻיָּח
מפוכח ר׳ מְפֻכָּח
מפולג ר׳ מְפֻלָּג
מפולס ר׳ מְפֻלָּס
מפולפל ר׳ מְפֻלְפָּל

מפולש ר׳ מְפֻלָּשׁ
מפולת ר׳ מַפֹּלֶת
מפונה ר׳ מְפֻנֶּה
מפונק ר׳ מְפֻנָּק
מפוסטר ר׳ מְפֻסְטָר
מפוספס ר׳ מְפֻסְפָּס
מפוסק ר׳ מְפֻסָּק
מפוצל ר׳ מְפֻצָּל
מפוקפק ר׳ מְפֻקְפָּק
מפורד ר׳ מְפֹרָד
מפורז ר׳ מְפֹרָז
מפורט ר׳ מְפֹרָט
מפורכס ר׳ מְפֻרְכָּס
מפורסם ר׳ מְפֻרְסָם
מפורק ר׳ מְפֹרָק
מפושק ר׳ מְפֻשָּׂק
מפותח ר׳ מְפֻתָּח
מפותל ר׳ מְפֻתָּל

מְפֻזָּר ת׳ (mefuzZAR) dispersed; absent-minded

מַפָּח ז׳ (maPAḤ) blow; exhalation; blowout; frustration

מַפַּח נֶפֶשׁ disappointment

מְפֻחְלָץ ת׳ (mefuḥLATS) stuffed

מְפֻחָם ת׳ (mefuḤAM) coal-black; electrocuted; carbonized

מֻפְחָת ת׳ (mufḤAT) reduced

מַפְטִיר ז׳ ר׳ הַפְטָרָה (mafTIR) Ḥaftarah reader; Haftarah; concluding

מְפֻטָּם ת׳ (mefutTAM) fattened; stuffed; gorged

מְפֻטָּר ת׳ (mefutTAR) dismissed; fired

מְפֻיָּח ת׳ (mefuYAḤ) sooty

מֵפִיץ ז׳ (meFITS) distributor

מֵפִיק ז׳ (meFIK) producer

מַפִּיק ז׳ (mapPIK) dot in letter He (ה) to denote aspiration

מֵפִיר ז׳ (meFIR) violator

– שְׁבִיתָה strikebreaker; scab

מַפִּית נ׳ (mapPIT) napkin; washcloth

מְפֻכָּח ת׳ (mefukKAḤ) sober; realistic

מַפָּל ז׳ (mapPAL) fall; waterfall; drop

מַפַּל מַיִם waterfall

מַפְּלֵי בָשָׂר fat folds

מֻפְלָא ת׳ (mufLA) wonderful; incomprehensible

מְפֻלָּג ת׳ (mefulLAG) divided

מֻפְלָג ת׳ (mufLAG) excellent; extreme; exaggerated; remote

מַפְלֵג ז׳ (mafLEG) distributor

מִפְלָגָה נ׳ (miflaGA) party

מִפְלַגְתִּי ת׳ (miflagTI) party; partisan

מִפְלַגְתִּיּוּת נ׳ (miflagti'UT) partisanship; party identification

מַפָּלָה נ׳ (mappaLA) defeat; fall; downfall

מֻפְלֶה ת׳ (mufLE) discriminated against

מִפְלָט ז׳ (mifLAT) refuge; asylum

מַפְלֵט ז׳ (mafLET) ejector; exhaust pipe

מִפְלָס ז׳ (mifLAS) level

מִפְלַס הַיָּם sea level

מִפְלַס מֵי תְּהוֹם water table

מְפֻלָּס ת׳ (mefulLAS) levelled; paved; blazed (trail)

מְפַלֶּסֶת נ׳ (mefalLEset) road grader

מְפֻלְפָּל ת׳ (mefulPAL) peppered; witty; tricky; subtle; casuistic; spicy

מִפְלֶצֶת נ׳ (mifLEtset) monster

מִפְלַצְתִּי ת׳ (miflatsTI) monstrous

מְפֻלָּשׁ ת׳ (mefulLASH) open at both ends

מַפֹּלֶת נ׳ (mapPOlet) fall; collapse; ruin; debris; landslide; avalanche

מִפְנֶה ז׳ (mifNE) turn; turning point; change

מְפֻנֶּה ת׳ ז׳ (mefunNE) evicted; evacuated; evacuee

מֻפְנֶה ת׳ (mufNE) directed; turned; single

מִפְּנֵי מ״י (mippeNEY) because; before

– שֶׁ because

why — מָה

introverted; (mufNAM) מֻפְנָם ת׳
internalized

pampered; (mefunNAK) מְפֻנָּק ת׳
fondled

pasteurized (mefusTAR) מְפֻסְטָר ת׳

chisel; (mafSElet) מַפְסֶלֶת נ׳
wood chisel

sidewalk (mifsa'A) מִפְסָעָה נ׳

striped (mefusPAS) מְפֻסְפָּס ת׳

punctuated; (mefusSAK) מְפֻסָּק ת׳
divided

switch (mafSEK) מַפְסֵק ז׳

operator; agent (maf'IL) מַפְעִיל ז׳

work; deed; (mif'AL) מִפְעָל ז׳
enterprise; project; plant (industrial)

destruction (mapPATS) מַפָּץ ז׳

nutcracker (mafTSE'aḥ) מַפְצֵחַ ז׳

bomber (mafTSITS) מַפְצִיץ ז׳

fighter-bomber —־קְרָב

divided, forked, (mefuTSAL) מְפֻצָּל ת׳
split

bombed (mufTSATS) מֻפְצָץ ת׳

census; muster; (mifKAD) מִפְקָד ז׳
parade; roll call

commander; (mefakKED) מְפַקֵּד ז׳
chief

headquarters (mifkaDA) מִפְקָדָה נ׳

inspector; (mefakKE'aḥ) מְפַקֵּחַ ז׳
supervisor; superintendent

very clever; (mefukKAḤ) מְפֻקָּח ת׳
wide-awake

depositor (mafKID) מַפְקִיד ז׳

expropriated; (mufKA') מֻפְקָע ת׳
requisitioned; confiscated; exorbitant
(price)

dubious; (mefukPAK) מְפֻקְפָּק ת׳
doubtful; questionable; undependable

prostitute; (mufKEret) מֻפְקֶרֶת נ׳
loose woman

scattered; (mefoRAD) מְפֹרָד ת׳
disjointed; divided

separated (mufRAD) מֻפְרָד ת׳

fertilized; (mufRE) מֻפְרֶה ת׳
inseminated

exaggerated (mufRAZ) מֻפְרָז ת׳

demilitarized (mefoRAZ) מְפֹרָז ת׳

shod; covered (mefurZAL) מְפֻרְזָל ת׳
with iron; iron-plated

detailed; (mefoRAT) מְפֹרָט ת׳
specified; itemized

specification (mifRAT) מִפְרָט ז׳

hoofed; ungulate (mafRIS) מַפְרִיס ת׳

ungulates; Ungulata מַפְרִיסֵי־פַּרְסָה

refuted; (mufRAKH) מֻפְרָךְ ת׳
groundless

made-up; (mefurKAS) מְפֻרְכָּס ת׳
painted

breadwinner (mefarNES) מְפַרְנֵס ז׳

famous (mefurSAM) מְפֻרְסָם ת׳

מִפְרַע, לְמַפְרֵעַ תה״פ (lemafRE'a)
retroactively; in advance

disturbed (mufRA') מֻפְרָע ת׳

partial payment (mifra'A) מִפְרָעָה נ׳
(of debt)

bay; gulf (mifRATS) מִפְרָץ ז׳

indented (mefoRATS) מְפֹרָץ ת׳

joint; node (mifRAK) מִפְרָק ז׳

liquidator (mefaREK) מְפָרֵק ז׳

dismantled; (mefoRAK) מְפֹרָק ת׳
broken-down; taken apart; unloaded;
liquidated

cervical (mafREket) מַפְרֶקֶת נ׳
vertebrae; neck (bones)

crumbled (mefoRAR) מְפֹרָר ת׳

sail (mifRAS) מִפְרָשׂ ז׳

interpreter; (mefaRESH) מְפָרֵשׁ ז׳
commentator

explicit; (mefoRASH) מְפֹרָשׁ ת׳
explained; clear

God, Ineffable Name; הַשֵּׁם הַ—
Tetragrammaton

sailboat (mifraSIT) מִפְרָשִׂית נ׳

abstract; (mufSHAT) מֻפְשָׁט ת׳
intangible; vague

מפשל ת׳ (*mufSHAL*) rolled up; rolled back

מפשעה נ׳ (*mifsa'A*) groin

מפשק ת׳ (*mefusSAK*) spread apart

מפשר ז׳ (*mefashSHER*) mediator; arbiter

מפתח ז׳ (*mafTE'aḥ*) key; index; wrench

מפתח ז׳ (*mefatTE'aḥ*) carver, engraver; developer

מפתח ז׳ (*mifTAḤ*) opening; aperture; span

מפתח ת׳ (*mefutTAḤ*) developed; engraved

מפתיע ת׳ (*mafTI'a'*) surprising

מפתן ז׳ (*mifTAN*) threshold

מץ ז׳ (*MOTS*) chaff

מצא פעל י׳ (*maTSA*) find; get; procure; reach; come upon; meet; infer; happen; befall; be sufficient

– חן please; find favor

מצאה ידו be able; afford

מצאי ז׳ (*meTSAI*) inventory; stock

מצב ז׳ (*matsTSAV*) situation; state; position; stand; condition; circumstances; garrison

מצב רוח mood

חיל־ – garrison

מצב ז׳ (*muTSAV*) fortified position; outpost

מצבה נ׳ (*matseVA*) tombstone; monument

מצבה נ׳ (*matsaVA*) strength (manpower)

מצבור ז׳ (*mitsBOR*) dump; depot

מצבטים ז״ז (*mitsbaTAyim*) pincers; pince-nez

מצביא ז׳ (*matsBI*) general; commander

מצביע ז׳ (*matsBI'a*) voter

מצבעה נ׳ (*mitsba'A*) dye works

מצבר ז׳ (*matsBER*) accumulator; battery

מצברח ת׳ (*metsuvRAḤ*) moody; grumpy

מצג ז׳ (*muTSAG*) exhibit; representation

מצד ז׳ (*meTSAD*) fort; pillbox

מצד ז׳ (*meTSAD*) siding; shunt; stop

מצד מ״י (*mitsTSAD*) on the side; beside; by

– שני on the other hand

מצדד ז׳ (*metsaDED*) supporter; follower

מצדה נ׳ (*metsaDA*) hill stronghold

מצדית נ׳ (*metsaDIT*) pillbox

מצדק ת׳ (*mutsDAK*) justified

מצה פעל י׳ (*mitsTSA*) drain; exhaust

מצה נ׳ (*matsTSA*) *matzah*, unleavened bread; strife

חג המצות Passover

מצהר ת׳ (*mutsHAR*) declared; proclaimed

מצוד ז׳ (*maTSOD*) hunt; chase; manhunt; trap

מצודד ת׳ (*metsoDED*) enticing; charming

מצודה נ׳ (*metsuDA*) fortress

מצוה נ׳ (*mitsVA*) religious precept; commandment; duty; meritorious deed

בר־ – Bar Mitzvah

בת־ – Bat/s) Mitzvah

מצוחצח ר׳ מצחצח

מצוי ת׳ (*maTSUY*) available; frequent; common

מצוי ז׳ (*mitsTSUY*) extraction; draining; exhausting

מצוין ר׳ מצין

מצויץ ר׳ מציץ

מצולה נ׳ (*metsuLA*) depth; abyss

יון – deep mire!

מצולע ר׳ מצלע

מצולק ר׳ מצלק

מצומצם ר׳ מצמצם

מצומק ר׳ מְצֻמָּק

מצונן ר׳ מְצֻנָּן

מְצוּעַ ז׳ (mitsTSU'a') finding the average; centering; compromise

מצועף ר׳ מְצֹעָף

מצועצע ר׳ מְצֻעְצָע

מָצוֹף ז׳ (maTSOF) buoy; float

מָצוּץ ת׳ (maTSUTS) sucked

– מִן הָאֶצְבַּע unfounded; fanciful

מָצוּק (maTSUK) cliff

מְצוּקָה נ׳ (metsuKA) distress; trouble; need

מָצוֹר ז׳ (maTSOR) siege; blockade; distress

מצורע ר׳ מְצֹרָע

מֵצַח ז׳ (meTSAḤ) forehead

עַז – insolent

– נְחוּשָׁה brazen face

הַתְקָפַת – frontal attack

מִצְחָה נ׳ (mitsḤA) visor; greave

מַצְחִיק ת׳ (matsḤIK) funny; laughable; humorous

מְצֻחְצָח ת׳ (metsuḥTSAḤ) polished; shiny

מִצְטַבֵּר ת׳ (mitstaBER) accumulative

מְצִיאָה נ׳ (metsi'A) find; finding; bargain

מְצִיאוּת נ׳ (metsi'UT) reality; existence; actuality

יְקַר־ הַ– rare

מְחֻיַּב הַ– indispensible; imperative

מְצִיאוּתִי ת׳ (metsi'UTI) real; realistic

מְצִיאוּתִיּוּת נ׳ (metsi'utiYUT) realism

מַצִּיָּה נ׳ (matsiYA) cracker; wafer

מַצִּיל ז׳ (matsTSIL) lifeguard; lifesaver

מְצֻיָּן ת׳ (metsuYAN) excellent; distinguished; marked; indicated

מְצֻיָּץ ת׳ (metsuYATS) tufted; frilled

מְצִיצָה נ׳ (metsiTSA) sucking; suction; "drag"

מַצִּית ז׳ (matsTSIT) lighter; arsonist

מֵצַל ת׳ (meTSAL) shady

מֻצְלָב ת׳ (mutsLAV) crossed; crossbred

מְצִלָּה נ׳ (metsilLA) bell; chime

מֻצְלָח ת׳ (mutsLAḤ) successful

מַצְלִיחַ ת׳ (matsLI'aḥ) successful

מַצְלִיף ת׳ (matsLIF) whip

מַצְלֵמָה נ׳ (matsleMA) camera

מְצֻלָּע ז׳ (metsulLA') polygon

מְצַלְצְלִים ז״ר (metsaltseLIM) coins; change (money)

מְצֻלָּק ת׳ (metsulLAK) scarred

מְצִלְתַּיִם ז״ז (metsilTAyim) cymbals

מַצְמֵד ז׳ (matsMED) clutch

מִצְמֵץ פעל ע׳ (mitsMETS) blink

מְצַמְצֵם ת׳ (metsamTSEM) reducing; limiting; contracting

מְצֻמְצָם ת׳ (metsumTSAM) reduced; limited; contracted; scanty

מְצֻמָּק ת׳ (metsumMAK) dried up; shrivelled

מַצְנֵחַ ז׳ (matsNE'aḥ) parachute

מְצֻנָּן ת׳ (metsunNAN) cooled; chilled; having a cold

מַצְנֵן ז׳ (matsNEN) cooler; radiator

מֻצְנָע ת׳ (mutsNA') hidden; concealed

מִצְנֶפֶת נ׳ (mitsneFET) turban; headdress; cap

מִצַּע פעל י׳ (mitsTSA') center; divide in two; find the average

מַצָּע ז׳ (maTSA') bedding; bedclothes; mattress; platform; base

מֻצָּע ת׳ (mutsTSA) spread; placed on bed; made (bed); proposed; suggested

מִצְעָד ז׳ (mitsAD) parade; march; step

מְצֹעָף ת׳ (metso'AF) veiled; shrouded

מְצֻעְצָע ת׳ (metsu'TSA') fancy; ornamented; garish; flamboyant

מִצְעָר ז׳ (mits'AR) small thing; trifle

לְ– at least

saddening (metsaER) מְצַעֵר ת׳
watchtower; (mitsPE) מִצְפֶּה ז׳
observatory; lookout
coated; (metsupPE) מְצֻפֶּה ת׳
frosted; expected
conscience (matsPUN) מַצְפּוּן ז׳
conscience (matspuNI) מַצְפּוּנִי ת׳
compass (matsPEN) מַצְפֵּן ז׳
suck; drain out (maTSATS) מָצַץ פעל י׳
solidify; (mitsTSEK) מִצֵּק פעל י׳
make firm
ladle (matsTSEket) מַצֶּקֶת נ׳
strait; isthmus; (meTSAR) מֵצַר ז׳
distress
boundary; bound (MEtser) מֶצֶר ז׳
grieve; (meTSER) מֵצֵר ת׳ ז׳
oppressor; constrictor
Egyptian (mitsRI) מִצְרִי ת׳
Egypt (mitsRAyim) מִצְרַיִם נ׳
commodity; (mitsRAKH) מִצְרָךְ ז׳
item; staple
leper; leprous (metsoRA') מְצֹרָע ת׳ ז׳
crucible (matsREF) מַצְרֵף ז׳
Purgatory – כּוּר
sparkplug; (matsTSET) מַצֵּת ז׳
lighter; igniter
rot (MAK) מַק ז׳
punch (makKAV) מַקָּב ז׳
parallel; (makBIL) מַקְבִּיל ת׳
corresponding
parallel (makbiLA) מַקְבִּילָה נ׳
(makbiLON) מַקְבִּילוֹן ז׳
parallelipiped
parallelism (makbiLUT) מַקְבִּילוּת נ׳
parallel (makbiLAyim) מַקְבִּילַיִם ז״ז
bars
parallelogram (makbiLIT) מַקְבִּילִית נ׳
accepted; (mekubBAL) מְקֻבָּל ת׳ ז׳
conventional; usual; desirable; cabalist
mounting; fixation (mikBA') מִקְבָּע ז׳
group; grouping; (mikBATS) מִקְבָּץ ז׳
cluster

mallet (makKEvet) מַקֶּבֶת נ׳
drill bit; gimlet (makDE'ah) מַקְדֵּחַ ז׳
spoiled; burned (mukDAH) מֻקְדָּח ת׳
drill (makdeHA) מַקְדֵּחָה נ׳
early; (mukDAM) מֻקְדָּם ת׳
preliminary
soon – בְּ
at the earliest – לְכָל הַ
coefficient (mekadDEM) מְקַדֵּם ז׳
advance (mikdaMA) מִקְדָּמָה נ׳
(mikkadMAT deNA) מִקַּדְמַת דְּנָה תה״פ
since olden times; for a long time
temple; (mikDASH) מִקְדָּשׁ ז׳
sanctuary
synagogue – מְעַט
the Temple – בֵּית הַ
sacred; (mekudDASH) מְקֻדָּשׁ ת׳
consecrated; offered
dedicated; (mukDASH) מֻקְדָּשׁ ת׳
consecrated
betrothed; (mekudDEshet) מְקֻדֶּשֶׁת ת׳
sanctified
choir; chorus (mak'heLA) מַקְהֵלָה נ׳
focussing; (mikKUD) מִקּוּד ז׳
ZIP code
pool; reservoir; (mikVE) מִקְוֶה ז׳
*mikveh* (ritual bath)
pool; water hole (mikVA) מִקְוָה נ׳
hoped; expected (mekuvVE) מְקֻוֶּה ת׳
bargaining (mikKU'ah) מִקּוּחַ ז׳
מקוטע ר׳ מְקֻטָּע
מקולל ר׳ מְקֻלָּל
מקולף ר׳ מְקֻלָּף
מקולקל ר׳ מְקֻלְקָל
place; locality; (maKOM) מָקוֹם ז׳
site; spot; space, room; abode; seat; state; The Omnipresent
locus – גֵּאוֹמֶטְרִי
instead of בִּמְקוֹם
in any case – מִכָּל
acting; replacing; – מְמַלֵּא
substitute; stand in
reference – מַרְאֵה

עַד אֶפֶס – full up
מְקוּם ז׳ (mikKUM) location; localization; placing; siting
מקומט ר׳ מְקֻמָּט
מְקוֹמִי ת׳ (mekoMI) local; native
מקומר ר׳ מְקֻמָּר
מְקוֹנֵן ז׳ (mekoNEN) mourner
מקוער ר׳ מְקֹעָר
מַקּוֹף ז׳ (makKOF) beat (police)
מקופח ר׳ מְקֻפָּח
מקופל ר׳ מְקֻפָּל
מקוצץ ר׳ מְקֻצָּץ
מקוצר ר׳ מְקֻצָּר
מְקֻוְקָו ז׳ (mekuvKAV) lined; striped; lineal
מָקוֹר ז׳ (maKOR) source; fount; spring; origin; original; root; infinitive
מַקּוֹר ז׳ (makKOR) beak, bill
מקורב ר׳ מְקֹרָב
מקורה ר׳ מְקֹרֶה
מקורזל ר׳ מְקֹרְזָל
מְקוֹרִי ת׳ (mekoRI) original
מְקוֹרִיּוּת נ׳ (mekoriYUT) originality
מקורר ר׳ מְקֹרָר
מַקּוֹשׁ ז׳ (makKOSH) gong; clapper
מִקּוּשׁ ז׳ (mikKUSH) mining; minelaying
מקושט ר׳ מְקֻשָּׁט
מַקּוֹשִׁית נ׳ (makkoSHIT) xylophone
מקושקש ר׳ מְקֻשְׁקָשׁ
מקושת ר׳ מְקֻשָּׁת
מִקָּח, מֶקַח ז׳ (mikkAḤ; MEkaḥ) taking; buying; goods; price
– וּמִמְכָּר buying and selling; bargaining
– טָעוּת bad bargain
עָמַד עַל הַ– bargain
מֻקְטָן ת׳ (mukTAN) reduced; on a small scale
מְקֻטָּע ת׳ (mekutTA') fragmentary; cut up
מַקְטֵפָה נ׳ (makteFA) picker (device)

מִקְטֹרֶן ז׳ (mikTOren) jacket; dinner jacket
מִקְטֶרֶת נ׳ (mikTEret) pipe
מקיון ר׳ מוּקְיוֹן
מַקִּיף ת׳ (makKIF) comprehensive; extensive; overall; surrounding
מַקֵּל ז׳ (makKEL) stick; rod; cane
מֵקֵל ת׳ (meKEL) lenient; extenuating
מִקְלַחַת נ׳ (mikLAḥat) shower
מִקְלָט ז׳ (mikLAT) shelter; refuge; asylum
מַקְלֵט ז׳ (makLET) receiver (radio; television)
מְקֻלָּל ת׳ (mekulLAL) cursed; damned
מַקְלֵעַ, מִקְלָע ז׳ (makLE'a'; mikLA') machine gunner
תַּת־ – sub-machinegun
מַקְלְעָן ז׳ (makle'AN) machine gunner
מִקְלַעַת נ׳ (mikLA'at) plait; braid; slingshot
מְקֻלָּף ת׳ (mekulLAF) peeled
מַקְלֵף ז׳ (makLEF) peeler
מְקֻלְקָל ת׳ (mekulKAL) defective; spoiled; rotten; out of order, broken
מִקֵּם פעל י׳ (mikKEM) localize; locate; place; site
מְקֻמָּט ת׳ (mekumMAT) wrinkled; creased
מְקֻמָּר ת׳ (mekumMAR) convex; vaulted; curved
מִקְנֶה ז׳ (mikNE) cattle and sheep; livestock; herd; stock; purchase; property
מִקְנָה נ׳ (mikNA) purchase; price
מַקְסִים ת׳ (makSIM) enticing; charming; fascinating
מַקְסִימוּם ז׳ (MAKsimum) maximum
מַקְסִימָלִי ת׳ (maksiMAli) maximal
מִקְסָם ז׳ (mikSAM) magic; spell; attraction
מִקְסַם שָׁוְא illusion
מֻקְסָם ת׳ (mukSAM) enchanted; spellbound

concave (meko'AR) מקער ת׳
hyphen (makKAF) מקף ז׳
surrounded; (mukKAF) מקף ת׳
  hyphenized; sold on credit
frozen (mukPA) מקפא ת׳
jelly (mikPA) מקפא ז׳
gruel (mikPA) מקפה נ׳
deprived; (mekupPAḤ) מקפח ת׳
  denied; discriminated against
folded (mekupPAL) מקפל ת׳
springboard; (makpeTSA) מקפצה נ׳
  diving board
beat; rhythm (mikTSAV) מקצב ז׳
set apart; (mukTSE) מקצה ת׳
  allocated; designated; untouchable
heat (sport); (mikTSE) מקצה ז׳
  detail
occupation; (mikTSO'a) מקצוע ז׳
  vocation; profession; trade; course; subject; branch (learning); edge; angle; corner
plane (maktsu'A) מקצועה נ׳
professional; (miktso'I) מקצועי ת׳
  skilled; vocational, trade; specialist
(miktso'iYUT) מקצועיות נ׳
  professionalism; skill
professional (miktso'AN) מקצוען ת׳
planed; polished (mukTSA') מקצע ת׳
eggbeater (makTSEF) מקצף ז׳
cut; curtailed (mekuTSATS) מקצץ ת׳
shortened; (mekutsTSAR) מקצר ת׳
  abridged; abbreviated
reaper; (maktseRA) מקצרה נ׳
  harvester; mower
a little (of); (mikTSAT) מקצת תה״פ
  some
somewhat – ב
rot (mekEK) מקק ז׳
cockroach (makKAK) מקק ז׳
calling; con- (miKRA) מקרא ז׳
  vocation; reading; reciting; text; Bible; biblical verse; legend (of map)
anthology; reader (mikra'A) מקראה נ׳

biblical (mikra'I) מקראי ת׳
familiar; favorite; (mekoRAV) מקרב ת׳
  approximate; close, friendly with
chance; incident; (mikRE) מקרה ז׳
  event; occasion; case; lot; fate
by chance – ב
roofed (mekoRE) מקרה ת׳
accidental; by chance (mikRI) מקרי ת׳
chance (mikriYUT) מקריות נ׳
balding (makRI'aḥ) מקריח ת׳
horned; radiating; (makRIN) מקרין ת׳
  radiant
radiator (makREN) מקרן ז׳
(mekarke'IM[N]) מקרקעים(־ן) ז״ר
  real estate; real property
(mekaRER; makRER) מקרר, מקרר ז׳
  refrigerator
cooled; (mekoRAR) מקרר ת׳
  refrigerated; having a cold
mine; lay (mikKESH) מקש פעל י׳
  mines
key (makKASH) מקש ז׳
melon (miksha'A; מקשאה, מקשה נ׳
  patch; squash patch mikSHA)
beaten work (mikSHA) מקשה נ׳
of one piece – אחת
questioner (makSHE) מקשה ז׳
hardened; (mukSHE) מקשה
  questionable; hard to solve
decorated; (mekushSHAT) מקשט ת׳
  adorned
inquirer; (makSHAN) מקשן ז׳
  contentious questioner; troublemaker
(makshaNUT) מקשנות נ׳
  contentiousness
scribbled; (mekushKASH) מקשקש ת׳
  confused; scrambled
scaly (mekusKAS) מקשקש ת׳
go-between; (mekashSHER) מקשר ז׳
  messenger; liason officer; inside forward; halfback (soccer)
connected; (mekushSHAR) מקשר ת׳
  tied up

arched (mekushSHAT) מְקֻשֶּׁת ת׳
bitter (MAR) מַר ת׳
embittered – נֶפֶשׁ
intoxicating liquor הַטִּפָּה הַמָּרָה
Mr., Mister, Sir (MAR) מָר ז׳
myrrh (MOR) מֹר ז׳
sight; view; (mar'E) מַרְאֶה ז׳
appearance; vision
reference מַרְאֵה מָקוֹם
good looking – יְפֵה
mirror; vision (mar'A) מַרְאָה נ׳
sight; appearance (mar'IT) מַרְאִית נ׳
on the surface; apparently – עַיִן
in advance; (meROSH) מֵרֹאשׁ תה״פ
ahead
head rest (mera'aSHOT) מְרַאֲשׁוֹת נ״ר
under the head לִמְרַאֲשׁוֹת־
stained; soiled (merubBAV) מְרֻבָּב ת׳
carpet (marVAD) מַרְבָד ז׳
stratified; (merubBAD) מְרֻבָּד ת׳
laminated
much; greatly; (marBE) מַרְבֶּה תה״פ ת׳
multiplier; increaser
to my great distress לְמַרְבֵּה הַצַּעַר
numerous; (merubBE) מְרֻבֶּה ת׳
much; multiple; multi-
(marBE-ragLAyim) מַרְבֵּה־רַגְלַיִם ז׳
centipede
greater part; most (marBIT) מַרְבִּית נ׳
quadrangle; (merubBA') מְרֻבָּע ז׳
square; four-part; quadrate; quadruple; quatrain
deposit (geol.); (mirBATS) מִרְבָּץ ז׳
stratum
fattening stable (marBEK) מַרְבֵּק ז׳
rest; quiet (marGO'a) מַרְגּוֹעַ ז׳
rest house – בֵּית
angry; annoyed (merugGAZ) מְרֻגָּז ת׳
angered (murGAZ) מֻרְגָּז ת׳
spy (meragGEL) מְרַגֵּל ז׳
accustomed; (murGAL) מֻרְגָּל ת׳
used to

foot rest; (margeLOT) מַרְגְּלוֹת נ״ר
feet; foot
at the foot of – לְ
piedmont – הָהָר
pearl (margaLIT) מַרְגָּלִית נ׳
spy (f.) (meragGElet) מְרַגֶּלֶת נ׳
mortar (margeMA) מַרְגֵּמָה נ׳
daisy (margaNIT) מַרְגָּנִית נ׳
margarine (margaRIna) מַרְגָּרִינָה נ׳
felt; (murGASH) מֻרְגָּשׁ ת׳
perceived; perceivable
exciting (meraGESH) מְרַגֵּשׁ ת׳ ז׳
excited; (merugGASH) מְרֻגָּשׁ ת׳
emotional
feeling (marGASH) מַרְגָּשׁ ז׳
rebel; revolt (maRAD) מָרַד פעל ע׳
revolt; (MEred) מֶרֶד ז׳
insurrection; rebellion; mutiny
honey-gathering (mirDE) מִרְדֶּה ז׳
baker's peel (marDE) מַרְדֶּה ז׳
rebelliousness; (marDUT) מַרְדּוּת נ׳
disobedience; chastisement
soporific; (marDIM) מַרְדִּים ת׳
narcotic; anesthetic
rebel (marDAN) מַרְדָן ז׳
rebelliousness (mardaNUT) מַרְדָנוּת נ׳
rebellious (mardaNI) מַרְדָנִי ת׳
packsaddle (marDA'at) מַרְדַּעַת נ׳
disobey; rebel (maRA) מָרָה פעל ע׳
in spite of לַמְרוֹת
gall; bile; (maRA) מָרָה נ׳ תה״פ
bitterness; bitterly
melancholy – שְׁחוֹרָה
bitterness (moRA) מֹרָה נ׳
sorrow; ill-humor מֹרַת רוּחַ
against his will לְמֹרַת רוּחוֹ
furnished (meroHAT) מְרֹהָט ת׳
attractive; stirring (marHIV) מַרְהִיב ת׳
spectacular, lovely – עַיִן
מרובב ר׳ מְרֻבָּב
מרובה ר׳ מְרֻבֶּה
מרובע ר׳ מְרֻבָּע
מרוגז ר׳ מְרֻגָּז

מרוגש ר׳ מְרֻגָּשׁ

מָרוּד ת׳ (*maRUD*) miserable; wretched

עָנִי – very poor

מרוהט ר׳ מְרֻהָט

מרווח ר׳ מְרֻוָּח

מָרוּחַ ת׳ (*maRU'aḥ*) smeared; spread on

מֵרוּחַ ז׳ (*meRU'aḥ*) smearing; levelling

מְרֻוָּח ת׳ (*meruvVAḤ*) spacious; roomy

מִרְוָח ז׳ (*mirVAḤ*) space; room; span; gap; clearance

מרוחק ר׳ מְרֻחָק

מָרוּט ת׳ (*maRUT*) plucked; polished

מֵרוּט ז׳ (*meRUT*) polishing

מרוטש ר׳ מְרֻטָּשׁ

מרוכב ר׳ מְרֻכָּב

מרוכז ר׳ מְרֻכָּז

מרוכך ר׳ מְרֻכָּךְ

מָרוֹם ז׳ (*maROM*) height; sky; peak

מְרוֹמִים heavens

מרומה ר׳ מְרֻמֶּה

מרומז ר׳ מְרֻמָּז

מְרוֹמָם ת׳ (*meroMAM*) high; exalted; elevated

מָרוֹנִיט ז׳ (*maroNIT*) Maronite

מרוסן ר׳ מְרֻסָּן

מרוסס ר׳ מְרֻסָּס

מרוסק ר׳ מְרֻסָּק

מרופד ר׳ מְרֻפָּד

מרופט ר׳ מְרֻפָּט

מרופש ר׳ מְרֻפָּשׁ

מֵרוֹץ ז׳ (*meROTS*) run; race; running; course

סוּס – race horse

– שְׁלִיחִים relay race

מְרוּצָה נ׳ (*meruTSA*) running; run

בִּמְרוּצַת הַזְּמַן in the long run; in the course of time

מרוצה ר׳ מְרֻצֶּה

מרוצף ר׳ מְרֻצָּף

מֵרוּק ז׳ (*meRUK*) polishing; cleansing; purification; purgation; remission

מְרוֹקָן ת׳ (*meroKAN*) emptied

מָרוֹר ז׳ (*maROR*) bitter herbs (for Passover dish); bitterness

מֵרוֹר ז׳ (*meRUR*) distressing, harassing

מרושל ר׳ מְרֻשָּׁל

מרושע ר׳ מְרֻשָּׁע

מְרוֹשָׁשׁ ת׳ (*meroSHASH*) impoverished

מָרוּת נ׳ (*maRUT*) authority; rule

מרותק ר׳ מְרֻתָּק

מַרְזֵב ז׳ (*marZEV*) drain pipe; gutter

מַרְזֵחַ ז׳ (*marZE'aḥ*) banquet; revelry

בֵּית־ – saloon, tavern

מָרַח פעל י׳ (*maRAḤ*) smear; spread

מֶרְחָב ז׳ (*merḤAV*) space; expanse; freedom; area

מֻרְחָב ת׳ (*murḤAV*) widened; expanded; enlarged

מֶרְחָבִי ת׳ (*merḥaVI*) spatial

מֶרְחַבְיָה נ׳ (*merhavYA*) wide open space

מַרְחִיק־לֶכֶת ת׳ (*marḤIK LEkhet*) far-reaching

מַרְחִיק־רְאוּת ת׳ (*marḤIK re'UT*) far-sighte

מֶרְחָץ ז׳ (*merḤATS*) bath

בֵּית – public bath

מֶרְחָק ז׳ (*merḤAK*) distance; remote place; difference

מְרֻחָק ת׳ (*meruḤAK*) distant

מֻרְחָק ת׳ (*murḤAK*) remote; distant; banished

מַרְחֶשְׁוָן, חֶשְׁוָן ז׳ (*[mar]heshVAN; ḥeshVAN*) Marheshvan (eighth Hebrew month, 2nd. in Bible)

מַרְחֶשֶׁת נ׳ (*marḤEshet*) deep frying pan

מָרַט פעל י׳ (*maRAT*) pluck; pull out; polish

– עֲצַבִּים get on one's nerves

מֵרַט פעל י׳ (meRAT) pluck

מִרְטֵט פעל י׳ (mirTET) tatter; make ragged

מְרִי, מֶרִי ז׳ (meRI; MEri) rebellion; disobedience; rebelliousness

מְרִיא ז׳ (meRI) fatted animal; buffalo

מְרִיבָה נ׳ (meriVA) quarrel; dispute

מְרִידָה נ׳ (meriDA) revolt; mutiny

מְרִיחָה נ׳ (meriḤA) smearing; spreading

מְרִיטָה נ׳ (meriTA) plucking

מְרִיטַת־עֲצַבִּים nerve-racking

מְרִיצָה נ׳ (meriTSA) wheelbarrow

מָרִיר ת׳ (maRIR) bitterish; bitter; bittersweet

מְרִירוּת נ׳ (meriRUT) bitterness

מָרִישׁ ז׳ (maRISH) rafter; beam

מֹרֶךְ, מֹרֶךְ־לֵב ז׳ (MOrekh-[LEV]) faintheartedness; cowardice

מַרְכָאוֹת, מַרְכָאוֹת כְּפוּלוֹת נ״ר (merkha'-OT;-kefuLOT) quotation marks; quotes

מֶרְכָּב ז׳ (merKAV) chassis; fuselage; body; carriage; vehicle; seat; chariot

מְרֻכָּב ת׳ (merukKAV) joined

מֻרְכָּב ת׳ (murKAV) compound; complex; composed; composite; combined; intricate; complicated; grafted; mounted

מֶרְכָּבָה נ׳ (merkaVA) carriage; chariot; Ezekiel's vision (I, 10)

מַעֲשֵׂה — mystic speculation; esoteric knowledge; intricate construction

מֻרְכָּבוּת נ׳ (murkaVUT) complexity

מֶרְכָּז ז׳ (merKAZ) center

מְרַכֵּז ז׳ (merakKEZ) organizer; coordinator

מְרֻכָּז ת׳ (merukKAZ) concentrated; centered; focussed

מִרְכֵּז פעל י׳ (mirKEZ) centralize

מֶרְכָּזִי ת׳ (merkaZI) central

מֶרְכָּזִיָּה נ׳ (merkaziYA) switchboard; exchange; center

מֶרְכָּזִיּוּת נ׳ (merkaziYUT) centrality; centralism

מֶרְכָּזָן ז׳ (merkaZAN) switchboard operator

מִרְכֶּזֶת נ׳ (mirKEzet) telephone exchange

מַרְכִּיב ז׳ (marKIV) component

מְרֻכָּךְ ת׳ (merukKAKH) softened

מַרְכֹּלֶת נ׳ (marKOlet) merchandise

מַרְכְּסִיזְם, מַרְכְּסִיסְט

ר׳ מַרְקְסִיזְם, מַרְקְסִיסְט

מִרְמָה נ׳ (mirMA) deceit; fraud; fraudulence

מְרֻמֶּה ת׳ (merumME) deceived

מְרֻמָּז ת׳ (merumMAZ) hinted; alluded

מַרְמִיטָה נ׳ (marMIta) marmot; woodchuck

— נוֹבְחָנִית prairie dog

שְׁנַת־ — deep sleep, hibernation

מַרְמֶלָדָה נ׳ (marmeLAda) marmalade

מִרְמָס ז׳ (mirMAS) trampling; treading underfoot

מָרָן ז׳ (maRAN) our teacher (Aram.)

מַרְנִין ת׳ (marNIN) gladdening

מַרְס ז׳ (MARS) March; Mars

מֻרְסָה נ׳ (murSA) abscess

מְרֻסָּן ת׳ (merusSAN) reined; bridled; curbed; checked

מַרְסֵס ז׳ (marSES) sprayer

מְרֻסָּס ת׳ (merusSAS) sprayed

מַרְסֵק ז׳ (marSEK) potato masher

מְרֻסָּק ת׳ (merusSAK) crushed; mashed

מֵרֵעַ ז׳ (meRE'a) friend

מֵרַע ת׳ (meRA) wicked; evil; the worst

(מֵרַע) שְׁכִיב מְרַע ז׳ (sheKHIV meRA) mortally ill

מַרְעִין בִּישִׁין serious illnesses

מֻרְעָב ת׳ (mur'AV) starved; famished

מִרְעֶה ז׳ (mir'E) pasture; range

מַרְעוֹם ז׳ (*mar'OM*) fuse
מֵרֵעוּת נ׳ (*mere'UT*) friendship
מַרְעִית נ׳ (*mar'IT*) flock; grazing
מֻרְעָל ת׳ (*mur'AL*) poisoned
מְרַעֲנֵן ת׳ (*mera'aNEN*) refreshing
מַרְפֵּא ז׳ (*marPE*) cure; remedy
מְרַפֵּא ז׳ (*merapPE*) healer
– שִׁנַּיִם dental practitioner
מִרְפָּאָה נ׳ (*mirpa'A*) clinic
מְרֻפָּד ת׳ (*merupPAD*) upholstered; padded
מִרְפָּדָה, מַרְפֵּדִיָּה נ׳ (*mirpaDA*; *marpediYA*) upholsterer's shop
מְרֻפָּט ת׳ (*merupPAT*) shabby; ragged; tattered
מִרְפֶּסֶת נ׳ (*mirPEset*) porch; balcony; terrace
מַרְפֵּק ז׳ (*marPEK*) elbow
מַרְפְּקָן ז׳ (*marpeKAN*) hustler; pushy person
מְרֻפָּשׁ ת׳ (*merupPASH*) muddy, filthy
מֶרֶץ ז׳ (*MErets*) energy; vigor; pep
מֶרְץ ז׳ (*MERTS*) March
מַרְצֶה ז׳ (*marTSE*) lecturer
מְרֻצֶּה ת׳ (*merutsTSE*) satisfied; content
מְרַצֵּחַ ז׳ (*meratsTSE'ah*) murderer
מַרְצֵעַ ז׳ (*marTSE'a*) awl
מְרֻצָּף ת׳ (*merutsTSAF*) tiled; paved
מַרְצֶפֶת נ׳ (*marTSEfet*) paving stone; tile; pavement
מָרַק פעל י׳ (*maRAK*) polish
מֵרַק פעל י׳ (*meRAK*) polish; scrub; cleanse; finish; atone for
מָרָק ז׳ (*maRAK*) soup
מֶרֶק ז׳ (*MErek*) putty
מִרְקַחַת נ׳ (*mirKAhat*) marmalade; mixture
בֵּית – drugstore; pharmacy
מְרָקִיָּה נ׳ (*merakiYA*) soup tureen
מִרְקָם ז׳ (*mirKAM*) texture; web; fabric

מַרְקְסִיזְם ז׳ (*markSIZM*) Marxism
מַרְקְסִיסְט ז׳ (*markSIST*) Marxist
מִרְקָקָה נ׳ (*mirkaKA*) spittoon; cuspidor
מֵרֵר פעל י׳ (*meRAR*) make bitter, cause bitterness; grieve
– בִּבְכִי cry bitterly
מְרֵרָה נ׳ (*mereRA*) bile; gall
מֻרְשֶׁה ז׳ת׳ (*murSHE*) representative; agent; attorney; delegate; empowered; authorized, licensed
מְרֻשָּׁל ת׳ (*merushSHAL*) untidy; careless; negligent
מַרְשָׁל ז׳ (*marSHAL*) marshal
מִרְשָׁם ז׳ (*mirSHAM*) sketch; scheme; draft; recipe; registration; register
מִרְשַׁם הַתּוֹשָׁבִים population register
מְרֻשָּׁע ת׳ (*merushSHA'*) wicked
מֻרְשָׁע ת׳ (*murSHA'*) condemned; guilty
מִרְשַׁעַת נ׳ (*mirSHA'at*) wicked woman; shrew; witch; bitch
מָרַת נ׳ (*maRAT*) Mrs., Mme.
מֹרַת רוּחַ ר׳ מֹרָה
מָרָתוֹנִי ת׳ (*maraTOni*) marathon (adj.)
מְרֻתָּח ת׳ (*merutTAH*) boiled
מְרֻתָּךְ ת׳ (*merutTAKH*) welded
מַרְתֵּף ז׳ (*marTEF*) cellar; basement
מְרַתֵּק ת׳ (*meratTEK*) thrilling; fascinating; binding
מְרֻתָּק ת׳ (*merutTAK*) bound; chained; shut-in; confined
– לַמִּטָּה bedridden
מַשָּׂא ז׳ (*masSA*) burden; load; cargo; freight; bearing; carrying; prophecy; vision; longing
– וּמַתָּן negotiations; bargaining; proceedings
– נֶפֶשׁ ideal; yearning
אֳנִיַּת – freighter
הָיָה לְ – be a burden
מַגָּע וּ – negotiations; dealings
מְכוֹנִית – truck

משא ר׳ מַשּׂוֹא
מַשָּׂא ז׳ (musSA) object (gram.)
מַשְׁאֵבָה נ׳ (mash'eVA) pump
מַשְׁאַבִּים ז״ר (mash'aBIM) resources
מַשָּׂאָה נ׳ (massa'A) lifting; rising
smoke
מַשְׂאַת נֶפֶשׁ ideal
מַשָּׂאִית נ׳ (massa'IT) truck
מִשְׁאָל ז׳ (mish'AL) referendum; poll; request
מִשְׁאַל עַם plebiscite
מִשְׁאָלָה נ׳ (mish'aLA) request; wish
מִשְׁאֶרֶת נ׳ (mish'Eret) kneading trough
מַשָּׁב ז׳ (mashSHAV) gust; puff; blowing; breeze
מְשֻׁבָּח ת׳ (meshubBAḤ) excellent; choicest; best; selected
מֻשְׁבָּע ז׳ ת׳ (mushBA') juror; sworn in; avowed; inveterate
מְשֻׁבָּץ ת׳ (meshubBATS) plaid; checkered; inlaid; assigned
מִשְׁבֶּצֶת נ׳ (mishBEtset) square; checker
מַשְׁבֵּר ז׳ (mashBER) crisis
מִשְׁבָּר ז׳ (mishBAR) breaker; wave
מְשֻׁבָּשׁ ת׳ (meshubBASH) faulty; distorted; disorganized; in bad condition
מֻשָּׂג ז׳ ת׳ (musSAG) concept; conception; idea; notion; obtained; conceived; attainable
מִשְׂגָּב ז׳ (misGAV) stronghold; fortress; refuge
מִשְׁגֶּה ז׳ (mishGE) error; mistake; blunder; fault
מֻשָּׂגִי ת׳ (mussaGI) conceptual
מַשְׁגִּיחַ ז׳ (mashGI'aḥ) monitor; inspector; supervisor
מִשְׁגָּל ז׳ (mishGAL) sexual intercourse
מְשֻׁגָּע ת׳ (meshugGA') mad; crazy; insane
מַשְׁגֵּר ז׳ (mashGER) launcher
מְשַׂגְשֵׂג ת׳ (mesagSEG) blooming; prosperous; flourishing

מַשְׂדֵּדָה נ׳ (masdeDA) harrow
מַשְׁדֵּר ז׳ (mashDER) transmitter
מִשְׁדָּר ז׳ (mishDAR) broadcast
מָשָׁה פעל י׳ (maSHA) pull out of water; rescue; salvage
מַשֶּׁהוּ ז׳ (MAshehu) something; anything; somewhat
מַשּׂוֹא ז׳ (maSO) load
– פָּנִים partiality; bias; favor
מַשּׂוּאָה נ׳ (massu'A) beacon; fire signal
מִשְׁוָאָה נ׳ (mishva'A) equation
מָשׁוֹב ז׳ (maSHOV) feedback
מְשׁוֹבֵב ת׳ (meshoVEV) restoring
– נֶפֶשׁ invigorating
מְשׁוּבָה נ׳ (meshuVA) folly; foolishness
משובח ר׳ מְשֻׁבָּח
משובץ ר׳ מְשֻׁבָּץ
משובש ר׳ מְשֻׁבָּשׁ
משוגע ר׳ מְשֻׁגָּע
מַשְׁוֶה ז׳ (mashVE) equator
קַו הַ – equator
מָשׁוּחַ ת׳ (maSHU'aḥ) anointed; consecrated; smeared
משוחד ר׳ מְשֻׁחָד
משוחרר ר׳ מְשֻׁחְרָר
מָשׁוֹט ז׳ (maSHOT) oar; paddle
מְשׁוֹטֵט ז׳ (meshoTET) rambler; hiker; stroller; vagrant
מָשׁוּךְ ת׳ (maSHUKH) pulled; drawn; taut; stretched
מְשׂוּכָה נ׳ (mesuKHA) hedge; hurdle
משוכל ר׳ מְשֻׁכָּל
משוכלל ר׳ מְשֻׁכְלָל
משוכנע ר׳ מְשֻׁכְנָע
מָשׁוּל ת׳ (maSHUL) resembling; compared
משולב ר׳ מְשֻׁלָּב
משולהב ר׳ מְשֻׁלְהָב
משולח ר׳ מְשֻׁלָּח
משולל ר׳ מְשֻׁלָּל
משולש ר׳ מְשֻׁלָּשׁ
מִשּׁוּם מ״י (mishSHUM) considered as; because of; in the name of

– שֶׁ־ because

משומד ר׳ מְשֻׁמָּד

משומן ר׳ מְשֻׁמָּן

משומר ר׳ מְשֻׁמָּר

משומש ר׳ מְשֻׁמָּשׁ

משונה ר׳ מְשֻׁנֶּה

מַשְׁוָנִי ת׳ (mashvaNI) equatorial

משונן ר׳ מְשֻׁנָּן

משונס ר׳ מְשֻׁנָּס

משוסה ר׳ מְשֻׁסֶּה

משוסע ר׳ מְשֻׁסָּע

משועבד ר׳ מְשֻׁעְבָּד

משוער ר׳ מְשֹׁעָר

מָשׁוֹף ז׳ (maSHOF) rasp

משופד ר׳ מְשֻׁפָּד

משופה ר׳ מְשֻׁפֶּה

משופם ר׳ מְשֻׁפָּם

משופע ר׳ מְשֻׁפָּע

משופץ ר׳ מְשֻׁפָּץ

משופר ר׳ מְשֻׁפָּר

משופשף ר׳ מְשֻׁפְשָׁף

משוקם ר׳ מְשֻׁקָּם

משוקף ר׳ מְשֻׁקָּף

מַשּׂוֹר ז׳ (masSOR) saw

מְשׂוּרָה נ׳ (mesuRA) graduate; graduated cylinder

מַיִם בִּ– water by measure; a scant quantity of water

משורין ר׳ מְשֻׁרְיָן

מְשׁוֹרֵר ז׳ (meshoRER) poet; bard

משורש ר׳ מְשֹׁרָשׁ

משורשר ר׳ מְשֻׁרְשָׁר

מִשְׁוֶרֶת נ׳ (mishVEret) stirrup

מִשּׁוּשׁ ז׳ (mishSHUSH) touch; feeling

מָשׂוֹשׂ ז׳ (maSOS) joy

מְשׁוֹשָׁה נ׳ (meshoSHA) aerial; antenna; feeler(s)

משותף ר׳ מְשֻׁתָּף

משותק ר׳ מְשֻׁתָּק

מִשְׁזָר ז׳ (mishZAR) twining; interweaving

מָשַׁח פעל י׳ (maSHAḤ) anoint; smear; crown

מְשֻׁחָד ת׳ (meshuḤAD) bribed; biased

מִשְׂחֶה ז׳ (misḤE) swimming; swimming meet

מִשְׁחָה נ׳ (mishḤA) ointment; paste; cream; unction; anointing

מֻשְׁחָז ת׳ (mushḤAZ) sharpened; honed

מַשְׁחֵזָה נ׳ (mashḥeZA) sharpener; grinder

מַשְׁחֶזֶת נ׳ (mashḤEzet) whetstone; grindstone; grinder; pencil sharpener

אֶבֶן – whetstone

מַשְׁחֵטָה נ׳ (mashḥeTA) slaughterhouse

מַשְׁחִית ז׳ (mashḤIT) destroyer; demon

אֳנִיַּת – destroyer

מְשֻׁחָף ת׳ (meshuḤAF) tubercular

מִשְׂחָק ז׳ (misḤAK) game; playing; play; laughter

– מִלִּים pun

מְשַׂחֵק ז׳ (mesaḤEK) performer

מֻשְׁחָר ת׳ (mushḤAR) blackened

מְשֻׁחְרָר ת׳ (meshuḥRAR) released; free; exempt, discharged; dismissed

מֻשְׁחָת ת׳ (mushḤAT) spoiled; corrupt(ed)

מַשְׁחֶתֶת נ׳ (mashḤEtet) destroyer

מִשְׁטָח ז׳ (mishTAḤ) surface; plane, level; extent

מִשְׁטַח אֲוִיר airfoil

מִשְׁטַח נְחִיתָה landing pad

מַשְׂטֵמָה נ׳ (masteMA) hatred; animosity

מִשְׁטָר ז׳ (mishTAR) regime; rule; authority; constitution; punishment

– צְבָאִי martial law

מִשְׁטֵר פעל י׳ (mishTER) discipline

מִשְׁטָרָה נ׳ (mishtaRA) police

מִשְׁטַרְתִּי ת׳ (mishtarTI) police

מֶשִׁי ז׳ (MEshi) silk

מַשִּׂיג ז׳ (masSIG) objector; disputer; attainer

מָשִׁיחַ ז׳ (maSHI'aḥ) Messiah; anointed one

anointing; (meshiḤA) מְשִׁיחָה נ׳
unction; strand; string
anointing as (meshiḤUT) מְשִׁיחוּת נ׳
priest or king; position of messiah
messianic (meshiḤI) מְשִׁיחִי ת׳
messianism (meshiḥiYUT) מְשִׁיחִיּוּת נ׳
silky; silken (mishYI) מִשְׁיִי ת׳
drawing; pulling; (meshiKHA) מְשִׁיכָה נ׳
attraction; draw
gravity כֹּחַ הַ –
tug-of-war מְשִׁיכַת חֶבֶל
(mibBELI meSIM) מִבְּלִי, מֵשִׂים
unintentionally; inadvertently
assignment; (mesiMA) מְשִׂימָה נ׳
task; mission; appointment
tangent (mashSHIK) מַשִּׁיק ז׳
pull; draw; (maSHAKH) מָשַׁךְ פעל י׳
attract; take out
duration; (MEshekh) מֶשֶׁךְ ז׳
continuity; drawing; pulling
bag of seed – הַזֶּרַע
during בְּ –
in due course בְּ – הַזְּמַן
bed; lying; (mishKAV) מִשְׁכָּב ז׳
intercourse; grave
sodomy; מִשְׁכַּב זָכוּר, מִשְׁכַּב זָכָר
homosexuality
become ill נָפַל לְ –
משכה ר׳ מְשׂוּכָה
(mashkuKHIT) מַשְׁכּוּכִית נ׳
bellwether; leader (of herd)
pawn; pledge; (mashKON) מַשְׁכּוֹן ז׳
forfeit; deposit
mortgaging; (mishKUN) מִשְׁכּוּן ז׳
pawning
intellectual; (masKIL) מַשְׂכִּיל ז׳
learned person, educated person; enlightened person
early-rising; (mashKIM) מַשְׁכִּים ז׳
awakener
picture; ornament (masKIT) מַשְׂכִּית נ׳
intelligence (misKAL) מִשְׂכָּל ז׳
I.Q. מְנַת –

crossed (mesukKAL) מְשֻׂכָּל ת׳
concept (musKAL) מֻשְׂכָּל ז׳
axiom – רִאשׁוֹן
sophisticated; (meshukhLAL) מְשֻׁכְלָל ת׳
technically advanced; perfected; regular (geom.)
dwelling place; (mishKAN) מִשְׁכָּן ז׳
residence; home; haunt; tabernacle
mortgage; pawn (mishKEN) מִשְׁכֵּן פעל י׳
convincing; (meshakhNE'a) מְשַׁכְנֵעַ ת׳
persuasive
convinced (meshukhNA') מְשֻׁכְנָע ת׳
(mashKANta) מַשְׁכַּנְתָּא, מַשְׁכַּנְתָּה נ׳
mortgage
intoxicating (meshakKER) מְשַׁכֵּר ת׳
salary, wage; fee (masKOret) מַשְׂכֹּרֶת נ׳
rule; speak (maSHAL) מָשַׁל פעל ע׳ י׳
metaphorically
fable; proverb; (maSHAL) מָשָׁל ז׳
parable; comparison; satire; example
to what can – לְמָה הַדָּבָר דּוֹמֶה?
this be compared?
e.g., for example לְ –
for example – דֶּרֶךְ
dovetailed; (meshulLAV) מְשֻׁלָּב ת׳
combined; joint
monogram (mishLEvet) מִשְׁלֶבֶת נ׳
snow-covered (mushLAG) מֻשְׁלָג ת׳
inflamed; (meshulHAV) מְשֻׁלְהָב ת׳
excited; flushed; enthusiastic; glowing
transport; (mishLO'aḥ) מִשְׁלוֹחַ ז׳
shipment; sending
expeditionary force חֵיל –
destination; (mishLAḤ) מִשְׁלָח ז׳
sending
occupation מִשְׁלַח יָד
dispatcher (meshalLE'aḥ) מְשַׁלֵּחַ ז׳
abandoned; (meshulLAḤ) מְשֻׁלָּח ת׳ ז׳
vagrant; divorced; delegate; emissary
delegation; (mishLAḥat) מִשְׁלַחַת נ׳
contingent; mission; pack
commanding (mishLAT) מִשְׁלָט ז׳
position; fortified encampment

Proverbs (book) (*mishLEY*) מִשְׁלֵי ז״ר
complementary (*mashlim*) מַשְׁלִים ת׳
deprived of; (*meshulLAL*) מְשֻׁלָּל ת׳
lacking
perfect; (*mushLAM*) מֻשְׁלָם ז׳
accomplished
triangle; (*meshulLASH*) מְשֻׁלָּשׁ ז׳ ת׳
triple; triangular; threefold
laxative (*meshalSHEL*) מְשַׁלְשֵׁל ז׳
(*masme'IL*; מַשְׂמְאִיל, מַשְׂמְאל ת׳
turning left; *masMIL*)
left-handed
convert (*meshumMAD*) מְשֻׁמָּד ת׳
(*meshummaDUT*) מְשֻׁמָּדוּת נ׳
conversion; apostasy
touching; (*mishMUSH*) מִשְׁמוּשׁ ז׳
feeling; handling
causing joy (*mesamME'ah*) מְשַׂמֵּחַ ת׳
appalled; dreary (*mashMIM*) מַשְׁמִים ת׳
slanderous; (*mashMITS*) מַשְׁמִיץ ת׳ ז׳
defaming; slanderer
fat; fertile place (*mishMAN*) מִשְׁמָן ז׳
rich food (*mashMAN*) מַשְׁמָן ז׳
oiled; (*meshumMAN*) מְשֻׁמָּן ת׳ ז׳
greased; greasy; octagon
hearing (*mishMA'*) מִשְׁמָע ז׳
meaning; sense; (*mashMA'*) מַשְׁמָע ז׳
significance; implication
it means simply פְּשׁוּטוֹ כְּמַשְׁמָעוֹ
that; very simply
discipline (*mishME'a*) מִשְׁמֵעַ פעל י׳
meaning; (*mashma'UT*) מַשְׁמָעוּת נ׳
significance; import; purport
meaningless חֲסַר –
ambiguity דו־ –
(*mashma'uTI*) מַשְׁמָעוּתִי ת׳
meaningful; significant
of meaning (*mashma'I*) מַשְׁמָעִי ת׳
unequivocal חַד־ –
ambiguous דו־, רַב־ –
discipline; (*mishMA'at*) מִשְׁמַעַת נ׳
obedience
disciplinary (*mishma'TI*) מִשְׁמַעְתִּי ת׳

preserving; (*meshamMER*) מְשַׁמֵּר ת׳
preservative
preserved; (*meshumMAR*) מְשֻׁמָּר ת׳
canned
guard; escort; (*mishMAR*) מִשְׁמָר ז׳
post; garrison; prison; shift
be on guard; be vigilant עָמַד עַל הַ–
guard; shift; (*mishMEret*) מִשְׁמֶרֶת נ׳
custody; watch; keeping; duty
the younger generation הַ – הַצְּעִירָה
touch; feel; (*mishMESH*) מִשְׁמֵשׁ פעל ע׳
handle
approaching; imminent מְמַשְׁמֵשׁ וּבָא
apricot (*mishMESH*) מִשְׁמֵשׁ ז׳
attendant; (*meshamMESH*) מְשַׁמֵּשׁ ז׳
used (as-)
used; (*meshumMASH*) מְשֻׁמָּשׁ ת׳
second-hand
toucher; (*mashmeSHAN*) מַשְׁמְשָׁן ז׳
pawer
second; vice-, (*mishNE*) מִשְׁנֶה ז׳
deputy; sub-; double; twofold; copy;
repetition
extra care מִשְׁנֶה זְהִירוּת
viceroy – לְמֶלֶךְ
colonel – אַלּוּף
second lieutenant – סֶגֶן
subcontractor – קַבְּלָן
Mishnah (*mishnNA*) מִשְׁנָה נ׳
(codification of Jewish Oral law);
study, opinion, theory; corpus
strange; queer (*meshunNE*) מְשֻׁנֶּה ת׳
secondary (*mishNI*) מִשְׁנִי ת׳
מִשְׁנָיוֹת ר׳ מִשְׁנָה
toothed; (*meshunNAN*) מְשֻׁנָּן ת׳
serrated; learnt well
laced; fastened (*meshunNATS*) מְשֻׁנָּץ ת׳
choke (*mashNEK*) מַשְׁנֵק ז׳
plunder (*meshisSA*) מְשִׁסָּה נ׳
plundered; (*meshusSE*) מְשֻׁסֶּה ת׳
incited
torn; cleft; (*meshusSA*) מְשֻׁסָּע ת׳
interrupted

מְשַׁעְבֵּד ז׳ ת׳ (*mesha'BED*) enslaver; oppressor; main (clause)
מְשֻׁעְבָּד ת׳ (*meshu'BAD*) enslaved; oppressed; mortgaged; dependent (clause)
מִשְׁעוֹל ז׳ (*mish'OL*) path
(מִשְׁעִי) לְמִשְׁעִי תה״פ (*lemish'I*) cleanly
מְגֻלָּח ל — clean-shaven
מְשַׁעֲמֵם ת׳ (*mesha'aMEM*) boring
מְשֻׁעֲמָם ת׳ (*meshu'aMAM*) bored
מִשְׁעָן ז׳ (*mish'AN*) support; prop, rest
מִשְׁעֶנֶת נ׳ (*mish'Enet*) staff; cane; support; rest; back (of chair)
מְשֹׁעָר ת׳ (*mesho'AR*) estimated
מִשְׂעֶרֶת נ׳ (*mis'Eret*) brush
מְשַׁעֲשֵׁעַ ת׳ (*mesha'aSHE'a*) amusing
מְשֻׁפָּד ת׳ (*meshupPAD*) tapered; spitted
מְשֻׁפֶּה ת׳ (*meshupPE*) planed; polished
מִשְׁפָּחָה נ׳ (*mishpaḤA*) family; kin; tribe; nation; species; kind
שֵׁם — surname
מִשְׁפַּחְתִּי ת׳ (*mishpaḥTI*) family; familial
מִשְׁפַּחְתִּיּוּת נ׳ (*mihpsaḥtiYUT*) familiarity; intimacy
מִשְׁפָּט ז׳ (*mishPAT*) justice; trial; case; judgment; sentence; theorem; proposition; right; rule; law; manner; custom
— צְבָאִי court martial
— קָדוּם prejudice
מִשְׁפָּטִים law; laws
בֵּית — court; law court
הַטֵּה — prevent justice
מִשְׁפָּטִי ת׳ (*mishpaTI*) judicial; legal
יוֹעֵץ — legal adviser
מִשְׁפְּטָן ז׳ (*mishpaTAN*) jurist
מִשְׁפְּטָנוּת נ׳ (*mishpetaNUT*) jurisprudence; law
מַשְׁפִּיל ת׳ (*mashPIL*) degrading
מַשְׁפֵּךְ ז׳ (*mashPEKH*) funnel
מֻשְׁפָּל ת׳ (*mushPAL*) degraded
מְשֻׂפָּם ת׳ (*mesupPAM*) moustached
מְשֻׁפָּע ת׳ (*meshupPA*) slanting; sloping; inclined; oblique
מְשֻׁפָּץ ת׳ (*meshupPATS*) fixed up; repaired; reconditioned
מְשֻׁפָּר ת׳ (*meshupPAR*) improved; beautified
מְשֻׁפְשָׁף ת׳ (*meshufSHAF*) scrubbed; polished; worn; experienced
מִשְׁפְּתַיִם ז״ז (*mishpeTAyim*) cooking stones; sheepfold
מֶשֶׁק ז׳ (*MEshek*) household; farm; farmstead; economy; management; possession, property
בֵּית — household; housework
מְנַהֵל — chief custodian
מַשָּׁק ז׳ (*maSHAK*) noise; rattle; joint
מַשָּׂ״ק (מְפַקֵּד שֶׁאֵינוֹ קָצִין) N.C.O. (non-commissioned officer)
מַשְׁקֶה ז׳ (*mashKE*) drink; beverage; liquor; cupbearer; watering
שַׂר הַמַּשְׁקִים chief butler; toastmaster
מַשְׁקוֹף ז׳ (*mashKOF*) lintel
מִשְׁקִי ת׳ (*mishKI*) household (adj.), managerial; economical
מַשְׁקִיף ז׳ (*mashKIF*) observer; onlooker
מִשְׁקָל ז׳ (*mishKAL*) weight; value; importance; weighing; plummet; stone; meter; rhyme; grammatical construction
בַּעַל — influential
שִׁוּוּי — equilibrium; balance
מִשְׁקֹלֶת נ׳ (*mishKOlet*) weight; plummet
אֲנָךְ — plumb line
מְשֻׁקָּם ת׳ (*meshukKAM*) rehabilitated; reconstructed
מְשֻׁקָּע ת׳ (*meshukKA'*) inserted; immersed; absorbed; concave
מִשְׁקָע ז׳ (*mishKA'*) precipitate; deposit; sediment; depression; hole
מִשְׁקָעִים precipitation

מִשְׁקָפַיִם ז״ז (*mishkaFAyim*) glasses; spectacles; goggles

מִשְׁקֶפֶת נ׳ (*mishKEfet*) binoculars; opera glasses

מְשֻׁקָּץ ת׳ (*meshukKATS*) loathsome

מִשְׂרָד ז׳ (*misRAD*) office; bureau; secretariat; ministry; department

מִשְׂרָדוּת נ׳ (*misraDUT*) office work

מִשְׂרָדִי ת׳ (*misraDI*) office

מִשְׂרָה נ׳ (*misRA*) job; position; office; post

מַשְׁרוֹקִית נ׳ (*mashroKIT*) whistle

מְשֻׁרְיָן ת׳ ז׳ (*meshurYAN*) armored; secured; armored car

אִינְטֶרֶס — vested interest

מִשְׂרֶפֶת נ׳ (*misREfet*) incinerator; crematorium; burning; cremation

— יַיִן wine distillery

מֻשְׁרָשׁ ת׳ (*mushRASH*) rooted

מְשֹׁרָשׁ ת׳ (*meshoRASH*) uprooted

מְשֻׁרְשָׁר ת׳ (*meshurSHAR*) chainlike

מְשָׁרֵת ז׳ (*meshaRET*) servant; attendant

מְשָׁרֶתֶת נ׳ (*meshaREtet*) maid

מָשַׁשׁ פעל י׳ (*maSHASH*) touch; feel

מִשֵּׁשׁ פעל י׳ (*miSHESH*) touch; feel; grope

מְשֻׁשֶּׁה ז׳ ת׳ (*meshuSHE*) hexagon; hexagonal

מִשְׁתֶּה ז׳ (*mishTE*) feast; banquet; drink

מַשְׁתֵּלָה, מִשְׁתָּלָה נ׳ (*mashteLA*; *mishtaLA*) plant nursery

מִשְׁתַּמֵּט ז׳ (*mishtaMET*) shirker; dodger; truant

מִשְׁתַּנֶּה ת׳ ז׳ (*mishtanNE*) variable; changing

מַשְׁתֵּנָה נ׳ (*mashteNA*) urinal; pissoir

מְשֻׁתָּף ת׳ (*meshutTAF*) common; shared; joint, co-

מְשַׁתֵּף פְּעֻלָּה ז׳ (*meshaTEF pe'ulLA*) collaborator

מְשֻׁתָּק ת׳ (*meshutTAK*) paralyzed; paralytic

מַשְׁתֵּק ז׳ (*mashTEK*) silencer

מֻשְׁתָּת ת׳ (*mushTAT*) founded; based

מֵת פעל ע׳ ת׳ ז׳ (*MET*) die; dead; dying; corpse

מְתַאֲבֵן ז׳ (*meta'aVEN*) appetizer; hors d'oeuvre

מִתְאַבֵּק ז׳ (*mitabBEK*) wrestler

מִתְאַגְרֵף ז׳ (*mit'agREF*) boxer

מַתְאִים ת׳ (*mat'IM*) suitable; fit; appropriate; adequate; becoming; parallel; corresponding

מְתֹאָם ת׳ (*meto'AM*) coordinated; aligned

מֻתְאָם ת׳ (*mut'AM*) fitted; adapted

מִתְאָם ז׳ (*mit'AM*) correlation

מַתְאֵם ז׳ (*mat'EM*) adapter

מְתֹאָר ת׳ (*meto'AR*) described; depicted

מִתְאָר ז׳ (*mitAR*) contour; outline

מִתְבַּגֵּר ת׳ (*mitbagGER*) adolescent

מִתְבּוֹדֵד ת׳ ז׳ (*mitboDED*) recluse; secluded; hermit

מִתְבּוֹלֵל ז׳ (*mitboLEL*) assimilationist

מִתְבּוֹנֵן ת׳ (*mitboNEN*) onlooker; observer

מְתֻבָּל ת׳ (*metubBAL*) spiced; seasoned

מַתְבֵּן ז׳ (*matBEN*) haystack; barn

מֶתֶג ז׳ (*MEteg*) bit; bridle; switch; bacillus

מִתֵּג פעל י׳ (*mitTEG*) bridle; curb; switch

מִתְגּוֹשֵׁשׁ ז׳ (*mitgoSHESH*) wrestler

מִתְדַּיֵּן ז׳ (*mitdaiYEN*) litigant

מתואר ר׳ מְתֹאָר

מתובל ר׳ מְתֻבָּל

מְתוֹדָה נ׳ (*meTOda*) method

מְתוֹדוֹלוֹגְיָה נ׳ (*metodoLOGya*) methodology

מְתוֹדִי ת׳ (*meTOdi*) methodical

מְתוֹדִיסְט ז׳ (*metoDIST*) Methodist
מְתוֹדִיקָה נ׳ (*meTOdika*) method
מִתְוָה נ׳ (*mitVA*) sketch; outline
מֻתְוֶה ת׳ (*mutVE*) sketched
מָתוּחַ ת׳ (*maTU'ah*) stretched; tense; taut; tight
מְתַוֵּךְ ז׳ (*metavVEKH*) mediator; broker; intermediary; middleman
מִתּוֹךְ מ״י (*mitTOKH*) from; out of; of; through
– שֶׁ־ since; whereas
מתוכנן ר׳ מְתֻכְנָן
מתולע ר׳ מְתֻלָּע
מתולתל ר׳ מְתֻלְתָּל
מתום ר׳ מְתֹם
מָתוּן ת׳ (*maTUN*) moderate; restrained; prudent; slow
מִתּוּן ז׳ (*mitTUN*) moderation; slowdown
מתועב ר׳ מְתֹעָב
מְתוֹפֵף ז׳ (*metoFEF*) drummer
מָתוֹק ת׳ (*maTOK*) sweet; pleasant
מִתּוּק ז׳ (*mitTUK*) sweetening
– הַדִּין mitigation of punishment
מתוקן ר׳ מְתֻקָּן
מתורבת ר׳ מְתֻרְבָּת
מתורגל ר׳ מְתֻרְגָּל
מתורגם ר׳ מְתֻרְגָּם
מתורגמן ר׳ מְתֻרְגְּמָן
מַתָּז ז׳ (*matTAZ*) splash; spray
מָתַח פעל י׳ (*maTAKH*) stretch; extend; strain; tighten; tense: thrill; pull one's leg
– בִּקֹּרֶת עַל criticize
– קַו underline
מֶתַח ז׳ (*MEtah*) tension; voltage; thrill; horizontal bar; margin
מַתְחִיל ז׳ (*matHIL*) beginner
מִתְחַכֵּם ת׳ (*mithaKEM*) affecting wisdom; "wise guy"; joking; plotting
מִתְחַלֶּה ת׳ (*mithalLE*) malingerer; feigning sickness
מִתְחָם ז׳ (*mitHAM*) site; locale; area

מִתְחַסֵּד ת׳ (*mithaSED*) hypocrite; affecting piety
מִתְחָרֶה ז׳ (*mithaRE*) competitor; rival
מָתַי מ״ש (*maTAI*) when
– שֶׁהוּא at some time or other
מִ – since when
עַד – how long
מִתְיַהֵד ת׳ (*mityaHED*) proselyte; pretending to be a Jew
מִתְיַוֵּן ז׳ת׳ (*mityaVEN*) Hellenist; hellenized
מָתִיחַ ת׳ (*maTI'ah*) elastic; extensible
מְתִיחָה נ׳ (*metiHA*) stretching; extending; practical joke
מְתִיחַת בִּקֹּרֶת criticizing, criticism
מְתִיחַת קַו underlining
מְתִיחוּת נ׳ (*metiHUT*) elasticity; tension; strain
מֶתִילִי ת׳ (*meTIli*) methyl
כֹּהַל – methylated spirits
מְתִים ז״ר (*meTIM*) people
מְתֵי מִסְפָּר (מְעַט) few people
מְתִינוּת נ׳ (*metiNUT*) moderacy; moderation; prudence; patience; slowness
מְתִיקָה נ׳ (*metiKA*) sweet
מִינֵי – sweets
מְתִיקוּת נ׳ (*metiKUT*) sweetness
מַתִּירָנוּת נ׳ (*matiraNUT*) permissiveness
מַתִּירָנִי ת׳ (*matiraNI*) permissive
מִתְיַשֵּׁב ז׳ת׳ (*mityaSHEV*) settler; compatible
מֻתָּךְ ת׳ (*mutTAKH*) molten; processed
מַתְכּוֹן ז׳ (*matKON*) recipe; formula; prescription
(מִתְכַּוֵּן) בְּמִתְכַּוֵּן תה״פ (*bemitkavVEN*) deliberately
מִתְכַּוְנֵן ת׳ (*mitkavNEN*) adjustable
מתכונת ר׳ מַתְכֹּנֶת
מִתְכַּלֶּה ת׳ (*mit'kalLE*) expendable; perishable
מְתַכְנֵן ז׳ (*metakhNEN*) planner

מְתֻכְנָן ת׳ (*metukhNAN*) planned; designed

מִתְכַּנֵּס ת׳ (*mikanNES*) convergent

מַתְכֹּנֶת נ׳ (*matKOnet*) number; amount; proportion; scale; form; format

מְתַכְנֵת ז׳ (*metakhNET*) programmer

מְתֻכְנָת ת׳ (*metukhNAT*) programmed

מַתֶּכֶת נ׳ (*matTEkhet*) metal

– אֲצִילָה inert metal

אַל־ – nonmetal

מַתַּכְתִּי ת׳ (*mattakhTI*) metallic

מַתְלֶה ז׳ (*matLE*) hanger; hook

מִתְלֶה ז׳ (*mitLE*) suspension; sling; mount; rack

מַתְלוּל (*matLUL*) escarpment

מְתֻלָּם ת׳ (*metulLAM*) furrowed

מִתְלַמֵּד ז׳ (*mitlamMED*) student; learner

מְתֻלָּע ת׳ (*metulLA'*) wormy; scarlet

מִתְלַקֵּחַ ת׳ (*mitlakKE'ah*) combustible; inflammable

מְתֻלְתָּל ת׳ (*metulTAL*) curly

מְתֹם ז׳ (*meTOM*) soundness; uninjured place

מָתֶמָטִי ת׳ (*mateMAti*) mathematical

מָתֶמָטִיקַאי ז׳ (*matematiKAI*) mathematician

מָתֶמָטִיקָה נ׳ (*mateMAtika*) mathematics

מָתֶמָטִיקָן ר׳ מָתֶמָטִיקַאי

מַתְמִיד ת׳ (*matMID*) diligent; industrious; studious; permanent; lasting; abiding; continuous; enduring

– ז׳ diligent Yeshiva scholar

וַעֲדָה מַתְמֶדֶת standing committee

מַתְמִיהַּ ת׳ (*matMI'ah*) strange; astonishing

מְתֻמָּן ז׳ ת׳ (*metumMAN*) octagon; octagonal

מֹתֶן ז׳ (*MOten*) hip; loin; waist

מָתְנַיִם ז״ז waist; hips

כֹּחוֹ בְּמָתְנָיו be strong

מִתֵּן פעל י׳ (*mitTEN*) slow down; moderate; restrain

מַתָּן ז׳ (*matTAN*) giving; gift

מַשָּׂא וּמַתָּן negotiations; give and take

מִתְנַגֵּד ת׳ ז׳ (*mitnaGED*) opposed; antagonist; opponent of Hassidism

מִתְנַדֵּב ז׳ (*mitnadDEV*) volunteer

מַתָּנָה נ׳ (*mattaNA*) present; gift; offering

מֻתְנֶה ת׳ (*mutNE*) conditioned; depending on

מַתְנֵעַ ז׳ (*matNE'a*) starter

מַתֶּנֶת נ׳ (*matTEnet*) lumbago

מְתֻסְבָּךְ ת׳ (*metusBAKH*) suffering from a complex, mixed-up

מְתֹעָב ת׳ (*meto'AV*) abominable; vile; atrocious; loathsome

מַתְעֶה ת׳ (*mat'E*) misleading

מִתְעַמֵּל ז׳ (*mit'amMEL*) gymnast

מִתְפָּרָה נ׳ (*mitpaRA*) sewing room

מָתַק פעל ע׳ (*maTAK*) be sweet

מִתֵּק פעל י׳ (*mitTEK*) sweeten

מֹתֶק ז׳ (*MOtek*) sweetness; sweetheart; sweetie; "honey"

מֶתֶק ז׳ (*MEtek*) sweetness

מִתְקַדֵּם ת׳ (*mitkaDEM*) advancing; progressive; advanced

מִתְקוֹמֵם ת׳ (*mitkoMEM*) rebellious

מְתַקֵּן ז׳ (*metakKEN*) reformer; fixer

מְתֻקָּן ת׳ (*metukKAN*) reformed; improved; amended; repaired; proper

מֻתְקָן ת׳ (*mutKAN*) arranged; installed

מִתְקָן ז׳ (*mitKAN*) device; apparatus; plant; installation; machinery

מִתְקַפֵּל ת׳ (*mitkapPEL*) folding

מְתַקְתַּק ת׳ (*metakTAK*) sweetish; cloying

מֻתָּר ת׳ (*mutTAR*) permitted; allowed; untied

מְתֻרְבָּת ת׳ (*meturBAT*) cultured; domesticated; civilized

מְתַרְגֵּם ז׳ (*metarGEM*) translator

מְתֻרְגָּם ת׳ (*meturGAM*) translated

מְתֻרְגְּמָן ז׳ (*meturgeMAN*) interpreter; translator

מִתְרַחֵץ ז׳ (*mitraḤETS*) bather

מַתְרִים ז׳ (*matRIM*) fund raiser

מִתְרָס ז׳ (*mitRAS*) barricade

מַתָּת נ׳ (*maTAT*) gift

# נ

Nun (the fourteenth letter of the Hebrew alphabet); fifty; fiftieth (*NUN*) נ׳ נ׳

please; pray; let us; then (*NA*) נָא מ״ק

raw, half-done — ת׳

struggle; fight (*ne'eVAK*) נֶאֱבַק פעל ע׳

water bag; skin bottle, skin (*NOD*) נֹאד ז׳

glorious (*ne'DAR*) נֶאְדָּר ת׳

befit; suit (*na'A*) נָאָה פעל ע׳

beautiful; comely; handsome; fitting; becoming; suitable; nice (*na'E*) נָאֶה ת׳

dwelling place; pasture (*na'OT*) (נָאָה) נָאוֹת נ״ר

oasis נְאוֹת מִדְבָּר נ״ר

lovely; lover; beloved (*ne'eHAV*) נֶאֱהָב ת׳

neo- (prefix) (*NEo-*) נֵאוֹ־

be beautiful (*na'VA*) נָאוָה פעל ע׳

beautiful (*naVE*) נָאוֶה ת׳

neolithic (*ne'oLIti*) נֵאוֹלִיתִי ת׳

speech; address; utterance (*ne'UM*) נְאוּם ז׳

neon (*ne'ON*) נֵאוֹן ז׳

fornication; prostitution (*ni'UF*) נִאוּף ז׳

blasphemy; cursing (*ni'UTS*) נִאוּץ ז׳

enlightened (*na'OR*) נָאוֹר ת׳

agree (*ne'OT*) נֵאוֹת פעל ע׳

suitable; adequate; fit; proper; decent (*na'OT*) נָאוֹת ת׳

girded (*ne'ZAR*) נֶאְזָר ת׳

cling; be anchored (*ne'eḤAZ*) נֶאֱחַז פעל ע׳

naive (*na'I'vi*) נָאִיבִי ת׳

naiveté (*na'i'viYUT*) נָאִיבִיּוּת נ׳

infected; dirty; rotten (*ne'elAḤ*) נֶאֱלָח ת׳

be dumbfounded; be silent (*ne'eLAM*) נֶאֱלַם פעל ע׳

be forced; be obliged (*ne'eLATS*) נֶאֱלַץ פעל ע׳

make a speech; address (*na'AM*) נָאַם פעל י׳

faithful; loyal; trustworthy; firm; sure; worthy; trustee; governor (*ne'eMAN*) נֶאֱמָן ת׳ ז׳

hard blow מַכָּה נֶאֱמָנָה

confidence; trustworthiness; fidelity; loyalty; trusteeship (*ne'emaNUT*) נֶאֱמָנוּת נ׳

trust fund קֶרֶן־

sigh (*ne'eNAḤ*) נֶאֱנַח פעל ע׳

commit adultery; fornicate (*na'AF*) נָאַף פעל ע׳

adultery; fornication (*na'afuFIM*) נַאֲפוּפִים ז״ר

abuse; insult; blaspheme (*ni'ETS*) נִאֵץ פעל י׳

insult; disgrace; abuse (*ne'aTSA*) נְאָצָה נ׳

Nazi (*NAtsi*) נָאצִי ז׳

Nazism (*naTSI'zm*) נָאצִיזְם ז׳

noble; emanated; influenced (*ne'eTSAL*) נֶאֱצָל ת׳

groan; sigh (*na'AK*) נָאַק פעל ע׳

groaning (*ne'aKA*) נְאָקָה נ׳

female camel (*naKA*) נָאקָה נ׳

defendant, accused (*ne'eSHAM*) נֶאֱשָׁם ז׳

prophesy; predict (*nibBA*) נִבָּא פעל ע׳

prophesy; inspire to prophesy (*nibBE*) נִבֵּא פעל ע׳

spore (*NEveg*) נֶבֶג ז׳

different; separate; isolated; offside (soccer) (*nivDAL*) נִבְדָּל ת׳

נִבְדָּלוּת נ׳ (*nivdaLUT*) difference, isolation
נִבְדַּק פעל ע׳ (*nivDAK*) be checked, be tested
נִבְהַל פעל ע׳ (*nivHAL*) be scared, be frightened, panic; hurry
נְבוּאָה נ׳ (*nevu'A*) prophecy
נְבוּאִי ת׳ (*nevu'I*) prophetic
נָבוּב ת׳ (*naVUV*) hollow, empty
נָבוֹךְ ת׳ (*naVOKH*) perplexed, confused; embarrassed
נִבּוּל ז׳ (*nibBUL*) filth, ugliness
– פֶּה obscenity
נָבוֹן ת׳ (*naVON*) wise, clever, intelligent
נִבְזֶה ת׳ (*nivZE*) contemptible; despised; despicable, nasty
נִבְזוּת נ׳ (*nivZUT*) despicable act
נָבַח פעל ע׳ (*naVAḤ*) bark
נַבְחָן ז׳ (*navḤAN*) barker (dog)
נִבְחַן פעל ע׳ (*nivḤAN*) be examined
נִבְחָן ז׳ examinee
נִבְחַר פעל ע׳ (*nivḤAR*) be elected; be chosen
בֵּית־הַנִּבְחָרִים House of Representatives; parliament
נִבְחֶרֶת נ׳ (*nivḤEret*) first team
נֶבֶט ז׳ (*NEvet*) sprout, bud
נָבַט פעל ע׳ (*naVAT*) sprout, bud
נִבַּט פעל ע׳ (*nibBAT*) look; appear
נָבִיא ז׳ (*naVI*) prophet
נְבִיאוּת נ׳ (*nevi'UT*) prophecy; prophetic mission
נְבִיבוּת נ׳ (*neviVUT*) hollowness
נְבִיחָה נ׳ (*neviḤA*) bark; barking
נְבִיטָה נ׳ (*neviTA*) sprouting; germination
נְבִילָה נ׳ (*neviLA*) withering; wilting
נְבִיעָה נ׳ (*nevi'A*) flowing; gushing forth; originating
נֶבֶךְ ז׳ (*NEvekh*) depth; source; nadir
נָבַל פעל ע׳ (*naVAL*) wither; wilt; act coarsely
נִבֵּל פעל י׳ (*nibBEL*) cause disgrace; despise; dirty
– פִּיו talk obscenely
נָבָל ז׳ (*naVAL*) scoundrel; villain; blackguard
נֵבֶל ז׳ (*NEvel*) harp, lyre
נְבָלָה נ׳ (*neveLA*) villainy; outrage; stinginess; evil woman
נְבֵלָה נ׳ (*neveLA*) carcass; corpse; carrion; scoundrel; bum
נַבְלוּת נ׳ (*navLUT*) baseness; shame
נָבַע פעל ע׳ (*naVA'*) flow; gush forth; originate; derive from; result
נִבְעָר ת׳ (*niv'AR*) ignorant
נִבְצַר
– מִמֶּנּוּ be prevented; be unable
נָבַר פעל ע׳ (*naVAR*) burrow; root
נִבְרָא פעל ע׳ (*nivRA*) be created
נִבְרְוָה, נִבְרוֹטִי ר׳ נִוְרוָה, נִוְרוֹטִי
נַבְרָן ז׳ (*navRAN*) field mouse; meadow mouse; vole
נִבְרֶשֶׁת נ׳ (*nivREshet*) chandelier
נִגֵּב פעל י׳ (*nigGEV*) dry; wipe
נֶגֶב ז׳ (*NEgev*) south; Negev
נֶגֶד מ״י (*NEged*) opposite; against; in front of; before; in the presence of; contrary to; versus (vs.); counter-; anti-
כְּ– opposite; as against; facing
לְ– compared with; in front of
מִ– aside; at a distance
הִשְׁלִיךְ עַצְמוֹ מִ– endanger one's life
הַתְקָפַת – counterattack
–־מְטוֹסִי ת׳ (*NEged-metoSI*) antiaircraft
עֵזֶר כְּנֶגְדּוֹ helpmate
נָגַד פעל ע׳ י׳ (*naGAD*) oppose; be against
נִגֵּד פעל י׳ (*nigGED*) place in opposition
נַגָּד ז׳ (*nagGAD*) resistor; N.C.O.
נֶגְדִּי ת׳ (*negDI*) opposite; contradictory; adverse; counter-

shine (naGAH) נָגַהּ פעל ע׳
brightness; light; (NOgah) נֹגַהּ ז׳
splendor; Venus
brightness; light (negoHA) נְגֹהָה נ׳
dried (naGUV) נָגוּב ת׳
drying; wiping (nigGUV) נִגּוּב ז׳
contradiction; (nigGUD) נִגּוּד ז׳
opposition; contrast; antithesis; opposite
contrary to- בְּנִגּוּד לְ־
playing music; tune; (nigGUN) נִגּוּן ז׳
melody; cantillation sign
infected; (naGU'a) נָגוּעַ ת׳
contaminated; plague-stricken
gore; butt; ram (naGAḤ) נָגַח פעל י׳
gore; butt; strike; (nigGAḤ) נִגַּח פעל י׳
attack
(nagGAḤ; naggeḤAN) נַגָּח, נַגְּחָן ז׳
prone to gore or butt
negative (NEgativ) נֶגָטִיב ז׳
governor, leader; (naGID) נָגִיד ז׳
prince; ruler; wealthy man; rector
governorship; (negiDUT) נְגִידוּת נ׳
wealth
goring; ramming (negiḤA) נְגִיחָה נ׳
playing music; (negiNA) נְגִינָה נ׳
melody; tune; accent (gram.), accentuation; cantillation
musical instrument כְּלִי –
musical (neginaTI) נְגִינָתִי ת׳
bite; biting off (negiSA) נְגִיסָה נ׳
touch; touching; (negi'A) נְגִיעָה נ׳
relation; connection
virus (naGIF) נָגִיף ז׳
blow; rout (negiFA) נְגִיפָה נ׳
oppression (negiSA) נְגִישָׂה נ׳
be rolled (naGOL) נָגֹל פעל ע׳
apparent; clear; (nigLE) נִגְלֶה ת׳ ז׳
revealed; Written and Oral Law
play (music) (nigGEN) נִגֵּן פעל י׳
be weaned; (nigMAL) נִגְמַל פעל ע׳
cease from; withdraw; kick a habit
player (music) (nagGAN) נַגָּן ז׳

long- (aRIKH NEgen) (נֶגֶן) אֲרִיךְ־נֶגֶן ת׳
playing (record)
bite off (naGAS) נָגַס פעל י׳
touch; touch upon; (naGA') נָגַע פעל ע׳
adjoin; reach; smite; harm
be moved – אֶל לִבּוֹ
concerned; interested נוֹגֵעַ בַּדָּבָר
concerning; regarding בְּנוֹגֵעַ לְ...
blow; bruise; (NEga') נֶגַע ז׳
plague; pestilence; disease; affliction; trouble; disaster
strike; smite; (naGAF) נָגַף פעל י׳
defeat; afflict with plague
be beaten; (nigGAF) נִגַּף פעל ע׳
be routed
plague; obstacle (NEgef) נֶגֶף ז׳
stumbling block אֶבֶן –
be poured; drip; (nigGAR) נִגַּר פעל ע׳
flow
work as a carpenter (nigGER) נִגֵּר פעל י׳
carpenter (nagGAR) נַגָּר ז׳
carpentry (naggaRUT) נַגָּרוּת נ׳
carpentry shop (naggariYA) נַגָּרִיָּה נ׳
be dragged; (nigRAR) נִגְרָר ת׳
be drawn; be towed; be attached to; be implied
approach; (nigGASH) נִגַּשׁ פעל ע׳
come near; begin
oppress; press; (naGAS) נָגַשׂ פעל י׳
spur; urge on
heap; mound; wall (NED) נֵד ז׳
move; wander; rove; (NAD) נָד פעל ע׳
ramble
donate (naDAV) נָדַב פעל י׳
donate; (nidDEV) נִדֵּב פעל י׳
contribute; cause to volunteer
donation; alms; (nedaVA) נְדָבָה נ׳
charity; offering; gift
generosity נִדְבַת לֵב
layer; course (nidBAKH) נִדְבָּךְ ז׳
(of stones)
donor; (nadVAN) נַדְבָן ז׳
philanthropist

נַדְבָנוּת נ׳ (nadvaNUT) philanthropy
נִדְבַּק פעל ע׳ (nidBAK) adhere
נִדְבַּר פעל ע׳ (nidBAR) negotiate; communicate; make an appointment
נָדַד פעל ע׳ (naDAD) wander; roam; migrate; waver; move; decamp
נָדְדָה שְׁנָתוֹ suffer from insomnia
תַּעֲרוּכָה נוֹדֶדֶת mobile exhibition
נִדָּה פעל י׳ (nidDA) expel; banish; excommunicate
מְנֻדֶּה outcast; pariah
נִדָּה נ׳ (nidDA) menstrual blood; menstruating woman (hence, untouchable)
נִדְהַם פעל ע׳ (nidHAM) be astounded; be aghast
נְדוֹד ז׳ (neDOD) wandering
נְדוּדִים ז״ר (neduDIM) wandering
נְדוּדֵי שֵׁנָה insomnia
נִדּוּי ז׳ (nidDUY) excommunication; banishment
נָדוֹן, נִדּוֹן פעל ע׳ (naDON; nidDON) be discussed; be considered; be tried; be accused; be sentenced
נְדוּנְיָה נ׳ (nedunYA) dowry
נָדוֹשׁ ת׳ (naDOSH) banal; trite; threshed
בִּטּוּי — hackneyed phrase; cliché
נִדָּח ת׳ (nidDAḤ) remote; banished; led astray
נִדְחָה פעל ע׳ (nidḤA) be postponed, be deferred; be rejected
נִדְחַק פעל ע׳ (nidḤAK) push oneself; be pushed
נָדִיב ת׳ ז׳ (naDIV) generous; donor; noble
נְדִיבוּת נ׳ (nediVUT) generosity; philanthropy
נְדִידָה נ׳ (nediDA) wandering; roaming; migration; nomadism
נָדִיף ת׳ (naDIF) volatile
נְדִיפוּת נ׳ (nediFUT) volatility

נָדִיר ת׳ (naDIR) rare; scarce; infrequent
נְדִירוּת נ׳ (nediRUT) rarity; scarcity
נִדְכָּא, נִדְכֶּה ת׳ (nidKA; nidKE) depressed; oppressed; downtrodden
נַדָּל ז׳ (nadDAL) scolopendrid; centipede
נִדְלָה פעל ע׳ (nidLA) be drawn (water); be exhausted
נָדַם פעל ע׳ (naDAM) become silent
נִדְמֶה ת׳ (nidME) it appears; it seems; apparently
נְדָן ז׳ (neDAN) sheath; scabbard
נִדְנֵד פעל י׳ (nidNED) rock; sway; swing; nag
נַדְנֵדָה נ׳ (nadneDA) swing; seesaw
נִדְנוּד ז׳ (nidNUD) rocking; swaying; swinging; nagging
נְדֻנְיָה ר׳ נְדוּנְיָה
נָדַף פעל ע׳ (naDAF) spread; be dispelled; evaporate
נִדָּף ת׳ (nidDAF) scattered; fallen (leaf)
נָדַר פעל י׳ (naDAR) vow; take a vow
נֶדֶר ז׳ (NEder) vow
נִדְרָשׁ ת׳ (nidRASH) wanted; requested
נָהַג פעל ע׳ י׳ (naHAG) drive; steer; lead; guide; be accustomed; be used; behave; treat, handle; be current
— בְּ... treat
— כָּבוֹד בְּ... respect
נִהֵג פעל י׳ (niHEG) lead; drive
נֶהָג ז׳ (neHAG) driver
נֹהַג ז׳ (NOhag) practice; custom; procedure
נֶהָגוּת נ׳ (nehaGUT) driver's work; driving
נֶהְדָּר ת׳ (nehDAR) splendid; wonderful
נָהָה פעל ע׳ (naHA) follow; long for; lament
נִהוּג ז׳ (niHUG) driving; leading; piloting; steering

נָהוּג ת׳ (naHUG) customary; led
נִהוּל ז׳ (niHUL) management; administration; conducting; direction
(נָהוֹר) סַגִּי־נְהוֹר ת׳ (sagGI-neHOR) blind
בִּלְשׁוֹן — in a contrary sense
נְהִי ז׳ (neHI) lamentation
נְהִיגָה נ׳ (nehiGA) driving
נְהִיָּה נ׳ (nehiYA) following; yearning; lament
נִהְיָה פעל ע׳ (nihYA) become; occur; take place
נְהִימָה נ׳ (nehiMA) growling; roaring
נְהִיקָה נ׳ (nehiKA) braying
נָהִיר ת׳ (naHIR) clear; bright
נְהִירָה נ׳ (nehiRA) streaming; swarming; flowing
נְהִירוּת נ׳ (nehiRUT) clarity; brightness
נִהֵל פעל י׳ (niHEL) lead; conduct; direct; manage; administer
— חֶשְׁבּוֹנוֹת keep accounts
— פִּנְקָסִים keep books
נֹהַל ז׳ (NOhal) procedure
נָהַם פעל ע׳ (naHAM) growl, roar; bellow
נְהָמָה נ׳ (nehaMA) rumble; growl, roar
נֶהֱנָה פעל ע׳ (neheNA) enjoy; benefit; profit
נֶהֱנְתָן ז׳ (nehenaTAN) hedonist
נַהֲפוֹךְ הוּא תה״פ (nahaFOKH hu) on the contrary
נָהַק פעל ע׳ (naHAK) bray
נְהָקָה נ׳ נַהַק ז׳ (nehaKA; NAhak) bray
נָהַר פעל ע׳ (naHAR) stream; flow; rush; shine
נָהָר ז׳ (naHAR) river; stream; current
נְהַר אֵיתָן perennial stream
נְהַר דִּי־נוּר Milky Way
בְּמַעֲלֵה הַ— upstream
בְּמוֹרַד הַ— downstream
נְהָרָה נ׳ (nehaRA) light; brightness; glow

נוֹאָל ת׳ (no'AL) foolish
נוֹאֵם ז׳ (no'EM) speaker; orator
נוֹאֵף ז׳ (no'EF) adulterer; fornicator
נוֹאָשׁ ת׳ (no'ASH) desperate, hopeless
אָמַר — lose hope
נוֹבֶלָה נ׳ (noVEla) short story
נוֹבֶמְבֶּר ז׳ (noVEMber) November
נוֹבֵעַ ת׳ (noVE'a) flowing; bubbling forth; resulting; deriving from
עֵט — fountain pen
נוֹגֵד ת׳ (noGED) contrasting; adverse; anti-
נוֹגְדָן ז׳ (nogeDAN) antibody
נוּגֶה ת׳ (nuGE) gloomy, sad
נוגה ר׳ נֹגַהּ
נוֹגֵשׂ ז׳ (noGES) slavedriver; taskmaster; oppressor
נוֹד ז׳ (NOD) wandering
נַוָּד ז׳ (navVAD) wanderer; nomad; vagabond
נוֹדֵד ת׳ (noDED) wanderer; nomad; fugitive
נַוָּדוּת נ׳ (navvaDUT) nomadism
נוֹדָע ת׳ (noDA') famous; well-known
נָוֶה ז׳ ת׳ (naVE) dwelling place; pasture; beautiful
נְוֵה קַיִץ summer home
נָוָה נ׳ (naVA) dwelling place
נוֹהֶה ת׳ (no'HE) follower
נִוּוּט ז׳ (nivVUT) navigation
נִוּוּל ז׳ (nivVUL) ugliness; disgrace; deformity
נִוּוּן ז׳ (nivVUN) degeneration; degeneracy; decadence
נוֹזֵל ז׳ ת׳ (noZEL) liquid; fluid
נוֹזְלִי ת׳ (nozeLI) liquid
נוֹחַ ת׳ (NO'ah) convenient; comfortable; pleasant; affable; easy; benign; amenable; accommodating; genial; light; suitable
— תה״פ at ease
— לוֹ שֶׁ... it is better that-
— לַבְּרִיּוֹת well-liked

– לִכְעוֹס irascible; irritable
– לִרְצוֹת easy to placate
נוֹחוּת נ׳ (*noḤUT*) comfort; convenience
נוֹחִיּוֹת conveniences; bathroom and toilet
נוֹחִיּוּת נ׳ (*noḥiYUT*) comfort; ease; convenience; toilet
נַוָּט ז׳ (*navVAT*) navigator; pilot
נִוֵּט פעל י׳ (*nivVET*) navigate; steer; guide; pilot
נוֹטֶה ת׳ (*noTE*) inclined, bent; apt; tending to; about to; extending over
נַוָּטוּת נ׳ (*navvaTUT*) navigation
נוֹטֵר ז׳ ת׳ (*noTER*) watchman; guard; auxiliary policeman; vindictive
נוֹטַרְיוֹן ז׳ (*notarYON*) notary
נוֹטַרְיוֹנִי ת׳ (*notarYOni*) notarial
נוֹי ז׳ (*NOY*) beauty; ornamentation
נוֹכַח פעל ע׳ (*noKHAḤ*) be convinced
נוֹכֵחַ פעל ע׳ (*noKHE'aḥ*) be present; be in attendance
נוֹכְחוּת נ׳ (*nokheḤUT*) presence; attendance
נוֹכְחִי ת׳ (*nokheḤI*) present
נוֹכֵל ז׳ (*noKHEL*) swindler; crook; imposter; scoundrel
נוֹכְלוּת נ׳ (*nokheLUT*) swindle; fraud
נִוֵּל פעל י׳ (*nivVEL*) uglify; deform
נוֹל ז׳ (*NUL*) loom
נוֹלַד פעל ע׳ (*noLAD*) be born; result; come out
נַוְלוּת נ׳ (*navLUT*) ugliness; villainy
נוֹמִינָלִי ת׳ (*nomiNAli*) nominal
נוּמִיסְמָטִיקָה נ׳ (*numisMAtika*) numismatics
נוּן נ׳ (*NUN*) Nun (the fourteenth letter of the Hebrew alphabet)
נִוֵּן פעל י׳ (*nivVEN*) weaken; cause to degenerate
נוֹסַד פעל ע׳ (*noSAD*) be established; be founded
נוסח ר׳ נֹסַח

נוסחה ר׳ נֻסְחָה
נוֹסְטַלְגְּיָה נ׳ (*nosTALgya*) nostalgia
נוֹסֵעַ ז׳ (*noSE'a*) passenger; traveler
נוֹסַף פעל ע׳ (*noSAF*) be added
נוֹסָף עַל in addition to
נוֹסָף ת׳ additional; supplementary; auxiliary; another
נוֹעַ ז׳ (*NO'a'*) movement; motion
נוֹעַד פעל ע׳ (*no'AD*) be destined; be determined for; be fixed (date); set a date; meet; gather
נוֹעָז ת׳ (*no'AZ*) daring; bold; audacious
נוֹעַץ פעל ע׳ (*no'ATS*) take counsel
נוער ר׳ נֹעַר
נוֹף ז׳ (*NOF*) scenery, view; landscape; scene; height; treetop
נופך ר׳ נֹפֶךְ
נוֹפֵף פעל י׳ (*noFEF*) wave; swing, brandish
נופש ר׳ נֹפֶשׁ
נוֹפֵשׁ ת׳ ז׳ (*noFESH*) resting; relaxing; vacationer
נוֹצָה נ׳ (*noTSA*) feather
נוֹצִי ת׳ (*noTSI*) feathery
נוֹצֵץ ת׳ (*noTSETS*) shining
נוֹצַר פעל ע׳ (*noTSAR*) be created
נוֹצְרִי ת׳ (*notseRI*) Christian; Nazarene
נוֹקָאוּט ז׳ (*NOKaut*) knockout
נוֹקֵב ת׳ (*noKEV*) piercing; penetrating
נוֹקֵד ז׳ (*noKED*) shepherd
נוֹקְדָן ז׳ (*nokeDAN*) pedant
נוֹקְדָנוּת נ׳ (*nokedaNUT*) pedantry
נוֹקֵם ז׳ (*noKEM*) avenger
נוֹקְמָנִי ת׳ (*nokemaNI*) vengeful
נוֹקֵר ז׳ (*noKER*) firing pin
נוקשה ר׳ נֻקְשֶׁה
נוקשות ר׳ נֻקְשׁוּת
נוֹרָא ת׳ (*noRA*) fearful, awful; great; very much; extremely
נוֹרְבֶגְיָה נ׳ (*norVEGya*) Norway

נוֹרָה פעל ע׳ (*noRA*) be shot
נוּרָה נ׳ (*nuRA*) light bulb; lamp
נֶוְרוֹזָה נ׳ (*nevROZA*) neurosis
נֶוְרוֹטִי ת׳ (*nevROti*) neurotic
נֶוְרוֹלוֹג ז׳ (*nevroLOG*) neurologist
נֶוְרוֹלוֹגְיָה נ׳ (*nevroLOGya*) neurology
נוּרִית נ׳ (*nuRIT*) buttercup; miniature light bulb
נוֹרְמָה נ׳ (*NORma*) norm; quota
נוֹרְמָלִי ת׳ (*norMAli*) normal
לא — abnormal
נוֹרְמָלִיוּת נ׳ (*norMAliyut*) normality; normalcy
נוֹשֵׂא ז׳ (*noSE*) subject; topic; motif; theme; thesis; argument; bearer; carrier
— גְיָסוֹת troop (personnel) carrier
— כֵּלִים armor bearer; batman; adjutant; disciple; follower; commentary
— מִכְתָּבִים mailman
— פְּרִי fruitbearing
נוֹשֵׂאת מְטוֹסִים נ׳ (*noSET metoSIM*) aircraft carrier; flattop
נוֹשָׁב ת׳ (*noSHAV*) inhabited; settled
נוֹשֶׁה ז׳ (*noSHE*) creditor; claimant
נוֹשְׁכָן ז׳ ת׳ (*nosheKHAN*) usurer; usurious
נוֹשָׁן ת׳ (*noSHAN*) very old; obsolete
יָשָׁן — very old, ancient
נוֹתֵב ת׳ (*noTEV*) tracer
כַּדּוּר — tracer bullet
נוֹתַר פעל ע׳ (*noTAR*) remain; be left over
נִזְהַר פעל ע׳ (*nizHAR*) be careful; watch out
נִזּוֹן, נָזוֹן פעל ע׳ (*nizZON; naZON*) be fed; be nourished; be maintained; eat
נָזוּף ת׳ (*naZUF*) reprimanded
נִזּוֹק פעל ע׳ (*nizZOK*) be damaged; be harmed
נָזִיד ז׳ (*naZID*) vegetable broth pottage
נְזִיד עֲדָשִׁים mess of pottage
נָזִיל ת׳ (*naZIL*) liquid
נְזִילָה נ׳ (*neziLA*) flow; leak
נְזִילוּת נ׳ (*neziLUT*) liquidity; fluidity
נְזִיפָה נ׳ (*neziFA*) rebuke, reprimand
נְזִיקִין ז״ר (*neziKIN*) torts; damages; injuries
נָזִיר ז׳ (*naZIR*) monk; hermit; abstainer; Nazirite
נְזִירָה נ׳ (*neziRA*) nun
נְזִירוּת נ׳ (*neziRUT*) seclusion; abstinence; monasticism
נִזְכַּר פעל ע׳ (*nizKAR*) recall; recollect; be mentioned; be recalled
— לְמַעְלָה – לְעֵיל aforementioned
נָזַל פעל ע׳ (*naZAL*) flow down; flow; drip; leak
נִזֵּל פעל י׳ (*nizZEL*) liquify; infect with cold
נַזֶּלֶת נ׳ (*nazZElet*) cold, catarrh
נֶזֶם ז׳ (*NEzem*) nose ring; earring
נִזְעָם ת׳ (*niz'AM*) angry; sullen; wrathful
נִזְעַק פעל ע׳ (*niz'AK*) be summoned; be convened; gather; rally
נָזַף פעל ע׳ (*naZAF*) rebuke; reprimand; reproach
נֶזֶק ז׳ (*NEzek*) damage; harm; loss; injury; indemnity
נִזַּק פעל ע׳ (*nizZAK*) be injured; be harmed
נִזְקַק פעל ע׳ (*nizKAK*) be in need
נִזְקָק ת׳ needy
נֵזֶר ז׳ (*NEzer*) crown; diadem; abstinence; hair of Nazirite
נָזַר פעל ע׳ (*naZAR*) take the Nazirite vow
— עַצְמוֹ מִן abstain from
נִזַּר פעל ע׳ (*nizZAR*) abstain (from); give up
נָח פעל ע׳ (*NAḤ*) be at rest; rest; lie down; repose; settle down; stay
— ת׳ restful; quiescent

be hidden; hide (*neḥ'BA*) נֶחְבָּא פעל ע׳
be wrapped; (*neḥBASH*) נֶחְבַּשׁ פעל ע׳ be bandaged; be tied on; be worn (hat); be imprisoned
guide (*naḤA*) נָחָה פעל י׳
consolation; (*niḤUM*) נִחוּם ז׳ condolence
required; needed; (*naḤUTS*) נָחוּץ ת׳ necessary; urgent
one needs, is necessary – תה״פ
brazen; (*naḤUSH*) נָחוּשׁ ת׳ hard; firm
guess; (*niḤUSH*) נִחוּשׁ ז׳ guesswork; magic; divination
copper; brass (*neḥuSHA*) נְחוּשָׁה נ׳
brazen face מֵצַח –
נחושת ר׳ נְחֹשֶׁת
inferior; low (*naḤUT*) נָחוּת ת׳
swarm (*neḤIL*) נְחִיל ז׳
necessity, (*neḥiTSUT*) נְחִיצוּת נ׳ urgency
nostril; jet; nozzle (*naḤIR*) נָחִיר ז׳
snoring; (*neḥiRA*) נְחִירָה נ׳ slaughtering by piercing throat
נְחִירַיִם ר׳ נָחִיר
landing; descent (*neḥiTA*) נְחִיתָה נ׳
inferiority (*neḥiTUT*) נְחִיתוּת נ׳
inherit; take (*naḤAL*) נָחַל פעל ע׳ possession; get; receive
be honored – כָּבוֹד
be defeated – מַפָּלָה
stream; brook; (*NAḥal*) נַחַל ז׳ river; wadi; gorge; torrent
perennial stream – אֵיתָן
wadi; winter stream – אַכְזָב
נַח״ל (נֹעַר חֲלוּצִי לוֹחֵם) ז׳ (*NAḥal* [*No'ar ḥaluTSI loḤEM*]) Fighting Pioneer Youth (branch of Israel Defense Army combining agricultural training with military service)
member of Naḥal (*naḥLAI*) נַחְלַאי ז׳ unit
rust (*neḥeLAD*) נֶחֱלַד פעל ע׳

estate; property; (*naḥaLA*) נַחֲלָה נ׳ possession; inheritance
wagtail (*naḥali'eLI*) נַחֲלִיאֵלִי ז׳
escape; (*neḥLATS*) נֶחְלַץ פעל ע׳ be taken out; be pulled out; be removed; take to the field; be prepared; be first, pioneer in
become weak, (*neḥeLASH*) נֶחֱלַשׁ פעל ע׳ weaken
repent; regret; (*niḤAM*) נִחַם פעל ע׳ be sorry; be consoled
console; condole; (*niḤEM*) נִחֵם פעל י׳ comfort
consolation; regret (*NOḥam*) נֹחַם ז׳
lovely; cute; (*neḥMAD*) נֶחְמָד ת׳ delightful, nice
beauty; charm (*neḥmaDUT*) נֶחְמָדוּת נ׳
consolation; (*neḥaMA*) נֶחָמָה נ׳ comfort; redemption
partial consolation חֲצִי –
be pardoned; be (*neḤAN*) נֵחַן פעל ע׳ gifted; be accorded grace
we (*NAḤnu*) נַחְנוּ מ״ג
hurry; (*neḥPAZ*) נֶחְפַּז פעל ע׳ make haste; rush
snore (*naḤAR*) נָחַר פעל ע׳
slaughter by piercing throat – פעל י׳
be suddenly (*neḥeRAD*) נֶחֱרַד פעל ע׳ frightened; be shaken; tremble
snore; snort (*naḥaRA*) נַחֲרָה נ׳
snorer (*naḥRAN*) נַחְרָן ז׳
be decided; (*neḥeRATS*) נֶחֱרַץ פעל ע׳ be final; be pronounced; be done with
guess; estimate; (*niḤESH*) נִחֵשׁ פעל י׳ divine; practice sorcery
magic; spell; (*NAḥash*) נַחַשׁ ז׳ divination; guess
snake; serpent; (*naḤASH*) נָחָשׁ ז׳ cunning man
billow; wave; (*naḥSHOL*) נַחְשׁוֹל ז׳ breaker; surge; torrent
daring person; (*naḥSHON*) נַחְשׁוֹן ז׳ bold pioneer; darter

נַחְשׁוֹנִי ת׳ (*nahshoNI*) daring; pioneering
נֶחֱשָׁל ת׳ (*neheSHAL*) backward; falling behind; lagging
נֶחֱשָׁלוּת נ׳ (*neheshaLUT*) backwardness
נְחֹשֶׁת נ׳ (*neHOshet*) copper; fetters
– קָלָל bronze
נְחָשְׁתִּי ת׳ (*nehushTI*) copper, cuprous; brassy; brazen
נְחֻשְׁתַּיִם ז״ז (*nehushTAyim*) fetters
נְחֻשְׁתָּן ז׳ (*nehushTAN*) copper (brass) serpent
נָחַת פעל ע׳ (*naHAT*) land, descend, alight
נָחֵת ז׳ (*naHET*) flat (music)
נֶחָת ז׳ (*neHAT*) marine
נַחַת נ׳ (*NAhat*) place; quiet; rest, contentment, gratification, satisfaction; descent; alighting
– רוּחַ satisfaction, pleasure
בְּ– gently, quietly, with ease
שְׂבַע – satisfied
– זְרוֹעַ blow, beating
נַחְתּוֹם ז׳ (*nahTOM*) baker
נֶחְתַּךְ פעל ע׳ (*nehTAKH*) be cut; be decided
נַחֶתֶת נ׳ (*naHEtet*) landing craft
נָטָה פעל ע׳ (*naTA*) turn aside, deviate; bend down, become inclined, lean; tend
– פעל י׳ stretch, extend, spread out; pitch (tent); conjugate, decline, inflect
– אַחֲרֵי agree with; follow
– חֶסֶד show kindness; like
– הַיּוֹם the day was declining
– לָמוּת be near death (dying)
– מִ... turn away from
– קַו draw a line
נֶטוֹ ז׳ (*NETto*) net (quantity)
נָטוּי ת׳ (*naTUY*) extended, spread out, stretched; leaning; inclined, falling; declined; conjugated; inflected
נְטוּי גָּרוֹן haughty

בִּזְרוֹעַ נְטוּיָה with a show of force
וְעוֹד יָדוֹ נְטוּיָה only just begun
נָטוּל ת׳ (*naTUL*) lacking; bereft; -less; un-, a-, de-
נְטוּל יְסוֹד groundless
נָטוּעַ ת׳ (*naTU'a*) planted; stuck; inserted
נָטוֹר ז׳ (*naTOR*) watchman (Aram.)
נָטוֹרֵי קַרְתָּא watchmen of the city, city fathers; Natorei Karta (ultra-orthodox anti-Zionist sect)
נָטוּרָלִיזְם ז׳ (*naturaLIZM*) naturalism
נָטוּשׁ ת׳ (*naTUSH*) abandoned; extending; going on
נְטִיָּה נ׳ (*netiYA*) inclination, bent, tendency; deviation, turning aside; stretching, extending; pitching (tent); declension, conjugation, inflection
נְטִילָה נ׳ (*netiLA*) taking, receiving, removing
נְטִילַת יָדַיִם washing hands
נְטִיעָה נ׳ (*neti'A*) planting; young plant
נָטִיף ז׳ (*naTIF*) dripstone, stalactite, stalagmite
נְטִיפָה נ׳ (*netiFA*) dripping; pendant
נְטִירָה נ׳ (*netiRA*) bearing a grudge
נְטִישָׁה נ׳ (*netiSHA*) abandonment
נָטַל פעל י׳ (*naTAL*) take, receive, lift; obtain; put; place; remove
– יָדַיִם wash hands
נֵטֶל ז׳ (*NEtel*) burden; weight; ballast
נִטְמַע פעל ע׳ (*nitMA'*) be assimilated; assimilate
נָטַע פעל י׳ (*naTA'*) plant, implant, insert, establish, found
נֶטַע ז׳ (*NEta'*) sapling; seedling, plant
נִטְעָן ז׳ ת׳ (*nit'AN*) defendant; laden
נָטַף פעל ע׳ (*naTAF*) drip, drop
נִטֵּף פעל י׳ (*nitTEF*) drip frequently
נֶטֶף ז׳ (*NEtef*) drop; droplet
נִטְפַּל פעל ע׳ (*nitPAL*) attach oneself, stick; pester

נָטַר פעל י׳ (naTAR) guard; keep;
bear a grudge
נִטְרַד פעל ע׳ (nitRAD) be expelled;
be disturbed; be confused; take pains;
be troubled
נִטְרוּל ז׳ (nitRUL) neutralization
נִטְרֵל פעל י׳ (nitREL) neutralize
נַטְרָנִי ת׳ (natraNI) grudging
נָטַשׁ פעל י׳ ע׳ (naTASH) abandon;
leave; quit; let; extend; spread
נִטַּשׁ פעל ע׳ (nitTASH) be abandoned;
spread; extend
נִטַּשְׁטֵשׁ פעל ע׳ (nittashTESH) become
blurred; be obliterated; fade away
נִיב ז׳ (NIV) dialect; expression;
idiom; speech; cuspid
נִיד ז׳ (NID) motion; quiver
נַיָּד ת׳ (naiYAD) mobile; movable
(נַיֵּד) ת׳ (naiYED) movable
נִכְסֵי דְנָיְדֵי movable property;
chattels
נִכְסֵי דְלָא־נָיְדֵי immovable property;
real estate
נידון ר׳ נִדּוֹן
נַיָּדוּת נ׳ (naiyaDUT) mobility
נַיֶּדֶת נ׳ (naiYEdet) parol; patrol
car; prowl car
נִיהִילִיזְם ז׳ (nihiLIZM) nihilism
נִיהִילִיסְט ז׳ (nihiLIST) nihilist
נַיָּח ת׳ (naiYAḤ) fixed; stationary
נִיחָא תה״פ (NIḥa) well; good; so be it
נִיחוֹחַ ז׳ (niḤO'aḥ) pleasantness;
aroma
רֵיחַ – fragrance
נִיחוֹחִי ת׳ (niḥoḤI) aromatic
נִיחוּתָא נ׳ (niḤUta) calm;
moderation
נִיטְרוֹגְלִיצֶרִין ז׳ (nitroglitseRIN)
nitroglycerin
נֵיטְרוֹן ז׳ (neytRON) neutron
נִיטְרָט ז׳ (nitRAT) nitrate
נִיטְרִיט ז׳ (nitRIT) nitrite
נֵיטְרָלִי ת׳ (neytRAli) neutral

נֵיטְרָלִיּוּת נ׳ (neytRAliyut) neutrality
נַיְלוֹן ז׳ (NAIlon) plastic, nylon
נִים ת׳ (NIM) asleep
נִימָה נ׳ (niMA) thin hair; thread;
capillary; chord; tone; tune
כִּמְלֹא – a hair's-breadth
נִימוּס ז׳ (niMUS) manner, custom;
conduct; politeness; courtesy
נִימוּסִי ת׳ (nimuSI) polite
נִימוּסִיּוּת נ׳ (nimusiYUT) politeness;
courtesy
נימוק ר׳ נִמּוּק
נִימִי ת׳ (niMI) capillary; very fine
נִימִיּוּת נ׳ (nimiYUT) capillarity
נִימְפָה נ׳ (nimFA) nymph
נִין ז׳ (NIN) great grandson;
offspring
ניניח ר׳ נִגּוּחַ
נִיסָן ז׳ (niSAN) Nissan (7th Hebrew
month; 1st in Bible)
נִיעַ ז׳ (NI'a) movement
נִיצוֹץ ז׳ (niTSOTS) spark; gleam;
trace
נִיקוֹטִין ז׳ (nikoTIN) nicotine
נִיקֶל ז׳ (NIkel) nickel
נְיָר ז׳ (neYAR) paper, stationery;
document
נְיַר זְכוּכִית sandpaper
נְיַר עֶרֶךְ security
נְיַר פֶּחָם carbon paper
נְיַר טוּאָלֶט, נְיַר שִׁמּוּשׁ toilet paper
נִיר ז׳ (NIR) plowed field
נְיָרִי ת׳ (neyaRI) papery
נַיֶּרֶת נ׳ (naiYEret) paperwork;
red tape
נָכֵא ת׳ (naKHE) gloomy; depressed
נְכָאִים ז״ר gloom; depression
נְכֹאת נ׳ tragacanth, aromatic gum
נִכְבָּד ת׳ ז׳ (nikhBAD) honorable;
honored; respected; heavy; notable;
dignitary
נִכְבָּדוֹת praise; marriage proposal
אָדוֹן – (א. נ.) Dear Sir

גְּבֶרֶת נִכְבָּדָה (ג. נ.) Dear Madam
נֶכֶד ז׳ (*NEkhed*) grandson
נֶכְדָּה נ׳ (*nekhDA*) granddaughter
נִכָּה פעל י׳ (*nikKA*) deduct
נָכֶה ת׳ ז׳ (*naKHE*) disabled; incapacitated; cripple; invalid
נְכֵה רוּחַ depressed
נִכְוָה פעל ע׳ (*nikhVA*) get burnt; get hurt
נִכּוּי ז׳ (*nikKUY*) deduction
נָכוֹן פעל ע׳ ת׳ (*naKHON*) be correct; be true; be established; be sound; be proper; be suitable; be ready; correct; true; right; sound; proper; suitable
אֵל — no doubt
לֹא — incorrect
הֱיֵה — Be Prepared
נְכוֹנָה true words; truly
נְכוֹנוּת נ׳ (*nekhoNUT*) readiness; correctness
נִכּוּר ז׳ (*nikKUR*) alienation
נִכּוּשׁ ז׳ (*nikKUSH*) weeding
(נְכוֹת) בֵּית־נְכוֹת (*neKHOT*) museum
נָכוּת נ׳ (*naKHUT*) incapacity; disability
נִכְזָב ת׳ (*nikhZAV*) disappointed
נֹכַח מ״י (*NOkhaḥ*) opposite; in front of; facing
לְ — in front of; because of; considering
נָכַח פעל ע׳ (*naKHAḤ*) be present; attend
נִכְחַד פעל ע׳ (*nikhḤAD*) become extinct; be remote; disappear
נָכְחִי ת׳ (*nokhḤI*) present; current; opposite
נִכָּיוֹן ז׳ (*nikkaYON*) deduction
נֶכֶל ז׳ (*NEkhel*) evil design; plot
נִכְלַל פעל ע׳ (*nikhLAL*) be included
נִכְלַם פעל ע׳ (*nikhLAM*) be ashamed,
נִכְלָם ת׳ abashed
נִכְמַר פעל ע׳ (*nikhMAR*) warm up

נִכְמְרוּ רַחֲמָיו have pity
נִכְנַס פעל ע׳ (*nikhNAS*) enter, come in
נִכְנַע פעל ע׳ (*nikhNA'*) surrender; give up; become submissive; be docile
נֶכֶס ז׳ (*NEkhes*) asset; possession; property; goods; wealth; estate
נִכְסֵי דְנָיְדֵי chattels
נִכְסֵי דְלָא נָיְדֵי real estate
נִכְסֵי צֹאן בַּרְזֶל inalienable goods; eternal possessions
יָרַד מִנְּכָסָיו become impoverished
נִכְסַף פעל ע׳ (*nikhSAF*) yearn
נִכְפֶּה ז׳ (*nikhPE*) epileptic
נִכְפָּל ז׳ (*nikhPAL*) multiplicand
נִכְפַּף פעל ע׳ (*nikhPAF*) be bent; be subjected
נִכָּר ת׳ (*nikKAR*) recognizable; appreciable; marked; considerable
נִכֵּר פעל י׳ (*nikKER*) alienate; estrange; deny; betray
נֵכָר ז׳ (*neKHAR*) foreignness; foreign land; strangeness
בַּ — in a foreign country
אַדְמַת — foreign country
נָכְרִי ת׳ ז׳ (*nokhRI*) alien; strange; foreign; foreigner
פֵּאָה נָכְרִית wig
נִכְרַךְ פעל ע׳ (*nikhRAKH*) be wrapped; be bound; be connected
אַחֲרֵי — follow, stick to
נִכֵּשׁ פעל י׳ (*nikKESH*) weed
נִכְשַׁל פעל ע׳ (*nikhSHAL*) fail, trip
נִכְתַּם פעל ע׳ (*nikhTAM*) become soiled
(הַ)נַּ״ל ת׳ (*hanNAL*) (the) aforementioned, aforesaid
כַּ — as above
נִלְאָה פעל ע׳ (*nil'A*) tire; be unable
נִלְבָּב ת׳ (*nilBAV*) warm-hearted; attractive; hearty
נִלְהָב ת׳ (*nilHAV*) enthusiastic; excited
נִלְוָה פעל ע׳ (*nilVA*) join, accompany; go with

נָלוֹז ת׳ (*naLOZ*) crooked; perverted; defective
נָלוֹשׁ פעל ע׳ (*naLOSH*) be kneaded
נִלְחַם פעל ע׳ (*nilḤAM*) fight; battle; make war; struggle
נִלְעָג ת׳ (*nil'AG*) laughable; ridiculous
נִלְעָגוּת נ׳ (*nil'aGUT*) ridiculousness; disgrace
נָם פעל ע׳ (*NAM*) sleep, snooze
נִמְאַס פעל ע׳ (*nimAS*) be despised, be weary of
– לִי I'm sick of . . .
נִמְבְּזֶה ת׳ (*nemivZE*) contemptible; inferior
נִמְהַל פעל ע׳ (*nimHAL*) be diluted
נִמְהָר ת׳ (*nimHAR*) rash, impetuous
נָמוֹג פעל ע׳ (*naMOG*) melt; evaporate; flee
נָמוּךְ ת׳ (*naMUKH*) low, short, neek; humble
נִמּוֹל ת׳ (*nimMOL*) be circumcised
נִמּוּק ז׳ (*nimMUK*) reason; argument; reasoning
נָמוֹשׁ ת׳ (*naMOSH*) weakling; straggler; epigone
נְמִיָּה נ׳ (*nemiYA*) mongoose
נְמִיכוּת נ׳ (*nemiKHUT*) lowness; shortness
נְמִיסָה נ׳ (*nemiSA*) melting
נָמֵל, נָמָל ז׳ (*naMEL; naMAL*) harbor, port
נְמַל תְּעוּפָה airport
נְמָלָה נ׳ (*nemaLA*) ant
עֲבוֹדַת נְמָלִים strenuous work
נִמְלַט פעל ע׳ (*nimLAT*) escape; flee
נִמְלַךְ (בְּדַעְתּוֹ) פעל ע׳ (*nimLAKH*) contemplate; study; think it over; consult
נִמְלָץ ת׳ (*nimLATS*) flowery; ornate
נִמְנוּם ז׳ (*nimNUM*) nap, doze
נִמְנֵם פעל ע׳ (*nimNEM*) drowse; doze

נַמְנְמָן ז׳ (*namneMAN*) slumberer; dormouse
נִמְנַע פעל ע׳ (*nimNA'*) abstain; avoid
נִמְנָע ת׳ ז׳ (*nimNA'*) impossible; abstainer
– מִן הַ it is impossible; it can't be
נָמֵס ת׳ (*naMES*) melting
נִמְעָן ז׳ (*nim'AN*) addressee
נִמְצָא ת׳ ז׳ (*nimTSA*) existing; phenomenon; being; entity
– בְּ exists
נִמֵּק פעל י׳ (*nimMEK*) substantiate; argue; reason; explain
נָמַק פעל ע׳ (*naMAK*) rot
נֶמֶק ז׳ (*NEmek*) putrefaction; gangrene
נִמֵּר פעל י׳ (*nimMER*) checker; spot; mottle
נָמֵר ז׳ (*naMER*) leopard
נְמֵרִי ת׳ (*nemeRI*) spotted
נִמְרָץ ת׳ (*nimRATS*) vigorous; forceful; strong
נִמְרָצוֹת תה״פ emphatically
נֶמֶשׁ ז׳ (*NEmesh*) freckle
נִמְשָׁךְ ת׳ (*nimSHAKH*) lasting; continuous
נִמְשָׁל ז׳ (*nimSHAL*) subject of a moral lesson; moral lesson
נִמְתָּח ת׳ (*nimTAḤ*) flexible
נִנּוֹחַ פעל ע׳ (*ninNO'aḥ*) be at rest; be resting
נַנָּס ז׳ (*nanNAS*) dwarf, midget
נַנָּסִי ת׳ (*nannaSI*) dwarfish; tiny
נִנְעַר פעל ע׳ (*nin'AR*) be shaken; be shaken out; awaken
נָס פעל ע׳ (*NAS*) flee; escape
נֵס ז׳ (*NES*) miracle; wonder; flag; flagpole; pennant
הֵרִים עַל – praise; commend
נָסַב פעל ע׳ (*naSAV*) gather around; surround; turn aside; be delivered; turn to
נְסִבָּה נ׳ (*nesibBA*) cause

נְסִבּוֹת circumstances
נִסְבָּל ת׳ (nisBAL) tolerated
נְסִבָּתִי ת׳ (nesibbaTI) circumstantial
נִסְדַּק פעל ע׳ (nisDAK) be cracked; crack
נִסָּה פעל י׳ (nisSA) try, attempt; test; experiment
נָסוֹג פעל ע׳ (naSOG) withdraw; retreat
נִסּוּחַ ז׳ (nisSU'aḥ) formulation; phrasing; drafting
נִסּוֹט פעל ע׳ (nisSOT) be shifted
נִסּוּי ז׳ (nisSUY) experiment; test
נִסּוּיִי ת׳ (nissuYI) experimental
נִסּוּךְ ז׳ (nisSUKH) libation
נָסוּךְ ת׳ (naSUKH) spread over; poured
נסורת ר׳ נְסֹרֶת
נָסַח פעל י׳ (naSAḤ) uproot; pull out
נִסַּח פעל י׳ (nisSAḤ) formulate; phrase; draft
נֹסַח, נֻסָּח ז׳ (NOsaḥ; nusSAḤ) version; text; copy; custom; manner; style
נֻסְחָה נ׳ (nusḤA) formula; version
נְסִיגָה נ׳ (nesiGA) withdrawal; retreat; regression; relapse
נַסְיוּב ז׳ (nasYUV) serum
נִסָּיוֹן ז׳ (nissaYON) attempt; trial; experience; experiment; temptation
בַּעַל — experienced
עָמַד בַּ— stand the test, pass muster
רָכַשׁ — gain experience
נִסְיוֹנִי ת׳ (nisyoNI) experimental
נָסִיךְ ז׳ (naSIKH) prince, ruler; crown prince; libation
נְסִיכָה נ׳ (nesiKHA) princess; libation
נְסִיכוּת נ׳ (nesiKHUT) principality
נְסִיעָה נ׳ (nesi'A) journey; voyage; trip; travel
נְסִיקָה נ׳ (nesiKA) climb; ascent
נְסִירָה נ׳ (nesiRA) sawing
נָסַךְ פעל י׳ (naSAKH) pour; offer libation

נִסֵּךְ פעל י׳ (nisSEKH) pour wine in religious ceremony
נֶסֶךְ ז׳ (NEsekh) libation
יֵין — wine forbidden to Jews
נִסְמַךְ פעל ע׳ (nisMAKH) be supported
נִסְמָךְ ת׳ supported; possessed by, belonging to (first of two nouns in construct state)
נָסַע פעל ע׳ (naSA') travel; journey; move
נִסְעָר ת׳ (nis'AR) excited; stormy; tempestuous
נִסְפָּה פעל ע׳ (nisPA) be killed; fall
נִסְפָּח ז׳ (nisPAḤ) addendum; appendix; supplement; annex; attaché; adjunct
— ת׳ attached; added
נָסַק פעל ע׳ (naSAK) climb; ascend
נָסֵק ז׳ (naSEK) sharp (music)
נָסַר פעל י׳ (naSAR) saw
נִסֵּר פעל י׳ (nisSER) saw; produce a sawing sound; be everywhere, be troublesome
נֶסֶר ז׳ (NEser) plank, board
נְסֹרֶת נ׳ (neSOret) sawdust; woodshavings
נִסְרַח פעל ע׳ (nisRAḤ) smell offensively; rot; lose favor
נִסְתָּר ת׳ (nisTAR) hidden; concealed; third person masculine (gram.)
נָע פעל ע׳ ת׳ (NA') move; shake; wander; moving; mobile
נֶעֱבַד פעל ע׳ (ne'eVAD) be shaped through work; be worked; be worshipped
נֶעֱגַן פעל ע׳ (ne'eGAN) be anchored
נֶעְדַּר פעל ע׳ (ne'DAR) be absent; be lacking
נַעֲוֶה ת׳ (na'aVE) distorted; perverse; croocked
נַעֲוֵה לֵב sinner
בֶּן נַעֲוַת הַמַּרְדּוּת son of a wanton mother

נָעוּל ת׳ (na'UL) locked; barred; shod

נָעוּץ ת׳ (na'UTS) fixed; stuck in; inherent

נָעוּר ת׳ (na'UR) shaken out; empty

נִעוּר ז׳ (ni'UR) shaking up

נֵעוֹר פעל ע׳ (ne'OR) awaken

נֶעֱטַף פעל ע׳ (ne'eTAF) be wrapped

נְעוּרִים ז״ר (ne'uRIM) youth

בְּנֵי הַ – youth; adolescents

נְעִילָה נ׳ (ne'iLA) locking; shutting; adjournment; conclusion; wearing shoes; concluding Yom Kippur service

נָעִים ת׳ (na'IM) pleasant; pleasing; agreeable; fitting

בִּלָּה בִּנְעִימִים have a good time

נְעִימָה נ׳ (ne'iMA) melody; tune

נְעִימוּת נ׳ (ne'iMUT) pleasantness; loveliness; agreeableness

אִי־נְעִימוּת unpleasantness

נְעִיצָה נ׳ (ne'iTSA) sticking in

נְעִירָה נ׳ (ne'iRA) braying; shaking up

נֶעְכָּר ת׳ (ne'KAR) depressed; dejected; spoilt

נָעַל פעל י׳ (NA'al) lock; close; conclude; adjourn; put on; wear (shoes)

נַעַל נ׳ (NA'al) shoe

נֶעֱלַב פעל ע׳ (ne'eLAV) be insulted; take offense

נַעֲלֶה ת׳ (na'aLE) lofty; sublime; elevated

נֶעְלַם פעל ע׳ (ne'LAM) disappear

נֶעְלָם ת׳ ז׳ hidden; unknown; unknown variable

נָעַם פעל ע׳ (na'AM) be lovely; be pleasant

נֹעַם ז׳ (NO'am) loveliness; pleasantness; charm

נֶעֱמַד פעל ע׳ (ne'eMAD) come to a halt; stop

נַעֲנָה פעל ע׳ (na'aNA) be answered; be granted one's wish; respond

נַעֲנֶה ת׳ (na'aNE) suffering; tormented

נַעֲנָה נ׳ (NA'ana) mint (plant)

נִעֲנוּעַ ז׳ (ni'aNU'a) movement; shaking; agitation; rocking

נִעֲנַע פעל י׳ (ni'aNA') shake; move; agitate

נָעַץ פעל י׳ (na'ATS) stick in; insert; thrust

נַעַץ ז׳ (NA'uts) thumbtack; drawing-pin

נֶעֱצַב פעל ע׳ (ne'eTSAV) become saddened

נַעֲצוּץ ז׳ (na'aTSUTS) thorn bush

נֶעֱצַר פעל ע׳ (ne'eTSAR) stop; be stopped; be checked; be arrested

נָעַר פעל ע׳ (na'AR) bray

נִעֵר פעל י׳ (ni'ER) shake up; beat (rug)

נַעַר ז׳ (NA'ar) boy; young man; lad; youth; adolescent; servant

נֹעַר ז׳ (NO'ar) youth

נַעֲרָה נ׳ (na'aRA) girl; young woman; maiden; maid, servant

נַעֲרוּת נ׳ (na'aRUT) adolescence; youth; boyhood

נֶעֱרַךְ פעל ע׳ (ne'eRAKH) be arranged; be ordered; be edited; be estimated

נֶעֱרַם פעל ע׳ (ne'eRAM) pile up

נֶעֱרַף פעל ע׳ (ne'eRAF) be beheaded

נֶעֱרַץ פעל ע׳ (ne'eRATS) be revered; be adored; be esteemed

נַעֲרָץ ת׳ (na'aRATS) venerable; esteemed; adored

נְעֹרֶת נ׳ (ne'oRET) chaff

נַעֲשָׂה פעל ע׳ (na'aSA) be made into; be created; be done; become; come to be; turn into

נֶעְתַּק פעל ע׳ (ne'TAK) be displaced; be copied; be translated; be transcribed

נֶעְתַּר פעל ע׳ (ne'TAR) comply; grant a request; be numerous
נִפְגַּע פעל ע׳ (nifGA') be injured; be wounded
נִפְגָּע ז׳ casualty
נִפְגַּשׁ פעל ע׳ (nifGASH) hold a meeting; meet; chance upon
נִפָּה פעל י׳ (nipPA) sift; select
נָפָה נ׳ (naFA) sieve; subdistrict; region
נָפוֹג פעל ע׳ (naFOG) weaken
נָפוּחַ ת׳ (naFU'aḥ) inflated; swollen; blown up
נִפּוּחַ ז׳ (nipPU'aḥ) blowing up; inflation; puffing; fanning
נִפּוּט ז׳ (nipPUT) beating (flax)
נִפּוּי ז׳ (nipPUY) sifting; selecting
נָפוּל ת׳ (naFUL) fallen
נִפּוּץ ז׳ (nipPUTS) shattering; detonation; beating (flax)
נָפוֹץ פעל ע׳ ת׳ (naFOTS) scatter; be distributed; prevail; widespread; circulated; distributed; scattered
נִפּוּק ז׳ (nipPUK) issue (of supplies, coins etc.)
נָפַח פעל י׳ (naFAḤ) blow; fan
נִפַּח פעל י׳ (nipPAḤ) blow up; inflate; blow; fan; exaggerate
נֶפַח ז׳ (NEfaḥ) volume; displacement; capacity
נַפָּח ז׳ (napPAḤ) blacksmith
נִפְחָד ת׳ (nifḤAD) scared
נַפָּחוּת נ׳ (nappaḤUT) blacksmith's work; metal working
נַפָּחִיָּה נ׳ (nappaḥiYA) smithy
נִפֵּט פעל י׳ (nipPET) beat (flax)
נֵפְט ז׳ (NEFT) kerosene; oil; petroleum
– גָּלְמִי crude oil
נֶפְטוּן ז׳ (NEPtun) Neptune
נַפְטָלִין ז׳ (naftaLIN) naphthaline; moth balls
נִפְטַר פעל ע׳ (nifTAR) be released; separate; die
נִפְטָר ת׳ deceased
נְפִיחָה נ׳ (nefiḤA) blowing; fanning
נְפִיחוּת נ׳ (nefiḤUT) swelling
נְפִיל ז׳ (naFIL) giant; Titan
נְפִילָה נ׳ (nefiLA) fall, collapse; downfall
מַחֲלַת הַ – epilepsy
נָפִיץ ת׳ (naFITS) explosive
נְפִיצָה נ׳ (nefiTSA) shattering; distribution, dispersion
נְפִיצוּת נ׳ (nefiTSUT) explosiveness; distribution
נְפִישָׁה נ׳ (nefiSHA) rest
נֹפֶךְ ז׳ (NOfekh) turquoise; precious stone
הוֹסִיף – מִשֶּׁלּוֹ add a personal touch; contribute
נָפַל פעל ע׳ (naFAL) fall; drop; die; be vanquished; be destroyed; happen; occur; be omitted
– בִּידֵי fall into his hands; be captured
– בַּפַּח be trapped; ensnared
נָפַל מִ־ be inferior to
– דָּבָר something happened
– חָלָל be killed
– לְמִשְׁכָּב fall ill
– עָלָיו פַּחַד be seized with fear
– רוּחוֹ despair
נָפְלָה דְלֵקָה a fire broke out
נָפְלָה עָלָיו תַּרְדֵּמָה fall asleep
נָפְלוּ פָנָיו look dejected
נֵפֶל ז׳ (NEfel) aborted fetus; dud (shell); failure (person)
נִפְלָא פעל ע׳ ת׳ (nifLA) provoke wonder; wonder; wonderful; marvellous; splendid
נִפְלָאוֹת נ״ר miracles
נַפָּלְם ז׳ (naPALM) napalm
נְפֹלֶת נ׳ (neFOlet) fallout
נִפְנָה פעל ע׳ (nifNA) turn; lean towards; find leisure; be vacated
נִפְנוּף ז׳ (nifNUF) waving

נִפְנֵף פעל י׳ (nifNEF) wave; brandish
נִפְסָד ת׳ (nifSAD) wasteful; harmful; corrupt
נִפְסַק פעל ע׳ (nifSAK) cease; stop; pause; become disconnected
נִפְעָל ת׳ (nif'AL) passive
נִפְעַל ז׳ niph'al (reflexive and passive of *kal* - the simple stem)
נִפְעָם ת׳ (nif'AM) moved; excited
נִפֵּץ פעל י׳ (nipPETS) smash; explode; shatter
נֶפֶץ ז׳ (NEfets) explosion; burst
נַפָּץ ז׳ (napPATS) detonator
נְפַק פעל ע׳ (naFAK) (Aram.) go out; result
נִפֵּק פעל י׳ (nipPEK) issue, equip
נִפְקַד פעל ע׳ (nifKAD) be absent; be counted; be remembered
נִפְקָד ת׳ ז׳ absent; missing; counted; remembered; AWOL; absentee
נִפְקָדוּת נ׳ (nifkaDUT) absence; going AWOL; absence without official leave
נַפְקָה, נַפְקָנִית נ׳ (nafKA; nafkaNIT) prostitute
נִפְרַד פעל ע׳ (nifRAD) separate, take leave
נִפְרָד ת׳ separate; different; in absolute state (gram.)
נִפְרַם פעל ע׳ (nifRAM) come apart at the seam
נִפְרַע פעל ע׳ (nifRA') be paid (debt)
נִפְרַץ פעל ע׳ (nifRATS) be broken; be breached; be spread
נִפְרָץ ת׳ widespread, ordinary
נָפַשׁ פעל ע׳ (naFASH) rest; be refreshed
נִפַּשׁ פעל ע׳ (nipPASH) rest
נֶפֶשׁ נ׳ (NEfesh) soul; spirit; breath; life; person; human being; creature; actor; self; mind; will; dramatis personae; monument; tomb
בְּנַפְשׁוֹ at the risk of his life
כְּנַפְשׁוֹ as he wishes
לְנַפְשׁוֹ alone
אוֹיֵב בְּ – sworn enemy
אַוַּת – desire
גֹּעַל – loathing
דִּינֵי נְפָשׁוֹת capital offenses
חֵרוּף – risk of one's life
יְדִיד – bosom friend
יְפֵה – sensitive soul; do-gooder; milksop
כְּלוֹת הַ – yearning
כֹּפֶר – ransom
מְחַיֶּה (מֵשִׁיב) refreshing
מַחֲלַת – mental illness
מְסִירוּת – devotion, self sacrifice
מַפַּח – disappointment, despair
מַר – embittered
מַשְׂאַת – ideal
סַכָּנַת נְפָשׁוֹת mortal risk; danger
עַז – audacious
עֲלוּב – wretched
פִּזּוּר הַ – absent-mindedness
פִּקּוּחַ – a matter of life and death
צִפּוֹר הַ – the most precious thing
שְׁאָט – contempt
בִּקֵּשׁ אֶת – seek the life (of)
בִּקֵּשׁ עַל נַפְשׁוֹ beg for one's life
הִכָּהוּ – kill him
הִשְׁלִיךְ נַפְשׁוֹ מִנֶּגֶד risk one's life
הִתְחַיֵּב בְּנַפְשׁוֹ incur the death penalty
טָרַף נַפְשׁוֹ commit suicide
יָדַע אֶת – understand a person well
כָּלְתָה נַפְשׁוֹ yearn, crave
עִנָּה אֶת נַפְשׁוֹ fast
שָׂם נַפְשׁוֹ בְּכַפּוֹ risk one's life
נֹפֶשׁ ז׳ (NOfesh) rest, recreation
נַפְשִׁי ת׳ (nafSHI) of the soul; spiritual; psychic; mental
נִפְשָׁע ת׳ (nifSHA') criminal; sinful
נֹפֶת ז׳ (NOfet) liquid honey
– צוּפִים choice honey
נִפְתָּה פעל ע׳ (nifTA) be tempted
נַפְתּוּל ז׳ (nafTUL) meander
נַפְתּוּלִים struggle

נִפְתַּל פעל ע׳ (*nifTAL*) meander; twist and turn; struggle

נִפְתָּל ת׳ twisted; perverse; crooked

נַפְתָּלִין ר׳ נַפְטָלִין

נֵץ ז׳ (*NETS*) hawk

נִצַּב פעל ע׳ (*niTSAV*) stand

נִצָּב ת׳ standing; perpendicular

— ז׳ side of right angled triangle; handle; commander (police); extra (movies)

נִצָּה פעל ע׳ (*niTSA*) quarrel

נִצּוֹד פעל ע׳ (*niTSOD*) be caught; be trapped; be hunted

נִצּוּחַ ז׳ (*niTSU'aḥ*) conducting (orchestra); polemics; victory

נִצּוּל ז׳ (*niTSUL*) exploitation; utilization

נִצּוֹל ת׳ (*niTSOL*) survivor

נָצוּר ת׳ (*naTSUR*) besieged; on safety; locked

נִצּוּר ז׳ (*niTSUR*) Christianization

נִצַּח פעל י׳ (*niTSAḤ*) overcome; defeat; beat; vanquish; conduct (orchestra); direct; glorify

נֵצַח ז׳ (*NEtsaḥ*) eternity; infinity

— תה״פ forever

נִצָּחוֹן ז׳ (*nitsaḤON*) victory; triumph

נִצְחִי ת׳ (*nitsḤI*) eternal; perpetual

נִצְחִיּוּת נ׳ (*nitsḥiYUT*) eternity

נַצְחָנוּת נ׳ (*natseḥaNUT*) quarrelsomeness

נַצְחָנִי ת׳ (*natseḥaNI*) quarrelsome

נְצִיב ז׳ (*neTSIV*) pillar; column; governor; commissioner

נְצִיבוּת נ׳ (*netsiVUT*) commission

נָצִיג ז׳ (*naTSIG*) representative; agent

נְצִיגוּת נ׳ (*netsiGUT*) representation

נַצְיוֹנָל־ (*natsyoNAL-*) national

נְצִילוּת נ׳ (*netsiLUT*) efficiency

נָצִיץ ז׳ (*naTSITS*) mica

נִצַּל פעל ע׳ (*niTSAL*) escape; be rescued; survive

נִצֵּל פעל י׳ (*niTSEL*) exploit; take advantage of; utilize

נַצְלָן ז׳ (*natseLAN*) exploiter

נַצְלָנִי ת׳ (*natselaNI*) exploiting

נִצֹּלֶת נ׳ (*niTSOlet*) salvage; utility; profit

נִצְמַד פעל ע׳ (*nitsMAD*) adhere; join

נִצָּן ז׳ (*niTSAN*) bud

נִצְנוּץ ז׳ (*nitsNUTS*) flash; flickering

נִצְנֵץ פעל ע׳ (*nitsNETS*) twinkle

נַצְנָץ ז׳ (*natsNATS*) blinker

נָצַר פעל י׳ (*naTSAR*) guard; keep; lock; besiege; put on safety

נִצֵּר פעל י׳ (*niTSER*) christianize

נֵצֶר ז׳ (*NEtser*) sprout; shoot; offspring

נִצְרַב פעל ע׳ (*nitsRAV*) be burnt; be scorched

נִצְרָה נ׳ (*nitsRA*) safety (in firearms)

נַצְרוּת נ׳ (*natsRUT*) Christianity

נִצְרַךְ פעל ע׳ (*nitsRAKH*) be compelled; need to; need; be needy

נִצְרָךְ ת׳ needy

נָצְרַת, נַצֶּרֶת נ׳ (*natseRAT; naTSEret*) Nazareth

נִצַּת פעל ע׳ (*niTSAT*) be kindled; catch fire

נָקַב פעל י׳ (*naKAV*) bore; perforate; specify; state explicitly

נִקַּב פעל ע׳ (*nikKAV*) be perforated; be specified

נִקֵּב פעל י׳ (*nikKEV*) bore; perforate; punch; pierce

נֶקֶב ז׳ (*NEkev*) hole; puncture; pore; orifice

נִקְבֵּב פעל י׳ (*nikBEV*) perforate

נְקֵבָה נ׳ (*nekeVA*) female; woman

נִקְבָּה נ׳ (*nikBA*) tunnel

נִקְבּוּב ז׳ (*nikBUV*) perforation

נַקְבּוּבִי ת׳ (*nakbuVI*) porous; perforated; permeable

נַקְבּוּבִיּוּת נ׳ (*nakbuviYUT*) porosity

נַקְבּוּבִית נ׳ (*nakbuVIT*) pore

נַקְבוּת נ׳ (*nakVUT*) female nature; female genitals
נַקְבוּתִי ת׳ (*nakvuTI*) feminine; female
נְקֵבִי ת׳ (*nekeVI*) feminine; female
נִקְבַּע פעל ע׳ (*nikBA'*) be placed; be fixed; be determined; be agreed
נִקְבַּר פעל ע׳ (*nikBAR*) be buried
נִקֵּד פעל י׳ (*nikKED*) vocalize (Hebrew writing); punctuate; dot
נָקֹד ת׳ (*naKOD*) spotted; speckled
נֶקֶד ז׳ (*NEked*) dot; pockmark; coccus
נִקְדֵּד פעל י׳ (*nikDED*) draw a dotted line
נְקֻדָּה נ׳ (*nekudDA*) dot; point; speckle; period; full stop; vowel sign (Hebrew); settlement; position
– וּפְסִיק semicolon
נְקֻדָּתַיִם colon
נְקֻדַּת אֲחִיזָה foothold; lead
נְקֻדַּת מַבָּט (רְאוּת) viewpoint
נְקֻדַּת צִיּוּן reference point, coordinate
נִקְדּוּד ז׳ (*nikDUD*) drawing a dotted line
נַקְדָן ז׳ (*nakkeDAN*) vocalizer of (text); pedant
נִקְדַּשׁ פעל ע׳ (*nikDASH*) become sacred
נְקֻדָּתַיִם נ״ז (*nekuddaTAyim*) colon
נִקָּה פעל ע׳ י׳ (*nikKA*) clean; cleanse; purify; exonerate; acquit; be cleaned; be exonerated; be acquitted
נִקְהַל פעל ע׳ (*nikHAL*) gather; assemble
נָקוּב ת׳ (*naKUV*) punctured; punched; perforated; specified; named; nominal
נִקּוּב ז׳ (*nikKUV*) perforation; punching
כַּרְטִיס – punch card
נָקוּד ת׳ (*naKUD*) pointed; punctuated

נִקּוּד ז׳ (*nikKUD*) vocalizing; vocalization (Hebrew language)
נקודה ר׳ נְקֻדָּה
נִקְוָה פעל ע׳ (*nikVA*) gather, flow together
נִקּוּז ז׳ (*nikKUZ*) drainage; draining
נִקּוּי ז׳ (*nikKUY*) cleaning
נִקּוּר ז׳ (*nikKUR*) piercing; pecking; scratching out; gouging
נָקוּר ת׳ (*naKUR*) gouged; pecked
נִקֵּז פעל י׳ (*nikKEZ*) drain
נָקַט פעל י׳ (*naKAT*) take; adopt; wield
נָקִי ת׳ (*naKI*) clean; pure; net; innocent; exempt; free
לָשׁוֹן נְקִיָּה euphemism
יָצָא נְקִי מִנְּכָסָיו lost everything
נִקָּיוֹן ז׳ (*nikkaYON*) cleanliness; pureness; cleaning
נְקִיּוּת נ׳ (*nekiYUT*) cleanness
נְקִיטָה נ׳ (*nekiTA*) taking; holding
נְקִיטַת חֵפֶץ taking an oath
נְקִיעָה נ׳ (*neki'A*) dislocation; spraining
נְקִיפָה נ׳ (*nekiFA*) knock, tap
נְקִיפַת אֶצְבַּע slight effort
נְקִיפַת מַצְפּוּן (לֵב) pang of conscience
נָקִיק ז׳ (*naKIK*) crevice; cleft; nook
נְקִירָה נ׳ (*nekiRA*) pecking; gouging
נְקִישָׁה נ׳ (*nekiSHA*) knock; knocking; percussion
נָקֵל ת׳ (*naKEL*) easy
נִקְלֶה ת׳ (*nikLE*) vile; contemptible; inferior
נִקְלוּת נ׳ (*nikLUT*) vileness; contemptibility; inferiority
נָקַם פעל י׳ (*naKAM*) revenge; avenge; take revenge
נִקַּם פעל י׳ (*nikKAM*) avenge
נָקָם ז׳ (*naKAM*) revenge
נְקָמָה נ׳ (*nekaMA*) revenge; vengeance
נַקְמָנוּת נ׳ (*nakmaNUT*) vengefulness

נָקְמָנִי ת׳ (nakmaNI) vengeful
נַקְנִיק ז׳ (nakNIK) sausage
נַקְנִיקִיָּה; נַקְנִיקִית נ׳ (naknikiYA; nakniKIT) frankfurter
נִקַּע פעל ע׳ (nikKA') sprain
נָקַף פעל י׳ (naKAF) tap, strike
נִקֵּר פעל י׳ (nikKER) gouge; peck
נַקָּר ז׳ (nakKAR) woodpecker
נִקְרַב פעל ע׳ (nikRAV) approach; come near; be sacrificed
נִקְרָה נ׳ (nikRA) crevice; hole
– פעל ע׳ chance; happen
נָקַשׁ פעל ע׳ י׳ (naKASH) knock; strike
נֻקְשֶׁה ת׳ (nukSHE) hard; rigid; inflexible; tough
נֵר ז׳ (NER) candle
נִרְאֶה ת׳ (nir'E) visible; apparent; acceptable
כַּ — apparently
נִרְאָה פעל ע׳ (nir'A) be seen; be visible; appear; be acceptable
נִרְגַּז פעל ע׳ (nirGAZ) be angry
נִרְגָּז ת׳ angry; annoyed
נִרְגָּן ת׳ (nirGAN) complaining; grumbling
נִרְגָּנוּת נ׳ (nirgaNUT) grumbling
נִרְגַּע פעל ע׳ (nirGA') calm down; relax
נִרְגָּשׁ ת׳ (nirGASH) agitated; excited; moved
נִרְדַּם פעל ע׳ (nirDAM) fell asleep
נִרְדָּף ת׳ (nirDAF) persecuted; synonymous
שֵׁם — synonym
נִרְחָב ת׳ (nirḤAV) extensive; wide
נִרְטַב פעל ע׳ (nirTAV) become wet
נִרְכַּן פעל ע׳ (nirKAN) bow
נִרְעַב פעל ע׳ (nir'AV) become hungry
נִרְעָשׁ ת׳ (nir'ASH) agitated
נִרְפָּא פעל ע׳ (nirPA) recover
נִרְפֶּה ת׳ (nirPE) lazy
נִרְצָה פעל ע׳ (nirTSA) be acceptable
נִרְקַב פעל ע׳ (nirKAV) rot

נַרְקוֹזָה נ׳ (narKOza) anasthesia
נַרְקִיס ז׳ (narKIS) narcissus
נַרְקוֹמָן ז׳ (narkoMAN) drug addict
נַרְתִּיק ז׳ (narTIK) bag; case; sheath; vagina
– אֶקְדָּח holster
נִרְתַּע פעל ע׳ (nirTA') recoil; withdraw; flinch
נָשָׂא פעל י׳ (naSA) carry, bear; lift; take; contain
– אִשָּׁה take a wife; marry
– וְנָתַן negotiate
– חֵן בְּעֵינֵי find favor in the eyes of
נִשָּׂא פעל ע׳ (nisSA) be raised; be carried; marry
– ת׳ high; exalted
נִשְׁאַר פעל ע׳ (nish'AR) remain; stay; survive
נָשַׁב פעל ע׳ (naSHAV) blow
נִשֵּׁב פעל י׳ ע׳ (nishSHEV) blow strongly, blow
נִשְׁבַּע פעל ע׳ (nishBA') swear; take an oath
נִשְׂגָּב ת׳ (nisGAV) exalted; sublime; strong; firm
– מִבִּינָתִי beyond me
נָשׂוּא ז׳ ת׳ (naSU) predicate; married; carried
נְשׂוּא פָּנִים honored; important; respected
נָשׂוּי ת׳ (naSUY) married
נִשּׁוּל ז׳ (nishSHUL) dispossession; eviction
נִשּׁוֹם ז׳ (nishSHOM) taxpayer
נִשְׁחָת ת׳ (nishḤAT) corrupt
נָשִׁי ת׳ (naSHI) feminine
נָשִׂיא ז׳ (naSI) president; prince; chieftain; Nasi (head of Sanhedrin)
נְשִׂיאָה נ׳ (nesi'A) carrying; bearing; woman president; president's wife
נְשִׂיאוּת נ׳ (nesi'UT) presidency; leadership; presidium
נָשִׁיּוּת נ׳ (nashiYUT) femininity

נְשִׁיכָה נ׳ (neshiKHA) bite; biting
נָשִׁים נ״ר (naSHIM) women; wives
נְשִׁימָה נ׳ (neshiMA) breath; breathing; respiration
נְשִׁיפָה נ׳ (neshiFA) exhalation
— כְּלִי wind instrument
נְשִׁיקָה נ׳ (neshiKA) kiss
נָשִׁיר ת׳ ז׳ (naSHIR) deciduous; shedding; molting season
נְשִׁירָה נ׳ (neshIRA) falling; dropping; molting; dropping out
נָשַׁךְ פעל י׳ (naSHAKH) bite; demand interest
נֶשֶׁךְ ז׳ (NEshekh) interest; usury
נִשְׁכַּב פעל ע׳ (nishKAV) drop
נִשְׂכָּר ת׳ (nisKAR) hired; deriving benefit
נָשַׁל פעל ע׳ י׳ (naSHAL) fall; drop; remove; drive out
נִשֵּׁל פעל י׳ (nishSHEL) dispossess; evict
נִשְׁלָם ת׳ (nishLAM) completed
נָשַׁם פעל ע׳ (naSHAM) breath, inhale
— לִרְוָחָה feel relieved
נְשָׁמָה נ׳ (neshaMA) soul; spirit; life
— נֵר memorial candle
נִשְׁמַט פעל ע׳ (nishMAT) be dislocated; be omitted; slip away
נִשְׁנָה פעל ע׳ (nishNA) be taught; recur
נָשַׁף פעל י׳ (naSHAF) blow; exhale; hiss; inject venom
נֶשֶׁף ז׳ (NEshef) party; ball; evening; night; period before dawn
נִשְׁפַּט פעל ע׳ (nishPAT) be judged; be sentenced; litigate
נִשְׁפִּיָּה נ׳ (nishpiYA) small party
נָשַׁק פעל י׳ (naSHAK) kiss; touch
נִשֵּׁק פעל י׳ (nishSHEK) kiss
נֶשֶׁק ז׳ (NEshek) weapon; arms
— שְׁבִיתַת armistice
נַשָּׁק ז׳ (nashSHAK) gunsmith; armorer
נִשְׁקַף פעל ע׳ י׳ (nishKAF) be visible; command; overlook; be imminent; look; be expected; be in the offing

נָשַׁר פעל ע׳ (naSHAR) fall; fall out; drop, drop out
נֶשֶׁר ז׳ (NEsher) vulture; griffon vulture; eagle (popularly)
נִשְׁרִי ת׳ (nishRI) aquiline; eagle
נְשֹׁרֶת נ׳ (neSHOret) fallout
נִשְׁתַּתֵּק become silent; become dumb; calm down
נַתָּב ז׳ (natTAV) pilot
נִתְבָּע ז׳ ת׳ (nitBA') defendant; respondent; claimed
נִתּוּחַ ז׳ (nitTU'ah) operation; analysis
— פְּלַסְטִי plastic surgery
— קֵיסָרִי Caesarean section
נָתוּן ת׳ ז׳ (naTUN) placed; handed over; given; datum
נְתוּנִים data
נִתּוּץ ז׳ (nitTUTS) smashing; destruction
נִתּוּק ז׳ (nitTUK) severance; disconnection; interruption
נִתּוּר ז׳ (nitTUR) leap; jump
נִתַּח פעל י׳ (nitTAH) operate; cut; dissect; analyze
נֵתַח ז׳ (NEtah) piece; section
נָתִיב ז׳ (naTIV) way; path; direction; custom; practice; lane; track
נָתִיךְ ז׳ (naTIKH) fuse
נָתִין ז׳ (naTIN) subject; citizen
נְתִינָה נ׳ (netiNA) giving; presentation
נְתִינוּת נ׳ (netiNUT) nationality; citizenship
נָתִיק ת׳ (naTIK) detachable; removable
נָתַךְ פעל ע׳ (naTAKH) pour; pour out
נִתַּךְ פעל ע׳ (nitTAKH) pour down; melt; flow out
נֶתֶךְ ז׳ (NEtekh) alloy
נָתַן פעל י׳ (naTAN) give; allow; let; put; fix; make

– אֶת הַדִּין pay for, be punished for

– דַּעְתּוֹ עַל pay attention to

מִי יִתֵּן would that...

נִתַּן פעל ע׳ (nitTAN) be given; be put; be allowed; be possible

נִתְעָב ת׳ (nit'AV) abominable; loathesome

נָתַץ פעל י׳ (naTATS) destroy; smash

נִתֵּק פעל י׳ (nitTEK) sever; disconnect

נִתְקַל פעל ע׳ (nitKAL) come across; chance upon; stumble

נִתְקַע פעל ע׳ (nitKA') be stuck

נִתֵּר פעל ע׳ (nitTER) jump, leap

נַתְרָן ז׳ (natRAN) sodium

נָתַשׁ פעל י׳ (naTASH) uproot; drive out

# ס

Samekh (the fifteenth letter of the Hebrew alphabet): sixty, sixtieth (*SAmekh*) ס׳ נ׳

seah (14 qts.) (*se'AH*) סְאָה נ׳

overdo, exaggerate גָּדַשׁ (הִגְדִּישׁ) אֶת הַ –

grandfather (*saVA*) סָבָא ז׳

grandpa (*SABba*) סַבָּא ז׳

go around, circle (*saVAV*) סָבַב פעל ע׳ י׳

reason; cause (*sibBA*) סִבָּה נ׳

revolution; rotation; turn; tour; round (*sibBUV*) סִבּוּב ז׳

entangled; dense (*saVUKH*) סָבוּךְ ת׳

complication; entanglement (*sibBUKH*) סִבּוּךְ ז׳

soap (*sabBON*) סַבּוֹן ז׳

soaping (*sibBUN*) סִבּוּן ז׳

think; believe (*saVUR*) סָבוּר ת׳

I think סְבוּרַנִי

all around; around (*saVIV*) סָבִיב תה״פ

environment; surroundings; locality (*seviVA*) סְבִיבָה נ׳

top (*seviVON*) סְבִיבוֹן ז׳

environmental; of the environment (*sevivaTI*) סְבִיבָתִי ת׳

passive; endurable (*saVIL*) סָבִיל ת׳

tolerance; passivity (*seviLUT*) סְבִילוּת נ׳

reasonable (*saVIR*) סָבִיר ת׳

thicket; entanglement; complication (*seVAKH*) סְבַךְ ז׳

calf (anatomy) (*SOvekh*) סֹבֶךְ ז׳

latticework, net; grill (*sevaKHa*) סְבָכָה נ׳

warbler (*sibbeKHI*) סִבְּכִי ז׳

carry a burden; suffer; bear; tolerate (*saVAL*) סָבַל פעל י׳

porter (*sabBAL*) סַבָּל ז׳

burden; load; suffering (*SEvel*) סֵבֶל ז׳

porterage (*sabbaLUT*) סַבָּלוּת נ׳

patient (*savLAN*) סַבְלָן ת׳

patience (*savlaNUT*) סַבְלָנוּת נ׳

soap (*sibBEN*) סִבֵּן פעל י׳

think, believe (*saVAR*) סָבַר פעל ע׳

hope; appearance; expression (*seVER*) סֵבֶר ז׳

assumption; conjecture (*sevaRA*) סְבָרָה נ׳

grandma (*SAVta*) סַבְתָּא נ׳

bow; prostrate oneself, worship, bend the knee (*saGAD*) סָגַד פעל י׳

(Hebrew sublinear mark to indicate sound of *e* as in met) (*segGOL*) סֶגּוֹל ז׳

adaptation (*sigGUL*) סִגּוּל ז׳

violet (color) (*seGOL*) סְגוֹל ז׳

torment; self-mortification (*sigGUF*) סִגּוּף ז׳

shut, closed; confined; introverted (*saGUR*) סָגוּר ת׳

large; much; enough (*sagGI*) סַגִּי ת׳ תה״פ

in a contrary sense בִּלְשׁוֹן – נְהוֹר

bending the knee; prostrating oneself; worship (*segiDA*) סְגִידָה נ׳

closing; shutting (*segiRA*) סְגִירָה נ׳

adapt; collect (*sigGEL*) סִגֵּל פעל י׳

staff; corps; cadre; violet (*SEgel*) סֶגֶל ז׳

violet (*saGOL*) סָגֹל ת׳

oval (*segalGAL*) סְגַלְגַּל ת׳

treasure; trait; virtue; means (*segulLA*) סְגֻלָּה נ׳

exceptional people יְחִידֵי –

the Jewish People עַם –

specific (*segulLI*) סְגֻלִּי ת׳

סֶגֶן ז׳ (SEgen) lieutenant (1st);
– מִשְׁנֶה second lieutenant
סְגָן ז׳ (seGAN) deputy; assistant; vice-
סְגַן אַלּוּף lieutenant colonel
סִגְנוֹן ז׳ (sigNON) style
סִגְנוֹנִי ת׳ (signoNI) stylistic
סִגְנֵן פעל י׳ (sigNEN) style
סַגְסֹגֶת נ׳ (sagSOget) alloy
סַגְּפָנוּת נ׳ (saggefaNUT) asceticism
סָגַר פעל י׳ (saGAR) close; shut; confine; block; obstruct
סַגְרִיר ז׳ (sagRIR) heavy rain
סַד ז׳ (SAD) stocks; splint
סָדוּק ת׳ (saDUK) cracked
סִדּוּק ז׳ (sidDUK) splitting
סָדוּר ת׳ (saDUR) arranged; arrayed
סִדּוּר ז׳ (sidDUR) arrangement; organizing; prayer book; setting up; "fixing"; composition, typesetting
סִדּוּרִי ת׳ (sidduRI) ordinal; orderly
סָדִין ז׳ (saDIN) sheet
סָדִיסְט ז׳ (saDIST) sadist
סָדִיר ת׳ (saDIR) regular
סַדָּן ז׳ (sadDAN) anvil; stump; breechblock
סַדְנָה נ׳ (sadNA) workshop; workbench
סָדַק פעל י׳ (saDAK) crack; split
סֶדֶק ז׳ (SEdek) crack; cleft
סִדְקִית נ׳ (sidKIT) notions
סִדֵּר פעל י׳ (sidDER) arrange; put in order; set type; "fix"
סֵדֶר ז׳ (SEder) order; arrangement; series; Passover ceremonial meal
סַדָּר ז׳ (sadDAR) typesetter
סְדָר ז׳ (seDAR) makeup
סִדְרָה נ׳ (sidRA) weekly Pentateuch reading; series; training period
סַדָּרוּת נ׳ (saddaRUT) typesetting
סַדְּרָן ז׳ (saddeRAN) usher
סַדְּרָנוּת נ׳ (sadderaNUT) ushering
סַהַר ז׳ (SAhar) moon
חֲצִי – crescent

סֹהַר, בֵּית סֹהַר ז׳ (SOhar; beyt SOhar) prison
סַהֲרוּרִי ת׳ ז׳ (saharuRI) moon-struck; somnambulist; sleepwalker
סַהֲרוּרִיּוּת נ׳ (saharuriYUT) somnambulism; sleepwalking
סוֹאֵן ת׳ (so'EN) noisy; bustling
סוֹבֵא ז׳ (soVE) drunkard
סוּבְּטְרוֹפִּי ת׳ (subTROpi) subtropical
סוֹבְיֶטִי ת׳ (sovYEti) soviet
סוּבְּיֶקְטִיבִי ת׳ (subyekTIvi) subjective
סוֹבֵל ת׳ (soVEL) suffering
סוּבְּלִימַצְיָה נ׳ (subliMATSya) sublimation
סוֹבְלָנוּת נ׳ (sovelaNUT) tolerance
סוֹבְלָנִי ת׳ (sovelaNI) tolerant
סוּבְּסִידְיָה נ׳ (subSIDya) subsidy
סוּבֶּרֶנִי ת׳ (suveREni) sovereign
סוּג ז׳ (SUG) category; class; genus
סִוֵּג פעל י׳ (sivVEG) classify; sort
סוּגְיָה נ׳ (sugYA) topic; problem; chapter
סוּגֶסְטְיָה נ׳ (suGESTya) suggestion
סוֹגְרַיִם ז״ז (sogeRAyim) parentheses
סוֹד ז׳ (SOD) secret
אִישׁ – confidant
סוֹדָה נ׳ (SOda) soda; carbonated water
סוֹדִי ת׳ (soDI) secret
– בְּיוֹתֵר top secret
סוֹדִיּוּת נ׳ (sodiYUT) secrecy
סוּדָר ז׳ (suDAR) scarf; sweater
סוֹהֵר ז׳ (soHER) jailer, prison guard
סִוּוּג ז׳ (sivVUG) classification; grading; sorting
סוֹחֵר ז׳ (soḤER) merchant, trader; businessman
כֶּסֶף עוֹבֵר לַ– legal tender
סוֹטָה נ׳ (soTA) faithless wife
סוֹיָה נ׳ (SOYa) soya
סְוִיטָה נ׳ (SWIta) suite
סוכה ר׳ סֻכָּה

סוֹכֵךְ ז׳ (*soKHEKH*) parasol; umbrella; umbel
סוֹכֵן ז׳ (*soKHEN*) agent; overseer; manager; steward
סוֹכְנוּת נ׳ (*sokheNUT*) agency
ה־ – The Jewish Agency
סוֹכֶנֶת נ׳ (*soKHEnet*) housekeeper
סוכר ר׳ סֻכָּר
סוכרת ר׳ סֻכֶּרֶת
סוֹל ז׳ (*SOL*) sol
סוֹלוֹ ז׳ (*SOlo*) solo
סוֹלְחָן ז׳ (*soleḤAN*) forgiving person
סוּלְטָן ז׳ (*sulTAN*) sultan
סוֹלִידָרִיּוּת נ׳ (*soliDARiyut*) solidarity
סוּלְיָה נ׳ (*sulYA*) sole
סוֹלְלָה נ׳ (*soleLA*) battery; embankment; rampart
סולם ר׳ סֻלָּם
סוֹלָן ז׳ (*soLAN*) soloist
סוּלְפָה נ׳ (*SULfa*) sulfa
סולת ר׳ סֹלֶת
סוּלְפָט ז׳ (*sulFAT*) sulfate
סוּמָא, סוֹמֵא ז׳ (*suMA; soME*) blind man
סוֹנֶטָה נ׳ (*soNEta*) sonnet
סוֹנָטָה נ׳ (*soNAta*) sonata
סוּס ז׳ (*SUS*) horse; knight (chess)
– יְאוֹר hippopotamus
– יָם walrus
– מֵרוֹץ racehorse
סוּסָה נ׳ (*suSA*) mare
סוּסוֹן ז׳ (*suSON*) small horse; colt
– יָם sea horse
סוּסִי ת׳ (*suSI*) equine
סוֹעֵר ת׳ (*so'ER*) stormy; turbulent; excited
סוּף ז׳ (*SUF*) bulrush
יַם־ – Red Sea
סוֹף ז׳ (*SOF*) end, termination; edge
– – anyway; finally
בַּ־, לַ־, לְבַ־, לְבַ־ in the end
כָּל־ – finally, at last

סֻפְגָּנִית, סֻפְגָּנִיָּה נ׳ (*sufgaNIT; sufganiYA*) doughnut
סוּפָה נ׳ (*suFA*) storm; gale
סוֹפִי ת׳ (*soFI*) final
סוֹפִית נ׳ (*soFIT*) suffix, ending
סוֹפֵר ז׳ (*soFER*) author; writer; scribe
סוֹפְּרָן ז׳ (*sopRAN*) soprano
סוֹצְיָאלִיסְט ז׳ (*sotsyaLIST*) socialist
סוֹצְיָאלִיסְטִי ת׳ (*sotsyaLISti*) socialistic; socialist
סוֹצְיָאלִיזְם (*sotsyaLIZM*) socialism
סוֹצְיוֹלוֹג ז׳ (*sotsyoLOG*) sociologist
סוֹצְיוֹלוֹגִי ת׳ (*sotsyoLOgi*) sociological
סוֹצְיוֹלוֹגְיָה נ׳ (*sotsyoLOGya*) sociology
סוֹקֵר ז׳ (*soKER*) reviewer
סַוָּר ז׳ (*savVAR*) stevedore
סוֹרֵג ז׳ (*soREG*) latticework; bars
סוֹרְגּוּם ז׳ (*SORgum*) sorghum
סוּרִי ז׳ ת׳ (*suRI*) Syrian
סוּרְיָה נ׳ (*SURya*) Syria
סוֹרֵר ת׳ (*soRER*) rebellious; stubborn
סָח פעל י׳ (*SAḤ*) tell, say, converse
סָחַב פעל י׳ (*saḤAV*) drag, pull; "swipe", pilfer
סְחָבָה נ׳ (*sehaVA*) rag; mop
סַחֶבֶת נ׳ (*saḤEvet*) red tape, stalling
סָחוּט ת׳ (*saḤUT*) squeezed out; all in
סְחוּס ז׳ (*seḤUS*) cartilage
סְחוֹר תה״פ (*seḤOR*) around; roundabout; deviously
סְחוֹרָה נ׳ (*sehoRA*) merchandise; goods; trade
סָחַט פעל י׳ (*saḤAT*) squeeze; press out; wring; extort
סַחְטָן ז׳ (*sahTAN*) blackmailer; extortioner
סַחְטָנוּת נ׳ (*sahtaNUT*) blackmail; extortion
סְחִיטָה נ׳ (*sehiTA*) squeezing; pressing; wringing; extortion

סְחִיפָה נ׳ (seḥiFA) erosion
סַחְלָב ז׳ (saḥLAV) orchid
סָחַף פעל י׳ (saḤAF) wash away; erode
סַחַף ז׳ (SAḥaf) silt
סָחַר פעל ע׳ י׳ (saḤAR) trade; deal
סַחַר ז׳ (SAḥar) trade; commerce
סַחַר חוּץ foreign trade
סַחַר חֲלִיפִין barter
סְחְרוּר ז׳ (siḥRUR) spin
סְחַרְחַר ת׳ (seḥarḤAR) dizzy
סְחַרְחֵרָה נ׳ (seḥarḥeRA) merry-go-round
סְחַרְחֹרֶת נ׳ (serḥarḤOret) dizziness; vertigo
סִחְרֵר פעל י׳ (siḥRER) make dizzy
סָטָה פעל ע׳ (saTA) turn aside; deviate; go astray
סְטָו ז׳ (seTAV) colonnade
סְטוּדְיוֹ ז׳ (STUDyo) studio
סְטוּדֶנְט ז׳ (stuDENT) student
סְטָז׳ ז׳ (STAZH) internship; training period
סְטָטִי ת׳ (STAti) static
סְטָטִיסְטִיקָה נ׳ (statisTIka) statistics
סְטָטִיסְטִיקָן ז׳ (statistiKAN) statistician
סְטִיָּה נ׳ (setiYA) deviation; digression; turning aside
סְטִיפֶּנְדְיָה נ׳ (stiPENDya) scholarship; study grant
סְטִירָה נ׳ (setiRA) slap
סָטִירָה נ׳ (saTIra) satire
סָטִירִי ת׳ (saTIri) satirical
סָטִירִיקָן ז׳ (satiriKAN) satirist
סְטַנְדַּרְד ז׳ (stanDARD) standard
סְטַנְדַּרְטִי ת׳ (stanDARti) standard
סְטַנְדַּרְטִיזַצְיָה נ׳ (standartiZATSya) standardization
סָטַר פעל י׳ (saTAR) slap
סְטְרוֹנְצְיוּם ז׳ (strontsYUM) strontium
סְטְרוּקְטוּרָה נ׳ (strukTUra) structure
סְטְרָטוֹסְפֵרָה נ׳ (stratosFEra) stratosphere

סְטֶרִילִי ת׳ (steRIli) sterile
סְטֶרִילִיזַצְיָה נ׳ (steriliZATSya) sterilization
סְטְרֶפְּטוֹמִיצִין ז׳ (strepTOmitsin) streptomycin
סִיב ז׳ (SIV) fiber
סִיבִי ת׳ (siVI) fibrous
סִיבִּיר נ׳ (siBIR) Siberia
סִיג ז׳ (SIG) dross; evil persons
סְיָג ז׳ (seYAG) fence; restriction; additional stricture
סִיגָר ז׳ (siGAR) cigar
סִיגַרְיָה נ׳ (siGARya) cigarette
סִיד ז׳ (SID) lime; whitewash; plaster
סִיֵּד פעל י׳ (siYED) whitewash
סַיָּד ז׳ (saiYAD) whitewasher
סַיָּדוּת נ׳ (saiyaDUT) whitewashing
סִידָן ז׳ (siDAN) calcium
סִיּוּד ז׳ (siYUD) whitewashing
סִיּוּט ז׳ (siYUT) nightmare
סִיּוּם ז׳ (siYUM) end; finish; conclusion
סִיוָן ז׳ (siVAN) Sivan (9th Hebrew month; 3rd in Bible)
סִיּוּעַ ז׳ (siYU'a) aid; assistance; help; support
סִיּוּף ז׳ (siYUF) fencing
סִיּוּר ז׳ (siYUR) tour, expedition; visit; trip; reconnaissance
סְיָח ז׳ (seYAḤ) colt; young donkey
סִיטוּאַצְיָה נ׳ (situ'ATSya) situation; setting
סִיטוֹנַאי ז׳ (sitoNAI) wholesaler
סִיטוֹנוּת נ׳ (sitoNUT) wholesale
סִיטוֹנִי ת׳ (sitoNI) wholesale
סִיכָה נ׳ (siKHA) lubrication; oiling
סִילוֹ ז׳ (SIlo) silo
סִילוֹגִיזְם ז׳ (siloGIZM) syllogism
סִילוֹן ז׳ (siLON) jet; jet airplane
סִילוֹנִי ת׳ (siloNI) jet
סִיֵּם פעל י׳ (siYEM) finish; conclude; terminate; note
סִימְבְּיוֹזָה נ׳ (simbYOza) symbiosis

סִימוּלְטָנִי ת׳ (*simulTAni*) simultaneous
סִימֶטְרִיָּה נ׳ (*siMETriya*) symmetry
סִימָן ז׳ (*siMAN*) sign, mark; omen; signal; paragraph; esophagus and trachea
סִימָנִיָּה נ׳ (*simaniYA*) bookmark
סִימָנִית נ׳ (*simaNIT*) mark, sign
סִימְפוֹנְיָה נ׳ (*simFONya*) symphony
סִימְפָּתִי ת׳ (*simPAti*) nice; pleasant
סִיֹּמֶת (*siYOmet*) suffix
סִין נ׳ (*SIN*) China
סינור ר׳ סִנָּר
סִינַי ז׳ ת׳ (*siNAI*) Sinai; erudite scholar; well versed in Bible and Talmud
סִינִי ז׳ ת׳ (*siNI*) Chinese
סִינִית נ׳ Chinese (language)
סִינְתֶּזָה נ׳ (*sinTEza*) synthesis
סִינְתֶּטִי ת׳ (*sinTEti*) synthetic
סַיָּס ז׳ (*saiYAS*) ostler; groom
סִיסְטֶמָתִי ת׳ (*sisteMAti*) systematic
סִיסְמָה נ׳ (*sisMA*) password; slogan
סִיֵּעַ פעל י׳ (*siYA'*) aid; assist; help; support
סִיעָה נ׳ (*si'A*) faction
סִיעָתִי ת׳ (*si'aTI*) factional
סַיִף ז׳ (*SAyif*) sword; fencing
סַיָּף ז׳ (*saiYAF*) swordsman; fencer
סִיֵּף פעל י׳ (*siYEF*) fence
סֵיפָא ז׳ (*seyFA*) end; concluding section
סֵיפָן ז׳ (*seyFAN*) gladiolus
סִיקוּס ז׳ (*siKUS*) knot, node
סִיר ז׳ (*SIR*) pot
סִיֵּר פעל י׳ (*siYER*) visit; tour; reconnoiter
סַיָּר ז׳ (*saiYAR*) scout
סִירָאוּת נ׳ (*sira'UT*) boating
סִירַאי ז׳ (*siRAI*) boatman
סִירָה נ׳ (*siRA*) boat
סִירוֹפּ ז׳ (*siROP*) syrup
סַיָּרוּת נ׳ (*saiyaRUT*) scouting; reconnaissance
סִירֶנָה נ׳ (*siREna*) siren
סַיֶּרֶת נ׳ (*saiYEret*) reconaissance patrol; special duty unit; cruiser
סַךְ ז׳ (*SAKH*) amount; sum
– הַכֹּל total
סָךְ פעל י׳ (*SAKH*) oil; anoint; rub with oil
– ז׳ large group, crowd
בַּ – in a festive throng; in procession
סֻכָּה נ׳ (*sukKA*) booth; hut; branch-covered structure used on feast of Tabernacles
סָכָה פעל י׳ (*saKHA*) see; look; watch
סִכָּה נ׳ (*sikKA*) pin
סִכַּת בִּטָּחוֹן safety pin
סִכּוּי ז׳ (*sikKUY*) prospect; chance; hope
סִכּוּל ז׳ (*sikKUL*) frustration
סְכוּם ז׳ (*sekHUM*) amount; sum
סִכּוּם ז׳ (*sikKUM*) summing up
סַכּוּ"ם ז׳ (*sakKUM*) cutlery
סִכּוּן ז׳ (*sikKUN*) risk; danger
סֻכּוֹת נ״ר (*sukKOT*) feast of Tabernacles
סַכִּין ז׳ נ׳ (*sakKIN*) knife
– גִּלּוּחַ razor blade
סַכִּינַאי ז׳ (*sakkiNAI*) robber; mugger
סָכַךְ פעל י׳ (*saKHAKH*) hide; screen; conceal; shade
סְכָךְ ז׳ (*seKHAKH*) roofing branches
סְכָכָה נ׳ (*sekhaKHA*) shed; shelter
סִכֵּל פעל י׳ (*sikKEL*) frustrate
סָכָל ז׳ ת׳ (*saKHAL*) fool; foolish
סִכְלוּת נ׳ (*sikhLUT*) folly, foolishness
סִכֵּם פעל י׳ (*sikKEM*) sum up; add up
סָכַן פעל ע׳ (*saKHAN*) be useful
סִכֵּן פעל י׳ (*sikKEN*) endanger; jeopardize
סַכָּנָה נ׳ (*sakkaNA*) danger; peril

סִכְסוּךְ ז׳ (sikhSUKH) dispute; argument; conflict
סִכְסֵךְ פעל י׳ (sikhSEKH) incite; stir up; intrigue; mix up, confuse
סַכְסְכָן ז׳ (sakhseKHAN) intriguer; trouble-maker, person stirring up strife
סַכְסְכָנוּת נ׳ (sakhsekhaNUT) quarrelmongering, stirring up strife
סָכַר פעל י׳ (saKHAR) shut; dam up
סֶכֶר ז׳ (SEkher) dam; sluice gate
סֻכָּר ז׳ (sukKAR) sugar
סִכֵּר פעל י׳ (sikKER) sugar; sweeten with sugar
סֻכָּרִי ת׳ (sukkaRI) sugary
סֻכָּרִיָּה נ׳ (sukkariYA) candy
– עַל מַקֵּל (sukkariYA) lollipop
סַכָּרִין ז׳ (sakhaRIN) saccharin
סֻכֶּרֶת נ׳ (sukKEret) diabetes
סַל ז׳ (SAL) basket
סִלֵּא פעל י׳ (silLE) weigh; estimate; value
לֹא יְסֻלֶּא בַּפָּז priceless
סָלַד פעל ע׳ (saLAD) shrink from; withdraw; be repelled by; be disgusted by
סָלוּל ת׳ (saLUL) paved
סָלוֹן ז׳ (saLON) living room
סִלּוּף ז׳ (silLUF) distortion; perversion
סִלּוּק ז׳ (silLUK) removal; departure; death; repayment
סִלּוּקִין ז״ר clearing
סָלַח פעל י׳ (saLAḤ) forgive; pardon
סַלָּח ז׳ (salLAḤ) forgiver
סַלְחָן, סָלְחָן ז׳ (salḤAN; solḤAN) forgiver
סַלְחָנוּת נ׳ (salḥaNUT) leniency; tolerance
סַלְחָנִי ת׳ (salḥaNI) forgiving; merciful
סָלָט ז׳ (saLAT) salad
סַלְטָה נ׳ (SALta) somersault

סְלִידָה נ׳ (seliDA) revulsion; disgust; aversion
סְלִיחָה נ׳ (seliḤA) pardon; forgiveness
סְלִיחוֹת penitential prayers
סְלִיל ז׳ (seLIL) ocil; spool; screw
סְלִילָה נ׳ (seliLA) paving
סְלִילִי ת׳ (seliLI) spiral
סְלִיק ז׳ (seLIK) cache
סָלַל פעל י׳ (saLAL) pave; press; compress; extol
סֻלָּם ז׳ (sulLAM) ladder; scale
סַלְמוֹן ז׳ (salMON) salmon
סְלֶנְג ז׳ (SLENG) slang
סִלְסוּל ז׳ (silSUL) waving; curling; wave; coloratura, trill
סִלְסֵל פעל י׳ (silSEL) curl; wave; trill; honor; further; praise
סַלְסִלָּה נ׳ (salsilLA) small basket
סַלְסָלָה נ׳ (salsaLA) muslin
סֶלַע ז׳ (SEla') rock; sela (coin)
סַלְעִי ת׳ (sal'I) rocky
סִלֵּף פעל י׳ (silLEF) distort; pervert; falsify
סִלֵּק פעל י׳ (silLEK) remove; repay; dismiss; send away
סֶלֶק ז׳ (SElek) beet
– לָבָן turnip
– סֻכָּר sugar beet
סֶלֶקְטִיבִי ת׳ (selekTIvi) selective
סֶלֶקְצְיָה נ׳ (seLEKtsya) selection
סֹלֶת נ׳ (SOlet) fine flour; farina
סַם ז׳ (SAM) drug; poison; spice; potion
– רְפוּאָה medicine
סַמָּאֵל ז׳ (samma'EL) Satan; Angel of Death
סְמָדַר ז׳ (semaDAR) blossom
סָמוּי ת׳ (saMUY) unseen; concealed; blind
נוֹסֵעַ – stowaway
סָמוּךְ ת׳ (saMUKH) supported; firm; near; authorized.

סָמוּךְ ז׳, סְמוּכָה נ׳ (saMOKH; samoKHA) support; brace; strut

סִמּוּם ז׳ (simMUM) poisoning; drugging

סְמוֹקִינְג ז׳ (SMOking) dinner jacket; tuxedo

סִמּוּר ז׳ (simMUR) stiffening; bristling; nailing

סַמּוּר ז׳ (samMUR) tiger polecat; tiger weasel

סִמְטָה נ׳ (simTA) alley; boil

סָמִיךְ ת׳ (saMIKH) thick

סְמִיכָה נ׳ (semiKHA) support; qualification; laying on of hands; ordination

סְמִיכוּת נ׳ (semiKHUT) ordination; construct state; proximity; density; association

סֶמִינָר, סֶמִינַרְיוֹן ז׳ (semiNAR; seminarYON) seminar; seminary; teachers college

סָמַךְ פעל י׳ ע׳ (saMAKH) support; rest; bring near; depend on; trust; support; ordain; sanction; approach

– יָדוֹ approve

סֶמֶךְ ז׳ (SEmekh) support

בֶּן – authority

סַמְכָא, בַּר־סַמְכָא ר׳ סֶמֶךְ

סַמְכוּת נ׳ (samKHUT) authority; competence

סֵמֶל ז׳ (SEmel) symbol; emblem; badge; image

– מִסְחָרִי trade mark

סַמָּל ז׳ (samMAL) sergeant

– רִאשׁוֹן staff sergeant

– תּוֹרָן duty N.C.O.

רַב – sergeant major

סִמֵּל פעל י׳ (simMEL) symbolize; typify

סִמְלִי ת׳ (simLI) symbolical

סִמְלִיּוּת נ׳ (simliYUT) symbolism

סִמֵּם פעל י׳ (simMEM) poison; drug

סַמְמָן ז׳ (sameMAN) drug; perfume; spice; ingredient; addition; effect

סִמֵּן פעל י׳ (simMEN) mark; indicate

סֵמַנְטִיקָה נ׳ (seMANtika) semantics

סֹמֶק ז׳ (SOmek) blush

סָמַר פעל ע׳ (saMAR) stiffen; bristle

סִמֵּר פעל י׳ (simMER) harden; cause to stiffen; cause to stand on end; nail

סִמְרוּר ז׳ (simRUR) riveting

סְמַרְטוּט ז׳ (semarTUT) rag; cloth

סְמַרְטוּטִי ת׳ (semartuTI) ragged; tattered; worthless; contemptible

סְמַרְטוּטָר ז׳ (semartuTAR) ragman

סִמְרֵר פעל י׳ (simRER) rivet

סְנָאִי ז׳ (sena'I) squirrel

סָנֵגוֹר ז׳ (saneGOR) defense counsel; advocate; apologist

סָנֵגוֹרְיָה נ׳ (sanegorYA) defense

סֶנְדְוִיץ׳ ז׳ (SENDvich) sandwich

סַנְדָּל ז׳ (sanDAL) sandal

סַנְדְּלָר ז׳ (sandLAR) shoemaker; cobbler

סַנְדְּלָרוּת נ׳ (sandlaRUT) shoemaking

סַנְדְּלָרִיָּה נ׳ (sandlariYA) shoemaker's workshop; shoestore

סַנְדָּק ז׳ (sanDAK) godfather

סְנֶה ז׳ (seNE) bush

סַנְהֶדְרִין נ׳ (sanhedRIN) Sanhedrin (assembly of 71 scholars serving as legislature and supreme court)

סְנוֹבּ ז׳ (SNOB) snob

סְנוֹבִּיּוּת נ׳ (SNObiyut) snobbishness

סִנְווּר ז׳ (sinVUR) blinding; dazzling

סִנּוּן ז׳ (sinNUN) filtering

סְנוּנִית ת׳ (senuNIT) swallow

סְנוֹקֶרֶת נ׳ (senoKEret) punch; sock

סַנְוֵרִים ז״ר (sanveRIM) blindness

סָנַט פעל ע׳ (saNAT) mock; tease

סֶנְטִימֶטֶר ז׳ (sentiMEter) centimeter

סֶנְטִימֶנְטָלִי ת׳ (sentimenTAli) sentimental

סֶנְטִימֶנְטָלִיּוּת נ׳ (*sentimenTALiyut*) sentimentality

סַנְטֵר ז׳ (*sanTER*) chin

סָנִיטַצְיָה נ׳ (*saniTATSya*) sanitation

סָנִיטָר ז׳ (*saniTAR*) hospital orderly; medic; sanitation commissioner

סְנִיף ז׳ (*seNIF*) branch

סְנִיקָה נ׳ (*seniKA*) delivery; supply

סִנְכְּרוּן ז׳ (*sinKRUN*) synchronization

סִנְכְּרֵן פעל י׳ (*sinKREN*) synchronize

סִנֵּן פעל י׳ (*sinNEN*) filter; strain; hiss

סֶנְסַצְיָה נ׳ (*senSATSya*) sensation

סֶנְסַצְיוֹנִי ת׳ (*sensatsYOni*) sensational

סְנַפִּיר ז׳ (*senapPIR*) fin

סַנְקְצְיָה נ׳ (*SANKtsya*) sanction

סִנָּר ז׳ (*sinNAR*) apron

סַסְגוֹנִי ת׳ (*sasgoNI*) multicolored; colorful

סָעַד פעל י׳ (*sa'AD*) support; aid; eat

סַעַד ז׳ (*SA'ad*) support; aid; welfare

סְעֻדָּה, סְעוּדָה נ׳ (*se'udDA*) meal; feast

– מַפְסֶקֶת final meal before fasting

סְעֻדַּת הַבְרָאָה mourners' meal

סָעִיף ז׳ (*sa'IF*) paragraph; section; branch

סָעַר פעל ע׳ (*sa'AR*) storm; rage

סַעַר ז׳ (*SA'ar*) storm; gale; trouble

סְעָרָה נ׳ (*se'aRA*) storm

סַף ז׳ (*SAF*) threshold; sill

סָפַג פעל י׳ (*saFAG*) absorb; dry up

סָפַד פעל ע׳ (*saFAD*) mourn; eulogize

סַפָּה נ׳ (*sapPA*) sofa; couch

סְפוֹג ז׳ (*seFOG*) sponge

סָפוּג ת׳ (*saFUG*) soaked in; steeped in

סִפּוּחַ ז׳ (*sipPUaḥ*) annexation

סִפּוּן ז׳ (*sipPUN*) deck; ceiling

סִפּוּק ז׳ (*sipPUK*) satisfaction; supply; supplying

סִפּוּר ז׳ (*sipPUR*) story; tale

סָפוּר ת׳ (*saFUR*) counted

סְפוּרִים few

סְפוֹרָדִי ת׳ (*spoRAdi*) sporadic

סְפּוֹרְט ז׳ (*SPORT*) sports; athletics

סְפּוֹרְטַאי ז׳ (*sporTAI*) sportsman; athlete

סְפּוֹרְטִיבִי ת׳ (*sporTIvi*) sporting; showing sportsmanship; sporty, sports

סִפּוּרִי ת׳ (*sippuRI*) narrative

סִפֵּחַ פעל י׳ (*sipPAḤ*) annex

סֶפַח ז׳ (*SEfaḥ*) addendum

סֶפְּטֶמְבֶּר ז׳ (*sepTEMber*) September

סְפִיגָה נ׳ (*sefiGA*) absorption

סָפִיחַ ז׳ (*saFI'aḥ*) aftergrowth

סְפִיחָה נ׳ (*seFIḥa*) adsorption

סָפִין ז׳ (*saFIN*) panel

סְפִינָה נ׳ (*sefiNA*) ship; boat

סְפִיקָה נ׳ (*sefiKA*) supply; flow; clapping

סַפִּיר ז׳ (*sapPIR*) sapphire

סְפִירָה נ׳ (*sefiRA*) counting; count

סְפֵירָה נ׳ (*sfeRA*) sphere

סְפִּירְט ז׳ (*SPIRT*) alcohol

סֵפֶל ז׳ (*SEfel*) cup

סִפְלוֹן ז׳ (*sifLON*) small cup

סָפַן פעל י׳ (*saFAN*) panel; construct ceiling; hide

סַפָּן ז׳ (*sapPAN*) sailor; seaman

סַפָּנוּת נ׳ (*sappaNUT*) shipping; navigation; sailoring

סְפַנְיוֹלִית נ׳ (*spanyoLIT*) Ladino; Judeo-Spanish

סִפְסוּר ז׳ (*sifSUR*) profiteering

סַפְסָל ז׳ (*safSAL*) bench

סַפְסָר ז׳ (*safSAR*) middleman, agent; speculator; profiteer

סִפְסֵר פעל י׳ (*sifSER*) mediate; profiteer; speculate

סַפְסָרוּת נ׳ (*safsaRUT*) black-marketing; profiteering; mediation; speculation

סְפֶּצְיָאלִי ת׳ (*spetsYAli*) special

סְפֶּצִיפִי ת׳ (*speTSIfi*) specific

סָפַק פעל י׳ (*saFAK*) clap

סִפֵּק פעל י׳ (*sipPEK*) supply; provide; satisfy; gratify; make possible
סְפֵק ז׳ (*sipPEK*) possibility
סָפֵק ז׳ (*saFEK*) doubt
סַפָּק ז׳ (*sapPAK*) supplier
סְפֶּקוּלָטִיבִי ת׳ (*spekulaTIvi*) speculative
סְפֶּקוּלַנְט ז׳ (*spekuLANT*) speculator
סְפֶּקוּלַצְיָה נ׳ (*spekuLATSya*) speculation
סְפֵקוּת נ׳ (*sefeKUT*) doubt; uncertainty
סַפְקָן ז׳ (*safKAN*) skeptic
סַפְקָנוּת נ׳ (*safkaNUT*) skepticism
סָפַר פעל י׳ (*saFAR*) count
סִפֵּר פעל י׳ (*sipPER*) tell; recount; speak; converse; count; cut hair
סֵפֶר ז׳ (*SEfer*) book; volume
– עֵזֶר reference book
– תּוֹרָה Pentateuch scroll
סַפָּר ז׳ (*sapPAR*) barber; hairdresser
סְפָר ז׳ (*seFAR*) frontier; border
סְפָרַד נ׳ (*sefaRAD*) Spain
סְפָרַדִּי ת׳ ז׳ (*sefaradDI*) Spanish; Sephardic; Spaniard; Sephardic Jew
סְפָרַדִּית נ׳ (*sefaradDIT*) Spanish
סִפְרָה נ׳ (*sifRA*) figure; numeral
סִפְרוֹן ז׳ (*sifRON*) booklet
סִפְרוּר ז׳ (*sifRUR*) numeration; numbering
סַפָּרוּת נ׳ (*sappaRUT*) barbering; hairdressing
סִפְרוּת נ׳ (*sifRUT*) literature
– יָפָה belles lettres; creative literature
סִפְרוּתִי ת׳ (*sifruTI*) literary
סִפְרִיָּה נ׳ (*sifriYA*) library
סַפְרָן ז׳ (*safRAN*) librarian
סַפְרָנוּת נ׳ (*safraNUT*) library science; librarianship
סִפְרֵר פעל י׳ (*sifRER*) number
סִפֹּרֶת נ׳ (*sipPOret*) narrative literature, fiction
סְצֵינָה נ׳ (*sTSEna*) scene
סִקּוּל ז׳ (*sikKUL*) stone removal
סֶקוּלָרִיזַצְיָה נ׳ (*sekulariZATSya*) secularization
סֶקוּנְדַנְט ז׳ (*sekunDANT*) second (duel)
סִקּוּר ז׳ (*sikKUR*) coverage; covering
סֶקְטוֹר ז׳ (*sekTOR*) sector
סְקִילָה נ׳ (*sekiLA*) stoning; death by stoning
סְקִיצָה נ׳ (*SKItsa*) sketch
סְקִירָה נ׳ (*sekiRA*) survey; review
סָקַל פעל י׳ (*saKAL*) stone; stone to death
סִקֵּל פעל י׳ (*sikKEL*) remove stones
סְקַנְדָּל ז׳ (*skanDAL*) scandal
סְקַנְדָּלְיוֹזִי ת׳ (*skandalYOzi*) scandalous
סַקְסוֹפוֹן ז׳ (*saksoFON*) saxophone
סְקֶפְּטִי ת׳ (*SKEPti*) skeptic
סָקַר פעל י׳ (*saKAR*) review; survey
סִקֵּר פעל י׳ (*sikKER*) cover
סֶקֶר ז׳ (*SEker*) survey
סִקְרֵן פעל י׳ (*sikREN*) intrigue; arouse curiosity
סַקְרָנוּת נ׳ (*sakraNUT*) curiosity
סַקְרָנִי ת׳ (*sakraNI*) curious; inquisitive
סָר פעל ע׳ (*SAR*) turn aside
סַר ת׳ (*SAR*) morose
– וְזָעֵף dejected
סֵרֵב פעל ע׳ (*seRAV*) refuse
סִרְבּוּל ז׳ (*sirBUL*) heavy-handedness; making clumsy; making awkward
סַרְבָּל ז׳ (*sarBAL*) overalls; work clothes
סִרְבֵּל פעל י׳ (*sirBEL*) make clumsy; make cumbersome
סַרְבָן, סָרְבָן ז׳ (*sarBAN; sareVAN*) objector

conscientious objector סַרְבַן־מִלְחָמָה
obstinacy (sarevaNUT) סַרְבָנוּת
knit (saRAG) סָרַג פעל י׳
סֹרֶג ר׳ סוֹרֵג
ruler; straight edge (sarGEL) סַרְגֵל ז׳
slide rule – חִשּׁוּב
sardine (sarDIN) סַרְדִּין ז׳
rebellion; (saRA) סָרָה נ׳
sin; evil
urge (sirHEV) סִרְהֵב פעל י׳
refusal (seRUV) סֵרוּב ז׳
knitted (saRUG) סָרוּג ת׳
intermittence (seruGIN) סֵרוּגִין ז״ר
intermittently בְּ –, לְ –
stinking; rotten; (saRU'aḥ) סָרוּחַ ת׳
sprawling; stretched out; dangling; overhanging
castration; (seRUS) סֵרוּס ז׳
distortion; transposition
combed (saRUK) סָרוּק ת׳
stink; sin; (saRAḤ) סָרַח פעל ע׳
spread out; hang over
excess; train (SEraḥ) סֶרַח ז׳
stink; sin (sirḤON) סִרְחוֹן ז׳
סָרַט ר׳ שָׂרַט
movie; ribbon; (SEret) סֶרֶט ז׳
band; tape; chevron; stripe
draft; drawing; (sirTUT) סִרְטוּט ז׳
outline
short (movie) (sirTON) סִרְטוֹן ז׳
sketch; draw; (sirTET) סִרְטֵט פעל י׳
design
draftsman (sarTAT) סַרְטָט ז׳
immigration (sertifiKAT) סֶרְטִיפִיקָט ז׳
certificate
crab; cancer (sarTAN) סַרְטָן ז׳
cancerous (sartaNI) סַרְטָנִי ת׳
lattice; grid (saRIG) סָרִיג ז׳
knitting (seriGA) סְרִיגָה נ׳
series (serYA) סֶרְיָה נ׳
סְרִיטָה ר׳ שְׂרִיטָה
eunuch; chamberlain (saRIS) סָרִיס ז׳

combing; carding (seriKA) סְרִיקָה נ׳
axle; captain (SEren) סֶרֶן ז׳
major רַב־ –
serenade (sereNAda) סֶרֶנָדָה נ׳
castrate (seRAS) סֵרַס פעל י׳
middleman; (sarSUR) סַרְסוּר ז׳
agent; pimp; panderer
mediate (sirSER) סִרְסֵר פעל י׳
diaphragm (sar'Efet) סַרְעֶפֶת נ׳
comb; card; (saRAK) סָרַק פעל י׳
lacerate
emptiness (seRAK) סְרָק ז׳
idling gear הִלּוּךְ –
futile discussion וִכּוּחַ –
blank כַּדּוּר –
sarcastic (sarKASti) סַרְקַסְטִי ת׳
sarcasm (sarKAZM) סַרְקַזְם ז׳
disobey; rebel (saRAR) סָרַר פעל ע׳
opportunist (setagLAN) סְתַגְלָן ז׳
fall, autumn (seTAV) סְתָו ז׳
autumnal (setaVI) סְתָוִי ת׳
shut; blocked up; (saTUM) סָתוּם ת׳
vague; obscure; dense; implicit
autumn crocus; (sitvaNIT) סִתְוָנִית נ׳
colchicum
dishevelled; (saTUR) סָתוּר ת׳
refuted; contradictory
stone cutting; (sitTUT) סִתּוּת ז׳
stone dressing
closing; (setiMA) סְתִימָה נ׳
obstructing; filling
contradiction; (setiRA) סְתִירָה נ׳
demolition; upsetting
stop up; fill (saTAM) סָתַם פעל י׳
(tooth); state vaguely; conceal
put an end to; liquidate – אֶת הַגּוֹלֵל
vague matter; (seTAM) סְתָם ז׳ תה״פ
for no obvious reason; just like that; devoid of any special meaning
probably מִן הַ –
vague, undefined; (setaMI) סְתָמִי ת׳
neutral

סָתַר פעל י׳ (*saTAR*) disturb; upset; demolish; disarray; dishevel; contradict; refute; cancel

סֵתֶר ז׳ (*SEter*) hiding place; concealment; secret

סִתֵּת פעל י׳ (*sitTET*) dress (stones)

סַתָּת ז׳ (*satTAT*) stonecutter; stonemason

סַתָּתוּת נ׳ (*sattaTUT*) stonecutting; stonemasonry

# ע

Ayin (the sixteenth letter of the Hebrew alphabet); seventy, seventieth (*'Ayin*) ע׳ נ׳
cloud (*'Av*) עָב ז׳
work; labor; till; cultivate; worship; serve as slave (*'aVAD*) עָבַד פעל י׳
cultivate; till; prepare; dress; process; adapt; paraphrase (*'ibBED*) עִבֵּד פעל י׳
slave; servant; worshipper (*'Eved*) עֶבֶד ז׳
house of bondage ·בֵּית עֲבָדִים
fact (*'uvDA*) עֻבְדָּה נ׳
slavery; bondage (*'avDUT*) עַבְדוּת נ׳
factual (*'uvdaTI*) עֻבְדָּתִי ת׳
thick; coarse (*'aVE*) עָבֶה ת׳
cultivation; processing; adaptation; paraphrase; dressing (hides) (*'ibBUD*) עִבּוּד ז׳
work; labor; employment; worship; preparation (*'avoDA*) עֲבוֹדָה נ׳
idolatry – זָרָה
unskilled labor – שְׁחוֹרָה
manual labor עֲבוֹדַת כַּפַּיִם
forced labor עֲבוֹדַת כְּפִיָּה
hard labor עֲבוֹדַת פֶּרֶךְ
divine service; worship עֲבוֹדַת קֹדֶשׁ
unemployment חֹסֶר –
labor party מִפְלֶגֶת הָעֲבוֹדָה
pledge (*'aVOT*) עָבוֹט ז׳
(*'aVUR, ba'aVUR*) עֲבוּר, בַּעֲבוּר for the sake of; for, because of, so that
pregnancy; conception; outskirts; suburbs; Hebraization; intercalation (*'ibBUR*) עִבּוּר ז׳
leap year שְׁנַת –
clouds (*'aVOT*) עָבוֹת ז״ר
cloudless morning בֹּקֶר לֹא –
rope, heavy cord (*'aVOT*) עֲבוֹת ז׳נ׳
pawn; lend (against a pledge); borrow (against a pledge) (*'aVAT*) עָבַט פעל י׳
thickness (*'Ovi*) עֳבִי ז׳
study in detail נִכְנַס בְּעָבְיֵי הַקּוֹרָה
chamber pot (*'aVIT*) עָבִיט ז׳
passable; navigable (*'aVIR*) עָבִיר ת׳
passing; crossing (*'aviRA*) עֲבִירָה נ׳
pass; cross over; go through; outstrip; sin; transgress (*'aVAR*) עָבַר פעל ע׳ י׳
Hebraize; make pregnant; proclaim leap year (*'ibBER*) עִבֵּר פעל י׳
past; past tense (*'aVAR*) עָבָר ז׳
side; other side; trans- (*'Ever*) עֵבֶר ז׳
beyond מֵ – לְ...
embryo (*'ubBAR*) עֻבָּר ז׳
offense; sin (*'aveRA*) עֲבֵרָה נ׳
wrath (*'evRA*) עֶבְרָה נ׳
Hebrew (*'ivRI*) עִבְרִי ת׳ ז׳
offender; sinner; delinquent (*'avarYAN*) עֲבַרְיָן ז׳
(*'avaryaNUT*) עֲבַרְיָנוּת נ׳ delinquency
Hebrew (*'ivRIT*) עִבְרִית נ׳
(*'ivRER; 'ivRET*) עִבְרֵר, עִבְרֵת פעל י׳ Hebraize
mold (*'Ovesh*) עֹבֶשׁ ז׳
dense; thick (*'aVOT*) עָבֹת ת׳
make a circle; circle (*'AG*) עָג פעל י׳
lust; make love (*'aGAV*) עָגַב פעל ע׳
tomato (*'agvaniYA*) עַגְבָנִיָּה נ׳
syphilis (*'agGEvet*) עַגֶּבֶת נ׳
dialect; slang (*'aGA*) עָגָה נ׳
circle (*'igGUL*) עִגּוּל ז׳
עגול ר׳ עָגֹל
sad (*'aGUM*) עָגוּם ת׳

עִגּוּן ז׳ (*'igGUN*) desertion; anchoring
עָגוּן ז׳ (*'aGUN*) deserted husband
עֲגוּנָה deserted wife
עָגוּר ז׳ (*'aGUR*) crane
עֲגוּרָן ז׳ (*'aguRAN*) crane
עָגִיל ז׳ (*'aGIL*) earring
עֲגִינָה נ׳ (*'agINA*) anchoring
עָגֹל ת׳ (*'aGOL*) round
עֵגֶל ז׳ (*'Egel*) calf
עֲגַלְגַּל ת׳ (*'agalGAL*) roundish, oval
עֶגְלָה (*'egLA*) heifer; calf
עֲגָלָה נ׳ (*'agaLA*) wagon; Dipper (constellation)
בַּעַל – teamster
עֶגְלַת יְלָדִים baby carriage
עֶגְלַת צָב covered wagon
עֶגְלוֹן ז׳ (*'egLON*) teamster; coachman
עָגְמָה, עָגְמַת נֶפֶשׁ נ׳ (*'ogMA; 'ogMAT NEfesh*) sorrow; grief
עָגַן פעל ע׳ (*'aGAN*) anchor
עֹגֶן ז׳ (*'Ogen*) anchor; armature
עַד מ״י (*'AD*) until; till; up to; while
– עוֹלָם forever
– ז׳ eternity
לָעַד, עֲדֵי עַד forever
עֵד ז׳ (*'ED*) witness
עֵדָה נ׳ (*'eDA*) community; congregation; herd; swarm; group; testimony; established custom
עָדָה פעל י׳ (*'aDAH*) adorn oneself with; wear jewelry
עִדּוּד ז׳ (*'idDUD*) encouragement; incentive
עִדּוּן ז׳ (*'idDUN*) pleasure; refinement
עִדּוּר ז׳ (*'idDUR*) hoeing
עֵדוּת נ׳ (*'eDUT*) evidence; testimony
עֲדִי ז׳ (*'aDI*) jewel; ornament
עֲדֵי מ״י (*'aDEY*) up to; until
עֲדַיִן תה״פ (*'adaYIN*) still; yet; not yet

עָדִין ז׳ (*'aDIN*) delicate; fine; soft; refined; well-mannered; gentle
עֲדִינוּת נ׳ (*'adiNUT*) delicacy; fineness; refinement; gentleness
עָדִיף ת׳ (*a'DIF*) better; preferable; superior
עֲדִיפוּת נ׳ (*'adiFUT*) preference; superiority
עֲדִירָה נ׳ (*'adiRA*) hoeing; digging
עִדִּית נ׳ (*'idDIT*) good soil; choice object; "jewel", best
עִדְכּוּן ז׳ (*'idKUN*) updating
עִדְכֵּן פעל י׳ (*'idKEN*) update
עַדְכָּנִי ת׳ (*'adkaNI*) up-to-date
עֲדְלָאיָדַע (*'adloyaDA'*) Purim carnival
עִדֵּן פעל י׳ (*'idDEN*) make refined; pamper
עֵדֶן ז׳ (*'Eden*) pleasure; Eden; Garden of Eden; paradise
גַּן – Garden of Eden, paradise
עִדָּן ז׳ (*'idDAN*) period, era; time
עֶדְנָה נ׳ (*'edNA*) pleasure, tenderness
עָדַף פעל ע׳ (*'aDAF*) be in excess
עֹדֶף ז׳ (*'Odef*) surplus; excess; change (coins)
עָדַר פעל י׳ (*'aDAR*) hoe
עֵדֶר ז׳ (*'Eder*) flock; herd
עֲדָשָׁה נ׳ (*'adaSHA*) lentil; lens
נְזִיד עֲדָשִׁים pottage of lentils
עֲדָתִי ת׳ (*'adaTI*) communal
עוֹבֵד ז׳ (*'oVED*) worker; workman; employee
עוּגָב ז׳ (*'uGAV*) organ
עוּגָה נ׳ (*'uGA*) cake
עוּגִיָּה, עוּגִית נ׳ (*'ugiYA; 'uGIT*) cookie
עוֹד תה״פ מ״י (*'OD*) another; additional; again; still; yet; also; already
אֵין – there's no more
בְּ – שֶׁ... while
בְּ – מוֹעֵד in time

וְלֹא – אֶלָּא — moreover
– כָּל — as long as, while
מֵעוֹדִי — I never
– מְעַט וְ... — soon etc.
עוֹדֵד פעל י׳ (ʻoDED) — encourage; strengthen; support
עוֹדֵף ת׳ (ʻoDEF) — surplus; excess
עָוָה פעל ע׳ (ʻaVA) — sin
עִוָּה פעל י׳ (ʻivVA) — twist; pervert; distort
עָווֹן, עָוֹן ז׳ (ʻaVON) — sin
עִוּוּת ז׳ (ʻivVUT) — distortion; perversion
עוֹזֵר ז׳ (ʻoZER) — helper; assistant
עוֹזֶרֶת — maid
עָט פעל ע׳ (ʻAT) — swoop down on; attack
עוֹיֵן ת׳ (ʻoYEN) — hostile
עוֹיְנוּת נ׳ (ʻoyeNUT) — hostility
עֲוִית נ׳ (ʻaVIT) — spasm; convulsion
עוֹכֵר ז׳ (ʻoKHER) — disturber; troublemaker; scoundrel
עוּל ז׳ (ʻUL) — infant
– יָמִים — youngster
עָוֶל ז׳ (ʻaVEL) — injustice; evil
עוֹלֵב ת׳ (ʻoLEV) — insulting
עוֹלֶה ז׳ (ʻoLE) — immigrant to Israel
עוֹלֵה־רֶגֶל — pilgrim
עוֹלָה נ׳ (ʻoLAH) — burnt offering; immigrant (f.) to Israel
עַוְלָה נ׳ (ʻavLAH) — evil; injustice; wrong
עוֹלֵל פעל י׳ (ʻoLEL) — do; maltreat; gather late grapes; destroy remnants
עוֹלֵל, עוֹלָל ז׳ (ʻoLEL; ʻoLAL) — infant; young child
עוֹלֵלָה, עוֹלֶלֶת נ׳ (ʻoleLA; ʻoLElet) — gleanings
עוֹלֵלוֹת — scraps; trivia
עוֹלָם ז׳ (ʻoLAM) — world; universe; mankind; environment; life's pleasures; eternity
הָ – הַבָּא — the hereafter
הָ – הַזֶּה — this life
לְ – — forever
מֵ – לֹא — never
לְ – וָעֶד — forever and ever
בֵּית – — cemetery
עוֹלָמִי ת׳ (ʻolaMI) — world-wide; world; eternal; "fabulous"
עולש ר׳ עֹלֶשׁ
עוֹמֵד ת׳ (ʻoMED) — standing; about to
פֹּעַל – — intransitive verb
עומס ר׳ עֹמֶס
עומק ר׳ עֹמֶק
עומר ר׳ עֹמֶר
עוֹנָה נ׳ (ʻoNA) — season; period; menstrual period
עוֹנֵן ז׳ (ʻoNEN) — soothsayer
עוֹנָתִי ת׳ (ʻonaTI) — seasonal; periodic
עוֹף ז׳ (ʻOF) — bird; fowl; chicken
עוֹפֶרֶת נ׳ (ʻoFEret) — lead
עוצם ר׳ עֹצֶם
עוקץ ר׳ עֹקֶץ
עוֹקְצָנִי ת׳ (ʻoketsaNI) — stinging; biting; sarcastic
עוֹקְצָנוּת נ׳ (ʻoketsaNUT) — sarcasm
עוֹרֵר פעל י׳ (ʻoRER) — awaken; arouse
עִוֵּר פעל י׳ (ivVER) — make blind
עִוֵּר ז׳ ת׳ (ʻivVER) — blind man; blind
עוֹר ז׳ (ʻOR) — skin; leather
פּוֹשֵׁט – — profiteer
עוֹרֵב ז׳ (ʻoREV) — raven
עִוָּרוֹן ז׳ (ivvarRON) — blindness
עוֹרֵךְ ז׳ (ʻoREKH) — editor
– רָאשִׁי — editor-in-chief
עוֹרֵךְ דִּין ז׳ (ʻoREKH DIN) — lawyer; attorney
עורף ר׳ עֹרֶף
עוֹרֵק ז׳ (ʻoREK) — artery
עושר ר׳ עֹשֶׁר
עִוֵּת פעל י׳ (ʻivVET) — distort; pervert
עוֹתוֹמָנִי ת׳ (ʻotoMAni) — Ottoman
עַז ת׳ (ʻAZ) — strong; powerful; fierce; bold; hard
עֹז ז׳ (ʻOZ) — power; strength;

vigor; courage; shelter; fortress; splendor
goat ('EZ) עֵז נ׳
Azazel (cliff in ('azaZEL) עֲזָאזֵל ז׳ wilderness to which scapegoat was sent on day of Atonement)
damn! לַ –
go to hell! לֵךְ לַ–
scapegoat שָׂעִיר לַ –
leave; depart; ('aZAV) עָזַב פעל י׳ abandon; assist
legacy; bequest; ('izzaVON) עִזָּבוֹן ז׳ inheritance
executor מְנַהֵל הָ –
nanny goat ('izZA) עִזָּה נ׳
Gaza ('azZA) עַזָּה נ׳
Gaza Strip רְצוּעַת –
abandoned; ('aZUV) עָזוּב ת׳ deserted; desolate
desolation עֲזוּבָה נ׳ destruction; neglect; disorder
insolence ('azZUT) עַזּוּת נ׳
departure; ('aziVA) עֲזִיבָה נ׳ neglect; abandonment
help; assist; support ('aZAR) עָזַר פעל י׳
help; assistance; ('Ezer) עֵזֶר ז׳ aid; helper; assistant
auxiliary force חֵיל –
handbook סֵפֶר –
help; assistance ('ezRA) עֶזְרָה נ׳
compound; ('azaRA) עֲזָרָה נ׳ temple court
women's section עֶזְרַת נָשִׁים
pen ('ET) עֵט ז׳
ballpoint pen – כַּדּוּרִי
fountain pen – נוֹבֵעַ
put on; wrap ('aTA) עָטָה פעל ע׳ י׳ oneself in
wrapped ('aTUF) עָטוּף ת׳
ornament; ('itTUR) עִטּוּר ז׳ decoration; decorating
decorated; adorned ('aTUR) עָטוּר ת׳
udder ('aTIN) עָטִין ז׳

cover; wrapper; ('atiFA) עֲטִיפָה נ׳ dust jacket
sneezing; sneeze ('atiSHA) עֲטִישָׁה נ׳
bat ('atalLEF) עֲטַלֵּף ז׳
wrap; cover ('aTAF) עָטַף פעל י׳
crown; ('itTER) עִטֵּר פעל י׳ ornament; decorate; adorn; embellish; illustrate
crown; wreath; ('ataRA) עֲטָרָה נ׳ glory
tar ('itRAN) עִטְרָן ז׳
pile of ruins ('I) עִי ז׳
עידית ר׳ עִדִּית
study; consideration; ('iYUN) עִיּוּן ז׳ balancing
theoretical ('iyuNI) עִיּוּנִי ת׳
urbanization ('iYUR) עִיּוּר ז׳
eagle ('aYIT) עַיִט ז׳
height ('EYL) עֵיל ז׳
above; before לְ –
aforementioned הַנִּזְכָּר לְ –
eye; face; appearance; ('aYIN) עַיִן נ׳ bud; spring; letter Ayin
benevolently בְּ – טוֹבָה
favorably בְּ – יָפָה
evil eye – רָעָה
like; such as כְּעֵין, מֵעֵין
envious צַר –
study; peruse; ('iYEN) עִיֵּן פעל י׳ consider
be tired ('aYEF) עָיֵף פעל ע׳
tired – ת׳
exhausted – וְיָגֵעַ
fatigue ('ayeFUT) עֲיֵפוּת נ׳
עיקר ר׳ עִקָּר
city ('IR) עִיר נ׳
capital – בִּירָה
unwalled city – פְּרָזוֹת
provincial town – שָׂדֶה
mayor רֹאשׁ –
young donkey ('aYIR) עַיִר ז׳
town ('ayaRA) עֲיָרָה נ׳

עִירוֹנִי ת׳ ז׳ (*'iroNI*) municipal; town; townsman
עִירִיָּה נ׳ (*'iriYA*) municipality; city council
עירק ר׳ עִרַאק
עַיִשׁ ז׳ (*'aYISH*) Big Dipper
בֵּן — Little Dipper
עִכֵּב פעל י׳ (*'ikKEV*) hinder; stop; delay
עַכָּבִישׁ ז׳ (*'akkaVISH*) spider
עַכְבָּר ז׳ (*'akhBAR*) mouse
עַכְבְּרוֹשׁ ז׳ (*'akhbeROSH*) rat
עַכּוֹ נ׳ (*'akKO*) Acre; Acco
עִכּוּב ז׳ (*'ikKUV*) hindrance; delay; obstacle
עַכּוּז ז׳ (*'akKUZ*) buttocks
עִכּוּל ז׳ (*'ikKUL*) digestion; digesting
עָכוּר ת׳ (*'aKHUR*) muddy; foul; gloomy
עִכֵּל פעל י׳ (*'ikKEL*) digest
עִכֵּס פעל י׳ (*'ikKES*) make tinkling sound
עַכְסָן ז׳ (*'akhSAN*) rattlesnake
עָכַר פעל י׳ (*'aKHAR*) made muddy; disturb; trouble
עַכְשָׁו, עַכְשָׁיו תה״פ (*'akhSHAV*) now
עַל מ״י (*'AL*) on, up on, above, over; about, concerning; near; to; toward; against; on behalf of; for; because of; by
— אוֹדוֹת, — דְּבַר about, concerning
— אַף despite
— בֻּרְיוֹ thoroughly
— יַד near; beside; because of
— יְדֵי through, by
— יְדֵי כָּךְ thereby
— כָּל פָּנִים any rate; in any case
— כֵּן therefore
— כָּרְחוֹ, בְּ — כָּרְחוֹ reluctantly
— לֹא דָבָר don't mention it
— מְנָת in order
— נְקַלָּה easily
— סְמַךְ on the basis of
— פֶּה, בְּ — פֶּה by heart
— פִּי according to
— הָרֹב, — פִּי רֹב usually, generally
— פְּנֵי above; over; before; during the lifetime of
— רֶגֶל אַחַת quickly
— שׁוּם according to; because
— שֵׁם in the name of; for, in the memory of
— מֵ from
— מֵ — לְ... above; over
עָלָיו הַשָּׁלוֹם may he rest in peace
עֹל ז׳ (*'OL*) yoke
עָלַב פעל י׳ (*'oLAV*) insult
עֶלְבּוֹן ז׳ (*'elBON*) insult
עִלֵּג ת׳ ז׳ (*'ilLEG*) tongue-tied; stutterer
עָלָה פעל ע׳ (*'aLA*) ascend; go up; mount; grow; surpass; cost; succeed; immigrate to Israel
— בָּאֵשׁ go in flames, burn up
— בְּיָדוֹ succeed in; manage
— בְּתֹהוּ go to nought
— לְרֶגֶל make a pilgrimage
— עַל הַפֶּרֶק come up for discussion
— לַתּוֹרָה be called up to the reading of the Torah
— עַל לִבּוֹ occur to him
— לוֹ עַל הָעֲצַבִּים get on his nerves
עָלֶה ז׳ (*'aLE*) leaf
עִלָּה נ׳ (*'ilLA*) cause; pretext
עָלוּב ת׳ (*'aLUV*) wretched; miserable; poor
עַלְוָה נ׳ (*'alVA*) foliage
עָלוּל ת׳ (*'aLUL*) liable
עָלוּם ת׳ (*'aLUM*) hidden; unknown
עֲלוּם שֵׁם incognito
עִלּוּם ז׳ (*'ilLUM*) concealment
בְּ — שֵׁם anonymously
עֲלוּמִים ז״ר (*'aluMIM*) youth
עָלוֹן ז׳ (*'aLON*) leaflet; bulletin; tabloid

עֲלוּקָה נ׳ ('aluKA) leech
עֲלוּת נ׳ ('aLUT) cost
עָלַז פעל ע׳ ('aLAZ) rejoice; exult
עָלֵז ת׳ ('aLEZ) gay; merry; rejoicing
עֲלָטָה נ׳ ('alaTA) darkness
עֱלִי ת׳ ('eLI) pestle; pistil
עִלִּי ת׳ ('ilLI) upper; overhead
עֲלִיָּה נ׳ ('aliYA) ascent; high tide; immigration to Israel; pilgrimage; attic
– לְרֶגֶל pilgrimage
בְּנֵי – eminent persons
עֲלִיַּת גַּג attic
עֶלְיוֹן ת׳ ('elYON) high; upper; superior; supreme
עֶלְיוֹנוּת נ׳ ('elyoNUT) superiority; pre-eminence
עַלִּיז ('alLIZ) gay; merry
עַלִּיזוּת נ׳ ('alliZUT) merriment; gaiety
עֲלִיל ז׳ ('aLIL) deed
– בַּ clearly
עֲלִילָה נ׳ ('aliLA) deed; story plot; libel
עֲלִיצוּת נ׳ ('aliTSUT) joy, gaiety
עִלִּית נ׳ ('ilLIT) elite
עֶלֶם ז׳ ('Elem) youth; lad
עָלַס, עָלַץ פעל ע׳ ('aLAS; 'aLATS) rejoice
עַם ז׳ ('AM) people; nation; multitude
– הָאָרֶץ natives; ignoramus
עִם מ״י ('IM) together with, with, accompanied by; at, near; in the possession of; during; while; despite, without regard for
– זֶה, – כָּל זֶה, – כָּל אֵלֶּה nevertheless
– לְבָבוֹ he wishes, he intends
עָמַד פעל ע׳ ('aMAD) stand; stand up; rise; stop; persist; be about to
– בְּ... withstand
– בְּדִבּוּרוֹ keep his word
– בְּמִבְחָן pass the test
– בְּנִסָּיוֹן resist temptation
– בִּפְנֵי face; resist
– לְ... be about to; be on the verge of
– מִנֶּגֶד stood by indifferently
– עַל grasp
– עַל דַּעְתּוֹ insist; refuse to budge from opinion; mature
– עַל טִיבוֹ determine nature of
– עַל הַמִּקָּח bargain; haggle
– עַל הַפֶּרֶק came up for discussion
עִמֵּד פעל י׳ ('imMED) make up page; paginate
עֶמְדָּה נ׳ ('emDA) position; stand; post; attitude; posture
עִמָּדִי מ״י ('immaDI) with me
עַמּוּד ז׳ ('amMUD) pillar; column; foundation; platform; lectern; reader's stand; page
– הַקָּלוֹן pillory
– הַשִּׁדְרָה spine; spinal column
– הַשַּׁחַר dawn; morning star
עָמוּם ת׳ ('aMUM) obscure; indistinct; dim; opaque
עָמוּס ת׳ ('aMUS) loaded; burdened
עֲמוֹרָה נ׳ ('amoRA) Gomorrah
עָמִיד ת׳ ('aMID) resistant; withstanding; -proof
עֲמִידָה נ׳ ('amiDA) standing; withstanding; resistance; position; situation; Amida (prayer of 18 benedictions; Shemone Esrey)
עֲמִידוּת נ׳ ('amiDUT) resistance
עָמִיל ז׳ ('aMIL) agent
עֲמִילוּת נ׳ ('amiLUT) agency, commission; mediation
דְּמֵי – comission fee
עֲמִילָן ז׳ ('amiLAN) starch
עֲמִימוּת נ׳ ('amiMUT) dimness; opacity; obscurity
עֲמִיסָה נ׳ ('amiSA) loading
עָמִיר ז׳ ('aMIR) small sheaf of grain
עָמִית ז׳ ('aMIT) friend; comrade; colleague; associate

עָמַל פעל ע׳ ('aMAL) toil; labor; work; make an effort
עִמֵּל פעל י׳ ('imMEL) exercise; drill
עָמֵל ז׳ ת׳ ('aMEL) workman; laborer; toiling; laboring
עָמָל ז׳ ('aMAL) toil; labor; trouble; misery; evil
עֲמָלָה נ׳ ('amaLA) comission, fee
עִמְלֵן פעל י׳ ('imLEN) starch
עָמַם פעל י׳ ע׳ ('aMAM) dim; expire; go out
עִמֵּם פעל י׳ ('imMEN) dim; darken
עַמָּם ז׳ ('amMAM) muffler
עֲמָמִי ת׳ ('amaMI) popular; folksy
עֲמָמִיּוּת נ׳ ('amamiYUT) popularity; simplicity; folksiness
עָמַס פעל י׳ ('aMAS) load
עֹמֶס ז׳ ('Omes) load; burden
עִמְעוּם ז׳ ('im'UM) dimming; darkening
עִמְעֵם פעל י׳ ('im'EM) dim; darken; hesitate
עִמֵּץ פעל י׳ ('imMETS) close (eyes)
עָמַק פעל ע׳ ('aMAK) be deep; be unfathomable
עָמֹק ת׳ ('aMOK) deep; profound; low
עֹמֶק ז׳ ('Omek) depth
עֵמֶק ז׳ ('Emek) valley
– הַ Jezreel valley
עַמְקוּת נ׳ ('amKUT) depth
עֹמֶר ז׳ ('Omer) sheaf of grain
סְפִירַת הָ – (counting of 7 week period between second day of Passover and Shavu'ot [Pentecost])
ל״ג בָּ – 33rd day of Omer period (see above)
עִמֵּת פעל י׳ ('imMET) confront with
עֵנָב ז׳ ('eNAV) grape
עֲנָבָה נ׳ ('anaVA) berry
עִנְבָּל ז׳ ('inBAL) clapper
עִנְבָּר ז׳ ('inBAR) amber
עִנֵּג פעל י׳ ('inNEG) delight
עֹנֶג ז׳ ('Oneg) pleasure; enjoyment
עָנֹג ת׳ ('aNOG) delicate; tender
עָנַד פעל י׳ ('aNAD) wear (jewelry)
עָנָה פעל ע׳ ('aNA) reply, answer
עִנָּה פעל י׳ ('inNA) torture; violate; afflict
– אֶת נַפְשׁוֹ fast
עָנָו ת׳ ('aNAV) modest; humble; meek; downtrodden
עֲנָוָה נ׳ ('anaVA) modesty; humility
עִנּוּי ז׳ ('inNUY) torment; torture
עַנְוְתָנוּת נ׳ ('anvetaNUT) meekness; humility
עָנִי ת׳ ז׳ ('aNI) poor; miserable; pauper
עֳנִי, עֹנִי ז׳ ('oNI; 'Oni) poverty; privation; affliction
שְׁכוּנוֹת – slums
עֲנִיבָה נ׳ ('aniVA) necktie; noose
עֲנִידָה נ׳ ('aniDA) wearing jewelry
עֲנִיּוּת נ׳ ('aniYUT) poverty
עִנְיָן ז׳ ('inYAN) matter; affair; cause
בְּעִנְיָן, לְעִנְיַן regarding
עִנְיֵן פעל י׳ ('inYEN) interest
עִנְיָנִי ת׳ ('inyaNI) relevant; practical
עֲנִישָׁה נ׳ ('aniSHA) punishment; punishing
עָנָן ז׳ ('aNAN) cloud
עָנָף ז׳ ('aNAF) branch
עָנֵף ת׳ ('aNEF) ramified; extensive
עֲנָק ז׳ ('aNAK) giant; necklace
עֲנָקִי ת׳ ('anaKI) gigantic
עָנַשׁ פעל י׳ ('aNASH) punish; penalize
עֹנֶשׁ ז׳ ('Onesh) punishment; penalty
– מָוֶת capital punishment
עַסַּאי ז׳ ('asSAI) masseur
עִסָּה פעל י׳ ('isSA) massage; knead
– נ׳ dough
עִסּוּי ז׳ ('isSUY) massage; kneading
עָסוּק ת׳ ('aSUK) busy; occupied
עָסִיס ז׳ ('aSIS) juice; fruit juice; essence

juicy ('asiSI) עֲסִיסִי ת׳
be busy with; ('aSAK) עָסַק פעל ע׳
engage in
business; ('Esek) עֵסֶק ז׳
occupation; affair; matter; concern
transaction; deal ('isKA) עִסְקָה נ׳
business-like; ('isKI) עִסְקִי ת׳
practical
public worker; ('asKAN) עַסְקָן ז׳
community-minded worker
community ('askaNUT) עַסְקָנוּת נ׳
activity
fly ('AF) עָף פעל ע׳
mold; stench ('ipPUSH) עִפּוּשׁ ז׳
kite ('afiFON) עֲפִיפוֹן ז׳
blinking ('if'UF) עִפְעוּף ז׳
eyelid; eye ('af'AF) עַפְעַף ז׳
blink ('if'EF) עִפְעֵף פעל ע׳
gallnut ('aFATS) עָפָץ ז׳
dust; earth ('aFAR) עָפָר ז׳
fawn ('Ofer) עֹפֶר ז׳
ore ('afRA) עַפְרָה נ׳
pencil ('ippaRON) עִפָּרוֹן ז׳
lark ('efroNI) עֶפְרוֹנִי ז׳
tree; wood; log; haft ('ETS) עֵץ ז׳
form; shape; ('itsTSEV) עִצֵּב פעל י׳
mold; sadden
pain; sorrow; grief ('Etsev) עֶצֶב ז׳
nerve ('aTSAV) עָצָב ז׳
detachment; ('utsBA) עֻצְבָּה נ׳
formation
sorrow; sadness ('atsVUT) עַצְבוּת נ׳
make nervous ('itsBEN) עִצְבֵּן פעל י׳
nervousness ('atsbaNUT) עַצְבָּנוּת נ׳
nervous; jittery ('atsbaNI) עַצְבָּנִי ת׳
advice; wisdom; ('eTSA) עֵצָה נ׳
wood
confused; at a loss אוֹבֵד עֵצוֹת
sad; sorrowful ('aTSUV) עָצוּב ת׳
forming; ('itsTSUV) עִצּוּב ז׳
shaping; molding
powerful; ('aTSUM) עָצוּם ת׳
mighty; "great"; shut

petition ('atsuMA) עֲצוּמָה נ׳
detained; ('aTSUR) עָצוּר ת׳
restrained; shut in
consonant ('itsTSUR) עִצּוּר ז׳
wooden; arboreal ('eTSI) עֵצִי ת׳
intensive ('atsTSIM) עַצִּים ת׳
shutting ('atsiMA) עֲצִימָה נ׳
flowerpot ('aTSITS) עָצִיץ ז׳
stopping; ('atsiRA) עֲצִירָה נ׳
detention; retention
constipation ('atsiRUT) עֲצִירוּת נ׳
lazy ('aTSEL) עָצֵל ת׳
laziness ('atsLUT) עַצְלוּת נ׳
sluggard; ('atsLAN) עַצְלָן ז׳
lazy person; sloth
laziness; sloth ('atslaNUT) עַצְלָנוּת נ׳
extreme ('atsalTAyim) עֲצַלְתַּיִם נ״ז
laziness; slowness
lazily, very slowly – בַּ
shut ('aTSAM) עָצַם פעל י׳
bone; object; ('Etsem) עֶצֶם נ׳ ז׳
essence
this very day – הַיּוֹם הַזֶּה
in fact; actually – בְּ
himself בְּעַצְמוֹ
for himself; alone לְעַצְמוֹ
by itself, by himself מֵעַצְמוֹ
power; force; ('Otsem) עֹצֶם ז׳
strength
('atsma'UT) עַצְמָאוּת נ׳
independence
independent; ('atsma'I) עַצְמָאִי ת׳
self-employed
power; volume ('otsMA) עָצְמָה נ׳
self- ('atsMI) ...עַצְמִי ת׳
stop, halt; ('aTSAR) עָצַר פעל י׳ ע׳
detain; hold back; squeeze; press
curfew ('Otser) עֹצֶר ז׳
('atsaRA; 'aTSEret) עֲצָרָה, עֲצֶרֶת נ׳
mass meeting; assembly
follow; trace ('aKAV) עָקַב פעל ע׳
cheat – פעל י׳

עָקֵב ז׳ ('aKEV) heel; footstep, trace; track; rear

עָקֹב ת׳ ('aKOV) deceitful; polluted

– מִדָּם bloody

עִקְבִי ת׳ ('ikVI) consistent

עִקְבִיּוּת נ׳ ('ikviYUT) consistency

עָקַד פעל י׳ ('aKAD) tie; hobble

עָקֹד ת׳ ('aKOD) with legs of a different color than the rest of the body

עֲקֵדָה נ׳ ('akeDA) binding; self-sacrifice; sacrifice

עָקוּד ת׳ ('aKUD) bound

עִקּוּל ז׳ ('ikKUL) attachment; seizure; crookedness

עקום ר׳ עָקֹם

עִקּוּם ז׳ ('ikKUM) bending; twisting; making crooked

עִקּוּף ז׳ ('ikKUF) circumvention; evasion; by-passing

עָקוּר ת׳ ('aKUR) uprooted; displaced; sterilized

עִקּוּר ז׳ ('ikKUR) sterilizing; uprooting

עָקִיב ר׳ עִקְבִי

עֲקִידָה נ׳ ('akiDA) tying; hobbling

עֲקִימָה נ׳ ('akiMA) making crooked; twisting; turning up

עָקִיף ת׳ ('aKIF) indirect

בַּעֲקִיפִין indirectly

עֲקִיפָה נ׳ ('akiFA) circumvention; evasion; by-passing; passing

עֲקִיצָה נ׳ ('akiTSA) sting; stinging; sarcasm

עֲקִירָה נ׳ ('akiRA) uprooting; extraction

עִקֵּל פעל י׳ ('ikKEL) attach; seize; confiscate; make crooked

– ת׳ bow-legged

עֲקַלְקַל ת׳ ('akalKAL) crooked; winding

עָקַם, עִקֵּם פעל י׳ ('aKAM; 'ikKEM) bend; make crooked; twist

עָקֹם ת׳ ז׳ ('aKOM) crooked; bent; curved; curve

עֲקֻמָּה נ׳ ('akumMA) curve

עָקַף פעל י׳ ('aKAF) surround; by-pass; pass; act dishonestly; circumvent; evade

עָקַץ פעל י׳ ('aKATS) sting; make a sarcastic remark

עֹקֶץ ז׳ ('Okets) sting; sarcasm; point

מְחוּגַת עֳקָצִים dividers

עָקַר פעל י׳ ('aKAR) uproot; displace

– שֵׁן extract a tooth

עִקֵּר פעל י׳ ('ikKER) sterilize; uproot

עָקָר ז׳ ת׳ ('aKAR) barren person; barren; sterile; unproductive

עִקָּר ז׳ ('ikKAR) essential; foundation; basic point; dogma; principle; root

בְּ – especially; chiefly

כְּלָל – not at all

כָּפַר בְּ – deny the existence of God; deny basic premises

עַקְרָב ז׳ ('akRAV) scorpion; Scorpio; thorn

עִקָּרוֹן ז׳ ('ikkaRON) principle; doctrine

עֶקְרוֹנִי ת׳ ('ekroNI) of principle; in principle

עֶקְרוֹנִית תה״פ ('ekroNIT) on principle

עֲקָרוּת נ׳ ('akaRUT) sterility; barrenness

עִקָּרִי ת׳ ('ikkaRI) basic; fundamental; main

עֲקֶרֶת בַּיִת נ׳ ('aKEret BAyit) housewife

עִקֵּשׁ ת׳ ('ikKESH) stubborn; crooked

עִקְּשׁוּת נ׳ ('ikkeSHUT) stubbornness; crookedness

עַקְשָׁן ת׳ ('akSHAN) stubborn

עֵר ת׳ ('ER) awake; alert; vigilant

עֲרַאי ז׳ ('aRAI) temporariness
עֲרָאִי ת׳ (ara'I) temporary
עֲרָאִיּוּת נ׳ ('ara'iYUT) chance; temporariness; impermanence
עִרַאק נ׳ ('iRAK) Iraq
עָרַב פעל ע׳ י׳ ('aRAV) be dark; become evening; be pleasant, be sweet; guarantee; be responsible for; pawn
עֵרֵב פעל י׳ ('eRAV) mix
עָרֵב ת׳ ז׳ ('aREV) guarantor; pleasant; sweet
עֶרֶב ז׳ ('Erev) evening; eve
– שַׁבָּת Sabbath eve; Friday evening
בֵּין הָעַרְבַּיִם twilight
עֵרֶב ז׳ ('Erev) mixture
– רַב motley crowd; mixed multitude; mob
שְׁתִי וָ־ lengthwise and crosswise
חֲקִירַת שְׁתִי וָ־ cross examination
עָרֹב ז׳ ('aROV) wild beasts
עֲרָב נ׳ ('aRAV) Arabia
עִרְבֵּב פעל י׳ ('irBEV) mix, mix together
עֲרָבָה נ׳ ('araVA) steppe; desert; Arabah; willow; willow branch
עֲרֻבָּה נ׳ ('arubBA) guarantee; surety
עִרְבּוּב ז׳ ('irBUV) mixture; mixing
עִרְבּוּבְיָה נ׳ ('irbuvYA) confusion; mixup; disorder
עֵרָבוֹן ז׳ ('eraVON) pawn; pledge
בְּ – מֻגְבָּל limited
עַרְבוּת נ׳ ('arVUT) guarantee; surety; bail; pledge
עֲרֵבוּת נ׳ ('areVUT) pleasantness; sweetness
עֲרָבִי ז׳ ('araVI) desert dweller, bedouin; Arab
עַרְבִי ז׳ ת׳ ('arVI) Arab; Arabian; Arabic
עַרְבִית, עֲרָבִית נ׳ ('arVIT; 'araVIT) Arabic

עַרְבִית נ׳ תה״פ ('arVIT) evening prayer; evening; in the evening
עִרְבֵּל פעל י׳ ('irBEL) mix, spin
עַרְבָּל ז׳ ('arBAL) whirlpool; confusion; mixer
עֲרַבֶּסְקָה נ׳ ('araBESka) arabesque
עָרַג פעל ע׳ ('aRAG) yearn for
עֶרְגָּה נ׳ ('erGA) yearning
עִרְגּוּל ז׳ (irGUL) rolling (iron)
עִרְגֵּל פעל י׳ ('irGEL) roll (iron)
עַרְדָּל ז׳ ('arDAL) overshoe
עֵרָה פעל י׳ ('eRA) uncover; empty; transfuse
עֵרוּב ז׳ ('eRUV) mixing; mixture; amalgamation; rabbinical provision alleviating Sabbath restrictions concerning carrying, walking a certain distance, and eating preprepared food
עֲרוּגָה נ׳ ('aruGA) flower bed
עֶרְוָה נ׳ ('erVA) nakedness; shame; prostitution; adultery; incest; lewdness
עֵרוּי ז׳ ('eRUY) emptying; transfusion
עָרוּךְ ת׳ ('aRUKH) arranged; set
ערום ר׳ עָרֹם
עָרוּם ת׳ ('aRUM) sly; crafty
עָרוּץ ז׳ ('aRUTS) ravine; cleft; channel
עִרְטוּל ז׳ ('irTUL) uncovering; stripping; laying bare
עַרְטִילָאִי ת׳ ('artiLAI) bare; naked
עִרְטֵל פעל י׳ ('irTEL) uncover; strip; lay bare
עֶרְיָה נ׳ ('erYA) nakedness; lewdness
עֲרִיכָה נ׳ ('ariKHA) arranging; setting; editing
עֲרִיכַת דִּין practising law
עֲרִיסָה נ׳ ('ariSA) cradle
עֲרִיפָה נ׳ ('ariFA) decapitation
עָרִיץ ז׳ ת׳ ('aRITS) tyrant; tyrannical
עָרִיצוּת נ׳ ('ariTSUT) tyranny; despotism

עָרִיק ז׳ (*'aRIK*) deserter
עֲרִיקָה נ׳ (*'ariKA*) desertion
עֲרִירִי ת׳ (*'ariRI*) barren; childless; lonely
עָרַךְ פעל י׳ (*'aRAKH*) arrange; draw up; set; prepare; organize; muster; edit; roll (dough); compare; equal
– בְּחִירוֹת hold elections
– הֶסְכֵּם draw up an agreement
– מִלְחָמָה wage war
לְאֵין עֲרֹךְ incomparably, very much
עֵרֶךְ ז׳ (*'Erekh*) value; worth; price; importance; order; set; assets; entry; degree
בְּ – approximately; about
נְיָרוֹת – securities
עַרְכָּאָה נ׳ (*'arka'A*) instance
עֶרְכִּיּוּת נ׳ (*'erkiYUT*) valence
עָרֵל ת׳ (*'aREL*) uncircumcised; non-Jewish; unpruned
עָרְלָה נ׳ (*'orLA*) foreskin
עָרַם פעל י׳ (*'aRAM*) pile up; act craftily
עָרֹם ת׳ (*'aROM*) naked; bare
עָרְמָה נ׳ (*'orMA*) cunning
עֲרֵמָה נ׳ (*'areMA*) pile
עַרְמוּמִי ת׳ (*'armuMI*) sly; crafty
עַרְמוּמִיּוּת נ׳ (*'armumiYUT*) cunning
עַרְמוֹן ז׳ (*'arMON*) chestnut
עַרְמוֹנִי ת׳ (*'armoNI*) chestnut; reddish brown
עֵרָנוּת נ׳ (*'eraNUT*) alertness; vigilance
עֵרָנִי ת׳ (*eraNI*) alert; vigilant
עַרְסָל ז׳ (*'arSAL*) hammock
עִרְעוּר ז׳ (*'ir'UR*) appeal; protest; undermining
עִרְעֵר פעל י׳ (*'ir'ER*) appeal against; shake; undermine; demolish
עַרְעָר ז׳ (*'ar'AR*) juniper; appeal
עָרַף פעל י׳ (*'aRAF*) guillotine; break back of neck; drip

עֹרֶף ז׳ (*'Oref*) back of neck; nape; rear; home front; hinterland
קְשֵׁה – obstinate
עַטַלֵּף → עַרְפָּד ז׳ (*'arPAD*) vampire bat; vampire; bloodsucker
עִרְפּוּל ז׳ (*'irPUL*) misting; obscuring
עָרְפִּי ת׳ (*'orPI*) rear; occipital
עֲרָפֶל ז׳ (*'araFEL*) fog; fogginess; obscurity
עִרְפֵּל פעל י׳ (*'irPEL*) befog; obscure
עַרְפִלִּי ת׳ (*'arfilLI*) foggy; misty; vague
עַרְפִלִּית (*'arfilLIT*) nebula
עָרַק פעל ע׳ (*'aRAK*) desert; flee
עֲרָר ז׳ (*'aRAR*) appeal; objection
עֶרֶשׂ ז׳ (*'Eres*) bed; couch; cradle
שִׁיר – lullaby
עָשׁ ז׳ (*'ASH*) moth; Big Dipper
עֵשֶׂב ז׳ (*'Esev*) grass
עִשְׂבֵי רָעִים, עֲשָׂבִים שׁוֹטִים weeds
עִשְׂבִּיָּה נ׳ (*'isbiYA*) herbarium; grasses
עָשָׂה פעל י׳ (*'aSA*) do, make; produce; act, perform; appoint; stay
עָשׂוּי ת׳ (*'aSUY*) done, made; accustomed; likely to
עִשּׁוּן ז׳ (*'ishSHUN*) smoking
עָשׁוּק ת׳ (*'aSHUK*) oppressed; exploited
עִשּׁוּק ז׳ (*'ishSHUK*) oppression; exploitation
עָשׂוֹר ז׳ (*'aSOR*) decade; ten; ten months
בֵּין כֵּסֶה לֶ– ten penitential days between Rosh ha-Shana and Yom Kippur
עֲשִׂיָּה נ׳ (*'asiYA*) doing, making, act, deed
עָשִׁיר ת׳ (*'aSHIR*) rich; magnificent
עֲשִׁירוּת נ׳ (*'ashiRUT*) wealth
עֲשִׂירִי ת׳ (*'asiRI*) tenth
עֲשִׂירִית נ׳ (*'asiRIT*) one tenth
עָשַׁן פעל ע׳ (*'aSHAN*) smoke

עָשֵׁן פעל י׳ (*'ishSHEN*) smoke
עָשֵׁן ת׳ (*'aSHEN*) smoking
עָשָׁן ז׳ (*'aSHAN*) smoke
עָשַׁק פעל י׳ (*'aSHAK*) oppress; maltreat; exploit
עֹשֶׁק ז׳ (*'Oshek*) oppression; exploitation; violence; undue influence
עִשֵּׁר פעל י׳ (*'ishSHER*) enrich; make rich
עֹשֶׁר ז׳ (*'Osher*) riches; wealth
עִשֵּׂר פעל י׳ (*'isSER*) tithe
עֶשֶׂר נ׳ (*'Eser*) ten (f.)
־עָשָׂר ש״מ ז׳ (*-aSAR*) -teen (m.)
־עֶשְׂרֵה ש״מ נ׳ (*-esRE*) -teen (f.)
עֲשָׂרָה ש״מ (*'asaRA*) ten (m.)
עֲשֶׂרֶת הַדְּבָרִים, עֲשֶׂרֶת הַדִּבְּרוֹת Ten Commandments
עֲשֶׂרֶת יְמֵי תְּשׁוּבָה Ten Penitential Days
עִשָּׂרוֹן ז׳ (*'issaRON*) tenth
עֶשְׂרוֹנִי ת׳ (*'esroNI*) decimal
עֶשְׂרִים ש״מ (*'esRIM*) twenty
עַשֶּׁשֶׁת (*'ashSHEshet*) caries
עֶשְׁתּוֹנוֹת ז״ר (*'eshtoNOT*) thoughts, ideas
אָבְדוּ עֶשְׁתּוֹנוֹתָיו lose his head
עַשְׁתֹּרֶת נ׳ (*'ashTOret*) Ashtoreth, Ishtar, Astarte
עֵת נ׳ (*'ET*) time; season; period
בְּ – in the course of, during
בְּעִתּוֹ at the right time
כָּ – now
לְ – at the time of
לְ – עַתָּה for the time being, meanwhile
מֵ – לְ – periodically; 24-hour day
בְּכָל – always
בְּלֹא – untimely
כְּתַב – periodical
עִתִּים, לְעִתִּים sometimes
בְּעִתִּים מְזֻמָּנוֹת, לְעִתִּים מְזֻמָּנוֹת regularly
לְעִתִּים קְרוֹבוֹת, לְעִתִּים תְּכוּפוֹת often
לְעִתִּים רְחוֹקוֹת seldom, rarely
עַתָּה תה״פ (*'atTA*) now
– זֶה just now, just
עֲתוּדַאי ז׳ (*'atuDAI*) reservist
עֲתוּדָה נ׳ (*'atuDA*) reserves; reserve
עֲתוּדוֹת reserves
עִתּוּי ז׳ (*'itTUY*) timing
עִתּוֹן ז׳ (*'itTON*) newspaper
עִתּוֹנָאוּת נ׳ (*'ittona'UT*) journalism; newspaper work
עִתּוֹנַאי ז׳ (*'ittoNAI*) newspaperman; journalist
עִתּוֹנָאִי ת׳ (*'ittona'I*) journalistic; newspaper
עִתּוֹנוּת נ׳ (*'ittoNUT*) press
עָתִיד ז׳ ת׳ (*'aTID*) future; future tense; about to, ready
– לְ..., – שֶׁ... will, bound to
עֲתִידָה נ׳ (*'atiDA*) future event
מַגִּיד עֲתִידוֹת fortune teller
עַתִּיק ת׳ (*'atTIK*) ancient
עַתִּיקוֹת נ״ר (*'attiKOT*) antiquities; antiques
עֲתִירָה נ׳ (*'atiRA*) plea; request; petition
עִתֵּק פעל י׳ (*'itTEK*) shunt; shift; switch
עָתָק ז׳ (*'aTAK*) pride; arrogance
עֹתֶק ז׳ (*'Otek*) copy
עֲתֶרֶת נ׳ (*'aTEret*) wealth, abundance

# פ

**פ׳ נ׳** (*PE*) Pe (seventeenth letter of the Hebrew alphabet); eighty, eightieth

**פֵּאָה נ׳** (*pe'A*) edge, corner; side; earlock; section of grain field set aside for poor

**– נָכְרִית** wig

**פֵּאוֹדָלִי ת׳** (*fe'oDAli*) feudal

**פֵּאוֹדָלִיּוּת נ׳** (*feoDAliyut*) feudalism

**פֵּאוֹן ז׳** (*pe'ON*) polygon

**פֵּאֵר פעל י׳** (*pe'ER*) embellish, adorn; praise; glorify

**פְּאֵר ז׳** (*pe'ER*) glory, splendor

**פַבּוּלָה נ׳** (*FAbula*) story plot

**פֶבְּרוּאָר ז׳** (*FEBru'ar*) February

**פַבְּרִיקַצְיָה נ׳** (*fabriKATSya*) fabrication

**פִבְּרֵק פעל י׳** (*fibREK*) fabricate

**פַּג ז׳** (*PAG*) unripe fig; premature infant

**פָּג פעל ע׳** (*PAG*) melt; evaporate; expire

**פִּגּוּל ז׳** (*pigGUL*) stench; abomination; denaturing; adulteration

**פִּגּוּם ז׳** (*pigGUM*) scaffolding

**פָּגוּם ת׳** (*paGUM*) faulty; defective; blemished; notched

**פָּגוּעַ ת׳** (*paGU'a*) afflicted; suffering from; hit; marred

**פִּגּוּעַ ז׳** (*pigGU'a*) attack

**פִּגּוּר ז׳** (*pigGUR*) retardation; delay; lag; arrears

**פָּגוֹשׁ ז׳** (*paGOSH*) bumper

**פָּגָז ז׳** (*paGAZ*) shell (artillery)

**פִּגְיוֹן ז׳** (*pigYON*) dagger

**פְּגִימָה נ׳** (*pegiMA*) defect; dark part of moon; damaging

**פָּגִיעַ ת׳** (*paGI'a*) vulnerable

**פְּגִיעָה נ׳** (*pegi'A*) blow; damage; attack; offense; chance encounter; entreaty

**פְּגִיעוּת נ׳** (*pegi'UT*) vulnerability

**פְּגִישָׁה נ׳** (*pegiSHA*) meeting

**פִּגֵּל פעל י׳** (*pigGEL*) render unclean, disqualify; befoul; spoil; adulterate; denature

**פָּגַם פעל י׳** (*paGAM*) spoil; render defective; reduce

**פְּגָם ז׳** (*peGAM*) defect; flaw; blemish; damages

**פָּגָן ז׳** (*paGAN*) pagan; villager; commoner

**פָּגַע פעל ע׳ י׳** (*paGA'*) meet; chance upon; reach; strike; attack; insult; urge

**פֶּגַע ז׳** (*PEga'*) misfortune; accident; mishap

**פִּגֵּר פעל ע׳ י׳** (*pigGER*) lag; fall behind; fall in arrears; destroy; kill

**פֶּגֶר ז׳** (*PEger*) corpse; carcass

**פַּגְרָה נ׳** (*pagRA*) vacation

**פָּגַשׁ פעל י׳** (*paGASH*) meet

**פֶּדָגוֹג, פַּדְגוֹג ז׳** (*pedaGOG; padGOG*) pedagogue

**פֶּדָגוֹגִי ת׳** (*pedaGOgi*) pedagogical

**פֶּדָגוֹגְיָה נ׳** (*pedaGOGya*) pedagogy

**פָּדָה פעל י׳** (*paDA*) redeem, ransom; rescue; liberate; have a turnover, sell

**פָּדוּי ת׳** (*paDUY*) redeemed; ransomed

**פְּדוּת נ׳** (*peDUT*) redemption; deliverance; liberation; difference; division

**פַּדַּחַת נ׳** (*padDAḥat*) forehead; front part of head

**פְּדִיָּה נ׳** (*pediYA*) redemption; ransom

פִּדְיוֹן ז׳ (*pidYON*) ransom; proceeds; gift
פֶּדִיקוּר ז׳ (*PEdikur*) pedicure
פֶּדַנְט ז׳ (*peDANT*) pedant
פֶּדַנְטִי ת׳ (*peDANti*) pedantic
פִּדֵּר פעל י׳ (*pidDER*) powder
פֶדֶרָטִיבִי ת׳ (*federaTIvi*) federative
פֶדֶרָלִי ת׳ (*fedeRAli*) federal; federative
פֶדֶרַצְיָה נ׳ (*fedeRATSya*) federation
פֶּה ז׳ (*PEH*) mouth; opening; orifice
– אֶחָד unanimously
– אֶל פֶּה face to face; directly
– לָפֶה from end to end
בְּפֶה מָלֵא unhesitatingly
בַּחֲצִי – halfheartedly
בְּכָל – greedily
מִ – אֶל – to overflowing
מִ־ לָאֹזֶן secretly
עַ –, בְּעַל – by heart
כְּבַד – tongue-tied; stuttering
מוֹצָא – speech; utterance
נִבּוּל – obscene language
פִּתְחוֹן – eloquence; pretext
הִמְרָה אֶת פִּיו disobey
נִבֵּל פִּיו use obscene language
פִּי טַבַּעַת anus
לְפִי according to
לְפִי שֶׁ... since, because
לְפִי שָׁעָה meanwhile, for the time being
פֹּה תה״פ (*PO*) here
פִּהוּק ז׳ (*piHUK*) yawn
פִּהֵק פעל ע׳ (*piHEK*) yawn
פּוֹאֶמָה נ׳ (*po Ema*) poem; long poem
פוֹבְּיָה נ׳ (*FOBya*) phobia
פּוּבְּלִיצִיסְט ז׳ (*publiTSIST*) writer on current affairs
פוּגָה נ׳ (*FUga*) fugue
פּוּדִינְג ז׳ (*PUding*) pudding
פּוּדְרָה נ׳ (*PUDra*) face powder
פּוּדְרִיָּה נ׳ (*pudriYA*) compact
פּוֹזָה נ׳ (*POza*) pose; pretext

פּוּזְמָק, פֻּזְמָק ז׳ (*puzMAK*) stocking
פּוֹחֵז ת׳ (*poḤEZ*) hasty; reckless; mischievous
פּוֹחֵחַ ת׳ (*poḤEaḥ*) tattered; irresponsible
פּוֹחלץ ר׳ פְּחַלֵּץ
פּוֹחֵת ת׳ (*poḤET*) diminishing
פוֹטוֹגֶנִי ת׳ (*fotoGEni*) photogenic
פוֹטוֹסִינְתֶּזָה נ׳ (*fotosinTEza*) photosynthesis
פּוֹטֶנְצְיָאל ז׳ (*potenTSYAL*) potential
פּוֹטֶנְצְיָאלִי ת׳ (*potenTSYAli*) potential
פּוֹטֶנְצְיָה נ׳ (*poTENtsya*) strength, force; power
בְּ – potentially
פּוּךְ ז׳ (*PUKH*) eye shadow
פּוֹל ז׳ (*POL*) bean
פולחן ר׳ פֻּלְחָן
פּוֹלִיגַמְיָה נ׳ (*poliGAMya*) polygamy
פּוֹלִיטוּרָה נ׳ (*poliTUra*) furniture polish
פּוֹלִיטִי ת׳ (*poLIti*) political
פּוֹלִיטִיקַאי ז׳ (*politiKAI*) politician
פולין ר׳ פּוֹלַנְיָה
פּוֹלִיסָה נ׳ (*POlisa*) insurance policy
פּוֹלִיפּ ז׳ (*poLIP*) adenoid
פּוּלְמוּס ז׳ (*pulMUS*) polemic
פּוּלְמוּסִי ת׳ (*pulmuSI*) polemical
פּוּלְמוּסָן ז׳ (*pulmuSAN*) polemicist
פּוֹלָנִי ת׳ (*polaNI*) Polish
פּוֹלַנְיָה נ׳ (*poLANya*) Poland
פּוֹלָנִית נ׳ (*polaNIT*) Polish
פוֹלְקְלוֹר ז׳ (*folkLOR*) folklore
פּוֹלֵשׁ ז׳ (*poLESH*) invader
פומבי ר׳ פֻּמְבִּי
פּוּמִית ת׳ (*puMIT*) mouthpiece
פּוּמְפִּיָּה נ׳ (*pumpiYA*) grater
פּוּנְדָה נ׳ (*punDA*) money belt; ammunition belt, bandolier
פּוּנְדָּק ז׳ (*punDAK*) hostel; inn; hotel
פּוּנְדְּקַאי ז׳ (*pundeKAI*) host
פּוּנְדָּקִי ז׳ (*pundaKI*) innkeeper; host
פוֹנֶטִיקָה נ׳ (*foNEtika*) phonetics

פּוּנְקְצְיָה נ׳ (*FUNKtsya*) function
פּוּנְקְצְיוֹנָלִי ת׳ (*funktsyoNAli*)
functional
פּוּנְשׁ ז׳ (*PUNSH*) punch
פּוֹסְפָט ז׳ (*fosFAT*) phosphate
פּוֹסֵק ז׳ (*poSEK*) arbiter
פּוֹעֵל ז׳ (*po'EL*) worker;
workingman; laborer
– שָׁחוֹר unskilled laborer
פּוֹפּוּלָרִי ת׳ (*popuLAri*) popular
פּוֹפּוּלָרִיּוּת נ׳ (*popuLAriyut*)
popularity
פּוֹפּוּלָרִיזַצְיָה נ׳ (*populariZATSya*)
popularization
פּוֹצֵץ פעל י׳ (*poTSETS*) explode;
blow up
פּוֹקָה נ׳ (*FOka*) common seal
פּוֹקֶנָה נ׳ (*foKEnna*) porpoise
פּוֹקֶר ז׳ (*POker*) poker
פּוּר ז׳ (*PUR*) lot
פּוּרִים Purim (feast of Esther)
פּוֹרְנוֹגְרָפִי ת׳ (*pornoGRAfi*)
pornographic
פּוֹרְנוֹגְרַפְיָה נ׳ (*pornoGRAFya*)
pornography
פּוֹרֵעַ ז׳ (*poRE'a*) rioter
פּוֹרֵץ ז׳ (*poRETS*) burglar
פּוֹרֵר פעל י׳ (*poRER*) crumble
פּוֹשֵׁט יָד ז׳ (*poSHET yad*) beggar;
panhandler
פּוֹשֵׁט עוֹר ז׳ (*poSHET or*) profiteer;
skinner
פּוֹשֵׁעַ ז׳ (*poSHE'a*) criminal
פּוֹשֵׁר ת׳ (*poSHER*) lukewarm
פּוֹשְׁרִין lukewarm water
פּוֹתְחָן ז׳ (*poteḤAN*) can opener
פָּז ז׳ (*PAZ*) fine gold
פִּזּוּל ז׳ (*pizZUL*) looking sideways
פִּזּוּם ז׳ (*pizZUM*) singing; humming
פִּזּוּר ז׳ (*pizZUR*) dispersal;
scattering; distribution; extravagance
– נֶפֶשׁ absent-mindedness
פְּזוּרָה נ׳ (*pezuRA*) Diaspora

פִּזֵּז פעל ע׳ (*pizZEZ*) leap; dance;
prance
פָּזִיז ת׳ (*paZIZ*) hasty; fickle
פְּזִיזוּת נ׳ (*peziZUT*) haste; rashness;
fickleness
פְּזִילָה נ׳ (*peziLA*) strabismus;
looking sideways; dissembling;
currying favor
פָּזַל פעל ע׳ (*paZAL*) look sideways;
look crosseyed; curry favor in a
dissembling fashion
פַּזְלָן ז׳ (*pazLAN*) cross-eyed person
פִּזֵּם פעל י׳ (*pizZEM*) sing; hum
פִּזְמוֹן ז׳ (*pizMON*) tune; ditty;
refrain; song
פִּזְמוֹנַאי ז׳ (*pizmoNAI*) songwriter
פִּזֵּר פעל י׳ (*pizZER*) scatter; diffuse;
disband; squander
פַּזְּרָן ז׳ (*pazzeRAN*) spendthrift
פַּזְּרָנוּת נ׳ (*pazzeraNUT*) extravagance
פַּח ז׳ (*PAḤ*) sheet metal; can; snare;
trap; obstacle
פָּחַד, פִּחֵד פעל ע׳ (*paḤAD; piḤED*)
fear; be afraid
פַּחַד ז׳ (*PAḥad*) fear; God
פַּחְדָן ז׳ (*paḥDAN*) coward
פַּחְדָנוּת נ׳ (*paḥdaNUT*) cowardice
פֶּחָה ז׳ (*peḤA*) governor; pasha
פַּחוֹן ז׳ (*paḤON*) metal hut
פָּחוּס ת׳ (*paḤUS*) flat; flattened
פָּחוּת ת׳ (*paḤUT*) inferior; less
פָּחוֹת תה״פ (*paḤOT*) less
לְכָל הַ –, לְפָחוֹת at least
פִּחוּת ז׳ (*piḤUT*) reduction;
devaluation
פַּחַז ז׳ (*PAḥaz*) haste; rashness;
fickleness; irresponsibility
פַּחֲזוּת נ׳ (*paḥaZUT*) haste; fickleness
פַּחֲזָנוּת נ׳ (*paḥazaNUT*) haste
פֶּחָח ז׳ (*peḤAḤ*) tinsmith; metal
worker
פֶּחָחוּת נ׳ (*peḥaḤUT*) metal working
– רֶכֶב body work

פַּחִית נ׳ (*paḤIT*) small can; metal plate
— זהוּ׳ number plate, tag
פְּחִיתָה נ׳ (*peḥiTA*) decrease; reduction
פְּחִיתוּת נ׳ (*peḥiTUT*) decrease; unimportance
— כָּבוֹד, — עֵרֶךְ shame; disgrace
פֻּחְלָץ ז׳ (*puḥLATS*) stuffed animal
פִּחְלוּץ ז׳ (*piḥLUTS*) taxidermy
פִּחְלֵץ פעל י׳ (*piḥLETS*) stuff animal skins
פֶּחָם ז׳ (*peḤAM*) coal; charcoal; soot
— נְיָר carbon paper
פַּחְמָה נ׳ (*paḥMA*) carbonate
פִּחְמוּן ז׳ (*piḥMUN*) carbonization
פַּחְמֵימָה נ׳ (*paḥmeMA*) carbohydrate
פַּחְמֵימָן ז׳ (*paḥmeMAN*) hydrocarbon
פַּחְמָן ז׳ (*paḥMAN*) carbon
פָּחַת פעל ע׳ י׳ (*paHAT*) reduce; decrease; hollow out; diminish
פִּחֵת פעל י׳ (*piḤET*) lessen; decrease; devaluate
פְּחָת ז׳ (*peḤAT*) depreciation; deficiency; waste; loss; amortization
פַּחַת ז׳ נ׳ (*PAḥat*) snare
פַּט ז׳ (*PAT*) stalemate
פִּטְדָה נ׳ (*pitDA*) topaz
פָטָה מוֹרְגָנָה נ׳ (*FAta morGAna*) mirage
פְּטוֹטֶרֶת נ׳ (*petoTEret*) petiole
פִּטּוּם ז׳ (*pitTUM*) compounding; fattening; stuffing, tamping
פָּטוּם ת׳ (*paTUM*) fattened; stuffed; compounded; filled
פָּטוּר ת׳ (*paTUR*) free; exempt; relieved of duty; dismissed
פְּטוֹר ז׳ (*peTOR*) exemption, release
פִּטּוּר ז׳ (*pitTUR*) release
פִּטּוּרִים dismissal; discharge
פְּטִיצְיָה נ׳ (*peTITSya*) petition
פְּטִירָה נ׳ (*petiRA*) death; passing
פַּטִּישׁ ז׳ (*patTISH*) hammer
— אֲוִיר pneumatic hammer
פֶּטֶל ז׳ (*PEtel*) raspberry
פִּטֵּם פעל י׳ (*pitTEM*) fatten; stuff; compound
פְּטָם ז׳ (*peTAM*) fattened livestock
פִּטָּם ז׳ (*pitTAM*) protuberance; tip
פִּטְמָה נ׳ (*pitMA*) protruberance; nipple
פָּטֶנְט ז׳ (*paTENT*) patent; invention; device
פִּטְפּוּט ז׳ (*pitPUT*) chatter; prattle
פִּטְפֵּט פעל ע׳ (*pitPET*) chatter; babble; argue
פַּטְפְּטָן ז׳ (*patpeTAN*) prattler; chatterbox
פַּטְפְּטָנוּת נ׳ (*patpetaNUT*) chattering; talkativeness
פָּטַר פעל י׳ (*paTAR*) dismiss; let out; exempt; acquit
פִּטֵּר פעל י׳ (*pitTER*) discharge; dismiss
פֶּטֶר ז׳ (*PEter*) first-born
פַּטְרוֹל ז׳ (*patROL*) patrol
פִּטְרוּל ז׳ (*pitRUL*) patroling
פַּטְרוֹן ז׳ (*patRON*) patron; guardian
פַּטְרוֹנוּת נ׳ (*patroNUT*) patronage; guardianship
פֶּטְרוֹסִילְיָה נ׳ (*petroSILya*) parsley
פַּטְרִיאַרְךְ ז׳ (*patriARKH*) patriarch
פִּטְרִיָּה נ׳ (*pitriYA*) mushroom; fungus
פַּטְרִיּוֹט ז׳ (*patriYOT*) patriot
פַּטְרִיּוֹטִי ת׳ (*patriYOti*) patriotic
פַּטְרִיּוֹטִיּוּת נ׳ (*patriYOtiyut*) patriotism
פִּטְרֵל פעל י׳ (*pitREL*) patrol
פִּיגָ'מָה נ׳ (*piJAma*) pyjamas
פִּיָּה נ׳ (*piYA*) mouthpiece; opening; aperture
פֵיָה נ׳ (*feYA*) fairy
פִּיּוּט ז׳ (*piYUT*) liturgical poem; poetry; poesy; fantasy
פִּיּוּטִי ת׳ (*piyuTI*) poetic; lyrical
פִּיּוֹן ז׳ (*piYON*) pawn (chess)

פִּיּוּס ז׳ (*piYUS*) appeasement; pacification; conciliation
פִּיּוֹת, פֵּיוֹת ר׳ פֶּה
פִּיזִי ר׳ פִּיסִי
פִּיחַ ז׳ (*pi'AḤ*) soot
פִּיֵּחַ פעל י׳ (*piYAḤ*) blacken with soot
פִּיֵּט פעל י׳ (*piYET*) write poetry
פַּיְּטָן ז׳ (*paiyeTAN*) poet; liturgical poet
פִּיל ז׳ (*PIL*) elephant
פִּילֶגֶשׁ נ׳ (*piLEgesh*) concubine; mistress
פִילֶה ז׳ (*fiLE*) fish fillet
פִילְהַרְמוֹנִי ת׳ (*filharMOni*) philharmonic
פִילוֹלוֹגְיָה נ׳ (*filoLOGya*) philology
פִילוֹסוֹף ז׳ (*filoSOF*) philosopher
פִילוֹסוֹפִי ת׳ (*filoSOfi*) philosophical
פִילוֹסוֹפְיָה נ׳ (*filoSOFya*) philosophy
פִּימָה נ׳ (*piMA*) fat; double chin
פִּין ז׳ (*PIN*) pin
פִּינְג־פּוֹנְג ז׳ (*PING-PONG*) pingpong
פִּינְגְּוִין ז׳ (*PINGvin*) penguin
פִינְגָ׳ן ז׳ (*finJAN*) coffee cup; coffee pot
פִינַנְסִי ת׳ (*fiNANsi*) financial
פִּיֵּס פעל ע׳ י׳ (*piYES*) appease; conciliate; console; encourage; draw lots
פַּיִס ז׳ (*paYIS*) lottery
פִיסִי ת׳ (*FIsi*) physical
פִיסְיוֹלוֹג ז׳ (*fisyoLOG*) physiologist
פִיסְיוֹלוֹגִי ת׳ (*fisyoLOgi*) physiological
פִיסְיוֹלוֹגְיָה נ׳ (*fisyoLOGya*) physiology
פִיסְיוֹתֶרַפְּיָה נ׳ (*fisyoteRAPya*) physiotherapy
פִיסִיקַאי ז׳ (*fisiKAI*) physicist
פִיסִיקָה נ׳ (*FIsika*) physics
פִיסִיקָלִי ת׳ (*fisiKAli*) physical
פַּיְּסָנוּת נ׳ (*paiyesaNUT*) conciliation; appeasement
פַּיְּסָנִי ת׳ (*paiyesaNI*) conciliatory
פִּיק ז׳ (*PIK*) trembling

פִּיקָה נ׳ (*piKA*) cap
פִיקְטִיבִי ת׳ (*fikTIvi*) fictitious
פִּיקַנְטִי ת׳ (*piKANti*) piquant
פִּיקְנִיק ז׳ (*PIKnik*) picnic
פִיקְצְיָה נ׳ (*FIKtsya*) fiction
פִּירָמִידָה נ׳ (*piraMIda*) pyramid
פַּךְ ז׳ (*PAKH*) jug; vessel; cruse
פִּכֵּחַ ת׳ (*pikKE'aḥ*) sober
פִּכָּחוֹן ז׳ (*pikkaḤON*) sobriety
פִּכְפֵּךְ פעל ע׳ (*pikhPEKH*) flow, bubble
פָּכַר, פִּכֵּר פעל י׳ (*paKHAR; pikKER*) clasp; fold
פֶּלֶא ז׳ (*PEle*) miracle; wonder
פָּלֵאוֹנְטוֹלוֹגְיָה נ׳ (*paleontoLOGya*) paleontology
פִּלְבּוּל ז׳ (*pilBUL*) rolling (eyes)
פִּלְבֵּל פעל י׳ (*pilBEL*) roll (eyes)
פִּלֵּג פעל י׳ (*pilLEG*) divide; split
פֶּלֶג ז׳ (*PEleg*) brook; stream; half; part; faction
פְּלֻגָּה נ׳ (*pelugGA*) group; company
פְּלַגְיָט ז׳ (*plagYAT*) plagiarism
פְלֶגְמָטִי ת׳ (*flegMAti*) phlegmatic
פַּלְּגָנוּת נ׳ (*pallegaNUT*) factionalism
פְּלֻגְתָּא נ׳ (*pelugTA*) dissension; controversy
פְּלֻגָּתִי ת׳ (*peluggaTI*) of company
פְּלָדָה נ׳ (*pelaDA*) steel
— צֶמֶר steel wool
פִּלּוּג ז׳ (*pilLUG*) division; split
פְּלוֹנִי ת׳ (*peloNI*) certain; so-and-so
פִּלּוּס ז׳ (*pilLUS*) construction (road); deliberation
פְּלוּס ז׳ (*PLUS*) plus, advantage
פִּלַּח פעל י׳ (*pilLAḤ*) slice; cut up; cleave; plow
פֶּלַח ז׳ (*PElaḥ*) segment; slice; upper millstone
פַּלָּח ז׳ (*palLAḤ*) farmer; field hand
פָּלְחָה נ׳ (*FALḥa*) cultivation of field crops

פֻּלְחָן ז׳ (*pulḤAN*) cult; ritual; worship; service

פָּלַט פעל ע׳ י׳ (*paLAT*) discharge; emit; escape

פְּלֵטָה, פְּלֵיטָה נ׳ (*peleyTA*) escape; survivors

שְׁאֵרִית הַ־ surviving remnants

פְּלִיאָה נ׳ (*peli'A*) wonder; marvel; puzzle; surprise

פְּלִיז ז׳ (*peLIZ*) brass

פָּלִיט ז׳ (*paLIT*) refugee; fugitive

פְּלִיטָה נ׳ (*peliTA*) emission

צִנּוֹר – exhaust pipe

פְּלִיטַת פֶּה slip of the tongue

פְּלִיטַת קֻלְמוֹס slip of the pen

פֶּלְיֶטוֹן ז׳ (*felyeTON*) column

פְּלִילִי ת׳ (*peliLI*) criminal

פְּלִישָׁה נ׳ (*peliSHA*) invasion; incursion

פֶּלֶךְ ז׳ (*PElekh*) district; subdistrict; spindle

פִּלֵּל פעל י׳ (*pilLEL*) think; suppose; entreat; pray; judge

פְּלְמוֹנִי ז׳ (*palmoNI*) certain; some

פַּלְמַ״ח (*palMAḤ*) Palmakh (Jewish active defense force before establishment of State of Israel)

פְלָנֶל ז׳ (*flaNEL*) flannel

פִּלֵּס פעל י׳ (*pilLES*) straighten; make level; construct a road; make a way; weigh; balance

פֶּלֶס ז׳ (*PEles*) scale

– מַיִם level

פְּלַסְטִי ת׳ (*PLASti*) plastic

פַּלַסְתֵּר, פְּלַסְטֵר ז׳ (*plasTER*) deceit; fraud

כְּתַב – libel

פִּלְפּוּל ז׳ (*pilPUL*) debate; discussion; hairsplitting argument

פִּלְפֵּל ז׳ (*pilPEL*) pepper

פַּלְפְּלָן ז׳ (*palpeLAN*) hair-splitter

פְּלָצוּר ז׳ (*pelaTSUR*) lariat, lasso

פַּלָּצוּת נ׳ (*pallaTSUT*) horror

פִּלְצֵר פעל י׳ (*pilTSER*) lasso, rope

פָּלַשׁ פעל ע׳ (*paLASH*) invade

פְּלֶשֶׁת נ׳ (*peLEshet*) Philistia

פְּלִשְׁתִּי ת׳ (*pelishTI*) Philistine

פֻּמְבֵּי נ׳ (*pumBEY*) publicity

בְּפֻמְבֵּי publicly, openly

פָּמוֹט ז׳ (*paMOT*) candlestick

פָּמַלְיָה, פָּמַלְיָא נ׳ (*pamalYA*) retinue, entourage; group

פֶּן מ״י (*PEN*) lest, in order not to

פָּן ז׳ (*PAN*) form, aspect

פְּנַאי ז׳ (*peNAI*) spare time

פָּנָה פעל ע׳ (*paNA*) turn; pay attention; see; apply; put aside; be free

פִּנָּה פעל י׳ (*pinNA*) clear; evacuate; vacate; remove

– נ׳ corner

פָּנוּי ת׳ (*paNUY*) vacant; unoccupied; unmarried

זְמַן – free time

פִּנּוּי ז׳ (*pinNUY*) clearing; removal; evacuation

פִּנּוּק ז׳ (*pinNUK*) pampering

פַּנְטוֹמִימָה נ׳ (*pantoMIma*) pantomime

פָנָטִי ת׳ (*faNAti*) fanatical

פָנָטִיּוּת נ׳ (*faNAtiYUT*) fanaticism

פַנְטַסְטִי ת׳ (*fanTASti*) fantastic

פַנְטַסְיָה נ׳ (*fanTASya*) fantasy

פְּנִיָּה נ׳ (*peniYA*) turn; intention; appeal; ulterior motive

פָּנִים ז״ר נ״ר (*paNIM*) face; appearance; front; outside; anger

פְּנֵי הַיָּם sea level

בֹּשֶׁת – shame

הִכִּיר – show favoritism

הִסְבִּיר – show kindness to

עַז – insolent

הֶעֱמִיד – pretend

כָּבַשׁ פָּנָיו בַּקַּרְקַע be very much ashamed

נָשָׂא פְּנֵי show favoritism

קִדֵּם פְּנֵי welcome; receive

לְפָנִים formerly

בִּפְנֵי — opposite; against
לִפְנֵי — before, in front of
מִפְּנֵי — from, because of, owing to
עַל כָּל — in any case, anyhow
בְּשׁוּם — by no means, in no way
פְּנִים ז׳ (peNIM) interior, inside
לִפְנִים, פְּנִימָה — inside
לִפְנִים מִשּׁוּרַת הַדִּין — beyond the strict letter of the law
פְּנִימִי ת׳ (peniMI) inner; interior; confidential
פְּנִימִיָּה נ׳ (penimiYA) boarding school
פְּנִימִית נ׳ (peniMIT) inner tube
פְּנִינָה נ׳ (peniNA) pearl
פְּנִינִיָּה נ׳ (peniniYA) guinea fowl
פֶּנִיצִילִין ז׳ (penitsiLIN) penicillin
פָּנִיקָה נ׳ (paNIka) panic
פֵּנִיקִי ת׳ (feNIki) Phoenician
פִּנְכָּא, פִּנְכָּה נ׳ (pinKA) dish, bowl
מְלַחֵךְ — sycophant, bootlicker
פָּנָס ז׳ (paNAS) flashlight, lamp, lantern; headlight; black eye
פָּנָס קֶסֶם — magic lantern
פֶּנְסְיָה נ׳ (PENSya) pension
פֶּנְסְיוֹן ז׳ (pensYON) boarding house
פֶּנְסְיוֹנֵר ז׳ (pensyoNER) pensioner; retired employee
פַּנְצ׳ר ז׳ (PANcher) flat tire; mishap
פִּנֵּק פעל י׳ (pinNEK) pamper, spoil
פִּנְקָס ז׳ (pinKAS) notebook, register
פִּנְקְסָן ז׳ (pinkaSAN) bookkeeper
פִּנְקְסָנוּת נ׳ (pinkesaNUT) bookkeeping
פַּנְתֵּר ז׳ (panTER) panther
פַּס ז׳ (PAS) strip; stripe; band; rail
פְּסֶבְדוֹ ר׳ פְּסֵידוֹ
פִּסְגָּה נ׳ (pisGA) peak; summit; climax
פִּסָּה נ׳ (pisSA) piece; strip
פִּסּוּל ז׳ (pisSUL) sculpture
פָּסוּל ת׳ (paSUL) unfit; disqualified; defective
פְּסוּל ז׳ (peSUL) flaw, defect

פָּסוּק ז׳ (paSUK) biblical verse; sentence; the Bible; Scriptures; abscissa
פִּסּוּק ז׳ (pisSUK) punctuation
פָּסַח פעל ע׳ (paSAḤ) pass over; skip; celebrate Passover
עַל שְׁתֵּי הַסְּעִפִּים — be uncertain; vacillate
פִּסֵּחַ פעל ע׳ (pisSAḤ) leap; skip
פֶּסַח ז׳ (PEsaḥ) Passover; Passover sacrifice; Passover ceremony
פִּסֵּחַ ז׳ (pisSE'aḥ) lame person; limper
פַּסְחָא ז׳ (paSḤA) Easter
פַּסָּט ז׳ (pasSAT) trade wind
פִּסְטוּר ז׳ (pisTUR) pasteurization
פֶסְטִיבָל ז׳ (festiVAL) festival
פִּסְטֵר פעל י׳ (pisTER) pasteurize
פַּסִּיב ז׳ (pasSIV) assets
פַּסִּיבִי ת׳ (pasSIvi) passive
פַּסִּיבִיּוּת נ׳ (pasSIviyut) passivity
פְּסִיג ז׳ (peSIG) cotelydon
פְּסֵידוֹ־ ת׳ (PSEYdo) pseudo
פְּסֵידוֹנִים ז׳ (pseydoNIM) pseudonym
פַּסְיוֹן ז׳ (pasYON) pheasant
פְּסִיחָה נ׳ (pesiḤA) leaping over; skipping; celebrating the Passover
עַל שְׁתֵּי הַסְּעִפִּים — vacillation, wavering
פְּסִיכוֹאֲנָלִיזָה נ׳ (psikho'anaLIza) psychoanalysis
פְּסִיכוֹטֶכְנִי ת׳ (psikhoTEKHni) psychotechnical
פְּסִיכוֹלוֹג ז׳ (psikhoLOG) psychologist
פְּסִיכוֹלוֹגִי ת׳ (psikhoLOgi) psychological
פְּסִיכוֹלוֹגְיָה נ׳ (psikhoLOGya) psychology
שִׁמּוּשִׁית — applied psychology
פְּסִיכוֹפָּתִי ת׳ (psikhoPAti) psychopathic
פְּסִיכִיאָטוֹר ז׳ (psikhi'Ator) psychiatrist

פְּסִיכִיאַטְרִיָּה נ׳ (psikhi'ATriya) psychiatry
פְּסִילָה נ׳ (pesiLA) disqualification, rejection; sculpturing
פְּסִילִים ז״ר (pesiLIM) idols
פֶּסִימִי ת׳ (peSImi) pessimistic
פֶּסִימִיּוּת נ׳ (peSImiyut) pessimism
פֶּסִימִיסְט ז׳ (pesiMIST) pessimist
פְּסִיעָה נ׳ (pesi'A) step, pace
פְּסֵיפָס ז׳ (peseyFAS) mosaic
פְּסִיק ז׳ (peSIK) comma
פָּסַל פעל י׳ (paSAL) hew, carve, disqualify; reject; declare unfit
פִּסֵּל פעל י׳ (pisSEL) sculpt, carve; chisel
פַּסָּל ז׳ (pasSAL) sculptor
פֶּסֶל ז׳ (PEsel) statue; idol
פִּסְלוֹן ז׳ (pisLON) statuette; figurine
פְּסֹלֶת נ׳ (peSOlet) refuse; rubbish
פְּסַנְתֵּר ז׳ (pesanTER) piano
פְּסַנְתְּרָן ז׳ (pesanteRAN) pianist
פְּסַנְתְּרָנוּת נ׳ (pesanteraNUT) piano playing
פָּסַע פעל ע׳ (paSA') step, walk, stride
פָּסַק פעל ע׳ י׳ (paSAK) stop; cease; pass sentence; teach; umpire
פִּסֵּק פעל י׳ (pisSEK) punctuate
פְּסַק ז׳ (peSAK) decision
פְּסַק דִּין verdict; judgment
פַּסְקָנוּת נ׳ (paskaNUT) finality; dogmatism
פַּסְקָנִי ת׳ (paskaNI) definite; dogmatic
פְּסֹקֶת נ׳ (peSOket) part (hair)
פָּעָה פעל ע׳ (pa'A) groan; bleat
פָּעוֹט ז׳ (pa'OT) small child; baby
פָּעוּט ת׳ (pa'UT) tiny; small
פָּעוֹטוֹן ז׳ (pa'oTON) nursery (for very small children)
פָּעוּל ז׳ (pa'UL) passive; creature
פעולה ר׳ פְּעֻלָּה
פָּעוּר ת׳ (pa'UR) wide open, gaping
פְּעִיָּה נ׳ (pe'iYA) groan; bleat
פָּעִיל ז׳ת׳ (pa'IL) worker; active

פְּעִימָה נ׳ (pe'iMA) beat; stroke
פָּעַל פעל י׳ (pa'AL) do, make, work, accomplish
פֹּעַל ז׳ (PO'al) verb; deed; act; wages
בְּפֹעַל actually; acting
הוֹצִיא לַ־ carry out; implement
פְּעֻלָּה נ׳ (pe'ulLA) act; activity; action; transaction; operation
פָּעֳלִי ת׳ (po'oLI) verbal
פְּעַלְתָּנוּת נ׳ (pe'altaNUT) intense activity; activity
פָּעַם פעל ע׳ (pa'AM) beat, throb
פַּעַם נ׳ (PA'am) time; foot; step; beat
הַ– this time
–אַחַת once
מִדֵּי – from time to time
שׁוּב – again
לִפְעָמִים sometimes
פַּעֲמוֹן ז׳ (pa'aMON) bell
פִּעְנוּחַ ז׳ (pi'NU'ah) deciphering
פִּעְנַח פעל י׳ (pi'NAH) decipher; solve
פִּעְפּוּעַ ז׳ (pi'PU'a) penetration; diffusion; pervasion
פִּעְפֵּעַ פעל ע׳ י׳ (pi'PA') penetrate; pervade; permeate
פָּעַר פעל י׳ (pa'AR) open wide
פַּעַר ז׳ (PA'ar) gap
פָּצָה פעל י׳ (paTSA) open
פִּצָּה פעל י׳ (piTSA) compensate; indemnify
פִּצּוּחַ ז׳ (piTSU'ah) cracking; splitting
פִּצּוּי ז׳ (piTSUY) compensation
פִּצּוּל ז׳ (piTSUL) subdividing; peeling; split
פָּצוּעַ ת׳ (paTSU'a) wounded; injured
פִּצּוּץ ז׳ (piTSUTS) blowing up; explosion
פִּצַּח פעל י׳ (piTSAH) crack; split; burst into song

פצינט ז׳ (*patsYENT*) patient

פציעה נ׳ (*petsi'A*) wound; wounding

פציפיזם ז׳ (*patsiFIZM*) pacifism

פציפיסט ז׳ (*patsiFIST*) pacifist

פציפיסטי ת׳ (*patsiFISti*) pacifist

פצירה ז׳ (*petsiRA*) file

פצל פעל י׳ (*piTSEL*) divide up; split; peel

פצע פעל י׳ (*paTSA'*) wound; injure

פצע ז׳ (*PEtsa'*) wound; cut

פצץ פעל י׳ (*piTSETS*) blow up; explode; detonate

פצץ ז׳ (*paTSATS*) detonator

פצצה נ׳ (*petsaTSA*) bomb

פצר פעל י׳ (*paTSAR*) file

פקד פעל י׳ (*paKAD*) order; count; carry out a census; appoint; recall; punish; visit

פקד פעל ע׳ (*pikKED*) command

פקודה נ׳ (*pekudDA*) order; memory; punishment; task

פקדת יום order of the day

פקדת מאסר warrant for arrest

פקדת קבע standing order

בפקדת־ by order of

לפקדת to the order of

פקדון ז׳ (*pikkaDON*) pledge; deposit; account; remembrance

פקה נ׳ (*pikKA*) protuberance; cap

– של גרגרת Adam's apple

פקוד ז׳ (*paKUD*) man (subordinate to commander), subordinate

פקוד ז׳ (*pikKUD*) command

פקודה ר׳ פקדה

פקוח ת׳ (*paKU'aḥ*) open

פקוח ז׳ (*pikKU'aḥ*) supervision; control

– נפש saving a life

פקולטה נ׳ (*faKULta*) faculty

פקוק ת׳ (*paKUK*) corked; closed

פקח פעל י׳ (*paKAḤ*) open; be vigilant

פקח פעל י׳ (*pikKAḤ*) supervise

פקח ז׳ ת׳ (*pikKE'aḥ*) person in possession of all his faculties; intelligent; clever

פקח ז׳ (*pakKAḤ*) inspector; supervisor

פקחות נ׳ (*pikḤUT*) intelligence; cleverness

פקחי ת׳ (*pikḤI*) intelligent; clever

פקיד ז׳ (*paKID*) official; clerk; office worker

פקידות נ׳ (*pekiDUT*) office work; clerical work; bureaucracy; office workers

פקידותי ת׳ (*pekiduTI*) bureaucratic

פקיעה נ׳ (*peki'A*) expiration; cracking

פקע פעל ע׳ (*paKA'*) expire; split; become cracked

פקעת נ׳ (*peKA'at*) bulb; spool

פקפוק ז׳ (*pikPUK*) doubt; hesitation

פקפק פעל י׳ ע׳ (*pikPEK*) doubt; hesitate

פקק פעל י׳ (*paKAK*) cork, stop up

פקק ז׳ (*peKAK*) cork, stopper

פר ז׳ (*PAR*) bull

– בן בקר young bull

פרא ז׳ (*PEre*) wild ass; crude person

– אדם rude person

– גדל grow wild

פראות, פראות נ׳ (*pir'UT; pera'UT*) wildness, savagery

פראי, פראי ת׳ (*pir'I; pera'I*) wild; uncivilized

שביתה פראית wildcat strike

פרבר ר׳ פרור

פרג ז׳ (*paRAG*) poppy

פרגוד ז׳ (*parGOD*) curtain; screen

פרגית נ׳ (*parGIT*) pullet

פרד ז׳ (*PEred*) mule

פרדה נ׳ (*pirDA*) mule (f.)

פרדה נ׳ (*pereDA*) departure, eave-taking

פַּרְדּוֹקְס ז׳ (*paraDOX*) paradox
פַּרְדֵּס ז׳ (*parDES*) citrus plantation; garden (irrigated)
פַּרְדְּסָן ז׳ (*pardeSAN*) citrus grower
פַּרְדְּסָנוּת נ׳ (*pardesaNUT*) citrus growing
פָּרָה נ׳ (*paRA*) cow
– פעל ע׳ be fertile
פַּרְהֶסְיָא, פַּרְהֶסְיָה נ׳ (*parhesYA*) publicity
בְּפַרְהֶסְיָה publicly, openly
פְּרוֹבוֹקָטִיבִי ת׳ (*provokaTIvi*) provocative
פְּרוֹבוֹקַצְיָה נ׳ (*provoKATSya*) provocation
פְּרוֹבִינְצְיָאלִי ת׳ (*provintsYAli*) provincial
פְּרוֹבִינְצְיָה נ׳ (*proVINTSya*) province
פְּרוֹבְּלֶמָה נ׳ (*probLEma*) problem
פְּרוֹבְּלֶמָתִי ת׳ (*probleMAti*) problematic
פְּרוֹגְרֶסִיבִי ת׳ (*progreSIvi*) progressive
פֵּרוּד ז׳ (*peRUD*) separation; division; dissension; departure
פְּרוֹדוּקְטִיבִי ת׳ (*produkTIvi*) productive
פְּרוֹדוּקְטִיבִיּוּת נ׳ (*produkTIviyut*) productivity
פְּרוֹדוּקְטִיבִיזַצְיָה נ׳ (*produktiviZATSya*) productivization
פָּרוֹדְיָה נ׳ (*paRODya*) parody
פַּרְוָה נ׳ (*parVA*) fur
פֵּרוּז ז׳ (*peRUZ*) demilitarization
פְּרוֹזָאִי ת׳ (*proZA'i*) prosaic
פְּרוֹזְדוֹר ז׳ (*prozDOR*) corridor
פְּרוֹזָה נ׳ (*PROza*) prose
פֵּרוּט ז׳ (*peRUT*) itemization; changing (money)
פְּרוּטָה נ׳ (*peruTA*) small coin; money; peruta (1/1000 of an Israeli pound)
פְּרוֹטוֹמָה נ׳ (*protoMA*) bust
פְּרוֹטוֹפְּלַסְמָה נ׳ (*protopLASma*) protoplasm

פְּרוֹטוֹקוֹל ז׳ (*protoKOL*) minutes, protocol
פְּרוֹטֶסְטַנְט ז׳ (*protesTANT*) Protestant
פְּרוֹטֶסְטַנְטִי ת׳ (*protesTANti*) Protestant
פְּרוֹטֶקְצְיָה נ׳ (*proTEKtsya*) influence (with people able to grant favors), pull
פְּרוֹטְרוֹט ז׳ (*perotROT*) small change; something
בִּפְרוֹטְרוֹט in detail
פְּרוֹיֶקְט ז׳ (*proYEKT*) project
פְּרוֹלוֹג ז׳ (*proLOG*) prologue
פְּרוֹלֶטָרִי ת׳ (*proleTAri*) proletarian
פְּרוֹלֶטַרְיוֹן ז׳ (*proletarYON*) proletariat
פְּרוֹלֶטַרִיזַצְיָה נ׳ (*proleTAriZATSya*) proletarization
פַּרְוָן ז׳ (*parVAN*) furrier
פָּרוּס ת׳ (*paRUS*) sliced; spread out
פְּרוּסָה נ׳ (*peruSA*) slice
פְּרוֹסוֹדְיָה נ׳ (*proSODya*) prosody
פְּרוּסִי ת׳ ז׳ (*pruSI*) Prussian
פְּרוֹסְפֶּקְט ז׳ (*prosPEKT*) prospectus
פָּרוּעַ ת׳ (*paRU'a*) untidy; dishevelled; wild; bare, exposed; paid up
פָּרוּף ת׳ (*paRUF*) buttoned; fastened
פְּרוֹפּוֹרְצְיָה נ׳ (*proPORtsya*) proportion
פְּרוֹפִיל ז׳ (*proFIL*) profile
פְּרוֹפֶּלֶר ז׳ (*proPEler*) propeller
פְּרוֹפֶסוֹר ז׳ (*profeSOR*) professor
– חָבֵר associate professor
– מִן הַמִּנְיָן full professor
פְּרוֹפֶסוּרָה נ׳ (*profeSUra*) professorship
פְּרוֹפֶסְיוֹנָלִי ת׳ (*profesyoNAli*) professional
פָּרוּץ ת׳ (*paRUTS*) broken; devoted to; licentious; shameless; much
פְּרוֹצֵדוּרָה נ׳ (*protseDUra*) procedure
פְּרוֹצֶס ז׳ (*proTSES*) process
פֵּרוּק ז׳ (*peRUK*) dismantling
– נֶשֶׁק disarmament

פַּרְוָר ז׳ (parVAR) suburb

פֵּרוּר ז׳ (peRUR) crumb

פֵּרוּשׁ ז׳ (peRUSH) commentary; interpretation

בְּפֵרוּשׁ explicitly

פָּרוּשׁ ז׳ ת׳ (paRUSH) recluse; Pharisee; finch; abstemious; hypocrite

פֵּרוֹת ז״ר (peROT) fruit; fruits

פְּרוֹתֶזָה נ׳ (proTEza) artificial limb; dental plate

פֵּרַז ז׳ (peRAZ) demilitarize

פִּרְזֵל פעל י׳ ע׳ (pirZEL) shoe; clang

פָּרַח פעל ע׳ (paRAḤ) flower, flourish; blossom, bloom

פֶּרַח ז׳ (PEraḥ) flower, blossom

פִּרְחוֹנִי ת׳ (pirḥoNI) flowered; flowery

פִּרְחָח ז׳ (pirḤAḤ) ruffian, hoodlum; youngster

פִּרְחָחוּת נ׳ (pirḥaḤUT) hoodlumism; mischievousness

פָּרַט פעל י׳ (paRAT) change; itemize; specify

פֵּרַט פעל ע׳ י׳ (peRAT) itemize; detail, give in detail; play; pluck (stringed instrument)

פְּרָט ז׳ (peRAT) detail, item

פֶּרֶט ז׳ (PEret) odd number; small change

בִּפְרָט especially

פְּרָטִי ת׳ (peRAti) private; single; particular

שֵׁם – first name

פְּרָטִיּוּת נ׳ (peratiYUT) privacy

פַּרְטִיזָן ז׳ (partiZAN) partisan; guerrilla

פַּרְטִיטוּרָה נ׳ (partiTUra) score

פְּרִי ז׳ (peRI) fruit; product; profit

– הָדָר citrus fruit

פְּרִיבִילֶגְיָה נ׳ (priviLEGya) privilege

פְרִיגָטָה נ׳ (friGAta) frigate

פרידה ר׳ פְּרֵדָה

פְּרֵיהִסְטוֹרִי ת׳ (prehisTOri) prehistoric

פֶּרְיוֹדִי ת׳ (perYOdi) periodic

פִּרְיוֹן ז׳ (pirYON) fertility; productivity

פְּרִיחָה נ׳ (periḤA) blooming; bloom; flowering; rash

פָּרִיט ז׳ (paRIT) item; entry

פְּרִיטָה נ׳ (periTA) changing (money); plucking (stringed instrument)

פַּרִיטֶטִי ת׳ (pariTEti) parity

פָּרִיךְ ת׳ (paRIKH) crisp; brittle

פְּרִימָדוֹנָה נ׳ (primaDOna) prima donna

פְּרִימוּס ז׳ (PRImus) alcohol cooker; stove; crate (airplane; Piper cub)

פְּרִימִיטִיבִי ת׳ (primiTIvi) primitive

פְּרִינְצִיפּ ז׳ (prinTSIP) principle

פְּרִינְצִיפְּיוֹנִי ת׳ (printsipYOni) in principle

פְּרִיסָה נ׳ (periSA) slicing; deployment

פֶּרִיסְקוֹפּ ז׳ (perisKOP) periscope

פְּרִיעָה נ׳ (peri'A) causing a disturbance; repayment; unkemptness

פְּרִיצָה נ׳ (periTSA) burglary; breakthrough; breach

פְּרִיצוּת נ׳ (periTSUT) licentiousness

פְּרִיקָה נ׳ (periKA) unloading

פָּרִיר ת׳ (paRIR) crumby

פְּרִישָׁה נ׳ (periSHA) retirement; departure; separation

פְּרִישׁוּת נ׳ (periSHUT) abstinence; continence

פֶּרֶךְ ז׳ (PErekh) oppression; force

עֲבוֹדַת – hard labor

פִּרְכּוּס ז׳ (pirKUS) adornment; quivering; spasm

פִּרְכֵּס פעל י׳ ע׳ (pirKES) adorn; quiver; tremble; jerk

פָּרֹכֶת נ׳ (paROkhet) curtain

פַּרְלָמֶנְט ז׳ (parlaMENT) parliament

פַּרְלָמֶנְטָרִי ת׳ (parlaMENtari) parliamentary

open seam (paRAM) פָּרַם פעל י׳
support (pirNES) פִּרְנֵס פעל י׳
leader (parNAS) פַּרְנָס ז׳
living; livelihood; (parnaSA) פַּרְנָסָה נ׳
maintenance; support
slice (paRAS) פָּרַס פעל י׳
reward; prize; (peRAS) פְּרָס ז׳
award
Persia (paRAS) פָּרַס נ׳
hoof; horseshoe (parSA) פַּרְסָה נ׳
publication; (pirSUM) פִּרְסוּם ז׳
advertising; publicity
פרסומת ר׳ פִּרְסֹמֶת
personnel (persoNAL) פֶּרְסוֹנָל ז׳
prestige (presTIzha) פְּרֶסְטִיזָ'ה נ׳
Persian (parSI) פַּרְסִי ת׳ ז׳
publish; (pirSEM) פִּרְסֵם פעל י׳
publicize; advertise
publicity; (pirSOmet) פִּרְסֹמֶת נ׳
advertising
(perspekTIva) פֶּרְסְפֶּקְטִיבָה נ׳
perspective
riot; cause a (paRA) פָּרַע פעל י׳
disturbance; repay; revenge; uncover;
upset
Pharaoh (par'O) פַּרְעֹה ז׳
payment; (pera'ON) פֵּרָעוֹן ז׳
repayment
flea (par'OSH) פַּרְעוֹשׁ ז׳
calamity; (pur'aNUT) פֻּרְעָנוּת נ׳
trouble; pain
button; fasten (paRAF) פָּרַף פעל י׳
quiver; spasm (pirPUR) פִּרְפּוּר ז׳
butterfly (parPAR) פַּרְפַּר ז׳
quiver, jerk (pirPER) פִּרְפֵּר פעל ע׳ י׳
paraphrase (paraFRAza) פַּרַפְרָזָה נ׳
dessert; light (parPEret) פַּרְפֶּרֶת נ׳
reading
break; (paRATS) פָּרַץ פעל י׳ ע׳
destroy; split; burst out; breach;
expand; increase
breach; gap; (PErets) פֶּרֶץ ז׳
trouble

breach; gap; (pirTSA) פִּרְצָה נ׳
trouble; defect
face; nature; (parTSUF) פַּרְצוּף ז׳
appearance; character
unload; cast off (paRAK) פָּרַק פעל י׳
dismantle; (peRAK) פֵּרַק פעל י׳
remove; unload; dissolve
chapter; joint; (PErek) פֶּרֶק ז׳
intersection; season
outline רָאשֵׁי פְּרָקִים
be on the agenda עָמַד עַל הַ –
practice (prakTIka) פְּרַקְטִיקָה נ׳
attorney; (prakLIT) פְּרַקְלִיט ז׳
lawyer
withdraw; (paRASH) פָּרַשׁ פעל ע׳
keep aloof
explain; state (peRASH) פֵּרַשׁ פעל י׳ ע׳
explicitly; withdraw; retire
spread, stretch (paRAS) פָּרַשׂ פעל י׳
out; cast
horseman (paRASH) פָּרָשׁ ז׳
section; portion; (paraSHA) פָּרָשָׁה נ׳
affair
commentator (parSHAN) פַּרְשָׁן ז׳
comment; (parshaNUT) פַּרְשָׁנוּת נ׳
exegesis
Euphrates (peRAT) פְּרָת ז׳
(paRAT moSHE פָּרַת מֹשֶׁה רַבֵּנוּ נ׳
lady bug rabBEnu)
spread (paSA) פָּשָׂה פעל ע׳
simple; plain; (paSHUT) פָּשׁוּט ת׳
common
simply – תה״פ
simplification (pishSHUT) פִּשּׁוּט ז׳
spreading apart; (pisSUK) פִּשּׂוּק ז׳
straddling
remove; stretch; (paSHAT) פָּשַׁט פעל י׳
straighten; attack
beg – יָד
flay; skin; rob – עוֹר
go bankrupt – אֶת הָרֶגֶל
simplify; (pishSHET) פִּשֵּׁט פעל י׳
remove; stretch; straighten

פֶּשָׁט ז׳ (*peSHAT*) plain meaning; literal meaning
פַּשְׁטוּת נ׳ (*pashTUT*) simplicity
בְּפַשְׁטוּת simply, unpretentiously
פַּשְׁטִידָה נ׳ (*pashtiDA*) pudding; pie
פַּשְׁטָנִי ת׳ (*pashtaNI*) oversimplified
פַשִׁיזְם ז׳ (*faSHIZM*) fascism
פְּשִׁיטָה נ׳ (*peshiTA*) raid; undressing; stretching
פְּשִׁיטַת יָד begging
פְּשִׁיטַת רֶגֶל bankruptcy
פַשִׁיסְט ז׳ (*faSHIST*) fascist
פְּשִׁיעָה נ׳ (*peshi'A*) crime; negligence
פָּשַׁע פעל ע׳ (*paSHA'*) commit a crime; commit an offense; sin; be criminally negligent; rebel
פֶּשַׁע ז׳ (*PEsha'*) crime; felony; sin
פִּשְׁפּוּשׁ ז׳ (*pishPUSH*) examination; scrutiny
פִּשְׁפֵּשׁ ז׳ (*pishPESH*) bug
— פעל י׳ examine; scrutinize
פִּשְׁפָּשׁ ז׳ (*pishPASH*) small door
פִּשֵּׂק פעל י׳ (*pisSEK*) open wide; spread apart
פִּשֵּׁר פעל י׳ (*pishSHER*) mediate; compromise
פֵּשֶׁר ז׳ (*PEsher*) meaning; explanation
פְּשָׁרָה נ׳ (*peshaRA*) compromise
פַּשְׁרָן ז׳ (*pashRAN*) compromiser
פַּשְׁרָנוּת נ׳ (*pashraNUT*) inclination to compromise
פַּשְׁרָנִי ת׳ (*pashraNI*) compromising
פִּשְׁתָּה נ׳ (*pishTA*) flax
פִּשְׁתָּן ז׳ (*pishTAN*) flax; linen
פַּת נ׳ (*PAT*) slice; piece (of bread), morsel
פִּתְאוֹם תה״פ (*pit'OM*) suddenly
פִּתְאוֹמִי ת׳ (*pit'oMI*) sudden

פִּתְגָּם ז׳ (*pitGAM*) proverb; saying
פִּתָּה נ׳ (*PIta*) flat oriental bread
פִּתָּה פעל י׳ (*pitTA*) persuade; seduce
פָּתוּחַ ת׳ (*paTU'aḥ*) open
פִּתּוּחַ ז׳ (*pitTU'aḥ*) development; engraving
פִּתּוּי ז׳ (*pitTUY*) temptation; persuasion; seduction
פִּתּוּל ז׳ (*pitTUL*) turn; curve; twist
פָּתוֹלוֹגִי ת׳ (*patoLOgi*) pathological
פָּתוֹס ז׳ (*PAtos*) pathos
פָּתַח פעל י׳ (*paTAḤ*) open; untie; begin
פִּתַּח פעל י׳ (*pitTAḤ*) develop; untie; engrave
פֶּתַח ז׳ (*PEtaḥ*) doorway; entrance; opening
פַּתָּח ז׳ (*patTAḤ*) sublinear mark to indicate sound of *u* as in but)
פִּתְחוֹן ז׳ (*pitḤON*) opening
— פֶּה pretext
פַּתֶּטִי ת׳ (*paTEti*) pathetic
פֶּתִי ז׳ (*PEti*) fool; simpleton
פִּתָּיוֹן ז׳ (*pittaYON*) bait
פְּתַיּוּת נ׳ (*petaYUT*) folly
פְּתִיחָה נ׳ (*petiḤA*) opening; beginning; overture; foreword
פְּתִיל ז׳ (*peTIL*) thread; fuse
פְּתִילָה נ׳ (*petiLA*) wick; suppository
פְּתִילִיָּה נ׳ (*petiliYA*) kerosene cooker
פָּתִית ז׳ (*paTIT*) crumb; flake
פֶּתֶן ז׳ (*PEten*) cobra; mamba
פֶּתַע תה״פ (*PEta'*) suddenly
הַתְקָפַת – surprise attack
פֶּתֶק ז׳ (*PEtek*) note; slip of paper
פִּתְקָה נ׳ (*pitKA*) note; slip of paper; slip
פָּתַר פעל י׳ (*paTAR*) solve; interpret
פִּתְרוֹן ז׳ (*pitRON*) solution; interpretation; explanation

# צ

צ׳ נ׳ (*TSAdi; TSAdik*) Tsadi (eighteenth letter of the Hebrew alphabet); ninety, nintieth
צֹאן נ״ר (*TSON*) flock; herd
צֶאֱצָא ז׳ (*tse'eTSA*) offspring; progeny
צָב ז׳ (*TSAV*) turtle
עֶגְלַת — covered wagon
צָבָא פעל ע׳ (*tsaVA*) congregate; wage war
— ז׳ army; host
צְבָא הֲגָנָּה לְיִשְׂרָאֵל (צַהַ״ל) Israel Defense Army
— סָדִיר, צְבָא קֶבַע regular army
יוֹצֵא — person subject to conscription
צְבָאִי ת׳ (*tseva'I*) military
צְבָאִים ר׳ צְבִי
צָבָה פעל ע׳ (*tsaVA*) swell
צָבוּעַ ת׳ ז׳ (*tsaVU'a*) painted; hypocritical; hypocrite
צָבוֹעַ ז׳ (*tsaVO'a*) hyena
צִבּוּר ז׳ (*tsibBUR* public; community; heap; generality
אֵימַת הַ — stage fright
בְּרִיאוּת הַ — public health
יַחֲסֵי — public relations
שְׁלִיחַ — cantor
תְּפִלָּה בְּ — public prayer
צִבּוּרִי ת׳ (*tsibbuRI*) public, communal
צָבַט פעל י׳ (*tsaVAT*) pinch
צְבִי ז׳ (*tseVI*) gazelle
אֶרֶץ הַ — Land of Israel
צִבְיוֹן ז׳ (*tsivYON*) character; form
צְבִיטָה נ׳ (*tseviTA*) pinching; pinch
צְבִיעָה נ׳ (*tsevi'A*) painting; dyeing
צְבִיעוּת נ׳ (*tsevi'UT*) hypocrisy
צְבִירָה נ׳ (*tseviRA*) accumulation; stockpiling
צָבַע פעל י׳ (*tsaVA'*) paint; color; dye

צֶבַע ז׳ (*TSEva'*) color; dye; paint
צַבָּע ז׳ (*tsabBA'*) painter
צִבְעוֹנִי ת׳ ז׳ (*tsiv'oNI*) colored; tulip
צַבָּעוּת נ׳ (*tsabba'UT*) painting
צָבַר פעל י׳ (*tsaVAR*) accumulate; pile up
צֹבֶר ז׳ (*TSOver*) bulk
צַבָּר ז׳ (*tsabBAR*) prickly pear, cactus; Sabra (native-born Israeli)
צְבָת נ׳ (*tseVAT*) tongs, pliers
צַד ז׳ (*TSAD*) side; aspect; party; page
הַצִּדָּה make way
בְּ — near, beside
מִן הַ — on the side
צָד פעל י׳ (*TSAD*) hunt; catch
צִדֵּד פעל י׳ (*tsidDED*) side with
צְדָדִי ת׳ (*tsedaDI*) side; incidental
חַד־ — one-sided
צִדּוּק ז׳ (*tsidDUK*) justification
צְדוֹקִי ז׳ (*tsedoKI*) Sadducee
צִדִּי ת׳ (*tsidDI*) side
צַדִּיק ת׳ ז׳ (*tsadDIK*) just; righteous; honest; God-fearing; pious; Hassidic rabbi
צֶדַע ז׳ (*TSEda*) temple
צֶדֶף ז׳ (*TSEdef*) shell; mother-of-pearl
צִדְפָּה נ׳ (*tsidPA*) mussel; clam
צָדַק פעל ע׳ (*tsaDAK*) be right; prove right; be acquitted
צֶדֶק ז׳ (*TSEdek*) justice; righteousness; Jupiter (planet)
בְּצֶדֶק rightly, justifiably
צְדָקָה נ׳ (*tsedaKA*) charity; justice; merit; victory
בַּעַל — generous; contributor to charity
צָהֹב ת׳ (*tsaHOV*) yellow

צְהַבְהַב ת׳ (*tsehavHAV*) yellowish
צַהֶבֶת נ׳ (*tsaHEvet*) jaundice
צָהַל פעל ע׳ (*tsaHAL*) exult; rejoice; neigh
צָהֳלָה נ׳ (*tsohoLA*) exultation; rejoicing
צַהֲלָה נ׳ (*tsahaLA*) neigh; neighing
צֹהַר ז׳ (*TSOhar*) window; skylight; zenith
צָהֳרַיִם ז״ז (*tsohoRAyim*) noon, midday
אַחֲרֵי הַ – afternoon
לִפְנֵי הַ – forenoon
אֲרוּחַת הַ– lunch
צַו ז׳ (*TSAV*) order
– מְנִיעָה injunction
צוֹאָה נ׳ (*tso'A*) feces; excrement; filth
צַוָּאָה נ׳ (*tsavva'A*) will
צַוָּאר ז׳ (*tsavVAR*) neck
צַוָּארוֹן ז׳ (*tsavvaRON*) collar
צוֹדֵק ת׳ (*tsoDEK*) right; just
צִוָּה פעל י׳ (*tsivVA*) order; command; bequeath; appoint
צִוּוּי ז׳ (*tsiVUY*) imperative; order
צָוַח פעל ע׳ (*tsaVAḤ*) shout; scream; shriek
צְוָחָה נ׳ (*tsevaḤA*) shout; cry; shriek
צוֹלְלָן ז׳ (*tsoleLAN*) submarine crew member
צוֹלֶלֶת נ׳ (*tsoLElet*) submarine
צוֹלֵעַ ת׳ (*tsoLE'a*) lame; limping
צוֹם ז׳ (*TSOM*) fast
צוֹמֵחַ ת׳ ז׳ (*tsoME'aḥ*) growing; flora
צוֹנֵן ת׳ (*tsoNEN*) cool
–; צוֹנְנִים cold water
צוֹעֲנִי ת׳ ז׳ (*tso'aNI*) Gypsy
צוֹעֵר ז׳ (*tso'ER*) cadet; shepherd's helper; assistant
צוּף ז׳ (*TSUF*) nectar
צוֹפֶה ז׳ (*tsoFE*) spectator; observer; scout
צוֹפִיּוּת נ׳ (*tsofiYUT*) scouting; scoutcraft

צוֹפֵף ר׳ צָפַף
צוֹפָר ז׳ (*tsoFAR*) horn; siren
צוּק ז׳ (*TSUK*) cliff; rock
צוּר ז׳ (*TSUR*) rock; boulder; cliff; fortress
– יִשְׂרָאֵל God of Israel
צוֹרֵב ת׳ (*tsoREV*) caustic; scorching
צוּרָה נ׳ (*tsuRA*) form; shape; picture; appearance; expression
לָבַשׁ – assume form
צוֹרֵם ת׳ (*tsoREM*) grating; harsh
צוֹרָן ז׳ (*tsoRAN*) silicon
צוֹרֵף ז׳ (*tsoREF*) goldsmith; silversmith; jeweler
צוֹרֵר ז׳ (*tsoRER*) enemy
צֶוֶת ז׳ (*TSEvet*) crew; panel
צוֹתֵת פעל ע׳ (*tsoTET*) tap wires; eavesdrop; listen in
צ'ִזְבָּט ז׳ (*chizBAT*) tall tale
צַח ת׳ (*TSAḤ*) clear; pure
צְחוֹק ז׳ (*tseḤOK*) laughter; laugh
צָחוֹר ת׳ (*tsaḤOR*) white
צָחוּת נ׳ (*tsaḤUT*) clearness; purity
צָחִיחַ ת׳ (*tsaḤIaḥ*) arid; parched
צְחִיחוּת נ׳ (*tseḥiḤUT*) aridity; dryness
צַחֲנָה נ׳ (*tsaḥaNA*) stink; stench
צִחְצוּחַ ז׳ (*tsiḥTSU'aḥ*) polishing
– חֲרָבוֹת saber rattling
צִחְצַח פעל י׳ (*tsiḥTSAḤ*) polish
צָחַק פעל ע׳ (*tsaḤAK*) laugh; mock
צִחְקוּק ז׳ (*tsiḥKUK*) chortle; chuckle
צִחְקֵק פעל ע׳ (*tsiḥKEK*) chortle; chuckle
צִטּוּט ז׳ (*tsitTUT*) quotation
צִטֵּט פעל י׳ (*tsitTET*) quote
צִי ז׳ (*TSI*) fleet, navy
צִיבִילִיזַצְיָה נ׳ (*tsiviliZATSya*) civilization
צִיֵּד פעל י׳ (*tsiYED*) equip, provide, supply
צַיִד ז׳ (*TSAyid*) hunting; hunt; game
צַיָּד ז׳ (*tsaiYAD*) hunter
צֵידָה נ׳ (*tseyDA*) provisions; supplies

צִיּוּד ז׳ (*tsiYUD*) equipment

צִיּוּן ז׳ (*tsiYUN*) mark; note; indication; remark; index (math.)

צִיּוֹן נ׳ (*tsiYON*) Zion

צִיּוֹנוּת נ׳ (*tsiyoNUT*) Zionism;

צִיּוֹנִי ת׳ ז׳ (*tsiyoNI*) Zionist

צִיּוּץ ז׳ (*tsiYUTS*) twittering; chirp

צִיּוּר ז׳ (*tsiYUR*) painting; picture; description

– קִיר mural

צִיּוּרִי ת׳ (*tsiyuRI*) picturesque; descriptive

צִיּוּת ז׳ (*tsiYUT*) obedience

צִיטָטָה נ׳ (*tsiTAta*) quotation

צִילִינְדֶר ז׳ (*tsiLINder*) cylinder; top hat

צִיֵּן פעל י׳ (*tsiYEN*) indicate; point out; mark; remark; distinguish

צִינוֹק ז׳ (*tsiNOK*) solitary confinement; prison

צִינִי ת׳ (*TSIni*) cynical

צִינִיּוּת נ׳ (*TSIniyut*) cynicism

צִינִיקָן ז׳ (*TSInikan*) cynic

צִיפָה נ׳ (*tsiFA*) pulp (fruit); buoyancy; floating

צִיץ ז׳ (*TSITS*) blossom; cockade; feather; ornament

צִיֵּץ פעל ע׳ (*tsiYETS*) twitter; chirp

צִיצִית נ׳ (*tsiTSIT*) fringe; tassel; fringed garment

צִיר ז׳ (*TSIR*) axle; axis; minister; messenger; labor pain; brine

צִיֵּר פעל י׳ (*tsiYER*) paint; draw; describe

צַיָּר ז׳ (*tsaiYAR*) painter; artist

צֵירֶה ז׳ (*tseyRE*) (sublinear mark to indicate sound of *ey* as in they or *e* in met)

צִירוּת נ׳ (*tsiRUT*) legation

צִיֵּת פעל ע׳ (*tsiYET*) obey

צַיְּתָן ז׳ (*tsaiyeTAN*) obedient person; docile person

צַיְּתָנוּת נ׳ (*tsaiyetaNUT*) obedience; docility

צֵל ז׳ (*TSEL*) shadow, shade; protection

– קוֹרָה shelter; roof

צָלַב פעל י׳ (*tsaLAV*) crucify

אֵשׁ צוֹלֶבֶת crossfire

צְלָב ז׳ (*tseLAV*) cross; crucifix

הַ– הָאָדֹם the Red Cross

צְלַב הַקֶּרֶס swastika

מַסַּע – crusade

צַלְבָּן ז׳ (*tsalBAN*) Crusader

צָלָה פעל י׳ (*tsaLA*) roast; grill

צְלוֹחִית נ׳ (*tseloḤIT*) flask; small bottle

צָלוּי ת׳ (*tsaLUY*) roasted

צָלוּל ת׳ (*tsaLUL*) clear, lucid

צֶלּוּלוֹאִיד ז׳ (*tselulo'ID*) celluloid

צִלּוּם ז׳ (*tsiLUM*) photography; photograph

צְלוֹפָח ז׳ (*tseLOfaḥ*) eel

צֶלוֹפָן ז׳ (*tseloFAN*) cellophane

צָלוּק ת׳ (*tsaLUK*) scarred

צָלַח פעל ע׳ י׳ (*tsaLAḤ*) succeed; prosper; descend upon; cross

לֹא־יִצְלַח, לֹא־יֻצְלַח failure; good-for-nothing

צַלַּחַת נ׳ (*tsalLAḥat*) plate; dish; basin

צָלִי ז׳ (*tsaLI*) roast

צְלִיבָה נ׳ (*tseliVA*) crucifixion; cross

צְלִיָּה נ׳ (*tseliYA*) roasting

צְלִיחָה נ׳ (*tseliḤA*) crossing; swimming across

צְלִיל ז׳ (*tseLIL*) sound; tone; note

גֹּבַהּ הַ – pitch

עָצְמַת הַ – loudness

צְלִילָה נ׳ (*tseliLA*) diving; dive

צַלְיָן ז׳ (*tsalYAN*) pilgrim

צְלִיפָה נ׳ (*tseliFA*) sniping; whipping

צָלַל פעל ע׳ (*tsaLAL*) dive; sink; ring; become clear

צְלָלִים ז״ר ר׳ צֵל (*tselaLIM*) shadows

צְלָלִית נ׳ (*tselaLIT*) silhouette

צִלֵּם פעל י' (*tsilLEM*) photograph
צֶלֶם ז' (*TSElem*) image; likeness; idol
צַלָּם ז' (*tsalLAM*) photographer; cameraman
צֶלְסִיוּס ז' (*TSELsyus*) centigrade; centigrade thermometer
צָלַע פעל ע' (*tsaLA'*) limp, be lame
צֵלָע נ' (*tseLA*) rib; side
צָלַף פעל ע' (*tsaLAF*) shoot; snipe at
צַלָּף ז' (*tsalLAF*) marksman; sniper
צַלָּפוּת נ' (*tsallaFUT*) marksmanship; sniping
צִלְצוּל ז' (*tsilTSUL*) ring; ringing
צִלְצֵל פעל ע' (*tsilTSEL*) ring; ring up; telephone
צִלְצָל ז' (*tsilTSAL*) cymbal; harpoon
צַלֶּקֶת נ' (*tsalLEket*) scar
צָם פעל ע' (*TSAM*) fast
צָמֵא פעל ע' (*tsaME*) be thirsty; thirst for
— ת' thirsty
צָמָא ז' (*tsaMA*) thirst
צִמָּאוֹן ז' (*tsima'ON*) thirst; arid region
צָמֹג ת' (*tsaMOG*) sticky
צֶמֶד ז' (*TSEmed*) yoke; pair; couple
צַמָּה נ' (*tsamMA*) braid; plait
צָמוּד ת' (*tsaMUD*) linked, attached; clinging, close
צָמוּק ת' (*tsaMUK*) wrinkled; shrivelled
צִמּוּק ז' (*tsimMUK*) raisin
צָמַח פעל ע' (*tsaMAḤ*) grow; sprout; be revealed
צֶמַח ז' (*TSEmaḥ*) plant; growth
צִמְחוֹנוּת נ' (*tsimḥoNUT*) vegetarianism
צִמְחוֹנִי ת' (*tsimḥoNI*) vegetarian
צִמְחִיָּה נ' (*tsimḥiYA*) flora
צְמִיג ז' (*tseMIG*) tire
צְמִיגוּת נ' (*tsemiGUT*) viscosity
צָמִיד ז' (*tsaMID*) bracelet
צְמִידוּת נ' (*tsemiDUT*) linking; coupling
צָמִיר ת' (*tsaMIR*) woolly
צָמִית ז' (*tsaMIT*) serf
צְמִיתוּת נ' (*tsemiTUT*) permanence; perpetuity
לִ — forever
צִמְצוּם ז' (*tsimTSUM*) restriction; restricting; reduction; concentration; condensation
בְּ — sparingly; frugally
צִמְצֵם פעל י' ע' (*tsimTSEM*) restrict; reduce; minimize; narrow; cover; be precise
צַמְצָם ז' (*tsamTSAM*) shutter (camera)
צֶמֶר ז' (*TSEmer*) wool
— גֶּפֶן absorbent cotton
— זְכוּכִית glass wool
— פְּלָדָה steel wool
צְמַרְמֹרֶת נ' (*tsemarMOret*) shivering; chills; trembling
צַמֶּרֶת נ' (*tsamMEret*) treetop; leadership; top level
צֹמֶת ז' (*TSOmet*) junction
צָנוּם ת' (*tsaNUM*) thin; lean
צִנּוּן ז' (*tsinNUN*) cooling
צְנוֹן ז' (*tseNON*) radish
צְנוֹנִית נ' (*tsenoNIT*) small radish
צָנוּעַ ת' (*tsaNU'a*) modest, humble; chaste; small
צִנּוֹר ז' (*tsinNOR*) pipe
צִנּוֹרָה נ' (*tsinnoRA*) knitting needle
צֶנְזוֹר ז' (*TSENzor*) censor
צֶנְזוּרָה נ' (*tsenZUra*) censorship
צִנְזֵר פעל י' (*tsinZER*) censor
צָנַח פעל ע' (*tsaNAḤ*) parachute; slip down
צַנְחָן ז' (*tsanḤAN*) paratrooper; parachutist
צֶנְטְרָלִיזַצְיָה נ' (*tsentraliZATSya*) centralization

צְנִיחָה נ׳ (*tseniḤA*) parachuting; parachute drop; slipping down
צְנִים ז׳ (*tsaNIM*) rusk; toast
צְנִיעוּת נ׳ (*tseni'UT*) modesty; humbleness; chastity
צָנִיף ז׳ (*tsaNIF*) turban
צִנֵּן פעל י׳ (*tsinNEN*) cool, cool off
צֶנַע ז׳ (*TSEna'*) austerity; modesty
צִנְעָה נ׳ (*tsin'A*) secrecy
בְּ — secretly; privately
צָנַף פעל י׳ (*tsaNAF*) wrap; roll up
צִנְצֶנֶת נ׳ (*tsInTSEnet*) flask; bottle; jar
צַנֶּרֶת נ׳ (*tsaNEret*) piping; pipes
צָעַד פעל ע׳ (*tsa'AD*) step; walk; march
צַעַד ז׳ (*TSA'ad*) step; pace
צְעָדָה נ׳ (*tse'aDA*) march; step
צְעִידָה נ׳ (*tse'i'DA*) marching; stepping; walk
צָעִיף ז׳ (*tsa'IF*) veil; scarf
צָעִיר ת׳ ז׳ (*tsa'IR*) young; young man
צַעֲצוּעַ ז׳ (*tsà'aTSU'a*) toy
צָעַק פעל ע׳ (*tsa'AK*) shout; yell, cry out; complain
צְעָקָה נ׳ (*tse'aKA*) shout; cry; outcry
צַעֲקָנִי ת׳ (*tsa'akaNI*) noisy; boisterous
צִעֵר פעל י׳ (*tsi'ER*) grieve; sadden
צַעַר ז׳ (*TSA'ar*) sorrow; sadness; compensation for suffering
— בַּעֲלֵי חַיִּים prevention of cruelty to animals
צָף פעל ע׳ (*TSAF*) float
צַפְדִּינָה נ׳ (*tsafdiNA*) scurvy
צַפֶּדֶת נ׳ (*tsapPEdet*) tetanus
צָפָה פעל י׳ (*tsaFA*) look; ambush; foresee
צִפָּה פעל ע׳ י׳ (*tsipPA*) hope; expect; anticipate; watch; look; cover; plate; coat
צָפוּי ת׳ (*tsaFUY*) expected; foreseen; liable
צִפּוּי ז׳ (*tsipPUY*) coating; cover; layer

צָפוֹן ז׳ (*tsaFON*) north
צְפוֹן מִזְרָח northeast
צְפוֹן מַעֲרָב northwest
צָפוּן ת׳ (*tsaFUN*) hidden
צְפוֹנִי ת׳ (*tsefoNI*) northern
הַקֹּטֶב הַצְּפוֹנִי North Pole
צָפוּף ת׳ (*tsaFUF*) crowded; congested
צִפּוֹר נ׳ (*tsipPOR*) bird
צִפְחָה נ׳ (*tsifḤA*) slate
צַפַּחַת נ׳ (*tsapPAḥat*) jar, cruse
צָפִיד ת׳ (*tsaFID*) rigid; stiff
צִפִּיָּה נ׳ (*tsippiYA*) expectation; hope; pillow case
צְפִיָּה נ׳ (*tsefiYA*) watching; viewing; observation
צַפִּיחִית נ׳ (*tsappiḤIT*) wafer
צְפִיפוּת נ׳ (*tsefiFUT*) congestion; crowding; density
צְפִירָה נ׳ (*tsefiRA*) whistle; siren; horn blowing
צִפִּית נ׳ (*tsipPIT*) pillow case
צֶפֶּלִין ז׳ (*tsepeLIN*) zeppelin
צָפַן פעל י׳ (*tsaFAN*) conceal; hide
צֹפֶן ז׳ (*TSOfen*) code
צִפֵּן פעל י׳ (*tsipPEN*) encode
צֶפַע ז׳ (*TSEfa*) viper
צִפֵּף פעל י׳ (*tsipPEF*) press together; crowd in; thicken
צִפְצוּף ז׳ (*tsifTSUF*) whistle; chirp; have contempt for
צַפְצָפָה נ׳ (*tsaftsaFA*) poplar
צָפַר פעל ע׳ (*tsaFAR*) blow horn
צְפַרְדֵּעַ נ׳ (*tsefarDE'a*) frog
— הַשּׁוֹר bullfrog
צַפְרִיר ז׳ (*tsafRIR*) zephyr
צִפֹּרֶן נ׳ (*tsipPOren*) nail; claw; nib; penpoint; stylus
— ז׳ carnation
צָץ פעל ע׳ (*TSATS*) blossom; appear
צַר ת׳ ז׳ (*TSAR*) narrow; enemy
— אֹפֶק, — מֹחַ narrow minded
— עַיִן envious

– לִי — I am sorry

צֹר ז׳ (*TSOR*) flint

צָרַב פעל י׳ (*tsaRAV*) scorch; burn

צָרֶבֶת נ׳ (*tsaREvet*) heartburn

צָרֶדֶת נ׳ (*tsaREdet*) hoarseness

צָרָה נ׳ (*TSARA*) trouble; misfortune; additional wife

– צְרוּרָה — serious trouble

צָרוּד ת׳ (*tsaRUD*) hoarse

צָרוּף ת׳ (*tsaRUF*) refined; pure

צֵרוּף ז׳ (*tseRUF*) combination; taking in; joining

צֵרוּפֵי לָשׁוֹן — idioms

צְרוֹר ז׳ (*tseROR*) package; packet

צָרוּת נ׳ (*tsaRUT*) narrowness

– אֹפֶק, – מֹחַ — narrowmindedness

– עַיִן — envy

צָרַח פעל ע׳ (*tsaRAḤ*) scream; shriek

צֳרִי, צְרִי ז׳ (*tsoRI; tseRI*) balm

צְרִיבָה נ׳ (*tseriVA*) burn; scorch

צְרִידוּת נ׳ (*tseriDUT*) hoarseness

צְרִיחַ ז׳ (*tseRI'aḥ*) turret; rook; castle (chess)

צְרִיחָה נ׳ (*tseriḤA*) scream; shriek

צָרִיךְ ת׳ תה״פ (*tsaRIKH*) need; necessary; must; requiring; it is necessary

צְרִיכָה נ׳ (*tseriKHA*) consumption

צְרִיף ז׳ (*tseRIF*) hut; shack

צָרַךְ פי״ל י׳ ע׳ (*tsaRAKH*) consume; must

צֹרֶךְ ז׳ (*TSOrekh*) need; necessity; requirement;

לְ – — for the purpose of

עָשָׂה צְרָכָיו — eliminate body wastes

צַרְכָן ז׳ (*tsarKHAN*) consumer

צַרְכָנִיָּה נ׳ (*tsarkhaniYA*) cooperative store

צָרַם פעל י׳ (*tsaRAM*) grate on; injure; rebuke; offend

צִרְעָה נ׳ (*tsir'A*) hornet

צָרַעַת נ׳ (*tsaRA'at*) leprosy

צָרַף פעל י׳ (*tsaRAF*) purify; refine; test; burn

צֵרַף פעל י׳ (*tseRAF*) combine; add; join; attach; take in

צָרְפַת נ׳ (*tsareFAT*) France

צִרְצוּר ז׳ (*tsirTSUR*) chirping

צְרָצַר ז׳ (*tseraTSAR*) cricket

צִרְצֵר פעל ע׳ (*tsirTSER*) chirp

צִתּוּת ז׳ (*tsitTUT*) wiretapping; eavesdropping; listening in

# ק

ק נ׳ (KOF; KUF) Kof (nineteenth letter of the Hebrew alphabet); one hundred; hundredth
קָאַת, קָאָת נ׳ (ka'AT) pelican
קַב ז׳ (KAV) crutch; stilt
קֵבָה נ׳ (keVA) stomach; digestive system
קִבּוּל ז׳ (kibBUL) capacity; volume; displacement; reception; perception
כְּלִי – container
קָבוּעַ ת׳ ז׳ (kaVU'a) fixed; steady; constant
קִבּוּץ ז׳ (kibBUTS) gathering; group; collective village; pleat
– גָּלֻיּוֹת ingathering of Exiles
קֻבּוּץ ז׳ (kubBUTS) (sublinear mark to indicate sound of *u* as in put)
קְבוּצָה נ׳ (kevuTSA) group; team; small collective village based primarily on agriculture
קִבּוּצִי ת׳ (kibbutSI) collective; common
קְבוּצָתִי ת׳ (kevutsaTI) collective; group
קָבוּר ת׳ (kaVUR) buried
קְבוּרָה נ׳ (kevuRA) burial; tomb; grave
קֻבִּיָּה נ׳ (kubbiYA) cube; dice
קַבְיָה נ׳ (kaviYA) guinea pig
קָבִיל ת׳ (kaVIL) acceptable
קַבִּינָה נ׳ (kaBIna) cabin
קַבִּינֶט ז׳ (kabiNET) cabinet
קְבִיעָה נ׳ (kevi'A) determination; fixing; permanence; stability; statement
קְבִיעוּת נ׳ (kevi'UT) permanence
בְּ – regularly
קָבַל פעל ע׳ (kaVAL) complain
קִבֵּל פעל י׳ (kibBEL) receive; accept; take; lease; get; welcome
– הַחְלָטָה adopt decision; pass resolution
– מָרוּת accept authority
– עָלָיו אֶת הַדִּין take his punishment
– פָּנִים welcome; receive
– תֹּקֶף go into force
קֳבֶל תה״פ (koVAL) in front of
– עַם וְעֵדָה publicly
קַבָּלָה נ׳ (kabbaLA) receipt; acceptance; oral tradition; cabala
קַבָּלַת פָּנִים reception
קַבָּלִי ת׳ (kabbaLI) cabbalistic
קַבְּלָן ז׳ (kabbeLAN) contractor
קַבְּלָנוּת נ׳ (kabbelaNUT) contracting
בְּ – on a piecework basis
קָבַע פעל י׳ (kaVA') determine; fix; establish; designate
קֶבַע ז׳ (KEva') permanence; regularity
צְבָא הַ – regular army
קִבֵּץ פעל י׳ (kibBETS) collect; assemble; make pleats
קֹבֶץ ז׳ (KOvets) collection; compilation
קַבְּצָן ז׳ (kabbeTSAN) beggar; pauper
קַבְּצָנוּת נ׳ (kabbetsaNUT) poverty; begging
קַבְקַב ז׳ (kavKAV) clog
קָבַר פעל י׳ (kaVAR) bury
קֶבֶר ז׳ (KEver) grave; tomb; gravestone
בֵּית קְבָרוֹת cemetery
קַבְּרָן ז׳ (kabbeRAN) gravedigger; undertaker
קַבַּרְנִיט ז׳ (kabbarNIT) captain; pilot; leader
קִבֹּרֶת נ׳ (kibBOret) biceps
קָד פעל ע׳ (KAD) bow

bow (*kidDA*) קִדָּה נ׳
קִדָּה ר׳ קד
drilled (*kaDU'aḥ*) קָדוּחַ ת׳
drilling (*kidDU'aḥ*) קִדּוּחַ ז׳
derrick מִגְדַּל –
ancient; old (*kaDUM*) קָדוּם ת׳
prejudice מִשְׁפָּט –, דֵּעָה קְדוּמָה
advancement (*kidDUM*) קִדּוּם ז׳
front (*kedomaNI*) קְדוֹמָנִי ת׳
gloomy (*kedoraNI*) קְדוֹרָנִי ת׳
holy; sacred; (*kaDOSH*) קָדוֹשׁ ת׳ ז׳
saint; holy man
sanctification; (*kidDUSH*) קִדּוּשׁ ז׳
purification; Kiddush (ceremonial blessing over wine or bread)
martyrdom – הַשֵּׁם
blessing of new moon – לְבָנָה
marriage קִדּוּשִׁין
be ill with (*kaDAḤ*) קָדַח פעל ע׳ ר׳
fever; suffer from malaria; heat; bore; drill
fever; malaria; (*kaddaḤAT*) קַדַּחַת נ׳
nothing
feverish (*kaddaḥtaNI*) קַדַּחְתָּנִי ת׳
drilling; attack (*kediḤA*) קְדִיחָה נ׳
of malaria
east; east wind (*kaDIM*) קָדִים ז׳
forward; (*kaDIma*) קָדִימָה תה״פ
eastward
precedence; (*kediMA*) קְדִימָה נ׳
preference
advance – דְּמֵי
priority – זְכוּת
Kaddish (*kadDISH*) קַדִּישׁ ז׳
(liturgical doxology); mourner's prayer
precede; have (*kaDAM*) קָדַם פעל ע׳
priority over; come first
welcome; (*kidDEM*) קִדֵּם פעל ע׳ י׳
receive; precede; advance
receive; welcome קִדֵּם אֶת פְּנֵי...
take steps to – אֶת פְּנֵי הָרָעָה
cope with

east; ancient times (*KEdem*) קֶדֶם ז׳
as of old כְּ –
previously; before (*KOdem*) קֹדֶם תה״פ
pre- (*keDAM-*) קְדַם־ מ״י
progress (*kidMA*) קִדְמָה נ׳
eastwards (*KEDma*) קֵדְמָה תה״פ
ancient; (*kadMON*) קַדְמוֹן ת׳ ז׳
ancestor; early man, primitive man
ancient; (*kadmoNI*) קַדְמוֹנִי ת׳
primeval
ancient history קַדְמוֹנִיּוֹת
previous position (*kadMUT*) קַדְמוּת נ׳
front (*kidMI*) קִדְמִי ת׳
prefix (*kidDOmet*) קִדֹּמֶת נ׳
pate; skull; (*kodKOD*) קָדְקֹד ז׳
vertex
potter (*kadDAR*) קַדָּר ז׳
pot (*kedeRA*) קְדֵרָה נ׳
pottery (*kaddaRUT*) קַדָּרוּת נ׳
gloom; darkness (*kadRUT*) קַדְרוּת נ׳
sanctify; (*kidDESH*) קִדֵּשׁ פעל י׳
consecrate; purify; regard as holy; designate; dedicate; betroth; recite Kiddush
be a martyr – הַשֵּׁם
wage war – מִלְחָמָה
holiness; sanctity (*KOdesh*) קֹדֶשׁ ז׳
dedicated to – לְ...
Holy of Holies – הַקֳּדָשִׁים
Holy Ark אֲרוֹן –
Holy Land – אֶרֶץ הַ
Hebrew language – לְשׁוֹן הַ
Jerusalem – עִיר הַ
holiness; (*kedduSHA*) קְדֻשָּׁה נ׳
sanctity; Kedusha prayer recited on repetition of Amida
be blunted; (*kaHA*) קָהָה פעל ע׳
be set on edge
blunt, dull; obtuse (*keHE*) קֵהֶה ת׳
bluntness, (*keHUT*) קֵהוּת נ׳
dullness; numbness; torpor
Cairo (*kaHIR*) קָהִיר ש״מ

קָהֵל פעל י׳ (kiHEL) assemble; convene

קָהָל ז׳ (kaHAL) congregation; audience; assembly, gathering; community.

— דַּעַת public opinion

קְהִלָּה נ׳ (kehilLA) community; congregation; assembly

קְהִלִּיָּה נ׳ (kehilliYA) republic; commonwealth

קְהִלָּתִי ת׳ (kehillaTI) community; communal; congregational

קַו ז׳ (KAV) line; policy; view; outline

קוֹאוֹפֶּרָטִיב ז׳ (ko-operaTIV) cooperative

קוֹאוֹרְדִינָטָה נ׳ (koordiNAta) coordinate

קוֹאוֹרְדִינַצְיָה נ׳ (koordiNATSya) coordination

קוֹאַלִיצְיָה נ׳ (ko'aLITSya) coalition

קוֹאַלִיצְיוֹנִי ת׳ (ko'alitsYOni) coalition

קוביה ר׳ קֻבִּיָּה

קֻבְיוּסְטוּס ז׳ (kuvYUStus) gambler

קוֹבַּלְט ז׳ (KObalt) cobalt

קֻבְלָנָה נ׳ (kuvlaNA) complaint

קוֹבַע ז׳ (koVA') helmet

קוֹד ז׳ (KOD) code

קִוֵּד פעל י׳ (kivVED) encode

קוֹדֵם ת׳ (koDEM) previous; preceding

קוֹדֵר ת׳ (koDER) gloomy

קִוָּה פעל ע׳ (kivVA) hope

קוֹזָק ז׳ (koZAK) cossack

קוֹטֶג׳ ז׳ (koTEJ) cottage

— גְּבִינַת cottage cheese

קוֹטֵל חֲרָקִים ז׳ (koTEL ḥaraKIM) insectide

קוֹטַנְגֶּנְס ז׳ (koTANgens) cotangent

קַוִּי ת׳ (kavVI) linear; ruled

קוֹל ז׳ (KOL) voice; sound; noise

— אֶחָד unanimously

— קוֹרֵא appeal

קוֹלֵי קוֹלוֹת uproar

— בַּת echo

— בְּ aloud

בְּ — רָם loudly

קוֹלוֹנְיָאלִי ת׳ (kolonYALI) colonial

קוֹלוֹנְיָאלִיזְם (kolonyaLIZM) colonialism

קוֹלִי ת׳ (koLI) vocal; voiced

קֻלְמוֹס ז׳ (kulMOS) pen; writing quill

קוֹלְנוֹעַ ז׳ (kolNO'a) movie house; sound film; talkie

קוֹלְנוֹעִי ת׳ (kolno'I) motion picture; movie

קוֹלָנִי ת׳ (kolaNI) noisy; loud; clamorous

קוֹלֵעַ ת׳ (koLE'a) apt; hitting the mark

קוֹלֶקְטִיבִי ת׳ (kolekTIvi) collective

קוֹמְבַּיְן ז׳ (komBAIN) combine

קוֹמְבִּינִזוֹן ז׳ (kombiniZON) slip

קוֹמְבִּינַצְיָה נ׳ (kombiNATSya) combination

קוֹמֶדְיָה נ׳ (koMEDya) comedy

קוֹמֶדְיָאנְט ז׳ (komedYANT) comedian

קוֹמָה נ׳ (koMA) height; floor; story

— שִׁעוּר value; worth; importance

קוֹמוּנָה נ׳ (koMUna) commune

קוֹמוּנִיזְם ז׳ (komuNIZM) Communism

קוֹמוּנִיסְט ז׳ (komuNIST) Communist

קוֹמוּנִיסְטִי ת׳ (komuNISti) Communist; Communistic

קוֹמוּנִיקַצְיָה נ׳ (komuniKATSya) communication

קוּמְזִיץ ז׳ (KUMzits) campfire picnic, outdoor party

קוֹמִיסְיוֹן ז׳ (komisYON) commission

קוֹמִיקָן ז׳ (komiKAN) comedian

קוֹמְמִיּוּת תה״פ נ׳ (komemiYUT) with dignity; with head held high; independence; rebirth

מִלְחֶמֶת הַ –    Israel's War of
Independence

composer (komposiTOR) קוֹמְפּוֹזִיטוֹר ז׳

קוֹמְפּוֹזִיצְיָה נ׳ (kompoZITSya)
composition

complete set (komPLET) קוֹמְפְּלֶט ז׳

קוֹמְפְּלִיקַצְיָה נ׳ (kompliKATSya)
complication

kettle (kumKUM) קוּמְקוּם ז׳

congress (konGRES) קוֹנְגְרֶס ז׳

pastry (kondiTORya) קוֹנְדִיטוֹרְיָה נ׳
shop

prankster; (kunDES) קוּנְדֵס ז׳
mischievous youngster

prankish; (kundeSI) קוּנְדֵסִי ת׳
mischievous

buyer; purchaser; (koNE) קוֹנֶה ז׳
customer; master; owner; creator

cone (KOnus) קוֹנוּס ז׳

pamphlet; list (kunTRES) קוּנְטְרֶס ז׳

קוֹנְטְרַפּוּנְקְט ז׳ (kontraPUNKT)
counterpoint

conic; conical (KOni) קוֹנִי ת׳

shell (konkhiYA) קוֹנְכִיָה נ׳

mourn; lament (koNEN) קוֹנֵן פעל ע׳

consul (KONsul) קוֹנְסוּל ז׳

consul general   – כְּלָלִי

consulate (konSULya) קוֹנְסוּלְיָה נ׳

consular (konsuLAri) קוֹנְסוּלָרִי ת׳

קוֹנְסְטִיטוּצְיָה נ׳ (konstiTUTSya)
constitution

קוֹנְסְטִיטוּצְיוֹנִי ת׳ (konstituts YOni)
constitutional

קוֹנְסְטְרוּקְטִיבִי ת׳ (konstrukTIvi)
constructive

קוֹנְסִילְיוּם ז׳ (konSILyum)
consultation

קוֹנְסְפִּירַצְיָה נ׳ (konspiRATSya)
conspiracy

קוֹנְפֶדֶרַצְיָה נ׳ (kanfedeRATSya)
confederacy; confederation

קוֹנְפוֹרְמִיזְם ז׳ (konforMIZM)
conformism

master of (konferans YE) קוֹנְפֶרַנְסְיֶה ז׳
ceremonies, M.C.

concession (konTSESya) קוֹנְצֶסְיָה נ׳

קוֹנְצֶסְיוֹנֶר ז׳ (kontsesyoNER)
concessionaire

concert (konTSERT) קוֹנְצֶרְט ז׳

concerto (konCHERto) קוֹנְצֶ'רְטוֹ ז׳

קוֹנְקוֹרְדַנְצְיָה נ׳ (konkorDANTSya)
concordance

קוֹנְקוּרֶנְצְיָה נ׳ (konkuRENTSya)
competition

competitive (konKURS) קוֹנְקוּרְס ז׳
examination

concrete (konKREti) קוֹנְקְרֶטִי ת׳

magician; sorcerer (koSEM) קוֹסֵם ז׳

קוֹסְמוֹפּוֹלִיטִי ת׳ (kosmopoLIti)
cosmopolitan

cosmetic (kosMEti) קוֹסְמֶטִי ת׳

cosmetics (kosMEtika) קוֹסְמֶטִיקָה נ׳

cosmic (KOSmi) קוֹסְמִי ת׳

monkey; ape (KOF) קוֹף ז׳
קוֹפָה ר׳ קַפָּה

monkey (koFIF) קוֹפִיף ז׳

meatchopper (koFITS) קוֹפִיץ ז׳

padlock (koFAL) קוֹפָל ז׳

box; can (kufSA) קוּפְסָה נ׳

small box; capsule (kufSIT) קוּפְסִית נ׳

in the bag   – מֻנָּח בְּ

thorn; splinter; jot; (KOTS) קוֹץ ז׳
iota

pacer (koTSEV-lev) קוֹצֵב־לֵב ז׳

lock (hair) (kevuTSA) קְוֻצָּה נ׳

thorny (koTSI) קוֹצִי ת׳

harvester; reaper (koTSER) קוֹצֵר ז׳

draw a line of (kivKED) קִוְקֵד פעל י׳
dots and dashes

cuckoo (kukiYA) קוּקִיָה נ׳

spider's web; thread (KUR) קוּר ז׳
קוּר ר׳ קַר

reader; partridge (koRE) קוֹרֵא ז׳

corduroy (korduROI) קוֹרְדוּרוֹי ז׳

beam; girder (koRA) קוֹרָה נ׳

corrosion (koROSya) קוֹרוֹסְיָה נ׳

| | |
|---|---|
| קוֹרוֹת נ״ר (koROT) | chronicles; events; history |
| קוּרְיוֹז ז׳ (kur YOZ) | comic event; funny thing |
| קוֹרֵן ת׳ (koREN) | shining, radiant |
| קוּרְנָס ז׳ (kurNAS) | sledge hammer |
| קוּרְס (KURS) | course; rate; price |
| קוּרְסִיב ז׳ (kurSIV) | italics |
| קוֹרֶסְפּוֹנְדֶנְצְיָה נ׳ (koresponDENTSya) | correspondence |
| קוֹשֵׁר ז׳ (koSHER) | rebel; conspirator |
| קִזּוּז ז׳ (kizZUZ) | offsetting; compensation; reduction |
| קִזֵּז פעל י׳ (kizZEZ) | offset; compensate for; reduce |
| קַזִינוֹ ז׳ (kaZIno) | casino |
| קֹטֶב ז׳ (KOtev) | pole |
| קִטֵּב פעל י׳ (kitTEV) | polarize |
| קָטְבִּי ת׳ (kotBI) | polar |
| קָטְבִּיּוּת נ׳ (kotbi YUT) | polarity; polarization |
| קַטֵגוֹר ז׳ (kateGOR) | accuser; prosecutor |
| קַטֵגוֹרִי ת׳ (kateGOri) | categorical |
| קַטֵגוֹרְיָה נ׳ (kateGORya) | accusation; prosecution; category |
| קִטּוּב ז׳ (kitTUV) | polarization |
| קָטוּם ת׳ (kaTUM) | cut off; truncated |
| קָטוּעַ ת׳ (kaTU'a) | cut off; truncated; fragmentary |
| קִטּוּעַ ז׳ (kitTU'a) | cutting off; amputation; fragmentation |
| קְטָטָה נ׳ (ketaTA) | quarrel; fight |
| קָטִין ז׳ (katTIN) | minor, under age |
| קָטִיף ז׳ (kaTIF) | fruit-picking season; fruit picking |
| קְטִיפָה נ׳ (ketiFA) | picking; velvet |
| קָטַל פעל י׳ (kaTAL) | kill |
| קֶטֶל ז׳ (KEtel) | killing; slaughter |
| קִטְלֵג פעל י׳ (kitLEG) | catalog |
| קָטָלוֹג ז׳ (kataLOG) | catalog |
| קִטְלוּג ז׳ (kitLUG) | cataloging |

| | |
|---|---|
| קַטְלָנִי ת׳ (katlaNI) | deadly; lethal; murderous |
| קָטֹן פעל ע׳ (kaTON) | be small, become small; diminish, dwindle |
| קָטֹן, קָטָן ת׳ (kaTON; kaTAN) | small; little; young; low; inferior |
| קָטֵן ת׳ (kaTEN) | becoming smaller |
| קֹטֶן (KOten) | smallness; little finger |
| קַטְנוּנִי ת׳ (katnuNI) | petty; mean; trivial |
| קַטְנוּנִיּוּת נ׳ (katnuni YUT) | pettiness; meanness |
| קַטְנוֹעַ ז׳ (katNO'a) | scooter |
| קְטַנְטַן ת׳ (ketanTAN) | tiny |
| קִטְנִית נ׳ (kitNIT) | legume |
| קָטַסְטְרוֹפָה נ׳ (kataSTROfa) | catastrophe |
| קָטַע, קִטַּע פעל י׳ (kaTA'; kitTA') | cut off; amputate |
| קִטֵּעַ ז׳ (kitTE'a) | cripple; armless person; legless person |
| קֶטַע ז׳ (KEta') | section; portion; part; paragraph; excerpt; passage |
| קָטַף פעל י׳ (kaTAF) | pick |
| קָטָקוֹמְבָּה נ׳ (kataKOMba) | catacomb |
| קַטָּר ז׳ (katTAR) | locomotive |
| קֹטֶר ז׳ (KOter) | diameter |
| קִטְרֵג פעל י׳ (kitREG) | accuse; prosecute; denounce |
| קִטְרוּג ז׳ (kitRUG) | accusation; prosecution; denunciation |
| קְטֹרֶת נ׳ (keTOret) | incense |
| קִיא ז׳ (KI) | vomit |
| קֵיבָה ר׳ קֵבָה | |
| קִיּוּם ז׳ (kiYUM) | existence; confirmation; observance; subsistence |
| דוּ – | co-existence |
| קִיּוֹסְק (kiYOSK) | stand |
| קַיִט (kaYIT) | summer vacation |
| קִיֵּט פעל ע׳ (kiYET) | spend summer vacation |
| קִיטוֹר ז׳ (kiTOR) | steam |
| אֳנִיַּת – | steamship |

קִיטָן ז׳ (*kaiTAN*) summer vacationer; guest

קִיטָנָה נ׳ (*kaitaNA*) summer resort; summer camp

קִילוֹ, קִילוֹגְרַם ז׳ (*KIlo; kiloGRAM*) kilogram

קִילוֹמֶטֶר ז׳ (*kiloMEter*) kilometer

קִיֵּם פעל י׳ (*kiYEM*) confirm; affirm; maintain; reserve; keep alive; fulfil

קַיָּם ת׳ (*kaiYAM*) existing; alive; valid; enduring; durable

קֶרֶן קַיֶּמֶת לְיִשְׂרָאֵל Jewish National Fund

קִיּוּם, קִיּוּמָא ז׳ (*keYAM*) existence; durability

בַּר־ — durable

קִימָה נ׳ (*kiMA*) rising

קִינָה נ׳ (*kiNA*) lamentation

קִיסוֹס ז׳ (*kiSOS*) ivy

קֵיסָם ז׳ (*keySAM*) splinter

קֵיסָר ז׳ (*keySAR*) emperor; Caesar

קֵיסָרוּת נ׳ (*keysaRUT*) empire

קֵיסָרִי ת׳ (*keysaRI*) imperial; caesarean

קַיִץ ז׳ (*KAyits*) summer

קִיצוֹנִי ת׳ ז׳ (*kitsoNI*) extreme; extremist

קִיצוֹנִיּוּת נ׳ (*kitsoniYUT*) extremism; radicalism

קֵיצִי ת׳ (*keyTSI*) summer; summery

קִיק ז׳ (*KIK*) castor bean

שֶׁמֶן — castor oil

קִיקָיוֹן ז׳ (*kikaYON*) castor-oil plant

קִיקְיוֹנִי ת׳ (*kikyoNI*) ephemeral

קִיר ז׳ (*KIR*) wall (interior)

קִיתוֹן ז׳ (*kiTON*) jug

קַל ת׳ (*KAL*) simple, easy; light; swift

— דַּעַת frivolous

— וָחֹמֶר all the more so

אַתְלֶטִיקָה קַלָּה track and field sports

מַשְׁקָאוֹת קַלִּים soft drinks

קַלְגָּס ז׳ (*kalGAS*) soldier; brutal conqueror

קָלָה פעל י׳ (*kaLA*) roast; toast; burn

קִלּוּחַ ז׳ (*kilLU'aḥ*) flow; jet

קָלוּט ת׳ (*kaLUT*) taken from

קָלוּי ת׳ (*kaLUY*) roasted; toasted

קָלוֹן ז׳ (*kaLON*) shame; disgrace

הֵמִיט — bring disgrace

קָלוּעַ ת׳ (*kaLU'a*) twisted; braided

קִלּוּף ז׳ (*kilLUF*) peeling

קָלוּף ת׳ (*kaLUF*) peeled

קְלוֹקֵל ת׳ (*keloKEL*) inferior; poor

קָלוֹרְיָה נ׳ (*kaLORya*) calorie

קָלוּשׁ ת׳ (*kaLUSH*) thin; sparse; weak; inferior

קַלּוּת נ׳ (*kalLUT*) ease; simplicity; lightness

בְּ — easily

— דַּעַת, — רֹאשׁ frivolity

קָלַח פעל ע׳ (*kaLAḤ*) flow

קִלֵּחַ פעל י׳ (*kilLAḤ*) shower; flow; stream

קֶלַח ז׳ (*KElaḥ*) stalk

קַלַּחַת נ׳ (*kalLAḥat*) cauldron; kettle; turmoil; hubbub

קָלַט פעל י׳ (*kaLAT*) absorb, receive; take in; remove

קֶלֶט ז׳ (*KElet*) reception center

קִלְטֵר פעל י׳ (*kilTER*) cultivate

קָלִי ז׳ (*kaLI*) roasted grain

קָלִיד ז׳ (*kaLID*) key

קְלִיָּה נ׳ (*keliYA*) roasting; toasting

קְלִיטָה נ׳ (*keliTA*) absorption; reception; understanding

קְלִיֶּנְט ז׳ (*kliYENT*) client; customer

קְלִיֶּנְטוּרָה נ׳ (*kliyenTUra*) clientele

קְלִינִי ת׳ (*KLIni*) clinical

קְלִינִיקָה נ׳ (*KLInika*) clinic

קָלִיעַ ז׳ (*kaLI'a*) projectile, bullet

קְלִיעָה נ׳ (*keli'A*) weaving; braiding; marksmanship, target shooting, shot

קְלִישֶׁה ז׳ (*kliSHE*) cut

קְלִישׁוּת נ׳ (keliSHUT) thinness; superficiality
קִלֵּל פעל י׳ (kilLEL) curse
קְלָלָה נ׳ (kelaLA) curse; calamity
קַלְמָר ז׳ (kalMAR) school box
קִלֵּס פעל י׳ (kilLES) praise; deride
קֶלֶס ז׳ (KEles) scorn; praise
קְלַסִּי ת׳ (KLAssi) classical
קְלַסִּיקוֹן ז׳ (klassiKON) classic
קְלַסְתֵּר פָּנִים ז׳ (klasTER paNIM) features, face
קְלַסְתְּרוֹן ז׳ (klasteRON) composite
קָלַע פעל י׳ (kaLA') hit (target), shoot; throw; plait; braid
קַלָּע ז׳ (kalLA') marksman
קֶלַע ז׳ (KEla') projectile; bullet; curtain
– מֵאֲחוֹרֵי הַקְּלָעִים behind the scenes
קָלַף, קִלֵּף פעל י׳ (kaLAF; kilLEF) peel; shell
קְלָף ז׳ (keLAF) parchment; playing card
קְלִפָּה נ׳ (kelipPA) peel; shell; bark; skin; power of evil; termagant
קַלְפֵּי נ׳ (kalPEY) ballot box
קַלְפָן ז׳ (kalFAN) gambler
קַלְפָנוּת נ׳ (kalfaNUT) gambling
קִלְקוּל ז׳ (kilKUL) breakdown; defect; corruption
קִלְקֵל פעל י׳ ע׳ (kilKEL) spoil; sin; deteriorate
קַלְקָלָה נ׳ (kalkaLA) corruption; failure; disgrace
קִלְשׁוֹן ז׳ (kilSHON) pitchfork
קָם פעל ע׳ (KAM) rise; arise; happen; be established
קָמָה נ׳ (kaMA) standing grain
קִמּוּט ז׳ (kimMUT) fold; wrinkling; crease
קָמוּץ ת׳ (kaMUTS) shut; clenched
קִמּוּץ ז׳ (kimMUTS) economy
קָמוּר ת׳ (kaMUR) arched; vaulted; convex
קִמּוּר ז׳ (kimMUR) vault; arch
קֶמַח ז׳ (KEmaḥ) flour; bread; food
קִמָּחוֹן (kimmaḤON) mildew
קִמֵּט פעל י׳ (kimMET) wrinkle; crease
קֶמֶט ז׳ (KEmet) fold; crease; wrinkle
קְמִילָה נ׳ (kemiLA) withering
קָמֵיעַ (kaMEY'a) charm; amulet
קָמֵל ת׳ (kaMEL) withered
קִמְעָה תה״פ (kim'A) a little
– – little by little
קִמְעוֹנַאי ז׳ (kim'oNAI) retailer
קִמְעוֹנוּת נ׳ (kim'oNUT) retailing
קִמְעוֹנִי ת׳ (kim'oNI) retail
קַמְפוֹר ז׳ (kamFOR) camphor
קִמֵּץ פעל י׳ (kimMETS) economize; save; take a handful
קֹמֶץ ז׳ (KOmets) handful; small quantity
קָמָץ, קָמֵץ ז׳ (kaMATS; kaMETS) (Hebrew sublinear mark to indicate sound of *a* as in father [long kamats] or *o* as in short [short kamats])
קַמְצוּץ ז׳ (kamTSUTS) pinch; small quantity
קַמְצָן ז׳ (kamTSAN) miser
קַמְצָנוּת נ׳ (kamtsaNUT) miserliness
קִמְרוֹן ז׳ (kimRON) dome
קֵן ז׳ (KEN) nest; family; refuge; compartment; receptacle; female plug
קִנֵּא פעל ע׳ י׳ (kinNE) envy; be jealous of; be zealous
קַנָּא ת׳ (kanNA) jealous; zealous
קִנְאָה נ׳ (kin'A) envy; jealousy
קַנָּאוּת נ׳ (kanna'UT) zeal; fanaticism
קַנַּאי ת׳ ז׳ (kanNAI) zealous, fanatic; zealot
קַנָּאִי ת׳ (kanna'I) zealous, fanatical
קַנַּבּוֹס ז׳ (kanaBOS) hemp
קֶנְגּוּרוּ ז׳ (kenguRU) kangaroo
קָנָה פעל י׳ (kaNA) buy; purchase; acquire; create; take possession of; possess

קָנֶה ז׳ (*KAne*) stalk; cane; reed; stick; forearm; windpipe; barrel
קְנֵה־מִדָּה criterion
קְנֵה־סֻכָּר sugar cane
קִנּוּחַ ז׳ (*kinNU'aḥ*) wiping
– סְעֻדָּה desert
קָנוּי ת׳ (*kaNUY*) acquired; bought
קְנוּנְיָה נ׳ (*kenunYA*) plot; conspiracy
קְנוֹקֶנֶת נ׳ (*kenoKEnet*) tendril
קִנַּח פעל י׳ (*kinNAḤ*) wipe
קִנְטוּר ז׳ (*kinTUR*) vexing; annoyance
קִנְטֵר פעל י׳ (*kinTER*) annoy; anger; vex
קַנְטְרָן ז׳ (*kantRAN*) irritating person; annoying person
קַנְטְרָנוּת נ׳ (*kantraNUT*) annoyance; quarrelsomeness
קָנִיבָּל ז׳ (*kaniBAL*) cannibal
קְנִיָּה נ׳ (*keniYA*) purchase; acquisition
כֹּחַ – purchasing power
קַנְיוֹן ז׳ (*kanYON*) canyon
קִנְיָן ז׳ (*kinYAN*) property; creation; asset; right of ownership
קְנִיסָה נ׳ (*keniSA*) fining
קִנָּמוֹן (*kinnaMON*) cinnamon
קִנֵּן פעל ע׳ (*kinNEN*) build a nest; establish a nest; dwell
קָנַס פעל י׳ (*kaNAS*) fine; impose a penalty
קְנָס ז׳ (*keNAS*) fine; penalty
קַנְצְלֶר ז׳ (*KANSTler*) chancellor
קַנְקַן ז׳ (*kanKAN*) jar; jug
תָּהָה עַל קַנְקַנּוֹ examine carefully; try to understand
קִנְרֵס ז׳ (*kinRES*) artichoke
קִנְתֵּר ר׳ קִנְטֵר
קַסְדָּה נ׳ (*kasDA*) helmet
קְסִימָה נ׳ (*kesiMA*) bewitching
קָסַם פעל י׳ (*kaSAM*) enchant; bewitch; practice sorcery
קֶסֶם ז׳ (*KEsem*) charm; magic; witchcraft
קְסַרְקְטִין ז׳ (*kesarkeTIN*) barracks

קֶסֶת נ׳ (*KEset*) inkwell; writing materials
קָעוּר ת׳ (*ka'UR*) concave
קְעִירוּת נ׳ (*ke'iRUT*) concavity
קִעְקוּעַ ז׳ (*ki'KU'a*) tattoo, tattooing
קַעֲקַע ז׳ (*ka'KA'*) tattoo
קִעֲקַע פעל י׳ (*ki'KA'*) tattoo; destroy
קְעָרָה נ׳ (*ke'aRA*) bowl
הָפַךְ אֶת הַ – עַל פִּיהָ upset the applecart
קַעֲרוּרִי ת׳ (*ka'aruRI*) concave
קָפָא פעל ע׳ (*kaFA*) freeze; solidify
קִפָּאוֹן ז׳ (*kippa'ON*) stalemate; freeze
קֻפַּאי ז׳ (*kupPAI*) cashier
קְפָדָה נ׳ (*kefaDA*) severity
קַפְּדָן ז׳ (*kappeDAN*) severe person; strict person; impatient person
קַפְּדָנוּת נ׳ (*kappedaNUT*) severity; strictness; impatience
קֻפָּה נ׳ (*kupPA*) ticket office; cash box; fund; treasury; cashier's window
– קְטַנָּה petty cash
קָפֶה ז׳ (*kaFE*) coffee
– נָמֵס instant coffee
בֵּית – café
קָפוּא ת׳ (*kaFU*) frozen; iced
קִפּוֹד ז׳ (*kipPOD*) hedgehog
קִפּוּחַ ז׳ (*kipPU'aḥ*) deprivation; discrimination; injustice
קִפּוּל ז׳ (*kipPUL*) folding; fold; pleat
קִפַּח פעל י׳ (*kipPAḤ*) drive; deprive
קִפֵּחַ ז׳ (*kipPE'aḥ*) lanky person
קְפִיאָה נ׳ (*kefi'A*) freezing; congealing
קַפִּיטוּלַצְיָה נ׳ (*kapituLATSya*) capitulation
קַפִּיטָלִיזְם ז׳ (*kapitaLIZM*) capitalism
קַפִּיטָלִיסְט ז׳ (*kapitaLIST*) capitalist
קַפִּיטָלִיסְטִי ת׳ (*kapitaLISti*) capitalistic; capitalist
קְפִיץ ז׳ (*keFITS*) spring
קְפִיצָה נ׳ (*kefiTSA*) jump, leap

fold; embrace; (*kipPEL*) קִפֵּל פעל י׳
include
fold; pleat (*KEfel*) קֶפֶל ז׳
wig (*kafLET*) קַפְלֵט ז׳
short cut (*kaPANDriya*) קַפַּנְדְּרִיָּה נ׳
jump, leap; (*kaFATS*) קָפַץ פעל ע׳ י׳
dive; shut
caprice (*kapRIza*) קַפְּרִיזָה נ׳
capricious (*kapRIzi*) קַפְּרִיזִי ת׳
Cyprus (*kafriSIN*) קַפְרִיסִין נ׳
Cypriot (*kafriSAI*) קַפְרִיסָאִי ז׳
end (*KETS*) קֵץ ז׳
at the end of מִ –
Messianic Age – הַיָּמִים
loathe, be (*KATS*) קָץ פעל י׳ ע׳
disgusted; wake up
allot; apportion (*kaTSAV*) קָצַב פעל י׳
ration (*kitsTSEV*) קִצֵּב פעל י׳
butcher (*katsTSAV*) קַצָּב ז׳
rhythm; rate (*KEtsev*) קֶצֶב ז׳
allowance; pension (*kitsBA*) קִצְבָּה נ׳
allowance (*ketsuBA*) קְצֻבָּה נ׳
butcher's trade (*katsaVUT*) קַצָּבוּת נ׳
end; extremity; (*kaTSE*) קָצֶה ז׳
edge; outskirts
fixed; rhythmic (*kaTSUV*) קָצוּב ת׳
rationing (*kitsTSUV*) קִצּוּב ז׳
קצונה ר׳ קְצֻנָּה
cut off; chopped (*kaTSUTS*) קָצוּץ ת׳
exorbitant rate of רִבִּית קְצוּצָה
interest
cutting; (*kitsTSUTS*) קִצּוּץ ז׳
chopping; reducing
shortening; (*kitsTSUR*) קִצּוּר ז׳
abridgement; abbreviation; résumé
briefly בְּ –
officer (*kaTSIN*) קָצִין ז׳
officer's (*ketsiNUT*) קְצִינוּת נ׳
commission; officer's status
cutlet (*ketsiTSA*) קְצִיצָה נ׳
harvest (*kaTSIR*) קָצִיר ז׳
officer's corps; (*ketsunNA*) קְצֻנָּה נ׳
officer's commission

become angry (*kaTSAF*) קָצַף פעל ע׳
foam; anger; wrath (*KEtsef*) קֶצֶף ז׳
whipped cream (*katsTSEfet*) קַצֶּפֶת נ׳
cut; chop (*kaTSATS*) קָצַץ פעל י׳
cut down; (*kitsTSETS*) קִצֵּץ פעל י׳
chop; reduce
harvest; reap; (*kaTSAR*) קָצַר פעל י׳ ע׳
be short
short (*kaTSAR*) קָצָר ת׳
briefly בְּקָצָרָה
impatient קְצַר רוּחַ
shortness (*KOtser*) קֹצֶר ז׳
helplessness – יָד
impatience – רוּחַ
short circuit (*Ketser*) קֶצֶר ז׳
stenographer (*katseRAN*) קַצְרָן ז׳
stenography, (*katseraNUT*) קַצְרָנוּת נ׳
shorthand
very short (*ketsarTSAR*) קְצַרְצַר ת׳
a little (*keTSAT*) קְצָת תה״פ
cocoa (*kaKAO*) קָקָאוֹ ז׳
cacaphony (*kakaFONya*) קָקָפוֹנְיָה נ׳
cactus (*kakTUS*) קַקְטוּס ז׳
cold (*KAR*) קַר ת׳
cold; coolness (*KOR*) קֹר ז׳
composure – רוּחַ
read; call; (*kaRA*) קָרָא פעל י׳
proclaim; study the Bible
Karaism (*kara'UT*) קָרָאוּת נ׳
Karaite (*kara'I*) קָרָאִי ת׳ ז׳
Koran (*kur'AN*) קֻרְאָן ז׳
approach (*kaRAV*) קָרַב פעל ע׳
bring near; (*keRAV*) קֵרַב פעל י׳
bring quickly; show friendship to
battle; combat; (*keRAV*) קְרָב ז׳
fighting
inside; interior (*KErev*) קֶרֶב ז׳
inside; among בְּ –
from the bottom of one's מִ – לֵב
heart
proximity; (*kirVA*) קִרְבָה נ׳
vicinity; nearness; kinship
near; in the vicinity of בְּקִרְבַת

קַרְבּוּרָטוֹר ז׳ (karbuRAtor) carburetor
קְרָבִי ת׳ (keraVI) combat; fighting
קְרָבַיִם ז״ר (keraVAyim) intestines; viscera
קָרְבָּן ז׳ (korBAN) sacrifice; victim
קַרְדֹּם ז׳ (karDOM) ax
קָרָה פעל ע׳ י׳ (kaRA) happen; occur
— נ׳ frost; exterme cold
קֵרָה פעל י׳ (keRA) build a roof over; cover with rafters
קֹרַת רוּחַ נ׳ (koRAT RU'aḥ) satisfaction; gratification
קָרוּא ז׳ ת׳ (kaRU) guest; called; invited; summoned to the Torah reading
קָרוֹב ת׳ ז׳ (kaROV) near; relative
— ל... about, approximately
בְּ— soon
מִ— recently
קֵרוּב ז׳ (keRUV) proximity; nearness; bringing near; showing friendship
בְּ— about; approximately
קְרוּם ז׳ (keRUM) membrane; skin; thin shell; crust
קָרוֹן ז׳ (kaRON) car; coach; wagon
קְרוֹנִית נ׳ (keroNIT) cart
קָרוּעַ ת׳ (kaRU'a) torn; ragged; tattered
קֵרוּר ז׳ (keRUR) cooling; refrigeration
קָרוּשׁ ת׳ (kaRUSH) coagulated; congealed
קִרְזֵל פעל י׳ (kirZEL) curl; wave; set (hair).
קֵרֵחַ ת׳ (keRE'aḥ) bald; bare
קֶרַח ז׳ (KEraḥ) ice
קָרְחָה נ׳ (korḤA) bald spot; clearing
קַרְחוֹן ז׳ (karḤON) iceberg; glacier
קֵרְחוּת נ׳ (kerḤUT) baldness
קָרַחַת נ׳ (kaRAḥat) bald spot
קֹרֶט ז׳ (KOret) particle
קָרָט ז׳ (kaRAT) carat

קֻרְטוֹב ז׳ (kurTOV) bit; pinch; touch
קַרְטוֹגְרַפְיָה נ׳ (kartoGRAFya) cartography
קַרְטוֹן ז׳ (karTON) cardboard
קַרְטֶל ז׳ (karTEL) cartel
קִרְטֵם פעל י׳ (kirTEM) tear off tip
קִרְטַע פעל ע׳ (kirTA') shudder; jerk; move spasmodically
קְרֵי ז׳ (keREY) to be read
קָרִיא ת׳ (kaRI) readable
קְרִיאָה נ׳ (keri'A) reading; call; appeal; proclamation
קְרִיבָה נ׳ (keriVA) approaching
קִרְיָה נ׳ (kirYA) city; town
הַ— Government Center
קְרִיטִי ת׳ (KRIti) critical
קְרִיטֶרְיוֹן ז׳ (kriterYON) criterion
קַרְיָן ז׳ (karYAN) announcer; reader
קְרִינָה נ׳ (keriNA) radiation
קַרְיָנוּת נ׳ (karyaNUT) announcing; reading
קְרִיסָה נ׳ (keriSA) kneeling; squatting; buckling
קְרִיעָה נ׳ (keri'A) tearing; rending garment as sign of mourning
קְרִיצָה נ׳ (keriTSA) wink; winking
קָרִיקָטוּרָה נ׳ (karikaTUra) cartoon; caricature
קָרִיר ת׳ (kaRIR) cool
קַרְיֶרָה נ׳ (karYEra) career
קַרְיֶרִיסְט ז׳ (karyeRIST) careerist
קָרִישׁ ז׳ (kaRISH) jello; clot
קְרִישׁוּת נ׳ (keriSHUT) coagulation
קָרַם פעל ע׳ י׳ (kaRAM) be covered with a membrane; be covered with skin; form a crust; cover with
קְרֶמָטוֹרְיוּם ז׳ (kremaTORyum) crematorium
קֵרָמִיקָה ז׳ (keraMIKa) ceramics
קָרַן פעל ע׳ (kaRAN) radiate; shine
קֶרֶן נ׳ (KEren) horn; ray; beam;

corner; power; fund; capital; principal
Jewish National Fund — קֶרֶן קַיֶּמֶת לְיִשְׂרָאֵל –
cornucopia — הַשֶּׁפַע –
X-rays — קַרְנֵי רֶנְטְגֶן
carnival (karnaVAL) קַרְנָבָל ז׳
horny (karNI) קַרְנִי ת׳
cornea (karNIT) קַרְנִית נ׳
rhinoceros (karNAF) קַרְנַף ז׳
kneel; squat; buckle (kaRAS) קָרַס פעל ע׳
hook; clasp (KEres) קֶרֶס ז׳
swastika — צְלַב הַ –
ankle (karSOL) קַרְסֹל ז׳
tear; take by force; rip; undo (kaRA') קָרַע פעל י׳
tear; rip; rag (KEra') קֶרַע ז׳
crepe (KREP) קְרֶפּ ז׳
toad (karpaDA) קַרְפָּדָה נ׳
carp (karpYON) קַרְפְּיוֹן ז׳
wink (kaRATS) קָרַץ פעל ע׳
tick (karTSIT) קַרְצִית נ׳
scrape; curry (kirTSEF) קִרְצֵף פעל י׳
gizzard; crop; stomach; belly button (kurkeVAN) קֻרְקְבָן ז׳
croaking; crowing; destroying (kirKUR) קִרְקוּר ז׳
circus (kirKAS) קִרְקָס ז׳
land; soil; ground; bottom (karKA') קַרְקַע נ׳
ground (kirKA') קִרְקַע פעל י׳
bottom (karka'IT) קַרְקָעִית נ׳
scalp; behead (kirKEF) קִרְקֵף פעל י׳
scalp; head; skull (karKEfet) קַרְקֶפֶת נ׳
crow; croak; destroy; tear down (kirKER) קִרְקֵר פעל ע׳ י׳
cool; chill (keRAR) קֵרַר פעל י׳
board (KEresh) קֶרֶשׁ ז׳
diving board; springboard — קְפִיצָה –
provincialism (kartaNUT) קַרְתָּנוּת נ׳

provincial (kartaNI) קַרְתָּנִי ת׳
straw (KASH) קַשׁ ז׳
dismiss with a noncommittal reply — דָּחָה בְּ –
attention (KEshev) קֶשֶׁב ז׳
harden; solidify; become difficult (kaSHA) קָשָׁה פעל ע׳
hard; dfficult; severe; stubborn; damaging; slow (kaSHE) קָשֶׁה ת׳
obstinate — קְשֵׁה עֹרֶף
marrow; summer squash (kishSHU) קִשּׁוּא ז׳
attentive (kashSHUV) קַשּׁוּב ת׳
hard; cruel; tough (kaSHU'aḥ) קָשׁוּחַ ז׳
ornament; decoration; adorning (kishSHUT) קִשּׁוּט ז׳
tied; connected (kaSHUR) קָשׁוּר ת׳
tying; binding; joining; ribbon (kishSHUR) קִשּׁוּר ז׳
decorate; adorn (kishSHET) קִשֵּׁט פעל י׳
hardness; difficulty (KOshi) קֹשִׁי ז׳
with difficulty, hardly — בְּ –
hardness; stubborness; severity (kashYUT) קַשְׁיוּת נ׳
hard; rigid (kaSHI'aḥ) קָשִׁיחַ ז׳
rigidity; hardness (keshiḤUT) קְשִׁיחוּת נ׳
tying; plotting (keshiRA) קְשִׁירָה
old (kaSHISH) קָשִׁישׁ ז׳
old age; seniority (keshiSHUT) קְשִׁישׁוּת נ׳
knocking; ringing; prattle (kishKUSH) קִשְׁקוּשׁ ז׳
knock; ring; prattle (kishKESH) קִשְׁקֵשׁ פעל ע׳
scribble — פעל י׳ –
scale (kasKAS) קַשְׂקַשׂ ז׳
scale; link; chain mail (kasKEset) קַשְׂקֶשֶׂת נ׳
tie, bind, tighten; plot (kaSHAR) קָשַׁר פעל י׳

קִשֵּׁר פעל י׳ (*kishSHER*) tie; bind; connect; join

קֶשֶׁר ז׳ (*KEsher*) knot; connection; joint; communication; relationship; plot; contact man; band

בְּ – לְ... regarding

מִלַּת – conjunction

חֵיל הַ – signal corps

קְצִין – liaison officer

קַשָּׁר ז׳ (*kashSHAR*) liaison; contact; signaler

קַשָּׁרוּת נ׳ (*kashaRUT*) signaling

קֶשֶׁת נ׳ (*KEshet*) bow; rainbow; arc; arch

קַשָּׁת ז׳ (*kashSHAT*) archer; Sagittarius

קַשְׁתִּי ת׳ (*kashTI*) arched; vaulted

קַת נ׳ (*KAT*) handle; haft; butt

קָתֶדְרָה נ׳ (*kaTEDra*) chair; seat

קָתֶדְרָלָה נ׳ (*katedRAla*) cathedral

קָתוֹלִי ת׳ ז׳ (*kaTOli*) Catholic

קָתוֹלִיוּת נ׳ (*kaTOliyut*) Catholicism

קֹתֶל ז׳ (*KOtel*) fat meat

קָתְלֵי חֲזִיר bacon

קַתְרוֹס ז׳ (*katROS*) lyre; guitar

# ר

Resh (twentieth letter (*RESH*) of the Hebrew alphabet); two hundred; two-hundredth
רָאָה פעל י׳ (*ra'A*) see; look; perceive; understand; choose; consider worthy
רֵאָה נ׳ (*re'A*) lung
רַאֲוָה נ׳ (*ra'aVA*) exhibition; show
חַלּוֹן – show window
רָאוּי ת׳ (*ra'UY*) worthy; deserving; suitable
כָּ – properly
רֵאוֹרְגַנִיזַצְיָה נ׳ (*re'organiZATSya*) reorganization
רְאוּת נ׳ (*re'UT*) visibility; sight
קְצַר – near-sighted
רְחוֹק – far-sighted
רַאַוְתָנִי ת׳ (*ra'avtaNI*) exhibitionistic
רְאִי ז׳ (*re'I*) mirror
רְאִיָּה נ׳ (*re'iYA*) seeing; sight; vision
רְאָיָה נ׳ (*re'aYA*) proof; evidence
רֵאָיוֹן ז׳ (*re'aYON*) interview; appointment
רִאְיֵן פעל י׳ (*ri'YEN*) interview
רְאִינוֹעַ ז׳ (*re'iNO'a*) motion picture; movie house; movies
רְאֵם ז׳ (*re'EM*) oryx
רֹאשׁ ז׳ (*ROSH*) head; top; chief; beginning; tributary; division; capital; prime
– גֶּשֶׁר bridgehead
– חֹדֶשׁ new moon
– חֵץ warhead
– הַמַּטֶּה הַכְּלָלִי (רַמַטְכָּ״ל) chief of staff
– מֶמְשָׁלָה prime minister
– קְבוּצָה team captain
בְּגָלוּי – bareheaded

רִאשׁוֹן ת׳ (*riSHON*) first
אָדָם הָ – Adam
גוּף – first person
יוֹם – Sunday
כְּלִי – first hand
רִאשׁוֹנָה תה״פ (*rishoNA*) first; at the beginning
בָּ – first; formerly
– at first
לָ – in the beginning; formerly; the first time
בְּרֹאשׁ וָ־ first of all
רִאשׁוֹנִי ת׳ (*rishoNI*) first; primary; prime; basic
רָאשׁוּת נ׳ (*raSHUT*) head; leadership
– הַמֶּמְשָׁלָה premiership
בְּ – presided over by; headed by
רָאשִׁי ת׳ (*raSHI*) chief; main; leading
רֵאשִׁית נ׳ תה״פ (*reSHIT*) beginning
בְּ – at the beginning; Genesis
מִבְּ – from the outset
רֹאשָׁן ז׳ (*roSHAN*) tadpole
רֹאשְׁתָן ז׳ (*rosheTAN*) sperm whale, cachalot
רַב ת׳ ז׳ (*RAV*) numerous; great; large; much; strong; important; poly-; multi-; rabbi; teacher; lord; master-
– תה״פ enough
רַבּוֹתַי our teachers; Gentlemen
רָב פעל ע׳ (*RAV*) quarrel; contend
רֹב ז׳ (*ROV*) most; majority; abundance
לָ – abundantly; mostly
– קוֹלוֹת majority of votes
רַב־אַלּוּף ז׳ (*rav-alLUF*) lieutenant general
רְבָב ז׳ (*reVAV*) stain

רַבְגּוֹנִי ת׳ (*ravgoNI*) variegated; multi-colored

רַבְגּוֹנִיּוּת נ׳ (*ravgoniYUT*) variety; variegation

רִבֵּד פעל י׳ (*ribBED*) stratify; laminate

רֹבֶד ז׳ (*ROved*) layer; stratum

רָבָה פעל ע׳ (*raVA*) multiply; increase; be large; become great

רִבָּה פעל י׳ (*ribBA*) increase; raise; bring up

לְרַבּוֹת including

— נ׳ jam

רִבּוֹ, רִבּוֹא נ׳ (*ribBO*) ten thousand

רִבּוּד ז׳ (*ribBUD*) stratification; layering

רָבוּד ת׳ (*raVUD*) stratified; layered; laminated

רִבּוּי ז׳ (*ribBUY*) increase; large number; multiplicity; plural

רִבּוֹן ז׳ (*ribBON*) lord; master

רִבּוֹנוּת נ׳ (*ribboNUT*) sovereignty

רִבּוֹנִי ת׳ (*ribboNI*) sovereign

רָבוּעַ ת׳ (*raVU'a*) square

רִבּוּעַ ז׳ (*ribBU'a*) square

רְבוּתָא, רְבוּתָה נ׳ (*revuTA*) advantage; wonderful thing; innovation; superiority

רַב חוֹבֵל ז׳ (*ravḥoVEL*) captain

רַב־חֶנֶק מָצוּי (*rav Ḥenek maTSUY*) constrictor

רַב טַבָּחִים ז׳ chief cook; chief executioner

רַב טוּרַאי ז׳ (*rav tuRAI*) corporal

רַבִּי (*rabBI*) rabbi; teacher; sir; mister

רְבִיבִים ז״ר (*reviVIM*) rain; shower

רָבִיד ז׳ (*raVID*) necklace

רְבִיָּה נ׳ (*reviYA*) increase; reproduction

רֶבִיזְיוֹנִיסְט ז׳ (*revizyoNIST*) Revisionist

רְבִיעַ ז׳ (*reVI'a*) quarter; fourth

רְבִיעָה נ׳ (*revi'A*) animal copulation; mating

— סוּס stallion

רְבִיעִי ת׳ (*revi'I*) fourth

— יוֹם Wednesday

רְבִיעִיָּה נ׳ (*revi'iYA*) quartet; quadruplets; four of a kind

רִבִּית נ׳ (*ribBIT*) interest

— דְ –, – צְבִירָה; – מִצְטַבֶּרֶת compound interest

— קְצוּצָה exorbitant rate of interest

רַבָּנוּת נ׳ (*rabbaNUT*) rabbinate

רַבָּנִי ת׳ (*rabbaNI*) rabbinical; rabbinite

רֻבָּנִי ת׳ (*rubbaNI*) of a majority

רַבָּנָן ז״ר (*rabbaNAN*) our sages

רִבָּס ז׳ (*ribBAS*) rhubarb

רַב סַמָּל ז׳ (*rav samMAL*) first sergeant; sergeant major

רַב סֶרֶן ז׳ (*rav SEren*) major

רִבַּע פעל י׳ (*ribBA'*) quadruple; do a fourth time

רֶבַע ז׳ (*REva'*) fourth; quarter

— הַגְּמָר quarter

רֹבַע ז׳ (*ROva*) quarter; section

רִבֵּעַ ז׳ (*ribBE'a*) fourth generation; great grandchild

רִבְעוֹן ז׳ (*riv'ON*) quarterly

רַב פַּקָּד ז׳ (*rav pakKAD*) superintendent (of police)

רָבַץ פעל ע׳ (*raVATS*) lie; stay a long time; come upon; plague

רֵבֶץ ז׳ (*REvets*) lair; resting place

רַב־קוֹלִי ת׳ (*ravkoLI*) polyphonal

רַבְרְבָן ז׳ (*ravreVAN*) boaster

רַבְרְבָנוּת נ׳ (*ravrevaNUT*) boastfulness

רַבָּתִי ת׳ (*rabbaTI*) much, great; large

רֶגֶב ז׳ (*REgev*) clod

רִגּוּל ז׳ (*rigGUL*) espionage; spying

— נֶגְדִּי counter espionage

רָגוּעַ ת׳ (*raGU'a*) relaxed; calm

רִגּוּשׁ ז׳ (*rigGUSH*) excitement; agitation; emotion
רִגּוּשִׁי ת׳ (*rigguSHI*) emotional
רָגַז פעל ע׳ (*raGAZ*) be angry; tremble; be sorry
רֹגֶז ז׳ (*ROgez*) anger; anxiety; sorrow
בְּ — angry, on bad terms
רָגְזָה, רֻגְזָה נ׳ (*rogZA; rugZA*) anxiety; concern; anger
רַגְזָן ז׳ (*ragZAN*) bad-tempered person
רָגִיל ת׳ (*raGIL*) accustomed; used to; experienced; ordinary; usual; common
כָּ — ordinarily
רְגִילָה נ׳ (*regiLA*) espionage
רְגִיעָה נ׳ (*regi'A*) quiet
רָגִישׁ ת׳ (*raGISH*) sensitive
רְגִישׁוּת נ׳ (*regiSHUT*) sensitivity
רִגֵּל פעל י׳ (*rigGEL*) spy, spy out
רֶגֶל נ׳ (*REgel*) foot; festival; time
בָּ — on foot
לְ — because of; in connection with
לְרַגְלֵי at the foot of
פְּשִׁיטַת — bankruptcy
רַגְלִי ת׳ ז׳ (*ragLI*) foot (*adj.*); infantryman
חֵיל רַגְלִים infantry
רָגַם פעל י׳ (*raGAM*) stone
רִגֵּם פעל י׳ (*rigGEM*) stone; mortar
רָגַע פעל ע׳ (*raGA'*) be calm; relax
רֶגַע ז׳ (*REga*) moment; minute
כְּ — instantly
רִגְעִי ת׳ (*rig'I*) instantaneous; momentary
רֶגְרֶסִיבִי ת׳ (*regreSIvi*) regressive
רָגַשׁ פעל ע׳ (*raGASH*) rage; be excited
רֶגֶשׁ ז׳ (*REgesh*) feeling; sense
רִגְשִׁי ת׳ (*rigSHI*) emotional
רַגְשָׁנוּת נ׳ (*ragshaNUT*) sentimentality
רַגְשָׁנִי ת׳ (*ragshaNI*) sentimental
רָדָאר ז׳ (*raDAR*) radar
רָדָה פעל י׳ (*raDA*) rule; subjugate; tyrannize; remove

רָדוּד ת׳ (*raDUD*) shallow
רָדוּם ת׳ (*raDUM*) sleepy; dormant
רַדְיָאטוֹר ז׳ (*radYAtor*) radiator
רַדְיוֹ ז׳ (*RADyo*) radio
רַדְיוֹ־אַקְטִיבִי ת׳ (*RADyo-akTIvi*) radloactive
רַדְיוֹ־אַקְטִיבִיּוּת נ׳ (*RADyo-akTIviyut*) radioactivity
רַדְיוּם ז׳ (*RADyum*) radium
רַדְיוּס ז׳ (*RADyus*) radius
רְדִיפָה נ׳ (*rediFA*) chase; persecution
רָדִיקָלִי ת׳ (*radiKAli*) radical
רָדִיקָלִיּוּת נ׳ (*radiKAliyut*) radicalism
רָדִיקַלִיזְם ז׳ (*radlkuLIZM*)
רָדַף פעל י׳ (*raDAF*) chase; pursue; persecute
רָהוּט ת׳ (*raHUT*) fluent
רִהוּט ז׳ (*riHUT*) furniture; furnishing
רוֹאֶה ז׳ (*ro'E*) seer
רוֹבַאי ז׳ (*roVAI*) rifleman
רוֹבֶה ז׳ (*roVE*) rifle
רוֹבּוֹט ז׳ (*roBOT*) robot
רוֹגֵז ת׳ (*roGEZ*) angry
רוֹגֵעַ ת׳ (*roGE'a*) calm; relaxed
רוֹדָן ז׳ (*roDAN*) dictator
רוֹדָנוּת נ׳ (*rodaNUT*) dictatorship
רָוָה פעל ע׳ (*raVA*) drink one's fill; quench thirst
רִוָּה פעל י׳ (*rivVA*) quench; water
רָוֶה ת׳ (*raVE*) well-watered
רוֹוֵחַ ת׳ (*roVE'aḥ*) current; circulating
רָווּי ת׳ (*raVUY*) saturated; well-watered
רוֹזֵן ז׳ (*roZEN*) count; marquis; earl; ruler
רוֹזְנוּת נ׳ (*rozeNUT*) county; earldom
רָוַח פעל ע׳ (*raVAḤ*) feel relief; feel better; be current
רִוַּח פעל י׳ (*rivVAḤ*) ventilate; air out
רֶוַח ז׳ (*REvaḥ*) space; profit
רוּחַ נ׳ (*ru'AḤ*) wind; air; spirit; mind

– הַקֹּדֶשׁ holy spirit; divine inspiration
רְוָחָה נ׳ (*revaḤA*) relief; comfort; ease
– לְ widely
רוּחָנִי ת׳ (*ruḥaNI*) spiritual; mental
רוּחָנִיּוּת נ׳ (*ruḥaniYUT*) spirituality; spiritual life
רוֹטַצְיָה נ׳ (*roTATSya*) rotation
רְוָיָה נ׳ (*revaYA*) saturation; abundance; fill
רוֹכֵב ז׳ (*roKHEV*) rider; horseman; graft
רוֹכֵל ז׳ (*roKHEL*) peddler
רוֹכְלוּת נ׳ (*rokheLUT*) peddling
רוֹכְסָן ז׳ (*rokhSAN*) zipper
רוּם ז׳ (*RUM*) height; elevation; altitude; pride; rum
רוֹם ז׳ (*ROM*) altitude; height; level
רוֹמָאִי ת׳ (*roma'I*) Roman
רוֹמִי ת׳ נ׳ (*ROmi*) Roman; Rome
רוֹמִית נ׳ (*roMIT*) Latin
רוֹמֵם פעל י׳ (*roMEM*) raise; establish; rear; praise; extol
רוֹמְמוּת נ׳ (*romeMUT*) majesty; superiority; height
רוֹמָן ז׳ (*roMAN*) novel; love affair
רוֹמַנְטִי ת׳ (*roMANti*) romantic
רוֹמַנְטִיּוּת נ׳ (*roMANtiyut*) romanticism; romance
רוֹמַנְטִיקָה נ׳ (*roMANtika*) romanticism; romance
רוּסִי ת׳ ז׳ (*ruSI*) Russian
רוּסְיָה נ׳ (*RUSya*) Russia
רוּסִית נ׳ (*ruSIT*) Russian
רוֹעֶה ז׳ (*ro'E*) shepherd; herdsman; pastor; leader
רוֹעֵה זוֹנוֹת pimp
רוֹעַ ז׳ (*ro'ETS*) calamity; stumbling block
רוֹעֵשׁ ת׳ (*ro'ESH*) noisy
רוֹפֵא ז׳ (*roFE*) physician; doctor
– אֱלִיל witch doctor; medicine man
– כְּלָלִי general practitioner
רוֹפֵף ת׳ (*roFEF*) weak; loose; shaky; flimsy
רוֹצֵחַ ז׳ (*roTSEaḥ*) murderer
רַוָּק ז׳ (*ravVAK*) bachelor
רַוָּקָה נ׳ (*ravvaKA*) single girl
רַוָּקוּת נ׳ (*ravvaKUT*) bachelorhood; spinsterhood; unmarried state
רוֹקֵחַ ז׳ (*roKE'aḥ*) druggist; pharmacist
רוֹקְחוּת נ׳ (*rokeḤUT*) pharmacy
רוֹקֵם ז׳ (*roKEM*) embroiderer
רוֹקֵן פעל י׳ (*roKEN*) empty
רוֹשֵׁם ז׳ (*roSHEM*) recorder; graph; registrar
רוֹשֵׁשׁ פעל י׳ (*roSHESH*) impoverish
רוֹתֵחַ ת׳ (*roTE'aḥ*) boiling
רוֹתְחִים, רוֹתְחִין ז״ר (*roteḤIM; roteḤIN*) boiling water
דָּן אוֹתוֹ בְּ – treat harshly; punish severely
רָז ז׳ (*RAZ*) secret; mystery
רָזָה פעל ע׳ (*raZA*) become thin; lose weight
רָזֶה ת׳ (*raZE*) thin; slim
חָלָב – skim milk
רְזִיָּה נ׳ (*reziYA*) becoming thin; losing weight
רֶזֶרְבָה נ׳ (*reZERva*) reserve
רֶזֶרְבִי ת׳ (*reZERvi*) reserve; spare
רָחַב פעל ע׳ (*raḤAV*) widen
רָחָב ת׳ (*raḤAV*) wide; broad; spacious; considerable
רְחַב אֹפֶק broad-minded
רְחַב יָדַיִם spacious
רֹחַב ז׳ (*ROḥav*) width; breadth
קַו – latitude
– לֵב generosity; broad-mindedness
רַחַב ז׳ (*RAḥav*) wide open space; expanse
רְחָבָה נ׳ (*reḥaVA*) square

רַחֲבוּת נ׳ (*raḥaVUT*) width; magnanimity; luxury
רָחְבִּי ת׳ (*roḥBI*) lateral
רְחוֹב ז׳ (*reḤOV*) street
רַחוּם ת׳ (*raḤUM*) compassionate
רָחוּם ת׳ (*raḤUM*) beloved
רִחוּף ז׳ (*riḤUF*) hovering; flying
רָחוּץ ת׳ (*raḤUTS*) washed
רִחוּץ ז׳ (*riḤUTS*) washing
רָחוֹק ת׳ (*raḤOK*) distant; far; remote
מֵ — from afar; long ago
רִחוּק ז׳ (*riḤUK*) distance; remoteness; moving
בְּ — מָקוֹם far away
רֵחַיִם, רֵיחַיִם ז״ז, נ״ז (*reyḤAyim*) millstones
רְחִיצָה נ׳ (*reḥiTSA*) washing
רָחֵל, רְחֵלָה נ׳ (*raḤEL; reḥeLA*) ewe
רִחֵם פעל י׳ (*riḤEM*) pity; have mercy
רֶחֶם ז׳ (*REḥem*) womb; uterus
פֶּטֶר — first born
רָחָם ז׳ (*raḤAM*) Egyptian vulture
רַחֲמִים ז״ר (*raḥaMIM*) pity; mercy
רַחֲמָן ת׳ (*raḥaMAN*) merciful; compassionate
הָ־ God
רַחֲמָנוּת נ׳ (*raḥamaNUT*) mercy; compassion
רִחֵף פעל ע׳ (*riḤEF*) hover; fly
רַחֶפֶת נ׳ (*raḤEfet*) hovercraft
רָחַץ פעל י׳ (*raḤATS*) wash
רַחְצָה נ׳ (*raḥTSA*) washing; bathing; bath; washing place
רָחַק פעל ע׳ (*raḤAK*) be far; be remote; keep far away
רֹחַק ז׳ (*ROḥak*) distance
רַחְרוּחַ ז׳ (*riḥRU'aḥ*) sniffing
רִחְרֵחַ פעל י׳ (*riḥRAḤ*) sniff; snoop
רָחַשׁ פעל ע׳ (*raḤASH*) swarm; move
רַחַשׁ ז׳ (*RAḥash*) whisper; stir; rustle; thought

רָטֹב ת׳ (*raTOV*) wet
רֹטֶב ז׳ (*ROtev*) gravy; sauce
רִטּוּן ז׳ (*ritTUN*) grumbling
רֵטוֹרִי ת׳ (*reTOri*) rhetorical
רֵטוֹרִיקָה נ׳ (*reTOrika*) rhetoric
רִטּוּשׁ ז׳ (*ritTUSH*) tearing to pieces
רָטוּשׁ ת׳ (*raTUSH*) crushed; torn
רְטוּשׁ ז׳ (*reTUSH*) retouching
רִטֵּט פעל ע׳ (*ritTET*) tremble; quiver
רֶטֶט ז׳ (*REtet*) trembling; quiver; thrill
רְטִיבוּת נ׳ (*retiVUT*) wetness; moisture
רְטִיָּה נ׳ (*retiYA*) compress; bandage; patch
רָטַן פעל ע׳ (*raTAN*) mumble; grumble
רֶטְרוֹאַקְטִיבִי ת׳ (*retroAKtivi*) retroactive
רִטֵּשׁ פעל י׳ (*ritTESH*) tear to pieces; split; crush to death; retouch
רֵיאָלִי ת׳ (*re'Ali*) real
בֵּית סֵפֶר — science high school
רֵיאָלִיזְם ז׳ (*reaLIZM*) realism
רֵיאָלִיסְטִי ת׳ (*reaLISti*) realistic
רֵיאַקְצְיָה נ׳ (*re'AKtsya*) reaction
רֵיאַקְצְיוֹנֶר ז׳ (*re'aktsyoNER*) reactionary
רִיב ז׳ (*RIV*) quarrel; argument
רִיבָה נ׳ (*riVA*) young girl
רֵיחַ ז׳ (*rey'AḤ*) smell; scent; bit; touch
— נִיחוֹחַ fragrance
רֵיחָנִי ת׳ (*reyḥaNI*) fragrant
רִיס ז׳ (*RIS*) eyelash; race track; hippodrome
רִיצָה נ׳ (*riTSA*) run; running
רֵיק ת׳ (*REYK*) empty; flighty
רִיק ז׳ (*RIK*) emptiness; vacuum
לָ — in vain
רֵיקָא, רֵיקָה ת׳ (*reyKA*) good-for-nothing
רֵיקָם תה״פ (*reyKAM*) empty-handed
רֵיקָנוּת נ׳ (*reykaNUT*) emptiness; vanity; nothing

ריר ז׳ (*RIR*) saliva; spit; mucus
רֵישָׁא, רֵישָׁה נ׳ (*reySHA*) first part; beginning
רִיתְמוּס ז׳ (*RITmus*) rhythm
רִיתְמִי ת׳ (*RITmi*) rhythmical
רֹךְ ז׳ (*ROKH*) softness; tenderness
רַךְ ת׳ (*RAKH*) soft; tender; gentle; young
רָכַב פעל ע׳ (*raKHAV*) ride; mount
רֶכֶב (*REkhev*) vehicle; car; chariot; upper millstone; graft
רַכָּב ז׳ (*rakKAV*) coachman, horseman; rider
רִכְבָּה נ׳ (*rekhubBA*) stirrup
רַכֶּבֶל ז׳ (*rakKEvel*) cable railway; cable car
רַכֶּבֶת נ׳ (*rakKEvet*) train
– תַּחְתִּית subway
רָכוּב ת׳ (*raKHUV*) mounted; riding
רִכּוּז ז׳ (*rikKUZ*) concentration
מַחֲנֵה – concentration camp
רִכּוּזִי ת׳ (*rikKUZI*) centralized
רִכּוּךְ ז׳ (*rikKUKH*) softening; softening up
רָכוּן ת׳ (*raKHUN*) bent; bending
רְכוּשׁ ז׳ (*reKHUSH*) property; possessions; capital
רְכוּשָׁן ז׳ (*rekhuSHAN*) capitalist
רְכוּשָׁנוּת נ׳ (*rekhushaNUT*) capitalism
רְכוּשָׁנִי ת׳ (*rekhushaNI*) capitalist; capitalistic
רַכּוּת נ׳ (*rakKUT*) softness; tenderness
– לֵב cowardice
רִכֵּז פעל י׳ (*rikKEZ*) concentrate; center
רַכָּז ז׳ (*rakKAZ*) coordinator; director
רְכִיב ז׳ (*reKHIV*) component
רְכִיבָה נ׳ (*rekhiVA*) riding
רַכִּיכָה נ׳ (*rakkiKHA*) mollusk
רָכִיל ז׳ (*raKHIL*) slanderer
הָלַךְ – slander; gossip
רְכִילוּת נ׳ (*rekhiLUT*) gossip
רְכִיסָה נ׳ (*rekhiSA*) buttoning; fastening
רְכִישָׁה נ׳ (*rekhiSHA*) acquisition
רִכֵּךְ פעל י׳ (*rikKEKH*) soften; soften up
רַכֶּכֶת נ׳ (*rakKEkhet*) rickets
רָכַל פעל ע׳ (*raKHAL*) peddle; gossip
רִכֵל, רִכְלֵל פעל ע׳ (*riKHEL; rikhLEL*) gossip
רַכְלָן ז׳ (*rakhLAN*) gossip
רָכַן פעל ע׳ (*raKHAN*) bend
רָכַס פעל י׳ (*raKHAS*) button; fasten
רֶכֶס ז׳ (*REkhes*) range; chain of hills; crest; button; clasp; cuff link
רַכְרוּכִי ת׳ (*rakhruKHI*) soft; sissy
רַכְרוּכִיּוּת נ׳ (*rakhrukhiYUT*) softness; sissiness; weakness
רָכַשׁ פעל י׳ (*raKHASH*) acquire; procure
רֶכֶשׁ ז׳ (*REkhesh*) procurement
רָם ת׳ (*RAM*) high; lofty
קוֹל – loud voice
רָם־הַמַּעֲלָה important, dignitary
רַמָּאוּת נ׳ (*ramma'UT*) fraud; deceit
רַמַּאי ז׳ (*ramMAI*) swindler; cheat; fraud
רָמָה פעל י׳ (*raMA*) hurl; throw; shoot
– נ׳ height; high; plateau; standard; level
רִמָּה פעל י׳ (*rimMA*) deceive; cheat, swindle
רִמּוֹן ז׳ (*rimMON*) pomegranate; grenade
רָמוּס ת׳ (*raMUS*) trampled; downtrodden
רָמַז פעל ע׳ (*raMAZ*) indicate; hint; allude; imply; wink
רֶמֶז ז׳ (*REmez*) indication; sign; hint; allusion; suggestion
רַמְזוֹר ז׳ (*ramZOR*) traffic light
רֹמַח ז׳ (*ROmaḥ*) lance

רַמְטְכָּ"ל ז' (ramatKAL) chief-of-staff
רֶמִי ז' (REmi) rummy; gin rummy
רְמִיָּה נ' (remiYA) deceit; fraud
רְמִיזָה נ' (remiZA) indication; sign; hint
רְמִיסָה נ' (remiSA) trampling
רַמָּן ז' (ramMAN) grenadier
רָמַס פעל י' (raMAS) trample
רַמְקוֹל ז' (ramKOL) loudspeaker
רֶמֶשׂ ז' (REmes) insect; creeping thing
רָן פעל ע' (RAN) sing; rejoice
רִנֵּן פעל ע' (rinNEN) sing; jubilate; slander; talk about
רִסּוּן ז' (risSUN) bridling; curbing
רִסּוּס ז' (risSUS) spraying; pulverizing; dusting
רִסּוּק ז' (risSUK) crushing, breaking, fracture
רֶסִיטָל ז' (resiTAL) recital
רְסִיס ז' (reSIS) splinter; fragment
רֶסֶן ז' (REsen) bridle, rein; restraint
רִסֵּן פעל י' (risSEN) curb; restrain; bridle
רִסֵּס פעל י' (risSES) spray; dust; pulverize
רִסֵּק פעל י' (risSEK) crush; smash; mash; break
רֶסֶק ז' (REsek) sauce, mash
רַע, רָע ת' ז' (RA') bad; inferior; evil; harm; trouble
רֵעַ ז' (re'A) friend; companion
רָעֵב פעל ע' (ra'AV) be hungry
רָעֵב ת' (ra'EV) hungry
רָעָב ז' (ra'AV) hunger; famine
רָעַד פעל ע' (ra'AD) tremble, shiver
רַעַד ז' (RA'ad) trembling; shivering; shaking
רְעָדָה נ' (re'aDA) trembling; shaking; dread
רָעָה פעל י' ע' (ra'A) graze; tend (grazing livestock); lead
— נ' evil; calamity

רָעוּל ת' (ra'Ul) veiled
רָעוּעַ ת' (ra'U'A) shaky; broken; defective; weak; loose
רֵעוּת נ' (re'UT) friendship; comradeship
רְעוּת רוּחַ נ' (re'UT RU'aḥ) vanity; folly
רְעִידָה נ' (re'iDA) trembling; tremor
רְעִידַת אֲדָמָה earthquake
רַעְיָה נ' (ra'YA) lady friend; beloved; wife
רְעִיָּה נ' (re'iYA) grazing; tending livestock; pasturing
רַעְיוֹן ז' (ra'YON) idea; notion; thought
רַעְיוֹנִי ת' (ra'yoNI) ideological
רַעַל ז' (RA'al) poison
רְעָלָה נ' (re'aLA) veil
רַעֲלִי ת' (ra'aLI) toxic
רַעֲלָן ז' (ra'aLAN) toxin
רַעֲלָנִי ר' רַעֲלִי
רָעַם פעל ע' (ra'AM) thunder; roar
רַעַם ז' (RA'am) thunder
רַעְמָה נ' (ra'MA) mane
רִעֲנוּן ז' (ri'aNUN) refreshing
רַעֲנָן ת' (ra'aNAN) fresh; alert
רַעֲנַנּוּת נ' (ra'ananNUT) freshness; vigor; vitality
רָעַף פעל י' ע' (ra'AF) drip; drizzle
רֵעֵף פעל י' (re'EF) tile
רַעַף ז' (RA'af) tile
רַעֲפָן ז' (ra'aFAN) tiler
רָעַץ פעל י' (ra'ATS) crush; shatter, break
רָעַשׁ פעל ע' (ra'ASH) make noise; tremble; quake
רַעַשׁ ז' (RA'ash) noise; earthquake; trembling
רַעֲשָׁן ז' (ra'aSHAN) noisemaker; rattle
רָפָא פעל י' (raFA) cure; heal
רִפֵּא פעל י' (ripPE) cure; heal; repair
רְפָאִים ז"ר (refa'IM) ghosts

רִפֵּד פעל י׳ (ripPED) upholster; pad; cover
רַפָּד ז׳ (rapPAD) upholsterer
רִפָּה פעל י׳ (ripPA) weaken; slacken
– אֶת יְדֵי dishearten
רָפֶה ת׳ (raFE) weak; slack; loose; continous; (the letters ב,ג,ד,כ,פ,ת without a דגש)
רְפוּאָה נ׳ (refu'A) medicine; medication; remedy; cure; healing
– מוֹנַעַת preventive medicine
– לְ may you be cured; a speedy recovery
חֵיל – army medical corps
קְצִין – medical officer
רְפוּאִי ת׳ (refu'I) medical
רֶפּוּבְּלִיקָה נ׳ (rePUBlika) republic
רֶפּוּבְּלִיקָנִי ת׳ (republiKAni) republican
רִפּוּד ז׳ (ripPUD) upholstery; upholstering; upholstery material
רִפּוּי ז׳ (ripPUY) healing; indemnification
– בְּעִסּוּק occupational therapy
רָפוּי ת׳ (raFUY) loose; limp
רַפּוֹרְט ז׳ (raPORT) ticket (for traffic violation)
רֶפּוֹרְטָז'ה ז׳ (reporTAzha) newspaper story; report
רֶפוֹרְמָה נ׳ (reFORma) reform
רֶפוֹרְמִי ת׳ (reFORmi) reform
רֶפוֹרְמַצְיָה נ׳ (reforMAtsya) reformation
רְפִידָה נ׳ (refiDA) carpet; upholstery; pad; lining
רִפְיוֹן ז׳ (rifYON) weakness; slackness; slack; looseness
רֶפְלֶקְס ז׳ (refLEKS) reflex
רַפְסוֹדָה נ׳ (rafsoDA) raft
רַפְסוֹדְיָה נ׳ (rapSODya) rhapsody
רְפָפָה נ׳ (refaFA) louver
רֶפְּרוֹדוּקְצְיָה נ׳ (reproDUKtsya) reproduction

רִפְרוּף ז׳ (rifRUF) flutter; hovering; superficial treatment
בְּ – superficially
רֶפְּרֶזֶנְטָטִיבִי ת׳ (reprezentaTIvi) representative
רֶפְּרֶזֶנְטַצְיָה נ׳ (reprezenTATsya) representation
רֶפֶּרְטוּאָר ז׳ (repertu'AR) repertory
רִפְרֵף פעל ע׳ י׳ (rifREF) move, flutter; read superficially, glance cursorily
רַפְרֶפֶת נ׳ (rafREfet) custard
רֶפֶת נ׳ (REfet) barn
רַפְתָּן ז׳ (rafTAN) dairyman; worker in cow barn
רַץ ז׳ (RATS) strip, bar
רָץ פעל ע׳ (RATS) run; rush
– ז׳ courier; runner; halfback; bishop (chess)
רָצָה פעל י׳ (raTSA) want, wish; be pleased with; love; repay; atone for
רִצָּה פעל י׳ (ritsTSA) placate
רָצוּי ת׳ (raTSUY) desirable; acceptable
רִצּוּי ז׳ (ritsTSUY) appeasing; atoning for
רָצוֹן ז׳ (raTSON) will; wish; acceptance; grace
כִּרְצוֹנְךָ as you wish
מֵרָצוֹן willingly; voluntarily
שְׂבִיעַת – satisfaction
שְׂבַע – satisfied
רְצוֹנִי ת׳ (retsoNI) of the will; voluntary
רְצוּעָה נ׳ (retsu'A) strap; strip; whip; belt
רָצוּף ת׳ (raTSUF) successive, continuous; consecutive; attached; inlaid
רִצּוּף ז׳ (ritsTSUF) tiling; paving
רָצוּץ ת׳ (raTSUTS) broken; smashed; exhausted; oppressed

רָצַח פעל י׳ (raTSAḤ) murder; kill
רֶצַח ז׳ (REtsaḥ) murder
רַצְחָנִי ת׳ (ratsḥaNI) murderous
רְצִיָּה נ׳ (retsiYA) desire; wish
רַצְיוֹנָלִי ת׳ (ratsyoNAli) rational
רַצְיוֹנָלִיזְם ז׳ (ratsyonaLIZM) rationalism
רַצְיוֹנָלִיסְטִי ת׳ (ratsyonaLISti) rational
רְצִיחָה נ׳ (retsiḤA) murder; execution
רְצִינוּת נ׳ (retsiNUT) seriousness; gravity
רְצִינִי ת׳ (retsiNI) serious
רָצִיף ז׳ (raTSIF) platform; wharf
רְצִיפוּת נ׳ (retsiFUT) continuity; consecutiveness
רָצַע פעל י׳ (raTSA') pierce; lash
רַצְעָן ז׳ (rats'AN) shoemaker; saddler; harness maker
רָצַף, רִצֵּף פעל י׳ (raTSAF; ritsTSEF) tile; pave
רַצָּף ז׳ (ratsTSAF) tiler; flagstone layer
רֶצֶף ז׳ (REtsef) continuity; sequence; succession
רִצְפָּה נ׳ (ritsPA) floor
רִצֵּץ פעל י׳ (ritsTSETS) crush, smash; oppress
רַק מ״ח (RAK) only; except for; indeed
רֹק ז׳ (ROK) saliva; spit
רָקַב פעל ע׳ (raKAV) rot; decay; decompose
רָקָב ז׳ (raKAV) rot; decay
רַקְבּוּבִית נ׳ (rakbuVIT) humus; rot
רִקָּבוֹן ז׳ (rikkaVON) rot; putrefaction; corruption
רָקַד, רִקֵּד פעל ע׳ (raKAD; rikkED) dance; prance
רַקְדָן ז׳ (rakDAN) dancer
רַקָּה נ׳ (rakKA) temple
רָקוּב ת׳ (raKUV) rotten; rancid; decayed
רִקּוּד ז׳ (rikKUD) dancing; dance
רִקּוּעַ ז׳ (rikKU'a) beating; flattening; thin sheet
רָקַח פעל י׳ (raKAḤ) compound; spice; perfume
רַקָּחוּת נ׳ (rakkaḤUT) pharmacy
רָקֶטָה נ׳ (raKEta) rocket
רֶקְטוֹר ז׳ (REKtor) rector
רְקִימָה נ׳ (rekiMA) embroidering; embroidery
רָקִיעַ ז׳ (raKI'a) firmament; heaven
— קַו skyline
רְקִיעָה נ׳ (reKI'a) stamping
רְקִיעוּת נ׳ (reki'UT) ductility
רָקִיק ז׳ (raKIK) wafer
רְקִיקָה נ׳ (rekiKA) spitting
רֶקְלָמָה נ׳ (rekLAma) advertisment; advertising
רָקַם פעל י׳ (raKAM) embroider; design; shape; devise
רִקְמָה נ׳ (rikMA) embroidery; tissue
רָקַע פעל י׳ (raKA') stamp; stretch; beat
רִקַּע פעל י׳ (rikKA') beat; hammer out; flatten; plate
רֶקַע ז׳ (REka') background
רַקֶּפֶת נ׳ (rakKEfet) cyclamen
רָקַק פעל י׳ (raKAK) spit
רְקָק ז׳ (reKAK) swamp
דְּגֵי — small fish; little people
רָשׁ ת׳ (RASH) pauper
רַשַּׁאי ת׳ (rashSHAI) entitled; permitted
רִשּׁוּי ז׳ (rishSHUY) licensing
רִשּׁוּל ז׳ (rishSHUL) negligence; slovenliness
רִשּׁוּם ז׳ (rishSHUM) registration; drawing; sketch; trace; impression
רָשׁוּם ת׳ (raSHUM) registered; entered
רִשּׁוּשׁ ז׳ (rishSHUSH) impoverishment

רָשׁוּת נ׳ (*raSHUT*) authority; domain

רְשׁוּת נ׳ (*reSHUT*) permission; property; freedom of action (i.e.: voluntary)

– הַיָּחִיד private domain

– הָרַבִּים public domain

רִשָּׁיוֹן ז׳ (*rishaYON*) permit; license

רִשְׁיוֹן נְהִיגָה driver's license

רְשִׁימָה נ׳ (*reshiMA*) list; writing; story

רַשְׁלָנִי ת׳ (*rashlaNI*) negligent; careless; slovenly

רַשְׁלָנוּת נ׳ (*rashlaNUT*) negligence; slovenliness

רָשַׁם פעל י׳ (*raSHAM*) write down; take notes; record; register; list; draw

רַשָּׁם ז׳ (*rashSHAM*) registrar

רֹשֶׁם ז׳ (*ROshem*) impression; trace

רַב – impressive

רִשְׁמִי ת׳ (*rishMI*) official

רִשְׁמִיּוּת נ׳ (*rishmiYUT*) formality

רִשְׁמִית תה״פ (*rishMIT*) officially

רְשַׁמְקוֹל ז׳ (*reshamKOL*) tape recorder

רָשָׁע ת׳ ז׳ (*raSHA'*) evil; sinful; guilty; evildoer

רֶשַׁע ז׳ (*REsha'*) evil; injustice

רִשְׁעוּת נ׳ (*rish'UT*) wickedness; cruelty

רִשְׁרוּשׁ ז׳ (*rishRUSH*) rustle; murmur

רִשְׁרֵשׁ פעל ע׳ (*rishRESH*) rustle; murmur

רֶשֶׁת נ׳ (*REshet*) net; network; trap

רִשֵּׁת פעל י׳ (*rishSHET*) cover with netting; draw squares

רִשְׁתִּית נ׳ (*rishTIT*) retina

רָתוּחַ ת׳ (*raTU'aḥ*) boiled

רִתּוּךְ ז׳ (*ritTUKH*) welding

רָתוּם ת׳ (*raTUM*) harnessed

רָתוּק ת׳ (*raTUK*) tied; confined

רִתּוּק ז׳ (*ritTUK*) tying; binding; confinement

רָתַח פעל ע׳ (*raTAḤ*) boil; be furious

רְתִיחָה נ׳ (*retiḤA*) boiling; rage

רְתִימָה נ׳ (*retiMA*) harnessing

רְתִיעָה נ׳ (*reti'A*) recoil; flinching; withdrawal

רִתֵּךְ פעל י׳ (*ritTEKH*) weld

רַתָּךְ ז׳ (*ratTAKH*) welder

רַתָּכוּת נ׳ (*rattaKHUT*) welding

רָתַם פעל י׳ (*raTAM*) harness; hitch

רִתְמָה נ׳ (*ritMA*) harness

רֶתַע ז׳ (*REta'*) recoil

רִתֵּק פעל י׳ (*ritTEK*) tie up; bind; confine; grip

# ש

ש נ׳ (SHIN) Shin (twenty-first letter of the Hebrew alphabet); three hundred; three-hundredth

שֶׁ, ר׳ אֲשֶׁר (SHE) which; that; who; whom; since; because

כְּשֶׁ... ר׳ כַּאֲשֶׁר

שָׁאַב פעל י׳ (sha'AV) draw; pump; obtain

שָׁאַג פעל ע׳ (sha'AG) roar; shout

שְׁאָגָה נ׳ (she'aGA) roar; shout

שָׁאוּב ת׳ (sha'UV) drawn; derived; pumped

שְׁאוֹל ז׳ נ׳ (she'OL) Sheol, world of the dead; grave

שָׁאוּל ת׳ (sha'UL) borrowed; asked

שָׁאוֹן ז׳ (sha'ON) noise, din

שְׂאוֹר ז׳ (se'OR) leaven

שְׁאָט נֶפֶשׁ ז׳ (she'AT NEfesh) revulsion; contempt

שְׁאִיבָה נ׳ (she'iVA) drawing; pumping; deriving

שְׁאִילָה נ׳ (she'iLA) borrowing; inquiring; asking

שְׁאִילַת שָׁלוֹם greeting

שְׁאִילְתָּה נ׳ (she'ilTA) question; interpellation

שְׁאִיפָה נ׳ (she'iFA) aspiration; ambition; inhalation

שָׁאִיר ז׳ (sha'IR) surviving relative

שָׁאַל פעל י׳ (sha'AL) ask; borrow; wish

שְׁאֵלָה נ׳ (she'eLA) question; problem; issue; request; wish

שַׁאֲנָן ת׳ (sha'aNAN) complacent; calm; serene

שַׁאֲנַנּוּת נ׳ (sha'ananNUT) complacency; serenity

שָׁאַף פעל י׳ (sha'AF) aspire, long for; inhale

שַׁאֲפָנִי ת׳ (sha'afaNI) ambitious

שְׁאַפְתָנוּת נ׳ (she'aftaNUT) ambition

שְׁאַפְתָן ר׳ שַׁאֲפָנִי

שְׁאָר ז׳ (she'AR) rest; remainder

שְׁאֵר ז׳ (she'ER) relative; kinsman; meat; food

– בָּשָׂר blood relative; kinsman

שְׁאֵרוּת נ׳ (she'eRUT) kinship; relationship

שְׁאֵרִית נ׳ (she'eRIT) remainder; rest; remnant

– הַפְּלֵטָה few survivors

שְׂאֵת נ׳ (se'ET) tumor

שָׂב ז׳ (SAV) old man

שָׁב פעל ע׳ (SHAV) return; revert; repeat; become; do penance

– ז׳ ת׳ returning person repentant sinner; returning

עוֹבֵר – current; passerby

שְׁבָב ז׳ (sheVAV) chip; shaving

שִׁבֵּב פעל י׳ (shibBEV) plane; shape

שָׁבָה פעל י׳ (shaVA) take prisoner; capture

שָׁבוּי ז׳ ת׳ (shaVUY) captive; prisoner

שָׁבוּעַ ז׳ (shaVU'a) week; seven-year period

שְׁבוּעָה נ׳ (shevu'A) oath

שְׁבוּעוֹן ז׳ (shevu'ON) weekly

שָׁבוּעוֹת ז״ר (shavu'OT) Feast of Weeks; Pentecost; Feast of First Fruits

שְׁבוּעִי ת׳ (shevu'I) weekly

שִׁבּוּץ ז׳ (shibBUTS) making squares; framing; grading; placement

שָׁבוּר ת׳ (shaVUR) broken

שִׁבּוּשׁ ז׳ (shibBUSH) defect; breakdown; disruption; error; mistake; confusion

שְׁבוּת נ׳ (*sheVUT*) return; repatriation

שִׁבַּח פעל י׳ (*shibBAḤ*) praise; improve

שֶׁבַח, שְׁבָח ז׳ (*SHEvaḥ; sheVAḤ*) praise; commendation; improvement; increase in value; excellence; advantage

ציֵּן לְ – mention in dispatches

– מְקַרְקְעִין increased value of real estate

שֵׁבֶט ז׳ (*SHEvet*) tribe; clan; rod; stick; thin branch; scepter

שְׁבִי ז׳ (*sheVI*) captivity; imprisonment; exile; exiles; captives

לָקַח בַּשְּׁבִי take prisoner

שָׁבִיב ז׳ (*shaVIV*) spark; ray of light; small flame

שְׁבִיָּה נ׳ (*sheviYA*) taking prisoner; capturing

שָׁבִיט, כּוֹכַב שָׁבִיט ז׳ (*shaVIT; koKHAV shaVIT*) comet

שְׁבִיל ז׳ (*sheVIL*) path

שָׁבִיס ז׳ (*shaVIS*) hairnet; head ornament

שְׂבִיעָה, שְׂבִיעוּת נ׳ (*sevi'A; sevi'UT*) satisfaction; satiety

שְׂבִיעוּת רָצוֹן, שְׂבִיעַת רָצוֹן satisfaction

שְׁבִיעִי ת׳ (*shevi'I*) seventh

שְׁבִיעִית נ׳ (*shevi'IT*) sabbatical year

שָׁבִיר ת׳ (*shaVIR*) breakable; fragile

שְׁבִירָה נ׳ (*sheviRA*) breaking; disruption; refraction

שְׁבִירוּת נ׳ (*sheviRUT*) brittleness

שְׁבִיתָה נ׳ (*sheviTA*) strike; rest

– פִּרְאִית wildcat strike

קָנָה – settle permanently

שְׁבִיתַת נֶשֶׁק armistice

שְׁבִיתַת רָעָב hunger strike

שְׁבִיתַת שֶׁבֶת sitdown strike

שִׁבֵּךְ ר׳ שׁוֹבֵךְ

שְׂבָכָה נ׳ (*sevaKHA*) latticework; net

שֹׁבֶל ז׳ (*SHOvel*) train; trail; wake; tab

שַׁבְּלוּל ז׳ (*shabLUL*) snail

שַׁבְּלוֹנָה נ׳ (*shabLOna*) die; mold; stereotype

שַׁבְּלוֹנִי ת׳ (*shabloNI*) routine; trite; hackneyed

שִׁבֹּלֶת נ׳ (*shibBOlet*) ear (of corn)

– שׁוּעָל oats

שָׂבַע פעל ע׳ (*saVA'*) be satisfied; be sated; have enough of

שָׂבֵעַ ת׳ (*saVE'a*) satisfied; sated; full

שְׂבַע רָצוֹן satisfied

שָׂבָע ז׳ (*saVA'*) abundance; plenty; wealth

שֹׂבַע ז׳ (*SOva*) satiety; plenty

אָכַל לְ – eat his fill

שֶׁבַע ש״מ נ׳ (*SHEva*) seven; seven times

שְׁבַע עֶשְׂרֵה seventeen

שִׁבְעָה ש״מ ז׳ (*shiv'A*) seven

– עָשָׂר seventeen

שָׂבְעָה נ׳ (*sov'A*) satiety; satisfaction

שִׁבְעִים ש״מ (*shiv'IM*) seventy

תַּרְגּוּם הַ – Septuagint

שִׁבְעָתַיִם ש״מ (*shiv'aTAyim*) sevenfold; many times over

שִׁבֵּץ פעל י׳ (*shibBETS*) make squares; checker; inlay; frame; grade; adjust

שָׁבָץ ז׳ (*shaVATS*) apoplexy; convulsions

שָׁבַק פעל י׳ (*shaVAK*) leave

– חַיִּים לְכָל חַי die; give up the ghost

שִׂבֵּר פעל ע׳ (*sibBER*) hope; expect

– אֶת הָאֹזֶן make intelligible

שָׁבַר פעל י׳ (*shaVAR*) break; kill; destroy; buy grain

שִׁבֵּר פעל י׳ (*shibBER*) break; smash; shatter

שֶׁבֶר ז׳ (*SHEver*) break; breakage; fracture; failure; mishap; fraction; hernia; grain; food

– עָנָן cloudburst
שִׁבֵּשׁ פעל י׳ (shibBESH) disrupt; distort; make mistakes
שַׁבְשֶׁבֶת נ׳ (shavSHEvet) weather vane; vane
שָׁבַת פעל ע׳ (shaVAT) rest; stop; end; strike; spend the Sabbath
שַׁבָּת ז׳ (shabBAT) Saturday, Sabbath; week; sabbatical year
שַׁבַּת הַגָּדוֹל Sabbath before Passover
שַׁבְּתָאוּת נ׳ (shabbeta'UT) Sabbetaianism
שַׁבְּתָאִי ת׳ (shabbeta'I) Sabbetaian
שַׁבְּתַאי ז׳ (shabbeTAI) Saturn
שַׁבָּתוֹן ז׳ (shabbaTON) work stoppage; complete rest
שַׁבַּתִּי ת׳ (shabbatTI) Sabbath
שֶׂגֶב ז׳ (SEgev) loftiness; exaltation
שְׁגָגָה נ׳ (shegaGA) unintentional sin; inadvertent offense
בִּ – unintentionally
שָׂגָה פעל ע׳ (saGA) flourish; prosper
שָׁגָה פעל ע׳ (shaGA) err; be mistaken; lose one's way; be absorbed; be engrossed
שִׁגּוּעַ ז׳ (shigGU'a) driving mad
שָׁגוּר ת׳ (shaGUR) common; routine; current; fluent
שִׁגּוּר ז׳ (shigGUR) launching; sending; consigning
שַׂגִּיא ת׳ (sagGI) lofty; exalted; mighty
שְׁגִיאָה נ׳ (shegi'A) error; mistake
שִׁגָּיוֹן ז׳ (shiggaYON) obsession; hobby; passion; hymn; musical instrument
שִׁגַּע פעל י׳ (shigGA') drive crazy; madden
שִׁגָּעוֹן ז׳ (shigga'ON) madness; folly
שִׁגֵּר פעל י׳ (shigGER) launch; send off; dispatch
שֶׁגֶר ז׳ (SHEger) offspring; young

שִׁגְרָה נ׳ (shigRA) routine; currency; fluency
שִׁגָּרוֹן ז׳ (shiggaRON) rheumatism
– קַדַּחַת rheumatic fever
שַׁגְרִיר ז׳ (shagGRIR) ambassador
– מְיֻחָד ambassador extraordinary
שַׁגְרִירוּת נ׳ (shagriRUT) embassy
שִׁגְרָתִי ת׳ (shigraTI) routine; hackneyed
שִׂגְשֵׂג פעל ע׳ (sigSEG) grow; flourish; thrive
שִׂגְשׂוּג ז׳ (sigSUG) growth; prosperity
שָׁד, שַׁד ז׳ (SHAD) breast; rounded projection
שֵׁד ז׳ (SHED) evil spirit; demon; devil
שֹׁד ז׳ (SHOD) robbery; violence; misfortune, calamity
שְׂדָאוּת נ׳ (sada'UT) outdoor orientation
שִׂדֵּד פעל י׳ (sidDED) harrow
שָׁדַד פעל י׳ (shaDAD) rob; pillage; destroy
שָׂדֶה ז׳ (saDE) field
שְׂדֵה בַּעַל unirrigated field, field watered by rainfall
שֵׁדָה נ׳ (sheDA) she-devil
שִׁדָּה נ׳ (shidDA) dresser
שָׁדוּד ת׳ (shaDUD) robbed; killed; oppressed
שִׁדּוּד ז׳ (shidDUD) robbing; pillaging
– מַעֲרָכוֹת radical reform
שִׁדּוּךְ ז׳ (shidDUKH) match; betrothal; engagement
שִׁדּוּל ז׳ (shidDUL) persuasion; appeasement
שָׁדוּף ת׳ (shaDUF) scorched; empty; blighted
שִׁדּוּר ז׳ (shidDUR) broadcast; broadcasting; transmitting; transmission

שַׁדַּי ז׳ (*shadDAI*) the Almighty
שֵׁדִי ת׳ (*sheDI*) demonic; devilish; sly
שְׁדִידָה נ׳ (*shediDA*) robbing; pillaging
שִׁדֵּךְ פע׳ י׳ (*shidDEKH*) match; arrange a match; bring together
שַׁדְּכָן ז׳ (*shaddeKHAN*) matchmaker; marriage broker
שַׁדְּכָנוּת נ׳ (*shaddekhaNUT*) matchmaking
שִׁדֵּל פעל י׳ (*shidDEL*) persuade
שִׁדָּפוֹן ז׳ (*shiddaFON*) blight
שִׁדֵּר פעל י׳ (*shidDER*) broadcast, transmit
שֶׁדֶר ז׳ (*SHEder*) message
שִׁדְרָה נ׳ (*shidRA*) spine
חוּט הַ– spinal cord
עַמּוּד הַ– spinal column
שְׂדֵרָה נ׳ (*sedeRA*) boulevard; avenue; file; column
שִׁדְרִית נ׳ (*shidRIT*) keel
שֶׂה ז׳נ׳ (*SE*) kid; lamb
שָׁהָה פעל ע׳ (*shaHA*) stay; be late; live; delay
שָׁהוּי ת׳ (*shaHUY*) delayed
שְׁהִיָּה נ׳ (*shehiYA*) stay
שֹׁהַם ז׳ (*SHOham*) onyx
שִׁהֵק פעל ע׳ (*shiHEK*) hiccup
שָׁוְא ז׳ (*SHAV*) lie; nothingness; vanity; falseness
לַ– in vain
שְׁבוּעַת – false oath
שְׁוָא ז׳ (*sheVA*) Hebrew sublinear diacritical mark to denote absence of a vowel (– נָח) or a vowel of extremely short duration (– נָע)
שׁוֹאֵב ז׳ (*sho'EV*) drawer (of water)
שׁוֹאָה נ׳ (*sho'A*) holocaust; catastrophe, disaster; destruction
הַ– the Nazi holocaust
שְׁוָאִי ת׳ (*sheva'I*) marked with a שְׁוָא
שׁוֹאֵל ז׳ (*sho'EL*) questioner, inquirer; borrower

שׁוֹבֵב פעל י׳ (*shoVEV*) return; restore; refresh
שׁוּב תה״פ (*SHUV*) again
– פַּעַם once more
שׁוֹבָב ת׳ (*shoVAV*) mischievous; naughty; wild; unruly
שׁוֹבְבוּת נ׳ (*shoveVUT*) naughtiness; mischief
שׁוֹבְבָנוּת נ׳ (*shovevaNUT*) mischief; gaiety
שׁוֹבִינִיסְט ז׳ (*shoviNIST*) chauvinist
שׁוֹבָךְ ז׳ (*shoVAKH*) dovecote
שׁוֹבֵר ז׳ (*shoVER*) voucher; receipt
– גַּלִּים breakwater
– רוּחַ windbreak
שׁוֹבֵת ז׳ (*shoVET*) striker
שׁוֹגֵג ת׳ (*shoGEG*) sinning inadvertently
בְּ– unintentionally
שׁוֹדֵד ז׳ (*shoDED*) robber
– יָם pirate
שָׁוָה פעל ע׳ (*shaVA*) be worth; resemble; be like; be fitting
שִׁוָּה פעל י׳ (*shivVA*) compare; equalize; place
שָׁוֶה ת׳ (*shaVE*) worth; equal; similar
שְׁוֵה נֶפֶשׁ unconcerned
צַד – common characteristic
שִׁוּוּי ז׳ (*shivVUY*) equalization; comparsion; imparting
– מִשְׁקָל equilibrium; balance
שִׁוּוּק ז׳ (*shivVUK*) marketing
שׁוּחָה נ׳ (*shuḤA*) foxhole; pit
שׁוֹחֵט ז׳ (*shoḤET*) ritual slaughterer
שׁוֹחֵר ז׳ (*shoḤER*) friend; supporter; seeker
שׁוֹטֵט פעל ע׳ (*shoTET*) roam about; wander
שׁוֹט ז׳ (*SHOT*) whip
שׁוֹטֶה ז׳ת׳ (*shoTE*) fool; idiot; madman; mad
שׁוֹטְטוּת נ׳ (*shoteTUT*) vagrancy
שׁוֹטֵף ת׳ (*shoTEF*) current; flowing, fluent; torrential

שׁוֹטֵר ז׳ (shoTER) policeman
– תְּנוּעָה traffic policeman
שׁוִי ז׳ (SHOvi) worth; value
שִׁוְיוֹן ז׳ (shivYON) equality
– נֶפֶשׁ indifference
אִי־שִׁוְיוֹן inequality
שִׁוְיוֹנִי ת׳ (shivyoNI) egalitarian
שְׁוִיצֶר ז׳ (SHVItser) eager beaver; showoff
שׂוֹכֵר ז׳ (soKHER) hirer; lessee
שׁוּלְטָן ז׳ (sulTAN) sulta
שׁוּלִי ת׳ (shuLI) marginal
שׁוּלְיָה ז׳ (shulYA) apprentice
שׁוּלַיִם ז״ז (shuLAyim) margin; edge; bottom; fringes
שׁוֹלֵל ז׳ (shoLEL) opponent
שׁוֹלַת מוֹקְשִׁים (shoLAT mokeSHIM) minesweeper
שׁוּם ז׳ (SHUM) garlic; name; something
כִּקְלִפַּת הַ – worthless; a plugged nickel; very thin
לֹא – דָבָר nothing
מִ – שֶׁ... because
מִ – מָה why; for some reason or other
בְּ – אֹפֶן, בְּ – פָּנִים under no circumstances
שׁוּמָה נ׳ (shuMA) assessment; mole
פְּקִיד הַ – assessor
שׁוּמָה ת׳ (suMA) obligatory
– עָלַי I must
שׁוֹמֵם ת׳ (shoMEM) desolate; uninhabited; empty
שומן ר׳ שֶׁמֶן, שֻׁמָּן
שׁוֹמֵעַ ז׳ (shoME'a) hearer; listener
שׁוֹמֵר ז׳ (shoMER) guard; watchman; keeper
שׁוֹמֵרָה נ׳ (shomeRA) watchman's hut; sentry box
שׁוֹמְרוֹן נ׳ (shomeRON) Samaria
שׁוֹמְרוֹנִי ז׳ (shomeroNI) Samaritan
שומשום ר׳ שֻׁמְשׁוּם

שׂוֹנֵא ז׳ (soNE) enemy
שׁוֹנֶה ת׳ (shoNE) different
שונית ר׳ שֻׁנִּית
שִׁוַּע פעל ע׳ (shivVA') call for help
שַׁוְעָה נ׳ (shav'A) call for help; outcry
שׁוּעָל ז׳ (shu'AL) fox
שׁוֹעֵר ז׳ (sho'ER) gatekeeper; goalkeeper
שׁוֹפֵט ז׳ (shoFET) judge; referee; umpire
– חוֹקֵר examining magistrate
– שָׁלוֹם magistrate; justice of the peace
שׁוֹפְטִים Judges (book)
שׁוֹפִין (shoFIN) file
שופכין ר׳ שֶׁפֶךְ
שׁוֹפֵעַ ת׳ (shoFE'a) flowing; abundant; sloping
שׁוֹפָר ז׳ (shoFAR) ram's horn; organ
שׁוֹק נ׳ (SHOK) calf; leg; arm; side
הִכָּהוּ – עַל יָרֵךְ trounce severely; smite hip on thigh
שׁוּק ז׳ (SHUK) market; marketplace; bazaar
שִׁוֵּק פעל י׳ (shivVEK) market
שׁוֹקוֹלָד ז׳ שׁוֹקוֹלָדָה נ׳ (shokoLAD; shokoLAda) chocolate
שׁוֹקֵל ז׳ (shoKEL) purchaser of Zionist Shekel
שׁוֹקֵעַ ת׳ (shoKE'a) sinking; setting
שׁוֹר ז׳ (SHOR) bull; ox; Taurus
שׁוּרָה נ׳ (shuRA) row; line; file; rank; series
כַּ– properly
שׁוּרוּק, שׁוּרֻק ז׳ (shuRUK) (Hebrew letter to indicate sound of OO as in boot)
שׁוֹרֵק ת׳ (shoREK) sibilant
שׁוּשׁ ז׳ (SHUSH) licorice
שׁוֹשְׁבִין ז׳ (shosheVIN) friend; companion; patron; best man

שׁוֹשֶׁלֶת נ׳ (*shoSHElet*) dynasty; genealogy
שׁוֹשָׁן ז׳ (*shoSHAN*) lily
שׁוֹשַׁנָּה נ׳ (*shoshanNA*) lily; head (of nail); ersipelas; rose
שׁוֹשַׁנַּת יָם sea anemone
שָׁזוּף ת׳ (*shaZUF*) sunburnt; tanned
שִׁזּוּף ת׳ (*shizZUF*) suntan
שָׁזוּר ת׳ (*shaZUR*) interwoven; intertwined
שִׁזּוּר ז׳ (*shizZUR*) interweaving; intertwining
שָׁזִיף ז׳ (*shaZIF*) prune
שְׁזִירָה נ׳ (*sheziRA*) twisting
שָׁזַר פעל י׳ (*shaZAR*) interweave; twist
שַׁח פעל ע׳ (*SHAḤ*) become bent; be depressed
— ז׳ Shah; chess
שָׂח פעל ע׳ (*SAḤ*) take a walk
שִׁחֵד פעל י׳ (*shiḤED*) bribe
שֹׁחַד ז׳ (*SHOḥad*) bribe
שָׂחָה פעל ע׳ (*saḤA*) swim
שִׁחוּד ז׳ (*shiḤUD*) bribing; bribery
שְׁחוֹחַ תה״פ (*sheḤO'aḥ*) bent over
שָׁחוּחַ ת׳ (*shaḤU'aḥ*) bent; bent over
שָׁחוּט ת׳ (*shaḤUT*) slaughtered; beaten
שחום ר׳ שָׁחֹם
שָׁחוּן ת׳ (*shaḤUN*) parched; hot and dry
שָׁחוּף ת׳ (*shaḤUF*) tubercular
שְׂחוֹק ז׳ (*seḤOK*) laughter; scorn; amusement; play; game
בַּת — smile
שָׁחוּק ת׳ (*shaḤUK*) crushed; tattered
שָׁחוֹר ת׳ (*shaḤOR*) black
שִׁחְזוּר ז׳ (*shiḥZUR*) reconstruction; restoration
שִׁחְזֵר פעל י׳ (*shiḥZER*) reconstruct; restore
שָׁחַט פעל י׳ (*shaḤAT*) slaughter; butcher
שֶׁחִי, שְׁחִי ז׳ (*sheḤI; SHEḥi*) armpit
בֵּית הַ — armpit
שְׂחִיָּה נ׳ (*seḥiYA*) swim; swimming
שְׂחִיַּת גַּב back stroke
שְׂחִיַּת חֲתִירָה crawl
שְׁחִיטָה נ׳ (*sheḥiTA*) slaughter; slaughtering
שְׁחִין ז׳ (*sheḤIN*) boils
שַׂחְיָן ז׳ (*saḥYAN*) swimmer
שַׂחְיָנוּת נ׳ (*saḥyaNUT*) swimming
שְׁחִיקָה נ׳ (*sheḥiKA*) crushing; pulverizing
שְׁחִיתוּת נ׳ (*sheḥiTUT*) corruption
שַׁחֲלָה נ׳ (*shaḥaLA*) ovary
שַׁחַם ז׳ (*SHAḥam*) granite
שָׁחֹם ת׳ (*shaḤOM*) dark brown; swarthy
שְׁחַמְחַם ת׳ (*sheḥamḤAM*) brownish
שַׁחְמָט ז׳ (*shaḥMAT*) chess
שַׁחְמְטָאוּת נ׳ (*shaḥmata'UT*) chess playing
שַׁחְמְטַאי ז׳ (*shaḥmaTAI*) chess player
שַׁחַף ז׳ (*SHAḥaf*) seagull
שַׁחֲפָנִי ת׳ (*shaḥafaNI*) tubercular
שַׁחֶפֶת נ׳ (*shaḤEfet*) tuberculosis
שַׁחֲצָן ז׳ (*shaḥaTSAN*) arrogant person
שַׁחֲצָנוּת נ׳ (*shaḥatsaNUT*) arrogance; conceit
שָׂחַק פעל ע׳ (*saḤAK*) laugh; mock
שִׂחֵק פעל ע׳ (*siḤEK*) play; entertain; mock; flirt
שָׁחַק פעל י׳ (*shaḤAK*) crush; pulverize
שַׁחַק ז׳, שְׁחָקִים ז״ר (*SHAḥak; sheḥaKIM*) clouds; sky
שַׂחְקָן ז׳ (*saḥaKAN*) actor; player
שַׂחְקָנוּת נ׳ (*saḥakaNUT*) acting
שַׁחַר ז׳ (*SHAḥar*) dawn; meaning; sense
שָׁחַר פעל י׳ (*shaḤAR*) seek out
שִׁחֵר פעל י׳ (*shiḤER*) visit; seek out
שִׁחְרוּר ז׳ (*shiḥRUR*) liberation;

exemption; release; demobilization
blackbird (*shaḥaRUR*) שַׁחֲרוּר ז׳
youth (*shaḥaRUT*) שַׁחֲרוּת נ׳
blackish; (*sheḥarḤAR*) שְׁחַרְחַר ת׳
dark gray
morning prayer; (*shaḥaRIT*) שַׁחֲרִית נ׳
morning hours; early morning
breakfast פַּת –
liberate; (*shiḥRER*) שִׁחְרֵר פעל י׳
emancipate; release; exempt; demobilize
pit; grave; hay (*SHAḥat*) שַׁחַת נ׳
roam; sail; (*SHAT*) שָׁט פעל ע׳
row; float; swim
acacia (*shitTA*) שִׁטָּה נ׳
ridicule; make fun of – פעל י׳
flat (*shaTU'aḥ*) שָׁטוּחַ ת׳
flattening; (*shitTU'aḥ*) שִׁטּוּחַ ז׳
spreading out
flooded; (*shaTUF*) שָׁטוּף ת׳
addicted to
policing (*shitTUR*) שִׁטּוּר ז׳
foolishness; (*sheTUT*) שְׁטוּת נ׳
nonsense
spread out; (*shaTAḤ*) שָׁטַח פעל י׳
lay out; extend
area; surface; (*SHEtaḥ*) שֶׁטַח ז׳
sphere; territory
superficial; shallow (*shitḤI*) שִׁטְחִי ת׳
superficiality; (*shitḥiYUT*) שִׁטְחִיּוּת נ׳
shallowness
rug; carpet (*shaTI'aḥ*) שָׁטִיחַ ז׳
flatness (*shetiḤUT*) שְׁטִיחוּת נ׳
rinsing; wash; (*shetiFA*) שְׁטִיפָה נ׳
washing; washing away; addiction
brainwashing שְׁטִיפַת מֹחַ
addiction; (*shetiFUT*) שְׁטִיפוּת נ׳
passion for
Satan; devil; enemy; (*saTAN*) שָׂטָן ז׳
adversary
slander; (*sitNA*) שִׂטְנָה נ׳
denunciation; indictment
diabolical; fiendish (*setaNI*) שְׂטָנִי ת׳

transshipment (*shit'UN*) שִׁטְעוּן ז׳
transship (*shit'EN*) שִׁטְעֵן פעל י׳
rinse; wash; (*shaTAF*) שָׁטַף פעל י׳
wash away; flood
flow; torrent; (*SHEtef*) שֶׁטֶף ז׳
flood; rapidity; fluency
flood; (*shittaFON*) שִׁטָּפוֹן ז׳
inundation
note; bill; (*sheTAR*) שְׁטָר ז׳
document;
promissory note שְׁטַר חוֹב
strudel (*SHTRUDL*) שְׁטְרוּדְל ז׳
gift; present (*SHAI*) שַׁי ז׳
record; height; (*SI*) שִׂיא ז׳
highpoint; summit; pinnacle; peak
old age; white hair (*seyVA*) שֵׂיבָה נ׳
ripe old age – טוֹבָה
return (*shiVA*) שִׁיבָה נ׳
lamb (*seYA*) שֶׂיָה נ׳
rowing; cruising (*shiYUT*) שִׁיּוּט ז׳
belonging; (*shiYUKH*) שִׁיּוּךְ ז׳
attribution
remainder (*shiYUR*) שִׁיּוּר ז׳
jujube (*sheyZAF*) שֵׁיזָף ז׳
bush; conversation (*SI'aḥ*) שִׂיחַ ז׳
conversation; (*siḤA*) שִׂיחָה נ׳
talk; chat; telephone call
local call – מְקוֹמִית
outside call שִׂיחַת חוּץ
conversation (*siḤON*) שִׂיחוֹן ז׳
manual
navigation; sailing (*SHAyit*) שַׁיִט ז׳
oarsman; rower (*shaiYAT*) שַׁיָּט ז׳
system; method; (*shiTA*) שִׁיטָה נ׳
school; theory; line
flotilla (*shaiYEtet*) שַׁיֶּטֶת נ׳
methodical; (*shitaTI*) שִׁיטָתִי ת׳
systematic
method; (*shitatiYUT*) שִׁיטָתִיּוּת נ׳
system
attribute; (*shiYEKH*) שִׁיֵּךְ פעל י׳
connect
sheikh (*SHEYKH*) שֵׁיךְ ז׳

שַׁיָּךְ ת׳ (shaiYAKH) belong; relevant
שַׁיָּכוּת נ׳ (shaiyaKHUT) connection; belonging
שֵׁיכוּת נ׳ (sheyKHUT) sheikhdom
שִׂימָה נ׳ (siMA) putting; making; appointing
שִׂימַת לֵב attention
שִׁימְפַּנְזֶה ז׳ (shimpanZE) chimpanzee
שִׁיעִי ת׳ (SHI'i) Shiite
שִׁיעִיּוּת נ׳ (shi'iYUT) Shiism
שִׁיֵּף פעל י׳ (shiYET) file
שִׁיפָה נ׳ (shiFA) phloem
שִׁיר ז׳ (SHIR) song; poem
– עַם folk song
שִׁיֵּר פעל י׳ (shiYER) leave over
שְׁיָרִים ז״ר (sheyaRIM) remnant; leftovers
שִׁירָאִים ז״ר (shira'IM) fine silk
שִׁירָה נ׳ (shiRA) poetry; poem; singing
– בְּצִבּוּר community singing
שַׁיָּרָה נ׳ (shaiyaRA) caravan; convoy
שִׁירוֹן ז׳ (shiRON) song book
שִׁירִי ת׳ (shiRI) poetical
שַׁיִשׁ ז׳ (SHAyish) marble
שָׁכַב פעל ע׳ (shaKHAV) lie; lie down; be sick in bed; go to bed with
שֶׁכֶב ז׳ (SHEkhev) lower millstone
שִׁכְבָה נ׳ (shikhVA) layer; stratum; class
שַׁכְבָנִית נ׳ (shakhvaNIT) whore
שָׁכוּחַ ת׳ (shaKHU'aḥ) forgotten
שֶׂכְוִי ז׳ (sekhVI) cock; rooster
שִׁכּוּךְ ז׳ (shikKUKH) pacification; placation
שַׁכּוּל ת׳ (shakKUL) bereaved of a child
שְׁכוֹל ז׳ (sheKHOL) bereavement; childlessness
שִׁכּוּל ז׳ (shikKUL) bereavement; childlessness
שִׂכּוּל ז׳ (sikKUL) crossing; transposition

שִׁכּוּן ז׳ (shikKUN) housing; housing development
שְׁכוּנָה נ׳ (shekhuNA) quarter; section; neighborhood; suburb
שְׁכוּנַת עֹנִי slum
שְׁכוּנָתִי (shekhunaTI) neighborhood
שָׂכוּר ת׳ (saKHUR) hired; rented
שִׁכּוֹר ת׳ ז׳ (shikKOR) drunk; intoxicated; drunkard
שָׁכַח פעל י׳ (shaKHAḤ) forget
שִׁכְחָה נ׳ (shikhḤA) forgetfulness; forgotten sheaf of grain
שְׁכִיב־מְרַע (sheKHIV meRA) ill; fatally ill
שְׁכִיבָה נ׳ (shekhiVA) lying
שְׂכִיָּה נ׳ (sekhiYA) ornament; treasure
שְׂכִיּוֹת חֶמְדָּה beautiful things
שָׁכִיחַ ת׳ (shaKHI'aḥ) common; usual
שְׁכִיחָה נ׳ (shekhiḤA) forgetting
שְׁכִיחוּת נ׳ (shekhiḤUT) frequency
שְׁכִינָה נ׳ (shekhiNA) Divine Presence
שָׂכִיר ז׳ (saKHIR) wage earner; salaried employee; hired worker
חַיָּל – mercenary
שְׂכִירָה נ׳ (sekhiRA) hiring; renting
שְׂכִירוּת נ׳ (sekhiRUT) lease; hire; rent
– מִשְׁנֶה subtenancy
– דְּמֵי rent
– חוֹזֶה lease
שָׁכַךְ פעל ע׳ (shaKHAKH) subside; calm down
שִׁכֵּךְ פעל י׳ (shikKEKH) calm; appease; placate
שִׂכֵּל פעל י׳ (sikKEL) cross; transpose
שֵׂכֶל ז׳ (SEkhel) sense; brains; mind; wisdom; understanding
– יָשָׁר common sense
שָׁכַל פעל י׳ (shaKHAL) lose a child; be bereaved
שִׁכְלוּל ז׳ (shikhLUL) improvement; perfecting, perfection

שִׂכְלוּן ז׳ (sikhLUN) rationalization
שִׂכְלִי ת׳ (sikhLI) rational; sensible; mental
שִׁכְלֵל פעל י׳ (shikhLEL) improve; perfect
שִׂכְלְתָן ז׳ (sikhlaTAN) rationalist
שְׁכֶם ז׳ (SHEkhem) shoulder; upper back; small of back
שְׁכֶם אֶחָד as one man
שִׁכְמִיָּה נ׳ (shikhmiYA) cape
שָׁכַן פעל ע׳ (shaKHAN) dwell; live; serve as habitation
שִׁכֵּן פעל י׳ (shikKEN) house; settle; billet
שָׁכֵן ז׳ ת׳ (shaKHEN) neighbor; neighboring
שִׁכְנוּעַ ז׳ (shikhNU'a) persuasion
שְׁכֵנוּת נ׳ (shekheNUT) neighborhood; vicinity; proximity
שִׁכְנֵעַ פעל י׳ (shikhNA') convince; persuade
שִׁכְפּוּל ז׳ (shikhPUL) mimeographing
מְכוֹנַת – mimeograph
שִׁכְפֵּל פעל י׳ (shikhPEL) mimeograph
שָׂכַר פעל י׳ (saKHAR) hire; rent
שָׂכָר ז׳ (saKHAR) wages; reward
שְׂכַר דִּירָה rent
שְׂכַר לִמּוּד tuition
– סוֹפְרִים author's fee
שֶׂכֶר ז׳ (SEkher) charter
שִׁכֵּר פעל י׳ (shikKER) make drunk
שֵׁכָר ז׳ (sheKHAR) liquor; beer
שִׁכְרוּת נ׳ (shikhRUT) drunkenness; addiction to liquor
שִׁכְשֵׁךְ פעל י׳ (shikhSHEKH) splash; shake; stir
שִׁכְתֵּב פעל י׳ (shikhTEV) rewrite
שִׁכְתּוּב ז׳ (shikhTUV) rewriting
שֶׁל מ״י (SHEL) of; belonging to; designed for
שֶׁלִּי my, mine
בְּשֶׁל because of
שָׁל ז׳ (SHAL) shawl

שִׁלֵּב פעל י׳ (shilLEV) attach; join; fit together
שָׁלָב ז׳ (shaLAV) stage; phase; rung
שֶׁלֶג ז׳ (SHEleg) snow
שִׁלְגוֹן ז׳ (shilGON) avalanche of snow; popsicle
שֶׁלֶד ז׳ (SHEled) skeleton; frame
שַׁלְדָּג ז׳ (shalDAG) kingfisher
שִׁלְדָּה נ׳ (shilDA) frame; chassis
שָׁלָה פעל י׳ (shaLA) draw out
שִׁלְהֵב פעל י׳ (shilHEV) inflame, excite
שַׁלְהֶבֶת נ׳ (shalHEvet) flame
שִׁלְהֵי ז״ר (shilHEY) end
שְׂלָו ז׳ (seLAV) quail
שָׁלֵו ת׳ (shaLEV) calm; tranquil
שָׁלוּב ת׳ (shaLUV) joined; interlocked; connected
שַׁלְוָה נ׳ (shalVA) calmness; calm; tranquility
שָׁלוּחַ ת׳ ז׳ (shaLU'aḥ) sent; stretched out; messenger; swift
שִׁלּוּחַ ז׳ (shilLU'aḥ) dismissal; launching; exile
שְׁלוּחָה נ׳ (sheluḤA) extension; spur; siding
שִׁלּוּט ז׳ (shilLUT) posting signs
שְׁלוּלִית נ׳ (sheluLIT) puddle
שָׁלוֹם ז׳ (shaLOM) peace; rest; quiet; welfare; situation; (greeting and parting wish: hello; goodbye)
שְׁלוֹם בַּיִת domestic peace
אַנְשֵׁי שְׁלוֹמֵנוּ "our own"
דְּרִישַׁת – regards
חַס וְ – God forbid
מַה שְּׁלוֹמְךָ how are you
עָלָיו הַשָּׁלוֹם may he rest in peace
שִׁלּוּם ז׳ (shilLUM) reward; retribution
שִׁלּוּמִים reparations
שְׁלוּמִיאֵל ז׳ (shelumi'EL) sad sack
שָׁלוּף ת׳ (shaLUF) drawn; unsheathed
שלוש ר׳ שָׁלֹשׁ
שִׁלּוּשׁ ז׳ (shilLUSH) Trinity

שלושה ר׳ שְׁלֹשָׁה
שלושים ר׳ שְׁלֹשִׁים
שָׁלַח פעל י׳ (*shaLAḤ*) send; stretch; dismiss
– יָד בְּנַפְשׁוֹ commit suicide
שִׁלַּח פעל י׳ (*shilLAḤ*) send away; dismiss; launch
שֶׁלַח ז׳ (*SHElaḥ*) hide; weapon
שֻׁלְחָן ז׳ (*shulḤAN*) table; desk
– עָרוּךְ code of Jewish law; set table
שֻׁלְחָנוּת נ׳ (*shulḥaNUT*) moneychanging
שֻׁלְחָנִי ז׳ (*shulḥaNI*) moneychanger
שָׁלַט פעל ע׳ (*shaLAT*) rule; govern; master; be proficient; control
שֶׁלֶט ז׳ (*SHElet*) sign; shield
– גִּבּוֹרִים coat of arms
שִׁלְטוֹן ז׳ (*shilTON*) rule; power; government
שִׁלְטוֹנוֹת authorities
שֶׁלִּי מ״י (*shelLI*) my, of mine
שִׁלְיָה נ׳ (*shilYA*) afterbirth
שְׁלִיָּה נ׳ (*sheliYA*) drawing out; extraction
שָׁלִיחַ ז׳ (*shaLI'aḥ*) emissary; messenger; delegate; agent
שְׁלִיחַ צִבּוּר cantor
מֵרוֹץ שְׁלִיחִים relay race
שְׁלִיחוּת נ׳ (*sheliḤUT*) mission; errand; message
שַׁלִּיט ז׳ (*shalLIT*) ruler; master
שְׁלִיטָה נ׳ (*sheliTA*) power; control; authority; proficiency
שְׁלִילָה נ׳ (*sheliLA*) denial; deprivation; suspension; negation; negative
שְׁלִילִי ת׳ (*sheliLI*) negative
שְׁלִיפָה נ׳ (*sheliFA*) drawing out; unsheathing
שָׁלִישׁ ז׳ (*shaLISH*) adjutant; trustee; arbiter
שְׁלִישׁ ז׳ (*sheLISH*) third

שְׁלִישִׁי ת׳ ז׳ (*sheliSHI*) third
גּוּף – third person
שְׁלִישִׁיָּה נ׳ (*shelishiYA*) triplets, trio
שָׁלָךְ ז׳ (*shaLAKH*) osprey
שַׁלֶּכֶת נ׳ (*shalLEKhet*) falling leaves; fallen leaves; loneliness
שָׁלַל פעל י׳ (*shaLAL*) deny; negate; deprive; prevent
שָׁלָל ז׳ (*shaLAL*) booty; loot; catch (of fish)
שִׁלֵּם פעל י׳ (*shilLEM*) pay
שָׁלֵם ת׳ (*shaLEM*) whole; entire; intact; complete; full; sound; safe
שַׁלָּם ז׳ (*shalLAM*) paymaster
שַׁלְמוֹן ז׳ (*shalMON*) bribe
שְׁלֵמוּת נ׳ (*sheleMUT*) wholeness; completeness; totality; perfection
בִּ – completely
שָׁלַף פעל י׳ (*shaLAF*) draw; unsheathe
שֶׁלֶף ז׳ (*SHElef*) field of stubble
שַׁלְפּוּחִית נ׳ (*shalpuḤIT*) bladder; uterus; balloon
שָׁלַק פעל י׳ (*shaLAK*) scald
שָׁלֹשׁ נ׳ (*shaLOSH*) three
– רְגָלִים three pilgrimage festivals (Passover; Pentecost; Tabernacles)
שִׁלֵּשׁ פעל י׳ (*shilLESH*) triple; repeat a third time; multiply by three
– ז׳ of the third generation; great grandson
שְׁלֹשָׁה ש״מ ז׳ (*sheloSHA*) three
שְׁלָשָׁה נ׳ (*shelaSHA*) three; group of three
שְׁלֹשָׁה עָשָׂר ש״מ ז׳ (*sheloSHA 'aSAR*) thirteen
שִׁלְשׁוּל ז׳ (*shilSHUL*) diarrhea; dropping; earthworm
שִׁלְשׁוֹם תה״פ (*shilSHOM*) day before yesterday
תְּמוֹל – formerly
שְׁלֹשִׁים ש״מ (*sheloSHIM*) thirty
שִׁלְשֵׁל פעל י׳ ע׳ (*shilSHEL*) drop; chain; suffer from diarrhea

שַׁלְשֶׁלֶת נ׳ (*shalSHElet*) chain
– יוּחֲסִין family tree; genealogy
שְׁלֹשׁ עֶשְׂרֵה ש״מ נ׳ (*sheLOSH 'esRE*) thirteen
שֵׁם ז׳ (*SHEM*) name; noun; renown, title
הַ – God
כְּ – שֶׁ... just as
לְ – for, in order to
לִשְׁמוֹ for its own sake
– דָּבָר famous
– הַגּוּף pronoun
הַ – הַמְפֹרָשׁ name of God pronounced in full
– טוֹב good reputation
– נִרְדָּף synonym
– עֶצֶם noun
– עֶצֶם כְּלָלִי common noun
– עֶצֶם פְּרָטִי proper noun
– פְּרָטִי first name
– קִבּוּצִי collective noun
לְ – שָׁמַיִם for God's sake; for an ideal
– תֹּאַר adjective
חִלּוּל הַ – sacrilege
שְׁמוֹת Exodus (book)
שָׁם תה״פ (*SHAM*) there
אֵי – somewhere
שָׂם פעל י׳ (*SAM*) put; place; make; appoint; arrange
– לְאַל do away with
– לֵב pay attention
– נַפְשׁוֹ בְּכַפּוֹ risk his life
שַׁמַּאי ז׳ (*shamMAI*) assessor; appraiser
שְׂמֹאל ז׳ (*seMOL*) left; left side
שְׂמָאלִי ת׳ (*semaLI*) left; left-handed; leftist
שְׂמָאלִיּוּת נ׳ (*semaliyUT*) leftism
שְׂמָאלָנוּת נ׳ (*semalaNUT*) leftist tendencies
שְׂמָאלָנִי ת׳ (*semalaNI*) leftist
שִׁמֵּד פעל י׳ (*shimMED*) convert forcibly

שְׁמָד ז׳ (*sheMAD*) anti-Jewish persecution; forced conversion
שָׁמָּה תה״פ (*SHAMma*) there (thither)
שַׁמָּה נ׳ (*shamMA*) devastation; destruction
שָׁמוּט ת׳ (*shaMUT*) pushed aside; awry; hanging losely; dislocated; long and thin; uncultivated
שְׁמוֹנֶה ש״מ נ׳ (*shemoNE*) eight
שְׁמוֹנֶה עֶשְׂרֵה ש״מ נ׳ (*shemoNE 'esRE*) eighteen
– נ׳ Amida prayer; prayer of eighteen benedictions
שְׁמוֹנָה ש״מ ז׳ (*shemoNA*) eight
שְׁמוֹנָה עָשָׂר ש״מ ז׳ (*shemoNA 'aSAR*) eighteen
שְׁמוֹנִים ש״מ (*shemoNIM*) eighty
שְׁמוּעָה נ׳ (*shemu'A*) rumor; news; account; halakhic tradition
מִפִּי הַ – from hearsay
שָׁמוּר ת׳ (*shaMUR*) reserved; guarded; kept; restricted
שִׁמּוּר ז׳ (*shimMUR*) preservation; conservation; safekeeping; watching
שִׁמּוּרִים preserves
שְׁמוּרָה נ׳ (*shemuRA*) reserve; preserve; eyelid; guard
שִׁמּוּשׁ ז׳ (*shimMUSH*) use; employment
בֵּית – toilet
נְיַר – toilet paper
שִׁמּוּשִׁי ת׳ (*shimmuSHI*) useful; practical; applied
שָׂמַח פעל ע׳ (*saMAḤ*) be happy; be glad; rejoice
שִׂמַּח פעל י׳ (*simMAḤ*) gladden; make happy; cheer
שָׂמֵחַ ת׳ (*saME'aḥ*) glad; happy
שִׂמְחָה נ׳ (*simḤA*) gladness; joy; happiness; joyful occasion
שִׂמְחַת תּוֹרָה Rejoicing in the Law
בַּעַל הַשִּׂמְחָה host
שָׁמַט פעל י׳ (*shaMAT*) throw down;

drop; leave; abandon; leave fallow; slip

שְׁמִטָּה נ׳ (*shemitTA*) Sabbatical year, fallow year; remission of debts; renunciation of claims

שֵׁמִי ת׳ ז׳ (*sheMI*) Semitic; Semite; by name, nominal

שְׂמִיכָה נ׳ (*shemiKHA*) blanket

שָׁמַיִם ז״ר (*shaMAyim*) sky; heaven; God; hopscotch

שְׁמֵימִי ת׳ (*shemeyMI*) heavenly

שְׁמִינִי ת׳ ז׳ (*shemiNI*) eight

– עֲצֶרֶת Eight Day of Solemn Assembly (eight day of Sukkot)

שְׁמִינִיָּה נ׳ (*shemini YA*) octave; octette; set of eight; figure eight

עָשָׂה שְׁמִינִיּוֹת בָּאֲוִיר stand on his head

שְׁמִינִית נ׳ (*shemiNIT*) eighth

שְׁמִיעָה נ׳ (*shemi'A*) hearing

– עֵדוּת hearsay evidence

שְׁמִיעָתִי ת׳ (*shemi'aTI*) auditory; aural

שָׁמִיר ז׳ (*shaMIR*) dill; fennel; emery; carborundum

שְׁמִירָה נ׳ (*shemiRA*) guard; guarding; watching; keeping; safekeeping; observance

שָׁמִישׁ ת׳ (*shaMISH*) usable; serviceable

שִׂמְלָה נ׳ (*simLA*) dress; robe; garment

שָׁמַם פעל ע׳ (*shaMAM*) be desolate; be laid waste; be stunned

שָׁמֵם ת׳ (*shaMEM*) desolate; waste; devastated

שְׁמָמָה נ׳ (*shemaMA*) desolation; desert

שִׁמָּמוֹן ז׳ (*shimmaMON*) depression; boredom

שְׂמָמִית נ׳ (*semaMIT*) gecko

שָׁמַן פעל ע׳ (*shaMAN*) become fat

שִׁמֵּן פעל י׳ (*shimMEN*) oil; lubricate

שָׁמֵן ת׳ (*shaMEN*) fat; rich

שֶׁמֶן ז׳ (*SHEmen*) oil; olive oil; fatness

– דָּגִים cod liver oil

– סִיכָה lubricating oil

– קִיק castor oil

שֹׁמֶן ז׳ (*SHOmen*) fat; fatness

שֻׁמָּן ז׳ (*shumMAN*) fat

שְׁמַנּוּנִי ת׳ (*shamnuNI*) slightly oily; fatty; greasy

שְׁמֵנוּת נ׳ (*shemeNUT*) fatness

שַׁמְנִי ת׳ (*shamNI*) containing oil

שְׁמָנִי ת׳ (*shemaNI*) noun; nominal

שְׁמַנְמַן, שְׁמַנְמֹן ת׳ (*shemanMAN; shemanMON*) plump; fattish

שַׁמֶּנֶת נ׳ (*shamMEnet*) cream

הוּא שׁוֹחֶה בְּ – he's doing very well

שָׁמַע פעל י׳ (*shaMA'*) hear; listen; respond; pay attention to; understand

שֵׁמַע ז׳ (*SHEma'*) report; account; hearing

שְׁמַע ז׳ (*sheMA'*) Shema (biblical verse proclaiming unity of God)

קְרִיאַת – עַל הַמִּטָּה reciting Shema on retiring

שַׁמְפּוּ ז׳ (*shamPU*) shampoo

שַׁמְפַּנְיָה נ׳ (*shamPANya*) champagne

שֶׁמֶץ ז׳ (*SHEmets*) bit; particle

שִׁמְצָה נ׳ (*shimTSA*) disgrace

– יָדוּעַ לְ notorious

שָׁמַר פעל י׳ (*shaMAR*) watch; guard; keep; safeguard; observe; wait

שִׁמֵּר פעל י׳ (*shimMER*) preserve; conserve

שְׁמַרְטַף ז׳ (*shemarTAF*) babysitter

שְׁמָרִים ז״ר (*shemaRIM*) yeast; sediment; lees

שַׁמְרָן ז׳ (*shammeRAN*) conservative

שַׁמְרָנוּת נ׳ (*shammeraNUT*) conservatism

שַׁמְרָנִי ת׳ (*shammeraNI*) conservative

שִׁמֵּשׁ פעל י׳ (*shimMESH*) serve; officiate; service

שַׁמָּשׁ ז׳ (shamMASH) attendant; beadle; janitor; caretaker
שֶׁמֶשׁ ז׳ נ׳ (SHEmesh) sun
בֵּין הַשְּׁמָשׁוֹת twilight; dusk
שִׁמְשָׁה נ׳ (shimSHA) pane
שִׁמְשִׁי ת׳ (shimSHI) sun; solar
שִׁמְשִׁיָּה נ׳ (shimshiYA) parasol; sunshade
שֻׁמְשׁוּם ז׳ (shumSHUM) sesame
שֻׁמְשְׁמָנִית נ׳ (shumshemaNIT) sesame cake
שֵׁן נ׳ (SHEN) tooth; tine; tusk; ivory
שֵׁן הָאֲרִי dandelion
שָׂנֵא פעל י׳ (saNE) hate
שִׂנְאָה נ׳ (sin'A) hate; hatred
שִׂנְאַת מָוֶת bitter hatred
שַׁנַּאי ז׳ (shanNAI) transformer
שָׁנָה פעל י׳ (shaNA) repeat; study; teach
— נ׳ year
— מְעֻבֶּרֶת leap year
יוֹם הַ — anniversary
שִׁנָּה פעל י׳ (shinNA) change; alter
שֵׁנָה נ׳ (sheNA) sleep
שֶׁנְהָב ז׳ (sheHAV) ivory; elephant; enamel
שָׂנוּא ת׳ (saNU) hated; hateful
שָׁנוּי ת׳ (shaNUY) studied; repeated
— בְּמַחֲלֹקֶת controversial
שִׁנּוּי ז׳ (shinNUY) change; modification; alteration
שָׁנוּן ת׳ (shaNUN) sharp; acute; shrewd; keen
שִׁנּוּן ז׳ (shinNUN) repetition; studying; memorizing; inculcation
שִׁנּוּעַ ז׳ (shinNU'a) handling
שְׁנוֹרְקֶל ז׳ (SHNORkel) snorkel
שְׁנוֹרֶר ז׳ (SHNOrer) beggar; person living on handouts; parasite
שְׁנוֹרֵר פעל ע׳ (shnoRER) ask for handouts
שְׁנוֹרְרוּת נ׳ (shnoreRUT) begging

שַׁנְטָז׳ ז׳ (shanTAZH) blackmail
שָׁנִי ז׳ (shaNI) scarlet
שֵׁנִי ת׳ (sheNI) second
גּוּף — second person
כְּלִי — second-hand
שׁוֹנִי ז׳ (SHOni) difference
שִׁנִּי ת׳ (shinNI) dental
שְׁנִיָּה ת׳ (sheniYA) second (adj. f.)
— נ׳ second (division of time, $\frac{1}{60}$ of minute)
שְׁנִיּוֹנִי ת׳ (shinyoNI) secondary; binary
שְׁנִיּוּת נ׳ (sheniYUT) dualism; duplication; duplicity
שְׁנַיִם ש־מ ז׳ (sheNAyim) two
פִּי — twice as many; double
שְׁנֵים עָשָׂר ש־מ ז׳ (sheNEYM 'aSAR) twelve
שְׁנִינָה נ׳ (sheniNA) taunt; mockery
שְׁנִינוּת נ׳ (sheniNUT) sharpness; wit; sarcasm
שֵׁנִית תה״פ (sheNIT) again; secondly; in the second place
שָׁנִית נ׳ (shaNIT) scarlet fever
שֻׁנִּית נ׳ (shunNIT) reef
שִׁנֵּן פעל י׳ (shinNEN) memorize; learn by heart; repeat; sharpen
שִׁנֵּס פעל י׳ (shinNES) gird
שַׁנְסָה נ׳ (SHANsa) chance
שֶׁנֶף ז׳ (SHEnef) vanilla
שֶׁנֶץ ז׳ (SHEnets) lace; ribbon
שִׁנֵּק פעל י׳ (shinNEK) strangle; choke
שֻׁנָּר ז׳ (shunNAR) lynx, bobcat
שְׁנָתוֹן ז׳ (shenaTON) yearbook; annual; age group
שְׁנָתִי ת׳ (shenaTI) yearly; annual
שָׁסָה פעל י׳ (shaSA) rob; pillage; sack
שִׁסָּה פעל י׳ (shisSA) incite
שִׁסּוּי ז׳ (shisSUY) inciting, incitement
שָׁסוּעַ ת׳ (shaSU'a) split; cleft; cloven
שִׁסּוּעַ ז׳ (shisSU'a) splitting;

rending; tearing to pieces; interrupting, interruption

tear to (*shisSA'*) שִׁסַּע פעל י׳
pieces; rend; interrupt

loquat (*SHEsek*) שֶׁסֶק ז׳

valve (*shasTOM*) שַׁסְתּוֹם ז׳

subjugate; (*shi'BED*) שִׁעְבֵּד פעל י׳
enslave; make work; mortgage; subordinate

enslavement; (*shi'BUD*) שִׁעְבּוּד ז׳
subjection; servitude; mortgage

notice; pay (*sha'A*) שָׁעָה פעל ע׳
attention; turn to, heed

hour; time; moment — נ׳

while; when בְּ – שֶׁ..., בִּשְׁעַת

a while; briefly; a few – קַלָּה
moments

for the time being – לְפִי

wax (*sha'aVA*) שַׁעֲוָה נ׳

cough (*shi'UL*) שִׁעוּל ז׳

leaning (*sha'UN*) שָׁעוּן ת׳

clock; watch (*sha'ON*) שָׁעוֹן ז׳

wrist watch שְׁעוֹן יָד

oilcloth; (*sha'avaNIT*) שַׁעֲוָנִית נ׳
linoleum

bean; beans (*she'u'IT*) שְׁעוּעִית נ׳

lesson; measure; (*shi'UR*) שִׁעוּר ז׳
size; quantity; value; rate; proportion; part, installment; estimation; meaning

barley; sty (*se'oRA*) שְׂעוֹרָה נ׳

trample; stamp (*sha'AT*) שָׁעַט פעל ע׳

trampling; (*she'aTA*) שְׁעָטָה נ׳
stamping

cloth of wool (*sha'atNEZ*) שַׁעַטְנֵז ז׳
and linen; mixture of irreconciliable materials; disharmony

hairy; billy goat; (*sa'IR*) שָׂעִיר ת׳ ז׳
satyr

scapegoat – לַעֲזָאזֵל

step (*SHA'al*) שַׁעַל ז׳

whooping cough (*sha'Elet*) שַׁעֶלֶת נ׳

cork (*SHA'am*) שַׁעַם ז׳

boredom; (*shi'aMUM*) שִׁעֲמוּם ז׳
dullness

bore (*shi'aMEM*) שִׁעֲמֵם פעל י׳

watchmaker (*she'AN*) שְׁעָן ז׳

watchmaking, (*she'aNUT*) שְׁעָנוּת נ׳
watch repair

hair (*se'AR*) שֵׂעָר ז׳

guess; (*shi'ER*) שִׁעֵר פעל י׳
suppose; imagine; estimate

gate; gateway; (*SHA'ar*) שַׁעַר ז׳
entrance; habitation; goal; titlepage; chapter; rate of exchange; rate; cost; market price

profiteer הִפְקִיעַ אֶת הַ –

strand of hair; hair (*sa'aRA*) שַׂעֲרָה נ׳

infinitesmal כְּחוּט הַ –

be very strict דִּקְדֵּק עִמּוֹ כְּחוּט הַ –
with; split hairs

revaluation (*shi'aRUKH*) שִׁעֲרוּךְ ז׳

scandal; (*sha'aruriYA*) שַׁעֲרוּרִיָּה נ׳
abomination; corruption

amusement; (*sha'aSHU'a*) שַׁעֲשׁוּעַ ז׳
entertainment; pleasure; game

amuse; (*shi'aSHA'*) שִׁעֲשַׁע פעל י׳
entertain; play

lip; language; (*saFA*) שָׂפָה נ׳
border; margin; edge; trim; shore; bank

curbstone אֶבֶן –

mother tongue שְׂפַת אֵם

vernacular שְׂפַת דִּבּוּר

skewer, spit; (*shapPUD*) שַׁפּוּד ז׳
knitting needle; point

jurisdiction (*shipPUT*) שִׁפּוּט ז׳

sane (*shaFUY*) שָׁפוּי ת׳

poured out (*shaFUKH*) שָׁפוּךְ ת׳

furiously בְּחֵמָה שְׁפוּכָה

lower part; train (*shipPUL*) שִׁפּוּל ז׳

rye (*shipPON*) שִׁפּוֹן ז׳

slope; incline; (*shipPU'a*) שִׁפּוּעַ ז׳
abundance

bent, stooped; (*shaFUF*) שָׁפוּף ת׳
touching

שְׁפוֹפֶרֶת נ׳ (*shefoFEret*) tube; receiver (telephone)
שִׁפּוּץ ז׳ (*shipPUTS*) repair; renovating; refurbishing, overhaul
שִׁפּוּר ז׳ (*shipPUR*) improvement
שִׁפְחָה נ׳ (*shifḤA*) female slave
שָׁפַט פעל י׳ (*shaFAT*) judge; administer justice; pass sentence; punish; rule; consider
שְׁפִיּוּת נ׳ (*shefiYUT*) sanity
שְׁפִיטָה נ׳ (*shefiTA*) judging; sentencing; consideration
שְׁפִיכָה נ׳ (*shefiKḤA*) pouring out; spilling
שְׁפִיכַת דָּמִים bloodshed
שְׁפִיכוּת נ׳ (*shefiKHUT*) pouring out
— דָּמִים bloodshed; mortal insult; sweating blood
שְׁפִיעָה נ׳ (*shefi'A*) flow; abundance
שְׁפִיפוֹן ז׳ (*shefiFON*) Palestinian horned viper
שָׁפִיר ז׳ (*shaFIR*) amnion
שַׁפִּיר ת׳ תה״פ (*shapPIR*) fine; good; well
שַׁפִּירִית נ׳ (*shappiRIT*) dragonfly
שְׁפִיתָה נ׳ (*shefiTA*) putting on the fire
שָׁפַךְ פעל י׳ (*shaFAKH*) pour; pour out; spill; shed
שֶׁפֶךְ ז׳ (*SHEfekh*) mouth; estuary
שׁוֹפָכִין, שְׁפָכִין ז״ר (*shofaKHIN; shefaKHIN*) slops; sewage
בּוֹר — cesspit
שָׁפֵל פעל ע׳ (*shaFEL*) be low; be humiliated
שָׁפָל ת׳ (*shaFAL*) low; mean; deep; humble; negligent
שֵׁפֶל ז׳ (*SHEfel*) low state; low tide; depression
שְׁפֵלָה נ׳ (*shefeLA*) coastal plain; lowland; low country
שִׁפְלוּת נ׳ (*shifLUT*) baseness; degradation

שַׁפְלָן ז׳ (*shafLAN*) terrier
שָׂפָם ז׳ (*saFAM*) moustache
שְׂפַמְנוּן ז׳ (*sefamNUN*) catfish
שָׁפָן ז׳ (*shaFAN*) cony
שְׁפַן נִסָּיוֹן guinea pig
שְׁפַנִּיָּה נ׳ (*shefanniYA*) rabbit hutch
שָׁפַע פעל י׳ ע׳ (*shaFA'*) flow; abound in; slant
שֶׁפַע ז׳ (*SHEfa'*) abundance; plenty
שַׁפַּעַת נ׳ (*shapPA'at*) grippe; flu; influenza
שִׁפֵּץ פעל י׳ (*shipPETS*) renovate; refurbish; overhaul
שָׁפַר פעל ע׳ (*shaFAR*) be pleasant; be good
שִׁפֵּר פעל י׳ (*shipPER*) improve; beautify
שִׁפְשׁוּף ז׳ (*shifSHUF*) rubbing; the works
שִׁפְשֵׁף פעל י׳ (*shifSHEF*) rub; give the works
שָׁפַת פעל י׳ (*shaFAT*) put on the fire; heat
שְׂפָתוֹן ז׳ (*sefaTON*) lipstick
שְׂפָתִי ת׳ (*sefaTI*) labial
שְׂפָתַיִם נ״ר (*sefaTAyim*) lips
שִׂפְתֵּת פעל ע׳ (*sifTET*) lisp
שֶׁצֶף ז׳ (*SHEtsef*) wrath; flow
שַׂק ז׳ (*SAK*) sack, bag; sackcloth
שֵׁק ז׳ (*SHEK*) check
שָׁקַד פעל ע׳ (*shaKAD*) be alert; be quick; be diligent, persevere
שָׁקֵד ז׳ (*shaKED*) almond; tonsil
שְׁקֵדִיָּה נ׳ (*shekediYA*) almond tree
שַׁקְדָן ז׳ (*shakDAN*) diligent person; persevering person
שַׁקְדָנוּת נ׳ (*shakdaNUT*) diligence; perseverance
שָׁקוּד ת׳ (*shaKUD*) diligent; studious
שִׁקּוּי ז׳ (*shikKUY*) drink; beverage
שִׁקּוּל ז׳ (*shikKUL*) consideration
שָׁקוּל ת׳ (*shaKUL*) considered;

draft     (SHOka') שֶׁקַע ז׳

concave     (shek'aruRI) שְׁקַעֲרוּרִי ת׳

reflect     (shikKEF) שִׁקֵּף פעל י׳

loathe;     (shikKETS) שִׁקֵּץ פעל י׳
abominate; desecrate; render unclean

abomination;     (SHEkets) שֶׁקֶץ ז׳
unclean insects and reptiles; non-
Jewish bully; bum

non-Jewish girl     (shikTSA) שִׁקְצָה נ׳

bustle; make     (shaKAK) שָׁקַק פעל ע׳
noise; roar

wink; paint     (sikKER) שִׁקֵּר פעל י׳

lie; deceive;     (shikKER) שִׁקֵּר פעל ע׳
betray

lie; falsehood     (SHEker) שֶׁקֶר ז׳

false prophet     נָבִיא –

false witness     עֵד –

liar     (shakkeRAN) שַׁקְרָן ז׳

lying     (shakkeraNUT) שַׁקְרָנוּת נ׳

rumble; clatter (shikSHUK) שִׁקְשׁוּק ז׳

rumble;     (shikSHEK) שִׁקְשֵׁק פעל י׳
clatter

trough     (SHOket) שֹׁקֶת נ׳

minister; ruler;     (SAR) שַׂר ז׳
commander; officer; prince

minister of finance     הָאוֹצָר –

defense minister     הַבִּטָּחוֹן –

minister for foreign     הַחוּץ –
affairs

sing; compose     (SHAR) שָׁר פעל י׳
poetry

singer     – ז׳

dry and     (shaRAV) שָׁרָב ז׳
intense heat

extend;     (shirBEV) שִׁרְבֵּב פעל י׳
stretch; insert in wrong place

extension;     (shirBUV) שִׁרְבּוּב ז׳
incorrect insertion

very hot     (sheraVI) שְׁרָבִי ת׳

scepter; baton;     (sharVIT) שַׁרְבִיט ז׳
rod; twig

plumber     (sheravRAV) שְׁרַבְרַב ז׳

plumbing (sheravraVUT) שְׁרַבְרָבוּת נ׳

weighed; even; evenly-balanced;
equal; undecided; rhymed

rehabilitation,     (shikKUM) שִׁקּוּם ז׳
restoration

absorbed     (shaKU'a) שָׁקוּעַ ת׳

x-ray;     (shikKUF) שִׁקּוּף ז׳
x-ray examination

transparent; clear (shaKUF) שָׁקוּף ת׳

slide     (shekuFIT) שְׁקוּפִית נ׳

abomination     (shikKUTS) שִׁקּוּץ ז׳

be quiet;     (shaKAT) שָׁקַט פעל ע׳
be peaceful; be unconcerned

silence; quiet     (SHEket) שֶׁקֶט ז׳

unrest     אִי– –

quiet; silent;     (shaKET) שָׁקֵט ת׳
peaceful

diligence     (shekiDA) שְׁקִידָה נ׳

flamingo     (shekiTAN) שְׁקִיטָן ז׳

weighing     (shekiLA) שְׁקִילָה נ׳

setting; sinking;     (sheki'A) שְׁקִיעָה נ׳
sedimentation; absorption; decline

transparency     (shekiFUT) שְׁקִיפוּת נ׳

small bag;     (sakKIK) שַׂקִּיק ז׳
paper bag

שַׂקִּית ר׳ שָׂקִיק

weigh;     (shaKAL) שָׁקַל פעל י׳
consider; pay; buy Zionist shekel;
scan poetry

Shekel;     (SHEkel) שֶׁקֶל ז׳
membership certificate in Zionist
organization

post exchange;     (SHEkem) שֶׁקֶם ז׳
army exchange

rehabilitate; (shikKEM) שִׁקֵּם פעל י׳
restore

sycamore     (shikMA) שִׁקְמָה נ׳

pelican     (sakNAI) שַׂקְנַאי ז׳

set; sink;     (shaKA') שָׁקַע פעל ע׳
settle; decline; be absorbed

insert; drive     (shikKA') שִׁקַּע פעל י׳
(nail); drown; sink

depression; drop;     (SHEka') שֶׁקַע ז׳
receptacle; outlet

שָׂרַד פעל ע׳ (saRAD) remain; survive
שְׂרָד, בִּגְדֵי־ ז״ר (bigDEY seRAD) uniform
– דִּירַת government quarters
שָׂרָה פעל ע׳ (saRA) contend; struggle
שָׁרָה פעל י׳ ע׳ (shaRA) soak; rest
שַׁרְווּל ז׳ (sharVUL) sleeve
שָׁרוּי ת׳ (shaRUY) staying, being; soaked
שְׂרוֹךְ ז׳ (seROKH) lace
שָׂרוּעַ ת׳ (saRU'a) stretched out; possessing abnormally long limb
שָׂרוּף ת׳ (saRUF) burnt; ardent
שֵׁרוּת ז׳ (sheRUT) service; shared taxi
שָׂרַט פעל י׳ (saRAT) scratch
שִׂרְטוּט ז׳ (sirTUT) drawing; sketch
שִׂרְטוֹן ז׳ (sirTON) sandbank
– עָלָה עַל run aground
שִׂרְטֵט ר׳ סִרְטֵט
שַׂרְטָט ז׳ (sarTAT) draftsman
שָׂרֶטֶת נ׳ (saREtet) scratch
שָׂרִיג ז׳ (saRIG) twig; shoot
שָׂרִיד ז׳ (saRID) remnant; survivor
שְׁרִיָּה נ׳ (sheriYA) soaking
שִׁרְיוֹן ז׳ (shirYON) armor; armored vehicles
– חֵיל tank corps
שִׁרְיוּן ז׳ (shirYUN) armoring; reserving
שִׁרְיוֹנַאי ז׳ (shiryoNAI) soldier in armored unit
שִׁרְיוֹנִית נ׳ (shiryoNIT) armored car
שְׂרִיטָה נ׳ (seriTA) scratching; scratch
שִׁרְיֵן פעל י׳ (shirYEN) armor; reserve
שְׁרִיקָה נ׳ (sheriKA) whistle; whistling
שָׁרִיר, שְׁרִיר ז׳ (shaRIR; sheRIR) muscle
שָׁרִיר ת׳ (shaRIR) certain; valid
שְׁרִירוּת נ׳ (sheriRUT) arbitrariness; stubbornness
– לֵב arbitrariness
שְׁרִירוּתִי ת׳ (sheriruTI) arbitrary
שְׁרִירִי ת׳ (sheriRI) muscular
שֵׂרֵךְ פעל י׳ (seRAKH) proceed erratically; deviate; amble
שָׁרָךְ ז׳ (shaRAKH) fern
שָׂרַף פעל י׳ (saRAF) burn; burn down
שָׂרָף ז׳ (saRAF) Seraph
שְׂרָף ז׳ (seRAF) resin
שְׂרֵפָה נ׳ (sereFA) fire; burning, combustion
– אֲבַק gunpowder
שְׁרַפְרַף ז׳ (sherafRAF) stool
שָׁרַץ פעל ע׳ (shaRATS) swarm; teem
שֶׁרֶץ ז׳ (SHErets) creeping things; insects and reptiles
שָׁרַק פעל ע׳ (shaRAK) whistle
שָׂרַר פעל ע׳ (saRAR) rule; prevail; reign
שְׂרָרָה נ׳ (seraRA) rule; authority; power; representative of the authorities
– בַּעַל ruler, tyrant
שֵׁרֵשׁ פעל י׳ (sheRASH) uproot; eradicate
שֹׁרֶשׁ ז׳ (SHOresh) root; radical; source
שַׁרְשׁוּר ז׳ (sharSHUR) tapeworm
שָׁרְשִׁי ת׳ (shorSHI) root; deep-rooted; radical
שָׁרְשִׁיּוּת נ׳ (shorshiYUT) deep-rootedness
שַׁרְשֶׁרֶת נ׳ (sharSHEret) chain; cordon
שֵׁרֵת פעל י׳ (sheRAT) serve
שֵׁשׁ ש״מ נ׳ (SHESH) six
שָׂשׂ פעל ע׳ (SAS) rejoice
שִׁשָּׁה ש״מ ז׳ (shishSHA) six
שִׁשָּׁה עָשָׂר ש״מ ז׳ (shishSHA 'aSAR) sixteen
שָׂשׂוֹן ז׳ (saSON) joy; merriment
שִׁשִּׁיָּה נ׳ (shishiYA) six; set of six; sextet

שִׁשִּׁים ש״מ (*shishSHIM*) sixty
שִׁשִּׁית נ׳ (*shishSHIT*) sixth
שֵׁשׁ עֶשְׂרֵה ש״מ נ׳ (*SHESH 'esRE*) sixteen
שֵׁת ז׳ (*SHET*) buttocks
שָׁת פעל י׳ (*SHAT*) put; make; besiege
– לִבּוֹ pay attention
שְׁתַדְּלָן ז׳ (*shetaddeLAN*) interceder; intermediary; pleader
שְׁתַדְּלָנוּת נ׳ (*shetaddelaNUT*) intercession; mediation; pleading
שָׁתָה פעל י׳ (*shaTA*) drink
– לְחַיִּים toast
שָׁתוּי ת׳ (*shaTUY*) drunk; intoxicated; saturated
שָׁתוּל ת׳ (*shaTUL*) planted
שִׁתּוּל ז׳ (*shitTUL*) transplanting
שִׁתּוּף ז׳ (*shitTUF*) participation; cooperation; acceptance as a partner; partnership
– פְּעֻלָּה collaboration
שִׁתּוּפִי ת׳ (*shittuFI*) cooperative; collective
שִׁתּוּק ז׳ (*shitTUK*) paralysis
שְׁתִי ז׳ (*sheTI*) warp
חֲקִירַת – וָעֵרֶב cross-examination
שְׁתִיָּה נ׳ (*shetiYA*) drinking; drunkenness; drink
שָׁתִיל ז׳ (*shaTIL*) seedling
שְׁתִילָה נ׳ (*shetiLA*) planting

שְׁתַּיִם ש״מ נ׳ (*sheTAyim*) two
שְׁתֵּים־עֶשְׂרֵה ש״מ נ׳ (*sheTEYM 'esRE*) twelve
שַׁתְיָן ז׳ (*shatYAN*) drunkard
שְׁתִיקָה נ׳ (*shetiKA*) silence
שָׁתַל פעל י׳ (*shaTAL*) plant (seedling)
שְׁתַלְּטָן ז׳ (*shetalleTAN*) domineering person
שְׁתַלְּטָנוּת נ׳ (*shetalletaNUT*) dominance; drive to domineer
שַׁתְלָן ז׳ (*shatLAN*) nurseryman
שְׁתַמְּטָן ז׳ (*shetammeTAN*) shirker; evader
שְׁתַמְּטָנוּת נ׳ (*shetammetaNUT*) evasion of duty
שֶׁתֶן ז׳ (*SHEten*) urine
שִׁתֵּף פעל י׳ (*shitTEF*) take as a partner; include
– פְּעֻלָּה collaborate
שֻׁתָּף ז׳ (*shutTAF*) partner; associate
שֻׁתָּפוּת נ׳ (*shuttaFUT*) partnership
שַׁתְּפָן ז׳ (*shatteFAN*) socialist
שָׁתַק פעל ע׳ (*shaTAK*) be silent; keep quiet; calm down
שִׁתֵּק פעל י׳ (*shitTEK*) silence; paralyze; calm
שַׁתְקָן ז׳ ת׳ (*shatKAN*) taciturn person; silent
שַׁתְקָנוּת נ׳ (*shatkaNUT*) taciturnity; silence
שָׁתַת פעל ע׳ י׳ (*shaTAT*) flow; drip

# ת

Tav (twenty-second letter of the Hebrew alphabet); four hundred, four-hundredth (*TAV*) ת׳ נ׳

cell; box; cabin; compartment (*TA*) תָּא ז׳

crave; desire; long for (*ta'EV*) תָּאַב פעל ע׳

loathe; hate (*te'EV*) תֵּאֵב פעל י׳

appetite (*te'aVON*) תֵּאָבוֹן ז׳

eat heartily; with a hearty appetite! בְּתֵאָבוֹן!

corporation (*ta'aGID*) תַּאֲגִיד ז׳

water buffalo (*te'O*) תְּאוֹ ז׳

desire; lust (*ta'aVA*) תַּאֲוָה נ׳

theologian (*te'oLOG*) תֵּאוֹלוֹג ז׳

theological (*te'oLOgi*) תֵּאוֹלוֹגִי ת׳

theology (*te'oLOGya*) תֵּאוֹלוֹגְיָה נ׳

coordination (*te'UM*) תֵּאוּם ז׳

twin (*te'OM*) תְּאוֹם ז׳

twins; Gemini תְּאוֹמִים

lust (*ta'avaNUT*) תַּאַוְתָנוּת נ׳

lustful (*ta'avaNI*) תַּאַוְתָנִי ת׳

acceleration (*te'uTSA*) תְּאוּצָה נ׳

theocracy (*te'oKRATya*) תֵּאוֹקְרַטְיָה נ׳

description (*te'UR*) תֵּאוּר ז׳

lighting; illumination (*te'uRA*) תְּאוּרָה נ׳

descriptive (*te'uRI*) תֵּאוּרִי ת׳

theoretical (*te'oREti*) תֵּאוֹרֶטִי ת׳

theoretician; theorist (*te'oREtikan*) תֵּאוֹרֶטִיקָן ז׳

theory (*te'ORya*) תֵּאוֹרְיָה נ׳

voluptuary (*ta'avTAN*) תַּאַוְתָן ז׳

תַּאַוְתָנוּת ר׳ תַּאַוְתָנוּת

תַּאַוְתָנִי ר׳ תַּאַוְתָנִי

cellular (*ta'I*) תָּאִי ת׳

cellulose (*ta'IT*) תָּאִית ת׳

fit, match; correspond; resemble (*ta'AM*) תָּאַם פעל ע׳

coordinate (*te'EM*) תֵּאֵם פעל י׳

fig; fig tree (*te'eNA*) תְּאֵנָה נ׳

encompass; delineate (*ta'AR*) תָּאַר פעל י׳

describe; portray; outline (*te'ER*) תֵּאֵר פעל י׳

form; figure; appearance; degree; title; adjective (*TO'ar*) תֹּאַר ז׳

adjective שֵׁם –, – הַשֵּׁם

adverb – הַפֹּעַל

date (*ta'aRIKH*) תַּאֲרִיךְ ז׳

date stamp (*ta'ariKHON*) תַּאֲרִיכוֹן ז׳

date (*ti'aREKH*) תִּאֲרֵךְ פעל י׳

box; ark; written word; reader's desk; Ark of Law (*teVA*) תֵּבָה נ׳

mail box תֵּבַת מִכְתָּבִים

music box תֵּבַת נְגִינָה

abbreviation רָאשֵׁי תֵּבוֹת

hull (*tubBA*) תֻּבָּה נ׳

produce; crop; grains; product (*tevu'A*) תְּבוּאָה נ׳

intelligence; wisdom; understanding (*tevuNA*) תְּבוּנָה נ׳

defeat (*tevuSA*) תְּבוּסָה נ׳

defeatist (*tevuSAN*) תְּבוּסָן ז׳

defeatism (*tevusaNUT*) תְּבוּסָנוּת נ׳

claim; demand; prosecution (*tevi'A*) תְּבִיעָה נ׳

universe; world (*teVEL*) תֵּבֵל נ׳

condiment; flavoring; seasoning (*TEvel*) תֶּבֶל ז׳

flavor, spice; diversify (*tibBEL*) תִּבֵּל פעל י׳

cataract (*tevalLUL*) תְּבַלּוּל ז׳

relief (*tavLIT*) תַּבְלִיט ז׳

relief map מַפַּת –

תַּבְלִין ר׳ תֶּבֶל

straw; trash (*TEven*) תֶּבֶן ז׳

mix with straw (tibBEN) תִּבֵּן פעל י׳
bastion (tavNUN) תַּבְנוּן ז׳
form; shape; (tavNIT) תַּבְנִית נ׳
figure; pattern; format; size; mold
claim; demand; (taVA') תָּבַע פעל י׳
seek out
fire; burning; (tav'eRA) תַּבְעֵרָה נ׳
conflagration
incendiary bomb פְּצָצַת –
thread; cut (tivREG) תִּבְרֵג פעל י׳
screws
sanitation (tavru'A) תַּבְרוּאָה נ׳
sanitation officer (tavru'AN) תַּבְרוּאָן ז׳
thread (tavRIG) תַּבְרִיג ז׳
dish; cooked (tavSHIL) תַּבְשִׁיל ז׳
food
insignia; badge; (TAG) תָּג ז׳
ornamental flourish
reinforce (tigBER) תִּגְבֵּר פעל י׳
reinforcements; (tigBOret) תִּגְבֹּרֶת נ׳
rise; increase
reaction; response (teguVA) תְּגוּבָה נ׳
discovery (tagLIT) תַּגְלִית נ׳
recompense; (tagMUL) תַּגְמוּל ז׳
reprisal
reprisal פְּעֻלַּת –
trade; bargain (tigGER) תִּגֵּר פעל י׳
merchant (tagGAR) תַּגָּר ז׳
quarrel (tigGAR) תִּגָּר ז׳
complain קָרָא –
quarrel; (tigRA) תִּגְרָה נ׳
altercation; anger
fist fight תִּגְרַת יָדַיִם
merchant; (taggeRAN) תַּגְּרָן ז׳
peddler; haggler
trade; petty (taggeraNUT) תַּגְּרָנוּת נ׳
trade; haggling
stupefaction (tadheMA) תַּדְהֵמָה נ׳
frequent; (taDIR) תָּדִיר ת׳ תה״פ
frequently; often
frequency; (tediRUT) תְּדִירוּת נ׳
regularity
refuelling (tidLUK) תִּדְלוּק ז׳

image (tadMIT) תַּדְמִית נ׳
offprint; reprint; (tadPIS) תַּדְפִּיס ז׳
print
frequency (TEder) תֶּדֶר ז׳
(tidRUKH; תִּדְרוּךְ, תַּדְרִיךְ ז׳
tadRIKH)
briefing
brief (tidREKH) תִּדְרֵךְ פעל י׳
tea (TE) תֵּה ז׳
be amazed; (taHA) תָּהָה פעל ע׳
wonder; regret
examine nature of – עַל קַנְקַנּוֹ
desolation; nothingness (TOhu) תֹּהוּ ז׳
chaos – וָבֹהוּ
in vain – לְ
fail עָלָה בְּ –
resonance (tehuDA) תְּהוּדָה נ׳
deep; abyss; (teHOM) תְּהוֹם נ׳
depth; torrent
ground water – מֵי
bottomless; (tehoMI) תְּהוֹמִי ת׳
abysmal
amazement; regret (tehiYA) תְּהִיָּה נ׳
praise; splendor (tehilLA) תְּהִלָּה נ׳
procession; (tahaluKHA) תַּהֲלוּכָה נ׳
cavalcade
process (tahaLIKH) תַּהֲלִיךְ ז׳
Psalms (book) (tehilLIM) תְּהִלִּים ז״ר
perversion; (tahpuKHA) תַּהְפּוּכָה נ׳
distortion; change; vicissitude
sign; mark; note (music) (TAV) תָּו ז׳
Tav (twenty-second and – נ׳
final letter of Hebrew alphabet)
from A to Z מֵאָלֶף עַד –
postage stamp תַּו דֹּאַר
features תָּוֵי פָּנִים
suitable; fitting; (to'EM) תּוֹאֵם ת׳
equal; similar
pretext (to'aNA) תּוֹאֲנָה נ׳
transport (tovaLA) תּוֹבָלָה נ׳
plaintiff; (tove'A) תּוֹבֵעַ ז׳
prosecutor
claim (tuv'aNA) תּוּבְעָנָה נ׳

grief; sadness (tuGA) תּוּגָה נ׳
thanksgiving; (toDA) תּוֹדָה נ׳
thanks; thank you; gratitude
consciousness (toda'A) תּוֹדָעָה נ׳
outline; sketch; (tivVA) תִּוָּה פעל י׳
lay out; design
mediation; (tivVUKH) תִּוּוּךְ ז׳
brokerage
hope; (toḤElet) תּוֹחֶלֶת נ׳
expectation
outline; (teVAI) תְּוַי, תְּוַאי ז׳
construction plan
arbor vitae (tuYA) תּוּיָה נ׳
label (taVIT) תָּוִית נ׳
center; (TAvekh; TOKH) תָּוֶךְ, תּוֹךְ ז׳
middle; inside; interior; contents
within תּוֹךְ מ״י
in the course of, while תּוֹךְ כְּדֵי
in the midst of; during בְּתוֹךְ
inside; into לְתוֹךְ
from; out of מִ –
in this way מִ – כָּךְ
while; since; because – שֶׁ...
mediate; bisect (tivVEKH) תִּוֵּךְ פעל י׳
punishment; (tokheḤA) תּוֹכֵחָה נ׳
misfortune; reproof
reprimand; (tokhaḤA) תּוֹכָחָה נ׳
rebuke
astronomer (toKHEN) תּוֹכֵן ז׳
derivative (toLAD) תּוֹלָד ז׳
result; (tolaDA) תּוֹלָדָה נ׳
consequence; conclusion; offspring; nature; creation; history; annals; corollary
history; generations; תּוֹלְדוֹת נ״ר
chronology
curriculum vitae תּוֹלְדוֹת חַיִּים
תּוֹלָע ז׳, תּוֹלֵעָה, תּוֹלַעַת נ׳ (toLA'; tole'A; toLA'at)
worm; larva; scarlet cloth
support; (toMEKH) תּוֹמֵךְ ז׳
backer; seconder; supporting
Tunisia (tuNIsiya) תּוּנִיסְיָה נ׳

fermenting; (toSES) תּוֹסֵס ת׳
agitated
addition; (toSEfet) תּוֹסֶפֶת נ׳
increase; addendum; supplement
cost of living increment – יֹקֶר
Tosefta (tosefTA) תּוֹסֶפְתָּא נ׳
(supplement to the Mishna)
appendix (tosefTAN) תּוֹסֶפְתָּן ז׳
abomination (to'eVA) תּוֹעֵבָה נ׳
stray; lost person; (to'E) תּוֹעֶה ז׳ ת׳
wandering
use; usefulness; (to'Elet) תּוֹעֶלֶת נ׳
benefit; profit
useful; (to'alTI) תּוֹעַלְתִּי ת׳
utilitarian; profitable
height (to'aFOT) תּוֹעָפוֹת נ״ר
fortune; great wealth – הוֹן
cookie (tuFIN) תּוּפִין ז׳
phenomenon; (toFA'A) תּוֹפָעָה נ׳
manifestation
drum (toFEF) תּוֹפֵף פעל י׳
seamstress (toFEret) תּוֹפֶרֶת נ׳
result; outcome (totsa'A) תּוֹצָאָה נ׳
product (toTSAR) תּוֹצָר ז׳
produce; product (toTSEret) תּוֹצֶרֶת נ׳
Shofar blower; (toke'A) תּוֹקֵעַ ז׳
trumpeter
aggressor (tokeFAN) תּוֹקְפָן ז׳
aggression; (tokefaNUT) תּוֹקְפָנוּת נ׳
aggressiveness
aggressive (tokefaNI) תּוֹקְפָנִי ת׳
line; turtle dove (TOR) תּוֹר ז׳
Mosaic Law; (toRA) תּוֹרָה נ׳
Torah; Pentateuch; law; doctrine, system, theory; teaching
as; in the capacity of בְּתוֹרַת
Written Law (Bible) – שֶׁבִּכְתָב
Oral Law (Talmud) – שֶׁבְּעַל פֶּה
scholar; person learned in the Torah – בֶּן
Torah scroll – סֵפֶר
elementary religious school; study of the Torah – תַּלְמוּד

תורם ז׳ (toREM) contributor; donor
תורן ז׳ (toRAN) person on duty
קצין — duty officer
תורנות נ׳ (toraNUT) turns; turn at duty; duty
תורני ת׳ (toraNI) learned in the Torah, religious; Torah duty
תורשה נ׳ (toraSHA) heredity
תורשתי ת׳ (torashTI) hereditary
תורשתיות נ׳ (torashtiYUT) heredity; hereditary nature
תושב ז׳ת׳ (toSHAV) inhabitant, resident; permanent
תושבת נ׳ (toSHEvet) seat; base
תושיה נ׳ (tushiYA) resourcefulness; wisdom; good counsel
תות ז׳ (TUT) mulberry; mulberry tree
תותב ז׳ת׳ (toTAV) bushing; artificial
שן תותבת artificial tooth
תותבת נ׳ (toTEvet) denture; prosthetic device
תותח ז׳ (toTAḤ) cannon; gun; artillery piece
תותחן ז׳ (toteḤAN) gunner; artilleryman
תותחנות נ׳ gunnery; artillery
תזוזה נ׳ (tezuZA) motion; move; shift
תזונה נ׳ (tezuNA) nutrition; diet
תזונתי ת׳ (tezunaTI) dietetic; nutritive
תזכיר ז׳ (tazKIR) memorandum
תזכורת נ׳ (tizKOret) reminder; memorandum
תזמור ז׳ (tizMUR) orchestration
תזמר פעל י׳ (tizMER) orchestrate
תזמורת נ׳ (tizMOret) orchestra; band
תזמורתי ת׳ (tizmorTI) orchestral
תזקיק ז׳ (tazKIK) distillate
תחב פעל י׳ (taḤAV) insert; stick in
תחבולה נ׳ (taḥbuLA) trick; stratagem; ruse
תחבורה נ׳ (taḥbuRA) transport; communications
תחביב ז׳ (taḥBIV) hobby
תחביר ז׳ (taḥBIR) syntax
תחבירי ת׳ (taḥbiRI) syntactical
תחבל פעל י׳ (tiḥBEL) scheme, devise; contrive
תחבשת נ׳ (taḥBOshet) bandage; dressing; compress
תחוח ת׳ (taḤU'aḥ) loose
תחולה נ׳ (teḥuLA) incidence
תחום ז׳ (teḤUM) border; boundary; range; limit; area; field; domain; sphere
תחום ז׳ (tiḤUM) delimitation; fixing boundaries; demarcation
תחושה נ׳ (teḥuSHA) sensation; feeling
תחזוקה נ׳ (taḥazuKA) maintenance
תחזית נ׳ (taḥaZIT) forecast; spectrum
תחח פעל י׳ (tiḤAḤ) crumble; loosen
תחיבה נ׳ (teḥiVA) inserting; insertion; sticking in
תחיה נ׳ (teḥiYA) revival; rebirth; renaissance
שב לתחיה come back to life
תחיחות נ׳ (teḥiḤUT) looseness
תחלב פעל י׳ (tiḥLEV) emulsify
תחלה נ׳ (teḥilLA) beginning
ב — at first; formerly
מלכ — first, from the start
תחלואה נ׳ (taḥalu'A) incidence of disease
תחלופה נ׳ (taḥaluFA) change; replacement; new growth
תחלי ת׳ (teḥilLI) initial
תחליב ז׳ (taḥaLIV) emulsion
תחליף ז׳ (taḥaLIF) substitute; surrogate
תחלית נ׳ (teḥilLIT) prefix
תחם, תחם פעל י׳ fix (taḤAM; tiḤEM) boundary; delimit
תחמיץ ז׳ (taḥMITS) silage
תחמיש ז׳ (taḥMISH) cartridge
תחמצת נ׳ (taḥMOtset) oxide
תחמשת נ׳ (taḥMOshet) ammunition

תְּחִנָּה נ׳ (teḥinNA) supplication; mercy; litany
תַּחֲנָה נ׳ (taḥaNA) station; stop
תַּחֲנוּן ז׳ (taḥaNUN) supplication; mercy
תִּחְפֵּשׂ פעל י׳ (tiḥPES) dress up; disguise
תַּחְפֹּשֶׂת נ׳ (taḥPOset) costume; disguise
תְּחִקָּה נ׳ (teḥikKA) legislation
תַּחְקִיר ז׳ (taḥKIR) debriefing
תִּחְקֵר פעל י׳ (tiḥKER) debrief
תַּחְרָה נ׳ (taḥRA) lace
תַּחֲרוּת נ׳ (taḥaRUT) competition; rivalry; match
– גְּמָר final
תַּחְרִיט ז׳ (taḥRIT) etching
תַּחְרִים ז׳ (taḥRIM) lace
תַּחַשׁ ז׳ (TAḥash) dugong (in Bible: badger; seal; Egyptian leather)
תַּחֲשִׁיב ז׳ (taḥaSHIV) calculation
תַּחַת מ״י (TAḥat) under; beneath; below; instead of; because of
– ז׳ ass
– מִ below
תַּחְתּוֹן ת׳ (taḥTON) lower
תַּחְתּוֹנִים underwear; shorts; drawers
תַּחְתּוֹנִית נ׳ (taḥtoNIT) slip
תַּחְתִּי ת׳ (taḥTI) lower
רַכֶּבֶת תַּחְתִּית subway
תַּחְתִּית נ׳ (taḥTIT) saucer; bottom
תֵּיאַטְרוֹן ז׳ (tey'atRON) theater
תֵּיאַטְרוֹנִי ת׳ (te'atroNI) theater
תֵּיאַטְרָלִי ת׳ (te'atRAli) theatrical; theater

תֵּיבָה ר׳ תֵּבָה
תִּיּוּר ז׳ (tiYUR) touring; sightseeing
תִּיכוֹן ת׳ (tiKHON) middle; center; central
בֵּית סֵפֶר – high school
הַיָּם הַ – Mediterranean Sea
תִּיכוֹנִי ת׳ (tikhoNI) middle; center; central

תַּיִל ז׳ (taYIL) wire
תֵּימָן ז׳ (teyMAN) Yemen; south
תֵּימָנִי ת׳ ז׳ (teymaNI) Yemenite
תִּינוֹק ז׳ (tiNOK) baby; infant
תִּינוֹקִי ת׳ (tinoKI) infantile; babyish; childish
תִּינֹקֶת נ׳ (tiNOket) infant (girl)
תִּיק ז׳ (TIK) file; briefcase; portfolio; bag
תִּיֵּק פעל י׳ (tiYEK) file
תֵּיקוּ ז׳ (TEYku) stalemate; draw; tie
תִּיקִיָּה נ׳ (tikiYA) filing cabinet
תִּיקָן ז׳ (tiKAN) cockroach
תַּיָּר ז׳ (taiYAR) tourist
תִּיֵּר פעל ע׳ (tiYER) tour; sight-see
תִּירוֹשׁ ז׳ (tiROSH) must; new wine
תַּיָּרוּת נ׳ (taiyaRUT) tourism; touring
תִּירָס ז׳ (tiRAS) corn
תַּיִשׁ ז׳ (taiYISH) billy goat
תְּכוּלָה נ׳ (tekhuLA) content
תְּכוּנָה נ׳ (tekhuNA) trait; quality; plan, layout; astronomy; preparation
תָּכוּף ת׳ (taKHUF) successive; frequent
תֻּכִּי ז׳ (tukKI) parrot
תְּכִיפוּת נ׳ (tekhiFUT) frequency; immediate sequence; urgency
תְּכָכִים ז״ר (tekhaKHIM) intrigue
תַּכְכָן ז׳ (takhKHAN) troublemaker; plotter
תָּכֹל ת׳ (taKHOL) sky blue; light blue
תַּכְלִית נ׳ (takhLIT) aim; object; end; limit; unbounded quantity; comfortable life; practicality; brass tacks
בְּתַכְלִית absolutely
תַּכְלִיתִי ת׳ (takhliTI) purposeful; purposive
תְּכֵלֶת נ׳ (teKHElet) sky blue; light blue; azure; purple dye

self-righteously – טַלִּית שֶׁכֻּלָּה
virtuous
examine; (taKHAN) תָּכַן פעל י׳
measure; estimate; plan
it's possible יִתָּכֵן
measure; (tikKEN) תִּכֵּן פעל י׳
calculate; plan
content; contents; (TOkhen) תֹּכֶן ז׳
quantity; fixed amount
planning (tikhNUN) תִּכְנוּן ז׳
programming (tikhNUT) תִּכְנוּת נ׳
program (tokhniYA) תָּכְנִיָּה נ׳
plan; program; (tokhNIT) תָּכְנִית נ׳
project; sketch; blueprint; layout
master plan – אָב
curriculum – לִמּוּדִים
plan (tikhNEN) תִּכְנֵן פעל י׳
program (tikhNET) תִּכְנֵת פעל י׳
tactic; tactics; (takhSIS) תַּכְסִיס ז׳
stratagem; strategy
tactical (takhsiSI) תַּכְסִיסִי ת׳
tactician (takhsiSAN) תַּכְסִיסָן ז׳
attach (taKHAF) תָּכַף פעל י׳ ע׳
directly after; stitch closely; follow in immediate succession
immediately (TEkhef) תֵּכֶף תה״פ
mantle; (takhRIKH) תַּכְרִיךְ ז׳
cloak; cover; bundle
shroud תַּכְרִיכִים
ornament; (takhSHIT) תַּכְשִׁיט ז׳
rascal
preparation (takhSHIR) תַּכְשִׁיר ז׳
dictation, (takhTIV) תַּכְתִּיב ז׳
dictate
mound; tell; knoll; (TEL) תֵּל ז׳
pile; heap
trouble; hardship (tela'A) תְּלָאָה נ׳
great heat; agony (tal'uVA) תַּלְאוּבָה נ׳
clothes; dress (tilBOshet) תִּלְבֹּשֶׁת נ׳
uniform – אֲחִידָה
hang, suspend; (taLA) תָּלָה פעל י׳ ע׳
attribute; suspend judgment
blame – אֶת הַקּוֹלָר

suspended; (taLUY) תָּלוּי ת׳
hanging; hanged; depending; doubtful
depends on – בְּ...
steep (taLUL) תָּלוּל ת׳
knoll; hillock (teluLIT) תְּלוּלִית נ׳
(teluNA; telunNA) תְּלוּנָה, תְּלֻנָּה נ׳
complaint
detached; torn (taLUSH) תָּלוּשׁ ת׳
off; torn out; picked; alienated
coupon; stub (teLUSH) תְּלוּשׁ ז׳
dependence (teLUT) תְּלוּת נ׳
quiver (teLI) תְּלִי ז׳
hanging; gallows (teliYA) תְּלִיָּה נ׳
medallion; (tilYON) תִּלְיוֹן ז׳
pendant
steepness (teliLUT) תְּלִילוּת נ׳
hangman; (talYAN) תַּלְיָן ז׳
executioner
tearing out; (teliSHA) תְּלִישָׁה נ׳
tearing off; picking
lack of roots; (teliSHUT) תְּלִישׁוּת נ׳
instability; remoteness; alienation
furrow (TElem) תֶּלֶם ז׳
furrow (tilLEM) תִּלֵּם פעל י׳
Talmud (talMUD) תַּלְמוּד
(commentary on the Mishna); study
elementary religious school – תּוֹרָה
Talmudic; (talmuDI) תַּלְמוּדִי ת׳ ז׳
Talmud scholar
pupil; student; (talMID) תַּלְמִיד ז׳
disciple
scholar – חָכָם
remove worms; (tilLA') תִּלַּע פעל י׳
become wormy
tear off; (taLASH) תָּלַשׁ פעל י׳
tear out; pick
tricycle (teLAT-oFAN) תְּלַת־אוֹפָן ז׳
(teLAT-memadDI) תְּלַת־מְמַדִּי ת׳
three-dimensional
curling (tilTUL) תִּלְתּוּל ז׳
curl; heap (talTAL) תַּלְתַּל ז׳
curl (tilTEL) תִּלְתֵּל פעל י׳

תִּלְתָּן ז׳ (*tilTAN*) clover

תַּם פעל ע׳ (*TAM*) end, be completed; be exhausted

תָּם ת׳ (*TAM*) innocent; complete; simple; whole; faultless

תֹּם ז׳ (*TOM*) innocence; simpleness; naiveté; honesty; wholeness; finish

לְתֻמּוֹ innocently

בְּתָם־לֵבָב in good faith

תֶּמֶד ז׳ (*teMAD*) mead; cheap wine

תָּמַהּ פעל ע׳ (*taMAH*) be amazed; wonder; doubt

תָּמֵהַּ ת׳ (*taME'ah*) surprised; astonished

תֶּמַהּ ז׳ (*TEmah*) wonder; surprise; amazement

תֻּמָּה נ׳ (*tumMA*) innocence; honesty; sincerity

תִּמָּהוֹן ז׳ (*timmaHON*) amazement; surprise; wonder; confusion; madness

תִּמְהוֹנִי ת׳ ז׳ (*timhoNI*) strange; peculiar; eccentric

תָּמוּהַּ ת׳ (*taMU'ah*) surprising; puzzling; strange

תַּמּוּז ז׳ (*tamMUZ*) Tammuz (10th Hebrew month; 4th in Bible); (Babylonian deity)

תְּמוּטָה נ׳ (*temuTA*) collapse; fall

תִּמּוּךְ ז׳ (*timMUKH*) support

תִּמּוּכִין backing

תְּמוֹכָה נ׳ (*temoKHA*) brace; support; strut

תְּמוֹל ז׳ (*teMOL*) yesterday; past

– שִׁלְשׁוֹם days gone by; formerly

תְּמוּנָה נ׳ (*temuNA*) picture; image; likeness

תְּמוּרָה נ׳ (*temuRA*) change; consideration; value; appositive

תְּמוּרַת in exchange for; instead of

תְּמוּתָה נ׳ (*temuTA*) mortality; death

תַּמְחוּי ז׳ (*tamḤUY*) soup kitchen; charity box; food tray

תַּמְחִיר ז׳ (*tamḤIR*) cost accounting

תַּמְחִירָן ז׳ (*tamḥiRAN*) cost accountant

תָּמִיד תה״פ ז׳ (*taMID*) always; permanence; constancy; daily offering

נֵר – External Light; everlasting monument

אַחַת וּלְתָמִיד once and for all

תְּמִידוּת נ׳ (*temiDUT*) permanence; constancy; regularity

תְּמִידִי ת׳ (*temiDI*) permanent; constant; continuous

תְּמִיהָה נ׳ (*temiHA*) surprise; amazement; wonder

תְּמִיכָה נ׳ (*temiKHA*) support; help

תָּמִים ת׳ (*taMIM*) naive; unblemished; faultless; honest

תְּמִים דֵעִים of one mind

תְּמִימוּת נ׳ (*temiMUT*) naiveté; honesty; completeness

תָּמִיר ת׳ (*taMIR*) erect; tall

תָּמַךְ פעל י׳ (*taMAKH*) support; hold up; assist; help

תֶּמֶךְ ז׳ (*TEmekh*) support

תַּמְלוּג ז׳ (*tamLUG*) royalty

תַּמְלִיל ז׳ (*tamLIL*) text, libretto, words

תְּמָנוּן ז׳ (*temaNUN*) octopus

תְּמִסָּה נ׳ (*temisSA*) solution

תִּמְסָח ז׳ (*timSAḤ*) crocodile

תַּמְסִיר ז׳ (*tamSIR*) handout; communiqué

תִּמְסֹרֶת נ׳ (*timSOret*) transmission

תִּמְצוּת ז׳ (*timTSUT*) summarizing; condensation

תַּמְצִית נ׳ (*tamTSIT*) essence; summary; digest

תַּמְצִיתִי ת׳ (*tamtsiTI*) essential; concise

תִּמְצֵת פעל י׳ (*timTSET*) summarize; condense

תָּמָר ז׳ (*taMAR*) date palm; date

תֹּמֶר ז׳ (*TOmer*) date palm

תְּמֵּר פע׳ל ע׳ (*timMER*) rise perpendicularly; smoke; burn incense
תִּמְרוֹן ז׳ (*timRON*) maneuver; tactic
תִּמְרוּן ז׳ (*timRUN*) maneuvering
תַּמְרוּק ז׳ (*tamRUK*) cosmetics
תַּמְרוּקִיָּה נ׳ (*tamrukiYA*) cosmetics store
תַּמְרוּר ז׳ (*tamRUR*) road sign; signpost
תִּמְרוּר ז׳ (*timRUR*) posting road signs
תַּמְרוּרִים bitterness; bitterly
תַּמְרִיץ ז׳ (*tamRITS*) incentive
תִּמְרֵן פע׳ל י׳ (*timREN*) maneuver
תַּמְשִׁיחַ ז׳ (*tamSHIaḥ*) fresco
תַּן ז׳ (*TAN*) jackal
תַּנָּא ז׳ (*tanNA*) teacher; Mishnaic scholar
תְּנַאי ז׳ (*teNAI*) condition; term; stipulation; situation
בִּתְנַאי שֶׁ... on condition that
עַל – conditional
צַו עַל – order nisi
תְּנָאִים betrothal ceremony
תִּנְגֹּדֶת נ׳ (*tinGOdet*) resistance
תִּנָּה פע׳ל י׳ (*tinNA*) recount; relate; tell; mourn
תְּנוּבָה נ׳ (*tenuVA*) produce; yield
תְּנוּדָה נ׳ (*tenuDA*) oscillation; vibration; fluctuation; migration; wandering
תְּנוּחָה נ׳ (*tenuḤA*) position
תְּנוּךְ ז, (*teNUKH*) lobe
תְּנוּמָה נ׳ (*tenuMA*) nap; slumber
תְּנוּעָה נ׳ (*tenu'A*) movement; motion; fluctuation; traffic; vowel
– גְּדוֹלָה long vowel
– קְטַנָּה short vowel
תְּנוּפָה נ׳ (*tenuFA*) momentum; energy; lifting
תַּנּוּר ז׳ (*tanNUR*) oven; stove
תַּנְחוּמִים ז״ר (*tanḥuMIM*) condolences; consolation

תַּנִּין ז׳ (*tanNIN*) crocodile; large sea animal
תַּנַ״ךְ ז׳ (*taNAKH*) Bible
תַּנַ״כִי ת׳ (*tanaKHI*) biblical
תִּנְשֶׁמֶת נ׳ (*tinSHEmet*) barn owl
תַּסְבִּיךְ ז׳ (*tasBIKH*) complex
תִּסְבֵּךְ פע׳ל י׳ (*tisBEKH*) cause complexes
תִּסְבֹּכֶת נ׳ (*tisBOkhet*) complication
תְּסִיסָה נ׳ (*tesiSA*) fermentation; ferment; agitation
תַּסְכִּית ז׳ (*tasKIT*) sketch; skit
תִּסְמֹנֶת נ׳ (*tisMOnet*) syndrome
תָּסַס פע׳ל ע׳ (*taSAS*) ferment; effervesce; be agitated
תִּסְפֹּרֶת נ׳ (*tisPOret*) haircut
תַּסְקִיר ז׳ (*tasKIR*) report; survey
תַּסְרִיט ז׳ (*tasRIT*) scenario; script
תַּסְרִיטַאי ז׳ (*tasriTAI*) scenario writer; script writer
תִּסְרֹקֶת נ׳ (*tisROket*) hairdo; coiffure
תִּעֵב פע׳ל י׳ (*te'EV*) loathe; abhor; soil
תַּעֲבוּרָה נ׳ (*ta'avuRA*) traffic
תִּעֵד פע׳ל י׳ (*ti'ED*) document
תָּעָה פע׳ל ע׳ (*ta'A*) go astray; get lost; deviate; wander away
תִּעוּב ז׳ (*ti'UV*) loathing; abhorrence
תִּעוּד ז׳ (*ti'UD*) documentation
תְּעוּדָה נ׳ (*te'uDA*) document; certificate; pass; aim; object; practice
תְּעוּדַת זֶהוּת identity card
תְּעוּדַת עֲנִיּוּת mark of incompetency; sad commentary
תִּעוּל ז׳ (*ti'UL*) drainage
תְּעוּפָה נ׳ (*te'uFA*) flight; flying; aviation
נְמַל – airport
שְׂדֵה – airfield
תִּעוּשׁ ז׳ (*ti'US*) industrialization
תְּעִיָּה נ׳ (*te'iYA*) going astray; getting lost; wandering; error

תִּעֵל פעל י׳ (ti'EL) construct a drainage system; channelize

תְּעָלָה נ׳ (te'aLA) canal; channel; ditch; trench

תַּעֲלוּל ז׳ (ta'aLUL) prank; deed; boy; mischievous child

תַּעֲלוּלִים mischief

תַּעֲלוּמָה נ׳ (ta'aluMA) mystery; enigma

תַּעֲמוּלָה נ׳ (ta'amuLA) propaganda

תַּעֲמוּלָתִי ת׳ (ta'amulaTI) propaganda

תַּעַמְלָן ז׳ (ta'amLAN) propagandist

תַּעֲנוּג ז׳ (ta'aNUG) pleasure

תַּעֲנִית נ׳ (ta'aNIT) fast

תַּעֲסוּקָה נ׳ (ta'asuKA) employment

תַּעַר ז׳ (TA'ar) razor; scabbard

תַּעֲרֹבֶת נ׳ (ta'aROvet) mixture

בֶּן – halfbreed

תַּעֲרוּכָה נ׳ (ta'aruKHA) exhibition

תַּעֲרִיף ז׳ (ta'aRIF) charge; fee

תִּעֵשׂ פעל י׳ (ti'ES) industrialize

תַּעַשׂ ז׳ (TA'as) defense industry

תַּעֲשִׂיָּה נ׳ (ta'asiYA) industry

תַּעֲשִׂיָּן ז׳ (ta'asiYAN) industrialist

תַּעֲשִׂיָּתִי ת׳ (ta'asiyaTI) industrial

תַּעְתּוּעַ ז׳ (ta'TU'a) deception; dissembling; illusion

חֲזוֹן תַּעְתּוּעִים mirage

תַּעְתִּיק ז׳ (ta'TIK) transliteration; transcription

תִּעְתַּע פעל י׳ (ti'TA') lead astray; deceive; hoodwink

תֹּף ז׳ (TOF) drum

תַּפְאוּרָה נ׳ (taf'uRA) scenery

תִּפְאָרָה, תִּפְאֶרֶת נ׳ (tif'aRA; tif'Eret) magnificence; splendor; beauty; honor; glory

תַּפּוּד ז׳ (tapPUD) potato

תַּפּוּז ז׳ (tapPUZ) orange

תַּפּוּחַ ז׳ (tapPU'aḥ) apple; apple tree

רֶסֶק תַּפּוּחִים applesauce

תַּפּוּחַ אֲדָמָה ז׳ (tapPU'aḥ adaMA) potato

תַּפּוּחַ זָהָב ז׳ (tapPU'aḥ zaHAV) orange

תָּפוּחַ ת׳ (taFU'aḥ) swollen

תִּפּוּחַ ז׳ (tipPU'aḥ) swelling

תָּפוּס ת׳ (taFUS) taken; occupied; busy; absorbed

תְּפוּסָה נ׳ (tefuSA) occupancy; tonnage; space occupied

תִּפּוּף ז׳ (tipPUF) drumming

תְּפוּצָה נ׳ (tefuTSA) circulation; dispersion; Diaspora; distribution

תְּפוּקָה נ׳ (tefuKA) production; yield; output

תָּפוּר ת׳ (taFUR) sewn

תפוש ר׳ תָּפוּס

תָּפֹז ת׳ (taFOZ) orange

תִּפְזֹרֶת נ׳ (tifZOret) bulk

תָּפַח פעל ע׳ (taFAḤ) swell

תֻּפִּי ת׳ (tupPI) equipped with a drum

אֶקְדָּח – revolver

תְּפִיחָה, תְּפִיחוּת נ׳ (tefiḤA; tefiḤUT) swelling

תפילה ר׳ תְּפִלָּה

תפילין ר׳ תְּפִלִּין

תְּפִיסָה נ׳ (tefiSA) occupation; seizure; perception; grasp

תְּפִירָה נ׳ (tefiRA) sewing

מְכוֹנַת – sewing machine

תָּפֵל ת׳ (taFEL) tasteless; saltless; lacking the essential ingredient

תְּפִלָּה נ׳ (tefilLA) prayer; phylactery

בֵּית – synagogue; house of prayer

בַּעַל – cantor; prayer leader

תִּפְלוּת נ׳ (tifLUT) foolishness

תְּפִלִּין נ״ר (tefilLIN) phylacteries

תַּפְנוּק ז׳ (tafNUK) coddling; pampering; pleasure

תַּפְנִית נ׳ (tafNIT) turn; half-turn

תָּפַס פעל י׳ (taFAS) catch; seize;

grasp; take; occupy; understand; be valid; use

תִּפְעוּל ז׳ (*tif'UL*) operation

תִּפְעֵל פעל י׳ (*tif'EL*) operate

תָּפַף ר׳ תּוֹפֵף

תִּפְקֵד פעל ע׳ (*tifKED*) function

תִּפְקוּד ז׳ (*tifKUD*) functioning

תַּפְקִיד ז׳ (*tafKID*) function; task; duty; role

בְּתַפְקִיד on duty

תָּפַר פעל י׳ (*taFAR*) sew

תֶּפֶר ז׳ (*TEfer*) stitch; seam

תִּפְרַחַת נ׳ (*tifRAḥat*) rash; inflorescence

תַּפְרִיט ז׳ (*tafRIT*) menu

תָּפַשׂ ר׳ תָּפַס

תֹּפֶת ז׳ (*Tofet*) Tophet; hell

מְכוֹנַת – infernal machine

תַּצְהִיר ז׳ (*tats'HIR*) deposition

תְּצוּגָה נ׳ (*tetsuGA*) exhibit; display

תְּצוּרָה נ׳ (*tetsuRA*) formation

תַּצְלוּם ז׳ (*tatsLUM*) photograph

תַּצְלִיל ז׳ (*tatsLIL*) chord

תַּצְפִּית נ׳ (*tatsPIT*) observation; lookout

תִּצְרֹכֶת נ׳ (*titsROkhet*) consumption

סְחוֹרוֹת – consumer goods

תַּקְבּוּל ז׳ (*takBUL*) receipt

תַּקְדִּים ז׳ (*takDIM*) precedent

תִּקְוָה נ׳ (*tikVA*) hope

הַ – Ha-Tikva (Israel national anthem)

תְּקוּמָה נ׳ (*tekuMA*) revival; rebirth; progress; existence; stand

תִּקּוּן ז׳ (*tikKUN*) repair; correction; reform; amendment; improvement; emendation

כְּתִקּוּנוֹ proper; correct; usual

תָּקוּעַ ח׳ (*taKU'a*) stuck in; stuck; inserted; dwelling permanently

תְּקוּפָה נ׳ (*tekuFA*) period; age; era; season; cycle

תְּקוּפִי ח׳ (*tekuFI*) periodic; periodical

תָּקִין ח׳ (*taKIN*) normal; regular

תְּקִינוּת נ׳ (*tekiNUT*) normalcy; regularity

תְּקִיעָה נ׳ (*teki'A*) blast of ram's horn; sticking in; insertion

תְּקִיעַת כַּף handshake (to seal bargain)

תַּקִּיף ח׳ (*takKIF*) strong; firm; resolute

תְּקִיפָה נ׳ (*tekiFA*) attack; assault

תַּקִּיפוּת נ׳ (*takkiFUT*) firmness; resolve; vigor; strength

תַּקָּלָה נ׳ (*takkaLA*) obstacle; hitch; mishap; failure

תַּקְלִיט ז׳ (*takLIT*) record; recording

תַּקְלִיטִיָּה נ׳ (*taklitiYA*) record library

תִּקֵּן פעל י׳ (*tikKEN*) repair; fix; mend; institute; ordain; improve; reform

תֶּקֶן ז׳ (*TEken*) norm; standard; complement

תַּקָּנָה נ׳ (*takkaNA*) regulation; repair; remedy; improvement; reform

תַּקָּנוֹן ז׳ (*takkaNON*) constitution; code; regulations

תִּקְנוּן ז׳ (*tikNUN*) standardization

תִּקְנִי ז׳ (*tikNI*) standard; normal

תִּקְנֵן פעל י׳ (*tikNEN*) standardize

תָּקַע פעל י׳ (*taKA'*) blow; stick in; insert; push; hit; slap

– אֹהֶל pitch tent

– כַּף shake hands on

תֶּקַע ז׳ (*TEka'*) plug

תָּקַף פעל י׳ (*taKAF*) attack; assail; seize

תֹּקֶף ז׳ (*TOkef*) validity; power; force; authority

בְּתֹקֶף by virtue of; vigorously

בַּר – valid

תָּקֵף ח׳ (*taKEF*) in force; valid

תַּקְצִיב ז׳ (*takTSIV*) budget

תַּקְצִיבִי ח׳ (*taktsiVI*) budgetary

תַּקְצִיר ז׳ (*takTSIR*) digest; abstract; summary

flat tire (*TEker*) תֶּקֶר ז׳

ceiling (*tikRA*) תִּקְרָה נ׳

incident (*takRIT*) תַּקְרִית נ׳

civil service code (*takSHIR*) תַּקְשִׁיר ז׳

communication (*tikSHOret*) תִּקְשֹׁרֶת נ׳

ticking; tapping; clicking; typing (*tikTUK*) תִּקְתּוּק ז׳

tap; tick; type (*tikTEK*) תִּקְתֵּק פעל ע׳ י׳

travel around; tour; spy out; investigate; explore (*TAR*) תָּר פעל י׳

culture; civilization, conduct (*tarBUT*) תַּרְבּוּת נ׳

civilizing; imparting culture; preparing a culture (*tirBUT*) תִּרְבּוּת ז׳

cultured; civilized (*tarbuTI*) תַּרְבּוּתִי ת׳

culture (*tarBIT*) תַּרְבִּית נ׳

civilize; impart culture; educate; train; domesticate; prepare culture (*tirBET*) תִּרְבֵּת פעל י׳

yellowish green (*taROG*) תָּרֹג ת׳

drill; training; practice; exercise (*tirGUL*) תִּרְגּוּל ז׳

translating; translation (*tirGUM*) תִּרְגּוּם ז׳

translation (*tarGUM*) תַּרְגּוּם ז׳

Septuagint – הַשִּׁבְעִים

exercise (*tarGIL*) תַּרְגִּיל ז׳

drill; practise; exercise; teach how to walk (*tirGEL*) תִּרְגֵּל פעל י׳

drill (*tirGOlet*) תִּרְגֹּלֶת נ׳

translate (*tirGEM*) תִּרְגֵּם פעל י׳

interpreter; translator (*turgeMAN*) תֻּרְגְּמָן ז׳

spinach (*TEred*) תֶּרֶד ז׳

deep sleep; hibernation (*tardeMA*) תַּרְדֵּמָה נ׳

ladle (*tarVAD*) תַּרְוָד ז׳

donation; contribution; gift; choice; heave offering (*teruMA*) תְּרוּמָה נ׳

distinguished; superior (*teruMI*) תְּרוּמִי ת׳

shout; intermittent blast (*teru'A*) תְּרוּעָה נ׳

medicine; drug; remedy (*teruFA*) תְּרוּפָה נ׳

pretext; excuse; solution (*teRUTS*) תֵּרוּץ ז׳

suspension; lotion (*tarḤIF*) תַּרְחִיף ז׳

Twelve Minor Prophets (*teREY 'aSAR*) תְּרֵי־עָשָׂר

(acrostic having numerical value of 613) (*tarYAG*) תַּרְיַ"ג

shutter; thyroid; shield; protection (*teRIS*) תְּרִיס ז׳

sharp-witted scholars בַּעֲלֵי תְּרִיסִין

ray (fish) (*terisaNIT*) תְּרִיסָנִית נ׳

dozen (*tereySAR*) תְּרֵיסַר ז׳

compound (*tirKOvet*) תִּרְכֹּבֶת נ׳

vaccine (*tarKIV*) תַּרְכִּיב ז׳

concentrate (*tarKIZ*) תַּרְכִּיז ז׳

donate; contribute; pay priestly dues; remove (*taRAM*) תָּרַם פעל י׳

(*termodiNAmika*) תֶּרְמוֹדִינָמִיקָה נ׳ thermodynamics

thermos; vacuum bottle (*TERmos*) תֶּרְמוֹס ז׳

thermal (*TERmi*) תֶּרְמִי ת׳

bag; satchel; cartridge case; pod (*tarMIL*) תַּרְמִיל ז׳

knapsack – גַּב

deceit; fraud (*tarMIT*) תַּרְמִית נ׳

mast; flagpole (*TOren*) תֹּרֶן ז׳

chicken; cock (*tarneGOL*) תַּרְנְגוֹל ז׳

turkey – הֹדּוּ

bantamweight – מִשְׁקַל

poison (*tar'eLA*) תַּרְעֵלָה נ׳

complaint; grievance; grudge (*tar'Omet*) תַּרְעֹמֶת נ׳

weakness (*turPA*) תֻּרְפָּה נ׳

weak point; vulnerable spot – נְקֻדַּת

household gods (*teraFIM*) תְּרָפִים ז״ר

solve; explain difficult point (*teRETS*) תֵּרֵץ פעל י׳

תַּרְשִׁים ז׳ (*tarSHIM*) sketch; plan; graph; chart
תַּרְתֵּי ש״מ (*tarTEY*) two (Aram.)
– דְּסָתְרֵי contradiction in terms
תַּשׁ פעל ע׳ (*TASH*) become weak; weaken
תִּשְׁבָּחָה נ׳ (*tishbaḤA*) praise
תַּשְׁבֵּץ ז׳ (*tashBETS*) crossword puzzle; checkered pattern
תִּשְׁבֹּרֶת נ׳ (*tishBOret*) fractions
תִּשְׁדֹּרֶת נ׳ (*tishDOret*) dispatch; communication; message
תְּשׁוּאָה נ׳ (*tesu'A*) yield
תְּשׁוּאוֹת נ״ר (*teshu'OT*) cheers; cheering; noise
תְּשׁוּבָה נ׳ (*teshuVA*) answer; reply; penance
תְּשׂוּמָה נ׳ (*tesuMA*) input
תְּשׂוּמֶת יָד loan; thievery
תְּשׂוּמֶת לֵב attention
תְּשׁוּעָה נ׳ (*teshu'A*) salvation; deliverance
תְּשׁוּקָה נ׳ (*teshuKA*) desire
תְּשׁוּרָה נ׳ (*teshuRA*) gift; present
תָּשׁוּשׁ ת׳ (*taSHUSH*) weak; feeble; infirm
תִּשְׁחֹרֶת נ׳ (*tishḤOret*) youth
בְּנֵי – young people; younger generation
תְּשִׁיעִי ת׳ (*teshi'I*) ninth
תְּשִׁיעִית נ׳ (*teshi'IT*) one ninth
תְּשִׁישׁוּת נ׳ (*teshiSHUT*) weakness; infirmity

תִּשְׁלֹבֶת נ׳ (*tishLOvet*) gear assembly; complex
תַּשְׁלוּם ז׳ (*tashLUM*) payment; disbursement; complement
תַּשְׁלִיךְ ז׳ (*tashLIKH*) Tashlikh (service near body of water on first day of Jewish New Year)
תַּשְׁמִישׁ ז׳ (*tashMISH*) implement; use; utilization; sexual intercourse
תַּשְׁמִישֵׁי קְדֻשָּׁה ritual articles
תֵּשַׁע ש״מ נ׳ (*TEsha*) nine
תִּשְׁעָה ש״מ ז׳ (*tish'A*) nine
תִּשְׁעִים ש״מ (*tish'IM*) ninety
תְּשַׁע עֶשְׂרֵה ש״מ נ׳ (*teSHA 'esRE*) nineteen
תַּשְׁקִיף ז׳ (*tashKIF*) forecast
תִּשְׁרֵי ז׳ (*tishREY*) Tishri (1st Hebrew month; 7th in Bible)
תַּשְׁרִיר ז׳ (*tashRIR*) validation
תָּשַׁשׁ ר׳ תַּשׁ
תַּשְׁתִּית נ׳ (*tashTIT*) infrastructure; base; foundation; subsoil
תַּת־ תה״פ (*TAT-*) under-; sub-; hypo-
– אַלּוּף brigadier general
– הַכָּרָה, – יָדַע unconscious, subconscious
– מֵימִי submarine; underwater
– מַקְלֵעַ submachine gun
– קַרְקָעִי subterranean
– שַׂר deputy minister
– תְּזוּנָה undernourishment
– תִּקְנִי substandard
תִּתּוֹרָה נ׳ (*tittoRA*) brim; rim

# A

**A, a** *n.* (אֵי) אֵי, הָאוֹת הָרִאשׁוֹנָה בָּאָלֶפְבֵּית הָאַנְגְּלִי, א׳

**a** ([כשההכרה מוטעמת] אֶ, אֵי) הַבָּרָה הַמּוֹרָה עַל חֹסֶר יְדוּעַ (man - סתם איש, בניגוד ל the man – האיש)

— *adj.* אֶחָד, אַחַת

**aback',** *adv.* (אֶבֶּק) אֲחוֹרַנִּית; לְאָחוֹר; כְּלַפֵּי הַתֹּרֶן

taken — מֻפְתָּע וְנָבוֹךְ

**abaft'** *prep. & adv.* (אֶבֶּפְט) מֵאֲחוֹרֵי; מֵאָחוֹר

**aban'don** *v.t.* (אֶבֶּנְדֶן) נָטַשׁ; וִתֵּר עַל; הִתְמַכֵּר ל־

**aban'donment** *n.* (אֶבֶּנְדֶנְמֶנְט) נְטִישָׁה; הִתְמַסְּרוּת; פְּרִיקַת עֹל

**abase'** *v.t.* (אֲבֵּיס) הִשְׁפִּיל; הוֹרִיד; בִּזָּה

**abase'ment** *n.* (אֲבֵּיסְמֶנְט) הַשְׁפָּלָה; הוֹרָדָה

**abash'** *v.t.* (אֶבֶּשׁ) בִּיֵּשׁ, הֵבִיךְ

**abash'ment** *n.* (אֶבֶּשְׁמֶנְט) הַכְלָמָה, מְבוּכָה

**abate'** *v.t.* (אֲבֵּיט) הִפְחִית, הִקְטִין

*v.i.* פָּחַת, שָׁכַךְ

**abate'ment** *n.* (אֲבֵּיטְמֶנְט) הַפְחָתָה, בִּטּוּל; נִכּוּי

**ab'attoir"** *n.* (אֶבַּטְוָר) בֵּית מִטְבָּחַיִם

**ab'bacy** *n.* (אֶבַּסִי) דַּרְגָה, זְכֻיּוֹת אוֹ אֵזוֹר שִׁפּוּט שֶׁל רֹאשׁ מִנְזָר; כְּהֻנַּת רֹאשׁ מִנְזָר

**Ab'basid** *n. & adj.* (אֶבַּסִד) עַבַּאסִי

**abbé'** *n.* (אֲבֵּי) רֹאשׁ מִנְזָר; "אַבָּא" (כינוי כבוד לכומ״ר)

**ab'bess** *n.* (אֶבֶּס) נְזִירָה רָאשִׁית; אֵם מִנְזָר

**ab'bey** *n.* (אֶבִּי) מִנְזָר; כְּנֵסִיָּה בְּמִנְזָר

**ab'bot** *n.* (אֶבֶּט) רֹאשׁ מִנְזָר; נָזִיר רָאשִׁי

**abbre'viate"** *v.t.* (אֶבְּרִיבִיאֵיט) קִצֵּר, הִפְחִית, כָּתַב בְּרָאשֵׁי תֵּבוֹת

**abbre"via'tion** (אֶבְּרִיבִיאֵישְׁן) קִצּוּר, רָאשֵׁי תֵּבוֹת

**ABC's** *pl.* (אֵיבִּיסִיז) יְסוֹדוֹת; אָלֶפְבֵּית

**ab'dicate"** *v.i. & t.* (אֶבְּדִקֵיט) וִתֵּר עַל; הִתְפַּטֵּר

**ab"dica'tion** *n.* (אֶבְּדִקֵישְׁן) הִתְפַּטְּרוּת, וִתּוּר עַל

**ab'domen** *n.* (אֶבְּדֶמֶן) בֶּטֶן; חֲלַל הַבֶּטֶן

**abdom'inal** *adj.* (אֶבְּדוֹמִנְל) בִּטְנִי

**abduct'** *v.t.* (אֶבְּדַקְט) חָטַף

**abduc'tion** *n.* (אֶבְּדַקְשְׁן) חֲטִיפָה

**abduc'tor** *n.* (אֶבְּדַקְטֶר) חוֹטֵף

**aberration** *n.* (אֶבֶּרֵישְׁן) סְטִיָּה; אַבֶּרַצְיָה; עִוּוּת

**abet'** *v.t.* (אֲבֶּט) סִיֵּעַ, עוֹדֵד

**abey'ance** *n.* (אֲבֵּיאֶנְס) אֶפֶס מַעֲשֶׂה; חֹסֶר־פְּעִילוּת זְמַנִּי

**abhor'** *v.t.* (אֶבְּהוֹר) תִּעֵב

**abhor'rence** *n.* (אֶבְּהוֹרֶנְס) תִּעוּב, תּוֹעֵבָה

**abhor'rent** *adj.* (אֶבְּהוֹרֶנְט) מְתֹעָב; מְתַעֵב

**abide'** *v.i.* (אֲבַּיד) נִשְׁאַר; שָׁכַן; הִתְמִיד

*v.t.* חִכָּה; סָבַל; רִצָּה (עוֹן)

— by קִיֵּם

**abi'ding** *adj.* (אֲבַּידִנְג) מַתְמִיד; קָבוּעַ

**abil'ity** *n.* (אֲבִּלְטִי) יְכֹלֶת, כִּשָּׁרוֹן

**ab'ject** *adj.* (אֶבְּגֶ׳קְט) בָּזוּי, שָׁפָל

**ab"jura'tion** *n.* (אֶבְּגֶ׳וּרֵישְׁן) הִתְכַּחֲשׁוּת

**abjure'** *v.t.* (אֶבְּגֶ׳וּר) הִתְכַּחֵשׁ ל־, חָזַר בּוֹ מִשְּׁבוּעָה

**ablaze'** *adj.* (אֲבְּלֵיז) בּוֹעֵר; לָהוּט

**a'ble [be]** *v.i.* (בִּי אֵיבְּל) יָכֹל

— *adj.* מֻכְשָׁר; מְסֻגָּל

**a'ble-bod'ied** *adj.* (אֵיבְּל־בּוֹדִיד) כָּשִׁיר, בַּעַל כֹּשֶׁר

**ablu'tion** *n.* (אֶבְּלוּשְׁן) טְבִילָה; מֵי טְבִילָה

**a'bly** *adv.* (אֵיבְּלִי) כָּרָאוּי; בְּכִשָּׁרוֹן

**ab'negate"** *v.t.* (אֶבְּנֶגֵיט) וִתֵּר עַל; דָּחָה

**ab"nega'tion** *n.* (אֶבְּנֶגֵישְׁן) וִתּוּר

**abnor'mal** *adj.* (אֶבְּנוֹרְמְל) לֹא־נוֹרְמָלִי; לֹא־רָגִיל

**ab"norma'lity** *n.* (אֶבְּנוֹרְמֶלְטִי) מַצָּב לֹא־נוֹרְמָלִי, סְטִיָּה

**abnor′mity** *n.* (אֲבְנוֹרְמִטִי) מַצָּב לֹא־נוֹרְמָלִי; מִפְלֶצֶת

**aboard′** *adv. & prep.* (אֲבוֹרְד) עַל, בְּ, בְּתוֹךְ, עַל יַד

**abode′** *n.* (אֲבוֹד) מָעוֹן, מְקוֹם מְגוּרִים; שְׁהִיָּה מְמֻשֶּׁכֶת

**abode′** *v.i. & t.* (אֲבוֹד) (זמן עבר של abide)

**abo′lish** *v.t.* (אֲבוֹלִשׁ) בִּטֵּל; הִכְחִיד

**ab″olit′ion** *n.* (אֲבֲלִשְׁן) בִּטּוּל; בִּטּוּל הָעַבְדוּת

**ab″olit′ionism″** *n.* (אֲבֲלִשֲׁנִזְם) בִּטּוּל הָעַבְדוּת (כעקרון)

**abom′inable** *adj.* (אֲבוֹמִנֲבֲל) מְתֹעָב, מָאוּס, מְשֻׁקָּץ

**abom′inate** *v.t.* (אֲבוֹמִנֵיט) תִּעֵב, סָלַד מִפְּנֵי

**abom″ina′tion** *n.* (אֲבוֹמִנֵישְׁן) תּוֹעֵבָה; סְלִידָה

**ab″orig′inal** *adj.* (אֲבֲרִג׳נֲל) פְּרִימִיטִיבִי; קָדוּם, מְקוֹרִי; קַמָּאִי

**— *n.*** תּוֹשָׁב מִתְּקוּפָה קְדוּמָה

**ab″orig′ine** *n.* (אֲבֲרִג׳נִי) תּוֹשָׁב מִתְּקוּפָה קְדוּמָה, תּוֹשָׁב מְקוֹרִי (במיוחד באוסטרליה)

**abort′** *v.i.* (אֲבוֹרְט) הִפִּיל (בשעת לידה); הִתְפַּתַּח חֶלְקִית; נִכְשַׁל

**— *v.t.*** גָּרַם לְהַפָּלָה; גָּרַם לְכִשָּׁלוֹן

**abor″tifa′cient** *adj.* (אֲבוֹרְטִפֵישֲנְט) מֵבִיא לִידֵי הַפָּלָה

**— *n.*** סַם הַפָּלָה

**abor′tion** *n.* (אֲבוֹרְשְׁן) הַפָּלָה; מִפְלֶצֶת; כִּשָּׁלוֹן

**abor′tive** *adj.* (אֲבוֹרְטִב) כּוֹשֵׁל; נוֹלָד לִפְנֵי זְמַנּוֹ; לֹא־מֻשְׁלָם

**abound′** *v.i.* (אֲבָּאוּנְד) שָׁפַע; שָׁרַץ

**about′** *prep.* (אֲבָּאוּט) עַל, עַל אוֹדוֹת; בְּיַחַס אֶל־; בְּ־; בְּקִרְבַת־; בְּעֵרֶךְ, בְּקֵרוּב; מִסָּבִיב לְ־; עוֹמֵד ל (לפני פועל); עוֹסֵק בְּ־;

**— *adv.*** בְּעֵרֶךְ; כִּמְעַט; בְּקִרְבַת מָקוֹם; לְכִוּוּן הֶהָפוּךְ; מִמָּקוֹם לְמָקוֹם

**— *adj.*** עֵר, נָע; נָפוֹץ

**— to** עָמַד לְ־

**about′face′** (אֲבָּאוּט־פֵּיס) אֲחוֹרָה פְּנֵה

**about′-face″** *n.* (אֲבָּאוּט־פֵּיס) שִׁנּוּי קִיצוֹנִי

**about″-face′** *v.i.* פָּנָה אֲחוֹרָה, שִׁנָּה עֶמְדָּה בְּצוּרָה קִיצוֹנִית

**above′** *adv. & prep. & adj.* (אֲבַב) מֵעַל לְ־, לְמַעְלָה; גָּבֹהַּ יוֹתֵר; מַעְלָה; לְעֵיל; בַּשָּׁמַיִם; עַל; מִצָּפוֹן לְ־

**— *n.*** הַנִּזְכָּר לְעֵיל; שֶׁנִּזְכַּר קֹדֶם; הַשָּׁמַיִם (אלהים)

**above′board″** *adv. & adj.* (אֲבַבְּבוֹרְד) לְלֹא רַמָּאוּת, בְּגָלוּי; יָשָׁר

**ab″racadab′ra** *n.* (אֲבְּרֲקֲדֲבְּרָה) לַחַשׁ־נַחַשׁ; פִּטְפּוּט, דִּבְרֵי הֶבֶל

**abrade′** *v.t. & i.* (אֲבְּרֵיד) שִׁפְשֵׁף, גֵּרֵד; נִשְׁחַק

**abra′sion** *n.* (אֲבְּרֵיזְ׳ן) שִׁפְשׁוּף, גֵּרוּד

**abra′sive** *n. & adj.* (אֲבְּרֵיסִב) מְלַטֵּשׁ; מְשַׁפְשֵׁף

**ab″reac′tion** *n.* (אֲבְּרִיאֲקְשְׁן) פֻּרְקָן

**abreast′** *adv. & adj.* (אֲבְּרֶסְט) זֶה עַל יַד זֶה; מִתְקַדֵּם יַחַד עִם; חֲזִיתִי (שורה)

**abridge′** *v.t.* (אֲבְּרִג׳) קִצֵּר; הִפְחִית

**abridg′ment** *n.* (אֲבְּרִג׳מֲנְט) קִצּוּר

**abroad′** *adv.* (אֲבְּרוֹד) בְּחוּץ לָאָרֶץ; בַּחוּץ; נָפוֹץ

**ab′rogate** *v.t.* (אֲבְּרֲגֵיט) בִּטֵּל; שָׂם קֵץ לְ־

**ab″roga′tion** *n.* (אֲבְּרֲגֵישְׁן) בִּטּוּל

**abrupt′** *adj.* (אֲבְּרַפְּט) פִּתְאֹמִי; פָּזִיז, קָצָר וּמְקֻטָּע; תָּלוּל

**abrupt′ly** *adv.* (אֲבְּרַפְּטְלִי) פִּתְאֹם

**ab′scess** *n.* (אֲבְּסֶס) מֻרְסָה

**— *v.i.*** הִתְמַגֵּל

**abscis′sa** *n.* (אֲבְּסִסָה) אַבְּסְצִיסָה, פָּסוּק (בגאומטריה אנליטית); שִׁעוּר ה־x

**abscond′** *v.i.* (אֲבְּסְקוֹנְד) הִסְתַּלֵּק בַּחֲשַׁאי

**ab′sence** *n.* (אֲבְּסֲנְס) הֶעְדֵּר, הֵעָדְרוּת, חֹסֶר

absence without official leave נִפְקָדוּת

**ab′sent** *adj.* (אֲבְּסֲנְט) נֶעְדָּר, חָסֵר; מְפֻזָּר; נִפְקָד

— minded מְפֻזַּר (־נֶפֶשׁ)

**absent′** *v.t.* (אֲבְּסֶנְט) הִרְחִיק (עַצְמוֹ)

**ab″sentee′** *n.* (אֲבְּסֲנְטִי) נִפְקָד, נֶעְדָּר

**ab′sentee bal′lot** (אֲבְּסֲנְטִי בֲּלֲט) פֶּתֶק הַצְבָּעָה לְמִשְׁלוֹחַ בַּדֹּאַר

**ab′sentee land′lord** (אֲבְּסֲנְטִי לֲנְדְלוֹרְד) בַּעַל־נְכָסִים נִפְקָד

**ab'sentee vote** (אבסנטי ווט) הצבעה באמצעות הדאר
**ab'sent-min"ded** *adj.* (אבסנט מינדד) מפזר
**ab'sent-mind"edness** *n.* (אבסנט-מינדדנס) פזור-נפש
**ab'sinthe** *n.* (אבסינת׳) אבסינת; לענה
**ab'solute"** *adj.* (אבסלוט) מחלט; גמור; אבסולוטי; בטוח; טהור
**ab'solute al'cohol** (אבסלוט אלקהול) כהל אבסולוטי
**ab'solute humi'dity** (אבסלוט היומדטי) לחות מחלטת
**ab'solute"ly** *adv.* (אבסלוטלי) לחלוטין, בהחלט, לגמרי
לחץ מחלט **ab'solute" pres'sure** (אבסלוט פרשר)
**ab'solute" ze'ro** (אבסלוט זירו) אפס מחלט
**ab"solu'tion** *n.* (אבסלושן) כפרה
**ab'solutism** *n.* (אבסלוטזם) אבסולוטיזם
**absolve'** *v.t.* (אבזולב) כפר, מחל; חנן, טהר
**absorb'** *v.t.* (אבזורב) קלט, ספג; העסיק כליל
— ed in שקוע ב־
**absor'bent** *adj.* (אבזורבנט) סופג; בולע
**absorp'tion** *n.* (אבזורפשן) קליטה, שקיעה; טמיעה; בליעה
**absorp'tion coeffic"ient** (אבזורפשן קואפשנט) גורם הבליעה
**abstain'** *v.i.* (אבסטין) נמנע
**abste'mious** *adj.* (אבסטימיאס) מסתפק במועט
**abste'miousness** *n.* (אבסטימיאסנס) הסתפקות במועט
**absten'tion** *n.* (אבסטנשן) המנעות
**ab'stinence** *n.* (אבסטננס) הנזרות
**ab'stinent** *adj.* (אבסטננט) מתנזר
**abstract'** *adj.* (אבסטרקט) מפשט; עיוני
ab'stract *n.* תמצית, קצור, ראשי פרקים; יצירה מפשטת
abstract' *v. t.* הסיר; הסיח דעת; גנב; הפשיט, סכם

**abstract'ed** *adj.* (אבסטרקטד) שקוע במחשבות
**abstrac'tion** *n.* (אבסטרקשן) הפשטה; הזיה; הסרה; שקיעה במחשבות
**abstrac'tionism"** *n.* (אבסטרקשנזם) אמנות מפשטת
**abstruse'** *adj.* (אבסטרוס) סתום
**absurd'** *adj.* (אבסרד) אבסורדי; מגחך
**absur'dity** *n.* (אבסרדטי) אבסורדיות; חסר הגיון
**abun'dance** *n.* (אבנדנס) שפע; עשר
**abun'dant** *adj.* (אבנדנט) מצוי בשפע, שופע, עשיר
**abuse'** *n.* (אביוס) שמוש לרעה; סלוף; גדופים; התעללות; נהג נפסד
— *v.t.* (אביוז) השתמש שלא כדין; התעלל; גדף, השמיץ
**abus'ive** *adj.* (אביוסב) פוגע, מעליב; מתעלל; משחת
**abut'** *v.i.* & *t.* (אבט) גבל, נגע; תמך
**abut'ment** *n.* (אבטמנט) ירכה; מחבר; אומנה, משען
**abys'mal** *adj.* (אבזמל) תהומי
**abyss'** *n.* (אבס) תהום; תהו ובהו; שאול; מעמקים
**aca'cia** *n.* (אקישה) שטה, אקציה
**ac'ademe"** *n.* (אקדים) בית ספר; הוי אוניברסיטאי
Academe החרשה הצבורית באתונה שבה למד אפלטון
**ac'adem"ic** *adj.* (אקדמק) אקדמאי
**acad"emi'cian** *n.* (אקדמשן) חבר אגדה לטפוח אמנות ומדע; דבק במסרתי (באמנות, מדע וכו׳)
**aca'demy** *n.* (אקדמי) אקדמיה; בית ספר תיכון פרטי; בית ספר ללמודים מיחדים
Aca'demy האסכולה של אפלטון
**acan'thus** *n.* (אקנת׳ס) קוציץ
**acau'dal** *adj.* (איקודל) חסר-זנב
**accede'** *v.i.* (אקסיד) הסכים; נכנס למשרה
**accel'erate** *v.t.* & *i.* (אקסלריט) האיץ, החיש; הגביר מהירות
**accel"era'tion** *n.* (אקסלרישן) תאוצה; האצה

**accel'era"tor** *n.* (אֶקְסֶלֶרֵיטְר) דַּוְשַׁת הַדֶּלֶק; מֵאִיץ

**accel"erom'eter** *n.* (אֶקְסֶלֶרוֹמֶטְר) מַד תְּאוּצָה

**ac'cent** *n.* (אֶקְסֶנְט) טַעַם (בהברה), הַדְגָּשָׁה, נְגִינָה; מִבְטָא; מִבְטָא זָר

**accent'** *v.t.* הִטְעִים

**accen'tuate"** *v.t.* (אֶקְסֶנְצ'וּאֵיט) הִטְעִים, הִדְגִּישׁ

**accen"tua'tion** *n.* (אֶקְסֶנְצ'וּאֵישְׁן) הַטְעָמָה, הַדְגָּשָׁה

**accept'** *v.t. & i.* (אֶקְסֶפְּט) קִבֵּל, הִסְכִּים לְקַבֵּל; הִשְׁלִים עִם־; הֶאֱמִין; נַעֲנָה ל־

**accep'table** *adj.* (אֶקְסֶפְּטֶבְּל) רָאוּי לְהִתְקַבֵּל, מַשְׂבִּיעַ רָצוֹן; מַתְאִים, קָבִיל

**accep'tance** *n.* (אֶקְסֶפְּטֶנְס) קַבָּלָה, הַסְכָּמָה; קְבִילוּת

**accept'ed** *adj.* (אֶקְסֶפְּטֶד) מְקֻבָּל, רָגִיל

**accept'er** *n.* (אֶקְסֶפְּטֶר) מְקַבֵּל

**ac'cess** *n.* (אֶקְסֶס) גִּישָׁה; הֶתְקֵף, הִתְפָּרְצוּת

**acces'sible** *adj.* (אֶקְסֶסִבְּל) נוֹחַ לְגִישָׁה; נוֹחַ לְשִׂיחָה; נוֹחַ לְשִׁמּוּשׁ, נִתָּן לְגִישָׁה, נִתָּן לְשִׂיחָה; נִתָּן לְשִׁמּוּשׁ; נִתָּן לְהַשִּׂיג; נִתָּן לְהַשְׁפָּעָה

**acces'sibility"** *n.* (אֶקְסֶסִבִּלִטִי) אֶפְשָׁרוּת הַגִּישָׁה; אֶפְשָׁרוּת הַהַשָּׂגָה

**acces'sion** *n. & v.t.* (אֶקְסֶשְׁן) רְכִישָׁה; תּוֹסֶפֶת; הַסְכָּמָה; רָשַׁם לְפִי סֵדֶר הָרְכִישָׁה; רָכַשׁ

**acces'sory** *n.* (אֶקְסֶסֶרִי) אַבְזָר; תּוֹסֶפֶת; מְסַיֵּעַ; שֻׁתָּף לְפֶשַׁע

**acciac"catu'ra** *n.* (אַצַ'קַטְרָה) סָמִיךְ, קָצָר

**ac'cident** *n.* (אֶקְסִדֶנְט) תְּאוּנָה; מִקְרֶה; אָסוֹן

**ac"ciden'tal** *adj.* (אֶקְסִדֶנְטֶל) מִקְרִי; דֶּרֶךְ אַגַּב

**acclaim'** *v.t.* (אֶקְלֵים) הֵרִיעַ, מָחָא כַּף; אִשֵּׁר בְּקוֹל

**ac"clama'tion** *n.* (אֶקְלֶמֵישְׁן) תְּרוּעַת רָצוֹן

**accli'mate** *v.t. & i.* (אֶקְלַיְמְט) אִקְלֵם; הִרְגִּיל, סִגֵּל

**accli'matize"** *v.t. & i.* (אֶקְלַיְמֶטַיְז) אִקְלֵם, הִרְגִּיל, סִגֵּל

**accliv'ity** *n.* (אֶקְלִוִטִי) עֲלִיָּה

**ac"colade'** *n.* (אֶקְלֵיד) כָּבוֹד, כִּבּוּד; הַעֲנָקַת אַבִּירוּת (ע"י טפיחה בצד החרב); צוֹמֶד

**accom'modate"** *v.t. & i.* (אֶקוֹמֶדֵיט) עָזַר, עָשָׂה חֶסֶד; סִפֵּק; הִלְוָה; סִפֵּק אֵשֶׁ"ל; אִכְסֵן

**accom'modat"ing** *adj.* (אֶקוֹמֶדֵיטִנְג) נוֹחַ

**accom"moda'tion** *n.* (אֶקוֹמֶדֵישְׁן) עֲשִׂיַּת חֶסֶד; הַשְׁלָמָה; סִפּוּק רָצוֹן

— **s** *n.* מְקוֹם לִינָה, אֵשֶׁ"ל, מָקוֹם

**accom'paniment** *n.* (אֶקַמְפֶּנִימֶנְט) לִוַּאי; לִוּוּי

**accom'panist** *n.* (אֶקַמְפֶּנִסְט) מְלַוֶּה

**accom'pany** *v.t.* (אֶקַמְפֶּנִי) לִוָּה; נִלְוָה אֶל־, הִצְטָרֵף אֶל־; צֵרֵף

**accom'plice** *n.* (אֶקוֹמְפְּלִס) שֻׁתָּף לִדְבַר עֲבֵרָה

**accom'plish** *v.t.* (אֶקוֹמְפְּלִשׁ) בִּצֵּעַ, הִשִּׂיג, הִשְׁלִים

**accom'plished** *adj.* (אֶקוֹמְפְּלִשְׁט) מֻשְׁלָם, מֻמְחֶה; בַּעַל דֶּרֶךְ אֶרֶץ

**accom'plishment** *n.* (אֶקוֹמְפְּלִשְׁמֶנְט) בִּצּוּעַ; הֶשֵּׂג

— **s** גִּנּוּנֵי חֶבְרָה, דֶּרֶךְ אֶרֶץ

**accord'** *n.* (אֶקוֹרְד) הַרְמוֹנְיָה; הַסְכָּמָה, הֶסְכֵּם

— *v.t. & i.* סִגֵּל; הֶעֱנִיק; הִסְכִּים

**accord'ance** *n.* (אֶקוֹרְדֶנְס) הַסְכָּמָה, הַתְאָמָה; הַעֲנָקָה

**accord'ing** *adv.* (אֶקוֹרְדִנְג) בְּהַתְאָמָה; תָּלוּי בְּ־

**accord'ingly** *adv.* (אֶקוֹרְדִנְגְלִי) לָכֵן, לְסִיכָךְ, בְּהֶתְאֵם ל־

**accord'ing to"** (אֶקוֹרְדִנְג טוּ) בְּהֶתְאֵם ל־; לְפִי

**accor'dion** *n.* (אֶקוֹרְדִיאֶן) אָקוֹרְדְיוֹן, מַפּוּחִית־יָד

— *adj.* בַּעַל קִפּוּלִים צָרִים

**accost'** *v.t.* (אֶקוֹסְט) פָּנָה אֶל־ (בעזות); שִׁדֵּל (לדבר עבירה)

**accoucheme'nt** *n.* (אַקוּשְׁמָנ|ט) לֵדָה

**accoucheur'** *n.* (אַקוּשֶׁר) מְיַלֵּד

**accoucheuse'** *n.* (אַקוּשֶׁז) מְיַלֶּדֶת

**account'** *n.* (אֶקָאוּנְט) תֵּאוּר, דִּין וְחֶשְׁבּוֹן;

הערכה; הודעה (על עסקות ככפיית); לקוח
give — of התנהג בצורה מסימת
on — of בגלל; למען
on (someone's) — בגלל פלוני
take — of הביא בחשבון
take into — הביא בחשבון
— *v.i.* דוח, נתן הסבר; גרם
— *v.t.* חשב; יחס
**accountabi'lity** *n.* (אַקַאוּנְטַבִּלִטִי) אחריות
**account'able** *adj.* (אַקַאוּנְטַבְּל) אחראי
**account'ancy** *n.* (אַקַאוּנְטַנְסִי) הנהלת חשבונות, חשבונאות
**account'ant** *n.* (אַקַאוּנְטַנְט) רואה חשבון, חשבונאי
**account' exe'cutive** (אַקַאוּנְט אֶקְזֶקְיֻטִב) מנהל עסקות פרסמת
**account'ing** *n.* (אַקַאוּנְטִנְג) חשבונאות
**accou'ter** *v.t.* (אַקוּטְר) ציד
**accou'terment** *n.* (אַקוּטֶרְמֶנְט) ציוד
**accred'it** *v.i. & t* (אַקְרֶדִט) יחס ל-; יפה כח, האמין על-; אשר; האמין ל-
**accrete'** *v.i. & t.* (אַקְרִיט) נדבק; נתוסף
**accre'tion** *n.* (אַקְרִישְן) תוספת, ספח; התלכדות
**accrue'** *v.i.* (אַקְרוּ) קרה (בעקבות צמיחה); נתוסף
**accul"tura'tion** *n.* (אַקַלְצֶ'רֵישְן) תרבות
**accul'turize** *v.t.* (אַקַלְצ'וּרַיְז) הקנה תרבות (של קבוצה אחרת)
**accu'mulate"** *v.t. & i.* (אַקְיוּמְיַלֵיט) צבר; הצטבר
**accu"mula'tion** *n.* (אַקְיוּמְיַלֵישְן) צבירה; הצטברות; צמיחה
**accu'mula"tive** *adj.* (אַקְיוּמְיַלֵיטִב) מצטבר
**accum'ulat"or** *n.* (אַקְיוּמְיַלֵיטְר) צובר; מצבר
**ac'curacy** *n.* (אֶקְיֻרַסִי) דיקנות, דיוק
**ac'curate** *adj.* (אֶקְיֻרַט) נכון, מדיק; שלם
**accurs'ed** *adj.* (אַקֶרְסְט; אַקֶרְסַד) מקלל, ארור; מערער
**ac"cusa'tion** *n.* (אֶקְיוּזֵישְן) האשמה; אשום

**accu'sative** *adj.* (אַקְיוּזַטִב) אקוסטיבי; מאשים
— *n. & adj.* יחסת-את; מלה ביחסת-את
**accuse'** *v.t. & i* (אַקְיוּז) האשים
— ed *adj. & n.* (אַקְיוּזְד) נאשם
**accus'tom** *v.t.* (אַקַסְטַם) הרגיל
**accus'tomed** *adj.* (אַקַסְטַמְד) רגיל, מרגל
**ace** *n.* (אֵיס) אס, אלוף; משחק; ממחה, טיס מצטין
— in the hole עתודה לעת צרה
have an — up one's sleeve שמר לעצמו יתרון
— *adj.* מצטין
**ace'phalous** *adj.* (אֵיסֶפַלַס) חסר ראש; ללא מנהיג
**acerb'ity** *n.* (אַסֶרְבִּטִי) חמיצות; חריפות
**ac'etic ac'id** (אַסִיטִק אֶסִד) חמצת חמץ; חמצה אצטית
**ache** *n.* (אֵיק) כאב, מחוש; מכאוב אטום וממשך
— *v.i.* כאב; סבל; השתוקק
**achieve'** *v.t. & i* (אַצִ'יב) השיג; בצע
**achieve'ment** *n.* (אַצִ'יבְמֶנְט) השג
**ach"romat'ic** *adj.* (אֶקְרֶמֶטִק) אכרומטי
**ac'id** *n.* (אֶסִד) חמצה; ל.ס.ד.
— *adj.* חמוץ; חמצי; חריף
**acid'ify** *v.t. & i.* (אַסִדִפַי) הפך לחמצה; נהפך לחמצה
**aci'dity** *n.* (אַסִדִטִי) חמיצות; חמציות
**acknowl'edge** *v.t.* (אֶקְנוֹלִג') הודה; אשר, הכיר; הכיר טובה
**acknowl'edgment** *n.* (אֶקְנוֹלִג'מֶנְט) הודאה; אשור; הכרת טובה
**ac'me** *n.* (אֶקְמִי) פסגה, שיא
**ac'ne** *n.* (אֶקְנִי) חזזית; פריחה חטטית (פצעי בגרות בפנים)
**ac'olyte** *n.* (אֶקַלַיְט) נער מזבח; עוזר לכמר
**a'corn** *n.* (אֵיקוֹרְן) בלוט
**acous'tic** *adj.* (אַקוּסְטִק) שמעי, שמיעתי, אקוסטי; קולי
— s *n.* אקוסטיקה
חשבון; הסבר; סבה; ערך, חשיבות;

**acquaint** v.t. (אֶקְוֵינְט) הִקְנָה יֶדַע; הוֹדִיעַ; הִצִּיג לִפְנֵי

**acquaint'ance** n. (אֶקְוֵינְטֶנְס) יֶדַע, יְדִיעָה; מַכָּר; הֶכֵּרוּת

**ac'quiesce** v.i. (אֶקְוִיאֶס) הִסְכִּים, הוֹדָה

**acquies'cence** n. (אֶקְוִיאֶסֶנְס) הַסְכָּמָה, הוֹדָאָה

**acquies'cent** adj. (אֶקְוִיאֶסֶנְט) מַסְכִּים, צַיְתָן

**acquire'** v.t. (אֶקְוַיְר) רָכַשׁ, הִשִּׂיג

**ac"quisi'tion** n. (אֶקְוִזִשֶׁן) רְכִישָׁה

**acquis'itive** adj. (אֶקְוִזִטִב) חַמְדָנִי

**acquit'** v.t. (אֶקְוִט) זִכָּה, שִׁחְרֵר, סִלֵּק (חוב)
— oneself הִתְנַהֵג

**acquit'tal** n. (אֶקְוִטְל) זִכּוּי, שִׁחְרוּר; סִלּוּק (חוב)

**a'cre** n. (אֵיקֵר) אֵקֶר (= 4.047 מ"ר),
— s אֲדָמוֹת; "הָמוֹן"

**ac'rid** adj. (אֶקְרִד) חָרִיף

**ac"rimo'nious** adj. (אֶקְרִמוֹנִיאֶס) חָרִיף, עוֹקְצָנִי

**ac'rimo"ny** n. (אֶקְרִמוֹנִי) חֲרִיפוּת, מְרִירוּת

**ac'robat** n. (אֶקְרֵבֵּט) אַקְרוֹבָּט, לוּלְיָן; הַכַּכָּף

**ac"robat'ic** adj. (אֶקְרֵבֵּטִק) אַקְרוֹבָּטִי, לוּלְיָנִי
— s n. אַקְרוֹבָּטִיקָה; מַעֲשֵׂה זְרִיזוּת

**ac'ronym"** n. (אֶקְרֵנִם) רָאשֵׁי תֵּבוֹת

**across'** (אֶקְרוֹס) מֵעֵבֶר; בְּמַגָּע עִם־; לָרֹחַב,
מִצַּד אֶחָד לַשֵּׁנִי; בְּצַד הַשֵּׁנִי; כְּדֵי שֵׁיּוּבַן

**across-the-board** (אֶקְרוֹס־דְ־בּוֹרְד) לַכֹּל, הַמִּתְיַחֵס לְכָל הָאֶפְשָׁרֻיּוֹת

**acros'tic** n. (אֶקְרוֹסְטִק) אַקְרוֹסְטִיכוֹן
—— adj. אַקְרוֹסְטִיכוֹנִי

**act** n. (אֶקְט) מַעֲשֶׂה, פְּעֻלָּה; עֲשִׂיָּה;
חֹק, צַו, מִסְמָךְ; מַעֲרָכָה, הַצָּגָה; אֲחִיזַת עֵינַיִם
— v.i. הִתְנַהֵג; פָּעַל, עָשָׂה; הִשְׁפִּיעַ; הֶעֱמִיד פָּנִים; שִׂחֵק
— v.t. שִׂחֵק תַּפְקִיד
— on פָּעַל בְּהֶתְאֵם ל־; הִשְׁפִּיעַ
— out הֶרְאָה ע"י תְּנוּעוֹת
— up הִשְׁתּוֹלֵל; פָּעַל שֶׁלֹּא כַשּׁוּרָה

**act'ing** adj. (אֶקְטִנְג) זְמַנִּי, בְּפֹעַל; פּוֹעֵל, מִתְפַּקֵּד; מַתְאִים לְהַצָּגָה
— n. מִשְׂחָק (על בימה), הַתֵּאַטְרוֹן; הַעֲמָדַת פָּנִים

**ac'tion** n. (אֶקְשֶׁן) פְּעִילוּת, פְּעֻלָּה; מַעֲשֶׂה; הַשְׁפָּעָה; עֲלִילָה; מַנְגָּנוֹן; הִתְנַגְּשׁוּת; קְרָב; תְּבִיעָה מִשְׁפָּטִית, תְּבִיעָה
— s הִתְנַהֲגוּת

**ac'tionable** adj. (אֶקְשֶׁנֶבְּל) בַּר־תְּבִיעָה

**ac'tivate** v.t. (אֶקְטִוֵיט) הִפְעִיל, שִׁפְעֵל; הִכְנִיס רַדְיוֹאַקְטִיבִיּוּת, אוֹרֵר (כדי להחיש הירקבות); הֵחִישׁ רֵאַקְצִיּוֹת, הֶעֱבִיר לִשְׁרוּת פָּעִיל (יחידה צבאית)

**ac'tive** adj. (אֶקְטִב) מָמָא מֶרֶץ, פָּעִיל, עֵר, עֵרָנִי, זָרִיז

**activ'ity** n. (אֶקְטִוִטִי) פְּעִילוּת, פְּעֻלָּה; עֵרָנוּת

**ac'tor** n. (אֶקְטֶר) שַׂחְקָן; עוֹשֶׂה, מִשְׁתַּתֵּף; מַעֲמִיד פָּנִים

**ac'tress** n. (אֶקְטְרֶס) שַׂחְקָנִית; מַעֲמִידָה פָּנִים

**ac'tual** adj. (אֶקְצ'וּאֶל) מַמָּשִׁי, אֲמִתִּי; מְצִיאוּתִי; כָּרֶגַע, אַקְטוּאָלִי; בְּפֹעַל

**ac'tual'ity** n. (אֶקְצ'וּאֶלְטִי) מְצִיאוּת; מַמָּשׁוּת
ies תְּנָאִים מַמָּשִׁיִּים

**ac'tually** adv. (אֶקְצ'וּאֶלִי) בְּעֶצֶם, לְמַעֲשֶׂה

**ac'tuary** n. (אֶקְצ'וּאֶרִי) חַשָּׁב סִכּוּנֵי בִּטּוּחַ

**ac'tuate** v.t. (אֶקְצ'וּאֵיט) הִפְעִיל; עוֹרֵר לִפְעֻלָּה

**acu'ity** n. (אֶקְיוּאֶטִי) חַדּוּת

**acu'men** n. (אֶקְיוּמֶן) חַדּוּת, חֲרִיפוּת שֵׂכֶל, הֲבָנָה חוֹדֶרֶת

**ac'upunc'ture** n. (אֶקְיוּפַּנְקְצֶ'ר) רִפּוּי בִּמְחָטִים

**acute'** adj. (אֶקְיוּט) חַד, מְחֻדָּד, חָזָק; חוֹדֵר, רָגִישׁ
— angle זָוִית חַדָּה

**acute'ness** n. (אֶקְיוּטְנֶס) חֲרִיפוּת, חַדּוּת

**ad'age** n. (אֶדִג') מֵימְרָה, פִּתְגָּם

**ad'amant"** adj. (אֶדֶמֶנְט) נֻקְשֶׁה, עַקְשָׁן

**adapt'** v.t. (אֶדֶפְּט) הִתְאִים, סִגֵּל
— v.i. הִסְתַּגֵּל

**adap″tabil′ity** *n.* (אדפטבלטי) סגילות

**adapt′able** *adj.* (אדפטבל) סגיל; מסתגל בקלות

**ad″apta′tion** *n.* (אדפטישן) סגול, הסתגלות; עבוד

**add** *v.t. & i.* (אד) חבר; הוסיף; עשה פעלת חבור;

— up סכם; התקבל על הדעת

**adden′dum** *n.* [*pl.* -da] (אדנדם) נספח, תוספת

**ad′der** *n.* (אדר) צפע אירופי

**ad′dict** *n.* (אדקט) מתמכר; נרקומן

— ed *adj.* מכור, להוט אחרי

**addic′tion** *n.* (אדקשן) התמכרות

**addi′tion** *n.* (אדשן) תוספת; חבור

in — to מלבד

**addi′tional** *adj.* (אדשנל) נוסף, משלים

**ad′dle** *v.t.* (אדל) בלבל

**address′** *v.t.* (אדרס) פנה אל; הפנה; מען

— *n.* נאום; כתבת, מען, נמוסי שיחה

**ad″ressee′** *n.* (אדרסי) נמען

**adduce′** *v.t.* (אדוס; אדיוס) הביא ראיות

**ad′enoids″** *n. pl.* (אדנוידז) פוליפים (באף)

**adept′** *adj. & n.* (אדפט) מימן, ממחה, בקי

**ad′equate** *adj.* (אדקוט) מספיק, מתאים; נאות; מניח את הדעת

**adhere′** *v.i.* (אדהיר) דבק, נצמד; היה מסור

**adher′ence** *n.* (אדהירנס) מסירות, דבקות; הצמדות

**adhe′sive** *adj.* (אדהיסב) דביק, מדבק; נצמד, דבק

— *n.* חמר מדבק; דבק; בול להדבקה

**adieu′** *inter. & n.* (אדו; אדיו) להתראות; פרדה

**ad′ipose** *adj.* (אדפוס) שמני, שמן

**adja′cency** *n.* (אג׳יסנסי) קרבה, שכנות

**adja′cent** *adj.* (אג׳יסנט) סמוך, קרוב

— angles זויות צמודות

**ad′jective** *n.* (אג׳קטב) תאר, שם תאר

— *adj.* תארי; תלוי

**adjoin′** *v.t.* (אג׳וין) נגע ב־; גבל ב־

— ing *adj.* גובל; סמוך

**adjourn′** *v.t.* (אג׳רן) נעל (אסיפה), דחה

**adjourn′ment** *n.* (אג׳רנמנט) נעילה, דחיה

**adjudge′** *v.t.* (אג׳ג׳) פסק, חרץ משפט; העניק; ראה לנכון

**adju′dicate** *v.t. & i.* (אג׳ודקיט) חרץ משפט, פסק

**adju″dica′tion** *n.* (אג׳ודקישן) חריצת משפט, פסק־דין

**adj′unct** *n.* (אג׳נקט) נספח, תוספת; עוזר

**adj″ura′tion** *n.* (אג׳ורישן) השבעה; הפצרה

**adjure′** *v.t.* (אג׳ור) השביע; הפציר

**adjust′** *v.t. & i.* (אג׳סט) כונן, התאים; כונן, וסת; ישב; הסתגל

**adjust′ment** *n.* (אג׳סטמנט) סגול, התאמה; כונון; ישוב (חילוקי דעות); פצוי

**ad′jutant** *n.* (אג׳טנט) שליש; עוזר

**ad-lib′** *v.t. & i.* (אדלב) אלתר (בבהזה, הצגה)

**admin′ister** *v.t. & i.* (אדמנסטר) נהל; היה אחראי ל־; פקח; בצע; השביע; הגיש סיוע; שמש אמרכל

**admin″istra′tion** *n.* (אדמנסטרישן) נהול, מנהל; מנהלה, הנהלה; תקופת מנהל; אמרכלות

**admin′istra″tive** *adj.* (אדמנסטריטב) מנהלי, אדמיניסטרטיבי

**admin″istra′tor** *n.* (אדמנסטריטר) מנהל; אדמיניסטרטור; אמרכל; מבצע צואה

**ad′mirable** *adj.* (אדמרבל) ראוי להערכה, ראוי להערצה; מצין

**ad′miral** *n.* (אדמרל) אדמירל; קצין בכיר (בחיל הים); מפקד צי

**ad′miralty** *n.* (אדמרלטי) אדמירליות; משרד חיל הים הבריטי; בית משפט לשפוט ימי

**ad″mira′tion** *n.* (אדמרישן) הערכה; הוקרה, הערצה; מעורר הערכה

**admire′** *v.t.* (אדמיר) העריץ, הוקיר; התפעל מן־ (גם באירוניה)

**admir′er** *n.* (אדמירר) מוקיר, מעריץ, מחבב; מחזר

**admis′sible** *adj.* (אדמסבל) מתר; ראוי להתקבל

**admis′sion** *n.* (אֶדְמִשְׁן) הוֹדָאָה; אִשּׁוּר,
כְּנִיסָה; דְּמֵי כְּנִיסָה
**admit′** *v.t. & i* (אֶדְמִט) הוֹדָה; הִכְנִיס;
הִרְשָׁה; הִתִּיר (לשמש בתפקיד); אִשֵּׁר
**admit′tance** *n.* (אֶדְמִטֶנְס) רְשׁוּת כְּנִיסָה;
כְּנִיסָה; הוֹדָאָה
**admix′ture** *n.* (אֶדְמִקְסְצֶ׳ר) עִרְבּוּב
**admon′ish** *v.t.* (אֶדְמוֹנִשׁ) הִזְהִיר; עוֹדֵד
**ado′** *n.* (אֲדוּ) הִתְעַסְּקוּת; פְּעִילוּת; מְהוּמָה
**ado′be** *n.* (אֲדוֹבִּי) לְבֵנִים (שיובשו בשמש);
לִבְנֵי טִיט; טִיט
**ad″oles′cence** *n.* (אֶדֱלֶסֶנְס) תְּקוּפַת
הַהִתְבַּגְּרוּת; הִתְבַּגְּרוּת
**ad″oles′cent** *n. & adj.* (אֶדֱלֶסֶנְט) מִתְבַּגֵּר;
צָעִיר, נַעַר בּוֹגֵר
**adopt′** *v.t.* (אֲדוֹפְּט) סִגֵּל; אִמֵּץ; קִבֵּל
**adop′tion** *n.* (אֲדוֹפְּשֶׁן) אִמּוּץ, סִגּוּל, בְּחִירָה
**ador′able** *adj.* (אֲדוֹרֶבְּל) רָאוּי לְהַעֲרָצָה;
חָבִיב; מַקְסִים
**ad″ora′tion** *n.* (אֶדוֹרֵישְׁן) הַעֲרָצָה;
יִרְאַת כָּבוֹד; אַהֲבָה עַזָּה, פֻּלְחָן
**adore′** *v.t. & i.* (אֲדוֹר) הֶעֱרִיץ, עָבַד (אֵל),
סָגַד; אָהַב; הִתְפַּלֵּל
**adorn′** *v.t.* (אֲדוֹרְן) עִטֵּר, קִשֵּׁט, יִפָּה
**adorn′ment** *n.* (אֲדוֹרְנְמֶנְט) קִשּׁוּט
**adrift′** *adv. & adj.* (אֲדְרִפְט) צָף; תָּלוּשׁ;
פּוֹסֵחַ עַל שְׁתֵּי סְעִפִּים
**adroit′** *adj.* (אֲדְרוֹיט) מְיֻמָּן, מָהִיר
**adroit′ness** *n.* (אֲדְרוֹיטְנֶס) מְיֻמָּנוּת; זְרִיזוּת
**ad″ula′tion** *n.* (אֶג׳ֻלֵישְׁן) הִתְרַפְּסוּת,
מְסִירוּת־יֶתֶר
**ad′ult** (adult′) *adj. & n.* (אֶדַלְט; אֲדַלְט)
מְבֻגָּר; בּוֹגֵר
**adul′terate″** *v.t.* (אֲדַלְטֶרֵיט) סִגֵּל
**adul″tera′tion** *n.* (אֲדַלְטֶרֵישְׁן) סִגּוּל
**adul′terer** *n.* (אֲדַלְטֶרֶר) נוֹאֵף
**adul′tery** *n.* (אֲדַלְטֶרִי) נִאוּף
**adum′brate** *v.t.* (אֲדַמְבְּרֵיט) רָשַׁם, שִׂרְטֵט;
הֶעִיב קְצָת; הֵטִיל צֵל עַל
**advance′** *v.t. & i.* (אֲדְוֶנְס) קִדֵּם; הִצִּיג;
טִפֵּחַ; הֶעֱלָה, הִגְדִּיל; הֵאִיץ; נָתַן בְּהַקָּפָה;
הִתְקַדֵּם; עָלָה
הִתְקַדְּמוּת; הַעֲלָאָה בְּדַרְגָּה; מִקְדָּמָה; קִדּוּם
— s נִסָּיוֹן לִיצוֹר יְחָסִים
in — מֵרֹאשׁ
— *adj.* מֻקְדָּם
**advance′ment** *n.* (אֲדְוֶנְסְמֶנְט) הִתְקַדְּמוּת;
הַעֲלָאָה בְּדַרְגָּה; קִדּוּם
**advan′tage** *n.* (אֲדְוֶנְטֶג׳) יִתְרוֹן
take — of נִצֵּל
**advanta′geous** *adj.* (אֲדְוֶנְטֵיגֶ׳ס) מוֹעִיל,
מֵבִיא יִתְרוֹן
**ad′vent** *n.* (אֶדְוֶנְט) בּוֹא; הִתְגַּלּוּת
יֵשׁוּ הַשְּׁנִיָּה
**adventi′tious** *adj.* (אֶדְוֶנְטִשֶׁס) מִקְרִי;
טָפֵל
**adven′ture** *n.* (אֲדְוֶנְצֶ׳ר) הַרְפַּתְקָה;
סִכּוּן, חֲוָיָה, סְפֶּקוּלַצְיָה
**adven′turer** *n.* (אֲדְוֶנְצֶ׳רֶר) הַרְפַּתְקָן,
מִסְתַּכֵּן; סַפְסָר, נוֹכֵל
**adven′turess** *n.* (אֲדְוֶנְצֶ׳רֶס) הַרְפַּתְקָנִית
(במובן חברתי); נוֹכֶלֶת
**adven′turous** *adj.* (אֲדְוֶנְצֶ׳רֶס) הַרְפַּתְקָנִי;
נוֹעָז; כָּרוּךְ בְּסִכּוּן, מְסֻכָּן
**ad′verb** *n.* (אֶדְוֶרְבּ) תֹּאַר הַפֹּעַל
**adver′bial** *adj.* (אֲדְוֶרְבִּיאֶל) שֶׁל תֹּאַר
הַפֹּעַל, אַדְוֶרְבִּיאָלִי
**ad′versar″y** *n.* (אֶדְוֶרְסֶרִי) יָרִיב; בַּעַל
דְּבָב; מִתְחָרֶה
**adverse′** *adj.* (אֲדְוֶרְס) נוֹגֵד, פּוֹגֵעַ;
נֶגְדִּי, מְנֻגָּד
**adver′sity** *n.* (אֲדְוֶרְסִטִי) מְצוּקָה; אָסוֹן
**ad′vertise″** *v.t. & i.* (אֶדְוֶרְטַיז) פִּרְסֵם,
הוֹדִיעַ עַל־; מָשַׁךְ תְּשׂוּמַת לֵב, הִשְׁתַּמֵּשׁ
בְּפִרְסֹמֶת
**ad′vertise″ment; adver′tisement** *n.*
(אֶדְוֶרְטַיזְמֶנְט; אֲדְוֶרְטִסְמֶנְט)
מוֹדָעָה; הוֹדָעָה; פִּרְסוּם
**ad″vertis′er** *n.* (אֶדְוֶרְטַיזֶר) מְפַרְסֵם
**advice′** *n.* (אֲדְוַיס) עֵצָה; יְדִיעָה,
דִּין וְחֶשְׁבּוֹן
**advis′able** *adj.* (אֲדְוַיזֶבְּל) מֻמְלָץ; יָאֶה, רָצוּי
**advise′** *v.t. & i.* (אֲדְוַיז) יָעַץ, הִמְלִיץ עַל־;
הֶעֱמִיד עַל; הִתְיָעֵץ
**advised′** *adj.* (אֲדְוַיזְד) מוּדָע לְ־;
נָתוּן לְשִׁקּוּל

**advis′edly** *adv.* (אֶדְרַיְזֶדְלִי) בְּשִׁקּוּל דַּעַת
**advis′er** *n.* (אֶדְרַיְזֶר) יוֹעֵץ; מְיַעֵץ; מוֹרֶה מְיַעֵץ
**advi′sory** *adj.* (אֶדְרַיְזֶרִי) מְיַעֵץ
**ad′vocacy** *n.* (אֶדְוֶקֶסִי) סַנֵּגוֹרְיָה; תְּמִיכָה
**ad′vocate″** *v.t. & i & n.* (אֶדְוֶקִיט) סִנֵּגֵר, הַמְלִיץ עַל־; סַנֵּגוֹר, מֵלִיץ יֹשֶׁר; שְׁתַדְּלָן; עוֹרֵךְ דִּין, פְּרַקְלִיט
**adz** *n.* (אֶדְז) קַרְדֹּם
**ae′gis** *n.* (אִיגִ׳ס) מָגֵן; חָסוּת
**a′erate″** *v.t.* (אֶרֵיט) אוֹרֵר; סִפֵּק אֲוִיר; סִפֵּק גַּז
**aer′ator** *n.* (אֶרֵיטֶר) מַכְנִיס־אֲוִיר
**aer′ial** *adj.* (אֶרִיאֶל) אַוְרִירִי; חַי בָּאֲוִיר; מְגֻבָּה; גָּבֹהַּ; דִּמְיוֹנִי; אַוְרִירִי; שֶׁל כְּלִי טַיִס
— *n.* אַנְטֶנָּה
**aer″oba′tics** *n.* (אֶרֶבֶּטִקְס) אַוִּירוֹבָּטִיקָה
**aer′onaut″** *n.* (אֶרֶנוֹט) טַיָּס, נַוָּט (בכדור פורח); נוֹסֵעַ (בדרך האוויר); מְעוֹפֵף
**aer″onau′tics** *n.* (אֶרֶנוֹטִקְס) אַוִּירוֹנָאוּטִיקָה
**aesthet′ic** *adj.* (אֶסְתֶ׳טִק) אֶסְתֶּטִי
**afar′** *adv.* (אֲפָר) בְּמֶרְחָק רַב
from — *n.* מִמֶּרְחַקִּים
**af′fable** *adj.* (אֶפֶבְּל) חָבִיב, נָעִים
**affabil′ity** *n.* (אֶפֶבִּלִטִי) חֲבִיבוּת, נֹעַם
**affair′** *n.* (אֲפֵר) עִנְיָן, מַעֲשֶׂה; מְאֹרָע; עֵסֶק; דָּבָר; פָּרָשַׁת אֲהָבִים; פָּרָשָׁה לְשִׁמְצָה; מְסִבָּה
**affect′** *v.t.* (אֲפֶקְט) הִשְׁפִּיעַ; פָּעַל עַל; הֶעֱמִיד פָּנִים; נָטַל בְּיָמְרָנוּת; הֶעֱדִיף לְהִשְׁתַּמֵּשׁ בּ־
af′fect *n.* הִפָּעֲלוּת, רֶגֶשׁ
**af″fecta′tion** *n.* (אֶפֶקְטֵישֶׁן) הַעֲמָדַת פָּנִים
**affect′ed** *adj.* (אֲפֶקְטֶד) מֻשְׁפָּע, מִתְרַשֵּׁם; מְעֻשֶּׂה, לֹא־טִבְעִי; נוֹטֶה לְ־
**affec′tion** *n.* (אֲפֶקְשֶׁן) חִבָּה
— s רֶגֶשׁ, הַרְגָּשָׁה; אַהֲבָה
**affecti′onate** *adj.* (אֲפֶקְשֶׁנִיט) מְגַלֶּה חִבָּה
**affi′ance** *v.t.* (אֲפַיְאֶנְס) אֵרֵס, הֶאֱרִיס
**af″fida′vit** *n.* (אֶפִידֵיוִט) הוֹדָעָה בִּשְׁבוּעָה
**affil′iate** *v.t. & i.* (אֲפִילִיאֵיט) חִבֵּר; הִתְחַבֵּר עִם; עָמַד עַל יוּחֲסִין; אִמֵּץ
— *n.* חֲבֵרַת־בַּת; חָבֵר
**affil″ia′tion** *n.* (אֲפִילִיאֵישֶׁן) הִתְחַבְּרוּת, קֶשֶׁר
**affin′ity** *n.* (אֲפִנִטִי) מְשִׁיכָה טִבְעִית; קִרְבָה (בעקבות נישואים); דִּמְיוֹן; הַסְכָּמָה; אֲפִינִיּוּת
**affirm′** *v.t.* (אֲפֶרְם) קָבַע, אִשֵּׁר
**af″firma′tion** *n.* (אֶפֶרְמֵישֶׁן) קְבִיעָה, אִשּׁוּר; הַצְהָרָה
**affirm′ative** *adj. & n.* (אֲפֶרְמֶטִב) מְאַשֵּׁר; חִיּוּבִי; קְבִיעָה; הַסְכָּמָה; הַמְחַיְּבִים (בוויכוח פומבי); מְאַשֵּׁשׁ
**affix′** *v.t.* (אֲפִקְס) חִבֵּר, הוֹסִיף, קָבַע
**afflict′** *v.t.* (אֲפְלִקְט) הֵבִיא עַל, יִסֵּר
**afflic′tion** *n.* (אֲפְלִקְשֶׁן) אָסוֹן, אֵיד, מְצוּקָה
**af′fluence** *n.* (אֶפְלוּאֶנְס) שֶׁפַע, עֹשֶׁר; נְהִירָה; שִׂגְשׂוּג, רְוָחָה
**af′fluent** *adj.* (אֶפְלוּאֶנְט) עָשִׁיר, שׁוֹפֵעַ; נוֹהֵר
**afford′** *v.t.* (אֲפוֹרְד) הִרְשָׁה לְעַצְמוֹ; יָדוֹ מַשֶּׂגֶת; יְהֵא בְּאֶפְשָׁרוּת לְשַׁלֵּם; סִפֵּק; הֶעֱנִיק
**af″foresta′tion** *n.* (אֲפוֹרֶסְטֵישֶׁן) יִעוּר
**affran′chise** *v.t.* (אֲפְרֶנְצַ׳יְז) שִׁחְרֵר
**affray′** *n.* (אֲפְרֵי) תִּגְרָה
**affright′** *v.t.* (אֲפְרַיְט) הִפְחִיד
**affront′** *v.t. & n.* (אֲפְרַנְט) הֶעֱלִיב, פָּגַע בְּכָבוֹד; הֵבִיךְ; עָמַד פָּנִים אֶל פָּנִים; עֶלְבּוֹן, פְּגִיעָה בְּכָבוֹד
**afield′** *adv.* (אֲפִילְד) רָחוֹק מֵהַבַּיִת, בַּחוּץ לָאָרֶץ; מִתְרַחֵק מִגּוּף הָעִנְיָן; בַּשָּׂדֶה
**afire′** *adv.* (אֲפַיְר) בּוֹעֵר
**afloat′** *adv. & adj.* (אֲפְלוֹט) צָף; נִשָּׂא עַל פְּנֵי הַמַּיִם; עַל כְּלִי שַׁיִט; מוּצָף; תּוֹעֶה; מִתְהַלֵּךְ; מְסֻגָּל לְשַׁלֵּם כָּל חוֹבוֹתָיו
**afoot′** *adv. & adj.* (אֲפֻט) רַגְלִי; בַּהֲכָנָה
**afore′said** *adj.* (אֲפוֹרְסֶד) שֶׁנֶּאֱמַר לְעֵיל
**afoul′** *adv. & adj.* (אֲפָאוּל) מִסְתַּבֵּךְ
**afraid′** *adj.* (אֲפְרֵיד) חוֹשֵׁשׁ, פּוֹחֵד, יָרֵא; מִצְטַעֵר; חֲסַר־רָצוֹן
be — *v.i.* פָּחַד
**afresh′** *adv.* (אֲפְרֶשׁ) מֵחָדָשׁ, שׁוּב, עוֹד פַּעַם
**Af′rican** *n. & adj.* (אֶפְרִקֶן) אַפְרִיקָנִי, כּוּשִׁי

**aft** *adv. & adj.* (אֶפְט) בְּאַחוֹרֵי אֳנִיָּה; כְּלַפֵּי אֲחוֹרֵי הָאֳנִיָּה

**af'ter** *prep.* (אֶפְטֶר) אַחֲרֵי, אַחַר; בְּעִקְּבוֹת; עַל אוֹדוֹת; בְּהֶתְאֵם ל־

— *adv.* מֵאָחוֹרֵי; מְאֻחָר יוֹתֵר

**af'terlife"** *n.* (אֶפְטֶרְלַיְף) הָעוֹלָם הַבָּא; אַחֲרִית הַחַיִּים

**af'termath"** *n.* (אֶפְטֶרְמֶת׳) תּוֹצָאָה; דֶּשֶׁא מְחֻדָּשׁ (לאחר כיסוח)

**af"ternoon'** *n.* (אֶפְטֶרְנוּן) אַחֲרֵי הַצָּהֳרַיִם; תְּקוּפָה מְאֻחֶרֶת

**af'ternoon'** *adj.* שֶׁל אַחֲרֵי הַצָּהֳרַיִם

— s *adv.* אַחֲרֵי הַצָּהֳרַיִם; בְּשָׁעוֹת אַחֲרֵי הַצָּהֳרַיִם

**af'terthought"** *n.* (אֶפְטֶרְת׳וֹט) הִרְהוּר שֵׁנִי; רַעְיוֹן שֶׁהִתְאַחֵר; תּוֹסֶפֶת לֹא־צְפוּיָה

**af'terward(s)** *adv.* (אֶפְטֶרְוֶרְד(ז)) לְאַחַר מִכֵּן

**again'** *adv.* (אֲגֶן) עוֹד פַּעַם, שׁוּב; כְּתוֹסֶפֶת; כָּפוּל; יָתֵר עַל כֵּן; בְּתוֹר בְּרֵירָה

time and — פְּעָמִים מִסְפָּר

**against'** *prep.* (אֲגֶנְסְט) נֶגֶד; נֹכַח, מוּל; בְּנִגּוּד; כַּהֲכָנָה ל־; כְּתַשְׁלוּם בְּעַד; מֻנְגָּד ל־

**agape'** *adv.* (אֲגֵיפּ) בְּפֶה פָּעוּר; תּוֹהֶה; פָּעוּר לִרְוָחָה

**age** *n.* (אֵיגְ׳) עִדָּן; דּוֹר; גִּיל; זִקְנָה; הַתְּקוּפָה הַנּוֹכְחִית; תְּקוּפָה אֲרֻכָּה

— *v. i. & t.* הִזְקִין, הִזְדַּקֵּן; הִבְשִׁיל גָּרַם לְהִזְדַּקְּנוּת; הֵבִיא לִידֵי הַבְשָׁלָה

**Middle Ages** יְמֵי הַבֵּינַיִם

**a'ged** *adj.* (אֵי׳גֶד, אֵיגְ׳ד) זָקֵן, בָּא בַּיָּמִים; בֶּן...שָׁנִים; מְבֻחָל, מְשֻׁפָּר ע״י הַבְשָׁלָה

— *n.* זְקֵנִים

**a'gency** *n.* (אֵיגְ׳נְסִי) סוֹכְנוּת; מִשְׂרַד סוֹכֵן; תַּפְקִידֵי סוֹכֵן; אֶמְצָעוּת

**agen'da** (אֲגֶ׳נְדָה) סֵדֶר הַיּוֹם

**a'gent** *n.* (אֵיגְ׳נְט) סוֹכֵן; נָצִיג; גּוֹרֵם; מְרַגֵּל; סוֹכֵן נוֹסֵעַ; אֶמְצָעִי

**agglom"era'tion** *n.* (אֲגְלוֹמֶרֵישְׁן) גִּבּוּב

**aggran'dizement** *n.* (אֲגְרֶנְדִיזְמֶנְט) הַרְחָבָה, הַגְדָּלָה, הַעֲצָמָה

**ag'gravate"** *v.t.* (אֶגְרְוֵיט) הֶחֱרִיף; הִרְגִּיז, הִקְנִיט

**ag"grava'tion** *n.* (אֶגְרְוֵישְׁן) הַחְמָרָה; רֹגֶז, עָגְמַת נֶפֶשׁ

**ag'gregate"** *adj. & n.* (אֶגְרְגִיט) כּוֹלֵל; סַךְ הַכֹּל, סִכּוּם; צוֹבֵר

— *v.t.* צָבַר, קִבֵּץ

**ag"grega'tion** *n.* (אֶגְרְגֵישְׁן) קִבּוּץ, מִצְבָּר

**aggres'sion** *n.* (אֲגְרֶשְׁן) תּוֹקְפָנוּת; הַתְקָפָה; אַגְרֶסְיָה

**aggres'sive** *adj.* (אֲגְרֶסִב) תּוֹקְפָנִי; אַגְרֶסִיבִי; תַּקִּיף, נִמְרָץ

**aggres'sor** *n.* (אֲגְרֶסֶר) תּוֹקְפָן; תּוֹקֵף; פּוֹלֵשׁ

**aggrieve'** *v.t.* (אֲגְרִיב) לָחַץ; הֵרַע ל־, עָשַׁק; עָשָׂה עָוֶל

**aggrieved'** *adj.* (אֲגְרִיבְד) נִפְגָּע

**aghast'** *adj.* (אֲגֶסְט) נִדְהָם; הָמוּם, נִבְעָת

**ag'ile** *adj.* (אֶגְ׳ל) קַל־תְּנוּעָה, זָרִיז; פָּעִיל; מְמֻלָּח, עֵר

**agil'ity** *n.* (אֲגִ׳לְטִי) קַלּוּת תְּנוּעָה, זְרִיזוּת; חֲרִיפוּת

**ag'itate** *v. t. & i.* (אֶגְ׳טֵיט) הֵנִיעַ בְּמֶרֶץ; נִעְנַע; עוֹרֵר; נִעֵר; הִסְעִיר; הֵסִית; דָּן, עוֹרֵר הִתְעַנְיְנוּת

**ag"ita'tion** *n.* (אֶגְ׳טֵישְׁן) נִעְנוּעַ; תְּסִיסָה, תַּעֲמוּלָה, הֲסָתָה

**agnos'tic** *n. & adj.* (אֶגְנוֹסְטִק) כּוֹפֵר (בְּאֶפְשָׁרוּת לַעֲמֹד עַל סוֹד הַבְּרִיאָה); אַגְנוֹסְטִיקָן

**ago'** *adj.* (אֲגוֹ) שֶׁעָבַר; לִפְנֵי (מִסְפָּר, תְּקוּפָה); בִּזְמַן עָבַר

long — לִפְנֵי זְמַן רַב

**agog'** *adj. & adv.* (אֲגוֹג) נִרְגָּשׁ מְאֹד; בְּהִתְרַגְּשׁוּת

**ag'onize"** *v.i. & t.* (אֶגְנַיְז) סָבַל; הִתְאַמֵּץ הַרְבֵּה; עִנָּה

**ag'ony** *n.* (אֶגְנִי) יִסּוּרִים; הִתְרַגְּשׁוּת רַבָּה; גְּסִיסָה

**ag'ony col'umn** (אֶגְנִי קוֹלֶם) מוֹדָעוֹת אֵבֶל (טור בעיתון)

**agrar'ian** *adj. & n.* (אֲגְרֶרִיאֶן) קַרְקָעִי; חַקְלָאִי; אַגְרָרִי

**agree'** *v.i.* (אֲגְרִי) הִסְכִּים; הִתְאִים; הִגִּיעַ לִידֵי הֶסְכֵּם; הִתְעַכֵּל לְלֹא קְשָׁיִים; לֹא הִפְרִיעַ

**agree'able** *adj.* (אֲגְרִיאֶבְּל) נָעִים; מַסְכִּים, תְּמִים דֵּעִים; הוֹלֵם
**agree'ableness** *n.* (אֲגְרִיאֶבְּלְנֶס) נְעִימוּת, נוֹחוּת; הַתְאָמָה, הַסְכָּמָה
**agreed'** *adj.* (אֲגְרִיד) קָבוּעַ, מֻסְכָּם; שֶׁנִּקְבַּע
**agree'ment** *n.* (אֲגְרִימֶנְט) הֶסְכֵּם, יִשּׁוּב; הַסְכָּמָה; הַתְאָמָה
**ag"ricul'tural** *adj.* (אֶגְרִקַלְצֶ'רְל) חַקְלָאִי
**ag'ricul"ture** *n.* (אֶגְרִקַלְצֶ'ר) חַקְלָאוּת
**agron'omy** *n.* (אֲגְרוֹנֶמִי) אַגְרוֹנוֹמְיָה; תּוֹרַת הַחַקְלָאוּת
**aground'** *adv.* & *adj.* (אֲגְרָאוּנְד) עַל שִׂרְטוֹן; עַל הַיַּבָּשָׁה
**a'gue** *n.* (אֵיגְיוּ) צַמַּרְמֹרֶת קַדַּחְתִּית מְלֻוָּה כְּאֵבִים; קְדִיחָה (בחינת חילופי חום וקור של קדחת)
**ah** *interj.* (אָ) הָה; אָהָה, אוֹי (להבעת תגובה רגשית)
**ahead'** *adv.* (אֲהֶד) לְפָנִים; קֹדֶם לְ־; קְדִימָה; לִפְנֵי; לְפָנֵינוּ; לֶעָתִיד
get — הִתְקַדֵּם
**ahoy'** *interj.* (אֲהוֹי) הוֹי, שִׂימוּ לֵב!
**aid** *n.* & *v.t.* (אֵיד) סִיּוּעַ, עֶזְרָה; עוֹזֵר; סִיֵּעַ, עָזַר, תָּמַךְ
**aide** *n.* (אֵיד) שָׁלִישׁ, עוֹזֵר רִשְׁמִי
**aide'-de-camp'** (אֵיד־דֶה־קֶמְפּ) שָׁלִישׁ
**aid' sta"tion** (אֵיד סְטֵישֶׁן) תַּחֲנַת עֶזְרָה רִאשׁוֹנָה
**ail** *v.t.* & *i.* (אֵיל) הֵצִיק; הִכְאִיב; חָלָה; חָשׁ בְּ־
**ai'leron** *n.* (אֵילֶרוֹן) מְאַזֶּנֶת
**ai'ling** *adj.* (אֵילִנְג) חוֹלֶה
**ail'ment** *n.* (אֵילְמֶנְט) מַחֲלָה
**aim** *n.* (אֵים) מַטָּרָה, תַּכְלִית; הַכְוָנָה, מִכְוָן, כִּוּוּן
— *v.t.* & *i.* כִּוֵּן, שָׁאַף
**aim'less** *adj.* (אֵימְלֶס) לְלֹא מַטָּרָה, לְלֹא תַּכְלִית
**ain't** (אֵינְט) (צורה המונית של (am, is, are . . . not
**air** *n.* (אֵר) אֲוִיר; לַחַן, נְעִימָה; מַרְאֶה
— s יָמְרָה
give the — דָּחָה; פִּטֵּר
on the — מְשֻׁדָּרִים
take the — יָצָא לְטַיֵּל
tread (walk) on — עָלַז
up in the — לְלֹא הַכְרָעָה
— *v.t.* & *i.* אִוְרֵר; גִּלָּה בָּרַבִּים; נֶחֱשַׂף לָאֲוִיר
— *adj.* פּוֹעֵל בְּאֶמְצָעוּת אֲוִיר; שֶׁל מָטוֹס; קוֹרֶה בָּאֲוִיר
**air'condi"tioner** (אֵר קֻנְדִשֶׁנֶר) מַזְגָן
**air' condi"tioning** (אֵר קֻנְדִשֶׁנִנְג) מִזּוּג אֲוִיר
**air'craft"** *n.* (אֵרְקְרֶפְט) כְּלִי טַיִס, מָטוֹס
**air'craft car'rier** (אֵרְקְרֶפְט קֶרִיאֶר) נוֹשֵׂאת מְטוֹסִים
**air'field"** *n.* (אֵרְפִילְד) שְׂדֵה נְחִיתָה; שְׂדֵה תְּעוּפָה
**air' force"** (אֵר פוֹרְס) חֵיל אֲוִיר
**ai'rily** *adv.* (אֵרִלִי) בַּעֲלִיזוּת; בְּקַלּוּת, בְּרַכּוּת
**air'iness** *n.* (אֵרִנֶס) עַלִּיזוּת, שִׂמְחָה, קַלּוּת
**air'ing** *n.* (אֵרִנְג) אִוְרוּר; יִבּוּשׁ; טִיּוּל
**air'less** *adj.* (אֵרְלֶס) חֲסַר־אֲוִיר
**air' let"ter** (אֵר לֶטֶר) אִגֶּרֶת אֲוִיר; נְיָר דַּק
**air'lift** *n.* (אֵרְלִפְט) רַכֶּבֶת אֲוִירִית; תַּעֲבוּרָה אֲוִירִית
— *v.t.* הֶעֱבִיר בְּרַכֶּבֶת אֲוִירִית
**air' mail"** *n.* & *v.t.* (אֵר מֵיל) דֹּאַר אֲוִיר; שָׁלַח בְּדֹאַר אֲוִיר
**air'-mail"** *adj.* (אֵר־מֵיל) שֶׁל דֹּאַר אֲוִיר
— *n.* מִכְתָּב בְּדֹאַר אֲוִיר; בּוּל דֹּאַר אֲוִיר
— *adv.* בְּדֹאַר אֲוִיר
**air'man** *n.* (אֵרְמֶן) טַיָּס, אֲוִירַאי
**air'min"ded** *adj.* (אֵרְמַיְנְדֶד) מְעֻנְיָן בְּטַיִס; מְחַיֵּב כְּלֵי טַיִס
**air'plane"** *n.* (אֵרְפְּלֵין) מָטוֹס, אֲוִירוֹן
**air'port"** *n.* (אֵרְפּוֹרְט) נְמַל אֲוִיר; שְׂדֵה תְּעוּפָה
**air'-raid"** *n.* (אֵר רֵיד) הַפְצָצַת אֲוִיר
**air'-raid ward"en** (אֵר־רֵיד וורְדֶן) פַּקָּח (הג"א)
**air'ship** *n.* (אֵרְשִׁפּ) סְפִינַת אֲוִיר
**air'strip** *n.* (אֵרְסְטְרִפּ) מַסְלוּל הַמַּמְרָאָה
**air'tight** *adj.* (אֵרְטַיְט) בִּלְתִּי חָדִיר לָאֲוִיר, אָטוּם; לְלֹא נְקֻדּוֹת תֻּרְפָּה; הֶרְמֶטִי

**air'-to-air'** *adj.* (אֶר־טוּ־אֶר) אֲוִיר־אֲוִיר
**air'-to-sur'face** *adj.* (אֶר־טֶ־סֶרְפֶס) אֲוִיר־קַרְקַע
**air'y** *adj.* (אֶרִי) אֲוִירִי, מְרֻוָּח; קַלִּיל, דַּק; עַלִּיז; דִּמְיוֹנִי; גַּבְהָ
**aisle** *n.* (אַיל) מַעֲבָר
**ajar'** *adj. & adv.* (אֲגָ'ר) פָּתוּחַ בְּמִקְצָת; מְנֻגָּד לְ־
**akim'bo** *adj. & adv.* (אֲקִמְבּוֹ) כְּשֶׁהַיָּד עַל הַמֹּתֶן וְהַמַּרְפֵּק מֻטֶּה קָדִימָה
**akin'** *adj.* (אֲקִן) קָרוֹב; דּוֹמֶה
**à la —** (אַ לָא) כְּדֶרֶךְ; לְפִי; כְּנֹסַח
**al'abas"ter** *n.* (אֶלֲבֶּסְטֶר) בַּהַט
**alac'rity** *n.* (אֲלֶקְרִטִי) רָצוֹן; עֵרָנוּת, זְרִיזוּת
**alarm'** *v.t. & n.* (אֲלַרְם) הִפְחִיד; הִזְעִיק; חֲשָׁשׁ; אַזְעָקָה
**alarm' clock"** (אֲלַרְם קְלוֹק) שָׁעוֹן מְעוֹרֵר
**alas'** *interj.* (אֲלֶס) אוֹי, אֲבוֹי, אֲהָהּ
**albe'it** *conj.* (אוֹלְבִּיאִט) אִם גַּם; גַּם אִם
**al'bum** *n.* (אֶלְבֶּם) אַלְבּוֹם
**albi'no** *n.* (אֶלְבַּינוֹ) לַבְקָן
**albu'men** *n.* (אֶלְבְּיוּמֶן) אַלְבּוּמֶן (סוּג חֶלְבּוֹן)
**al'chemist** *n.* (אֶלְקֶמִסְט) אַלְכִּימַאי
**al'chemy** *n.* (אֶלְקֶמִי) אַלְכִּימְיָה; כִּשּׁוּף
**al'cohol"** *n.* (אֶלְקֲהוֹל) כֹּהַל, אַלְכּוֹהוֹל
**al'cohol"ic** *adj. & n.* (אֶלְקֲהוֹלִק) כֹּהֲלִי, אַלְכּוֹהוֹלִי; אַלְכּוֹהוֹלִיסְט
**al'cove** *n.* (אֶלְקוֹב) חֲדַרְדַּר; גֻּמְחָה, נִישָׁה
**al'derman** *n.* (אוֹלְדֶרְמֶן) חֲבֵר עִירִיָּה
**ale** *n.* (אֵיל) בִּירָה כֵּהָה
**alert'** *adj.* (אֲלֶרְט) עֵר; זָרִיז
— *n.* כּוֹנְנוּת; אַזְעָקָה
— *v.t.* הִזְהִיר; הֶעֱמִיד בְּמַצָּב הָכֵן
**alert'ness** *n.* (אֲלֶרְטְנֶס) עֵרָנוּת
**alfal'fa** *n.* (אֶלְפֶלְפָה) אַסְפֶּסֶת
**al'ga** *n.* [pl. **-gae**] (אֶלְגָה, אֶלְגִ'י) אַצָּה
**al'gebra** *n.* (אֶלְגֶ'בְּרָה) אַלְגֶּבְּרָה
**a'lias** *n.* (אֵילִיאֶס) שֵׁם בָּדוּי
**al'ibi"** *n. & v.i. & t.* (אֶלֲבַּי) אַלִּיבִּי; הִתְנַצְּלוּת; הִתְנַצֵּל; נָתַן אַלִּיבִּי
**al'ien** *n. & adj.* (אֵילְיֶן) זָר, נָכְרִי; מוֹצָא מֵהַצִּבּוּר; שֶׁל נָכְרִי; מוּזָר; מְנֻתָּק, תָּלוּשׁ
**al'ienate** *v.t.* (אֵילְיֶנֵיט) הִרְחִיק, הִסָּה מִן; נִכֵּר, נִתֵּק
**al"iena'tion** *n.* (אֵילְיֶנֵישְׁן) הַרְחָקָה; הַסָּיָה; הַעֲבָרָה; הִתְנַכְּרוּת; נִכּוּר
**al'ienist** *n.* (אֵילְיֶנִסְט) פְּסִיכִיאָטֶר
**alight'** *v.i.* (אֲלַיְט) יָרַד; הִתְיַשֵּׁב; פָּגַשׁ בְּאַקְרַאי
**align'** *v.t.* (אֲלַין) עָרַךְ בְּשׁוּרָה, יִשֵּׁר; צֵרֵף; הִסְתַּדֵּר בְּשׁוּרָה; הִצְטָרֵף
**alike'** *adv. & adj.* (אֲלַיְק) בְּצוּרָה דּוֹמָה, בְּאֹפֶן שָׁוֶה; דּוֹמֶה
**al"imen'tary** *adj.* (אֶלִמֶנְטֲרִי) תְּזוּנָתִי, מְזוֹנִי
**al'imony** *n.* (אֶלִמוֹנִי) מְזוֹנוֹת; מִחְיָה
**alive'** *adj.* (אֲלַיְב) חַי, בַּחַיִּים; פָּעִיל; מָלֵא חַיִּים
**al'kali"** *n.* (אֶלְקֲלַי) בָּסִיס; אַלְקָלִי
**all** *adj., n., pron. & conj.* (אוֹל) כָּל־; הַכֹּל; כָּל מְאֹדוֹ
above — מֵעַל לַכֹּל
not at — לַגְמְרֵי לֹא
— right בְּסֵדֶר
— the more לֹא כָּל שֶׁכֵּן
**allay'** *v.t.* (אֲלֵי) הִשְׁקִיט, שִׁכֵּךְ; הִפְחִית
**all' clear'** (אוֹל קְלִיר) אוֹת אַרְגָּעָה
**al"lega'tion** *n.* (אֶלֲגֵישְׁן) קְבִיעָה, טַעֲנָה, הוֹדָעָה
**allege'** *v.t.* (אֲלֶג') קָבַע, טָעַן; הִצְהִיר; גָּרַס
— **ed** *adj.* נִטְעָן; נֶאֱשָׁם כְּ־; מְפֻקְפָּק
**alle'giance** *n.* (אֲלִיגֶ'נְס) נֶאֱמָנוּת
**al"legor'ical** *adj.* (אֶלֲגוֹרִקְל) אַלֶּגוֹרִי; בְּדֶרֶךְ מָשָׁל
**al'lego"ry** *n.* (אֶלֲגוֹרִי) אַלֶּגוֹרְיָה; מָשָׁל
**al'lergy** *n.* (אֶלֶרְגִ'י) אַלֶּרְגְּיָה
**alle'viate"** *v.t.* (אֲלִיוִיאֵיט) הֵקֵל; הִפְחִית
**al'ley** *n.* (אֶלִי) סִמְטָה, מִשְׁעוֹל; מָבוֹי
blind — מָבוֹי סָתוּם
up one's — בְּהֶתְאֵם לִנְטִיּוֹתָיו וּתְחוּם הִתְעַנְיְנוּתוֹ
**alli'ance** *n.* (אֲלַיְאֶנְס) בְּרִית; הִתְקַשְּׁרוּת; נִשּׂוּאִים; קִרְבָה
**allied'** *adj.* (אֲלַיְד) קָשׁוּר בִּבְרִית; מְקֹרָב

**allit"era'tion** *n.* (אֲלִטֶרֵישֶׁן) אֲלִיטֶרַצְיָה
**al'locate"** *v.t.* (אֱלֶקֵיט) הִקְצָה, הִקְצִיב
**al"loca'tion** *n.* (אֱלֶקֵישֶׁן) הַקְצָאָה, הַקְצָבָה
**allot'** *v.t.* (אֲלוֹט) חִלֵּק; הִקְצִיב, יִעֵד
**allot'ment** *n.* (אֲלוֹטְמֶנְט) הַקְצָבָה, קִצְבָּה
**allow'** *v.t.* (אֲלַאוּ) הִרְשָׁה; הֶעֱנִיק, נָתַן; הִשְׁאִיר; הֵבִיא בְּחֶשְׁבּוֹן, אִשֵּׁר
**allow'ance** *n.* (אֲלַאוּאֲנְס) הַקְצָאָה, קִצְבָּה; הוֹדָאָה, אִשּׁוּר
make — s for הִתְחַשֵּׁב בְּנִסִּבּוֹת מְקִלּוֹת; מָחַל
**al'loy** *n.* & *v.t.* (אֱלוֹי) מֶסֶג, נֶתֶךְ, סַגְסֹגֶת; תַּעֲרֹבֶת; עִרְבֵּב; פִּגֵּל
**All' Saints'' Day"** (אוֹל סֵינְטְס דֵּי) חַג כָּל הַקְּדוֹשִׁים (חל באחד בנובמבר)
**All' Souls'' Day"** (אוֹל סוֹלְז דֵּי) יוֹם הַזְכָּרַת הַנְּשָׁמוֹת (חל בשנים בנובמבר)
**allude'** *v.i.* (אֲלוּד) הִזְכִּיר; רָמַז
**allure'** *v.t.* (אֲלוּר) מָשַׁךְ, הִקְסִים
**allure'ment** *n.* (אֲלוּרְמֶנְט) קֶסֶם
**allur'ing** *adj.* (אֲלוּרִינְג) מְפַתֶּה, מְצוֹדֵד לֵב; מַקְסִים
**allu'sion** *n.* (אֲלוּז'ן) רֶמֶז קַל; הַזְכָּרָה (דרך אגב)
**ally'** *n.* & *v.t.* & *i.* (אֲלַי) בַּעַל בְּרִית; שֻׁתָּף; קֶשֶׁר; בָּא בִּבְרִית עִם; הִתְקַשֵּׁר עִם
**al'manac"** *n.* (אֹלְמֶנֶק) אַלְמָנָךְ
**almight'y** *adj.* (אוֹלְמַיטִי) כָּל־יָכֹל; עָצוּם
Almighty אֵל שַׁדַּי
**al'mond** *n.* & *adj.* (אָמַנְד) שָׁקֵד; שֶׁל שְׁקֵדִים
**al'most** *adj.* (אוֹלְמוֹסְט) כִּמְעַט
**alms** *n.* (אָמְז) צְדָקָה
**aloft'** *adv.* (אֲלוֹפְט) לְמַעְלָה, לַמָּרוֹם
**alone'** *adj.* & *adv.* (אֲלוֹן) לְבַד; בִּלְבַד; בּוֹדֵד
leave — עָזַב לְנַפְשׁוֹ
let — נִמְנַע מִלְּהַפְרִיעַ
**along'** *prep.* & *adv.* (אֲלוֹנְג) לְאֹרֶךְ; בְּמֶשֶׁךְ; בְּהֶתְאֵם ל־; עַל יַד; יַחַד עִם; קָדִימָה; מֵאֶחָד לַשֵּׁנִי
all — כָּל הַזְּמַן
be — הִגִּיעַ

**aloof'** *adv.* & *adj.* (אֲלוּף) מֵרָחוֹק; אָדִישׁ; בְּמֶרְחָק
**aloud'** *adv.* (אֲלַאוּד) בְּקוֹל; בְּקוֹל רָם
**al'phabet** *n.* (אֱלְפֲבֶט) אָלֶפְבֵּית; יְסוֹדוֹת
**al'phabetize"** *v.t.* (אֱלְפֲבֶטַיז) עָרַךְ לְפִי סֵדֶר הָאָלֶפְבֵּית; הִבִּיעַ בְּאֶמְצָעוּת אָלֶפְבֵּית
**al'pine** *adj.* (אֱלְפַּיְן) גָּבֹהַּ מְאֹד; הַרְרִי מְאֹד; שֶׁל הָאַלְפִּים
**al'pini"sm** *n.* (אֱלְפִּנִזְם) טִפּוּס עַל הָרִים (בכיוחד באלפים)
**alread'y** *adv.* (אוֹלְרֶדִי) כְּבָר
**al'so** *adv.* (אוֹלְסוֹ) גַּם, גַּם כֵּן
— *conj.* וְ, וּ
**al'so-ran"** *n.* (אוֹלְסוֹ־רֶן) נִכְשָׁל; לֹא־יֻצְלַח
**al'ter** *v.t.* & *i.* (אוֹלְטֶר) שִׁנָּה; סֵרֵס; הִשְׁתַּנָּה
**al'terable"** *adj.* (אוֹלְטֶרֲבֶּל) נָתוּן לְשִׁנּוּי
**al"tera'tion** *n.* (אוֹלְטֶרֵישֶׁן) שִׁנּוּי, תִּקּוּן
**al'ternate"** *v.i.* & *t.* (אוֹלְטֶרְנֵיט) הֶחֱלִיף, עָשָׂה לְסֵרוּגִין, פָּעַל חֲלִיפוֹת; הִתְחַלֵּף
al'ternate *n.* & *adj.* (אוֹלְטֶרְנֶט) מַחֲלִיף; מְמַלֵּא מָקוֹם; בָּא חֲלִיפוֹת; הֲדָדִי; כָּל פְּרָט שֵׁנִי; אֶפְשָׁרוּת (בת־ברירה)
**al"terna'tely** *adv.* (אוֹלְטֶרְנֶטְלִי) חֲלִיפוֹת, לְסֵרוּגִין
**al'ternating cur'rent** (אוֹלְטֶרְנֵיטִנְג קָרֶנְט) זֶרֶם חִלּוּפִים
**al"terna'tion** *n.* (אוֹלְטֶרְנֵישֶׁן) הַחֲלָפָה; סִדּוּר לְסֵרוּגִין; חִלּוּפִין
**alter'native** *n.* & *adj.* (אוֹלְטֶרְנֶטִב) אֶפְשָׁרוּת (בת־ברירה); הַמְאַפְשֵׁר בְּרֵרָה; אַלְטֶרְנָטִיבָה
**although'** *conj.* (אוֹלְדוֹ) אַף עַל פִּי
**altim'eter** *n.* (אֱלְטִמִיטֶר) מַד־גֹּבַהּ
**al'titude"** *n.* (אֱלְטִטוּד) גֹּבַהּ
**al'to** *n.* (אֱלְטוֹ) אַלְט
**al"togeth'er** *adv.* (אוֹלְטֻגֶדֶ'ר) לְגַמְרֵי; כֻּלּוֹ; כְּשֶׁהַכֹּל כָּלוּל; אַחֲרֵי כְּכַלּוֹת הַכֹּל
in the — עָרֹם
**al'truism** *n.* (אֱלְטְרוּאִזְם) דְּאָגָה לַזּוּלַת; אַלְטְרוּאִיזְם

**al'truist** *n.* (אֶלְטְרוּאִסְט) דוֹאֵג לְזוּלַת; אַלְטְרוּאִיסְט
**alu'minum** *n.* (אֲלוּמִנַם) אֲלוּמִינְיוּם, חַמְרָן
**alum'na** *n.* [pl. - nae] (אֲלַמְנֶה, אֲלַמְנִי) בּוֹגֶרֶת (אוניברסיטה)
**al'umnus** *n.* [pl. - ni] (אֲלַמְנֶס, אֲלַמְנַי) בּוֹגֵר (אוניברסיטה)
**al'ways** *adv.* (אוֹלְוֵיז) תָּמִיד
**am** *v.* (אֶם) הִנְנִי, אֲנִי (הווה)
**amal'gam** *n.* (אֲמֶלְגֶם) אֲמַלְגָּמָה; מֶסֶג כַּסְפִּית; מֶסֶג כַּסְפִּית וָכֶסֶף
**amal'gamate"** *v. t. & i.* (אֲמֶלְגֵמֵיט) מִזֵּג; צֵרֵף לְכַסְפִּית; הִתְמַזֵּג
**amal"gama'tion** *n.* (אֲמֶלְגְמֵישְׁן) מִזּוּג
**amass'** *v. t. & i.* (אֲמֶס) צָבַר; הִתְלַכֵּד
**am'ateur"** *n.* (אֶמֲצֶ'ר) חוֹבֵב, חוֹבְבָן
**am"ateur'ish** *adj.* (אֶמֲצֶ'רִשׁ) חוֹבְבָנִי
**amaze'** *v. t.* (אֲמֵיז) הִפְלִיא; הִתְמִיהַּ
**amaze'ment** *n.* (אֲמֵיזְמֶנְט) הַפְתָּעָה; תִּמָּהוֹן
**Am'azon"** *n.* (אֶמֲזוֹן) אֲמָזוֹנָה; אִשָּׁה חֲזָקָה וְתוֹקְפָנִית
**ambas'sador** *n.* (אֶמְבֶּסֲדֶר) שַׁגְרִיר; שָׁלִיחַ
**ambas'sadress** *n.* (אֶמְבֶּסֲדְרֶס) שַׁגְרִירָה; אֵשֶׁת שַׁגְרִיר
**am'ber** *n.* (אֶמְבֶּר) עִנְבָּר
**am"bidex'trous** *adj.* (אֶמְבִּידֶקְסְטְרַס) שׁוֹלֵט בִּשְׁתֵּי יָדָיו; זָרִיז; מְיֻמָּן; דּוּ־פַּרְצוּפִי
**am'bient** *adj.* (אֶמְבִּיאֶנְט) סוֹבֵב, מַקִּיף
**am"bigu'ity** *n.* (אֶמְבִּגְיוּאִטִי) מַשְׁמָעוּת מְעֻרְפֶּלֶת; מַשְׁמָעוּת כְּפוּלָה; בִּטּוּי דּוּ־מַשְׁמָעִי; בִּטּוּי מְעֻרְפָּל
**ambig'uous** *adj.* (אֶמְבִּגְיוּאַס) מְעֻרְפָּל; סָתוּם; דּוּ־מַשְׁמָעִי
**ambi'tion** *n.* (אֶמְבִּשְׁן) אַמְבִּיצְיָה, שְׁאִיפָה עֶקֶשֶׁת; מַטְּרַת שְׁאִיפָה עִקֶּשֶׁת
**ambi'tious** *adj.* (אֶמְבִּשַׁס) אַמְבִּיצְיוֹזִי, שְׁאַפְתָּנִי; דּוֹרֵשׁ מַאֲמָץ רַב
**am'ble** *v. i.* (אֶמְבֶּל) הָלַךְ בְּנַחַת
**ambro'sia** *n.* (אֶמְבְּרוֹזְ'ה) אַמְבְּרוֹסְיָה, מְזוֹן הָאֵלִים; מַעֲדַן מְלָכִים
**am'bulance** *n.* (אֶמְבְּיֻלֶנְס) אַמְבּוּלַנְס
**am'bulato"ry** *adj.* (אֶמְבְּיֻלַטוֹרִי) מִתְהַלֵּךְ; מֻתְאָם לַהֲלִיכָה; נַיָּד

**am"buscade'** *n.* (אֶמְבַּסְקֵיד) מַאֲרָב
**am'bush** *n. & v. t. & i.* (אֶמְבֻּשׁ) מַאֲרָב; הִתְקִיף מִמַּאֲרָב, אָרַב
**ame'ba** (amoeba) *n.* (אֲמִיבָּה) אֲמֵבָּה, חִלּוּפִית
**amel'iorate"** *v. t. & i.* (אֲמִילְיֲרֵיט) שִׁפֵּר, הֵיטִיב; הִשְׁתַּפֵּר
**amel"iora'tion** *n.* (אֲמִילְיֲרֵישְׁן) שִׁפּוּר; הִשְׁתַּפְּרוּת
**a'men'** *interj.* (אֵימֶן) אָמֵן
**amen'able** *adj.* (אֲמִינַבְּל) נוֹחַ, צַיְתָן; אַחֲרַאי
**amend'** *v. t.* (אֲמֶנְד) תִּקֵּן; שִׁפֵּר
make --s for הִתְנַצֵּל; כִּפֵּר עַל־
**amend'ment** *n.* (אֲמֶנְדְמֶנְט) תִּקּוּן; תּוֹסֶפֶת; שִׁנּוּי
**amen'ity** *n.* (אֲמֶנִטִי) נֹעַם, נְעִימוּת
— ies נוֹחִיּוֹת, נְעִימוּיוֹת
**Amer'ican** *n. & adj.* (אֲמֶרִקֶן) אֲמֵרִיקָנִי
**am'ethyst** *n.* (אֶמִתִ'סְט) אַחְלָמָה
**a"miabil'ity** *n.* (אֵימִיאַבִּלִטִי) חֲבִיבוּת, נְעִימוּת
**a'miable** *adj.* (אֵימִיאַבְּל) נָעִים, חָבִיב, מַסְבִּיר פָּנִים
**am'icable** *adj.* (אֶמִקַבְּל) יְדִידוּתִי
**amid'(st)** *prep.* (אֲמִדְ(סְט)) בֵּין, בְּתוֹךְ, בְּקֶרֶב; בְּמֶשֶׁךְ
**amiss'** *adv. & adj.* (אֲמִס) לֹא כַּשּׁוּרָה, לֹא כָּרָאוּי; חָרִיג
take — נִפְגַּע (בעקבות אי־הבנה)
**am'ity** *n.* (אֶמִטִי) יְדִידוּת; הַרְמוֹנְיָה
**am"muni'tion** *n.* (אֶמְיֻנִשְׁן) תַּחְמֹשֶׁת
**amne'sia** *n.* (אֶמְנִיזְ'ה) אַמְנֶזְיָה, שִׁכְחַת
**am'nesty** *n. & v. t.* (אֶמְנֶסְטִי) חֲנִינָה; חָנַן
**among'(st)** *prep.* (אֲמַנְג(סְט)) בֵּין, בְּתוֹךְ, בְּקֶרֶב; בְּ־
**am'orous** *adj.* (אֶמֲרַס) עוֹגֵב; מְאַהֵב
**amor'phous** *adj.* (אֲמוֹרְפַס) אֲמוֹרְפִי, חֲסַר־צוּרָה; לֹא מְגֻבָּשׁ
**amor"tiza'tion** *n.* (אֲמוֹרְטִזֵישְׁן) אֲמוֹרְטִיזַצְיָה, בְּלַאי
**am'ortize** *v. t.* (אֶמֲרְטַיז) פֵּרַע, סִלֵּק (חוב)

**amount′** *n. & v. i.* (אֲמַאוּנְט) סַךְ הַכֹּל; סִכּוּם; כַּמּוּת; מַשְׁמָעוּת מְלֵאָה; הִסְתַּכֵּם

**amphib′ian** *n.* (אֶמְפִבִּיאֶן) דּוּחַי

**amphib′ious** *adj.* (אֶמְפִבִּיאֶס) אַמְפִיבִּי; חַי גַּם בַּמַּיִם וְגַם בַּיַּבָּשָׁה; מַתְאִים גַּם לַיָּם וְגַם לַיַּבָּשָׁה

**am′phithe″ater** *n.* (אֶמְפִית׳יאֲטֶר) אַמְפִיתֵאַטְרוֹן

**am′ple** *adj.* (אֶמְפֶּל) דַּי־; מְסַפֵּק, מָלֵא

**am″plifica′tion** *n.* (אֶמְפְּלִפִקֵישֶׁן) הַגְבָּרָה, הַגְדָּלָה, הַרְחָבָה

**am′plify** *v. t.* (אֶמְפְּלִפַי) הִגְבִּיר, הִגְדִּיל, הִרְחִיב

**am′plitude″** *n.* (אֶמְפְּלִטוּד) גֹּדֶל; שֶׁפַע; אַמְפְּלִיטוּדָה, עָצְמָה, מִשְׂרַעַת

**am′putate″** *v. t.* (אֶמְפְּיוּטֵיט) קָטַע

**am″puta′tion** *n.* (אֶמְפְּיוּטֵישֶׁן) קְטִיעָה

**am″putee′** *n.* (אֶמְפְּיוּטִי) קָטֵעַ

**amuck′** *adv.* (אֲמַק) בְּשִׁגָּעוֹן רַצְחָנִי; לְלֹא שְׁלִיטָה עַצְמִית

**am′ulet** *n.* (אֶמְיֻלֶט) קָמֵעַ

**amuse′** *v. t.* (אֲמְיוּז) שִׁעֲשַׁע, בִּדֵּר

**amuse′ment** *n.* (אֲמְיוּזְמֶנְט) בִּדּוּר, שַׁעֲשׁוּעִים, תַּעֲנוּג, בִּלּוּי

**amu′sing** *adj.* (אֲמְיוּזִנְג) מְבַדֵּר; מְשַׁעֲשֵׁעַ, מְבַדֵּחַ

**an** (אֶן; אַן (כשההברה מוטעמת!) תְּוִית סְתָמִית – צורת a לפני תנועה

**anach′ronism** *n.* (אֲנֶקְרֲנִזֶם) אֲנַכְרוֹנִיזְם; קְבִיעַת זְמַן מֻטְעָה

**a′nal** *adj.* (אֵינֶל) אָנָלִי

**anal′ogous** *adj.* (אֲנֶלֲגֶס) דּוֹמֶה, מַקְבִּיל; אֲנָלוֹגִי

**anal′ogy** *n.* (אֲנֶלֲגִ׳י) אֲנָלוֹגְיָה, הַקְבָּלָה, דִּמְיוֹן

**anal′ysis** *n.* (אֲנֶלִסִס) אֲנָלִיזָה; נִתּוּחַ; פֵּרוּק

**analyt′ic** *adj.* (אֶנֲלִטִק) אֲנָלִיטִי; נִתּוּחִי

**an′alyze″** *v. t.* (אֶנֲלַיז) נִתַּח, הִפְרִיד לְמַרְכִּיבִים; קָבַע יְסוֹדוֹת, פֵּרֵק

**an′archist** *n.* (אֶנֲרְקִסְט) אֲנַרְכִיסְט; מֵסִית לְאִי־סֵדֶר

**an′archy** *n.* (אֶנֲרְקִי) אֲנַרְכְיָה; תֹּהוּ וָבֹהוּ; הֶפְקֵרוּת

**anath′ema** *n.* (אֲנֶתְ׳מֶה) שִׁקּוּץ, מָאוּס; אָרוּר; מְאֵרַת נִדּוּי, חֵרֶם

**an″atom′ical** *adj.* (אֶנֲטוֹמִקְל) אֲנָטוֹמִי

**anat′omy** *n.* (אֲנֶטֲמִי) אֲנָטוֹמְיָה; נְתִיחָה; דֶּגֶם אֲנָטוֹמִי; שֶׁלֶד; נִתּוּחַ מְדֻקְדָּק

**an′cestor** *n.* (אֶנְסֶסְטֶר) אָב קַדְמוֹן, אֲבִי־; מָקוֹר

**ances′tral** *adj.* (אֶנְסֶסְטְרֶל) שֶׁל הָאָבוֹת; שֶׁל הָרִאשׁוֹנִים

**an′cestry** *n.* (אֶנְסֶסְטְרִי) מוֹצָא; יִחוּס, יְחוּס אָבוֹת; אָבוֹת, מָקוֹר; תּוֹלָדוֹת

**an′chor** *n.* (אֶנְקֶר) עֹגֶן

drop — עָגַן

weigh — הֵרִים עֹגֶן

— *v. t. & i.* עָגַן; קָבַע; נֶעֱגַן, נֶאֱחַז

**an′chorage** *n.* (אֶנְקֲרִג׳) מַעֲגָן; דְּמֵי עֲגִינָה; עֲגִינָה

**an′chorite** *n.* (אֶנְקֲרַיט) מִתְבּוֹדֵד

**an′chovy** *n.* (אֶנְצ׳וֹבִי) אַנְשׁוֹבִי; עַפְיָן

**an′cient** *adj.* (אֵינְשֶׁנְט) קָדוּם, עַתִּיק

**an′cillar″y** *adj.* (אֶנְסֲלֶרִי) מְשָׁרֵת; מְסַיֵּעַ

**and** *conj.* (אֶנְד; ללא הטעמה: אֶנְד, אֶן) וְ, וּ; גַּם; אַחַר כָּךְ

now — then מִפְּקִידָה לִפְקִידָה

**and′i″ron** *n.* (אֶנְדַאיאֶרְן) תּוֹמֵךְ (כולי עץ באח)

**an′ecdote″** *n.* (אֶנֶקְדוֹט) אֲנֶקְדוֹטָה; מַעֲשִׂיָּה

**ane′mia** *n.* (אֲנִימִיָה) אֲנֶמְיָה; רִפְיוֹן

**an″esthe′tic** *n. & adj.* (אֶנֶסְתֶ׳טִק) סַם הַרְדָּמָה; מַרְדִּים

**anew′** *adv.* (אֲנִיוּ) שׁוּב, מֵחָדָשׁ; בְּצוּרָה חֲדָשָׁה

**an′gel** *n.* (אֵינְג׳ל) מַלְאָךְ; מֵטִיב; צַדִּיק

**angel′ic** *adj.* (אֶנְג׳לִק) מַלְאָכִי; צַדִּיק, צַדְקָן

**an′ger** *n. & v. t. & i.* (אֶנְגֶר) כַּעַס, רֹגֶז; הִכְעִיס; כָּעַס

**an′gle** *n. & v. t.* (אֶנְגֶל) זָוִית; נְקֻדַּת מַבָּט, צַד; יִתְרוֹן; אַסְפֶּקְט; פִּנָּה; כִּוֵּן, פָּנָה בְּחַדּוּת; הִשְׁלִיךְ חַכָּה; חִפֵּשׂ

**an′gler** *n.* (אֶנְגְלֶר) דַּיָּג (בחכה)

**An′glican** *adj. & n.* (אֶנְגְלִקֶן) אַנְגְלִיקָנִי

**an'gling** *n.* (אנגלנג) דיג (בחכה)

**An'glo-Sax'on** *adj.* (אנגלו־סקסן) אנגלו־סקסי

**an'gry** *adj.* (אנגרי) כועס, זועף

get — כעס

make — הכעיס

**an'guish** *n.* (אנגוש) כאב

**an'gular** *adj.* (אנגילר) זויתי; קפח, בעל עצמות בולטות

**an"imadver'sion** *n.* (אנמדורזן) בקרת; מתיחת בקרת

**ani'madvert** *v. i.* (אנמדורט) בקר, מתח בקרת

**an'imal** *n. & adj.* (אנמל) חיה; בעל חיים; יונק; של בעלי חיים; חיתי, בשרי

**an'imate"** *v. t. & adj.* (אנמיט) חיה; הפיח רוח חיים; עודד; הפעיל; חי, תוסס

**an"ima'tion** *n.* (אנמישן) ערנות; הפחת רוח חיים; חי; הכנת סרט מצויר, אנימציה

**ani"mos'ity** *n.* (אנמוסטי) עוינות; טינה

**an'kle** *n.* (אנקל) קרסל

**an'klet** *n.* (אנקלט) אצעדה

**an'nals** *n.* (אנלז) קורות, דברי ימים, היסטוריה; דין וחשבון שנתי; פרסום

**an'nex** *n.* (אנקס) תוספת, מספח; אגף, מבנה משני; ספח

**annex'** *v. t.* (אנקס) ספח; צרף

**an"nexa'tion** *n.* (אנקסישן) ספוח

**anni'hilate"** (אניאליט) הכחיד, השמיד; בטל

**anni"hila'tion** *n.* (אניאלישן) הכחדה, השמדה

**an"niver'sary** *n.* (אנורסרי) יום־שנה; יום זכרון שנתי; תאריך נשואים; אחת לשנה, שנתי

**an'notate"** *v. t. & i.* (אנוטיט) כתב הערות; העיר (בכתב)

**announce'** *v. t. & i.* (אנאונס) הודיע, הכריז; שמש קרין; הודיע על מעמדות

**announce'ment** *n.* (אנאונסמנט) הודעה, הכרזה; הודעה פורמלית

**announ'cer** *n.* (אנאונסר) קרין

**annoy'** *v. t. & i.* (אנוי) הקניט, הרגיז; הציק ל־; הטריד

**annoy'ance** *n.* (אנויאנס) מטרד; הטרדה; רגז

**an'nual** *adj. & n.* (אניואל) שנתי; חד־שנתי; שנתון

**annu'ity** *n.* (אניואטי) קצבה שנתית

**annul'** *v. t.* (אנל) בטל; כלה

**annul'ment** *n.* (אנלמנט) בטול

**annun"cia'tion** *n.* (אננסיאישן) בשורה; הודעה

Annunciation חג הבשורה (לפי אמונת נוצרים: הודעת המלאך גבריאל למרים על הולדת ישו)

**an'odyne"** *n. & adj.* (אנודין) משכך כאב; מרגיע

**anoint'** *v. t.* (אנוינט) סך, משח

**anom'alous** *adj.* (אנומלס) יוצא דפן

**anom'aly** *n.* (אנומלי) אנומליה, סטיה, זרות

**anon** *adv.* (אנון) בקרוב; מיד

**anon'ymous** *adj.* (אנונמס) אנונימי; בעלום שם

**anoth'er** *adj. & pron.* (אנד'ר) עוד, נוסף; אחר; עוד אחד

one — איש את רעהו

**an'swer** *v. t. & i.* (אנסר) ענה, השיב, היה אחראי; התאים, שמש; פתר; כפר

— *n.* תשובה, מענה; פתרון

**an'swerable** *adj.* (אנסרבל) אחראי; שיש עליו תשובה

**ant** *n.* (אנט) נמלה

have — s in one's pants היה חסר־סבלנות

**antag'onism** *n.* (אנטגנזם) התנגדות; עוינות

**antag'onist** *n.* (אנטגנסט) מתנגד, יריב

**antarc'tic** *adj.* (אנטארקטק) אנטארקטי; של הקטב הדרומי

**an"tece'dent** *adj. & n.* (אנטסידנט) קודם; מלה נרמזת (שבמקומה בא כינוי)

— s אבות

**an'techam"ber** *n.* (אנטצ'ימבר) פרוזדור

an′tedate″ v. t. (אנטדיט)   קָדַם לְ־;
יַחֵס לְתַאֲרִיךְ מֻקְדָם יוֹתֵר; הַאִיץ, הִקְדִים

ante″diluv′ian adj. (אנטידילוּביאן)   מִלִפְנֵי
הַמַּבּוּל; מִישָׁן

an′telope n. (אנטלוֹם)   אנטִילוֹפָּה

an″temerid′ian adj. (אנטימרידיאן)   לִפְנֵי
הַצָּהֳרַיִם

an″tepe′nult n. (אנטפינלט)   הַהֲבָרָה
הַשְּׁלִישִׁית מֵהַסּוֹף

ante′rior adj. (אנטיריאר)   קִדְמִי; קוֹדֵם

an′teroom n. (אנטרוֹם)   חֲדַר כְּנִיסָה;
חֲדַר הַמְתָּנָה

anten′na n. (אנטֶנָה)   מְשׁוֹשָׁה, אנטֶנָה; מָחוֹשׁ
(שֶׁל חֶרֶק)

an′them n. (אנתֶ׳ם)   הִמְנוֹן; מִזְמוֹר תְּהִלָּה

anthol′ogy n. (אנתוֹלוֹג׳י)   אנתוֹלוֹגְיָה

an′thracite n. (אנתְרַסִיט)   פֶּחָם קָשֶׁה

anthropol′ogy n. (אנתְרוֹפּוֹלוֹג׳י)
אנתרוֹפּוֹלוֹגְיָה

an″tiair′craft adj. (אנטיאִרקרפְט)   אנטִי־
אַוִירִי; נֶגֶד־מְטוֹסִי

anti′cipate v. t. (אנטסיפִּיט)   חָזָה (מֵרֹאשׁ);
צִפָּה לְ־; הִקְדִים (לִפְעוֹל)

antic′ipa′tion n. (אנטסיפִּישֶׁן)   צִפִּיָּה; תִּקְוָה

an″ticli′max n. (אנטִקלַימֶקס)   צְפִיַּת־
סִיּוּם נִכְזֶבֶת; סִיּוּם נָדוֹשׁ

an′tidote″ n. (אנטִדוֹט)   סַם שֶׁכְּנֶגֶד

an′tifreeze n. (אנטיפְרִיז)   מוֹנֵעַ הַקְפָּאָה

an″timacas′sar n. (אנטמֶקסֶר)   צָפִית
רִפּוּד

antip′athy n. (אנטִפַּתְ׳י)   סְלִידָה;
אנטִיפַּתְיָה

antip′odes n. pl. (אנטִפּוֹדִיז)   אנטִיפּוֹדִים;
מְקוֹמוֹת מְנֻגָּדִים עַל כַּדּוּר הָאָרֶץ

an′tipope″ n. (אנטִפּוֹפּ)   טוֹעֵן לָאפִּיסְיוֹרוּת

an″tiquar′ian adj. & n. (אנטִקוֶריאַן)
שֶׁל עַתִּיקוֹת; סוֹחֵר סְפָרִים נְדִירִים; מִמְחֶה
לְעַתִּיקוֹת, אוֹסֵף עַתִּיקוֹת

an′tiquated adj. (אנטִקוֶיטֶד)   מִישָׁן, יָשָׁן;
זָקֵן, קַדְמוֹן, שֶׁאָבַד עָלָיו כֶּלַח

antique′ adj. (אנטִיק)   עַתִּיק, שַׁיָּךְ לֶעָבָר;
לֹא מוֹדֶרְנִי; מִזְּמַן קָדוּם
— n.   יְצִירַת תְּקוּפָה קוֹדֶמֶת

antiq′uity n. (אנטִקוֻוטִי)   עַתִּיקוּת; תְּקוּפָה
עַתִּיקָה; הַתְּקוּפָה שֶׁקָּדְמָה לִימֵי הַבֵּינַיִם; הַזְּמַן
הֶעָתִיק; הַקַּדְמוֹנִים
— ies   עַתִּיקוֹת

an″ti-Sem′ite n. (אנטִסֶמיט)   אנטִישֵׁמִי;
צוֹרֵר יְהוּדִים

an″tisep′tic adj. (אנטסֶפטִק)   אנטִיסֶפְּטִי

antith′esis n. (אנטִתְ׳סֶס)   הַפּוּךְ, נֶגֶד;
אנטִיתֶזָה

ant′ler n. (אנטלֶר)   קֶרֶן נִשְׁרָה (כְּתַפְצֶלֶת; שֶׁל
אַיָּל וכו׳)

a′nus n. (אֵינֶס)   פִּי־הַטַּבַּעַת

an′vil n. (אנוִיל)   סַדָּן

anxi′ety n. (אנגְזַיאֶטִי)   דְּאָגָה, חֲשָׁשׁ,
הִשְׁתּוֹקְקוּת, חֲרָדָה, אֵימָה

anx′ious adj. (אנקשֶׁס)   דּוֹאֵג, חָרֵד;
מִשְׁתּוֹקֵק

an′y adj. & pron. (אנִי)   אֵיזֶה, אֵיזְשֶׁהוּ;
כֹּל, כָּלְשֶׁהוּ
— adv.   בְּמִדַּת־מָה, קְצָת
in — case   מִכָּל מָקוֹם

an′ybody″ pron. (אנִיבּוֹדִי)   כָּל מִי, כָּל אֶחָד
— n.   אָדָם חָשׁוּב

an′yhow″ adv. (אנִיהַאוּ)   אֵיכְשֶׁהוּ;
מִכָּל מָקוֹם, בְּכָל מִקְרֶה; בְּחֹסֶר זְהִירוּת

an′yone″ pron. (אנִיוֹן)   מִישֶׁהוּ

an′ything″ pron. (אנִיתְ׳ינְג)   מַשֶּׁהוּ, כָּל
דָּבָר שֶׁהוּא
— n.   דָּבָר
— adv.   בְּאֵיזוֹ מִדָּה שֶׁהִיא

an′yway″ adv. (אנִיוֵי)   בְּכָל מִקְרֶה,
בְּכָל אֹפֶן; אֵיכְשֶׁהוּ

an′ywhere″ adv. (אנִיהוֶר)   בְּכָל מָקוֹם
שֶׁהוּא, בְּאֵיזוֹ מִדָּה שֶׁהִיא; לְכָל מָקוֹם שֶׁהוּא
get —   הִצְלִיחַ

aor′ta n. (אֵיאוֹרְטָה)   אָאוֹרְטָה, אַב־עוֹרְקִים

apart′ adj. (אפַּרט)   לַחֲלָקִים; נִפְרָד,
בְּנִפְרָד; בְּמֶרְחָק שֶׁל, בְּצַד
— adj.   בַּעַל תְּכוּנוֹת מִיֻחָדוֹת
— from   מִלְּבַד
take —   פֵּרֵק; בָּקַר קָשׁוֹת, הָכָה

apart′heid n. (אפַּרטְהַיט)   הַפְרָדָה גִזְעִית,
אַפַּלְיָה (נֶגֶד אַפְרִיקָנִים), אַפַּרְטְהַיד

**apart'ment** *n.* (אֲפַּרְטְמֶנְט) דִּירָה; בַּיִת
דִּירוֹת; חֶדֶר

**ap'athy** *n.* (אֶפֶּתִ׳י) אַפַּתְיָה, אֲדִישׁוּת

**ap"athet'ic** *adj.* (אֶפֶּתֶ׳טִק) אָדִישׁ, אַפָּתִי

**ape** *v. t.* & *n.* (אֵיפּ) חִקָּה; קוֹף

**ap'erture** *n.* (אֶפֶּרְצֶ׳ר) פֶּתַח, מִפְתָּח

**a'pex** *n.* (אֵיפֶּקְס) קָדְקֹד; שִׂיא

**apho'rism** *n.* (אֶפְרִזְם) פִּתְגָם, אֲפוֹרִיזְם

**aph"rodi'siac** *n.* (אֶפְרֶדִיזִיאֶק) מְעוֹרֵר
תַּאֲוָה מִינִית

**a'piar"y** *n.* (אֵיפִּיאֶרִי) מִכְוֶרֶת

**apiece'** *adv.* (אֲפִּיס) כָּל אֶחָד

**a'pish** *adj.* (אֵיפִּשׁ) קוֹפִי, חַקְיָנִי

**apoc'alypse** *n.* (אֲפּוֹקֲלִפְּס) אַפּוֹקָלִיפְּסָה;
הִתְגַּלּוּת, גִּלּוּי

**Apoc'rypha** *n.* (אֲפּוֹקְרִפָה) סְפָרִים
חִיצוֹנִיִּים

apocrypha כְּתָבִים שֶׁמְּחַבְּרָם אוֹ
אֲמִתּוּתָם מְסֻפָּק

**apoc'ryphal** *adj.* (אֲפּוֹקְרִפֶל) מְסֻפָּק;
חִיצוֹנִי; מְזֻיָּף

**ap'ogee** *n.*(אֶפֶּגִ׳י) שִׂיא; שִׂיא הַמֶּרְחָק
מִכַּדּוּר הָאָרֶץ

**apol"oget'ic** *adj.* (אֲפּוֹלֶגֶ׳טִק) מִתְנַצֵּל,
מִצְטַדֵּק; אַפּוֹלוֹגֶטִי

**apol'ogize** *v. i.* (אֲפּוֹלֶגַ׳יז) הִתְנַצֵּל; סִנְגֵּר

**apol'ogy** *n.* (אֲפּוֹלֶגִ׳י) הִתְנַצְּלוּת;
הַצְדָּקָה, סַנֵּגוֹרְיָה; אַפּוֹלוֹגְיָה

**ap"oplec'tic** *adj.* & *n.* (אֶפֶּפְּלֶקְטִק) שָׁבָצִי;
חוֹלֵה שָׁבָץ

**ap'oplex"y** *n.*(אֶפֶּפְּלֶקְסִי) שָׁבָץ; דִּמּוּם
פְּנִימִי (בַּמֹּחַ)

**Apos'tle** *n.* (אֲפּוֹסֶל) שָׁלִיחַ; (בנצרות:) אֶחָד
מִ־12 הַשְּׁלִיחִים, אַפּוֹסְטוֹל

apostle *n.* שָׁלִיחַ, תַּעַמְלָן

**ap"ostol'ic** *adj.* (אֶפֶּסְטוֹלִק) אַפּוֹסְטוֹלִי;
שְׁלִיחִי; מִמּוֹצָא הַשְּׁלִיחִים (בנצרות): אַפִּיפְיוֹרִי

**apos'trophe** *n.* (אֲפּוֹסְטְרֶפִי) גֶּרֶשׁ; פְּנִיָּה
צְדָדִית (בנאום)

**apos'trophize"** *v. t.* & *i.* (אֲפּוֹסְטְרֶפַיז)
פָּנָה בְּאֶמְצַע נְאוּם

**apoth'ecar"y** *n.* (אֲפּוֹתֶ׳קֶרִי) רוֹקֵחַ; בֵּית
מִרְקַחַת

**apall'** *v. t.* (אֲפּוֹל) הֶחֱרִיד, הִבְהִיל

**appal'ling** *adj.* (אֲפּוֹלִנְג) מַחֲרִיד, מַבְהִיל

**ap"para'tus** *n.* (אֶפֶּרֶטֶס) מַנְגָּנוֹן, מַכְשִׁיר,
מִתְקָן; מַעֲרֶכֶת

**appar'el** *n.* (אֲפֶּרֶל) בְּגָדִים, מַלְבּוּשִׁים

— *v. t.* הִלְבִּישׁ; קִשֵּׁט

**appar'ent** *adj.* (אֲפֶּרֶנְט) נִרְאֶה, נִגְלֶה;
בָּהִיר; רַשַּׁאי לָרֶשֶׁת (למעלה מכל ספק)

**ap"pari'tion** *n.* (אֶפֶּרִישֶׁן) רוּחַ רְפָאִים;
הוֹפָעָה, גִּלּוּי, הִתְגַּלּוּת

**appeal'** *v. i.* & *t.* (אֲפִּיל) הִתְחַנֵּן; עִרְעֵר;
מָשַׁךְ; בִּקֵּשׁ חַוַּת דַּעַת

— *n.* בַּקָּשָׁה, תְּחִנָּה; פְּנִיָּה, בַּקָּשַׁת חַוַּת
דַּעַת; עִרְעוּר

**appeal'ing** *adj.* (אֲפִּילִנְג) מְלַבֵּב, מוֹשֵׁךְ

**appear'** *v. i.* (אֲפִּיר) הִתְגַּלָּה, הוֹפִיעַ;
נִרְאָה; הָיָה בָּרוּר

**appear'ance** *n* (אֲפִּירֶנְס) מַרְאֶה; הוֹפָעָה;
עֲשִׂיַּת רֹשֶׁם כְּאִלּוּ־; רֹשֶׁם

— s רֹשֶׁם חִיצוֹנִי

**appease'** *v. t.* (אֲפִּיז) הִשְׁקִיט; פִּיֵּס; שִׁכֵּךְ,
הֵפִיג

**ap"pella'tion** *n.* (אֶפֶּלֵישֶׁן) שֵׁם, כִּנּוּי; מַתַּן
שֵׁם

**append'** *v. t.* (אֲפֶּנְד) הוֹסִיף; תָּלָה

**append"ici'tis** *n.* (אֲפֶּנְדֶסַיטֶס) דַּלֶּקֶת
הַתּוֹסֶפְתָּן

**appen'dix** *n.* (אֲפֶּנְדִקְס) נִסְפָּח, תּוֹסֶפֶת;
תּוֹסֶפְתָּן

**ap"pertain'** *v. i.* (אֶפֶּרְטֵין) שַׁיָּךְ לְ־;
הִתְיַחֵס

**ap'petite"** *n.* (אֶפֶּטַיט) תֵּאָבוֹן; תַּאֲוָה, חֵשֶׁק

**ap'petiz"er** *n.* (אֶפֶּטַיזֶר) מְתַאֲבֵן

**ap'petiz"ing** *adj.* (אֶפֶּטַיזִנְג) מְעוֹרֵר
תֵּאָבוֹן

**applaud** *v. i.* & *t.* (אֲפְּלוֹד) מָחָא כַּף;
שִׁבַּח

**applause'** *n.* (אֲפְּלוֹז) מְחִיאַת כַּפַּיִם,
תְּשׁוּאוֹת; הַסְכָּמָה

**ap'ple** *n.* (אֶפֶּל) תַּפּוּחַ

**ap'ple-pol"isher** *n.* (אֶפֶּל פּוֹלִשֶׁר) חַנְפָן

**ap'plesauce"** *n.* (אֶפֶּלְסוֹס) רֶסֶק תַּפּוּחִים;
שְׁטֻיּוֹת

**appli´ance** *n.* (אֶפְּלַיְאֶנְס) מִתְקָן, מַכְשִׁיר חַשְׁמַלִּי; יִשּׂוּם, שִׁמּוּשׁ

**ap´plicable** *adj.* (אֶפְּלִקֶבְּל) יָשִׂים; מַתְאִים

**ap´plicant** *n.* (אֶפְּלִקֶנְט) מַגִּישׁ בַּקָּשָׁה; מֻעֲמָד

**ap″lica´tion** *n.* (אֶפְּלִקֵישְׁן) שְׁקִידָה; יִשּׂוּם, שִׁמּוּשׁ; שָׁמִישׁ; מִשְׁחָה; בַּקָּשָׁה; תְּשׂוּמֶת־לֵב רַבָּה

**apply´** *v. t. & i.* (אֲפְּלַי) יִשֵּׂם, הִשְׁתַּמֵּשׁ בְּ־; הִפְעִיל; פָּנָה; הִקְצִיב; שָׂם עַל; הִקְדִּישׁ בִּשְׁקִידָה; זָקַף לְ־; הִתְאִים; הִגִּישׁ בַּקָּשָׁה

**appoint´** *v. t.* (אֲפּוֹינְט) מִנָּה, קָבַע

**appoint´ment** *n.* (אֲפּוֹינְטְמֶנְט) מִנּוּי מִשְׂרָה; פְּגִישָׁה

**appor´tion** *v. t.* (אֲפּוֹרְשְׁן) חִלֵּק, הִקְצִיב

**appor´tionment** *n.* (אֲפּוֹרְשְׁנְמֶנְט) חֲלֻקָּה; הַקְצָבָה; קְבִיעַת מִסְפַּר חַבְרֵי בֵּית נִבְחָרִים

**ap´posite** *adj.* (אֶפֶּזִט) מַתְאִים

**ap″posi´tion** *n.* (אֶפֶּזִשְׁן) קֵרוּב; מַצָּב קִרְבָה (זה ע״י זה); הַקְבָּלָה; תְּמוּרָה (בדקדוק)

**apprais´al** *n.* (אֲפְּרֵיזְל) הַעֲרָכָה

**appraise´** *v. t.* (אֲפְּרֵיז) הֶעֱרִיךְ

**appre´ciable** *adj.* (אֲפְּרִישִׁיאֶבְּל) נִתָּן לִתְפִיסָה; נִכָּר

**appre´ciate″** *v. t.* (אֲפְּרִישִׁיאֵיט) הֶעֱרִיךְ, הֶחֱשִׁיב; הָיָה מוּדָע לְ־, עָמַד עַל; הֶעֱלָה (ערך)

**— *v. i.*** עָלָה בְּעֶרְכּוֹ

**appre″cia´tion** *n.* (אֲפְּרִישִׁיאֵישְׁן) אֲסִירוּת טוֹבָה; הַעֲרָכָה; תְּפִיסָה; עֲלִיַּת עֵרֶךְ

**ap″prehend´** *v. i. & t.* (אֶפְּרְהֶנְד) הֵבִין; חָשַׁשׁ; עָצַר; תָּפַס

**ap″prehen´sion** *n.* (אֶפְּרְהֶנְשְׁן) חֲשָׁשׁ; הֲבָנָה, תְּפִיסָה; הַעֲרָה; מַעֲצָר

**ap″prehen´sive** *adj.* (אֶפְּרְהֶנְסִב) חוֹשֵׁשׁ; מְהִיר־תְּפִיסָה

**appren´tice** *n. & v. t.* (אֲפְּרֶנְטִס) שׁוּלְיָה, חָנִיךְ; הִצִּיב כְּשׁוּלְיָה

**appren´ticeship** *n.* (אֲפְּרֶנְטִסְשִׁפ) תְּקוּפַת לִמּוּד כְּשׁוּלְיָה; חֲנִיכוּת

**apprise´** *v. t.* (אֲפְּרַיז) הוֹדִיעַ; הֶעֱמִיד עַל־

**approach´** *v. t. & i.* (אֲפְּרוֹץ׳) קָרַב, הִתְקָרֵב; פָּנָה אֶל; נִגַּשׁ

**— *n.*** הִתְקָרְבוּת; קִרְבָה; גִּישָׁה

**approa´chable** *adj.* (אֲפְּרוֹצֶ׳בְּל) נוֹחַ לִגִּישָׁה; קַל לְהַכִּיר

**ap″proba´tion** *n.* (אֶפְּרֶבֵּישְׁן) חִיּוּב; עַיִן יָפָה

**appro´priate″** *adj.* (אֲפְּרוֹפְּרִיאִיט) מַתְאִים, כָּשֵׁר

**— *v. t.*** הִקְצִיב, הִקְצָה; רָכַשׁ, לָקַח לְעַצְמוֹ

**appro″pria´tion** *n.* (אֲפְּרוֹפְּרִיאֵישְׁן) הַקְצָבָה

**approv´al** *n.* (אֲפְּרוּבְל) עַיִן טוֹבָה; חִיּוּב; אִשּׁוּר

**on —** לִבְדִיקָה

**approve´** *v. t. & i.* (אֲפְּרוּב) הִבִּיט בְּעַיִן יָפָה עַל; חָשַׁב בְּחִיּוּב עַל; חִיֵּב; אִשֵּׁר; אִשְׁרֵר

**approx´imate** *adj.* (אֲפְּרוֹקְסֶמֶט) דּוֹמֶה מְאֹד; סָמוּךְ לְ־

**— *v. t. & i.*** (אֲפְּרוֹקְסְמֵיט) הִתְקָרֵב; הֶעֱרִיךְ; חִקָּה, קֵרֵב; אָמַד

**— ly *adv.*** בְּקֵרוּב, בְּסָמוּךְ לְ־; בְּעֵרֶךְ

**approx″ima´tion** *n.* (אֲפְּרוֹקְסֶמֵישְׁן) הַעֲרָכָה; אָמְדָן; קִרְבָה

**appur´tenance** *n.* (אֲפֶּרְטֶנֶנְס) אֲבִיזָר; זְכוּת

**— s** מַנְגָּנוֹן, מַכְשִׁירִים

**a´pricot″** *n.* (אֶפְּרִקוֹט) מִשְׁמֵשׁ

**A´pril** *n.* (אֵיפְּרִל) אַפְּרִיל

**a´pron** *n.* (אֵיפְּרֶן) סִנּוֹר; לוּחַ מָגֵן; שֶׁטַח חֲנָיָה

**tied to one's — strings** נָתוּן לִשְׁלִיטַת־

**ap″ropos´** *adv.* (אֶפְּרֶפּוֹ) אֲשֶׁר בְּיַחַס לְ־; כַּנִּדְרָשׁ; אַ־פְּרוֹפּוֹ

**— *adj. w. t.*** מַתְאִים

**apt** *adj.* (אֶפְּט) מֻכְשָׁר; נוֹטֶה; קָרוֹב לְוַדַּאי; מַתְאִים

**ap´titude** *n.* (אֶפְּטִטְיוּד) כִּשְׁרוֹן; תְּבוּנָה; הַתְאָמָה

**aq´ualung** *n.* (אֶקְוֶלַנְג) מְכַל־אֲוִיר

**aq″uamarine´** *(n.* (אֶקְוֶמְרִין) יְרַק־כְּחַלְחַל; אַקְוָמָרִין

**aquar´ium** *n.* (אֶקְוֶרִיֶם) אַקְוָרְיוּם, מוּסֵיאוֹן

**Aquar´ius** *n.* (אֶקְוֶרִיֶס) דְּלִי (מזל)

**aquat´ic** *adj.* (אֲקְוָטִק) יַמִּי; מִבְצָע בַּיָּם

**aq´ueduct"** *n.* (אֶקְוִדַקְט) אַמַּת מַיִם; אַקְוֶדוּקְט

**a´queous** *adj.* (אֵקְוִיֵס) מֵימִי

**aq´uiline** *adj.* (אֶקְוְלַין) נִשְׁרִי; כְּמַקּוֹר נֶשֶׁר

**ar"abesque´** *n.* & *adj.* (אֶרֲבֶּסְק) עֲרַבֶּסְקָה; עִטּוּר־עֲרַבֶּסְקוֹת

**A´rab** *n.* & *adj.* (אֶרֲבּ) עֲרָבִי

**Ar´abic** *adj.* (אֶרֲבִּק) עַרְבִי

— n. עַרְבִית

**ar´able** *adj.* (אֶרֲבְּל) רָאוּי לְעִבּוּד

**ar´biter** *n.* (אַרְבִּטְר) שׁוֹפֵט, חוֹרֵץ מִשְׁפָּט, פּוֹסֵק; בּוֹרֵר

**ar´bitrar"iness** *n.* (אַרְבִּטְרֶרִנֶס) שְׁרִירוּת לֵב

**ar´bitrary"** *adj.* (אַרְבִּטְרֶרִי) שְׁרִירוּתִי; נִקְבָּע ע״י שׁוֹפֵט (ולא ע״י חוק)

**ar´bitrate"** *v. t.* & *i.* (אַרְבִּטְרֵיט) הִכְרִיעַ (כבורר), שִׁמֵּשׁ כְּבוֹרֵר; מָסַר לְבוֹרְרוּת; חָרַץ

**ar"bitra´tion** *n.* (אַרְבִּטְרֵישְׁן) בּוֹרְרוּת; מִשְׁפַּט בּוֹרְרוּת

**ar´bor** *n.* (אַרְבְּר) סֻכַּת מְטַפְּסִים; אֹהֶל עֲנָפִים; גַּל אוֹ מוֹט בִּמְכוֹנָה

**arbu´tus** *n.* (אַרְבְּיוּטֶס) קָטָלָב

**arc** *n.* (אַרְק) קֶשֶׁת

— *v. i.* יָצַר קֶשֶׁת חַשְׁמַלִּית; נָע בְּצוּרַת קֶשֶׁת

**arcade´** *n.* (אַרְקֵיד) סְטָו, פּוֹרְטִיקוֹ, קוֹלוֹנָדָה; פַּסָּז׳

**arch** *n.* (אַרְץ׳) קֶשֶׁת; פֶּתַח מְקֻשָּׁת; כֶּפֶף; מִדְרָס

— *v. t.* & *i.* קִשֵּׁת, כָּפַף; שִׁוָּה צוּרַת קֶשֶׁת; הִתְקַשֵּׁת, הִתְכּוֹפֵף

— *adj.* רָאשִׁי, עִקָּרִי; עַרְמוּמִי; שׁוֹבָבִי

— *pref.* אַרְכִי־, רַב־

**archa´ic** *adj.* (אַרְקֵיאִק) אַרְכָאִי, מְיֻשָּׁן, קַדְמוֹן

**arch´an"gel** *n.* (אַרְקֵאֵינְגֶ׳ל) רַב־מַלְאָכִים

**arch´bish"op** *n.* (אַרְץ׳בִּשֶׁפ) אַרְכִיבִּישׁוֹף

**arch´duke"** *n.* (אַרְץ׳דְיוּק) אַרְכִידֻכָּס

**arched** *adj.* (אַרְץ׳ט) מְקֻשָּׁת

**ar"cheol´ogist** *n.* (אַרְקִיאוֹלֶגִ׳סְט) אַרְכֵאוֹלוֹג

**ar"cheol´ogy** *n.* (אַרְקִיאוֹלֶגִ׳י) אַרְכֵאוֹלוֹגְיָה

**arch´er** *n.* (אַרְץ׳ר) קַשָּׁת

**arch´ery** *n.* (אַרְץ׳רִי) קַשָּׁתוּת; קַשָּׁתִים; קְשָׁתוֹת וְחִצִּים

**ar´chetype"** *n.* (אַרְקִטַיפּ) אַבְטִיפּוּס; אַרְכִיטִיפּוּס; בִּנְיַן־אָב

**ar"chipel´ago"** *n.* (אַרְקִפֶּלֶגוֹ) אַרְכִיפֶּלָג

**ar´chitect"** *n.* (אַרְקִטֶקְט) אַרְדִיכָל, אַרְכִיטֶקְט; יוֹצֵר

**ar"chitec´ture** *n.* (אַרְקִטֶקְצ׳ר) אַרְדִיכָלוּת, אַרְכִיטֶקְטוּרָה; מִבְנֶה; בִּנְיָנִים

**ar´chives** *n.* (אַרְקַיבְז) אַרְכִיּוֹן; גִּנְזָךְ, בֵּית גְּנָזִים; מִסְמָכִים

**arch´priest** *n.* (אַרְץ׳פְּרִיסְט) כֹּמֶר רָאשִׁי

**arc´tic** *adj.* (אַרְקְטִק) אַרְקְטִי, צְפוֹנִי, קַר

Arctic *n.* אַרְקְטִיקָה

— s עַרְדָּלַיִם

**ar´dent** *adj.* (אַרְדֶנְט) נִלְהָב, קַנָּאִי, מָסוּר; לוֹהֵט

**ar´dor** *n.* (אַרְדְר) לַהַט, קַנָּאוּת, הִתְלַהֲבוּת

**ar´duous** *adj.* (אַרְג׳וּאֶס) קָשֶׁה, מְפָרֵךְ, מְיַגֵּעַ; נִמְרָץ

**are** *v.* (be (הוֹה, רבים וגוף שני, יחיד של הפועל

there — יֵשׁ

**ar´ea** *n.* (אֵרִיאָה) שֶׁטַח, אֵזוֹר, מֶרְחָב; הֶקֵּף; חָצֵר, מִגְרָשׁ, קַרְקַע

**are´na** *n.* (אֲרִינָה) זִירָה; אִצְטַדְיוֹן

**Argenti´na** (אַרְגֶ׳נְטִינָה) אַרְגֶנְטִינָה

**ar´gue** *v. i.* & *t.* (אַרְגְיוּ) הִתְוַכֵּחַ; טָעַן; עָמַד עַל שֶׁלּוֹ; שִׁכְנֵעַ, הוֹכִיחַ; נִמֵּק

**ar´gument** *n.* (אַרְגְיֻמֶנְט) וִכּוּחַ; רִיב; טַעֲנָה, נִמּוּק; נוֹשֵׂא; סִכּוּם

**argumen´tative** *adj.* (אַרְגְיֻמֶנְטֶטִב) וַכְּחָנִי; שָׁנוּי בְּמַחֲלֹקֶת

**ar´id** *adj.* (אֶרִד) צָחִיחַ, שָׁחוּן; שׁוֹמֵם; מְשַׁעֲמֵם

**arid´ity** *n.* (אֲרִדִטִי) צְחִיחוּת; שִׁמָּמוֹן

**Ar´ies** *n.* (אֵרִיז) טָלֶה (מזל)

**aright´** *adv.* (אֲרַיט) כָּרָאוּי; בְּצוּרָה נְכוֹנָה

**arise´** *v. i.* (אֲרַיז) יָצָא, נָבַע; הוֹפִיעַ, הִתְהַוָּה, הִתְעוֹרֵר; עָלָה; קָם; הִתְקוֹמֵם

**ar"istoc´racy** *n.* (אֶרִסְטוֹקְרֶסִי) אֲרִיסְטוֹקְרַטְיָה; שִׁלְטוֹן מֻבְחָרִים

**aris'tocrat** *n.* (אֲרִסְטֳקְרֶט) אֲרִיסְטוֹקְרָט; דוֹגֵל בְּשִׁלְטוֹן הָאֲרִיסְטוֹקְרָטִים

**aris"tocrat'ic** *adj.* (אֲרִסְטֳקְרֶטִק) אֲרִיסְטוֹקְרָטִי

**arith'metic** *n.* (אֲרִתְ'מֶטִק) אֲרִיתְמֶטִיקָה, חֶשְׁבּוֹן

**ar"ithmet'ical** *adj.* (אֲרִתְ'מֶטִקְל) אֲרִיתְמֶטִי, חֶשְׁבּוֹנִי

**ark** *n.* (אַרְק) תֵּבָה (של נח); אָרוֹן; מָקוֹם מִקְלָט

**arm** *n.* (אַרְם) זְרוֹעַ; כְּלִי נֶשֶׁק; מָנוֹף; שַׁרְווּל; שֶׁלֶט, סֵמֶל; עָצְמָה

up in — s מוּכָן לְהִלָּחֵם

— *v. t.* זִיֵּן, חִמֵּשׁ; צִיֵּד; בִּצֵּר; הֵכִין

**ar'mament** *n.* (אַרְמֶמֶנְט) חִמּוּשׁ; צִיּוּד צְבָאִי; כֹּחַ צְבָאִי

**arm'chair"** *n.* (אַרְמְצֶ'ר) כֻּרְסָה

— *adj.* חֲסַר־נִסָּיוֹן מַמָּשִׁי

**arm'ful"** *n.* (אַרְמְפֻל) מְלוֹא הַזְּרוֹעוֹת; כַּמּוּת גְּדוֹלָה

**ar'mistice** *n.* (אַרְמִסְטִס) שְׁבִיתַת נֶשֶׁק

**ar'mor** *n.* & *v. t.* (אַרְמֶר) שִׁרְיוֹן; יְחִידַת שִׁרְיוֹן; שִׁרְיֵן

**ar'mored car'** *n.* (אַרְמֶרְד קָר) שִׁרְיוֹנִית

**ar'mory** *n.* (אַרְמֶרִי) בֵּית נֶשֶׁק; נַשָּׁקִיָּה; מֶרְכַּז אִמּוּנִים

**arm'pit"** *n.* (אַרְמְפִּט) בֵּית הַשֶּׁחִי

**ar'my** *n.* (אַרְמִי) צָבָא; מַחֲנֶה, אַרְמִיָּה; הָמוֹן

**aro'ma** *n.* (אֲרוֹמָה) אֲרוֹמָה, רֵיחַ נִיחוֹחַ

**arose'** (אֲרוֹז) (זמן עבר של arise)

**around'** *prep.* (אֲרָאוּנְד) מִסָּבִיב, סָבִיב; בְּקִצָּה; מִמָּקוֹם לְמָקוֹם; לְכָל עֵבֶר; בִּסְבִיבוֹת; בְּקֵרוּב; בִּמְקוֹמוֹת שׁוֹנִים; בְּקִרְבַת

— *adv.* בְּכָל צַד; בְּקִרְבַת מָקוֹם; בְּהֶקֵּף; בַּחֲזָרָה; בְּמַעְגָּל; לְכִוּוּן אַחֵר; חֲזָרָה לְהַכָּרָה; לְמָקוֹם מְסֻיָּם

to have been — בַּעַל נִסְיוֹנוֹת רַבִּים

**arouse'** *v. t.* (אֲרָאוּז) עוֹרֵר; הֵעִיר

**arraign'** *v. t.* (אֲרֵין) הִזְמִין לְדִין; תָּבַע לְמִשְׁפָּט; הֶאֱשִׁים, נָזַף

**arrange'** *v. t.* & *i.* (אֲרֵינְג') סִדֵּר, עָרַךְ; קָבַע; עָשָׂה הֲכָנוֹת; הִגִּיעַ לִידֵי הֶסְכֵּם

**arrange'ment** *n.* (אֲרֵינְג'מֶנְט) סִדּוּר; יִשּׁוּב, הֶסְכֵּם; הֶסְדֵּר

— s הֲכָנוֹת

**ar'rant** *adj.* (אֶרֶנְט) מֻבְהָק

**array'** *v. t.* (אֲרֵי) עָרַךְ; הִלְבִּישׁ

— *n.* מַעֲרָךְ; מַעֲרֶכֶת לְבוּשׁ; תַּבְנִית (מתמטיקה)

**arrears'** *n.* (אֲרִירְז) מְפַגֵּר, מְפַגֵּר בְּפֵרָעוֹן

**arrest'** *n.* (אֲרֶסְט) מַאֲסָר, מַעֲצָר, עֲצִירָה, הָאָטָה

— *v. t.* אָסַר; מָשַׁךְ (תשומת לב); עָצַר; הֵאֵט

**arriv'al** *n.* (אֲרַיְבְל) בּוֹא; הַגָּעָה; בָּא

**arrive'** *v. i.* (אֲרַיְב) הִגִּיעַ, בָּא; הִצְלִיחַ

**ar'rogance** *n.* (אֶרְגֶנְס) שַׁחְצָנוּת, יְהִירוּת

**ar'rogant** *adj.* (אֶרְגֶנְט) שַׁחְצָן, יָהִיר, אָרוֹגַנְטִי

**ar'rogate"** *v. t.* (אֶרְגֵיט) תָּבַע (שלא כדין); לָקַח (שלא כדין); יִחֵס לְ־ (ללא הצדקה)

**ar'row** *n.* (אֶרוֹ) חֵץ

**ar'senal** *n.* (אַרְסֶנְל) מַחְסַן נֶשֶׁק, נַשָּׁקִיָּה; בֵּית חֲרֹשֶׁת לְנֶשֶׁק

**ar'senic** *n.* (אַרְסֶנִק) אַרְסָן, זַרְנִיךְ

**ar'son** *n.* (אַרְסֶן) הַצָּתָה

**art** *n.* (אַרְט) אָמָּנוּת; אוּמָנוּת, מְלָאכָה, מְלֶאכֶת מַחֲשֶׁבֶת; מִקְצוֹעַ (לימוד); פְּעֻלָּה מַעֲשֶׂה, תַּחְבּוּלָה

work of — מְלֶאכֶת מַחֲשֶׁבֶת

**ar'tery** *n.* (אַרְטֶרִי) עוֹרֵק

**art'ful** *adj.* (אַרְטְפֻל) עַרְמוּמִי, פְּתַלְתֹּל; מְחֻכָּם

**arthri'tis** *n.* (אַרְתְ'רַיטִס) דַּלֶּקֶת מִפְרָקִים

**ar'tichoke"** *n.* (אַרְטִצ'וֹק) קִנְרָס, אַרְטִישׁוֹק

**ar'ticle** *n.* (אַרְטִקְל) מַאֲמָר; פְּרָט, עֶצֶם (דבר); תָּוִית (דקדוק); סָעִיף, תְּנַאי

— *v. t.* הֶאֱשִׁים; קָשַׁר ע״פ הֶסְכֵּם

**artic'ulate"** *v. t.* & *i.* (אַרְטִקְיֻלֵיט) חִתֵּךְ, בִּטֵּא בְּקַפְּדָנוּת, הָגָה, הִבִּיעַ; חִבֵּר; גִּבֵּשׁ

**artic'ulate** *adj.* (אַרְטִקְיֻלֶט) בָּהִיר, מֻבָּע בִּבְהִירוּת; מִתְבַּטֵּא בִּבְהִירוּת; מְסֻגָּל לְדַבֵּר; רָהוּט בְּדִבּוּרוֹ; מְדֻיָּק; מְגֻבָּשׁ

**artic"ula'tion** *n.* (אַרְטִקְיֻלֵישֶׁן) חִתּוּךְ דִּבּוּר; בִּטּוּי; חִבּוּר, מִחְבָּר

**ar´tifact** *n.* (אַרְטִפֶקְט) כְּלִי
**ar´tifice** *n.* (אַרְטִפִס) תַּחְבּוּלָה; עָרְמָה
**ar"tifi´cial** *adj.* (אַרְטִפִשְׁל) מְלָאכוּתִי; מַעֲשֶׂה
**artil´lery** *n.* (אַרְטִלֶרִי) אַרְטִילֶרְיָה; חֵיל תּוֹתְחָנִים; תּוֹתָחִים
**artil´leryman"** *n.* (אַרְטִלֶרִימֶן) תּוֹתְחָן
**ar´tisan** *n.* (אַרְטִזְן) אוּמָן, בַּעַל מְלָאכָה
**ar´tist** *n.* (אַרְטִסְט) אָמָן; צַיָּר
**artis´tic** *adj.* (אַרְטִסְטִק) אָמָנוּתִי; מְצֻיָּן בְּבִצּוּעַ; אֲנִין הַטַּעַם
**art´less** *adj.* (אַרְטְלֶס) כֵּן, יָשָׁר; טִבְעִי; מְסֻרְבָּל
**art´lessness** *n.* (אַרְטְלֶסְנֶס) כֵּנוּת, יֹשֶׁר; טִבְעִיּוּת
**Ar´yan** *n.* & *adj.* (אֵרִין) אָרִי; דוֹבְרֵי שָׂפָה הֹדּוּ־אֵירוֹפִּית
**as** *adv.* & *conj.* (אֶז; בלי הטעמה: אַז) כְּ, כְּמוֹ; בְּשָׁעָה שֶׁ־; אֲשֶׁר לְ־; עַל יְדֵי; כְּגוֹן; בִּבְחִינַת; בְּצוּרָה שֶׁ־; בְּמִדָּה שֶׁ־; הוֹאִיל וְ־; אַף עַל פִּי; אֲשֶׁר, שֶׁ
— for אֲשֶׁר לְ־
— good שָׁוֶה לְ־; נֶאֱמָן לְ־
— if כְּאִלּוּ
— is בְּמַצָּבוֹ הַקַּיָּם
— it were בְּמִדָּה מְסֻיֶּמֶת
— long — בִּתְנַאי שֶׁ־; הוֹאִיל וְ־
— much בְּדוֹמֶה לְכָךְ
— per עַל יְדֵי
— regards אֲשֶׁר לְ־
— soon — מִיָּד כַּאֲשֶׁר
— such כְּשֶׁלְּעַצְמוֹ
— to אֲשֶׁר לְ־
— well גַּם כֵּן
— well — וְגַם; וְכֵן
— yet עַד עַתָּה
so — כְּדֵי שֶׁ־
— *pron.* אֲשֶׁר; עֻבְדָּה
— *prep.* בְּתַפְקִיד־; בְּמַעֲמַד־
**asbes´tos** *n.* (אֶזְבֶּסְטֶס) אַזְבֶּסְט
**ascend´** *v. i.* & *t.* (אַסֶנְד) עָלָה; נָטָה כְּלַפֵּי מַעְלָה; הִתְקַדֵּם לִנְקֻדַּת הַמּוֹצָא; חָזַר

**ascend´ant** *n.* & *adj.* (אֲסֶנְדֶנְט) שְׁלִיטָה; אָב קַדְמוֹן; עוֹלֶה; שַׁלִּיט
**ascen´sion** *n.* (אַסֶנְשֶׁן) עֲלִיָּה
**ascent´** *n.* (אַסֶנְט) עֲלִיָּה; הִתְקַדְּמוּת; הִתְקָרְבוּת לַמָּקוֹר
**as"certain´** *v. t.* (אֶסֶרְטֵין) וִדֵּא, בֵּרֵר, קָבַע
**ascet´ic** *n.* & *adj.* (אַסֶטִק) סַגְפָן; מִתְבּוֹדֵד, פָּרוּשׁ; מִסְתַּגֵּף
**as´cot** *n.* (אֶסְקַט) עֲנִיבָה רְחָבָה
**ascribe´** *v. t.* (אֶסְקְרַיְבּ) יִחֵס, תָּלָה בְּ־
**asex´ual** *adj.* (אֵיסֶקְשׁוּאֶל) לֹא־מִינִי; חָסֵר אֵבְרֵי מִין
**ash** *n.* (אֶשׁ) אֵפֶר; מֵילָה
— s גּוּפָה; שְׁאֵרִית
**ash´en** *adj.* (אֶשְׁן) אָפֹר; שֶׁל הַמֵּילָה
**ashamed´** *adj.* (אֲשֵׁימְד) מִתְבַּיֵּשׁ, בּוֹשׁ, נִכְלָם; מְהַסֵּס, נִרְתָּע
**ashore´** *adv.* (אֲשׁוֹר) אֶל הַחוֹף; בַּיַּבָּשָׁה
**aside´** *adv.* (אֲסַיְד) הַצִּדָּה; בְּמָקוֹם מְיֻחָד; עַל אַף; מִלְּבַד
— n. הֶעָרָה מֻסְגֶּרֶת; סְטִיָּה
**as´inine** *adj.* (אֶסְנַיְן) טִפְּשִׁי; כְּדֶרֶךְ חֲמוֹר
**ask** *v. t.* & *i.* (אֶסְק) שָׁאַל; בִּקֵּשׁ (מידע); חִיֵּב; הִזְמִין
— for it בִּקֵּשׁ לְהִסְתַּבֵּךְ בְּצָרָה
**askance´** *adv.* (אַסְקֶנְס) בַּחֲשָׁד; בְּמַבָּט מֵהַצַּד
**asleep´** *adv.* & *adj.* (אַסְלִיפּ) יָשֵׁן, בְּמַצַּב תְּנוּמָה; מֵת; דּוֹמֵם
**aspar´agus** *n.* (אַסְפֶּרֶגֶס) אַסְפָּרָגוּס
**as´pect** *n.* (אֶסְפֶּקְט) מַרְאֶה; נְקֻדַּת רְאוּת, בְּחִינָה, אַסְפֶּקְט; עֶמְדָּה; מַבָּט; הֶבֵּט
**asper´ity** *n.* (אֲסְפֶּרִטִי) חֻמְרָה; קֹשִׁי
**asper´sion** *n.* (אֲסְפֶּרְזִ׳ן) הַשְׁמָצָה, דֹּפִי; הַזָּאָה
**as´phalt** *n.* (אֶסְפּוֹלְט) חֵמָר, אַסְפַלְט
**as´pirant** *n.* & *adj.* (אֶסְפִּירֶנְט) שְׁאַפְתָּן; שׁוֹאֵף
**as´pirate** *v. t.* (אֶסְפִּרֵיט) הָגָה בְּחִכּוּךְ; הָגָה הֶגֶה חוֹכֵךְ; יָנַק
— *n.* הֶגֶה חוֹכֵךְ
— *adj.* חוֹכֵךְ (הגה)
**as"pira´tion** *n.* (אֶסְפֶּרֵישְׁן) שְׁאִיפָה; נְשִׁימָה
**aspire´** *v. i.* (אַסְפַּיְר) שָׁאַף

**as´pirin** *n.* (אֶסְפְּרִן) אַסְפִּירִין
**aspi´ring** *adj.* (אֲסְפַּיְרִנְג) שׁוֹאֵף
**ass** *n.* (אֶס) חֲמוֹר; פֶּרֶא; „תַּחַת"
**assail´** *v. t.* (אֲסֵיל) תָּקַף
**assail´ant** *n.* (אֲסֵילֶנְט) תּוֹקֵף
**assas´sin** *n.* (אֲסֶסִן) מִתְנַקֵּשׁ; רוֹצֵחַ
**assas´sinate"** *v. t.* (אֲסֶסְנֵיט) הִתְנַקֵּשׁ, רָצַח, הָרַג בְּצוּרָה בּוֹגְדָנִית
**assas"sina´tion** *n.* (אֲסֶסְנֵישְׁן) הִתְנַקְּשׁוּת; רֶצַח
**assault´** *n.* (אֲסוֹלְט) הִתְקָפָה; הִסְתָּעֲרוּת; תְּקִיפָה; הִתְנַקְּשׁוּת; אֹנֶס
— *v. t.* הִתְקִיף, תָּקַף; הִסְתָּעֵר עַל
**assay´** *v. t. & i.* (אֲסֵי) בָּחַן; בָּדַק; הֶעֱרִיךְ, נִתַּח; נִסָּה; הֵכִיל מַתֶּכֶת יְקָרָה
**as´say** *n.* קְבִיעַת אֲחוּז הַמַּתֶּכֶת; חֹמֶר לִבְדִיקָה; דִּין וְחֶשְׁבּוֹן
**assem´blage** *n.* (אֲסֶמְבְּלִג׳) אֲסֵפָה, כִּנּוּס, עֵדָה
**assem´ble** *v. t. & i.* (אֲסֶמְבְּל) אָסַף, כִּנֵּס, קִבֵּץ; הִרְכִּיב; הִתְאַסֵּף, נִפְגַּשׁ
**assem´bly** *n.* (אֲסֶמְבְּלִי) כִּנּוּס; בֵּית נִבְחָרִים; הִתְכַּנְּסוּת; הַרְכָּבָה, קְבוּצַת חֲלָקִים לְהַרְכָּבָה
**assent´** *v. i. & n.* (אֲסֶנְט) הִסְכִּים; וִתֵּר; הַסְכָּמָה
**assert´** *v. t.* (אֲסֶרְט) קָבַע בְּבִטְחָה, עָמַד עַל שֶׁלּוֹ; הִבְלִיט עַצְמוֹ, הִתְבַּלֵּט
**asser´tion** *n.* (אֲסֶרְשֶׁן) קְבִיעָה בְּבִטְחָה
**asser´tive** *adj.* (אֲסֶרְטִב) קוֹבֵעַ בְּבִטְחָה; תּוֹקְפָנִי
**assess´** *v. t.* (אֲסֶס) שָׂם, הֶעֱרִיךְ; הִטִּיל מַס
**assess´ment** *n.* (אֲסֶסְמֶנְט) שׁוּמָה, הַעֲרָכָה
**asses´sor** *n.* (אֲסֶסֶר) פְּקִיד שׁוּמָה; שַׁמַּאי; יוֹעֵץ לְשׁוֹפֵט
**as´set** *n.* (אֶסֶט) נֶכֶס
— s נְכָסִים; מַשְׁאַבִּים
**as"sidu´ity** *n.* (אֶסִדְיוּאֲטִי) שְׁקִידָה, חֲרִיצוּת
**assid´uous** *adj.* (אֲסִג׳וּאֲס) מַתְמִיד; שַׁקְדָן, חָרוּץ
**assign´** *v. t.* (אֲסַיְן) יִעֵד; מִנָּה; קָבַע; יִחֵס; הֶעֱבִיר; הִצִּיב
**as"signa´tion** *n.* (אֶסִגְנֵישְׁן) פְּגִישָׁה (של מאהבים)
**assign´ment** *n.* (אֲסַיְנְמֶנְט) תַּפְקִיד; מִנּוּי; הַעֲבָרָה; הַצָּבָה
**assim´ilate"** *v. t.* (אֲסִמְלֵיט) סִפֵּג, קָלַט; הִטְמִיעַ; סִגֵּל, הִתְאִים
— *v. i.* הִדַּמָּה; הִשְׁוָה לְ־; נִסְפַּג, נִקְלַט; נִטְמַע; דָּמָה לְ־; הִסְתַּגֵּל; הִתְבּוֹלֵל
**assim"ila´tion** *n.* (אֲסִמְלֵישְׁן) הִתְבּוֹלְלוּת, טְמִיעָה; הִדַּמּוּת
**assist´** *v. t. & i.* (אֲסִסְט) עָזַר, סִיֵּעַ; הָיָה נוֹכֵחַ
**assist´ance** *n.* (אֲסִסְטֲנְס) עֶזְרָה, סִיּוּעַ; תְּמִיכָה
**assist´ant** *n.* (אֲסִסְטֶנְט) עוֹזֵר; סְגָן; אַסִיסְטֶנְט
**asso´ciate"** *n. & adj.* (אֲסוֹשִׁיאֵיט) חָבֵר; שֻׁתָּף; חָבֵר לִפְעֻלָּה; בֶּן־לְוָיָה; בַּעַל בְּרִית; ־מִשְׁנֶה
— *v. t. & i.* (אֲסוֹסִיאֵיט) קָשַׁר; חִבֵּר, צֵרֵף; אִחֵד; הִתְאַחֵד; הִתְרוֹעֵעַ עִם
**asso"cia´tion** *n.* (אֲסוֹסִיאֵישְׁן) חֶבְרָה; קֶשֶׁר; אֲגֻדָּה, אִגּוּד; הִתְחַבְּרוּת; יְדִידוּת; סְמִיכוּת־רַעְיוֹנוֹת, אַסוֹצִיאַצְיָה
**as´sonance** *n.* (אֶסוֹנֲנְס) דִּמְיוֹן צְלִילִים
**assort´** *v. t. & i.* (אֲסוֹרְט) מִיֵּן; גִּוֵּן; הִתְאִים
**assort´ment** *n.* (אֲסוֹרְטְמֶנְט) מִבְחָר; מִגְוָן; מִיּוּן, חֲלֻקָּה
**assuage´** *v. t.* (אֲסְוֵיג׳) הֵקֵל; שִׁכֵּךְ, רִכֵּךְ; הִשְׁקִיט
**assume´** *v. t.* (אֲסוּם) הִנִּיחַ; לָקַח עַל עַצְמוֹ; סִגֵּל; הֶעֱמִיד פָּנִים, נָטַל זְכוּת שֶׁלֹּא כַּדִּין
**assumed´** *adj.* (אֲסוּמְד) בָּדוּי; מְמֻצָּא (לשם רמאות); מוּבָן מֵאֵלָיו, פְּרִי הַנָּחָה
**assump´tion** *n.* (אֲסַמְפְּשֶׁן) הַנָּחָה; לְקִיחָה עַל עַצְמוֹ; נְטִילָה (שלא כדין); יְהִירוּת
**assur´ance** *n.* (אֲשׁוּרֲנְס) הַבְטָחָה, הִתְחַיְּבוּת; בִּטְחָה נְמוּרָה, אֹמֶץ
**assure´** *v. t.* (אֲשׁוּר) הִצְהִיר, הִבְטִיחַ; הוֹדִיעַ בְּבִטְחָה; בִּטַּח; עוֹדֵד
**as´terisk** *n. & v. t.* (אֶסְטֲרִסְק) כּוֹכָב (•); סִמֵּן כּוֹכָב
**astern´** *adv.* (אֲסְטֶרְן) לְאָחוֹר; לְיַד הַיַּרְכָתַיִם; מֵאֲחוֹרֵי
**as´teroid"** *n.* (אֶסְטֲרוֹיְד) אַסְטֶרוֹאִיד

asth'ma *n.* ‏(אזמה)‏ ‏קַצֶּרֶת, אַסְתְמָה‏

astig'matism *n.* ‏(אסטגמטסם)‏ ‏אַסְטִיגְמָטִיּוּת‏

astir' *adj.* ‏(אסטר)‏ ‏בִּתְנוּעָה; מְסֹחְבָּב,‏ ‏פָּעִיל‏

aston'ish *v. t.* ‏(אסטנש)‏ ‏הִפְלִיא‏

aston'ishing *adj.* ‏(אסטונשנג)‏ ‏מַפְלִיא‏

aston'ishment *n.* ‏(אסטונשמנט)‏ ‏הִשְׁתּוֹמְמוּת, תִּמָּהוֹן, פְּלִיאָה‏

astound' *v. t.* ‏(אסטאונד)‏ ‏הִדְהִים, הִכָּה‏ ‏בְּתִמָּהוֹן‏

astray' *adv. & adj.* ‏(אסטרי)‏ ‏בְּדֶרֶךְ נְלוֹזָה‏

astride' *prep. & adv. & adj.* ‏(אסטרייד)‏ ‏כְּדֶרֶךְ יְשִׁיבָה עַל סוּס; מִשְׁנֵי צִדֵּי־; בְּפִשּׂוּק‏ ‏רַגְלַיִם‏

astrin'gent *n.* ‏(אסטרינג'נט)‏ ‏מְכַוֵּץ, חָמוּר;‏ ‏מְכַוֵּץ רְקָמוֹת‏

astrol'oger *n.* ‏(אסטרולג'ר)‏ ‏אִצְטַגְנִין,‏ ‏אַסְטְרוֹלוֹג‏

astrol'ogy *n.* ‏(אסטרולג'י)‏ ‏אִצְטַגְנִינוּת,‏ ‏אַסְטְרוֹלוֹגְיָה‏

astron'omer *n.* ‏(אסטרונמר)‏ ‏אַסְטְרוֹנוֹם,‏ ‏תּוֹכֵן‏

astron'omy *n.* ‏(אסטרונמי)‏ ‏אַסְטְרוֹנוֹמְיָה,‏ ‏תִּכּוּנָה‏

astute' *adj.* ‏(אסטיוט)‏ ‏חָרִיף, מְפֻלָּח, חָכָם‏

asun'der *adv. & adj.* ‏(אסנדר)‏ ‏לַחֲלָקִים, לִקְרָעִים, נִפְרָד‏

asy'lum *n.* ‏(אסילם)‏ ‏בֵּית מַחֲסֶה; בֵּית‏ ‏חוֹלִים לְחוֹלֵי רוּחַ; מִקְלָט‏

at *prep.* ‏(אט; בלי הטעמה: אט, אט)‏ ‏בְּ,‏ ‏עַל־יַד־, עַל; לְעֵבֶר; בְּמַצָּב שֶׁל; בְּגַלָל‏

ate ‏(איט)‏ ‏(eat זמן עבר של)‏

a'theism *n.* ‏(אית'יאזם)‏ ‏אֲתֵיאִיזְם; כְּפִירָה‏ ‏בָּאֱלֹהוּת, אֶפִּיקוֹרְסוּת‏

a'theist *n.* ‏(אית'יאסט)‏ ‏אֲתֵיאִיסְט, כּוֹפֵר,‏ ‏אֶפִּיקוֹרוֹס‏

ath'lete *n.* ‏(את'ליט)‏ ‏אַתְלֵט, סְפּוֹרְטָאִי; גִּבּוֹר‏

ath'lete's foot' ‏(את'ליטס פוט)‏ ‏פִּטְרִיַּת הָרַגְלַיִם‏

athlet'ic *adj.* ‏(את'לטק)‏ ‏חָסֹן, חָזָק, אַתְלֵטִי;‏ ‏מֻצָּק‏ ‏(רבנה־גוף)‏

— s ‏סְפּוֹרְט; אַתְלֶטִיקָה; אַתְלֶטִיקָה‏ ‏קַלָּה‏

Atlan'tic *adj. & n.* ‏(אטלנטק)‏ ‏אַטְלַנְטִי‏

at'las *n.* ‏(אטלס)‏ ‏אַטְלָס‏ ‏נוֹשֵׂא מַעֲמָסָה כְּבֵדָה; עַמּוּד תָּוֶךְ‏ Atlas

at'mosphere *n.* ‏(אטמוספיר)‏ ‏אַטְמוֹסְפֶרָה;‏ ‏אֲוִירָה‏

at'mospher'ic *adj.* ‏(אטמוספרק)‏ ‏אַטְמוֹסְפֵרִי; שֶׁל אֲוִירָה‏

at'om *n.* ‏(אטם)‏ ‏אָטוֹם; קֶרֶס, שֶׁמֶץ‏

atom'ic *adj.* ‏(אטומק)‏ ‏אָטוֹמִי; זְעִיר; בִּלְתִּי‏ ‏מִתְחַלֵּק‏

at'omize *v. t.* ‏(אטמיז)‏ ‏פֵּרֵק לָאָטוֹמִים;‏ ‏הָפַךְ לַחֲלָקִיקִים דַּקִּים; רִסֵּס, הִשְׁמִיד‏ ‏(באמצעה אטומים)‏

atone' *v. t. & i.* ‏(אטון)‏ ‏כִּפֵּר, רִצָּה‏

atone'ment *n.* ‏(אטונמנט)‏ ‏כַּפָּרָה, כְּפָרָה,‏ ‏רִצּוּי‏

atro'cious *adj.* ‏(אטרושס)‏ ‏מַחֲרִיד; זַוְעָתִי;‏ ‏זַוְעָה‏

atroc'ity *n.* ‏(אטרוסטי)‏ ‏זַוְעָה‏

at'rophy *n.* ‏(אטרפי)‏ ‏אַטְרוֹפְיָה; הִתְנַוְּנוּת‏ — *v. i. & t.* ‏הִתְנַוֵּן; נִוֵּן‏

attach *v. t. & i.* ‏(אטץ')‏ ‏חִבֵּר; צֵרֵף; יִחֵס;‏ ‏קָשַׁר; עָקַל; דָּבַק בְּ־. הִדְבִּיק; הָיָה שַׁיָּךְ לְ־‏

at'taché *n.* ‏(אטשי)‏ ‏נִסְפָּח‏

attached' *adj.* ‏(אטצ'ט)‏ ‏מְחֻבָּר, קָשׁוּר;‏ ‏שֻׁתָּף לִקִיר אֶחָד‏

attach'ment *n.* ‏(אטצ'מנט)‏ ‏קֶשֶׁר; חִבּוּר;‏ ‏חִבָּה; הִתְקָן נוֹסָף; עִקּוּל‏

attack' *v. t. & i.* ‏(אטק)‏ ‏תָּקַף, הִתְקִיף;‏ ‏הִתְנַפֵּל עַל; הִתְחִיל בִּמְרִיץ; אָנַס, נִסָּה לֶאֱנֹס‏ — *n.* ‏הַתְקָפָה, תְּקִיפָה, הִסְתָּעֲרוּת;‏ ‏הֶתְקֵף; אֹנֶס, נִסְיוֹן לֶאֱנֹס‏

attain' *v. t. & i.* ‏(אטין)‏ ‏הִגִּיעַ, הִשִּׂיג‏ ‏הִשַּׂג; בָּא‏

attain'ment *n.* ‏(אטינמנט)‏ ‏הִשֵּׂג; הֶשֵּׂג; בּוֹא‏

attempt' *v. t.* ‏(אטמפט)‏ ‏הִשְׁתַּדֵּל, נִסָּה;‏ ‏תָּקַף‏ — *n.* ‏נִסָּיוֹן, מַאֲמָץ; הִתְנַקְּשׁוּת‏

attend' *v. t. & i.* ‏(אטנד)‏ ‏טִפֵּל בְּ־, שִׁמֵּשׁ‏ ‏הִשְׁגִּיחַ עַל; בִּקֵּר, הָיָה נוֹכֵחַ; לִוָּה; שָׂם לֵב‏ ‏לְ־; בָּא אַחֲרֵי‏

attend'ance *n.* ‏(אטנדנס)‏ ‏נוֹכְחוּת; מִסְפָּר‏ ‏הַנּוֹכְחִים‏

attend'ant *n. & adj.* ‏(אטנדנט)‏ ‏מְשָׁרֵת;‏ ‏מְלַוֶּה; קָשׁוּר בְּ־‏

**atten'tion** *n.* (אֲטֶנְשֶׁן) תְּשׂוּמֶת־לֵב; קֶשֶׁב; טִפּוּל; נִמּוּס
— s חֲזוֹר
— *interj.* עֲמוֹד דֹּם!
**atten'tive** *adj.* (אֲטֶנְטִב) קָשׁוּב, מַקְשִׁיב, מַשְׁגִּיחַ; אָדִיב, מִתְחַשֵּׁב בַּזּוּלַת
**atten'uate"** *v. t. & i.* (אֲטֶנְיוּאֵיט) הֵקֵל; הֵדֵק, הִקְלִישׁ, הִפְחִית
**attest'** *v. t & i.* (אֲטֶסְט) הֵעִיד; אִשֵּׁר
**at'tic** *n.* (אֶטִק) עֲלִיַּת גַּג
**attire'** *n.* (אֲטַיר) לְבוּשׁ; בִּגְדֵי חֵן
— *v. t.* הִלְבִּישׁ; קִשֵּׁט
**at'titude"** *n.* (אֶטִטוּד) יַחַס, עֶמְדָּה; מַצָּב (שֶׁל הַגּוּף); יְצִיבָה
**attor'ney** *n.* (אֲטֶרְנִי) עוֹרֵךְ דִּין, פְּרַקְלִיט סָנֵגוֹר,
**attor'ney gen'eral** (אֲטֶרְנִי־גֶ'נֶרֶל) פְּרַקְלִיט הַמְּדִינָה, תּוֹבֵעַ כְּלָלִי; שַׂר הַמִּשְׁפָּטִים (בארה"ב)
**attract'** *v. t. & i.* (אֲטְרֶקְט) מָשַׁךְ; קֵרֵב
**attrac'tion** *n.* (אֲטְרֶקְשֶׁן) מְשִׁיכָה, קֶסֶם; כֹּחַ מוֹשֵׁךְ
**attrac'tive** *adj.* (אֲטְרֶקְטִב) מוֹשֵׁךְ; מְהַנֶּה; מְעוֹרֵר עִנְיָן; חִנָּנִי
**at'tribute** *n.* (אֶטְרִבְּיוּט) סְגֻלָּה, תְּכוּנָה; תֹּאַר
attrib'ute *v. t.* יִחֵס לְ־, תָּלָה בְּ־
**attri'tion** *n.* (אֲטְרִשֶׁן) הַתָּשָׁה, שְׁחִיקָה; חִכּוּךְ; נְשִׁירָה
**attune'** *v. t.* (אֲטוּן) כִּוֵּן, כּוֹנֵן, סִגֵּל
**au'burn** *n. & adj.* (אוֹבֶּרְן) חוּם אֲדַמְדַּם
**auc'tion** *n.* (אוֹקְשֶׁן) מְכִירָה פֻּמְבִּית; הַכְרָזָה, מִכְרָז
— *v. t.* מָכַר בִּמְכִירָה פֻּמְבִּית
**auc"tioneer'** *n.* (אוֹקְשֶׁנִיר) מְנַהֵל מְכִירָה פֻּמְבִּית
**auda'cious** *adj.* (אוֹדֵישֶׁס) נוֹעָז, אַמִּיץ; מַשְׁלִיךְ נַפְשׁוֹ מִנֶּגֶד; מְקוֹרִי; חָצוּף
**audac'ity** *n.* (אוֹדֶסִטִי) הֶעָזָה, תְּעָזָה; חֻצְפָּה
**au'dible** *adj.* (אוֹדְבֶּל) שָׁמִיעַ; נִתָּן לִקְלוֹט בִּשְׁמִיעָה
**au'dience** *n.* (אוֹדִיאֶנְס) צוֹפִים, קָהָל; צִבּוּר (מאזינים, קוראים, צופים וכו); אוֹהֲדִים; שְׁמִיעָה; רֵאָיוֹן

**au'dit** *n.* (אוֹדִט) בְּדִיקַת חֶשְׁבּוֹנוֹת; דִּין וְחֶשְׁבּוֹן סוֹפִי
— *v. t. & i.* בָּדַק (דינים וחשבונות; חשבונות)
**audi'tion** *n.* (אוֹדִשֶׁן) שְׁמִיעָה; מִבְחַן כִּשְׁרוֹנוֹת
— *v. t. & i.* הֶעֱמִיד בְּמִבְחַן כִּשְׁרוֹנוֹת; הִצִּיג מֻעֲמָדוּת לְמִבְחָן (כשרונות)
**au'ditor** *n.* (אוֹדִטֶר) שׁוֹמֵעַ; מַאֲזִין; מְבַקֵּר חֶשְׁבּוֹנוֹת; שׁוֹמֵעַ חָפְשִׁי (באוניברסיטה)
**au"ditor'ium** *n.* (אוֹדִטוֹרִיאֶם) אוּלָם הַצָּגוֹת; בִּנְיַן מוֹפָעִים; אוֹדִיטוֹרְיוּם
**au'dito"ry** *adj.* (אוֹדִטוֹרִי) שְׁמִיעָתִי
**au'ger** *n.* (אוֹגֶר) מַקְדֵּחַ
**aught** *n.* (אוֹט) דְּבַר כָּלְשֶׁהוּ, מַשֶּׁהוּ
— *adv.* מִכָּל בְּחִינָה שֶׁהִיא
**augment'** *v. t.* (אוֹגְמֶנְט) הִגְדִּיל
**au'gur** *v. t. & i.* (אוֹגֶר) בִּשֵּׂר; נִחֵשׁ (עפ"י סימנים)
**au'gury** *n.* (אוֹגְיֻרִי) נִחוּשׁ; אוֹת לַבָּאוֹת
**august'** *adj.* (אוֹגַסְט) מְעוֹרֵר יִרְאַת כָּבוֹד; נַעֲרָץ
**aunt** *n.* (אָנְט) דּוֹדָה
**au'ra** *n.* (אוֹרָה) הִלָּה; אֲמַנַצְיָה
**auro'ra** *n.* (אוֹרוֹרָה) שַׁחַר, צַפְרִירִים; זֹהַר אַטְמוֹסְפֵרִי
**aus'pices** *n.* (אוֹסְפִּסֶז) חָסוּת, תְּמִיכָה; סִימָן מְבַשֵּׂר טוֹב
**auspi'cious** *adj.* (אוֹסְפִּשֶׁס) מְבַשֵּׂר הַצְלָחָה
**austere'** *adj.* (אוֹסְטִיר) מַחְמִיר, חָמוּר, קַפְּדָן, רְצִינִי, קוֹדֵר; צָנוּעַ; לְלֹא קִשּׁוּט
**auster'ity** *n.* (אוֹסְטֶרִטִי) חֻמְרָה; צֶנַע
**authen'tic** *adj.* (אוֹתֶ'נְטִק) אוֹתֶנְטִי; אֲמִתִּי; מֻסְמָךְ
**authen'ticate"** *v. t.* (אוֹתֶ'נְטִקֵיט) אִשֵּׁר; קָבַע אֲמִתּוּת
**authentic'ity** *n.* (אוֹתֶ'נְטִסִטִי) אוֹתֶנְטִיּוּת; אֲמִתּוּת
**au'thor** *n. & v. i.* (אוֹתֶ'ר) מְחַבֵּר; יוֹצֵר; יְצִירָה; יָצַר
**author"itar'ian** *adj.* (אֶת'וֹרִטֶרִיאֶן) דּוֹגֵל בִּכְנִיעָה לַמִּמְסָד; שְׁתַלְטָנִי; טוֹטָלִיטָרִי

**author'itat"tive** *adj.* (אֲתּ'וֹרְטֵיטִב) מֻסְמָךְ

**author'ity** *n.* (אֲתּ'וֹרְטִי) בַּר־סַמְכָא, סַמְכוּת; רָשׁוּת; אוֹטוֹרִיטָה; שִׁכְנוּעַ; הַצְדָּקָה

— **ies** שִׁלְטוֹנוֹת

**au"thoriza'tion** *n.* (אוֹתֲ'רִזֵישְׁן) הַרְשָׁאָה; יִפּוּי כֹּחַ

**au'thorize"** *v. t.* (אוֹתֲ'רַיז) מִלֵּא יְדֵי־; יִפָּה כֹּחַ; הֶעֱנִיק סַמְכוּת, הִסְמִיךְ; אִשֵּׁר

**au'to** *n.* (אוֹטוֹ) מְכוֹנִית, אוֹטוֹ

**au"tobiog'raphy** *n.* (אוֹטוֹבִּיאוֹגְרַפִי) אוֹטוֹבִּיוֹגְרַפְיָה

**au'tocrat"** *n.* (אוֹטֲקְרֶט) שַׁלִּיט יָחִיד, אוֹטוֹקְרָט

**au'tograph"** *n.* & *adj.* (אוֹטֲגְרֶף) אוֹטוֹגְרָף; חֲתִימָה; אוֹטוֹגְרָפִי

— *v. t.* חָתַם (בעצם ידו)

**au"tomat'ic** *adj.* (אוֹטֲמֶטִק) אוֹטוֹמָטִי; סְפּוֹנְטָנִי; פּוֹעֵל מֵעַצְמוֹ, כִּלְאַחַר יָד

— *n.* אֶקְדָּח אוֹטוֹמָטִי

**au'tomobile"** *n.* & *adj.* (אוֹטֲמוֹבִּיל) מְכוֹנִית; שֶׁל מְכוֹנִית

**auto'nomy** *n.* (אוֹטוֹנֲמִי) אוֹטוֹנוֹמְיָה

**au'top"sy** *n.* (אוֹטַפְּסִי) נְתִיחָה לְאַחַר הַמָּוֶת; נִתּוּחַ בִּקָּרְתִּי

**au'tumn** *n.* (אוֹטֶם) סְתָו

**autum'nal** *adj.* (אוֹטַמְנֶל) סְתָוִי; לְאַחַר גִּיל הָעֲמִידָה

**auxil'iary** *adj.* (אוֹגְזִלְיַרִי) מִשְׁנִי, נוֹסָף, מַשְׁלִים; עָתוּד; עוֹזֵר, מְסַיֵּעַ

— *n.* עוֹזֵר; אִרְגּוּן־לְוַאי

— **ies** חֵילוֹת עֵזֶר זָרִים

**avail'** *v. t.* & *i.* & *n.* (אֲוֵיל) הוֹעִיל; עָזַר; יִתְרוֹן, תּוֹעֶלֶת

**avail'able** *adj.* (אֲוֵילֲבֶּל) שָׁמִישׁ, זָמִין; נִמְצָא, נִתָּן לְהַשִּׂיג, בְּהֶשֵּׂג יָד; תָּקֵף

**av'alanche"** *n.* (אֶוֲלֶנְץ') גֶּלֶשׁ, מַפֹּלֶת

**av'arice** *n.* (אֶוֲרִס) אַהֲבַת בֶּצַע; בּוּלְמוּס לַאֲגִירַת נְכָסִים; חַמְדָנוּת

**av"ari'cious** *adj.* (אֶוֲרִשֲׁס) חַמְדָנִי

**avenge'** *v. t.* & *i.* (אֲוֶנְג') נָקַם

**aven'ger** *n.* (אֲוֶנְג'ר) נוֹקֵם

**av'enue"** *n.* (אֶוֲנְיוּ) שְׂדֵרָה; דֶּרֶךְ גִּישָׁה; אֶמְצָעִי

**aver'** *v. i.* (אֲוֶר) אִשֵּׁר בְּבִטְחָה

**av'erage** *n.* & *adj.* (אֶוְרֶג') מְמֻצָּע, בֵּינוֹנִי, רָגִיל

— *v. t.* & *i.* מִצַּע; הִתְמַצֵּעַ

**averse'** *adj.* (אֲוֶרְס) סוֹלֵד, מוֹאֵס

**aver'sion** *n.* (אֲוֶרְזְ'ן) סְלִידָה מִן; מְעוֹרֵר סְלִידָה

**avert'** *v. t.* (אֲוֶרְט) הֵסֵב; הִרְחִיק, מָנַע

**a'viar"y** *n.* (אֵיבִיאֶרִי) מִכְלְאַת עוֹפוֹת

**a"via'tion** *n.* (אֵיבִיאֵישְׁן) תְּעוּפָה

**a'via"tor** *n.* (אֵיבִיאֵיטֶר) טַיָּס

**av'id** *adj.* (אֶוִד) מִשְׁתּוֹקֵק, חוֹשֵׁק; נִלְהָב, קַנַּאי

**av"oca'tion** *n.* (אֶוֲקֵישְׁן) תַּחְבִּיב; הִתְעַסְּקוּת שְׁעוֹת הַפְּנַאי; מִשְׁלַח־יָד

**avoid'** *v. t.* (אֲוֹיד) הִתְרַחֵק, נִמְנַע

**avow'** *v. t.* (אֲוָאוּ) הִכְרִיז; הוֹדָה בְּפַרְהֶסְיָה

**avowed'** *adj.* (אֲוָאוּד) מֻצְהָר

**await'** *v. i.* (אֲוֵיט) חִכָּה, צִפָּה; הָיָה צָפוּי

**awake'** *adj.* (אֲוֵיק) עֵר

— *v. t.* & *i.* הֵעִיר; עוֹרֵר; הִתְעוֹרֵר, נַעֲשָׂה מוּדָע ל־, הִגִּיעַ לִידֵי הַכָּרָה

**awak'en** *v. t.* & *i.* (אֲוֵיקֶן) הֵעִיר; עוֹרֵר, הִתְעוֹרֵר

**awak'ening** *adj.* & *n.* (אֲוֵיקֲנִינְג) מִתְעוֹרֵר; הִתְעוֹרְרוּת, הַכָּרָה

**award'** *v. t.* & *n.* (אֲווֹרְד) הֶעֱנִיק; פָּסַק; פְּרָס; פְּסַק דִּין

**aware'** *adj.* (אֲוֶר) מוּדָע ל־; מַכִּיר בּ־; יַדְעָן

**away'** *adv.* (אֲוֵי) בְּרָחוֹק; לְכִוּוּן אַחֵר; לַזּוּלַת; עַד שֶׁנֶּעֱלַם; לְלֹא הַפְסָקָה; לְלֹא הֶסּוּס

go — הִסְתַּלֵּק

take — הִרְחִיק, הִפְרִיד

**awe** *n.* & *v. t.* (אוֹ) יִרְאַת כָּבוֹד; חֲרָדַת קֹדֶשׁ; עוֹרֵר יִרְאַת כָּבוֹד; הִשְׁפִּיעַ ע"י הֲעָרַת יִרְאַת כָּבוֹד

**aw'ful** *adj.* (אוֹפֶל) אָיֹם, נוֹרָא; מַחֲרִיד, מַבְעִית; מְעוֹרֵר יִרְאַת כָּבוֹד

— *adv.* מְאֹד

**aw'fulness** *n.* (אוֹפֻלְנֶס) נוֹרָאוּת

**awhile'** *adv.* (אֲהֻוַיל) לִזְמַן קָצָר

**awk'ward** *adj.* (אוֹקְוֶרד) גַּמְלוֹנִי, מְסֻרְבָּל, מְגֻשָּׁם; מְסֻכָּן; לֹא נוֹחַ; מֵבִיךְ

**awl** *n.* (אוֹל) מַרְצֵעַ

**awn'ing** *n.* (אוֹנִינְג) סוֹכֵךְ, גְּנוֹגֶנֶת

**ax** *n.* (אֶקְס) גַּרְזֶן, קַרְדֹּם

get the — פֻּטַּר, גֹּרַשׁ

have an — to grind הָיָה בַּעַל פְּנִיּוֹת אִישִׁיּוֹת, הָיָה בַּעַל קַרְדֹּם לַחְפּוֹר בָּהּ

**ax'iom** *n.* (אֶקְסִיֶם) אַקְסְיוֹמָה, אֲמִתָּה

**a'xis** *n.* (אֶקְסִס) צִיר

**ax'le** *n.* (אֶקְסֶל) סַרְן (מכונה)

**ay** *adv.* (אַי) תָּמִיד, לְעוֹלָם

**az'ure** *adj.* & *n.* (אֶזְ'ר) תָּכֹל; תְּכֵלֶת

# B

**B, b** *n.* (בִּי) בִּי, הָאוֹת הַשְּׁנִיָּה בָּאָלֶפְבֵּית הָאַנְגְּלִי, ב׳

**bab'ble** *v. i. & t.* (בֶּבְּל) פִּטְפֵּט, לָהַג

**babe** *n.* (בֵּיבּ) תִּינוֹק; בַּחוּרָה; מֹתֶק

**baboon'** *n.* (בֶּבּוּן) בַּבּוּן

**ba'by** *n.* (בֵּיבִּי) תִּינוֹק; הַצָּעִיר; בַּחוּרָה; מֹתֶק

— *adj.* מַתְאִים לְתִינוֹק; תִּינוֹקִי, יַלְדוּתִי; קָטָן

— *v. t.* פִּנֵּק

**ba'bysit"** *v. i.* (בֵּיבִּיסִט) שִׁמֵּשׁ שְׁמַרְטַף; שָׁמַר עַל יְלָדִים

ba'bysit"ter *n.* שְׁמַרְטַף

**bach'elor** *n.* (בֶּצְ׳לְר) רַוָּק; בּוֹגֵר אוּנִיבֶרְסִיטָה

**back** *n.* (בֶּק) גַּב; גַּבּוּי; מִסְעָד; מָגֵן (בכדורגל); חֵלֶק אֲחוֹרִי; עַמּוּד שִׁדְרָה

be flat on one's -- הָיָה חֲסַר אוֹנִים

behind one's — בַּחֲשַׁאי; בְּהֶעְדֵּר פְּלוֹנִי

get one's — up הִתְרַגֵּז

have one's — to the wall הָיָה בְּמַצָּב חֲסַר תִּקְוָה

in — of מֵאֲחוֹרֵי

turn one's — on נָטַשׁ; הִזְנִיחַ

be — חָזַר

give -- הֶחֱזִיר

go — חָזַר

draw — נָסוֹג

drive — הָדַף

fall — נָסוֹג

come — חָזַר

- *v. t.* תָּמַךְ, חִזֵּק; סִפֵּק גַּב; סִפֵּק רֶקַע; נָתַן גִּבּוּי; הִפְנָה אֲחוֹרַנִּית; הֵנִיעַ אֲחוֹרַנִּית; הִמֵּר לְטוֹבַת; סִפֵּק לִוּוּי

— *v. i.* נָע אֲחוֹרַנִּית

— down נָטַשׁ טִעוּנוֹ

— out לֹא עָמַד בְּדִבּוּרוֹ

— water וִתֵּר עַל דֵּעָה

— *adj.* אֲחוֹרִי; עָרְפִּי; יָשָׁן; שֶׁעָבַר זְמַנּוֹ פֵּרָעוֹנוֹ; נָע לְאָחוֹר

**back'bite** *v. t. & i.* (בֶּקְבַּיְט) הִשְׁמִיץ

**back'bone** *n.* (בֶּקְבּוֹן) עַמּוּד הַשִּׁדְרָה; עֹז רוּחַ; דּוֹמֶה לְעַמּוּד שִׁדְרָה

**back'brea"king** *adj.* (בֶּקְבְּרֵיקִנְג) מְפָרֵךְ

**back'gam"mon** *n.* (בֶּקְגֶמֶן) שֵׁשׁ־בֵּשׁ

**back'ground"** *n.* (בֶּקְגְרָאוּנְד) רֶקַע; מוֹצָא; לִוּוּי מִשְׁנִי

**back'han"ded** *adj.* (בֶּקְהֶנְדִד) שֶׁבְּצַע כְּשֶׁהַיָּד מְפְנֵית אֲחוֹרָה; דּוּ־מַשְׁמָעִי

**back'log** *n.* (בֶּקְלוֹג) הִצְטַבְּרוּת (עבודה שוטפת) שֶׁלֹּא טִפְּלוּ בָּהּ

**back' num'ber** (בֶּק נַמְבֶּר) שֶׁעָבַר זְמַנּוֹ; מְיֻשָּׁן; עִתּוֹן יָשָׁן

**back'ward(s)** *adj. & adv.* (בֶּקְוֶרְד[ז]) מִפְנֶה לְאָחוֹר; מֻפְנֶה לֶעָבָר; נֶחֱשָׁל, מְפַגֵּר; בַּיְשָׁן, הַסְסָנִי; בְּצוּרָה הֲפוּכָה; כְּשֶׁהַגַּב לְפָנִים

— and forward עַל בֻּרְיוֹ

**ba'con** *n.* (בֵּיקְן) קֹתֶל חֲזִיר

bring home the — הִרְוִיחַ מִחְיָתוֹ; בִּצֵּעַ; הִצְלִיחַ

**bacter'ia** *n. pl.* (בֶּקְטִירִיָה) בַּקְטֶרְיָה

**bad** *adj.* (בֶּד) רַע, רָשָׁע; לֹא טוֹב; פָּגוּם; לֹא נָכוֹן; פָּסוּל; לֹא־תָּקֵף; שׁוֹבָב; חוֹלֶה; רָקוּב; מְזֻיָּף; מַזִּיק; נִרְגָּז; חָמוּר

too -- חֲבָל

— *n.* רַע, רָעָה; רֶשַׁע

in — סָר חִנּוֹ

**bade** (בֶּד) (זמן עבר של bid)

**badge** *n.* (בֶּג׳) סִימָן; אוֹת; תָּג

**bad'ger** *n.* (בֶּג׳ר) גִּירִית; תַּחַשׁ

— *v. t.* הֵצִיק; הִטְרִיד

**bad"inage'** *n.* (בֶּדְנָג׳) דִּבְרֵי הִתּוּל

**baf'fle** *v. t.* (בֶּפְל) סִכֵּל; בִּלְבֵּל; הִכְשִׁיל; הִסְוָה

**bag** *n.* (בֶּג) שַׂק; תַּרְמִיל, יַלְקוּט; מִזְוָדָה; תִּיק; אַרְנָק; עָטִין; מַלְקוֹחַ

— *v. t.* שָׂם בְּשַׂק; הָרַג (צַיִד)

**bagatelle′** *n.* (בֶּגֶטֶל) דָּבָר שֶׁל מָה בְּכָךְ
**bag′gage** *n.* (בֶּגֶג׳) חֲפָצִים, מִזְוָדוֹת; יַצְאָנִית; חֲצֻפָּנִית
**bag′pipe** *n.* (בֶּגְפַּיְפּ) חֵמַת חֲלִילִים
**bail** *n.* (בֵּיל) עֲרֵבוּת; עָרֵב; שִׁחְרוּר בַּעֲרֵבוּת
jump — בָּרַח לְאַחַר שִׁחְרוּר בַּעֲרֵבוּת
— *v. t.* שִׁלֵּם עֲרֵבוּת; שָׁאַב מַיִם;
— out עָזַב בִּשְׁעַת דְּחָק; צָנַח (לְהַצָּלַת חַיִּים)
**bai′liff** *n.* (בֵּילִף) שְׁלִיחַ בֵּית מִשְׁפָּט; מְפַקֵּחַ עַל אֲחֻזָּה
**bait** *n.* & *v. t.* (בֵּיט) פִּתָּיוֹן; שָׂם פִּתָּיוֹן; פִּתָּה; שִׁסָּה; הֵצִיק, הִרְגִּיז
**bake** *v. t.* & *i.* (בֵּיק) אָפָה; הִקְשָׁה; אָפָה לֶחֶם; נֶאֱפָה; שָׂרַף (חרס)
**bak′er** *n.* (בֵּיקֶר) אוֹפֶה, נַחְתּוֹם; תַּנּוּר מְטַלְטֵל
**ba′kery** *n.* (בֵּיקֶרִי) מִגְדָּנִיָּה, חֲנוּת לְמִינֵי מַאֲפֶה; מַאֲפִיָּה
**ba′lance** *n.* (בֶּלֶנְס) אִזּוּן, שִׁוּוּי מִשְׁקָל; מֹאזְנַיִם
— *v. t.* & *i.* אִזֵּן; שָׁקַל; קִזֵּז; הִתְאַזֵּן
**bal′ance sheet′** *n.* (בֶּלֶנְס שִׁיט) מַאֲזָן
**bal′cony** *n.* (בֶּלְקֶנִי) מִרְפֶּסֶת; יָצִיעַ
**bald** *adj.* (בּוֹלְד) קֵרֵחַ; חָשׂוּף; גָּלוּי; פָּשׁוּט
**bale′ful** *adj.* (בֵּילְפֻל) מַזִּיק, רַע
**balk** *v. i.* & *t.* (בּוֹק) הִתְעַקֵּשׁ, סֵרֵב לְהִתְקַדֵּם; הִכְשִׁיל, סִכֵּל
**ball** *n.* (בּוֹל) כַּדּוּר; מִשְׂחַק בְּכַדּוּר; נֶשֶׁף רִקּוּדִים
carry the — נָטַל אַחֲרָיוּת
**bal′lad** *n.* (בֶּלֶד) בַּלָּדָה
**bal′last** *n.* (בֶּלֶסְט) נֵטֶל, זְבוֹרִית
**bal′listics** *n.* (בֶּלִסְטִקְס) בַּלִּיסְטִיקָה
**bal′loon** *n.* (בֶּלוּן) בַּלּוֹן, כַּדּוּר פּוֹרֵחַ
**bal′lot** *n.* (בֶּלֶט) פֶּתֶק הַצְבָּעָה; כְּלַל הַקּוֹלוֹת (בבחירות); הַצְבָּעָה, רְשִׁימַת מֻעֲמָדִים
— *v. t.* הִצְבִּיעַ
**bal′lot box** *n.* (בֶּלֶט בּוֹקְס) קַלְפִּי
**balm** *n.* (בָּם) צֳרִי
**balm′y** *adj.* (בָּמִי) מָתוֹן, מַרְגִּיעַ, נָאֶה; בָּשְׂמִי, מְבֻשָּׂם, נִיחוֹחִי; טִפְּשִׁי
**bal′sam** *n.* (בּוֹלְסֶם) אֲפַרְסְמוֹן
**bal′ustrade** *n.* (בֶּלֶסְטְרֵיד) מַעֲקֶה
**bamboo′** *n.* (בֶּמְבּוּ) בַּמְבּוּק
**bamboo′zle** *v. t.* (בֶּמְבּוּזְל) הוֹלִיךְ שׁוֹלָל; אָחַז עֵינַיִם
**ban** *v. t.* & *n.* (בֶּן) אָסַר; אִסּוּר; נִדּוּי; הַכְרָזָה; קְלָלָה
**banal′** *adj.* (בֶּנַל) בָּנָלִי; נָדוֹשׁ
**banan′a** *n.* (בֶּנֶנֶה) בָּנָנָה
**band** *n.* (בֶּנְד) קְבוּצָה; לַהֲקָה; תִּזְמֹרֶת; כְּלִי נְשִׁיפָה; קֶשֶׁר, רְצוּעָה, שֶׁנֶץ; תְּחוּם תְּדָרִים
to beat the — נִמְרָצוֹת; בְּשֶׁפַע
— *v. t.* לִכֵּד; הִתְלַכֵּד בִּקְבוּצָה
**ban′dage** *n.* & *v. t.* (בֶּנְדִג׳) תַּחְבֹּשֶׁת; חָבַשׁ
**band′box** *n.* (בֶּנְדְבּוֹקְס) תֵּבַת קַרְטוֹן עֲגֻלָּה; תֵּבַת כּוֹבָעִים
**ban′dit** *n.* (בֶּנְדִט) שׁוֹדֵד
**band′leader** *n.* (בֶּנְדְלִידֶר) מְנַצֵּחַ עַל תִּזְמֹרֶת (לִכְלֵי נְשִׁיפָה)
**bandoleer′** *n.* (בֶּנְדֶלִיר) חֲגֹרַת כַּדּוּרִים, פַּנְדָּה
**band′stand** *n.* (בֶּנְדְסְטֶנְד) בִּימַת תִּזְמֹרֶת
**band′wag″on** *n.* (בֶּנְדְוֶגֶן) עֲגָלַת תִּזְמֹרֶת
jump on the — תָּמַךְ בַּמַּצְלִיחַ
**ban′dy** *v. t.* (בֶּנְדִי) הֶעֱבִיר מֵאֶחָד לַשֵּׁנִי; הֶחֱלִיף
**ban′dy-leg″ged** *adj.* (בֶּנְדִי־לֶגְד) עִקֵּל
**bane** *n.* (בֵּין) הֶרֶס; אֶרֶס קַטְלָנִי
**bang** *n.* (בֶּנְג) טֶרֶף; מַהֲלֻמָּה; מֶרֶץ פִּתְאוֹמִי; תַּעֲנוּג; דְּפִיקָה
— s *n. pl.* שֵׂעָר קָצָר עַל הַמֵּצַח
— *v. t.* & *i.* הָלַם, טָרַק; חָבַט בְּרַעַשׁ
— *adv.* פִּתְאוֹם; בְּרַעַשׁ; בַּחֲזָקָה; מַמָּשׁ, בְּדִיּוּק
**ban′gle** *n.* (בֶּנְגְל) צָמִיד; עֶכֶס
**ban′ish** *v. t.* (בֶּנִשׁ) הִגְלָה, שִׁלַּח, הִרְחִיק
**ban′ishment** *n.* (בֶּנִשְׁמֶנְט) הַגְלָיָה; גָּלוּת, גֵּרוּשׁ
**ban′ister** *n.* (בֶּנִסְטֶר) עָנָק (שֶׁל מַעֲקֶה); מַעֲקֶה

**bank** (בֶּנְק) גָּדָה; בַּנְק; קֻפָּה; סוֹלְלָה, עֲרֵמָה, צֶבֶר, מִצְבּוֹר; מִדְרוֹן; פְּנִיָּה אֲלַכְסוֹנִית; מַעֲרֶכֶת

— *v. t. & i.* שָׁפַךְ סוֹלְלָה; עָרַם; הִפְקִיד כֶּסֶף בַּבַּנְק; הִטָּה תְּוַאי; הִטָּה אֲלַכְסוֹנִית; כִּסָּה אֵשׁ לְהָאֵט בְּעֵירָתָהּ; הִצְטַבֵּר צְבָרִים צְבָרִים

— on סָמַךְ עַל

**ban'ker** *n.* (בֶּנְקֶר) בַּנְקַאי; קֻפַּאי

**ban'king** *n.* (בֶּנְקִינְג) בַּנְקָאוּת

**bank'night** *n.* (בֶּנְקְנַיט) עֶרֶב פְּרָסִים

**bank'note** *n.* (בֶּנְקְנוֹט) שְׁטַר כֶּסֶף (שהוצא ע״י בנק מאושר)

**bank'roll** *n. & v. t.* (בֶּנְקְרוֹל) מָמוֹן; מַשְׁאַבִּים כַּסְפִּיִּים; מִמֵּן

**bank'rupt** *n. & adj.* (בֶּנְקְרַפְּט) פּוֹשֵׁט רֶגֶל

— *v. t.* הֵבִיא לִידֵי פְּשִׁיטַת רֶגֶל

**bank'ruptcy** *n.* (בֶּנְקְרַפְּטְסִי) פְּשִׁיטַת רֶגֶל; הֶרֶס גָּמוּר

**ban'ner** *n.* (בֶּנֶר) דֶּגֶל, נֵס; סִיסְמָה; כּוֹתֶרֶת לְרֹחַב עַמּוּד

**banns** *n. pl.* (בֶּנְז) הוֹדָעַת נִשּׂוּאִים

**ban'quet** *n. & v. t. & i.* (בֶּנְקְוִט) מִשְׁתֶּה, בַּנְקֶט; אֲרוּחָה חֲגִיגִית; קַבָּלַת פָּנִים; עָרַךְ מִשְׁתֶּה לִכְבוֹד־; הִשְׁתַּתֵּף בַּאֲרוּחָה חֲגִיגִית, סָעַד

**ban'tam** *n. & adj.* (בֶּנְטֶם) תַּרְנְגֹל קָטָן; גּוּץ קַנְטְרָן; זָעִיר

**ban'ter** *n. & v. t. & i.* (בֶּנְטֶר) הַחְלָפַת דִּבְרֵי לֵיצָנוּת; הִתְלוֹצְצוּת; הִתְלוֹצֵץ

**banzai'** *interj.* (בַּנְזַי) יְחִי!

**bap'tism** *n.* (בֶּפְּטִזְם) טְבִילָה

**baptis'mal** *adj.* (בֶּפְּטִזְמֶל) שֶׁל טְבִילָה

**bap'tistery** *n.* (בֶּפְּטִסְטְרִי) בֵּית טְבִילָה; אַגַּן טְבִילָה

**baptize'** *v. t.* (בֶּפְּטַיז) טָבַל; טִהֵר; הִכְנִיס בִּבְרִית הַנַּצְרוּת

**bar** *n.* (בָּר) בֵּית מִשְׁפָּט; מִכְשׁוֹל, מַחְסוֹם; מְטִיל; חֲתִיכָה מַלְבֵּנִית; שִׂרְטוֹן; דֶּלְפֵּק לְהַגָּשַׁת מָזוֹן, בַּר; צִבּוּר עוֹרְכֵי הַדִּין; פַּס; מַעֲקֶה

— s סוֹרָג

behind —s חָבוּשׁ בְּבֵית סֹהַר

— *v. t.* סָגַר בִּבְרִיחַ; חָסַם; אָסַר עַל; סִמֵּן בְּפַסִּים

— *prep.* מִלְּבַד; חוּץ מִן

**barb** *n.* (בַּרְב) אַנְקוֹל; עֹקֶץ; מַלְעָן

**barbar'ian** *n. & adj.* (בַּרְבֵּרִיאֶן) בַּרְבָּר; פֶּרֶא; חֲסַר־תַּרְבּוּת; בַּרְבָּרִי, זָר

**barbar'ic** *adj.* (בַּרְבֶּרִק) בַּרְבָּרִי; פְּרִימִיטִיבִי

**bar'baris"m** *n.* (בַּרְבְּרִזְם) בַּרְבָּרִיּוּת; מַעֲשֶׂה בַּרְבָּרִי; שִׁבּוּשׁ

**bar'barous** *adj.* (בַּרְבֶּרֶס) פְּרָאִי; אַכְזָרִי; מְשֻׁבָּשׁ; זָר

**bar'becue"** *n. & v. t.* (בַּרְבֶּקְיוּ) מְסִבָּה לְמַאַכְלֵי צָלִי; שְׁבָכַת צָלִי; צְלִי אֵשׁ; צָלָה עַל אֵשׁ; בִּשֵּׁל בְּרֹטֶב תַּבְלִינִים

**barbed' wire'** (בַּרְבְּד וַיר) תַּיִל דּוֹקְרָנִי

**bar'ber** *n. & v. t.* (בַּרְבֶּר) סַפָּר; סִפֵּר, גִּלַּח

**bard** *n.* (בַּרְד) מְשׁוֹרֵר קֶלְטִי; מְשׁוֹרֵר (הגלווה לעתים קרובות את שירתו בנבל), טְרוּבָּדוּר

**bare** *adj.* (בֵּר) עָרֹם; חָשׂוּף, גָּלוּי; רֵיק; כַּמּוּת שֶׁמַּסְפִּיקָה בְּקֹשִׁי

— *v. t.* עִרְטֵל, חָשַׂף, גִּלָּה

**bare"faced'** *adj.* (בֵּרְפֵיסְט) גְּלוּי פָּנִים; בְּלֹא מַסְוֶה, נוֹעָז; חָצוּף

**bare'foot"(ed)** *adj. & adv.* (בֵּרְפוּט[ד]) יָחֵף

**bare'head"ed** *adj.* (בֵּרְהֶדֶד) גְּלוּי רֹאשׁ; בִּגְלוּי רֹאשׁ

**bar'ely** *adv.* (בֵּרְלִי) רַק; בְּקֹשִׁי; לְלֹא מַסְוֶה; בְּצִמְצוּם

**bar'gain** *n.* (בַּרְגֶן) מְצִיאָה; עִסְקָה

in the — יָתֵר עַל כֵּן

strike a — הִגִּיעַ לִידֵי הֶסְכֵּם

— *v. i.* הִתְמַקֵּחַ, עָמַד עַל הַמִּקָּח; הִגִּיעַ לִידֵי הֶסְכֵּם

— *v. t.* סִדֵּר ע״י מַשָּׂא וּמַתָּן

**barge** *n. & v. t. & i.* (בָּרְג׳) אַרְבָּה; הֶעֱבִיר בְּאַרְבָּה; הִתְנַהֵל בְּצוּרָה מְגֻשֶּׁמֶת, הִתְנַגֵּשׁ; הִפְרִיעַ; נִדְחַק בְּצוּרָה מְגֻשֶּׁמֶת

**bar'itone** *n.* (בֶּרֶטוֹן) בָּרִיטוֹן

**bark** *n. & v.* (בַּרְק) קְלִפַּת עֵץ; נְבִיחָה; סְפִינַת מִפְרָשִׂים; נָבַח; פָּשַׁט קְלִפָּה (של עץ); שִׁפְשֵׁף עוֹר

— up the wrong tree טָרַח לָרִיק
**bar'ker** *n.* (בַּרְקֶר) כָּרוֹז; נוֹבֵחַ; מְקַלֵּף עֵצִים
**bar'ley** *n.* (בַּרְלִי) שְׂעוֹרָה
**bar'maid"** *n.* (בַּרְמֵיד) מוֹזֶגֶת
**bar'man** *n.* (בַּרְמֶן) מוֹזֵג
**barn** *n.* (בַּרְן) אָסָם; אֻרְוָה
**bar'nacle** *n.* (בַּרְנֶקְל) בַּרְוָזוֹן־יָם; טַרְדָן
**barom'eter** *n.* (בֵּרוֹמֵטֶר) בָּרוֹמֶטֶר
**bar'on** *n.* (בֶּרֶן) בָּרוֹן; חָבֵר בְּבֵית הַלּוֹרְדִים
(בבריטניה); תַּקִּיף כַּלְכָּלִי
**bar'rack(s)** *n.* (*pl.*) (בֶּרֶק) קְסַרְקְטִין
**barrage'** *n.* (בֶּרָז׳) הַפְגָּזָה; מָסַךְ אֵשׁ
**barred** *adj.* (בַּרְד) מְסֹרָג; מְסֻפָּס; נָעוּל
**bar'rel** *n.* (בֶּרֶל) חָבִית; קָנֶה
over a — חֲסַר אֶפְשָׁרוּת לְהִתְנַגֵּד
— *v. t.* & *i.* שָׂם בֶּחָבִית; נָסַע בִּמְהִירוּת
**bar'ren** *adj.* (בֶּרֶן) עָקָר; חָסֵר, שׁוֹמֵם
**bar'renness** *n.* (בֶּרֶנֶס) עֲקָרוּת
**bar'ricade"** *n.* & *v. t.* & *i.* (בֶּרֶקֵיד)
מִתְרָס, מַחְסוֹם; חָסַם, הֵקִים מִתְרָסִים
**bar'rier** *n.* (בֶּרִיאֶר) מַחְסוֹם, מִכְשׁוֹל,
חַיִץ; גְּבוּל
**bar'rister** *n.* (בֶּרִסְטֶר) עוֹרֵךְ דִּין
**bar'room"** *n.* (בָּרוּם) מִסְבָּאָה, בֵּית מַרְזֵחַ
**bar'ter** *v. i.* & *t.* & *n.* (בַּרְטֶר) הֶחֱלִיף,
נִהֵל סַחַר חֲלִיפִין; סַחַר חֲלִיפִין; סְחוֹרָה
(סחר חליפין)
— away מָכַר בְּזוֹל; מָכַר בְּצוּרָה
טִפְּשִׁית
**basalt'** *n.* (בֶּסוֹלְט) בַּזֶּלֶת
**base** *n.* & *adj.* & *v. t.* (בֵּיס) בָּסִיס, יְסוֹד,
נְקֻדַּת מוֹצָא; שָׁפָל; בִּסֵּס
**base'ball** *n.* (בֵּיסְבּוֹל) כַּדּוּר בָּסִיס; כַּדּוּר
לְמִשְׂחָק כַּדּוּר בָּסִיס
**base'less** *adj.* (בֵּיסְלֶס) חֲסַר־יְסוֹד
**base'ment** *n.* (בֵּיסְמֶנְט) קוֹמַת מַרְתֵּף; מַרְתֵּף
**bash** *v. t.* & *n.* (בֶּשׁ) הָלַם; מַהֲלֻמָּה;
מְסִבָּה עַלִּיזָה
**bash'ful** *adj.* (בֶּשְׁפֻל) בַּיְשָׁן, נֶחְבָּא אֶל
הַכֵּלִים
**ba'sic** *adj.* (בֵּיסִק) בְּסִיסִי
**ba'sin** *n.* (בֵּיסְן) אַגָּן; כִּיּוֹר
**ba'sis** *n.* (בֵּיסִס) בָּסִיס, יְסוֹד

**bask** *v. i.* & *t.* (בֶּסְק) הִתְחַמֵּם, חָשַׂף
לְחֹם; נֶהֱנָה, שָׂגְשֵׂג
**bas'ket** *n.* (בֶּסְקֶט) סַל
**bas"-relief'** *n.* (בָּרִלִיף) תַּבְלִיט
**bas'tard** *n.* & *adj.* (בֶּסְטֶרְד) מַמְזֵר; נָחוּת;
מְזֻיָּף
**baste** *v.t.* (בֵּיסְט) הִכְלִיב; הִרְטִיב
(תבשיל); הִכָּה
**bas'tion** *n.* (בֶּסְצ׳ן) מִגְנָן מְזֻוָּת; מָעוֹז
**bat** *n.* (בֶּט) מַחְבֵּט; אַלָּה; מַכָּה; חֲגָבָה;
עֲטַלֵּף
go to — for עָמַד לִימִין־; הֵגֵן עַל
right off the — מִיָּד
— *v. t.* חָבַט; מִצְמֵץ
not — an eye שָׁמַר עַל קֹר רוּחַ
**batch** *n.* (בֶּץ׳) כַּמּוּת, צְרוֹר
**bath** *n.* (בֶּת׳) רְחִיצָה; אַמְבַּטְיָה;
חֲדַר אַמְבַּטְיָה; מֶרְחָץ
**bathe** *v. t.* & *i.* (בֵּיד׳) רָחַץ; הִתְרַחֵץ
**bath'er** *n.* (בֵּיד׳ר) מִתְרַחֵץ; רוֹחֵץ
**ba'thing suit** (בֵּיד׳נְג סוּט) בֶּגֶד יָם
**ba'thos** *n.* (בֵּית׳וֹס) רִגְשָׁנוּת־יֶתֶר; פָּתוֹס מְזֻיָּף
**bath'robe"** *n.* (בֶּת׳רוֹב) חָלוּק
**bath'tub"** *n.* (בֶּת׳טַב) אַמְבַּטְיָה
**baton'** *n.* (בֶּטוֹן) שַׁרְבִיט; אַלָּה
**battal'ion** *n.* (בֶּטֶלְיֶן) גְּדוּד
**bat'ten** *v. i.* & *t.* (בֶּטֶן) הִשְׁמִין, זָלַל; פִּטֵּם;
חִזֵּק בִּנְסָרִים
**bat'ter** *v. t.* & *i.* & *n.* (בֶּטֶר) הָלַם, נָתַץ;
בָּצֵק, עִסָּה
**bat'tering ram"** (בֶּטֶרִנְג רֶם) אֵיל־בַּרְזֶל
**bat'tery** *n.* (בֶּטֶרִי) סוֹלְלָה; תְּקִיפַת־מַגָּע
**bat'tle** *n.* & *v. i.* & *t.* (בֶּטְל) קְרָב,
מַעֲרָכָה; נִלְחַם
**bat'tlement** *n.* (בֶּטְלְמֶנְט) חוֹמַת שִׁנּוֹת;
שִׁנִּית
**bau'ble** *n.* (בּוֹבְּל) חֵפֶץ קַל־עֵרֶךְ
**bawd** *n.* (בּוֹד) קְלוֹנִית; זוֹנָה
**bawl** *v. t.* & *i.* (בּוֹל) צָוַח, צָרַח; יִלֵּל
**bay** *n.* (בֵּי) מִפְרָץ; תָּא, גֻּמְחָה;
יְלָלָה מְמֻשֶּׁכֶת
— *v. i.* יִלֵּל מְמֻשָּׁכוֹת
at — מַאֲמָץ אַחֲרוֹן לְהִתְנַגֵּד לְרוֹדְפִים

bay'onet *n.* (בֵּיאָנֶט)   כִּידוֹן; פִּין

עוֹצֵר (בבית נורה)

— *v. t.* פָּגַע בְּכִידוֹן

bazaar' *n.* (בָּזָר)   שׁוּק

be *v. i.* (בִּי; בלי הטעמה, גם בְּ)   הָיָה; אֵרַע;

נִמְצָא; נִמְשַׁךְ, הִמְשִׁיךְ (וכו׳): 1. כְּאוֹגֵד [copula]

2. כְּפֹעַל עֵזֶר

beach *n.* (בִּיץ)   שְׂפַת יָם, חוֹף

— *v. t. & i.* הֶעֱלָה עַל הַחוֹף

beach'com"ber *n.* (בִּיצ׳קוֹמֶר)   מְשׁוֹטֵט;

חַי עַל פְּסֹלֶת חוֹפִים; נַחְשׁוֹל אָרֹךְ

bea'con *n.* (בִּיקֶן)   אוֹר אַזְהָרָה, נַצְנָץ;

מִגְדַּלּוֹר; מַשּׂוּאָה

bead *n.* (בִּיד)   חֲרוּז; טִפָּה; כַּוֶּנֶת קִדְמִית

bea'dle *n.* (בִּידֶל)   שַׁמָּשׁ

beak *n.* (בִּיק)   מַקּוֹר, חַרְטוֹם

beak'er *n.* (בִּיקֶר)   כּוֹסִית, נְבִיעַ

beam *n. & v. t.* (בִּים)   קוֹרָה; אֲלֻמָּה; כִּוֵּן

— ing קוֹרֵן, מַאְשָׁר

bean *n.* (בִּין)   פּוֹל; רֹאשׁ; כֶּסֶף, פְּרוּטָה

bear *v. t. & i. & n.* (בֶּר)   נָשָׂא, סָבַל; יָלַד;

הֵנִיב; הֵבִיא; הָיָה רָאוּי; הֶעֱבִיר; נָע; דֹב;

אָדָם מְנֻוָּל; אָדָם חֲסַר נִמּוּס, פֶּסִימִיסְט;

(בתחום הבורסאי) מוֹכֵר בְּהַקְדָּמָה עַל מְנָת לִקְנוֹת

בְּמָחִיר נָמוּךְ יוֹתֵר

bear'able *adj.* (בֶּרֶבְּל)   שֶׁנִּתָּן לְשֵׂאתוֹ

beard *n.* (בִּירְד)   זָקָן; מַלְעָן

— *v. t.* הִתְנַגֵּד בְּעֹז; תָּפַס אֶת הַזָּקָן

bear'er *n.* (בֶּרֶר)   סַבָּל; נוֹשֵׂא; מוֹסֵר כְּתָב

זֶה (= מוֹכַ"ז)

bear'ing *n.* (בֶּרִנְג)   יְצִיבָה; יַחַס, הֲנָבָה,

יְבוּל; מֵסַב

beast *n.* (בִּיסְט)   חַיָּה, חַיּוֹת

beat *v. t. & i.* (בִּיט)   נִצֵּחַ, הִכָּה, הִלְקָה;

פָּעַם, טָרַף (ביצים); עָלָה עַל; דָּפַק

— *n.* מַכָּה; קֶצֶב, פְּעִימָה; מָקוֹם

bea'tify *v. t.* (בִּיטֶפַי)   זִכָּה בְּאֹשֶׁר עִלָּאִי;

הִכְרִיז כְּ"קָדוֹשׁ"

beat'ing *n.* (בִּיטִנְג)   דְּפִיקָה, פְּעִימָה; עֹנֶשׁ

מַכּוֹת, מַלְקוֹת

beau *n.* (בּוֹ)   מְאַהֵב, מְחֻזָּר, טַרְזָן

beaute'ous *adj.* (בְּיוּטִיאָס)   יָפֶה

beau'tiful *adj.* (בְּיוּטִפֶל)   יָפֶה, יְפֵהְפֶה

beau'tify *v. t.* (בְּיוּטְפַי)   יִפָּה

beau'ty *n.* (בְּיוּטִי)   יֹפִי; יָפָה (אשה);

כַּפְתּוֹר וָפֶרַח

became' (בִּיקֵים)   become זמן עבר של

beau'ty par"lor (בְּיוּטִי פַּרְלֶר)   מִסְפָּרָה

(לנשים)

bea'ver *n.* (בִּיבֶר)   בּוֹנֶה (חיה); שַׁקְדָן

because' *conj. & adv.* (בִּקוֹז)   כִּי, מִפְּנֵי

שֶׁ־; בִּגְלַל

beck *n.* (בֶּק)   מֶחֱוָה לְהִתְקָרֵב, רֶמֶז

לָשֵׁאת קָרוֹב

beck'on *v. t. & i.* (בֶּקֶן)   אוֹתֵת לְהִתְקָרֵב

become' *v. i. & t.* (בִּיקֵם)   נַעֲשָׂה, נֶהֱיָה;

הִתְהַוָּה; הָלַם

— of הָיָה צְפוּי לְ־

becom'ing *adj. & n.* (בִּיקַמִנְג)   נָאֶה,

מוֹשֵׁךְ; הִתְהַוּוּת

bed *n.* (בֶּד)   מִטָּה; עֲרוּגָה; אָפִיק, קַרְקָעִית;

רֹבֶד

go to — שָׁכַב לִישֹׁן

*v. t. & i.* סִפֵּק מִטָּה; הִשְׁכִּיב

בְּמִטָּה; נָטַע בַּעֲרוּגָה; רָבַד; יָשַׁן

bed'ding *n.* (בֶּדִנְג)   מַצָּעוֹת; כְּלֵי מִטָּה

bedeck' *v. t.* (בִּדֶק)   קִשֵּׁט, תָּלָה קִשּׁוּטִים

bed'lam *n.* (בֶּדְלֶם)   רַעַשׁ וּמְהוּמָה;

הִשְׁתּוֹלְלוּת פְּרָאִית

bed'ouin *n. & adj.* (בֶּדוּאָן)   בֶּדְוִי; נַוָּד

bedrag'gle *v. t.* (בִּדְרֶגִל)   רִפֵּשׁ

bed'rid"den *adj.* (בֶּדְרִדֶּן)   רָתוּק לַמִּטָּה

bed'room" *n.* (בֶּדְרוּם)   חֲדַר שֵׁנָה

bed'stead" *n.* (בֶּדְסְטֶד)   שֶׁלֶד מִטָּה

bee *n.* (בִּי)   דְּבוֹרָה; הִתְכַּנְּסוּת

beech *n.* (בִּיץ׳)   אַשּׁוּר

beef *n.* (בִּיף)   בְּשַׂר בָּקָר; בָּקָר לְבָשָׂר;

כֹּחַ; מִשְׁקָל

— *v. i.* הִתְאוֹנֵן, "קִטֵּר"

— up חִזֵּק

bee'hive *n.* (בִּיהַיב)   כַּוֶּרֶת

been (בֶּן)   be זמן עבר, בינוני פועל של

beer *n.* (בִּיר)   בִּירָה; שִׁקּוּי תּוֹסֵס

beet *n.* (בִּיט)   סֶלֶק

beet'le *n.* (בִּיטֶל)   חִפּוּשִׁית

befall' *v. i. & t.* (בִּפוֹל)   קָרָה

**befit′** *v. t.* (בִּפִט) הִתְאִים

**befit′ting** *adj.* (בִּפִטִנְג) מַתְאִים

**before′** *adv. & prep. & conj.* (בִּפוֹר) לִפְנֵי; קֹדֶם; לִפְנֵי כֵן; בִּפְנֵי; לְעֵינֵי

**before′hand″** *adv. & adj.* (בִּפוֹרְהֶנְד) לִפְנֵי כֵן; מֵרֹאשׁ; בְּהֶקְדֵּם

**befriend′** *v. t.* (בִּפְרֶנְד) הִתְרוֹעֵעַ עִם, הִתְיַדֵּד עִם

**beg** *v. t. & i.* (בֶּג) בִּקֵּשׁ; פָּשַׁט יָד; הִתְחַנֵּן; חָשַׁב כְּאֶמֶת; הִשְׁתַּמֵּט מִן

**began** (בִּגֶן) (זמן עבר של begin)

**beget′** *v. t.* (בִּגֶט) הוֹלִיד

**beg′gar** *n.* (בֶּגֶר) קַבְּצָן, פּוֹשֵׁט יָד; אֶבְיוֹן; נָבָל

— *v. t.* רוֹשֵׁשׁ; הִצִּיג כְּבִלְתִּי מַסְפִּיק

**begin′** *v. i. & t.* (בִּגִן) הִתְחִיל, הֵחֵל; יָסַד

**begin′ner** *n.* (בִּגִנֶר) מַתְחִיל

**begin′ning** *n.* (בִּגִנִנְג) הַתְחָלָה, רֵאשִׁית

— s רֵאשִׁית, מָקוֹר

**begrudge′** *v. t.* (בִּגְרַג׳) קִנֵּא בְּ־; הָעַיִן הָיְתָה צָרָה בְּ־; נָתַן בְּעַל כָּרְחוֹ

**beguile′** *v. t.* (בִּגַיְל) הוֹנָה, רִמָּה; אָחַז עֵינַיִם; הִקְסִים

**begun′** (בִּגַן) (זמן עבר, בינוני פועל, של begin)

**behalf′** *n.* (בִּהֶף) טוֹבָה

in — of בְּשֵׁם; לְטוֹבַת

**behave** *v. i. & t.* (בִּהֵיב) נָהַג, הִתְנַהֵג; הִתְנַהֵג יָפֶה

**behav′ior** *n.* (בִּהֵיבְיֶר) הִתְנַהֲגוּת; תְּגוּבָה

**behead′** *v. t.* (בִּהֶד) הִתִּיז רֹאשׁ; עָרַף

**beheld′** (בִּהֶלְד) (זמן עבר של behold)

**behest′** *n.* (בִּהֶסְט) פְּקֻדָּה; תְּחִנָּה

**behind′** *prep. & adv. & adj.* (בִּהַיְנְד) מֵאֲחוֹרֵי; מֵאַחַר; אַחֲרֵי; מֵאָחוֹר; מְפַגֵּר

— n. יַשְׁבָן

**behold′** *v. t.* (בִּהוֹלְד) רָאָה; הִתְבּוֹנֵן

**be′ing** *n.* (בִּיאִנְג) יֵשׁ, יֵשׁוּת; קִיּוּם, חַיִּים; טֶבַע; יְצוּר; בֶּן־אָדָם

**bela′ted** *adj.* (בִּלֵיטִד) מְשֻׁהֶה; מְעֻכָּב; מִתְאַחֵר

**belch′** *v. i. & t.* (בֶּלְץ׳) גִּהֵק; הִתְפָּרֵץ; יָרַק, פָּלַט

**belea′guer** *v. t.* (בִּלִיגֶר) צָר; הֵצִיק

**bel′fry** *n.* (בֶּלְפְרִי) מִגְדַּל פַּעֲמוֹן; כִּפַּת פַּעֲמוֹן; תֶּמֶךְ פַּעֲמוֹן

**Bel′gian** *n. & adj.* (בֶּלְגֶ׳ן) בֶּלְגִּי

**belie′** *v. t.* (בִּלַי) הִכְזִיב; סָתַר; סִלֵּף

**belief′** *n.* (בִּלִיף) אֱמוּנָה, סְבָרָה; בִּטָּחוֹן; אֵמוּן

**believe′** *v. i. & t.* (בִּלִיב) הֶאֱמִין; בָּטַח בְּ־; שָׂם אֵמוּן; סָבַר

make — הֶעֱמִיד פָּנִים; דִּמָּה

**belie′ver** *n.* (בִּלִיבֶר) מַאֲמִין

**belit′tle** *v. t.* (בִּלִטְל) זִלְזֵל בְּ־; הֵקֵל רֹאשׁ בְּ־

**bell** *n.* (בֶּל) פַּעֲמוֹן

ring a — מְעוֹרֵר תְּגוּבָה

with —s on מוּכָן לְהִתְעַנֵּג

— *v. t.* קָשַׁר פַּעֲמוֹן עַל

**bell′-bot″tom** *adj.* (בֶּל־בּוֹטֶם) מִתְרַחֵב

— s מִכְנָסַיִם מִתְרַחֲבִים

**bell′boy″** (בֶּלְבּוֹי) כַּתָּף, נַעַר מְשָׁרֵת (במלון)

**bell′ cap″tain** (בֶּל קֶפְטֶן) מְמֻנֶּה עַל הַכַּתָּפִים

**bell′icose** *adj.* (בֶּלִקוֹס) אִישׁ רִיב

**bellig′erent** *adj. & n.* (בֶּלִגֶ׳רֶנְט) שׁוֹאֵף קְרָבוֹת; תּוֹקְפָן; עוֹיֵן; לוֹחֵם; שֶׁל צַד לוֹחֵם; צַד לוֹחֵם; חַיָּל שֶׁל מְדִינָה לוֹחֶמֶת

**bell′ow** *v. i. & t. & n.* (בֶּלוֹ) נָהַם; נְהִימָה

**bell′ows** *n. pl.* (בֶּלוֹז) מַפּוּחַ

**bell′y** *n.* (בֶּלִי) בֶּטֶן; קֵבָה; תֵּאָבוֹן; רֶחֶם; פְּנִים; שֶׁטַח מִתְבַּלֵּט; גָּחוֹן

**belong′** *v. i.* (בִּלוֹנְג) הָיָה חָבֵר בְּ־; הָיָה שַׁיָּךְ, הִשְׁתַּיֵּךְ; מְקוֹמוֹ –

**belong′ings** (בִּלוֹנְגִנְגְז) רְכוּשׁ; חֲפָצִים

**belov′ed** *adj. & n.* (בִּלַוִד) אָהוּב; יַקִּיר

**below′** *adv. & prep.* (בִּלוֹ) לְמַטָּה; נָמוּךְ; יוֹתֵר; בָּעוֹלָם הַזֶּה; בְּגֵיהִנּוֹם; לְהַלָּן; מִתַּחַת לְ־

**belt** *n.* (בֶּלְט) חֲגוֹרָה; רְצוּעָה; מַהֲלֻמָּה; כְּבִישׁ־טַבַּעַת

below the — בְּצוּרָה לֹא־מְהֻגֶּנֶת

— *v. t.* הִקִּיף בַּחֲגוֹרָה; סִמֵּן בִּרְצוּעָה; חָגַר; הִצְלִיף, הִלְקָה, הִכָּה

**bemoan′** *v. t. & i.* (בִּמוֹן) קוֹנֵן עַל; בָּכָה

**bench** *n.* (בֶּנְץ׳) סַפְסָל; כֵּס שׁוֹפְטִים; מִשְׂרַת שׁוֹפֵט; שֻׁלְחַן עֲבוֹדָה

**bend** *v. t. & i.* (בֶּנְד) כּוֹפֶף, עִקֵּם; כָּפָה;
הִסְנָה, הִטָּה; מָתַח (כִּיתֶר קֶשֶׁת); נִתְעַקֵּם;
הִתְכּוֹפֵף; נִכְנַע; נָטָה
— over backwards הִתְאַמֵּץ בְּצוּרָה
מְגוּזֶּמֶת
— *n.* כְּפִיפָה; הִתְכּוֹפְפוּת; פְּנִיָּה; עֲקֻמָּה
**beneath'** *prep. & adv.* (בְּנִית') לְמַטָּה;
תַּחַת; נָמוּךְ מ־; לְמַטָּה מ־
**benedic'tion** *n.* (בֶּנֶדִקְשֶׁן) בְּרָכָה;
בִּרְכַּת סִיּוּם
**ben'efac"tor** *n.* (בֶּנֶפֶקְטֶר) מֵטִיב; פַּטְרוֹן
**benef'icence** *n.* (בֶּנֶפִסֶנְס) עֲשִׂיַּת חֶסֶד,
צְדָקָה; מַעֲשֵׂה חֶסֶד
**benef'icent** *adj.* (בֶּנֶפִסֶנְט) עוֹשֶׂה חֶסֶד;
טוֹב לֵב
**ben"efici'al** *adj.* (בֶּנֶפִשֶׁל) מֵטִיב, מוֹעִיל
**ben"efici'ary** *n.* (בֶּנֶפִשִׁיאֶרִי) נֶהֱנֶה; זוֹכֶה
בַּהֲטָבוֹת; בַּעַל טוֹבַת הֲנָאָה; מְקַבֵּל גְּמִלָּה
**ben'efit** *v. t. & i. & n.* (בֶּנֶפִט) הִסְפִּיק
טוֹבַת הֲנָאָה; הִסְפִּיק תּוֹעֶלֶת; הֵיטִיב; הוֹעִיל;
יִתְרוֹן, חֶסֶד, תּוֹעֶלֶת; מוֹפָע לְמַטְּרוֹת צְדָקָה;
גִּמְלָה
**benev'olence** *n.* (בֶּנֶוֹלֶנְס) טוּב לֵב, חֶסֶד
**benev'olent** *adj.* (בֶּנֶוֹלֶנְט) עוֹשֶׂה חֶסֶד;
מֵטִיב עִם; טוֹב לֵב; לְמַטְּרוֹת חֶסֶד
**benign'** *adj.* (בִּנַיְן) טוֹב לֵב; שׁוֹפֵעַ חֶסֶד;
מֵטִיב; מְבַשֵּׂר טוֹב; נוֹחַ; שַׁפִּיר
**benig'nant** *adj.* (בִּנִגְנֶנְט) טוֹב לֵב;
מֵטִיב; אָדִיב
**bent** *adj.* (בֶּנְט) עָקֹם, כָּפוּף; בַּעַל
הַחְלָטָה נְחוּשָׁה
— *n.* נְטִיָּה
**benzine'** *n.* (בֶּנְזִין) בֶּנְזוֹל, בֶּנְזֶן; בֶּנְזִין
**bequeath'** *v. t.* (בִּקְוִיד') צִוָּה ל־; הִנְחִיל;
הוֹרִישׁ
**bequest'** *n.* (בִּקְוֶסְט) יְרֻשָּׁה; עִזָּבוֹן
**bereave'** *v. t.* (בִּרִיב) שָׁלַל; שִׁכֵּל
**bereft'** *adj.* (בִּרֶפְט) נָטוּל; שַׁכּוּל
**ber'ry** *n. & v.i.* (בֶּרִי) גַּרְגֵּר, עֲנָבָה; לָקַט גַּרְגְּרִים
**berth** *n.* (בֶּרְת') מִטַּת מַדָּף; מִשְׂרָה,
מְקוֹם עֲבוֹדָה; רָצִיף, שֶׁטַח עֲגִינָה; מֶרְחָק (ע״י
אֳנִיָּה)
—*v.i. & t.* הִקְצָה שֶׁטַח עֲגִינָה; נִכְנַס לְמַעֲגָן

**beseech'** *v. t. & i.* (בִּסִיץ') הִתְחַנֵּן,
הִפְצִיר
**beset'** *v. t.* (בִּסֶט) הִתְקִיף מִכָּל צַד;
הֵצִיק; כִּתֵּר; שִׁבֵּץ
**beside'** *prep. & adv.* (בִּסַיְד) עַל יַד;
לְעֻמַּת; נִפְרָד מִן־; מִלְּבַד
— oneself יָצָא מִגִּדְרוֹ
**besides'** *adv. & prep.* (בִּסַיְדְז) יָתֵר
עַל כֵּן, נוֹסָף ל־; מִלְּבַד; מִלְּבַד זֶה
**besiege'** *v. t.* (בִּסִיג') צָר עַל; צָבָא עַל;
הִסְתָּעֵר עַל
**best** *adj. & n.* (בֶּסְט) חָשׁוּב בְּיוֹתֵר;
הַמְעֻלֶּה; הַגָּדוֹל בְּיוֹתֵר; בְּגָדִים נָאִים;
הַמַּצָּב הַטּוֹב בְּיוֹתֵר; הַמַּאֲמָץ הַגָּדוֹל בְּיוֹתֵר;
שִׂיא; דְּרִישַׁת שָׁלוֹם
— *adv.* בְּצוּרָה הַטּוֹבָה בְּיוֹתֵר; בְּיוֹתֵר
**bes'tial** *adj.* (בֶּסְצְ'ל) בַּהֲמִי; אַכְזָרִי;
שָׁפָל; גּוֹסָנִי
**bestir'** *v. t.* (בִּסְטֶר) עוֹרֵר; הֵעִיר
**bestow'** *v. t.* (בִּסְטוֹ) הֶעֱנִיק; יִשֵּׂם
**bet** *n. & v. t. & i.* (בֶּט) הִתְעָרְבוּת;
הַמּוֹר; בְּרֵרָה; הִתְעָרֵב, הִמֵּר
**betake'** *v. t.* (בִּטֵיק) הוֹלִיךְ
**betray** *v. t.* (בִּטְרֵי) בָּגַד ב־; מָעַל;
הִכְזִיב, רִמָּה; גִּלָּה
**betroth'** *v. t.* (בִּטְרוֹד') אָרַס; אֵרַס
— ed אָרוּס; אֲרוּסָה
**bet'ter** *adj. & adv.* (בֶּטֶר) טוֹב יוֹתֵר;
גָּדוֹל יוֹתֵר; בָּרִיא יוֹתֵר; בְּצוּרָה טוֹבָה
יוֹתֵר; יוֹתֵר
— off בְּמַצָּב טוֹב יוֹתֵר
**between'** *prep. & adv.* (בִּטְוִין) בֵּין;
בֵּין... וּבֵין
go — מְתַוֵּךְ
**bev'el** *n.* (בֶּוֶל) זָוִית לֹא יְשָׁרָה (בִּמְיוּחָד
בְּגַלְגַּלִּים מְשֻׁנָּנִים)
**bev'erage** *n.* (בֶּוֶרֶג') מַשְׁקֶה (מִלְּבַד מַיִם)
**bev'y** *n.* (בֶּוִי) לַהֲקָה; קְבוּצָה
**bewail'** *v. t. & i.* (בִּוֵיל) קוֹנֵן; בָּכָה
**beware'** *v. t. & i.* (בִּוֶר) נִזְהַר מִפְּנֵי
**bewil'der** *v. t.* (בִּוִלְדֶר) הֵבִיךְ, בִּלְבֵּל
**bewitch'** *v. t.* (בִּוִץ') כִּשֵּׁף; הִקְסִים
**beyond'** *prep. & adv.* (בִּיאוֹנְד) מֵעֵבֶר; מֵעַל

the great - הָעוֹלָם הַבָּא

**bi'as** *n.* & *v. t.* (בַּיְאֶס) מִשְׁפָּט קְדוּם; אֲלַכְסוֹן; הַשְׁקָפָה מְשֻׁחֶדֶת; יָצַר מִשְׁפָּט קְדוּם; הִשְׁפִּיעַ עַל

**bib** *n.* (בִּב) סִנּוֹר (לתינוק); חֲזִית סִנּוֹר

**Bible** *n.* (בַּיְבְּל) בִּיבְּלִיָה, כִּתְבֵי הַקֹּדֶשׁ (התנ"ך והברית החדשה); הַמִּקְרָא

**bib'lical** *adj.* (בִּבְּלִקְל) תַּנַ"כִי; בִּיבְּלִי; מִקְרָאִי

**bib"liog'raphy** *n.* (בִּבְּלִיאוֹגְרַפִי) בִּיבְּלִיוֹגְרַפְיָה

**bib'liophile"** *n.* (בִּבְּלִיאַפַיל) חוֹבֵב סְפָרִים; אַסְפָן סְפָרִים; בִּיבְּלִיוֹפִיל

**bicar'bonate** *n.* (בַּיקַרְבֱּנֵיט) דּוּ־קַרְבּוֹנָט

**bi'ceps** *n.* (בַּיסֶפְּס) שְׁרִיר דּוּ־רָאשִׁי; קִבֹּרֶת הַזְּרוֹעַ

**bick'er** *v. i.* (בִּקֶר) הִתְנַצֵּחַ

**bi'cycle** *n.* & *v. i.* (בַּיסִקְל) אוֹפַנַּיִם; רָכַב עַל אוֹפַנַּיִם

**bid** *v. t.* & *i.* (בִּד) בִּקֵּשׁ; צִוָּה; אִחֵל; הִצִּיעַ (במכרז), הִכְרִיז; הִזְמִין

— n. הַצָּעָה; הַכְרָזָה; הַזְמָנָה; נִסָּיוֹן

**bid'ding** *n.* (בִּדִנְג) צַו, הַזְמָנָה; הַכְרָזָה

do his — צִיֵּת לִפְקֻדָּתוֹ; עָשָׂה כְּמִצְוָתוֹ

**bide** *v. t.* (בַּיְד) חִכָּה

**bien'nial** *adj.* (בַּיְאֶנְיֶאֶל) דּוּ־שְׁנָתִי; לִשְׁנָתַיִם; נִמְשָׁךְ שְׁנָתַיִם

— *n.* צֶמַח דּוּ־שְׁנָתִי; מְאֹרָע דּוּ־שְׁנָתִי; בִּיאֶנָלֶה

**bier** *n.* (בִּיר) כַּן (לארון המת)

**big** *adj.* (בִּג) גָּדוֹל; חָשׁוּב; מִתְרַבְרֵב; נָדִיב

**big'amy** *n.* (בִּגַמִי) בִּיגַמְיָה; נִשּׂוּאִים כְּפוּלִים

**bike** *n.* (בַּיְק) אוֹפַנַּיִם

**bilat'eral** *adj.* (בַּילֶטֶרַל) דּוּ־צְדָדִי; ע"י שְׁנֵי הַהוֹרִים

**bile** *n.* (בַּיְל) מָרָה; רַגְזָנוּת

**biling'ual** *adj.* (בַּילִנְגְוַל) דּוּ־לְשׁוֹנִי

**bil'ious** *adj.* (בִּלְיֶס) מְרָרִי; רַגְזָנִי

**bilk** *v. t.* (בִּלְק) הִשְׁתַּמֵּט מִתַּשְׁלוּם; רִמָּה; סִכֵּל; הִתְחַמֵּק מִן

**bill** *n.* (בִּל) חֶשְׁבּוֹן; שְׁטָר; הַצָּעַת חֹק; כְּרָזָה; הוֹדָעָה; רְשִׁימָה; תָּכְנִית; מַקּוֹר

— of fare תַּפְרִיט

— *v. t.* עָרַךְ חֶשְׁבּוֹן; שִׁגֵּר חֶשְׁבּוֹן; הוֹעִיד

— and coo לָחַשׁ דִּבְרֵי אַהֲבָה

**bil'let** *n.* (בִּלֶט) לִינָה; פְּקֻדָּה לְסַפֵּק מְקוֹם לִינָה; מִטָּה; מְקוֹם עֲבוֹדָה

— *v. t.* סִפֵּק מְקוֹם לִינָה; אִכְסֵן

**bill'fold"** *n.* (בִּלְפוֹלְד) אַרְנָק; תִּיק

**bill'ion** *n.* (בִּלְיֶן) מִילְיַרְד

**bill'ow** *n.* & *v. i.* (בִּלוֹ) נַחְשׁוֹל; הִתְנַפֵּחַ; הִתְנַחְשֵׁל

**bimonth'ly** *adj.* & *n.* (בַּימַנְתְ'לִי) דּוּ־חָדְשִׁי; אַחַת לְחָדְשַׁיִם; פַּעֲמַיִם בְּחֹדֶשׁ; דּוּ־יַרְחוֹן

**bin** *n.* (בִּן) מַחְסָן; תֵּבָה

**bi'nary** *adj.* (בַּיְנַרִי) בִּינָרִי, דּוּאָלִי; זוּגִי; שְׁנִיּוֹנִי

**bind** *v. t.* & *i.* (בַּיְנְד) קָשַׁר, אִגֵּד; הִקִּיף; חָבַשׁ; אִלֵּם; חִיֵּב; הִגְבִּיל, עָצַר; כָּרַךְ (ספר); הִתְמַצֵּק; הִדְבִּיק; נַעֲשָׂה כִּמְחַיֵּב; נִתְקַע

**bind'ing** *n.* (בַּיְנְדִנְג) קְשִׁירָה, כְּרִיכָה

**binoc'ular** *adj.* (בִּנוֹקְיֶלֶר) דּוּ־עֵינִי

— s מִשְׁקֶפֶת

**biog'rapher** *n.* (בַּיאוֹגְרֶפֶר) בִּיוֹגְרָף

**biog'raphy** *n.* (בַּיאוֹגְרֶפִי) בִּיוֹגְרַפְיָה

**biol'ogy** *n.* (בַּיאוֹלֶגִ'י) בִּיוֹלוֹגְיָה

**bipar'tisan** *adj.* (בַּיפַּרְטִזְן) דּוּ־מִפְלַגְתִּי; מְיַצֵּג שְׁתֵּי מִפְלָגוֹת

**bi'ped** *n.* (בַּיפֶּד) הוֹלֵךְ עַל שְׁתַּיִם

**birch** *n.* (בֶּרְץ') שַׁדָּר (עץ)

**bird** *n.* (בֶּרְד) עוֹף, צִפּוֹר

**bir'die** *n.* (בֶּרְדִי) צִפּוֹר, אֶפְרוֹחַ

**bird'lime** *n.* (בֶּרְדְלַיְם) מַלְכֹּדֶת־דֶּבֶק

**bird's'-eye** *adj.* (בֶּרְדְזַי) נִרְאֶה מִלְמַעְלָה; מִמְּעוֹף הַצִּפּוֹר; שִׁטְחִי

**birth** *n.* (בֶּרְתְ') לֵדָה; הוּלֶּדֶת; הִתְהַוּוּת; מוֹצָא, יִחוּס

**birth'day** *n.* (בֶּרְתְ'דֵי) יוֹם הוּלֶּדֶת

**birth'place"** *n.* (בֶּרְתְ'פְּלֵיס) מְקוֹם לֵדָה; מוֹלֶדֶת

**birth'right"** *n.* (בֶּרְתְ'רַיְט) בְּכוֹרָה

**bis'cuit** *n.* (בִּסְקֶט) לַחְמָנִיָּה; עוּגִיָּה, בִּסְקְוִיט

**bi'sect** *v. t.* (בַּיסֶקְט) חָצָה

**bish'op** *n.* (בִּשֶׁפּ) בִּישׁוֹף; רָץ (בשחמט)

**bis'muth** *n.* (בִּזְמֶת׳) בִּיסְמוּת

**bit** *n.* (בִּט) שֶׁמֶץ, חֲתִיכָה זְעִירָה; שָׁעָה קַלָּה; מֶתֶג; מַקְדֵּחַ; חָף; יְחִידַת אִינְפוֹרְמַצְיָה בְּמַחְשֵׁב (ספרה בינארית)

two — s רֶבַע דוֹלָר

**bitch** *n.* (בִּץ׳) כַּלְבָּה; כְּלַבְתָּא; פְּרוּצָה; תְּלוּנָה, „קִטּוּר"; דָּבָר לֹא־נָעִים

— *v. i.* „קִטֵּר", הֵלִין

**bite** *v. t. & i.* (בַּיט) נָשַׁךְ; עָקַץ; נָגַס; אָכַל; אָכַל פִּתְיוֹן; תָּפַס

— *n.* נְשִׁיכָה; עֲקִיצָה; שְׁנִינוּת; נְגִיסָה; אֲרוּחָה קַלָּה; מִנְשָׁךְ

**bit'ing** *adj.* (בַּיטִנג) עוֹקְצָנִי; חַד; שָׁנוּן

**bit'ter** *adj.* (בִּטֶר) מַר, שָׁנוּן

**bitt'erness** *n.* (בִּטֶרְנֶס) מְרִירוּת

**biv'ouac** *n. & v. i.* (בִּבוּאֶק) חֲנָיוֹן פָּתוּחַ, מַאֲהָל; לָן בְּחַנְיוֹן

**blab** *v. t. & i.* (בְּלֶב) פִּטְפֵּט

**blabb'ermouth"** *n.* (בְּלֶבֶּרְמַאוּת׳) פַּטְפְּטָן

**black** *adj. & n.* (בְּלֶק) שָׁחוֹר; כּוּשִׁי; קוֹדֵר; מְלֻכְלָךְ; עוֹיֵן; שׁוֹמֵם

**black'berr"y** *n.* (בְּלֶקְבֶּרִי) פֶּטֶל שָׁחוֹר

**black'bird** *n.* (בְּלֶקְבֶּרְד) שַׁחֲרוּר; קִיכְלִי; הַשַּׁחֲרוּר

**black'en** *v. t.* (בְּלֶקֶן) הִשְׁחִיר; הִשְׁמִיץ

**black'guard** *n.* (בְּלֶגַרְד) נָבָל

**black'jack"** *n.* (בְּלֶקְגֶ׳ק) אַלָּה קְצָרָה; אַלַּת כִּיס

**black'mail"** *n. & v. t.* (בְּלֶקְמֵיל) סַחְטָנוּת; סְחִיטָה; הוֹצִיא כֶּסֶף בְּאִיּוּמִים; כָּפָה עַל

**black'out"** *n.* (בְּלֶקְאַוּט) הַאֲפָלָה, אִפּוּל; אִבּוּד הַהַכָּרָה

**black'smith"** *n.* (בְּלֶקְסְמִת׳) נַפָּח; חָרַשׁ־בַּרְזֶל

**bladd'er** *n.* (בְּלֶדֶר) שַׁלְפּוּחִית; שַׁלְפּוּחִית הַשֶּׁתֶן

**blade** *n.* (בְּלֵיד) לַהַב; חֶרֶב; עָלֶה; פַּס הַחֲלָקָה; הוֹלֵל צָעִיר

**blame** *v. t. & n.* (בְּלֵים) הֶאֱשִׁים; גִּנָּה; הַאֲשָׁמָה; גְּנַאי; אַשְׁמָה

to — *adj.* אָשֵׁם

**blame'less** *adj.* (בְּלֵימְלֶס) חַף, נָקִי מֵאַשְׁמָה

**blanch** *v. t. & i.* (בְּלֶנְץ׳) הִלְבִּין; שָׁלַק; הֶחֱוִיר

**bland** *adj.* (בְּלֶנְד) נוֹחַ; נָעִים; מַרְגִּיעַ; אָדִישׁ

**blan'dishment(s)** (בְּלֶנְדִשְׁמֶנְט[ס]) דִּבְרֵי חֲנֻפָּה

**blank** *adj. & n.* (בְּלֶנְק) רֵיק; מֻשְׁלָם; חָלָק; חָלָל, מְקוֹם רֵיק; עִוּוּר חַ״ק (חסר־קליע); מַקַּף־הַשְׁמָטָה

draw a — לֹא זָכַר; לֹא הִכִּיר

**blan'ket** *n. & v. t.* (בְּלֶנְקֶט) שְׂמִיכָה; מַעֲטֶה; כִּסָּה בִּשְׂמִיכָה; הֶעֱטָה; הִפְרִיעַ; הִבְלִיעַ

— *adj.* כּוֹלֵל

**blare** *v. i. & t. & n.* (בְּלֶר) הִשְׁמִיעַ צְרִיחָה; צָרַח; צְרִיחָה

**blasé'** *adj.* (בְּלַזֵי) אָדִישׁ, מְשֻׁעֲמָם

**blaspheme'** *v. t. & i.* (בְּלֶסְפִים) חִלֵּל שֵׁם שָׁמַיִם; הִשְׁמִיץ; הֶעֱלִיל

**blas'phemy** *n.* (בְּלֶסְפֶמִי) חִלּוּל הַשֵּׁם

**blast** *n.* (בְּלֶסְט) מַשַּׁב־רוּחַ; צְפִירָה; רַעַשׁ פִּתְאוֹמִי; סִילוֹן אֲוִיר; פִּצּוּץ, הִתְפּוֹצְצוּת; הֶדֶף אֲוִיר

— *v. t. & i.* הִשְׁמִיעַ קוֹל חָזָק; צָפַר; שָׁדַף; הָרַס; פָּרַץ דֶּרֶךְ; קִלֵּל, גִּנָּה

— off זִנֵּק מִכַּן שִׁגּוּר

**bla'tant** *adj.* (בְּלֵיטֶנְט) בּוֹלֵט; רוֹעֵשׁ; חֲסַר טַעַם

**blaze** *n. & v. i.* (בְּלֵיז) אֵשׁ לֶהָבָה; הִתְלַקְּחוּת; סִימָן; כֶּתֶם לָבָן (על ראש סוס); לָהַט, בָּעַר בְּאֵשׁ גְּדוֹלָה; הִבְרִיק; הִתְלַקַּח; יָרָה בְּלֹא הַפְסָקָה; סִמֵּן (דרך): סָלַל דֶּרֶךְ

**bla'zer** *n.* (בְּלֵיזֶר) מְעִיל סְפּוֹרְטִיבִי

**bleach** *v. t. & n.* (בְּלִיץ׳) הִלְבִּין; מַלְבִּין

**bleak** *adj.* (בְּלִיק) חָשׂוּף; קַר וְחוֹדֵר; מְדַכֵּא

**bleat** *n. & v. i.* (בְּלִיט) פְּעִיָּה; פָּעָה

**bleed** *v. i. & t.* (בְּלִיד) דִּמֵּם, שָׁתַת דָּם; זָב; רִחֵם; הִקִּיז דָּם; יָנַק מִן־; מָצַץ

**blem'ish** *n.* (בְּלֶמִשׁ) מוּם, פְּגָם, פְּסוּל; כֶּתֶם; נְקֻדָּה שְׁחוֹרָה (בעור)

**blench** *v. i.* (בְּלֶנְץ') נִרְתַּע

**blend** *v. t. & i. & n.* (בְּלֶנְד) עִרְבֵּב, מִזֵּג; הִתְמַזֵּג; עִרְבּוּב; מִזּוּג; תַּעֲרֹבֶת

**bless** *v. t.* (בְּלֶס) בֵּרֵךְ; קִדֵּשׁ; הֶעֱנִיק

בְּרָכָה; קַלֵּל; הַחֲוָה צוּרַת צְלָב

**bles'sing** *n.* (בְּלֶסִנְג) בְּרָכָה; אֹשֶׁר, הַסְכָּמָה

**blest** *adj.* (בְּלֶסְט) מְבֹרָךְ

**blew** (בְּלוּ) (זמן עבר של blow)

**blight** *n. & v. t.* (בְּלַיְט) שִׁדָּפוֹן; הֶרֶס; שִׁדֵּף; הָרַס

**blimp** *n.* (בְּלִמְפּ) סְפִינַת־אֲוִיר לֹא־צְפוּדָה

**blind** *adj.* (בְּלַיְנְד) עִוֵּר; אָטוּם; חֲסַר־הַכָּרָה; נִסְתָּר; סָתוּם

— *n. & v. t.* וִילוֹן; מִסְתּוֹר; פִּתָּיוֹן; סִמֵּא, סִנְוֵר; עִרְפֵּל; טִמְטֵם

**blind'fold"** *v. t. & n.* (בְּלַיְנְדְפוֹלְד) קָשַׁר הָעֵינַיִם; כִּסּוּי עֵינַיִם

**blind'ness** *n.* (בְּלַיְנְדְנֶס) עִוָּרוֹן

**blink** *v. i. & t. & n.* (בְּלִנְק) מִצְמֵץ; הִתְעַלֵּם מִן; הִבְלִיחַ; הוֹצִיא מִן הָעַיִן (ע״י מצמוץ); מִצְמוּץ

**bliss** *n.* (בְּלִס) אֹשֶׁר

**bliss'ful** *adj.* (בְּלִסְפֻל) שׁוֹפֵעַ אֹשֶׁר

**blis'ter** *n. & v. t. & i.* (בְּלִסְטֶר) אֲבַעְבּוּעָה, בּוּעָה; תָּא מַקְלֵעַ (במטוס); גָּרַם לַאֲבַעְבּוּעוֹת; נָזַף קָשׁוֹת; הִתְכַּסָּה אֲבַעְבּוּעוֹת

**blithe** *adj.* (בְּלַיְד') עַלִּיז; לְלֹא הִתְחַשְּׁבוּת

**blith'ering** *adj.* (בְּלִדֶ׳רִנְג) לוֹהֵג; פּוֹלֵט שְׁטֻיּוֹת

**blitz'(krieg)** (בְּלִצְ(קְרִיג)) מִלְחֶמֶת בָּזָק

**bliz'zard** *n.* (בְּלִזֶרְד) סוּפַת שֶׁלֶג

**bloat** *v. t. & i.* (בְּלוֹט) נִפַּח; הִתְנַפֵּחַ, צָבָה

**bloc** *n.* (בְּלוֹק) גּוּשׁ

**block** *v. t. & i. & n.* (בְּלוֹק) סָתַם; חָסַם; עִצֵּב; גּוּשׁ; בְּלוֹק; קֻבִּיָּה; אִמּוּם; גֶּדֶם; בִּימָה (למכירה פומבית); גַּלְגִּלָּה; מַחְסוֹם, סְתִימָה; רִבּוּעַ שְׁכוּנָתִי, גּוּשׁ בָּתִּים; צְמֻדָּה

**blockade'** *n. & v. t.* (בְּלוֹקֵיד) הֶסְגֵּר; מַחְסוֹם; הֵטִיל הֶסְגֵּר

**block'head"** *n.* (בְּלוֹקְהֶד) טִפֵּשׁ, פֶּתִי

**block'house"** *n.* (בְּלוֹקְהַאוּס) מְצָד

**blond(e)** *adj. & n.* (בְּלוֹנְד) בְּלוֹנְדִּינִי(ת)

**blood** *n.* (בְּלַד) דָּם; חַיּוּת; שְׁפִיכוּת דָּמִים; מֶזֶג; מוֹצָא, יִחוּס

**blood'hound"** *n.* (בְּלַדְהַאוּנְד) כֶּלֶב־דָּם (כלב ציד ארוך־אוזנים)

**blood'shed"** *n.* (בְּלַדְשֶׁד) שְׁפִיכוּת דָּמִים

**blood'y** *adj.* (בְּלַדִי) שׁוֹתֵת דָּם; מְכֻתָּם בְּדָם; עָקֹב מִדָּם; צְמֵא־דָם; דָּמִי

**bloom** *n. & v. i. & t.* (בְּלוּם) פֶּרַח, פְּרָחִים; פְּרִיחָה; סֹמֶק; פָּרַח, לִבְלֵב; הִפְרִיחַ; צִנֵּן

**blos'som** *n. & v. i. & t.* (בְּלוֹסֶם) נִצָּן; פְּרִיחָה; פָּרַח, לִבְלֵב

**blot** *n. & v. t. & i.* (בְּלוֹט) כֶּתֶם; רְבָב; הִכְתִּים; הִקְדִּיר; סָפַג; עָשָׂה כֶּתֶם

— **out** מָחַק, מָחָה

**blotch** *n.* (בְּלוֹץ') כֶּתֶם גָּדוֹל

**blot'ting pa"per** (בְּלוֹטִנְג פֵּיפֶּר) נְיָר סוֹפֵג

**blouse** *n.* (בְּלַאוּס) חֻלְצָה

**blow** *n. & v. i.* (בְּלוֹ) מַכָּה; סוּפָה; נָשַׁב; נִשָּׂא ע״י הָרוּחַ; נָשַׁף; צָפַר; הִתְפּוֹצֵץ; „הִתְנַדֵּף"; נָשָׂא; עִצֵּב (בזרם אוויר); פּוֹצֵץ; „בִּזְבֵּז"; „קִלְקֵל"

— **nose** מָחַט אַף

— **over** שָׁכַךְ

— **up** פּוֹצֵץ; הִתְפּוֹצֵץ; הִגְזִים; הִגְדִּיל; אִבֵּד עֶשְׁתּוֹנוֹת; נִפַּח

**blow'zy** *adj.* (בְּלַאוּזִי) מְרֻשָּׁל; אֲדֹם־פָּנִים

**blub'ber** *n. & v. i. & adj.* (בְּלַבֶּר) שׁוּמַן לִוְיָתָנִים; גְּעִיָּה (בבכי); גָּעָה בִּבְכִי; צָבֶה

**bludge'on** *n. & v. t.* (בְּלַגֶ'ן) אַלָּה; הָלַם בְּאַלָּה; כָּפָה עַל

**blue** *adj. & n. & v. t.* (בְּלוּ) כָּחֹל; מְדֻכְדָּךְ; פּוּרִיטָנִי; תְּכֵלֶת; חֹמֶר הַכְחָלָה; הִכְחִיל, כִּחֵל

— **s** דִּכְדּוּךְ; בְּלוּז (בג״ז)

**bluff** *n. & adj.* (בְּלַף) צוּק; בְּלוֹף; גְּלוּי־לֵב וְעַלִּיז;

— *v. t. & i.* בִּלֵּף; הִטְעָה

**blun'der** *n. & v. i.* (בְּלַנְדֶר) טָעוּת טִפְּשִׁית; טָעָה בְּצוּרָה טִפְּשִׁית; פָּעַל בְּטִפְּשׁוּת; פָּעַל בְּהֶסַּח הַדַּעַת

**blunt** *adj. & v. t.* (בְּלַנְט) קֵהֶה; מֵנִיהַ וּבֵיהּ; בּוֹטֶה; קְשֵׁה־הֲבָנָה; הִקְהָה

**blur** *v. t. & i. & n.* (בְּלֶר) עִרְפֵּל; טִשְׁטֵשׁ; טִמְטֵם; נִטַשְׁטֵשׁ; כֵּהָה; טִשְׁטוּשׁ; דְּמוּת מְעֻרְפֶּלֶת

**blurb** *n.* (בְּלֶרְבּ) מוֹדָעָה קְצָרָה

**blurt** *v. t.* (בְּלֶרְט) הִפְלִיט

**blush** *v. i. & n.* (בְּלַשׁ) הִסְמִיק; סֹמֶק

**blus'ter** *v. i. & t. & n.* (בְּלַסְטֶר) נָשַׁב בְּמַשָּׁבִים חֲזָקִים; רָהַב; הִתְרַבְרֵב; הֲמֻלָּה; דִּבְרֵי רַהַב

**boar** *n.* (בּוֹר) חֲזִיר

**board** *n.* (בּוֹרְד) קֶרֶשׁ; לוּחַ; מָזוֹן, שֻׁלְחַן אֹכֶל, אֲרוּחוֹת; מוֹעָצָה (לפיקוח)

on — עַל סִפּוּן; בְּתוֹךְ

— *v. t.* סָגַר בִּקְרָשִׁים; סִפֵּק אֲשֵׁ"ל; עָלָה עַל; אָכַל, קִבֵּל אֲרוּחוֹת, קִבֵּל אֲשֵׁ"ל

**board'er** *n.* (בּוֹרְדֶר) דַּיָּר מִשְׁנֶה

**board'ing house"** (בּוֹרְדִנְג הָאוּס) פֶּנְסְיוֹן

**boast** *v. i. & t. & n.* (בּוֹסְט) הִתְגָּאָה, הִתְפָּאֵר; הִתְפָּאֲרוּת, תִּפְאֶרֶת

**boast'ful** *adj.* (בּוֹסְטְפֻל) מִתְפָּאֵר, רַבְרְבָנִי

**boat** *n. & v. i.* (בּוֹט) סִירָה, סְפִינָה; קְעָרָה; נָסַע בְּסִירָה

**boat'man** *n.* (בּוֹטְמֶן) שַׁיָּט; סִירַאי; מַשְׂכִּיר סִירוֹת

**bob** *v. t. & n.* (בּוֹב) קִצֵּר; חָטַף בְּשִׁנַּיִם; נִעְנַע מַעְלָה־מַטָּה; הִתְנוֹעֵעַ בִּתְנוּעוֹת מְקֻטָּעוֹת; תְּנוּעָה מְקֻטַּעַת; תִּסְרֹקֶת קְצָרָה

**bob'bin** *n.* (בּוֹבִּן) סְלִיל חוּטִים

**bode** *v. t.* (בּוֹד) בִּשֵּׂר

**bod'ice** *n.* (בּוֹדִס) חֲזִיַּת שְׂרוֹכִים

**bod'ily** *adj. & adv.* (בּוֹדִלִי) גּוּפָנִי; כְּגוּף אֶחָד

**bod'y** *n.* (בּוֹדִי) גּוּף; גּוּפָה; מוּצָק; הַחֵלֶק הָעִקָּרִי; צִבּוּר; מַמָּשׁוּת

**bog** *n. & v. i.* (בּוֹג) בִּצָּה; בָּצָע; שָׁקַע בְּבֹץ

**Bohe'mian** *n. & adj.* (בּוֹהִימִיאֶן) בּוֹהֶמִי

**boil** *v. i. & t.* (בּוֹיל) רָתַח; הִרְתִּיחַ; בִּשֵּׁל; בִּשֵּׁל בְּמַיִם רוֹתְחִים

— over גָּלַשׁ

— *n.* רְתִיחָה; סִמְטָה; פוּרוּנְקֶל

**boil'er** *n.* (בּוֹילֶר) דּוּד

**bois'terous** *adj.* (בּוֹיסְטֶרֶס) רוֹעֵשׁ; צַעֲקָנִי; סוֹעֵר

**bold** *adj.* (בּוֹלְד) נוֹעָז; עַז־פָּנִים, חָצוּף; בַּעַל דִּמְיוֹן לֹא־רָגִיל; בּוֹלֵט; תָּלוּל

**bold'ness** *n.* (בּוֹלְדְנֶס) הָעָזָה, אֹמֶץ; עַזּוּת־פָּנִים

**bol'ster** *n. & v. t.* (בּוֹלְסְטֶר) כֶּסֶת, כַּר; תָּמַךְ

**bolt** *n.* (בּוֹלְט) בֹּרֶג מְכוֹנָה, לוֹלָב; בְּרִיחַ; זִנּוּק; גְּלִיל אָרִיג; חֵץ; רַעַם

— *v. t. & i.* סָגַר בִּבְרִיחַ; נִתֵּק קְשָׁרִים עִם; יָרָה; הִפְלִיט; בָּלַע בְּחִפָּזוֹן; זִנֵּק

**bomb** *n. & v. t. & i.* (בּוֹם) פְּצָצָה; הִפְצִיץ, פּוֹצֵץ

**bombard'** *v. t.* (בּוֹמְבַּרְד) הִפְגִּיז; תָּקַף נִמְרָצוֹת

**bom'bast** *n.* (בּוֹמְבֶּסְט) מְלִיצוֹת יָמְרָנִיּוֹת

**bond** *n. & v. i. & t.* (בּוֹנְד) קֶשֶׁר, זִקָּה; בְּרִית; עֲרֻבָּה, עֲרֵבוּת; אִגֶּרֶת חוֹב; דְּבֵקוּת; דָּבַק; הִדְבִּיק; כָּבַל; חִיֵּב

**bon'dage** *n.* (בּוֹנְדִג׳) עַבְדוּת

**bone** *n.* (בּוֹן) עֶצֶם

have a — to pick הָיְתָה לוֹ סִבָּה לָרִיב

— s שֶׁלֶד; גּוּף

make no — s about דִּבֵּר גְּלוּיוֹת

— *v. t.* הוֹצִיא עֲצָמוֹת; „דָּגַר"

**bon'fire** *n.* (בּוֹנְפַיר) מְדוּרָה

**bon'net** *n.* (בּוֹנֶט) כּוֹבַע בַּעַל אֹגֶן רָחָב

**bo'nus** *n.* (בּוֹנֶס) בּוֹנוּס; הֲטָבָה מְיֻחֶדֶת; מַעֲנָק; שַׁי

**bo'ny** *adj.* (בּוֹנִי) דּוֹמֶה לְעֶצֶם; מָלֵא עֲצָמוֹת; גַּרְמִי

**boo** *interj. & n.* (בּוּ) בּוּז; קְרִיאַת בּוּז; בּוּ (להפחדה)

— *v. i. & t.* צָעַק „בּוּ" (להפחדה); קָרָא „בּוּז"

**boo'b(y)'n.** (בּוּבִּי) גֹּלֶם, טִפֵּשׁ, שׁוֹטֶה; הַגָּרוּעַ בְּיוֹתֵר

**boo'by hatch"** (בּוּבִּי הֶץ׳) מוֹסָד לְחוֹלֵי רוּחַ

**boo'by prize"** (בּוּבִּי פְּרַיז) (לדיתול) שַׁי־נִכְשָׁלִים, פְּרַס פִּיּוּס

**boo'by trap"** (בּוּבִּי טְרֶפּ) מַלְכֹּדֶת פְּתָאִים

**book** *n.* (בֻּק) סֵפֶר; כֶּרֶךְ; חִבּוּר; מַחְבֶּרֶת; תַּמְלִיל

like a — בְּאֹפֶן יְסוֹדִי
make — סִדֵּר הַמּוֹרִים
throw the — at דָּן בְּכָל חֹמֶר הַדִּין
— *v. t. & i.* רָשַׁם; הִזְמִין; הֶעֱסִיק; רָשַׁם הָאַשְׁמָה; סִדֵּר הַמּוֹרִים; שָׂכַר
**book'bin"der** *n.* (בֻּקְבַּינְדֶר) כּוֹרֵךְ
**bookie** *n.* (בֻּקִי) מְתַוֵּךְ הַמּוֹרִים
**book'ing** *n.* (בֻּקִנְג) הִתְחַיְּבוּת עֲבוֹדָה; מוֹעֵד לְמוֹפָע
**book'kee"per** *n.* (בֻּקְקִיפֶּר) מְנַהֵל פִּנְקָסִים
**book'sell"er** *n.* (בֻּקְסֶלֶר) מוֹכֵר סְפָרִים
**boom** *v. i. & t.* (בּוּם) הִשְׁמִיעַ רַעַשׁ עָמֹק וּמְהַדְהֵד; הִתְקַדֵּם נִמְרָצוֹת; תָּמַךְ בְּמֶרֶץ
— *n.* רַעַשׁ עָמֹק וּמְהַדְהֵד; עֲלִיַּת מְחִירִים מְהִירָה; תְּקוּפַת שִׂגְשׂוּג מָהִיר; עֲלִיָּה בִּפּוֹפּוּלָרִיּוּת; קוֹרָה, זְרוֹעַ שֶׁל מָנוֹף
**boon** *n. & adj.* (בּוּן) טוֹבָה; חֶסֶד; עַלִּיז; טוֹב־לֵב; נוֹטֶה חֶסֶד
**boor** *n.* (בּוּר) גַּס; כַּפְרִי, מְטֻמְטָם; בּוּר
**boost** *v. t. & i. & n.* (בּוּסְט) הֵרִים (ע"י דחיפה מאחור); הִמְלִיץ עַל קִדּוּם; הֶעֱלָה; הֲרָמָה, הַעֲלָאָה; סִיּוּעַ מְקַדֵּם
**boot** *n.* (בּוּט) מַגָּף; עַרְדָּל; נַרְתִּיק; בְּעִיטָה; פִּטּוּרִים
bet your — s הָיָה בָּטוּחַ
die with one's — s on מֵת בְּשַׁעַת פְּעֻלָּה; מֵת בְּשַׁעַת לְחִימָה
— *v. t.* בָּעַט; הֵזִיז בִּבְעִיטָה
**booth** *n.* (בּוּת') שֶׁטַח תְּצוּגָה; תָּא; שֶׁטַח מְפֹרָד; סֻכָּה
**boot'leg"** *n. & adj.* (בּוּטְלֶג) מַשְׁקֶה כָּהֳלִי לֹא־חֻקִּי; לֹא־חֻקִּי; חֲשָׁאִי
**boo'ty** *n.* (בּוּטִי) שָׁלָל; מַלְקוֹחַ
**booze** *n. & v. t. & i.* (בּוּז) מַשְׁקֶה כָּהֳלִי; וִיסְקִי; שָׁתָה לְשָׁכְרָה
**bor'der** *n. & v. t.* (בּוֹרְדֶר) קָצֶה; גְּבוּל; אֵזוֹר סְפָר; שׁוּלַיִם מְעֻטָּרִים; עֲרוּגָה צָרָה; גָּבַל בְּ־; עִטֵּר שׁוּלַיִם
**bore** *n. & v. t. & i.* (בּוֹר) טַרְדָן; חוֹר; קֹדַח; קֹטֶר פְּנִימִי; שִׁעֲמֵם; קָדַח; פֶּרֶץ מַעֲבָר
**bor'eal** *adj.* (בּוֹרִיאֶל) שֶׁל רוּחַ צְפוֹנִית; צְפוֹנִי
**bore'dom** *n.* (בּוֹרְדֶם) שִׁעֲמוּם
**bor'ing** *adj.* (בּוֹרִנְג) מְשַׁעֲמֵם
**born** *adj.* (בּוֹרְן) נוֹלָד; מִלֵּדָה
— yesterday תָּמִים
**borne** (בּוֹרְן) (זמן עבר של bear)
**bor'ough** *n.* (בַּרוֹ) עֲיָרַת־מִשְׁנֶה; מָחוֹז עִירוֹנִי
**bor'row** *v. t. & i.* (בּוֹרוֹ) שָׁאַל; לָוָה
— trouble דָּאַג לְלֹא צֹרֶךְ
**bos'om** *n. & adj.* (בּוּזֶם) חָזֶה; שַׁד; חֵיק; אִינְטִימִי
**boss** *v. t. & i.* (בּוֹס) הִשְׂתָּרֵר, נָהַג שְׂרָרָה בְּ־; הָיָה שְׁתַלְּטָנִי; נִהֵל
— *n.* מְנַהֵל; מֶרְכַּז מִפְלָגָה; שַׁלִּיט; „בּוֹס"; קִשּׁוּט מִתְבַּלֵּט, זִיז
**botan'ical** *adj.* (בֶּטֶנִקֶל) בּוֹטָנִי
**bot'anist** *n.* (בּוֹטֶנִסְט) בּוֹטָנַאי
**bot'any** *n.* (בּוֹטֶנִי) בּוֹטָנִיקָה; צוֹמֵחַ
**botch** *v. t. & n.* (בּוֹץ') קִלְקֵל; מְלָאכָה גְּרוּעָה; עִרְבּוּבְיָה
**both** *adj. & pron.* (בּוֹת') הַשְּׁנַיִם, הַשְּׁתַּיִם
— *conj.* גַּם; בְּצוּרָה שָׁוָה
**both'er** *v. t. & i. & n.* (בּוֹד'ר) הִטְרִיחַ; הִטְרִיד; הִדְאִיג; טָרַח, הִתְעַסֵּק; טִרְחָה; מַאֲמָץ; דְּאָגָה
**bot'tle** *n.* (בּוֹטֶל) בַּקְבּוּק
hit the — הִתְמַכֵּר לִסְבִיאָה
— *v. t.* מָזַג בַּקְבּוּק
— up הִדְחִיק; עָצַר; לָכַד
**bott'leneck"** *n.* (בּוֹטֶלְנֶק) צַוַּאר בַּקְבּוּק
**bot'tom** *n. & adj.* (בּוֹטֶם) תַּחְתִּית; קַרְקָעִית; אֳנִיַּת מַשָּׂא; מָקוֹר; הַנְּקֻדָּה הַנְּמוּכָה בְּיוֹתֵר; תַּחְתּוֹן; נָמוּךְ בְּיוֹתֵר; יְסוֹדִי
**bot'tomless** *adj.* (בּוֹטֶמְלֶס) חֲסַר־תַּחְתִּית; עָמֹק מְאֹד; מִסְתּוֹרִי; לְלֹא גְּבוּל
**bou'doir** *n.* (בּוּדְוָר) חֲדַר שֵׁנָה שֶׁל אִשָּׁה; חֶדֶר פְּרָטִי שֶׁל אִשָּׁה
**bough** *n.* (בָּאוּ) עָנָף
**bought** (בּוֹט) (זמן עבר של buy)
**bou'lder** *n.* (בּוֹלְדֶר) סֶלַע
**bounce** *v. t. & i. & n.* (בַּאוּנְס) הִקְפִּיץ; הָלַךְ בְּמֶרֶץ; הֶחֱזִיר מֵחֹסֶר כִּסּוּי; קָפַץ; פִּטֵּר, גֵּרֵשׁ; קְפִיצָה; זִנּוּק; חִיּוּת

**bound** *adj.* (באונד) קשור, כפות; כרוך; מחיב; נועד

— *v. i. & n.* נתר; הגביל, היה גבול; נתור; תחום, חסם

**boun'dary** *n.* (באונדרי) גבול

**bound'less** *adj.* (באונדלס) ללא גבול בלתי מגבל; ענקי

**boun'ty** *n.* (באונטי) נדיבות; מתנה נדיבה; פרס

**bouquet'** *n.* (בוקי) צרור; מחמאה; ניחוח יינות

**bourgeois'** *n. & adj.* (בורז'וא) בורגני

**bout** *n.* (באוט) תחרות; תור; תקיפה

**bow** *v. i. & t. & n.* (באו) השתחוה, קד; נכנע; כופף; דכא; מחץ; קדה; חרטום

**bow** *n. & adj.* (בו) קשת (לירי חצים); כפיפה; עניבה, קשור; קשתית; קשת; מקשת, עקם

**bow'el** *n.* (באואל) מעי; קרב

**bow'er** *n.* (באואר) סכת ענפים; בקתה כפרית; חדר־אשה (בטירה)

**bowl** *n. & v. i.* (בול) קערה; אצטדיון סגלגל; כדור; שחק כדרת; גלגל

**bow'ling** *n.* (בולנג) כדרת

**bow' tie'** *n.* (בו טי) עניבת פרפר

**box** *n. & v. t.* (בוקס) קפסה; תבה; ארגז; תא; מלונה; משבצת; מסגרת; מכת־אגרוף; אשכרוע; שם בקפסה; חבט, התאגרף עם

**box'er** *n.* (בוקסר) מתאגרף; כלב בוקסר

**box'ing** *n.* (בוקסנג) אגרוף

**box' of"fice** *n.* (בוקס אופס) קפה; תקבולים (ממופע); כדור מושך

**boy** *n.* (בוי) ילד; נער; בחור; מלצר, משרת

**boy'cott** *n. & v. t.* (בויקוט) חרם; החרים

**boy' scout"** *n.* (בוי סקאוט) צופה (חבר תנועת הצופים)

**boy'hood** *n.* (בויהד) ילדות, נעורים; נערים

**brace** *n. & v. t.* (בריס) מלחצת; מסעד, תמך; ארכבה; זוג; חזק

— s משר שנים

**brace'let** *n.* (בריסלט) צמיד

— s אזקים

**brack'et** *n.* (ברקט) סמוך; מדף; זוית־חזוק; קבוצה; מעמד

— s אריחים

— *v. t.* חבר סמוכות; שם באריחים; מין יחד

**brack'ish** *adj.* (ברקש) מלוח; לא נעים

**brag** *v. i. & t. & n.* (ברג) התפאר; התפארות; רברבן

**brag'gart** *n.* (ברגרט) רברבן, מתפאר

**braid** *n. & v. t.* (בריד) צמה; מקלעת; סרט; קלע; עטר במקלעת

**brain** *n. & v. t.* (ברין) מח; שכל; מחץ הראש

**brain'wash"** *v. t.* (ברינוש) נתן שטיפת מח

**brake** *n. & v. t. & i.* (בריק) בלם, מעצור; בלם, עצר; נעצר, האט

**bram'ble** *n.* (ברמבל) שיח קוצני; פטל

**bran** *n.* (ברן) סבים

**branch** *n. & v. i.* (ברנץ') ענף; סניף; הסתעפות; יובל; הסתעף, התפצל

— out התפשט; הרחיב תחום הפעילות

**brand** *n. & v. t.* (ברנד) סמל מסחרי; כרית־קנין; אות קין; ברזל לבון; אוד; סמן; הוקיע

**brash** *adj.* (ברש) פזיז; חצוף

**brass** *n.* (ברס) פליז; כלי נשיפה; צמרת הצבא; צמרת; חצפה

**bras'sard** *n.* (ברסרד) תג קברת

**brassiére'** *n.* (ברזיר) חזיה

**bras'sy** *adj.* (ברסי) עשוי פליז; דומה לפליז; צעקני, ראותני

**brat** *n.* (ברט) פרחח קטן; ילד מפנק וחצוף

**brave** *adj. & n.* (בריב) אמיץ; לוחם אינדיני

— *v. t.* פגש באמץ; התריס

**bra'very** *n.* (בריברי) אמץ

**brawl** *n. & v. i.* (ברול) קטטה; המלה; התקוטט

**brawn** *n.* (ברון) שרירים מפתחים; כח שרירים

**bray** *v. i. & n.* (ברי) נהק, נער; נעירה

**bra´zen** *adj.* (בְּרֵיזְן) חָצוּף; נוֹעָז; עָשׂוּי פְּלִיז; כְּעֵין הַפְּלִיז
**braz´ier** *n.* (בְּרֵיזְ׳ר) מַרְחֶשֶׁת־גֶּחָלִים
**breach** *n.* & *v. t.* (בְּרִיץ׳) פֶּרֶץ; פִּרְצָה; הֲפָרָה; נִתּוּק; פָּרַץ; הֵפֵר, עָבַר עַל
**bread** *n.* & *v. t.* (בְּרֶד) לֶחֶם; כִּסָּה בְּפֵרוּרֵי לֶחֶם
**breadth** *n.* (בְּרֶת׳) רֹחַב; גֹּדֶל
**break** *v. t.* & *i.* & *n.* (בְּרֵיק) שָׁבַר; שִׁבֵּר; פָּרַץ; הוֹרִיד; נִתֵּק; חִלֵּק; פִּרְסֵם; אִלֵּף; עָמַד עַל הַסּוֹד; הוֹרִיד בְּדַרְגָה; נִמְלַט; הֵפֵר; הֵבִיא לִידֵי פְּשִׁיטַת רֶגֶל; נִשְׁבַּר; נִתַּק; הִתְפּוֹצֵץ; נִתְגַּלָּה; שָׁכַךְ; שֶׁבֶר; פִּרְצָה; נִתּוּק; הַפְסָקָה; זִנּוּק; מַזָּל; הִזְדַּמְּנוּת לְשִׁפּוּר הַמַּצָּב
**break´age** *n.* (בְּרֵיקִג׳) שְׁבִירָה; עֵרֶךְ הַדְּבָרִים שֶׁנִּשְׁבְּרוּ דְּמֵי שְׁבִירָה
**break´down"** *n.* (בְּרֵיקְדָאוּן) הִתְמוֹטְטוּת; הִתְפָּרְקוּת; נִתּוּחַ; מִיּוּן
**break´fast** *n.* & *v. i.* (בְּרֶקְפַסְט) אֲרוּחַת־בֹּקֶר; אָכַל אֲרוּחַת בֹּקֶר
**break´wa"ter** *n.* (בְּרֵיקווֹטֶר) שׁוֹבֵר גַּלִּים
**breast** *n.* (בְּרֶסְט) חָזֶה; שַׁד; לֵב
make a clean — of הוֹדָה
— *v. t.* עָמַד מוּל; נֶאֱבַק עִם; הִתְגַּבֵּר עַל; בָּא עַל יַד —
**breast´plate"** *n.* (בְּרֶסְטפְּלֵיט) שִׁרְיוֹן חָזֶה; חֹשֶׁן
**breath** *n.* (בְּרֶת׳) נְשִׁימָה; אֲוִיר נְשִׁימָה; חַיִּים; חִיּוּת; שְׁאִיפָה (של אוויר); אַרְגִיעָה; שֶׁמֶץ; מַשַּׁב־אֲוִיר קַל; לַחוּת
**breathe** *v. i.* & *t.* (בְּרִיד׳) נָשַׁם; נָח; נָשַׁב בְּקַלּוּת; חַי; נָשַׁף; נָשַׁף צִחֲנָה; לָחַשׁ; הֵסִיחַ; הִרְשָׁה לָנוּחַ
**breath´ing** *n.* (בְּרִיד׳נג) נְשִׁימָה; שְׁאִיפָה; אִתְנַחְתָּא; דִּבּוּר; מַשַּׁב־אֲוִיר קַל
**breath´less** *adj.* (בְּרֶת׳לס) נְטוּל־אֲוִיר; עֲצוּר־נְשִׁימָה; חֲסַר־חַיִּים; חֲסַר־תְּנוּעָה
**breech´es** *n. pl.* (בְּרִיצ׳ז) מִכְנְסֵי בִּרְכַּיִם
**bred** (בְּרֶד) (זמן עבר של breed)
**breed** *v. t.* & *i.* (בְּרִיד) הוֹלִיד; שִׁפֵּר; גִּדֵּל; הִצְמִיחַ; פִּתַּח; הִפְרָה (בהמה); נוֹלַד; הִתְעַבֵּר

— *n.* מִין הוֹמוֹגֵנִי; גֶּזַע; קְבוּצָה
**breeze** *n.* (בְּרִיז) בְּרִיזָה, רוּחַ קַלָּה
**breth´ren** *n. pl.* (בְּרֶד׳רן) אַחִים; חֲבֵרִים
**brev´iary** *n.* (בְּרֶוִיאֶרִי) סֵפֶר תְּפִלּוֹת (בכנסיה הקתולית)
**brev´ity** *n.* (בְּרֶוִטִי) קִצּוּר
**brew** *v. t.* & *i.* & *n.* (בְּרוּ) בִּשֵּׁל בִּירָה; הֵכִין מַשְׁקֶה (בתמצית); הִמְצִיא; גָּרַם; הִתְמַצָּה (משקה); הִתְהַוָּה; סוּג בִּירָה; מַשְׁקֶה שֶׁל מֵי תַּמְצִית
**brew´ery** *n.* (בְּרוּאֶרִי) מִבְשָׁלָה לְבִירָה
**bri´ar** *n.* (בְּרַיאַר) אַבְרָשׁ שִׂיחִי
**bribe** *n.* & *v. t.* (בְּרַיבּ) שֹׁחַד; שִׁחֵד
**brick** *n.* (בְּרִק) לְבֵנָה, לְבֵנִים
**bri´dal** *adj.* & *n.* (בְּרַידְל) שֶׁל כַּלָּה; שֶׁל כְּלוּלוֹת; נִשּׂוּאִים
**bride** *n.* (בְּרַיד) כַּלָּה
**bride´groom"** *n.* (בְּרַידְגְרוּם) חָתָן; אָרוּס
**brides´maid"** *n.* (בְּרַידְזְמֵיד) שׁוֹשְׁבִינָה
**bridge** *n.* & *v. t.* (בְּרִיג׳) גֶּשֶׁר; גִּשֵּׁר
**bridle** *n.* (בְּרַידְל) רֶסֶן
**brief** *adj.* & *n.* (בְּרִיף) קָצָר; תַּמְצִית, סִכּוּם; תַּזְכִּיר
— ing תִּדְרוּךְ
— *v. t.* תִּדְרֵךְ
**brigade´** *n.* (בְּרִגֵיד) חֲטִיבָה
**brig´adier gen´eral** *n.* (בְּרִגְדִיר־גֶ׳נֶרֶל) אַלּוּף
**brig´and** *n.* (בְּרִגַנְד) שׁוֹדֵד
**bright** *adj.* (בְּרַיט) בָּהִיר; מֵאִיר; זַךְ; מְפֹאָר; מְמֻלָּח; עַלִּיז; מַזְהִיר; מַבְרִיק
**bright´en** *v. i.* & *t.* (בְּרַיטְן) הֵאִיר יוֹתֵר; הִבְהִיק
**bright´ness** *n.* (בְּרַיטְנֶס) זִיו; בְּהִירוּת, זֹהַר
**brill´iant** *adj.* (בְּרִלְיַנְט) מַזְהִיר; מַבְרִיק
**brim** *n.* (בְּרִם) קָצֶה; אֹגֶן; שׁוּלֵי כּוֹבַע
**brine** *n.* (בְּרַין) מֵי מֶלַח, צִיר; הַיָּם; מֵי הַיָּם
**bring** *v. t.* & *i.* (בְּרִנג) הֵבִיא; הֵבִיא לִידֵי; הִזְכִּיר; שִׁכְנֵעַ
— about גָּרַם
— up חִנֵּךְ; גִּדֵּל

**bring'ing-up'** *n.* (בְּרִנְגִנְג-אַפּ) חִנּוּךְ

**brink** *n.* (בְּרִנְק) קָצֶה; שָׂפָה; סַף
תְּהוֹם; תְּחוּם אַחֲרוֹן

**brisk** *adj.* (בְּרִסְק) זָרִיז; תּוֹסֵס

**bristle** *n.* & *v. i.* (בְּרִיסְל) זִיף; הִזְדַקֵּף;
הִזְדַקֵּף בְּזַעַם; הִתְכַּסָּה זִיפִים

**Brit'ish** *adj.* & *n.* (בְּרִטִשׁ) בְּרִיטִי, אַנְגְּלִי

**Bri'ton** *n.* (בְּרִטְן) בְּרִיטִי, אַנְגְּלִי; בְּרִטוֹנִי

**brit'tle** *adj.* (בְּרִטְל) שָׁבִיר

**broach** *v. t.* (בְּרוֹץ') הֶעֱלָה; הִזְכִּיר

**broad** *adj.* (בְּרוֹד) רָחָב; נִרְחָב; מָלֵא;
סוֹבְלָנִי; עִקָּרִי, כְּלָלִי; בָּרוּר

**broad'cast"** *v. t.* & *i.* & *n.* (בְּרוֹדְקַסְט)
שִׁדֵּר; זָרָה; הֵפִיץ; שִׁדּוּר, מִשְׁדָּר

**broad'en** *v. i.* & *t.* (בְּרוֹדְן) הִתְרַחֵב;
הִרְחִיב

**broad'min'ded** *adj.* (בְּרוֹדְמַיְנְדֶד) לְלֹא
מִשְׁפָּטִים קְדוּמִים; לִיבֶּרָלִי; סוֹבְלָנִי

**broil** *v. t.* & *i.* (בְּרוֹיְל) צָלָה עַל גְּרִיל

**broke** *adj.* (בְּרוֹק) חֲסַר פְּרוּטָה

**bro'ken** *adj.* (בְּרוֹקְן) שָׁבוּר; מְקֻטָּע;
מוּפָר; שָׁסוּעַ; מוּתָשׁ; מְאֻלָּף; מְשֻׁבָּשׁ

**brok'er** *n.* (בְּרוֹקֶר) מְתַוֵּךְ; סוֹכֵן

**bron'chial** *adj.* (בְּרוֹנְקִיאֶל) שֶׁל הַסִּמְפּוֹנוֹת

**bron'chitis** *n.* (בְּרוֹנְקַיְטִס) בְּרוֹנְכִיטִיס

**bron'co** *n.* (בְּרוֹנְקוֹ) סוּס לֹא-מְאֻלָּף

**bronze** *n.* (בְּרוֹנְז) בְּרוֹנְזָה, אָרָד; פֶּסֶל אָרָד

**brooch** *n.* (בְּרוֹץ') סִכָּה

**brood** *v. t.* & *i.* (בְּרוּד) הִרְהֵר בְּעַצְבוּת;
הָיָה בְּמַצַּב רוּחַ מְדֻכָּא; דָּגַר

**— *n.*** אֶפְרוֹחִים; מִין, סוּג

**brook** *n.* (בְּרוּק) פֶּלֶג; נַחַל

**— *v. t.*** סָבַל, נָשָׂא

**broom** *n.* (בְּרוּם) מַטְאֲטֵא; רֹתֶם

**broth** *n.* (בְּרוֹת') מָרָק

**broth'el** *n.* (בְּרוֹת'ל) בֵּית זוֹנוֹת

**broth'er** *n.* (בְּרַד'ר) אָח; חָבֵר

**broth'erhood"** *n.* (בְּרַד'רְהֻד) אַחֲוָה;
יְדִידוּת; אֲגֻדָּה

**broth'er-in-law"** *n.* (בְּרַד'ר-אִן-לוֹ) גִּיס

**broth'erly** *adj.* (בְּרַד'רְלִי) אַחֲוָתִי

**brought** (בְּרוֹט) (זמן עבר של bring)

**brow** *n.* (בְּרַאוּ) מֵצַח; גַּבָּה

**brow'beat"** *v. t.* (בְּרַאוּבִּיט) הִפְחִיד, הֵטִיל
מוֹרָא; הִפִּיל חִתִּית

**brown** *n.* & *i.* & *adj. v. t.* (בְּרַאוּן) חוּם;
שָׁחֹם; שָׁזוּף; הִשְׁחִים; צָרַב; הִשְׁתַּחֵם

**browse** *v. t.* & *i.* (בְּרַאוּז) לִחֵךְ; רָעָה;
הֵצִיץ, דִּפְדֵּף

**bruise** *v. t.* & *i.* & *n.* (בְּרוּז) עָשָׂה
חַבּוּרָה; חָבַל; פָּגַע; קִבֵּל חַבּוּרָה; נִפְגַּע;
חַבּוּרָה, חֲבָלָה

**brunt** *n.* (בְּרַנְט) הַמַּהֲלֻמָּה הָעִקָּרִית

**brush** *n.* & *v. t.* & *i.* (בְּרַשׁ) מִבְרֶשֶׁת,
מִכְחוֹל; זָנָב שָׂעִיר; הִתְקָלוּת; סְבַךְ; הִבְרִישׁ;
נָגַע, רִחֵף עַל; דָּחַף; הֵנִיעַ בְּקַלּוּת

**brush'wood"** *n.* (בְּרַשְׁוּד) עֲנָפִים כְּרוּתִים;
סְבַךְ

**brusque** *adj.* (בְּרַסְק) נִמְהָר; גַּס; בְּלִי
שְׁהִיּוֹת; קָצָר בְּצוּרָה נִמְרֶצֶת

**bru'tal** *adj.* (בְּרוּטְל) פִּרְאִי; אַכְזָרִי; גַּס;
בְּרוּטָלִי

**brutal'ity** *n.* (בְּרוּטֶלְטִי) פִּרְאוּת; אַכְזְרִיּוּת;
זְוָעָה; בְּרוּטָלִיּוּת

**brut'alize"** *v. t.* & *i.* (בְּרוּטֶלַיְז) עָשָׂה
לְאַכְזָר; נֶהְפַּךְ לְאַכְזָרִי; הִתְיַחֵס בִּבְרוּטָלִיּוּת
אֶל-

**brute** *n.* & *adj.* (בְּרוּט) יְצוּר לֹא-אֱנוֹשִׁי;
חַיָּה; גַּס-רוּחַ; חַיָּתִי; לֹא-רַצְיוֹנָלִי; אַכְזָרִי;
חוּשָׁנִי

**bub'ble** *n.* & *v. i.* (בַּבְּל) בּוּעָה; אַשְׁלָיָה;
סְפֶּקוּלַצְיָה מְנֻפַּחַת; בִּעְבּוּעַ; בִּעְבֵּעַ; רָתַח;
פָּעַל בְּעַלִּיזוּת; תָּסַס מֵהִתְרַגְּשׁוּת

**buc"caneer'** *n.* (בַּקְנִיר) פִּירָט

**buck** *n.* (בַּק) זָכָר (של חיה); צָעִיר תּוֹסֵס;
כּוּשִׁי; אִינְדִּיָנִי; דּוֹלָר

pass the — הִשְׁתַּמֵּט מֵאַחֲרָיוּת

**— *v. i.* & *t.*** קָפַץ וְהִתְנַעֵר; קִרְטֵעַ;
הִתְנַגֵּד בְּעַקְשָׁנוּת; נָע לִמְקֻטָּעִין; נָגַח

**buck'et** *n.* (בַּקֶט) דְּלִי

kick the — "הִתְפַּגֵּר"

**buck'le** *n.* & *v. t.* & *i.* (בַּקְל) אַבְזָם;
כְּפִיפָה; אִבְזֵם; הִתְכּוֹנֵן לִפְעֻלָּה; הִתְעַקֵּם;
אֻבְזַם; נִכְנַע

**buck'wheat"** *n.* (בַּקְהְוִיט) כֻּסֶּמֶת; סַגְפִּירוֹן
תַּרְבּוּתִי

**bucol'ic** *adj.* (ביוקולק) של רועים; פסטורלי

**bud** *n.* & *v. i.* (בד) פקע; נצן; פג; הנץ

**budge** *v. i.* & *t.* (בג׳) זע; החליף דעה; הזיז; הניע לשקול דעה מחדש

**budg'et** *n.* & *v. t.* (בג׳ט) תקציב; תכנן תקציב; פעל בהתאם לתקציב

**buff** *n.* & *v. t.* (בף) חום צהבהב; עור חשוף; חובב; נקה בעור

**buff'alo"** *n.* (בפלו) תאו

**buf'fer** *n.* (בפר) קולט זעזועים

— state מדינת חיץ

**buf'fet** *n.* & *v. t.* (בפט) מכת יד; זעזוע חזק; הכה

**buffet'** *n.* (בפי) מזנון; מסבת שרות עצמי

**buffoon'** *n.* (בפון) לץ

**bug** *n.* (בג) חרק; חידק; לקוי; נלהב; „שנעון"; מקרופון נסתר

**bug'gy** *n.* (בגי) מרכבה קלה

**bug'le** *n.* & *v. i.* & *t.* (ביוגל) חצוצרה; חצצר; הזעיק בחצוצרה

**build** *v. t.* & *i.* & *n.* (בלד) בנה; הקים; יצר; עסק בבניה; התפתח; מבנה־גוף

**buil'der** *n.* (בלדר) בונה; בנאי

**buil'ding** *n.* (בלדנג) בנין; מבנה; בניה

**built** (בלט) (זמן עבר של build)

**built'-in"** *adj.* (בלטן) חלק בלתי נפרד; קבוע

**bulb** *n.* (בלב) פקעת; גלה; נורה

**bulge** *n.* & *v. i.* (בלג׳) בליטה; עליה פתאומית; התבלט; מלא עד אפס מקום

**bulk** *n.* (בלק) גדל, ממד; רב. החלק העקרי; צבר; אכל סיבי

— *v. i.* & *t.* התרחב; נראה גדול; התפיח, הגדיל

**bul'ky** *adj.* (בלקי) גדול ומגשם

**bull** *n.* (בל) פר; זכר (של בעלי חיים גדולים); אופטימיסט (בתחום העסקים); מרויח מעלית שערים (בבורסה)

— fighter לוחם שורים

papal — אגרת־אפיפיור, בולה

**bull'doze"** *v. t.* (בלדוז) הכריח (ע״י איומים); ישר ופנה בדחפור

— er *n.* דחפור

**bul'let** *n.* & *v. i.* (בלט) כדור; נע במהירות

**bul'letin** *n.* (בלטן) ידיעון, בולטין

**bull'finch"** *n.* (בלפינץ׳) חצוצרן (ציפור)

**bull'ion** *n.* (בלין) מתכת (כסף או זהב); מטיל (כסף או זהב)

**bul'ly** *n.* & *v. t.* (בלי) בעל זרוע; השתרר על; הפחיד; השתחץ

**bul'rush"** *n.* (בלרש) סוף

**bul'wark** *n.* (בלורק) דיק, סוללת מגן; מעז

**bum** *n.* & *adj.* & *v.t.* (בם) אורח־פורח; נוד; רע, מאיכות גרועה; מטעה; „שנורר"

**bump** *v. t.* & *i.* (במפ) התנגש; הכה; הוריד; התקדם בקפיצות

— into פגש

— *n.* מכה; התנפחות; בליטה

**bum'per** *n.* (במפר) פגוש, „טומבון";

— *v. t.* שופע

**bump'kin** *n.* (במפקן) כפרי מגשם

**bun** *n.* (בן) (קוקו) צמה צנופה; לחמניה מתוקה

**bunch** *n.* & *v. i.* (בנץ׳) אשכול; קבוצה; התלקט, לקט

**bun'dle** *n.* & *v. t.* (בנדל) חבילה; קשר יחד, צרר

— off שלח מניה וביה

**bung** *n.* (בנג) מגופה; חור

**bung'alow"** *n.* (בנגלו) בונגלו

**bung'le** *v. t.* & *i.* (בנגל) פעל בצורה כושלת; בצע בצורה מגשמת, „פספס"

**bun'ion** *n.* (בנין) יבלת, גבשושית

**bunk** *n.* & *v. i.* (בנק) משת־מדף; מטה; „שטויות"; לן (בתנאים פשוטים)

**bun'ting** *n.* (בנטנג) יריעות קשוט

**buoy** *n.* & *v. t.* (בוי) מצוף; מנע שקיעה (במים)

**buoyancy** *n.* (בויאנסי) ציפה, עלוי, כח עלוי, ציפנות; עליזות

**buoy'ant** *adj.* (בויאנט) ציפני, צף; מעלה על פני נוזל; עליז; מעודד

**bur'den** *n.* & *v. t.* (ברדן) משא; מטען; מעמסה; העמיס; טען; הדאיג

**bur'eau** *n.* (בְּיוּרוֹ) מִשְׂרָד, לִשְׁכָּה; שִׁדָּה
**burg'lar** *n.* (בֶּרְגְלֶר) פּוֹרֵץ
**bur'ial** *n.* (בֶּרִיאֶל) קְבוּרָה
**bur'lap** *n.* (בֶּרְלֶפּ) יוּטָה
**burlesque** *n.* (בֶּרְלֶסְק) בּוּרְלֶסְקָה; נַחְכִית; הַצָּגַת בַּדְּרָנִים וְחַשְׂפָּנִיּוֹת
— *v. t.* הִצִּיג בְּצוּרָה מְגֻחֶכֶת
**bur'ly** *adj.* (בֶּרְלִי) גְּדוֹל־גּוּף; בַּעַל בָּשָׂר
**burn** *v. i. & t.* (בֶּרְן) דָּלַק, בָּעַר; נִשְׂרַף; הֵאִיר; כָּאַב; הִתְקַצֵּף; לָהַט; נֶחֱרַךְ; הִשְׁתַּזֵּף; שָׂרַף; הִבְעִיר; הֶאְדִּים (העור); הִכְוָה; הִתְאַכְזֵב
**burn'ing** *adj. & n.* (בֶּרְנִנְג) בּוֹעֵר; מַזְהִיר; שׂוֹרֵף, לוֹהֵט, דָּחוּף, שְׂרֵפָה
**bur'nish** *v. t. & n.* (בֶּרְנִשׁ) מֵרֵק; בָּרָק, זֹהַר
**burnt' of'fering** (בֶּרְנְט אוֹפֶרִנְג) קָרְבַּן עוֹלָה
**burr** *n.* (בֶּר) מַקְדֵּד; בִּטּוּי עִנְבָּלִי שֶׁל הָרֵי״שׁ
**bur'row** *n. & v. i. & t.* (בֶּרוֹ) מַחֲסֶה; מְאוּרָה; חָפַר (מנהרה); הִתְחַבֵּא בִּמְאוּרָה
**bur'sar** *n.* (בֶּרְסֶר) גִּזְבָּר
**burst** *v. i. & t. & n.* (בֶּרְסְט) הִתְפּוֹצֵץ; הִתְנַפֵּץ; פָּרַץ; הִתְמַלֵּא מְאֹד; נִפֵּץ; הִתְפּוֹצְצוּת; הִתְפָּרְצוּת; מַאֲמָץ־יֶתֶר פִּתְאוֹמִי; בִּטּוּי פִּתְאוֹמִי; מַטָּח, פִּרְצָה
**bu'ry** *v. t.* (בֶּרִי) קָבַר; טָמַן בָּאֲדָמָה; שִׁקַּע
**bus** *n. & v. t.* (בַּס) אוֹטוֹבּוּס; הֶעֱבִיר בְּאוֹטוֹבּוּס
**bush** *n.* (בּשׁ) שִׂיחַ; זְנַב־שׁוּעָל; ג׳וּנְגֶל
beat about the — נִמְנַע מִלְּדַבֵּר לָעִנְיָן
**bus'iness** *n.* (בִּזְנֶס) מִשְׁלַח־יָד; מִסְחָר; עֵסֶק; מַחֲזוֹר; מִשְׂרָד, בֵּית מִסְחָר; עִסּוּק; עִנְיָן; מַצָּב; חוֹבָה
**bust** *n.* (בַּסְט) פְּרוֹטוֹמָה; חָזֶה; שָׁדַיִם
— *v. i.* הִתְפּוֹצֵץ, הִתְנַפֵּץ; הִתְמוֹטֵט
**bus'tle** *v. i. & n.* (בַּסְל) פָּעַל בִּמְרֶץ; שֶׁפַע; הִתְעַסְּקוּת, פְּעִילוּת נִמְרֶצֶת; הֲמֻלָּה
**bus'y** *adj. & v. t.* (בִּזִי) עָסוּק; פָּעִיל; תָּפוּס; תּוֹחֵב אַפּוֹ לְעִנְיְנֵי אֲחֵרִים; מְגֻבָּב־פְּרָטִים; הֶעֱסִיק
**bus'ybo"dy** *n.* (בִּזִי־בּוֹדִי) בַּחְשָׁן
**but** *conj. & prep. & adv.* (בַּט) אֲבָל; אוּלָם; מִלְּבַד; אֶלָּא; בְּלִי; שֶׁ־; רַק

**butch'er** *n. & v. t.* (בֻּצֶ׳ר) קַצָּב; רוֹצֵחַ; מוֹכֵר; שָׁחַט; טָבַח, עָרַךְ טֶבַח; קִלְקֵל
— shop אִטְלִיז
**but'ler** *n.* (בַּטְלֶר) מְשָׁרֵת רָאשִׁי; מֶלְצַר הַמַּשְׁקִים
**butt** *n.* (בַּט) קָצֶה; קַת; בְּדָל; שְׁאֵרִית; מַטָּרָה
— *v. t. & i.* נָגַח
— in הִתְעָרֵב; שִׁסַּע
**but'ter** *n. & v. t.* (בַּטֶר) חֶמְאָה; מִמְרָח; מָרַח חֶמְאָה
— up הֶחֱנִיף לְ־
**but'tercup"** *n.* (בַּטֶרְקַפּ) נוּרִית צְהֻבָּה
**but'terfly"** *n.* (בַּטֶרְפְלַי) פַּרְפַּר
**but'tock** *n.* (בַּטֶק) עַכּוּז
**but'ton** *n. & v. t. & i.* (בַּטֶן) כַּפְתּוֹר; כִּפְתֵּר; הִתְכַּפְתֵּר
**bux'om** *adj.* (בַּקְסֶם) בַּעֲלַת חָזֶה מְפֻתָּח; בְּרִיאָה וַעֲלִיזָה
**buy** *v. t.* (בַּי) קָנָה; רָכַשׁ; שָׂכַר; שִׁחֵד
— off שִׁחֵד
— n. קְנִיָּה; מְצִיאָה
**buy'er** *n.* (בַּיאֶר) קוֹנֶה; קַנְיָן
**buzz** *v. i. & t. & n.* (בַּז) זִמְזֵם; אוֹתֵת ע״י זִמְזוּם; הִנְמִיךְ לָטוּס; טִלְפֵּן; זִמְזוּם; שְׁמוּעָה; צִלְצוּל (בטלפון)
**buz'zer** *n.* (בַּזֶר) זַמְזָם
**by** *prep. & adv.* (בַּי) בְּאֶמְצָעוּת; עַל יְדֵי; בְּהֶתְאֵם לְ־; לְפִי; עַל יַד; בַּדֶּרֶךְ; לִפְנֵי; בְּמֶשֶׁךְ; בְּ־; לֹא יְאֻחַר מִן; מֵאֵת; כְּתוֹצָאָה מִן; לְאוֹר; בִּשְׁבִיל; עַל; נוֹלַד מִן; קָרוֹב, בְּסָמוּךְ; שֶׁעָבַר
— and — בְּקָרוֹב
**by'gone"** *adj. & n.* (בַּיגוֹן) שֶׁעָבַר; מְיֻשָּׁן; עָבָר, מַה שֶּׁעָבַר
let — s be — s הִתְפַּיֵּס
**by'law"** *n.* (בַּילוֹ) חֹק; חֹק עֵזֶר
**by'-pass"** *n. & v. t.* (בַּיפֶּס) דֶּרֶךְ עוֹקֶפֶת; עָקַף
**by'stan"der** *n.* (בַּיסְטֶנְדֶר) צוֹפֶה מִקְרִי; מִתְבּוֹנֵן מִן הַצַּד
**by'word"** *n.* (בַּיוֶרְד) שֵׁם דָּבָר; בִּטּוּי אָפְיָנִי; מָשָׁל; שְׁנִינָה

# C

**C, c** *n.* (סִי) סִי, הָאוֹת הַשְּׁלִישִׁית בָּאָלֶפְבֵּית הָאַנְגְּלִי; ג׳; דוֹ

**cab** *n.* (קֶב) מוֹנִית; תָּא הַנֶּהָג, קַבִּינָה

**cab'bage** *n.* (קֶבִּג׳) כְּרוּב

**cab'by** *n.* (קֶבִּי) נֶהָג (מונית)

**cab'in** *n.* (קֶבִּן) בַּיִת קָטָן, בִּקְתָּה; תָּא

**cab'inet** *n.* (קֶבִּנֶט) מֶמְשָׁלָה; קַבִּינֶט; שִׁדָּה, אָרוֹן; תָּא

**cab'inetmak"er** *n.* (קֶבִּנֶטְמֵיקֶר) רָהִיטָן; חָרַשׁ־עֵץ

**ca'ble** *n.* & *v. t.* & *i.* (קֵיבֶּל) כֶּבֶל; מִבְרָק; הִבְרִיק

**ca'ble rail'way** (קֵיבֶּל רֵילְוֵי) רַכֶּבֶל

**cache** *n.* & *v. t.* (קֶשׁ) סְלִיק; מַחֲבוֹא; הֶחְבִּיא

**cack'le** *v. i.* & *t.* & *n.* (קֶקֶל) קִרְקֵר; צָחַק בְּקוֹל גָּבֹהַּ וּמְקֻטָּע; פִּטְפֵּט; קִרְקוּר, צְחוֹק גָּבֹהַּ וּמְקֻטָּע

**cac'tus** *n.* (קֶקְטֶס) קַקְטוּס, צַבָּר

**cadav'ar** *n.* (קֶדֶוֶר) גּוּפָה, גְּוִיָּה

**cad'ence** *n.* (קֵידֶנְס) זְרִימָה רִיתְמִית; סִדְרַת פְּעִימוֹת; שִׁעוּר מְקֻצָּב; מַתְכֹּנֶת; תַּנַּח

**cadet'** *n.* (קֶדֶט) צוֹעֵר; חָנִיךְ

**café'** *n.* (קֶפֵי) בֵּית קָפֶה; מִסְבָּאָה; מוֹעֲדוֹן לַיְלָה

**caf"eter'ia** *n.* (קֶפֶטִירְיָה) קָפֶטֶרְיָה, מִזְנוֹן

**cage** *n.* & *v. t.* (קֵיג׳) כְּלוּב; כֶּלֶא; תָּא; שֶׁלֶד; כָּלָא בִּכְלוּב

**cajole'** *v. t.* & *i.* (קֶג׳וֹל) פִּתָּה

**cake** *n.* (קֵיק) עוּגָה; מַצָּה; לְבִיבָה; קְצִיצָה; חֲתִיכָה

**take the —** עָלָה עַל כֻּלָּם

**— *v. t.*** גִּבֵּשׁ; הִתְגַּבֵּשׁ, הִתְקָרֵשׁ

**calam'ity** *n.* (קֶלֶמִטִי) אָסוֹן; פֻּרְעָנוּת

**cal'culate"** (קֶלְקְיֶלֵיט) חִשֵּׁב; הֶעֱרִיךְ; תֵּאֵם

**cal'endar** *n.* (קֶלֶנְדֶר) לוּחַ (שנה); רְשִׁימָה

**calf** *n.* (קֶף) עֵגֶל; וָלָד; עוֹר עֵגֶל; סֹבֶךְ

**cal'iber** *n.* (קֶלִבֶּר) קֹטֶר; חֲשִׁיבוּת, עֵרֶךְ

**cal'isten'ics** *n.* (קֶלֶסְתֶנִיקְס) הִתְעַמְּלוּת

**call** *v. t.* & *i.* (קוֹל) קָרָא; הִזְמִין; מָשַׁךְ; הֵעִיר; טִלְפֵּן; הִכְרִיז; הֶעֱלָה; כִּנֵּס; דָּחָה (משחק); דָּרַשׁ פֵּרָעוֹן; כִּנָּה; צָעַק; עָרַךְ בִּקּוּר קָצָר

**— out** קָרָא, צָעַק; הִזְעִיק

**— upon** בִּקֵּשׁ

**— forth** עוֹרֵר

**— together** כִּנֵּס

**— back** הֶחֱזִיר

**— n.** קְרִיאָה, צְעָקָה; מְחַקָּה קוֹל בַּעֲלֵי חַיִּים; הַזְמָנָה, הַזְעָקָה, אוֹת; בִּקּוּר קָצָר; מֵנִי מִשְׁמָרִים; קֶסֶם; צֹרֶךְ; תְּבִיעָה; מִסְקָד; צִלְצוּל (בטלפון)

**on —** בִּכְוֹנְנוּת מַתְמֶדֶת

**cal'ling** *n.*(קוֹלִנְג) קְרִיאָה; מִשְׁלַח־יָד; נְטִיָּה חֲזָקָה; כִּנּוּס

**cal'lous** *adj.* (קֶלֶס) נֻקְשֶׁה; אָדִישׁ

**cal'low** *adj.* (קֶלוֹ) חֲסַר־נִסָּיוֹן; לֹא מְבֻגָּר

**cal'lus** *n.* (קֶלֶס) יַבֶּלֶת

**calm** *adj.* & *n.* (קָם) שָׁקֵט, שָׁלֵו; רֹגַע; סֶקֶט, שַׁלְוָה

**— *v. t.* & *i.*** הִשְׁקִיט, הִרְגִּיעַ; נַעֲשָׂה שָׁקֵט, נִרְגַּע

**cal'orie** *n.* (קֶלֶרִי) קָלוֹרְיָה

**cal'umny** *n.* (קֶלֶמְנִי) עֲלִילָה; הַשְׁמָצָה

**calve** *v. t.* & *i.* (קֶב) הִמְלִיט (עגל); הִתְפַּצֵּל (־קרחון)

**— s** (רבים של calf)

**came** (קֵים) (זמן עבר של come)

**ca'mel** *n.* (קֶמֶל) גָּמָל

**cam'eo** *n.* (קֶמִיאוֹ) פִּתּוּחַ אֶבֶן־חֵן

**ca'mera** *n.* (קֶמֶרָה) מַצְלֵמָה

**in —** בִּיחִידוּת

**cam'ouflage"** *n.* & *v. t.* (קֶמֶפְלַז׳) הַסְוָאָה; הִסְוָה

**camp** *n.* & *v. i.* (קֶמְפּ) מַחֲנֶה; חֲנִיָּה; קְבוּצָה; חָנָה; נָטָה אֹהָלִים; הִתְגּוֹרֵר בְּמַחֲנֶה

**campaign'** *n.* & *v. i.* (קֶמְפֵּין) מַסָּע; מִבְצָע; מַגְבִּית; יָצָא לְמַסָּע; הִשְׁתַּתֵּף בְּמִבְצָע

**cam'per** *n.* (קֶמְפֶּר) קַיְטָן; מְכוֹנִית מְגוּרִים

**camp'fire"** *n.* (קֶמְפְּפַיְאֶר) מְדוּרָה; כֶּנֶס

**can** *v.* ((קֶן ,בלי הטעמה: קַן)) יָכֹל; הָיָה מְסֻגָּל לְ־; יוֹדֵעַ לְ־

**can** *n.* & *v. t.* (קֶן) קֻפְסָה (מפח); פַּחִית; פַּח; דְּלִי; בֵּית כִּסֵּא; בֵּית סֹהַר; "יַשְׁבָן"; שִׁמֵּר; פִּטֵּר; הִפְסִיק

**canal'** *n.* (קֶנֶל) תְּעָלָה; צִנּוֹר

**cana'ry** *n.* (קֶנֵרִי) כַּנָּרִית; צָהֹב בָּהִיר

**can'cel** *v. t.* & *i.* (קֶנְסֶל) בִּטֵּל; הֶחְתִּים (בול); קִזֵּז; נִטְרַל

**can'cer** *n.* (קֶנְסֶר) סַרְטָן (מחלה)

**can'delabrum** *n.* (קֶנְדֶלֶבְּרֶם) נִבְרֶשֶׁת; מְנוֹרָה

**can'did** *adj.* (קֶנְדִד) גְּלוּי־לֵב; לְלֹא הִסְתַּיְּגוּת; יָשָׁר; לְלֹא הִתְקַשְּׁטוּת

**can'didacy** *n.* (קֶנְדִדַסִי) מֻעֲמָדוּת

**can'didate"** *n.* (קֶנְדִדֵיט) מֻעֲמָד

**can'dle** *n.* & *v. t.* (קֶנְדְל) נֵר; בָּדַק בָּאוֹר (סריקת ביצים)

**can'dlestick"** *n.* (קֶנְדְלְסְטִק) פָּמוֹט

**can'dor** *n.* (קֶנְדֶר) גְּלוּי־לֵב; חֹסֶר מַשּׂוֹא פָּנִים

**can'dy** *n.* & *v. t.* (קֶנְדִי) סֻכָּרִיָּה; מַמְתָּק; בִּשֵּׁל בְּסֻכָּר

**cane** *n.* & *v. t.* (קֵין) מַקֵּל; קָנֶה; הִלְקָה בְּמַקֵּל

**ca'nine** *adj.* & *n.* (קֵינַיְן) כַּלְבִּי; בַּעַל חַיִּים כַּלְבִּי, כֶּלֶב

**can'ister** *n.* (קֶנִסְטֶר) קֻפְסָה

**can'nery** *n.* (קֶנֶרִי) בֵּית חֲרֹשֶׁת לְשִׁמּוּרִים

**can'nibal** *n.* (קֶנִבְּל) קַנִּיבָּל; אוֹכֵל אָדָם; אוֹכֵל בֶּן־מִינוֹ

**can'non** *n.* (קֶנֶן) תּוֹתָח

**can"nonade'** *n.* & *v. t.* & *i.* (קֶנֶנֵיד) מַטַּח תּוֹתָחִים; הִתְקִיף בְּתוֹתָחִים

**can'ny** *adj.* (קֶנִי) זָהִיר; פִּקֵּחַ, חָכָם

**canoe'** *n.* (קֶנוּ) קָנוּ, סִירָה קַלָּה

**can'on** *n.* (קֶנֶן) קָנוֹן; קְנֵה־מִדָּה; חֹק כְּנֵסִיָּתִי; כֹּמֶר

**can'onize** *v. t.* (קֶנֶנַיְז) הִכְרִיז כְּקָדוֹשׁ; פֵּאֵר; הִכְלִיל בְּקָנוֹן; אִשֵּׁר

**can'opy** *n.* (קֶנֶפִּי) חֻפָּה; אַפִּרְיוֹן; הַשָּׁמַיִם

**cant** *n.* (קֶנְט) דִּבְרֵי הִתְחַסְּדוּת; זַ'רְגּוֹן

**cantan'kerous** *adj.* (קֶנְטֶנְקֶרֶס) רַגְזָנִי

**canteen'** *n.* (קֶנְטִין) מֵימִיָּה; קַנְטִינָה

**can'ter** *n.* & *v. i.* (קֶנְטֶר) דְּהִירָה קַלָּה; דָּהַר קַלּוֹת

**can'tor** *n.* (קֶנְטֶר) חַזָּן

**can'vas** *n.* (קֶנְוֶס) קַנְבּוֹס; בְּרֶזֶנְט, אַבַּרְזִין; צִיּוּר שֶׁמֶן; אֹהֶל, אֳהָלִים

**can'vass** *v. t. i.* (קֶנְוֶס) חִזֵּר אַחֲרֵי (קולות, דעות, לקוחות); דָּן, הִתְוַכֵּחַ עַל

**cap** *n.* & *v. t.* (קֶפּ) כַּסְקֶט; כּוּמְתָּה; כּוֹבַע (בַּעַל מִצְחִיָּה); כִּפָּה, כִּפַּת תַּחֲרִים; פִּיקָה; קָפְצוֹן; מִכְסֶה; כִּסָּה בְּכִפָּה; שִׁמֵּשׁ כְּכִסּוּי

**ca'pabil"ity** *n.* (קֵיפֶּבִּלְטִי) יְכֹלֶת; כִּשָּׁרוֹן
— ies סְגֻלּוֹת

**ca'pable** *adj.* (קֵיפֶּבְּל) מֻכְשָׁר; מְסֻגָּל לְ־; נָתוּן לְ־

**capa'cious** *adj.* (קֶפֵּישֶׁס) מְרֻוָּח; נִרְחָב; רְחַב־יָדַיִם

**capac'ity** *n.* (קֶפֶּסְטִי) כֹּחַ קְלִיטָה; תְּפִיסָה; נֶפַח; יְכֹלֶת; כִּשָּׁרוֹן; תַּפְקִיד

**cape** *n.* (קֵיפּ) שִׁכְמִיָּה; כֵּף

**ca'per** *v. i.* & *n.* (קֵיפֶּר) נִתֵּר, כִּרְכֵּר; נִתּוּר עַלִּיז; כִּרְכּוּר; תַּעֲלוּל

**cap'il"lary** *n.* & *adj.* (קֶפִּלֶרִי) נִימָה; נִימִי, קַפִּילָרִי

**cap'ital** *n.* & *adj.* (קֶפִּטְל) עִיר בִּירָה, בִּירָה; אוֹת רָאשִׁית; רְכוּשׁ, הוֹן, קַפִּיטָל; קַפִּיטָלִיסְטִים, רְכוּשָׁנִים; כּוֹתֶרֶת (של עמוד); שֶׁל הוֹן; עִקָּרִי, רָאשִׁי; מְצֻיָּן; שֶׁל מָוֶת

**cap'tal goods'** (קֶפִּטְל גּוּדְז) נִכְסֵי יִצּוּר

**cap'italis"m** *n.* (קֶפִּטֶלִיזְם) קַפִּיטָלִיזְם, רְכוּשָׁנוּת

**cap'italist** *n.* (קֶפִּטֶלִסְט) קַפִּיטָלִיסְט; רְכוּשָׁן, בַּעַל־הוֹן

**cap'italize"** *v. t.* (קֶפִּטֶלַיְז) כָּתַב בְּאוֹתִיּוֹת רָאשִׁיּוֹת; אִשֵּׁר נְיָרוֹת עֵרֶךְ; סִפֵּק הוֹן; הֶעֱרִיךְ עֵרֶךְ; נִצֵּל

**cap'ital pun'ishment** (קֶפִּטְל פַּנִשְׁמֶנְט) עֹנֶשׁ מָוֶת

**capit'ulate** *v. i.* (קַפִּיצְ'לֵיט) נִכְנַע

**caprice'** *n.* (קַפְּרִיס) קַפְּרִיזָה; הֲסְכָּבְנוּת

**caprici'ous** *adj.* (קַפְּרִשֶׁס) קַפְּרִיזִי; הֲפַכְפַּךְ

**cap'size** *v. i. & t.* (קֶפְּסַיז) הִתְהַפֵּךְ

**cap'sule** *n.* (קֶפְּסֶל) כְּמוּסָה; הֶלְקֵט;
נַרְתִּיק; תָּא־לַחַץ

**cap'tain** *n.* (קֶפְּטֶן) מַנְהִיג, רֹאשׁ; סֶרֶן;
טַיָּס; רַב־חוֹבֵל

**cap'tion** *n.* (קֶפְּשֶׁן) כּוֹתֶרֶת; בֵּאוּר

**cap'tivate"** *v. t.* (קֶפְּטִוֵיט) הִקְסִים, שָׁבָה לֵב

**cap'tive** *n. & adj.* (קֶפְּטִב) שָׁבוּי; כָּלוּא

**captiv'ity** *n.* (קֶפְּטִוִטִי) שְׁבִי

**cap'tor** *n.* (קֶפְּטֶר) שׁוֹבֶה, שַׁבַּאי

**cap'ture** *n. & v. t.* (קֶפְּצֶ'ר) שְׁבִיָּה
לְכִידָה, תְּפִיסָה; שָׁבָה, לָכַד, תָּפַס

**car** *n.* (קָר) מְכוֹנִית, רֶכֶב; קָרוֹן; חַשְׁמַלִּית;
תָּא

**car'avan"** *n.* (קֶרֶוֶן) אוֹרְחָה, שַׁיָּרָה

**car"bohy'drate** (קַרְבּוֹהַידְרֵיט) פַּחְמֵימָה

**car'bon** *n.* (קַרְבֶּן) פַּחְמָן

— dioxide פַּחְמָן דּוּ־חַמְצָנִי.

**car'buncle** *n.* (קַרְבַּנְקֶל) גַּחֶלֶת; גַּרְנֵט
דּוּ־תַּחְמֹצֶת הַפַּחְמָן

**car'bure"tor** *n.* (קַרְבֶּרֵיטֶר) קַרְבּוּרָטוֹר,
מְאַיֵּד

**car'cass** *n.* (קַרְקֶס) נְבֵלָה; שֶׁלֶד

**card** *n.* (קַרְד) כַּרְטִיס; קְלָף (של משחק)

in the — s צָפוּי

play one's — s בִּצַּע תָּכְנִיּוֹתָיו

**card'board"** *n.* (קַרְדְבּוֹרְד) קַרְטוֹן

**car'dinal** *n. & adj.* (קַרְדִינֶל) קַרְדִּינָל,
חַשְׁמָן; עִקָּרִי; אָדֹם עָמֹק

**card'sharp"** *n.* (קַרְדְשַׁרְפּ) קַלְפָן נוֹכֵל

**care** *n.* (קֶר) דְּאָגָה; תְּשׂוּמֶת־לֵב, זְהִירוּת;
טִפּוּל, שְׁמִירָה

take —! הִזָּהֵר!

take — of שָׁמַר עַל; טִפֵּל בְּ־

— *v. i.* דָּאַג; שָׁמַר עַל; חִבֵּב, נָטָה לְ־

— about אִכְפַּת

not — about לֹא אִכְפַּת

**careen'** *v. t. & i.* (קַרִין) הִטָּה אֳנִיָּה עַל
צִדָּהּ; נִקָּה (אניה); נָטָה לְצַד אֶחָד

**career'** *n.* (קַרִיר) קַרְיֵרָה

**care'ful** *adj.* (קֶרְפֶל) זָהִיר; מְדַיֵּק; מְדֻיָּק;
מִתְחַשֵּׁב

**care'less** *adj.* (קֶרְלֶס) לֹא זָהִיר,
רַשְׁלָנִי; מְרֻשָּׁל; לְלֹא הִתְחַשְּׁבוּת

**caress'** *n. & v. t.* (קַרֶס) לִטּוּף; אוֹת חִבָּה,
לְטִיפָה

**car'go** *n.* (קַרְגוֹ) מִטְעָן

**car'icature** *n. & v. t.* (קֶרִקְצֶ'ר)
קָרִיקָטוּרָה; חִקּוּי מְגֻחָךְ; צִיֵּר בְּקָרִיקָטוּרָה

**car'nage** *n.* (קַרְנִג') טֶבַח

**car'nal** *adj.* (קַרְנֶל) לֹא־רוּחָנִי; מֵהָעוֹלָם
הַזֶּה; בְּשָׂרִי, חוּשָׁנִי

**carna'tion** *n.* (קַרְנֵישֶׁן) צִפֹּרֶן; וָרֹד

**car'nival** *n.* (קַרְנֶוֶל) תָּכְנִית בִּדּוּר נוֹדֶדֶת;
שִׂמְחָה; קַרְנָבָל

**carniv'orous** *adj.* (קַרְנִוֶרֶס) אוֹכֵל בָּשָׂר

**car'ol** *n. & v. i. & t.* (קֶרֶל) מִזְמוֹר
גִּיל; מִזְמוֹר חַג הַמּוֹלָד; זִמֵּר בְּגִיל, רִנֵּן

**carouse'** *v. i.* (קַרָאוּז) הִשְׁתַּתֵּף בְּחִנְגָּה
שִׁכּוֹרִים; שָׁתָה לְשָׁכְרָה

**carp** *v. i.* (קַרְפּ) חִפֵּשׂ מוּמִים; הִתְלוֹנֵן, הֵלִין

— *n.* קַרְפִּיוֹן

**car'penter** *n.* (קַרְפֶּנְטֶר) נַגָּר

**car'pet** *n.* (קַרְפִּט) מַרְבָד, שָׁטִיחַ

on the — מְקַבֵּל נְזִיפָה

— *v. t.* כִּסָּה בְּשָׁטִיחַ

**car'riage** *n.* (קֶרִג') כִּרְכָּרָה; קָרוֹן; יְצִיבָה;
גְּרָר

**car'rier** *n.* (קֶרִיאֶר) סַבָּל; נוֹשֵׂא, מוֹבִיל;
מְחַלֵּק, דַּוָּר; נוֹשֵׂאת־מְטוֹסִים; גַּנּוֹן (למכונית);
מַעֲבִיר (מחלה)

**car'rion** *n. & adj.* (קֶרִיאֶן) נְבֵלָה; אוֹכֵל
נְבֵלוֹת

**car'rot** *n.* (קֶרֶט) גֶּזֶר

**car'rousel"** *n.* (קֶרֶסֶל) קָרוּסֶלָה, סְחַרְחֵרָה

**car'ry** *v. t. & i.* (קֶרִי) נָשָׂא; הוֹבִיל;
הֶעֱבִיר; הֶחֱזִיק; הֵכִיל; הָרְתָה; הִתְנַהֵג; יָזַם;
הֶעֱבִיר הַצָּעַת חֹק; זָכָה לְרֹב; הִשְׁפִּיעַ עַל;
נָשָׂא הָעִקָּר; הָיָה מְלֻוֶּה; הִגִּיעַ

— away הִשְׁפִּיעַ הַשְׁפָּעָה רַבָּה

— out בִּצַּע, הִשְׁלִים

— through בִּצַּע, הִשְׁלִים; תָּמַךְ בְּ־;
הִתְמִיד

— too far הַגְזִים
**cart** *n.* & *v. t.* (קַרְט) דּוּ־אוֹפָן; עֲגָלָה;
הוֹבִיל בַּעֲגָלָה
**car'tilage** *n.* (קַרְטִלְג') סְחוּס
**car'ton** *n.* (קַרְטְן) תֵּבַת קַרְטוֹן; קֻפְסָה
**cartoon'** *n.* & *v. t.* (קַרְטוּן) קָרִיקָטוּרָה; רִשּׁוּם
הִתּוּלִי; סֶרֶט מְצֻיָּר; צִיֵּר בְּצוּרַת קָרִיקָטוּרָה
**cart'ridge** *n.* (קַרְטְרִג') תַּרְמִיל, כַּדּוּר; מִלּוּי
**carve** *v. t.* & *i.* (קַרְב) גִּלֵּף, חָטַב, חָצַב;
פִּסֵּל; בָּתַר, חָתַךְ
**car'ving** *n.* (קַרְוִנְג) גִּלּוּף, חִטּוּב
**cascade'** *n.* & *v. i.* (קֶסְקֵיד) אֶשֶׁד, מַפָּל
מַיִם; קַסְקָדָה; נָפַל כְּמַפַּל מַיִם
**case** *n.* (קֵיס) מִקְרֶה; מַצָּב; קְבִיעַת
עֻבְדּוֹת; הַנְמָקָה; חוֹלֶה; תְּבִיעָה מִשְׁפָּטִית;
יַחֲסָה; תֵּבָה, תִּיק; נַרְתִּיק
— *v. t.* שָׂם בְּתֵבָה; בָּדַק מַטָּרָה לְפֶשַׁע
**case'ment** *n.* (קֵיסְמֶנְט) חַלּוֹן (הנפתח לצדדים)
**cash** *n.* & *v. t.* (קֶשׁ) מְזֻמָּנִים; כֶּסֶף בְּעַיִן;
נָתַן מְזֻמָּנִים; קִבֵּל מְזֻמָּנִים; הֶחֱלִיף בִּמְזֻמָּנִים
— in on הִרְוִיחַ מ־
**cashier'** *n.* & *v. t.* (קֶשִׁיר) קֻפַּאי; גִּזְבָּר;
שִׁלַּח, פִּטֵּר, הִדִּיחַ בְּבֹשֶׁת פָּנִים
**cask** *n.* (קֶסְק) חָבִית גְּדוֹלָה
**cas'ket** *n.* (קֶסְקֶט) אֲרוֹן מֵתִים; תֵּבָה
קְטַנָּה
**cas'serole"** *n.* (קֶסְרוֹל) אִלְפָּס
**cas'sock** *n.* (קֶסֶק) אִצְטְלָה
**cast** *v. t.* (קֶסְט) זָרַק, הִשְׁלִיךְ, הֵטִיל;
הִטָּה; דָּג (בחכה); הֶעֱנִיק; עָרַךְ; קָבַע תַּפְקִיד
(לשחקן); יָצַק
— *n.* זְרִיקָה; הַמִּשְׁתַּתְּפִים בְּהַצָּגָה;
יְצִיקָה; גֶּבֶס; הוֹפָעָה; פְּנִיָּה, עֲקָמָה
**cas"tanet'** *n.* (קֶסְטֶנֶט) עַרְמוֹנִית
**cast'away"** *n.* & *adj.* (קֶסְטֶוֵי) נִצָּל
(מאניה שטבעה); מְנֻדֶּה
**caste** *n.* (קֶסְט) קַסְטָה; כַּת
half - בֶּן־גְּזָעִים מְעֹרָבִים
**cas'ter** *n.* (קֶסְטֶר) גַּלְגַּל; זוֹרֵק; יוֹצֵק פַּךְ
תַּבְלִינִים; מְכַל תַּבְלִינִים
**cas'tigate"** *v. t.* (קֶסְטִגֵיט) יִסֵּר; בִּקֵּר קָשׁוֹת
**cas'ting** *n.* (קֶסְטִנְג) יְצִיקָה
**cast' i'ron** (קֶסְט אַיֶרְן) בַּרְזֶל יְצִיקָה

**cas'tle** *n.* (קֶסְל) טִירָה; מִבְצָר; אַרְמוֹן;
צְרִיחַ (בשחמט)
**cas'tor oil'** (קֶסְטֶר אוֹיל) שֶׁמֶן קִיק
**cas'trate** *v. t.* (קֶסְטְרֵיט) סֵרֵס, עִקֵּר
**cas'ual** *adj.* (קֶז'וּאֶל) מִקְרִי; כִּלְאַחַר יָד;
אָדִישׁ; פָּשׁוּט וְנוֹחַ (לבוש)
**cas'ualty** *n.* (קֶז'וּאֶלְטִי) נִפְגָּע; תְּאוּנָה
קַטְלָנִית
**cas'uistry** *n.* (קֶז'וּאִסְטְרִי) קָזוּאִיסְטִיקָה;
פִּלְפְּלָנוּת
**cat** *n.* (קֶט) חָתוּל; טוֹרֵף מִמִּשְׁפַּחַת
הַחֲתוּלִיִּים; רַכְלָנִית; בִּרְנָשׁ
let the — out of to bag גִּלָּה סוֹד
**cat'aclysm"** *n.* (קֶטֶקְלִזְם) תְּמוּרָה אֲלִימָה,
מַהְפֵּכָה; מַבּוּל, שִׁטָּפוֹן
**cat'alog(ue)** (קֶטֶלוֹג) קָטָלוֹג; רְשִׁימָה
**cat'apult** *n.* & *v. t.* (קֶטֶפֶּלְט) בַּלִּיסְטְרָה;
מָעוֹט; הִזְנִיק, הֵעִיף
**cat'aract** *n.* (קֶטֶרֶקְט) מַפַּל מַיִם; תְּבַלּוּל
**catas'trophe** *n.* (קֶטֶסְטְרֶפִי) קָטַסְטְרוֹפָה,
שׁוֹאָה; אָסוֹן
**catch** *v. t.* (קֶץ') תָּפַס; לָכַד; רִמָּה;
עָלָה עַל (כלי רכב); הָיָה נוֹכֵחַ בְּ־; פָּגַע; עָצַר;
אָחַז; הִשִּׂיג; נִתְפַּס
— fire נִדְלַק, הִתְלַקַּח
— up חָטַף; הִשִּׂיג; הִסְתַּבֵּךְ
— n. תְּפִיסָה; עוֹצֵר; הַסּוּס;
שְׁלַל דָּגִים; בֶּן־זוּג רָצוּי;
מֶחְדָּל נִסְתָּר; קֶטַע
**catch'ing** *adj.* (קֶצ'נְג) מִדַּבֵּק
**catch'word"** *n.* (קֶצ'וֶרְד) סִיסְמָה
**cat'echism"** *n.* (קֶטֶקִזְם) מַדְרִיךְ עִקָּרִים
(בצורת שאלות ותשובות); מִבְחָן שְׁאֵלוֹת וּתְשׁוּבוֹת
**cat"egor'ical** *adj.* (קֶטֶגוֹרִקְל) קָטֵגוֹרִי;
מֻחְלָט
**cat'egor"y** *n.* (קֶטֶגוֹרִי) סוּג קָטֵגוֹרְיָה
**ca'ter** *v. i.* & *t.* (קֵיטֶר) סִפֵּק שֵׁרוּת
לִמְסִבּוֹת; סִפֵּק בַּקָּשׁ
**ca'terer** *n.* (קֵיטֶרֶר) מְאַרְגֵּן מְסִבּוֹת
**cat'erpil"lar** *n.* & *adj.* (קֶטֶרְפִּלֶר) זַחַל; זַחְלִי
**cathe'dral** *n.* (קֶתִ'ידְרֶל) קָתֶדְרָלָה
**cath'olic** *adj.* (קֶתֶ'לִק) מַקִּיף, נִרְחָב;
עוֹלָמִי, אוּנִיבֶרְסָלִי; שֶׁל כְּלַל הַכְּנֵסִיָּה

הַנַּצְרוּת

Catholic *adj.* & *n.* קָתוֹלִי

**Cathol′icism″** *n.* (קַתּוֹלִסִזְם) קָתוֹלִיוּת

**cat′tle** *n.* (קֶטְל) בָּקָר

**caught** (קוֹט) (זמן עבר של catch)

**caul′dron** *n.* (קוֹלְדְרֶן) קַלַּחַת; יוֹרָה

**cau′liflow″er** *n.* (קוֹלִיפְלָאוּאֶר) כְּרוּבִית

**cause** *n.* & *v. t.* (קוֹז) סִבָּה; תַּכְלִית, אִידֵאָל, עִנְיָן; גָּרַם, הֵסֵב

make common — with הִתְאַחֵד לְמַאֲמָץ מְשֻׁתָּף

**caus′eway″** *n.* (קוֹזְוֵי) כְּבִישׁ מֻגְבָּה; כְּבִישׁ

**caus′tic** *adj.* (קוֹסְטִק) עוֹקְצָנִי; מְלַגְלֵג; מְאַכֵּל, מְשַׁתֵּק

**cau′terize** *v. t.* (קוֹטֶרַיְז) כָּוָה

**cau′tion** *n.* & *v. t.* & *i.* (קוֹשֶׁן) זְהִירוּת; תְּמְהוֹנִי; הִזְהִיר

**cau′tious** *adj.* (קוֹשֶׁס) זָהִיר

**cav′alcade″** *n.* (קֶוֶלְקֵיד) תַּהֲלוּכָה (פרשים; מרכבות): קַבַּלְקָדָה; הוֹפָעַת־פְּאֵר

**cav′alier″** *n.* & *adj.* (קֶוַלִיר) פָּרָשׁ, אַבִּיר; מְלַוֶּה (אשה); יָהִיר; אָדִישׁ

**cav′alry** *n.* (קֶוַלְרִי) חֵיל פָּרָשִׁים; פָּרָשִׁים; יְחִידוֹת שִׁרְיוֹן

**cave** *n.* (קֵיב) מְעָרָה; מַרְתֵּף (יין)

— in הִתְמוֹטֵט

**cav′ern** *n.* (קֶוֶרְן) מְעָרָה גְּדוֹלָה

**cav′ity** *n.* (קֶוִטִי) חוֹר; חָלָל, מַכְתֵּשׁ

**cease** *v. t.* & *i.* (סִיס) חָדַל, פָּסַק, הִסְתַּיֵּם; הִפְסִיק

— fire הַפְסָקַת־אֵשׁ

**ce′dar** *n.* (סִידֶר) אֶרֶז

**cede** *v. t.* (סִיד) וִתֵּר עַל

**cei′ling** *n.* (סִילִנְג) תִּקְרָה

**cel′ebrate″** *v. t.* & *i.* (סֶלֶבְּרֵיט) חָגַג; הִכְרִיז; הִלֵּל בָּרַבִּים; עָרַךְ (טקס דתי)

**cel′ebra″ted** *adj.* (סֶלֶבְּרֵיטֶד) מְפֻרְסָם, נוֹדָע

**cel″ebra′tion** *n.* (סֶלֶבְּרֵישֶׁן) מְסִבָּה; חֲגִיגָה; סֶסְטִיבַל

**celeb′rity** *n.* (סֶלֶבְּרִטִי) אָדָם מְפֻרְסָם; פִּרְסוּם

**cel′ery** *n.* (סֶלֶרִי) כַּרְפַּס, סֶלֶרִי

**cele s′tial** *adj.* (סֶלֶסְצ׳ל) שְׁמֵימִי; נֶאֱצָל

**cel′ibacy** *n.* (סֶלִבֶּסִי) רַוָּקוּת; פְּרִישׁוּת מֵחַיֵּי מִין

**cel′ibate** *n.* & *adj.* (סֶלֶבֶּט) רַוָּק; פָּרוּשׁ (מחיי מין)

**cell** *n.* (סֶל) תָּא

**cel′lar** *n.* (סֶלֶר) מַרְתֵּף

**cel′lular** *adj.* (סֶלְיֻלֶר) תָּאִי

**Celtic** *n.* & *adj.* (סֶלְטִק) קֶלְטִי

**cement′** *n.* & *v. t.* (סִמֶנְט) מֶלֶט; דֶּבֶק; מִלֵּט; הִדְבִּיק

**cem′eter″y** *n.* (סֶמֶטֶרִי) בֵּית קְבָרוֹת

**cen′sor** *n.* & *v. t.* (סֶנְסֶר) צֶנְזוֹר; בָּדַק; צִנְזֵר, מָחַק

— ship צֶנְזוּרָה

**cen′sure** *n.* & *v. t.* (סֶנְשֶׁר) גִּנּוּי; נְזָפָה; הָאֲשָׁמָה; בִּקֵּר קָשׁוֹת, נָזַף, גִּנָּה, הֶאֱשִׁים

**cen′sus** *n.* (סֶנְסֶס) מִפְקָד

**cen′tenar″y** *adj.* & *n.* (סֶנְטֶנֶרִי) שֶׁל מֵאָה שָׁנָה; אַחַת לְמֵאָה שָׁנָה; חֲגִיגַת שְׁנַת הַמֵּאָה; מֵאָה שָׁנָה

**centen′nial** *adj.* & *n.* (סֶנְטֶנִיאֶל) שֶׁל חֲגִיגַת מֵאָה שָׁנָה; נִמְשָׁךְ מֵאָה שָׁנָה, בֶּן מֵאָה; חֲגִיגַת שְׁנַת הַמֵּאָה

**cen′ter** *n.* & *v. t.* (סֶנְטֶר) מֶרְכָּז; מוֹקֵד; אֶמְצַע; תָּוֶךְ; קָבַע בַּמֶּרְכָּז, מִקֵּד

**cen′tigrade** *adj.* (סֶנְטִגְרֵיד) שֶׁל צֶלְסִיוּס; מְחֻלָּק לְמֵאָה דְּרָגוֹת

**cen′tipede″** *n.* (סֶנְטִפִּיד) מַרְבֵּה רַגְלַיִם

**cen′tral** *adj.* & *n.* (סֶנְטְרֶל) מֶרְכָּזִי, עִקָּרִי; מֶרְכֶּזֶת

**cen′tralize″** *v. t.* & *i.* (סֶנְטְרֶלַיְז) מִרְכֵּז; הִתְמַרְכֵּז

**centri′fugal** *adj.* (סֶנְטְרִפְיֻגֶל) צֶנְטְרִיפוּגָלִי

**cen′tury** *n.* (סֶנְצ׳רִי) מֵאָה שָׁנָה; מֵאָה

**ceram′ics** *n.* (סֶרֶמִקְס) קֶרָמִיקָה

**cer′eal** *n.* (סִירִיאֶל) דָּגָן; גַּרְגְּרֵי דָגָן; מַאֲכַל דָּגָן

**cer′ebral** *adj.* (סֶרֶבְּרֶל) מֹחִי

**cer″emon′ial** *adj.* & *n.* (סֶרֶמוֹנִיאֶל) טִקְסִי; חֲגִיגִי; מַעֲרֶכֶת טְקָסִים; נֹהַג

**cer′emo″ny** *n.* (סֶרֶמוֹנִי) טֶקֶס; נֹהַג חֲסַר־מַשְׁמָעוּת; מְחָוָה; הַקְפָּדָה עַל נֹהַג מְקֻבָּל

stand on — דִּקְדֵּק בְּנֹהַג מְסֻכָּם

**cer'tain** *adj.* (סֶרְטְן) בָּטוּחַ, וַדַּאי; בִּלְתִּי נִמְנָע; מְסֻיָּם; מְעַט

**cer'tainly** *adv.* (סֶרְטֶנְלִי) בְּוַדַּאי; מוּבָן מֵאֵלָיו; בְּלִי סָפֵק

**cer'tainty** *n.* (סֶרְטֶנְטִי) וַדָּאוּת

**certif'icate** *n.* (סֶרְטִפֶקֶט) תְּעוּדָה, אִשּׁוּר; שְׁטָר (כסף)

**cer'tify** *v. t. & i.* (סֶרְטִפַי) אִשֵּׁר, הֵעִיד; נָתַן תֹּקֶף; עָרַב

**cer'titude"** *n.* (סֶרְטִטוּד) וַדָּאוּת, בִּטְחָה

**cessa'tion** *n.* (סֶסֵישְׁן) הַפְסָקָה

**ces'sion** *n.* (סֶשְׁן) וִתּוּר עַל, הַסְגָּרָה; שֶׁטַח שֶׁהֻסְגַּר

**cess'pool"** *n.* (סֶסְפּוּל) בּוֹר שְׁפָכִים

**chafe** *v. t. & i.* (צֵ׳יף) חִמֵּם עַל־יְדֵי שִׁפְשׁוּף; שִׁפְשֵׁף; הִקְנִיט; כָּאַב (משפשוף); הִתְבַּלָּה (משפשוף)

**chaff** *v. t. & i. & n.* (צַ׳ף) לָעַג בְּרוּחַ טוֹבָה; מֹץ; חָצִיר; פְּסֹלֶת

**chagrin'** *n. & v. t.* (שֶׁגְרִן) מַפַּח נֶפֶשׁ; הִרְגִּיז עַל יְדֵי אַכְזָבָה

**chain** *n. & v. t.* (צֵ׳ין) שַׁלְשֶׁלֶת, שַׁרְשֶׁרֶת; סִדְרָה; כֶּבֶל; קָשַׁר בְּשַׁלְשֶׁלֶת

**chair** *n.* (צֵ׳ר) כִּסֵּא; קָתֶדְרָה; יוֹשֵׁב רֹאשׁ

**chair'man** *n.* (צֵ׳רְמֶן) יוֹשֵׁב רֹאשׁ

**chalk** *n. & v. t.* (צ׳וֹק) גִּיר; נְקֻדַּת זְכוּת; כִּסָּה בְּגִיר

— up יִחֵס ל־; צָבַר (נקודות)

**chal'lenge** *v. t. & i. & n.* (צֶ׳לִנְג׳) הִתְרִיס כְּנֶגֶד, קָרָא תִּגָּר; הִזְמִין (לתחרות); דָּרַשׁ הַטִּיל סָפֵק בְּ־; דָּרַשׁ שֶׁיְּזַדֶּהֶה; עוֹרֵר; קָבַע חֹסֶר־תְּקֵפוּת; אֶתְגָּר; דְּרִישַׁת הֶסְבֵּר; דְּרִישָׁה שֶׁיִּזְדַּהֶה; הִתְנַגְּדוּת כְּשֵׁרוֹ שֶׁל מֻשְׁבָּע

**cham'ber** *n.* (צֵ׳ימְבֶּר) חֶדֶר; חֲדַר שֵׁנָה; אוּלָם יְשִׁיבוֹת; בַּיִת (כבית נבחרים); תָּא; לִשְׁכָּה (של שופט)

— of commerce לִשְׁכַּת מִסְחָר

**cham'bermaid"** *n.* (צֵ׳ימְבֶּרְמֵיד) חַדְרָנִית

**cham'ber mu"sic** (צֵ׳ימְבֶּר מְיוּזִק) מוּסִיקָה קַמֶּרִית

**chame'leon** *n.* (קַמִילִיאֶן) זִקִּית; הֲפַכְפַּךְ

**cham'ois** *n.* (שֶׁמִי) עוֹר רַךְ

**champagne'** *n.* (שֶׁמְפֵּין) שַׁמְפַּנְיָה

**cham'pion** *n. & adj. & v. t.* (צֶ׳מְפִּיאֶן) אַלּוּף; מְנַצֵּחַ; לוֹחֵם לְמַעַן־; הֵגֵן, לָחַם לְמַעַן־

**cham'pionship"** *n.* (צֶ׳מְפִּיאֶנְשִׁפּ) אַלִּיפוּת; הֲגָנָה עַל

**chance** *n. & adj.* (צֶ׳נְס) מִקְרֶה; מַזָּל; אֶפְשָׁרוּת; הִזְדַּמְּנוּת; סִכּוּן; מִקְרִי

by — בְּמִקְרֶה

— s קָרוֹב לְוַדַּאי

take — s הִסְתַּכֵּן

— *v. t. & i.* קָרָה; הִסְתַּכֵּן

— upon פָּגַשׁ בְּמִקְרֶה

**chanc'ellor** *n.* (צֶ׳נְסֶלֶר) אֲמַרְכָּל רָאשִׁי; קַנְצְלֶר; מַזְכִּיר

**chan"delier'** *n.* (שֶׁנְדְלִיר) נִבְרֶשֶׁת

**change** *v. t. & i.* (צֵ׳ינְג׳) שִׁנָּה; הֶחֱלִיף; הֵמִיר; פָּרַט; הֶחֱלִיף חִתּוּל; הֶחֱלִיף מַצָּעוֹת; הִשְׁתַּנָּה; הִתְחַלֵּף; הֶחֱלִיף כְּלֵי תַּחְבּוּרָה; הֶחֱלִיף בְּגָדִים; נַעֲשָׂה עָמֹק יוֹתֵר (קול)

— *n.* שִׁנּוּי; הַחְלָפָה; הִשְׁתַּנּוּת; תַּחֲלִיף; לְבוּשׁ חָדָשׁ; עֹדֶף; כֶּסֶף קָטָן; מְצִלְצְלִים

**chan'geable** *adj.* (צֵ׳ינְגֶ׳בְּל) עָשׂוּי לְהִשְׁתַּנּוֹת; הֲפַכְפַּךְ

**change'less** *adj.* (צֵ׳ינְג׳לֶס) קָבוּעַ; לֹא מִשְׁתַּנֶּה

**chan'nel** *n. & v. t.* (צֶ׳נְל) תְּעָלָה; אָפִיק; מֵצַר; גִּישָׁה; דֶּרֶךְ; עָרוּץ; כִּוֵּן, הִפְנָה; כָּרָה

**chant** *v. t. & n.* (צֶ׳נְט) זִמֵּר, שָׁר, סִלְסֵל קוֹל; זֶמֶר, שִׁיר; זֶמֶר חַדְגּוֹנִי

**cha'os** *n.* (קֵיאוֹס) תֹּהוּ וָבֹהוּ; כָּאוֹס

**cha'otic** *adj.* (קֵיאוֹטִק) שֶׁל תֹּהוּ וָבֹהוּ; כָּאוֹטִי; מְבֻלְבָּל

**chap** *n. & v. t. & i.* (צֶ׳פּ) בָּחוּר; בְּקִיעַ; סֶדֶק; נִבְקַע

**cha'pel** *n.* (צֶ׳פְּל) בֵּית תְּפִלָּה מִשְׁנִי; אוּלָם תְּפִלָּה; קַפֵּלָה, מַקְהֵלָה

**chap'eron"** *n. & v. t.* (שֶׁפֶּרוֹן) פַּקַּחַת, בַּת־לְוָיָה; לִוָּה, פִּקֵּחַ עַל

**chap'lain** *n.* (צֶ׳פְּלִן) אִישׁ דָּת (למעמד מיוחד, כגון צבא, אוניברסיטה, חצר מלכות); מְבָרֵךְ

**chap'ter** *n.* (צֶ׳פְּטֶר) פֶּרֶק; סְנִיף

**char'acter** *n.* (קֶרֶקְטֶר) אֹפִי; תְּכוּנָה; אֹמֶץ;

יֹשֶׁר; שֵׁם; מוֹנִיטִין; הַמְלָצָה; מַעֲמָד; אִישִׁיּוּת; תִּמְהוֹנִי; נֶפֶשׁ (בספר, או במחזה), תַּפְקִיד; אוֹת (של האלפבית)

— in מַתְאִים לְאָפְיוֹ

— *adj.* מְיַצֵּג אִישִׁיּוּת מְסֻיֶּמֶת

**char″acteris′tic** *n.* (קֶרֶקְטֶרִסְטִק) תְּכוּנָה; אָפְיָנִי

**char″acteriza′tion** *n.* (קֶרֶקְטֶרִיזֵישֶׁן) תֵּאוּר, יִצּוּג, מִשְׂחָק; אִפְיוּן

**char′acterize″** *v. t.* (קֶרֶקְטֶרַיז) אִפְיֵן; יִחֵס אָפְיוֹ שֶׁל־

**char′coal″** *n.* (צַ׳רְקוֹל) פֶּחָם עֵץ; עִפָּרוֹן פֶּחָם; צִיּוּר פֶּחָם

**charge** *n.* (צַ׳רְג׳) מִטְעָן; חוֹבָה, אַחֲרָיוּת, טִפּוּל, הַשְׁגָּחָה; פְּקֻדָּה; אַשְׁמָה; תַּשְׁלוּם; הִסְתָּעֲרוּת

— in אַחֲרַאי

— *v. t. & i.* הִטִּיל עַל; טָעַן; מִלֵּא; הֶעֱמִיס; פָּקַד עַל; הוֹרָה; יִחֵס ל־; הֶאֱשִׁים; דָּרַשׁ תַּשְׁלוּם; קָנָה בַּהֲקָפָה; הִסְתָּעֵר

— off מָחַק כְּהֶפְסֵד

**charge′ account″** (צַ׳רְג׳ אֲקַאוּנְט) חֶשְׁבּוֹן הֲקָפָה

**char′iot** *n.* (צֶ׳רִיאֶט) מֶרְכָּבָה

**char′itable** *adj.* (צֶ׳רִטֶבְּל) נָדִיב; נוֹטֶה חֶסֶד; מֵקֵל; עוֹסֵק בִּצְדָקָה

**char′ity** *n.* (צֶ׳רִטִי) צְדָקָה; מַעֲשֵׂה חֶסֶד; קֶרֶן צְדָקָה; יַחַס סַלְחָנִי

**charm** *n. & v. t.* (צַ׳רְם) קֶסֶם, חֵן; תַּכְשִׁיט; קָמֵעַ; לַחַשׁ; קָסַם, הִנָּה; כִּשֵּׁף; רָכַשׁ הַשְׁפָּעָה בְּקֶסֶם אִישִׁי

— s קֶסֶם

— ing מַקְסִים, מְהַנֶּה, מְלַבֵּב

**chart** *n. & v. t.* (צַ׳רְט) מַפָּה; דִּיאַגְרָמָה; צִיֵּר מַפָּה; תִּכְנֵן

**char′ter** *n. & v. t.* (צַ׳רְטֶר) צַ׳רְטֶר; כְּתַב־זְכֻיּוֹת; יִסֵּד עַל פִּי צַ׳רְטֶר; שָׂכַר

**char′wom″an** *n.* (צַ׳רְווּמֶן) מְנַקָּה

**chase** *v. t. & i. & n.* (צֵ׳יס) רָדַף אַחֲרֵי; צָד; גֵּרֵשׁ; רְדִיפָה, צַיִד

**chasm** *n.* (קֶזֶם) בְּקִיעַ; גַּיְא; פִּרְצָה; תְּהוֹם

**chaste** *adj.* (צֵ׳יסְט) פָּרוּשׁ; חֲסַר נִסָּיוֹן מִינִי; צָנוּעַ; לְלֹא רְבָב

**chas′ten** *v. t.* (צֵ׳יסֶן) יִסֵּר; שִׁכֵּךְ, מִתֵּן

**chas′tise** *v. t.* (צֶ׳סְטַיז) יִסֵּר, נָזַף

**chas′tity** *n.* (צֶ׳סְטִטִי) בְּתוּלִים; פְּרִישׁוּת מִינִית

**chat** *v. t. & n.* (צֶ׳ט) שׂוֹחֵחַ; שִׂיחָה קַלָּה

**chat′tels** *n. pl.* (צֶ׳טֶלְז) מִשַּׁלְטְלִים; נְכָסִים נוֹדְדִים; עֲבָדִים

**chat′ter** *v. i. & t. & n.* (צֶ׳טֶר) פִּטְפֵּט, לָהַג; נָקַשׁ; דִּבְרֵי הֲבַאי, פִּטְפּוּטִים; נְקִישָׁה

**chat′terbox″** *n.* (צֶ׳טֶרְבּוֹקְס) פַּטְפְּטָן

**chauf′fer** *n. & v. t. & i.* (שׁוֹפֶר) נֶהָג; עָבַד כְּנֶהָג, נָהַג, הִסִּיעַ

**cheap** *adj. & adv.* (צִ׳יפּ) זוֹל; נִקְלֶה; גַּס; נָבוֹךְ; קַמְצָנִי; בְּזוֹל

**chea′pen** *v. t.* (צִ׳יפֶּן) הוֹזִיל; הֵמִיט קָלוֹן, הִשְׁפִּיל; הוֹרִיד עֶרֶךְ

**cheat** *n. & v. t.* (צִ׳יט) רַמַּאי, נוֹכֵל; רַמָּאוּת; מִתְחַזֶּה; רִמָּה, הוֹנָה

**check** *n. & v. t. & i.* (צֶ׳ק) מַעֲצוֹר, עִכּוּב; בְּלִימָה; בְּדִיקָה, קְרִיטֶרְיוֹן; צֶ׳ק, הַמְחָאָה; חֶשְׁבּוֹן; כַּרְטִיס; מִשְׁבֶּצֶת; שַׁח; עִכֵּב, עָצַר; הִסְחִית; בִּקֵּר, בָּדַק, וִדֵּא; סִמֵּן; הִשְׁאִיר לִשְׁמִירָה; שָׁלַח; סִמֵּן בְּמִשְׁבָּצוֹת; הִתְאִים; אִיֵּם עַל הַמֶּלֶךְ (בשחמט)

— in נִרְשַׁם (במלון)

— out שִׁלֵּם וְעָזַב (מלון)

— up on בָּדַק, חָקַר

**check′er** *n. & v. t.* (צֶ׳קֶר) דִּיסְקִית דַּמְקָה; מִשְׁבֶּצֶת, מִשְׁבָּצוֹת; גִּוֵּן; סִמֵּן בְּמִשְׁבָּצוֹת

— s דַּמְקָה

**check′mate″** *n. & v. t.* (צֶ׳קְמֵיט) שַׁחְמָט; הִכְנִיס בְּמַצַּב מָט; הֵבִיס

**cheek** *n.* (צִ׳יק) לְחִי; חֻצְפָּה; עַזּוּת

**cheep** *v. i. & n.* (צִ׳יפּ) צִיֵּץ; צִיּוּץ

**cheer** *n.* (צִ׳יר) קְרִיאַת עִדּוּד, תְּרוּעָה; עִדּוּד, נִחוּמִים; עַלִּיזוּת; מָזוֹן

— *v. t. & i.* הֵרִיעַ, עוֹדֵד

— up עוֹדֵד; חָיְתָה רוּחוֹ

**cheer′ful** *adj.* (צִ׳ירְפֻל) עַלִּיז; נָעִים, נִלְבָּב

**cheer′less** *adj.* (צִ׳ירְלֶס) קוֹדֵר

**cheer′ly** *adj.* (צִ׳ירִי) עַלִּיז

**cheese** *n.* (צִ׳יז) גְּבִינָה

**cheese'cake"** *n.* (צ'יזְקֵיק) עוּגַת גְבִינָה; תַּצְלוּם גוּף וְנַפַּיִם (של בחורה יפה)

**chem'ical** *n. & adj.* (קֶמִקְל) כִּימִיקָל, חֹמֶר כִּימִי; כִּימִי

**chem'ist** *n.* (קֶמִסְט) כִּימַאי

**chem'istry** *n.* (קֶמִסְטְרִי) כִּימְיָה; תְּכוּנוֹת כִּימִיּוֹת

**cher'ish** *v. t.* (צֶ'רִש) הוֹקִיר; טִפֵּחַ

**cher'ry** *n.* (צֶ'רִי) דֻּבְדְּבָן; עֵץ דֻּבְדְּבָן; אָדֹם בָּהִיר

**cher'ub** *n.* (צֶ'רְבּ) כְּרוּב; תָּמִים

**chess** *n.* (צֶ'ס) שַׁחְמָט; שַׁח

**chess'board"** *n.* (צֶ'סְבּוֹרְד) לוּחַ שַׁחְמָט

**chess'man"** *n* (צֶ'סְמֶן) כְּלִי שַׁחְמָט

**chest** *n.* (צֶ'סְט) חָזֶה; תֵּבָה, אַרְגָּז; שִׁדָּה; קֻפָּה, אוֹצָר

get something off one's — גִּלָּה אֶת הַמֵּעִיק עָלָיו

**chest'nut** *n. & adj.* (צֶ'סְנַט) עַרְמוֹן; סוּס עַרְמוֹנִי

**chew** *v. t. & i.* (צ'וּ) לָעַס; מָעַךְ; הִרְהֵר; לָעַס טַבָּק

— out נָעַר

**chick** *n.* (צִ'ק) אֶפְרוֹחַ; גּוֹזָל; יֶלֶד קָטָן; בַּחוּרָה

**chick'en** *n. & adj.* (צִ'קְן) תַּרְנְגֹל; פַּרְגִּית; בְּשַׂר עוֹף; נַעֲרָה; שֶׁל בְּשַׂר עוֹף; מוּג לֵב

— out נִתְקַף פַּחַד

**chick'en pox"** (צִ'קְן פּוֹקְס) אֲבַעְבּוּעוֹת רוּחַ

**chick'pea"** *n.* (צִ'קְפִּי) חִמְצָה, „חוּמוּס"

**chic'ory** *n.* (צִ'קְרִי) עֹלֶשׁ

**chide** *v. i. & t.* (צַ'יד) נָעַר, מָצָא דֹּפִי; הֵצִיק ל-

**chief** *n. & adj.* (צִ'יף) מַנְהִיג; רֹאשׁ; שַׁלִּיט; רָאשִׁי, עִקָּרִי

in — רָאשִׁי

**chief'ly** *adv.* (צִ'יפְלִי) בְּעִקָּר, בְּעֶצֶם

**chief'tain** *n.* (צִ'יפְטְן) מַנְהִיג, רֹאשׁ

**chil'blain"** *n.* (צִ'לְבְּלֵין) אֲבַעְבּוּעַת קֹר

**child** *n.* (צַ'ילְד) יֶלֶד, יַלְדָּה; תִּינוֹק, וָלָד; צֶאֱצָא

with — הָרָה

**child'birth"** *n.* (צַ'ילְדְבֶּרְת') לֵדָה

**child'hood"** *n.* (צַ'ילְדְהֻד) יַלְדוּת

**child'ish** *adj.* (צַ'ילְדִש) יַלְדוּתִי; טִפְּשִׁי

**child'less** *adj.* (צַ'ילְדְלִס) חֲשׂוּךְ־בָּנִים; עֲרִירִי

**child'ren** *n. pl.* (צִ'לְדְרֶן) (רבים של child)

**chill** *n.* (צִ'ל) קְרִירוּת, צִנָּה; צְמַרְמֹרֶת; קֹר פִּתְאוֹמִי; דִּכָּאוֹן

— *v. t.* קֵרֵר, צִנֵּן; הֶחְדִּיר קְרִירוּת; דִּכְדֵּךְ

**chil'ly** *adj.* (צִ'לִי) צוֹנֵן, קָרִיר

**chime** *n.* (צַ'ים) פַּעֲמוֹן מוּסִיקָלִי; הַתְאָמָה, הַרְמוֹנְיָה; נְעִימָה, לַחַן

— *v. i. & t.* צִלְצֵל בְּצוּרָה הַרְמוֹנִית; צִלְצֵל; הִתְאִים, תֵּאֵם

— in שִׁסַּע לְאוֹת הַסְכָּמָה

**chim'ney** *n.* (צִ'מְנִי) אֲרֻבָּה; מַעֲשֵׁנָה; שְׁפוֹפֶרֶת זְכוּכִית (של מנורה)

**chim'ney sweep"** *n.* (צִ'מְנִי סְוִיפּ) מְנַקֵּה אֲרֻבּוֹת

**chim"panzee'** *n.* (צִ'מְפֶּנְזִי) שִׁימְפַּנְזָה

**chin** *n.* (צִ'ן) סַנְטֵר

— up חֲזַק וֶאֱמָץ!

take it on the — נִכְשַׁל; הוּבַס

**chi'na** *n.* (צַ'ינָה) חַרְסִינָה; כְּלֵי חַרְסִינָה

**Chinese'** *n. & adj.* (צַ'ינִיז) סִינִי; סִינִית (לשון)

**chink** *n. & v. t. & i.* (צִ'נְק) סֶדֶק, בְּקִיעַ; נְקִישָׁה; מִלֵּא סְדָקִים; הִשְׁמִיעַ נְקִישָׁה

**chip** *n.* (צִ'פּ) שֶׁבֶב, נֵתַח; פְּרוּסָה דַקָּה; נֶקֶב; אֲסִימוֹן־מִשְׂחָק

— off the old block הַבֵּן כְּרֶע אָבִיו

one's shoulder — on שׁוֹאֵף קְטָטוֹת

in the — s עָשִׁיר

when the — s are down בְּמַצַּב חֵרוּם

— *v. t. & i.* שִׁבֵּב; שָׁבַר חֲתִיכָה קְטַנָּה

— in הִשְׁתַּתֵּף

**chirop'odist** *n.* (קִירוֹפֶּדִסְט) מְטַפֵּל בְּרַגְלַיִם; פֶּדִיקוּרִיסְט

**chirp** *v. i. & n.* (צֶ'רְפּ) צִיֵּץ; צִיּוּץ

**chis'el** *n. & v. t. & i.* (צִ'זְל) אִזְמֵל; פִּסֵּל; עָבַד בְּאִזְמֵל; רִמָּה, הִשִּׂיג בְּמִרְמָה

**chit** *n.* (צִ'ט) קַבָּלָה

**chiv´alry** *n.* (שִׁוַלְרִי) אַבִּירוּת; אֲדִיבוּת

**chlor´ide** *n.* (קְלוֹרַיד) כְּלוֹרִיד

**chlor´ine** *n.* (קְלוֹרִין) כְּלוֹר

**chlor´oform** *n.* (קְלוֹרְפוֹרְם) כְּלוֹרוֹפוֹרְם

**chlor´ophyll** *n.* (קְלוֹרְפִל) כְּלוֹרוֹפִיל

**chock´-full´** *adj.* (צ׳וֹקְפֻל) מָלֵא וְגָדוּשׁ

**choc´olate** *n.* (צ׳וֹקְלֶט) שׁוֹקוֹלָדָה

**choice** *n.* & *adj.* (צ׳וֹיס) בְּחִירָה; נִבְחָר; בְּרֵרָה; מִבְחָר; מֻבְחָר, מְעֻלֶּה, מְצֻיָּן

**choir** *n.* (קְוַאיְר) מַקְהֵלָה; עֶזְרַת הַמַּקְהֵלָה

**choke** *v. t.* & *i.* & *n.* (צ׳וֹק) חָנַק, שִׁנֵּק; נֶחֱנַק; נִסְתַּם; מַשְׁנֵק, צָעַק

**chol´era** *n.* (קוֹלֶרָה) כּוֹלֶרָה, חֲלִירַע

**chol´eric** *adi.* (קוֹלֶרִק) רַגְזָנִי

**choose** *v. t.* & *i.* (צ׳וּז) בָּחַר; הֶעֱדִיף; נָטָה

— **up** „עָשָׂה בְּחִירוֹת"

**choos´y** *adj.* (צ׳וּזִי) בַּרְרָנִי

**chop** *v. t.* & *n.* (צ׳וֹפּ) חָטַב, גָּזַר, כָּרַת; רֶסֶק; חֲבָטָה; צַלְעִית; לֶסֶת

**chop´py** *adj.* (צ׳וֹפִּי) מְקֻטָּע; מִשְׁתַּנֶּה (כיוון הרוח); גַּלִּי (ים)

**chor´al** *adj.* & *n.* (קוֹרֶל) שֶׁל מַקְהֵלָה; מַקְהֵלָה; הִימְנוֹן כְּנֵסִיָּתִי

**chord** *n.* (קוֹרְד) מֵיתָר; רֶגֶשׁ; תַּצְלִיל, אַקּוֹרְד

**chor"eog´raphy** (קוֹרִיאוֹגְרֶפִי) כּוֹרֵאוֹגְרַפְיָה

**chortle** *v. t.* & *i.* & *n.* (צ׳וֹרְטְל) צִחְקֵק בְּגִיל; צִחְקוּק גִּיל

**chor´us** *n.* (קוֹרֶס) פִּזְמוֹן; מַקְהֵלָה; שִׁיר בְּצַוְתָּא; דִּבּוּר בְּצַוְתָּא

— *v. t.* & *i.* שָׁר בְּצַוְתָּא; דִּבֵּר בְּצַוְתָּא

**chose** (צ׳וֹז) (זמן עבר של choose)

**Christ** *n.* (קְרַיסְט) יֵשׁוּ הַנּוֹצְרִי; מָשִׁיחַ (בנצרות)

**chris´ten** *v. t.* (קְרִסְן) הִטְבִּיל; קָרָא שֵׁם; הִשְׁתַּמֵּשׁ בַּפַּעַם הָרִאשׁוֹנָה

**Chris´tendom** *n.* (קְרִסְנְדֶם) הָעוֹלָם הַנּוֹצְרִי

**Chris´tening** *n.* (קְרִסְנִנְג) הַטְבָּלָה; טֶקֶס הַשָּׁקָה; טֶקֶס מַתַּן שֵׁם; טֶקֶס הַקְדָּשָׁה

**Chris´tian** *n.* & *adj.* (קְרִסְצ׳ֶן) נוֹצְרִי; הוֹלֵךְ בְּדֶרֶךְ יֵשׁוּ הַנּוֹצְרִי

**Chris"tian´ity** *n.* (קְרִסְצִ׳יאֶנִטִי) נַצְרוּת

**Chris´tmas** *n.* (קְרִסְמֶס) חַג הַמּוֹלָד (הנוצרי)

**chrome, chrom´ium** *n.* (קְרוֹם, קְרוֹמִיֶם) כְּרוֹם

**chron´ic** *adj.* (קְרוֹנִק) כְּרוֹנִי; מְמֻשָּׁךְ

**chron´icle** *n.* & *v. t.* (קְרוֹנִקְל) כְּרוֹנִיקָה; תּוֹלָדוֹת; סִפּוּר; רָשַׁם כְּרוֹנִיקָה שֶׁל

**chronol´ogy** *n.* (קְרֶנוֹלֶגִ׳י) כְּרוֹנוֹלוֹגְיָה

**chronom´eter** *n.* (קְרֶנוֹמֶטֶר) כְּרוֹנוֹמֶטֶר

**chrys´alis** *n.* (קְרִסֶלִס) גֹּלֶם (חרק)

**chrysan´themum** *n.* (קְרִסֶנְתֶמֶם) חַרְצִית

**chub´by** *adj.* (צַ׳בִּי) עָגֹל וּשְׁמַנְמַן

**chuck** *v. t.* (צַ׳ק) זָרַק, הֵטִיל; טָפַח בְּקַלּוּת; גֵּרֵשׁ; הִתְפַּטֵּר, וִתֵּר עַל

**chuck´le** *v. i.* & *n.* (צַ׳קְל) צָחַק חֲרִישִׁית; קַרְקֵר

**chum** *n.* (צַ׳ם) חָבֵר טוֹב

**chunk** *n.* (צַ׳נְק) גּוּשׁ; כַּמּוּת נִכֶּרֶת

**church** *n.* & *adj.* (צֶ׳רְץ׳) כְּנֵסִיָּה; תְּפִלָּה בִּכְנֵסִיָּה; הַנַּצְרוּת; כְּנֵסִיָּתִי

**church´man** *n.* (צֶ׳רְצ׳מֶן) כֹּמֶר; חָבֵר כְּנֵסִיָּה

**church´yard"** *n.* (צֶ׳רְצ׳יַרְד) בֵּית קְבָרוֹת; רַחֲבַת כְּנֵסִיָּה

**churl** *n.* (צֶ׳רְל) כַּפְרִי; בּוּר, עַם הָאָרֶץ; קַמְצָן

**chur´lish** *adj.* (צֶ׳רְלִשׁ) כַּפְרִי; חֲסַר דֶּרֶךְ אֶרֶץ; קַמְצָנִי; קְשֵׁה־עִבּוּד

**churn** *n.* & *v. t.* & *i.* (צֶ׳רְן) מַחְבֵּצָה; חִבֵּץ; הִסְעִיר

**chute** *n.* & *v. t.* & *i.* (שׁוּט) מַגְלֵשׁ, מוֹבִיל מִשְׁפָּע; מַפָּל; הוֹרִיד בְּמַגְלֵשׁ; יָרַד בְּמַגְלֵשׁ, גָּלַשׁ

**ci´der** *n.* (סַיְדֶר) מִיץ תַּפּוּחִים

**hard** — שֵׁכָר תַּפּוּחִים

**cigar´** *n.* (סִגָר) סִיגָר

**cig"arette´** *n.* (סִגֶרֶט) סִיגַרְיָה

**cin´der** *n.* (סִנְדֶר) אוּד; גַּחֶלֶת עוֹמֶמֶת

— **s** אֵפֶר

**cin´ema** *n.* (סִינֶמָה) קוֹלְנוֹעַ

**cin´namon** *n.* (סִינֶמֶן) קִנָּמוֹן

**ci´pher** *n.* (סַיפֶר) אֶפֶס; סִפְרָה; צֹפֶן; מַפְתֵּחַ צֹפֶן; מִשְׁלֶבֶת

— *v. i.* & *t.* חִשְׁבֵּן; כָּתַב בְּצֹפֶן

**cir´cle** *n.* & *v. t.* & *i.* (סֶרְקְל) מַעְגָּל;

חוּג; תְּחוּם; מַחֲזוֹר; הֶקֵּף, רָשַׁם מַעְגָּל; עָקַף

**cir'cuit** *n.* (סֶרְקִט) הַקָּפָה; סִבּוּב; דֶּרֶךְ עֲקִיפִין; נְסִיעָה מַחֲזוֹרִית; סוֹבְבִים; אֵזוֹר סִבּוּב; גְּבוּל; מַעְגָּל; אֶגֶד מְקוֹמוֹת בְּדוּר

**circu'itous** *adj.* (סֶרְקִיוּאִטֶס) עָקִיף

**circ'ular** *adj. & n.* (סֶרְקְיֻלֶר) מַעְגָּלִי; עָגֹל; מַחֲזוֹרִי; עָקִיף; חוֹזֵר

**circ'ulate"** *v. i. & t.* (סֶרְקְיֻלֵיט) נָע בְּמַעְגָּל; זָרַם (דם); עָבַר, נָפוֹץ; הֶעֱבִיר, הֵפִיץ

**circ"ula'tion** *n.* (סֶרְקְיֻלֵישֶׁן) סִבּוּב, מַחֲזוֹר; מַחֲזוֹר הַדָּם; הֲפָצָה, תְּפוּצָה

**cir'cumcise"** *v. t.* (סֶרְקַמְסַיז) מָל; טִהֵר

**cir"cumcis'ion** *n.* (סֶרְקַמְסִיזֶ׳ן) מִילָה; טִהוּר רוּחָנִי

**circum'ference** *n.* (סֶרְקַמְפֶרֶנְס) הֶקֵּף (מעגל)

**cir"cumscribe'** *v. t.* (סֶרְקַמְסְקְרַיב) הִקִּיף; רָשַׁם קַו מִסָּבִיב; תָּחַם

**cir'cumspect"** *adj.* (סֶרְקַמְסְפֶּקְט) עֵרָנִי זָהִיר; נָבוֹן

**cir'cumstance"** *n.* (סֶרְקַמְסְטֶנְס) נְסִבָּה; גּוֹרֵם; פְּרָט טָפֵל; מִקְרֶה, מְאֹרָע; טְקָסִיּוּת; תֵּאוּר מְפֹרָט

**— s** מַצָּב

**cir"cumstan'tial** *adj.* (סֶרְקַמְסְטֶנְשֶׁל) נְסִבָּתִי; טָפֵל, מִקְרִי; מְפֹרָט

**cir"cumvent'** *v. t.* (סֶרְקַמְוֶנְט) כִּתֵּר, לָכַד; עָקַף; הֶעֱרִים עַל

**cir'cus** *n.* (סֶרְקֶס) קִרְקָס

**cis'tern** *n.* (סִסְטֶרְן) מַאֲגָר, בּוֹר (מים); מְכָל

**cit'adel** *n.* (סִטֶדֶל) מְצוּדָה; מִבְצָר

**cite** *v. t.* (סַיט) צִטֵּט, הֵבִיא; הִזְמִין (לבית משפט); הִזְכִּיר; צִיֵּן לְשֶׁבַח

**cit'izen** *n.* (סִטִזֶן) אֶזְרָח, נָתִין; תּוֹשָׁב

**cit'ron** *n.* (סִטְרֶן) אֶתְרוֹג

**cit'y** *n. & adj.* (סִטִי) עִיר; עִירוֹנִי

**— hall** (- הוֹל) בִּנְיַן עִירִיָּה

**civ'ic** *adj.* (סִוִק) עִירוֹנִי, שֶׁל עִיר; אֶזְרָחִי

**civ'il** *adj.* (סִוִל) אֶזְרָחִי; מַמְלַכְתִּי; מְתֻרְבָּת; מְנֻמָּס, שֶׁל דֶּרֶךְ אֶרֶץ

**civil'ian** *n. & adj.* (סִוִלְיֶן) אֶזְרָח; אֶזְרָחִי

**civ"iliza'tion** *n.* (סִוִלֶזֵישֶׁן) צִיבִילִיזַצְיָה, תַּרְבּוּת; תַּרְבּוּת; אֶרֶץ מְיֻשֶּׁבֶת; הַשֵּׁנִים טֶכְנוֹלוֹגִיִּים

**civ'ilize** (סִוִלַיז) תִּרְבֵּת, קִדֵּם; הֶעֱלָה מִמַּצָּב פְּרִימִיטִיבִי

**clad** (קְלֶד) (זמן עבר של clothe)

**claim** *n. & v. t.* (קְלֵים) תְּבִיעָה; טַעֲנָה; שֶׁטַח נִתְבָּע; בַּקָּשַׁת תַּשְׁלוּם; תָּבַע; טָעַן

**clai'mant** *n.* (קְלֵימֶנְט) תּוֹבֵעַ; טוֹעֵן

**clairvoy'ance** *n.* (קְלֶרְווֹיאֶנְס) רְאִיָּה שֶׁלֹּא כְּדֶרֶךְ הַטֶּבַע; יְדִיעָה אִינְטוּאִיטִיבִית

**clam** *n. & v. i.* (קְלֶם) צִדְפָּה; אָסַף צְדָפוֹת

**— up** הִשְׁתַּתֵּק, שָׁמַר לְשׁוֹנוֹ

**clam'ber** *v. i.* (קְלֶמְבֶּר) טִפֵּס (תוך מאמץ הגפיים)

**clam'my** *adj.* (קְלֶמִי) לַח וְקַר; חוֹלָנִי

**clam'or** *n. & v. i. & t.* (קְלֶמֶר) הֲמֻלָּה, רַעַשׁ; צְעָקָה; קוֹל זְעָקָה; הֵקִים צְעָקָה; תָּבַע בְּקוֹלָנִיּוּת

**clam'orous** *adj.* (קְלֶמֶרֶס) רוֹעֵשׁ, קוֹלָנִי; תּוֹבְעָנִי

**clamp** *n. & v. t.* (קְלֶמְפּ) מַלְחֶצֶת; הִדֵּק בְּמַלְחֶצֶת

**— down** הִגְבִּיר פִּקּוּחַ; הִכְבִּיד יָדוֹ

**clan** *n.* (קְלֶן) בֵּית אָב; מִשְׁפָּחָה מֻרְחֶבֶת; קְבוּצָה מְלֻכֶּדֶת

**clandes'tine** *adj.* (קְלֶנְדֶסְטִן) חֲשָׁאִי, פְּרָטִי

**clang** *v. t. & i. & n.* (קְלֶנְג) הִשְׁמִיעַ צִלְצוּל חָזָק; קִרְקֵשׁ; צִלְצוּל חָזָק; קִרְקוּשׁ

**clank** *n. & v. i.* (קְלֶנְק) הַקָּשָׁה; הִקִּישׁ, נָקַשׁ

**clap** *v. t. & i. & n.* (קְלֶפּ) טָפַח; מָחָא כַּף; הֵנִיחַ מַהֵר; טְפִיחָה; מְחִיאַת כַּפַּיִם; סְטִירָה; מַכַּת פֶּתַע; רַעַשׁ פִּתְאוֹמִי

**clap'per** *n.* (קְלֶפֶּר) טוֹפֵחַ; עִנְבָּל

**clar"ifica'tion** *n.* (קְלֶרֶפִקֵישֶׁן) הַבְהָרָה, בֵּרוּר; טִהוּר

**clar'ify"** *v. t. & i.* (קְלֶרֶפַי) הִבְהִיר, בֵּרֵר; טִהֵר; הִתְבַּהֵר

**clar"inet'** *n.* (קְלֶרֶנֶט) קְלַרְנִית

**clar'ity** *n.* (קְלֶרִטִי) בְּהִירוּת, זַכּוּת

**clash** *n. & v. i. & t.* (קְלֶשׁ) קְטָטָה, קְרָב; הִתְנַגְּשׁוּת; הִרְעִישׁ; הִתְנַגֵּשׁ; נֶחְלְקוּ הַדֵּעוֹת

**clasp** *n. & v. t. & i.* (קְלֶסְפּ) פְּרִיפָה, קֶרֶס; לְחִיצָה; גִּפּוּף; הִדֵּק; לָחַץ, גִּפֵּף

**class** *n.* (קְלֶס) קְבוּצָה, סוּג, מִין; מַעֲמָד; כִּתָּה, שְׁנָתוֹן; שִׁעוּר; מַחְלָקָה; מַעֲמָד חֶבְרָתִי גָּבֹהַ; „אֶלֶגַנְטִיּוּת"
— *v. t.* מִיֵּן, סִוֵּג
**clas'sic** *adj. & n.* (קְלֶסִק) מַעֲלֶה; קְלַסִּי; מוֹפְתִי; יְסוֹדִי; בַּעַל עֵרֶךְ קַיָּם; נוֹדָע; טִפּוּסִי; יְצִירָה קְלַסִּית; יוֹצֵר קְלַסִּי; רָאוּי לְצִיּוּן
**clas'sical** *adj.* (קְלֶסִקְל) קְלַסִּי, מוֹפְתִי
**clas"sifica'tion** *n.* (קְלֶסִפִקֵישְן) מִיּוּן, סִוּוּג
**clas'sify"** *v. t.* (קְלֶסִפַי) מִיֵּן; סִוֵּג
**clat'ter** *v. i. & t. & n.* (קְלֶטְר) קִשְׁקֵשׁ, טִרְטֵר; פִּטְפֵּט; רַעַשׁ, שָׁאוֹן; פִּטְפּוּט, רְכִילוּת
**clause** *n.* (קְלוֹז) מִשְׁפָּט פָּשׁוּט; סְעִיף מְיֻחָד
**claw** *n. & v. t. & i.* (קְלוֹ) צִפֹּרֶן (של בעל חיים); טָפֶר, קָרַע בְּצִפָּרְנַיִם
**clay** *n.* (קְלֵי) חֹמֶר, טִין, טִיט, חֶרֶס
**clean** *adj.* (קְלִין) נָקִי; טָהוֹר; יָשָׁר; הוֹגֵן; מֻשְׁלָם; פָּשׁוּט; שָׁוֶה לְכָל נֶפֶשׁ
— *v. t. & i.* נִקָּה; נִתַּן לְנִקּוּי
**clean'liness** *n.* (קְלֶנְלִינֵס) נִקָּיוֹן
**cleanse** *v. t. & i.* (קְלֶנְז) נִקָּה, טִהֵר; הִטַּהֵר
**clear** *adj. & adv.* (קְלִיר) בָּהִיר; צָלוּל; בָּרוּר; זַךְ, נָקִי; שָׁלֵו; פָּתוּחַ, מִתְרַחֵק; רֵיק; פָּטוּר; מֻחְלָט; לְגַמְרֵי
— *v. t. & i.* נִקָּה, טִהֵר, זִכֵּךְ; הִבְהִיר; פִּנָּה; עָבַר; טִפֵּל בְּ־; הִרְוִיחַ; קִבֵּל אִשּׁוּר; הִתְבַּהֵר; סִלֵּק חֶשְׁבּוֹן; סִדֵּר נְיָרוֹת; הִפְלִיג; נִמְכַּר; הִתְפַּזֵּר
— out סִלֵּק; הִסְתַּלֵּק; גֵּרֵשׁ
— up הִסְבִּיר, הִבְהִיר; סִדֵּר; הִתְבַּהֵר
**clear'ance** *n.* (קְלִירַנְס) נִקּוּי; טִהוּר, פִּנּוּי; מִרְוָח; סִלּוּקִין; סִדּוּר נְיָרוֹת (של אניה); אִשּׁוּר בִּטְחוֹנִי
**clear'ing** *n.* (קְלִירִנְג) נִקּוּי, טִהוּר, פִּנּוּי; מִבְרָא, קָרַחַת יַעַר; סִלּוּקִין
**clear'ness** *n.* (קְלִירְנֵס) בְּהִירוּת, צְלִילוּת
**cleave** *v. t. & i.* (קְלִיב) דָּבַק; בָּקַע; כָּרַת
**clea'ver** *n.* (קְלִיבְר) קוֹפִיץ
**cleft** *n.* (קְלֶפְט) בֶּקַע; חָרִיץ
**clem'ency** *n.* (קְלֶמֶנְסִי) רַחֲמִים, חֶמְלָה; מְתִינוּת
**clench** *v. t.* (קְלֶנְץ') קָפַץ (אגרוף), סָגַר בְּחָזְקָה; אָחַז
**cler'gy** *n.* (קְלֶרְגִ'י) כְּמוּרָה
**cler'gyman** *n.* (קְלֶרְגִ'ימַן) כֹּמֶר, כֹּהֵן דָּת
**cler'ic** *n. & adj.* (קְלֶרִק) כֹּמֶר; חָבֵר מִפְלָגָה קְלֶרִיקָלִית; שֶׁל כְּמוּרָה, קְלֶרִיקָלִי
**clerk** *n. & v. i.* (קְלֶרְק) לַבְלָר, פָּקִיד; זַבָּן עָבַד כְּפָקִיד
**clev'er** *adj.* (קְלֶוְר) מְמֻלָּח, פִּקֵּחַ, חָרִיף; מְיֻמָּן, זָרִיז; בַּעַל תּוּשִׁיָּה
**cliché'** *n.* (קְלִישֵׁי) בִּטּוּי נָדוֹשׁ, קְלִישָׁה; גְּלוּפָה
**click** *n. & v. i.* (קְלִק) נְקִישָׁה, הִשְׁמִיעַ נְקִישָׁה; הִתְאִים אֶחָד לַשֵּׁנִי; הִצְלִיחַ
**cli'ent** *n.* (קְלַיְאֶנְט) לָקוֹחַ, קוֹנֶה, קְלַיֶנְט; תָּלוּי; מְקַבֵּל טוֹבַת הֲנָאָה; מַרְשֶׁה
**cliff** *n.* (קְלִף) צוּק
**cli'mate** *n.* (קְלַימִט) אַקְלִים
**climat'ic** *adj.* (קְלַימֶטִק) אַקְלִימִי
**cli'max** *n.* (קְלַימֶקְס) שִׂיא, קְלִימַקְס; נְקֻדַּת הַהַכְרָעָה
— *v. t. & i.* הֵבִיא לְשִׂיא; הִגִּיעַ לְשִׂיא
**climb** *v. i. & t.* (קְלַים) טִפֵּס; עָלָה; הִשְׁתַּפֵּעַ כְּלַפֵּי מַעְלָה
— down יָרַד
— *n.* טִפּוּס, עֲלִיָּה
**clim'ber** *n.* (קְלַימְר) מְטַפֵּס; מִטְפָּס
**clime** *n.* (קְלַים) אַקְלִים; גָּלִיל
**cling** *v. t. & i.* (קְלִנְג) דָּבַק בְּ־
**cli'nic** *n.* (קְלִנִק) קְלִינִיקָה, מִרְפָּאָה; קוּרְס
**clink** *v. t. & i. & n.* (קְלִנְק) קִשְׁקֵשׁ; קִשְׁקוּשׁ; „קַלַבּוּשׁ"
**clip** *v. t. & i.* (קְלִפּ) גָּזַז; חָתַךְ; הָלַם בְּ־; הוֹנָה; גָּזַר; נָע בִּמְהִירוּת
**clip'per** *n.* (קְלִפֶּר) גּוֹזֵז; גּוֹזֵר; תְּלַת־תָּרְנִית מְהִירָה (אנית מפרשים)
—s מִסְפָּרַיִם; מַגְזְזַיִם
**clip'ping** *n.* (קְלִפִּנְג) קֶטַע (עתון), גְּזִיר; גְּזִיזָה, גְּזִירָה
**clique** *n.* (קְלִיק) חֲבוּרָה, קְלִיקָה
**cloak** *n. & v.t.* (קְלוֹק) רְדִיד, גְּלִימָה, מַעֲטֶה; כִּסָּה; הִסְתִּיר
**clock** *n.* (קְלוֹק) שָׁעוֹן (גדול)

**clod** n. (קלוֹד) רֶגֶב, אֲדָמָה; מְטֻמְטָם

**clog** v.t. & i. (קלוֹג) סָתַם; עָצַר; נִסְתַּם; נִדְבַּק

— n. קַבְקָב, נַעַל בַּעֲלַת סוֹלְיַת עֵץ

**cloi′ster** n. & v.t. (קלוֹיסְטֶר) מִנְזָר; מָקוֹם מְבֻדָּד; סְטָו, חָצֵר; שִׁכֵּן בְּמִנְזָר; הִרְחִיק; בּוֹדֵד

**close** v.t. & i. (קלוֹז) סָגַר; סָתַם; לִכֵּד; סִיֵּם; הֵבִיא לִידֵי גֶמֶר; נָסַגַר; נֶאֱבַק; הַסְכַּם

— adj. & adv. (קלוֹס) קָרוֹב; צָפוּף; אִינְטִימִי; סָמוּךְ; מְהֻדָּק; קָצָר מְאֹד; מַחְמִיר; מְדֻיָּק, סָגוּר; מְכֻבָּד; צַר, חֲסַר־אֲוִיר, מֵעִיק; מְכֻנָּס בְּתוֹךְ עַצְמוֹ; קַמְצָנִי; נָדִיר

— n. (קלוֹז) סוֹף, סִיּוּם, גְּמָר; סְרִידָה

**clos′et** n. (קלוֹזֶט) אֲרוֹן בְּגָדִים, אָרוֹן

**clot** n. & v.i. & t. (קלוֹט) גּוּשׁ, קְרִישׁ־דָּם, הִתְקָרֵשׁ; הִקְרִישׁ

**cloth** n. (קלוֹת׳) אָרִיג, בַּד, לְבוּשׁ כֹּמֶר
the — הַכְּמוּרָה

**clothe** v.t. (קלוֹד׳) הִלְבִּישׁ

**clothes** n. pl. (קלוֹד׳ז) בְּגָדִים
take off — הִתְפַּשֵּׁט

**clothes′line** n. (קלוֹזְלַיִן) חֶבֶל כְּבִיסָה

**cloth′ier** n. (קלוֹד׳יֶר) מוֹכֵר בִּגְדֵי גְּבָרִים

**clo′thing** n. (קלוֹד׳ִנג) בְּגָדִים

**cloud** n. & v.t. & i. (קלַאוּד) עָנָן; שֶׁפַע מְצֻרְפָּל; כִּתֵּם; הֶעִיב; הִכְבִּיד; הִתְכַּסָּה עֲנָנִים, הֶעַב

**clou′dy** adj. (קלַאוּדִי) מְעֻנָּן; קוֹדֵר; עֲנָנִי; מְצֻרְפָּל; מְטֻשְׁטָשׁ; עָכוּר

**clove** n. (קלוֹב) (זמן עבר של cleave)
— n. צִפֹּרֶן (תבלין)

**clo′ver** n. (קלוֹבֶר) תִּלְתָּן

**clown** n. & v.i. (קלַאוּן) מֻקְיוֹן; בַּדְחָן, לֵיצָן; בּוּר; הִתְנַהֵג כְּמֻקְיוֹן

**cloy** v.t. & i. (קלוֹי) הוֹגִיעַ עַל יְדֵי הַסַּרְדָּזָה; הִשְׂבִּיעַ יָתֵר עַל הַמִּדָּה; נַעֲשָׂה תָּפֵל מֵחֲמַת שֶׂבַע

**club** n. & v.t. & i. (קלַב) מוֹעֲדוֹן; אַלָּה, מוֹעֲדוֹן לַיְלָה, עָלֶה (קלפים), "תְּרָף"; הָלַם בְּאַלָּה; הִתְלַכֵּד; שִׁתֵּף; תָּרַם לְקֶרֶן מִשְׁתֶּתֶת

**cluck** v.i. & t. (קלַק) קִרְקֵר

**clue** n. (קלוֹ) רֶמֶז לְפִתָּרוֹן

**clump** n. (קלַמְפּ) גּוּשׁ, קְבוּצָה; צַעַד כָּבֵד

**clum′sy** adj. (קלַמְזִי) מְגֻשָּׁם, נָמְלוֹנִי

**clung** (קלַנְג) (זמן עבר של cling)

**clus′ter** n. (קלַסְטֶר) אֶשְׁכּוֹל; צְרוֹר

**clutch** v.t. & i. & n. (קלַץ׳) תָּפַס, אָחַז; נִסָּה לִתְפֹּס, הֶעֱלִיל מַצְמֵד; אֲחִיזָה; מַצְמֵד; סְלִיטָה

**clut′ter** v.t. & n. (קלַטֶר) הָיָה מְפֻזָּר בְּאִי־סֵדֶר; אִי־סֵדֶר

**coach** n. (קוֹץ׳) מֶרְכָּבָה סְגוּרָה; אוֹטוֹבּוּס, קְרוֹן זוֹל (ברכבת); מְאַמֵּן; מוֹרֶה פְּרָטִי

— v.t. & i. הִדְרִיךְ, אִמֵּן; שִׁמֵּשׁ מְאַמֵּן

**coach′man** n. (קוֹצְ׳מֶן) עֶגְלוֹן, רַכָּב

**coag′ulate** v.t. & i. (קוֹאֱגְיֻלֵיט) הִתְקָרֵשׁ; קָרַשׁ

**coag″ula′tion** n. (קוֹאֱגְיֻלֵישָׁן) קְרִישָׁה, הִתְקָרְשׁוּת

**coal** n. (קוֹל) פֶּחָם; גַּחֶלֶת
drag over the — s נָעַר בְּנִזְפָּה
— v.t. & i. הִבְעִיר פֶּחָם; סִפֵּק פֶּחָם; הִצְטַיֵּד בְּפֶחָם

**co″alesce′** v.i. & t. (קוֹאָלֶס) הִתְאַחֵד; הִתְמַזֵּג; אֻחַד, מֻזַּג

**co″ali′tion** n. (קוֹאָלִישָׁן) אִחוּד, הִתְמַזְּגוּת; בְּרִית, קוֹאָלִיצְיָה

**coarse** adj. (קוֹרְס) יָרוֹד, גָּרוּעַ; גַּס; הֲמוֹנִי; שָׁפָל; חוֹרֵק; לֹא־מְעֻבָּד

**coast** n. & v.i. & t. (קוֹסְט) חוֹף; מִדְרוֹן; הֶחֱלִיק, הֶחֱלִיל לְאֹרֶךְ חוֹף; נָע לְלֹא כֹּחַ מֵנִיעַ; הִתְקַדֵּם לְלֹא מַאֲמָץ

**coast′ guard″** (קוֹסְט גַרְד) מִשְׁמַר חוֹפִים

**coat** n. & v.t. (קוֹט) בֶּגֶד, מְעִיל; מַעֲטֶה, כְּסוּת; שִׁכְבָה; סִפֵּק מַעֲטֶה; כִּסָּה בְּשִׁכְבָה; צִפָּה

**coa′ting** n. (קוֹטִנג) שִׁכְבָה, צִפּוּי; בַּד מֵעִילִים

**coat′ of arms′** (קוֹט אָב אַרְמְז) שֶׁלֶט, סֵמֶל גְּבוּרִים

**coat′tail** n. (קוֹטְטֵיל) אֲחוֹרֵי מְעִיל
on the —s of מִיָּד אַחֲרֵי

**coax** v.t. & i. (קוֹקְס) שִׁדֵּל; הִשִּׂיג עַל יְדֵי

לשון חלקלקות; השיג במאמץ מתמיד

**cob** (קוב) אשבול; ברבור (זכר); סוס קצר־רגלים; גוש

**co'balt** *n.* (קובולט) קובלט

**cob'ble** *n.* (קובל) אבן עגלה (לריצוף)

**cob'bler** *n.* (קובלר) סנדלר; עוגת פירות; משקה קר (מיין ופירות)

**cob'web"** *n.* (קובוב) קורי עכביש; רשת קנוניות

**cocaine'** *n.* (קוקין) קוקאין

**cock** *n.* (קוק) תרנגול, גבר (עוף); שבשבת; שליט, ראש; ברז; פטיש (כלי יריה)

**— v.t. & i.** דרך (כלי יריה); הטה הצדה

**cockade'** *n.* (קוקיד) ציץ (לכובע)

**cock'eyed"** *adj.* (קוקיד) פוזל; טפשי, לגמרי מטעה

**cock'pit"** *n.* (קוקפיט) תא השיס; תא ההנאי; תא הנהג (במכונית מרוץ)

**cock'roach"** *n.* (קוקרוץ') תיקן

**cock'y** *adj.* (קוקי) יהיר, רברבני

**co'coa** *n.* (קוקו) קקאו; חום אדמדם

**co'conut"** *n.* (קוקנט) קוקוס, אגוז־הדו

**cocoon'** *n.* (קקון) פקעת

**cod** *n.* (קוד) שבוט

**cod'dle** *v.t.* (קודל) פנק

**code** *n.* & *v.t.* (קוד) קוד, צפן, כתב סתרים; קודקס; מערכת כללים; קוד; קדד; צפן

**co'deine** *n.* (קודין) קודאין

**co'dex** *n.* (קודקס) קודקס; מצחף

**cod'icil** *n.* (קודסל) נספח

**cod'ify"** *v.t.* (קודפי) ערך בקודקס; מין

**co"effic'ient** *n.* (קואפשנט) מקדם

**coerce'** *v.t.* (קוארס) כפה, הכריח; השתלט על

**co"exis'tence** *n.* (קואגזסטנס) דו־קיום

**cof'fee** *n.* (קופי) קפה

**cof'fin** *n.* (קופן) ארון מתים

**cog** *n.* (קוג) שן (של גלגל משונן); גלגל משנן; עובד בעל תפקיד זעיר

**co'gent** *adj.* (קוג'נט) משכנע; מגוף הענין, שיך

**cog'nizance** *n.* (קוגנזנס) הכרה; תשומת לב; תחום ידיעות

**cohab'it** *v.i.* (קוהבט) חי יחד (גבר ואשה)

**cohere'** *v.i.* (קוהיר) דבק יחד; נקשר; תאם אחד את השני

**coher'ent** *adj.* (קוהירנט) מתלכד, מלכד; קשור; שחלקיו תואמים זה את זה; הגיוני, עקבי, קוהרנטי

**cohe'sion** *n.* (קוהיז'ן) התלכדות; קוהזיה

**cohe'sive** *adj.* (קוהיסב) מדבק, מתלכד, מלכד

**co'hort** *n.* (קוהורט) חבר; חבורה; גדוד רומאי; גדוד

**coif** *n.* (קויף) ברדס

**— v.t.** (קוף) סדר שערות

**coiffure'** *n.* (קוסיור) תסרקת

**coil** *v.t.* & *i.* & *n.* (קויל) כרך; התפתל; סליל

**coin** *n.* & *v.t.* (קוין) מטבע; טבע מטבעות; המציא

**coi'nage** *n.* (קוינג') טביעת מטבעות; מטבעות; אמצאה

**co"incide** *v.t.* (קואינסיד) חפף; תאם

**coin'cidence** *n.* (קואנסדנס) צרוף מקרים; חפיפה

**coke** *n.* (קוק) קוקס

**col'ander** *n.* (קלנדר) משמרת

**cold** *adj.* & *n.* (קולד) קר, צונן; מת; חסר הכרה; מדכא; חלש; קר; הצטננות, נזלת

**— adv.** לחלוטין; ללא סכנה; מניה וביה

**coldness** *n.* (קולדנס) קר

**col'ic** *n.* (קולק) עוית מעים

**collab'orate** *v.i.* (קלבריט) שתף פעלה; השתתף עם

**collapse'** *v.i.* & *t.* & *n.* (קלפס) התמוטט; התקפל; נכשל; התעלף; אבד עשתונות; מוטט; התמוטטות

**col'lar** *n.* (קולר) צוארון; ענק

hot under the — מתרגש; זועף

**— v.t.** הלביש צוארון; תפס בצואר; תפס בצוארון; עכב

**collate'** *v.t.* (קליט) השוה, ערך השואה; ערך; בדק הסדר

**col'league** n. ‏(קוֹלִינ)‏ עָמִית, חָבֵר לַעֲבוֹדָה, קוֹלֶגָה

**collect'** v.t. & i. ‏(קְלֶקְט)‏ אָסַף, גָּבָה; הִתְאוֹשֵׁשׁ, הִתְאַסֵּף; הִצְטַבֵּר, קִבֵּל (תשלום)
— adj. גוֹבַיְנָא

**collec'tion** n. ‏(קְלֶקְשֶׁן)‏ אֹסֶף; גְּבִיָה, אֹסֶף; קֹבֶץ; תְּרוּמָה (שנגבתה)

**collec'tive** adj. מְאֻחָד; מְשֻׁתָּף; קוֹלֶקְטִיבִי

**collec'tor** n. ‏(קְלֶקְטֶר)‏ גּוֹבֶה; אוֹסֵף

**col'lege** n. ‏(קוֹלֶג')‏ אוּנִיבֶּרְסִיטָה, מִכְלָלָה, מִדְרָשָׁה, בֵּית-אֻלְפָּנָא, אֲגֻדָּה, מוֹעֵצָה

**collide'** v.i. ‏(קְלַיד)‏ הִתְנַגֵּשׁ

**collis'ion** n. ‏(קְלִדְּן)‏ הִתְנַגְּשׁוּת

**collo'quial** adj. ‏(קְלוֹקְוִיאָל)‏ דִּבּוּרִי

**col'loquy** n. ‏(קוֹלֶקְוִי)‏ רַב-שִׂיחַ; וְעִידָה

**collu'sion** n. ‏(קְלוּזְ'ן)‏ קְנוּנְיָה, קֶשֶׁר

**co'lon** n. ‏(קוֹלֶן)‏ נְקֻדָּתַיִם; הַמְּעִי הַגַּס

**col'onel** n. ‏(קֶרְנֶל)‏ קוֹלוֹנֶל, אַלּוּף-מִשְׁנֶה

**colo'nial** adj. & n. ‏(קוֹלוֹנִיאָל)‏ שֶׁל מוֹשָׁבָה, קוֹלוֹנִיאָלִי; שֶׁל מוֹשָׁבוֹת בְּרִיטַנְיָה בְּצָפוֹן אָמֵרִיקָה (לפני שהקימו את ארצות הברית); תּוֹשָׁב מוֹשָׁבָה

**col'onist** n. ‏(קוֹלֶנִיסְט)‏ מִתְיַשֵּׁב; חָבֵר מִשְׁלַחַת הִתְיַשְּׁבוּת

**col'onize** v.i. & t. ‏(קוֹלֶנַיְז)‏ יִשֵּׁב, הֵקִים מוֹשָׁבָה

**col"onnade'** n. ‏(קוֹלֶנֵיד)‏ סְטָו; שְׂדֵרַת עֵצִים

**col'ony** n. ‏(קוֹלֶנִי)‏ מוֹשָׁבָה, קוֹלוֹנְיָה; קִבּוּץ; רֹבַע

**col'or** n. ‏(קֶלֶר)‏ צֶבַע; גָּוֶן; סֹמֶק; מֶזֶג; גּוֹן; עוֹר כֵּהֶה; חִיּוּת
—s סֵמֶל; דֶּגֶל; אֹפִי
— v.t. & i. גָּוֵן; צָבַע; סִלֵּף; אָדַם; הֶחֱלִיף צֶבַע, הִתְנַגֵּן; הִסְמִיק

**col'ored** adj. ‏(קֶלֶרְד)‏ צְבוּעַ; מְגֻוָּן; כּוּשִׁי; מֻטְעֶה; מְשֻׁפָּע

**col'orful** adj. ‏(קֶלֶרְפֶל)‏ סַסְגּוֹנִי; צִיּוּרִי

**colt** n. ‏(קוֹלְט)‏ סְיָח; נַעַר

**col'umn** n. ‏(קוֹלֶם)‏ טוּר, שְׂדֵרָה (צבא); עַמּוּד

**col'umnist** n. ‏(קוֹלֶמְנִיסְט)‏ בַּעַל טוּר

**co'ma** n. ‏(קוֹמָה)‏ חֹסֶר הַכָּרָה מֻמְשָׁךְ

**comb** n. & v.t. & i. ‏(קוֹם)‏ מַסְרֵק; קַרְצֶפֶת; כַּרְבֹּלֶת; חַלַּת דְּבַשׁ; פִּסְגַת גַּל; סָרַק; הִשְׁתַּבֵּר (פסגת גל)

**com'bat** n. ‏(קוֹמְבֶּט)‏ סִכְסוּךְ, מַאֲבָק, קְרָב

**combat'** v.t. & i. ‏(קֶמְבֶּט)‏ נִלְחַם בְּ-; הִתְנַגֵּד בְּכֹחַ; נֶאֱבַק

**com"bina'tion** n. ‏(קוֹמְבִּינֵישֶׁן)‏ צֵרוּף, חִבּוּר, בְּרִית, קוֹמְבִּינַצְיָה; צֹפֶן פְּתִיחָה (של מנעול)

**combine'** v.t. & i. ‏(קֶמְבַּיְן)‏ צֵרֵף, חִבֵּר, הִרְכִּיב, הִתְאַחֵד, הִתְחַבֵּר

**com'bine** n. ‏(קוֹמְבַּיְן)‏ צֵרוּף, חִבּוּר, קוֹמְבִּינַצְיָה; אִחוּד, אֲגוּד; קוֹמְבַּיְן

**combus'tion** n. ‏(קֶמְבַּסְצֶ'ן)‏ שְׂרֵפָה, בְּעִירָה, חִמְצוּן אִטִּי

**come** v.i. & t. ‏(קֶם)‏ בָּא, קָרַב, נִגַּשׁ; הוֹפִיעַ, הִגִּיעַ; הִסְתַּדֵּר; נוֹלַד; נַעֲשָׂה
— about קָרָה
— back חָזַר
— down with לָקָה בְּ-
— forward הִתְנַדֵּב
— in for קִבֵּל
— into קִבֵּל; יָרַשׁ
— off קָרָה; הִסְתַּיֵּם
— out הִתְפַּרְסֵם; הוֹפִיעַ; הִתְעַלָּה; נִכְנַס לַחֶבְרָה; הִסְתַּיֵּם
— over קָרָה
— to הִסְתַּכֵּם; חָזַר לְהַכָּרָה
— up עָלָה

**come'dian** n. ‏(קֶמִידְיָאַן)‏ קוֹמִיקָן; מְחַבֵּר קוֹמֶדְיוֹת

**com'edy** n. ‏(קוֹמֶדִי)‏ קוֹמֶדְיָה

**come'ly** adj. ‏(קַמְלִי)‏ יָפֶה, חִנָּנִי, נָאֶה

**com'et** n. ‏(קוֹמֶט)‏ כּוֹכָב שָׁבִיט

**com'fort** v.t. & i. & n. ‏(קַמְפֶרְט)‏ נִחֵם, עוֹדֵד; נֶחָמָה; נוֹחִיּוּת

**comf'ortable** adj. ‏(קַמְפֶרְטַבְּל)‏ נוֹחַ

**com'forter** n. ‏(קַמְפֶרְטֶר)‏ מְנַחֵם, סוֹדֵר צֶמֶר; כְּסָת

**com'ic** adj. & n. ‏(קוֹמִק)‏ קוֹמִי; מְבַדֵּחַ; קוֹמִיקָן

**co'ming** *n. & adj.* (קַמִנְג) בּוֹא; הַקָּרוֹב

**com'ma** *n.* (קוֹמָה) פְּסִיק

**command'** *n. & v.t. & i.* (קַמֶנְד) פְּקֻדָּה, צַו; פִּקּוּד; שְׁלִיטָה; צִוָּה, פָּקַד עַל; דָּרַשׁ; שָׁלַט בּ־; נִשְׁקַף עַל

**—ing** *adj.* מֵטִיל מָרוּת; מַרְשִׁים; מְפַקֵּד עַל; חוֹלֵשׁ עַל; מְשֻׁפָּע עַל יְדֵי מִקּוּמוֹ

**com"mandeer'** *v.t.* (קוֹמַנְדִיר) גִּיֵּס לְשֵׁרוּת צְבָאִי (אזרח); תָּפַס לְשִׁמּוּשׁ צִבּוּרִי, הִפְקִיעַ

**comman'der** *n.* (קַמֶנְדֶר) מְפַקֵּד; סֶגֶן אַלּוּף (בחיל הים של ארה״ב)

**command'ment** *n.* (קַמֶנְדְמֶנְט) פְּקֻדָּה, מִצְוָה; דִּבֵּר

**commem'orate** *v.t.* (קַמֶמֶרֵיט) הִזְכִּיר, שִׁמֵּשׁ לְזֵכֶר־; כִּבֵּד זֵכֶר

**commence'** *v.t. & i.* (קַמֶנְס) הִתְחִיל, פָּתַח בּ־

**commence'ment** *n.* (קַמֶנְסְמֶנְט) הַתְחָלָה; פְּתִיחָה; טֶקֶס סִיּוּם, יוֹם סִיּוּם

**commend'** *v.t.* (קַמֶנְד) הִלֵּל, הִמְלִיץ עַל; הִפְקִיד; צִיֵּן לְשֶׁבַח

**commend'able** *adj.* (קַמֶנְדֶבְּל) רָאוּי לְשֶׁבַח

**com"menda'tion** *n.* (קוֹמֶנְדֵישֶׁן) הַמְלָצָה, שֶׁבַח; צִיּוּן לְשֶׁבַח

**commen'surate** *adj.* (קַמֶנְשֶׁרִיט) שָׁוֶה ל־; מַקְבִּיל ל־; מַסְפִּיק

**com'ment** *n. & v.i. & t.* (קוֹמֶנְט) הֶעִיר, פֵּרֵשׁ, רָשַׁם הֶעָרוֹת; הֶעָרָה, פֵּרוּשׁ

**com'mentary** *n.* (קוֹמֶנְטֶרִי) הֶעָרָה, פֵּרוּשׁ, הֶסְבֵּר; פַּרְשָׁנוּת

**com'mentator** *n.* (קוֹמֶנְטֵיטֶר) פַּרְשָׁן

**com'merce** *n.* (קוֹמֶרְס) מִסְחָר; יַחֲסֵי חֶבְרָה; יְחָסִים מִינִיִּים; הַחְלָפַת דֵּעוֹת

chamber of — לִשְׁכַּת מִסְחָר

**com'mercial** *adj. & n.* (קַמֶרְשֶׁל) מִסְחָרִי; הוֹדָעַת פִּרְסוּם

**commis'erate** *v.t. & i.* (קַמִזֶרֵיט) רִחֵם עַל; הִשְׁתַּתֵּף בְּצַעַר

**commis'sion** *n.* (קַמִישֶׁן) הַפְקָדָה, פְּקֻדָּה; סַמְכוּת; כְּתַב מִנּוּי; וַעֲדָה; מִשְׁלַחַת; בִּצּוּעַ; יִפּוּי כֹּחַ; עֲמָלָה

out of — אֵינוֹ פּוֹעֵל

— *v.t.* הֶעֱנִיק כְּתַב מִנּוּי; שָׁלַח לְשֵׁרוּת פָּעִיל; הִזְמִין

**commis'sioner** *n.* (קַמִשֶׁנֶר) נְצִיב

**commit'** *v.t.* (קַמִט) הִפְקִיד בִּידֵי; הִתְחַיֵּב, הִצְהִיר עַל עֶמְדָּה; דָּן לִכְלִיאָה בְּמוֹסָד; מָסַר; בִּצַּע

**commit'ment** *n.* (קַמִטְמֶנְט) הַפְקָדָה; כְּלִיאָה בְּמוֹסָד; פְּקֻדַּת כְּלִיאָה; בִּצּוּעַ; הִתְחַיְּבוּת, הַצְהָרַת עֶמְדָּה; מְעוֹרָבוּת, מְחֻיָּבוּת

**commit'tal** *n.* (קַמִטְל) כְּלִיאָה; הַצְהָרַת עֶמְדָּה

**commit'tee** *n.* (קַמִטִי) וַעַד

**commodi'ity** *n.* (קַמוֹדִטִי) מִצְרָךְ

**com'mon** *adj.* (קוֹמֶן) מְשֻׁתָּף; צִבּוּרִי; מְאֻחָד; יָדוּעַ לְשִׁמְצָה; נָפוֹץ; נָדוֹשׁ; נָחוּת; גַּס; פָּשׁוּט

—(s) אֲדָמָה צִבּוּרִית

House of Commons בֵּית הַנִּבְחָרִים (בבריטניה)

**com'moner** *n.* (קוֹמֶנֶר) אֶזְרָח פָּשׁוּט (שלא ממעמד האצולה)

**com'monplace"** *adj. & n.* (קוֹמֶנְפְּלֵיס) רָגִיל, פָּשׁוּט, שִׁגְרָתִי, נָדוֹשׁ; אִמְרָה נְדוֹשָׁה; דָּבָר לֹא־מְעַנְיֵן

**com'monwealth"** *n.* (קוֹמֶנְוֶלְתְ׳) חֶבֶר עַמִּים; פֶדֶרַצְיָה שֶׁל מְדִינוֹת; מְדִינָה (עצמאית – חברה בברית מדינות); קְהִלִּיָּה

**commo'tion** *n.* (קַמוֹשֶׁן) מְהוּמָה; תְּסִיסָה

**commun'al** *n. adj.* (קוֹמְיֻנְל) קְהִלָּתִי; עֲדָתִי, צִבּוּרִי

**commune'** *v.i. & n.* (קַמְיוּן) שׂוֹחֵחַ עִם (בצורה אינטימית); הִתְיָעֵץ עִם; קוֹמוּנָה, קְהִלָּה

**commu'nicate** *v.t.i.* (קַמְיוּנִקֵיט) הוֹדִיעַ, הֶעֱבִיר, מָסַר; נִהֵל קֶשֶׁר; גִּלָּה בְּקַלּוּת; הָיָה בַּעַל מַעֲבָר מְשֻׁתָּף; אָכַל לֶחֶם קֹדֶשׁ (בנצרות)

**commu"nica'tion** *n.* (קַמְיוּנִקֵישֶׁן) הִתְקַשְּׁרוּת; הוֹדָעָה; שֶׁדֶר; תִּקְשֹׁרֶת

—s תִּקְשֹׁרֶת

**commu'nica"tive** *adj.* (קַמְיוּנִקֵיטִב) נוֹחַ לְהִתְקַשְּׁרוּת; שֶׁל תִּקְשֹׁרֶת

**commu'nion** *n.* (קַמְיוּנְיֶן) הִשְׁתַּתְּפוּת; קֶשֶׁר אִינְטִימִי, הִתְקַשְּׁרוּת; אֱמוּנָה (דתית)

**commun'nique** *n.* (קְמְיוּנִקֵי) הוֹדָעָה רִשְׁמִית

**com'munis"m** *n.* (קוֹמְיֻנִזְם) קוֹמוּנִיזְם

**commu'nity** *n.* (קְמְיוּנִטִי) קְהִלָּה, עֵדָה; צִבּוּר; קְהִלִּיָּה; שֻׁתָּפוּת, הַתְאָמָה

**commute'** *v.t. & i.* (קְמְיוּט) הֶחֱלִיף, שִׁנָּה; הַמְתִּיק (דין); נָסַע בִּקְבִיעוּת (בין פרבר העיר למרכזה וכו׳)

**com'pact** *n. & adj.* (קוֹמְפֶּקְט) חוֹזֶה, הֶסְכֵּם; פּוּדְרִיָּה; מְכוֹנִית קְטַנָּה וְחֶסְכוֹנִית; מוּצָק, דָּחוּס, מְעֻבֶּה; תּוֹפֵס מְעַט מָקוֹם; קָטָן וְחֶסְכוֹנִי; תַּמְצִיתִי

**compan'ion** *n.* (קְמְפֶּנְיֶן) רֵעַ, חָבֵר; בֶּן־לְוָיָה; מַדְרִיךְ

**com'pany** *n.* (קַמְפְּנִי) חֶבְרָה; אוֹרְחִים; פְּלֻגָּה; לַהֲקָה; צֶוֶת

keep — (במסגרת נישואים) הִתְרוֹעֵעַ; הִתְקַשֵּׁר

part — נִתֵּק רֵעוּת, חָלַק עַל; נִפְרַד מִן

**com'parable** *adj.* (קוֹמְפֶּרֶבְּל) נִתָּן לְהַשְׁוָאָה; רָאוּי לְהַשְׁוָאָה; דּוֹמֶה

**compar'ative** *adj. & n.* (קוֹמְפֶּרֶטִב) הַשְׁוָאָתִי, מַשְׁוֶה; יַחֲסִי; עֵרֶךְ הַיִּתָּרוֹן

**compare'** *v.t. & i.* (קְמְפֵּר) הִשְׁוָה; הִשְׁתַּוָּה, דָּמָה

**compar'ison** *n.* (קְמְפֶּרִסְן) הַשְׁוָאָה, דִּמְיוֹן

**compart'ment** *n.* (קְמְפַּרְטְמֶנְט) תָּא

**com'pass** *n.* (קַמְפֶּס) מַצְפֵּן; הֶקֵּף, תְּחוּם, שֶׁטַח; מְחוּגָה

**compas'sion** *n.* (קְמְפֶּשְׁן) רַחֲמָנוּת, חֶמְלָה

**compas'sionate** *adj.* (קְמְפֶּשֶׁנְט) רַחֲמָן, חַנּוּן

**compat'ible** *adj.* (קְמְפֶּטִבְּל) מְסֻגָּל לְהִתְקַיֵּם יַחַד; מַתְאִים; מִשְׁתַּוֶּה; מִתְיַשֵּׁב עִם

**compel'** *v.t. & i.* (קְמְפֶּל) הִכְרִיחַ; כָּפָה; הִכְנִיעַ; הִשְׁפִּיעַ הַשְׁפָּעָה מוּחֶצֶת

**com'pensate"** *v.t. & i.* (קוֹמְפֶּנְסֵיט) פִּצָּה; קִזֵּז; הָיָה שָׁוֶה לְ־; אִזֵּן; כִּפֵּר עַל

**com"pensa'tion** *n.* (קוֹמְפֶּנְסֵישְׁן) פִּצּוּי

**compete'** *v.i.* (קְמְפִּיט) הִתְחָרָה; הִשְׁתַּתֵּף בְּהִתְחָרוּת

**com'petent** *adj.* (קוֹמְפֶּטֶנְט) קוֹמְפֶּטֶנְטִי; מֻסְמָךְ; בָּקִי, מֻכְשָׁר בְּצוּרָה מַסְפִּיקָה; מַסְפִּיק

**competit'ion** *n.* (קוֹמְפֶּטִישְׁן) תַּחֲרוּת

**compet'itor** *n.* (קְמְפֶּטִטְר) מִתְחָרֶה, יָרִיב

**compile'** *v.t.* (קְמְפַּיל) חִבֵּר; אָסַף

**compla'cent** *adj.* (קְמְפְּלֵיסֶנְט) שַׁאֲנָן; מְרֻצֶּה מִמַּעֲשָׂיו

**complain'** *v.i. & t.* (קְמְפְּלֵין) הִתְאוֹנֵן; הִגִּישׁ מְחָאָה

**complaint'** *n.* (קְמְפְּלֵינְט) תְּלוּנָה; חֹלִי

**complai'sant** *adj.* (קְמְפְּלֵיסֶנְט) נוֹחַ; מְבַקֵּשׁ לִמְצוֹא חֵן

**com'plement** *n. & v.t.* (קוֹמְפְּלֶמֶנְט) הַשְׁלָמָה; מַשְׁלִים; תֶּקֶן מָלֵא; הִשְׁלִים

**complete'** *adj. & v.t.* (קְמְפְּלִיט) שָׁלֵם; מֻשְׁלָם; מֻחְלָט; הִשְׁלִים; סִיֵּם

**complete'ly** *adv.* (קְמְפְּלִיטְלִי) כָּלִיל; לַחֲלוּטִין

**com'plex** *adj. & n.* (קוֹמְפְּלֶקְס) מֻרְכָּב; מְסֻבָּךְ; תִּסְבֹּכֶת; תַּסְבִּיךְ; תִּשְׁלֹבֶת

**comple'xion** *n.* (קְמְפְּלֶקְשְׁן) גֶּוֶן (עור); מַרְאֶה

**compli'ance** *n.* (קְמְפְּלַיאֲנְס) הֵעָנוּת; כְּנִיעָה, צִיּוּת, שִׁתּוּף

**comp'licate** *v.t.* (קוֹמְפְּלֶקֵיט) סִבֵּךְ

**complica'tion** *n.* (קוֹמְפְּלֶקֵישְׁן) סִבּוּךְ; הִסְתַּבְּכוּת

**com'pliment** *n. & v.t. & i.* (קוֹמְפְּלֶמֶנְט) מַחֲמָאָה; הֶחֱמִיא, חִלֵּק מַחֲמָאָה; בֵּרֵךְ; הֶעֱנִיק טוֹבָה

**comply'** *v.i.* (קְמְפְּלַי) מִלֵּא; נַעֲנָה, צִיֵּת

**compon'ent** *adj. & n.* (קַמְפּוֹנֶנְט) מַרְכִּיב, חֵלֶק, רְכִיב

**comport'** *v.t. & i.* (קַמְפּוֹרְט) הִתְנַהֵג; תָּאַם

**compose'** *v.t. & i.* (קַמְפּוֹז) חִבֵּר; הִרְכִּיב, הָגָה; עָרַךְ; אִרְגֵּן הַמַּרְכִּיבִים; יָצַר; הִלְחִין; יִשֵּׁב (סכסוך); הִרְגִּיעַ; הִסְתַּדֵּר

**composed'** *adj.* (קַמְפּוֹזְד) שָׁלֵו, רָגוּעַ

**compo'ser** *n.* (קַמְפּוֹזֶר) מַלְחִין, קוֹמְפּוֹזִיטוֹר; מַרְכִּיב

**compos'ite** *adj.* (קַמְפּוֹזִט) מֻרְכָּב מִיסוֹדוֹת שׁוֹנִים; מִמִּשְׁפַּחַת הַמֻּרְכָּבִים (בוטניקה)

**com"posi'tion** *n.* (קוֹמְפֶּזִישְׁן) חִבּוּר; מִבְנֶה; הֶרְכֵּב; תַּרְכִּיב; קוֹמְפּוֹזִיצְיָה; יִשּׁוּב (סכסוך), פְּשָׁרָה; סִדּוּר (אותיות)

**compos'itor** *n.* (קַמְפּוֹזִטְר) סַדָּר (דפוס)

**compos'ure** *n.* (קַמְפּוֹזְ'ר) יִשּׁוּב דַּעַת; שַׁלְוָה

**com′pound** *adj.* & *n.* (קוֹמְפָּאוּנְד) מֻרְכָּב; תִּרְכֹּבֶת; שֶׁטַח גָּדוּר
— *v.t.* & *i.* עִרְבֵּב; חִבֵּר; הִוָּה; שִׁלֵּם רִבִּית דְּרִבִּית; הִגְבִּיר; הִתְפַּשֵּׁר

**com″prehend′** *v.t.* (קוֹמְפְּרִהֶנְד) הֵבִין, הִשִּׂיג, תָּפַס; הִקִּיף, כָּלַל

**com″prehen′sion** *n.* (קוֹמְפְּרִהֶנְשֶׁן) הֲבָנָה, תְּבוּנָה, הַשָּׂגָה, תְּפִיסָה; כְּלִילָה

**com″prehen′sive** *adj.* (קוֹמְפְּרִהֶנְסִב) מַקִּיף, כּוֹלֵל; מֵבִין, תּוֹפֵס

**compress′** *v.t.* (קֶמְפְּרֶס) דָּחַס

com′press *n.* (קוֹמְפְּרֶס) אִסְפְּלָנִית, תַּחְבֹּשֶׁת

**compres′sor** *n.* (קֶמְפְּרֶסֶר) מַדְחֵס

**comprise′** *v.t.* (קֶמְפְּרַיז) כָּלַל; הָיָה מֻרְכָּב מִן; הִוָּה

**comp′romise″** *n.* & *v.t.* & *i.* (קוֹמְפְּרֶמַיז) פְּשָׁרָה; סִכּוּן, חֲשִׂיפָה לַחֲשָׁד; הִתְפַּשֵּׁר; חָשַׂף הַשֵּׁם הַטּוֹב לַחֲשָׁד; הִשְׁפִּיעַ הַשְׁפָּעָה שְׁלִילִית; וִתֵּר בְּצוּרָה מַחְפִּירָה

**compul′sion** *n.* (קֶמְפַּלְשֶׁן) הֶכְרֵחַ, כְּפִיָּה, לַחַץ

**compul′sory** *adj.* (קֶמְפַּלְסֶרִי) הֶכְרֵחִי, שֶׁל חוֹבָה

**compunc′tion** *n.* (קֶמְפַּנְקְשֶׁן) מוּסַר כְּלָיוֹת, חֲרָטָה, חֹסֶר וַדָּאוּת בְּצִדְקַת מַעֲשֶׂה

**compute′** *v.t.* & *i.* (קֶמְפְּיוּט) חִשֵּׁב

**compu′ter** *n.* (קֶמְפְּיוּטֶר) מְחַשֵּׁב; מַחְשֵׁב

**com′rade** *n.* (קוֹמְרֶד) חָבֵר, יְדִיד, רֵעַ; קוֹמוּנִיסְט

**concave′** *adj.* (קוֹנְקֵיב) קָעוּר

**conceal** *v.t.* (קֶנְסִיל) הִסְתִּיר, כִּסָּה, חִפָּה עַל

**concede′** *v.t.* & *i.* (קֶנְסִיד) הוֹדָה, אִשֵּׁר נִצָּחוֹן; וִתֵּר עַל, עָשָׂה וִתּוּר

**conceit** *n.* (קֶנְסִיט) יְהִירוּת; רַעְיוֹן; דִּמְיוֹן; קַפְרִיזָה

**concei′ted** *adj.* (קֶנְסִיטֶד) יָהִיר

**concei′vable** *adj.* (קֶנְסִיוֶבֶּל) עוֹלֶה עַל הַדַּעַת

**conceive′** *v.t.* & *i.* (קֶנְסִיב) דִּמָּה, הֶעֱלָה עַל הַדַּעַת; סָבַר, חָשַׁב, הָגָה; חָשׁ; הוֹלִיד; הָרָה; נוֹסַד, שֶׁמְּקוֹרוֹ –

**con′centrate″** *v.t.* & *i.* & *n.* (קוֹנְסֶנְטְרֵיט) רִכֵּז; הִתְרַכֵּז; תַּרְכִּיז

**con″centration** *n.* (קוֹנְסֶנְטְרֵישֶׁן) רִכּוּז; הִתְרַכְּזוּת; תְּשׂוּמֶת לֵב בִּלְעָדִית

**con′cept** *n.* (קוֹנְסֶפְּט) מֻשָּׂג, רַעְיוֹן

**concep′tion** *n.* (קֶנְסֶפְּשֶׁן) מֻשָּׂג, רַעְיוֹן, הַעֲלָאָה עַל הַדַּעַת

**concern′** *n.* & *v.t.* (קֶנְסֶרְן) עִנְיָן; תְּפִיסָה; הֵרָיוֹן, הִתְעַבְּרוּת; רֵאשִׁית; תָּכְנִית; עֵסֶק; דְּאָגָה; יַחַס; מִפְעָל, חֶבְרָה, קוֹנְצֶרְן; נָגַע ל־; הֶעֱסִיק, עִנְיֵן; הִדְאִיג

**concerned** *adj.* (קֶנְסֶרְנְד) דּוֹאֵג, מְעֻנְיָן

**concern′ing** *prep.* (קֶנְסֶרְנִנְג) עַל אוֹדוֹת, בְּעִנְיַן־; וַאֲשֶׁר ל־

**con′cert** *n.* (קוֹנְסֶרְט) קוֹנְצֶרְט; הַסְכָּמָה, פְּעֻלָּה מְשֻׁתֶּפֶת

**concer′ted** *adj.* (קֶנְסֶרְטֶד) מְסֻכָּם, מְתֻכְנָן בְּשֻׁתָּפוּת, מְבֻצָּע תּוֹךְ שִׁתּוּף

**conces′sion** *n.* (קֶנְסֶשֶׁן) וִתּוּר; זִכָּיוֹן

**concil′iate** *v.t.* (קֶנְסִלִיאֵיט) פִּיֵּס; רִכֵּשׁ; הֵבִיא לִידֵי הַשְׁלָמָה עִם

**concil″ia′tion** *n.* (קֶנְסִלִיאֵישֶׁן) פִּיּוּס, הַשְׁכָּנַת שָׁלוֹם

**concil′iatory** *adj.* (קֶנְסִלִיאֲטוֹרִי) פַּיְסָנִי

**concise′** *adj.* (קֶנְסַיס) תַּמְצִיתִי

**concise′ness** *n.* (קֶנְסַיסְנֶס) תַּמְצִיתִיּוּת

**con′clave** *n.* (קוֹנְקְלֵיב) אֲסֵפָה פְּרָטִית; כֶּנֶס חַשְׁמַנִּים (לבחירת אפיפיור)

**conclude′** *v.t.* & *i.* (קֶנְקְלוּד) סִיֵּם; הֵבִיא לִידֵי גְּמַר; הִסִּיק; הֶחְלִיט; הִסְתַּיֵּם

**conclu′sion** *n.* (קֶנְקְלוּזְ׳ן) סִיּוּם, גְּמָר; תּוֹצָאָה, פֹּעַל יוֹצֵא; הֶסְדֵּר סוֹפִי; הַחְלָטָה סוֹפִית; מַסְקָנָה

**conclu′sive** *adj.* (קֶנְקְלוּסִב) מַכְרִיעַ, חוֹתֵךְ; מְסַיֵּם

**concoct′** *v.t.* (קֶנְקוֹקְט) הִמְצִיא, הִתְקִין

**con′cord** *n.* (קוֹנְקוֹרְד) הַסְכָּמָה; הֶסְכֵּם; הַרְמוֹנְיָה, הַתְאָמָה

**concor′dance** *n.* (קוֹנְקוֹרְדֶנְס) קוֹנְקוֹרְדַנְצְיָה; הַסְכָּמָה, הַתְאָמָה

**concrete′** *adj.* & *n.* (קוֹנְקְרִיט) מַמָּשִׁי, מְצִיאוּתִי, מוּחָשִׁי; עָשׂוּי בֵּטוֹן; בֵּטוֹן

**con′cubine** *n.* (קוֹנְקְיֻבַּיְן) פִּילֶגֶשׁ

**concur′** *v.t. & i.* (קוֹנְקֶר) הִסְכִּים; שִׁתֵּף פְּעֻלָּה; אֵרַע בְּעֵת אַחַת

**concus′sion** *n.* (קַנְקַשְׁן) זַעֲזוּעַ

**condemn′** *v.t.* (קַנְדֶם) הִרְשִׁיעַ; גִּנָּה; דָּן; גָּזַר לִסְקִילָה; הִכְרִיז כַּחֲשׁוּךְ מַרְפֵּא; גָּזַר עַל; הֶחֱרִים

**condense′** *v.t. & i.* (קַנְדֶנְס) דָּחַס, עִבָּה; קִצֵּר; הִתְעַבָּה

**conde″scend′** *v.t.* (קוֹנְדֶסֶנְד) מָחַל עַל כְּבוֹדוֹ; הוֹאִיל בְּטוּבוֹ

**con′diment** *n.* (קוֹנְדִמֶנְט) תַּבְלִין

**cond′ition** *n. & v.t.* (קַנְדִשְׁן) מַצָּב, מַעֲמָד; תְּנַאי, נְסִבָּה; הִכְשִׁיר, הִרְגִּיל, סִגֵּל; בָּדַק; הִתְנָה

**condi′tional** *adj.* (קַנְדִשְׁנַל) עַל תְּנַאי; בִּתְנַאי

**condo′lence** *n.* (קַנְדוֹלֶנְס) הַבָּעַת תַּנְחוּמִים

**condone′** *v.t.* (קַנְדוֹן) הִתְעַלֵּם מ־; סָלַח

**condu′ctive** *adj.* (קַנְדוּסִב) מְסַיֵּעַ ל־; מֵבִיא לִידֵי

**conduct′** *v.t. & i.* (קַנְדַקְט) נִהֵל; עָרַךְ; נִצֵּחַ עַל (תזמורת); הִתְנַהֵג; הוֹלִיךְ, לִוָּה

**con′duct** *n.* (קוֹנְדַקְט) הִתְנַהֲגוּת; נִהוּל; לִוּוּי, הַדְרָכָה; הַנְהָגָה

**conduct′or** *n.* (קַנְדַקְטֶר) מְנַהֵל, מַדְרִיךְ; כַּרְטִיסָן; מְמֻנֶּה עַל צֶוֶת רַכֶּבֶת; מְנַצֵּחַ (תזמורת); מוֹלִיךְ

**con′duit** *n.* (קוֹנְדוּט) צִנּוֹר, מוֹבִיל, מוֹבָל

**cone** *n.* (קוֹן) קוֹנוּס, חָרוּט

**confec′tioner** *n.* (קַנְפֶקְשֶׁנֶר) מְיַצֵּר מַמְתַּקִּים; מוֹכֵר מַמְתַּקִּים

**confed′eracy** *n.* (קַנְפֶדֶרֶסִי) אִחוּד, בְּרִית; קְנוּנְיָה

**confed′erate** *n.* (קַנְפֶדֶרֶט) שֻׁתָּף (לאיחוד, ברית, או קנוניה), בַּעַל בְּרִית; שֻׁתָּף לִדְבַר עֲבֵרָה

**confer′** *v.t. & i.* (קַנְפֶר) הֶעֱנִיק; נוֹעַץ, הִתְיָעֵץ

**con′ference** *n.* (קוֹנְפֶרֶנְס) וְעִידָה, אֲסֵפָה; לִינָה (ספורט)

**confess′** *v.t. & i.* (קַנְפֶס) הוֹדָה עַל; הִתְוַדָּה; וִדָּה; הִכְרִיז עַל דְּבֵקוּתוֹ בּ־

**confes′sion** *n.* (קַנְפֶשְׁן) הוֹדָאָה; וִדּוּי

**confes′sional** *n.* (קַנְפֶשְׁנַל) שֶׁל וִדּוּי; תָּא הִתְוַדּוּת

**confes′sor** *n.* (קַנְפֶסֶר) מִתְוַדֶּה; מוֹדֶה; דָּבֵק (בדת)

**con″fidant′(e)** (קוֹנְפִדַנְט) אִישׁ [אֵשֶׁת] סוֹד

**confide′** *v.i. & t.* (קַנְפַיד) בָּטַח בּ־; נָתַן אֵמוּן בּ־; גִּלָּה סוֹדוֹת; שׂוֹחַח עַל בְּעָיוֹת אִינְטִימִיּוֹת; הִפְקִיד בִּידֵי

**con′fidence** *n.* (קוֹנְפִדֶנְס) אֵמוּן; בִּטָּחוֹן עַצְמִי, הֶעָזָה; סוֹד

**con′fident** *adj.* (קוֹנְפִדֶנְט) בָּטוּחַ; בּוֹטֵחַ בְּעַצְמוֹ; נוֹעָז

**con″fiden′tial** *adj.* (קוֹנְפִדֶנְשֶׁל) סוֹדִי; שֶׁם אֵמוּן בּ־; מֻפְקָד עַל עִנְיָנִים פְּרָטִיִּים; פְּנִימִי

**confine′** *v.t. & i.* (קַנְפַין) הִגְבִּיל, כָּלָא

**—(s)** *n.* תְּחוּם

**confine′ment** *n.* (קַנְפַינְמֶנְט) כְּלִיאָה; לֵדָה

**confirm′** *v.t.* (קַנְפֶרְם) אִשֵּׁר; חִזֵּק

**con″firma′tion** *n.* (קוֹנְפֶרְמֵישְׁן) אִשּׁוּר; הוֹכָחָה; הַכְנָסָה בִּבְרִית (דת); בַּר־מִצְוָה, בַּת־מִצְוָה

**con′fiscate** *v.t.* (קוֹנְפִסְקֵיט) הֶחֱרִים, הִפְקִיעַ

**con″flagra′tion** *n.* (קוֹנְפְלַגְרֵישְׁן) דְּלֵקָה הַרְסָנִית

**con′flict** *n.* (קוֹנְפְלִקְט) קְרָב; מַאֲבָק; הִתְנַגְּשׁוּת; סִכְסוּךְ

**conflict′** *v.t.* (קַנְפְלִקְט) הִתְנַגֵּשׁ; נִלְחַם

**con′fluence** *n.* (קוֹנְפְלוּאֶנְס) מִפְגַּשׁ נְהָרוֹת; הִתְמַזְּגוּת; הָמוֹן

**conform′** *v.i. & t.* (קַנְפוֹרְם) תָּאַם; נִשְׁמַע ל־; דָּמָה; הִתְאִים עַצְמוֹ

**confound′** *v.t.* (קַנְפַאוּנְד) הֵבִיךְ; בִּלְבֵּל; עִרְבֵּב; חָשַׁב בְּטָעוּת לְזֵהֶה; הִפְרִיךְ

**confoun′ded** *adj.* (קַנְפַאוּנְדֶד) אָרוּר

**confront′** *v.t.* (קַנְפְרַנְט) עָמַד בִּפְנֵי; הִתְיַצֵּב נֶגֶד; הִצִּיג לִפְנֵי; הִשְׁוָה

**confuse′** *v.t.* (קַנְפְיוּז) בִּלְבֵּל, עִרְבֵּב; הֵבִיךְ; הֶעִיב עַל

**confu′sion** *n.* (קַנְפְיוּזְ׳ן) בִּלְבּוּל, מְבוּכָה; תֹּהוּ וָבֹהוּ; עִרְפּוּל

**congeal′** *v.t. & i.* (קַנְג׳יל) הִקְרִישׁ, הִקְפִּיא; קָרַשׁ, קָפָא

**congen′ial** *adj.* (קַנְג׳ינְיַל) נוֹחַ

**congen′ital** *adj.* (קַנְג׳נִטַל) מִלֵּדָה

**conges'tion** *n.* (קַנְגֶ'סְצ'ן) צְפִיפוּת, גֹּדֶשׁ
**conglom"era'tion** *n.* (קַנְגְלוֹמֶרֵישְׁן) הִצְטַבְּרוּת, צְבִירָה, גִּבּוּב
**congrat'ulate** *v.t.* (קַנְגְרֶצֶ'לֵיט) בֵּרֵךְ
**congrat"ula'tion** *n.* (קַנְגְרֶצֶ'לֵישְׁן) בְּרָכָה, אִחוּלִים
**cong'regate** *v.i. & t.* (קוֹנְגְרֶגֵיט) הִקְהִיל, כִּנֵּס, אָסַף; הִתְאַסֵּף, הִתְקַהֵל
**cong"rega'tion** *n.* (קוֹנְגְרֶגֵישְׁן) הִתְקַהֲלוּת; קְהִלָּה; עֵדָה
**con'gress** *n.* (קוֹנְגְרֶס) קוֹנְגְרֶס, בֵּית נִבְחָרִים; הִתְכַּנְּסוּת, כִּנּוּס; יְחָסִים
**conjec'ture** *n. & v.t. & i.* (קַנְגֶ'קְצ'ר) הַשְׁעָרָה; שִׁעֵר
**con'jugal** *adj.* (קוֹנְגֶ'גְל) שֶׁל נִשּׂוּאִים; שֶׁל יַחֲסֵי בַּעַל וְאִשָּׁה
**con'jugate"** *v.t.* (קוֹנְגֶ'גֵיט) נָטָה (דקדוק)
**conjunc'tion** *n.* (קַנְגֶ'נְקְשֶׁן) אִחוּד, חִבּוּר, צֵרוּף; צֵרוּף מְאֹרָעוֹת; מִלַּת קִשּׁוּר
**conjunc'tive** *adj.* (קַנְגֶ'נְקְטִב) מְחַבֵּר; קָשׁוּר, מְחֻבָּר
**con'jure** *v.t. & i.* (קוֹנְגֶ'ר) הִשְׁבִּיעַ, כִּשֵּׁף; הֶעֱלָה
**conjure'** *v.t.* (קַנְגֶ'ר) הִתְחַנֵּן
**connect'** *v.t. & i.* (קַנֶקְט) קִשֵּׁר, חִבֵּר; צֵרֵף; יִחֵס; הִתְקַשֵּׁר, הִתְחַבֵּר; קִיֵּם קֶשֶׁר
**connec'tion** *n.* (קַנֶקְשֶׁן) קֶשֶׁר, חִבּוּר; חֻלְיָה
**conni'vance** *n.* (קַנַיְוֶנְס) הִתְעַלְּמוּת (מפשע); הַסְכָּמָה שֶׁבִּשְׁתִיקָה; הִשְׁתַּתְּפוּת חֲשָׁאִית; הַשְׁלָמָה
**con"noisseur'** *n.* (קוֹנֵסֶר) מֵבִין
**con"nota'tion** *n.* (קוֹנֵטֵישְׁן) מַשְׁמָעוּת־לְוַאי; רֶמֶז, הַשְׁלָכָה קוֹנוֹטַצְיָה
**connu'bial** *adj.* (קַנוּבִּיאַל) שֶׁל נִשּׂוּאִים
**con'quer** *v.t. & i.* (קוֹנְקֶר) כָּבַשׁ, הִתְגַּבֵּר עַל, נִצַּח; רָכַשׁ בְּמַאֲמָץ
**con'queror** *n.* (קוֹנְקֶרֶר) כּוֹבֵשׁ, מְנַצֵּחַ
**con'quest** *n.* (קוֹנְקְוֶסְט) כִּבּוּשׁ; רְכִישַׁת חִבָּה
**con"sanguin'eous** *adj.* (קוֹנְסֶנְגְוִינִיאֶס) שֶׁל שְׁאֵר בָּשָׂר; קָרוֹב קִרְבַת־דָּם
**con'science** *n.* (קוֹנְשֶׁנְס) מַצְפּוּן
**con"scien'tious** *adj.* (קוֹנְשִׁיאֶנְשֶׁס) דַּיְקָן; קַפְּדָן; בַּעַל מַצְפּוּן
**con'scious** *adj.* (קוֹנְשֶׁס) מַכִּיר בְּ־, מוּדָע לְ־, עֵר לְ־; בְּהַכָּרָה; מֻרְגָּשׁ; בְּכַוָּנָה תְּחִלָּה
**con'sciousness** *n.* (קוֹנְשֶׁסְנֶס) הַכָּרָה, תּוֹדָעָה, יְדִיעָה
**conscrip'tion** *n.* (קַנְסְקְרִפְּשֶׁן) גִּיּוּס חוֹבָה
**con'secrate** *v.t.* (קוֹנְסֶקְרֵיט) הִקְדִּישׁ; קִדֵּשׁ
**con'secra'tion** *n.* (קוֹנְסֶקְרֵישְׁן) הַקְדָּשָׁה; קִדּוּשׁ
**consec'utive** *adj.* (קַנְסֶקְיֶטִב) רָצוּף, בָּזֶה אַחַר זֶה
**consen'sus** *n.* (קַנְסֶנְסֶס) הַסְכָּמָה כְּלָלִית, דַּעַת הָרֹב; תְּמִימוּת דֵּעִים
**consent'** *v.t. & n.* (קַנְסֶנְט) הִסְכִּים; הַסְכָּמָה
**con'sequence"** *n.* (קוֹנְסֶקְוֶנְס) תּוֹצָאָה; מַסְקָנָה; חֲשִׁיבוּת
**con'sequent"** *adj.* (קוֹנְסֶקְוֶנְט) מֵבִיא לִידֵי; נִגְרָר; עוֹקֵב; כְּתוֹצָאָה מִ־
**con"serva'tion** *n.* (קוֹנְסֶרְוֵישְׁן) שְׁמִירָה; שִׁמּוּר
**conser'vative** *adj. & n.* (קַנְסֶרְוֶטִב) שַׁמְרָנִי, שַׁמְרָן, קוֹנְסֶרְוָטִיבִי; זָהִיר, מָתוּן; מְשַׁמֵּר
**conser'vatory** *n.* (קַנְסֶרְוֶטוֹרִי) קוֹנְסֶרְוָטוֹרְיוֹן
**conserve'** *v.t.* (קַנְסֶרְב) שָׁמַר עַל, שִׁמֵּר; שִׁמּוּרֵי פֵּרוֹת
**consid'er** *v.t. & i.* (קַנְסִדֶר) שָׁקַל, הִרְהֵר, עִיֵּן; סָבַר, חָשַׁב; שָׂם לֵב לְ־; הֶחֱשִׁיב
**consid'erable** *adj.* (קַנְסִדֶרֶבְּל) נִכָּר; רָאוּי לְכָבוֹד
**consid"era'tion** *n.* (קַנְסִדֶרֵישְׁן) שִׁקּוּל; מַחֲשָׁבָה, הִרְהוּר; תְּמוּרָה; הִתְחַשְּׁבוּת; חֲשִׁיבוּת; הוֹקָרָה
**consign'** *v.t.* (קַנְסַיְן) מָסַר, הֶעֱבִיר לִידֵי, הִפְקִיד; הִקְצָה; שָׁלַח, מִעֵן מִשְׁלוֹחַ
**consign'ment** *n.* (קַנְסַיְנְמֶנְט) הַעֲבָרָה, מִשְׁלוֹחַ
**consist'** *v.i.* (קַנְסִסְט) הָיָה מֻרְכָּב מִן; תָּאַם
**consis'tency** *n.* (קַנְסִסְטֶנְסִי) הִתְלַכְּדוּת; צְפִיפוּת, קַשְׁיוּת, צְמִיגוּת; עִקְבִיּוּת; תֵּאוּם
**consis'tent** *adj.* (קַנְסִסְטֶנְט) עִקְבִי; מְגֻבָּשׁ
**con"sola'tion** *n.* (קוֹנְסֶלֵישְׁן) נֶחָמָה, עִדּוּד
**console'** *v.t.* (קַנְסוֹל) נִחֵם; עוֹדֵד

**consol′idate** *v.t. & i.* (קָנְסוֹלִדֵיט) לִכֵּד, אִחֵד; חִזֵק, מִצֵק; הִתְלַכֵּד, הִתְאַחֵד; הִתְמַצֵק

**con′sonant** *n. & adj.* (קוֹנְסֶנֶנְט) עִצוּר; תּוֹאֵם

**con′sort** *n. & v.i. & t.* (קוֹנְסוֹרְט) בַּעַל, אִשָּׁה, בֶּן־זוּג; הִתְחַבֵּר; תָּאַם

**conspic′uous** *adj.* (קֶנְסְפִּקְיוּאֶס) בּוֹלֵט, מִתְבַּלֵּט

**conspir′acy** *n.* (קֶנְסְפִּרֶסִי) קְנוּנְיָה, קֶשֶׁר; קְבוּצַת קוֹשְׁרִים; שִׁתּוּף פְּעֻלָּה

**conspir′ator** *n.* (קֶנְסְפִּרֶטֶר) קוֹשֵׁר; מִשְׁתַּתֵּף בִּקְנוּנְיָה

**conspire′** *v.i. & t.* (קֶנְסְפַּיְר) זָמַם, קָשַׁר; שִׁתֵּף פְּעֻלָּה

**constab′ulary** *n.* (קֶנְסְטֶבְּיֶלֶרִי) חֵיל שׁוֹטְרִים

**con′stable** *n.* (קוֹנְסְטֶבֶּל) שְׁלִיחַ בֵּית מִשְׁפָּט; שׁוֹטֵר

**con′stancy** *n.* (קוֹנְסְטֶנְסִי) יַצִּיבוּת, נֶאֱמָנוּת; אֲחִידוּת

**con′stant** *adj.* (קוֹנְסְטֶנְט) יַצִּיב, אָחִיד; קָבוּעַ, תְּמִידִי, מַתְמִיד, חוֹזֵר; נֶאֱמָן; דָּבֵק בְּמַטָּרָה

**con″stella′tion** *n.* (קוֹנְסְטֶלֵישֶׁן) קְבוּצַת כּוֹכָבִים, קוֹנְסְטֶלַצְיָה

**con″sterna′tion** *n.* (קוֹנְסְטֶרְנֵישֶׁן) תִּמָּהוֹן וּמְבוּכָה; בֶּהָלָה

**con″stipa′tion** *n.* (קוֹנְסְטִפֵּישֶׁן) עֲצִירוּת

**constit′uency** *n.* (קֶנְסְטִצ׳וּאֶנְסִי) צִבּוּר בּוֹחֲרִים (של מחוז מסוים); מָחוֹז בְּחִירוֹת

**constit′uent** *adj. & n.* (קֶנְסְטִצ׳וּאֶנְט) מַרְכִּיב; מְכוֹנֵן; רְכִיב; בּוֹחֵר

**con′stitute″** *v.t.* (קוֹנְסְטִטוּט) הִרְכִּיב, הָוָה; מִנָּה; כּוֹנֵן, יִסֵּד

**con″stitu′tion** *n.* (קוֹנְסְטִטוּשֶׁן) הֶרְכֵּב; מַצָּב גּוּפָנִי; אֹפִי; יְסוֹד; הִתְהַוּוּת; תַּקָּנוֹן, חֻקָּה

**con″stitu′tional** *n.* (קוֹנְסְטִטוּשֶׁנֶל) שַׁיָּךְ לָאִישִׁיּוּת; מֵיטִיב לַבְּרִיאוּת; תַּמְצִיתִי; תַּקָּנוֹתִי, בְּהֶתְאֵם לַחֻקָּה

— *n.* טִיּוּל (לשמירה על הבריאות)

**constrain′** *v.t.* (קֶנְסְטְרֵין) הִכְרִיחַ, חִיֵּב; כָּלָא, עָצַר; דִּכֵּא

**constric′tion** *n.* (קֶנְסְטְרִקְשֶׁן) הֲצָרוּת; כִּוּוּץ

**construct′** *v.t.* (קֶנְסְטְרַקְט) בָּנָה, הֵקִים

**construc′tion** *n.* (קֶנְסְטְרַקְשֶׁן) בְּנִיָּה; מִבְנֶה; הֶסְבֵּר

**construc′tive** *adj.* (קֶנְסְטְרַקְטִב) קוֹנְסְטְרוּקְטִיבִי, יַצְרָנִי; נִרְמָז

**construe′** *v.t.* (קֶנְסְטְרוּ) הִסְבִּיר, פֵּרֵשׁ; הִסִּיק; תִּרְגֵּם (תרגום מלולי)

**con′sul** *n.* (קוֹנְסֶל) קוֹנְסוּל

**con′sulate** *n.* (קוֹנְסֶלֶט) קוֹנְסוּלְיָה; כְּהֻנַּת קוֹנְסוּל; תְּקוּפַת כְּהֻנָּה שֶׁל קוֹנְסוּל

**consult′** *v.t. & i.* (קֶנְסַלְט) הִתְיָעֵץ עִם; פָּנָה (בשביל מידע); הִתְחַשֵּׁב בְּ־

**consume′** *v.t. & i.* (קֶנְסוּם) צָרַךְ, הִשְׁתַּמֵּשׁ בְּ־; אָכַל; הִשְׁמִיד, כִּלָּה; בִּזְבֵּז; סָפַג; כָּלָה

**consu′mer** *n.* (קֶנְסוּמֶר) צַרְכָן; מְכַלֶּה

**con″summa′tion** *n.* (קוֹנְסֶמֵישֶׁן) סִיּוּם, הַשְׁלָמָה; הֲבָאָה לְשִׂיא; מִמּוּשׁ (נישואים — ע״י יחסים מיניים)

**consump′tion** *n.* (קֶנְסַמְפְּשֶׁן) צְרִיכָה; הַשְׁמָדָה; שַׁחֶפֶת

**consump′tive** *adj. & n.* (קֶנְסַמְפְּטִב) צַרְכָנִי; הַרְסָנִי; בַּזְבְּזָנִי; חוֹלֵה שַׁחֶפֶת

**con′tact** *n. & v.t. & i.* (קוֹנְטֶקְט) מַגָּע, קֶשֶׁר; קְשָׁרִים; קִשֵּׁר; הִתְקַשֵּׁר

**contag′ious** *adj.* (קֶנְטֵיגֶ׳ס) מִדַּבֵּק; מַדְבִּיק (מחלה); מִתְפַּשֵּׁט

**contain′** *v.t.* (קֶנְטֵין) הֵכִיל; שָׁלַט בְּ־; עָצַר; מָנַע

**contam′inate″** *v.t. & i.* (קֶנְטֶמְנֵיט) זִהֵם; טִמֵּא

**con′template″** *v.t. & i.* (קוֹנְטֶמְפְּלֵיט) צָפָה, הִתְבּוֹנֵן; הָגָה, הִרְהֵר, שָׁקַל

**con″templa′tion** *n.* (קוֹנְטֶמְפְּלֵישֶׁן) צְפִיָּה, הִתְבּוֹנְנוּת; הִרְהוּר; תַּכְלִית; סִכּוּי

**contem″pora′neous, contem′porar″y** *adj. & n.* (קֶנְטֶמְפֶּרֵינִיאֶס; קֶנְטֶמְפֶּרֶרִי) בֶּן זְמַן־; בֶּן דּוֹר; בֶּן אוֹתָהּ תְּקוּפָה; בֶּן הַזְּמַן הַזֶּה; בֶּן אוֹתוֹ גִּיל

**contempt′** *n.* (קֶנְטֶמְפְּט) בּוּז; בִּזָּיוֹן

**contemp′tible** *adj.* (קֶנְטֶמְפְּטֶבֶּל) נִבְזֶה, בָּזוּי

**contempt′uous** *adj.* (קֶנְטֶמְצ׳וּאֶס) מְזַלְזֵל, מֵקֵל רֹאשׁ בְּ־; מִתְיַחֵס בְּבוּז

**contend′** *v.i. & t.* (קֻנְטֶנְד) טָעַן, קָבַע; נֶאֱבַק, הִתְחָרָה עַל

**content′** *adj.* (קֻנְטֶנְט) מְרֻצֶּה, שָׂמֵחַ בְּחֶלְקוֹ

**con′tent(s)** *n.* (קוֹנְטֶנְט[ס]) תֹּכֶן; תְּכוּלָה, נֶפַח, גֹּדֶל

**conten′ted** *adj.* (קֻנְטֶנְטֶד) מְרֻצֶּה, שָׂמֵחַ בְּחֶלְקוֹ

**conten′tion** *n.* (קֻנְטֶנְשֶׁן) מַאֲבָק; תַּחֲרוּת; קְבִיעָה, טַעֲנָה

**con′test** *n.* (קוֹנְטֶסְט) מַאֲבָק; תַּחֲרוּת; סִכְסוּךְ

contest′ *v.t & i.* (קֻנְטֶסְט) נֶאֱבַק, לָחַם; הִתְוַכֵּחַ; עִרְעֵר עַל, חָלַק עַל; הִתְחָרָה

**con′text** *n.* (קוֹנְטֶקְסְט) הֶקְשֵׁר

**con′tinent** *n. & adj.* (קוֹנְטִנֶנְט) יַבֶּשֶׁת; יַבָּשָׁה; יַבֶּשֶׁת אֵירוֹפָּה (להוציא בריטניה); כּוֹבֵשׁ יִצְרוֹ

**contin′gency** *n.* (קֻנְטִנְג׳נְסִי) תְּלוּת בְּמִקְרֶה; תְּלוּת בְּמִלּוּי תְּנַאי; מִקְרֶה (לא בטוח), אֶפְשָׁרוּת

**contin′ual** *adj.* (קֻנְטִנְיוּאֶל) תְּמִידִי, מַתְמִיד, נִמְשָׁךְ; חוֹזֵר וְנִשְׁנֶה

**contin′uance** *n.* (קֻנְטִנְיוּאֶנְס) הַמְשָׁכָה, הִמָּשְׁכוּת, הַתְמָדָה; הֶמְשֵׁךְ

**contin″ua′tion** *n.* (קֻנְטִנְיוּאֵישֶׁן) הַמְשָׁכָה, הִמָּשְׁכוּת; הַאֲרָכָה; הֶמְשֵׁךְ

**contin′ue** *v.i. & t.* (קֻנְטִנְיוּ) נִמְשַׁךְ; שָׁהָה; הִמְשִׁיךְ, הֶאֱרִיךְ; הוֹסִיף

**con″tinu′ity** *n.* (קוֹנְטִנְאוּאִטִי) רְצִיפוּת

**contin′uous** *adj.* (קֻנְטִנְיוּאֶס) רָצִיף, נִמְשָׁךְ; חוֹזֵר וְנִשְׁנֶה; לְלֹא הַפְסָקָה

**contor′tion** *n.* (קֻנְטוֹרְשֶׁן) עִקּוּם, עִוּוּת

**con′tour** *n.* (קוֹנְטוּר) מִתְאָר

**con′traband″** *n.* (קוֹנְטְרֶבֶּנְד) סְחוֹרָה אֲסוּרָה; אִסּוּר בִּיבוּא וִיצוּא; סְחוֹרָה מֻבְרַחַת; הַבְרָחָה

**con″tracep′tion** *n.* (קוֹנְטְרֶסֶפְּשֶׁן) מְנִיעַת הֵרָיוֹן; פִּקּוּחַ עַל הַיְלוּדָה

**con′tract** *n. & v.t.* (קוֹנְטְרֶקְט) חוֹזֶה;

**con″tracep′tive** *adj. & n.* (קוֹנְטְרֶסֶפְּטִב) מוֹנֵעַ הֵרָיוֹן; אֶמְצָעִי מְנִיעָה

אֵרוּסִים; קָבַע (בחוזה)

contract′ *v.t. & i.* (קֻנְטְרֶקְט) כִּוֵּץ, קִמֵּט; קִצֵּר; הִתְקַשֵּׁר בְּ־; לָקָה בְּ־; הֵבִיא עַל עַצְמוֹ; הִתְכַּוֵּץ; חָתַם עַל חוֹזֶה

**contrac′tion** *n.* (קֻנְטְרֶקְשֶׁן) כִּוּוּץ; קִצּוּר; הִתְחַיְּבוּת חוֹזִית

**con′tractor** *n.* (קוֹנְטְרֶקְטֶר) קַבְּלָן; מְכַוֵּץ

**con″tradict′** *v.t. & i.* (קוֹנְטְרֶדִקְט) סָתַר (דבר); הִכְחִישׁ; שָׁלַל

**con″tradic′tion** *n.* (קוֹנְטְרֶדִקְשֶׁן) סְתִירָה, הַכְחָשָׁה

**con″tradic′tory** *adj.* (קוֹנְטְרֶדִקְטֶרִי) סוֹתֵר, מְנֻגָּד

**con′trary** *adj.* (קוֹנְטְרֶרִי) מְנֻגָּד; הָפוּךְ; סַרְבָן

— *n.* הֵפֶךְ, הִפּוּךְ

on the — אַדְּרַבָּה, לְהֵפֶךְ

**con′trast** *n.* (קוֹנְטְרֶסְט) נִגּוּד, שֹׁנִי מֻחְלָט; שׁוֹנֶה בְּתַכְלִית

contrast′ *v.t. & i.* (קֻנְטְרֶסְט) הִצִּיג נִגּוּדִים, הִצִּיג שֹׁנִי

**contrib′ute** *v.t. & i.* (קֻנְטְרִבְּיוּט) תָּרַם, נִדֵּב; פִּרְסֵם יְצִירָה

**con″trib′ution** *n.* (קוֹנְטְרִבְּיוּשֶׁן) תְּרוּמָה; פְּרִי־עֵט; מַס

**contrite′** *adj.* (קֻנְטְרַיְט) מִתְחָרֵט; חוֹזֵר בִּתְשׁוּבָה

**contriv′ance** *n.* (קֻנְטְרַיְוֶנְס) מִתְקָן; הַמְצָאָה; תָּכְנִית

**contrive′** *v.t. & i.* (קֻנְטְרַיְב) תִּכְנֵן, הִמְצִיא, תִּחְבֵּל; זָמַם; בִּצַּע (ע״י תחבולות)

**control′** *v.t. & i. & n.* (קֻנְטְרוֹל) בִּקֵּר, שָׁלַט בְּ־; רִסֵּן; בָּדַק (בעזרת קבוצת ביקורת); הִשְׁתַּלֵּט עַל, חִסֵּל; בִּקֹּרֶת, בַּקָּרָה; בְּדִיקָה; שְׁלִיטָה, פִּקּוּחַ

**con′trover″sy** *n.* (קוֹנְטְרֶוֶרְסִי) סִכְסוּךְ, מַחֲלֹקֶת, פּוּלְמוּס, וִכּוּחַ

**contu′sion** *n.* (קֻנְטוּז׳ן) חַבּוּרָה

**conun′drum** *n.* (קֻנַנְדְרֶם) חִידָה

**con″valesc′ence** *n.* (קוֹנְוֶלֶסֶנְס) הַחְלָמָה

**con″valesc′ent** *adj. & n.* (קוֹנְוֶלֶסֶנְט) מַחֲלִים

**convene′** *v.i.* (קֻנְוִין) הִתְכַּנֵּס, הִתְאַסֵּף; כִּנֵּס; הִזְמִין (להופיע לפני שופט)

**conven′ience** *n.* (קֻנְוִינְיֶנְס) נוֹחִיּוּת, נוֹחוּת; הַתְאָמָה; הִזְדַּמְּנוּת נְאוֹתָה

**conven′ient** *adj.* (קֻנְוִינְיֶנְט) נוֹחַ, נָאוֹת; קָרוֹב

**con'vent** *n.* (קוֹנְוֶנְט) מִנְזָר (לנזירות)
**conven'tion** *n.* (קֶנְוֶנְשֶן) וְעִידָה; הֶסְכֵּם, חוֹזֶה, אֲמָנָה; מוּסְכָּמָה, הַסְכָּמָה כְּלָלִית, נֹהַג מְסֻכָּם
**conven'tional** *adj.* (קֶנְוֶנְשֶנֶל) קוֹנְוֶנְצְיוֹנָלִי; מְסֻכָּם; רָגִיל, מְקֻבָּל, רוֹוֵחַ
**converge'** *v.i.* (קֶנְוֶרְג') נָטָה לְהִפָּגֵשׁ, הִתְכַּנֵּס, הִתְחַבֵּר; נָטָה לְמַטָּרָה מְשֻׁתֶּפֶת
**con"versa'tion** *n.* (קוֹנְוֶרְסֵישֶן) שִׂיחָה
**converse'** *v.i.* & *n.* (קֶנְוֶרְס) שׂוֹחַח; שִׂיחָה
**conver'sion** *n.* (קֶנְוֶרְזְ'ן) הֲמָרָה; הֲמָרַת דָּת
**convert'** *v.t.* & *i.* (קֶנְוֶרְט) הֵמִיר, הֶחֱלִיף, הָסַךְ; הֶעֱבִיר עַל דָּת; הֵמִיר דָּתוֹ
con'vert *n.* (קוֹנְוֶרְט) מוּמָר; מֵמִיר דָּתוֹ
**convex'** *adj.* (קֶנְוֶקְס) קָמוּר
**convey'** *v.t.* (קֶנְוֵי) הֶעֱבִיר, הוֹבִיל, נָשָׂא; הוֹדִיעַ
**convey'ance** *n.* (קֶנְוֵיאֶנְס) הַעֲבָרָה, הוֹבָלָה; כְּלִי רֶכֶב
**con'vict** *n.* (קוֹנְוִקְט) אָסִיר
convict' *v.t.* (קֶנְוִקְט) הִרְשִׁיעַ
**convic'tion** *n.* (קֶנְוִקְשֶן) הַרְשָׁעָה; שִׁכְנוּעַ; דֵּעָה
**convince'** *v.t.* (קֶנְוִנְס) שִׁכְנֵעַ, הוֹכִיחַ
**convoke'** *v.t.* (קֶנְווֹק) כִּנֵּס, הִקְהִיל
**con'voy** *n.* & *v.t.* (קוֹנְווֹי) שַׁיָּרָה; לִוּוּי; לִוָּה
**convul'sion** *n.* (קֶנְוַלְשֶן) עֲוִית; מְהוּמָה
**coo** *v.i.* & *t.* (קוּ) הָמָה (כיונה); מִלְמֵל דִּבְרֵי אַהֲבָה
**cook** *v.t.* & *i* (קֻק) בִּשֵּׁל; הִתְבַּשֵּׁל
— *n.* טַבָּח; מְבַשֶּׁלֶת
**cook'ie** *n.* (קֻקִי) עוּגִיָּה
**cook'ing** *n.* (קֻקִנְג) בִּשּׁוּל
**cool** *adj.* & *n.* (קוּל) קָרִיר; שָׁלֵו; אָדִישׁ; לְלֹא גּוּזְמָה; „נֶהְדָּר"; קְרִירוּת; שַׁלְוָה
— *n.* צִנֵּן; מִתֵּן; נַעֲשָׂה קָרִיר; נַעֲשָׂה אָדִישׁ יוֹתֵר
**coop** *n.* (קוּפּ) מִכְלָאָה
**coop'erate"** *v.i.* (קוֹאוֹפֶּרֵיט) הִשְׁתַּתֵּף, שִׁתֵּף פְּעֻלָּה; פָּעַל יַחַד
**coop"era'tion** *n.* (קוֹאוֹפֶּרֵישֶן) הִשְׁתַּתְּפוּת; שִׁתּוּף פְּעֻלָּה, שִׁתּוּף; עֶזְרָה
**coop'era"tive** *n.* & *adj.* (קוֹאוֹפֶּרֵיטִב) קוֹאוֹפֶּרָטִיב; בֵּית מְשֻׁתָּף; דִּירָה (בבית משותף); מְשַׁתֵּף פְּעֻלָּה; מִשְׁתַּתֵּף
**coor'dinate"** *v.t.* & *i.* (קוֹאוֹרְדֶנֵיט) תֵּאֵם; עָרַךְ, סִדֵּר; צֵרֵף בִּפְעֻלָּה מְתֹאֶמֶת; תָּאַם; פָּעַל בְּצֵרוּף מְתֹאָם; הִסְתַּדֵּר בַּסֵּדֶר הַנָּכוֹן
— *n.* קוֹאוֹרְדִינָטָה
**cop** *n.* (קוֹפּ) שׁוֹטֵר
**cope** *v.i.* (קוֹפּ) נֶאֱבַק
**cop'ing** *n.* (קוֹפִּנְג) נִדְבָּךְ עֶלְיוֹן
**co'pi"lot** *n.* (קוֹפַּילֶט) טַיָּס מִשְׁנֶה
**co'pious** *adj.* (קוֹפִּיאֶס) שׁוֹפֵעַ, גָּדוּשׁ
**cop'per** *n.* (קוֹפֶּר) נְחֹשֶׁת; מַטְבֵּעַ נְחֹשֶׁת (סֶנְט, פֶּנִי)
**cop'ulate** *v.i.* (קוֹפְּיֻלֵיט) הִזְדַּוֵּג
**co'py** *n.* & *v.t.* & *i.* (קוֹפִּי) עֹתֶק, טֹפֶס; הֶעְתֵּק; טֶקְסְט, חֹמֶר לְסִדּוּר (בדפוס); הֶעְתִּיק; חִקָּה
**cop'yright"** *n.* (קוֹפִּירַיט) זְכוּת יוֹצְרִים
**coquette'** *n.* (קוֹקֶט) מְפַלַרְטֶטֶת, מִתְחַנְחֶנֶת
**cor'al** *n.* & *adj.* (קוֹרֶל) אַלְמֹג; וָרֹד צְהַבְהַב
**cord** *n.* (קוֹרְד) חֶבֶל דַּק; קוֹרְדוּרוֹי
**cor'dial** *adj.* & *n.* (קוֹרְגֶ'ל) לְבָבִי, אָדִיב; לִיקֶר
**core** *n.* & *v.t.* (קוֹר) תָּוֶךְ (פרי), גַּרְעִינִים; לֵב; הוֹצִיא תָּוֶךְ
**cork** *n.* & *v. t.* (קוֹרְק) פְּקָק; שַׁעַם; פָּקַק
**cork'screw** *n.* (קוֹרְקְסְקְרוּ) מַחְלֵץ
**corn** *n.* (קוֹרְן) תִּירָס; יַבֶּלֶת
**cor'ner** *n.* (קוֹרְנֶר) פִּנָּה, קֶרֶן־זָוִית; זָוִית; קָצֶה; בֵּין הַמְּצָרִים
cut —s הִשְׁתַּמֵּשׁ בְּדֶרֶךְ קְצָרָה; קִמֵּץ בְּהוֹצָאוֹת
— *v.t.* הֵבִיא בֵּין הַמְּצָרִים
**cornet'** *n.* (קוֹרְנֶט) קוֹרְנִית
**corn'flow"er** *n.* (קוֹרְנְפְלַאוּאֶר) דְּגָנִיָּה
**cor'nice** *n.* (קוֹרְנִס) קַרְנִיזָה; כַּרְכֹּב
**cor"ona'tion** *n.* (קוֹרֶנֵישֶן) הַכְתָּרָה
**cor'oner** *n.* (קוֹרֶנֶר) חוֹקֵר מִקְרֵי מָוֶת (לא טבעיים)

**cor'onet** *n.* (קוֹרְנֶט) כֶּתֶר קָטָן; כֶּתֶר, נֵזֶר, עֲטָרָה

**cor'poral** *adj. & n.* (קוֹרְפֶּרֶל) גוּפָנִי, גַּשְׁמִי; אִישִׁי; רַבַּ"ט, רַב־טוּרַאי

**cor"pora'tion** *n.* (קוֹרְפֶּרֵישְׁן) תַּאֲגִיד, חֶבְרָה גְּדוֹלָה

**corps** *n.* (קוֹר) קוֹרְפּוּס, גַּיִס; חַיִל; סֶגֶל

**cor'psman** *n.* (קוֹרְמֶן) חוֹבֵשׁ (בצבא ארה"ב)

**corpse** (קוֹרְפְּס) גוּפָה, גְּוִיָּה

**cor'pulence** *n.* (קוֹרְפְּיֻלֶנְס) כַּרְסְתָנוּת; שַׁמְנוּת

**cor'pulent** *adj.* (קוֹרְפְּיֻלֶנְט) שָׁמֵן, כַּרְסְתָנִי

**cor'puscle** *n.* (קוֹרְפֶּסְל) כַּדּוּרִית (דם); גּוּפִיף

**correct'** *adj. & v.t.* (קֶרֶקְט) נָכוֹן, מְדֻיָּק, נָאוֹת; תִּקֵּן; צִיֵּן שְׁגִיאוֹת, הֵגִיהַּ; הוֹכִיחַ, נָזַף

**correc'tion** *n.* (קֶרֶקְשֶׁן) תִּקּוּן; נְזִיפָה

**cor"respond'** *v.i.* (קוֹרֶסְפּוֹנְד) תָּאַם; הִקְבִּיל

**—ing** *adj.* (קוֹרֶסְפּוֹנְדִינְג) דּוֹמֶה; מַקְבִּיל; מְטַפֵּל בְּהִתְכַּתְּבוּת; מִתְכַּתֵּב

**cor"respon'dence** *n.* (קוֹרֶסְפּוֹנְדֶנְס) דִּמְיוֹן; הַתְאָמָה; תִּכְתֹּבֶת, הִתְכַּתְּבוּת

**cor"respon'dent** *n.* (קוֹרֶסְפּוֹנְדֶנְט) מִתְכַּתֵּב; כַּתָּב; מַקְבִּיל

**cor'ridor"** *n.* (קוֹרִידְר) פְּרוֹזְדוֹר, מִסְדְּרוֹן

**corrob'orate"** *v.t.* (קֶרוֹבֶּרֵיט) אִשֵּׁר, אִמֵּת

**corrode'** *v.t. & i.* (קֶרוֹד) שִׁתֵּךְ, אִכֵּל; פָּגַע בְּ־; שֻׁתַּךְ, אֻכַּל

**cor'rugated** *adj.* (קוֹרֶגֵיטֶד) גַּלִּי; מְקֻמָּט; מְתֻלָּם

**corrupt'** *adj.* (קֶרַפְּט) מֻשְׁחָת; רָקוּב; נֶאֱלָח; מְקֻלְקָל; מְסֻלָּף; הִשְׁחִית; שִׁחֵד; אִלַּח; הִרְקִיב; קִלְקֵל, סִלֵּף; הִתְקַלְקֵל

**corrup'tion** *n.* (קֶרַפְּשֶׁן) הַשְׁחָתָה; שְׁחִיתוּת; נִוּוּן; שֹׁחַד; קִלְקוּל; מִלָּה מְסֻלֶּפֶת, סִלּוּף; רִקָּבוֹן

**cor'set** *n.* (קוֹרְסֶט) מָחוֹךְ

**cosmet'ic** *n. & adj.* (קוֹזְמֶטִק) תַּמְרוּק; קוֹסְמֶטִי

**cos"mopol'itan** *adj. & n.* (קוֹזְמֶפּוֹלִטֶן) קוֹסְמוֹפּוֹלִיטִי; כְּלַל־עוֹלָמִי; קוֹסְמוֹפּוֹלִיט

**cost** *n. & v.i.* (קוֹסְט) מְחִיר; עָלָה בְּ־; חִיֵּב

**cost'ly** *adj.* (קוֹסְטְלִי) יָקָר; עוֹלֶה בְּיֹקֶר; מְפֹאָר

**cos'tume** *n.* (קוֹסְטוּם) לְבוּשׁ, תִּלְבֹּשֶׁת

**cot** *n.* (קוֹט) מִטָּה מִתְקַפֶּלֶת

**cot'tage** *n.* (קוֹטִג') בַּיִת חַד־מִשְׁפַּחְתִּי; קוֹטֶג'; צְרִיף

**cot'ton** *n.* (קוֹטְן) כֻּתְנָה, אֲרִיג כֻּתְנָה; צֶמֶר גֶּפֶן

**couch** *n. & v.t.* (קָאוּץ') דַּרְגָּשׁ, סַפָּה; הִבִּיעַ

**cough** *v.i.* (קוֹף) הִשְׁתַּעֵל; הִשְׁתַּעֵל וּפָלַט

— up מָסַר

— *n.* שִׁעוּל

**could** (קֻד; ללא הטעמה: קְד) (זמן עבר של can)

**coun'cil** *n.* (קָאוּנְסֶל) מוֹעָצָה

**coun'cillor** *n.* (קָאוּנְסֶלֶר) חֲבֵר מוֹעָצָה

**coun'sel** *n.* (קָאוּנְסֶל) עֵצָה; הִתְיָעֲצוּת; תָּכְנִית; פְּרַקְלִיט, עוֹרְכֵי־דִּין

keep one's — חָשָׁה

**coun'selor** *n.* (קָאוּנְסֶלֶר) יוֹעֵץ; מַדְרִיךְ (בקיטנה); פְּרַקְלִיט

— *v.t. & i.* יָעַץ, הִמְלִיץ

**count** *v.t. & i.* (קָאוּנְט) סָפַר, מָנָה; חִשֵּׁב; חָשַׁב; כָּלַל בְּחֶשְׁבּוֹן; יִחֵס; נֶחְשַׁב לְ־; הָיָה שָׁוֶה

— on (upon) סָמַךְ, בָּטַח בְּ־

— *n.* רוֹזֵן; סְפִירָה; סַךְ הַכֹּל; חִשּׁוּב

**coun'tenance** *n. & v.t.* (קָאוּנְטֶנֶנְס) קְלַסְתֵּר־פָּנִים, פָּנִים; רְגִיעָה; עִדּוּד; סָבַל, הִרְשָׁה; עוֹדֵד

**coun'ter** *n.* (קָאוּנְטֶר) דֶּלְפֵּק; אֲסִימוֹן; חִשּׁוּב; מוֹנֶה

under the — בְּאֹרַח לֹא חֻקִּי; בְּהֶסְתֵּר

— *adv. & adj.* בְּכִוּוּן הָפוּךְ; בְּנִגּוּד לְ־; נֶגֶד; מְנֻגָּד

— *v.t. & i.* הִתְנַגֵּד; פָּעַל פְּעֻלָּה נֶגְדִּית

**coun"teract'** *v.t.* (קָאוּנְטֶרֶאקְט) פָּעַל תּוֹךְ הִתְנַגְּדוּת; סִכֵּל

**coun"terfeit** *n.* (קָאוּנְטֶרְפִט) זִיּוּף

— *v. t. & i.* עָשָׂה זִיּוּף, זִיֵּף, חִקָּה; דָּמָה, הֶעֱמִיד פָּנִים

**coun'termand"** *v.t.* (קָאוּנְטֶרְמֶנְד) בִּטֵּל פְּקֻדָּה

**coun'tersign"** *n. & v.t.* (קָאוּנְטֶרְסַיְן)

סִיסְמָה (בצבא); תְּשׁוּבָה לְאוֹת; חֲתִימָה נוֹסֶפֶת; חָתַם (לאישור חתימה קיימת)

**coun′tess** *n.* (קָאוּנְטֶס) רוֹזֶנֶת

**count′less** *adj.* (קָאוּנְטְלֶס) שֶׁלֹּא יְסֻפַּר לָרֹב

**coun′trified″** *adj.* (קַנְטְרִפַיד) כַּפְרִי

**coun′try** *n. & adj.* (קַנְטְרִי) אֶרֶץ, מְדִינָה; כְּפָר; אֵזוֹר; צִבּוּר; מוֹלֶדֶת; כַּפְרִי; נַס; אַרְצִי

**coun′tryman** *n.* (קַנְטְרִימֶן) בֶּן־אֶרֶץ; כַּפְרִי

**coun′ty** *n.* (קָאוּנְטִי) מָחוֹז

**coup** *n.* (קוּ) פְּעֻלָּה מְחֻכֶּמֶת, צַעַד מֻצְלָח; הֲפִיכָה

**couple** *n. & v.t. & i.* (קַפְּל) זוּג; חִבֵּר בְּזוּגוֹת, חִבֵּר; הִשִּׂיא; אִחֵד; הִזְדַּוֵּג

**cou′pon** *n.* (קוּפּוֹן) תְּלוּשׁ; שׁוֹבֵר

**cou′rage** *n.* (קַרִג׳) אֹמֶץ

**coura′geous** *adj.* (קְרֵיגְ׳ס) אַמִּיץ

**course** *n.* (קוֹרְס) הִתְקַדְּמוּת; כִּוּוּן; דֶּרֶךְ; מַסְלוּל; מֶשֶׁךְ; מַהֲלָךְ, מַהֲלָךְ טִבְעִי; הִתְנַהֲגוּת; קוּרְס; מָנָה (חלק מארוחה)

**court** *n.* (קוֹרְט) חָצֵר; מִגְרָשׁ (למשחקים); רְחוֹב קָצָר; אַרְמוֹן, חֲצַר מַלְכוּת; כִּנּוּס מַלְכוּתִי; כָּבוֹד, גִּנּוּנֵי חֵן; בֵּית מִשְׁפָּט

— *v.t.* חִזֵּר (אחרי); נִסָּה לִמְצֹא חֵן; נִסָּה לִרְכֹּשׁ; פִּתָּה; הִזְמִין; גָּרַם

**cour′teous** *adj.* (קֶרְטִיאֶס) אָדִיב, מְנֻמָּס

**cour′tesan** *n.* (קוֹרְטִזֶן) פִּילֶגֶשׁ

**cour′tesy** *n.* (קֶרְטֶסִי) אֲדִיבוּת; חֶסֶד

**court′-mar″tial** *n. & v.t.* (קוֹרְט מַרְשֶׁל) בֵּית דִּין צְבָאִי; מִשְׁפָּט צְבָאִי; הַרְשָׁעָה בְּבֵית דִּין צְבָאִי; הֶעֱמִיד לְמִשְׁפָּט צְבָאִי

**court′ship** *n.* (קוֹרְטְשִׁפּ) חִזּוּר

**cou′sin** *n.* (קַזְן) בֶּן [בַּת] דּוֹד, בֶּן [בַּת] דּוֹדָה; דּוֹדָן; שְׁאֵר בָּשָׂר; קָרוֹב

**cove** *n.* (קוֹב) מִפְרָצוֹן; פִּנַּת סֵתֶר; מְעָרָה; מַעֲבָר

**cov′enant** *n.* (קַוְנֶנְט) בְּרִית, אֲמָנָה, הֶסְכֵּם, סְעִיף לְוַאי (של הסכם); הַבְטָחַת ד׳

**cov′er** *v.t. & i.* (קַוֶר) כִּסָּה, הִסְתִּיר; הֵבִיא עַל; הֵגֵן עַל, נָתַן מַחֲסֶה ל־; חִפָּה עַל; נָטַל אַחֲרָיוּת בִּשְׁבִיל; כִּוֵּן אֶל (כלי יריה); הָיָה בָּטוּחַ; דָּן בְּ־; הִסְפִּיק (לתשלום הוצאות); בִּטַּח, הִפְקִיד סְכוּם (בהתערבות), קִבֵּל תְּנָאִים (של התערבות); סִקֵּר, פִּרְסֵם דּוּ״חַ; עָבַר (מרחק); שִׁמֵּשׁ מַחֲלִיף

— *n.* כִּסּוּי, מִכְסֶה; מַחֲסֶה; הַעֲמָדַת פָּנִים; סָבָךְ; מִסְתּוֹר; כְּלֵי אֲכִילָה (לאדם אחד); מַעֲטָפָה

— break זִנֵּק מִמִּסְתּוֹר

**cov′erall(s)″** *n.* (קַוְרוֹל[ז]) סַרְבָּל

**cov′et** *v.t. & i.* (קַוֶט) חָמַד

**cov′ey** *n.* (קַוִי) לַהֲקָה (עופות); קְבוּצָה

**cow** *n.* (קָאוּ) פָּרָה; נְקֵבָה (של בהמה גסה וכו׳)

— *v.t.* הִפְחִיד, הֵטִיל אֵימָה (ע״י איומים או אלימות)

**cow′ard** *n.* (קָאוּאֶרְד) פַּחְדָן, מוּג־לֵב

**cow′ardly** *adj. & adv.* (קָאוּאֶרְדְלִי) פַּחְדָנִי; בְּפַחְדָנוּת

**cow′er** *v.i.* (קָאוּאֶר) נִרְתַּע בְּפַחַד

**cowl** *n.* (קָאוּל) בַּרְדָּס; מִכְסֵה מָנוֹעַ

**cox′comb** *n.* (קוֹקְסְקוֹם) כַּרְבֹּלֶת

**coy** *adj.* (קוֹי) בַּיְשָׁן, צָנוּעַ; מַעֲמִיד פְּנֵי בַּיְשָׁן, מִצְטַנֵּעַ

**co′zy** *adj.* (קוֹזִי) נָעִים, נוֹחַ

**crab** *n. & v.t.* (קְרֶבּ) סַרְטָן; מַזַּל סַרְטָן; נִרְגָּן; תָּפַס סַרְטָנִים; רָטַן, חִפֵּשׂ מוּמִים

**crack** *v.i. & t.* (קְרֶק) הִשְׁמִיעַ קוֹל פִּצּוּחַ; נִסְדַּק, נִבְקַע בְּקוֹל פִּצּוּחַ; נִשְׁבַּר; סָדַק, בָּקַע; פִּצַּח; פִּעְנַח; פָּגַע בְּ־; הֶעֱבִיר עַל דַּעְתּוֹ; סִפֵּר (בדיחות)

— down נָקַט צְעָדִים חֲמוּרִים

— *n.* סֶדֶק, בְּקִיעַ; פְּגָם; פִּצּוּחַ; קוֹל נֶפֶץ; מַהֲלֻמָּה

**crack′er** *n.* (קְרֶקֶר) מְצִיָּה, רָקִיק; זִקּוּק (די־נור); גְּלִיל שַׁי; דַּלְפוֹן מְגֻנָּן (בדרום ארה״ב); מְפַצֵּחַ

**cracker** *n.* בֶּן ג׳וֹרְג׳ה (מדינת ארה״ב)

**crack′er-bar″rel** *adj.* (קְרֶקֶר־בֶּרֶל) פָּשׁוּט וְלָעִנְיָן

**crack′le** *v.i. & n.* (קְרֶקְל) הִשְׁמִיעַ קוֹלוֹת נֶפֶץ קַלִּים; הָוָה רֶשֶׁת סְדָקִים; קוֹל נֶפֶץ קַל

**crack′-up″** *n.* (קְרֶק־אַפּ) הִתְנַגְּשׁוּת, הִתְרַסְּקוּת; הִתְמוֹטְטוּת

**cradle** *n. & v.t.* (קְרֵידְל) עֲרִיסָה; עֶרֶשׂ; פִּגּוּם; שָׂם בַּעֲרִיסָה; טִפַּח; הֶחֱזִיק

roble the — הִתְקַשֵּׁר עִם אָדָם צָעִיר מִמֶּנּוּ בְּשָׁנִים רַבּוֹת

**craft** *n.* (קְרֶפְט) סְפִינָה, סְפִינוֹת, כְּלִי שַׁיִט; אוּמָנוּת; מְיֻמָּנוּת; אוּמָנִים; עָרְמָה; מָטוֹס, כְּלִי טַיִס

**crafts'man** *n.* (קְרֶפְטְסְמֶן) אוּמָן, בַּעַל מְלָאכָה

**craf'ty** *adj.* (קְרֶפְטִי) עַרְמוּמִי

**crag** *n.* (קְרֶג) צוּק

**cram** *v.t. & i.* (קְרֶם) דָּחַס; הִלְעִיט, פִּטֵּם; שִׁנֵּן בְּחִפָּזוֹן (ערב מבחן)

**cramp** *n.* (קְרֶמְפּ) הִתְכַּוְּצוּת שְׁרִירִים; כְּאֵב בֶּטֶן חָזָק

**crane** *n. & v.t.* (קְרֵין) עָגוּר, עֲגוּרָן; מָתַח צַוָּאר (כדרך עגורים)

**cra'nium** *n.* (קְרֵינִיֶם) גֻּלְגֹּלֶת

**crank** *n. & v.t. &* (קְרֶנְק) אַרְכֻּבָּה; נִרְגָּן; תִּמְהוֹנִי; סוֹבֵב (ארכובה); הִתְנִיעַ (ע״י סיבוב ארכובה)

**crank'y** *adj.* (קְרֶנְקִי) נִרְגָּן, כַּעֲסָן; רוֹעֵד

**cran'ny** *n.* (קְרֶנִי) בְּקִיעַ, נָקִיק

**crape** *n.* (קְרֵיפּ) סַלְסָלָה

**crash** *v.t. & i.* (קְרֶשׁ) הִתְנַפֵּץ, הִתְרַסֵּק; הִתְנַגֵּשׁ בְּחָזְקָה; הִתְמוֹטֵט; נִכְנַס לְלֹא הַזְמָנָה, „הִתְפַּלַּח"

— *n. & adj.* הִתְנַפְּצוּת, הִתְרַסְּקוּת, הִתְנַגְּשׁוּת; הִתְמוֹטְטוּת פִּתְאוֹמִית; הַלְמוּת, רַעַם; מִלְוָה מֵאֲמַץ־יֶתֶר, ־בָּזָק

**crate** *n. & v.t.* (קְרֵיט) תֵּבַת נְסָרִים; אַרְגָּז; „טְרַנְטָה"; אָרַז (בתיבה)

**cra'ter** *n.* (קְרֵיטְר) לֹעַ; מַכְתֵּשׁ

**crave** *v.t.* (קְרֵיב) הִשְׁתּוֹקֵק; נִזְקַק לְ־; הִתְחַנֵּן

**crav'en** *adj. & n.* (קְרֵיבְן) פַּחְדָן, מוּג־לֵב

**crawl** *v.i. & n.* (קְרוֹל) זָחַל; שָׁלַח קְנוּקְנוֹת; שָׁרַץ; שְׂחִיַּת חֲתִירָה

**cray'on** *n.* (קְרֵיאָן) עִפְּרוֹן־שֶׁמֶן; צִיּוּר בְּעִפְּרוֹן־שֶׁמֶן

**craze** *v.t. & i. & n.* (קְרֵיז) שִׁגֵּעַ; סִדֵּק (שטח מזוגג); הִשְׁתַּגֵּעַ; בֻּלְמוּס, לְהִיטוּת; שִׁגָּעוֹן

**cra'zy** *adj.* (קְרֵיזִי) מְשֻׁגָּע, מְטֹרָף; חֲסַר הִגָּיוֹן; לָהוּט אַחֲרֵי, מִשְׁתּוֹקֵק, חֲסַר־סַבְלָנוּת; מוּזָר; נוֹטֶה לְהִשָּׁבֵר

**creak** *v.i. & n.* (קְרִיק) חָרַק; קוֹל חֲרִיקָה

**cream** *n.* (קְרִים) שַׁמֶּנֶת; קְרֶם; מַמְתָּק שׁוֹקוֹלָדָה (שתוכו רך); מְחִית; הַשֶּׁמֶן וְהַסֹּלֶת; לָבָן צְהַבְהַב

— of the crop הַשֶּׁמֶן וְהַסֹּלֶת; הַמֻּבְחָר

whipped — קַצֶּפֶת

— *v.t. & i.* הִוָּה שַׁמֶּנֶת; הִקְצִיף; הֵכִין בְּתוֹסֶפֶת שׁוּמָן (חלב, שמנת, מחית וכו׳)

**crease** *n. & v.t.* (קְרִיס) קֶמֶט, קֶפֶל; תֶּלֶם; עָשָׂה קֶפֶל, פָּצַע פְּצִיעָה שִׁטְחִית

**create'** *v.t. & i.* (קְרִיאֵיט) בָּרָא, יָצַר; מִנָּה; הֵבִיא לִידֵי

**crea'tion** *n.* (קְרִיאֵישְׁן) בְּרִיאָה, יְצִירָה; מַעֲשֵׂה בְּרֵאשִׁית; הַיְקוּם; בְּרוּאִים; חִדּוּשׁ (אופנה)

**crea'tive** *adj.* (קְרִיאֵיטִב) יוֹצֵר, יִצְרָנִי

**crea'tor** *n.* (קְרִיאֵיטְר) בּוֹרֵא, יוֹצֵר

**crea'ture** *n.* (קְרִיצְ׳ר) יְצוּר; בַּעַל חַיִּים; בֶּן אָדָם

**cred'ence** *n.* (קְרֶידְנְס) אֱמוּנָה

**creden'tial(s)** *n.* (קְרֶדֶנְשֶׁל[ז]) תְּעוּדָה; כְּתַב הָאֲמָנָה

**cred'ible** *adj.* (קְרֶדִבְּל) אָמִין

**cre'dit** *n.* (קְרֶדִט) מְהֵימָנוּת, אֲמִינוּת; כָּבוֹד, שֶׁבַח; אִשּׁוּר (בעד לימודים); אַשְׁרַאי; זְכוּת

on — בְּהַקָּפָה

— *v.t.* בָּטַח בְּ־; גָּרַם כָּבוֹד; אִשֵּׁר (בעד לימודים)

— with יִחֵס לְ־

**cred'itor** *n.* (קְרֶדִטֶר) נוֹשֶׁה

**cred'ulous** *adj.* (קְרֶגֶ׳לֶס) מַאֲמִין לְכָל דָּבָר

**creed** *n.* (קְרִיד) אֲנִי מַאֲמִין; עִקָּרֵי אֱמוּנָה

**creek** *n.* (קְרִיק) פֶּלֶג

up the — בִּמְצוּקָה

**creep** *v.i.* (קְרִיפּ) זָחַל; הִתְקַדֵּם בַּחֲשַׁאי וּבְאִטִּיּוּת; הִתְגַּנֵּב אֶל; טִפֵּס עַל קִיר (צמח)

make one's flesh — הִפְחִיד, דָּחָה, הִדְרִיךְ מְנוּחַת־

— *n.* זְחִילָה; פַּרְצוּף דּוֹחֶה

the — s הַרְגָּשַׁת אֵימָה אוֹ סְלִידָה

**creep'er** *n.* (קְרִיפֶּר) זוֹחֵל; מְטַפֵּס (צמח)

**cre'mate** *v.t.* (קְרִימֵיט) שָׂרַף (גופה)

Creole n. & adj. קְרֵיאוֹל (יְלִיד קְרֵיאוֹל
דְרוֹם אֲמֶרִיקָה מִמּוֹצָא אֵירוֹפִי); בֶּן לְאֵירוֹפֵאָנֶה
מִמּוֹצָא צָרְפָתִי, אוֹ שְׂפָתוֹ, אוֹ תַּעֲרֹבֶת מְמוֹצָא
כּוּשִׁי (שֶׁאֶחָד מֵהוֹרָיו צָרְפָתִי אוֹ סְפָרַדִי)

crêpe n. (קְרֵים) סַלְסָלָה; נְיַר קְרֵם; מֶשִׁי
אֵכֶל; לְבִיבָה דַקָּה

crept (קְרֶפְט) (זְמַן עָבָר שֶׁל creep)

cresc'ent n. & adj. (קְרֵסֶנְט) חֲצִי סַהַר;
בְּצוּרַת חֲצִי סַהַר; גָּדֵל וְהוֹלֵךְ

crest n. (קְרֶסְט) רֹאשׁ, מָרוֹם, פִּסְגָּה;
כַּרְבֹּלֶת; רֶכֶס; קֶצֶף הַגַּל

crest'fallen adj. (קְרֶסְטְפוֹלְן) מְדֻכָּא,
מְדֻכְדָּךְ; שְׁמוּט־כַּרְבֹּלֶת

crev'ice n. (קְרֶוִיס) בְּקִיעַ

crew n. (קְרוּ) צֶוֶת, סֶגֶל, קְבוּצָה, חֲבוּרָה

crib n. (קְרִב) עֲרִיסָה; מִכְלָאָה; אֵבוּס

crick'et n. (קְרִקֶט) צְרָצַר; קְרִיקֶט
(מִשְׂחָק); הִתְנַהֲגוּת הוֹגֶנֶת

cried (קְרַיד) (זְמַן עָבָר שֶׁל cry)

cri'er n. (קְרַיאָר) כָּרוֹז; רוֹכֵל

crime n. (קְרַים) פֶּשַׁע, פְּשִׁיעָה; חֵטְא;
אַשְׁמָה

cri'minal adj. & n. (קְרִמֶנַל) שֶׁל
פֶּשַׁע; אָשֵׁם, מִרְשָׁע; טִפְּשִׁי; פּוֹשֵׁע

crimp v.t. & n. (קְרִמְפּ) סִלְסֵל; כָּפַף
לְנַעֲלַיִם; לָחַץ יַחַד; עִכֵּב; סִלְסוּל; מִכְפֶּלֶת
(בְּלוֹחַ מַתֶּכֶת)

crim'son adj. (קְרִמְסָן) שָׁנִי, תּוֹלָע

cringe v.i. (קְרִינְגֶ') הִתְכַּוֵּץ (מִפַּחַד, אוֹ חֲנֻפָּה),
הִתְרַפֵּס

crip'ple n. & v.t. (קְרִפְּל) צוֹלֵעַ, חִגֵּר,
פִּסֵּחַ; בַּעַל מוּם; הִטִּיל מוּם; גָּרַם נְכוּת

cris'is n. (קְרַיסֶס) מַשְׁבֵּר; מִפְנֶה; שִׂיא
הַמְּתִיחוּת

crisp adj. (קְרִסְפּ) פָּרִיךְ, פָּרִיר; מוּצָק וְטָרִי;
הֶחָלָט; מַזְהִיר; מְסֻדָּר; מְשׁוֹבֵב נֶפֶשׁ;
מְסֻלְסָל

cri'terion n. [pl. -eria] (קְרַיטִירִיאָן)
קְנֵה מִדָּה, קְרִיטֶרְיוֹן

crit'ic n. (קְרִטִק) מְבַקֵּר; חַטְטָן

crit'ical adj. (קְרִטִקַל) בִּקָּרְתִּי, מַטִּיל דֹּפִי;
שֶׁל מַשְׁבֵּר, קְרִיטִי; מְסֻכָּן

crit'icism" n. (קְרִטִסִזְם) בִּקֹּרֶת, הַטָּלַת דֹּפִי

crit'icize" v.t. & t. (קְרִטִסַיז) בִּקֵּר, מָתַח
בִּקֹּרֶת; הֵטִיל דֹּפִי, גִּנָּה

croak v.i. & n. (קְרוֹק) קִרְקֵר; "הִתְפַּגֵּר";
קִרְקוּר

crochet' v.t. & i. (קְרוֹשֵׁי) סָרַג בְּמַסְרֵגָה
אַחַת

croc'odile n. (קְרוֹקָדַיל) תַּנִּין, תִּמְסָח

cro'cus n. (קְרוֹקָס) כַּרְכֹּם

cro'ny n. (קְרוֹנִי) חָבֵר טוֹב, רֵעַ

crook n. (קְרוּק) קֶרֶס; וָו; מַטֵּה בַּעַל
אַנְקוֹל; עֲקֻמָּה; נוֹכֵל, נָכָב

crook'ed adj. (קְרוּקֶד) עָקֹם, כָּפוּף; לֹא
יָשָׁר, נוֹכֵל

croon v.i. (קְרוּן) זִמֵּם

crop n. & v.t. (קְרוֹפּ) יְבוּל, קְבוּצָּה;
יָדִית (שֶׁל שׁוֹט); שׁוֹט קָצָר; חֶתֶךְ בָּאֹזֶן; תִּסְפֹּרֶת
קְצָרָה; זֶפֶק, קֶטֶם
— up הוֹפִיעַ

cross v.t. & i. (קְרוֹס) הִצְלִיב, סִמֵּן
בְּצֶלֶב, בִּטֵּל, מָחַק; שָׂם בְּזָוִית יְשָׁרָה; רָשַׁם
מֵעֵבֶר, הִצְטַלֵּב, הִכְלִיא, עָבַר (לְצַד הַשֵּׁנִי),
חָצָה, הֶעֱבִיר מֵעֵבֶר; נִסוֹג וְעָבַר; "נֶגֶד
בֿ"; שִׂכֵּל, הִתְנַגֵּד בְּגִלּוּי
— out מָחַק
— n. צֶלֶב, הַצְלָבָה, מַעֲבָר,
הִצְטַלְּבוּת; שְׂכוּל; צָרָה, הַכְלָאָה, הַצְלָבָה;
כִּלְאַיִם; מִמְצָע
— adj. צוֹלֵב, מִצְטַלֵּב; שֶׁל הָרֹחַב;
הֲדָדִי; מְנֻגָּד; לֹא נוֹחַ, רָגְזָן; מִכְלָא

cross'-exam'ina'tion n. (קְרוֹס־אֶגְזֶמִנֵישָׁן)
חֲקִירַת שְׁתִי וָעֵרֶב, חֲקִירָה שֶׁכְּנֶגֶד

cross'ing n. (קְרוֹסִנְג) עֲבִירָה, חֲצִיָּה;
הִצְטַלְּבוּת, מַעֲבַר חֲצִיָה; שְׂכוּל; הִתְנַגְּדוּת,
הַצְלָבָה, הַכְלָאָה

cross' sec'tion (קְרוֹס סֶקְשָׁן) חֶתֶךְ

cross'road(s)" n. (קְרוֹסְרוֹד[ז]) פָּרָשַׁת
דְּרָכִים, צֹמֶת, הִצְטַלְּבוּת

cross'word puz"zle (קְרוֹסְוֶֹרְד פַּזְל) תַּשְׁבֵּץ

crotch n. (קְרוֹצ') מַעֲנָף; מִפְשָׂעָה; רְצוּעַת
הַמִּפְשָׂעָה

crouch v.i. (קְרַאוּצ') הִתְכּוֹפֵף; רָבַץ;
הִתְחָרֵד

croup n. (קְרוּפּ) דַּלֶּקֶת גָּרוֹן וְקָנֶה

**crow** *n.* (קְרוֹ) עוֹרֵב; קְרִיאָה (של תרנגול); קוֹל הֲנָאָה

as the — flies בְּקַו יָשָׁר

— *v.i.* קָרָא (תרנגול); הִשְׁמִיעַ קוֹל הֲנָאָה

**crow'bar** *n.* (קְרוֹבָּר) מָנוֹף, מוֹט

**crowd** *n.* & *v.i.* & *t.* (קְרָאוּד) הָמוֹן; קְבוּצָה, מַעֲמָד; קָהָל, צִבּוּר נוֹכְחִים; הִתְקַהֵל; דָּחַק, דָּחַף; דָּחַס; הִגְדִּישׁ

**crow'ded** *adj.* (קְרָאוּדֶד) צָפוּף, דָּחוּס

**crown** *n.* & *v.t.* (קְרָאוּן) כֶּתֶר, עֲטָרָה, נֵזֶר; פִּסְגָּה; הִכְתִּיר

**cru'cial** *adj.* (קְרוּשְׁל) מַכְרִיעַ, קְרִיטִי; חָמוּר; דּוֹמֶה לְצְלָב

**cru'cifix** *n.* (קְרוּסִפִקְס) צְלָב עִם יֵשׁוּ

**cru"cifi'xion** *n.* (קְרוּסִפִקְשֶׁן) צְלִיבָה; יֵשׁוּ; סֵבֶל, עִוּוּת דִּין מְשֻׁוָּע

**cru'cify"** *v.t.* (קְרוּסִפַי) צָלַב; עִנָּה; רָדַף; הִתְיַחֵס בְּאִי־צֶדֶק

**crude** *adj.* (קְרוּד) גָּלְמִי; גַּס, מְסֻגָּר, חֲסַר־תַּרְבּוּת; בְּלֹא כָּחָל וָסָרָק

**cru'el** *adj.* (קְרוּאֶל) אַכְזָרִי; מַחֲמִיר

**cru'elty** *n.* (קְרוּאֶלְטִי) אַכְזָרִיּוּת

**cruise** *v.i.* & *t.* (קְרוּז) שָׁט, טִיֵּל, סִיֵּר; נָסַע בִּמְהִירוּת בֵּינוֹנִית

**crui'ser** *n.* (קְרוּזֶר) סַיֶּרֶת; סְפִינַת טִיּוּלִים

**crumb** *n.* (קְרַם) פֵּרוּר; הַחֵלֶק הָרַךְ שֶׁל לֶחֶם

**crum'ble** *v.i.* & *t.* (קְרַמְבְּל) הִתְפּוֹרֵר; הִתְפָּרֵק, הִתְמוֹטֵט; פּוֹרֵר

**crum'ple** *v.t.* & *i.* (קְרַמְפְּל) קִמֵּט; מוֹטֵט; הִתְקַמֵּט; הִצְטַמֵּק; הִתְמוֹטֵט

**crunch** *v.t.* (קְרַנְץ׳) מָעַךְ (שיניים); טָחַן בְּקוֹל; לָעַס (תוך כדי מעיכה)

**crusade'** *n.* & *v. i.* (קְרוּסֵיד) מַסַּע צְלָב; מִלְחֶמֶת קֹדֶשׁ (של האפיפיור); מַסָּע נִמְרָץ; עָרַךְ מַסַּע צְלָב; יָצָא לְמַסָּע נִמְרָץ

**crusa'der** *n.* (קְרוּסֵידֶר) צַלְבָן; יוֹצֵא לְמַסָּע נִמְרָץ

**crush** *v.t.* & *i.* & *n.* (קְרַשׁ) מָעַךְ; כָּתַשׁ; סָחַט; חִבֵּק בְּחָזְקָה; דִּכֵּא; דָּחַק; מְעִיכָה; הָמוֹן רַב; הִתְאַהֲבוּת עַזָּה; חָשׁוּק

**crust** *n.* (קְרַסְט) קְרוּם; צִפּוּי קָשֶׁה, קְלִפָּה; חֻצְפָּה

**crus'ty** *adj.* (קְרַסְטִי) בַּעַל קְרוּם; חָמוּר, גַּס

**crutch** *n.* (קְרַץ׳) קַב, מִשְׁעֶנֶת

**crux** *n.* (קְרַקְס) נְקֻדָּה מַכְרִיעָה; קֹשִׁי מֵבִיךְ; צְלָב

**cry** *v.t.* & *i.* & *n.* (קְרַי) בָּכָה; קָרָא, צָעַק; נָבַח, יִלֵּל; קוֹנֵן; הִכְרִיז עַל; הִתְחַנֵּן; קְרִיאָה, צְעָקָה, זְעָקָה; קִינָה; תְּחִנָּה; הַכְרָזָה; דִּין וְחֶשְׁבּוֹן פֻּמְבִּי; דֵּעָה

a far — שׁוֹנֶה מְאֹד

**crypt** *n.* (קְרִפְּט) חֶדֶר תַּת־קַרְקָעִי (לקבורה); כּוּךְ

**crys'tal** *n.* & *adj.* (קְרִסְטְל) גָּבִישׁ; בְּדֹלַח; קְרִיסְטַל; גְּבִישִׁי, בְּדָלְחִי, צַח, שָׁקוּף

**cub** *n.* (קַב) גּוּר; צָעִיר (חסר נסיון); שׁוּלְיָה

**cube** *n.* & *v.t.* (קְיוּבּ) קֻבִּיָּה; חָתַךְ לְקֻבִּיּוֹת

**cu'bic** *adj.* (קְיוּבִּק) מְעֻקָּב

**cu'bit** *n.* (קְיוּבִּט) אַמָּה (מידה)

**cuck'old** *n.* & *v.t.* (קַקְלְד) בַּעֲלָהּ שֶׁל אִשָּׁה סוֹטָה; פִּתָּה הָאִשָּׁה שֶׁל־

**cu'ckoo** *n.* & *v.t.* (קוּקוּ) קוּקִיָּה; חָזַר עַל בְּצוּרָה חַדְגּוֹנִית

— *adj.* מְשֻׁגָּע; טִפְּשִׁי

**cu'cumber** *n.* (קְיוּקַמְבֶּר) מְלָפְפוֹן

**cud** *n.* (קַד) גֵּרָה

chew one's — הִרְהֵר; הֶעֱלָה גֵרָה

**cud'dle** *v.t.* & *i.* (קַדְל) הִתְרַפֵּק עַל; גִּפֵּף; הִתְגַּפֵּף

**cudg'el** *n.* & *v.t.* (קַג׳ל) אַלָּה; הָלַם בְּאַלָּה

**cue** *n.* & *v.t.* (קְיוּ) רֶמֶז, אוֹת, גֵּרוּי; תַּפְקִיד; רָמַז ל־, נָתַן אוֹת; הוֹרָה לְהִשְׁתַּתֵּף

**cuff** *n.* (קַף) חֵפֶת; אֲזִק; סְטִירָה

on the — בַּהֲקָפָה

— *v.t.* עָשָׂה חֲפָתִים; סָטַר

**cul'minate"** *v.i.* (קַלְמִנֵיט) הִסְתַּיֵּם בְּשִׂיא; הִגִּיעַ לְקִצּוֹ

**cul'prit** *n.* (קַלְפְּרִט) נֶאֱשָׁם

**cult** *n.* (קַלְט) פֻּלְחָן; הַעֲרָצָה, נַעֲרָץ, קוּלְט

**cul'tivate"** *v.t.* (קַלְטְוֵיט) עִבֵּד (אדמה); קִלְטֵר; טִפַּח; הִתְמַסֵּר ל־; בִּקֵּשׁ רֵעוּת שֶׁל

**cul'tiva"ted** *adj.* (קַלְטִוֵיטֶד) מְעֻבָּד; מַשְׂכִּיל; מְחֻנָּךְ, מְתֻרְבָּת
**cul'ture** *n.* (קַלְצ'ר) תַּרְבּוּת; הֲוַי; תַּרְבִּית; עִבּוּד (אדמה); תַּרְבּוּת, טִפּוּחַ; פִּתּוּחַ כִּשְׁרוֹנוֹת נַפְשִׁיִּים
**cul'vert** *n.* (קַלְוֶרְט) תְּעָלָה (תחת כביש, או גשר); בִּיב
**cum'bersome** *adj.* (קַמְבֶּרְסֶם) מַכְבִּיד; מְגֻשָּׁם, מְסֻרְבָּל
**cu'mula"tive** *adj.* (קְיוּמְיֻלֵיטִב) מִצְטַבֵּר
**cun'ning** *n.* & *adj.* (קַנִנְג) עַרְמוּמִיּוּת; מְיֻמָּנוּת; מְחֻכָּם, עַרְמוּמִי; „מָתוֹק"
**cup** *n.* (קַפּ) סֵפֶל, גָּבִיעַ; קֻבַּעַת
**cupb'oard** *n.* (קַבֶּרְד) אָרוֹן (לכלי אוכל); מִזְנוֹן
**cupid'ity** *n.* (קְיוּפִּדִטִי) תַּאֲוַת בֶּצַע
**cur'able** *adj.* (קְיוּרֶבְּל) נִתָּן לְרִפּוּי
**cu'rate** *n.* (קְיוּרִט) כֹּמֶר; כֹּמֶר־עוֹזֵר
**cura'tor** *n.* (קְיוּרֵיטֶר) מְפַקֵּחַ, אַפִּיטְרוֹפּוֹס, אַצָּר
**curb** *n.* & *v.t.* (קֶרְבּ) מַעֲצוֹר, בֶּלֶם; שְׂפַת מִדְרָכָה; עָצַר, בָּלַם
**curd(s)** *n.* (קֶרְד[ז]) קוֹם, חָלָב קָרוּשׁ
**curd'le** *v.t.* & *i.* (קֶרְדְל) הִקְרִישׁ; קָרַשׁ
**cure** *v.t.* & *i.* & *n.* (קְיוּר) רִפֵּא; תִּקֵּן; הִרְחִיק (נגע, או מטרד); שִׁמֵּר (בשר, או דגים); הִרְטִיב בֶּטוֹן; נִרְפָּא; רִפּוּי, טִפּוּל, תְּרוּפָה; שִׁמּוּר (בשר, או דגים)
**cur'few** *n.* (קֶרְפְיוּ) עֹצֶר
**cur"iosi'ty** *n.* (קְיוּרִיאוֹסִטִי) סַקְרָנוּת; תְּכוּנָה מוּזָרָה; תָּכְנִית מְעַנְיֶנֶת; חֵפֶץ מוּזָר; חֵפֶץ נָדִיר
**cur'ious** *adj.* (קְיוּרִיאֶס) סַקְרָנִי; מִתְעָרֵב (בעניינים לא לו); מוּזָר
**curl** *v.t.* & *i.* (קֶרְל) סִלְסֵל; הִסְתַּלְסֵל
— up יָשַׁב, אוֹ שָׁכַב בְּנַחַת
— *n.* תַּלְתַּל; סְלִיל, סִלְסוּל
**cur'ly** *adj.* (קֶרְלִי) מְסֻלְסָל, מְתֻלְתָּל
**cur'rant** *n.* (קַרֶנְט) דֻּמְדְּמָנִית; צִמּוּק לְלֹא חַרְצַנִּים
**cur'rency** *n.* (קַרֶנְסִי) מַטְבֵּעַ, כֶּסֶף; נְפוֹצוּת; תְּקוּפַת נְפוֹצוּת; תְּפוּצָה, מַחֲזוֹר
**cur'rent** *adj.* & *n.* (קַרֶנְט) שׁוֹטֵף, נוֹכְחִי; עוֹבֵר לַסּוֹחֵר; נָפוֹץ; מְקֻבָּל; זֶרֶם, זְרִימָה; מְגַמָּה
**curric'ulum** *n.* (קֶרִקְיֻלֶם) תָּכְנִית לִמּוּדִים
— vitae תּוֹלְדוֹת חַיִּים
**curse** *n.* & *v.t.* & *i.* (קֶרְס) קְלָלָה; קִלֵּל
**cur'sory** *adj.* (קֶרְסֶרִי) שִׁטְחִי; נִמְהָר
**curt** *adj.* (קֶרְט) קָצָר; קָטוּעַ
**curtail'** *v.t.* (קֶרְטֵיל) קִצֵּר, הִפְחִית, צִמְצֵם
**cur'tain** *n.* (קֶרְטְן) וִילוֹן; מָסָךְ
—s מִיתָה (אלימה)
— *v.t.* הִסְתִּיר בְּוִילוֹן; קִשֵּׁט בְּוִילוֹן
**curt'sey** *n.* & *v.i.* (קֶרְטְסִי) קִדָּה; קַד קִדָּה
**curve** *v.i.* & *t.* & *n.* (קֶרְב) הִתְעַקֵּם; עִקֵּם, כָּפַף; עֲקֻמָּה, עִקּוּל, פִּתּוּל, סִבּוּב; חַמּוּק
**cush'ion** *n.* & *v.t.* (קוּשְׁן) כַּר; קוֹלֵט זַעֲזוּעִים; רִפֵּד
**cuss** *v.t.* (קַס) קִלֵּל
— out נִזֵּף
**cus'tard** *n.* (קַסְטֶרְד) רַפְרֶפֶת בֵּיצִים
**custo'dian** *n.* (קַסְטוֹדִיאֶן) אַפִּיטְרוֹפּוֹס
**cus'tody** *n.* (קַסְטֶדִי) אַפִּיטְרוֹפְּסוּת, פִּקּוּחַ; מַעֲצָר; מַאֲסָר
**cus'tom** *n.* (קַסְטֶם) מִנְהָג, נֹהַג; מֶכֶס; לָקוֹחוֹת קְבוּעִים
—s מֶכֶס
— *adj.* עַל פִּי הַזְמָנָה מְיֻחֶדֶת
**cus'tomary** *adj.* (קַסְטֶמֶרִי) רָגִיל, מְקֻבָּל; נָהוּג
**cus'tomer** *n.* (קַסְטֶמֶר) לָקוֹחַ, קוֹנֶה; שֶׁיֵּשׁ עֵסֶק אִתּוֹ, בַּרְנָשׁ
**cus'tom-house"** (קַסְטֶם־הַאוּס) בֵּית מֶכֶס
**cut** *v.t.* & *i.* (קַט) חָתַךְ; הִצְלִיף; פָּגַע; פָּרַס; כָּרַת; קָצַר, כָּסַח; חָצָה; קִצֵּר; הוֹרִיד; מָהַל; גִּלֵּף; חִסֵּר; הִצְמִיחַ (שיניים); „הִפְסִיק"; עָרַךְ (סרט קולנועי); הִתְנַכֵּר לְ־; נִפְקַד (משיעור); הִקְלִיט; נֶחְתַּךְ; סָטָה פִּתְאוֹם
— down הִפְחִית
— *n.* חֲתָךְ; חֲתִיכָה; נֵתַח; חֵלֶק; פֶּצַע; גִּזְרָה (לבוש); סוּג; מַעֲבָר; הַשְׁמָטָה; הַפְחָתָה; פְּגִיעָה (ברגשות); גְּלוּפָה; הִתְנַכְּרוּת לַמַּכָּר; נִפְקָדוּת (מלימודים)
a — above עוֹלֶה עַל בְּמִקְצָת
— *adj.* חָתוּךְ; מְגֻלָּף; מֻפְחָת; מְסֹרָס
— and dried קָבוּעַ מֵרֹאשׁ

— out for מַתְאִים ל־; מְסֻגָּל

**cute** *adj.* (קְיוּט) נֶחְמָד, „מָתוֹק"; מִתְיַמֵּר לִהְיוֹת יָפֶה, אוֹ פִּקֵּחַ

**cu'ticle** *n.* (קְיוּטִקְל) עוֹר בְּסִיס הַצִּפֹּרֶן; עוֹר עֶלְיוֹן

**cut'lery** *n.* (קַטְלֶרִי) סַכּוּ"ם (סַכִּינִים, כַּפּוֹת וּמַזְלֵגוֹת)

**cut'ter** *n.* (קַטֶר) חוֹתֵךְ; חַד־תָּרְנִית; סְפִינַת־מִשְׁמָר

**cy'cle** *n.* & *v.i.* (סַיְקְל) מַעְגָּל, תְּקוּפָה; מַחֲזוֹר; צִיקְלוּס; אֹסֶף; אוֹפַנַּיִם; רָכַב עַל אוֹפַנַּיִם; נָע בְּמַעְגָּלִים, עָבַר בְּמַעְגָּלִים

**cy'clone** *n.* (סַיְקְלוֹן) צִיקְלוֹן, עַלְעוֹל

**cyl'inder** *n.* (סִלִנְדֶר) גָּלִיל; צִילִינְדֶר; אִצְטְוָנָה

**cyn'ic** *n.* (סִנִק) צִינִיקָן

**cy'press** *n.* (סַיְפְּרֶס) בְּרוֹשׁ

**cyst** *n.* (סִסְט) צִיסְטָה; שַׁלְחוּף

**Czar** (זָר) צָאר; קֵיסָר; שַׁלִּיט יָחִיד

# D

**D, d** *n.* (דִי) דִי, הָאוֹת הָרְבִיעִית בְּאָלֶפְבֵּית הָאַנְגְלִי, ד׳
**dab** *v.t. & i. & n.* (דֶב) טָפַח בַּעֲדִינוּת; נָגַע, טְפִיחָה, לְטִיפָה, גּוּשׁ, כַּמּוּת קְטַנָּה
**dab'ble** *v.t. & i.* (דֶבְּל) הִרְטִיב; טָבַל; עָסַק בְּשִׁטְחִיּוּת
**dad, dad'dy** *n.* (דֶד, דֶדִי) אַבָּא
**daf'fodil** *n.* (דֶפֶדִל) נַרְקִיס עָטוּר
**dag'ger** *n.* (דֶגֶר) פִּגְיוֹן; הַסִּימָן †
**dai'ly** *adv. & adj. & n.* (דֵילִי) יוֹם־יוֹם; יוֹמִי; יוֹמוֹן
**dai'nty** *adj.* (דֵינְטִי) מְעֻדָּן; טָעִים; בַּרְרָנִי, בַּעַל הַבְחָנָה עֲדִינָה
**dair'y** *n. & adj.* (דֵרִי) מַחְלָבָה; מֶשֶׁק חָלָב; שֶׁל מַאַכְלֵי חָלָב
**dai'sy** *n.* (דֵיזִי) חִנָּנִית
**dale** *n.* (דֵיל) בִּקְעָה רְחָבָה
**dal'ly** *v.i.* (דֶלִי) הִשְׁתַּעֲשֵׁעַ; הִתְבַּטֵּל, בִּטֵּל זְמַן
**dam** *n. & v.t.* (דֶם) סֶכֶר; הֵקִים סֶכֶר; סָתַם, סָכַר
**dam'age** *v.t. & i. & n.* (דֶמִג׳) הִזִּיק לְ־; גָּרַם נֶזֶק לְ־; פָּגַע בְּ־; קִלְקֵל; נִזּוֹק, נֶזֶק
**dame** *n.* (דֵים) אֲדוֹנָה, גְּבֶרֶת, מַטְרוֹנִית; אִשָּׁה
**damn** *v.t. & n.* (דֶם) פָּסַל; הָרַס; קִלֵּל; דָּן לְעֹנֶשׁ־נֶצַח; קְלָלָה
**— interj.** לַעֲזָאזֵל
**damned** *adj.* (דֶמְד) נִדּוֹן לְעֹנֶשׁ־נֶצַח; נִבְזֶה; גָּמוּר
**damp** *adj. & v.t.* (דֶמְפּ) לַח; מְדֻכְדָּךְ, חֲסַר־חִיּוּת; הִרְטִיב; רִפָּה יְדֵי; עִכֵּב
**dam'sel** *n.* (דֶמְזֶל) נַעֲרָה, עַלְמָה
**dance** *v.i. & t. & n.* (דֶנְס) רָקַד; כִּרְכֵּר; הִרְקִיד; רִקּוּד, מָחוֹל; נֶשֶׁף רִקּוּדִים; מוּסִיקָה לְרִקּוּדִים
**dan'cer** *n.* (דֶנְסֶר) רַקְדָן, רוֹקֵד
**dan'druff** *n.* (דֶנְדְרַף) קַשְׂקַשִּׂים
**dan'dy** *n. & adj.* (דֶנְדִי) טַרְזָן, גַּנְדְּרָן; מְצֻיָּן; יָפֶה, טוֹב מְאֹד
**dan'ger** *n.* (דֵינְג׳ר) סַכָּנָה
**dan'gerous** *adj.* (דֵינְג׳רֶס) מְסֻכָּן; חָמוּר
**dan'gle** *v.i. & t. & n.* (דֶנְגְל) הָיָה תָּלוּי בְּרִפְיוֹן; רִחֵף; תָּלָה בְּרִפְיוֹן; תְּלִיָּה בְּרִפְיוֹן
**dan'gling** *adj.* (דֶנְגְלִנְג) תָּלוּי עַל בְּלִימָה
**Da'nish** *adj. & n.* (דֵינִשׁ) דֶּנִי
**dank** *adj.* (דֶנְק) טָחוּב
**dap'per** *adj.* (דֶפֶּר) מְסֻדָּר (בלבוש); זָרִיז
**dare** *v.i. & t. & n.* (דֵר) הֵעֵז, הִתְרִיס כְּנֶגֶד, גֵּרָה; הֶעָזָה; הַתְרָסָה, אֶתְגָּר
**da'ring** *n. & adj.* (דֵרִנְג) הֶעָזָה; תְּעֻזָּה; נוֹעָז, הַרְפַּתְקָנִי
**dark** *adj. & n.* (דַרְק) אָפֵל, חָשׁוּךְ; כֵּהֶה; שָׁחוּם, שְׁחַרְחַר; קוֹדֵר; זוֹעֵף; מְרֻשָּׁע; נִבְעָר מִדַּעַת; מְעֻרְפָּל; שַׁתְקָן; חֹשֶׁךְ; לַיְלָה; מָקוֹם אָפֵל; צֶבַע כֵּהֶה
**dar'ken** *v.t.* (דַרְקֶן) הֶחְשִׁיךְ, הֶאֱפִיל, הִקְדִּיר, הֶעֱצִיב; סִמֵּא; נַעֲשָׂה כֵּהֶה, הִתְעַרְפֵּל
**dark'ness** *n.* (דַרְקְנֶס) חֹשֶׁךְ, אֲפֵלָה, עֲלָטָה; רֶשַׁע; קַדְרוּת, עִרְפּוּל; בַּעֲרוּת; עִוָּרוֹן
**dar'ling** *n. & adj.* (דַרְלִנְג) יַקִּיר, אָהוּב; יָקָר מְאֹד
**darn** *v.t. & n.* (דַרְן) תִּקֵּן; תִּקּוּן
**dart** *v.t. & n.* (דַרְט) זִנֵּק, רָץ, עָט; חֵץ; זְרִיקָה
**dash** *v.t. & i. & n.* (דֶשׁ) נִפֵּץ, זָרַק בְּחָזְקָה; הִתִּיז; הָרַס; דִּכְדֵּךְ; בִּיֵּשׁ; הִסְתָּעֵר; הַתָּזָה; קֹרֶט; תְּנוּעָה מְהִירָה; מַקָּף; הִסְתַּעֲרוּת; תְּנוּעָה פְּזִיזָה; רִיצָה; פְּעֻלָּה נִמְרֶצֶת; לוּחַ מוֹנִים
**dash'ing** *adj.* (דֶשִׁנְג) עַלִּיז; מַזְהִיר; מִתְהַדֵּר
**date** *n. & v.i. & t.* (דֵיט) תַּאֲרִיךְ; מֶשֶׁךְ; פְּגִישָׁה; שֶׁנִּקְבַּע אִתּוֹ פְּגִישָׁה; תָּמָר; הָיָה לוֹ תַּאֲרִיךְ; רֵאשִׁיתוֹ בְּ־; הִתְיַשֵּׁן; יָצָא לִפְגִישׁוֹת, קָבַע פְּגִישׁוֹת עִם; תֵּאֲרֵךְ; גִּלָּה גִּיל
**daub** *v.t. & i. & n.* (דוֹב) מָרַח; מְרִיחָה; צֶבַע גָּרוּעַ
**daugh'ter** *n.* (דוֹטֶר) בַּת
**daunt** *v.t.* (דוֹנְט) הֵטִיל מוֹרָא; הֵמֵס הַלֵּב

**daunt'less** *adj.* (דוֹנְטְלֶס) עָשׂוּי לִבְלִי חָת; נוֹעָז

**daw'dle** *v.i. & t.* (דוֹדְל) בִּטֵּל זְמָן, הִתְבַּטֵּל

**dawn** *n. & v.i.* (דוֹן) שַׁחַר; בּוֹא; הִפְצִיעַ; הֵאִיר (השחר); הִתְחִיל לְהִתְפַּתֵּחַ; הִתְחִיל לְהִתָּפֵס, הוֹפִיעַ

**day** *n.* (דֵּי) יוֹם; אוֹר הַיּוֹם; יְמָמָה; תַּחֲרוּת; תְּקוּפָה

call it a — הִפְסִיק פְּעִילוּת

-- before yesterday שִׁלְשׁוֹם

— after tomorrow מָחֳרָתַיִם

**day'break"** *n.* (דֵּיבְּרֵיק) שַׁחַר, עֲלוֹת הַשַּׁחַר

**day' la"borer** *n.* (דֵּי לֵיבֶּרֶר) שְׂכִיר יוֹם, פּוֹעֵל יוֹמִי

**day'light"** *n. & adj.* (דֵּילַיט) אוֹר הַיּוֹם; פִּרְסוּם; יוֹם (מֶשֶׁךְ); עֲלוֹת הַשַּׁחַר; דּוֹמֶה לְאוֹר הַיּוֹם; לְשִׁמּוּשׁ בַּיּוֹם

**day'time"** *n.* (דֵּיטַים) יוֹם (בין זריחת השמש לשקיעתה)

**daze** *v.t. & n.* (דֵּיז) הֵמַם; בִּלְבֵּל; הִכָּה בְּסַנְוֵרִים; הֶמּוּם, „טִשְׁטוּשׁ"

**daz'zle** *v.t. & n.* (דֶזְל) סִנְוֵר (ע״י אור חזק); בִּלְבֵּל (ע״י פאר); סִנְווּר; זֹהַר מְבַלְבֵּל

**dea'con** *n.* (דִיקְן) תַּת־כֹּמֶר; פָּקִיד הַכְּנֵסִיָּה

**dead** *adj.* (דֶד) מֵת; דּוֹמֶה לְמֵת; חֲסַר־הַרְגָּשָׁה; יָגֵעַ מְאֹד; עָקָר; חֲסַר־תְּנוּעָה; כָּבוּי; תָּפֵל; מַט; מֻחְלָט; פִּתְאוֹמִי; מְדַיֵּק; מְדֻיָּק; יָשָׁר

— body גּוּפָה

— *n.* שִׂיא

the — הַמֵּתִים

— *adv.* לַחֲלוּטִין; לְגַמְרֵי; לְלֹא זִיעַ; מַמָּשׁ, בְּדִיּוּק

**dead'en** *v.t.* (דֶדְן) הִקְהָה, הֵתֵשׁ; אִטֵּם

**dead'ly** *adj. & adv.* (דֶדְלִי) מֵמִית, גּוֹרֵם לְמִיתָה; שׁוֹאֵף לְהָמִית; דּוֹמֶה לְמֵת; מְדֻיָּק מְאֹד; מְשַׁעֲמֵם מְאֹד; לְגַמְרֵי

**deaf** *adj.* (דֶף) חֵרֵשׁ; מְסָרֵב לִשְׁמֹעַ

**deaf'en** *v.t.* (דֶפְן) הֶחֱרִישׁ, הֵמַם (ע״י רעש)

**deaf'mute"** *n.* (דֶף־מְיוּט) חֵרֵשׁ־אִלֵּם

**deal** *n. & v.i. & t.* (דִיל) עִסְקָה; הֶסְכֵּם; חֶשְׁבּוֹן; יַחַס הִתְנַהֲגוּת כְּלַפֵּי; כַּמּוּת נִכֶּרֶת; חֲלֻקָּה (קלפים); עָסַק בּ־; נָקַט פְּעֻלָּה; הִתְנַהֵג; סָחַר; חִלֵּק (קלפים)

**dea'ler** *n.* (דִילֶר) מִתְנַהֵג כְּלַפֵּי; קִמְעוֹנַאי, סוֹחֵר; מְחַלֵּק (קלפים)

**dea'ling(s)** *n.* (דִילִנְ[ז]) יְחָסִים, עֲסָקִים

**dean** *n.* (דִין) דֶּקָן

**dear** *adj. & n.* (דִיר) יָקָר; נִכְבָּד מְאֹד; חָשׁוּב; גָּבֹהַּ; חָמוּד, אָהוּב

**dearth** *n.* (דֶרְתְ׳) מַחְסוֹר; רָעָב

**death** *n.* (דֶתְ׳) מִיתָה, מָוֶת; רֶצַח, שְׁפִיכוּת דָּמִים

**debase'** *v.t.* (דִבֵּיס) הִשְׁפִּיל; פִּגֵּל

**deba'table** *adj.* (דִבֵּיטֶבְּל) נָתוּן לְוִכּוּחַ; מְסֻפְקָק

**debate'** *v.i. & t. & n.* (דִבֵּיט) הִשְׁתַּתֵּף בְּוִכּוּחַ, הִתְוַכֵּחַ; דָּן, שָׁקַל; וִכּוּחַ; דִּיּוּן

**debauch'** *v.t. & n.* (דִבּוֹץ׳) הִשְׁחִית, הִשְׁפִּיל; הִתְמַכְּרוּת לְתַאֲוָה

**deben'ture** *n.* (דִבֶּנְצֶ׳ר) אִגֶּרֶת חוֹב

**deb'it** *n. & v.t.* (דֶבִּט) חִיּוּב; חִיֵּב (חשבון)

**deb"onair'** *adj.* (דֶבֶּנֶר) נְעִים הֲלִיכוֹת; חִנָּנִי; עַלִּיז

**debris'** *n.* (דֶבְּרִי) עִיֵּי מַפֹּלֶת, חֳרָבוֹת

**debt** *n.* (דֶט) חִיּוּב; חוֹבָה; חֵטְא

**debt'or** *n.* (דֶטֶר) לֹוֶה, בַּעַל חוֹב, חַיָּב

**debut'** *n.* (דֵיבְּיוּ) הוֹפָעָה בִּמְבִית רִאשׁוֹנָה; הַתְחָלַת קַרְיֵרָה

**deb'utante** *n.* (דֶבְּיוּטַנְט) צְעִירָה הַנִּכְנֶסֶת לַחֶבְרָה

**decade'** *n.* (דֶקֵיד) עָשׂוֹר

**dec'adence** *n.* (דֶקֶדֶנְס) הִתְנַוְּנוּת, נִוּוּן, הִסְתָּאֲבוּת

**Dec'alogue"** *n.* (דֶקֶלוֹג) עֲשֶׂרֶת הַדִּבְּרוֹת

**decamp'** *v.i.* (דִקֶמְפּ) יָצָא מִמַּחֲנֶה; פֵּרֵק מַחֲנֶה וְיָצָא לַדֶּרֶךְ; הִסְתַּלֵּק לְלֹא שֶׁהִיּוֹת

**decan'ter** *n.* (דִקֶנְטֶר) לָגִין, בַּקְבּוּק לְיַיִן

**decap'itate** *v.t.* (דִקֶפִּטֵיט) כָּרַת רֹאשׁ

**decay'** *v.i. & t. & n.* (דִקֵי) נִרְקַב; הִתְנַוֵּן; הִתְקַלְקֵל; הִרְקִיב; הִתְפָּרְקוּת, רִקָּבוֹן; הִתְנַוְּנוּת

**decease'** *v.i. & n.* (דִסִיס) מֵת; מִיתָה

**deceased'** *adj.* (דִסִיסְט) מֵת

the — הַמָּנוֹחַ; הַמֵּתִים

**deceit′** *n.* (דְסִיט) רַמָּאוּת, רְמִיָּה; תַּרְמִית, אוֹנָאָה, תַּחְבּוּלָה

**deceive′** *v.t. & i.* (דְסִיב) רִמָּה, הוֹנָה

**Decem′ber** *n.* (דְסֶמְבֶּר) דֶצֶמְבֶּר

**de′cency** *n.* (דִיסֶנְסִי) הֲגִינוּת, צְנִיעוּת

**de′cent** *adj.* (דִיסֶנְט) יָאֶה, הָגוּן; צָנוּעַ; מְכֻבָּד; נָאֶה

**decen′tralize″** *v.t.* (דִיסֶנְטְרַלַיז) בִּזֵּר; פִּזֵּר סַמְכֻיּוֹת (מבחינה גיאוגראפית)

**decep′tion** *n.* (דְסֶפְּשֶׁן) רְמִיָּה, רַמָּאוּת; אוֹנָאָה

**decide′** *v.t. & i.* (דְסַיד) הֶחְלִיט, הִכְרִיעַ; יִשֵּׁב; הֵבִיא לִידֵי הַכְרָעָה; חָרַץ מִשְׁפָּט

**—ed** *adj.* נֶחְרָץ, בָּרוּר; הֶחְלֵטִי

**decided′ly** *adv.* (דְסַידִדְלִי) לְלֹא כָּל סָפֵק

**decid′uous** *adj.* (דְסִגִ׳וּאֶס) נָשִׁיר; חוֹלֵף

**dec′imal** *adj. & n.* (דֶסְמֶל) עֶשְׂרוֹנִי; שֶׁבֶר עֶשְׂרוֹנִי

**deci′pher** *v.t.* (דְסַיפְר) פִּעְנֵחַ

**decis′ion** *n.* (דְסִזְ׳ן) הַחְלָטָה; פְּסַק־דִּין, הַכְרָעָה; הַחְלֵטִיּוּת

**deci′sive** *adj.* (דְסַיסִב) מַכְרִיעַ; הַחְלֵטִי

**deck** *v.t. & n.* (דֶק) קִשֵּׁט; בָּנָה סִפּוּן; סִפּוּן; פַּלְטְפוֹרְמָה; חֲבִילָה (קלפים)

clear the —s! הִכּוֹן לִקְרָב!

**declaim′** *v.t. & i.* (דִקְלֵים) דִּקְלֵם; גִּנָּה; נָשָׂא נְאוּם (מן השפה ולחוץ); הִשְׁמִיעַ (בצורה מליצית)

**dec″lara′tion** *n.* (דֶקְלַרֵישְׁן) הַצְהָרָה, הַכְרָזָה

**declare′** *v.t. & i.* (דִקְלֵר) הִצְהִיר, הִכְרִיז; גִּלָּה; מָסַר הַצְהָרָה

**decline′** *v.t. & i. & n.* (דִקְלַין) סֵרֵב (בנימוס); הִטָּה כְּלַפֵּי מַטָּה; נָטָה (בדקדוק); הִשְׁתַּפֵּעַ, יָרַד; הִתְקָרֵב לְקִצּוֹ; פָּחַת; הִשְׁפִּיל עַצְמוֹ; הִתְנַוֵּן, תָּשַׁשׁ; שָׁקַע; שִׁפּוּעַ, מִדְרוֹן; יְרִידָה, הִתְמַעֲטוּת; תְּשִׁישׁוּת, הִתְנַוְּנוּת; שְׁקִיעָה

**decliv′ity** *n.* (דִקְלִוִטִי) מִדְרוֹן, מוֹרָד

**de″compose′** *v.t. & i.* (דִיקְמְפּוֹז) הִתְפָּרֵק, נִרְקַב

**dec′orate″** *v.t.* (דֶקְרֵיט) עִטֵּר, קִשֵּׁט; עִצֵּב פְּנִים (של דירה וכו׳)

**dec″ora′tion** *n.* (דֶקְרֵישְׁן) עִטּוּר, קִשּׁוּט; מֶדַלְיָה, אוֹת הִצְטַיְּנוּת

**decor′um** *n.* (דִקוֹרֶם) הִתְנַהֲגוּת מְמֻשְׁמַעַת; הֲלִיכוֹת נָאוֹת; נִמּוּסֵי חֶבְרָה

**de′coy** *n. & v.t.* (דִיקוֹי) פִּתָּיוֹן, מַלְכֹּדֶת; פִּתָּה

**decrease′** *v.t. & i. & n.* (דִקְרִיס) הִתְמַעֵט, פָּחַת; הִפְחִית; הַפְחָתָה, יְרִידָה

**decree′** (דִקְרִי) גְּזֵרָה, צַו; פְּסַק־דִּין; גָּזַר

**decrep′it** *adj.* (דִקְרֶפִּט) תָּשׁוּשׁ, חַלָּשׁ, בָּלֶה

**ded′icate″** *v.t.* (דֶדִקֵיט) הִקְדִּישׁ, כָּתַב הַקְדָּשָׁה; חָנַךְ

**deduce′** *v.t.* (דִדוּס) הִסִּיק; עָקַב אַחֲרֵי הַמּוֹצָא

**deduct** *v.t.* (דִדַקְט) נִכָּה, הִפְחִית

**deed** *n. & v.t.* (דִיד) מַעֲשֶׂה, פְּעֻלָּה; תְּעוּדַת מִקְנָה; הֶעֱבִיר בַּעֲלוּת (באמצעות תעודת מקנה)

**deem** *v.t. & i.* (דִים) סָבַר, חָשַׁב; דָּן

**deep** *adj.* (דִיפּ) עָמֹק; רָחָב; מִשְׂתָּרֵעַ לְמֶרְחַקִּים; סָתוּם, מְעֻרְפָּל; רְצִינִי; מַעֲמִיק; כֵּהֶה (צבע); חוֹדֵר; עַרְמוּמִי; מִסְתּוֹרִי

in — water בִּמְצוּקָה

— *n.* מַעֲמַקִּים; מֶרְחָב; שִׂיא

**dee′pen** *v.t. & i.* (דִיפֶּן) הֶעֱמִיק; הָעֳמַק, נִתְעַמֵּק

**deer** *n.* (דִיר) אַיָּל, צְבִי

**deface′** *v.t.* (דִפֵיס) הִשְׁחִית (פני שטח)

**defame′** *v.t.* (דִפֵים) הוֹצִיא דִבָּה עַל, הִשְׁמִיץ

**default′** *n.* (דִפוֹלְט) רַשְׁלָנוּת, חֹסֶר פְּעֻלָּה; הִתְכַּחֲשׁוּת לְהִתְחַיְּבוּת

**defeat′** *v.t. & n.* (דִפִיט) נִצַּח, הֵבִיס, גָּבַר עַל; סִכֵּל; מַפָּלָה, הַכְשָׁלָה, תְּבוּסָה; סִכּוּל

**de′fect** *n.* (דִיפֶקְט) פְּגָם, מִגְרַעַת, לִקּוּי; מוּם

defect′ *v.i.* (דִפֶקְט) עָרַק

**defec′tive** *adj. & n.* (דִפֶקְטִב) פָּגוּם, לָקוּי; מְפַגֵּר

**defend′** *v.t.* (דִפֶנְד) הֵגֵן עַל; סִנְגֵּר עַל; הִצְדִּיק

**defen'dant** *n.* (דִפֶנְדַנְט)    נִתְבָּע, נֶאֱשָׁם

**defend'er** *n.* (דִפֶנְדֶר)    מֵגֵן, סָנֵגוֹר

**defense'** *n.* (דִפֶנְס)    הֲגָנָה; הִתְגּוֹנְנוּת; מָעוֹז;
מִבְצָר; סָנֵגוֹרְיָה; הַצְדָּקָה

**defen'sive** *adj. & n.* (דִפֶנְסִב)    הֲגֵנָּתִי; מַצָּב
הִתְגּוֹנְנוּת

**def'erence** *n.* (דֶפֶרֶנְס)    כְּנִיעָה, וִתּוּר
לְטוֹבַת־; יַחַס כָּבוֹד

**defer'ment** *n.* (דִפֶרְמֶנְט)    דְּחִיָּה

**defi'ance** *n.* (דִפַאיַנְס)    הִתְרָסָה, הִתְגָּרוּת
נוֹעֲזָה; בּוּז; הַזְמָנָה לִקְרָב

**defi'ciency** *n.* (דִמְשַׁנְסִי)    מַחְסוֹר; פְּגָם;
גֵּרָעוֹן

**def'icit** *n.* (דֶפֶסְט)    גֵּרָעוֹן

**defile'** *n. & v.t.* (דִפַיל)    מַעֲבָר צַר, צֵעַד
בְּטוּר עָרְפִּי; זִהֵם, הִכְתִּים, טִנֵּף; טִמֵּא; נָטַל
בְּתוּלִים

**define'** *v.t.* (דִפַין)    הִגְדִּיר, תֵּאֵר, תָּחַם,
הִבְהִיר צוּרָה; קָבַע בְּבֵרוּר

**def'inite** *adj.* (דֶפֶנִט)    מֻגְדָּר, מְדֻיָּק, בָּטוּחַ;
מַגְדִּיר

**def"ini'tion** *n.* (דֶפֶנִשֶׁן)    הַגְדָּרָה

**deflate'** *v.t.* (דִפְלֵיט)    הוֹצִיא אֲוִיר, הִפְחִית
(מְחִירִים) הַמְעִיט

**deflect'** *v.t. & i.* (דִפְלֶקְט)    הִטָּה הַצִּדָּה;
סָטָה

**deform'** *v.t.* (דִפוֹרְם)    הִשְׁחִית צוּרָה, הִטִּיל
מוּם; כִּעֵר, נִוֵּל, קִלְקֵל; שִׁנָּה צוּרָה

**defor'mity** *n.* (דִפוֹרְמֶטִי)    מוּם

**defraud'** *v.t.* (דִפְרוֹד)    רִמָּה, הוֹנָה

**defray'** *v.t.* (דִפְרֵי)    שִׁלֵּם

**defrost'** *v.t. & i.* (דִפְרוֹסְט)    הִפְשִׁיר
הֵסִיר שְׁאֵרִיּוֹת בְּתוֹךְ קֶרַח

**defunct'** *adj.* (דִפַנְקְט)    מֵת; שֶׁאֵינוֹ בְּתֹקֶף

**defy'** *v.t.* (דִפַי)    הִתְרִיס כְּנֶגֶד; הִתְגָּרָה
בְּלֹא יִרְאָה; בִּקֵּשׁ לַעֲשׂוֹת הַנֶּחְשָׁב לְבִלְתִּי אֶפְשָׁרִי

**degen'erate** *adj. & n.* (דִג'ֶנֶרֶט)    מְנֻוָּן;
מֻשְׁחָת; דֶּבֶר פֶּרֶט

**degen'erate** *v.i.* (דִג'ֶנֶרֵיט)    הִתְנַוֵּן

**degrade'** *v.t.* (דִגְרֵיד)    הוֹרִיד בְּדַרְגָּה
[דִגְרֵיד]; הִשְׁפִּיל; פָּגַע בְּכָבוֹד; הִפְחִית

**degree'** *n.* (דִגְרִי)    מַדְרֵגָה, דַּרְגָּה, שֶׁלֶב,
מִדָּה; מַעֲלָה (1,360 שֶׁל מַעְגָּל); סוּג, תֹּאַר
(הַמּוֹעֲנַק בְּאוּנִיבֶרְסִיטָה); חָזְקָה

**de'ify** *v.t.* (דִיאַפַי)    הֶאֱלִיהַּ, הֶאֱלִיל;
הֶעֱרִיץ

**deign** *v.i. & t.* (דֵין)    מָחַל עַל כְּבוֹדוֹ

**de'ity** *n.* (דִיאַטִי)    אֵל, אֱלֹהוּת, מַעֲמַד
אֱלֹהוּת

**deject** *v.t.* (דִגֶ'קְט)    דִּכְדֵּךְ
**—ed** *adj.*    נִכְאֵה־רוּחַ, מְדֻכְדָּךְ

**delay'** *v.t. & i. & n.* (דִלֵי)    דָּחָה, עִכֵּב;
הִתְמַהְמֵהַּ; דְּחִיָּה, עִכּוּב; הִתְמַהְמְהוּת

**delec'table** *adj.* (דִלֶקְטַבְּל)    נָעִים מְאֹד;
טָעִים

**del'egate** *n. & v.t.* (דֶלֶגֵיט)    נָצִיג, בָּא כֹחַ;
צִיר; שָׁלַח (נָצִיג)

**del"ega'tion** *n.* (דֶלֶגֵישֶׁן)    מִשְׁלַחַת, הַעֲנָקַת
סַמְכֻיּוֹת

**delete'** *v.t.* (דִלִיט)    מָחַק

**del'eter'ious** *adj.* (דֶלֶטִירִיאָס)    מַזִּיק

**delib'erate** *adj.* (דִלִבֶּרֶט)    יָזוּם; בְּכַוָּנָה;
זָהִיר, אִטִּי, בְּנַחַת

**delib'erate** *v.t. & i.* (דִלִבֶּרֵיט)    שָׁקַל;
הִרְהֵר, הִתְוַכֵּחַ

**del'icacy** *n.* (דֶלְקַסִי)    רֹךְ, עֲדִינוּת; דַּקּוּת,
רְגִישׁוּת; מַעֲדָן; שְׁבִירוּת; דִּיּוּק; חֻלְשָׁה
(גוּפָנִית)

**del'icate** *adj.* (דֶלְקַט)    עָדִין, שָׁבִיר, דַּק;
רַךְ; מְעֻדָּן; רָגִישׁ; מְדֻיָּק; מְבֻחָר; אֶסְטֶנִיס

**del'icates'sen** *n.* (דֶלְקַטֶסֶן)    חֲנוּת מַעֲדַנִּים;
מַעֲדַנִּים

**deli'cious** *adj.* (דִלִשֶׁס)    טָעִים, עָרֵב,
נָעִים מְאֹד

**delight'** *n. & v.t. & i.* (דִלַיט)    תַּעֲנוּג
גָּדוֹל; גִּיל, אֹשֶׁר, הֵנָה, עִנֵּג, נָעַם, נֶהֱנָה מְאֹד
**—ed**    שָׂמַח מְאֹד

**delight'ful** *adj.* (דִלַיטְפַל)    מְהַנֶּה, נָעִים
בְּיוֹתֵר

**delin'eate** *v.t.* (דִלִנִיאֵיט)    הִתְוָה, שִׂרְטֵט;
תֵּאֵר בְּדִיּוּקָנֵת

**delin'quency** *n.* (דִלִנְקוֶנְסִי)    רַשְׁלָנוּת,
אַשְׁמָה; עֲבַרְיָנוּת

**delin'quent** *adj. & n.* (דִלִנְקוֶנְט)    מִתְרַשֵּׁל,
עַבַרְיָן, אָשֵׁם; שֶׁתַּעֲנוֹ מִתְאַחֵר

**delir'ium** *n.* (דִלִירִים)    סֵרוּף דַּעַת;
הִתְרַגְּשׁוּת קַדַּחְתָּנִית; בִּלְבּוּל הַדַּעַת

**deliv'er** *v.t. & i.* (דִּלִוֶר) מָסַר, הֶעֱבִיר לִידֵי; נָשָׂא (נאום); פָּלַט; "הִרְבִּיץ"; שִׁחְרֵר; יִלֵּד, עָזַר בְּלֵדָה; יָלַד

**deliv'erance** *n.* (דִּלִוֶרֶנְס) מְסִירָה; שִׁחְרוּר, יְשׁוּעָה; גִּלּוּי דַּעַת

**deliv'erer** *n.* (דִּלִוֶרֶר) גּוֹאֵל, מוֹשִׁיעַ; מְחַלֵּק, מוֹסֵר

**deliv'ery** *n.* (דִּלִוֶרִי) מְסִירָה, חֲלֻקָּה; חִתּוּךְ דִּבּוּר, הַבָּעָה; לֵדָה; סְנִיקָה

**dell** *n.* (דֶל) עֵמֶק קָטָן

**del'ta** *n.* (דֶלְטָה) דֶּלְתָּא; מְשֻׁלָּשׁ

**delude'** *v.t.* (דִלוּד) הִטְעָה; הוֹנָה

**del'uge** *n. & v.t.* (דֶלְיוּג') מַבּוּל, גֶּשֶׁם שׁוֹטֵף; שִׁטָּפוֹן; הֵצִיף

**delu'sion** *n.* (דִלוּז'ן) הַטְעָיָה; אֲחִיזַת עֵינַיִם; דִּמְיוֹן שָׁוְא, תַּעְתּוּעַ

**deluxe'** *adj.* (דֶלַקְס) דֶּה לוּקְס; מְהֻדָּר

**delve** *v.i.* (דֶלְב) חָקַר בִּיסוֹדִיּוּת

**dem'agogue** *n.* (דֶמַגוֹג) דֶּמָגוֹג

**demand'** *v.t. & i.* (דִמֶנְד) תָּבַע, דָּרַשׁ; בִּקֵּשׁ; דְּרִישָׁה; בִּקּוּשׁ

**demean'** *v.t.* (דִמִין) הִשְׁפִּיל; הִתְנַהֵג

**demea'nor** *n.* (דִמִינֶר) הִתְנַהֲגוּת; אֲרֶשֶׁת פָּנִים

**dement'ed** *adj.* (דִמֶנְטֶד) מְטֹרָף

**demer'it** *n.* (דִימֶרִט) צִיּוּן שְׁלִילִי; אַשְׁמָה; בַּר־הַעֲנָשָׁה

**demise'** *n.* (דִמַיז) מָוֶת; סִיּוּם, גְּמָר; הַעֲבָרָה

**dem"obiliza'tion** *n.* (דִימוֹבֶּלִזֵישְן) שִׁחְרוּר (מצבא); פֵּרוּק צָבָא

**democ'racy** *n.* (דִמוֹקְרֶסִי) דֶּמוֹקְרַטְיָה

**dem'ocrat** *n.* (דֶמֶקְרֶט) דֶּמוֹקְרָט; דּוֹגֵל בְּשִׁוְיוֹן חֶבְרָתִי; חֲבֵר הַמִּפְלָגָה הַדֶּמוֹקְרָטִית (בארה"ב)

**demol'ish** *v.t.* (דִמוֹלִשׁ) הָרַס, הִשְׁמִיד, שָׂם קֵץ לְ־; עָשָׂה שַׁמּוֹת

**de'mon** *n.* (דִימֶן) רוּחַ רָעָה; שֵׁד; רִשְׁעוּת; רָשָׁע

**dem'onstrate"** *v.t. & i.* (דֶמֶנְסְטְרֵיט) הֶרְאָה, הִצִּיג, הִסְבִּיר; הוֹכִיחַ; הִפְגִּין

**dem"onstra'tion** *n.* (דֶמֶנְסְטְרֵישְן) הוֹכָחָה, הַסְבָּרָה, הַצָּגָה, תֵּאוּר; גִּלּוּי; הַפְגָּנָה

**demon'strative** *adj.* (דִמוֹנְסְטְרֶטִב) גָּלוּי לֵב, מַבִּיעַ רִגְשׁוֹתָיו בְּגָלוּי; מוֹכִיחַ, מַסְבִּיר, מְתָאֵר; מַכְרִיעַ; רוֹמֵז

**demor'alize** *v.t.* (דִמוֹרֶלַיז) רִפָּה יָדַיִם, הֵבִיךְ, חָתַר תַּחַת בִּטָּחוֹן; הִשְׁחִית

**demor"aliza'tion** *n.* (דִמוֹרֶלִיזֵישְן) שְׁחִיתוּת הַמִּדּוֹת; רִפְיוֹן יָדַיִם, הִתְפּוֹרְרוּת הַרְגָּשַׁת בִּטָּחוֹן; דֶּמוֹרָלִיזַצְיָה

**demur'** *v.i.* (דִימוּר) עִרְעֵר, הִתְנַגֵּד

**demure'** *adj.* (דִמְיוּר) צָנוּעַ, מְכֻנָּס בְּתוֹךְ עַצְמוֹ; מְיֻשָּׁב בְּדַעְתּוֹ (תוך בישנות מעושה)

**den** *n.* (דֶן) מְאוּרָה; מְעָרָה; מְקוֹם עָלוּב; חֲדַר מַרְגּוֹעַ; גֹּב

**deni'al** *n.* (דִנַיְאֶל) הַכְחָשָׁה; כְּפִירָה, סֵרוּב; דְּחִיָּה

**deni'zen** *n.* (דֶנִיזְן) תּוֹשָׁב

**denom"ina'tion** *n.* (דִנוֹמֶנֵישְן) כִּנּוּי; סוּג; כַּת; עֵרֶךְ

**denote'** *v.t.* (דִנוֹט) סִמֵּן, הֶרְאָה; מַשְׁמָעוּתוֹ...

**denounce'** *v.t.* (דִנַאוּנְס) גִּנָּה, הוֹקִיעַ, הֶאֱשִׁים; בִּטֵּל רִשְׁמִית

**dense** *adj.* (דֶנְס) צָפוּף, סָמִיךְ; מְטֻמְטָם; קִיצוֹנִי; אָטוּם

**den'sity** *n.* (דֶנְסִטִי) צְפִיפוּת; טִמְטוּם; אֲטִימוּת

**dent** *n. & v.t. & i.* (דֶנְט) גֻּמָּה; עָשָׂה גֻּמָּה; הִתְקַעֵר

**den'tal** *adj. & n.* (דֶנְטֶל) שֶׁל הַשִּׁנַּיִם, שִׁנִּי; שֶׁל רְפוּאַת שִׁנַּיִם; עִצּוּר שִׁנִּי

**den'tist** *n.* (דֶנְטִסְט) רוֹפֵא שִׁנַּיִם

**den'tistry** *n.* (דֶנְטִסְטְרִי) רְפוּאַת שִׁנַּיִם

**den'ture** *n.* (דֶנְצֶ'ר) תּוֹתֶבֶת (שיניים); שִׁנַּיִם תּוֹתָבוֹת

**denude'** *v.t.* (דִנוּד) חָשַׂף מַעֲרֻמִּים

**denun"cia'tion** *n.* (דִנַנְסִיאֵישְן) גִּנּוּי; הוֹקָעָה; אִשּׁוּם; הוֹדָעַת בִּטּוּל

**deny'** *v.t.* (דִנַי) הִכְחִישׁ; הִתְכַּחֵשׁ לְ־; דָּחָה; שָׁלַל; הֵשִׁיב פָּנִים רֵיקָם

**deo'dorant** *n.* (דִיאוֹדֶרֶנְט) דֵּאוֹדוֹרַנְט; מֵפִיג רֵיחוֹת

**depart'** *v.i. & t.* (דִפַּרְט) הִסְתַּלֵּק, הָלַךְ לוֹ; סָטָה; עָזַב; מֵת

**depart'ment** n. (דֶּפַּרטמֶנט) מַחלָקָה;
מָדוֹר; מִשׂרָד, מִינִסטֶריוֹן (בארה"ב); גָּלִיל
(בצרפת); אֲנַף; סֶקוּלטָה

**depar'ture** n. (דֶּפַּרצֶ'ר) הִסתַּלקוּת,
הֲלִיכָה, יְצִיאָה, סְטִיָה

**depend'** v.i. (דֶּפֶּנד) סָמַךְ; בָּטַח ב-;
הָיָה תָּלוּי ב-; הָיָה מַתנֶה ב-; תָּלוּי; הָיָה תָּלוּי
וְעוֹמֵד

**depen'dence** n. (דֶּפֶּנדֶנס) תְּלוּת;
הִסתַּמְּכוּת עַל; אֵמוּן

**depen'dent** adj. & n. (דֶּפֶּנדֶנט) תָּלוּי
(בזולת), מַתנֶה ב-; כָּפוּף ל-

**depict'** v.t. (דֶּפּקט) תֵּאֵר, צִיֵּר

**depil'ator"y** n. (דֶּפִּלַטוֹרי) מַרחִיק שֵׂעָר

**deplete'** v.t. (דֶּפּלִיט) הֵמְחִית בְּצוּרָה
רְצִינִית, חָסַל

**deplore'** v.t. (דֶּפּלוֹר) הִצטַעֵר צַעַר רַב;
הִתְאַבֵּל; לֹא מָצָא חֵן בְּעֵינָיו

**deploy'** v.t. & i. (דֶּפּלוֹי) פָּרַשׂ (צבא)

**depop'ulate** v.t. (דִּיפּוֹפּ'יוּלֵיט) רוֹקֵן מֵתוֹשָׁבִים

**deport'** v.t. (דֶּפּוֹרט) גֵּרַשׁ, הִתנַהֵג

**de"porta'tion** n. (דִּיפּוֹרטֵישֶׁן) גֵּרוּשׁ

**deport'ment** n. (דֶּפּוֹרטמֶנט) הִתנַהֲגוּת

**depose'** v.t. & i. (דֶּפּוֹז) (בכתב) הֵדִיחַ; הֵעִיד

**depos'it** n. & v. t. (דֶּפּוֹזִט) פִּקָּדוֹן; מָקוֹם
הַפַּקָּדָה; מִרבָּץ; שִׁכבָה; מִשׁקָע; הִנִּיחַ;
(בהירות) שִׁלשֵׁל; הִשׁאִיר; הִפקִיד; נָתַן
כַּפִּקָּדוֹן

**dep"osi'tion** n. (דֶּפּוֹזִישֶׁן) הַצהָרָה
בִּשׁבוּעָה; הַדָּחָה (מתפקיד)

**depos'itor** n. (דֶּפּוֹזִטֶר) מַפקִיד

**de'pot** n. (דִּיפּוֹ) תַּחֲנָה; מַחסָן

**deprav'ity** n. (דֶּפּרַוְוִטי) הַשׁחָתָה, נָוּוּן

**dep'recate** v.t. (דֶּפּרֶקֵיט) הִבִּיעַ מֹרַת רוּחַ;
מָחָא נֶגֶד; מִעֵט דְּמוּת

**depre"cia'tion** n. (דֶּפּרִישִׁיאֵישֶׁן) פְּחָת,
יְרִידַת עֵרֶךְ; זִלזוּל

**dep"reda'tion** n. (דֶּפּרֶדֵישֶׁן) שֹׁד, בִּזָּה

**depress'** v.t. (דֶּפּרֶס) דִּכדֵּךְ, הֶעֱצִיב;
הִקְדִּיר פְּנֵי-, הֶחֱלִישׁ, הוֹרִיד עֵרֶךְ; לָחַץ עַל

**depres'sing** adj. (דֶּפּרֶסִנג) מְדַכדֵּךְ, מְדַכֵּא

**depres'sion** n. (דֶּפּרֶשֶׁן) דִּכדּוּךְ, קַדרוּת;
דִּכָּאוֹן; שֶׁקַע; שֵׁפֶל כַּלכָּלִי

**deprive'** v.t. (דֶּפּרִיב) שָׁלַל, הֵדִיחַ

**depth** n. (דֶּפּת) עֹמֶק; עֲרפּוּל; רְצִינוּת;
עָצמָה; שִׂיא

**dep"uta'tion** n. (דֶּפּיוּטֵישֶׁן) מִשׁלַחַת,
נְצִיגוּת; מִנּוּי נְצִיגוּת

**dep'uty** n. & adj. (דֶּפּיוּטִי) סְגָן, עוֹזֵר;
בָּא-כֹּחַ, צִיר

**derail'** v.t. (דִּירֵיל) הוֹרִיד מֵהַפַּסִּים

**derange'** v.t. (דִּירֵינג') הִטִּיל אִי-סֵדֶר, הִסרִיעַ

**der'by** n. (דֶּרבִּי) מֵרוֹץ לַכֹּל, תַּחֲרוֹת לַכֹּל;
מִגבַּעַת קָשָׁה

**der'elict** adj. & n. (דֶּרֶלקט) נָטוּשׁ;
רַשׁלָנִי, מִתרַשֵּׁל, מוֹעֵל בְּתַפקִיד; חֵפֶץ נָטוּשׁ;
אֳנִיָּה נְטוּשָׁה; הֵלֶךְ

**deride'** v.t. (דִּירַיד) לִגלֵג עַל

**deris'ion** n. (דִּירִזְ'ן) לִגלוּג, לַעַג

**der"iva'tion** n. (דֶּרִוֵישֶׁן) מָקוֹר; צִיּוּן
מָקוֹר; תּוֹלָדָה; נִגזֶרֶת

**deriv'ative** n. (דֶּרִוַטִב) תּוֹלָדָה; מֵזֶרֶת

**derive'** v.i. & t. (דֶּרִיב) נָבַע מִן; נְגזַר מִן;
מִקּוֹרוֹ...; קִבֵּל מִמָּקוֹר; צִיֵּן מָקוֹר; הִסִּיק

**derog'ator"y** adj. (דֶּרוֹגַטוֹרי) מְזַלזֵל,
מְמַעֵט דְּמוּת

**der'rick** n. (דֶּרִק) מַדלֶה; מִגדַּל קִדּוּחַ;
עֶגוּרָן

**descend'** v.t. & i. (דֶּסֶנד) יָרַד; הִשׁתַּפֵּעַ;
עָבַר בִּירוּשָׁה; הִתיַחֵס עַל; מִקוֹרוֹ...; הִתנַפֵּל
עַל; הִסתָּעֵר עַל; שָׁקַע

**descen'dant** n. (דֶּסֶנדַנט) צֶאֱצָא; תּוֹלָדָה

**descent'** n. (דֶּסֶנט) יְרִידָה; מוֹרָד; יִחוּס;
פְּשִׁיטָה

**describe'** v.t. (דֶּסקרַיב) תֵּאֵר, הִדבִּיק תָּו;
סִמֵּן; צִיֵּר

**descrip'tion** n. (דֶּסקרִפּשֶׁן) תֵּאוּר; סוּג

**descrip'tive** adj. (דֶּסקרִפּטִב) מְתָאֵר,
תֵּאוּרִי; עֻבדָתִי

**descry'** v.t. (דֶּסקרַי) הִבחִין ב-; גִּלָּה

**des'ecrate** v.t. (דֶּסֶקרֵיט) חִלֵּל

**de"segrega'tion** n. (דִּיסֶגרֵינֵישֶׁן) בִּטוּל
הַפּרָדָה גִּזעִית

**desert'** v.t. & i. (דֶּזֶרט) נָטַשׁ, זָנַח, עָרַק

**des'ert** n. & adj. (דֶּזֶרט) שְׁמָמָה; יְשִׁימוֹן;
מִדבָּר; מִדבָּרִי

desert'(s) n. (דֶזֶרְט[ס]) (או שכר) עֹנֶשׁ
שֶׁרְאוּיִים לוֹ

deser'ter n. (דֶזֶרְטֶר) עָרִיק

deserve' v.t. & i. (דֶזֶרְב) הָיָה רָאוּי לְ־;
הָיָה שָׁוֶה

design' v.t. & i. & n. (דִזַין) הִתְוָה,
רָשַׁם, שִׂרְטֵט; תִּכְנֵן, יָעַד; הִתְכַּוֵּן; עִצֵּב;
עִצּוּב; תַּרְשִׁים, שִׂרְטוּט; תִּכְנוּן, תָּכְנִית;
קוֹמְפּוֹזִיצְיָה, קוּנְיָה; תַּכְלִית, מַטָּרָה

des'ignate" v.t. (דֶזִגְנֵיט) צִיֵּן, יָעַד, מִנָּה;
מְיֹעָד

desir'able adj. (דִזַירְבְּל) רָצוּי, נָעִים,
נָאֶה, מְעוֹרֵר חֵשֶׁק

desire' n. & v.t. (דִזַיאֶר) תְּשׁוּקָה, תַּאֲוָה;
בַּקָּשָׁה; חָשַׁק בְּ־; הִתְאַוָּה לְ־; בִּקֵּשׁ

desi'rous adj. (דִזַירֶס) מִשְׁתּוֹקֵק, מִתְאַוֶּה, רוֹצֶה

desist' v.t. (דֶסִסְט) חָדַל

desk n. & adj. (דֶסְק) שֻׁלְחָן כְּתִיבָה;
מִכְתָּבָה; עַמּוּד (לספר); מַחְלָקָה; כַּן; שֶׁל
שֻׁלְחָן כְּתִיבָה; לְשִׁמּוּשׁ עַל שֻׁלְחָן כְּתִיבָה;
עָשׂוּי עַל אוֹ עַל יַד שֻׁלְחַן כְּתִיבָה

des'olate adj. (דֶסָלֵט) חָרֵב, שׁוֹמֵם; מְבֻדָּד;
נָטוּשׁ; קוֹדֵר

des'olate" v.t. (דֶסָלֵיט) הֵשַׁם, הֶחֱרִיב;
הִשְׁמִיד תּוֹשָׁבִים; נָטַשׁ

de"sola'tion n. (דֶסָלֵישָׁן) שְׁמָמָה, הֶרֶס;
חֻרְבָּן; הַשְׁמָדַת תּוֹשָׁבִים; קַדְרוּת; עֶצֶב

despair' v.i. & n. (דֶסְפֶּר) יֵאוּשׁ; אָמַר
נוֹאָשׁ, הִתְיָאֵשׁ

despatch See dispatch

des"pera'do n. (דֶסְפֶּרָדוֹ) פּוֹשֵׁעַ נוֹעָז

des'perate adj. (דֶסְפֶּרֶט) מְסֻכָּן; מְשֻׁתָּק;
רַע מְאֹד, מְזַעֲזֵעַ; קִיצוֹנִי; נוֹאָשׁ

despic'able adj. (דֶסְפִּקְבְּל) נִבְזֶה

despise' v.t. (דֶסְפַּיז) בָּז, מָאַס

despite' prep. (דֶסְפַּיט) לַמְרוֹת, עַל אַף

despoil' v.t. (דֶסְפּוֹיְל) שָׁדַד, בָּזַז

despon'dency n. (דֶסְפּוֹנְדֶנְסִי) דִּכְדּוּךְ,
דִּכָּאוֹן

des'pot n. (דֶסְפּוֹט) עָרִיץ, שַׁלִּיט יָחִיד;
עוֹשֵׁק

des'potis"m n. (דֶסְפּוֹטִיזְם) שִׁלְטוֹן יָחִיד;
עָרִיצוּת; מְדִינָה בְּשִׁלְטוֹן יָחִיד

dessert' n. (דֶזֶרְט) מָנָה אַחֲרוֹנָה; קִנּוּחַ
סְעֻדָּה

des"tina'tion n. (דֶסְטַנֵישָׁן) מָחוֹז חֵפֶץ;
תַּחֲנָה סוֹפִית; תַּכְלִית

des'tine v.t. (דֶסְטִן) יָעַד; קָבַע מֵרֹאשׁ

des'tiny n. (דֶסְטִנִי) גּוֹרָל, יָעוּד;
מַהֲלַךְ מְאֹרָעוֹת קָבוּעַ; הַכֹּחַ הַקּוֹבֵעַ מַהֲלַךְ
הַמְּאֹרָעוֹת

des'titute" adj. (דֶסְטִטוּט) חֲסַר אֶמְצָעֵי
מִחְיָה, עָנִי מָרוּד, אֶבְיוֹן

destroy' v.t. & i. (דֶסְטְרוֹי) הִשְׁמִיד,
הָרַס. שָׂם קֵץ לְ־; הָרַג; שָׂם לְאַל

destruc'tion n. (דֶסְטְרַקְשָׁן) הַשְׁמָדָה,
חֻרְבָּן, מַשְׁמִיד

destruc'tive adj. (דֶסְטְרַקְטִב) הַרְסָנִי, מַזִּיק

des'ulctor"y adj. (דֶסַלְטוֹרִי) מְקֻטָּע,
מְבֻלְבָּל; חֲסַר עִקְבִיּוּת; מָלֵא סְטִיּוֹת

detach' v.t. (דֶטַץ') הִתִּיר, נִתֵּק וְהִפְרִיד;
שָׁלַח לְמִשְׂרָה מְיֻחֶדֶת

—ed adj. נִפְרָד, לֹא־מְחֻבָּר; אָדִישׁ;
חֲסַר פְּנִיּוֹת, אוֹבְּיֶקְטִיבִי

detach'ment n. (דֶטַץ'מֶנְט) נִתּוּק;
אֲדִישׁוּת; חֹסֶר פְּנִיּוֹת, חֹסֶר מִשְׁפָּטִים קְדוּמִים;
פְּלֻגָּה; מִשְׁלַחַת פְּלֻגָּה

de'tail n. (דִיטֵיל) פְּרָט, פִּרְטֵי פְּרָטִים;
שִׂימַת לֵב לִפְרָטִים; מִנּוּי לְתַפְקִיד מְיֻחָד,
צֶוֶת, הַצָּבָה מְיֻחֶדֶת

in — בִּפְרוֹטְרוֹט

detail' v.t. (דִטֵיל) תֵּאֵר בִּפְרוֹטְרוֹט;
פֵּרֵט; מִנָּה לְתַפְקִיד מְיֻחָד

—ed adj. מְפֹרָט

detain' v.t. (דֶטֵין) עִכֵּב, עָצַר

detect' v.t. (דֶטֶקְט) גִּלָּה; מָצָא; עָמַד עַל
טִיבוֹ

detec'tive n. (דֶטֶקְטִב) בַּלָּשׁ, חוֹקֵר

deten'tion n. (דֶטֶנְשָׁן) עֲצִירָה, מַעֲצָר; עִכּוּב

deter' v.t. (דֶטֶר) הִרְתִּיעַ; מָנַע

deter'iorate" v.i. & t. (דִטִירִיאָרֵיט)
הָלַךְ וְרַע, הִתְנַבֵּל; עָשָׂה רַע יוֹתֵר, הוֹרִיד
עֶרְכּוֹ

deter"mina'tion n. (דֶטֶרְמֶנֵישָׁן)
הַחְלָטָה;
הַכְרָעָה, פִּתָּרוֹן; הֶחְלֵטִיּוּת; מַטָּרָה, קְבִיעָה;
כִּוּוּן, מְנִמָּה

**deter'mine** *v.t. & i.* (דֶטֶרְמִן) פָּסַק, הִכְרִיעַ, הֶחֱלִיט, קָבַע; הִסִּיק; גָּרַם; דָּחַף; קָבַע כִּוּוּן; סִיֵּם
**deter'rent** *n.* (דֶטֶרֶנְט) הַרְתָּעָה
**detest'** *v.t.* (דִטֶסְט) מָאַס, תִּעֵב; שָׂנֵא
**dethrone'** *v.t.* (דִית'רוֹן) הֵדִיחַ מִכֵּס הַמְּלוּכָה
**det'onate"** *v.i. & t.* (דֶטֲנֵיט) הִתְפּוֹצֵץ; פּוֹצֵץ
**de'tour** *n.* (דִיטוּר) מַעֲקָף
**detract'** *v.t. & i.* (דִטְרֶקְט) חִסֵּר; הִסְנָה
**de'trimen'tal** *adj.* (דֶטְרִמֶנְטֶל) מַזִּיק, פּוֹגֵעַ
**deuce** *n.* (דוּס) שְׁנַיִם (בקלפי משחק)
**deva'luate"** *v.t.* (דִיוֶלְיוּאֵיט) פִּחֵת
**dev'astate"** *v.t.* (דֶוַסְטֵיט) הֵשַׁם, הֶחֱרִיב
**devel'op** *v.t. & i.* (דִוֶלֶפּ) פִּתֵּחַ; חוֹלֵל; הִתְפַּתֵּחַ; הִתְרַחֵב; הִשְׁתַּלְשֵׁל; הִתְגַּלָּה
**devel'opment** *n.* (דִוֶלֶפְּמֶנְט) פִּתּוּחַ; הִתְפַּתְּחוּת; שִׁכּוּן
**de'viate"** *v.i. & t.* (דִיבִיאֵיט) סָטָה; הִסְנָה
**de'viate** *adj. & n.* (דִיבִיאַט) סוֹטֶה; סֶטֶה; סֶטֶה מִינִי
**device'** *n.* (דִוַיס) מִתְקָן; הַמְצָאָה; תָּכְנִית, תַּחְבּוּלָה; מְזִמָּה; סִסְמָה
**dev'il** *n. & v.t.* (דֶוְל) שָׂטָן, שֵׁד; רָשָׁע מְרֻשָּׁע; "שֵׁד מַשְׁחִית"; שָׁלִיחַ (בבית דפוס); "מִסְכֵּן"; הִקְנִיט; קָרַע; הִתְקִין אֹכֶל בְּתַבְלִינִים
**dev'ilish** *adj.* (דֶוְלִשׁ) שְׂטָנִי; "מְאֹד", "גָּדוֹל מְאֹד"
**de'vil-may-care'** (דֶוְל-מֵי-קֵר) חֲסַר־זְהִירוּת, פָּזִיז; שָׂשׂ
**dev'ilment** *n.* (דֶוְלְמֶנְט) רִשְׁעוּת; תַּעֲלוּלִים
**de'vious** *adj.* (דִיבִיאַס) עָקִיף; מְשׁוֹטֵט לְלֹא דֶּרֶךְ; סוֹטֶה מֵהַמְקֻבָּל; עָרוּם, פְּתַלְתֹּל
**devise'** *v.t. & i.* (דִוַיז) תִּכְנֵן, הִמְצִיא
**devoid'** *adj.* (דִוּוֹיד) חָסֵר, נָטוּל
**devote'** *v.t.* (דִווֹט) הִקְדִּישׁ, הִתְמַסֵּר לְ-
**devo'tion** *n.* (דִווֹשֶׁן) מְסִירוּת
**devour'** *v.t.* (דִוַאוּר) בָּלַע, אָכַל, טָרַף
**devout'** *adj.* (דִוַאוּט) אָדוּק, דָּתִי, מָסוּר; כֵּן, רְצִינִי
**dew** *n.* (דוּ) טַל; לַחוּת

**dexter'ity** *n.* (דֶקְסְטֶרִטִי) מְיֻמָּנוּת, זְרִיזוּת
**di"abe'tes** *n.* (דַיאֲבִּיטִס) סֻכֶּרֶת
**di"abol'ic** *adj.* (דַיאֲבּוֹלִק) שְׂטָנִי; מְרֻשָּׁע, אַכְזָרִי
**di'adem"** *n.* (דַיאֲדֶם) כֶּתֶר; עֲטֶרֶת־בַּד (כסמל השלטון); סַמְכוּת מַלְכוּתִית
**di'agnose"** *v.t. & i.* (דַיאֲגְנוֹז) אִבְחֵן; קָבַע, מִיֵּן; נִתַּח
**di"agno'sis** *n.* (דַיאֲגְנוֹסִס) אִבְחוּן, דִיאַגְנוֹזָה
**diag'onal** *adj. & n.* (דַיאֶגֲנֶל) אֲלַכְסוֹנִי; אֲלַכְסוֹן
**di'agram"** *n. & v.t.* (דַיאֲגְרֶם) תַּרְשִׁים, שִׂרְטוּט, דִיאַגְרָמָה; תֵּאֵר בְּתַרְשִׁים
**di'al** *n. & v.t. & i.* (דַיאֶל) לוּחַ סְפָרוֹת; מוֹרֵד; חוּגָה; רָשַׁם (על לוח ספרות); וִסֵּת (באמצעות לוח ספרות); חִיֵּג
**di'alect** *n.* (דַיאֲלֶקְט) נִיב, דִיאָלֶקְט; לְשׁוֹן עִלְּגִים, עִלְּגָה
**di'alog"(ue)** *n.* (דַיאֲלוֹג) דּוּ־שִׂיחַ, דִיאָלוֹג
**diam'eter** *n.* (דַיאֶמִטֶר) קֹטֶר
**di'amond** *n.* (דַימֲנְד) יַהֲלוֹם; מְעֻיָּן; מִגְרַשׁ בֵּיסְבּוֹל
**di'aper** *n. & v.t.* (דַיפֶּר) חִתּוּל; חִתֵּל
**di'aphragm"** *n.* (דַיאֲפְרֶם) סַרְעֶפֶת; דּוֹק; דִיאַפְרַגְמָה; מְמַבְרֶנָה
**di"arrhe'a** *n.* (דַיאֲרִיאָה) שִׁלְשׁוּל
**di'ary** *n.* (דַיאֲרִי) יוֹמָן
**dice** *n. pl.* (דַיס) קֻבִּיּוֹת (למשחק)
no — הַתְּשׁוּבָה שְׁלִילִית
— *v.t.* חָתַךְ לְקֻבִּיּוֹת
**dick'er** *v.i.* (דִקֶר) הִתְמַקֵּחַ
**dic'tate** *v.t. & i.* (דִקְטֵיט) הִכְתִּיב; צִוָּה, נָתַן פְּקֻדּוֹת
**dicta'tion** *n.* (דִקְטֵישֶׁן) הַכְתָּבָה; תַּכְתִּיב
**dic'tator** *n.* (דִקְטֵיטֶר) רוֹדָן; דִיקְטָטוֹר; מַכְתִּיב
**dicta'torship"** *n.* (דִקְטֵיטֲרְשִׁפּ) רוֹדָנוּת, דִיקְטָטוּרָה
**dic'tion** *n.* (דִקְשֶׁן) חִתּוּךְ דִּבּוּר; סִגְנוֹן דִּבּוּר; אֹפֶן הַבָּעָה
**dic'tiona"ry** (דִקְשֲׁנֶרִי) מִלּוֹן; לֶקְסִיקוֹן
**did** (דִד) (זמן עבר של do)

**didac'tic** *adj.* (דִידֶקְטִק) לְמוּדִי, מַשְׂכִּיל, מַטִּיף מוּסָר; דִידַקְטִי

**die** *v.i.* (דַי) מֵת; חָדַל לִפְעֹל; נַעֲשָׂה אָדִישׁ לְ־; פָּג, עָבַר, הִתְעַלֵּף; סָבַל; הִשְׁתּוֹקֵק

— *n.* מַבְלֵט, מַטְבַּעַת

**di'et** *n. & v.i.* (דַיאֶט) תְּזוּנָה; דִיאֶטָה; מָזוֹן; אָכַל לְפִי כְּלָלֵי דִיאֶטָה

**dif'fer** *v.i.* (דִפְר) הָיָה שׁוֹנֶה; חָלַק עַל־

**dif'ference** *n.* (דִפְרֶנְס) הֶבְדֵּל; שִׁנּוּי; חִלּוּקֵי דֵעוֹת, סִכְסוּךְ; הֶפְרֵשׁ

**dif'ferent** *adj.* (דִפְרֶנְט) שׁוֹנֶה

**dif'ficult"** *adj.* (דִפִקַלְט) קָשֶׁה; עִקֵּשׁ

**dif'ficul"ty** *n.* (דִפִקַלְטִי) קֹשִׁי; צָרָה; חֹסֶר־רָצוֹן, הִתְנַגְּדוּת

**dif'fidence** *n.* (דִפִדֶנְס) בַּיְשָׁנוּת, הַסְסָנוּת

**diffuse'** *v.t. & i.* (דִפְיוּז) פִּזֵּר, הֵפִיץ

— *adj.* (דִפְיוּס) אָרֹךְ מְאֹד, מְגֻבָּב מִלִּים; מְפֻזָּר, נָפוֹץ מְאֹד

**dig** *v.i. & t.* (דִג) חָפַר; חָשַׂף (ע״י חפירה); דָּחַף

**digest'** *v.t.* (דַיגֶ'סְט) עִכֵּל; שָׁקַל; סָבַל; מִיֵּן; קִצֵּר, סִכֵּם

**di'gest** *n.* קֹבֶץ, יַלְקוּט; תַּמְצִית

**diges'tion** *n.* (דִיגֶ'סְצֶ'ן) עִכּוּל

**dig'it** *n.* (דִג'ט) סִפְרָה; אֶצְבַּע

**dig'nified"** *adj.* (דִגְנִפַיד) מְכֻבָּד; נוֹהֵג בַּאֲצִילוּת

**dig'nify** *v.t.* (דִגְנִפַי) כִּבֵּד; הֶעֱנִיק

**dig'nitar"y** *n.* (דִגְנִטֶרִי) נִכְבָּד, רָם־מַעֲלָה

**dig'nity** *n.* (דִגְנִטִי) הָדָר; אֲצִילוּת, קוֹמְמִיּוּת, חֲשִׁיבוּת

**digress'** *v.i.* (דִיגְרֶס) סָטָה (מהנושא)

**dike** *n.* (דַיק) סוֹלְלָה; תְּעָלָה; כְּבִישׁ מֻגְבָּה; מַחְסוֹם

**dilap'ida"ted** *adj.* (דִלֶפִּדֵיטֶד) רָעוּעַ; מֻזְנָח

**dilate'** *v.t. & i.* (דַילֵיט) הִרְחִיב, הִגְדִּיל; הִתְרַחֵב; הִרְחִיב הַדִּבּוּר

**dil'ator"y** *adj.* (דִלֵטוֹרִי) מְעַכֵּב, אִטִּי, מְאַחֵר, גּוֹרֵם עִכּוּב

**dilem'ma** *n.* (דִלֶמָה) בְּעָיָה קָשָׁה; דִילֶמָה; הַצֹּרֶךְ לִבְחֹר בֵּין אֶפְשָׁרֻיּוֹת לֹא־רְצוּיוֹת

**dil'igence** *n.* (דִלִגֶ'נְס) חֲרִיצוּת, שְׁקִידָה; דִילִיזַ'נְס

**dil'igent** *adj.* (דִלִגֶ'נְט) חָרוּץ; קַפְּדָנִי

**dill** *n.* (דִל) שָׁמִיר

**dilute'** *v.t.* (דַילוּט) מָהַל

**dim** *adj. & v.t.* (דִם) עָמוּם; מְעֻרְפָּל; כֵּהֶה; קְלוּשׁ־תִּקְוָה; עִמְעֵם

**dime** *n.* (דַים) דַּיִם (מטבע בן 10 סנט בארה״ב)

**dimen'sion** *n.* (דִמֶנְשֶׁן) מֵמַד; גֹּדֶל

**dimin'ish** *v.t. & i.* (דִמִנִשׁ) הִפְחִית; הִקְטִין; זִלְזֵל בְּ־; פָּחַת

**dimin'utive** *adj. & n.* (דִמִנְיֻטִב) זָעִיר; זָעוּם; חֵפֶץ קָטָן; מִלַּת הַקְטָנָה

**dim'ple** *n.* (דִמְפְּל) גֻּמַּת חֵן

**din** *n. & v.t.* (דִן) רַעַשׁ, הֲמֻלָּה; הִתְקִיף בְּרַעַשׁ; הִרְעִישׁ

**dine** *v.i. & t.* (דַין) סָעַד; הִזְמִין לִסְעוֹד

— **out** סָעַד בְּמִסְעָדָה

**din'gy** *adj.* (דִנְגִ'י) קוֹדֵר, מֻזְנָח

**din'ing room"** (דַינִנְג רוּם) חֲדַר אֹכֶל

**din'ner** *n.* (דִנְר) הַסְּעֻדָּה הָעִקָּרִית (בצהריים או בערב); אֲרוּחָה חֲגִיגִית

**din'osaur"** *n.* (דַינַסוֹר) דִּינוֹסָאוּרוּס

**dint** *n.* (דִנְט) כֹּחַ

**di'ocese"** *n.* (דַיאֶסִיס) מְחוֹז הַשִּׁפּוּט שֶׁל בִּישׁוֹף

**diox'ide** *n.* (דַיאוֹקְסַיד) דּוּ־תַּחְמֹצֶת

**dip** *v.t. & i.* (דִפּ) טָבַל; הֶעֱלָה בְּכַפּוֹת; הוֹרִיד וְהֶעֱלָה; חָפַן (ע״י טבילה); צָלַל; שִׁלְשֵׁל (יד, כף); שָׁקַע; הִשְׁתַּפֵּעַ; פָּחַת זְמַנִּית; עָסַק בְּשִׁטְחִיּוּת; דִּפְדֵּף

— *n.* טְבִילָה; מְלוֹא כַּף; כַּף (תכולה); טֶבֶל; שְׁקִיעָה, יְרִידָה; שִׁפּוּעַ, מִדְרוֹן; שֶׁקַע; שְׂחִיָּה קְצָרָה

**diphther'ia** *n.* (דִפְתִ'ירִיאָה) אַסְכָּרָה, דִיפְתֶרְיָה

**diph'thong** *n.* (דִפְתּ'וֹנְג) דּוּ־תְנוּעָה

**diplo'ma** *n.* (דִפְּלוֹמָה) תְּעוּדַת־גְּמָר

**diplo'macy** *n.* (דִפְּלוֹמֶסִי) דִּיפְּלוֹמַטְיָה

**dip'lomat"** *n.* (דִפְּלֶמֶט) דִּיפְּלוֹמָט

**dip"lomat'ic** *adj.* (דִפְּלֶמֶטִק) דִּיפְּלוֹמָטִי; בַּעַל חוּשׁ מִדָּה (בחברה)

**dip'per** *n.* (דִפֶּר) טוֹבֵל; מַצֶּקֶת; טַבְלָן (עוף)

Big D— הַדֹּב הַגָּדוֹל

**dire** *adj.* (דַיְאֶר) נוֹרָא; מַחֲרִיד; מְנַבֵּא פֻּרְעָנוּת; דָחוּף

**direct'** *v.t. & i.* (דַירֶקְט) הִדְרִיךְ, כִּוֵּן, הִפְנָה; הוֹרָה; נִהֵל; צִוָּה, פָּקַד עַל; שִׁמֵּשׁ בַּמַּאי; הִפְעִיל; פָּנָה אֶל; מִעֵן

— *adj. & adv.* יָשִׁיר, יָשָׁר; כֵּן, גְּלוּי־לֵב; מֻחְלָט

**direc'tion** *n.* (דְרֶקְשֶׁן) הַכְוָנָה; כִּוּוּן; הוֹרָאָה; פְּקֻדָּה; הַנְהָלָה, מִנְהָלָה; נִמְעָן; בִּמּוּי

**direc'tive** *n.* (דְרֶקְטִב) הַנְחָיָה

**direct'ly** *adv.* (דְרֶקְטְלִי) יָשָׁר, בְּמֵישָׁרִים; מִיָּד; בְּקָרוֹב; בְּדִיּוּק, מַמָּשׁ

**direc'tor** *n.* (דְרֶקְטֶר) מְנַהֵל; בַּמַּאי

**direc'tory** *n.* (דְרֶקְטֶרִי) מַדְרִיךְ; סֵפֶר כְּתוֹבוֹת; לוּחַ כְּתוֹבוֹת

**dirge** *n.* (דֶרְג׳) קִינָה, אֵבֶל

**dirt** *n.* (דֶרְט) לִכְלוּךְ, זֻהֲמָה; אֲדָמָה, עָפָר; נִבְזֶה, חֲסַר־עֵרֶךְ; הַשְׁחָתָה; נִבּוּל פֶּה; לָשׁוֹן־הָרָע

**dir'ty** *v.t. & i.* (דֶרְטִי) לִכְלֵךְ

— *adj.* מְלֻכְלָךְ, מְזֹהָם, מְטֻנָּף; מְלַכְלֵךְ; נִבְזֶה; בָּזוּי; מְסֻקָּר, פָּרוּץ; פּוֹגֵעַ; שֶׁיֵּשׁ לְהִצְטַעֵר עָלָיו; לֹא הָגוּן; סוֹעֵר (מזג האוויר); עָכוּר

**dis"abil'ity** *n.* (דִסַבִּלִטִי) מוּם, לִקּוּי; פְּסוּל חֻקִּי

**disa'bled** *adj.* (דִסְאֵיבֶּלְד) נָכֶה

**dis"advan'tage** *n.* (דִסַאדְוֶנְטֶג׳) חֶסֶר־שִׁוְיוֹן; מַצָּב בִּישׁ; אֲבֵדָה, נֶזֶק

**dis"agree'** *v.i.* (דִסְאֲגְרִי) חָלַק עַל; רָב; גָּרַם הַרְגָּשָׁה רָעָה

**dis"agree'able** *adj.* (דִסְאֲגְרִיאֲבֶּל) לֹא־נָעִים; דוֹחֶה

**dis"agree'ment** *n.* (דִסְאֲגְרִימֶנְט) חִלּוּקֵי־דֵעוֹת; אִי־הַתְאָמָה, נִגּוּד; רִיב

**dis"appear'** *v.i.* (דִסְאֲפִּיר) נֶעֱלַם, כָּלָה

**dis"appea'rance** *n.* (דִסְאֲפִּירֶנְס) הֵעָלְמוּת

**dis"appoint'** *v.t.* (דִסְאֲפּוֹינְט) אִכְזֵב; הִכְזִיב, סִכֵּל

**dis"appoint'ment** *n.* (דִסְאֲפּוֹינְטְמֶנְט) אַכְזָבָה, מַפַּח נֶפֶשׁ

**dis"approv'al** *n.* (דִסְאֲפְּרוּבְל) עַיִן רָעָה, יַחַס שְׁלִילִי, אִי־הַסְכָּמָה; גִּנּוּי, בִּקֹּרֶת

**dis"approve'** *v.t. & i.* (דִסְאֲפְּרוּב) הִבִּיט בְּעַיִן רָעָה, הִתְיַחֵס בִּשְׁלִילָה אֶל; הִתְנַגֵּד; גִּנָּה; סֵרֵב לְאַשֵּׁר

**disarm'** *v.t. & i.* (דִסְאַרְם) פֵּרֵק נֶשֶׁק; שָׁלַל אֶמְצְעֵי הֲגַנָּה; הִרְחִיק עוֹיְנוּת; הִתְפָּרֵק מִנִּשְׁקוֹ; צִמְצֵם כֹּחוֹת מְזֻיָּנִים

**disar'mament** *n.* (דִסְאַרְמֲמֶנְט) פֵּרוּק נֶשֶׁק; צִמְצוּם כֹּחוֹת מְזֻיָּנִים

**dis"array'** *n.* (דִסְאֲרֵי) אִי־סֵדֶר

**disas'ter** *n.* (דִזֶסְטֶר) אָסוֹן

**disas'trous** *adj.* (דִזֶסְטְרֶס) הֲרֵה אָסוֹן

**dis"avow'** *v.t.* (דִסְאֲוָאוּ) הִתְכַּחֵשׁ לְ־; דָחָה

**disband'** *v.t.* (דִסְבֶּנְד) פֵּרֵק; הִתְפָּרֵק, הִתְפַּזֵּר

**disbar'** *v.t.* (דִסְבָּר) גֵּרֵשׁ מִמִּקְצוֹעַ הַפְּרַקְלִיטוּת

**dis"belief'** *n.* (דִסְבִּלִיף) חֹסֶר־אֵמוּן; סֵרוּב לְהַאֲמִין לְ־

**disburse'** *v.t.* (דִסְבֶּרְס) שִׁלֵּם, הוֹצִיא (כסף); פִּזֵּר

**disburse'ment** *n.* (דִסְבֶּרְסְמֶנְט) תַּשְׁלוּם; כֶּסֶף (תשלום)

disc *See* disk

**discard'** *v.t.* (דִסְקַרְד) הִשְׁלִיךְ; זָרַק (כּכלי אין חפץ בו)

dis'card *n.* הַשְׁלָכָה; חֵפֶץ אוֹ אָדָם שֶׁאֵין רוֹצִים בּוֹ

**discern'** *v.t. & i.* (דִסֶרְן) הִבְחִין בְּ־; רָאָה, הִכִּיר, תָּפַס

**discer'ning** *adj.* (דִסֶרְנִנְג) נָבוֹן, מַבְחִין, חָרִיף

**discern'ment** *n.* (דִסֶרְנְמֶנְט) הַבְחָנָה, חֲרִיפוּת

**discharge'** *v.t. & i.* (דִסְצַ׳רְג׳) פִּטֵּר, שִׁלַּח; פָּרַק (מטען); יָרָה; פָּלַט; שִׁחְרֵר; מִלֵּא (חובה); פָּרַע (חוב)

dis'charge *n.* פְּרִיקָה; מְסִירָה; פְּלִיטָה; יְרִיָּה; פִּטּוּרִין; שִׁחְרוּר; הִפָּטְרוּת מִן; זִכּוּי; מִלּוּי (חובה); פֵּרָעוֹן; תְּעוּדַת שִׁחְרוּר; הִתְפָּרְקוּת

**disci'ple** *n.* (דִסַיְפְּל) תַּלְמִיד, חָסִיד

**D—** *n.* (בנצרות: אחד כ־12 השליחים) שָׁלִיחַ

**dis"ciplinar'ian** *n.* (דִסִפְּלִנֶרִיאֶן) דּוֹרֵשׁ מִשְׁמַעַת

**dis'cipline** *n.* & *v.t.* (דִסִפְּלִן) מִשְׁמַעַת; עֹנֶשׁ; מַעֲרֶכֶת כְּלָלִים; עֲנַף הַמַּדָּע; הִשְׁלִיט מִשְׁמַעַת, מִשְׁמֵעַ; אִמֵּן; תִּקֵּן, יִסֵּר, עָנַשׁ

**disclaim'** *v.t.* & *i.* (דִסְקְלֵים) הִתְכַּחֵשׁ לְ־; כָּפַר בְּ־; וִתֵּר עַל

**disclose** *v.t.* (דִסְקְלוֹז) גִּלָּה, חָשַׂף

**discol'or** *v.t.* & *i.* (דִסְקַלְר) שִׁנָּה צֶבַע; טִשְׁטֵשׁ; הִכְתִּים, הִדְהָה; הִשְׁתַּנָּה (צבע); דָּהָה; הֻכְתַּם

**discom'fit** *v.t.* (דִסְקַמְפִט) הֵנִיס, הֵבִיס; סִכֵּל; דִּכְדֵּךְ; בִּלְבֵּל

**discom'fort** *n.* (דִסְקַמְפֶרְט) אִי־נוֹחִיּוּת

**dis"concert'** *v.t.* (דִסְקֶנְסֶרְט) בִּלְבֵּל; הוֹצִיא מִשִּׁוּוּי מִשְׁקָל; בִּלְבֵּל; גָּרַם אִי־סֵדֶר

**dis"connect'** *v.t.* (דִסְקֶנֶקְט) נִתֵּק קֶשֶׁר; הִפְרִיד

**discon'solate** *adj.* (דִסְקוֹנְסֶלֶט) מְמָאֵן לְהִתְנַחֵם; עָצוּב, קוֹדֵר

**dis"content'** *n.* (דִסְקֶנְטֶנְט) מֹרַת רוּחַ; חֹסֶר סִפּוּק; אִי־שֶׁקֶט נַפְשִׁי; אָדָם לֹא־מְרֻצֶּה

**dis"conten'ted** *adj.* (דִסְקֶנְטֶנְטֶד) חֲסַר־מְנוּחָה; לֹא־מְרֻצֶּה, נִרְגָּן

**dis"contin'ue** *v.t.* & *i.* (דִסְקֶנְטִנְיוּ) הִפְסִיק, שָׂם קֵץ לְ־; חָדַל לְהִשְׁתַּמֵּשׁ; פָּסַק

**dis'cord** *n.* (דִסְקוֹרְד) מַחְלֹקֶת; חִלּוּקֵי דֵעוֹת; סִכְסוּךְ, רִיב; צֵרוּף לֹא־הַרְמוֹנִי; הֲמֻלָּה

**discount'** *v.t.* & *i.* (דִסְקָאוּנְט) נִכָּה, נָתַן הֲנָחָה; הִתְעַלֵּם מִ־; הֶעֱרִיךְ בִּשְׁלִילָה מֵרֹאשׁ; הִלְוָה (לאחר ניכוי הריבית)

dis'count *n.* הֲנָחָה

**discour'age** *v.t.* (דִסְקַרִג׳) רִפָּה יָדָיו; פִּתָּה שֶׁלֹּא יִפְעַל; הֶעֱכִיר רוּחַ; מָנַע; הִבִּיעַ מֹרַת רוּחַ

**discour'agement** *n.* (דִסְקַרִג׳מֶנְט) רִפְיוֹן יָדַיִם; מְרַפֵּה יָדַיִם; חֹסֶר תִּקְוָה

**dis'course** *n.* (דִסְקוֹרְס) דִּבּוּר, שִׂיחָה; דִּיּוּן, דְּרָשָׁה, הַרְצָאָה, מַאֲמָר

discourse' *v.i.* דִּבֵּר, שׂוֹחַח; הִרְצָה, דָּן בְּ־

**discour'teous** *adj.* (דִסְקֶרְטִיאֶס) לֹא־מְנֻמָּס; לֹא־אָדִיב, גַּס

**discov'er** *v.t.* (דִסְקַוְר) גִּלָּה

**discov'ery** *n.* (דִסְקַוְרִי) גִּלּוּי, תַּגְלִית

**discred'it** *v.t.* (דִסְקְרֶדִט) פָּגַע בְּשֵׁם הַטּוֹב; חִסֵּל אֵמוּן; סֵרֵב לְהַאֲמִין לְ־

**discreet'** *adj.* (דִסְקְרִיט) זָהִיר, נוֹהֵג בְּחָכְמָה

**discrep'ancy** *n.* (דִסְקְרֶפֶּנְסִי) סְתִירָה, חֹסֶר הַתְאָמָה, חֹסֶר עִקְבִיּוּת

**discre'tion** *n.* (דִסְקְרֶשֶׁן) שִׁקּוּל דַּעַת, תְּבוּנָה

**discrim'inate** *v.i.* & *t.* (דִסְקְרִמֶנֵיט) הִפְלָה, הִבְחִין

**discrim"ina'tion** *n.* (דִסְקְרִמֶנֵישֶׁן) אַפְלָיָה; הַבְחָנָה

**discuss'** *v.t.* (דִסְקַס) הִתְוַכֵּחַ, דָּן; הִרְצָה עַל

**discus'sion** *n.* (דִסְקַשֶׁן) דִּיּוּן, וִכּוּחַ

**disdain'** *v.t.* & *n.* (דִסְדֵין) בָּז, זִלְזֵל; בּוּז

**disease'** *n.* & *v.t.* (דִזִיז) מַחֲלָה; רִקָּבוֹן; הֶחֱלָה

**dis'embark"** *v.t.* & *i.* (דִסְאֶמְבַּרְק) יָרַד (מאניה); הוֹרִיד (מאניה)

**disfa'vor** *n.* (דִסְפֵיוְר) יַחַס שְׁלִילִי; אִי־רָצוֹן; נֶזֶק

**disfi'gure** *v.t.* (דִסְפִגְיֶר) נִוֵּל; הִשְׁחִית צוּרָה; הֵטִיל מוּם בְּ־; הִשְׁחִית מַרְאֶה; פָּגַע בְּרֹשֶׁם

**disgorge'** *v.t.* (דִסְגוֹרְג׳) הֵקִיא; הִסְגִּיר; פָּלַט

**disgrace'** *n.* & *v.t.* (דִסְגְרֵיס) חֶרְפָּה, בּוּשָׁה, בִּזָּיוֹן; נָתַן לְחֶרְפָּה, בִּזָּה

**disguise'** *v.t.* & *n.* (דִסְגַיְז) תִּחְפֵּשׂ, הִסְוָה, הִסְתִּיר; הִתְחַזָּה; מַסְוֶה, תַּחְפֹּשֶׂת

**disgust'** *v.t.* & *n.* (דִסְגַסְט) הִגְעִיל, הִבְחִיל; פָּגַע בְּטַעַם הַטּוֹב; גֹּעַל נֶפֶשׁ; סְלִידָה

**disgus'ting** *adj.* (דִסְגַסְטִנְג) מַגְעִיל

**dish** *n.* (דִשׁ) צַלַּחַת, כְּלִי אֹכֶל; מַאֲכָל; קְעָרָה; "חֲתִיכָה"; הִגִּישׁ בְּצַלַּחַת; קֵעֵר; חִלֵּק

**dishear'ten** *v.t.* (דִסְהַרְטֶן) דִּכְדֵּךְ, דִּכֵּא

**dishev'eld** *adj.* (דִשֶׁוֶלְד) פָּרוּעַ, לֹא־מְסֻדָּר

**dishon′est** *adj.* (דִסוֹנֶסְט) לֹא־יָשָׁר; רַמַּאי; מְזֻיָּף

**dishon′or** *n. & v.t.* (דִסוֹנְר) חִלּוּל כָּבוֹד, חֶרְפָּה, בִּזָּיוֹן; עֶלְבּוֹן; סֵרוּב לְשַׁלֵּם; חִלֵּל כְּבוֹד־; הֵבִיא חֶרְפָּה עַל; בִּיֵּשׁ; סֵרֵב לְשַׁלֵּם

**dishon′orable** *adj.* (דִסוֹנְרַבְּל) מֵבִישׁ, שָׁפָל, חֲסַר כָּבוֹד

**dis″infect′** *v.t.* (דִסִנְפֶקְט) חִטֵּא; טִהֵר

**dis″infec′tant** *n.* (דִסִנְפֶקְטֶנְט) מְחַטֵּא

**dis″inher′it** *v.t.* (דִסְנְהֶרְט) הֶעֱבִיר יְרֻשָּׁה מִן; שָׁלַל יְרֻשָּׁה

**disin′tegrate″** *v.i. & t.* (דִסְנְטֶגְרֵיט) הִתְפָּרֵק; פֵּרֵק

**disin′teres″ted** *adj.* (דִסְנְטֶרֶסְטֵד) חֲסַר פְּנִיּוֹת אִישִׁיּוֹת; אוֹבְּיֶקְטִיבִי; אָדִישׁ

**disjoin′ted** *adj.* (דִסְג׳וֹינְטֵד) מְפֹרָד; חֲסַר קְשָׁרִים פְּנִימִיִּים, לֹא־מְגֻבָּשׁ

**disjunc′tion** *n.* (דִסְגַ׳נְקְשֶׁן) הַפְרָדָה; נִתּוּק

**disk** *n.* (דִסְק) דִּסְקוּס; תַּקְלִיט; שֶׁטַח עָגֹל

**dislike′** *v.t. & n.* (דִסְלַיְק) לֹא חִבֵּב; מָאַס בּ־; יַחַס שְׁלִילִי; הִתְרַחֲקוּת נַפְשִׁית

**dis″locate′** *v.t.* (דִסְלוֹקֵיט) נָקַע; הֵזִיז מִמְּקוֹמוֹ; גָּרַם אִי־סֵדֶר

**dislodge′** *v.t.* (דִסְלוֹג׳) גֵּרֵשׁ, הֵזִיז מִמְּקוֹמוֹ

**disloy′al** *adj.* (דִסְלוֹיאַל) לֹא־נֶאֱמָן; בּוֹגְדָנִי

**disloy′alty** *n.* (דִסְלוֹיאַלְטִי) חֹסֶר נֶאֱמָנוּת; בְּגִידָה

**dis′mal** *adj.* (דִזְמַל) קוֹדֵר, מְדַכְדֵּךְ; חֲסַר מְזֻמָּנוּת, אָדִישׁ

**disman′tle** *v.t.* (דִסְמֶנְטְל) פֵּרֵק

**dismay′** *v.t. & n.* (דִסְמֵי) רִפָּה יָדַיִם; הֵמֵס לֵב־; רִפְיוֹן יָדַיִם; אָזְלַת־יָד; אַכְזָבָה פִּתְאוֹמִית; הִתְרַגְּשׁוּת

**dismem′ber** *v.t.* (דִסְמֶמְבֵּר) בִּתֵּר; פֵּרֵק אֵבָרִים; קָרַע לִגְזָרִים; הֵטִיל מוּמִים

**dismiss′** *v.t.* (דִסְמִס) פָּקַד לְהִתְפַּזֵּר; בִּקֵּשׁ שֶׁיֵּלֵךְ, שִׁלַּח; פִּטֵּר; דָּחָה

**dismount′** *v.i.* (דִסְמַאוּנְט) יָרַד (מסוס, אופניים וכו׳)

**dis″obe′dience** *n.* (דִסַבִּידִיאֶנְס) מְרִי, סֵרוּב לְצַיֵּת, הֲפָרַת הוֹרָאוֹת

**dis″obe′dient** *adj.* (דִסַבִּידִיאֶנְט) סַרְבָן, מַמְרֶה; מְסָרֵב לְצַיֵּת; מַרְדָנִי

**dis″obey′** *v.t. & i.* (דִסַבֵּי) הִמְרָה, סֵרֵב לְצַיֵּת, הֵפֵר הוֹרָאוֹת

**disor′der** *n.* (דִסוֹרְדְר) אִי־סֵדֶר; מְבוּכָה; הֲפָרָה; מְהוּמָה; קִלְקוּל

**disor′derly** *adj.* (דִסוֹרְדֶרְלִי) פָּרוּעַ, מְבֻלְבָּל, לֹא־מְסֻדָּר

**dis″organiza′tion** *n.* (דִסוֹרְגֵנִיזֵישֶׁן) חֹסֶר אִרְגּוּן; הִתְפָּרְקוּת אִרְגּוּנִית; אִי־סֵדֶר

**disown′** *v.t.* (דִסוֹן) הִתְכַּחֵשׁ ל־; דָּחָה אַחֲרָיוּת ל־

**dispar′age** *v.t.* (דִסְפֶּרֶג׳) הֵקֵל רֹאשׁ בּ־; מִעֵט בִּדְמוּת־; בִּזָּה

**dispatch′** *v.t. & n.* (דִסְפֶּץ׳) שִׁגֵּר, שָׁלַח; הֵמִית; בִּצֵּעַ מְנִיָּה וּבִיָּה; מִשְׁלוֹחַ; הוֹצָאָה לְהוֹרֵג; פְּעֻלָּה מִיָּדִית; שֶׁדֶר, מִבְרָק; כַּתָּבָה

**dis′parate** *adj.* (דִסְפֶּרֶט) שׁוֹנֶה

**dispas′sionate** *adj.* (דִסְפֶּשֶׁנֶט) אוֹבְּיֶקְטִיבִי; חֲסַר פְּנִיּוֹת אִישִׁיּוֹת

**dispel′** *v.* (דִסְפֶּל) הִרְחִיק, פִּזֵּר, הֵפִיג

**dispen′sary** *n.* (דִסְפֶּנְסֶרִי) בֵּית מִרְקַחַת; מִרְפָּאָה לַעֲנִיִּים

**dispense′** *v.t.* (דִסְפֶּנְס) חִלֵּק; בִּצֵּעַ; הֵכִין (מרשם); הֶעֱנִיק הֶתֵּר; הִסְתַּדֵּר בְּלִי; נִפְטַר מ־

**disperse′** *v.t. & i.* (דִסְפֶּרְס) פִּזֵּר; הֵפִיץ; הֵפִיג; הִתְפַּזֵּר; נֶעְלַם

**dispir′ited** *adj.* (דִסְפִּרְטֵד) מְדֻכְדָּךְ

**displace′** *v.t.* (דִסְפְּלֵיס) נִשֵּׁל; דָּחָה; הֶעְתִּיק (ממקומו); תָּפַס מְקוֹם שֶׁל־; הִדִּיחַ

**display′** *n. & v.t.* (דִסְפְּלֵי) הַצָּגָה, תְּצוּגָה; הַבְלָטָה; הַרְאָה, הִצִּיג לְרַאֲוָה; גִּלָּה; פָּרַשׂ; הִבְלִיט

**displease′** *v.t.* (דִסְפְּלִיז) עוֹרֵר מֹרַת רוּחַ; הִקְנִיט

**dispo′sal** *n.* (דִסְפּוֹזְל) סִדּוּר; מַעֲרָךְ; סִלּוּק; הַעֲנָקָה; סַמְכוּת, זְכוּת טִפּוּל

**dispose′** *v.t. & i.* (דִסְפּוֹז) עָרַךְ, סִדֵּר; כּוֹנֵן; הִנִּיחַ; נָטָה; הֵכִין, הִכְשִׁיר

— of יִשֵּׁב; סִלֵּק; הִשְׁמִיד

**dis″posi′tion** *n.* (דִסְפַּזִישֶׁן) סִדּוּר, מַעֲרָךְ; מַצַּב רוּחַ, מֶזֶג; נְטִיָּה; יִשּׁוּב; הַעֲנָקָה; שְׁלִיטָה

**dis″possess′** *v.t.* (דִסְפֶּזֶס) נִשֵּׁל

**disprove′** *v.t.* (דִסְפְּרוּב) הִפְרִיךְ, הֵזֵם

**dispute′** *v.i. & t. & n.* (דִסְפְּיוּט) הִתְוַכֵּחַ, הִתְפַּלְמֵס, הִתְנַצֵּחַ, רָב; דָן; הִקְשָׁה, הִתְוַכֵּחַ נֶגֶד; הִתְנַגֵּד ל־; וִכּוּחַ, מַחְלֹקֶת; סִכְסוּךְ, פּוּלְמוּס

**disqual′ify″** *v.t.* (דִסְקוּוֹלֵפַי) פָּסַל; שָׁלַל זְכִיּוֹת; הִכְרִיז כְּבִלְתִּי כָּשִׁיר, פָּסַל הִשְׁתַּתְּפוּת

**disqu′iet** *n.* (דִסְקְוַיאֶט) אִי־שֶׁקֶט; דְּאָגָה; חֹסֶר מָנוֹחַ

**—ing** *adj.* מַדְאִיג, מַדְרִיךְ מְנוּחָה

**dis″regard′** *v.t. & n.* (דִסְרִיגַרד) הִתְעַלֵּם מ־; הִתְעַלְּמוּת

**disrep′utable** *adj.* (דִסְרֶפְּיוּטֶבְּל) מֻבִישׁ, בַּעַל שֵׁם רָע; מְמֻרְטָט

**dis″respect′** *n.* (דִסְרִסְפֶּקְט) זִלְזוּל

**disrobe′** *v.t. & i.* (דִסְרוֹב) הִתְפַּשֵּׁט

**disrupt′** *v.t.* (דִסְרַפְּט) גָּרַם אִי־סֵדֶר; נִתֵּק, שִׁבֵּשׁ; נִתֵּץ

**dis″satisfa′ction** *n.* (דִסֶּטִסְפֶקְשֶׁן) אִי־שְׂבִיעַת רָצוֹן; מֹרַת רוּחַ

**dissect′** *v.t.* (דִסֶקְט) נִתַּח, בִּתֵּר; בָּדַק בְּקַפְּדָנוּת; נִתַּח

**dissem′ble** *v.t. & i.* (דִסֶמְבְּל) הֶעֱמִיד פָּנִים, הִסְתִּיר (מניעיו האמיתיים)

**dissem′inate″** *v.t.* (דִסֶמֶנֵיט) הֵפִיץ, פִּזֵּר, זֵרָה

**dissen′sion** *n.* (דִסֶנְשֶׁן) מַחְלֹקֶת, סִכְסוּךְ; פִּלְגְּתָה

**dis′sent** *adj. & n.* (דִסֶנְט) חָלַק עַל; הִתְנַגֵּד; דָּחָה תּוֹרָה שֶׁל הַכְּנֵסִיָּה הָרִשְׁמִית; חִלּוּקֵי דֵעוֹת; הִפָּרְדוּת מִכְּנֵסִיָּה רִשְׁמִית

**dis′sident** *v.i. & n.* (דִסִדֶנְט) חוֹלֵק עַל; מִתְנַגֵּד; פּוֹרֵשׁ

**dissim′ilar** *adj.* (דִסִמְלֶר) שׁוֹנֶה

**dis′sipate″** *v.t. & i.* (דִסֶּפֵּיט) פִּזֵּר, הֵפִיץ; בִּזְבֵּז; הִתְבַּזְבֵּז, הוּפַג; פָּרַק עֹל הַמּוּסָר

**dis′sipa″ted** *adj.* (דִסֶּפֵּיטֶד) מֻפְקָר; רוֹדֵף תַּאֲווֹת

**dissol′uble** *adj.* (דִסוֹלְיֶבְּל) מָסִיס

**dis′solute″** *adj.* (דִסֶלוּט) מֻפְקָר

**dis″solu′tion** *n.* (דִסֶלוּשֶׁן) פֵּרוּק, הִתְפָּרְקוּת; נִתּוּק; פִּזּוּר; מָוֶת; סִיּוּם

**dissolve′** *v.t. & i.* (דִזוֹלְב) הֵמֵס; הִתִּיךְ; הִסְפִּיק לְנוֹזֵל; הִתִּיר; נִתֵּק; פִּזֵּר; סִיֵּם, הֵבִיא קֵץ עַל; פֵּרֵק; בִּטֵּל, בִּטֵּל הַשְׁפָּעָה; נָמַס; הִתְפָּרֵק, הִתְפַּזֵּר; נֶחֱלַשׁ, פָּג

**dissuade′** *v.t.* (דִסְוֵיד) פִּתָּה לֹא לַעֲשׂוֹת, יָעַץ לְהִמָּנַע מ־

**dis′taff** *n. & adj.* (דִסְטֶף) פֶּלֶךְ (לטוויה); נָשִׁים; עֲבוֹדַת אִשָּׁה; שֶׁל אִשָּׁה, נְקֵבִי

**dis′tance** *n.* (דִסְטֶנְס) מֶרְחָק; רֹחַק; מֶרְחָב, שֶׁטַח; פֶּרֶק זְמַן; מָקוֹם מְרֻחָק; מֶרְחַקִּים

**dis′tant** *adj.* (דִסְטֶנְט) רָחוֹק; נִפְרָד; מִתְרַחֵק

**distaste′** *n.* (דִסְטֵיסְט) אִי־רָצוֹן, מְאִיסָה

**distaste′ful** *adj.* (דִסְטֵיסְטְפֶל) לֹא־נָעִים; מָאוּס; לֹא־טָעִים

**distend′** *v.t. & i.* (דִסְטֶנְד) תָּפַח, הִתְרַחֵב; הִרְחִיב, מָתַח

**distill′** *v.t. & i.* (דִסְטִל) זִקֵּק; הִזְדַּקֵּק

**dis″tilla′tion** *n.* (דִסְטֶלֵישֶׁן) זִקּוּק; הִזְדַּקְּקוּת; תַּמְצִית

**distil′lery** *n.* (דִסְטִלֶרִי) בֵּית זִקּוּק; בֵּית מִשְׂרָפוֹת יַיִן

**distinct′** *adj.* (דִסְטִנְקְט) בָּרוּר; נִפְרָד, נִבְדָּל, שׁוֹנֶה; נָדִיר, יוֹצֵא מִן הַכְּלָל; מֻבְחָן

**distinc′tion** *n.* (דִסְטִנְקְשֶׁן) הֶבְדֵּל, שֹׁנִי; הַבְחָנָה; הַבְדָּלָה; יִחוּד; טִפּוּל מְיֻחָד; הִצְטַיְּנוּת; הוֹפָעָה מְכֻבֶּדֶת, מֻבְחָנוּת

**disting′uish** *v.t. & i.* (דִסְטִנְגְוִשׁ) הִבְדִּיל; הִבְחִין; הִבְלִיט, הִצְטַיֵּן; מִיֵּן

**disting′uished** *adj.* (דִסְטִנְגְוִשְׁט) דָּגוּל, מִתְבַּלֵּט, מְפֻרְסָם; מְכֻבָּד

**distort′** *v.t.* (דִסְטוֹרְט) סִלֵּף; עִוֵּת, עִקֵּם

**distract′** *v.t.* (דִסְטְרֶקְט) הִסִּיחַ הַדַּעַת; הִפְנָה, הִרְחִיק; חִלֵּק (תשומת לב); הִפְרִיעַ, הֵצִיק; בִּדֵּר, שִׁעֲשַׁע

**distrac′tion** *n.* (דִסְטְרֶקְשֶׁן) הַסָּחַת דַּעַת; הֶסַּח הַדַּעַת; מְצוּקָה נַפְשִׁית; הַפְרָעָה; בִּדּוּר, מְהוּמָה; אִבּוּד חוּשִׁים

**distress′** *n. & v.t.* (דִסְטְרֶס) צָרָה, צַעַר; סֵבֶל, מְצוּקָה; צִעֵר, הִדְאִיג, הֵצִיק; הִכְבִּיד עַל; הִכְרִיחַ

**distrib′ute** *v.t.* (דִסְטְרִבְּיוּט) חִלֵּק, הִקְצָה; פִּזֵּר, הֵפִיץ; חִלֵּק לִקְבוּצוֹת, מִיֵּן

**dis"tribu'tion** *n.* (דִסְטְרִבְּיוּשְׁן) חֲלֻקָּה; סִדּוּר; תְּפוּצָה; מָקוֹם

**distrib'utor** *n.* (דִסְטְרִבְּיֻטֶר) מְחַלֵּק, מֵפִיץ; סִיטוֹנַאי; מַפְלֵג

**dis'trict** *n.* (דִסְטְרִקְט) מָחוֹז; אֵזוֹר

**distrust'** *v.t.* (דִסְטְרַסְט) חָשַׁד בּ־; הִתְיַחֵס בְּחֹסֶר אֵמוּן; חֹסֶר אֵמוּן, חַשְׁדָנוּת, פִּקְפּוּק

**disturb'** *v.t.* (דִסְטֶרְבּ) הִפְרִיעַ, הִטְרִיד; הֵצִיק

**distur'bance** *n.* (דִסְטֶרְבֶּנְס) הַפְרָעָה, הַטְרָדָה, הֲצָקָה; מְהוּמָה, הֲפָרַת הַסֵּדֶר הַצִּבּוּרִי

**disun'ion** *n.* (דִסְיוּנְיֶן) פֵּרוּד, הַפְרָדָה, נִתּוּק; חֹסֶר אַחְדוּת

**dis"unite'** *v.t.* (דִסְיוּנַיְט) נִתֵּק, הִכְנִיס פֵּרוּד, הִרְחִיק

**disuse'** *n.* (דִסְיוּס) הַפְסָקַת הַשִּׁמּוּשׁ, אִי־שִׁמּוּשׁ

**ditch** *n.* (דִץ׳) תְּעָלָה, עָרוּץ, חֲפִירָה

**dit'to** *n.* (דִטוֹ) הַנִּזְכָּר לְעֵיל; אוֹתוֹ הַדָּבָר

**dit'ty** *n.* (דִטִי) זֶמֶר קַל, פִּזְמוֹן

**di'van** *n.* (דַיבֶן) דַּרְגָּשׁ, סַפָּה

**dive** *v.i.* & *n.* (דַיב) צָלַל, קָפַץ; חָדַר פִּתְאוֹם, זִנֵּק; הִתְעַמֵּק בּ־; צְלִילָה, קְפִיצָה; זִנּוּק; יְרִידָה פִּתְאוֹמִית; מִסְבָּאַת מְפֻקְפָּקִים

**di'ver** *n.* (דַיבֶר) צוֹלֵל, אֲמוֹדַאי

**diverge'** *v.i.* (דַיבֶרְג׳) הִסְתָּעֵף, נִפְרַד; סָטָה; חָלַק עַל

**di'vers** *adj.* & *n.* (דַיבֶרְז) אֲחָדִים; כַּמָּה; מִסְפָּר סְתָמִי

**diverse'** *adj.* (דַיבֶרְס) שׁוֹנֶה, רַב־צוּרָנִי

**diver'sify"** *v.t.* & *i.* (דַיבֶרְסֶפַי) גִּוֵּן; הִשְׁקִיעַ בִּנְיָרוֹת עֵרֶךְ שׁוֹנִים, גִּדֵּל יְבוּלִים שׁוֹנִים

**diver'sion** *n.* (דַיבֶרְזֶ׳ן) הַסָּחָה; בִּדּוּר

**divert'** *v.t.* (דַיבֶרְט) הִפְנָה; הִטָּה; בִּדֵּר

**divest'** *v.t.* (דַיבֶסְט) שָׁלַל; נִפְטַר מִן, סִלֵּק

**divide'** *v.t.* & *i.* (דִוַיד) חִלֵּק; נִתֵּק, הִפְרִיד; בָּקַע; מִיֵּן; נִפְרַד, הִתְחַלֵּק; הִסְתָּעֵף

**— *n.*** פָּרָשַׁת דְּרָכִים; פָּרָשַׁת מַיִם

**div'idend"** *n.* (דִוִדֶנְד) דִּיבִידֶנְד; מְחֻלָּק; מַעֲנָק

**divi'der** *n.* (דִוַידֶר) מְחַלֵּק; מְחִצָּה

**—s** מְחוּגָה; מְחוּגַת עֳקָצִים

**divine'** *adj.* & *n.* (דִוַין) אֱלֹהִי; דָּתִי; נֶהְדָּר; תֵּאוֹלוֹג, חֲכַם־דָּת; כֹּמֶר

**— *v.t.* & *i.*** שִׁעֵר; נִחֵשׁ; הִתְנַבֵּא; גִּלָּה מַיִם בְּאֶמְצָעוּת מַטֵּה קֶסֶם

**divi'nity** *n.* (דִוִנִטִי) אֱלֹהוּת; טֶבַע אֱלֹהִי; אֱלֹהִים, אֵל; תֵּאוֹלוֹגְיָה

**divis'ion** *n.* (דִוִזְ׳ן) חֲלֻקָּה; חִלּוּק; מְחִצָּה; חֵלֶק; חִלּוּקֵי דֵעוֹת; פֶּלֶג; מַחְלָקָה; אֻגְדָּה

**divorce'** *v.t.* & *i.* & *n.* (דִוּוֹרְס) נָתַן גֵּט; הִתְגָּרֵשׁ; הִפְרִיד, נִתֵּק; קִבֵּל גֵּט; גֵּט, גֵּרוּשִׁים; הַפְרָדָה גְמוּרָה, נִתּוּק

**divorcé'** *n.* (דִוּוֹרְסֵי) גָּרוּשׁ

**divorcee'** *n.* (דִוּוֹרְסִי) גְּרוּשָׁה

**divulge'** *v.t.* (דִוַלְג׳) גִּלָּה

**dix'ie** *n.* (דִקְסִי) מְדִינוֹת דְּרוֹם אַרְצוֹת הַבְּרִית; הַהִמְנוֹן שֶׁלָּהֶן

**diz'zy** *adj.* (דִזִי) סְחַרְחַר; מְבֻלְבָּל; גּוֹרֵם סְחַרְחֹרֶת; חֲסַר אַחֲרָיוּת; טִפְּשִׁי

**do** *v.t.* (דוּ; בהברה לא מוטעמת: דְ, דֻ) עָשָׂה, פָּעַל; בִּצַּע; סִיֵּם; הֵבִיא לִידֵי, גָּרַם; טִפֵּל בּ־; נָסַע, נָסַע בִּמְהִירוּת מְסֻיֶּמֶת; סִיֵּר; הִסְפִּיק; הֵכִין; הָיָה בְּמֶשֶׁךְ תְּקוּפָה מְסֻיֶּמֶת; יָצַר; עָסַק בּ־; הִתְנַהֵג; הִסְתַּדֵּר; הִתְרַחֵשׁ; (הפועל משמש במשפטי שאלה, משפטי שלילה, משפטים בעלי סדר הפוך, בצורת הציווי וכן להדגשת הפועל העיקרי ובמקום חזרה עליו)

**— away with** סִיֵּם, בִּטֵּל; רָצַח

**doc'ile** *adj.* (דוֹסְל) נוֹחַ; נוֹחַ לְאִמּוּן

**dock** *n.* & *v.t.* (דוֹק) רָצִיף; מִסְפָּן; מִסְפָּנָה; מִבְדּוֹק; בָּמַת פְּרִיקָה וּטְעִינָה; תָּא נֶאֱשָׁמִים; הִכְנִיס לְמִסְפָּן אוֹ לְמִבְדּוֹק; נִכְנַס לְמִסְפָּן אוֹ לְמִבְדּוֹק; נִצְמַד (חללית לחברתה); קָטַם; קִצֵּץ זָנָב; הִפְחִית, נִכָּה

**dock'er** *n.* (דוֹקֶר) סַוָּר; פּוֹעֵל נָמֵל

**dock'et** *n.* (דוֹקֶט) רְשִׁימַת מִשְׁפָּטִים

**doc'tor** *n.* (דוֹקְטֶר) רוֹפֵא, דּוֹקְטוֹר

**— *v.t.*** הִגִּישׁ עֶזְרָה רְפוּאִית; טִפֵּל (במחלה); תִּקֵּן; זִיֵּף; שִׁפֵּר (ע״י שינויים); שִׁמֵּשׁ כְּרוֹפֵא

**doc'trine** *n.* (דוֹקְטְרִן) דּוֹקְטְרִינָה; מִשְׁנָה, תּוֹרָה

**doc'ument** *n.* (דוֹקְיֻמֶנְט) מִסְמָךְ; תְּעוּדָה

**doc'ument"** *v.t.* תִּעֵד; חִזֵּק בִּתְעוּדוֹת

**dod'dering** *adj.* (דוֹדֶרִנְג) רוֹעֵד

**dodge** *v.i. & t. & n.* (דוֹג') הִשְׁתַּמֵּט, הִתְחַמֵּק; תַּחְבּוּלָה

**doe** *n.* (דוֹ) אַיָּלָה; צְבִיָּה; אַרְנֶבֶת; נְקֵבָה (בבעלי חיים)

**does** (דַז) (גוף שלישי, יחיד, הווה של do)

**dog** *n.* (דוֹג) כֶּלֶב; נִבְזֶה; בָּחוּר; "זֶפֶת"; נַעֲרָה בְּזוּיָה; צִפֹּרֶן חוֹרֶגֶת

go to the —s הִתְנַוֵּן

— *v.t.* עָקַב אַחֲרֵי בְּאֵיבָה

**dog'ged** *adj.* (דוֹגִד) מַתְמִיד, דָּבֵק בְּעַקְשָׁנוּת

**dog'gerel** *n. & adj.* (דוֹגֶרֶל) חֲרוּזֵי לֵיצָנוּת; גַּס, נָחוּת, נִקְלֶה

**dog'ma** *n.* (דוֹגְמָה) דוֹגְמָה; עִקָּרִים, "אֲנִי מַאֲמִין"; דֵּעָה מְקֻבֶּלֶת

**do'ing** *n.* (דוּאִנְג) פְּעֻלָּה, מַעֲשֶׂה, בִּצּוּעַ

—s מַעֲשִׂים; מְאֹרָעוֹת

**dole** *n. & v.t.* (דוֹל) קִצְבָּה; קִצְבַּת־אַבְטָלָה; חֵלֶק צְדָקָה; חִלֵּק טִפִּין טִפִּין

**dole'ful** *adj.* (דוֹלְפֻל) עָצוּב, נוּגֶה

**doll** *n.* (דוֹל) בֻּבָּה; "חֲתִיכָה"; "חָתִיךְ"

— up הִתְגַּנְדֵּר

**dol'lar** *n.* (דוֹלֶר) דּוֹלָר

**dol'ly** *n.* (דוֹלִי) בֻּבָּה; עֲגָלַת־יָד (למשאות); קַטַּר מַשָּׂאוֹת; בָּמָה נַיֶּדֶת

**dol'phin** *n.* (דוֹלְפִן) דּוֹלְפִין

**dolt** *n.* (דוֹלְט) טִפֵּשׁ, מְטֻמְטָם

**domain'** *n.* (דוֹמֵין) בַּעֲלוּת; תְּחוּם, שֶׁטַח

**dome** *n.* (דוֹם) כִּפָּה; רֹאשׁ

**domes'tic** *adj. & n.* (דֻמֶסְטִק) בֵּיתִי; שֶׁל מֶשֶׁק בַּיִת, מִשְׁפַּחְתִּי; מָסוּר לַבַּיִת; מְאֻלָּף; מְקוֹמִי, מְיֻצָּר בַּמְּדִינָה; מְשָׁרֵת

**domes'ticate"** *v.t.* (דֻמֶסְטִקֵיט) בַּיֵּת, אִלֵּף; הִרְגִּיל לְחַיֵּי מִשְׁפָּחָה, הִרְגִּיל לְחַיֵּי בַּיִת; נָטַע הַרְגָּשַׁת בַּיִת

**dom'icile"** *n.* (דוֹמַסִיל) מָעוֹן, מְקוֹם מְגוּרִים

**dom'inant** *adj.* (דוֹמִנֶנְט) דּוֹמִינַנְטִי; שַׁלִּיט; רָאשִׁי, עִקָּרִי

**dom'inate"** *v.t. & i.* (דוֹמִנֵיט) שָׁלַט בְּ־; חָלַשׁ עַל־

**dom"ineer'** *v.i. & t.* (דוֹמִנִיר) הִשְׂתָּרֵר עַל, רָדָה בְּ־

— ing *adj.* שְׁתַלְטָנִי; עָרִיץ

**domin'ion** *n.* (דֻמִנְיֶן) סַמְכוּת, שִׁלְטוֹן; תְּחוּם שִׁלְטוֹן; שְׁטָחִים הַכְּפוּפִים לְרִבּוֹנוּת־

**donate'** *v.t. & i.* (דוֹנֵיט) תָּרַם, נָדַב, הֶעֱנִיק

**dona'tion** *n.* (דוֹנֵישֶׁן) מַתָּנָה, תְּרוּמָה, נְדָבָה, הַעֲנָקָה

**done** (דַן) (זמן עבר של do)

— *adj.* גָּמוּר; מְבֻשָּׁל בְּמִדָּה מַסְפֶּקֶת; בָּלֶה; מְיֻגָּע; מְקֻבָּל

— for "רָצוּץ"; "הָרוּס"

**don'key** *n.* (דוֹנְקִי) חֲמוֹר

**do'nor** *n.* (דוֹנֶר) תּוֹרֵם, מְנַדֵּב, מַעֲנִיק

**don't** (דוֹנְט) (קיצור של do not)

—s אִסּוּרִים

**do'nut** *n.* (דוֹנַט) סֻפְגָּנִית גַּלְגַּל

**dood'le** *v.i.* (דוּדְל) כָּתַב אוֹ צִיֵּר בְּהֶסַּח הַדַּעַת; בִּזְבֵּז זְמַן בִּפְעֻלּוֹת חַסְרוֹת־שַׁחַר

**doom** *n. & v.t.* (דוּם) גּוֹרָל (של פורענות); כִּלָּיוֹן, מָוֶת; פְּסַק דִּין (מרשיע); גָּזַר עַל; חָרַץ מִשְׁפָּט, קָבַע גּוֹרָל; הִרְשִׁיעַ

**dooms'day** *n.* (דוּמְזְדֵי) יוֹם הַדִּין

**door** *n.* (דוֹר) דֶּלֶת; פֶּתַח; בַּיִת

lay at someone's — הֶאֱשִׁים

out of —s בַּחוּץ; תַּחַת כִּפַּת הַשָּׁמַיִם

**door'way"** *n.* (דוֹרְוֵי) פֶּתַח

**dope** *n. & v. t.* (דוֹפּ) סַם מְשַׁכֵּר; מִשְׁחָה; "חֲדָשׁוֹת"; "טֶמְבֶּל"; סִמֵּם

— ad'dict (–אֶדִקְט) נַרְקוֹמָן, מָכוּר

**dor'mant** *adj.* (דוֹרְמֶנְט) רָדוּם, לֹא־פָּעִיל; נִסְתָּר

**dor'mitor"y** *n.* (דוֹרְמִטוֹרִי) פְּנִימִיָּה; אוּלַם שֵׁנָה

**dose** *n. & v. t.* (דוֹס) מָנָה; מִנֵּן; נָתַן רְפוּאָה

**dos'sier"** *n.* (דוֹסִיאֵי) תִּיק (מסמכים על נושא אחד)

**dot** *n.* (דוֹט) נְקֻדָּה; קֹרֶט

on the — בְּדִיּוּק נִמְרָץ

— *v.t.* סִמֵּן בִּנְקֻדּוֹת; נִמֵּר; כִּסָּה בִּנְקֻדּוֹת

**do'tage** *n.* (דוֹטֶג') רִפְיוֹן שֵׂכֶל (לעת זקנה); חִבָּה אֱוִילִית

**do'tard** *n.* (דוֹטֶרְד) רְפֵה שֵׂכֶל (מִזִּקְנָה)

**dote** *v.i.* (דוֹט) הִשְׁפִּיעַ אַהֲבָה; רָפָה שִׂכְלוֹ (מזקנה)

**doub'le** *v.* (דַבְּל) הִכְפִּיל, הִגְדִּיל פִּי שְׁנַיִם; קִפֵּל; קָפַץ (אחורה); זִוֵּג; הֻכְפַּל; הִתְקַפֵּל;

חָזַר כִּלְעֻמַּת שֶׁבָּא; עָבַד בִּשְׁתֵּי מִשְׂרוֹת, עָבַד בְּמִשְׂרָה נוֹסֶפֶת

— up הָיָה שֻׁתָּף לְחֶדֶר יָחִיד; הִתְכּוֹפֵף (כְּאִילוּ מִכְּאֵב)

— *adj. & n.* כָּפוּל; זוּגִי; דּוּ־מַשְׁמָעִי, מְעֻרְפָּל; צָבוּעַ, נוֹכֵל; מְקֻפָּל; כֵּפֶל; כָּפִיל; חֶדֶר בַּעַל מִטָּה כְּפוּלָה

**dou´ble cross´** *n.* (דַבְּל קְרוֹס) בְּגִידָה, הוֹנָאָה

double-cross *v.t.* בָּגַד בְּ־, רִמָּה

**dou´ble-talk″** *n.& v.t.* (דַבְּל־טוֹק) לַהַג, דִּבּוּר חַמְקָנִי; פָּתָה בְּשֶׁטֶף דִּבּוּר מְעֻרְפָּל

**doubt** *n. & v.t.* (דָאוּט) סָפֵק; חֹסֶר אֵמוּן; פִּקְפֵּק, הֵטִיל סָפֵק

**doubt´ful** *adj.* (דָאוּטְפֶל) מֻטָּל בְּסָפֵק; מְסֻפְקָק; מְהַסֵּס

**doubt´less** *adj. & adv.* (דָאוּטְלֶס) בְּלִי סָפֵק, קָרוֹב לְוַדַּאי, מִן הַסְּתָם; וַדַּאי

**dough** *n.* (דוֹ) בָּצֵק, עִסָּה; ״כֶּסֶף״

**dough´nut** *See* **donut**

**dove** *n.* (דַב) יוֹנָה

**dove´cote″** *n.* (דַבְקוֹט) שׁוֹבָךְ

**dove´tail″** *v.t. & i.* (דַבְטֵיל) שִׁלֵּב; הִשְׁתַּלֵּב

**dow´ager** *n.* (דָאוּאֲגֶ׳ר) אַלְמָנַת אָצִיל; זְקֵנָה מְכֻבֶּדֶת

**dow´dy** *adj.* (דָאוּדִי) מְרֻשָּׁל; מְפַגֵּר אַחֲרֵי הָאָפְנָה

**down** *adv. & adj.* (דָאוּן) לְמַטָּה; לָאָרֶץ, דָּרוֹמָה, בִּירִידָה, בְּפָחוֹת; עַד (תְּקוּפָה מְאֻחֶרֶת); נָמוּךְ יוֹתֵר; בִּרְצִינוּת; עַל נְיָר; בִּמְזֻמָּנִים (בִּשְׁעַת קְנִיָּה); לְשֵׁם הַכְנָעָה; לַמָּקוֹר; רָתוּק לְמַטָּה; נָמוּךְ; מְדֻכְדָּךְ; לְאַחַר הַפְסֵד–; גָּמוּר

— and out עָנִי מָרוּד

— *n.* יְרִידָה; הֲרָעָה

— *v.t.* הִפִּיל; ״הֵבִיס״

— *prep.* עַד לִנְקֻדָּה מִתְרַחֶקֶת

**down** *n.* (דָאוּן) נוֹצוֹת רַכּוֹת; פֶּקֶס

**down´cast″** *adj.* (דָאוּנְקֶסְט) מְדֻכְדָּךְ; מֻפְנֶה כְּלַפֵּי מַטָּה

**down´fall** *n.* (דָאוּנְפוֹל) יְרִידָה; הַפָּלָה; מַלְכֹּדֶת (שֶׁעִקָּרָהּ מִשְׁקָל הַנּוֹפֵל עַל הַטֶּרֶף)

**down´hill″** *adv.* (דָאוּנְהִל) בְּמִדְרוֹן; כְּלַפֵּי מַטָּה; מִדְּחִי אֶל דֶּחִי

**down´pour″** *n.* (דָאוּנְפּוֹר) גֶּשֶׁם שׁוֹטֵף

**down´right″** *adj. & adv.* (דָאוּנְרַיְט) יְסוֹדִי, מֻחְלָט; בִּיסוֹדִיּוּת, לַגַּמְרֵי, מַמָּשׁ

**down´stairs´** *adv.* (דָאוּנְסְטֵרְז) לְקוֹמָה נְמוּכָה; בְּכִוּוּן יְרִידָה בְּמַדְרֵגוֹת

down´stairs″ *adj.* שֶׁל קוֹמָה נְמוּכָה; שֶׁל קוֹמַת הַקַּרְקַע

**down´town″** *n. & adj. & adv.* (דָאוּנְטָאוּן) מֶרְכָּז, מֶרְכַּז הָעֲסָקִים (שֶׁל עִיר); לַמֶּרְכָּז (שֶׁל עִיר); בַּמֶּרְכָּז; שֶׁל הַמֶּרְכָּז

**down´trod″den** *adj.* (דָאוּנְטְרוֹדְן) מְדֻכָּא, עָשׁוּק

**down´ward(s)** *adv. & adj.* (דָאוּנְוֶרְד[ז]) כְּלַפֵּי מַטָּה; מֵרֵאשִׁית־, מֵאָז; מֵאָב קַדְמוֹן, מִזְּמַן קָדוּם; יוֹרֵד

**dow´ry** *n.* (דָאוּרִי) נְדוּנְיָה; כִּשָּׁרוֹן

**doze** *v.t. & n.* (דוֹז) הִתְנַמְנֵם; נִמְנוּם

**doz´en** *n.* (דַזְן) תְּרֵיסָר

**drab** *adj.* (דְרֶבּ) קוֹדֵר; אָפֹר צְהַבְהַב; חוּם עָמוּם

**draft** *n.* (דְרֶפְט) תַּרְשִׁים, שִׂרְטוּט, צִיּוּר, רִשּׁוּם; טְיוּטָה; לְגִימָה; גִּיּוּס; הַמְחָאָה; זְרִימַת אֲוִיר; וְסַת־אֲוִיר; גְּרִירָה; מַשָּׂא; בְּהֵמוֹת מַשָּׂא; שֹׁקַע

— *v.t.* שִׂרְטֵט; נִסֵּחַ; גָּרַר, מָשַׁךְ; גִּיֵּס

**drafts´man** *n.* (דְרֶפְטְסְמֶן) שַׁרְטָט; צַיַּר רִשּׁוּמִים

**drag** *v.t. & i. & n.* (דְרֶג) גָּרַר, מָשַׁךְ; חִפֵּשׂ בְּאַנְקֹל; יִשֵּׁר; הֶאֱרִיךְ; נִגְרַר; נָע בִּכְבֵדוּת; עָבַר בְּאִטִּיּוּת; פִּגֵּר; אַנְקֹל (לְחִפּוּשׂ חֲפָצִים בְּקַרְקָעִית הַיָּם); רְחוֹב; שִׁעֲמוּם; גְּרִירָה

**drag´on** *n.* (דְרֶגְן) דְּרָקוֹן; כַּעֲסָן

**dragoon´** *n. & v.t.* (דְרֶגוּן) פָּרָשׁ (מְזֻיָּן בְּנֶשֶׁק רַב), דְּרָגוּן; שָׁלַח פָּרָשִׁים; רָדַף (ע״י כּוֹחַ מְזֻיָּן), עָשַׁק; כָּפָה

**drain** *v.t. & i. & n.* (דְרֵין) נִקָּז, רוֹקֵן, יִבֵּשׁ; שָׁלַל; הִתְנַקֵּז, הִתְרוֹקֵן, הִתְיַבֵּשׁ; צִנּוֹר נִקּוּז; זְרִימַת הוֹצָאוֹת

go down the — אִבֵּד כָּל עֶרֶךְ

**drai´nage** *n.* (דְרֵינֶג׳) נִקּוּז; מַעֲרֶכֶת נִקּוּז

**drake** *n.* (דְרֵיק) בַּרְוָז

**dra´ma** *n.* (דְרָמָה) דְּרָמָה, מַחֲזֶה, מַחֲזָאוּת

**dramat´ic** *adj.* (דְרָמֶטִק) דְּרָמָתִי; חַי, מַרְשִׁים

**drank** (דְרֶנְק) (זמן עבר של drink)

**drama′tize** *v.t.* (דְרֶמַתַיז) הַמְחִיז; בִּטֵּא בְּצוּרָה דְרָמָטִית

**drape** *v.t. & n.* (דְרֵיפּ) קִשֵּׁט בִּוִילוֹנוֹת; סִדֵּר (וילונות, בגדים) בְּקְפָלִים חִנָּנִיִּים; תָּלָה בְּרַשְׁלָנוּת; וִילוֹן בַּעַל קְפָלִים

**dra′pery** *n.* (דְרֵיפֶּרִי) אָרִיג תָּלוּי מְסֻדָּר בִּקְפָלִים; וִילוֹנוֹת אֲרֻכִּים; סִדּוּר אֲרִיגִים בִּקְפָלִים; אֲרִיגִים

**dras′tic** *adj.* (דְרֶסְטִק) דְרַסְטִי, חָמוּר מְאֹד, קִיצוֹנִי, תַּקִּיף

**draught** *See* **draft**

**draughtsman** *See* **draftsman**

**draw** *v.t. & i* (דְרוֹ) מָשַׁךְ; רָשַׁם; צִיֵּר, שִׂרְטֵט; נִסַּח; שָׁאַף (אוויר), יָנַק; הִשְׁתַּמֵּשׁ; הִסִּיק; קִבֵּל; הִכְנִיס; הוֹצִיא מֵעַיִם; נִקָּז; מָתַח; הִפִּיל גּוֹרָל; הוֹצִיא מְגֻלֶּה; חִזְדַּקֵּק (לכמות מים מסוימת לשיט); עָבַר בְּאִטִּיּוּת; שָׁלַף; קִיֵּם פִּיס; כִּוֵּץ; דָּרַשׁ, הֵטִיל עַל

— **back** נָסוֹג אֲחוֹרָה

— **up** נִסַּח; עָרַךְ; נֶעֱצַר

— *n.* מְשִׁיכָה; מִבְנֶה נִמְשָׁךְ; פּוּר; תֵּיקוּ

**draw′back″** *n.* (דְרוֹבֶּק) עִכּוּב

**draw′bridge″** *n.* (דְרוֹבְּרִג׳) גֶּשֶׁר זָחִיחַ

**draw′er** *n.* מְגֵרָה

—**s** תַּחְתּוֹנִים אֲרֻכִּים

**draw′ing** *n.* (דְרוֹאִינְג) רִשּׁוּם, שִׂרְטוּט; הַגְרָלָה

**draw′ing room″** (דְרוֹאִנְג רוּם) חֲדַר אוֹרְחִים, סָלוֹן

**drawl** *v.t. & i.* (דְרוֹל) דִּבֵּר בַּעֲצַלְתַּיִם (אגב הארכת התנועות)

**drawn** (דְרוֹן) (זמן עבר של draw)

— *adj.* מְתוּחַ; כָּחוּשׁ; חֲסַר מֵעַיִם (עוף)

**dread** *v.t. & n.* (דְרֶד) יָרֵא מְאֹד, חָרַד; חָשַׁשׁ מִפְּנֵי; אֵימָה, חֲרָדָה

**dread′ful** *adj.* (דְרֶדְפֻל) נוֹרָא, אָיֹם; מַבְעִית; מְעוֹרֵר יִרְאָה; מְכֹעָר

**dream** *n. & v.i. & t.* (דְרִים) חֲלוֹם; הֲזָיָה, דִּמְיוֹן; קֶסֶם לֹא־מְצִיאוּתִי; חָלַם; הָזָה; הֶעֱלָה עַל הַדַּעַת; בִּלָּה זְמַן בַּחֲלוֹמוֹת

— **up** הִמְצִיא

**deram′er** *n.* (דְרִימֶר) חוֹלֵם, הוֹזֶה

**drear′y** *adj.* (דְרִירִי) מַעֲצִיב; מְשַׁעֲמֵם; עָגוּם, קוֹדֵר

**dredge** *n. & v.t.* (דְרֶג׳) מַחְפֵּר (כגון, מקרקעית נהר); אַרְבַּת מַחְפֵּר; אַנְקֹל חִפּוּשׂ; פִּנָּה בְּמַחְפֵּר; אָסַף בְּמַחְפֵּר

**dreg(s)** *n.* (דְרֶג(ז)) מִשְׁקָע; פְּסֹלֶת; קְרָטוֹב

**drench** *v.t.* (דְרֶנְץ׳) הִרְטִיב מְאֹד; שָׁרָה; כִּסָּה לַגַּמְרֵי

**dress** *n. & v.t. & i.* (דְרֶס) שִׂמְלָה; לְבוּשׁ; תִּלְבֹּשֶׁת חֲגִיגִית; מַעֲטֶה; מַרְאֶה, הוֹפָעָה; הִלְבִּישׁ; קִשֵּׁט; הֵכִין לְבִשּׁוּל; עִבֵּד; סֵרַק; חָבַשׁ (פצע), יִשֵּׁר (שורות); לָבַשׁ; הִתְלַבֵּשׁ; לָבַשׁ תִּלְבֹּשֶׁת חֲגִיגִית; הִתְיַשֵּׁר

— **down** נָזַף

**dres′ser** *n.* (דְרֶסֶר) שִׁדָּה; מִזְנוֹן; מַלְבִּישׁ; מִתְלַבֵּשׁ

**dres′sing** *n.* (דְרֶסִנְג) לְבִישָׁה, הַלְבָּשָׁה, הִתְלַבְּשׁוּת; רֹטֶב יְרָקוֹת; מְלִית; תַּחְבֹּשֶׁת; זֶבֶל, קוֹמְפּוֹסְט

**dres′sing gown″** (דְרֶסִנְג גַאוּן) חָלוּק, עֲטִיפָה

**dress′ma″ker** *n.* (דְרֶסְמֵיקֶר) חַיָּט, תּוֹפֶרֶת

**drew** (דְרוּ) (זמן עבר של draw)

**drib′ble** *v.i.* (דְרִבְּל) נָטַף, טִפְטֵף; הֵטִיף רִיר; כִּדְרֵר

**dried** (דְרַייד) (זמן עבר של dry)

**drift** *n.* (דְרִפְט) מַסְלוּל, מְגַמָּה, מַטָּרָה; דַּחַף; זֶרֶם רָחָב וְרָדוּד (באוקיאנוס); מְהִירוּת זֶרֶם; סְטִיָּה; מַשְׁמָעוּת; נִדְחָף; עֲרֵמָה; עֲרֵמַת שֶׁלֶג

— *v.t.* נִסְחַף; נָד לְלֹא מַטָּרָה; נֶעֱרַם; נָשָׂא, עָרַם

**drill** *n. & v.i.* (דְרִל) מַקְדֵּחָה; תַּרְגִּיל; קָדַח; תִּרְגֵּל, אִמֵּן; הִתְאַמֵּן

**drink** *v.i. & t. & n.* (דְרִנְק) שָׁתָה; לָגַם; הִשְׁתַּכֵּר; שָׁתָה לִכְבוֹד־; קָלַט; שְׁתִיָּה, מַשְׁקֶה; מַשְׁקֶה כָּהֳלִי; שִׁכְרוּת; לְגִימָה

**drip** *v.i. & t. & n.* (דְרִפּ) טִפְטֵף; נָטַף; הִרְעִיף; טִפְטוּף

**drip′-dry″** *adj. & v.i.* (דְרִפּ־דְרַי) שֶׁל "רְחַץ וּלְבַשׁ"; לְלֹא גִּהוּץ; יָבֵשׁ לְצוּרָתוֹ הָרְצוּיָה לְאַחַר כְּבִיסָה

**drive** *v.t. & i.* (דְרַיב) גֵּרֵשׁ, שִׁלַּח;

העביד, הספיר; נהג; הסיע; בצע במרץ;
כרה (בצורה אופקית); חבט ב־; נדחף;
הסתער; ידע לנהג (כלי רכב); נסע (בכלי רכב)
— at התכון
— back הדף
— *n.* נהיגה; טיול (במכונית); דחיפה;
נדחפים (בקר, עצים וכו׳); צרך בסיסי;
התקדמות נמרצת; מתקפה; מגבית; מאמץ
מרכז; מרץ; כביש (בשטח ידוע בנופיו); הנעה;
חבטה; ציד (כשהציידים אינם זזים)
**drive'-in"** *n.* (דְרַיבִן) הכניסה ברכב;
המכניס רכב
**driv'el** *n.* (דְרִיבְל) דברים בטלים,
פטפוטים; ריר
**dri'ver** *n.* (דְרַיבְר) נוהג, נהג, עגלון; בוקר;
גלגל מניע
**driz'zle** *v.t. & i. & n.* (דְרִזְל) טפטף
(גשם); גשם קל, טפטוף
**droll** *adj.* (דְרוֹל) מצחיק, משעשע בצורה
משנה
**drom'edar"y** *n.* (דְרוֹמֶדֶרִי) גמל בעל
דבשת אחת
**drone** *n. & v.i.* (דְרוֹן) זכר הדבורים
(שאינו יוצר דבש); טפיל; מנגנון מבקר מרחוק;
זמזום חדגוני; השמיע זמזום חדגוני; דבר
בקול חדגוני
**drool** *v.i.* (דְרוּל) הזיל ריר (כגון: בציפיה
למזון טעים); גלה הנאה רבה; פטפט שטויות
**droop** *v.i. & n.* (דְרוּפ) נדלדל, שקע,
היה תלוי ברפיון; תשש; התיאש; דלדול
**drop** *n.* (דְרוֹפ) טפה; נטף; כדורית
(סוכריה); עדי; נפילה, ירידה; צניחה; מדרון
תלול; ארגז שמירה; הצנחה; נרדם; חריץ
at the — of a hat מניה וביה
— *v.i. & t.* נטף, טפטף, נפל; הסתים;
"הסתלק", נעלם; רבץ; ירד; צנח; נסוג;
בקר באקראי; נגש; הפיל, הוריד; הפחית;
פלט דרך אגב; שלח; השמיט, נתק קשרים;
הצניח
— behind פגר
—off נרדם; פחת
**drop'out"** *n.* (דְרוֹפָּאוּט) נושר
**drop'per** *n.* (דְרוֹפֶּר) טפטפת, מטפטף

**drought** *n.* (דְרָאוּט) בצרת; מחסור ממשך
**drove** (דְרוֹב) (זמן עבר של drive)
— *n.* עדר; המון (בתנועה)
**drown** *v.i. & t.* (דְרָאוּן) טבע; הטביע;
שטף; הוסיף יותר מדי מים
**drowse** *v.i.* (דְרָאוּז) התנמנם, נתקהו חושיו
**drow'sy** *adj.* (דְרָאוּזִי) מנמנם; קהה חושים;
מרדים
**drub** *v.t.* (דְרַבּ) הלקה, חבט; הביס,
גבר על; רקע ברגלים
**drudge** *n.* (דְרַג׳) עובד עבודה שחורה;
עושה עבודה משעממת
**drudg'ery** *n.* (דְרַגֶ׳רִי) עבודה משעממת
וקשה
**drug** *n.* (דְרַג) רפואה, סם
—s תכשירי בריאות
— *v.t.* סמם, המם בסמים; נתן תרופה;
נתן תכשיר מבחיל
**drug'gist** *n.* (דְרַגִסְט) רוקח; מוכר
רפואות; בעל בית מרקחת
**drug'store"** *n.* (דְרַגְסְטוֹר) בית מרקחת
(שנמכרים בו גם תכשירי קוסמטיקה, מכשירי כתיבה,
עתונים וספרים, סיגריות, דברי אוכל וכו׳)
**drum** *n. & v.t. & i.* (דְרַם) תף; קול תף;
גליל (שפתחיו סגורים); חבית; תופף, תופף
באצבעות; הזעיק (ע״י תיפוף); כפה
— out גרש בחרפה
— up רכש לקוחות
**drum'mer** *n.* (דְרַמֶר) מתופף; סוכן נוסע
**drunk** *adj. & n.* (דְרַנְק) שכור, שתוי;
משתה הוללות
**drunk'ard** *n.* (דְרַנְקַרְד) שכור
**drun'ken** *adj.* (דְרַנְקֶן) שכור, שתוי;
מתוך שכרות
**drunk'enness** (דְרַנְקֶנֶס) שכרות
**dry** *adj.* (דְרַי) יבש, מיבש; צמא; מצמיא;
ללא מרח; פשוט; משעמם; אדיש; עקר;
אוסר משקאות כהליים
not — behind the ears חסר בגרות,
חסר נסיון, תמים
**dry' clean'ing** (דְרַי קְלִינִנג) נקוי כימי
**dry' dock'** *n.* (דְרַי דוֹק) מבדוק
**dry'ness** *n.* (דְרַינֶס) יבש

**du'al** *adj.* (דוּאַל) זוּגִי; שֶׁל שְׁנַיִם; כָּפוּל

**du'bious** *adj.* (דוּבִּיאֶס) מְסֻפָּק; מְסַפְקֵק, מֻטָּל בְּסָפֵק; מְהַסֵּס; מַטִּיל סָפֵק, מְפַקְפֵּק

**duch'ess** *n.* (דַצִ'ס) דֻּכָּסִית

**duch'y** *n.* (דַצִ'י) דֻּכָּסוּת

**duck** *n.* & *v.i.* & *t.* (דַק) בַּרְוָז, בַּרְוָזָה; הִשְׁתַּמְּטוּת; הִטְבִּיל; הִשְׁתַּמֵּט; הִתְכּוֹפֵף פִּתְאוֹם

**duck'ling** *n.* (דַקְלִנְג) בַּרְוָזוֹן

**duct** *adj.* (דַקְט) צִנּוֹר, מוֹבִיל, מוֹבָל

**dud** *n.* (דַד) כִּשָּׁלוֹן; נֵפֶל

**—s** בְּגָדִים; חֲפָצִים

**dude** *n.* (דוּד) גַּנְדְּרָן; אִישׁ הַמִּזְרָח (בארה״ב); בַּרְנָשׁ

**due** *adj.* (דוּ) הִגִּיעַ לְפֵרָעוֹן; מַגִּיעַ; זְכוּתוֹ –; נָאוֹת; מַסְפִּיק; נוֹעָד, צָפוּי

**— to** בִּגְלַל

**— n.** דָּבָר שֶׁזְּכוּתוֹ לְקַבְּלוֹ

**—s** מַס (חֲבֵרוּת)

**du'el** *n.* & *v.t.* & *i.* (דוּאֶל) דּוּ־קְרָב; תַּחֲרוּת־שְׁנַיִם; לָחַם בְּדוּ־קְרָב

**duet'** *n.* (דוּאֶט) דּוּאֶט, דּוּאִית

**duf'fel bag"** *n.* (דַפְל בֶּג) שַׂק חֲפָצִים

**dug** (דַג) (זמן עבר של dig)

**duke** *n.* (דוּק) דֻּכָּס

**—s** אֶגְרוֹפִים

**duke'dom** *n.* (דוּקְדֶם) דֻּכָּסוּת

**dull** *adj.* & *v.t.* & *i.* (דַל) מְטֻמְטָם; קֵהֶה; נְטוּל־רֶגֶשׁ, לֹא־רָגִישׁ; עָמוּם; אִטִּי, חֲסַר מֶרֶץ; מְשַׁעֲמֵם; קוֹדֵר; הִקְהָה; קָהָה

**du'ly** *adv.* (דוּלִי) כָּרָאוּי; בִּזְמַן מַתְאִים; בְּדִיּוּק בִּזְמַן

**dumb** *adj.* (דַם) אִלֵּם, שַׁתְקָנִי; "שׁוֹטֶה"

**dum'bell"** *n.* (דַמְבֶּל) מִשְׁקֹלֶת כַּדּוּרִים; שׁוֹטֶה, "טֶמְבֶּל"

**dum'found"** *v.t.* (דַמְפַאוּנְד) הִדְהִים; הִכָּה בְּאֵלֶם, הִכָּה בְּתִמָּהוֹן

**dum'my** *n.* & *adj.* (דַמִּי) גֹּלֶם; דֻּגְמָן, בֻּבַּת תְּצוּגָה; שׁוֹטֶה; אָדָם סָבִיל; דּוֹמֵם; דֶּמֶה; חִקּוּי, הֶעְתֵּק; מְזֻיָּף

**dump** *v.t.* & *n.* (דַמְפ) הִשְׁלִיךְ, שָׁפַךְ, רוֹקֵן (ע״י הטיה); הִצִּיג לִמְכִירָה (בכמויות גדולות ובמחיר נמוך); מִצְבַּר פְּסֹלֶת, מִזְבָּלָה; מִצְבָּר; מָקוֹם מְזֻנָּח

**dump'ling** *n.* (דַמְפְּלִנְג) כֻּסְּפְתָּה

**dum'py** *adj.* (דַמְפִּי) גּוּץ וְשָׁמֵן

**dunce** *n.* (דַנְס) בַּעַר, שׁוֹטֶה

**dune** *n.* (דְיוּן) חוֹלִית, דְּיוּנָה

**dung"arees'** *n.* (דַנְגֶּרִיז) סַרְבָּלֵי גִּ'ינְס

**dun'geon** *n.* (דַנְגִ'ן) בּוֹר כֶּלֶא, צִינוֹק

**dunk** *v.t.* (דַנְק) טָבַל

**dupe** *n.* & *v.t.* (דוּפּ) פֶּתִי הַמַּאֲמִין לַכֹּל; דָּבָר; כְּלִי שָׁרֵת מִרְמָה; רִמָּה; הֶעֱרִים עַל

**du'plicate** *adj.* & *n.* (דוּפְּלִקֶט) כָּפוּל, בַּעַל שְׁנֵי חֲלָקִים זֵהִים; זֶהֶה; הֶעְתֵּק

du'plicate" *v.t.* (דוּפְּלִקֵיט) הֶעְתִּיק בְּדִיּוּק, הִכְפִּיל; חָזַר עַל

**duplic'ity** *n.* (דוּפְּלִסִטִי) רְמִיָּה, אוֹנָאָה; כְּפִילוּת

**dur'able** *adj.* (דוּרֶבְּל) בַּר־קְיָם, יַצִּיב, עוֹמֵד בִּפְנֵי בְּלִיָּה

**dura'tion** *n.* (דוּרֵישְׁן) מֶשֶׁךְ, פֶּרֶק זְמַן

**dur'ing** *prep.* (דוּרִנְג) בְּמֶשֶׁךְ, בְּשָׁעַת, בִּזְמַן

**dusk** *n.* (דַסְק) בֵּין הָעַרְבַּיִם, דִּמְדּוּמֵי חַמָּה; חֹשֶׁךְ חֶלְקִי, קַדְרוּת, צֵל

**dus'ky** *adj.* (דַסְקִי) אַפְלוּלִי; עָמוּם; שְׁחַרְחַר; קוֹדֵר

**dust** *n.* (דַסְט) אָבָק; עָפָר; אֲדָמָה; מַצָּב יָרוּד; דָּבָר חֲסַר עֵרֶךְ; מְהוּמָה; אִבֵּק; הֵסִיר אָבָק

**dus'ty** *adj.* (דַסְטִי) מְאֻבָּק; אֲבָקִי; אֲפַרְפַּר

**Dutch** *adj.* & *n.* (דַץ') הוֹלַנְדִּי, הוֹלַנְדִּית (שפה)

**go —** כָּל מִשְׁתַּתֵּף מְשַׁלֵּם הוֹצָאוֹתָיו הוּא

**in —** בְּצָרָה

**du'ty** *n.* (דוּטִי) חוֹבָה, הִתְחַיְּבוּת; תַּפְקִיד, שֵׁרוּת; צַיְּתָנוּת; כָּבוֹד; שֵׁרוּת צְבָאִי; מֶכֶס

**do —** שִׁמֵּשׁ כְּ־

**on —** בְּתַפְקִיד

**dwarf** *n.* & *adj.* & *v.t.* (דְווֹרְף) גַּמָּד, נַנָּס, זָעִיר; הִצִּיג כְּקָטָן יוֹתֵר; גִּמֵּד, מָנַע הִתְפַּתְּחוּת

**dwell** *v.i.* (דְוֶל) גָּר; הִתְמִיד, נִשְׁאַר; הִדְגִּישׁ, הֶאֱרִיךְ הַדִּבּוּר

**dwel'ling** *n.* (דְוֶלִנְג) בַּיִת, מְקוֹם מְגוּרִים

**dwin'dle** *v.i.* (דְוִנְדְל) פָּחַת, הִתְמַעֵט, הִתְכַּוֵּץ; כָּלָה, הִתְנַוֵּן

**eighth** *adj. & n.* (אֵית׳) שְׁמִינִי,ת

**ei′ghtieth** (אֵיטִיאֲת׳) הַשְּׁמוֹנִים

**ei′ghty** *n. & adj.* (אֵיטִי) שְׁמוֹנִים

**ei′ther** *adj.* (אַיד׳ר, אִידְ׳ר) אֶחָד (מתוך השניים), כָּל אֶחָד מִשְּׁנַיִם, שְׁנֵי־

— *pron.* הָאֶחָד אוֹ הַשֵּׁנִי

— . . . . . . or אוֹ . . . אוֹ

— *adv.* גַּם כֵּן

**ejac′ulate″** *v.t. & i.* (אִגֶ׳קְיַלֵיט) הִפְלִיט קְרִיאָה; פָּלַט זֶרַע

**eject′** *v.t.* (אִגֶ׳קְט) גֵּרֵשׁ, הִשְׁלִיךְ, הוֹצִיא בְּכֹחַ

**elab′orate** *adj.* (אִלֶבֲּרִט) מְפֹרָט, מְסֻבָּךְ

elab′orate″ (אִלֶבֲּרֵיט) שִׁכְלֵל, פִּתֵּחַ לְאַחַר מַאֲמָץ; הוֹסִיף פְּרָטִים, הִרְחִיב הַדִּבּוּר

**elapse′** *v.i.* (אִלֶפְּס) חָלַף

**elast′ic** *adj. & n.* (אִלֶסְטִק) אֶלַסְטִי, גָּמִישׁ, מָתִיחַ, קְפִיצִי; בַּד אֶלַסְטִי; גּוּמִיָּה; בִּירִית

**elastic′ity** *n.* (אִלֶסְטִסִטִי) גְּמִישׁוּת, קְפִיצוּת, רוֹמְמוּת רוּחַ

**elate′** *v.t.* (אִלֵיט) הִשְׁרָה מַצַּב רוּחַ מְרוֹמָם; הִרְהִיב, שִׂמַּח

**el′bow** *n. & v.t.* (אֶלְבּוֹ) מַרְפֵּק; זָוִית יְשָׁרָה; כֶּפֶף; דָּחַף הַצִּדָּה בְּמַרְפֵּק, הִתְקַדֵּם בְּכֹחַ

**el′der** *adj. & n.* (אֶלְדְר) קָשִׁישׁ; בָּכִיר; מֻקְדָּם יוֹתֵר; זָקֵן

**el′dest** *adj.* (אֶלְדִסְט) הַזָּקֵן בְּיוֹתֵר, בְּכוֹר

**elect′** *v.t. & i. & n.* (אִלֶקְט) בָּחַר בְּ־; מְיֹעָד; נִבְחָר, בָּחִיר; מֻבְחָר

**elec′tion** *n.* (אִלֶקְשֵׁן) בְּחִירָה; בְּחִירוֹת, הַצְבָּעָה

by — בְּחִירוֹת־מִשְׁנֶה

**elec′torate** *n.* (אִלֶקְטֲרֵיט) צִבּוּר הַבּוֹחֲרִים

**elec′tric** *adj.* (אִלֶקְטְרִק) חַשְׁמַלִּי; מְחַשְׁמֵל, מַרְהִיב

**elec′trical** *adj.* (אִלֶקְטְרִקְל) חַשְׁמַלִּי

**electrici′an** *n.* (אִלֶקְטְרִשְׁן) חַשְׁמַלַּאי

**electric′ity** *n.* (אִלֶקְטְרִסִטִי) חַשְׁמַל; הִתְרַגְּשׁוּת, צִפִּיָּה

**elec′trify″** *v.t.* (אִלֶקְטְרִפַי) חִשְׁמֵל; סִפֵּק כֹּחַ חַשְׁמַלִּי; הִדְהִים, עוֹרֵר הִתְרַגְּשׁוּת

**el′egance** *n.* (אֶלְגֵּנְס) הִדּוּר, אֶלֶגַנְטִיּוּת

**el′egant** *adj.* (אֶלְגֵּנְט) הָדוּר, מְעֻדָּן, מֻבְחָר; מְצֻיָּן, עִלָּאִי

**el′egy** *n.* (אֶלְגִ׳י) קִינָה, אֶלֶגְיָה, שִׁיר תּוּגָה

**el′ement** *n.* (אֶלְמֶנְט) יְסוֹד; סְבִיבָה (טבעית); תְּחוּם פְּעִילוּת מַתְאִים; אֶלֶמֶנְט

—s אֵיתָנֵי הַטֶּבַע

**el″emen′tary** *adj.* (אֶלֶמֶנְטֶרִי) יְסוֹדִי; שֶׁל בֵּית סֵפֶר יְסוֹדִי; פָּשׁוּט, לֹא מְסֻבָּךְ; שֶׁל אֵיתָנֵי הַטֶּבַע

**el′ephant** *n.* (אֶלֶפֶנְט) פִּיל

**el′evate″** *v.t.* (אֶלֲוֵיט) הֵרִים, הִגְבִּיהַּ, הֶעֱלָה; רוֹמֵם רוּחַ

**el′eva″ted** *adj. & n.* (אֶלֲוֵיטֵד) מֻגְבָּהּ; נִשְׂגָּב, אָצִיל; שָׂשׂ; מְסִלַּת בַּרְזֶל עִלִּית

**el″eva′tion** *n.* (אֶלֲוֵישְׁן) גֹּבַהּ; גִּבְעָה; אֲצִילוּת; הַגְבָּהָה, הֲרָמָה, הַעֲלָאָה

**el″evator** *n.* (אֶלֲוֵיטְר) מַעֲלִית; מַשְׁבֵּחַ; מַמְגּוּרָה (ממוכנת); הֶגֶה גֹּבַהּ (במטוס)

**elev′en** *n. & adj.* (אִלֶוְן) אַחַד עָשָׂר (.m), אַחַת עֶשְׂרֵה (.f) קְבוּצַת כַּדּוּרֶגֶל (אמריקני)

**ele′enth** *adj. & n.* (אִלֶוְנְת׳) הָאַחַד־עָשָׂר (.m) הָאַחַת־עֶשְׂרֵה (.f)

— hour בָּרֶגַע הָאַחֲרוֹן

**elf** *n.* ([*pl.* **elves**] אֶלְף, אֶלְוְז) פִיָּה בַּחֲשָׁנִית (בדמות אדם זעיר)

**elic′it** *v.t.* (אִלִסְט) הוֹצִיא, הֶעֱלָה

**el′igible** *adj.* (אֶלִגַ׳בְּל) מַתְאִים לְהִבָּחֵר; רָאוּי, מַתְאִים, רָצוּי; מְאֻשָּׁר עַל יְדֵי הַחֹק

**elim′inate″** *v.t.* (אִלִמֲנֵיט) סִלֵּק; הִשְׁמִיט; הוֹצִיא; חִלֵּץ; הִפְרִישׁ (מהגוף)

**elisi′ion** *n.* (אִלִזְ׳ן) הַשְׁמָטָה (תנועה, עיצור או הברה בשעת דיבור)

**elite′** *n.* (אִלִיט) סָלְתָהּ וְשַׁמְנָהּ שֶׁל הַחֶבְרָה, עִלִּית, אֶלִיטָה

**elix′ir** *n.* (אִלִקְסְר) סַם קֶסֶם (להארכת החיים או להפיכת מתכת פשוטה לזהב); תְּמִסַּת מַיִם וְכֹהַל; תַּמְצִית טְהוֹרָה; תְּרוּפָה לַכֹּל

**elipse′** *n.* (אִלִפְּס) אֶלִיפְּסָה

**elip′sis** *n.* (אִלִפְּסִס) חִסּוּר, הַשְׁמָטָה (של מלים במשפט)

**elm.** *n.* (אֶלְם) בּוּקִיצָה

**el″ocu′tion** *n.* (אֶלֲקְיוּשְׁן) חָכְמַת נְשִׂיאַת נְאוּמִים; סִגְנוֹן דִּבּוּר

**ec"onom'ic** *adj.* (אִיקַנוֹמִק) כַּלְכָּלִי; מִשְׁקִי; מַשְׁפִּיעַ עַל הַמֶּשֶׁק

—**s** כַּלְכָּלָה; תּוֹרַת הַכַּלְכָּלָה; שִׁקּוּלִים כַּסְפִּיִּים

**e"conom'ical** *adj.* (אִיקַנוֹמִקְל) חֶסְכוֹנִי; כַּלְכָּלִי, מִשְׁקִי

**econ'omize"** *v.t. & i.* (אֶקוֹנַמַיז) חָסַךְ, קִמֵּץ

**econ'omy** *n.* (אֶקוֹנַמִי) מֶשֶׁק; חִסָּכוֹן; כַּלְכָּלָה; מַעֲרֶכֶת מְאֻרְגֶּנֶת; שִׁמּוּשׁ יָעִיל

**ec'stasy** *n.* (אֶקְסְטַסִי) הִתְלַהֲבוּת עִלָּאִית, תַּעֲנוּג מְרוֹמָם, הִתְפַּשְּׁטוּת הַגַּשְׁמִיּוּת, אֶקְסְטָזָה

**ed'dy** *n. & v.t. & i.* (אֶדִי) מְעַרְבֹּל; מְעַרְבֹּלֶת; הִתְעַרְבֵּל

**edge** *n.* (אֶג׳) קָצֶה, שָׂפָה; לַהַב; חַדּוּת, שְׁנִינוּת; יִתְרוֹן

on — עַצְבָּנִי, מָתוּחַ, חֲסַר סַבְלָנוּת, מִשְׁתּוֹקֵק

— *v.t. & i.* חִדֵּד; חִבֵּר שׁוּלַיִם; נִדְחַק בְּהַדְרָגָה, הִתְקַדֵּם בְּהַדְרָגָה

**edge'wise** *adv.* (אֶג׳וַיז) כְּשֶׁהַקָּצֶה מִלְּפָנִים; בְּכִוּוּן הַקָּצֶה

**ed'ible** *adj.* (אֶדִבְּל) רָאוּי לְמַאֲכָל

**e'dict** *n.* (אִידִקְט) פְּקֻדָּה, צַו

**ed'ifice** *n.* (אֶדִפִס) בִּנְיָן (גָּדוֹל וּמַרְשִׁים)

**de'ify** *v.t.* (אֶדִפַי) חִנֵּךְ, הִשְׂכִּיל (הקנה השכלה); חִזֵּק מִבְּחִינָה מוּסָרִית

**ed it** *v.t.* (אֶדִט) עָרַךְ; הִשְׁמִיט

**edi'tion** *n.* (אֶדִשֶׁן) מַהֲדוּרָה

**ed'itor** *n.* (אֶדִטַר) עוֹרֵךְ

**ed"itor'ial** *adj. & n.* (אֶדִטוֹרִיאַל) שֶׁל הָעוֹרֵךְ, שֶׁל הַמַּעֲרֶכֶת; שֶׁל עֲרִיכָה; מַאֲמָר רָאשִׁי

— staff מַעֲרֶכֶת

**e"ditor'ialize** *v.i.* (אֶדִטוֹרִיאַלַיז) הִבִּיעַ דֵּעָה אִישִׁית (בתיאור עובדתי)

**ed'itor in chief'** (אֶדִטַר אִן צִ׳יף) עוֹרֵךְ רָאשִׁי

**ed'ucate** *v.t. & i.* (אֶג׳קֵיט) חִנֵּךְ; הוֹרָה; אִמֵּן

**ed"uca'tion** *n.* (אֶג׳קֵישֶׁן) חִנּוּךְ

**eel** *n.* (אִיל) צְלוֹפָח

**e'er** (אֵר) *See* **ever**

**eer'ie, eer'y** *adj.* (אִירִי) מִסְתּוֹרִי וּמְעוֹרֵר חֲרָדָה

**efface'** *v.t.* מָחָה; מָחַק, טִשְׁטֵשׁ; הִצְנִיעַ

**effect'** *n.* תּוֹצָאָה, תּוֹלָדָה; הַשְׁפָּעָה, רֹשֶׁם; בִּצּוּעַ; מַשְׁמָעוּת; תּוֹפָעָה מְדֻמָּה; כַּוָּנָה, תַּכְלִית

—s רְכוּשׁ אִישִׁי

in — בְּעֶצֶם

take — חָל; מַתְחִיל לְתַפְקֵד

— *v.t.* בִּצֵּעַ, הוֹצִיא לַפֹּעַל, הֵבִיא לִידֵי

**effec'tive** *adj. & n.* (אֶפֶקְטִב) מוֹעִיל, יָעִיל, מַמָּשִׁי; בַּר־תֹּקֶף; מַרְשִׁים; מוּכָן לְשֵׁרוּת; חַיָּל כָּשֵׁר לְשֵׁרוּת פָּעִיל; אֶפֶקְטִיבִי

**effem'inate** *adj.* (אֶפֶמִנַט) נָשִׁי

**ef"fervesce'** *v.i.* (אֶפַרְוֶס) בִּעְבֵּעַ; גִּלָּה הִתְלַהֲבוּת

**ef"fica'cious** *adj.* (אֶפִקֵישַׁס) יָעִיל, מֵבִיא לִידֵי הַתּוֹצָאוֹת הַמְּבֻקָּשׁוֹת

**ef'ficacy** *n.* (אֶפִקַסִי) יְעִילוּת (בהשגת תוצאות מבוקשות)

**effici'ency** *n.* (אִפִשֶׁנְסִי) יְעִילוּת

**effici'ent** *adj.* (אִפִשֶׁנְט) יָעִיל

**ef'figy** *n.* (אֶפִגִ׳י) דְּמוּת, צֶלֶם (של אדם שסר חינו)

**ef'fort** *n.* (אֶפַרְט) מַאֲמָץ; הֶשֵּׂג

**effron'tery** *n.* (אִפְרַנְטַרִי) חֻצְפָּה

**effu'sive** *adj.* (אֶפְיוּסִב) מִשְׁתַּפֵּךְ; שׁוֹפֵעַ רִגְשִׁיּוּת

**egg** *n.* (אֶג) בֵּיצָה; "אָדָם"

**e'go** *n.* (אִיגוֹ) הָ"אֲנִי"; הַעֲרָכָה עַצְמִית; חֲשִׁיבוּת עַצְמִית, אָנֹכִיּוּת

**e'gois"m** *n.* (אִיגוֹאִזְם) אָנֹכִיּוּת; הַעֲרָכַת יֶתֶר שֶׁל הָ"אֲנִי" הַעֲמָדַת הָ"אֲנִי" בַּמֶּרְכָּז

**e'gotis"m** *n.* (אִיגַטִזְם) שַׁחֲצָנוּת, אָנֹכִיּוּת

**e'gotist** *n.* (אִיגַטִסְט) שַׁחֲצָן, רַבְרְבָן

**Egyp'tian** *adj. & n.* (אִג׳פְּשֶׁן) מִצְרִי; מִצְרִית (שפה)

**eight** *n. & adj.* (אֵיט) שְׁמוֹנָה (.m), שְׁמוֹנֶה (.f)

**ei'ghteen'** *n & adj.* (אֵיטִין) שְׁמוֹנָה עָשָׂר (.m) שְׁמוֹנֶה עֶשְׂרֵה (.f)

**ei'ghteenth'** *adj. & n.* (אֵיטִינְת׳) הַשְּׁמוֹנָה עָשָׂר (.m), הַשְּׁמוֹנֶה עֶשְׂרֵה (.f)

**ei'ghtfold"** *adj. & n.* (אֵיטְפוֹלְד) פִּי שְׁמוֹנָה עָשָׂר

# E

**E, e** *n.* (אִי) אִי, אֶ; הָאוֹת הַחֲמִשִּׁית בָּאָלֶפְבֵּית הָאַנְגְּלִי, ה׳

**each** *adj. & pron.* (אִיץ׳) כָּל; כָּל אֶחָד; לְכָל אֶחָד, מִכָּל אֶחָד

**— other** אִישׁ אֶת רֵעֵהוּ

**ea'ger** *adj.* (אִיגֶר) מְשֻׁתּוֹקֵק, לָהוּט אַחֲרֵי; מִתְגַּעְגֵּעַ; רָצֶה מְאֹד

**ea'gle** *n.* (אִיגְל) עַיִט, ״נֶשֶׁר״

**— eyed** חַד־רְאִיָּה

**ear** *n.* (אִיר) אֹזֶן; תְּפִיסָה חַדָּה; תְּשׂוּמֶת־לֵב; אֶשְׁבּוֹל

**earl** *n.* (אֶרְל) רוֹזֵן

**earl'dom** *n.* (אֶרְלְדֶם) רוֹזְנוּת

**ear'ly** *adv. & adj.* (אֶרְלִי) בְּהֶקְדֵּם; בַּחֵלֶק הָרִאשׁוֹן (של פרק זמן); מֻקְדָּם

**earn** *v.t. & i.* (אֶרְן) הִשְׂתַּכֵּר, הִרְוִיחַ; הָיָה רָאוּי לְ־; רָכַשׁ

**ear'nest** *adj.* (אֶרְנִסְט) רְצִינִי; כֵּן; חָשׁוּב

**ear'ning** *n.* (אֶרְנִנְג) הִשְׂתַּכְּרוּת

**—s** שָׂכָר, הַכְנָסָה

**ear'ring"** *n.* (אִירִנְג) עָגִיל

**earth** *n.* (אֶרְתְ׳) כַּדּוּר הָאָרֶץ, הָאָרֶץ; אֲדָמָה, קַרְקַע; יַבָּשָׁה; עָפָר; עִנְיְנֵי חֹמֶר (בניגוד לענייני רוח); עֲפָרָה גְּדֵירָה; תַּחְמֹצֶת בַּרְזֶל (צבע לציור)

**ear'thenware"** *n.* (אֶרְתְ׳נֶור) כְּלֵי חֶרֶס

**earth'ly** *adj.* (אֶרְתְ׳לִי) שֶׁל כַּדּוּר הָאָרֶץ; אֶפְשָׁרִי, שֶׁנִּתָּן לְהַעֲלוֹת עַל הַדַּעַת

**earth'quake"** *n.* (אֶרְתְ׳קְוֵיק) רַעַשׁ, רְעִידַת אֲדָמָה

**ear'thy** *adj.* (אֶרְתִ׳י) שֶׁל הָאֲדָמָה; מְצִיאוּתִי, מַעֲשִׂי; גַּס, לֹא־מְעֻדָּן; יָשָׁר לָעִנְיָן

**ease** *n.* (אִיז) נוֹחוּת, מְנוּחָה, מַרְגּוֹעַ; שַׁלְוָה; קַלּוּת; שֶׁפַע; חָפְשִׁי

**at —** עֲמוֹד נוֹחַ

**— v.t. & i.** הֵקֵל, הִרְגִּיעַ, עוֹדֵד; הִפְחִית; הִסִּיעַ בִּזְהִירוּת רַבָּה; שָׁכַךְ; פָּחַת

**— out** סִלֵּק מִתַּפְקִיד בַּעֲדִינוּת

**ea'sel** *n.* (אִיזְל) כַּנָּה

**ea'sier** *adj.* (אִיזִיאֶר) קַל יוֹתֵר

**ea'sily** *adv.* (אִיזִלִי) בְּקַלּוּת, עַל נְקַלָּה; לְלֹא סָפֵק; קָרוֹב לְוַדַּאי

**east** *n. & adj. & adv.* (אִיסְט) מִזְרָח; מִזְרָחִי; מִזְרָחָה, מִן הַמִּזְרָח

**Ea'ster** *n.* (אִיסְטֶר) חַג הַפַּסְחָא

**ea'sterly** *adj. & adv. & n.* (אִיסְטֶרְלִי) מִזְרָחִי; מִזְרָחָה, מִן הַמִּזְרָח; רוּחַ מִזְרָחִית, רוּחַ קָדִים

**ea'stern** *adj.* (אִיסְטֶרְן) מִזְרָחִי

**east'ward(s)** (אִיסְטְוֶרְד[ז]) לְכִוּוּן מִזְרָח

**ea'sy** *adj. & adv.* (אִיזִי) קַל; רָגוּעַ; נוֹחַ; מְחַבֵּב נוֹחוּת; מֵקֵל; חָפְשִׁי; לְלֹא מַאֲמָץ; מָתוּן; בְּצוּרָה קַלָּה; בְּנוֹחוּת

**eas'y chair"** (אִיזִי צֶ׳ר) כֻּרְסָה מְרֻפֶּדֶת, כִּסֵּא נוֹחַ

**eat** *v.t. & i.* (אִיט) אָכַל, סָעַד; אִכֵּל, שִׁתֵּךְ; הֵשַׁם

**ea'ting** *n. & adj.* (אִיטִנְג) אֲכִילָה; מַאֲכָל; רָאוּי לְמַאֲכָל (ללא בישול)

**eave** *n.* (אִיב) כַּרְכֹּב גַּג

**eaves'drop** *v.i. & t.* (אִיבְזְדְרוֹפּ) הֶאֱזִין בַּחֲשַׁאי (לשיחה פרטית)

**ebb** *n. & v.i.* (אֶבּ) שֵׁפֶל; יְרִידָה, נְסִיגָה; נָסוֹג, הִתְרַחֵק; נָסוֹג

**eb'ony** *n. & adj.* (אֶבֶּנִי) הָבְנֶה; עָשׂוּי הָבְנֶה; שָׁחוֹר עָמֹק וּמַבְרִיק

**eccen'tric** *adj. & n.* (אֶקְסֶנְטְרִק) מוּזָר, תִּמְהוֹנִי; אֶקְסֶצֶנְטְרִי

**eccles"ias'tic** *n. & adj.* (אֶקְלִיזִיאֶסְטִק) כֹּמֶר; כְּנֵסִיָּתִי

**ech'elon"** *n.* (אֶשֶׁלוֹן) דֶּרֶג; מַעֲרָךְ מְדֹרָג

**ech'o** *n. & v.i. & t.* (אֶקוֹ) הֵד, בַּת קוֹל; חִקּוּי, חֲזָרָה עַל; חִקָּה; הִשְׁמִיעַ הֵד, הִדְהֵד; חָזַר עַל, חִקָּה

**eclipse'** *n. & v.t.* (אֶקְלִפְּס) לִקּוּי (חמה; לבנה); הַאֲפָלָה; פְּחִיתוּת; הֶאֱפִיל עַל, הֵעִיב; עָלָה עַל

**ecology** *n.* (אֶקוֹלֶגִ׳י) אֶקוֹלוֹגְיָה, תּוֹרַת הַסְּבִיבָה

**dye** *n.* (דַי) צֶבַע
of the deepest — הַגָּרוּעַ בְּיוֹתֵר
— *v.t & i.* צָבַע, נִצְבַּע
**dy'ing** *adj. & n.* (דַיאִנְג) גּוֹסֵס, גּוֹוֵעַ; מֵת, שֶׁל מָוֶת; עַל אַף הַמָּוֶת; מַגִּיעַ לְקִצּוֹ; מִיתָה
**dynam'ic** *adj.* (דַינֶמִק) נִמְרָץ, דִּינָמִי
**dy'namite"** *n. & v.t.* (דַינַמַיט) דִּינָמִיט; אָדָם אוֹ דָבָר מַרְשִׁים בִּמְיֻחָד; פּוֹצֵץ בְּדִינָמִיט
**dy'nasty** *n.* (דַינַסְטִי) שׁוֹשֶׁלֶת; שִׁלְטוֹן שׁוֹשֶׁלֶת
**dys'entery** *n.* (דִיסֶנְטֶרִי) דִּיזֶנְטֶרְיָה, בּוֹרְדָם

**elong´ate** *v.t. & i.* (אְלוֹנְגֵיט) הֶאֱרִיךְ

**elope´** *v.i.* (אִלוֹפּ) הִתְחַמֵּק לְשֵׁם נִשּׂוּאִים; בָּרַח עִם מְאַהֵב; נִמְלַט

**el´oquence** (אֶלֶקְוֶנְס) צַחוּת לָשׁוֹן; לְשׁוֹן לִמּוּדִים, לְשׁוֹן צַחוֹת; מַעֲנֵה לָשׁוֹן

**el´oquent** *adj.* (אֶלֶקְוֶנְט) שֶׁל דִּבּוּר שׁוֹטֵף וּמַרְשִׁים; שֶׁל לְשׁוֹן־צַחוֹת; עַז־הַבָּעָה

**else** *adj. & adv.* (אֶלְס) עוֹד; אַחֵר; אַחֶרֶת

or — אַתָּה תִּשָּׂא בָּאַחֲרָיוּת

**else´where″** *adv.* (אֶלְסְהוֶר) בְּמָקוֹם אַחֵר, לְמָקוֹם אַחֵר

**elu´cidate** *v.t.* (אִלוּסִדֵיט) הִבְהִיר, הֵאִיר, הִסְבִּיר

**elude´** *v.t.* (אִלוּד) הִתְחַמֵּק מִן; נִמְלַט, נִשְׁמַט

**ema´cia″ted** *adj.* (אִמֵישִׁיאֵיטִד) כָּחוּשׁ (מחמת מחלה או חוסר תזונה)

**em´anate″** *v.i. & t.* (אֶמֱנֵיט) נָבַע, יָצָא, שָׁלַח

**eman´cipate″** *v.t.* (אִמֶנְסִפֵּיט) שִׁחְרֵר

**embalm´** *v.t.* (אֶמְבָּם) חָנַט; שִׁמֵּר; מָנַע הִתְפַּתְּחוּת; הִדִּיף רֵיחַ נִיחוֹחַ

**embank´ment** *n.* (אֶמְבֶּנְקְמֶנְט) סוֹלְלָה

**embar´go** *n.* (אֶמְבַּרְגוֹ) הֶסְגֵּר; אִסּוּר

**embark´** *v.t. & i.* (אֶמְבַּרְק) הֶעֱלָה עַל אֳנִיָּה; מְקַבֵּל עַל אֳנִיָּה; שִׁתֵּף בְּמִפְעָל, הִשְׁקִיעַ בְּמִפְעָל; עָלָה עַל אֳנִיָּה; עָסַק בְּמִפְעָל

**embar´rass** *v.t.* (אֶמְבֶּרֶס) הֵבִיךְ, הֵבִיא בִּמְבוּכָה; בִּיֵּשׁ, סִבֵּךְ; הֵקִים מִכְשׁוֹלִים; גָּרַם קְשָׁיִים כַּלְכָּלִיִּים, הֵטִיל חוֹבוֹת

**embar´rassment** *n.* (אֶמְבֶּרֶסְמֶנְט) מְבוּכָה; בּוּשָׁה; יוֹתֵר מִדַּי

**em´bassy** *n.* (אֶמְבֶּסִי) שַׁגְרִירוּת; מִשְׁלַחַת דִּיפְּלוֹמָטִית

**embel´lish** *t.* (אֶמְבֶּלִשׁ) קִשֵּׁט, יִפָּה

**em´ber** *n.* (אֶמְבֶּר) גַּחֶלֶת עוֹמֶמֶת

**embez´zle** *v.t.* (אֶמְבֶּזְל) מָעַל (כשומר כסף או רכוש שהופקד אצלו)

**embit´ter** *v.t.* (אֶמְבִּטֶר) עוֹרֵר הִתְמַרְמְרוּת, מֵרֵר

**em´blem** *n.* (אֶמְבְּלֶם) סֵמֶל

**embod´y** *v.t.* (אֶמְבּוֹדִי) גִּלֵּם; אִרְגֵּן

**embol´den** *v.t.* (אֶמְבּוֹלְדֶן) עוֹדֵד; נָתַן בְּלִבּוֹ עֹז

**emboss´** *v.t.* (אֶמְבּוֹס) קִשֵּׁט בְּפִתּוּחִים; הִבְלִיט (קשוט על פני השטח)

**embrace´** *v.t. & i. & n.* (אֶמְבְּרֵיס) חִבֵּק; קִבֵּל, קִבֵּל בְּרָצוֹן; הִשְׁתַּמֵּשׁ בְּ־; הִקִּיף; הִתְחַבֵּק; חִבּוּק; חֵיק

**embroi´der** *v.t. & i.* (אֶמְבְּרוֹידֶר) רָקַם; קִשֵּׁט (בתוספת בדותות)

**embroi´dery** *n.* (אֶמְבְּרוֹיְדֶרִי) רִקְמָה, רְקָמָה; קִשּׁוּט (בתוספת בדותות)

**embroil´** *v.t.* (אֶמְבְּרוֹיל) סִבֵּךְ בְּרִיב, סִכְסֵךְ, חִרְחֵר מַחְלֹקֶת

**em´bryo″** *n.* (אֶמְבְּרִיאוֹ) עֻבָּר

**em´erald** *n.* (אֶמֶרַלְד) אִזְמָרַגְד

**emerge´** *v.i.* (אִמֶרְג׳) יָצָא, הוֹפִיעַ; הִתְעוֹרֵר; נוֹלַד, הִתְהַוָּה; עָלָה מִתּוֹךְ

**emer´gency** *n.* (אִמֶרְג׳נְסִי) מִקְרֶה חֵרוּם

**em´ery** *n.* (אֶמֶרִי) שָׁמִיר (לליטוש)

**emet´ic** *n. & adj.* (אֲמֶטִק) מְעוֹרֵר הֲקָאָה

**em´igrant** *n.* (אֶמִגְרַנְט) מְהַגֵּר (ממקום)

**em´igrate″** *v.i.* (אֶמִגְרֵיט) הִגֵּר (ממקום), יָצָא

**em″igra´tion** *n.* (אֶמִגְרֵישְׁן) הֲגִירָה (ממקום); מְהַגְּרִים

**em´inence** *n.* (אֶמִנֶנְס) מַעֲמָד רָם; מוֹנִיטִין; רָמָה, גִּבְעָה

**em´inent** *adj.* (אֶמִנֶנְט) רָם־מַעֲלָה, דָּגוּל; בּוֹלֵט, רָאוּי לְצִיּוּן, מִתְבַּלֵּט; נַעֲלֶה

**em´issary″** *n.* (אֶמִסֶרִי) שָׁלִיחַ, סוֹכֵן; מְרַגֵּל

**emit´** *v.t.* (אִמִט) פָּלַט; הוֹצִיא; בִּטֵּא

**emotion** *n.* (אִמוֹשְׁן) רִגּוּשׁ, רֶגֶשׁ עָמֹק, אֶמוֹצְיָה

**emo´tional** *adi.* (אִמוֹשֶׁנֶל) רִגְשִׁי, אֶמוֹצְיוֹנָלִי, פּוֹנֶה לָרְגָשׁוֹת

**em´peror** *n.* (אֶמְפֶּרֶר) קֵיסָר

**em´phasis** *n.* (אֶמְפֶסִס) הַבְלָטָה, הַדְגָּשָׁה, הַטְעָמָה; דָּגֵשׁ, עָצְמָה

**em´phasize″** *v.t.* (אֶמְפֶסַיְז) הִדְגִּישׁ, הִבְלִיט, הִטְעִים

**emphat´ic** *adj.* (אֶמְפֶטִק) מֻדְגָּשׁ, תַּקִּיף; נֶחְצִי

**em´pire** *n.* (אֶמְפַּיְאֶר) קֵיסָרוּת, מַמְלָכָה; רִבּוֹנוּת; שְׁלִיטָה מֻחְלֶטֶת; אִימְפֶּרְיָה

**emplace´ment** *n.* (אֶמְפְּלֵיסְמֶנְט) עֶמְדָּה; מָקוֹם

**employ′** *v.t. & n.* (אֶמְפְּלוֹי) הֶעֱסִיק, הֶעֱבִיד; הִשְׁתַּמֵּשׁ בּ־; הִקְדִּישׁ זְמַן; תַּעֲסוּקָה; שֵׁרוּת

**employ′ee** *n.* (אֶמְפְּלוֹיאִי) שָׂכִיר, מָעֳסָק, מָעֳסָק, עוֹבֵד

**employ′er** *n.* (אֶמְפְּלוֹיאֶר) מַעֲסִיק, מַעֲבִיד

**employ′ment** *n.* (אֶמְפְּלוֹימֶנְט) הַעֲסָקָה; שִׁמּוּשׁ; תַּעֲסוּקָה, שֵׁרוּת; מִשְׁלַח־יָד, עֲבוֹדָה, מִקְצוֹעַ; עִסּוּק

**empow′er** *v.t.* (אֶמְפַּאוּאֶר) הִסְמִיךְ, יִפָּה כֹּחַ; אִפְשֵׁר ל־

**em′press** *n.* (אֶמְפְּרֶס) קֵיסָרִית; אֵשֶׁת קֵיסָר

**emp′ty** *adj. & v.t. & i.* (אֶמְפְּטִי) רֵיק; פָּנוּי; חָסֵר; נָבוּב, חֲסַר מַשְׁמָעוּת; רָעֵב; רוֹקֵן; הֵרִיק; הִתְרוֹקֵן

**em′ulate″** *v.t.* (אֶמְיֻלֵיט) חִקָּה, נִסָּה לְהִשְׁתַּוּוֹת אֶל; נִסָּה לַעֲלוֹת עַל; הִתְחָרָה בְּהַצְלָחָה

**ena′ble** *v.t.* (אֶנֵיבְּל) אִפְשֵׁר, הֵקֵל עַל; הִסְמִיךְ

**enact′** *v.t.* (אֶנֶקְט) חוֹקֵק; מִלֵּא תַּפְקִיד; הֶעֱלָה עַל הַבִּימָה

**enact′ment** *n.* (אֶנֶקְטְמֶנְט) חֹק; חֲקִיקָה

**enam′el** *n. & v.t.* (אֶנֶמְל) אֲמַיל; כְּלִי אֲמַיל; צֶבַע אֲמַיל; אִמֵּל, צִפָּה בַּאֲמַיל; צִפָּה בְּצֶבַע מַבְרִיק

**enam′or** *v.t.* (אֶנֶמֶר) שִׁלְהֵב רֶגֶשׁ אַהֲבָה; הִקְסִים; שָׁבָה

**encamp′** *v.i. & t.* (אֶנְקֶמְפּ) הֵקִים מַחֲנֶה; הָפַךְ לְמַחֲנֶה; לָן בְּמַחֲנֶה, חָנָה

**encamp′ment** *n.* (אֶנְקֶמְפְּמֶנְט) מַחֲנֶה; הֲקָמַת מַחֲנֶה, לִינָה בְּמַחֲנֶה, חֲנִיָּה

**enchant′** *v.t.* (אֶנְצֶ׳נְט) הִקְסִים, כִּשֵּׁף

**enci″pher** *v.t.* (אֶנְסַיפֶר) צִפֵּן

**encir′cle** *v.t.* (אֶנְסֶרְקְל) הִקִּיף, כִּתֵּר

**en′clave** *n.* (אֶנְקְלֵיב) מֻבְלַעַת

**enclose′** *v.t.* (אֶנְקְלוֹז) סָגַר עַל־ מִסָּבִיב; הִקִּיף; צֵרֵף, שָׂם בְּתוֹךְ; הֵכִיל

—**ed** *adj.* לוּט

**enclo′sure** *n.* (אֶנְקְלוֹז׳ר) הַכְנָסָה בְּתוֹךְ; מִכְנָס; מִכְתָּר; גִּדּוּר, שֶׁטַח גָּדוּר; גָּדֵר, חוֹמָה; לוּט

**encode′** *v.t.* (אֶנְקוֹד) קוֹדֵד

**en′core** *interj. & n.* (אַנְקוֹר) עוֹד הַפַּעַם; הַדְרָן

**encoun′ter** *v.t. & i & n.* (אֶנְקָאוּנְטֶר) פָּגַשׁ בְּאַקְרַאי, נִתְקַל בּ־; הִתְנַצַּח, הִתְמוֹדֵד; פְּגִישָׁה לֹא צְפוּיָה; הִתְקָלוּת, קְרָב

**encour′age** *v.t.* (אֶנְקַרִג׳) עוֹדֵד

**encour′agement** *n.* (אֶנְקַרְג׳מֶנְט) עִדּוּד

**encroach′** *v.i.* (אֶנְקְרוֹץ׳) הִסִּיג גְּבוּל

**encum′ber** *v.t.* (אֶנְקַמְבֶּר) עִכֵּב; סָתַם

**ency″clope′dia** *n.* (אֶנְסַיקְלֶפִּידִיָה) אֶנְצִיקְלוֹפֶּדְיָה

**end** *n.* (אֶנְד) קָצֶה; תְּחוּם; סוֹף; סִיּוּם, גְּמָר; מַטָּרָה, תַּכְלִית; תּוֹצָאָה; מָוֶת, הֶרֶס; קֶטַע, שָׂרִיד; חֵלֶק

at loose —s נָבוֹךְ, מְבֻלְבָּל

make —s meet חַי בָּאֶמְצָעִים הָעוֹמְדִים לִרְשׁוּתוֹ

— *v.t. & i.* סִיֵּם, הָוָה הַקָּצָה; הֵמִית; הָוָה הַדֻּגְמָה הַבּוֹלֶטֶת בְּיוֹתֵר; הִסְתַּיֵּם, פָּסַק; הִגִּיעַ בְּסוֹפוֹ שֶׁל דָּבָר

**endan′ger** *v.t.* (אֶנְדֵינְג׳ר) סִכֵּן, הֶעֱמִיד בְּסַכָּנָה

**endear′** *v.t.* (אֶנְדִיר) הֶאֱהִיב, עוֹרֵר חִבָּה אֶל

**endear′ment** *n.* (אֶנְדִירְמֶנְט) הַאֲהָבָה, חִבָּה; מַעֲשֵׂה חִבָּה, דִּבְרֵי חִבָּה

**endeav′or** *v.i. & t.* (אֶנְדֶוֶר) הִשְׁתַּדֵּל, נִסָּה, הִתְאַמֵּץ

**en′ding** *n.* (אֶנְדִנְג) סִיּוּם, גְּמָר; מִיתָה, כִּלָּיוֹן; סוֹפִית

**en′dive** *n.* (אֶנְדַיב) עֹלֶשׁ

**end′less** *adj.* (אֶנְדְּלֶס) אֵינְסוֹפִי; רָצוּף לְלֹא הֶפְסֵק

**en′docrine″** *n.* (אֶנְדֶקְרִין) מַפְרִישׁ בִּפְנִים; שֶׁל בַּלּוּטַת הַפְרָשָׁה פְּנִימִית; הַפְרָשָׁה פְּנִימִית, הוֹרְמוֹן

**endorse′** *v.t.* (אֶנְדּוֹרְס) אִשֵּׁר, תָּמַךְ בּ־; הִסֵּב, חָתַם עַל; הוֹסִיף תּוֹסֶפֶת עַל מִסְמָךְ

**endow′** *v.t.* (אֶנְדַאוּ) הֶעֱנִיק; יִסֵּד קֶרֶן קְבוּעָה; סִפֵּק הַכְנָסָה קְבוּעָה; צִיֵּד, חָנַן, הֶעֱנִיק סְגֻלָּה

**endu′rance** *n.* (אֶנְדוּרֶנְס) סַבֹּלֶת; נִסָּיוֹן, מִבְחָן; מֶשֶׁךְ

**endure** *v.t. & i.* (אֶנְדוּר) סָבַל; עָמַד בְּנִסָּיוֹן, הֶחֱזִיק מַעֲמָד

**en'ema** *n.* (אֶנֶמָה) חֹקֶן

**en'emy** *n. & adj.* (אֶנֶמִי) אוֹיֵב, שׂוֹנֵא; יָרִיב

**en'ergy** *n.* (אֶנַרְגִ'י) מֶרֶץ; אֶנֶרְגְיָה

**enfold'** *v.t.* (אֶנְפוֹלְד) עָטַף; גִּפֵּף; קִפֵּל

**enforce'** *v.t.* (אֶנְפוֹרְס) אָכַף; כָּפָה

**enfran'chise** *v.t.* (אֶנְפְרֶנְצַ'יז) הֶעֱנִיק זְכוּת הַצְבָּעָה; שִׁחְרֵר

**engage'** *v.t. & i.* (אֶנְגֵיְג') הֶעֱסִיק; שָׂכַר; עִנְיֵן, מָשַׁךְ; מָצָא חֵן בְּעֵינֵי; אֵרֵס; הִכְנִיס לִקְרָב; נִכְנַס לִקְרָב, שִׁלֵּב; הִתְעַסֵּק; קִבֵּל עֲבוֹדָה; הִתְחַיֵּב, הִבְטִיחַ; הִשְׁתַּלֵּב (הילוכים)

**engaged'** *adj.* (אֶנְגֵיְג'ד) עָסוּק, מְעֹרָב; מְאֹרָס; מִתְחַיֵּב; נִלְחָם עִם; מְשֻׁלָּב

**engage'ment** *n.* (אֶנְגֵיְג'מֶנְט) הַעֲסָקָה; אֵרוּסִים; הִתְחַיְּבוּת; פְּגִישָׁה; הֶסְדֵּר; הִתְקָלוּת, קְרָב

**en'gine** *n.* (אֶנְגִ'ן) מָנוֹעַ; קַטָּר; מְכוֹנִית כִּבּוּי; מְכוֹנָה; כְּלִי מִלְחָמָה

**en"gineer'** *n. & v.t.* (אֶנְגִ'ינִיר) מְהַנְדֵּס; נַהַג־קַטָּר; חַיָּל בְּחֵיל הַהַנְדָּסָה; מְנַהֵל מְיֻמָּן; תִּכְנֵן, יָזַם וּבִצַּע; תִּמְרֵן

**en"gineer'ing** *n.* (אֶנְגִ'ינִירִנְג) הַנְדָּסָה; תִּמְרוּן

**Eng'lish** *adj. & n.* (אִנְגְלִשׁ) אַנְגְּלִי; אַנְגְּלִית (שפה)

**Eng'lishman** *n.* (אִנְגְלִשְׁמֶן) אַנְגְּלִי

**engrave'** *v.t.* (אֶנְגְרֵיב) חָקַק

**engra'ving** *n.* (אֶנְגְרֵיבִנְג) גִּלּוּף, חֲרִיטָה; תַּחְרִיט

**engulf'** *v.t.* (אֶנְגַלְף) בָּלַע; טִבַּע; שָׁטַף

**enhance'** *v.t.* (אֶנְהֶנְס) הֶעֱלָה, הִגְדִּיל, הִגְבִּיר; הֶעֱלָה עֵרֶךְ

**enig'ma** *n.* (אֶנִגְמָה) חִידָה, תַּעֲלוּמָה

**enjoin'** *v.t.* (אֶנְג'וֹין) פָּקַד עַל; אָסַר עַל

**enjoy'** *v.t.* (אֶנְג'וֹי) נֶהֱנָה, הִתְעַנֵּג

**enjoy'able** *adj.* (אֶנְג'וֹיאֲבֶל) מְהַנֶּה

**enjoy'ment** *n.* (אֶנְג'וֹימֶנְט) הֲנָאָה, תַּעֲנוּג, עֹנֶג; שִׁמּוּשׁ בִּזְכוּת

**enlarge'** *v.t. & i.* (אֶנְלַרְג') הִגְדִּיל, הִרְחִיב; גָּדַל, הִתְרַחֵב; הִרְחִיב הַדִּבּוּר

**enlight'en** *v.t.* (אֶנְלַיטְן) הֵאִיר, הִשְׂכִּיל, לִמֵּד

**enlist'** *v.i. & t.* (אֶנְלִסְט) הִתְגַּיֵּס; הִצְטָרֵף; גִּיֵּס, שִׁתֵּף

**enlis'ted man"** (אֶנְלִסְטֶד מֶן) חוֹגֵר

**enlist'ment** *n.* (אֶנְלִסְטְמֶנְט) תְּקוּפַת שֵׁרוּת; גִּיּוּס; הִתְגַּיְּסוּת

**enli'ven** *v.t.* (אֶנְלַיבְן) הִמְרִיץ, עוֹרֵר לִפְעֻלָּה; עָשָׂה עַלִּיז

**en'mity** *n.* (אֶנְמִטִי) אֵיבָה, שִׂנְאָה

**enno'ble** *v.t.* (אֶנוֹבְּל) רוֹמֵם; הֶעֱנִיק תֹּאַר אֲצִילוּת

**ennui'** *n.* (אַנְוִי) שִׁעֲמוּם

**enor'mity** *n.* (אִנוֹרְמִטִי) זְוָעָה; פֶּשַׁע; עֲנָקִיּוּת

**enor'mous** *adj.* (אִנוֹרְמַס) עֲנָקִי, עָצוּם; זַוְעָתִי

**enough'** *adj. & n.* (אִנַף) דַּי, מַסְפִּיק, כַּמּוּת מַסְפִּיקָה

— *adv.* בְּמִדָּה מַסְפִּיקָה; לְגַמְרֵי; בְּצוּרָה סְבִירָה

**enrage'** *v.t.* (אֶנְרֵיְג') הִזְעִים, עוֹרֵר חֵמָה

**enrich'** *v.t.* (אֶנְרִץ') הֶעֱשִׁיר, הֶעֱלָה עֵרֶךְ; קִשֵּׁט; שִׁפֵּר

**enroll'** *v.t.* (אֶנְרוֹל) רָשַׁם, הִכְנִיס בִּרְשִׁימָה; הִצְטָרֵף

**enroll'ment** *n.* (אֶנְרוֹלְמֶנְט) רִשּׁוּם; מִסְפַּר הַמִּשְׁתַּתְּפִים

**en route'** (אַן רוּט) בַּדֶּרֶךְ

**enshrine'** *v.t.* (אֶנְשְׁרַין) קִדֵּשׁ, הוֹקִיר כְּקָדוֹשׁ

**en'sign** *n.* (אֶנְסַין) דֶּגֶל; סֵמֶל כְּהֻנָּה; אוֹת, סֵמֶל

— *n.* (אֶנְסֶן) סְגַן מִשְׁנֶה (בחיל הים של ארה"ב)

**enslave'** *v.t.* (אֶנְסְלֵיב) שִׁעְבֵּד, הָפַךְ לְעֶבֶד

**ensnare'** *v.t.* (אֶנְסְנֵר) לָכַד בְּרֶשֶׁת

**ensue'** *v.i.* (אֶנְסוּ) בָּא מִיָּד אַחֲרֵי; נָבַע כְּתוֹצָאָה

**ensure'** *v.t.* (אֶנְשׁוּר) עָרַב, הִבְטִיחַ בְּאַחְרָיוּת; בִּטֵּחַ

**entail** *v.t.* (אֶנְטֵיל) גָּרַר בְּעִקְבוֹת־; הִגְבִּיל הַיּוֹרְשִׁים; הוֹרִישׁ לְיוֹרְשִׁים מְסֻיָּמִים בִּלְבַד

**entang'le** *v.t.* (אֶנְטֶנְגֶל) סִבֵּךְ, שָׁזַר; בִּלְבֵּל

**entang'lement** *n.* (אֶנְטֶנְגֶלְמֶנְט) סִבּוּךְ; הִסְתַּבְּכוּת; רֶשֶׁת, מַלְכֹּדֶת; מְעֻרְבּוּת

**en'ter** *v.i. & t.* (אֶנְטֶר) נִכְנַס, הוֹפִיעַ

עָלָה עַל הַבִּימָה; קִבֵּל רְשׁוּת לְהִשְׁתַּתֵּף; הִתְחִיל, פָּתַח בְּ־; חָדַר לְ־; הִכְנִיס; הִצְטָרֵף; נָתַן רְשׁוּת לְהִשְׁתַּתֵּף; עָסַק בְּ־; רָשַׁם; הִגִּישׁ (מכרז)

**en'terprise"** *n.* (אֶנְטֶרְפְּרַיְז) מִפְעָל; תָּכְנִית לְמִפְעָל; הִשְׁתַּתְּפוּת בְּמִפְעָל; תְּעוּזָה; יָזְמָה; כֹּשֶׁר הַמְצָאָה; חֶבְרָה (מסחרית)

**en'terpri"sing** *adj.* (אֶנְטֶרְפְּרַיְזִנְג) בַּעַל יָזְמָה, בַּעַל כֹּשֶׁר הַמְצָאָה, נִמְרָץ

**en"tertain'** *v.t.* (אֶנְטֶרְטֵין) בִּדֵּר, שִׁעֲשַׁע; קִבֵּל כְּאוֹרֵחַ, עָרַךְ מְסִבָּה; שָׁקַל

**—ing** *adj.* מְבַדֵּר, מְשַׁעֲשֵׁעַ

**en"tertai'ner** *n.* (אֶנְטֶרְטֵינֶר) בַּדְרָן; מַכְנִיס אוֹרְחִים, מַרְבֶּה לַעֲרוֹךְ מְסִבּוֹת

**en"tertain'ment** *n.* (אֶנְטֶרְטֵינְמֶנְט) בִּדּוּר; מוֹפָע; הַכְנָסַת אוֹרְחִים, עֲרִיכַת מְסִבּוֹת

**enthu'sias"m** *n.* (אֶנְת'וּזִיאֶזֶם) הִתְלַהֲבוּת, הִתְפַּעֲלוּת

**enthu"sias'tic** *adj.* (אֶנְת'וּזִיאֶסְטִק) מִתְלַהֵב, נִלְהָב, מִתְפָּעֵל

**entice'** *v.t.* (אֶנְטַיְס) פִּתָּה

**entire'** *adj.* & *n.* (אֶנְטַיְאֶר) כָּל, כָּל כֻּלּוֹ; שָׁלֵם; רָצוּף; מָלֵא; הַכֹּל, שְׁלֵמוּת

**—ly** *adv.* לְגַמְרֵי; בְּצוּרָה בִּלְעָדִית

**entire'ty** *n.* (אֶנְטַיְאֶרְטִי) שְׁלֵמוּת

**entit'le** *v.t.* (אֶנְטַיְטְל) זִכָּה, הֶעֱנִיק זְכוּת, קָרָא בְּתֹאַר; כִּנָּה

**—ed** זַכַּאי לְקַבֵּל; רַשַּׁאי לְקַבֵּל

**entity** *n.* (אֶנְטִטִי) יֵשׁוּת, עֶצֶם (דבר); הֲוָיָה; טֶבַע עַצְמִי

**entomb'** *v.t.* (אֶנְטוּם) טָמַן בְּקֶבֶר, קָבַר

**en'trails** *n. pl.* (אֶנְטְרֵילְז) מֵעַיִם, קְרָבַיִם

**en'trance** *n.* (אֶנְטְרֶנְס) כְּנִיסָה, פֶּתַח; זְכוּת כְּנִיסָה; יְצִיאָה עַל הַבִּימָה

**entrap'** *v.t.* (אֶנְטְרֶפּ) לָכַד בְּמַלְכֹּדֶת; טָמַן פַּח; פִּתָּה לְהַפְלִיט סְתִירוֹת; פִּתָּה לְהוֹדוֹת הוֹדָאָה מַזִּיקָה

**entreat'** *v.t.* (אֶנְטְרִיט) בִּקֵּשׁ בְּמַפְגִּיעַ, הִתְחַנֵּן

**entrea'ty** *n.* (אֶנְטְרִיטִי) תְּחִנָּה, בַּקָּשָׁה

**entrench'** *v.t.* & *i.* (אֶנְטְרֶנְץ') חָפַר חֲפִירוֹת הֲגַנָּה; שָׂם בְּעֶמְדַּת כֹּחַ; הִסִּיג גְּבוּל

**entrust'** *v.t.* (אֶנְטְרַסְט) הִפְקִיד

**en'try** *n.* (אֶנְטְרִי) כְּנִיסָה; זְכוּת כְּנִיסָה, גִּישָׁה; רִשּׁוּם; פְּרָט רָשׁוּם; מִשְׁתַּתֵּף בְּתַחֲרוּת

**enu'merate"** *v.t.* (אִנוּמֶרֵיט) מָנָה, פֵּרֵט

**enun'ciate"** *v.t.* & *i.* (אִנַנְסִיאֵיט) חִתֵּךְ (דיבור), הָגָה בְּקַפְּדָנוּת, הִצְהִיר בְּהֶחְלֵטִיּוּת, הִכְרִיז

**envel'op** *v.t.* (אֶנְוֶלֶפּ) עָטַף, כִּסָּה; כִּתֵּר לְגַמְרֵי; הִתְקִיף אֲגַף

**en'velope"** *n.* (אֶנְוֶלוֹפּ) מַעֲטָפָה; עֲטִיפָה; מַעֲטֶפֶת־גַּז (של ספינת אוויר)

**en'viable** *adj.* (אֶנְוִיאֶבֶל) שֶׁיֵּשׁ לְקַנֵּא בּוֹ; רָצוּי

**en'vious** *adj.* (אֶנְוִיאֶס) מְקַנֵּא

**envi'ronment** *n.* (אֶנְוַיְרֶנְמֶנְט) סְבִיבָה

**envi'rons** *n. pl.* (אֶנְוַיְרֶנְז) עִבּוּר (של עיר); פַּרְוָרִים

**en'voy** *n.* (אֶנְווֹי) צִיר, שָׁלִיחַ מֻסְמָךְ

**en'vy** *n.* & *v.t.* (אֶנְוִי) קִנְאָה; צָרוּת עַיִן; מְעוֹרֵר קִנְאָה; קִנֵּא בְּ־

**ep'aulet** *n.* (אֶפֶּלֶט) כְּתֵפָה

**ep'ic** *adj.* & *n.* (אֶפִּק) אֶפִּי; מַרְשִׁים בְּגָדְלוֹ; אֶפּוֹס

**ep'icure"** *n.* (אֶפִּקְיוּר) בַּעַל טַעַם מְעֻדָּן; יַדְעָן

**ep"idem'ic** *adj.* & *n.* (אֶפִּדֶמִק) מִדַּבֵּק, מִתְפַּשֵּׁט בְּצוּרַת מַגֵּפָה; אֶפִּידֶמִי; מַגֵּפָה, אֶפִּידֶמְיָה; הִתְפַּשְּׁטוּת מְהִירָה

**ep'igram"** *n.* (אֶפִּגְרֶם) מִכְתָּם; אֶפִּיגְרָם; שִׁיר סָטִירִי קָצָר

**ep'igraph"** *n.* (אֶפִּגְרֶף) כְּתֹבֶת; צִיטָטָה

**ep'ile"psy** *n.* (אֶפִּלֶפְּסִי) אֶפִּילֶפְּסְיָה; מַחֲלַת־הַנְּפִילָה

**ep'ilogue** *n.* (אֶפִּלוֹג) אֶפִּילוֹג; אַחֲרִית דָּבָר

**epis'copal** *adj.* (אִפִּסְקֶפֶּל) שֶׁל בִּישׁוֹף; אֶפִּיסְקוֹפָּלִי (אנגליקני)

**ep'isode"** *n.* (אֶפִּסוֹד) הִתְרַחֲשׁוּת, אֶפִּיזוֹדָה

**epis'tle** *n.* (אִפִּסְל) מִכְתָּב, אִגֶּרֶת (פורמלית)

**ep'itaph"** *n.* (אֶפִּטֶף) כְּתֹבֶת (על מצבת קבר); דִּבְרֵי שֶׁבַח קְצָרִים לְמֵת

**ep'ithet"** *n.* (אֶפִּתֶ'ט) לְוַאי; כִּנּוּי; מִלּוֹת בּוּז

**epit´ome** *n.* (אֶפִּטַמִי) התגלמות טפוסית; סכום, תמצית

**epit´omize″** *v.t.* (אֶפִּטַמַיז) יצג; הוה התגלמות טפוסית

**ep´och** *n.* (אֶפֶּק) עדן; ראשית עדן; תאריך־מפנה

**e´qual** *adj.* & *n.* & *v.t.* (אִיקְוֶל) שוה; שקול, מאזן; אחיד; מספיק; בעל יכלת מספיקה; מישורי; שוה; עשה דבר שוה

**equal´ity** *n.* (אִקְוֹלִטִי) שויון; סגלה אחידה

**e´qualize″** *v.t.* (אִיקְוַלַיז) השוה, האחיד

**e″quanim´ity** *n.* (אִיקְוַנִמִטִי) ישוב־דעת, שווי משקל

**equa´tion** *n.* (אִקְוֵיזְ׳ן) משואה; שווי משקל

**equa´tor** *n.* (אִקְוֵיטֶר) קו משוה

**e″quator´ial** *adj.* (אִיקְוַטוֹרִיאֶל) משוני

**eques´trian** *adj.* (אִקְוֶסְטְרִיאֶן) של פרשים; רכוב על גבי סוס, מיצג פרש

**equilib´rium** *n.* (אִיקְוַלִבְּרִיאֶם) שווי משקל

**e´quinox″** *n.* (אֶקְוַנוֹקְס) נקדת שויון היום והלילה

**equip´** *v.t.* (אִקְוִפּ) ציד

**equip´ment** *n.* (אִקְוִפְּמֶנְט) ציוד; ידע דרוש

**eq´uity** *n.* (אֶקְוִטִי) ישר, הגינות; צדק טבעי; ערך נקי (כלומר, פחות חובות)

**equiv´alent** *adj.* & *n.* (אִקְוִוַלֶנְט) שוה, שוה־ערך, שקול, אקויולנטי; אקויולנט

**equiv´ocate** *v.t.* (אִקְוִוַקֵיט) השתמש בבטויים מערפלים; התחמק (מתשובה ברורה)

**er´a** *n.* (אִירַה) זמן (תקופה), מנין שנים, תאריך התחלתי; עדן

**erad´icate″** *v.t.* (אִרֶדַקֵיט) הכחיד; מחק; שרש

**erase´** *v.t.* & *i.* (אִרֵיס) מחק; נמחק בקלות; טשטש

**er´aser** *n.* (אִרֵיסְר) מוחק, מחק

**era´sure** *n.* (אִרֵישֶר) מחיקה, כתם (לאחר מחיקה)

**ere** *prep.* & *conj.* (אֵר) קדם

**erect´** *v.t.* & *adj.* (אִרֶקְט) בנה, הקים; העמיד; יסד; זקוף; ישר

**erec´tion** *n.* (אִרֶקְשֶן) בניה, הקמה; מבנה; זקיפות; זקפה, קשוי אבר

**er´mine** *n.* (אֶרְמִן) הרמין, חמוס הרמין; מעמד רם

**erode´** *v.t.* & *i.* (אִרוֹד) סחף, אכל; נסחף

**erot´ic** *adj.* (אִרוֹטִק) ארוטי

**err** *v.i.* (אֶר) טעה; חטא; סר מהדרך הישרה

**er´rand** *n.* (אֶרֶנְד) שליחות

**errat´ic** *adj.* (אִרֶטִק) מוזר; נודד

**erro´neous** *adj.* (אֶרוֹנִיאֶס) מטעה, משבש

**er´ror** *n.* (אֶרֶר) טעות, שגיאה, משגה, שבוש; חטא

**er´udite** *adj.* (אֶרְדַיט) מלמד

**er″udit´ion** *n.* (אֶרדִשֶן) למדנות

**erupt´** *v.i.* (אִרַפְּט) פרץ, התפרץ, התגעש; פרח (העור)

**es´calate″** *v.i.* (אֶסְקַלֵיט) הסלים; הגביר היקף, הגביר עצמה; גדל

**es´cala″tor** *n.* (אֶסְקַלֵיטֶר) דרגנוע, מדרגות נעות

**es´capade″** *n.* (אֶסְקַפֵּיד) תעלול; בריחה

**escape´** *v.i.* & *t.* & *n.* (אֶסְקֵיפּ) נמלט, ברח; השתחרר, חמק ממעצר, התחמק; נפלט; בריחה, מפלט, השתמטות מהמציאות

**es´cort** *n.* & *v.t.* (אֶסְקוֹרְט) לווי, מלוה, מלוים; משמר מזין; שמירה; לוה, נלוה אל

**espe´cial** *adj.* (אֶסְפֶּשְל) מיחד

— ly *adv.* במיחד, ביחוד

**es´pionage″** *n.* (אֶסְפִּיאַנַז׳) רגול

**es″planade´** *n.* (אֶסְפְּלַנֵיד) טילת

**espouse´** *v.t.* (אֶסְפָּאוּז) אמץ לעצמו, דגל ב־; נשא (אשה)

**es´say** *n.* (אֶסֵי) מסה; נסיון

essay´ *v.t.* נסה

**es´sence** *n.* (אֶסֶנְס) תמצית; עצמות, מהות; בשם

**essen´tial** *adj.* & *n.* (אֶסֶנְשֶל) חיוני, דרוש, נחוץ; תמציתי, מהותי; טבעי, ספונטני; יסוד חיוני, עקר

**estab´lish** *v.t.* (אִסְטֶבְּלִש) יסד, הקים, כונן; סדר; הוכיח, קבע; מנה; הכיר כמוסד ממלכתי

**estab'lishment** *n.* (אֶסְטֶבְּלִשְׁמֶנְט) יְסוֹד, כִּנּוּן; קְבִיעָה; מוֹסָד; מִמְסָד; מֶשֶׁק בַּיִת; בֵּית מִסְחָר; מַצָּבָה; הַכָּרָה כְּמוֹסָד מַמְלַכְתִּי

**estate'** *n.* (אֶסְטֵיט) אֲחֻזָּה; נְכָסִים; רְכוּשׁ; מַצָּב; תְּקוּפָה; מַעֲמָד

**esteem'** *n.* & *v.t.* (אֶסְטִים) הוֹקָרָה, הַעֲרָכָה; דֵּעָה חִיּוּבִית; יַחַס כָּבוֹד; הוֹקִיר, הֶחֱשִׁיב, כִּבֵּד; הֶעֱרִיךְ

**es'timable** *adj.* (אֶסְטֶמֶבְּל) רָאוּי לְהוֹקָרָה, רָאוּי לְכָבוֹד; נִתָּן לֶאֱמוֹד

**es'timate"** *v.t.* & *i.* & *n.* (אֶסְטֶמֵיט) הֶעֱרִיךְ, אָמַד; קָבַע דֵּעָה; אֻמְדָּן, הַעֲרָכָה; דֵּעָה

**es"tima'tion** *n.* (אֶסְטֶמֵישְׁן) דֵּעָה; הוֹקָרָה; אֻמְדָּן

**estrange'** *v.t.* (אֶסְטְרֵינְג׳) הֵסֵב לֵב מִן; הִרְחִיק; נִכֵּר

**es'tuar"y** *n.* (אֶסְצ׳וּאֶרִי) פִּי נָהָר; שֶׁפֶךְ

**etch** *v.t.* & *i.* (אֶץ׳) חָרַט, שִׂרְטֵט בְּהַבְלָטָה; הִשְׁרִישׁ בַּזִּכָּרוֹן; עָשָׂה תַּחֲרִיטִים

**etch'ing** *n.* (אֶצ׳ִנְג) חֲרִיטָה; תַּחֲרִיט

**etc.** **et cet'era** (אֶט סֶטֶרָה) וכו׳ (וְכוּלֵּהּ), וכד׳ (וְכַדּוֹמֶה), וגו׳ (וְגוֹמֵר)

**eter'nal** *adj.* (אִטֶרְנֶל) נִצְחִי; תְּמִידִי, בְּלִי הֶפְסֵק; קַיָּם לָעַד

The Eternal אֱלֹהִים

**eter'nity** *n.* (אִטֶרְנִטִי) נֶצַח; קִיּוּם נִצְחִי; הָעוֹלָם הַבָּא; תְּקוּפָה לְלֹא קֵץ

**eth'er** *n.* (אִית׳ר) אֶתֶר, חֲלַל הָרָקִיעַ

**ether'al** *adj.* (אִת׳יריאֶל) קַלִּיל, אַוְרִירִי, קָלוּשׁ; מְעֻדָּן מְאֹד; שְׁמֵימִי; שֶׁל הָאֶתֶר, שֶׁל הֶחָלָל

**eth'ic** *n.* (אֶתִ׳ק) עֶקְרוֹנוֹת מוּסָרִיִּים; עֶרְכֵי מוּסָר

—s אֶתִיקָה, תּוֹרַת הַמִּדּוֹת; מוּסָר

**eth'ical** *adj.* (אֶתִ׳קְל) אֶתִי, מוּסָרִי

**eth'nic** *adj.* (אֶתְ׳נִק) אֶתְנִי, שֶׁל עַם; שֶׁל עַם פְּרִימִיטִיבִי

**et'iquette** *n.* (אֶטֶקֶט) אֶטִיקֶט; הִתְנַהֲגוּת חֶבְרָתִית מְקֻבֶּלֶת; אֶתִיקָה; נִמּוּסִים

**et"ymol'ogy** *n.* (אֶטֶמוֹלֶג׳י) אֶטִימוֹלוֹגְיָה

**eu"calyp'tus** *n.* (יוּקֶלִפְּטֶס) אֶקָלִפְּטוּס

**eu'logize** *v.t.* (יוּלֶג׳יז) שִׁבַּח מְאֹד; נָמַר הַהַלֵּל עַל; הִסְפִּיד

**eu'logy** *n.* (יוּלֶג׳י) הֶסְפֵּד; תִּשְׁבָּחוֹת

**eu'nich** *n.* (יוּנִק) סָרִיס

**eu'phemis"m** *n.* (יוּפֶמִזְם) לָשׁוֹן נְקִיָּה; תַּחֲלִיף מָתוּן

**eu'phony** *n.* (יוּפֶנִי) נֹעַם צְלִילִים; אֵיפוֹנְיָה, תַּנְעוּמָה

**Eur'ope** *n.* (יוּרֶפּ) אֵירוֹפָּה

**Eur"ope'an** *adj.* & *n.* (יוּרֶפִּיאֶן) אֵירוֹפִּי

**evac'uate"** *v.t.* & *i.* (אִוֶקְיוּאֵיט) פִּנָּה; נִפְנָה, עָשָׂה צְרָכִים; יָצַר רִיק; שָׁלַל

**evac"ua'tion** *n.* (אִוֶקְיוּאֵישְׁן) פִּנּוּי, מִפְנֶה, מִפְנִים; עֲשִׂיַּת צְרָכִים

**evade'** *v.t.* & *i.* (אִוֵיד) הִתְחַמֵּק מ־; הֶעֱרִים עַל; הִשְׁתַּמֵּט; נִמְנַע מִלָּתֵת תְּשׁוּבָה יְשִׁירָה

**eval'uate"** *v.t.* (אִוֶלְיוּאֵיט) הֶעֱרִיךְ; קָבַע עֵרֶךְ

**ev"anesce'** *v.t.* (אֶוֶנֶס) פָּג, נֶעְלַם בְּהַדְרָגָה

**evan'gelist** *n.* (אִוֶנְג׳ֶלִסְט) מַטִּיף דִּבְרֵי הַבְּרִית הַחֲדָשָׁה; מַטִּיף לְהִתְעוֹרְרוּת דָּתִית; מַטִּיף נוֹדֵד

**evap'orate"** *v.i.* & *t.* (אִוֶפֶּרֵיט) הִתְאַדָּה; נֶעְלַם, נָגוֹז; אִדָּה, יִבֵּשׁ; הִפִּיג

**eva'sion** *n.* (אִוֵיזְ׳ן) הִשְׁתַּמְּטוּת מ־; הַעֲרָמָה; תַּחְבּוּלָה; בְּרִיחָה

**eva'sive** *adj.* (אִוֵיסִב) חַמְקָנִי

**eve** *n.* (אִיב) עֶרֶב

**e'ven** *adj.* (אִיבֶן) מִישׁוֹר, יָשָׁר, שָׁטוּחַ, חָלָק; מַקְבִּיל; יַצִּיב; אָחִיד; שָׁוֶה; זוּגִי (בניגוד לפרט); מֻבָּע בְּמִסְפָּר שָׁלֵם (ללא שברים); לְלֹא יִתְרָה; שָׁלֵו; הָגוּן

— *adv.* בְּצוּרָה יְשָׁרָה; אֲפִלּוּ; מַמָּשׁ; אָכֵן

get — נָקַם

**ev'ening** *n.* & *adj.* (אִיבְנִנְג) עֶרֶב; תְּקוּפַת סִיּוּם; נֶשֶׁף; שֶׁל עֶרֶב

**event'** *n.* (אִוֶנְט) מְאֹרָע, אֵרוּעַ, מִקְרֶה; תּוֹצָאָה

at all —s מִכָּל מָקוֹם

**e'ventide"** *n.* (אִיבֶנְטַיד) עֶרֶב

**even'tual** *adj.* (אִוֶנְצ׳וּאֶל) סוֹפִי, בְּסוֹפוֹ שֶׁל דָּבָר

**ev'er** *adj.* (אֶוֶר) אֵי פַּעַם; בִּכְלָל; בִּרְצִיפוּת; תָּמִיד
**ev'ergreen"** *adj. & n.* (אֶוֶרְגְרִין) יְרַק־עַד
**ever"erlas'ting** *adj.* (אֶוֶרְלֶסְטִנְג) נִצְחִי; קָבוּעַ; חוֹזֵר לְלֹא הֶפְסֵק; מְשַׁעֲמֵם
**ev"ermore'** *adv.* (אֶוֶרְמוֹר) תָּמִיד; לְעוֹלָם
**ev'ery** *adj.* (אֶוְרִי) כָּל
**ev'erybod"y** *pron.* (אֶוְרִיבַּדִי) כָּל אֶחָד, הַכֹּל
**ev'eryday"** *adj.* (אֶוְרִידֵי) יוֹמְיוֹמִי; שֶׁל יְמֵי חוֹל; רָגִיל, שִׁגְרָתִי
**ev'eryone'** *pron.* (אֶוְרִיוַן) כָּל אֶחָד, הַכֹּל
**ev'erything"** *pron. & n.* (אֶוְרִיתִ'נְג) הַכֹּל, כָּל דָּבָר; דָּבָר חָשׁוּב בְּיוֹתֵר
**ev'erywhere"** *adv.* (אֶוְרִיהְוֶר) בְּכָל מָקוֹם, בְּכָל חֵלֶק; בְּכָל הַמְּקוֹמוֹת
**evict'** *v.t.* (אִוִקְט) גֵּרֵשׁ, נִשֵּׁל (על פי החוק)
**ev'idence** *n.* (אֶוִדֶנְס) עֵדוּת, רְאָיָה, הוֹכָחָה
in — בּוֹלֵט
**ev'ident** *adj.* (אֶוִדֶנְט) בָּרוּר
**e'vil** *adj. & n.* (אִיבְל) רַע, רָשָׁע; לֹא־מוּסָרִי; חוֹטֵא; מַזִּיק; הֲרֵה־אָסוֹן; רַגְזָנִי; רָעָה, רֶשַׁע; נֶזֶק, צָרָה; חֹלִי
**evince'** *v.t.* (אִוִנְס) גִּלָּה, הֶרְאָה
**evoke'** *v.t.* (אִווֹק) הֶעֱלָה, עוֹרֵר; הִזְעִיק
**ev"olu'tion** *n.* (אֶוַלוּשְׁן) הִתְפַּתְּחוּת, הִשְׁתַּלְשְׁלוּת, גִּדּוּל
**evolve'** *v.t. & i.* (אִוֹלְב) פִּתַּח לְאַט; פָּלַט; הִתְפַּתַּח, הִשְׁתַּלְשֵׁל
**ewe** *n.* (יוּ) כִּבְשָׂה
**exact'** *adj. & v.t.* (אִגְזֶקְט) מְדֻיָּק; קַפְּדָנִי; דַּיְקָן; דָּרַשׁ, חִיֵּב; כָּפָה תַּשְׁלוּם
**exac'ting** *adj.* (אִגְזֶקְטִנְג) קַפְּדָן, מַחְמִיר; מְחַיֵּב דִּיּוּק; עוֹשֵׁק
**exact'ly** *adv.* (אִגְזֶקְטְלִי) בְּדִיּוּק
**exag'gerate"** *v.t. & i.* (אִגְזֶגֶ'רֵיט) הִגְזִים; הִגְדִּיל יָתֵר עַל הַמִּדָּה
**exag"gera'tion** *n.* (אִגְזֶגֶ'רֵישְׁן) הַגְזָמָה, מֻזְמָה
**exalt'** *v.t.* (אִגְזוֹלְט) רוֹמֵם, הֶעֱלָה; שִׁבַּח; גֵּרָה, עוֹרֵר; הִגְבִּיר
**e"xalta'tion** *n.* (אֶגְזוֹלְטֵישְׁן) הַעֲלָאָה, הִתְעַלּוּת, הִתְרוֹמְמוּת הַנֶּפֶשׁ

**exal'ted** *adj.* (אִגְזוֹלְטֶד) רָם, נַעֲלֶה; נִלְהָב, מְרוֹמָם
**exam"ina'tion** *n.* (אִגְזֶמִנֵישְׁן) בְּחִינָה, מִבְחָן; בְּדִיקָה, חֲקִירָה, תְּשׁוּבוֹת לַבְּחִינָה
**exam'ine** *v.t.* (אִגְזֶמִן) בָּדַק, בָּחַן, חָקַר
**exam'ple** *n.* (אִגְזֶמְפְּל) דֻּגְמָה; מוֹפֵת; דֶּגֶם; תַּרְגִּיל; מָשָׁל, אַזְהָרָה; תַּקְדִּים
**exas'perate"** *v.t.* (אִגְזֶסְפֶּרֵיט) הִקְנִיט, הִרְגִּיז מְאֹד, הוֹצִיא מִן הַכֵּלִים; הִגְבִּיר
**ex'cavate"** *v.t.* (אֶקְסְקַוֵיט) חָפַר, כָּרָה; חָשַׂף
**exceed'** *v.t. & i.* (אִקְסִיד) עָבַר אֶת; הִתְקַדֵּם מֵעֵבֶר; עָלָה עַל
**excee'dingly** *adv.* (אִקְסִידִנְגְלִי) מְאֹד
**excel'** *v.i. & t.* (אִקְסֶל) הִצְטַיֵּן; עָלָה עַל
**ex'cellence** *n.* (אֶקְסֶלֶנְס) הִצְטַיְּנוּת
**ex'cellent** *adj.* (אֶקְסֶלֶנְט) מְצֻיָּן
**except'** *prep. & conj.* (אִקְסֶפְּט) מִלְּבַד, חוּץ מִן; פְּרָט לְ־; רַק; אֶלָּא
— *v.t. & i.* הוֹצִיא מִן הַכְּלָל; עִרְעֵר עַל
**excep'tion** *n.* (אִקְסֶפְּשְׁן) הוֹצָאָה מִן הַכְּלָל; יוֹצֵא מִן הַכְּלָל
take — עִרְעֵר, הִתְנַגֵּד
**excep'tional** *adj.* (אִקְסֶפְּשֶׁנְל) יוֹצֵא מִן הַכְּלָל; מְצֻיָּן
**ex'cerpt** *n.* (אֶקְסֶרְפְּט) צִיטָטָה, קֶטַע מִתּוֹךְ –
excerpt' *v.t.* הוֹצִיא קֶטַע
**ex'cess** *adj.* (אֶקְסֶס) מְיֻתָּר, יָתֵר עַל הַמִּדָּה
excess' *n.* יֶתֶר, יִתְרוֹת; עֹדֶף; הַגְזָמָה
**exces'sive** *adj.* (אִקְסֶסִב) יָתֵר עַל הַמִּדָּה
**exchange'** *v.t. & i. & n.* (אִקְסְצֵ'ינְג') הֶחֱלִיף; הֵמִיר; עָסַק בַּחֲלִיפִין; הַחְלָפָה, הֲמָרָה; בּוּרְסָה; מִרְכֶּזֶת; חֲלִיפִין; עֲמָלָה
**ex'chequer** *n.* (אֶקְסְצֶ'קֶר) אוֹצָר (של מדינה)
**ex'cis** *n.* (אֶקְסַיז) בְּלוֹ
**exci'table** *adj.* (אִקְסַיטֶבְּל) נוֹחַ לְהִתְרַגֵּשׁ, מִתְרַגֵּשׁ בְּקַלּוּת
**excite'** *v.t.* (אִקְסַיט) רִגֵּשׁ; עוֹרֵר, גֵּרָה
**exci'ted** *adj.* (אִקְסַיטֶד) נִרְגָּשׁ, מְגֻרֶה; פַּעַלְתָּנִי
**excitement** *n.* (אִקְסַיטְמֶנְט) הִתְרַגְּשׁוּת; דָּבָר מְרַגֵּשׁ

**exclaim'** *v.i. & t.* (אֶקְסְקְלֵים) קָרָא
בְּהִתְרַגְּשׁוּת; הִפְלִיט בְּקוֹל רָם
**ex"clama'tion** *n.* (אֶקְסְקְלֲמֵישְׁן) קְרִיאָה
(בהתרגשות)
— **point"** סִימַן קְרִיאָה
**exclude'** *v.t.* (אֶקְסְקְלוּד) הִרְחִיק, מָנַע
כְּנִיסָה; מָנַע הִשְׁתַּתְּפוּת אוֹ הִצְטָרְפוּת; גֵּרֵשׁ
**exclu'sive** *adj.* (אֶקְסְקְלוּסִב) בִּלְעָדִי,
מְבַטֵּל; מִלְּבַד; יָחִיד; יִחוּדִי; בַּרְרָנִי;
אֶקְסְקְלוּסִיבִי; מוֹצִיא
**ex"commu'nicate** *v.t.* (אֶקְסְקַמְיוּנֵקֵיט)
הִכְרִיז חֵרֶם, נִדָּה
**excur'sion** *n.* (אֶקְסְקֶרְזְ'ן) טִיּוּל, סִיּוּר;
נְסִיעָה בִּמְחִיר מוּזָל; נוֹסְעִים בִּנְסִיעָה מוּזֶלֶת;
סְטִיָּה
**excuse'** *v.t.* (אֶקְסְקְיוּז) סָלַח, מָחַל עַל;
הִצְדִּיק; שִׁחְרֵר; בִּקֵּשׁ פְּטוֹר; קִבֵּל פְּטוֹר
— *n.* (אֶקְסְקְיוּס) תֵּרוּץ, אֲמַתְלָה,
הִצְטַדְּקוּת; דֹּגֶם נְחוּת
**ex'ecrate"** *v.t. & i.* (אֶקְסֶקְרֵיט) תִּעֵב; קִלֵּל
**ex'ecute"** *v.t.* (אֶקְסֶקְיוּט) בִּצַּע; עָשָׂה;
הוֹצִיא לְהוֹרֵג
**ex"ecu'tion** *n.* (אֶקְסֶקְיוּשְׁן) בִּצּוּעַ; הוֹצָאָה
לְהוֹרֵג
**ex"ecu'tioner** *n.* (אֶקְסֶקְיוּשֶׁנֶר) תַּלְיָן, מוֹצִיא
לְהוֹרֵג; מְבַצֵּעַ
**exec'utive** *adj. & n.* (אֶגְזֶקְיְטִב) מְבַצֵּעַ,
מוֹצִיא לַפֹּעַל; וַעַד פּוֹעֵל; אֶקְסֶקוּטִיבָה;
מְנַהֵל
**exec'utor** *n.* (אֶגְזֶקְיְטֶר) מְבַצֵּעַ
**exempt'** *v.t. & adj.* (אֶגְזֶמְפְּט) פָּטַר
(מהתחייבות), שִׁחְרֵר; פָּטוּר, מְשֻׁחְרָר
**exemp'tion** *n.* (אֶגְזֶמְפְּשְׁן) פְּטוֹר; מֻזְכֶּה
בְּנִכּוּי מַס
**ex'ercise"** *v.i. & t. & n.* (אֶקְסֶרְסַיז)
תִּרְגֵּל, עִמֵּל; מִמֵּשׁ, בִּצַּע; הִשְׁתַּמֵּשׁ בְּ־;
הִתְעַמֵּל; הִתְעַמְּלוּת; תַּרְגִּיל; בִּצּוּעַ,
שִׁמּוּשׁ בְּ־
—**s** טֶקֶס
**exert'** *v.t.* (אֶגְזֶרְט) הִפְעִיל (תוך מאמץ)
**exer'tion** *n.* (אֶגְזֶרְשְׁן) מַאֲמָץ; הַפְעָלָה
**exhale'** *v.i.* (אֶקְסְהֵיל) נָשַׁף; פָּלַט
**exhaust'** *v.t. & i.* (אֶגְזוֹסְט) כִּלָּה;
הֶלְאָה; מִצָּה; טִפֵּל בִּיסוֹדִיּוּת; רוֹקֵן; יָצַר
רִיק; שָׁלַל הַכֹּל; הִשְׁמִיד פּוֹרִיּוּת (אדמה);
נִפְלַט
—**ed** מְיֻגָּע, תָּשׁוּשׁ, חֲסַר־אוֹנִים
— *n.* פְּלִיטָה; מַפְלֵט
**exhaus'tion** *n.* (אֶגְזוֹסְצְ'ן) אֲפִיסַת כּוֹחוֹת;
חֹסֶר אוֹנִים
**exhib'it** *v.t. & i. & n.* (אֶגְזִבִּט) הִצִּיג;
גִּלָּה; הִבְהִיר; תַּעֲרוּכָה; הַצָּגָה; תְּצוּגָה,
תַּעֲרוּכָה; מֻצָּג
**ex"hibi'tion** *n.* (אֶקְסֲבִּשְׁן) תַּעֲרוּכָה,
תְּצוּגָה
**ex"hibi'tionism** *n.* (אֶקְסֲבִּשֲׁנִזֶם)
הִתְעַרְטְלוּת; הִתְרָאֲווּת
**exhil'irate** *v.t.* (אֶגְזִלֲרֵיט) עוֹרֵר חֶדְוָה
חַיִּים, הֵשִׁיב נֶפֶשׁ; הִשְׁרָה חִיּוּת; עוֹרֵר, גֵּרָה
**exhort'** *v.t. & i.* (אֶגְזוֹרְט) הִפְצִיר, יָעַץ אוֹ
הִזְהִיר נִמְרָצוֹת; הוֹכִיחַ
**ex'igency** *n.* (אֶקְסֲגֶ'נְסִי) דְּחִיפוּת; דְּרִישָׁה;
שְׁעַת דֹּחַק
**ex'ile** *n. & v.t.* (אֶגְזַיל) גָּלוּת; גּוֹלֶה;
הַגְלָיָה; הִגְלָה
**exist'** *v.i.* (אֶגְזִסְט) הָיָה קַיָּם; נִמְצָא; חַי
**exis'tence** *n.* (אֶגְזִסְטֶנְס) הֲוָיָה; קִיּוּם,
חַיִּים; יֵשׁוּת
**ex'it** *n. & v.i.* (אֶגְזִט) יְצִיאָה; יָצָא, עָזַב
**ex'odus** *n.* (אֶקְסֲדֶס) יְצִיאָה
**Ex'odus** סֵפֶר שְׁמוֹת
**The Exodus** יְצִיאַת מִצְרַיִם
(של בני ישראל)
**exon'erate"** *v.t.* (אֶגְזוֹנֲרֵיט) זִכָּה, נִקָּה
מֵאַשְׁמָה; שִׁחְרֵר (מהתחייבות או חוב)
**exor'bitant** *adj.* (אֶגְזוֹרְבִּטֶנְט) מֻגְזָם, מֻפְקָע
(מחיר)
**ex'orcize"** *v.t.* (אֶקְסוֹרְסַיז) גֵּרֵשׁ (שדים
ורוחות רעים); הִשְׁבִּיעַ שֵׁדִים וְרוּחוֹת
**exot'ic** *adj.* (אֶגְזוֹטִק) אֶקְזוֹטִי, מַרְשִׁים
בְּזָרוּתוֹ
**expand'** *v.t. & i.* (אֶקְסְפֶּנְד) הִרְחִיב, מָתַח;
פִּתֵּחַ; הִתְרַחֵב, הִתְפַּשֵּׁט; הִתְפַּתֵּחַ; הִרְחִיב
הַדִּבּוּר
**expanse'** *n.* (אֶקְסְפֶּנְס) שֶׁטַח נִרְחָב, מֶרְחָב,
רַחַב; הַרְחָבָה

# F

**F, f** *n.* (אֶף) ס׳, הָאוֹת הַשִּׁשִּׁית בָּאָלֶפְבֵּית הָאַנְגְּלִי, ו׳ (כמספר סידורי)

**fa´ble** *n.* (פֵיבְּל) מָשָׁל; סִפּוּר בַּדִּים, אַגָּדָה, אַגָּדוֹת, כָּזָב

**fabric** *n.* (פֶבְּרִק) אָרִיג; מִבְנֶה; שֶׁלֶד; בִּנְיָה

**fab´ricate″** *v.t.* (פֶבְּרִקֵיט) בָּנָה; הִרְכִּיב; הִמְצִיא; זִיֵּף

**fab´ulous** *adj.* (פֶבְּיֻלַס) שֶׁלֹּא יְאֻמַּן; נִפְלָא, נֶהְדָּר; שֶׁל מְשָׁלִים, שֶׁל אַגָּדוֹת

**facade´** *n* (פַסָד) חֲזִית; הוֹפָעָה מִתְחַסֶּדֶת, פַּסָּדָה

**face** *n.* (פֵיס) פָּנִים, פַּרְצוּף; הַעֲוָיָה, הַבָּעַת שְׁאָט־נֶפֶשׁ; "עַזּוּת פָּנִים"; הוֹפָעָה חִיצוֹנִית; יָמְרָה; שֵׁם טוֹב, יֻקְרָה, קוֹמְמִיּוּת; עֶרֶךְ נָקוּב; מַשְׁמָעוּת מְפֹרֶשֶׁת; חֲזִית, לוּחַ (שעון); חֵלֶק קִדְמִי

— *v.t. & i.* פָּנָה; עָמַד לִפְנֵי; הִפְנָה הַפָּנִים אֶל־; הִתְיַצֵּב בְּאֹמֶץ; הִתְנַגֵּד בְּעֹז; צִפָּה; כִּסָּה לְפָנִים בְּחֹמֶר שׁוֹנֶה; תָּפַר בִּטְנָה לַשּׁוּלַיִם; סִתֵּת; נִשְׁקַף אֶל־

— up to הוֹדָה

**face´-sa″ving** *adj. & n.* (פֵיס־סֵיבִנְג) מַצִּיל יֻקְרָה; הַצָּלַת יֻקְרָה

**fac´et** *n.* (פֶסִט) מִשְׁטָח מְלֻטָּשׁ; צַד, פָּן, אַסְפֶּקְט

**fa´cial** *adj. & n.* (פֵישְׁל) שֶׁל הַפָּנִים; לַפָּנִים; טִפּוּל הַפָּנִים

**facil´itate″** *v.t.* (פַסִלְטֵיט) הֵקֵל; סִיֵּעַ

**facil´ity** *n.* (פַסִלְטִי) אֶמְצָעִי, הִתְקֵן; קַלּוּת, הֲקַלָּה; מְיֻמָּנוּת, כִּשְׁרוֹן; הִתְנַהֲגוּת רְגוּעָה; צַיְּתָנוּת מִיָּדִית

**fa´cing** *n.* (פֵיסִנְג) צִפּוּי קִדְמִי; בִּטְנַת שׁוּלַיִם; בַּד חֲפוּת

**facsim´ile** *n.* (פֶקְסִמַלִי) הֶעְתֵּק מְדֻיָּק

**fact** *n.* (פֶקְט) עֻבְדָּה; מְצִיאוּת, אֱמֶת

in — בְּעֶצֶם

**fac´tion** *n.* (פֶקְשַׁן) סִיעָה; מַחֲלֹקֶת

**fac´tor** *n.* (פֶקְטֶר) גּוֹרֵם; סוֹכֵן

**fac´tory** *n.* (פֶקְטַרִי) בֵּית חֲרֹשֶׁת

**fac´tual** *adj.* (פֶקְצ׳וּאַל) עֻבְדָּתִי

**fac´ulty** *n.* (פֶקַלְטִי) כֹּשֶׁר, סְפִיקָה; כִּשְׁרוֹן; פָקוּלְטָה; חֶבֶר הַמּוֹרִים; חַבְרֵי מִקְצוֹעַ חָפְשִׁי

**fad** *n.* (פֶד) אָפְנָה זְמַנִּית

**fade** *v.i. & t.* (פֵיד) דָּהָה; נִתְעַמְעֵם; תָּשַׁשׁ, נָבַל; פָּג, הִתְפּוֹגֵג; הִדְהָה, הֵפִיג

**fail** *v.i. & t.* (פֵיל) נִכְשַׁל; אָזַל; נֶחֱלַשׁ; קָצְרָה יָדוֹ לִפְרֹעַ חוֹבוֹת, פָּשַׁט הָרֶגֶל; יָצָא מִכְּלַל שִׁמּוּשׁ; הִכְזִיב; הִכְשִׁיל, נָתַן צִיּוּן שֶׁל בִּלְתִּי־מַסְפִּיק

**fai´ling** *n. & prep.* (פֵילִנְג) כִּשָּׁלוֹן; בְּהֶעְדֵּר

**fail´ure** *n.* (פֵילְיֶר) כִּשָּׁלוֹן, חֹסֶר מַעַשׂ; חֹסֶר הַצְלָחָה; מַחְסוֹר; תְּשִׁישׁוּת; פְּשִׁיטַת רֶגֶל; לֹא־יֻצְלַח

**fain** *adv. & adj.* (פֵין) בְּרָצוֹן; רוֹצֶה, מַסְכִּים, שָׂמֵחַ

**faint** *adj. & v.i. & n.* (פֵינְט) חִוֵּר, עָמוּם, מְעֻרְפָּל, קָלוּשׁ, חַלָּשׁ; מוּג־לֵב; הִתְעַלֵּף; הִתְעַלְּפוּת, עִלָּפוֹן

**fair** *adj. & adv.* (פֶר) מְהֻגָּן; מַסְפִּיק; בֵּינוֹנִי; נוֹטֶה; נָאֶה; לֹא־סָתוּם; לְלֹא פְּגָם; בָּרוּר; בָּהִיר; בְּצוּרָה מְהֻגֶּנֶת; עַל הַצַּד הַטּוֹב בְּיוֹתֵר

bid — קָרוֹב לְוַדַּאי

— n. יְרִיד; שׁוּק (למטרות צדקה)

**fair´y** *n.* (פֶרִי) פִיָּה

— tale″ מַעֲשִׂיָּה; בְּדוּתָה

**fair´yland″** *n.* (פֶרִילֶנְד) מַלְכוּת הַפִיּוֹת; אֶרֶץ מַקְסִימָה בְּיָפְיָהּ

**faith** *n.* (פֵית׳) אֵמוּן; אֱמוּנָה; אֱמוּנָה בֵּאלֹהִים; דָּת; נֶאֱמָנוּת

**faith´ful** *adj.* (פֵית׳פֻל) נֶאֱמָן; מָסוּר; מְהֵימָן

**faith´less** *adj.* (פֵית׳לִס) סוֹטֶה; מוֹעֵל; בּוֹגֵד בְּאֵמוּן; בִּלְתִּי־מְהֵימָן; חֲסַר־אֵמוּן; חֲסַר־אֱמוּנָה

**extrem'ity** *n.* (אֶקְסְטְרֶמִטִי) נְקֻדָּה קִיצוֹנִית; מְצוּקָה; שִׂיא; מַעֲשֶׂה קִיצוֹנִי; אֹפִי קִיצוֹנִי
—ies נַפַּיִם
**ex'tricate"** *v.t.* (אֶקְסְטְרֶקֵיט) חִלֵּץ, שִׁחְרֵר
**extrin'sic** *adj.* (אֶקְסְטְרִנְסִק) טָפֵל, חִיצוֹנִי, בָּא מִן הַחוּץ
**ex'trovert"** *n. & adj.* (אֶקְסְטְרֻוֶרְט) מֻפְנֶה־חוּץ; אֶקְסְטְרוֹבֶרְטִי
**exu'berance** *n.* (אֶגְזוּבֶּרֶנְס) עַלִּיזוּת, מֶרֶץ שׁוֹפֵעַ, חִיּוּת, יָד רְחָבָה
**exult'** *v.i.* (אֶגְזַלְט) צָהַל, עָלַז
**eye** *n. & adj. & v.t.* (אַי) עַיִן; רְאוּת, רְאִיָּה; מַבָּט; כַּדּוּרִי; הִתְבּוֹנֵן בּ־
**eye'ball"** *n.* (אַיבּוֹל) גַּלְגַּל הָעַיִן
**eye'brow"** *n.* (אַיבְּרָאוּ) גַּבָּה
**eye'glas"ses** *n. pl.* (אַיגְלֶסֶז) מִשְׁקָפַיִם
**eye'lash"** *n.* (אַילֶשׁ) רִיס
**eye'lid"** *n.* (אַילִד) עַפְעַף
**eye'o"pener** *n.* (אַיאוֹפֶּנֶר) גִּלּוּי מַדְהִים; גִּלּוּי מַחְכִּים; כּוֹסִית בֹּקֶר
**eye'sight"** *n.* (אַיסַיט) רְאִיָּה, רְאוּת
**eye' sock"et** (אַי סוֹקֶט) חוֹר הָעַיִן, אֲרֻבַּת הָעַיִן
**eye'sore"** *n.* (אַיסוֹר) כִּעוּר
**eye'tooth"** *n.* (אַיטוּת׳) נִיב (שֵׁן)
cut one's — teeth רָכַשׁ נִסָּיוֹן
give one's — teeth נָתַן הַכֹּל תְּמוּרַת מִלּוּי מִשְׁאָלָה
**eye'wash"** *n.* (אַיוֹשׁ) קוֹלֶרְיוּם; תְּמִסָּה לִשְׁטִיפַת הָעַיִן; "שְׁטֻיּוֹת"
**eye'wit"ness** *n.* (אַיוִטְנֶס) עֵד רְאִיָּה

**expound'** *v.t.* (אֶקְסְפָּאוּנְד) הִרְצָה, פֵּרֵט; הִסְבִּיר, בֵּאֵר

**express'** *v.t.* (אֶקְסְפְּרֶס) הִבִּיעַ, בִּטֵּא; גִּלָּה; יִצֵּג, סִמֵּל; שָׁלַח בִּדְחִיפוּת; סָחַט; פָּלַט

— *adj. & n.* שֶׁל מְפֹרָשׁ; מְיֻחָד; מְהִיר; כְּלִי רֶכֶב מָהִיר; מִשְׁלוֹחַ דָּחוּף; חֶבְרָה לְמִשְׁלוֹחִים דְּחוּפִים; חֵפֶץ שֶׁנִּשְׁלַח בִּדְחִיפוּת

— **ly** *adv.* בִּדְחִיפוּת; בִּמְפֹרָשׁ, בִּמְיֻחָד

**expres'sion** *n.* (אֶקְסְפְּרֶשְׁן) הַבָּעָה, בִּטּוּי; מַבָּע; נֹסַח; כִּשְׁרוֹן הַבָּעָה; סְחִיטָה

**expres'sive** *adj.* (אֶקְסְפְּרֶסִב) בַּעַל כֹּשֶׁר בִּטּוּי; מַבִּיעַ, מְבַטֵּא; מַשְׁמָעוּתִי; שֶׁל הַבָּעָה

**express'way** *n.* (אֶקְסְפְּרֶסְוֵי) כְּבִישׁ מָהִיר

**expro'priate"** *v.t.* (אֶקְסְפְּרוֹפְּרִיאֵיט) הִפְקִיעַ; נִשֵּׁל

**expul'sion** *n.* (אֶקְסְפַּלְשֶׁן) גֵּרוּשׁ

**ex'purgate"** *v.t.* (אֶקְסְפֶּרְגֵיט) הוֹצִיא חֹמֶר פּוֹגֵעַ (בטעם הטוב, במוסר המקובל וכו׳), טִהֵר

**ex'quisite** *adj.* (אֶקְסְקְוִזִט) מַקְסִים; לְהַפְלִיא; מֻשְׁלָם, מְצֻיָּן; חָזָק; רָגִישׁ מְאֹד; מְעֻדָּן

**ex-ser'vice** *adj.* (אֶקְס־סֶרְוִס) מְשֻׁחְרָר (חייל)

**ex'tant** *adj.* (אֶקְסְטֶנְט) קַיָּם, נִמְצָא

**extem"pora'neous** *adj.* (אֶקְסְטֶמְפֶּרֵינִיאֶס) מְאֻלְתָּר; לְלֹא רְשִׁימוֹת רַבּוֹת; לְלֹא הֲכָנָה רַבָּה

**extem'porize"** *v.i. & t.* (אֶקְסְטֶמְפֶּרַיז) נָאַם לְלֹא הֲכָנָה רַבָּה

**extend'** *v.t.* (אֶקְסְטֶנְד) מָתַח, הֶאֱרִיךְ; הוֹשִׁיט; הִרְחִיב; הֶעֱנִיק; דָּחָה זְמַן פֵּרָעוֹן, נָתַן אַרְכָּה

**exten'sion** *n.* (אֶקְסְטֶנְשֶׁן) הַאֲרָכָה, מְתִיחָה; אַרְכָּה; שְׁלוּחָה; הִתְפַּשְּׁטוּת

— **course** תָּכְנִית לִמּוּדִים לְשֶׁאֵינָם סְטוּדֶנְטִים מִן הַמִּנְיָן; שִׁעוּרֵי עֶרֶב לִמְבֻגָּרִים

**exten'sive** *adj.* (אֶקְסְטֶנְסִב) נִרְחָב, מַקִּיף; אָרֹךְ; גָּדוֹל; אֶקְסְטֶנְסִיבִי

**extent'** *n.* (אֶקְסְטֶנְט) מִדָּה, שִׁעוּר, הֶקֵּף, גֹּדֶל; דָּבָר מְאֹרָךְ

**exten'uate"** *v.t.* (אֶקְסְטֶנְיוּאֵיט) הִצִּיג (עבירה, פגם) כִּקְטַנִּים פָּחוֹת; הֵקֵל

**exter'ior** *adj. & n.* (אֶקְסְטִירְיֶר) חִיצוֹנִי; לְשִׁמּוּשׁ בַּחוּץ; חֵלֶק חִיצוֹנִי; חוּץ; חִיצוֹנִיּוּת

**exter'minate"** *v.t.* (אֶקְסְטֶרְמֵנֵיט) הִכְחִיד, הִשְׁמִיד

**exter'nal** *adj.* (אֶקְסְטֶרְנֶל) חִיצוֹנִי; בָּא מִן הַחוּץ

**extinct'** *adj.* (אֶקְסְטִנְקְט) נִכְחָד; מְיֻשָּׁן, לֹא בְּשִׁמּוּשׁ עוֹד; כָּבוּי

**extinc'tion** *n.* (אֶקְסְטִנְקְשֶׁן) הַכְחָדָה, כִּבּוּי; דִּכּוּי, בִּטּוּל, הַשְׁמָדָה

**exting'uish** *v.t.* (אֶקְסְטִנְגְוִשׁ) כִּבָּה; הִשְׁמִיד; הֶאֱפִיל עַל

**ex'tol** *v.t.* (אֶקְסְטוֹל) שִׁבַּח, הִלֵּל

**extort'** *v.t.* (אֶקְסְטוֹרְט) סָחַט, חָמַס, הוֹצִיא בְּכֹחַ מִידֵי־, הוֹצִיא מִידֵי פְּלוֹנִי עַל יְדֵי אִיּוּמִים

**ex'tra** *adj. & n.* (אֶקְסְטְרֶה) נוֹסָף; מֻגְדָּל, טוֹב יוֹתֵר; הוֹצָאָה נוֹסֶפֶת; הוֹצָאָה מְיֻחֶדֶת (של עתון); נִצָּב; עוֹבֵד נוֹסָף

— *adv.* לְמַעְלָה מֵהַמְקֻבָּל, בִּמְיֻחָד

**extract'** *v.t.* (אֶקְסְטְרֶקְט) עָקַר, חִלֵּץ, הוֹצִיא בְּכֹחַ; הִסִּיק; קִבֵּל; הֶעְתִּיק; תִּמְצֵת, מִצָּה

**ex'tract** *n.* תַּמְצִית; מוּבָאָה, צִיטָטָה

**extrac'tion** *n.* (אֶקְסְטְרֶקְשֶׁן) עֲקִירָה; תִּמְצוּת, מִצּוּי; מוֹצָא; תַּמְצִית

**ex"tracurric'ular** *adj.* (אֶקְסְטְרֶקֶרִקְיֶלֶר) מִחוּץ לְתָכְנִית הַלִּמּוּדִים הָרְגִילָה

**ex'tradi'tion** *n.* (אֶקְסְטְרֶדִשְׁן) הַסְגָּרָה

**extra'neous** *adj.* (אֶקְסְטְרֵינִיאֶס) בָּא מִן הַחוּץ; חִיצוֹנִי; זָר, נָכְרִי; לֹא מִגּוּף הָעִנְיָן, לֹא שַׁיָּךְ, לֹא נוֹגֵעַ בְּמֵישָׁרִין

**extraor'dinar"y** *adj.* (אֶקְסְטְרוֹרְדִנֶרִי) לֹא רָגִיל, יוֹצֵא מִן הַכְּלָל, מְיֻחָד

**extrav'agant** *adj.* (אֶקְסְטְרֶוֶגֶנְט) בַּזְבְּזָנִי; מֻפְקָע; מֻגְזָם; מַגְדִּישׁ הַסְּאָה, מֵעֵבֶר לְמַה שֶּׁהַשֵּׂכֶל מְחַיֵּב; חֲסַר־רֶסֶן, לֹא־מֻצְדָּק

**extreme'** *adj. & n.* (אֶקְסְטְרִים) קִיצוֹנִי; עִלָּאִי; הָרָחוֹק בְּיוֹתֵר; סוֹפִי, אַחֲרוֹן; קְצֵה הַגְּבוּל, קִיצוֹנִיּוּת

**extreme'ly** *adv.* (אֶקְסְטְרִימְלִי) מְאֹד

**extre'mism** *n.* (אֶקְסְטְרִימִזְם) קִיצוֹנִיּוּת

**expan'sion** *n.* (אֶקְסְפֶּנְשֶׁן) הַרְחָבָה; הִתְרַחֲבוּת, הִתְפַּשְּׁטוּת; מֶרְחָב

**expan'sive** *adj.* (אֶקְסְפֶּנְסִב) בַּר־הִתְרַחֲבוּת, נוֹטֶה לְהִתְרַחֵב; מַרְחִיב; נִרְחָב, מַקִּיף; מִשְׁתַּפֵּךְ, עַלִּיז מְאֹד

**expa'tiate"** *v.i.* (אֶקְסְפֵּישִׁיאֵיט) הִרְחִיב הַדִּבּוּר; נָדַד בַּתְּחוּם הָרוּחָנִי

**expa'triate"** *v.t.* (אֶקְסְפֵּיטְרִיאֵיט) הֶגְלָה; סִלֵּק (עצמו) מִמּוֹלַדְתּוֹ

— *n. & adj.* (אֶקְסְפֵּיטְרִיאֶט) גּוֹלֶה; מֻגְלֶה

**expect'** *v.t. & i.* (אִקְסְפֶּקְט) צִפָּה ל־; סָבַר שֶׁיִּקְרֶה; הָרָה

**ex"pecta'tion** *n.* (אֶקְסְפֶּקְטֵישְׁן) צִפִּיָּה

**expe'diency** *n.* (אֶקְסְפִּידִיאֶנְסִי) הַתְאָמָה, תּוֹעַלְתִּיּוּת, כְּדָאִיּוּת

**ex'pedite"** *v.t.* (אֶקְסְפַּדַיט) זֵרֵז, הֵחִישׁ; בִּצֵּעַ מִיָּד; הוֹצִיא, פִּרְסֵם

**ex"pedi'tion** *n.* (אֶקְסְפִּדִישְׁן) מַסָּע; הַמִּשְׁתַּתְּפִים בְּמַסָּע; מְהִירוּת

**expel'** *v.t.* (אִקְסְפֶּל) גֵּרֵשׁ, פָּלַט; הִרְחִיק; בִּטֵּל חֲבֵרוּת

**expen'diture** *n.* (אִקְסְפֶּנְדִצֶ׳ר) כִּלּוּי; תַּשְׁלוּם; צְרִיכָה; יְצִיאָה, הוֹצָאָה

**expense'** *n.* (אִקְסְפֶּנְס) מְחִיר; הוֹצָאָה; יְצִיאָה

at the — of עַל חֶשְׁבּוֹן

**expen'sive** *adj.* (אִקְסְפֶּנְסִב) יָקָר

**exper'ience** *n. & v.t.* (אִקְסְפִּירִיאֶנְס) נִסָּיוֹן; חֲוָיָה; נִתְקַל בּ־; חָשׁ, הִתְנַסָּה בּ־

**exper'ienced** *adj.* (אִקְסְפִּירִיאֶנְסְט) מְנֻסֶּה, וָתִיק

**exper'iment** *n. & v.i.* (אִקְסְפֶּרְמֶנְט) נִסּוּי; עָרַךְ נִסּוּי, בָּדַק, בָּחַן

**exper"imen'tal** *adj.* (אִקְסְפֶּרְמֶנְטְל) נִסּוּיִי, נִסְיוֹנִי; אֶמְפִּירִי; בְּשָׁלָב שֶׁל נִסּוּי

**ex'pert** *n. & adj.* (אֶקְסְפֶּרְט) מֻמְחֶה, בָּקִי, בֶּן־סֶמֶךְ, בַּעַל מִקְצוֹעַ; שֶׁל מֻמְחֶה

**ex'piate"** *v.t.* (אֶקְסְפִּיאֵיט) כִּפֵּר עַל, רִצָּה

**ex"pira'tion** *n.* (אֶקְסְפֵּרֵישְׁן) סִיּוּם, גְּמָר; תְּפוּגָה; נְשִׁיפָה

**expire'** *v.i. & t.* (אִקְסְפַּיְאֶר) הִסְתַּיֵּם, פָּג; גָּוַס, כָּלָה, מֵת; כָּבָה; נָשַׁף

**explain'** *v.t.* (אִקְסְפְּלֵין) הִבְהִיר, הִסְבִּיר; בֵּאֵר; תֵּרֵץ

— away הִרְחִיק עַל יְדֵי הֶסְבֵּר

**ex"plana'tion** *n.* (אֶקְסְפְּלַנֵישְׁן) הַסְבָּרָה, הֶסְבֵּר; בֵּאוּר, מַשְׁמָעוּת, פִּתְרוֹן

**expla'nator"y** *adj.* (אִקְסְפְּלֶנְטוֹרִי) מַסְבִּיר, מַבְהִיר, מְבָאֵר

**explic'it** *adj.* (אִקְסְפְּלִסְט) בָּרוּר וּמְפֹרָשׁ; מֻגְדָּר, גְּלוּי־לֵב

**ex'plode** *v.i. & t.* (אִקְסְפְּלוֹד) הִתְפּוֹצֵץ; הִתְפָּרֵץ; פּוֹצֵץ; הֵזִים, סָתַר

**exploit'** *v.t.* (אִקְסְפְּלוֹיט) נִצֵּל; קִדֵּם (ע״י פרסומת)

ex'ploit *n.* מַעֲשֶׂה מַרְשִׁים, מַעֲשֵׂה גְּבוּרָה

**ex"ploita'tion** *n.* (אֶקְסְפְּלוֹיטֵישְׁן) נִצּוּל; קִדּוּם (ע״י פרסומת)

**ex"plora'tion** *n.* (אֶקְסְפְּלֶרֵישְׁן) חֲקִירָה, בְּדִיקָה; חֲקִירַת אֲזוֹרִים לֹא־יְדוּעִים

**explore'** *v.t.* (אִקְסְפְּלוֹר) סִיֵּר (לשם חקירה); חָקַר, בָּדַק

**explor'er** *n.* (אִקְסְפְּלוֹרֶר) חוֹקֵר (אזורים לא־ידועים); מְגַלֵּה אֲרָצוֹת; מַכְשִׁיר גִּלּוּי

**explo'sion** *n.* (אִקְסְפְּלוֹז׳ן) הִתְפּוֹצְצוּת; הִתְפָּרְצוּת חֲזָקָה

**explo'sive** *adj. & n.* (אִקְסְפְּלוֹסִב) נוֹטֶה לְהִתְפּוֹצֵץ, נָפִיץ; טָעוּן חֹמֶר נֶפֶץ; שֶׁל הִתְפּוֹצְצוּת; חֹמֶר נֶפֶץ; הֶגֶה פּוֹצֵץ

**expo'nent** *n.* (אִקְסְפּוֹנֶנְט) מַסְבִּיר, מְבָאֵר; סֵמֶל, נָצִיג

ex'ponent מַעֲרִיךְ (באלגברה)

**ex'port** *n.* (אֶקְסְפּוֹרְט) יְצוּא, יִצּוּא; שֶׁל יְצוּא

export' *v.t.* יִצֵּא

**expose'** *v.t.* (אִקְסְפּוֹז) חָשַׂף; גִּלָּה, הִצִּיג; נָטַשׁ; הוֹקִיעַ

**ex'posé'** *n.* (אֶקְסְפּוֹזֵי) הוֹקָעָה

**ex"posi'tion** *n.* (אֶקְסְפֶּזִישְׁן) תַּעֲרוּכָה, יָרִיד; הַסְבָּרָה, הַרְצָאָה, הֶסְבֵּר; תְּצוּגָה, הַצָּגָה; הֶעָבֵר (במוסיקה)

**expo'sure** *n.* (אִקְסְפּוֹזֶ׳ר) חֲשִׂיפָה; גִּלּוּי; הוֹקָעָה; חֲשִׂיפוּת; מִקּוּם; שֶׁטַח חָשׂוּף

**felic'itate"** *v.t.* (פֶלִסְטֵיט) בָּרֵךְ
**fe'line** *adj.* (פִילַין) חֲתוּלִי; עַרְמוּמִי, בּוֹגְדָנִי, גַּנְבָנִי
**fell** (פֶל) (זמן עבר של fall)
**fell** *v.t.* (פֶל) הִפִּיל; חָטַב
**fel'low** *n. & adj.* (פֶלוֹ) בָּחוּר, אִישׁ; "מְחַזֵּר"; "בֶּן־אָדָם", "מִישֶׁהוּ"; חָבֵר; חֲבֵר אוֹתָהּ קְבוּצָה, בֶּן אוֹתוֹ מַעֲמָד; תַּלְמִיד מֶחְקָר
**fel'lowship"** *n.* (פֶלוֹשִׁפּ) חֲבֵרוּת; שֻׁתָּפוּת עִנְיָן; יְדִידוּת; אֲגֻדָּה, חֶבְרָה; מַעֲנָק
**fel'low-trav'eler** (פֶלוֹ טְרֶוֶלֶר) אוֹהֵד
**fel'ony** *n.* (פֶלֶנִי) פֶּשַׁע
**felt** (פֶלְט) (זמן עבר של feel)
— *n. & adj.* לֶבֶד; עָשׂוּי לֶבֶד
**fe'male** *adj. & n.* (פִימֵיל) נְקֵבָה; נְקֵבִי
**fem'inine** *adj.* (פֶמֶנִן) נָשִׁי; עָדִין; חַלָּשׁ; שֶׁל מִין נְקֵבָה
**fem'inism** *n.* (פֶמִנִזְם) מַתַּן זְכֻיּוֹת שָׁווֹת לְנָשִׁים
**fence** *n.* (פֶנְס) גָּדֵר; כִּשְׁרוֹן לְהִתְוַכֵּחַ; סוֹחֵר חֲפָצִים גְּנוּבִים; מְקוֹם מוֹשָׁבוֹ שֶׁל סוֹחֵר חֲפָצִים גְּנוּבִים; סִיּוּף
mend one's —s חִזֵּק מַעֲמָדוֹ
on the — נֵיטְרָלִי; אֵינוֹ נוֹקֵט עֶמְדָּה
— *v.t.* גָּדַר; סִיֵּף, הִסְתַּיֵּף; הִתְחַמֵּק (מתשובה ישירה)
**fen'cing** *n.* (פֶנְסִנְג) סִיּוּף; הִתְחַמְּקוּת (מתשובה ישירה); גָּדֵר, גְּדֵרוֹת; חֹמֶר לִגְדֵרוֹת
**fend** *v.t. & i.* (פֶנְד) הָדַף; הִתְגּוֹנֵן נֶגֶד; הִשְׁתַּמֵּט; הִסְתַּדֵּר
**fen'der** *n.* (פֶנְדֶר) כָּנָף (של מכונית) מַרְחִיק מִכְשׁוֹלִים, מְסַנֵּה
**fen'nel** *n.* (פֶנֶל) שֶׁמֶר
**fer'ment** *n.* (פֶרְמֶנְט) תֶּסֶס; אַנְזִים; תְּסִיסָה
ferment' *v.t. & i.* הִתְסִיס, הֵסִית לְ־; תָּסַס
**fer"menta'tion** *n.* (פֶרְמֶנְטֵישֶׁן) תְּסִיסָה
**fern** *n.* (פֶרְן) שָׁרָךְ
**fero'cious** *adj.* (פֶרוֹשֶׁס) מִשְׁתּוֹלֵל בְּשֶׁצֶף קֶצֶף, בְּחֵמָה שְׁפוּכָה; אַכְזָרִי מְאֹד; חָזָק מְאֹד, "עָצוּם"
**fer'ret** *n & v.t. & i.* (פֶרֶט) בּוֹאֵשׁ לָבָן; עָלָה עַל עִקְבוֹתָיו וְגֵרֵשׁ; צָד בְּעֶזְרַת בּוֹאֵשׁ לָבָן; חִפֵּשׂ אַחֲרֵי, חָשַׂף
**fer'ry** *n. & v.t.* (פֶרִי) מַעְבֹּרֶת; שֵׁרוּת הַעֲבָרָה; הַזְּכוּת לְהַעֲבִיר נוֹסְעִים וַחֲפָצִים; הֶעֱבִיר בְּדֶרֶךְ הַיָּם; הֶעֱבִיר מֵעַל הַיָּם
**fer'tile** *adj.* (פֶרְטֶל) פּוֹרֶה; מַפְרֶה
**fer'tilize"** *v.t.* (פֶרְטְלַיז) הִפְרָה; זִבֵּל
**fer'tili"zer** *n.* (פֶרְטְלַיזֶר) דֶּשֶׁן, זֶבֶל
**fer'vent** *adj.* (פֶרְוֶנְט) נִלְהָב; לוֹהֵט
**fer'vid** *adj.* (פֶרְוִד) נִלְהָב
**fes'ter** *v.i. & t.* (פֶסְטֶר) הִתְמַגֵּל; נִרְקַב; גָּרַם הִתְמַרְמְרוּת עַזָּה
**fes'tival** *n.* (פֶסְטֶוֶל) חַג, חֲגִיגָה, מוֹעֵד; פֶסְטִיבָל; עַלִּיזוּת, הִתְעַלְּזוּת
**fes'tive** *adj.* (פֶסְטִב) חֲגִיגִי, שֶׁל חַג; עַלִּיז
**festiv'ity** *n.* (פֶסְטִוִטִי) מְאֹרָע חֲגִיגִי; עַלִּיזוּת
**fetch** *v.t.* (פֶץ') הֵבִיא, הָלַךְ וְהֵבִיא; נִמְכַּר בְּ־; בִּצַּע
—ing שׁוֹבֶה לֵב, מַקְסִים
**fe'tid** *adj.* (פֶטִד) מַצְחִין
**fe'tish** *n.* (פֶטִשׁ) פֶטִישׁ, אֱלִיל; פֶּסֶל
**fet'lock** *n.* (פֶטְלוֹק) מִפְרַק הַקְּוֻצָּה (ברגל סוס)
**fet'ter** *n. & v.t.* (פֶטֶר) שַׁרְשֶׁרֶת הָרֶגֶל; כָּבַל (רגלים), עָצַר, הִגְבִּיל
—s אֲזִקֵּי־רֶגֶל
**fet'tle** *n.* (פֶטְל) מַצָּב
**fe'tus** *n.* (פִיטֶס) עֻבָּר
**feud** *n. & v.i.* (פְיוּד) אֵיבַת דּוֹרוֹת (בין משפחות); מְרִיבָה, סִכְסוּךְ; טִפַּח אֵיבָה (למשפחה אחרת)
**feu'dal** *adj.* (פְיוּדְל) פֵאוֹדָלִי
**fe'ver** *n.* (פִיבֶר) חֹם, קַדַּחַת; הִתְרַגְּשׁוּת עַזָּה
**fe'verish** *adj.* (פִיבֶרִשׁ) קוֹדֵחַ, אֲחוּז־חֹם; קַדַּחְתָּנִי; שֶׁל קַדַּחַת
**few** *adj.* (פְיוּ) מְעַטִּים, סְפוּרִים
— and far between נָדִיר
— *n. & pron.* אֲחָדִים
quite a — מִסְפָּר נִכָּר
the — מְעוּט נִבְחָר
**fi"ancé'** *n.* (פִיאַנְסֵי) חָתָן, אָרוּס
**fi"ancée'** *n.* (פִיאַנְסֵי) כַּלָּה, אֲרוּסָה
**fib** *n. & v.i.* (פִב) שֶׁקֶר לָבָן, בְּדָיָה; סִפֵּר בְּדָיוֹת

**fatigue′** *v.t. & n.* (פֶטִיג) הוֹגִיעַ, עִיֵּף; עֲיֵפוּת; עֲבוֹדָה (לא צבאית, של חייל)

**fat′ness** *n.* (פֶטְנִס) שְׁמֵנוּת, דַשְׁנוּת

**fat′ten** *v.t. & i.* (פֶטְן) פִּטֵּם; הֶעֱשִׁיר, הִגְדִּיל; דָשֵׁן; הִשְׁמִין

**fat′ty** *adj.* (פֶטִי) שַׁמְנוּנִי, שָׁמֵן

**fau′cet** *n.* (פוֹסִט) בֶּרֶז

**fault** *n.* (פוֹלְט) פְּגָם, מוּם; טָעוּת; עֲבֵרָה; אַשְׁמָה; שֶׁבֶר (גאולוגי)

at — אָשֵׁם

find — הִתְאוֹנֵן, בִּקֵּר

to a — יָתֵר עַל הַמִּדָּה

— *v.t.* הֶאֱשִׁים

**faul′ty** *adj.* (פוֹלְטִי) לָקוּי, פָּגוּם

**faun** *n.* (פוֹן) פָאוּן (אל כפרי במיתולוגיה הקלסית)

**fa′vor** *n.* (פֵיבְּר) טוֹבָה, חֶסֶד; רָצוֹן טוֹב, חֵן; מַשּׂוֹא פָּנִים; מַתְּנַת חִבָּה, שַׁי

in — of בְּעַד; לִזְכוּת

—s יַחֲסֵי מִין ("חֲסָדִים")

find — מָצָא חֵן

— *v.t.* הֶעֱדִיף; הֵקֵל; הִתְיַחֵס בַּעֲדִינוּת; תָּמַךְ

**fa′vorable** *adj.* (פֵיבֲּרַבְּל) מַעֲנִיק יִתְרוֹן; נוֹחַ; מְחַיֵּב; רָצוּי

**fa′vorite** *adj. & n.* (פֵיבֲּרִט) אָהוּב, מֻעֲדָף; פּוֹפּוּלָרִי; מְקֹרָב

**fawn** *n. & v.i.* (פוֹן) עֹפֶר; חוּם צְהַבְהַב בָּהִיר, הִתְרַפֵּס, גִּלָּה חִבָּה

**fear** *v.t. & i. & n.* (פִיר) פָּחַד, יָרֵא; פַּחַד; חֲרָדָה, חֲשָׁשׁ; יִרְאָה

for — of כְּדֵי לִמְנוֹעַ

**fear′ful** *adj.* (פִירְפֶל) מַבְעִית, אָיֹם, נוֹרָא; פּוֹחֵד, יָרֵא; גָּדוֹל מְאֹד

**fear′less** *adj.* (פִירְלִס) עָשׂוּי לִבְלִי חַת, אַמִּיץ, נוֹעָז

**fea′sible** *adj.* (פִיזַבְּל) בַּר־בִּצּוּעַ, אֶפְשָׁרִי; מַתְאִים; מִתְקַבֵּל עַל הַדַּעַת

**feast** *n. & v.t. & i.* (פִיסְט) חֲגִיגָה, חַג; מִשְׁתֶּה; סְעוּדָה; עָרַךְ סְעוּדָה; הִשְׁתַּתֵּף בִּסְעוּדָה; עִנֵּג

**feat** *n.* (פִיט) מַעֲשֶׂה מַרְשִׁים, הֶשֵּׂג יוֹצֵא מִן הַכְּלָל

**fea′ther** *n.* (פֶדֶ׳ר) נוֹצָה; מַצָּב, מַצַּב רוּחַ; מִין, אֹפִי; צִיץ; דָּבָר שֶׁל מַה בְּכָךְ, דָּבָר קַל

a — in one′s cap הֶשֵּׂג רָאוּי לְשֶׁבַח, כָּבוֹד

— *v.t. & i.* הִרְכִּיב נוֹצוֹת; כִּסָּה בְּנוֹצוֹת; הֵרִים (משוט) לְמַצָּב אָפְקִי, כִּבָּה מָנוֹעַ (של מטוס באוויר); הִצְמִיחַ נוֹצוֹת; נִרְאָה כְּנוֹצָה; נָע כְּנוֹצָה

— one′s nest נִצֵּל הִזְדַּמְּנוּת לְהִתְעַשֵּׁר (על חשבון הזולת)

**fea′ture** *n.* (פִיצ׳ר) חֵלֶק הַפָּנִים, תָּוֵי פָּנִים; חֵלֶק בּוֹלֵט; הַצָּעָה מְיֻחֶדֶת; הַפְּרָט הָעִקָּרִי; טוּר קָבוּעַ (בעתון), סִדְרָה קְבוּעָה

—s פָּנִים, פַּרְצוּף

— *v.t.* הִבְלִיט, תֵּאֵר, הִתְוָה

**Feb′ruar″y** *n.* (פֶבְּרוּאֶרִי) פֶבְּרוּאָר

**fecun′dity** *n.* (פִקַנְדִטִי) פּוֹרִיּוּת, פִּרְיוֹן

**fed** (פֶד) (זמן עבר של feed)

**fed′eral** *adj.* (פֶדֲרַל) פֶדֶרָלִי, שֶׁל בְּרִית מְדִינוֹת, שֶׁל אִחוּד מְדִינוֹת

**fed″era′tion** *n.* (פֶדֲרֵישְׁן) פֶדֶרַצְיָה, בְּרִית מְדִינוֹת

**fee** *n.* (פִי) שָׂכָר, תַּשְׁלוּם, אַגְרָה; מַעֲנָק

**fee′ble** *adj.* (פִיבְּל) חַלָּשׁ, רָפֶה, תָּשׁוּשׁ

**feed** *v.t. & i. & n.* (פִיד) הֶאֱכִיל, הִלְעִיט; סִפֵּק מָזוֹן; סִפֵּק, הֵזִין; נָתַן סִפּוּק; אָכַל; נִיזוֹן; מָזוֹן, מִסְפּוֹא; הַאֲכָלָה, הֲזָנָה

**fee′der** *n.* (פִידְר) מֵזִין, מַאֲכִיל; נִיזוֹן, אוֹכֵל; שֹׁקֶת; פַּטָּם; יוּבַל, שְׁלוּחָה

**feel** *v.t. & i.* (פִיל) חָשׁ; מִשֵּׁשׁ; גִּשֵּׁשׁ; הִרְגִּישׁ; הָיָה מוּדָע לְ־; חָס עַל, אָהַד; נִתְפַּס, נִרְאָה

— like "הִתְחַשֵּׁק"

— up to הָיָה מְסֻגָּל לְ־

— *n.* תְּחוּשָׁה; מַגָּע, מִשּׁוּשׁ; כִּשְׁרוֹן

**fee′ler** *n.* (פִילְר) חָשׁ; מַרְגִּישׁ; מְמַשֵּׁשׁ; מְגַשֵּׁשׁ; הַצָּעַת גִּשּׁוּשׁ, גִּשּׁוּשׁ; מְשׁוֹשָׁה

**fee′ling** *n.* (פִילִנְג) מִשּׁוּשׁ; רֶגֶשׁ; הַרְגָּשָׁה; תְּחוּשָׁה; חֶמְלָה; רְגִישׁוּת

**feet** (פִיט) (רבים של foot)

**feign** *v.t. & i.* (פֵין) הֶעֱמִיד פָּנִים; בָּדָה; חִקָּה כְּדֵי לְרַמּוֹת

**feint** *n. & v.t.* (פֵינְט) תְּקִיפַת הַסָּחָה; תָּקַף תְּקִיפַת הַסָּחָה

go — הָלַךְ מֵחַיִל אֶל חָיִל
a — cry יֵשׁ הֶבְדֵּל גָּדוֹל
**farce** *n.* (פַרְס) פַרְסָה; הַעֲמָדַת־פָּנִים מְגֻחֶכֶת
**fare** *n. & v.i.* (פֵר) דְּמֵי נְסִיעָה; נוֹסֵעַ מְשַׁלֵּם; שׂוֹכֵר רֶכֶב צִבּוּרִי; אֹכֶל, תְּזוּנָה; בִּדּוּר לַצִּבּוּר
bill of — תַּפְרִיט
— *v.i.* הִסְתַּדֵּר; הִסְתַּיֵּם; קָרָה, נָפַל בְּחֶלְקוֹ; אָכַל, סָעַד
**fare'well"** *interj.* (פֵרְוֶל) לֵךְ לְשָׁלוֹם, שָׁלוֹם
— *n. & adj.* בִּרְכַּת פְּרֵדָה; פְּרֵדָה; מְסִבַּת פְּרֵדָה; אַחֲרוֹן, סוֹפִי
**far'-fetched'** *adj.* (פָר־פֶצ'ט) לֹא מִתְקַבֵּל עַל הַדַּעַת; לֹא סָבִיר
**far'flung'** *adj.* (פָר־פְלַנְג) נִרְחָב; נָפוֹץ מְאֹד
**fari'na** *n.* (פְרִינָה) סֹלֶת
**farm** *n. & v.t. & i.* (פָרְם) חַוָּה, מֶשֶׁק; הַחְכָּרַת מִסִּים; אֵזוֹר גְּבִיָּה חָכוּר; סְכוּם מִסּוּי; עִבֵּד (קרקע); חָכַר; הֶחְכִּיר; נִהֵל מֶשֶׁק
**far'mer** *n.* (פָרְמֶר) אִכָּר, עוֹבֵד אֲדָמָה; חוֹכֵר
**farm'hand'** (פָרְם־הֶנְד) פּוֹעֵל חַקְלָאִי; שָׂכִיר
**far'off'** *adj.* (פָר־אוֹף) רָחוֹק, מְרֻחָק
**far'-sigh'ted** *adj.* (פָר־סַיְטֶד) רְחַק־רֹאִי; רוֹאֶה הַנּוֹלָד, חָכָם
**far'ther** *adj. & adv.* (פַרְדֶ'ר) רָחוֹק יוֹתֵר; אֶל נְקֻדָּה מְרֻחֶקֶת יוֹתֵר
**far'thest** *adj. & adv.* (פַרְדִ'סְט) הָרָחוֹק בְּיוֹתֵר; הַמְּאֹרָךְ בְּיוֹתֵר, הָאָרֹךְ; לַנְּקֻדָּה הַמְּרֻחֶקֶת בְּיוֹתֵר, לַמִּדָּה הַגְּדוֹלָה בְּיוֹתֵר
**fasc'inate"** *v.t. & i.* (פֶסֶנֵיט) הִקְסִים; עוֹרֵר סַקְרָנוּת; עוֹרֵר הִתְעַנְיְנוּת; מָשַׁךְ לֵב; שִׁתֵּק תּוֹךְ הַטָּלַת אֵימָה
**fasc"ina'tion** *n.* (פֶסֶנֵישְן) הַקְסָמָה, קֶסֶם; תְּכוּנָה קוֹסֶמֶת, מְשִׁיכָה חֲזָקָה
**fasc'ism** *n.* (פֶשִׁיזְם) פָשִׁיזְם
**fash'ion** *n. & v.t.* (פֶשְן) אָפְנָה; נֹהַג; צִבּוּר הַמְּקַיְּמִים תַּכְתִּיבֵי הָאָפְנָה; דֶּרֶךְ; צוּרָה; מִין, סוּג; עִצֵּב, צָר צוּרָה, עָשָׂה; הִתְאִים
**fash'ionable** *adj.* (פֶשְנֶבְּל) אָפְנָתִי, מְקַיֵּם תַּכְתִּיבֵי הָאָפְנָה
**fast** *adj. & adv.* (פֶסְט) מָהִיר, זָרִיז; מְמַהֵר; מְאַפְשֵׁר תְּנוּעָה מְהִירָה; מֻפְקָר; עָמִיד בִּפְנֵי־; מֻצָּב בְּחָזְקָה; תָּפוּס בְּחָזְקָה, קָשׁוּר בְּחָזְקָה; סָגוּר; אוֹחֵז בְּחָזְקָה; נֶאֱמָן, קָבוּעַ בְּחָזְקָה; בְּצוּרָה עֲמֻקָּה
— *v.i. & n.* צָם; צוֹם
**fas'ten** *v.t. & i.* (פֶסְן) חִבֵּר הֵיטֵב; פָּרַף; סָגַר; הִדְבִּיק; חֻבַּר הֵיטֵב; נָעַל; נֶאֱחַז בְּ־; הִתְרַכֵּז
**fas'tening** *n.* (פֶסְנִנְג) מַנְעוּל; פְּרִיפָה
**fastid'ious** *adj.* (פֶסְטִדְיְאֶס) אִסְטְנִיס, אֲנִין הַדַּעַת; מַפְרִיז בְּבִקֹּרֶת, נוֹקְדָן
**fast'ness** *n.* (פֶסְטְנֶס) יַצִּיבוּת; מְהִירוּת; מָעוֹז
**fat** *adj. & n.* (פֶט) שָׁמֵן; מְפֻטָּם; שַׁמְנוּנִי; שׁוֹפֵעַ; דָּשֵׁן; עָשִׁיר; עָבֶה, סָמִיךְ; מְטֻמְטָם, אָטוּם; שֻׁמָּן; מִשְׁמָן; שֹׁמֶן; עֹדֶף
the — is in the fire אֶת הַנַּעֲשֶׂה אֵין לְהָשִׁיב
**fa'tal** *adj.* (פֵיטְל) גּוֹרֵם מָוֶת, מֵמִית; הַרְסָנִי; מַכְשִׁיל; מַכְרִיעַ, גּוֹרָלִי; שֶׁאֵין מָנוֹס מִמֶּנּוּ, פָטָלִי
**fa'talis"m** *n.* (פֵיטֶלִיזְם) פָטָלִיזְם, פָטָלִיּוּת, כְּנִיעָה לַגּוֹרָל
**fatal'ity** *n.* (פֶטֶלְטִי) מִיתָה; מֵמִית; אָסוֹן; נְטִיָּה לִהְיוֹת מְעֹרָב בְּאָסוֹן; כְּפִיפוּת לַגּוֹרָל, פָטָלִיּוּת; גּוֹרָל; כַּהֲלָךְ שֶׁאֵין מָנוֹס מִמֶּנּוּ, גְּזֵרָה
**fate** *n.* (פֵיט) גּוֹרָל, חֵלֶק; כְּלָיָה
**fa'ted** *adj.* (פֵיטֶד) נִגְזַר, נֶחְתָּךְ (גורל)
**fa'ther** *n. & v.t.* (פָדֶ'ר) אָב, אָב קַדְמוֹן; חוֹתֵן; כֹּמֶר; אַבָּא; מַמְצִיא; הוֹלִיד; הִמְצִיא; הָיָה כְּאָב לְ־; הִצִּיג כְּאָבִי־; נָטַל לְעַצְמוֹ
**fa'therhood"** *n.* (פָדֶ'רְהֻד) אַבְהוּת; אָבוֹת
**fa'ther-in-law"** *n.* (פָדֶ'ר־אִן־לוֹ) חוֹתֵן; חָם
**fa'therly** *adj.* (פָדֶ'רְלִי) אַבָהִי
**fa'thom** *n. & v.t.* (פֶדֶ'ם) פַּדּוֹם (מידת אורך של 1.83 מ'); מָדַד עֹמֶק; הֵבִין, עָמַד עַל טִבְעוֹ

**fake** *v.t. & i.* (פֵיק) זִיֵּף; הֶעֱמִיד פָּנִים
— *n. & adj.* זִיּוּף; זַיְפָן, רַמַּאי; סִפּוּר בַּדִּים; מְזֻיָּף, אוֹחֵז עֵינַיִם
**fal'con** *n.* (פֶלְקֵן) בַּז
**fall** *v.i.* (פוֹל) נָפַל; צָנַח; יָרַד; שָׁכַךְ; כּוֹנֵן כְּלַפֵּי מַטָּה; חָטָא; נִכְנַע; עָבַר (למצב חדש); יָצָא; נָפַל בְּחֶלְקוֹ; נִתְקַל; נָשַׁר; חָל; הִגִּיעַ לִזְכַּאי לְקַבְּלוֹ; הִתְחַלֵּק; הִתְמוֹטֵט
— back to נָסוֹג אֶל
— behind פִּגֵּר
— fall for רֻמָּה ע״י; הִתְאַהֵב בּ־
— through נִכְשַׁל
— under שַׁיָּךְ לִתְחוּם הָאַחֲרָיוּת; נִכְלַל בְּתוֹךְ, מֻיָּן כּ־
— *n.* נְפִילָה, מַפָּל, מַפֶּלֶת; סְתָו; יְרִידָה; מִדְרוֹן; הִדַּרְדְּרוּת, שְׁקִיעָה; חֵטְא; הַמָּקוֹם הַמַּתְאִים
ride for a — הִסְתַּכֵּן בְּכִשָּׁלוֹן
—s מַפַּל מַיִם, אֶשֶׁד
**fal'lacy** *n.* (פֶלֶסִי) רַעְיוֹן מֻטְעֶה; אַשְׁלָיָה; טִעוּן מֻטְעֶה, הַטְעָיָה, טָעוּת, סִלּוּף
**fal'len** *adj.* (פוֹלֶן) נָפוּל, יָרוּד; מֻנָּח עַל הָאֲדָמָה; מֻשְׁפָּל; לֹא־מוּסָרִי; מֻתְפְקָר; מְנֻצָּח, הָרוּס, כָּבוּשׁ
**fal'ling-out'** (פוֹלִינְג־אַוּט) מְרִיבָה
**fal'lout"** *n.* (פוֹלְאַוּט) נְשֹׁרֶת
**fal'low** *adj.* (פֶלוֹ) לֹא־מְעֻבָּד, מוּבָר
**false** *adj.* (פוֹלְס) מֻטְעֶה; שִׁקְרִי, כּוֹזֵב; בּוֹגְדָנִי; מִרְמָה; מְזֻיָּף; מְעֻוָּת, מְסֻלָּף; זְמַנִּי
— alarm' אַזְעָקַת שָׁוְא
**false'hood** *n.* (פוֹלְסְהוּד) שֶׁקֶר; סִלּוּף הַמְּצִיאוּת; בִּדּוּי
**fal'sify"** *v.t.* (פוֹלְסִפַי) זִיֵּף, סִלֵּף; הִכְזִיב; הֵזִים
**fal'ter** *v.i.* (פוֹלְטֶר) הִסֵּס, דִּבֵּר בְּהַסְסָנוּת; מָעַד
**fame** *n.* (פֵים) פִּרְסוּם; מוֹנִיטִין
**famil'iar** *adj.* (פֶמִלְיַר) מֻכָּר; בָּקִי; רָגִיל; קָרוֹב מְאֹד, מְקֹרָב; אִינְטִימִי; מַפְרִיז בְּנִסָּיוֹן לְהִתְקָרְבוּת; מִבַּיִת, מְאֻלָּף
**famil'iar'ity** *n.* (פֶמִלְיֶרִטִי) בְּקִיאוּת; קִרְבָה, יְדִידוּת; חֹסֶר רִשְׁמִיּוּת; אִינְטִימִיּוּת־יֶתֶר

**famil'iarize"** *v.t.* (פֶמִלְיַרַיז) הִקְנָה בְּקִיאוּת, הִקְנָה הֶכֵּרוּת; פִּרְסֵם בָּרַבִּים
**fam'ily** *n. & adj.* (פֶמְלִי) מִשְׁפָּחָה; בְּנֵי בַּיִת; מֶשֶׁק בַּיִת; צֶוֶת עוֹזְרִים; מִשְׁפַּחְתִּי
in the — way הָרָה
**fam'ily tree'** (פֶמְלִי טְרִי) אִילַן יוּחֲסִין
**fam'ine** *n.* (פֶמִן) רָעָב, כָּפָן; מַחְסוֹר
**fam'ished** *adj.* (פֶמִשְׁט) רָעֵב מְאֹד
**fa'mous** *adj.* (פֵימֵס) מְפֻרְסָם, נוֹדָע; ״מְצֻיָּן״
**fan** *n.* (פֶן) מְאַוְרֵר, מְנִיפָה; אוֹהֵד מָסוּר, חָסִיד
— *v.t. & i.* הֵשִׁיב, הֵפִיחַ; קֵרֵר בִּמְנִיפָה; הִתְפַּשֵּׁט לְכָל עֵבֶר (כצורת מניפה)
**fanat'ic** *n. & adj.* (פֶנֶטִיק) קַנַּאי; קַנָּאִי, פָנָטִי
**fanat'ical** *adj.* (פֶנֶטִקֶל) קַנָּאִי, פָנָטִי
**fanat'icism** *n.* (פֶנֶטִסִזְם) קַנָּאוּת מֻפְרֶזֶת; פָנָטִיּוּת
**fan'cied** *adj.* (פֶנְסִיד) מְדֻמֶּה, דִּמְיוֹנִי; רָצוּי, מֻעֲדָף
**fan'ciful** *adj.* (פֶנְסִפֶל) קַפְּרִיזִי, פְּרִי חֵשֶׁק פִּתְאוֹמִי; דִּמְיוֹנִי
**fan'cy** *n. & adj.* (פֶנְסִי) דִּמְיוֹן; חֵשֶׁק; אַשְׁלָיָה, תַּעְתּוּעַ; קַפְּרִיזָה; הַעְדָּפָה, נְטִיָּה; טַעַם, שִׁפּוּט בִּקָּרְתִּי; הַשְׁבָּחַת בַּעֲלֵי־חַיִּים שֶׁל אֲנִינֵי טַעַם; מְעֻדָּן מְאֹד; מְקֻשָּׁט; דִּמְיוֹנִי, קַפְּרִיזִי; מְטַפֵּחַ כְּגֶזַע מְצֻיָּן
— *v.t.* תֵּאֵר לְעַצְמוֹ; יָצַר מְשֻׁנֶּה; הֶאֱמִין, סָבַר; חִבֵּב
**fan'fare** *n.* (פֶנְפֶר) תְּרוּעַת חֲצוֹצְרוֹת; הַצָּגָה רַאַוְתָנִית, ״פִּרְסֹמֶת״
**fang** *n.* (פֶנְג) שֵׁן־אֶרֶס; נִיב; שֹׁרֶשׁ שֵׁן; חֹד
**fan' mail** (פֶן מֵיל) מִכְתְּבֵי אוֹהֲדִים
**fantas'tic** *adj.* (פֶנְטֶסְטִק) מוּזָר; קַפְּרִיזִי; דִּמְיוֹנִי, מְדֻמֶּה; פַנְטַסְטִי; מֻפְרָז; ״עָצוּם״
**fan'tasy** *n.* (פֶנְטֶסִי) הֲזָיָה, תַּעְתּוּעֵי דִּמְיוֹן, אַשְׁלָיָה; קַפְּרִיזָה; רַעְיוֹן דִּמְיוֹנִי
**far** *adv. & adj.* (פָר) רָחוֹק, מֵרָחוֹק; מְרֻחָק, נִדָּח
as — as עַד כַּמָּה שֶׁ־, בְּמִדָּה שֶׁ־
— be it from me חָלִילָה לִי מ־

**fi'ber** *n.* (סַיבֶּר) סִיב, סִיבִים; אֹפִי

**fick'le** *adi.* (פִקְל) הֲפַכְפַּךְ, קַפְּרִיזִי

**fic'tion** *n.* (פִקְשֶׁן) סִפֹּרֶת; בִּדְיוֹן; בְּדוּתָה; בְּדָיָה

**ficti'tious** *adj.* (פִקְטִשֶׁס) בָּדוּי, דִמְיוֹנִי; בִּדְיוֹנִי, פִיקְטִיבִי

**fid'dle** *n. & v.t. & i.* (פִדְל) כִּנּוֹר; נִגֵּן בְּכִנּוֹר; עָשָׂה תְּנוּעוֹת מְיֻתָּרוֹת בַּיָּדַיִם; בִּטֵּל זְמַן

fit as a — בָּרִיא כִּמְרִיא; בְּכֹשֶׁר גּוּפָנִי מָלֵא

**fid'dlesticks"** *interj.* (פִדְלְסְטִקְס) שְׁטֻיּוֹת

**fidel'ity** *n.* (פִדֶלְטִי) נֶאֱמָנוּת; דִּיּוּק

**fidg'et** *v.i. & t. & n.* (פִג'ט) הִתְנוֹעֵעַ בְּחֹסֶר מַרְגּוֹעַ; הִתְנוֹעֵעַ בְּקֹצֶר רוּחַ; גָּרַם לְהַרְגָּשַׁת חֹסֶר מְנוּחָה; עַצְבָּנוּת, חֹסֶר מַרְגּוֹעַ

**fie** *interj.* (פַי) "אֶכֶס"

**field** *n.* (פִילְד) שָׂדֶה; מִגְרָשׁ; מִשְׁטָח; שֶׁטַח; רֶקַע; תְּחוּם

play the — נִגֵּן פְּעִילוּת, קָבַע פְּגִישׁוֹת עִם מִסְפָּר רַב שֶׁל בְּנֵי הַמִּין הַשֵּׁנִי

**field' day"** (פִילְד דֵי) יוֹם תַּחֲרֻיּוֹת; כֶּנֶס תַּחַת כִּפַּת הַשָּׁמַיִם, פִּיקְנִיק; יוֹם תַּרְגִּילִים; פְּעִילוּת בִּלְתִּי מֻגְבֶּלֶת

**field' glass"es** (פִילְד גְלֶסֶז) מִשְׁקֶפֶת שָׂדֶה

**fiend** *n.* (פִינְד) רָשָׁע אַכְזָרִי; שָׂטָן; שֵׁד; מַשְׁחִית, שׁוֹבָב; מִתְמַכֵּר

**fierce** *adj.* (פִירְס) פִּרְאִי וְחֲסַר רֶסֶן; אַלִּים; לוֹהֵט, חָזָק

**fierce'ness** *n.* (פִירְסְנֶס) אַלִּימוּת, פִּרְאוּת

**fiery** *adj.* (פַיְאֶרִי) שֶׁל אֵשׁ; לוֹהֵט, בּוֹעֵר; מִשְׁלְהָב; דָּלִיק; שׂוֹרֵף

**fife** *n.* (פַיף) חָלִיל

**fif"teen'** *n. & adj.* (פִפְטִין) חֲמֵשׁ עֶשְׂרֵה (.f), חֲמִשָּׁה עָשָׂר (.m)

**fif"teenth'** *adj.* (פִפְטִינְתְ') הַחֲמֵשׁ עֶשְׂרֵה (.f), הַחֲמִשָּׁה עָשָׂר (.m)

**fifth** *adj.* (פִפְתְ') חֲמִישִׁי/ת; חֲמִישִׁית, חֹמֶשׁ; חֲמִישִׁית הַגַּלּוֹן

**fifth' col'umn** (פִפְתְ' קוֹלֶם) גַּיִס חֲמִישִׁי

**fif'tieth** *adj.* (פִפְטִיאֶתְ') הַחֲמִשִּׁים

**fif'ty** *n. & adj.* (פִפְטִי) חֲמִשִּׁים; שְׁטַר בֶּן חֲמִשִּׁים דּוֹלָר

**fifty-fifty** חֵלֶק כְּחֵלֶק; הַטּוֹב וְהָרַע בְּמָנוֹת שָׁווֹת

**fig** *n.* (פִג) תְּאֵנָה; כְּהוּא זֶה; אֲסִימוֹן שָׁחוּק

**fight** *n.* (פַיט) קְטָטָה, מְרִיבָה, הִתְכַּתְּשׁוּת; הִתְנַצְּחוּת; מַאֲבָק; תַּחֲרוּת אִגְרוּף; כֹּשֶׁר לְחִימָה, רָצוֹן לְהִלָּחֵם

— *v.t. & i.* נִלְחַם, לָחַם; הִתְנַצֵּחַ, הִתְכַּתֵּשׁ; נֶאֱבַק; תִּמְרֵן

**figh'ter** *n.* (פַיטֶר) לוֹחֵם; מִתְאַגְרֵף; מְטוֹס־קְרָב

prize — מִתְאַגְרֵף

**fight'ing chance'** (פַיטִנְג צֶ'נְס) סִכּוּי לְהַצְלִיחַ אִם יֵאָבֵק

**fig'ment** *n.* (פִגְמֶנְט) תּוֹצַר הַדִּמְיוֹן; רַעְיוֹן דִּמְיוֹנִי; בְּדוּתָה

**fig'ure** *n.* (פִגְיֶר) סִפְרָה; צוּרָה, דְּמוּת; גִּזְרָה; אִישִׁיּוּת דְּגוּלָה; תְּמוּנָה, תֹּאַר; סֵמֶל

—s חֶשְׁבּוֹן

— *v.t. & i.* חִשֵּׁב; הִבִּיעַ בְּסְפָרוֹת; קִשֵּׁט; שִׂרְטֵט; סָבַר; הִתְבַּלֵּט; הָיָה צָפוּי

— out הֵבִין, פָּתַר

**fig'urehead"** *n.* (פִגְיֶרְהֶד) סֵמֶל בִּלְבַד (ללא סמכויות)

**fil'ament** *n.* (פִלֶמֶנְט) נִימָה, תַּיִל דַּק

**fil'bert** *n.* (פִלְבֶּרְט) אִלְסָר

**filch** *v.t.* (פִלְץ') "סָחַב"

**file** *n.* (פַיל) תִּיק, תִּיקִיָּה; טוּר; רְשִׁימָה; פְּצִירָה, שׁוֹפִין

on — מְתֻיָּק

rank and — צִבּוּר הַטּוּרָאִים; אַנְשֵׁי הַשּׁוּרָה

— *v.t. & i.* תִּיֵּק; הִגִּישׁ (בקשה וכו׳); צָעַד בְּטוּר; פָּצַר, שִׁיֵּף

**fil'ial** *adj.* (פִלִיאֶל) שֶׁל בֵּן אוֹ בַּת

**fil'ibus"ter** *n. & v.t. & i.* (פִלְבַּסְטֶר) נְאוּמֵי עִכּוּב (להכשלת הצעת חוק); הַרְפַּתְקָן צְבָאִי; עִכֵּב תְּחִקָּה (ע״י נאומים ארוכים)

**fil'igree"** *n. & adj.* (פִלֶגְרִי) פִילִיגְרָן

**fill** *v.t. & i. & n.* (פִל) מִלֵּא; הִשְׂבִּיעַ; בִּצַּע; הִרְכִּיב; סָתַם (שן); הִתְמַלֵּא; הִתְנַפֵּחַ; כַּמּוּת מַסְפֶּקֶת; מִלּוּי

**fil'ler** *n.* (פִלֶר) מְמַלֵּא, מִלּוּי

**fillet'** *n. & v.t.* (פִלֵי) פִילֶה; גֵּרֵם

**fil′ling** *n.* (פִלִנג) מִלּוּי; סְתִימָה (שן)
— station תַּחֲנַת דֶּלֶק
**fil′ly** *n.* (פִלִי) סְיָחָה; נַעֲרָה
**film** *n.* & *v.t.* & *i.* (פִלְם) שִׁכְבָה דַקָּה;
פִילְם; סֶרֶט; מְמִבְרָנָה, קְרוּם דַּק; קוּר;
אֲבַק קָלוּשׁ; כִּסָּה בְּשִׁכְבָה דַקָּה; הִסְרִיט;
הִתְכַּסָּה שִׁכְבָה דַקָּה; הִתְאִים לְהַסְרָטָה;
הִסְפִּיק סְרָטִים
**fil′my** *adj.* (פִלְמִי) מְכֻסֶּה שִׁכְבָה דַקָּה;
דּוֹמֶה לְשִׁכְבָה דַקָּה; מְעֻרְפָּל, מְטֻשְׁטָשׁ
**fil′ter** *n.* & *v.t.* & *i.* (פִלְטֶר) מַסְנֵן, פִילְטֶר;
סִנֵּן; הִסְתַּנֵּן
**filth** *n.* (פִלְת׳) זֻהֲמָה, סְחִי, לִכְלוּךְ;
שָׂפָה גַסָּה
**fil′thy** *adj.* (פִלְתִ׳י) מְזֹהָם, מְטֻנָּף,
מְלֻכְלָךְ; גַּס; מְשֻׁקָּץ
**fin** *n.* (פִן) סְנַפִּיר; מַיְצֵב; לוּחִית
**fin′al** *adj.* & *n.* (פַינְל) סוֹפִי; אַחֲרוֹן;
מַכְרִיעַ; גְּמָר
**fin′ally** *adv.* (פַינַלִי) סוֹף־סוֹף, סוֹפִית
**finance′** *n.* (פִנֶנְס) עִנְיְנֵי כְסָפִים
—s מַשְׁאַבִּים כַּסְפִּיִּים, פִינַנְסִים
— *v.t.* מִמֵּן; נִהֵל עִנְיְנֵי הַכְּסָפִים
**finan′cial** (פִנֶנְשֶׁל) מָמוֹנִי, פִינַנְסִי, שֶׁל
כְּסָפִים; שֶׁל אַנְשֵׁי כְסָפִים
**fin′ancier′** (פִנֶנְסִיר) מָמוֹנַאי, פִינַנְסִיסְט
**find** *v.t.* & *i.* (פַינְד) מָצָא; נִתְקַל בְּ־;
הִשִּׂיג, הִגִּיעַ לְ־; גִּלָּה; קִבֵּל בַּחֲזָרָה; חָשַׁב;
וִדֵּא; הִכְרִיז; סִפֵּק; חָרַץ מִשְׁפָּט לְאַחַר שִׁקּוּל
— fault קִבֵּל
— *n.* מִמְצָא
**fine** *adj.* & *n.* (פַין) מְצֻיָּן, מְעֻלֶּה, מֻשְׁלָם;
דַּק; עָדִין; חַד; מְעֻדָּן; מִתְרַבְרֵב; יָפֶה;
טָהוֹר; קְנָס
— *v.t.* קָנַס
**fi′nery** *n.* (פַינַרִי) לְבוּשׁ מְהֻדָּר
**finesse′** *n.* (פִנֶס) דַּקּוּת בְּבִצּוּעַ; עֲדִינוּת;
מְיֻמָּנוּת; תַּחְבּוּלָה
**fin′ger** *n.* (פִנְגֶר) אֶצְבַּע
**fin′ish** *v.t.* & *i.* & *n.* (פִנִשׁ) גָּמַר, סִיֵּם;
כִּלָּה; הִשְׁלִים; אִשְׁפֵּר; סִיּוּם, גְּמָר; סוֹף;
לִטּוּשׁ; צִפּוּי; גִּמּוּר; אַשְׁפָּרָה
**fi′nite** *adj.* (פַינַיט) מֻגְבָּל; בַּר־מְדִידָה

**fir** *n.* (פֶר) אַשּׁוּחַ
**fire** *n.* (פַיְאֶר) אֵשׁ; דְּלֵקָה, שְׂרֵפָה; זֹהַר;
הִתְלַהֲבוּת, לַהַט; חֵיוּת הַדִּמְיוֹן; דַּלֶּקֶת,
קַדַּחַת; מְצוּקָה; עָצְמָה; נִיצוֹץ; יְרִי
catch — הִתְלַקַּח, בָּעַר
on — דּוֹלֵק, בּוֹעֵר; לָהוּט
set — to הִצִּית; הִסִּית
under — נִתְקָף
— *v.t.* & *i.* חִמֵּם, סִפֵּק דֶּלֶק; הִצִּית; יָרָה;
שָׂרַף; הִסִּית; שִׁלְהֵב; הִשְׁרָה; פּוֹצֵץ; פִּטֵּר;
"זָרַק"; נִדְלַק; זָהַר; הִתְרַגֵּשׁ; יָרָה; נוֹרָה;
זָרַק (קליעו); הִצְהִיב (צמח)
— away הִמְטִיר שְׁאֵלוֹת
**fire′arm″** *n.* (פַיְאֶרְאַרְם) נֶשֶׁק קַל
**fire′ depart′ment** (פַיְאֶר דִפַּרְטְמֶנְט)
שֵׁרוּת כִּבּוּי; כַּבָּאִים
**fire′ en″gine** (פַיְאֶר אֶנְגִ׳ן) מְכוֹנִית כִּבּוּי
**fire′ extin′guisher** (פַיְאֶר אֶקְסְטִנְגְוִשֶׁר)
מַטְפֶּה
**fire′fly″** *n.* (פַיְאֶרְפְלַי) גַּחֲלִילִית
**fire′house″** *n.* (פַיְאֶר הָאוּס) תַּחֲנַת
כַּבָּאִים
**fire′man** *n.* (פַיְאֶרְמֶן) כַּבַּאי; מַסִּיק (כבשן)
**fire′place″** *n.* (פַיְאֶרְפְּלֵיס) אָח; כִּירַיִים־חוּץ
**fire′proof″** *adj.* & *v.t.* (פַיְאֶרְפְּרוּף)
חֲסִין־אֵשׁ; חִסֵּן מִפְּנֵי אֵשׁ
**fire′side″** *n.* & *adj.* (פַיְאֶרְסַיד) מְחִצַּת
הָאָח הַמְבֹעֶרֶת; מָעוֹן, חַיֵּי מִשְׁפָּחָה
**fire′ sta″tion** (פַיְאֶר סְטֵישְׁן) תַּחֲנַת כַּבָּאִים
**fire′works″** *n. pl.* (פַיְאֶרְוֶרְקְס) זִקּוּקִין
דִּי־נוּר; הִתְפָּרְצוּת זַעַם
**fir″ing squad′** (פַיְאֶרִנְג סְקְווֹד) כִּתַּת
יוֹרִים
**firm** *adj.* & *n.* (פֶרְם) מוּצָק, קָשֶׁה,
אֵיתָן; קָבוּעַ; יַצִּיב; אֵיתָן; תַּקִּיף; חֶבְרָה
מִסְחָרִית, פִירְמָה
**fir′mament** *n.* (פֶרְמְמֶנְט) רָקִיעַ
**firm′ness** *n.* (פֶרְמְנֶס) מוּצָקוּת, קַשְׁיוּת;
יַצִּיבוּת; קְבִיעוּת; תַּקִּיפוּת
**first** *adj.* & *n.* & *adv.* (פֶרְסְט) רִאשׁוֹן;
הִלּוּךְ נָמוּךְ; לָרִאשׁוֹנָה, תְּחִלָּה, רֵאשִׁית
**first′ aid′** (פֶרְסְט אֵיד) עֶזְרָה רִאשׁוֹנָה
**first′ wa′ter** (פֶרְסְט ווֹטֶר) הַמְעֻלֶּה

**fis′cal** *adj.* (פסקל) של אוצר המדינה, פיסקלי, ממוני

**fish** *n. & v.t. & i.* (פש) דג; דגה; "ברנש"; דג (סועל), העלה בחכה; העלה; חפש, חטט; נסה להשיג על ידי תחבולות

**fish′erman** *n.* (פשרמן) דיג

**fish′ery** *n.* (פשרי) דיג; מדגה

**fish′ing** *n.* (פשנג) דיג/ דיוג

**fish′ing tack″le** (פשנג טקל) ציוד דיג

**fish′ sto″ry** (פש סטורי) גוזמה, ספור מגזם

**fish′y** *adi.* (פשי) של דג; שופע דגה; לא מתקבל על הדעת; מפקפק; אדיש וחסר מרץ

**fis′sion** *n.* (פשן) בקוע

**fis′sure** *n.* (פשר) בקיע, נקיק

**fist** *n.* (פסט) אגרוף

**fit** *v.t. & i.* (פט) התאים, הלם; הכשיר; הכין, התקין; ופת; צייד, ספק; מדד

— out צייד

— *adj.* כשר, מתאים, יאה; ראוי; מוכן; בריא, במצב בריאות טוב; כשיר

— *n.* התאמה; התקף; שבץ; בולמוס; התפרצות

by —s and starts מפקידה לפקידה, בסרוגים

throw a — התרגש מאד, התקצף

**fit′ful** *adj.* (פטפל) בהתקפים; קורה בסרוגים

**fit′ness** *n.* (פטנס) כשר, כשירות, התאמה

**fit′ting** *adj. & n.* (פטנג) מתאים, יאה; התאמה; מדידה; ציוד, מתקן

—s ציוד, רהוט, אביזרים

**five** *n. & adj.* (פיב) חמש (.f), חמשה (.m)

take — נח חמש דקות

**fix** *v.t. & i.* (פקס) קבע, יצב; חבר; תקע; חזק; עצב צורה סופית; תקן; סדר; ספק; תחבל; התקין (ארוחה); נקם; הסף חנקן לחנקה; נקבע לתמיד, יצב; התמצק; השתקע

— *n.* מצב קשה; קביעת מקום (של אניה או מטוס); הזרקה (של סם משכר); מנת סם

**fixa′tion** *n.* (פקסישן) קביעה; הקבעות; הרתקות; מקבע (בצילום)

**fixed** *adj.* (פקסט) קבוע, אשון, יציב; מרכז, ממקד; מתקן

**fix′ture** *n.* (פקסצ׳ר) מתקן קבוע; צמוד בקביעות (אדם או חפץ)

**fizz** *v.i. & n.* (פז) השמיע קול תסיסה; תסס; קול תסיסה; מי־סודה; משקה כהל ומיץ לימון במי־סודה

**fiz′zle** *v.i. & n.* (פזל) השמיע קול תסיסה; נחלש והולך; נכשל בבשת פנים; קול תסיסה; נחלש, כעכוע; כשלון

**flab′bergast″** *v.t.* (פלברגסט) הדהים, הכה בתמהון

**flab′by** *adj.* (פלבי) מדלדל; רפה, תלוי; ברפיון; לא־מוצק

**flag** *n. & v.t. & i.* (פלג) דגל; זנב (של צבי או כלב ציד); מרצפת; קשט בדגלים; אותת ל־, הזהיר; לכד במלכדת על־ידי נפנוף דגל; סמן; הדלדל, רפה, פחת

**fla′grant** *adj.* (פליגרנט) מנקר עינים; ידוע לשמצה

**flail** *n. & v.t.* (פליל) מחבט (לדיש); חרוץ; חבט

**flair** *n.* (פלר) כשרון; יכלת; הופעה אלגנטית; אבחנה דקה

**flak** *n.* (פלק) אש נגד־מטוסית

**flake** *n. & v.i. & t.* (פליק) פתית; רבד; התקלף, התפתפת; פתת, פתפת

**flame** *n. & v.i.* (פלים) להבה, שלהבת; זהר; צבע זוהר; להט; אהובה; התלקח; זהר; בער; התפרץ

**flank** *n. & v.t. & i.* (פלנק) צד; אגף; אגף

**flan′nel** *n.* (פלנל) פלנל

**flap.** *v.i. & t. & n.* (פלפ) התנפנף; חבט באמצעות עצם רחב וגמיש; נפנף מעלה־מטה; נפנוף; קול נפנוף; חבטה (בעצם רחב וגמיש); עצם רחב וגמיש; עצם שטוח ודק; משטח; שפה

landing —s דשי־נחיתה

**flare** *v.i. & t.* (פלר) בער; התלקח; התפרץ; הבהיק; התרחב; התהדר ב־; אותת

— up התקצף; התגלע

— *n.* הִתְלַקְּחוּת; נוֹר, זִקּוּק; הִתְפָּרְצוּת; הִתְרַחֲבוּת

**flash** *n. & adj.* (פְלֶשׁ) הַבְזָקָה; הַבְהָקָה; חָזִיז, רֶשֶׁף; הֶרֶף־עַיִן, אַרְגִיעָה; פַּנָּס; הִתְהַדְּרוּת רַאַוְתָנִית; הַבְרָקָה מֻקְדֶּמֶת (של ידיעה); פִּתְאוֹמִי וְקָצָר; רַאַוְתָנִי

in the pan הִתְאַמְּצוּת סְרָק

— *v.i. & t.* הִבְזִיק; הִבְהִיק; הִתְפָּרֵץ; הוֹפִיעַ פִּתְאֹם; נָע בִּמְהִירוּת גְּדוֹלָה; הֵצִית; הִבְרִיק; הִתְהַדֵּר

**flash'back"** *n.* (פְלֶשְׁבֶּק) הַצָּצָה לֶעָבָר

**flash' bulb"** (פְלֶשׁ בַּלְבּ) נוּרַת הַבְזָקָה

**flash' gun"** (פְלֶשׁ גַּן) מַבְזֵק

**flash'light"** *n.* (פְלֶשְׁלַיט) פַּנָּס חַשְׁמַלִּי

**flash'y** *adj.* (פְלֶשִׁי) מַזְהִיר; יָמְרָנִי; צַעֲקָנִי

**flask** *n.* (פְלֶסְק) צְלוֹחִית; בַּקְבּוּק שָׁטוּחַ

**flat** *adj.* (פְלֶט) שָׁטוּחַ; פָּחוּס; יָשָׁר; מִישׁוֹרִי; אָפְקִי; מֻנָּח; פָּרוּשׂ; חֲסַר־אֲוִיר; מֻחְלָט; קָבוּעַ; חֲסַר־מֶרֶץ; חֲסַר־חִיּוּת; תָּפֵל; יָשָׁן; חֲסַר־תַּכְלִית; חֲסַר־מַשְׁמָעוּת; דּוּ־מְמַדִּי; חֲסַר־בָּרָק, מַט; עָמוּם; חַד־גּוֹנִי

— n. דִּירָה; עֶצֶם שָׁטוּחַ; נַעַל לְלֹא עָקֵב; מִשְׁטָח; בִּצָּה, מַיִם רְדוּדִים; נַחַת; תֶּקֶר

— *adv.* בִּתְנוּחָה שְׁטוּחָה; בְּמַצָּב אָפְקִי; לַחֲלוּטִין; בְּדִיּוּק; בִּצְלִיל נָמוּךְ מֵהַגֹּבַהּ הַדָּרוּשׁ

**flat'ten** *v.t.* (פְלֶטְן) שִׁטַּח; פָּחַס; נַעֲשָׂה שָׁטוּחַ; הִשְׁתַּטֵּחַ; נִפְחַס

**flat'ter** *v.t. & i.* (פְלֶטְר) הֶחֱנִיף; הֶחְמִיא לְ־; הִבְלִיט הַמַּעֲלָה; הִפְצִיר עַל יְדֵי חֲנֻפָּה; הִרְגִּישׁ הַרְגָּשַׁת קוֹרַת רוּחַ; עוֹדֵד בְּתִקְוַת שָׁוְא; דִּבֵּר בִּשְׂפַת חֲלָקוֹת

**flat'tery** *n.* (פְלֶטֶרִי) חֲנֻפָּה

**flat'ulence** *n.* (פְלֶצֲ'לֲנְס) נְפִיחוּת; הִתְנַפְּחוּת, יָמְרָנוּת

**flaunt** *v.t. & i.* (פְלוֹנְט) הִצִּיג בְּרַבְרְבָנוּת, הִתְנַדֵּר בְּ־; זִלְזֵל בְּ־; נִפְנֵף בְּצוּרָה רַאַוְתָנִית

**fla'vor** *n. & v.t.* (פְלֵיבְר) טַעַם מְיֻחָד, טַעַם; סְגֻלָּה אָפְיָנִית, תְּכוּנָה מְיֻחֶדֶת; תַּבְלִין; תִּבֵּל

**flaw** *n.* (פְלוֹ) פְּגָם, מוּם; סֶדֶק, בְּקִיעַ

**flax** *n.* (פְלֶקְס) פִּשְׁתָּה, פִּשְׁתָּן

**flax'en** *adj.* (פְלֶקְסֶן) שֶׁל פִּשְׁתָּן, דּוֹמֶה לְפִשְׁתָּן; צָהֹב לְבַנְבַּן

**flay** *v.t.* (פְלֵי) פָּשַׁט הָעוֹר (ע״י מלקות); גָּעַר, מָתַח בִּקֹּרֶת קָשָׁה

**flea** *n.* (פְלִי) פַּרְעוֹשׁ

— in one's ear רֶמֶז; נְזִיפָה

**fleck** *n.* (פְלֶק) כֶּתֶם

**fled** (פְלֶד) (זמן עבר של flee)

**fledg'ling** *n.* (פְלֶגְ'לִנְג) עוֹף צָעִיר, גּוֹזָל מַצְמִיחַ נוֹצוֹת; אָדָם חֲסַר־נִסָּיוֹן, טִירוֹן

**flee** *v.i. & t.* (פְלִי) נָס, בָּרַח; הִסְתַּלֵּק בִּמְהִירוּת

**fleece** *n. & v.t.* (פְלִיס) שְׂעַר כְּבָשִׂים; גִּזָּה; אָרִיג פְּלוּמָה, פְּלוּמָה; גָּזַז; הוֹצִיא רְכוּשׁ בִּרְמִיָּה

**fleet** *adj. & n.* (פְלִיט) מָהִיר; צִי

**fleet'ing** *adj.* (פְלִיטִנְג) חוֹלֵף

**Flemish** *n. & adj.* (פְלֶמִשׁ) פְלֶמִי, בֶּן פְלַנְדְרִיָּה; פְלֶמִית

**flesh** *n.* (פְלֶשׁ) בָּשָׂר; שֻׁמָּן, מִשְׁקָל, גּוּף; גַּשְׁמִיּוּת; הַמִּין הָאֱנוֹשִׁי; הַחַי; שְׁאֵר בָּשָׂר; צִיפָּה (פרי)

in the — פָּנִים אֶל פָּנִים

**flew** (פְלוּ) (זמן עבר של fly)

**flex** *v.t. & i.* (פְלֶקְס) כּוֹפֵף

**flex'ible** *adj.* (פְלֶקְסִבְּל) גָּמִישׁ; נִתָּן לְשִׁנּוּי; וַתְּרָנִי

**flex"ibil'ity** *n.* (פְלֶקְסִבִּלִטִי) גְּמִישׁוּת; וַתְּרָנוּת

**flick** *n. & v.t.* (פְלִק) טְפִיחָה פִּתְאוֹמִית; תְּנוּעָה קַלָּה וּמְהִירָה; דָּבָר מֻשְׁלָךְ בִּתְנוּעָה פִּתְאוֹמִית; טָפַח; הֵסִיר בִּטְפִיחָה; הֵזִיז בִּתְנוּעָה פִּתְאוֹמִית

**flick'er** *v.i. & n.* (פְלִקְר) הִבְלִיחַ; זָע, רָטַט; הַבְלָחָה; תְּנוּדָה, רֶטֶט

**fli'er** *n.* (פְלַיאֶר) מְעוֹפֵף; טַיָּס; עָף; נְתִירָה מְעוֹפֶפֶת; מִפְעַל פִינַנְסִי צְדָדִי

**flight** *n.* (פְלַיט) מָעוֹף; טִיסָה; לַהַק (עופות); גַּף (מטוסים); הִתְקַדְּמוּת מְהִירָה; הַמְרָאָה; טוּר (מדרגות); מְנוּסָה, בְּרִיחָה

put to — הֵנִיס

**fligh'ty** *adj.* (פְלַיטִי) קַפְּרִיזִי, קַל־דַּעַת; קְצַת מְטֹרָף; חֲסַר־אַחֲרָיוּת

**flim′sy** *adj.* & *n.* (פְלִמְזִי) קָלוּשׁ; חַלָּשׁ; רָעוּעַ; לֹא־מַסְפִּיק; לֹא־מְשַׁכְנֵעַ, לֹא־מְסַפֵּק; נְיָר דַּק; דו״חַ עַל נְיָר דַּק

**flinch** *v.i.* (פְלִנְץ׳) נִרְתַּע; הִתְכַּוֵּץ מִכְּאֵב

**fling** *v.t.* & *i.* & *n.* (פְלִנְג) הֵטִיל, זָרַק, הִשְׁלִיךְ; זָז נִמְרָצוֹת; קָרַע; הִשְׁמִיעַ דִּבְרֵי בֶּלַע, דִּבֵּר בְּגַסּוּת; הַשְׁלָכָה; תְּקוּפַת הוֹלְלוּת; פְלִינְג (רִיקּוּד סְקוֹטִי מְלֻוֶּה תְּנוּעוֹת מְהִירוֹת)

**flint** *n.* (פְלִנְט) צֹר, חַלָּמִישׁ

**flint′lock′** *n.* (פְלִנְטְלוֹק) רוֹבֶה צֹר (בּוֹ מוּצַּת אֲבַק הַשְּׂרֵפָה ע״י נִיצוֹץ מֵהַקָּשַׁת צוּר עַל פְּלָדָה)

**flin′ty** *adj.* (פְלִנְטִי) חַלְמִישִׁי; חֲסַר־רַחֲמִים, אַכְזָרִי; קָשׁוּחַ, עַקְשָׁן

**flip** *v.t.* & *i.* & *n.* (פְלִפּ) הֵטִיל פִּתְאוֹם; הִשְׁחִיל; הֵזִיז (בִּתְנוּעָה מְקֻטַּעַת); הֵסֵךְ (בִּתְנוּעוֹת קְצָרוֹת וּמְהִירוֹת); הֵגִיב בְּהִתְרַגְּשׁוּת; הֲטָלָה (בִּתְנוּעָה פִּתְאוֹמִית); טְפִיחָה מְהִירָה

**flip′pant** *adj.* (פְלִפֶּנְט) קַל־דַּעַת וְשִׁטְחִי; חָצוּף תּוֹךְ קַלּוּת־דַּעַת

**flip′per** *n.* (פְלִפֶּר) סְנַפִּיר

**flirt** *v.i.* & *n.* (פְלֶרְט) הִשְׁתַּעֲשֵׁעַ בַּאֲהַבְהָבִים, ״פְלִרְטֵט״; הִשְׁתַּעֲשֵׁעַ (בְּרַעְיוֹן); מִשְׁתַּעֲשֵׁעַ בַּאֲהַבְהָבִים, שֶׁמִּנְהָגוֹ לְ״פְלַרְטֵט״

**flirta′tion** *n.* (פְלֶרְטֵישְׁן) אֲהַבְהָבִים, ״פְלִירְט״

**flit** *v.i.* & *n.* (פְלִט) נָע בְּקַלּוּת וּבִמְהִירוּת; עָף; חָלַף בְּמָעוֹף; תְּנוּעָה קַלָּה וּמְהִירָה

**float** *v.i.* & *t.* (פְלוֹט) צָף; שָׁט; רִחֵף; נָע בְּקַלּוּת וּבַעֲדִינוּת; נָע בְּחָפְשִׁיּוּת; נָדַד; הֵשִׁיט; שָׁטַף, הִשְׁקָה, הֵצִיף; כִּסָּה (שֶׁטַח) בְּנוֹזֵל; הִשִּׁיק; יִסֵּד; הִנְפִּיק; פָּסַח עַל שְׁתֵּי הַסְּעִפִּים

*n.* צָף, רַפְסוֹדָה, מַשִּׁיט, רָצִיף צָף, מָצוֹף, עֶצֶם צָף; מַכְשִׁיר הַצָּלָה (כְּמַיִם); כְּלִי־רֶכֶב מְקֻשָּׁט (בְּתַהֲלוּכָה); כַּף סִיָּדִים

ing *adj.* לֹא־קָבוּעַ, נַיָּד

**flock** *n.* & *v.i.* (פְלוֹק) עֵדֶר; צֹאן; לַהֲקָה; הָמוֹן; צֹאן מַרְעִית, עֵדָה; נָהַר, הִתְקַהֵל

**floe** *n.* (פְלוֹ) מִשְׁטַח קֶרַח שָׁט

**flog** *v.t.* (פְלוֹג) הִלְקָה בְּשׁוֹט; נָזַף

**flog′ging** *n.* (פְלוֹגִנְג) מַלְקוֹת

**flood** *n.* & *v.t.* & *i.* (פְלַד) שִׁטָּפוֹן; מַבּוּל; גֵּאוּת הַיָּם; הֵצִיף, שָׁטַף; מִלֵּא לַגְמָרֵי

**flood′light″** *n.* (פְלַדְלַיט) זַרְקוֹר

**floor** *n* & *v.t.* (פְלוֹר) רִצְפָּה; קוֹמָה, דְּיוֹטָה; מִשְׁטַח רָצוּף; שֶׁטַח; קַרְקַע; אוּלַם וִכּוּחִים; רְשׁוּת הַדִּבּוּר; רִצֵּף; הִפִּיל; הֵבִיא בִּמְבוּכָה

**floo′ring** *n.* (פְלוֹרִנְג) חֹמֶר רְצָפוֹת; רִצְפָּה, רְצָפוֹת

**floor′ mo″del** *n.* (פְלוֹר מוֹדֶל) מֻצָּג (בַּחֲנוּת)

**floor′ show″** (פְלוֹר שׁוֹ) בִּדּוּר, הַצָּגָה בְּקַבָּרֶט

**floor′wal″ker** *n.* (פְלוֹרְווֹקֶר) מְפַקֵּחַ (בַּחֲנוּת)

**floo′zy** *n.* (פְלוּזִי) פְּרוּצָה מְרֻשֶּׁלֶת

**flop** *v.i.* & *t.* & *n.* (פְלוֹפּ) נָפַל בַּחֲבָטָה; הֶחֱלִיף סִיעוֹת; נִכְשַׁל; הִתְנַפְנֵף; הִשְׁלִיךְ בַּחֲבָטָה; קוֹל חֲבָטָה; נְפִילָה בַּחֲבָטָה; כִּשָּׁלוֹן

**flop′house″** *n.* (פְלוֹפְּהָאוּס) פֻּנְדָּק יָרוּד

**flor′a** *n.* (פְלוֹרָה) צִמְחִיָּה

**flo′ral** *adj.* (פְלוֹרֶל) פִּרְחִי

**flor′id** *adj.* (פְלוֹרִד) אֲדַמְדַּם; פִּרְחִי; רַאַוְתָנִי

**flor′ist** *n.* (פְלוֹרִסְט) מוֹכֵר פְּרָחִים

**flotil′la** *n.* (פְלוֹטִלָה) שַׁיֶּטֶת; צִי קָטָן

**flot′sam** *n.* (פְלוֹטְסֶם) שִׁבְרֵי אֳנִיָּה צָפִים

and jet sam (–גֶ׳צֶם) שִׁבְרֵי אֳנִיָּה; דְּבָרִים חַסְרֵי עֵרֶךְ

**flounce** *v.i.* & *n.* (פְלַאוּנְס) יָצָא תּוֹךְ תְּנוּעָה נִמְרֶצֶת (שֶׁל קֹצֶר־רוּחַ כַּעַס אוֹ חֻצְפָּה); קָרַע; תְּנוּעָה נִמְרֶצֶת; שׁוּלַיִם מְקֻפָּלִים

**floun′der** *v.i.* & *n.* (פְלַאוּנְדֶר) פִּרְכֵּס; פִּרְכּוּס; דַּג־מֹשֶׁה־רַבֵּנוּ

**flour** *n.* (פְלַאוּר) קֶמַח; אֲבָקָה דַּקָּה

**flour′ish** *v.t.* & *i.* & *n.* (פְלַרִשׁ) שִׂגְשֵׂג; הָיָה בְּשִׂיא; הִצְלִיחַ; הֵנִיף; הִצִּיג בְּרַאַוְתָנוּת; סִלְסֵל כְּתָב; הִשְׁתַּמֵּשׁ בִּמְלִיצוֹת; הֲנָפָה, נִפְנוּף; הַצָּגָה רַאַוְתָנִית; סִלְסוּל; מְלִיצָה

**flout** *v.t.* & *i.* & *n.* (פְלַאוּט) לִגְלֵג עַל־; עֶלְבּוֹן

**flow** *v.i.* & *n.* (פְלוֹ) זָרַם, נָהַר; נָבַע; שָׁפַע; הָיָה לָהּ וֶסֶת; הַזּוֹרֵם, שָׁטַף; זְרִימָה; נָהָר; שֶׁטֶף; גֵּאוּת; וֶסֶת

**flow′er** *n.* & *v.i.* (פְלַאוּאֶר) פֶּרַח; נִצָּן;

פְּרִיחָה; קִשּׁוּט; שִׂיא הַפְּרִיחָה; מֵיטָב; פָּרַח; הִתְבַּגֵּר; קִשֵּׁט בִּפְרָחִים

**flow'er-bed** (פְלַאוּאֶר בֶּד) עֲרוּגָה

**flow'ery** *adj.* (פְלַאוּרִי) מְכֻסֶּה פְּרָחִים; פִּרְחוֹנִי; פִּרְחִי; מְלִיצִי

**flu** *n.* (פְלוּ) שַׁפַּעַת

**fluc'tuate"** *v.t.* (פְלַקְצ'וּאֵיט) עָלָה וְיָרַד; הִשְׁתַּנָּה לְמַקְטָעִין, פָּסַח עַל שְׁתֵּי הַסְּעִפִּים; נָע בְּגַלִּים; הִתְנוֹעֵעַ בְּצוּרָה גַּלִּית

**flue** *n.* (פְלוּ) מוֹבִל־עָשָׁן; מַעֲשֵׁנָה, אֲרֻבָּה; צִנּוֹר

**flu'ent** *adj.* (פְלוּאֶנְט) רָהוּט; מִשְׁתַּמֵּשׁ בִּרְהִיטוּת; מִשְׁתַּמֵּשׁ בְּשֶׁטֶף; קַל תְּנוּעָה; זוֹרֵם; זָרִים (בר־זרימה)

**fluff** *n.* & *v.t.* (פְלַף) גַּרְגְּרִים מוֹכִיִּים; מוֹךְ; דָּבָר שֶׁל מַה בְּכָךְ; מִשְׁגֶּה; עָשָׂה לְמוֹךְ; נִפַּח לַחֲבִילָה מוֹכִית, נִעֵר וְהָפַךְ לַחֲבִילָה מוֹכִית

**fluf'fy** *adj.* (פְלַפִי) מוֹכִי; קַל; קַל־דַּעַת

**flu'id** *n.* & *adj.* (פְלוּאִד) נוֹזֵל; מִשְׁתַּנֶּה בְּקַלּוּת

**fluke** *n.* (פְלוּק) קֶרֶס הָעֹגֶן; חֹד; יִתְרוֹן מִקְרִי; הַצְלָחָה מִקְרִית

**flung** *n.* (פְלַנְג) (זמן עבר של fling)

**flunk** *v.i.* & *t.* (פְלַנְק) נִכְשַׁל; נִכְשַׁל וְגֹרַשׁ מֵהַקּוּרְס; הִכְשִׁיל; גֵּרֵשׁ מִלִּמּוּדִים

**flun'key** *n.* (פְלַנְקִי) מְשָׁרֵת נִבְזֶה; מְלַחֵךְ פִּנְכָּה

**flu"oresc'ent** *adj.* (פְלוּאֶרֶסֶנְט) פְלוּאוֹרֶסְצֶנְטִי

**flu'orine** *n.* (פְלוּאֶרִן) פְלוּאוֹר

**flur'ry** *n.* (פְלַרִי) מַשַּׁב שֶׁלֶג; הִתְרַגְּשׁוּת פִּתְאוֹמִית

**flush** *n.* & *adj.* & *adv.* (פְלַשׁ) סֹמֶק; שֶׁטֶף; הִתְהַוּוּת פִּתְאוֹמִית; חִיּוּת; חֹם; שָׁוֶה; בְּמִישׁוֹר אֶחָד עִם־; נוֹגֵעַ, נוֹשֵׁק; מְשֻׁפָּע, עָשִׁיר; שׁוֹפֵעַ חִיּוּת; מַסְמִיק; בְּמַגָּע יָשִׁיר עִם

**— *v.t.* & *i.*** הִסְמִיק; שָׁטַף; הִלְהִיב; הֶחֱרִיד מֵרִבְצוֹ; הִמְרִיא פִּתְאֹם

**fluster** *v.t.* (פְלַסְטֶר) הֵבִיא בִּמְבוּכָה; נִרְגַּשׁ; גָּרַם הִתְרַגְּשׁוּת

**flute** *n.* (פְלוּט) חָלִיל

**flut'ter** *v.i.* & *t.* & *n.* (פְלַטֶר) הִתְנַפְנֵף; נִפְנֵף בִּכְנָפַיִם; רִטֵּט; פָּעַם בְּצוּרָה מְקֻטַּעַת; הִתְרַגֵּשׁ; נָע לְלֹא תַּכְלִית; הִרְטִיט, הִסְעִיר; הֵבִיךְ; נִפְנוּף; הִתְרַגְּשׁוּת; תְּחוּשָׁה; תְּסִיסָה

**flux** *n.* (פְלַקְס) זְרִימָה, זֶרֶם; תְּמוּרָה מִתְמֶדֶת, אִי־יַצִּיבוּת; פְּלִיטַת נוֹזְלִים, דִּיזֶנְטֶרְיָה; שֶׁטֶף; מִשְׁחַת־הַלְחָמָה; הִתְמַזְּגוּת

**fly** *v.i.* & *t.* (פְלַי) עָף, טָס; נִשָּׂא עַל יְדֵי הָרוּחַ, הוּעַף; הִתְנוֹפֵף; נָע פִּתְאוֹם וּבִמְהִירוּת; נָס, בָּרַח; נִמְלַט; חָלַף; הֵעִיף; הֵטִיס; הֵנִיף

**— at** הִתְקִיף, תָּקַף

**— in the face of** פָּעַל בְּנִגּוּד לְ־

**— *n.*** יְרִיעַת־פֶּתַח (של אהל); "חֲנוּת" (במכנסיים); מַסְלוּל (של עצם מתעופף); אֹרֶךְ (של דגל), קְצֵה הַדֶּגֶל; זְבוּב; קֶרֶס מְסֻוֶּה כְּחֶרֶק

**on the —** בִּמְנוּסָה; בְּחִפָּזוֹן

**fly'blown"** *adj.* (פְלַיבְּלוֹן) מְכֻסֶּה בֵּיצֵי זְבוּבִים; מְקֻלְקָל, מְכֻתָּם

**fly'-by-night"** *adj.* & *n.* (פְלַי־בַּי־נַיט) לֹא־מְהֵימָן, לֹא־אַחְרַאי; חוֹלֵף; לֹא־אָמִין

**fly'ing** *adj.* & *n* (פְלַיאִנְג). מִתְעוֹפֵף, עָף; מִתְנַפְנֵף, נָע בִּמְהִירוּת; חָטוּף, קָצָר; טַיִס, מָעוֹף, טִיסָה

**fly'leaf"** *n.* (פְלַילִיף) דַּף רֵיק (בראשית ספר או בסופו)

**fly'wheel"** *n.* (פְלַיהְוִיל) גַּלְגַּל תְּנוּפָה

**foal** *n.* & *v.t.* & *i.* (פוֹל) סְיָח (בן סוסה משנה); הִמְלִיט (סיח)

**foam** *n.* & *v.i.* (פוֹם) קֶצֶף; הֶעֱלָה קֶצֶף

**foam' rub'ber** (פוֹם רַבֶּר) גּוּמָאֲוִיר

**fob** *n.* (פוֹב) מֶדַלְיוֹן שָׁעוֹן; כִּיס שָׁעוֹן

**— off** *v.t.* רִמָּה (ע"י החלפת הסחורה בסחורה נחותה); דָּחָה בְּעָרְמָה

**fo'cal** *adj.* (פוֹקֶל) שֶׁל מוֹקֵד

**fo'cus** *n.* & *v.t.* & *i.* (פוֹקַס) מוֹקֵד; מִקֵּד; רִכֵּז; הִתְמַקֵּד

**fod'der** *n.* & *v.t.* (פוֹדֶר) מִסְפּוֹא; הִלְעִיט (במספוא)

**foe** *n.* (פוֹ) אוֹיֵב, שׂוֹנֵא, צַר; יָרִיב; מִתְנַגֵּד

**fog** *n.* & *v.t.* & *i.* (פוֹג) עֲרָפֶל; טִשְׁטוּשׁ; הֶעֱטָה בַּעֲרָפֶל; עִרְפֵּל; בִּלְבֵּל; הִתְכַּסָּה עֲרָפֶל

**fog'gy** *adj.* (פוֹגִי) עַרְפִלִי; מְעֻרְפָּל
**foi'ble** *n.* (פּוֹיבְּל) חֻלְשָׁה קְטַנָּה; פְּגָם קָטָן
**foil** *v.t. & n.* (פּוֹיל) סִכֵּל; הִכְשִׁיל; רִקּוּעַ (מתכת), נְיַר־בְּדִיל; מְבֻלָּט עַל יְדֵי נִגּוּדוֹ; סַיִף מְקֵהֶה
**foist** *v.t.* (פּוֹיסְט) שִׁלֵּב; כָּפָה עַל (שלא כדין) בְּחֲשַׁאי
**fold** *v.t. & i.* (פוֹלְד) קִפֵּל; חִבֵּק יָדַיִם, שִׂכֵּל; לָפַת; עָטַף; הִתְקַפֵּל
— up "הִתְקַפֵּל"; סָגַר מִפְעָל, פָּשַׁט הָרֶגֶל
— *n.* קֶפֶל, קִפּוּל; מִכְלָאָה, צֹאן; כְּנֵסִיָּה, חַבְרֵי כְּנֵסִיָּה
**-fold** *suf.* (פוֹלְד) פִּי־, – מוֹנִים; חֲלָקִי־
**fol'der** *n.* (פוֹלְדֶר) מַעֲטֶפֶת, תִּיק
**fo'liage** *n.* (פוֹלִיאִג') עַלְוָה, עָלִים
**folk** *n. & adj.* (פוֹק) אֲנָשִׁים; עֲמָמִי
—s אֲנָשִׁים; הוֹרִים; קְרוֹבִים
**folk'lore"** *n.* (פוֹקְלוֹר) פוֹלְקְלוֹר, יֶדַע־עַם
**fol'low** *v.t. & i.* (פוֹלוֹ) בָּא אַחֲרֵי, הָלַךְ אַחֲרֵי, הָלַךְ בְּעִקְּבוֹת; קִבֵּל מָרוּת שֶׁל־; צִיֵּת; חִקָּה; הִתְקַדֵּם; הִתְפַּתֵּחַ כִּתוֹצָאָה; נִלְוָה אֶל־; רָדַף אַחֲרֵי; שָׁאַף לְהַגִּיעַ אֶל; עָסַק בְּ־ כְּמִשְׁלַח יָד; הִתְבּוֹנֵן בְּ־; הִתְבּוֹנֵן בְּמַהֲלָךְ שֶׁל; הִשִּׂיג, עָמַד עַל דִּבְרֵי־; קָרָה (בעקבות מעשה אחר); שֵׁרֵת
— out בִּצַּע
— through הִמְשִׁיךְ עַד לְהַשְׁלָמַת –
**fol'lower** *n.* (פוֹלוֹאֶר) הוֹלֵךְ אַחֲרֵי; חָסִיד, תַּלְמִיד; מְחַקֶּה; מְשָׁרֵת
**fol'lowing** *adj. & n.* (פוֹלוֹאִנְג) קָהָל חֲסִידִים; צִבּוּר מַעֲרִיצִים; הַבָּא לְהַלָּן, הַבָּא מִיָּד אַחֲרֵי; הַבָּא; הַנָּע בְּאוֹתוֹ כִּוּוּן
**fol'low-up"** *n. & adj.* (פוֹלוֹ־אַפּ) מַעֲקָב; חוֹזֵר־הַתְמֵד; שֶׁל מַעֲקָב
**fol'ly** *n.* (פוֹלִי) אִוֶּלֶת, טִפְּשׁוּת, סִכְלוּת; הַשְׁקָעָה טִפְּשִׁית שֶׁסּוֹפָהּ כִּשָּׁלוֹן
—ies רֶבְיוּ; תָּכְנִית בִּדּוּר (שעיקרה רקדניות חמרות)
**foment'** *v.t.* (פוֹמֶנְט) הֵסִית, חִרְחֵר; הִרְטִיב, שָׂם מַיִם חַמִּים
**fond** *adj.* (פוֹנְד) מְחַבֵּב; אוֹהֵב; מַשְׁפִּיעַ חִבָּה; מְטַפֵּחַ
**fon'dle** *v.t. & i.* (פוֹנְדְל) לִטֵּף; גִּלָּה חִבָּה
**fond'ness** *n.* (פוֹנְדְנֶס) חִבָּה; חֻלְשָׁה
**font** *n.* (פוֹנְט) כִּיּוֹר טְבִילָה; מַעֲרֶכֶת אוֹתִיּוֹת
**food** *n.* (פוּד) מָזוֹן, אֹכֶל; מָזוֹן מוּצָק
**fool** *n.* (פוּל) פֶּתִי, טִפֵּשׁ, שׁוֹטֶה; לֵץ, לֵיצָן; לָהוּט אַחֲרֵי
be nobody's — הָיָה חָכָם
— *v.t. & i.* רִמָּה; שִׁטָּה בְּ־; הִתְלוֹצֵץ, הִשְׁתַּעֲשֵׁעַ; הֶעֱמִיד פָּנִים
— around הִתְבַּטֵּל; "הִתְעַסֵּק" (עם בני המין השני)
— with טִפֵּל בְּ־ בְּרַשְׁלָנוּת; הִתְיַחֵס בְּקַלּוּת דַּעַת אֶל־
**foo'lery** *n.* (פוּלֶרִי) אִוֶּלֶת; הִתְנַהֲגוּת טִפְּשִׁית
**fool'har"dy** *adj.* (פוּלְהַרְדִי) נוֹעָז לְלֹא שִׁקּוּל דַּעַת; מִסְתַּכֵּן בְּצוּרָה טִפְּשִׁית
**fool'ish** *adj.* (פוּלִשׁ) טִפְּשִׁי
**fool'proof** *adj.* (פוּלְפְּרוּף) חֲסִין־סִכּוּן; שֶׁאֵינוֹ מַכְזִיב
**fool's' gold'** (פוּלְז גוֹלְד) פִּירִיטִים שֶׁל בַּרְזֶל אוֹ נְחֹשֶׁת (שמראיהם כמראה זהב)
**foot** *n.* (פֻט) רֶגֶל; מִדַּת רֶגֶל (= 30.48 ס"מ); חֵיל־רַגְלִים; הֲלִיכָה, רִיצָה; צְעִידָה, מִדְרָךְ; תַּחְתִּית הַגֶּרֶב (המכסה את החלק של הרגל); תַּחְתִּית, רַגְלֵי, מַרְגְּלוֹת; אַחֲרִית
— *v.i. & t.* הָלַךְ בָּרֶגֶל; הֵזִיז הָרַגְלַיִם בְּקֶצֶב; רָקַד עַל; בִּצַּע מָחוֹל; עָבַר בָּרֶגֶל; חִבֵּר מַעֲטֶה רֶגֶל לְ־; שִׁלֵּם
**foot'ball"** *n.* (פֻטְבּוֹל) כַּדּוּרֶגֶל (אמריקני)
**foot'bridge"** *n.* (פֻטְבְּרִג') גֶּשֶׁר לְהוֹלְכֵי רֶגֶל
**foot'hill"** *n.* (פֻטְהִל) גִּבְעָה (למרגלות הר)
**foot'hold"** *n.* (פֻטְהוֹלְד) מַאֲחַז־רֶגֶל
**foot'ing** *n.* (פֻטִנְג) מַעֲמָד אֵיתָן; מַאֲחַז־רֶגֶל; בָּסִיס, יְסוֹד; מָקוֹם לְרַגְלַיִם; הֲלִיכָה; יַצִּיבוּת; מַעֲמָד; יַחֲסֵי גּוֹמְלִין
**foot'light"** *n.* (פֻטְלַיְט) אוֹר־בִּימָה
**foot'lock"er** *n.* (פֻטְלוֹקֶר) אַרְגַּז חֲפָצִים
**foot'loose"** *adj.* (פֻטְלוּס) חָפְשִׁי לָנוּעַ כִּרְצוֹנוֹ; חָפְשִׁי מֵאַחֲרָיוּת
**foot'man** *n.* (פֻטְמֶן) מְשָׁרֵת (במדים)
**foot'note"** *n.* (פֻטְנוֹט) הֶעָרָה (בתחתית עמוד); הֶעָרַת אַגַּב

**foot'print" *n.*** (פֻטְפְּרִנְט) עָקֵב (סימן שהוטבע ע"י רגל או נעל)

**foot'step" *n.*** (פֻטְסְטֶפּ) צַעַד; מַדְרֵךְ; עָקֵב (טביעת רגל); מַדְרֵגָה

**foot'stool" *n.*** (פֻטְסְטוּל) שְׁרַפְרַף, הֲדוֹם

**foot'work" *n.*** (פֻטְוֶרְק) רִגּוּל

**for *prep.*** (פוֹר; בלי הטעמה: פֶר) בִּשְׁבִיל, לְמַעַן, לְ־; נַעֲנֶה לְ־, רָגִישׁ לְ־; תְּמוּרַת; יָאֶה לְ־, מַתְאִים לְ־; בְּעַד; אֲשֶׁר לְ־; בְּיַחַס לְ־; מִבְּחִינַת ־; בְּמֶשֶׁךְ; בִּמְקוֹם; כְּעֹנֶשׁ לְ־; לִכְבוֹד; בְּדֶרֶךְ לְ־; לְסוֹבַת; לְהַצָּלַת; כְּדֵי לִהְיוֹת; עַל־ (צריך); כְּדֵי לְהַרְשׁוֹת; בִּבְחִינַת־; לַמְרוֹת; מִסִּבַּת־, בְּ־; כְּמִדַּת; הַלְוַאי וְהָיָה לִי־

**as —** וַאֲשֶׁר לְ־

**— conj.** הוֹאִיל וְ־; כִּי, מִפְּנֵי שֶׁ־

**for'age *n.* & *v.i.* & *t.*** (פוֹרְג') מִסְפּוֹא; צֵידָה; חִפּוּשׂ מָזוֹן, חִפּוּשׂ אַחֲרֵי צֵידָה; פְּשִׁיטָה; חִפֵּשׂ מָזוֹן; חִטֵּט; עָרַךְ פְּשִׁיטָה (לצורך אספקה); שָׁדַד; סִפֵּק מָזוֹן, סִפֵּק צֵידָה

**for'ay *n.*** (פוֹרֵי) פְּשִׁיטָה (למטרת ביזה); הַתְקָפַת פֶּתַע

**forbade'** (פוֹרְבֵּד) (זמן עבר של forbid)

**forbear' *v.t.* & *i.*** (פוֹרְבֵּר) נִמְנַע מִ־; עִכֵּב; סָבַל; נָהַג בְּאֹרֶךְ רוּחַ (על אף התגרות), נָהַג בְּסַלְחָנוּת כְּלַפֵּי

**forbear'ance *n.*** (פוֹרְבֵּרַנְס) הִמָּנְעוּת; אֹרֶךְ רוּחַ; סַלְחָנוּת; הִמָּנְעוּת מֵעֲמִידָה עַל זְכוּת

**forbid' *v.t.*** (פֶרְבִּד) אָסַר עַל, אָסַר; מָנַע

**forbid'den *adj.*** (פֶרְבִּדְן) אָסוּר

**forbid'ding *adj.*** (פֶרְבִּדִנְג) נִזְעָם, עוֹיֵן; אַכְזָרִי; מְאַיֵּם, מְסֻכָּן

**force *n.*** (פוֹרְס) כֹּחַ, עָצְמָה, מֶרֶץ; אַלִּימוּת; כֹּחַ שִׁכְנוּעַ; תֹּקֶף; עֶרֶךְ; מַשְׁמָעוּת

**in —** תָּקֵף, בְּתֹקֶף; בְּמִסְפָּר רַב

**— *v.t.* & *i.*** הִכְרִיחַ; הִכְנִיס בְּכֹחַ; בִּצַּע בְּכֹחַ; כָּפָה עַל־; הוֹצִיא בְּכֹחַ; לָכַד; שָׁבַר; אִלֵּץ; הִמְרִיץ; הִשְׁתַּמֵּשׁ בְּכֹחַ נֶגֶד; הִתְקַדֵּם בְּכֹחַ

**— *adj.*** אָנוּס; מְאֻלָּץ; כָּפוּי; שֶׁל חֵרוּם, שֶׁל אֹנֶס

**for'ceps *n. pl.*** (פוֹרְסֶפְּס) מֶלְקָחַיִם

**for'cible *adj.*** (פוֹרְסִבְּל) בְּכֹחַ; חָזָק; מַרְשִׁים; מְשַׁכְנֵעַ

**ford *n.* & *v.t.*** (פוֹרְד) מַעְבָּרָה (מעבר בנהר); חָצָה נָהָר בָּרֶגֶל

**fore *adj.* & *adv.* & *n.*** (פוֹר) קִדְמִי; מֻקְדָּם; רִאשׁוֹן; לְיַד הַחַרְטוֹם; חֵלֶק קִדְמִי; חֲזִית

**fore'arm" *n.*** (פוֹרַרְם) אַמַּת הַיָּד

**forearm' *v.t.*** זִיֵּן מֵרֹאשׁ

**fore'bear" *n.*** (פוֹרְבֵּר) אָב קַדְמוֹן

**forebo'ding *n.*** (פוֹרְבּוֹדִנְג) הַרְגָּשָׁה שֶׁאָסוֹן יֶאֱרַע

**fore'cast" *v.t.* & *n.*** (פוֹרְקֶסְט) חִזָּה, חָזָה מֵרֹאשׁ; הִגִּיד מֵרֹאשׁ; הִצְבִּיעַ מֵרֹאשׁ; שִׁמֵּשׁ תַּחֲזִית; תִּכְנֵן מֵרֹאשׁ; תַּחֲזִית; נִחוּשׁ עַל הֶעָתִיד

**—er *n.*** חַזַּאי

**fore'castle *n.*** (פוֹקְסֶל) טִירַת הַחַרְטוֹם; בֵּית הַסַּפָּן

**foreclose' *v.t.* & *i.*** (פוֹרְקְלוֹז) עִקֵּל (על אי־פרעון תשלומי משכנתא), חִלֵּט, שָׁלַל זְכוּת פְּדִיָּה (של משכנתא); הִפְקִיעַ רְכוּשׁ (בעיקר משכון); מָנַע כְּנִיסָה; מָנַע, עָצַר; קָבַע תְּבִיעָה בִּלְעָדִית

**foreclo'sure *n.*** (פוֹרְקְלוֹזֶ'ר) עִקּוּל

**fore'father *n.*** (פוֹרְפָדֶ'ר) אָב קַדְמוֹן

**fore'fin"ger *n.*** (פוֹרְפִנְגֶר) הָאֶצְבַּע, הָאֶצְבַּע הָרוֹמֶזֶת

**fore'gone" *adj.*** (פוֹרְגוֹן) קוֹדֵם, שֶׁעָבַר

**fore'gone" conclu'sion** תּוֹצָאָה שֶׁאֵין מָנוֹס מִמֶּנָּה

**fore'ground" *n.*** (פוֹרְגְרָאוּנְד) רֶקַע קִדְמִי

**fore'head *n.*** (פוֹרֶד) מֵצַח; חֲזִית

**for'eign *adj.*** (פוֹרִן) זָר, נָכְרִי; שֶׁל חוּץ; שֶׁל זָר; מְשֻׁנֶּה

**— exchange'** מַטְבֵּעַ חוּץ

**— min'ister** שַׂר הַחוּץ

**— of'fice** מִשְׂרַד הַחוּץ

**for'eigner *n.*** (פוֹרִנֶר) זָר, נָכְרִי

**fore'man *n.*** (פוֹרְמַן) מְנַהֵל עֲבוֹדָה; דּוֹבֵר הַמֻּשְׁבָּעִים

**fore'most" *adj.*** (פוֹרְמוֹסְט) רָאשִׁי; עִקָּרִי; רִאשׁוֹן

**fore'noon" ** *n. & adj.* (פוֹרְנוּן) לִפְנֵי הַצָּהֳרַיִם, בֹּקֶר; שֶׁל לִפְנֵי הַצָּהֳרַיִם, שֶׁל הַבֹּקֶר

**foren'sic** *adj.* (פוֹרֶנְסִק) מִשְׁפָּטִי, שֶׁל הֲלִיכִים מִשְׁפָּטִיִּים; דִּיּוּנִי; וִכּוּחִי; רֶטוֹרִי

**fore'run"ner** *n.* (פוֹרַנֶר) בָּא לִפְנֵי, קוֹדֵם; אָב קַדְמוֹן; אוֹת, אוֹת מְבַשֵּׂר אֶת בּוֹא־; מְבַשֵּׂר

**foresee'** *v.t. & i.* (פוֹרְסִי) חָזָה מֵרֹאשׁ, רָאָה הַנּוֹלָד

**foreshad'ow** *v.t.* (פוֹרְשֶׁדוֹ) הֶרְאָה מֵרֹאשׁ, הִצְבִּיעַ מֵרֹאשׁ, הִצִּיג לִפְנֵי כֵן

**fore'sight"** *n.* (פוֹרְסַיְט) דְּאָגָה לֶעָתִיד, רְאִיַּת הַבָּאוֹת, רְאִיַּת הַנּוֹלָד; תְּבוּנָה

**fore'skin"** *n.* (פוֹרְסְקִן) עָרְלָה

**for'est** *n. & v.t.* (פוֹרֶסְט) יַעַר; עֲצֵי יַעַר; כִּסָּה בְּעֵצִים; הָפַךְ לְיַעַר

**forestall'** *v.t.* (פוֹרְסְטוֹל) קִדֵּם פְּנֵי הָרָעָה; מָנַע (ע״י פעולה מקדימה); מָנַע מְכִירָה עַל יְדֵי תַּחְבּוּלוֹת

**for'ester** *n.* (פוֹרֶסְטֶר) יַעֲרָן

**for'est ran'ger** (פוֹרֶסְט רֵינְגֶ׳ר) שׁוֹמֵר יַעַר צִבּוּרִי

**fore'taste"** *n.* (פוֹרְטֵיסְט) צְפִיָּה, הֲנָאָה מֻקְדֶּמֶת, חֲוָיָה חֶלְקִית

**fore'tell** *v.t.* (פוֹרְטֶל) הִגִּיד מֵרֹאשׁ, נִבָּא

**foretold'** (פוֹרְטוֹלְד) (זמן עבר של foretell)

**fore'thought"** *n.* (פוֹרְת׳וֹט) דְּאָגָה מֵרֹאשׁ; מַחֲשָׁבָה לִפְנֵי מַעֲשֶׂה; שִׁקּוּל מֻקְדָּם; צְפִיָּה

**forev'er** *adv.* (פוֹרֶוֶר) לְעוֹלָם, לָנֶצַח; לְלֹא הַפְסָקָה, בִּרְצִיפוּת

**forewarn'** *v.t.* (פוֹרְווֹרְן) הִזְהִיר מֵרֹאשׁ

**fore'word"** *n.* (פוֹרְוֶרְד) פְּתַח דָּבָר, מָבוֹא, הַקְדָּמָה

**for'feit** *n. & v.t.* (פוֹרְפִט) קְנָס, עֹנֶשׁ; הֶפְסֵד; אִבּוּד זְכוּת (בעקבות עבירה); כֹּפֶר; הִפְסִיד (בעקבות ביצוע עבירה)

**forge** *n. & v.t. & i.* (פוֹרְג׳) כּוּר; מַפָּחָה; חִשֵּׁל; עִצֵּב; בָּדָה, זִיֵּף; הִתְקַדֵּם בְּטֶמֶפּוֹ מוּאָץ; הִתְקַדֵּם בְּקֹשִׁי

**for'gery** *n.* (פוֹרְגֶ׳רִי) זִיּוּף; בְּדָיָה

**forget'** *v.t. & i.* (פֶרְגֶט) שָׁכַח; הִתְעַלֵּם מ־; זִלְזֵל בּ־

**forget'ful** *adj.* (פֶרְגֶטְפֶל) נוֹטֶה לִשְׁכֹּחַ, שַׁכְחָן; מְזַלְזֵל

**forget'fulness** *n.* (פֶרְגֶטְפֶלְנֶס) שַׁכְחָנוּת

**forget'-me-not"** *n.* (פֶרְגֶט־מִי־נוֹט) זִכְרִיָּה

**forgiv'able** *adj.* (פֶרְגִבֶבְּל) נִתָּן לִמְחִילָה

**forgive'** *v.t. & i.* (פֶרְגִב) סָלַח, מָחַל

**forgive'ness** *n.* (פֶרְגִבְנֶס) סְלִיחָה, מְחִילָה

**forgot** (פֶרְגוֹט) (זמן עבר של forget)

**fork** *n* a *v.i & t.* (פוֹרְק) מַזְלֵג; מִסְעָף; הִסְתָּעֲפוּת; יוּבַל עִקָּרִי; הִסְתָּעֵף; הִשְׁתַּמֵּשׁ בְּמַזְלֵג

**forlorn'** *adj.* (פוֹרְלוֹרְן) מְשֻׁמָּם, גַּלְמוּד; נוּגֶה; נָטוּשׁ; נוֹאָשׁ

**form** *n.* (פוֹרְם) צוּרָה, תַּבְנִית, דְּמוּת; גּוּף; אִמּוּם, דֻּגְמָן; דְּפוּס; סִדּוּר מְאֻרְגָּן; נֹהַג מְקֻבָּל; נֹסַח; טֹפֶס; מִסְמַךְ־אָב; טֶקֶס; הִתְנַהֲגוּת חֶבְרָתִית; שִׁיטָה, טֶכְנִיקָה; כֹּשֶׁר גּוּפָנִי; כִּתָּה

— *v.t. & i.* עִצֵּב; עִצֵּב; צָר (צורה), בָּנָה; בְּצוּרָה מְסֻיֶּמֶת; עָשָׂה, יָצַר; שִׁמֵּשׁ כּ־; הִרְכִּיב; נִסַּח; סִגֵּל; לָבַשׁ צוּרָה מְסֻיֶּמֶת; נוֹצַר

**for'mal** *adj.* (פוֹרְמַל) שַׁיָּךְ לַנֹּהַג הַמְקֻבָּל; בְּהֶתְאֵם לַמֻּסְכָּמוֹת; פוֹרְמָלִי; טִקְסִי; הַקְפָּדָה עַל צוּרָה חִיצוֹנִית בִּלְבַד; תָּקֵף; מִתְיַחֵס לְמַרְכִּיבָיו; כַּנֹּהַג; אֲקַדֵמִי; מְאֻרְגָּן; סִימֶטְרִי; בְּהֶתְאֵם לְקָנֶה מִדָּה מָסָרְתִּי; צוּרָנִי; מִבְּחִינָה חִיצוֹנִית בִּלְבַד

— *n. & adv.* נֶשֶׁף שֶׁבּוֹ תִּלְבֹּשֶׁת עֶרֶב חוֹבָה; לְבוּשׁ תִּלְבֹּשֶׁת עֶרֶב

**formal'ity** *n.* (פוֹרְמֶלִטִי) רִשְׁמִיּוּת, פוֹרְמָלִיּוּת; אֳפִי קַפְדָנִי; קְשִׁיחוּת; הַקְפָּדָה עַל נֹהַג חִיצוֹנִי; שִׁיטַת קְבִיעָה; פְּעֻלָּה רִשְׁמִית; יְצִיאַת יְדֵי חוֹבָה

**forma'tion** *n.* (פוֹרְמֵישְׁן) עִצּוּב; תְּצוּרָה; מִבְנֶה; מַעֲרָךְ; פוֹרְמַצְיָה

**for'mer** *adj.* (פוֹרְמֶר) קוֹדֵם; לְשֶׁעָבַר; קָדוּם; רִאשׁוֹן (מתוך שנים)

**for'merly** *adv.* (פוֹרְמֶרְלִי) לְפָנִים, בֶּעָבָר; קֹדֶם

**for'midable** *adj.* (פוֹרְמִדֶבְּל) מַבְעִית, מַפְחִיד; מְיָאֵשׁ; מְעוֹרֵר יִרְאַת כָּבוֹד; מְיֻחָד בְּמִינוֹ; עֶלְיוֹן; חָזָק מְאֹד, עָצוּם

**for'mula** *n.* (פוֹרְמְיּוּלָה) נֻסְחָה; דֶּרֶךְ
פְּעֻלָּה מְקֻבֶּלֶת, מִרְשָׁם; אֹכֶל לְתִינוֹק שֶׁעָרְכוֹ
חָלָב; קְבִיעָה רִשְׁמִית

**for'mulate"** *v.t.* (פוֹרְמְיּוּלֵיט) נִסַּח, קָבַע
בְּדִיּוּקְנוּת, פִּתֵּחַ; הִבִּיעַ בְּנֻסְחָה

**for'nicate"** *v.i.* (פוֹרְנִקֵיט) שָׁגַל, הִשְׁתַּגֵּל,
זָנָה

**forsake'** *v.t.* (פוֹרְסֵיק) נָטַשׁ; וִתֵּר עַל

**forswear'** *v.t. & i.* (פוֹרְסוּר) דָּחָה
בִּשְׁבוּעָה; וִתֵּר עַל בִּשְׁבוּעָה; הִכְחִישׁ
נִמְרָצוֹת; נִשְׁבַּע לַשֶּׁקֶר

**fort** *n.* (פוֹרְט) מִבְצָר; בְּצוּרוֹן, מֶרְכָּז
לִסְחַר חֲלִיפִין

**forth** *adv.* (פוֹרְת') קָדִימָה, הָלְאָה;
הַחוּצָה; לְעֵינֵי־; לַמֶּרְחַקִּים

**forth'com"ing** *adj.* (פוֹרְת'קָמִנג) הָעוֹמֵד
לְהוֹפִיעַ; מִתְקָרֵב, מְמַשְׁמֵשׁ וּבָא; מוּכָן

**forth'right"** *adj.* (פוֹרְת'רַיט) יָשָׁר לְעִנְיָן;
יָשִׁיר

**forth"with'** *adv.* (פוֹרְת'וִד') מִיָּד

**for'tieth** *adj. & n.* (פוֹרְטיאֶת')
הָאַרְבָּעִים; הַחֵלֶק הָאַרְבָּעִים

**for"tifica'tion** *n.* (פוֹרְטֶסְקֵישֶׁן) בִּצּוּר, חִזּוּק;
מִבְצָר; בְּצוּרוֹן

**for'tify"** *v.t. & i.* (פוֹרְטֶסַי) בִּצֵּר, חִזֵּק;
אִשֵּׁר, הוֹסִיף כֹּהַל; הֵקִים בְּצוּרִים

**for'titude"** *n.* (פוֹרְטֶטוּד) אֹמֶץ; כֹּחַ
מוּסָרִי

**for'tnight"** *n.* (פוֹרְטְנַיט) שְׁבוּעַיִם

**for'tress** *n.* (פוֹרְטְרֶס) מְצוּדָה, מִבְצָר,
מַעֲרֶכֶת בְּצוּרִים, מָעֹז

**fortu'itous** *adj.* (פוֹרְטוּאִטֶס) מִקְרִי;
בַּר־מַזָּל

**for'tunate** *adj.* (פוֹרְטְשֶׁ'נֶט) בַּר־מַזָּל;
מֵבִיא מַזָּל טוֹב; מֻצְלָח, מִסְתַּיֵּם בְּכִי טוֹב
—ly לְמַרְבֵּה הַמַּזָּל

**for'tune** *n.* (פוֹרְטְשֶׁ'ן) מַזָּל; מִקְרֶה, מַעֲמָד
(בְּהֶתְאֵם לְפָרוּט); עֹשֶׁר; הוֹן רַב; גּוֹרָל; הַצְלָחָה,
רְוָחָה

— hun'ter צַיָּד כַּלָּה עֲשִׁירָה

— tel'ler מַגִּיד עֲתִידוֹת

tell someone's — נִבָּא; הִתְחַמֵּר לְהַגִּיד
עֲתִידוֹ שֶׁל פְּלוֹנִי

**for'ty** *n. & adj.* (פוֹרְטִי) אַרְבָּעִים
— winks שְׁנָה חֲטוּפָה

**for'ward** *adv. & adj.* (פוֹרְוֶרד)
קָדִימָה, הָלְאָה; לְעֵינֵי כֹּל; לִקְרַאת הַחַרְטוֹם
(שֶׁל אֳנִיָּה); מִתְקַדֵּם; בְּמַצָּב הָכֵן; מְשֻׁתָּקֵק;
נוֹעָז; קָדְמִי; לִקְרַאת הֶעָתִיד; קִיצוֹנִי
— *n. & v.t.* חָלוּץ; הֶעֱבִיר, קִדֵּם,
זֵרֵז

**fos'sil** *n. & adj.* (פוֹסִל) מְאֻבָּן; מְיֻשָּׁן;
שֶׁאָבַד עָלָיו כֶּלַח

**fos'silize"** *v.t. & i.* (פוֹסִלַיז) אֶבֶן; הָפַךְ
לִמְאֻבָּן; הָפַךְ לִמְיֻשָּׁן לְלֹא תַּקָּנָה; הִתְאַבֵּן

**fos'ter** *v.t. & adj.* (פוֹסְטֶר) טִפַּח, עוֹדֵד;
גִּדֵּל; סִפֵּל בְּ־; הוֹקִיר; מְאַמֵּץ; מְאֻמָּץ

**fought** (פוֹט) (זְמַן עָבַר שֶׁל fight)

**foul** *adj. & adv.* (פַאוּל) מְטֻנָּף, נָעֲלֶה;
מְעוֹרֵר שָׁאָט נֶפֶשׁ, מַבְחִיל; מָאוּס; מְעֻפָּשׁ;
מְרֻפָּשׁ; סָתוּם; סוֹעֵר (בְּיִג אוויר); מְנֻגָּד;
מְתֹעָב; לֹא־הוֹגֵן, בְּנִגּוּד לַכְּלָלִים, מְסֻבָּךְ;
בְּצוּרָה נֶעֱלָה, בְּצוּרָה לֹא־הוֹגֶנֶת, מְחוּץ
לִתְחוּם הַמִּשְׂחָק
fall — of הִתְנַגֵּשׁ; הִתְכַּתֵּשׁ; הִתְקִיף,
הִסְתָּעֵר עַל
run — of הִתְנַגֵּשׁ
— *n.* עֲבֵרָה (עַל כְּלָלֵי הַמִּשְׂחָק), הֲסָרָה
— *v.t. & i.* טִנֵּף; לִכְלֵךְ; סָתַם, הִתְנַגֵּשׁ
עִם; גָּרַם לְהִסְתַּבְּכוּת; שִׁקֵּץ, טִמֵּא, הֵמִיט
חֶרְפָּה; הִסְתָּאֵב

**foul'ness** *n.* (פַאוּלְנֶס) תּוֹעֵבָה; סְחִי; רֶשַׁע

**foul'play'** *n.* (פַאוּל פְּלֵי) מַעֲשֶׂה נִסְעָם; רֶצַח;
הִתְנַהֲגוּת לֹא־הוֹגֶנֶת

**found** *v.t. & adj.* (פַאוּנְד) (זְמַן עָבַר שֶׁל
find) יָסַד, הֵקִים, הִשְׁתִּית, בִּסֵּס, יָצַק;
מְצוּי; מְצֻיָּד

**founda'tion** *n.* (פַאוּנְדֵישֶׁן) יְסוֹד, יְסוֹדוֹת;
יִסּוּד, בִּסּוּס, תְּרוּמָה, קֶרֶן; מוֹסָד נִתְמָךְ (עַ"י
קֶרֶן מְיֻחֶדֶת אוֹ עִזָּבוֹן); תַּכְשִׁיר פָּנִים

**foun'der** *v.i. & n.* (פַאוּנְדֶר) טָבַע, שָׁקַע;
נִכְשַׁל כִּשָּׁלוֹן חָרוּץ, נֶהֱרַס; מָעַד; חָלָה מַחֲמַת
זְלִילָה; מְיַסֵּד

**found'ling** *n.* (פַאוּנְדְלִנג) אֲסוּפִי

**foun'dry** *n.* (פַאוּנְדְרִי) בֵּית יְצִיקָה; יְצִיקָה;
יְצִיקוֹת

**fount** *n.* (פָאוּנְט) מַבּוּעַ, מַעְיָן; מִזְרָקָה; מָקוֹר

**foun'tain** *n.* (פָאוּנְטֶן) מַעְיָן; מְקוֹר נָהָר; מָקוֹר; סִילוֹן, מִזְרָקָה; מַאֲגָר

**foun'tain pen"** (פָאוּנְטֶן פֶּן) עֵט נוֹבֵעַ

**four** *n.* & *adj.* (פוֹר) אַרְבָּעָה (.m), אַרְבַּע (.f)

**four'flush"er** *n.* (פוֹרְפְלַשֶׁר) מִתְהַלֵּל; בַּעַל יָמְרוֹת

**four'teen'** *n.* & *adj.* (פוֹרְטִין) אַרְבָּעָה עָשָׂר (.m), אַרְבַּע עֶשְׂרֵה (.f)

**fourth** *adj.* & *n.* (פוֹרְת׳) רְבִיעִי/ת

**fowl** *n.* (פָאוּל) תַּרְנְגוֹל; עוֹף בַּיִת (= ברווז, אווז, וכו׳); בְּשַׂר עוֹף (ביתי); עוֹף

**fox** *n.* & *v.t.* (פוֹקְס) שׁוּעָל; פַּרְוַת שׁוּעָל; אָדָם עַרְמוּמִי; הֶעֱרִים עַל; הִתְנַהֵג בְּעַרְמוּמִיּוּת

**foy'er** *n.* (פוֹיְאֶר) אוּלַם כְּנִיסָה; מָבוֹא; פְּרוֹזְדוֹר

**fra'cas** *n.* (פְרֵיקַס) הֲמֻלָּה; קְטָטָה, הִתְכַּתְּשׁוּת

**frac'tion** *n.* (פְרֶקְשֶׁן) שֶׁבֶר; קֶטַע; חֵלֶק; חֵלֶק זָעוּם, קֶרֶט; שְׁבִירָה

**frac'ture** *n.* & *v.t.* & *i.* (פְרֶקְצֶ׳ר) שֶׁבֶר, פִּרְצָה, בְּקִיעַ; שָׁבַר, סָדַק, גָּרַם שֶׁבֶר; נִשְׁבַּר

**frag'ile** *adj.* (פְרֶג׳ִל) שָׁבִיר, עָדִין, חַלָּשׁ; שַׁבְרִירִי; קָלוּשׁ

**frag'ment** *n.* (פְרֶגְמֶנְט) חֲתִיכָה, קֶטַע, שֶׁבֶר

**frag'mentar"y** *adj.* (פְרֶגְמֶנְטֶרִי) מְקֻטָּע; שָׁבוּר, לֹא־שָׁלֵם

**fra'grance** *n.* (פְרֵיגְרֶנְס) רֵיחַ נִיחוֹחַ

**frag'rant** *adj.* (פְרֵיגְרֶנְט) נִיחוֹחִי, רֵיחָנִי; נָעִים

**frail** *adj.* (פְרֵיל) חָלוּשׁ; שָׁבִיר

**frail'ty** *n.* (פְרֵילְטִי) חֲלוּשָׁה; חֻלְשָׁה מוּסָרִית; מוּם מוּסָרִי

**frame** *n.* & *v.t.* (פְרֵים) מִסְגֶּרֶת, שֶׁלֶד; תְּמִיכָה; מִבְנֵה גּוּף; מַצָּב; עִצֵּב, בָּנָה; תִּכְנֵן; תִּחְבֵּל, דִּמָּה; בִּטֵּא; הִתְאִים; סִדֵּר בְּרַמִּיָּה; הִפְלִיל חַף מִפֶּשַׁע; שָׂם בְּמִסְגֶּרֶת

**fran'chise** *n.* & *v.t.* (פְרֶנְצַ׳יז) זְכוּת הַצְבָּעָה; זִכָּיוֹן; זְכוּת מְכִירָה אוֹ שִׁוּוּק; שֶׁטַח זִכָּיוֹן; זְכוּת מְיֻחֶדֶת (שהוענקה ע״י סמכות עליונה); הֶעֱנִיק זִכָּיוֹן

**frank** *adj.* & *n.* (פְרֶנְק) גְּלוּי־לֵב, כֵּן; לְלֹא־מַסְוֶה, גָּלוּי; סִימַן פְּטוֹר; זְכוּת פְּטוֹר (מתשלום דואר); מִשְׁלוֹחַ חִנָּם

**frank'ness** *n.* (פְרֶנְקְנֶס) גִּלּוּי־לֵב

**fran'tic** *adj.* (פְרֶנְטִק) אֲבוּד־עֶשְׁתּוֹנוֹת; שְׁטוּף־הִתְרַגְּשׁוּת

**frater'nal** *adj.* (פְרַטֶרְנַל) אַחֲוָתִי; שֶׁל עֶזְרָה הֲדָדִית

**frater'nity** *n.* (פְרַטֶרְנִטִי) מִסְדָּר אַחֲוָה; קְבוּצָה אַחֲוָתִית; קְבוּצָה בַּעֲלַת אִנְטֶרֶסִים וּמַטָּרוֹת מְשֻׁתָּפִים; אֲגֻדָּה; אַחֲוָה

**frat'ernize"** *v.i.* (פְרֶטֶרְנַיְז) הִתְיַדֵּד

**fra'tricide"** *n.* (פְרֶטְרִסַיְד) הוֹרֵג אָחִיו; הֲרִיגַת אָח

**fraud** *n.* (פְרוֹד) רַמָּאוּת, אוֹנָאָה; רַמַּאי

**frau'dulent** *adj.* (פְרוֹג׳ֻלֶנְט) שֶׁל מִרְמָה; נוֹעַד לְרַמּוֹת; גּוֹנֵב הַדַּעַת

**fray** *n.* (פְרֵי) הִתְנַצְּחוּת, הִתְכַּתְּשׁוּת

**fraz'zle** *v.i.* & *t.* & *n.* (פְרֶזְל) רֻפַּט, מֻרְטַט; הוֹגִיעַ; הִתְרַפְּטוּת

**freak** *n.* & *adj.* (פְרִיק) מִפְנֶה־פֶּתַע (ללא סיבה גלויה); זָרוּת, אֲנוֹמַלְיָה; סְטִיָּה; מִפְלֶצֶת; מִתְמַכֵּר

**freck'le** *n.* (פְרֶקְל) נֶמֶשׁ

**free** *adj.* (פְרִי) חָפְשִׁי, מְשֻׁחְרָר; עַצְמָאִי; פָּנוּי; פָּטוּר; כְּלָלִי; לֹא־מְחֻבָּר; גָּלוּי; נָדִיב; לְלֹא תְּמוּרָה; לְלֹא תַּשְׁלוּם; שֶׁאֵינוֹ מוּנָע בְּכֹחַ

— *v.t.* שִׁחְרֵר

**free'dom** *n.* (פְרִידֶם) חֵרוּת, חֹפֶשׁ; עַצְמָאוּת; זְכוּת מְיֻחֶדֶת; שִׁחְרוּר מֵהִתְחַיְּבוּיוֹת; חָפְשִׁיּוּת; פְּטוֹר, חֲסִינוּת; קַלּוּת פְּעֻלָּה; גִּלּוּי־לֵב; חֹסֶר טֶקְסִיּוּת

**free'-for-all"** *n.* (פְרִיפֶרוֹל) קְטָטָה שֶׁל הַכֹּל בַּכֹּל

**free' lance'** (פְרִי לֶנְס) עוֹבֵד לְלֹא מַעֲבִיד קָבוּעַ; תּוֹמֵךְ קְנוּי

**free'-lance'** *v.i.* & *adj.* & *adv.* עָבַד שֶׁלֹּא כְּעוֹבֵד קָבוּעַ; לֹא כְּעוֹבֵד קָבוּעַ

**free'man** *n.* (פְרִימֶן) אָדָם חָפְשִׁי; בַּעַל זְכֻיּוֹת אֶזְרָח

**free'think"er** *n.* (פְרִית׳נְקֶר) אָדָם הַחוֹשֵׁב בְּאֹפֶן עַצְמָאִי; כּוֹפֵר

**freeze** *v.i.* & *t.* (פְרִיז) קָפָא; מֵת

מִקְפָּאוֹן; נִסְתַּם בְּקֶרַח; נֶעֱצַר פִּתְאוֹם; נַעֲשָׂה מְשֻׁתָּק (מפחד, הלם וכו׳); הִקְפִּיא; סָתַם בְּקֶרַח; הָרַג בְּקֹר אוֹ קָרָה; צִנֵּן הִתְלַהֲבוּת; שִׁתֵּק בְּפַחַד

— over הִתְכַּסָּה קֶרַח

— *n.* קְפִיאָה, קִפָּאוֹן; הַקְפָּאָה

**free'zer** *n.* (פְרִיזֶר) תָּא־הַקְפָּאָה; מַקְפִּיא; מְכוֹנַת גְּלִידָה

**freight** *n. & v.t.* (פְרֵיט) הוֹבָלַת מַשָּׂאוֹת; דְּמֵי הוֹבָלָה; מִטְעָן; הֶעֱמִיס; טָעַן; הוֹבִיל; שָׁלַח בְּרֶכֶב הוֹבָלָה

**freight'er** *n.* (פְרֵיטֶר) אֳנִיַּת מַשָּׂא

**French** *adj. & n.* (פְרֶנְץ׳) צָרְפָתִי; הַצָּרְפָתִים; צָרְפָתִית

**French'man** *n.* (פְרֶנְצ׳מֶן) צָרְפָתִי; אֳנִיָּה צָרְפָתִית

**fren'zy** *n.* (פְרֶנְזִי) הִתְרַגְּשׁוּת עַזָּה, הִשְׁתּוֹלְלוּת; חֲמַת זַעַם; טֵרוּף

**fre'quency** *n.* (פְרִיקְוֶנְסִי) תְּדִירוּת; שְׁכִיחוּת

**fre'quent** *adj.* (פְרִיקְוֶנְט) תָּכוּף; רָגִיל; בִּרְוָחִים קְצָרִים

—ly *adv.* לְעִתִּים קְרוֹבוֹת; פְּעָמִים רַבּוֹת; תָּדִיר

**frequent'** *v.t.* (פְרִקְוֶנְט) בִּקֵּר לְעִתִּים קְרוֹבוֹת

**fresh** *adj.* (פְרֶשׁ) טָרִי; חָדָשׁ; שֶׁזֶּה עַתָּה הִגִּיעַ; נוֹסָף; לֹא־מָלוּחַ (מים); לֹא־מְשֻׁמָּר; רַעֲנָן; צַח, קָרִיר, מְרַעֲנֵן; חֲסַר־נִסָּיוֹן; חָצוּף; שֶׁזֶּה עַתָּה הִמְלִיטָה (פרה)

**fresh'en** *v.t. & i.* (פְרֶשֶׁן) עָשָׂה טָרִי; רִעֲנֵן; הִתְפִּיל; הִתְרַעֲנֵן; הִמְלִיטָה, הִתְחִילָה לָתֵת חָלָב (פרה)

**fresh'man** *n. & adj.* (פְרֶשְׁמֶן) תַּלְמִיד שָׁנָה רִאשׁוֹנָה; טִירוֹן; שֶׁל תַּלְמִידֵי הַשָּׁנָה הָרִאשׁוֹנָה; חֲסַר וֶתֶק; חֲסַר נִסָּיוֹן; רִאשׁוֹן

**fret** *v.i. & t.* (פְרֶט) דָּאַג; הִבִּיעַ חֲשָׁשׁוֹת; הִרְגִּישׁ מָרַת־רוּחַ; אִכֵּל, כִּרְסֵם; יָצַר גַּלִּים; הִשְׁתַּפְשֵׁף; הִרְגִּיז, קִנְטֵר

**fret'ful** *adj.* (פְרֶטְפֶל) נוֹחַ לִכְעוֹס

**fret'work"** *n.* (פְרֶטְוֶרְק) תַּשְׁבֶּצֶת; קִשּׁוּטֵי מִשְׁבָּצוֹת

**fri'ar** *n.* (פְרַיאַר) נָזִיר

**fric'tion** *n.* (פְרִקְשֶׁן) חִכּוּךְ; חִלּוּקֵי דֵעוֹת, חִכּוּכִים

**Fri'day** *n.* (פְרַידִי) יוֹם הַשִּׁשִּׁי, יוֹם ו׳

Good — יוֹם ו׳ שֶׁלִּפְנֵי חַג הַפַּסְחָא

**friend** *n.* (פְרֶנְד) יָדִיד, חָבֵר; פַּטְרוֹן; קְוֵיקֶר

**friend'liness** *n.* (פְרֶנְדְלִנֶס) יְדִידוּת

**friend'ly** *adj.* (פְרֶנְדְלִי) יְדִידוּתִי, מַסְבִּיר פָּנִים

**friend'ship** *n.* (פְרֶנְדְשִׁפ) יְדִידוּת

**frieze** *n.* (פְרִיז) אַפְרִיז

**frig'ate** *n.* (פְרִגֶט) פְרִיגָטָה

**fright** *n.* (פְרַיט) פַּחַד פִּתְאוֹם; אָדָם מַבְעִית; דָּבָר מַפְחִיד

**fright'en** *v.t.* (פְרַיטֶן) הִפְחִיד; הֶחֱרִיד

**fright'ful** *adj.* (פְרַיטְפֶל) אָיֹם, נוֹרָא, מַחֲרִיד; מְזַעְזֵעַ; לֹא־נָעִים; הַרְבֵּה מְאֹד

**frig'id** *adj.* (פְרִג׳ד) קַר מְאֹד; קַר, צוֹנֵן; נְטוּל־חֲמִימוּת; אָדִישׁ (לאהבה מינית); חֲסַר־דִּמְיוֹן, חֲסַר־רֶגֶשׁ

**frill** *n.* (פְרִל) קִשּׁוּט קְפָלִים אוֹ קִבּוּצִים; גְּדִיל; מַשֶּׁהוּ מְיֻתָּר (מסולסל או טקסי)

**fringe** *n.* (פְרִנְג׳) צִיצִית, גְּדִיל; שׁוּלַיִם; חֵלֶק טָפֵל

**frisk** *v.i. & t.* (פְרִסְק) כִּרְכֵּר, פִּזֵּז; עָרַךְ חִפּוּשׂ

**fris'ky** *adj.* (פְרִסְקִי) עַלִּיז; מִשְׁתַּעֲשֵׁעַ

**frit'ter** *v.t. & i.* (פְרִטֶר) בִּזְבֵּז, פִּזֵּר; נִפֵּץ לִרְסִיסִים, קָרַע לִגְזָרִים; הִתְמַעֵט; הִתְפָּרֵק לַחֲתִיכוֹת קְטַנּוֹת, נִפְרַט לִפְרוּטוֹת

**frivol'ity** *n.* (פְרִוֺלְטִי) קַלּוּת דַּעַת; חֹסֶר עֵרֶךְ

**friv'olous** *adj.* (פְרִוֶלֶס) חֲסַר־עֵרֶךְ; קַל־דַּעַת

**friz'zle** *v.t.* (פְרִזֶל) קֵרְזֵל (קרזולים קטנים ומוצקים)

**fro** *adv.* (פְרוֹ) מִן, מ־

to and — אֵילָךְ וָאֵילָךְ

**frock** *n. & v.t.* (פְרוֹק) שִׂמְלָה; אַדֶּרֶת; הִלְבִּישׁ שִׂמְלָה; הִסְמִיךְ לִכְמוּרָה

— coat מְעִיל אָרֹךְ

**frog** *n.* (פְרוֹג) צְפַרְדֵּעַ; צְרִידוּת; צָרְפָתִי (בזלזול); מַחֲזִיק־פְּרָחִים

**frol'ic** *n. & v.i.* (פרולק) עליזות; מסבה; פזז; השתעשע, התענג

**from** *prep.* (פרם, פרום; בלי-הטעמה: פרם) מן, מ־, מ־; החל ב־; על־פי

**found** *n.* (פרונד) עלעל

**front** *n.* (פרנט) חזית; שטח קדמי; צד; מקום לפני־; שטח לארך כביש או נהר; מסוה; מנהיג סמלי; יציבה; שחצנות; מצח, פנים; כסוי חזה

in — of לפני, מול

in — לפנים

— *v.t. & i.* עמד מול; פגש פנים אל פנים; התיצב נגד; ספק חזית; הפנה החזית אל־; שמש מסוה

**fron'tal** *adj.* (פרנטל) חזיתי

**frontier'** *n.* (פרנטיר) ספר; גבול; אזור גבול

**fron'tispiece"** *n.* (פרנטספיס) ציור פותח (מול שער הספר)

**frost** *n.* כפור; קרה; קפיאה; קרירות; כשלון חרוץ

**frost'bite"** *n.* (פרוסטביט) דלקת קר

**fros'ted** *adj.* (פרוסטד) מכסה כפור; נגוע־קרה; מצפה קרם; מט, לבן (זכוכית)

**fros'ty** *adj.* (פרוסטי) מלוה כפור; קופא, קר מאד; של קרה; צונן; דומה לכפור; לבן או אפר (שער); של זקנה

**froth** *n.* (פרות׳) קצף; קפוי; פטפוטי הבאי

**frown** *v.i. & n.* (פראון) קמט מצח; הזעים פנים; התיחס במרת־רוח; קמוט־מצח, מרת־רוח, פנים זועפות

**frow'zy** *adj.* (פראוזי) מרשל ומלכלך; מזהם

**fro'zen** *adj.* (פרוזן) קפוא; מכסה קרח; מקפא; קר מאד; נגוע־קרה; צונן, חסר־רגש

**fruc'tify"** *v.i. & t.* (פרקטפי) הניב; נעשה פורה; הפרה

**fru'gal** *adj.* (פרוגל) חסכוני; זול; דל

**fruit** *n.* (פרוט) פרי; פרות; תשואה; תוצרת

**fruit'ful** *adj.* (פרוטפל) פורה; מכניס רוחים; מניב בשפע

**fruit'ion** *n.* (פרואשן) התגשמות; השגת תוצאות טובות; נחת; הנבת פרות

**fruit'less** *adj.* (פרוטלס) ־סרק; חסר תוצאות; כושל; עקר

**frump** *n.* (פרמפ) אשה מרשלת

**frus'trate** *v.t.* (פרסטריט) סכל; אכזב; תסכל

**fry** *v.t. & i. & n.* (פרי) טגן; מת בכסא החשמלי; נצלה בגיהנם; מאכל מטגן; מסבת מאכלות מטגנים (תחת כפת השמים)

small — טף; דברים חסרי־ערך; דגי־רקק

**fry'ing pan** *n.* (פריאנג פן) מחבת

**fud'dy-dud"dy** *n.* (פדי־דדי) אדם שמרני ומתנפח; אדם קטנוני

**fudge** *n.* (פג׳) פג׳ (ממתק עשוי חלב, שוקולדה, סוכר וחמאה); שטיות, הבלים

**fu'el** *n. & v.t.* (פיואל) דלק; ספק דלק, תדלק

**ftu'giive** *n. & adj.* (פיוג׳טב) נמלט; חולף, זמני, נודד

**fu'gue** *n.* (פיוג) סוגה; הפלג

**fulfil (l)'** *v.t.* (פלפל) הוציא־לפעל, קים, ממש; בצע, מלא, ציית ל־; השלים; ספק

**fulfil (l)'ment** *n.* (פלפלמנט) הוצאה לפעל, קיום, בצוע, מלוי; השלמה, ממוש; ספוק

**full** *adj.* (פל) מלא; גדוש; שלם; מקסימלי; נרחב, בעל קפלים רחבים; של אותם ההורים

— *adv.* ישר, בדיוק; מאד

in — במלואו

**full'-blood'ed** *adj.* (פלבלדד) מגזע טהור

**full'-fash'ioned** *adj.* (פלפשנד) מהדק לגוף

**full'-fledg'ed** *adj.* (פלפלג׳ד) שלם; מפתח במלואו

**full'-scale'** *adj.* (פלסקיל) בגדל טבעי, בקנה מדה אחד לאחד; כמתכנת המקור

**full'ness** *n.* (פלנס) מלוא, מלאות; שלמות

**ful'ly** *adv.* (פלי) בשלמות, כלו

**full' tilt'** (פל טלט) במלוא התנופה

**ful'minate"** *v.i. & t.* (פלמניט) התפוצץ; גנה, הוקיע; פוצץ

**ful'some** *adj.* (פֻלְסֶם) מַבְחִיל, גַּס, מֻגְזָם; נִגְעָל, דּוֹחֶה
**fum'ble** *v.i. & t.* (פַמְבְּל) גִּשֵּׁשׁ בְּצוּרָה מְגֻשֶּׁמֶת, עָשָׂה בְּצוּרָה מְגֻשֶּׁמֶת; נָתַן לְהַחֲלִיק מִיָּדָיו, שִׁמֵּט
**fume** *n. & v.t. & i.* (פְיוּם) עָשָׁן, אֵד; זַעַם; פָּלַט עָשָׁן; חָשַׂף לְעָשָׁן; נִפְלַט כְּעָשָׁן; גִּלָּה זַעַם, זָעַף
**fu'migate"** *v.t.* (פְיוּמִגֵיט) חִטֵּא (ע"י אדים); הִשְׁמִיד חֲרָקִים
**fun** *n.* (פַן) הֲנָאָה, תַּעֲנוּג; בְּדִיחוּת, בְּדִיחוּת־הַדַּעַת
  in — בְּלֵיצָנוּת
  make — of לָעַג ל־
**func'tion** *n. & v.i.* (פַנְקְשֶׁן) תַּפְקִיד; אֵרוּעַ; פוּנְקְצְיָה; תִּפְקֵד, פָּעַל; שִׁמֵּשׁ
**fund** *n.* (פַנְד) קֶרֶן; מְלַאי
  —s כֶּסֶף
**fun"damen'tal** *adj. & n.* (פַנְדֶמֶנְטֶל) בְּסִיסִי; יְסוֹדִי; מְקוֹרִי; עִקָּר; כְּלָל בְּסִיסִי
**fu'neral** *n. & adj.* (פְיוּנֶרֶל) טֶקֶס קְבוּרָה; הַלְוָיָה; שֶׁל טֶקֶס קְבוּרָה
**fun'gus** *n.* (פַנְגֶס) *pl.* **fun'gi** (פַנְגֵ'י) פִּטְרִיָּה
**funic'ular** *n.* (פְיוּנִקְיֶלֶר) רַכֶּבֶל
**funk** *n.* (פַנְק) פַּחַד, חֲרָדָה; דִּכָּאוֹן
**fun'nel** *n & v.t.* (פַנֶל) מַשְׁפֵּךְ; מַעֲשֵׁנָה; פִּיר; רִכֵּז, הִזְרִים, מִקֵּד
**fun'ny** *adj.* (פַנִי) מַצְחִיק, מְבַדֵּחַ, הִתּוּלִי; מִתְעַתֵּעַ, חָשׁוּד; חָצוּף; מְשֻׁנֶּה
  — papers; funnies תְּמוּנוֹת הִתּוּלִיּוֹת, "קוֹמִיקְס"
**fur** *n.* (פֶר) פַּרְוָה; שִׁכְבַת הַפְרָשָׁה
**fur'bish** *v.t.* (פֶרְבִּשׁ) חִדֵּשׁ, רִעֲנֵן
**fur'ious** *adj.* (פְיֻרִיאֶס) זוֹעֵם, מִתְקַצֵּף; מִשְׁתּוֹלֵל
**furl** *v.t.* (פֶרְל) גּוֹלֵל וְקָשַׁר
**fur'lough** *n.* (פֶרְלוֹ) חֻפְשָׁה (בצבא)
**fur'nace** *n.* (פֶרְנֶס) כִּבְשָׁן; כּוּר; "גֵּיהִנּוֹם" (מקום חם ביותר)
**fur'nish** *v.t.* (פֶרְנִשׁ) סִפֵּק; רִהֵט
**fur'nishing** *n.* (פֶרְנִשִׁנג) רִהוּט
  —s צִיּוּד בֵּיתִי; אַבְזָרִים
**fur'niture** *n.* (פֶרְנִצֶ'ר) רָהִיטִים; צִיּוּד
**fur'or** *n.* (פְיֻרוֹר) הִתְגַּעֲשׁוּת; שִׁגָּעוֹן; חֲרִי־אַף, זַעַם
**furred** *adj.* (פֶרְד) בַּעַל פַּרְוָה; עָשׂוּי פַּרְוָה; לָבוּשׁ פַּרְוָה; מְכֻסֶּה הַפְרָשָׁה
**fur'rier** *n.* (פֶרִיאֶר) פַּרְוָן
**fur'row** *n. & v.t.* (פֶרוֹ) תֶּלֶם; חָרִיץ, קֶמֶט; חָרַשׁ תֶּלֶם, חָרַץ
**fur'ry** *adj.* (פֶרִי) שֶׁל פַּרְוָה, דּוֹמֶה לְפַרְוָה; לוֹבֵשׁ פַּרְוָה; מְכֻסֶּה פַּרְוָה, שָׂעִיר; מְכֻסֶּה הַפְרָשָׁה
**fur'ther** *adv. & adj. & v.t.* (פֶרְדֶ'ר) רָחוֹק יוֹתֵר; לִנְקֻדָּה רְחוֹקָה יוֹתֵר; בְּמִדָּה גְּדוֹלָה יוֹתֵר; נוֹסָף; קִדֵּם
**fur'thermore"** *adv.* (פֶרְדֶ'רְמוֹר) יָתֵר עַל כֵּן; מִלְּבַד זֹאת
**fur'tive** *adj.* (פֶרְטִב) בִּגְנֵבָה, חֲשָׁאִי; עַרְמוּמִי
**fu'ry** *n.* (פְיֻרִי) חֵמָה שְׁפוּכָה; אַלִּימוּת; הִשְׁתּוֹלְלוּת זַעַם; אָדָם מִשְׁתּוֹלֵל
  like — בְּעָצְמָה רַבָּה
  Furies אֵלוֹת הַנְּקָמָה
**fuse** *n. & v.t. & i.* (פְיוּז) נָתִיךְ, פֶּקֶק בִּטָּחוֹן; מַרְעוֹם; פְּתִיל הַצָּתָה; הִתִּיךְ; הִתַּךְ; הִתְמַזֵּג
**fu'selage"** *n.* (פְיוּסֶלַג') מֶרְכָּב (מטוס)
**fu'sillade"** (פְיוּסִלֵיד) מַטָּח
**fu'sion** *n.* (פְיוּז'ן) הִתּוּךְ; הִתְמַזְּגוּת, מִזּוּג
**fuss** *n. & v.i.* (פַס) הִתְרַגְּשׁוּת־יֶתֶר, הִתְעַסְּקוּת־יֶתֶר; הִתְרוֹצְצוּת; וִכּוּחַ קוֹלָנִי; הִתְרַגֵּשׁ עַל דָּבָר פָּעוּט
**fus'sy** *adj.* (פַסִי) נוֹקְדָנִי; מִתְעַסֵּק בִּדְבָרִים רֵיקִים
**fus'ty** *adj.* (פַסְטִי) טָחוּב; מְיֻשָּׁן; שַׁמְרָנִי בִּקְשִׁי עֹרֶף
**fut'ile** *adj.* (פְיוּטְל) שֶׁל שָׁוְא, חֲסַר־תּוֹצָאוֹת, חֲסַר־תּוֹעֶלֶת; קַל־עֵרֶךְ, אַפְסִי
**fu'ture** *n. & adj.* (פְיוּצֶ'ר) עָתִיד; זְמַן עָתִיד; בֶּעָתִיד, עֲתִידִי
**futur'ity** *n.* (פְיוּטֻרִטִי) עָתִיד; הַדּוֹרוֹת הַבָּאִים; הָעוֹלָם הַבָּא; מַצָּב בֶּעָתִיד, מְאֹרָע בֶּעָתִיד
**fuzz** *n.* (פַז) פְּקָס; מִשְׁטָרָה

# G

**G, g** *n.* (גִ'י) ג, ג'; הָאוֹת הַשְּׁבִיעִית בָּאָלֶפְבֵּית הָאַנְגְּלִי; סוֹל; אֶלֶף דוֹלָר

**gab** *v.i. & n.* (גֶב) פִּטְפֵּט; דִּבְרֵי הֲבַאי

**gift of —** כֹּחַ שִׁכְנוּעַ

**gab'ble** *v.i.* (גֶבְּל) דִּבֵּר בִּמְהִירוּת וּבְצוּרָה לֹא־מוּבֶנֶת; גִּעְגַּע

**ga'ble** *n.* (גֵיבְּל) גַּמְלוֹן

**gad'about"** *n.* (גֶדְאֲבָּאוּט) הוֹלֵךְ רָכִיל, הוֹלֵךְ בָּטֵל, מְשׁוֹטֵט

**gad'fly"** *n.* (גֶדְפְלַי) זְבוּב הַבָּקָר; טַרְדָן

**gadg'et** *n.* (גֶג'ט) מִתְקָן מְחֻכָּם

**gag** *v.t. & i. & n.* (גֶג) סָתַם הַפֶּה; דִּכֵּא חֹפֶשׁ הַדִּבּוּר; הִתְאַמֵּץ לְהָקִיא, נֶחֱנַק; הִתְבַּדֵּחַ; מַסְתֵּם לַפֶּה; דִּכּוּי חֹפֶשׁ הַדִּבּוּר; הֲלָצָה, בְּדִיחָה

**ga'ga"** *adj.* (גָגָה) טִפְּשִׁי, אֱוִילִי

**gage** *v.t. & n.* (גֵיג') הֶעֱרִיךְ, אָמַד; מֶדֶד; הִתְאִים לְתֶקֶן; מַדִּיד; מַד; מִדָּה, גֹּדֶל, כַּמּוּת; קְנֵה מִדָּה; הֶקֵּף תְּכוּלָה; קֹטֶר פְּנִימִי (של הקנה של רובה ציד); רֹחַב מְסִלָּה (של מסילת ברזל); הַמֶּרְחָק בֵּין צֶמֶד גַּלְגַּלִּים (על סרן); עֳבִי; קֹטֶר; דַּקּוּת אָרִיג סָרוּג

**gag'man"** *n.* (גֶגְמֶן) מְחַבֵּר בְּדִיחוֹת

**gag'rule"** (גֶג רוּל) חֹק לְהַגְבָּלַת חֹפֶשׁ הַדִּבּוּר

**gai'ety** *n.* (גֵיאֶטִי) עַלִּיזוּת; רַאַוְתָנוּת

**gai'ly** *adv.* (גֵילִי) בְּעַלִּיזוּת; בְּצוּרָה רַאַוְתָנִית

**gain** *v.t. & i. & n.* (גֵין) הִשִּׂיג, רָכַשׁ; הִרְוִיחַ; הוֹסִיף; הִגִּיעַ לְ־; הִשְׁתַּפֵּר, הִתְקַדֵּם; הִתְקָרֵב לְ־; רֶוַח, יִתְרוֹן; תּוֹסֶפֶת; רְכִישָׁה; הַגְבָּרָה

**gain'ful** *adj.* (גֵינְפַל) מַכְנִיס, נוֹתֵן רֶוַח

**gain'say"** *v.t.* (גֵינְסֵי) הִכְחִישׁ; יָצָא נֶגֶד (בדיבורים או במעשים)

**gait** *n.* (גֵיט) צוּרַת הֲלִיכָה

**gai'ter** *n.* (גֵיטֶר) גַּמָּשָׁה

**gal** *n.* (גֶל) בַּחוּרָה

**ga'la** *adj. & n.* (גֵילָה) חֲגִיגִי, בְּרֹב פְּאֵר; חֲגִיגָה; מְאֹרָע חֲגִיגִי; בִּדּוּר מְיֻחָד; לְבוּשׁ חֲגִיגִי

**gal'axy** *n.* (גֶלֶקְסִי) גָּלַקְסְיָה; חֲבוּרָה מַזְהִירָה

**gale** *n.* (גֵיל) סַעַר; הִתְפָּרְצוּת רוֹעֶשֶׁת

**Gal'ilee** *n.* (גֶלִלִי) הַגָּלִיל

**Sea of —** יָם כִּנֶּרֶת

**gall** *v.t. & i. & n.* (גוֹל) הִרְגִּיז; שִׁפְשֵׁף בְּצוּרָה חֲמוּרָה, פָּצַע (ע"י שפשוף); נִפְצַע (ע"י שפשוף); פֶּצַע (שנגרם ע"י שפשוף); מַשֶּׁהוּ מַרְגִּיז, הִתְרַגְּזוּת; מָרָה; מְרִירוּת; עַזּוּת פָּנִים; עֶפְץ

**gal'lant** *adj.* (גֶלֶנְט) אַמִּיץ; אָדִיב, אַבִּירִי; אֶלֶגַנְטִי, בַּעַל הוֹפָעָה מְכֻבֶּדֶת; אָדִיב כְּלַפֵּי נָשִׁים; עוֹגְבָנִי

**galant'** *n.* (גֶלֶנְט) גֶּבֶר אַמִּיץ וְתוֹסֵס; בַּעַל גִּנּוּנִים; גֶּבֶר עַלִּיז; מִתְעַסֵּק עִם נָשִׁים; מְאַהֵב; מְחַזֵּר

**gal'lantry** *n.* (גֶלֶנְטְרִי) אֹמֶץ רַאַוְתָנִי; גְּבוּרָה שׁוֹפַעַת חִיּוּת; תְּשׂוּמֶת לֵב אֲדִיבָה לְנָשִׁים; מַעֲשֵׂה גְבוּרָה; נְאוּם אַמִּיץ

**gal'lery** *n.* (גֶלֶרִי) סְטָו; מִרְפֶּסֶת; חֶדֶר אָרֹךְ וְצַר; מִסְדְּרוֹן; מוּזֵטְרָה; יָצִיעַ; גַּלֶרְיָה; הַמּוֹשָׁבִים הַזּוֹלִים בַּיָּצִיעַ; צִבּוּר חַסְרֵי טַעַם מְעֻדָּן; אֹסֶף אָמָּנוּת לִתְצוּגָה; אוּלָם (למטרה מיוחדת); מִנְהָרָה

**play to the —** הֶחֱנִיף לְטַעַם הֶהָמוֹנִים

**gal'ley** *n.* (גֶלִי) סְפִינַת מְשׁוֹטִים; מִטְבָּח (באניה); מַגָּשׁ; יְרִיעָה, יְרִיעַת הַגָּהָה

**Gal'licism** *n.* (גֶלִסִזְם) בִּטּוּי צָרְפָתִי, אֹפֶן דִּבּוּר צָרְפָתִי

**gal'livant"** *v.i.* (גֶלִוֶנְט) שׁוֹטֵט בְּעַלִּיזוּת, סוֹבֵב תּוֹךְ קַלּוּת דַּעַת

**gal'lon** *n.* (גֶלֶן) גַּלּוֹן

**gal'lop** *n. & v.i. & t.* (גֶלֶפּ) דְּהִירָה; דָּהַר; הִדְהִיר

**gal'lows** *n.* (גֶלוֹז) גַּרְדּוֹם

**galore'** *adv.* (גַלוֹר) בְּשֶׁפַע

**gal'vanize"** *v.t.* (גֶלְוֶנַיז) גִּלְוֵן; הִקְפִּיץ לִפְעֻלָּה

**gam'bit** *n.* (גמבט) גמביט; תמרון פתיחה

**gam'ble** *v.i.* & *t.* (גמבל) השתתף במשחקי מזל; המר; הפסיד (במשחקי מזל); עניין התלוי במזל, משחק מזל

**gam'bler** *n.* (גמבלר) קלפן; נוטל סיכונים; מכור להמורים

**game** *n.* (גים) משחק; נקודות דרושות לנצחון; תחבולה, בדיחה, התבדחות; ציד (בעלי חיים); בשר ציד; מטרה (של רודף, התקפה או התעללות); רוח לחימה, אומץ

make — of לעג

— *adj.* של ציד (בעלי חיים); אמיץ; בעל רצון, מוכן (לפעול); צולע

**game'keeper** *n.* (גימקיפר) פקח ציד

**gam'in** *n.* (גמן) ילד רחוב

**gam'ing** *n.* & *adj.* (גימנג) משחקי מזל; של משחקי מזל

**ga'mut** *n.* (גמט) סלם, משרע

**gan'der** *n.* (גנדר) אווז; מבט, הצצה

**gang** *n.* & *v.t.* & *i.* (גנג) חבורה, כנופיה; משמרת; ארגן (חבורות); ארגן בחבורה

— up on התלכד נגד

**gang'land** *n.* (גנגלנד) העולם התחתון, עולם הפושעים

**gang'rene** *n.* (גנגרין) גנגרינה, מקק

**gang'ster** *n.* (גנגסטר) איש כנופיה, חמסן, גנגסטר

**gang'way"** *n.* (גנגוי) מעבר, פתח; כבש

gang'way' *interj.* פנו דרך!

**gap.** *n.* (גפ) פער; פרצה; סטיה; נקרה; מסער

**gape** *v.i.* & *n.* (גיפ) לטש עינים תוך פעירת הפה; התבונן בתמהון; פער פה; נפער, נבעה; מסער, פער, פרצה; לטישת עינים בתמהון; פהוק

**garage'** *n.* (גרג') מוסך

**garb** *n.* & *v.t.* (גרב) תלבשת; בגדים; הופעה חיצונית; הלביש

**gar'bage** *n.* (גרבג') אשפה; זבל; הבאי, שקר וכזב

**gar'ble** *v.t.* (גרבל) סלף, סרס; בלבל

**gar'den** *n.* & *adj.* (גרדן) גנה; גן; של גנה

— *v.t.* & *t.* נטע גנה, עבד גנה; גנן

**gard'ener** *n.* (גרדנר) גנן

**garg'le** *v.t.* & *i.* & *n.* (גרגל) גרגר, שטף הגרון; מי גרגור

**gar'goyle** *n.* (גרגויל) פסל-מפלצת; זרבובית גרוטסקית

**gar'ish** *adj.* (גרש) צעקני, מתהדר בצורה חסרת טעם; מקשט יתר על המדה, עדדני; מסנור

**gar'land** *n.* & *v.t.* (גרלנד) זר; לקט ספרותי; קשט בזר

**gar'lic** *n* & *adj.* (גרלק) שום; של שום

**gar'ment** *n.* (גרמנט) בגד, לבוש

**gar'ner** *v.t.* (גרנר) אסם; חשיג, רכש; לקט, אגר

**gar'nish** *v.t.* (גרנש) עטר, קשט; הוסיף לשם יפי

**gar'ret** *n.* (גרט) עליית גג

**gar'rison** *n.* & *v.t.* (גרסן) חיל מצב, קסרקטין; הציב חיל מצב; שכן חילים

**gar'rulous** *adj.* (גרלס) פטפטני

**gar'ter** *n.* (גרטר) בירית

**gas** *n.* (גס) גז; אלחוש גזי; בנזין; דברי הבאי

— *v.t.* ספק גז, הרעיל בגז

— up מלא מכל הבנזין

**gash** *n.* & *v.t.* (גש) פצע ארך ועמק; בתק; פצע בפצע ארך ועמק, בתק

**gas'ket** *n.* (גסקט) אטם

**gas'man"** *n.* (גסמן) קורא מונה הגז לקביעת דמי שמוש

**gas"oline'** *n.* (גסלין) בנזין

**gasp** *v.i.* & *n.* (גספ) נשם נשימות מקטעות; נשם בכבדות; נשימה קצרה ופתאומית; פליטת פה מקטעת

**gastri'tis** *n.* (גסטריטס) דלקת הקרום הרירי של הקבה

**gastron'omy** *n.* (גסטרונמי) גסטרונומיה; צורת בשול או אכילה

**gas'works"** *n.* (גסורקס) מפעל גז

**gate** *n.* (גיט) שער; פתח; מעבר בהרים; שסתום; תקבולים מדמי כניסה

get the — פטר; גרש

give someone the — פטר; גרש, הרחיק

**gate′-crash′er** (גֵיט-קְרֶשֶׁר) "מִתְפַּלֵּחַ"

**gate′way** *n.* (גֵיטְוֵי) פֶּתַח, שַׁעַר; כְּנִיסָה, אֲבוּל

**gath′er** *v.t. & i.* (גֶדֶ'ר) אָסַף, לִקֵּט, קִבֵּץ, כִּנֵּס; הִגִּיעַ לְמַסְקָנָה; מָשַׁךְ, קִמֵּט; עָשָׂה קְפוּלִים; הִגְבִּיר (מְהִירוּת); הִתְקַבֵּץ, הִתְאַסֵּף; הִצְטַבֵּר, גָּדַל; הִתְקַמֵּט

**gath′ering** *n.* (גֶדֶ'רִנג) אִסּוּף; אֹסֶף; אֲסֵפָה; הָמוֹן; לֶקֶט; קִפּוּל, קְפָלִים

**gau′dy** *adj.* (גוֹדִי) צַעֲקָנִי, רַאַוְתָנִי לְלֹא טַעַם; מִתְהַדֵּר בְּצוּרָה זוֹלָה

**gauge** (גֵיג') *See* gage

**gaunt** *adj.* (גוֹנְט) כָּחוּשׁ; רָזֶה וְגַרְמִי; שׁוֹמֵם וְקוֹדֵר

**gaunt′let** *n.* (גוֹנְטְלֶט) כִּסְפַת-שִׁרְיוֹן; כִּסְפַת-חֶפֶת

take up the — נֵעֱנָה לְהַזְמָנָה לִקְרָב

**gauze** *n.* (גוֹז) גָּזָה; מַלְמָלָה

**gave** (גֵיב) (זמן עבר של give)

**gav′el** *n.* (גֶוְל) פַּטִּישׁ (של יושב ראש באסיפות)

**gawk** *v.i.* (גוֹק) הִתְבּוֹנֵן בְּאֶרֶשֶׁת טִמְטוּם; לָטַשׁ עֵינַיִם בְּפֶה פָּעוּר

**gaw′ky** *adj.* (גוֹקִי) מְסֻרְבָּל, גַּמְלוֹנִי

**gay** *adj.* (גֵי) עַלִּיז; בָּהִיר; רַאַוְתָנִי; שׁוֹפֵעַ תַּעֲנוּגוֹת; מֻפְקָר; הוֹמוֹסֶקְסוּאָלִי

**gaze** *v.i. & n.* (גֵיז) הִצְמִיד מַבָּט: הִתְבּוֹנֵן שָׁעָה אֲרֻכָּה; לֹא נָרַע עַיִן מִן; מַבָּט חוֹדֵר

**gazelle′** *n.* (גַזֶל) צְבִי

**gazette** *n.* (גַזֶט) עִתּוֹן

**gazet″teer′** *n.* (גַזֶטִיר) לֶקְסִיקוֹן גֵּאוֹגְרָפִי

**gear** *n.* (גִיר) גַּלְגַּל מְשֻׁנָּן; מַעֲרֶכֶת גַּלְגַּלִּים מְשֻׁנָּנִים; שִׁלּוּב (של גלגלים משוננים); הִלּוּךְ; מַנְגָּנוֹן; צִיּוּד; רִתְמָה; מִטַּלְטְלִים

— *v.t.* צִיֵּד בְּגַלְגַּלִּים מְשֻׁנָּנִים; סִפֵּק; הִתְקִין, הִתְאִים

**geese** (גִיס) (רבים של goose)

**gee!** *interj.* (גִ'י) יָהּ!

**gel′atin(e)** *n.* (גֶ'לַטִן) גֶ'לָטִינָה, מִקְפִּית

**geld** *v.t.* (גֶלְד) סֵרֵס

**gel′ding** *n.* (גֶלְדִנג) סוּס מְסֹרָס

**gem** *n.* (גֶ'ם) אֶבֶן טוֹבָה; כְּלִי יָקָר, יַקִּיר

**gen′der** *n.* (גֶ'נְדֶר) מִין (בדקדוק)

**gene** *n.* (גִ'ין) גֵּן

**g′eneal′ogy** *n.* (גִ'ינִיאוֹלַגִ'י) יִחוּס

**gen′eral** *adj. & n.* (גֶ'נֶרַל) כְּלָלִי; בָּכִיר; גֶּנֶרָל, אַלּוּף, תַּת-אַלּוּף, רַב-אַלּוּף

in — בִּכְלָל; בְּדֶרֶךְ כְּלָל

**gen″eral′ity** *n.* (גֶ'נֶרַלְטִי) כּוֹלְלוּת; עִקָּרוֹן כְּלָלִי; רֹב; כְּלָלִיּוּת

**gen′eralize″″** *v.t. & i.* (גֶ'נֶרַלַיז) הִכְלִיל

**gen′e.ally** *adv.* (גֶ'נֶרַלִי) בְּדֶרֶךְ כְּלָל, בִּכְלָל

**gen′eral practi′tioner** (גֶ'נֶרַל פְּרַקְטִשֶׁנֶר) רוֹפֵא כְּלָלִי

**gen′erate″** *v.t.* (גֶ'נֶרֵט) יָצַר, חוֹלֵל; הוֹלִיד; יִצֵּר

**gen″era′tion** *n.* (גֶ'נֶרֵישֶׁן) דּוֹר; צֶאֱצָאִים; יְצִירָה, הוֹלָדָה, רְבִיָּה; הִשְׁתַּלְשְׁלוּת

**gen′era″tive** *adj.* (גֶ'נֶרֵיטִב) שֶׁל רְבִיָּה; מְסֻגָּל לְיַצֵּר

**gen′era″tor** *n.* (גֶ'נֶרֵיטֶר) מְחוֹלֵל; מוֹלִיד; גֶּנֶרָטוֹר; קַו יוֹצֵר (גאומטריה)

**gen″eros′ity** *n.* (גֶ'נֶרוֹסְטִי) נְדִיבוּת, רֹחַב לֵב

**gen′erous** *adj.* (גֶ'נֶרֶס) נָדִיב; גָּדוֹל

**gen′esis** *n.* (גֶ'נֶסֶס) הִתְהַוּוּת, יְצִירָה, רֵאשִׁית

Gen′esis סֵפֶר בְּרֵאשִׁית

**genet′ics** *n.* (גֶ'נֶטִקְס) גֶּנֶטִיקָה

**gen′ial** *adj.* (גִ'ינְיַל) לְבָבִי, נָעִים

**ge″nial′ity** *n.* (גִ'ינִיאֶלְטִי) לְבָבִיּוּת, נֹעַם, סֵבֶר פָּנִים יָפוֹת

**ge′nital** *adj. & n.* (גֶ'נִטַל) שֶׁל אֵבְרֵי הַמִּין; אֵבֶר הַמִּין

**gen′itive** *n. & adj.* (גֶ'נִטִב) יַחֲסַת שֶׁל-; שֶׁל יַחֲסַת שֶׁל

**gen′ius** *n.* (גִ'ינְיֶס) גְּאוֹנִיּוּת; גָּאוֹן; כִּשְׁרוֹן; נְטִיָּה חֲזָקָה; סְגֻלָּה

**gen′ocide″** *n.* (גֶ'נַסַיד) הַשְׁמָדַת עַם

**genteel′** *adj.* (גֶ'נְטִיל) מַקְפִּיד עַל גִּנּוּנִים; אָדִיב, מְעֻדָּן, אֶלֶגַנְטִי; אָדִיב בְּצוּרָה מְעֻשָּׂה

**gen′tile** *adj. & n.* (גֶ'נְטַיל) גּוֹי; נוֹצְרִי; לֹא-מוֹרְמוֹנִי; עוֹבֵד אֱלִילִים

**gen′tle** *adj.* (גֶ'נְטְל) חָבִיב; מָתוּן; בֶּן מִשְׁפָּחָה טוֹבָה; בֶּן מִשְׁפָּחָה מְכֻבֶּדֶת; נוֹחַ; נָמוֹךְ, רַךְ, עָדִין; מְנֻמָּס, מְעֻדָּן; בַּעַל שֶׁלֶט יוּחֲסִין

**gen´tleman** *n.* (גֶ׳נְטֶלְמֶן) אָדָם מְתֻרְבָּת וּבַעַל נִימוּסִים, בַּעַל הֲלִיכוֹת נָאוֹת; ג׳נְטֶלְמֶן; אָדוֹן; מְשָׁרֵת אִישִׁי; אָצִיל; אָדָם בַּעַל הַכְנָסָה שֶׁלֹּא מִיגִיעַ כַּפָּיו

**gen´tleness** *n.* (גֶ׳נְטֶלְנֶס) עֲדִינוּת, חֲבִיבוּת; מְתִינוּת, נוֹחוּת

**gen´tlewom"an** *n.* (גֶ׳נְטֶלְווּמֶן) גְּבִירָה, אִשָּׁה מִמִּשְׁפָּחָה מְיֻחֶסֶת, אֲצִילָה; מְשָׁרֶתֶת שֶׁל אֲצִילָה

**gen´tly** *adv.* (גֶ׳נְטְלִי) בַּעֲדִינוּת, בְּרֹךְ; בַּחֲבִיבוּת; בִּמְתִינוּת

**gen´try** *n.* (גֶ׳נְטְרִי) אִכָּרוּת אֲמִידָה

**gen´uine** *adj.* (גֶ׳נְיוּאִן) אֲמִתִּי, לֹא־מְזֻיָּף; מְקוֹרִי; כֵּן; טְהוֹר־גֶּזַע

**ge´nus** *n.* (גִ׳ינֵס) סוּג

**geod´esy** *n.* (גִ׳יאוֹדֶסִי) גֵּאוֹדֶסְיָה

**geog´rapher** *n.* (גִ׳יאוֹגְרֶפֶר) גֵּאוֹגְרָף

**ge"ograph´ic(al)** *adj.* (גִ׳יאֶגְרֶפִקֶל) גֵּאוֹגְרָפִי

**geog´raphy** *n.* (גִ׳יאוֹגְרֶפִי) גֵּאוֹגְרַפְיָה; סֵפֶר גֵּאוֹגְרַפְיָה; תְּכוּנוֹת טוֹפּוֹגְרָפִיּוֹת

**geol´ogist** *n.* (גִ׳יאוֹלֶגִ׳סְט) גֵּאוֹלוֹג

**geol´ogy** *n.* (גִ׳יאוֹלֶגִ׳י) גֵּאוֹלוֹגְיָה; תְּכוּנוֹת וְתַהֲלִיכִים גֵּאוֹלוֹגִיִּים

**ge"omet´ric(al)** *adj.* (גִ׳יאֶמֶטְרִק) גֵּאוֹמֶטְרִי

**geome´try** (גִ׳יאוֹמֶטְרִי) גֵּאוֹמֶטְרִיָּה; סֵפֶר גֵּאוֹמֶטְרִיָּה

**ge"ophys´ics** *n.* (גִ׳יאוֹפִזִקְס) גֵּאוֹפִיסִיקָה

**ge"opol´itics** *n.* (גִ׳יאוֹפּוֹלֶטִקְס) גֵּאוֹפּוֹלִיטִיקָה

**gera´nium** *n.* (גֶ׳רֵינִיאֶם) גֶּרַנְיוֹן

**germ** *n.* (גֶ׳רְם) חַיְדַּק; נֶבֶט; זֶרַע, נִצָּן; עֻבָּר; תָּא רִאשׁוֹנִי

**ger´man** *adj.* (גֶ׳רְמֶן) בֶּן אוֹתָם הַהוֹרִים; דּוֹדָן

Ger´man *n.* & *adj.* גֶּרְמָנִי

**germane´** *adj.* (גֶ׳רְמֵין) קָרוֹב, עִנְיָנִי, שַׁיָּךְ, נוֹגֵעַ בְּמֵישָׁרִין

**Ger´many** *n.* (גֶ׳רְמֶנִי) גֶּרְמַנְיָה, אַשְׁכְּנַז

**ger´minate"** *v.i.* & *t.* (גֶ׳רְמֶנֵיט) נָבַט, הִתְחִיל לְהִתְפַּתֵּחַ, לִבְלֵב; הִתְהַוָּה, הִתְחִיל; פִּתַּח, יָצַר; יִצֵּר

**ger´ryman"der** *n.* (גֶ׳רִימֶנְדֶר) חֲלֻקַּת אֲזוֹרֵי בְּחִירָה לְאַפְשֵׁר נִצְחוֹנָהּ שֶׁל מִפְלָגָה מְסֻיֶּמֶת

**ger´und** *n.* (גֶ׳רֶנְד) שֵׁם הַפֹּעַל, שֵׁם הַפְּעֻלָּה

**gesta´tion** *n.* (גֶ׳סְטֵישֶׁן) הֵרָיוֹן

**gestic´ulate"** *v.i.* & *t.* (גֶ׳סְטִקְיֻלֵיט) הִתְבַּטֵּא בִּתְנוּעוֹת יָדַיִם, דִּבֵּר בִּתְנוּעוֹת נִרְגָּשׁוֹת

**ges´ture** *n.* & *v.i.* & *t.* (גֶ׳סְצֶ׳ר) מֶחְוָה; גֶ׳סְטָה; עָשָׂה מֶחְוָה, הִתְבַּטֵּא בְּמֶחֱווֹת

**get** *v.t.* & *i.* (גֶט) קִבֵּל; הִשִּׂיג, רָכַשׁ; הָלַךְ לְהָבִיא; גָּרַם, הֵבִיא לִידֵי; הִתְקַשֵּׁר עִם; שָׁמַע; תָּפַס, עָמַד עַל; לָכַד; שִׁכְנֵעַ; הוֹלִיד; הִשְׁפִּיעַ עַל רְגָשׁוֹת; נָקַם בְּ־; לָקָה בְּ־; הָיָה סָתוּם; הִרְגִּיז; הִגִּיעַ לְ־; נַעֲשָׂה; הִרְוִיחַ; הִסְתַּלֵּק; "הִתְנַדֵּף"

— away נִמְלַט, בָּרַח; יָצָא לַדֶּרֶךְ

— away with עָשָׂה לְלֹא עֹנֶשׁ

— back חָזַר; הֶחֱזִיר; נָקַם בְּ־

— by הִצְלִיחַ לַעֲבוֹר; הִתְגַּבֵּר עַל קְשָׁיִים; הִתְחַמֵּק מִתְּשׂוּמֶת לֵב

— down הוֹרִיד; יָרַד; הִתְרַכֵּז בְּ־; דִּכְדֵּךְ; בָּלַע

— going הִתְחִיל; פָּעַל; מִהֵר

— ill חָלָה

— in נִכְנַס; הִגִּיעַ; הִתְרוֹעֵעַ

— it קִבֵּל נְזִיפָה; נֶעֱנַשׁ; הֵבִין

— off נִמְלַט מֵעֹנֶשׁ; חֻלַּץ מֵעֹנֶשׁ; יָצָא לַדֶּרֶךְ; יָרַד, הִתְחַצֵּף

— on הִתְקַדֵּם; הִצְלִיחַ לְהִתְקַיֵּם; הָיָה בְּיַחֲסִים טוֹבִים; הִזְקִין

— out יָצָא, הִסְתַּלֵּק

— over הִבְרִיא

— ready הֵכִין; הִתְכּוֹנֵן

— rid of נִפְטַר מִן

— ripe הִבְשִׁיל

—there הִגִּיעַ לַמַּטָּרָה; הִצְלִיחַ

— through הִצְלִיחַ לְהַגִּיעַ; סִיֵּם; הִסְבִּיר עֶמְדָּתוֹ

— to הִתְקַשֵּׁר עִם; עָשָׂה רֹשֶׁם עַל

— together צָבַר, לִקֵּט; הִתְכַּנֵּס; הִסְכִּים

— up קם; הכין; ערך; ארגן; התלבש;
has (have) got יש ל־
**get'away"** *n.* (גטוי) בריחה; זנוק
**gew'gaw** *n.* (גיוגו) קשוט חסר־ערך
**gey'ser** *n.* (גיזר) גיזר
**ghast'ly** *adj.* (גסטלי) מחריד; חור כמת; נורא
**gher'kin** *n.* (גרקן) קשוא אנגוריה
**ghet'to** *n.* (גטו) גטו; רבע יהודים; רבע ירוד של מעוט (כושים וכו׳)
**ghost** *n.* (גוסט) רוח רפאים, רוח־מת; אוב; צל, דמיון קלוש; שמץ; אפשרות נדירה; נשמה; מחבר סמוי
give up the — מת
— *v.t.* חבר בעלום שם לזולת
**ghost'-wri"ter** (גוסט־ריטר) מחבר סמוי
**ghoul** *n.* (גול) שד אוכל גויות; שודד קברים; נהנה מתועבות
**gi'ant** *n.* & *adj.* (ג׳יאנט) ענק; ענקי
**gib'berish** *n.* (ג׳ברש) עלג
**gib'bet** *n.* (ג׳בט) גרדום ראוה
**gibe** *v.i.* & *n.* (ג׳יב) לגלג, הקניט; לגלוג
**gib'lets** *n. pl.* (ג׳בלטס) רנו, תרביך
**gid'dy** *adj.* (גדי) קל דעת ועליז, אחוז סחרחרת; גורם סחרחרת
**gift** *n.* (גפט) מתנה; מתן; כשרון
—ed *adj.* מחונן
**gigan'tic** *adj.* (ג׳יגנטק) ענקי
**gig'gle** *v.i.* & *n.* (גגל) צחקק בטפשות; צחקוק טפשי
**gig'olo"** *n.* (ג׳גלו) מאהב בתשלום; מלוה מקצועי (של אשה)
**gild** *v.t.* (גלד) צפה בזהב; שוה ברק מזיף
**gill** *n.* (גל) זים
**gilt** *adj.* & *n.* (גלט) מזהב; זהב; צפוי זהב
—-edged מזהב־שולים; בעל איכות מעלה
**gim'crack** *n.* (ג׳מקרק) חפץ חסר־ערך
**gim'let** *n.* (גמלט) מקדח מסמרים; משקה וודקה או ג׳ין ממתק במיץ לימטה
**gim'mick** *n.* (גמק) עצה מחכמת, תחבולה; מכשיר לאחיזת עינים

**gin** *n.* (ג׳ין) ג׳ין; מכונת הפרדה (לזרעי כותנה); רמי
**gin'ger** *n.* (ג׳נג׳ר) זנגביל; חום אדמדם או צהבהב; חיות
**gin'gerly** *adv.* (ג׳נג׳רלי) בזהירות רבה
**ging'ham** *n.* (גנגם) אריג כתנה פשוט
**gip'sy** *See* **gypsy**
**gin"givi'tis** *n.* (ג׳נג׳יויטס) דלקת החניכים
**giraffe'** *n.* (ג׳רף) ג׳ירפה
**gird** *v.t.* (גרד) חגר; הקיף; הכין
**gir'der** *n.* (גרדר) קורה
**gir'dle** *n.* (גרדל) מחוך (קל); חגורה, אבנט; גדר
**girl** *n.* (גרל) ילדה, נערה, בת; בחורה, עלמה, צעירה; עוזרת
**girl'hood** *n.* (גרלהד) נערות (של בת); צבור הנערות
**gir'lish** *adj.* (גרלש) של נערה, של ילדה
**girt** *adj.* (גרט) חגור; מקף
**gis'mo** *n.* (גזמו) "קונסיטר", "דבר"
**gist** *n.* (ג׳סט) עקר
**give** *v.t.* & *i.* (גב) נתן, מסר, העניק, הציג; ספק; הניב; עשה; פלט; הקריב; גרם; אכפת; ערך; הקצה; יחס ל־; הטיל; ותר על... לטובת; תרם; נשקף על; נכנע (תחת לחץ); התמוטט
— away העניק; הציג כלה לחתן; גלה, בגד ב־
— oneself up to התמסר לגמרי
— the lie to הכזיב, הזים; גלה שקר של־; סתר דברי
— up התיאש; ותר על; חדל; נכנע
**give'away"** *n.* (גבוי) בגידה או גלוי סוד בשגגה; פרס (למשוך קונים); עסקת־נכלים; משדר פרסום
**giz'zard** *n.* (גזרד) קרקבן; קרבים
**gla'cial** *adj.* (גלישל) קרחי; של קרח; קר מאד
**gla'cier** *n.* (גלישר) קרחון
**glad** *adj.* (גלד) שמח; מרצה; משמח; שבע־נחת
**glad'den** *v.t.* (גלדן) שמח
**glade** *n.* (גליד) קרחת יער

**glad´ness** *n.* (גְלֶדְנֶס) גִּיל, שִׂמְחָה
**gla´mor** *n.* (גְלֶמֶר) קֶסֶם מְרַתֵּק; רַגּוּשׁ, הַרְפַּתְקָנוּת; כִּשּׁוּף
**glance** *v.i. & t. & n.* (גְלֶנְס) הֵעִיף עַיִן; הֵצִיץ; הִבְזִיק; נֶהֱדַף הַצִּדָּה; דָּן דֶּרֶךְ אַגַּב; מַבָּט חָטוּף הַצִּדָּה; הַבְזָקַת אוֹר; תְּנוּעַת חֲזָרָה אֲלַכְסוֹנִית; רְמִיזַת אַגַּב
**gland** *n.* (גְלֶנְד) בַּלּוּטָה
**glare** *n. & v.t. & i.* (גְלֶר) בֹּהַק; סִנְוּוּר; מַבָּט נוֹקֵב; רַאַוְתָנוּת; הִבְהִיק; לָטַשׁ מַבָּט נוֹקֵב
**glar´ing** *adj.* (גְלֶרִנְג) מַבְהִיק; צַעֲקָנִי; מֻזְדַּקֵּר לָעַיִן; מִתְבַּלֵּט מְאֹד; מִתְבּוֹנֵן בְּזַעַם
**glass** *n.* (גְלֶס) כּוֹס; זְכוּכִית; חַלּוֹן; מַרְאָה; זְכוּכִית מַגְדֶּלֶת; עֲדָשָׁה; כְּלִי זְכוּכִית
**—es** מִשְׁקָפַיִם
**— *adj.*** עָשׂוּי זְכוּכִית
**glaze** *v.t. & v.t. & i. & n.* (גְלֵיז) זִגֵּג; נִזְדַּגֵּג; זִגּוּג, זֶגֶג; צִפּוּי סֻכָּר
**gla´zier** *n.* (גְלֵיזְ׳ר) זַגָּג
**gleam** *v.i. & n.* (גְלִים) הִבְזִיק, נִצְנֵץ; בְּזִיקָה; אוֹר עָמוּם; נִצְנוּץ, נִיצוֹץ
**glean** *v.t.* (גְלִין) לִקֵּט; אָסַף בְּהַדְרָגָה, גִּלָּה לְאַט לְאַט
**glee** *n.* (גְלִי) רִנָּה, חֶדְוָה; שִׁיר מַקְהֵלָה
**—´ club"** חוּג לְזִמְרָה
**glen** *n.* (גְלֶן) גַּיְא נִדָּח
**glib** *adj.* (גְלִב) רָהוּט, דּוֹבֵר שְׂפַת־חֲלָקוֹת; חָפְשִׁי
**glide** *v.i. & n.* (גְלַיְד) גָּלַשׁ, נָע לְלֹא מַאֲמָץ; עָבַר בִּרְחִיפָה; נָע בְּשֶׁקֶט, חָמַק; דָּאָה; גְּלִישָׁה; דְּאִיָּה
**gli´der** *n.* (גְלַיְדֶר) דָּאוֹן; גּוֹלֵשׁ
**glim´mer** *n. & v.i.* (גְלִמֶר) אוֹר קָלוּשׁ; הִבְהוּב; תְּפִיסָה עֲמוּמָה; מַשָּׂג; הִבְהֵב, נִצְנֵץ בְּאוֹר קָלוּשׁ; הוֹפִיעַ בְּאוֹר קָלוּשׁ
**glimpse** *n. & v.t. & i.* (גְלִמְפְּס) הֲצָצָה, מַבָּט חָטוּף; הוֹפָעַת־רֶגַע; רַעְיוֹן מְעֻרְפָּל; הֵעִיף עַיִן, חָטַף מַבָּט, הִסְתַּכֵּל
**glis´ten** *v.i.* (גְלִסֶן) נִצְנֵץ
**glit´ter** *v.i. & n.* (גְלִטֶר) נִצְנֵץ, שָׁבָה לֵב בִּפְאֵרוֹ; נִצְנוּץ; פְּאֵר רַאַוְתָנִי
**gloa´ming** *n.* (גְלוֹמִנְג) בֵּין הָעַרְבַּיִם
**gloat** *v.i.* (גְלוֹט) הִתְיַחֵס אֶל בְּסִפּוּק רַב; שָׂמַח לְאֵיד
**glo´bal** *adj.* (גְלוֹבֶּל) גְּלוֹבָּלִי; שֶׁל כָּל כַּדּוּר הָאָרֶץ, כְּלַל־עוֹלָמִי; מַקִּיף; כַּדּוּרִי
**globe** *n.* (גְלוֹב) כַּדּוּר הָאָרֶץ; כּוֹכָב לֶכֶת; גֶּרֶם שְׁמֵימִי; גְּלוֹבּוּס; כַּדּוּר; אָהִיל כַּדּוּרִי
**globe´-trot"ter** (גְלוֹב־טְרוֹטֶר) טַיָּל וָתִיק
**gloom** *n.* (גְלוּם) חֹשֶׁךְ, אֲפֵלָה; קַדְרוּת, דִּכְדּוּךְ; מַבָּט נוּגֶה
**gloo´my** *adj.* (גְלוּמִי) קוֹדֵר, אָפֵל; מְדֻכְדָּךְ; עָצוּב, נוּגֶה; חֲסַר־תִּקְוָה, מְיֹאָשׁ, פֶּסִימִי
**glo´rify** *v.t.* (גְלוֹרִפַי) רוֹמֵם, עִלָּה; מָנָה שְׁבָחִים; פֵּאֵר, הֶעֱרִיץ
**glo´rious** *adj.* (גְלוֹרִיאֶס) נִפְלָא; מְפֹאָר; נוֹדָע לִתְהִלָּה; נֶהְדָּר
**glor´y** *n.* (גְלוֹרִי) תְּהִלָּה, תִּפְאֶרֶת, הָדָר; הַעֲרָצָה; אֹשֶׁר מֻחְלָט; גַּן־עֵדֶן; הִלָּה
go to — מֵת
— *v.i.* עָלַז
**gloss** *n. & v.t.* (גְלוֹס) גְּלוֹסָה, בֵּאוּר (בשוליים או בין השיטין); פֵּרוּשׁ מֻרְחָב; גְּלוֹסַרְיוֹן; פֵּרוּשׁ מְחֻכָּם וּמַטְעֶה; בָּרָק; הוֹפָעָה מַטְעָה; הוֹסִיף בֵּאוּרִים, רָשַׁם הֶעָרוֹת; פֵּרֵשׁ פֵּרוּשׁ מַטְעֶה, הִרְחִיק סְפֵקוֹת עַל יְדֵי הֶסְבֵּר; שִׁוָּה בָּרָק; מֵרֵט; שִׁוָּה מַרְאֶה טוֹב וּמַטְעֶה
**gloss´ary** *n.* (גְלוֹסֶרִי) גְּלוֹסַרְיוֹן; מִלּוֹן מְיֻחָד
**gloss´y** *adj.* (גְלוֹסִי) מַבְרִיק; מְזֻיָּף, מַטְעֶה
**glove** *n.* (גְלַב) כְּפָפָה
**glow** *v.i. & n.* (גְלוֹ) זָהַר; הֶאְדִּים; הִתְחַמֵּם; הִתְמַלֵּא רֶגֶשׁ; זֹהַר; אֹדֶם; חֲמִימוּת; לַהַט, רִגּוּשׁ
**glow´er** *v.i.* (גְלַאוּאֶר) נָעַץ מַבָּט רוֹגֵז
**glow´worm´** *n.* (גְלוֹוֶרְם) גַּחֲלִילִית
**glue** *n. & v.t. & i.* (גְלוּ) דֶּבֶק; הִדְבִּיק; דָּבַק
**glum** *adj.* (גְלַם) קוֹדֵר וְשׁוֹתֵק; מְדֻכְדָּךְ
**glut** *v.t. & i. & n.* (גְלַט) הֶאֱכִיל יֶתֶר עַל הַמִּדָּה; הֵצִיף; סָתַם; זָלַל; גֹּדֶשׁ; הֲצָפָה, פִּטּוּם
**glut´ton** *n.* (גְלַטֶן) זוֹלֵל, גַּרְגְּרָן; בַּלְעָן
**glyc´erine** *n.* (גְלִסֶרִן) גְּלִיצֶרִין

**gnarled** *adj.* (נַרְלְד) מְסֻקָּס; שָׁפוּף; נִפְתָּל; בַּעַל הוֹפָעָה קְשׁוּחָה וּשְׁחוּקַת הָאֵיתָנִים; רַגְזָנִי

**gnash** *v.t. & i.* (נֶשׁ) הִקִּישׁ, טָחַן (שִׁנַּיִים זוֹ בְּזוֹ – מִכַּעַס אוֹ כְּאֵב); נָשַׁךְ בְּשִׁנַּיִם טוֹחֲנוֹת זוֹ בְּזוֹ

**gnat** *n.* (נֶט) יַתּוּשׁ מְצַיֵּץ; בַּרְחָשׁ; זְבוּבוֹן עוֹקֵץ

**gnaw** *v.t. & i.* (נוֹ) כִּרְסֵם, כִּסֵּס; הֵצִיק לְ־

**gnome** *n.* (נוֹם) גַּמָּד, שׁוֹמֵר אוֹצְרוֹת הָאָרֶץ (בִּדְמוּת יָשִׁישׁ מְקֻמָּט)

**go** *v.i.* (גוֹ) הָלַךְ; יָצָא; תִּפְקֵד, פָּעַל; נַעֲשָׂה; עָשָׂה מַשֶּׁהוּ (כְּדֵי לְהַגִּיעַ לְמַצָּב מְסוּיָּם); נוֹדַע בְּ־; הִגִּיעַ; אִפְשֵׁר גִּישָׁה; עָבַר (הַזְּמַן); נוֹעַד לְ־, נִמְכַּר; כְּפִי הַנֶּחְשָׁב; נָטָה; הִסְתַּיֵּם; שַׁיָּךְ, מְקוֹמוֹ בְּ־; הִתְאִים (צֶבַע, אָפְנָה); הִתְפַּתֵּחַ; נָסוֹג; הִשְׁמִיעַ קוֹל; בִּצֵּעַ; נִזְקַק לְ־; נֶחֱלַשׁ, הִתְבַּלָּה; מֵת; יָצָא מִכְּלַל שִׁמּוּשׁ; הָיָה דָּרוּשׁ; הִתְחַלֵּק בְּ־; עָמַד לְ־; הִתְקַבֵּל; קָבַע; חָשַׂף עַצְמוֹ

— *v.t.* נָשָׂא; הֵמֵר; הִשְׁתַּתֵּף בְּ־; גָּדַל עַד כְּדֵי –

— about נָטַל הִתְחַיְּבוּת, בִּצֵּעַ

— after שָׁאַף לְ־

—ahead הַמְשֵׁךְ לְלֹא הֶסּוּס

— along הִסְכִּים

— away הִסְתַּלֵּק

— by הֻדְרַךְ עַל יְדֵי; חָלַף

— down הוּבַס

— for נִסָּה לְהַשִּׂיג; תָּקַף

— in for עָסַק בְּ־

— in with הִצְטָרֵף

— off הִתְפּוֹצֵץ; פָּעַל פִּתְאוֹם; אֵרַע

— on הִמְשִׁיךְ; פִּטְפֵּט; קָרָה; עָלָה עַל הַבִּימָה

— over סָקַר; חָזַר עַל, הִצְלִיחַ; בָּדַק

— the whole hog עָשָׂה בְּאֹפֶן יְסוֹדִי

— through סָבַל; הִתְנַסָּה בְּ־; בָּדַק בְּקַפְּדָנוּת, גָּמַר כָּלִיל

— through with הִשְׁלִים; הִתְמִיד עַד הַסּוֹף

— together הִתְאִים; חָזַר אַחֲרֵי; הִתְרוֹעֵעַ עִם

— under נֶהֱרַס; טָבַע

— up הוּלַךְ וְנִבְנָה; עָלָה

let — שִׁחְרֵר; הִרְפָּה מִן; פִּטֵּר

let oneself — הִשְׁתַּחְרֵר מִמַּעֲצוֹרִים

to — לִצְרִיכָה בְּמָקוֹם אַחֵר; נִשְׁאַר

— *n.* מֶרֶץ; נִסָּיוֹן; הֶשֵּׂג מֻצְלָח

from the word — מֵעֶצֶם הַהַתְחָלָה

no — חֲסַר־תּוֹעֶלֶת

on the — עָסוּק מְאֹד; פָּעִיל

**goad** *n. & v.t.* (גוֹד) מַלְמָד; דָּרְבָן; גֵּרוּי; דִּרְבֵּן

**go'-ahead"** *n.* (גוֹ־אֲהֶד) רְשׁוּת לְהַמְשִׁיךְ

**goal** *n.* (גוֹל) מַטָּרָה, תַּכְלִית; סִיּוּם; עַמּוּד הַסִּיּוּם; שַׁעַר; גוֹל

—kee"per שׁוֹעֵר

**goat** *n.* (גוֹט) עֵז, תַּיִשׁ; שָׂעִיר לַעֲזָאזֵל; עוֹגֵב

get one's — הִקְנִיט

**goatee'** *n.* (גוֹטִי) זְקַן־תַּיִשׁ

**gob** *n.* (גוֹב) גּוּשׁ; מַלָּח

—s הַרְבֵּה מְאֹד

**gob'ble** *v.t. & i.* (גוֹבְּל) בָּלַע; זָלַל; אָכַל בִּמְהִירוּת; קִעְקַע כְּתַרְנְגוֹל הֹדּוּ

**go'-between"** *n.* (גוֹ־בִּטְוִין) מְתַוֵּךְ

**gob'let** *n.* (גוֹבְּלֶט) גָּבִיעַ

**gob'lin** *n.* (גוֹבְּלִן) שֵׁד רָשָׁע

**God** *n.* (גוֹד) אֱלֹהִים; אֵל

**god'dess** *n.* (גוֹדֶס) אֵלָה; אֱלִילָה

**god'fa"ther** *n.* (גוֹדְפָדֶ'ר) סַנְדָּק

**God'head"** *n.* (גוֹדְהֶד) אֱלֹהוּת

**god'less** *adj.* (גוֹדְלֶס) כּוֹפֵר בָּעִקָּר; מִתְכַּחֵשׁ לֵאלֹהִים; חוֹטֵא

**god'liness** *n.* (גוֹדְלִנֶס) חֲסִידוּת, דְּבֵקוּת בֵּאלֹהִים

**god'ly** *adj.* (גוֹדְלִי) דָּבֵק בֵּאלֹהִים, אָדוּק

**god'mo"ther** *n.* (גוֹדְמַדֶ'ר) סַנְדָּקִית

**God's' a'cre** (גוֹדְז אֵיקֶר) בֵּית קְבָרוֹת (בְּחָצֵר כְּנֵסִיָּה); חֲצַר כְּנֵסִיָּה

**god'send"** *n.* (גוֹדְסֶנְד) מַתַּת אֱלֹהִים; חֶסֶד בִּלְתִּי־צָפוּי

**god'son"** *n.* (גוֹדְסַן) בֶּן־סַנְדּוּק

**go'-get'ter** *n.* (גוֹ־גֶטֶר) אִישׁ מַעֲשֶׂה

**gog´gle-eyed"** *adj. & adv.* (גוֹגְל־אַיְד) בַּעַל עֵינַיִם לְטוּשׁוֹת (מתוך השתוממות); בְּעֵינַיִם לְטוּשׁוֹת

**gog´gles** *n. pl.* (גוֹגְלְז) מִשְׁקְפֵי מָגֵן

**go´ing** *n.* (גוֹאִנג) יְצִיאָה; הֲלִיכָה; מַצַּב הַדֶּרֶךְ; הִתְקַדְּמוּת

—s הִתְנַהֲגוּת

— *adj.* פּוֹעֵל; פָּעִיל; מַצְלִיחַ; שׁוֹטֵף, מְקֻבָּל; יוֹצֵא

**go´ings-on** (גוֹאִנגְז־אוֹן) הִתְנַהֲגוּת חֲשׁוּפָה לְבִקֹּרֶת; מַעֲשִׂים; מְאֹרָעוֹת

**goi´ter** *n.* (גוֹיטֶר) זַפֶּקֶת

**gold** *n.* (גוֹלְד) זָהָב; צֶבַע זָהָב

**gold´-brick"** *n. & v.i.* (גוֹלְד־בְּרִק) "אַרְטִיסְט", מִשְׁתַּמֵּט מֵעֲבוֹדָה; הִשְׁתַּמֵּט

**gold´ dig"ger** *n.* (גוֹלְד דִּגֶר) מְחַפֵּשׂ זָהָב; רוֹדֶפֶת בֶּצַע

**gol´den** *adj.* (גוֹלְדֶן) זָהֹב; זוֹהֵר כְּזָהָב; עָשׂוּי זָהָב; שֶׁל זָהָב; יָקָר מְאֹד; שׁוֹפֵעַ חִיּוּת; שֶׁהַצְלָחָתוֹ בְּטוּחָה; רַךְ וְעָשִׁיר; שֶׁל יוֹבֵל שָׁנִים

— mean שְׁבִיל הַזָּהָב

**gold´finch"** *n.* (גוֹלְדְפִנְץ׳) חוֹחִית

**gold´fish"** *n.* (גוֹלְדְפִשׁ) דַּג זָהָב

**gold´smith"** *n.* (גוֹלְדְסְמִת׳) זֶהָבִי, צוֹרֵף זָהָב

**gone** *adj.* (גוֹן) יָצָא, עָזַב; אָבוּד, חֲסַר־תִּקְוָה; הָרוּס; מֵת; עָבַר; אֵין אוֹתִים; אָזַל; הָרָה

far — הִתְקַדֵּם מְאֹד; מְעֹרָב מְאֹד; עַל סַף עִלָּפוֹן; גּוֹסֵס

— on מְאֹהָב בְּ־

—er מֵת; גּוֹרָלוֹ נֶחֱרָץ, סוֹפוֹ וַדַּאי, חֲסַר כָּל תִּקְוָה

**gon"orrhe´a** *n.* (גוֹנֶרִיאָה) זִיבָה

**goo** *n.* (גוּ) חֹמֶר צָמִיג

**good** *adj.* (גֻד) טוֹב; צַדִּיק; מְצֻיָּן, מְעֻלֶּה; יָאֶה; מְהֵימָן; אֲמִתִּי; מוֹעִיל; טוֹב לַבְּרִיאוּת; טָעִים, טָרִי; נָעִים; מוֹשֵׁךְ; לְלֹא פְּגָם; מַסְפִּיק; נָאֶה; מְיֻמָּן; מָלֵא; נִכָּר

— for בְּוַדַּאי יִפָּרַע חוֹב בְּסָךְ –; שָׁוֶה; יַמְשִׁיךְ לְתַפְקֵד; תָּקֵף

make — פָּרַע; קִיֵּם; הִצְלִיחַ; אִמֵּת; בִּצֵּעַ

— *n.* טוֹבָה; תּוֹעֶלֶת; חֶסֶד; טוֹב

—s טוּבִין, רְכוּשׁ; סְחוֹרָה, מַה שֶּׁהֻבְטַח; הַחֵפֶץ הָאֲמִתִּי; הוֹכָחַת אַשְׁמָה; בַּדִּים, אָרִיג

caught with the —s נִתְפַּס בִּשְׁעַת בִּצּוּעַ הַפֶּשַׁע

for — לִצְמִיתוּת

to the — מוֹעִיל; עָשִׁיר יוֹתֵר

**good"by(e)´** (גֻדְבַּי) שָׁלוֹם, לְהִתְרָאוֹת; פְּרֵדָה

**good´ egg´** (גֻד אֶג) אָדָם נוֹחַ; אָדָם מְהֵימָן

**good´-look´ing** *adj.* (גֻד־לֻקִנְג) יְפֵה תֹּאַר, יָפֶה

good looks הוֹפָעָה נָאָה, יֹפִי

**good´ly** *adj.* (גֻדְלִי) טוֹב, בַּעַל אֵיכוּת טוֹבָה; בַּעַל הוֹפָעָה נָאָה; יָפֶה; נִכָּר

**good´-na´tured** *adj.* (גֻד־נֵיצֶ׳רְד) מַסְבִּיר פָּנִים, נְעִים הֲלִיכוֹת, נוֹחַ

**good´ness** *n.* (גֻדְנֶס) טוֹב; מוּסָרִיּוּת; מִדּוֹת טוֹבוֹת; חֶסֶד, יֹשֶׁר; אֵיכוּת מְצֻיֶּנֶת; תַּמְצִית, כֹּחַ

thank — תּוֹדָה לָאֵל

**good´ of´fices** (גֻד אוֹפִסֶז) שֵׁרוּתִים טוֹבִים

**good´will** (גֻד וִל) יַחַס יְדִידוּתִי; חֶסֶד; הַסְכָּמָה תּוֹךְ רָצוֹן; רָצוֹן טוֹב

**good´y** *n.* (גֻדִי) מַמְתָּק

—ies דְּבָרִים מְהַנִּים

**goo´ey** *adj.* (גוּאִי) צָמִיג, דָּבִיק; מִשְׁתַּפֵּךְ, רַגְשָׁנִי

**goof** *n. & v.i. & t.* (גוּף) פֶּתִי; שְׁגִיאָה, טָעוּת טִפְּשִׁית; טָעָה (טעות טפשית); בִּטֵּל זְמַן, הִתְבַּטֵּל; קִלְקֵל הַשּׁוּרָה

— off בִּטֵּל זְמַן, הִשְׁתַּמֵּט מֵעֲבוֹדָה

—y adj. "מְטֹרְלָל"; מְגֻחָךְ, טִפְּשִׁי

**goon** *n.* (גוּן) מְטֻמְטָם; בַּעַל־זְרוֹעַ

**goose** *n.* (גוּס) אַוָּז, אַוָּזָה; שׁוֹטֶה

cook one's — שָׂם קֵץ לְסִכּוּיָו

**goose´ber"ry** *n.* (גוּסְבֶּרִי) חֲזַרְזַר; דִּמְדְּמָנִית חֲזַרְזָרִית

**goose´ egg"** (גוּס אֶג) אֶפֶס (ציון)

**goose´ flesh"** (גוּס פְלֶשׁ) עוֹר אַוָּזִי; בְּשַׂר חִדּוּדִים (מפחד או מקור)

**go´pher** *n.* (גוֹפֶר) סוּסְלִיק, סַנַּאי הָאֲדָמָה

**gore** *n. & v.t.* (גוֹר) דַּם קָרוּשׁ; נָגַח, דָּקַר בְּקַרְנַיִם

**gorge** *n.* (גּוֹרְג׳) בִּתְרוֹן; קַנְיוֹן קָטָן; זְלִילָה; בֶּלַע; גּוּשׁ מַחֲנִיק, וֶשֶׁט
make one's — rise עוֹרֵר שְׁאָט נֶפֶשׁ, גָּרַם בְּחִילָה
— *v.t. & i.* הִלְעִיט; נֶחֱנַק; זָלַל
**gor'geous** *adj.* (גּוֹרְגֵ׳ס) נֶהְדָּר, מְפֹאָר; מְהַנֶּה מְאֹד
**goril'la** *n.* (גְּרִלַה) גּוֹרִילָה; בַּעַל אֶגְרוֹף
**gor'mandize"** *v.t.* (גּוֹרְמֶנְדַיז) זָלַל
**gor'y** *adj.* (גּוֹרִי) מְגֹאָל בְּדָם; עָקֹב מִדָּם; דּוֹמֶה לְדַם קָרוּשׁ; לֹא נָעִים
**gos'hawk** *n.* (גּוֹסְהוֹק) נֵץ
**gos'ling** *n.* (גּוֹזְלִנְג) אַוָּז צָעִיר; אֲווֹזוֹן; פֶּתִי חֲסַר־נִסָּיוֹן
**gos'pel** *n.* (גּוֹסְפֶּל) דִּבְרֵי יֵשׁוּ וּשְׁלִיחָיו; בְּשׂוֹרָה; חַיֵּי יֵשׁוּ, אֶוַנְגֶּלְיוֹן; אֶחָד מִסִּפְרֵי הָאֶוַנְגֶּלְיוֹן; תּוֹרָה מִסִּינַי; עִקָּר
— truth קְבִיעָה שֶׁאֵין לְהַרְהֵר אַחֲרֶיהָ; תּוֹרָה מִסִּינַי
**gos'sammer** *n. & adj.* (גּוֹסֶמֶר) קוּרֵי עַכָּבִישׁ עֲדִינִים; קוּר עָדִין; גָּזָה עֲדִינָה; חֹמֶר קַל וְדַק; דּוֹמֶה לְקוּרֵי עַכָּבִישׁ, שֶׁל קוּרֵי עַכָּבִישׁ; דַּק וְקַל
**gos'sip** *n. & v.i.* (גּוֹסִפּ) רְכִילוּת, לָשׁוֹן הָרָע; רַכְלָן; שִׂיחָה בְּטֵלָה; הָלַךְ רָכִיל, רִכֵּל
**got** (גּוֹט) (זמן עבר של get); נַעֲשָׂה
**Goth'ic** *adj. & n.* (גּוֹתִ׳ק) גּוֹתִי; בַּרְבָּרִי; סִגְנוֹן קוֹדֵר הַמְּבַטֵּא נִוּוּן אוֹ אֲלִימוּת; אָמָּנוּת אוֹ אוֹמָנוּת שֶׁל הַתְּקוּפָה הַגּוֹתִית; הַלָּשׁוֹן הַגּוֹתִית
**gouge** *n. & v.t.* (גָּאוּג׳) מַפְסֶלֶת עֲגֻלָּה לְמֶחֱצָה; מַפְסֶלֶת קָעוּר; חָרִיץ; מַעֲשֵׂה נְכָלִים, עֹשֶׁק; פִּסֵּל (במפסלת); עָקַר (במפסלת); עָשַׁק
**gourd** *n.* (גּוֹרְד) קְרָא פָּשׁוּט; בְּזִיךְ־דְּלַעַת, כַּף־דְּלַעַת
**gourmand'** *n.* (גּוּרְמָן) בָּקִי בְּדִבְרֵי מַאֲכָל
**gourmet'** *n.* (גּוּרְמֶה) בָּקִי בְּדִבְרֵי מַאֲכָל
**gout** *n.* (גָּאוּט) צִנִּית
**gov'ern** *v.t. & i.* (גַּוֶרְן) מָשַׁל (בתוקף סמכות); כִּוֵּן, הִדְרִיךְ; עָצַר, שָׁלַט בְּ־; שִׁמֵּשׁ כַּחֹק; חִיֵּב שִׁמּוּשׁ בְּ־; בִּצֵּעַ תַּפְקִידֵי מִמְשָׁל
**gov'erness** *n.* (גַּוֶרְנֶס) אוֹמֶנֶת
**gov'ernment** *n.* (גַּוֶרְנְמֶנְט) שִׁלְטוֹן; מִמְשָׁל; מִשְׁטָר; מֶמְשָׁלָה; מִנְהָלָה; קַבִּינֶט; הַכְוָנָה, שְׁלִיטָה; אֵזוֹר שִׁלְטוֹן
**gov'ernor** *n.* (גַּוֶרְנֶר) מוֹשֵׁל; נָגִיד (בנק); וַסָּת
**gown** *n & v.t.* (גָּאוּן) שִׂמְלָה; אִצְטְלָה, גְּלִימָה; מוֹרֵי אוּנִיבֶרְסִיטָה וְתַלְמִידֶיהָ (בניגוד לתושבי המקום); לָבַשׁ שִׂמְלָה, לָבַשׁ אִצְטְלָה; הִלְבִּישׁ שִׂמְלָה, הִלְבִּישׁ אִצְטְלָה
**grab** *v.t. & i. & n.* (גְּרֶבּ) חָטַף, תָּפַס; תָּפַס בְּכֹחַ, גָּזַל; נִסָּה לַחֲטֹף; חֲטִיפָה, תְּפִיסָה, גְּזֵלָה; חֵפֶץ חָטוּף
up for —s בְּהֶשֵּׂג יָד שֶׁל הַמִּתְאַמֵּץ לְהַשִּׂיגוֹ
**grace** *n.* (גְּרֵיס) אֶלֶגַנְטִיּוּת (של צורה, התנהגות או תנועה); חִנָּנִיּוּת, חֵן; סְגֻלָּה מְלַבֶּבֶת; חֶסֶד, רָצוֹן טוֹב; חֶמְלָה, חֲנִינָה, מְחִילָה; אַרְכָּה, חֲסִינוּת זְמַנִּית; כֹּחַ מוּסָרִי; בִּרְכַּת הַמָּזוֹן
in someone's good —s מוֹצֵא חֵן בְּעֵינֵי פְּלוֹנִי
the Graces בְּנוֹת הַחֵן (בנות זאוס)
Your Grace הוֹד מַעֲלָתְךָ
— *v.t.* עִטֵּר; הוֹסִיף חֵן; כִּבֵּד
**grace'ful** *adj.* (גְּרֵיסְפֶל) שׁוֹפֵעַ חִנָּנִיּוּת; גְּרַצְיוֹזִי
**gra'cious** *adj.* (גְּרֵישֶׁס) נָעִים; נוֹטֶה חֶסֶד; טוֹב־לֵב; אָדִיב; טוּב־טַעַם; מוֹאִיל בְּטוּבוֹ; רַחְמָנִי
— *interj.* וַי (להבעת הפתעה, הרגשת רווחה או תסכול)
**grada'tion** *n.* (גְּרֵידֵישֶׁן) תַּהֲלִיךְ מְדֹרָג; דֵּרוּג; דַּרְגָּה, שָׁלָב; הִתְמַזְּגוּת מְדֹרֶגֶת
**grade** *n.* (גְּרֵיד) דַּרְגָּה; דֵּרוּג; שָׁלָב; כִּתָּה; צִיּוּן (במבחן); סוּג; מִדְרוֹן
— school בֵּית סֵפֶר יְסוֹדִי
make the — הִצְלִיחַ, הִשִּׂיג מְבֻקָּשׁוֹ
the —s בֵּית סֵפֶר יְסוֹדִי
— *v.t.* מִיֵּן, סִוֵּג; סִדֵּר לְפִי דַּרְגוֹת; קָבַע צִיּוּן; הֶעֱבִיר בְּצוּרָה מְדֹרֶגֶת; יִשֵּׁר
**grade' cros"sing** (גְּרֵיד קְרוֹסִנְג) צֹמֶת (במישור אחד)

**gra'der** *n.* (גְרֵידֶר) תַּלְמִיד בְּכִתָּה מְסֻיֶּמֶת
**gra'dient** *n.* (גְרֵידִיאֶנְט) שִׁפּוּעַ; גְרַדְיֶנְט
**grad'ual** *adj.* (גְרֶגְ'וּאֶל) הַדְרָגָתִי; מָתוּן
**grad'uate** *n. & adj.* (גְרֶגְ'וּאֶט) בּוֹגֵר (מוסד חינוכי); מֻסְמָךְ; סְטוּדֶנְט לִקְרַאת תֹּאַר שֵׁנִי (מוסמך); מְשֻׁרְוָה
— *v.i. & t.* (גְרֶגְ'וּאֵיט) סִיֵּם, קִבֵּל תֹּאַר (לאחר סיום הלימודים הדרושים); הִשְׁתַּנָּה בְּהַדְרָגָה; הֶעֱנִיק תֹּאַר (לאחר סיום הלימודים); דֵּרֵג; סִמֵּן בְּמִדּוֹת
**grad"ua'tion** *n.* (גְרֶגְ'וּאֵישְׁן) סִיּוּם; קַבָּלַת תֹּאַר; טֶקֶס הַעֲנָקַת תְּאָרִים; סִמּוּנֵי מְדִידָה
**graft** *n. & v.t.* (גְרֶפְט) רוֹכֵב (בבוטניקה); הַרְכָּבָה; שְׁחִיתוּת, הֲטָבָה שֶׁהֻשְּׂגָה עַל יְדֵי שְׁחִיתוּת; הִרְכִּיב
**grain** *n.* (גְרֵין) זֶרַע (של תבואה); דָּגָן; גַּרְגִּיר; גְּרֵין (משקל: 64.799 מיליגראמים); שֶׁמֶץ; מַעֲרַךְ הַסִּיבִים
against the — בְּנִגּוּד לַנְּטִיָּה הַטִּבְעִית
**gram'mar** *n.* (גְרֶמֶר) דִּקְדּוּק; סֵפֶר דִּקְדּוּק; כְּלָל יְסוֹד
— school" בֵּית סֵפֶר יְסוֹדִי (בארה"ב)
**grammar'ian** *n.* (גְרַמֵרִיאֶן) מְדַקְדֵּק
**grammat'ical** *adj.* (גְרֶמֶטִקְל) דִּקְדּוּקִי; לְפִי הַדִּקְדּוּק
**gra'nary** *n.* (גְרֵינֶרִי) מַמְגּוּרָה, אָסָם; אֵזוֹר עָשִׁיר בִּדְגָנִים
**grand** *adj. & n.* (גְרֶנְד) נִשְׂגָּב, נֶהְדָּר; נַעֲלֶה; מְפֹאָר; אֲצִילִי; גָּדוֹל, עֶלְיוֹן; עִקָּרִי; רָאשִׁי; נִכְבָּד, חָשׁוּב מְאֹד; מַקִּיף, כּוֹלֵל; שַׁחֲצָנִי; מְצֻיָּן; פְּסַנְתֵּר כָּנָף; אֶלֶף דּוֹלָר
**grand'child"** *n.* (גְרֶנְצַ'ילְד) נֶכֶד
**grand'daugh"ter** *n.* (גְרֶנְדוֹטֶר) נֶכְדָּה
**gran'deur** *n.* (גְרֶנְגֶ'ר) הוֹד, שֶׂגֶב
**grand'fa"ther** *n.* (גְרֶנְפָדֶ'ר) סָב, אָב קַדְמוֹן
**grand'ma"** *n.* (גְרֶנְמָה) סַבְתָּא
**grand'moth"er** *n.* (גְרֶנְמַדֶ'ר) סָבָה; אֵם קַדְמוֹנָה
**grand'pa"** *n.* (גְרֶנְפָּה) סַבָּא
**grand'son"** *n.* (גְרֶנְסַן) נֶכֶד
**grand'stand** *n. & v.i.* (גְרֶנְסְטֶנְד) יָצִיעַ רָאשִׁי; יוֹשְׁבֵי הַיָּצִיעַ הָרָאשִׁי; הִתְנַהֵג בְּצוּרָה רַאַוְתָנִית; הִתְגַּנְדֵּר

**grange** *n.* (גְרֵינְג') מֶשֶׁק חַקְלָאִי, חַוָּה
the Grange אֲגֻדָּה לְטִפּוּחַ הַחַקְלָאוּת
**gran'ite** *n.* (גְרֶנִט) גְרָנִיט, שַׁחַם
**gran'ny** *n.* (גְרֶנִי) סַבְתָּא; זְקֵנָה; מִתְעַסֵּק בְּקְטַנּוֹת
**grant** *v.t. & n.* (גְרֶנְט) הֶעֱנִיק, נָתַן; הִסְכִּים ל־; הוֹדָה בּ־; קִבֵּל; הֶעֱבִיר; מַעֲנָק; הַעֲנָקָה; הַעֲבָרַת נְכָסִים
**gran'ular** *adj.* (גְרֶנְיֻלֶר) גַּרְגִּירִי; מְגֻרְעָן, קָרְטִי
**gran'ule** *n.* (גְרֶנְיוּל) קֹרֶט
**grape** *n.* (גְרֵיפ) עֵנָב; גֶּפֶן; אָדֹם־סְגַלְגַּל כֵּהֶה; צְרוֹר רְסִיסִים
the — יַיִן
**grape'fruit"** *n.* (גְרֵיפְפְרוּט) אֶשְׁכּוֹלִית
**grape"shot'** *n.* (גְרֵיפְשׁוֹט) צְרוֹר רְסִיסִים
**grape'vine"** *n.* (גְרֵיפְוַין) גֶּפֶן; תִּקְשֹׁרֶת מִפֶּה לְאֹזֶן
**graph** *n.* (גְרֶף) גְרָף, דִּיאַגְרַמָּה
**graph'ic** *adj.* (גְרֶפִק) חַי; גְרָפִי; דִּיאַגְרַמָּתִי
**graphol'ogy** *n.* (גְרֶפוֹלֶגִ'י) גְרָפוֹלוֹגְיָה
**grap'nel** *n.* (גְרֶפְּנֶל) אַנְקוֹל; עֹגֶן אַנְקוֹלִים
**grap'ple** *n. & v.t. & i.* (גְרֶפְּל) אַנְקוֹל, קֶרֶס־עֲגִינָה; אֲחִיזָה; הֵאָבְקוּת; קֶשֶׁר, הֶדֵּק; הִשְׁתַּמֵּשׁ בְּאַנְקוֹל, תָּפַס כְּמוֹ בְּהֵאָבְקוּת, הִתְגּוֹשֵׁשׁ; נֶאֱבַק בּ־
**grasp** *v.t. & i. & n.* (גְרֶסְפּ) לָפַת, אָחַז; תָּפַס, הֵבִין; נִסָּה לֶאֱחֹז בּ־; לְפִיתָה; מַאֲחָז; זְרוֹעוֹת לוֹפְתוֹת; הֶשֵּׂג־יָד; הִשְׁתַּלְּטוּת; תְּפִיסָה; הֲבָנָה
**gras'ping** *adj.* (גְרֶסְפִּנְג) לוֹפֵת; רוֹדֵף בֶּצַע, חוֹמְדָנִי
**grass** *n.* (גְרֶס) עֵשֶׂב; דֶּשֶׁא; מִרְעֶה; חָצִיר; עוֹנַת הָעֵשֶׂב; מָרִיחוּאָנָה
let the — grow under one's feet הָיָה אָדִישׁ
**grass'hop"per** (גְרֶסְהוֹפֶּר) חַרְגּוֹל; חָגָב
**grass' wid'ow** (גְרֶס וִדוֹ) פְּרוּשָׁה מִבַּעְלָהּ
— -er פָּרוּשׁ מֵאִשְׁתּוֹ
**grass'y** *adj.* (גְרֶסִי) מְכֻסֶּה עֵשֶׂב; עִשְׂבּוֹנִי; יָרֹק
**grate** *n. & v.i. & t.* (גְרֵיט) סְרִיג־גֶּחָלִים;

שְׂבָכָה; סוֹרֵג; אָח (להבעיר אש); גֵּרֵד, חִכֵּךְ; חָרַק; צָרַם; שִׁפְשֵׁף בְּקוֹל צוֹרְמָנִי

**grate′ful** *adj.* (גְרֵיטְפֻל) אֲסִיר טוֹבָה; מַבִּיעַ הַכָּרַת טוֹבָה; נָעִים; רָצוּי; מְרַעֲנֵן

**grat″ifica′tion** *n.* (גְרֶטִפִקֵישְׁן) סִפּוּק; נַחַת רוּחַ; מְקוֹר סִפּוּק

**grat′ify″** *v.t.* (גְרֶטִפַי) גָּרַם נַחַת רוּחַ; הִנְעִים; סִפֵּק

**gra′ting** *n.* (גְרֵיטִנְג) סוֹרֵג; שְׂבָכָה

**grat′is** *adv. & adj.* (גְרֶטִס) חִנָּם; לְלֹא תַּשְׁלוּם

**grat′itude″** *n.* (גְרֶטִטוּד) הַכָּרַת טוֹבָה, הַרְגָּשַׁת תּוֹדָה

**gratu′itous** *adj.* (גְרֶטוּאִטֶס) חִנָּם, לְלֹא תַּשְׁלוּם, לְלֹא תְּמוּרָה; לְלֹא סִבָּה, לְלֹא הַצְדָּקָה

**gratu′ity** *n.* (גְרֶטוּאִטִי) מַתַּת כֶּסֶף, מַעֲנָק, מַתָּנָה

**grave** *adj. & n.* (גְרֵיב) רְצִינִי, חָמוּר; מְכֻבָּד; בַּעַל מִשְׁקָל, חָשׁוּב; קוֹדֵר (צבע); קֶבֶר, מְקוֹם קְבוּרָה; מָוֶת

**grav′el** *n.* (גְרֶוֶל) חָצָץ

—ly *adj.* דּוֹמֶה לְחָצָץ; מָלֵא חָצָץ; צוֹרְמָנִי

**grave′stone″** *n.* (גְרֵיבְסְטוֹן) מַצֵּבָה

**grave′yard″** *n.* (גְרֵיבְיַרְד) בֵּית קְבָרוֹת

— shift′ מִשְׁמֶרֶת חֲצוֹת; עוֹבְדֵי מִשְׁמֶרֶת חֲצוֹת

**grav′itate″** *v.i.* (גְרֶוִטֵיט) נִמְשַׁךְ; שָׁקַע

**grav″ita′tion** *n.* (גְרֶוִטֵישְׁן) גְּרָבִיטַצְיָה, כֹּחַ הַכֹּבֶד, כֹּחַ הַמְּשִׁיכָה; שְׁקִיעָה, נְפִילָה; הַמְּשָׁכוּת

**grav′ity** *n.* (גְרֶוִטִי) גְּרָבִיטַצְיָה, כֹּחַ הַכֹּבֶד, כֹּחַ הַמְּשִׁיכָה; כֹּבֶד, מִשְׁקָל; הִתְנַהֲגוּת רְצִינִית; כֹּבֶד רֹאשׁ, חֻמְרָה, רְצִינוּת

**gra′vy** *n.* (גְרֵיבִי) רֹטֶב; כֶּסֶף שֶׁנִּתְקַבֵּל בְּקַלּוּת; הֲטָבָה לְמַעְלָה מִן הַצָּפוּי

**gra′vy boat″** (גְרֵיבִי בּוֹט) גְּבִיעַ רֹטֶב

**gra′vy train″** (גְרֵיבִי טְרֵין) קַבָּלַת טוֹבַת הֲנָאָה לְלֹא מַאֲמָץ

**gray** *adj. & n.* (גְרֵי) אָפֹר; קוֹדֵר; בַּעַל שְׂעָרוֹת שֵׂיבָה; זָקֵן; נֵיטְרָלִי; חַיָּל (בצבא הקונפדרציה בדרום ארה״ב)

— *v.t. & i.* הִפֵּךְ לְאָפֹר, הֶאֱפִיר, נַעֲשָׂה אָפֹר

**gray″ em′inence** (גְרֵי אֶמִנֶנְס) מוֹשֵׁל בִּצְנִעָה

**graze** *v.i. & t.* (גְרֵיז) רָעָה; נָגַע נְגִיעָה קַלָּה, חָלַף עַל פְּנֵי, גֵּרֵד הָעוֹר

**grease** *n. & v.t.* (גְרִיס) גְּרִיז; חֹמֶר סִיכָה; גֵּרֵז

— ball″ בֶּן עַם יָם־תִּיכוֹנִי (כינוי גנאי)

— mon′key מְכוֹנַאי (במכונית או מטוס)

—y *adj.* מְרוּחַ בִּגְרִיז; שָׁמֵן; שַׁמְנִי

**great** *adj. & adv.* (גְרֵיט) גָּדוֹל בִּמְיֻחָד; רַב; נִכָּר; יוֹצֵא מִן הַכְּלָל; נוֹדָע; חָשׁוּב מְאֹד; עִקָּרִי, רָאשִׁי; נַעֲלֶה; נָפוֹץ; בְּמִדָּה רַבָּה; בַּעַל זְכֻיּוֹת רַבּוֹת; נִלְהָב; טוֹב

— *n.* אָדָם דָּגוּל

**great′ness** *n.* (גְרֵיטְנֶס) גְּדֻלָּה

**great′-aunt″** *n.* (גְרֵיט־אָנְט) דּוֹדַת הָאָב אוֹ הָאֵם

**great′ grand′child″** *n.* (גְרֵיט־גְרֶנְצַ׳יְלְד) נִין

**great″-grand′ fa″ther** *n.* (גְרֵיט־גְרֶנְפָדֶ׳ר) סַב הָאָב אוֹ הָאֵם

**great″-grand′mo″ther** *n.* (גְרֵיט־גְרֶנְמַדֶ׳ר) סָבַת הָאָב אוֹ הָאֵם

**greed** *n.* (גְרִיד) רְדִיפַת בֶּצַע

**greed′iness** *n.* (גְרִידִנֶס) רְדִיפַת בֶּצַע

**gree′dy** *adj.* (גְרִידִי) רוֹדֵף בֶּצַע; זוֹלֵל וְסוֹבֵא, מְזַדְרֵן; תָּאֵב מְאֹד

**Greek** *adj. & n.* (גְרִיק) יְוָנִי; שֶׁל הַכְּנֵסִיָּה הַיְּוָנִית; יְוָנִית (לשון); סֵפֶר חָתוּם; דָּבֵק בַּכְּנֵסִיָּה הַיְּוָנִית; חָבֵר מוֹעֲדוֹן שֶׁשְּׁמוֹ אוֹתִיּוֹת יְוָנִיּוֹת

**green** *adj. & n.* (גְרִין) יָרֹק; מוֹרִיק; עָשׂוּי יְרָקוֹת יְרֻקִּים; רַעֲנָן, צָעִיר, נִמְרָץ; לַח; לֹא־מְעֻבָּד (עץ); בֹּסֶר, לֹא־מְפֻתָּח דַּי צָרְכּוֹ; חֲסַר־נִסָּיוֹן; טָרִי חָדָשׁ; חִוֵּר, חוֹלָנִי; צֶבַע יָרֹק; בַּד יָרֹק; מִדְשָׁאָה

—s עָלִים יְרֻקִּים, עֲנָפִים יְרֻקִּים; זֵרִים; יְרָקוֹת יְרֻקִּים

**green′ery** *n.* (גְרִינֶרִי) צִמְחִיָּה יְרֻקָּה

**green′eyed″** *adj.* (גְרִין־אַיְד) מְקַנֵּא

**green′gro″cer** *n.* (גְרִין־גְרוֹסֶר) יַרְקָן

**green′house″** *n.* (גְרִינְהָאוּס) חֲמָמָה

**greet** *v.t.* (גְרִיט) קִדֵּם פְּנֵי־; קִבֵּל, בֵּרֵךְ; הוֹסִיעַ

**gree'ting** *n.* (גְרִיטִנְג) בִּרְכַּת שָׁלוֹם; שֶׁדֶר יְדִידוּתִי

**gregar'ious** *adj.* (גְרֶגֶרִיאֶס) אוֹהֵב חֶבְרָה; חַבְרוּתִי; חַי בַּעֲדָרִים; עֶדְרִי

**grem'lin** *n.* (גְרֶמְלִן) יְצוּר שׁוֹבָב שֶׁאֵינוֹ נִרְאֶה

**grenade'** *n.* (גְרֶנֵיד) רִמּוֹן

**gren'adier"** *n.* (גְרֶנַדִיר) רַמָּן

**grew** (גְרוּ) (זמן עבר של grow)

**grey** *See* **gray**

**grid** *n.* (גְרִד) סָרִיג; רֶשֶׁת; סוֹרֵג שְׁתִי וָעֵרֶב

**grid'dle** *n.* (גְרִדְל) מַחֲבַת שְׁטוּחָה; מִשְׁטַח בִּשּׁוּל

— cake חֲרָרָה, לְבִיבָה

**grid'iron"** *n.* (גְרִדְאַיאֶרְן) גְּרִיל; מִסְגֶּרֶת שְׁתִי וָעֵרֶב; מִגְרַשׁ כַּדּוּרֶגֶל (אמריקני)

**grief** *n.* (גְרִיף) יָגוֹן

come to — הִתְאַכְזֵב; אֵרַע לוֹ אָסוֹן; נִכְשַׁל

**grie'vance** *n.* (גְרִיבֶנְס) קִפּוּחַ, עָוֶל, תְּלוּנָה; תַּרְעֹמֶת

**grieve** *v.i.* & *t.* (גְרִיב) הִצְטַעֵר, הִתְאַבֵּל; צִעֵר

**grie'vous** *adj.* (גְרִיבֶס) מְצַעֵר; מְנַקֵּר עֵינַיִם, זַוְעָתִי; נוּגֶה; מֵעִיק; גּוֹרֵם יִסּוּרִים חֲמוּרִים

**grill** *n.* & *v.t.* (גְרִל) גְּרִיל; מַחֲבַת מִסְגֶּרֶת; צְלִי אֵשׁ, שְׂבָכַת בַּרְזֶל; צָלָה עַל אֵשׁ; סִמֵּן בְּקַוִּים מַקְבִּילִים; חָקַר בְּמַסְגִּיעַ

**grim** *adj.* (גְרִם) חָמוּר וּבִלְתִּי מִתְפַּשֵּׁר; דּוֹחֶה, קוֹדֵר; פְּרָאִי, אַכְזָרִי

**grim'ace** *n.* & *v.i.* (גְרִמֶס) הַעֲוָיָה; עִוָּה פָּנִים

**grime** *n.* (גְרַיִם) לִכְלוּךְ, זֻהֲמָה

**grin** *v.i.* & *n.* (גְרִן) חִיֵּךְ חִיּוּךְ רָחָב; חָשַׂף שִׁנַּיִם; חִיּוּךְ רָחָב; חֲשִׂיפַת שִׁנַּיִם

**grind** *v.t.* (גְרַיִנְד) שָׁחַק, לָטַשׁ, הִשְׁחִיז; כָּתַשׁ; עִנָּה, הֵצִיק; שִׁפְשֵׁף יַחַד; חִכֵּךְ; סוֹבֵב; טָחַן; "דָּגַר" (על לימודים); סוֹבֵב מְתָנַיִם (בשעת ריקוד)

**grind'stone"** *n.* (גְרַיְנְדְסְטוֹן) אֶבֶן מַשְׁחֶזֶת

**grip** *v.t.* & *i.* & *n.* (גְרִפ) לָפַת, תָּפַס, אָחַז בְּחָזְקָה; נֶאֱחַז בּ־; רִתֵּק; לְפִיתָה, תְּפִיסָה, אֲחִיזָה; מַאֲחָז, שְׁלִיטָה; הֲבָנָה שָׁרְשִׁית; לְחִיצַת יָדַיִם מְיֻחֶדֶת; יָדִית; נִצָּב; הֶתְקֵף כְּאֵב

come to —s with נִתְקַל; הִשְׁתַּלֵּט עַל; טִפֵּל בּ־ נִמְרָצוּת וִישִׁירוּת

**gripe** *v.t.* & *i.* & *n.* (גְרַיִפ) תָּפַס, אָחַז; הֵצִיק; הִכְאִיב (ע"י התכווצות); קִמֵּץ; סָבַל (מכאב בטן); רָטַן, "קִטֵּר", אֲחִיזָה; תְּלוּנָה

**grippe** *n.* (גְרִפ) שַׁפַּעַת

**gris'ly** *adj.* (גְרִזְלִי) מַחֲרִיד, מַבְעִית; פְּרָאִי

**grist** *n.* (גְרִסְט) תְּבוּאָה לִטְחִינָה; תְּבוּאָה טְחוּנָה; קֶמַח; כַּמּוּת תְּבוּאָה לִטְחִינָה בְּבַת אַחַת

**gris'tle** *n.* (גְרִסְל) סְחוּס

**grit** *n.* & *v.t.* (גְרִט) חֶלְקִיקִים גַּסִּים; אֹמֶץ; חָרַק

**griz'zled** *adj.* (גְרִזֶלְד) אָפֹר; אַפְרוּרִי, אֲפַרְפַּר

**groan** *n.* & *v.t.* (גְרוֹן) גְּנִיחָה; אֲנָקָה; קוֹל לִגְלוּג; חֲרִיקָה; גָּנַח; נֶאֱנַק; הִדְהֵד בְּקוֹל צוֹרְמָנִי; הֻעֲמַס בְּמַעֲמֶסֶת־יֶתֶר

**groats** *n.* (גְרוֹטְס) גְּרִיסִין

**gro'cer** *n.* (גְרוֹסֶר) חֶנְוָנִי (בחנות מכולת)

**groc'ery** *n.* (גְרוֹסֶרִי) חֲנוּת מַכֹּלֶת

**grog** *n.* (גְרוֹג) כֹּהַל וּמַיִם; מַשְׁקֶה חָרִיף

**grog'gy** *adj.* (גְרוֹגִי) מָט לִפּוֹל, מִתְנוֹעֵעַ; הָמוּם

**groin** *n.* (גְרוֹיְן) מִפְשָׂעָה; קִמְרוֹן צְלָעוֹת

**groom** *n* & *v.t.* (גְרוּם) סַיָּס; חָתָן; טִפֵּחַ; שׁוּוָה צוּרָה מְסֻדֶּרֶת; טִפֵּל בְּסוּסִים; הִכְשִׁיר

**groove** *n.* & *v.t.* (גְרוּב) חָרִיץ, חֲרִיק; שִׁגְרָה קְבוּעָה

in the — בְּהֶתְאֵם לָאָפְנָה הָרוֹוַחַת, מְעֻדְכָּן

— *v.t.* חֵרֵץ; חֵרֵק

—y *adj.* מְגָרֶה מְאֹד, יָפֶה בְּיוֹתֵר

**grope** *v.i.* & *t.* (גְרוֹפ) גִּשֵּׁשׁ, מִשֵּׁשׁ

**gro'ping** *adj.* (גְרוֹפִּנְג) הַסְּסָנִי, מִתְנוֹעֵעַ בִּכְבֵדוּת; בִּרְגָלִים מוֹעֲדוֹת; שׁוֹחֵר פִּתְרוֹן

**gross** *n.* & *adj.* (גְרוֹס) שְׁנֵים עָשָׂר

תְּרֵיסָרִים; בְּרוּטוֹ; גָּלְמִי; מֻחְלָט, מֻבְהָק; מְשֻׁשָּׁע; גַּס; גָּדוֹל, מְגֻשָּׁם; שָׁמֵן מְאֹד; צָפוּף, כָּבֵד; כְּלָלִי בְּיוֹתֵר

**gross″ na′tional prod′uct** תּוֹצָר לְאֻמִּי גָּלְמִי

**grotesque′** *adj. & n.* (גְרוֹטֶסְק) גְּרוֹטֶסְקִי; מוּזָר; מֻגְזָם עַד כְּדֵי גִחוּךְ; אַבְּסוּרְדִי מְאֹד; מְכֹעָר בְּיוֹתֵר; בַּעַל צוּרוֹת תִּמְהוֹנִיּוֹת; גְּרוֹטֶסְקָה

**grot′to** *n.* (גְרוֹטוֹ) מְעָרָה, מְעָרָה מְלָאכוּתִית

**grouch** *n.* (גְרָאוּץ׳) זַעַף, נִרְגָּן

**ground** *n.* (גְרָאוּנְד) אֲדָמָה, קַרְקַע, אֶרֶץ; נוֹשֵׂא לְדִיּוּן; טִעוּן עֻבְדָּתִי; רֶקַע עִקָּרִי; הָאֲרָקָה; קַרְקָעִית־יָם; יַבָּשָׁה

—s עִלּוֹת, סִבּוֹת; שְׁמָרִים, מִשְׁקָע; קַרְקַע צְמוּדָה לְבִנְיָן, מִדְשָׁאָה, גַּנִּים

break — חָרַשׁ; הִתְחִיל לַחְפֹּר (באדמה כדי להקים יסודות), הִכְשִׁיר הַקַּרְקַע

cover — נָסַע, הִתְקַדֵּם; טִפֵּל בְּ־

from the — up בְּאֹפֶן יְסוֹדִי, מֵהַקַּל אֶל הַכָּבֵד

gain — הִתְקַדֵּם; זָכָה לְהַסְכָּמָה

give — וִתֵּר, נָסוֹג

hold (stand) one's — הֶחֱזִיק מַעֲמָד

— *v.t.* יִסֵּד; קָבַע בַּקַּרְקַע; הִקְנָה עִקָּרִים; עָשָׂה רֶקַע; הֶאֱרִיק; קִרְקַע; הֶעֱלָה עַל הַיַּבָּשָׁה

**ground′ floor′** קוֹמַת הַקַּרְקַע; עֶמְדַּת יִתְרוֹן, הִזְדַּמְּנוּת מְיֻחֶדֶת

**ground′less** *adj.* (גְרָאוּנְדְלֶס) חֲסַר יְסוֹד הֶגְיוֹנִי

**ground′work″** *n.* (גְרָאוּנְדְוֶרְק) בָּסִיס, יְסוֹד

**group** *n.* (גְרוּפּ) קְבוּצָה; קְבוּצַת גְּדוּדִים (2 או יותר); לִהֵק; לַהֲקָה; קִבֵּץ בִּקְבוּצָה

**grouse** *n.* (גְרָאוּס) שֶׂכְוִי

**grove** *n.* (גְרוֹב) חֻרְשָׁה, פַּרְדֵּס

**grov′el** *v.i.* (גְרוֹבֶל) הִתְרַפֵּס, זָחַל; נֶהֱנָה מִדְּבָרִים נְבָזִים

**grow** *v.i. & t.* (גְרוֹ) צָמַח, גָּדַל, הִתְפַּתֵּחַ; הִתְרַחֵב; הִתְחַלֵּד; נַעֲשָׂה; הִצְמִיחַ, גִּדֵּל

— into נַעֲשָׂה דַי גָּדוֹל בִּשְׁבִיל -; נַעֲשָׂה דַי מְבֻגָּר בִּשְׁבִיל -

— on (upon) הִשְׁתַּלֵּט; הִשְׁתָּרֵשׁ בַּנֶּפֶשׁ

— out of נַעֲשָׂה גָּדוֹל מִדַּי בִּשְׁבִיל -; הִתְפַּתֵּחַ מ־

— up גָּדַל, הָיָה לִמְבֻגָּר; הִתְהַוָּה

**gro′wer** *n.* (גְרוֹאֶר) מְגַדֵּל; גָּדֵל (בצורה מסוימת)

**grow′ing pains″** (גְרוֹאִנְג פֵּינְז) לַבְטֵי הִתְבַּגְּרוּת (בתחום הנפש); כְּאֵבֵי רַגְלַיִם (בעקבות מאמץ־יתר, יציבה מרושלת או קשיים נפשיים); קַשְׁיֵי הִתְרַחֲבוּת

**growl** *v.i. & n.* (גְרָאוּל) נָהַם; נְהִימָה

**grown′-up″** *n.* (גְרוֹנְאַפּ) מְבֻגָּר

**growth** *n.* (גְרוֹת׳) צְמִיחָה, גִּדּוּל, הִתְפַּתְּחוּת; שָׁלָב גִּדּוּל; הִתְפַּתְּחוּת מֻשְׁלֶמֶת; מָקוֹר

**grub** *n. & v.t. & i.* (גְרַבּ) דָּרֵן; אָדָם אִטִּי וּמְשַׁעֲמֵם, "סֶלֶג"; חָפַר; פִּנָּה שָׁרָשִׁים וּגְדָמֵי עֵצִים, עָקַר מֵהַשֹּׁרֶשׁ, שֵׁרֵשׁ

**grub′by** *adj.* (גְרַבִּי) מְלֻכְלָךְ; מְזֹהָם; שׁוֹרֵץ דְּרָנִים; נִבְזֶה

**grudge** *n.* (גְרַג׳) טִינָה, תַּרְעֹמֶת

**grudg′ing** *adj.* (גְרַגִ׳נְג) בְּעַל כָּרְחוֹ

**gru′eling** *adj.* (גְרוּאֶלִנְג) מְיַגֵּעַ

**grue′some** *adj.* (גְרוּסֶם) מְעוֹרֵר סְלִידָה; דּוֹחֶה בְּצוּרָה מַחֲרִידָה, מַבְעִית

**gruff** *adj.* (גְרַף) נָמוּךְ וְצוֹרְמָנִי; צָרוּד; זוֹעֵף

**grum′ble** *v.i. & t. & n.* (גְרַמְבְּל) רָטַן; נָהַם; תְּלוּנָה, רְטִינָה

**grum′py** *adj.* (גְרַמְפִּי) זוֹעֵף, מִתְלוֹנֵן

**grunt** *v.i.* (גְרַנְט) חִרְחֵר; חִרְחוּר

**guar″antee′** *v.t. & n.* (גֶרֶנְטִי) עָרַב לְ־; הָיָה אַחֲרָאִי לְ־; שִׁמֵּשׁ עָרֵב; הִתְחַיֵּב; הִבְטִיחַ; הִתְחַיֵּב לְהָגֵן עַל אוֹ לְפַצּוֹת; הִתְחַיְּבוּת, עֲרֻבָּה; עֲרֵבוּת; אַחֲרָיוּת; הַבְטָחָה; עָרֵב; מַשְׁכּוֹן

**guar′antor″** *n.* (גֶרֶנְטוֹר) עָרֵב

**guard** *v.t. & i. & n.* (גַרְד) שָׁמַר עַל, הֵגֵן עַל; שָׁלַט בְּ־; סִפֵּק מָגֵן; חִפָּה עַל; נָקַט אֶמְצָעֵי זְהִירוּת; שׁוֹמֵר; מִשְׁמָר; שְׁמִירָה קַפְּדָנִית; מָגֵן; יְצִיבַת הִתְגּוֹנְנוּת

off — לֹא מוּכָן לְהַתְקָפָה; אֵינוֹ עוֹמֵד עַל הַמִּשְׁמָר; לֹא־זָהִיר, לֹא־עֵר

**guard′house″** *n.* (גַרְדְהָאוּס) מַחְבּוֹשׁ

**guar′dian** *n.* (גַרְדִיאֶן) אֶפִּיטְרוֹפּוֹס; שׁוֹמֵר

**guards´man** *n.* (גַרְדְזְמֶן) שׁוֹמֵר; חַיָּל
הַמִּשְׁמָר הַלְּאֻמִּי (בארה״ב)
**guer(r)il´la** *n.* (גֶרִלָה) לוֹחֵם גֶרִילָה
**guess** *v.t. & i. & n.* (גֶס) שִׁעֵר, נִחֵשׁ;
פָּתַר, הֶעֱרִיךְ הַעֲרָכָה נְכוֹנָה; סָבַר; אָמַד;
הַשְׁעָרָה, נִחוּשׁ
**guest** *n.* (גֶסְט) אוֹרֵחַ; מְזֻמָּן
**guffaw´** *n. & v.i.* (גַפוֹ) הִתְפָּרְצוּת צְחוֹק
קוֹלָנִית; צָחַק בְּקוֹל רָם
**guid´ance** *n.* (גַידֶנְס) הַדְרָכָה; מַנְהִיגוּת;
הַכְוָנָה; יִעוּץ; טִפּוּל; עֶזְרָה; מַדְרִיךְ;
הַנְחָיָה, נִוּוּט
**guide** *v.t. & n.* (גַיד) הִדְרִיךְ, הוֹרָה
הַדֶּרֶךְ; לִוָּה; הִכְוִין, הִנְחָה; יָעַץ; הִשְׁגִּיחַ
עַל; מוֹרֵה דֶרֶךְ; מַדְרִיךְ; תַּו עֵזֶר; תַּמְרוּר
**guid´ed mis´sile** (גַידִד מִסְל) טִיל מֻנְחֶה
**gui´don** *n.* (גַידְן) דִּגְלוֹן; דַּגָּלָן
**guild** *n.* (גִלְד) גִּילְדָה; אִגּוּד
**guile** *n.* (גַיל) עַרְמוּמִיּוּת, רַמָּאוּת,
אוֹנָאָה
**guil´lotine"** *n.* (גִלֶטִין) גִּילוֹטִינָה, מַעֲרֶפֶת;
הִתִּיז (ראש)
**guilt** *n.* (גִלְט) אַשְׁמָה; פְּשִׁיעָה;
הַרְגָּשַׁת אַחֲרָיוּת, הַרְגָּשַׁת חֲרָטָה
**guilt´less** *adj.* (גִלְטְלֶס) נְקִי מֵאַשְׁמָה;
חַף מִפֶּשַׁע; חֲסַר־יְדִיעָה
**guil´ty** *adj.* (גִלְטִי) אָשֵׁם; כָּרוּךְ בְּאַשְׁמָה;
חָשׁ אַשְׁמָה
**guin´ea fowl" (hen)** (גִנִי פָאוּל [הֶן]) פְּנִינִיָּה
**guin´ea pig"** (גִנִי פִּג) חֲזִיר־יָם; קַבִּיָּה;
שְׁפַן־נִסָּיוֹן
**guise** *n.* (גַיז) הוֹפָעָה חִיצוֹנִית; דְּמוּת;
צוּרָה; מַסְוֶה; לְבוּשׁ
**guitar´** *n.* (גִטָר) גִּיטָרָה, קַתְרוֹס
**gulch** *n.* (גַלְץ׳) חָרוּץ, גַּיְא
**gulf** *n.* (גַלְף) מִפְרָץ; שֶׁקַע עָמֹק; תְּהוֹם
**gull** *n. & v.t.* (גַל) שַׁחַף; הוֹנָה, רִמָּה
**gul´let** *n.* (גַלֶט) וֶשֶׁט, גָּרוֹן; תְּעָלָה; גַּיְא
**gul´lible** *adj.* (גַלִבְּל) פֶּתִי, שֶׁקַּל לְרַמּוֹתוֹ
**gul´ly** *n.* (גַלִי) עָרוּץ (נחל)
**gulp** *v.i. & t. & n.* (גַלְפּ) עִלֵּעַ; נָשַׁם
בִּכְבֵדוּת בִּשְׁעַת בְּלִיעָה; לָגַם, גָּמַע; חֻנַּק;
לְגִימָה

**gum** *n.* (גַם) שְׂרָף; דֶּבֶק; גּוּמִי
לְעִיסָה; מַסְטִיק; גּוּמִי
—s חֲנִיכַיִם
— *v.t. & i.* מָרַח בְּדֶבֶק; הִדְבִּיק;
סָתַם בְּחֹמֶר דָּבִיק; לָעַס בַּחֲנִיכַיִם; מִלְמֵל
beat one's —s "קִשְׁקֵשׁ"
**gum´drop"** *n.* (גַמְדְרוֹפּ) גּוּמִי יַיִן
**gum´my** *adj.* (גַמִי) צָמִיג, מְכֻסֶּה חֹמֶר
דָּבִיק, סָתוּם בְּחֹמֶר דָּבִיק, מַפְרִישׁ שְׂרָף
**gump´tion** *n.* (גַמְפְּשֶן) יָזְמָה; תַּקִּיפוּת,
תּוּשִׁיָּה; אֹמֶץ, "דָּם"
**gum´shoe"** *n.* (גַמְשוּ) נַעַל גּוּמִי; עַרְדָּל;
בַּלָּשׁ
**gun** *n.* (גַן) כְּלִי יְרִיָּה, נֶשֶׁק (קל); אֶקְדָּח,
רוֹבֶה; תּוֹתָח (ארוך־קנה ושטוח־מסלול)
give something the הִתְנִיעַ, זֵרֵז
jump the — זִנֵּק לִפְנֵי מַתַּן הָאוֹת;
הִתְחִיל לִפְנֵי הַזְּמַן הַמַּתְאִים, פָּעַל בִּפְזִיזוּת
spike someone's —s סִכֵּל תָּכְנִית
stick to his —s עָמַד אֵיתָן, לֹא נָסוֹג
— *v.t. & i.* צָד בִּכְלִי יְרִיָּה; יָרָה;
הֵזִין בְּנֶזֶן פִּתְאוֹם וּמַהֵר
— for חִפֵּשׂ כְּדֵי לִפְגֹּעַ אוֹ לַהֲרֹג;
חִפֵּשׂ; הִתְאַמֵּץ לְהַשִּׂיג
**gun´boat"** *n.* (גַנְבּוֹט) סְפִינַת תּוֹתָחִים
**gun´ner** *n.* (גַנֶר) תּוֹתְחָן
**gun´nery** *n.* (גַנֶרִי) תּוֹתְחָנוּת; יְרִיָּת
תּוֹתָחִים; כְּלֵי יְרִיָּה
**gun´point"** *n.* (גַנְפּוֹינְט) כַּוּוּן כְּלִי יְרִיָּה
at — תַּחַת אִיּוּם פְּגִיעָה בִּירִיָּה
**gun´pow"der** *n.* (גַנְפָּאוּדֶר) אֲבַק שְׂרֵפָה
**gun´run"ning** *n.* (גַנְרַנִנְג) הַבְרָחַת נֶשֶׁק
**gun´shot"** *n.* (גַנְשוֹט) יְרִיָּה; טְוַח יְרִיָּה
**gun´-shy"** *adj.* (גַנְשַי) נִבְהַל מִפְּנֵי יְרִי
**gun´smith"** *n.* (גַנְסְמִת׳) נַשָּׁק
**gur´gle** *v.i. & t. & n.* (גֶרְגְל) בִּקְבֵּק;
בִּקְבּוּק
**gush** *v.i. & t. & n.* (גַש) שָׁפַע, נִגַּר;
הִשְׁתַּפֵּךְ; שְׁפִיעָה, הִשְׁתַּפְּכוּת, זְרִימָה
פִּתְאוֹמִית
**gush´er** *n.* (גַשֶר) מַעְיַן־נֵפְט שׁוֹפֵעַ;
אָדָם מִשְׁתַּפֵּךְ
**gust** *n.* (גַסְט) מַשַּׁב־רוּחַ עַז; הִתְפָּרְצוּת

**gus´to** *n.* (גַסְטוֹ) עֹנֶג רַב; טַעַם אִישִׁי

**gus´ty** *adj.* (גַסְטִי) שֶׁל מַשַּׁב־רוּחַ עַז; שֶׁל הִתְפָּרְצוּת פִּתְאוֹמִית; מָלֵא יְמְרוֹת גְבוּבוֹת; נִמְרָץ, שׁוֹפֵעַ חִיוּת

**gut** *n.* (גַט) מְעִי; רִקְמַת מְעִי; סִיבֵי מְעִי; מַעֲבָר צַר, גַיְא

**—s** מֵעַיִם; אֹמֶץ; הַתְמָדָה, כֹּחַ סֵבֶל, "דָם"

**—** *v.t.* הוֹצִיא מֵעַיִם; שָׁדַד; הָרַס הַפָּנִים

**gut´ter** *n. & v.i.* (גַטֶר) מַרְזֵב; בִּיב; צִנּוֹר נִקּוּז; תְּעָלַת מַיִם זוֹרְמִים; מִשְׁכְּנוֹת הָעֲלוּבִים; זָרַם בִּפְלָגִים; טִפְטֵף שַׁעֲוָה בִּסְבִיבוֹת הַפְּתִילָה (של נר), דָלַק בְּלֶהָבָה קְטַנָּה; הָיָה תְּעָלוֹת; סִפֵּק מַרְזְבִים

**gut´ter snipe"** *n.* (גַטֶרְסְנַיְפּ) חֶלֶךְ; יַחְפָן

**gut´teral** *adj.* (גַטֶרֶל) גְרוֹנִי; צוֹרְמָנִי

**guy** *n. & v.t.* (גַי) בָּחוּר, בַּרְנָשׁ; חֶבֶל־חִזּוּק, כֶּבֶל; לִגְלֵג עַל; חִזֵּק (בחבל או בכבל)

**guz´zle** *v.i. & t.* (גַזְל) זָלַל, סָבָא

**gym** *n. & adj.* (גִ'ם) אוּלַם הִתְעַמְּלוּת; שֶׁל הִתְעַמְּלוּת

**gymna´sium** *n.* (גִ'מְנֵיזִיאֶם) אוּלָם הִתְעַמְּלוּת; גִימְנַסְיָה

**gym´nast** *n.* (גִ'מְנֶסְט) מוֹרֶה לְהִתְעַמְּלוּת; מִתְעַמֵּל

**gymnas´tics** *n.* (גִ'מְנֶסְטִקְס) הִתְעַמְּלוּת

**gyp** *v.t. & n.* (גִ'פּ) הוֹנָה, רִמָּה; אוֹנָאָה

**gyp´sy** *adj. & n.* (גִ'פְּסִי) צוֹעֲנִי

**gy´rate** *v.i.* (גַ'יְרֵיט) הִסְתּוֹבֵב מִסָּבִיב לְמֶרְכָּז; סָב בִּמְהִירוּת

# H

**H, h** *n.* (אֵיץ׳) ה׳, הָאוֹת הַשְּׁמִינִית בָּאָלֶפְבֵּית הָאַנְגְּלִי

**ha** *interj.* (הָה) אֶה, אָהָה (להבעת הפתעה או נצחון)

**hab′erdash″er** *n.* (הֶבֶּרְדֶשְׁר) מוֹכֵר בִּגְדֵי גְבָרִים

**hab′erdash″ery** *n.* (הֶבֶּרְדֶשְׁרִי) חֲנוּת לְבִגְדֵי גְבָרִים

**hab′it** *n.* (הֶבִּט) הֶרְגֵּל, נֹהַג, הִתְמַכְּרוּת, נְטִיָּה נַפְשִׁית; מַצָּב גּוּפָנִי; תַּהֲלִיךְ אָפְיָנִי; לְבוּשׁ

**hab′itable** *adj.* (הֶבִּטֶבְּל) רָאוּי לְדִיּוּר

**hab′itat″** *n.* (הֶבִּטֶט) אֵזוֹר מִחְיָה, תְּחוּם תְּפוּצָה; מְקוֹם מְגוּרִים

**hab′ita′tion** *n.* (הֶבִּטֵישְׁן) בַּיִת, דִּירָה, מִשְׁכָּן; דִּיּוּר; יִשּׁוּב

**habi′tual** *adj.* (הֲבִּצ׳וּאֲל) מֻרְגָּל, רָגִיל; מוּעָד

**habi′tuate** *v.t.* (הֲבִּצ׳וּאֵיט) הִרְגִּיל

**habi′tué″** *n.* (הֲבִּצ׳וּאֵי) מְבַקֵּר קָבוּעַ

**hack** *n. & v.t.* (הֶק) עוֹשֶׂה עֲבוֹדָה קְלוֹקֶלֶת; שְׂכִיר־עֵט; כַּתְבַן־שְׂגָרוֹת, מְחַבֵּר חִבּוּרִים נְדוֹשִׁים; סוּס בָּלֶה; מֶרְכָּבָה לְהַשְׂכָּרָה; מוֹנִית; קִצֵּץ, כָּרַת; כִּעְכֵּעַ

**hack′le** *n.* (הֶקְל) נוֹצַת צַוָּאר אֲרֻכָּה וְדַקָּה; נוֹצוֹת הַצַּוָּאר

—s שַׂעֲרוֹת הָעֹרֶף

**hack′neyed** *adj.* (הֶקְנִיד) נָדוֹשׁ, בָּנָלִי

**had** (הֶד) (זמן עבר של have)

**Ha′des** *n.* (הֵידִיז) עוֹלַם הַמֵּתִים; אֵל עוֹלַם הַמֵּתִים, הָדֵס

**haft** *n.* (הֶפְט) נִצָּב, יָדִית

**hag** *n.* (הֶג) זְקֵנָה מְכֹעֶרֶת, מִרְשַׁעַת; זְקֵנָה; מְכַשֵּׁפָה

**hag′gard** *adj.* (הֶגֶרְד) כְּחוּשׁ־מַרְאֶה, מְיֻגָּע; פִּרְאִי

**hag′gle** *v.i.* (הֶגְל) הִתְמַקֵּחַ (בצורה קטנונית); הִתְנַצֵּחַ

**Hag″iog′rapha** *n.* (הֶגִיאוֹגְרֶפֶה) סִפְרֵי הַכְּתוּבִים (של התנ״ך)

**hail** *v.t. & i.* (הֵיל) בֵּרֵךְ לְשָׁלוֹם; קִבֵּל פְּנֵי־; קָרָא אֶל; קִבֵּל בְּרָצוֹן; יָרַד בָּרָד, יָרַד כְּבָרָד; הִמְטִיר (כברד)

— from מְקוֹם מְגוּרָיו..., מוֹלַדְתּוֹ...

— *n.* קְרִיאָה אֶל, בִּרְכַּת שָׁלוֹם; בָּרָד

**hail′-fel′low well′ met′** (הֵיל־פֶלוֹ וֶל מֶט) אָדָם חַבְרוּתִי, חָבֵר עַלִּיז

**hair** *n.* (הֵר) שַׂעֲרָה, שֵׂעָר; חֵלֶק זָעִיר, קֹרֶט

get in someone's — קִנְטֵר

let one's — down הִתְנַהֵג בְּלִי מַעֲצוֹרִים, דִּבֵּר בְּגִלּוּי לֵב

make one's — stand on end הִבְעִית, סִמֵּר שַׂעֲרוֹת מֵאֵימָה

split —s הִתְפַּלְפֵּל

without turning a — בְּלִי לְהָנִיד עַפְעַף, בְּשַׁלְוָה גְמוּרָה

**hair′cut″** *n.* (הֵרְקַט) תִּסְפֹּרֶת

**hair′do″** *n.* (הֵרְדוּ) תִּסְרֹקֶת; שֵׂעָר (לאחר סידורו)

**hair′dres′ser** *n.* (הֵרְדְרֶסְר) סַפַּר־נָשִׁים

**hair′pin″** (הֵרְפִּן) מַכְבֵּנָה, סִכַּת שֵׂעָר

**hair′-rais″ing** *adj.* (הֵר־רֵיזִנְג) מַבְעִית, מְסַמֵּר שֵׂעָר

**hair′y** *adj.* (הֵרִי) שָׂעִיר

**hale** *adj. & v.t.* (הֵיל) בָּרִיא, חָזָק וּבַעַל מֶרֶץ; גָּרַר, סָחַב

**half** *n. & adj. & adv.* (הֶף) חֲצִי, מַחֲצִית; חֲצִי; לְמֶחֱצָה, בְּמִדַּת־מָה

**half′ baked′** *adj.* (הֶף־בֵּיקְט) לֹא אָפוּי בְּמִדָּה מַסְפֶּקֶת; לֹא מוּכָן כִּדְבָעֵי; לֹא־מְצִיאוּתִי; מוּזָר, מְשֻׁנֶּה

**half′ breed″** *n. & adj.* (הֶף־בְּרִיד) בֶּן גְּזָעִים מְעֹרָבִים; מִמּוֹצָא לָבָן וְאִינְדְּיָנִי

**half′-caste″** *n. & adj.* (הֶף־קֶסְט) בֶּן גְּזָעִים מְעֹרָבִים, מִמּוֹצָא לָבָן וְהוֹדִי

**half′-cocked″** *adj.* (הֶף־קוֹקְט) דָּרוּךְ לְמֶחֱצָה; פָּזִיז, לְלֹא הֲכָנָה מַסְפֶּקֶת

**half′hear′ted** *adj.* (הֶף־הַרְטֶד) לֹא בְּלֵב שָׁלֵם, בְּהִתְלַהֲבוּת מוּעֶטֶת

**hal'ito"sis** *n.* (הֶלִטוֹסִס) נְשִׁימָה מְצַחִינָה
**hall** *n.* (הוֹל) פְּרוֹזְדוֹר, הוֹל; חֲדַר
כְּנִיסָה; אוּלָם; אוֹדִיטוֹרְיָה; בִּנְיַן אוּנִי־
בֶרְסִיטָה; טְרַקְלִין טִירָה; טִירָה
city — בֵּית הָעִירִיָּה
**hall'mark"** *n.* (הוֹלְמַרְק) חוֹתֶמֶת־אֵיכוּת;
אוֹת־הַמּוּצָר; תַּו־טֹהַר
**halloo'** *v.i. & t.* (הֲלוּ) קָרָא בְּקוֹל רָם; צָעַק
**hal'low** *v.t.* (הֶלוֹ) קִדֵּשׁ; כִּבֵּד
**hallu"cina'tion** *n.* (הֲלוּסִנֵישְׁן) הָלוּצִינַצְיָה;
הֲזָיָה; מַחֲזֵה־שָׁוְא; אַשְׁלָיָה
**ha'lo** *n.* (הֵילוֹ) הִלָּה
**halt** *v.i. & t. & n.* (הוֹלְט) נֶעֱצַר; עָצַר;
הִסֵּס, פִּקְפֵּק; פָּסַח עַל שְׁתֵּי סְעִפִּים; עֲצִירָה
**hal'ter** *n.* (הוֹלְטֶר) אַפְסָר; לוּלָאַת־תְּלִיָּה;
חֲזִיָּה מְצֻלֶּבֶת
**halve** *v.t.* (הָב) חָצָה; חִלֵּק לַחֲלָקִים שָׁוִים;
הִפְחִית עַד הַמַּחֲצִית
**ham** *n. & v.i.* (הֶם) יֶרֶךְ־חֲזִיר; אֲחוֹרֵי
הַיָּרֵךְ; שֶׁקַע הַבֶּרֶךְ; שַׂחְקָן מַפְרִיז; אַלְחוּטַאי
חוֹבֵב; שִׂחֵק בְּרַגְשָׁנוּת מֻפְרֶזֶת
**ham'bur"ger** *n.* (הֶמְבֶּרְגֶר) קְצִיצַת בָּשָׂר;
בָּשָׂר קָצוּץ; כָּרִיךְ בָּשָׂר קָצוּץ
**ham'let** *n.* (הֶמְלִט) כְּפָר קָטָן
**ham'mer** *n.* (הֶמֶר) פַּטִּישׁ
under the — עוֹמֵד לִמְכִירָה בִּמְכִירָה
פֻּמְבִּית
— *v.t.* שָׁקַע (מסמר); דָּפַק בְּפַטִּישׁ;
תָּלָה בְּפַטִּישׁ וּמַסְמְרִים; בָּנָה בְּפַטִּישׁ
וּמַסְמְרִים; רִקַּע; הָלַם; יִשֵּׁב (מחלוקת חריפה);
הִטְבִּיעַ בְּצוּרָה מוּחֶצֶת
— home שִׁכְנַע בְּתַקִּיפוּת וּבְמֶרֶץ
**ham'mer and tong's** בַּהֲמֻלָּה וּבְמֶרֶץ
**ham'mock** *n.* (הֶמַק) עַרְסָל
**ham'per** *n. & v.t.* (הֶמְפֶּר) סַל גָּדוֹל;
עָצַר; הִפְרִיעַ ל־, עִכֵּב
**ham'ster** *n.* (הֶמְסְטֶר) אוֹגֵר
**ham'string"** *v.t. & n.* (הֶמְסְטְרִנְג) שָׁלַל
כֹּחַ, הִטִּיל מוּם עַל יְדֵי חִתּוּךְ גִּיד הַיָּרֵךְ; גִּיד
הַיָּרֵךְ, גִּיד הַנָּשֶׁה
**hand** *n. & adj.* (הֶנְד) יָד, גַּף בַּעַל
אֶצְבָּעוֹת; פּוֹעֵל; מְיֻמָּנוּת; בֶּן־אָדָם (ביחס
לכושר כשרים); חֲבֵר צֶוֶת; עֶמְדַּת כֹּחַ; צַד;
סֵעוּן כְּתִיבָה, כְּתִיבָה תַּמָּה; חֲתִימָה;
מְחִיאוֹת כַּפַּיִם; הִתְחַיְּבוּת; טֶפַח; קְלָפִים
בַּיָּד; הַמַּחֲזִיק בִּקְלָפִים; סִבּוּב (במשחק קלפים);
צְרוֹר, אֶשְׁכּוֹל; שֶׁל יָד; מְלֶאכֶת יָד; נִשָּׂא
בַּיָּד; מֻפְעָל בַּיָּד
at first — מִמָּקוֹר רִאשׁוֹן
at — קָרוֹב, מוּכָן לְשִׁמּוּשׁ
come to — בָּא לְהֶשֵּׂג הַיָּד; עוֹרֵר תְּשׂוּמֶת
לֵב; הִגִּיעַ, הִתְקַבֵּל
eat out of one's — עָמַד לִרְשׁוּתוֹ;
הִתְרַפֵּס בִּפְנֵי־
force one's — הִכְרִיחַ לִנְקֹט פְּעֻלָּה,
הִכְרִיחַ לְגַלּוֹת כַּוָּנוֹתָיו הָאֲמִתִּיּוֹת
— and foot כְּדֵי לְהַפְרִיעַ לִתְנוּעָתוֹ;
בְּהַכְנָעָה; בִּקְבִיעוּת
— and (in) glove בְּצוּרָה אִינְטִימִית,
בְּקִרְבָה יְתֵרָה
— in — שְׁלוּבֵי יָד; יַחַד; כְּאִישׁ אֶחָד
— over fist בִּמְהִירוּת וּבְשֶׁפַע; בַּעֲלִיָּה
מִתְמֶדֶת
—s down בְּקַלּוּת; לְלֹא עִרְעוּר
on — עוֹמֵד לִרְשׁוּתוֹ; נִמְצָא אֶצְלוֹ;
עוֹמֵד לִקְרוֹת, מְמַשְׁמֵשׁ וּבָא
with a high — בִּיהִירוּת; בְּצוּרָה
שְׁרִירוּתִית
— *v.t.* הֶעֱבִיר; סִיֵּעַ
— down הוֹרִישׁ, פָּסַק (בבית משפט)
— it to כִּבֵּד
— on מָסַר, הוֹרִישׁ
— out חִלֵּק
— over הִסְגִּיר
**hand'bill"** *n.* (הֶנְדְבִּל) גִּלָּיוֹן פִּרְסֹמֶת
**hand'cuff"** *n. & v.t.* (הֶנְדְקַף) אֲזִק־יָד;
כָּבַל בַּאֲזִקֵּי־יָד
**hand'ful"** *adj.* (הֶנְדְפֻל) מְלוֹא הַיָּד;
חָסֵן; שֶׁקָּשֶׁה לְהִשְׁתַּלֵּט עָלָיו
**han'dicap"** *n. & v.t.* (הֶנְדִיקֶפ) תַּחֲרוּת
"פוֹר"; "פוֹר"; הַגְבָּלָה; מוּם; הִגְבִּיל,
הִכְבִּיד עַל; חִלֵּק "פוֹר"; נִסָּה לְנַבֵּא מִי
יְנַצֵּחַ וּבְאֵלּוּ תּוֹצָאוֹת
—ed *adj.* מְעֻכָּב
**han'dicraft"** *n.* (הֶנְדִיקְרֶפְט) מְלֶאכֶת יָד,
אָמָנוּת

**han′diwork″** *n.* (הֶנְדִיוֶרְק) עֲבוֹדַת כַּפַּיִם
**hand′kerchief** *n.* (הֶנְקֶרְצִ׳ף) מִמְחָטָה
**han′dle** *n.* (הֶנְדְל) יָדִית, אֹזֶן (כלי); שֵׁם פְּרָטִי
fly off the — יָצָא מִן הַכֵּלִים
— *v.t. & i.* נָגַע, מִשֵּׁשׁ, הֵרִים בַּיָּד; טִפֵּל, נִהֵל; הִשְׁתַּמֵּשׁ בְּ־; פִּקֵּד עַל; דָּן בְּ־; הִתְיַחֵס אֶל; סָחַר בְּ־; תִּפְקֵד
**han′dle bar″(s)** *n.* (הֶנְדְלְבַּר[ז]) הֶגֶה, כִּידוֹן (של אופניים)
**hand′maid″(en)** *n.* (הֶנְדְמֵיד[ן]) מְשָׁרֶתֶת
**hand′-me-down″** (הֶנְד־מִי־דָאוּן) לְבוּשׁ מוֹרָשׁ; דָּבָר זוֹל, דָּבָר מֵאֵיכוּת גְרוּעָה
**hand′out″** *n.* (הֶנְדָאוּט) נְדָבָה; הוֹדָעָה מוּכָנָה; דֻגְמַת חִנָּם
**hand′-pick′** *v.t.* (הֶנְד־פִּק) קָטַף בַּיָּד; בָּחַר אִישִׁית וּבִזְהִירוּת
**hands′-down′** (הֶנְדְז־דָאוּן) קַל; וַדָּאִי; לְלֹא מַאֲמָץ
**hands′-off′** *adj.* (הֶנְדְז־אוֹף) לְלֹא הִתְעָרְבוּת
**hand′some** *adj.* (הֶנְסֶם) יְפֵה־תֹאַר, יָפֶה; נָאֶה; נִכָּר; נָדִיב, טוֹב לֵב
**hand′wri″ting** *n.* (הֶנְדְרַיטִנְג) כְּתַב־יָד
**han′dy** *adj.* (הֶנְדִי) בְּקִרְבַת מָקוֹם; קָרוֹב לַיָּד; נוֹחַ לָקַחַת; נוֹחַ, מוֹעִיל; מְיֻמָּן, בַּעַל יָדַיִם זְרִיזוֹת
**han′dyman″** *n.* (הֶנְדִימֶן) פּוֹעֵל אַחְזָקָה (למלאכות קטנות)
**hang** *v.t. & i.* (הֶנְג) תָּלָה; רְהֵט בַּחֲפָצִים תְּלוּיִים; הִצִּיג בְּגָלֶרְיָה; תָּלָה דֶּלֶת עַל צִירִים; עִכֵּב הַכְרָעָה שֶׁל חֶבֶר מֻשְׁבָּעִים; נִתְלָה; נִדַּלְדֵּל; הָיָה תָּלוּי בְּ־; הִסֵּס, הָיָה מֻטָּל בְּסָפֵק; הִתְעַכֵּב, הָיָה לְלֹא הַכְרָעָה; הִתְמִיד; רִחֵף בָּאֲוִיר; נִצְמַד אֶל; הָיָה מֻצָּג; לֹא הִגִּיעַ לִידֵי הֶסְכֵּם
— around הִסְתּוֹבֵב; שׁוֹטֵט
— back הִסֵּס
— in the balance הָיָה מֻטָּל בְּסָפֵק; תָּלוּי וְעוֹמֵד לְלֹא הַכְרָעָה
— on נִצְמַד לְ־; דָּבַק בְּ־; הִתְמִיד
— one on "הִרְבִּיץ"; הִתְבַּסֵּם
— out הָיָה תָּלוּי דֶּרֶךְ פֶּתַח; בִּטֵּל זְמַן, הִסְתּוֹבֵב
— together הָיוּ מְלֻכָּדִים, שָׁמַר אֱמוּנִים אֶחָד לַשֵּׁנִי; הָיָה עִקְבִי, הָיָה הֶגְיוֹנִי
— up סָגַר, הִפְסִיק; נִרְתַּע; סָגַר טֶלֶפוֹן; מַעֲצוֹר נַפְשִׁי; תַּסְבִּיךְ
— *n.* אֹפֶן בִּצּוּעַ; מַשְׁמָעוּת, מֻשָּׂג; שֶׁמֶץ דְאָגָה
**hang′ar** *n.* (הֶנְגֶר) מוּסָךְ מְטוֹסִים; דִּיר; סֻכָּה
**hang′dog″** *adj.* (הֶנְגְדוֹג) מֻשְׁפָּל, מוּבָס, מְדֻכְדָּךְ; מְפַחֵד, בּוֹשׁ, אָשֵׁם; בָּזוּי, חַמְקָנִי
**hang′er** *n.* (הֶנְגֶר) קוֹלָב; מַתְלֶה; וָו; תּוֹלֶה
**han′ger-on′** *n.* (הֶנְגֶר־אוֹן) נִלְוֶה (לשם טובת הנאה)
**hang′ing** *n.* (הֶנְגִנְג) תְּלִיָּה
—s וִילוֹנוֹת; שְׁטִיחֵי־קִיר
**hang′man** *n.* (הֶנְגְמֶן) תַּלְיָן
**hang′out** *n.* (הֶנְגָאוּט) מִשְׁכָּן, מְקוֹם בִּקּוּרִים קָבוּעַ
**hang′o″ver** *n.* (הֶנְגוֹבֶר) צִירֵי הִתְפַּכְּחוּת
**hank** *n.* (הֶנְק) דּוּלָלָה; חוּט בְּאֹרֶךְ מְסֻיָּם; סְלִיל, קֶשֶׁר, לוּלָאָה
**han′ker** *v.i.* (הֶנְקֶר) הִשְׁתּוֹקֵק
**han′ky-pan′ky** *n.* (הֶנְקִי־פֶּנְקִי) הִתְנַהֲגוּת לֹא־מוּסָרִית; תַּעֲלוּלִים; רְמִיָּה; שְׁטוּת; הִשְׁתַּעַשְׁעוּת
**haphaz′ardly** *adv.* (הֶפְּהֶזֶרְדְלִי) בְּמִקְרֶה, בְּלֹא כַּוָּנָה תְּחִלָּה
**hap′less** *adj.* (הֶפְּלֶס) בִּישׁ־מַזָּל, אֻמְלָל
**hap′pen** *v.i.* (הֶפֶּן) אֵרַע, קָרָה, הִתְרַחֵשׁ; קָרָה בְּמִקְרֶה; נִתְקַל בְּמִקְרֶה; עָבַר בְּמִקְרֶה
**hap′pily** *adv.* (הֶפִּלִי) בַּהֲנָאָה, בְּשִׂמְחָה; לְמַרְבֵּה הַמַּזָּל; בְּצוּרָה הוֹלֶמֶת; בְּכִשְׁרוֹן
**hap′piness** *n.* (הֶפִּינֶס) שִׂמְחָה, אֹשֶׁר; מַזָּל טוֹב, עֹנֶג, גִּיל; שְׂבִיעַת רָצוֹן; הַתְאָמָה
**hap′py** *adj.* (הֶפִּי) שָׂמֵחַ, מְאֻשָּׁר, שְׂבַע־רָצוֹן; בַּר־מַזָּל; מַתְאִים, יָאֶה; מִזְדָּרֵז לְהִשְׁתַּמֵּשׁ בְּ־
**hap′py-go-luck′y** *adj.* (הֶפִּי־גוֹ־לַקִי) סוֹמֵךְ עַל מַזָּל בְּשִׂמְחָה; חֲסַר־דְאָגָה וְשָׂמֵחַ; אֵינוֹ חוֹשֵׁשׁ מִפְּנֵי הֶעָתִיד וְעַלִּיז
**hap′py hunt′ing ground″** (הֶפִּי הַנְטִנְג) גַּן עֵדֶן הָאִינְדְיָאנִים (בעיקר ללוהבים גְרָאוּנְד ולציידים)

**hara'-kir'i** *n.* (הָרָה־קִירִי) חֲרָקִירִי; הִתְאַבְּדוּת

**harangue'** *n. & v.t. i.* (הֲרֶנְג) נְאוּם חוֹצֵב לְהָבוֹת; הַרְצָאָה יָמְרָנִית; דְּרָשָׁה; גְּעָרָה; נָאַם אֲרֻכּוֹת וּבְלַהַט; הִרְצָה הַרְצָאָה יָמְרָנִית

**har'ass** *v.t.* (הֶרֶס) הִטְרִיד; עָרַךְ פְּשִׁיטָה; הֵצִיק לְ־; רָדַף

**har'binger** *n.* (הַרְבִּנְג'ר) מְבַשֵּׂר; כָּרוֹז; אוֹת; מְסַדֵּר לִינָה וְאֹכֶל מֵרֹאשׁ

**har'bor** *n. & v.t.* (הַרְבּר) נָמֵל, מַעֲגָן; מָקוֹם מִבְטָחִים, מִקְלָט; נָתַן מַחֲסֶה; הִצִּיעַ מִקְלָט; הִסְתִּיר; טִפַּח

**hard** *adj.* (הַרְד) קָשֶׁה; מוּצָק; מִתְאַמֵּץ; חָמוּר; חָזָק; רַע, שֶׁקָּשֶׁה לְשֵׂאתוֹ; נֻקְשֶׁה; מַחְמִיר; שֶׁקָּשֶׁה לְהַכְחִישׁ; שֶׁל תַּרְעֹמֶת; קַפְּדָנִי; מְצִיאוּתִי; מְזֻמָּן (כסף); חָרִיף, מְשַׁכֵּר; חַכִּי (כנוי העיצורים ג, ק)

— of hearing כְּבַד־אֹזֶן

— up זָקוּק מְאֹד לְכֶסֶף; חָשׁ בְּמַחְסוֹרוֹ בַּחֲרִיפוּת

—*adv.* קָשֶׁה; בְּמַבָּט חוֹדֵר, בְּעִיּוּן בְּקַרְתִּית; בְּחֻמְרָה; בְּעָצְמָה רַבָּה; בְּצוּרָה מוּצֶקֶת; בְּיָגוֹן כֵּן, בְּרְגִישׁוּת רַבָּה; קָרוֹב מְאֹד, בְּקִרְבָה מִיָּדִית; בְּצוּרָה מֻגְזֶמֶת, יָתֵר עַל הַמִּדָּה

— by קָרוֹב מְאֹד

— put to בִּמְבוּכָה גְּדוֹלָה; בִּמְצוּקָה גְּדוֹלָה; מַקְשֶׁה עָלָיו מְאֹד

**hard'-and-fast'** (הַרְדֶן־פֶּסְט) מְחַיֵּב בְּצוּרָה חֲמוּרָה; שֶׁאֵין לַעֲבוֹר עָלָיו

**hard'-bit'ten** *adj.* (הַרְד בִּטְן) קָשׁוּחַ, מְקֻשָּׁח; עִקֵּשׁ

**hard'-boiled'** *adj.* (הַרְד־בּוֹילְד) קָשָׁה (ביצה); קָשׁוּחַ, לְלֹא רֶגֶשׁ; מְצִיאוּתִי; שֶׁל דֵּעָה צְלוּלָה; שֶׁל גִּישָׁה יְשָׁרָה לָעִנְיָן

**hard' core'** *n. & adj.* (הַרְד קוֹר) הַגַּרְעִין הַקָּשׁוּחַ וְהַנֶּאֱמָן; יְסוֹדוֹת שֶׁאֵינָם מְוַתְּרִים; קְבוּצָה שֶׁקָּשֶׁה לָדוּן אִתָּהּ וְהַמִּתְנַגֶּדֶת לְכָל שִׁנּוּי

**har'den** *v.t. & i.* (הַרְדְן) הִקְשָׁה; הִקְשִׁיחַ; הִכְבִּיד; הִתְקַשָּׁה, נַעֲשָׂה קָשׁוּחַ, הֻרְגַּל

**hard'head'ed** *adj.* (הַרְד־הֶדֶד) מַעֲשִׂי, מְמֻלָּח; עִקֵּשׁ

**har'dihood"** *n.* (הַרְדִיהֻד) כֹּחַ עֲמִידָה; כֹּחַ סֵבֶל; אֹמֶץ, הֶעָזָה

**hard' knocks'** (הַרְד נוֹקְס) מְצוּקָה; תְּלָאוֹת

**hard'ly** *adv.* (הַרְדְלִי) בְּקֹשִׁי; כִּמְעַט וְלֹא; לֹא לְגַמְרֵי; קָרוֹב לְוַדַּאי שֶׁלֹּא

**hard'ness** *n.* (הַרְדְנֶס) קַשְׁיוּת; קֹשִׁי; קְשִׁיחוּת

**hard'sell'** (הַרְד סֶל) שִׁיטַת־מְכִירָה תַּקִּיפָה; פִּרְסֹמֶת תּוֹקְפָנִית

**hard'ship** *n.* (הַרְדְשִׁפּ) סֵבֶל; מְצוּקָה, מַחְסוֹר; לַחַץ; צָרָה

**hard'ware"** *n.* (הַרְדְוֵר) כְּלֵי מַתֶּכֶת; צִיּוּד מֶכָנִי; כְּלֵי נֶשֶׁק וְצִיּוּד קְרָבִי

**hard'y** *adj.* (הַרְדִי) מַחֲזִיק מַעֲמָד, אֵיתָן, חָזָק; עָמִיד (בפני תהפוכות האקלים); דּוֹרֵשׁ כֹּחַ סֵבֶל; דּוֹרֵשׁ אֹמֶץ; נוֹעָז, אַמִּיץ; יָמְרָנִי, מִסְתַּכֵּן יָתֵר עַל הַמִּדָּה

**hare** *adj.* (הֵר) אַרְנָב, אַרְנֶבֶת

**hare'-brained"** *adj.* (הֵר־בְּרֵינְד) קַל דַּעַת; פָּזִיז

**har'em** *n.* (הֶרֶם) הַרְמוֹן

**hark'(en)** *v.i.* (הַרְק[ן]) הֶאֱזִין

— back חָזַר לִנְקֻדָּה קוֹדֶמֶת, חָזַר שׁוּב לַנּוֹשֵׂא

**har'lequin** *n.* (הַרְלֶקְוִן) לֵיצָן

**har'lot** *n.* (הַרְלֵט) זוֹנָה

**harm** *n. & v.t.* (הַרְם) נֶזֶק, פְּגִיעָה; עָוֶל; הִזִּיק, גָּרַם נֶזֶק

**harm'ful** *adj.* (הַרְמְפֻל) מַזִּיק; מְסֻכָּן

**harm'less** *adj.* (הַרְמְלֶס) שֶׁאֵינוֹ מַזִּיק; שֶׁלֹּא נִפְגַּע

**harmon'ica** *n.* (הַרְמוֹנִקָה) מַפּוּחִית פֶּה

**harmon'ics** *n.* (הַרְמוֹנִקְס) תּוֹרַת הַצְּלִילִים הַמּוּסִיקָלִיִּים

**harmo'nious** *adj.* (הַרְמוֹנִיאַס) הַרְמוֹנִי; מִשְׁתַּלֵּב בְּצוּרָה נָאָה, מִתְמַזֵּג יָפֶה; נָעִים לָאֹזֶן, עָרֵב

**har'monize"** *v.t. & i.* (הַרְמֲנַיז) הִרְמֵן; הִתְאִים; הָיָה תְּמִים דֵּעוֹת; שָׁר בְּצוּרָה הַרְמוֹנִית

**har'mony** *n.* (הַרְמֲנִי) הַרְמוֹנְיָה; הַתְאָמָה

**har'ness** *n.* (הַרְנִס) רְתָמָה

in — עוסק בַּעֲבוֹדָתוֹ הָרְגִילָה; יַחַד כְּשֻׁתָּפִים

— *v.t.* רָתַם

**harp** *n.* & *v.i.* (הַרְפּ) נֵבֶל; פָּרַט עַל נֵבֶל; חָזַר בְּעַקְשָׁנוּת וּבְצוּרָה מְשַׁעֲמֶמֶת עַל אוֹתוֹ נוֹשֵׂא

**harpoon'** *n.* & *v.t.* (הַרְפּוּן) צִלְצָל; יָרָה צִלְצָל, הָרַג בְּצִלְצָל

**har'py** *n.* (הַרְפִּי) חַמְדָן, רוֹדֵף בֶּצַע; סוֹרֶרֶת, מִרְשַׁעַת זוֹעֶפֶת וְטַרְדָנִית

**har'quebus** *n.* (הַרְקְוִבַּס) צִנּוֹר יְרִיָּה; רוֹבֶה פְּרִימִיטִיבִי (כּמֵּאָה הַ־15)

**har'ridan** *n.* (הֶרְדְּן) מִרְשַׁעַת יְשִׁישָׁה

**har'row** *n.* & *v..* (הֶרוֹ) מַשְׂדֵּדָה; שִׂדֵּד; צִעֵר, הֵצִיק, הִכְאִיב

**har'ry** *v.t.* & *i.* (הֶרִי) הִטְרִיד; הִקְנִיט; עִנָּה, הֵצִיק; הֵשַׁם; עָרַךְ פְּשִׁיטוֹת הַטְרָדָה

**harsh** *adj.* (הַרְשׁ) חָמוּר, קָשֶׁה, אַכְזָרִי; מַחְמִיר, קַפְּדָנִי; שׁוֹמֵם, לֹא־נוֹחַ; אוֹכֶלֶת יוֹשְׁבֶיהָ (ארץ); צוֹרְמָנִי, לֹא־נָעִים

**harsh'ness** *n.* (הַרְשְׁנֵס) חֻמְרָה; קַשְׁיוּת; אַכְזָרִיּוּת; שִׁמָּמוֹן; הַכְבָּדָה

**hart** *n.* (הַרְט) הָאַיָּל הָאָדֹם

**har'um-scar'um** *adj.* (הֶרֶם־סְקֶרֶם) פּוֹחֵז, פָּרוּעַ, חֲסַר־אַחֲרָיוּת; מְבֻלְבָּל

**har'vest** *n.* & *v.t.* & *i.* (הַרְוֶסְט) קָצִיר, אָסִיף, מְסִיק (זיתים); יְבוּל; מְלַאי; תּוֹצָאָה, פּוֹעַל יוֹצֵא; קָצַר, אָסַף, מָסַק; זָכָה בְּ־

**har'vester** *n.* (הַרְוֶסְטֶר) קוֹצֵר; מַקְצֵרָה

**has** (הֶז) (גוף שלישי, יחיד, זמן הוה של have)

**has'-been"** *n.* (הֶז־בִּן) יוֹרֵד מִגְּדֻלָּתוֹ; אָדָם שֶׁנִּסְתַּם הַגּוֹלֵל עַל הַקַּרְיֵרָה שֶׁלּוֹ

**hash** *n.* (הֶשׁ) בְּלִיל שְׁיָרִים (כל בשר, תפוחי אדמה, ירקות וכו׳), מִקְצֶצֶת; תַּעֲרֹבֶת, אַנְדְּרָלָמוּסְיָה; חֲשִׁישׁ

settle someone's — נִפְטַר מִ־; חִסֵּל; הִכְנִיעַ

— *v.t.* קִצֵּץ; הִכְנִיס אַנְדְּרָלָמוּסְיָה

— over חָזַר לִשְׁקוֹל

**hash'ish** *n.* (הֶשִׁישׁ) חֲשִׁישׁ

**hash' mark"** (הֶשׁ מַרְק) סֶרֶט שֵׁרוּת

**hasp** *n.* (הֶסְפּ) מַטְלָה עַל צִיר

**has'sock** *n.* (הֶסֶק) שְׁרַפְרַף

**haste** *n.* (הֵיסְט) חִפָּזוֹן, מְהִירוּת; פְּזִיזוּת

**ha'sten** *v.i.* & *t.* (הֵיסְן) מִהֵר; הֵחִישׁ, הֵאִיץ

**hast'ily** *adv.* (הֵיסְטִלִי) מַהֵר, בִּמְהִירוּת

**ha'sty** *adj.* (הֵיסְטִי) מָהִיר; חָטוּף; פָּזִיז; קָצָר, שִׁטְחִי; רַגְזָנִי

**hat** *n.* (הֶט) כּוֹבַע

— in hand בַּעֲנָוָה, בְּיִרְאַת כָּבוֹד

pass the — בִּקֵּשׁ נְדָבָה

take off one's — to שִׁבַּח

talk through one's — דִּבֵּר דִּבְרֵי הֶבֶל

throw (toss) one's — in the ring הִצִּיג מֻעֲמָדוּת לְמִשְׂרָה פּוֹלִיטִית

under one's — פְּרָטִי; סוֹדִי, פְּנִימִי

**hatch** *v.t.* & *i.* (הֶץ׳) דָּגַר; הוֹצִיא, תִּחְבֵּל; בָּקַע; נִבְקַע; נִדְגַּר, יָצָא מֵהַבֵּיצָה

— *n.* פֶּתַח מַעֲבָר; דֶּלֶת לְפֶתַח מַעֲבָר

**ha'tchet** *n.* (הֶצִ׳ט) גַּרְזֶן־חֲבָטָה

bury the — הִתְפַּיֵּס, הִשְׁלִים

— face פָּנִים כְּחוּשִׁים וּמְחֻדָּדִים

— man רוֹצֵחַ מִקְצוֹעִי; מַשְׁמִיץ מִקְצוֹעִי; מְבַצֵּעַ תַּפְקִידִים מְבִישִׁים

**hatch'way'** *n.* (הֶצְ׳וֵי) פֶּתַח מַעֲבָר

**hate** *v.t.* & *i.* & *n.* (הֵיט) שָׂנֵא; לֹא הָיָה מְרֻצֶּה מִ־; שִׂנְאָה, אֵיבָה; שָׂנוּא

**hate'ful** *adj.* (הֵיטְפֻל) מְעוֹרֵר שִׂנְאָה; לֹא־נָעִים, שָׂנוּא; מָלֵא רִשְׁעוּת

**hate'-mon'ger** *n.* (הֵיטְמַנְגֶר) מְחַרְחֵר שִׂנְאָה

**hate' sheet"** (הֵיט שִׁיט) עִתּוֹן הַמֵּסִית לְשִׂנְאָה

**hat'rack"** *n.* (הֶטְרֶק) קוֹלַב כּוֹבָעִים

**ha'tred** *n.* (הֵיטְרִד) שִׂנְאָה

**hat'ter** *n.* (הֶטֶר) כּוֹבָעָן

**haugh'ty** *adj.* (הוֹטִי) יָהִיר

**haul** *v.t.* & *i.* (הוֹל) גָּרַר, מָשַׁךְ, סָחַב; הֶעֱבִיר, הוֹרִיד; עָצַר וְהֵבִיא לִפְנֵי שׁוֹפֵט; הִגִּיעַ (לאחר מאמץ)

— off הֵנִיעַ זְרוֹעוֹ אֲחוֹרַנִּית כְּדֵי לְהַכּוֹת, הִתְכּוֹנֵן לְהַנְחִית מַכָּה

— *n.* גְּרִירָה, מְשִׁיכָה, סְחִיבָה;

מוֹצָר נִגְרָר; מִטְעַן־תַּעֲבוּרָה; מֶרְחָק (שבו הועבר מטען); לְקִיחָה, רְכִישָׁה

long — זְמַן מִמֻשָּׁךְ; מֶרְחָק גָּדוֹל

**haunch** *n.* (הוֹנְץ׳) מֹתֶן; עַכּוּז (בעל חיים); הָרֶגֶל וְהַמֹּתֶן (כל בהמה)

**haunt** *v.t.* (הוֹנְט) בִּקֵּר בִּקְבִיעוּת, פָּקַד לְעִתִּים קְרוֹבוֹת (רוח רפאים); הִשְׁתַּהָה, נִשְׁאַר; עָלָה בְּזִכָּרוֹן בְּהַתְמָדָה; הֵצִיק, הִדְרִיךְ מְנוּחָה

—ed מְשַׁמֵּשׁ מִשְׁכַּן רְפָאִים; אָחוּז, שָׁקוּעַ בְּ־

—ing מִשְׁתַּלֵּט בְּנֶפֶשׁ; לֹא נִשְׁכָּח בִּמְהִירוּת

**have** *v.t.* (הֶב; בלי הטעמה: הַב) הָיָה לְ־; הָיָה בַּעַל־; הֵכִיל; הִסְכִּים לְקַבֵּל; קִבֵּל, לָקַח; הָיָה חַיָּב לְ־; הִתְנַסָּה בְּ־; לָקָה בְּ־; גָּרַם, הֵבִיא לִידֵי כָּךְ שֶׁ...; גִּלָּה; הָיָה מְאֻמָּן עַל יְדֵי; נִהֵל, עָסַק בְּ־; אָכַל, שָׁתָה; הִרְשָׁה; אָמַר; הֵבִין; יָלַד, הוֹלִיד; הָיְתָה יָדוֹ עַל הָעֶלְיוֹנָה; הוֹנָה, שִׁחֵד; רִכֵּשׁ; הֶעֱמִיד בִּפְנֵי מַצָּב מְסֻיָּם; הִזְמִין; בָּעַל, בָּא בְּמַגָּע מִינִי עִם

— *v.i.* הָיָה בַּעַל כֶּסֶף, הָיָה בַּעַל בִּטָּחוֹן כַּלְכָּלִי

— *auxiliary* (פֹּעַל עֵזֶר [יחד עם בינוני פעול ליצירת העבר])

had better (best) מוּטָב שֶׁ...

had rather (sooner) הֶעֱדִיף

had done סִיֵּם, חָדַל

had it "נִשְׁבַּר לוֹ", נִכְשַׁל; נִגְמַר הַקְּרִיָּרָה

— it in for נָשָׂא טִינָה נֶגֶד

— it out הִגִּיעַ לִידֵי הַכְרָעָה

— on לָבַשׁ; סִדֵּר, תִּכְנֵן

— to do with קִיֵּם קְשָׁרִים עִם; דָּן בְּ־

— *n.* אָמִיד, מְבֻסָּס

**ha'ven** *n.* (הֵיבְן) מִקְלָט, מַחֲסֶה; נָמֵל

**have-not'** *n.* (הֶב־נוֹט) לֹא־מְבֻסָּס; מְחֻסַּר הַסְּבָבוֹת חָמְרִיּוֹת

**hav'ersack"** *n.* (הֶוֶרְסֶק) תַּרְמִיל

**hav'oc** *n.* (הֶוֶק) הֶרֶס

cry — הִתְרִיעַ

play — with יָצַר אַנְדְּרָלָמוּסְיָה; הִשְׁמִיד, הָרַס

**haw** *v.i.* (הוֹ) הִסֵּס; הִבִּיעַ הִסּוּס

**hawk** *n.* & *v.t.* (הוֹק) נֵץ; נוֹכֵל טוֹרְפָנִי; רָכַל

**haw'ker** *n.* (הוֹקֶר) רוֹכֵל

**haw'ser** *n.* (הוֹזֶר) חֶבֶל עָבֶה

**haw'thorn"** *n.* (הוֹת׳וֹרְן) עוּזְרָר

**hay** *n.* (הֵי) שַׁחַת; עֵשֶׂב כָּסוּחַ

— cock" *n.* עֲרֵמַת שַׁחַת

— ma"ker *n.* מְכוֹנַת־הַשְׁכָּבָה

— seed" *n.* זַרְעֵי עֵשֶׂב; מֹץ, קַשׁ; בּוּר כַּפְרִי, "עַם הָאָרֶץ"

— stack" *n.* עֲרֵמַת שַׁחַת

hit the — שָׁכַב לִישׁוֹן, "נִשְׁכַּב"

**hay'wire"** *n.* & *adj.* (הֵיוַיר) תַּיִל לִקְשִׁירַת שַׁחַת; אוֹבֵד עֶשְׁתּוֹנוֹת

**haz'ard** *n.* & *v.t.* (הֶזֶרְד) סַכָּנָה, סִכּוּן, תְּלָאָה; מִקְרִיּוּת, מִקְרֶה; הִרְהִיב עֹז בְּנַפְשׁוֹ לְ־, הֵעֵז; סִכֵּן; הִסְתַּכֵּן בְּ־

**haz'ardous** *adj.* (הֶזֶרְדֶס) מְסֻכָּן; תָּלוּי בְּמִקְרִיּוּת

**haze** *n.* & *v.t.* (הֵיז) אָבָק; עֲרָפֶל, טִשְׁטוּשׁ; הִתְעַלֵּל בְּטִירוֹן

**ha'zel** *n.* (הֵיזְל) אִלְסָר; חוּם זָהֹב בָּהִיר

— nut' אִלְסָר

**ha'zy** *adj.* (הֵיזִי) אָבִיךְ; מְעֻרְפָּל

**he** *pron.* (הִי) הוּא; מִי שֶׁ־

**head** *n.* (הֶד) רֹאשׁ; מֹחַ, שֵׂכֶל; בֶּן אָדָם (בעל תכונה מסוימת); חֵלֶק עֶלְיוֹן; פִּסְגָּה; גֻּלְגֹּלֶת; נְקֻדַּת הַכְרָעָה, מַשְׁבֵּר, שִׂיא; שֵׂעָר; קָצֶף; כַּף; רֵאשִׁית; כּוֹתֶרֶת; בֵּית שִׁמּוּשׁ

give one his — הִרְשָׁה לוֹ לַעֲשׂוֹת כִּרְצוֹנוֹ

go to one's — גָּרַם סְחַרְחֹרֶת; גָּרַם שִׁכְרוּת; עוֹרֵר שַׁחֲצָנוּת

— over heels כְּשֶׁרֹאשׁוֹ מְזַדַּקֵּר קָדִימָה; לְגַמְרֵי, רֹאשׁוֹ וְרֻבּוֹ

—s up! הִזָּהֵר!

keep one's — נִשְׁאַר רָגוּעַ

keep one's — above water הֶחֱזִיק מַעֲמָד מִבְּחִינָה שִׂכְלִית, לֹא אִבֵּד עֶשְׁתּוֹנוֹתָיו

lose one's — אִבֵּד עֶשְׁתּוֹנוֹתָיו

not make — or tail נִבְצַר מִמֶּנּוּ לְהָבִין

one's — off בְּצוּרָה מֻגְזֶמֶת

out of one's — נִטְרְפָה עָלָיו דַּעְתּוֹ

over one's — פָּנָה לַבָּכִיר מִמֶּנּוּ; מֵעֵבֶר לַהֲבָנָתוֹ; מֵעֵבֶר לִיכָלְתּוֹ לְשַׁלֵּם

turn one's — גָּרַם זְחִיחוּת הַדַּעַת
— *adj.* רָאשִׁי; שֶׁל הָרֹאשׁ
— *v.t. & i.* עָמַד בְּרֹאשׁ –; הוֹבִיל; הִצְטַיֵּן; כִּוֵּן; הִתְקַדֵּם לְעֵבֶר
— off יָרַט
**head'ache"** *n.* (הֶדֵיק) כְּאֵב רֹאשׁ; מַטְרֵד, מְעוֹרֵר דְּאָגָה
**head'dress"** *n.* (הֶדְרֶס) כְּסוּת רֹאשׁ; עִטּוּר רֹאשׁ
**head'gear"** *n.* (הֶדְגִיר) כְּסוּת רֹאשׁ; כּוֹבַע, קַסְדָּה
**head'ing** *n.* (הֶדִנְג) רֹאשׁ, שֵׁם; כּוֹתֶר, כּוֹתֶרֶת; סָעִיף
**head'land** *n.* (הֶדְלֶנְד) לְשׁוֹן יַבָּשָׁה; רְצוּעָה לֹא־חֲרוּשָׁה
**head'less** *adj.* (הֶדְלִס) חֲסַר רֹאשׁ; חֲסַר מַנְהִיג; טִפְּשִׁי
**head'light"** *n.* (הֶדְלַיְט) פָּנָס (במכונית)
**head'line"** *n. & v.t.* (הֶדְלַיְן) כּוֹתֶרֶת; סִפֵּק כּוֹתֶרֶת; הִזְכִּיר בְּכוֹתֶרֶת; הָיָה הַבַּדְּרָן הָעִקָּרִי
**head'long"** *adv. & adj.* (הֶדְלוֹנְג) כְּשֶׁהָרֹאשׁ קָדִימָה; לְלֹא שְׁהִיּוֹת; בִּפְזִיזוּת; חָפוּז; פָּזִיז
**head'master** *n.* (הֶדְמֶסְטֶר) מְנַהֵל
**head'mis'tress** *n.* (הֶדְמִסְטְרִס) מְנַהֶלֶת
**head'-on'** *adj. & adv.* (הֶד־אוֹן) חֲזִיתִי; בְּצוּרָה חֲזִיתִית
**head'quar"ters** *n. pl.* (הֶדְקְוֹרְטֶרְז) מַטֶּה, מִפְקָדָה
**heads** *adj.* (הֶדְז) פְּנֵי מַטְבֵּעַ
**head'set"** *n.* (הֶדְסֶט) אֲזְנִיּוֹת
**head' start'** (הֶד סְטַרְט) יִתְרוֹן זִנּוּק, "פוֹר"
**head'stream"** *n.* (הֶדְסְטְרִים) מְקוֹר נָהָר
**head'strong"** *adj.* (הֶדְסְטְרוֹנְג) קָשֶׁה עֹרֶף, עִקֵּשׁ
**head'waters"** *n.* מְקוֹר נָהָר
**head'way"** *n.* (הֶדְוֵי) הִתְקַדְּמוּת; קְדִמָה
**head'y** *adj.* (הֶדִי) מְשַׁכֵּר; מְרַגֵּשׁ, מְחַיֶּה; פָּזִיז; הַרְסָנִי
**heal** *v.t. & i.* (הִיל) רִפֵּא; יִשֵּׁב, הִשְׁלִים בֵּין; טִהֵר; הִתְרַפֵּא

**health** *n.* (הֶלְתְ׳) בְּרִיאוּת; הֲרָמַת כּוֹס לִבְרִיאוּת, אֲשֶׁר וכו׳; חִיּוּת
**health'ful** *adj.* (הֶלְתְ׳פֶל) טוֹב לַבְּרִיאוּת; בָּרִיא
**heal'thy** *adj.* (הֶלְתִ׳י) בָּרִיא; שׁוֹפֵעַ בְּרִיאוּת; טוֹב לַבְּרִיאוּת
**heap** *n. & v.t. & i.* (הִיפּ) עֲרֵמָה; הָמוֹן; עָרַם, צָבַר; הֶעֱמִיס; נֶעֱרַם
**hear** *v.t. & i.* (הִיר) שָׁמַע; הֶאֱזִין, הִקְשִׁיב; הָיָה נוֹכֵחַ בְּ־; עָרַךְ מִשְׁפָּט, שָׁקַל; שָׁמַע עֵדֻיּוֹת; הִסְכִּים
**hear'ing** *n.* (הִירִנְג) שְׁמִיעָה; הִזְדַּמְּנוּת לְהַשְׁמִיעַ עֵדוּת; גְּבִיַּת עֵדוּת; חֲקִירָה מֻקְדֶּמֶת; טְוַח שְׁמִיעָה
**hear'ken** *v.i. & t.* (הַרְקֶן) הִקְשִׁיב
**hear'say"** *n.* (הִירְסֵי) שְׁמִיעָה
**hearse** *n.* (הֶרְס) רֶכֶב הַלְוָיָה
**heart** *n.* (הַרְט) לֵב; הִתְלַהֲבוּת; תָּוֶךְ, מֶרְכָּז; חָזֶה
after one's own — כִּלְבָבוֹ
at — בִּיסוֹדוֹ
by — בְּעַל פֶּה
have a change of — שִׁנָּה דַּעְתּוֹ
have a — הָיָה בַּעַל רַחֲמִים
have at — הָפַךְ לְתַכְלִית
have one's — in one's mouth חָשַׁשׁ מְאֹד
have one's — in the right place הָיָה טוֹב לֵב בִּיסוֹדוֹ
set one's — on הִשְׁתּוֹקֵק
to one's —'s content כְּכָל אֲשֶׁר יִרְצֶה
wear one's — on one's sleeve גִּלָּה רִגְשׁוֹתָיו בָּרַבִּים
**heart'bro"ken** *adj.* (הַרְטְבְּרוֹקֶן) שָׁרוּי בְּיָגוֹן
**heart'burn"** *n.* (הַרְטְבֶּרְן) צָרֶבֶת; קִנְאָה קָשָׁה
**-hear'ted** *adj.* (־הַרְטֶד) בַּעַל לֵב –
**hear'ten** *v.t.* (הַרְטְן) עוֹדֵד, שִׂמֵּחַ
**heart'felt"** *adj.* (הַרְטְפֶלְט) מְרֻגָּשׁ בִּכְנוּת; רְצִינִי; כֵּן
**hearth** *n.* (הַרְתְ׳) רִצְפַּת אָח; אָח; כִּירָה, כִּירַיִם; מִשְׁפָּחָה; מוֹקֶדֶת; נָוֶה

**hear'tily** *adv.* (הַרְטִלִי) בְּצוּרָה לְבָבִית; בְּכֵנוּת; לְלֹא מַעֲצוֹר; בְּעַלִּיזוּת; בְּתֵאָבוֹן גָּדוֹל

**heart'less** *adj.* (הַרְטְלֶס) חֲסַר רֶגֶשׁ; אַכְזָרִי

**heart'ren"ding** *adj.* (הַרְטְרֶנְדִנְג) קוֹרֵעַ לֵב, גּוֹרֵם יָגוֹן

**hearts' and flow'ers** הִשְׁתַּפְּכוּת רַגְשָׁנִית

**heart'sick"** *adj.* (הַרְטְסִק) מְדֻכְדָּךְ, שָׁקוּעַ בְּיָגוֹן

**heart'strings"** *n. pl.* (הַרְטְסְטְרִנְגְז) הָרְגָשׁוֹת הָעֲמֻקִּים בְּיוֹתֵר, מַעֲמַקֵּי הַלֵּב, נִימֵי הַנֶּפֶשׁ

**heart'throb"** *n.* (הַרְטְתְ'רוֹב) פְּעִימַת לֵב מְהִירָה; רִגּוּשׁ סֶנְטִימֶנְטָלִי; אָהוּב, אֲהוּבָה

**heart'-to-heart'** *adj.* (הַרְטְהַרְט) גְּלוּי־לֵב; כֵּן

**heart'war"ming** *adj.* (הַרְטְווֹרְמִנְג) מְעוֹרֵר רְגָשׁוֹת עֲדִינִים; גּוֹרֵם נַחַת

**hear'ty** *adj. & n.* (הַרְטִי) לְבָבִי; כֵּן, אֲמִתִּי; נִלְהָב; צוֹהֵל; חָזָק; בָּרִיא; דָּשֵׁן, מֵזִין; רַעַבְתָּנִי; בָּחוּר טוֹב; חָבֵר; מַלָּח

**heat** *n. & v.t. & i.* (הִיט) חֹם; טֶמְפֶּרָטוּרָה; יְמֵי שָׁרָב; חֲרִיפוּת; לַהַט; תַּחֲרוּת (אחת בתוך סדרה); תַּחֲרוּת מֻקְדֶּמֶת; סִימַן חֹם גָּבֹהַּ; חִמּוּם; יָחוּם; חִמֵּם; שִׁלְהֵב; הִתְחַמֵּם; הִשְׁתַּלְהֵב

**hea'ted** *adj.* (הִיטֶד) מְחֻמָּם; נִלְהָב, נִרְגָּשׁ

**hea'ter** *n.* (הִיטֶר) מְחַמֵּם; תַּנּוּר חִמּוּם

**heath** *n.* (הִית') שְׂדֵה־בּוּר; עֲרָבָה; אַבְרָשׁ

**hea'then** *n. & adj.* (הִידְ'ן) עוֹבֵד אֱלִילִים, עוֹבֵד עֲבוֹדָה זָרָה; כּוֹפֵר; אֱלִילִי

**heath'er** *n.* (הֶדֶ'ר) אַבְרָשׁ

**heave** *v.t. & i.* (הִיב) הֵרִים, הֵנִיף; הֵרִים וְהֵטִיל בְּחָזְקָה, כִּוֵּן; הִפְלִיט; הֵרִים וְהוֹרִיד חֲלִיפוֹת; הֵקִיא; מָשַׁךְ; הִתְרוֹמֵם וְיָרַד חֲלִיפוֹת; נָשַׁם בִּכְבֵדוּת; הִזְדַּקֵּר; הִתְנַפֵּחַ; דָּחַף

— to עָצַר

— *n* הֲרָמָה; הֲטָלָה; הֲקָאָה הִתְרוֹמְמוּת וִירִידָה

**heave'-ho** *n.* (הִיב־הוֹ) דְּחִיָּה; פִּטּוּרִים, הַעֲפָה, זְרִיקָה הַחוּצָה

**heav'en** *n.* (הֶוְן) שָׁמַיִם; הָעוֹלָם הַבָּא; אֱלֹהִים; גַּן עֵדֶן

—s אֶה!; רָקִיעַ; אֱלֹהִים

move — and earth עָשָׂה מַאֲמָץ עֶלְיוֹן

**heav'enly** *adj.* (הֶוְנְלִי) שְׁמֵימִי; יָפֶה; אֱלֹהִי

**heav'ily** *adv.* (הֶוִלִי) בִּכְבֵדוּת; בְּכֹבֶד; בְּצוּרָה מְעִיקָה; בְּצוּרָה חֲרִיפָה מְאֹד; בִּצְפִיפוּת; בְּכַמֻּיּוֹת גְּדוֹלוֹת

**heav'iness** *n.* (הֶוִינֶס) כֹּבֶד, כְּבֵדוּת; מִשְׁקָל, מַעֲמָסָה

**heav'y** *adj.* (הֶוִי) כָּבֵד; גָּדוֹל מְאֹד; עָצוּם; בַּעַל עָצְמָה רַבָּה; חָשׁוּב מְאֹד; מַעֲמִיק; מַכְבִּיד; מַרְבֶּה לְ־; גַּס, עָבֶה, רָחָב; עָמוּס; מְגֻשָּׁם; קָשֶׁה לְעִכּוּל; הָרָה (אשה)

— *n.* רָשָׁע (במחזה); תּוֹתָח קַל בַּעַל קֹטֶר גָּדוֹל

**heav'y-han'ded** *adj.* (הֶוִי־הֶנְדֶד) מֵצִיק, לוֹחֵץ; מְסֻרְבָּל

**heav'y-hear'ted** *adj.* (הֶוִי־הַרְטֶד) נוּגֶה; עָצוּב; מְדֻכְדָּךְ

**Heb'rew** *n. & adj.* (הִיבְּרוּ) עִבְרִי; עִבְרִית (לשון)

**heck** *interj.* (הֶק) אוּיש, אוּף, אֵיךְ

**heck'le** *v.t.* (הֶקְל) הִטְרִיד בִּקְרִיאוֹת בֵּינַיִם

**hec'tare** *n.* (הֶקְטֶר) הֶקְטָר

**hec'tic** *adi.* (הֶקְטִק) קַדַּחְתָּנִי

**hedge** *n. & v.t. & i.* (הֶג') גֶּדֶר חַיָּה; מַחְסוֹם; פְּעֻלַּת הֶחָלְצוּת; תָּחַם גֶּדֶר חַיָּה; הִקִּיף; הֵגֵן עַל מִתּוֹךְ הִסְתַּיְּגוּת; גּוֹנֵן (לשם כניעת הפסד); הֵקִים מִכְשׁוֹלִים; הִשְׁאִיר דֶּרֶךְ נְסִיגָה; הִמֵּר נֶגֶד הַמּוּר קוֹדֵם (לשם כניעת הפסד); הֵכִין פִּצּוּי מֵרֹאשׁ

**hedge'hog"** *n.* (הֶג'הוֹג) קִפּוֹד; חֲמוֹר סְפָרַדִּי

**hedge'hop"** *v.i.* (הֶג'הוֹפ) הִנְמִיךְ טוּס

**hee'bie-jee'bies** *n. pl.* (הִיבִּי־ג'יבִּיז) עַצְבָּנוּת יְתֵרָה

**heed** *v.t. & i. & n.* (הִיד) שָׂם לֵב יָפֶה; תְּשׂוּמַת לֵב

**heed'less** *adj.* (הִידְלֶס) חֲסַר הִתְחַשְּׁבוּת; חֲסַר זְהִירוּת, מִתְרַשֵּׁל

**hee'haw"** *n. & v.i.* (הִיהוֹ) נְהִיקָה, נְעִירָה; צְחוֹק; גַּס; נָהַק, נָעַר

**heel** *n.* (הִיל) עָקֵב; רֶגֶל; אֲחוֹרִית הַיָּד; אַחֲרִית; נְבָזֶה
cool one's —s (כתוצאה זלזול) חִכָּה זְמַן רַב
down at the —s לָבוּשׁ בְּצוּרָה מְרֻשֶּׁלֶת, לָבוּשׁ קְרָעִים
kick up one's —s כִּרְכֵּר מֵרֹב שִׂמְחָה
take to one's —s בָּרַח
**heeled** *adj.* (הִילְד) בַּעַל עֲקֵבִים; עֲתִיר נְכָסִים
**hef'ty** *adj.* (הֶפְטִי) כָּבֵד; בַּעַל גּוּף
**hegem'ony** *n.* (הִיגֶ'מֶנִי) הֶגְמוֹנְיָה, מַנְהִיגוּת
**heif'er** *n.* (הֶפֶר) עֶגְלָה (שעוד לא המליטה ועוד לא מלאו לה שלוש שנים)
**heigh'-ho'** *interj.* (הַי־הוֹ) אֶה, אוֹה (להבעת הפתעה; גיל, צער, שעמום או עייפות)
**height** *n.* (הַיט) גֹּבַהּ; קוֹמָה (של אדם); פִּסְגָּה, גִּבְעָה, שִׂיא
**height'en** *v.t.* (הַיטְן) הִגְבִּיהַּ; הִגְדִּיל; הִבְלִיט תְּכוּנוֹת חֲשׁוּבוֹת
**hei'nous** *adj.* (הֵינֶס) מְתֹעָב, מְשֻׁקָּץ, מָאוּס
**heir** *n.* (אֶר) יוֹרֵשׁ
—' appar'ent יוֹרֵשׁ לְלֹא עוֹרְרִין
—' presump'tive טוֹעֵן לַיְרֻשָּׁה
**heir'ess** *n.* (אֶרֶס) יוֹרֶשֶׁת (של נכסים רבים)
**heir'loom"** *n.* (אֶרְלוּם) חֵפֶץ שֶׁעָבַר בִּירֻשָּׁה מִדּוֹר לְדוֹר
**held** (הֶלְד) (זמן עבר של hold)
**he'licop"ter** *n.* (הִילֶקוֹפְּטֶר) מַסּוֹק, הֶלִיקוֹפְּטֶר
**he'lium** *n.* (הִילִיאֶם) הֶלְיוּם
**hel'iport"** *n.* (הִילֶפּוֹרְט) מִשְׁטַח נְחִיתָה לְמַסּוֹקִים
**hell** *n.* (הֶל) גֵּיהִנֹּם; נְזִיפָה חֲמוּרָה; שְׁאוֹל; בֵּית הַמּוֹרִים
be — on הִכְבִּיד יָדוֹ עַל; גָּרַם נֶזֶק לְ־
get (catch) — קִבֵּל נְזִיפָה חֲמוּרָה
— of a קָשֶׁה; רַע מְאֹד; מְאֹד
raise — הִתְהוֹלֵל; הִתְנַגֵּד בַּחֲרִיפוּת
— *interj.* לַעֲזָאזֵל; אֵיךְ; אוֹה, אוֹךְ, אוֹיש
**hello'** *interj.* (הֶלוֹ) הַלּוֹ; שָׁלוֹם; אֶה (להבעת הפתעה)
**helm** *n.* (הֶלְם) הֶגֶה, מַעֲרֶכֶת הַגּוּי; עֶמְדַּת שְׁלִיטָה
**hel'met** *n.* (הֶלְמֶט) קַסְדָּה
**helms'man** *n.* (הֶלְמְזְמֶן) הַגַּאי
**help** *v.t.* & *i.* (הֶלְפּ) עָזַר; הִצִּיל; נִמְנַע מִ־; סִיֵּעַ, הוֹשִׁיעַ, רִפֵּא; תִּקֵּן; עָצַר, מָנַע; לָקַח לְעַצְמוֹ
— out נָתַן עֶזְרָה
so — me כִּי נִשְׁבַּעְתִּי
— *n.* עֶזְרָה, סִיּוּעַ; תְּרוּפָה; עוֹבֵד, שָׂכִיר; עוֹבְדִים; דֶּרֶךְ רִפּוּי, דֶּרֶךְ תִּקּוּן; דֶּרֶךְ עֲצִירָה; דֶּרֶךְ מְנִיעָה
**hel'per** *n.* (הֶלְפֶּר) עוֹזֵר, תּוֹמֵךְ
**help'ful** *adj.* (הֶלְפְּפֶל) עוֹזֵר, מוֹעִיל
**hel'ping** & *adj.* (הֶלְפִּנְג) עֶזְרָה; מְנַת אֹכֶל; עוֹזֵר, תּוֹמֵךְ
**help'less** *adj.* (הֶלְפְּלִס) חַלָּשׁ, חֲסַר־יֶשַׁע; נְטוּל־כֹּחַ; נָבוֹךְ
**help'mate"** *n.* (הֶלְפְּמֵיט) עוֹזֵר, חָבֵר; בַּעַל, רַעְיָה
**hel'ter-skel'ter** *adv.* & *n.* & *adj.* (הֶלְטֶר־סְקֶלְטֶר) בְּאִי־סֵדֶר מְבֹהָל; בְּעִרְבּוּבְיָה; אִי־סֵדֶר גּוֹעֵשׁ; מְהוּמָה; נֶחְפָּז בְּרַשְׁלָנוּת, נָבוֹךְ
**hem** *v.t.* & *n.* (הֶם) כִּתֵּר; תָּפַר מַכְפֶּלֶת; הִסֵּס בִּשְׁעַת דִּבּוּר; מַכְפֶּלֶת, קָצֶה, שָׂפָה
— and haw הִשְׁתַּמֵּט מִמַּתַּן תְּשׁוּבָה יְשִׁירָה, דִּבֵּר בְּלִי לְהִתְחַיֵּב
**hem'isphere"** *n.* (הֶמִסְפִיר) חֲצִי כַּדּוּר
**hem'lock"** *n.* (הֶמְלוֹק) צוּגָה
**hem'orrhage** *n.* & *v.i.* (הֶמְרִג') שֶׁטֶף דָּם; דָּם רַב שֶׁתַּת מִפֶּצַע
**hemp** *n.* (הֶמְפּ) קַנָּבּוֹס
**hen** *n.* (הֶן) תַּרְנְגֹלֶת; נְקֵבָה שֶׁל עוֹף; אִשָּׁה (רכלנית או בחשנית)
**hence** *adv.* (הֶנְס) לָכֵן; מֵעַתָּה
**hence'forth'** *adv.* (הֶנְסְפוֹרְת') מֵעַתָּה וָאֵילָךְ; מִכָּאן וָאֵילָךְ
**hench'man** *n.* (הֶנְצ'מֶן) חָסִיד (לדבר עבירה); תּוֹמֵךְ; אִישׁ שְׁלוֹמוֹ; שֻׁתָּף לְפֶשַׁע
**hen'peck** *v.t.* (הֶנְפֶּק) יָרַד לְחַיָּיו (לשם השתלטות)
**her** *pron.* (הֶר; בלי הטעמה: הֶר או אֶר) אוֹתָהּ; לָהּ; שֶׁלָּהּ; שֶׁהִיא
**her'ald** *n.* & *v.t.* (הֶרַלְד) שָׁלִיחַ;

מְבַשֵּׂר; כָּרוֹז; בִּשֵּׂר, הוֹדִיעַ, הִכְרִיז; הִצִּיג

**her'aldry** *n.* (הֶרַלְדְּרִי) הֶרַלְדִּיקָה; כְּהֻנַּת מְבַשֵּׂר; שֶׁלֶט גִּבּוֹרִים

**herb** *n.* (אֶרְבּ) עֵשֶׂב; צֶמַח רְפוּאִי; תַּבְלִין; צֶמַח רֵיחָנִי

**her"cule'an** *adj.* (הֶרְקְיָלִיאֶן) קָשֶׁה מְאֹד, דּוֹרֵשׁ כֹּחַ כְּכֹחוֹ שֶׁל הֶרְקוּלֶס; חָזָק מְאֹד, אַמִּיץ מְאֹד, עֲנָקִי

**herd** *n.* (הֶרְד) עֵדֶר; הָמוֹן; אֲסַפְסוּף

the — (בזלזול) הֲמוֹנֵי הָעָם

— *v.t.* אָסַף; הוֹבִיל

**her'der** *n.* (הֶרְדֶר) רוֹעֵה בָּקָר; רוֹעֵה צֹאן

**herds'man** *n.* (הֶרְדְזְמֶן) רוֹעֵה בָּקָר; רוֹעֵה צֹאן

**here** *adv.* & *n.* (הִיר) כָּאן, פֹּה; הֵנָּה; הִנֵּה; הָעוֹלָם הַזֶּה; דָּנָן, הַנִּמְצָא בְּטִפּוּל

— and now בְּרֶגַע זֶה, מִיָּד

—'s to אִחוּלִים לְ־

neither — not there אֵין זֶה שַׁיָּךְ לָעִנְיָן

— *interj.* וְעַתָּה; בְּסֵדֶר

**here'about(s)"** *adv.* (הִירַבָּאוּט[ס]) בִּסְבִיבָה זוֹ

**hereaf'ter** *adv.* & *n.* (הִירְאֶפְטֶר) לֶעָתִיד לָבוֹא, מֵעַתָּה וָאֵילָךְ; בָּעוֹלָם הַבָּא; הַשְׁאָרוּת הַנֶּפֶשׁ, הָעוֹלָם הַבָּא; הֶעָתִיד

**herd'itar"y** *adj.* (הֶרֶדִטֶרִי) תּוֹרַשְׁתִּי, שֶׁל יְרֻשָּׁה, עוֹבֵר בִּירֻשָּׁה; בְּעִקְּבוֹת יְרֻשָּׁה

**heredi'ty** *n.* (הֶרֶדִטִי) תּוֹרָשָׁה

**herein'** *adv.* (הִירִן) בָּזֶה

**her'sey** *n.* (הֶרֶסִי) כְּפִירָה, אֶפִּיקוֹרְסוּת

**her'etic** *n.* (הֶרֶטִק) כּוֹפֵר, אֶפִּיקוֹרוֹס

**here"tofore'** *adv.* (הִירְטֻפוֹר) לְפָנִים

**herewith'** *adv.* (הִירְוִד׳) יַחַד עִם זֹאת; בָּזֹאת

**her'itage** *n.* (הֶרִטִג׳) מוֹרָשָׁה; יְרֻשָּׁה, נַחֲלָה

**hermet'ically** *adv.* (הֶרְמֶטִקְלִי) בְּצוּרָה הֶרְמֵטִית, בְּצוּרָה אֲטוּמָה

**her'mit** *n.* (הֶרְמִט) מִתְבּוֹדֵד, פָּרוּשׁ

**her'mitage** *n.* (הֶרְמִטִג׳) מְעוֹן מִתְבּוֹדֵד; מָעוֹן נִדָּח

**her'o** *n.* (הִירוֹ) גִּבּוֹר

**hero'ic** *adj.* (הִרוֹאִק) אַמִּיץ, שֶׁל גִּבּוֹרִים; נוֹעָז, אָצִיל; נִשְׂגָּב; גָּדוֹל מְאֹד

—s מְלִיצוֹת; הִתְנַהֲגוּת דְּרָמָתִית

**her'oine** *n.* (הֶרוֹאִן) גִּבּוֹרָה

**her'ois"m** *n.* (הֶרוֹאִזְם) גְּבוּרָה, אֹמֶץ, חֵרוּף נֶפֶשׁ

**her'on** *n.* (הֶרֶן) אֲנָפָה

**her'ring** *n.* (הֶרִנְג) מָלִיחַ, דָּג מָלוּחַ

**her'ringbone"** *n.* (הֶרִנְגְבּוֹן) עַצְמוֹת דָּג

**hers** *pron.* (הֶרְז) שֶׁלָּהּ

**herself'** *pron.* (הֶרְסֶלְף) בְּעַצְמָהּ, עַצְמָהּ, הִיא עַצְמָהּ, לְעַצְמָהּ; אִישִׁיּוּתָהּ כִּתְמוֹל שִׁלְשׁוֹם

**hes'itant** *adj.* (הֶזִטֶנְט) הַסְּסָנִי, מְפַקְפֵּק

**hes'itate"** *v.i.* (הֶזִטֵיט) הִסֵּס, פִּקְפֵּק; פָּסַח עַל שְׁתֵּי סְעִפִּים; גִּמְגֵּם

**hes"ita'tion** *n.* (הֶזִטֵישֶׁן) הִסּוּס, הַסְּסָנוּת, פְּסִיחָה עַל שְׁתֵּי סְעִפִּים; גִּמְגּוּם

**het"eroge'neous** *adj.* (הֶטֶרֶג׳ינִיאֶס) הֶטֶרוֹגֵנִי

**het"erosex'ual** *adj.* & *n.* (הֶטֶרֶסֶקְשוּאֶל) שֶׁל הַמִּין הָאַחֵר, שֶׁל שְׁנֵי הַמִּינִים; אָדָם שֶׁרִגְשׁוֹתָיו הַמִּינִיִּים מְכֻוָּנִים לַמִּין הַשֵּׁנִי

**hew** *v.t.* & *i.* (הְיוּ) חָטַב, חָצַב, כָּרַת; חָתַךְ; דָּבַק בְּ־

**hex** *v.t.* & *n.* (הֶקְס) כִּשֵּׁף; כִּשּׁוּף; מְכַשֵּׁפָה

**hey'day"** *n.* (הֵידֵי) תְּקוּפַת הַשִּׂיא (מבחינת כוח, הצלחה, כו׳ וכו׳)

**hi'bernate"** *v.i.* (הַיבֶּרְנֵיט) יָשַׁן שְׁנַת חֹרֶף; הִתְבּוֹדֵד

**hic'cup** *n.* & *v.i.* (הִקַפּ) שִׁהוּק; שִׁהֵק

**hick** *n.* (הִק) בּוּר קַרְתָּנִי, כַּפְרִי עַם הָאָרֶץ

**hid** (הִד) (זמן עבר של hide)

**hid'den** *adj.* (הִדְן) נִסְתָּר, סָמוּי, כָּמוּס; מְעֻרְפָּל

**hide** *v.t.* & *i.* (הַיד) הִסְתִּיר, הֶחְבִּיא; הִסְתַּתֵּר, הִתְחַבֵּא

— out הִסְתַּתֵּר זְמַן מְמֻשָּׁךְ

— *n.* שֶׁלַח, עוֹר

**hide'-and-seek'** *n.* (הַידֶנְסִיק) מַחְבּוֹאִים (משחק)

**hide'away"** *n.* & *adj.* (הַידֶוֵי) מִסְתּוֹר, מִקְלָט, מַחֲסֶה; נִסְתָּר

**hide'bound"** *adj.* (הַידְבָּאוּנְד) בַּעַל מִשְׁפָּטִים קְדוּמִים, צַר־אֹפֶק, שַׁמְרָנִי מְאֹד

**hid'eous** *adj.* (הִדִיאֶס) מַחֲרִיד, מַבְהִיל;

דוחֶה, מְכֹעָר מְאֹד; מְזֻעְזָע; גָּדוֹל בְּצוּרָה מַבְהִילָה

**hi'ding** *n.* (הַיְדִנְג) הַסְתָּרָה, הִסְתַּתְּרוּת, מִסְתּוֹר; הַלְקָאָה, מַלְקוֹת

**hi'erar"chy** *n.* (הַיְאֲרַרְקִי) הִירַרְכְיָה; שִׁלְטוֹן כֹּהֲנִים, שִׁלְטוֹן קְבוּצָה נִבְחֶרֶת

**hi"eroglyph'ic** *n* (הַיְרוֹגְלִפִק) כְּתַב חַרְטֻמִּים, הִירוֹגְלִיף; כְּתָב שֶׁקָּשֶׁה לִקְרֹא אוֹתוֹ; כָּתָב בַּעַל מַשְׁמָעוּת סְמוּיָה

**hi'-fi-** (הַיפַי) בַּעַל נֶאֱמָנוּת גְּבוֹהָה (בְּקַלִּיט רַדְיוֹ, פַּטֵּיפוֹן וכו׳)

**high** *adj.* (הַי) גָּבֹהַּ; כְּגֹבַהּ; מֻגְבָּר, חָזָק, יוֹתֵר מֵהָרָגִיל; יָקָר; נַעֲלֶה; מִמָּקוֹם גָּבֹהַּ, רָם; רָאשִׁי; חָשׁוּב; רְצִינִי; יָהִיר; עַד שִׂיאוֹ; עַלִּיז, צוֹהֵל; עָשִׁיר, פַּזְרָנִי; שָׁתוּי; רָחוֹק, קִיצוֹנִי; שֶׁל אֲזוֹרִים גְּבֹהִים; שֶׁל אֲזוֹרִים פְּנִימִיִּים

— *adv.* בְּמָקוֹם גָּבֹהַּ, לְמָקוֹם גָּבֹהַּ, בְּדַרְגָּה גְּבוֹהָה; בִּמְחִיר יָקָר; בְּפַזְרָנוּת

fly — מָלֵא תִּקְוָה

— and dry מִקַּרְקַע, לְגַמְרֵי; מִחוּץ לַמַּיִם; נָטוּשׁ

— and low בְּכָל מָקוֹם וּמָקוֹם

**high'ball"** *n.* (הַיבּוֹל) וִיסְקִי בְּמַיִם אוֹ סוֹדָה

**high'brow"** *n.* (הַיבְּרָאוּ) מַחְשִׁיב הַשְּׂכָּלָה וְתַרְבּוּת, אִישׁ רוּחַ; "אִינְטֶלִיגֶנְט"; סְנוֹב אִינְטֶלֶקְטוּאָלִי

**high"falut'in** *adj.* (הַיפַּלוּטְן) מְנֻפָּח, יָהִיר, יָמְרָנִי

**high'han'ded** *adj.* (הַיהֶנְדֶד) שְׁרִירוּתִי

**high'-hat'** *v.t.* (הַיהֶט) זִלְזֵל בְּ־; הִתְיַחֵס בְּשַׁחֲצָנוּת אֶל

**high' horse'** (הַי הוֹרְס) גַּאַוְתָנוּת, הִתְנַשְּׂאוּת

**high' jinks"** (הַי גִ׳נְקְס) עַלִּיזוּת, הִתְהוֹלְלוּת

**high'jump"** (הַי גַ׳מְפ) קְפִיצָה לַגֹּבַהּ

**high'land** *n.* (הַיְלַנְד) רָמָה

—s אֶרֶץ הָרִים, הָרִים בֵּינוֹנִיִּים

**high'light"** *v.t.* & *n.* (הַיְלַיְט) הִבְלִיט; הִבְלִיט בְּאוֹר חָזָק; שִׂיא

**high'ly** *adv.* (הַילִי) בְּמִדָּה רַבָּה; בְּהַעֲרָכָה רַבָּה; בִּמְחִיר גָּבֹהַּ

**high'-min"ded** *adj.* (הַי־מַיְנְדֶד) בַּעַל עֶקְרוֹנוֹת נַעֲלִים

**high'ness** *n.* (הַיְנֶס) גֹּבַהּ, רוֹמְמוּת; קוֹמְמִיּוּת; מַעֲלָה

**high' noon'** (הַי נוּן) בְּרֶגַע הַצָּהֳרַיִם, בַּחֲצִי הַיּוֹם; שִׂיא, פִּסְגָּה

**high' priest'** (הַי פְּרִיסְט) כֹּהֵן גָּדוֹל; כֹּהֵן רָאשִׁי; מַנְהִיג, שַׁלִּיט

**high' riso"** (הַי רַיְז) רַב־קוֹמוֹת

**high' school"** (הַי סְקוּל) בֵּית סֵפֶר תִּיכוֹן

**high' seas'** (הַי סִיז) הַיָּם הַפָּתוּחַ, לֵב־יָם

**high'way"** *n.* (הַיוֵי) כְּבִישׁ רָאשִׁי; כְּבִישׁ עוֹרְקִי; כְּבִישׁ, דֶּרֶךְ, מַסְלוּל

**high'way"man** *n.* (הַיוֵימֶן) שׁוֹדֵד דְּרָכִים

**hi'jack"** *v.t.* & *i.* (הַיגֶ׳ק) גָּנַב, חָטַף (כְּלִי רֶכֶב) בַּדֶּרֶךְ (מִמָּקוֹם לְמָקוֹם)

**hike** *v.i.* & *t.* & *n.* (הַיְק) טִיֵּל, צָעַד, הָלַךְ; הִתְרוֹמֵם; הֵרִים בִּתְנוּעָה מְהִירָה, סָחַב לְמַעְלָה; הִגְדִּיל (פִּתְאוֹם); טִיּוּל, צְעָדָה, הֲלִיכָה; הַגְדָּלָה, עֲלִיָּה

**hilar'ious** *adj.* (הִלֶרִיאֶס) עַלִּיז; מַצְחִיק; צוֹהֵל מְגִיל

**hilar"ity** *n.* (הִלֶרִטִי) צָהֳלָה, עַלִּיזוּת

**hill** *n.* (הִל) גִּבְעָה; עֲלִיָּה; תֵּל

go over the — פָּרַץ מִבֵּית סֹהַר; בָּרַח, נִפְקַד (מִיְּחִידָה צְבָאִית)

over the — מֵעֵבֶר לְשִׂיא יְעִילוּת

**hill'bill"y** *n.* (הִלְבִּלִי) שׁוֹכֵן הָרִים נִדָּחִים; בֶּן יִשּׁוּב נִדָּח (בִּדְרוֹם ארה״ב); חֲסַר־תַּרְבּוּת

**hil'lock** *n.* (הִלֶק) גַּבְשׁוּשִׁית, גִּבְעֹנֶת

**hill'side"** *n.* (הִלְסַיְד) צֶלַע; גִּבְעָה; מִדְרוֹן

**hill'y** *adj.* (הִלִי) מָלֵא גְּבָעוֹת; גִּבְעִי, מֻגְבָּה, מְשֻׁפָּע

**hilt** *n.* (הִלְט) נִצָּב, יָדִית

to the — בִּשְׁלֵמוּת, לְגַמְרֵי, עַד הַמַּקְסִימוּם, עַד הַדַּרְגָּה הָאַחֲרוֹנָה

**him** *pron.* (הִם; בְּלִי הַטְעָמָה: אִם) אוֹתוֹ; לוֹ

**himself'** *pron.* (הִמְסֶלְף) בְּעַצְמוֹ, עַצְמוֹ, הוּא עַצְמוֹ, לְעַצְמוֹ; אִישִׁיּוּתוֹ כִּתְמוֹל שִׁלְשׁוֹם

**hind** *adj.* & *n.* (הַיְנְד) אֲחוֹרִי; אַיָּלָה

**hin'der** *v.t.* & *i.* (הִנְדֶר) עִכֵּב, הִפְרִיעַ; מָנַע, הִפְסִיק; שִׁמֵּשׁ מִכְשׁוֹל

**hind'quar"ters** *n. pl.* (הַיְנְדְקוֹוֹרְטֶרְז) הַחֵלֶק הָאֲחוֹרִי; אָחוֹר

hin'drance n. (הִנְדְּרֶנְס) עִכּוּב, הַפְסָקָה,
עֲצִירָה, מְנִיעָה

hind'sight" n. (הַיְנְדְסַיְט) חָכְמָה לְאַחַר מַעֲשֶׂה

hinge n. & v.i. (הִינְגּ') צִיר; עִקֵּר, עִקָּרוֹן;
מִדְּבָּקָה; הָיָה תָלוּי בְּ-, סָבַב עַל; חִבֵּר
בְּצִירִים, הִתְקִין צִירִים; הִתְנָה בְּ-

hint n. & v.t. & i. (הִנְט) רֶמֶז; קֶרֶט;
רָמַז, הִזְכִּיר

hin'terland" n. (הִנְטֶרְלֶנְד) מֶרְחָב עֹרֶף,
פְּנִים מְדִינָה; שִׁכְבָה פְּנִימִית

—s אֲזוֹרִים מְפֻגָּרִים

hip n. & adj. (הִפּ) מֹתֶן; מוּדָע לְהַתְפַּתְחֻיּוֹת
הָאַחֲרוֹנוֹת

hip'po, hip"popot'amus n. (הִפּוֹ, הִיפּוֹפּוֹטֶמֶס)
סוּס יְאוֹר

hip'py adj. (הִפִּי) בַּעַל מָתְנַיִם גְּדוֹלִים

hire v.t. (הַיְאֵר) שָׂכַר; שִׁלֵּם (תְּמוּרַת שֵׁרוּת נִסוּיִים);

— on קִבֵּל עֲבוֹדָה

— out הִשְׂכִּיר

— n. שָׂכָר, שְׂכִירָה; הַשְׂכָּרָה

for — לְהַשְׂכָּרָה

hire'ling n. (הַיְאֵרְלִנְג) שָׂכִיר; מַשְׂכִּיר
עַצְמוֹ לְכָל עֲבוֹדָה

his pron. (הִז; בְּלִי הַטְעָמָה: אֶז) שֶׁלּוֹ, מִשֶּׁלּוֹ

hiss v.i. & t. (הִס) לָחַשׁ; הִבִּיעַ מֹרַת-רוּחַ
עַל יְדֵי לַחוּשׁ; הִשְׁתִּיק עַל יְדֵי לַחוּשׁ; לַחוּשׁ

histor'ian n. (הִסְטוֹרְיָאן) הִיסְטוֹרְיוֹן

histo'ric(al) adj. (הִסְטוֹרִיקֶל) הִיסְטוֹרִי

his'tory n. (הִסְטֶרִי) הִיסְטוֹרְיָה, דִּבְרֵי
הַיָּמִים, תּוֹלְדוֹת

his"trion'ic adj. (הִסְטְרִיאָנִק) שֶׁל שַׂחְקָנִים,
בִּימָתִי, תֵאַטְרוֹנִי, מַעֲשֵׂה

—s הַצָּגָה, אֻמָּנוּת הַתֵּאַטְרוֹן; הִתְנַהֲגוּת
מְעֻשָׂה בְּשִׁבְיֵל הָרֹשֶׁם

hit v.t. (הִט) הִכָּה, פָּגַע בְּ-; הִתְנַגֵּשׁ בְּ-;
קָלַע, הִשְׁפִּיעַ הַשְׁפָּעָה חֲזָקָה, הִתְקִיף; דָּרַשׁ
הִגִּיעַ לְ-; הוֹפִיעַ; מָצָא; תָּאַם בְּדִיּוּק; נִחֵשׁ
נָחוּשׁ נָכוֹן; יָצָא לַדֶּרֶךְ

— it off הִסְתַּדֵּר, הַתְאִים אֶחָד לַשֵּׁנִי

— n. מַכָּה; לָהִיט, הַצְלָחָה

— or miss לְלֹא הַתְחַשְּׁבוּת בְּדִיּוּק;
בְּאִי-סֵדֶר

hit"-and-run' adj. (הִטֶנְרָן) שֶׁל פְּגַע וּבְרַח

hitch v.t. & i. & n. (הִץ') קָשַׁר; רָתַם;
הֵרִים (בִּתְנוּעוֹת מְקֻטָּעוֹת); הֵזִיז (בִּתְנוּעוֹת מְקֻטָּעוֹת);
בִּקֵּשׁ הַסָּעָה, בִּקֵּשׁ "טְרַמְפּ"; חֻתַּן, סֵדֶר
חֻפָּה וְקִדּוּשִׁין; נִתְקַע בְּ-; נִצְמַד לְ-; נִקְשַׁר
לְ-; נָע (בִּתְנוּעוֹת מְקֻטָּעוֹת); צָלַע; קְשִׁירָה; עֶנֶד;
כְּפִיתָה; תְּקוּפַת שֵׁרוּת (בַּצָּבָא); מִכְשׁוֹל, עִכּוּב
לֹא-צָפוּי; מְשִׁיכָה פִּתְאוֹמִית; צְלִיעָה

hitch'hike" v.i. (הִצְהַיְק) נָסַע עַל יְדֵי
הַסָּעוֹת, נָסַע בְּ"טְרַמְפּס"

hith'er adv. (הִדֶ'ר) הֵנָּה

— and thither הֵנָּה וְהֵנָּה, בִּמְקוֹמוֹת
שׁוֹנִים

— and yon מִכָּאן לְשָׁם, בִּמְקוֹמוֹת רַבִּים

— adj. בַּצַּד הַקָּרוֹב

hith'erto" adv. (הִדֶ'רְטוּ) עַד עַתָּה,
עַד כֹּה

hit'-or-miss' adj. (הִטֶרְמִס) רַשְׁלָנִי, שֶׁל
אִי-סֵדֶר

hive n. (הַיְב) כַּוֶּרֶת; הֲמוֹן שׁוֹרֵץ

—s חָרֶלֶת

ho interj. (הוֹ) אָהּ, הֵי

hoar n. (הוֹר) מַרְאֶה לָבֶן; כְּפוֹר

hoard n. & v.t. & i. (הוֹרְד) מַאֲגָר;
מִצְבּוֹר; אָגַר

—ing אֲגִירָה

hoarse adj. (הוֹרְס) צָרוּד

hoar'y adj. (הוֹרִי) שֶׁל שֵׂיבָה; לָבָן, אָפֹר;
זָקֵן, קָדוּם וּמְעוֹרֵר יִרְאָה כָּבוֹד

hoax n. & v.t. (הוֹקְס) תַּרְמִית תַּעֲלוּלִים;
בְּדִיחַת רְמִיָּה; רִמְיָה; רִמָּה; דָּמָה לְשֵׁם לָצוֹן

hob'ble v.i. & n. (הוֹבְּל) צָלַע; קָשַׁר
רַגְלַיִם; עִכֵּב; צְלִיעָה; חֶבֶל (לִקְשִׁירַת רַגְלֵי
בְּהֵמָה)

hob'bledehoy" n. (הוֹבְּלְדִיהוֹי) נַעַר
שְׁלוּמִיאֵלִי

hob'by n. (הוֹבִּי) תַּחְבִּיב; סוּס צַעֲצוּעַ

hob'byhorse" n. (הוֹבִּיהוֹרְס) סוּס צַעֲצוּעַ

hob'gob"lin n. (הוֹבְּגּוֹבְּלִן) שֵׁד מַבְעִית;
שֵׁד שׁוֹבָב

hob'nail" n. (הוֹבְּנַיְל) מַסְמֵר רְחַב-רֹאשׁ

hob'nob" v.i. (הוֹבְּנוֹבּ) הִתְרוֹעֵעַ;
שָׁתָה בְּצַוְתָּא

**ho'bo** *n.* (הוֹבּוֹ) הֵלֵךְ; נוֹדֵד; עוֹבֵד עוֹבֵר אֹרַח

**hock** *n.* & *v.t.* (הוֹק) קֶסֶץ; בֵּית־עֲבוֹט; מִשְׁכֵּן

**ho'cus-po'cus** *n.* (הוֹקֶס־פּוֹקֶס) לַחַשׁ־נַחַשׁ; אֲחִיזַת עֵינַיִם; תַּרְמִית; פְּעִילוּת מְיֻתֶּרֶת

**hod** *n.* (הוֹד) מַגַּשׁ בְּנָאִים

**hoe** *n.* & *v.t.* & *i.* (הוֹ) מַעְדֵּר; עָדַר

**hog** *n.* (הוֹג) חֲזִיר

go the whole — הִרְחִיק לָלֶכֶת עַד הַסּוֹף; עָשָׂה בִּשְׁלֵמוּת עַד תֹּם

— *v.t.* חָטַף יוֹתֵר מֵחֶלְקוֹ

**hog'tie** *v.t.* (הוֹגְטַי) קָשַׁר אַרְבַּע הָרַגְלַיִם; סִכֵּל, עִכֵּב

**hoist** *v.t.* & *n.* (הוֹיסְט) הֵרִים; מָנוֹף הֲרָמָה; מַעֲלִית

**hoi'ty-toi'ty** *adj.* (הוֹיטִי־טוֹיטִי) מִתְנַשֵּׂא

**hold** *v.t.* & *i.* (הוֹלְד) אָחַז, הֶחֱזִיק, תָּפַס; שָׁמַר; תָּמַךְ, נָשָׂא; עִכֵּב; קִיֵּם; כִּהֵן בְּ־; הֵכִיל; הָגָה בְּ־; חָשַׁב; הִכְרִיעַ כַּחֹק; הֶעֱרִיךְ; כִּוֵּן; נִשְׁאַר; הֶחֱזִיק מַעֲמָד, דָּבַק; צִדֵּד בְּ־; נִשְׁאַר בְּתָקְפּוֹ; נֶעֱצַר

— back עִכֵּב, עָצַר; הוֹסִיף לְהַחֲזִיק בְּ־; נִמְנַע מִלְּגַלּוֹת

— down עָצַר; הִמְשִׁיךְ לְכַהֵן בְּהַצְלָחָה; דִּבֵּר בַּאֲרִיכוּת

— in עָצַר, הִתְאַפֵּק

— off הִרְחִיק, הִתְנַגֵּד, הָדַף; דָּחָה

— on הֶחֱזִיק בְּחָזְקָה; הִמְשִׁיךְ; עָצַר

— out הִצִּיעַ; הוֹשִׁיט; הוֹסִיף לְהִתְקַיֵּם, אָרַךְ; סֵרֵב לְוַתֵּר; סֵרֵב לִמְסוֹר

— over דָּחָה; שָׁמַר לִשְׁקוּל נוֹסָף; נִשְׁאַר

— up הִצִּיעַ, הִצִּיג; חָשַׂף; עָצַר, עִכֵּב; שָׁדַד; תָּמַךְ; נֶעֱצַר; הֶחֱזִיק בְּדַעְתּוֹ

— with הִסְכִּים לְ־; סָמַךְ יָדוֹ עַל

— *n.* אֲחִיזָה; יָדִית; צַו שְׁמִירָה; הַשְׁפָּעָה; עִכּוּב, אֶתְנַחְתָּא; בֵּית סֹהַר, תָּא בְּבֵית סֹהַר; כְּלִי קִבּוּל; מֶרְחָב; מִטְעָן, תָּא מִטְעָן

**holder** *n.* (הוֹלְדֶר) מַחֲזִיק, אוֹחֵז, תּוֹפֵס; בְּעָלִים, בַּעַל בַּיִת; דַּיָּר

**hol'ding** *n.* (הוֹלְדִינְג) הַחְזָקָה; חֶלְקָה חֲכוּרָה; חֶבְרַת־בַּת

— company חֶבְרָה־אֵם

**hold'o"ver** *n.* (הוֹלְדוֹבֶר) נִשְׁאַר מִתְּקוּפָה קוֹדֶמֶת; הַצָּגָה שֶׁהוֹפָעוֹתֶיהָ נִמְשָׁכוֹת לְאַחַר תַּאֲרִיךְ הַסְּגִירָה שֶׁנִּקְבַּע

**hold'up"** *n.* (הוֹלְדַפּ) שֹׁד מְזֻיָּן; עִכּוּב; מְחִיר מֻפְרָז

**hole** *n.* (הוֹל) חוֹר, נֶקֶב, פֶּתַח, פִּרְצָה; חָלָל; מְחִלָּה, מְאוּרָה; מְקוֹם־דִּיוּר קָטָן וּמֻזְנָח; צִינוֹק; מַצָּב מֵבִיךְ; מִפְרָצוֹן, נָמֵל קָטָן; טָעוּת; שֶׁקַע בְּנָהָר

in the — בִּמְצוּקָה; שָׁקוּעַ בְּחוֹבוֹת

— *v.t.* & *i.* נִקֵּב; שָׂם בְּחוֹר; חָפַר (מנהרה וכו׳)

— up נִכְנַס לְחוֹר; חָרַף; הִתְחַבֵּא

**hol'iday"** *n.* (הוֹלִידֵי) חַג, שַׁבָּתוֹן, חֲגִיגָה

**hol'ier-than-thou'** *adj.* (הוֹלִיאֶר־דֶ׳ן־דַ׳או) מִתְחַסֵּד

**ho'liness** *n.* (הוֹלִינֶס) קְדֻשָּׁה

**hol'ler** *v.i.* (הוֹלֶר) צָעַק

**hol'low** *adj.* & *n.* (הוֹלוֹ) חָלוּל, רֵיק; קָעוּר; שָׁקוּעַ; עָמוּם; חֲסַר־עֵרֶךְ; שִׁקְעֲרוּרִית, שֶׁקַע, חָלָל; חוֹר

**hol'ly** *n.* (הוֹלִי) צִינִית; עָלֶיהָ וְגַרְגְּרֶיהָ שֶׁל הַצִּינִית (לקישוט, בעיקר בחג המולד)

**hol'ocaust"** *n.* (הוֹלֶקוֹסְט) הֶרֶס לְאַחַר דְּלֵיקָה; קָרְבַּן עוֹלָה; שׁוֹאָה

**hol'ster** *n.* (הוֹלְסְטֶר) נַרְתִּיק (של אקדח)

**ho'ly** *adj.* (הוֹלִי) קָדוֹשׁ, חָסִיד; טָהוֹר; דָּתִי; מְעוֹרֵר יִרְאַת כָּבוֹד

— terror בֶּן אָדָם מִשְׁתּוֹלֵל

**Ho'ly Ark'** (הוֹלִי אַרְק) אֲרוֹן קֹדֶשׁ

**ho'ly or'ders** (הוֹלִי אוֹרְדֶרְז) סְמִיכָה; מַעֲמַד כֹּמֶר מֻסְמָךְ; דַּרְגוֹת כְּמוּרָה

**Ho'ly See'** (הוֹלִי סִי) מוֹשַׁב הָאַפִּיפְיוֹר בְּרוֹמָא; הָאַפִּיפְיוֹרוּת; חֲצַר הָאַפִּיפְיוֹר

**ho'lystone"** *n.* & *v.t.* (הוֹלִיסְטוֹן) אֶבֶן קִרְצוּף (עשויה אבן חול רכה); קִרְצֵף (באבן חול רכה)

**hom'age** *n.* (הוֹמִג׳) כָּבוֹד, כִּבּוּד; הַצְהָרַת נֶאֱמָנוּת

**home** *n.* (הוֹם) מְקוֹם מְגוּרִים, מָעוֹן, בַּיִת, דִּירָה; מוֹסָד; מִשְׁכָּן; מַחְסֶה; מוֹלֶדֶת; מִקְלָט

at — בְּבַיִת; בְּמוֹלַדְתּוֹ; מוּכָן לְקַבֵּל
אוֹרְחִים; בְּמַצָּב נוֹחוּת; בָּקִי
— *adj. & adv.* בֵּיתִי, מְקוֹמִי; בְּעִירוֹ;
בִּמְקוֹמוֹ; הַבַּיְתָה; עַד לַמַּעֲמַקִּים; בִּשְׁלֵמוּת,
לְגַמְרֵי; אֶל הַמַּטָּרָה
bring — הִבְהִיר, הִדְגִּישׁ
write — about הֵעִיר
— *v.i.* חָזַר הַבַּיְתָה; הִתְבַּיֵּת עַל
**home'body"** *n.* (הוֹמְבוֹדִי) יוֹשֵׁב בַּיִת
**home'land"** *n.* (הוֹמְלֶנְד) מוֹלֶדֶת
**home'less** *adj.* (הוֹמְלֶס) חֲסַר־בַּיִת,
חֲסַר־מִשְׁפָּחָה
**home'ly** *adj.* (הוֹמְלִי) לֹא־יָפֶה; חֲסַר־
עִדּוּן; חֲסַר־יָמְרוֹת; פָּשׁוּט; יָדוּעַ לַכֹּל;
יְדִידוּתִי מְאֹד
**home'made'** *adj.* (הוֹמֵיד) מְתוֹצֶרֶת בַּיִת;
עָשׂוּי בַּמָּקוֹם; עָשׂוּי בִּידֵי עַצְמוֹ, חוֹבְבָנִי
**home'room"** *n.* (הוֹמְרוּם) כִּתַּת מְחַנֵּךְ
**home'sick"** *adj.* (הוֹמְסִק) מִתְגַּעְגֵּעַ עַל בֵּיתוֹ
**home'ward** *adv.* (הוֹמְוֶרְד) הַבַּיְתָה
**home'work"** *n.* (הוֹמְוֶרְק) שִׁעוּרֵי בַּיִת;
עֲבוֹדַת בַּיִת
**hom'icide"** *n.* (הוֹמְסַיְד) הֲרִיגַת אָדָם,
רֶצַח; הוֹרֵג אָדָם, רוֹצֵחַ
**hom'ily** *n.* (הוֹמִלִי) דְּרָשָׁה
**hom"ose"xual'ity** *n.* (הוֹמוֹסֶקְשׁוּאֶלִטִי)
הוֹמוֹסֶקְסוּאָלִיּוּת; מִשְׁכַּב זָכָר
**hone** *n. & v.t.* (הוֹן) אֶבֶן מִשְׁחֶזֶת; הִשְׁחִיז
**hon'est** *adj.* (אוֹנִסְט) יָשָׁר; הוֹגֵן; שֶׁהֻשַּׂג
בְּדֶרֶךְ יְשָׁרָה; כֵּן, גְּלוּי־לֵב, אֲמִתִּי, אָמִין;
מְכֻבָּד; צָנוּעַ
**hon'esty** *n.* (אוֹנִסְטִי) יֹשֶׁר; כֵּנוּת, גִּלּוּי־לֵב;
הֲגִינוּת
**hon'ey** *n.* (הַנִי) דְּבַשׁ; מְתִיקוּת, מֹתֶק;
אָהוּב; כַּפְתּוֹר וָפֶרַח
**hon'eycomb"** *n. & adj. & v.t.* (הַנִיקוֹם)
חַלַּת דְּבַשׁ, יַעֲרַת דְּבַשׁ; דּוֹמֶה לְחַלַּת דְּבַשׁ;
מָלֵא נְקָבִים; נִקֵּב בִּנְקָבִים רַבִּים
**hon'eydew mel'on** *n.* (הַנִידוּ מֶלֶן) מֶלוֹן דְּבַשׁ
**hon'eymoon"** *n.* (הַנִימוּן) יֶרַח דְּבַשׁ
**hon'eysuckle'** *n.* (הַנִיסַקְל) יַעֲרָה
**honk** *n. & v.i. & t.* (הוֹנְק) גִּעְגּוּעַ (קול אווז);
צְפִירָה (של מכונית); גִּעְגַּע; צָפַר

**hon'key-tonk"** *n.* (הוֹנְקִי־טוֹנְק) מוֹעֲדוֹן
לַיְלָה צַעֲקָנִי
**hon'or** *n.* (אוֹנֶר) כָּבוֹד, הַעֲרָכָה, הוֹקָרָה;
יֹשֶׁר; כִּבּוּד; צִיּוּן כָּבוֹד; טֹהַר
be on one's — קִבֵּל אַחֲרָיוּת אִישִׁית
לְמַעֲשָׂיו
do the —s יָשַׁב בְּרֹאשׁ בִּסְעוּדָה
— *v.t.* כִּבֵּד, חָלַק כָּבוֹד לְ־; הִתְחַשֵּׁב
בְּ־; שִׁלֵּם; נַעֲנָה לְ־
**hon'orable** *adj.* (אוֹנֶרֶבְּל) יָשָׁר, הוֹגֵן;
מְכֻבָּד; רָאוּי לְכָבוֹד; הַמֵּבִיא כָּבוֹד לִמְקַבְּלוֹ
**hon'orar"y** *adj.* (אוֹנֶרֶרִי) שֶׁל כָּבוֹד; חוֹלֵק
כָּבוֹד
**hood** *n.* (הֻד) בַּרְדָּס; מִכְסֶה (של מכסה);
בִּרְיוֹן, חַמְסָן
**hood'lum** *n.* (הוּדְלֶם) בִּרְיוֹן, חַמְסָן; שׁוֹדֵד
**hood'wink"** *v.t.* (הֻדְוִינְק) רִמָּה
**hoo'ey** *n.* (הוּאִי) שְׁטֻיּוֹת, הֲבָלִים
**hoof** *n.* (הֻף) פַּרְסָה; רֶגֶל
on the — חַי
— *v.t.* הָלַךְ; רָקַד
**hook** *n.* (הֻק) וָו, קֶרֶס; חַכָּה; מַלְכֹּדֶת;
אַנְקוֹל; זָוִית חַדָּה; מַכַּת־אֶגְרוֹף (קצרה,
כשהמרפק כפוף)
by — or by croock בְּכָל הָאֶמְצָעִים
—, line, and sinker לְגַמְרֵי; בִּשְׁלֵמוּת
off the — נֶחֱלַץ מִצָּרָה
on one's own — עַל אַחֲרָיוּתוֹ;
בְּאֹפֶן עַצְמָאִי
on the — מְעֻרָב, קָשׁוּר בְּהִתְחַיְּבוּת;
מֻכְרָח לְהַמְתִּין
— *v.t. & i.* תָּפַס בְּוָו, לָכַד; צָד בְּחַכָּה;
הֶעֱרִים עַל
— up חִבֵּר בְּוָו; חִבֵּר לִמְקוֹר כֹּחַ
**hooked** *adj.* (הֻקְט) כָּפוּף כְּוָו; בְּצוּרַת וָו;
בַּעַל וָו; מָכוּר
**hoo'ligan** *n.* (הוּלִגְן) בִּרְיוֹן, מִתְפָּרֵעַ
**hoop** *n.* (הוּפ) חִשּׁוּק
**hoose'gow** *n.* (הוּסְגָאוּ) "חַד גַּדְיָא"
**hoot** *v.i. & t. & n.* (הוּט) צָעַק (בלעג);
קָרָא כְּיַנְשׁוּף; הִתְקִיף בִּצְעָקוֹת לַעַג; גֵּרֵשׁ
בִּצְעָקוֹת; קְרִיאַת יַנְשׁוּף; צַעֲקַת לַעַג; אַף
שֶׁמֶץ הִתְעַנְיְנוּת

**hop** *v.i. & t. & n.* (הוֹפּ) נִתֵּר; נִתֵּר עַל רֶגֶל אַחַת; דִּלֵּג; נָסַע נְסִיעָה חֲטוּפָה; עָלָה בִּכְלִי רֶכֶב אוֹ כְּלִי טַיִס; נִתּוּר, נִתּוּר עַל רֶגֶל אַחַת, קְפִיצָה קְצָרָה; טִיסָה; נְסִיעָה קְצָרָה; נֶשֶׁף רִקּוּדִים
—s כְּשׁוּת; אוֹפִיּוּם
**hope** *n. & v.t. & i.* (הוֹפּ) תִּקְוָה; קִוָּה, צִפָּה; הֶאֱמִין; רָצָה
**hope' chest"** (הוֹפּ צֶ'סְט) אַרְגָּז לְבָנִים וּבְגָדִים לְחַיֵּי נִשּׂוּאִים
**hope'ful** *adj. & n.* (הוֹפְּפֶל) מָלֵא תִּקְוָה, מְעוֹרֵר תִּקְוָה, אוֹפְּטִימִיסְטִי; צָעִיר שְׁאַפְתָנִי
**hope'less** *adj.* (הוֹפְּלֶס) חֲסַר תִּקְוָה; נוֹאָשׁ
**hop'per** *n.* (הוֹפֶּר) מְנַתֵּר; חֶרֶק מְנַתֵּר; חֲרוּט מִלּוּי, מַמְגּוּרָה
**hop'scotch"** *n.* (הוֹפְּסְקוֹץ') אֶרֶץ (משחק)
**horde** *n.* (הוֹרְד) הָמוֹן, עַם רַב; שֵׁבֶט נְוָדִים אַסְיָתִי; קְבוּצַת נְוָדִים
**hori'zon** *n.* (הֲרַיְזְן) אֹפֶק
**hor"izon'tal** *adj.* (הוֹרִזוֹנְטְל) אָפְקִי; שָׁכוּב, בְּמַצָּב שְׁכִיבָה; מַקְבִּיל לָאֹפֶק; שֶׁל הָאֹפֶק; בַּעַל מַעֲמָד דּוֹמֶה
**horn** *n.* (הוֹרְן) קֶרֶן, שׁוֹפָר; חֹמֶר קַרְנִי; כְּלִי דּוֹמֶה לְקֶרֶן; חֲצוֹצְרָה; צוֹפָר; בְּרֵרָה
blow one's own — הִתְפָּאֵר
— in הִתְעָרֵב
**hor'net** *n.* (הוֹרְנֶט) צִרְעָה
**hor'ny** *adj.* (הוֹרְנִי) קָשֶׁה כְּקֶרֶן, מְיֻבָּל; קַרְנִי; בַּעַל קַרְנַיִם; מָלֵא תַּאֲוָה
**ho'roscope** *n.* (הוֹרֶסְקוֹפּ) הוֹרוֹסְקוֹפּ
**hor'rible** *adj.* (הוֹרֶבְּל) מַחֲרִיד, מְזַעְזֵעַ, אָיֹם; מַגְעִיל
**hor'rid** *adj.* (הוֹרִד) מְעוֹרֵר זְוָעָה; מַחֲרִיד; רַע מְאֹד
**hor'rify"** *v.t.* (הוֹרֶפַי) הִבְעִית, הֶחֱרִיד
**hor'ror** *n.* (הוֹרֶר) חֲרָדָה, זְוָעָה; סְלִידָה; דָּבָר רַע מְאֹד; פַּלָּצוּת
**horse** *n.* (הוֹרְס) סוּס; פָּרָשׁ, פָּרָשִׁים; חֲמוֹר עֲבוֹדָה
from the —'s mouth מִמְּקוֹר מֻסְמָךְ
hold one's —s נִרְגַּע, הָיָה שָׁקֵט
— of another color דְּבַר־מָה שׁוֹנֶה לַגְמְרֵי
look a gift — in the mouth מָתַח בִּקֹּרֶת עַל מַתָּנָה
— *v.t. & i.* סִפֵּק סוּס; הִרְכִּיב עַל סוּס; עָלָה עַל סוּס; רָכַב עַל סוּס
— around הִשְׁתּוֹבֵב
**horse'laugh"** *n.* (הוֹרְסְלֶף) צְחוֹק פָּרוּעַ וְלַגְלְגָנִי
**horse'man** *n.* (הוֹרְסְמֶן) פָּרָשׁ, סַיָּס
**horse'manship"** *n.* (הוֹרְסְמֶנְשִׁפּ) פָּרָשׁוּת
**horse'play"** *n.* (הוֹרְסְפְּלֵי) שׁוֹבְבָנוּת
**horse'pow"er** *n.* (הוֹרְסְפָּאוּאֶר) כֹּחַ סוּס
**horse'rad"ish** *n.* (הוֹרְסְרֶדִשׁ) חֲזֶרֶת
**horse' sense"** (הוֹרְס סֶנְס) שֵׂכֶל יָשָׁר
**horse'shoe"** *n.* (הוֹרְשׁוּ) פַּרְסַת סוּס; דָּבָר בְּצוּרַת פַּרְסָה
**horse' trad"er** *n.* (הוֹרְס טְרֵידֶר) מִתְמַצֵּיְן בְּהִתְמַקְּחוּת; סוֹחֵר סוּסִים
**hor'ticul"ture** *n.* (הוֹרְטֶקַלְצֶ'ר) גַּנָּנוּת
**hose** *n. & v.t.* (הוֹז) גֶּרֶב; גַּרְבִּיָּה, צִנּוֹר גּוּמִי; פַּזְמָק; גַּרְבּוֹן; הִשְׁקָה בְּגַרְבִּיָּה; הִרְטִיב בְּגַרְבִּיָּה
**ho'sier** *n.* (הוֹז'ר) סוֹחֵר גַּרְבַּיִם; יַצְרַן גַּרְבַּיִם
**ho'siery** *n.* (הוֹזֶ'רִי) גַּרְבַּיִם; חֲנוּת גַּרְבַּיִם; מִפְעַל גַּרְבַּיִם
**hos'pice** *n.* (הוֹסְפִּס) פֻּנְדָּק (לעולי רגל)
**hos'pitable** *adj.* (הוֹסְפִּטֶבְּל) מַכְנִיס אוֹרְחִים; מַסְבִּיר פָּנִים
**hos'pital** *n.* (הוֹסְפִּטְל) בֵּית חוֹלִים
**hos"pital"ity** *n.* (הוֹסְפִּטֶלְטִי) הַכְנָסַת אוֹרְחִים, הַסְבָּרַת פָּנִים
**hos"pitaliza'tion** *n.* (הוֹסְפִּטֶלִיזֵישֶׁן) אִשְׁפּוּז
**host** *n.* (הוֹסְט) מְאָרֵחַ; מַנְחֶה; פֻּנְדְּקַאי, פֻּנְדָּקִי, מְאַכְסֵן; הָמוֹן, אֲסַפְסוּף עוֹיֵן
**Host** *n.* לֶחֶם קֹדֶשׁ
**hos'tage** *n.* (הוֹסְטֶג') בֶּן־עֲרֻבָּה
**hos'tel** *n.* (הוֹסְטְל) אַכְסַנְיָה
**hos'tess** *n.* (הוֹסְטֶס) מְאָרַחַת; דַּיֶּלֶת; רַקְדָנִית בְּשָׂכָר
**hos'tile** *adj.* (הוֹסְטַיל) עוֹיֵן, אוֹיֵב
**hostility** *n.* (הוֹסְטִלְטִי) אֵיבָה, עוֹיְנוּת, הִתְנַגְּדוּת; פְּעֻלַּת אֵיבָה

—ies פְּעֻלּוֹת מִלְחַמְתִּיּוֹת, מִלְחָמָה

**hot** *adj.* (הוֹט) חַם; צוֹרֵב; חָרִיף; לוֹהֵט; מְיֻחָם, מָלֵא תַּאֲוָה, חוּמְדָנִי; אַלִּים, סוֹעֵר; חָזָק; טָרִי, חָדָשׁ מְאֹד; קָרוֹב מְאֹד; פּוֹפּוּלָרִי מְאֹד; בַּעַל מַזָּל; מְגֻחָךְ, מַצְחִיק; מְעַנְיֵן מְאֹד; מַלְהִיב, מְשַׁלְהֵב; עָגוּב, מְסֻכָּן; מִתְלַהֵב; מוֹבִיל זֶרֶם (תיל חשמלי); רַדְיוֹאַקְטִיבִי

make it — for יָרַד לְחַיָּיו, הֵצִיק ל

—' air' מֶלֶל יָמְרָנִי

**hot'bed"** *n.* (הוֹטְבֶּד) חֲמָמָה; סְבִיבָה שׁוֹרֶצֶת

**hot' dog"** *n.* (הוֹט דוֹג) נַקְנִיקִית; נַקְנִיקִית בְּלַחְמָנִיָּה

**hotel'** *n.* (הוֹטֶל) מָלוֹן

**hot"foot"** *n. & v.i.* (הוֹטְפֻט) הַדְלָקַת נִפְרוֹר שֶׁנִּתְקַע בַּחֲשַׁאי בְּצַד הַסּוּלְיָה; נֶחְפַּז

**hot'head'ed** *adj.* (הוֹטְהֶדֶד) בַּעַל מֶזֶג חַם; פָּזִיז מְאֹד; מְהִיר־חֵמָה, נוֹחַ לִכְעוֹס, חֲמוּם־מֹחַ

**hot' house"** *n.* (הוֹטְהָאוּס) חֲמָמָה

**hot'wa'ter** (הוֹט ווֹטֶר) צָרָה, מְצוּקָה

**hound** *n. & v.t.* (הַאוּנְד) כֶּלֶב צַיִד, כֶּלֶב; נִבְזֶה; מָכוּר ל־; צָד בִּכְלָבִים; רָדַף אַחֲרֵי; שִׁסָּה

**hour** *n.* (אַוְאֶר) שָׁעָה; מוֹעֵד; הַהֹוֶה; זְמַן שְׁכִיבָה אוֹ קִימָה; מֶרְחַק שָׁעָה

one's last — עֵת הַמָּוֶת

**hour'ly** *adj. & adv.* (אַוְרְלִי) כָּל שָׁעָה, מִדֵּי שָׁעָה; לְעִתִּים קְרוֹבוֹת; לְלֹא הֶפְסֵק

**house** *n.* (הַאוּס) בַּיִת; מֶשֶׁק בַּיִת; שׁוֹשֶׁלֶת, מִשְׁפָּחָה; תֵּאַטְרוֹן, אוּלָם; אוֹדִיטוֹרְיוּם; קָהָל צוֹפִים; קוֹרוּם; מוֹסָד מִסְחָרִי; בֵּית הַמּוֹרִים; הַנְהָלָה; מוֹעָצָה; פְּנִימִיָּה; בֵּית זוֹנוֹת; בֵּית־נִבְחָרִים

bring down the — זָכָה לִתְשׁוּאוֹת סוֹעֲרוֹת

clean — הִרְחִיק יְסוֹדוֹת לֹא־רְצוּיִים

on the — מַתְּנַת הַהַנְהָלָה; חִנָּם

— *v.t.* (הַאוּז) שִׁכֵּן, נָתַן מַחְסֶה; סִפֵּק מָקוֹם (לעבודה, לימודים וכו׳); אִחְסֵן

**house' arrest'** (הַאוּס אֲרֶסְט) מַעֲצַר בַּיִת

**house'break"** *v.t.* (הַאוּסְבְּרֵיק) אִלֵּף חַיַּת בַּיִת לֹא לַעֲשׂוֹת צְרָכֶיהָ בְּתוֹךְ הַבַּיִת

—er *n.* פּוֹרֵץ

**house'hold"** *n. & adj.* (הַאוּסְהוֹלְד) מֶשֶׁק בַּיִת; מִשְׁפָּחָה, בְּנֵי בַּיִת; בֵּיתִי; שֶׁל מֶשֶׁק בַּיִת; רָגִיל

**house'kee"per** *n.* (הַאוּסְקִיפֶּר) סוֹכֶנֶת בַּיִת

**house'top"** *n.* (הַאוּסְטוֹפּ) גַּג

from the —s בְּפֻמְבֵּי; בִּכְלָל

**house'war"ming** *n.* (הַאוּסְוֹרְמִנְג) מְסִבָּה לַחֲנֻכַּת הַבַּיִת

**house'wife"** *n.* (הַאוּסְוַיְף) בַּעֲלַת בַּיִת

**hou'sing** *n.* (הַאוּזִנְג) שִׁכּוּן, דִּיּוּר; בָּתִּים; אַסְפָּקַת דִּיּוּר; מִכְסֶה

**hov'el** *n.* (הַוְל) בִּקְתָּה עֲלוּבָה; דִּירָה מְזֻנַּחַת; דִּיר־אַחְסָנָה

**hov'er** *v.i.* (הַוְר) רִחֵף; הִמְתִּין בְּקִרְבַת מָקוֹם; הָיָה שָׁרוּי בְּמַצָּב לֹא־בָּרוּר

**how** *adv. & conj.* (הַאוּ) אֵיךְ, כֵּיצַד; בְּאֵיזוֹ מִדָּה; בְּאֵיזֶה מַצָּב; מַה

and — ! בְּוַדַּאי; וְעוֹד אֵיךְ

— are you? מַה שְּׁלוֹמְךָ?

— much? כַּמָּה?

— come כֵּיצַד קָרָה הַדָּבָר, מַדּוּעַ?

— do you do? מַה שְּׁלוֹמְךָ?

**howev'er** *adv. & conj.* (הַאוּאֶוֶר) בְּכָל זֹאת, לַמְרוֹת הַכֹּל; לֹא חָשׁוּב אֵיךְ; בְּכָל מִדָּה שֶׁהִיא, יִהְיֶה אֲשֶׁר יִהְיֶה; אֵיךְ, אֵיךְ בַּתְּנָאִים הַקַּיָּמִים; בְּכָל צוּרָה

**how'itzer** *n.* (הַאוּאִצֶר) הוֹבִיצֶר

**howl** *v.i. & n.* (הַאוּל) יִלֵּל, בָּכָה; צָחַק בְּקוֹל רָם; יְלָלָה; צְחוֹק קוֹלָנִי, צְחוֹק וְזִלְזוּל; בְּדִיחָה; מַעֲשֶׂה מְבַדֵּחַ

—ing *adj.* מְיַלֵּל; עָצוּם

**hub** *n.* (הַבּ) טַבּוּר (של אופן); מֶרְכָּז

the Hub הָעִיר בּוֹסְטוֹן בִּמְדִינַת מֶסֶצ'וּסֶטְס (ארה״ב)

**hub'bub** *n.* (הַבַּבּ) שָׁאוֹן, הֲמֻלָּה

**huck'ster** *n.* (הַקְסְטֶר) רוֹכֵל; רוֹדֵף־בֶּצַע קַטְנוּנִי; מוֹכֵר תּוֹקְפָנִי; כּוֹתֵב פִּרְסֹמֶת

**hud'dle** *v.t. & i. & n.* (הַדְל) עָרַם בִּצְפִיפוּת; הִצְטוֹפֵף; הִתְכַּנֵּס בִּצְפִיפוּת; הִתְכַּנֵּס בְּמֻלְכָּד לְהִתְיָעֲצוּת; הִתְיָעֵץ; קְבוּצָה מְלֻכֶּדֶת; עֲרֵמָה צְפוּפָה; מְהוּמָה; הִתְיָעֲצוּת פְּרָטִית; הִתְכַּנְּסוּת לְשֵׁם הִתְיָעֲצוּת

**hue** *n.* (הְיוּ) צֶבַע; גָּוֶן; הֲמֻלַּת רוֹדְפִים
**huff** *n.* (הַף) תַּרְעֹמֶת, רֹגֶז אֵלֶם
**hug** *v.t.* & *i.* & *n.* (הַג) חִבֵּק, לָפַת;
הוֹקִיר; נִצְמַד אֶל; הִתְחַבֵּק; חִבּוּק, לְפִיתָה
**huge** *adj.* (הְיוּג׳) עֲנָקִי
**hulk** *n.* & *v.i.* (הַלְק) גּוּזָה; אֳנִיַּת כֶּלֶא,
אֳנִיַּת אַחְסָנָה; סְפִינָה גַּמְלוֹנִית; אָדָם מְגֻשָּׁם;
דָּבָר מְגֻשָּׁם; שֶׁלֶד (של מבנה שנשרף); הוֹפִיעַ
כִּדְמוּת מְגֻשֶּׁמֶת
—ing *adj.* מְגֻשָּׁם
**hull** *n.* (הַל) קְלִפָּה; מִכְסֶה; גּוּף
(של אניה); תֵּבָה
**hul'labaloo"** *n.* (הַלְבָּלוּ) הֲמֻלָּה
**hum** *v.i.* & *t.* & *n.* (הַם) זִמְזֵם; הִמְהֵם;
הָיָה בְּמַצַּב פְּעִילוּת נִמְרֶצֶת; זִמְזוּם; הִמְהוּם
**hu'man** *adj.* & *n.* (הְיוּמֶן) אֱנוֹשִׁי; בֶּן אָדָם
**humane'** *adj.* (הְיוּמֵין) רַחוּם; הוּמָנִי
**hu'manis"m** *n.* (הְיוּמֶנִזְם) הוּמָנִיזְם;
הַעֲמָדַת הָאָדָם בַּמֶּרְכָּז; לִמּוּדֵי מַדָּעֵי הָרוּחַ
וְהַחֶבְרָה
**hu'manist** *n.* (הְיוּמֶנִסְט) חוֹקֵר טֶבַע הָאָדָם
וּפָעֳלוֹ; מְחַשֵּׁב כְּבוֹד הָאָדָם; הוּמָנִיסְט; אִישׁ
הָרֶנֶסַנְס שֶׁהִתְעַמֵּק בְּלִמּוּדִים קְלַסִּיִּים
**human"itar'ian** *adj.* & *n.* (הְיוּמֶנִטֶרִיאֶן)
אוֹהֵב הַמִּין הָאֱנוֹשִׁי; אוֹהֵב הַבְּרִיּוֹת
**human'ity** *n.* (הְיוּמֶנִטִי) הַמִּין הָאֱנוֹשִׁי,
אֱנוֹשׁוּת, אֱנוֹשִׁיּוּת; טוּב לֵב
the —ies לִמּוּדִים קְלַסִּיִּים; מַדָּעֵי
הָרוּחַ וְהַחֶבְרָה
**hum'ble** *adj.* & *v.t.* (הַמְבֶּל) עָנָו, צָנוּעַ,
שְׁפַל־רוּחַ; מֵקֵל רֹאשׁ בְּעַצְמוֹ; נִקְלֶה; אָדִיב;
הִשְׁפִּיל; חָתַר תַּחַת; דִּכֵּא
**hum'bug"** *n.* & *v.t.* (הַמְבַּג) רַמָּאוּת,
תַּחְבּוּלָה; רַמַּאי; דִּבְרֵי הֲבַאי; רִמָּה, הוֹנָה
**hum'drum"** *adj.* (הַמְדְרַם) מְשַׁעֲמֵם, חַדְגּוֹנִי
**hu'mid** *adj.* (הְיוּמִד) לַח
**humid'ity** *n.* (הְיוּמִדִטִי) לַחוּת
**humil'iate"** *v.t.* (הְיוּמִלִיאֵיט) הִשְׁפִּיל, הֵבִיךְ
**humil"ia'tion** *n.* (הְיוּמִלִיאֵישֶׁן) הַשְׁפָּלָה
**humil'ity** *n.* (הְיוּמִלִטִי) עֲנָוָה, צְנִיעוּת
**hum'mingbird'** *n.* (הַמִנְגְבֶּרְד) יוֹנֵק דְּבַשׁ
**hum'mock** *n.* (הַמֶק) תְּלוּלִית
**hu'mor** *n.* (הְיוּמֶר) הוּמוֹר; סִגְלָה
מְבַדֵּחַת; מֶזֶג, הֲלָךְ־רוּחַ; מַצַּב רוּחַ; נְטִיָּה
מוּזָרָה, קַפְרִיזָה, תְּכוּנָה מְשֻׁנָּה; לֵחָה, מָרָה
out of — נִרְגָּז
— *v.t.* הִתְאִים עַצְמוֹ לְמַצַּב רוּחַ שֶׁל;
סִגֵּל עַצְמוֹ ל־
**hu'morist** *n.* (הְיוּמֶרִסְט) הוּמוֹרִיסְטָן; בַּעַל
חוּשׁ הוּמוֹר פָּעִיל
**hu'morous** *adj.* (הְיוּמֶרֶס) מְבַדֵּחַ, מַצְחִיק
**hump** *n.* (הַמְפּ) גַּבְנוּן, חֲטוֹטֶרֶת, דַּבֶּשֶׁת;
גַּבְשׁוּשִׁית
over the — עָבַר הַקָּשֶׁה בְּיוֹתֵר
the Hump הָרֵי הַהִימָלַיָה
**hump'backed"** *adj.* (הַמְפְּבֶּקְט) בַּעַל
חֲטוֹטֶרֶת, גִּבְנוּנִי
**hunch** *v.t.* & *i.* & *n.* (הַנְץ׳) גִּבֵּן, קִמֵּר;
דָּחַף; הִזְדַּקֵּר קָדִימָה; עָמַד, יָשַׁב אוֹ הָלַךְ
בִּשְׁפִיפוּת; חֲטוֹטֶרֶת; תְּחוּשַׁת הַבָּאוֹת, חֲשַׁד;
דְּחִיפָה; גּוּשׁ
**hunch'back"** *n.* (הַנְץ׳בֶּק) גִּבֵּן
**hun'dred** *n.* & *adj.* (הַנְדְרֶד) מֵאָה; שְׁטָר
בֶּן מֵאָה דוֹלָר
**hun'dredfold"** *adj.* (הַנְדְרֶדְפוֹלְד) פִּי
מֵאָה; בֶּן מֵאָה חֲלָקִים
**hun'dredth** *adj.* & *n.* (הַנְדְרֶדְתְ׳)
הַמֵּאָה; מֵאִית
**hung** (הַנְג) (זמן עבר של hang)
— over סוֹבֵל מִצִּירֵי הִתְפַּכְּחוּת
— up מְעֻכָּב בְּעִקְבוֹת קֹשִׁי
— up on מָכוּר ל־; מְאֹהָב מְאֹד בּ־
**hung'er** *n.* & *v.i.* (הַנְגֶר) רָעָב; רָעַב;
הִשְׁתּוֹקֵק
**hung'ry** *adj.* (הַנְגְרִי) רָעֵב, שֶׁל רָעָב;
מִשְׁתּוֹקֵק מְאֹד; דַּל
**hunt** *v.t.* & *i.* & *n.* (הַנְט) צָד, יָצָא לָצַיִד;
רָדַף אַחֲרֵי; חִפֵּשׂ; עָרַךְ חִפּוּשׂ מְדֻקְדָּק; צַיִד;
חִפּוּשׂ; מָצוֹד; מִרְדָּף; אֲגֻדַּת צַיָּדִים; אֵזוֹר צַיִד
**hun'ter** *n.* (הַנְטֶר) צַיָּד; מְחַפֵּשׂ אַחֲרֵי;
סוּס צַיִד; כֶּלֶב צַיִד
**hun'ting** *n.* (הַנְטִנְג) צַיִד; תַּגְרוּדוֹת מַחֲזוֹרִיּוֹת
**hunts'man** *n.* (הַנְטְסְמֶן) צַיָּד; מַנְחֵה הַכְּלָבִים
(בציד)
**hur'dle** *n.* (הֶרְדֶל) מְשׂוּכָה; מִכְשׁוֹל
—s מֵרוֹץ מְשׂוּכוֹת

hur'dy-gur'dy n. ‏(הֻרְדִי־גֻרְדִי)‏    תֵּבַת נְגִינָה

hurl v.t. & i. ‏(הֶרְל)‏    זָרַק, הֵטִיל, הִסְלִיט;
‏נִמְרָצוֹת‏

hur'ly-bur'ly n. ‏(הֻרְלִי־בֻּרְלִי)‏    הֲמֻלָה

hurrah' interj. ‏(הֻרָה)‏    הֵידָד; כִּסַּף־הֵי

hur'ricane" n. ‏(הֻרִקֵין)‏    רוּחַ הוּרְקָן;
‏סְעָרָה עַזָּה‏

hur'ry v.i. & t. & n. ‏(הֻרִי)‏    מִהֵר, הֶחָשׁ;
‏זֵרֵז, הֵחִישׁ; מְהִירוּת‏

hurt v.t. & i. ‏(הֶרְט)‏    פָּצַע, הִכְאִיב;
‏הִזִּיק ל־; צֵעֵר, פָּגַע ב־; כָּאַב‏
— n. & adj.    מַכָּה; נֵזֶק; כְּאֵב, פְּגִיעָה,
‏עֶלְבּוֹן; פָּצוּעַ, נִפְגָּע; נִזּוֹק‏

hurt'ful adj. ‏(הֻרְטְפַל)‏    פּוֹגֵעַ, פּוֹצֵעַ, מַזִּיק;
‏מַכְאִיב; מְצַעֵר‏

hur'tle v.i. ‏(הֻרְטְל)‏    נָע בִּמְהִירוּת רַבָּה,
‏דָּהַר נִמְרָצוֹת‏

hus'band n. & v.t. ‏(הַזְבֶּנְד)‏    בַּעַל; מִנְהֵל
‏זָהִיר; נָהֵל בִּזְהִירוּת; שָׁמַר עַל, הִשְׁתַּמֵּשׁ ב־‏,
‏בְּצוּרָה חֶסְכוֹנִית‏

hus'bandman n. ‏(הַזְבֶּנְדְמֶן)‏    אִכָּר

hus'bandry n. ‏(הַזְבֶּנְדְרִי)‏    חַקְלָאוּת,
‏עֲבוֹדַת הָאֲדָמָה; נִהוּל זָהִיר וְחֶסְכוֹנִי‏

hush interj. & n. ‏(הַשׁ)‏    הַס, שֶׁקֶט
— v.t.    הִסָּה, הִשְׁתִּיק, הִרְגִּיעַ

hush'-hush' adj. ‏(הַשׁ־הַשׁ)‏    סוֹדִי מְאוֹד

hush'mon'ey" ‏(הַשׁ מַנִי)‏    דְּמֵי לֹא־יֵחָרֵץ

husk v.t. & n. ‏(הַסְק)‏    קִלֵּף; קְלִפָּה;
‏מַעֲטֶה חֲסַר־עֵרֶךְ‏

hus'ky adj. ‏(הַסְקִי)‏    גְּדוֹל־גּוּף, חָסֹן;
‏צָרוּד בְּמִקְצָת, דּוֹמֶה לַקְּלִפָּה, מְכֻסֶּה קְלִפָּה‏,
‏מָלֵא קְלִפּוֹת‏

hus'sy n. ‏(הַסִי)‏    מְפֻקֶּרֶת, שׁוֹבֵבָנִית

hus'tle v.i. & t. ‏(הַסְל)‏    פָּעַל בְּמֶרֶץ;
‏נִדְחַק; נָהַג בְּתוֹקְפָנוּת; הִתְפָּרְנֵס בִּדְרָכִים‏
‏נִלּוֹזוֹת; סָנָה בְּהַצָּעָה (זוֹנָה); דָּחַף; הוֹצִיא‏
‏בְּכֹחַ; זֵרֵז; לָחַץ עַל; הַצִּיעַ לִמְכִירָה‏
‏בְּתוֹקְפָנוּת; סָחַט כְּסָפִים‏

hus'tler n. ‏(הַסְלֶר)‏    בַּעַל זִמָּה; רוֹדֵף
‏הַצְלָחָה; "בְּצוּעֶיסְט"; נוֹכֵל, יַצְאָנִית‏

hut n. ‏(הַט)‏    בִּקְתָּה, צְרִיף

hutch n. ‏(הַץ')‏    מִכְלָאָה קְטַנָּה; דִּיר קָטָן;
‏בִּקְתָּה‏

hy'acinth n. ‏(הַיָאַסִנְ׳ת)‏    יַקִינְתוֹן

hy'brid n. ‏(הִיבְּרֶד)‏    בֶּן־כִּלְאַיִם

hy'drant n. ‏(הַידְרַנְט)‏    בְּרֵז־שְׂרֵפָה

hy'drate n. ‏(הַידְרֵיט)‏    הִידְרָט

hydrau'lic adj. ‏(הַידְרוֹלִק)‏    הִידְרוֹלִי;
‏מִתְקַשֶּׁה מִתַּחַת לִפְנֵי מַיִם‏

hy"drocar'bon" n. ‏(הַידְרָקַרְבֶּן)‏    פַּחֲמֵימָן

hy'drogen n. ‏(הַידְרֶגֶ׳ן)‏    מֵימָן

hye'na n. ‏(הַיאִינָה)‏    צָבוֹעַ

hy'giene n. ‏(הַיגִ׳ין)‏    הִיגְיֵנָה, גֵּהוּת

hy'gien'ic adj. ‏(הַיגִ׳יאֶנִק)‏    הִיגְיֵנִי

hy'men n. ‏(הַימֶן)‏    בְּתוּלִים; רִקְמַת בְּתוּלִים

hymn n. ‏(הֶם)‏    מִזְמוֹר תְּהִלָּה

hyper'bole n. ‏(הַיפֶּרְבְּלִי)‏    הַפְרָזָה מְכֻוֶּנֶת,
‏מְלִיצָה‏

hy"percrit'ical adj. ‏(הַיפֶּרְקְרִטְקְל)‏    בַּקְרָנִי

hy"persen'sitive adj. ‏(הַיפֶּרְסֶנְסֶטִב)‏   
‏רָגִישׁ יָתֵר עַל הַמִּדָּה‏

hyperten'sion n. ‏(הַיפֶּרְטֶנְשֶׁן)‏    מֶתַח־יֶתֶר;
‏לַחַץ דָּם גָּבֹהַּ‏

hy'phen n. ‏(הַיפֶן)‏    מַקָּף

hy'phenate" v.t. ‏(הַיפֶנֵיט)‏    חִבֵּר בְּמַקָּף

hypno'sis n. ‏(הִיפְּנוֹסִס)‏    הִיפְּנוֹזָה

hyonot'ic adj. ‏(הִיפְּנוֹטִק)‏    הִיפְּנוֹטִי

hyp'notis"m n. ‏(הִיפְּנוֹטִזְם)‏    הִיפְּנוֹזָה, הִיפְּנוּט

hyp'notize" v.t. & i. ‏(הִיפְּנוֹטַיז)‏    הִיפְּנֵט

hy'pochon'dria n. ‏(הַיפָּקוֹנְדְרִיָה)‏   
‏הִיפּוֹכוֹנְדְרִיָה‏

hypoc'risy n. ‏(הִיפּוֹקְרֶסִי)‏    צְבִיעוּת

hyp'ocrite n. ‏(הִיפָּקְרֶט)‏    צָבוּעַ

hy"poder'mic adj. ‏(הַיפָּדֶרְמִק)‏    מִתַּחַת
‏לָעוֹר; תַּת־עוֹרִי; זְרִיקָה מִתַּחַת לָעוֹר‏

hypoth'esis n. ‏(הַיפּוֹת׳סִס)‏    הִיפּוֹתֵזָה,
‏הַשְׁעָרָה‏

hyster'ia n. ‏(הִיסְטִירִיָה)‏    הִתְפָּרְצוּת (שֶׁל
‏בֶּכִי, צְחוֹק, חוֹסֶר הִגָּיוֹן וְכוּ׳), הִשְׁתּוֹלְלוּת רַגְשִׁית;‏
‏הִיסְטֵרִיָה‏

hyster'ical adj. ‏(הִיסְטֶרִקְל)‏    סוֹבֵל מֵהִתְקֵף
‏בֶּכִי אוֹ צְחוֹק, חֲסַר־הִגָּיוֹן; הִיסְטֵרִי; מַצְחִיק‏
‏מְאוֹד‏

hyster'ic n. ‏(הִיסְטֶרְק)‏    סוֹבֵל מֵהִתְקֵפֵי
‏רְגָשׁוֹת; לוֹקֶה בְּהִיסְטֶרְיָה‏
—s    הִתְקֵף צְחוֹק סוֹעֵר; הִתְקֵף בֶּכִי

# I

**I, i** *n. & pron.* (אַי) י', הָאוֹת הַתְּשִׁיעִית בָּאַלְפְבֵּית הָאַנְגְּלִי; הַתְּנוּעָה אַי, א, אִי; אֲנִי 1

**ice** *n.* (אַיְס) קֶרַח; גּוּשׁ; גְּלִידַת פֵּרוֹת; קֶרֶם (לְצִפּוּי עוּגָה)

break the — הִצְלִיחַ בְּרֵאשִׁית מַעֲשֶׂה; הִתְגַּבֵּר עַל הַמְּחִיצָה הַחֶבְרָתִית

cut no — אֵינוֹ עוֹשֶׂה רֹשֶׁם חִיּוּבִי

on thin — בְּמַצָּב מְסֻכָּן

— *v.t. & i.* צִנֵּן; הִקְפִּיא; כִּסָּה בְּקֶרַח; צִפָּה בְּקֶרֶם; קָפָא, הִתְכַּסָּה קֶרַח

**ice'berg** *n.* (אַיסְבֶּרְג) הַר קֶרַח

**ice' cream"** *n.* (אַיְס קְרִים) גְּלִידָה

**ic'icle** *n.* (אַיסִקְל) נְטִיף קֶרַח

**i'cing** *n.* (אַיסִנְג) קֶרֶם (לְצִפּוּי עוּגָה); שִׁכְבַת קֶרַח

**i'cy** *adj.* (אַיסִי) קַרְחִי; דּוֹמֶה לְקֶרַח; קַר; צוֹנֵן; גּוֹרֵם הַחְלָקָה

**ide'a** *n.* (אַידִיאָה) רַעְיוֹן; מַחֲשָׁבָה; רֹשֶׁם, מֻשָּׂג; תָּכְנִית, כַּוָּנָה; הַנָּחָה, דִּמְיוֹן; אִידֵיאָה

**ideal'** *n. & adj.* (אַידִיל) מוֹפֵת; מֻשָּׂג הַשְּׁלֵמוּת; קְנֵה מִדָּה שֶׁל שְׁלֵמוּת; מַשְׂאַת נֶפֶשׁ נַעֲלָה; אִידֵיאָל; מוֹפְתִי; אִידֵיאָלִי; מֻשְׁלָם; דִּמְיוֹנִי; מוֹעִיל, מוּטָב

**ide'alis"m** *n.* (אַידִיאֲלִזְם) אִידֵיאָלִיזְם; הֲפִיכָה לְאִידֵיאָל; תּוֹצָאָה אִידֵיאָלִית

**ide'alist** *n.* (אַידִיאֲלִסְט) אִידֵיאָלִיסְט; הוֹזֶה; יוֹצֵר מִתּוֹךְ דִּמְיוֹנוֹ

**ide'alize** *v.t. & i.* (אַידִיאֲלַיז) הָפַךְ לְאִידֵיאָל; יִצֵּג בְּצוּרָה אִידֵיאָלִית; הֶעֱלָה לְמַדְרֵגָה אִידֵיאָלִית שֶׁל שְׁלֵמוּת; דִּמָּה אִידֵיאָל

**iden'tical** *adj.* (אַידֶנְטִקְל) אוֹתוֹ, זֵהֶה

**iden"tifica'tion** *n.* (אַידֶנְטֲפִקֵישְׁן) זִהוּי; זֶהוּת; אִשּׁוּר־זֶהוּת; הִזְדַּהוּת

**iden'tify** *v.t. & i.* (אַידֶנְטִפַי) זִהָה; הִזְדַּהָה; קָבַע זֶהוּת, קָבַע שַׁיָּכוּת

**iden'tity** *n.* (אַידֶנְטִטִי) זֶהוּת

**i"deol'ogy** *n.* (אַידִיאוֹלֲגִ'י) אִידֵיאוֹלוֹגְיָה

**id'iocy** *n.* (אִדִיאֲסִי) טִמְטוּם מֻחְלָט; אִידְיוֹטִיּוּת

**id'iom** *n.* (אִדִיאֲם) נִיב; אִידְיוֹם; דִּבּוּר אָפְיָנִי; סִגְנוֹן מְיֻחָד

**i"diomat'ic** *adj.* (אִדִיאֲמֶטִק) אִידְיוֹמָטִי

**id'iot** *n.* (אִדִיאֲט) שׁוֹטֶה גָּמוּר; אִידְיוֹט

**id"iot'ic** *adj.* (אִדִיאוֹטִק) אִידְיוֹטִי, אֱוִילִי

**id'le** *adj. & n.* (אַידְל) בָּטֵל; שֶׁל בַּטָּלָה; לֹא בְּשִׁמּוּשׁ; עָצֵל; חֲסַר־עֵרֶךְ; חֲסַר־יְסוֹד; קַל־דַּעַת; חֲסַר־תּוֹעֶלֶת; פְּעֻלַּת סְרָק, מַהֲלַךְ סְרָק, טוּרִים (שֶׁל מָנוֹעַ)

— *v.i. & t.* הִתְבַּטֵּל; עָבַר בַּעֲצַלְתַּיִם; בִּטֵּל זְמַן; הִבְטִיל; פָּעַל פְּעֻלַּת סְרָק, פָּעַל לְבַטָּלָה

**i'dleness** *n.* (אַידְלְנֶס) בַּטָּלָה

**id'ol** *n.* (אַידְל) אֱלִיל; אָדָם נַעֲרָץ; דִּמְיוֹן; מֻשָּׂג מַטְעֶה

**idol'ator** *n.* (אַידוֹלֲטֶר) עוֹבֵד אֱלִילִים; מַעֲרִיץ

**idol'atry** *n.* (אַידוֹלֲטְרִי) עֲבוֹדַת אֱלִילִים; הַעֲרָצָה עִוֶּרֶת

**id'olize"** *v.t.* (אַידְלַיז) הֶעֱרִיץ הַעֲרָצָה עִוֶּרֶת, אִלֵּל

**i'dyl(l)** *n.* (אַידְל) אִידִילְיָה

**if** *conj. & n.* (אִף) אִם; אִם גַּם; לוּ, אִלּוּ; הַשְׁעָרָה, אֶפְשָׁרוּת מְסֻפֶּקֶת; תְּנַאי

**ignite'** *v.t. & i.* (אִגְנַיט) הִצִּית, הִדְלִיק; הִתְלַקֵּחַ, הִתְחִיל לִבְעוֹר

**igno'ble** *adj.* (אִגְנוֹבְּל) נִבְזֶה, שָׁפָל; קְלוֹקֵל; מִדַּלַּת הָעָם

**ig"nomin'ious** *adj.* (אִגְנֲמִנִיאֲס) מֵבִישׁ; מַחְפִּיר; בָּזוּי

**ig'nomin"y** *n.* (אִגְנֲמִנִי) חֶרְפָּה, בּוּשָׁה; בִּזָּיוֹן צִבּוּרִי

**ig"nora'mus** *n.* (אִגְנֲרֵימֲס) בּוּר

**ig'norance** *n.* (אִגְנֲרֲנְס) בַּעֲרוּת, בּוּרוּת

**ig'norant** *adj.* (אִגְנֲרֲנְט) נִבְעָר; בּוּר; חֲסַר־יֶדַע; לֹא מוּדָע לְ־; מְגַלֶּה חֹסֶר יְדִיעָה

**ignore'** *v.t.* (אִגְנוֹר) הִתְעַלֵּם מִ־

**ill** *adj. & n.* (אִל) חוֹלֶה; רַע; לָקוּי; עָוֹן; רֶשַׁע; נֶזֶק; מַחֲלָה; צָרָה, אָסוֹן

— at ease    לא נוֹחַ, עַצְבָּנִי

— adv.    בְּצוּרָה מְרֻשַּׁעַת; בְּאֹפֶן רַע;
בְּצוּרָה עוֹיֶנֶת, בְּצוּרָה לְקוּיָה

I'll    (אֵיל)    (קיצוּר של shall או I will)

ille'gal adj.    (אִלִיגָל)    לֹא־חֻקִּי, מִנֶּגֶד לַחֹק;
לְלֹא אִשּׁוּר

il"legal'ity n.    (אִלִיגֶלְטִי)    אִי־חֻקִּיּוּת

illeg'ible adj.    (אִלֶגְ'בְּל)    קָשֶׁה־קְרִיאָה;
שֶׁאִי אֶפְשָׁר לִקְרוֹא אוֹתוֹ; שֶׁקָּשֶׁה לְפַעֲנֵחַ אוֹתוֹ

il"legit'imacy n.    (אִלֶגִ'טֶמַסִי)    אִי־לֶגִיטִימִיּוּת,
אִי־חֻקִּיּוּת, אִי־הַתְאָמָה לַחֹק אוֹ לַנֹּהַג;
הֻלֶּדֶת מְחוּץ לְנִשּׂוּאִים

il"legit'imate adj.    (אִלֶגִ'טֶמַט)    לֹא־לֶגִיטִימִי,
לֹא־חֻקִּי; שֶׁנּוֹלַד מְחוּץ לְנִשּׂוּאִים; לֹא־יָאֶה;
לֹא לְפִי הַמְקֻבָּל

illic'it adj.    (אִלֶסְט)    אָסוּר, לְלֹא רְשׁוּת;
לְלֹא הֶתֵּר, לְלֹא רִשָּׁיוֹן; לֹא־חֻקִּי; פָּסוּל

illit'erate adj.    (אִלֶטְרַט)    אַנְאַלְפָבֵּיתִי,
שֶׁאֵינוֹ יוֹדֵעַ קְרוֹא וּכְתוֹב; בּוּר

ill'ness n.    (אִלְנֶס)    מַחֲלָה

illog'ical adj.    (אִלוֹגִ'קָל)    לֹא־הֶגְיוֹנִי,
מִנֶּגֶד לַהִגָּיוֹן; מִנֶּגֶד לַשֵּׂכֶל

illu'minate v.t. & i.    (אִלוּמֶנֵט)    הֵאִיר,
הִבְהִיר; עִטֵּר

illu"mina'tion n.    (אִלוּמֶנֵישֶׁן)    הֶאָרָה;
תְּאוּרָה; הַבְהָרָה, הַשְׁכָּלָה; כְּמוּת אוֹר; עִטּוּר

illus'ion n.    (אִלוּזְ'ן)    מַחֲזֵה־שָׁוְא, אַשְׁלָיָה;
אִילוּזְיָה, תַּעְתּוּעֵי־דִמְיוֹן

illu'sory adj.    (אִלוּסֶרִי)    מַטְעֶה, דִמְיוֹנִי

il"lustrate" v.t. & i.    (אִלַסְטְרֵיט)    הִבְהִיר,
הִסְבִּיר עַל יְדֵי דֻגְמוֹת, הַדְגִּים; אִיֵּר

il"lustra'tion n.    (אִלַסְטְרֵישֶׁן)    אִיּוּר;
הַדְגָּמָה, הֶסְבֵּר

illus'trious adj.    (אִלַסְטְרִיאַס)    מְפֻרְסָם,
מְפֹאָר

im'age n.    (אִמֶגִ')    דְּמוּת, בָּבוּאָה; רַעְיוֹן;
מֻשָּׂג, צוּרָה; הֶעְתֵּק, סֵמֶל; הִתְגַּלְמוּת, תֹּאַר;
צֶלֶם; בִּטּוּי מְלִיצִי, תַּדְמִית

im'agery n.    (אִמֶגְ'רִי)    דְּמוּי, תְּמוּנוֹת;
הַשִּׁמּוּשׁ בִּדְמוּיִים סִפְרוּתִיִּים, תֹּאַר

imag'inable adj.    (אִמֶגִ'נַבְּל)    שֶׁאֶפְשָׁר
לְהַעֲלוֹת עַל הַדַּעַת, שֶׁנִּתָּן לְדַמּוֹי

imag'inar"y adj.    (אִמֶגִ'נֶרִי)    דִמְיוֹנִי

imag"ina'tion n.    (אִמֶגִ'נֵישֶׁן)    דִּמְיוֹן; דְּמוּי;
מְשָׂג דִּמְיוֹנִי; תּוֹשִׁיָּה

imag'inative adj.    (אִמֶגִ'נֶטִב)    דִּמְיוֹנִי; שֶׁל
הַדִּמְיוֹן, הוֹזֶה; דִּמְיוֹן פּוֹרֶה

imag'ine v.t. & i.    (אִמֶגִ'ן)    דִּמָּה, תֵּאֵר
לְעַצְמוֹ; סָבַר, הֶאֱמִין, הִנִּיחַ

im'becile n. & adj.    (אִמְבֶּסְל)    אִידְיוֹט,
מְטֻמְטָם, אִימְבֶּצִילִי; טִפְּשִׁי; אַבְסוּרְדִי

imbibe' v.t. & i.    (אִמְבַּיבּ)    שָׁתָה, שָׁרָה,
קָלַט

imbue' v.t.    (אִמְבְּיוּ)    הִשְׁרָה;
הֶחְדִּיר בְּ־; הִשְׁרָה

im'itate" v.t.    (אִמֶטֵיט)    חִקָּה, הֶעְתִּיק; זִיֵּף;
שָׁאַף לְהִדָּמוֹת לְ־

im"ita'tion n.    (אִמֶטֵישֶׁן)    חִקּוּי, זִיּוּף,
הֶעְתֵּק

immac'ulate adj.    (אִמֶקְיֻלֵט)    נָקִי לְלֹא
רְבָב; לְלֹא דֹּפִי; טָהוֹר

Immaculate Conception    הֵרָיוֹן לְלֹא
מַעַע מִינִי (לפי האמונה הקתולית: הריונו של ישו)

im"mater'ial adj.    (אִמֶטִירִיאָל)    נָטוּל
חֲשִׁיבוּת, חֲסַר כָּל מַשְׁמָעוּת; רוּחָנִי

im"mature' adj.    (אִמֶטְיוּר)    לֹא־בָּשֵׁל,
לֹא־מִפֻתָּח; שֶׁל בֹּסֶר; לֹא־מְשֻׁכְלָל; לֹא־
מְבֻגָּר

immeas'urable adj.    (אִמֶזְ'רַבְּל)    לְלֹא גְּבוּל

imme'diate adj.    (אִמִידִיאַט)    מִידִי, סָמוּךְ;
בִּלְתִּי־אֶמְצָעִי

—ly adv.    מִיָּד

im"memor'ial adj.    (אִמֶמוֹרִיאָל)    מְעֻבָּר
לְכָל יְדִיעָה וָזֵכֶר. קָדוּם מְאֹד

immense' adj.    (אִמֶנְס)    רְחַב־יָדַיִם, גָּדוֹל
מְאֹד, עָצוּם; לְלֹא גְּבוּל

immerse' v.t.    (אִמֶרְס)    טָבַל, שָׁקַע,
הִטְבִּיל; קָבַר; שָׁקַע עֲמֻקּוֹת, הָגָה

im'migrant n.    (אִמְרְגַנְט)    מְהַגֵּר

im'migrate" v.t.    (אִמְרֵיט)    הִגֵּר אֶל (בְּדֵי
לְהִשְׁתַּקֵּעַ)

im"migra'tion n.    (אִמְרֵישֶׁן)    הֲגִירָה,
עֲלִיָּה לְאֶרֶץ יִשְׂרָאֵל

im'minent adj.    (אִמֶנֶנְט)    מְמַשְׁמֵשׁ וּבָא;
מְאַיֵּם מִקָּרוֹב

im"mobil'ity n.    (אִמוֹבִּלְטִי)    חֹסֶר אֶפְשָׁרוּת
לְהָזִיז, שִׁתּוּק, חֹסֶר תְּנוּעָה; מְנוּחָה

**immo´bilize″** *v.t.* (אִמוֹבַּלַיז) שָׁתַק, נִיחַ

**immod´erate** *adj.* (אִמוֹדֶרִט) מֻגְזָם, קִיצוֹנִי

**immod´est** *adj.* (אִמוֹדִסְט) לֹא־צָנוּעַ; חֲסַר־בּוּשָׁה; חָצוּף, עַז־פָּנִים

**im´molate″** *v.t.* (אִמְלֵיט) הִקְרִיב

**immor´al** *adj.* (אִמוֹרֶל) לֹא־מוּסָרִי; מְנֻגָּד לַמּוּסָר הַמְקֻבָּל

**im″moral´ity** *n.* (אִמֶרֶלִטִי) חֹסֶר־מוּסָרִיּוּת; רֶשַׁע; פְּרִיצוּת, הֶפְקֵרוּת, מַעֲשֶׂה לֹא־מוּסָרִי

**immor´tal** *adj.* & *n.* (אִמוֹרְטֶל) אַלְמוֹתִי, שֶׁל אַלְמָוֶת; נֶצַח; בֶּן אַלְמָוֶת; בַּעַל שֵׁם עוֹלָם

**im″mortal´ity** *n.* (אִמוֹרְטֶלִטִי) אַלְמָוֶת; שֵׁם עוֹלָם

**immor´talize″** *v.t.* (אִמוֹרְטֶלַיז) עָשָׂה לְאַלְמוֹתִי; הֶעֱנִיק נִצְחִיּוּת, הִנְצִיחַ; הֶעֱנִיק שֵׁם עוֹלָם

**immo´vable** *adj.* (אִמוּבֶבְּל) יַצִּיב, קָבוּעַ, שֶׁאֵין לַהֲזִיזוֹ; חֲסַר־תְּנוּעָה; לֹא־מִשְׁתַּנֶּה; חֲסַר־רֶגֶשׁ; עִקֵּשׁ

**immune´** *adj.* (אִמְיוּן) מְחֻסָּן; פָּטוּר מ־

**immu´nity** *n.* (אִמְיוּנִטִי) חִסּוּן; פְּטוֹר; חֲסִינוּת

**im´munize″** *v.t.* (אִמְיֻנַיז) חִסֵּן

**immure´** *v.t.* (אִמְיוּר) כָּלָא בֵּין חוֹמוֹת; כָּלָא; טָמַן בְּתוֹךְ קִיר

**immu´table** *adj.* (אִמְיוּטֶבְּל) שֶׁאֵינוֹ מִשְׁתַּנֶּה; שֶׁאֵין לְשַׁנּוֹתוֹ

**imp** *n.* (אִמְפּ) שֵׁדוֹן

**im´pact** *n.* (אִמְפֶּקְט) הִתְנַגְּשׁוּת; כֹּחַ מַחַץ; הַשְׁפָּעָה, פְּעֻלָּה עַל

impact´ *v.t.* דָּחַס; מִלֵּא, צִפֵּף; הִתְנַגֵּשׁ בּ־

**impair´** *v.t.* (אִמְפֶּר) קִלְקֵל, הֵרַע, פָּגַע בּ־, הוֹרִיד עֶרֶךְ; הֶחֱלִישׁ, הִזִּיק ל־

**impale´** *v.t.* (אִמְפֵּיל) קָבַע עַל מוֹט מְשֻׁחָז; הֶחְדִּיר מוֹט מְשֻׁחָז; הָפַךְ לַחֲסַר־אוֹנִים

**impal´pable** *adj.* (אִמְפֶּלְפֶּבְּל) שֶׁאֵין לְתָפְסוֹ, שֶׁאֵין לְמַשְּׁשׁוֹ; דַּק בְּיוֹתֵר

**impan´el** *v.t.* (אִמְפֶּנְל) רָשַׁם בְּרְשִׁימָה; בָּחַר מֻשְׁבָּעִים מִתּוֹךְ רְשִׁימָה

**impart´** *v.t.* (אִמְפַּרְט) הוֹדִיעַ, סִפֵּר; נָתַן, הֶעֱנִיק, הֶעֱבִיר; מָסַר חֵלֶק

**impar´tial** *adj.* (אִמְפַּרְשֶׁל) חֲסַר־פְּנִיּוֹת, אוֹבְּיֶקְטִיבִי, שֶׁאֵינוֹ נוֹשֵׂא פָּנִים

**impas´sable** *adj.* (אִמְפֶּסֶבְּל) לֹא־עָבִיר; שֶׁאֵין לַעֲבוֹר עָלָיו

**impas´sioned** *adj.* (אִמְפֶּשֶׁנְד) נִלְהָב, נִרְגָּשׁ; לוֹהֵט

**impas´sive** *adj.* (אִמְפֶּסִב) חֲסַר־רֶגֶשׁ; אָדִישׁ; שָׁלֵו; נְטוּל־הַכָּרָה, חֲסַר־תְּחוּשָׁה

**impa´tience** *n.* (אִמְפֵּישֶׁנְס) חֹסֶר־סַבְלָנוּת, קֹצֶר רוּחַ; חֹסֶר מְנוּחָה; בּוּלְמוּס לְשִׁנּוּיִים; חֹסֶר סוֹבְלָנוּת

**impa´tient** *adj.* (אִמְפֵּישֶׁנְט) חֲסַר־סַבְלָנוּת, חֲסַר־מְנוּחָה

**impeach´** *v.t.* (אִמְפִּיץ׳) הֶאֱשִׁים בְּהִתְנַהֲגוּת לֹא־יָאָה; הֶעֱמִיד לְמִשְׁפָּט; הֵטִיל סָפֵק בַּאֲמִינוּת; הִגִּישׁ הַאֲשָׁמָה נֶגֶד; הֵטִיל סָפֵק בּ־; מָצָא דֹּפִי בּ־

**impeach´ment** *n.* (אִמְפִּיצ׳מֶנְט) הַעֲמָדָה לְמִשְׁפָּט; הַגָּשַׁת כְּתַב אִשּׁוּם (בפני בית נבחרים); הֲזָמַת עֵדוּת

**impec´cable** *adj.* (אִמְפֶּקֶבְּל) לְלֹא דֹּפִי; לֹא־מְסֻגָּל לַחֲטוֹא

**impede´** *v.t.* (אִמְפִּיד) עִכֵּב, שָׂם מִכְשׁוֹל בִּפְנֵי

**imped´iment** *n.* (אִמְפֶּדְמֶנְט) מִכְשׁוֹל; הַפְרָעָה בְּכֹשֶׁר הַדִּבּוּר

**impel´** *v.t.* (אִמְפֶּל) דָּחַף קָדִימָה; עוֹרֵר לִפְעֻלָּה, הִמְרִיץ; הֵנִיעַ

**impend´** *v.i.* (אִמְפֶּנְד) מִשְׁמֵשׁ וּבָא; אִיֵּם

**impen´etrable** *adj.* (אִמְפֶּנִטְרֶבְּל) אָטוּם, לֹא־חָדִיר; לֹא נִתָּן לְהַשְׁפָּעָה; שֶׁאֵין לַהֲבִינוֹ, סָתוּם

**imper´ative** *adj.* & *n.* (אִמְפֶּרֶטִב) מְצַוֶּה; שֶׁל הַצִּוּוּי; פְּקֻדָּה, צַו; הִתְחַיְּבוּת, הֶכְרֵחַ; צִוּוּי; עִקָּר מְחַיֵּב

**im″percep´tible** *adj.* (אִמְפֶּרְסֶפְּטִבְּל) קָלוּשׁ מְאֹד, מְדֹרָג בְּיוֹתֵר, דַּק מְאֹד; לֹא נִתְפָּס עַל יְדֵי הַחוּשִׁים

**imper´fect** *adj.* & *n.* (אִמְפֶּרְפֶקְט) פָּגוּם; לֹא־מֻשְׁלָם; לֹא־נִשְׁלָם (זמן, בדקדוק); זְמַן לֹא־נִשְׁלָם, פֹּעַל בִּזְמַן לֹא־נִשְׁלָם

**im″perfect´tion** *n.* (אִמְפֶּרְפֶקְשֶׁן) פְּגָם; חֹסֶר שְׁלֵמוּת

**imper'forate** *adj. & n.* (אִמְפֶּרְפֶּרֶט) חֲסַר־נְקוּב; בּוּל חֲסַר־נִקּוּב

**imper'ial** *adj. & n.* (אִמְפִּירִיאֲל) קֵיסָרִי; תַּקִּיף; זָקָן תַּיִשׁ קָצָר

**imper'ialis"m** *n.* (אִמְפִּירִיאֲלִזְם) אִמְפֶּרְיָאלִיזְם

**imper'il** *v.t.* (אִמְפֶּרִל) הֶעֱמִיד בְּסַכָּנָה, סִכֵּן

**imper'ious** *adj.* (אִמְפִּירִיאֲס) שְׁתַלְטָנִי, רוֹדָנִי; דָּחוּף, הֶכְרֵחִי

**imper'ishable** *adj.* (אִמְפֶּרֲשַׁבְּל) לֹא־נִשְׁחָת; שֶׁאֵין לְהַשְׁמִידוֹ; בַּר־קַיָּם

**imper'meable** *adj.* (אִמְפֶּרְמִיאַבְּל) אָטִים

**imper'sonal** *adj.* (אִמְפֶּרְסֲנַל) לְלֹא הִתְיַחֲסוּת אִישִׁית; חֲסַר יַחַס אִישִׁי; סְתָמִי; חֲסַר תְּכוּנוֹת־אֱנוֹשׁ, חֲסַר־אִישִׁיּוּת

**imper'sonate"** *v.t.* (אִמְפֶּרְסֲנֵיט) הִתְחַזָּה כְּ־; גִּלֵּם

**imper'tinence** *n.* (אִמְפֶּרְטֲנֶנְס) חֻצְפָּה; חֹסֶר שַׁיָּכוּת, אַבְּסוּרְדִיּוּת; חָצוּף

**imper'tinent** *adj.* (אִמְפֶּרְטֲנֶנְט) חָצוּף; לֹא שַׁיָּךְ, לֹא מִגּוּף הָעִנְיָן

**im"pertur'bable** *adj.* (אִמְפֶּרְטֶרְבֲּבְּל) לֹא־מִתְרַגֵּשׁ

**imper'vious** *adj.* (אִמְפֶּרְוִיאֲס) בִּלְתִּי־חָדִיר, אָטִים; לֹא־פָּגִיעַ, לֹא נִתָּן לְהַשְׁפָּעָה

**impet"uos'ity** *n.* (אִמְפֶּצ'וּאוֹסֲטִי) פְּזִיזוּת

**impet'uous** *adj.* (אִמְפֶּצ'וּאֲס) פָּזִיז, מִתְפָּרֵץ, פּוֹעֵל בְּעִקְבוֹת דְּחָפִים, אִימְפּוּלְסִיבִי

**im'petus** *n.* (אִמְפִּטֲס) כֹּחַ דּוֹחֵף, דְּחִיפָה, גֵּרוּי, אֶנֶרְגְיָה שֶׁל תְּנוּעָה

**impi'ety** *n.* (אִמְפַּיאֲטִי) חֹסֶר יִרְאַת שָׁמַיִם; מַעֲשֵׂה כְּפִירָה

**impinge'** *v.i.* (אִמְפִּנְג') פָּגַע, הִתְנַגֵּשׁ בְּ־; הֵפֵר; עָשָׂה רֹשֶׁם

**im'pious** *adj.* (אִמְפִּיאֲס) מְזַלְזֵל בְּדָת

**im'pish** *adj.* (אִמְפִּשׁ) כְּדֶרֶךְ שֵׁדוֹן, שׁוֹבָבִי

**implac'able** *adj.* (אִמְפְּלֶקֲבְּל) שֶׁאֵין לְפַיְּסוֹ

**implant'** *v.t.* (אִמְפְּלֶנְט) הֶחְדִּיר, שָׁתַל

**im'plement** *n.* (אִמְפְּלֲמֶנְט) מַכְשִׁיר, כְּלִי; פְּרִיט צִיּוּד; אֶמְצָעִי

im'plement" *v.t.* בִּצַּע; הוֹצִיא לַפֹּעַל; קִיֵּם; הִשְׁלִים

**im"plicate"** *v.t.* (אִמְפְּלֲקֵיט) עֵרֵב, סִבֵּךְ; רָמַז עַל; הִתְיַחֵס אֶל; הִשְׁפִּיעַ עַל

**im"plica'tion** *n.* (אִמְפְּלֲקֵישֲׁן) רֶמֶז; הַשְׁלָכָה; אִמְפְּלִיקַצְיָה, הֶקֵּשׁ, מַתְנֶה סִבּוּךְ, עֵרוּב

**implic'it** *adj.* (אִמְפְּלִסִט) נִרְמָז (לא נאמר בפירוש); עָשׂוּי לְהִכָּלֵל

**implore'** *v.t. & i.* (אִמְפְּלוֹר) הִתְחַנֵּן; הִפְצִיר

**imply'** *v.t.* (אִמְפְּלַי) רָמַז; הוֹרָה עַל; דָּרַשׁ כִּתְנַאי; עֵרֵב

**im'polite"** *adj.* (אִמְפֲּלַיט) חֲסַר־נִימוּס; גַּס

**import'** *v.t. & i.* (אִמְפּוֹרְט) יִבֵּא; הֶעֱבִיר, מָסַר; רָמַז, עֵרֵב; הָיָה בַּעַל חֲשִׁיבוּת

im'port *n.* יְבוּא; מִצְרַךְ יְבוּא; מַשְׁמָעוּת; הַשְׁלָכָה; חֲשִׁיבוּת

**impor'tance** *n.* (אִמְפּוֹרְטֲנְס) חֲשִׁיבוּת, עֵרֶךְ; תּוֹצָאָה

**impor'tant** *adj.* (אִמְפּוֹרְטֲנְט) חָשׁוּב; בַּעַל מַשְׁמָעוּת; גָּדוֹל, נִכְבָּד; רַב־הַשְׁפָּעָה; מִתְנַפֵּחַ

**im"porta'tion** *n.* (אִמְפּוֹרְטֵישֲׁן) יְבוּא; מִצְרַךְ יְבוּא

**impor'tunate** *adj.* (אִמְפּוֹרְצֲ'נִט) מַפְצִיר; עַקְשָׁן

**im'portune"** *v.t. & i.* (אִמְפּוֹרְטוּן) הִפְצִיר; הִצִּיעַ הַצָּעוֹת לֹא־יָאוֹת; דָּרַשׁ בְּמַפְגִּיעַ

**impose'** *v.t.* (אִמְפּוֹז) הֵטִיל; כָּפָה עַצְמוֹ עַל; מָסַר כְּדֵי לְרַמּוֹת; עָשָׂה רֹשֶׁם; נִצֵּל לְרָעָה; הִסְתּוֹלֵל בְּ־; רִמָּה

—ing *adj.* רַב־רֹשֶׁם

**im"posit'ion** *n.* (אִמְפֲּזִשֲׁן) הֲטָלָה; מַעֲמָסָה; נִצּוּל לְרָעָה; רַמָּאוּת; סְמִיכַת יָדַיִם; הַנָּחָה עַל

**impos"sibil'ity** *n.* (אִמְפּוֹסֲבִּלֲטִי) אִי־אֶפְשָׁרוּת

**impos'sible** *adj.* (אִמְפּוֹסִבְּל) בִּלְתִּי־אֶפְשָׁרִי; מֻטְעֶה לַחֲלוּטִין; לֹא־מַעֲשִׂי; קָשֶׁה מְאֹד

**impos'ter** *n.* (אִמְפּוֹסְטֶר) מוֹלִיךְ שׁוֹלָל, רַמַּאי; מִתְחַזֶּה, מִתְעַתֵּעַ

**im'potence** *n.* (אִמְפֲּטֲנְס) חֻלְשָׁה, חֹסֶר

כֹּחַ, חֹסֶר אוֹנִים; חֲסַר כֹּחַ גַּבְרָא, אִימְפּוֹטֶנְ־טִיוּת

**im′potent** *adj.* (אִמְפֶּטֶנְט) חָלָשׁ, חֲסַר־אוֹנִים; חֲסַר כֹּחַ גַּבְרָא, אִימְפּוֹטֶנְטִי

**impound′** *v.t.* (אִמְפַּאוּנְד) כָּלָא; תָּפַס, עִקֵּל

**impov′erish** *v.t.* (אִמְפּוֹבֶרִשׁ) רוֹשֵׁשׁ; הֶחֱלִישׁ

**imprac′ticable** *adj.* (אִמְפְּרֶקְטֶקַבְּל) לֹא־מַעֲשִׂי; לֹא־מַתְאִים; לֹא־עָבִיר

**im″preca′tion** *n.* (אִמְפְּרֶקֵישְׁן) קְלָלָה, מְאֵרָה

**impreg′nable** *adj.* (אִמְפְּרֶגְנַבְּל) שֶׁאֵין לִכְבּשׁוֹ; שֶׁאֵין לְנַצְּחוֹ; נִתָּן לְהַפְרָיָה

**impreg′nate** *v.t.* (אִמְפְּרֶגְנֵיט) עִבֵּר; הִפְרָה; הֶחְדִּיר, הִרְוָה, הִסְפִּיג

**impress′** *v.t.* (אִמְפְּרֶס) הִשְׁפִּיעַ, עָשָׂה רֹשֶׁם, הִטְבִּיעַ חוֹתָמוֹ עַל; הִפְצִיר; לָחַץ עַל; הֶחְתִּים

**impres′sion** *n.* (אִמְפְּרֶשְׁן) רֹשֶׁם; סִימָן, חוֹתָם; יְצִיקָה; טְבִיעָה; חִקּוּי

**impres′sive** *adj.* (אִמְפְּרֶסִב) מַרְשִׁים

**im′print** *n.* (אִמְפְּרִנְט) חוֹתָם, טְבִיעָה; שֵׁם הַהוֹצָאָה

**impris′on** *v.t.* (אִמְפְּרִזְן) כָּלָא; עָצַר

**impris′onment** *n.* (אִמְפְּרִזַנְמֶנְט) כְּלִיאָה, מַעֲצָר

**improb′able** *adj.* (אִמְפְּרוֹבַּבְּל) לֹא מִתְקַבֵּל עַל הַדַּעַת, לֹא־סָבִיר

**impromp′tu** *adj.* (אִמְפְּרוֹמְפְּטוּ) מְאֻלְתָּר; עָשׂוּי בְּחִפָּזוֹן

**improp′er** *adj.* (אִמְפְּרוֹפֶּר) לֹא־יָאֶה; מֻטְעֶה; מְנֻגָּד לַנֹּהַג; לֹא־מַתְאִים; לֹא־מְקֻבָּל

**im″propri′ety** *n.* (אִמְפְּרַפְּרַיאַטִי) הִתְנַהֲגוּת לֹא־יָאָה; מִשְׁגֶּה; אִי־הַתְאָמָה; שִׁמּוּשׁ לֹא־נָכוֹן שֶׁל מִלָּה

**improve′** *v.t. & i.* (אִמְפְּרוּב) שִׁפֵּר; טִיֵּב; הֶעֱלָה עֶרֶךְ; נִצֵּל לְטוֹבָה; הִשְׁתַּפֵּר

**improve′ment** *n.* (אִמְפְּרוּבְמֶנְט) שִׁפּוּר, הִשְׁתַּפְּרוּת; הַעֲלָאַת עֶרֶךְ; שִׁמּוּשׁ טוֹב

**improv′ident** *adj.* (אִמְפְּרוֹבִדֶנְט) שֶׁאֵינוֹ רוֹאֶה הַנּוֹלָד; חֲסַר־זְהִירוּת, פָּזִיז; מִתְעַלֵּם מִצָּרְכֵי הֶעָתִיד

**im′provise″** *v.t. & i.* (אִמְפְּרַוַיז) אִלְתֵּר

**impru′dent** *adj.* (אִמְפְּרוּדֶנְט) חֲסַר־תְּבוּנָה, קַל־דַּעַת

**im′pudence** *n.* (אִמְפְּיֻדֶנְס) חֻצְפָּה, עַזּוּת פָּנִים

**im′pulse** *n.* (אִמְפַּלְס) דַּחַף, אִימְפּוּלְס; דְּחִיפָה; דָּרְבּוֹן; נְטִיָּה פִּתְאוֹמִית

**impul′sive** *adj.* (אִמְפַּלְסִב) נִמְהָר, הַפָּעַל עַל יְדֵי דַּחַף, אִימְפּוּלְסִיבִי; דּוֹחֵף; מְעוֹרֵר לִפְעֻלָּה

**impu′nity** *n.* (אִמְפְּיוּנִטִי) פְּטוֹר מֵעֹנֶשׁ; חֲסִינוּת מִפְּנֵי תּוֹצָאוֹת רָעוֹת

**impure′** *adj.* (אִמְפְּיוּר) לֹא־טָהוֹר; מְפֻגָּל; מְעֹרָב; מְאֻפְיָן עַל יְדֵי יְסוֹדוֹת זָרִים

**impute′** *v.i.* (אִמְפְּיוּט) יִחֵס (דבר שלילי); תָּלָה בְּ־

**in** *prep. & adv.* (אִן) בְּ, בְּתוֹךְ; לְתוֹךְ; לְ־; בַּבַּיִת; בַּמִּשְׂרָד; בַּשִּׁלְטוֹן; מַחֲזִיק בַּמָּקוֹם; תּוֹרוֹ הִגִּיעַ; בְּיַחֲסִים טוֹבִים; בָּאָפְנָה; בָּעוֹנָה

be — for צָפוּי לוֹ נִסָּיוֹן רַע

— for it צָפוּי לְתוֹצָאוֹת רָעוֹת

— love מְאֹהָב

— no way לִגְמָרֵי לֹא

— succession בָּזֶה אַחַר זֶה

— with בְּיַחֲסֵי יְדִידוּת

— *adj.* פְּנִימִי; אָפְנָתִי; מוּבָן רַק לְחוּג מְצֻמְצָם; נִכְנָס; נִמְצָא בְּשֶׁפַע

— *n.* בַּעַל שִׁלְטוֹן; חֲבֵר מִפְלֶגֶת הַשִּׁלְטוֹן; הַשְׁפָּעָה

**in″abil′ity** *n.* (אִנַאַבִּלְטִי) חֹסֶר יְכֹלֶת; חֹסֶר כֹּחַ; חֹסֶר אֶמְצָעִים

**in″acces′sible** *adj.* (אִנַאַקְסֶסִבְּל) שֶׁאֵין אֵלָיו גִּישָׁה

**inac′curacy** *n.* (אִנֶאקְיֻרַסִי) חֹסֶר דִּיּוּק; שְׁגִיאָה

**inac′curate** *adj.* (אִנֶאקְיֻרִט) לֹא־מְדֻיָּק; מֻטְעֶה; לֹא־נָכוֹן

**inac′tion** *n.* (אִנֶאקְשֶׁן) חֹסֶר פְּעֻלָּה; בַּטָּלָה

**inac′tive** *adj.* (אִנֶאקְטִב) לֹא־פָּעִיל; סָבִיל; עָצֵל; לֹא בְּשֵׁרוּת פָּעִיל

**inad′equate** *adj.* (אִנֶאדֶקְוִט) לֹא־מַסְפִּיק, לֹא־מְסַפֵּק

**in″admis′sible** *adj.* (אִנַאַדְמִסִבְּל) שֶׁאֵין לְקַבְּלוֹ

**in"adver'tence** *n.* (אִנְאַדְוֶרְטֶנְס) הֶסַּח הַדַּעַת; שְׁגָגָה
**in"adver'tent** *adj.* (אִנְאַדְוֶרְטֶנְט) שֶׁבְּהֶסַּח הַדַּעַת, שֶׁבִּשְׁגָגָה
**in"advi'sable** *adj.* (אִנְאַדְוַיזַבְּל) לֹא־נָבוֹן
**inane'** *adj.* (אִנֵין) טִפְּשִׁי; רֵיק, חָלוּל
**inan'imate** *adj.* (אִנֶאנִמִט) דּוֹמֵם, לֹא־חַי; חֲסַר־חִיּוּת, אָדִישׁ
**inan'ity** *n.* (אִנֶינִטִי) אִוֶּלֶת; רֵיקָנוּת
**in"approa'chable** *adj.* (אִנַאפְּרוֹצַ׳בְּל) שֶׁאֵין אֵלָיו גִּישָׁה; לְלֹא מִתְחָרֶה
**in"appro'priate** *adj.* (אִנַאפְּרוֹפְּרִיאִט) לֹא־מַתְאִים
**inapt'** *adj.* (אִנֶאפְּט) לֹא־מַתְאִים; חֲסַר־כִּשָּׁרוֹן; חֲסַר־יְכֹלֶת
**in"artic'ulate** *adj.* (אִנַארְטִקְיַלִט) לֹא הָגוּי בִּבְהִירוּת; מְגֻמְגָּם; חֲסַר כֹּחַ הַבָּעָה
**inasmuch' as"** (אִנַזְמַץ׳ אֶז) הוֹאִיל וְ־, לְאוֹר הָעֻבְדָּה שֶׁ־, בְּמִדָּה שֶׁ־
**in"atten'tion** *n.* (אִנַאטֶנְשַׁן) פִּזּוּר נֶפֶשׁ, חֹסֶר תְּשׂוּמֶת־לֵב; הִתְעַלְּמוּת
**in"atten'tive** *adj.* (אִנַאטֶנְטִב) לֹא שָׂם לֵב, מַסִּיחַ דַּעְתּוֹ, מִתְעַלֵּם
**inau'dible** *adj.* (אִנָאוֹדִבְּל) שֶׁאֵין לְשָׁמְעוֹ
**inau'gurate"** *v.t.* (אִנָאוֹגְיַרֵיט) הִתְחִיל בְּ־; הִשְׁבִּיעַ, הִכְנִיס לְמִשְׂרָה; הִסְמִיךְ לִכְהֻנָּה
**in'born'** *adj.* (אִנְבּוֹרְן) מִלֵּדָה
**in"candes'cence** *n.* (אִנְקַנְדֶסֶנְס) לַהַט, לִבּוּן; אוֹר לוֹהֵט
**in"candesc'ent** *adj.* (אִנְקַנְדֶסֶנְט) לוֹהֵט; מְלֻבָּן; בּוֹהֵק; מַזְהִיר, בָּהִיר מְאֹד
**in"canta'tion** *n.* (אִנְקֶנְטֵישַׁן) דִּבְרֵי כִּשּׁוּף; לַחַשׁ; טְקָסִים מָגִיִּים
**inca'pable** *adj.* (אִנְקֵיפַּבְּל) חֲסַר־יְכֹלֶת; נְטוּל־כִּשָּׁרוֹן, לֹא־מְסֻגָּל; שֶׁאֵינוֹ מְאַפְשֵׁר; פָּסוּל לְ־
**in"capac'itate** *v.t.* (אִנְקַפֶּסִטֵיט) שָׁלַל יְכֹלֶת; עָשָׂה לְלֹא־כָּשִׁיר; פָּסַל
**incar'cerate"** *v.t.* (אִנְקַרְסַרֵיט) כָּלָא, שָׂם בְּמַעֲצָר, אָסַר
**incar'nate** *adj.* (אִנְקַרְנִט) בַּעַל דְּמוּת אָדָם; בְּהִתְגַּלְּמוּת־; בְּצֶבַע הָעוֹר
**incau'tious** *adj.* (אִנְקוֹשַׁס) לֹא־זָהִיר, רַשְׁלָנִי

**incen'diaris"m** *n.* (אִנְסֶנְדִיאַרִזְם) הַצָּתָה; הֲסָתָה
**incen'diar"y** *adj.* (אִנְסֶנְדִיאֶרִי) מִתְלַקֵּחַ; שֶׁל הַצָּתָה; מֵסִית, מְחַרְחֵר רִיב; מְשַׁלְהֵב; מַצִּית (אדם); פְּצָצַת תַּבְעֵרָה; פְּגַז תַּבְעֵרָה
**in'cense** *n. & v.t. & i.* (אִנְסֶנְס) קְטֹרֶת; רֵיחַ נִיחֹחַ; הַעֲרָצָה; קִטֵּר קְטֹרֶת
incense' *v.t.* הֶעֱלָה חֵמָה
**incen'tive** *n.* (אִנְסֶנְטִב) תַּמְרִיץ
**incep'tion** *n.* (אִנְסֶפְּשַׁן) הַתְחָלָה, תְּחִלָּה, רֵאשִׁית
**inces'sant** *adj.* (אִנְסֶסַנְט) לְלֹא הַפְסָקָה, מַתְמִיד
**in'cest** *n.* (אִנְסֶסְט) גִּלּוּי עֲרָיוֹת; יַחֲסֵי מִין אֲסוּרִים בֵּין שְׁאֵרֵי בָּשָׂר
**inces'tuous** *adj.* (אִנְסֶסְצ׳וּאַס) שֶׁל גִּלּוּי עֲרָיוֹת; שֶׁל יַחֲסֵי מִין אֲסוּרִים (מחמת קרבה משפחתית); אָשֵׁם בְּגִלּוּי עֲרָיוֹת
**inch** *n.* (אִנְץ׳) אִינְץ׳ (2.54 ס״מ), ״צוֹל״; כְּהוּא זֶה
by —s בְּעוֹר הַשִּׁנַּיִם
every — כֻּלּוֹ
within an — of כִּמְעַט; סָמוּךְ לְ־
**in'cidence** *n.* (אִנְסִדֶנְס) הֶקֵּף; חִילָה, אֵרוּעַ; פְּגִיעָה
**in'cident** *n.* (אִנְסִדֶנְט) תַּקְרִית, מְאֹרָע, מִקְרֶה; אֵרוּעַ
**in"ciden'tal** *adj.* (אִנְסִדֶנְטַל) מִקְרִי, מִשְׁנִי; עָשׂוּי לִקְרוֹת; דֶּרֶךְ אַגַּב
**incin'era"tor** *n.* (אִנְסִנַרֵיטְר) כִּבְשָׁן, מִשְׂרֶפֶת
**incis'ion** *n.* (אִנְסִזְ׳ן) חֲתָךְ, חִתּוּךְ; חַדּוּת
**inci'sive** *adj.* (אִנְסַיסִב) חוֹתֵךְ, חוֹדֵר, נוֹקֵב; חַד; שָׁנוּן; שֶׁל הַנִּיבִים
**incite'** *v.t.* (אִנְסַיט) הֵסִית
**incite'ment** *n.* (אִנְסַיטְמֶנְט) הֲסָתָה; מֵנִיעַ
**in"civil'ity** *n.* (אִנְסִוִלִטִי) חֹסֶר נִימוּס
**inclem'ent** *adj.* (אִנְקְלֶמֶנְט) סוֹעֵר, קָשֶׁה (מזג אויר); מִתְאַכְזֵר
**in"clina'tion** *n.* (אִנְקְלִנֵישַׁן) נְטִיָּה, הַעֲדָפָה; מַשְׁאַת נֶפֶשׁ; שִׁפּוּעַ
**incline'** *v.i. & t.* (אִנְקְלַין) נָטָה, הִשְׁתַּפֵּעַ; עוֹרֵר נְטִיָּה; הִטָּה

in'cline *n.*     שִׁפּוּעַ, מִדְרוֹן

include' *v.t.* (אִנְקְלוּד)     כָּלַל

inclu'sion *n.* (אִנְקְלוּזְ'ן)     כְּלִילָה;
דָּבָר כָּלוּל

inclus'ive *adj.* (אִנְקְלוּסִבּ)     כּוֹלֵל, וְעַד
בִּכְלָל, מַקִּיף

— of     לְרַבּוֹת

in"coher'ence *n.* (אִנְקוֹהִירֶנְס)     חֹסֶר קֶשֶׁר
הֶגְיוֹנִי; אִי־הַתְאָמָה, חֹסֶר הַרְמוֹנְיָה

in"coher'ent *adj.* (אִנְקוֹהִירֶנְט)     חֲסַר־קֶשֶׁר
הֶגְיוֹנִי, חֲסַר־הַתְאָמָה, חֲסַר־הַרְמוֹנְיָה, חֲסַר־
לִכּוּד פְּנִימִי; לְמִקְטָעִין

in'come *n.* (אִנְקַם)     הַכְנָסָה, תַּקְבּוּלִים

in'com'ing *adj.* (אִנְקַמִנְג)     נִכְנָס

in"commode' *v.t.* (אִנְקַמוֹד)     הַטְרִיחַ;
עִכֵּב

incom'parable *adj.* (אִנְקוֹמְפָּרַבְּל)     שֶׁאֵין
שָׁוֶה לוֹ, שֶׁאֵין דִּמְיוֹנוֹ, שֶׁאֵינוֹ בַּר־הַשְׁוָאָה

in"compat'ible *adj.* (אִנְקַמְפֶּטַבְּל)     לֹא־
מַתְאִים; לֹא מְסֻגָּל לִחְיוֹת יַחַד בְּהַרְמוֹנְיָה;
מְנֻגָּד; שֶׁאֵינוֹ מְסֻגָּל לְדוּ־קִיּוּם

incom'petence *n.* (אִנְקוֹמְפֶּטֶנְס)     חֹסֶר־
יְכֹלֶת, חֹסֶר כִּשּׁוּרוֹת

incom'petent *adj.* (אִנְקוֹמְפֶּטֶנְט)     חֲסַר־
יְכֹלֶת, חֲסַר־כִּשּׁוּרִים

in"complete' *adj.* (אִנְקַמְפְּלִיט)     לֹא־
מֻשְׁלָם, לֹא־גָמוּר; לָקוּי

in"comprehen'sible *adj.* (אִנְקוֹמְפְּרֶהֶנְסַבְּל)
לֹא־מוּבָן, סָתוּם

inconcei'vable *adj.* (אִנְקַנְסִיבַּבְּל)     שֶׁאֵין
לְהַשִּׂיגוֹ, שֶׁאֵין לְהַעֲלוֹתוֹ עַל הַדַּעַת

in"conclu'sive *adj.* (אִנְקַנְקְלוּסִבּ)     לְלֹא
הַכְרָעָה; לֹא־מְגֻדָּר

incong'ruous *adj.* (אִנְקוֹנְגְרוּאֶס)     לֹא־
מַתְאִים, יוֹצֵא דֹּפֶן; לֹא־יָאֶה; לֹא־הַרְמוֹנִי;
לֹא־עֶקְבִּי

incon'sequent *adj.* (אִנְקוֹנְסִקְוֶנְט)     לֹא־
עֶקְבִּי, לֹא־הֶגְיוֹנִי; לֹא־עִנְיָנִי; חֲסַר־עֵרֶךְ,
חֲסַר־מַשְׁמָעוּת

in"consid'erable *adj.* (אִנְקוֹנְסִדְרַבְּל)
קַל־עֵרֶךְ; פָּעוּט

in"consid'erate *adj.* (אִנְקוֹנְסִדְרַט)     לֹא־
מִתְחַשֵּׁב; פָּזִיז

in"consis'tent *adj.* (אִנְקוֹנְסִסְטֶנְט)     לֹא־
עֶקְבִּי; סוֹתֵר עַצְמוֹ; חֲסַר־הַתְאָמָה

in"conso'lable *adj.* (אִנְקוֹנְסוֹלַבְּל)     שֶׁאֵין
לוֹ תַּנְחוּמִים; שֶׁאֵין לְנַחֲמוֹ

in"conspic'uous *adj.* (אִנְקוֹנְסְפִּקְיוּאֶס)     לֹא־
מֻרְגָּשׁ, לֹא־מְחֻבְלָט

incon'stant *adj.* (אִנְקוֹנְסְטַנְט)     הַכְפַּךְ,
מִשְׁתַּנֶּה

incon'tinent *adj.* (אִנְקוֹנְטִנֶנְט)     לֹא מְסֻגָּל
לִשְׁלֹט בְּהַפְרָשׁוֹת הַגּוּף; לֹא מְסֻגָּל לְהִתְאַפֵּק;
לְלֹא הֲסִנּוּן; לְלֹא שְׁלִיטָה בְּיִצְרוֹ

in"conven'ience *n.* (אִנְקַנְוִינְס)     טִרְחָה,
אִי־נוֹחוּת

in"conven'ient *adj.* (אִנְקַנְוִינְט)     לֹא־נוֹחַ

in"conver'tible *adj.* (אִנְקַנְוֶרְטַבְּל)     לֹא בַּר־
הֲמָרָה, שֶׁאֵין לְהַחֲלִיפוֹ

incor'porate *v.t.* & *i.* (אִנְקוֹרְפֶּרַט)
הָסַף לְתָאֲגִיד; עָשָׂה לְאִרְגּוּן; מִזֵּג; גִּלֵּם;
הִתְאַגֵּד

in"corpor'eal *adj.* (אִנְקוֹרְפּוֹרִיאַל)     לֹא־
חָמְרִי; לֹא־גַשְׁמִי

in"correct' *adj.* (אִנְקוֹרֶקְט)     לֹא־נָכוֹן;
לֹא־מְדֻיָּק; לֹא־יָאֶה

incor'rigible *adj.* (אִנְקוֹרִגִ'בְּל)     לְלֹא תַּקָּנָה;
מִתְעַלֵּם מֵעֹנֶשׁ; שֶׁאֵין לְשַׁוּוֹתוֹ בִּקְלוּת; שֶׁאֵין
לְהַשְׁפִּיעַ עָלָיו בִּקְלוּת

in"corrup'tible *adj.* (אִנְקוֹרַפְּטַבְּל)     נָקִי
כַּפַּיִם; שֶׁאֵין לְשַׁחֲדוֹ, לֹא־נִרְקָב, לֹא מִתְפָּרֵק

increase' *v.t.* & *i.* (אִנְקְרִיס)     הִגְדִּיל;
הִרְבָּה, גָּדַל; הֵרַבָּה; רִבּוּי

in'crease *n.*     גִּדּוּל; תּוֹסֶפֶת; תְּנוּבָה;
תּוֹצָר, רֶוַח; רִבִּית

incred'ible *adj.* (אִנְקְרֶדַבְּל)     בִּלְתִּי־
אֶפְשָׁרִי, שֶׁלֹּא יֵאָמֵן

incred'ulous *adj.* (אִנְקְרֶגֶ'לַס)     מְפַקְפֵּק,
סַפְקָנִי

in'crement *n.* (אִנְקְרֶמֶנְט)     תּוֹסֶפֶת, גִּדּוּל;
רֶוַח

incrim'inate" *v.t.* (אִנְקְרִמִינֶיט)     הִפְלִיל;
סִבֵּךְ בְּמַעֲשֶׂה פְּלִילִי

in'cubate" *v.t.* & *i.* (אִנְקְיֻבֵּיט)     דָּגַר, רָבַץ
עַל בֵּיצִים; עָבַר דְּגִירָה; הִתְפַּתַּח, גָּדַל,
לָבַשׁ צוּרָה

**in'cuba'tion** *n.* (אִנְקְיֻבֵּישְׁן) דְּגִירָה, אִנְקוּבַּצְיָה

**incul'cate** *v.t.* (אִנְקַלְקֵיט) שִׁנֵּן ל־; הֶחְדִּיר לַלֵּב

**incum'bent** *n. & adj.* (אִנְקַמְבֶּנְט) מְכַהֵן (מִשְׂרָה מסוימת); מֻטָּל עַל

**incur'** *v.t.* (אִנְקֶר) נִתְקַל בּ־; הֵבִיא עַל עַצְמוֹ

**incur'able** *adj.* (אִנְקְיוּרֶבְּל) חֲשׂוּךְ־מַרְפֵּא

**incur'sion** *n.* (אִנְקֶרְז'ן) חֲדִירָה; פְּשִׁיטָה

**indebt'ed** *adj.* (אִנְדֶטִד) חַיָּב; אֲסִיר טוֹבָה

**inde'cency** *n.* (אִנְדִיסֶנְסִי) חֹסֶר צְנִיעוּת, פְּגִיעָה בַּמּוּסָר

**inde'cent** *adi.* (אִנְדִיסֶנְט) לֹא־צָנוּעַ, פּוֹגֵעַ (בַּמּוּסָר); לֹא־יָאֶה; גַּס

**in"decisi'ion** *n.* (אִנְדִסִז'ן) הַסְסָנוּת; אִי־יְכֹלֶת לְהַחְלִיט

**in"deci'sive** *adj.* (אִנְדִסַיסִב) לְלֹא הַכְרָעָה; הַסְסָנִי; לֹא־מֻגְדָּר, מְעֻרְפָּל

**indec'orous** *adj.* (אִנְדֶקֶרֶס) לֹא־יָאֶה

**indeed'** *adv. & interj.* (אִנְדִיד) אָכֵן, בְּעֶצֶם, אָמְנָם; אֶה

**in"defat'igable** *adj.* (אִנְדִפֶטִגֶבְּל) שֶׁאֵינוֹ מִתְעַיֵּף

**in"defen'sible** *adj.* (אִנְדִפֶנְסֶבְּל) לֹא־מֻצְדָּק; שֶׁאֵין לִמְחוֹל; שֶׁאֵינוֹ בַּר־הֲגַנָּה

**indef'inite** *adj.* (אִנְדֶפֶנִט) לֹא־מֻגְדָּר; לְלֹא גְּבוּל קָבוּעַ; סְתָמִי

**—a'rticle** תָּוִית סוֹתֶמֶת

**indel'ible** *adj.* (אִנְדֶלֶבְּל) לֹא־יִמָּחֵק; עוֹשֶׂה סִימָנִים שֶׁלֹּא יִמָּחֲקוּ

**indel'icate** *adj.* (אִנְדֶלִקִט) לֹא־עָדִין, גַּס

**indem'nify** *v.t.* (אִנְדֶמְנִפַי) פִּצָּה

**indem'nity** *n.* (אִנְדֶמְנִטִי) הֲגַנָּה בִּפְנֵי הֶפְסֵד, פִּצּוּי; בִּטּוּחַ

**indent'** *v.t. & i.* (אִנְדֶנְט) חֵרֵץ; פֵּרֵץ; הִרְחִיק מֵהַשּׁוּלַיִם; חָרַץ שׁוּלַיִם

**in"denta'tion** *n.* (אִנְדֶנְטֵישְׁן) מִפְרָץ; חֶרֶק

**inden'ture** *n. & v.t.* (אִנְדֶנְצ'ר) הֶסְכֵּם מְחֹרָץ (לְלֹא זיהוי); הֶסְכֵּם, חוֹזֶה; חוּזָה חֲנִיכוּת; רְשִׁימָה, אִשּׁוּר; הֶסְכֵּם חוֹב; חִיֵּב עַל פִּי חוֹזֵה חֲנִיכוּת

**in"depen'dence** *n.* (אִנְדִפֶּנְדֶנְס) עַצְמָאוּת

**in"depen'dent** *n.* (אִנְדִפֶּנְדֶנְט) עַצְמָאִי; בּוֹטֵחַ בְּעַצְמוֹ; בִּלְתִּי תָּלוּי

**in"descri'bable** *adj.* (אִנְדִסְקְרַיבֶּבְּל) שֶׁאֵין לְתָאֲרוֹ

**in"destruc'tible** *adj.* (אִנְדִסְטְרַקְטֶבְּל) שֶׁאֵין לְהַשְׁמִידוֹ

**in"deter'minate** *adj.* (אִנְדִטֶרְמֶנֶט) לֹא־קָבוּעַ; לֹא־מֻגְדָּר; לֹא־וַדָּאִי; סָתוּם, מְעֻרְפָּל; שֶׁלֹּא הֻכְרַע

**in'dex** *n.* (אִנְדֶקְס) אִינְדֶּקְס; מַפְתֵּחַ (ענינים); סִימָן, רֶמֶז; מַחְוָן; אֶצְבַּע (האצבע הרומזת); מַדָּד; רְשִׁימַת חֹמֶר אָסוּר

**In'dian** *n. & adj.* (אִנְדִיאֶן) אִינְדְּיָנִי; הֹדִּי

**in'dicate"** *v.t.* (אִנְדֶקֵיט) הֶרְאָה עַל; צִיֵּן; הִצְבִּיעַ עַל; הִבִּיעַ בִּקְצָרָה, חִוָּה

**in"dica'tion** *n.* (אִנְדֶקֵישְׁן) סִימָן, רֶמֶז, חִוּוּי

**indic'ative** *adj. & n.* (אִנְדִקֶטִב) מַרְאֶה, מַצְבִּיעַ, מְצַיֵּן; דֶּרֶךְ הַחִוּוּי

**in'dica"tor** *n.* (אִנְדִקֵיטֶר) מַחְוָן, מַרְאֶה, מְצַיֵּן; מַחֲוֶה; אִינְדִּיקָטוֹר

**indict'** *v.t.* (אִנְדַיט) הֶאֱשִׁים כַּחֹק

**indict'ment** *n.* (אִנְדַיטְמֶנְט) הַאֲשָׁמָה כַּחֹק; כְּתַב אִשּׁוּם

**indif'ference** *n.* (אִנְדִפְרֶנְס) אֲדִישׁוּת

**indif'ferent** *adj.* (אִנְדִפְרֶנְט) אָדִישׁ

**in'digence** *n.* (אִנְדִג'נְס) עֹנִי

**indig'enous** *adj.* (אִנְדִג'נֶס) יְלִיד הַמָּקוֹם, מְקוֹמִי; טִבְעִי

**in'digent** *adj. & n.* (אִנְדִג'נְט) עָנִי

**in"diges'tible** *adj.* (אִנְדִג'סְטֶבְּל) שֶׁאֵין לְעַכְּלוֹ

**in"diges'tion** *n.* (אִנְדִג'סְצ'ן) קִלְקוּל קֵבָה

**indig'nant** *adj.* (אִנְדִגְנֶנְט) מִתְרַעֵם, מִתְמַרְמֵר

**in"digna'tion** *n.* (אִנְדִגְנֵישְׁן) תַּרְעֹמֶת, הִתְמַרְמְרוּת, זַעַם

**indig'nity** *n.* (אִנְדִגְנִטִי) פְּגִיעָה בְּכָבוֹד, הַשְׁפָּלָה

**in'digo"** *n.* (אִנְדִגוֹ) אִינְדִּיגוֹ, קְלָאִילָן

**in"direct** *adj.* (אִנְדִירֶקְט) עָקִיף, לֹא־יָשִׁיר

**in"direc"tion** *n.* (אִנְדִירֶקְשְׁן) פְּעִילוּת עֲקִיפָה; דֶּרֶךְ עֲקִיפִין; חֹסֶר כִּוּוּן, חֹסֶר תַּכְלִית; רְמִיָּה

**in"discreet'** *adj.* (אִנְדִסְקְרִיט) חֲסַר־תְּבוּנָה
**in"discreti'on** *n.* (אִנְדִסְקְרֶשְׁן) מַעֲשֶׂה חֲסַר־תְּבוּנָה
**in"discrim'inate** *adj.* (אִנְדִסְקְרִמְנֶט) לְלֹא הַבְחָנָה; מִקְרִי; מְבֻלְבָּל
**in"dispen'sable** *adj.* (אִנְדִסְפֶּנְסֶבְּל) הֶכְרֵחִי; שֶׁאֵין לְהִתְעַלֵּם מִמֶּנּוּ
**in"disposed'** *adj.* (אִנְדִסְפּוֹזְד) חוֹלֶה בְּמִקְצָת; שֶׁאֵינוֹ מַרְגִּישׁ בְּטוֹב; אֵינוֹ נוֹטֶה ל־
**in"dispositi'on** *n.* (אִנְדִסְפְּזִישְׁן) מַחֲלָה קַלָּה; חֹסֶר רָצוֹן
**in"dispu'table** *adj.* (אִנְדִסְפְּיוּטֶבְּל) שֶׁאֵין לְהַרְהֵר אַחֲרָיו; שֶׁאֵין לְעַרְעֵר עָלָיו, וַדַּאי
**in"dissol'uble** *adj.* (אִנְדִסוֹלְיֻבְּל) לֹא־מָסִיס; יַצִּיב; לֹא־פָּרִיק
**in'distinct'** *adj.* (אִנְדִסְטִנְקְט) לֹא־בָּרוּר, עָמוּם, מְעֻרְפָּל
**indite'** *v.t.* (אִנְדַיְט) חִבֵּר
**in"divid'ual** *adj. & n.* (אִנְדִוִג'וּאֶל) מְיֻחָד, נִפְרָד; יָחִיד; יְחִידִי; אִינְדִּיבִידוּאָלִי; בֶּן־אָדָם; יֵשׁוּת נִפְרֶדֶת; פְּרָט
**in"divid'ualist** *n.* (אִנְדִוִג'וּאֶלִסְט) אִינְדִּיבִידוּאָלִיסְט
**in"divid"ual'ity** *n.* (אִנְדִוִג'וּאֶלִטִי) יִחוּד; יְחוּדִיּוּת; קִיּוּם כְּאָדָם יְחוּדִי
**in"divis'ible** *adj.* (אִנְדִוִזִבְּל) שֶׁאֵינוֹ מִתְחַלֵּק; שֶׁאֵינוֹ נִתָּן לַחֲלֻקָּה
**in'dolence** *n.* (אִנְדֶלֶנְס) עַצְלוּת, עַצְלְתַּיִם; קֵהוּת רֶגֶשׁ
**in'dolent** *adj.* (אִנְדֶלֶנְט) עָצֵל; קְהֵה־רֶגֶשׁ
**in'door"** *adj.* (אִנְדוֹר) פְּנִימִי, שֶׁבִּפְנִים הַבַּיִת
indoors' *adv.* בַּבַּיִת; לְתוֹךְ הַבַּיִת
**indorse'** *See* **endorse**
**indu'bitable** *adj.* (אִנְדוּבִּטֶבְּל) וַדַּאי, שֶׁאֵינוֹ מֻטָּל בְּסָפֵק, שֶׁאֵין לְהַרְהֵר אַחֲרָיו
**induce'** *v.t.* (אִנְדוּס) פִּתָּה, דִּבֵּר עַל לֵב; גָּרַם; חוֹלֵל; הִמְרִיץ
**induce'ment** *n.* (אִנְדוּסְמֶנְט) פִּתּוּי, תַּמְרִיץ
**induct'** *v.t.* (אִנְדַקְט) הִכְנִיס, גִּיֵּס, חִיֵּל
**induc'tion** *n.* (אִנְדַקְשֶׁן) הַשְׁרָאָה; אִינְדוּקְצְיָה; הַצָּגָה; הַמְרָצָה; הַכְנָסָה (לתפקיד); גִּיּוּס, חִיּוּל

**indulge'** *v.i. & t.* (אִנְדַלְג') נִכְנַע לַחֵשֶׁק; סִפֵּק יֵצֶר
**indul'gence** *n.* (אִנְדַלְגֶ'נְס) וִתּוּר לִרְצִיָּה; סוֹבְלָנוּת; מִלּוּי תַּאֲוָה; מְחִילָה חֶלְקִית; הַעֲנָקַת חֵרוּת מְיֻחֶדֶת; אַרְכָּה
**indul'gent** *adj.* (אִנְדַלְגֶ'נְט) וַתְּרָנִי, מַתִּירָנִי
**indus'trial** *adj.* (אִנְדַסְטְרִיאֶל) תַּעֲשִׂיָּתִי
**indus'trialist** *n.* (אִנְדַסְטְרִיאֶלִסְט) תַּעֲשִׂיָּן
**indus'trialize"** *v.t.* (אִנְדַסְטְרִיאֶלַיְז) תִּעֵשׁ
**indus'trious** *adj.* (אִנְדַסְטְרִיאֶס) חָרוּץ
**in'dustry** *n.* (אִנְדֶסְטְרִי) תַּעֲשִׂיָּה; חֲרֹשֶׁת; תַּעֲשִׂיָּנִים; הַתְמָדָה; שַׁקְדָנוּת, חֲרִיצוּת
**ine'briate"** *v.t.* (אִנִיבְּרִיאֵיט) שִׁכֵּר
**inef'fable** *adj.* (אִנֶפֶבְּל) שֶׁלֹּא יְתֹאַר; שֶׁאֵין לְבַטְּאוֹ
**in"effec'tive** *adj.* (אִנִפֶקְטִב) לֹא־יָעִיל; חֲסַר־תּוֹצָאוֹת; חֲסַר־תּוֹעֶלֶת
**in"effec'tual** *adj.* (אִנִפֶקְצ'וּאֶל) לְלֹא תּוֹצָאוֹת מַכְרִיעוֹת; חֲסַר־תּוֹעֶלֶת; ־סְרָק
**in"effici'ent** *adj.* (אִנִפִשֶׁנְט) לֹא־יָעִיל; חֲסַר־תּוֹצָאוֹת בְּאֶמְצָעִים מְצֻמְצָמִים
**inept'** *adj.* (אִנֶפְּט) חֲסַר־כִּשָּׁרוֹן; יוֹצֵא דֹּפֶן; טִפְּשִׁי
**in"equal'ity** *n.* (אִנִקְוֹלֶטִי) אִי־שִׁוְיוֹן; אִי־צֶדֶק; אִי־מִישׁוֹרִיּוּת, גַּבְשׁוּשִׁיּוּת
**inert'** *adj.* (אִנֶרְט) חֲסַר־פְּעִילוּת; עָצֵל; אָצִיל (גאז)
**iner'tia** *n.* (אִנֶרְשֶׁה) חֹסֶר פְּעִילוּת; עַצְלְתַּיִם; הַתְמָדָה, אִינֶרְצְיָה
**ines'timable** *adj.* (אִנֶסְטֶמֶבְּל) שֶׁאֵין לְהַעֲרִיכוֹ; לְמַעְלָה מִכָּל הַעֲרָכָה
**inev'itable** *adj.* (אִנֶוִטֶבְּל) בִּלְתִּי־נִמְנָע; שֶׁאֵין מִמֶּנּוּ מָנוֹס; וַדַּאי, הֶכְרֵחִי
**in"exact'** *adj.* (אִנִגְזֶקְט) לֹא־מְדֻיָּק; לֹא נָכוֹן בְּדִיּוּק
**in"excu'sable** *adj.* (אִנִקְסְקְיוּזֶבְּל) שֶׁאֵין לוֹ מְחִילָה; שֶׁאֵין לְהַצְדִּיקוֹ
**in"exhaus'tible** *adj.* (אִנִגְזוֹסְטֶבְּל) שֶׁאֵין לְמַצּוֹתוֹ; שֶׁלֹּא יִתַּם; לֹא־נִלְאֶה
**ine'xorable** *adj.* (אִנֶקְסֶרֶבְּל) לְלֹא וִתּוּרִים; לֹא־מִשְׁתַּנֶּה; קְשֵׁה־לֵב; חֲסַר־רַחֲמִים
**in"expen'sive** *adj.* (אִנִקְסְפֶּנְסִב) זוֹל, לֹא־יָקָר; עוֹלֶה בְּכֶסֶף מוּעָט

**in"exper'ience** *n.* (אִנֶקְסְפִּירִיאֶנְס) חֹסֶר נִסָּיוֹן

**in"exper'ienced** *adj.* (אִנֶקְסְפִּירִיאֶנְסְט) חֲסַר־נִסָּיוֹן

**inex'plicable** *adj.* (אִנֶקְסְפְּלִקְבְּל) שֶׁאֵין לְהַסְבִּירוֹ

**in"expres'sible** *adj.* (אִנֶקְסְפְּרֶסִבְּל) שֶׁאֵין לְהַבִּיעוֹ; שֶׁאֵין לְבַטְּאוֹ בְּמִלִּים

**in"expres'sive** *adj.* (אִנֶקְסְפְּרֶסִב) חֲסַר־הַבָּעָה

**infal'lible** *adj.* (אִנְפֶלַבְּל) שֶׁאֵינוֹ טוֹעֶה; מְהֵימָן לַחֲלוּטִין; וַדָּאִי; לְלֹא עוֹרְרִין; מוֹעִיל בְּוַדָּאוּת גְּמוּרָה; חֲסִין־מִשְׁגִּים

**in'famous** *adj.* (אִנְפֲמֲס) יָדוּעַ לְשִׁמְצָה; מְשֻׁקָּץ

**in'famy** *n.* (אִנְפֲמִי) שִׁמְצָה, דֹּפִי; גְּנוּת; הִתְנַהֲגוּת בְּזוּיָה; תּוֹעֵבָה

**in'fancy** *n.* (אִנְפֲנְסִי) יַנְקוּת; תִּינוֹקוּת

**in'fant** *n.* (אִנְפֲנְט) תִּינוֹק, יוֹנֵק; מַתְחִיל, טִירוֹן

**in'fantile"** *adj.* (אִנְפֲנְטַיל) יַנְקוּתִי, תִּינוֹקִי; שֶׁבְּרֵאשִׁית הַהִתְפַּתְּחוּת

**in'fantry** *n.* (אִנְפֲנְטְרִי) חֵיל רַגְלִים

**infat'uated"** *adj.* (אִנְפֶצ'וּאֵיטִד) אֲחוּז תַּאֲוָה נְטוּלַת־הִגָּיוֹן, מְאֹהָב בְּצוּרָה עִוֶּרֶת

**infat"ua'tion** *n.* (אִנְפֶצ'וּאֵישֲן) הִתְאַהֲבוּת נְטוּלַת־הִגָּיוֹן; אַהֲבָה טִפְּשִׁית; אוֹהֵב הַמִּתְעַלֵּם מֵהַשֵּׂכֶל הַיָּשָׁר

**infect'** *v.t.* (אִנְפֶקְט) זִהֵם, הִדְבִּיק, אִלֵּחַ; הִשְׁחִית מִדּוֹת; הִשְׁפִּיעַ עַל

**infec'tion** *n.* (אִנְפֶקְשֲן) הָאֲלָחָה, זִהוּם, אִינְפֶקְצְיָה; אֶלַח; מַחֲלָה מִדַּבֶּקֶת

**infec'tious** *adj.* (אִנְפֶקְשֲס) מִדַּבֵּק, זִהוּמִי

**infer'** *v.t. & i.* (אִנְפֶר) הִסִּיק; הִצְבִּיעַ עַל; רָמַז; שִׁעֵר, נִחֵשׁ, הִנִּיחַ

**in'ference** *n.* (אִנְפֲרֲנְס) הַסָּקָה (של מסקנות), מַסְקָנָה; הַנָּחָה

**infer'ior** *adj. n.* (אִנְפִירִיאֲר) נָחוּת, נְחוּת־דַּרְגָּה; נָמוּךְ יוֹתֵר

**infer"ior'ity** *n.* (אִנְפִירִיאוֹרִטִי) נְחִיתוּת

**infer'nal** *adj.* (אִנְפֶרְנֲל) שֶׁל הַשְּׁאוֹל; שֶׁל הַגֵּיהִנֹּם; שְׂטָנִי; שֶׁל הַתֹּפֶת, תָּפְתִּי

**infer'no** *n.* (אִנְפֶרְנוֹ) תֹּפֶת, גֵּיהִנֹּם, שְׁאוֹל

**infer'tile** *adj.* (אִנְפֶרְטְל) לֹא־פּוֹרֶה, עָקָר

**infest'** *v.t.* (אִנְפֶסְט) שָׁרַץ, פָּשַׁט עַל

**in'fidel** *n.* (אִנְפִדְל) כּוֹפֵר

**in"fidel'ity** *n.* (אִנְפִדֶלְטִי) בְּגִידָה, הֲפָרַת אֱמוּנִים; נִאוּף; כְּפִירָה

**infil'trate** *v.t.* (אִנְפִלְטְרֵיט) הִסְתַּנֵּן, חָדַר

**in'finite** *adj.* (אִנְפֲנִט) גָּדוֹל לְלֹא שִׁעוּר, עָצוּם; לְלֹא גְּבוּל; מֻשְׁלָל, כְּלִיל הַשְּׁלֵמוּת; אֵינְסוֹפִי

**infin'itive** *n.* (אִנְפִנִטִב) מָקוֹר (של פועל)

**infin'ity** *n.* (אִנְפִנִטִי) אֵינְסוֹף

**infirm'** *adj.* (אִנְפֶרְם) חַלָּשׁ, תָּשׁוּשׁ, רָפֶה; הַסְסָנִי; לֹא־תָּקֵף

**infir'mary** *n.* (אִנְפֶרְמֲרִי) מִרְפָּאָה, בֵּית חוֹלִים

**infir'mity** *n.* (אִנְפֶרְמִטִי) חֻלְשָׁה, תְּשִׁישׁוּת

**inflame'** *v.t.* (אִנְפְלֵים) הִצִּית, הִבְעִיר; סִמֵּק; שִׁלְהֵב; הֵסִית; גָּרַם דַּלֶּקֶת, הִדְלִיק

**inflam'mable** *adj.* (אִנְפְלֶמֲבְּל) דָּלִיק; רָגִישׁ, נוֹחַ לִכְעוֹס, נוֹחַ לְהִתְרַגֵּשׁ

**in"flama'tion** *n.* (אִנְפְלֲמֵישֲן) דַּלֶּקֶת

**inflam'mator"y** *adj.* (אִנְפְלֶמֲטוֹרִי) מְעוֹרֵר רִגּוּשׁ; שֶׁל הֲסָתָה; דַּלַּקְתִּי

**inflate'** *v.t.* (אִנְפְלֵיט) נִפַּח; הִרְחִיב

**inflation** *n.* (אִנְפְלֵישֲן) אִינְפְלַצְיָה; נִפּוּחַ; נְפִיחוּת

**inflect'** *v.t.* (אִנְפְלֶקְט) הִטָּה, נָטָה; גִּוֵּן, רִכֵּךְ, הִתְאִים (הקול)

**inflec'tion** *n.* (אִנְפְלֶקְשֲן) רִכּוּךְ (הקול); גִּוּוּן (הקול); נְטִיָּה; כֶּפֶף, זָוִית

**inflex'bile** *adj.* (אִנְפְלֶקְסִבְּל) לֹא־גָמִישׁ, צָפִיד; עִקֵּשׁ; שֶׁאֵין לְשַׁנּוֹת

**inflict'** *vt..* (אִנְפְלִקְט) יִסֵּר, הֵטִיל עַל, עָנַשׁ, גָּרַם

**inflic'tion** *n.* (אִנְפְלִקְשֲן) יִסּוּר, יִסּוּרִים, עֹנֶשׁ

**in'fluence** *n. & v.t.* (אִנְפְלוּאֲנְס) הַשְׁפָּעָה; בַּעַל הַשְׁפָּעָה; הִשְׁפִּיעַ עַל, הֵנִיעַ

**in"fluen'tial** *adj.* (אִנְפְלוּאֶנְשֲל) בַּעַל הַשְׁפָּעָה

**in"fluen'za** *n.* (אִנְפְלוּאֶנְזֶה) שַׁפַּעַת

**in'flux"** *n.* (אִנְפְלַקְס) נְהִירָה, זֶרֶם; שֶׁפֶךְ

**inform'** *v.t. & i.* (אִנְפוֹרְם) הוֹדִיעַ; סִפֵּק

יְדִיעוֹת; מָסַר מֵידָע; פִּעְפֵּעַ בְּ־; הִשְׂכִּיל; הִלְשִׁין עַל

**infor'mal** *adj.* (אִנְפוֹרְמֶל) לְלֹא טְקָסִיּוּת, לְלֹא גִּנּוּנִים; לְלֹא רִשְׁמִיּוּת; לֹא־רִשְׁמִי; פָּשׁוּט

**infor'mant** *n.* (אִנְפוֹרְמֶנְט) מוֹדִיעַ; מוֹסֵר לַמַּלְכוּת, מַלְשִׁין

**in"forma'tion** *n.* (אִנְפֶרְמֵישְׁן) מֵידָע, הוֹדָעָה, יְדִיעוֹת, חֲדָשׁוֹת; מוֹדִיעִין, אִינְפוֹרְמַצְיָה

**infor'mative** *adj.* (אִנְפוֹרְמֶטִב) מְאַלֵּף, מוֹסֵר מֵידָע; מַקְנֶה יְדִיעוֹת, מַשְׂכִּיל, מַכִּיל יֶדַע

**infor'mer** *n.* (אִנְפוֹרְמֶר) מוֹדִיעַ; מַלְשִׁין, מוֹסֵר לַמַּלְכוּת

**infre'quent** *adj.* (אִנְפְרִקְוֶנְט) נָדִיר; לֹא־שָׁכִיחַ; מוּעָט

**infringe'** *v.t. & i.* (אִנְפְרִנְג׳) הֵפֵר, עָבַר עַל; הִסִּיג גְּבוּל

**infring'ment** *n.* (אִנְפְרִנְג׳מֶנְט) הֲפָרָה, עֲבֵרָה, הַסָּגַת גְּבוּל

**infur'iate"** *v.t.* (אִנְפְיוּרִיאֵיט) הֶעֱלָה חֵמָה

**infuse'** *v.t.* (אִנְפְיוּז) הֶחְדִּיר, יָצַק; שָׁרָה

**infu'sion** *n.* (אִנְפְיוּז׳ן) הַחְדָּרָה, שְׁרִיָּה; אִינְפוּזְיָה

**ingen'ious** *adj.* (אִנְג׳ינְיֶס) שֶׁל תּוּשִׁיָּה, מְחֻכָּם; בַּעַל הַמְצָאָה, מְמֻלָּח

**in"genu'ity** *n.* (אִנְג׳נוּאִטִי) תּוּשִׁיָּה, כֹּשֶׁר הַמְצָאָה; חֲרִיפוּת; מִתְקָן מְחֻכָּם

**ingen'uous** *adj.* (אִנְג׳נְיוּאֶס) גְּלוּי־לֵב; תָּמִים

**inglor'ious** *adj.* (אִנְגְלוֹרִיאֶס) מֵבִישׁ, מַחְפִּיר

**in'got** *n.* (אִנְגֶט) גּוּשׁ מַתֶּכֶת

**ingrained'** *adj.* (אִנְגְרֵינְד) קָבוּעַ בַּחֲזָקָה; מֻשְׁרָשׁ יָפֶה; מְשֻׁלָּב הֵיטֵב

**in'grate** *n.* (אִנְגְרֵיט) אָדָם כְּפוּי טוֹבָה

**ingra'tiate** *v.t.* (אִנְגְרֵישִׁיאֵיט) הִתְאַמֵּץ לָשֵׂאת חֵן

**ingrat'itude"** *n.* (אִנְגְרֶטִטוּד) כְּפִיַּת טוֹבָה

**ingre'dient** *n.* (אִנְגְרִידִיאֶנְט) מַרְכִּיב, יְסוֹד, חֹמֶר

**inhab'it** *v.t.* (אִנְהֶבִּט) שָׁכַן, גָּר

**inhab'itant** *n.* (אִנְהֶבִּטֶנְט) תּוֹשָׁב

**inhale'** *v.t. & i.* (אִנְהֵיל) שָׁאַף (לְתוֹךְ הָרֵיאוֹת)

**inhere'** *v.i.* (אִנְהִיר) הָיָה קַיָּם כְּחֵלֶק בִּלְתִּי נִפְרָד מִן, הָיָה טָבוּעַ בְּ־

**inher'ent** *adj.* (אִנְהִירֶנְט) קַיָּם כִּיסוֹד בִּלְתִּי נִפְרָד מִן, טָבוּעַ בְּ־

**inher'it** *v.t. & i.* (אִנְהֶרִט) יָרַשׁ, נָחַל

**inher'itance** *n.* (אִנְהֶרִטֶנְס) יְרֻשָּׁה, בְּכוֹרָה; מוֹרָשָׁה

**inhib'it** *v.t.* (אִנְהִבִּט) עִכֵּב, עָצַר, אָסַר

**in"hibit'ion** *n.* (אִנְהִבִּשְׁן) עִכּוּב, עֲצִירָה; עַכָּבָה, מַעֲצוֹר

**inhos'pitable** *adj* (אִנְהוֹסְפִּטֶבְּל) שֶׁאֵינוֹ מַכְנִיס אוֹרְחִים; בַּעַל תְּנָאִים דּוֹחִים

**inhu'man** *adj.* (אִנְהְיוּמֶן) אַכְזָרִי, לֹא־אֱנוֹשִׁי, חֲסַר־רֶגֶשׁ

**in"humane'** *adj,* (אִנְהְיוּמֵין) רַע־לֵב

**inim'ical** *adj.* (אִנִמִקְל) עוֹיֵן; מַזִּיק; מִתְנַגֵּד לְ־

**inim'itable** *adj.* (אִנִמִטֶבְּל) שֶׁאֵין לְחַקּוֹתוֹ; מֵעֵבֶר לְאֶפְשָׁרוּת חִקּוּי

**iniq'uity** *n.* (אִנִקְוִטִי) אִי־צֶדֶק מְשַׁוֵּעַ, עָוֶל, רֶשַׁע

**initi'al** *adj. & n.* (אִנִשְׁל) רִאשׁוֹן, הַתְחָלִי; הָאוֹת הָרִאשׁוֹנָה שֶׁל שֵׁם עֶצֶם פְּרָטִי

— *v.t.* חָתַם בְּרָאשֵׁי תֵּבוֹת; רָשַׁם רָאשֵׁי תֵּבוֹת הַשֵּׁם

**init'iate"** *v.t.* (אִנִשִׁיאֵיט) הִתְחִיל, פָּתַח בְּ־; יָזַם; גִּלָּה סוֹדוֹת מִקְצוֹעִיִּים; הִכְנִיס כְּחָבֵר בַּאֲגֻדָּה

init'iate *adj. & n.* (אִנִשִׁיאֶט) שֶׁהוּחַל בּוֹ; שֶׁהוּכְנַס כְּחָבֵר אֲגֻדָּה; חָבֵר חָדָשׁ

**init"ia'tion** *n.* (אִנִשִׁיאֵישְׁן) צֵרוּף חֲגִיגִי כְּחָבֵר אֲגֻדָּה; טֶקֶס הַכְנָסַת חֲבֵרִים חֲדָשִׁים; הַכְנָסַת חֲבֵרִים חֲדָשִׁים

**initi'ative** *n.* (אִנִשֶׁטִב) יָזְמָה; יָזְמַת חֲקִיקָה שֶׁל הַבּוֹחֲרִים

**inject'** *v.t.* (אִנְג׳ֶקְט) דָּחַס נוֹזֵל, הִזְרִיק; הִנְהִיג חִדּוּשׁ, חִדֵּשׁ; פָּרַץ לְתוֹךְ שִׂיחָה, שִׁסַּע בְּהֶעָרָה

**injec'tion** *n.* (אִנְג׳ֶקְשֶׁן) הַזְרָקָה; זְרִיקָה; נוֹזֵל מֻזְרָק

**in"judici'ous** *adj.* (אִנְג׳וּדִשֶׁס) לֹא־פִּקֵּחַ, אֱוִילִי

**injunc'tion** *n.* (אִנְגַ'נְקְשֶׁן) צַו (של בית משפט); אִסּוּר; פְּקֻדָּה, אַזְהָרָה

**in'jure** *v.t.* (אִנְגֶ'ר) הִזִּיק; פָּצַע; פָּגַע בּ־

**injur'ious** *adj.* (אִנְג'וּרִיאֶס) מַזִּיק; פּוֹגֵעַ

**in'jury** *n.* (אִנְגֶ'רִי) נֶזֶק; פְּגִיעָה; אִי־צֶדֶק

**injus'tice** *n.* (אִנְגַ'סְטִס) עָוֶל, אִי־צֶדֶק; פְּגִיעָה, הֲפָרַת זְכֻיּוֹת

**ink** *n.* & *v.t.* (אִנְק) דְּיוֹ; דָּיֵת

**ink'ling** *n.* (אִנְקְלִנְג) רֶמֶז; מֻשָּׂג

**ink'well"** *n.* (אִנְקְוֶל) קֶסֶת

**in'land** *adj.* & *n.* (אִנְלֶנְד) פְּנִימִי; שֶׁל פְּנִים הָאָרֶץ; פְּנִים הָאָרֶץ

**—** *adv.* (אִנְלֶנְד) בִּפְנִים הָאָרֶץ; לְעֵבֶר פְּנִים הָאָרֶץ

**in'-law"** *n.* (אִנְלוֹ) מְחֻתָּן

**in'lay"** *v.t.* & *n.* (אִנְלֵי) שִׁבֵּץ; תַּשְׁבֶּצֶת; סְתִימָה (בשן)

**in'let** *n.* (אִנְלֶט) מִסְפָּנוֹן; מַעֲבָר (בין איים); כְּנִיסָה

**in'mate"** *n.* (אִנְמֵיט) חוֹלֶה (בבית חולים); אָסִיר; שׁוֹכֵן (בעל כרחו)

**in'most"** *adj.* (אִנְמוֹסְט) פְּנִימִי בְּיוֹתֵר, נִדָּח; אִינְטִימִי בְּיוֹתֵר

**inn** *n.* (אִן) אַכְסַנְיָה, פּוּנְדָּק; מִסְבָּאָה

**in'nards** *n.* (אִנֶרְדְז) קְרָבַיִם; הַחֲלָקִים הַפְּנִימִיִּים

**innate'** *adj.* (אִנֵיט) מִלֵּדָה; מִטִּבְעוֹ, מִטֶּבַע

**in'ner** *adj.* (אִנֶר) פְּנִימִי; אִינְטִימִי; רוּחָנִי; חָבוּי, נִסְתָּר

**in'nermost"** *adj.* (אִנֶרְמוֹסְט) הַפְּנִימִי בְּיוֹתֵר

**in'ner tube"** (אִנֶר טוּב) פְּנִימִית, אַבּוּב

**in'ning** *n.* (אִנִנְג) סִבּוּב; תּוֹר

**inn'kee"per** *n.* (אִנְקִיפֶּר) פּוּנְדְּקִי, בַּעַל אַכְסַנְיָה; בַּעַל מִסְבָּאָה

**in'nocence** *n.* (אִנֶסֶנְס) תֹּם; טֹהַר; צְנִיעוּת; חַפּוּת; פַּשְׁטוּת, גִּלּוּי לֵב; תְּמִימוּת; חֹסֶר נֶזֶק

**in'nocent** *n.* (אִנֶסֶנְט) תָּם, טָהוֹר; חַף מִפֶּשַׁע, נְקִי מֵאַשְׁמָה; לֹא־מַזִּיק; חֲסַר־מְתֻמָּם; יֶלֶד

**innoc'uous** *adj.* (אִנוֹקְיוּאֶס) לֹא־מַזִּיק; לֹא־מַרְגִּיז, לֹא־פּוֹגֵעַ; חִוֵּר

**in'novate"** *v.i.* & *t.* (אִנֶוֵיט) חִדֵּשׁ; הִכְנִיס שִׁנּוּיִים

**in"nova'tion** *n.* (אִנֶוֵישֶׁן) חִדּוּשׁ

**in"nuen'do** *n.* (אִנְיוּאֶנְדוֹ) רְמִיזָה זְלְזוּל

**innu'merable** *adj.* (אִנוּמֶרֶבֶּל) רַב מְאֹד, שֶׁלֹּא יְסֻפַּר מֵרֹב

**inoculate"** *v.t.* & *i.* (אִנוֹקְיֶלֵיט) הִרְכִּיב, חִסֵּן, הִזְרִיק

**inoc"ula'tion** *n.* (אִנוֹקְיֶלֵישֶׁן) הַרְכָּבָה, חִסּוּן, זְרִיקָה

**in"offen'sive** *adj.* (אִנֶפֶנְסִב) לֹא־מַזִּיק; לֹא־פּוֹגֵעַ; שֶׁאֵין בּוֹ דֹּפִי

**inop"portune'** *adj.* (אִנוֹפֶּרְטוּן) לֹא־הוֹלֵם, שֶׁלֹּא בִּזְמַן מַתְאִים

**inor'dinate** *adj.* (אִנוֹרְדֶנֶט) מֻגְזָם; חֲסַר־מִדָּה; חֲסַר־רֶסֶן; חֲסַר־סֵדֶר

**in"organ'ic** *adj.* (אִנוֹרְגֶנִק) לֹא־אוֹרְגָנִי; חִיצוֹנִי

**in'put"** *n.* (אִנְפֻּט) תְּשׂוּמָה; קֶלֶט

**in'quest** *n.* (אִנְקְוֶסְט) חֲקִירַת מִשְׁבָּעִים; מִשְׁבָּעִים; פְּסַק דִּין

**inquire'** *v.t.* (אִנְקְוַיְאֶר) שָׁאַל עַל; חָקַר, בִּקֵּשׁ מֵידָע

**in'quiry** *n.* (אִנְקְוֶרִי) חֲקִירָה; שְׁאֵלָה

**in"quisi'tion** *n.* (אִנְקְוִזִשֶׁן) חֲקִירַת עִנּוּיִים; חֲקִירָה רִשְׁמִית

Inquisition אִינְקְוִיזִיצְיָה

**inquis'itive** *adj.* (אִנְקְוִזִטִב) חוֹקֵר, סַקְרָנִי, מִשְׁתּוֹקֵק לֵידַע; סַקְרָנִי בְּצוּרָה מֻגְזֶמֶת; תּוֹחֵב אַפּוֹ לְעִנְיְנֵי הַזּוּלַת

**inquis'itor** *n.* (אִנְקְוִזִטֶר) חוֹקֵר נֻקְשֶׁה; אִינְקְוִיזִיטוֹר

**in'road"** *n.* (אִנְרוֹד) חֲדִירָה; פְּשִׁיטָה

**insane'** *adj.* (אִנְסֵין) לֹא־שָׁפוּי, מְשֻׁגָּע, מְטֹרָף; נוֹעָד לְחוֹלֵי רוּחַ

**insan'ity** *n.* (אִנְסֶנִטִי) שִׁגָּעוֹן, טֵרוּף הַדַּעַת; מַחֲלַת רוּחַ

**insa'tiable** *adj.* (אִנְסֵישִׁיאֶבֶּל) שֶׁאֵינוֹ יוֹדֵעַ שֹׂבַע

**inscribe'** *v.t.* (אִנְסְקְרַיְבּ) רָשַׁם, חָרַת; הִקְדִּישׁ; הִקִּיף

**inscrip'tion** *n.* (אִנְסְקְרִפְּשֶׁן) כְּתֹבֶת; הַקְדָּשָׁה; חֲרִיתָה

**inscru'table** *adj.* (אִנְסְקְרוּטֶבֶּל) שֶׁאֵין לַעֲמוֹד עַל טִיבוֹ; כָּמוּס; מִסְתּוֹרִי

**in'sect** *n.* & *adj.* (אִנְסֶקְט) חֶרֶק; שֶׁל חֲרָקִים

**in"secure'** *adj.* (אִנְסֶקְיוּר) חָשׂוּף לְסַכָּנוֹת, לֹא־בָּטוּחַ; חוֹשְׁשָׁנִי, חֲסַר־בִּטָּחוֹן

**in"secur'ity** *n.* (אִנְסֶקְיוּרִטִי) חֹסֶר בִּטָּחוֹן; חֹסֶר יַצִּיבוּת; חַשְׁשָׁנוּת; חֹסֶר בִּטָּחוֹן עַצְמִי, לֹא־בְּטוּחָה

**insen'sible** *adj.* (אִנְסֶנְסִבְּל) חֲסַר־הַרְגָּשָׁה, חֲסַר־תְּחוּשָׁה; חֲסַר־הַכָּרָה; נְטוּל־רֶגֶשׁ; לֹא־מוּדָע לְ־; לֹא־מַעֲרִיךְ

**insen'sitive** *adj.* (אִנְסֶנְסִטִב) לֹא־רָגִישׁ; לֹא מֻשְׁפָּע עַל יְדֵי־; חֲסַר־רֶגֶשׁ

**insep'arable** *adj.* (אִנְסֶפַּרַבְּל) שֶׁאֵין לְהַפְרִידוֹ

**insert'** *v.t.* (אִנְסֶרְט) הִכְנִיס, שִׁבֵּץ

in'sert *n.* (אִנְסֶרְט) חֹמֶר מֻכְנָס, חֹמֶר מְשֻׁבָּץ; דַּף מְצֹרָף

**inser'tion** *n.* (אִנְסֶרְשֶׁן) הַכְנָסָה; תּוֹסֶפֶת מֻכְנֶסֶת

**in'set"** *n.* (אִנְסֶט) תּוֹסֶפֶת מֻכְנֶסֶת; תּוֹסֶפֶת בְּמִסְגֶּרֶת; נְהִירָה; קְבִיעָה

**in"side'** *n.* & *adj.* (אִנְסַיד) הַחֵלֶק הַפְּנִימִי, תָּוֶךְ; חוּג נִבְחָר; טֶבַע פְּנִימִי; פְּנִימִי, הַנִּמְצָא מִבִּפְנִים

—s קְרָבַיִם

— out כְּשֶׁהַחֵלֶק הַפְּנִימִי מֻפְנֶה הַחוּצָה; בִּיסוֹדִיּוּת

**in"side'** *prep.* & *adv.* תּוֹךְ, בְּתוֹךְ; פְּנִימָה; מִבִּפְנִים

**insid'ious** *adj.* (אִנְסִדִיאֵס) בּוֹגְדָנִי, מַכְשִׁיל; פּוֹעֵל בַּחֲשַׁאי וּבְצוּרָה קַטְלָנִית

**in'sight"** *n.* (אִנְסַיט) תְּפִיסַת הַמַּהוּת הָאֲמִתִּית; הַבְחָנָה מַעֲמִיקָה

**insig'nia** *n.* (אִנְסִגְנִיָה) סֵמֶל, סִימָן

**in"signif'icance** *n.* (אִנְסִגְנִפִקֶנְס) חֹסֶר חֲשִׁיבוּת

**in"signif'icant** *adj.* (אִנְסִגְנִפִקֶנְט) נְטוּל חֲשִׁיבוּת; פָּעוּט, קַל־עֵרֶךְ; נִקְלֶה; חֲסַר־מַשְׁמָעוּת

**in"sincere'** *adj.* (אִנְסִנְסִיר) לֹא־כֵּן, לֹא־יָשָׁר (בהבעת רגשות); צָבוּעַ

**in"sincer'ity** *n.* (אִנְסִנְסֶרִטִי) חֹסֶר כֵּנוּת; הַעֲמָדַת פָּנִים

**insin'uate** *v.t.* & *i.* (אִנְסִנְיוּאֵיט) רָמַז (בכוונה זדונית); הִכְנִיס בְּעָרְמָה

**insip'id** *adj.* (אִנְסִפִּד) מְשַׁעֲמֵם, תָּפֵל

**insist'** *v.i.* & *t.* (אִנְסִסְט) דָּרַשׁ, עָמַד עַל דַּעְתּוֹ; הִדְגִּישׁ

**insis'tence** *n.* (אִנְסִסְטֶנְס) דְּרִישָׁה, עֲמִידָה עַל דַּעְתּוֹ

**in'solence** *n.* (אִנְסֶלֶנְס) חֻצְפָּה

**in'solent** *adj.* (אִנְסֶלֶנְט) חָצוּף; מַעֲלִיב

**insol'uble** *adj.* (אִנְסוֹלְיֻבְּל) לֹא־מָסִיס; שֶׁאֵין לְפָתְרוֹ

**insolv'able** *adj.* (אִנְסוֹלְוַבְּל) שֶׁאֵין לְפָתְרוֹ

**insol'vency** *n.* (אִנְסוֹלְוֶנְסִי) פְּשִׁיטַת רֶגֶל; אִי־יְכֹלֶת לִפְרוֹעַ הִתְחַיְּבֻיּוֹת

**insol'vent** *adj.* (אִנְסוֹלְוֶנְט) פּוֹשֵׁט רֶגֶל; לֹא מְסֻגָּל לִפְרוֹעַ הִתְחַיְּבֻיּוֹת

**insom'nia** *n.* (אִנְסוֹמְנִיָה) נְדוּדֵי שֵׁנָה

**inspect'** *v.t.* (אִנְסְפֶּקְט) בָּדַק; סָקַר

**inspec'tion** *n.* (אִנְסְפֶּקְשֶׁן) בְּדִיקָה; סְקִירָה; מִסְדַּר מִפְקָד

**inspec'tor** *n.* (אִנְסְפֶּקְטֶר) בּוֹדֵק; סוֹקֵר; מְפַקֵּחַ

**in"spira'tion** *n.* (אִנְסְפֵּרֵישֶׁן) הַשְׁרָאָה; שְׁאִיפָה

**inspire'** *v.t.* & *i.* (אִנְסְפַּיאֶר) הִמְרִיץ; עוֹרֵר, הִשְׁרָה עַל; שָׁאַף; נָתַן הַשְׁרָאָה

**in"stabil'ity** *n.* (אִנְסְטֶבִּלִטִי) חֹסֶר יַצִּיבוּת; רְפִיפוּת; רַפְיוּת נַפְשִׁית

**install'** *v.t.* (אִנְסְטוֹל) הִתְקִין; הִכְנִיס בְּתַפְקִיד; עָרַךְ טֶקֶס לְרֶגֶל כְּנִיסָה לְתַפְקִיד

**in"sta'llation** *n.* (אִנְסְטֶלֵישֶׁן) הַתְקָנָה; מִתְקָן; הַכְנָסָה לְתַפְקִיד, טֶקֶס לְרֶגֶל כְּנִיסָה לְתַפְקִיד

**install'ment** *n.* (אִנְסְטוֹלְמֶנְט) תַּשְׁלוּם לְשִׁעוּרִין; חֵלֶק

**in'stance** *n.* (אִנְסְטֶנְס) מִקְרֶה, דֻּגְמָה; עַרְכָּאָה

at the — of עַל פִּי בַּקָּשַׁת

for — לְמָשָׁל

**in'stant** *n.* & *adj.* (אִנְסְטֶנְט) רֶגַע, אַרְגִּיעָה; הַחֹדֶשׁ הַזֶּה; מִיָּדִי; רִגְעִי; דָּחוּף; לַהֲכָנָה מִיָּדִית (ע״י תוספת מים, חלב וכו׳)

**in"stanta'neous** *adj.* (אִנְסְטֶנְטֵינִיאֶס)

מִיָּדִי, כְּהֶרֶף עַיִן; בְּרֶגַע מְסֻיָּם

**in'stantly** *adv.* (אִנְסְטַנְטְלִי) תֵּכֶף וּמִיָּד

**instead'** *adv.* (אִנְסְטֶד) בִּמְקוֹם; כִּבְרֵרָה מֻעֲדֶפֶת

**in'step"** *n.* (אִנְסְטֶפּ) קִמּוּר הָרֶגֶל

**in'stigate** *v.t.* (אִנְסְטִגֵיט) הֵסִית

**instill'** *v.t.* (אִנְסְטִל) הִכְנִיס בְּהַדְרָגָה, הֶחְדִּיר לְאַט לְאַט

**in'stinct** *n.* (אִנְסְטִנְקְט) אִינְסְטִינְקְט, יֵצֶר, כֹּשֶׁר טִבְעִי

**instinc'tive** *adj.* (אִנְסְטִנְקְטִב) אִינְסְטִינְקְטִיבִי, מִתּוֹךְ דַּחַף טִבְעִי

**in'stitute"** *n.* & *v.t.* (אִנְסְטִטוּט) מָכוֹן; עִקָּרוֹן, כְּלָל, נֹהַג; הֵקִים, כּוֹנֵן; יָזַם, הִפְעִיל; הִכְנִיס לְתַפְקִיד, הִסְמִיךְ

**in"stitu'tion** *n.* (אִנְסְטִטוּשְׁן) מוֹסָד; נֹהַג; יִסּוּד; הַסְמָכָה

**instruct'** *v.t.* (אִנְסְטְרַקְט) הוֹרָה, לִמֵּד, הִדְרִיךְ, חִנֵּךְ; הוֹדִיעַ, הִקְנָה מֵידָע; פָּקַד

**instruc'tion** *n.* (אִנְסְטְרַקְשְׁן) הוֹרָאָה, לִמּוּד, חִנּוּךְ; יֶדַע

—s הוֹרָאוֹת, פְּקֻדּוֹת, הַנְחָיוֹת

**instruc'tive** *adj.* (אִנְסְטְרַקְטִב) מַקְנֶה יֶדַע, מְאַלֵּף

**instruc'tor** *n.* (אִנְסְטְרַקְטֶר) מַדְרִיךְ (בְּמִכְלָלָה); מוֹרֶה

**in'strument** *n.* (אִנְסְטְרֻמֶנְט) מַכְשִׁיר, כְּלִי; כְּלִי נְגִינָה; סוֹכְנוּת, אֶמְצָעִי; מִסְמָךְ; כְּלִי־שָׁרֵת; הַתְקַן־מְדִידָה, מַד

**in"subor'dinate** *adj.* (אִנְסַבּוֹרְדֶנְט) מַמְרֶה; לֹא־צַיְתָן; לֹא נָמוּךְ יוֹתֵר

**in"suffici'ency** *n.* (אִנְסַפִשֶׁנְסִי) חֹסֶר

**in"suffici'ent** *adj.* (אִנְסַפִשֶׁנְט) לֹא־מַסְפִּיק, חָסֵר

**in'sular** *adj.* (אִנְסֶלֶר) שֶׁל אִי אוֹ אִיִּים; שׁוֹכֵן אִי; מֵהֲוֵה אִי; מְבֻדָּד, נִפְרָד; שֶׁל שׁוֹכְנֵי אִיִּים; צַר־אֹפֶק

**in'sulate"** *v.t.* (אִנְסַלֵיט) בִּדֵּד; בּוֹדֵד; הִפְרִיד

**in'sula"tor** *n.* (אִנְסַלֵיטֶר) מְבַדֵּד

**insult'** *v.t.* (אִנְסַלְט) הֶעֱלִיב

in'sult *n.* עֶלְבּוֹן

**insu'perable** *adj.* (אִנְסוּפֶּרֶבְּל) שֶׁאֵין לְהִתְגַּבֵּר עָלָיו; שֶׁאֵין לַעֲבוֹר מֵעָלָיו

**insur'ance** *n.* (אִנְשׁוּרֶנְס) בִּטּוּחַ

**insure'** *v.t.* & *i.* (אִנְשׁוּר) בִּטֵּחַ; הִבְטִיחַ; הוֹצִיא בִּטּוּחַ; רָכַשׁ בִּטּוּחַ

**insur'gent** *n.* & *adj.* (אִנְסֶרְגֶ'נְט) מוֹרֵד; מַרְדָּנִי

**in"surmoun'table** *adj.* (אִנְסֶרְמַאוּנְטֶבְּל) שֶׁאֵין לַעֲבוֹר מֵעָלָיו; שֶׁאֵין לְהִתְגַּבֵּר עָלָיו

**in"surrec'tion** *n.* (אִנְסֶרֶקְשְׁן) מְרִידָה, הִתְקוֹמְמוּת

**intact'** *adj.* (אִנְטֶקְט) שֶׁשְּׁלֵמוּתוֹ לֹא נִפְגְּעָה; שָׁלֵם, לְלֹא פְּגָם

**in'take"** *n.* (אִנְטֵיק) מְקוֹם כְּנִיסָה, הַכְנָסָה; קִבּוּל, חֹמֶר מֻכְנָס; כַּמּוּת שֶׁהֻכְנְסָה; הִצָּרוּת, הִתְכַּוְּצוּת; שְׁאִיבָה, יְנִיקָה; אֲפַרְכֶּסֶת כְּנִיסָה

**in'teger** *n.* (אִנְטֶגֶ'ר) שָׁלֵם; יֵשׁוּת שְׁלֵמָה

**in'tegral** *adj.* & *n.* (אִנְטֶגְרֶל) שֶׁל חֵלֶק מִשְׁלֵמוּת; מֻרְכָּב מֵחֲלָקִים הַמְּהַוִּים שְׁלֵמוּת; שָׁלֵם; אִינְטֶגְרָלִי; שְׁלֵמוּת; אִינְטֶגְרָל

**in'tegrate"** *v.t.* & *i.* (אִנְטֶגְרֵיט) לִכֵּד לִשְׁלֵמוּת, יָצַר שְׁלֵמוּת; הֶאֱחִיד; מָצָא הָאִינְטֶגְרָל; אִפְשֵׁר שִׁמּוּשׁ לִבְנֵי כָּל הַגְּזָעִים; נָתַן אֶפְשָׁרֻיּוֹת שָׁווֹת לַכֹּל; מִזֵּג גְּזָעִים, הִתְמַזֵּג; הִתְכַּלֵּל

**integ'rity** *n.* (אִנְטֶגְרִטִי) דְּבֵקוּת בְּעֶקְרוֹנוֹתָיו מוּסָרִיִּים; אֹפִי מוּסָרִי אֵיתָן; יֹשֶׁר; שְׁלֵמוּת; מִכְלוֹל

**in'tellect"** *n.* (אִנְטֶלֶקְט) בִּינָה, שֵׂכֶל; כֹּשֶׁר חֲשִׁיבָה, תְּבוּנָה; חָרִיף (אדם), אָדָם מַמְלָח; אִינְטֶלֶקְט

**in"tellec'tual** *adj.* & *n.* (אִנְטֶלֶקְצ'וּאֶל) שִׂכְלִי; בַּעַל כֹּשֶׁר נַפְשִׁי מְפֻתָּח; חָרִיף; אִינְטֶלֶקְטוּאָלִי; מֻדְרָךְ עַל יְדֵי הַשֵּׂכֶל; בַּעַל שְׂאָר־רוּחַ; מַשְׂכִּיל; שִׂכְלְתָן; עוֹבֵד עֲבוֹדָה רוּחָנִית

**intel'ligence** *n.* (אִנְטֶלִגֶ'נְס) כֹּשֶׁר חֲשִׁיבָה; תְּבוּנָה; חֲדָשׁוֹת; מוֹדִיעִין; מִשְׂכָּל; אִינְטֶלִיגֶנְצְיָה

— quotient מָנַת מִשְׂכָּל

**intel'ligent** *adj.* (אִנְטֶלִגֶ'נְט) נָבוֹן, זָרִיז וּמְמֻלָּח; מָהִיר תְּפִיסָה, בַּעַל שֵׂכֶל חָרִיף; בַּעַל כֹּשֶׁר חֲשִׁיבָה וּשְׁפִיטָה; אִינְטֶלִיגֶנְטִי

**intel'ligible** *adj.* (אִנְטֶלִגִ'בְּל) שֶׁאֶפְשָׁר לַהֲבִינוֹ, בָּרוּר

**intem′perance** *adj.* (אִנְטֶמְפֶּרֶנְס) הַפְרָזָה
בִּשְׁתִיָּה; הַפְרָזָה בְּמַתַּן פֻּרְקָן לַיְּצָרִים; חֹסֶר מְתִינוּת, הַפְרָזָה
**intend′** *v.t. & i.* (אִנְטֶנְד) יָעַד; הוֹעִיד;
הָיָה בַּעַל מַשְׁמָעוּת; קָבַע; הִתְכַּוֵּן
**intense′** *adj.* (אִנְטֶנְס) עַז; מְאֻמָּץ; נִמְרָץ
**inten′sify** *v.t. & i.* (אִנְטֶנְסִפַי) הִגְבִּיר;
חִזֵּק, חִדֵּד; נַעֲשָׂה עַז יוֹתֵר
**inten′sive** *adj.* (אִנְטֶנְסִב) עַצִּים,
אִינְטֶנְסִיבִי; מְרֻכָּז
**intent′** *n.* (אִנְטֶנְט) כַּוָּנָה; מַטָּרָה; מַשְׁמָעוּת
to all —s and purposes לְמַעֲשֶׂה
**inten′tion** *n.* (אִנְטֶנְשֶׁן) כַּוָּנָה, מַטָּרָה
**inter′** *v.t.* (אִנְטֶר) קָבַר
**in″terac′tion** *n.* (אִנְטֶרַאקְשֶׁן) פְּעֻלַּת
גּוֹמְלִין
**in″tercede′** *v.i.* (אִנְטֶרְסִיד) הִתְעָרֵב
לְטוֹבַת־, הִשְׁתַּדֵּל אֵצֶל... לְטוֹבַת־; תִּוֵּךְ
**in″tercept′** *v.t.* (אִנְטֶרְסֶפְּט) יֵרֵט, עָצַר;
הִפְסִיק
**in″terchange′** *v.t.* (אִנְטֶרְצֵ׳ינְג׳) הֶחֱלִיף;
הֶחֱלִיף מְקוֹמוֹת; אֵרַע לְסֵרוּגִין; הִתְחַלֵּף
**in′terchange″** *n.* הַחֲלָפָה; הִתְחַלְּפוּת;
מֶחְלָף
**in″terchan′geable** *adj.* (אִנְטֶרְצֵ׳ינְג׳בֶּל)
חָלִיף; נִתָּן לְהִתְחַלְּפוּת
**in″tercon″tinen′tal** *adj.* (אִנְטֶרְקוֹנְטִינֶנְטֶל)
בֵּין־יַבַּשְׁתִּי
**in′tercourse″** *n.* (אִנְטֶרְקוֹרְס) מַגָּע, יְחָסִים;
הַחְלָפָה; מִשְׁגָּל
**in″terdict′** *v.t.* (אִנְטֶרְדִקְט) אָסַר; נִדָּה;
שָׂם מִכְשׁוֹלִים בִּפְנֵי
**in′terest** *n.* (אִנְטֶרֶסְט) עִנְיָן, הִתְעַנְיְנוּת;
אִינְטֶרֶס, חֵלֶק, זְכוּת; נֶכֶס; טוֹבַת הֲנָאָה, רִבִּית
—s בַּעֲלֵי דֵעָה
in the —s of לְטוֹבַת
— *v.t.* עִנְיֵן; הָיָה חָשׁוּב בְּעֵינֵי־
**in′teresting** *adj.* (אִנְטֶרֶסְטִנְג) מְעַנְיֵן
**in″terfere′** *v.i.* (אִנְטֶרְפִיר) הִפְרִיעַ;
הִתְנַגֵּשׁ; הִתְעָרֵב בְּ־
**in″terfer′ence** *n.* (אִנְטֶרְפִירֶנְס) הַפְרָעָה,
הִתְעָרְבוּת; הִתְאַבְּכוּת

**inter′ior** *adj. & n.* (אִנְטִירִיאֶר) פְּנִימִי; שֶׁל
פְּנִים הַיַּבָּשָׁה; מְקוֹמִי; פְּנִים
**in″terject′** *v.t.* (אִנְטֶרְג׳ֶקְט) הִכְנִיס
בְּאֶמְצַע, שִׁסַּע; קָרָא תּוֹךְ הִתְרַגְּשׁוּת
**in″terjec′tion** *n.* (אִנְטֶרְג׳ֶקְשֶׁן) הַכְנָסָה
בְּאֶמְצַע; קְרִיאָה נִרְגֶּשֶׁת; אֲמִירַת בֵּינַיִם; מִלַּת
קְרִיאָה
**in″terlace′** *v.i. & t.* (אִנְטֶרְלֵיס) שָׁזַר; מִזֵּג
**in″terleave′** *v.t.* (אִנְטֶרְלִיב) הִכְנִיס דַּפִּים
חֲלָקִים
**in″terlin′ear** *adj.* (אִנְטֶרְלִנִיאֶר) בֵּין
הַשּׁוּרוֹת; שֶׁל תַּרְגּוּם בְּשׁוּרוֹת לְסֵרוּגִין
**in″terloc′utor** *n.* (אִנְטֶרְלוֹקְיֻטֶר) אִישׁ שִׂיחָה,
מִשְׁתַּתֵּף בְּדוּ־שִׂיחַ
**in′terlo″per** *n.* (אִנְטֶרְלוֹפֶּר) מַסִּיג גְּבוּל;
פּוֹרֵץ לְעִנְיָנִים לֹא לוֹ
**in′terlude″** *n.* (אִנְטֶרְלוּד) מְאֹרַע־בֵּינַיִם,
אֶפִּיזוֹדַת־בֵּינַיִם; מִשְׂחַק־בֵּינַיִם; נְגִינַת־בֵּינַיִם;
קוֹמֶדְיָה
**in″termar′riage** *n.* (אִנְטֶרְמֶרְג׳) נִשּׂוּאֵי
תַּעֲרֹבֶת; אֶנְדּוֹגַמְיָה
**in″termed′iate** *adj.* (אִנְטֶרְמִידִיאֶט) ־בֵּינַיִם
**inter′ment** *n.* (אִנְטֶרְמֶנְט) קְבוּרָה
**inter′minable** *adj.* (אִנְטֶרְמֶנֶבֶּל) לְלֹא
סִיּוּם, לְלֹא גְּבוּל; נִמְשָׁךְ לְלֹא סוֹף
**in″terming′le** *v.t.* (אִנְטֶרְמִנְגֶל) הִתְעָרֵב
יַחַד
**in″termissi′on** *n.* (אִנְטֶרְמִשְׁן) הַפְסָקָה
**intern′** *v.t.* (אִנְטֶרְן) כָּלָא; שָׂם בְּמַעֲצָר,
הִפְקִיד מִשְׁמָר עַל
in′tern *n. & v.i.* סְטָזֶ׳ר רְפוּאִי,
מִתְמַחֶה בְּבֵית חוֹלִים; שִׁמֵּשׁ סְטָזֶ׳ר בְּבֵית
חוֹלִים
inter′nal *adj.* פְּנִימִי; מְקוֹמִי; קַיָּם רַק בְּנֶפֶשׁ
הַיָּחִיד, סוּבְּיֶקְטִיבִי
**in″ternatio′nal** *adj. & n.* (אִנְטֶרְנֶשְׁנֶל)
בֵּין־לְאֻמִּי; אִגּוּד מִקְצוֹעִי בֵּין־לְאֻמִּי,
אִינְטֶרְנַצְיוֹנָל
**intern′ment** *n.* (אִנְטֶרְנְמֶנְט) כְּלִיאָה,
מַעֲצָר
**inter′polate″** *v.t.* (אִנְטֶרְפֶּלֵיט) הֶעְבִּיב,
שִׁלֵּב חֹמֶר מְזֻיָּף; הוֹסִיף, בִּיֵּן
**in″terpose′** *v.t. & i.* (אִנְטֶרְפּוֹז) שָׂם בֵּין,

מִצַּע; הִפְעִיל בֵּין; הִכְנִיס בְּאֶמְצַע; הִתְמַצֵּעַ, נִכְנַס בֵּין; תִּוֵּךְ, שִׁסַּע וְאָמַר

**inter'pret** *v.t. & i.* (אִנְטֶרְפְּרֶט) הִסְבִּיר, בֵּאֵר; הֵבִין; בִּצַּע; תִּרְגֵּם, נָתַן הֶסְבֵּר

**inter"preta'tion** *n.* (אִנְטֶרְפְּרֶטֵישְׁן) הַסְבָּרָה, הֶסְבֵּר, בֵּאוּר; פֵּרוּשׁ; בִּצּוּעַ, אִינְטֶרְפְּרֶטַצְיָה; תִּרְגּוּם; פֵּשֶׁר

**inter'preter** *n.* (אִנְטֶרְפְּרֶטֶר) תֻּרְגְּמָן, מְתַרְגֵּם, פַּרְשָׁן

**inter'rogate"** *v.t. & i.* (אִנְטֶרֲגֵיט) חָקַר, הִצִּיג שְׁאֵלוֹת

**inter"roga'tion** *n.* (אֶנְטֶרֲגֵישְׁן) חֲקִירָה; הַצָּגַת שְׁאֵלוֹת; שְׁאֵלָה

**inter'roga"tor** *n.* (אִנְטֶרֲגֵיטֶר) חוֹקֵר

**in"terrupt'** *v.t. & i.* (אִנְטֲרַפְּט) הִפְסִיק, הִפְרִיעַ

**in"terrup'tion** *n.* (אִנְטֲרַפְּשֲׁן) הַפְסָקָה, הַפְרָעָה

**in"tersect'** *v.t. & i.* (אִנְטֶרְסֶקְט) חָצָה, הִצְטַלֵּב

**in"tersec'tion** *n.* (אִנְטֶרְסֶקְשֲׁן) הִצְטַלְּבוּת, צֹמֶת

**in"tersperse'** *v.t.* (אִנְטֶרְסְפֶּרְס) פִּזֵּר, גִּוֵּן עַל יְדֵי פִּזּוּר

**in"tertwine'** *v.t. & i.* (אִנְטֶרְטְוַיְן) שָׁזַר, הִשְׁתַּזֵּר

**in'terval** *n.* (אִנְטֶרְוַל) רֶוַח, הַפְסָקָה, הֲפוּגָה

at —s מִפְּקִידָה לִפְקִידָה

**in"tervene'** *v.i.* (אִנְטֶרְוִין) הִתְעָרֵב, הָיָה בֵּין שְׁנֵי דְּבָרִים, הִתְמַצֵּעַ, קָרָה בֵּינְתַיִם, אֵרַע

**in"terven'tion** *n.* (אִנְטֶרְוֶנְשֲׁן) הִתְעָרְבוּת

**in'terview** *n. & v.t.* (אִנְטֶרְוְיוּ) רֵאָיוֹן; דִּבֵּב רֵאָיֵן

**intes'tate** *adj.* (אִנְטֶסְטֵיט) לְלֹא צַוָּאָה; לֹא מְחֻלָּק בְּאֵין צַוָּאָה

**intes'tine** *n.* (אִנְטֶסְטִן) מְעִי

**in'timacy** *n.* (אִנְטֲמַסִי) אִינְטִימִיּוּת, יְדִידוּת עֲמֻקָּה; בְּקִיאוּת; בִּטּוּי יְדִידוּת; קֵרוּב מִינִי; יְחִידוּת

**in'timate** *adj. & n.* (אִנְטֲמִט) אִינְטִימִי, יְדִיד נֶפֶשׁ; יְדִידוּתִי, נוֹחַ וּמְלַבֵּב, בָּא בִּיחָסִים מִינִיִּים; מְפֹרָט, מַעֲמִיק; פְּנִימִי בְּיוֹתֵר; עַצְמִי

**in'timate"** *v.t.* (אִנְטֲמֵיט) רָמַז

**in"tima'tion** *n.* (אִנְטֲמֵישְׁן) רֶמֶז

**intim'idate"** *v.t.* (אִנְטִמְדֵיט) הִפְחִיד, הִבְהִיל, הִשְׁפִּיעַ עַל יְדֵי הַפְחָדָה, עוֹרֵר יִרְאָה

**in'to** *prep.* (אִנְטוּ; בלי הטעמה: אִנְטְ, אִנְטֲ) אֶל, לְתוֹךְ, בְּתוֹךְ, לְמַצַּב־, לִמְלֶאכֶת־ לִפְעֻלַּת־

**intol'erable** *adj.* (אִנְטוֹלֲרַבְּל) שֶׁאֵין לְשֵׂאתוֹ, מֻגְזָם בְּיוֹתֵר

**intol'erance** *n.* (אִנְטוֹלֲרַנְס) חֹסֶר סוֹבְלָנוּת; אִי־סְבִילוּת; רְגִישׁוּת

**intol'erant** *adj.* (אִנְטוֹלֲרַנְט) אִי־סוֹבְלָנִי; בַּעַל מִשְׁפָּטִים קְדוּמִים, צַר־אֹפֶק; לֹא־סוֹבֵל

**in"tona'tion** *n.* (אִנְטֲנֵישְׁן) אִינְטוֹנַצְיָה, הַנְגָּנָה

**intone'** *v.t. & i.* (אִנְטוֹן) בִּטֵּא בְּהַנְגָּנָה, הִנְגִּין; דִּקְלֵם בִּנְעִימָה

**intox'ica'te** *v.t. & i.* (אִנְטוֹקְסִקֵיט) שִׁכֵּר; הִלְהִיב

**intran'sigent** *adj.* (אִנְטְרֶנְסִגֲ'נְט) דּוֹחֶה פְּשָׁרוֹת

**intran'sitive** *adj.* (אִנְטְרֶנְסִטִב) עוֹמֵד (פּועל)

**intrep'id** *adj.* (אִנְטְרֶפִּד) לְלֹא פַּחַד

**in'tricacy** *n.* (אִנְטְרִקַסִי) מֻרְכָּבוּת, סִבּוּךְ

**in'tricate** *adj.* (אִנְטְרִקִט) מֻרְכָּב, מְסֻבָּךְ; שֶׁקָּשֶׁה לַהֲבִינוֹ

**intrigue'** *v.t. & n. & i.* (אִנְטְרִיג) עוֹרֵר סַקְרָנוּת, מָשַׁךְ בִּיחוּדוֹ; בִּצַּע בְּתַחְבּוּלוֹת, סִכְסֵךְ; נִהֵל פָּרָשַׁת אֲהָבִים חֲשָׁאִית; סַכְסְכָנוּת, אִינְטְרִיגָה; פָּרָשַׁת אֲהָבִים חֲשָׁאִית; תִּסְבֹּכֶת

**instrin'sic** *adj.* (אִנְטְרִנְסִק) עַצְמִי, פְּנִימִי, שַׁיָּךְ לְאָתָר מְסֻיָּם

**in"troduce'** *v.t.* (אִנְטְרֲדוּס) הִצִּיג; קֵרֵב, הִנְהִיג; הִצִּיעַ; הִקְדִּים, פָּתַח; הִכְנִיס

**in"troduc'tion** *n.* (אִנְטְרֲדַקְשֲׁן) הַצָּגָה; הַקְדָּמָה, מָבוֹא

**in"troduc'tory** *adj,* (אִנְטְרֲדַקְטֲרִי) שֶׁל מָבוֹא; כְּדֵי לְהַצִּיג

**in'trovert"** *adj. & n.* (אִנְטְרֲוֶרְט) מֻפְנָם, בַּיְשָׁן, בַּיְשָׁנִי; אִינְטְרוֹוֶרְטִי

**intrude'** *v.t. & i.* (אִנְטְרוּד) דָּחַק; נִדְחַק, פָּרַץ, חָדַר

**intru'der** *n.* (אִנְטְרוּדֶר) נִדְחָק, מִתְפָּרֵץ, זָר לֹא־רָצוּי

**intru'sion** *n.* (אִנְטְרוּזְ'ן) הִתְפָּרְצוּת, הִדָּחֲקוּת; מַחְדָּר

**in"tuiti'on** *n.* (אִנְטוּאִשְׁן) אִינְטוּאִיצְיָה; תְּפִיסָה בִּלְתִּי־אֶמְצָעִית, חֲדִירָה מִיָּדִית לַמַּשְׁמָעוּת

**intu'itive** *adj.* (אִנְטוּאִטִב) אִינְטוּאִיטִיבִי, מִתּוֹךְ חֲדִירָה בִּלְתִּי־אֶמְצָעִית לַמַּשְׁמָעוּת; בַּעַל אִינְטוּאִיצְיָה

**inure'** *v.t. & i.* (אִנְיוּר) הִרְגִּיל, הִקְשִׁיחַ; נִכְנַס לְשִׁמּוּשׁ; פָּעַל, הִשְׁפִּיעַ, הֵבִיא תּוֹעֶלֶת

**invade'** *v.t. & i.* (אִנְוֵיד) פָּלַשׁ; פָּשַׁט; הִשְׁתַּלֵּט; פָּגַע בְּ־; הִסִּיג גְּבוּל; הִתְפַּשֵּׁט; עָרַךְ פְּלִישָׁה

**in'valid** *n. & adj.* (אִנְוַלִד) נָכֶה

inval'id *adj.* (אִנְוֶלִד) חֲסַר־תֹּקֶף; חַלָּשׁ; בָּטֵל

**inval'idate"** *v.t.* (אִנְוֶלִדֵיט) שָׁלַל תֹּקֶף; שָׁלַל כֹּחַ חֻקִּי; שָׁלַל יְעִילוּת

**inval'uable** *adj.* (אִנְוֶלְיוּאֲבְּל) יָקָר מְאֹד

**invas'ion** *n.* (אִנְוֵיזְ'ן) לִישָׁה; הִתְפָּרְצוּת; הֲפָרָה

**invec'tive** *n.* (אִנְוֶקְטִב) גִּנּוּי חָרִיף, חֵרוּף וְגִדּוּף; עֶלְבּוֹן

**inveigh'** *v.t.* (אִנְוֵי) גִּנָּה בַּחֲרִיפוּת; מָחָה בַּחֲרִיפוּת

**inveigle'** *v.t.* (אִנְוִיגְל) פִּתָּה; הִשִּׂיג בְּדִבְרֵי חֲלַקְלַקּוֹת

**invent'** *v.t.* (אִנְוֶנְט) הִמְצִיא; בָּדָה

**inven'tion** *n.* (אִנְוֶנְשְׁן) הַמְצָאָה; בְּדוּתָה

**inven'tive** *adj.* (אִנְוֶנְטִב) מַמְצִיא, מְחַדֵּשׁ; שֶׁל כֹּחַ הַמְצָאָה

**inven'tor** *n.* (אִנְוֶנְטֶר) מַמְצִיא

**in'ventor"y** *n. & v.t. & i.* (אִנְוֶנְטוֹרִי) מְצַאי; קָטָלוֹג; אִינְוֶנְטָר; עֵרֶךְ הַמְּצַאי; רְשִׁימַת סְגֻלּוֹת; רְשִׁימַת הַמְּלַאי; רָשַׁם מְצַאי; קִטְלֵג; סִכֵּם; עֶרְכּוֹ הִסְתַּכֵּם בְּ־

**inver'sion** *n.* (אִנְוֶרְזְ'ן) הִפּוּךְ, אִינְוֶרְסְיָה

**inver'tebrate** *adj. & n.* (אִנְוֶרְטֶבְּרֵיט) חֲסַר־חֻלְיוֹת; חֲסַר־אֹפִי

**invest'** *v.t. & i.* (אִנְוֶסְט) הִשְׁקִיעַ; הוֹצִיא (כֶּסֶף); הִקְדִּישׁ; הֶעֱנִיק סַמְכוּת; צִיֵּד בְּסִימָנֵי מִשְׂרָה; הִכְנִיס לְתַפְקִיד; הִלְבִּישׁ; עָטַף; כִּתֵּר, צָר עַל

**inves'tigate"** *v.t. & i.* (אִנְוֶסְטִגֵיט) חָקַר

**inves"tiga'tion** *n.* (אִנְוֶסְטִגֵישְׁן) חֲקִירָה

**inves'titure** *n.* (אִנְוֶסְטִצְ'ר) הַכְנָסָה לְתַפְקִיד, כְּנִיסָה לְתַפְקִיד; מַעֲטֶה; הַעֲנָקַת זְכוּת

**invest'ment** *n.* (אִנְוֶסְטְמֶנְט) הַשְׁקָעָה; הַקְדָּשָׁה; הַלְבָּשָׁה; הַעֲנָקָה; הַכְנָסָה לְתַפְקִיד; כִּתּוּר, מָצוֹר

**invet'erate** *adj.* (אִנְוֶטֶרֶט) תְּמִידִי; מֻרְגָּל; מוּעָד; כְּרוֹנִי

**invid'ious** *adj.* (אִנְוִדִיאֶס) מְעוֹרֵר תַּרְעֹמֶת, מְעוֹרֵר קִנְאָה; מַסְלֶה; מַזִּיק

**invig'orate"** *v.t.* (אִנְוִגֶרֵיט) הֵפִיחַ מֶרֶץ, הִשְׁרָה חִיּוּת

**invin'cible** *adj.* (אִנְוִנְסִבְּל) שֶׁאֵין לְנַצְּחוֹ; שֶׁאֵין לְהִתְגַּבֵּר עָלָיו

**invi'olate** *adj.* (אִנְוַיאֲלֶט) שֶׁלֹּא חִלְּלוּ אוֹתוֹ; שֶׁלֹּא הִפְרִיעוּהוּ; שֶׁלֹּא פָּגְעוּ בּוֹ; שֶׁלֹּא הוּפַר; שֶׁלֹּא קֻפַּח

**invis'ible** *adj.* (אִנְוִזִבְּל) לֹא־נִרְאֶה; חָבוּי, סָמוּי

**in"vita'tion** *n.* (אִנְוִטֵישְׁן) הַזְמָנָה; מְשִׁיכָה, תַּמְרִיץ

**invite'** *v.t.* (אִנְוַיט) הִזְמִין; בִּקֵּשׁ בְּנִימוּס; חָשַׂף עַצְמוֹ לְ־; מָשַׁךְ, פִּתָּה

**invi'ting** *adj.* (אִנְוַיטִנְג) מוֹשֵׁךְ, מְלַבֵּב

**in"voca'tion** *n.* (אִנְוֹקֵישְׁן) תְּפִלָּה; תְּחִנָּה, פְּנִיָּה, בַּקָּשָׁה; אֲכִיפַת זְכוּת אוֹ עִקָּרוֹן מוּסָרִי

**in'voice** *n.* (אִנְווֹיס) חֶשְׁבּוֹן

**invoke'** *v.t.* (אִנְווֹק) הִתְחַנֵּן; הִתְפַּלֵּל לְ־; בִּקֵּשׁ לְהָטִיל; בִּקֵּשׁ אִשּׁוּר; בִּקֵּשׁ עֶזְרָה; גָּרַם

**invol'untar"y** *adj.* (אִנְווֹלֶנְטֶרִי) שֶׁלֹּא מֵרָצוֹן; בְּעַל כָּרְחוֹ; לְלֹא כַּוָּנָה; שֶׁלֹּא בְּיוֹדְעִין

**involve'** *v.t.* (אִנְווֹלְב) כָּלַל, הָיָה כָּרוּךְ בְּ־; הֵבִיא בְּעִקְבוֹתָיו; הִשְׁפִּיעַ עַל; עֵרֵב; סִבֵּךְ, גֵּרַר; הֶעֱסִיק; עָטַף

**—ed** *adj.* מְסֻבָּךְ; מְעֹרָב; קָשׁוּר; קָבַל עִם וְעֵדָה

**in'ward** *adv. & adj.* (אִנְוֶרְד) פְּנִימָה; פְּנִימִי, בְּתוֹךְ הַגּוּף; בִּפְנִים הַמְּדִינָה; רוּחָנִי

**i'odine"** *n.* (אַיאֲדַין) יוֹד
**i'on** *n.* (אַיאֲן) יוֹן
**i'ris** *n.* (אַירִס) אִירוּס; קֶשֶׁתִית (העין); קֶשֶׁת (בענן)
**irk'some** *adj.* (אִרְקְסֶם) מַרְגִּיז; מֵעִיק; מְיַגֵּעַ
**i'ron** *n.* (אַיאֲרְן) בַּרְזֶל; מַגְהֵץ; כְּבַרְזֶל; כְּוִיָּה; צַלְצַל
—**s** אֲזִקִּים
—**s in the fire** מִפְעָלִים בְּתִכְנוּן
—*adj.* שֶׁל בַּרְזֶל; קָשׁוּחַ, אַכְזָר
— *v.t. & i.* גִּהֵץ; צִיֵּד בְּבַרְזֶל; כָּבַל בַּאֲזִקִּים
— **out** יִשֵּׁר הַדּוּרִים; סִלֵּק קְשָׁיִים
**i'ronclad'** *adj.* (אַיאֲרְנְקְלֶד) מְצֻפֶּה לוּחוֹת בַּרְזֶל; קַפְּדָנִי, שֶׁאֵינוֹ נִשְׁבָּר, חֲסַר־גְּמִישׁוּת
**iron'ic (al)** (אִירוֹנִק[ל]) לַגְלְגָנִי, אִירוֹנִי
**i'rony** *n.* (אַירֲנִי) אִירוֹנְיָה; לְשׁוֹן סַגִּי נְהוֹר; תּוֹצָאוֹת לֹא־צְפוּיוֹת; הִתּוּל; סִגְנוֹן לַגְלְגָנִי; סְתִירָה
**irra'diate"** *v.t.* (אִרֵידִיאֵיט) הִקְרִין, הֵאִיר; חִמֵּם בְּאֶנֶרְגִיַּת קְרִינָה; חָשַׂף לִקְרִינָה
**irrati'onal** *adj.* (אִרֶשֲׁנֲל) אִירַצְיוֹנָלִי, לֹא־הֶגְיוֹנִי, לֹא נִתְפָּס בַּשֵּׂכֶל
**irreg'ular** *adj.* (אִרֶגְיֲלֶר) לֹא־סָדִיר, חָרִיג; לֹא־קָבוּעַ; יוֹצֵא מִן הַכְּלָל, בְּנִגּוּד לַכְּלָל, בְּנִגּוּד לַמְקֻבָּל; פָּגוּם
**irrel'evant** *adj.* (אִרֶלֲוַנְט) לֹא־שַׁיָּךְ, לֹא נוֹגֵעַ לָעִנְיָן, לֹא־רֶלֶוַנְטִי
**ir"religi'ous** *adj.* (אִרִלִגְ'ס) לֹא־דָתִי, חֲסַר רֶגֶשׁ דָּתִי; מִתְנַגֵּד
**irrep'arable** *adj.* (אִרֶפֲּרֲבְּל) שֶׁאֵין לוֹ תַּקָּנָה; לֹא נִתָּן לְתִקּוּן
**ir"reproa'chable** *adj* (אִרְפְּרוֹצֲ'בְּל) לְלֹא דֹּפִי
**ir"resis'table** *adj.* (אִרִזִסְטֲבְּל) שֶׁאֵין לְהִתְנַגֵּד לוֹ, שֶׁאֵין לַעֲמוֹד בְּפָנָיו; מְפַתֶּה בְּקִסְמוֹ, מְלַבֵּב
**irres'olute** *adj.* (אִרֶזֲלוּט) חֲסַר־הֶחְלֵטִיּוּת, הַסְסָנִי, פּוֹסֵחַ עַל שְׁתֵּי הַסְּעִפִּים
**ir"respec'tive** *adj.* (אִרִסְפֶּקְטִב) בְּלִי לְהִתְחַשֵּׁב בְּ־; בְּהִתְעַלְּמוּת מ־, בְּלִי לָשִׂים לֵב לְ־
**ir"respon'sible** *adj.* (אִרִסְפּוֹנְסֲבְּל) חֲסַר־אַחֲרָיוּת
**irrev'erent** *adj.* (אִרֶוְרֲנְט) מְזַלְזֵל, חֲסַר־יַחַס כָּבוֹד, מֵקֵל רֹאשׁ בְּ־
**ir'rigate"** *v.t.* (אִרֲגֵיט) הִשְׁקָה; שָׁטַף; הִרְטִיב
**ir"riga'tion** *n.* (אִרֲגֵישֲׁן) הַשְׁקָאָה; שְׁטִיפָה
**ir'ritable** *adj.* (אִרִטֲבְּל) רָגִיז; שֶׁקַּל לְגָרוֹתוֹ
**ir'ritate"** *v.t. & i.* (אִרִטֵיט) הִרְגִּיז; גֵּרָה; גָּרַם גֵּרוּי
**ir"rita'tion** *n.* (אִרִטֵישֲׁן) הַרְגָּזָה, רֹגֶז; גֵּרוּי
**irrup'tion** *n.* (אִרַפְּשֲׁן) הִתְפָּרְצוּת לְתוֹךְ, פְּלִישָׁה אַלִּימָה; הִתְרַבּוּת פִּתְאוֹמִית (של אוכלוסיית בעלי חיים)
**is** (אִז) (הווה, יחיד, גוף שלישי של הפועל be)
**there —** יֵשׁ
**i'sland** *n.* (אַילֲנְד) אִי; חֹרֶשׁ בִּפְרֶרְיָה; גִּבְעָה בּוֹדֶדֶת
**i'slander** *n.* (אַילֲנְדֶר) תּוֹשַׁב אִי, שׁוֹכֵן אִיִּים
**isle** *n.* (אַיל) אִיּוֹן; אִי
**i'slet** *n.* (אַילִט) אִיּוֹן קָטָן
**i'solate"** *v.t.* (אַיסֲלֵיט) בּוֹדֵד; הִפְרִיד, נִתֵּק; שָׂם בְּהֶסְגֵּר
**i"sola'tion** *n.* (אַיסֲלֵישֲׁן) בִּדּוּד; הֶסְגֵּר, אִיזוֹלַצְיָה
**is'sue** *n.* (אִשׁוּ) הוֹצָאָה, נֹסַח, חֲלֻקָּה; גִּלָּיוֹן, הַדְפָּסָה; סֶלַע מַחְלֹקֶת, פְּלֻגְתָּה; שְׁלַב הַכְרָעָה; תּוֹצָאָה, מוּצָר; צֶאֱצָא; מוֹצָא, יְצִיאָה; זְרִימָה; תְּשׁוּאָה; הַנְפָּקָה, אֲמִיסְיָה
**at —** שָׁנוּי בְּמַחְלֹקֶת
**take —** חָלַק עַל
**— v.t. & i.** הוֹצִיא; חִלֵּק; הִנְפִּיק; זָרַם הַחוּצָה; יָצָא, הוּצָא; יָצָא לָאוֹר; הִסְתַּיֵּם בְּ־
**is'thmus** *n.* (אִסְמֲס) מֵצַר יַבָּשָׁה
**it** *pron.* (אִט) הוּא, הִיא; (מין סתמי); זֶה, זֹאת; אוֹתוֹ, אוֹתָהּ; לוֹ, לָהּ
**— n.** מוֹקֵד הַמִּשְׂחָק; מַצַּב הָעִנְיָנִים
**be with —** הָיָה קָשׁוּב; הָיָה עֵר; הָיָה בַּעַל הֲבָנָה; הָיָה בַּעַל הַעֲרָכָה
**get with —** הִתְעַנְיֵן, הָיָה פָּעִיל
**Ital'ian** *adj. & n.* (אִטֶלְיֲן) אִיטַלְקִי; אִיטַלְקִית

**itch** *v.t. & t. & n.* (אִץ׳) הִרְגִּישׁ גֵּרוּד; גֵּרֵד; הִשְׁתּוֹקֵק; הִרְגִּיז; גֵּרוּד; עִקְצוּץ; תְּשׁוּקָה מַטְרִידָה

**i'tem** *n.* (אַיְטֶם) פְּרָט; פָּרִיט; עֶרֶךְ; יְדִיעָה נִפְרֶדֶת

**i'temize"** *v.t.* (אַיְטֶמַיְז) פֵּרֵט, רָשַׁם פְּרָטִים

**it'erate"** *v.t.* (אִטֶרֵיט) חָזַר עַל, עָשָׂה מַחֲזוֹרִית

**itin'erant** *adj. & n.* (אַיטִנֶרֶנְט) נוֹדֵד; שֶׁל נְדִידָה; פּוֹעֵל נוֹדֵד

**itin'erar'y** *n.* (אַיְטִנֶרֶרִי) תָּכְנִית מַסָּע, דֶּרֶךְ; דִּין וְחֶשְׁבּוֹן עַל טִיּוּל; מַדְרִיךְ לְתַיָּרִים

**itself'** *pron.* (אִטְסֶלְף) עַצְמוֹ, עַצְמָהּ

**i'vory** *n.* (אַיְבְרִי) שֶׁנְהָב, שֶׁן־פִּיל

**i'vy** *n.* (אַיְבִי) קִיסוֹס; מְטַפֵּס

# J

**J, j** n. (ג'יי)   ג', הָאוֹת הָעֲשִׂירִית בָּאַלְפָבֵּית הָאַנְגְלִי

**jab** v.t. & i. & n. (ג'ב)   דָּקַר, סִנְקֵר; בִּתְנוּעָה חֲטוּפָה; דְּקִירָה; סִנְקֵרֶת חֲטוּפָה

**jab'ber** v.i. & t. & n. (ג'בר)   לַהַג, קִשְׁקֵשׁ, פִּטְפֵּט; לַהַג, קִשְׁקוּשׁ, פִּטְפּוּט

**jack** n. (ג'ק)   מַגְבֵּהַּ; בָּחוּר, נָסִיךְ (קלפים); דֶּגֶל זֵהוּת; חֲמוֹר; קֵן (חבל); כֶּסֶף

**—s**   "חֲמֵשׁ אֲבָנִים"

**every man —**   כָּל אֶחָד לְלֹא יוֹצֵא; מִן הַכְּלָל

**— v.t.**   הִגְבִּיהַּ; הֶעֱלָה

**jack'al** n. (ג'קל)   תַּן, כֶּלֶב מְשָׁרֵת, נָבָל; נוֹכֵל

**jack'ass** n. (ג'קס)   חֲמוֹר, שׁוֹטֶה

**jack'et** n. (ג'קט)   זַ'קֶט, מְעִיל קָצָר, עֲטִיפָה; מַעֲטֶפֶת; קְלִפָּה (של תפוח אדמה כבושל); כַּעֲטַפָהּ, מִכְסֶה פְלָדָה

**jack'pot** n. (ג'קפוט)   הַפְּרָס הָעִקָּרִי

**hit the —**   הָיָה בַּעַל פִּתְאוֹמִי, זָכָה בְּהַצְלָחָה גְדוֹלָה

**jade** n. (ג'יד)   יָדָה, יָרֹק; מִרְשַׁעַת, פְרוּצָה; סוּס בָּלֶה

**— v.t. & i.**   הִתְיַגֵּעַ; יִגַּע

**jag** n. (ג'ג)   שֶׁבָרוֹן, הִשְׁתַּלְּלוּת

**jag'ged** adj. (ג'גד)   מְחֻרָץ

**jail** n. & v.t. (ג'יל)   בֵּית כֶּלֶא, מַעֲצָר, כָּלָא, שָׂם בְּמַעֲצָר

**jail'bait** n. (ג'ילבֵּיט)   קְטִינָה שֶׁבִּגְלָלָהּ נִכְנָסִים לַכֶּלֶא

**jail'bird** n. (ג'ילבֵּרד)   אָסִיר; אָסִיר לְשֶׁעָבַר

**jail'break** n. (ג'ילבְּרֵיק)   בְּרִיחָה בְּכֹחַ מִבֵּית סֹהַר

**jai'ler** n. (ג'יילֶר)   סוֹהֵר, אַחֲרַאי בְּבֵית כֶּלֶא קָטָן

**jalop'y** n. (ג'לוֹפִּי)   "טְרַנְטָה"

**jal'ousie** n. (ג'לֶסִי)   רְפָסוֹת

**jam** n. (ג'ם)   דָּחַס, דָּחַק, עָשָׂה חַבּוּרָה;

לָחַץ בְּחָזְקָה; נֶרֶם שֶׁהַחֲלָקִים יִתְפְּסוּ זֶה בָּזֶה, נֶרֶם לְשִׁתּוּק הַמַּנְגָּנוֹן; בִּלֵּל, הִפְרִיעַ לַשִּׁדּוּר; נִתְפַּס; נִתְקַע; נִדְחַק

**— n.**   דְּחִיקָה; דֹּחַק; הִתְפַּסּוּת; פְּקָק (תנועה); הִסְתַּבְּכוּת; הַפְרָעָה (לשדוריו); רִבָּה

**jam'ses"sion** (ג'ם סֶשֶׁן)   קוֹנְצֶרְט מְאֻלְתָּר לַעֻגוּג הַמְּנַגְּנִים; קוֹנְצֶרְט ג'ז

**jang'le** v.i. & t. (ג'נגל)   הִשְׁמִיעַ נְקִישָׁה צוֹרְמָנִית, צָרַם, הִתְנַצֵּחַ; הִרְגִּיז

**jan'itor** n. (ג'נִטֹר)   שַׁמָּשׁ, שָׂרָת; שׁוֹעֵר

**Jan'uary** n. (ג'נִיוּאָרי)   יָנוּאָר

**Jap'anese** n. & adj. (ג'פָּנִיז)   יַפָּנִי; יַפָּנִית

**jar** n. & v.i. & t. (ג'ר)   כַּד, חֲרִיקָה; צְרִימָה; זַעֲזוּעַ; צָרַם, חָרַק; הוֹדְזַעֲזֵעַ; זְעֲזַע

**jar'gon** n. (ג'רגן)   נִיב מִקְצוֹעִי; לְשׁוֹן עֶלְגִים; זַ'רְגּוֹן

**jas'mine** n. (ג'זמִן)   יַסְמִין

**jas'per** n. (ג'ספֶּר)   יָשְׁפֵה

**jaun'dice** n. & v.t. (ג'וֹנדֵס)   צַהֶבֶת, סֶלֶף

**jaunt** v.i. & n. (ג'וֹנט)   טִיֵּל (טיול קצר); טִיּוּל קָצָר

**jaun'ty** adj. (ג'וֹנטִי)   מָלֵא חַיּוּת, עַרְנִי; מְסֻדָּר וּמְרֻשָּׁם (לבוש)

**jav'elin** n. (ג'וֶלִן)   רֹמַח

**jaw** n. & v.i. (ג'ו)   לֶסֶת, שׁוֹחֵחַ, "רִכֵּל"

**jay** n. (ג'יי)   עוֹרְבָנִי

**jay'walk** v.i. (ג'יווֹק)   חָצָה רְחוֹב שֶׁלֹא בְּמַעֲבָר חֲצִיָּה, חָצָה רְחוֹב בְּרַשְׁלָנוּת

**jazz** n. (ג'ז)   ג'ז; חִיּוּת, מְלִיצוֹת שְׁדוּפוֹת

**jeal'ous** adj. (ג'לֶס)   מְקַנֵּא; קַנַּאי

**jeal'ousy** n. (ג'לֶסִי)   קִנְאָה; קַנָּאוּת

**jeep** n. (ג'יפּ)   ג'יפּ

**jeer** v.i. & t. & n. (ג'יר)   לָעַג, לַעַג; קֶרֶס

**jel'ly** n. (ג'לִי)   קָרִישׁ

**jel'lyfish** n. (ג'לִימִשׁ)   מֶדוּזָה

**jeop'ardize** v.t. (ג'פָּרדַיז)   סִכֵּן

**jeop'ardy** n. (ג'פָּרדִי)   סַכָּנָה

**jerk** *n. & v.t. & i.* ‏(גְ׳רָק)‏ תְּנוּעָה פִּתְאוֹמִית; טִפֵּשׁ; הֵנִיעַ פִּתְאוֹם; פָּלַט בְּצוּרָה מְקֻטַּעַת

**jes'samine** *n.* ‏(גֶ׳סְמִן)‏ יַסְמִין

**jest** *n. & v.i. & t.* ‏(גֶ׳סְט)‏ בְּדִיחָה, צְחוֹק; הִתְבַּדֵּחַ, חָמַד לָצוֹן; לָעַג

**jes'ter** *n.* ‏(גֶ׳סְטֶר)‏ לֵיצָן

**Jes'uit** *n.* ‏(גֶ׳זְוּאִט)‏ יְשׁוּעִי

**Jes'us Christ'** *n. & interj.* ‏(גֶ׳יזַס קְרַיסְט)‏ יֵשׁוּ הַנּוֹצְרִי; אוֹיש, אוּף, אַיָּה

**jet** *n.* ‏(גֶ׳ט)‏ סִילוֹן; נָחִיר

**jet'sam** *n.* ‏(גֶ׳טְסַם)‏ סְחוֹרָה שֶׁהֻזְרְקָה לַיָּם

**jet'ty** *n.* ‏(גֶ׳טִי)‏ מֵזַח

**Jew** *n.* ‏(גֻ׳)‏ יְהוּדִי

**Jew'-bai"ting** *n.* ‏(גֻ׳-בֵּיטִנג)‏ רְדִיפַת יְהוּדִים

**jew'el** *n.* ‏(גֻ׳וְאֶל)‏ תַּכְשִׁיט, אֶבֶן חֵן; כְּלִי יָקָר; אֶבֶן מֵסַב

**jew'eler** *n.* ‏(גֻ׳וְאֶלֶר)‏ צוֹרֵף; שַׁעָן

**jew'elry** *n.* ‏(גֻ׳וְאֶלְרִי)‏ תַּכְשִׁיטִים, תַּכְשִׁיט

**Jew'ish** *adj. & n.* ‏(גֻ׳וְאִש)‏ יְהוּדִי, יִידִית

**Jew'ry** *n.* ‏(גֻ׳וּרִי)‏ הָעָם הַיְּהוּדִי

**jig** *n.* ‏(גִ׳ג)‏ רִקּוּד עַלִּיז; נְגִינָה לְרִקּוּד הַגִּ׳יג
in — time בִּמְהִירוּת
the — is up אָפְסָה כָּל תִּקְוָה

**jilt** *v.t.* ‏(גִ׳לְט)‏ נָטַשׁ, דָּחָה אַהֲבָה

**Jim'Crow'** ‏(גִ׳ם קְרוֹ)‏ אַפְלָיָה נֶגֶד כּוּשִׁים

**jin'gle** *v.i. & t. & n.* ‏(גִ׳נְגְל)‏ נָקַשׁ, חָרַז; נְקִישָׁה, חֲרִיזָה

**jinx** *n.* ‏(גִ׳נְקְס)‏ מֵבִיא מַזָּל רַע

**job** *n.* ‏(גֻ׳וֹב)‏ עֲבוֹדָה, חוֹבָה, אַחְרָיוּת; מִשְׂרָה, עִנְיָן, מִפְעָל

**job'ber** *n.* ‏(גֻ׳וֹבֶר)‏ סִיטוֹנַאי

**jock'ey** *n.* ‏(גֻ׳וֹקִי)‏ רַכָּב; נֶהָג

**jocose'** *adj.* ‏(גֻ׳וֹקוֹס)‏ מְתֹלוּלָץ, מִתְבַּדֵּחַ

**joc'ular** *adj.* ‏(גֻ׳וֹקְיֻלֶר)‏ מִתְבַּדֵּחַ, קֻנְדָּסִי

**jo'cund** *adj.* ‏(גֻ׳וֹקַנְד)‏ עַלִּיז

**jog** *v.t. & i.* ‏(גֻ׳וֹג)‏ דָּחַף, עוֹרֵר; נָע בִּתְנוּעוֹת מְקֻטָּעוֹת; רָץ בְּקֶצֶב

**join** *v.t. & i.* ‏(גֻ׳וֹין)‏ חִבֵּר; הִתְחַבֵּר עִם; אֶחָד; הִצְטָרֵף לְ-; הִתְרָעַ; פָּגַשׁ, נִפְגַּשׁ; הִשְׁתַּתֵּף יַחַד; חִתֵּן

**joint** *n.* ‏(גֻ׳וֹינְט)‏ מִפְרָק; חִבּוּר; מְחֻבָּר;

מוֹעֲדוֹן לַיְלָה הַמוֹנִי; מָקוֹם; סִינָרִית מְרִיחוּאָנָה
out of — נָקוּעַ; בְּמַצָּב לֹא-מַתְאִים
*adj.* מְשֻׁתָּף

**joke** *n. & v.i. & t.* ‏(גֻ׳וֹק)‏ הֲלָצָה, עִנְיָן שֶׁל מַה בְּכָךְ; דָּבָר קַל מְאֹד, הִתְלוֹצֵץ

**jol'ly** *adj.* ‏(גֻ׳וֹלִי)‏ עַלִּיז, שָׂמֵחַ

**jolt** *v.t. & i. & n.* ‏(גֻ׳וֹלְט)‏ זַעְזֵעַ, הֵלַם בּ-; הִפְרִיעַ בְּצוּרָה מְזַעֲזַעַת; נָע בִּתְנוּעוֹת מְקֻטָּעוֹת; זַעֲזוּעַ; הֶלֶם, תְּבוּסָה פִּתְאוֹמִית; מְנַת חִזּוּק

**jos'tle** *v.t. & i.* ‏(גֻ׳וֹסְל)‏ דָּחַף בְּנִסָּה

**jot** *v.t.* ‏(גֻ׳וֹט)‏ רָשַׁם בְּקִצּוּר, רָשַׁם מַהֵר

**jour'nal** *n.* ‏(גֶ׳רְנָל)‏ עִתּוֹן, כְּתַב-עֵת; רְשׁוּם יוֹמִי; דִּין וְחֶשְׁבּוֹן

**jour'nalis"m** *n.* ‏(גֶ׳רְנָלִזְם)‏ עִתּוֹנָאוּת

**jour'nalist** *n.* ‏(גֶ׳רְנָלִסְט)‏ עִתּוֹנַאי

**jour"nalis'tic** *adj.* ‏(גֶ׳רְנָלִסְטִק)‏ עִתּוֹנָאִי, שֶׁל עִתּוֹנָאִים, שֶׁל עִתּוֹנָאוּת

**jour'ney** *n. & v.i.* ‏(גֶ׳רְנִי)‏ נְסִיעָה, נָסַע

**jour'neyman** *n.* ‏(גֶ׳רְנִימֶן)‏ אוּמָן

**joust** *n.* ‏(גֻ׳אוּסְט)‏ דּוּקְרָב פָּרָשִׁים
—s טוּרְנִיר
— *v.i.* הִשְׁתַּתֵּף בְּדוּקְרַב פָּרָשִׁים; הִשְׁתַּתֵּף בְּטוּרְנִיר

**jo'vial** *adj.* ‏(גֻ׳וֹבִיאָל)‏ עַלִּיז

**jowl** *n.* ‏(גֻ׳אוּל)‏ הַלֶּסֶת הַתַּחְתּוֹנָה; לֶחִי; פִּימַת הַלֶּסֶת

**joy** *n.* ‏(גֻ׳וֹי)‏ גִּיל, הֲנָאָה; עַלִּיזוּת

**joy'ful** *adj.* ‏(גֻ׳וֹיפֻל)‏ שָׂמֵחַ; מְשַׂמֵּחַ, מַרְנִין

**ju'bilant** *adj.* ‏(גֻ׳וּבִּלֶנְט)‏ צוֹהֵל

**ju'bilee"** *n.* ‏(גֻ׳וּבִּלִי)‏ יוֹם שָׁנָה, יוֹבֵל, חֲגִיגָה, מְסִבָּה

**Ju'dais"m** *n.* ‏(גֻ׳וּדֵאִזְם)‏ יַהֲדוּת

**judge** *n. & v.t. & i.* ‏(גֻ׳ג׳)‏ שׁוֹפֵט; בּוֹרֵר; פָּסַק, חָרַץ מִשְׁפָּט; שָׁפַט, יָשַׁב בְּדִין, סָבַר, הֶעֱרִיךְ

**judg'ment** *n.* ‏(גֶ׳גְ׳מֶנְט)‏ שְׁפִיטָה; פְּסַק דִּין; חִיּוּב; בַּעַל חוֹב; הַבְחָנָה, שֵׂכֶל יָשָׁר; הַכְרָעָה; דֵעָה

**judici'al** *adj.* ‏(גֻ׳וּדִשֶׁל)‏ שֶׁל בֵּית מִשְׁפָּט; שְׁפוּטִי; שֶׁל שׁוֹפְטִים, שֶׁל שׁוֹפֵט; בִּקֹרְתִּי, בַּעַל אַבְחָנָה; מַכְרִיעַ

**judici'ar"y** *adj. & n.* (ג'וּדִשִׁיאֶרִי) שֶׁל פְּסַק דִּין, שֶׁל בֵּית מִשְׁפָּט; שִׁפּוּטִי; מַעֲרֶכֶת הַשִּׁפּוּט, מַעֲרֶכֶת בָּתֵּי הַמִּשְׁפָּט; שׁוֹפְטִים

**judici'ous** *adj.* (ג'וּדִשֶׁס) זָהִיר, נָבוֹן

**jug** *n.* (גַ'ג) כַּד, פַּךְ; "חַד־גַּדְיָא"

**jug'gle** *v.t. & i.* (גַ'גְל) לְהַטֵּט; זָרַק וְתָפַס בִּתְנוּעָה מַתְמֶדֶת; אִזֵּן; כִּמְעַט הִשְׁמִיט מִיָּדוֹ וְתָפַס; אָחַז עֵינַיִם, רִמָּה

**jug'gler** *n.* (גַ'גְלֶר) לַהֲטוּטָן, מְאַחֵז עֵינַיִם; רַמַּאי

**jug'ular** *adj.* (גַ'גְיֻלֶר) שֶׁל הַצַּוָּאר, שֶׁל וְרִיד הַצַּוָּאר

**juice** *n.* (ג'וּס) מִיץ; תַּמְצִית, חִיּוּת; כֹּחַ חַשְׁמַלִּי; דֶּלֶק

**jui'cy** *adj.* (ג'וּסִי) עֲסִיסִי, פִּיקַנְטִי

**juke'box"** *n.* (ג'וּקבּוֹקְס) פַּטֵּיפוֹן בְּתַשְׁלוּם; תֵּבַת נְגִינָה

**July'** *n.* (גַ'לַי) יוּלִי

**jum'ble** *v.t. & i. & n.* (גַ'מְבְּל) עִרְבֵּב, בָּלַל; בִּלְבֵּל; הִתְעָרֵב; עִרְבּוּבְיָה, תֹּהוּ וָבֹהוּ

**jump** *v.i. & t.* (גַ'מְפּ) קָפַץ; קָם מַהֵר; נֶחְפַּז; פָּעַל בִּמְהִירוּת; הֶאֱמִיר; צִיֵּת מִיָּד; הִקְפִּיץ; דִּלֵּג, עָקַף; בָּרַח; תָּפַס שֶׁלֹּא כַּחֹק; לָכַד (בדמקה); הִתְנַפֵּל מִמַּאֲרָב

— n. קְפִיצָה; מִכְשׁוֹל; צְנִיחָה; הַאֲמָרָה; מַעֲבָר פִּתְאוֹמִי

get the —' on הָיָה לוֹ יִתְרוֹן הַתְחָלָתִי

**jum'per** *n.* (גַ'מְפֶּר) סַרְבָּל; חֻלְצָה

**jum'py** *adj.* (גַ'מְפִּי) עַצְבָּנִי

**junc'tion** *n.* (גַ'נְקְשֶׁן) חִבּוּר, הִתְחַבְּרוּת; מַחְבָּר; צֹמֶת

**junc'ture** *n.* (גַ'נְקְצֶ'ר) מִפְנֶה, מַשְׁבֵּר; חִבּוּר; מַחְבָּר

**June** *n.* (ג'וּן) יוּנִי

**jun'gle** *n.* (גַ'נְגְל) ג'וּנְגֶל; יַעַר עָבֹת; עִרְבּוּבְיָה

**jun'ior** *adj. & n.* (ג'וּנְיֶר) הַצָּעִיר, הַבֵּן; תַּלְמִיד הַשָּׁנָה הַשְּׁלִישִׁית; שֶׁל צְעִירִים; זוּטָר

— high' school' בֵּית סֵפֶר שֶׁל חֲטִיבַת הַבֵּינַיִם

**ju'niper** *n.* (ג'וּנִפֶּר) עַרְעָר

**junk** *n. & v.t.* (גַ'נְק) גְּרוּטָאוֹת; חֲפָצִים; פְּסֹלֶת; הִשְׁלִיךְ כִּכְלִי אֵין חֵפֶץ בּוֹ

— *adj.* זוֹל, חֲסַר־עֵרֶךְ

**jun'ket** *n.* (גַ'נְקֶט) טִיּוּל; נְסִיעָה בְּמִלּוּי תַּפְקִיד

**jun'kie** *n.* (גַ'נְקִי) נַרְקוֹמָן

**jur"isdic'tion** *n.* (גְ'רִסְדִקְשֶׁן) סַמְכוּת שִׁפּוּט; סַמְכוּת; תְּחוּם שִׁפּוּט

**jur"isprud'ence** *n.* (גְ'רִסְפְּרוּדֶנְס) מַדַּע הַמִּשְׁפָּט; מַעֲרֶכֶת מִשְׁפָּט

**jur'or** *n.* (גְ'רֶר) שׁוֹפֵט מֻשְׁבָּע

**jur'y** *n.* (גְ'רִי) חֶבֶר מֻשְׁבָּעִים

**just** *adv.* (גַ'סְט) זֶה עַתָּה, כָּרֶגַע; בְּדִיּוּק; מַמָּשׁ; בִּזְמַן קָצָר; רַק

— *adj.* צוֹדֵק, הָגוּן; מְדֻיָּק; יָשָׁר

**jus'tice** *n.* (גַ'סְטִס) צֶדֶק; מִשְׁפָּט; שׁוֹפֵט

**jus'ti"fiable** *adj.* (גַ'סְטִפַיאֶבְּל) מֻצְדָּק, שֶׁאֶפְשָׁר לְהַצְדִּיקוֹ

**jus'tifica"tion** *n.* (גַ'סְטִפִקֵישְׁן) הַצְדָּקָה; לִמּוּד זְכוּת

**jus'tify"** *v.t. & i.* (גַ'סְטִפַי) הִצְדִּיק, לִמֵּד זְכוּת עַל; זִכָּה; הֵבִיא תִּמּוּכִין לְ־

**just'ness** *n.* (גַ'סְטְנֶס) צֶדֶק, הֲגִינוּת; הַתְאָמָה לַחֹק, הַתְאָמָה לָעֻבְדּוֹת

**jut** *v.i.* (גַ'ט) בָּלַט, הִתְבַּלֵּט

**ju'venile"** *adj. & n.* (ג'וּבֶנִיל) שֶׁל נֹעַר; צָעִיר; יַלְדוּת; סֵפֶר יְלָדִים

**jux'tapositi'on** *n.* (גַ'קְסְטֶפֶּזִשְׁן) קֵרוּב לְשֵׁם הַשְׁוָאָה; הַעֲמָדָה זֶה עַל יַד זֶה

# K

**K, k** *n.* (קֵי) כ, ק; הָאוֹת הָאַחַת־עֶשְׂרֵה בָּאָלֶפְבֵּית הָאַנְגְּלִי

**kang″aroo′** *n.* (קֶנְגַרוּ) קֶנְגוּרוּ

**keel** *n.* (קִיל) שִׁדְרִית; אַרְבָּה; אֳנִיָּה

on an even — בְּצוּרָה יַצִּיבָה, בְּמַצָּב אִזּוּן

— *v.t. & i* הָפַךְ תַּחְתּוֹן לְעֶלְיוֹן; הִתְהַפֵּךְ

— over הִתְעַלֵּף פִּתְאוֹם

**keen** *adj. & i.* (קִין) חַד; שָׁנוּן; חוֹדֵר; רָגִישׁ מְאֹד, חָרִיף; חָזָק; נִלְהָב

— *n. & v.i.* קִינָה, נְהִי; נָהָה

**keep** *v.t. & i.* (קִיפּ) הֶחֱזִיק; הִשְׁתַּמֵּשׁ; שָׁמַר עַל; קִיֵּם; תִּחְזֵק; פִּרְנֵס; דָּאַג לְךָ; מָנַע; נִשְׁאַר בְּ־; הִתְרוֹעֵעַ עִם; הִמְשִׁיךְ; נִשְׁמַר מִקִּלְקוּל; סָבַל דִּחוּי

— at הִתְמִיד

— back עָצַר, מָנַע

— on הִתְמִיד

— quiet שָׁתַק

— to דָּבַק בְּ־; נִשְׁאַר בְּ־

— up הִתְמִיד; תִּחְזֵק בְּמַצָּב טוֹב; הִתְחָרָה בְּהַצְלָחָה, עִדְכֵּן עַצְמוֹ

— *n.* מִחְיָה; מָעוֹז, טִירָה

for —s בְּלֹא כַּוָּנָה לְהַחֲזִיר; בִּרְצִינוּת

**kee′per** *n.* (קִיפֶּר) שׁוֹמֵר; מַחֲזִיק; מַשְׁגִּיחַ; מְנַהֵל

**kee′ping** *n.* (קִיפִּנְג) הַתְאָמָה; הַשְׁגָּחָה; שְׁמִירָה; רְשׁוּת

**keep′sake″** *n.* (קִיפְּסֵיק) מַזְכֶּרֶת

**keg** *n.* (קֶג) חָבִיוֹנָה; מִשְׁקָל שֶׁל 45.36 ק״ג (לִמְכִירַת מַסְמְרִים)

**kelp** *n.* (קֶלְפּ) לַמִּינַרְיָה

**ken′nel** *n.* (קֶנֶל) מְלוּנָה; מוֹסָד לְגִדּוּל כְּלָבִים; מְאוּרָה

**kept** (קֶפְּט) (זְמַן עָבָר שֶׁל keep)

**ker′chief** *n.* (קֶרְצִ׳ף) מִטְפַּחַת

**ker′nel** *n.* (קֶרְנֶל) גַּרְעִין; זֶרַע

**ker′osene″** *n.* (קֶרֶסִין) נֵפְט (דֶּלֶק)

**ket′tle** *n.* (קֶטֶל) קוּמְקוּם; סִיר; תַּיָּון

— of fish מַצָּב מְבֻלְבָּל, עֵסֶק בִּישׁ

**key** *n. & adj.* (קִי) מַפְתֵּחַ; מְנַעְנֵעַ, מַקָּשׁ, קָלִיד; סֻלָּם; רָאשִׁי, עִקָּרִי; חָשׁוּב

**kick** *v.t. & i.* (קִק) בָּעַט; ״קִטֵּר״; נִרְתַּע

— around הִתְעַלֵּל בְּ־; דָּן בְּ־; הֶחֱלִיף מְקוֹם מְגוּרִים אוֹ עֲבוֹדָה לְעִתִּים תְּכוּפוֹת

— in תָּרַם חֶלְקוֹ

— out גֵּרַשׁ

— over נִדְלַק

— the habit נִפְטַר מֵהֶרְגֵּל

— *n.* בְּעִיטָה; עָצְמָה; רֶתַע; תְּלוּנָה; מֶרֶץ; תַּעֲנוּג מְרַגֵּשׁ

**kid** *n. & v.t. & i.* (קִד) גְּדִי; עוֹר גְּדִי; יֶלֶד; ״מָתַח״; הִתְלוֹצֵץ, הִקְנִיט; אָחַז עֵינַיִם

**kid′nap** *v.t.* (קִדְנֶפּ) חָטַף

**kid′ney** *n.* (קִדְנִי) כִּלְיָה

**kill** *v.t. & i. & n.* (קִל) הָרַג, הֵמִית; נִטְרֵל; כִּבָּה (מָנוֹעַ); בִּטֵּל (זְמַן); הֵמַם; רָצַח; הֶרֶג; הֲרֵיגָה, חַיַּת צַיִד הֲרוּגָה

**kiln** *n.* (קִלְן) מִשְׂרָפָה

**kil′ogram″** *n.* (קִלֶגְרֶם) קִילוֹגְרָם

**kilom′eter** *n.* (קִלוֹמֶטֶר) קִילוֹמֶטֶר

**kilt** *n.* (קִלְט) חֲצָאִית סְקוֹטִית

**kin** *n.* (קִן) קְרוֹבִים; קִרְבָה; בְּנֵי מוֹצָא אֶחָד; שְׁאֵר־בָּשָׂר. קָרוֹב

**kind** *n.* (קַיְנְד) מִין, סוּג; מַהוּת, טִיב

in — מִדָּה כְּנֶגֶד מִדָּה; בְּאוֹתָהּ סְחוֹרָה

of a — בְּנֵי אוֹתוֹ מִין, דּוֹמִים בְּמַהוּתָם

— *adj.* טוֹב־לֵב; מִתּוֹךְ טוּב־לֵב

**kin′dle** *v.t. & i.* (קִנְדֶל) הִדְלִיק; הִלְהִיב; הִתְחִיל לִבְעוֹר

**kin′dly** *adj. & adv.* (קַיְנְדְלִי) מִתּוֹךְ טוּב־לֵב; עָדִין; מָתוּן; נָעִים, מֵיטִיב; בְּצוּרָה אֲדִיבָה; בִּלְבָבִיּוּת; בְּבַקָּשָׁה

**kind′ness** *n.* (קַיְנְדְנֶס) טוּב־לֵב; חֶסֶד; יְדִידוּת

**kin′dred** *n. & adj.* (קִנְדְרֶד) קְרוֹבִים; מִשְׁפָּחָה, שֵׁבֶט, גֶּזַע; קִרְבָה, שְׁאֵרוּת; קָרוֹב; בַּעֲלֵי הַשְׁקָפוֹת דּוֹמוֹת; שֶׁל קְרוֹבִים

**king** *n.* (קִנְג) מֶלֶךְ
**king'dom** *n.* (קִנְגְדֶם) מְלוּכָה; מַמְלָכָה; מַלְכוּת
**king'fisher"** *n.* (קִנְגְפִשֶׁר) שַׁלְדָג
**king'ly** *adj.* (קִנְגְלִי) מַלְכוּתִי; שֶׁל מֶלֶךְ
**kink** *n.* (קִנְק) סִלְסוּל, פִּתּוּל; כְּאֵב שְׁרִירִים; פְּגָם; קַפְרִיזָה
**kins'man** *n.* (קִנְזְמֶן) קָרוֹב, שְׁאֵר־בָּשָׂר
**kiosk'** *n.* (קִיאוֹסְק) בִּיתָן; קִיוֹסְק
**kip'per** *n.* (קִפֶּר) מָלִיחַ מְעֻשָּׁן
**kiss** *v.t. & i. & n.* (קִס) נָשַׁק; נָגַע נְגִיעָה קַלָּה; נְשִׁיקָה; סֻכָּרִיַּת טוֹפִי
**kit** *n.* (קִט) מַעֲרֶכֶת כֵּלִים; תַּרְמִיל כֵּלִים; מַעֲרֶכֶת מַרְכִּיבִים
— and caboodle הַכֹּל, מִכֹּל כֹּל
**kitch'en** *n.* (קִצֶ'ן) מִטְבָּח; עוֹבְדֵי מִטְבָּח; צִיּוּד מִטְבָּח
**kite** *n.* (קַיט) עֲפִיפוֹן; דַּיָּה
**kit'ten** *n.* (קִטְן) חֲתַלְתּוּל
**kit'ty** *n.* (קִטִי) קֻפָּה; חֲתַלְתּוּל, חָתוּל
**knack** *n.* (נֶק) כִּשְׁרוֹן מְיֻחָד
**knap'sack"** *n.* (נֶפְּסֶק) תַּרְמִיל גַּב
**knave** *n.* (נֵיב) נוֹכֵל; בָּחוּר (קלפים)
**knead** *v.t.* (נִיד) לָשׁ, עִסָּה
**knee** *n.* (נִי) בֶּרֶךְ
**kneel** *v.i.* (נִיל) כָּרַע בֶּרֶךְ
**knell** *n.* (נֶל) צִלְצוּל פְּטִירָה; הוֹדָעַת הַסּוֹף; צְלִיל נוּגֶה
**knew** (נוּ) (זמן עבר של know)
**knick'ers** *n. pl.* (נִקֶרְז) מִכְנְסֵי בִּרְכַּיִם
**knick'nack"** *n.* (נִקְנֶק) תַּכְשִׁיט, קִשּׁוּט קַל־עֵרֶךְ, "שְׁמוֹנְץ"
**knife** *n.* (נַיף) סַכִּין; פִּגְיוֹן; לַהַב
under the — עוֹבֵר נִתּוּחַ
— *v.t. & i.* חָתַךְ, דָּקַר בְּסַכִּין; נִסָּה לְהָבִיס בְּעָרְמָה; בָּקַע כְּסַכִּין חוֹתֵךְ
**knight** *n. & v.t.* (נַיט) אַבִּיר; פָּרָשׁ; הֶעֱנִיק תֹּאַר אַבִּיר
**knight'hood** *d.* (נַיטְהֻד) אַבִּירוּת; צִבּוּר הָאַבִּירִים
**knit** *v.t. & i.* (נִט) סָרַג, חִבֵּר; קִמֵּט; הִתְחַבֵּר, הִתְמַזֵּג
**knives** (נַיבְז) (רבים של knife)
**knob** *n.* (נוֹב) גֻּלָּה, כַּפְתּוֹר; גִּבְשׁוּשִׁית
**knock** *v.i. & t.* (נוֹק) דָּפַק, הִקִּישׁ; מָתַח בִּקֹּרֶת קַטְנוּנִית; הִתְנַגֵּשׁ בְּ־; הִכָּה, חָבַט; עָשָׂה עַל יְדֵי חֲבָטָה
— around נָדַד לְלֹא תַּכְלִית; שׁוֹטֵט; הִתְעַלֵּל בְּ־
— down צִיֵּן מְכִירָה עַל יְדֵי מַכַּת פַּטִּישׁ; פֵּרֵק; גָּנַב; הִרְוִיחַ; הִפְחִית מֵהַמְּחִיר
— it off! הַפְסֵק! דַּי!
— off הִפְסִיק (פעילות); סִיֵּם; רָצַח; נִסְטַר מִן; הֵבִיס
— oneself out הֶעֱבִיד עַצְמוֹ בְּפֶרֶךְ; "הָרַג עַצְמוֹ"
— out גָּבַר עַל יָרִיב בְּמַכָּה נִצַּחַת; הִשְׁמִיד, גָּרַם נֶזֶק לְ־
— over הִפִּיל אַרְצָה
— together בָּנָה מַהֵר וּבְרַשְׁלָנוּת
— up הִכְנִיס לְהֵרָיוֹן
— *n.* דְּפִיקָה, הַקָּשָׁה; מַכָּה, חֲבָטָה; בִּקֹּרֶת שְׁלִילִית
**knoll** *n.* (נוֹל) גַּבְשׁוּשִׁית
**knot** *n. & v.t. & i.* (נוֹט) קֶשֶׁר; קְבוּצָה; תְּפִיחָה; סִיקוּס; סִבֵּךְ; קָשַׁר קְשָׁרִים; עָשָׂה קְשָׁרִים; סִקֵּס; הִסְתַּבֵּךְ; הִסְתַּקֵּס
**knot'ty** *adj.* (נוֹטִי) בַּעַל קְשָׁרִים, מָלֵא קְשָׁרִים; מְסֻבָּךְ, קָשֶׁה
**know** *v.t. & i.* (נוֹ) יָדַע, הִכִּיר
— the ropes הָיָה בָּקִי בְּכָל הַפְּרָטִים
**know'-how"** *n.* (נוֹ־הָאוּ) יֶדַע
**know'ledge** *n.* (נוֹלִג') דַּעַת; יְדִיעָה; מֵידָע
**knuck'le** *n.* (נַקְל) פֶּרֶק הָאֶצְבַּע
**kow'-tow'** *v.i.* (קַאוּ־טַאוּ) הִשְׁתַּחֲוָה אַפַּיִם אַרְצָה; הִתְרַפֵּס

# L

**L, l** *n.* (אֶל) ל, הָאוֹת הַשְּׁתֵּים־עֶשְׂרֵה בָּאָלֶפְבֵּית הָאַנְגְּלִי

**la'bel** *n. & v.t.* (לֵיבְּל) תָּוִית; הַקְדָּמָה, הַגְדָּרָה, תֹּאַר; הִדְבִּיק תָּוִית, סִמֵּן בְּתָוִית

**la'bor** *n. & v.i.&t.* (לֵיבְּר) עֲבוֹדָה, עָמָל; צִבּוּר הָעוֹבְדִים; מְלָאכָה; צִירֵי לֵדָה; עָבַד, עָמַל; שָׁאַף לְ־; פָּעַל; הָיָה אֲחוּז צִירֵי לֵדָה; הִתְנַדְנֵד בִּכְבֵדוּת (אוניה); הִרְחִיב הַדִּבּוּר, הֶאֱרִיךְ בִּפְרָטִים; הוֹגִיעַ

**—ed** *adj.* קָשֶׁה, כָּבֵד; מְאֻמָּץ; מְעֻשֶּׂה

**lab'orator"y** *n.* (לֶבְּרָטוֹרִי) מַעְבָּדָה; סַדְנָא

**la'borer** *n.* (לֵיבֶּרֶר) פּוֹעֵל

**labor'ious** *adj.* (לֶבּוֹרִיאֶס) מְיַגֵּעַ; דּוֹרֵשׁ זְהִירוּת רַבָּה; מְאֻמָּץ; חָרוּץ

**lab'yrinth** *n.* (לֶבְּרִנְת) מָבוֹךְ

**lace** *n. & v.t. & i.* (לֵיס) תַּחֲרִים; שְׂרוֹךְ; פְּתִיל רָקוּם; כְּזִית מַשְׁקֶה חָרִיף; קָשַׁר בִּשְׂרוֹךְ; הִשְׁחִיל; הִדֵּק מָחוֹךְ; עִטֵּר בְּתַחֲרִים; שָׁזַר; הִלְקָה; צָבַע פַּסֵּי צֶבַע; הוֹסִיף כְּזִית מַשְׁקֶה חָרִיף; נִקְשַׁר בִּשְׂרוֹךְ; הִתְנַפֵּל עַל

**lac'erate"** *v.t.* (לֶסֶרֵיט) קָרַע; הֵצִיק לְ־

**lac"era'tion** *n.* (לֶסֶרֵישְׁן) קְרִיעָה; קֶרַע, פֶּצַע מְחֹרָץ

**lack** *n. & v.i. & t.* (לֶק) חֹסֶר, מַחְסוֹר; חָסַר

**lack"adai'sical** *adi.* (לֶקְדֵיזִקְל) חֲסַר־מֶרֶץ, אָדִישׁ; עָצֵל

**lack'ey** *n.* (לֶקִי) מְשָׁרֵת בְּמַדִּים; חָסִיד מִתְרַפֵּס, "כֶּלֶב"

**lacon'ic** *adj.* (לֲקוֹנִק) לָקוֹנִי, מַבָּע בְּמִלִּים סְפוּרוֹת

**lacq'uer** *n.* (לֶקֶר) לַכָּה

**lad** *n.* (לֶד) נַעַר; בָּחוּר

**lad'der** *n.* (לֶדֶר) סֻלָּם

**lad'en** *adi.* (לֵידְן) עָמוּס

**lad'le** *n. & v.t.* (לֵידְל) מַצֶּקֶת; יָצַק

**la'dy** *n.* (לֵידִי) גְּבֶרֶת; אִשָּׁה; לֵידִי

**la'dybug"** *n.* (לֵידִיבֶּגְ) פָּרַת מֹשֶׁה רַבֵּנוּ

**la'dykil'ler** *n.* (לֵידִיקִלֶר) מְצוֹדֵד נָשִׁים

**la'dylike"** *adj.* (לֵידִילַיְק) יָאֶה לִגְבֶרֶת; כְּדֶרֶךְ לֵידִי

**lag** *v.i.* (לֶג) הִתְמַהְמֵהַּ, פִּגֵּר; נֶחֱלַשׁ

**lagoon'** *n.* (לֲגוּן) לָגוּנָה

**laid** (לֵיד) (זמן עבר של lay)

**lain** (לֵין) (זמן עבר של lie)

**lair** *n.* (לֵר) מַרְבֵּץ, מְאוּרָה; מַחְבּוֹא

**la'ity** *n.* (לֵיאִטִי) הֶדְיוֹטוֹת; שֶׁאֵינָם חַבְרֵי הַמִּקְצוֹעַ

**lake** *n.* (לֵיק) יַמָּה; אֲגַם

**lamb** *n.* (לֶם) טָלֶה, שֶׂה

**lam'bent** *adj.* (לֶמְבֶּנְט) נוֹגֵעַ בְּקַלּוּת; מְשַׁעֲשֵׁעַ וּמַזְהִיר; זוֹהֵר בְּרַכּוּת

**lame** *adj.* (לֵים) בַּעַל מוּם; צוֹלֵעַ

**lament'** *v.t. & i. & n.* (לֲמֶנְט) קוֹנֵן, הִתְאַבֵּל עַל; אֵבֶל, קִינָה

**la"menta'tion** *n.* (לֶמֶנְטֵישְׁן) קִינָה

**lamp** *n.* (לֶמְפּ) מְנוֹרָה, פָּנָס, נוּרָה

**lampoon'** *n. & v.t.* (לֶמְפּוּן) הִתּוּל חָרִיף; הִתֵּל בַּחֲרִיפוּת

**lance** *n.* (לֶנְס) כִּידוֹן

**lan'cer** *n.* (לֶנְסֶר) פָּרָשׁ נוֹשֵׂא כִּידוֹן

**lan'cet** *n.* (לֶנְסֶט) אִזְמֵל נִתּוּחִים

**land** *n.* (לֶנְד) יַבָּשָׁה; אֲדָמָה, קַרְקַע; אֶרֶץ, מְדִינָה; תְּחוּם

**the —** הַכְּפָר; עֲבוֹדַת הָאֲדָמָה;

**— *v.t. & i.*** הֵבִיא (הביא ליבשה; עלה ליבשה וכו׳) לַיַּבָּשָׁה; עָלָה לַיַּבָּשָׁה; יָרַד מֵאֳנִיָּה, עָלָה עַל הַחוֹף, הֶעֱלָה עַל הַחוֹף; נָחַת; הִנְחִית; הִכְנִיס (למקום מסוים); קִבֵּל; הִגִּיעַ, נִכְנַס

**lan'ded** *adj.* (לֶנְדֶד) בַּעַל אֲדָמוֹת; מֻרְכָּב מֵאֲדָמוֹת

**lan'ding** *n.* (לֶנְדִנְג) עֲלִיָּה לַיַּבָּשָׁה; רָצִיף; רִצְפַּת־בֵּינַיִם (בין שני טורי מדרגות)

**land'lord"** *n.* (לֶנְדְלוֹרְד) בַּעַל בַּיִת; בַּעַל רְכוּשׁ לְהַשְׂכָּרָה; פּוּנְדְּקִי; בַּעַל אֲדָמוֹת

**land'mark"** *n.* (לֶנְדְמַרְק) צִיּוּן דֶּרֶךְ, תַּמְרוּר; תּוֹפָעָה בּוֹלֶטֶת; סִימַן גְּבוּל

**land'ow"ner** *n.* (לֶנְדוֹנֶר) בַּעַל אֲדָמוֹת

**land'scape"** *n. & v.t.* (לנדסקיפ) נוף; תמונת נוף; ציור נוף; שפר נוף

**land'slide"** *n.* (לנדסליד) זיחת קרקע; מפלת; נצחון סוחף

**lane** *n.* (לין) משעול; שביל; נתיב; מסלול

**lang'uage** *n.* (לנגוג׳) לשון, שפה; דבור; תורת הלשונות; סגנון

**lan'guid** *adj.* (לנגוד) מדלדל, חסר־אונים, חלש; חסר־מרץ; אדיש

**lang'uish** *v.i.* (לנגוש) תש, הדלדל, נבל; הזנח; התנענע; עטה ארשת עצב רגשני

**lang'our** *n.* (לנגר) חלשה, עלפון; חסר מרץ

**lank** *adj.* (לנק) ישר ומדלדל (שיער); ארך מאד ודק (צמח); כחוש, רזה

**—y** *adj.* קפח וכחוש

**lan'tern** *n.* (לנטרן) פנס; חדר האור

**lap** *n.* (לפ) ברכים (בשעת ישיבה); הגוף בין הברכים למתנים (בשעת ישיבה); כסות לגוף בין הברכים למתנים; תחום אחריות, השגחה או שליטה; שקע; לקיקה

**—** *v.t.* הלביש, עטף, חפף; התנחשל בקלות; נשפך בשכשוך; לקק, המה; נע בגלים קלים תוך המיה

**lap'dog"** (לפ דוג) כלבלב

**lapel'** *n.* (לפל) דש

**lapse** *n. & v.i.* (לפס) ירידה; טעות; פרק זמן; הסתאבות; פקיעה; חדל להיות בשמוש; סיום; נפילה הדרגתית; הסתאב, ירד מרמה קודמת; פקע; הסתים; נפל; עבר

**lar'ceny** *n.* (לרסני) גנבה

**lard** *n. & v.t.* (לרד) שומן חזיר; מרח בשומן חזיר; שזר

**lar'der** *n.* (לרדר) מזוה

**large** *adj.* (לרג׳) גדול; בהקף גדול; נרחב

**at —** חפשי; נכר, בכלל; מיצג אזור כלו

**lark** *n.* (לרק) עפרוני

**lar'va** *n.* (לרוה) זחל

**lar'ynx** *n.* (לרנקס) גרון

**lasciv'ious** *adj.* (לסויאס) תאוני; מעורר תאוה מינית

**lash** *v.t. & i. & n.* (לש) הלקה, הצליף; הלם; דחף במלקות; נזף קשות; קשר; רצועה (כל שוט); הלקאה; תנועה מהירה; הלמות; ריס

**lass** *n.* (לס) עלמה; אהובה

**lasso'** *n. & v.t.* (לסו) פלצור; לכד בפלצור, פלצר

**last** *adj. & adv.* (לסט) אחרון; שחלף; סופי; מכריע; קיצוני; יחיד; לאחרונה

**—** *n.* אחרון; הזכרה סופית; סיום; אמום

**at —** לבסוף

**at long —** סוף כל סוף

**breathe one's —** מת, נפח נשמתו

**—** *v.i. & t.* נמשך; הספיק; הוסיף להתקים

**last' ditch'** *adj.* (לסט־דיץ׳) של מאמץ מיאש אחרון

**las'ting** *adj.* (לסטנג) קים, קבוע

**latch** *n. & v.t.* (לץ׳) בריח, ווית נעילה; נעל בווית

**late** *adj.* (ליט) מאחר; ממשך; בשעה מאחרת; שזה עתה הגיע; קודם, לפני הנוכחי; מנוח; בגיל מתקדם; בשלב מתקדם

**of —** לאחרונה

**—** *adv.* באחור, לאחר עכוב, לאחרונה

**late'com"er** *n.* (ליטקמר) מאחר

**late'ly** *adv.* (ליטלי) לאחרונה

**lat'ent** *adj.* (ליטנט) כמוס, רדום

**lat'eral** *adj.* (לטרל) של הצד, צדדי, צדי; רחבי

**lath** *n.* (לת׳) פסיסית, פס־עץ

**lathe** *n.* (ליד׳) מחרטה

**la'ther** *n. & v.t.* (לד׳ר) קצף; זעה שוטפת; התרגשות; כסה בקצף

**Lat'in** *n. & adj.* (לטן) לטינית; רומית; רומי; לטיני; קתולי; דובר לשון לטינית (ספרדית, פורטוגלית, צרפתית, איטלקית, רומנית); דרום־אמריקני

**lat'itude"** *n.* (לטטוד) קו־רחב; חפש (מהגבלות צרות); חפש־פעלה מתר

**latrine′** *n.* (לֶטְרִין) בֵּית שִׁמּוּשׁ

**lat′ter** *adj.* (לֶטֶר) הַשֵּׁנִי (מִתּוֹךְ שְׁנַיִם); מְאֻחָר יוֹתֵר; קָרוֹב לַסּוֹף

**lat′tice** *n.* (לֶטִס) סָרִיג; סֹרֶג; שְׂבָכָה

**laud** *v.t.* (לוֹד) הִלֵּל, פֵּאֵר

**lau′dable** *adj.* (לוֹדַבְּל) רָאוּי לִתְהִלָּה

**laugh** *v.i.* & *t.* (לֶף) צָחַק, הִשְׁמִיעַ צְחוֹק; הִבִּיעַ עַל יְדֵי צְחוֹק; גָּרַם עַל יְדֵי צְחוֹק שֶׁ... לָעַג; בָּז

— up one's sleeve צָחַק בַּחֲשַׁאי, בָּז בַּחֲשַׁאי

— *n.* צְחוֹק

have the last — הָיְתָה יָדוֹ עַל הָעֶלְיוֹנָה לְאַחַר כִּשָּׁלוֹן

**laugh′able** *adj.* (לֶפַבְּל) מַצְחִיק, מְגֻחָךְ

**laugh′ter** *n.* (לֶפְטֶר) צְחוֹק; לַעַג

**launch** *v.t.* & *i.* & *n.* (לוֹנְץ׳) הִשִּׁיק; הִתְחִיל, הִפְעִיל; זָרַק; נִכְנַס מִיָּד לִפְעֻלָּה; הִפְלִיג; סְפִינַת עֵזֶר

— pad″ כַּן־שִׁגּוּר

**laun′der** *v.t.* & *i.* (לוֹנְדֶר) כִּבֵּס; כֻּבַּס וְגֹהַץ; הִתְכַּבֵּס וְהִתְגַּהֵץ

**laun′dress** *n.* (לוֹנְדְרֶס) כּוֹבֶסֶת

**laun′dry** *n.* (לוֹנְדְרִי) כְּבָסִים, כְּבִיסָה; מִכְבָּסָה

**laun′dryman″** *n.* (לוֹנְדְרִימֶן) פּוֹעֵל מִכְבָּסָה; בַּעַל מִכְבָּסָה; שְׁלִיחַ מִכְבָּסָה

**laur′eate** *adj.* (לוֹרִיאַט) עֲטוּר־עֲלֵי־דַפְנָה; עֲטוּר־כָּבוֹד, רָאוּי לִתְהִלָּה

**lau′rel** *n.* (לוֹרֶל) דַּפְנָה; עֲלֵי־דַפְנָה; זֵר־עֲלֵי־דַפְנָה

—s כִּבּוּדִים עַל הֶשֵּׂגִים

look to one's —s הָיָה עֵר לְאֶפְשָׁרוּת תְּבוּסָה

rest on one's —s הִסְתַּפֵּק בְּמַה שֶּׁכְּבָר הִשִּׂיג

**la′va** *n.* (לָוָה) לָבָה

**lav′ator″y** *n.* (לֶוַטוֹרִי) בֵּית שִׁמּוּשׁ; חֲדַר רַחְצָה; כִּיּוֹר

**lav′ender** *n.* (לֶוֶנְדֶר) אֲזוֹבְיוֹן

**lav′ish** *adj.* & *v.t.* (לֶוִשׁ) פַּזְרָנִי; נִתֵּן בְּשֶׁפַע, לְלֹא גְּבוּל; פִּזֵּר בְּשֶׁפַע

**law** *n.* (לוֹ) חֹק; מִשְׁפָּטִים; הֲלִיכִים מִשְׁפָּטִיִּים; הַמִּשְׁטָרָה; כְּלָל; דִּין

lay down the — הִבִּיעַ דֵּעוֹת בְּתַקִּיפוּת; צִוָּה כְּמִצְוָה שֶׁאֵין לַעֲבוֹר עָלֶיהָ

**law′abi″ding** *adj.* (לוֹ אֲבַּיְדִנְג) שׁוֹמֵר חֹק

**law′brea″ker** *n.* (לוֹבְּרֵיקֶר) מֵפֵר חֹק, עֲבַרְיָן

**law′ful** *adj.* (לוֹפֻל) חֻקִּי, מֻכָּר עַל יְדֵי הַחֹק; שׁוֹמֵר חֹק

**law′giver** *n.* (לוֹגִוֶר) מְחוֹקֵק, מְנַסֵּחַ חֻקִּים

**law′less** *adj.* (לוֹלֶס) מִתְעַלֵּם מֵהַחֹק, נִתְעָק; שִׁלּוּחַ־רֶסֶן

**lawn** *n.* (לוֹן) מִדְשָׁאָה, דֶּשֶׁא

**law′suit** *n.* (לוֹסוּט) תְּבִיעָה מִשְׁפָּטִית

**lawy′er** *n.* (לוֹיֶאר) עוֹרֵךְ דִּין, פְּרַקְלִיט

**lax** *adj.* (לֶקְס) מֵקֵל, רוֹפֵף, רַשְׁלָנִי; מְעֻרְפָּל; נִקְבּוּבִי; מְשַׁלְשֵׁל

**lax′ative** *n.* (לֶקְסֶטִב) מְשַׁלְשֵׁל

**lay** *v.t.* & *i.* (לֵי) שָׂם, הֵנִיחַ; הִשְׁכִּיב, הִצִּיג; יִחֵס; הֵטִיל; הִמֵּר; הִכְנִיס, הֵטִיל; סָלַל; עָרַךְ (שֻׁלְחָן); תִּכְנֵן; יִשֵּׁר; שָׁרַר; הִשְׁקִיט; הִכָּה; פָּעַל בְּמֶרֶץ

— aside נָטַשׁ, דָּחָה; חָסַךְ, אָגַר

— away שָׁמַר לֶעָתִיד; שָׁמַר עַל סְחוֹרָה עַד שֶׁיִּפָּרַע כָּל הַתַּשְׁלוּם; קָבַר

— by חָסַךְ

— down הֵנִיחַ; קָבַע, צִוָּה

— for אָרַב לְ־

— in שָׁמַר לֶעָתִיד

— into הִתְנַפֵּל עַל

— it on הִפְרִיז (בְּדִבְרֵי חֲנֻפָּה אוֹ גּוּזְמָה)

— off פִּטֵּר, הִפְסִיק עֲבוֹדָה זְמַנִּית; הִפְסִיק, ״יָרַד מֵעַל״

— out הִשְׁכִּיב; סִדֵּר, הֵכִין; הוֹצִיא (כֶּסֶף), תָּרַם, תִּכְנֵן; עָשָׂה מִתְוָה, הִתְוָה

— over דָּחָה; שָׁהָה זְמַנִּית, חָנָה חֲנִיַּת בֵּינַיִם

— up שָׁמַר לְשִׁמּוּשׁ בֶּעָתִיד; גָּרַם שֶׁיֻּחְלֶה

— *adj.* שֶׁל הֶדְיוֹטוֹת; לֹא שֶׁל אִישׁ מִקְצוֹעַ

**lay′er** *n.* (לֵיאֶר) שִׁכְבָה, רֹבֶד, נִדְבָּךְ; מֵנִיחַ; מְטִילָה

**lay′man** *n.* (לֵימֶן) הֶדְיוֹט; לֹא אִישׁ מִקְצוֹעַ

**lay'out"** *n.* (לֵיאַוּט) מִתְוֶה, מַעֲרָךְ, תָּכְנִית; מָקוֹם; אֹסֶף, מַעֲרֶכֶת

**la'ziness** *n.* (לֵיזִינֶס) עַצְלָנוּת

**la'zy** *adj.* (לֵיזִי) עָצֵל; מְעַצֵּל; נָע בַּעֲצַלְתַּיִם

**lead** *v.t. & i.* (לִיד) נָהַג, הוֹלִיךְ; הִשְׁפִּיעַ עַל; הוֹבִיל, הֵבִיא; פָּקַד עַל; הָלַךְ בָּרֹאשׁ; עָלָה עַל; עָמַד בְּמָקוֹם רִאשׁוֹן; עָמַד בָּרֹאשׁ; נִצַּח עַל; עָבַר; הֵבִיא לִידֵי; פָּתַח בְּמִתְקָפָה

— on פִּתָּה

— *n. & adj.* מְקוֹם בָּרֹאשׁ; יִתְרוֹן; מוֹלִיךְ, מַנְהִיג; אִסְסָר; הַנְחָיָה; תַּקְדִּים; הַנְהָגָה; תַּפְקִיד רָאשִׁי; סִכּוּם; תַּיִל חַשְׁמַלִּי; חָשׁוּב בְּיוֹתֵר

— *n.* (לֶד) עוֹפֶרֶת; כַּדּוּרִים; גְּרָפִיט (בעפרון)

**lead'en** *adj.* (לֶדְן) כָּבֵד; עָגוּם; אָפֹר; מֵעִיק; חֲסַר־מֶרֶץ; חֲסַר־עֵרֶךְ; עָשׂוּי עוֹפֶרֶת

**lea'der** *n.* (לִידֶר) מַנְהִיג; מוֹלִיךְ; מְנַצֵּחַ

**lea'dership"** *n.* (לִידֶרְשִׁפ) הַנְהָגָה, מַנְהִיגוּת

**lea'ding** *adj.* (לִידִינְג) רָאשִׁי; עִקָּרִי; הֶחָשׁוּב בְּיוֹתֵר; רִאשׁוֹן; מַנְחֶה

**leaf** *n.* (לִיף) עָלֶה; עָלְוָה; דַּף; רִקּוּעַ; רֹבֶד; לוּחַ זָחִיחַ; פַּס מַתֶּכֶת

**leaf'let** *n.* (לִיפְלֶט) עָלוֹן

**league** *n.* (לִיג) בְּרִית; לִיגָה; אֲגֻדָּה; קְבוּצָה

**leak** *n. & v.i. & t.* (לִיק) דְּלִיפָה, נְזִילָה; הַדְלָפָה; דָּלַף, נָזַל; הִדְלִיף, הִזִּיל

**lea'ky** *adj.* (לִיקִי) דּוֹלֵף, נוֹזֵל

**lean** *v.i. & t.* (לִין) הִתְכּוֹפֵף; נָטָה; נִשְׁעַן עַל; סָמַךְ עַל; הִטָּה; הִשְׁעִין

— over backwards עָשָׂה מַאֲמָץ־יֶתֶר

— *adj.* רָזֶה; דַּל

**lean'ness** *n.* (לִינֶס) רָזוֹן; דַּלּוּת

**leap** *v.i. & t. & n.* (לִיפּ) נִתֵּר, קָפַץ; זִנֵּק; הִקְפִּיץ; נִתּוּר, קְפִיצָה; זִנּוּק; מֶרְחָק; מַעֲבָר פִּתְאוֹמִי; עֲלִיָּה פִּתְאוֹמִית

by —s and bounds מַהֵר מְאֹד

**leap'year"** *n.* (לִיפְּיִיר) שָׁנָה מְעֻבֶּרֶת

**learn** *v.t. & i.* (לֶרְן) לָמַד; שִׁנֵּן; רָכַשׁ מֵידָע

**learned** *adj.* (לֶרְנֶד) מְלֻמָּד; מַדָּעִי, לַמְדָנִי; בָּקִי

**lear'ning** *n.* (לֶרְנִינְג) יְדִיעָה, לַמְדָנוּת; לְמִידָה

**lease** *n.* (לִיס) חוֹזֵה שְׂכִירוּת; נֶכֶס שָׂכוּר; תְּקוּפַת שְׂכִירוּת

a new — on life הִזְדַּמְּנוּת חֲדָשָׁה לְשִׁפּוּר הַחַיִּים

— *v.t. & i.* הִשְׂכִּיר, הֶחְכִּיר; שָׂכַר, חָכַר

**leash** *n.* (לִישׁ) אַפְסָר, רְצוּעָה; רֶסֶן

**least** *adj. & n.* (לִיסְט) הַקָּטָן בְּיוֹתֵר; הַפָּחוֹת חָשׁוּב

at — לְפָחוֹת; מִכָּל מָקוֹם

— adv. בְּמִדָּה הַקְּטַנָּה בְּיוֹתֵר

**lea'ther** *n.* (לֶדְ׳ר) עוֹר

**leave** *v.t. & i.* (לִיב) עָזַב, יָצָא, הִסְתַּלֵּק; הִשְׁאִיר; נָטַשׁ; הִנִּיחַ; חָדַל מ־; הִתְעַלֵּם מ־; הוֹרִישׁ

— off חָדַל

— out הִשְׁמִיט

— *n.* רְשׁוּת; חֻפְשָׁה; פְּרֵדָה

**lea'ven** *n. & v.t.* (לֶוְן) שְׂאוֹר; שְׂאוֹר שֶׁבָּעִסָּה; הִתְפִּיחַ (עיסה)

**lech'erous** *adj.* (לֶצְ׳רֶס) תַּאַוְתָנִי; מְעוֹרֵר תַּאֲוָה מִינִית

**lec'ture** *n. & v.i. & t.* (לֶקְצְ׳ר) הַרְצָאָה; תּוֹכֵחָה מְשַׁעֲמֶמֶת; הִרְצָה; הוֹכִיחַ אֲרֻכּוֹת

**lec'turer** *n.* (לֶקְצְ׳רֶר) מַרְצֶה

**led** (לֶד) (זמן עבר של lead)

**ledge** *n.* (לֶג׳) מַדָּף, אִצְטַבָּה; שְׁנִית

**le'dger** *n.* (לֶג׳ר) סֵפֶר חֶשְׁבּוֹנוֹת

**lee** *n.* (לִי) מַחֲסֶה; הַצַּד הַמּוּגָן מִפְּנֵי רוּחַ

**leech** *n.* (לִיץ׳) עֲלוּקָה; טַפִּיל

**leek** *n.* (לִיק) כְּרֵשָׁה

**leer** *v.i. & n.* (לִיר) פָּזַל בְּתַאַוְתָנוּת; פָּזַל בְּכַוָּנָה זְדוֹנִית; פְּזִילָה תַּאַוְתָנִית; פְּזִילָה זְדוֹנִית

**lees** *n.* (לִיז) שְׁמָרִים

**leeward** *adj.* (לִיוֶרְד) שֶׁל כִּוּוּן הָרוּחַ

**lee'way"** *n.* (לִיוֵי) תְּנוּעָה לְעֵבֶר כִּוּוּן הָרוּחַ; סְטִיָּה מֵהַמַּסְלוּל; מִרְוַח זְמַן; מִרְוַח שֶׁטַח; תְּחוּם תִּמְרוּן; מִדַּת חֹפֶשׁ פְּעֻלָּה

**left** *adj. & n. & adv.* (לֶפְט) שְׂמָאלִי; שְׂמֹאל; פְּנִיָּה שְׂמָאלָה; מַכָּה בְּיַד־שְׂמֹאל; שְׂמָאלָה

— *v.* (זמן עבר של leave)

**left'-han'ded** *adj. & adv.* (לֶפְט הֶנְדֶד) אִטֵּר;

מֻתְאָם לְיַד־שְׂמֹאל, שֶׁל יַד־שְׂמֹאל; מְסֻתֹּבֵב נֶגֶד כִּוּוּן הַשָּׁעוֹן; מַשְׁמָעִי לִשְׁתֵּי פָּנִים, מְסֻפְקָף; מְגֻשָּׁם, גַּמְלוֹנִי; בִּשְׂמֹאלוֹ, שְׂמָאלָה

**leg** *n.* (לֶג) רֶגֶל; שׁוֹק; כֶּרַע; כִּסּוּי הַשּׁוֹק; צֶלַע; חֵלֶק נְסִיעָה

not have a — to stand on לְלֹא יְסוֹד תָּקֵף

on one's last —s עַל סַף הִתְמוֹטְטוּת

pull one's leg שָׂטָה בּ־, "מָתַח"

shake a — הִזְדָּרֵז

stretch one's —s יָצָא לְטַיֵּל, חִלֵּץ עַצְמוֹתָיו, הִתְעַמֵּל קְצָת

**leg'acy** *n.* (לֶגַסִי) עִזָּבוֹן, יְרֻשָּׁה; מוֹרָשָׁה

**le'gal** *adj.* (לִיגַל) חֻקִּי; שֶׁל מִשְׁפָּטִים; מֻכָּר עַל יְדֵי הַחֹק; שֶׁל עוֹרְכֵי־דִין

**legal'ity** *n.* (לִיגֶלְטִי) חֻקִּיּוּת; חוֹבָה מִטַּעַם הַחֹק

**le'galize"** *v.t.* (לִיגַלַיז) עָשָׂה חֻקִּי; אִשֵּׁר

**leg'ate** *n.* (לֶגֶט) נְצִיג הָאַפִּיפְיוֹר

**lega'tion** *n.* (לִגֵישְׁן) צִירוּת

**leg'end** *n.* (לֶג'נְד) אַגָּדָה; כְּתֹבֶת; מִקְרָא; אֹסֶף סִפּוּרִים

**leg'endary"** *adj.* (לֶג'נְדֶרִי) אַגָּדִי

**leg"erdemain'** *n.* (לֶג'רְדֵמֵין) אֲחִיזַת עֵינַיִם, לַהֲטוּטָנוּת; תַּחְבּוּלָה; מַעֲשֵׂה עָרְמָה, רְמִיָּה

**leg'ging** *n.* (לֶגִנְג) חוֹתֶלֶת; מוּק

**leg'ible** *adj.* (לֶג'בְּל) נִתָּן לִקְרִיאָה בְּקַלּוּת; בָּרוּר

**le'gion** *n.* (לִיג'ן) לִגְיוֹן; צָבָא, מַחֲנֶה; מִסְפָּר רַב

**leg"isla'tion** *n.* (לֶג'סְלֵישְׁן) תְּחִקָּה

**leg'isla"tive** *adj.* (לֶג'סְלֵיטִב) מְחוֹקֵק; תְּחִקָּתִי; שֶׁל בֵּית מְחוֹקְקִים

**leg'isla"tor** *n.* (לֶג'סְלֵיטְר) מְחוֹקֵק; חֲבֵר בֵּית מְחוֹקְקִים

**leg'isla"ture** *n.* (לֶג'סְלֵיצ'ר) בֵּית מְחוֹקְקִים; רָשׁוּת מְחוֹקֶקֶת

**legit'imacy** *n.* (לְג'טַמַסִי) חֻקִּיּוּת; הַתְאָמָה לִנְהָגִים מְקֻבָּלִים; כַּשְׁרוּת; הִגָּיוֹן; זְכוּת יוֹרְשִׁים; הַצְדָּקָה

**legit'imate** *adj.* (לְג'טַמִט) חֻקִּי; בְּהֶתְאֵם לִנְהָגִים מְקֻבָּלִים; שֶׁנּוֹלַד בְּהֶתְאֵם לַחֹק; הֶגְיוֹנִי; נוֹבֵעַ מִזְּכוּת יוֹרְשִׁים; מֻצְדָּק; רָגִיל, כָּשֵׁר; שֶׁל מַחֲזֶה הַמּוּפָק עַל יְדֵי בַּעֲלֵי מִקְצוֹעַ

**lei'sure** *n.* (לִיז'ר) עִתּוֹת פְּנַאי, פְּנוּיוֹת, פְּנַאי; נַחַת

**lei'surely** *adj. & adv.* (לִיז'רְלִי) בְּנַחַת; שֶׁל פְּנַאי

**lem'on** *n.* (לֶמְן) לִימוֹן; מוּצָר פָּגוּם; לֹא־יִצְלַח

**lem'onade"** *n.* (לֶמֶנֵיד) לִימוֹנָדָה

**lend** *v.t. & i.* (לֶנְד) הִלְוָה, הִשְׁאִיל; הֶעֱנִיק; שִׁוָּה, נָתַן לְלֹא סִכּוּן; סִגֵּל; נָתַן הַלְוָאָה

**length** *n.* (לֶנְגְת') אֹרֶךְ; מֶשֶׁךְ; מֶרְחָק; חֲתִיכָה; אֲרִיכוּת; מַאֲמָץ; מִדַּת אֹרֶךְ

at — לִגְמָרֵי; לְבַסּוֹף

go to any — עַל אַף כָּל מִכְשׁוֹל

**leng'then** *v.t. & i.* (לֶנְגְת'ן) הֶאֱרִיךְ; הִתְאָרֵךְ

**leng'thy** *adj.* (לֶנְגְת'י) אָרֹךְ מְאֹד; מְשַׁעֲמֵם מִלִּים וּמְשַׁעֲמֵם

**le'nient** *adj.* (לִינִיְנְט) סוֹבְלָנִי; מַתִּירָנִי; מֵקֵל; נוֹחַ

**lens** *n.* (לֶנְז) עֲדָשָׁה (זכוכית)

**lent** (לֶנְט) (זמן עבר של lend)

**Lent** *n.* (לפני חג הפסחא) תְּשׁוּבַת הָאַרְבָּעִים יוֹם

**len'til** *n.* (לֶנְטְל) עֲדָשָׁה (צמח)

**leop'ard** *n.* (לֶפֶּרְד) נָמֵר

**lep'er** *n.* (לֶפֶּר) מְצֹרָע

**lep'rosy** *n.* (לֶפְּרַסִי) צָרַעַת

**le'sion** *n.* (לִיז'ן) פֶּצַע

**less** *adv. & adj. & n.* (לֶס) פָּחוֹת; קָטָן יוֹתֵר; בְּוַדַּאי לֹא; כַּמּוּת קְטַנָּה יוֹתֵר

**lessee** *n.* (לֶסִי) שׂוֹכֵר, חוֹכֵר

**les'sen** *v.i. & t.* (לֶסְן) הִתְמַעֵט, פָּחַת; הִפְחִית, הִקְטִין

**les'ser** *adj.* (לֶסְר) פָּחוֹת; קָטָן יוֹתֵר

**les'son** *n.* (לֶסְן) שִׁעוּר; לֶקַח; יֶדַע; עֹנֶשׁ, נְזִיפָה

**lest** *conj.* (לֶסְט) פֶּן, שֶׁמָּא

**let** *v.t. & i.* (לֶט) הִרְשָׁה; הִרְשָׁה לְהִכָּנֵס; הִשְׂכִּיר; הֶחְכִּיר; אִפְשֵׁר; נָתַן לְשְׂכִירָה

— be הֵנִיחַ

— down אִכְזֵב; בָּגַד בּ־; שָׁכַךְ; הוֹרִיד

— in הִכְנִיס; סִבֵּךְ פְּלוֹנִי שֶׁלֹּא בִּידִיעָתוֹ
— in on שִׁתֵּף
— him come שֶׁיָּבוֹא
— off שִׁחְרֵר (ע״י התפוצצות); שִׁחְרֵר, מָחַל
— on גִּלָּה רְגָשׁוֹת אֲמִתִּיִּים; הֶעֱמִיד פָּנִים
— out גִּלָּה; שִׁחְרֵר; הִגְדִּיל (בגד)
— someone have it הִתְנַפֵּל עַל
— up שָׁכַךְ; חָדַל
— up on הֵקֵל מֵעַל
**let's** (= let us) (לֶטְס) הָבָה
**le'thal** *adj.* (לִיתְ׳ל) מֵמִית, קַטְלָנִי; נוֹעָד לְהָמִית
**leth'argy** *n.* (לֶתַ׳רְגִ׳י) רַדֶּמֶת; אֲדִישׁוּת; לֶתַרְגִיָה
**let'ter** *n.* (לֶטֶר) מִכְתָּב; אוֹת; פֶּשֶׁט, פְּשׁוּטוֹ כְּמַשְׁמָעוֹ
— s סִפְרוּת; דַּעַת
to the – כִּפְשׁוּטוֹ, כִּכְתָבוֹ וְכִלְשׁוֹנוֹ; בְּדִיּוּק
— *v.t.* רָשַׁם אוֹתִיּוֹת
**let'tering** *n.* (לֶטֶרִנְג) רִשּׁוּם אוֹתִיּוֹת; אוֹתִיּוֹת
**let'tuce** *n.* (לֶטִס) חַסָּה; כֶּסֶף שְׁטָרוֹת, מְזֻמָּנִים
**Levant'** *n.* (לְוֶנְט) אַרְצוֹת הַמִּזְרָח הַתִּיכוֹן; אַרְצוֹת הַיָּם הַתִּיכוֹן, לֶוַנְט
**lev'ee** *n.* (לֶוִי) סוֹלְלָה
**le'vel** *adj.* (לֶוְל) יָשָׁר, מִישׁוֹרִי; אָפְקִי; שָׁוֶה; אָחִיד; מָלֵא עַד הַשָּׂפָה
a – head בַּעַל שִׁוּוּי מִשְׁקָל, בַּעַל דֵּעָה צְלוּלָה וּמְיֻשֶּׁבֶת
one's – best כְּמֵיטַב יְכָלְתּוֹ
— *n.* פֶּלֶס; מִפְלָס; דַּרְגָּה; מִדָּה
— *v.t.* & *i.* יִשֵּׁר; הִגְבִּיהַּ אוֹ הִנְמִיךְ לְקַו מְסֻיָּם; הִשְׁוָה; הֶאֱחִיד; כִּוֵּן; סִפֵּר אֶת הָאֱמֶת
**lev'er** *n.* (לֶוֶר) מָנוֹף
**lev'erage** *n.* (לֶוֶרִג׳) הֲנָפָה, תְּנוּפָה, כֹּחַ לִפְעוֹל
**lev'ity** *n.* (לֶוִטִי) קַלּוּת דַּעַת; הַסְכְּסְכָנוּת; קַלּוּת (משקל)
**lev'y** *v.t.* & *i.* & *n.* (לֶוִי) גָּבָה; אָסַף; הִטִּיל; גִּיֵּס; אָסַר מִלְחָמָה; גְּבִיָּה; אִסּוּף, גִּיּוּס; מַס; מְגֻיָּס
**lewd** *adj.* (לוּד) תַּאַוְתָנִי, מֻפְקָר
**lex'icon** *n.* (לֶקְסִקוֹן) מִלּוֹן, אוֹצַר מִלִּים; תּוֹלָדוֹת; לֶקְסִיקוֹן
**li'abil'ity** *n.* (לַיְאֲבִּלְטִי) חוֹבוֹת; פַּסִּיב; הִתְחַיְּבוּיוֹת; מִגְרַעַת
**li'able** (לַיְאֲבְּל) עָשׂוּי, עָלוּל; כָּפוּף, חָשׂוּף ל־, צָפוּי ל־; אַחְרַאי (בפני החוק)
**li'aison″** *n.* (לִיאֲזוֹן) קֶשֶׁר (לשם פעולה מתואמת); פָּרָשַׁת אֲהָבִים
**li'ar** *n.* (לַיְאֶר) שַׁקְרָן
**li'bel** *n.* & *v.t.* (לַיְבְּל) דִּבָּה; הוֹצִיא דִבָּה; הַשְׁמָצָה; הוֹצִיא דִבַּת... רָעָה; הִשְׁמִיץ
**li'belous** *adj.* (לַיְבְּלֶס) מוֹצִיא דִבָּה, מַשְׁמִיץ
**lib'eral** *adj.* & *n.* (לִבְּרֶל) מִתְקַדֵּם; דּוֹגֵל בְּתִקּוּנִים; דּוֹגֵל בְּמִשְׁטָר דֶּמוֹקְרָטִי; דּוֹגֵל בְּחֹפֶשׁ; סוֹבְלָנִי; נָדִיב; חָפְשִׁי; לִיבֶּרָלִי; לִיבֶּרָל
**lib″eral arts'** (לִיבְּרֶל אַרְטְס) מַדָּעֵי הָרוּחַ
**lib'eralis″m** *n.* (לִבְּרֶלִזְם) לִיבֶּרָלִיּוּת; דְּבֵקוּת בְּעֶקְרוֹנוֹת הַקִּדְמָה וְהַחֹפֶשׁ
**lib″eral'ity** *n.* (לִבְּרֶלְטִי) נְדִיבוּת; מַתָּנָה נְדִיבָה; רֹחַב אֹפֶק; שֶׁפַע; לִיבֶּרָלִיּוּת
**lib'erate″** *v.t.* (לִבְּרֵיט) שִׁחְרֵר
**lib″era'tion** *n.* (לִבְּרֵישְׁן) שִׁחְרוּר
**lib'ertine″** *n.* & *adj.* (לִבְּרְטִין) מֻפְקָר; תַּאַוְתָן
**lib'erty** *n.* (לִבְּרְטִי) חֹפֶשׁ, חֵרוּת; עַצְמָאוּת
at – חָפְשִׁי; מְבֻטָּל
— s הִתְקָרְבוּת יֶתֶר
**librar'ian** *n.* (לַיְבְּרֵרִיאֲן) סַפְרָן
**li'brar″y** *n.* (לַיְבְּרֶרִי) סִפְרִיָּה; סִפְרִיַּת הַשְׁאָלָה; בֵּית סְפָרִים; סִדְרַת סְפָרִים
**li'cense** *n.* & *v.t.* (לַיְסֶנְס) רִשָּׁיוֹן; אִשּׁוּר; סְטִיָּה; פְּרִיקַת עֹל; הוֹצִיא רִשָּׁיוֹן, רִשָּׁה
**licen'tious** *adj.* (לַיְסֶנְשֶׁס) מֻפְקָר; פּוֹרֵק עֹל
**li'chen** *n.* (לַיְקֶן) חֲזָזִית
**lick** *v.t.* (לִק) לִקֵּק; נָגַע בְּקַלּוּת; הִרְבִּיץ; הִכָּה; עָלָה עַל
— into shape שִׁכְלֵל עַל יְדֵי מַאֲמָץ רַב
— n. לְקִיקָה; מַכָּה; מְהִירוּת; הִתְפָּרְצוּת; מֶרֶץ
— and a promise בִּצּוּעַ חִפָּזוֹן וְשִׁטְחִי
**lic'orice** *n.* (לִקֶרִשׁ; לִקְרֶשׁ) שׁוּשׁ, לִיקוֹרִיץ

**lid** *n.* (לִד) מִכְסֶה; עַפְעַף
blow the – off חָשַׂף (שערוריה)
flip one's – אִבֵּד עֶשְׁתּוֹנוֹת; יָצָא מִגִּדְרוֹ
**lie** *v.i. & t. & n.* (לַי) שָׁכַב; הָיָה
קָבוּר בְּ־; הָיָה מוּנָח; נִמְצָא; שִׁקֵּר; שֶׁקֶר;
הַכְחָשָׁה; הַכְזָבָה
give the – to הִכְחִישׁ, הֶאֱשִׁים בְּשֶׁקֶר;
הִכְזִיב; הֵזֵם
— down on the job הִתְבַּטֵּל; הִשְׁתַּמֵּט
מֵחוֹבוֹתָיו
— in עָמְדָה לָלֶדֶת
take lying down מִשְׁלִים לְלֹא הִתְנַגְּדוּת
**lieuten'ant** *n.* (לוּטֶנַנְט) סֶגֶן; סְגָן; סֶרֶן (בחיל הים של ארה"ב)
first — סֶגֶן
— colonel אַלּוּף מִשְׁנֶה
— general רַב־אַלּוּף
second — סֶגֶן מִשְׁנֶה
**life** *n.* (לַיף) חַיִּים; נֶפֶשׁ חַיָּה; יְצוּר חַי; הֶחָי;
בִּיוֹגְרַפְיָה; חִיּוּת; גְּמִישׁוּת; בָּבַת הָעַיִן; מוֹקֵד
עַלִּיזוּת
as large as — מַמָּשׁ
come to — הִתְאוֹשֵׁשׁ; חָזְרָה הַכָּרָתוֹ;
גִּלָּה חִיּוּת וָמֶרֶץ; עָשָׂה רֹשֶׁם כִּיצוּר חַי
for dear — בִּשְׁאֵרִית מִרְצוֹ
for the – of one עַל אַף מַאֲמַצִּים רַבִּים
not on your — לֹא וָלֹא
— *adj.* לְכָל הַחַיִּים; שֶׁל הַחַיִּים
**life' belt'** *n.* (לַיף בֶּלְט) חֲגוֹרַת הַצָּלָה
**life'boat"** *n.* (לַיפְבּוֹט) סִירַת הַצָּלָה
**life'expect"ancy** תּוֹחֶלֶת הַחַיִּים
**life'-guard"** *n.* (לַיף־גַּרְד) מַצִּיל
**life'less** *adj.* (לַיפְלֶס) חֲסַר־רוּחַ חַיִּים;
לְלֹא נֶפֶשׁ חַיָּה; מֵת; אָדִישׁ; חֲסַר־הַכָּרָה
**life'long"** *adj.* (לַיפְלוֹנְג) נִמְשָׁךְ כָּל יְמֵי חַיָּיו
**life'preserv"er** חֲגוֹרַת הַצָּלָה
**li'fer** *n.* (לַיפֶר) נִדּוֹן לְמַאֲסַר עוֹלָם
**life'time"** *n. & adj.* (לַיפְטַים) יְמֵי הַחַיִּים; שֶׁל
כָּל יְמֵי הַחַיִּים
**lift** *v.t. & i. & n.* (לִפְט) הֵרִים, הֶעֱלָה,
הִגְבִּיהַּ; בִּטֵּל; "סָחַב"; עָלָה, הִתְרוֹמֵם;
הִתְפַּזֵּר; הֲרָמָה, הַסָּעָה, "טְרֶמְפּ"; הִתְרוֹ־
מְמוּת רוּחַ; מַעֲלִית; גַּבְשׁוּשִׁית; מַשָּׂא

**lig'ament** *n.* (לִגַמֶנְט) רְצוּעָה; קֶשֶׁר
**lig'ature** *n.* (לִגַצ'ר) קִשּׁוּר; קֶשֶׁר, תַּחְבֹּשֶׁת,
רְצוּעָה
**light** *n.* (לַיט) אוֹר; מָאוֹר; שַׁחַר; שְׁעוֹת
הַיּוֹם; תְּאוּרָה; מַרְאֶה; נִצְנוּץ (בעין); נִיצוֹץ,
לֶהָבָה, אֵשׁ; הֶאָרָה רוּחָנִית; רְאָיָה; אִישִׁיּוּת
מַזְהִירָה; מִגְדַּלּוֹר; רַמְזוֹר
bring to — גִּלָּה
come to — נִתְגַּלָּה
— into הִתְנַפֵּל עַל
see the — נוֹצַר; נִתְפַּרְסֵם; הִתְחִיל לְהָבִין
דֵּעָה מְנֻגֶּדֶת
throw – on הִבְהִיר
— *adj.* מוּאָר; בָּהִיר; קַל; קַל־דַּעַת;
מְטֻשְׁטָשׁ; קַל־עֵרֶךְ; קַל לְעִכּוּל; זָרִיז;
מְפֻקָּר; הַסְכְּסָךְ; סְחַרְחַר
make – of הֵקֵל רֹאשׁ בְּ־
— *v.t. & i.* הִדְלִיק; הִצִּית; הֵאִיר; נִדְלַק;
הוּאַר; יָרַד, נָחַת, נָפַל, גִּלָּה בְּמִקְרֶה
**li'ghten** *v.i. & t.* (לַיטֶן) הִתְחִיל לְהָאִיר,
זָהַר, נָאוֹר; הוּקַל, הֵקֵל; שִׂמַּח
**ligh'ter** *n.* (לַיטֶר) מַצִּית; אַרְבָּה
**light'-fin'gered** *adj.* (לַיטְפִנְגֶרְד) זָרִיז
לְכִיס; מֻזְדָּרֵז לִגְנוֹב
**light'-hear'ted** *adj.* (לַיטְהַרְטֶד) עַלִּיז
**light'house"** *n.* (לַיטְהָאוּס) מִגְדַּלּוֹר
**ligh'ting** *n.* (לַיטִנְג) הֶאָרָה, תְּאוּרָה
**light'ness** *n.* (לַיטְנֶס) אוֹר; חִוָּרוֹן, בְּהִירוּת;
קַלּוּת; זְרִיזוּת, קַלּוּת־תְּנוּעָה; עַלִּיזוּת, קַלּוּת־
דַּעַת
**light'ning** *n. & adj.* (לַיטְנִנְג) בָּרָק; מָהִיר
מְאֹד
**li'kable** *adj.* (לַיקַבְּל) חָבִיב, נָעִים
**like** *adj. & prep.* (לַיק) דּוֹמֶה; אָפְיָנִי
לְ־; נוֹטֶה לְ־; כַּהֲרֵי; כְּמוֹ
— anything עַד מְאֹד
— *adv.* כִּמְעַט; בְּעֶרֶךְ; כְּכִיכוֹל; בְּמִדָּה
מְסֻיֶּמֶת;
— *conj.* כְּמוֹ שֶׁ־; כְּאִלּוּ
— n. דּוֹמֶה; מִין; סוּג
the — וְכַדּוֹמֶה
the –s of דּוֹמֶה; שָׁוֶה
— to כִּמְעַט

—*v.t. & i.* נֶהֱנָה מִן; חִבֵּב; הִתְיַחֵס בִּרְצוֹן ל־; נָטָה אֶל, נִמְשַׁךְ אַחֲרֵי־; הָיָה לְרוּחוֹ

**like'lihood"** *n.* (לַיְקְלִיהֻד) אֶפְשָׁרוּת מַמָּשִׁית

**like'ly** *adj. & adv.* (לַיְקְלִי) נוֹעָד לְכָאוֹרָה, מִתְקַבֵּל עַל הַדַּעַת; מַתְאִים; צָפוּיָה הַצְלָחָה; קָרוֹב לְוַדַּאי

**li'ken** *v.t.* (לַיְקֶן) דִּמָּה, הִשְׁוָה

**like'ness** *n.* (לַיְקְנֶס) דִּיוֹקָן; צוּרָה, דִּמְיוֹן

**like'wise"** *adv.* (לַיְקְוַיְז) יָתֵר עַל כֵּן; מִלְּבַד זֶה; גַּם כֵּן; בְּצוּרָה דוֹמָה

**li'king** *n.* (לַיְקִנְג) חִבָּה, נְטִיָּה, הַעְדָּפָה; עֹנֶג, טַעַם

**li'lac** *n.* (לַיְלֶק) לִילָךְ

**lilt** *n.* (לִלְט) תְּנוּדָה קְצוּבָה; נְעִימָה קְצוּבָה

**lil'y** *n.* (לִלִי) שׁוֹשָׁן

**lil'y-white'** *adj.* (לִלִי־הְוַיְט) טָהוֹר, לָבָן כְּשׁוֹשָׁן; לְלֹא רְבָב; דּוֹגֵל בְּהַרְחָקַת כּוּשִׁים

**limb** *n.* (לִם) אֵבֶר; עָנָף

out on a — פָּגִיעַ; בְּמַצָּב מְסֻכָּן

**lim'ber** *adj. & v.i. & t.* (לִמְבֶּר) גָּמִישׁ; עָשָׂה גָּמִישׁ

**lim'bo** *n.* (לִמְבּוֹ) אֵזוֹר נְשִׁיָּה; מַעֲצָר; בֵּין שְׁנֵי קְצָווֹת; בֵּין גַּן הָעֵדֶן לְגֵיהִנּוֹם

**lime** *n.* (לַיְם) תַּחְמֹצֶת סִידָן, סִיד חַי; לִימֶטָה

**lime'light"** *n.* (לַיְמְלַיְט) מוֹקֵד הִתְעַנְיְנוּת צִבּוּרִית

**lim'erick** *n.* (לִמֶרִק) חַמְשִׁיר

**lim'it** *n.* (לִמִט) גְּבוּל

— s אֵזוֹר (בין גבולות)

— *v.t.* הִגְבִּיל

**lim"ita'tion** *n.* (לִמִטֵישְׁן) מִגְבָּלָה; הַגְבָּלָה

**limp** *v.i. & n.* (לִמְפּ) צָלַע; צְלִיעָה

— *adj.* רוֹפֵף; מְדֻלְדָּל; יָגֵעַ; חֲסַר־קְשִׁיחוּת

**lim'pid** *adj.* (לִמְפִּד) שָׁקוּף, זַךְ, בָּהִיר לְגַמְרֵי; שָׁלֵו

**lin'den** *n.* (לִנְדֶן) טִלְיָה

**line** *n.* (לַיְן) קַו; שׁוּרָה; גְּבוּל; מַהֲלָךְ; מַצָּע; יִחוּס; שִׁיטַת־רֶשֶׁם; מִשְׁלַח־יָד; סְחוֹרָה; חֶבֶל

— s טֶקְסְט שֶׁל מַחֲזֶה; דִּבְרֵי הַנְּפָשׁוֹת; צוּרָה חִיצוֹנִית

— draw the קָבַע גְּבוּל אַחֲרוֹן

hold the — הֶחֱזִיק מַעֲמָד, שָׁמַר עַל הַמַּצָּב הַקַּיָּם

in – of duty בִּשְׁעַת מִלּוּי תַּפְקִיד

into — לְמַצָּב שֶׁמְּחַיֵּב הַסְכָּמָה

out of — סוֹטֶה מִקַּו יָשָׁר; סוֹטֶה מֵהַמְּקֻבָּל; חָצוּף

toe the — צִיֵּת לְלֹא הִסּוּס; מִלֵּא הִתְחַיְּבוּיוֹת

— *v.t.* שִׂרְטֵט קַוִּים; קִוְּקֵו; הִתְוָה; עָרַךְ בְּשׁוּרָה; רִפֵּד מִבִּפְנִים; מִלֵּא

**lin'eage** *n.* (לִנִיאֶג׳) יִחוּס, מוֹצָא; מִשְׁפָּחָה, שׁוֹשֶׁלֶת גֶּזַע

**lin'eal** *adj.* (לִנִיאַל) קַוִּי, בְּקַו יָשָׁר, יָשִׁיר

**lin'eament** *n.* (לִנִיאֲמֶנְט) קַו, תָּו, תְּכוּנָה אָפְיָנִית

**lin'ear** *adj.* (לִנִיאַר) קַוִּי, לִינֵאָרִי

**lin'en** *n.* (לִנֶן) פִּשְׁתָּן; מַצָּעוֹת

**li'ner** *n.* (לַיְנֶר) מְטוֹס נוֹסְעִים; אֳנִיַּת נוֹסְעִים; בִּטְנָה, רִפּוּד פְּנִימִי; מַעֲטָפָה

**line'-up"** *n.* (לַיְנַפּ) תּוֹר; מִסְדַּר זִהוּי; רְשִׁימַת מִשְׁתַּתְּפִים; מַעֲרָךְ

**lin'ger** *v.i. & t.* (לִנְגֶר) שָׁהָה, הִתְמַהְמֵהַּ (מחוסר רצון לעזוב); נִשְׁאַר בַּחַיִּים; הֶאֱרִיךְ; אִחֵר; הָלַךְ בְּאִטִּיּוּת; בִּלָּה זְמַן בְּנַחַת

**lin'gerie"** *n.* (לָנְזֶ׳רִי) לְבְנֵי־נָשִׁים

**ling'uist** *n.* (לִנְגְוִסְט) דּוֹבֵר לְשׁוֹנוֹת רַבּוֹת, פּוֹלִיגְלוֹט; חוֹקֵר לְשׁוֹנוֹת, בַּלְשָׁן

**lin'iment** *n.* (לִנִמֶנְט) מִשְׁחָה, שֶׁמֶן מִשְׁחָה

**li'ning** *n.* (לַיְנִנְג) בִּטְנָה

**link** *n. v.t. & i.* (לִנְק) חֻלְיָה; זִקָּה, קֶשֶׁר, לוּלָאָה; חָסַת, חִבֵּר, אִחֵד

**lin'seed"** *n.* (לִנְסִיד) זֶרַע פִּשְׁתִּים

**lint** *n.* (לִנְט) סִיבֵי כֻּתְנָה; חֲתִיכוֹת חוּט; מוֹךְ; קִרְעֵי בַּד

**lin'tel** *n.* (לִנְטֶל) מַשְׁקוֹף

**li'on** *n.* (לַיְאֶן) אַרְיֵה; חָתוּל־בָּר גָּדוֹל; גִּבּוֹר; אָדָם מְפֻרְסָם שֶׁהַכֹּל רוֹצִים בְּקִרְבָתוֹ

**li'oness** *n.* (לַיְאֲנֶס) לְבִיאָה

**li'onize"** *v.t.* (לַיְאֲנַיְז) קִבֵּל פָּנִים כְּאָדָם מְפֻרְסָם

**lip** *n.* (לִפּ) שָׂפָה; חֻצְפָּה; קָצֶה
button one's — שָׁתַק
keep a stiff upper — קִבֵּל אָסוֹן בְּאֹמֶץ
**liq'uefy"** *v.t. & n.* (לִקְוִפַי) הָפַךְ לְנוֹזֵל; נֶהְפַּךְ לְנוֹזֵל
**liq'uid** *n. & adj. & n.* (לִקְוִד) נוֹזֵל; נָזִיל, בָּרוּר, שָׁקוּף; זוֹהֵר; שׁוֹטֵף
**liq'uidate"** *v.t.* (לִקְוִדֵיט) פָּרַע (חוב); חִסֵּל
**liq"uida'tion** *n.* (לִקְוִדֵישְׁן) חִסּוּל; הֲמָרָה לִמְזֻמָּנִים
**liqu'or** *n.* (לִקֶר) מַשְׁקֶה חָרִיף; מָרָק, נוֹזֵל
**lisp** *n. & v.t. & i.* (לִסְפּ) שִׁנְשֵׁן; שִׁנְשׁוּן
**lis'som(e)** *adj.* (לִסֶם) גָּמִישׁ, זָרִיז, פָּעִיל
**list** *n. & v.t. & i.* (לִסְט) רְשִׁימָה; נְטִיָּה לַצַּד; רָשַׁם, עָרַךְ רְשִׁימָה; הִצִּיעַ לִמְכִירָה בִּמְחִיר רָשׁוּם; נָטָה לַצַּד
**lis'ten** *v.i.* (לִסֶן) הִקְשִׁיב, הֶאֱזִין; צִיֵּת; הִמְתִּין בְּקֹצֶר רוּחַ
— in הִקְשִׁיב לְשִׂיחָה לֹא־לוֹ
**lis'tener** *n.* (לִסְנֶר) מַאֲזִין
**list'less** *adj.* (לִסְטְלֶס) אָדִישׁ לְכָל דָּבָר
**lit** (לִט) (זמן עבר של light)
**lit'any** *n.* (לִטֶנִי) תְּחִנָּה
**li'ter** *n.* (לִיטֶר) לִיטֶר
**lit'eracy** *n.* (לִטֶרֶסִי) יְדִיעַת קְרִיאָה וּכְתִיבָה
**lit'eral** *adj.* (לִטֶרֶל) מִלּוּלִי; מְפֹרָשׁ דְּבָרִים כִּפְשׁוּטָם, חֲסַר־דִּמְיוֹן; לְפִי הַפְּשָׁט; מְדֻיָּק, בְּדִיּוּק כְּמַשְׁמָעוֹ; שֶׁל אוֹתִיּוֹת הָאָלֶפְבֵּית; שֶׁל אוֹתִיּוֹת, מֻבָּע בְּאוֹתִיּוֹת
**lit'erary** *adj.* (לִטֶרֶרִי) סִפְרוּתִי; מַשְׂכִּיל; עוֹסֵק בְּסִפְרוּת; מְסֻרְבָּל
**lit'erate** *adj.* (לִטֶרֶט) יוֹדֵעַ קְרוֹא וּכְתוֹב; מַשְׂכִּיל; בָּקִי בְּסִפְרוּת; בָּהִיר
**lit'erature** *n.* (לִטֶרֶצְ'ר) סִפְרוּת; כְּתָבִים, חֹמֶר מֻדְפָּס
**lithe** *adj.* (לַיד') גָּמִישׁ
**lith'ograph** *n.* (לִתֶ'גְרֶף) הֶדְפֵּס־אֶבֶן
**lit'igant** *n.* (לִטֶגֶנְט) בַּעַל דִּין
**lit"ig'ation** *n.* (לִטֶגֵישְׁן) הֲלִיכִים מִשְׁפָּטִיִּים; תְּבִיעָה מִשְׁפָּטִית
**lit'ter** *n. & v.t.* (לִטֶר) פְּסֹלֶת מְפֻזֶּרֶת; אַי־סֵדֶר; מִסְפַּר וְלָדוֹת בְּלֵדָה אַחַת; אֲלוּנְקָה; אַפִּרְיוֹן; שַׁחַת; זָרַק פְּסֹלֶת; זָרַק בְּאִי־סֵדֶר; נָפוֹץ בְּאִי־סֵדֶר; יָלַד (יותר מוולד אחד); סִפֵּק שַׁחַת
**lit'tle** *adj. & adv. & n.* (לִטְל) קָטָן; קָצָר; מוּעָט; קְצָת; חַלָּשׁ; צַר־אֹפֶק; בָּזוּי; בִּכְלָל לֹא; בְּמִדָּה מוּעֶטֶת, לְעִתִּים רְחוֹקוֹת; מְעַט; זְמַן קָצָר
— by — בְּהַדְרָגָה, לְאַט לְאַט
make – of מִעֵט בִּדְמוּתוֹ
think – of הֵקֵל רֹאשׁ בְּ־
**lit'urgy** *n.* (לִטֶרְגִ'י) תְּפִלָּה בְּצִבּוּר; פֻּלְחָן; סִדְרֵי עֲבוֹדַת הָאֱלֹהִים; לִיטוּרְגְיָה
**live** *v.i. & adj.* (לִב) חַי, גָּר, שָׁכַן; נֶהֱנָה מֵהַחַיִּים בִּמְלוֹאָם; שָׁכַב
— down הִשְׁכִּיחַ
— in גָּר בִּמְקוֹם עֲבוֹדָתוֹ
— it up חַי חַיֵּי הוֹלֵלוּת
— up to חַי בְּהֶתְאֵם לָאִידֵיאָל
— *adj.* (לַיב) חַי; שֶׁל חַיִּים; בְּחַיִּים; שֶׁיֵּשׁ שָׁם בַּעַל חַיִּים; שֶׁיֵּשׁ שָׁם בְּנֵי אָדָם; שׁוֹפֵעַ מֶרֶץ, פָּעִיל, מְעֻדְכָּן; אַקְטוּאָלִי; לוֹחֶשֶׁת (גחלת); מוֹבִיל מִטְעָן חַשְׁמַלִּי; מוּנָע
**liv'elihood"** *n.* (לַיבְלִהֻד) מִחְיָה
**liv'ely** *adj.* (לַיבְלִי) מָלֵא חִיּוּת; מָלֵא חַיִּים; עַלִּיז; מְרַגֵּשׁ; עֵר, בָּרוּר, מַרְשִׁים; מְרַעֲנֵן; פְּעַלְתָּנִי
**li'ven** *v.t.* (לַיבְן) עוֹדֵד, הֵסִיחַ חַיִּים, שִׂמַּח
**li'ver** *n.* (לִוְר) כָּבֵד; כְּבֵד חוֹלָנִי
**liv'ery** *n.* (לִוְרִי) מַדִּים, בִּגְדֵי־שְׂרָד; לְבוּשׁ מְיֻחָד; אַכְסוֹן סוּסִים
**livid** *adj. & n.* (לִוִד) כְּחַלְחַל (מחמת ליקוי); כָּחֹל אֲפַרְפַּר; מָלֵא חֵמָה; אָפֹר
**liv'ing** *adj. & n.* (לִוִנְג) חַי, בְּחַיִּים; פָּעִיל; חָזָק; בּוֹעֵר; זוֹרֵם; נֶאֱמָן לַחַיִּים; שֶׁל בְּנֵי אָדָם חַיִּים; מַסְפִּיק לְמִחְיָה בַּטֶּבַע; מֻחְלָט; קִיּוּם; דֶּרֶךְ חַיִּים; מִחְיָה
**liv'ing room"** (לִוִנְג רוּם) חֲדַר אוֹרְחִים, טְרַקְלִין, "סָלוֹן"
**liz'ard** *n.* (לִזֶרְד) לְטָאָה
**lo** *interj.* (לוֹ) רְאֵה, הִנֵּה
**load** *n.* (לוֹד) מַשָּׂא, מִטְעָן; מִטְעָן; מַקְסִימָלִי; מַעֲמָסָה; כַּמּוּת־מַשְׁקֶה מְשַׁכֶּרֶת;
— s "הָמוֹן"

**get a – of** הַבֵּט; הַקְשֵׁב לְ־
**— v.t. & i.** ;טָעַן; הֶעֱמִיס עַל; הֵעִיק עַל; הוֹסִיף לַמִּשְׁקָל; הִכְנִיס מִשְׁפָּט קָדוּם; עָלָה עַל (רכב)
**loaf n. & v.i.** (לוֹף) כִּכָּר; גּוּשׁ; הִתְבַּטֵּל
**loa'fer n.** (לוֹפר) בַּטְלָן, עַצְלָן; נַעַל קַלָּה
**loam n.** (לוֹם) טִיט
**loan n. & v.t.** (לוֹן) הַלְוָאָה, מִלְוֶה; הִלְוָה
**loath adj.** (לוֹתְ׳) חֲסַר־רָצוֹן
**loathe v.t.** לוֹדְ׳ תִּעֵב
**loa'thing n.** (לוֹדְ׳נג) שְׁאָט־נֶפֶשׁ
**loath'some adj.** (לוֹדְ׳סֶם) מְתֹעָב, מָאוּס
**lob'by n. & v.t.** (לוֹבִּי) ;חֲדַר קַבָּלָה; קְבוּצַת אִינְטֶרֶסָנְטִים; נִסָּה לְהַשְׁפִּיעַ עַל הַמְחוֹקְקִים
**lob'ster n.** (לוֹבְּסְטֶר) צַבְּתָן, סַרְטַן אֶרֶךְ־הַבֶּטֶן
**lo'cal adj. & n.** (לוֹקֶל) מְקוֹמִי; נֶעֱצָר בְּכָל הַתַּחֲנוֹת; מְאַסֵּף (תחבורה); סְנִיף מְקוֹמִי; תּוֹשַׁב הַמָּקוֹם
**local'ity n.** (לוֹקֶלִטִי) מָקוֹם, אֵזוֹר; מִקּוּם
**lo'calize" v.t.** (לוֹקֶלַיז) הִגְבִּיל לְמָקוֹם מְסֻיָּם
**lo'cate v.t. & i.** (לוֹקֵיט) ;אִתֵּר; יִשֵּׁב; הִשְׁתַּקֵּעַ
**loca'tion n.** (לוֹקֵישֶׁן) ;מְקוֹם הִמָּצְאוּ; אֲתָר; מִקּוּם; מָקוֹם נָאוֹת לְהַסְרָטָה
**lock n.** (לוֹק) ;מַנְעוּל; נֶקֶר (בכלי יריה); דֶּלֶת סֶכֶר; מַחְלָפָה, תַּלְתַּל
**—, stock, and barrel** ;הַכֹּל בַּכֹּל מִכֹּל; בִּשְׁלֵמוּת
**— v.t. & i.** ;נָעַל; כָּלָא; קָבַע שֶׁלֹּא יָזוּז; לָפַת; הֵקִים תְּעָלוֹת מַעֲבָר; נִנְעַל
**— out** הִשְׁבִּית מִפְעָל; נָעַל בִּפְנֵי
**— up** כָּלָא; נָעַל מַנְעוּלִים לִפְנֵי יְצִיאָה
**lock'er n.** (לוֹקֶר) אָרוֹן
**lock'et n.** (לוֹקֶט) תַּלְיוֹן
**lock'out" n.** (לוֹקָאוּט) הַשְׁבָּתָה
**lo"como'tion n.** (לוֹקֶמוֹשֶׁן) תְּנוּעָה
**lo"como'tive n.** (לוֹקֶמוֹטִב) קַטָּר
**lo'cust n.** (לוֹקֶסְט) אַרְבֶּה
**lode n.** (לוֹד) עוֹרֶק
**lodge n. & v.i. & t.** (לוֹג׳) ;בִּקְתַּת־יַעַר; צְרִיף; בִּנְיָן מֶרְכָּזִי (של מלון); סְנִיף (אגודת סחר); מְאוּרָה; לָן; נִתְפַּס; הֵלִין; שִׁמֵּשׁ מַחְסֶה; אִחְסֵן; הֵכִיל; הֶעֱנִיק סַמְכוּת; הִגִּישׁ (תלונה וכו׳)
**lodg'er n.** (לוֹג׳ר) דַּיַּר מִשְׁנֶה
**lodg'ing n.** (לוֹג׳נג) חֶדֶר שָׂכוּר; דִּיּוּר אֲרָעִי
**loft n.** (לוֹפט) עֲלִיַּת גַּג; יָצִיעַ, קוֹמָה עֶלְיוֹנָה
**lof'ty adj.** (לוֹפְטִי) ;רָם וְנִשָּׂא; מְרוֹמָם; יָהִיר
**log n. & v.t. & i.** (לוֹג) ־בּוּל־עֵץ; יוֹמַן־מַסָּע; מַנְוֵט, דּוּ״חַ הִתְקַדְּמוּת; כָּרַת; רָשַׁם בְּיוֹמַן־מַסָּע; נָסַע (במהירות מסוימת); נָסַע כְּרָשׁוּם בְּיוֹמָן; כָּרַת עֵצִים
**log'gerhead" n.** (לוֹגֶרְהֶד) מְטֻמְטָם
**at –s** מְעֹרָבִים בִּקְטָטָה; מִתְכַּתְּשִׁים
**log'ic n.** (לוֹג׳ק) הִגָּיוֹן; שֵׂכֶל יָשָׁר; סִבָּה
**log'ical adj.** (לוֹג׳קל) הֶגְיוֹנִי; מִתְקַבֵּל עַל הַדַּעַת; מִתְיַשֵּׁב עִם הַשֵּׂכֶל הַיָּשָׁר
**loin n.** (לוֹין) חֶלֶץ, מֹתֶן
**loi'ter v.i.** (לוֹיטֶר) הִתְבַּטֵּל; נָע בַּעֲצַלְתַּיִם; הִתְמַהְמֵהַּ לְלֹא תַּכְלִית
**loll v.i.** (לוֹל) שָׁכַב בְּרִפְיוֹן; הָיָה תָּלוּי בְּרִפְיוֹן
**lol'lipop" n.** (לוֹלִיפּוֹפ) סֻכָּרִיָּה עַל מַקֵּל
**lone adj.** (לוֹן) בּוֹדֵד; יָחִיד; פָּנוּי
**lone'liness n.** (לוֹנְלִנֶס) בְּדִידוּת
**lone'ly adj.** (לוֹנְלִי) ,בּוֹדֵד, יָחִיד, נִדָּח, מְבֻדָּד
**lone'some adj.** (לוֹנְסֶם) ,מְדַכְדֵּךְ בִּבְדִידוּתוֹ; בּוֹדֵד, גַּלְמוּד; נִדָּח
**by one's —** לְבַד
**long adj. & n.** (לוֹנג) ;אָרֹךְ; נִמְשָׁךְ; אִטִּי; יְסוֹדִי; בַּעַל הַרְבֵּה; הַרְבֵּה זְמַן; גֹּדֶל מַתְאִים לַאֲנָשִׁים גְּבוֹהִים
**— before** תּוֹךְ זְמַן קָצָר
**the – and the short of** הַתַּמְצִית בְּקִצּוּר
**— adv.** בְּמֶשֶׁךְ זְמַן רַב; זְמַן; בְּמֶשֶׁךְ כָּל הַתְּקוּפָה
**as – as** כָּל עוֹד
**— v.t.** הִתְגַּעְגֵּעַ, נִכְסַף
**long'ing n.** (לוֹנגנג) גַּעְגּוּעִים

**lon′gitude″** *n.* (לוֹנג׳טוּד) קַו אֹרֶךְ

**long′shore″man** *n.* (לוֹנְגְשוֹרְמֶן) סַוָּר

**long′ shot″** (לוֹנג שוֹט) סִכּוּי קָלוּשׁ; בַּעַל סִכּוּיִים קְלוּשִׁים לְהַצְלִיחַ

**look** *v.i. & t.* (לֻק) הִבִּיט; הִסְתַּכֵּל; הִתְבּוֹנֵן; נָטָה; נִרְאָה; נִשְׁקַף עַל; כִּוֵּן מַבָּט; חִפֵּשׂ; בָּדַק

— after עָקַב אַחֲרֵי בְּעֵינַיִם; הִשְׁגִּיחַ עַל; טִפֵּל בְּ־

— daggers נָעַץ מַבָּט מְאַיֵּם

— down upon בָּז

— down one's nose זִלְזֵל

— for חִפֵּשׂ

— forward to צִפָּה בְּעֹנֶג

— in on בִּקֵּר קְצָרוֹת

— into בָּדַק, חָקַר

— on הִסְתַּכֵּל, צָפָה

— out הִסְתַּכֵּל הַחוּצָה; נִזְהַר, דָּאַג לְ־

— over בָּדַק (בדיקה חטופה) וְשִׁטְחִית

— sharp הָיָה עֵרָנִי

— to שָׂם לֵב; סָמַךְ עַל

— up הִגְבִּיהַּ עֵינַיִם; הִשְׁתַּפֵּר; חִפֵּשׂ

— upon הִתְיַחֵס אֶל; הִתְבּוֹנֵן

— up to כִּבֵּד

— *n.* מַבָּט; מַבָּט נוֹקֵב; בְּדִיקָה; מַרְאֶה

— s הוֹפָעָה

**loo′ker** *n.* (לֻקֶר) מִסְתַּכֵּל; יְפֵהפִיָּה

**look′ing glass″** (לֻקִנְג גְלֶס) מַרְאָה

**look′out″** *n.* (לֻקָאוּט) שְׁמִירָה; מִשְׁמָר; שׁוֹמֵר; מִצְפֶּה שְׁמִירָה

**loom** *n. & v.i.* (לוּם) נוֹל; אֲרִיגָה; הוֹפִיעַ בִּדְמוּת מְגֻדֶּלֶת וּמְעֻרְפֶּלֶת; לָבַשׁ צוּרָה

**loo′ney** *adj.* (לוּנִי) ״טְרָלָלָה״, מְשֻׁגָּע; טִפֵּשׁ גָּדוֹל

**loop** *n. & v.t.* (לוּפּ) לוּלָאָה; מַעְגָּל; טַבַּעַת; בִּימַת הִסְתּוֹבְבוּת; עָשָׂה לוּלָאוֹת; כִּתֵּר בְּלוּלָאָה; קָשַׁר בְּלוּלָאוֹת

**loop′hole″** *n.* (לוּפְּהוֹל) חָרָךְ, אֶשְׁנָב; פֶּתַח; פִּרְצָה; אֶמְצָעֵי הִשְׁתַּמְּטוּת

**loose** *adj.* (לוּס) חָפְשִׁי; מְשֻׁחְרָר; מְדֻבְלָל; נִפְרָד; לֹא־אָרוּז; זָמִין, נִתָּן לְשִׁמּוּשׁ; לֹא־עָצוּר; מְסֻקָּר; רוֹפֵף; גָּמִישׁ; לֹא־מְהֻדָּק; לֹא־צָפוּף; קָלוּשׁ, תָּחוּחַ; רָחָב

— *adv.* בְּרִפְיוֹן

break — הִשְׁתַּחְרֵר; נִמְלַט

cut — שִׁחְרֵר; הִשְׁתַּחְרֵר; פָּרַק עֹל

let — שִׁחְרֵר; הִשְׁתַּחְרֵר; הִתְפָּרֵק, נִשְׁמַט

— *v.t. & i.* הִתִּיר, שִׁחְרֵר; שִׁגֵּר, יָרָה; רוֹפֵף; הִרְפָּה

**loo′sen** *v.t. & i.* (לוּסֶן) הִתִּיר, רוֹפֵף; הִרְפָּה; שִׁחְרֵר; הִסְפִּית צְפִיפוּת; תִּחֵחַ; הִרְחִיק עֲצִירוּת; הֵקֵל; הִתְרוֹפֵף

**loose′ end′** (לוּס אֶנְד) חֵלֶק מְדֻלְדָּל, פְּרָט שֶׁלֹּא הֻכְרַע

at – –s בְּמַצָּב מְעֻרְפָּל; לְלֹא תָּכְנִיּוֹת מִיָּדִיּוֹת

**loot** *n. & v.t.* (לוּט) שָׁלָל, בִּזָּה, מַלְקוֹחַ; אוֹסֶף מַתָּנוֹת; כֶּסֶף; בָּזַז

**lop** *v.t.* (לוֹפּ) כָּרַת; חָתַךְ

**lope** *v.i.* (לוֹפּ) רָץ בְּדִלּוּגִים, דִּלֵּג; דָּהַר בִּתְנוּפָה קְצוּבָה

**lop′si′ded** *adj.* (לוֹפְּסַיְדֶד) לֹא־סִימֶטְרִי; נוֹטֶה לְצַד אֶחָד

**loqua′cious** *adj.* (לוֹקְוֵישֶׁס) דַּבְּרָנִי, פַּטְפְּטָנִי

**lord** *n. & interj.* (לוֹרְד) אָדוֹן, שַׁלִּיט; בְּעָלִים; מְצֻיָּן; בַּעַל אֲחֻזָּה; לוֹרְד; אוֹ (קריאת התפעלות)

Lord אֱלֹהִים (גם כמלת קריאה)

— *v.i.* הִתְנַשֵּׂא

**lord′ly** *adj.* (לוֹרְדְלִי) נֶהְדָּר; שַׁחְצָנִי; שֶׁל לוֹרְד

**lore** *n.* (לוֹר) תּוֹרָה; יְדִיעָה

**lose** *v.t. & i.* (לוּז) אִבֵּד; נִפְסַד מִן; גָּרַם; הָרַס; בִּזְבֵּז; הֶחְטִיא; הִפְסִיד; הוּבַס; גָּרַם אָבְדָן; הָיָה שָׁקוּעַ בְּ־; הִפִּיל (בשעת לידה)

— out נִכְשַׁל; הוּבַס; נָחַל מַפָּלָה

**lo′ser** *n.* (לוּזֶר) מַפְסִיד, מְאַבֵּד; כִּשָּׁלוֹן מַתְמִיד

**loss** *n.* (לוֹס) אֲבֵדָה; הֶפְסֵד; נֵזֶק; אָבְדָן; הֶרֶס

at a — בְּפָחוֹת מֵהַמְּחִיר; בְּהֶפְסֵד; בִּמְבוּכָה, בְּמַצָּב שֶׁל חֹסֶר וַדָּאוּת

**lost** *adj.* (לוֹסְט) אָבוּד; נֶעְדָּר, חָסֵר; תּוֹעֶה; מְבֻזְבָּז; הָרוּס; שָׁקוּעַ; מְיֹאָשׁ; (עבר של lose)

**lot** *n.* (לוֹט) גּוֹרָל; הַפָּלַת גּוֹרָל; חֵלֶק; מִגְרָשׁ כַּמּוּת; סוּג; הַרְבֵּה
— s הַרְבֵּה
draw — s הִפִּיל גּוֹרָל
**lo'tion** *n.* (לוֹשְׁן) תַּרְחִיץ
**lot'tery** *n.* (לוֹטֶרִי) הַגְרָלָה, פַּיִס
**loud** *adj.* (לַאוּד) קוֹלָנִי, רָם; רוֹעֵשׁ; צַעֲקָנִי; גַּס
out — בְּקוֹל
**loud'spea"ker** *n.* (לַאוּדְסְפִּיקֶר) רַמְקוֹל
**lounge** *v.i. & n.* (לַאוּנְג׳) הִתְבַּטֵּל; הִתְפָּרְקֵד בַּעֲצַלְתַּיִם; הָלַךְ בְּנַחַת; דַּרְגָּשׁ; אוּלָם צִבּוּרִי; חֲדַר־חֶבְרָה; מַרְוָחַ; נוֹחִיּוּת
**louse** *n.* (לַאוּס) כִּנָּה; נִבְזֶה
— up קִלְקֵל, "בִּלְגֵּן"
**lou'sy** *adj.* (לַאוּזִי) מָלֵא כִּנִּים; בָּזוּי, שָׁפָל; רַע
— with שׁוֹרֵץ, מְשֻׁפָּע בּ־
**lout** *n.* (לַאוּט) מְטֻמְטָם, מְגֻשָּׁם; בּוּר; שׁוֹטֶה
**lov'able** *adj.* (לַבֶּבְל) מְלַבֵּב, חָבִיב
**love** *n.* (לַב) אַהֲבָה; תְּשׁוּקָה; אָהוּב; פָּרָשַׁת אֲהָבִים; אֵל הָאַהֲבָה; חִבָּה; אֶפֶס (בטניס)
for the – of לְמַעַן
in — מְאֹהָב
make — חִזֵּר אַחֲרֵי; הִזְדַּוֵּג
no – lost אֵיבָה
— *v.t. & i.* אָהַב; נִזְקַק ל־; הִזְדַּוֵּג עִם
**love'liness** *n.* (לַבְלִנֶס) חֵן; יֹפִי עֶדֶן
**love'ly** *adj.* (לַבְלִי) חִנָּנִי, יָפֶה, מוֹשֵׁךְ, נֶחְמָד; מְהַנֶּה
**lov'er** *n.* (לַבֶר) אוֹהֵב; מְאַהֵב
— s זוּג מְאֹהָבִים
**love' seat"** (לַב סִיט) סַפָּה לִשְׁנַיִם
**lov'ing** *adj.* (לַבִנְג) אוֹהֵב, שֶׁל חִבָּה
**lov'ing cup"** (לַבִנְג קַפ) גְּבִיעַ פְּרָס
**low** *adj. & n.* (לוֹ) נָמוּךְ; שָׁפָל; עָמֹק; רָדוּד; חַלָּשׁ; קָטָן; זוֹל, חֲסַר־עֵרֶךְ; מוּעָט; מְדֻכָּא; נְחוּת; בָּזוּי; גַּס; הִלּוּךְ נָמוּךְ; רָמָה נְמוּכָה; שֵׂיא שְׁפֵלוּת, שֵׂיא יְרִידָה
— *adv.* בְּמַצָּב נָמוּךְ; לְמַצָּב נָמוּךְ; עוֹמֵד לֶאֱזוֹל; עַל סַף הַמָּוֶת; בְּזוֹל; בְּקוֹל נָמוּךְ, בְּשֶׁקֶט
lay — הָרַג, הִשְׁתַּלֵּט עַל; הִתְחַבֵּא
lie — הִתְחַבֵּא; הִסְתִּיר כַּוָּנוֹת
— *v.i. & t.* גָּעָה
**low'brow** *n.* (לוֹבְּרַאוּ) אָדִישׁ לְהַשְׂכָּלָה
**low'er** *v.t.* (לוֹאֶר) הוֹרִיד; הִנְמִיךְ; הִפְחִית; הִשְׁפִּיל
— *adj. & n.* (עיין) נָמוּךְ יוֹתֵר; מֻקְדָּם; תּוֹתֶבֶת תַּחְתּוֹנָה; מִטָּה תַּחְתּוֹנָה
**low'ering** *adj.* (לַאוּאֶרִנְג) קוֹדֵר, זוֹעֵף
**low'land** *n.* (לוֹלֶנְד) שְׁפֵלָה
**low'ly** *adj.* (לוֹלִי) צָנוּעַ, דַּל; נָמוּךְ
**low' tide'** (לוֹ טַיְד) שֵׁפֶל (גובה מים)
**loy'al** *adj.* (לוֹיֶאל) נֶאֱמָן
**loy'alty** *n.* (לוֹיַאלְטִי) נֶאֱמָנוּת
**loz'enge** *n.* (לוֹזִנְג׳) מַמְתָּק־מְצִיצָה; מְעֻיָּן
**lu'bricate"** *v.t. & i.* (לוּבְּרֶקֵיט) שִׁמֵּן; סָךְ
**lu'cid** *adj.* (לוּסִד) זוֹרֵחַ; בָּהִיר; זַךְ, שָׁקוּף; מוּבָן בְּקַלּוּת; שָׁפוּי, צָלוּל
**lucid'ity** *n.* (לוּסִדִטִי) בְּהִירוּת, שְׁקִיפוּת, צְלִילוּת, שְׁפִיּוּת
**luck** *n.* (לַק) מַזָּל; מַזָּל טוֹב
in — בַּעַל מַזָּל
**lu'cky** *adj.* (לַקִי) בַּר־מַזָּל; שֶׁל מַזָּל טוֹב; מְבַשֵּׂר טוֹב
**lu'crative** *adj.* (לוּקְרֶטִב) מַכְנִיס רְוָחִים; מַכְנִיס כֶּסֶף
**lu'cre** *n.* (לוּקֶר) כֶּסֶף, רֶוַח
**lu'dicrous** *adj.* (לוּדִקְרֶס) מַצְחִיק, מְגֻחָךְ
**lug** *v.t. & n.* (לַג) נָשָׂא תּוֹךְ מַאֲמָץ רַב, טִלְטֵל; יָדִית; תָּג
**lug'gage** *n.* (לַגִג׳) מִזְוָדוֹת, מִטְעָן, חֲפָצִים
**luke'warm'** *adj.* (לוּקְווֹרְם) פּוֹשֵׁר, אָדִישׁ
**lull** *v.t. & n.* (לַל) יִשֵּׁן, הִרְגִּיעַ, הִשְׁקִיט; הַשְׁרָאָה הַרְגָּשַׁת־בִּטָּחוֹן מַטְעָה; הֲפוּגָה
**lull'aby"** *n.* (לַלֶבַּי) שִׁיר עֶרֶשׂ
**lum'ber** *n. & v.i.* (לַמְבֶּר) עֵצִים נְסוּרִים; הֵכִין עֵצִים לְשִׁוּוּק; נָע בִּכְבֵדוּת
**lum'berjack"** *n.* (לַמְבֶּרְגֶ׳ק) פּוֹעֵל יַעַר
**lum'ber jack'et** (לַמְבֶּר גֶ׳קֶט) מְעִיל צֶמֶר מִשְׁבָּץ

**lu'minary"** *n.* (לוּמֶנֶרִי) גֶּרֶם שְׁמֵימִי; מָאוֹר; אִישִׁיּוּת מַזְהִירָה

**lu'minous** *adj.* (לוּמִנֶס) מֵאִיר; מַזְהִיר; בָּהִיר, צָלוּל

**lump** *n.* & *adj.* (לַמְפּ) גּוּשׁ; תְּפִיחָה; קֻבִּיָּה (שֶׁל סוּכָּר); רֹב; בְּצוּרַת גּוּשִׁים; מִצְטַבֵּר

— *v.t.* כָּלַל יָחַד

**lu'nacy** *n.* (לוּנַסִי) טֵרוּף הַדַּעַת; שִׁגָּעוֹן

**lu'natic** *n.* (לוּנַטִק) מְטֹרָף

**lunch** *n.* & *v.i.* (לַנְץ') אֲרוּחַת צָהֳרַיִם; אֲרוּחָה קַלָּה; קָפֶטֶרְיָה; אָכַל אֲרוּחַת צָהֳרַיִם

**lun'cheon** *n.* (לַנְצ'ן) סְעוּדַת צָהֳרַיִם חֲגִיגִית

**lung** *n.* (לַנְג) רֵאָה

at the top of one's — s בְּקוֹלֵי קוֹלוֹת

lunge *n.* & *v.i.* (לַנְג') הִדָּחֲפוּת; דְּקִירָה; תְּנוּעַת־פִּתְאוֹם קָדִימָה; נִדְחַף קָדִימָה, עָט, זִנֵּק

**lurch** *n.* (לֶרְץ') הִתְנַדְנְדוּת־פֶּתַע; נְטִיָּה פִּתְאוֹמִית; הֲלִיכָה מִתְנַדְנֶדֶת

leave in the — נָטַשׁ בְּעֵת צָרָה

— *v.i.* הִתְנַדְנֵד

**lure** *n.* & *v.t.* (לְר) פִּתּוּי; כֹּחַ פִּתּוּי; פִּתָּיוֹן; פִּתָּה

**lu'rid** *adj.* (לֻרִד) זוֹרֵחַ בְּזֹהַר אָדֹם; אָדֹם צַעֲקָנִי; סֶנְסַצְיוֹנִי; מַבְעִית; חִוֵּר

**lurk** *v.i.* (לֶרְק) אָרַב; חָמַק; עָבַר בַּחֲשַׁאי; הִסְתַּתֵּר

**lus'cious** *adj.* (לַשֶׁס) טָעִים בְּיוֹתֵר; רֵיחָנִי; נָעִים, נֶחְמָד

**lush** *adj.* & *n.* (לַשׁ) עָשִׁיר, שׁוֹפֵעַ

**lust** *n.* & *v.i.* (לַסְט) תַּאֲוָה; תְּשׁוּקָה; הִתְלַהֲבוּת לוֹהֶטֶת; הִתְאַוָּה, חָשַׁק

**lus'ter** *n.* (לַסְטֶר) זֹהַר, זִיו

**lust'ful** *adj.* (לַסְטְפֶל) מִתְאַוֶּה, חוֹשֵׁק

**lus'trous** *adj.* (לַסְטְרֶס) מַבְרִיק, מַזְהִיר, מֵאִיר; נֶהְדָּר

**lu'sty** *adj.* (לַסְטִי) שׁוֹפֵעַ בְּרִיאוּת; שׁוֹפֵעַ

**lute** *n.* (לוּט) לָאוּטָה; קַטְרוֹס

**Lu'theran** *adj.* & *n.* (לוּתֶ'רֶן) לוּתְרָנִי

**luxur'iant** *adj.* (לַגְז'רִיאֶנְט) שׁוֹפֵעַ, עָשִׁיר; דָּשֵׁן

**luxur'iate"** *v.i.* (לַגְז'רִיאֵיט) נֶהֱנָה הֲנָאָה רַבָּה; שִׂגְשֵׂג

**luxur'ious** *adj.* (לַגְז'רִיאֶס) שֶׁל מוֹתָרוֹת; מִתְעַנֵּג; שׁוֹפֵעַ, עָשִׁיר

**lux'ury** *n.* (לַקְשֶׁרִי) מוֹתָרוֹת, לוּקְסוּס; תַּעֲנוּג

**lyce'um** *n.* (לַיסִיאֶם) מֶרְכַּז תַּרְבּוּת; אוּלָם תַּרְבּוּת

**lye** *n.* (לַי) תְּמִסַּת הִידְרוֹקְסִיד הָאַשְׁלְגָן; תְּמִסַּת הִידְרוֹקְסִיד הַנַּתְרָן; בּוֹרִית

**lynch** *v.t.* (לִנְץ') הוֹצִיא לְהוֹרֵג (הָאֲסַפְסוּף; לְלֹא מִשְׁפָּט), עָשָׂה מִשְׁפַּט לִינְץ'; עָשָׂה שְׁפָטִים

**ly're** *n.* (לַיאֶר) לִירָה (נֵבֶל יְוָנִי)

**lyr'ic(al)** *adj.* & *n.* (לִרְק) לִירִי; מוּשָׁר; שָׁקֵט וּמָתוֹן (קוֹל); שִׁיר לִירִי

—s מִלִּים (שֶׁל שִׁיר), תַּמְלִיל

# M

**M, m,** *n.* (אֶם) מ׳, הָאוֹת הַשְּׁלֹשׁ־עֶשְׂרֵה בָּאָלֶפְבֵּית הָאַנְגְּלִית

**ma** (מָה) אִמָּא

**ma'am** *n.* (מֶם; בלי הטעמה: מַם) גְּבֶרֶת

**maca'bre** *adj.* (מֶקַבֶּר) מַחֲרִיד, זַוְעָתִי; שֶׁל מָוֶת

**macad'am** *n.* (מֶקֶדֶם) כְּבִישׁ מְרֻבָּד רְבָדֵי חָצָץ

**mace** *n.* (מֵיס) אַלַּת־מַסְמְרִים; שַׁרְבִיט

**machine'** *n.* & *v.t.* (מֶשִׁין) מְכוֹנָה; מַנְגָּנוֹן; מָטוֹס; מְכוֹנִית מָנוֹעַ; לָטֵשׁ בִּמְכוֹנָה

**machi'nery** *n.* (מֶשִׁינֶרִי) מַנְגָּנוֹן; מְכוֹנָה

**mack'inaw"** *n.* (מֶקִנוֹ) מְעִיל צֶמֶר קָצָר

**mad** *adj.* (מֶד) מְשֻׁגָּע; זוֹעֵם, כּוֹעֵס; נְגוּעַ־כַּלֶּבֶת; מִשְׁתּוֹלֵל; לָהוּט; טִפְּשִׁי

**mad'am** *n.* (מֶדֶם) גְּבֶרֶת; מְנַהֶלֶת בֵּית זוֹנוֹת

**mad'cap"** *adj.* (מֶדְקֶפּ) פּוֹחֵז

**mad'den** *v.t.* (מֶדְן) שִׁגֵּעַ; הִרְגִּיז

**made** *adj.* (מֵיד) עָשׂוּי; מֻמְצָא; שֶׁהַצְלָחָתוֹ מֻבְטַחַת (זמן עבר של make)

**made'-up'** *adj.* (מֵיד־אַפּ) מְלָאכוּתִי; מְאֻפָּר, מְפֻרְכָּס; מְגֻמָּר

**mad'house"** *n.* (מֶדְהָאוּס) בֵּית חוֹלִים לְחוֹלֵי נֶפֶשׁ; בֵּית מְשֻׁגָּעִים

**mad'man'** *n.* (מֶדְמֶן) מְטֹרָף

**mad'ness** *n.* (מֶדְנִס) טֵרוּף הַדַּעַת, שִׁגָּעוֹן; כַּלֶּבֶת; אִוֶּלֶת

**mag"azine'** *n.* (מֶגֶזִין) כְּתַב־עֵת; קֹבֶץ; שְׁבוּעוֹן, יַרְחוֹן; מַחְסַן תַּחְמֹשֶׁת; מַחְסַן צִיּוּד; מַחְסָנִית

**mag'got** *n.* (מֶגֶט) זַחַל

**ma'gic** *n.* & *adj.* (מֶגִ׳ק) מַגְיָה; מַעֲשֵׂה כְּשָׁפִים; קֶסֶם; מָגִי, שֶׁל כִּשּׁוּף; שֶׁל קֶסֶם

**magici'an** *n.* (מֶגִ׳שְׁן) קוֹסֵם, עוֹשֵׂה־לְהָטִים

**mag'istrate"** *n.* (מֶגִ׳סְטְרֵיט) שׁוֹפֵט; שׁוֹפֵט שָׁלוֹם

**magnan'imous** *adj.* (מֶגְנֶנִמֶס) נָדִיב, רְחַב־לֵב; אָצִיל

**mag'nate** *n.* (מֶגְנֵט) אִישִׁיּוּת מֶרְכָּזִית, "אַיִל"

**mag'net** *n.* (מֶגְנֶט) מַגְנֵט; בַּעַל כֹּחַ מְשִׁיכָה

**magnet'ic** *adj.* (מֶגְנֶטִק) מַגְנֵטִי; מוֹשֵׁךְ

**mag'neti"sm** *n.* (מֶגְנֶטִזְם) מַגְנֵטִיּוּת; כֹּחַ מְשִׁיכָה, חֵן

**mag'netize"** *v.t.* (מֶגְנֶטַיז) מִגְנֵט; הִשְׁפִּיעַ מְאֹד עַל

**magnif'icence** *n.* (מֶגְנִפִסֶנְס) פְּאֵר, הוֹד

**magnif'icent** *adj.* (מֶגְנִפִסֶנְט) מְפֹאָר, נֶהְדָּר; נַעֲלֶה

**mag'nify"** *v.t.* (מֶגְנִפַי) הִגְדִּיל; הִגְזִים; הִגְבִּיר

**mag'nifying glass"** (מֶגְנִפַיאִנְג גְלֶס) זְכוּכִית מַגְדֶּלֶת

**mag'nitude"** *n.* (מֶגְנִטוּד) גֹּדֶל; מְמַדִּים; כַּמּוּת גְּדוֹלָה; חֲשִׁיבוּת; גְּדֻלָּה

**mag'pie"** *n.* עַקְעָק, עוֹרֵב־הַנְּחָלִים (מֶגְפַּי)

**maid** *n.* (מֵיד) עַלְמָה; עוֹזֶרֶת

**maid'en** *n.* & *adj.* (מֵידְן) נַעֲרָה, עַלְמָה; שֶׁל נַעֲרָה; לֹא־נְשׂוּאָה; שֶׁל הַפַּעַם הָרִאשׁוֹנָה; שֶׁל בְּכוֹרָה; בְּתוּלָה

**mail** *n.* & *adj.* & *v.t.* (מֵיל) דֹּאַר, דְּבָרֵי דֹּאַר; שִׁרְיוֹן קַשְׂקַשִּׂים; שֶׁל דִּבְרֵי דֹּאַר; שָׁלַח בַּדֹּאַר; שִׁלְשֵׁל בְּתֵבַת דֹּאַר

**mail'box"** *n.* (מֵילְבּוֹקְס) תֵּבַת דֹּאַר

**mail'man"** *n.* (מֵילְמֶן) דַּוָּר

**maim** *v.t.* (מֵים) הֵטִיל מוּם בְּ־

**main** *adj.* & *n.* (מֵין) רָאשִׁי, עִקָּרִי; נִמְרָץ; נִרְחָב; צִנּוֹר רָאשִׁי; מוֹבָל רָאשִׁי; כֹּחַ; עִקָּר; הָאוֹקְיָנוֹס הַפָּתוּחַ

**main'land"** *n.* (מֵינְלֶנְד) יַבָּשָׁה; יַבֶּשֶׁת

**main'ly** *adv.* (מֵינְלִי) בְּעִקָּר

**maintain'** *v.t.* (מֵינְטֵין) קִיֵּם; תִּחְזֵק; קָבַע; פִּרְנֵס

**main'tenance** *n.* (מֵינְטֶנֶנְס) אַחְזָקָה; קִיּוּם; מִחְיָה

**maize** *n.* (מֵיז) תִּירָס

**majes'tic** *adj.* (מֶגֶ׳סְטִק) נִשְׂגָּב

**maj'esty** *n.* (מֶגֶ'סְטִי) תִּפְאֶרֶת, קוֹמְמִיּוּת, רוֹמְמוּת, אֹפִי מַרְשִׁים; סַמְכוּת עֶלְיוֹנָה, רִבּוֹנוּת; בֶּן לְמִשְׁפַּחַת הַמְּלוּכָה

**ma'jor** *adj. & n.* גָּדוֹל יוֹתֵר; גָּדוֹל, נִכְבָּד; שֶׁל הָרֹב; רַב־סֶרֶן; מִקְצוֹעַ רָאשִׁי (באוניברסיטה)

— *v.t.* לָמַד כְּמִקְצוֹעַ רָאשִׁי

**ma'jor gen'eral** *n.* (מֵיגְ'ר גֶ'נֶרַל) אַלּוּף

**majority** *n.* (מֶגְ'וֹרִטִי) רֹב; מִפְלֶגֶת הָרֹב; בַּגִּירוּת; דַּרְגַּת רַב־סֶרֶן

**make** *v.t. & i.* (מֵיק) עָשָׂה; גָּרַם שֶׁיִּהְיֶה; הִתְקִין; עִצֵּב; הָפַךְ; הִכְרִיחַ; הֵבִיא לִידֵי; הִרְוִיחַ; חִבֵּר, נִסֵּחַ; בִּצֵּעַ; חוֹקֵק; מִנָּה; הִגִּיעַ לְמַצַּב־; פֵּרֵשׁ; אָמַד; הִסְתַּכֵּם בְּ־; שָׁוָה לְ־; הָוָה, הִבְטִיחַ הַצְלָחָה; נָשָׂא (נאום); נָסַע בִּמְהִירוּת שֶׁל; הִגִּיעַ לְ־; הִגִּיעַ בַּזְּמַן; הוֹפִיעַ; הִתְגַּלָּה כְּ־; נַעֲשָׂה

— a play for נִסָּה לְהַשִּׂיג

— a point הוֹכִיחַ

— believe דִּמָּה, הֶעֱמִיד פָּנִים כְּאִלּוּ

— book לָקַח הַמּוֹרִים

— do הִסְתַּדֵּר עַל אַף מַחְסוֹר

— fast קָשַׁר

— for נִגַּשׁ אֶל, הִסְתָּעֵר עַל; טִפֵּחַ

— good פִּצָּה; הִצְלִיחַ; קִיֵּם

— it הִגִּיעַ לַמַּטָּרָה; הִצְלִיחַ

— like חִקָּה

— off with לָקַח אִתּוֹ

— out מִלֵּא; הוֹכִיחַ; פִּעֲנֵחַ; הִבְחִין בְּ־; הֵבִין; רָמַז; הִצְלִיחַ; "הִתְמַזְמֵז"

— over שִׁנָּה צוּרָה; הֶעֱבִיר זְכוּת קִנְיָן

— up הִוָּה; חִבֵּר; הִמְצִיא; פִּצָּה; הִשְׁלִים; סִדֵּר; סִיֵּם; הִכְרִיעַ; יִשֵּׁב, הִתְפַּיֵּס; יִשֵּׁב, הִתְפַּיֵּס; הִתְאַפֵּק

— up for פִּצָּה

— up to הֶחֱנִיף; נִסָּה לְהִתְיַדֵּד עִם

— *n.* צוּרָה; מִבְנֶה; סוּג; תּוֹצֶרֶת, יְצוּר; אֹפִי, טֶבַע; עֲשִׂיָּה; תְּפוּקָה

on the — שׁוֹאֵף לְשַׁפֵּר מַעֲמָד עַל חֶשְׁבּוֹן הַזּוּלַת; מִתְקַדֵּם; שׁוֹחֵר יְחָסִים מִינִיִּים

**make'-believe"** *n. & adj.* (מֵיק־בְּלִיב) הַעֲמָדַת פָּנִים, דִּמְיוֹן; מַעֲמִיד פָּנִים; דִּמְיוֹנִי

**mak'er** *n.* (מֵיקֶר) עוֹשֶׂה; יַצְרָן

Maker אֱלֹהִים

go to meet one's — מֵת

**make'shift"** *adj.* (מֵיקְשִׁפְט) תַּחֲלִיף זְמַנִּי

**make'-up"** *n.* (מֵיק־אַפּ) אִפּוּר; מִבְנֶה, הֶרְכֵּב, סֵדֶר, מִתְוֶה; בְּחִינַת מִשְׁנֶה

**ma'king** *n.* (מֵיקִנְג) עֲשִׂיָּה; מִבְנֶה, הֶרְכֵּב; אֶמְצְעֵי הַצְלָחָה

in the — מִתְפַּתֵּחַ, גָּדֵל; בְּתַהֲלִיךְ יִצּוּר

— s יְכֹלֶת, פּוֹטֶנְצִיאָל; חֳמָרִים, מַרְכִּיבִים

**mal"adjus'ted** *adj.* (מֶלְנַ'סְטֶד) שֶׁלֹּא הִסְתַּגֵּל לִסְבִיבָתוֹ

**mal"adjust'ment** *n.* הִסְתַּגְּלוּת לְקוּיָה

**mal'ady** *n.* (מֶלֲדִי) מַחֲלָה; חֳלִי

**male** *adj. & n.* (מֵיל) שֶׁל זָכָר, זְכָרִי; שֶׁל זְכָרִים; שֶׁל תַּבְרִיג חִיצוֹנִי; זָכָר, גֶּבֶר; נַעַר

**mal"edic'tion** *n.* (מֶלֲדִקְשֶׁן) קְלָלָה; לְשׁוֹן הָרַע

**mal'efac"tor** *n.* (מֶלֶפֶקְטֶר) עֲבַרְיָן, רָשָׁע

**malev'olent** *adj.* (מֲלֶוֲלֶנְט) רַע־עַיִן, רָשָׁע, נַקְמָנִי

**mal'ice** *n.* (מֶלִס) רִשְׁעוּת, זָדוֹן

**malici'ous** *adj.* (מֲלִשֶׁס) זְדוֹנִי, רָשָׁע, רַע־לֵב, לְהַכְעִיס

**malign'** *v.t. & adj.* (מֲלַיְן) הִשְׁמִיץ, הוֹצִיא דִּבָּתוֹ רָעָה, דִּבֵּר סָרָה עַל; רַע, מַזִּיק, זְדוֹנִי

**malig'nant** *adj.* (מֲלִגְנֶנְט) זְדוֹנִי, פּוֹגֵעַ בְּמֵזִיד; עוֹיֵן; מַזִּיק מְאֹד, מַמְאִיר

**malin'ger** *v.i.* (מֲלִנְגֶר) הִתְחַלָּה

**mall** *n.* (מוֹל) טַיֶּלֶת עֵצִים; מַחְלָק נְתִיבִים

**mal'leable** *adj.* (מֶלִיאֲבֶל) רָקִיעַ, קַל לְעִבּוּד; סָגִיל, צַיְּתָנִי

**mal'let** *n.* (מֶלִט) פַּטִּישׁ־עֵץ

**malt** *n.* (מוֹלְט) לֶתֶת

**maltreat'** *v.t.* (מֶלְטְרִיט) הִתְעַלֵּל בְּ־

**ma'ma** *n.* (מָמָה) אִמָּא

**man** *n.* (מֶן) אִישׁ; אָדָם; גֶּבֶר; הַמִּין הָאֱנוֹשִׁי; בַּעַל; פָּקוּד; מְשָׁרֵת; בָּחוּר; אַתָּה או אַתְּ (בפניה ישירה); חַיָּל (בשחק)

be one's own — הָיָה עַצְמָאִי

— and boy בְּמֶשֶׁךְ תְּקוּפַת הַיַּלְדוּת וּמֵאָז וְעַד עַתָּה

old" — זָקֵן; אַבָּא; בַּעַל; "בּוֹס"; מְפַקֵּד

the — אִישׁ לָבָן

to a — כֻּלָּם כְּאֶחָד

**man** *v.t.* סַפֵּק אֲנָשִׁים; אַיֵּשׁ

— *interj.* אוֹ (קריאת התפעלות); אָהּ

**man'acle** *n.* (מֶנֶקְל) אָזִק

**man' about town'** פָּעִיל בְּחַיֵּי חֶבְרָה

**man'age** *v.t. & i.* (מֶנֶג') הִצְלִיחַ; נִהֵל; שָׁלַט בְּ־; כִּוֵּן; הִשְׁתַּמֵּשׁ בְּ־; הָיָה אַחֲרַאי; הִסְתַּדֵּר

**man'agement"** *n.* (מֶנֶג'מֶנְט) נִהוּל; הַנְהָלָה; כִּשְׁרוֹן נִהוּל

**man'ager** *n.* (מֶנֶגֶ'ר) מְנַהֵל; מְנַהֵל־מֶשֶׁק

**mane** *n.* (מֵין) רַעְמָה

**maneu'ver** *n. & v.t. & i.* (מְנוּבֶר) תִּמְרוֹן, תַּכְסִיס; תִּמְרֵן; הֵבִיא לִידֵי... עַל יְדֵי תַּחְבּוּלוֹת; נִהֵל בְּפִקְחוּת; סִכְסֵךְ

**man'ger** *n.* (מֵינְגֶ'ר) אֵבוּס

**man'gle** *v.t. & n.* (מֶנְגֶל) הִטִּיל מוּם, מָחַץ; מַעֲגִילָה

**man'gy** *adj.* (מֵינְגִ'י) לוֹקֶה בְּמַחֲלַת עוֹר; בָּזוּי; מְזֻנָּח

**man'han"dle** *v.t.* (מֶנְהֶנְדְל) הִתְיַחֵס אֶל בָּאַלִּימוּת, הִתְעַלֵּל בְּ־; הֵנִיעַ בְּמַאֲמַץ יָדַיִם בִּלְבַד

**man'hole"** *n.* (מֶנְהוֹל) פֶּתַח

**man'hood** *n.* (מֶנְהֻד) גַּבְרִיּוּת; גְּבָרִים; אֱנוֹשִׁיּוּת

**ma'nia** *n.* (מֵינִיָה) לַהַט מֻגְזָם, מַנְיָה, הֶתְקֵף טֵרוּף

**ma'niac"** *n.* (מֵינִיאֶק) מְטֹרָף מִשְׁתּוֹלֵל; מְשֻׁגָּע

**man'icure"** *n. & v.t. & i.* (מֶנַקְיוּר) טִפּוּל יָדַיִם וְצִפָּרְנַיִם, מָנִיקוּר; טִפֵּל בְּיָדַיִם וּבְצִפָּרְנַיִם

**man'ifest"** *v.t. & n. & adj.* (מֶנֶפֶסְט) הֶרְאָה בַּעֲלִיל; גִּלָּה; הוֹכִיחַ; רָשַׁם בְּרְשִׁימַת הַמִּטְעָן; רְשִׁימַת מִטְעָן; רְשִׁימַת נוֹסְעִים; גָּלוּי, בָּרוּר

**man"ifes'to** *n.* (מֶנֶפֶסְטוֹ) מָנִיפֶסְט

**man'ifold"** *adj. & n.* (מֶנֶפוֹלְד) מְמִינִים שׁוֹנִים, מְגֻוָּן, רַבְגּוֹנִי; מַפְעִיל דְּבָרִים שׁוֹנִים בְּבַת אַחַת; רַב־חֲלָקִים; הֶעְתֵּק; סָעֶפֶת; רִבּוּי

**man'ikin** *n.* (מֶנֶקִן) דֻּגְמָנִית; נַנָּס; בֻּבַּת־הוֹרָאָה

**manip'ulate"** *v.t.* (מֶנִפְּיַלֵיט) הִשְׁתַּמֵּשׁ בְּ־; הִשְׁפִּיעַ עַל, כִּוֵּן; הִפְעִיל לְתוֹעַלְתּוֹ, שִׁנָּה בְּעָרְמָה לְטוֹבָתוֹ

**man"kind'** *n.* (מֶנְקַינְד) הַמִּין הָאֱנוֹשִׁי, אֱנוֹשׁוּת

man'kind" צִבּוּר הַגְּבָרִים

**man'liness** *n.* (מֶנְלִנֶס) גַּבְרִיּוּת

**man'ly** *adj.* (מֶנְלִי) גַּבְרִי

**man'nequin** *See* **manikin**

**man'ner** *n.* (מֶנֶר) דֶּרֶךְ; אֹפֶן; הִתְנַהֲגוּת אָפְיָנִית; מִין; סִגְנוֹן

— s מִנְהָגִים, הֲוַי; גִּנּוּנִים, נִימוּס, מָנֵירָה

in a – of speaking כִּבְיָכוֹל

to the – born רָגִיל מִלֵּדָה לְמַעֲמָד רָם; רָגִיל לְמִנְהָג מְסֻיָּם מִלֵּדָה

**man'neri"sm** *n.* (מֶנֶרִזְם) הֶרְגֵּל מַעֲשֶׂה; הִתְנַהֲגוּת אָפְיָנִית, מָנֵירִיזְם

**man'nish** *adj.* (מֶנִשׁ) גַּבְרִי; שֶׁל גֶּבֶר

**man'or** *n.* (מֶנֶר) אֲחֻזָּה, אַרְמוֹן (של בעל אחוזה); בִּנְיָן מֶרְכָּזִי

**man'pow"er** *n.* (מֶנְפָּאוּאֶר) כֹּחַ אָדָם

**man'sion** *n.* (מֶנְשֶׁן) בַּיִת גָּדוֹל

**man'sized"** *adj.* (מֶנְסַיזְד) יָאֶה לְגֶבֶר; מַצִּיג אֶתְגָּר

**man'slaugh"ter** *n.* (מֶנְסְלוֹטֶר) הֲרִיגַת אָדָם, הֲרִיגָה

**man'telpiece** *n.* (מֶנְטֶלְפִּיס) אִצְטַבַּת אָח

**man'tle** *n. & v.t.* (מֶנְטֶל) אַדֶּרֶת; מַעֲטֶה; סְרִיג־בְּעִירָה; עָטַף, הֶעֱטָה, כִּסָּה

**man'ual** *adj. & n.* (מֶנְיוּאַל) יָדִי, יָדָנִי; שֶׁל מַדְרִיךְ; מַדְרִיךְ (ספר); סֵפֶר הוֹרָאוֹת; תִּרְגֹּלֶת חוֹבָה; מִקְלֶדֶת

**man"ufac'ture** *n. & v.t.* (מֶנְיַפֶקְצֶ'ר) יִצּוּר; תּוֹצֶרֶת; יְצִירָה; יִצֵּר; עָשָׂה; בָּדָה

**man"ufac'turer** *n.* (מֶנְיַפֶקְצֶ'רֶר) יַצְרָן, תַּעֲשִׂיָּן

**manure'** *n.* (מְנוּר) זֶבֶל

**man'uscript"** *n. & adj.* (מֶנְיֶסְקְרִפְּט) כְּתַב־יָד; כְּתִיבָה בַּיָּד; כָּתוּב בַּיָּד; מֻדְפָּס בִּמְכוֹנַת כְּתִיבָה

**man'y** *adj. & n. & pron.* (מֶנִי) רַב, הַרְבֵּה; רַבִּים

**map** *n.* (מֶפּ) מַפָּה; פַּרְצוּף

off the map לַאֲבַדּוֹן

— *v.t.* מִפָּה; שִׂרְטֵט, תִּכְנֵן

**ma'ple** *n.* (מֵיפְּל) אֶדֶר

**mar** *v.t.* (מָר) קִלְקֵל; חִבֵּל בּ־; הֵטִיל מוּם בּ־

**mara'thon"** *n.* (מֶרֶתּ'וֹן) מֵרוֹץ־מָרָתוֹן; תַּחֲרוּת־הַתְמָדָה

**maraud'er** *n.* (מְרוֹדֶר) שׁוֹדֵד; עוֹרֵךְ פְּשִׁיטוֹת־שֹׁד

**mar'ble** *n. & adj.* (מַרְבְּל) שַׁיִשׁ; פֶּסֶל־שַׁיִשׁ; גֻּלָּה (למשחה); שֶׁל שַׁיִשׁ

**march** *v.i. & t. & n.* (מַרְץ') צָעַד; הִצְעִיד; צְעָדָה; מַסָּע; הִתְקַדְּמוּת; מַרְשׁ

**mare** *n.* (מֵר) סוּסָה; נְקֵבָה (של משפחת הסוסים)

**mar'garine** *n.* (מַרְגַ'רִין) מַרְגָּרִינָה

**mar'gin** *n.* (מַרְגִ'ין) שָׂפָה, קָצֶה; שׁוּלַיִם; גְּבוּל אַחֲרוֹן; מֶרְחָב; סְכוּם יֶתֶר; פִּקָּדוֹן נֶגֶד הֶפְסֵד; הַשְׁקָעָה; הֶפְרֵשׁ; מֶתַח

**mar'ginal** *adj.* (מַרְגִ'נַל) שׁוּלִי

**mar'igold"** *n.* (מֶרִגוֹלְד) טַגֶּטֶס

**mar'ina** *n.* (מֶרִינָה) תַּחֲנַת שֵׁרוּת לְסִירוֹת

**marine'** *adj. & n.* (מֶרִין) יַמִּי; שֶׁל חֵיל הַנְּחָתִים; נֶחָת

**mar'iner** *n.* (מֶרִנֶר) מַלָּח, נַוָּט

**mar'ital** *adj.* (מֶרִטְל) שֶׁל נִשּׂוּאִים

**mar'itime"** *adj.* (מֶרִטַיְם) יַמִּי

**mar'joram** *n.* (מַרְגֶ'רֶם) אֵזוֹבִית

**mark** *n.* (מַרְק) סִימָן, צִיּוּן; תָּו; אוֹת; רָמָה חֲשִׁיבוּת; קָרְבָּן; קַו הַזִּנּוּק

make one's — הִצְלִיחַ

wide of the — לֹא־מְדֻיָּק, לֹא־שַׁיָּךְ

— *v.t. & i.* סִמֵּן, הִתְוָה, צִיֵּן; יִעֵד; רָשַׁם; גִּלָּה; הִשְׁגִּיחַ בּ־, שָׂם לֵב ל־

— down הִפְחִית מֵהַמְּחִיר

— up הִשְׁחִית בְּסִימָנִים; סִמֵּן; הֶעֱלָה מְחִיר (ע״י תוספת הוצאות המוכר והרווח הרצוי למחיר הסיטוני)

**marked** *adj.* (מַרְקְט) נִכָּר, בּוֹלֵט; חָשׁוּד, צָפוּי לְהִתְנַקְּשׁוּת; נוֹשֵׂא סִימָן אוֹ סִימָנִים

**mar'ket** *n.* (מַרְקֶט) שׁוּק; סַחַר; בִּקּוּשׁ; עֶרֶךְ מְחִיר

in the – for מְבַקֵּשׁ לִקְנוֹת

on the — לִמְכִירָה

— *v.i. & t.* סָחַר; שִׁוֵּק, מָכַר

**mar'ketable** *adj.* (מַרְקֶטֶבְּל) נִתָּן לְשִׁוּוּק, נִמְכָּר בְּקַלּוּת; שֶׁל קְנִיָּה וּמְכִירָה

**marks'man** *n.* (מַרְקְסְמֶן) קַלָּע, צַלָּף

**marl** *n.* (מַרְל) חֻוָּר

**mar'malade"** *n.* (מַרְמֱלֵיד) מַרְמֶלָדָה

**mar'mot** *n.* (מַרְמֶט) מַרְמִיטָה

**maroon** *adj. & v.t.* (מֶרוּן) בְּצֶבַע בּוֹרְדוֹ; נָטַשׁ בּוֹדֵד לְלֹא אֶמְצָעִים וּלְלֹא תִּקְוָה

**marquee'** *n.* (מַרְקִי) גַּגּוֹן פִּרְסֹמֶת

**mar'riage** *n.* (מֶרִג') נִשּׂוּאִים; טֶקֶס נִשּׂוּאִים, חֲתֻנָּה; קִדּוּשִׁין; קֶשֶׁר הָדוּק

— por"tion נְדוּנְיָה

**mar'riageable** *adj.* (מֶרִגֶ'בְּל) מַתְאִים לְנִשּׂוּאִים, בַּר־חִתּוּן

**mar'ried** *adj.* (מֶרִיד) נָשׂוּי; שֶׁל נִשּׂוּאִים

**mar'row** *n.* (מֶרוֹ) מֹחַ (עצמות); לְשַׁד, חִיּוּת

**mar'ry** *v.t. & i.* (מֶרִי) נָשָׂא (אשה), נִשְּׂאָה (לאיש); הִשִּׂיא; סִדֵּר קִדּוּשִׁין; הִתְחַתֵּן עִם

**Mars** *n.* (מַרְז) מַאְדִּים; מַרְס (אל המלחמה הרומאי)

**marsh** *n.* (מַרְשׁ) בִּצָּה

**mar'shal** *n. & v.t.* (מַרְשַׁל) מַרְשָׁל; שׁוֹטֵר; שְׁלִיחַ בֵּית הַמִּשְׁפָּט; מְמֻנֶּה עַל הַטֶּקֶס; עָרַךְ; הוֹבִיל, הִנְחָה

**mar'shy** *n.* (מַרְשִׁי) בִּצָּתִי, שֶׁל בִּצָּה

**mart** *n.* (מַרְט) שׁוּק; מֶרְכַּז סַחַר

**mar'ten** *n.* (מַרְטֶן) דֶּלֶק הָאֳרָנִים

**mar'tial** *adj.* (מַרְשֶׁל) מִלְחַמְתִּי, אַמִּיץ; שֶׁל לוֹחֵם, צְבָאִי

**mar"tinet'** *n.* (מַרְטִנֶט) מַחְמִיר (בעניני משמעת)

**mar'tyr** *n.* (מַרְטֶר) מַקְרִיב עַצְמוֹ עַל קִדּוּשׁ הַשֵּׁם, סוֹבֵל וּמֵת עַל קִדּוּשׁ אֱמוּנָתוֹ

אוֹ עֶקְרוֹנוֹתָיו; קָדוֹשׁ מְעֻנֶּה; מִתְחַלֶּה, מַעֲמִיד פָּנִים כְּסוֹבֵל

**mar'tyrdom** *n.* (מַרְטִרְדֶם) סֵבֶל רַב; מוֹת קְדוֹשִׁים

**mar'vel** *n. & v.t.* (מַרְוֶל) פֶּלֶא; הִתְפַּלֵּא; תָּמַהּ, רָצָה לָדַעַת, הָיָה סַקְרָנִי

**mar'velous** *adj.* (מַרְוֶלֶס) נִפְלָא, נֶהְדָּר

**mas'cot** *n.* (מֶסְקוֹט) קָמֵעַ

**mas'culine** *adj. & n.* (מֶסְקְיֻלִן) גַּבְרִי, שֶׁל גֶּבֶר, שֶׁל גְּבָרִים; שֶׁל מִין זָכָר (בדקדוק); מִין זָכָר

**mash** *n. & v.t.* (מֶשׁ) דַּיְסָה, מִגְבָּל; מָעַךְ; רִסֵּק

**mask** *n. & v.t. & i.* (מֶסְק) מַסֵּכָה; מַסְוֶה; הַעֲמָדַת פָּנִים; לוֹבֵשׁ מַסֵּכָה; נֶשֶׁף מַסֵּכוֹת, נֶשֶׁף; מִכְסֶה; הִסְוָה, הֶחְבִּיא, הֶעֱמִיד פָּנִים; כִּסָּה בְּמַסֵּכָה; לָבַשׁ מַסֵּכָה, הִתְחַפֵּשׂ

**ma'son** *n.* (מֵיסֶן) בַּנַּאי, סַתָּת

**ma'sonry** *n.* (מֵיסֶנְרִי) בַּנָּאוּת (בלבנים או אבנים); מִבְנֵה אֲבָנִים

**mas"querade'** *n. & v.i.* (מֶסְקֶרֵיד) נֶשֶׁף מַסֵּכוֹת; תַּחְפֹּשֶׂת; מַסְוֶה; הַעֲמָדַת פָּנִים; הִתְחַפֵּשׂ; הִשְׁתַּתֵּף בְּנֶשֶׁף מַסֵּכוֹת

**mass** *n.* (מֶס) גּוּשׁ; אֹסֶף; צִבּוּר; כַּמּוּת גְּדוֹלָה; הָמוֹן; גֹּדֶל; מַסָּה; מִסָּה

**the — s** צִבּוּר הָעוֹבְדִים

**mass'acre** *n. & v.t.* (מֶסֶקֶר) טֶבַח; טָבַח, עָרַךְ טֶבַח

**massage'** *n. & v.t.* (מֶסָז') עִסּוּי, מַסָּז'; עִסָּה

**mas'sive** *adj.* (מֶסִב) מַסִּיבִי; מְגֻשָּׁם וְכָבֵד; גָּדוֹל, מַרְשִׁים; מוּצָק

**mast** *n.* (מֶסְט) תֹּרֶן

**mas'ter** *n. & v.t.* (מֶסְטֶר) אָדוֹן, שַׁלִּיט; מַעֲבִיד; רַב־חוֹבֵל; רֹאשׁ מִשְׁפָּחָה; בְּעָלִים; יוֹשֵׁב רֹאשׁ; רַב (מורה); מְנַצֵּחַ; אֻמָּן; מֻמְחֶה; בַּעַל תֹּאַר מֻסְמָךְ; הִכְנִיעַ; הִשְׁתַּלֵּט עַל; הִתְגַּבֵּר עַל; שָׁלַט

**mas'terful** *adj.* (מֶסְטֶרְפֶל) שְׁתַלְּטָנִי, מִשְׁתַּלֵּט; מְיֻמָּן

**mas'terly** *adj.* (מֶסְטֶרְלִי) מְיֻמָּן

**mas'terpiece"** *n.* (מֶסְטֶרְפִּיס) מְלֶאכֶת־מַחֲשֶׁבֶת

**mas'tery** *n.* (מֶסְטֶרִי) הִשְׁתַּלְּטוּת, שְׁלִיטָה; בְּקִיאוּת; נִצָּחוֹן; מֻמְחִיּוּת

**mas'ticate"** *v.t. & i.* (מֶסְטִקֵיט) לָעַס; מָעַךְ, לָשׁ

**mas'turbate"** *v.i. & t.* (מֶסְטֶרְבֵּיט) אוֹנֵן

**mat** *n.* (מֶט) מַחֲצֶלֶת; מַפִּית

**match** *n. & v.t. & i.* (מֶץ') גַּפְרוּר; פְּתִיל הַצָּתָה; דּוֹמֶה, שָׁוֶה; יָרִיב שָׁוֶה; זוּג נָאוֹת; תַּחֲרוּת; מוֹעֵד תַּחֲרוּת; בֶּן־זוּג נָאוֹת; בְּרִית נִשּׂוּאִים; הָיָה שָׁוֶה לְ־; תָּאַם, הָיָה דּוֹמֶה לְ־; הִתְאִים; הֵבִיא שָׁוֶה לוֹ; עִמֵּת; הֵבִיא יָרִיב בַּעַל כֹּחַ שָׁוֶה; הִתְכַּתֵּשׁ (עם יריב בעל כוח כווה); הִתְבָּרֵר כְּשָׁוֶה; הִשִּׂיא, שִׁדֵּךְ; צִמֵּד

**match'less** *adj.* (מֶץ'לֶס) שֶׁאֵין שָׁוֶה לוֹ

**match'ma"ker** (מֶץ'מֵיקֶר) שַׁדְּכָן; אַמַּרְגָּן

**mate** *n. & v.t. & i.* (מֵיט) בֶּן־זוּג; בַּעַל, אִשָּׁה; חָבֵר; חוֹבֵל; זִוֵּג, שִׁדֵּךְ, הִשִּׂיא; חִבֵּר; נָשָׂא, נִשָּׂא לְ־; הִזְדַּוֵּג

**mater'ial** *n. & adj.* (מֶטִירִיאֶל) חֹמֶר; מַרְכִּיב; בַּד; חָמְרִי, שֶׁל הַחֹמֶר, גּוּפָנִי; מַמָּשִׁי; חָשׁוּב, בַּעַל מִשְׁקָל, מַטֶּרְיָאלִי

**mater'ialis"m** *n.* (מֶטִירִיאֶלִזֶם) חָמְרָנוּת, מַטֶּרְיָאלִיזְם

**mate'rialize"** *v.i.* (מֶטִירִיאֶלַיז) לָבַשׁ צוּרָה גּוּפָנִית, לָבַשׁ צוּרָה חָמְרִית, הוֹפִיעַ, הִתְגַּשֵּׁם

**mater'nal** *adj.* (מֶטֶרְנֶל) אִמָּהִי; מִצַּד הָאֵם

**mater'nity** *n. & adj.* (מֶטֶרְנִטִי) אִמָּהוּת; שֶׁל תְּקוּפַת הַהֵרָיוֹן, שֶׁל יוֹלֶדֶת

**math"emati'cal** *adj.* (מֶתֶ'מֶטִקֶל) מָתֵמָטִי; מְדֻיָּק

**math"emati'cian** *n.* (מֶתֶ'מֶטִשֶׁן) מָתֵמָטִיקַאי

**math"emat'ics** *n.* (מֶתֶ'מֶטִקְס) מָתֵמָטִיקָה

**mat"inée'** *n.* (מֶטֶנֵי) הַצָּגָה יוֹמִית

**ma'tricide"** *n.* (מֶטְרִסַיד) רֶצַח אֵם; רוֹצֵחַ אִמּוֹ

**matric'ulate"** *v.i.* (מֶטְרִקְיֻלֵיט) נִרְשַׁם לָאוּנִיבֶרְסִיטָה

**matri"cula'tion** *n.* (מֶטְרִקְיֻלֵישֶׁן) בַּגְרוּת; תְּעוּדַת בַּגְרוּת; רִשּׁוּם לָאוּנִיבֶרְסִיטָה

**ma'trimo"ny** *n.* (מֶטְרֶמוֹנִי) חֲתֻנָּה; נִשּׂוּאִים

**ma'tron** *n.* (מֵיטְרֶן) מַטְרוֹנָה, גְּבֶרֶת נְשׂוּאָה; בַּעֲלַת מִשְׁפָּחָה; מְנַהֶלֶת מֶשֶׁק; שׁוֹמֶרֶת

**mat'ter** *n.* (מֶטֶר) חֹמֶר; מֻגְלָה; עִנְיָן; מַצָּב; חֲשִׁיבוּת; סִבָּה, עִלָּה

as a – of fact בְּעֶצֶם, לַאֲמִתּוֹ שֶׁל דָּבָר

for that — אֲשֶׁר לְ־

no — אֵין לָזֶה כָּל חֲשִׁיבוּת, לֹא מְשַׁנֶּה

what's the — מַה יֵּשׁ, מַה קָּרָה

— *v.i.* הָיָה בַּעַל חֲשִׁיבוּת

**mat'tock** *n.* (מֶטֶק) מַעְדֵּר

**mat'tress** *n.* (מֶטְרֶס) מִזְרָן

**mature'** *adj.* & *v.t.* & *i.* (מֲטְיוּר) מְבֻגָּר; בָּשֵׁל; מְפֻתָּח כָּלִיל; מֻשְׁלָם, מֻשְׁכְלָל; הִבְשִׁיל; שִׁכְלֵל; הִגִּיעַ לְפֵרָעוֹן, הִתְפַּתַּח

**matur'ity** *n.* (מֲטְיוּרִטִי) בַּגְרוּת, בְּשֵׁלוּת; הִתְפַּתְּחוּת שְׁלֵמָה; זְמַן פֵּרָעוֹן

**mau'dlin** *adj.* (מוֹדְלִן) בַּכְיָנִי

**maul** *v.t.* (מוֹל) נָגַע בְּגַסּוּת; הִפְלִיא מַכּוֹת, חָבַל בְּ־

**mauve** *n.* (מוֹב) אַרְגָּמָן כְּחַלְחַל בָּהִיר

**maw'kish** *adj.* (מוֹקִשׁ) תָּפֵל, גָּעֳלִי בְּמִקְצָת; רַגְשָׁנִי בְּצוּרָה חוֹלָנִית

**max'im** *n.* (מֶקְסִם) פִּתְגָם; עִקָּרוֹן הִתְנַהֲגוּת

**max'imum** *n.* (מֶקְסִמֶם) מַקְסִימוּם

**May** *n.* (מֵי) מַאי

**may** *v.* (מֵי) הַלְוַאי שֶׁ...; יִתָּכֵן שֶׁ...; עָשׂוּי לְ...; מֻתָּר

**may'be** *adv.* (מֵיבִּי) אוּלַי, אֶפְשָׁר

**May' Day"** (מֵי דֵי) הָאֶחָד בְּמַאי

**may' Fly"** *n.* (מֵיפְלַי) בַּרְיוֹם

**may'or** *n.* (מֵיאֶר) רֹאשׁ עִיר, רֹאשׁ עִירִיָּה

**maze** *n.* (מֵיז) מָבוֹךְ; מְבוּכָה

**me** *pron.* (מִי) אוֹתִי, לִי

**mead** *n.* (מִיד) תֶּמֶד, מֵי דְּבַשׁ

**mead'ow** *n.* (מֶדוֹ) אָחוּ; אֲפַר הָרִים

**mea'ger** *adj.* (מִיגֶר) זָעוּם; דַּל; כָּחוּשׁ

**meal** *n.* (מִיל) אֲרוּחָה; קֶבַח; גַּרְגִּירִים טְחוּנִים

**mean** *n.* (מִין) אֶמְצָעִי; מְמֻצָּע

— s מַשְׁאַבִּים; עֹשֶׁר

by all — s בְּכָל מְחִיר; וִיהִי מָה; בְּוַדַּאי

by — s of בְּעֶזְרַת, בְּאֶמְצָעוּת

by no — s בְּשׁוּם אֹפֶן לֹא

not by any — s לַחֲלוּטִין לֹא

— *adj.* מְמֻצָּע; נָחוּת; שָׁפָל; נִבְזֶה; קְלוֹקֵל; דַּל; רַע־עַיִן; קַמְצָנִי; אָנֹכִי; מַרְשִׁיעַ

— *v.t.* הִתְכַּוֵּן; יָעַד; רָצָה לְהַבִּיעַ; מַשְׁמָעוּת; הָיָה בַּעַל כַּוָּנוֹת; חֲשִׁיבוּתוֹ

— well כַּוָּנוֹתָיו טוֹבוֹת; מִשְׁתַּדֵּל לַעֲזוֹר

**mean'der** *v.i.* & *n.* (מִיאֶנְדֶר) הִתְפַּתֵּל; נָדַד לְלֹא תַּכְלִית; פִּתּוּל, מֵאַנְדֵּר, דֶּרֶךְ עֲקַלְקַלָּה

**mea'ning** *n.* & *adj.* (מִינִנְג) מַשְׁמָעוּת, פֵּרוּשׁ; תַּכְלִית; בַּעַל כַּוָּנוֹת־; צוֹפֵן בְּקִרְבּוֹ מַשְׁמָעוּת

**mean'ness** *n.* (מִינְנֶס) שִׁפְלוּת, נִבְזוּת

**meant** (מֶנְט) (זמן עבר של mean)

**mean'time"** / **-while"** *adv.* (מִינְטַים / ־הְוַיל) בֵּינְתַיִם; בְּאוֹתוֹ זְמַן

**mea'sles** *n.* (מִיזְלְז) חַצֶּבֶת

**mea'sure** *n.* & *v.* (מֶז'ר) מְדִידָה; מִדָּה, גֹּדֶל, מֵמַד; מַכְשִׁיר מְדִידָה; כַּמּוּת מְסֻיֶּמֶת; קְנֵה־מִדָּה; גְּבוּל; הַצָּעַת חֹק; תְּנוּעָה קְצוּבָה; יְחִידַת מְדִידָה

for good — כְּתוֹסֶפֶת

— s צְעָדִים, אֶמְצָעִים

take one's — הֶעֱרִיךְ אֹפִי, הֶעֱרִיךְ כִּשְׁרוֹנוֹת

— *v.t.* & *i.* מָדַד; הֶעֱרִיךְ; הִשְׁוָה, עָבַר בְּ־; נִמְדַּד, נִתַּן לִמְדִידָה

— one's length הֻפַּל, נָפַל

— up הִגִּיעַ לְרָמָה מְסֻיֶּמֶת; הָיָה בַּעַל כִּשּׁוּרִים

**meas'urement** *n.* (מֶז'רְמֶנְט) מְדִידָה; מִדָּה, מֵמַד; שִׁיטַת מְדִידָה

**meat** *n.* (מִיט) בָּשָׂר; מַאֲכָל; חֵלֶק אָכִיל; תַּמְצִית; עִסּוּק חָבִיב

**mechan'ic** *n.* (מֲקֶנִק) מְכוֹנַאי; בַּעַל מְלָאכָה

**mechan'ical** *adj.* (מֲקֶנִקְל) מְכָנִי

**mechan'ics** *n.* (מֲקֶנִקְס) מְכָנִיקָה; מַנְגָּנוֹן; שִׁיטוֹת שִׁגְרָתִיּוֹת

**mech'anism"** *n.* (מֶקֲנִזְם) מַנְגָּנוֹן; מְכוֹנוֹת; שִׁיטוֹת שִׁגְרָתִיּוֹת; טֶכְנִיקָה

**mech'anize"** *v.t.* (מֶקֲנַיז) מִכֵּן

**med'al** *n.* (מֶדְל) מֶדַלְיָה

**medall'ion** *n.* (מֶדֶלְיַן) מֶדַלְיָה גְדוֹלָה;

**med'dle** *v.i.* (מֶדְל) הִתְעָרֵב לַמְרוֹת שֶׁלֹּא נִתְבַּקֵּשׁ, בָּחַשׁ בַּקְּדֵרָה

**med'dlesome** *adj.* (מֶדְלְסֶם) מִתְעָרֵב בְּעִנְיְנֵי אֲחֵרִים, בּוֹחֵשׁ בַּקְּדֵרָה

**me'dia** *n. pl.* (מִידִיָאה (במיוחד של תקשורת)) אֶמְצָעִים

**me'diate"** *v.t. & i.* (מִידִיאֵיט) תִּוֵּךְ

**me'dia"tor** *n.* (מִידִיאֵיטָר) מְתַוֵּךְ

**med'ical** *adj.* (מֶדִקְל) רְפוּאִי; מְרַפֵּא

**med"ica'tion** *n.* (מֶדִקֵישְׁן) רִפּוּי; תְּרוּפָה, רְפוּאוֹת

**medic'inal** *adj.* (מֶדִסֶנְל) רְפוּאִי, מְרַפֵּא

**med'icine** *n.* (מֶדִסֶן) רְפוּאִי; רְפוּאָה

give someone a taste of his own — גָּמַל אֶת פְּלוֹנִי כְּפִי שֶׁגָּמַל אֲחֵרִים

take one's — הִשְׁלִים עִם עֹנֶשׁ שֶׁנָּבַע מִמַּעֲשָׂיו

**med"ie'val** *adj.* (מֶדִיאִיבְל) שֶׁל יְמֵי הַבֵּינַיִם, בֵּינַיְמִי

**me"dio'cre** *adj.* (מִידִיאוֹקְר) בֵּינוֹנִי, מְסֻפָּק בְּקֹשִׁי

**me"dioc'rity** *n.* (מִידִיאוֹקְרֶטִי) בֵּינוֹנִיּוּת; כִּשָּׁרוֹן בֵּינוֹנִי; בַּעַל כִּשְׁרוֹנוֹת בֵּינוֹנִיִּים

**med'itate"** *v.t. & t.* (מֶדִטֵיט) הִרְהֵר, הָגָה בְּ־; שָׁקַל; תִּכְנֵן

**med"ita'tion** *n.* (מֶדִטֵישְׁן) הִרְהוּר; מַחֲשָׁבָה; הָגוּת

**Med'iterra'nean Sea'** (מֶדִטֶרֵינִיאֶן סִי) הַיָּם הַתִּיכוֹן

**me'dium** *n. & adj.* (מִידִיאֶם) אֶמְצַע; מְמֻצָּע; תָּוֶךְ; חֲלַל פְּעִילוּת; תְּחוּם תְּפוּצָה; סְבִיבָה; סוֹכְנוּת; אֶמְצָעִי; מֶדְיוּם; בֵּינוֹנִי

**med'ley** *n.* (מֶדְלִי) תַּעֲרֹבֶת; זֵר נְעִימוֹת

**meek** *adj.* (מִיק) עָנָו, שְׁפַל־רוּחַ

**meek'ness** *n.* (מִיקְנֶס) עַנְוְתָנוּת

**meet** *v.t. & i.* (מִיט) פָּגַשׁ, נִפְגַּשׁ; הִכִּיר; הִצְטָרֵף אֶל־; קִדֵּם פְּנֵי־; הוֹפִיעַ לִפְנֵי־; עָמַד פָּנִים אֶל פָּנִים עִם; הִתְנַגֵּשׁ עִם; הִתְנַגֵּד לְ־; הִתְגַּבֵּר עַל; סִפֵּק; תָּאַם; נִתְקַל בְּ־; הִתְאַסֵּף; הִתְאַחֵד; הִסְכִּים

— *n. & adj.* מִפְגָּשׁ; נֶאֱסָפִים; מָקוֹם מִסְגָּשׁ; מַתְאִים, יָאֶה

**mee'ting** *n.* (מִיטִנְג) פְּגִישָׁה; אֲסֵפָה; עֲצֶרֶת; דּוּקְרָב; מִפְגָּשׁ, מְקוֹם מַגָּע, אִחוּד

**meg'aphone"** *n.* (מֶגֶפוֹן) מַגְבִּיר־קוֹל

**mel'ancholy"** *n. & adj.* (מֶלֶנְקוֹלִי) מָרָה שְׁחוֹרָה, דִּכָּאוֹן; שְׁקִיעָה בְּהִרְהוּרִים; מְדֻכְדָּךְ, שָׁרוּי בְּמָרָה שְׁחוֹרָה; מַעֲצִיב; שָׁקוּעַ בְּהִרְהוּרִים

**mel'low** *adj. & v.t. & i.* (מֶלוֹ) רַךְ וְטָעִים, בָּשֵׁל; מְשֻׁפָּר; רַךְ וְעָשִׁיר; עָלִיז, מְבֻסָּם; רִכֵּךְ וְשִׁפֵּר

**melo'dious** *adj.* (מֶלוֹדִיאֶס) עָרֵב, מֶלוֹדִי, בַּעַל נְעִימָה

**mel'odra"ma** *n.* מֶלוֹדְרָמָה

**mel'ody** *n.* (מֶלֶדִי) נְעִימָה, לַחַן, מֶלוֹדְיָה

**mel'on** *n.* (מֶלֶן) אֲבַטִּיחַ צָהֹב, מֶלוֹן; רְוָחִים לַחֲלֻקָּה

**melt** *v.i. & t.* (מֶלְט) נָמַס, נִתַּךְ, נָמוֹג, נֶעֱלַם בְּהַדְרָגָה; הִתְמַזֵּג בְּהַדְרָגָה עִם; הִתְרַכֵּךְ, נִכְמְרוּ רַחֲמָיו; הֵמֵס, הִתִּיךְ; הֵפִיג; שִׁנָּה בְּהַדְרָגָה; רִכֵּךְ, עוֹרֵר רַחֲמִים

**mem'ber** *n.* (מֶמְבְּר) חָבֵר; אֵיבָר, גַּף; רְכִיב

**mem'bership"** *n.* (מֶמְבֶּרְשִׁפּ) חֲבֵרוּת; מִסְפַּר הַחֲבֵרִים

**mem'brane** *n.* (מֶמְבְּרֵין) קְרוּמִית, מֶמְבְּרָנָה

**memen'to** *n.* (מֶמֶנְטוֹ) מַזְכֶּרֶת

**mem'oirs** *n. pl.* (מֶמְוָרְז) זִכְרוֹנוֹת; תֵּאוּר מְאֹרָעוֹת; אוֹטוֹבִּיּוֹגְרַפְיָה; אֹסֶף דּוּ״חוֹת; בִּיּוֹגְרַפְיָה

**mem'orable** *adj.* (מֶמֶרֶבְל) רָאוּי לְהִזָּכֵר; רָאוּי לְצִיּוּן; נִזְכָּר בְּקַלּוּת

**mem"oran'dum** *n.* (מֶמֶרֶנְדֶם) תַּזְכִּיר

**memor'ial** *n. & adj.* (מֶמוֹרִיאֶל) מַצֶּבֶת זִכָּרוֹן; יָד; אַזְכָּרָה; הַזְכָּרַת נְשָׁמוֹת; עֲצוּמָה; שֶׁל זִכָּרוֹן; שֶׁל אַזְכָּרָה

**mem'orize"** *v.t.* (מֶמֶרַיז) לָמַד בְּעַל פֶּה

**mem'ory** *n.* (מֶמֶרִי) זִכָּרוֹן; זְכִירָה, הִזָּכְרוּת; זֵכֶר, מוֹנִיטִין

**men** (מֶן) (מספר רבים של man)

**men'ace** n. & v.t. & i. ‏(מֶנֶס) אִיּוּם; אִיֵּם‎
‏עַל; סִכֵּן, הִנֵּה אִיֵּם, נִרְאָה כְּאִיּוּם‎

**menag'erie** n. ‏(מֶנֶ'רִי) גַּן חַיּוֹת‎

**mend** v.t. ‏(מֶנֶד) תִּקֵּן, סֵרַר, הִשְׁתַּפֵּר,‎
‏הִבְרִיא בְּהַתְמָדָה; תִּקּוּן; שִׁפּוּר; הִשְׁתַּפְּרוּת;‎
‏מָקוֹם מְתֻקָּן‎
on the — ‏מַבְרִיא‎

**menda'cious** adj. ‏(מֶנְדֵישֶׁס) בַּדַּאי,‎
‏כּוֹזֵב, מַטְעֶה‎

**men'dicant** n. & adj. ‏(מֶנְדֶקַנְט) פּוֹשֵׁט‎
‏יָד; קַבְּצָנִי; נָזִיר פּוֹשֵׁט יָד‎

**me'nial** adj. ‏(מִינִיאֶל) שֶׁל מְשָׁרְתִים;‎
‏מְתֻרְבָּס; מַשְׁפִּיל‎

**men's' room"** ‏(מֶנְז רוּם) בֵּית שִׁמּוּשׁ צִבּוּרִי‎
‏לִגְבָרִים‎

**men'struate"** v.t. ‏(מֶנְסְטְרוּאֵיט) הָיָה‎
‏לָהּ וֶסֶת‎

**mens"trua'tion** n. ‏(מֶנְסְטְרוּאֵישֶׁן) וֶסֶת‎

**men"sura'tion** n. ‏(מֶנְשַׁרֵישֶׁן) מְדִידָה,‎
‏תּוֹרַת הַמְּדִידָה‎

**men'tal** adj. ‏(מֶנְטֶל) נַפְשִׁי, רוּחָנִי; שֶׁל‎
‏הָרֹאשׁ, שֶׁל מַחֲלוֹת רוּחַ; מִבְצָע בַּנֶּפֶשׁ; בַּעַל‎
‏פֶּה; שִׁכְלִי‎

**mental'ity** n. ‏(מֶנְטֶלִטִי) הֲלָךְ-נֶפֶשׁ,‎
‏מֶנְטָלִיּוּת, כֹּשֶׁר שִׂכְלִי‎

**men'tion** v.t. ‏(מֶנְשֶׁן) הִזְכִּיר, צִיֵּן‎
not to — ‏נוֹסָף עַל‎
— n. ‏הַזְכָּרָה; צִיּוּן לְשֶׁבַח‎

**men'u** n. ‏(מֶנְיוּ) תַּפְרִיט; מַאֲכָלִים‎

**meow'** n. & v.t. ‏(מִיאָאוּ) יְלָלָה (שֶׁל חָתוּל);‎
‏יִלֵּל‎

**mer'cantile"** adj. ‏(מֶרְקַנְטִיל) שֶׁל‎
‏סוֹחֲרִים, מִסְחָרִי; סוֹחֵר‎

**mer'cenary"** adj. & n. ‏(מֶרְסֶנֶרִי) רוֹדֵף‎
‏בֶּצַע; פּוֹעֵל עַל מְנָת לְקַבֵּל פְּרָס; שֶׁעֵינָיו‎
‏רַק בַּשָּׂכָר; חַיָּל שָׂכִיר; שָׂכִיר לְכָל מַעֲשֶׂה‎

**mer'chandise"** n. ‏(מֶרְצֶ'נְדַיז) סְחוֹרָה,‎
‏טוֹבִין, מִצְרָכִים‎

**mer'chant** n. & adj. ‏(מֶרְצֶ'נְט) סוֹחֵר,‎
‏חֶנְוָנִי, קִמְעוֹנַאי; שֶׁל סַחַר‎
— man ‏(מֶרְצֶ'נְטְמֶן) צִי סוֹחֵר‎
— marine' ‏אֳנִיַּת מַשָּׂא‎

**mer'ciful** adj. ‏(מֶרְסִפֶל) רַחֲמָנִי, רַחוּם‎

**mer'ciless** adj. ‏(מֶרְסִלֶס) חֲסַר-רַחֲמִים‎

**mercur'ial** adj. ‏(מֶרְקוּרִיאֶל) שֶׁל כַּסְפִּית;‎
‏פָּעִיל, זָרִיז, הַסְכָּפָךְ; קַל-דַּעַת‎

**mer'cury** n. ‏(מֶרְקְיּרִי) כַּסְפִּית, מֶרְקוּלִיּוֹס,‎
‏מֶרְקוּרְיוּס; כּוֹכַב-חַמָּה; שָׁלִיחַ, מְבַשֵּׂר‎

**mer'cy** n. ‏(מֶרְסִי) רַחֲמָנוּת, חֶסֶד; בְּרָכָה‎
at the — of ‏נָתוּן לְחַסְדֵי-, נָתוּן‎
‏כֻּלּוֹ בִּידֵי-‎

**mere** adj. ‏(מִיר) רַק, בִּלְבַד‎
— ly adv. ‏רַק, פָּשׁוּט‎

**merge** v.t. & i. ‏(מֶרְג') אִחֵד, מִזֵּג; הִתְאַחֵד;‎
‏הִתְמַזֵּג‎

**merid'ian** n. & adj. ‏(מֶרִדְיאֶן) קַו-‎
‏הַצָּהֳרַיִם, מִצְהָר; שִׂיא; שֶׁל קַו-הַצָּהֳרַיִם;‎
‏שֶׁל שְׁעַת הַצָּהֳרַיִם; שֶׁל שִׂיא‎

**mer'it** n. ‏(מֶרִט) הִצְטַיְּנוּת, עֵרֶךְ;‎
‏סְגֻלָּה, זְכוּת‎
— s ‏סְגֻלּוֹת עַצְמִיּוֹת; לְפִי מַה שֶּׁרָאוּי לוֹ‎
— v.t. ‏הָיָה רָאוּי לְ-‎

**mer"itor'ious** adj. ‏(מֶרִטוֹרִיאֶס) רָאוּי‎
‏לְשֶׁבַח‎

**mer'maid"** n. ‏(מֶרְמֵיד) בְּתוּלַת-הַיָּם‎

**mer'riment** n. ‏(מֶרִמֶנְט) עַלִּיזוּת, שִׂמְחָה;‎
‏צְחוֹק‎

**mer'ry** adj. ‏(מֶרִי) עַלִּיז, שָׂמֵחַ‎

**mer'ry-go-round"** ‏(מֶרִי-גוֹ-רַאונְד)‎
‏סְחַרְחָרָה, קָרוּסֶלָה‎

**mesh** n. & v.t. & i. ‏(מֶשׁ) רֶוַח בְּרֶשֶׁת;‎
‏רֶשֶׁת, שְׂבָכָה; הִשְׁתַּלְּבוּת (גַּלְגַּלֵּי מְשׁוֹנְנִים);‎
‏לָכַד בְּרֶשֶׁת; עָשָׂה מַעֲשֵׂה רֶשֶׁת; שָׁלַב; נוֹקֵשׁ‎
‏בְּרֶשֶׁת; הִשְׁתַּלֵּב‎

**mes'merize"** v.t. ‏(מֶזְמֶרַיז) הִפְנֵט;‎
‏הִקְסִים, כִּשֵּׁף; כָּפָה עַל יְדֵי קֶסֶם‎

**mess** n. & v.t. & i. ‏(מֶס) אִי-סֵדֶר;‎
‏הִצְטַבְּרוּת זֻהֲמָה; מְבוּכָה; מַצָּב קָשֶׁה;‎
‏סוֹעֲדִים יַחַד, אֲרוּחָה בְּצַוְתָּא; אָדָם שָׁרוּי‎
‏בִּמְבוּכָה וְאִי-סֵדֶר; לִכְלֵךְ, עָשָׂה אִי-סֵדֶר;‎
‏בִּלְבֵּל; סָעַד בְּצַוְתָּא‎
— around ‏הִתְעַסֵּק בְּחֹסֶר תַּכְלִית;‎
‏הִתְבַּטֵּל, בִּטֵּל זְמַן; הָיָה מְעֹרָב‎
— hall" ‏חֲדַר אֹכֶל‎

**mes'sage** n. ‏(מֶסַג') מֶסֶר; בְּשׂוֹרָה;‎
‏דִּבְרֵי נָבִיא אוֹ חָכָם; רַעְיוֹן; לָקַח; תִּשְׁדֹּרֶת‎

**mes'senger** *n.* (מֶסֶנְגֶ'ר) שָׁלִיחַ, מְבַשֵּׂר
**met** (מֶט) (זמן עבר של meet)
**Messi'ah** *n.* (מֶסַיְאָה) מָשִׁיחַ; יֵשׁוּ הַנּוֹצְרִי; מוֹשִׁיעַ
**mess'kit"** *n.* (מֶסְקִט) פִּנְכָּה; "מֶסְטִינְג"
**met'al** *n.* (מֶטְל) מַתֶּכֶת
**met"amor'phosis** *n.* (מֶטָמוֹרְפֶסִס) שִׁנּוּי צוּרָה, גִּלְגּוּל, מֶטָמוֹרְפוֹזָה
**met'aphor"** *n.* (מֶטָפוֹר) הוֹרָאָה שְׁאוּלָה, הַשְׁאָלָה, מֶטָפוֹרָה
**met'aphys"ics** *n.* (מֶטָפִיזִקְס) מֶטָפִיסִיקָה
**mete** *v.t.* (מִיט) חִלֵּק, הִקְצִיב
**me'teor** *n.* (מִיטִיאֶר) מֶטֶאוֹר
**me'ter** *n.* & *v.t.* (מִיטֶר) מֶטֶר; מִשְׁקָל (בשירה); מוֹנֶה, מַד; מָדַד
**meth'od** *n.* (מֶתֶ'ד) שִׁיטָה, מֵתוֹדָה
**method'ical** *adj.* (מֶת'וֹדִקְל) שִׁיטָתִי; זָהִיר, שָׁקוּל
**Meth'odist** *n.* & *adj.* (מֶתֶ'דִסְט) מֵתוֹדִיסְטִי
**metrical** *adj.* (מֶטְרִקְל) שֶׁל מִשְׁקָל (בשירה); כָּתוּב לְפִי מִשְׁקָל; שֶׁל מְדִידָה
**metrop'olis** *n.* (מֶטְרוֹפֶּלִס) כְּרַךְ, עִיר רָאשִׁית, מֶטְרוֹפּוֹלִין
**me"tropol'itan** *adj.* (מֶטְרֶפּוֹלִטֶן) שֶׁל מֶטְרוֹפּוֹלִין, שֶׁל עִיר רָאשִׁית, שֶׁל יוֹשְׁבֵי כְּרַךְ; עִירוֹנִי
**met'tle** *n.* (מֶטְל) מֶזֶג, מַצַּב רוּחַ; אֹמֶץ
on ones — נֶאֱלָץ לַעֲשׂוֹת כְּמֵיטַב יְכָלְתּוֹ
**mice** (מַיְס) (מספר רבים של mouse)
**mi'crobe** *n.* (מַיקְרוֹבּ) חַיְדַּק
**mi'croscope"** *n.* (מַיקְרֶסְקוֹפּ) מִיקְרוֹסְקוֹפּ
**mid-** *adj.* (מִד) אֶמְצַע, תִּיכוֹן, בֵּינוֹנִי
**mid'day"** *n.* & *adj.* (מִדֵּי) חֲצוֹת הַיּוֹם, צָהֳרַיִם; שֶׁל הַצָּהֳרַיִם
**mid'dle** *adj.* & *n.* (מִדְל) אֶמְצָעִי, תִּיכוֹן, בֵּינוֹנִי; תָּוֶךְ, אֶמְצַע, מִמְצָע; טַבּוּר
— age גִּיל הָעֲמִידָה
Middle Ages יְמֵי הַבֵּינַיִם
**midge** *n.* (מִג') יַתּוּשׁ מְצַיֵּץ, בַּרְחַשׁ
**midg'et** *n.* (מִגִ'ט) נַנָּס
**mid'night"** *n.* (מִדְנַיְט) חֲצוֹת הַלַּיְלָה
burn the — oil עָשָׂה לֵילוֹת כְּיָמִים

**mid'riff** *n.* (מִדְרִף) סַרְעֶפֶת; טַבּוּר; כְּסוּת הַטַּבּוּר; מַחְשׂוֹף־טַבּוּר
**midst** *n.* (מִדְסְט) תָּוֶךְ, אֶמְצַע
**mid'sum'mer** *n.* (מִדְסַמֶר) אֶמְצַע הַקַּיִץ
**mid'way'** *adv.* & *adj.* (מִדְוֵי) בַּחֲצִי הַדֶּרֶךְ, שֶׁל חֲצִי הַדֶּרֶךְ
**mid'wife"** *n.* (מִדְוַיְף) מְיַלֶּדֶת; מְיַלֵּד, מְסַיֵּעַ לִיצִירָה
**mien** *n.* (מִין) מַרְאֶה, תֹּאַר, הוֹפָעָה
**might** *n.* (מַיְט) כֹּחַ, יְכֹלֶת
— *v.* (זמן עבר של may)
**migh'ty** *adj.* (מַיְטִי) חָזָק; עָצוּם; אַדִּיר
**mi'grant** *adj.* & *n.* (מַיגְרֶנְט) נוֹדֵד
**mi'grate** *v.t.* (מַיגְרֵיט) הִגֵּר; נָדַד
**migra'tion** *n.* (מַיגְרֵישֶׁן) הֲגִירָה; נְדִידָה
**mi'grato"ry** *adj.* (מַיגְרֶטוֹרִי) נוֹדֵד; שֶׁל נְדִידָה
**mike** *n.* (מַיְק) מִיקְרוֹפוֹן
**mild** *adj.* (מַיְלְד) מָתוּן, נוֹחַ
**mil'dew"** *n.* (מִלְדוּ) טַחַב
**mild'ness** *n.* (מַיְלְדְנֶס) מְתִינוּת, נוֹחוּת
**mile** *n.* (מַיְל) מִיל
**mil'itant** *adj.* & *n.* (מִלִטֶנְט) תּוֹקְפָנִי, מִלְחַמְתִּי, שׁוֹאֵף קְרָב; לוֹחֵם
**mil'itar"y** *adj.* & *n.* (מִלְטֶרִי) צְבָאִי; מִלְחַמְתִּי; חַיָּלִי; צָבָא
**mil'itate"** *v.i.* (מִלִטֵיט) פָּעַל; לָחַם, הִתְנַגֵּד
**militi'a** *n.* (מִלִשָׁה) צְבָא עֲמָמִי; חַיָּבֵי גִּיּוּס; מִשְׁמָר לְאֻמִּי, מִילִיצְיָה
**milk** *n.* (מִלְק) חָלָב; נוֹזֵל, מִיץ, שְׂרָף
cry over spilt — הִתְאַבֵּל עַל מַה שֶּׁאֵינוֹ יָכֹל לְשַׁנּוֹת
— *v.t.* & *i.* חָלַב
**milk'maid"** *n.* (מִלְקְמֵיד) חוֹלֶבֶת, חַלְבָנִית
**milk'man"** *n.* (מִלְקְמֶן) חַלְבָן
**mil'ksop"** *n.* (מִלְקְסוֹפּ) גֶּבֶר רַכְרוּכִי
**milk'y** *adj.* (מִלְקִי) חֲלָבִי; לָבָן, לְבַנְבַּן; מַפְרִישׁ הַרְבֵּה חָלָב; רַכְרוּכִי, רָפֶה
**mill** *n.* (מִל) טַחֲנָה; מִפְעַל חֲרֹשֶׁת; חֲרֹשֶׁת; מַגְרֵסָה; מְכוֹנָה; מוֹסָד לְטִפּוּל מְזֹרָז
through the — נָתוּן לִתְלָאוֹת רַבּוֹת

— *v.t. & i.* טָחַן; עִבֵּד, עִצֵּב, גַּיֵּץ;
הִסְתּוֹבֵב לְלֹא מַטָּרָה, שׁוֹטֵט בִּמְבוּכָה

**millen'ium** *n.* (מִלֶנְיַם) אֶלֶף שָׁנָה;
יוֹם הַשָּׁנָה הָאֶלֶף

the — תְּקוּפַת שִׁלְטוֹן יֵשׁוּ; תְּקוּפַת צֶדֶק
וָאֹשֶׁר בְּאַחֲרִית הַיָּמִים

**mil'ler** *n.* (מִלֶר) טוֹחֵן

**mil'let** *n.* (מִלִט) זִיפָן אִיטַלְקִי

**mil'liner'y** *n.* (מִלַנֶרִי) כּוֹבְעֵי נָשִׁים;
כּוֹבְעָנוּת נָשִׁים

**mil'lion** *n.* מִילְיוֹן; "הָמוֹן", הַרְבֵּה מְאֹד

the — הֲמוֹנֵי הָעָם

**mil"lionaire'** *n.* (מִלְיַנֶר) מִילְיוֹנֶר

**mill'pond"** *n.* (מִלְפּוֹנְד) בְּרֵכָה לְהַפְעָלַת
טַחֲנָה

**mill'stone"** *n.* (מִלְסְטוֹן) אֶבֶן רֵיחַיִם;
מַעֲמָסָה כְּבֵדָה

**mim'ic** *v.t. & n.* (מִמִק) חִקָּה (בלגלוג); חִקָּה
בְּהִתְרַפְּסוּת, חִקָּה בְּטִפְּשׁוּת; דָּמָה מְאֹד; חַקְיָן

**mim'icry** *n.* (מִמִקְרִי) חַקְיָנוּת, חִקּוּי; דִּמְיוֹן

**mince** *v.t. & i.* (מִנְס) כָּתַשׁ, קִצֵּץ; רִכֵּךְ;
דִּבֵּר בְּאֶלֶגַנְטִיּוּת מְעֻשָּׂה, הִתְגַּנְדֵּר; הָלַךְ וְטָפַף

**mind** *n.* (מַיְנְד) נֶפֶשׁ, רוּחַ; שֵׂכֶל; מֹחַ;
דֵּעָה; נְטִיָּה, חֵשֶׁק; יֵשׁוּת נְבוֹנָה; תּוֹדָעָה;
זִכָּרוֹן; מַחֲשָׁבוֹת, תְּשׂוּמֶת לֵב

a piece of one's — הַבָּעָה בּוֹטָה שֶׁל
מֹרַת־רוּחַ

bear (keep) in — זָכַר

have a good — to נוֹטֶה מְאֹד

in — בַּתּוֹדָעָה; בְּתוֹר תָּכְנִית אוֹ כַּוָּנָה

know one's own — תַּקִּיף בְּדֵעוֹתָיו

make up one's — הֶחְלִיט

on one's — בְּמַחְשְׁבוֹתָיו תָּמִיד

out of one's — מְשֻׁגָּע; אוֹבֵד עֵצוֹת

presence of — מַחֲשָׁבָה צְלוּלָה
בִּשְׁעַת מַשְׁבֵּר

to one's — לְפִי דַּעְתּוֹ

— *v.t. & i.* שָׂם לֵב, צִיֵּת, נִשְׁמַע;
טִפֵּל בְּ־; הִשְׁגִּיחַ עַל; נִזְהַר; דָּאַג לְ־; הָיָה
אִכְפַּת לְ־; הִרְגִּישׁ בְּהַפְרָעָה; יִחֵס חֲשִׁיבוּת

never — לֹא חָשׁוּב

**mind'ful** *adj.* (מַיְנְדְפֻל) קַשָּׁב, זָהִיר

**mine** *pron. & n. & v.i. & t.* (מַיְן) שֶׁלִּי,
לִי; מִכְרֶה, אוֹצָר; מִנְהָרָה; מוֹקֵשׁ; כָּרָה;
חָפַר מִנְהָרָה; הִשְׁמִיד בַּחֲשַׁאי; מִקֵּשׁ

**mi'ner** *n.* (מַיְנֶר) כּוֹרֶה

**min'eral** *n.* (מִנֶרַל) מַחְצָב, מִינֶרָל; עַפְרָה

**min'gle** *v.i. & t.* (מִנְגֶל) הִתְעָרְבֵּב, הִתְמַזֵּג,
הִתְאַחֵד; הִתְרוֹעֵעַ, הִשְׁתַּתֵּף; עֵרֵב; מִזֵּג

**min'iature** *n.* (מִנְיַאצֶ'ר) מִינְיָטוּרָה

in — בִּזְעֵיר אַנְפִּין

**min'imize"** *v.t.* (מִנְמַיז) הִפְחִית בְּצוּרָה
מֵרַבִּית; מִעֵט בְּדְמוּת; הֶעֱרִיךְ בְּכַמּוּת
מִינִימָלִית

**min'imum** *n.* (מִנְמֻם) מִינִימוּם

**mi'ning** *n.* (מַיְנִנְג) כְּרִיָּה; מִקּוּשׁ

**min'ion** *n.* (מִנְיַן) מְשָׁרֵת, "כֶּלֶב";
נְשׂוּא־פָּנִים; פָּקִיד זוּטָר

**min'ister** *n. & v.t.* (מִנִסְטֶר) כֹּמֶר; שַׂר,
מִינִיסְטֶר; צִיר; סוֹכֵן; שִׁמֵּשׁ כֹּמֶר; טִפֵּל בְּ־;
הִגִּישׁ עֶזְרָה

**min'istry** *n.* (מִנִסְטְרִי) מִשְׂרַת כֹּמֶר,
כְּמוּרָה; מִשְׂרַת שַׂר; מִשְׂרָד (ממשלתי), מִינִיס־
טֶרְיוֹן; מֶמְשָׁלָה; תְּקוּפַת כְּהֻנָּתוֹ שֶׁל שַׂר;
שֵׁרוּת הַגָּשַׁת עֶזְרָה, טִפּוּל

**mink** *n.* (מִנְק) חָרְפָּן

**min'now** *n.* (מִנוֹ) פוֹקְסִינוּס; קַרְפְּיוֹן נַנָּסִי;
דַּג־רְקָק

**mi'nor** *adj. & n.* (מַיְנֶר) זוּטָר; קָטָן
יוֹתֵר; קָטִין, מִינוֹר; טָפֵל; מִינוֹרִי; חוּג מִשְׁנִי

**minor'ity** *n. & adj.* (מַיְנוֹרִטִי) מִעוּט;
קְבוּצַת מִעוּט; קְטִינוּת; שֶׁל מִעוּט

**min'strel** *n.* (מִנְסְטְרֶל) זַמָּר (עם לווי כלים);
מוּסִיקַאי מְשׁוֹרֵר; בַּדְּרָן מְחֻפָּשׂ כְּכוּשִׁי

**mint** *n. & adj. & v.t.* (מִנְט) נַעֲנָה, מִנְתָּה;
סֻכָּרִיַּת מִנְתָּה; מִטְבָּעָה; הוֹן תּוֹעָפוֹת; לֹא־
מְחֻתָּם; לֹא־מְשֻׁמָּשׁ; טָבַע (מטבעות)

**mi"nuet'** *n.* (מִנְיוּאֶט) מֶנוּאֶט

**min'us** *prep. & adj. & n.* (מַיְנַס) פָּחוּת;
חֲסַר־, בְּלִי; שֶׁל חִסּוּר; שְׁלִילִי; כַּמּוּת
שְׁלִילִית; מִגְרַעַת, הֶפְסֵד

**min'ute** *n.* (מִנִט) דַּקָּה; רֶגַע; סִכּוּם,
תַּזְכִּיר, טְיוּטָה

— s פְּרוֹטוֹקוֹל

up to the — חָדִישׁ, מְעֻדְכָּן

**minute** *adj.* (מינוט) זָעִיר; קַל־עֵרֶךְ, חֲסַר־מַשְׁמָעוּת; מְדַקְדֵּק
**minx** *n.* (מִנְקְס) חֲצְפָנִית
**mir'acle** *n.* (מִרְקַל) נֵס, פֶּלֶא
**mirac'ulous** *adj.* (מִרֶקְיֻלֵּס) בְּדֶרֶךְ נֵס, נִפְלָא; מְחוֹלֵל נִסִּים, שֶׁל פֶּלֶא
**mirage'** *n.* (מִרָז׳) מַחֲזֵה־שָׁרָב; מַרְאֵה־תַעְתּוּעִים; סָטָה מוֹרְגָנָה
**mire** *n.* (מַיְאֶר) בֹּץ, בִּצָּה; טִיט
**mir'ror** *n. & v.t.* (מִרֶר) מַרְאָה; מוֹפֵת; שִׁקֵּף
**mirth** *n.* (מֶרְת׳) עַלִּיזוּת, הִלּוּלָה; צְחוֹק
**mis"adven'ture** *n.* (מִסַּדְוֶנְצֶ׳ר) מַזָּל רָע; מְחְדָל
**mis'anthrope"** *n.* (מִזַּנְתְ׳רוֹפּ) שׂוֹנֵא הַבְּרִיּוֹת
**mis"apprehen'sion** *n.* (מִסֶּפְּרִהֶנְשֶׁן) אִי־הֲבָנָה
**mispp"aro'priate"** *v.t.* (מִסֶּפְּרוֹפְּרִיאֵיט) הִשְׁתַּמֵּשׁ שֶׁלֹּא כַּדִּין, מָעַל
**mis"behave'** *v.i.* (מִסְבִּהֵיב) הִתְפָּרֵעַ
**miscal'culate"** *v.t. & i.* (מִסְקֶלְקְיֻלֵיט) טָעָה בְּחִשּׁוּב; טָעָה בְּשִׁפּוּט
**miscar'riage** *n.* (מִסְקֶרְג׳) כִּשָּׁלוֹן; תְּעִיָּה; הַפָּלָה
**miscar'ry** *v.i.* (מִסְקֶרִי) נִכְשַׁל; תָּעָה, אָבַד בַּדֶּרֶךְ; הִפִּיל
**mis"cella'neous** *adj.* (מִסֶּלֵינִיאֶס) מְעֹרָבִים, מִמִּינִים שׁוֹנִים, מְגֻוָּן; דָּן בְּנוֹשְׂאִים שׁוֹנִים
**mis'cella"ny** *n.* (מִסֶּלֵינִי) אֹסֶף מְעֹרָב, תַּעֲרֹבֶת; לִקּוּטִים
**mis'chief** *n.* (מִסְצִ׳ף) קַנְטְרָנוּת; הִתְפָּרְחֲחוּת; נֶזֶק
**mis'chievous** *adj.* (מִסְצֶ׳וֶס) מַזִּיק, מִתְפַּרְחֵחַ
**miscon'duct** *n.* (מִסְקוֹנְדַקְט) הִתְנַהֲגוּת נְלוֹזָה
**mis"construe'** *v.t.* (מִסְקַנְסְטְרוּ) הֵבִין שֶׁלֹּא כַּהֲלָכָה, פֵּרֵשׁ פֵּרוּשׁ מֻטְעֶה
**misdeed'** *n.* (מִסְדִיד) מַעֲשֵׂה עָוֶל, חֵטְא
**mis"demea'nor** *n.* (מִסְדִּמִינֶר) עָווֹן, עֲבֵרָה
**mi'ser** *n.* (מַיְזֶר) קַמְצָן, כִּילַי
**mis'erable** *adj.* (מִזֶרֶבֶּל) עָלוּב; בָּזוּי; מְעוֹרֵר רַחֲמִים, מִסְכֵּן
**mis'erly** *adj.* (מַיְזֶרְלִי) קַמְצָנִי, קְפוּץ־יָד
**misery'** *n.* (מִזֶרִי) מְצוּקָה, אֻמְלָלוּת, דַּלּוּת; יִסּוּרִים
**mis'fit** *n.* (מִסְפִט) מִדָּה לֹא־נְכוֹנָה; לֹא־יֻצְלָח, יוֹצֵא־דֹּפֶן
**misfor'tune** *n.* (מִסְפוֹרְצֶ׳ן) מַזָּל רָע; פֻּרְעָנוּת
**misgiv'ing** *n.* (מִסְגִּוִנְג) חֲשָׁשׁ
**mis'hap** *n.* (מִסְהֶפּ) פֻּרְעָנוּת
**mis"inform'** *v.t.* (מִסִנְפוֹרְם) הִטְעָה, מָסַר מֵידָע מַטְעֶה
**mis"inter'pret** *v.t.* (מִסִנְטֶרְפְּרֶט) פֵּרֵשׁ פֵּרוּשׁ מֻטְעֶה; הֵבִין שֶׁלֹּא כַּהֲלָכָה
**misjudge'** *v.t. & i.* (מִסְגַ׳ג׳) הֶעֱרִיךְ הַעֲרָכָה מֻטְעֵית; טָעָה בְּשִׁפּוּט
**mislay** *v. t.* (מִסְלֵי) שָׁכַח בְּאֵיזֶה מָקוֹם הִנִּיחַ...
**mislead'** *v.t.* (מִסְלִיד) הִתְעָה; הִטְעָה, רִמָּה
**misman'age** *v.t.* (מִסְמֶנְג׳) נִהֵל שֶׁלֹּא כַּהֲלָכָה, נִהֵל שֶׁלֹּא בְּיֹשֶׁר
**misman'agement** *n.* (מִסְמֶנְג׳מֶנְט) נִהוּל גָּרוּעַ
**misplace'** *v.t.* (מִסְפְּלֵיס) שָׁכַח בְּאֵיזֶה מָקוֹם הִנִּיחַ...; הִפְקִיד בְּטִפְּשׁוּת
**mis'print"** *n.* (מִסְפְּרִנְט) טָעוּת דְּפוּס
**misquote'** *v.t. & n.* (מִסְקְווֹט) צִטֵּט בְּצוּרָה לֹא־נְכוֹנָה; צִטּוּט לֹא־נְכוֹנָה
**mis"represent'** *v.t.* (מִסְרֶפְּרִזֶנְט) הִצִּיג בְּצוּרָה מֻטְעֵית; הִצִּיג בְּצוּרָה גְּרוּעָה
**misrule'** *n.* (מִסְרוּל) שִׁלְטוֹן רָע; מִמְשָׁל רָע; אִי־סֵדֶר, הֶפְקֵרוּת
**miss** *v.t. & i. & n.* (מִס) הֶחֱטִיא, אִחֵר; לֹא נִצֵּל כָּרָאוּי; נֶעְדַּר; הִשְׁגִּיחַ בְּהֶעְדֵּר־; הִתְגַּעְגֵּעַ עַל; הִשְׁתַּמֵּט; לֹא תָּפַס; נִכְשַׁל; הַחֲטָאָה; כִּשָּׁלוֹן; הַשְׁמָטָה; גְּבֶרֶת (לא־נשואה), עַלְמָה
**mis'sal** *n.* (מִסֶל) סֵפֶר תְּפִלּוֹת הַמִּיסָה; סֵפֶר תְּפִלּוֹת
**mis'sile** *n.* (מִסֶל) טִיל
**mis'sing** *adj.* (מִסִנְג) חָסֵר, נֶעְדָּר

**mis'sion** *n.* (מִשְׁן) מִשְׁלַחַת, נְצִיגוּת; מְשִׂימָה; מִיסְיוֹן; תְּחוּם פְּעִילוּת שֶׁל מִיסְיוֹן; מֶרְכָּז לִפְעֻלּוֹת־סַעַד וָדָת; כְּנֵסִיָּה; תְּפִלּוֹת הִתְעוֹרְרוּת

**missi'ona"ry** *n.* (מִשֶׁנֶרִי) מִיסְיוֹנֶר; תַּעַמְלָן

**misspell'** *v.t.* (מִסְפֶּל) טָעָה בְּאִיּוּת

**misstep'** *n.* (מִסְטֶפ) צַעַד מֻטְעֶה; טָעוּת בְּהִתְנַהֲגוּת

**mist** *n.* (מִסְט) אֵד, עֲרָפֶל

**mistake'** *n.* & *v.t.* & *i.* (מִסְטֵיק) שְׁגִיאָה, טָעוּת; טָעָה בְּהַעֲרָכָה, טָעָה בְּזִהוּי; הֵבִין שֶׁלֹּא כַּהֲלָכָה; פֵּרֵשׁ פֵּרוּשׁ מֻטְעֶה

**mista'ken** *adj.* (מִסְטֵיקֶן) מֻטְעֶה; טוֹעֶה

**mis'ter** *n.* (מִסְטֶר) אָדוֹן, אֲדוֹנִי; מַר

**mis'tletoe"** *n.* (מִסֶלְטוֹ) דִּבְקוֹן לָבָן

**mistreat'** *v.t.* (מִסְטְרִיט) נָהַג בְּחֹסֶר הִתְחַשְּׁבוּת כְּלַפֵּי, הִתְעַלֵּל בְּ־

**mis'tress** *n.* (מִסְטְרִס) מְנַהֶלֶת, בַּעֲלַת בַּיִת; בַּעֲלַת חַיַּת בַּיִת; פִּילֶגֶשׁ, מְאַהֶבֶת

**mistrust'** *n.* & *v.t.* & *i.* (מִסְטְרַסְט) חֹסֶר אֵמוּן, חֲשָׁד; הִתְיַחֵס בְּחֹסֶר אֵמוּן; חָשַׁד בְּ־

**mis'ty** *adj.* (מִסְטִי) מְעֻרְפָּל, מְכֻסֶּה אֵדִים, עָמוּם

**mis"understand'** *v.t.* & *i.* (מִסַנְדֶרְסְטֶנְד) פֵּרֵשׁ פֵּרוּשׁ מֻטְעֶה, הֵבִין שֶׁלֹּא כַּהֲלָכָה, טָעָה בְּהַעֲרָכָה

**mis"understan'ding** *n.* (מִסַנְדֶרְסְטֶנְדִנְג) אִי־הֲבָנָה; טָעוּת בַּהֲבָנָה; חִלּוּקֵי־דֵעוֹת

**misuse'** *n.* (מִסְיוּס) שִׁמּוּשׁ לֹא־נָכוֹן

misuse' *v.t.* (מִסְיוּז) הִשְׁתַּמֵּשׁ בְּצוּרָה לְקוּיָה; הִתְעַלֵּל בְּ־, הִתְיַחֵס בְּחֹסֶר הִתְחַשְּׁבוּת

**mite** *n.* & *adv.* (מַיְט) אֲקָרִית; כַּמּוּת זְעוּמָה שֶׁל כֶּסֶף; דָּבָר קָטָן מְאֹד; מַטְבֵּעַ בַּעַל עֵרֶךְ זָעוּם; בְּמִדַּת מָה

**mi'ter** *n.* (מַיטֶר) מִגְבַּעַת; מִצְנֶפֶת

**mit'igate"** *v.t.* (מִטֶגֵיט) הֵקֵל

**mitt** *n.* (מִט) כְּפָפַת כַּדּוּר־בָּסִיס; כְּפָפַת־אֲגוּדָל; יָד; כְּסָיַת־זְרוֹעַ

**mit'ten** *n.* (מִטְן) כְּפָפַת־אֲגוּדָל; כְּסָיַת־זְרוֹעַ

**mix** *v.t.* & *i.* & *n.* (מִקְס) עֵרֵב, עִרְבֵּב; לָשׁ, גִּבֵּל, עִרְבֵּל; הִכְלִיא; הִתְעָרְבֵּב; הִתְיַדֵּד; עִרְבּוּב; תַּעֲרֹבֶת; נֻסְחָה, מַתְכֹּנֶת

**mix'er** *n.* (מִקְסֶר) מְעַרְבֵּב; מְעָרֵב בֵּין הַבְּרִיּוֹת; יְדִידוּתִי; עַרְבָּל, מְעַרְבֵּל

**mix'ture** *n.* (מִקְסְצֶ׳ר) תַּעֲרֹבֶת; עִרְבּוּב, עֵרוּב

**mix'up"** *n.* (מִקְסַפ) בִּלְבּוּל, אַנְדְּרָלָמוּסְיָה, בַּלָּגָן

**moan** *n.* & *v.i.* (מוֹן) אֲנָקָה, אֲנָחָה כְּבֵדָה; הֶמְיָה, הָמָה; נָהָה; נֶאֱנַק, נֶאֱנַח בִּכְבֵדוּת

**moat** *n.* (מוֹט) חֲפִיר; תְּעָלַת מָגֵן

**mob** *n.* & *adj.* (מוֹב) אֲסַפְסוּף; הָמוֹן; מִתְפָּרֵעַ; הָמוֹן; כְּנוּפְיַת פּוֹשְׁעִים; שֶׁל הֶהָמוֹן; נוֹעָד לֶהָמוֹן

— *v.t.* הִצְטוֹפֵף בְּרַעַשׁ; תָּקַף

**mo'bile** *adj.* (מוֹבְּל) נַיָּד; מִשְׁתַּנֶּה בְּקַלּוּת, גָּמִישׁ, מֵגִיב בִּמְהִירוּת; בַּעַל נִיעוּת

— *n.* (מוֹבִּיל) מוֹבִּיל

**mobil'ity** *n.* (מוֹבִּלְטִי) נַיָּדוּת, נִיעוּת

**mo"biliza'tion** *n.* (מוֹבְּלֵיזֵשְׁן) גִּיּוּס

**mo'bilize"** *v.t.* & *i.* (מוֹבְּלַיז) גִּיֵּס, הִתְגַּיֵּס

**mock** *v.t.* & *i.* (מוֹק) לָעַג לְ־; חִקָּה בְּלַגְלְגָנוּת; הִתְרִיס כְּנֶגֶד; רִמָּה, הִשְׁלָה, אִכְזֵב; לַעַג; מַטְּרַת לַעַג; חִקּוּי

— *adj.* מְחֻקֶּה, מְדֻמֶּה; מְזֻיָּף

**mock'ery** *n.* (מוֹקֶרִי) לַעַג; מַטְּרַת לַעַג; חִקּוּי לַגְלְגָנִי; לַעַג יָמְרָנִי

**mode** *n.* (מוֹד) אֹפֶן, שִׁיטָה; דֶּרֶךְ; צוּרָה; אָפְנָה, סִגְנוֹן; סֻלָּם (במוסיקה)

**mod'el** *n.* & *adj.* (מוֹדְל) דֻּגְמָה, מוֹפֵת; דֶּגֶם; מוֹדֶל; דֻּגְמָן; דֻּגְמָנִית; תַּבְנִית; סִגְנוֹן; מְשַׁמֵּשׁ מוֹפֵת, לְמוֹפֵת

— *v.t.* & *i.* עִצֵּב, נָתַן צוּרָה; הִדְגִּים, הִצִּיג; כִּיֵּר; עָבַד כְּדֻגְמָן

**mod'erate** *adj.* & *n.* (מוֹדֶרְט) מָתוּן; בֵּינוֹנִי, מְמֻצָּע; שֶׁל מְתוּנִים

— *v.t.* & *i.* מִתֵּן, יָשַׁב בָּרֹאשׁ, תִּוֵּךְ, הִנְחָה

**mod"era'tion** *n.* (מוֹדֶרֵישְׁן) מְתִינוּת; הִתְאַפְּקוּת; פְּרִישׁוּת; תִּוּוּךְ

**mod'era"tor** *n.* (מוֹדֶרֵיטֶר) מְתַוֵּךְ, יוֹשֵׁב רֹאשׁ, מַנְחֶה; מְמַתֵּן

**mod'ern** *adj.* & *n.* (מוֹדֶרְן) שֶׁל זְמַנֵּנוּ;

מוֹדֶרְנִי; חָדָשׁ; חָדִישׁ; אָדָם בֶּן זְמַנֵּנוּ, אָדָם מוֹדֶרְנִי

**mod'ernize"** *v.t.* (מוֹדֶרְנַיז) עָשָׂה לְמוֹדֶרְנִי, חִדֵּשׁ פְּנֵי־

**mod'est** *adj.* (מוֹדִסְט) עָנָו, צָנוּעַ

**mod'esty** *n.* (מוֹדֶסְטִי) צְנִיעוּת, עֲנָוָה; פַּשְׁטוּת, מְתִינוּת

**mod'ify"** *v.t.* (מוֹדֶפַי) שִׁנָּה בְּמִקְצָת; הִפְחִית, מִתֵּן; הִשְׁפִּיעַ עַל; אִיֵּךְ

**mod'ulate** *v.t. & i.* (מוֹדְיַלֵיט) וִסֵּת, רִכֵּךְ, הוֹרִיד (הטון); הִתְאִים; סִלֵּם; אִפְנֵן

**moist** *adj.* (מוֹיסְט) לַח

**mois'ten** *v.t. & i.* (מוֹיסְן) לִחְלֵחַ; הִתְלַחְלֵחַ

**mois'ture** *n.* (מוֹיסְצֶ׳ר) לַחוּת; טַחַב

**mo'lar** *n.* (מוֹלֶר) שֵׁן טוֹחֶנֶת

**mold** *n. & v.t.* (מוֹלְד) תַּבְנִית, דְּפוּס; אִמּוּם; צוּרָה; מוֹפֶת; סְגֻלָּה, אֹפִי מְיֻחָד; עֹבֶשׁ; כִּיֵּר, עִצֵּב; צָר צוּרָה

**mol'ding** *n.* (מוֹלְדִנְג) עִצּוּב, כִּיּוּר; עֶצֶם מְעֻצָּב, עֶצֶם מְכֻיָּר; כַּרְכֹּב, פַּס

**mole** *n.* (מוֹל) שׁוּמָה; חֲפַרְפֶּרֶת; שׁוֹבֵר גַּלִּים, מֵזַח־אֲבָנִים; מַעֲגָן (מזקף שובר־גלים)

**mol'ecule"** *n.* (מוֹלֶקְיוּל) מוֹלֶקוּלָה, פְּרֻדָּה

**molest'** *v.t.* (מֶלֶסְט) הֵצִיק לְ־, הִטְרִיד, הִפְרִיעַ לְ־; נִטְפַּל אֶל (כתוך מניעים מיניים)

**mol'lify"** *v.t.* (מוֹלֶפַי) פִּיֵּס, הִרְגִּיעַ; הֵשִׁיב חֵמָה; הִפְחִית

**mol'lusc[k]** *n.* (מוֹלֶסְק) רַכִּיכָה

**mol'lycod'dle** *n. & v.t.* (מוֹלִיקוֹדְל) מְפֻנָּק; פִּנֵּק

**molt** *v.i.* (מוֹלְט) הִשִּׁיר (נוצות, עור וכו׳)

**mol'ten** *adj.* (מוֹלְטֶן) מֻתָּךְ

**mo'ment** *n.* (מוֹמֶנְט) רֶגַע, אַרְגִּיעָה; תְּקוּפָה; חֲשִׁיבוּת; מוֹמֶנְט

at the — כְּרֶגַע, עַתָּה

**mo'mentar"y** *adj.* (מוֹמֶנְטֶרִי) חוֹלֵף, רִגְעִי; עָשׂוּי לִקְרוֹת כָּל רֶגַע, מְמַשְׁמֵשׁ וּבָא, אַחַר הַכֹּתֶל

**momen'tous** *adj.* (מוֹמֶנְטֶס) חָשׁוּב בְּיוֹתֵר, רַב־עֵרֶךְ

**momen'tum** *n.* (מוֹמֶנְטֶם) תְּנוּפָה; דַּחַף; תֶּנֶע

**mon'arch** *n.* (מוֹנַרְק) מוֹשֵׁל יָחִיד (שירש ממלכה ומורישה); שַׁלִּיט, מֶלֶךְ, קֵיסָר; פַּרְפַּר מוֹנַרְךְ

**mona'rchy** *n.* (מוֹנַרְקִי) מְלוּכָה; שִׁלְטוֹן יָחִיד

**mon'aster"y** *n.* (מוֹנַסְטֶרִי) מִנְזָר

**monas'tic** *adj.* (מֶנֶסְטִק) שֶׁל נָזִיר, שֶׁל מִנְזָר; שֶׁל חַיֵּי פְּרִישׁוּת

**Mon'day** (מַנְדִי) יוֹם שֵׁנִי

**mon'etar"y** *adj.* (מוֹנֶטֶרִי) כַּסְפִּי, מוֹנֶטָרִי

**mon'ey** *n.* (מַנִי) כֶּסֶף, מָמוֹן; סְכוּם כֶּסֶף

for one's — לְפִי דַעְתּוֹ

make — הִרְוִיחַ; הִתְעַשֵּׁר

**mon'eyed** *adj.* (מַנִיד) עָשִׁיר

**mon'goose"** *n.* (מוֹנְגוּס) נְמִיָּה

**mong'rel** *n.* (מוֹנְגְרֶל) בֶּן־כִּלְאַיִם; בֶּן־הַכְלָאָה שְׁרִירוּתִית; כֶּלֶב כִּלְאַיִם

**mon'itor** *n. & v.t.* (מוֹנִטְר) תּוֹרָן; מַתְרֶה; מַשְׁגִּיחַ; מַנְגְּנוֹן תַּצְפִּית; מַקְלֵט הָאֲזָנָה; מַנְגְּנוֹן בִּקֹּרֶת; בִּקֵּר, הֶאֱזִין, צָפָה; עָקַב אַחֲרֵי

**monk** *n.* (מַנְק) נָזִיר

**mon'key** *n.* (מַנְקִי) קוֹף

make a — (out) of שָׂחָה בְּ־, הֶעֱמִיד בְּאוֹר מְגֻחָךְ

— *v.t. & i.* הִשְׁתַּעֲשֵׁעַ; חִקָּה

**monog'amy** *n.* (מֶנוֹגַמִי) נְשִׂיאַת בֶּן־זוּג אֶחָד, מוֹנוֹגַמְיָה

**mon'ogram"** *n.* (מוֹנֶגְרֶם) מִשְׁלֶבֶת

**mon'ograph"** *n.* (מוֹנֶגְרֶף) מוֹנוֹגְרַפְיָה

**mon'olog(ue)"** *n.* (מוֹנֶלוֹג) מוֹנוֹלוֹג, שִׂיחַת־יָחִיד

**monop'olize"** *v.t.* (מֶנוֹפֶּלַיז) רָכַשׁ מוֹנוֹפּוֹל עַל, הָיָה בַּעַל מוֹנוֹפּוֹל; רָכַשׁ בַּעֲלוּת בִּלְעָדִית עַל; שָׁמַר לְעַצְמוֹ בִּלְבַד

**monop'oly** *n.* (מֶנוֹפֶּלִי) מוֹנוֹפּוֹל; קִנְיָן בִּלְעָדִי

**mon'osyl'lable** *n.* (מוֹנֶסִלֶבְּל) מִלָּה בַּת־הֲבָרָה אַחַת

**monot'onous** *adj.* (מֶנוֹטֶנֶס) חַדְגּוֹנִי, מוֹנוֹטוֹנִי, מְשַׁעֲמֵם

**monot'ony** *n.* (מֻנוֹטֶנִי) חַדְגּוֹנִיּוּת, מוֹנוֹטוֹנִיּוּת
**mon'ster** *n.* (מוֹנְסְטֶר) מִפְלֶצֶת; אָדָם מַבְעִית, יְצוּר בַּלָּהוֹת; עֲנָק
**mon'strous** *adj.* (מוֹנְסְטְרֶס) מַבְעִית; מְזַעֲזֵעַ, עֲנָקִי; מִפְלַצְתִּי; גְּרוֹטֶסְקִי
**month** *n.* (מַנְתְ') חֹדֶשׁ
**month'ly** *adj.* & *n.* (מַנְתְ'לִי) חָדְשִׁי; אַחַת לְחֹדֶשׁ יָמִים; יַרְחוֹן
— *adv.* פַּעַם בְּחֹדֶשׁ, כָּל חֹדֶשׁ, מִדֵּי חֹדֶשׁ בְּחָדְשׁוֹ
**mon'ument** (מוֹנְיֻמֶנְט) מַצֵּבָה, מַצֶּבֶת זִכָּרוֹן, יָד; אֲתָר; מוֹפֵת; חֲלֻקַּת שְׁבָחִים, מַחְמָאָה
**mon"umen'tal** *adj.* (מוֹנְיֻמֶנְטֶל) דּוֹמֶה לְמַצֵּבָה; רְחַב־מִדּוֹת, מַרְשִׁים; בַּעַל מַשְׁמָעוּת נִצְחִית; שֶׁל מַצֵּבָה; עָצוּם בְּצוּרָה בּוֹלֶטֶת; מוֹנוּמֶנְטָלִי
**mood** *n.* (מוּד) הֲלָךְ־רוּחַ, מַצַּב־רוּחַ; דֶּרֶךְ
**moo'dy** *adj.* (מוּדִי) בְּמַצַּב־רוּחַ קוֹדֵר; "מְצֻבְרָח"; בַּעַל מַצְּבֵי־רוּחַ מִתְחַלְּפִים
**moon** *n.* & *v.i.* (מוּן) יָרֵחַ; לְבָנָה; יֶרַח; הָזָה, הִתְבּוֹנֵן בְּחוֹלְמָנוּת
**moon'light"** *n.* & *adj.* & *v.i.* (מוּנְלַיְט) אוֹר הַיָּרֵחַ; לְאוֹר הַיָּרֵחַ, שֶׁל אוֹר הַיָּרֵחַ; עָבַד בַּעֲבוֹדָה נוֹסֶפֶת
**moon'li"ghting** *n.* (מוּנְלַיְטִנְג) עֲבוֹדָה נוֹסֶפֶת (לְאַחַר הָעֲבוֹדָה הָרְגִילָה בַּיּוֹם)
**moon'shine"** *n.* (מוּנְשַׁיְן) וִיסְקִי לֹא־חֻקִּי; אוֹר הַיָּרֵחַ; דְּבַר הַבַּאי, שְׁטֻיּוֹת
**moor** *v.t.* & *i.* & *n.* (מוּר) קָשַׁר; קְשִׁירָה; שְׂדֵה אַבְרָשִׁים
Moor *n.* מָאוּרִי
**moot** *adj.* (מוּט) נִתָּן לְדִיּוּן; מְסֻפְּקָק; נְטוּל עֵרֶךְ מַעֲשִׂי; עִיּוּנִי
**mop** *n.* & *v.t.* (מוֹפּ) סְחָבָה בְּמַקֵּל; סְבַךְ שְׂעָרוֹת; נִגֵּב בִּסְחָבָה בְּמַקֵּל
— up טִהֵר; הִשְׁלִים
**mope** *v.i.* (מוֹפּ) הָיָה שָׁרוּי בַּאֲדִישׁוּת וְחֹסֶר מַעַשׂ
**mor'al** *adj.* & *n.* (מוֹרֶל) מוּסָרִי; קַפְּדָן בְּמֻסְכָּמוֹת הַמִּינִיּוּת; רוּחָנִי; פְּרִי תַּצְפִּית; מוּסַר הַשֵּׂכֶל, לֶקַח
— s עֶקְרוֹנוֹת מוּסָרִיִּים
**morale'** *n.* (מֶרֶל) הֲלָךְ־נֶפֶשׁ; הֲלָךְ־רוּחַ, מַצַּב־רוּחַ; מוֹרָל
**mor'alist** *n.* (מוֹרֶלִסְט) מַטִּיף לְעֶרְכֵי מוּסָר; בַּעַל מוּסָר; מוֹכִיחַ, מַחְמִיר בְּמוּסָרִיּוּת הַזּוּלַת
**moral'ity** *n.* (מֶרֶלִטִי) מוּסָרִיּוּת, הִתְנַהֲגוּת מוּסָרִית; פְּרִישׁוּת מִינִית; תּוֹרַת מִדּוֹת; הוֹרָאַת עֶקְרוֹנוֹת מוּסָר
**mor'alize** *v.i.* (מוֹרֶלַיְז) הִטִּיף לְעֶרְכֵי מוּסָר
**morass'** *n.* (מֶרֶס) אַדְמַת בֹּץ, בִּצָּה
**mor'bid** *adj.* (מוֹרְבִּד) חוֹלָנִי; נְכֵה־רוּחַ; מַחֲרִיד
**mor'dant** *adj.* (מוֹרְדֶנְט) עוֹקְצָנִי
**more** *adj.* & *adv.* & *n.* (מוֹר) עוֹד, יוֹתֵר
all the — אַף יוֹתֵר מִכְּרָגִיל
**moreo"ver** *adv.* (מוֹרוֹבֶר) יָתֵר עַל כֵּן
**mor"ganat'ic** *adj.* (מוֹרְגֶנֶטִק) שֶׁל נִשּׂוּאִים בֵּין גֶּבֶר לְאִשָּׁה מִמַּעֲמָד נָמוּךְ (בִּתְנַאי שֶׁלֹּא הִיא וְלֹא יְלָדֶיהָ יִזְכּוּ עִם יוֹרְשָׁיו)
**morgue** *n.* (מוֹרְג) חֲדַר מֵתִים, אַרְכִיּוֹן
**mor'ibund** *adj.* (מוֹרֶבֶּנְד) גּוֹסֵס, עַל סַף הַמָּוֶת, קוֹפֵא עַל שְׁמָרָיו
**morn** *n.* (מוֹרְן) בֹּקֶר
**morn'ing** *n.* & *adj.* (מוֹרְנִנְג) בֹּקֶר, שַׁחַר; לִפְנֵי הַצָּהֳרַיִם; רֵאשִׁית; שֶׁל בֹּקֶר
— glor'y לְפוּפִית אַרְגְּמָנִית
**Moroc'co** *n.* (מֶרוֹקוֹ) מָרוֹקוֹ
moroc'co עוֹר עִזִּים עָדִין
**mor'on** *n.* קָהוּי; מְטֻמְטָם
**morose'** *adj.* (מֶרוֹס) בַּעַל מַצַּב־רוּחַ רָע, קוֹדֵר
**mor'row** *n.* (מוֹרוֹ) מָחָר, יוֹם הַמָּחֳרָת
**mor'sel** *n.* (מוֹרְסֶל) נְגִיסָה קְטַנָּה, חֲתִיכָה קְטַנָּה, נֵתַח זָעוּם; קֻרְטוֹב
**mor'tal** *adj.* & *n.* (מוֹרְטֶל) בֶּן־תְּמוּתָה; שֶׁל הָעוֹלָם הַזֶּה; שֶׁל מָוֶת; כָּרוּךְ בְּמָוֶת רוּחָנִי; גּוֹרֵם מָוֶת; עַד מָוֶת; קַטְלָנִי; קִיצוֹנִי; בֶּן־אָדָם
**mortali'ty** *n.* (מוֹרְטֶלִטִי) תְּמוּתָה; הַמִּין הָאֱנוֹשִׁי; מָוֶת
**mor'tar** *n.* (מוֹרְטֶר) מַכְתֵּשׁ, מְדוֹכָה; מַרְגֵּמָה; טִיט (לְבִנְיָן), מֶלֶט

**mor'tgage** *n. & v.t.* (מוֹרְגֶג׳) מַשְׁכַּנְתָּה; מִשְׁכֵּן, שִׁעְבֵּד
**mor'tify"** *v.t.* (מוֹרְטִפַי) הִשְׁפִּיל; הִכְנִיעַ, סִגֵּף
**mor'tuar"y** *adj. & n.* (מוֹרְצ׳וּאֶרִי) שֶׁל קְבוּרָה; שֶׁל מָוֶת; בֵּית הַלְוָיוֹת
**mosa'ic** *n.* (מוֹזֵיאִק) פְּסֵיפָס, מוֹזָאִיקָה
**Mos'lem** *n.* (מוֹזְלֶם) מֻסְלְם
**mosque** *n.* (מוֹסְק) מִסְגָּד
**mosqui'to** *n.* (מֶסְקִיטוֹ) יַתּוּשׁ
**moss** *n.* (מוֹס) אֵזוֹב, טְחָב
**most** *adj. & n.* (מוֹסְט) רֹב; הַמִּסְפָּר הַגָּדוֹל בְּיוֹתֵר, הַטּוֹב בְּיוֹתֵר
at the — לְכָל הַיּוֹתֵר
— *adv.* בְּיוֹתֵר
**most'ly** *adv.* (מוֹסְטְלִי) עַל פִּי רֹב, לָרֹב; בְּדֶרֶךְ כְּלָל
**mote** *n.* (מוֹט) קֹרֶט, חֶלְקִיק
**moth** *n.* (מוֹת׳) עָשׁ
— ball כַּדּוּר נַפְתָּלִין
**mother** *n. & adj. & v.t.* (מַדְ׳ר) אֵם, אִמָּא; חוֹתֶנֶת; חָמוֹת; מְטַפֶּלֶת; שֶׁל אֵם; אִמָּהִי; מְלַדָּה; הָיָה כְּאֵם לְ־; יָלַד; הִצִּיג עַצְמוֹ כְּיוֹצֵר; טִפֵּל כְּאֵם, הִתְיַחֵס כְּאֵם אֶל
**moth'erhood"** *n.* (מַדְ׳רְהֻד) אִמָּהוּת; אִמָּהוֹת
**mother'ly** *adj.* (מַדְ׳רְלִי) אִמָּהִי
**moth'er-of-pearl'** *n.* צֶדֶף, דַּר (מַדְ׳ר־אֶב־פֶּרְל)
**moth'er supe'rior** נְזִירָה רָאשִׁית
**motion** *n. & v.t.* (מוֹשְׁן) תְּנוּעָה; הַצָּעָה; הוֹרָה עַל יְדֵי תְּנוּעָה, אוֹתֵת
**mo'tionless** *adj.* (מוֹשֶׁנְלֶס) לְלֹא תְּנוּעָה; דּוֹמֵם
**mo"tiva'tion** *n.* (מוֹטֶוֵישְׁן) הֲנָעָה, הַנְמָקָה; מוֹטִיבַצְיָה; תַּמְרִיץ, מֵנִיעַ
**mo'tive** *n.* (מוֹטִב) מֵנִיעַ, תַּמְרִיץ; תַּכְלִית
**mo'tley** *adj.* (מוֹטְלִי) מְגֻוָּן, הֶטֶרוֹגֵנִי; רַב־צִבְעִים
**mo'tor** *n. & adj. & v.i.* (מוֹטֶר) מָנוֹעַ; מֵנִיעַ; מוּנָע בְּמָנוֹעַ; שֶׁל מְכוֹנִיּוֹת; נָסַע בִּמְכוֹנִית
**mo'torbike"** *n.* (מוֹטֶרְבַּיק) טוּסְטוּס
**mo'torboat"** *n.* (מוֹטֶרְבּוֹט) סִירַת מָנוֹעַ
**mo'torcar"** *n.* (מוֹטֶרְקָר) מְכוֹנִית
**mo'torcy"cle** *n.* (מוֹטֶרְסַיְקְל) אוֹפַנּוֹעַ
**mo'torist** *n.* (מוֹטֶרִסְט) נַהַג מְכוֹנִית, נוֹסֵעַ (בִּמְכוֹנִית)
**mo'torize"** *v.t.* (מוֹטֶרַיז) מִנֵּעַ; צִיֵּד בִּמְכוֹנִיּוֹת
**mo'torman** *n.* (מוֹטֶרְמֶן) נַהַג חַשְׁמַלִּית
**mo'tor ve"hicle** רֶכֶב מְנוֹעִי
**mot'tled** *adj.* (מוֹטֶלְד) מְנֻמָּר
**mot'to** *n.* (מוֹטוֹ) מֵימְרָה, סִיסְמָה
**mound** *n.* (מַאוּנְד) תֵּל; גִּבְשׁוּשִׁית, גִּבְעָה; סוֹלְלָה
**mount** *v.t. & i.* (מַאוּנְט) עָלָה, טִפֵּס עַל; הִצִּיב; הֶעֱלָה; יָצָא לְשְׁמִירָה; קָבַע בְּמִסְגֶּרֶת; צִיֵּד; פִּחְלֵץ; הִתְקִין, מִתְקֵן
— *n.* עֲלִיָּה; סוּס, כְּלִי רֶכֶב; מִסְגֶּרֶת מַדְבֵּקָה; הַר, גִּבְעָה
**moun'tain** *n.* (מַאוּנְטֶן) הַר; הָמוֹן; מִכְשׁוֹל אַדִּיר
**moun"taineer'** *n. & v.i.* (מַאוּנְטֶנִיר) הֲרָרִי, יוֹשֵׁב הָרִים; מְטַפֵּס עַל הָרִים; טִפֵּס עַל הָרִים
**moun'tainous** *adj.* (מַאוּנְטֶנֶס) הֲרָרִי; גָּדוֹל וְנִבֹהַּ
**moun'tebank"** *n.* (מַאוּנְטֶבֶּנְק) מוֹכֵר תְּרוּפוֹת־שֶׁקֶר; נוֹכֵל
**mou'nted** *adj.* (מַאוּנְטֶד) רוֹכֵב, שֶׁל פָּרָשִׁים; מֻצָּב לְשִׁמּוּשׁ, מְתֻקָּן
**mourn** *v.i.* W *t.* (מוֹרְן) הִתְאַבֵּל, קוֹנֵן; הִצְטַעֵר עַל; אָמַר בְּעֶצֶב
— er אָבֵל
**mourn'ful** *adj.* (מוֹרְנְפֶל) מִתְאַבֵּל, עָצוּב; שֶׁל אֲבֵלוּת; קוֹדֵר
**mour'ning** *n.* (מוֹרְנִנְג) אֵבֶל, אֲבֵלוּת; קִינָה
**mouse** *n. & v.t.* (מַאוּס) עַכְבָּר; צָד עַכְבָּרִים
**mous'y** *adj.* (מַאוּסִי) דּוֹמֶה לְעַכְבָּר; אָפֹר וּמְשַׁעֲמֵם; שָׁקֵט; שׁוֹרֵץ עַכְבָּרִים
**mouth** *n.* (מַאוּת׳) פֶּה; בִּטּוּי, לְשׁוֹן־רַהַב; הַעֲוָיַת שְׂפָתַיִם; פֶּתַח; שֶׁפֶךְ
down in the — מְדֻכְדָּךְ

**— *v.t.*** הִשְׁמִיעַ, בִּטֵּא בְּצוּרָה מְנֻפַּחַת; שָׂם בַּפֶּה; שִׁפְשֵׁף בַּפֶּה אוֹ בַּשְּׂפָתַיִם
**mouth′ful″ *n.*** (מָאוּתְ׳פֻל) מְלוֹא הַפֶּה; כַּמּוּת קְטַנָּה
**mouth′piece″ *n.*** (מָאוּתְ׳פִּיס) פִּיָּה, פֶּה (שֶׁל כְּלִי); פּוּמִית; דּוֹבֵר, בִּטָּאוֹן; עוֹרֵךְ דִּין
**mo′vable *adj.*** (מוּבֶבְל) שֶׁנִּתָּן לַהֲזָזָה, זָע נַיָּד, זָחִיחַ
**move *v.t.* & *t.*** (מוּב) נָע, זָז; עָבַר, הֶחֱלִיף דִּירָה; הֶעְתִּיק מְקוֹם מְגוּרִים; הִתְקַדֵּם; הִסְתּוֹבֵב; נִמְכַּר; יָצָא, עָזַב, הִפְרִישׁ (פֶּרֶשׁ); עוֹרֵר; עוֹרֵר רַחֲמִים; מֵרֵר; הִצִּיעַ
**— *n.*** תְּנוּעָה, תְּזוּזָה; הַחְלָפַת דִּירָה; צַעַד; תּוֹר
**get a — on** הִתְחִיל; פָּעַל; הִזְדָּרֵז
**on the —** עָסוּק, טָרוּד; פָּעִיל; נָע וָנָד; מִתְקַדֵּם
**move′ment *n.*** (מוּבְמֶנְט) תְּנוּעָה; תְּזוּזָה; מְאֹרָעוֹת, הִתְקַדְּמוּת מְאֹרָעוֹת; הִתְפַּתְּחוּת, פְּעֻלּוֹת; מַהֲלָךְ
**mo′vie *n.*** (מוּבִי) סֶרֶט (קוֹלְנוֹעַ); קוֹלְנוֹעַ, בֵּית קוֹלְנוֹעַ
**— s** תַּעֲשִׂיַּת סְרָטִים; הַקּוֹלְנוֹעַ; סֶרֶט, הַצָּגַת סֶרֶט
**mo′ving *adj.*** (מוּבִנְג) נָע; מֵנִיעַ, מֵזִיז; מַפְעִיל; מְעוֹרֵר רֶגֶשׁ
**mow *v.t.* & *i.*** (מוֹ) כִּסַּח, קִצֵּץ; קָצַר
**mow′er *n.*** (מוֹאֶר) מַכְסֵחָה
**much *adj.* & *n.*** (מַץ׳) רַב, הַרְבֵּה; עִנְיָן חָשׁוּב, דָּבָר חָשׁוּב
**make — of** הִצִּיג כְּבַעַל חֲשִׁיבוּת; הִתְיַחֵס אֶל בִּדְאָגָה רַבָּה
**— *adv.*** הַרְבֵּה, בְּמִדָּה רַבָּה; כִּמְעַט, בְּקֵרוּב
**mu′cilage *n.*** (מְיוּסֶלִג׳) דֶּבֶק
**muck *n.*** (מַק) זֶבֶל מְרֻפָּשׁ; רֶפֶשׁ; סְחִי, טִנֹּפֶת; בִּלְבּוּל
**muck′rake″ *v.i.*** (מַקְרֵיק) חִפֵּשׂ מַעֲשֵׂי שְׁחִיתוּת
**mud *n.*** (מַד) בֹּץ
**mud′dle *v.t.* &** (מַדְל) בִּלְבֵּל; טִמְטֵם; בָּחַשׁ; הִדְלִיחַ; הָיָה מְבֻלְבָּל
**— through** הִשִּׂיג מַטָּרָה אֵיכְשֶׁהוּ
**— *n.*** בִּלְבּוּל; אַנְדְּרָלָמוּסְיָה, תֹּהוּ וָבֹהוּ
**mud′dy *adj.* *v.t.*** (מַדִי) בָּצִי, מְרֻפָּשׁ; עָכוּר; כֵּהֶה; מְבֻלְבָּל; מְעֻרְפָּל; הִדְלִיחַ; רִפֵּשׁ, לִכְלֵךְ בְּבֹץ; הִשְׁמִיץ
**mud′guard″ *n.*** (מַדְגַרְד) כָּנָף (שֶׁל מְכוֹנִית)
**muff *n.* & *v.t.*** (מַף) מוּף, יְדוֹנִית; צִיֵּץ נוֹצוֹת; מֶחְדָּל, מִשְׁגֶּה; הִתְרַשֵּׁל; שָׁגָה וְלֹא תָּפַשׂ, נִכְשַׁל, ״פִּסְפֵּס״
**muf′fin *n.*** (מַפִן) לַחְמָנִיָּה עֲגֻלָּה (עֲשׂוּיָה קֶמַח חִטִּים אוֹ קֶמַח תִּירָס)
**muf′fle *v.t.*** (מַפְל) עָטַף, עִמְעֵם (קוֹל)
**muf′fler *n.*** (מַפְלֶר) סוּדָר סָמִיךְ; עַמָּם; עַמְעֶמֶת
**muf′ti *n.*** (מַפְטִי) לְבוּשׁ אֶזְרָחִי; מֻפְתִּי
**mug *n.* & *v.t.* & *i.*** (מַג) כַּד שְׁתִיָּה; פַּרְצוּף; חַמְסָן; תָּקַף, שָׁדַד; עִוָּה פָּנִים
**mug′ger *n.*** (מַגֶר) חַמְסָן, גַּזְלָן; מְעַוֶּה פָּנִים, ״עוֹשֶׂה פַּרְצוּפִים״
**mug′gy *adj.*** (מַגִי) לַח וּמֵעִיק
**mulatto *n.*** (מֻלֶטוֹ) מוּלָט
**mul′berry *n.*** (מַלְבֶּרִי) תּוּת
**mulch *n.*** (מַלְץ׳) קַשׁ, עָלִים אוֹ זֶבֶל (מִסָּבִיב לַצְּמָחִים)
**mule *n.*** (מְיוּל) פֶּרֶד, פִּרְדָּה; עַקְשָׁן; נַעַל בַּיִת, ״פַּנְטוֹפֶל״
**mu″leteer′ *n.*** (מְיוּלֶטִיר) נַהַג־פְּרָדִים
**multi-,** (מַלְטִי־) רַב־, מְרֻבֵּה־
**mul′tiple *adj.* & *n.*** (מַלְטֶפֶּל) מְרֻבֶּה; כְּפוּלָה
**mul″tiplica′tion *n.*** (מַלְטִפְּלִקֵישֶׁן) הַכְפָּלָה; כֶּפֶל
**mul′tipli′city *n.*** (מַלְטֶפְּלִסִטִי) מִסְפָּר רַב; רִבּוּי
**mul′tiply″ *v.t.* & *i.*** (מַלְטֶפְּלַי) הִרְבָּה; הִכְפִּיל; הִרְבָּה
**mul′titude″ *n.*** (מַלְטִטוּד) מִסְפָּר רַב; הָמוֹן; רִבּוּי
**mum *adj.*** (מַם) שָׁקֵט, שׁוֹתֵק
**— s the word** יָפָה הַשְּׁתִיקָה
**mum′ble *v.i.*** (מַמְבְּל) מִלְמֵל
**mum′bo jum′bo *n.*** (מַמְבּוֹ גַ׳מְבּוֹ) לַחַשׁ נַחַשׁ חֲסַר־שַׁחַר

**mum'my** *n.* (מַמִי) חָנוּט; אָדָם כָּחוּשׁ וּמְקֻמָּט

**mumps** *n.* (מַמְפְּס) חַזֶּרֶת

**munch** *v.t.* (מַנְץ׳) לָעַס בְּקוֹל

**mundane'** *adj.* (מַנְדֵין) שֶׁל הָעוֹלָם הַזֶּה; יוֹמְיוֹמִי; פָּשׁוּט, רָגִיל, נָדוֹשׁ

**munic'ipal** *adj.* (מְיוּנִסְפֵּל) עִירוֹנִי, מוּנִיצִיפָּלִי

**munic"ipali'ty** *n.* (מְיוּנִסְפֶּלְטִי) עִיר, עֲיָרָה; עִירִיָּה

**munif'icent** *adj.* (מְיוּנִפִסֶנְט) נָדִיב

**muniti'ons** *n. & t.* (מְיוּנִשֶׁנְז) צִיּוּד־מִלְחָמָה; צִיּוּד

**mur'al** *adj. & n.* (מְיוּרֵל) שֶׁל קִיר, דּוֹמֶה לְקִיר; עַל קִיר, מְחֻבָּר לְקִיר; צִיּוּר קִיר

**mur'der** *n. & v.t. & i.* (מֶרְדֶר) רֶצַח; דָּבָר קָשֶׁה בְּיוֹתֵר; רָצַח; קִלְקֵל, הִשְׁחִית

**mur'derer** *n.* (מֶרְדֶרֶר) רוֹצֵחַ

**mur'derous** *adj.* (מֶרְדֶרֶס) רַצְחָנִי, קָשֶׁה מְאֹד, מְסֻכָּן מְאֹד

**murk** *n.* (מֶרְק) חֹשֶׁךְ, אֲפֵלָה; עֲרָפֶל

— **y** *adj.* קוֹדֵר, אָפֵל; מְעֻרְפָּל

**mur'mur** *n. & v.i.* (מֶרְמֶר) רִשְׁרוּשׁ, הֶמְיָה; רִטּוּן; לָחַשׁ; רָטַן

**musc'le** *n.* (מַסְל) שְׁרִיר; כֹּחַ גּוּפָנִי

— **in** *v.i.* הִתְפָּרֵץ בְּמִרְמָה אוֹ בְּכֹחַ

**mus'cular** *adj.* (מַסְקְיֻלֶר) שְׁרִירִי; חָזָק, בַּעַל גּוּף

**muse** *v.i.* (מְיוּז) הִרְהֵר

**Muse** מוּזָה, בַּת־הַשִּׁיר

**mus'eum** *n.* (מְיוּזִיאֶם) מוּזֵיאוֹן, בֵּית נְכוֹת

**mush** *n.* (מַשׁ) דַּיְסַת קֶמַח תִּירָס; גּוּשׁ סָמִיךְ; סֶנְטִימֶנְטָלִיּוּת רַכְרוּכִית

**mush'room** *n. & v.t.* (מַשְׁרוּם) פִּטְרִיָּה; לִקֵּט פִּטְרִיּוֹת; לָבַשׁ צוּרַת פִּטְרִיָּה; הִתְפַּשֵּׁט בִּמְהִירוּת

**mu'sic** *n.* (מְיוּזִק) מוּסִיקָה; פַּרְטִיטוּרָה, תָּוִים; נְעִימָה

face the — קִבֵּל עַל עַצְמוֹ אַחֲרָיוּת לְמַעֲשָׂיו וְהָעֹנֶשׁ הַכָּרוּךְ בָּהּ

**mu'sical** *adj.* (מְיוּזִקְל) מוּסִיקָלִי; הַרְמוֹנִי, עָרֵב, נָעִים; חוֹבֵב מוּסִיקָה, בָּקִי בְּמוּסִיקָה

— comedy מַחֲזֶמֶר

**mus'ician** *n.* (מְיוּזִשֶׁן) מוּסִיקַאי

**musk** *n.* (מַסְק) מֹשֶׁק

**mus'ket** *n.* (מַסְקֶט) רוֹבֶה (מסוג ישן, בעל קדח רחב ללא חירוק)

**mus"keteer"** *n.* (מַסְקֶטִיר) רוֹבַאי

**mus'ketry** *n.* (מַסְקֶטְרִי) אִפּוּס אֵשׁ אוֹטוֹמָטִי; רוֹבִים; רוֹבָאִים

**mus'lin** *n.* (מַזְלִן) מוּסְלִין

**muss (up)** *v.t.* (מַס) פָּרַע, סָתַר, עָשָׂה אִי־סֵדֶר

**mus'sel** *n.* (מַסְל) צִדְפָּה

**Mus'sulman** *n.* (מַסְלְמֶן) מֻסְלְם

**must** *aux. v. & v.i. & n.* (מַסְט) מֻכְרָח, חַיָּב; צָרִיךְ; עָתִיד ל־; הֶכְרֵחַ

**mustache'** *n.* (מֶסְטֶשׁ) שָׂפָם

**mus'tard** *n.* (מַסְטֶרְד) חַרְדָּל

**mus'ter** *v.t.* (מַסְטֶר) כִּנֵּס, הִקְהִיל, הִזְעִיק; אָסַף; הִתְכַּנֵּס

— **in** הִתְגַּיֵּס

— **out** הִשְׁתַּחְרֵר

— *n.* מִפְקָד, הִתְקַהֲלוּת, כִּנּוּס

pass — עָמַד בַּדְּרִישׁוֹת

**mus'ty** *adj.* (מַסְטִי) מַעֲלֶה רֵיחַ עֹבֶשׁ; מְעֻבָּשׁ; מְיֻשָּׁן; מְשַׁעֲמֵם, אָדִישׁ

**mute** *adj. & n. & v.t.* (מְיוּט) אִלֵּם; שׁוֹתֵק; שָׁקֵט; לֹא־מִבְטָא; נָח, נִסְתָּר; עַמְעֶמֶת; עִמֵּם, סָתַם (צלילים); הִפְחִית עָצְמָה

**mut'ilate"** *v.t.* (מְיוּטֶלֵיט) הֵטִיל מוּם

**mut"ineer'** *n.* (מְיוּטֶנִיר) מוֹרֵד

**mut'iny** *n. & v.t.* (מְיוּטֶנִי) מֶרֶד, הִתְקוֹמְמוּת; מָרַד, הִתְקוֹמֵם

**mut'ter** *v.i. & t.* (מַטֶר) מִלְמֵל, לָחַשׁ; רָטַן

**mut'ton** *n.* (מַטְן) בְּשַׂר כֶּבֶשׂ

**mu'tual** *adj.* (מְיוּצ׳וּאֶל) הֲדָדִי; מְשֻׁתָּף; שֶׁל עֶזְרַת גּוֹמְלִין

**muz'zle** *n.* (מַזְל) לֹעַ; זְמָם; מַחְסוֹם; חַרְטוֹם (של בעל חיים), הָאַף וְהַפֶּה (של בעל חיים); הִרְכִּיב זְמָם; חָסַם

**my** *pron. & interj.* (מַי) שֶׁלִּי; אֶה (לאות הפתעה)

**myriad** *n. & adj.* (מִרִיאֶד) מִסְפָּר רַב מְאֹד,

הַרְבֵּה מְאֹד; רְבָבָה; אֵין־סְפוֹר, לֹא יְסֻפַּר מֵרֹב; רַב־פָּנִים

**myrrh** *n.* (מֶר) מֹר

**myr'tle** *n.* (מֶרְטְל) הֲדַס

**myself'** *pron.* (מַיסֶלְף) עַצְמִי, בְּעַצְמִי; אוֹתִי; אִישִׁיּוּתִי כִּתְמוֹל שִׁלְשׁוֹם

**myster'ious** *adj.* (מִסְטִירִיאֲס) מִסְתּוֹרִי, מְעֻרְפָּל, סָתוּם, כְּחִידָה

**mys'tery** *n.* (מִסְטֲרִי) מִסְתּוֹרִין, כִּבְשׁוֹן; סוֹדִיּוּת; סִפּוּר; בַּלָּשׁ; רָז; טֶקֶס (נוצרי); מִקְרֶה בְּחַיֵּי יֵשׁוּ אוֹ אִמּוֹ

**— ies** דָּת שֶׁטְּקָסֶיהָ סוֹדִיִּים; טִקְסֵי־סוֹד; הַלֶּחֶם וְהַיַּיִן בְּסֻלְחָן נוֹצְרִי

**— play** מַחֲזֶה עַל מְאֹרָע בְּחַיֵּי יֵשׁוּ

**mys'tic** *n.* (מִסְטִק) מִיסְטִיקָן, בָּקִי בְּחָכְמַת הַנִּסְתָּר, מַאֲמִין בְּחָכְמַת הַסּוֹד

**— (al)** *adj.* מִיסְטִי, סִמְלִי, שֶׁל חָכְמַת הַנִּסְתָּר; שֶׁל מִיסְטִיקָנִים

**mys'ticis"m** *n.* (מִסְטִסִזְם) מִיסְטִיקָה, תּוֹרַת הַסּוֹד; הִרְהוּרֵי רָזִים

**mys'tify"** *v.t.* (מִסְטִפַי) בִּלְבֵּל, גָּרַם מְבוּכָה; הִטְעָה; הִשְׁרָה מִסְתּוֹרִין

**mystique'** *n.* (מִסְטִיק) מִשְׁנַת־הַעֲרָצָה; אֲוִירַת מִסְתּוֹרִין; הִלַּת כֹּחַ נִסְתָּר

**myth** *n.* (מִת׳) מִיתוֹס, אַגָּדַת קְדוּמִים; מָשָׁל, אַלֶּגוֹרְיָה; אַגָּדָה

**myth'ical** *adj.* (מִת׳קְל) אַגָּדִי; שֶׁל מִיתוֹס; עוֹסֵק בְּאַגָּדוֹת; דִּמְיוֹנִי

**mythol'ogy** *n.* (מִת׳וֹלֲגִ׳י) מִיתוֹלוֹגְיָה

# N

**N, n,** *n.* (אֶן) נ׳, הָאוֹת הָאַרְבַּע־עֶשְׂרֵה בָּאָלֶפְבֵּית הָאַנְגְּלִי

**nab** *v.t.* (נֶב) תָּפַס, אָסַר

**nag** *v.t. & i. & n.* (נֶג) הֵצִיק (בדרישות ובתלונות), כִּרְסֵם, מָצָא מוּמִים; מֵצִיק; סוּס זָקֵן, סוּס

**nail** *n.* (נֵיל) מַסְמֵר; צִפֹּרֶן

hit the — on the head קָלַע לַמַּטָּרָה, קָלַע "בּוּל"

— *v.t.* חִבֵּר בְּמַסְמֵר, סִמֵּר; תָּפַס

**naive'** *adj.* (נָאִיב) תָּמִים, נָאִיבִי

**na'ked** *adj.* (נֵיקֶד) עָרֹם, חָשׂוּף; מְחֻסָּר, רֵיק, לְלֹא רִהוּט; לְלֹא מִשְׁקָפַיִם; חֲסַר־מָגֵן; נִגְלֶה

**na'kedness** *n.* (נֵיקֶדְנֶס) מַעֲרֻמִּים

**name** *n.* (נֵים) שֵׁם; שֵׁם גְּנַאי; מוֹנִיטִין, אָדָם נוֹדָע

to one's — בִּרְשׁוּתוֹ

— *v.t.* קָרָא שֵׁם; נָקַב בְּשֵׁם, קָרָא בְּשֵׁם, זִהָה; מִנָּה

**name'-drop"ping** *n.* (נֵים־דְרוֹפִּנְג) הַזְכָּרַת שְׁמוֹת אֲנָשִׁים נוֹדָעִים (כאילו הם ידידיו)

**name'ly** *adj.* (נֵימְלִי) כְּלוֹמַר, דְּהַיְינוּ

**name'sake"** *n.* (נֵימְסֵיק) בַּעַל אוֹתוֹ שֵׁם

**nan'ny goat"** (נֶנִי גוֹט) עֵז

**nap** *v.i. & t. & n.* (נֶפּ) הִתְנַמְנֵם, חָטַף שֵׁנָה; רִפָּה עֵרָנוּת; תְּנוּמָה; שֵׁנָה חֲטוּפָה; פִּקְסֵי סִיבִים

**nape** *n.* (נֵיפּ) עֹרֶף

**nap'kin** *n.* (נֶפְּקִין) מַפִּית

**narcis'sus** *n.* (נַרְסִסֶס) נַרְקִיס

**narcot'ic** *n. & adj.* (נַרְקוֹטִק) סַם; סַם מְשַׁכֵּר; נַרְקוֹמָן; מַרְדִּים; שֶׁל סַמִּים

**nar'rate** *v.t. & i.* (נֶרֵיט) סִפֵּר, הִגִּיד

**nar'ration** *n.* (נֶרֵישְׁן) סִפּוּר, הַגָּדָה

**nar'rative** *n. & adj.* (נֶרֶטִב) סִפּוּר, הַגָּדָה; תּוֹרַת הַסִּפּוּר; סִפּוּרִי

**nar'row** *adj. & v.i. & t.* (נֶרוֹ) צַר; זָעוּם; מַסְפִּיק בְּקֹשִׁי; תָּלוּי בְּחוּט הַשַּׂעֲרָה; נַעֲשָׂה צַר; הֵצֵר; צִמְצֵם בְּהַדְרָגָה; מָקוֹם צַר, מֵצַר; מַעֲבָר צַר

— minded צַר־מֹחַ, צַר־אֹפֶק

**nar'rowness** *n.* (נֶרוֹנֶס) צָרוּת

**na'sal** *adj.* (נֵיזֶל) אַפִּי, חָטְמִי

**na'stiness** *n.* (נֶסְטִינֶס) טִנּוּף, גֹּעַל; רִשְׁעוּת; רֹעַ

**nastur'tium** *n.* (נַסְטֶרְשֶׁם) טְרוֹפֵּיאוֹלִיּוּם, כּוֹבַע־הַנָּזִיר, נַסְטוּרְצְיָה

**nas'ty** *adj.* (נֶסְטִי) מְטֻנָּף; גָּעֳלִי; גַּס; זְדוֹנִי; רַע

**na'tion** *n.* (נֵישְׁן) עַם, אֻמָּה, לְאֹם, מְדִינָה

**nat'ional** *adj. & n.* (נֶשֶׁנַל) לְאֻמִּי; אַרְצִי; נָתִין, אֶזְרָח

**natio'nalis"m** *n.* (נֶשֶׁנַלִזְם) לְאֻמִּיּוּת; לְאֻמָּנוּת

**nati'onalist** *n. & adj.* (נֶשֶׁנַלִסְט) לְאֻמָּן; דּוֹגֵל בְּעַצְמָאוּת לְאֻמִּית; לְאֻמָּנִי

**natio'nali'ty** *n.* (נֶשֶׁנֶלְטִי) לְאֹם, שַׁיָּכוּת לְאֻמִּית, נְתִינוּת

**natio'nalize"** *v.t.* (נֶשֶׁנַלַיְז) הִלְאִים

**na"tionaliza'tion** *n.* (נֶשֶׁנַלִיזֵישְׁן) הַלְאָמָה

**na'tioniwide"** *adj.* (נֵישֶׁנְוַיְד) בְּרַחֲבֵי הַמְּדִינָה

**nat'ive** *adj.* (נֵיטִב) שֶׁל מְקוֹם מוֹלַדְתּוֹ; מִלֵּדָה; אָפְיָנִי לְאֵזוֹר מְסֻיָּם; שֶׁל הַיְלִידִים; טִבְעִי; מָצוּי בַּטֶּבַע

go — נָהַג כִּילִידֵי הַמָּקוֹם

— *n.* יָלִיד, תּוֹשָׁב וָתִיק

**nativi'ty** *n.* (נֶטִוִטִי) הוּלֶדֶת, לֵדָה (ביחס לתנאים מסוימים), מוֹלָד

**nat'ty** *adj.* (נֶטִי) מְצֻחְצָח

**natu'ral** *adj. & n.* (נֶצְ׳רַל) טִבְעִי, צָפוּי; מִלֵּדָה; נֶאֱמָן לַמָּקוֹר; שֶׁל מַדָּעֵי הַטֶּבַע; לֹא־חֻקִּי; מֻכְשָׁר

**natu'ralist** *n.* (נֶצְ׳רַלִסְט) חוֹקֵר הַטֶּבַע; זוֹאוֹלוֹג, בּוֹטָנַאי

**nat"uraliza'tion** *n.* (נֶצְ׳רַלִיזֵישְׁן) אִזְרוּחַ; סִגּוּל; הַתְאָמָה; הִתְאַזְרְחוּת

**nat'uralize"** *v.t.* (נֶצְ׳רַלַיְז) אִזְרֵחַ;

הֶעֱנִיק אֶזְרָחוּת; סִגֵּל; הִנְהִיג; הִתְאִים לַטֶּבַע; הִתְאַזְרַחַ; הִסְתַּגֵּל

**nat'uralness** *n.* (נֶצְ'רַלְנֶס) טִבְעִיּוּת

**na'ture** *n.* (נֵיצְ'ר) טֶבַע

**naught** *n.* (נוֹט) אֶפֶס; לֹא־כְלוּם; כִּשָּׁלוֹן חָרוּץ

set at — זִלְזֵל בְּ־; בִּטֵּל

**naugh'tiness** *n.* (נוֹטִינֶס) מְרִי; שׁוֹבְבוּת; הוֹלְלוּת

**naugh'ty** *adj.* (נוֹטִי) מַרְדָנִי, סוֹרֵר; שׁוֹבְבָנִי; הוֹלְלָנִי, לֹא־מוּסָרִי, שֶׁל פּוֹרְקֵי־עֹל

**nau'sea** *n.* (נוֹזִיאָה; נוֹשָׁה) בְּחִילָה, שְׁאָט־נֶפֶשׁ

**nau'seate"** *v.t.* (נוֹזִיאֵיט; נוֹשִׁיאֵיט) גָּרַם בְּחִילָה; גָּרַם שְׁאָט־נֶפֶשׁ

**nau'seous** *adj.* (נוֹשֶׁס) גּוֹרֵם בְּחִילָה, חָשׁ בְּחִילָה

**nau'tical** *adj.* (נוֹטִקְל) יַמִּי; שֶׁל יַמָּאוּת, שֶׁל אֳנִיּוֹת, שֶׁל יַמָּאִים

**na'val** *adj.* (נֵיבְל) שֶׁל חֵיל הַיָּם; שֶׁל אֳנִיּוֹת; שֶׁל אֳנִיּוֹת־קְרָב; בַּעֲלַת חֵיל יַמִּי; יַמִּי

**nave** *n.* (נֵיב) אוּלָם־תָּוֶךְ

**na'vel** *n.* (נֵיבְל) טַבּוּר; מֶרְכָּז

**nav'igable** *adj.* (נֶוְגֶבְל) מַתְאִים לְשַׁיִט; נִתָּן לְנִוּוּט

**nav'igate"** *v.t.* & *i.* (נֶוְגֵיט) עָבַר; נִוֵּט

**navi"ga'tion** *n.* (נֶוְגֵישְׁן) ווּט, נַוָּטוּת

**navi'ga"tor** *n.* (נֶוְגֵיטְר) נַוָּט, סַפָּן, סַיַּר יַמִּים

**na'vy** *n.* (נֵיבִי) יַמִּיָּה, חֵיל־יָם; מִשְׂרַד הַיַּמִּיָּה; כָּחֹל כֵּהֶה

**nay** *adv.* & *n.* (נֵי) לֹא; לֹא זוֹ בִּלְבַד; אוּלָם, אָמְנָם; סֵרוּב, הַכְחָשָׁה; הַצְבָּעָה נֶגֶד; מַצְבִּיעַ נֶגֶד

**Na'zi** *n.* (נָצִי) נָאצִי

**near** *adv.* & *adj.* (נִיר) עַל יַד, קָרוֹב לְ־; קָרוֹב; כִּמְעַט; סָמוּךְ; יָשִׁיר; קָרוֹב יוֹתֵר; מִקָּרֹב; עַל סַף; שֶׁעַל סַף כִּשָּׁלוֹן

— at hand בַּסְּבִיבָה הַמִּיָּדִית; בֶּעָתִיד הַקָּרוֹב

— *prep.* & *v.i.* בְּקִרְבַת מָקוֹם; בְּקִרְבַת זְמַן, מִתְקָרֵב לְ־; הִתְקָרֵב, קָרַב

**near'by'** *adj.* & *adv.* (נִירְבַּי) קָרוֹב, סָמוּךְ, שָׁכֵן; בְּקִרְבַת מָקוֹם

**near'ly** *adv.* (נִירְלִי) כִּמְעַט; דּוֹמֶה מְאֹד, קָרוֹב מְאֹד

**near'ness** *n.* (נִירְנֶס) קִרְבָה

**near'sigh"ted** *adj.* (נִירְסַיטֶד) קְצַר רְאִיָּה

**neat** *adj.* (נִיט) מְסֻדָּר, בַּעַל הוֹפָעָה פְּשׁוּטָה וּמְסֻדֶּרֶת; יָעִיל; "עָצוּם"; טָהוֹר, לֹא־מָהוּל; נָטוֹ, נָקִי

**neat'ness** *n.* (נִיטְנֶס) סֵדֶר, הוֹפָעָה פְּשׁוּטָה וּמְסֻדֶּרֶת

**neb'ula** *n.* (נֶבְיֻלָה) עֲרָפִלִית

**neb'ulous** *adj.* (נֶבְיֻלֶס) מְעֻרְפָּל; עַרְפִלִּי

**nec'essar"y** *adj.* (נֶסֶסֶרִי) הֶכְרֵחִי; נָחוּץ; שֶׁל חוֹבָה

**neces'sity** *n.* (נֶסֶסִטִי) צֹרֶךְ; כֹּרַח, הֶכְרֵחַ; מַחְסוֹר

**neck** *n.* (נֶק) צַוָּאר; מֵצַר

breakone's — עָשָׂה מַאֲמָץ עֶלְיוֹן

— and — קָרוֹב מְאֹד, זֶה עַל יַד זֶה; בַּעַל תּוֹצָאוֹת מְעֻרְפָּלוֹת

stick one's — out הִסְתַּכֵּן, חָשַׂף עַצְמוֹ לְסַכָּנָה אוֹ הוֹקָעָה

win by a — זָכָה בְּהֶפְרֵשׁ קָטָן

— *v.i.* הִתְמַזְמֵז

**neck'erchief** *n.* (נֶקֶרְצִ'ף) עֲנִיבָה, מִטְפַּחַת (לצוואר)

**neck'lace** *n.* (נֶקְלֶס) עֲנָק, רָבִיד, מַחֲרֹזֶת

**neck'tie"** *n.* (נֶקְטַי) עֲנִיבָה

**necrol'ogy** *n.* (נֶקְרוֹלֶגִ'י) הוֹדָעַת פְּטִירָה; רְשִׁימַת נִפְטָרִים

**nec'romancy** *n.* (נֶקְרֶמֶנְסִי) כִּשּׁוּף, מַגְיָה דְּרִישָׁה אֶל הַמֵּתִים, מַעֲשֵׂה אוֹב

**nec'tar** *n.* (נֶקְטֶר) צוּף; שִׁקּוּי הָאֵלִים

**née** *adj.* (נֵי) נוֹלְדָה, לְמִשְׁפַּחַת־, לְבֵית־

**need** *n.* & *v.t.* (נִיד) צֹרֶךְ; הֶכְרֵחַ; צָרָה, מְצוּקָה; מַחְסוֹר; הָיָה זָקוּק לְ־, צָרִיךְ; הָיָה שָׁרוּי בְּמַחְסוֹר

**need'ful** *adj.* (נִידְפֶל) נָחוּץ

**nee'dle** *n.* & *v.t.* (נִידְל) מַחַט; צִנּוֹרָה, מַסְרֵגָה; זְרִיקָה; אוֹבֶּלִיסְק; תָּפַר בְּמַחַט, דָּקַר בְּמַחַט; דִּרְבֵּן; קִנְטֵר

**need'less** *adj.* (נִידְלֶס) לֹא־נָחוּץ; שֶׁלֹּא לְצֹרֶךְ

**nee'dy** *adj.* (נִידִי) נִצְרָךְ, עָנִי

**ne'er** *See* **never** (נֵר)

**nega'tion** *n.* (נֶגֵישֶׁן) שְׁלִילָה, הַכְחָשָׁה, אִיּוּן; אַיִן; הֶעְדֵּר, נִגּוּד; סְתִירָה, הֲזַמָּה

**neg'ative** *adj.* & *n.* (נֶגֶטִב) שְׁלִילִי; שֶׁל סֵרוּב; שֶׁל אִסּוּר; פּוֹשֵׁר; חֲסַר־תּוֹעֶלֶת; שְׁלִילָה; סֵרוּב; הַצַּד שֶׁכְּנֶגֶד, שׁוֹלְלִים; תְּכוּנָה שְׁלִילִית; נֶגָטִיב, תַּשְׁלִיל

**neglect'** *v.t.* & *n.* (נִגְלֶקְט) הִזְנִיחַ, הִתְעַלֵּם מ־, נָהַג בְּרַשְׁלָנוּת; לֹא חָשַׁב לְנָחוּץ ל־; רַשְׁלָנוּת, הַזְנָחָה, זִלְזוּל

**neglect'ful** *adj.* (נִגְלֶקְטְפֶל) רַשְׁלָנִי, מַזְנִיחַ, מִתְעַלֵּם מ־; מְזַלְזֵל בּ־, לֹא־זָהִיר

**neg"ligee'** *n.* (נֶגְלִזֵ׳י) חָלוּק; לְבוּשׁ לֹא־קַפְּדָנִי, לְבוּשׁ סְפּוֹרְטִיבִי

**neg'ligence** *n.* (נֶגְלִגֶ׳נְס) רַשְׁלָנוּת

**neg'ligent** *adj.* (נֶגְלִגֶ׳נְט) רַשְׁלָנִי, מְרֻשָּׁל; אָדִישׁ, לֹא־זָהִיר, לֹא־קַפְּדָנִי

**neg'ligible** *adj.* (נֶגְלִגִ׳בְּל) מְבֻטָּל, שֶׁל מָה בְּכָךְ

**nego'tiate"** *v. j.* & *t.* (נִגוֹשִׁיאֵיט) נָשָׂא וְנָתַן, נִהֵל מַשָּׂא וּמַתָּן; סִדֵּר לְאַחַר דִּיּוּן; נִהֵל; הִתְקַדֵּם; טִפֵּל בִּמְכִירָה וְהַעֲבָרָה; הֶעֱבִיר בַּעֲלוּת

**nego"tia'tion** *n.* (נִגוֹשִׁיאֵישֶׁן) מַשָּׂא וּמַתָּן, נִהוּל מַשָּׂא וּמַתָּן

**Ne'gro** *adj.* & *n.* (נִיגְרוֹ) כּוּשִׁי

**neigh** *v.i.* & *n.* (נֵי) צָהַל, צְהִילָה

**neigh'bor** *n.* (נֵיבְּר) שָׁכֵן; רֵעַ, חָבֵר; אָדָם, הַזּוּלַת; מֵיטִיב

**neigh'borhood"** *n.* (נֵיבֶּרְהֻד) שְׁכוּנָה; שְׁכֵנוּת; סְבִיבָה; קִרְבָה

in the — of בְּקֵרוּב, כִּמְעַט, בְּעֵרֶךְ

**neigh'boring** *adj.* (נֵיבֶּרִנְג) סָמוּךְ

**neigh'borly** *adj.* (נֵיבֶּרְלִי) יְדִידוּתִי

**nei'ther** *conj.* & *adj.* & *pron.* (נִידֶ׳ר; נַיְדֶ׳ר) לֹא...; אַף אֶחָד מֵהַשְּׁנַיִם; וְגַם לֹא

**neph'ew** *n.* (נֶפְיוּ) אַחְיָן

**nerve** *n.* (נֶרְב) עָצָב; גִּיד; כֹּחַ; מֶרֶץ; אֹמֶץ; חֻצְפָּה

— s עַצְבָּנוּת

**ner'vous** *adj.* (נֶרְוַס) עַצְבָּנִי; עֲצַבִּי; בַּעַל עֲצַבִּים; שֶׁל עֲצַבִּים, מַשְׁפִּיעַ עַל הָעֲצַבִּים; מְאֻפְיָן עַל יְדֵי עֲצַבִּים לוֹקִים, מָלֵא חֲשָׁשׁוֹת

**nerv'ousness** *n.* (נֶרְוַסְנֶס) עַצְבָּנוּת

**ner'vy** *adj.* (נֶרְוִי) חָצוּף; אַמִּיץ; חָזָק

**nest** *n.* & *v.i.* (נֶסְט) קֵן; שׁוֹכְנֵי־קֵן; מְקוֹם מַרְגּוֹעַ, פִּנַּת חֶמֶד; מַעֲרֶכֶת; מְאוּרָה; שׁוֹכְנֵי־מְאוּרָה; בָּנָה קֵן, קִנֵּן; הִתְאִים אֶחָד בְּתוֹךְ הַשֵּׁנִי

**nest' egg"** (נֶסְטֶאג) פִּקָּדוֹן לִשְׁעַת הַצֹּרֶךְ; כֶּסֶף לְעֵת פְּרִישָׁה; בֵּיצַת־פִּתּוּי

**nes'tle** *v.i.* & *t.* (נֶסְל) הִתְרַפֵּק עַל; הִתְכַּנֵּף; חָסָה; הֵנִיחַ בְּחִבָּה

**nest'ling** *n.* (נֶסְטְלִנְג) גּוֹזָל

**net** *n.* & *v.i.* & *adj.* (נֶט) רֶשֶׁת; מַלְכֹּדֶת; רִשֵּׁת; הַכְנָסָה נֶטוֹ, רֶוַח נָקִי; לָכַד בְּרֶשֶׁת; לָכַד; חָבַט לְתוֹךְ הָרֶשֶׁת (כדור טניס): הִרְוִיחַ רֶוַח נָקִי; נֶטוֹ, נָקִי; סוֹפִי

**neth'er** *adj.* (נֶדֶ׳ר) תַּחְתִּי, מִתַּחַת לִפְנֵי כַּדּוּר הָאָרֶץ; תַּחְתּוֹן

**Neth'erlands, the** (דֶ׳ נֶדֶ׳רְלַנְדְז) הוֹלַנְד

**net'ting** *n.* (נֶטִנְג) מַעֲשֵׂה רֶשֶׁת, רִשּׁוּת

**net'tle** *n.* & *v.i.* (נֶטְל) סִרְפָּד; הִרְגִּיז, עִקְצֵץ

**net'work"** *n.* (נֶטְוֶרְק) רֶשֶׁת, מַעֲשֵׂה רֶשֶׁת

**neuro'sis** *n.* (נוּרוֹסִס) נֵאוּרוֹזָה, נֶוְרוֹזָה; עַצֶּבֶת

**neu'ter** *adj.* & *n.* (נוּטֶר): (פועל) סְתָמִי, עוֹמֵד לֹא־מִינִי; נֵיטְרָלִי; מִין סְתָמִי; פֹּעַל עוֹמֵד; בַּעַל חַיִּים מְסֹרָס

**neu'tral** *adj.* & *n.* (נוּטְרַל) נֵיטְרָלִי; לֹא־מֻגְדָּר; אָפֹר, אַכְרוֹמָטִי; לְלֹא הִלּוּכִים

**neutral'ity** *n.* (נוּטְרֶלִטִי) נֵיטְרָלִיּוּת

**neu'tralize"** *v.t.* (נוּטְרַלַיְז) נִטְרֵל; בִּטֵּל

**nev'er** *adv.* (נֶוְר) מֵעוֹלָם לֹא, לְעוֹלָם לֹא, אַף פַּעַם לֹא; בְּשׁוּם פָּנִים וָאֹפֶן לֹא; כְּלָל לֹא

**nev'ertheless"** *adv.* (נֶוֶרְדֶ׳לֶס) בְּכָל זֹאת, יָתֵר עַל כֵּן, אַף עַל פִּי כֵן

**new** *adj.* & *adv.* & *n.* (נוּ) חָדָשׁ; זָר; לֹא־מֻרְגָּל; מִקָּרוֹב, זֶה עַתָּה

**new'ly** *adv.* (נוּלִי) מִקָּרוֹב, בָּעֵת הָאַחֲרוֹנָה, זֶה לֹא כְּבָר; מֵחָדָשׁ; בְּצוּרָה מְחֻדֶּשֶׁת

**news** *n.* (נוּז) חֲדָשׁוֹת, מֵידָע; רָאוּי לְסִקּוּר בְּעִתּוֹן

**news'man"** *n.* (נוּזְמֶן) עִתּוֹנַאי

**news'pa"per** *n.* (נוּזְפֵּיפְּר) עִתּוֹן

**news'pa"perman** *n.* (נוּזְפֵּיפְּרְמֶן) עִתּוֹנַאי; בַּעֲלֵי עִתּוֹן

**news'print"** *n.* (נוּזְפְּרִנְט) נְיַר עִתּוֹן

**news'reel"** *n.* (נוּזְרִיל) יוֹמַן חֲדָשׁוֹת

**New' Tes'tament** *n.* (נוּ טֶסְטֲמֶנְט) הַבְּרִית הַחֲדָשָׁה

**next** *adj.* (נֶקְסְט) הַבָּא, הַבָּא בַּתּוֹר; סָמוּךְ; קָרוֹב בְּיוֹתֵר

— door to בְּבֵית סָמוּךְ, בִּשְׁכֵנוּת

— *adv.* בְּקָרוֹב בְּיוֹתֵר; בַּהִזְדַּמְּנוּת הָרִאשׁוֹנָה, בַּפַּעַם הַבָּאָה

— to כִּמְעַט

— *prep.* עַל יַד, סָמוּךְ לְ־

**nib** *n.* (נִבּ) צִפֹּרֶן (של עט): מַקּוֹר; חַד

**nib'ble** *v.i. & ti. & n.* (נִבְּל) נָגַס חֲתִיכוֹת קְטַנּוֹת, נָגַס נְגִיסוֹת קַלּוֹת; אָכַל חֲתִיכוֹת קְטַנּוֹת; חֲתִיכָה קְטַנָּה, נְגִיסָה קַלָּה

**nice** *adj.* (נַיס) נָעִים, נוֹחַ; קַפְּדָנִי, מְדַקְדֵּק, דַּק; עָדִין, מְעֻדָּן; נָאֶה, נֶחְמָד, יָפֶה

**ni'cety** *n.* (נַיסִטִי) דַּקּוּת; הַבְחָנָה דַּקָּה; פְּרָט; עֲדִינוּת

— ies אֶלֶגַנְטִיּוּת

to a — בְּדַיְקָנוּת

**niche** *n.* (נִץ') גֻּמְחָה; מָקוֹם מַתְאִים

**nick** *n.* (נִק) חָרִיץ, חָרִיק

in the — of time בְּרֶגַע הַהַכְרָעָה

— *v.t.* חָרַץ, חֵרֵק; פָּגַע פְּגִיעָה קַלָּה; קָלַע; הוֹנָה

**nick'el** *n.* (נִקְל) נִיקֶל; מַטְבֵּעַ בֶּן חֲמִשָּׁה סֶנְטִים (בארה"ב)

**nick'name"** *n.* (נִקְנֵים) כִּנּוּי, שֵׁם לְוַאי

**niece** *n.* (נִיס) אַחְיָנִית

**nig'gard** *n.* (נִגֶּרְד) כִּילַי

**nig'gardly** *adj. & adv.* (נִגֶּרְדְלִי) קַמְצָנִי; בְּקַמְצָנוּת

**nig'ger** *n.* (נִגֶּר) [כינוי סוגע] כּוּשִׁי, כֵּהֵה־עוֹר

**nigh** *adj. & adv.* (נַי) קָרוֹב; קָצָר, יָשִׁיר; כִּמְעַט

**night** *n. & adj.* (נַיט) לַיְלָה; עֶרֶב, בֵּין הָעַרְבַּיִם; חשֶׁךְ, חֲשֵׁכָה; תְּקוּפַת בַּעֲרוּת; תְּקוּפַת מְצוּקָה; לֵילִי, שֶׁל לַיְלָה

**night'cap"** *n.* (נַיטְקֶפּ) כִּפַּת־שֵׁנָה; מַשְׁקֶה מַפְסִיק (לפני שכיבה לישון): הַמְּאֹרָע הָאַחֲרוֹן

**night' clothes"** (נַיט קְלוֹז) בִּגְדֵי שֵׁנָה

**night'fall"** *n.* (נַיטְפוֹל) יְרִידַת הַלַּיְלָה, בּוֹא הַלַּיְלָה

at — עִם חֲשֵׁכָה, בַּעֲרוֹב הַיּוֹם

**night'gown** *n.* (נַיטְגָאוּן) כְּתֹנֶת לַיְלָה

**nigh'tingale** *n.* (נַיטִנְגֵיל) זָמִיר

**night'ly** *adj. & adv.* (נַיטְלִי) לֵילִי, בַּלַּיְלָה; כָּל לַיְלָה; בְּכָל לַיְלָה

**night'mare"** *n.* (נַיטְמֶר) סִיּוּט, חֲלוֹם בַּלָּהוֹת

**nil** *n.* (נִל) לֹא כְלוּם, אֶפֶס

**nim'ble** *adj.* (נִמְבְּל) קַל־תְּנוּעָה, זָרִיז, פָּעִיל; מְהִיר־תְּפִיסָה

**nin'compoop"** *n.* (נִנְקֶמְפּוּפּ) שׁוֹטֶה

**nine** *n. & adj.* (נַין) תִּשְׁעָה (.m), תֵּשַׁע (.f); נִבְחֶרֶת כַּדּוּר בָּסִיס

**nine'teen"** *n. & adj.* (נַינְטִין) תִּשְׁעָה־עָשָׂר (.m), תְּשַׁע־עֶשְׂרֵה (.f)

**nine'tieth** *adj. & n.* (נַינְטִיאִת') הַתִּשְׁעִים, הַחֵלֶק הַתִּשְׁעִים

**nine'ty** *n.* (נַינְטִי) תִּשְׁעִים

**nin'ny** *n.* (נִנִי) פֶּתִי

**ninth** *adj.* (נַינְת') תְּשִׁיעִית

**nip** *v.t. & n.* (נִפּ) צָבַט, נָשַׁךְ; קָרַץ, קָטַם; עָצַר הַתְפַּתְּחוּת, קָטַף בְּאִבּוֹ; צְבִיטָה; נְשִׁיכָה, קְרִיצָה: עֹקֶץ; קֹר עוֹקֵץ, קָרָה

— and tuck שָׁקוּל

**nip'ple** *n.* (נִפְּל) פִּטְמָה; פִּטֹּמֶת, מַצָּץ; נִיפֶּל (צינור מוברג בקצותיו)

**nit** *n.* (נִט) בֵּיצַת כִּנָּה

**ni'trate** *n.* (נַיטְרֵט) חַנְקָה, נִיטְרָט

**ni'trogen** *n.* (נַיטְרֶגֶ'ן) חַנְקָן

**no** *adv. & n. & adj.* (נוֹ) לֹא, אֲפִלּוּ, אֵין, כְּלָל לֹא; לָאו, סֵרוּב, הַכְחָשָׁה, מַצְבִּיעַ נֶגֶד, אוֹמֵר לָאו

**nobil'ity** *n.* (נוֹבִּלְטִי) אֲצִלָה; אֲצִילוּת, שֶׁגֶב

**no'ble** *adj. & n.* (נוֹבְּל) אָצִיל; נַעֲלֶה; בַּעַל הוֹפָעָה מַרְשִׁימָה; מְעֻלֶּה

**no'bleman** *n.* (נוֹבֶּלְמֶן) אָצִיל
**no'bleness** *n.* (נוֹבֶּלְנֶס) אֲצִילוּת
**no'body** *pron. & n.* (נוֹבֶּדִי) אַף אֶחָד; חֲסַר־עֵרֶךְ, אֶפֶס, כְּלוּמַאי
**noctur'nal** *adj.* (נוֹקְטֶרְנַל) לֵילִי; פָּעִיל בַּלַּיְלָה
**nod** *v.i. & t. & n.* (נוֹד) הֵנִיד רֹאשׁ; רֹאשׁוֹ נָד קָדִימָה (מתוך עייפות), הִתְנַמְנֵם; הִתְרַשֵּׁל; הִפְעִיל בְּהֶנֵּד רֹאשׁ; הֶנֵּד רֹאשׁ; תְּנוּמָה
**node** *n.* (נוֹד) בְּלִיטָה, סִיקוּס, כַּפְתּוֹר; מוֹקֵד, מֶרְכָּז, צֹמֶת
**noise** *n.* (נוֹיז) רַעַשׁ; קוֹל; צְעָקָה
**noise'less** *adj.* (נוֹיזְלֶס) שָׁקֵט
**noi'sy** *adj.* (נוֹיזִי) מַרְעִישׁ, רוֹעֵשׁ
**no'mad** *n.* (נוֹמֶד) נַוָּד; נוֹדֵד
**nom'inal** *adj.* (נוֹמִנְל) נוֹמִינָלִי, נִקְרָא, נָקוּב; שֵׁמִי, שֶׁל שֵׁמוֹת, לְפִי הַשֵּׁם; שֶׁמְּנִי
**nom'inate"** *v.t.* (נוֹמִנֵיט) הִצִּיעַ (כמועמד): מִנָּה
**nom"ination** *n.* (נוֹמִנֵישְׁן) בְּחִירָה כְּמֻעֲמָד
**nom'ina"tive** *adj. & n.* (נוֹמִנֵיטִב) שֶׁל יַחֲסַת־הַנּוֹשֵׂא; בַּעַל מִנּוּי; שֵׁמִי; יַחֲסַת־הַנּוֹשֵׂא, נוֹמִינָטִיב
**non'aligned"** *adj.* (נוֹנַלַינְד) בִּלְתִּי־מִזְדַּהֶה
**non"chalant'** *adj.* (נוֹנְשַׁלָנְט) אָדִישׁ, קַר־רוּחַ, שְׁוֵה־נֶפֶשׁ, חֲסַר־עִנְיָן, "לֹא־אִכְפָּתִי"
**non'comis'sioned of'ficer** (נוֹנְקַמִשֶׁנְד אוֹפִסֶר) מַשָּׂ"ק, נַגָּד
**non'confor"mist** *n.* (נוֹנְקַנְפוֹרְמִסְט) מוֹרֵד בַּמֻּסְכָּמוֹת, מוֹרֵד בְּדֵעוֹת מְקֻבָּלוֹת
**non"descript'** *adj.* (נוֹנְדִסְקְרִפְּט) שֶׁאֵין לְהַגְדִּירוֹ, קְשֵׁה־תֵּאוּר
**none** *pron. & adv. & adj.* (נַן) אַף אֶחָד; אַף דָּבָר, אַף חֵלֶק, לְגַמְרֵי לֹא, בְּשׁוּם פָּנִים וָאֹפֶן לֹא
**nonen'tity** *n.* (נוֹנֶנְטִטִי) אֶפֶס, כְּלוּמַאי; לֹא־קַיָּם, דִּמְיוֹנִי
**non'plus** *v.t.* (נוֹנְפְּלַס) הֵבִיךְ לְגַמְרֵי
**non'sense** *n.* (נוֹנְסֶנְס) הֲבָלִים, שְׁטֻיּוֹת; אִוֶּלֶת; אַבְּסוּרְדִּיּוּת; חֹסֶר חֲשִׁיבוּת
**nonsen'sical** *adj.* (נוֹנְסֶנְסִקְל) טִפְּשִׁי, אַבְּסוּרְדִּי, חֲסַר־עֵרֶךְ
**nood'le** *n.* (נוּדְל) אִטְרִיָּה; רֹאשׁ; פֶּתִי
**nook** *n.* (נֻק) פִּנָּה, זָוִית; מָקוֹם נִדָּח
**noon** *n.* (נוּן) צָהֳרַיִם, חֲצוֹת הַיּוֹם
**noon'day"** *adj.* (נוּנְדֵי) שֶׁל הַצָּהֳרַיִם
**no' one"** (נוֹוַן) אַף אֶחָד
**noose** *n.* (נוּס) לוּלָאָה, פְּלָצוּר, קֶשֶׁר עֲנִיבַת־תְּלִיָּה, מַלְכֹּדֶת
**nor** *conj.* (נוֹר; בלי הטעמה: נַר) וְגַם לֹא, וְלֹא
**norm** *n.* (נוֹרְם) נוֹרְמָה; תֶּקֶן
**nor'mal** *adj. & n.* (נוֹרְמַל) נוֹרְמָלִי, תָּקִין; טִבְעִי; רָגִיל
**north** *n. & adj. & adv.* (נוֹרְתְ׳) צָפוֹן; צְפוֹנִי; צָפוֹנָה
**north'bound"** *adj.* (נוֹרְתְ׳בַּאוּנְד) מַצְפִּין, שֶׁכִּוּוּנוֹ צָפוֹן
**north"east'** *n. & adj.* (נוֹרְתְ׳יסְט) צְפוֹן־מִזְרָח; צְפוֹנִי־מִזְרָחִי
**nor'therly** *adj. & adv.* (נוֹרְדֶ׳רְלִי) צְפוֹנִי; צָפוֹנָה
**nor'thern** *adj.* (נוֹרְדֶ׳רְן) צְפוֹנִי, צָפוֹנָה
**North' Pole'** (־פּוֹל) הַקֹּטֶב הַצְּפוֹנִי
**north'ward(s)** *adj. & adv.* (נוֹרְתְ׳וֶרְד [ז]) צְפוֹנִי; צָפוֹנָה
**north"west'** *n. & adj.* (נוֹרְתְ׳וֶסְט) צְפוֹן־מַעֲרָב; צְפוֹנִי־מַעֲרָבִי
**Nor'way** *n.* (נוֹרְוֵי) נוֹרְוֶגְיָה
**Norwe'gian** *adj. & n.* (נוֹרְוִיגְ׳ן) נוֹרְוֶגִי, נוֹרְוֶגִית (לשון)
**nose** *n.* (נוֹז) אַף, חֹטֶם; חוּשׁ הָרֵיחַ; כֹּשֶׁר בִּלּוּשׁ; זַרְבּוּבִית; חַרְטוֹם; סַקְרָנוּת, אֹרֶךְ אַפּוֹ שֶׁל סוּס
by a — בְּהֶפְרֵשׁ זָעוּם
cut off one's — to spite one's face פָּגַע בְּעַצְמוֹ בְּמַעֲשֶׂה דּוֹקָאִי; נִקֵּר עֵינוֹ הָאַחַת כְּדֵי לְנַקֵּר שְׁתַּיִם שֶׁל הַזּוּלַת
on the — בְּדִיּוּק, מַמָּשׁ
pay through the — שִׁלֵּם מְחִיר מֻפְרָז
**nose'gay"** *n.* (נוֹזְגֵי) צְרוֹר פְּרָחִים
**nostal'gia** *n.* (נוֹסְטֶלְגְ׳ה) כִּסּוּפֵי־עָבָר, נוֹסְטַלְגְּיָה

**nos'tril** *n.* (נוֹסְטְרֶל) נְחִיר

**no'sy** *adj.* (נוֹזִי) חַטְטָנִי, סַקְרָנִי, נוֹבְרָנִי

**not** *adv.* (נוֹט) לֹא, אֵין

**no'table** *adj. & n.* (נוֹטֶבְּל) רָאוּי לְצִיּוּן; חָשׁוּב, דָּגוּל; נִכְבָּד

**no'tary** *n.* (נוֹטֶרִי) נוֹטַרְיוֹן

**nota'tion** *n.* (נוֹטֵישְׁן) מַעֲרֶכֶת סִימָנִים; רִשּׁוּם, סִמּוּן; תִּוּוּי

**notch** *n. & v.t.* (נוֹץ') חָרִיץ; חֲרִיק־סְפִירָה; חָרַץ, חֵרֵק

**note** *n.* (נוֹט) שֶׁדֶר; תַּזְכִּיר, הוֹדָעָה, פֶּתֶק; תָּו; שְׁטָר; תְּשׂוּמֶת־לֵב; מוֹנִיטִין; חֲשִׁיבוּת, רֶמֶז, נְעִימָה

**— s** רְשִׁימוֹת

**compare — s** הֶחֱלִיף דֵּעוֹת

**— *v.t.*** רָשַׁם וְצִיֵּן; הֵעִיר; שָׂם לֵב; תִּוָּה; רָמַז עַל, הֶרְאָה עַל

**note'book"** *n.* (נוֹטְבּוּק) מַחְבֶּרֶת; פִּנְקָס, מִרְשַׁם שְׁטָרוֹת

**no'ted** *adj.* (נוֹטִד) נוֹדָע, מְפֻרְסָם

**note'wor"thy** *adj.* (נוֹטְוֶרְדִ'י) רָאוּי לְצִיּוּן, רָאוּי לִתְשׂוּמֶת־לֵב, חָשׁוּב

**noth'ing** *n.* (נַתִ'נְג) לֹא כְלוּם, מְאוּמָה; לֹא... דָּבָר; שׁוּם דָּבָר; אֶפֶס; דָּבָר חֲסַר־עֵרֶךְ

**— but** רַק

**— doing** לֹא וָלֹא, בְּהֶחְלֵט לֹא; שׁוּם פְּעִילוּת רְאוּיָה לִשְׁמָהּ

**— *adv.*** לְגַמְרֵי לֹא

**noth'ingness** *n.* (נַתִ'נְגְנֶס) אַפְסוּת, חֹסֶר־קִיּוּם, אַיִנוּת, בְּלִימָה, חֹסֶר־חֲשִׁיבוּת; חֹסֶר הַכָּרָה, מָוֶת

**no'tice** *n. & v.t.* (נוֹטִס) הוֹדָעָה, אַזְהָרָה; הוֹדָעָה מֵרֹאשׁ (על תפוגת תקפו של הסכם); תְּשׂוּמֶת־לֵב, הִתְבּוֹנְנוּת; סְקִירָה, בִּקֹּרֶת; שָׂם־לֵב, הִבְחִין בְּ־; הֵעִיר; הִקְדִּישׁ תְּשׂוּמֶת־ (באדיבות)

**no'ticeable** *adj.* (נוֹטֶסֶבְּל) מוֹשֵׁךְ תְּשׂוּמֶת־לֵב, שֶׁנִּתָּן לְהַבְחִין בּוֹ; רָאוּי לִתְשׂוּמֶת־לֵב

**no"tifica'tion** *n.* (נוֹטֶפֶקֵישְׁן) הוֹדָעָה

**no'tify"** *v.t.* (נוֹטֶפַי) הוֹדִיעַ

**no'tion** *n.* (נוֹשְׁן) מֻשָּׂג, רַעְיוֹן; דֵּעָה, הַשְׁקָפָה; קַפְרִיזָה, הֶתְקֵן, מַכְשִׁיר מְחֻכָּם

**— s** סִדְקִית

**no"tori'ety** *n.* (נוֹטֶרַיאֶטִי) פִּרְסוּם שְׁלִילִי; שֵׁם רָע

**noto'rious** *adj.* (נוֹטוֹרִיאֶס) יָדוּעַ לִשְׁמִצָּה; נוֹדָע בָּרַבִּים

**not"withstan'ding** *prep. & conj. & adv.* (נוֹטְוִדְ'־סְטֶנְדִנְג) לַמְרוֹת, עַל אַף; אִם גַּם, אַף אִם; מִכָּל מָקוֹם, בְּכָל זֹאת; אוּלָם

**noun** *n. & adj.* (נַאוּן) שֵׁם עֶצֶם; שֶׁל שֵׁם עֶצֶם, שְׁמָנִי

**nour'ish** *v.t.* (נַרִשׁ) זָן, הֵזִין; חִזֵּק; טִפַּח

**nour'ishment** *n.* (נַרִשְׁמֶנְט) מָזוֹן; הֲזָנָה

**nov'el** *n. & adj.* (נוֹבְל) רוֹמָן; חָדָשׁ, שֶׁיֵּשׁ בּוֹ חִדּוּשׁ

**nov'elist** *n.* (נוֹבֶלִסְט) מְחַבֵּר רוֹמָנִים; רוֹמָנִיסְט

**nov'elty** *n.* (נוֹבֶלְטִי) חִדּוּשׁ; מְאֹרָע שֶׁיֵּשׁ בּוֹ מִן הַחִדּוּשׁ; סְחוֹרַת־בִּדּוּר

**Novem'ber** *n.* (נוֹבֶמְבֶּר) נוֹבֶמְבֶּר

**novi'ce** *n.* (נוֹבִס) טִירוֹן, חָדָשׁ, מֻעֲמָד לִנְזִירוּת; נָזִיר לִתְקוּפַת נִסָּיוֹן; חָבֵר חָדָשׁ בַּכְּנֵסִיָּה

**now** *adv.* (נַאוּ) עַתָּה, עַכְשָׁו, כָּעֵת; מִיָּד; בְּיָמֵינוּ; בִּנְסִבּוֹת שֶׁל הַיּוֹם; הֲרֵי

**just —** זֶה עַתָּה

**— and again (then)** לִפְעָמִים

**— that** הוֹאִיל וְ־; מֵאַחַר שֶׁ־

**now'adays"** *adv.* (נַאוּאֶדֵיז) בְּיָמֵינוּ

**no'where** *adv.* (נוֹהְוֶר) בְּשׁוּם מָקוֹם לֹא

**nox'ious** *adj.* (נוֹקְשֶׁס) מַזִּיק

**noz'zle** *n.* (נוֹזְל) זַרְבּוּבִית

**nuance'** *n.* (נוּאָנְס) בֶּן־גַּוֶּן, הֶפְרֵשׁ דַּק, נִיוּאַנְסָה

**nub** *n.* (נַב) בְּלִיטָה, זִיז; גּוּשׁ; תַּמְצִית

**nu'bile** *adj.* (נוּבִּל) רְאוּיָה לְהִנָּשֵׂא, שֶׁהִגִּיעָה לְפִרְקָהּ

**nu'clear** *adj.* (נוּקְלִיאֶר) גַּרְעִינִי

**nu'cleus** *n.* (נוּקְלִיאֶס) גַּרְעִין

**nude** *adj. & n.* (נוּד) עָרֹם; חָשׂוּף, מְעֻרְטָל; עֵירֹם

**nudge** *v.t. & i. & n.* (נַג') דָּחַף בַּעֲדִינוּת (במרפק); דְּחִיפָה עֲדִינָה

**nu'dism** *n.* (נוּדִזְם) נוּדִיזְם

**nu'dity** *n.* (נוּדִטִי) עֵירֹם, מַעֲרֻמִּים
**nui'sance** *n.* (נוּסֶנְס) מִטְרָד; טַרְדָן
**null** *adj.* (נַל) חֲסַר־עֵרֶךְ, חֲסַר־מַשְׁמָעוּת; לֹא שָׁוֶה כְּלוּם, לֹא־קַיָּם, אַפְסִי
— and void חֲסַר־תֹּקֶף, בָּטֵל וּמְבֻטָּל
**nul'lify** *v.t.* (נַלֶפַי) בִּטֵּל
**numb** *adj.* & *v.t.* (נַם) חֲסַר־תְּחוּשָׁה, קֵהֶה; הִקְהָה חוּשִׁים
**num'ber** *n.* (נַמְבֶּר) מִסְפָּר; סְכוּם; פְּרָט, מוֹפָע; הוֹצָאָה (של עתון); סִפְרָה; בַּחוּרָה
— s כַּמּוּת נִכֶּרֶת; רַבִּים; עֶלְיוֹנוּת מִסְפָּרִית
Numbers סֵפֶר בְּמִדְבַּר
get (have) someone's — גִּלָּה פַּרְצוּף אֲמִתִּי
— *v.t.* & *i.* קָבַע מִסְפָּר, סָפַר, מָנָה; מִסְפֵּר, צִיֵּן בְּסִפְרָה; הִגְבִּיל מִסְפָּר; הִסְתַּכֵּם בְּ־; חִלֵּק, הִקְצִיב
**numb'ness** *n.* (נַמְנֶס) קֵהָיוֹן, קֵהוּת
**nu'meral** *n.* & *adj.* (נוּמֶרֶל) סִפְרָה; מִסְפָּרִי
**nu'merous** *adj.* (נוּמֶרֶס) רַבִּים, שֶׁל עַם רַב
**nun** *n.* (נַן) נְזִירָה
**nun'nery** *n.* (נַנֶרִי) מִנְזָר (לנזירות)
**nup'tial** *adj.* & *n.* (נַפְּשֶל) שֶׁל נִשּׂוּאִים, שֶׁל כְּלוּלוֹת, שֶׁל קִדּוּשִׁין
— s חֲתֻנָּה

**nurse** *n.* & *v.t.* & *i.* (נֶרְס) אָחוֹת (רחמניה); מְטַפֶּלֶת, אוֹמֶנֶת, מֵינֶקֶת; טִפֵּל בְּחוֹלֶה; בִּקֵּשׁ לְרַפֵּא עַל יְדֵי טִפּוּל; הֵנִיק; נָטַר; שִׁמֵּשׁ אָחוֹת
**nurse'maid"** *n.* (נֶרְסְמֵיד) מְטַפֶּלֶת, אוֹמֶנֶת
**nur'sery** *n.* (נֶרְסֶרִי) חֲדַר־יְלָדִים, חֲדַר פָּעוּטוֹת; גַּן־יְלָדִים, גַּנּוֹן; מִשְׁתָּלָה
— school גַּנּוֹן
**nur'sing home"** *n.* (נֶרְסִנְג הוֹם) בֵּית אָבוֹת
**nur'ture** *v.t.* & *n.* (נֶרְצֶ'ר) טִפֵּחַ, כִּלְכֵּל גִּדֵּל, הִדְרִיךְ, חִנֵּךְ; חִנּוּךְ; גִּדּוּל; מָזוֹן
**nut** *n.* (נַט) אֱגוֹז; מְשֻׁגָּע; מָסוּר לְ־; אֹם
**nut'crack"er** *n.* (נַטְקְרֶקֶר) מַפְצֵחַ אֱגוֹזִים
**nut'meg** *n.* (נַטְמֶג) מוּסְקָטִית רֵיחָנִית
**nutrit'ion** *n.* (נוּטְרִשֶׁן) תְּזוּנָה; מָזוֹן
**nutri'tious** *adj.* (נוּטְרִשֶׁס) מְזִין
**nuts** *interj.* (נַטְס) אֶ, אִיךְ, "שַׁק־לִי", "קְפוֹץ־לִי"
**nut'shell"** *n.* (נַטְשֶׁל) קְלִפַּת אֱגוֹז
in a — בְּקִצּוּר
**nuz'zle** *v.i.* & *t.* & *n.* (נַזְל) נָבַר בָּאַף; דָּחַף הָאַף; הִתְרַפֵּק עַל; נָגַע בָּאַף; הִתְרַפְּקוּת
**ny'lon** *n.* (נַיְלוֹן) נַיְלוֹן
— s גַּרְבֵּי נַיְלוֹן
**nymph** *n.* (נִמְף) נִימְפָה; עַלְמָה יָפָה; גֹּלֶם

# O

**O, o** *n.* (אוֹ) הָאוֹת הַחֲמֵשׁ עֶשְׂרֵה בָּאָלֶפְבֵּית הָאַנְגְּלִי; הַתְּנוּעָה וֹ, וּ (= אוֹאוּ)

**O** *interj.* הָ (בפניה ישירה); אֶה; אִי, אָיָה, אֶ; אוֹיש, אוּף

**oaf** *n.* (אוֹף) פֶּתִי; גֹּלֶם; יֶלֶד מְפַגֵּר

**oak** *n.* (אוֹק) אַלּוֹן.

**oa'ken** *adj.* (אוֹקְן) אַלּוֹנִי

**oar** *n.* (אוֹר) מָשׁוֹט; מְשׁוֹטַאי

**oars'man** *n.* (אוֹרְזְמַן) מְשׁוֹטַאי, חוֹתֵר

**oa'sis** *n.* (אוֹאֵיסִס) נְוֵה מִדְבָּר; שִׁנּוּי נָעִים, רְוָחָה

**oat** *n.* (אוֹט) שִׁבֹּלֶת שׁוּעָל

feel one's — s הִרְגִּישׁ עֶלְיוֹן; הִכִּיר בְּכֹחוֹ וְהִשְׁתַּמֵּשׁ בּוֹ

**oath** *n.* (אוֹת׳) שְׁבוּעָה; נְשִׂיאַת שֵׁם ד׳ לַשָּׁוְא; קְלָלָה

on (upon, under) — בִּשְׁבוּעָה

take — נִשְׁבַּע, נָדַר

**oat'meal"** *n.* (אוֹטְמִל) קֶמַח שִׁבֹּלֶת שׁוּעָל; דַּיְסַת קְוָקֶר, פְּתִיתֵי שִׁבֹּלֶת שׁוּעָל

**ob'durate** *adj.* (אוֹבְּדְרִט) עַקְשָׁן, קְשֵׁה־עֹרֶף

**obe'dience** *n.* (אוֹבִּידִיאֶנְס) צַיְּתָנוּת

**obe'dient** *adj.* (אוֹבִּידִיאֶנְט) צַיְּתָנִי

**obe'isance** *n.* (אוֹבֵּיסְנְס) קִידָה, הִשְׁתַּחֲוָיָה, הַרְכָּנַת רֹאשׁ

**obe'lisk** *n.* (אוֹבֶּלִסְק) אוֹבֶּלִיסְק, מַצֶּבֶת־מַחַט

**obese'** *adj.* (אוֹבִּיס) שָׁמֵן מְאֹד

**obey'** *v.t.* (אוֹבֵּי) צִיֵּת, נִשְׁמַע ל־, שָׁמַע בְּקוֹל; נַעֲנָה ל־

**obit'uary** *n.* (אוֹבִּיצ׳וּאֵרִי) הוֹדָעַת פְּטִירָה

**ob'ject** *n.* (אוֹבְּגֶ׳קְט) עֶצֶם דָּבָר; מַטָּרָה; מוֹקֵד; תַּכְלִית; מַשָּׂא; אוֹבְּיֶקְט

— *v.t. & t.* (אַבְּגֶ׳קְט) הִתְנַגֵּד, עִרְעֵר עַל; הִבִּיעַ הִתְנַגְּדוּת

**objec'tion** *n.* (אַבְּגֶ׳קְשֶׁן) הִתְנַגְּדוּת, עִרְעוּר; מֹרַת־רוּחַ; אִי־רָצוֹן

**objec'tionable** *adj.* (אַבְּגֶ׳קְשֶׁנַבְּל) מְעוֹרֵר הִתְנַגְּדוּת; פּוֹגֵעַ

**objec'tive** *n. & adj* (אַבְּגֶ׳קְטִב) תַּכְלִית, יַעַד, מַטָּרָה; יַחֲסַת־מַשָּׂא; אוֹבְּיֶקְטִיבִי; עִנְיָנִי; לֹא־מְשֻׁחָד

**obla'tion** *n.* (אוֹבְּלֵישֶׁן) קָרְבָּן; הַקְרָבַת לֶחֶם וְיַיִן (בנצרות); הַקְרָבָה

**ob'ligate"** *v.t.* (אוֹבְּלְגֵיט) חִיֵּב; שִׁעְבֵּד

**ob"liga'tion** *n.* (אוֹבְּלְגֵישֶׁן) חוֹבָה, הִתְחַיְּבוּת

**oblig'ato"ry** *adj.* (אוֹבְּלִגַטוֹרִי) מְחַיֵּב; שֶׁל חוֹבָה; מֻטָּל

**oblige'** *v.t. & i.* (אַבְּלַיְג׳) דָּרַשׁ מ־; חִיֵּב, הִכְרִיחַ; חִיֵּב הַכָּרַת טוֹבָה; נָטָה חֶסֶד; סִיֵּעַ

**obli'ging** *adj.* (אַבְּלַיְג׳ִנְג) מִשְׁתּוֹקֵק לַעֲשׂוֹת טוֹבָה; נוֹטֶה חֶסֶד; רוֹצֶה לַעֲזוֹר

**oblique'** *adj.* (אַבְּלִיק) אֲלַכְסוֹנִי, מְשֻׁפָּע; סוֹטֶה מִקַּו יָשָׁר, עָקִיף, מִסְתַּעֵף; מַבָּע בַּעֲקִיפִין, עֲקַלְקַל; מֻשָּׂג בַּעֲקִיפִין

**oblit'erate"** *v.t.* (אַבְּלִטֶרֵיט) הִכְחִיד; מָחַק; בִּטֵּל לַגַּמְרֵי

**obliv'ion** *n.* (אַבְּלִוְיָאֶן) שִׁכְחָה; נְשִׁיָּה; הִתְעַלְּמוּת, מְחִילָה, חֲנִינָה

**obliv'ious** *adj.* (אַבְּלִוְיאַס) לֹא מוּדָע ל־, לֹא מַרְגִּישׁ בּ־; מִתְעַלֵּם מ־, מַסִּיחַ דַּעְתּוֹ; שׁוֹכֵחַ

**obl'ong"** *adj. & n.* (אוֹבְּלוֹנְג) מָאֳרָךְ, מַלְבֵּנִי; מַלְבֵּן

**ob'loquy** *n.* (אוֹבְּלֶקְוִי) דֹּפִי, שֵׁם רָע, נְזִיפָה, גְּנוּת

**obnox'ious** *adj.* (אַבְּנוֹקְשַׁס) פּוֹגֵעַ, מְגֻנֶּה

**o'boe** *n.* (אוֹבּוֹ) אַבּוּב

**obscene'** *adj.* (אַבְּסִין) לֹא־צָנוּעַ; פּוֹגֵעַ בְּמֻשְׂגֵי צְנִיעוּת; לֹא־מוּסָרִי; גַּס; שֶׁל נִבּוּל פֶּה; מְעוֹרֵר תַּאֲוָה מִינִית, מְגֻרֶה; מְתֹעָב, נִתְעָב, דּוֹחֶה

**obscen'ity** *n.* (אַבְּסֶנְטִי) חֹסֶר צְנִיעוּת, חֹסֶר מוּסָרִיּוּת; גַּסּוּת, נִבּוּל פֶּה

**obscure'** *adj.* (אַבְּסְקְיוּר) מְעֻרְפָּל, סָתוּם;

לֹא מִתְבַּלֵּט, נֶחְבָּא אֶל הַכֵּלִים, לֹא־חָשׁוּב, נִדָּח; חִוֵּר, לֹא־בָּרוּר; אָפֵל, עָכוּר; כֵּהֶה

— *v.t.* הִסְתִּיר, כִּסָּה; עִרְפֵּל; הֶאֱפִיל עַל

**obscur'ity** *n.* (אֶבְּסְקְיוּרִטִי) עַרְפּוּל, אִפּוּל, אַלְמוֹנִיּוּת

**obs'equies** *n. & t.* (אוֹבְּסֶקְוִיז) טֶקֶס הַלְוָיָה, טִקְסֵי קְבוּרָה

**obse'quious** *adj.* (אֶבְּסִיקְוִיאֶס) מִתְרַפֵּס

**obser'vance** *n.* (אֶבְּזֶרְוֶנְס) צִיּוּת, שְׁמִירָה, קִיּוּם, טֶקֶס, חֲגִיגָה, נֹהַל, נֹהַג, כְּלָל; צְפִיָּה, תַּצְפִּית

**obser'vant** *adj.* (אֶבְּזֶרְוֶנְט) צוֹפֶה בְּשִׂימַת־לֵב, מֵיטִיב לְהִתְבּוֹנֵן; עֵרָנִי; זָהִיר בְּמִצְווֹת, שׁוֹמֵר חֹק

**ob"serva'tion** *n.* (אוֹבְּזֶרְוֵישֶׁן) הֶעָרָה; תְּשׂוּמֶת־לֵב, הַבְחָנָה; הִתְבּוֹנְנוּת; צְפִיָּה, תַּצְפִּית

**obser'vato"ry** *n.* (אֶבְּזֶרְוֶטוֹרִי) מִצְפֶּה כּוֹכָבִים; מִצְפֶּה

**observe'** *v.t. & i.* (אֶבְּזֶרְב) שָׂם לֵב, הִתְבּוֹנֵן, רָאָה, צָפָה; עָרַךְ תַּצְפִּיּוֹת; הֵעִיר, קָבַע; שָׁמַר עַל, קִיֵּם; שָׁמַר, נִשְׁמַע לְ־, צִיֵּת; שִׁמֵּשׁ מַשְׁקִיף

**obser'ver** *n.* (אֶבְּזֶרְוֶר) צוֹפֶה מַשְׁקִיף

**obsessi"on** *n.* (אֶבְּסֶשֶׁן) רַעְיוֹן טוֹרְדָנִי, אוֹבְּסֶסְיָה, מַחֲשָׁבָה טוֹרְדָנִית; כְּפִיּוּת לְרַעְיוֹן טוֹרְדָנִי; הִשְׁתַּלְּטוּת רַעְיוֹן טוֹרְדָנִי

**ob"solete'** *adj.* (אוֹבְּסֶלִיט) מְיֻשָּׁן

**ob'stacle** *n.* (אוֹבְּסְטֶקֶל) מִכְשׁוֹל

**ob"stetrici'an** *n.* (אוֹבְּסְטֶטְרִשֶׁן) רוֹפֵא מְיַלֵּד

**obste'trics** *n.* (אֶבְּסְטֶטְרִקְס) מְיַלְּדוּת

**ob'stinacy** *n.* (אוֹבְּסְטִנֶסִי) עַקְשָׁנוּת

**ob'stinate** *adj.* (אוֹבְּסְטִנֶט) עַקְשָׁן, עִקֵּשׁ; מַתְמִיד; שֶׁקָּשֶׁה לְהִתְגַּבֵּר עָלָיו

**obstrep'erous** *adj.* (אֶבְּסְטְרֶפֶּרֶס) רַעֲשָׁנִי, קוֹלָנִי

**obstruct'** *v.t.* (אֶבְּסְטְרַקְט) חָסַם, שָׂם מִכְשׁוֹל, הִפְרִיעַ, הִסְתִּיר

**obstruc'tion** *n.* (אֶבְּסְטְרַקְשֶׁן) מִכְשׁוֹל; עִכּוּב; הַפְרָעָה מְכֻוֶּנֶת; מְנִיעָה

**obtain'** *v.t. & i.* (אֶבְּטֵין) הִשִּׂיג, רָכַשׁ; שָׂרַר, הָיָה קַיָּם; הָיָה נָהוּג

**obtuse'** *adj.* (אֶבְּטוּס) קֵהֶה; כַּד

**ob'verse** *n. & adj.* (אוֹבְּוֶרְס) פָּנִים (שֶׁל מַטְבֵּעַ אוֹ מֶדַלְיָה); הַשֶּׁטַח הָעִקָּרִי, חֲזִית; הַחֵלֶק הַקִּדְמִי; מֻפְנֶה לַצּוֹפֶה; מַקְבִּיל; מְחֻדָּד כְּלַפֵּי הַבָּסִיס, דְּמוּי בֵּיצָה הֲפוּכָה, דְּמוּי מָרִית

**ob'viate"** *v.t.* (אוֹבְּוִיאֵט) מָנַע, הִרְחִיק, הֵסִיר, עָשָׂה אִי־הֶכְרֵחִי

**ob'vious** *adj.* (אוֹבְּוִיאֶס) בָּרוּר, גָּלוּי לַכֹּל; מֻבְהָק; בּוֹלֵט

**occa'sion** *n.* (אֶקֵיזְ'ן) זְמַן מְסֻיָּם, נְסִבָּה; מְאֹרָע; הִזְדַּמְּנוּת; עִלָּה, סִבָּה

on — לִפְרָקִים

— *v.t.* גָּרַם, הֵסֵב

**occa'sional** *adj.* (אֶקֵיזְ'נֶל) מְזֻמָּן לִזְמַן, מוֹפִיעַ לְעִתִּים; לִשְׁעַת הַצֹּרֶךְ, כְּהַשְׁלָמָה; לְעֵת מְצוֹא, לִמְאֹרָע מְסֻיָּם

**oc'cident** *n.* (אוֹקְסִדֶנְט) מַעֲרָב

**occult'** *adj. & n.* (אֶקַלְט) מִסְתּוֹרִי, טָמִיר; שֶׁל רָזִים; לְמַעְלָה מִדֶּרֶךְ הַטֶּבַע; כָּמוּס; שֶׁל מַגְיָה; חָכְמַת הַנִּסְתָּר, כֹּחוֹת עַל־טִבְעִיִּים

**oc'cupancy** *n.* (אוֹקְיֶפֶּנְסִי) הַחְזָקָה, חֲזָקָה, תְּקוּפַת דִּיּוּר; הַשִּׁמּוּשׁ בְּנֶכֶס

**oc'cupant** *n.* (אוֹקְיֶפֶּנְט) מַחֲזִיק, תּוֹפֵס, דַּיָּר; בַּעַל נֶכֶס הַגָּר בּוֹ

**oc"cupa'tion** *n.* (אוֹקְיֶפֵּישֶׁן) מִשְׁלַח־יָד: הַחְזָקָה, שִׁמּוּשׁ; תְּפִיסָה; כִּבּוּשׁ, הִשְׁתַּלְּטוּת; תְּקוּפַת כִּבּוּשׁ

**oc'cupy"** *v.t.* (אוֹקְיֶפַּי) תָּפַס; הֶעֱסִיק; כָּבַשׁ, הֶחֱזִיק בְּ־; דָּר

**occur'** *v.i.* (אֶקֶר) קָרָה, אֵרַע, הִתְרַחֵשׁ, חָל; נִמְצָא, נִפְגַּשׁ, נִתְקַל, הוֹפִיעַ; נִצְנֵץ בְּמֹחַ, עָלָה בְּדַעַת

**occur'rence** *n.* (אֶקֶרֶנְס) מִקְרֶה, מְאֹרָע, הִתְרַחֲשׁוּת לֹא־צְפוּיָה; תַּקְרִית

**oc'ean** *n.* (אוֹשְׁן) אוֹקְיָנוֹס; כַּמּוּת עֲצוּמָה, שֶׁטַח נִרְחָב

**o'cher** *n.* (אוֹקֶר) אוֹכְרָה

**o'clock'** *adv.* (אֶקְלוֹק) לְפִי הַשָּׁעוֹן; שָׁעָה (עִם צִיּוּן מִסְפָּר)

**oc'tave** *n.* (אוֹקְטֵיב) אוֹקְטָבָה

**Octo'ber** *n.* (אוֹקְטוֹבֶּר) אוֹקְטוֹבֶּר

**oc'topus** *n.* (אוֹקְטֶפֶּס) תְּמָנוּן

**oc'ular** *adj.* (אוֹקְיֶלֶר) שֶׁל הָעַיִן; דּוֹמֶה לָעַיִן

**oc'ulist** *n.* (אוֹקְיָלִסְט) רוֹפֵא עֵינַיִם; אוֹפְּטִיקַאִי

**odd** *adj.* (אוֹד) מוּזָר; תִּמְהוֹנִי; בְּקֵרוּב, קְצָת יוֹתֵר מ־; מִסְפָּר קָטָן, כַּמּוּת קְטַנָּה; בּוֹדֵד; שְׁאֵרִית; שֶׁל פְּרָט; לֹא־זוּגִי; עֲרָאִי, מִקְרִי, שֶׁמִּזְדַּמֵּן

**od'dity** *n.* (אוֹדִטִי) אָדָם תִּמְהוֹנִי; דָּבָר מוּזָר; קוּרְיוֹז; זָרוּת; תְּכוּנָה מְשֻׁנָּה

**od'dment** *n.* (אוֹדְמֶנְט) שְׁאֵרִית

**odds** *n. pl.* (אוֹדְז) הִסְתַּבְּרוּת, שִׁעוּר הַהִסְתַּבְּרוּת (בהימורים); "פּוֹר", יִתְרוֹן

at — שֶׁחִי בְּמַחְלֹקֶת

**odds' and ends'** פְּרִיטִים שׁוֹנִים, שְׁאֵרִיּוֹת

**ode** *n.* (אוֹד) אוֹדָה (שיר)

**o'dious** *adj.* (אוֹדִיאֶס) מְתֹעָב, נִתְעָב, נִגְעָלִי

**o'dor** *n.* (אוֹדֶר) רֵיחַ; רֶמֶז

**od'yssey** *n.* (אוֹדִסִי) מַסַּע הַרְפַּתְקָאוֹת

**o'er** *prep. & adv. See* **over** (אוֹר) מֵעַל

**of** *prep.* (אַב, אוֹב; בלי הטעמה אֲב) מ־; שֶׁל; הַזֵּהֶה ל־; עַל אוֹדוֹת; בַּעַל־; בִּשְׁעוֹת־; לִפְנֵי, עַד; בלי הטעמה: מִצַּד־; מִבְּחִינַת־

**off** *adv. & prep.* (אוֹף) מְנֻתָּק, חָפְשִׁי; בְּמֶרְחַק־; בְּמֶרְחָק מִן, הַרְחֵק מ־; לְשֵׁם הַרְחָקָה; בְּסְטִיָּה מִן, כְּהַנָּחָה, פָּחוֹת מ־; לְהַפְסָקַת פְּעִילוּת; נִזָּר מִן; שֶׁיֶּחְדַּל לְכַסּוֹת; נֶעְדָּר; לִגְמָרֵי; לַחֲלוּטִין; כִּפְעֻלָּה מִיָּדִית; כְּהִתְגַּשְּׁמוּת; לְשֵׁם חֲלֻקָּה; הַרְחֵק מִמַּצַּב עֵרָנוּת; מִסְתָּעֵף מִן

be — הִסְתַּלֵּק

cut — נִתֵּק; בּוֹדֵד

put — דָּחָה

— and on לְסֵרוּגִין

— with יֵשׁ לְהָסִיר

right — מִיָּד

take — הֵסִיר

— *adj.* טוֹעֶה; קְצָת מְשֻׁנֶּה; יָרוּד; מְבֻטָּל; בְּמַצָּב שֶׁל; שֶׁל יְרִידָה בִּפְעִילוּת; הֶרָחוֹק יוֹתֵר; יְמָנִי; מִתְעַתֵּד לִנְסֹעַ

**of'fal** *n.* (אוֹפֶל) חֲלָקִים לֹא־אֲכִילִים (של בהמה שחוטה), נְבֵלָה; פְּסֹלֶת, אַשְׁפָּה

**off'beat"** *adj.* (אוֹפְבִּיט) שׁוֹנֶה מֵהַמְקֻבָּל; סוֹטֶה מֵהַמֻּסְכָּמוֹת

**off'color'** *adj.* (אוֹפְקַלֶר) שׁוֹנֶה מֵהַצֶּבַע הַתָּקִין; מְפֻקְפָּק, לֹא־צָנוּעַ; חוּלָנִי

**offend'** *v.t. & i.* (אֲפֶנְד) פָּגַע בּ־, הֶעֱלִיב; הִשְׁפִּיעַ בְּצוּרָה שְׁלִילִית; חָטָא, עָבַר עֲבֵרָה; גָּרַם מֹרַת־רוּחַ; צִעֵר; הִתְנַהֵג בְּצוּרָה לֹא־יָאָה

**offend'er** *n.* (אֲפֶנְדֶר) עֲבַרְיָן; אָשֵׁם; מַעֲלִיב

**offense'** *n.* (אֲפֶנְס) עֲבֵרָה, הֲפָרַת חֹק; חֵטְא; פֶּשַׁע; הִתְמַרְמְרוּת

**of'fense** *n.* (אוֹפֶנְס) הַתְקָפָה, הִסְתָּעֲרוּת; תּוֹקֵף

**offen'sive** *adj. & n.* (אֲפֶנְסִב) מַעֲלִיב, פּוֹגֵעַ, דּוֹחֶה, נִגְעָלִי; הֶתְקֵפִי, תּוֹקְפָנִי; מִתְקָפָה, אוֹפֶנְסִיבָה

**of'fer** *v.t. & i. & n.* (אוֹפֶר) הִצִּיעַ; גִּלָּה רָצוֹן טוֹב; הִגִּישׁ בַּחֲגִיגִיּוּת; הִבְטִיחַ; אָסַר (מלחמה), אִיֵּם בּ־; הִצִּיג; הִצִּיעַ לִמְכִירָה; אֵרַע, הִזְדַּמֵּן; הַצָּעָה; הַצָּעַת נִשּׂוּאִים; הַצָּעַת מְחִיר; נִסָּיוֹן; רָצוֹן

**of'fering** *n.* (אוֹפֶרִנְג) קָרְבָּן, עוֹלָה; תְּרוּמָה, נְדָבָה; מַתָּנָה, מִנְחָה; הַצָּעָה

**off'hand'** *adv.* (אוֹפְהֶנְד) מִנֵּיהּ וּבֵיהּ

**of'fice** *n.* (אוֹפִס) מִשְׂרָד; סֶגֶל; כְּהֻנָּה, מִשְׂרָה; תַּפְקִיד, שֵׁרוּת; סֵדֶר תְּפִלָּה, תְּפִלּוֹת; טֶקֶס אַשְׁכָּבָה

**of'fice boy"** (אוֹפִס בּוֹי) נַעַר שָׁלִיחַ

**of'ficer** *n.* (אוֹפִסֶר) קָצִין; נוֹשֵׂא מִשְׂרָה, חָבֵר וַעַד הַמְנַהֲלִים; שׁוֹטֵר

**offc'ial** *adj. & n.* (אֲפִשֶׁל) רִשְׁמִי; שֶׁל מִשְׂרָה; פוֹרְמָלִי וְצִבּוּרִי; מְכַהֵן בְּמִשְׂרָה; נוֹשֵׂא מִשְׂרָה, פָּקִיד

**offic'ate"** *v.i. & t.* (אֲפִשִׁיאֵיט) עָרַךְ טֶקֶס; בִּצֵּעַ תַּפְקִידֵי הַמִּשְׂרָה; שִׁמֵּשׁ שׁוֹפֵט

**offci'ous** *adj.* (אֲפִשֶׁס) פּוֹגֵעַ בְּהִתְעָרְבוֹ בְּעִנְיְנֵי הַזּוּלַת; תּוֹחֵב אַפּוֹ לְעִנְיְנֵי אֲחֵרִים

**of'fing** *n.* (אוֹפִנְג) מֶרְחַקֵּי הַיָּם; בְּמֶרְחַק מֵהַחוֹף

in the — נִרְאֶה בָּאֹפֶק, עוֹמֵד אַחַר כָּתְלֵנוּ

**off"-lim'its** *adv.* (אוֹף־לִמְטְס) מִחוּץ לַתְּחוּם

**off'set"** *n.* (אוֹפְסֶט) קִזּוּז, פִּצּוּי; הַתְחָלָה; יְחוּר אָפְקִי; אוֹפְסֶט

**off"set'** *v.t. & i.* השְׁוָה; פִּצָּה, קִזֵּז; הִדְפִּיס בִּדְפוּס אוֹפְסֶט

**off'shoot"** *n.* (אוֹפְשׁוּט) נֵצֶר

**off'spring"** *n.* (אוֹפְסְפְּרִנְג) צֶאֱצָא, צֶאֱצָאִים, מוּצָר, תּוֹצָאָה

**oft** *adv.* (אוֹפְט) לְעִתִּים קְרוֹבוֹת

**of'ten** *adv.* (אוֹפְן) לְעִתִּים קְרוֹבוֹת, פְּעָמִים רַבּוֹת, בְּמִקְרִים רַבִּים

**o'gle** *v.t. & i.* (אוֹגְל) הִתְבּוֹנֵן בְּעֵינֵי אַהֲבָה; פִּלְרְטֵט, נָעַץ מַבָּט חָצוּף; לָטַשׁ עֵינַיִם

**o'gre** *n.* (אוֹגְר) מִפְלֶצֶת אוֹכֶלֶת אָדָם; אָדָם אַכְזָרִי

**Oh** *See* **O**

**oil** *n. & adj.* (אוֹיל) שֶׁמֶן; נֵפְט; שֶׁל שֶׁמֶן, דּוֹמֶה לְשֶׁמֶן

pour — on troubled waters פִּיֵּס הִרְגִּיעַ

strike — גִּלָּה נֵפְט; הִתְעַשֵּׁר פִּתְאוֹם

— *v.t.* שִׁמֵּן, סָךְ, סִפֵּק שֶׁמֶן; הָפַךְ לְשֶׁמֶן

**oil'can"** *n.* (אוֹילְקֶן) אָסוּךְ

**oil'cloth"** *n.* (אוֹילְקְלוֹת') שַׁעֲוָנִית

**oi'ly** *adj.* (אוֹילִי) שַׁמְנִי, שַׁמְנוּנִי, מְשֻׁמָּן; מַחֲנִיף, דּוֹבֵר חֲלַקְלַקּוֹת

**oint'ment** *n.* (אוֹינְטְמֶנְט) מִשְׁחָה

**old** *adj. & n.* (אוֹלְד) זָקֵן, יָשָׁן; בֶּן... שָׁנִים; קָשִׁישׁ, מְבֻגָּר; נָדוֹשׁ; מְיֻשָּׁן; קָדוּם; וָתִיק; דֵּהֶה, שָׁקֵט; מֻרְפָּט; מְיֻשָּׁב; זְקֵנִים; בְּנֵי־שָׁנָה

of — בְּיָמִים עָבְרוּ, בֶּעָבָר

— age זִקְנָה

grow — הִזְקִין

— man אָב, בַּעַל; זָקֵן

**old'-fash'ioned** *adj.* (אוֹלְד־פֶשֶׁנְד) מְיֻשָּׁן, שֶׁאָבַד עָלָיו כֶּלַח, מִיָּמִים עָבָרוּ

**old" maid'** *n.* (אוֹלְד מֵיד) רַוָּקָה וָתִיקָה, בְּתוּלָה זְקֵנָה; אָדָם מִתְחַסֵּד, הַסְּסָן, פּוֹסֵחַ עַל שְׁתֵּי סְעִפִּים, מִתְעַסֵּק בִּקְטַנּוֹת

**old' mas'ter** (אוֹלְד מֶסְטֶר) אָמָּן בַּעַל מוֹנִיטִין מִתְּקוּפָה קוֹדֶמֶת; צִיּוּר שֶׁל אָמָּן נוֹדָע מִתְּקוּפָה קוֹדֶמֶת

**Old' Nick'** (אוֹלְד נִק) הַשָּׂטָן

**Old' Tes'tament** (אוֹלְד טֶסְטֲמֶנְט) הַתְּנַ"ךְ

**old'-ti-mer** *n.* (אוֹלְד טַימֶר) וָתִיק; יָשִׁישׁ

**o'lean"der** *n.* (אוֹלִיאֶנְדֶר) הַרְדּוּף

**o"leomar'garine** (אוֹלִיאוֹמַרְגַ'רִן) מַרְגָרִינָה

**olfa'ctory** (אוֹלְפֶקְטַרִי) שֶׁל חוּשׁ הָרֵיחַ

**ol'igar"chy** *n.* (אוֹלִגַרְקִי) אוֹלִיגַרְכְיָה, שִׁלְטוֹן תַּקִּיפִים מְעַטִּים

**ol'ive** *n.* (אוֹלִב) זַיִת

**om'elet** *n.* (אוֹמְלִט) חֲבִיתָה

**o'men** *n.* (אוֹמֶן) סִימָן, אוֹת לַבָּאוֹת; נְבוּאָה, תַּחֲזִית

**om'inous** *adj.* (אוֹמִנַס) מְבַשֵּׂר רָעוֹת, מְאַיֵּם

**omiss'ion** *n.* (אוֹמִשְׁן) הַשְׁמָטָה

**omit'** *v.t.* (אוֹמִט) הִשְׁמִיט, דִּלֵּג עַל, הֶחְסִיר, לֹא (לִפְנֵי פּוֹעַל)

**om'nibus"** *n. & adj.* (אוֹמְנִבַּס) אוֹטוֹבּוּס; סֵפֶר יְצִירוֹת שֶׁל מְחַבֵּר אֶחָד, סֵפֶר עַל נוֹשֵׂא אֶחָד; דִּיּוּן בִּפְרָטִים מְגֻוָּנִים בִּכְפִיפָה אַחַת, שֶׁל פְּרָטִים רַבִּים בְּיַחַד

**omnip'otence** *n.* (אוֹמְנִפֶּטֶנְס) הַיְכֹלֶת לַעֲשׂוֹת הַכֹּל

**omnip'otent** *adj.* (אוֹמְנִפֶּטֶנְט) כָּל־יָכֹל; בַּעַל כֹּחַ בִּלְתִּי־מֻגְבָּל, בַּעַל סַמְכוּת בִּלְתִּי־מֻגְבֶּלֶת

**omniv'orous** *adj.* (אוֹמְנִוַרַס) אוֹכֵל כָּל מִינֵי מָזוֹן; בּוֹלֵעַ הַכֹּל

**on** *prep. & adv.* (אוֹן) עַל; עַל יַד; בְּכִוּוּן; בְּאֶמְצָעוּת; בְּ, מ־; בְּמַצַּב־; בִּשְׁעַת־; בְּסִכּוּן־; בַּחֲזָקָה; הָלְאָה; בִּרְצִיפוּת; כְּדֵי שֶׁיִּפְעַל

— and on עַד בּוֹשׁ, עַד לֵאוּת

put — לָבַשׁ, חָבַשׁ

— *adj.* פּוֹעֵל; קוֹרֶה; יֵשׁ; מְתֻכְנָן

— to מוּדָע לָאֱמֶת

**once** *adv. & adj.* (וַנְס) לְפָנִים; פַּעַם אַחַת; פַּעַם יְחִידָה; בְּדַרְגָּה אַחַת; קוֹדֵם

all at — בְּאוֹתוֹ זְמַן, פִּתְאוֹם

at — מִיָּד; בְּאוֹתוֹ זְמַן

— (and) far all בְּצוּרָה מַכְרִיעָה; סוֹפִית; גַּם כֵּן

— in awhile מִזְּמַן לִזְמַן, לִפְעָמִים

— or twice לְעִתִּים רְחוֹקוֹת

— upon a time לִפְנֵי הַרְבֵּה זְמַן; בְּיָמִים עָבָרוּ

**one** *adj. & n. & pron.* (וַן) אֶחָד (.m),

אַחַת (.f); יָחִיד; מְסֻיָּם; (לציון זמן סתמי); שֶׁטֶר בֶּן־דּוֹלָר אֶחָד; בֶּן־אָדָם

all — הַיְנוּ הָךְ; אֶחָד הוּא; חֲסַר־מַשְׁמָעוּת

at — מְאֻחָדִים

— with בְּדֵעָה אַחַת עִם

— another אִישׁ אֶת רֵעֵהוּ

**o'nerous** *adj.* (אוֹנֶרֶס) מַכְבִּיד, מֵעִיק; מְטֻפָּל בְּהִתְחַיְּבוּיוֹת

**oneself'** *pron.* (וַנְסֶלְף) עַצְמוֹ

be — הָיָה בְּמַצָּבוֹ הַתָּקִין; הָיָה כֵּן, הָיָה לְלֹא יְמָרוֹת

by — לְבַד; בְּכֹחוֹת עַצְמוֹ

come to — חָזַר לְהַכָּרָתוֹ; שָׁלַט בְּעַצְמוֹ שֵׁנִית

**one'-si"ded** *adj.* (וַנְסַידֶד) חַד־צְדָדִי

**one'-track"** *adj.* (וַנְטְרֶק) חַד־מַסְלוּלִי; מָכוּר לְדָבָר אֶחָד

**one'-way'** *adj.* (וַנְוֵי) חַד־סִטְרִי; לְלֹא גְּמוּל

**o'nion** *n.* (אַנְיָן) בָּצָל

**on'ly** *adv.* (אוֹנְלִי) רַק

— too בְּעֶצֶם; מְאֹד; לְמַרְבֵּה הַצַּעַר

— *adj.* יָחִיד; מְיֻחָד בְּמִינוֹ; שֶׁאֵין כָּמוֹהוּ

— *conj.* אֶלָּא שֶׁ־

**on'set** *n.* (אוֹנְסֶט) הַתְחָלָה, תְּחִלָּה, רֵאשִׁית; הַתְקָפָה, הִסְתַּעֲרוּת

**on'to** *prep.* (אוֹנְטוּ; בלי הטעמה: אוֹנְטָה) עַל; מוּדָע לְ־

**on'us** *n.* (אוֹנַס) מַעֲמָסָה; אַחְרָיוּת

**on'ward(s)** *adv.* (אוֹנְוֶרְד[ז]) קָדִימָה

**on'yx** *n.* (אוֹנִקְס) אָנֶךְ, שֹׁהַם

**ooze** *v.i. & t. & n.* (אוּז) זָרַם לְאַט, נָזַל בְּאִטִּיּוּת; נֶעֱלַם בְּהַדְרָגָה; טִפְטֵף לְאַט; נְזִילָה אִטִּית; בֹּץ סִידָנִי; רֶפֶשׁ, בִּצָּה

**opaque'** *adj.* (אוֹפֵּיק) אָטוּם; כֵּהֶה; מְעֻרְפָּל, סָתוּם; מְטֻמְטָם

**o'pen** (אוֹפֶּן) פָּתַח; פָּקַח; פִּנָּה; בִּטֵּל; חָשַׂף; גִּלָּה; פָּרַשׂ; הִתְחִיל; עָשָׂה פֶּתַח; נִפְתַּח; נֶחְשַׂף, נִתְגַּלָּה; הוֹפִיעַ

— up פָּתַח בְּאֵשׁ; נַעֲשָׂה מֻכָּר; גִּלָּה סוֹדוֹת; הִגְדִּיל מְהִירוּת

— *adj.* פָּתוּחַ; מְפֻלָּשׁ; חָשׂוּף; פָּנוּי; לֹא־מְקֻפָּל; לְלֹא הַגְבָּלוֹת; זָמִין, נִתָּן לְהַשִּׂיג; לְלֹא קָרָה (כפור); לְלֹא חֻקִּים, מֻפְקָר; לֹא־מְיֻשָּׁב; נִתָּן לְ־, כָּפוּף לְ־; גָּלוּי; גְּלוּי־לֵב; נָדִיב; לְלֹא מִכְשׁוֹלִים; שֶׁטַח חָשׂוּף, מָקוֹם תַּחַת כִּפַּת הַשָּׁמַיִם; הַיָּם הַפָּתוּחַ; בְּמַצָּב שֶׁהַכֹּל גָּלוּי וְיָדוּעַ

**o'pener** *n.* (אוֹפֶּנֶר) פּוֹתְחָן; מַתְחִיל, פּוֹתֵחַ; מוֹפָע־פְּתִיחָה

**o'pen-eyed'** *adj.* (אוֹפֶּן־אַיְד) פְּקוּחַ־עֵינַיִם; מִשְׁתּוֹמֵם; עֵרָנִי; מוּדָע לַכֹּל; יוֹדֵעַ בְּדִיּוּק מַה צָּפוּי

**o'pen-han'ded** *adj.* (אוֹפֶּן־הֶנְדֶד) נָדִיב

**o'pen-hear'ted** *adj.* (אוֹפֶּן־הַרְטֶד) יְדִידוּתִי, גְּלוּי־לֵב; טוֹב־לֵב, נוֹטֶה חֶסֶד

**o'pen house'** (אוֹפֶּן הָאוּס) קַבָּלַת אוֹרְחִים, זְמַן בִּקּוּרִים

keep — — מוּכָן לְקַבֵּל אוֹרְחִים

**o'pen hous'ing** (אוֹפֶּן הָאוּזִנְג) שִׁכּוּן לְלֹא אַפְלָיָה

**o'pening** *n.* (אוֹפֶּנִנְג) פְּתִיחָה, הִפָּתְחוּת; פֶּתַח; הַתְחָלָה; הַשָּׁלָב הָרִאשׁוֹן; מוֹפָע־פְּתִיחָה; חֲגִיגַת פְּתִיחָה; מִשְׂרָה פְּנוּיָה; הִזְדַּמְּנוּת

**op'era** *n.* (אוֹפֶּרָה) אוֹפֶּרָה; בֵּית אוֹפֶּרָה

**op'erate"** *v.i. & t.* (אוֹפֶּרֵיט) פָּעַל, תִּפְקֵד; הִשְׁתַּמֵּשׁ בְּלַחַץ, הִפְעִיל הַשְׁפָּעָה; עָשָׂה, בִּצֵּעַ; נִתַּח; תִּפְעֵל; נִהֵל פְּעֻלּוֹת; עָרַךְ מִבְצָעִים; נִהֵל עִסְקָאוֹת בְּקְנֵה־מִדָּה גָּדוֹל; הִפְעִיל; נִהֵל; הֵבִיא לִידֵי

**op"era'tion** *n.* (אוֹפֶּרֵישֶׁן) פְּעֻלָּה, פְּעִילוּת, הַשְׁפָּעָה; תִּפְעוּל; תַּהֲלִיךְ; נִתּוּחַ; מִבְצָע; עִסְקָה

**op'era"tive** *n. & adj.* (אוֹפֶּרֵיטִב) מַפְעִיל; בַּלָּשׁ; סוֹכֵן חֶרֶשׁ, מְרַגֵּל; פּוֹעֵל; בְּתֹקֶף; יָעִיל; שֶׁל עֲבוֹדָה, שֶׁל יִצּוּר

**op'era"tor** *n.* (אוֹפֶּרֵיטֶר) מַפְעִיל; מֶרְכָּזָן; מְנַהֵל מִפְעָל; סוֹחֵר אִגְּרוֹת חוֹב; מְנַתֵּחַ; מְמֻלָּח, יוֹדֵעַ לְהִסְתַּדֵּר

**ophthal'mic** *adj.* (אוֹפְתֶלְמִק) שֶׁל הָעַיִן

**o'piate** *n. & adj.* (אוֹפִּיאַט) תַּכְשִׁיר אוֹפְּיוּם; סַם מַרְגִּיעַ; סַם שֵׁנָה; מַקְהֶה חוּשִׁים; מֵכִיל אוֹפְּיוּם; מַרְדִּים

**opine'** *v.t. & i.* (אוֹפַּיְן) סָבַר; חִוָּה דֵעָה

**opin'ion** *n.* (אֶפִּנְיֶן) דֵּעָה, הַשְׁקָפָה, חַוַּת־דַּעַת; הַעֲרָכָה חִיּוּבִית

**opin'iona"ted** *adj.* (אֶפִּנְיֶנֵיטֶד) מַחֲזִיק בְּדֵעוֹתָיו בְּעַקְשָׁנוּת, מְזַלְזֵל בְּדַעַת הַזּוּלַת

**o'pium** *n.* (אוֹפִּיאֶם) אוֹפְּיוּם; מַקְהֶה חוּשִׁים; סַם הַרְגָּעָה, סַם מְשַׁתֵּק פְּעֻלָּה

**oppo'nent** *n.* (אֶפּוֹנֶנְט) יָרִיב, מִתְנַגֵּד

**op"portune'** *adj.* (אוֹפֶּרְטוּן) מַתְאִים, נוֹחַ; בָּא בִּזְמַן מַתְאִים

**op"portu'nity** *n.* (אוֹפֶּרְטוּנִטִי) הִזְדַּמְּנוּת; מַצָּב נוֹחַ; שְׁעַת כֹּשֶׁר

**oppose'** *v.t. & i.* (אֶפּוֹז) הִתְנַגֵּד, נִלְחַם בְּ־; עָצַר, שָׂם מִכְשׁוֹל בַּדֶּרֶךְ; הֶעֱמִיד זֶה מוּל זֶה; הָיָה בַּעַל דֵּעָה מְנֻגֶּדֶת; עוֹרֵר דֵּעָה שְׁלִילִית עַל; הִתְוַכֵּחַ נֶגֶד; הִשְׁוָה עִם־; פָּעַל נֶגֶד

**op'posite** *adj. & n. & prep. & adv.* מְנֻגָּד, נֶגְדִּי; נִגּוּד, הֵפֶךְ; מוּל, מִנֶּגֶד; (אוֹפֶּסֶט) מַקְבִּיל; בְּתַפְקִיד מַשְׁלִים; בִּצְדָדִים יְרִיבִים

**op"positi'on** *n.* (אוֹפֶּזִשֶׁן) הִתְנַגְּדוּת; עוֹיְנוּת, אֵיבָה; אוֹפּוֹזִיצְיָה; הָעֲמָדָה כְּנֶגֶד; עִמּוּת; הַשְׁוָאָה, הַתְוָיַת נִגּוּדִים

**oppress'** *v.t.* (אֶפְּרֶס) הֵעִיק עַל; הִכְבִּיד עַל; לָחַץ

**oppres'sion** *n.* (אֶפְּרֶשֶׁן) עֹשֶׁק; מְצוּקָה; לַחַץ; דִּכּוּי

**oppres'sive** *adj.* (אֶפְּרֶסִב) עוֹשֵׁק, מֵעִיק; מַכְבִּיד, מֵצִיק

**oppro'brious** *adj.* (אֶפְּרוֹבְּרִיאֶס) מֵבִישׁ, מַחְפִּיר

**opt** *v.i.* (אוֹפְּט) בָּחַר

**op'tic** *adj.* (אוֹפְּטִק) שֶׁל הָעַיִן, שֶׁל הָרְאִיָּה

— **s** אוֹפְּטִיקָה

**op'tical** *adj.* (אוֹפְּטִקְל) אוֹפְּטִי; שֶׁל הָעַיִן, שֶׁל הָרְאִיָּה; שֶׁל אוֹפְּטִיקָה

**optici'an** *n.* (אוֹפְּטִשֶׁן) אוֹפְּטִיקַאי

**op'timis'm** *n.* (אוֹפְּטֶמִזֶם) אוֹפְּטִימִיּוּת

**op'timis"tic** *adj.* (אוֹפְּטֶמִסְטִק) אוֹפְּטִימִי

**op'tion** *n.* (אוֹפְּשֶׁן) בְּרֵרָה, בְּחִירָה; אוֹפְּצִיָּה

**op'tional** *adj.* (אוֹפְּשֶׁנֶל) שֶׁל רְשׁוּת; נִתָּן לִבְחִירָה

**optom'etrist** *n.* (אוֹפְּטוֹמֶטְרִסְט) אוֹפְּטוֹמֶטְרִיסְט

**op'ulence** *n.* (אוֹפְּיֻלֶנְס) עֹשֶׁר, שֶׁפַע

**op'ulent** *adj.* (אוֹפְּיֻלֶנְט) עָשִׁיר; נִמְצָא מֻשְׁפָּע בְּ־

**or** *conj.* (אוֹר; בלי הטעמה: אֶר) אוֹ, כְּלוֹמַר

**or'acle** *n.* (אוֹרֶקְל) אוֹרָקֶל; נוֹשֵׂא דְּבַר־חָכְמָה

— **s** כִּתְבֵי הַקֹּדֶשׁ; קֹדֶשׁ הַקֳּדָשִׁים

**or'al** *adj. & n.* (אוֹרֶל) עַל פֶּה; דִּבּוּר; שֶׁל הַפֶּה; מַגָּע דֶּרֶךְ הַפֶּה; בְּחִינָה בְּעַל פֶּה

**or'ange** *n.* (אוֹרֶנְג') תַּפּוּחַ־זָהָב, תַּפּוּז; כָּתֹם; שֶׁל תַּפּוּזִים; בְּטַעַם תַּפּוּז

**ora'tion** *n.* (אוֹרֵישֶׁן) נְאוּם חֲגִיגִי

**or'ator** *n.* (אוֹרֶטֶר) נוֹאֵם

**or'ator"y** *n.* (אוֹרֶטוֹרִי) אָמְנוּת הַנְּאוּם

**orb** *n.* (אוֹרְבּ) גֶּרֶם שְׁמֵימִי; כַּדּוּר; גַּלְגַּל־הָעַיִן, עַיִן

**or'bit** *n. & v.i.* (אוֹרְבִּט) מַסְלוּל (מסביב לגרם שמימי); מַהֲלַךְ הַחַיִּים, תְּחוּם פְּעִילוּת; נָע בְּמַסְלוּל מִסָּבִיב; שֻׁגַּר לְמַסְלוּל מִסָּבִיב

**or'chard** *n.* (אוֹרְצֶ'רְד) מַטָּע; מַטַּע עֲצֵי פְּרִי

**or'chestra** *n.* (אוֹרְקֶסְטְרָה) תִּזְמֹרֶת; שֶׁטַח הַתִּזְמֹרֶת; אוּלָם (תאטרון); הַשּׁוּרוֹת הָרִאשׁוֹנוֹת

**or'chid** *n.* (אוֹרְקִד) סַחְלָב; אַרְגְּמָן כְּחַלְחַל־אֲדַמְדַּם

**ordain'** *v.t. & i.* (אוֹרְדֵין) פָּקַד, צִוָּה; נָתַן סְמִיכָה; הִסְמִיךְ; גָּזַר

**ordeal'** *n.* (אוֹרְדִיל) מִבְחָן חָמוּר; נִסָּיוֹן קָשֶׁה; מַסָּה, דִּין שָׁמַיִם

**or'der** *n.* (אוֹרְדֶר) פְּקֻדָּה; סֵדֶר; פְּעֻלָּה תְּקִינָה; דַּרְגָּה; מַעֲמָד חֶבְרָתִי; נֹהַג; דְּבֵקוּת בְּנֹהַג; מִשְׁטָר; הַזְמָנָה; סִדְרָה (במדעי הטבע); מִסְדָּר; הוֹרָאַת־תַּשְׁלוּם, הַמְחָאָה

call to — פָּתַח (אסיפה)

in — מַתְאִים, נָאוֹת; כַּיָּאוּת; תּוֹאֵם הַנֹּהַג

in — that לְמַטְּרַת, עַל מְנַת שֶׁ־

in — to כְּדֵי לְ־

in short — לְלֹא שְׁהִיּוֹת, מַהֵר

on — מֻזְמָן

on the — of דּוֹמֶה לְ־

out of — לא מתאים; מקלקל; בניגוד לנהג

— *v.t. & i.* פקד, צוה; הזמין; סדר; נתן סמיכה

**or'derliness** *n.* (אורדרלינס) סדר, שיטתיות

**or'derly** *adj. & adv. & n.* (אורדרלי) מסדר; שיטתי; שומר־חק; בהתאם לכללים; שמש קצין; חובש, אח (בבית חולים)

**or'dinal** *adj. & n.* (אורדנל) של סדרה; סדורי; מספר סדורי

**or'dinance** *n.* (אורדננס) תקנה; כלל, צו; פקדה

**or'dinary"** *adj. & n.* (אורדנרי) רגיל, שכיח, מצוי; תקין; נדוש; נחות; ישיר

**or"dina'tion** *n.* (אורדנישן) מתן סמיכה; קבלת סמיכה; מתן צו; סדור; מערך

**ord'nance** *n* (אורדננס) ארטילריה; תותחים; חמוש; חיל חמוש

**ore** *n.* (אור) עפרה, בצר

**or'gan** *n.* (אורגן) איבר; עוגב; אורגן; תבת נגינה; בטאון; מכשיר

**organ'ic** *adj.* (אורגנק) אורגני

**or'ganis"m** *n.* (אורגנזם) אורגניזם, יצור חי; מנגנון, מערכת

**or'ganist** *n.* (אורגנסט) מנגן בעוגב, עוגבאי, מנגן באורגן

**or"ganiza'tion** *n.* (אורגנזישן) ארגון; הסתדרות; הרכב, מבנה

**or'ganize"** *v.t. & i.* (אורגניז) ארגן; סדר; ארגן פועלים באגוד מקצועי; הקים אגוד מקצועי; התארגן

**or'gani"zer** *n.* (אורגניזר) מארגן; מקים אגוד מקצועי, מארגן פועלים

**or'gy** *n.* (אורג׳י) מסבת שכרות ופריצות, משתה זמה, אורגיה; השתוללות

**or'ient** *n.* (אוריאנט) מזרח

**o'rient"** *v.t. & i.* קבע התמצאות; קבע יחסים עם; קבע מקום; קבע כוון; פנה מזרחה; פנה לכוון מסים

**o"rien'tal** *adj. & n.* (אוריאנטל) מזרחי; של המזרח; בן המזרח

**or"ienta'tion** *n.* (אוריאנטישן) קביעת התמצאות; קביעת מקום, התמצאות, אוריינטציה; תדרוך

**or'ifice** *n.* (אורפס) פה, פתח

**or'igin** *n.* (אורג׳ן) מקור, מוצא; ראשית

**orig'inal** *adj. & n.* (ארג׳נל) מקורי, בעל מקוריות; חדש, רענן; מקור, אוריגינל

**orig"inali'ty** *n.* (ארג׳נלטי) מקוריות

**orig'inate"** *v.i. & t.* (ארג׳ניט) התהוה, נוצר, נבע; יצא מנקדת מוצא; חדש, המציא

**or'nament** *n.* (אורנמנט) קשוט; יפוי; עדי

or'nament" *v.t.* קשט

**or"namen'tal** *adj & n.* (אורנמנטל) קשוטי, מקשט מאד, מנקר

**ornate'** *adj.* (אורניט) מקשט מאד, מנקר

עינים בהדורו; נמלץ

**or"nithol'ogy** *n.* (אורנת׳ולג׳י) חקר העופות, אורניתולוגיה

**or'phan** *n. & adj. & v.t.* (אורפן) יתום; מיתם; יתם

**or'phanage** *n.* (אורפנג׳) בית יתומים; יתמות

**or'thodox"** *n. & adj.* (אורת׳דוקס) אורתודוקסי, אדוק; מסרתי; מקבל, רגיל

**or'thodox"y** *n.* (אורת׳דוקסי) מנהגי האדוקים, תורת האדוקים; אדיקות; צבור האדוקים, אורתודוקסיה

**orthog'raphy** *n.* (אורת׳וגרפי) אורתוגרפיה, איות; כתיב

**or"thope'dic** *adj.* (אורת׳פידק) אורתופדי

**os'cillate"** *v.i. & t.* (אוסליט) התנודד; פסח על שתי סעפים; הניד

**osmo'sis** *n.* (אוסמוסס) אוסמוזה

**os'prey** *n.* (אוספרי) שלך

**osten'sible** *adj.* (אוסטנסבל) נראה, גלוי; בולט

**os"tenta'tion** *n.* (אוסטנטישן) התהדרות, ראוותנות

**os"tenta'tious** *adj.* (אוסטנטישס) ראוותני, מתפאר

**os'tracis"m** *n.* (אוסטרסזם) נדוי, חרם

**os'tracize"** *v.t.* (אוסטרסיז) נדה, הגלה

**os'trich** *n.* (אוסטרץ׳) יען, בת־יענה; מתעלם ממציאות לא־נעימה

**oth'er** *adj. & n. & pron.* (אַד'ר) נוֹסָף; אַחֵר; שׁוֹנֶה; שֵׁנִי (מִתּוֹךְ שְׁנַיִם), יֶתֶר; קוֹדְמִים
each — אִישׁ אֶת רֵעֵהוּ
every — כָּל... שֵׁנִי
the — day לִפְנֵי יוֹם־יוֹמַיִם, לָאַחֲרוֹנָה
— *adv.* אֶלָּא עַל יְדֵי
**oth'erwise"** *adv. & adj.* (אַד'רְוַיז) אַחֶרֶת; בְּצוּרָה שׁוֹנָה; מִבְּחִינוֹת אֲחֵרוֹת; אֶלָּא עַל יְדֵי; שׁוֹנֶה, שֶׁבְּנְסִבּוֹת אֲחֵרוֹת
**ot'ter** *n.* (אוֹטֶר) לוּטְרָה
**ouch** *interj.* (אַוּץ') אִי, אָיָה
**ought** (אוֹט) (פּוֹעַל עֵזֶר) צָרִיךְ
**ounce** *n.* (אַוּנְס) אוּנְקִיָּה; שֶׁמֶץ
**our** *pron.* (אַוּאֶר; בְּלִי הַטְעָמָה: אָר) שֶׁלָּנוּ
**ours** *pron.* (אַוּאֶרְז; אָרְז) שֶׁלָּנוּ, לָנוּ
**ourself** *pron.* (אָרְסֶלְף; אַוּרְסֶלְף) עַצְמֵנוּ, עַצְמִי; יָחִיד
**ourselves** *pron. pl.* (אָרְסֶלְוְז; אַוּאֶרְסֶלְוְז) עַצְמֵנוּ; אֲנַחְנוּ (לְהַדְגָּשָׁה); חֲזַרְנוּ לְאֵיתָנֵנוּ
**oust** *v.t.* (אַוּסְט) גֵּרֵשׁ
**out** *adv.* (אַוּט) בַּחוּץ, הַחוּצָה; לֹא בַּמָּקוֹם הָרָגִיל, אֵינֶנּוּ; עַד לַהֲרָקָתוֹ; מִתּוֹךְ, מִחוּץ לִידֵי הַכְרָעָה סוֹפִית; לְחִדָּלוֹן; בְּנִגּוּד לְאָפְנָה, שֶׁלֹּא כַּמְקֻבָּל; לִידִיעַת הַצִּבּוּר; שׁוֹחֵר ל־; נִתְקַבֵּל בַּחֶבְרָה; אֵינוֹ בַּנִּמְצָא; יָצָא בִּשְׁבִיתָה; כְּדֵי לְהִשְׁתָּרֵעַ; בִּפְעֻלָּה, בְּגָלוּי; עָשׂוּי חֹמֶר מְסֻיָּם; מִיִּשּׁוּב הַדַּעַת; מְסֻכְסָךְ; לְשֵׁם שְׁלִילָה מִ־; עַד כְּדֵי גְמִירָה; בִּשְׁלֵמוּת, לִגְמָרֵי; עַד כְּדֵי טִשְׁטוּשׁ
all — בְּמַאֲמָץ עֶלְיוֹן
break— פָּרַץ
call — קָרָא
carry — הוֹצִיא הַחוּצָה; בִּצֵּעַ
come — יָצָא
cross — מָחַק
drive — גֵּרֵשׁ
go — יָצָא
make — הֵבִין ב־; פָּתַר; הִתְעַלֵּס
— and away בְּמִדָּה רַבָּה
— from under נֶחֱלַץ מִמַּצָּב קָשֶׁה
put — כִּבָּה
rub — מָחַק
stand — הִתְבַּלֵּט
take — הוֹצִיא
way — רָחוֹק מְאֹד, נִדָּח
wear — בִּלָּה
work — הִסְתַּדֵּר
— *adj.* חָשׂוּף; מִחוּץ לַתְּחוּם הַמְקֻבָּל; מִחוּץ לַמְקֻבָּל; לֹא־נָכוֹן, לֹא־מְדֻיָּק; סוֹבֵל מֵחֹסֶר אֵמוּן; סוֹבֵל מֵאָבְדַן מָמוֹן; חָסֵר; מְרֻחָק מִפְּעִילוּת (בְּמִשְׂחָק); חֲסַר־הַכָּרָה; מְבֻטָּל; שָׁרוּי בְּמַחֲלֹקֶת; גָּמוּר; כָּבוּי, אֵינוֹ פּוֹעֵל; שֶׁהֻרְחַק מִשִּׁלְטוֹן; יוֹצֵא; לֹא בָּאָפְנָה; אֵינוֹ בַּנִּמְצָא
— of מִתּוֹךְ, כְּתוֹצָאַת־
— prep. מִחוּץ ל־; הַחוּצָה וּלְכִוּוּן...
— *interj.* הַחוּצָה, הִסְתַּלֵּק, הָלְאָה
— *n. & v.t.* עֶצֶם בּוֹלֵט; אֶמְצָעִי הִשְׁתַּמְּטוּת, מָנוֹס; אָדָם נְטוּל שִׁלְטוֹן; יָצָא, הִתְגַּלָּה; גִּלָּה
bė on the — s הָיָה מְסֻכְסָךְ
**out"bid'** *v.t.* (אַוּטְבִּד) הִצִּיעַ סְכוּם גָּדוֹל יוֹתֵר
**out'break"** *n.* (אַוּטְבְּרֵיק) הִתְפָּרְצוּת; מְהוּמָה, הִתְפָּרְעוּת
**out'burst"** *n.* (אַוּטְבֶּרְסְט) הִתְפָּרְצוּת; פְּעִילוּת פִּתְאוֹמִית
**out'cast"** *n.* (אַוּטְקֶסְט) מְנֻדֶּה; נָע וָנָד
**out'come"** *n.* (אַוּטְקַם) תּוֹצָאָה
**out'cry"** *n.* (אַוּטְקְרַי) זְעָקָה, מְחָאָה
**out"do'** *v.t.* (אַוּטְדוּ) עָלָה עַל
**out'door"(s)** *adj. & n.* (אַוּטְדוֹר[ז]) שֶׁל הַחוּץ, בַּחוּץ; תַּחַת כִּפַּת הַשָּׁמַיִם
**ou'ter** *adj.* (אַוּטֶר) חִיצוֹנִי
**ou'termost'** *adj.* (אַוּטֶרְמוֹסְט) הַמְרֻחָק בְּיוֹתֵר
**out'fit"** *n. & v.t.* (אַוּטְפִט) צִיּוּד; לְבוּשׁ, הַלְבָּשָׁה "קוֹמְפְּלֶט"; מַעֲרֶכֶת; יְחִידָה; מִפְעָל; צִיֵּד
**out'go"ing** *adj.* (אַוּטְגוֹאִנְג) יוֹצֵא; מִתְיַדֵּד; אָרוּז (כְּזוֹן — לַאֲכִילָה בְּמָקוֹם אַחֵר)
**out"grow'** *v.t.* (אַוּטְגְרוֹ) גָּדַל יָתֵר עַל הַמִּדָּה; הִשְׁאִיר מֵאֲחוֹרָיו בְּעִקְבוֹת שִׁנּוּיִים שֶׁחָלוּ בּוֹ; גָּדַל יוֹתֵר מִ־
**out'growth"** *n.* (אַוּטְגְרוֹת') הִתְפַּתְּחוּת, תּוֹצָאַת־לְוַאי, הִסְתָּעֲפוּת

**out'house" *n.*** (אַוּטְהָאוּס) מִבְנֶה־חוּץ; בֵּית כִּסֵּא

**out'ing *n.*** (אַוּטִנְג) טִיּוּל

**outlan'dish *adj.*** (אַוּטְלֶנְדִשׁ) מוּזָר, מְשֻׁנֶּה מְאֹד; זָר; נִדָּח

**out"last' *v.t.*** (אַוּטְלֶסְט) הֶאֱרִיךְ יָמִים מ־

**out'law" *n. & v.t.*** (אַוּטְלוֹ) פּוֹשֵׁעַ מוּעָד; אָדָם מִחוּץ לַהֲגַנַּת הַחֹק; סוּס מִתְפָּרֵעַ; שָׁלַל זְכֻיּוֹת, הוֹצִיא מִחוּץ לַחֹק; הִכְרִיז כְּלֹא חֻקִּי, אָסַר

**out'lay" *n.*** (אַוּטְלֵי) יְצִיאָה, הוֹצָאָה

**out'let *n.*** (אַוּטְלֶט) יְצִיאָה, פֶּתַח־יְצִיאָה; שֶׁקַע; שׁוּק; חֲנוּת; אֶמְצָעֵי בִּטּוּי; תַּחֲנָה מְקוֹמִית; אָפִיק, שֶׁסֶף

**out'line" *n. & v.t.*** (אַוּטְלַיְן) תַּרְשִׁים, מִתְוֶה, סְקִיצָה; מִתְאָר; רָאשֵׁי־פְּרָקִים; תִּרְשֵׁם, תֵּאֵר בְּרָאשֵׁי־פְּרָקִים

**out"live' *v.t.*** (אַוּטְלִב) הֶאֱרִיךְ יָמִים מ־; בִּלָּה

**out'look" *n.*** (אַוּטְלֻק) הַשְׁקָפָה; סִכּוּי, תַּחֲזִית; מִצְפֶּה, תַּצְפִּית

**out'ly"ing *adj.*** (אַוּטְלַיאִנְג) מְרֻחָק, נִדָּח

**out"mo'ded *adj.*** (אַוּטְמוֹדֶד) מְיֻשָּׁן; שֶׁל אָפְנָה מְיֻשֶּׁנֶת; שֶׁאֵינוֹ עוֹד בְּשִׁמּוּשׁ

**out'-of-bounds" *adj.*** (אַוּטֲוְבַּאוּנְדְז) מִחוּץ לַתְּחוּם

**out'-of-the-way" *adj.*** (אַוּטֲוְדְ'וֵי) מְרֻחָק; לֹא־רָגִיל; פּוֹגֵעַ

**out'patient *n.*** (אַוּטְפֵּישֶׁנְט) חוֹלֶה לֹא־מְאֻשְׁפָּז

**out'post" *n.*** (אַוּטְפּוֹסְט) עֶמְדָּה, מִשְׁלָט

**ouf'pour"ing *n.*** (אַוּטְפּוֹרִנְג) הִשְׁתַּפְּכוּת

**out'put" *n.*** (אַוּטְפֻּט) תְּפוּקָה, יְצוּר; הַסְפֵּק

**out'rage *n. & v.t.*** (אַוּטְרֵיגּ') נְבָלָה; זְוָעָה; הֶחֱרִיד; פָּגַע פְּגִיעָה קָשָׁה; הִרְגִּיז; עוֹרֵר הִתְמַרְמְרוּת; אָנַס

**outra'geous *adj.*** (אַוּטְרֵיגּ'ס) מַחֲרִיד, מְשֻׁנָּע; מְזַעֲזֵעַ; מוּזָר בְּיוֹתֵר

**out'right" *adj.*** (אַוּטְרַיְט) גָּמוּר, מֻחְלָט

**out'right' *adv.*** לְגַמְרֵי, לַחֲלוּטִין; בְּגָלוּי; מִיָּד; לְלֹא מַעֲצוֹרִים

**out'run' *v.t.*** (אַוּטְרַן) רָץ מַהֵר מ־, הִרְחִיק לָרוּץ מ־; נִמְלַט בְּרִיצָה; עָלָה עַל

**out'set" *n.*** (אַוּטְסֶט) הַתְחָלָה

**out'side' *n.*** (אַוּטְסַיְד) חוּץ, הַחֵלֶק הַחִיצוֹן; חִיצוֹן

at the — בִּקְצֵה הַגְּבוּל, בַּתְּחוּם הַמֻּרְחָק בְּיוֹתֵר

**out"side' *adj. & adv. & prep.*** חִיצוֹנִי, מֵהַחוּץ; נָדִיר; הַחוּצָה; מִחוּץ ל־; מִלְּבַד

— of מִלְּבַד, חוּץ מ־

**out"si'der *n.*** (אַוּטְסַיְדֶר) אָדָם בַּחוּץ; זָר; אֵינוֹ מִתְמַצֵּא בָּעִנְיָן

**out'size(d)" *adj.*** (אַוּטְסַיְז[ד]) גָּדוֹל מֵהָרָגִיל

**out'skirts" *n.*** (אַוּטְסְקֶרְטְס) עִבּוּר (שֶׁל עִיר), פַּרְוָר; שׁוּלַיִם

**out"smart' *v.t.*** (אַוּטְסְמַרְט) גָּבַר עַל (בְּחָכְמָה), "סִדֵּר"

**out'spo'ken *adj.*** (אַוּטְסְפּוֹקְן) גְּלוּי־לֵב, לְלֹא מַעֲצוֹרִים, מַבָּע בְּחָפְשִׁיּוּת

**out"stan'ding *adj.*** (אַוּטְסְטֶנְדִנְג) דָּגוּל, בּוֹלֵט, נִמְשָׁךְ; שֶׁלֹּא־נִפְרַע; תָּלוּי וְעוֹמֵד, בְּמַחֲזוֹר

**out"stretch' *v.t.*** (אַוּטְסְטְרֶץ') הוֹשִׁיט; מָתַח מֵעֵבֶר; הִרְחִיב

**out"strip' *v.t.*** (אַוּטְסְטְרִפּ) עָלָה עַל; עָבַר עַל פְּנֵי... וָהָלְאָה, הִתְקַדֵּם לִפְנֵי־, הִשְׁאִיר מֵאֲחוֹרָיו

**out'ward *adj.*** (אַוּטְוֶרְד) גָּלוּי, נִגְלֶה, שִׁטְחִי; חִיצוֹנִי; גַּשְׁמִי; שֶׁל פְּעֻלּוֹת חִיצוֹנִיּוֹת, שֶׁל הוֹפָעָה חִיצוֹנִית; כְּלַפֵּי חוּץ

— (s) הַחוּצָה; בִּרְגָשׁוֹת גְּלוּיִים; אֶל הַיָּם הַפָּתוּחַ

— by *adv.* כְּלַפֵּי חוּץ, לְמַרְאִית עַיִן; עַל פְּנֵי הַשֶּׁטַח

**out"weigh' *v.t.*** (אַוּטְוֵי) עָלָה עַל (בְּעֵרֶךְ, חֲשִׁיבוּת, הַשְׁפָּעָה); הָיָה בַּעַל מִשְׁקָל־יֶתֶר

**out'wit' *v.t.*** (אַוּטְוִט) עָלָה בַּחֲרִיפוּתוֹ עַל; הֶעֱרִים עַל; גָּבַר בִּתְבוּשִׁיָּתוֹ עַל

**o'val *adj. & n.*** (אוֹבְל) סְגַלְגַּל, אֵלִיפְּטִי; עֶצֶם סְגַלְגַּל; תַּבְנִית סְגַלְגַּלָּה; כַּדּוּרֶגֶל (אֲמֵרִיקָנִי)

**o'vary *n.*** (אוֹבֶרִי) שַׁחֲלָה

**ova'tion *n.*** (אוֹבֵישְׁן) קַבָּלַת פָּנִים נִלְהֶבֶת; תְּשׁוּאוֹת; מְחִיאוֹת כַּפַּיִם סוֹעֲרוֹת

**ov'en** *n.* (אָוְן) תַּנּוּר

**o'ver** *prep.* (אוֹבְר) עַל, מֵעַל; בְּכָלוֹ; מֵעֵבֶר; לְמַעְלָה מ־; יוֹתֵר מ־; עַד תֹּם; בְּמֶשֶׁךְ; עַל פְּנֵי; בִּשְׁעַת הִתְעַסְּקוּת בּ־;

— **and above** מִלְּבַד, נוֹסָף

— *adv.* מֵעֵבֶר לַקָּצֶה; עַל פְּנֵי כָּל הַשֶּׁטַח; בְּכָל הַשֶּׁטַח; בְּמֶרְחָק מַה לְעֵבֶר; מֵעֵבֶר; מֵהַהַתְחָלָה וְעַד הַסּוֹף; מֵאֶחָד לַשֵּׁנִי; מֵעֵבֶר לַיָּם (לארה״ב); מִמַּצָּב זָקוּף; שֵׁנִית; בָּזֶה אַחַר זֶה; כְּיִתְרָה; בְּמֶשֶׁךְ תְּקוּפָה מְסֻיֶּמֶת; לְבֵיתוֹ; לְמִשְׂרָדוֹ

**all —** בְּכָל מָקוֹם, בְּכָל הַשֶּׁטַח; לִגְמָרֵי, בִּיסוֹדִיּוּת; גָּמוּר

**all — with** נִגְמַר, הִסְתַּיֵּם

— **again** עוֹד הַפַּעַם

— **and —** פְּעָמִים אֲחָדוֹת

— **there** לְאֵירוֹפָּה (בארה״ב, בקשר למלחמת העולם הראשונה)

— *adj.* עֶלְיוֹן; גָּבֹהַּ יוֹתֵר; בַּעַל סַמְכֻיּוֹת רַבּוֹת יוֹתֵר; חִיצוֹנִי; עוֹדֵף, נוֹסָף; יוֹתֵר מִדַּי; גָּמוּר

— *n.* תּוֹסֶפֶת

**o"verall'** *adj.* (אוֹבֶרוֹל) מִקָּצֶה אֶל קָצֶה; מַקִּיף, מְכַסֶּה הַכֹּל

— **s** *n.* סַרְבָּל

**o"verbear'ing** *adj.* (אוֹבֶרְבֶּרִנְג) שְׁתַלְטָנִי, שַׁחֲצָנִי

**o'verboard"** *adv.* (אוֹבֶרְבּוֹרְד) לְתוֹךְ הַמַּיִם

**o'vercast'** *adj.* (אוֹבֶרְקֶסְט) מְעֻנָּן; אַפְלוּלִי, קוֹדֵר

**o"vercharge'** *v.t.* (אוֹבֶרְצ׳רְג׳) בִּקֵּשׁ מְחִיר מֻפְרָז; הֶעֱמִיס יָתֵר עַל הַמִּדָּה; הִגְזִים

o'vercharge' *n.* מְחִיר מֻפְרָז; מַעֲמֶסֶת־יֶתֶר

**o'vercoat"** *n.* (אוֹבֶרְקוֹט) מְעִיל עֶלְיוֹן, אַדֶּרֶת

**o"vercome'** *v.t. & i.* (אוֹבֶרְקַם) נִצַּח, הֵכִיס; הִתְגַּבֵּר עַל; הִשְׁתַּלֵּט עַל

**o"vercrowd'** *v.t.* (אוֹבֶרְקְרָאוּד) צִפֵּף, דָּחַס

**o"verdo'** *v.t. & i.* (אוֹבֶרְדוּ) הִפְרִיז בּ־, הִגְדִּישׁ הַסְּאָה; הוֹגִיעַ; הִקְדִּיחַ תַּבְשִׁילוֹ; הִקְדִּיחַ

**o'verdraft"** *n.* (אוֹבֶרְדְרֶפְט) מְשִׁיכַת־יֶתֶר

**o"verdraw'** *v.t.* (אוֹבֶרְדְרוֹ) מָשַׁךְ מְשִׁיכַת־יֶתֶר; מָתַח יָתֵר עַל הַמִּדָּה; הִפְרִיז

**o"verdress'** *v.t. & i.* (אוֹבֶרְדְרֶס) הִפְרִיז בִּלְבוּשׁ

**o"verdue'** *adj.* (אוֹבֶרְדוּ) מִתְמַהְמֵהַּ, מִתְעַכֵּב פֵּרְעוֹנוֹ

**o"vereat'** *v.i.* (אוֹבֶרִיט) הִפְרִיז בַּאֲכִילָה, זָלַל

**o"veres'timate"** *v.t.* (אוֹבֶרֶסְטֶמֵיט) יִתֵּר בָּאֹמֶד

**o"veflow'** *v.i. & n.* (אוֹבֶרְפְלוֹ) עָלָה עַל גְּדוֹתָיו; גָּלַשׁ; נָהַר; הִשְׁתַּפֵּעַ

o'verflow" *n.* גְּלִישָׁה; גֹּדֶשׁ; צִנּוֹר־בֵּרוּץ

**o"vergrow"** *v.t. & i.* (אוֹבֶרְגְרוֹ) צָמַח וְכִסָּה; גָּדַל יָתֵר עַל הַמִּדָּה

**o"verhang'** *v.t.* (אוֹבֶרְהֶנְג) הָיָה תָּלוּי מֵעַל; הִשְׂתָּרֵבֵב מֵעַל, הִתְבַּלֵּט מֵעַל; אִיֵּם עַל

**o'verhaul"** *v.t. & n.* (אוֹבֶרְהוֹל) בָּדַק (לגילוי קלקולים), תִּקֵּן; הִשִּׂיג (במרוץ); בְּדִיקָה כְּלָלִית (לגילוי קלקולים); בֶּדֶק־בַּיִת

**over'head'** *adv.* (אוֹבֶרְהֶד) מִמַּעַל, מֵעַל הָרֹאשׁ; לְמַעְלָה; בְּאֶמְצַע הַשָּׁמַיִם; שָׁרוּי לִגְמָרֵי, מְעֹרָב לַחֲלוּטִין

**o'verhead"** *adj. & n.* מֵעַל הָרֹאשׁ עִלִּי, מֻגְבָּה, תָּלוּי; כְּלָלִי, מְמֻצָּע; הוֹצָאוֹת תִּפְעוּל; הוֹצָאוֹת כְּלָלִיּוֹת

**o"verhear'** *v.t.* (אוֹבֶרְהִיר) שָׁמַע בְּהֶסַּח הַדַּעַת

**o"verheat'** *v.t.* (אוֹבֶרְהִיט) חִמֵּם יָתֵר עַל הַמִּדָּה

**o"verlap'** *v.i. & t.* (אוֹבֶרְלֶפּ) חָפַף, חוֹפֵף

**o"verload'** *v.t.* (אוֹבֶרְלוֹד) הִטִּיל נֵטֶל כָּבֵד מִנְּשׂוֹא; הֶעֱמִיס יָתֵר עַל הַמִּדָּה

o'verload" *n.* מַעֲמֶסֶת־יֶתֶר

**o"verlook'** *v.i.* (אוֹבֶרְלוּק) הִתְעַלֵּם מ־, הִזְנִיחַ, לֹא שָׂם לֵב; הִשְׁקִיף עַל; צָפָה עַל; נִשְׁקַף עַל; הִתְרוֹמֵם מֵעַל; מָחַל; בָּדַק; הִשְׁגִּיחַ עַל

**o"vernight'** *adv.* (אוֹבֶרְנַיְט) בְּמֶשֶׁךְ הַלַּיְלָה; בְּעֶרֶב הַקּוֹדֵם; פִּתְאוֹם, מַהֵר מְאֹד, בִּן־לַיְלָה

o'vernight" *adj.* לְכָל הַלַּיְלָה, לֵילִי; לְלַיְלָה אֶחָד; שֶׁל הָעֶרֶב הַקּוֹדֵם; פִּתְאוֹמִי

**o'verpass** *v.t.* (אוֹבֶרְפֶּס) גֶּשֶׁר (מעל כביש או מסילת ברזל)

**o"verpay'** *v.t.* (אוֹבֶרְפֵּי) שִׁלֵּם יוֹתֵר מִדַּי

**o"verpow'er** *v.t.* (אוֹבֶרְפַּאוּאֶר) הִתְגַּבֵּר עַל; הִכְנִיעַ; הִשְׁתַּלֵּט עַל; הִשְׁפִּיעַ עַל... בְּצוּרָה מֻגְזֶמֶת

**o"verrate'** *v.t.* (אוֹבֶרֵיט) הֶעֱרִיךְ יָתֵר עַל הַמִּדָּה, הֶחֱשִׁיב יוֹתֵר מִדַּי

**o"verreach'** *v.t. & i.* (אוֹבֶרִיץ') הִגִּיעַ מֵעֵבֶר ל־; מָתַח יָתֵר עַל הַמִּדָּה; נִכְשַׁל מֵחֲמַת הִתְחַכְּמוּת־יֶתֶר; הֶחֱטִיא בְּעִקְּבוֹת מַאֲמָץ־יֶתֶר; הִגִּיעַ יוֹתֵר מִדַּי רָחוֹק; סוֹכֵךְ; רִמָּה

**o"verride'** *v.t.* (אוֹבֶרַיד) דָּרַס; הִשְׁלִיט רְצוֹנוֹ; בִּטֵּל

**o"verrule'** *v.t.* (אוֹבֶרוּל) סֵרֵב לְקַבֵּל טַעֲנוֹ; בִּטֵּל טְעָנוֹת; פָּסַק נֶגֶד

**o"verrun'** *v.t. & i.* (אוֹבֶרַן) פָּלַשׁ, פָּשַׁט עַל; הִתְפַּשֵּׁט בִּמְהִירוּת; הֵבִיס, מָעַךְ; רָץ מֵעֵבֶר ל־; עָלָה עַל; גָּלַשׁ

**o"verseas'** *adv. & n.* (אוֹבֶרְסִיז) מֵעֵבֶר לַיָּם, אַרְצוֹת נֵכָר

o'verseas' *adj.* שֶׁל נְסִיעָה מֵעֵבֶר לַיָּם, שֶׁל צְלִיחַת הָאוֹקְיָנוֹס; שֶׁל חוּץ לָאָרֶץ; שֶׁל מֵעֵבֶר לַיָּם

**o"versee'** *v.t.* (אוֹבֶרְסִי) פִּקֵּחַ עַל; הִשְׁגִּיחַ עַל; רָאָה בַּחֲשַׁאי, רָאָה שֶׁלֹּא בְּמִתְכַּוֵּן

**o'verseer"** *n.* (אוֹבֶרְסִיר) מְפַקֵּחַ, מַשְׁגִּיחַ, נוֹגֵשׂ

**o"vershad'ow** *v.t.* (אוֹבֶרְשֶׁדוֹ) מִעֵט בַּחֲשִׁיבוּת, הֵטִיל צֵל עַל; הִקְדִּיר

**o'vershoe"** *n.* (אוֹבֶרְשׁוּ) עַרְדָּל

**o'versight"** *n.* (אוֹבֶרְסַיט) חֹסֶר תְּשׂוּמֶת־לֵב, הַשְׁמָטָה מֵרַשְׁלָנוּת, טָעוּת רַשְׁלָנִית; פִּקּוּחַ, הַשְׁגָּחָה

**o"versleep'** *v.i. & t.* (אוֹבֶרְסְלִיפ) אִחֵר לָקוּם, אִחֵר מוֹעֵד הַקִּימָה

**o"verstate'** *v.t.* (אוֹבֶרְסְטֵיט) הִגְזִים, הִפְרִיז בְּהַבָּעָה

**overt'** *adj.* (אוֹבֶרְט) גָּלוּי

**o"vertake'** *v.t.* (אוֹבֶרְטֵיק) הִשִּׂיג, הִדְבִּיק; תָּפַס; בָּא עַל פִּתְאוֹם

**o"vertax'** *v.t.* (אוֹבֶרְטֶקְס) דָּרַשׁ יוֹתֵר מִדַּי מִן; הֵטִיל מִסִּים כְּבֵדִים מִדַּי

**o"verthrow'** *v.t. & i.* (אוֹבֶרְתְ'רוֹ) הִפִּיל; הֵבִיס; מִגֵּר, הוֹרִיד מִשִּׁלְטוֹן; זָרַק יוֹתֵר מִדַּי רָחוֹק

**o'verthrow"** *n.* הַפָּלָה; מִגּוּר; הוֹרָדָה מִשִּׁלְטוֹן; מַפָּלָה, חֻרְבָּן

**o'vertime"** *adv. & n. & adj.* בְּמֶשֶׁךְ שָׁעוֹת נוֹסָפוֹת; שָׁעוֹת (אוֹבֶרְטַיְם) נוֹסָפוֹת; תַּשְׁלוּם בְּעַד שָׁעוֹת נוֹסָפוֹת; הַאֲרָכָה; שֶׁל שָׁעוֹת נוֹסָפוֹת

**o'verture"** *n.* (אוֹבֶרְצ'וּר) תְּנוּעַת פְּתִיחָה, צַעַד רִאשׁוֹן, הַצָּעָה; אוֹבֶרְטוּרָה, פְּתִיחָה

**o"verturn'** *v.t. & i.* (אוֹבֶרְטֶרְן) הָפַךְ; הִפִּיל, הֵבִיס; הִתְהַפֵּךְ

**o'verweight"** *n.* (אוֹבֶרְוֵיט) עֹדֶף מִשְׁקָל

**o"verwhelm'** *v.t.* (אוֹבֶרְהְוֶלְם) הִתְגַּבֵּר עַל בְּכֹחוֹת עוֹדְפִים, הִשְׁמִיד, מָעַךְ; הֶעֱמִיס יָתֵר עַל הַמִּדָּה; נֶעֱרַם עַל; הֶחְדִּיר לִגְמָרֵי

**o"verwork'** *v.t. & i.* (אוֹבֶרְוֶרְק) הֶעֱבִיד יוֹתֵר מִדַּי; הוֹגִיעַ בַּעֲבוֹדַת פֶּרֶךְ, הֵסִית יָתֵר עַל הַמִּדָּה, הִלְהִיב בְּצוּרָה מֻפְרֶזֶת; הִפְרִיז בְּשִׁמּוּשׁ; עָבַד יוֹתֵר מִדַּי קָשֶׁה

o'verwork" *n.* עֲבוֹדָה מֻפְרֶזֶת; עֲבוֹדַת גֶּדֶשׁ, עֲבוֹדָה נוֹסֶפֶת

**o'vum** *n.* (אוֹבֻם) בֵּיצָה; בֵּיצִית

**ow** *interj.* (אַו) וַי, אוֹי

**owe** *v.t. & i.* (אוֹ) הָיָה חַיָּב; רָחַשׁ כְּלַפֵּי

**o'wing** *adj.* (אוֹאִנְג) חַיָּב

— to בִּגְלַל; מֵחֲמַת

**owl** *n.* (אַוּל) דּוֹרֵס לַיְלָה, לִילִית, יַנְשׁוּף

barn — תִּנְשֶׁמֶת

eagle — אוֹחַ

little — כּוֹס

long-eared — יַנְשׁוּף עֵצִים

**own** *adj. & n.* (אוֹן) שֶׁלּוֹ; שֶׁלּוֹ עַצְמוֹ

come into one's — רָכַשׁ מַה שֶּׁשַּׁיָּךְ לוֹ; זָכָה לְהַכָּרָה שֶׁרָאוּי לָהּ

hold one's — הֶחֱזִיק מַעֲמָד; עוֹמֵד עַל רָמָה נְאוֹתָה

of one's — שֶׁלּוֹ עַצְמוֹ

on one's — בְּכֹחוֹת עַצְמוֹ; בִּלְבַד

— *v.t.* הָיָה בַּעַל, הָיָה ל־; הוֹדָה בּ־; הִכִּיר

— *v.i.* הוֹדָה, הִתְוַדָּה

**o'wner** *n.* (אוֹנֶר) בְּעָלִים, בַּעַל

**o'wnership"** *n.* (אוֹנֶרְשִׁפּ) בַּעֲלוּת

**ox** *n.* (אוֹקְס) שׁוֹר; פָּר; "בּוֹק"

**ox'ide** *n.* (אוֹקְסַיד) תַּחְמֹצֶת

**ox'ygen** *n.* (אוֹקְסִגְ'ן) חַמְצָן

**oy'ster** *n.* (אוֹיסְטֶר) צִדְפָּה נֶאֱכֶלֶת, רַכִּיכַת־יָם; דָּבָר שֶׁנִּתָּן לְנִצּוּל; שַׁתְקָן

# P

P, p *n.* (פּי) פ', הָאוֹת הַשֵּׁשׁ־עֶשְׂרֵה
בָּאָלֶפְבֵּיִת הָאַנְגְלִי

mind one's — s and o's נִזְהַר
בְּצוּרַת הִתְנַהֲגוּת

pa *n.* (פָּה) אַבָּא

pace *n.* (פֵּיס) צַמְפּוֹר, קֶצֶב; צַעַד;
צוּרַת הַהֲלִיכָה

put someone through the — s הֶעֱמִיד
בְּמִבְחָן

set the — שִׁמֵּשׁ כּוֹפֵת, הָיָה רִאשׁוֹן
בַּמְּצֵלִיחִים

— *v.t. & i.* קָבַע קֶצֶב; צָעַד; מָדַד
בִּצְעָדִים; אִמֵּן לְהַקְנֵית מְהִירוּת מְסֻיֶּמֶת;
צָעַד צְעָדִים קְצוּבִים; הִתְהַלֵּךְ בְּעַצְבָּנוּת

pacif'ic *adj.* (פַּסִּפִק) פַּיְּסָנִי; אוֹהֵב שָׁלוֹם;
מָתוּן; שֶׁל שָׁלוֹם; שָׁלֵו

P— שֶׁל חוֹף הָאוֹקְיָנוֹס הַשָּׁקֵט

pac'ifis'm *n.* (פַּסִּפִזְם) הִתְנַגְּדוּת
לְמִלְחָמָה, הִתְנַגְּדוּת לְאַלִּימוּת, תְּנוּעַת שׁוֹחֲרֵי
שָׁלוֹם; פַּצִיפִיזְם; אִי־הִתְנַגְּדוּת לְתוֹקְפָנוּת

pac'ifist *n.* (פַּסִּפִסְט) שׁוֹחֵר שָׁלוֹם,
מִתְנַגֵּד לְמִלְחָמָה, מִתְנַגֵּד לְאַלִּימוּת, פַּצִי־
פִיסְט; סָרְבָן מִלְחָמָה, מְקָרֵב לְהִתְנַגֵּד
לְתוֹקְפָנוּת

pac'ify" *v.t.* (פַּסְּפַי) הִשְׁכִּין שָׁלוֹם, הֶחֱזִיר
שָׁלוֹם עַל כַּנּוֹ; הִשְׁקִיט, הִרְגִּיעַ; פִּיֵּס, הִכְנִיעַ

pack *n.* (פַּק) צְרוֹר, חֲבִילָה; תַּרְמִיל;
חֲסִיסָה, אֲרִיזָה, חֲבוּרָה, עֵדָה, לַהֲקָה;
חֲבִישָׁה; תַּחְבֹּשֶׁת; מִמְרָח

— *v.t. & i.* צָרַר; דָּחַס; אָרַז; הִצְטוֹפֵף
בְּ־, מִלֵּא; אָרַז, עָטַף; טָעַן; נָשָׂא; שִׁלֵּחַ לְלֹא
שְׁהִיּוֹת; הָיָה מְסֻגָּל לַהֲנָחָתוֹ; נָתַן לַאֲרִיזָה,
נָתַן לִדְחִיסָה; עָזַב בִּמְהֵרָה

— *adj.* שֶׁל מַשָּׂא, לְהַעֲבָרַת מַשָּׂאוֹת;
אָרוּז, שֶׁל אֲרִיזָה

pack'age *n. & v.t.* (פַּקְג') צְרוֹר, חֲבִילָה;
אָרַז; עִצֵּב אֲרִיזָה; אָחַד לִיחִידָה

pack'er *n.* (פַּקֶר) אוֹרֵז

pack'et *n.* (פַּקֶט) צְרוֹר; סְפִינָה (בַּקְבֹּץ קָבוּעַ)

pack'ing *n.* (פַּקִנְג) אֲרִיזָה; הַעֲבָרַת
מַשָּׂאוֹת; חֹמֶר רִפּוּד; אֹטֶם, "פַּקִינְג"

pact *n.* (פַּקְט) הֶסְכֵּם, אֲמָנָה, בְּרִית;
חוֹזֶה

pad *n. & v.t.* (פַּד) כָּרִית, כַּר, אֶכָּף
(לְלֹא מִסְעָדוֹת); בְּלוֹק (נְיָר); מָזָה, תַּחְבֹּשֶׁת; טֶרֶף
צָף; דִּירָה, מָעוֹן, מִטָּה; רִפֵּד; הִגְדִּיל בְּחֹמֶר
מִזֶּף, "מָרַח"

pad'ding *n.* (פַּדִנְג) חֹמֶר רִפּוּד; חֹמֶר
מִלֵּא; הוֹצָאוֹת מִיֻּתָּרוֹת, "מְרִיחָה"

pad'le *n. & v.i. & t.* (פַּדֶל) מָשׁוֹט;
מַטְרֵף, מְבַחֵשׁ, מַטְקָה, מַחְבֵּט, שָׁט, הִשָּׁיט;
הִלְקָה (בַּחֶבֶט); בָּחַשׁ, טָרַף (בְּמִטְרָף); חָבַט
(בְּחֶבֶט); הֵנִיעַ יָדַיִם וְרַגְלַיִם (בַּמַּיִם רְדוּדִים)

pad'dock *n.* (פַּדֶק) שְׂדֵה דֶשֶׁא; מִכְלָאָה;
דִּיר

pad'dy *n.* (פַּדִי) שְׂדֵה אֹרֶז; אָרֹז, אֹרֶז
בִּקְלִפָּתוֹ

pad'lock" *n. & v.t.* (פַּדְלוֹק) מַנְעוּל תָּלוּי;
נָעַל בְּמַנְעוּל תָּלוּי

pae'an *n.* (פִּיאָן) שִׁיר תְּהִלָּה, שִׁיר נִצָּחוֹן,
רִנָּה; שִׁיר הוֹדָיָה

pa'gan *n. & adj.* (פֵּיגָן) עוֹבֵד אֱלִילִים;
פָּגָן; אֶפִּיקוֹרוֹס; שֶׁל עֲבוֹדַת אֱלִילִים, שֶׁל
עוֹבְדֵי אֱלִילִים; אֶפִּיקוֹרְסִי

pa'ganis"m *n.* (פֵּיגָנִזְם) עֲבוֹדַת אֱלִילִים,
אֶפִּיקוֹרְסוּת, פַּגָנִיּוּת

page *n. & v.t.* (פֵּיג') דַּף; עַמּוּד; נַעַר
מְשָׁרֵת, נַעַר שָׁלִיחַ; עָמַד; קָרָא לְ־ (עַ"י
הַשְׁמָעַת הַשֵּׁם)

page'ant *n.* (פַּגֶ'נְט) חִזָּיוֹן; תַּהֲלוּכָה; הַצָּגָה
אַלֵּגוֹרִית; חֲזָיוֹן בְּרֹב עָם; תְּצוּגָה יַמְבָּרִית

paid (פֵּיד) (זְמַן עָבָר שֶׁל pay)

pail *n.* (פֵּיל) דְּלִי

pain *n.* (פֵּין) כְּאֵב

— s מַאֲמָצִים גְּדוֹלִים, וְהִירוּת קַפְּדָנִית;
צִירֵי לֵדָה

on (under, upon) — of שֶׁצָּפוּי לוֹ
עֹנֶשׁ

— *v.t.* הַכְאִיב; צִעֵר

**pain'ful** *adj.* (פֵּינְפֻל) כּוֹאֵב, מַכְאִיב; קָשֶׁה, מֵעִיק

**pain'less** *adj.* (פֵּינְלֶס) לְלֹא כְּאֵב; שֶׁאֵינוֹ מַכְאִיב; קַל

**pain'sta"king** *adj.* (פֵּינְזְטֵיקִנְג) קַפְּדָנִי, זָהִיר

**paint** *n.* & *v.t.* & *i.* (פֵּינְט) צֶבַע; צְבִיעָה; אִפּוּר, פִּרְכּוּס; צָבַע; צִיֵּר; תֵּאֵר; הִתְפַּרְכֵּס

— the town (red) הִתְהוֹלֵל

**pain'ter** *n.* (פֵּינְטְר) צַיָּר; צַבָּע; חֶבֶל חַרְטוֹם (של כלי שיט)

**pain'ting** *n.* (פֵּינְטִנְג) צִיּוּר

**pair** *n.* & *v.t.* (פֵּר) זוּג; צֶמֶד; זִוֵּג; צִמֵּד; הִסְתַּדֵּר בְּזוּגוֹת

**pal'ace** *n.* (פֶּלֶס) אַרְמוֹן

**pal'atable** *adj.* (פֶּלֶטַבְּל) טָעִים, עָרֵב; נָעִים

**pal'ate** *n.* (פֶּלִט) חֵךְ; חוּשׁ הַטַּעַם; הַעֲרָכָה רוּחָנִית

**palav'er** *n.* (פְּלֶוְר) דִּיּוּן מְמֻשָּׁךְ; פִּטְפּוּט; חֲנֻפָּה; פִּטְפֵּט; דָּן אֲרֻכּוֹת; הִתְיָעֵץ

**pale** *adj.* & *v.i.* (פֵּיל) חִוֵּר, לְבַנוּנִי; חַלָּשׁ; הֶחֱוִיר

**pal'ette** *n.* (פֶּלִט) טַבְלַת צְבָעִים; מַעֲרֶכֶת צְבָעִים

**pal'isade'** *n.* (פֶּלִסֵיד) גֶּדֶר כְּלוֹנְסָאוֹת; כְּלוֹנָס

— s טוּר צוּקִים

**pall** *v.i.* & *n.* (פּוֹל) הוֹגִיעַ; נַעֲשָׂה לֹא־נָעִים; הִשְׂבִּיעַ יָתֵר עַל הַמִּדָּה; בַּד כִּסּוּי; אֲרוֹן מֵתִים; מַעֲטֶה

**pal'let** *n.* (פֶּלִט) מִטַּת קַשׁ; מִטָּה מְאֻלְתֶּרֶת; סַכִּין־כִּיּוּר

**pal'liative** *n.* (פֶּלִיאֲטִב) תְּרוּפָה עֲרָאִית; הֶסְדֵּר זְמַנִּי, הַקָּלָה

**pal'lid** *adj.* (פֶּלִד) חִוֵּר; חַלָּשׁ

**pal'lor** *n.* (פֶּלְר) חִוָּרוֹן

**palm** *n.* (פָּם) כַּף; דֶּקֶל; עֲנַף דֶּקֶל; שְׂכַר נִצָּחוֹן; נִצָּחוֹן

cross (grease) someone's — שִׁחֵד

— *v.t.* הִצְפִּין בְּכַף הַיָּד; הֵרִים בְּחַשַּׁאי; הֶחֱזִיק בַּיָּד; לִטֵּף בְּכַף הַיָּד

— off נִסְתַּר מ־ בְּמִרְמָה; הֵנִיחַ תַּחֲלִיף (בכוונה להונות)

**pal'pable** *adj.* (פֶּלְפַּבְּל) נִרְאֶה בַּעֲלִיל, נִתְפָּס מִיָּד, בּוֹלֵט; מוּחָשִׁי, נִתָּן לְמִשּׁוּשׁ, מַמָּשִׁי

**pal'pitate"** *v.i.* (פֶּלְפִּטֵיט) דָּפַק; פִּרְפֵּר, רָטַט

**pal'sy** *n.* (פּוֹלְזִי) שִׁתּוּק; עֲוִית

**pal'try** *adj.* (פּוֹלְטְרִי) שֶׁל מַה בְּכָךְ, קַל־עֵרֶךְ, קַטְנוּנִי; חֲסַר־עֵרֶךְ; בָּזוּי

**pam'per** (פֶּמְפְּר) פִּנֵּק

**pam'phlet** *n.* (פֶּמְפְלִט) קוּנְטְרֵס, חוֹבֶרֶת

**pan** *n.* & *v.t.* (פֶּן) מַחֲבַת; פַּרְצוּף; שָׁטַף בְּמַחֲבַת לְהַפְרִיד בֵּין זָהָב לְחָצָץ וְחוֹל; מָתַח בִּקֹּרֶת חֲרִיפָה

— out הִתְפַּתֵּחַ, הִסְתַּיֵּם

**pan'cake"** *n.* (פֶּנְקֵיק) לְבִיבָה; נְחִיתַת גָּחוֹן

**pan'der** *n.* & *v.i.* (פֶּנְדְר) מְתַוֵּךְ, שָׁלִיחַ (בפרשת אהבים), סַרְסוּר, רוֹעֵה זוֹנוֹת; מִתְפַּרְנֵס מֵחֻלְשׁוֹת הַזּוּלַת; שִׁמֵּשׁ סַרְסוּר לְבַעֲלֵי תַּאֲוָה

**pane** *n.* (פֵּין) שִׁמְשָׁה

**pan'el** *n.* (פֶּנְל) פַּנֵּל, סְפִין; רְשִׁימַת מֻעֲמָדִים; חֶבֶר מֻשְׁבָּעִים; חֶבֶר מִשְׁתַּתְּפִים; דִּיּוּן פֻּמְבִּי; לוּחַ

**pang** *n.* (פֶּנְג) כְּאֵב פִּתְאוֹמִי, דְּקִירַת כְּאֵב

**pan'han"dle** *n.* & *v.i.* & *t.* (פֶּנְהֶנְדְל) יְדִית־מַחֲבַת; שֶׁטַח מְאֻצְבָּע; קִבֵּץ נְדָבוֹת מֵעוֹבְרִים וְשָׁבִים

**pan'ic** *n.* & *v.i.* (פֶּנִק) מְהוּמָה, בֶּהָלָה, פָּנִיקָה; מַצְחִיק מְאֹד; הָיָה אֲחוּז בֶּהָלָה

**Pan"oram'a** *n.* (פֶּנֳרֶמָה) מַרְאֶה נוֹף, מַרְאֶה מַקִּיף; פָּנוֹרָמָה; מְאֹרָעוֹת נְגוֹלִים; סְקִירָה מַקִּיפָה

**pansy** *n.* (פֶּנְזִי) אֲמְנוֹן וְתָמָר, סֶגֶל שְׁלָשׁ־גּוֹנִי; הוֹמוֹסֶקְסוּאָלִיסְט

**pant** *v.i.* & *n.* (פֶּנְט) נָשַׁם בִּכְבֵדוּת; הִפְלִיט פְּלִיטוֹת קִיטוֹר; הִתְגַּעְגֵּעַ; רָטַט, פָּעַם; נְשִׁימָה כְּבֵדָה, פְּעִימָה

**pan"taloons'** *n.* (פֶּנְטֲלוּנְז) מִכְנָסַיִם

**pan'theon"** *n.* (פֶּנְתִ'יאוֹן) פַּנְתֵּיאוֹן

**pan'ther** *n.* (פֶּנְתְ'ר) פַּנְתֵּר; נָמֵר

**pan'ties** *n. pl.* (פֶּנְטִיז) תַּחְתּוֹנִים (של אשה)

**pan'tomime"** *n.* (פֶּנְטֲמַיִם) פַּנְטוֹמִימָה

**pan'try** *n.* (פֶּנְטְרִי) מְזָוֶה; חֶדֶר לְהַכָנַת אֹכֶל

**pants** *n.* (פֶּנְטְס) מִכְנָסַיִם; תַּחְתּוֹנִים

**papa** *n.* (פַּפָּה) אַבָּא

**pa'pacy** *n.* (פֵּיפֶּסִי) אַפִּיפְיוֹרוּת; תְּקוּפַת כְּהֻנָּה שֶׁל אַפִּיפְיוֹר; הָאַפִּיפְיוֹרִים

**pa'pal** *adj.* (פֵּיפֶּל) אַפִּיפְיוֹרִי; שֶׁל הַכְּנֵסִיָּה הַקָּתוֹלִית

**pa'per** *n.* (פֵּיפֶּר) נְיָר; תְּעוּדָה; שְׁטָר; אִגֶּרֶת חוֹב; עֲבוֹדָה בִּכְתָב; מַסָּה, מַאֲמָר, דִיסֶרְטַצְיָה; עִתּוֹן; טַפֶּט

**— on** כָּתוּב, מֻדְפָּס; לְהֲלָכָה; בְּמַצָּב רִאשׁוֹנִי, בְּתִכְנוּן

**— *v.t.*** כִּסָּה בִּנְיָר, עָטַף בִּנְיָר; צִפָּה בְּטַפֶּטִים

**— *adj.*** עָשׂוּי נְיָר, שֶׁל נְיָר; נֶעֱרָךְ בְּאֶמְצָעוּת חֹמֶר כָּתוּב; קַיָּם רַק עַל הַנְּיָר דִּמְיוֹנִי

**pa'perback"** *n.* & *adj.* (פֵּיפֶּרְבֶּק) סֵפֶר בִּכְרִיכַת־נְיָר; שֶׁל סֵפֶר אוֹ סְפָרִים בִּכְרִיכַת־נְיָר

**pa'per hang"er** *n.* (פֵּיפֶּר הֶנְגֶר) צַפַּאי קִירוֹת (בטפטים)

**pa'pist** *n.* (פֵּיפִּסְט) קָתוֹלִי (בזלזול)

**par** *n.* (פָּר) שִׁוְיוֹן; מַצָּב מְמֻצָּע, מַצָּב כְּתִקְנוֹ; עֵרֶךְ נָקוּב

**par'able** *n.* (פֶּרֶבְּל) מָשָׁל, אַלֵּגוֹרְיָה

**par'achute"** *n.* & *v.t.* (פֶּרֶשׁוּט) מַצְנֵחַ; הִצְנִיחַ; צָנַח

**par'achut"ist** *n.* & *i.* (פֶּרֶשׁוּטִסְט) צַנְחָן

**parade'** *n.* & *v.t.* & *i.* (פֶּרֵיד) מִצְעָד; מִסְדָּר; מִגְרַשׁ מִסְדָּרִים; הַצָּגָה רַאַוְתָנִית, הוֹלִיךְ אָנֶה וָאָנָה; הִצִּיג בְּצוּרָה רַאַוְתָנִית; צָעַד; טִיֵּל לְשֵׁם הִתְהַדְּרוּת; כִּנֵּס לְרַאֲוָה

**par'adise"***n.* (פֶּרֶדַיְס) גַּן־עֵדֶן; אֹשֶׁר עִלָּאִי

**par'adox"** *n.* (פֶּרֶדוֹקְס) פָּרָדוֹקְס; סְתִירָה

**par'agon"** *n.* (פֶּרֶגוֹן) מוֹפֵת

**par'agraph"** *n.* (פֶּרֶגְרֶף) סָעִיף; פִּסְקָה; הַסִּימָן §

**par'allel** *adj.* & *n.* (פֶּרֶלֶל) מַקְבִּיל; בַּעַל מְגַמָּה אַחַת; הַקְבָּלָה

**paral'ysis** *n.* (פֶּרֶלִסִס) שִׁתּוּק

**par"alyt'ic** *n.* & *adj.* (פֶּרֶלִטִק) נְגוּעַ־שִׁתּוּק, מְשֻׁתָּק

**par'alyze"** *v.t.* (פֶּרֶלַיְז) שִׁתֵּק

**par'amount** *adj.* (פֶּרֶמַאוּנְט) רָאשִׁי, חָשׁוּב בְּיוֹתֵר, עֶלְיוֹן, דָּגוּל

**par'apet** *n.* (פֶּרֶפֶּט) חוֹמַת מָגֵן

**par"aphernal'ia** *n.* (פֶּרֶפֶנֵילְיָה) רְכוּשׁ אִישִׁי; צִיּוּד, מַנְגָּנוֹן, רָהוּט

**par'aphrase"** *n.* & *v.t.* & *i.* (פֶּרֶפְרֵיז) עִבּוּד; עִבֵּד

**par'asite"** *n.* (פֶּרֶסַיְט) טַפִּיל

**par'asol"** *n.* (פֶּרֶסוֹל) שִׁמְשִׁיָּה; סוֹכֵךְ (מפני השמש)

**par'atroop"** *adj.* (פֶּרֶטְרוּפּ) שֶׁל צַנְחָנִים

**— s** *n.* יְחִידַת צַנְחָנִים; צַנְחָנִים

**— er** *n.* צַנְחָן

**par'boil"** *v.t.* (פַּרְבּוֹיְל) הִרְתִּיחַ שָׁעָה קַלָּה

**par'cel** *n.* (פַּרְסֶל) צְרוֹר, חֲבִילָה; מִגְרָשׁ

**parch** *v.t.* (פָּרְץ׳) הִצְחִיחַ, צִמֵּק; יִבֵּשׁ, חִמֵּם, הִצְמִיא; קָלָה

**parch'ment** *n.* (פַּרְצְ׳מֶנְט) קְלָף; תְּעוּדָה (על קלף)

**par'don** *n.* & *v.t.* (פַּרְדְן) סְלִיחָה; מְחִילָה, חֲנִינָה; סָלַח, מָחַל

**pare** *v.t.* (פֵּר) קִלֵּף, חָתַךְ וְהֵסִיר; הִקְטִין בְּהַדְרָגָה

**par'ent** *n.* (פֶּרֶנְט) הוֹרֶה; אָב קַדְמוֹן; מָקוֹר, מוֹצָא, סִבָּה; אֶפִּיטְרוֹפּוֹס, מָגֵן

**par'entheses** *n. pl.* (פֶּרֶנְתְסִיז) סוֹגְרַיִם

**— sis** *n.* סוֹגֵר, מַאֲמָר מֻסְגָּר

**par'ish** *n.* (פֶּרִשׁ) קְהִלָּה, מָחוֹז קְהִלָּתִי; כְּנֵסִיָּה מְקוֹמִית; מָחוֹז (במדינת לואיזיאנה)

**parish'ioner** *n.* (פֶּרִשֶׁנֶר) בֶּן מָחוֹז קְהִלָּתִי

**park** *n.* & *v.t.* & *i.* (פָּרְק) פַּרְק, גַּן צִבּוּרִי; אִיצְטַדְיוֹן; מִגְרַשׁ חֲנִיָּה; מִגְרַשׁ כִּנּוּס; חָנָה, הֶחֱנָה

**par'ley** *n.* & *v.i.* (פָּרְלִי) דִּיּוּן, וְעִידָה; מַשָּׂא וּמַתָּן; נָשָׂא וְנָתַן (עם אויב); דָּן, הִתְיַעֵץ

**par'liament** *n.* (פָּרְלֶמֶנְט) פַּרְלָמֶנְט; בֵּית נִבְחָרִים, בֵּית מְחוֹקְקִים; כְּנֶס

**par"liamen'tary** *adj.* (פָּרְלֶמֶנְטֶרִי) שֶׁל פַּרְלָמֶנְט; שֶׁאֻשַּׁר ע״י בֵּית נִבְחָרִים; בַּעַל

פַּרְלָמֶנְט, בְּהֶתְאֵם לִכְלָלֵי פַּרְלָמֶנְט; פַּרְלָמֶנְטָרִי

**par'lor** *n.* (פָּרְלֶר) חֲדַר אוֹרְחִים, טְרַקְלִין, סַלּוֹן; חֲדַר עֲסָקִים

**paro'chial** *adj.* (פֵּרוֹקִיאֶל) שֶׁל מָחוֹז קְהִלָּתִי, שֶׁל בֵּית סֵפֶר דָּתִי; צַר־הָאֹפֶק, מֻגְבָּל

— school בֵּית סֵפֶר דָּתִי פְּרָטִי

**par'ody** *n. & v.t.* (פֶּרֶדִי) פָּרוֹדְיָה; חִקּוּי גָּרוּעַ; חִבֵּר פָּרוֹדְיָה עַל; חִקָּה בְּלַעַג; חִקָּה בְּצוּרָה גְרוּעָה

**parole'** *n. & v.t.* (פֶּרוֹל) שִׁחְרוּר עַל תְּנַאי, שִׁחְרוּר בְּהֵן צֶדֶק, הֵן צֶדֶק; שִׁחְרֵר עַל תְּנַאי

**par'oxys"m** *n.* (פֶּרֶקְסִזְם) הִתְפָּרְצוּת, הֶתְקֵף

**par'ricide** *n.* (פֶּרֶסַיד) רֶצַח הוֹרֶה; רוֹצֵחַ הוֹרִים

**par'rot** *n. & v.t.* (פֶּרֶט) תֻּכִּי; חָזַר עַל דְּבָרִים כְּתֻכִּי

**par'ry** *v.t. & i. & n.* (פֶּרִי) הָדַף, הִתְחַמֵּק מ־; הִשְׁתַּמֵּט מ־; תְּנוּעַת הֲגַנָּה; תְּשׁוּבָה מְחֻכֶּמֶת; הִתְחַמְּקוּת

**parse** *v.t.* (פָּרְס) נִתַּח (צורות דקדוקיות ותחביר)

**par"simo'nious** *adj.* (פַּרְסֲמוֹנִיאֲס) קַמְצָנִי

**par'simo"ny** *n.* (פַּרְסֲמוֹנִי) קַמְצָנוּת

**pars'ley** *n.* (פָּרְסְלִי) פֶּטְרוֹזִילְיָה

**par'snip** *n.* (פַּרְסְנִפּ) פַּסְטִינָקָה; מֶרֶר לָבָן

**par'son** *n.* (פָּרְסֶן) כֹּמֶר, מַטִּיף

**part** *n.* (פָּרְט) חֵלֶק; חֲתִיכָה; קֶטַע; צַד; פִּסְקָה; חָלָף; פְּרָטִית; עִנְיָן; חוֹבָה; תַּפְקִיד

for my — עַד כַּמָּה שֶׁזֶּה נוֹגֵעַ לִי, מִצִּדִּי

for the most — בְּדֶרֶךְ כְּלָל, עַל פִּי רֹב

in — בְּחֶלְקוֹ

on the — of עַד כַּמָּה שֶׁזֶּה נוֹגֵעַ...

— and parcel חֵלֶק חִיּוּנִי

— s אֵזוֹר, מָחוֹז, רֹבַע; חֲשִׁיבוּת

take — הִשְׁתַּתֵּף

take someone's — תָּמַךְ בּ־; הֵגֵן עַל

— *v.t.* חִלֵּק, שָׁבַר, בָּקַע; פִּסְפֵּס (שערות); בִּטֵּל; הִפְרִיד

— *v.i.* הִתְפָּרֵק; נִפְרַד

— with וִתֵּר עַל

**partake'** *v.i.* (פַּרְטֵיק) הִשְׁתַּתֵּף; שֶׁיֵּשׁ בּוֹ מִן הַ...

**par'tial** *adj.* (פַּרְשֶׁל) חֶלְקִי; מֻרְכָּב; נוֹטֶה לְ־; מְשֻׁחָד; מְחַבֵּב

**par"tial'ity** *n.* (פַּרְשִׁיאֶלְטִי) מַשּׂוֹא פָּנִים, חִבָּה יְתֵרָה

**partic'ipant** *n.* (פַּרְטִסְפֶּנְט) מִשְׁתַּתֵּף

**partic'ipate"** *v.i.* (פַּרְטִסֲפֵּיט) הִשְׁתַּתֵּף בּ־

**par'ticip"le** *n.* (פַּרְטִסִפְּל) בֵּינוֹנִי (דקדוק)

**par'ticle** *n.* (פַּרְטִקְל) חֶלְקִיק; שֶׁמֶץ; סָעִיף; מוּסָפִית; מִלַּת שִׁמּוּשׁ (מלת טעם, מלת קריאה או תווית)

**partic'ular** *adj. & n.* (פַּרְטִקְיֻלֶר) מְיֻחָד; מְפֹרָט; בַּרְרָנִי; פְּרָט

— s פְּרָטִים מְיֻחָדִים

**par'ting** *n. & adj.* (פַּרְטִנְג) פְּרֵדָה, הִסְתַּלְּקוּת; יְצִיאָה; הִתְחַלְּקוּת, הִתְפָּרְדוּת; מִיתָה; מְקוֹם הִתְפָּרְדוּת; שֶׁל פְּרֵדָה, בִּשְׁעַת פְּרֵדָה, אַחֲרוֹן

**par'tisan** *n. & adj.* (פַּרְטִזֶן) מְצַדֵּד; פַּרְטִיזָן; נוֹטֶה לְצַד אֶחָד; שֶׁל פַּרְטִיזָנִים

**partiti'on** *n. & v.t.* (פַּרְטִשֶׁן) חֲלֻקָּה; מְחִיצָה; חִלֵּק; חִלֵּק

**par'tly** *adv.* (פַּרְטְלִי) בְּחֶלְקוֹ, בְּמִדַּת־מָה, לֹא לְגַמְרֵי

**par'tner** *n.* (פַּרְטְנֶר) שֻׁתָּף; חָבֵר

— ship *n.* שֻׁתָּפוּת, שִׁתּוּף

**par'tridge** *n.* (פַּרְטְרִג׳) חָגְלָה

**par'ty** *n. & adj.* (פַּרְטִי) מְסִבָּה, נֶשֶׁף; קְבוּצָה, מִשְׁלַחַת; חֲלִיָּה; מִפְלָגָה; בַּעַל דִּין; מִשְׁתַּתֵּף, שֻׁתָּף; בֶּן־אָדָם; שֶׁל מִפְלָגוֹת; שֶׁל נֶשֶׁף; מְשֻׁתָּף

**pass** *v.t. & i.* (פֶּס) עָבַר עַל יָד; הִתְעַלֵּם מ־; הִרְשָׁה לַעֲבוֹר; חָצָה; עָמַד בְּמִבְחָן; הֶעֱבִיר בְּהַצְלָחָה; עָבַר מֵעֵבֶר; הֵפִיץ; הִתְחַיֵּב; אִשֵּׁר; זָכָה לְאִשּׁוּר; הִבִּיעַ; בִּלָּה (זמן); הִתְקַדֵּם; הִסְתַּלֵּק; אֵרַע; נָפוֹץ; שִׁמֵּשׁ תַּחֲלִיף; חַי כְּאָדָם לָבָן (כושי); פָּסַק (דין); הִכְרִיעַ; אִשֵּׁר; וִתֵּר

bring to — הֵבִיא לִידֵי, גָּרַם

come to — אֵרַע, קָרָה

— away הִסְתַּיֵּם; מֵת

— for נֶחְשַׁב לְ־

— off הַצִּיג כְּדֵי לְרַמּוֹת, הֶעֱמִיד פָּנִים; הִתְעַלֵּם מִ־

— on מֵת

— out הִתְעַלֵּף, אִבֵּד הַכָּרָה; חִלֵּק

— over הִתְעַלֵּם מִ־

— up סֵרֵב לְנַצֵּל, דָּחָה (הזדמנות)

— *n.* מַעֲבָר; תְּעוּדַת מַעֲבָר; רִשְׁיוֹן יְצִיאָה; כַּרְטִיס חִנָּם; מְהַוֶּה מִינִית; שָׁלָב

**pas'sable** *adj.* (פֶּסֶבְּל) עָבִיר; מִתְקַבֵּל עַל הַדַּעַת, מְסַפֵּק, מַסְפִּיק

**pas'sage** *n.* (פֶּסֶג') סָעִיף, פִּסְקָה; מַעֲבָר, עֲבִירָה; רִשְׁיוֹן מַעֲבָר; דֶּרֶךְ; הַפְלָגָה; תְּנָאֵי מְגוּרִים (באניה); דְּמֵי נְסִיעָה; חֲקִיקָה; הַעֲבָרָה

**pas'senger** *n.* (פֶּסֶנְג'ר) נוֹסֵעַ

**pas'serby"** *n.* (פֶּסֶרְבַּי) עוֹבֵר וָשָׁב

**pas'sion** *n.* (פֶּשְׁן) סְעֶרֶת רִגּוּשׁ; אַהֲבָה עַזָּה; תַּאֲוָה; לַהַט; הִתְלַהֲבוּת הֲזָקָה; הִתְפָּרְצוּת זַעַם; הִפָּעֲלוּת; יִסּוּרֵי יֵשׁוּ

**pas'sionate** *adj.* (פֶּשֶׁנְט) נִלְהָב, אֲחוּז־לַהַט, מִתְרַגֵּשׁ, אֲחוּז־תְּשׁוּקָה; אֲחוּז־חֵמָה

**pas'sive** *adj.* & *n.* (פֶּסִב) סָבִיל; אָדִישׁ; נִכְנָע לְלֹא הִתְנַגְּדוּת; פָּעוּל, נִפְעָל

**Pas'sover** *n.* (פֶּסוֹבְר) פֶּסַח (חג)

**pass'port** *n.* (פֶּסְפּוֹרְט) דַּרְכּוֹן; תְּעוּדַת מַעֲבָר; כַּרְטִיס כְּנִיסָה

**past** *adj.* & *n.* (פֶּסְט) שַׁיָּךְ לֶעָבָר; שֶׁעָבַר; חוֹלֵף; לִפְנֵי־; קוֹדֵם; זְמַן עָבָר; הִיסְטוֹרְיָה; קוֹרוֹת הֶעָבָר; הִתְנַהֲגוּת אִי־מוּסָרִית בֶּעָבָר

— *adv.* & *prep.* כְּדֵי לַעֲבוֹר עַל פְּנֵי־; כְּדֵי לַעֲבוֹר הָלְאָה; אַחֲרֵי; מֵעֵבֶר לְ־;

**paste** *n.* & *v.t.* (פֵּיסְט) דֶּבֶק; עִסָּה; מִשְׁחָה; סְנוּקֶרֶת; הִדְבִּיק; סִנְקֵר

**paste'board"** *n.* (פֵּיסְטְבּוֹרְד) קַרְטוֹן

**pastel'** *adj.* & *n.* (פַּסְטֶל) פַּסְטֶל; בַּעַל גּוֹן רַךְ וְשָׁקֵט; שֶׁל פַּסְטֶל

**pas'teurize"** *v.t.* (פֶּסְצֶ'רַיז) פִּסְטֵר

**pas'time"** *n.* (פֶּסְטַים) בִּלּוּי

**past' mas'ter** (פֶּסְט מֶסְטְר) מֻמְחֶה, בָּקִי

**pas'tor** *n.* (פֶּסְטְר) כֹּמֶר

**pas'toral** *adj.* & *n.* (פֶּסְטְרַל) שֶׁל רוֹעִים; לְשֵׁם רְעִיָּה; פַּסְטוֹרָלִי, כַּפְרִי; שֶׁל כֹּמֶר פַּסְטוֹרָלָה

**pa'stry** *n.* (פֵּיסְטְרִי) מַגְדָּנִים, מִגְדָּן

**pas'ture** *n.* (פֶּסְצְ'ר) מִרְעֶה

**pat** *v.t.* & *i.* (פֶּט) טָפַח; לָטַף; רָץ בִּצְעָדִים קַלִּים

— on the back עוֹדֵד, בֵּרֵךְ; שִׁבַּח

— *n.* טְפִיחָה; קֻבִּיָּה

— *adj.* & *adv.* בְּדִיּוּק לָעִנְיָן; רָהוּט בְּלֵב וָלֵב; נִלְמָד בְּדִיּוּק; כַּהֲלָכָה, עַל בֻּרְיוֹ

**patch** *n.* & (פֶּץ') טְלַאי; רְטִיָּה; שֶׁטַח קָטָן; אַרְבַּע עַל אַרְבַּע; חֶלְקָה; תָּנוּ הִטְלִיא, תִּקֵּן; חִזֵּק; חִבֵּר טְלָאִים; יִשֵּׁב

**pat'ent** *n.* & *adj.* (פֶּטֶנְט) פָּטֶנְט; הַמְצָאָה; הַרְשָׁאָה; מוּגָן עַל יְדֵי פָּטֶנְט; שֶׁל פָּטֶנְט; גָּלוּי, בּוֹלֵט

**pater'nal** *adj.* (פֶּטֶרְנֶל) אַבָהִי; מִצַּד הָאָב; נוֹרָשׁ מֵהָאָב

**pater'nity** *n.* & *adj.* (פֶּטֶרְנִטִי) אַבָהוּת; רְכִישָׁה מֵאָב; מָקוֹר; שֶׁל הַאֲשָׁמַת אַבָהוּת, שֶׁל אַבָהוּת

**path** *n.* (פֶּת') מִשְׁעוֹל, שְׁבִיל; מַסְלוּל; דֶּרֶךְ

**pathet'ic** *adj.* (פֶּתֶ'טִק) מְעוֹרֵר חֶמְלָה, מַשְׁפִּיעַ עַל הָרְגָשׁוֹת; רִגְשִׁי; עָלוּב; פַּתֶטִי

**pathol'ogy** *n.* (פֶּת'וֹלֶגִ'י) פָּתוֹלוֹגְיָה

**pa'thos** *n.* (פֵּית'וֹס) פָּתוֹס; חֶמְלָה

**path'way"** *n.* (פֶּת'וֵי) מִשְׁעוֹל, שְׁבִיל, דֶּרֶךְ

**pa'tience** *n.* (פֵּישֶׁנְס) סַבְלָנוּת; הַתְמָדָה

**pa'tient** *n.* & *adj.* (פֵּישֶׁנְט) חוֹלֶה (בטיפול); פַּצְיֶנְט; סַבְלָנִי; מַתְמִיד, שַׁקְדָנִי

**pa'triarch"** *n.* (פֵּיטְרִיאַרְק) רִאשׁוֹן הַמִּין הָאֱנוֹשִׁי, אָב (קדמון); אֶחָד מִשְּׁלֹשֶׁת הָאָבוֹת; אֶחָד מִבְּנֵי יַעֲקֹב אָבִינוּ; בִּישׁוֹף, פַּטְרִיאַרְךְ; זְקַן הָעֵדָה; זָקֵן מְכֻבָּד; רֹאשׁ שֵׁבֶט, רֹאשׁ מִשְׁפָּחָה; מְיַסֵּד

**pa'triar'chal** *adj.* (פֵּיטְרִיאַרְקֶל) שֶׁל פַּטְרִיאַרְךְ, פַּטְרִיאַרְכָלִי; שֶׁל זָקֵן מְכֻבָּד; שֶׁל הָאָבוֹת הָרִאשׁוֹנִים

**pa'trimo"ny** *n.* (פֶּטְרֶמוֹנִי) אֲחֻזַּת אָבוֹת; מוֹרָשָׁה; נַחֲלַת כְּנֵסִיָּה

**pa'triot** *n.* (פֵּיטְרִיאֶט) פַּטְרִיוֹט

**pa"triot'ic** *adj.* (פֵּיטְרִיוֹטִק) פַּטְרִיוֹטִי

**pa'triotis"m** *n.* (פַּטְרִיאָטִזְם) פַּטְרִיוֹטִיּוּת, אַהֲבָה וּמְסִירוּת לַמּוֹלֶדֶת
**patrol'** *n. & v.t.* (פֶּטְרוֹל) סִיּוּר, מִשְׁמָר נַיָּד, פַּטְרוֹל; כִּתָּה (בצופים); פִּטְרֵל, עָרַךְ סִיּוּר
— man שׁוֹטֵר מַקּוֹף
— wagon מְכוֹנִית עֲצוּרִים
**pa'tron** *n.* (פֵּיטְרֶן) לָקוֹחַ, קוֹנֶה, אוֹרֵחַ קָבוּעַ (בבית מלון); תּוֹמֵךְ; פַּטְרוֹן
**pa'tronage** *n.* (פֵּיטְרֶנֶג') תְּמִיכָה (של לקוחות, קונים, אורחים בבית מלון); עִדּוּד פַּטְרוֹן; מִנּוּיִים עַל יְסוֹד "פְּרוֹטֶקְצְיָה"; חֲלֻקַּת מִשְׂרוֹת עַל יְסוֹד הַשְׁתַּיְכוּת פּוֹלִיטִית; זִלְזוּל בַּעֲשִׂיַּת חֲסָדִים
**pa'tronize"** *v.t.* (פֵּיטְרֶנַיְז) תָּמַךְ; עָשָׂה חֶסֶד תּוֹךְ הִתְנַשְּׂאוּת
**pat'ter** *v.i. & n.* (פֶּטֶר) טָפַח מִמְשָׁכוֹת; הָלַךְ מַהֵר וּבְשֶׁקֶט; שׁוּרַת טְפִיחוֹת; נְאוּם רָהוּט; לַהַג; דִּבְרֵי בְּדִיחוּת
**pat'tern** *n. & v.t.* (פֶּטֶרְן) דֻּגְמָה; עִצּוּב גֵּאוֹמֶטְרִי; הִתְנַהֲגוּת אָפְיָנִית; מַתְכֹּנֶת; מוֹפֵת; מַסְלוּל טִיסָה; עָשָׂה לְפִי דֻּגְמָה, חִקָּה, סִמֵּן בְּעִצּוּב גֵּאוֹמֶטְרִי
**paunch** *n.* (פּוֹנְץ') כָּרֵס
**pau'per** *n.* (פּוֹפֶּר) עָנִי מָרוּד
**pau'perize"** *v.t.* (פּוֹפֶּרַיְז) רוֹשֵׁשׁ, הָסַף לְעָנִי מָרוּד
**pause** *n. & v.i.* (פּוֹז) אֶתְנַחְתָּא; הַפְסָקָה זְמַנִּית; חָדַל רֶגַע; הִפְסִיק דִּבּוּרוֹ
**pave** *v.t.* (פֵּיב) סָלַל
**pave'ment** *n.* (פֵּיבְמֶנְט) מִדְרָכָה; שֶׁטַח סָלוּל; חֹמֶר סְלִילָה
**pavil'ion** *n.* (פֶּוִלְיֶן) בִּיתָן; בִּנְיָן נִפְרָד; אֹהֶל גָּדוֹל וּמְפֹאָר
**paw** *n. & v.t. & i.* (פּוֹ) רֶגֶל (של בעלי חיים); הָלַם בְּרֶגֶל; גֵּרֵד בְּרֶגֶל; נָגַע בְּגַסּוּת
**pawn** *v.t. & n.* (פּוֹן) מִשְׁכֵּן; סִכֵּן; עֲבוֹט; מַשְׁכּוֹן; בֶּן־עֲרֻבָּה; פִּיּוֹן
**pawn'bro"ker** *n.* (פּוֹנְבְּרוֹקֶר) מַשְׁכְּנָאִי
**pawn'shop"** *n.* (פּוֹנְשׁוֹפּ) בֵּית עֲבוֹט, בֵּית מַשְׁכּוֹנוֹת
**pay** *v.t. & i.* (פֵּי) שִׁלֵּם; פִּצָּה; הִשְׁתַּלֵּם; הִכְנִיס; שִׁלֵּם כִּגְמוּל; הֶעֱנִיק; עָרַךְ (ביקור); רִפָּה (חבל); פָּרַע; סִלֵּק, הָיָה כְּדַאי; לֹא נִצַּל מִנְּקָמָה, לֹא נִצַּל מֵעֹנֶשׁ
— off סִלֵּק כָּל הַחוֹב; שִׁחֵד; עָנַשׁ, נִקַּם בְּ־
— one's way שִׁלֵּם חֶלְקוֹ בַּהוֹצָאוֹת
— up שִׁלֵּם הַחוֹב... כֻּלּוֹ; שִׁלֵּם בִּשְׁעַת דְּרִישָׁה
— *n.* שָׂכָר, מַשְׂכֹּרֶת; תַּעֲסוּקָה בְּתַשְׁלוּם
— *adj.* מֵכִיל מַתֶּכֶת בַּעֲלַת עֵרֶךְ מִסְחָרִי; שֶׁנִּתָּן לְהַפְעָלָה בְּמַטְבֵּעַ
**pay'ment** *n.* (פֵּימֶנְט) שִׁלּוּם; תַּשְׁלוּם; גְּמוּל
**pay'roll"** *n.* (פֵּירוֹל) רְשִׁימַת מְקַבְּלֵי־שָׂכָר; תַּשְׁלוּמֵי שָׂכָר; מִסְפַּר הַמֻּעֲסָקִים
**pay' sta"tion** (פֵּי סְטֵישְׁן) טֶלֶפוֹן צִבּוּרִי
**pea** *n.* (פִּי) אֲפוּנָה
**peace** *n.* (פִּיס) שָׁלוֹם; חֹוֶה שָׁלוֹם; שַׁלְוָה; שֶׁקֶט
hold one's — חָדַל לְדַבֵּר, נִמְנַע מִלְּדַבֵּר
keep the — קִיֵּם הַסֵּדֶר הַצִּבּוּרִי
make ones — with הִשְׁלִים עִם, הִתְפַּיֵּס עִם
**pea'ceable; peace'ful** *adj.* (פִּיסֶבְּל; פִּיסְפֻל) מִתְרַחֵק מֵרִיב; אוֹהֵב שָׁלוֹם, שׁוֹחֵר שָׁלוֹם, שֶׁל שָׁלוֹם
**peace' of"ficer** *n.* (פִּיס אוֹפִסֶר) אִישׁ בִּטָּחוֹן; מְקַיֵּם הַסֵּדֶר הַצִּבּוּרִי; שׁוֹטֵר
**peach** *n.* (פִּיץ') אֲפַרְסֵק; צָהֹב וְרַדְרַד; "עָצוּם"
**pea'cock** *n.* (פִּיקוֹק) טַוָּס; גַּנְדְּרָן
**peak** *n.* (פִּיק) פִּסְגָּה; שִׂיא; חֹד בּוֹלֵט; מִצְחִיָּה
**peal** *n. & v.t.* (פִּיל) צִלְצוּל מְמֻשָּׁךְ; מַעֲרֶכֶת פַּעֲמוֹנִים; מַעֲרֶכֶת צִלְצוּלִים; קוֹלוֹת רָמִים וּמְמֻשָּׁכִים; הִשְׁמִיעַ קוֹלוֹת רָמִים וּמְהַדְהֲדִים
**pea'nut"** *n.* (פִּינַט) אֱגוֹז אֲדָמָה
— s סְכוּם אַפְסִי; פְּרוּטוֹת
**pear** *n.* (פֵּר) אַגָּס
**pearl** *n.* (פֶּרְל) פְּנִינָה, מַרְגָּלִית; אָפוֹר חֲוַרְוַר; צֶדֶף
cast —s before the swine שָׂם נֶזֶם זָהָב בְּאַף חֲזִיר

**peas'ant** *n.* (פזנט) עובד אדמה, פלח; בור, ועם הארץ
**peat** *n.* (פיט) כבול
**peb'ble** *n.* (פבל) חלוק אבן
**peck** *v.t. & i. & n.* (פק) נקר; נקב; אכל בלי תאבון; נקור; נשיקה חטופה; פק (מדת קיבול — 9.09 ליטר)
**pecul'iar** *adj.* (פקיוליר) מוזר, משנה; יוצא דפן; מיחד; בלעדי
**pecu"liar'ity** *n.* (פקיוליארטי) תכונה מוזרה; סגלה
**pecu'niar"y** *adj.* (פקיוניארי) של הכסף (כטבע)
**ped"ago'gic** *adj.* (פדגוג'ק) של מורה; של הוראה; פדגוגי
— **s** פדגוגיה
**ped'agogue"** *n.* (פדגוג) מורה, פדגוג
**ped'ago"gy** *n.* (פדגוג'י) פדגוגיה
**ped'al** *n. & v.t.* (פדל) דושה; דוש
**ped'ant** *n.* (פדנט) מתנשא בידיעות; מקפיד כחוט השערה; פדנט
**ped'dle** *v.t. & i.* (פדל) רכל, עסק ברוכלות
**ped'dler** *n.* (פדלר) רוכל
**ped'estal** *n.* (פדסטל) בסיס
put (set) on a — נשא
**pedes'trian** *n.* (פדסטריאן) הולך־רגל
**pe"diatrici'an** *n.* (פידיאטרשן) רופא ילדים
**ped'icure"** *n.* (פדיקיור) פדיקור
**ped'igree"** *n.* (פדגרי) יחוס; שלשלת יוחסין; גזע טהור; מקור, מוצא, קורות
**ped'lar** *See* **peddler**
**peek** *v.i. & n.* (פיק) הציץ; הצצה
**peel** *v.t. & i.* (פיל) קלף, התקלף
keep one's eyes —ed שם לב בקפדנות, עמד על המשמר
— *n.* קלפה
**peep** *v.i.* (פיפ) הציץ, הביט בחשאי, הביט בסקרנות; הופיע לאט לאט; צייץ; הצצה, מבט חטוף, מבט חשאי; ציוץ; קול חלוש ודק
**peer** *n. & v.i.* (פיר) בן אותו מעמד; שוה־דרגה; שוה; אציל; אמץ מבט; צפה כמחפש
**peer'age** *n.* (פירג') אצלה; רשימת האצלה
**peeve** *v.t. & n.* (פיב) הרגיז, הקניט; מקור רגז, מרגיז
**pee'vish** *adj.* (פיבש) נרגז, נרגן
**peg** *n.* (פג) יתד
take down a — קצץ כנפים
— *v.i.* קבע יתדות; קים ברמה קבועה; זהה, סוג
— *adj.* צר והולך
**pel'ican** *n.* (פלקן) שקנאי
**pel'let** *n.* (פלט) כדורית
**pell'-mell'** *adj.* (פל־מל) באנדרלמוסיה
**pelt** *v.t. & i. & n.* (פלט) הפליא מכות; זרק; חרף וגדף; רץ; שלח, עור
**pen** *n. & v.t.* (פן) עט; צפרן; מכלאה; לול; כתב (בעט); כלא במכלאה
**pen'al** *adj.* (פינל) של הענשה; לשם הענשה; פלילי, כרוך בהענשה
**pen'alize"** *v.t.* (פינליז) העניש; קבע הענשה; הציב מכשול, הטיל קנס
**pen'alty** *n.* (פנלטי) עגש; קנס; תוצאה לא־נעימה; סנקציה; "פנדל"
**pen'ance** *n.* (פננס) סגוף תשובה, חזרה בתשובה
**pen'cil** *n.* (פנסל) עפרון
**pen'dant** *n.* (פנדנט) נטיפה; קשוט תלוי; בית נורה תלוי, נברשת; צמוד
**pen'ding** *prep. & adj.* (פנדנג) עד, במשך; תלוי ועומד; עומד להתרחש
**pen'dulum** *n.* (פנג'לם) מטטלת
**pen'etrate"** *v.t. & i.* (פנטריט) חדר; פעפע ב־; עמד על האמת, עמד על המשמעות; השפיע השפעה חזקה
**peng'uin** *n.* (פנגון) פינגוין
**penin'sula** *n.* (פנינסלה) חצי־אי
**pe'nis** *n.* (פינס) איבר־הזכר
**pen'itence** *n.* (פניטנס) חרטה, חזרה בתשובה
**pen"iten'tiary** *n.* (פניטנשרי) בית סהר
**pen'knife"** *n.* (פניף) אולר
**pen'manship"** *n.* (פנמנשפ) כתיבה תמה
**pen' name"** (פן נים) כנוי ספרותי

**pen'nant** *n.* (פֶּנַנְט) נֵס; דֶּגֶל אֲלִיפוּת, דֶּגֶל נִצָּחוֹן

**pen'niless** *adj.* (פֶּנִילֶס) מְרוּשָׁשׁ לְגַמְרֵי; חֲסַר־כֹּל

**pen'ny** *n.* (פֶּנִי) סֶנְט (בארה״ב וקנדה); פֶּנִי (מטבע אנגלי)

a pretty — סְכוּם נִכָּר

**pen'sion** *n.* & *v.t.* (פֶּנְשֶׁן) פֶּנְסְיָה; גִּמְלַת־פְּרִישָׁה; קִצְבָּה; הוֹצִיא לְפֶנְסְיָה

**pen'sive** *adj.* (פֶּנְסִב) מְהַרְהֵר, שָׁקוּעַ בְּמַחֲשָׁבוֹת נוּגוֹת

**Pen'tateuch"** *n.* (פֶּנְטֶטְיוּק) חֻמָּשׁ

**Pen'tecost"** *n.* (פֶּנְטֶקוֹסְט) שָׁבוּעוֹת; יוֹם רִאשׁוֹן הַשְּׁבִיעִי לְאַחַר חַג הַפַּסְחָא

**pen'ury** *n.* (פֶּנְיֻרִי) עֹנִי מְדַכְדֵּךְ; מַחְסוֹר, חֹסֶר־כֹּל

**pe'ony** *n.* (פִּיאוֹנִי) אַדְמוֹנִית

**peo'ple** *n.* & *v.t.* (פִּיפֶּל) עַם; אֻמָּה; קְרוֹבִים, מִשְׁפָּחָה; אֲנָשִׁים; נְתִינִים; "עַמְּךָ"; בְּנֵי אָדָם; הָמוֹן; אִכְלֵס

**pep** *n.* (פֶּפ) מֶרֶץ, חִיּוּת

**pep'per** *n.* & *v.t.* (פֶּפֶּר) פִּלְפֵּל; פִּלְפֶּלֶת; תִּבֵּל בְּפִלְפֵּל; פִּזֵּר עַל, זֵרָה, נִקֵּד

**per** *prep.* (פֶּר; בלי הטעמה: פֶּר) לְכָל־; עַל יְדֵי, בְּאֶמְצָעוּת

**perceive'** *v.t.* (פֶּרְסִיב) הֵבִין, תָּפַס, הִכִּיר, יָדַע, זִהָה; הִבְחִין בּ־

**percent'** *n.* (פֶּרְסֶנְט) חֵלֶק מֵאָה, שִׁעוּר; אָחוּז, אֲחוּזִים

**percen'tage** *n.* (פֶּרְסֶנְטֶג׳) שִׁעוּר; אָחוּז, אֲחוּזִים; רֶוַח

**percep'tible** *adj.* (פֶּרְסֶפְּטֶבֶּל) תָּפִיס

**percep'tion** *n.* (פֶּרְסֶפְּשֶׁן) תְּפִיסָה

**perch** *n.* & *v.i.* & *t.* (פֶּרְץ׳) מוֹט; מָקוֹם גָּבֹהַּ; דַּקַּר הַמַּיִם הַמְּתוּקִים; יָשַׁב עַל מוֹט, נָחַת עַל מוֹט; הוֹשִׁיב עַל מוֹט

**perchance'** *adj.* (פֶּרְצֶ׳נְס) אוּלַי, יִתָּכֵן

**percussi'on** *n.* (פֶּרְקַשְׁן) הַקָּשָׁה, נְקִישָׁה

**perditi'on** *n.* (פֶּרְדִשְׁן) כִּלָּיוֹן חָרוּץ; אֲבַדּוֹן; חַיֵּי עוֹלָם הַבָּא שֶׁל הָרְשָׁעִים; גֵּיהִנּוֹם

**peremp'tory** *adj.* (פֶּרֶמְפְּטֶרִי) מְחַיֵּב לְלֹא עִרְעוּר; מַכְרִיעַ, סוֹפִי, נֶחֱרָץ

**peren'nial** *adj.* & *n.* (פֶּרֶנִיאֶל) נִמְשָׁךְ זְמַן רַב, קַיָּם; רַב־שְׁנָתִי, נִמְשָׁךְ כָּל הַשָּׁנָה; נִצְחִי, צֶמַח רַב־שְׁנָתִי

**perfect** *adj.* & *n.* (פֶּרְפֶקְט) מֻשְׁלָם; מְצֻיָּן; מַתְאִים בְּדִיּוּק; נָכוֹן עַל כָּל פְּרָטָיו; גָּמוּר; טָהוֹר; מֻחְלָט; שָׁלֵם; שֶׁל זְמַן עָבָר; זְמַן עָבָר

perfect' *v.t.* (פֶּרְפֶקְט) הִשְׁלִים; שִׁכְלֵל

**perfec'tion** *n.* (פֶּרְפֶקְשֶׁן) כְּלִיל הַשְּׁלֵמוּת; דַּרְגָּה מֻשְׁלֶמֶת, שִׂיא הַשִּׁכְלוּל; שִׁכְלוּל, הַשְׁלָמָה

**per'fidy** *n.* (פֶּרְפִדִי) בְּגִידָה, בּוֹגְדָנוּת, מְעִילָה

**per'forate"** *v.t.* (פֶּרְפֶרֵיט) נִקֵּב; חָדַר

**perform'** *v.t.* & *i.* (פֶּרְפוֹרְם) בִּצֵּעַ, חוֹלֵל, עָשָׂה; מִלֵּא

**perfor'mance** *n.* (פֶּרְפוֹרְמֶנְס) מוֹפָע, הַצָּגָה; בִּצּוּעַ; פְּעֻלָּה

**perform'er** *n.* (פֶּרְפוֹרְמֶר) מְבַצֵּעַ, מַצִּיג, שַׂחְקָן, בַּדְרָן

**perfume'** *n.* & *v.t.* (פֶּרְפְיוּם) בֹּשֶׂם; בִּשֵּׂם

**perfunc'tory** *adj.* (פֶּרְפַנְקְטֶרִי) כִּלְאַחַר יָד, מָהִיר וְשִׁטְחִי, לָצֵאת יְדֵי חוֹבָה, אָדִישׁ

**perhaps'** *adj.* (פֶּרְהֶפְּס) אוּלַי, יִתָּכֵן שׁ־

**peri'l** *n.* (פֶּרֶל) סַכָּנָה

**peri'lous** *adj.* (פֶּרֶלֶס) מְסֻכָּן, כָּרוּךְ בְּסַכָּנָה

**perim'eter** *n.* (פְּרִמֶטֶר) הֶקֵּף

**pe'riod** *n.* & *adj.* (פִּירִיאֶד) תְּקוּפָה; פֶּרֶק זְמַן; מַחֲזוֹר; וֶסֶת; הַהֹוֶה; נְקֻדָּה; מְאַפְיֵן תְּקוּפָה הִיסְטוֹרִית

**pe"riod'ic** *adj.* (פִּירִיאוֹדִק) מַחֲזוֹרִי; מְסֻרָג; קוֹרֶה לְעִתִּים מְזֻמָּנוֹת

**pe"riod'ical** *n.* & *adj.* (פִּירִיאוֹדִקֶל) כְּתַב־עֵת, כְּתָב עִתִּי; מוֹפִיעַ בְּעִתִּים קְבוּעוֹת; שֶׁל כְּתַב־עֵת; מַחֲזוֹרִי

**periph'ery** *n.* (פֶּרִפֶרִי) הֶקֵּף, פֶּרִיפֶרְיָה

**per'ish** *v.i.* (פֶּרִשׁ) מֵת (בטרם עת); נִסְפָּה; כָּלָה, נֶעֱלַם

**per'ishable** *adj.* (פֶּרִשֶׁבֶּל) עָלוּל לְהִשָּׁחֵת, רָקִיב

**per'jure** *3.t.* (פֶּרְג׳ר) נִשְׁבַּע לַשֶּׁקֶר

**per'jury** *n.* (פֶּרְג׳ֶרִי) שְׁבוּעַת שֶׁקֶר

**perk** *v.i.* & *t.* (פֶּרְק) הִתְנַהֵג בִּצְוּרָה

נִמְרֶצֶת; חָזַר לְעֶרְנוּת; הֵרִים נִמְרָצוֹת; הִתְלַבֵּשׁ בִּלְבוּשׁ עַלִּיז

**per'manent** *adj. & n.* (פֶּרְמַנֶנְט) קָבוּעַ, תְּמִידִי; קַיָּם זְמַן רַב; לֹא־דֵהֶה; סִלְסוּל תְּמִידִי

**per'meate"** *v.t. & i.* (פֶּרְמִיאֵיט) חָדַר, חִלְחֵל; רִוָּה

**permis'sible** *adj.* (פֶּרְמִסִבְּל) מֻתָּר

**permissi'on** *n.* (פֶּרְמִשְׁן) רְשׁוּת

**permis"sive** *adj.* (פֶּרְמִסִב) מַתִּירָנִי

**permit'** *v.t. & i.* (פֶּרְמִט) הִרְשָׁה, נָתַן; הִסְכִּים, אִפְשֵׁר, נָתַן רְשׁוּת

per'mit *n.* (פֶּרְמִט) רִשָּׁיוֹן; רְשׁוּת

**pernici'ous** *adj.* (פֶּרְנִשֶׁס) מַזִּיק, מַשְׁחִית; מַמְאִיר

**per"pendic'ular** *adj. & n.* (פֶּרְפֶּנְדִקְיֻלֶר) מְאֻנָּךְ, זָקוּף; תָּלוּל; נִצָּב

**per'petrate"** *v.t.* (פֶּרְפֶּטְרֵיט) בִּצַּע; עוֹלֵל

**perpet'ual** *adj.* (פֶּרְפֶּצ'וּאֵל) נִצְחִי; תְּמִידִי;

**perpet'uate** *v.t.* (פֶּרְפֶּצ'וּאֵיט) הִנְצִיחַ

**perplex'** *v.t.* (פֶּרְפְּלֶקְס) הֵבִיא בִּמְבוּכָה, בִּלְבֵּל; סִבֵּךְ

**perplex'ity** *n.* (פֶּרְפְּלֶקְסִטִי) מְבוּכָה, סָפֵק, חֹסֶר־וַדָּאוּת; תִּסְבֹּכֶת

**per'quisite** *n.* (פֶּרְקְוִזִט) הַכְנָסָה נוֹסֶפֶת; הֲטָבָה, בּוֹנוּס, מַעֲנָק; זְכוּת מְיֻחֶדֶת

**per'secute"** *v.t.* (פֶּרְסֶקְיוּט) רָדַף, הֵצִיק לְ־

**per"secuti'on** *n.* (פֶּרְסֶקְיוּשְׁן) רְדִיפָה

**per"sever'ance** *n.* (פֶּרְסֶוִירֶנְס) הַתְמָדָה

**per"severe'** *v.i.* (פֶּרְסֶוִיר) הִתְמִיד בְּ־

**Persi'a** *n.* (פֶּרְזֶ'ה) פָּרַס, אִירָן

**persist'** *v.i.* (פֶּרְסִסְט) הִתְמִיד בְּ־, שָׁקַד עַל; הֶחֱזִיק מַעֲמָד; הִמְשִׁיךְ לְהִתְקַיֵּם; עָמַד עַל דַּעְתּוֹ

**persis'tence** *n.* (פֶּרְסִסְטֶנְס) הַתְמָדָה, שְׁקִידָה; הַמְשָׁכוּת, הֶתְמֵד

**persis'tent** *adj.* (פֶּרְסִסְטֶנְט) מַתְמִיד, שַׁקְדָנִי; עִקֵּשׁ; נִמְשָׁךְ

**per'son** *n.* (פֶּרְסֶן) בֶּן־אָדָם; אִישִׁיּוּת יְחוּדִית, אֲנִי; גּוּף; בַּר־נָשׁ, כְּלוֹמַאי; יֵשׁוּת מִשְׁפָּטִית

in — בִּכְבוֹדוֹ וּבְעַצְמוֹ

**per'sonage** *n.* (פֶּרְסֶנֶג') אִישִׁיּוּת דְּגוּלָה; בֶּן־אָדָם; נֶפֶשׁ (בַּמַּחֲזֶה)

**per'sonal** *adj. & n.* (פֶּרְסֶנֶל) אִישִׁי, יְחוּדִי, פְּרָטִי; מָדוֹר לְעִנְיְנֵי חֶבְרָה; מוֹדָעָה אִישִׁית

**per"sonal'ity** *n.* (פֶּרְסֶנֶלְטִי) אִישִׁיּוּת

— ies *pl.* עֶלְבּוֹנוֹת אִישִׁיִּים

**person"ifica'tion** *n.* (פֶּרְסוֹנִפִקֵישְׁן) הַאֲנָשָׁה; הִתְגַּלְּמוּת

**perso'nify"** *v.t.* (פֶּרְסוֹנִפַי) הֶאֱנִישׁ; גִּלֵּם

**per"sonnel'** *n.* (פֶּרְסֶנֶל) סֶגֶל, חֶבֶר עוֹבְדִים, פֶּרְסוֹנָל

**perspec'tive** *n.* (פֶּרְסְפֶּקְטִב) פֶּרְסְפֶּקְטִיבָה; סִכּוּי

**per"spira'tion** (פֶּרְסְפֶּרֵישְׁן) הַזָּעָה, זֵעָה

**perspire'** *v.i. & t.* (פֶּרְסְפַּיְאֶר) הִזִּיעַ

**persuade'** *v.t.* (פֶּרְסְוֵיד) שִׁכְנֵעַ, דִּבֵּר עַל לֵב

**persua'sion** *n.* (פֶּרְסְוֵיזֶ'ן) שִׁכְנוּעַ, שִׁדּוּל; אֱמוּנָה, כַּת

**pert** *adj.* (פֶּרְט) נוֹעָז, חֻצְפָּנִי; עֵרָנִי, עַלִּיז

**pertain'** *v.i.* (פֶּרְטֵין) הִתְיַחֵס לְ־; הָיָה קָשׁוּר בְּ־; הָיָה שַׁיָּךְ לְ־; תָּאַם

**per"tina'cious** *adj.* (פֶּרְטֶנֵישֶׁס) מַתְמִיד, עַקְשָׁן

**perturb'** *v.t.* (פֶּרְטֶרְבּ) הִפְרִיעַ מְאֹד, הִדְאִיג, הִסְעִיר; בִּלְבֵּל

**peru'sal** *n.* (פֶּרוּזְל) קְרִיאָה; עִיּוּן; סְקִירָה, בְּדִיקָה מְדַקְדֶּקֶת

**peruse'** *v.t.* (פֶּרוּז) קָרָא בְּעִיּוּן, קָרָא, סָקַר, בָּדַק לִפְרָטָיו

**pervade'** *v.t.* (פֶּרְוֵיד) הִתְפַּשֵּׁט כָּלִיל בְּ־, חָדַר, פִּעְפֵּעַ

**perverse'** *adj.* (פֶּרְוֶרְס) סוֹרֵר, מַרְדָנִי; נוֹחַ לִכְעוֹס; עוֹמֵד בְּמִרְדּוֹ; סוֹטֶה, מָשְׁחָת

**perver'sion** *n.* (פֶּרְוֶרְזֶ'ן) הַשְׁחָתָה; סְטִיָּה

**perver'sity** *n.* (פֶּרְוֶרְסִטִי) מַרְדָנוּת

**pervert'** *v.t.* (פֶּרְוֶרְט) הִטָּה מֵהַדֶּרֶךְ הַיְשָׁרָה; הִשְׁחִית, קִלְקֵל מִדּוֹת; הִטְעָה; הִפְנָה לְשִׁמּוּשׁ לֹא־נָכוֹן; סִלֵּף בְּזָדוֹן; הִשְׁפִּיל

per'vert *n.* סוֹטֶה

**pes'simis'm** *n.* (פֶּסִמִזְם) פֶּסִימִיּוּת

**pes'simist** *n.* (פֶּסֶמִסְט) פֶּסִימִיסְט, רוֹאֶה שְׁחוֹרוֹת

**— ic** *adj.* פֶּסִּימִי
**pest** *n.* (פֶּסְט) מְטָרֵד; מַזִּיק; מַגֵּפָה
**pes'ter** *v.t.* (פֶּסְטֶר) הֵצִיק, הִטְרִיד
**pes'tilence** *n.* (פֶּסְטִלֶנְס) מַגֵּפָה
**pes'tle** *n.* (פֶּסְל) עֱלִי
**pet** *n.* & *adj.* (פֶּט) חַיַּת בַּיִת חֲבִיבָה, חַיַּת שַׁעֲשׁוּעִים; מְפֻנָּק, חָבִיב, שֶׁל הוֹקָרָה
**—** *v.t.* & *i.* פִּנֵּק, לִטֵּף; "הִתְמַזְמֵז"
**pet'al** *n.* (פֶּטְל) עֲלֵה כּוֹתֶרֶת
**petiti'on** *n.* & *v.t.* (פֶּטִשְׁן) עֲצוּמָה; בַּקָּשָׁה, תְּחִנָּה; הִגִּישׁ עֲצוּמָה; בִּקֵּשׁ
**pe'trify"** *v.t.* & *i.* (פֶּטְרְפַי) אִבֵּן, הִקְשָׁה; שִׁתֵּק; הִתְאַבֵּן
**petro'leum** *n.* (פֶּטְרוֹלִיאֶם) נֵפְט (גלמי)
**pet'ticoat"** *n.* (פֶּטִיקוֹט) חֲצָאִית תַּחְתּוֹנָה
**pet'ty** *adj.* (פֶּטִי) קַטְנוּנִי; תָּפֵל; צַר; דַּוְקָאִי
**pew** *n.* (פְּיוּ) סַפְסָל; תָּא־מוֹשָׁבִים מִשְׁפַּחְתִּי
**phan'tom** *n.* (פֶנְטֶם) רוּחַ רְפָאִים; מַרְאֵה תַּעְתּוּעִים; תַּעְתּוּעַ
**Pha'risee"** *n.* (פֶּרִסִי) פְּרוּשִׁי; צָבוּעַ
**phar'macist** *n.* (פַּרְמַסִסְט) רוֹקֵחַ
**phar'macy** *n.* (פַּרְמַסִי) בֵּית מִרְקַחַת
**phase** *n.* & *v.t.* (פֵיז) שָׁלָב; פָּזָה; הִתְקִין; סִנְכְּרֵן, הִכְנִיס לְפָזָה
**— in** הִכְנִיס לְשִׁמּוּשׁ בִּשְׁלַבִּים
**— out** סִלֵּק בְּהַדְרָגָה
**pheas'ant** *n.* (פֶזֶנְט) פַּסְיוֹן
**phenom'enon"** *n.* (פִנוֹמֶנוֹן) תּוֹפָעָה; תּוֹפָעָה יוֹצֵאת מִן הַכְּלָל, פֶנוֹמֶן
**phew** *interj.* (פְיוּ) אוּי־וַי, אוּיש
**philan'derer** *n.* (פִלֶנְדֶרֶר) עַגְבָן, "מְזַמְזֵן"
**philan'thropy** *n.* (פִלֶנְתְרֶפִּי) אַהֲבַת הָאָדָם; נַדְבָנוּת, צְדָקָה, פִילַנְתְרוֹפְּיָה; אִרְגּוּן צְדָקָה
**Phil'istine"** *n.* & *adj.* (פִלֶסְטִין) פְּלִשְׁתִּי; בּוּר, חֲסִיד הַשִּׁגְרָה; עוֹיֵן תַּרְבּוּת
**philos'opher** *n.* (פִלוֹסֶפֶר) פִילוֹסוֹף, הוֹגֶה דֵּעוֹת; אָדָם שֶׁאֵינוֹ מְאַבֵּד עֶשְׁתּוֹנוֹת
**phil"osoph'ical** *adj.* (פִלֶסוֹפִקְל) פִילוֹסוֹפִי; רָגוּעַ, אֵינוֹ מְאַבֵּד עֶשְׁתּוֹנוֹתָיו
**philos'ophy** *n.* (פִילוֹסֶפִי) פִילוֹסוֹפְיָה; שִׁיטָה פִילוֹסוֹפִית; הַשְׁקָפַת עוֹלָם; עֶמְדָּה רְגוּעָה
**phlegm** *n.* (פְלֶם) רִיר; לֵחָה; אֲדִישׁוּת, קֹר־רוּחַ
**phlegmati'c** *adj.* (פְלֶגְמֶטִק) אָדִישׁ, קַר־מֶזֶג; פְלֶגְמָתִי
**phoe'nix** *n.* (פִינִקְס) חוֹל (עוף אגדי); כְּלִיל יֹפִי, כְּלִיל שְׁלֵמוּת
**phone** *n.* & *v.t.* & *i.* (פוֹן) טֶלֶפוֹן; טִלְפֵּן
**honet'ic** *adj.* (פֶנֶטִק) פוֹנֶטִי; לְפִי הַהִגּוּי
**— s** פוֹנֶטִיקָה, הַגָּרוֹן
**pho'nograph"** *n.* (פוֹנֶגְרֶף) פָּטֵיפוֹן
**pho'ny** *adj.* & *n.* (פוֹנִי) מְזֻיָּף, זִיּוּף; זַיְּפָן, נוֹכֵל, צָבוּעַ
**phos'phorus** *n.* (פוֹסְפֶרֶס) זַרְחָן
**pho"togen'ic** *adj.* (פוֹטֶגֶ'נִק) פוֹטוֹגֶנִי
**pho'tograph"** *n.* & *v.t.* & *i.* (פוֹטֶגְרֶף) תַּצְלוּם; צִלֵּם, עָסַק בְּצִלּוּם; הִתְאִים לְצִלּוּם; הִצְטַלֵּם
**photo'grapher** *n.* (פֶטוֹגְרֶפֶר) צַלָּם
**pho"tograph'ic** *adj.* (פוֹטֶגְרֶפִק) שֶׁל צִלּוּם; שֶׁל תַּצְלוּם; מְצִיאוּתִי מְאֹד, מְדֻיָּק מְאֹד, מְפֹרָט מְאֹד
**photog'raphy** *n.* (פֶטוֹגְרֶפִי) צִלּוּם
**phrase** *n.* & *v.t.* (פְרֵיז) מִשְׁפָּט; מַאֲמָר; נִיב; מֵימְרָה; הֶעָרָה קְצָרָה; נִסֵּחַ
**phylac'tery** *n.* (פִלֶקְטֶרִי) תְּפִלִּין; תְּפִלָּה (יחיד של תפילין)
**phys'ical** *adj.* (פִזִקְל) גּוּפָנִי; חָמְרִי; פִיסִי
**physici'an** *n.* (פִזִשְׁן) רוֹפֵא
**phys'icist** *n.* (פִזִסִסְט) פִיסִיקַאי
**phys'ics** *n.* (פִזִקְס) פִיסִיקָה
**phys"iolo'gy** *n.* (פִזִיאוֹלֶגִ'י) פִיסְיוֹלוֹגְיָה; תַּהֲלִיכִים אוֹרְגָנִיִּים, תִּפְקוּד
**physique'** *n.* (פִזִיק) מִבְנֵה גּוּף; גּוּף (מבחינת המבנה והשרירים)
**pian'ist** *n.* (פִיאֶנִסְט) פְּסַנְתְּרָן
**pia'no** (פְּיֶנוֹ) פְּסַנְתֵּר
**pia'ster** *n.* (פִיאֶסְטֶר) גְּרוּשׁ
**pick** *v.t.* & *i.* (פִּק) בָּחַר, בֵּרֵר; חִרְחֵר; חִפֵּשׂ; גָּנַב (מכיס); פָּתַח (מנעול, ללא מפתח); רִסֵּק, חָפַר; חִטֵּט כְּדֵי לְהוֹצִיא מַשֶּׁהוּ; נִקָּה עַל יְדֵי חִטּוּט; הֵסִיר בְּהַדְרָגָה, מָרַט; קָטַף; הֵרִים

(בשיניים או במקור); הִפְרִיד, פֵּרֵק; פָּרַט; דָּקַר

— and choose בָּרַר בְּקַפְּדָנוּת

— at חִפֵּשׂ מוּמִים; אָכַל מְעַט מְאֹד; נָגַע בְּ־

— off מָרַט; יָרָה בְּ־ (לאחר בחירת המטרה)

— on מָתַח בִּקֹּרֶת; הֶאֱשִׁים; הֵצִיק

— out בָּחַר בְּ־; הִכִּיר; הִבְחִין בְּ־; נִגֵּן לְפִי הַשְּׁמִיעָה

— over מִיֵּן וּבָחַר

— up הֵרִים; הִבְרִיא; נִזְדַּמֵּן לוֹ; אָסַף ("טְרֶמְפִּיסְט"); תָּפַס; הִגְבִּיר מְהִירוּת; סִדֵּר; הִשְׁתַּפֵּר; עָשָׂה הֶכֵּרוּת מִקְרִית עִם; עָצַר; הִשִּׂיג, קָנָה; שִׁלֵּם (חשבון כולל)

— *n.* בְּחִירָה; מִבְחָר; בְּחִירָה רִאשׁוֹנָה; כַּמּוּת שֶׁנִּקְטְפָה; דְּקִירָה; מַכּוֹשׁ; מַפְרֵט; דֶּקֶר

**picket** *n.* & *v.t.* & *i.* (פִּקֶט) פַּצִּים, מוֹט, יָתֵד; מִשְׁמֶרֶת שׁוֹבְתִים, מִשְׁמֶרֶת מַפְגִּינִים; מִשְׁמָר; הִקִּיף גָּדֵר; קָשַׁר לְמוֹט; הֶעֱמִיד מִשְׁמָרוֹת; שָׁמַר; הֶעֱמִיד זְקִיפִים

**pick'le** *n.* & *v.t.* (פִּקְל) מְלָפְפוֹן חָמוּץ; חֲמוּצִים, כְּבוּשִׁים; צִיר; חָמְצָה; מַצָּב בִּישׁ; שָׁמַר בְּצִיר, כָּבַשׁ

— ed *adj.* כָּבוּשׁ; מְשֻׁמָּר; שָׁתוּי

**pick'pock"et** *n.* (פִּקְפּוֹקֶט) כַּיָּס

**pick'up"** *n.* (פִּקַפ) מַכָּר מִקְרִי; תְּאוּצָה מְהִירָה; טֶנְדֶר; הִשְׁתַּפְּרוּת; קְלִיטָה, מַקְלֵט; הַסָּעָה

**pic'nic** *n.* & *v.t.* (פִּקְנִק) פִּיקְנִיק; תַּעֲנוּג; עָרַךְ פִּיקְנִיק; הִשְׁתַּתֵּף בְּפִיקְנִיק

**pictor'ial** *adj.* & *n.* (פִּקְטוֹרִיאֲל) שֶׁל תְּמוּנָה, שֶׁל תְּמוּנוֹת; שֶׁל צִיּוּר; מוֹשֵׁךְ כִּתְמוּנָה; כְּתַב־עֵת מְצֻיָּר

**pic'ture** *n.* & *v.t.* (פִּקְצֶ׳ר) תְּמוּנָה; תֵּאוּר חַי; תְּמוּנָה חַיָּה; דְּמוּת; הִתְגַּלְּמוּת; נְסִבּוֹת; הֲבָנַת מַצָּב; בַּד, מָסָךְ; תֵּאֵר בִּתְמוּנָה; דִּמָּה; תֵּאֵר בְּמִלִּים, תֵּאֵר בְּצוּרָה חַיָּה

**pic"turesque'** *adj.* (פִּקְצֶ׳רֶסְק) צִיּוּרִי; חַי; מְלַבֵּב

**pie** *n.* (פַּי) עוּגָה מְמֻלָּאָה (בשר, פירות וכו׳)

**pie'bald** *adj.* (פַּי בּוֹלְד) מְנֻמָּר, טָלוּא

**piece** *n.* (פִּיס) חֲתִיכָה; חֵלֶק; פְּרִיט; קֶטַע; נוֹרְמָה, כַּמּוּת מְסֻיֶּמֶת; יְצִירָה; כְּלִי (שחמט); דֻּגְמָה; כְּלִי יְרִיָּה, תּוֹתָח; מַטְבֵּעַ

go to —s אִבֵּד עֶשְׁתּוֹנוֹת

of a — מֵאוֹתוֹ מִין, מִקְשָׁה אַחַת

speak one's — הִבִּיעַ הַשְׁקָפָתוֹ, גִּלָּה דַּעְתּוֹ

— *v.t.* & *i.* תִּקֵּן, הִטְלִיא; הִרְחִיב; חִבֵּר

**piece'meal"** *adv.* & *adj.* (פִּיסְמִיל) חֲתִיכוֹת חֲתִיכוֹת; לַחֲתִיכוֹת; עָשׂוּי חֲתִיכוֹת חֲתִיכוֹת

**pier** *n.* (פִּיר) רָצִיף; תֹּמֶךְ; עַמּוּד

**pierce** *v.t.* & *i.* (פִּירְס) חָרַר, נִקֵּב; חָדַר; בָּקַע

**pi'ety** *n.* (פַּיאֲטִי) יִרְאַת שָׁמַיִם, אֲדִיקוּת; מַעֲשֵׂה חֲסִידִים

**pig** *n.* (פִּג) חֲזִיר; בַּרְזֶל גָּלְמִי

**pige'on** *n.* (פִּגְ׳ן) יוֹנָה; פֶּתִי

**pige'onhole"** *n.* & *3.t.* (פִּגְ׳נְהוֹל) תָּא בְּשׁוֹבָךְ; תָּא; שָׁמַר בְּתָא, תִּיֵּק; גָּנַז לִצְמִיתוּת; סִוֵּג

**pig'gyback"** *adj.* (פִּגִיבֶּק) אַבָּא יוֹ־יוֹ, רָכוּב

**pig'head"ed** *adj.* (פִּגְהֶדֶד) קְשֵׁה־עֹרֶף, עַקְשָׁן, שׁוֹטֶה

**pig'ment** *n.* (פִּגְמֶנְט) צִבְעָן, פִּיגְמֶנְט

**pig'tail"** *n.* (פִּגְטֵיל) צַמַּת עֹרֶף

**pike** *n.* (פַּיק) זְאֵב־הַיָּם; קַרְדֹּם קְרָב

**pile** *n.* & *v.t.* & *i.* (פַּיל) עֲרֵמָה; הוֹן תּוֹעָפוֹת; עָרַם, צָבַר; הִצְטַבֵּר

**pil'fer** *v.i.* (פִּלְפֶר) גָּנַב, "סָחַב"

**pil'grim** *n.* (פִּלְגְרִם) עוֹלֵה־רֶגֶל, צַלְיָן; נוֹסֵעַ, נוֹדֵד

Pilgrim פּוּרִיטָנִי מְיַסֵּד פְּלִימַת׳ (בארה״ב)

**pil'grimage** *n.* (פִּלְגְרִמְג׳) עֲלִיָּה לְרֶגֶל, נְסִיעָה אֲרֻכָּה

**pill** *n.* (פִּל) גְּלוּלָה; דָּבָר לֹא־נָעִים לִבְלִיעָה; טַרְדָן

the — הַגְּלוּלָה לִמְנִיעַת הֵרָיוֹן

**pil'lage** *v.t.* & *i.* & *n.* (פִּלְג׳) בָּזַז; בִּזָּה

**pil'lar** *n.* (פִּלֶר) עַמּוּד

from — to post מִמָּקוֹם לְמָקוֹם; מִדְּחִי אֶל דֶּחִי; לְלֹא תַּכְלִית

**pil'lory** *n. & v.t.* (פִּלֶרִי) סַד; כָּלֶא בְּסַד; הוֹקִיעַ חֶרְפָּה בָּרַבִּים

**pil'low** *n.* (פִּלוֹ) כַּר

**pi'lot** *n. & v.t.* (פַּילֶט) טַיָּס, קַבַּרְנִיט; נַוָּט; הַנַּאי; מַדְרִיךְ, מַנְהִיג; כִּוֵּן, נָהַג; שִׁמֵּשׁ נַוָּט, הֵטִיס

— *adj.* נִסְיוֹנִי

**pimp** *n.* (פִּמְפּ) סַרְסוּר זוֹנוֹת

**pim'ple** *n.* (פִּמְפְּל) אֲבַעְבּוּעָה, פִּצְעוֹן

**pin** *n. & v.t.* (פִּן) סִכָּה; יָתֵד; פִּין; מְהַדֵּק־כְּבִיסָה; מַכְבֵּנָה; חִבֵּר בְּסִכָּה; רִתֵּק

— down כָּפָה, הִגְדִּיר בְּדַיְקָנוּת

— something on someone טָפַל אַשְׁמָה

**pin'cers** *n. pl.* (פִּנְסֶרְז) מֶלְקָחַיִם, מִצְבָּטַיִם

**pinch** *v.t. & i.* (פִּנְץ׳) צָבַט; לָחַץ; עָשָׂה כָּחוּשׁ וּמָתוּחַ; הֵצִיק; קִמֵּץ; ״סָחַב״; עָצַר

— pennies קִמֵּץ מְאֹד

— *n.* צְבִיטָה; לְחִיצָה; קֹמֶץ; קֹרֶט; מְצוּקָה, מִקְרֶה חֵרוּם

**pine** *n. & v.i.* (פַּין) אֹרֶן; הִתְגַּעְגֵּעַ מְאֹד, סָבַל מֵרֹב כִּסּוּפִים ל־; כָּחַשׁ

**pine'ap"ple** *n.* (פַּינֶפְּל) אֲנָנָס

**pin'ion** *n. & v.t.* (פִּנְיֶן) אֶבְרַת־הַיָּד; כָּנָף נוֹצָה; כְּנָפַיִם; כָּרַת אֶבְרַת־הַיָּד; כָּפַת כְּנָפַיִם; כָּפַת

**pink** *n.* (פִּנְק) וָרֹד; צִפֹּרֶן (פרח); שִׂיא; שְׂמָאלָנִי; פּוֹשֶׁר (בזלזול)

**pin'nacle** *n.* (פִּנַקְל) פִּסְגָּה; שִׂיא; סֶלַע מְחֻדָּד

**pint** *n.* (פַּינְט) יְחִידַת קִבּוּל (= 0.568 ליטר)

**pin'-up"** *n.* (פִּנַפּ) תְּמוּנַת־קִיר (של נערה יפה): נַעֲרָה יָפָה בִּתְמוּנָה

**pi"oneer'** *n. & v.t.& i.* (פַּיאֶנִיר) חָלוּץ; חַיָּל בְּחֵיל הַהַנְדָּסָה; הָיָה חָלוּץ; הָיָה רִאשׁוֹן ל־; יָזַם; הָלַךְ בָּרֹאשׁ

**pi'ous** *adj.* (פַּיאֶס) אָדוּק, דָּתִי; לְמַטָּרָה קְדוֹשָׁה; מִתְחַסֵּד

**pipe** *n. & v.i.* (פַּיפּ) צִנּוֹר; מִקְטֶרֶת; כְּלִי נְשִׁיפָה; חָלִיל; צִיּוּץ; קוֹל; חִלֵּל; צִנֵּר; כִּנֵּס (בכלי נשיפה); הוֹבִיל (בכלי נשיפה); צִיֵּץ

— down שָׁתַק

— up הִתְחִיל לְנַגֵּן; אָמַר, עָמַד עַל כָּךְ

**pi'per** *n.* (פַּיפֶּר) חֲלִילָן; מְחַלֵּל בְּחֵמֶת חֲלִילִים

pay the — שִׁלֵּם הַהוֹצָאוֹת; נָשָׂא בָּאַחֲרָיוּת, נָשָׂא בַּתּוֹצָאוֹת הַשְּׁלִילִיּוֹת שֶׁל מַעֲשָׂיו

**pique** *v.t. & n.* (פִּיק) הִרְגִּיז, הֶעֱלִיב; עוֹרֵר, גֵּרָה; רֹגֶז, הַרְגָּשַׁת עֶלְבּוֹן

**pi'racy** *n.* (פַּירֶסִי) שֹׁד יַמִּי, פִּירָטִיּוּת; גְּנֵבַת יְצִירָה אוֹ הַמְצָאָה

**pi'rate** *n. & v.t. & i.* (פַּירֶט) שׁוֹדֵד־יָם; פִּירָט; אֳנִיַּת פִּירָטִים; שׁוֹדֵד; בּוֹזֵז; גַּנָּב יְצִירָה אוֹ הַמְצָאָה; שָׁדַד, בָּזַז; גָּנַב (יצירה או המצאה)

**pis'tol** *n.* (פִּסְטֶל) אֶקְדָּח

**pis'ton** *n.* (פִּסְטֶן) בֻּכְנָה

**pit** *n. & v.t.* (פִּט) בּוֹר; פַּחַת; חֲפִירָה; פִּיר; מִכְרֶה; גֵּיהִנּוֹם; שֶׁקַע; חָטָט; מִכְלָאַת־קְרָבוֹת; אֵזוֹר (הבורסה); גַּלְעִין; צַלֶּקֶת; אִחְסֵן בְּבוֹר; עִמֵּת; הוֹצִיא גַּלְעִין

**pitch** *v.t.* (פִּץ׳) נָטָה (אוהל); קָבַע; זָרַק; קָבַע לְפִי גֹּבַהּ צְלִיל מְסֻיָּם; נָפַל קָדִימָה; מָעַד; הִשְׁתַּפֵּעַ כְּלַפֵּי מַטָּה; יָרַד; הִתְנַדְנֵד קָדִימָה וַאֲחוֹרָה (אניה)

— in תָּרַם, הִשְׁתַּתֵּף; הִתְחִיל לַעֲבוֹד בְּמֶרֶץ

— into הִתְנַפֵּל עַל; הִתְחִיל לַעֲבוֹד בְּמֶרֶץ

— *n.* נְקֻדָּה, דַּרְגָּה; זָוִית; שִׂיא; גֹּבַהּ הַצְּלִיל; זְרִיקָה; נִדְנוּד (אניה); שִׁפּוּעַ, מִדְרוֹן; פִּתּוּיֵי פִּרְסֹמֶת; גִּישָׁה; זֶפֶת; כֹּפֶר

**pitch'er** *n.* (פִּצֶ׳ר) כַּד; זוֹרֵק, רוֹמֶה (כדור)

**pitch'fork"** *n.* (פִּצְ׳פוֹרְק) קִלְשׁוֹן

**pit'eous** *adj.* (פִּטִיאֶס) מְעוֹרֵר רַחֲמִים

**pith** *n.* (פִּת׳) קָנֶה; לִבָּה, תּוֹךְ; עִקָּר, תַּמְצִית; מִשְׁקָל, מַמָּשׁוּת

**pit'iable** *adj.* (פִּטִיאֶבְּל) מְעוֹרֵר רַחֲמִים; עָלוּב

**pit'iful** *adj.* (פִּטִפְל) מְעוֹרֵר רַחֲמִים; עָלוּב

**pit'iless** *adj.* (פִּטִילֶס) חֲסַר־רַחֲמִים

**pit'tance** *n.* (פִּטֶנְס) קִצְבָּה קְטַנָּה; הַכְנָסָה זְעוּמָה

**pit'y** *n.* (פִּטִי) רַחֲמָנוּת, חֶמְלָה

have (take) — on חָס עַל

what a — ! חֲבָל!

— *v.t. & i.* רַחֵם עַל

**piv'ot** *n. & v.i.* (פִּוֹט) צִיר; הִסְתּוֹבֵב

**plac'ard** *n.* (פְּלֶקָרְד) כְּרָזָה

**pla'cate** *v.t.* (פְּלֵיקֵיט) פִּיֵּס, שִׁכֵּךְ (חימה)

**place** *n.* (פְּלֵיס) מָקוֹם; מוֹשָׁב; מִשְׂרָה; תַּפְקִיד; מִשְׂרָה חֲשׁוּבָה; רְחָבָה; חָצֵר; יִשּׁוּב; בַּיִת

give — to נָתַן זְכוּת קְדִימָה ל־; פִּנָּה מָקוֹם ל־

go — s הִצְלִיחַ

put someone in his — הֶעֱמִיד אוֹתוֹ בִּמְקוֹמוֹ; הִשְׁפִּיל

take — קָרָה

— *v.t.* הִנִּיחַ, שָׂם, עָרַךְ; מָסַר; מִנָּה; מָצָא מִשְׂרָה; קָבַע מְקוֹם שֶׁל; הִצִּיב; זִהָה

**plac'id** *adj.* (פְּלֶסִד) שָׁלֵו

**pla'giaris"m** *n.* (פְּלֵיגִ'יאֲרִזְם) פְּלַגְיָט, גְּנֵבַת יְצִירָה, גְּנֵבָה סִפְרוּתִית

**plague** *n. & v.t.* (פְּלֵיג) מַגֵּפָה, צָרָה; הֵצִיק, עִנָּה; נָגַף בְּמַגֵּפָה; גָּרַם צָרָה

**plain** *adj. & n.* (פְּלֵין) בָּרוּר; מֻבְהָק, פָּשׁוּטוֹ כְּמַשְׁמָעוֹ; גָּלוּי; פָּשׁוּט; לֹא־יָפֶה; מִישׁוֹר

**plain'tiff** *n.* (פְּלֵינְטִף) תּוֹבֵעַ

**plain'tive** *adj.* (פְּלֵינְטִב) נוּגֶה

**plait** *n.* (פְּלֵיט) צַמָּה, מִקְלַעַת; קִפּוּל; קָלַע

**plan** *n. & v.t.* (פְּלֶן) תָּכְנִית; שִׂרְטוּט; מַפָּה; תִּכְנֵן; שִׂרְטֵט תָּכְנִית

**plane** *n. & v.t. & i.* (פְּלֵין) מִשְׁטָח; מִישׁוֹר; רָמָה (של אופי, התפתחות וכו'); מַקְצוּעָה; הִקְצִיעַ; גָּלַשׁ, רִחֵף; הִשְׁתַּמֵּשׁ בְּמַקְצוּעָה

**pla'net** *n.* (פְּלֶנֶט) כּוֹכַב־לֶכֶת

**plank** *n.* (פְּלֶנְק) קֶרֶשׁ; עֶקְרוֹנוֹת יְסוֹד (של מצע)

walk the — הוּצָא לְהוֹרֵג (ע"י נפילה מאניה מקרש מוצב מעל המים)

**plant** *n. & v.t.* (פְּלֶנְט) צֶמַח; שָׁתִיל; מִפְעָל; צִיּוּד; צִיּוּד וּמִבְנִים; שָׁתוּל; נָטַע; הִנְהִיג; תָּקַע; שָׂם; הֶעֱמִיד; שָׁתַל; יִסֵּד, יִשֵּׁב

**plant'ation** *n.* (פְּלֶנְטֵישְׁן) מֶשֶׁק מַטָּעִים; מַטָּעִים; חַוָּה

**plan'ter** *n.* (פְּלֶנְטֶר) נוֹטֵעַ; בַּעַל מַטָּעִים; מִתְיַשֵּׁב

**plaque** *n.* (פְּלֶק) לוּחַ; לוּחִית זִכָּרוֹן

**plas'ter** *n. & v.i.* (פְּלֶסְטֶר) גֶּבֶס; מִשְׁחָה; טָח בְּגֶבֶס, טָח; הִנִּיחַ בְּצוּרָה שְׁטוּחָה; מָרַח מִשְׁחָה (על פצע); הִדְבִּיק בְּצוּרָה מֻפְרֶזֶת

**plas'terer** *n.* (פְּלֶסְטְרֶר) טַיָּח

**plas'tic** *adj. & n.* (פְּלֶסְטִק) פְּלַסְטִי. נִתָּן לְכִיּוּר; מַעֲשֵׂה כִּיּוּר; מְעַצֵּב; יוֹצֵר; פִּסּוּלִי; גָּמִישׁ; חֹמֶר פְּלַסְטִי

**plate** *n. & v.t.* (פְּלֵיט) צַלַּחַת; אֲרוּחָה עִם שֵׁרוּת; פְּלָטָה; קַעֲרַת־נְדָבוֹת; רִקּוּעַ; לוּחַ; גְּלוּפָה; כֵּלִים מְצֻפִּים; תּוֹחֶבֶת; צִפָּה; רִקֵּעַ

**plateau'** *n.* (פְּלֶטוֹ) רָמָה; מִישׁוֹר; תְּקוּפַת קִפָּאוֹן

**plat'form** *n.* (פְּלֶטְפוֹרְם) בָּמָה; רִצְפַּת בֵּינַיִם; רָצִיף; גְּזֻזְטְרַת כְּנִיסָה (של קרון־רכבת); מַצָּע; תָּכְנִית

**plat'inum** *n.* (פְּלֶטְנֶם) פְּלָטִינָה

**plat'itude"** *n.* (פְּלֶטִטוּד) הֶעָרָה נְדוֹשָׁה

**platon'ic** *adj.* (פְּלֶטוֹנִק) אַפְּלָטוֹנִי

**platoon'** *n.* (פְּלֶטוּן) מַחְלָקָה; קְבוּצָה

**plat'ter** *n.* (פְּלֶטֶר) קַעֲרַת הַגָּשָׁה

**plau'sible** *adj.* (פְּלוֹזִבְּל) סָבִיר; אָמִין

**play** *n.* (פְּלֵי) מַחֲזֶה; הַצָּגָה; מִשְׂחָק; שַׁעֲשׁוּעַ; צְחוֹק; פְּעֻלָּה; תּוֹר; הִמּוּר; חֹפֶשׁ תְּנוּעָה

bring into — הִצִּיג

make a — for נִסָּה לִמְשֹׁךְ; נִסָּה לַעֲשׂוֹת רֹשֶׁם עַל

— *v.t. & i.* שִׂחֵק, גִּלֵּם; הֶעֱלָה עַל הַבִּימָה; מִלֵּא (תפקיד); הִשְׁתַּמֵּשׁ ב־; נִצֵּל; הִתְעָרֵב; חִקָּה; נִגֵּן; פָּרַט; עָשָׂה; פָּעַל לְפִי־; הֶעֱבִיר; מִהֵר; הִפְעִיל, הוֹנִיעַ; הִשְׁתַּעֲשֵׁעַ; נָע מַהֵר

— both ends against the middle תִּמְרֵן קְבוּצוֹת מְנֻגָּדוֹת לְתוֹעַלְתּוֹ

— down הִמְעִיט בְּעֶרְכּוֹ

—ed out עָיֵף עַד אַפְסוּת כֹּחוֹת; מְיֻשָּׁן, נָדוֹשׁ; גָּמוּר, אָזַל

— fast and loose נָהַג בְּחֹסֶר אַחֲרָיוּת

— for time הֶאֱרִיךְ כְּדֵי לִזְכּוֹת בְּיִתְרוֹן

— into someone's hands הִסְגִּיר עַצְמוֹ לִידֵי יְרִיבוֹ עַל יְדֵי הִתְנַהֲגוּתוֹ
— it by ear אִלְתֵּר
— off שִׂחֵק מִשְׂחָק נוֹסָף (כדי לישב תיקו)
— on (upon) נִצֵּל
— out סִיֵּם; שִׁחְרֵר (חבל)
— up נִפֵּחַ, נִסָּה לַעֲשׂוֹת רֹשֶׁם
**pla'yer** *n.* (פְּלֵיאֶר) מְשַׂחֵק; שַׂחְקָן; מְנַגֵּן; מְהַמֵּר, קֻבְיוֹסְטוּס
**play'boy"** *n.* (פְּלֵיבּוֹי) רוֹדֵף בִּלּוּיִים
**play'ful** *adj.* (פְּלֵיפֶל) אוֹהֵב שַׁעֲשׁוּעִים, עַלִּיז; מִתְלוֹצֵץ
**play'ground"** *n.* (פְּלֵיגְרָאוּנְד) מִגְרָשׁ מִשְׂחָקִים; מְקוֹם שַׁעֲשׁוּעִים
**play'mate"** *n.* (פְּלֵימֵיט) חָבֵר לְמִשְׂחָקִים
**play'pen"** *n.* (פְּלֵיפֶּן) לוּל (לפעוטות)
**play'thing"** *n.* (פְּלֵית'נְג) צַעֲצוּעַ
**play'wright"** *n.* (פְּלֵירַיט) מַחֲזַאי
**pla'za** *n.* (פְּלָזֶה) כִּכָּר, רְחָבָה
**plea** *n.* (פְּלִי) טַעֲנָה; אֲמַתְלָה, תּוֹאֲנָה; תּוֹבְעָנָה; תְּחִנָּה
**plead** *v.i. & t.* (פְּלִיד) הִתְחַנֵּן; טָעַן; כָּתַב טַעֲנָה
**plea'ding(s)** *n.* (פְּלִידִנְג[ז]) טִעוּן
**pleas'ant** *adj.* (פְּלֶזֶנְט) נָעִים
**please** *v.t. & i.* (פְּלִיז) הֵנָה, הִנְעִים; בְּבַקָּשָׁה; רָצָה
if you — בִּרְשׁוּתְךָ
**pleas'ure** *n.* (פְּלֶז'ר) עֹנֶג, תַּעֲנוּג, הֲנָאָה; רָצוֹן
**pleb'iscite"** *n.* (פְּלֶבִּסֶט) מִשְׁאַל־עַם
**pledge** *n. & v.t.* (פְּלֶג') הִתְחַיְּבוּת; מַשְׁכּוֹן, עֲבוֹט; מַעֲמָד (לחברות במועדון); שְׁתִיָּה לְחַיֵּי־
take the — נִשְׁבַּע לְהִמָּנַע מִשְּׁתִיַּת מַשְׁקָאוֹת חֲרִיפִים
— *v.t. & i.* הִשְׁבִּיעַ; הִבְטִיחַ, הִתְחַיֵּב לָתֵת־; מִשְׁכֵּן; הִבְטִיחַ; עָרַב לְ־; קִבֵּל מַעֲמָדוּת (לחברות); שָׁתָה לְחַיֵּי־
**plen'tiful** *adj.* (פְּלֶנְטִפֶל) בְּשֶׁפַע
**plen'ty** *n. & adj.* (פְּלֶנְטִי) שֶׁפַע; בְּשֶׁפַע
**pli'able** *adj.* (פְּלַיאֲבְּל) גָּמִישׁ; וַתְּרָנִי; מִסְתַּגֵּל בְּקַלּוּת
**pliers** *n. pl.* (פְּלַיאֲרְז) צְבָת, מֶלְקָחַיִם

**plight** *n. & v.t.* (פְּלַיט) מַצָּב, מַצָּב בִּישׁ; הִבְטִיחַ; הִתְחַיֵּב
**plod** *v.i.* (פְּלוֹד) הָלַךְ בִּכְבֵדוּת; הִתְמִיד בַּעֲבוֹדָה חַדְגּוֹנִית
**plot** *n. & v.t. & i.* (פְּלוֹט) קֶשֶׁר, קְנוּנְיָה; עֲלִילָה; חֶלְקָה; קָשַׁר, זָמַם, תִּכְנֵן; סִמֵּן בְּמַפָּה; רָשַׁם מַפָּה; קָבַע נְקֻדּוֹת צִיּוּן; תִּכְנֵן עֲלִילָה
**plough, plow** *n. & v.t. & i.* (פְּלַאוּ) מַחֲרֵשָׁה; מְכוֹנַת פִּנּוּי; חָרַשׁ; פִּלֵּס דֶּרֶךְ; הִשְׁקִיעַ בְּמִפְעָל; נֶחֱרַשׁ; הִתְקַדֵּם בְּמֶרֶץ
**plo'ver** *n.* (פְּלוֹבֶר) חוֹפְמִי
**pluck** *v.t.* (פְּלַק) קָטַף, מָרַט, מָשַׁךְ; סָחַב פִּתְאוֹם; עָקַר; שָׁדַד; פָּרַט
— up עָקַר; שֵׁרֵשׁ; הִתְעוֹדֵד
— *n.* מְשִׁיכָה; אֹמֶץ
**plug** *n. & v.t. & i.* (פְּלַג) פְּקָק, מְגוּפָה; תֶּקַע; מַצָּת; בֶּרֶז־שְׂרֵפָה; גּוּשׁ טַבַּק; סוּס בָּלֶה; הַזְכָּרָה לְטוֹב; סָתַם; הִזְכִּיר לְטוֹב; "תָּקַע כַּדּוּר"; הִתְמִיד
— in חִבֵּר לְזֶרֶם הַחַשְׁמַל, הִכְנִיס הַתֶּקַע שֶׁל
**plum** *n.* (פְּלַם) שָׁזִיף; צִמּוּק; אַרְגָּמָן
**plu'mage** *n.* (פְּלוּמִג') נוֹצוֹת
**plum'ber** *n.* (פְּלַמֶר) שְׁרַבְרָב, אִינְסְטָלָטוֹר
**plumb'ing** *n.* (פְּלַמִנְג) צַנֶּרֶת; שְׁרַבְרָבוּת
**plume** *n.* (פְּלוּם) נוֹצָה; נוֹצַת־פְּאֵר
**plum'met** *n. & v.t.* (פְּלַמֶט) מִשְׁקֹלֶת; צָלַל
**plump** *adj. & v.i. & t.* (פְּלַמְפּ) עֲגַלְגַּל, שְׁמַנְמַן; נָפַל בִּכְבֵדוּת; הִפִּיל פִּתְאוֹם, הִפִּיל בִּכְבֵדוּת
— for תָּמַךְ בְּהִתְלַהֲבוּת
**plun'der** *v.t. & i. & n.* (פְּלַנְדֶר) גָּזַל, שָׁדַד; בָּזַז; שְׁדִידָה, שֹׁד; בִּזָּה; גְּנֵבָה
**plunge** *v.t.* (פְּלַנְג') הִכְנִיס פִּתְאוֹם, הִטְבִּיל פִּתְאוֹם, הֵטִיל; צָלַל; הִסְתָּעֵר; נִדְחַק בְּמֶרֶץ; הִמֵּר לְלֹא אַבְחָנָה; הִכְנִיס עַצְמוֹ פִּתְאוֹם; יָרַד בְּצוּרָה מְבֹהֶלֶת; זִנֵּק בְּחָזְקָה
— *n.* קְפִיצָה נַחְשׁוֹנִית
take the — קָפַץ קְפִיצָה נַחְשׁוֹנִית
**plur'al** *n. & adj.* (פְּלוּרֶל) מִסְפַּר רַבִּים, צוּרַת הָרִבּוּי; שֶׁל רַבִּים, אֶחָד מִנִּי רַבִּים
**plus** *prep. & adj. & n.* (פְּלַס) פְּלוּס, וְעוֹד, יַחַד עִם; שֶׁל חִבּוּר, חִיּוּבִי, יוֹתֵר, לְרֹב; כַּמּוּת חִיּוּבִית; תּוֹסֶפֶת, עֹדֶף, רֶוַח, מַעֲלָה

**ply** *v.t. & i.* (פְּלַי) הִשְׁתַּמֵּשׁ בּ־ בַּחֲרִיצוּת; שָׁקַד עַל; עָסַק בּ־; טִפֵּל בּ־ בִּקְבִיעוּת; הִתְקִיף בִּקְבִיעוּת; הִגִּישׁ בְּמַסְגִּיעַ; פָּנָה אֶל שׁוּב וָשׁוּב; הִפְצִיר; עָבַר בִּקְבִיעוּת

**pneumon'ia** *n.* (נוּמוֹנְיָה) דַּלֶּקֶת רֵאוֹת

**poach** *v.i. & v.t.* (פּוֹץ׳) צָד בְּנִגּוּד לַחֹק, גָּנַב (בעלי חיים); הִסִּיג גְּבוּל; בִּשֵּׁל בְּמַיִם חַמִּים

**poa'cher** *n.* (פּוֹצ׳ר) מַסִּיג גְּבוּל (לצוד בעלי חיים)

**pock'et** *n. & adj.* (פּוֹקֶט) כִּיס; שַׂק; מִרְבָּץ; שֶׁל כִּיס

in one's — תַּחַת הַשְׁפָּעָתוֹ

line one's —s צָבַר רְוָחִים (על חשבון אחרים)

— *v.t.* שָׂם בְּכִיס; קָנָה בִּמְשִׁיכָה; הִטְמִין; הָיָה נָתוּן בְּשֶׁטַח צַר; עִכֵּב

**pock'etbook"** *n.* (פּוֹקֶטְבּוּק) אַרְנָק, תִּיק; מַשְׁאַבִּים כַּסְפִּיִּים

pock'et book" סֵפֶר כִּיס

**pock'mark"** *n. & v.t.* (פּוֹקְמַרְק) חָטָט, גֻּמָּה; סֶטֶף, חֹטֶט

**pod** *n.* (פּוֹד) תַּרְמִיל; אַרְנָן

**po'em** *n.* (פּוֹאֶם) שִׁיר, פּוֹאֶמָה

**po'et** *n.* (פּוֹאֶט) מְשׁוֹרֵר, פַּיְטָן

**poet'ic** *adj.* (פּוֹאֶטִק) שִׁירִי, שֶׁל שִׁירָה, שֶׁל מְשׁוֹרֵר, פִּיּוּטִי

**po'etry** *n.* (פּוֹאֶטְרִי) שִׁירָה, פִּיּוּט, רוּחַ לִירִית

**pogrom'** *n.* (פֻּגְרֹם) פּוֹגְרוֹם

**poign'ancy** *n.* (פּוֹינְיַנְסִי) עָצְמַת־רֹשֶׁם

**poign'ant** *adj.* (פּוֹינְיַנְט) מְצַעֵר מְאֹד; חָזָק, מַרְשִׁים

**point** *n.* (פּוֹינְט) נְקֻדָּה, חֹד; כַּף; כִּוּוּן; רֶגַע מְסֻיָּם; סַף; דָּבָר בַּעַל מַשְׁמָעוּת; פּוּאֶנְטָה; עִרְעוּר; עֵצָה; סְגֻלָּה; סֵירַת בַּעַל שַׁיָּכוּת, לְעִנְיָן

in — בְּעִנְיָן

in — of בְּיַחַס לְ־

make a — of יַחֵס חֲשִׁיבוּת לְ־

stretch a — סָטָה מֵהַמְּקֻבָּל

to the — לְעִנְיָן

— *v.t. & i.* כִּוֵּן; הִצְבִּיעַ עַל; הֵסֵב תְּשׂוּמֶת־לֵב; חִדֵּד; נִקֵּד; הִפְרִיד בִּנְקֻדּוֹת; הִדְגִּישׁ

**point'-blank'** *adj. & adv.* (פּוֹינְט־בְּלֶנְק) בְּטְוָח קָצָר; יָשִׁיר, מְפֹרָשׁ; בְּגִלּוּי־לֵב; לְלֹא כַּחַל וָשָׂרָק

**poin'ted** *adj.* (פּוֹינְטֶד) מְחֻדָּד, חַד; עוֹקְצָנִי, שָׁנוּן; יָשִׁיר; מְכֻוָּן; מֻדְגָּשׁ, נִכָּר

**poin'ter** *n.* (פּוֹינְטֶר) מַחֲוָן; מָחוֹג; מְכַוֵּן; פּוֹינְטֶר (כלב ציד); עֵצָה, סוֹד הַצְלָחָה

**poise** *n. & v.t. & i.* (פּוֹיז) שִׁוּוּי־מִשְׁקָל; יְצִיבַת־בִּטָּחוֹן; רִחוּף; אִזֵּן, הֶחֱזִיק (לפני הטלה); רִחֵף

**poi'son** *n. & v.t.* (פּוֹיזְן) רַעַל, סַם מָוֶת; הִרְעִיל; הָרַס, הִשְׁחִית

**poi'sonous** *adj.* (פּוֹיזֲנַס) מַרְעִיל; אַרְסִי, מַזִּיק, זְדוֹנִי

**poke** *v.t. & i. & n.* (פּוֹק) תָּחַב; נִקֵּב; הוֹצִיא בְּמֶרֶץ; הִגְדִּיל עַל יְדֵי גְּרִיפָה; חִטֵּט, נָע בְּאִטִּיּוּת

— fun at לִגְלֵג עַל בְּעָרְמָה

— *n.* דְּחִיפָה, תְּחִיבָה

**po'ker** *n.* (פּוֹקֶר) מוֹט חִתּוּי; פּוֹקֶר (משחק)

**po'lar** *adj.* (פּוֹלֶר) קָטְבִּי; מְנֻגָּד; מֶרְכָּזִי, שֶׁל צִיר; מַנְחֶה

— bear דֹּב הַקֶּרַח, הַדֹּב הַלָּבָן

**pole** *n. & v.t.* (פּוֹל) מוֹט, עַמּוּד; יָצוּל; קֹטֶב; דָּחַף בְּמוֹט

**pole'cat** *n.* (פּוֹלְקֶט) חָמוּס

**polem'ic** *n.* (פֻּלֶמִק) פּוּלְמוּס; פּוּלְמוּסָן

**pole'star"** *n.* (פּוֹלְסְטָר) כּוֹכַב הַצָּפוֹן, כּוֹכַב הַקֹּטֶב; עִקָּרוֹן מַנְחֶה

**pole' vault"** (פּוֹל וּוֹלְט) קְפִיצָה בְּמוֹט

**police'** *n. & v.t.* (פֻּלִיס) מִשְׁטָרָה; וִסֵּת, שָׁמַר עַל הַסֵּדֶר; נִקָּה

**police'man** *n.* (פֻּלִיסְמֶן) שׁוֹטֵר

**pol'icy** *n.* (פּוֹלֲסִי) תְּעוּדַת בִּטּוּחַ, פּוֹלִיסָה; מְדִינִיּוּת, חָכְמָה מַעֲשִׂית, קַו פְּעֻלָּה

**pol'ish** *v.t. & n.* (פּוֹלִשׁ) מֵרַק, לִטֵּשׁ, צִחְצֵחַ, הִבְרִיק; מִשְׁחַת־הַבְרָקָה, מֵרוּק, לְטוּשׁ; בָּרָק; עִדּוּן, הִדּוּר

**Polish** *n. & adj.* (פּוֹלִשׁ) פּוֹלָנִי; פּוֹלָנִית

**polite'** *adj.* (פֻּלַיט) אָדִיב, מְנֻמָּס; מְעֻדָּן, תַּרְבּוּתִי

**polite'ness** *n.* (פֻּלַיטְנֶס) אֲדִיבוּת

**pol'itic** *adj.* (פּוֹלִטִק) חָכָם, נָבוֹן; פִּקֵּחַ; עַרְמוּמִי; פּוֹלִיטִי
**polit'ical** *adj.* (פֶּלִטִקְל) מְדִינִי, פּוֹלִיטִי; מִפְלַגְתִּי; שֶׁל הַמִּשְׁטָר
**pol"itici'an** *n.* (פּוֹלִטִשְׁן) פּוֹלִיטִיקַאי, עַסְקָן מִפְלַגְתִּי; מְנַהֲלָן; שׁוֹאֵף שְׂרָרָה
**pol'itics** *n.* (פּוֹלִטִקְס) מְדִינִיּוּת; פּוֹלִיטִיקָה; שִׁיטוֹת פּוֹלִיטִיּוֹת; עֶקְרוֹנוֹת פּוֹלִיטִיִּים; תַּכְסִיסָנוּת, סַכְסְכָנוּת
**poll** *n.* (פּוֹל) הַצְבָּעָה; רִשּׁוּם קוֹלוֹת רְשִׁימַת נְפָשׁוֹת; סֶקֶר דַּעַת קָהָל; גֻּלְגֹּלֶת
— **s** קַלְפִּי
— *v.t.* קִבֵּל בְּקַלְפִּי; רָשַׁם קוֹלוֹת; הֵטִיל (קול), הִצְבִּיעַ; עָרַךְ סֶקֶר דַּעַת קָהָל
**pol'len** *n.* (פּוֹלְן) אֲבָקָה
**pol'linate"** *v.t.* (פּוֹלֶנֵיט) הֶאֱבִיק
**pollute'** *v.t.* (פְּלוּט) זִהֵם; טִמֵּא; חִלֵּל
**pollu'tion** *n.* (פְּלוּשְׁן) זִהוּם; טִמּוּא, חִלּוּל
**polyg'amy** *n.* (פְּלִגַמִי) רִבּוּי נָשִׁים, פּוֹלִיגַמְיָה
**pom'egran"ate** *n.* (פּוֹמְגְרֶנֶט) רִמּוֹן
**pomp** *n.* (פּוֹמְפּ) פְּאֵר, הָדָר; הִתְהַדְּרוּת
**pom'pous** *adj.* (פּוֹמְפֶּס) מִתְהַדֵּר, מְלִיצִי; מְפֹאָר
**pond** *n.* (פּוֹנְד) בְּרֵכָה, אֲגַמָּה
**pon'der** *v.i. & t.* (פּוֹנְדֶר) שָׁקַל בִּיסוֹדִיּוּת; הִרְהֵר
**pon'derous** *adj.* (פּוֹנְדֶרֶס) כָּבֵד, מְגֻשָּׁם; מְסֻרְבָּל; מְשַׁעֲמֵם
**pon'tiff** *n.* (פּוֹנְטִף) אַפִּיפְיוֹר; כֹּמֶר בִּישׁוֹף
**pontoon'** *n.* (פּוֹנְטוּן) פּוֹנְטוֹן, סִירַת גֶּשֶׁר; אַרְבָּה
**po'ny** *n.* (פּוֹנִי) סוּס קָטָן; תַּרְגּוּם מִלּוּלִי; כּוֹסִית
**poo'dle** *n.* (פּוּדְל) צַמְרוֹן, פּוּדֶל
**pooh-pooh** *v.t. & i.* (פּוּ־פּוּ) לִגְלֵג עַל; זִלְזֵל בְּ־
**pool** *n.* (פּוּל) בְּרֵכָה, אֲגַמָּה; שְׁלוּלִית; מִקְוֵה־מַיִם; שֶׁטַח שָׁקֵט (בנהר); מִרְבָּץ תַּת־קַרְקָעִי; אִגּוּד מוֹנוֹפּוֹלִיסְטִי; שִׁתּוּף; קֻפָּה (בנשחק); בִּילְיַרְד; קֻפַּת הַמּוֹרִים; רִכּוּז, מַאֲגָר, מוּגֶרֶת
— *v.t.* הִכְנִיס לְקֻפָּה מְשֻׁתֶּפֶת

**poor** *adj.* (פֻּר) עָנִי, דַּל; מִסְכֵּן; גָּרוּעַ
— *n. & pl.* הָעֲנִיִּים
**pop** *v.i. & t.* (פּוֹפּ) הִשְׁמִיעַ קוֹל נִפּוּץ; הִתְנַפֵּץ; יָרָה; בָּקַע בְּקוֹל נִפּוּץ; הִכְנִיס מַהֵר
— **off** הִסְתַּלֵּק מַהֵר; מֵת פִּתְאוֹם; הִתְבַּטֵּא בְּזַעַם; הִתְבַּטֵּא בְּטִפְּשׁוּת
— **the question** הִצִּיעַ נִשּׂוּאִים
— *n.* קוֹל נִפּוּץ; גָּזוֹז; יְרִיָּה; מוּסִיקָה פּוֹפּוּלָרִית, לַחַן פּוֹפּוּלָרִי; אַבָּא
**pope** *n.* (פּוֹפּ) אַפִּיפְיוֹר
**pop'lar** *n.* (פּוֹפְּלֶר) צַפְצָפָה
**pop'py** *n.* (פּוֹפִּי) פֶּרֶג
**pop'ulace** *n.* (פּוֹפְּיֻלֶס) אֻכְלוּסִיָּה, תּוֹשָׁבִים; הָעָם הַפָּשׁוּט
**pop'ular** *adj.* (פּוֹפְּיֻלֶר) פּוֹפּוּלָרִי, שָׁוֶה לְכָל נֶפֶשׁ; עֲמָמִי
**pop"ular'ity** *n.* (פּוֹפְּיֻלֶרִטִי) פּוֹפּוּלָרִיּוּת
**pop'ulate"** *v.t.* (פּוֹפְּיֻלֵיט) שִׁכֵּן בְּ־ הִתְגּוֹרֵר בְּ־; יָשַׁב, אִכְלֵס
**pop"ula'tion** *n.* (פּוֹפְּיֻלֵישְׁן) אֻכְלוּסִיָּה, תּוֹשָׁבִים; אִכְלוּס
**pop'ulous** *adj.* (פּוֹפְּיֻלֶס) מְאֻכְלָס בִּצְפִיפוּת, צָפוּף
**por'celain** *n.* (פּוֹרְסֶלִן) חַרְסִינָה; כְּלִי חַרְסִינָה
**porch** *n.* (פּוֹרְץ׳) מִרְפֶּסֶת
**por'cupine"** *n.* (פּוֹרְקְיֻפַּין) דַּרְבָּן
**pore** *v.i. & n.* (פּוֹר) הִרְהֵר, הָגָה בְּ־, הִתְעַמֵּק בְּ־; נַקְבּוּבִית
**pork** *n.* (פּוֹרְק) בְּשַׂר חֲזִיר; מִנּוּיִים פּוֹלִיטִיִּים; הַקְצָבוֹת מִטְּעָמִים פּוֹלִיטִיִּים
**pornog'raphy** *n.* (פּוֹרְנוֹגְרֶפִי) פּוֹרְנוֹגְרַפְיָה
**por'ous** *adj.* (פּוֹרֶס) נַקְבּוּבִי
**por'poise** *n.* (פּוֹרְפֶּס) פּוֹקֵנָה; דּוֹלְפִין
**por'ridge** *n.* (פּוֹרִג׳) דַּיְסָה
**port** *n.* (פּוֹרְט) נָמֵל; עִיר נָמֵל; יֵין פּוֹרְטוֹ; צַד שְׂמֹאל; כַּוָּה; חָרָךְ
**por'table** *adj.* (פּוֹרְטֶבְּל) מִטַּלְטֵל; קַל (משקל)
**por'tal** *n.* (פּוֹרְטֶל) שַׁעַר מְרֻשָּׁם; פֶּתַח, כְּנִיסָה
**portend'** *v.t.* (פּוֹרְטֶנְד) נִבֵּא, בִּשֵּׂר

**por'tent** *n.* (פּוֹרְטֶנְט) סִימָן לַבָּאוֹת; סִימָן מְבַשֵּׂר רָע; פֶּלֶא

**por'ter** *n.* (פּוֹרְטֶר) (ברכבת) סַבָּל; שָׁרָת; חַדְרָן

**portfo'lio"** *n.* (פּוֹרְטְפוֹלִיאוֹ) תִּיק; מִשְׂרַת שָׂר; תִּיק הַשְׁקָעוֹת

**port'hole"** *n.* (פּוֹרְטְהוֹל) כַּוָּה, אֶשְׁנָב

**por'tico** *n.* (פּוֹרְטִקוֹ) סְטָו

**por'tion** *n.* (פּוֹרְשֶן) חֵלֶק; מָנָה; נַחֲלָה;

**port'ly** *n.* (פּוֹרְטְלִי) שְׁמַנְמַן; בַּעַל הוֹפָעָה מְכֻבֶּדֶת

**por'trait** *n.* (פּוֹרְטְרִט) דְּיוֹקָן; תֵּאוּר

**portray'** *v.t.* (פּוֹרְטְרֵי) צִיֵּר; פִּסֵּל; גִּלֵּם; תֵּאֵר

**Por"tuguese'** *adj. & n.* (פּוֹרְצֻ'גִיז) פּוֹרְטוּגָלִי, פּוֹרְטוּגְזִי; פּוֹרְטוּגָלִית

**pose** *v.i. & t. & n.* (פּוֹז) שִׁמֵּשׁ דֻּגְמָן; הֶעֱמִיד פָּנִים; הִתְנַהֵג בְּצוּרָה מְעֻשָּׂה; הֶעֱמִיד בַּעֲמִדָה מְסֻיֶּמֶת; נִסֵּחַ; עֲמִדָה, מַצָּג; פּוֹזָה

**posit'ion** *n. & v.t.* (פֻּזִשֶן) מַצָּב, מָקוֹם; תְּנוּחָה, מִקּוּם; עֶמְדָּה; מַעֲמָד חֶבְרָתִי; מַעֲמָד נִכְבָּד; מִשְׂרָה; הִנִּיחַ, קָבַע בְּמָקוֹם מְסֻיָּם; אִתֵּר

**pos'itive** *adj. & n.* (פּוֹזִטִב) מְפֹרָשׁ, מֻגְדָּר; וַדָּאִי; בָּטוּחַ; מֻחְלָט; גָּמוּר; פּוֹזִיטִיבִיסְטִי; חִיּוּבִי; פּוֹזִיטִיב

— **by** *adj.* בְּצוּרָה חִיּוּבִית; לְלֹא כָּל סָפֵק

**pos"itive'ly** *interj.* אָמְנָם כֵּן

**possess'** *v.t.* (פֻּזֶס) הָיָה לְ־; יָדַע; הִקְנָה; קִיֵּם; הִשְׁתַּלֵּט עַל; הִפְעִיל; הִצְלִיחַ לְקַיֵּם יְחָסִים מִינִיִּים עִם

— **ed** *adj.* אָחוּז־; מְיֻשָּׁב

—**ed of** בַּעַל־; יֵשׁ לוֹ־

**possessi'on** *n.* (פֻּזֶשֶן) בַּעֲלוּת; תְּפִיסָה, הַחְזָקָה; רְכוּשׁ, נֶכֶס; מוֹשָׁבָה, שֶׁטַח כָּפוּף; שְׁלִיטָה

**posses'sive** *adj.* (פֻּזֶסִב) שֶׁל קִנְיָן, שֶׁל בַּעֲלוּת; שְׁתַלְטָנִי

**pos"sibil'ity** *n.* (פּוֹסִבִּלִטִי) אֶפְשָׁרוּת

**pos'sible** *adj.* (פּוֹסִבְּל) אֶפְשָׁרִי

**pos'sibly** *adj.* (פּוֹסִבְּלִי) אוּלַי, יִתָּכֵן

**post** *n. & v.t. & i.* (פּוֹסְט) כְּלוֹנָס, קוֹרָה, עַמּוּד; מִשְׂרָה, תַּפְקִיד, מִנּוּי; מַצָּבָה; תַּחֲנָה; דֹּאַר; הִדְבִּיק הוֹדָעָה; הִכְרִיז עַל; גִּהֵץ בִּסְמִכֵּי; רָשַׁם; הִצִּיב; שָׁלַח בַּדֹּאַר, שִׁלְשֵׁל בְּתֵבַת דֹּאַר; עִדְכֵּן, הוֹדִיעַ

— **card** גְּלוּיָה

**po'stage** *n.* (פּוֹסְטִג') דְּמֵי דֹּאַר

— **stamp** בּוּל

**pos'tal** *adj.* (פּוֹסְטַל) שֶׁל הַדֹּאַר

— **card** גְּלוּיַת דֹּאַר

**po'ster** *n.* (פּוֹסְטֶר) כְּרָזָה, הוֹדָעָה

**poster'ior** *adj.* (פּוֹסְטִירִיאֶר) אֲחוֹרִי; מְאֻחָר יוֹתֵר; שֶׁל הָאֲחוֹרַיִם

**poster'ity** *n.* (פּוֹסְטֶרִטִי) הַדּוֹרוֹת הַבָּאִים; צֶאֱצָאִים

**post' exchange"** (פּוֹסְט אֶקְסְצֵ'ינְג') שֶׁקֶ"ם

**postgrad'uate** *adj.* (פּוֹסְטְגְרֶג'וּאִט) שֶׁל לִמּוּדִים מִתְקַדְּמִים; לְבַעֲלֵי תֹּאַר רִאשׁוֹן אוֹ שֵׁנִי

**post'haste'** (פּוֹסְטְהֵיסְט) בִּמְהִירוּת הָאֶפְשָׁרִית, מִיָּד

**pos'thumous** *adj.* (פּוֹסְצֻ'מֵס) שֶׁלְּאַחַר הַמָּוֶת; שֶׁנּוֹלַד לְאַחַר מוֹת הָאָב

**post'man** *n.* (פּוֹסְטְמֶן) דַּוָּר

**post'mark"** *n.* (פּוֹסְטְמָרְק) חוֹתֶמֶת דֹּאַר

**post'mas"ter** *n.* (פּוֹסְטְמֶסְטֶר) מְנַהֵל סְנִיף דֹּאַר

— **general** שַׂר הַדֹּאַר

**post' of"fice** דֹּאַר, מִשְׂרַד דֹּאַר

**postpone'** *v.t.* (פּוֹסְטְפּוֹן) דָּחָה

**postpone'ment** *n.* (פּוֹסְטְפּוֹנְמֶנְט) דִּחוּי

**post'script"** *n.* (פּוֹסְטְסְקְרִפְּט) נִכְתָּב בְּצִדּוֹ; הוֹסָפָה, מוּסָף, נִסְפָּח; נ.ב.; סוֹף דָּבָר

**pos'tulate"** *v.t.* (פּוֹסְצֻ'לֵיט) בִּקֵּשׁ, תָּבַע; טָעַן; הִנִּיחַ

— *n.* (פּוֹסְצֻ'לִט) הַנָּחָה, עִקָּרוֹן; אַקְסְיוֹמָה; תְּנַאי הֶכְרֵחִי

**pos'ture** *n.* (פּוֹסְצֶ'ר) תְּנוּחָה, יְצִיבָה, מַצָּב; הַעֲרָכוֹת; עֶמְדָּה רוּחָנִית

**pot** *n.* (פּוֹט) סִיר, קְדֵרָה; מֵכָל; קֻפָּה; מָרִיחוּאָנָה; גֶּרֶף

go to — נֶהֱרַס; הִתְנַוֵּן

— *v.t. & i.* שָׁתַל בְּעָצִיץ; שִׁמֵּר בְּסִיר; בִּשֵּׁל בְּסִיר; יָרָה (בבעלי חיים בשעת מנוחתם); יָרָה בְּ־

**pot'ash** *n.* (פּוֹטֶש) אַשְׁלָג

**potas'sium** *n.* (פֶּטֶסִיאֶם) אַשְׁלְגָן
**pota'to** *n.* (פֶּטֵיטוֹ) תַּפּוּחַ אֲדָמָה
— chips צִ'יפְּס
**pot'ency** *n.* (פּוֹטֶנְסִי) כֹּחַ, עָצְמָה; סַמְכוּת; יְעִילוּת; חֹזֶק; פּוֹטֶנְצְיָה
**pot'ent** *adj.* (פּוֹטֶנְט) חָזָק, אַדִּיר; בַּעַל עָצְמָה רַבָּה; מְשַׁכְנֵעַ; בַּעַל כֹּחַ גַּבְרָא
**pot'entate"** *n.* (פּוֹטֶנְטֵיט) שַׁלִּיט חָזָק
**potenti'al** *adj. & n.* (פֶּטֶנְשֶׁל) אֶפְשָׁרִי, בְּכֹחַ, בְּפוֹטֶנְצְיָה; פּוֹטֶנְצְיָאלִי; אֶפְשָׁרוּת, פּוֹטֶנְצְיָה; פּוֹטֶנְצִיאָל
**pot'hol"der** *n.* (פּוֹטְהוֹלְדְר) מַטְלִית (להחזקת סיר חם)
**pot'hole"** *n.* (פּוֹטְהוֹל) מַהֲמוֹרָה, בּוֹר
**po'tion** *n.* (פּוֹשְׁן) שִׁקּוּי־קֶסֶם
**pot'tage** *n.* (פּוֹטִג') מְרַק סָמִיךְ
**pot'ter** *n.* (פּוֹטְר) קַדָּר, יוֹצֵר (כלי חרס)
**pot'tery** *n.* (פּוֹטֶרִי) כְּלֵי חֶרֶס, קֶרָמִיקָה
**pouch** *n.* (פַּאוּץ') שַׂק; כִּיס; נַרְתִּיק
—es חֲגוֹר־אַשְׁפּוֹת
**poul'tice** *n.* (פּוֹלְטִס) אִסְפְּלָנִית
**poul'try** *n.* (פּוֹלְטְרִי) עוֹפוֹת
**pounce** *v.i. & n.* (פַּאוּנְס) עָט; עִיּוּט
**pound** *n. & v.t. & i.* (פַּאוּנְד) לִיטְרָה; לִירָה; כְּתִישָׁה, הַלְמוּת, מַכָּה קָשָׁה; מִכְלָא; מַלְכֹּדֶת־דָּגִים; בֵּית מַעֲצָר; כָּתַשׁ, הָלַם בְּ־; חָבַט בְּ־; צָעַד בִּצְעָדִים כְּבֵדִים; צָעַד בְּמֶרֶץ
**pour** *v.t. & i* (פּוֹר) מָזַג; יָצַק; שָׁפַךְ; זָרַם, נָהַר; יָרַד בְּחָזְקָה (גשם)
**pout** *v.i. & n.* (פַּאוּט) שִׁרְבֵּב שָׂפָה; הִזְעִים פָּנִים; שִׁרְבּוּב שָׂפָה; מַצַּב־רוּחַ זָעֵף
**pov'erty** *n.* (פּוֹבֶרְטִי) עֹנִי, דַּלּוּת; מַחְסוֹר, חֹסֶר
**pow'der** *n. & v.t.* (פַּאוּדְר) אֲבָקָה; פּוּדְרָה; כָּתַת; פִּזֵּר אַבְקָה; פִּדֵּר
**pow'er** *n. & v.t.* (פַּאוּאֶר) יְכֹלֶת, כֹּחַ; עָצְמָה; שְׁלִיטָה; סַמְכוּת; מַעֲצָמָה; הִסְפֵּק; חֶזְקָה; סִפֵּק כֹּחַ
**pow'erful** *adj.* (פַּאוּאֶרְפֶל) חָזָק; אַדִּיר, בַּעַל עָצְמָה
**pow'erhouse"** *n.* (פַּאוּאֶרְהַאוּס) תַּחֲנַת־כֹּחַ
**pow'er of attor'ney** יִפּוּי כֹּחַ

**prac'tical** *adj.* (פְּרֶקְטִקְל) מַעֲשִׂי, שִׁמּוּשִׁי; רָגִיל; מוֹעִיל; מַמָּשִׁי; פְּרוֹזָאִי, מְיֻשָּׁב
**pra'ctice [se]** *n. & v.t. & i.* (פְּרֶקְטִס) נֹהַל; הֶרְגֵּל; נֹהַג; אִמּוּן, תִּרְגֹּלֶת; בִּצּוּעַ, עֲשִׂיָּה; עֲבוֹדָה בְּמִקְצוֹעַ; מִקְצוֹעַ; נָהַג לְ־; עָבַד בְּ־; הִתְאַמֵּן בְּ־
**practiti'oner** *n.* (פְּרֶקְטִשֶׁנֶר) עוֹסֵק (במקצוע)
**prair'ie** *n.* (פְּרֵרִי) עֲרָבָה, פְּרֶרְיָה; אָחוּ
— dog מַרְמִיטָה כַּלְבִּית
**praise** *v.t. & n.* (פְּרֵיז) הִלֵּל, שִׁבַּח; תְּהִלָּה, שֶׁבַח
**praise'wor"thy** *adj.* (פְּרֵיזְוֶרְדִ'י) רָאוּי לְשֶׁבַח
**prance** *v.i.* (פְּרֶנְס) כִּרְכֵּר; נִתֵּר; רָכַב בְּעַלִּיזוּת, רָכַב בְּגַאֲוָה
**prank** *n.* (פְּרֶנְק) תַּעֲלוּל
**prate** *v.i. & t.* (פְּרֵיט) הִשְׁמִיעַ דִּבְרֵי הֲבַאי, גִּבֵּב דְּבָרִים
**prat'tle** *v.i. & n.* (פְּרֶטְל) "קִשְׁקֵשׁ"; פִּטְפֵּט; פִּטְפּוּטִים
**pray** *v.t. & i.* (פְּרֵי) הִתְחַנֵּן; הִתְפַּלֵּל; הִשְׁתּוֹקֵק
**prayer** *n.* (פְּרֵר) תְּפִלָּה; תְּחִנָּה
**prayer' book"** סִדּוּר (תפילה)
**preach** *v.t. & i.* (פְּרִיץ') הִטִּיף לְ־; דָּרַשׁ (דרשה); הִטִּיף מוּסָר בְּצוּרָה מְשַׁעֲמֶמֶת, "דִּבֵּר צִיּוֹנוּת"
**prea'cher** *n.* (פְּרִיצֶ'ר) מַטִּיף, דַּרְשָׁן, מַגִּיד; כֹּמֶר
**precar'ious** *adj.* (פְּרִקֶרִיאֶס) רָעוּעַ; תָּלוּי בְּזוּלַת; מְסֻכָּן
**precau'tion** *n.* (פְּרִיקוֹשְׁן) אֶמְצְעֵי זְהִירוּת, זְהִירוּת
**precede'** *v.t.* (פְּרִסִיד) בָּא לִפְנֵי, הִקְדִּים; שִׁמֵּשׁ מָבוֹא לְ־
**prec'edence** *n.* (פְּרֶסִידֶנְס) קְדִימָה, זְכוּת־קְדִימָה; סֵדֶר־הָעֲדָפָה
**prec'edent** *n.* (פְּרֶסֶדֶנְט) תַּקְדִּים
**pre'cept** *n.* (פְּרִיסֶפְּט) מִצְוָה, הוֹרָאָה
**pre'cinct** *n.* (פְּרִיסִנְקְט) מָחוֹז, רֹבַע; אֵזוֹר בְּחִירוֹת; שֶׁטַח, תְּחוּם
—s סְבִיבוֹת

**preci'ous** *adj.* (פרשס) יקר; אהוב; מבהק; מעשה
**prec'ipice** *n.* (פרספס) מתלול; מצב הרה־אסון
**precip'itate"** *v.t.& i.* (פרספטיט) זרז; השקיע (משקע); השליך ארצה; הפיל בחזקה; ירד ארצה
**precip'itate** *adj. & n.* (פרספטט) כשראשו קדימה; מסתער קדימה; חפוז ובהול; פזיז; משקע
**precip'itous** *adj.* (פרספטס) תלול; בהול
**precise'** *adj.* (פרסיס) מדיק; קפדני; ברור מאד
**precisi'on** *n.* (פרסזן) דיוק
**preco'cious** *adj.* (פרקושס) בכיר, מפתח קדם זמנו
**precur'sor** *n.* (פריקרסר) קודם; מבשר
**pred'ator"y** *adj.* (פרדטורי) טורף; בוזז
**pred'eces"sor** *n.* (פרדססר) קודם
**predic'ament** *n.* (פרדקמנט) מצב קשה
**predict'** *v.t. & i.* (פרדקט) הגיד מראש, נבא
**pre"dispose'** *v.t.* (פרידספוז) נטע נטיה מראש; הביא לידי נטיה ל־; עשה כפוף ל־
**predom'inance** *n.* (פרידומננס) שליטה
**predom'inate"** *v.i.* (פרדומניט) היתה ידו על העליונה; היה החזק ביותר, השתלט על, עלה על אחרים
**pre-em'inent** *adj.* (פריאמננט) חשוב, דגול, מתבלט
**pref'ace** *n. & v.t.* (פרפס) פתח דבר, מבוא, הקדמה; ספק מבוא, שמש מבוא
**prefer'** *v.t.* (פרפר) העדיף; הציג, הגיש
**pref'reable** *adj.* (פרפרבל) עדיף, רצוי יותר
**pref'erence** *n.* (פרפרנס) העדפה; יתרון; זכות קדימה
**prefer'ment** *n.* (פרפרמנט) העדפה, מתן זכות קדימה
**pre'fix** *n.* (פריפקס) קדמת, תחלית
**preg'nancy** *n.* (פרגננסי) הריון
**preg'nant** *adj.* (פרגננט) הרה; חדור־; עשיר, פורה; מלא משמעות; שופע אפשרויות; שופע רעיונות

**prej'udice** *n. & v.t.* (פרג'דס) משפט קדום; פגיעה; נטע משפט קדום; פגע
**prej"udici'al** *adj.* (פרג'דשל) פוגע, מזיק, נוטע משפט קדום
**prel'ate** *n.* (פרלט) כמר בעל דרגה גבוהה (בישוף, ארכיבישוף)
**prelim'inar"y** *adj. & n.* (פרלמנרי) מקדם, מקדים; של פתיחה; של הקדמה; מבוא, שלב מקדם; מופע משני
**prel'ude** *n.* (פרליוד) הקדמה; פרלוד
**prema'rital** *adj.* (פרימרטל) לפני הנשואים
**pre"mature'** *adj.* (פרימצ'ור) לפני הזמן, מקדם מדי, של בסר
**premier'** *n.* (פרמיר) ראש ממשלה
**premiere'** *n.* (פרמיר) הצגת בכורה
**prem'ise, prem'iss** *n.* (פרמס) הנחה
—s מגרש ובניניו; בנין וקרקעו; נכס
**pre'mium** *n.* (פרימיאם) פרס, מענק; פרמיה
at a — רבים הקופצים עליו, נדרש מאד; במחיר גבה מאד
**prem"oniti'on** *n.* (פרמנשן) אזהרה מקדמת; הרגשה מקדמת שפרענות צפויה; נבואה שבלב
**preoc'cupy"** *v.t.* (פריאוקיפי) העסיק בצורה בלעדית
— ied *adj.* שקוע ראשו ורבו
**prep"ara'tion** *n.* (פרפרישן) הכנה; התכוננות; תכשיר
**prepare'** *v.t. & i.* (פרפר) הכין; ציד; התקין; יצר, חבר; התכונן
**prepay'** *v.t.* (פריפי) שלם מראש
**prepon'derant** *adj.* (פרפונדרנט) עליון, עולה על
**prep"ositi'on** *n.* (פרפזשן) מלת יחס
**pre"posses'sing** *adj.* (פריפזסנג) מלבב
**prepos'terous** *adj.* (פרפוסטרס) אבסורדי, מנגד להגיון, טפשי ביותר
**prerog'ative** *n.* (פררוגטב) זכות בלעדית
**prescribe'** *v.t. & i.* (פרסקריב) קבע כלל; רשם; בטל; קבע הנחיות, צוה
**prescrip'tion** *n.* (פרסקרפשן) מרשם, רצפט; תכתיב, צווי; חזקה; רכישת חזקה

**pres'ence** *n.* (פְּרֶזֶנְס) נוֹכְחוּת; חֶבְרָה; שְׁכֵנוּת מִיָּדִית, קִרְבָה צְמוּדָה; בִּטָּחוֹן עַצְמִי; הוֹפָעָה שֶׁכְּלָה אוֹמֶרֶת כָּבוֹד; אִישִׁיּוּת מְכֻבֶּדֶת; רוּחַ אֱלֹהִית קְרוֹבָה

**— of mind** שַׁלְוָה נַפְשִׁית וּמְהִירוּת פְּעֻלָּה; שְׁלִיטָה בְּעֶשְׁתּוֹנוֹתָיו

**pres'ent** *adj. & n.* (פְּרֶזֶנְט) עַכְשָׁוִי; שֶׁל זְמַן הַהֹוֶה; נוֹכֵחַ; קַיָּם בּ־; מַמָּשׁ כָּאן; נֶגֶד הָעֵינַיִם; הֹוֶה; מַתָּנָה

**at —** עַתָּה, עַכְשָׁו

**for the —** לְפִי שָׁעָה

**—** *v.t.* נָתַן בְּמַתָּנָה; הִגִּישׁ, הִצִּיג; סִפֵּק; הִצִּיעַ; נִסַּח; הִפְנָה; דִּגֵּל; הִגִּישׁ כְּתַב־אִשּׁוּם

**pre"senta'tion** *n.* (פְּרִיזֶנְטֵישְׁן) הַגָּשָׁה; הַצָּגָה; הַעֲנָקָה; מַתָּנָה

**pre'sent-day'** *adj.* (פְּרֶזֶנְט־דֵי) מוֹדֶרְנִי, בֶּן־זְמַנֵּנוּ

**presen'timent** *n.* (פְּרִזֶנְטִמֶנְט) הַרְגָּשַׁת פֻּרְעָנוּת מִתְקָרֶבֶת

**pres'ently** *adv.* (פְּרֶזֶנְטְלִי) בְּקָרוֹב, עוֹד מְעַט; כָּעֵת

**pres"erva'tion** *n.* (פְּרֶזֶרְוֵישְׁן) שְׁמִירָה עַל קִיּוּם; שִׁמּוּר

**preser'vative** *n.* (פְּרִזֶרְוֶטִב) מְשַׁמֵּר, חֹמֶר מְשַׁמֵּר

**preserve'** *v.t. &i. & n.* (פְּרִזֶרְב) שָׁמַר עַל, קִיֵּם; שִׁמֵּר; מִשְׁמָר; שְׁמִירָה

**—s** שִׁמּוּרִים

**preside'** *v.i.* (פְּרִזַיְד) יָשַׁב בָּרֹאשׁ, שִׁמֵּשׁ יוֹשֵׁב רֹאשׁ, נִהֵל

**pres'idency** *n.* (פְּרֶזִדֶנְסִי) נְשִׂיאוּת; מָחוֹז

**pres'ident** *n.* (פְּרֶזִדֶנְט) נָשִׂיא; יוֹשֵׁב רֹאשׁ

**— elect'** הַנָּשִׂיא הַמְּיֹעָד

**press** *v.t. & i.* (פְּרֶס) לָחַץ עַל; גִּהֵץ; סָחַט; הֵצִיק ל־; כָּפָה; זֵרֵז; הִפְצִיר; עָמַד עַל קַבָּלַת; בִּקֵּשׁ בְּמַפְגִּיעַ; דָּחַף; הֵעִיק עַל; נִדְחַק קָדִימָה; הִצְטוֹפֵף

**—** *n.* עִתּוֹנוּת; בֵּית דְּפוּס; מַכְבֵּשׁ; דְּפוּס; לְחִיצָה, לַחַץ; הַדְּחָקוּת, הִצְטוֹפְפוּת; גִּהוּץ; דְּחִיפוּת

**go to —** נִשְׁלַח לְהַדְפָּסָה

**press' a"gent** סוֹכֵן פִּרְסֹמֶת, פִּרְסוּמַאי

**press' con"ference** מְסִבַּת עִתּוֹנָאִים

**pres'sing** *adj.* (פְּרֶסִנְג) דָּחוּף; מְחַיֵּב טִפּוּל מִיָּדִי

**pres'sure** *n. & v.t.* (פְּרֶשֶׁר) לַחַץ; דְּחִיפוּת; כְּפִיָּה, הִפְעִיל לַחַץ עַל, הִשְׁפִּיעַ עַל

**pres'sure cook"er** סִיר לַחַץ

**prestige'** *n.* (פְּרֶסְטִיז׳) יְקָרָה, פְּרֶסְטִיזָ׳ה

**presume'** *v.t. & i.* (פְּרִזוּם) הֵנִיחַ; הִתְיַמֵּר ל־; פָּעַל בְּהֶעָזָה לֹא־מֻצְדֶּקֶת; סָמַךְ עַל; בִּשְׁעַת פְּעִילוּת יָמְרָנִית; הִרְשָׁה לְעַצְמוֹ, הִתְחַצֵּף

**presump'tion** *n.* (פְּרִזַמְפְּשְׁן) הֲנָחָה; חֻצְפָּה

**presump'tuous** *adj.* (פְּרִזַמְפְּצ׳וּאֶס) חָצוּף, עַז־פָּנִים

**pre"suppose'** *v.t.* (פְּרִיסֶפּוֹז) הֵנִיחַ מֵרֹאשׁ; דָּרַשׁ כִּתְנַאי מֻקְדָּם

**pretend'** *v.t. & i.* (פְּרִטֶנְד) הֶעֱמִיד פָּנִים; שִׂחֵק כְּאִלּוּ; טָעַן בְּשֶׁקֶר; טָעַן ל־, תָּבַע

**pre'tense [ce]** *n.* (פְּרִיטֶנְס) הַעֲמָדַת פָּנִים; יָמְרָה; מִשְׂחָק כְּאִלּוּ; טַעֲנַת שֶׁקֶר; טַעֲנָה; יָמְרָנוּת

**preten'sion** *n.* (פְּרִטֶנְשְׁן) טַעֲנָה, תְּבִיעָה; יָמְרָנוּת; הַעֲמָדַת פָּנִים; תּוֹאֲנָה

**preten'tious** *adj.* (פְּרִטֶנְשֶׁס) יָמְרָנִי, רַאַוְתָנִי

**pre'text** *n.* (פְּרִיטֶקְסְט) תּוֹאֲנָה, תֵּרוּץ, אֲמַתְלָה

**pret'ty** *adj. & adv.* (פְּרִטִי) יָפֶה, חָמוּד; נָאֶה; עָצוּם; נִכָּר; בְּמִדַּת־מָה

**— soon** בְּקָרוֹב, עוֹד מְעַט

**sitting —** כְּשֶׁיָּדוֹ עַל הָעֶלְיוֹנָה, אָמִיד, מַצְלִיחַ

**prevail'** *v.i.* (פְּרִוֵיל) שָׂרַר; רָוַח; גָּבַר עַל; שִׁכְנֵעַ

**prev'alent** *adj.* (פְּרֶוֶלֶנְט) נָפוֹץ, רוֹוֵחַ

**prevent'** *v.t.* (פְּרִוֶנְט) מָנַע

**preven'tion** *n.* (פְּרִוֶנְשְׁן) מְנִיעָה; תְּרוּפָה מוֹנַעַת

**pre'view"** *n.* (פְּרִיבְיוּ) הַצָּגָה מֻקְדֶּמֶת; מַשָּׂג מֻקְדָּם; הַצָּגַת פִּרְסֹמֶת

**pre'vious** *adj.* (פְּרִיוִיאֶס) קוֹדֵם

**prey** *n. & v.i.* (פְּרֵי) טֶרֶף; קָרְבָּן; טָרַף; בָּזַז; הֵעִיק; נִצֵּל

**price** *n. & v.t.* (פְּרַיְס) מְחִיר; הַקְרָבָה; פְּרָס; קָבַע מְחִיר; שָׁאַל לַמְּחִיר

**price'less** *adj.* (פְּרַיסְלֶס) מֵעֵבֶר לְכָל מְחִיר, יָקָר מְאֹד; מְשַׁעֲשֵׁעַ בְּיוֹתֵר

**prick** *n.* & *v.t.* (פְּרִק) עֲקִיצָה, דְקִירָה; דָקַר

**pride** *n.* (פְּרַיד) גַּאֲוָה; כְּבוֹד־עַצְמִי; יְהִירוּת; סִפּוּק; לַהֲקַת אֲרָיוֹת; הָדָר

**priest** *n.* (פְּרִיסְט) כֹּהֵן; כֹּמֶר

**priest'hood** *n.* (פְּרִיסְטְהֻד) כְּהֻנָּה, כְּמוּרָה

**prig** *n.* (פְּרִג) מַחֲזִיק טוֹבָה לְעַצְמוֹ, צַדְקָן בְּעֵינָיו

**prim** *adj.* (פְּרִם) קוֹרֶקְטִי, מַחֲמִיר בְּדַבְקוּת בַּמְּקֻבָּל, דַקְדְקָנִי

**pri'mary** *adj.* & *n.* (פְּרַימֲרִי) רָאשִׁי, עִקָּרִי; רִאשׁוֹן, רִאשׁוֹנִי; מְקוֹרִי, בְּסִיסִי; שֶׁל בֵּית סֵפֶר יְסוֹדִי; הֶחָשׁוּב בְּיוֹתֵר; בְּחִירוֹת מֻקְדָּמוֹת

**pri'mate** *n.* (פְּרַימִט) אַרְכִיבִּישׁוֹף, בִּישׁוֹף רָאשִׁי

— *n.* (פְּרַימֵיט) פְּרִימָט

**prime** *adj.* & *n.* (פְּרַים) עִקָּרִי, רָאשִׁי רִאשׁוֹן בְּמַעֲלָה; מְעֻלֶּה; מֻבְחָר; יְסוֹדִי; שִׂיא הַשִּׂגְשׂוּג; רֵאשִׁית תְּקוּפַת הַבַּגְרוּת; הַשָּׁלָב הָרִאשׁוֹן

— *v.t.* (נוזל להפעלה) הֵכִין; טָעַן (כאיץ), הִכְנִיס (ראשונית), צָבַע צְבִיעַת־יְסוֹד; סִפֵּק

**prime'val** *adj.* (פְּרַימִיבְל) שֶׁל תְּקוּפַת בְּרֵאשִׁית, קָדוּם

**prim'itive** *adj.* (פְּרִמְטִב) פְּרִימִיטִיבִי; מְקוֹרִי; רִאשׁוֹנִי

**primor'dial** *adj.* (פְּרַימוֹרְדִיאֶל) רִאשׁוֹנִי, מְקוֹרִי, פְּרִימִיטִיבִי, קָדוּם, קַיָּם מִבְּרֵאשִׁית

**prince** *n.* (פְּרִנְס) נָסִיךְ; אַלּוּף; אָדָם דָּגוּל

crown — יוֹרֵשׁ עֶצֶר

**prince'ly** *adj.* (פְּרִנְסְלִי) בְּיָד רְחָבָה, מְפֹאָר; שֶׁל נָסִיךְ

**prin'cess** *n.* (פְּרִנְסֶס) נְסִיכָה

**prin'cipal** *adj.* & *n.* (פְּרִנְסִפְּל) רָאשִׁי, עִקָּרִי; מְנַהֵל; רֹאשׁ; שַׂחְקָן רָאשִׁי; נַגָּן רָאשִׁי; קֶרֶן

**prin"cipal'ity** *n.* (פְּרִנְסִפֶּלְטִי) נְסִיכוּת

**prin'ciple** *n.* (פְּרִנְסִפְּל) עִקָּרוֹן

in — לַהֲלָכָה, מִבְּחִינָה תֵּאוֹרֶטִית

on — עֶקְרוֹנִית

**print** *v.t.* & *i.* & *n.* (פְּרִנְט) הִדְפִּיס, רָשַׁם בְּאוֹתִיּוֹת דְּפוּס; עָבַד כִּמְדַפֵּס; הַדְפָּסָה; אוֹתִיּוֹת דְּפוּס; דְּבַר־דְּפוּס; נְיַר עִתּוֹן; הֶדְפֵּס; דְּפוּס

in — בְּצוּרָה מֻדְפֶּסֶת, נִמְצָא לִמְכִירָה

**prin'ter** *n.* (פְּרִנְטֶר) מַדְפִּיס

**prin'ting** *n.* (פְּרִנְטִנְג) הַדְפָּסָה, דְּפוּס; דְּבַר־דְּפוּס; רָשׁוּם בְּאוֹתִיּוֹת דְּפוּס

**pri'or** *adj.* (פְּרַיאֶר) קוֹדֵם

— to לִפְנֵי; עַד

**prior'ity** *n.* (פְּרַיאוֹרְטִי) קְדִימָה; זְכוּת קְדִימָה; עֲדִיפוּת

**pris'm** *n.* (פְּרִזְם) מִנְסָרָה; פְּרִיזְמָה

**pris'on** *n.* (פְּרִזְן) בֵּית סֹהַר; כְּלִיאָה

**pris'oner** *n.* (פְּרִזְנֶר) אָסִיר; שָׁבוּי

**pris'tine** *adj.* (פְּרִסְטִין) מְקוֹרִי, רֵאשִׁיתִי, בַּעַל טָהֳרוֹ הַמְּקוֹרִי

**pri'vacy** *adj.* (פְּרַיבְסִי) פְּרָטִיּוּת; יְחִידוּת; סוֹדִיּוּת

**pri'vate** *adj.* & *n.* (פְּרַיבִט) פְּרָטִי; אִישִׁי; פָּשׁוּט (חייל); טוּרַאי

— s מְבוּשִׁים

in — בִּיחִידוּת

— first" class" טוּרַאי רִאשׁוֹן

**pri"vateer'** *n.* (פְּרַיבֲטִיר) אֳנִיַּת קְרָב פְּרָטִית

**priva'tion** *n.* (פְּרַיבֵישְׁן) מַחְסוֹר; שְׁלִילָה

**priv'et** *n.* (פְּרִוִט) לִיגוּסְטְרוּם

**priv'ilege** *n.* (פְּרִוְלִג') זְכוּת־יֶתֶר; פְּרִיבִילֶגְיָה

**priv'y** *adj.* & *n.* (פְּרִוִי) שֻׁתָּף לְסוֹד; פְּרָטִי; שַׁיָּךְ לְאָדָם מְיֻחָד; שֶׁל הַמֶּלֶךְ; מַחֲרָאָה

**prize** *n.* & *adj.* (פְּרַיז) פְּרָס; אֳנִיָּה שְׁבוּיָה; שֶׁקִּבֵּל פְּרָס; רָאוּי לְקַבֵּל פְּרָס, נִתָּן כִּפְרָס

— fight" אִגְרוּף

— ring' זִירַת אִגְרוּף

**prob"abili'ty** *n.* (פְּרוֹבֲבִּלְטִי) הִסְתַּבְּרוּת, קִרְבָה לְוַדַּאי; אֶפְשָׁרוּת

in all — קָרוֹב לְוַדַּאי

**prob'able** *adj.* (פְּרוֹבֲבְּל) קָרוֹב לְוַדַּאי, מִסְתַּבֵּר

**proba'tion** *n.* (פְּרוֹבֵּישְׁן) בְּחִינָה, מִבְחָן

**probe** *v.t.* (פְּרוֹב) חָקַר, בָּחַן בִּיסוֹדִיּוּת

**pro'bity** *n.* (פְּרוֹבִּטִי) הֲגִינוּת, יֹשֶׁר
**prob'lem** *n. & adj.* (פְּרוֹבְּלֶם) בְּעָיָה; בְּעָיָתִי
**prob"lemat'ic** *adj.* (פְּרוֹבְּלֶמַטִיק) בְּגֶדֶר בְּעָיָה; צָרִיךְ עִיּוּן; מְפֻקְפָּק
**proce'dure** *n.* (פְּרֶסִיגְ'ר) נֹהַל; נֹהַג, דֶּרֶךְ פְּעֻלָּה; סֵדֶר דִּין; פְּרוֹצֶדוּרָה
**proceed'** *v.t.* (פְּרֶסִיד) נָבַע מִן, יָצָא; מְקוֹרוֹ...; הַמְשִׁיךְ בִּפְעֻלָּה; הוֹסִיף וְאָמַר; יָזַם פְּעֻלָּה מִשְׁפָּטִית
**procee'ding** *n.* (פְּרֶסִידִנְג) צַעַד, פְּעֻלָּה; הָלִיךְ מִשְׁפָּטִי
**— s** הֲלִיכִים, תּוּבְעָנָה
**pro'ceeds** *n. pl.* (פְּרוֹסִידְז) פִּדְיוֹן, הַכְנָסָה, רֶוַח
**proc'ess** *n. & v.t.* (פְּרוֹסֶס) תַּהֲלִיךְ; הַזְמָנָה לְדִין; עִבֵּד; טִפֵּל בּ־; הִגִּישׁ תְּבִיעָה מִשְׁפָּטִית; הִזְמִין לְדִין
**processi'on** *n.* (פְּרֶסֶשְׁן) תַּהֲלוּכָה; הִתְקַדְּמוּת; יְצִיאָה מִן
**proclaim'** *v.t.* (פְּרוֹקְלֵים) הִכְרִיז, הִצְהִיר; שִׁבַּח בְּפֻמְבֵּי
**proc"lamation** *n.* (פְּרוֹקְלַמֵישְׁן) כְּרוּז, מִנְשָׁר; הַכְרָזָה
**procliv'ity** *n.* (פְּרוֹקְלִוִטִי) נְטִיָּה טִבְעִית
**procras'tinate"** *v.i. & t.* (פְּרוֹקְרֶסְטִנֵיט) הִשְׁהָה פְּעֻלָּה, הִתְמַהְמֵהַּ; דָּחָה
**pro'create"** *v.t.* (פְּרוֹקְרִיאֵיט) הוֹלִיד, יָצַר
**procure'** *v.t. & i.* (פְּרוֹקְיוּר) הִשִּׂיג; הֵבִיא לִידֵי; סִרְסֵר לִדְבַר עֲבֵרָה
**prodigal** *adj.* (פְּרוֹדִגְל) פַּזְרָנִי, בַּזְבְּזָנִי; מַשְׁפִּיעַ
**prodigi'ous** *adj.* (פְּרֶדִגֶ'ס) עָצוּם, עֲנָקִי, רַב מְאֹד; נִפְלָא
**prod'igy** *n.* (פְּרוֹדִגִ'י) עִלּוּי, פֶּלֶא
**produce'** *v.t.* (פְּרֶדוּס) יָצַר; יִצֵּר; יָלַד, הוֹצִיא, הִצְמִיחַ; הֵנִיב; סִפֵּק; הִצִּיג, הִפִּיק
**pro'duce** *n.* יְבוּל; פֵּרוֹת; פְּרִי־בֶּטֶן
**produ'cer** *n.* (פְּרֶדוּסֶר) יַצְרָן; מֵפִיק
**prod'uct** *n.* (פְּרוֹדֻקְט) מוּצָר, תּוֹצָר; תּוֹצֶרֶת; פְּרִי; תּוֹלָדָה; מַכְפֵּלָה
**produc'tion** *n.* (פְּרֶדַקְשְׁן) יִצּוּר, תּוֹצֶרֶת; מוּצָר; יְצִירָה; הַגָּשָׁה, הַצָּגָה
**produ'ctive** *adj.* (פְּרֶדַקְטִב) פּוֹרֶה; מֵבִיא לִידֵי, גּוֹרֵם; יַצְרָנִי; פְּרוֹדוּקְטִיבִי
**profane'** *adj. & v.t.* (פְּרֶפֵין) שֶׁל חִלּוּל קֹדֶשׁ; חִלּוֹנִי; שֶׁל עוֹבְדֵי אֱלִילִים; לֹא־דָּתִי, הֲמוֹנִי, גַּס; חִלֵּל; טִמֵּא
**profan'ity** *n.* (פְּרֶפֶנִטִי) חִלּוֹנִיּוּת; נִבּוּל פֶּה; חִלּוּל הַקֹּדֶשׁ בְּדִבּוּר פֶּה, קְלָלָה, קַלְּלָנוּת
**profess'** *v.t. & i.* (פְּרֶפֶס) הֶעֱמִיד פָּנִים; טָעַן; הוֹדָה בְּגִלּוּי־לֵב, הִכִּיר בּ־; הוֹדָה בַּאֲמִתּוּת שֶׁל; הִצְהִיר עַל נֶאֱמָנוּת; הִתְיַמֵּר לִהְיוֹת מֻמְחֶה; הִצְהִיר
**professi'on** *n.* (פְּרֶפֶשְׁן) מִקְצוֹעַ; מִקְצוֹעַ חָפְשִׁי; אַנְשֵׁי הַמִּקְצוֹעַ; הַצְהָרָה, הוֹדָאָה; אֱמוּנָה, דָּת
**professi'onal** *adj. & n.* (פְּרֶפֶשֶׁנְל) מִקְצוֹעִי; מֻמְחֶה; שֶׁל מִקְצוֹעָן; אִישׁ מִקְצוֹעַ, מִקְצוֹעָן
**profes'sor** *n.* (פְּרֶפֶסֶר) פְּרוֹפֶסוֹר, פְּרוֹפֶסוֹר מִן הַמִּנְיָן; מַרְצֶה בְּאוּנִיבֶרְסִיטָה; מוֹרֶה; מוֹדֶה בַּאֲמִתּוּת־
**prof'fer** *v.t.* (פְּרוֹפֶר) הִצִּיעַ
**profici'ency** *n.* (פְּרֶפִשֶׁנְסִי) מְיֻמָּנוּת, כֹּשֶׁר; מֻמְחִיּוּת; בְּקִיאוּת
**profici'ent** *adj.* (פְּרֶפִשֶׁנְט) מֻמְחֶה; מְיֻמָּן; בָּקִי
**pro'file** *n.* (פְּרוֹפַיל) צְדוּדִית, פְּרוֹפִיל; דְּיוֹקָן בִּפְרוֹפִיל; נִתּוּחַ
**prof'it** *n. & v.i. & t.* (פְּרוֹפִט) רֶוַח; יִתְרוֹן; הֲטָבָה; תּוֹעֶלֶת; הֵפִיק תּוֹעֶלֶת; הִרְוִיחַ; נִצֵּל; הוֹעִיל
**prof'itable** *adj.* (פְּרוֹפִטֶבְּל) מַכְנִיס, מֵבִיא רְוָחִים
**prof"iteer'** *n. & v.i.* (פְּרוֹפִטִיר) מַפְקִיעַ שְׁעָרִים; סַפְסָר; הִפְקִיעַ שְׁעָרִים; סִפְסֵר
**prof'ligacy** *n.* (פְּרוֹפְלִגֶסִי) פְּרִיצוּת, הוֹלְלוּת
**prof'ligate** *adj. & n.* (פְּרוֹפְלִגֶט) מֻפְקָר, הוֹלֵל; פַּזְרָן
**profound'** *adj.* (פְּרֶפַאוּנְד) עָמֹק; יְסוֹדִי, חוֹדֵר; נָמוּךְ
**profuse'** *adj.* (פְּרֶפְיוּס) פַּזְרָנִי, נָדִיב בְּיָד; רַחֲבָה, מַשְׁפִּיעַ; שׁוֹפֵעַ
**profu'sion** *n.* (פְּרֶפְיוּזְ'ן) שֶׁפַע
**prog'eny** *n.* (פְּרוֹגֶ'נִי) צֶאֱצָא, צֶאֱצָאִים

**prognos'ticate"** *v.t. & i.* (פְּרוֹגְנוֹסְטֶקֵיט) נִבֵּא; מָסַר תַּחֲזִית

**pro'gram** *n. & v.i.* (פְּרוֹגְרֶם) תָּכְנִית; תָּכְנִיָּה; תִּכְנֵת

**prog'ress** *n.* (פְּרוֹגְרֶס) קִדְמָה; הִתְקַדְּמוּת; סִיּוּר

in — מִתְנַהֵל, נֶעֱרָךְ

progress' *v.i.* (פְּרַגְרֶס) הִתְקַדֵּם

**progres'sive** *adj. & n.* (פְּרַגְרֶסִב) מִתְקַדֵּם; דּוֹגֵל בְּקִדְמָה; מִשְׁתַּפֵּר וְהוֹלֵךְ; פְּרוֹגְרֶסִיבִי; עוֹלֶה שָׁלָב שָׁלָב; מַחְרִיף

**prohib'it** *v.t.* (פְּרוֹהִבִּט) אָסַר; מָנַע, עִכֵּב

**pr"ohibiti'on** *n.* (פְּרוֹאַבִּשְׁן) אִסּוּר יִצּוּר מַשְׁקָאוֹת חֲרִיפִים וּמְכִירָתָם; תְּקוּפַת הָאִסּוּר (הנ"ל) בְּארה"ב (1920–1933); אִסּוּר

**proj'ect** *n.* (פְּרוֹגֶ'קְט) תָּכְנִית, הַצָּעָה; פְּרוֹיֶקְט; מִפְעָל; מֶחְקָר מְיֻחָד; שִׁכּוּן

project' *v.t.* (פְּרַגֶ'קְט) הִצִּיעַ, תִּכְנֵן; הֵטִיל, הִשְׁלִיךְ; חִשֵּׁב; הִקְרִין; חָזָה בְּעֵינֵי רוּחוֹ; הִבְלִיט, גָּרַם שֶׁיִּבְלֹט; יִחֵס רִגְשׁוֹתָיו לְזוּלַת

**projec'tile** *n.* (פְּרַגֶ'קְטִל) קָלִיעַ

**projec'tion** *n.* (פְּרַגֶ'קְשְׁן) הַבְלָטָה, בְּלִיטָה; הֲטָלָה, הַשְׁלָכָה; הֵטֵל; חִשּׁוּב; תָּכְנִית

**pro"letar'iat** *n.* (פְּרוֹלֶטֵרִיאֶט) פְּרוֹלֶטַרְיוֹן

**prolif'ic** *adj.* (פְּרוֹלִפִק) פּוֹרֶה

**prolix'** *adj.* (פְּרוֹלִקְס) אָרֹךְ וּמְשַׁעֲמֵם; מַאֲרִיךְ

**pro'logue** *n.* (פְּרוֹלוֹג) פְּתִיחָה; פֶּתַח־דָּבָר, פְּרוֹלוֹג; הַקְדָּמָה

**prolong'** *v.t.* (פְּרַלוֹנְג) הֶאֱרִיךְ

**prom"enade'** *n. & v.i. & t.* (פְּרוֹמֶנֵיד) טִיּוּל; טַיֶּלֶת; תַּהֲלוּכָה; טִיֵּל; הִצִּיג אֲנַב הֲלִיכָה; הֶעֱבִיר עַל פְּנֵי־

**prom'inence** *n.* (פְּרוֹמֶנֶנְס) הִתְבַּלְּטוּת; בְּלִיטָה

**prom'inent** *n.* (פְּרוֹמֶנֶנְט) מִתְבַּלֵּט, בּוֹלֵט; מְפֻרְסָם, חָשׁוּב, יָדוּעַ

**promis'cuous** *adj.* (פְּרַמִסְקְיוּאֶס) מִזְדַּוֵּג לְלֹא אַבְחָנָה; מְעֹרְבָּב; לְלֹא אַבְחָנָה

**prom'ise** *n. & v.t. & i.* (פְּרוֹמִס) הַבְטָחָה; תִּקְוָה לְהֶשֵּׂגִים; הִבְטִיחַ; נָתַן יְסוֹד לְצַפּוֹת לְ־; הִתְחַיֵּב לָשֵׂאת אוֹ לְהִנָּשֵׂא

**prom'ising** *adj.* (פְּרוֹמֶסִנְג) מַבְטִיחַ

**prom'issor"y** *adj.* (פְּרוֹמֶסוֹרִי) שֶׁל הַבְטָחָה

— note שְׁטַר חוֹב

**prom'onto"ry** *n.* (פְּרוֹמֶנְטוֹרִי) לְשׁוֹן יַבָּשָׁה, חַרְטוֹם

**promote'** *v.t.* (פְּרַמוֹט) טִפַּח, קִדֵּם; הֶעֱלָה (בכתה; בדרגה); הוֹצִיא מוֹנִיטִין לְ־; "אִרְגֵּן", הִשִּׂיג בְּעָרְמָה

**promo'tion** *n.* (פְּרַמוֹשְׁן) הַעֲלָאָה (בכתה; בדרג); טִפּוּחַ, עִדּוּד; הוֹצָאַת מוֹנִיטִין, קִדּוּם; דִּבְרֵי פִּרְסֹמֶת

**prompt** *adj. & v.t. & i.* (פְּרוֹמְפְּט) מִיָּדִי, לְלֹא שְׁהִיּוֹת, מוּכָן וּבָא; מָהִיר; זָרִיז, עוֹרֵר לִפְעֻלָּה; יָזַם; לָחַשׁ נִשְׁכָּחוֹת

**prompt'ness** *n.* (פְּרוֹמְפְּטְנֶס) דַּיְקָנוּת, זְרִיזוּת

**prom'ulgate"** *v.t.* (פְּרוֹמֶלְגֵיט) פִּרְסֵם; נָתַן תֹּקֶף עַל יְדֵי פִּרְסוּם; הוֹרָה בָּרַבִּים

**prone** *adj.* (פְּרוֹן) נוֹטֶה, בַּעַל נְטִיָּה; כְּשֶׁהַחֵלֶק הַקִּדְמִי כְּלַפֵּי מַטָּה, מוּנָח עַל הַגָּחוֹן, גָּחוֹן; יוֹרֵד

**prong** *n.* (פְּרוֹנְג) שֵׁן, חֹד, יוּבַל

**pro'noun"** *n.* (פְּרוֹנַאוּן) שֵׁם הַגּוּף, כִּנּוּי הַגּוּף

**pronounce'** *v.t. & i.* (פְּרַנַאוּנְס) בִּטֵּא, הָגָה; הִצְהִיר, הִכְרִיז

**pronun"cia'tion** *n.* (פְּרַנַנְסִיאֵישְׁן) הֲגִיָּה, הִגּוּי, בִּטּוּי; מִבְטָא

**proof** *n. & adj.* (פְּרוּף) רְאָיָה, הוֹכָחָה; מִבְחָן; בְּדִיקָה; כֹּחַ תִּקְנִי; הֶדְפֵּס־נִסָּיוֹן; בִּלְתִּי־חָדִיר; בָּדוּק; שֶׁל נִסּוּי; יְרִיעָה

— *v.t.* הִגִּיהַּ; עָשָׂה לְחָסִין

— read *v.t. & i.* הִגִּיהַּ

**prop** *v.t. & n.* (פְּרוֹפּ) תָּמַךְ; הִשְׁעִין עַל; סָמוֹךְ, תֶּמֶךְ, תּוֹמֵךְ

**prop"agan'da** *n.* (פְּרוֹפֶּגֶנְדָה) תַּעֲמוּלָה; הַסְבָּרָה

**prop'agate"** *v.t. & i.* (פְּרוֹפֶּגֵיט) גִּדֵּל, הִתְרַבָּה; הוֹרִישׁ; הֵפִיץ; הִגְדִּיל, הִרְבָּה; הֶעֱבִיר

**propel'** *v.t.* (פְּרַפֶּל) דָּחַף קָדִימָה, הֵנִיעַ

**propel'ler** *n.* (פְּרַפֶּלֶר) מַדְחֵף, פְּרוֹפֶּלֶר

**propen'sity** *n.* (פְּרַפֶּנְסִטִי) נְטִיָּה

**prop'er** *adj.* (פְּרוֹפֶּר) מַתְאִים, נָאוֹת,
בְּהֶתְאֵם לַמֻּסְכָּמוֹת, קוֹרֶקְטִי; שֶׁל אָדָם אוֹ דָבָר מְיֻחָד; צַר; מְדֻיָּק; בַּמּוּבָן הַצַּר; גּוּפָא; פְּרָטִי; תָּקִין, רָגִיל

**prop'erly** *adj.* (פְּרוֹפֶּרְלִי) כַּיָּאוּת;
כַּהֲלָכָה; כְּהֹגֶן; בְּצוּרָה מְקֻבֶּלֶת; בְּדַיְּקָנוּת; בְּצֶדֶק; עַל בֻּרְיוֹ, בִּיסוֹדִיּוּת

**prop'erty** *n.* (פְּרוֹפֶּרְטִי) נְכָסִים, רְכוּשׁ;
מְקַרְקְעִין; אֲחֻזָּה; מִגְרָשׁ; קִנְיָן; זְכֻיּוֹת קַיָּמוֹת; סְגֻלָּה; פְּרִיטֵי תַּפְאוּרָה

**proph'ecy** (פְּרוֹפֶסִי) נְבוּאָה

**proph'esy"** *v.t. & i.* (פְּרוֹפֶסַי) נִבֵּא

**proph'et** *n.* (פְּרוֹפֶט) נָבִיא

**prophet'ic** *adj.* (פְּרֶפֶטִק) נְבִיאִי; נְבוּאִי;
מְבַשֵּׂר־רָע

**propinq'uity** *n.* (פְּרוֹפִּנְקְוִטִי) קִרְבָה;
דִּמְיוֹן

**propit'iate"** *v.t.* (פְּרֶפִּשִׁיאֵיט) רִצָּה, פִּיֵּס

**propiti'ous** *adj.* (פְּרֶפִּשֶׁס) רָצוּי, נוֹחַ,
שֶׁל חֶסֶד, מְבַשֵּׂר־טוֹב; נוֹטֶה חֶסֶד

**propor'tion** *n.* (פְּרֶפּוֹרְשֶׁן) יַחַס, שִׁעוּר,
גֹּדֶל יַחֲסִי; חֵלֶק; תֹּאַם; מַתְכֹּנֶת

**—s** מְמַדִּים

**propor'tional** *adj.* (פְּרֶפּוֹרְשֶׁנֶל) מְחֻלָּק
לְפִי יַחַס מְסֻיָּם; יַחֲסִי; פְּרוֹפּוֹרְצְיוֹנָלִי

**propor'tionate** *adj.* (פְּרֶפּוֹרְשֶׁנֶט) יַחֲסִי;
מֻתְאָם לְיַחַס נָאוֹת; פְּרוֹפּוֹרְצְיוֹנָלִי

**propo'sal** *n.* (פְּרֶפּוֹזֶל) הַצָּעָה; תָּכְנִית;
הַצָּעַת נִשּׂוּאִים

**propose'** *v.t. & i.* (פְּרֶפּוֹז) הִצִּיעַ; הִצִּיג
מֻעֲמָדוּת; תִּכְנֵן, הִתְכַּוֵּן; הִצִּיעַ נִשּׂוּאִים; שָׁקַל תַּכְלִית

**prop"ositi'on** *n. & v.t.* (פְּרוֹפֶּזִישֶׁן) תָּכְנִית;
הַצָּעַת תְּנָאִים; עֵסֶק; בְּעָיָה; הַצָּעָה לִיחָסִים מִינִיִּים לֹא־חֻקִּיִּים; הִצִּיעַ תָּכְנִית; הִצִּיעַ יְחָסִים מִינִיִּים לֹא־חֻקִּיִּים

**propound'** *v.t.* (פְּרֶפָּאוּנְד) הִגִּישׁ לְעִיּוּן

**propri'etor** *n.* (פְּרֶפְּרַיאֶטֶר) בְּעָלִים

**propr'iety** *n.* (פְּרֶפְּרַיאֶטִי) הַתְאָמָה
לַמֻּסְכָּמוֹת; הַתְאָמָה; צֶדֶק

**—ies** גִּנּוּנֵי הַחֶבְרָה

**prosa'ic** *adj.* (פְּרוֹזֵיאִק) שִׁגְרָתִי, מְשַׁעֲמֵם;
פְּרוֹזָאִי

**proscribe'** *v.t.* (פְּרוֹסְקְרַיבּ) גִּנָּה; אָסַר,
הוֹצִיא מִחוּץ לַחֹק; נִדָּה, הִגְלָה; הִכְרִיז כְּנִדּוֹן לְמִיתָה וּמְשֻׁלַּל זְכֻיּוֹת (ברומא העתיקה)

**proscrip'tion** *n.* (פְּרוֹסְקְרִפְּשֶׁן) גִּנּוּי; אִסּוּר,
הוֹצָאָה מִחוּץ לַחֹק; נִדּוּי; גָּלוּת

**prose** *n. & adj.* (פְּרוֹז) פְּרוֹזָה; פְּרוֹזָאִי

**pros'ecute"** *v.t. & i.* (פְּרוֹסֶקְיוּט) תָּבַע לְדִין,
הֶעֱמִיד לְמִשְׁפָּט; הֵבִיא לִידֵי גְמָר; עָסַק בּ־; שִׁמֵּשׁ תּוֹבֵעַ

**pros"ecu'tion** *n.* (פְּרוֹסֶקְיוּשֶׁן) תְּבִיעָה;
הֲבָאָה לִידֵי גְמָר

**pros'ecu"tor** *n.* (פְּרוֹסֶקְיוּטֶר) תּוֹבֵעַ

**pros'elyte"** *n. & v.i. & t.* (פְּרוֹסֶלַיט) מוּמָר,
גֵּר; שִׁמֵּד, גִּיֵּר; נִסָּה לְהַעֲבִיר עַל דָּת

**pros'ody** *n.* (פְּרוֹסֶדִי) תּוֹרַת הַמִּשְׁקָל,
פְּרוֹסוֹדְיָה

**pros'pect** *n.* (פְּרוֹסְפֶּקְט) סִכּוּי, אֶפְשָׁרוּת
הַצְלָחָה; צְפִיָּה; מְקוֹר רֶוַח צָפוּי; לָקוֹחַ אֶפְשָׁרִי; מַרְאֶה; סֶקֶר; רֶמֶז לַמְּצִיאוּת; עֶפְרוֹת; מְקוֹם כְּרִיָּה אֶפְשָׁרִי; כְּרִיָּה

**in —** צָפוּי

**— v.t. & i.** חִפֵּשׂ (מתכות יקרות); כָּרָה,
עָבַד בְּמִכְרֶה

**prospe'ctive** *adj.* (פְּרֶסְפֶּקְטִב) צָפוּי

**prospe'ctus** *n.* (פְּרֶסְפֶּקְטֶס) דִּין וְחֶשְׁבּוֹן
מֻקְדָּם, חוֹבֶרֶת הַסְבָּרָה, פְּרוֹסְפֶּקְט

**pros'per** *v.t.* (פְּרוֹסְפֶּר) הִצְלִיחַ, פָּרַח, שִׂגְשֵׂג

**prospe'rity** *n.* (פְּרוֹסְפֶּרִטִי) רְוָחָה, שֶׁפַע;
שִׂגְשׂוּג

**pros'perous** *adj.* (פְּרוֹסְפֶּרֶס) מַצְלִיחַ,
מְשַׂגְשֵׂג; בְּסִימָן טוֹב

**pros'titute"** *n.* (פְּרוֹסְטִטוּט) זוֹנָה, יַצְאָנִית,
זוֹנֶה; סוֹחֵר בְּכִשְׁרוֹנוֹתָיו

**pros'trate** *v.t. & adj.* (פְּרוֹסְטְרֵיט)
הִשְׁתַּחֲוָה אַפַּיִם אַרְצָה; הִשְׁתַּטֵּחַ עַל הָאָרֶץ; גָּבַר עַל, הִכָּה שׁוֹק עַל יָרֵךְ; שָׂרוּעַ עַל בִּטְנוֹ; מֻשְׁפָּל עַד דַּכָּא; מֻטָּל בְּאַפִּיסַת כֹּחוֹת; מְדֻכְדָּךְ מְאֹד

**protect'** *v.t. & i.* (פְּרֶטֶקְט) הֵגֵן עַל, שָׁמַר
עַל; סִפֵּק הֲגַנָּה

**prote'ction** *n.* (פְּרֶטֶקְשֶׁן) הֲגַנָּה, שְׁמִירָה;
מָגֵן; מִשְׁמָר; פַּטְרוֹנוּת

**protec'tive** *adj.* (פְּרֱטֶקְטִב) מֵגֵן, שׁוֹמֵר; שֶׁל מָגֵן

**protec'tor** *n.* (פְּרֱטֶקְטֶר) מֵגֵן, שׁוֹמֵר, פַּטְרוֹן

**protec'torate** *n.* (פְּרֱטֶקְטֶרֶט) שֶׁטַח חָסוּת

**pro'tégé"** *n.* (פְּרוֹטֶזֵ'י) בֶּן חָסוּת

**pro'tein** *n.* (פְּרוֹטִין) פְּרוֹטֶאִין, חֶלְבּוֹן

**pro'test** *n.* (פְּרוֹטֶסְט) מְחָאָה; עִרְעוּר

**protest'** *v.i. & t.* (פְּרֱטֶסְט) מָחָא; הִצְהִיר חֲגִיגִית; עִרְעֵר

**Prot'estant** *n. & adj.* (פְּרוֹטֶסְטֶנְט) פְּרוֹטֶסְטַנְט; פְּרוֹטֶסְטַנְטִי

**pro'tocol"** *n.* (פְּרוֹטֱקוֹל) תַּקָּנוֹן; פְּרוֹטוֹקוֹל; זִכְרוֹן־דְּבָרִים; נִסְפָּח לְחוֹזֶה

**pro'totype"** *n.* (פְּרוֹטֱטַיפּ) אַב־טִפּוּס, דֻּגְמָה רִאשׁוֹנָה

**protact'** *v.t.* (פְּרוֹטְרֶקְט) הֶאֱרִיךְ

**protrac'tor** *n.* (פְּרוֹטְרֶקְטֶר) מַדְזָוִית

**protrude'** *v.i.* (פְּרוֹטְרוּד) בָּלַט

**protu berance** *n.* (פְּרוֹטְרוּבֶּרֶנְס) בְּלִיטָה

**proud** *adj.* (פְּרָאוּד) גֵּא, מִתְגָּאֶה; מְרֻצֶּה מִמַּעֲשָׂיו; זְחוּחַ־דַּעַת; מַחֲזִיק טוֹבָה לְעַצְמוֹ; רַבְרְבָנִי; מְעוֹרֵר גַּאֲוָה; מָלֵא חֲשִׁיבוּת, כֻּלּוֹ אוֹמֵר כָּבוֹד

**prove** *v.t. & i.* (פְּרוּב) הוֹכִיחַ; אִמֵּת; הִתְבָּרֵר, הוּכַח כְּ־

**prov'ender** *n.* (פְּרוֹבֶנְדֶר) מִסְפּוֹא יָבֵשׁ; מָזוֹן, צֵידָה

**prov'erb** *n.* (פְּרוֹבֶרְבּ) מָשָׁל, פִּתְגָּם; שֵׁם דָּבָר

**prover'bial** *adj.* (פְּרֱבֶרְבִּיאֶל) שֶׁל מָשָׁל, מֻבָּע בְּמָשָׁל; נוֹדָע

**provide'** *v.t. & i.* (פְּרֱוַיד) סִפֵּק, צִיֵּד; אִפְשֵׁר; הִתְנָה מֵרֹאשׁ; נָקַט אֶמְצָעִים מֵרֹאשׁ; פִּרְנֵס

—**ed** *conj.* בִּתְנַאי

**Prov'idence** *n.* (פְּרוֹבִדֶנְס) הַהַשְׁגָּחָה, אֱלֹהִים

**prov'ident** *adj.* (פְּרוֹבִדֶנְט) רוֹאֶה הַנּוֹלָד, מַרְאִית הַנּוֹלָד; נָבוֹן; חַסְכָנִי

**prov"iden'tial** *adj.* (פְּרוֹבִדֶנְשֶׁל) שֶׁל הַהַשְׁגָּחָה

**provi'ding** *adj.* (פְּרֱוַידִנְג) בִּתְנַאי שֶׁ...

**prov'ince** *n.* (פְּרוֹבִנְס) מָחוֹז, גָּלִיל, אֵזוֹר

the —**s** עָרֵי הַשָּׂדֶה

**provin'cial** *adj. & n.* (פְּרֱוִנְשֶׁל) שֶׁל מָחוֹז מְסֻיָּם; שֶׁל עָרֵי הַשָּׂדֶה, פְּרוֹבִינְצִיאָלִי; קַרְתָּנִי

**provisi'on** *n.* (פְּרֱוִזְ'ן) סִפּוּק מָזוֹן; הַסְפָּקָה; תְּנַאי; מִנּוּי

—**s** אַסְפָּקָה; צֵידָה

— *v.t.* סִפֵּק מָזוֹן

**provisional** *adj.* (פְּרֱוִזְ'נֶל) זְמַנִּי, שֶׁנֶּהֱגָּ עַל תְּנַאי

**prov"ocation** *n.* (פְּרוֹבֱקֵישֶׁן) מַעֲשֵׂה הִתְגָּרוּת; פְּרוֹבוֹקַצְיָה

**prov'ocative** *adj.* (פְּרֱוָקֱטִב) מְגָרֶה, מְשַׁסֶּה, פְּרוֹבוֹקָטִיבִי

**provoke'** *v.t.* (פְּרֱווֹק) הִרְגִּיז; הֵסִית, גֵּרָה; עוֹרֵר, הֵבִיא לִידֵי

**prow** *n.* (פְּרָאוּ) חַרְטוֹם

**prow'ess** *n.* (פְּרָאוּאֶס) אֹמֶץ; כֹּשֶׁר; יְכֹלֶת מְיֻחֶדֶת; מַעֲשֵׂה גְּבוּרָה

**prowl** *v.i. & t. & n.* (פְּרָאוּל) שִׁחֵר לְטֶרֶף; שׁוֹטֵט בִּגְנֵבָה; שִׁטּוּט בִּגְנֵבָה; שִׁחוּר לְטֶרֶף

— **car** נַיֶּדֶת מִשְׁטָרָה

**prow'ler** *n.* (פְּרָאוּלֶר) מְשׁוֹטֵט בִּגְנֵבָה; פּוֹרֵץ; גַּנָּב

**proxim'ity** *n.* (פְּרוֹקְסִמִטִי) קִרְבָה

**prox'y** *n.* (פְּרוֹקְסִי) סַמְכוּת מְיֻפֵּה־כֹּחַ; מְיֻפֵּה־כֹּחַ; יִפּוּי־כֹּחַ

**prude** *n.* (פְּרוּד) מַפְרִיז בִּצְנִיעוּת

**prud'ence** *n.* (פְּרוּדֶנְס) תְּבוּנָה; זְהִירוּת; נִהוּל־עִנְיָנִים נָבוֹן

**pru'dent** *adj.* (פְּרוּדֶנְט) נָבוֹן; מַעֲשִׂי; דּוֹאֵג לֶעָתִיד, חַסְכָנִי

**prud'ery** *n.* (פְּרוּדֶרִי) צְנִיעוּת־יֶתֶר

**prud'ish** *adj.* (פְּרוּדִשׁ) מַפְרִיז בִּצְנִיעוּת

**prune** *n. & v.t.* (פְּרוּן) שְׁזִיף מְיֻבָּשׁ; זָמַר, גָּזַם, סִלֵּק הַמְּיֻתָּר

**prur'ient** *adj.* (פְּרְרִיאֶנְט) עַגְבָנִי, תַּאַוְתָנִי; מְעוֹרֵר תַּאֲוָה

**Prussi'a** *n.* (פְּרַשָּׁה) פְּרוּסְיָה

**pry** *v.i. & t.* (פְּרַי) חִטֵּט בְּחֻצְפָּה; הִתְבּוֹנֵן בְּסַקְרָנוּת; הֵרִים בְּמָנוֹף; הִשִּׂיג בְּמַאֲמָץ

**psalm** *n.* (סָם) מִזְמוֹר תְּהִלִּים, מִזְמוֹר דָּתִי; פֶּרֶק בְּסֵפֶר תְּהִלִּים
**psa'lmist** *n.* (סָמִסְט) מְחַבֵּר מִזְמוֹר תְּהִלִּים
the Psalmist דָּוִד, נְעִים זְמִירוֹת יִשְׂרָאֵל
**p's and q's** (פִּיז אֶן קְיוּז) נִימוּסִים, הִתְנַהֲגוּת
**pseud'onym** *n.* (סוּדְנִם) כִּנּוּי סִפְרוּתִי, שֵׁם בָּדוּי, פְּסֵידוֹנִים
**psychi'atrist** *n.* (סַיקַיְאֶטְרִסְט) פְּסִיכִיאָטֶר, רוֹפֵא לְמַחֲלוֹת רוּחַ
**psy'chic** *adj.* (סַיקִק) נַפְשִׁי; עַל-גַּשְׁמִי; רוּחָנִי; עַל-טִבְעִי
**psy"choanal'ysis** *n.* (סַיקוֹאֲנֶלִסִס) פְּסִיכוֹאָנָלִיזָה
**psy"cholog'ical** *adj.* (סַיקַלוֹגִ'קַל) פְּסִיכוֹלוֹגִי; שֶׁל הַנֶּפֶשׁ
**psychol'ogist** *n.* (סַיקוֹלֶגִ'סְט) פְּסִיכוֹלוֹג
**psychol'ogy** *n.* (סַיקוֹלֶגִ'י) פְּסִיכוֹלוֹגְיָה; מַדַּע הַהִתְנַהֲגוּת; מַצָּבִים וְתַהֲלִיכִים נַפְשִׁיִּים
**pu'berty** *n.* (פְּיוּבֶּרְטִי) בַּגְרוּת מִינִית
**pub'lic** *adj.* & *n.* (פַּבְּלִק) צִבּוּרִי; יָדוּעַ, מְפֻרְסָם; צִבּוּר, עַם, כְּלָל
go — הִנְפִּיק מְנָיוֹת לִמְכִירָה פֻּמְבִּית
in — בְּפֻמְבֵּי, בְּגָלוּי
**pub"lica'tion** *n.* (פַּבְּלִקֵישְׁן) פִּרְסוּם; כְּתַב-עֵת
**publi'city** *n.* (פַּבְּלִסִטִי) פִּרְסוּם, פִּרְסֹמֶת, פֻּמְבֵּי; פֻּמְבִּיּוּת
**pub'licize"** *v.t.* (פַּבְּלִסַיז) נָתַן פֻּמְבֵּי לְ-; פִּרְסֵם; הֵבִיא לִידִיעַת הַצִּבּוּר
**pub'lic opinion** (פַּבְּלִק אֶפִּנְיֶן) דַּעַת קָהָל
**pub'lish** *v.t.* & *i.* (פַּבְּלִשׁ) הוֹצִיא לָאוֹר; הִכְרִיז בָּרַבִּים; עָסַק בְּהוֹצָאָה לָאוֹר
**pub'lisher** *n.* (פַּבְּלִשֶׁר) מוֹצִיא לָאוֹר, מוֹ"ל; הוֹצָאָה
**puck'er** *v.t.* & *i.* & *n.* (פַּקֶר) קִמֵּט, הִתְקַמֵּט; קֶמֶט
**pud'ding** *n.* (פֻּדִנְג) פּוּדִינְג; רַפְרֶפֶת; פַּשְׁטִידָה, חֲבִיצָה
**pud'dle** *n.* (פַּדְל) שְׁלוּלִית; טִיט
**pudg'y** *adj.* (פַּגִ'י) גּוּץ וְשָׁמֵן
**pu'erile"** *adj.* (פְּיוּאֲרִיל) יַלְדוּתִי, שְׁטוּתִי
**puff** *n.* & *v.i.* & *t.* (פַּף) נְשִׁיפָה; שְׁאִיפָה וּנְשִׁיפָה חֲלִיפוֹת; חֵלֶק מְנֻפָּח; עוּגָה מְמֻלָּאָה (בְּרִיבָה אוֹ קַצֶּפֶת), פַּחֲזָנִית; נִפּוּחַ; גַּלְגַּל שֵׂעָר; כֶּסֶת; הַמְלָצָה מֻגְזֶמֶת; נָשַׁב בְּמַשָּׁבִים קְצָרִים; יָצָא בִּנְשִׁיפָה; נָשַׁם בִּכְבֵדוּת; נָשַׁף; נָע בִּנְשִׁיפוֹת; שָׁאַף וְנָשַׁף חֲלִיפוֹת; הִתְנַפֵּחַ; פִּלֵּט, נָע וּפָלַט אֲוִיר אוֹ עָשָׁן; כִּבָּה בִּנְשִׁיפָה; עִשֵּׁן; תָּפַח, נִפֵּחַ, הֵגִיס דַּעַת; הִפְרִיז בְּשִׁבְחִים
**pu'gilist** *n.* (פְּיוּגִ'לִסְט) מִתְאַגְרֵף מִקְצוֹעִי
**pugn'acious** *adj.* (פֶּגְנֵישֶׁס) אוֹהֵב רִיב, בַּעַל-אַף
**pug'nose'** (פַּג נוֹז) אַף סוֹלֵד
**pull** *v.t.* (פֻּל) מָשַׁךְ; קָרַע; עָקַר; מָרַט; שָׁלַף; נִסָּה לְבַצֵּעַ; לָבַשׁ; הִדְפִּיס יְרִיעָה; אִמֵּץ; שָׁאַף עָשָׁן; חָתַר
— in הִגִּיעַ
— off בִּצֵּעַ בְּהַצְלָחָה
— oneself together הִתְאוֹשֵׁשׁ
— out יָצָא, הִסְתַּלֵּק; הִפְסִיק פְּעִילוּת; חָדַל לְהִשְׁתַּתֵּף
— someone's leg הִקְנִיט, "מָתַח"
— through יָצָא בְּשָׁלוֹם, הִתְגַּבֵּר
— *n.* מְשִׁיכָה; שְׁאִיפָה, לְגִימָה; "פְּרוֹטֶקְצְיָה"; יָדִית; תּוֹר; חֲתִירָה
**pul'let** *n.* (פֻּלִט) פַּרְגִּית (שֶׁעוֹד לֹא כְּלָאָה לָהּ שָׁנָה)
**pul'ley** *n.* (פֻּלִי) גַּלְגִּלָּה
**pul'monar"y** *adj.* (פַּלְמֶנֶרִי) שֶׁל הָרֵאוֹת; בַּעַל רֵאוֹת; מַשְׁפִּיעַ עַל הָרֵאוֹת
**pulp** *n.* (פַּלְפּ) צִיפָּה; עִסָּה; מוֹךְ-הַשֵּׁן
**pul'pit** *n.* (פֻּלְפִּט) דּוּכָן, בָּמָה
the — הַכְּמוּרָה
**pul'sate** *v.i.* (פַּלְסֵיט) הִתְרַחֵב וְהִתְכַּוֵּץ בְּקֶצֶב, פָּעַם, רָטַט
**pulsa'tion** *n.* (פַּלְסֵישְׁן) הִתְרַחֲבוּת וְהִתְכַּוְּצוּת בְּקֶצֶב, פְּעִימָה; תְּנוּדָה
**pulse** *n.* (פַּלְס) דֹּפֶק, פְּעִימָה
**pul'verize"** *v.t.* & *i.* (פַּלְוֶרַיז) הֵדַק, שָׁחַק; מָעַךְ כָּלִיל; הִשְׁתַּחֵק
**pum'ice** *n.* (פַּמִס) חֲסַף
**pump** *n.* & *v.t.* & *i.* (פַּמְפּ) מַשְׁאֵבָה; שָׁאַב; נִפֵּחַ; הִפְעִיל בִּתְנוּעָה אָפְקִית אוֹ מְאֻנֶּכֶת; דָּחַף, הִכְנִיס בְּכֹחַ; חָקַר בְּהַתְמָדָה; הִפְעִיל מַשְׁאֵבָה
**pump'kin** *n.* (פַּמְפְּקִן) דְּלַעַת הַשָּׂדֶה

**pun** *n. & v.i.* (פַּן) לָשׁוֹן נוֹפֵל עַל לָשׁוֹן;
הִשְׁתַּמֵּשׁ בְּלָשׁוֹן נוֹפֵל עַל לָשׁוֹן

**punch** *n.* (פַּנְץ׳) מַכַּת אֶגְרוֹף; מַקָּב; פּוּנְשׁ
pull —es מִתֵּן כֹּחַ מַכּוֹתָיו
— *v.t. & i.* הִכָּה בְּאֶגְרוֹף; הֵנִיעַ; דָּקַר,
חָבַט בּ־; נִקֵּב

**punc'tual** *adj.* (פַּנְקְצ׳וּאֶל) דַּיְקָן

**punct"ual'ity** *n.* (פַּנְקְצ׳וּאֶלְטִי) דַּיְקָנוּת

**punc'tuate"** *v.t. & i.* (פַּנְקְצ׳וּאֵיט) נִקֵּד,
פִּסֵּק; הִדְגִּישׁ

**punc"tua'tion** *n.* (פַּנְקְצ׳וּאֵישְׁן) סִימָנֵי פִּסּוּק,
נִקּוּד

**punc'ture** *n. & v.t. & i.* (פַּנְקְצֶ׳ר) נָקוּב;
נֶקֶב; נִקֵּר; נִקַּב, נִקֵּר

**pun'gent** *adj.* (פַּנְגְ׳נְט) חָרִיף; נוֹקֵב; מְצָעֵר
מְאֹד; מְגָרֶה

**pun'ish** *v.t. & i.* (פַּנִשׁ) עָנַשׁ; הִכָּה קָשׁוֹת;
הֶעֱבִיד קָשׁוֹת

**pun'ishable** *adj.* (פַּנִשַׁבְּל) צָפוּי לְעֹנֶשׁ

**pun'ishment** *n.* (פַּנִשְׁמֶנְט) עֹנֶשׁ, עֲנִישָׁה;
מַכּוֹת קָשׁוֹת

**pu'ny** *adj.* (פְּיוּנִי) חָלוּשׁ; אַפְסִי

**pup** *n.* (פַּפ) גּוּר כְּלָבִים, גּוּר

**pu'pil** *n.* (פְּיוּפִּל) תַּלְמִיד, סְטוּדֶנְט; אִישׁוֹן

**pup'pet** *n.* (פַּפִּט) בֻּבָּה (הַמּוּפְעֶלֶת בִּידֵי אָדָם)

**pup'py** *n.* (פַּפִּי) גּוּר כְּלָבִים; צָעִיר יָהִיר
וְטִפֵּשׁ

**pur'chase** *v.t. & n.* (פֶּרְצֶ׳ס) קָנָה, רָכַשׁ
בְּמַאֲמַצִּים; הִסְפִּיק לִקְנוֹת; קְנִיָּה; רְכִישָׁה

**pur'chaser** *n.* (פֶּרְצֶ׳סְר) קוֹנֶה

**pure** *adj.* (פְּיוּר) טָהוֹר; זַךְ; כֵּן; עִיּוּנִי;
בָּרוּר וְנֶאֱמָן; מֻחְלָט; בִּלְבַד; לְלֹא דֹּפִי;
פָּרוּשׁ מֵחַיֵּי מִין; מְפֻשָּׁט

**pure'ness** *n.* (פְּיוּרְנִס) טֹהַר; זַכּוּת

**pur'gator"y** *n.* (פֶּרְגַטוֹרִי) מְקוֹם טִהוּר
הַחוֹטְאִים; מְקוֹם־כַּפָּרָה זְמַנִּי, כּוּר מַצְרֵף

**purge** *v.t. & i. & n.* (פֶּרְג׳) טִהֵר; זִכֵּךְ;
נִקָּה; כִּפֵּר; עָשָׂה צְרָכִים; גָּרַם לַעֲשִׂיַּת
צְרָכִים; הִטַּהֵר, טָהַר; טִהוּר; מְשַׁלְשֵׁל

**pu"rifica'tion** *n.* (פְּיוּרְפִקֵישְׁן) טִהוּר; זִכּוּךְ

**pur"ify'** *v.t. & i.* (פְּיוּרְפַי) טִהֵר; זִכֵּךְ;
נִקָּה; הִטַּהֵר, טָהַר

**Pur'itan** *n. & adj.* (פְּיוּרִטְן) פּוּרִיטָן;
פּוּרִיטָנִי, מַחְמִיר בְּעִנְיְנֵי מוּסָר

**pur'ity** *n.* (פְּיוּרִטִי) טֹהַר; זַכּוּת; פְּרִישׁוּת
מֵחַיֵּי מִין

**purloin'** *v.t. & i.* (פֶּרְלוֹין) גָּנַב, קָנָה בִּמְשִׁיכָה

**pur'ple** *n. & adj.* (פֶּרְפֶּל) אַרְגָּמָן; אַרְגְּמָנִי;
נִמְלָץ
born to the — מִזֶּרַע הַמְּלוּכָה, בַּעַל
יִחוּס

**purport'** *v.t.* (פֶּרְפּוֹרְט) הִבִּיעַ, רָמַז עַל;
הוֹרָה מַשְׁמָעוּת; טָעַן, הִבִּיעַ נֶאֱמָנוּת בִּצְבִיעוּת
pur'port *n.* מַשְׁמָעוּת; מַטָּרָה, כַּוָּנָה

**pur'pose** *n.* (פֶּרְפֶּס) מַטָּרָה, תַּכְלִית;
הַחְלָטִיּוּת; נוֹשֵׂא נָדוֹן; תּוֹצָאָה
on — בְּכַוָּנָה
— *v.t.* קָבַע כְּמַטָּרָה; הִתְכַּוֵּן

**purr** *v.t.* (פֶּר) נָהַם תּוֹךְ קֹרַת־רוּחַ,
הָמָה בְּנַחַת

**purse** *n. & v.t.* (פֶּרְס) אַרְנָק; תִּיק; פְּרָס,
מַעֲנָק; כֶּסֶף; קִמֵּט, כִּוֵּץ

**pur'ser** *n.* (פֶּרְסֶר) גִּזְבָּר

**pursu'ance** *n.* (פֶּרְסוּאָנְס) בִּצּוּעַ, הוֹצָאָה
לַפֹּעַל

**pursue'** *v.t. & i.* (פֶּרְסוּ) רָדַף אַחֲרֵי; הֵצִיק;
הִתְמִיד בּ־; שָׁקַד עַל; בִּצֵּעַ; עָסַק בּ־;
הִמְשִׁיךְ לָדוּן בּ־; הָלַךְ בְּעִקְּבוֹת

**pursuit'** *n.* (פֶּרְסוּט) רְדִיפָה, מִרְדָּף;
מַאֲמָץ לְהַשִּׂיג, חִפּוּשׂ אַחֲרֵי; מִשְׁלַח־יָד

**purvey'** *v.t.* (פֶּרְוֵי) סִפֵּק

**purvey'or** *n.* (פֶּרְוֵיאֶר) סַפָּק

**pus** *n.* (פַּס) מֻגְלָה

**push** *v.t.* (פֻּשׁ) דָּחַף, נִדְחַק; פִּלֵּס דֶּרֶךְ;
הֵאִיץ; קִדֵּם לִקְרַאת סִיּוּם; סָמַךְ עַל יוֹתֵר
מִדַּי; לָחַץ לְמַטָּרָה מְסֻיֶּמֶת; הִכְנִיס; לְצָרָה
מֵחֲמַת מַחְסוֹר בְּמַשֶּׁהוּ; זָז (לְאַחַר דְּחִיפָה)
— off הִסְתַּלֵּק, יָצָא
— *n.* דְּחִיפָה; מַאֲמָץ גָּדוֹל; פִּלּוּס
דֶּרֶךְ; הִתְקַדְּמוּת נִמְרֶצֶת; לַחַץ; הַתְמָדָה,
כֹּחַ הַמְצָאָה

**push'er** *n.* (פֻּשֶׁר) דּוֹחֵף, נִדְחָק, מְזָרֵז;
סוֹחֵר סַמִּים

**push'ing** *adj.* (פֻּשִׁנְג) דּוֹחֵף, נִדְחָק; בַּעַל
כֹּחַ הַמְצָאָה, נִמְרָץ; תּוֹקְפָנִי בְּנִסּוּת

**push'o"ver** *adj.* (פְּשׁוֹבְר) קַל לַעֲשׂוֹת, קַל לְהַשִּׂיג; נִצָּחוֹן קַל
**push'-up"** *n.* (פְּשׁ־אַפּ) שְׁכִיבַת סְמִיכָה
**pu"sillan'imous** *adj.* (פִּיוּסִלֶנִמֵס) הַסְסָן, פַּחְדָן; רַכְרוּכִי
**puss** *n.* (פְּס) פַּרְצוּף; חָתוּל; נַעֲרָה, אִשָּׁה
**pus'sy** *n.* (פְּסִי) חֲתַלְתּוּל, חָתוּל
**pus'syfoot"** *v.t.* (פְּסִיפֻט) הִתְגַּנֵּב, פָּסַע בִּזְהִירוּת; נָהַג בְּחֹסֶר הֶחְלֵטִיּוּת, פָּסַח עַל שְׁתֵּי סְעִפִּים
**put** *v.t.* (פֻּט) שָׂם, הֵנִיחַ; הִכְנִיס; הֶעֱמִיד; הֶעֱסִיק; הֵבִיא לִידֵי־; תִּרְגֵּם; חִבֵּר לַחַן; יִחֵס; קָבַע; הֵמֵר; הִבִּיעַ; הִשְׁתַּמֵּשׁ בּ־; הִצִּיג; הֵטִיל; הִשְׁקִיעַ; יָצָא
— across הִסְבִּיר שֶׁיּוּבַן; גָּרַם שֶׁיִּתְקַבֵּל יָפֶה
— aside חָסַךְ, אָגַר
— down רָשַׁם, כָּתַב; דִּכֵּא; מִעֵט בִּדְמוּת, הֵבִיךְ
— forth הִצִּיעַ, הִגִּישׁ; הִפְעִיל; הִצְמִיחַ
— forward הִצִּיעַ, הִגִּישׁ
— in נִכְנַס לְנָמֵל; הִתְעָרֵב, נִכְנַס לְתוֹךְ דִּבְרֵי הַזּוּלַת; בִּלָּה זְמַנּוֹ כַּנִּדְרָשׁ
— in for בִּקֵּשׁ, הִגִּישׁ בַּקָּשָׁה
— off דָּחָה; דָּחָה בְּלֵךְ וָשׁוּב; הֵשִׁיק
— on לָבַשׁ; סִגֵּל לְשֵׁם הַעֲמָדַת פָּנִים; הִצִּיג
— oneself out הִתְאַמֵּץ בִּמְיֻחָד, הוֹצִיא כֶּסֶף
— out כִּבָּה; הִקְנִיט; הִפְרִיעַ; גָּרַם אִי־נְעִימוּת; יִצֵּר, הוֹצִיא לָאוֹר
— over בִּצַּע בְּהַצְלָחָה
— someone on הִקְנִיט בִּשְׁקָרִים
— something over on רִמָּה, נִצֵּל
— through הוֹצִיא לַפֹּעַל, בִּצַּע; קִשֵּׁר (טלפונית)
— to it הֶעֱמִיד בִּפְנֵי קְשָׁיִים
— to sleep הִרְדִּים
— up הֵקִים; תָּרַם, סִפֵּק, אִכְסֵן, נָתַן מָקוֹם לִינָה; הֶרְאָה; הִצִּיג כִּמְעֻמָּד, מִנָּה
— up on נִצֵּל בְּצוּרָה לֹא־הוֹגֶנֶת
— up to הֵסִית
— up with סָבַל, הִשְׁלִים עִם
stay — נִשְׁאַר בִּמְקוֹמוֹ, נִשְׁאַר בְּמַעֲמָדוֹ
— *n.* הֲטָלָה
**put-'on'** *adj.* (פֻּט־אוֹן) מְעֻשֶּׂה, שֶׁל הַעֲמָדַת פָּנִים
**pu"trefac'tion** *n.* (פִּיוּטְרֶפֶקְשֶׁן) רִקָּבוֹן, הַרְקָבוּת
**pu'trid** *adj.* (פִּיוּטְרִד) רָקוּב; מַעֲלֶה צַחֲנַת רִקָּבוֹן; יָרוּד
**put'tee** *n.* (פַּטִי) חוֹתֶלֶת
**put'ty** *n.* (פַּטִי) מֶרֶק, "קִיט"
**put'-up"** *adj.* (פֻּט־אַפּ) מְבֻיָּם בְּעָרְמָה, מְתֻכְנָן מֵרֹאשׁ בַּחֲשַׁאי
**puz'zle** *n.* & *v.t.* & *i.* (פַּזְל) חִידָה; דָּבָר מַתְמִיהַּ; מַצָּב מַתְמִיהַּ; הֵבִיךְ, בִּלְבֵּל, עוֹרֵר תְּמִיהָה; נִסָּה לִפְתֹּר
**pyg'my** *n.* (פִּגְמִי) נַנָּס; חֲדַל־אִישִׁים, דָּבָר שֶׁל מַה־בְּכָךְ
Pygmy פִּיגְמִי
**pyja'mas** *n.* (פִּגַ'מֵז) פִּיגָ'מָה
**plyon** *n.* (פַּילוֹן) מִגְדַּל סִמּוּן, עַמּוּד
**pyr'amid** *n.* (פִּרֶמִד) פִּירָמִידָה
**pyre** *n.* (פַּיאֶר) עֲרֵמַת חֹמֶר שְׂרֵפָה
**py"rotech'nics** *n.* (פַּיְרֶטֶקְנִקְס) יִצּוּר זִקּוּקִין, שִׁמּוּשׁ בְּזִקּוּקִין, זִקּוּקִין; רַאֲוָה

# Q

**Q,** *n.* (קְיוּ) ק׳, הָאוֹת הַשְּׁבַע־עֶשְׂרֵה בָּאָלֶפְבֵּית הָאַנְגְּלִי

**qua** *adv.* (קְוָה) בְּתוֹר

**quack** *n.* & *v.i.* (קְוֶק) גִּעְגַּע; מַעֲמִיד פָּנִים כְּרוֹפֵא; מַעֲמִיד פָּנִים; רַמַּאי; גִּעְגּוּעַ

**quad′rang″le** *n.* (קְוֹודְרֶנְגֶל) מְרֻבָּע; חָצֵר מְרֻבַּעַת; בִּנְיָנִים מִסָּבִיב לְחָצֵר מְרֻבַּעַת

**quad′rant** *n.* (קְווֹדְרֶנְט) קְוָדְרַנְט; רֶבַע מַעְגָּל

**qua″drilat′eral** *n.* (קְווֹדְרִלֶטֶרַל) מְרֻבָּע

**quadrille′** *n.* (קְוֹדְרִל) קַדְרִיל

**quadroon′** *n.* (קְווֹדְרוּן) שְׁלֹשֶׁת רִבְעֵי כּוּשִׁי, בֶּן מוּלָט וְלָבָן

**quad′ruped** *n.* (קְווֹדְרֻפֶּד) הוֹלֵךְ עַל אַרְבַּע

**quadru′ple** *adj.* & *n.* & *v.t.* & *i.* פִּי אַרְבָּעָה, בֶּן אַרְבָּעָה חֲלָקִים; (קְווֹדְרוּפְּל) הִכְפִּיל פִּי אַרְבָּעָה, רִבַּע

**quadru′plet** *n.* (קְווֹדְרוּפְּלֶט) רְבִיעִיָּה; בֶּן רְבִיעִיָּה

**quaff** *v.i.* & *t.* & *n.* (קְווֹף) לָגַם; לְגִימָה

**quag′mire** *n.* (קְוֶגְמַיְאֶר) אַדְמַת בִּצָּה; מַצָּב קָשֶׁה

**quail** *n.* & *v.i.* (קְוֵיל) שְׂלָו; נָמַס הַלֵּב, רָפוּ יָדָיו

**quaint** *adj.* (קְוֵינְט) מְשֻׁנֶּה בְּצוּרָה מְלַבֶּבֶת; צִיּוּרִי בְּצוּרָה יוֹצֵאת־דֹּפֶן; מַקְסִים בְּיָשְׁנוֹ; עָשׂוּי כִּמְלֶאכֶת מַחֲשֶׁבֶת

**quake** *v.i.* & *n.* (קְוֵיק) רָעַד, הִתְחַלְחֵל; רְעִידַת אֲדָמָה, רֶטֶט

**Qua′ker** *n.* (קְוֵיקֶר) קְוֵיקֶר

**qual″ifica′tion** *n.* (קְווֹלִפִקֵישֶׁן) כִּשּׁוּר; הַתְאָמָה, הָיָה כָּשֵׁר; כְּשִׁירוּת; מִגְבָּלָה

**qual′ify″** *v.t.* & *i.* (קְווֹלִפַי) הִכְשִׁיר; יִחֵס סְגֻלּוֹת; אִפְיֵן, כִּנָּה, הִגְבִּיל; אִיֵּךְ; מִתֵּן, הֵקֵל; הָיָה כָּשֵׁר; קִבֵּל סַמְכוּת בִּכְשִׁירוּתוֹ; גִּלָּה כְּשִׁירוּת; עָמַד בְּמִבְחֲנֵי קְלִיטָה

**qual′ity** *n.* & *adj.* (קְווֹלִטִי) סְגֻלָּה; אֵיכוּת, טִיב; הִצְטַיְּנוּת; הֶשֵּׂג; מַעֲמָד רָם; בַּעַל אֵיכוּת מְעֻלָּה

**qualm** *n.* (קְוָם) נְקִיפַת מַצְפּוּן; מוּסַר כְּלָיוֹת; הַרְגָּשַׁת אִי־נוֹחוּת; בְּחִילַת פִּתְאוֹם

**quan′dary** *n.* (קְווֹנְדֶרִי) מְבוּכָה, דִּילֶמָּה

**quan′tity** *n.* (קְווֹנְטִטִי) כַּמּוּת; כַּמּוּת נִכֶּרֶת

**quar′antine″** *n.* & *v.t.* (קְווֹרֶנְטִין) הֶסְגֵּר; אַרְבָּעִים יוֹם; הֶחֱזִיק בְּהֶסְגֵּר; בּוֹדֵד

**quar′rel** *n.* & *v.i.* (קְווֹרֶל) רִיב, קְטָטָה; רָב, הִתְקוֹטֵט, הִתְנַצֵּחַ; הִגִּישׁ תְּלוּנָה, מָצָא מוּם

**quar′relsome** *adj.* (קְווֹרֶלְסֶם) אוֹהֵב־רִיב, נִרְגָּן

**quar′ry** *n.* & *v.t.* (קְווֹרִי) מַחְצָבָה; טֶרֶף; דָּבָר נִרְדָּף; חַיַּת צַיִד; חָצַב

**quart** *n.* (קְווֹרְט) יְחִידַת מִדָּה לְנוֹזְלִים (= 0.946 לִיטֶר)

**quar′ter** *n.* (קְווֹרְטֶר) רֶבַע; רֶבַע דּוֹלָר; רֶבַע שָׁעָה; רֶבַע שָׁנָה; כִּוּוּן; אֵזוֹר; מָחוֹז, מָקוֹם; רֹבַע; מָקוֹר סְתָמִי (למידע); רַחֲמִים; רֶבַע גּוּף

—**s** מְקוֹם מְגוּרִים, דִּירָה

— *v.t.* חִלֵּק לְאַרְבָּעָה חֲלָקִים שָׁוִים; חִלֵּק; חָתַךְ לְאַרְבָּעָה חֲלָקִים; אִכְסֵן; חִיֵּב לְאַכְסֵן; הִצִּיב

**quar′terly** *adj.* & *adv.* & *n.* (קְווֹרְטֶרְלִי) שֶׁל רֶבַע שָׁנָה; שֶׁל רֶבַע; אַחַת לְרֶבַע שָׁנָה; רִבְעוֹן

**quar′termas″ter** *n.* (קְווֹרְטֶרְמֶסְטֶר) אַפְסְנַאי

**quartz** *n.* (קְווֹרְץ) קְוַרְצָה

**quash** *v.t.* (קְווֹשׁ) דִּכֵּא; בִּטֵּל

**quasi** *adj.* & *adv.* (קְוַזַי) דּוֹמֶה לְ־; כְּעֵין; מְדֻמֶּה, כִּבְיָכוֹל

**qua′ver** *v.i.* & *t.* & *n.* (קְוֵיבֶר) רָטַט; רֶטֶט

**quay** *n.* (קִי) רָצִיף

**quea'sy** *adj.* (קְוִיזִי) סוֹבֵל מִבְּחִילָה; מְעוֹרֵר בְּחִילָה; לֹא־נוֹחַ; בַּרְרָנִי מְאֹד

**queen** *n.* (קְוִין) מַלְכָּה; הוֹמוֹסֶקְסוּאָלִיסְט

**queen'ly** *adj.* (קְוִינְלִי) שֶׁל מַלְכָּה, יָאֶה לְמַלְכָּה

**queer** *adj. & v.t. & n.* (קְוִיר) מְשֻׁנֶּה; מְסֻפָּק; מְעוֹרֵר חָשָׁד; חַלָּשׁ; מְשֻׁגָּע; הוֹמוֹסֶקְסוּאָלִי; קִלְקֵל, סִכֵּן; הוֹמוֹסֶקְסוּ־אָלִיסְט

**quell** *v.t.* (קְוֶל) הִכְנִיעַ, דִּכֵּא; שָׂם קֵץ ל־; שִׁכֵּךְ

**quench** *v.t.* (קְוֶנְץ׳) רִוָּה; כִּבָּה; צִנֵּן פִּתְאוֹם; דִּכֵּא, נָבַר עַל

**quer'ulous** *adj.* (קְוֶרֻלֶס) מִתְלוֹנֵן, נִרְגָּן

**quer'y** *n. & v.t.* (קְוִירִי) שְׁאֵלָה; סָפֵק; סִימַן שְׁאֵלָה; שָׁאַל, הֵטִיל סָפֵק בּ־; סִמֵּן בְּסִימַן שְׁאֵלָה, חָקַר

**quest** *n.* (קְוֶסְט) חִפּוּשׂ

**qu'estion** *n.* (קְוֶסְצֶ׳ן) שְׁאֵלָה; בְּעָיָה; נוֹשֵׂא מַחְלֹקֶת; הַצָּעָה לְדִיּוּן; חֲקִירָה; עִנְיָן

beyond — לְמַעְלָה מִכָּל סָפֵק

call into — הֵטִיל סָפֵק

in — הַנִּדּוֹן

out of the — בִּלְתִּי אֶפְשָׁרִי

— *v.t.* שָׁאַל, הִצִּיג שְׁאֵלוֹת ל־; חָקַר; פִּקְפֵּק בּ־; חָלַק עַל

**ques'tionable** *adj.* (קְוֶסְצֶ׳נַבְּל) מְפֻקְפָּק; שֶׁנִּתָּן לַחֲלֹק עָלָיו

**queue** *n. & v.i. & t.* (קְיוּ) צַמָּה; תּוֹר; עָמַד בְּתוֹר

**quib'ble** *n. & v.i.* (קְוִבְּל) הִתְחַמְּקוּת; בִּקֹּרֶת קַטְנוּנִית; הִתְנַגְּדוּת חַסְרַת־עֵרֶךְ; הִתְחַמֵּק מִתְּשׁוּבָה בְּרוּרָה; מָתַח בִּקֹּרֶת קַטְנוּנִית

**quick** *adj. & n. & adv.* (קְוִק) מָהִיר, מִיָּדִי, זָרִיז; נִמְהָר, פָּזִיז; חוֹדֵר; מְהִיר־תְּפִיסָה; הַחַיִּים; מַהֵר

cut to the — הֶעֱלִיב קָשׁוֹת

**quick'en** *v.t. & i.* (קְוִקֶן) הֵחִישׁ, זֵרֵז; עוֹרֵר; הֶחְיָה; נַעֲשָׂה פָּעִיל יוֹתֵר; חָזַר לַחַיִּים; הִתְחִיל לְגַלּוֹת סִימָנֵי חַיִּים

**quick'sand"** *n.* (קְוִקְסֶנְד) חוֹל טוֹבְעָנִי, טִיט יָוֵן

**quiet** *adj. & n. & v.t. & i.* (קְוַיְאֶט) שָׁקֵט; רָגוּעַ; מָתוּן; שֶׁקֶט; רְגִיעָה; שָׁלוֹם; הִשְׁקִיט; הִשְׁתִּיק; הִרְגִּיעַ; שִׁכֵּךְ; הִשְׁתַּתֵּק

**quill** *n.* (קְוִל) אֶבְרָה; קוּלְמוּס; קוֹץ (של קיפוד או דרבן)

**quilt** *n.* (קְוִלְט) כֶּסֶת

**quince** *n.* (קְוִנְס) חַבּוּשׁ

**qui'nine** *n.* (קְוַינַיְן) כִּינִין

**quintet'** *n.* (קְוִנְטֶט) חֲמִשִּׁית

**quintup'let** *n.* (קְוִנְטוּפְּלֶט) חֲמִישִׁיָּה; בֶּן חֲמִישִׁיָּה

**quip** *n. & v.t.* (קְוִפּ) הֶעָרָה מְבַדַּחַת, חִדּוּד; שְׁנִינָה; הֵעִיר הֶעָרָה מְבַדַּחַת, הֵעִיר הֶעָרָה מְמֻלַּחַת

**quirk** *n.* (קְוֶרְק) מוּזָרוּת; הִתְנַהֲגוּת יוֹצֵאת־דֹּפֶן; הִתְחַמְּקוּת; תַּפְנִית־פֶּתַע; כְּתִיבָה רַאַוְתָנִית

**quit** *v.t. & i. & adj.* (קְוִט) חָדַל; יָצָא, עָזַב; וִתֵּר עַל; הִרְפָּה מ־; הִתְפַּטֵּר מ־; הוֹדָה עַל תְּבוּסָה, נִכְנַע; חָפְשִׁי, מְשֻׁחְרָר, פָּטוּר

**quite** *adv.* (קְוַיְט) לְגַמְרֵי, כֻּלּוֹ, בִּשְׁלֵמוּת; בְּעֶצֶם, לְמַעֲשֶׂה; בְּמִדָּה נִכֶּרֶת, לְמַדַּי

**quits** *adj.* (קְוִטְס) בְּמַצָּב שָׁוֶה לְאַחַר סִלּוּק חֶשְׁבּוֹן

call it — הִפְסִיק פְּעִילוּת זְמַנִּית; חָדַל לְהִתְאַמֵּץ

**quit'tance** *n.* (קְוִטַנְס) פִּצּוּי, גְּמוּל; פְּטוֹר

**quiv'er** *v.t. & i. & n.* (קְוִבֶר) רָעַד, רִטֵּט; רְעִידָה; רֶטֶט; אַשְׁפָּה (לחצים)

**qui'xot'ic** *adj.* (קְוִקְסוֹטִק) דּוֹן־קִישׁוֹטִי, אַבִּירִי בְּצוּרָה מֻגְזֶמֶת; הוֹזֶה, בַּעַל דִּמְיוֹן

**quiz** *v.t. & n.* (קְוִז) בָּחַן; חָקַר; בֹּחַן; חִידוֹן; הַצָּגַת שְׁאֵלוֹת; מַעֲשֶׂה לְצָנוּת

— program חִידוֹן

**quiz'zical** *adj.* (קְוִיזִקְל) נָבוֹךְ; מְשֻׁנֶּה; מְבַדֵּחַ; לַגְלְגָנִי

**quor'um** *n.* (קְוֹרְם) קְוֹרוּם, מִנְיָן מִינִימָלִי

**quo'ta** *n.* (קְוֹטַה) מִכְסָה, "נוֹרְמָה"

**quota'tion** *n.* (קְוֹטֵישְׁן) צִיטָטָה, מוּבָאָה; צִטּוּט; מְחִיר הַשּׁוּק

— **marks** מֵרְכָאוֹת

**quote** *v.t. & i. & n.* (קְווֹט) צִטֵּט; צִיֵּן, הֵבִיא כְּסִמּוּכִין; צִיֵּן בְּמֵרְכָאוֹת; נָקַב מְחִיר; הֵבִיא צִיטָטוֹת; צִיטָטָה

**quoth** *v.* (קְווֹת׳) אָמַר

**quotid'ian** *adj.* (קְווֹטִדִיאֲן) יוֹמִי; יוֹמְיוֹמִי

**quo'tient** *n.* (קְווֹשֶׁנְט) מָנָה

# R

**R, r** *n.* (אָר) ר׳, הָאוֹת הַשְּׁמוֹנֶה־עֶשְׂרֵה בָּאָלֶפְבֵּית הָאַנְגְּלִי

**rab′bi** *n.* (רֶבַּי) רַב; רַבִּי

**rabbin′ical** *adj.* (רַבִּנִקְל) שֶׁל רַבָּנִים, רַבָּנִי, שֶׁל הָרַבָּנוּת

**rab′bit** *n.* (רֶבִּט) אַרְנָבוֹן, אַרְנֶבֶת

**rab′ble** *n.* (רֶבְּל) אֲסַפְסוּף

**rab′id** *adj.* (רֶבִּד) מִשְׁתּוֹלֵל; מְטֹרָף, נְגוּעַ־כַּלֶּבֶת

**ra′bies** *n.* (רֵיבִּיז) כַּלֶּבֶת

**raccoon′** *n.* (רֶקוּן) רַקּוּן, דֹּב רוֹחֵץ

**race** *n.* & *v.i.* (רֵיס) מֵרוֹץ; תַּחֲרוּת; הִתְקַדְּמוּת לְעֵבֶר; זֶרֶם חָזָק; אָפִיק, תְּעָלָה; גֶּזַע; הַמִּין הָאֱנוֹשִׁי; הִשְׁתַּתֵּף בְּמֵרוֹץ; הִתְחָרָה; הֵרִיץ בְּמֵרוֹץ; רָץ; שִׁתֵּף בְּמֵרוֹץ; הֵנִיעַ בִּמְהִירוּת רַבָּה

**ra′cial** *adj.* (רֵישֶׁל) גִּזְעִי; גִּזְעָנִי

**rack** *n.* & *v.t.* (רֶק) מִתְלֶה; מִסְגֶּרֶת; פַּס־שִׁנַּיִם; מִמְתָּח לְעִנּוּיִים; סֵבֶל קָשֶׁה; מַאֲמָץ חָזָק; עִנָּה; אִמֵּץ מְאֹד; מָתַח לְשֵׁם עִנּוּי

**rack′et** *n.* (רֶקֶט) הֲמֻלָּה; סַחְטָנוּת מְאֻרְגֶּנֶת, פֶּשַׁע מְאֻרְגָּן; מִשְׁלַח־יָד; מַחְבֵּט

**rack″eteer″** *n.* (רֶקֶטִיר) סַחְטָן, פּוֹשֵׁעַ ״מְאֻרְגָּן״

**ra′cy** *adj.* (רֵיסִי) לֹא־צָנוּעַ; עַלִּיז; חָרִיף

**ra′dar** *n.* (רֵידָר) רָדָר, מַכָּ״ם

**ra′diance** *n.* (רֵידִיאֶנְס) הוֹד, קְרִינָה; זִיו חַמִּים

**ra′diant** *adj.* (רֵידִיאֶנְט) זוֹהֵר, זוֹרֵחַ, קוֹרֵן

**ra′diate″** *v.i* & *t.* (רֵידִיאֵיט) קָרַן; זָרַח; הֵפִיץ עַלִּיזוּת; הִקְרִין, הֵפִיץ

**ra″dia′tion** *n.* (רֵידִיאֵישְׁן) קְרִינָה; הַקְרָנָה

**ra′dia″tor** *n.* (רֵידִיאֵיטְר) רַדְיָטוֹר, מַקְרֵן

**rad′ical** *adj.* & *n.* (רֶדִקְל) שָׁרְשִׁי, בְּסִיסִי; קִיצוֹנִי, יְסוֹדִי; רָדִיקָלִי; רָדִיקָל

**ra′dio″** *n.* & *adj.* & *v.t.* & *i.* (רֵידִיאוֹ) רַדְיוֹ; אַלְחוּט; שֶׁדֶר; שֶׁל רַדְיוֹ, אַלְחוּטִי; הֶעֱבִיר בְּרַדְיוֹ, מָסַר בְּאַלְחוּט, שִׁדֵּר

**r″adioac′tive** *adj.* (רֵידִיאוֹאֶקְטִב) רַדְיוֹאַקְטִיבִי

**rad′ish** *n.* (רֶדִשׁ) צְנוֹן; צְנוֹנִית

**ra′dium** *n.* (רֵידִיאֶם) רַדְיוּם

**ra′dius** *n.* (רֵידִיאֶס) רַדְיוּס

**raf′fish** *adj.* (רֶפִשׁ) הֲמוֹנִי, גַּס; מֻפְקָר

**raf′fle** *n.* & *v.t.* (רֶפְל) הַגְרָלָה; הִגְרִיל

**raft** *n.* (רֶפְט) רַפְסוֹדָה, דּוֹבְרָה

**raf′ter** *n.* (רֶפְטְר) קוֹרַת־תֶּמֶךְ

**rag** *n.* (רֶג) סְמַרְטוּט, סְחָבָה; קֶרַע

**rage** *n.* & *v.i.* (רֵיג׳) חָרוֹן, חֵמָה; הִשְׁתּוֹלְלוּת; עָצְמָה; תְּשׁוּקָה עַזָּה; לַהַט, הִתְלַהֲבוּת; שִׁגָּעוֹן־אָפְנָה; הִשְׁתּוֹלֵל, זָעַם, סָעַר; הִסְתָּעֵר

**rag′ged** *adj.* (רֶגִד) בָּלוּי, מְמֻרְטָט; מְשֻׁנָּן; מְזֻנָּח; פָּגוּם

**raid** *n.* & *v.t.* & *i.* (רֵיד) פְּשִׁיטָה, מָצוֹד; עָרַךְ פְּשִׁיטָה, פָּשַׁט עַל

**rail** *n.* & *v.i.* (רֵיל) פַּס, פַּסִּים; מַעֲקֶה; מְסִלַּת בַּרְזֶל; גִּנָּה חֲרִיפוֹת, קָרָא תִּגָּר

**rai′ling** *n.* (רֵילִנְג) מַעֲקֶה

**rai′llery** *n.* (רֵילֶרִי) לַעַג בְּרוּחַ טוֹבָה, לִגְלוּג לֵיצָנִי

**rail′road″** *n.* & *v.t.* (רֵילְרוֹד) מְסִלַּת בַּרְזֶל; הֶעֱבִיר בְּרַכֶּבֶת; הֶעֱבִיר בְּחִפָּזוֹן; הִרְשִׁיעַ מְנִיָּה וּבֵיהּ לְלֹא עֵדוּת מַסְפֶּקֶת אוֹ בְּהַאֲשָׁמוֹת כּוֹזְבוֹת

**rail′way″** *n.* (רֵילְוֵי) מְסִלַּת בַּרְזֶל (למרחקים קצרים)

**rai′ment** *n.* (רֵימֶנְט) בְּגָדִים, לְבוּשׁ

**rain** *n.* & *v.i.* & *t.* (רֵין) גֶּשֶׁם, מָטָר; יָרַד (גשם); הִמְטִיר; הוֹרִיד

**— cats and dogs** אֲרֻבּוֹת הַשָּׁמַיִם נִפְתְּחוּ

**— out** גֶּשֶׁם גָּרַם לְבִטּוּל אוֹ לִדְחִיָּה

**rain′bow″** *n.* (רֵינְבּוֹ) קֶשֶׁת (בענן); תְּצוּגָה סַסְגּוֹנִית, מִגְוָן

**rain″fall′** *n.* (רֵינְפוֹל) גֶּשֶׁם; כַּמּוּת הַגְּשָׁמִים

**rai′ny** *adj.* (רֵינִי) גָּשׁוּם; רָטֹב מִגֶּשֶׁם

**raise** *v.t.* (רֵיז) הֵרִים; הִגְבִּיהַּ; זָקַף; הֵקִים;

גִּדֵּל; הִפְעִיל; הַצִּיג; כִּנֵּס, אָסַף; הֵעִיר;
הֶחֱיָה; עוֹדֵד; קִדֵּם, הֶעֱלָה; הִגְדִּיל; הִשְׁמִיעַ;
הֵסִיר (מצור)

**— n.** הַעֲלָאָה, עֲלִיָּה

**rai′sin** n. (רֵיזָן) צִמּוּק

**rake** n. & v.t. (רֵיק) מַגְרֵסָה; הוֹלֵל;
עָרַף; חָשַׂף; חִפֵּשׂ בִּיסוֹדִיּוּת; גֵּרֵד; יָרָה
לְאָרְכּוֹ; הֶעֱבִיר הָעֵינַיִם עַל

**ra′kish** adj. (רֵיקִשׁ) עַלִּיז, נָאֶה וּמְסֻדָּר

**ral′ly** v.t. & i. & n. (רֵלִי) עָרַךְ מֵחָדָשׁ,
כִּנֵּס וְאִרְגֵּן מֵחָדָשׁ; הֶחֱזִיק, קִבֵּץ; חִזֵּק;
הִתְכַּנֵּס לִפְעֻלָּה מְשֻׁתֶּפֶת; נֶעֶרְכוּ מֵחָדָשׁ;
סִיֵּעַ; הִבְרִיא חֲלָקִית, הַתְאוֹשֵׁשׁ, הַתְעוֹדֵד;
עָלָה לְאַחַר יְרִידָה (ערך): הַעֲרָכוּת מֵחָדָשׁ;
הַתְאוֹשְׁשׁוּת, עֲלִיָּה חַדָּה; מֵרוֹץ מְכוֹנִיּוֹת
לְמֶרְחָק רַב

**ram** n. & v.t. (רֶם) אַיִל; קַבָּל; חַרְטוֹם
נְגִיחָה; כְּלִי מַפֵּץ; מַזַּל טָלֶה; נָח בְּעָצְמָה
רַבָּה; הָלַם ב־; הִתְנַגֵּשׁ ב־; דָּחַק, דָּחַף
בְּחָזְקָה

**ram′ble** v.i. (רֶמְבֵּל) נָדַד לְלֹא מַטָּרָה,
שׁוֹטֵט, הִתְהַלֵּךְ בְּדֶרֶךְ נִפְתֶּלֶת; נָדַל בְּצוּרָה
לֹא־מְסֻדֶּרֶת; דִּבֵּר אוֹ כָּתַב לְלֹא תַּכְלִית

**ram′ifica′tion** n. (רֶמְפַקֵישָׁן) הַסְתַּעֲפוּת;
תּוֹצָאָה

**ramp** n. (רֶמְפּ) מַעֲבַר מְשֻׁפָּע; כֶּבֶשׁ;
סוֹלְלָה

**ram′page** n. (רֶמְפֵּיג׳) הִשְׁתּוֹלְלוּת; חֵמַת
זַעַם

**rampage′** v.i. הִשְׁתּוֹלֵל

**ram′part** n. (רֶמְפַּרְט) חֵל

**ram′rod″** n. (רֶמְרוֹד) מוֹט נַחַת, מוֹט נִקּוּי;
חֹטֶר

**ram′shack″le** adj. (רֶמְשֵׁקְל) רָעוּעַ

**ran** (רֶן) (זמן עבר של run)

**ranch** n. (רֶנְץ׳) חַוָּה לְגִדּוּל בְּהֵמוֹת
**—er** n. מְגַדֵּל בְּהֵמוֹת

**ran′cid** adj. (רֶנְסַד) מַסְרִיחַ (מרקבון)

**ran′cor** n. (רֶנְקֶר) אֵיבָה מְלֻחְלֶחֶת, רִשְׁעוּת

**ran′dom** adj. (רֶנְדֶם) מִקְרִי, חֲסַר־תַּכְלִית,
אַקְרָאִי

**rang** (רֶנְג) (זמן עבר של ring)

**range** n. (רֵינְג׳) תְּחוּם; טְוָח; מִטְוָח; מֶרְחָק;

שֶׁטַח פְּעֻלָּה; דַּרְגָּה; טוּר, שׁוּרָה, סִדְרָה;
אֵזוֹר־מִרְעֶה נִרְחָב; שְׁטוֹט; שֶׁטַח הַתְפַּשְׁטוּת
שַׁלְשֶׁלֶת הָרִים; כִּירַיִם

**—** v.t. & i. עָרַךְ; סִדֵּר, יִשֵּׁר; עָבַר וְחָפֵשׂ;
רָעָה בְּאֵזוֹר נִרְחָב; כִּוֵּן; קָבַע טְוָח, נָע בֵּין...
וּבֵין; הִתְחַשֵּׁט; הִתְמַקֵּם; שׁוֹטֵט, נָדַד; נִמְצָא

**ran′ger** n. (רֵינְג׳ֵר) שׁוֹטֵר אֵזוֹרִי; פַּקָּח;
חַיָּל קוֹמַנְדּוֹ

**rank** n. (רֶנְק) מַעֲמָד; מַעֲמָד רָם; דַּרְגָּה;
טוּר, שׁוּרָה, סִדְרָה; מַעֲרָךְ
**—s** חוֹגְרִים

**— pull** נִצֵּל דַּרְגָּתוֹ בְּצוּרָה לֹא־צְפוּיָה

**— v.t. & i.** עָרַךְ בְּשׁוּרוֹת; הִצִּיב לְמַעֲמָד
מְסֻיָּם; עָלָה בְּדַרְגָּה עַל; נֶעֱרַךְ בְּשׁוּרָה; תָּפַס
מָקוֹם מְסֻיָּם; הָיָה בַּעַל דַּרְגָּה מְסֻיֶּמֶת, חָיָה
בַּעַל הַדַּרְגָּה הַבְּכִירָה

**— adj.** נָדָל בְּשֶׁפַע, מִתְפַּשֵּׁט בְּאֵין
מַעֲצוֹר; מַצְמִיחַ צִמְחִיָּה סְבוּכָה, מַסְרִיחַ,
חָרִיף מְאֹד; מֻחְלָט, מֻבְהָק; וַעֲלִי

**ran′king** adj. (רֶנְקַנְג) בַּעַל דַּרְגָּה מְסֻיֶּמֶת

**ran′kle** v.i. (רֶנְקֵל) כִּרְסֵם, עוֹרֵר
הִתְמַרְמְרוּת מַתְמֶדֶת, חִלְחֵל, הִתְנַמֵּל

**ran′sack** v.t. (רֶנְסֶק) חִפֵּשׂ בִּיסוֹדִיּוּת; בָּזַז

**ran′som** n. & v.t. (רֶנְסֶם) פִּדְיוֹן; כֹּפֶר;
פָּדָה עַל יְדֵי תַּשְׁלוּם כֹּפֶר; שִׁחְרֵר עִם קַבָּלַת
כֹּפֶר

**rant** v.i. & t. (רֶנְט) דִּבֵּר בְּטֵרוּף

**rap** v.t. & i. & n. (רֶפּ) דָּפַק דְּפִיקוֹת
מִסְפָּר; אָמַר בְּקוֹל חַד; שׂוֹחֵחַ בְּאִינְטֶנְסִיבִיּוּת;
דְּפִיקָה מְהִירָה; אַשְׁמָה, עֹנֶשׁ; כְּהוּא זֶה

**— a bum** הִרְשָׁעָה עַל לֹא עָוֶל בְּכַפּוֹ

**beat the —** הִתְחַמֵּק מֵעֹנֶשׁ; יָצָא זַכַּאי

**take the —** נֶעֱנַשׁ עַל עֲבֵרָה אוֹ שְׁגִיאָה
הַזּוּלַת

**rapa′cious** adj. (רֶפֵּישָׁס) בּוֹזְזָנִי, חַמְסָנִי;
טוֹרְפָנִי

**rape** n. & v.t. & i. (רֵיפּ) אֹנֶס; שֹׁד; אָנַס;
שָׁדַד, בָּזַז

**ra′pid** adj. (רֶפַּד) מָהִיר; זָרִיז
**—s** אֶשֶׁד־נָהָר

**ra′pier** n. (רֵיפִּיאֶר) חֶרֶב פִּיפִיּוֹת, סַיִף

**ra′pine** n. (רֶפַּן) שֹׁד

**rapt** *adj.* (רֶפְּט) שָׁקוּעַ מְאֹד; אָחוּז; שְׁטוּף־
גִּיל
**rap'ture** *n.* (רֶפְּצֶ'ר) אֹשֶׁר נִלְהָב
**rare** *adj.* (רֵר) נָדִיר; דַּק; בְּמִדָּה רַבָּה;
מְעֻלֶּה
—**ly** *adv.* לְעִתִּים רְחוֹקוֹת; לְעִתִּים
נְדִירוֹת
**rar'ity** *n.* (רֵרִטִי) נְדִירוּת, תּוֹפָעָה יְקָרַת
הַמְּצִיאוּת; הִצְטַיְּנוּת יוֹצֵאת מִן הַכְּלָל; דַּקּוּת
**ras'cal** *n.* (רֶסְקֶל) נָבָל; שׁוֹבָב
**rash** *adj.* & *n.* (רֶשׁ) פָּזִיז; תִּפְרַחַת,
פְּרִיחָה (של העור); מַגֵּפָה
**rash'er** *n.* (רֶשֶׁר) פְּרוּסָה דַּקָּה
**rash'ness** *n.* (רֶשְׁנֶס) פְּזִיזוּת
**rasp** *v.t.* & *i.* & *n.* (רֶסְפּ) גֵּרֵד; גֵּרָה;
גֵּרוּד; שׁוֹפִין־קַרְצוּף, מָשׁוֹף
**ras'pber"ry** *n.* (רֶזְבֶּרִי) פֶּטֶל
**rat** *n.* (רֶט) חֻלְדָּה; נָבָל; בּוֹגֵד, מַלְשִׁין
smell a — חָשַׁד מִפְּנֵי בּוֹגְדָנוּת
— *v.i.* הִלְשִׁין
**rate** *n.* (רֵיט) שִׁעוּר; תַּעֲרִיף; מְחִיר; קֶצֶב;
מַצָּב יַחֲסִי, מַעֲמָד; דֵּרוּג; שָׂכָר לְפִי שָׁעוֹת
at any — עַל כָּל פָּנִים, לְפָחוֹת, עֲדַיִן
— *v.t.* & *i.* הֶעֱרִיךְ, שָׂם; הִתְיַחֵס אֶל;
קָבַע תַּעֲרִיף; סִוֵּג; דֵּרֵג; הָיָה בַּעַל עֵרֶךְ; הָיָה
בַּעַל מַעֲמָד מְסֻיָּם; הֶחְשַׁב
**rath'er** *adv.* (רֶדֶ'ר) בְּמִדַּת־מָה; לְיֶתֶר
דִּיּוּק; מוּטָב; לְהֶפֶךְ
**rat'ify** *v.t.* (רֶטִפַי) אִשְׁרֵר
**ra'ting** *n.* (רֵיטִנְג) סִוּוּג, דֵּרוּג; מַעֲמָד
כִּמְקַבֵּל אַשְׁרַאי; שִׁעוּר מַאֲזִינִים אוֹ צוֹפִים;
תַּעֲרִיף
**ra'tio"** *n.* (רֵישִׁיאוֹ) יַחַס
**rati'on** *n.* (רֶשֶׁן) מָנָה
—**s** צֵידָה
— *v.t.* קִצֵּב; הִגְבִּיל צְרִיכָה
**rati'onal** *adj.* (רֶשֶׁנֶל) רַצְיוֹנָלִי, שִׂכְלִי, הֶגְיוֹנִי,
מְבֻסָּס עַל תְּבוּנָה; שָׁפוּי; בַּעַל תְּבוּנָה
**rat'ionalize"** *v.t.* & *i.* (רֶשֶׁנֶלַיז) שִׂכְלֵן;
נָהַג בִּתְבוּנָה
**rat'tle** *v.i.* & *t.* & *n.* (רֶטְל) קִשְׁקֵשׁ, שִׁקְשֵׁק;
גָּרַם שִׁקְשׁוּק; עָשָׂה מַהֵר; בִּלְבֵּל; שִׁקְשׁוּק;
רַעֲשָׁן; קַשְׁקַשֵּׁי־שִׁקְשׁוּק; שִׁקְשׁוּקֵי גְסִיסָה
**rat'tlesnake"** *n.* (רֶטֶלְסְנֵיק) צִפְעוֹן שַׁקְשָׁקָן
**rau'cous** *adj.* (רוֹקֶס) צוֹרְמָנִי
**rav'age** *v.t.* & *i.* & *n.* (רֶוֶג') הֵשַׁם; הֶרֶס
**rave** *v.i.* & *t.* & *n.* (רֵיב) דִּבֵּר בְּטֵרוּף;
הִשְׁתּוֹלֵל; הִפְלִיג בְּשְׁבָחִים; דִּבּוּר־טֵרוּף;
הִשְׁתּוֹלְלוּת; תִּשְׁבָּחוֹת מֻפְרָזוֹת
**ra'ven** *n.* (רֵיבְן) עוֹרֵב שָׁחוֹר
**rav'enous** *adj.* (רֶוֶנֶס) טוֹרְפָנִי מְאֹד; רָעֵב
מְאֹד; לָהוּט מְאֹד
**ravine'** *n.* (רֲוִין) גַּיְא
**ra'ving** *adj.* (רֵיבִנְג) מְדַבֵּר מִתּוֹךְ טֵרוּף;
מִשְׁתּוֹלֵל; יוֹצֵא מִן הַכְּלָל
**rav'ish** *v.t.* (רֶוִשׁ) חָטַף, אָנַס; מִלֵּא שִׂמְחָה
וָגִיל
—**ing** *adj.* מַקְסִים
**raw** *adj.* חַי, נָא; גָּלְמִי; חָשׂוּף; גַּס;
גְּלוּי־לֵב בְּצוּרָה אַכְזָרִית; אַכְזָרִי; קַר וְרָטֹב;
לֹא־מָהוּל
in the — בְּמַצָּב טִבְעִי; עָרֹם
**ray** *n.* (רֵי) קֶרֶן; זְרוֹעַ (של כוכב ים);
תְּרִיסָנִית
**ra'yon** *n.* (רֵיאוֹן) זְהוֹרִית
**raze** *v.t.* (רֵיז) הָרַס כָּלִיל
**ra'zor** *n.* (רֵיזֹר) מַכְשִׁיר גִּלּוּחַ; תַּעַר
— blade סַכִּין גִּלּוּחַ
**re-** *prefix* (רִי־) עוֹד פַּעַם, שֵׁנִית, מֵחָדָשׁ;
אֲחוֹרָה
**reach** *v.t.* & *i.* & *n.* (רִיץ') הִגִּיעַ ל־;
הוֹשִׁיט; הִשִּׂיג; הִסְתַּכֵּם בְּ־; פָּגַע בְּ־; הִתְאַמֵּץ
לִתְפֹּס; נִמְשַׁךְ עַד; חָדַר; הַשָּׂגָה, הֶשֵּׂג; תְּחוּם
פְּעֻלָּה; יְכֹלֶת; שֶׁטַח רָצוּף
**react'** *v.t.* (רִיאֶקְט) הֵגִיב; פָּעַל פְּעֻלַּת
גּוֹמְלִין; פָּעַל בְּצוּרָה מְנֻגֶּדֶת; נַעֲנָה ל־
**reac'tion** *n.* (רִיאֶקְשֶׁן) פְּעֻלָּה מְנֻגֶּדֶת;
רֵאַקְצְיָה; שַׁמְרָנוּת קִיצוֹנִית; תְּגוּבָה
**read** *v.t.* (רִיד) קָרָא; עָמַד עַל מַשְׁמָעוּת;
נִבֵּא; יִחֵס; הָיָה כָּתוּב; רָשַׁם; נָזַף; פָּתַר; עָסַק
בִּקְרִיאָה; נִקְרָא; נִתַּן לְפֵרוּשׁ; הָיָה מְנֻסָּח
בְּצוּרָה מְסֻיֶּמֶת
**rea'dable** *adj.* (רִידֶבְּל) קָרִיא
**rea'der** *n.* (רִידֶר) קוֹרֵא; מִקְרָאָה; קָרְיָן
כִּתְבֵי־יָד; מְדַקְלֵם; מַקְרִיא; מַרְצֶה
**rea'dership"** *n.* (רִידֶרְשִׁפּ) צִבּוּר הַקּוֹרְאִים

**read'ily** *adv.* (רֶדִלִי) מִיָּד, מַהֵר, בְּקַלּוּת; בְּרָצוֹן

**read'iness** *n.* (רֶדִינֶס) נְכוֹנוּת; זְרִיזוּת; קַלּוּת; נְטִיָּה, הַסְכָּמָה

**rea'ding** *n.* (רִידִנְג) קְרִיאָה; פֵּרוּשׁ; בְּקִיאוּת סִפְרוּתִית; חֹמֶר קְרִיאָה; גִּרְסָה

**read'y** *adj.* (רֶדִי) מוּכָן; מָהִיר; נוֹטֶה, עוֹמֵד לְ־; בְּנִמְצָא מִיָּד; נוֹכֵחַ; נוֹחַ

make — הָכִין

**real** *adj. & adv.* (רִיל) אֲמִתִּי; מַמָּשִׁי; כֵּן; מְצִיאוּתִי; שֶׁל נִכְסֵי דְּלָא נָיְדֵי; מְאֹד

**real'estate"** (רִיל אֶסְטֵיט) נִכְסֵי דְּלָא נָיְדֵי, מְקַרְקְעִין

**re'alis"m** *n.* (רִיאֲלִיזְם) מְצִיאוּתִיּוּת, רֵאָלִיזְם

**re'alist** *n.* (רִיאֲלִסְט) רֵאָלִיסְט

**real'ity** *n.* (רִיאֶלִטִי) מְצִיאוּת

in — בְּעֶצֶם, לְמַעֲשֶׂה

**re"aliza"tion** *n.* (רִיאֶלִיזֵישְׁן) הַכָּרָה; הַגְשָׁמָה, הִתְגַּשְּׁמוּת; הֲמָרָה לִמְזֻמָּנִים

**re'alize"** *v.t. & i.* (רִיאֲלַיז) הֵבִין, תָּפַס, הִגִּיעַ לִידֵי הַכָּרָה; הָיָה מוּדָע לְ־; הִגְשִׁים; מִמֵּשׁ, הֵמִיר לִמְזֻמָּנִים; קִבֵּל בְּתוֹר רֶוַח; הִכְנִיס

**re'ally** *adv.* (רִילִי) בֶּאֱמֶת, בְּעֶצֶם; אָמְנָם

**realm** *n.* (רֶלְם) מַמְלָכָה; תְּחוּם, שֶׁטַח

**ream** *v.t.* (רִים) קִדֵּד

**reap** *v.t. & i.* (רִיפּ) קָצַר; אָסַף; קִבֵּל כִּתְשׁוּאָה

**rear** *n.* (רִיר) אָחוֹר; אֲחוֹרַיִם; מְאַסֵּף

bring up the — הָיָה בַּמְּאַסֵּף

— *v.t. & i.* גִּדֵּל; הֵקִים; הֶעֱמִיד; עָמַד עַל הָרַגְלַיִם הָאֲחוֹרִיּוֹת; הִתְרוֹמֵם

**reason** *n.* (רִיזְן) סִבָּה; הַצְדָּקָה; תְּבוּנָה; שֵׂכֶל; שְׁפִיּוּת־דַּעַת; הֲנָחָה

by — of בִּגְלַל

within — מִתְקַבֵּל עַל הַדַּעַת, נָאוֹת

stand to — הָיָה בָּרוּר

with — מֻצְדָּק, נָאוֹת

— *v.i. & t.* שָׁקַל בְּדַעַת; הִסִּיק; נִסָּה לְשַׁכְנֵעַ; נִמֵּק

**re'asonable** *adj.* (רִיזֲנַבְּל) הֶגְיוֹנִי, מִתְקַבֵּל עַל הַדַּעַת; תְּבוּנָתִי; סָבִיר; שָׁוֶה לְכָל נֶפֶשׁ; שִׂכְלִי

**re'asoning** *n.* (רִיזֲנִנְג) שִׁקּוּל דַּעַת, הַסָּקַת מַסְקָנוֹת; הַנְמָקָה

**re"assure'** *v.t.* (רִיאֲשׁוּר) עוֹדֵד, הֶחֱזִיר בִּטָּחוֹן

**rebate'** *n.* (רִבֵּיט) הַחְזָרַת חֵלֶק מִתַּשְׁלוּם

**rebel'** *v.i.* (רִבֶּל) מָרַד; מָאַס

**re'bel** *n.* (רֶבְּל) מוֹרֵד

**rebell'ion** *n.* (רִבֶּלְיֶן) מֶרֶד

**rebell'ious** *adj.* (רִבֶּלְיֶס) מוֹרֵד, מַמְרֶה, פּוֹרֵק עֹל

**re'bound"** *n.* (רִיבַּאוּנְד) רְתִיעָה, קְפִיצָה חוֹזֶרֶת

on the — לְאַחַר קְפִיצָה חוֹזֶרֶת; לְאַחַר דְּחִיָּה עַל יְדֵי מִישֶׁהוּ אַחֵר

rebound' *v.i. & t.* (רִבַּאוּנְד) קָפַץ בַּחֲזָרָה; הִקְפִּיץ בַּחֲזָרָה

**re'buff** *n.* (רִיבַּף) דְּחִיָּה מִנֵּיהּ וּבֵיהּ; סֵרוּב מִיָּדִי; מִכְשׁוֹל

rebuff' *v.t.* (רִבַּף) דָּחָה מִנֵּיהּ וּבֵיהּ; סֵרֵב בְּלִי שְׁהִיּוֹת; עָצַר

**rebuke'** *n. & v.t.* (רִבְּיוּק) נְזִיפָה; נָזַף בְּ־

**recall'** *v.t.* (רִקוֹל) נִזְכַּר; קָרָא חֲזָרָה; בִּטֵּל

re'call" *n.* (רִיקוֹל) הִזָּכְרוּת; קְרִיאָה חֲזָרָה; בִּטּוּל הַעֲבָרָה מִמִּשְׂרָה צִבּוּרִית בְּעִקְבוֹת מִשְׁאַל־עַם

**recant'** *v.t. & i.* (רִקֶנְט) חָזַר בּוֹ בְּפַרְהֶסְיָה

**re"capit'ulate** *v.t. & i.* (רִיקַפִּצְ'לֵיט) סִכֵּם; חָזַר עַל שְׁלַבִּים קוֹדְמִים

**recede'** *v.i.* (רִסִיד) נָסוֹג, הִתְרַחֵק; נָטָה אֲחוֹרָה

**receipt'** *n. & v.t.* (רִסִיט) קַבָּלָה; מַתְכּוֹן

—s תַּקְבּוּלִים

— *v.t. & i.* מָסַר קַבָּלָה; אִשֵּׁר עַל יְדֵי קַבָּלָה

**receive'** *v.t. & i.* (רִסִיב) קִבֵּל; הִתְנַסָּה בְּ־; קִבֵּל פְּנֵי־; קָלַט

**recei'ver** *n.* (רִסִיבְר) מְקַבֵּל; מַקְלֵט; שְׁפוֹפֶרֶת; כּוֹנֵס נְכָסִים; קוֹנֶה סְחוֹרָה גְּנוּבָה; מֵכָל; צִנָּה

**re'cent** *adj.* (רִיסֶנְט) חָדָשׁ, שֶׁאֵרַע לָאַחֲרוֹנָה, שֶׁמִּלִּפְנֵי זְמַן קָצָר

—ly *adv.* לָאַחֲרוֹנָה, מִקָּרוֹב

**recep'tacle** *n.* (רֶסֶפְּטֶקְל) בֵּית קִבּוּל, מֵכָל; מַצָּעִית

**recep'tion** *n.* (רֶסֶפְּשֶׁן) קַבָּלָה; קַבָּלַת פָּנִים; קְלִיטָה

**—ist** *n.* פְּקִיד קַבָּלָה

**re'cess** *n.* (רִיסֶס) הַפְסָקָה; גֻּמְחָה; קֶעֶר; מִפְרָצוֹן

**—s** מָקוֹם חָבוּי

**—*v.i.*** יָצָא לְהַפְסָקָה

**rec'ipe"** *n.* (רֶסַפִּי) מַתְכּוֹן; מִרְשָׁם; דֶּרֶךְ לְהַשָּׂגַת מַטָּרָה

**recip'ient** *n.* (רִסִפִּיאֶנְט) מְקַבֵּל

**recip'rocal** *adj.* (רִסִפְּרֶקְל) שֶׁל גּוֹמְלִין; הֲדָדִי

**recip'rocate"** *v.t. & i.* (רִסִפְּרֶקֵיט) גָּמַל; הֵשִׁיב כִּגְמוּלוֹ; הֵנִיעַ קָדִימָה וַאֲחוֹרָה

**rec"iproc'ity** *n.* (רֶסִפְּרוֹסֶטִי) הֲדָדִיּוּת; הַשְׁפָּעַת גּוֹמְלִין

**recit'al** *n.* (רִסַיטְל) רֶסִיטָל; קוֹנְצֶרְט יָחִיד; דִּקְלוּם, הַקְרָאָה; הוֹדָעָה מְפֹרֶטֶת; תֵּאוּר, דִּין וְחֶשְׁבּוֹן

**recite'** *v.t. & i.* (רִסַיט) דִּקְלֵם, הִרְצָה עַל; תֵּאֵר, סִפֵּר עַל; מָנָה

**reck'less** *adj.* (רֶקְלֶס) חֲסַר־אַחֲרָיוּת, פָּזִיז; חֲסַר־זְהִירוּת

**reck'on** *v.t. & i.* (רֶקֶן) מָנָה, סָפַר; חִשֵּׁב; חָשַׁב; הֶחֱשִׁיב; יִשֵּׁב; סָמַךְ

**— with** הֵבִיא בְּחֶשְׁבּוֹן; נִהֵל מַשָּׂא וּמַתָּן עִם

**reck'oning** *n.* (רֶקֶנִנְג) חִשּׁוּב, חֶשְׁבּוֹן; סְפִירָה; סִדּוּר חֶשְׁבּוֹן

**reclaim'** *v.t.* (רִקְלֵים) הִכְשִׁיר; יִבֵּשׁ, טִיֵּב; הֶחֱזִיר לְשִׁמּוּשׁ; הֶחֱזִיר לַמּוּטָב

**rec"lama'tion** *n.* (רֶקְלֶמֵישֶׁן) הַכְשָׁרָה, טִיּוּב; הַחְזָרָה לְשִׁמּוּשׁ

**recline'** *v.i. & t.* (רִקְלַין) נִשְׁעַן, הֵסֵב; נָח; הִשְׁעִין, הֵנִיחַ

**recluse'** *n.* (רִקְלוּס) מִתְבּוֹדֵד

**rec"ogniti'on** *n.* (רֶקֶגְנִשֶׁן) הַכָּרָה

**rec'ognize"** *v.t.* (רֶקֶגְנַיז) הִכִּיר

**recoil'** *v.i.* (רִקוֹיל) נִרְתַּע; פָּעַל נֶגֶד

**re'coil"** *n.* (רִיקוֹיל) רְתִיעָה; רֶתַע

**re"collect'** *v.t. & i.* (רֶקַלֶקְט) נִזְכַּר בְּ־; זָכַר

**rec"olle'ction** *n.* (רֶקַלֶקְשֶׁן) זְכִירָה, זִכָּרוֹן

**rec"ommend'** *v.t. & i.* (רֶקֶמֶנְד) הִמְלִיץ עַל; שִׁבַּח; הִצִּיעַ; עָשָׂה לְרָצוּי

**rec"ommenda'tion** *n.* (רֶקֶמֶנְדֵישֶׁן) הַמְלָצָה; מִכְתַּב הַמְלָצָה

**rec'ompense"** *v.t. & i. & n.* (רֶקֶמְפֶּנְס) פִּצָּה; גָּמַל, שִׁלֵּם; פִּצּוּי, גְּמוּל, פְּרָס; תַּשְׁלוּם

**rec'oncile"** *v.t.* (רֶקֶנְסַיל) הִשְׁלִים בֵּין; הֵבִיא לִידֵי הַשְׁלָמָה עִם; יִשֵּׁב

**rec"oncil"ia'tion** *n.* (רֶקֶנְסִלִיאֵישֶׁן) הַשְׁלָמָה, הִתְפַּיְּסוּת

**rec'ondite"** *adj.* (רֶקֶנְדַיט) מְעֻרְפָּל; נִסְתָּר; סָתוּם

**recon'naissance** *n.* (רִקוֹנֶסֶנְס) סִיּוּר

**recon'stitute"** *v.t.* (רִיקוֹנְסְטִטוּט) הֵקִים מֵחָדָשׁ

**re"construct'** *v.t.* (רִיקֶנְסְטְרַקְט) בָּנָה מֵחָדָשׁ, שִׁחְזֵר

**re"constru'ction** *n.* (רִיקֶנְסְטְרַקְשֶׁן) שִׁחְזוּר, בְּנִיָּה מֵחָדָשׁ

**record'** *v.t. & i.* (רֶקוֹרְד) רָשַׁם; הִקְלִיט; עָשָׂה תַּקְלִיט

rec'ord *v.t. n. & adj.* (רֶקֶרְד) רִשּׁוּם; זִכָּרוֹן דְּבָרִים; דִּין וְחֶשְׁבּוֹן; מֵידָע; תְּעוּדָה, עֵדוּת; תִּיק; תַּקְלִיט; שִׂיא; פְּרוֹטוֹקוֹל; שֶׁל שִׂיא

go on — הוֹדִיעַ עַל עֶמְדָּה בְּפֻמְבִּי

off the — לֹא לְפִרְסוּם, לֹא־רִשְׁמִי, פְּנִימִי

on — יָדוּעַ לַכֹּל, נִשְׁמַר בִּתְעוּדָה

**recor'der** *n.* (רִקוֹרְדֶר) רַשָּׁם; מַכְשִׁיר הַקְלָטָה; חָלִיל

**recount'** *v.t.* (רִקַאוּנְט) סִפֵּר, תֵּאֵר

re'count' *v.t. n.* (רִיקַאוּנְט) סְפִירָה חוֹזֶרֶת

**recoup'** *v.t. & i.* (רִקוּפּ) קִבֵּל בַּחֲזָרָה; פִּצָּה

**re'course"** *n.* (רִיקוֹרְס) גִּישָׁה; עֶזְרָה, הֲגַנָּה; זְכוּת גְּבִיָּה

**recov'er** *v.t.& i.* (רִקַוֶר) קִבֵּל בַּחֲזָרָה; קִבֵּל פִּצּוּי; הִתְאוֹשֵׁשׁ; הִבְרִיא; חִדֵּשׁ זְכוּת קִנְיָן בְּבֵית מִשְׁפָּט

**recov'ery** *n.* (רִקַוְרִי) קַבָּלָה בַּחֲזָרָה; הַבְרָאָה; הִתְאוֹשְׁשׁוּת; הַחֲזָרָה לְשִׁמּוּשׁ

**re"create'** *v.t.* (רִיקְרִיאֵיט) יָצַר מֵחָדָשׁ

**re"crea'tion** *n.* (רֶקְרִיאֵישְׁן) בִּדּוּר; הֲנָאָה, מַרְגּוֹעַ, נֹפֶשׁ

**recruit'** *n.* & *v.t.* & *i.* (רִקְרוּט) טִירוֹן; גִּיֵּס; שָׂכַר; סִפֵּק מֵחָדָשׁ; חִדֵּשׁ

**rec'tan"gle** *n.* (רֶקְטֶנְגֶל) מַלְבֵּן

**rec'tify"** *v.t.* (רֶקְטִפַי) תִּקֵּן; סִגֵּל; טִהֵר; הָפַךְ זֶרֶם חִלּוּפִין לְזֶרֶם יָשִׁיר; יִשֵּׁר; קָבַע אֹרֶךְ עֲקֻמָּה

**rec'titude"** *n.* (רֶקְטִטוּד) יֹשֶׁר

**rec'tor** *n.* (רֶקְטֶר) כֹּמֶר; רֶקְטוֹר

**rec'tum** *n.* (רֶקְטֶם) חַלְחֹלֶת

**recum'bent** *adj.* (רִקַמְבֶּנְט) שׁוֹכֵב, נָח, נִשְׁעָן, שָׂרוּעַ

**recu'perate"** *v.i.* (רִקוּפֶּרֵיט) הִבְרִיא, הֶחֱלִים

**recur'** *v.i.* (רִקֶר) נִשְׁנָה, אֵרַע שׁוּב; עָלָה שׁוּב בְּמַחֲשָׁבָה; עָלָה שׁוּב, חָזַר

**recur'rence** *n.* (רִקַרֶנְס) הִשָּׁנוּת; חֲזָרָה

**recur'rent** *asj.* (רִקַרֶנְט) חוֹזֵר וְנִשְׁנֶה, חוֹזֵר

**recy'cle** *v.t.* (רִיסַיְקֶל) הִנְצִיל

**red** *n.* & *adj.* (רֶד) אֹדֶם; קוֹמוּנִיסְט; אָדֹם; קוֹמוּנִיסְטִי, שְׂמָאלָנִי

in the — פּוֹעֵל בְּהֶפְסֵד

see — הִתְקַצֵּף

**red'den** *v.t.* & *i.* (רֶדְן) אִדֵּם; הִתְאַדֵּם, הִסְמִיק

**re'ddish** *adj.* (רֶדִשׁ) אֲדַמְדַּם

**redeem'** *v.t.* (רִדִים) פָּדָה; קָנָה בַּחֲזָרָה; הֵמִיר שְׁטָרוֹת בְּמַטְבְּעוֹת; קִיֵּם; כִּפֵּר עַל; הֵבִיא לִידֵי שִׁחְרוּר; גָּאַל

**redee'mer** *n.* (רִדִימֶר) גּוֹאֵל

Redeemer יֵשׁוּ הַנּוֹצְרִי (בפי הנוצרים)

**redemp'tion** *n.* (רִדֶמְפְּשֶׁן) גְּאֻלָּה; הַצָּלָה; כַּפָּרָה; פְּדִיָּה; הֲמָרָה

**redoub'le** *v.t.* & *i.* (רִידַבְּל) הִכְפִּיל; הִדְהֵד; חָזַר כִּלְעֻמַּת שֶׁבָּא; הֻכְפַּל

**redoubt'** *n.* (רִדַאוּט) מָעֹז

**redou'btable** *adj.* (רִדַאוּטֶבְּל) מְעוֹרֵר יִרְאָה

**redound'** *v.i.* (רִדַאוּנְד) הִשְׁפִּיעַ עַל; נִזְקַף לִזְכוּת; חָזַר; הִשְׁתַּקֵּף

**redress'** *v.t.* (רִדְרֶס) תִּקֵּן; פִּצָּה

redress *n.* (רִידְרֶס) תִּקּוּן, פִּצּוּי

**Red' Sea'** (רֶד סִי) יַם סוּף

**reduce'** *v.t.* & *i.* (רִדוּס) הִפְחִית, הִקְטִין; הָרַס; הוֹרִיד בְּדַרְגָּה; נִתַּח; הוֹרִיד מְחִיר; הִשְׁתַּלֵּט עַל; הִרְזָה

**reduc'tion** *n.* (רִדַקְשֶׁן) הַפְחָתָה, הַקְטָנָה; צִמְצוּם; חִזּוּר, נְסִיגָה

**redun'dant** *adj.* (רִדַנְדֶנְט) שֶׁל גִּבּוּב מִלִּים; אָרֹךְ יָתֵר עַל הַמִּדָּה; מְיֻתָּר, עוֹדֵף

**reed** *n.* (רִיד) קָנֶה, סוּף, אַבּוּב; לְשׁוֹנִית

**reef** *n.* (רִיף) שׁוּנִית, שֶׁן־סֶלַע, רִיף

**reek** *n.* & *v.i.* (רִיק) צַחֲנָה; אֵד, קִיטוֹר; הֶעֱלָה צַחֲנָה; הָיָה חָדוּר מַשֶּׁהוּ דּוֹחֶה; הֶעֱלָה אֵדִים, הֶעֱלָה קִיטוֹר

**reel** *n.* & *v.t.* (רִיל) מַגְלֵל; סְלִיל; כָּרַךְ

— off אָמַר אוֹ כָּתַב מִנֵּיהּ וּבֵיהּ

— *v.i.* הִתְנוֹעֵעַ; הִסְתּוֹבֵב

**refer'** *v.t.* & *i.* (רִפֶר) הִפְנָה; מָסַר לִידֵי; הִתְיַחֵס אֶל; רָמַז; נָגַע ל־

**ref"eree'** *n.* & *v.t.* & *i.* (רֶפֶרִי) שׁוֹפֵט, בּוֹרֵר; שִׁמֵּשׁ כְּשׁוֹפֵט

**ref'erence** *n.* (רֶפֶרֶנְס) הַפְנָיָה, הִתְיַחֲסוּת; הַסָּבַת תְּשׂוּמֶת־לֵב; הַזְכָּרָה, רֶמֶז; עֵזֶר, שִׁמּוּשׁ (לשם אסיפת מידע); מְקוֹר הַמְלָצָה; הַמְלָצָה

**refine'** *v.t.* (רִפַין) זִקֵּק; זִכֵּךְ; עִדֵּן

**refine'ment** *n.* (רִפַינְמֶנְט) עִדּוּן, אֲנִינוּת־טַעַם; זִקּוּק, זִכּוּךְ; דֶּגֶם מְשֻׁכְלָל

**reflect'** *v.t.* & *i.* (רִפְלֶקְט) הֶחֱזִיר; שִׁקֵּף; הֵסֵב; הֻחְזַר, הִשְׁתַּקֵּף; הִרְהֵר, שָׁקַל בְּדַעַת; גִּלָּה הֶבֵּט מְסֻיָּם, הוֹקִיעַ

**reflec'tion** *n.* (רִפְלֶקְשֶׁן) הַחְזָרָה; הִשְׁתַּקְּפוּת; בָּבוּאָה; הִרְהוּר; דֹּפִי

**reflec'tor** *n.* (רִפְלֶקְטֶר) מַשְׁקֵף; רֶפְלֶקְטוֹר, מַחֲזִיר־אוֹר

**re'flex** *n.* (רִיפְלֶקְס) הֶחְזֵר, רֶפְלֶקְס

**reflex'ive** *adj.* (רִפְלֶקְסִב) חוֹזֵר אֶל עַצְמוֹ; הֶחְזֵרִי; רֶפְלֶקְסִיבִי

**reform'** *v.t.* & *i.* & *n.* (רִפוֹרְם) תִּקֵּן, הֶחֱזִיר לְמוּטָב, שִׁפֵּר; חָזַר לְמוּטָב; תִּקּוּן; שִׁכְלוּל, שִׁנּוּי; רֶפוֹרְמָה

**refrac'tion** *n.* (רִפְרֶקְשֶׁן) שְׁבִירָה

**refrac′tory** *adj.* (רִפְרֶקְטֶרִי) סוֹרֵר וּמוֹרֶה; עַקְשָׁן; קָשֶׁה־טִפּוּל

**refrain′** *v.t. & n.* (רִפְרֵין) נִמְנַע; פִּזְמוֹן חוֹזֵר; נְעִימָה

**refresh′** *v.t.* (רִפְרֶשׁ) רִעֲנֵן; שׁוֹבֵב נֶפֶשׁ

**refresh′ment** *n.* (רִפְרֶשְׁמֶנְט) מַאֲכָל וּמַשְׁקֶה

**refrig′erator** *n.* (רִפְרִגְ׳רֵיטֶר) מְקָרֵר; מְעַבֶּה

**refu′el** *v. t. &. i.* (רִיפְיוּאֶל) תִּדְלֵק; לָקַח דֶּלֶק

**refuge** *n.* (רֶפְיוּג׳) מִקְלָט, מַחֲסֶה

**refu″gee′** *n.* (רֶפְיוּג׳י) פָּלִיט

**refund′** *v.t.* (רִפַנְד) הֶחֱזִיר; פִּצָּה

**re′fund** *n.* (רִיפַנְד) הַחְזָרַת כֶּסֶף

**refu′sal** *n.* (רִפְיוּזֶל) סֵרוּב; הַצָּעָה רִאשׁוֹנָה, אוֹפְּצִיָּה

**refuse′** *v.t. & i.* (רִפְיוּז) סֵרֵב, דָּחָה

**ref′use** *n.* (רֶפְיוּס) אַשְׁפָּה, פְּסֹלֶת

**refute′** *v.t.* (רִפְיוּט) הֵזֵם, הִפְרִיךְ

**regain′** *v.t.* (רִגֵין) רָכַשׁ שֵׁנִית, קִבֵּל בַּחֲזָרָה; חָזַר שׁוּב

**re′gal** *adj.* (רִיגֶל) שֶׁל מֶלֶךְ, מַלְכוּתִי; מְפֹאָר

**regale′** *v.t.* (רִגֵיל) הִשְׁפִּיעַ עַל; הֵנָה; עָשָׂה מִשְׁתֶּה לִכְבוֹד־

**regard′** *v.t. & i.* (רִגַרְד) הִבִּיט עַל, הִתְיַחֵס אֶל; כִּבֵּד, הֶחֱשִׁיב; הֵבִיא בְּחֶשְׁבּוֹן; חָשַׁב, שָׁפַט; שָׂם לֵב

**— *n.*** יַחַס; הֶבֵּט, בְּחִינָה; מַחֲשָׁבָה, תְּשׂוּמֶת־לֵב, דְּאָגָה; מַבָּט; הוֹקָרָה

**—s** דְּרִישַׁת שָׁלוֹם

**regar′ding** *prep.* (רִגַרְדִּנְג) וַאֲשֶׁר ל־; בְּנוֹגֵעַ ל־

**regard′less** *adj. & adv.* (רִגַרְדְלֶס) בְּלִי שִׂים־לֵב; לְלֹא הִתְיַחֲסוּת; בְּכָל־אֹפֶן, וִיהִי מָה; לַמְרוֹת

**re′gency** *n.* (רִיגֶ׳נְסִי) כְּהֻנַּת עוֹצֵר (או עוצרים); שִׁלְטוֹן עוֹצְרִים; שֶׁטַח בְּשִׁלְטוֹן עוֹצֵר; תְּקוּפַת שִׁלְטוֹן שֶׁל עוֹצֵר (או עוצרים)

**regen′erate″** *v.t.* (רִגֶ׳נֶרֵיט) תִּקֵּן, חִדֵּשׁ פְּנֵי־; שִׁכְלֵל; הֶחֱיָה, הֶחֱזִיר

**re′gent** *n.* (רִיגֶ׳נְט) עוֹצֵר; חֲבֵר סֶנָט, נֶאֱמָן (של אוניברסיטה); חֲבֵר מוֹעָצָה (של מוסד לחינוך)

**re′gicide″** *n.* (רֶגִ׳סַיד) הֲרִיגַת מֶלֶךְ; הוֹרֵג מֶלֶךְ

**regime′** *n.* (רֶזִ׳ים) מִשְׁטָר

**re′giment** *n. & v.t.* (רֶגִ׳מֶנְט) רֶגִימֶנְט (= לפחות 2 גדודים; יחידת סגל וכוחות סיוע); חֲטִיבָה; הִשְׂתָּרֵר עַל; נִהֵל תּוֹךְ הִתְעַלְּמוּת מִזְּכֻיּוֹת הַפְּרָט; הִצִּיב בַּחֲטִיבָה

**re′gion** *n.* (רִיגֶ׳ן) אֵזוֹר; תְּחוּם, שֶׁטַח; מָחוֹז

**re′gister** *n. & v.t. & i.* (רֶגִ׳סְטֶר) מִרְשָׁם; רְשִׁימָה; רִשּׁוּם; תְּעוּדַת לְאֻמִּיּוּת; מִשְׁלָב, רֶגִיסְטֶר; רָשַׁם; שָׁלַח בְּדֹאַר רָשׁוּם; צִיֵּן בְּסֻלָּם, גִּלָּה; עָשָׂה רֹשֶׁם

**re′gistrar″** *n.* (רֶגִ׳סְטְרַר) רַשָּׁם

**re″gistra′tion** *n.* (רֶגִ׳סְטְרֵישְׁן) רִשּׁוּם; תְּעוּדַת רִשּׁוּם

**reg′istry** *n.* (רֶגִ׳סְטְרִי) רִשּׁוּם; מִשְׂרַד רִשּׁוּם; לְאֻמִּיּוּת

**regress′** *v.i.* (רִגְרֶס) נָסוֹג; חָזַר לִתְקוּפָה קוֹדֶמֶת

**regret′** *v.t.* (רִגְרֶט) הִצְטַעֵר, הִתְחָרֵט

**reg′ular** *adj.* (רֶגְיֻלֶר) רָגִיל; סָדִיר; עָרוּךְ יָפֶה; קָבוּעַ; שִׁיטָתִי; אֲמִתִּי

**reg′ulate″** *v.t.* (רֶגְיֻלֵיט) וִסֵּת; הִסְדִּיר; סִדֵּר, כִּוֵּן

**reg″ula′tion** *n.* (רֶגְיֻלֵישְׁן) תַּקָּנָה, כְּלָל; וִסּוּת

**reg′ula″tor** *n.* (רֶגְיֻלֵיטֶר) וַסָּת

**re″habili′tate″** *v.t.* (רִיהֲבִּלִטֵיט) שִׁקֵּם; הֶחֱזִיר לְקַדְמוּתוֹ

**rehear′sal** *n.* (רִהֶרְסֶל) חֲזָרָה; הַרְצָאָה

**rehearse′** *v.t. & i.* (רִהֶרְס) חָזַר עַל, עָרַךְ חֲזָרָה; אִמֵּן; הִרְצָה, תִּנָּה

**reign** *v.i. & n.* (רֵין) מָלַךְ, שִׁמֵּשׁ מֶלֶךְ; רָוַח, שָׁלַט; תְּקוּפַת שֶׁבֶת עַל כֵּס הַמְּלוּכָה; סַמְכוּת מַלְכוּתִית; רִבּוֹנוּת; שִׁלְטוֹן

**re″imburse′** *v.t.* (רִיאִמְבֶּרְס) פִּצָּה; הֶחֱזִיר חוֹב

**rein** *n.* (רֵין) מוֹשְׁכוֹת; רֶסֶן

**rein′deer″** *n.* (רֵינְדִיר) אַיַּל הַצָּפוֹן

**re″inforce′** *v.t.* (רִיאִנְפוֹרְס) תִּגְבֵּר; חִזֵּק; הִגְדִּיל

**re″inforce′ment** *n.* (רִיאִנְפוֹרְסְמֶנְט) תִּגְבּוֹר, חִזּוּק

—s תִּגְבֹּרֶת

**re"instate'** *v.t.* (רִיאִנְסְטֵיט) הֶחֱזִיר לְקַדְמוּתוֹ, הֵשִׁיב עַל כַּנּוֹ

**reit'erate"** *v.t.* (רִיאִטֲרֵיט) חָזַר עַל

**reject'** *v.t.* (רִגֶ'קְט) דָּחָה; סֵרֵב; זָרַק, פָּסַל

**re'ject** *n.* (רִיגֶ'קְט) דָּבָר שֶׁנִּפְסַל

**rejec'tion** *n.* (רִגֶ'קְשֲן) דְּחִיָּה, סֵרוּב, פְּסִילָה

**rejoice'** *v.i.* & *t.* (רִג'וֹיס) עָלַז, שָׂמַח; שִׂמֵּחַ

**rejoi'cing** *n.* (רִג'וֹיסִנְג) גִּיל

**rejoin'** *v.t.* & *i.* (רִג'וֹין) עָנָה (על תשובה), הֵשִׁיב

**rejoin'der** *n.* (רִג'וֹינְדֶר) תְּשׁוּבָה (לתשובה)

**reju'venate"** *v.t.* (רִג'וּבֲנֵיט) חִדֵּשׁ נְעוּרִים

**relapse'** *v.i.* & *n.* (רִלֶפְּס) חָזַר לְמַצָּב קוֹדֵם; חֲלָיָה שֵׁנִית לְאַחַר הִתְאוֹשְׁשׁוּת; חָזַר לְסוּרוֹ; חֲזָרָה לְמַצָּב קוֹדֵם; חֲזָרָה לְמַחֲלָה

**relate'** *v.t.* & *i.* (רִלֵיט) סִפֵּר; קָשַׁר יְחָסִים; יָצַר הִתְיַחֲסוּת

—d קָשׁוּר, מְקֹרָב; מְסֻפָּר

**rela'tion** *n.* (רִלֵישְׁן) קֶשֶׁר; יַחַס; קִרְבָה מִשְׁפַּחְתִּית, שְׁאֵרוּת; קָרוֹב; הִתְיַחֲסוּת; סִפּוּר, הַגָּדָה

**rela'tionship"** *n.* (רִלֵישֲנְשִׁפּ) קֶשֶׁר; שְׁאֵרוּת; קִרְבָה מִשְׁפַּחְתִּית

**rela'tive** *n.* & *adj.* (רֶלֲטִב) קָרוֹב; דָּבָר יַחֲסִי; כִּנּוּי זוֹקֵק; יַחֲסִי; רֶלָטִיבִי; שַׁיָּךְ

**relax'** *v.t.* & *i.* (רִלֶקְס) רִפָּה; הֶחֱלִישׁ; הֵקֵל; מִתֵּן; הֵסִיג מֶתַח; רָפָה; הִתְמַתֵּן; חָדַל מִמַּאֲמָץ כְּדֵי לָנוּחַ; נִרְגַּע; הִשְׁתַּחְרֵר מִמֶּתַח

**re"laxa'tion** *n.* (רִילֶקְסֵישְׁן) הֲפָגַת מֶתַח; מַרְגִּיעַ; בִּדּוּר; הַרְפָּיָה

**re'lay** *n.* & *v.t.* (רִילֵי) שְׁמֶרֶת; קְבוּצַת מַחֲלִיפִים; קֶטַע (בריצת שליחים); תָּוֶךְ, מִמְסָר; הֶעֱבִיר

**release'** *v.t.* & *n.* (רִלִיס) שִׁחְרֵר, הִתִּיר; הִרְשָׁה פִּרְסוּם; וִתֵּר עַל; וִתּוּר; שִׁחְרוּר; הַתָּרָה; מְשַׁחְרֵר, גּוֹאֵל; מַתַּן רְשׁוּת פִּרְסוּם

**rel'egate"** *v.t.* (רֶלֲגֵיט) הוֹרִיד; הִפְקִיד בִּידֵי; שִׁגֵּר; הִצִּיב; הִגְלָה

**relent'** *v.i.* (רִלֶנְט) הִתְמַתֵּן, הִתְרַכֵּךְ

**relent'less** *adj.* (רִלֶנְטְלִס) מַחְמִיר בְּכָל חֹמֶר הַדִּין; מַקְפִּיד לְלֹא כָּל רַחֲמָנוּת; קְשׁוּחַ־לֵב

**rel'evance(y)** *n.* (רֶלֲוַנְס[י]) שַׁיָּכוּת, קֶשֶׁר

**rel'evant** *adj.* (רֶלֲוַנְט) שַׁיָּךְ, נוֹגֵעַ, רֶלֶוַנְטִי

**reli"abil'ity** *n.* (רִלַיאֲבִּלִטִי) מְהֵימָנוּת

**reli'able** *adj.* (רִלַיאֲבְּל) מְהֵימָן, נֶאֱמָן

**reli'ance** *n.* (רֶלַיאֲנְס) אֵמוּן, בִּטָּחוֹן, הִסְתַּמְּכוּת

**reli'ant** *adj.* (רֶלַיאֲנְט) בּוֹטֵחַ, נוֹתֵן אֵמוּן

**rel'ic** *n.* (רֶלִק) שָׂרִיד, זֵכֶר; מַזְכֶּרֶת

**relief'** *n.* (רִלִיף) הֲקַלָּה, רְוָחָה; סַעַד; שִׁחְרוּר עַל יְדֵי מַחֲלִיף; מַחֲלִיף; חִלּוּף; שִׁנּוּי לַהֲפָגַת הַמֶּתַח; תַּבְלִיט; בְּלִיטָה, רֶלְיֶף

on — מְקַבֵּל סַעַד

**relieve** *v.t.* (רִלִיב) הֵקֵל; שִׁחְרֵר; חִלֵּץ, סִיֵּעַ; הִפְחִית מַעֲמָסָה; גּוֹנֵן; הִבְלִיט; הֵבִיא מַחֲלִיף

— oneself עָשָׂה צְרָכָיו

**religi'on** *n.* (רִלִגַ'ן) דָּת; אֱמוּנָה; חַיֵּי נְזִירוּת; שְׁמִירַת מִצְווֹת דָּתִיּוֹת; עִנְיָן שֶׁל מַצְפּוּן

**religi'ous** *adj.* (רִלִגַ'ס) דָּתִי; קַפְּדָנִי בְּיוֹתֵר; שֶׁל נְזִירוּת

**relin'quish** *v.t.* (רִלִנְקְוִשׁ) וִתֵּר עַל; חָדַל מִן; שִׁחְרֵר

**rel'ish** *n.* & *v.t.* & *i.* (רֶלִשׁ) הֲנָאָה; הַעֲרָכָה; מְתַאֲבֵן; טַעַם נָעִים; נֹעַם; תַּבְלִין; קְרָטוֹב, רֵיחַ; נֶהֱנָה מִן; הִנְעִים לַטַּעַם; עָרֵב לַחֵךְ

**reluc'tance** *n.* (רִלַקְטֲנְס) אִי־רָצוֹן, סֵרוּב

**reluc'tant** *adj.* (רִלַקְטֲנְט) חֲסַר־רָצוֹן

**rely'** *v.i.* (רִלַי) סָמַךְ

**remain'** *v.i.* (רִמֵין) נִמְשַׁךְ לְלֹא שִׁנּוּי; נִשְׁאַר; נוֹתַר; הִשְׁאַר

—s *n. pl.* גְּוִיָּה, שְׂרִידִים; כְּתָבִים בְּעִזָּבוֹן, עֲקֵבוֹת

**remain'der** *n.* (רִמֵינְדֶר) שְׁאָר, יֶתֶר; שְׁאֵרִית; יִתְרָה

**remark'** *v.t.* & *n.* (רִמָרְק) הֵעִיר; הִבְחִין, רָאָה, שָׂם לֵב; הֶעָרָה; תְּשׂוּמֶת לֵב

**remar'kable** *adj.* (רִמָרְקַבְּל) יוֹצֵא מִן הַכְּלָל, רָאוּי לְצִיּוּן

**rem'edy** *n.* (רֶמִדִי) תְּרוּפָה, רְפוּאָה; תִּקּוּן

**remem'ber** *v.t.* (רממבר) זכר; נזכר ב־; העניק פרס; הזכיר
**remem'brance** *n.* (רממברנס) זכרון; זכירה; מזכרת; שי
**remind'** *v.t.* (רמינד) הזכיר
**remind'er** *n.* (רמינדר) תזכרת
**rem"inisc'ence** *n.* (רמנסנס) זכירה; זכרון; מעורר זכרונות
**rem"inisc'ent** *adj.* (רמנסנט) מעורר זכרונות, מזכיר; של זכרונות
**remiss'** *adj.* (רמס) רשלני, אטי; נרפה
**remissi'on** *n.* (רמשן) משלוח; מחילה; ירידה, שכיבה; ויתור על
**remit'** *v.t. & i.* (רמט) שלח (כסף); בטל; מחל; רפה; החזיר; דחה; שכך
**remit'tance** *n.* (רמטנס) משלוח כסף; כסף, תשלום
**rem'nant** *n.* (רמננט) שארית; אבק, שמץ
**remod'el** *v.t.* (רימודל) בנה מחדש
**remon'strate** *v.t. & i.* (רמונסטריט) מחא, קרא תגר; התאונן
**remorse'** *n.* (רמורס) חרטה, מוסר כליות
**remote'** *adj.* (רמוט) רחוק, נדח; עקיף; קלוש; מתרחק, מסויג
**remo'vable** *adj.* (רמוּבבל) נתיק; שניתן להסיר בקלות
**remo'val** *n.* (רמובל) הסרה; נתוק; החלפת מקום מגורים; פטורים, סלוק
**remove'** *v.t. & i.* (רמוב) הסיר, הרחיק, סלק; פשט; העתיק; העביר; שלח; פטר; הוציא; שם קץ ל־; הרג; עבר למקום אחר; הסתלק, יצא; נעלם
**remu'nerate"** *v.t.* (רמיונריט) שלם, גמל; פצה
**remu"nera'tion** *n.* (רמיונרישן) תשלום; שכר, פצוי
**ren"aissance'** *n.* (רנסנס) תחיה; רנסנס
**rend** *v.t. & i.* (רנד) קרע לגזרים; משך בחזקה; הציק ל־; נקרע
**ren'der** *v.t. & i.* (רנדר) גרם ל־, הביא לידי עשה; ספק; גלה; הגיש, הציג; בצע; פרע; מסר, פסק; תרגם; יצג; גמל, החזיר; נכנע
**ren'egade"** *n.* (רנגיד) בוגד; מומר
**renew'** *v.t.* (רנוּ) חדש; התחיל שוב; חדש תקף; שלם; עשה שנית; החיה; הקים מחדש; החזיר
**renew'al** *n.* (רנואל) חדוש; התחלה מחדש, הקמה מחדש
**renounce'** *v.t.* (רנאונס) ותר על; התכחש ל־
**reno'vate"** *v.t.* (רנויט) חדש, תקן, שפץ
**renown'** *n.* (רנאון) מוניטין, פרסום
**—ed** *adj.* מפרסם, נודע
**rent** *n.* (רנט) שכר דירה, דמי שכירות; תשואה מנכסי דלא ניידי
**for —** להשכרה
**— *v.t. & i.*** השכיר; שכר
**ren'tal** *n.* (רנטל) דמי שכירות, שכר־דירה; דירה להשכרה; הכנסה מדמי שכירות
**renun"cia'tion** *n.* (רננסיאישן) ויתור, נטישה, התכחשות
**repair'** *v.t. & n.* (רפר) תקן; פצה; תקון; דבר שתקן; מצב תקין
**— *v.i.*** הלך, נסע תכופות
**rep"ara'tion** *n.* (רפרישן) פצוי; שפוץ, תקון
**re"partee'** *n.* (רפרטי) תשובת־בזק מבדחת, הברקת־פה
**repast'** *n.* (רפסט) ארוחה
**repa'triate"** *v.t.* (ריפטריאיט) החזיר למולדת
repa'triate *n.* (ריפטריאט) מחזר למולדת, רפטריאנט
**repay'** *v.t. & i.* (רפי) פרע, גמל, החזיר
**repay'ment** *n.* (רפימנט) פרעון, גמול החזרה
**repeal'** *v.t. & n.* (רפיל) בטל; בטול
**repeat'** *v.t. & i.* (רפיט) חזר על; ספר; עשה שנית
**repel'** *v.t. & i.* (רפל) הדף; דחה, הרחיק ממנו
**repent'** *v.i.* (רפנט) התחרט; נחם, הרגיש מוסר כליות
**repen'tance** *n.* (רפנטנס) חרטה, מוסר כליות, תשובה
**re"percussi'on** *n.* (ריפרקשן) הד;

תּוֹצָאָה עֲקִיפָה; הֲדִיפָה; קְפִיצָה אֲחוֹרָה, רְתִיעָה

**re'pertor"y** *n.* (רֶפֶּרְטוֹרִי) רֶפֶּרְטוּאָר

**rep"etiti'on** *n.* (רֶפֶּטִשְׁן) חֲזָרָה, הִשָּׁנוּת; הֶעְתֵּק

**replace'** *v.t.* (רִפְּלֵיס) הֶחֱלִיף; תִּקֵּן, הֶחֱזִיר לִמְקוֹמוֹ, חִדֵּשׁ

**reple'nish** *v.t.* (רִפְּלֶנִשׁ) הִשְׁלִים, חִדֵּשׁ; מִלֵּא מֵחָדָשׁ, הוֹסִיף דֶּלֶק

**replete'** *adj.* (רִפְּלִיט) גָּדוּשׁ; מְסֻטָּם

**reply'** *v.t.* & *i.* & *n.* (רִפְּלַי) עָנָה; הֵשִׁיב; תְּשׁוּבָה

**report'** *n.* & *v.t.* & *i.* (רִפּוֹרְט) דִּין וְחֶשְׁבּוֹן, דּו"חַ; תֵּאוּר, יְדִיעָה; הוֹדָעָה; שְׁמוּעָה; רְכִילוּת; דּוּחַ; מוֹנִיטִין; רַעַשׁ; מָסַר, דִּוַּח; הוֹדִיעַ; כָּתַב עַל; תֵּאֵר; הֶאֱשִׁים; הִתְיַצֵּב; רָשַׁם; סִפֵּר; הוֹדִיעַ עַל מְקוֹם הִמָּצְאוֹ

— card תְּעוּדָה

**repor'ter** *n.* (רִפּוֹרְטֶר) כַּתָּב, סוֹפֵר; דַּוָּח, מוֹדִיעַ

**repose'** *n.* & *v.i.* (רִפּוֹז) מְנוּחָה, שֵׁנָה; שָׁלוֹם, שַׁלְוָה, שֶׁקֶט; רְגִיעָה נַפְשִׁית; נָח; שָׁכַב; שָׁקַט; סָמַךְ עַל

**repos'itor"y** *n.* (רִפּוֹזִטוֹרִי) תֵּבַת־שְׁמִירָה; מְקוֹם שְׁמִירָה; קֶבֶר; שׁוֹמֵר חִנָּם

**rep"rehen'sible** *adj.* (רֶפְּרִהֶנְסִבְּל) רָאוּי לִנְזִיפָה, מְגֻנֶּה

**rep"resent'** *v.t.* (רֶפְּרִזֶנְט) יִצֵּג, סִמֵּל, תֵּאֵר; חִקָּה; הִצִּיג; שִׁמֵּשׁ מוֹפֵת ל־; הָיָה שָׁוֶה ל־, הָיָה מַקְבִּיל ל־

**rep"resenta'tion** *n.* (רֶפְּרִזֶנְטֵישְׁן) יִצּוּג; סֵמֶל; תֵּאוּר; נְצִיגוּת; רַעְיוֹן, מְצָג; מֻשָּׂג; דִּמּוּי; עִצּוּב; הַצָּגָה; הַרְצָאַת עֻבְדּוֹת

**rep"resen'tative** *n.* & *adj.* (רֶפְּרִזֶנְטֶטִב) נָצִיג; צִיר; בָּא כֹּחַ, סוֹכֵן; דֻּגְמָה; מְיַצֵּג; מְחַקֶּה; טִפּוּסִי

House of Representatives בֵּית הַנִּבְחָרִים

**repress'** *v.t.* (רִפְּרֶס) דִּכֵּא; הִכְנִיעַ; הִדְחִיק

**repressi'on** *n.* (רִפְּרֶשְׁן) דִּכּוּי; הַכְנָעָה; הַדְחָקָה

**reprieve'** *v.t.* & *n.* (רִפְּרִיב) דָּחָה, הֵקֵל עַל זְמַנִּית; דְּחִיָּה; רְוָחָה זְמַנִּית

**rep'rimand"** *n.* & *v.t.* (רֶפְּרֲמֶנְד) נְזִיפָה קָשָׁה; נָזַף קָשׁוֹת

**reprint'** *v.t.* (רִיפְּרִנְט) הִדְפִּיס שׁוּב

rep'rint" *n.* תַּדְפִּיס, הַדְפָּסָה חוֹזֶרֶת

**repri'sal** *n.* (רִפְּרַיזְל) פְּעֻלַּת תַּגְמוּל

**reproach'** *v.t.* & *n.* (רִפְּרוֹץ׳) הֶאֱשִׁים, נָתַן דֹּפִי בְּ־; גָּעַר; הַאֲשָׁמָה, דֹּפִי; גְּעָרָה; חֶרְפָּה

**reproach'ful** *adj.* (רִפְּרוֹץ׳פֶל) מַאֲשִׁים, נוֹתֵן דֹּפִי, מְיַסֵּר

**rep'robate"** *n.* (רֶפְּרֲבֵּיט) נָבָל, רָשָׁע

**re"produce'** *v.t.* & *i.* (רִיפְּרֲדוּס) הֶעְתִּיק; שִׁעְתֵּק; חִדֵּשׁ; הוֹלִיד; הִזְכִּיר; הִפִּיק שֵׁנִית; יָלַד, רָבָה; הָעְתַּק

**re"produc'tion** *n.* (רִיפְּרֲדַקְשְׁן) הַעְתָּקָה; שִׁעְתּוּק; חִדּוּשׁ; הֶעְתֵּק; רְבִיָּה

**re"produc'tive** *adj.* (רִיפְּרֲדַקְטִב) מַעְתִּיק; שֶׁל רְבִיָּה

**reproof'** *n.* (רִפְּרוּף) גְּעָרָה, תּוֹכָחָה

**reprove'** *v.t.* & *i.* (רִפְּרוּב) גָּעַר, הוֹכִיחַ; יִסֵּר

**rep'tile** *n.* (רֶפְּטַיל) זוֹחֵל; שֶׁרֶץ

**repub'lic** *n.* (רִפַּבְּלִק) רֶפּוּבְּלִיקָה, קְהִלִיָּה

**repub'lican** *adj.* (רִפַּבְּלִקֶן) רֶפּוּבְּלִיקָנִי

**repu'diate"** *v.t.* (רִפְּיוּדִיאֵיט) דָּחָה, הִתְכַּחֵשׁ לְ־; סֵרֵב לְהַכִּיר בְּ־

**repug'nance** *n.* (רִפַּגְנֶנְס) שְׁאָט נֶפֶשׁ, סְלִידָה

**repug'nant** *adj.* (רִפַּגְנֶנְט) מְעוֹרֵר שְׁאָט נֶפֶשׁ; גָּעֳלִי

**repulse'** *v.t.* & *n.* (רִפַּלְס) הָדַף, דָּחָה בְּגַסּוּת; הֲדִיפָה; דְּחִיָּה; סֵרוּב

**repul'sion** *n.* (רִפַּלְשֶׁן) הֲדִיפָה; שְׁאָט נֶפֶשׁ; דְּחִיָּה

**repul'sive** *adj.* (רִפַּלְסִב) מְעוֹרֵר שְׁאָט נֶפֶשׁ; דּוֹחֶה

**rep'utable** *adj.* (רֶפְּיֻטֲבְּל) בַּעַל שֵׁם טוֹב, מְכֻבָּד; בַּעַל רָמָה

**rep"uta'tion** *n.* (רֶפְּיֻטֵישְׁן) שֵׁם טוֹב, מוֹנִיטִין; מַעֲמָד; פִּרְסוּם

**repute'** *v.t.* & *n.* (רִפְּיוּט) הֶעֱרִיךְ, הֶחֱשִׁיב; שֵׁם טוֹב, מוֹנִיטִין; פִּרְסוּם

**request'** n. & v.t. (רִקְוֶסְט) בַּקָּשָׁה; בִּקּוּשׁ; בִּקֵּשׁ

**require'** v.t. & i. (רִקְוָאיֶר) הָיָה צָרִיךְ; חִיֵּב; דָּרַשׁ, תָּבַע

**require'ment** n. (רִקְוָאיֶרְמֶנְט) דְּרִישָׁה; צֹרֶךְ

**req'uisite** adj. & n. (רֶקְוִזִט) נָחוּץ, דָּרוּשׁ; הֶכְרֵחִי; תְּכוּנָה דְּרוּשָׁה

**req"uisiti'on** n. & v.t. (רֶקְוִזִשֶׁן) דְּרִישָׁה, תְּבִיעָה רִשְׁמִית; בַּקָּשָׁה בִּכְתָב; צַו הַפְקָעָה; דָּרַשׁ, הִפְקִיעַ

**requite'** v.t. (רִקְוָאיְט) פִּצָּה, גָּמַל, הֶחֱזִיר; נָקַם בּ־; הֵשִׁיב גְּמוּל

**rescind'** v.t. (רֶסִנְד) בִּטֵּל, שָׁלַל תֹּקֶף

**res'cue** v.t. & n. (רֶסְקְיוּ) הִצִּיל, חִלֵּץ; הַצָּלָה, חִלּוּץ

**research'** n. & v.i. (רִסֶּרְץ') מֶחְקָר; עָסַק בְּמֶחְקָר, חָקַר

**resem'blance** n. (רֶזֶמְבְּלֶנְס) דִּמְיוֹן

**resem'ble** v.t. (רֶזֶמְבְּל) דָּמָה לְ־

**resent'** v.t. (רֶזֶנְט) הִתְרַעֵם עַל

**resent'ment** n. (רֶזֶנְטְמֶנְט) תַּרְעֹמֶת, טִינָה

**res"erva'tion** n. (רֶזֶרְוֵשֶׁן) עִכּוּב, שְׁמִירָה לַחוּד; הוֹצָאָה מִן הַכְּלָל, הִסְתַּיְּגוּת; שְׁמוּרָה; מָקוֹם שָׁמוּר

**reserve'** v.t. & n. (רִזֶרְב) עִכֵּב; שָׁמַר אוֹ הִשִּׂיג עַל פִּי תְּנַאי מֵרֹאשׁ; עָתַד; רֶזֶרְבָה; יִתְרָה; מְלַאי; הִסְתַּיְּגוּת; קַרְקַע שְׁמוּרָה; עֲתוּדָה; הִתְאַפְּקוּת; שַׁתְקָנוּת; קְרִירוּת
—s כֹּחוֹת מִלּוּאִים
in — הֻקְצָה לְצָרְכֵי הֶעָתִיד, שָׁמוּר לְעֵת צֹרֶךְ

**res'ervoir"** n. (רֶזֶרְוֹאַר) מַאֲגָר, מֵכָל; מְלַאי, רֶזֶרְוָה

**reside'** v.i. (רִזָיד) גָּר, שָׁכַן, הֶעֱנַק

**res'idence** n. (רֶזִדֶנְס) מְגוּרִים, מָעוֹן; יְשִׁיבָה; תְּקוּפַת מְגוּרִים

**res'ident** n. & adj. (רֶזִדֶנְט) תּוֹשָׁב; מִשְׁתַּלֵּם (בבית חולים); מִתְגּוֹרֵר; שׁוֹכֵן, קַיָּם

**res"iden'tial** adj. (רֶזִדֶנְשֶׁל) שֶׁל מְגוּרִים

**res'idue** n. (רֶזִדוּ) שְׁאֵרִית, יֶתֶר; יִתְרָה; מִשְׁקָע

**resign'** v.i. & t. (רִזָין) הִתְפַּטֵּר, וִתֵּר, נִכְנַע

**res"igna'tion** n. (רֶזִגְנֵישֶׁן) הִתְפַּטְּרוּת; כְּנִיעָה, וִתּוּר

**res'in** n. (רֶזִן) שְׂרָף

**resist'** v.t. & i. (רִזִסְט) הִתְנַגֵּד לְ־; הֶחֱזִיק מַעֲמָד נֶגֶד

**resis'tance** n. (רִזִסְטֶנְס) הִתְנַגְּדוּת, מֶרִי

**res'olute"** adj. (רֶזָלוּט) עוֹמֵד עַל דַּעְתּוֹ, בַּעַל הַחְלָטָה נְחוּשָׁה

**res'olu'tion** n. (רֶזָלוּשֶׁן) הַחְלָטָה; עֲמִידָה עַל הַדַּעַת, תַּקִּיפוּת, הֶחְלֵטִיּוּת; פֵּרוּק; פִּתְרוֹן

**resolve'** v.t. & i. & n. (רִזוֹלְב) עָמַד עַל דַּעְתּוֹ; פֵּרַק, הִמִיר, הֶחֱלִיט, סִלֵּק; הִתְפָּרֵק, הִשְׁתַּנָּה; עֲמִידָה עַל הַדַּעַת, הַחְלָטָה אֵיתָנָה

**res'onance** n. (רֶזָנֶנְס) תְּהוּדָה, רָזוֹנַנְס

**res'onant** adj. (רֶזָנֶנְט) מְהַדְהֵד

**resort'** v.i. & n. (רִזוֹרְט) הִשְׁתַּמֵּשׁ בּ־ כִּבְרֵרָה אַחֲרוֹנָה; הָלַךְ לְעִתִּים קְרוֹבוֹת; מָקוֹם נֹפֶשׁ; בְּקּוּר חוֹזֵר; פְּנִיָּה; מַטְּרַת פְּנִיָּה (אדם או דבר)

**resound'** v.i. (רִזָאוּנְד) הִדְהֵד, הִשְׁמִיעַ קוֹל, צִלְצֵל; הִתְפַּרְסֵם

**re'source** n. (רִיסוֹרְס) מָקוֹר
—s מַשְׁאַבִּים, נְכָסִים; כֹּשֶׁר, תּוּשִׁיָּה

**resource'ful** adj. (רִסוֹרְסְפֶל) בַּעַל תּוּשִׁיָּה
—ness n. תּוּשִׁיָּה; כֹּחַ הַמְצָאָה

**respect'** n. & v.t. (רִסְפֶּקְט) פְּרָט; יַחַס; הוֹקָרָה; כִּבּוּד; דֶּרֶךְ אֶרֶץ; יִרְאַת כָּבוֹד; כִּבֵּד, הוֹקִיר, הֶחֱשִׁיב; נָמְנַע מִלְּהַפְרִיעַ, הִתְיַחֵס אֶל

**respec'table** adj. (רִסְפֶּקְטֶבְּל) הָגוּן, רָאוּי לְכָבוֹד; בַּעַל שֵׁם טוֹב, מְכֻבָּד, בַּעַל מַעֲמָד; נִכָּר

**respec'tful** adj. (רִסְפֶּקְטְפֶל) מְחַשֵּׁב, מִתְיַחֵס בְּכָבוֹד אֶל, מָלֵא יִרְאַת כָּבוֹד

**respec'ting** prep. (רִסְפֶּקְטִנְג) בִּדְבַר, אֲשֶׁר לְ־

**respec'tive** adj. (רִסְפֶּקְטִב) מְיֻחָד, שֶׁל כָּל אֶחָד וְאֶחָד

**— ly** *adv.* בְּיַחַס לְכָל אֶחָד וְאֶחָד, לְפִי הַסֵּדֶר שֶׁהֻזְכַּר

**res″pira′tion** *n.* (רֶסְפְּרֵישְׁן) נְשִׁימָה

**res′pite** *n.* (רֶסְפִּט) הַשְׁהָיָה, הַפְסָקָה, הֲקַלָּה לְשָׁעָה קַלָּה; דְּחִיַּת בִּצּוּעַ פְּסַק דִּין מָוֶת

**resplen′dent** *adj.* (רִסְפְּלֶנְדֶנְט) נוֹצֵץ; נֶהְדָּר

**respond′** *v.i. & t.* (רִסְפּוֹנְד) נַעֲנָה, הֵשִׁיב; הֵגִיב

**response′** *n.* (רִסְפּוֹנְס) הֵעָנוּת, תְּשׁוּבָה; תְּגוּבָה

**respon″sibil′ity** *n.* (רִספּוֹנְסַבִּלְטִי) אַחֲרָיוּת

**respon′sible** *adj.* (רִספּוֹנְסַבְּל) אַחֲרָאִי; מְהֵימָן; דּוֹרֵשׁ אַחֲרָיוּת

**respon′sive** *adj.* (רִסְפּוֹנְסִב) נַעֲנֶה, מֵגִיב

**rest** *v.i. & t. & n.* (רֶסְט) נָח; שָׁבַת; שָׁקַט; חָדַל לָנוּעַ; נֶעֱצַר; הִפְסִיק פְּעִילוּת; הֻטַּל; נִמְצָא; שָׁהָה; הָיָה תָּלוּי בְּ־; הֵנִיחַ; כּוֹנֵן; עָצַר; סִיֵּם הַגָּשַׁת עֵדוּת; נִשְׁאַר; מְנוּחָה; מַרְגּוֹעַ; נֹפֶשׁ; שֶׁקֶט, שַׁלְוָה; מָוֶת; נַיָּחוּת; דְּמִימָה; פֻּנְדָּק; מִסְעָד; תֹּמֶךְ; יֶתֶר, שְׁאֵרִית, שְׁאָר

**at —** נָח; יָשֵׁן; מֵת; נַיָּח; שָׁקֵט, שָׁלֵו

**lay to —** קָבַר

**res′taurant** *n.* (רֶסְטְרֶנְט) מִסְעָדָה

**rest′ful** *adj.* (רֶסְטְפֻל) מַרְגִּיעַ; רוֹגֵעַ, שָׁקֵט, שָׁלֵו

**res″titu′tion** *n.* (רֶסְטִטוּשְׁן) פִּצּוּי; הַחֲזָרָה

**res′tive** *adj.* (רֶסְטִב) חֲסַר־מְנוּחָה, קְצַר־רוּחַ; מַרְדָנִי; עַקְשָׁן

**rest′less** *adj.* (רֶסְטְלִס) חֲסַר־מְנוּחָה, עַצְבָּנִי, בִּתְנוּעָה תְּמִידִית; פָּעִיל

**res″tora′tion** *n.* (רֶסְטְרֵישְׁן) הַחֲזָרָה; מַתַּן פִּצּוּי; שִׁחְזוּר; הַחֲזָרַת עֲטָרָה לְיָשְׁנָהּ

**restore′** *v.t.* (רִסְטוֹר) הֶחֱזִיר, הֶחֱזִיר עַל כַּנּוֹ; שִׁחְזֵר; הֶחֱזִיר לְאֵיתָנוֹ; הֵשִׁיב שְׁבוּת

**restrain′** *v.t.* (רִסְטְרֵין) רִסֵּן, עָצַר, דִּכֵּא; הִגְבִּיל

**restraint′** *n.* (רִסְטְרֵינְט) רִסּוּן, מַעֲצוֹר, עֲצִירָה; מַעֲצָר; הַבְלָגָה, הִתְאַפְּקוּת

**restrict** *v.t.* (רִסְטְרִקְט) הִגְבִּיל

**restric′tion** *n.* (רִסְטְרִקְשְׁן) הַגְבָּלָה

**restric′tive** *adj.* (רִסְטְרִקְטִב) מַגְבִּיל

**rest′ room″** (רֶסְט רוּם) חֲדַר נוֹחוּת

**result′** *n. & v.i.* (רִזַלְט) נָבַע מ־, הָיָה תּוֹצָאָה שֶׁל; הִסְתַּיֵּם בְּצוּרָה מְסֻיֶּמֶת; תּוֹצָאָה

**resume′** *v.t.* (רִזוּם) חִדֵּשׁ, הִמְשִׁיךְ (לאחר הפסקה), הִתְחִיל שׁוּב; תָּפַס שֵׁנִית; לָקַח שׁוּב

**rés′umé″** *n.* (רֶזֻמֵי) סִכּוּם, תַּמְצִית

**resump′tion** *n.* (רִזַמְפְּשְׁן) חִדּוּשׁ, הַמְשָׁכָה (לאחר הפסקה), הַתְחָלָה שׁוּב; קַבָּלָה בַּחֲזָרָה

**res″urrec′tion** *n.* (רֶזֶרֶקְשְׁן) תְּחִיַּת הַמֵּתִים, תְּחִיָּה

**Resurrection** תְּחִיַּת יֵשׁוּ; תְּחִיַּת הַמֵּתִים בְּיוֹם הַדִּין

**re′tail** *n. & adj. & adv.* (רִיטֵיל) מְכִירָה קִמְעוֹנִית; קִמְעוֹנִי; בְּקִמְעוֹנוּת

**— v.t. & i.** מָכַר בְּקִמְעוֹנוּת, מָכַר יְשִׁירוּת לַקּוֹנֶה; נִמְכַּר בְּקִמְעוֹנוּת, נִמְכַּר לַיְּחִידִים

**re′tailer** *n.* (רִיטֵילֶר) קִמְעוֹנַאי

**retain′** *v.t.* (רִטֵין) הֶחֱזִיק בְּ־; הִמְשִׁיךְ לְהִשְׁתַּמֵּשׁ בְּ־; הוֹסִיף לִשְׁמֹר עַל; זָכַר; הֶחֱזִיק בְּמָקוֹם; הֶעֱסִיק; עָצַר

**retal′iate″** *v.t. & t.* (רִטֶלִיאֵיט) הֵשִׁיב כִּגְמוּל, גָּמַל

**retal″ia′tion** *n.* (רִטֶלִיאֵישְׁן) גְּמוּל, תַּגְמוּל

**retard′** *v.t.* (רִטָרְד) עִכֵּב

**retch** *v.i.* (רֶץ׳) עָמַד לְהָקִיא

**reten′tion** *n.* (רִטֶנְשְׁן) הַחְזָקָה, עֲצִירָה; הַמְשָׁכָה; זִכָּרוֹן

**ret′icence** *n.* (רֶטִסֶנְס) שַׁתְקָנוּת, הִתְאַפְּקוּת

**ret′inue″** *n.* (רֶטְנוּ) פָּמַלְיָה, מְשָׁרְתִים

**retire′** *v.i. & t.* (רִטַיְאֶר) הִסְתַּלֵּק, הִתְבּוֹדֵד בְּ־; שָׁכַב לִישֹׁן; פָּרַשׁ; יָצָא לְגִמְלָאוֹת; נָסוֹג לְפִי תָּכְנִית; הוֹצִיא מֵהַמַּחְזוֹר; פָּקַד עַל נְסִיגָה; הֵבִיא לִידֵי פְּרִישָׁה; הוֹצִיא מִשִּׁמּוּשׁ

**retire′ment** *n.* (רִטַיְאֶרְמֶנְט) הִסְתַּלְּקוּת, הִתְבּוֹדְדוּת; סִלּוּק; פְּרִישָׁה; יְצִיאָה לְגִמְלָאוֹת; תְּקוּפַת פְּרִישָׁה; מְקוֹם בּוֹדֵד; נְסִיגָה מְסֻדֶּרֶת

**retort′** *n. & v.t. & i.* (רִטוֹרְט) תְּשׁוּבָה קוֹלַעַת; אַבִּיק; עָנָה בְּצוּרָה קוֹלַעַת; עָנָה בִּתְשׁוּבָה נִצַּחַת

**retrace′** *v.t.* (רִטְרֵיס) חָזַר כִּלְעֻמַּת שֶׁבָּא; שִׁחְזֵר

**retract′** *v.t. & i.* (רִטְרֶקְט) לָקַח בַּחֲזָרָה, חָזַר בּוֹ מ־; בִּטֵּל; נָסוֹג, נִרְתַּע לְאָחוֹר; כֻּנַּס בַּחֲזָרָה

**retreat′** *n.* (רִטְרִיט) נְסִיגָה; הִתְבּוֹדְדוּת, הִסְתַּלְּקוּת; מְקוֹם הִתְבּוֹדְדוּת; בֵּית מַרְפֵּא; טֶקֶס הוֹרָדַת הַדֶּגֶל

**beat a —** נָסוֹג בְּחִפָּזוֹן

**— *v.i.*** נָסוֹג; הִסְתַּלֵּק; הִתְבּוֹדֵד; הִשְׁתַּפֵּעַ אֲחוֹרָה; הוֹלִיךְ אֲחוֹרָה

**re″tribu′tion** *n.* (רֶטְרִבְּיוּשְׁן) גְּמוּל

**retrieve′** *v.t.* (רִטְרִיב) הֶחֱזִיר, קִבֵּל בַּחֲזָרָה; הֶחֱזִיר עֲטָרָה לְיָשְׁנָהּ; כִּפֵּר עַל; תִּקֵּן; הִצִּיל, חִלֵּץ; הֵבִיא (צַיִד)

**re″troac′tive** *adj.* (רֶטְרוֹאֶקְטִב) שֶׁכֹּחוֹ יָפֶה לְעָבָר, רֶטְרוֹאַקְטִיבִי; בַּר־תֹּקֶף מִתְאָרִיךְ שֶׁעָבַר

**re′trograde″** *adj.* (רֶטְרְגְרֵיד) נָע אֲחוֹרָה, נָסוֹג; הָפוּךְ

**re′trospect″** *n.* (רֶטְרְסְפֶּקְט) סְקִירָה אֲחוֹרָה; הִסְתַּכְּלוּת בֶּעָבָר

**in —** בְּהִסְתַּכְּלוּת בְּמְאֹרָעוֹת שֶׁאֵרְעוּ בֶּעָבָר

**return′** *v.i. & t. & n.* (רִטֶרְן) חָזַר, שָׁב, הֵשִׁיב, הֶחֱזִיר; פָּסַק (דִּין); נָתַן תְּשׁוּאָה; הוֹדִיעַ רִשְׁמִית; חֲזָרָה, שִׁיבָה; מִקְרֶה חוֹזֵר; תְּמוּרָה, פֵּרָעוֹן; תְּשׁוּבָה; רֶוַח, תְּשׁוּאָה; הַצְהָרָה עַל הַכְנָסָה

**—s** תּוֹצָאוֹת; סְחוֹרָה מֻחְזֶרֶת

**— *adj.*** חוֹזֵר, – חֲזָרָה; מֻחְזָר; גּוֹמְלִין

**reun′ion** *n.* (רִי־יוּנְיַן) כֶּנֶס; אִחוּד מֵחָדָשׁ

**reveal′** *v.t.* (רִוִיל) גִּלָּה; חָשַׂף, הִצִּיג לְרַאֲוָה

**rev′el** *v.i. & n.* (רֶוְל) נֶהֱנָה מְאֹד מ־; חָגַג; עָלַז; חִנְגָּה

**rev″ela′tion** *n.* (רֶוַלֵישְׁן) גִּלּוּי, גִּלּוּי מַרְשִׁים; הִתְגַּלּוּת הָאֱלֹהִים

**rev′elry** *n.* (רֶוַלְרִי) חִנְגָּה, חֲגִיגָה עַלִּיזָה

**revenge′** *v.t. & n.* (רִוֶנְג׳) נָקַם; נִקַּם מ־; נְקָמָה; נַקְמָנוּת

**revenge′ful** *adj.* (רִוֶנְג׳פֻל) נַקְמָנִי

**rev′enue** *n.* (רֶוַנְיוּ) הַכְנָסָה; אֲגַף הַכְנָסוֹת הַמְּדִינָה; הַכְנָסָה קְבוּעָה

**rever′berate″** *v.i.* (רִוֶרְבְּרֵיט) הִדְהֵד

**revere′** *v.t.* (רִוִיר) הֶעֱרִיץ, הִתְיַחֵס בְּיִרְאַת כָּבוֹד

**rev′erence** *n.* (רֶוַרַנְס) הַעֲרָצָה, יִרְאַת כָּבוֹד; קִדָּה

**rev′erend** *adj. & n.* (רֶוַרַנְד) נַעֲרָץ; שֶׁל הַכְּמוּרָה; כֹּמֶר

**rev′erent** *adj.* (רֶוַרַנְט) מַעֲרִיץ, רוֹחֵשׁ הַעֲרָצָה, מַרְגִּישׁ יִרְאַת כָּבוֹד

**rev′erie** *n.* (רֶוַרִי) הֲזָיָה; חֲלוֹם בְּהָקִיץ; רַעְיוֹן דִּמְיוֹנִי, רַעְיוֹן לֹא־מַעֲשִׂי

**rever′sal** *n.* (רִוֶרְסַל) הַפְנָיָה אֲחוֹרַנִּית, פְּנִיָּה אֲחוֹרַנִּית, הִפּוּךְ, שִׁנּוּי כִּוּוּן; בִּטּוּל

**reverse′** *adj. & n.* (רִוֶרְס) נֶגְדִּי, מְהֻפָּךְ; הֶפֶךְ; נִגּוּד; גַּב, אָחוֹר; פֻּרְעָנוּת

**— *v.t. & i.*** הָפַךְ כִּוּוּן; הָפַךְ צַד; שִׁנָּה לְגַמְרֵי; בִּטֵּל; פָּנָה בְּכִוּוּן נֶגְדִּי; הֶחֱלִיף הִלּוּכִים לִנְסִיעָה אֲחוֹרָה, נָסַע אֲחוֹרַנִּית, "הִכְנִיס לְרֶוֶרְס"

**rever′sible** *adj. & n.* (רִוֶרְסַבְּל) נִתָּן לְשִׁנּוּי כִּוּוּן, נִתָּן לְתִקּוּן; הָפִיךְ; מַלְבּוּשׁ הָפִיךְ

**rever′sion** *n.* (רִוֶרְזַ׳ן) חֲזָרָה

**revert′** *v.i.* (רִוֶרְט) חָזַר

**review′** *n.* (רִוְיוּ) סְקִירָה, מַאֲמַר בִּקֹּרֶת, הַעֲרָכָה; כְּתַב־עֵת; מַרְאֶה חוֹזֵר; חֲזָרָה, שִׁנּוּן; תַּרְגִּיל־חֲזָרָה; מִסְקָר; עִיּוּן בִּמְאֹרָעוֹת הֶעָבָר; דִּין וְחֶשְׁבּוֹן; בְּדִיקָה חוֹזֶרֶת; רֶבְיוּ, תָּכְנִית בִּדּוּר

**— *v.t. & i.*** הִסְתַּכֵּל שׁוּב; חָזַר עַל, שִׁנֵּן; בָּדַק; סָקַר; הִבִּיט אֲחוֹרָה; דָּן בּ־; כָּתַב סְקִירָה

**review′er** *n.* (רִוְיוּאֵר) כּוֹתֵב סְקִירוֹת, מְבַקֵּר, עוֹרֵךְ מִסְקָרִים, בּוֹדֵק

**revile′** *v.t. & i.* (רִוַיל) גִּדֵּף

**revise′** *v.t.* (רִוַיז) תִּקֵּן, הִכְנִיס שִׁנּוּיִים

**revis′ion** *n.* (רִוִז׳ן) תִּקּוּן, הַכְנָסַת שִׁנּוּיִים

**revi′val** *n.* (רִוַיבְל) חִדּוּשׁ; הַחְיָאָה, הַחֲזָרָה; הַצָּגָה מְחֻדֶּשֶׁת; הִתְעוֹרְרוּת דָּתִית; תְּפִלַּת הִתְעוֹרְרוּת; מַתַּן תֹּקֶף מֵחָדָשׁ

**revive′** *v.t. & i.* (רִוַיב) חִדֵּשׁ, הִפְעִיל מֵחָדָשׁ; נָתַן תֹּקֶף מֵחָדָשׁ; הֶחֱזִיר; הִצִּיג מֵחָדָשׁ; הֶחֱיָה; חָזַר לְאֵיתָנוֹ, הִתְאוֹשֵׁשׁ; נַעֲשָׂה שׁוּב תָּקֵף

**revoke'** *v.t.* (רְווֹק) בִּטֵל

**revolt'** *v.i. & t. & n.* (רִוֹולְט) מָרַד;
נִרְתַּע בִּשְׁאָט נֶפֶשׁ; חָשׁ בְּחִילָה; הִתְחַלְחֵל;
עוֹרֵר שְׁאָט נֶפֶשׁ; מֶרֶד

**rev"olu'tion** *n.* (רֶוַלוּשְׁן) מַהְפֵּכָה; סִבּוּב;
הִסְתּוֹבְבוּת; מַחְזוֹר

**rev"olu'tiona"ry** *adj. & n.* (רֶוַלוּשֶׁנֶרִי)
מַהְפְּכָנִי; מִסְתּוֹבֵב; מַהְפְּכָן

**rev"olu'tionize"** *v.t.* (רֶוַלוּשַׁנַיז) גָּרַם
מַהְפֵּכָה; בִּצֵּעַ שִׁנּוּי קִיצוֹנִי

**revolve'** *v.i. & t.* (רִוּוֹלְב) הִסְתּוֹבֵב;
הִקִּיף; אֵרַע שׁוּב; נִשְׁקַל בְּדַעַת; סוֹבֵב; שָׁקַל
בְּדַעַת, הִרְהֵר עַל

**revol'ver** *n.* (רִוּוֹלְוַר) אֶקְדָּח תֻּפִּי; מִסְתּוֹבֵב

**revue'** *n.* (רִוְיוּ) רֶבְיוּ, תָּכְנִית בִּדּוּר

**revul'sion** *n.* (רִוַלְשְׁן) שְׁאָט נֶפֶשׁ; שִׁנּוּי
פִּתְאוֹמִי וְקִיצוֹנִי

**reward'** *n. & v.t.* (רִוּוֹרְד) פְּרָס; שָׂכָר;
פִּצָּה, הֶעֱנִיק פְּרָס

**rhap'sody** *n.* (רֶפְּסַדִי) רַפְּסוֹדְיָה;
הִשְׁתַּפְּכוּת־נֶפֶשׁ נִשְׂגֶּבֶת, הִתְלַהֲבוּת מֻפְרֶזֶת;
אֶפּוֹס

**rhet'oric** *n.* (רֶטַרִק) אָמָנוּת הַנְּאוּם,
רֶטוֹרִיקָה; כִּשְׁרוֹן דִּבּוּר; פְּרוֹזָה; מְלִיצָה

**rheumat'ic** *adj.* (רֻמֶטִק) שִׁגְרוֹנִי

**rheu'matis"m** *n.* (רוּמַטִזְם) שִׁגָּרוֹן

**rhinoc'eros** *n.* (רַינוֹסֶרֶס) קַרְנַף

**rhu'barb** *n.* (רוּבַּרְב) רִבָּס

**rhyme** *n.* (רַים) חֲרִיזָה; חָרוּז, שִׁירָה

**— or reason** הִגָּיוֹן, שֵׂכֶל יָשָׁר

**—** *v.t. & i.* חָרַז; כָּתַב חֲרוּזִים;
חִבֵּר שִׁירָה מְחֹרֶזֶת

**rhyth'm** *n.* (רִדֶ'ם) קֶצֶב, מִקְצָב; רִיתְמוּס

**rib** *n. & v.t.* (רִב) צֵלָע; חִזֵּק בִּצְלָעוֹת,
הִקִּיף בִּצְלָעוֹת, סִמֵּן בִּצְלָעוֹת; הִקְנִיט,
שָׂטָה בּ־

**rib'ald** *adj.* (רִבֶּלְד) לֹא־צָנוּעַ; לַגְלְגָנִי

**rib'bon** *n.* (רִבְּן) סֶרֶט; קִשּׁוּר; עִטּוּר

**—s** קְרָעִים

**rice** *n.* (רַיס) אֹרֶז

**rich** *adj. & n.* (רִץ') עָשִׁיר; שׁוֹפֵעַ; (על
מאכל:) מְתֻבָּל, מָתוֹק וְשָׁמֵן; יָקָר; הָדוּר; חָרִיף
וּמְעֻדָּן (יין); עָמֹק (צבע); בַּעַל טוֹן עָדִין וּמָלֵא;
חָרִיף; פּוֹרֶה; מְשַׁעֲשֵׁעַ מְאֹד; מְגֻחָךְ

**rich'es** *n. pl.* (רִצִ'ז) עֹשֶׁר, עֲשִׁירוּת, נְכָסִים

**rich'ness** *n.* (רִצְ'נִס) עֹשֶׁר

**rick'ets** *n.* (רִקִץ) רַכֶּכֶת

**rick'ety** *adj.* (רִקִטִי) מָט לִפּוֹל, רָעוּעַ;
חָלוּשׁ; יָשָׁן; לֹא־סָדִיר; לוֹקֶה רַכֶּכֶת

**rid** *v.t.* (רִד) שִׁחְרֵר, חִלֵּץ

get — of נִפְטַר מ־, הִשְׁמִיד

**rid'dance** *n.* (רִדֶנְס) שִׁחְרוּר, סִלּוּק, חִלּוּץ

good — בָּרוּךְ שֶׁפְּטָרַנִי

**rid'dle** *n.* (רִדְל) חִידָה

**ride** *v.i.* (רַיד) רָכַב עַל; נָסַע בּ־;
הִתְקַדֵּם; הָיָה מְעֻגָּן; נִרְאָה כִּמְרַחֵף; הִסְתּוֹבֵב
עַל; הִתְבַּלֵּט מֵעַל; חָפַף; נָסַע; הִמְשִׁיךְ לְלֹא
הַפְרָעָה; הָיָה תָּלוּי בּ־; שָׁלַט בּ־; הָיָה מוּנָח
עַל; עָבַר בּ־; הִרְכִּיב; עִגֵּן

— down דָּרַס; הִשִּׂיג

— out הֶחֱזִיק מַעֲמָד לְלֹא נְזָקִים (תוך
עגינה); הֶחֱזִיק מַעֲמָד בְּהַצְלָחָה

— *n.* רְכִיבָה, טִיּוּל (על סוס וכו׳ או בתוך
כלי רכב); נְסִיעָה; דֶּרֶךְ, כְּבִישׁ; רֶכֶב שַׁעֲשׁוּעִים

take for a — רָצַח; רִמָּה

**ri'der** *n.* (רַיְדֶר) רוֹכֵב; רַכָּב; מֻרְכָּב; נִסְפָּח

**ridge** *n.* (רִג') רֶכֶס; קַו רֶכֶס; קָצֶה עֶלְיוֹן;
גַּב; רְצוּעָה בּוֹלֶטֶת; קַו חִבּוּר שֶׁל קוֹרוֹת, קַו
קָדְקֹד, קוֹרָה מֶרְכָּזִית

**rid'icule"** *n. & v.t.* (רִדְקְיוּל) לַעַג;
לָעַג ל־

**ridic'ulous** *adj.* (רִדִקְיַלֶס) מְגֻחָךְ

**ri'ding** *n. & adj.* (רַיְדִנְג) רְכִיבָה; שֶׁל
רְכִיבָה

**rife** *adj.* (רַיף) רוֹוֵחַ, נָפוֹץ; מְהַלֵּךְ; שׁוֹפֵעַ

**riff'raff"** *n.* (רִפְרֶף) אֲסַפְסוּף

**ri'fle** *n.* (רַיפְל) רוֹבֶה; חֵרוּק;
תּוֹתָח מְחֹרָק

**—s** יְחִידַת רוֹבָאִים

**—** *v.t.* חֵרֵק; בָּזַז, חִטֵּט וְשָׁדַד

**rift** *n.* (רִפְט) בְּקִיעַ; נְקִיק; שֶׁטַח פָּתוּחַ;
קֶרַע; מַחְלֹקֶת; שֶׁבֶר; עֵמֶק־שֶׁבֶר

— valley בִּקְעָה

**rig** *v.t. & n.* (רִג) צִיֵּד בּ־; הִתְקִין;

הַפְעִיל בְּרַמָּיָה; חִבֵּל; צִיּוּד; מֶרְכָּבָה וְסוּסִים; צִיּוּד קִדּוּחַ; תִּלְבֹּשֶׁת

**right** *adj. & n.* (רַיט) נָכוֹן, נָאוֹת; צוֹדֵק; אֲמִתִּי; בָּרִיא; מְסֻדָּר; עֶלְיוֹן, עִקָּרִי; נוֹחַ, רָצוּי; יְמָנִי, יָשָׁר; זְכוּת; צֶדֶק; מְצִיאוּת; נְכוֹנוּת; יָמִין; פְּנִיָּה יְמִינָה; מַכַּת יָמִין

by —s לְמַעַן הַיֹּשֶׁר; מִבְּחִינַת הַצֶּדֶק

in one's own — בְּכֹחוֹת עַצְמוֹ

in the — צוֹדֵק

to —s בְּסֵדֶר, בְּמַצָּב נָאוֹת

— *adv.* בְּקַו יָשָׁר; יְשִׁירוּת; לְגַמְרֵי; מִיָּד; בְּדִיּוּק; בְּצוּרָה נְכוֹנָה; כָּרָאוּי; יָפֶה, כַּהֲלָכָה; יְמִינָה; מְאֹד

— and left בְּכָל צַד

— away (off) מִיָּד, מִנֵּיהּ וּבֵיהּ

— *v.t. & i.* זָקַף; תִּקֵּן; יִשֵּׁר; עָשָׂה צֶדֶק, נָקַם; הִזְדַּקֵּף

**right'eous** *adj.* (רַיצֶ'ס) צוֹדֵק, צַדִּיק; יָשָׁר

**right'eousness** *n.* (רַיצֶ'סְנֶס) צֶדֶק; יֹשֶׁר

**right'ful** *adj.* (רַיטְפֻל) חֻקִּי; יָשָׁר

**right'-hand'** *adj.* (רַיט־הֶנְד) מִימִין; בְּיַד יָמִין; יָעִיל מְאֹד

—ed *adj.* יְמָנִי; בְּיַד יָמִין

**right'ist** *adj. & n.* (רַיטִסְט) יְמָנִי

**right' of way'** זְכוּת קְדִימָה

**rig'id** *adj.* (רִגִ'ד) אָשׁוּן, צָפִיד; קָשׁוּחַ; מַחְמִיר, מְחַיֵּב רִכּוּז רַב, חָמוּר

**rigid'ity** *n.* (רִגִ'דִטִי) אֲשִׁינוּת, צְפִידוּת, חֹסֶר גְּמִישׁוּת; קַפְּדָנוּת; חֻמְרָה; קְשִׁיחוּת

**rig'marole"** *n.* (רִגְמֶרוֹל) תַּהֲלִיךְ מְסֻבָּךְ, מַעֲשֶׂה מֻרְכָּב; לַהַג, פִּטְפּוּט

**rig'or** *n.* (רִגֶר) חֻמְרָה, חֹמֶר הַדִּין; קֹשִׁי; דַּיְקָנוּת; קַפְּדָנוּת; אַכְזְרִיּוּת; צְפִידוּת; צִנָּה פִּתְאוֹמִית

**rig'orous** *adj.* (רִגֶרֶס) מַחְמִיר, חָמוּר; אַכְזָרִי; קָשׁוּחַ; מְדַקְדֵּק

**rill** *n.* (רִל) פֶּלֶג

**rim** *n.* (רִם) כַּרְכֹּב; קָצֶה, שָׂפָה; מִסְגֶּרֶת

**rind** *n.* (רַינְד) קְלִפָּה; קְרוּם

**ring** *n.* (רִנְג) טַבַּעַת; מַעְגָּל; חִשּׁוּק; סָבוֹב, חוּג; זִירָה; אִגְרוּף; כְּנוּפְיָה, חֵח; צִלְצוּל; קוֹל פַּעֲמוֹן; הֵדְהוּד; רֹשֶׁם

run —s around עָלָה עַל

— *v.t. & i.* הִקִּיף בְּטַבַּעַת; כִּתֵּר, עָשָׂה לְטַבַּעַת; שָׂם חָח בְּאַף; חָתַךְ מִסָּבִיב; עָשָׂה טַבָּעוֹת, נֶעֱרַךְ אוֹ עָבַר בְּמַעְגָּל; צִלְצֵל; נִשְׁמַע; הִדְהֵד; הוֹדִיעַ בְּקוֹל פַּעֲמוֹן

— down the curtain הוֹרָה לְהוֹרִיד מָסָךְ; הוֹרִיד מָסָךְ

— down the curtain on הֵבִיא לִידֵי גְּמַר

— up רָשַׁם

— up the curtain הֶעֱלָה מָסָךְ

— up the curtain on הִתְחִיל, יָזַם

**ring'lea"der** *n.* (רִנְגְלִידֶר) מַנְהִיג סוֹרְרִים

**ring'let** *n.* (רִנְגְלֶט) תַּלְתַּל, קְוֻצָּה

**rink** *n.* (רִנְק) רַחֲבַת קֶרַח; מִשְׁטַח הַחֲלָקָה; אוּלַם הַחֲלָקָה

**rinse** *v.t. & n.* (רִנְס) שָׁטַף; שְׁטִיפָה; מֵי שְׁטִיפָה; תַּכְשִׁיר שְׁטִיפָה

**ri'ot** *n.* (רַיאֶט) הִתְפָּרְעוּת, מְהוּמָה; חַיֵּי פְּרִיצוּת; חִנְגָּה סוֹאֶנֶת; הִתְפָּרְצוּת שְׁלוּחַת־רֶסֶן; הַצָּגָה סַסְגּוֹנִית; הַצְלָחָה אַדִּירָה

run — פָּעַל לְלֹא מַעֲצוֹרִים

— *v.i.* הִתְפָּרֵעַ; חַי חַיֵּי פְּרִיצוּת

**ri'otous** *adj.* (רַיאֶטֶס) מִתְפָּרֵעַ; מֵסִית לִמְהוּמוֹת; מֻפְקָר; סוֹאֵן; מַצְחִיק מְאֹד

**rip** *v.t. & i.* (רִפּ) חָתַךְ, קָרַע, בִּתֵּר; נִסֵּר; נִקְרַע; נִפְרַם

— into הִתְקִיף, הִסְתָּעֵר עַל

— out צָעַק בְּזַעַם

— *n.* קֶרַע

**ripe** *adj.* (רַיפּ) בָּשֵׁל; אָדֹם וּמָלֵא; בָּשִׁיל; הַהִתְפַּתְּחוּת, מְבֻגָּר; מִתְקַדֵּם; מוּכָן לְגַמְרֵי

**ri'pen** *v.t. & i.* (רַיפֶּן) הִבְשִׁיל; הֵבִיא לִידֵי הַבְשָׁלָה

**ripple** *n. & v.i. & t.* (רִפְּל) אַדְוָה; סִלְסוּל; קוֹל אַדְווֹת; הָיָה אַדְווֹת; זָרַם בְּאַדְווֹת; עָלָה וְיָרַד; הֵנִיעַ בְּקַלִּילוּת

**rise** *v.i.* (רַיז) קָם; הִזְדַּקֵּף; הִתְקוֹמֵם; הוּקַם; צָמַח; הִתְבַּלֵּט; הוֹפִיעַ; הִתְחוֹלֵל; אֵרַע; עָלָה; הִסְתַּגֵּל; נַעֲשָׂה עָלִיז; רָגַשׁ; תָּפַח; גָּדַל; סִיֵּם (ישיבה); קָם לִתְחִיָּה

— above הִתְעַלָּה מ־

— *n.* קִימָה; עֲלִיָּה; מָקוֹר; הוֹפָעָה

get a — out of הִרְגִּיז; עוֹרֵר הַתְּשׁוּבָה הָרְצוּיָה אוֹ הַצְּפוּיָה

give – to גָּרַם

**risk** *v.t.* & *n.* (רִסְק) סִכֵּן, הִסְתַּכֵּן; סִכּוּן

**ris'ky** *adj.* (רִסְקִי) מְסֻכָּן, כָּרוּךְ בְּסִכּוּן

**rite** *n.* (רַיְט) טֶקֶס; נֹסַח; מִנְהָג

**rit'ual** *n.* & *adj.* (רִצ'וּאֶל) פֻּלְחָן; טִקְסִי

**riv'al** *n.* & *adj.* & *v.t.* (רַיְבַל) מִתְחָרֶה; הִתְחָרָה עִם, נִסָּה לַעֲלוֹת עַל

**ri'valry** *n.* (רַיְבַלְרִי) תַּחֲרוּת; נִסָּיוֹן לַעֲלוֹת עַל

**riv'er** *n.* (רִוֶר) נָהָר; זֶרֶם

sell down the — בָּגַד בְּ־; נָטַשׁ; רִמָּה

up the — בְּבֵית הַסֹּהַר

**riv'et** *n.* & *v.t.* (רִוֶט) מַסְמֶרֶת; סִמְרֵר; חִזֵּק עַל יְדֵי רִקּוּעַ הַקְּצָווֹת; הִדֵּק; הֶחֱזִיק בְּ־

**riv'ulet** *n.* (רִוְיֻלֶט) פֶּלֶג, נַחַל קָטָן

**roach** *n.* (רוֹץ') תִּיקָן

**road** *n.* (רוֹד) דֶּרֶךְ, כְּבִישׁ

hit the — יָצָא לַמַּסָּע

one for the — כּוֹסִית אַחֲרוֹנָה

on the — בִּנְסִיעוֹת; בְּסִיּוּר

take to the — יָצָא לְסִיּוּר, יָצָא לִנְסִיעָה

**roam** *v.i.* (רוֹם) נָדַד

**roar** *v.i.* & *t.* & *n.* (רוֹר) שָׁאַג; צָחַק בְּקוֹל רָם; הִשְׁמִיעַ בְּרַעַשׁ גָּדוֹל; שְׁאָגָה; נְהִימָה; צְחוֹק אַדִּיר

**roast** *v.t.* & *i.* & *n.* (רוֹסְט) צָלָה; קָלָה; חֻמַּם; נִצְלָה; צָלִי; פִּיקְנִיק־צְלִיָּה

**rob** *v.t.* & *i.* (רוֹבּ) שָׁדַד, גָּזַל; בָּזַז

**rob'ber** *n.* (רוֹבֶּר) שׁוֹדֵד, גַּזְלָן

**rob'bery** *n.* (רוֹבֶּרִי) שֹׁד, גֶּזֶל

**robe** *n.* (רוֹבּ) גְּלִימָה; חָלוּק; שִׂמְלַת־פְּאֵר; מַעֲטֶה

—s לְבוּשׁ, תִּלְבֹּשֶׁת

— *v.t.* הִלְבִּישׁ

**rob'in** *n.* (רוֹבִּן) אֲדֹם־חָזֶה

**robust'** *adj.* (רוֹבַּסְט) חָסֹן, חָזָק וּבָרִיא; קָשׁוּחַ; חֲסַר־נִימוּס וְרַעֲשָׁנִי; דָּשֵׁן וְטָעִים

**rock** *n.* (רוֹק) סֶלַע; צוּר; יַהֲלֹם, אֶבֶן־חֵן; הִתְנוֹעֲעוּת

on the —s עָלָה עַל שִׂרְטוֹן; עָנִי מָרוּד, פּוֹשֵׁט רֶגֶל; עִם קֻבִּיּוֹת קֶרַח

— *v.i.* & *t.* הִתְנוֹעֵעַ; נִעֲנַע; הִשְׁרָה הַרְגָּשַׁת־שָׁוְא שֶׁל בִּטָּחוֹן; עָשָׂה רֹשֶׁם עַז; הִסְעִיר רוּחַ; זִעְזַע

**rock'et** *n.* (רוֹקֶט) רַקֵּטָה

**rock'y** *adj.* (רוֹקִי) סַלְעִי; רָעוּעַ תַּחְתָּיו; אֵיתָן; חֲסַר־רֶגֶשׁ, לְלֹא הִשְׁתַּתְּפוּת בְּצַעַר

**rod** *n.* (רוֹד) מַקֵּל; שֵׁבֶט; מוֹט; חֹטֶר; עֹנֶשׁ; שַׁרְבִיט; שְׂרָרָה; אֶקְדָּח

**rode** (רוֹד) (זמן עבר של ride)

**rod'ent** *n.* (רוֹדֶנְט) מְכַרְסֵם

**ro'deo"** *n.* (רוֹדִיאוֹ) הַצָּגַת בּוֹקְרִים; אִסּוּף בָּקָר

**roe** *n.* (רוֹ) בֵּיצֵי דָּגִים; זֶרַע דָּגִים; אַיָּל

**rogue** *n.* (רוֹג) נָבָל; שׁוֹבָב; נוֹכֵל; פִּיל תּוֹקְפָנִי וּמְנֻדֶּה

—s' gallery אֹסֶף תַּצְלוּמֵי פּוֹשְׁעִים

**ro'guish** *adj.* (רוֹגִשׁ) מְנֻוָּל; שׁוֹבָבִי

**roi'ster** *v.i.* (רוֹיְסְטֶר) הִתְרַבְרֵב בְּקוֹל; הִשְׁתּוֹלֵל בְּגַאַוְתָנוּת

**role** *n.* (רוֹל) תַּפְקִיד

**roll** *v.i.* & *t.* (רוֹל) הִתְגַּלְגֵּל; הִתְנַחְשֵׁל, הִתְקַדֵּם גַּלִּים גַּלִּים; הִשְׂתָּרֵעַ גְּבָעוֹת גְּבָעוֹת; חָלַף (זמן); הִשְׁמִיעַ קוֹל מְמֻשָּׁךְ; הִסְתּוֹבֵב; הִתְפַּלְבֵּל; הִתְנוֹעֵעַ מִצַּד אֶל צַד; שִׁטַּח; גִּלְגֵּל; בִּטֵּא (רי"ש, בתנודות קצה הלשון); סוֹבֵב; גּוֹלֵל; תּוֹפֵף בִּרְצִיפוּת; הֵטִיל; בָּזַז (אדם ישן או שתוי); פִּלְבֵּל (בעינים)

— around הִגִּיעַ

— in הָיָה לוֹ בְּשֶׁפַע; שָׁכַב לִישׁוֹן; הִגִּיעַ בְּכַמֻּיּוֹת גְּדוֹלוֹת

— out שִׁטַּח, רִדֵּד; קָם

— up צָבַר; אָסַף; הִגִּיעַ (בכלי רכב)

— *n.* גְּלִיל; רְשִׁימָה; רוֹלָדָה; גַּל; דִּבּוּר מְקֻצָּב; קוֹל עָמֹק וּמְמֻשָּׁךְ; תְּנוּעָה לַצְּדָדִים; סִבּוּב; מָמוֹן; הֲטָלָה

strike off (from) the —s מָחַק מֵרְשִׁימַת הַמִּשְׁתַּתְּפִים

**rol'ler** *n.* (רוֹלֶר) מִתְגַּלְגֵּל; מַגְלֵל; גַּלְגַּל; גָּלִיל; מַעְגִּילָה; מַכְבֵּשׁ; נַחְשׁוֹל אָרֹךְ הַמִּתְקַדֵּם בְּהַתְמָדָה

**rol'lick** *v.i.* (רוֹלִק) עָלַז

rol'ling stock' כְּלֵי הָרֶכֶב (של מסילת ברזל)

**Roman** *adj.* & *n.* (רוֹמֶן) רוֹמָאִי; לָטִינִית

**romance'** *n.* & *v.i.* & *t.* (רוֹמֶנְס) רוֹמָן;

רוֹמָן הִיסְטוֹרִי; עוֹלַם הַדִּמְיוֹן; רוֹמַנְסָה; סִפּוּר בַּדִּים; רוֹמַנְטִיקָה; תְּכוּנָה רוֹמַנְטִית; פָּרָשַׁת אַהֲבָה; הָזָה; דִּבֵּר בְּסִגְנוֹן רוֹמַנְטִי; חִזֵּר אַחֲרֵי

**Romance** *adj.* שֶׁל הַלְּשׁוֹנוֹת הָרוֹמַנִּיּוֹת

**roman'tic** *adj.* (רוֹמֶנְטִק) רוֹמַנְטִי; דִּמְיוֹנִי; חֲדוּר רוּחַ הַרְפַּתְקָאוֹת; לָהוּט

**roman'ticism** *n.* (רוֹמֶנְטִסִיזְם) רוֹמַנְטִיקָה; רוֹמַנְטִיזְם

**romp** *v.i. & n.* (רוֹמְפּ) הִשְׁתַּעֲשֵׁעַ בְּעַלִּיזוּת; רָץ מַהֵר לְלֹא מַאֲמָץ; שַׁעֲשׁוּעִים עַלִּיזִים; מֵרוֹץ לְלֹא מַאֲמָץ

**roof** *n.* (רוּף) גַּג

raise the — הִרְעִישׁ עוֹלָמוֹת; הֵקִים צְעָקָה

**rook** *n. & v.t.* (רֻק) עוֹרֵב־הַמִּזְרָע; צְרִיחַ (שח); נוֹכֵל; רִמָּה

**room** *n.* (רוּם) חֶדֶר; נוֹכְחִים; מָקוֹם, מֶרְחָב; הִזְדַּמְּנוּת

—s מְקוֹם מְגוּרִים

— *v.i.* גָּר

**roo'my** *adj.* (רוּמִי) מְרֻוָּח, נִרְחָב

**roost** *n.* (רוּסְט) מוֹט; לוּל; מְקוֹם כִּנּוּס

rule the — שָׁלַט

— *v.i.* רָבַץ עַל מוֹט; לָן

come home to — שָׁב גְּמוּלוֹ

**roo'ster** *n.* (רוּסְטֶר) תַּרְנְגוֹל, גֶּבֶר

**root** *n.* (רוּט) שֹׁרֶשׁ; מָקוֹר; מוֹצָא; חֹטֶר

— and branch כָּלִיל, עַד חָרְמָה

take — הִשְׁתָּרֵשׁ

— *v.i. & t.* הִשְׁרִישׁ; סִפֵּק שָׁרָשִׁים; שֵׁרֵשׁ, עָקַר מֵהַשֹּׁרֶשׁ; הֵרִיעַ וְעוֹדֵד; גָּבַר עַל

**rope** *n.* (רוֹפּ) חֶבֶל; פִּלָּצוּר; תְּלִיָּה; שַׁרְשֶׁרֶת, מִקְלַעַת

at the end of one's — כָּלוּ כָּל הַקִּצִּים; הִגִּיעוּ מַיִם עַד נֶפֶשׁ

know the —s הָיָה בָּקִי בִּפְרָטֵי הַמַּעֲשֶׂה

— *v.t. & i.* קָשַׁר בְּחֶבֶל; הֵקִים גֶּדֶר־חֲבָלִים; פִּלְצֵר

— in פִּתָּה

**ro'sary** *n.* (רוֹזֶרִי) מַחֲרֹזֶת תְּפִלָּה; תְּפִלַּת הַמְּאֹרָעוֹת (בחיי ישו או אמו, מרים)

**rose** *n. & adj.* (רוֹז) וֶרֶד; אָדֹם סְגַלְגַּל; שֶׁל וְרָדִים

under the — בַּחֲשַׁאי

**rose'mar"y** *n.* (רוֹזְמֵרִי) רוֹסְמָרִין

**ros'trum** *n.* (רוֹסְטְרָם) דּוּכַן נוֹאֲמִים; חַרְטוֹם

**ro'sy** *adj.* (רוֹזִי) וְרַדְרַד; בָּרִיא; עַלִּיז, אוֹפְּטִימִי; שֶׁל וְרָדִים

**rot** *v.i. & v.t. & n.* (רוֹט) רָקַב, נִרְקַב; נָמַק; נַעֲשָׂה מֻשְׁחָת; הִרְקִיב; הִשְׁחִית; רִקָּבוֹן; הַשְׁחָתָה; נִוּוּן חֶבְרָתִי; שְׁטֻיּוֹת

**ro'tate** *v.t. & i.* (רוֹטֵיט) סוֹבֵב; הִפְעִיל בְּצוּרָה מַחֲזוֹרִית; הֶחֱלִיף לְפִי סֵדֶר; הֶחֱלִיף מַחֲזוֹר הַזְּרָעִים; הִסְתּוֹבֵב; הִתְחַלֵּף לְפִי סֵדֶר קָבוּעַ

**rote** *n.* (רוֹט) שִׁגְרָה; מַהֲלָךְ מְכָנִי

**rot'ten** *adj.* (רוֹטְן) רָקוּב, נִרְקָב; מֻשְׁחָת; "מְזֻפָּת"; בָּזוּי; מִתְפּוֹרֵר

**rotund'** *adj.* (רוֹטַנְד) עָגֹל, מְעֻגָּל; בָּשֵׁל; שְׁמַנְמַן, שָׁמֵן; צָלוּל, צַח וְחָזָק

**rouge** *n. & v.t.* (רוּז׳) אֹדֶם; אִדֵּם

**rough** *adj.* (רַף) מְחֻסְפָּס; גַּס; שָׂעִיר; מְסֻלָּע וּמְבֻתָּר; אַלִּים; סוֹעֵר; מְהִיר־חֵמָה; חֲסַר־נִימוּס; פָּרוּעַ; קָשֶׁה, לֹא־נָעִים; צוֹרְמָנִי; מַכְבִּיד; חָרִיף; לְלֹא נוֹחוּת; דּוֹרֵשׁ מַאֲמָץ; לֹא־מְלֻטָּשׁ; לֹא־מְעֻבָּד; קָרוֹב; נָשׁוּף

— *v.t. & i.* הִתְנַפֵּל עַל; עִבֵּד עִבּוּד מֻקְדָּם

— it חַי בְּלִי נוֹחִיּוּת רְגִילוֹת

**rough'ly** *adv.* (רַפְלִי) בְּגַסּוּת; בְּקֵרוּב

**round** *adj. & n.* (רָאוּנְד) עָגֹל, מְעֻגָּלִי; גְּלִילִי; כַּדּוּרִי; סִבּוּבִי; שָׁלֵם; נִכָּר; מָלֵא וְעָמֹק (קול); גְּלוּי־לֵב, לְלֹא הִסְתַּיְּגוּת; כַּדּוּר; מַעְגָּל; סִבּוּב, הִתְפָּרְצוּת יְחִידָה; יְרִיָּה בּוֹדֶדֶת, הַגָּשָׁה; מַעְגַּל רוֹקְדִים קָנוֹן, רוֹנְדוֹ

in the — מֻקָּף מוֹשָׁבִים; עוֹמֵד חָפְשִׁי

make the —s עָרַךְ סִבּוּב, עָבַר מִמָּקוֹם לְמָקוֹם

— *adv. & prep.* בְּמֶשֶׁךְ תְּקוּפָה שְׁלֵמָה; מִסָּבִיב; בִּסְבִיבוֹת

— *v.t. & i.* עִגֵּל; הִשְׁלִים, שִׁכְלֵל; הִקִּיף, פָּנָה; הִתְעַגֵּל; הִשְׁמִין; הִשְׁתַּכְלֵל; הִסְתּוֹבֵב

— off הִשְׁלִים, סִיֵּם; הִתְעַגֵּל

— up קִבֵּץ; הִתְקַבֵּץ

**round'about"** *adj.* (רַאוּנְדְבַּאוּט) עָקִיף

**rouse** *v.t. & i.* (רָאוּז) הֵעִיר; עוֹרֵר;

הֵסִית; הֶחֱרִיד מִמַּחְבּוֹא; הִתְעוֹרֵר, הִתְנַעֵר; נֶחֱרַד מִמַּחְבּוֹא

**rout** *n. & v.i. & t.* (רָאוּט) מְנוּסַת בֶּהָלָה, תְּבוּסָה מוּחֶצֶת; הָמוֹן סוֹאֵן; הֵנִיס בְּבֶהָלָה, הֵבִיס

**route** *n. & v.t.* (רוּט; רָאוּט) דֶּרֶךְ; אֵזוֹר לְקוּחוֹת; קָבַע דֶּרֶךְ, שָׁלַח בְּדֶרֶךְ מְסֻיֶּמֶת; נִתֵּב

**routine'** *n.* (רוּטִין) שִׁגְרָה; נֹהַג; מִשְׁטָר רָגִיל

**rove** *v.i. & t.* (רוֹב) שָׁט, שׁוֹטֵט, נָדַד

**row** *n. & v.i. & t.* (רוֹ) שׁוּרָה; חָתַר

— *n.* (רָאוּ) קְטָטָה רוֹעֶשֶׁת; מְהוּמָה; רַעַשׁ

**row'boat"** *n.* (רוֹבּוֹט) סִירַת מְשׁוֹטִים

**row'dy** *adj. & n.* (רָאוּדִי) פָּרוּעַ, מִתְפָּרֵעַ

**roy'al** *adj.* (רוֹיְאַל) מַלְכוּתִי, שֶׁל מֶלֶךְ, שֶׁל מַלְכָּה; מְשׁוֹשֶׁלֶת הַמְּלוּכָה; מְפֹאָר, מְהֻדָּר; מְצֻיָּן; מְעֻלֶּה, לְמַעְלָה מֵהָרָמָה הַבֵּינוֹנִית

**roy'alist** *adj.* (רוֹיְאָלִסְט) מְלוּכָנִי; תּוֹמֵךְ בַּבְּרִיטִים (בְּמִלְחֶמֶת הָעַצְמָאוּת הָאָמֵרִיקָנִית)

**roy'alty** *n.* (רוֹיְאַלְטִי) מִשְׁפַּחַת הַמְּלוּכָה; מַעֲמַד מַלְכוּת, מַלְכוּת; בֶּן מִשְׁפַּחַת הַמְּלוּכָה; זְכוּת מְלָכִים; תְּחוּם הַמַּלְכוּת, מַמְלָכָה; מַלְכוּתִיּוּת; אֲצִילָה; תַּמְלוּגִים

**rub** *v.t. & i.* (רַבּ) שִׁפְשֵׁף, חִכֵּךְ; מָרַח; מָחַק; נִמְחַק

— **it in** הִזְכִּיר דָּבָר לֹא-נָעִים כְּדֵי לְהַרְגִּיז

— **out** מָחָה, מָחַק; הָרַג

— **the wrong way** הִקְנִיט

— *n.* שִׁפְשׁוּף; מַשֶּׁהוּ מַרְגִּיז; נִסָּיוֹן מַקְנִיט; מִכְשׁוֹל; שֶׁטַח מְחֻסְפָּס

**rub'ber** *n.* (רַבֶּר) גּוּמִי; נַעַל גּוּמִי, עַרְדָּל; מַגְרֵד; מְשַׁפְשֵׁף; עַסַּאי; מַחַק

**rub'bish** *n.* (רַבִּשׁ) פְּסֹלֶת, אַשְׁפָּה; שְׁטֻיּוֹת, הֲבָלִים

**rub'ble** *n.* (רַבְּל) עִיֵּי מַפֹּלֶת

**ru'by** *n.* (רוּבִּי) רוּבִּין, אֹדֶם, אֶבֶן אֲדַמְדַּמָּה

**rud'der** *n.* (רַדֶּר) הֶגֶה (שֶׁל כְּלִי שַׁיִט אוֹ מָטוֹס)

**rud'dy** *adj.* (רַדִּי) אֲדַמְדַּם, שׁוֹפֵעַ בְּרִיאוּת

**rude** *adj.* (רוּד) לֹא-מְנֻמָּס, גַּס-רוּחַ, חָצוּף; חֲסַר-תַּרְבּוּת, לְלֹא דֶּרֶךְ-אֶרֶץ; מְחֻסְפָּס; פָּשׁוּט; צוֹרְמָנִי; סוֹעֵר; חָסֹן; קָרוֹב

**ru'diment** *n.* (רוּדִמֶנְט) יְסוֹד רִאשׁוֹנִי; הַתְחָלָה, רֵאשִׁית

**rue** *v.t. & i.* (רוּ) הִצְטַעֵר עַל; הִתְחָרֵט

**ruf'fian** *n.* (רַפְיַן) בִּרְיוֹן

**ruf'fle** *v.t. & i. & n.* (רַפְל) חִסְפֵּס; זָקַף (נוֹצוֹת); הִפְרִיעַ; הִרְגִּיז; דִּפְדֵּף מַהֵר; טָרַף מַהֵר (קְלָפִים); קִפֵּל; הִתְנַחְשֵׁל; הִתְנַדְנֵד; הִתְרַגֵּז; גַּל; מִקְבָּץ, קִפּוּל; רֹגֶז, הַפְרָעָה

**rug** *n.* (רַג) שָׁטִיחַ

**rug'ged** *adj* (רַגִד) מְבֻתָּר; מְקֻמָּט; חָמוּר, קָשׁוּחַ; סוֹעֵר, צוֹרְמָנִי, גַּס-רוּחַ

**ru'in** *n. & v.t.* (רוּאִן) חֻרְבָּה; הֶרֶס; הִתְמוֹטְטוּת; גּוֹרֵם הֶרֶס; הָרַס; הֵשַׁם; פָּגַע לִצְמִיתוּת; פִּתָּה

**ru'inous** *adj.* (רוּאִנַס) הַרְסָנִי; הָרוּס, חָרֵב; רָעוּעַ; שֶׁל הֲרִיסוֹת

**rule** *n.* (רוּל) כְּלָל, תַּקָּנָה; דִּין; נֹהַג; מִמְשָׁל, מֶמְשָׁלָה; תְּקוּפַת כְּהֻנָּה, מִשְׁטָר; חֹק; סַרְגֵּל

**as a —** בְּדֶרֶךְ כְּלָל

— *v.t. & i.* שָׁלַט בְּ-, מָשַׁל; פָּסַק; סִמֵּן בְּקַוִּים יְשָׁרִים; שִׂרְטֵט קַו יָשָׁר; הָיְתָה יָדוֹ עַל הָעֶלְיוֹנָה; רָוַח, הִשְׁתַּלֵּט

— **out** סֵרֵב לְקַבֵּל; סֵרֵב לְהַכִּיר; בִּטֵּל, פָּסַל

**ru'ler** *n.* (רוּלֶר) שַׁלִּיט; מוֹשֵׁל; מֶלֶךְ; סַרְגֵּל

**ru'ling** *n. & adj.* (רוּלִנְג) פְּסַק דִּין; שִׂרְטוּט קַוִּים יְשָׁרִים בְּסַרְגֵּל; קַוִּים יְשָׁרִים (שֶׁשּׂוֹרְטְטוּ בְּסַרְגֵּל); נָפוֹץ

**rum** *n.* (רַם) רוּם

**rum'ble** *v.i. & n.* (רַמְבְּל) הָמָה; נָע תּוֹךְ הַשְׁמָעַת הֶמְיָה; הֶמְיָה; הִתְכַּתְּשׁוּת רְחוֹב (בֵּין כְּנוּפִיּוֹת צְעִירִים)

**ru'minate"** *v.i. & t.* (רוּמִנֵיט) הֶעֱלָה גֵּרָה; הִרְהֵר

**rum'mage** *v.t.* (רַמִג׳) חִטֵּט, הָפַךְ וְחִפֵּשׂ

**ru'mor** *n. & v.t.* (רוּמֶר) שְׁמוּעָה; רְכִילוּת; הֵפִיץ עַל יְדֵי שְׁמוּעָה

**rump** *n.* (רַמְפּ) אֲחוֹרַיִם; עַכּוּז; חֵלֶק אַחֲרוֹן; חֵלֶק נָחוּת; שְׁאֵרִית בֵּית מְחוֹקְקִים (לְאַחַר סִלּוּק הָרֹב)

**rum'ple** *v.t.* (רַמְפֶּל) קמט; סתר, פרע

**rum'pus** *n.* (רַמְפֶּס) מהומה

**run** *v.i. & t.* (רַן) רץ; נחפז; ברח; בקש סיוע; בקר קצרות; שוטט; נדד; הציג מעמדות; עלה במעלה נהר להטיל ביצים או זרע; פעל; הובל; עשה סבוב, נסע; נע בקלות; זחל; טפס; נפרם; זרם; הריק, העביר; השתרע; הפשיר; התפשט; גלש, נזל; חלף; נעשה; הסתכם ב־; היה מנסח; הצטבר; הגיע לפרעון; נמשך; הופיע (בדפוס); היה מצג ללא הפסקות; חזר בהתמדה; התאמן ב־; הגיע; העביר; הריץ; רכב, הדהיר; השתתף במרוץ; בקש לצוד; הסתנן; הבריח; הפעיל; הדפיס, העתיק; עבד, יצר, זקק; הרשה לצאת; תמך ב־; נהל; חשף עצמו; הזרים; נשפך; פרם; כפה; דחף; רעה; הושיט, האריך; סמן; עלה בקרוב (בחירה)

— across פגש באקראי, נתקל ב־

— afoul התנגש ב־; העלה חמה

— away ברח

— down דרס, הכה והפיל; רדף אחרי ותפס; עין ב־, סקר; חדל, נעצר; גנה, בקר קשות; חפש; מצא; התש

— in בקר בקור קצר; עצר; הריץ (מכונה)

— into התנגש עם; נפגש; נתקל ב־; הסתכם ב־; בא אחרי; התנסה ב־

— off עזב מהר, יצא; עשה מהר; קבע המנצח על ידי תחרות נוספת; גרש

— on המשיך ללא הפרעות

— out הסתים; אזל; גרש

— out of כלה כל המלאי

— out on נטש

— over דרס; עלה על גדותיו, עבר על; חזר על

— through דקר; השתמש ב־ ברשלנות; פזר, בזבז; ערך חזרה מהירה

— up תפר מהר; צבר; הגדיל; בנה מהר

— *n.* ריצה; בריחה; מרחק; נסיעה; בקור חטוף; טיסה מעל המטרה; תנועה מהירה; טיסה שגרתית; פרק זמן לפעלה; כמות; "רכבת" (בגרב); התקדמות; כוון מהלך; חפש; שורת הופעות רצופה; רצף; בהלת משיכה (בבנק); תקופת זרימה; פלג; מדרון; מכלאה; נדידת דגים במעלה נהר או לעבר חוף; קבוצת בעלי חיים בתנועה; נקדת זכות (בכדור בסיס); שורת הצלחות

a — for one's money תחרות חריפה; תמורה נאותה

in the long — בסופו של דבר, לבסוף

on the — בחפזון; בשעת ריצה; בורח מהמשטרה

**run'away"** *n. & adj.* (רַנֵוי) בורח; פליט; עריק; סוס בורח; בריחה; נמלט; שקל לזכות בו; שלוח־רסן

**run'-down"** *adj.* (רַן־דַאוּן) עיף ויגע; בעל מצב־בריאות רופף; חולני, חלש; רעוע, מזנח; נעצר

**run'down"** *n.* סכום קצר (בעל פה)

**rung** *n.* (רַנְג) שלב

**run'ner** *n.* (רַנֶר) רץ; שליח; סוכן; פס תנועה; שטיח ארך וצר; רצועת מלמלה; מבריח; ספינת הברחה; שלוחה

**run'ner-up'** *n.* (רַנֶר־אַפּ) השני אחרי המנצח בתחרות

**runt** *n.* (רַנְט) ננס; הקטן והחלש; גוץ ובזוי

**run'way"** *n.* (רַנְוֵי) מסלול; מסלול המראה; מסלול השתלבות

**rup'ture** *n. & v.t.* (רַפְּצֶ'ר) שבירה; קרע; שבר; בקע, פקע; שבר, פוצץ, גרם קרע

**rur'al** *adj.* (רוּרֶל) כפרי; חקלאי

**ruse** *n.* (רוּז) תחבולה, ערמה

**rush** *v.i. & t. & n.* (רַש) מהר, רץ, פרץ, נחפז; הסתער קדימה, זרז; הביא מהר; החיש; גבר על, שבה; חזר אחרי במרץ; ערך מסבה לכבוד־; התפרצות; ריצה; הסתערות, התקפה; בהלה; הופעה פתאומית; המלה; חפזון; לחץ; חוזר נמרץ

**rush' hour"** (רַש אַוּאֶר) שעת שיא

**rusk** *n.* (רַסְק) צנים

**rus'set** *n.* (רַסֶט) חום צהבהב, חום בהיר, חום אדמדם

**Russi'an** *adj. & n.* (רַשֶן) רוסי; רוסית

**rust** *n. & v.i. & t.* (רַסְט) חלודה; חלדון; התחמצנות; פעלה מנונת; תופעה

מַזִּיקָה; צָהֹב אֲדַמְדַּם, חוּם אֲדַמְדַּם; נֶחֱלַד; הֶחֱלִיד

**rus′tic** *adj. & n.* (רַסְטִק) כַּפְרִי; פָּשׁוּט; שֶׁל עַם הָאָרֶץ; גַּס, חֲסַר דֶּרֶךְ אֶרֶץ

**rus′tle** *v.i. & t. & n.* (רַסְל) רִשְׁרֵשׁ; הִזְדָּרֵז; גָּנַב בְּהֵמוֹת; רִשְׁרוּשׁ

**rus′ty** *adj.* (רַסְטִי) חָלוּד; דֵּהֶה, מְזֻנָּח, לָקוּי, חֲסַר־כֹּשֶׁר

**rut** *n.* (רַט) תֶּלֶם, חָרִיץ; שִׁגְרָה מְיָאֶשֶׁת, שִׁמָּמוֹן

**ruth′less** *adj.* (רוּתְ׳לֶס) חֲסַר־רַחֲמִים, אַכְזָר

**rye** *n.* (רַי) שִׁפּוֹן; וִיסְקִי שִׁפּוֹן; וִיסְקִי מְעֹרְבָּל

# S

**S, s** *n.* (אֶס) ס׳, הָאוֹת הַתְּשַׁע־עֶשְׂרֵה בָּאָלֶפְבֵּית הָאַנְגְּלִי

**Sab'bath** *n.* (סֶבַּת׳) שַׁבָּת, יוֹם רִאשׁוֹן

**sa'ber** *n.* (סֵיבְּר) חֶרֶב פָּרָשִׁים

**sa'ble** *n. & adj.* (סֵיבְּל) צֶבֶל; שָׁחוֹר

**sab'otage"** *n.* (סֶבֶּטָז׳) חַבָּלָה

**sacch'arin** *n.* (סֶקָרִן) סָכָרִין

**sacch'arine** *adj.* (סֶקָרִן) סָכָרִי; מָתוֹק מְאֹד; מְתַקְתַּק

**sack** *n.* (סֶק) שַׂק

**sack'ing** *n.* (סֶקִנְג) יוּטָה

**sac'rament** *n.* (סֶקְרָמֶנְט) אוֹת חֶסֶד; סְעֻדַּת הַקֹּדֶשׁ; לֶחֶם הַקֹּדֶשׁ; קֹדֶשׁ, מִסְתּוֹרִין; אוֹת, סֵמֶל; שְׁבוּעָה, הִתְחַיְּבוּת חֲגִיגִית

**sa'cred** *adj.* (סֵיקְרִד) קָדוֹשׁ, מְקֻדָּשׁ

**sac'rifice"** *n. & v.t. & i.* (סֶקְרִפַיס) קָרְבָּן; הִקְרִיב; וִתֵּר עַל; מָכַר בְּהֶפְסֵד

**sac'rilege** *n.* (סֶקְרִלִג׳) חִלּוּל הַקֹּדֶשׁ

**sac'ristan** *n.* (סֶקְרִסְטֶן) מְמֻנֶּה עַל תַּשְׁמִישֵׁי קֹדֶשׁ

**sad** *adj.* (סֶד) עָצוּב; קוֹדֵר; גָּרוּעַ

**sad'den** *v.t. & i.* (סֶדְן) הֶעֱצִיב; הִתְעַצֵּב

**sad'dle** *n. & v.t. & i.* (סֶדְל) אֻכָּף; מַרְדַּעַת; חָבַשׁ; הֶעֱמִיס עַל

**Sad'ducee"** *n.* (סֶגִ׳סִי) צְדוֹקִי

**sad'ism** *n.* (סֵידִזְם) סַדִיזְם

**sad'ness** *n.* (סֶדְנִס) עֶצֶב, תּוּגָה

**safe** *adj. & n.* (סֵיף) בָּטוּחַ; מְהֵימָן; שָׁלֵם; מִתְרַחֵק מִסַּכָּנָה; עָצוּר; כַּסֶּפֶת; תֵּבַת אִחְסוּן

**safe'-con"duct** *n.* (סֵיף־קוֹנְדַקְט) רִשְׁיוֹן מַעֲבָר; הַעֲבָרָה בְּבִטָּחוֹן

**safe'guard"** *n. & v.t.* (סֵיפְגַרְד) הֲגַנָּה; עֲרֻבַּת בִּטָּחוֹן; מִשְׁמָר; שָׁמַר עַל, הֵגֵן עַל

**safe'ty** *n.* (סֵיפְטִי) בְּטִיחוּת, בִּטָּחוֹן; מִתְקַן בְּטִיחוּת; נִצְרָה

**saf'fron** *n.* (סֶפְרֶן) כַּרְכֹּם, זְעַפְרָן

**sag** *v.i. & n.* (סֶג) שָׁקַע; הִתְקַעֵר; יָרַד; הִדַּלְדֵּל; שֶׁקַע, דִּלְדּוּל

**saga'cious** *adj.* (סֶגֵישֶׁס) פִּקֵּחַ, מְמֻלָּח

**sage** *n. & adj.* (סֵיג׳) חָכָם; מַרְוָה

**said** (סֶד) (זמן עבר של say)

**sail** *n. & v.i. & t.* (סֵיל) מִפְרָשׂ; סְפִינַת מִפְרָשִׂים; טִיּוּל בִּסְפִינָה, הַפְלָגָה; הִפְלִיג; דָּאָה; נָהַג בִּסְפִינָה

— **into** הִתְחִיל לִפְעוֹל בְּמֶרֶץ; הִתְנַפֵּל עַל

**sai'lor** *n.* (סֵילְר) מַלָּח, סַפָּן; כּוֹבַע קַשׁ שָׁטוּחַ

**saint** *n.* (סֵינְט) קָדוֹשׁ; צַדִּיק

**saint'ly** *adj.* (סֵינְטְלִי) דּוֹמֶה לְקָדוֹשׁ; דּוֹמֶה לְצַדִּיק; כְּיָאוּת לְקָדוֹשׁ; כְּיָאוּת לְצַדִּיק

**sake** *n.* (סֵיק) תּוֹעֶלֶת, הֲנָאָה; מַטָּרָה

**sal'ad** *n.* (סֶלֶד) סָלָט

**sal'amander** *n.* (סֶלֶמֶנְדֶר) סַלַמַנְדְּרָה

**sal'ary** *n.* (סֶלֶרִי) מַשְׂכֹּרֶת

**sale** *n.* (סֵיל) מְכִירָה; כַּמּוּת שֶׁנִּמְכְּרָה; שׁוּק; מְכִירָה סְמֻבְּיָת

**for —** לִמְכִירָה

**sales'man** *n.* (סֵילְזְמֶן) זַבָּן, מוֹכֵר

**sal'ient** *adj. & n.* (סֵילְיֶנְט) בּוֹלֵט; קוֹפֵץ; בְּלִיטָה

**sal'low** *adj.* (סֶלוֹ) צְהַבְהַב, מְכֻרְכָּם

**sal'ly** *n. & v.i.* (סֶלִי) גִּיחָה; טִיּוּל; הִתְפָּרְצוּת; חִדּוּד; הֶעָרָה קוֹלַעַת; עָרַךְ גִּיחָה; הִסְתָּעֵר; יָצָא לְטִיּוּל; יָצָא בְּמֶרֶץ

**salm'on** *n.* (סֶמֶן) סַלְמוֹן, אִלְתִּית

**salon'** *n.* (סֶלוֹן) טְרַקְלִין, חֲדַר אוֹרְחִים; גַּלֶּרְיָה, תְּצוּגָה

**saloon'** *n.* (סֶלוּן) מִסְבָּאָה; אוּלָם

**salt** *n.* (סוֹלְט) מֶלַח, מֶלַח בִּשּׁוּל; מַלָּח וָתִיק

**with a grain of—** בְּסַפְקָנוּת

**worth one's —** רָאוּי לִשְׂכָרוֹ

**— v.t.** מָלַח; סִפֵּק מֶלַח

**— away** שָׁמַר לְעֵת צֹרֶךְ

**salt'cel"lar** *n.* (סוֹלְטְסֶלְר) מִמְלָחָה

**salt"pe'ter** *n.* (סוֹלְטְפִּיטְר) מִלַּחַת

**sal'ty** *adj.* (סוֹלְטִי) מָלוּחַ; חָרִיף; שֶׁל הַיָּם
**sal'utar"y** *adj.* (סֶלְיַטֶרִי) מַבְרִיא, מוֹעִיל
**sal"uta'tion** *n.* (סֶלְיֻטֵישְׁן) בְּרָכָה, דִּבְרֵי פְּתִיחָה
**salute'** *v.t. & i. & n.* (סָלוּט) בֵּרֵךְ; קִדֵּם בִּבְרָכָה; הִצְדִּיעַ; הַצְדָּעָה
**sal'vage** *n. & v.t.* (סֶלְוִג') הַצָּלָה, חִלּוּץ, רְכוּשׁ מֻצָּל; נִצֹּלֶת; פִּצּוּי הַצָּלָה; הַכְנָסָה מֵחֲפָצִים מֻצָּלִים; הִצִּיל, חִלֵּץ
**salva'tion** *n.* (סֶלְוֵישְׁן) יְשׁוּעָה, הַצָּלָה; הֲגַנָּה
**salve** *n. & v.t.* (סָב) מִשְׁחָה; מֹרַח מִשְׁחָה, שִׁכֵּךְ כְּאֵב
**sal'vo** *n.* (סֶלְווֹ) מַטָּח; תְּשׁוּאוֹת
**same** *adj. & pron.* (סֵים) אוֹתוֹ, זֵהֶה; הַנִּזְכָּר לְעֵיל
all the — אַף עַל פִּי כֵן; אַחַת הִיא
just the — בְּאוֹתוֹ אֹפֶן; אַף עַל פִּי כֵן
the — בְּאוֹתוֹ הָאֹפֶן; בְּדֶרֶךְ זֵהָה
**same'ness** *n.* (סֵימְנֶס) זֶהוּת, אֲחִידוּת; חַדְגוֹנִיּוּת
**sam'ple** *n. & adj. & v.t.* (סֶמְפֶּל) דֻּגְמָה, לְדֻגְמָה, מִדְגָּם; לָקַח דֻּגְמָה; בָּחַן לְפִי דֻּגְמָה, דָּן לְפִי דֻּגְמָה
**san"ato'rium** *n.* (סֶנַטוֹרִיַם) סָנָטוֹרְיוּם, בֵּית הַבְרָאָה לְטִפּוּל מְמֻשָּׁךְ
**san'ctify"** *v.t.* (סֶנְקְטִפַי) קִדֵּשׁ; טִהֵר מֵחֵטְא
**san"ctimo'nious** *adj.* (סֶנְקְטִמוֹנִיאֶס) מִתְחַסֵּד
**sanc'timo"ny** *n.* (סֶנְקְטִמוֹנִי) הִתְחַסְּדוּת
**san'ction** *n. & v.t.* (סֶנְקְשֶׁן) אִשּׁוּר; סַנְקְצְיָה; אִשֵּׁר, נָתַן תֹּקֶף ל־; אִשְׁרֵר
**sancti'ty** *n.* (סֶנְקְטִטִי) קְדֻשָּׁה
**sanc'tuar"y** *n.* (סֶנְקְצ'וּאֶרִי) מִקְדָּשׁ; מָקוֹם קָדוֹשׁ; בֵּית הַמִּקְדָּשׁ (בירושלים); קֹדֶשׁ הַקֳּדָשִׁים; מִקְלָט; שְׁמוּרַת טֶבַע
**sand** *n. & v.t.* (סֶנְד) חוֹל; שִׁפְשֵׁף בִּנְיַר זְכוּכִית; פִּזֵּר חוֹל עַל
**san'dal** *n.* (סֶנְדֶל) סַנְדָּל
**sand'man"** *n.* (סֶנְדְמֶן) הַדּוֹד הַמַּרְדִּים
**sand'pa"per** *n. & v.t.* (סֶנְדְפֵּיפֶּר) נְיַר זְכוּכִית; שִׁפְשֵׁף בִּנְיַר זְכוּכִית
**sand'wich** *n. & v.t.* (סֶנְ[ד]וִיץ') כָּרִיךְ, סֶנְדְוִיץ'; מִצֵּעַ
**san'dy** *adj.* (סֶנְדִי) חוֹלִי, מְכֻסֶּה חוֹל
**sane** *adj.* (סֵין) שָׁפוּי, נָבוֹן; בָּרִיא
**sang** (סֶנְג) (זמן עבר של sing)
**sang'uinar"y** *adj.* (סֶנְגְוִנֶרִי) עָקֹב מִדָּם
**sang'uine** *adj.* (סֶנְגְוִין) אוֹפְּטִימִי; שׁוֹפֵעַ בִּטָּחוֹן; אֲדַמְדַּם
**san'itar'ium** *See* **sanatorium**
**san'itar"y** *adj.* (סֶנִטֶרִי) שֶׁל בְּרִיאוּת; הִיגְיֵנִי, נָקִי; טוֹב לַבְּרִיאוּת; תַּבְרוּאִי
**sa"nita'tion** *n.* (סֶנִטֵישְׁן) תַּבְרוּאָה
**san'ity** *n.* (סֶנִטִי) שִׁפְיוֹן, שְׁפִיּוּת־הַדַּעַת; צְלִילוּת־הַדַּעַת
**sank** (סֶנְק) (זמן עבר של sink)
**sap** *n. & v.t.* (סֶפּ) מֹהַל, מִיץ; שׁוֹטֶה; מָצַץ
**sap'ling** *n.* (סֶפְּלִנְג) עֵץ רַךְ, שָׁתִיל
**sapph'ire** *n.* (סֶפַּיְאֶר) סַפִּיר
**Sar'acen** *n.* (סֶרֶסֶן) עַרְבִי; מֻסְלְמִי; בֶּדְוִי
**sar'casm** *n.* (סָרְקֶזֶם) לִגְלוּג עוֹקְצָנִי; שְׁנִינָה; סַרְקַזְם
**sarcas'tic** *adj.* (סַרְקֶסְטִק) לִגְלְגָנִי, עוֹקְצָנִי; סַרְקַסְטִי
**sardine'** *n.* (סַרְדִין) סַרְדִּין
**sardon'ic** *adj.* (סַרְדוֹנִק) עוֹקְצָנִי, שֶׁל לַעַג מַר
**sash** *n.* (סֶשׁ) אַבְנֵט; מִסְגֶּרֶת
**sat** (סֶט) (זמן עבר של sit)
**Sat'an** *n.* (סֵיטְן) הַשָּׂטָן
**satch'el** *n.* (סֶצ'ל) יַלְקוּט, צִקְלוֹן
**sate** *v.t.* (סֵיט) הִשְׂבִּיעַ; פִּטֵּם יָתֵר עַל הַמִּדָּה
**sat'ellite"** *n.* (סֶטַלַיט) לַוְיָן; יָרֵחַ; גָּרוּר; מְדִינָה גְּרוּרָה
**sa'tiate"** *v.t.* (סֵישִׁיאֵיט) פִּטֵּם עַד לְזָרָא; הִשְׂבִּיעַ בִּמְלוֹאוֹ
**sat'iety** *n.* (סֶטַיאֶטִי) שֹׂבַע; פִּטּוּם
**sa'tin** *n.* (סֶטְן) סָטֶן, אַטְלַס
**sat'ire** *n.* (סֶטַיְאֶר) סָטִירָה; שְׁנִינָה
**satir'ical** *adj.* (סַטִרְקֶל) סָטִירִי
**sat'irist** *n.* (סֶטֶרִסְט) סָטִירִיקָן
**sat'irize"** *v.t.* (סֶטֶרַיז) הִתְקִיף בְּסָטִירָה, לִגְלֵג עַל

scare v.t. (סקער)

scar, city n. (סיטי)

scarce adv.

make oneself —

scarce adj.

scar n. & v.t. (סקאר)

scape, goat" n.

scan ty adj.

scant adj.

scan, dal ous adj.

scan, dalize" v.t.

scan, dal n.

scan v.t. & i.

scamp, per v.t.

scamp n.

sca ly adj.

scal, pel n.

scalp n. & v.t. & i.

scall ion n.

scale n. & v.t. & i.

pleads v.t. & n.

scaf, folding n. building

scaf, fold n.

scab by adj.

scab bard n.

scab n.

go without —

sa ving n.

have the —

n —

adv —

that is to —

say v.t. & i.

Saxon n. & adj. (סאקסן)

saw, mill" n.

saw, dust" n.

saw v.t. & n.

sa vory adj.

sa vor n. & v.t. & i.

Savior

sav ior n.

sa ving adj. & n.

save v.t. & i. & prep.

sav agery n.

sa vage adj.

sau sage, nes

saun ter v.t. & i.

sau cy adj.

sau cer n.

sauce, pan" n.

sauce n.

sat urnine" adj.

Satu rday n.

sat ura tion n.

sat urate" v.t.

sat isfy v.t. & i.

sat isfac tory adj.

sat isfac tion n.

**— *n.*** פחד פתאום; דאגה

**scare′crow″ *n.*** (סקרקרו) דחליל

**scarf *n.*** (סקרף) סודר, צעיף

**scar′let *adj.*** (סקרלט) שני; אדם בהיר

**— fever** שנית

**sca′thing *adj.*** (סקידינג) בוטה, נוקב; מזיק

**scat′ter *v.t.*** (סקטר) פזר; זרה; הפיץ; התפזר

**scav′enger *n.*** (סקונג׳ר) אוכל נבלות

**scenar′io″ *n.*** (סנריאו) תסריט

**scene *n.*** (סין) מחזה, מקום עלילה; נוף, מראה; תמונה; התפרצות מביכה; סצנה

behind the —s מאחורי הקלעים, בסתר

**sce′nery *n.*** (סינרי) נוף, מראה; תפאורה

**scent *n.* & *v.t.*** (סנט) ריח, בשם; הכיר בחוש הריח, הריח

**sce′pter *n.*** (ספטר) שרביט; סמכות מלכותית, מלכות

**sceptic** *See* **skeptic**

**schedule *n.* & *v.t.*** (סקג׳יול) לוח זמנים; רשימה, תכנית, טבלה; רשם, תכנן, שבץ בלוח זמנים

**scheme *n.* & *v.t.*** (סקים) תכנית; קשר; קנוניה; מזמה; מפעל דמיוני; תרשים, סכמה, דיאגרמה; תכנן; קשר קשר; זמם

**schol′ar *n.*** (סקולר) תלמיד־חכם, למדן, מלמד; תלמיד

**schol′arship″ *n.*** (סקולרשפ) למדנות; מענק למודים, מענק השתלמות

**scholas′tic *adj.*** (סקלסטק) של בתי ספר, של תלמידים, חנוכי; פדנטי

**school *n.* & *adj.* & *v.t.*** (סקול) בית ספר; אסכולה; למודים; צבור תלמידים; של בית ספר; הורה, למד, אמן

**school′house″ *n.*** (סקולהאוס) בנין בית ספר, בית ספר

**school′ing *n.*** (סקולנג) חנוך

**school′ma″ster *n.*** (סקולמסטר) מורה; מנהל בית ספר

**school′room″ *n.*** (סקולרום) כתה, חדר למודים

**schoo′ner *n.*** (סקונר) דו־תרנית; כוס גבוהה

**sci′ence *n.*** (סיאנס) מדע; בקיאות, מיומנות

**sci″entifi′c *adj.*** (סיאנטפק) מדעי; שיטתי

**sci′entist *n.*** (סיאנטסט) מדען

**scim′itar *n.*** (סמטר) חרב עקמה

**sci′on *n.*** (סיאן) חטר; צאצא; יחור

**sciss′ors *n.*** (סזרז) מספרים

**scoff *v.i.*** (סקוף) לעג ל־

**scold *v.t.* & *i.* & *n.*** (סקולד) גער; הוכיח בכעס; נדף; אשת־מדנים, מרשעת

**scoop *n.* & *v.t.*** (סקופ) מצקת; יעה; ספל; מכתש; הקדמת פרסום, סקופ; קערורית; מכל; הרים במכל; הריק בדלי; הקדים לפרסם; אסף, בתנועה רחבה

**scope *n.*** (סקופ) היקף; טוח; תחום

**scoot *v.i.*** (סקוט) נע בחפזון, רץ

**scorch *v.t.* & *n.*** (סקורץ׳) צרב, חרך; בקר קשות; כויה שטחית, צריבה

**score *n.*** (סקור) תוצאות, מנין נקדות; זכיה בנקדות; חריץ; חשבון; עשרים; סבה; פרטיטורה

pay off (settle) one's — סלק חשבון, גמל

**— *v.t.* & *i.*** חרק, רשם חשבון; קבע ציון, סכם נקדות; בקר; השיג; נזף

**scorn *v.t.* & *n.*** (סקורן) בוז; בז

**scorn′ful *adj.*** (סקורנפל) מלא בוז לגלגני

**scor′pion *n.*** (סקורפיאן) עקרב

**Scot *n.*** (סקוט) סקוטי

**Scotch *adj.* & *n.*** (סקוץ׳) סקוטי, של סקוטלנד; חסכני; סקוטים; ויסקי סקוטי

**scoun′drel *n.*** (סקאונדרל) נבל, בן בליעל

**scour *v.t.*** (סקאואר) שפשף ונקה, מרק, צחצח

**scourge *n.* & *v.t.*** (סקרג׳) שוט; מציק, הורס; הלקה; ענש קשות, נזף קשות

**scout *n.*** (סקאוט) סיר, סירת; מרגל; מחפש בעלי כשרונות; צופה

a good — בחור נעים הליכות

**— *v.i.* & *t.*** סיר, שמש כסיר; חפש

**scowl** *v.i.* & *n.* (סְקָאוּל) קִמֵּט מֵצַח, הִזְעִים פָּנִים; הִבִּיט בְּקַדְרוּת; אֲרֶשֶׁת זוֹעֶמֶת

**scrabble** *v.t.* & *n.* (סְקְרֶבְּל) גֵּרֵד; "קִשְׁקֵשׁ"; חָטַף; גֵּרוּד; כְּתָב מְקֻשְׁקָשׁ; הִתְכַּתְּשׁוּת פְּרוּעָה

**scrag'gy** *adj.* (סְקְרֶגִי) כָּחוּשׁ; מְבֻתָּר

**scram'ble** *v.i.* & *t.* & *n.* (סְקְרֶמְבְּל) טִפֵּס עַל אַרְבַּע; הִתְחָרָה עִם, נֶאֱבַק עִם; נֶחְפַּז; אָסַף מַהֵר בְּצוּרָה לֹא־מְסֻדֶּרֶת; טִגֵּן בֵּיצָה מְקֻשְׁקֶשֶׁת; עִרְבֵּב בְּאִי־סֵדֶר; זֵרֵז; טִפּוּס מְזֹרָז (עַל דֶּרֶךְ הַתַּחְתִּים); מַאֲבָק; עִרְבּוּבְיָה; הַמְרָאַת־חֵרוּם מְהִירָה

**scrap** *adj.* & *n.* (סְקְרֶפּ) שָׂרִיד, נִפְסָל לְשִׁמּוּשׁ, שֶׁל פְּסֹלֶת; חֲתִיכָה קְטַנָּה, קֶטַע; שִׁיר; חֹמֶר שֶׁנִּתָּן לְשִׁמּוּשׁ חוֹזֵר; קְטָטָה

— *v.t.* & *i.* פֵּרֵק; פָּסַל לְשִׁמּוּשׁ; הִתְקוֹטֵט

**scrape** *v.t.* & *i.* & *n.* (סְקְרֵיפּ) גֵּרֵד; גֵּרוּד; הִסְתַּבְּכוּת

**scratch** *v.t.* & *i.* & *n.* (סְקְרֶץ׳) גֵּרֵד; שָׂרַט; שְׂרִיטָה

from — מֵהַהַתְחָלָה, מִבְּרֵאשִׁית; מְלֹא־כְּלוּם

up to — מַשְׂבִּיעַ רָצוֹן, מַסְפִּיק

— *adj.* לִרְשִׁימוֹת חֲפוּזוֹת; שֶׁנֶּאֱסַף בְּחִפָּזוֹן; שֶׁנֶּאֱסַף בְּחִפָּזוֹן וּלְלֹא אַבְחָנָה

**scrawl** *v.t.* & *n.* (סְקְרוֹל) כָּתַב אוֹ רָשַׁם בְּצוּרָה פְּרוּעָה; כְּתָב פָּרוּעַ

**scraw'ny** *adj.* (סְקְרוֹנִי) רָזֶה מְאֹד, כָּחוּשׁ, שָׁחִיף

**scream** *v.i.* & *t.* & *n.* (סְקְרִים) צָוַח, צָרַח, צָחַק בְּצוּרָה פְּרוּעָה; צְרִיחָה, צְוָחָה; מַשֶּׁהוּ מַצְחִיק בְּיוֹתֵר

**screech** *v.i.* & *t.* (סְקְרִיץ׳) צָרַח; צְרִיחָה

**screen** *n.* & *v.t.* (סְקְרִין) רֶשֶׁת; מָסָךְ, אֶקְרָן; פַּרְגּוֹד; נָתַן מַחְסֶה לְ־; כִּסָּה; הֵגֵן עַל; נִפָּה; הִקְרִין עַל מָסָךְ

**screw** *n.* (סְקְרוּ) בֹּרֶג

have a — loose הָיָה תִּמְהוֹנִי

put the —s on כָּפָה

— *v.t.* בָּרַג, הִבְרִיג; עִוֵּת; חִזֵּק

**screw'dri"ver** *n.* (סְקְרוּ דְּרַיְבֶר) מַבְרֵג; מַשְׁקֶה וּוֹדְקָה וּמִיץ תַּפּוּזִים

**scrib'ble** *v.t.* & *i.* & *n.* (סְקְרִבְּל) כָּתַב בְּרַשְׁלָנוּת, "קִשְׁקֵשׁ"; כְּתִיבָה סְתוּמָה; כְּתָב "מְקֻשְׁקָשׁ"

**scrib'bler** *n.* (סְקְרִבְּלֶר) קַשְׁקְשָׁן, סוֹפֵר חֲסַר־עֵרֶךְ

**scribe** *n.* (סְקְרַיְבּ) סוֹפֵר; כַּתָּב

**scrim'mage** *n.* (סְקְרִמִג׳) מַאֲבָק נִמְרָץ; מִשְׂחַק אִמּוּנִים; מִשְׂחָק בְּפֹעַל

**scrimp** *v.t.* & *i.* (סְקְרִמְפּ) קִמֵּץ בְּ־

**script** *n.* (סְקְרִפְּט) כְּתָב; כְּתַב־יָד; טֶקְסְט; תַּסְרִיט; שִׁיטַת כְּתִיבָה

**scrip'tural** *adj.* (סְקְרִפְּצֶ׳רֶל) שֶׁל כִּתְבֵי הַקֹּדֶשׁ; שֶׁל כְּתִיבָה

**Scrip'ture** *n.* (סְקְרִפְּצֶ׳ר) כִּתְבֵי הַקֹּדֶשׁ; פָּסוּק

**scroll** *n.* (סְקְרוֹל) מְגִלָּה; רְשִׁימָה; קִשּׁוּט עָגֹל, עִטּוּר סְלִילִים

**scrounge** *v.t.* (סְקְרָאוּנְג׳) שְׁנוֹרֵר; "אִרְגֵּן"

**scrub** *v.t.* & *i.* & *n.* & *adj.* (סְקְרַבּ) שִׁפְשֵׁף; קִרְצֵף; נִקָּה עַל יְדֵי שִׁפְשׁוּף; שִׁפְשׁוּף; קִרְצוּף; בַּתָּה; נַנָּסִי; מְכֻסֶּה שִׂיחִים

**scruff** *n.* (סְקְרַף) עֹרֶף

**scru'ple** *n.* (סְקְרוּפְּל) שִׁקּוּל מוּסָרִי מְרַסֵּן, נְקִיפַת מַצְפּוּן; קֹרֶט

**scru'pulous** *adj.* (סְקְרוּפְּיֻלֶס) מַחְמִיר, מְדַקְדֵּק, בַּעַל מַצְפּוּן

**scrut'inize"** *v.t.* &*i.* (סְקְרוּטֶנַיְז) בָּדַק בְּקַפְּדָנוּת

**scrut'iny** *n.* (סְקְרוּטְנִי) בְּדִיקָה קַפְּדָנִית; מַעֲקָב חָמוּר, מַבָּט נוֹקֵב

**scud** *v.i.* & *n.* (סְקַד) נָע בִּמְהִירוּת; תְּנוּעָה מְהִירָה; עֲנָנִים נְמוּכִים בְּגֶשֶׁם

**scuff** *v.i.* & *t.* & *n.* (סְקַף) גָּרַר רַגְלַיִם; הִתְכַּסָּה שְׂרִיטוֹת; גֵּרֵד; שָׂרַט; פְּגָם

**scuf'fle** *v.i.* & *n.* (סְקַפְל) הִשְׁתַּתֵּף בְּתִגְרָה מְבֻלְבֶּלֶת; נָע בְּצוּרָה מְבֻלְבֶּלֶת; קְטָטָה טְרוּפָה; גְּרִירַת רַגְלַיִם

**scull** *n.* & *v.t.* (סְקַל) מְשׁוֹט יַרְכָתַיִם; סִירַת מְשׁוֹטִים; חָתַר בִּמְשׁוֹט יַרְכָתַיִם

**sculp'tor** *n.* (סְקַלְפְּטֶר) פַּסָּל

**sculp'tural** *adj.* (סְקַלְפְּצֶ׳רֶל) פִּסּוּלִי

**sculp'ture** *n.* & *v.t.* (סְקַלְפְּצֶ׳ר) פֶּסֶל; פִּסּוּל; פִּסֵּל; עִצֵּב

**scum** *n.* (סְקַם) קֶצֶף, פְּסֹלֶת; חֶלְאָה

**scur′rilous** *adj.* (סְקָרְלֵס) מַשְׁמִיץ; גַּס

**scur′ry** *v.i. & n.* (סְקָרִי) נֶחְפַּז; רִיצָה מְהִירָה

**scur′vy** *n.* (סְקֶרְוִי) צַפְדִּינָה

**scut′tle** *v.i. & t.* (סְקָטְל) מִהֵר (בצעדים קצרים); טָבַע; נָטַשׁ; הִשְׁמִיד

**scythe** *n.* (סַיד׳) חֶרְמֵשׁ

**sea** *n.* (סִי) יָם, אוֹקְיָנוֹס; סַעֲרַת גַּלִּים, גַּלִּים; נַחְשׁוֹל; יַמְאוּת

at — בַּיָּם; בִּמְבוּכָה

put (out) to — הִפְלִיג

— *adj.* יַמִּי, שֶׁל יָם

**seal** *n. & v.t.* (סִיל) חוֹתָם, סֵמֶל; חוֹתֶמֶת; גְּשַׁפְנְקָה; מַסְתֵּם; בּוּל קִשּׁוּט; אִשּׁוּר; כֶּלֶב־יָם, פַּרְוַת כֶּלֶב־יָם; חָתַם; אִשֵּׁר בִּטְבִיעַת חוֹתָם; סָתַם, הִדְבִּיק; הִכְרִיעַ סוֹפִית; הֶעֱנִיק בַּחֲתִימָתוֹ

**seam** *n. & v.t.* (סִים) תֶּפֶר; חִבֵּר בִּתְפָרִים

**sea′man** *n.* (סִימֶן) יַמַּאי, מַלָּח

**seam′stress** *n.* (סִימְסְטְרֶס) תּוֹפֶרֶת

**seam′y** *adj.* (סִימִי) עָלוּב; שֶׁל תֶּפֶר

**sea′port″** *n.* (סִיפּוֹרְט) נָמֵל; עִיר נָמֵל

**sear** *v.t.* (סִיר) שָׂרַף; צָרַב; הִכְוָה; הִקְשִׁיחַ; הִכְמִישׁ

**search** *v.t. & i.* (סֶרְץ׳) חִפֵּשׂ, עָרַךְ חִפּוּשׂ; בָּדַק; חָשַׂף; חָקַר; חִפּוּשׂ; בְּדִיקָה

**sear′ching** *adj.* (סֶרְצ׳ִנְג) חוֹדֵר; נוֹקֵב

**search′light″** *n.* (סֶרְצ׳לַיט) זַרְקוֹר; אֲלֻמַּת אוֹר (מזרקור)

**sea′sick″** *adj.* (סִיסִק) חוֹלֵה יָם

**season** *n. & v.t.* (סִיזְן) עוֹנָה; תְּקוּפָה; זְמַן מַתְאִים; תִּבֵּל; (הִקְשִׁיחַ; יִבֵּשׁ (עץ)

**sea′sonable** *adj.* (סִיזְנַבְּל) מַתְאִים לָעוֹנָה; בְּעִתּוֹ

**sea′sonal** *adj.* (סִיזְנַל) עוֹנָתִי

**sea′soning** *n.* (סִיזְנִנְג) תַּבְלִין

**seat** *n. & v.t.* (סִיט) כִּסֵּא, מוֹשָׁב; יַשְׁבָן; יְשִׁיבָה; תּוֹשֶׁבֶת; בָּסִיס; אֲתַר; מֶרְכָּז; מִשְׂרָה, סַמְכוּת; הוֹשִׁיב; הָיָה בַּעַל מוֹשָׁב; הִכְנִיס לִכְהֻנָּה, חִבֵּר

**sea′weed″** *n.* (סִיוִיד) צִמְחֵי יָם, אַצּוֹת

**secede′** *v.i* (סִסִיד) פָּרַשׁ, נִתֵּק קְשָׁרִים

**secessi′on** *n.* (סִסֶשְׁן) פְּרִישָׁה; נִתּוּק קְשָׁרִים

**seclude′** *v.t.* (סִקְלוּד) בּוֹדֵד

**seclus′ion** *n.* (סִקְלוּזְ׳ן) בִּדּוּד, יְחִידוּת; מָקוֹם מְבֻדָּד

**sec′ond** *adj. & n.* (סֶקֶנְד) שֵׁנִי, אַחֵר; נָחוּת; מִשְׁנִי, טָפֵל; שֶׁל הִלּוּךְ שֵׁנִי; סְגָן, תּוֹמֵךְ; סֶקוּנְדַנְט; בָּא־כֹּחַ; יוֹעֵץ; שְׁנִיָּה; הִלּוּךְ שֵׁנִי; תּוֹסֶפֶת מָזוֹן

— *v.t.* תָּמַךְ ב־; שִׁמֵּשׁ בָּא־כֹּחַ

**sec′onda″ry** *adj.* (סֶקַנְדֶרִי) שֵׁנִי בְּמַעֲלָה, מִשְׁנִי; טָפֵל; שֶׁל בֵּית סֵפֶר תִּיכוֹן; שְׁנִיּוֹנִי

**sec′ond fid′dle** תַּפְקִיד מִשְׁנִי; אָדָם בְּתַפְקִיד מִשְׁנִי, זוּטָר

**sec′ond-hand′** *adj. & adv.* (סֶקֶנְד הֶנְד) מִכְּלִי שֵׁנִי; לֹא יְשִׁירוֹת; מְשֻׁמָּשׁ; עוֹסֵק בִּסְחוֹרָה מְשֻׁמֶּשֶׁת; לְאַחַר שִׁמּוּשׁ, בְּצוּרָה מְשֻׁמֶּשֶׁת; בַּעֲקִיפִין

**sec′ond-rate′** *adj.* (סֶקֶנְד־רֵיט) מִמַּדְרֵגָה שְׁנִיָּה; נָחוּת; בֵּינוֹנִי

**se′crecy** *n.* (סִיקְרֶסִי) סוֹדִיּוּת; יְחִידוּת; שַׁתְקָנוּת

**se′cret** *n. & adj.* (סִיקְרֶט) סוֹד, סֵתֶר; מִסְתּוֹרִין; סוֹדִי, חֲשָׁאִי; נִסְתָּר

in — בְּסוֹדִיּוּת

**sec′reta″ry** *n.* (סֶקְרֶטֶרִי) מַזְכִּיר

— of state שַׂר הַחוּץ

**secrete′** *v.t.* (סִקְרִיט) הִפְרִישׁ; הֶחְבִּיא

**secre′tion** *n.* (סִקְרִישְׁן) הַפְרָשָׁה

**se′cretive** *adj.* (סִיקְרֶטִב) נוֹטֶה לְסוֹדִיּוּת, שׁוֹמֵר סוֹד, שַׁתְקָנִי

**sect** *n.* (סֶקְט) כַּת; סִיעָה

**sectar′ian** *adj. & n.* (סֶקְטֵרִיאֶן) שֶׁל כַּת, כִּתָּתִי, צַר־אֹפֶק; חֲבֵר כַּת; פּוֹרֵשׁ

**sec′tion** *n. & v.t.* (סֶקְשֶׁן) קֶטַע; חֲתִיכָה, חֲתָךְ; חֵלֶק; סָעִיף; פֶּלַח; עָנָף; חֻלְיָה, שְׁתֵּי כִּתּוֹת; חִתּוּךְ; חָתַךְ לַחֲתָכִים

**se′ctor** *n.* (סֶקְטָר) קֶטַע; גִּזְרָה, סֶקְטוֹר

**sec′ular** *adj.* (סֶקְיַלַר) חִלּוֹנִי; לֹא שַׁיָּךְ לְמִסְדָּר; בְּמֶשֶׁךְ תְּקוּפָה מְמֻשֶּׁכֶת

**sec″ulariza′tion** *n.* (סֶקְיַלַרִיזֵישְׁן) חִלּוּן

**sec′ularize″** *v.t.* (סֶקְיַלַרַיז) חִלֵּן; הוֹצִיא נָזִיר מִכְּלַל חַבְרֵי מִסְדָּר; הֶעֱבִיר לִרְשׁוּת חִלּוֹנִית

**secure′** *adj. & v.t.* (סִקְיוּר) בָּטוּחַ; אֵיתָן,

חָזָק; חֲסַר־דְּאָגָה; הִשִּׂיג, קִבֵּל; אִבְטַח; שָׁמַר עַל; הִבְטִיחַ; חִזֵּק; נָעַל; שָׁבָה

**secur′ity** *n.* (סְקְיוּרִטִי) בִּטָּחוֹן; הֲגַנָּה; שְׁמִירָה; עֲרֻבָּה, הַבְטָחָה; עַרְבוּת, עָרַב; נְיַר־עֵרֶךְ

**sedan′** *n.* (סְדֶן) מְכוֹנִית סְגוּרָה

**sedate′** *adj.* & *v.t.* (סְדֵיט) שָׁלֵו, שָׁקֵט, מְיֻשָּׁב; נָתַן סַם הַרְגָּעָה

**seda′tive** *adj.* & *n.* (סֶדֲטִב) מַרְגִּיעַ, מְשַׁכֵּךְ; תְּרוּפַת הַרְגָּעָה

**sed′entar″y** *adj.* (סֶדֶנְטֶרִי) כָּרוּךְ בִּישִׁיבָה, שֶׁאֵינוֹ כָּרוּךְ בְּמַאֲמָץ גּוּפָנִי רַב; קָבוּעַ, לֹא־נוֹדֵד, יַצִּיב

**sed′iment** *n.* (סֶדִמֶנְט) מִשְׁקָע; קֶבַעַת

**sedit′ion** *n.* (סִדִשְׁן) הֲסָתָה לְמֶרֶד

**sedit′ious** *adj.* (סִדִשֶׁס) מֵסִית לְמֶרֶד

**seduce′** *v.t.* (סִדוּס) הִדִּיחַ; הִשְׁחִית; פִּתָּה

**seduc′tion** *n.* (סִדַקְשֶׁן) הֲדָחָה; הַשְׁחָתָה; פִּתּוּי

**see** *v.t.* & *i.* (סִי) רָאָה; הֵבִין; קִבֵּל; הִכִּיר; בֵּרֵר; הִתְנַסָּה בּ־; וִדֵּא; פָּגַשׁ; הִתְרוֹעֵעַ עִם; עָזַר ל־; לִוָּה; הִכְנִיס סְכוּם זֵהֶה; הֶעֱדִיף; שָׂם לֵב; שָׁקַל בְּדַעַת

— about הִתְחַקָּה עַל; חָקַר

— off נִפְרַד מִן

— out נִשְׁאַר עִם עַד לַסִּיּוּם, הִתְמִיד עַד הַגְּמָר

— through הֵבִין, עָמַד עַל, הִתְמִיד עַד הַסּוֹף

— to (about) שָׂם לֵב ל־, דָּאַג ל־

— *n.* מוֹשָׁב (של סמכות כנסייתית)

**seed** *n.* (סִיד) זֶרַע, זְרָעִים; צֶאֱצָאִים

go (run) to — הִזְרִיעַ (צמח); הִתְנַוֵּן, הָלַךְ וָרַע

in — מַזְרִיעַ זֶרַע; זָרוּעַ

— *v.t.* זָרַע; זֵרָה חֹמֶר מַמְטִיר; הוֹצִיא זְרָעִים

**see′dy** *adj.* (סִידִי) שׁוֹפֵעַ זְרָעִים; מַזְרִיעַ זְרָעִים; מֻזְנָח, עָלוּב, בָּלֶה; חַלָּשׁ

**seek** *v.t.* (סִיק) חִפֵּשׂ, בִּקֵּשׁ; נִסָּה לְהַשִּׂיג; הִשְׁתַּדֵּל

**seem** *v.i.* (סִים) נִרְאָה

**seem′ly** *adj.* (סִימְלִי) יָאֶה, הוֹלֵם; הוֹגֵן; מַתְאִים; נָאֶה

**seen** (סִין) (see של p. p.)

**seep** *v.i.* (סִיפּ) חִלְחֵל; פִּעְפֵּעַ

**seer** *n.* (סִיאֶר) רוֹאֶה, מַשְׁקִיף

— *n.* (סִיר) חוֹזֶה, נָבִיא; מַגִּיד עֲתִידוֹת

**see′saw″** *n.* & *v.i.* & *t.* (סִיסוֹ) נַדְנֵדָה; תְּנוּעַת עֲלִיָּה וִירִידָה, נִדְנוּד; הִתְנַדְנֵד; נִדְנֵד

**seethe** *v.i.* & *t.* (סִידְ׳) הֶעֱלָה קֶצֶף; הִתְרַתֵּחַ; שָׁרָה; הִרְתִּיחַ

**seg′ment** *n.* (סֶגְמֶנְט) חֵלֶק, קֶטַע, פֶּלַח; מִקְטָע

**seg′regate″** *v.i.* & *i.* (סֶגְרֶגֵיט) הִפְרִיד, בּוֹדֵד; בִּצַּע הַפְרָדַת גְּזָעִים

**seg″rega′tion** *n.* (סֶגְרֶגֵישְׁן) הַפְרָדָה; הַפְרָדָה גִּזְעִית

**seize** *v.t.* & *i.* (סִיז) אָחַז בּ־, תָּפַס; חָטַף; הִשְׁתַּלֵּט עַל, הֶחֱרִים

**sei′zure** *n.* (סִיזְ׳ר) תְּפִיסָה; הַחְרָמָה

**sel′dom** *adv.* (סֶלְדֶם) לְעִתִּים רְחוֹקוֹת

**select′** *v.t.* & *adj.* (סִלֶקְט) בָּחַר; נִבְחַר, מֻבְחָר; בַּרְרָנִי

**selec′tion** *n.* (סִלֶקְשֶׁן) בְּחִירָה; מִבְחָר

**self** *n.* & *adj.* & *pron.* (סֶלְף) עַצְמוֹ; זֶהוּת; הָ״אֲנִי״; טֶבַע; עִנְיָן אִישִׁי; אָחִיד

**self″-con′fidence** *n.* (סֶלְף־קוֹנְפִדֶנְס) בִּטָּחוֹן עַצְמִי

**self′-control′** *n.* (סֶלְף־קֶנְטְרוֹל) שְׁלִיטָה עַצְמִית

**self′-deni′al** *n.* (סֶלְף־דִנַיְאֶל) הִנָּזְרוּת, וִתְּרָנוּת

**self′-deter″mina′tion** *n.* (סֶלְף־דִטֶרְמִנֵישְׁן) הַגְדָּרָה עַצְמִית

**self″-go′vernment** *n.* (סֶלְף־גַוֶרְנְמֶנְט) שִׁלְטוֹן עַצְמִי

**sel-′fish** *adj.* (סֶלְפִשׁ) אֶגוֹאִיסְטִי, אָנֹכִיִּי

**selfi′shness** *n.* (סֶלְפִשְׁנֶס) אֶגוֹאִיזְם, אָנֹכִיּוּת

**self′less** *adj.* (סֶלְפְלֶס) דּוֹאֵג קֹדֶם לַזּוּלַת, מְבַטֵּל רְצוֹנוֹ מִפְּנֵי רְצוֹן הַזּוּלַת

**self′-rel′iance** *n.* (סֶלְף־רִלַיְאֶנְס) בִּטָּחוֹן עַצְמִי

**self′same″** *adj.* (סֶלְפְסֵים) אוֹתוֹ, זֵהֶה

**self′-supporting** *adj.* (סֶלְף־סַפּוֹרְטִנְג)

תּוֹמֵךְ בְּעַצְמוֹ, עוֹמֵד בִּרְשׁוּת עַצְמוֹ, עַצְמָאִי מִבְּחִינָה כַּלְכָּלִית

**self'-taught'** *adj.* (סֶלְף־טוֹט) שֶׁלָּמֵד עַצְמוֹ; נִלְמַד בְּלִי מוֹרֶה

**sell** *v.t. & i.* (סֶל) מָכַר, סָחַר בּ־; שֶׁבַע; נִמְכַּר קִבֵּל תְּמוּרָה גְּבוֹהָה;

— out מָכַר כָּל הַמְּלַאי; בָּגַד בּ־, הִסְגִּיר

**sem'aphore"** *n. & v.i.* (סֶמָסוֹר) תַּמְרוּר הַכְוָנָה; אִתּוּת דְּגָלִים; אוֹתֵת (בדגלים)

**sem'blance** *n.* (סֶמְבְּלֶנְס) הוֹפָעָה חִיצוֹנִית, מַרְאֶה; הֶעְתֵּק, מַרְאֶה מְעֻשֶּׂה

**sem'icircle** *n.* (סֶמִיסֶרְקְל) חֲצִי מַעְגָּל; חֲצִי גֹּרֶן עֲגֻלָּה

**sem'ico"lon** *n.* (סֶמִיקוֹלֶן) נְקֻדָּה וּפְסִיק

**sem'inary"** *n.* (סֶמִנֶרִי) בֵּית מִדְרָשׁ לְכֹהֲנֵי דָת; סֶמִינָר; בֵּית סֵפֶר לְלִמּוּדֵי דָת; בֵּית סֵפֶר תִּיכוֹן; בֵּית סֵפֶר תִּיכוֹן לְצִעִירוֹת

**Sem'ite** *n.* (סֶמִיט) בֶּן שֵׁם (בנו של נח); שֵׁמִי, יְהוּדִי

**Semit'ic** *adj.* (סֶמִטִק) שֵׁמִי, יְהוּדִי

**sen'ate** *n.* (סֶנֶט) סֶנָט

**sen'ator** *n.* (סֶנָטוֹר) חֶבֶר סֶנָט, סֶנָטוֹר

**send** *v.t. & i.* (סֶנְד) שָׁלַח, שִׁגֵּר; צִוָּה לָלֶכֶת; הֶעֱלָה, פָּלַט; שִׁדֵּר; עִנֵּג

— back הֶחֱזִיר

— for הִזְמִין

— forth הוֹצִיא, הִצְמִיחַ; הֵנִיב; יָצָא; הוֹצִיא לָאוֹר

— in שָׁלַח

— off שִׁלַּח

— out חִלֵּק, שָׁלַח

— packing שִׁלַּח בְּחֶרְפָּה

— up שִׁגֵּר כְּלַפֵּי מַעְלָה; שִׁחְרֵר; דָּן לְמַאְסָר

**se'nile** *adj.* (סִינַיִל) שֶׁל הַזְּדַקְנוּת, שֶׁל חֻלְשַׁת וְקִנָה; יְשִׁישִׁי, סְנִילִי

**sen'ior** *adj. & n.* (סִינְיֶר) קָשִׁישׁ; בָּכִיר; הָאָב; תַּלְמִיד הַשָּׁנָה הָאַחֲרוֹנָה

**senior'ity** *n.* (סִינְיוֹרֶטִי) וֶתֶק

**sensa'tion** *n.* (סֶנְסֵישֶׁן) תְּחוּשָׁה; רֹשֶׁם חָזָק, סֶנְסַצִיָה; הִתְרַגְּשׁוּת

**sensa'tional** *adj.* (סֶנְסֵישֶׁנַל) מְעוֹרֵר תְּגוּבוֹת עַזּוֹת, מַרְגִּישׁ מְאֹד, סֶנְסַצִיוֹנִי; תְּחוּשָׁתִי

**sense** *n.* (סֶנְס) חוּשׁ; חוּשִׁים; תְּחוּשָׁה; הַרְגָּשָׁה; הַכָּרָה; שֵׂכֶל יָשָׁר; דְּבָרִים שֶׁל טַעַם; מוּבָן, מַשְׁמָעוּת; דֵּעָה

in a — לְפִי דֵּעָה אַחַת; בְּמִדַּת מָה

make — הִתְקַבֵּל עַל הַדַּעַת

—s מַחֲשָׁבָה צְלוּלָה

— v.t. חָשׁ, הֵבִין, עָמַד עַל

**sense'less** *adj.* (סֶנְסְלֶס) חֲסַר־הַכָּרָה; חֲסַר שֵׂכֶל יָשָׁר, טִפְּשִׁי; חֲסַר־מַשְׁמָעוּת

**sen"sibil'ity** *n.* (סֶנְסֶבִּלְטִי) תְּחוּשָׁה; רְגִישׁוּת, הַעֲרָכָה דַּקָּה, דַּקּוּת הָרְגָּשָׁה

—ies יְכֹלֶת רְגִישִׁית; כֹּשֶׁר הַהֲבָנָה אֲנִינוּת טַעַם

**sen'sible** *adj.* (סֶנְסֶבְּל) נָבוֹן, בַּעַל שֵׂכֶל יָשָׁר; מוּדָע ל־; נִכָּר; מוּחָשִׁי; נִתָּן לִתְפִיסָה, בַּעַל הַכָּרָה

**sen'sitive** *adj.* (סֶנְסֶטִב) רָגִישׁ; שֶׁל חֹמֶר מְסֻיָּן, סוֹדִי

**sen'sual** *adj.* (סֶנְשׁוּאַל) חוּשָׁנִי, תַּאַוְתָנִי; מֻפְקָר, מְגֻרֶה הַחוּשִׁים; חָמְרָנִי

**sen"sual'ity** *n.* (סֶנְשׁוּאַלְטִי) חוּשָׁנוּת; תַּאַוְתָנוּת

**sen'suous** *adj.* (סֶנְשׁוּאַס) שֶׁל הַחוּשִׁים; חוּשָׁנִי

**sent** (סֶנְט) (זמן עבר של send)

**sen'tence** *v.t. & n.* (סֶנְטֶנְס) דָּן; מִשְׁפָּט; פְּסַק דִּין; עֹנֶשׁ

**sen'timent** *n.* (סֶנְטִמֶנְט) רֶגֶשׁ, רָגוֹשׁ; דֵּעָה; עֶמְדָּה; רְגִישׁוּת; מַחֲשָׁבָה רְגִישִׁית; סֶנְטִימֶנְט

**sen"timen'tal** *adj.* (סֶנְטִימֶנְטַל) רַגְשָׁנִי; שֶׁל רֶגֶשׁ, סֶנְטִימֶנְטָלִי

**sen'tinel** *n.* (סֶנְטִנֶל) זָקִיף; שׁוֹמֵר

**sen'try** *n.* (סֶנְטְרִי) זָקִיף; שׁוֹמֵר

— box" סֻכַּת זָקִיף

**sep'arate"** *v.t. & i.* (סֶפָּרֵיט) הִפְרִיד; חִלֵּק; נִתֵּק; מִיֵּן; נִפְרַד

**sep'arate** *adj.* (סֶפָּרֵט) נִפְרָד, מֻפְרָד

**sep"ara'tion** *n.* (סֶפָּרֵישֶׁן) הַפְרָדָה; הִפָּרְדוּת; הִנָּתְקוּת; קַו מַפְרִיד, מְחִצָּה

**Septem'ber** *n.* (סֶפְּטֶמְבָּר) סֶפְּטֶמְבֶּר

**sep'tic** *adj.* (סֶפְּטִק) מְאַלֵּחַ, מְזַהֵם; שֶׁל זֵהוּם

**sep'ulcher** *n.* (סֶפֶּלְקֶר) קֶבֶר

**sepul'chral** *adj.* (סֶפַּלְקְרֶל) שֶׁל קֶבֶר;
שֶׁל קְבוּרָה; נוּגֶה; עָמֹק וּמְהַדְהֵד

**se'quel** *n.* (סִיקְוֶל) הֶמְשֵׁךְ; תּוֹלָדָה;
סֵפֶר הֶמְשֵׁךְ

**se'quence** *n.* (סִיקְוֶנְס) סֵדֶר; רְצִיפוּת;
סִדְרָה; תּוֹצָאָה; אֶפִּיזוֹדָה

**se'quin** *n.* (סִיקְוִן) דִּסְקִית עִטּוּר

**ser'aph** *n.* (סֶרֶף) שָׂרָף (מַלְאָךְ)

**ser"enade'** *n.* & *v.t.* & *i.* (סֶרֶנֵיד)
סֶרֶנָדָה; זִמֵּר סֶרֶנָדָה, נִגֵּן סֶרֶנָדָה

**serene'** *adj.* (סֶרִין) שָׁקֵט, שָׁלֵו;
צָלוּל; נַעֲלֶה

**seren'ity** *n.* (סֶרֶנִטִי) שֶׁקֶט, שַׁלְוָה; צְלִילוּת

**serf** *n.* (סֶרְף) צָמִית

**ser'geant** *n.* (סַרְגֶ'נְט) סַמָּל

**ser'ial** *n.* & *adj.* (סִירִיאֶל) סִפּוּר
בְּהֶמְשֵׁכִים; מוֹפִיעַ בְּהֶמְשֵׁכִים

**ser'ies** *n. pl.* (סִירִיז) סִדְרָה, שׁוּרָה;
טוּר; סֶרְיָה

**ser'ious** *adj.* (סִירִיאֶס) רְצִינִי; כֵּן; חָשׁוּב;
חָמוּר

**ser'mon** *n.* (סֶרְמֶן) דְּרָשָׁה; נְאוּם אָרֹךְ
וּמְשַׁעֲמֵם

**ser'pent** *n.* (סֶרְפֶּנְט) נָחָשׁ; הַשָּׂטָן

**ser'um** *n.* (סִירֶם) נַסְיוֹב

**ser'vant** *n.* (סֶרְוֶנְט) מְשָׁרֵת; עוֹבֵד
מֶמְשַׁלְתִּי

**serve** *v.i.* & *t.* & *n.* (סֶרְב) שֵׁרֵת, שִׁמֵּשׁ;
הִגִּישׁ; עָבַד כִּמְשָׁרֵת; עָזַר; כִּהֵן; הִסְפִּיק,
מִלֵּא דְּרִישׁוֹת; תָּרַם ל־; שִׁמֵּשׁ מֶלְצַר; סִפֵּק;
נָהַג בּ־; הִזְדַּוֵּג עִם; תִּפְעֵל; הַגָּשָׁה

— **one right** נֶעֱנַשׁ בְּעֹנֶשׁ צוֹדֵק

**ser'vice** *n.* & *adj.* (סֶרְוִס) שֵׁרוּת; עֶזְרָה;
מַנְגָּנוֹן; שֵׁרוּת צִבּוּרִי; הַכֹּחוֹת הַמְּזֻיָּנִים, חַיִל;
תְּפִלָּה בְּצִבּוּר, טֶקֶס; עֲבוֹדַת הַבּוֹרֵא;
מוֹעִיל; שֶׁל הַמְּשָׁרְתִים; שֶׁל תַּחֲזוּקָה; שֶׁל
הַצָּבָא

— *v.t.* תִּקֵּן, בִּצֵּעַ, בָּדַק, תִּחְזֵק;
עָזַר ל־; הִזְדַּוֵּג עִם

**ser'viceable** *adj.* (סֶרְוִסֶבֶּל) שָׁמִישׁ, מוֹעִיל,
נִתָּן לְשִׁמּוּשׁ; חָזָק; נִתָּן לְתִקּוּן בְּקַלּוּת

**ser'vile** *adj.* (סֶרְוַיל) מִתְרַפֵּס, חָנֵף; עָלוּב;
שֶׁל עַבְדוּת

**servil'ity** *n.* (סֶרְוִלְטִי) הִתְרַפְּסוּת, חֲנֻפָּה;
עַבְדוּת, שִׁפְלוּת

**ser'vitude"** *n.* (סֶרְוִטוּד) עַבְדוּת; שִׁעְבּוּד;
עֲבוֹדַת כְּפִיָּה

**sess'ion** *n.* (סֶשֶׁן) מוֹשָׁב; שְׁעַת־לִמּוּד;
תְּקוּפַת פְּגִישׁוֹת

**set** *v.t.* & *i.* (סֶט) שָׂם; עָרַךְ; קָבַע; כִּוֵּן;
שִׁבֵּץ; הוֹשִׁיב; הִדְגִּיר; הִפְנָה; אִחָה; הִתְאִים;
סִדֵּר; הִתְפִּיחַ; הִקְשָׁה; הֵסִית; שָׁקַע;
דָּגַר עַל; הָיָה מֻנָּח

— **about** הִתְחִיל

— **aside** הִפְרִישׁ; הִקְצָה; גָּבַר עַל;
זָרַק; בִּטֵּל

— **back** מָנַע, עִכֵּב

— **down** רָשַׁם; נָחַת

— **forth** סִפֵּר עַל, מָסַר דִּין וְחֶשְׁבּוֹן,
תֵּאֵר; יָצָא לִנְסִיעָה; הִתְחִיל

— **in** הִתְחִיל לְהִשְׁתַּלֵּט; הִגִּיעַ

— **off** פּוֹצֵץ; הִבְלִיט עַל יְדֵי הַצָּגַת
הַנִּגּוּדִים; יָצָא לִנְסִיעָה, הִתְחִיל

— **on (upon)** הִתְקִיף; הֵסִית, שִׁסָּה

— **on fire** הִצִּית

— **out** הִתְחִיל, יָצָא לִנְסִיעָה; נִסָּה;
הִגְדִּיר, תֵּאֵר; נָטַע, שָׁתַל

— **to** הִתְאַמֵּץ בְּמֶרֶץ; הִתְמַסֵּר ל־;
הִתְחִיל; הִתְחִיל לְהֵאָבֵק

— **up** הֶעֱמִיד, הִצִּיב; הֶעֱלָה; בָּנָה,
הֵקִים, הִרְכִּיב; קָבַע; הִנְהִיג; סִפֵּק אֶמְצָעִים

— *n.* הֲנָחָה; הִתְקַשּׁוּת; מַעֲרֶכֶת;
סִדְרָה; חוּג; הַתְאָמָה; כִּוּוּן; יְצִיבָה; מִקְלַט;
תַּפְאוּרָה, רֶקַע; קְבוּצָה; שְׁקִיעָה

— *adj.* קָבוּעַ; שָׁגוּר; אֵיתָן

**set'back"** *n.* (סֶטְבֶּק) עִכּוּב, מִכְשׁוֹל;
מַפָּלָה

**settee'** *n.* (סֶטִי) סַפָּה

**set'ting** *n.* (סֶטִנְג) קְבִיעָה, הֲנָחָה; מִסְגֶּרֶת,
רֶקַע, סְבִיבָה; מִשְׁבֶּצֶת; מַעֲרֶכֶת כֵּלִים;
תַּפְאוּרָה

**set'tle** *v.t.* & *i.* (סֶטְל) קָבַע; יִשֵּׁב, הֵקִים;
סִדֵּר; הִסְדִּיר; פָּרַע, סִלֵּק חֶשְׁבּוֹן; אִכְלֵס;
הִשְׁקִיט; נִמְנַע מֵהִתְנַגְּדוּת; שָׁקַע; הֶחְלִיט עַל;

הִגִּיעַ לִידֵי הֶסְכֵּם; הִשְׁתַּקֵּעַ; נָח; הִתְכַּנֵּס; נִרְגַּע; שָׁקַע; הִתְקַשָּׁה

— down הִתְרַגֵּל לְשִׁגְרָה; נִכְנַס לַתֶּלֶם; נַעֲשָׂה רָגוּעַ; הִתְמַסֵּר לַעֲבוֹדָה רְצִינִית

**set'tlement** *n.* (סֶטְלְמֶנְט) יִשּׁוּב, הִתְיַשְּׁבוּת; מוֹשָׁבָה; הֶסְדֵּר; שְׁקִיעָה; מֶרְכַּז־סַעַד; הַעֲבָרַת קִנְיָן

**set'tler** *n.* (סֶטְלֶר) מִתְיַשֵּׁב

**set'up"** *n.* (סֶטַפּ) אִרְגּוּן, הֶסְדֵּר, סִדּוּר; פְּעִילוּת לְלֹא מַאֲמָץ; חָמְרֵי מַשְׁקֶה כֹּהֶלִי; מַעֲרֶכֶת אֶמְצָעֵי בִּצּוּעַ; תָּכְנִית

**sev'en** *n. & adj.* (סֶוְן) שִׁבְעָה (.m), שֶׁבַע (.f)

**sev'enteen"** *n. & adj.* (סֶוְנְטִין) שִׁבְעָה־עָשָׂר (.m), שְׁבַע־עֶשְׂרֵה (.f)

**sev'enth** *adj.* (סֶוְנְתְ') שְׁבִיעִי,ת

**sev'enty** *n. & adj.* (סֶוְנְטִי) שִׁבְעִים

**sev'er** *v.t.* (סֶוְר) הִפְרִיד, נִתֵּק; הִבְחִין

**sev'eral** *adj. & n.* (סֶוְרֶל) אֲחָדִים; נִפְרָד, מְיֻחָד; שׁוֹנֶה; יָחִיד

**sev'erance** *n.* (סֶוְרֶנְס) נִתּוּק

**severe'** *adj.* (סִוִּיר) חָמוּר; קָשׁוּחַ; קִיצוֹנִי מְאֹד; רְצִינִי; פָּשׁוּט; קָשֶׁה; קַפְּדָנִי

**sever'ity** *n.* (סִוֶרִטִי) חֻמְרָה; קְשִׁיחוּת; קַשְׁיוּת; פַּשְׁטוּת קַפְּדָנִית

**sew** *v.t.* (סוֹ) תָּפַר; תִּקֵּן

— up הִשְׁלִים בְּהַצְלָחָה; תָּפַר, תִּקֵּן

**sew'age** *n.* (סוּאִג') שְׁפָכִים; בִּיּוּב

**sew'er** *n.* (סוּאֶר) בִּיב

**sex** *n.* (סֶקְס) מִין; מִינִיּוּת; מִשְׁגָּל

**sex'ton** *n.* (סֶקְסְטֶן) שַׁמָּשׁ

**sex'ual** *adj.* (סֶקְשׁוּאֶל) מִינִי

**sex"uali'ty** *n.* (סֶקְשׁוּאֶלִטִי) מִינִיּוּת

**sex'y** *adj.* (סֶקְסִי) מִינִי; מְעוֹרֵר תְּשׁוּקָה, מְגָרֶה; מְעַנְיֵן

**shab'by** *adj.* (שֶׁבִּי) בָּלֶה, מֻזְנָח, מְמֻרְטָט; בָּזוּי

**shack** *n.* (שֶׁק) בִּקְתָּה, צְרִיף פָּשׁוּט

— up *v.t.* שָׁכַב

**shack'le** *n. & v.t.* (שֶׁקְל) אֶזֶק; שַׁרְשֶׁרֶת; כֶּבֶל, קָשַׁר בַּאֲזִקִּים; הִגְבִּיל

**shade** *n. & v.t.* (שֵׁיד) צֵל; גָּוֶן; אָהִיל; מִשְׁקְפֵי־שֶׁמֶשׁ; פְּרִישׁוּת יַחֲסִית; רוּחַ רְפָאִים; קַרְטוֹב; מַחֲסֶה; סָכַךְ, הֵצֵל; הֶעֱמִיד בַּצֵּל; הֶאֱפִיל עַל; הִסְתִּיר; כִּסָּה; גִּוֵּן אוֹר וָצֵל; שָׁנָה בְּצוּרָה אַפְסִית

**shad'ow** *n. & v.t.* (שֶׁדוֹ) צֵל; מַחֲסֶה; רוּחַ רְפָאִים; רֶמֶז דַּק; דִּמְיוֹן קָלוּשׁ; בָּבוּאָה; חֵלֶק אַפְלוּלִי; תְּקוּפַת קַדְרוּת; עוֹקֵב חֲשָׁאִי; הֵצֵל; הִקְדִּיר; כִּסָּה; עָקַב אַחֲרֵי בַּחֲשַׁאי

**shad'owy** *adj.* (שֶׁדוֹאִי) מְעֻרְפָּל; קָלוּשׁ; מָלֵא צְלָלִים; מְכֻסֶּה צְלָלִים; מֵצֵל

**sha'dy** *adj.* (שֵׁידִי) מוּצָל; מְעֻרְפָּל, מְטֻשְׁטָשׁ; מְפֻקְפָּק

**shaft** *n.* (שֶׁפְט) מוֹט; חֵץ, עֹקֶץ; קֶרֶן, אֲלֻמָּה; יָדִית; צִיר; תֹּרֶן; עַמּוּד; יָצוּל; פִּיר, מִנְהָרָה מְאֻנֶּכֶת

**shag'gy** *adj.* (שֶׁגִי) שָׂעִיר; פְּרוּעַ־שֵׂעָר; מְחֻסְפָּס

**shake** *v.i. & t.* (שֵׁיק) הִתְנַעֲנַע, רָעַד; הִתְנַעֵר; הִתְנוֹעֵעַ; לָחַץ יָד; נִעְנַע; הוֹרִיד עַל יְדֵי נִעְנוּעַ; זִעֲזַע; עִרְעֵר; הִתְחַמֵּק מ־

— down הוֹרִיד; בָּחַן; סָחַט כֶּסֶף

— off נִפְטַר מ־; דָּחָה; הִתְרַחֵק מ־; הִשְׁאִיר מֵאֲחוֹרָיו

— one's head נִעְנַע רֹאשׁוֹ לִשְׁלִילָה; נִעְנַע רֹאשׁוֹ לְאוֹת הַסְכָּמָה

— up נִעֵר; זִעֲזַע

— *n.* נִעְנוּעַ; מַכָּה; לְחִיצַת יָד; יַחַס; הֲטָלָה; בְּקִיעַ; אַרְגִּיעָה

—s צְמַרְמֹרֶת

no great —s אֵין לוֹ בַּמֶּה לְהִתְפָּאֵר

two —s of a lamb's tail זְמַן קָצָר מְאֹד

**shake'down"** *n.* (שֵׁיקְדָאוּן) סְחִיטָה; חִפּוּשׂ מְדֻקְדָּק; מִטָּה מְאֻלְתֶּרֶת

**shake'-up"** *n.* (שֵׁיק־אַפּ) שִׁנּוּי יְסוֹדִי

**shale** *n.* (שֵׁיל) צִפְחָה

**shall** *aux. v.* (שֶׁל; בלי הטעמה: שַׁל) (פועל עזר בגוף ראשון לציון זמן העתיד וביתר הגופים, לציון חובת הפעולה)

**shal'low** *adj.* (שֶׁלוֹ) רָדוּד; שִׁטְחִי

**sham** *n. & adj. & v.t. & i.* (שֶׁם) זִיּוּף, רְמִיָּה; רַמַּאי, מִתְחַזֶּה, מַעֲמִיד פָּנִים; מְזֻיָּף; הֶעֱמִיד פָּנִים, זִיֵּף

**sham'bles** *n.* (שֶׁמְבֶּלְז) בֵּית מִטְבָּחַיִם; מְקוֹם קֶטֶל; הֶרֶס

**shame** *n.* (שֵׁים) בּוּשָׁה; חֶרְפָּה

for — בּוֹשׁ וְהָכְלֵם
put to — בַּיֵּשׁ; עָלָה עַל
— *v.t.* כִּסָּה עַל יְדֵי הַכְלָמָה
**shame'faced"** *adj.* (שֵׁימְפֵיסְט) צָנוּעַ, בַּיְשָׁנִי; מְבֻיָּשׁ, נִכְלָם
**shame'ful** *adj.* (שֵׁימְפֻל) מַחְפִּיר; מֵבִישׁ
**shame'less** *adj.* (שֵׁימְלִס) חֲסַר־בּוּשָׁה; עַז־פָּנִים
**shampoo'** *n.* & *v.t.* (שֶׁמְפּוּ) שַׁמְפּוּ; חֲפִיפַת רֹאשׁ; חָפַף רֹאשׁ; נִקָּה בְּתַכְשִׁיר נִקּוּי
**sham'rock** *n.* (שֶׁמְרוֹק) תִּלְתָּן
**shank** *n.* (שֶׁנְק) שׁוֹק; רֶגֶל
**shan'ty** *n.* (שֶׁנְטִי) בִּקְתָּה, צְרִיף עָלוּב
**shape** *n.* (שֵׁיפּ) צוּרָה, דְּמוּת; רוּחַ רְפָאִים; מַצָּב
take — לָבַשׁ צוּרָה
— *v.t.* & *i.* צָר, נָתַן צוּרָה; עִצֵּב, גִּלֵּם; בִּטֵּא; סִגֵּל, הִתְאִים; הִכְוִין; הִתְפַּתַּח בְּדֶרֶךְ רְצוּיָה
**shape'ly** *adj.* (שֵׁיפְּלִי) בַּעַל צוּרָה נָאָה, מְחֻטָּב יָפֶה
**share** *n.* & *v.t.* (שֵׁר) חֵלֶק; מְנָיָה; חִלֵּק, הִשְׁתַּתֵּף בּ־; קִבֵּל חֵלֶק שָׁוֶה
**share'cropper** *n.* (שֵׁרְקְרוֹפֶּר) אָרִיס
**share'hold"er** *n.* (שֵׁרְהוֹלְדֶר) בַּעַל מְנָיוֹת
**shark** *n.* (שָׁרְק) כָּרִישׁ; עוֹשֵׁק; אַשָּׁף
**sharp** *adj.* & *n.* (שַׁרְפּ) חַד; בָּרוּר; חָרִיף; נוֹקֵב; עוֹקֵץ; חָזָק; קָשֶׁה; מְמֻלָּח; פִּקֵּחַ; עַרְמוּמִי; נוֹכֵל; מְהֻדָּר; נֶסֶק
— *adv.* בְּצוּרָה חַדָּה; בְּדִיּוּק; פִּתְאוֹם
**shar'pen** *v.t.* & *i.* (שַׁרְפֶּן) חִדֵּד, הִשְׁחִיז; הֶחֱרִיף; הִתְחַדֵּד
**sharp'shoo"ter** *n.* (שַׁרְפְּשׁוּטֶר) קַלָּע
**shat'ter** *v.t.* & *i.* (שֶׁטֶר) נִפֵּץ; הָרַס; הֶחֱלִישׁ, הִפְרִיךְ; הִתְנַפֵּץ
**shave** *v.t.* & *i.* & *n.* (שֵׁיב) הִתְגַּלֵּחַ; גִּלֵּחַ; גֵּרֵד, הִקְצִיעַ; גָּזַז; שִׁבֵּב; הִתְקָרֵב מְאֹד אֶל; הִפְחִית; גִּלּוּחַ; פְּרוּסָה דַקָּה; מַעֲצָד
**sha'ver** *n.* (שֵׁיבֶר) מְגַלֵּחַ; מִתְגַּלֵּחַ; מְכוֹנַת גִּלּוּחַ; זַאֲטוּט, בָּחוּר
**sha'ving** *n.* (שֵׁיבִינְג) שְׁבָב; גִּלּוּחַ, הִתְגַּלְּחוּת
**shawl** *n.* (שׁוֹל) מַעֲטֶה, שָׁל
**she** *pron.* & *n.* (שִׁי) הִיא; הָאִשָּׁה; אִשָּׁה, נְקֵבָה
**sheaf** *n.* (שִׁיף) אֲלֻמָּה; צְרוֹר
**shear** *v.t.* (שִׁיר) גָּזַר, חָתַךְ; גָּזַז; שָׁלַל מ־
—s *n. pl.* מִסְפָּרַיִם גְּדוֹלִים; מִגְזָזַיִם
**sheath** *n.* (שִׁית׳) נְדָן; נַרְתִּיק
**sheathe** *v.t.* (שִׁיד׳) שָׂם בְּנִדָן; תָּחַב (כבתוך נדן); כִּסָּה
**shed** *n.* & *v.t.* & *i.* (שֶׁד) דִּיר, בִּקְתָּה; מַחְסֶה; הִרְעִיף; הִזִּיל; הוֹצִיא; הָיָה חָסִין נֶגֶד; הִשִּׁיר; נָשַׁר
— blood שָׁפַךְ דָּם; שָׁחַט
**sheen** *n.* (שִׁין) זֹהַר, זִיו, בָּרָק
**sheep** *n.* (שִׁיפּ) כֶּבֶשׂ; צֹאן; עוֹר כֶּבֶשׂ; צַיְתָן וְתָמִים
**sheep'ish** *adj.* (שִׁיפִּשׁ) נָבוֹךְ; צַיְתָנִי וְתָמִים
**sheer** *adj.* & *adv.* (שִׁיר) דַּק וְשָׁקוּף; טָהוֹר; גָּמוּר; תָּלוּל מְאֹד; לְגַמְרֵי; מַמָּשׁ; בִּמְאֻנָּךְ
**sheet** *n.* (שִׁיט) גִּלָּיוֹן; סָדִין; יְרִיעָה; עִתּוֹן, כְּתַב־עֵת; מִשְׁטָח; לוּחַ; מִפְרָשׂ
**shelf** *n.* (שֶׁלְף) מַדָּף, אִצְטַבָּה; שִׂרְטוֹן
on the – נִדְחָה זְמַנִּית; חֲסַר־תּוֹעֶלֶת; לֹא־פָּעִיל
**shell** *n.* (שֶׁל) פָּגָז; קוֹנְכִיָּה; קְלִפָּה; הִתְנַהֲגוּת מִסְתַּגֶּרֶת; תַּרְמִיל; סִירַת מֵרוֹץ קַלִּילָה; רַכִּיכָה; זִירָה, מִקְרָה; שֶׁלֶד (של בניין); כּוֹס
— *v.t.* & *i.* הוֹצִיא מִקְּלִפָּה, קִלֵּף; הִפְגִּיז; הִתְקַלֵּף; נָשַׁר
— out שִׁלֵּם, תָּרַם
**shel'ter** *n.* & *v.t.* (שֶׁלְטֶר) מַחְסֶה; מִקְלָט; נָתַן מַחְסֶה; הֵגֵן עַל
**shelve** *v.t.* (שֶׁלְב) שָׂם עַל מַדָּף; דָּחָה, הִנִּיחַ בְּקֶרֶן זָוִית; פִּטֵּר, הֶעֱבִיר מִשִּׁמּוּשׁ אוֹ מִשֵּׁרוּת פָּעִיל
**sheph'erd** *n.* & *v.t.* (שֶׁפֶּרְד) רוֹעֵה צֹאן; רוֹעֶה; כֹּמֶר; רָעָה, שָׁמַר עַל; לִוָּה; הִדְרִיךְ
**sher'iff** *n.* (שֶׁרִף) שׁוֹטֵר, מְחוֹזִי, "שֶׁרִיף"
**shield** *n.* & *v.t.* (שִׁילְד) מָגֵן; תְּרִיס; תָּג, סֵמֶל; הֵגֵן עַל; הָיָה מָגֵן ל־; הֶחְבִּיא
**shift** *v.t.* & *i.* & *n.* (שִׁפְט) הֶעֱבִיר; עִתֵּק; הִסְתַּדֵּר; הֶחֱלִיף הִלּוּכִים; שִׁנּוּי כִּוּוּן;

מִשְׁמֶרֶת; מוֹט הַלּוֹכִים; תַּחְתּוֹנִית; תַּחְבּוּלָה; הַחְלָפָה

**shift´less** *adj.* (שִׁפְטְלֶס) בַּטְלָנִי; לֹא־ יָעִיל, חֲסַר־שְׁאִיפוֹת

**shif´ty** *adj.* (שִׁפְטִי) עַרְמוּמִי, שֶׁל נְכָלִים, חֲמַקְמַק

**shil´ly-shal″ly** *v.i.* (שִׁלִי־שֶׁלִי) פָּסַח עַל שְׁתֵּי הַסְּעִפִּים, לֹא יָכוֹל לְהַחְלִיט

**shin** *n.* (שִׁן) שׁוֹק

**shine** *v.i. & t.* (שַׁיְן) זָרַח, הֵאִיר; נִצְנֵץ; סִנְוֵר; הוֹפִיעַ בִּבְהִירוּת; הִתְבַּלֵּט, הִצְטַיֵּן; מֵרֵק; צִחְצֵחַ

— up to נִסָּה לַעֲשׂוֹת רֹשֶׁם עַל

— *n.* בָּרָק; מֶזֶג אֲוִיר נָאֶה; צִחְצוּחַ

take a — to חִבֵּב

**shin´gle** *n. & v.t.* (שִׁנְגֶל) רַעַף; תִּסְפֹּרֶת קְצָרָה; שֶׁלֶט; רִעֵף

**shi´ny** *adj.* (שַׁינִי) מַבְרִיק; זוֹרֵחַ; נוֹצֵץ; מְשֻׁפְשָׁף

**ship** *n. & v.t. & i.* (שִׁפּ) אֳנִיָּה, סְפִינָה; צֶוֶת אֳנִיָּה; מָטוֹס; הֶעֱלָה עַל אֳנִיָּה; הוֹבִיל בִּכְלִי תַּחְבּוּרָה; אִפְשֵׁר לַמַּיִם לְהִכָּנֵס; שָׁלַח; עָלָה עַל אֳנִיָּה; קִבֵּל עֲבוֹדָה בָּאֳנִיָּה

— out יָצָא בָּאֳנִיָּה; שָׁלַח בָּאֳנִיָּה

**ship´ chan″dler** (שִׁפּ צֶ׳נְדְלֶר) סַפָּק לָאֳנִיּוֹת

**ship´mate″** *n.* (שִׁפְּמֵיט) סַפָּן חָבֵר

**ship´ment** *n.* (שִׁפְּמֶנְט) מִשְׁלוֹחַ; מִטְעָן

**ship´per** *n.* (שִׁפֶּר) סוֹכֵן מִשְׁלוֹחִים

**ship´ping** *n.* (שִׁפִּנְג) מִשְׁלוֹחַ מִטְעָנִים; טוֹנָז׳, תְּפִיסָה

**ship´wreck″** *n. & v.t.* (שִׁפְּרֶק) הֶרֶס אֳנִיָּה; טְבִיעַת אֳנִיָּה; חָרְבַּת אֳנִיָּה; הָרַס; הִטְבִּיעַ; הָרַס

**ship´yard″** *n.* (שִׁפְּיַרְד) מִסְפָּנָה

**shirk** *v.t.* (שֶׁרְק) הִשְׁתַּמֵּט

**shirt** *n.* (שֶׁרְט) חֻלְצָה, כֻּתֹּנֶת; גּוּפִיָּה

keep one's — on נִשְׁאַר שָׁלֵו, נִרְגַּע

lose one's — אִבֵּד כָּל אֲשֶׁר לוֹ

**shiv´er** *v.i. & n.* (שִׁוֶר) רָעַד; רַעַד, רְעָדָה

**shoal** *n.* (שׁוֹל) מַיִם רְדוּדִים; שִׂרְטוֹן

**shock** *n. & v.t.* (שׁוֹק) הֶלֶם, זַעֲזוּעַ; עֲרֵמַת אֲלֻמּוֹת; הִדְהִים, זִעְזַע; הִלֵּם

—ing *adj.* מְזַעְזֵעַ; רַע מְאֹד

**shod´dy** *adj.* (שׁוֹדִי) יַמְרָנִי; מְזֻיָּף; מֵאֵיכוּת יְרוּדָה; נִבְזֶה

**shoe** *n. & v.t.* (שׁוּ) נַעַל; הִנְעִיל, סִפֵּק נְעָלַיִם; פַּרְזֵל

**shoe´ma″ker** *n.* (שׁוּמֵיקֶר) סַנְדְּלָר

**shone** (שׁוֹן) (זמן עבר של shine)

**shoo** *interj. & v.t. & i.* (שׁוּ) הִסְתַּלֵּק; הִרְחִיק בִּצְעָקַת "שׁוּ"; גֵּרֵשׁ; צָעַק "שׁוּ"

**shoot** *v.t.* (שׁוּט) יָרָה; פָּלַט; כִּוֵּן מַהֵר; נָע פִּתְאוֹם; יָצָא לָצַיִד; עָבַר מַהֵר; הוֹשִׁיט; צִלֵּם; הֵנֵץ (ניצנים); הֶעֱבִיר (בריח של מנעול); מָדַד רוּם; הִתְחִיל לְדַבֵּר

— at (for) שָׁאַף לְ־

— off one's face (mouth) הִרְבָּה לְדַבֵּר שְׁטֻיּוֹת; הִגְזִים

— up צָמַח מַהֵר; עָשָׂה שַׁמּוֹת עַל יְדֵי יְרִיּוֹת; פָּצַע בִּירִיָּה

— *n.* יְרִיָּה; תַּחֲרוּת יְרִי; נְבִיטָה; נֶבֶט

**shop** *n.* (שׁוֹפּ) חֲנוּת; מָדוֹר (בחנות); סַדְנָה; בֵּית חֲרֹשֶׁת; מִשְׂרָד; מִשְׁלַח־יָד

talk — שׂוֹחַח בְּעִנְיְנֵי עֲבוֹדָה

— *v.i.* עָרַךְ קְנִיּוֹת

**shop´lif″ter** *n.* (שׁוֹפְּלִפְטֶר) גַּנָּב (בחנויות)

**shop´ping** *n.* (שׁוֹפִּנְג) קְנִיָּה, עֲרִיכַת קְנִיּוֹת; אֶפְשָׁרֻיּוֹת קְנִיָּה; דְּבָרִים קְנוּיִים

**shop´worn** *adj.* (שׁוֹפְּווֹרְן) בָּלוּי, פָּגוּם

**shore** *n.* (שׁוֹר) חוֹף; מוֹלֶדֶת; יַבָּשָׁה

**short** *adj.* (שׁוֹרְט) קָצָר; נָמוּךְ, גּוּץ; מְצֻמְצָם; חָסֵר; פָּגוּם, לָקוּי; לֹא בַּעֲלֵי הַמְּנָיוֹת שֶׁהוּא מוֹכֵר

— of פָּחוֹת מִ־; חָסֵר; מִלְּבַד

— *adv.* פִּתְאוֹם; בְּקִצּוּר נִמְרָץ; קָרוֹב

sell — מָכַר מַה שֶּׁאֵינוֹ שַׁיָּךְ לוֹ; מִעֵט בְּדָמוּת, זִלְזֵל בְּ־

**shor´tage** *n.* (שׁוֹרְטֶג׳) מַחְסוֹר

**shor´ten** *v.t. & i.* (שׁוֹרְטֶן) קִצֵּר; הִתְקַצֵּר

**short´hand″** *n.* (שׁוֹרְטְהֶנְד) קַצְרָנוּת

**short´ly** *adv.* (שׁוֹרְטְלִי) בְּקָרוֹב, בִּזְמַן קָצָר; בְּקִצּוּר; בְּחֹסֶר־אֲדִיבוּת

**shot** (שׁוֹט) (זמן עבר של shoot)

— *n.* יְרִיָּה; טְוָח; קַלָּע; רְסִיס; קָלִיעַ; זְרִיקָה; כַּמּוּת קְטַנָּה

**shot´gun″** *n.* (שׁוֹטְגַן) רוֹבֵה צַיִד

**should** *aux. v.* (שֻד) (לציון בדרך הכבא); צָרִיךְ
**shoul'der** *n. & v.t.* (שׁוֹלְדֶר) כָּתֵף; דָּחַף בְּכָתֵף; נָטַל אַחֲרָיוּת
**shout** *n. & v.i. & t.* (שָׁאוּט) צְעָקָה, הִתְפָּרְצוּת פִּתְאוֹמִית; צָעַק, דִּבֵּר אוֹ צָחַק בְּקוֹל רָם
**shove** *v.t. & n.* (שַׁב) דָּחַף, הָדַף
— off דָּחַף מֵהַחוֹף; הִסְתַּלֵּק
— *n.* דְּחִיפָה; הֲדִיפָה
**shov'el** *n. & v.t.* (שַׁוְל) אֵת; יָעֶה; גָּרַף, הֶעֱבִיר בְּאֵת, פִּנָּה בְּאֵת
**show** *v.t. & i.* (שׁוֹ) הֶרְאָה; הִצִּיג; הִדְרִיךְ; הִסְבִּיר; הוֹכִיחַ; רָשַׁם; נִתְגַּלָּה, נִרְאָה; הוֹפִיעַ
— off הִתְגַּנְדֵּר
—up גִּלָּה; הִצִּיג; הוֹפִיעַ
— *n.* הַצָּגָה; תְּצוּגָה רַאַוְתָנִית; תָּכְנִית; סֶרֶט; הוֹפָעָה, רֹשֶׁם; הוֹפָעָה מַטְעָה; רֶמֶז
run the — שָׁלַט בַּתְּנָאִים; נִהֵל הָעִנְיָנִים
steal the — קִבֵּל כָּל הַתְּשׂוּאוֹת; הִתְבַּלֵּט מֵעַל הַשְּׁאָר
stop the — קִבֵּל תְּשׂוּאוֹת רַבּוֹת עַד כְּדֵי הַפְסָקַת הַהַצָּגָה
**show'er** *n. & v.t. & i.* (שָׁאוּאֶר) מִמְטָר; מָטָר; מִקְלַחַת, הִמְטִיר; יָרַד; שָׁטַף; קִלֵּחַ; הִתְקַלֵּחַ
**show'off"** *n.* (שׁוֹ־אוֹף) מִתְגַּנְדֵּר
**show'y** *adj.* (שׁוֹאִי) מְהֻדָּר, מַרְשִׁים; גַּנְדְּרָנִי
**shred** *n. & v.t. & i.* (שְׁרֶד) קֶרַע; קָרַע לִגְזָרִים; נִקְרַע לִגְזָרִים
**shrew** *n.* (שְׁרוּ) חַדַּף; סוֹרֶרֶת, מִרְשַׁעַת
**shrewd** *adj.* (שְׁרוּד) חָרִיף; עַרְמוּמִי
**shriek** *v.t. & n.* (שְׁרִיק) צָרַח; צְרִיחָה
**shrill** *adj.* (שְׁרִל) צוֹרְחָנִי
**shrimp** *n.* (שְׁרִמְפּ) סַרְטָן פְּשׁוּט־הַבֶּטֶן; נַנָּס; נִקְלֶה
**shrine** *n.* (שְׁרַין) מִשְׁכָּן; אָרוֹן; מָקוֹם קָדוֹשׁ; מִזְבֵּחַ
**shrink** *v.i. & t.* (שְׁרִנְק) הִתְכַּוֵּץ; נִרְתַּע; כִּוֵּץ; הִקְטִין
**shriv'el** (שְׁרִוְל) הִצְטַמֵּק
**shroud** *n. & v.t.* (שְׁרָאוּד) תַּכְרִיכִים; מַעֲטֶה; עָטַף בְּתַכְרִיכִים; כִּסָּה, הִסְתִּיר; עָטַף בְּמִסְתּוֹרִין
**shrub** *n.* (שְׁרַב) שִׂיחַ
**shrug** *v.t. & i.* (שְׁרַג) מָשַׁךְ (בכתפיים)
— off הֵקֵל רֹאשׁ בְּ־; מִעֵט בִּדְמוּת
— *n.* מְשִׁיכַת כְּתֵפַיִם
**shud'der** *v.i. & n.* (שַׁדֶר) רָעַד, רָטַט; רְעָדָה, רֶטֶט
**shuf'fle** *v.i. & t. & n.* (שַׁפְל) גָּרַר רַגְלַיִם; נָע בְּצוּרָה מְגֻשֶּׁמֶת; נִסָּה לְהִתְחַמֵּק; טָרַף (קלפים); רָקַד בִּגְרִירַת רַגְלַיִם; גְּרִירַת רַגְלַיִם; הִתְחַמְּקוּת; טְרִיפָה
**shun** *v.t. & i.* (שַׁן) הִתְרַחֵק מִ־
**shunt** *v.t. & i. & n.* (שַׁנְט) הִסְטָה; הֶעֱבִיר הַצִּדָּה; עִתֵּק; מִצַּד
**shut** *v.t. & n.* (שַׁט) סָגַר; כָּלָא
— up כָּלָא; סָגַר כָּלִיל; הִשְׁתַּתֵּק
**shut'ter** *n. & v.t.* (שַׁטֶר) תְּרִיס; מִכְסֶה; צַמְצָם; הֵגִיף תְּרִיס, סָגַר בִּתְרִיס
**shut'tle** *n. & v.i. & t.* (שַׁטְל) בַּכִּיָר; נָע הָלוֹךְ וָשׁוֹב; הִסִּיעַ הָלוֹךְ וָשׁוֹב
**shy** *adj.* (שַׁי) בַּיְשָׁן; הַסְסָנִי; חַשְׁדָן; זָהִיר; חָסֵר
fight — of הִתְחַמֵּק
— *v.i.* נִרְתַּע
**shy'ster** *n.* (שַׁיסְטֶר) רַמַּאי (עורך דין)
**sib'ilant** *adj. & n.* (סִבִּלֶנְט) שׁוֹרֵק
**sick** *adj.* (סִק) חוֹלֶה; חָשׁ בְּחִילָה; סַדִּיסְטִי; חוֹלָנִי; שֶׁל מַחֲלָה; חָלוּשׁ; נִמְאָס
**sick'en** *v.t. & i.* (סִקְן) עוֹרֵר בְּחִילָה; הֶחֱלָה; חָשׁ בְּחִילָה
**sick'le** *n.* (סִקְל) מַגָּל
**sick'ly** *adj.* (סִקְלִי) חוֹלָנִי, חַלָּשׁ; שֶׁל מַחֲלָה; מַבְחִיל
**sick'ness** *n.* (סִקְנִס) מַחֲלָה; בְּחִילָה
**side** *n. & adj. & v.i.* (סַיד) צַד; צֶלַע; צְדָדִי, צִדִּי; בָּא מִן הַצַּד; לַצַּד; טָפֵל; צִדֵּד בְּ־, עָמַד לַצַּד שֶׁל־
**side'board"** *n.* (סַידְבּוֹרְד) מִזְנוֹן
**side'burns"** *n. pl.* (סַידְבֶּרְנְז) פֵּאוֹת, זְקַן לְחָיַיִם

**side'car"** *n.* (סַידְקָר) סִירָה (של אופנוע); מַשְׁקֶה בְּרֶנְדִּי בְּמִיץ לִימוֹן וְלִיקֶר תַּפּוּחִים
**side'line"** *n.* (סַידְלַין) עִסּוּק צְדָדִי; סְחוֹרָה מִשְׁנִית; שׁוּרָה צְדָדִית
**side'long"** *adj.* (סַידְלוֹנְג) מְלֻכְסָן; עָקִיף. מִפְנֶה הַצִּדָּה; מְשֻׁפָּע
**side'walk"** *n.* (סַידְווֹק) מִדְרָכָה
**side'ways"** *adv.* (סַידְוֵיז) כְּשֶׁהַצַּד קָדִימָה; פּוֹנֶה הַצִּדָּה; בַּאֲלַכְסוֹן, מִן הַצַּד
**si'ding** *n.* (סַידִנְג) שְׁלוּחָה
**siege** *n.* (סִיג') מָצוֹר; סִדְרַת פֻּרְעָנֻיּוֹת
**sieve** *n.* (סִב) נָפָה
**sift** *v.t.* (סִפְט) נִפָּה; סִנֵּן; בָּדַק בְּקַפְּדָנוּת; חָקַר בְּקַפְּדָנוּת
**sigh** *n.* & *v.i.* (סַי) אֲנָחָה; נֶאֱנַח, הִתְגַּעְגֵּעַ
**sight** *n.* (סַיט) רְאִיָּה; תְּחוּם רְאִיָּה; מַרְאֶה; שִׁפּוּט; חָזוּת מְזַעְזַעַת; כַּוֶּנֶת
catch — of הִבְחִין בְּ־, רָאָה
— *v.t.* רָאָה; כִּוֵּן
**sight'less** *adj.* (סַיטְלֶס) עִוֵּר; רוֹאֶה וְאֵינוֹ נִרְאֶה
**sign** *n.* & *v.t.* (סַין) סִימָן, אוֹת; תְּנוּעָה, מֶחֱוָה, רֶמֶז; סֵמֶל; חָתַם עַל; סִמֵּן; אוֹתֵת
— off חָתַם; הִשְׁתַּתֵּק
— on הֶעֱסִיק; קִבֵּל עֲבוֹדָה
— up הִתְגַּיֵּס; הִצְטָרֵף; צֵרֵף
**sig'nal** *n.* & *v.t.* & *i.* (סִגְנַל) אוֹת, סִימָן, רֶמֶז; אוֹתֵת
**sig'nature** *n.* (סִגְנֶצ'ר) חֲתִימָה
**signif'icance** *n.* (סִגְנִפִקַנְס) מַשְׁמָעוּת; חֲשִׁיבוּת
**signif'icant** *adj.* (סִגְנִפִקַנְט) רַב־מַשְׁמָעוּת, מַשְׁמָעוּתִי; חָשׁוּב
**signi'fy"** *v.t.* & *i.* (סִגְנִפַי) נָתַן אוֹת, רָמַז; הָיָה בַּעַל מַשְׁמָעוּת; מַשְׁמָעוּתוֹ...; הוֹרָה עַל; הָיָה בַּעַל חֲשִׁיבוּת
**si'lence** *v.t.* & *n.* (סַילֶנְס) הִשְׁתִּיק; הֵסֵהּ; שֶׁקֶט
**si'lent** *adj.* (סַילֶנְט) שׁוֹתֵק; אִלֵּם; שַׁתְקָן; שֶׁבִּשְׁתִיקָה
**silk** *n.* & *adj.* (סִלְק) מֶשִׁי; עָשׂוּי מֶשִׁי, שֶׁל מֶשִׁי
**sill** *n.* (סִל) סַף, אֶדֶן
**sil'liness** *n.* (סִלִינֶס) טִפְּשׁוּת
**sil'ly** *adj.* (סִלִי) טִפְּשִׁי; מְגֻחָךְ; לֹא־הֶגְיוֹנִי; הָמוּם
**silt** *n.* (סִלְט) טִין, סְחֹפֶת
**sil'ver** *n.* (סִלְוֶר) כֶּסֶף; כְּלֵי כֶסֶף; כְּלֵי אֹכֶל. סַכּוּ"ם
**sil'versmith"** *n.* (סִלְוֶרְסְמִת') צוֹרֵף כֶּסֶף
**sil'very** *adj.* (סִלְוֶרִי) כַּסְפִּי; צָלוּל; מֵכִיל כֶּסֶף
**sim'ilar** *adj.* (סִמְלֶר) דּוֹמֶה
**sim"ilar'ity** *n.* (סִמְלֶרִטִי) דִּמְיוֹן
**sim'ile** *n.* (סִמֶלִי) מָשָׁל; דִּמְיוֹן
**sim'mer** *v.t.* & *i.* & *n.* (סִמֶר) בִּשֵּׁל עַל סַף הָרְתִיחָה; חֻמַּם לִנְקֻדַּת הָרְתִיחָה; רָחַשׁ; הָיָה עַל סַף הִתְרַגְּשׁוּת אוֹ הִתְפָּרְצוּת; הִתְחַמֵּם עַל סַף הָרְתִיחָה; הִתְחַמְּמוּת, רְחִישָׁה
— down נִרְגַּע
**si'mony** *n.* (סַיְמֶנִי) סַחַר בְּטוֹבוֹת הֲנָאָה דָּתִיּוֹת
**sim'per** *n.* & *v.i.* (סִמְפֶּר) חִיּוּךְ טִפְּשִׁי; חִיֵּךְ בְּחִיּוּךְ טִפְּשִׁי
**sim'ple** *adj.* (סִמְפֶּל) פָּשׁוּט; מֻחְלָט; תָּמִים; גְּלוּי־לֵב; שׁוֹטֶה; טָהוֹר
**sim'pleton** *n.* (סִמְפֶּלְטֶן) פֶּתִי
**simplic'ity** *n.* (סִמְפְּלִסִטִי) פַּשְׁטוּת; כֵּנוּת; תְּמִימוּת; אִוֶּלֶת
**sim"plifica'tion** *n.* (סִמְפְּלִפִקֵישֶׁן) פִּשּׁוּט
**sim'plify"** *v.t.* (סִמְפְּלִפַי) פִּשֵּׁט; עָשָׂה קַל
**sim'ulate"** *v.t.* (סִמְיֻלֵיט) הֶעֱמִיד פָּנִים; הִתְחַזָּה, הִתְחַפֵּשׂ; חִקָּה, הִדְמָה
**sim"ula'tion** *n.* (סִמְיֻלֵישֶׁן) הַעֲמָדַת פָּנִים; הִתְחַפְּשׂוּת, הִתְחַזּוּת; חִקּוּי; סִימוּלַצְיָה
**si"multa'neous** *adj.* (סַיְמֶלְטֵינִיאֶס) בּוֹ־זְמַנִּי, סִימוּלְטָנִי
**sin** *n.* & *v.i.* (סִן) חֵטְא, מִשְׁגֶּה; חָטָא, שָׁגָה
**since** *adv.* & *prep.* & *conj.* (סִנְס) מֵאָז; לְאַחַר מִכֵּן; לִפְנֵי הַיּוֹם; הוֹאִיל וּ...; מֵאַחַר שֶׁ...; כִּי
**sincere'** *adj.* (סִנְסִיר) כֵּן; אֲמִתִּי
**sincer'ity** *n.* (סִנְסֶרִטִי) כֵּנוּת; אֲמִתִּיּוּת; כֹּבֶד רֹאשׁ
**sine** *n.* (סַין) סִינוּס (טריגונומטריה)

**si'necure"** *n.* (סַינֶקְיוּר) מִשְׂרָה שֶׁשְּׂכָרָהּ רַב לְלֹא מַאֲמָץ

**sin'ew** *n.* (סִנְיוּ) גִּיד

—s עָצְמָה; מֶרֶץ

**sin'ful** *adj.* (סִנְפֶל) רָשָׁע; חוֹטֵא

**sing** *v.i. & t. & n.* (סִנְג) שָׁר, זִמֵּר; כָּתַב שִׁירָה; שִׁבַּח בְּזֶמֶר, הִלֵּל; נָתַן לְזִמְרָה; שָׁרַק, זִמְזֵם; צִלֵּל; הִלְשִׁין

— out קָרָא בְּקוֹל; צָעַק

— *n.* זִמְרִיָּה

**singe** *v.t.* (סִנְג׳) חָרַךְ

**sin'ger** *n.* (סִנְגֶר) זַמָּר; מְשׁוֹרֵר; צִפּוֹר שִׁיר

**sing'ing** *n.* (סִנְגִנְג) זִמְרָה

**sin'gle** *adj. & n. & v.t.* (סִנְגֶל) אֶחָד, יָחִיד; לְיָחִיד; רַוָּק; כֵּן, יָשָׁר; נִפְרָד; בָּחַר, בֵּרֵר

**sing'ular** *adj. & n.* (סִנְגְיֻלֶר) מְיֻחָד בְּמִינוֹ, מְצֻיָּן; מוּזָר; יָחִיד; נִפְרָד; מִסְפָּר יָחִיד

**sin"gular'ity** *n.* (סִנְגְיֻלֶרְטִי) יְחִידוּת; זָרוּת; נְדִירוּת

**sin'ister** *adj.* (סִנִסְטֶר) מְאַיֵּם; מְבַשֵּׂר רָע; מְרֻשָּׁע, זְדוֹנִי

**sink** *v.i. & t. & n.* (סִנְק) כִּיּוֹר; שָׁקַע; בִּיב, בּוֹר שְׁפָכִים; שָׁקַע, טָבַע; יָרַד, חָלָה; הוֹרִיד, הִטְבִּיעַ; כָּרָה; הִפְחִית; הִשְׁקִיעַ

**sink'ing fund"** קֶרֶן פִּדְיוֹן

**sin'ner** *n.* (סִנֶר) חוֹטֵא

**sin'uous** *adj.* (סִנְיוּאֶס) מִתְפַּתֵּל; עָקֹף

**sinus** *n.* (סַיְנֶס) עִקּוּל; שֶׁקַע; סִינוּס (אנטומיה)

**sip** *v.t. & i. & n.* (סִפּ) שָׁתָה לְאַט, שְׁתִיָּה אִטִּית, טְעִימָה

**sir** *n.* (סֶר) אָדוֹן, אֲדוֹנִי; סֶר

**sire** *n.* (סַיְאֶר) אָב

**sir'en** *n.* (סַיְרֶן) סִירוֹנִית; בַּת יָם מְפַתָּה; אִשָּׁה מְפַתָּה; צוֹפַר אַזְעָקָה

**sis'ter** *n.* (סִסְטֶר) אָחוֹת; נְזִירָה

**sissy** *n.* (סִסִי) גֶּבֶר רַכְרוּכִי, גֶּבֶר נָשִׁי; פַּחְדָן

**sis'terhood"** *n.* (סִסְטֶרְהֻד) מַצַּב אָחוֹת; קְבוּצַת חֲבֵרוֹת, קְבוּצַת נְזִירוֹת; אֲגֻדַּת נָשִׁים

**sis'ter-in-law"** *n.* (סִסְטֶר־אִן־לוֹ) גִּיסָה

**sis'terly** *adj.* (סִסְטֶרְלִי) שֶׁל אָחוֹת, שֶׁל אֲחָיוֹת, כְּיָאוּת לְאָחוֹת

**sit** *v.i. & t.* (סִט) יָשַׁב; הָיָה מָצוּי; נָח, הָיָה מֻנָּח עַל; שִׁמֵּשׁ דֻּגְמָן; רָבַץ; כִּהֵן; קִיֵּם יְשִׁיבוֹת; שִׁמֵּשׁ שְׁמַרְטַף; הוֹשִׁיב; רָכַב

— in on הָיָה צוֹפֶה; הִשְׁתַּתֵּף בְּ־

— out נִשְׁאַר עַד הַסּוֹף; יָשַׁב בְּאֶפֶס מַעֲשֶׂה; נִמְנַע מֵהִשְׁתַּתְּפוּת

— pretty הִצְלִיחַ

— tight הֶחֱרִישׁ; נִמְנַע מִפְּעֻלָּה

**site** *n. & v.t.* (סַיְט) אֲתָר; מָקוֹם; מִקֵּם

**sit'ting** *n.* (סִטִנְג) יְשִׁיבָה; מוֹשָׁב; דְּגִירָה; בֵּיצֵי דְגִירָה; מִשְׁמֶרֶת־אֲכִילָה

**sit'ua"ted** *adj.* (סִצ׳וּאֵיטֶד) נִמְצָא, מְמֻקָּם; מַצָּבוֹ...

**sit"ua'tion** *n.* (סִצ׳וּאֵישֶׁן) מַצָּב; מָקוֹם; מִקּוּם; מִשְׂרָה; סִיטוּאַצְיָה

**six** *n. & adj.* (סִקְס) שִׁשָּׁה (m.), שֵׁשׁ (f.)

at —es and sevens מְבֻלְבָּל; שָׁרוּי בְּמַחֲלֹקֶת

**six'teen'** *n. & adj.* (סִקְסְטִין) שִׁשָּׁה עָשָׂר (m.), שֵׁשׁ עֶשְׂרֵה (f.)

**six'teenth'** *adj.* (סִקְסְטִינְתְ׳) הַשִּׁשָּׁה עָשָׂר (m.), הַשֵּׁשׁ עֶשְׂרֵה (f.)

**sixth** *adj.* (סִקְסְתְ׳) שִׁשִּׁית

**six'ty** *n.* (סִקְסְטִי) שִׁשִּׁים

**size** *n. & v.t.* (סַיְז) גֹּדֶל, מִדָּה; הֶקֵּף; מַצַּב הָעִנְיָנִים; מִיֵּן לְפִי גְּדָלִים; קָבַע גֹּדֶל

**siz'zle** *v.i.* (סִזֶל) הִשְׁמִיעַ קוֹל שְׁרִיקָה; הָיָה חַם מְאֹד

**skate** *n. & v.i.* (סְקֵיט) מַחֲלִיק; הֶחֱלִיק

**skein** *n.* (סְקֵין) דּוּלְלָה, סְלִיל

**skel'eton** *n.* (סְקֶלְטֶן) שֶׁלֶד; אָדָם כָּחוּשׁ; רָאשֵׁי פְּרָקִים

**skep'tic** *n.* (סְקֶפְּטִק) סַפְקָן; קְטַן אֱמוּנָה; כּוֹפֵר

**skep'ticis"m** *n.* (סְקֶפְּטִסִזְם) סַפְקָנוּת

**sketch** *n. & v.t. & i.* (סְקֶץ׳) מִתְוֶה, סְקִיצָה; רִשּׁוּם; שִׂרְטוּט; תַּסְכִּית; רָשַׁם; תִּוָּה; שִׂרְטֵט

**skew'er** *n.* (סְקְיוּאֶר) שַׁפּוּד

**skid** *n. & v.t. & i.* (סְקִד) קֶרֶשׁ־הַעֲבָרָה; בָּמַת־עִתּוּק; קֶרֶשׁ־תְּמִיכָה; בֶּלֶם; מַחֲלִיק־נְחִיתָה; הַחְלָקָה; הֶעֱבִיר עַל קֶרֶשׁ; בָּלַם; הֵנִיעַ בִּתְנוּעַת הַחְלָקָה; הֶחֱלִיק

**skiff** *n.* (סְקִף) סִירָה
**skill** *n.* (סְקִל) כֹּשֶׁר, מְיֻמָּנוּת; מְשְׁלַח־יָד (הדורש מומחיות)
**skilled** *adj.* (סְקִלְד) מְיֻמָּן, מֻאֻמָּן, מֻכְשָׁר, מֻמְחֶה
**skill'ful** *adj.* (סְקִלְפֻל) מְיֻמָּן; מֻכְשָׁר, מֻמְחֶה
**skim** *v.t.* & *i.* (סְקִם) הֵסִיר קְרוּם, הֵסִיר מֵעַל פְּנֵי הַשֶּׁטַח; נָע בְּקַלִּילוּת עַל פְּנֵי הַשֶּׁטַח; עָשָׂה בְּצוּרָה שִׁטְחִית
— milk חָלָב כָּחוּשׁ
**skimp** *v.t.* & *i.* (סְקִמְפּ) קִמֵּץ
**skim'py** *adj.* (סְקִמְפִּי) מְצֻמְצָם; קַמְצָנִי
**skin** *n.* & *v.t.* & *i.* (סְקִן) עוֹר; קְלִפָּה; קְרוּם; נֹאד
get under one's — הִרְגִּיז; עָשָׂה רֹשֶׁם עַז עַל
no — off one's back (nose) אֵינוֹ נוֹגֵעַ לוֹ כְּלָל עִקָּר; אֵינוֹ מְעַנְיְנוֹ
— v.t. פָּשַׁט עוֹר; קִלֵּף; גֵּרֵד קְצַת עוֹר; הוֹצִיא רְכוּשׁ בְּמִרְמָה; "סִדֵּר"
**skin'ny** *adj.* (סְקִנִי) כָּחוּשׁ, צָנוּם
**skip** *v.i.* & *t.* (סְקִפּ) דִּלֵּג; פָּסַח עַל; נֶעְדַּר מִ־; הִשְׁמִיט; הִסְתַּלֵּק; דִּלּוּג, נְתִירָה; הַשְׁמָטָה
**skip'per** *n.* (סְקִפֶּר) רַב חוֹבֵל; רֹאשׁ
**skir'mish** *n.* (סְקֶרְמִשׁ) הִתְנַגְּשׁוּת, תִּגְרָה
**skirt** *n.* & *v.t.* (סְקֶרְט) חֲצָאִית; בַּחוּרָה; עָבַר לְיַד הַקָּצֶה; הִתְרַחֵק מִ־
**skit** *n.* (סְקִט) תַּסְכִּית מְבַדֵּחַ; דְּבַר־לַעַג
**skull** *n.* (סְקַל) גֻּלְגֹּלֶת
**skunk** *n.* & *v.t.* (סְקַנְק) בּוֹאֵשׁ; נָבָל; הִנְחִיל תְּבוּסָה נִצַּחַת
**sky** *n.* (סְקַי) שָׁמַיִם
out of clear — כְּשֹׁד מִשַּׁדַּי
**sky'lark"** *n.* (סְקַילַרְק) זַרְעִית הַשָּׂדֶה
**sky'light"** *n.* (סְקַילַיְט) צֹהַר
**sky'scra"per** *n.* (סְקַיסְקְרֵיפֶּר) גּוֹרֵד שְׁחָקִים
**slab** *n.* (סְלֶבּ) לוּחַ; פְּרוּסָה עָבָה, חֲתִיכָה רְחָבָה וְעָבָה
**slack** *adj.* (סְלֶק) רָפוּי; מְרֻשָּׁל; אִטִּי, עַצְלָנִי; חַלָּשׁ
**slack'en** *v.t.* & *i.* (סְלֶקֶן) רָפָה; פָּג; צִמְצֵם פְּעִילוּת; רִפָּה, הֵאֵט, מִתֵּן
**slack'er** *n.* (סְלֶקֶר) מִשְׁתַּמֵּט
**slacks** *n. pl.* (סְלֶקְס) מִכְנָסַיִם
**slag** *n.* (סְלֶג) סִיגִים
**slain** (סְלֵין) (slay של p. p.)
**slake** *v.t.* (סְלֵיק) רִוָּה, הִשְׁקִיט, הֵפִיג
**slam** *v.t.* & *i.* & *n.* (סְלֶם) טָרַק; דָּחַף בְּכֹחַ; בִּקֵּר קָשׁוֹת; טְרִיקָה, דְּחִיפָה בְּכֹחַ
**slan'der** *v.t.* & *n.* (סְלֶנְדֶר) הִשְׁמִיץ, הוֹצִיא דִּבָּה; הַשְׁמָצָה, הוֹצָאַת דִּבָּה
**slang** *n.* (סְלֶנְג) עָגָה, דִּבּוּר הֲמוֹנִי
**slant** *v.i.* & *t.* & *n.* (סְלֶנְט) נָטָה בַּאֲלַכְסוֹן, הִשְׁתַּפֵּעַ; נָטָה לְ־; סִלֵּף, גִּלָּה מַשּׂוֹא פָּנִים, גִּלָּה מְגַמָּתִיּוּת, הִכְנִיס פְּנִיּוֹת; שִׁפּוּעַ, נְטִיָּה; הַשְׁקָפָה; עֶמְדָּה; טוֹן
**slap** *v.t.* & *n.* (סְלֶפּ) סָטַר, סְטִירָה
**slap'dash"** *adj.* (סְלֶפְּדֶשׁ) נִמְהָר, פָּזִיז
**slap'stick"** *n.* (סְלֶפְּסְטִק) קוֹמֶדְיָה סוֹאֶנֶת
**slash** *v.t.* & *i.* & *n.* (סְלֶשׁ) חָתַךְ בְּכֹחַ וּבִתְנוּפָה; הִצְלִיף; צִמְצֵם; קָרַע; גָּזַר לִגְזָרִים; חֲתָךְ; קֶרַע; פֶּצַע; צִמְצוּם; הַצְלָפָה
**slate** *n.* (סְלֵיט) צִפְחָה, לוּחַ צִפְחָה; לוּחַ קָטָן; אָפֹר; כְּחַלְחַל כֵּהֶה; רְשִׁימַת מֻעֲמָדִים
clean — מוֹנִיטִין לְלֹא רְבָב
— *v.t.* כִּסָּה בְּצִפְחָה; הֵכִין רְשִׁימַת מֻעֲמָדִים; קָבַע מָקוֹם בְּלוּחַ זְמַנִּים; נָזַף
**slat'tern** *n.* (סְלֶטֶרְן) לִכְלוּכִית; מְרֻשֶּׁלֶת; יַצְאָנִית
**slaugh'ter** *v.t.* & *n.* (סְלוֹטֶר) שָׁחַט, טָבַח; הֵבִיס תְּבוּסָה נִצַּחַת; שְׁחִיטָה, טֶבַח; תְּבוּסָה נִצַּחַת
**slaugh'terhouse"** *n.* (סְלוֹטֶרְהַאוּס) בֵּית מִטְבָּחַיִם
**slave** *n.* & *v.i.* (סְלֵיב) עֶבֶד; מָכוּר; מְשֻׁעְבָּד לַעֲבוֹדָה מְשַׁעֲמֶמֶת; עָמֵל כְּעֶבֶד; עָבַד עֲבוֹדַת פֶּרֶךְ, הִשְׁתַּעְבֵּד לַעֲבוֹדָה מְשַׁעֲמֶמֶת
**slav'er** *v.i.* (סְלֶוֶר) הִפְרִישׁ רִיר מֵהַפֶּה
— *n.* (סְלֵיוֶר) סוֹחֵר עֲבָדִים; אֳנִיָּה לִסְחַר עֲבָדִים
**sla'very** *n.* (סְלֵיוֶרִי) עַבְדוּת; שִׁעְבּוּד, עָמָל

**sla'vish** *adj.* (סְלֵיוִשׁ) שֶׁל עַבְדוּת; דּוֹמֶה לְעֶבֶד, שֶׁל עֲבָדִים; נִקְלֶה; חַקְיָנִי
**slay** *v.t.* (סְלֵי) הָרַג, רָצַח, הִשְׁמִיד; עָשָׂה רֹשֶׁם כַּבִּיר עַל
**slea'zy** *adj.* (סְלִיזִי) קְלוֹקֵל; קָלוּשׁ; נִקְלֶה
**sled** *n.* (סְלֶד) מִגְרָרָה, מִזְחֶלֶת
**sledge** *n.* (סְלֶג') מִזְחֶלֶת; מִגְרָרָה
**sledge' ham"mer** (סְלֶג' הֶמֶר) הַלְמוּת, מַקֶּבֶת
**sleek** *adj.* (סְלִיק) חָלָק וּמַבְרִיק; שָׂבֵעַ, מְטֻפָּח; חֲלַק־לָשׁוֹן
**sleep** *v.i.* & *n.* (סְלִיפּ) יָשֵׁן; לָן; שָׁכַב; שֵׁנָה
— in לָן בִּמְקוֹם הָעֲבוֹדָה
**slee'per** *n.* (סְלִיפֶּר) יָשֵׁן; אֶדֶן; קְרוֹן־שֵׁנָה
**sleep'walker"** *n.* (סְלִיפְּווֹקֶר) סַהֲרוּרִי
**slee'py** *adj.* (סְלִיפִּי) רוֹצֶה לִישׁוֹן; מְנֻמְנָם, רָדוּם; מַרְדִּים
**sleet** *n.* (סְלִיט) גֶּשֶׁם־שֶׁלֶג
**sleeve** *n.* (סְלִיב) שַׁרְווּל; מַעֲטֶפֶת; גָּלִיל
laugh up one's — צָחַק בַּחֲשַׁאי; בָּז בְּלִבּוֹ
up one's — חָבוּי
**sleigh** *n.* (סְלֵי) מִזְחֶלֶת, מִגְרָרָה
**sleight' of hand'** (סְלַיט אֳבְהֶנְד) זְרִיזוּת יָדַיִם
**slen'der** *adj.* (סְלֶנְדֶר) רָזֶה, דַּק; דַּל
**slept** (סְלֶפְּט) (זמן עבר של sleep)
**slew** (סְלוּ) (זמן עבר של slay)
**slice** *v.t.* & *n.* (סְלַיס) פָּרַס, חָתַךְ; פְּרוּסָה; חֵלֶק
**slick** *adj.* & *n.* (סְלִק) חֲלַקְלַק, חָלָק וּמַבְרִיק; עַרְמוּמִי; מְמֻלָּח; מַחֲלִיק; "עָצוּם"; מְקוֹם חָלָק; כֶּתֶם שֶׁמֶן; כְּתַב־עֵת רַב־תְּפוּצָה
**slick'er** *n.* (סְלִקֶר) מְעִיל גֶּשֶׁם; נוֹכֵל
**slide** *v.i.* & *t.* & *n.* (סְלַיד) הֶחֱלִיק, גָּלַשׁ; עָבַר בְּהַדְרָגָה; הֵזִיחַ, הֶעֱבִיר; הַחְלָקָה, גְּלִישָׁה; מַגְלֵשָׁה; מַפֹּלֶת; שְׁקוּפִית; קָנֶה זָחִיחַ
**slight** *adj.* & *v.t.* & *n.* (סְלַיט) מוּעָט; פָּעוּט; רָזֶה, דַּק; הֵקֵל רֹאשׁ בְּ־; הִתְעַלֵּם מִ־; פְּגִיעָה, עֶלְבּוֹן מְכֻוָּן
**slim** *adj.* (סְלִם) רָזֶה, דַּק; קָלוּשׁ; דַּל

**slime** *n.* (סְלַים) טִיט, שֶׁמֶן מְטַנֵּף; הַפְרָשָׁה שַׁמְנוּנִית
**sli'my** *adj.* (סְלַימִי) שַׁמְנוּנִי וּמְטֻנָּף; שֶׁל טִיט; מַבְחִיל
**sling** *n.* (סְלִנְג) קֶלַע, "רוֹגַטְקָה"; תַּחְבֹּשֶׁת־תְּמִיכָה; מַעֲנָב; רְצוּעָה; זָרַק, הֵטִיל, הֶעֱבִיר בְּמַעֲנָב; תָּלָה
**slink** *v.i.* (סְלִנְק) הִתְחַמֵּק בְּבֹשֶׁת פָּנִים; הָלַךְ חֲמַקְמַקּוֹת; הָלַךְ בְּצוּרָה מְגֻרָה
**slip** *v.i.* & *t.* (סְלִפּ) חָמַק; הֶחֱלִיק; מָעַד; נָפַל; שָׁגָה; הֵנִיחַ בַּחֲשַׁאי; לָבַשׁ מַהֵר; פָּשַׁט מַהֵר; הִפְלִיג; פָּלַט, הִשִּׁיר; נָתַן
let — גִּלָּה בְּשְׁגָגָה
— up טָעָה; נִכְשַׁל
— *n.* הַחְלָקָה; מְעִידָה; מִשְׁגֶּה; פְּלִיטָה; יְרִידָה; תַּחְתּוֹנִית; צִפִּית; מִבְדּוֹק
give someone the — הִתְחַמֵּק מִידֵי־
**slip'per** *n.* (סְלִפֶּר) נַעַל בַּיִת
**slip'pery** *adj.* (סְלִפְּרִי) גּוֹרֵם הַחְלָקָה, חֲלַקְלַק; חֲמַקְמַק; עַרְמוּמִי; רָעוּעַ
**slip'shod"** *adj.* (סְלִפְּשׁוֹד) מֻזְנָח, מְרֻשָּׁל; יָרוּד
**slit** *v.t.* & *n.* (סְלִט) בָּקַע; בֶּקַע, סֶדֶק
**slith'er** *v.i.* (סְלִדֶ'ר) הֶחֱלִיק, זָחַל, הָלַךְ בְּצוּרָה נִפְתֶּלֶת
**sliv'er** *n.* (סְלִוֶר) קִיסָם
**slob'ber** *v.i.* (סְלוֹבֶּר) הִתִּיז רִיר; נָהַג בְּצוּרָה מִתְקַתֶּקֶת
**slog'an** *n.* (סְלוֹגֶן) סִיסְמָה; מֵימְרָה
**slop** *v.t.* & *n.* (סְלוֹפּ) שָׁפַךְ; מֵי שְׁפָכִים
**slope** *n.* & *v.i.* & *t.* (סְלוֹפּ) מִדְרוֹן; הָיָה מְשֻׁפָּע; הִטָּה בַּאֲלַכְסוֹן
**slop'py** *adj.* (סְלוֹפִּי) מְרֻשָּׁל; מְכֻסֶּה בֹּץ, מְלֻכְלָךְ, מְרֻטָּב; מְתַקְתֵּק
**slot** *n.* & *v.t.* (סְלוֹט) חָרִיץ; עָשָׂה חָרִיץ
**sloth** *n.* (סְלוֹת') עַצְלָנוּת; עַצְלָן
**slouch** *v.i.* & *n.* (סְלַאוּץ') הָלַךְ אוֹ יָשַׁב בִּשְׁמִיטַת רֹאשׁ וּכְתֵפַיִם; הָלַךְ בְּרִפְיוֹן; הָיָה תָּלוּי בְּרִפְיוֹן; שְׁמִיטַת רֹאשׁ וּכְתֵפַיִם
**slov'enly** *adj.* (סְלַבְנְלִי) מְרֻשָּׁל, מְלֻכְלָךְ
**slow** *adj.* (סְלוֹ) אִטִּי; קְשֵׁה־תְּפִיסָה; כְּבַד־תְּנוּעָה, מְסַגֵּר; מָתוּן
**slow'ness** *n.* (סְלוֹנֶס) אִטִּיּוּת; פִּגּוּר

**slug** *n.* & *v.t.* (סְלַג) שַׁבְּלוּל; אֲסִימוֹן; הָלַם בְּאֶגְרוֹף

**slug'gard** *n.* (סְלַגֶרְד) עָצֵל

**slug'gish** *adj.* (סְלַגִשׁ) חֲסַר־מֶרֶץ, עָצֵל; אִטִּי

**slum** *n.* & *v.t.* (סְלַם) שְׁכוּנַת עֹנִי, רֹבַע מֻזְנָח; בִּקֵּר בְּרֹבַע מֻזְנָח; בִּקֵּר בִּמְקוֹמוֹת בִּדּוּר הֲמוֹנִיִּים

**slumber** *v.i.* & *n.* (סְלַמְבֶּר) הִתְנַמְנֵם; יָשֵׁן, נָם; שֵׁנָה, תְּנוּמָה קַלָּה

**slump** *v.i.* & *n.* (סְלַמְפּ) עָמַד אוֹ יָשַׁב בְּרִפְיוֹן; שָׁקַע; יָרַד; יְשִׁיבַת־רִפְיוֹן; יְרִידָה

**slur** *v.t.* & *i.* & *n.* (סְלֶר) נָגַע בְּצוּרָה שִׁטְחִית; בִּטֵּא בְּטִשְׁטוּשׁ; זִלְזֵל בְּ־; דִּבֵּר בְּרַשְׁלָנוּת; צְלִיל מְטֻשְׁטָשׁ; זִלְזוּל, פְּגִיעָה; רְבָב

**slush** *n.* (סְלַשׁ) שְׁלוּגִית, שֶׁלֶג נָמֵס וּבֹץ
— fund" קֻפַּת שֹׁחַד

**slut** *n.* (סְלַט) לִכְלוּכִית; פְּרוּצָה

**sly** *adj.* (סְלַי) עַרְמוּמִי; חֲמַקְמַק; שׁוֹבָב
on the — בַּחֲשַׁאי

**smack** *v.t.* & *i.* & *n.* (סְמֶק) סָטַר, הִקִּישׁ; הָיָה בַּעַל טַעַם־; סְטִירָה; הַקָּשָׁה; נְשִׁיקָה קוֹלָנִית; טַעַם, נְגִיסָה

**small** *adj.* (סְמוֹל) קָטָן; רָזֶה, צַר; צָנוּעַ; קַטְנוּנִי; קָלוּשׁ; זָעִיר; חַלָּשׁ

**small'pox"** *n.* (סְמוֹלְפּוֹקְס) אֲבַעְבּוּעוֹת

**smart** *adj.* & *v.i.* (סְמַרְט) פִּקֵּחַ, חָרִיף; מְמֻלָּח; מְצֻחְצָח; אֶלֶגַנְטִי; חָצוּף; נִמְרָץ; חַד; כָּאַב; סָבַל

**smash** *v.t.* & *i.* & *n.* (סְמֶשׁ) נִפֵּץ, מָעַךְ, רִסֵּק; הָרַס; הִכָּה; הִתְנַפֵּץ; מַכָּה; הִתְרַסְּקוּת; הִתְנַגְּשׁוּת; הֶרֶס; לָהִיט

**smat'tering** *n.* (סְמֶטֶרִנְג) יְדִיעָה שִׁטְחִית

**smear** *v.t.* (סְמִיר) מָרַח; טִנֵּף; הִשְׁמִיץ; הִכָּה מַכָּה נִצַּחַת; רְבָב; הַשְׁכָּצָה; מִשְׁטַח

**smell** *n.* & *v.t.* & *i.* (סְמֶל) רֵיחַ; הֲרָחָה; צַחֲנָה; הֵרִיחַ; הִרְגִּישׁ בְּ־; גִּלָּה; הֶעֱלָה רֵיחַ; הִסְרִיחַ

**smelt** *v.t.* (סְמֶלְט) הִתִּיךְ

**smile** *v.i.* & *t.* & *n.* (סְמַיל) חִיֵּךְ; נָטָה חֶסֶד לְ־; חִיּוּךְ

**smirk** *v.i.* & *n.* (סְמֶרְק) חִיֵּךְ חִיּוּךְ מְעֻשֶּׂה; חִיּוּךְ אִינְטִימִי מְעֻשֶּׂה

**smite** *v.t.* (סְמַיט) הִכָּה; הִשְׁפִּיעַ הַשְׁפָּעָה עַזָּה

**smith** *n.* (סְמִתּ׳) חָרָשׁ

**smith'y** *n.* (סְמִתִּ׳י) מַפָּחָה

**smit'ten** (סְמִטְן) (smite של p. p.)

**smock** *n.* (סְמוֹק) מַעֲפֹרֶת, חָלוּק עֲבוֹדָה

**smog** *n.* (סְמוֹג) עַרְפִּיחַ

**smoke** *n.* & *v.i.* & *t.* (סְמוֹק) עָשָׁן; אֵד; עִשּׁוּן; סִיגָרִיָּה, עִשֵּׁן; עִשֵּׁן
— out גֵּרֵשׁ מִמַּחֲבוֹאוֹ בְּעָשָׁן; חָשַׂף

**smo'ky** *adj.* (סְמוֹקִי) מַעֲלֶה עָשָׁן, עָשֵׁן; אָפֹר; שֶׁל עָשָׁן

**smol'der** *v.i.* (סְמוֹלְדֶר) בָּעַר בְּלִי עָשָׁן; בָּעַר לְאַט; הִתְקַיֵּם בַּחֲשַׁאי; גִּלָּה רְגָשׁוֹת מְדֻחְקִים

**smooth** *adj.* & *v.t.* (סְמוּד׳) חָלָק; שָׁקֵט; מְלֻטָּשׁ; עָשָׂה חָלָק; יִשֵּׁר; הִרְגִּיעַ; הִקְצִיעַ, הֵסִיר מִכְשׁוֹלִים

**smote** (סְמוֹט) (זמן עבר של smite)

**smoth'er** *v.t.* & *i.* (סְמַדֶ׳ר) שִׁנֵּק; כִּבָּה; כִּסָּה בְּ־; דִּכֵּא; נֶחֱנַק

**smudge** *n.* & *v.t.* & *i.* (סְמַג׳) רְבָב; עָשָׁן מַחֲנִיק; הִכְתִּים בִּרְבָבִים; מִלֵּא בְּעָשָׁן סָמִיךְ; הִתְלַכְלֵךְ

**smug** *adj.* (סְמַג) מְרֻצֶּה בְּעַצְמוֹ; מְצֻחְצָח

**smug'gle** *v.t.* & *i.* (סְמַגְל) הִבְרִיחַ; הֵבִיא בִּגְנֵבָה

**smug'gler** *n.* (סְמַגְלֶר) מַבְרִיחַ

**smut** *n.* (סְמַט) חֶלְקִיק פִּיחַ; רְבָב שָׁחוֹר; נִבּוּל פֶּה; פּוֹרְנוֹגְרַפְיָה; שִׁדָּפוֹן

**smut'ty** *adj.* (סְמַטִי) מְפֻיָּח; שֶׁל נִבּוּל פֶּה, גַּס

**snack** *n.* (סְנֶק) אֲרוּחָה קַלָּה, מַשֶּׁהוּ לֶאֱכוֹל; חֵלֶק

**snag** *n.* & *v.i.* (סְנֶג) גֶּדֶם מַכְשִׁיל; בְּלִיטָה חַדָּה; קֶרַע; מִכְשׁוֹל; נִתְפַּס, הִסְתַּבֵּךְ

**snail** *n.* (סְנֵיל) חִלָּזוֹן

**snake** *n.* (סְנֵיק) נָחָשׁ; אוֹיֵב בּוֹגְדָנִי

**snap** *v.i.* & *t.* (סְנֶפּ) הִשְׁמִיעַ קוֹל פִּצּוּחַ; נָע בְּלִוּוּי קוֹל פִּצּוּחַ; נִשְׁבַּר פִּתְאוֹם; נוֹצַץ; נָע בִּתְנוּעָה חֲטוּפָה; צִלֵּם; חָטַף פִּתְאוֹם; פָּלַט; הֵזִיז פִּתְאוֹם (בליווי קול פיצוח); שָׁבַר פִּתְאוֹם

— one's fingers at גִּלָּה אֲדִישׁוּת; הִפְגִּין בּוּז כְּלַפֵּי

— out of it הִתְאוֹשֵׁשׁ

— *n.* תְּנוּעָה פִּתְאוֹמִית; קוֹל פִּצּוּחַ; תְּקוּפָה קְצָרָה; תַּצְלוּם; מַעֲשֶׂה קַל

**snap'pish** *adj.* (סְנֶפִּשׁ) עוֹקְצָנִי, נוֹחַ לִכְעוֹס

**snap'shot"** *n.* (סְנֶפְּשׁוֹט) תַּצְלוּם

**snare** *n.* & *v.t.* (סְנֵר) מַלְכֹּדֶת; מַלְכֹּדֶת לוּלָאָה; לָכַד בְּמַלְכֹּדֶת; סִבֵּךְ, תָּפַס בַּעֲרְמוּמִיּוּת

**snarl** *v.i.* & *n.* (סְנָרְל) נָהַם בְּזַעַם; הִתְרַעֵם בְּזַעַם; נְהִימַת זַעַם; תַּרְעֹמֶת זוֹעֶמֶת

**snatch** *v.i.* & *t.* (סְנֶץ') חָטַף; חֲטִיפָה; קֶרַע; תְּקוּפָה חֲטוּפָה

**sneak** *v.i.* & *t.* (סְנִיק) הִתְגַּנֵּב; הֵגִיב; אָדָם נִבְזֶה; מַלְשִׁין

**snea'ker** *n.* (סְנִיקֶר) נַעַל הִתְעַמְּלוּת

**sneer** *v.i.* & *n.* (סְנִיר) חִיֵּךְ בְּבוּז, עִוֵּת שָׂפָה בְּבוּז; לִגְלֵג; אַרֶשֶׁת בּוּז; דְּבַר־לַעַג

**sneeze** *v.i.* & *n.* (סְנִיז) הִתְעַטֵּשׁ; עִטּוּשׁ, הִתְעַטְּשׁוּת

**snick'er** *v.i.* & *n.* (סְנִקֶר) צִחְקֵק בְּזִלְזוּל; צִחְקוּק־זִלְזוּל

**sniff** *v.i.* & *n.* (סְנִף) רִחְרֵחַ; שָׁאַף אֲוִיר; גִּלָּה בּוּז (ע״י רחרוח); רִחְרוּחַ; רֵיחַ קַל

**snif'fle** *v.i.* & *n.* (סְנִפְל) רִחְרוּחַ תְּכוּפוֹת; רִחְרוּחַ חוֹזֵר וְנִשְׁנֶה

—s נַזֶּלֶת

**snip** *v.t.* & *i.* & *n.* (סְנִפּ) גָּזַר; גְּזִירָה; חֲתִיכָה קְטַנָּה; אָדָם נִקְלֶה

**snipe** *n.* & *v.i.* (סְנַיְפּ) חַרְטוֹמָן; צְלִיפָה (בכארב); צָלַף (בכארב); מָתַח בִּקֹּרֶת בְּעִלּוּם־שֵׁם

**snip'er** *n.* (סְנַיְפֶּר) צַלָּף

**snip'pet** *n.* (סְנִפֶּט) חֲתִיכָה, קֶטַע; אָדָם נִקְלֶה

**snob** *n.* (סְנוֹב) סְנוֹב; שַׁחֲצָן

**snob'bish** *adj.* (סְנוֹבִּשׁ) סְנוֹבִּי, שַׁחֲצָנִי

**snooze** *n.* & *v.i.* (סְנוּז) יָשֵׁן; הִתְנַמְנֵם; חָטַף תְּנוּמָה

**snore** *v.i.* & *n.* (סְנוֹר) נָחַר; נְחִירָה

**snort** *v.i.* & *n.* (סְנוֹרְט) נָשַׁף בְּקוֹל; הִפְגִּין בּוּז עַל יְדֵי נְשִׁיפָה קוֹלָנִית; נְשִׁיפָה קוֹלָנִית; כּוֹסִית

**snout** *n.* (סְנָאוּט) חַרְטוֹם, אַף

**snow** *n.* & *v.i.* & *t.* (סְנוֹ) שֶׁלֶג; הֵרוֹאִין; יָרַד שֶׁלֶג; כִּסָּה בְּשֶׁלֶג; שִׁכְנַע, הֶעֱרִים עַל

**snow'drift"** *n.* (סְנוֹדְרִפְט) עֲרֵמַת שֶׁלֶג, סַחַף שֶׁלֶג

**snow'flake"** *n.* (סְנוֹפְלֵיק) פְּתִית שֶׁלֶג

**snow'plow"** *n.* (סְנוֹפְּלַאו) מַפֹּלֶסֶת, מַחֲרֵשָׁה לְפִנּוּי שֶׁלֶג

**snow'storm"** *n.* (סְנוֹסְטוֹרְם) סוּפַת שֶׁלֶג

**snow'y** *adj.* (סְנוֹאִי) מְכֻסֶּה שֶׁלֶג; שֶׁל שֶׁלֶג; צָחוֹר

**snub** *v.t.* & *n.* (סְנַבּ) הִתְעַלֵּם מ־ בְּבוּז; דָּחָה בְּלַעַג; עֶלְבּוֹן לַגְּלָנִי, הִתְעַלְּמוּת בְּבוּז

**snub'-nosed"** *adj.* (סְנַבּ־נוֹזְד) חֲרוּמַף

**snuff** *v.t.* & *n.* (סְנַף) שָׁאַף (דרך האף); רִחְרֵחַ; הֵרִיחַ (טבק); שְׁאִיפָה (דרך האף); רִחְרוּחַ; הֲרָחָה; רֵיחַ; טַבַּק־הֲרָחָה; קֹמֶץ טַבַּק־הֲרָחָה

up to — מַשְׂבִּיעַ רָצוֹן

**snuf'fle** *v.i.* & *n.* (סְנַפְל) שָׁאַף בְּקוֹלָנִיּוּת; אִנְפֵּף; יִבֵּב; שְׁאִיפָה קוֹלָנִית; אִנְפּוּף; יְבָבָה

**snug** *adj.* (סְנַג) נוֹחַ וְחָמִים; מְסֻדָּר; מְהֻדָּק; סוֹדִי

**snug'gle** *v.i.* & *t.* (סְנַגְל) נִצְמַד אֶל; הִתְרַפֵּק עַל; גִּפֵּף

**so** *adv.* (סוֹ) כָּךְ, כָּכָה; כֹּה, כָּל כָּךְ; מְאֹד; עַד כַּמָּה; לְמַעַן; לָכֵן; בְּוַדַּאי; אָמְנָם כֵּן; גַּם כֵּן; אַחַר כָּךְ

— what מָה אִכְפַּת

— *conj.* כְּדֵי שֶׁ־; הַתּוֹצָאָה הִיא; בִּתְנַאי שֶׁ־; אִם

— *pron.* & *interj.* & *adv.* כָּכָה; בְּקֵרוּב; דַּי

**soak** *v.i.* & *t.* & *n.* (סוֹק) שָׁרָה; הָיָה רָטֹב מְאֹד; חָדַר; הִשְׁרָה, הִרְטִיב לְגַמְרֵי; הִפְקִיעַ מְחִיר; שְׁרִיָּה; שַׁתְיָן

**soap** *n.* (סוֹפּ) סַבּוֹן; חֲנֻפָּה

no — לֹא בָּא בְּחֶשְׁבּוֹן

— *v.t.* סִבֵּן

**soar** *v.i.* (סוֹר) הִמְרִיא; דָּאָה בְּגֹבַהּ רַב; הִתְנוֹסֵס, הִרְקִיעַ שְׁחָקִים

**sob** *n. & v.i.* (סוֹב) הִתְיַפֵּחַ; הִתְיַפְּחוּת
**so'ber** *adj.* (סוֹבֶּר) פִּכֵּחַ; מְיֻשָּׁב בְּדַעְתּוֹ, מְפֻכָּח; שָׁלֵו; שָׁקֵט; מְרֻסָּן, מָתוּן
**sobri'ety** *n.* (סֲבְּרַיאֲטִי) פִּכְּחוּן; מְתִינוּת; כֹּבֶד רֹאשׁ
**soc'cer** *n.* (סוֹקֶר) כַּדּוּרֶגֶל
**so'ciable** *adj.* (סוֹשֲבְּל) חַבְרוּתִי, יְדִידוּתִי
**so'cial** *adj.* (סוֹשְל) חֶבְרָתִי; סוֹצְיָאלִי
**so'cialism** *n.* (סוֹשֲלִזְם) סוֹצְיָאלִיזְם
**so'cialist** *n. & adj.* (סוֹשֲלִסְט) סוֹצְיָאלִיסְט; סוֹצְיָאלִיסְטִי
**soci'ety** *n.* (סֲסַיאֲטִי) אֲגֻדָּה; חֶבְרָה; מַעֲמָד; חַיֵּי הַחֶבְרָה; הַחֶבְרָה הַגְּבוֹהָה; קְהִלָּה
**so"ciol'ogy** *n.* (סוֹסִיאוֹלֲגִ'י) סוֹצְיוֹלוֹגְיָה
**sock** *n. & v.t.* (סוֹק) גֶּרֶב; הָלַם בְּכֹחַ, "הִרְבִּיץ"
**sock'et** *n.* (סוֹקֶט) בֵּית־נוּרָה; שֶׁקַע
**sod** *n.* (סוֹד) גּוּשׁ עֲשָׂבִים; דֶּשֶׁא; קַרְקַע
**so'da** *n.* (סוֹדָה) נַתְרָן; גָּזוֹז; סוֹדָה לִשְׁתִיָּה; סוֹדָה קָאוּסְטִית
**sod'den** *adj.* (סוֹדְן) סָפוּג רְטִיבוּת; רָווּי; מָלֵא גְּשָׁמִים; תָּפוּחַ; מְטֻמְטָם
**so'fa** *n.* (סוֹפָה) סַפָּה
**soft** *adj.* (סוֹפְט) רַךְ; חָלָק; נָעִים; עָדִין; קַל; מִשְׁתַּתֵּף בְּצַעַר; מֻשְׁפָּע בְּקַלּוּת; טִפְּשִׁי
be — on someone חִבֵּב
**sof'ten** *v.t. & i.* (סוֹפְן) רִכֵּךְ, עִדֵּן; הִתְרַכֵּךְ; הִתְעַדֵּן
**soil** *n. & v.t.* (סוֹיְל) אֲדָמָה; לִכְלֵךְ, טִנֵּף
**so'journ** *n. & v.i.* (סוֹגֶ'רְן) שְׁהִיָּה; שָׁהָה
**sol'ace** *n.* (סוֹלִס) נֶחָמָה, תַּנְחוּמִים
**so'lar** *adj.* (סוֹלֶר) שֶׁל הַשֶּׁמֶשׁ
**sold** (סוֹלְד) (זמן עבר של sell)
**sold'er** *n. & v.t.* (סוֹדֶר) לַחַם; הַלְחָמָה; חִבּוּר; הִלְחִים, תִּקֵּן; חִבֵּר
**sol'dier** *n. & v.i. & t.* (סוֹלְגֶ'ר) חַיָּל; אִישׁ צָבָא; חוֹגֵר; שִׁמֵּשׁ חַיָּל; הֶעֱמִיד פָּנִים כְּעוֹבֵד
**sol'diery** *n.* (סוֹלְגֶ'רִי) חַיָּלִים, אַנְשֵׁי צָבָא; קְבוּצַת חַיָּלִים; אִמּוּן צְבָאִי
**sole** *adj. & n.* (סוֹל) יָחִיד; מְיֻחָד בְּמִינוֹ; בִּלְעָדִי; כַּף רֶגֶל; סֻלְיָה
**sole'mn** *adj.* (סוֹלֶם) רְצִינִי; חֲגִיגִי; דָּתִי
**solem'nity** *n.* (סֲלֶמְנִטִי) רְצִינוּת, חֲגִיגִיּוּת, חֲגִיגָה
**sol'emnize"** *v.t.* (סוֹלֶמְנַיז) חָגַג בְּטִקְסִים; עָרַךְ טֶקֶס; סִדֵּר קִדּוּשִׁין; עָשָׂה רְצִינִי, עָשָׂה מְכֻבָּד
**solic'it** *v.t. & i.* (סֲלִסִט) בִּקֵּשׁ; הִפְצִיר; שִׁדֵּל; הִתְחַנֵּן
**solic'itor** *n.* (סֲלִסִטֶר) מְבַקֵּשׁ פְּרַקְלִיט
**solic'itous** *adj.* (סֲלִסִטֲס) דּוֹאֵג, חָרֵד לְ־; מִשְׁתּוֹקֵק; זָהִיר
**sol'id** *adj. & n.* (סוֹלִד) מוּצָק; אָטוּם; לֹא חָלוּל; קָשֶׁה; עָבֶה; מַמָּשִׁי; רָצוּף; שָׁלֵם; שֶׁל מִקְשָׁה אַחַת; אָחִיד; אֲמִתִּי; אֵיתָן; מְהֵימָן; סוֹלִידִי; מְעֻקָּב; יְסוֹדִי; מְגֻבָּשׁ; מְלֻכָּד; בִּקְשָׁרִים אֵיתָנִים
**sol"idar'ity** *n.* (סוֹלֲדֶרֲטִי) אַחְדוּת; שֻׁתָּפוּת אִינְטֶרֶסִים; סוֹלִידָרִיּוּת
**solid'ity** *n.* (סֲלִדִטִי) מוּצָקוּת; מַמָּשׁוּת; כֹּחַ
**solil'oquy** (סֲלִלֲקְוִי) מוֹנוֹלוֹג, שִׂיחַת יָחִיד
**sol'itar"y** *adj.* (סוֹלִטֶרִי) בָּדָד, בּוֹדֵד, יָחִיד; חַי לְבַד; גַּלְמוּד; נִדָּח
**sol'itude"** *n.* (סוֹלִטוּד) בְּדִידוּת; מָקוֹם בּוֹדֵד; רָחוֹק
**sol'stice** *n.* (סוֹלְסְטִס) יוֹם תְּקוּפָה, נְקֻדַּת הָרֹחַק מִקַּו הַמַּשְׁוֶה
**sol'uble** *adj.* (סוֹלְיֲבְּל) מָסִיס; פָּתִיר
**solu'tion** *n.* (סֲלוּשְן) פִּתָּרוֹן, פְּתִירָה; תְּשׁוּבָה; תְּמִסָּה
**solve** *v.t.* (סוֹלְב) פָּתַר
**sol'vent** *adj. & n.* (סוֹלְוֲנְט) מְסֻגָּל לִפְרוֹעַ חוֹבוֹתָיו; מֵמֵס
**som'ber** *adj.* (סוֹמְבֶּר) קוֹדֵר, כֵּהֶה, אָפֵל; רְצִינִי מְאֹד
**some** *adj. & pron.* (סַם; בלי הטעמה: סֲם) מַשֶּׁהוּ, אֵיזֶה, אֶחָד; מְסֻיָּמִים (עם הריבוי); בְּקֵרוּב; בַּעַל עֵרֶךְ; אֲחָדִים; מִסְפָּר סְתָמִי, כַּמּוּת סְתָמִית
**some'bod"y** *pron. & n.* (סַמְבֲּדִי) מִישֶׁהוּ; אָדָם חָשׁוּב
**some'how"** *adv.* (סַמְהַאוּ) אֵיכְשֶׁהוּ
**some'one"** *pron.* (סַמְוַן) מִישֶׁהוּ

**som'ersault"** *n. & v.i.* (סַמֶרְסוֹלְט) סַלְטָה; שִׁנּוּי מִקָּצֶה לְקָצֶה; עָשָׂה סַלְטָה
**some'thing** *pron. & n.* (סַמְתִּ'נְג) מַשֶּׁהוּ, דְּבַר־מָה; פְּלוּס, מַשֶּׁהוּ נוֹסָף
**some'time"** *adv. & adj.* (סַמְטַיְם) פַּעַם, בְּיוֹם מִן הַיָּמִים; קוֹדֵם
—s לִפְעָמִים, מִזְּמַן לִזְמַן
**some'what"** *adv.* (סַמְהְוַט) בְּמִדַּת־מָה, קְצָת
**some'where"** *adv. & n.* (סַמְהְוֶר) בְּאֵיזֶה מָקוֹם, לְאֵיזֶה מָקוֹם; אֵי־שָׁם
**somnam'bulist** *n.* (סוֹמְנֶמְבְּיֻלִסְט) סַהֲרוּרִי
**som'nolent** *adj.* (סוֹמְנַלֶנְט) מְנֻמְנָם; מַרְדִּים
**son** *n.* (סַן) בֵּן
**song** *n.* (סוֹנְג) זֶמֶר; שִׁיר, שִׁירָה; זְמִירָה
for a — בְּזִיל הַזּוֹל; כִּמְצִיאָה
— and dance הֶסְבֵּר חֲמַקְמַק
**song'ster** *n.* (סוֹנְגְסְטֶר) זַמָּר; מַלְחִין; מְשׁוֹרֵר
**song'stress** *n.* (סוֹנְגְסְטְרֶס) זַמֶּרֶת
**son'-in-law"** *n.* (סַנִּנְלוֹ) חָתָן (בעל הבת)
**son'net** *n.* (סוֹנֶט) סוֹנֶטָה
**soon** *adv.* (סוּן) בְּקָרוֹב; מִיָּד, מַהֵר; בְּרָצוֹן
—er or later בְּמֻקְדָּם אוֹ בִּמְאֻחָר
**soot** *n.* (סֻט) פִּיחַ
**soothe** *v.t. & i.* (סוּד') שִׁכֵּךְ, הִשְׁקִיט, הִרְגִּיעַ; הֵקֵל, הִמְתִּיק
**sooth'say"er** *n.* (סוּתְ'סֵיאֶר) מַגִּיד עֲתִידוֹת
**soot'y** *adj.* (סֻטִי) מְכֻסֶּה פִּיחַ, שֶׁל פִּיחַ
**sop** *n. & v.t.* (סוֹפּ) אֹכֶל לִטְבִילָה; דָּבָר שֶׁכֻּלּוֹ רָטֹב; שֹׁחַד, דְּמֵי לֹא־יֶחֱרַץ; טָבַל, שָׁרָה; הִרְטִיב כָּלִיל; סָפַג
**sophis'tica"ted** *adj.* (סַפִסְטֶקֵיטֶד) מִתְחַכֵּם; בַּעַל חָכְמַת חַיִּים; מַשְׂבִּיעַ רָצוֹן; מַטְעֶה; מְסֻבָּךְ
**soph'omore** *n.* (סוֹפֶמוֹר) תַּלְמִיד הַשָּׁנָה הַשְּׁנִיָּה
**sopran'o** *n. & adj.* (סַפְּרֶנוֹ) סוֹפְּרָן, סוֹפְּרָנוֹ
**sor'cerer** *n.* (סוֹרְסֶרֶר) מְכַשֵּׁף
**sor'cery** *n.* (סוֹרְסֶרִי) כִּשּׁוּף
**sor'did** *adj.* (סוֹרְדִד) מְלֻכְלָךְ; בָּזוּי, שָׁפָל; אָנֹכִיִּי
**sore** *adj. & n.* (סוֹר) כּוֹאֵב; סוֹבֵל מִמַּכְאוֹבִים; מֵצֵר; מְצַעֵר מְאֹד; רוֹגֵז; מַרְגִּיז; פֶּצַע; מְקוֹר רֹגֶז אוֹ צַעַר
**sore'head"** *n.* (סוֹרְהֶד) מַפְסִיד קַטְנוּנִי, נוֹטֵר אֵיבָה; לֹא־סְפּוֹרְטִיבִי
**soror'ity** *n.* (סֶרוֹרִטִי) אֲגֻדַּת נָשִׁים אֲקָדֶמָאִיּוֹת
**sor'row** *n. & v.i.* (סוֹרוֹ) צַעַר, עֶצֶב; חֲרָטָה; הִצְטַעֵר, הִתְעַצֵּב
**sor'rowful** *adj.* (סוֹרֶפֶל) עָצוּב; מְעַצִּיב
**sor'ry** *adj.* (סוֹרִי) מִצְטַעֵר, עָצוּב; מִתְחָרֵט; עָלוּב
**sort** *n.* (סוֹרְט) סוּג; מִין; טִפּוּס; דֻּגְמָה נְחוּתָה; דֶּרֶךְ, אֹפֶן
of —s מִסּוּג נָחוּת; מִמִּין לֹא־מֻגְדָּר, בֵּינוֹנִי
out of —s שָׁרוּי בְּכַעַס; בְּמַצָּב רַע, זוֹעֵף, מְרֻגָּז
— *v.t.* מִיֵּן, סִוֵּג; הִפְרִיד
**sor'tie** *n.* (סוֹרְטִי) גִּיחָה
**sot** *n.* (סוֹט) שִׁכּוֹר
**sough** *v.i. & n.* (סַף) רִשְׁרֵשׁ; רִשְׁרוּשׁ, אִוְשָׁה
**sought** (סוֹט) (זמן עבר של seek)
**soul** *n. & adj.* (סוֹל) נְשָׁמָה; נֶפֶשׁ; רוּחַ; בֶּן־אָדָם; הִתְגַּלְמוּת; שֶׁל כּוּשִׁים
**sound** *n. & adj.* (סַאוּנְד) קוֹל; צְלִיל; הֶגֶה; מֵצַר יָם; מִפְרָצוֹן; בָּרִיא; אֵיתָן, שָׁלֵם; מוּצָק; מְהֵימָן, יַצִּיב; לְלֹא פְּגָם; עָמֹק; נִמְרָץ
— *v.i. & t.* צִלְצֵל; נִשְׁמַע; הִשְׁמִיעַ; בִּטֵּא; בָּדַק; מָדַד עֹמֶק; חָקַר; בֵּרֵר דֵּעוֹת
— off הִזְדַּהָה בְּקוֹל; הִתְאוֹנֵן בְּלֹא מַעֲצוֹרִים; הִתְרַבְרֵב
**soun'ding** *n.* (סַאוּנְדִנְג) בְּדִיקַת עֹמֶק
**soup** *n.* (סוּפּ) מָרָק; עֲרָפֶל סָמִיךְ; עָצְמָה נוֹסֶפֶת; נִיטְרוֹגְלִיצֶרִין
in the — בִּמְצוּקָה
**sour** *adj. & v.i.* (סַאוּאֶר) חָמוּץ; תּוֹסֵס; מַר־נֶפֶשׁ; לֹא־נָעִים; יָרוּד; הֶחְמִיץ; נַעֲשָׂה מַר־נֶפֶשׁ
**source** *n.* (סוֹרְס) מָקוֹר
**sour' salt'** (סַאוּאֶר סוֹלְט) מֶלַח לִימוֹן
**souse** *v.t. & i. & n.* (סַאוּס) טָבַל; שָׁרָה בְּמֵי־מֶלַח; שִׁכֵּר; נָפַל לַמַּיִם; הָיָה שָׁרוּי;

טְבִילָה, שְׁרִיָּה; דָּבָר שָׁרוּי בְּצִיר; צִיר, מֵי־מֶלַח; שִׁכּוּר

**south** *adj. & adv.* (סָאוּתְ׳) דְּרוֹמִי, דָּרוֹמָה

**south"east′** *n. & adj. & adv.* (סָאוּתְ׳יסְט) דָּרוֹם־מִזְרָח; דְּרוֹמִי־מִזְרָחִי; דְּרוֹמִית מִזְרָחִית

**south′erly** *adj. & adv.* (סַדֶ׳רְלִי) דְּרוֹמִי; דָּרוֹמָה

**south′ern** *adj.* (סַדֶ׳רְן) דְּרוֹמִי

**south′erner** *n.* (סַדֶ׳רְנֶר) דְּרוֹמִי, בֶּן הַדָּרוֹם

**south′ward** *adv.* (סָאוּתְ׳וַרְד) דָּרוֹמָה

**south"west′** *n. & adj. & adv.* (סָאוּתְ׳וֶסְט) דָּרוֹם־מַעֲרָב; דְּרוֹמִי־מַעֲרָבִי; דְּרוֹמִית־מַעֲרָבִית

**sou"venir′** *n.* (סוּבְנִיר) מַזְכֶּרֶת; זֵכֶר

**sov′ereign** *n. & adj.* (סוֹבְרִן) מֶלֶךְ, שַׁלִּיט; רִבּוֹן; מַלְכוּתִי; רִבּוֹנִי; עֶלְיוֹן; הַגָּדוֹל בְּיוֹתֵר; עָצוּם

**sov′ereignty** *n.* (סוֹבְרִנְטִי) רִבּוֹנוּת; מְדִינָה רִבּוֹנִית

**So′viet Un′ion** (סוֹבִיאֶט יוּנְיֵן) בְּרִית הַמּוֹעָצוֹת

**sow** *v.t. & i.* (סוֹ) זָרַע; נָטַע; הֵפִיץ

— *n.* (סָאוּ) חֲזִירָה

**soy** *n.* (סוֹי) סוֹיָה

**space** *n. & v.t.* (סְפֵּיס) מֶרְחָב; חָלָל; מָקוֹם; רֶוַח; שֶׁטַח; מֶרְחָק; פֶּרֶק זְמַן; הַפְסָקָה; חִלֵּק לִרְוָחִים

**spa′cious** *adj.* (סְפֵּישֶׁס) מְרֻוָּח; רְחַב־יָדַיִם

**spade** *n.* (סְפֵּיד) אֵת

call a — a — דִּבֵּר בְּרוּרוֹת, דִּבֵּר בְּלֹא כָּחָל וּבְלֹא שָׂרָק

**span** *n. & v.t.* (סְפֶּן) זֶרֶת (כ־20 סנטימטר); מִמְתָּח; מִשְׂרָע; מְלוֹא הַמֶּרְחָק; מֻשַּׁת כָּנָף; פֶּרֶק זְמַן קָצָר; מָדַד בְּזֶרֶת; הִקִּיף בְּיָדַיִם; נִמְתַּח מֵעַל; סִפֵּק בְּדָבָר הַגִּמְתָּח מֵעַל

**Span′iard** *n.* (סְפֶּנְיֶרְד) סְפָרַדִּי

**Span′ish** *adj. & n.* (סְפֶּנִשׁ) סְפָרַדִּי; הַסְּפָרַדִּים; סְפָרַדִּית

**spank** *v.t.* (סְפֶּנְק) הִכָּה עַל הָעַכּוּז

כְּלוֹנָס, הִתְאַמֵּן בְּאִגְרוּף; **spar** *n.* (סְפָּר) הִתְאַגְרֵף בְּמַכּוֹת קַלּוֹת; הִתְנַצֵּחַ

**spare** *v.t. & i.* (סְפֵּר) חָס עַל; הִתְיַחֵס בְּהִתְחַשְּׁבוּת; מָנַע אִי־נְעִימוּת מִן; נִמְנַע מִן; הִקְצָה; שָׁמַר לְמַטָּרָה מְסֻיֶּמֶת; הִשְׁאִיל; הִסְתַּדֵּר בְּלִי; נָהַג בְּחִסָּכוֹן; נִמְנַע מִלַּעֲנוֹשׁ

— *n. & adj.* שָׁמוּר לְעֵת הַצֹּרֶךְ; שֶׁל חִלּוּף; רֶזֶרְוִי; מְיֻתָּר; דַּל; מֻגְבָּל; רָזֶה; זָעוּם; דָּבָר שָׁמוּר; חָלִיף

**spark** *n. & v.i. & t.* (סְפָּרְק) נִיצוֹץ; שֶׁמֶץ; סִימָן; הֵפִיק נִיצוֹצוֹת; נִצְנֵץ; הֵצִית

— plug מַצָּת

**spar′kle** *v.i. & n.* (סְפָּרְקֶל) נִצְנֵץ; הֵפִיץ נִיצוֹצוֹת; תָּסַס; הִבְרִיק; נֵץ, בָּרָק; בִּעְבּוּעַ; הַבְרָקָה

**spar′row** *n.* (סְפֶּרוֹ) דְּרוֹר

**sparse** *adj.* (סְפָּרְס) דָּלִיל; מוּעָט, דַּל; קָלוּשׁ

**spas′m** *n.* (סְפֶּזֶם) עֲוִית

**spasmod′ic** *adj.* (סְפֶּזְמוֹדִק) עֲוִיתִי; פִּתְאוֹמִי וְקָצָר

**spat** *n.* (סְפֶּט) רִיב קַטְנוּנִי; טְפִיחָה, סְטִירָה; מַחְפֶּה, קַרְסֻלִּית

— *v.* (זמן עבר של spit)

**spat′ter** *v.t. & i. & n.* (סְפֶּטֶר) הִתִּיז; הִשְׁמִיץ; נִתַּז; הַתָּזָה; כֶּתֶם

**spawn** *n. & v.i.* (סְפּוֹן) בֵּיצֵי דָּגִים; צֶאֱצָאִים (בזלזול); הֵטִיל בֵּיצִים אוֹ זֶרַע, הוֹלִיד; יָצַר מִסְפָּר רַב

**speak** *v.i.* (סְפִּיק) דִּבֵּר; שׂוֹחַח; נָאַם; גִּלָּה דַּעַת; הוֹצִיא קוֹל, אָמַר; הִבִּיעַ, הִצְהִיר

so to — כִּבְיָכוֹל

— for דִּבֵּר לְטוֹבַת; בָּחַר, בִּקֵּשׁ לִשְׁמוֹר

to — of שֶׁרָאוּי לְהַזְכִּירוֹ

**spea′ker** *n.* (סְפִּיקֶר) דַּבְּרָן, נוֹאֵם; יוֹשֵׁב רֹאשׁ שֶׁל בֵּית נִבְחָרִים

**spear** *n. & v.t.* (סְפִּיר) חֲנִית; חַיָּל־חֲנִית; צִלְצָל; דָּקַר בַּחֲנִית; צָד בְּצִלְצָל

**speci′al** *adj. & n.* (סְפֶּשֶׁל) מְיֻחָד, נִבְדָּל; יוֹצֵא מִן הַכְּלָל; דָּבָר מְיֻחָד

—ly *adv.* בִּמְיֻחָד

**speci′alist** *n.* (סְפֶּשֶׁלִסְט) מֻמְחֶה, בַּעַל מִקְצוֹעַ

**speci´alize″** *v.i.* (סְפֶּשֲלַיז) הִתְמַחָה בּ־
**speci´alty** *n.* (סְפֶּשֲלְטִי) שֶׁטַח הִתְמַחוּת;
דָּבָר מְיֻחָד; מִצְרָךְ מֻבְחָר; מִצְרָךְ חָדָשׁ
**spe´cies** *n. pl.* (סְפִּישִיז) מִין, מַחְלָקָה
**specif´ic** *adj.* (סְפֶּסִפִק) מְיֻחָד, מֻגְדָּר,
מְסֻיָּם; אָפְיָנִי; שֶׁל הַמִּין
**spec″ifica´tion** *n.* (סְפֶּסִפִקֵישְׁן) פֵּרוּט;
מִפְרָט
**spec´ify** *v.t.* (סְפֶּסִפַי) פֵּרֵט, בִּקֵּשׁ בִּמְפֹרָשׁ;
פֵּרֵשׁ; אִפְיֵן בִּמְיֻחָד
**spec´imen** *n.* (סְפֶּסִמֶן) דֻּגְמָה
**spe´cious** *adj.* (סְפִּישֶס) טוֹב רַק לְמַרְאִית
עַיִן; מְזֻיָּף, לֹא־אֲמִתִּי; נָאֶה אוּלָם מַטְעֶה
**speck** *n.* (סְפֶּק) כֶּתֶם זָעִיר; חֶלְקִיק, נְקֻדָּה
**speck´le** *n. & v.t.* (סְפֶּקְל) נְקֻדָּה זְעִירָה;
נִמֵּר
**spec´tacle** *n.* (סְפֶּקְטֲקְל) הַצָּגַת־פְּאֵר;
מַחֲזֶה בְּרֹב־עַם
—s מִשְׁקָפַיִם
make a — of oneself הִתְנַהֵג בְּצוּרָה
מְבִישָׁה בְּפֻמְבֵּי
**spectac´ular** *adj.* (סְפֶּקְטֶקְיֻלֶר) מַרְשִׁים
מְאֹד, מַרְהִיב
**spec´tator** *n.* (סְפֶּקְטֵיטֶר) צוֹפֶה; מַשְׁקִיף
**spec´ter** *n.* (סְפֶּקְטֶר) רוּחַ רְפָאִים;
מְקוֹר אֵימָה
**spec´ulate″** *v.i.* (סְפֶּקְיֻלֵיט) שָׁקַל בְּדַעַת,
הִרְהֵר; עִיֵּן; שָׁאַל עַצְמוֹ, תָּהָה; סִפְסֵר
**spe″cula´tion** *n.* (סְפֶּקְיֻלֵישְׁן) שִׁקּוּל בְּדַעַת;
הִרְהוּר; עִיּוּן; תְּהִיָּה; סַפְסָרוּת, סְפֶּקוּלַצְיָה
**spec´ula″tor** *n.* (סְפֶּקְיֻלֵיטֶר) סַפְסָר
**sped** (סְפֶּד) (זמן עבר של speed)
**speech** *n.* (סְפִּיץ׳) כֹּשֶׁר דִּבּוּר, דִּבּוּר; נְאוּם;
שָׂפָה; נִיב; אֹפֶן הַבָּעָה; תּוֹרַת הַהַבָּעָה בְּעַל
פֶּה
**speech´less** *adj.* (סְפִּיצ׳לֶס) נְטוּל־דִּבּוּר,
מֻכֵּה־אֵלֶם; אִלֵּם; לֹא מֻבָּע בְּמִלִּים
**speed** *v.i. & t. & n.* (סְפִּיד) מִהֵר;
הֵאִיץ; זֵרֵז, הֵחִישׁ; טִפֵּחַ; מְהִירוּת
**spee´dy** *adj.* (סְפִּידִי) מָהִיר
**spell** *v.t.* (סְפֶּל) אִיֵּת; טָמַן בְּחֻבּוֹ
— out אִיֵּת בְּקֹשִׁי; הִבְהִיר בְּצוּרָה
שֶׁאֵינָהּ מַשְׁמַעַת לִשְׁתֵּי פָּנִים
— *n.* לַחַשׁ־נַחַשׁ; כִּשּׁוּף; קֶסֶם;
תְּקוּפַת־מָה
**spel´ling** *n.* (סְפֶּלִנְג) כְּתִיב, אִיּוּת
**spend** *v.t. & i.* (סְפֶּנְד) הוֹצִיא; שִׁלֵּם;
הִשְׁתַּמֵּשׁ בּ־; בִּלָּה; הִקְדִּישׁ
**spend´thrift″** *n.* (סְפֶּנְדְתְ׳רִפְט) פַּזְרָן, בַּזְבְּזָן
**spent** (סְפֶּנְט) (זמן עבר של spend)
**sperm** *n.* (סְפֶּרְם) זֶרַע
**spew** *v.t.* (סְפְּיוּ) הֵקִיא
**sphere** *n.* (סְפִיר) כַּדּוּר; גַּלְגַּל; גֶּרֶם
שְׁמֵימִי; כּוֹכָב; תְּחוּם; שֶׁטַח; קְלִפָּה
**spher´ical** *adj.* (סְפֶרִקְל) כַּדּוּרִי; גַּרְמִי
הַשָּׁמַיִם
**spice** *n. & v.t.* (סְפַּיס) תַּבְלִין; יְסוֹד
פִּיקַנְטִי; תִּבֵּל
**spi´cy** *adj.* (סְפַּיסִי) מְתֻבָּל; חָרִיף;
מְגָרֶה, לֹא־צָנוּעַ; פִּיקַנְטִי
**spi´der** *n.* (סְפַּידֶר) עַכָּבִישׁ; מַחֲבַת;
חֲצוּבָה
**spig´ot** *n.* (סְפִּגֶט) בֶּרֶז; מְגוּפָה, יָתֵד
**spike** *n. & v.t.* (סְפַּיק) מַסְמֵר אָרֹךְ; חֹד;
חִבֵּר בְּמַסְמְרִים אֲרֻכִּים; סִפֵּק חֻדִּים; הוֹצִיא
מִכְּלַל שִׁמּוּשׁ; סִכֵּל; הוֹסִיף כֹּהַל
**spill** *v.t. & i.* (סְפִּל) שָׁפַךְ; פִּזֵּר בְּאִי־
סֵדֶר; גִּלָּה; נִשְׁפַּךְ
**spin** *v.t. & i. & n.* (סְפִּן) טָוָה; סִחְרֵר;
הִמְצִיא; הֶאֱרִיךְ; הִסְתּוֹבֵב מַהֵר; הִסְתַּחְרֵר;
נָע מַהֵר; סִחְרוּר; יְרִידָה פִּתְאוֹמִית; טִיּוּל
קָצָר בְּרֶכֶב, "סִבּוּב"
**spin´ach** (סְפִּנִץ׳) תֶּרֶד; עֲלֵי תֶּרֶד
**spin´dle** *n.* (סְפִּנְדְל) כִּישׁוֹר; כּוֹשׁ
**spine** *n.* (סְפַּין) עַמּוּד הַשִּׁדְרָה; קוֹץ;
כֹּחַ רָצוֹן; גַּב
**spin´ster** *n.* (סְפִּנְסְטֶר) רַוָּקָה (לא צעירה)
**spi´ral** *adj. & n.* (סְפַּירֲל) חֶלְזוֹנִי, סְלִילִי,
סְפִּירָלִי; לוּלְיָן; סְלִיל; עֲלִיָּה בִּלְתִּי־פּוֹסֶקֶת
**spire** *n.* (סְפַּיאֶר) מִגְדָּל מְחֻדָּד
**spir´it** *n.* (סְפִּרִט) רוּחַ; רוּחַ רְפָאִים; פֵיָה;
מַלְאָךְ; שֵׁד; מֶזֶג
—s מַצַּב רוּחַ; מַשְׁקֶה חָרִיף
— *v.t.* עוֹדֵד, הִמְרִיץ; הִרְחִיק; סִלֵּק
**spir´ited** *adj.* (סְפִּרִטֶד) נִמְרָץ וְאַמִּיץ
**spir´itual** *adj. & n.* (סְפִּרִצ׳וּאֶל) רוּחָנִי;

שֶׁל עוֹלַם הָרוּחוֹת; דָּתִי; כְּנֵסִיָּתִי; שִׁיר דָּתִי
כּוּשִׁי; תְּחוּם הָרוּחַ

**spir'itualis"m** *n.* (סְפִּרִצ׳וּאֲלִיזְם) סְפִּירִיטִיזְם

**spit** *v.i. & t. & n.* (סְפִּט) יָרַק; שַׁפּוּד; רֹק, יְרִיקָה
— and image דִּמְיוֹן מְדֻיָּק; כְּפִיל

**spite** *n.* (סְפַּיְט) רִשְׁעוּת; טִינָה
in — of עַל אַף, לַמְרוֹת
— *v.t.* הִתְיַחֵס אֶל בְּרִשְׁעוּת; הִרְגִּיז מִתּוֹךְ רִשְׁעוּת

**spite'ful** *adj.* (סְפַּיְטְפֻל) מִתּוֹךְ רָצוֹן לְהַכְעִיס, זְדוֹנִי

**spit'tle** *n.* (סְפִּטְל) רֹק

**spittoon'** *n.* (סְפִּטוּן) מַרְקֵקָה

**splash** *v.t. & i. & n.* (סְפְּלֶשׁ) הִתִּיז; שִׁכְשֵׁךְ; נִתַּז; הִשְׁתַּכְשֵׁךְ; הַתָּזָה; שִׁכְשׁוּךְ; כֶּתֶם; הַצָּגָה רַאַוְתָנִית

**spleen** *n.* (סְפְּלִין) טְחוֹל; רֹגֶז, רִשְׁעוּת

**splen'did** *adj.* (סְפְּלֶנְדִד) נֶהְדָּר; דָּגוּל; מַזְהִיר

**splen'dor** *n.* (סְפְּלֶנְדֶר) תִּפְאֶרֶת; זֹהַר

**splice** *v.t. & n.* (סְפְּלַיְס) סֵרֵג; הִדְבִּיק; חִבֵּר, אִחָה; מִסְרָג; מַחְבָּר

**splint** *n.* (סְפְּלִנְט) סַד; קַשֶּׁשֶׁת; פַּס עֵץ

**splin'ter** *n. & v.t. & i.* (סְפְּלִנְטֶר) שְׁבָב, קֵיסָם; רְסִיס; הִתְנַפֵּץ לִרְסִיסִים; נִפֵּץ לִרְסִיסִים

**split** *v.t. & i. & n.* (סְפְּלִט) בִּקֵּעַ; חִלֵּק; פִּלֵּג; פִּצֵּל; הִתְפַּצֵּל, נִשְׁבַּר, הִתְפַּלֵּג; נִפְרַד; הִתְחַלֵּק עִם; פִּלּוּג; פֶּלֶג; בִּקּוּעַ; בְּקִיעַ; גְּלִידָה בְּפֵרוֹת

**splut'ter** *v.i. & n.* (סְפְּלַטֶר) עִלֵּג בְּבֶהָלָה; נִתַּז בְּקוֹל נִפְצוֹץ; עִלֵּג בָּהוּל וְנִפְצוֹצִי

**spoil** *v.t. & i.* (סְפּוֹיל) הִשְׁחִית, קִלְקֵל; פִּנֵּק; הִתְקַלְקֵל; בָּזַז
be —ing for מִשְׁתּוֹקֵק
—s *n. pl.* בִּזָּה

**spoke** *n.* (סְפּוֹק) חִשּׁוּר; שָׁלָב; (זמן עבר של speak)

**spo'ken** *adj.* (סְפּוֹקֶן) מְדֻבָּר; אָמוּר; שֶׁבְּעַל פֶּה

**spokes'man** *n.* (סְפּוֹקְסְמֶן) דּוֹבֵר

**spo"lia'tion** *n.* (סְפּוֹלִיאֵישְׁן) בִּזָּה

**sponge** *n.* (סְפַּנְג׳) סְפוֹג
throw in the — הוֹדָה בִּתְבוּסָה
— *v.t. & i.* נִגֵּב בִּסְפוֹג; מָחַק; סָפַג; הִשִּׂיג עַל יְדֵי נִצּוּל הַזּוּלַת

**spon'sor** *n. & v.t.* (סְפּוֹנְסֶר) עָרֵב, אַחֲרַאי; מְמַמֵּן תָּכְנִית פִּרְסֹמֶת; מְפַרְסֵם; נָטַל אַחֲרָיוּת לְ־ נָתַן חָסוּת; מִמֵּן תָּכְנִית פִּרְסֹמֶת; יָזַם

**spon"tane'ity** *n.* (סְפּוֹנְטֶנִיאִטִי) סְפּוֹנְטָנִיּוּת, הִתְעוֹרְרוּת פְּנִימִית

**sponta'neous** *adj.* (סְפּוֹנְטֵינִיאֶס) סְפּוֹנְטָנִי; פּוֹעֵל מֵאֵלָיו

**spool** *n.* (סְפּוּל) סְלִיל

**spoof** *n. & v.t.* (סְפּוּף) חִקּוּי לַגְלְגָנִי; פָּרוֹדְיָה; מַעֲשֵׂה לֵיצָנוּת; הִתֵּל בְּ־ בְּרוּחַ טוֹבָה; חָמַד לָצוֹן, "סִדֵּר", "מָתַח"

**spook** *n.* (סְפּוּק) רוּחַ רְפָאִים

**spoon** *n. & v.t. & i.* (סְפּוּן) כַּף, כַּפִּית; אָכַל בְּכַף, הֶעֱבִיר בְּכַף; גִּלָּה אַהֲבָה בְּפֻמְבֵּי

**sporad'ic** *adj.* (סְפֶּרֶדִק) מִתְרַחֵשׁ מִפַּעַם לְפַעַם, לֹא־קָבוּעַ, סְפּוֹרָדִי

**spore** *n.* (סְפּוֹר) נֶבֶג

**sport** *n. & v.i. & t.* (סְפּוֹרְט) סְפּוֹרְט; מִשְׂחָק; שַׁעֲשׁוּעַ; לֵיצָנוּת; גַּנְדְּרָן; הִשְׁתַּעֲשֵׁעַ; עָסַק בִּסְפּוֹרְט; הִרְגִּיז, לָעַג; הִתְהַדֵּר

**sports'cast"** *n.* (סְפּוֹרְטְסְקֶסְט) מִשְׁדַּר סְפּוֹרְט

**sports'man** *n.* (סְפּוֹרְצְמֶן) סְפּוֹרְטָאִי

**spot** *n.* (סְפּוֹט) כֶּתֶם, רְבָב; נְקֻדָּה; מוּם; מָקוֹם; זַרְקוֹר
hit the — מְסַפֵּק בְּדִיּוּק
in a (bad) — בְּצָרָה
on the — בְּמַצָּב מְסֻכָּן; מִיָּד; בְּמָקוֹם שֶׁמְּדֻבָּר עָלָיו
— *v.t. & i.* סִמֵּן בִּנְקֻדּוֹת; הִכְתִּים; זִהָה, הִכִּיר; סָפַג כְּתָמִים בְּקַלּוּת

**spot'less** *adj.* (סְפּוֹטְלֶס) לְלֹא רְבָב; לְלֹא דֹּפִי

**spot'light"** *n.* (סְפּוֹטְלַיְט) זַרְקוֹר; תְּחוּם תְּשׂוּמֶת לֵב צִבּוּרִית

**spouse** *n.* (סְפַּאוּס) בַּעַל; אִשָּׁה, רַעְיָה; בֶּן־זוּג

**spout** *v.t. & i.* (סְפַּאוּט) הִזְרִים; הִרְבָּה מֶלֶל; זָרַם בְּסִילוֹן; הִתְפָּרֵץ; צִנּוֹר; זַרְבּוּבִית; מוּבָל; סִילוֹן

**sprain** *v.t. & n.* (סְפְּרֵין) נָקַע; נֶקַע

**sprang** (סְפְּרֶנְג) (זמן עבר של spring)

**sprawl** *v.i. & t. & n.* (סְפְּרוֹל) הִסְתָּרֵחַ, הִשְׂתָּרַע; שָׁכַב אוֹ יָשַׁב בְּפִשּׂוּט אֵיבָרִים; נִסְרַח בְּצוּרָה פְּרוּעָה; זָחַל בְּצוּרָה גַּמְלוֹנִית; פָּשַׂט (איברים); הִסְתָּרְחוּת; הִשְׂתָּרְעוּת

**spray** *n. & v.t. & i.* (סְפְּרֵי) רְסוּס, רֶסֶס; רִסֵּס

**spread** *v.t. & i. & n.* (סְפְּרֶד) הֵפִיץ; פָּשַׂט, פָּרַס; מָרַח; עָרַךְ (שלחן); פִּזֵּר; הִתְפַּשֵּׁט; נָפוֹץ; נִבְקַע; הִתְפַּשְּׁטוּת; הִתְרַחֲבוּת; הֲפָצָה; מִכְסֶה; סְעֻדָּה; מִטָּה הֲלוּלָה וַחֲגִיגָה; מְסִבַּת

**spree** *n.* (סְפְּרִי) הִשְׁתַּכְּרוּת; תְּקוּפַת הִתְפַּנְּקוּת; פַּעֲלְתָּנוּת

**spring** *n.* (סְפְּרִג) זַלְזַל; שָׂרִיג; נֵצֶר

**spright'ly** *adj.* (סְפְּרַיטְלִי) עֵרָנִי, שׁוֹפֵעַ חִיּוּת, פַּעַלְתָּנִי

**spring** *v.i. & t. & n. & adj.* (סְפְּרִנְג) זִנֵּק, נִתֵּר; קָפַץ; פָּרַץ; קָם; נָבַע; יָצָא מִ־; הִתְרוֹמֵם; עָלָה; הִפְעִיל, הִזְנִיק; שִׁחְרֵר; זִנּוּק, נְתִירָה, קְפִיצָה; גְּמִישׁוּת; מַעְיָן; קְפִיץ; אָבִיב; אֲבִיבִי, שֶׁל הָאָבִיב; קְפִיצִי

**spring'time"** *n.* (סְפְּרִנְגְטַיְם) עוֹנַת הָאָבִיב, אָבִיב; רֵאשִׁית, אֵב

**spring'y** *adj.* (סְפְּרִנְגִי) קְפִיצִי, גָּמִישׁ; שׁוֹפֵעַ מַעְיָנוֹת

**sprin'kle** *v.t. & i. & n.* (סְפְּרִנְקֶל) הִזָּה, זִלֵּף, הִתִּיז, הִתְפַּזֵּר בַּחֲלָקִיקִים; יָרַד טִפִּין טִפִּין; גֶּשֶׁם קַלִּיל; מְעַט

**—er** *n.* מַמְטֵרָה

**sprint** *v.i.* (סְפְּרִנְט) רָץ בִּמְלוֹא הַמְּהִירוּת, רָץ בִּתְאוּצָה רַבָּה

**—er** *n.* אָצָן

**sprite** *n.* (סְפְּרַיט) פֵּיָה, שֵׁדוֹן

**sprout** *n. & v.i.* (סְפְּרַאוּט) נֶבֶט; נָבַט; הִתְפַּתֵּחַ מַהֵר

**—s** כְּרוּב נִצָּנִים

**spruce** *n. & v.t.* (סְפְּרוּס) אַשׁוּחִית; הִלְבִּישׁ בְּצוּרָה קַפְּדָנִית

**sprung** (סְפְּרַנְג) (זמן עבר של spring)

**spry** *adj.* (סְפְּרַי) פַּעַלְתָּנִי, זָרִיז, נִמְרָץ

**spun** (סְפַּן) (זמן עבר של spin)

**spur** *n.* (סְפֶּר) דָּרְבָן; דַּחַף

on the — of the moment פִּתְאוֹם, בּוֹ בָּרֶגַע, לְלֹא שְׁהִיּוֹת

**—** *v.t.* דִּרְבֵּן; הִמְרִיץ

**spur'ious** (סְפְּיוּרִיאֲס) מְזֻיָּף

**spurn** *v.t. & i.* (סְפֶּרְן) דָּחָה בְּבוּז; בָּז לְ־

**spurt** *v.i. & t. & n.* (סְפֶּרְט) זִנֵּק, הִתְפָּרֵץ; הִזְנִיק; סִילוֹן, קִלּוּחַ; הִתְפָּרְצוּת

**sput'ter** *v.i. & n.* (סְפַּטֶר) פָּלַט בַּחֲזָקָה; הִתִּיז רֹק; צָעַק בְּנִפְצוּצִים; הַתָּזַת רֹק; מוֹצָא־פֶּה נִפְצוּצִי

**spy** *n. & v.i. & t.* (סְפַּי) מְרַגֵּל; רִגּוּל; רִגֵּל; גִּלָּה; הִבְחִין בְּ־ פִּתְאוֹם

**squab** *n.* (סְקְווֹבּ) גּוֹזַל יוֹנָה

**squab'ble** *v.i. & n* (סְקְווֹבֶּל) הִתְנַצֵּחַ; הִתְנַצְּחוּת

**squad** *n.* (סְקְווֹד) כִּתָּה; קְבוּצָה קְטַנָּה, חֻלְיָה

— car נַיֶּדֶת מִשְׁטָרָה

**squad'ron** *n.* (סְקְווֹדְרֶן) טַיֶּסֶת; שַׁיֶּטֶת; יְחִידַת פָּרָשִׁים

**squal'id** *adj.* (סְקְווֹלִד) נֶאֱלָח, מְלֻכְלָךְ, עָלוּב

**squall** *n. & v.i.* (סְקְווֹל) תְּזָזִית, מַשַּׁב רוּחַ פִּתְאוֹמִי עִם מִשְׁקָע; מְהוּמַת־פִּתְאוֹם; צָוַח בְּקוֹל; צְוָחָה קוֹלָנִית

**squal'or** *n.* (סְקְווֹלֶר) לִכְלוּךְ מְנֻוָּן

**squan'der** *v.t.* (סְקְווֹנְדֶר) בִּזְבֵּז; פִּזֵּר

**square** *n.* (סְקְוֶר) כִּכָּר; רִבּוּעַ; שַׁמְרָן

on the — כֵּן, יָשָׁר

— *v.t. & i.* רִבֵּעַ, בָּדַק יְשָׁרוּת; הִשְׁוָה; עָשָׂה לְזָוִית יְשָׁרָה; קָבַע רִבּוּעַ; הִזְקִיף; הִתְאִים; וִסֵּת; יִשֵּׁב; יִשֵּׁר

— away הִתְכּוֹנֵן

— off תָּפַס יְצִיבַת קְרָב

— *adj. & adv.* רָבוּעַ; מְרֻבָּע; נִצָּב; יָשָׁר; מְחֻסָּלִים כָּל הַחֶשְׁבּוֹנוֹת; כֵּן, גְּלוּי־לֵב; מַשְׂבִּיעַ; שַׁמְרָנִי; בְּצוּרָה רְבוּעָה; בְּנִצָּב לְ־; בְּיֹשֶׁר, בִּכְנוּת

**squash** *v.t. & i. & n.* (סְקְווֹשׁ) מֵעֵךְ; דִּכֵּא; נִמְעַךְ; מְעִיכָה; דְּלַעַת הַגִּנָּה

**squat** *v.i. & n. & adj.* (סְקְווֹט) יָשַׁב בִּשְׁפִיפָה, רָבַץ עַל הָעֲקֵבִים; הִתְיַשֵּׁב לְלֹא אִשּׁוּר חֻקִּי; הִתְיַשֵּׁב כְּדֵי לִרְכּוֹשׁ זְכוּת קִנְיָן; יְשִׁיבָה שְׁפוּפָה; קָצָר וּמְסֻרְבָּל; נָמוּךְ וְרָחָב

**squaw** *n.* (סְקְווֹ) אִשָּׁה אִינְדְּיָאנִית

**squeak** *v.i. & n.* (סְקְוִיק) צִיֵּץ, חָרַק; צִיּוּץ, חֲרִיקָה; הִמָּלְטוּת מִסַּכָּנָה

**squeal** *n. & v.i.* (סְקְוִיל) יְלָלָה מְמֻשֶּׁכֶת; יִלֵּל אֲרֻכּוֹת; הִלְשִׁין

**squea'mish** *adj.* (סְקְוִימִשׁ) מְזַעְזָע בְּקַלּוּת; אִסְטְנִיס; צָנוּעַ בְּצוּרָה מֻגְזֶמֶת; מִתְמַלֵּא בְּחִילָה בְּקַלּוּת

**squeeze** *v.t. & i. & n.* (סְקְוִיז) לָחַץ; סָחַט; חִבֵּק; לְחִיצָה; חִבּוּק; סְחִיטָה

**squelch** *v.t. & n.* (סְקְוֶלְץ') מָעַךְ; הִשְׁתִּיק בִּתְשׁוּבָה נוֹקֶבֶת; הַשְׁתָּקָה; מַשְׁתִּיק־רַחַשׁ

**squint** *v.i. & n.* (סְקְוִנְט) הִסְתַּכֵּל בְּעֵינַיִם עֲצוּמוֹת לְמֶחֱצָה; פָּזַל; לִכְסֵן מַבָּט; מַבָּט חָטוּף

**squirm** *v.i.* (סְקְוֶרְם) פִּרְפֵּר, הִתְפַּתֵּל; חָשׁ אִי־נוֹחוּת

**squir'rel** *n.* (סְקְוֶרֶל) סְנָאִי

**squirt** *v.i. & n.* (סְקְוֶרְט) הִתִּיז בְּסִילוֹן דַּק; הַתָּזַת סִילוֹן דַּק; "פַּסְפּוּס", "צוּצִיק"

**stab** *v.t. & i. & n.* (סְטֶבּ) דָּקַר, תָּקַע; דְּקִירָה; פֶּצַע; נִסָּיוֹן חָטוּף

**stabil'ity** *n.* (סְטַבִּלְטִי) יַצִּיבוּת

**stable** *adj. & n.* (סְטֵיבְּל) יַצִּיב; אֻרְוָה; סוּסִים

**stack** *n. & v.t.* (סְטֶק) עֲרֵמָה; קְבוּצַת אֲרֻבּוֹת; אֲרֻבָּה; מְצוּבָה

blow one's — יָצָא מִן הַכֵּלִים

—s אִצְטַבָּאוֹת; מַחְסָן (ספרים)

— *v.t.* עָרַם; סִדֵּר כְּדֵי לְרַמּוֹת

**sta'dium** *n.* (סְטֵידִיאַם) אִצְטַדְיוֹן

**staff** *n.* (סְטֶף) מַקֵּל; מַטֶּה; תֹּרֶן; סֶגֶל; חַמְשָׁה

**stag** *n. & adj.* (סְטֶג) אַיִל; זָכָר (בבעלי חיים); גֶּבֶר בְּלִי אִשָּׁה; לִגְבָרִים בִּלְבַד

**stage** *n. & v.t.* (סְטֵיג') בִּימָה; פִּגּוּם; תֵּיאַטְרוֹן; זִירָה; תַּחֲנָה; מֶרְחָק; שָׁלָב; הִצִּיג עַל בִּימָה; בִּיֵּם

**stag'ger** *v.i. & t. & n.* (סְטֶגֶר) הִתְנוֹדֵד; הִסֵּס; הִדְהִים; סִדֵּר בְּצוּרָה לֹא־סִימֶטְרִית; הֲלִיכָה תּוֹךְ הִתְנוֹדְדוּת

**stag'nant** *adj.* (סְטֶגְנֶנְט) עוֹמֵד; עָכוּר; מְפַגֵּר, קוֹפֵא עַל שְׁמָרָיו

**stag'nate** *v.i.* (סְטֶגְנֵיט) נֶעֱצַר בִּזְרִימָתוֹ; נֶעְכַּר; קָפָא עַל שְׁמָרָיו

**stagna'tion** *n.* (סְטֶגְנֵישְׁן) קִפָּאוֹן; עֲמִידָה מִנּוּעַ, חֹסֶר מַעַשׂ

**staid** *adj.* (סְטֵיד) מְיֻשָּׁב, רְצִינִי

**stain** *n. & v.t. & i.* (סְטֵין) כֶּתֶם, רְבָב; צְבִיעָה, צֶבַע; הִכְתִּים; צָבַע; הֻשְׁחַת; הֻכְתַּם

**stain'less** *adj.* (סְטֵינְלֶס) לְלֹא רְבָב; שֶׁל פְּלָדַת אַל־חֶלֶד; לֹא־חָלִיד; סַכּוּ"ם מִפְּלֶדֶת אַל־חֶלֶד

**stair** *n.* (סְטֶר) מַדְרֵגָה

**stake** *n.* (סְטֵיק) מוֹט; עַמּוּד; דְּמֵי הִמּוּר; מְעֻרָבוּת

at — עוֹמֵד בְּסַכָּנָה

pull up —s הִסְתַּלֵּק

— *v.t.* סִמֵּן בְּמוֹטוֹת; טָעַן לְבַעֲלוּת עַל קַרְקַע; סִכֵּן, הִמֵּר; צִיֵּד בְּ־

— out עָקַב אַחֲרֵי

**stale** *adj.* (סְטֵיל) לֹא־טָרִי; יָשָׁן; קָשֶׁה; תָּפֵל; מְשַׁעֲמֵם; מִשְׁתַּעֲמֵם

**stalemate** *n. & v.t.* (סְטֵילְמֵיט) קִפָּאוֹן; פַּט (בשחמט); שִׁתֵּק

**stalk** *n. & v.i.* (סְטוֹק) קֶלַח, גִּבְעוֹל; רָדַף אַחֲרֵי; הִתְקָרֵב אֶל בִּגְנֵבָה; צָעַד בִּצְעָדִים מְדוּדִים; שׁוֹטֵט בְּצוּרָה מְאַיֶּמֶת

**stall** *n. & v.t. & i.* (סְטוֹל) תָּא; אֻרְוָה; רֶפֶת; דּוּכָן; שֶׁטַח מְסֻמָּן; כִּבּוּי מָנוֹעַ; תּוֹאֲנַת הַשְׁהָיָה; הִכְנִיס לְתָא; הִכְנִיס לָאֻרְוָה אוֹ לָרֶפֶת (לשם פיטום); גָּרַם לְכִבּוּי מָנוֹעַ; הִשְׁהָה, עָצַר; נֶעֱצַר; דָּר בְּתָא

**stall'ion** *n.* (סְטֶלְיֶן) סוּס רְבִיעָה

**stal'wart** *adj. & n.* (סְטוֹלְוֶרְט) חָסֹן, אֵיתָן, בַּעַל גּוּף; חָזָק וְאַמִּיץ

**sta'men** *n.* (סְטֵימֶן) אַבְקָן

**stam'ina** *n.* (סְטֶמֶנָה) כֹּחַ עֲמִידָה, כֹּשֶׁר הִתְמָדָה גּוּפָנִי

**stam'mer** *v.i. & n.* (סְטֶמֶר) גִּמְגֵּם; גִּמְגּוּם

**stamp** *n. & v.t.* (סְטֶמְפּ) בּוּל; רְקִיעָה;

רְמִיסָה; הַחְתָּמָה; חוֹתָם; חוֹתֶמֶת; עֵדוּת, סִימָן; רָקַע, רָמַס, דָשׁ; כִּבָּה בִּרְקִיעָה; דִכֵּא בְּכֹחַ רַב; כָּתַשׁ; הִטְבִּיעַ חוֹתָם; הֶחְתִּים; בִּיֵּל; אִפְיֵן, גִּלָּה, הִבְחִין בֵּין

**stampede'** *n. & v.t. & i.* (סְטֶמְפִּיד) מְנוּסַת בֶּהָלָה; גָּרַם לִמְנוּסַת בֶּהָלָה; הִסְתָּעֵר עַל; נָס בְּבֶהָלָה

**stanch** *v.t.* (סְטוֹנְץ׳) עָצַר

**stand** *v.i. & t.* (סְטֶנְד) עָמַד; קָם; נִמְצָא; נִשְׁאַר; הָשְׁאַר לְלֹא טִפּוּל; עָמַד לְצַד־ בְּמַסְפֵּי; הֶעֱמִיד; עָמַד בִּפְנֵי־; הִתְנַסָּה בְּ־; הֶחֱזִיק מַעֲמָד; סָבַל; קָנָה לְ־; מִלֵּא תַּפְקִיד

— a chance הָיָה בַּעַל אֶפְשָׁרוּת

— by עָמַד לִימִין־; קִיֵּם; עָמַד מוּכָן; הַמְתִּין

— for יִצֵּג, סִמֵּל; טִפֵּחַ; צִדֵּד בְּ־; סָבַל, הִרְשָׁה

— on נִשְׁעַן עַל; הָיָה תָּלוּי בְּ־; דָרַשׁ, הִקְפִּיד עַל

— out הִתְבַּלֵּט; הִתְמִיד בְּהִתְנַגְּדוּת; הִתְעַקֵּשׁ

— pat סֵרֵב לְהִשְׁתַּנּוֹת; סֵרֵב לְהַסְכִּים לְשִׁנּוּיִים

— up קָם; הָיָה מְשַׁכְנֵעַ; נִשְׁאַר אֵיתָן; לֹא בָּא לִפְגִישָׁה

— up עָמַד לְלֹא פַּחַד בִּפְנֵי־; הִתְעַמֵּת עִם

— *n.* עֲמִידָה; עֲצִירָה; הַפְסָקָה; מַאֲמָץ אַחֲרוֹן, עֶמְדָּה תַּקִּיפָה; בָּמָה; תַּחֲנָה; דוּכָן; קִיוֹסְק; כַּן; שֻׁלְחָן קָטָן; מָקוֹם; עֵצִים; קָמָה; חֲנִיָּה כְּדֵי לְהַצִּיג הַצָּגָה

**stan'dard** *n. & adj.* (סְטֶנְדֶּרְד) דֶּגֶל; קְנֵה־ מִדָּה; רָמָה; תֶּקֶן; מַתְכֹּנֶת; אֶבֶן־בֹּחַן; דֻּגְמָה; תִּקְנִי, סְטַנְדַּרְטִי

**stan'ding** *n. & adj.* (סְטֶנְדִּינְג) עֲמִידָה; מַעֲמָד; מֶשֶׁךְ זְמַן; קְבִיעוּת; יַצִּיבוּת; מוֹנִיטִין; עוֹמֵד; זָקוּף; קָבוּעַ

**stand'-of'fish** *adj.* (סְטֶנְדוֹפִשׁ) שׁוֹמֵר מֶרְחָק; לֹא־יְדִידוּתִי

**stand'point"** *n.* (סְטֶנְדְּפוֹינְט) נְקֻדַּת הַשְׁקָפָה

**stand'still"** *n.* (סְטֶנְדְּסְטִל) עֲצִירָה, שִׁתּוּק, קִפָּאוֹן

**stan'za** *n.* (סְטֶנְזָה) בַּיִת (שִׁיר)

**sta'ple** *n. & adj. & v.t.* (סְטֵיפְּל) מִצְרָךְ עִקָּרִי; פָּרִיט בְּסִיסִי; סִכַּת חִבּוּר; חֹמֶר גֶּלֶם; שֶׁל שׁוּק מִצְרָכִים; שֶׁל מִצְרָךְ עִקָּרִי, עִקָּרִי, בְּסִיסִי; חִבֵּר

**star** *n. & v.t. & i.* (סְטָר) כּוֹכָב; גֶּרֶם שְׁמֵימִי; גּוֹרָל, "כֹּכָב", מָסַר תַּפְקִיד רָאשִׁי; "כִּכֵּב", הִצְטַיֵּן, שִׂחֵק בְּתַפְקִיד רָאשִׁי

**star'board** *n.* (סְטָרְבֶּרְד) צַד יָמִין

**starch** *n. & v.t.* (סְטָרְץ׳) עֲמִילָן; תְּעֻזָּה; עִמְלֵן

**stare** *v.t. & i.* (סְטֵר) נָעַץ מַבָּט, לָטַשׁ עַיִן; הִתְבַּלֵּט בְּעַזּוּת מֵצַח

— one in the face הָיָה דָחוּף; מְמַשְׁמֵשׁ וּבָא

— *n.* מַבָּט נוֹקֵב

**stark** *adj.* (סְטָרְק) מֻבְהָק; בָּרוּר; כָּלִיל, שָׁלֵם; קוֹדֵר, שׁוֹמֵם; חָמוּר, פָּשׁוּט מְאֹד; אָשׁוּן, צָפִיד

**star'ling** *n.* (סְטָרְלִנְג) זַרְזִיר

**Star' of Da'vid** מָגֵן דָּוִד

**star'ry** *adj.* (סְטָרִי) זָרוּעַ כּוֹכָבִים; מוּאָר בְּאוֹר כּוֹכָבִים; שֶׁל כּוֹכָבִים

**start** *v.i. & t. & n.* (סְטָרְט) הִתְחִיל; הוֹסִיעַ פִּתְאוֹם; נָע פִּתְאוֹם; הִתְחַלְחֵל; קָפַץ מִמְּקוֹמוֹ; הִתְבַּלֵּט; נִשְׁמַט; יָצָא מִמְּקוֹמוֹ; הִמְרִיץ, הִפְעִיל; הֵנִיעַ; עָזַר, אִפְשֵׁר לְ־; הַתְחָלָה; חַלְחָלָה; תְּנוּעָה פִּתְאוֹמִית; הַתְנָעָה; רֵאשִׁית; יְצִיאָה לַדֶּרֶךְ; זִנּוּק

**star'tle** *v.t. & i. & n.* (סְטָרְטְל) הֶחֱרִיד; הִתְחַלְחֵל; חַלְחָלָה

**starva'tion** *n. & adj.* (סְטָרְוֵישְׁן) רָעָב, הַרְעָבָה; שֶׁל רָעָב

**starve** *v.i. & t.* (סְטָרְב) רָעֵב; גָּוַע בָּרָעָב; הִשְׁתּוֹקֵק לְ־; סָבַל מַחְסוֹר־; הִרְעִיב; הֵמִית בָּרָעָב

**state** *n. & adj.* (סְטֵיט) מַצָּב; מַעֲמָד; שָׁלָב; דַּרְגָּה; עֶמְדָּה רָמָה; תְּנָאִים מְכֻבָּדִים; מְדִינָה; הִתְרַגְּשׁוּת; עִנְיְנֵי מִמְשָׁל; שֶׁל הַמְּדִינָה; מַמְלַכְתִּי; טִקְסִי

lie in — הָיָה מֻצָּג לַצִּבּוּר

the States אַרְצוֹת הַבְּרִית

— *v.t.* קָבַע; הִצְהִיר; אָמַר בְּתַקִּיפוּת

**state'ly** *adj.* (סְטֵיטְלִי) מְפֹאָר; אוֹמֶר כָּבוֹד; הָדוּר

**state'ment** *n.* (סְטֵיטְמֶנְט) קְבִיעָה; הַצְהָרָה; דִּבּוּר, דָּבָר; הוֹדָעָה; הַרְצָאַת פְּרָטִים; דִּין וְחֶשְׁבּוֹן

**states'man** *n.* (סְטֵיטְסְמֶן) מְדִינַאי

**sta'tion** *n.* & *v.t.* (סְטֵישְׁן) תַּחֲנָה; תַּחֲנַת רַכֶּבֶת; עֶמְדָה; מַעֲמָד; הִצִּיב

**sta'tionar"y** *adj* (סְטֵישֶׁנֶרִי) יַצִּיב; עוֹמֵד, מֻצָּב; קָבוּעַ; נַיָּח; לֹא־מִשְׁתַּנֶּה

**sta'tioner** *n.* (סְטֵישֶׁנֶר) מוֹכֵר צָרְכֵי כְּתִיבָה

**sta'tioner'y** *n.* (סְטֵישֶׁנֶרִי) צָרְכֵי כְּתִיבָה

**statis'tics** *n.* (סְטֶטִיסְטִקְס) סְטָטִיסְטִיקָה

**stat'uar"y** *n.* (סְטֶצ'וּאֶרִי) פְּסָלִים, אֹסֶף פְּסָלִים

**stat'ue** *n.* (סְטֶצ'וּ) פֶּסֶל

**stat'ure** *n.* (סְטֶצ'ר) גֹּבַהּ, קוֹמָה; רָמַת הַשֵּׂגִים

**stat'ute** *n.* (סְטֶצ'וּט) חֹק (מאושר)

— of limita'tions חֹק הַתִּיַּשְׁנוּת

**stat'utor"y** *adj.* (סְטֶצ'וּטוֹרִי) שֶׁל חֹק מְאֻשָּׁר; בַּר־עֲנִישָׁה לְפִי הַחֹק

**staunch** *adj.* (סְטוֹנְץ') תַּקִּיף, אֵיתָן, מוּסָרִי; חָזָק, מַמָּשִׁי

**stave** *n.* & *v.t.* (סְטֵיב) לִמּוּד (של חבית); מַקֵּל, מוֹט; שָׁלָב; פָּרַץ, שָׁבַר

**stay** *v.i.* & *t.* & *n.* (סְטֵי) שָׁהָה; נִשְׁאַר; נֶעֱצַר; הִתְמִיד; עָצַר; דִּכֵּא; הִשְׂבִּיעַ; הֶחֱזִיק מַעֲמָד; עֲצִירָה; שְׁהִיָּה; הַשְׁעָיָה

**stead** *n.* (סְטֶד) מָקוֹם

stand in good — הוֹעִיל

**stead'fast"** *adj.* (סְטֶדְפֶסְט) אֵיתָן, תַּקִּיף, מַתְמִיד

**stead'y** *adj.* (סְטֶדִי) יַצִּיב; מַתְמִיד; אָחִיד, רָצוּף; קָבוּעַ; אֵיתָן; הֶחְלֵטִי

go — הִתְקַשֵּׁר עִם אֶחָד (או אחת) בִּלְבַד

— v.t. עָצַר מְנוּעַ; יִצֵּב

— *interj.* הֵרָגַע; שְׁלֹט בְּעַצְמְךָ

**steak** *n.* (סְטֵיק) אֻמְצָה

**steal** *v.t.* & *i.* (סְטִיל) גָּנַב; הִתְגַּנֵּב; גְּנֵבָה

— someone's thun'der גָּנַב רַעְיוֹנוֹ שֶׁל אַחֵר

— *n.* גְּנֵבָה; מְצִיאָה

**stealth** *n.* (סְטֶלְת') מַעֲשֶׂה חֲשָׁאִי; פְּעֻלָּה בִּגְנֵבָה

**steal'thy** *adj.* (סְטֶלְת'י) חֲשָׁאִי, שֶׁבִּגְנֵבָה

**steam** *n.* (סְטִים) קִיטוֹר

blow off — נָתַן פֻּרְקָן לְרְגָשׁוֹת מְדֻחָקִים

— *v.i.* & *t.* הֶעֱלָה קִיטוֹר, עָלָה בְּצוּרַת קִיטוֹר; הִתְכַּסָּה אֵדִים; יִצֵּר קִיטוֹר; הִתְקַצֵּף; אִדָּה

**steam'boat"** *n.* (סְטִימְבּוֹט) סְפִינַת קִיטוֹר

**stea'mer** *n.* (סְטִימֶר) אֳנִיַּת קִיטוֹר; סִיר אִדּוּי

**steam'rol"ler** *n.* & *v.t.* (סְטִימְרוֹלֶר) מַכְבֵּשׁ; הִשְׁתַּלֵּט עַל בְּעָצְמָה מוֹחֶצֶת

**steam'ship"** *n.* (סְטִימְשִׁפּ) אֳנִיַּת קִיטוֹר

**steed** *n.* (סְטִיד) סוּס

**steel** *n.* & *adj.* (סְטִיל) פְּלָדָה; חֶרֶב; שֶׁל פְּלָדָה; קָשֶׁה, חָזָק

— *v.t.* צִפָּה בִּפְלָדָה; שִׁוָּה סְגֻלַּת פְּלָדָה; חִשֵּׁל

**steep** *adj.* & *v.t.* (סְטִיפּ) תָּלוּל; מֻפְרָז (מחיר); שָׁרָה; הֶחְדִּיר

**stee'ple** *n.* (סְטִיפֶּל) צְרִיחַ מְחֻדָּד

**steer** *v.t.* & *i.* (סְטִיר) כִּוֵּן; הָלַךְ בְּעִקְּבוֹת־; הִדְרִיךְ; נָתַן לְהַכְוָנָה

— clear of הִתְרַחֵק מ־

— *n.* הַצָּעָה כֵּיצַד לִפְעוֹל; פַּר מְסֹרָס; שׁוֹר

**steer'age** *n.* (סְטִירִג') מַחְלֶקֶת הַנִּזְקָקִים

**steer'ing wheel"** הֶגֶה

**steers'man** *n.* (סְטִירְזְמֶן) הַגַּאי

**stem** *n.* & *v.i.* & *t.* (סְטֶם) גִּבְעוֹל; גֶּזַע; קָנֶה; מוֹצָא; שֹׁרֶשׁ (בדקדוק); נָבַע; רִסֵּן; סָכַר

**stench** *n.* (סְטֶנְץ') סֻרְחוֹן

**stenog'rapher** *n.* (סְטֶנוֹגְרֶפֶר) קַצְרָן

**stenog'raphy** *n.* (סְטֶנוֹגְרֶפִי) קַצְרָנוּת

**step** *n.* (סְטֶפּ) צַעַד; צוּרַת הֲלִיכָה; דַּרְגָּה; מַדְרֵגָה

in — בְּקֶצֶב; מִסְתַּגֵּל

watch one's step נָהַג בִּזְהִירוּת

— *v.i.* צָעַד, הָלַךְ (צעדים מספר); צָעַד צְעָדִים מְדוּדִים; דָּרַךְ

— on it מַהֵר

— up הִגְדִּיל
**step'bro"ther** *n.* (סְטֶפְּבְּרַד'ר) אָח חוֹרֵג
**step'child"** *n.* (סְטֶפְּצַ'יילְד) יֶלֶד חוֹרֵג
**step'dau"ghter** *n.* (סְטֶפְּדוֹטֶר) בַּת חוֹרֶגֶת
**step'fa"ther** *n.* (סְטֶפְּפָד'ר) אָב חוֹרֵג
**step'lad"der** *n.* (סְטֶפְּלֶדֶר) סֻלָּם
מַדְרֵגוֹת; סֻלָּם גַּבֹּהַּ
**step'mo"ther** *n.* (סְטֶפְּמַד'ר) אֵם חוֹרֶגֶת
**step'sis"ter** *n.* (סְטֶפְּסִסְטֶר) אָחוֹת חוֹרֶגֶת
**step'son"** *n.* (סְטֶפְּסַן) בֵּן חוֹרֵג
**ster'eo"** *n.* (סְטֶרִיאוֹ) הַקְלָטָה סְטֶרֵאוֹפוֹנִית;
מַעֲרֶכֶת הַקְלָטָה סְטֶרֵאוֹפוֹנִית; צִלּוּם
סְטֶרֵאוֹסְקוֹפִּי
**ster'eotype"** *n.* (סְטֶרִיאֲטַיְפּ) בִּטּוּי נָדוֹשׁ;
סְטֶרֵאוֹטִיפּ; מֻשָּׂג מְקֻבָּל
**ster'ile** *adj.* (סְטֶרִל) עָקָר; שֶׁל סְרָק;
סְטֶרִילִי, מְחֻטָּא
**steril'ity** *n.* (סְטֶרִלְטִי) עֲקָרוּת
**ster'ilize"** *v.t.* (סְטֶרֲלַיז) חִטֵּא; עִקֵּר
**stern** *adj.* & *n.* (סְטֶרְן) חָמוּר, מַחְמִיר;
קָשֶׁה; זוֹעֵף; יַרְכָּתַיִם
**ste'vedore"** (סְטִיבֲדוֹר) סַוָּר
**stew** *v.t.* w *i.* (סְטוּ) בִּשֵּׁל עַל אֵשׁ קְטַנָּה;
הִתְבַּשֵּׁל עַל אֵשׁ קְטַנָּה; דָּאַג
— in one's own juice בָּא עַל הָעֹנֶשׁ
שֶׁרָאוּי לוֹ
— *n.* נְזִיד בָּשָׂר וִירָקוֹת; הִתְרַגְּשׁוּת,
אִי־נוֹחוּת, דְּאָגָה
**ste'ward** *n.* (סְטוּאֲרְד) מְמֻנֶּה עַל הַמֶּשֶׁק;
מְמֻנֶּה עַל הַהַגָּשָׁה; תָּאָן; דַּיָּל; מְסַפֵּק
—ess *n.* דַּיֶּלֶת; תָּאָנִית
**stick** *n.* (סְטִק) מַקֵּל; שַׁרְבִיט; אַלָּה; מוֹט;
דְּקִירָה; עֲצִירָה, קִפָּאוֹן; עִכּוּב; דְּבִיקָה;
דֶּבֶק; דְּבֵקָה
the —s הַכְּפָר
— *v.t.* & *i.* דָּקַר; הָרַג בִּדְקִירָה; תָּחַב;
הִדְבִּיק; הִצְמִיד; הֶעֱמִיד; הָיָה תָּקוּעַ;
הִתְמִיד; בִּלְבֵּל; הִטִּיל מַשֶּׁהוּ לֹא־נָעִים עַל;
נִתְקַע; דָּבַק; נֶעֱצַר; נָבוֹךְ; הִתְבַּלֵּט
— around נִשְׁאַר בְּקִרְבַת מָקוֹם
— by (to) שָׁמַר אֱמוּנִים לְ־
— something out הִתְמִיד עַד הַסּוֹף;
הֶחֱזִיק מַעֲמָד עַד הַסּוֹף

— up שָׁדַד
— up for לִמֵּד זְכוּת עַל
**stick'ler** *n.* (סְטִקְלֶר) מַחְמִיר; בְּעָיָה קָשָׁה
**stick'y** *adj.* (סְטִקִי) דָּבִיק; מְדַבֵּק; חַם
וְלַח; קָשֶׁה
**stiff** *adj.* & *n.* (סְטִף) נֻקְשֶׁה, אָשׁוּן, צָפִיד;
חָזָק; עִקֵּשׁ; אֵיתָן; חָמוּר; קָשֶׁה; יוֹתֵר מִדַּי;
סָמִיךְ; פֶּגֶר; שִׁכּוֹר; בָּחוּר; נַוָּד; פּוֹעֵל
**stiffen** *v.t.* & *i.* (סְטִפְן) הִקְשָׁה; קָשָׁה;
הִתְמַתֵּחַ
**sti'fle** *v.t.* & *i.* (סְטַיפְל) חָנַק; שִׁנֵּק; דִּכֵּא,
רִסֵּן; נֶחֱנַק
**stig'ma** *n.* (סְטִגְמָה) כֶּתֶם, רְבָב; אוֹת
קָלוֹן; סִימָן
**stig'matize"** *v.t.* (סְטִגְמֲטַיז) סִמֵּן בְּאוֹת קָלוֹן,
הִכְתִּים
**stile** *n.*(סְטַיל) מַדְרֵגוֹת; מַחְסוֹם מִסְתּוֹבֵב
**still** *adj.* & *n.* (סְטִל) לְלֹא תְּנוּעָה, עוֹמֵד;
דּוֹמֵם; שָׁקֵט; חֲרִישִׁי; שָׁלֵו, רָגוּעַ; שֶׁקֶט;
תַּצְלוּם דּוֹמֵם; מַזְקֵקָה; בֵּית מִשְׂרְפוֹת יַיִן
— *adv.* & *conj.* עֲדַיִן; עוֹד יוֹתֵר;
בְּכָל זֹאת; בְּשֶׁקֶט יוֹתֵר
— and all אַף עַל פִּי כֵן
— *v.t.* הִשְׁתִּיק; הִשְׁקִיט, שִׁכֵּךְ
**still'ness** *n.* (סְטִלְנֶס) חֹסֶר תְּנוּעָה; שֶׁקֶט
**stilt** *n.* (סְטִלְט) קַב הַגְבָּהָה, עַמּוּד
**stil'ted** *adj.* (סְטִלְטֶד) רַבְרְבָנִי וְכָבֵד
**stim'ulant** *n.* (סְטִמְיֲלֶנְט) מַמְרִיץ, סַם
מְעוֹרֵר, מַשְׁקֶה מְעוֹרֵר; תַּמְרִיץ
**stim'ulate"** *v.t.* & *i.* (סְטִמְיֲלֵיט) גֵּרָה,
עוֹרֵר; הִמְרִיץ
**stim"ula'tion** *n.* (סְטִמְיֲלֵישֶׁן) גֵּרוּי, תַּמְרִיץ
**stim'ulus** *n.* (סְטִמְיֲלֶס) גֵּרוּי
**sting** *v.t.* & *i.* & *n.* (סְטִנְג) עָקַץ, הִכְאִיב,
דָּקַר; עֲקִיצָה, דְּקִירָה
**stin'gy** *adj.* (סְטִנְגִ'י) קַמְצָן; דַּל
**stink** *v.i.* & *t.* & *n.* (סְטִנְק) הִסְרִיחַ; הָיָה
יָרוּד בְּיוֹתֵר; סִרָחוֹן, צַחֲנָה; שַׁעֲרוּרִיָּה
**stint** *v.t.* & *i.* & *n.* (סְטִנְט) הִגְבִּיל, קִמֵּץ;
הָיָה קַמְצָן; הַגְבָּלָה; מִכְסָה
**sti'pend** *n.* (סְטַיפֶּנְד) שָׂכָר קָבוּעַ;
מַשְׂכֹּרֶת; קִצְבָּה

**stip'ulate"** *v.i. & t.* (סְטִפְּיַלֵיט) הִתְנָה; הִבְטִיחַ

**stip"ula'tion** *n.* (סְטִפְּיַלֵישְׁן) הַתְנָאָה, תְּנַאי

**stir** *v.t. & i. & n.* (סְטֶר) בָּחַשׁ; הֵנִיעַ; נִעְנַע; הֵזִיז בְּמֶרֶץ; עוֹרֵר; גֵּרָה; נָע, זָע; הָיָה פָּעִיל; רָוַח; הִתְעוֹרֵר לִפְעֻלָּה; הִתְרַגֵּשׁ; תְּזוּזָה; תְּנוּעָה; אִוְשָׁה; הֲמֻלָּה, הִתְרַגְּשׁוּת; תְּחוּשָׁה; דְּחִיפָה

**stir'rup** *n.* (סְטִרַפ) מִשְׁוֶרֶת

**stitch** *n. & v.t. & i.* (סְטִץ') תֶּפֶר; כְּלִיבָה; עַיִן; כְּאֵב דּוֹקֵר; קֶרֶטוֹב; חֲתִיכָה קְטַנָּה; תָּפַר, חִבֵּר, אִחָה; הִכְלִיב

**stock** *n.* (סְטוֹק) מְצַאי; מְלַאי; רֶזֶרְוָה; בַּעֲלֵי חַיִּים; מְנָיָה; לַהֲקָה; כַּנָּה; גֶּזַע, מָקוֹר, מוֹצָא; קַת; גֶּדֶם

—s סַד

take (put) — in בָּטַח בְּ־; שָׂם אֵמוּן בְּ־, הֶאֱמִין לְ־

— *v.t. & i.* צִיֵּד; סִפֵּק מְלַאי; הִכְנִיס בַּעֲלֵי חַיִּים

**stockade'** *n.* (סְטוֹקֵיד) גֶּדֶר־עַמּוּדִים; מִכְלָאַת עַמּוּדִים; מַחְבּוֹשׁ

**stock'ing** *n.* (סְטוֹקִנְג) גֶּרֶב

**stock'y** *adj.* (סְטוֹקִי) חָסֹן וְגוּץ

**stodg'y** *adj.* (סְטוֹגִ'י) כָּבֵד וּמְשַׁעֲמֵם; כָּבֵד; חַדְגּוֹנִי; שַׁמְרָנִי מְאֹד

**sto'ical** *adj.* (סְטוֹאִקְל) קַר־רוּחַ; סְטוֹאִי

**stoke** *v.t. & i.* (סְטוֹק) נִעֵר וְהֵזִין אֵשׁ, שָׁמַר עַל אֵשׁ, סִפֵּק דֶּלֶק

**stole** *n.* (סְטוֹל) שָׁל; (זמן עבר של steal)

**stol'id** *adj.* (סְטוֹלִד) קַר־מֶזֶג

**stom'ach** *n. & v.t.* (סְטַמַק) קֵבָה; בֶּטֶן; תֵּאָבוֹן; חֵשֶׁק; הִכְנִיס לַקֵּבָה; סָבַל

**stone** *n. & adj.* (סְטוֹן) אֶבֶן; גַּלְעִין; מַצֵּבָה; אֶבֶן הַשְׁחָזָה; אֶבֶן רֵיחַיִם; גַּרְגִּיר בָּרָד; שֶׁל אֶבֶן

cast the first — הָיָה רִאשׁוֹן בַּמְגַנִּים

leave no — unturned נִסָּה כָּל הָאֶפְשָׁרֻיּוֹת

— *v.t. & i.* סָקַל; הִשְׁתַּמֵּשׁ בַּאֲבָנִים; הוֹצִיא גַּלְעִין

**ston'y** *adj.* (סְטוֹנִי) מָלֵא אֲבָנִים; שֶׁל אֶבֶן; קָשׁוּחַ, חֲסַר־רַחֲמִים; חֲסַר־מַבָּע; מְשַׁתֵּק, מְהַמֵּם

**stood** (סְטֻד) (זמן עבר של stand)

**stool** *n.* (סְטוּל) שְׁרַפְרַף; אַסְלָה; צוֹאָה; עוֹף פִּתָּיוֹן; מַלְכֹּדֶת; מַלְשִׁין

**stoop** *v.i. & t. & n.* (סְטוּפ) הִתְכּוֹפֵף; הִשְׁפִּיל כְּתֵפַיִם; נִשְׁעַן עַל; יָרַד מִמְּקוֹמוֹ הַמְּכֻבָּד, וִתֵּר עַל כְּבוֹדוֹ; עָט; מִרְפֶּסֶת

**stop** *v.t. & i.* (סְטוֹפ) הִפְסִיק; עָצַר; מָנַע; הֵגִיף; נֶעֱצַר, עָמַד; חָדַל

— off שָׁהָה זְמַן קָצָר

— over לָן

— *n.* עֲצִירָה, הַפְסָקָה; סִיּוּם; שְׁהִיָּה; תַּחֲנָה; סְתִימָה; מְגוּפָה, פְּקָק; מִכְשׁוֹל; עֶצֶר; צַמְצָם; נְקֻדָּה; עִכּוּב תַּשְׁלוּם

**stop'page** *n.* (סְטוֹפִּג') הַפְסָקָה; סְתִימָה; עִכּוּב; מִכְשׁוֹל

**stop'per** *n.* (סְטוֹפֶּר) פְּקָק

**stor'age** *n.* (סְטוֹרִג') אִחְסוּן, מַחְסָן

**store** *n.* (סְטוֹר) חֲנוּת; מְלַאי; מַחְסָן־

—s מִצְרָכִים

in — מוּכָן; צָפוּי

set (lay) — by הֶעֱרִיךְ

— *v.t. & i.* אִחְסֵן

**stork** *n.* (סְטוֹרְק) חֲסִידָה

**storm** *n. & v.i.* (סְטוֹרְם) סְעָרָה, סוּפָה; סָעַר, הִסְתָּעֵר

**stor'my** *adj.* (סְטוֹרְמִי) סוֹעֵר, גּוֹעֵשׁ

**story** *n.* (סְטוֹרִי) סִפּוּר; קוֹמָה; שֶׁקֶר

**stout** *adj.* (סְטַאוּט) כַּרְסְתָנִי, מְגֻשָּׁם; אַמִּיץ; תַּקִּיף; חָזָק; עָבֶה

**stove** *n.* (סְטוֹב) תַּנּוּר; כִּירַיִם, כִּירָה

**stow** *v.t.* (סְטוֹ) טָעַן, אִחְסֵן; אָרַז; הֶחֱזִיק

— away הִסְתַּתֵּר (כדי לנסוע בלי תשלום או לברוח)

**stow'away"** *n.* (סְטוֹאֲוֵי) נוֹסֵעַ סָמוּי

**strad'dle** *v.i. & t.* (סְטְרֶדְל) עָמַד אוֹ יָשַׁב בְּפִשּׂוּק רַגְלַיִם; פָּסַח עַל שְׁתֵּי הַסְּעִפִּים

**strag'gle** *v.i.* (סְטְרֶגְל) סָטָה, נֶחֱשַׁל, שׁוֹטֵט

**straight** *adj. & adv.* (סְטְרֵיט) יָשָׁר; זָקוּף; מְסֻדָּר; כֵּן; הָגוּן; מְהֵימָן; גְּלוּי לֵב; לְלֹא שִׁנּוּיִים; טָהוֹר; תָּקִין; בְּקַו יָשָׁר; יְשִׁירוּת;

בְּדִיּוּק; גְּלוּיוֹת; בְּצֶדֶק, בְּיֹשֶׁר; בְּגַב זָקוּף; מִיָּד

**straigh'ten** *v.t. & i.* (סְטְרֵיטְן) יַשֵּׁר; סַדֵּר; הַזְקִיף; הִתְיַשֵּׁר, הִזְדַּקֵּף

**straight"for'ward** *adv.* (סְטְרֵיטְפוֹרְוֶרְד) בְּכֵנוּת, בְּגִלּוּי־לֵב

**strain** *v.t. & i. & n.* (סְטְרֵין) מָתַח; התאמץ עד גבול היכלת; אמץ; הזיק ל־ (ע״י מאמץ יתר); דרש יותר מדי; סנן; נקז; משך בחזקה, הסתנן, חלחל; לחץ; נקע; חבלה ממאמץ יתר; מאמץ־יתר; עוות; כשר הבעה, שטף דבור; חלק, קטע; טון; סגנון, רוח; מוצא; גזע; יחוס; זן מלאכותי; נימה; מין

**strai'ner** *n.* (סְטְרֵינֶר) מסננת, מסנֶנֶת

**strait** *n.* (סְטְרֵיט) מצר; מצוקה

**strand** *n. & v.t. & i.* (סְטְרֶנְד) שְׂפַת־יָם, חוף, גדה; מקלעת; חבל קלוע; סיב; מחרוזת; מחלפה; העלה על חוף; השאיר במצב אין אונים; עלה על שרטון; נקלע למצוקה

**strange** *adj.* (סְטְרֵינְג׳) זר, משנה; נכרי; לא־מכר; לא־מכיר

**tra'nger** *n.* (סְטְרֵינְגֶ׳ר) זר, נכרי; אורח; לא־מכר; לא־מכיר

**stran'gle** *v.i. & t.* (סְטְרֶנְגֶל) נחנק למות; חנק למות; מנע קיום

**strap** *n. & v.t.* (סְטְרֶפּ) חגורה; רצועה; פס; רצועת השחזה; חזק בחגורה, קשר ברצועה; הלקה בחגורה

**strap'ping** *adj.* (סְטְרֶפִּנְג) חסן

**strat'agem** *n.* (סְטְרֶטֶגֶ׳ם) תכסיס, תחבולה

**strate'gic** *adj.* (סְטְרֶטִיגִ׳יק) אסטרטגי; תכסיסי; נועד לשתוק האויב; חיוני לנהול המלחמה

**stra'tegist** (סְטְרֶטֶגִ׳סְט) אסטרטג

**strat'egy** *n.* (סְטְרֶטֶגִ׳י) אסטרטגיה; שמוש יעיל בתכסיס

**stra'tum** *n.* (סְטְרֶטֶם) שכבה, רבד

**straw** *n. & adj.* (סְטְרוֹ) גבעול; קש; כהוא זה; כובע קש; של קש

catch (clutch; grasp) at a — נאחז בקש

**straw'berry** *n.* (סְטְרוֹבֶּרִי) תות שדה

**stray** *v.i. & n. & adj.* (סְטְרֵי) תעה, נדד, סטה; בהמה תועה; יצור חסר־בית; תועה, מקרי

**streak** *n. & v.t.* (סְטְרִיק) פס; הבזקה; שכבה; תוספת; תקופה; סמן בפסים; הסתמן בפסים

**strea'ky** *adj.* (סְטְרִיקִי) מתוה בפסים; לא־אחיד

**stream** *n. & v.i.* (סְטְרִים) זרם; פלג; נחל; זרם

**strea'mer** *n.* (סְטְרִימֶר) דגל ארך; סרט ארך; אלמת אור; נס (דגל)

**street** *n. & adj.* (סְטְרִיט) רחוב; של רחוב; מתאים לרחוב

— wal"ker *n.* יצאנית

**strength** *n.* (סְטְרֶנְגְתּ׳) כח, חזק; עצמה; כמות

on the — of על יסוד

**streng'then** *v.t.* (סְטְרֶנְגְתֶ׳ן) חזק; נתן כח ל־

**stren'uous** *adj.* (סְטְרֶנְיוּאֶס) נמרץ; דורש מאמץ

**stress** *n. & v.t.* (סְטְרֶס) דגש, הדגשה; הטעמה; פעימה; לחץ, מתח, מאמץ; הדגיש, הטעים; דרך (בטון)

**stretch** *v.t. & i. & n.* (סְטְרֶץ׳) מתח, שטח; הדק; התאמץ מאד; השתרע; התפשט; הושיט; נמתח; מתיחה; כברה; גמישות; תקופת מאסר; ממתח

**stretch'er** *n.* (סְטְרֶצֶ׳ר) אלונקה; מותחן

**strew** *v.t.* (סְטְרוּ) פזר

**strick'en** *adj.* (סְטְרִקֶן) נגוע; משפע מאד

**strict** *adj.* (סְטְרִקְט) קפדן, חמור; מדיק; מצמצם; גמור

**stride** *n. & v.i. & t.* (סְטְרַיד) פסיעה; נמרצת; פסיעה ארכה; הליכה קצובה; צעד קדימה; פסע פסיעות נמרצות וארכות

take something in one's — ספל ב־ בשלוה ובהצלחה

**strid'ent** *adj.* (סְטְרַידֶנְט) חורק, צורמני

**strife** *n.* (סְטְרַיף) מְרִיבָה; מַחְלֹקֶת חֲרִיפָה; סִכְסוּךְ, הִתְנַגְּשׁוּת; תַּחֲרוּת

**strike** *v.t. & i.* (סְטְרַיק) הִכָּה; הָלַם; תָּחַב; דָּפַק; שִׁפְשֵׁף, הִדְלִיק; הִגִּיעַ לְ־; עָלָה בְּ־, נִכְנַס; תָּפַס; עָשָׂה רֹשֶׁם חָזָק; עָשָׂה רֹשֶׁם; גִּלָּה; מָחַק; טָבַע (מטבע וכו׳); חָתַךְ; הוֹרָה עַל הַשָּׁעָה עַל יְדֵי הַקָּשָׁה; הִכְנִיס; הֶחְדִּיר; אִשֵּׁר; שָׁבַת; בָּחַר בְּמִשְׁפָּטִים; הִתְנַגֵּשׁ בְּ־; נָפַל; הִשְׁתָּרֵשׁ; יָצָא; הִתְקַדֵּם; הוֹרִיד (דגל)

**— home** הִנְחִית מַכָּה יְעִילָה; הִשְׁפִּיעַ כְּפִי שֶׁצָּפָה

**— it rich** גִּלָּה אוֹצָרוֹת; הִתְעַשֵּׁר פִּתְאוֹם

**— off** הִדְפִּיס; הֵסִיר, בִּטֵּל

**— out** הוֹצִיא מֵהַסִּבּוּב; נִכְשַׁל; סָר חִנּוֹ

**— up** הִתְחִיל לְנַגֵּן אוֹ לָשִׁיר; הֵבִיא לִידֵי הִצָּרְרוּת, הִתְחִיל

**—** *n.* הַכָּאָה, מַכָּה; שְׁבִיתָה; הַחְטָאָה; גִּלּוּי מִרְבָּץ עָשִׁיר; טְבִיעָה (של מטבע)

**have two —s against one** הָיָה בְּמַצָּב בִּישׁ

**stri'ker** *n.* (סְטְרַיקֶר) שׁוֹבֵת; מַכֶּה; מַקּוֹשׁ

**stri'king** *adj.* (סְטְרַיקִנְג) מַכֶּה; יוֹצֵא מִן הַכְּלָל; בּוֹלֵט, שׁוֹבֵת

**string** *n. & v.t.* (סְטְרִנְג) חוּט, מֵיתָר; שְׂרוֹךְ; שׁוּרָה, סִדְרָה; מַחֲרֹזֶת; כְּלֵי מֵיתָרִים; מִגְבָּלָה; סִפֵּק חוּטִים; צִיֵּד בְּמֵיתָרִים; קָשַׁר, מָתַח; תָּלָה

**strin'gent** *adj.* (סְטְרִנְגֶ'נְט) מַחְמִיר, קַפְּדָן, חָמוּר; מְחַיֵּב; מְשַׁכְנֵעַ

**strip** *n. & v.t. & i.* (סְטְרִפּ) רְצוּעָה; סִדְרַת קָרִיקָטוּרוֹת; פָּשַׁט; הֵסִיר; קִלֵּף; הֵרִיק; פֵּרֵק; שָׁדַד; הִתְפַּשֵּׁט; רָקַד מְחוֹל חֲשָׂפָנִי

**stripe** *n.* (סְטְרַיפּ) פַּס; רְצוּעָה; סֶרֶט; מִין; הַלְקָאָה

**strip'tease"** *n.* (סְטְרִפְּטִיז) מְחוֹל חֲשָׂפָנִי

**strive** *n.* (סְטְרַיב) הִתְאַמֵּץ, הִשְׁתַּדֵּל

**stroke** *n. & v.t.* (סְטְרוֹק) מַכָּה, הַקָּשָׁה; מְחִי; דְּפִיקָה; שָׁבָץ; פְּעֻלָּה יְחִידָה; שִׁיטַת שְׂחִיָּה; תְּנוּעָה; סְגֻלָּה אָפְיָנִית; כַּמּוּת; נִסָּיוֹן לְהַשִּׂיג; צַעַד; הֶשֵּׂג; מְאֹרָע מִקְרִי; לִטֵּף

**stroll** *v.i. & n.* (סְטְרוֹל) טִיֵּל בְּנַחַת, הִתְהַלֵּךְ, שׁוֹטֵט; טִיּוּל בְּנַחַת

**strong** *adj.* (סְטְרוֹנְג) חָזָק; מוּצָק; אֵיתָן; מַמָּשִׁי; חָרִיף; עָצוּם; מְבֻסָּס; מְחַיֵּב; נִמְרָץ; מַעֲלֶה סִרְחוֹן

**strove** (סְטְרוֹב) (זמן עבר של strive)

**struck** *adj.* (סְטְרַק) סָגוּר עַל יְדֵי שְׁבִיתָה; (זמן עבר של strike)

**struc'ture** *n.* (סְטְרַקְצֶ'ר) מִבְנֶה; תַּבְנִית

**strug'gle** *v.i. & t. & n.* (סְטְרַגְל) נֶאֱבַק; הִתְאַמֵּץ; הִתְלַבֵּט, הִתְקַדֵּם תּוֹךְ מַאֲמָץ; מַאֲבָק

**strut** *v.i. & n.* (סְטְרַט) סָמוֹךְ; הָלַךְ בְּגַאֲוָה, הָלַךְ בְּיֻהֲרָה

**stub** *n. & v.t.* (סְטַב) גֶּדֶם; זָנָב קָטוּעַ; בְּדָל; שְׁיָר; תְּלוּשׁ; שׁוֹבֵר; עֵט קָצָר; נִתְקַל בְּמִקְרֶה

**stub'ble** *n.* (סְטַבְּל) קָנִים בְּשָׂדֶה לְאַחַר הַקָּצִיר; גְּדָמִים; פֶּקֶס; צִמְחִיָּה

**stub'born** *adj.* (סְטַבֶּרְן) עַקְשָׁן; קְשֵׁה עֹרֶף

**stuck** *adj.* (סְטַק) תָּקוּעַ; דָּבוּק; מְאֹהָב בְּ־

**stud** *n.* (סְטַד) נַעַץ, כַּפְתּוֹר; סוּס הַרְבָּעָה

**stud'ent** *n.* (סְטוּדֶנְט) תַּלְמִיד, סְטוּדֶנְט

**stu'dio"** *n.* (סְטוּדִיאוֹ) סְטוּדְיוֹ, אֻלְפָּן

**stu'dious** *adj.* (סְטוּדִיאֶס) מַתְמִיד; מָסוּר לְלִמּוּדִים, שֶׁל לִמּוּדִים; קַפְּדָנִי, שַׁקְדָנִי

**stud'y** *n. & v.i.* (סְטַדִי) לִמּוּד; חֵקֶר; מֶחְקָר; מִקְצוֹעַ; חֲרִיצוּת; הָגוּת, הִרְהוּר; חֲדַר עִיּוּן; אֶטְיוּד; תַּרְשִׁים; לָמַד, שִׁנֵּן, עִיֵּן; הִתְאַמֵּץ; הִשְׁתַּדֵּל; הָגָה; חָקַר; בָּחַן; הִתְבּוֹנֵן בְּ־; לָמַד בְּעַל פֶּה; שָׁקַל בְּדַעַת; הִסִּיק (מסקנה)

**stuff** *n. & v.t.* (סְטַף) חֹמֶר, חֳמָרִים; סְגֻלּוֹת; כִּשָּׁרוֹן מְיֻחָד; פְּעִילוּת; שְׁטֻיּוֹת; דָּחַס; מִלֵּא; רִפֵּד; פִּטֵּם; פִּחְלֵץ; זִיֵּף קוֹלוֹת (בבחירות)

**—ing** *n.* מִלּוּי, מְלִית

**stuf'fy** *adj.* (סְטַפִי) מַחֲנִיק; מֵעִיק; סָתוּם; מְשַׁעֲמֵם; מִתְנַפֵּחַ; שַׁמְרָנִי, צַר־אֹפֶק

**stum'ble** *v.i.* (סְטַמְבְּל) מָעַד, נִתְקַל בְּ־; הָלַךְ בְּצוּרָה מוֹעֶדֶת; טָעָה; פָּעַל בְּהַסְסָנוּת

**stump** *n. & v.t. & i.* (סְטַמְפּ) גֶּדֶם, גֶּזַע; שְׁיָר; רֶגֶל תּוֹתֶבֶת; רֶגֶל; פְּסִיעָה כְּבֵדָה;

בָּמַת נְאוּמִים; גֶּדַע; עָקָר גְּדָמִים; הֵבִיךְ; נָשָׂא
נְאוּמֵי בְּחִירוֹת; פָּסַע בִּכְבֵדוּת
**stun** *v.t.* (סְטַן) הֵמַם, הִדְהִים
**stung** (סְטַנְג) (זמן עבר של sting)
**stunt** *v.t. & n.* (סְטַנְט) הֶאֱט הִתְפַּתְּחוּת;
בִּצֵּעַ מַעֲשֶׂה כֹּשֶׁר; הָאָטַת הִתְפַּתְּחוּת; עֲצִירַת
גִּדּוּל; פְּעֻלַּת כֹּשֶׁר; הֶשֵּׂג גּוּפָנִי; מַעֲשֶׂה רַאֲוָה
**stu'pefy"** *v.t.* (סְטוּפֶּפַי) טִמְטֵם, הִקְהָה
חוּשִׁים
**stupen'dous** *adj.* (סְטוּפֶּנְדֶס) מַפְלִיא; אַדִּיר
**stu'pid** *adj.* (סְטוּפִּד) טִפְּשִׁי; מְטֻמְטָם
**stupid'ity** *n.* (סְטוּפִּדִטִי) טִפְּשׁוּת, טִמְטוּם
**stu'por** *n.* (סְטוּפֶּר) קִהָיוֹן־חוּשִׁים;
טִמְטוּם, אֲדִישׁוּת
**stur'dy** *adj.* (סְטֶרְדִי) חָזָק, חָסֹן; אֵיתָן,
מְשֹׁרָשׁ
**stut'ter** *v.i. & n.* (סְטַטֶר) גִּמְגֵּם; גִּמְגּוּם
**sty** *n.* (סְטַי) דִּיר חֲזִירִים; מִזְבָּלָה; שְׂעוֹרָה
(בעין)
**style** *n. & v.t.* (סְטַיל) סִגְנוֹן; דֶּרֶךְ פְּעֻלָּה
אָפְנָתִית; דֶּרֶךְ חַיִּים אָפְנָתִית; אָפְנָה; תֹּאַר;
חֶרֶט; כִּנָּה בְּתֹאַר; עִצֵּב בְּהֶתְאֵם לְסִגְנוֹן
מְסֻיָּם; הִתְאִים לְסִגְנוֹן מְסֻיָּם
**sty'lish** *adj.* (סְטַילִשׁ) בְּהֶתְאֵם לָאָפְנָה,
אֶלֶגַנְטִי
**sty'list** *n.* (סְטַילִסְט) אָמָן הַסִּגְנוֹן; מְעַצֵּב
**suave** *adj.* (סְוָב) נוֹחַ, נְעִים הֲלִיכוֹת;
חָבִיב; מְלֻטָּשׁ
**subdue'** *v.t.* (סַבְּדוּ) הִכְנִיעַ; גָּבַר עַל; דִּכֵּא;
רִכֵּךְ; שִׁכֵּךְ
**sub'ject** *n. & adj.* (סַבְּגִ'קְט) נוֹשֵׂא;
מִקְצוֹעַ; סִבָּה; נָתִין; סוּבְּיֶקְט; כָּפוּף; נָתוּן
לְ־; חָשׂוּף; תָּלוּי בְּ־
subject' *v.t.* (סַבְּגֶ'קְט) הִכְנִיעַ; הֵבִיא תַּחַת
שְׁלִיטָה שֶׁל; חָשַׂף, הֶעֱמִיד בִּפְנֵי־
**subjec'tion** *n.* (סַבְּגֶ'קְשֶׁן) הַכְנָעָה; כְּנִיעָה,
כְּפִיפוּת
**sub'jugate"** *v.t.* (סַבְּגֻ'גֵיט) הִכְנִיעַ, הִכְרִיעַ,
שִׁעְבֵּד
**subjunc'tive** *n.* (סַבְּגַ'נְקְטִב) דֶּרֶךְ הַתִּלּוּי,
דֶּרֶךְ הַשֶּׁמָּא
**sublime'** (סַבְּלַיְם) נַעֲלֶה, נִשְׂגָּב

**sub'marine"** *n. & adj.* (סַבְּמֶרִין) צוֹלֶלֶת;
תַּת־יַמִּי; שֶׁל צוֹלְלוֹת
**submerge'** *v.t. & i.* (סַבְּמֶרְג') שָׁקַע בְּמַיִם,
הִטְבִּיל; צָלַל
**submissi'on** *n.* (סַבְּמִשֶׁן) כְּנִיעָה, קַבָּלַת
מָרוּת; מְסִירָה
**submis'sive** *adj.* (סַבְּמִסִב) נִכְנָע, מְקַבֵּל
מָרוּת, וַתְּרָנִי
**submit'** *v.t. & i.* (סַבְּמִט) נִכְנַע, וִתֵּר לְ־;
קִבֵּל מָרוּת; הֵבִיא לִידֵי־; הִגִּישׁ; הִצִּיעַ
**subor'dinate** *adj. & n.* (סַבּוֹרְדִנֶט)
כָּפוּף; מִשְׁנִי, נָחוּת; תָּלוּי בְּ־; זוּטָר; פָּקוּד
**subor'dinate"** *v.t.* (סַבּוֹרְדִנֵיט) קָבַע
בְּמָקוֹם נָמוּךְ יוֹתֵר; הֶעֱמִיד בְּמָקוֹם מִשְׁנִי;
הֵבִיא לִידֵי כְּפִיפוּת לְ־, הִכְפִּיף
**subscribe'** *v.t. & i.* (סַבְּסְקְרַיבּ) תָּרַם;
הִתְחַיֵּב לָתֵת; חָתַם עַל; הֶחְתִּים עַל; הִסְכִּים
לְ־
**subscrip'tion** *n.* (סַבְּסְקְרִפְּשֶׁן) תְּרוּמָה;
הִתְחַיְּבוּת; חֲתִימָה; קֶרֶן מִתְּרוּמוֹת; מִנּוּי;
סִיפָּא
**sub'sequent** *adj.* (סַבְּסִקְוֶנְט) הַבָּא אַחֲרֵי
**subser'vient** *adj.* (סַבְּסֶרְוִיאֶנְט) כָּפוּף; נִכְנָע,
מִתְרַפֵּס
**subside'** *v.i.* (סַבְּסַיְד) שָׁכַךְ, שָׁקַע, פָּג
**subsid'iar"y** *adj. & n.* (סַבְּסִדִיאֶרִי)
מְסַיֵּעַ, מַשְׁלִים; חֶבְרַת־בַּת
**sub'sidize"** *v.t.* (סַבְּסִדַיְז) הֶעֱנִיק תְּמִיכָה,
נָתַן סוּבְּסִידְיָה, סִבְסֵד; שִׁחֵד
**sub'sidy** *n.* (סַבְּסִדִי) סוּבְּסִידְיָה; מַעֲנָק
**subsist'** *v.i.* (סַבְּסִסְט) הִתְקַיֵּם; נִשְׁאַר
בַּחַיִּים, חַי עַל
**subsis'tence** *n.* (סַבְּסִסְטֶנְס) קִיּוּם; פַּרְנָסָה,
אֶמְצְעֵי מִחְיָה
**subs'tance** *n.* (סַבְּסְטֶנְס) חֹמֶר; מוּצָקוּת;
סְמִיכוּת; מַשְׁמָעוּת; יֵשׁוּת, הֲוָיָה
**substan'tial** *adj.* (סַבְּסְטֶנְשֶׁל) נִכָּר;
מַמָּשִׁי; מוּצָק, אֵיתָן, חָזָק; עָשִׁיר; בַּעַל
הַשְׁפָּעָה; חָשׁוּב, בַּעַל עֵרֶךְ; חָמְרִי; יֵשׁוּתִי,
מְצִיאוּתִי
**substan'tiate"** *v.t.* (סַבְּסְטֶנְשִׁיאֵיט) הוֹכִיחַ;
מִמֵּשׁ; אִשֵּׁר, חִזֵּק
**sub'stitute"** *v.t. & i. & n.* (סַבְּסְטִטוּט)

שָׂם בִּמְקוֹם; הֶחֱלִיף; מִלֵּא מְקוֹם־; הִצִּיב; תַּחֲלִיף; מְמַלֵּא מָקוֹם

**sub"stitu'tion** *n.* (סַבְּסְטִטוּשְׁן) תַּחֲלִיף, מִלּוּי מָקוֹם; תְּמוּרָה, הֶצֵּב

**sub'terfuge"** *n.* (סַבְּטֶרְפְיוּג') הִתְחַמְּקוּת; תַּחְבּוּלָה; מַעֲשֵׂה עָרְמָה

**sub"terra'nean** *adj. & n.* (סַבְּטֶרֵינִיאֶן) תַּת־קַרְקָעִי; חֲשָׁאִי

**sub'tle** *adj.* (סַטְל) דַּק; עָדִין; קָלוּשׁ; חוֹדֵר, מַבְחִין; עָרוּם, עַרְמוּמִי; שָׁנוּן

**subtract'** *v.t. & i.* (סַבְּטְרֶקְט) נִכָּה; חִסֵּר; גָּרַע; הִפְחִית

**subtrac'tion** *n.* (סַבְּטְרֶקְשְׁן) חִסּוּר; הַפְחָתָה; נִכּוּי

**sub'urb** *n.* (סַבֶּרְבּ) פַּרְוָר

**subver'sive** *adj. & n.* (סַבְּוֶרְסִב) חַתְרָנִי, חַתְרָן

**sub'way"** *n.* (סַבְּוֵי) רַכֶּבֶת תַּחְתִּית

**succeed'** *v.i. & t.* (סַקְסִיד) הִצְלִיחַ; צָמַח, שִׂגְשֵׂג; בָּא אַחֲרֵי; בָּא בִּמְקוֹם, יָרַשׁ מְקוֹם־

**success'** *n.* (סַקְסֶס) הַצְלָחָה; מַצְלִיחַ

**success'ful** *adj.* (סַקְסֶסְפֻל) מַצְלִיחַ; מֻצְלָח

**succes'sion** *n.* (סַקְסֶשְׁן) הִתְקַדְּמוּת בָּזֶה אַחַר זֶה; רֶצֶף, שׁוּרָה, סִדְרָה; זְכוּת יְרֻשָּׁה; סֵדֶר הַיּוֹרְשִׁים; הוֹרָשָׁה

**succes'sive** *adj.* (סַקְסֶסִב) שֶׁבָּאִים בָּזֶה אַחַר זֶה; רָצוּף

**succes'sor** *n.* (סַקְסֶסֶר) יוֹרֵשׁ; הַבָּא אַחֲרֵי־; הַבָּא בִּמְקוֹם־

**succinct'** *adj.* (סַקְסִנְקְט) תַּמְצִיתִי, קָצָר; מְקֻצָּר וּמַשְׁמָעוּתִי

**suc'cor** *n. & v.t.* (סַקֶר) עֶזְרָה; מְסַיֵּעַ; עָזַר ל־

**suc'culent** *adj.* (סַקְיֻלֶנְט) עֲסִיסִי; עָשִׁיר בִּתְכוּנוֹת רְצוּיוֹת; מְעַנְיֵן; בְּשָׂרָנִי

**succumb'** *v.i.* (סַקַם) נִכְנַע, וִתֵּר ל־; מֵת

**such** *adj. & pron.* (סַץ') כָּזֶה, כָּזֹאת, כָּאֵלֶּה; כַּיּוֹצֵא בָּזֶה; כַּיּוֹצֵא בָּאֵלֶּה; מֻבְהָק; מְסֻיָּם; כַּנִּזְכַּר לְעֵיל

**— as** כְּגוֹן

**suck** *v.t. & i.* (סַק) יָנַק; מָצַץ

**— in** רִמָּה

**— *n.*** יְנִיקָה; מְצִיצָה; מְעַרְבֹּלֶת

**suck'er** *n.* (סַקֶר) יוֹנֵק; מוֹצֵץ; פֶּתִי; תִּינוֹק; אֵיבַר יְנִיקָה; סֻכָּרִיָּה עַל מַקֵּל; שְׁלוּחָה תַּת־קַרְקָעִית

**suck'le** *v.t. & i.* (סַקְל) הֵינִיק; הֵזִין; גִּדֵּל; יָנַק

**suck'ling** *n.* (סַקְלִנְג) יוֹנֵק

**suc'tion** *n.* (סַקְשְׁן) יְנִיקָה

**sud'den** *adj.* (סַדְן) פִּתְאוֹמִי

**all of a —** פִּתְאוֹם

**sud'denly** *adv.* (סַדֶנְלִי) פִּתְאוֹם

**suds** *n. pl.* (סַדְז) מֵי סַבּוֹן; קֶצֶף; בִּירָה

**sue** *v.t. & i.* (סוּ) הִגִּישׁ תְּבִיעָה מִשְׁפָּטִית נֶגֶד

**suede** *n.* (סְוֵיד) זַמְשׁ

**su'et** *n.* (סוּאֶט) חֵלֶב

**suf'fer** *v.i.* (סַפֶר) סָבַל; נֶעֱנַשׁ; הִתְיַסֵּר; נִפְגַּע; הִתְנַסָּה בְּ־; הִרְשָׁה

**suf'ferance** *n.* (סַפְרֶנְס) הֶתֵּר סָבִיל; סוֹבְלָנוּת; כֹּחַ סֵבֶל

**suf'fering** *n.* (סַפֶרִנְג) סֵבֶל; יִסּוּרִים

**suffice'** *v.i.* (סַפַיְס) הִסְפִּיק

**suffici'ent** *adj.* (סַפִשֶׁנְט) מַסְפִּיק

**suf'fix** *n.* (סַפִקְס) סִיֹּמֶת, סוֹפִית

**suf'focate"** *v.t. & i.* (סַפֶקֵיט) חָנַק; הֵעִיק עַל מַחְסוֹר אֲוִיר; דִּכֵּא; נֶחֱנַק, סָבַל מַחְסוֹר אֲוִיר

**suf'frage** *n.* (סַפְרִג') זְכוּת הַצְבָּעָה; קוֹל (בהצבעה)

**suffuse'** *v.t.* (סַפְיוּז) פִּעְפַּע; מִלֵּא; הִתְפַּשֵּׁט

**sug'ar** *n. & v.t.* (שֻׁגֶר) סֻכָּר; מָתֹק; כִּסָּה בְּסֻכָּר, פִּזֵּר סֻכָּר, סִכֵּר; עָשָׂה לְנָעִים

**suggest'** *v.t.* (סַגְ'סֶט) הִצִּיעַ; רָמַז, הֶעֱלָה עַל הַדַּעַת

**sugges'tion** *n.* (סַגְ'סְצְ'ן) הַצָּעָה; נִימָה, רֶמֶז; הַשָּׁאָה, סוּגֶסְטְיָה

**sugges'tive** *adj.* (סַגְ'סְטִב) מַצִּיעַ, מַעֲלֶה הַצָּעוֹת; מְעוֹרֵר מַחֲשָׁבָה; לֹא־צָנוּעַ

**su'icide"** *n.* (סוּאִסַיְד) הִתְאַבְּדוּת; מִתְאַבֵּד, שׁוֹלֵחַ יָד בְּנַפְשׁוֹ

**suit** *n.* (סוּט) חֲלִיפָה; תְּבִיעָה מִשְׁפָּטִית; חִזּוּר; עֲצוּמָה

**follow —** עָשָׂה כְּמַעֲשֵׂהוּ שֶׁל אַחֵר

**— *v.t. & i.*** הִתְאִים; הָלַם; הִשְׂבִּיעַ רָצוֹן;

נראה ל־; התקבל על הדעת; הלביש, ספק חליפה

**su'itable** *adj.* (סוטבל) מתאים, יאה; הולם

**suite** *n.* (סויט) מערכת, סדרה; דירה; מערכת רהיטים; פמליה; סויטה, סואיטה

**sui'tor** *n.* (סוטר) מחזר; תובע, מגיש תביעה משפטית

**sul'fur** *n.* (סלפר) גפרית

**sulk** *v.i. & n.* (סלק) השתתק והסתגר; השתתקות והסתגרות

—s רגז והסתגרות

**sul'ky** *adj. & n.* (סלקי) מסתגר ושותק; קודר; כרכרת יחיד, דו־אופן

**sul'len** *adj.* (סלן) משמים; זעף; קודר; מתנהל באטיות

**sul'ly** *v.t.* (סלי) לכלך, הכתים

**sul'phur** *See* **sulfur**

**sul'tan** *n.* (סלטן) שלטן

**sul'try** *adj.* (סלטרי) מחניק ולח, חם ומעיק, חם מאד; מעורר תאוה, תאותני

**sum** *n. & v.t.* (סם) סך הכל; סכום; סכום; שורת מספרים לחבור; בעיה בחשבון; תמצית; סכם; חבר

— **up** סכם; תמצת

**sum'marize"** *v.t.* (סמריז) סכם; תמצת

**sum'mary** *n. & adj.* (סמרי) סכום, תמצית; תמציתי; מידי, מהיר, מקצר

**sum'mer** *n. & adj.* (סמר) קיץ; תקופת חם; תקופת שיא; של קיץ

**sum'mit** *n. & adj.* (סמט) פסגה; של ראשי מדינה

**summon** *v.t. & i.* (סמן) כנס, הזעיק; הזמין

**sum'mons** *n.* (סמנז) הזמנה, צו; דרישה

**sump'tuous** *adj.* (סמפצ'ואס) ברוך בהוצאות מרבות; מפאר

**sun** *n. & v.t.* (סן) שמש; כוכב; מכת שמש; חשף לקרני השמש; חמם בשמש

**sun'burn"** *n.* (סנברן) כוית שמש; שזוף

**Sunday** *n. & adj.* (סנדי) יום א'; יום ראשון; של יום א'

a month of —s תקופה ממשכת

**sun'der** *v.t.* (סנדר) הפריד, נתק; חלק

**sun'dry** *adj.* (סנדרי) שונים; של מינים שונים

all and— כל אחד

**sung** (סנג) (p. p. של sing)

**sunk** *adj.* (סנק) שאין לו תקנה; מחסל; (זמן עבר של sink)

**sun'light"** *n.* (סנליט) אור השמש

**sun'ny** *adj.* (סני) שטוף־שמש; חשוף לשמש; של השמש; דומה לשמש

**sun'ny-side up'** ביצית עין

**sun'rise"** *n.* (סנריז) זריחת השמש, זריחה

**sun'set"** *n.* (סנסט) שקיעת השמש, שקיעה

**sun'shine"** *n.* (סנשין) זריחת השמש, אור שמש; אשר; מקור אשר

**superb'** *adj.* (ספרב) נעלה, מפאר; מצין; מהדר

**su"perfici'al** *adj.* (סופרפשל) שטחי, של שטח; חיצוני בלבד; לא־אמתי, חסר־משמעות

**super'fluous** *adj.* (סופרפלואס) מיתר, עודף

**su"perhu"man** *adj.* (סופרהיומן) על־אנושי

**su"perinten'dent** *n.* (סופרנטנדנט) מפקח; פועל אחזקה; שרת

**supe'rior** *adj. & n.* (ספיריאר) גבה יותר; רם יותר; נעלה; מעלה; עדיף; עליון; רב יותר; מתעלה; גובר על; ממנה על

**super"ior'ity** *n.* (ספיריאורטי) עליונות, עדיפות

**super'lative** *adj. & n.* (ספרלטב) מהסוג העלי, מהדרגה הגבוהה ביותר; מפלג; ערך ההפלגה, גזמה, שיא

**su'permar"ket** *n.* (סופרמרקט) חנות מכלת גדולה לשרות עצמי

**su"pernat'ural** *adj. & n.* (סופרנצ'רל) על־טבעי; למעלה מדרך הטבע; כח על־טבעי

**su"persede'** *v.t.* (סופרסיד) בא במקום־; בטל; ירש

**su"perstiti'on** *n.* (סופרסטשן) אמונה תפלה; אמונת הבל

**su"perstiti'ous** *adj.* (סוּפֶּרְסְטִשֶׁס) שֶׁל אֱמוּנוֹת תְּפֵלוֹת; מַאֲמִין בֶּאֱמוּנוֹת תְּפֵלוֹת

**su'pervise"** *v.t.* (סוּפֶּרְוַיז) זָקַח עַל; הִשְׁגִּיחַ עַל

**supervisor** *n.* (סוּפֶּרְוַיזֶר) מְפַקֵּחַ, מַשְׁגִּיחַ

**supine'** *adj.* (סוּפַּין) פְּרַקְדָן; לְלֹא־פְּעֻלָּה, סָבִיל

**sup'per** *n.* (סַפֶּר) אֲרוּחַת עֶרֶב

**supplant'** *v.t.* (סַפְּלֶנְט) בָּא בִּמְקוֹם־; תָּפַס הַמָּקוֹם שֶׁל

**sup'ple** *adj.* (סַפֶּל) גָּמִישׁ, כָּפִיף; סָגִיל; כָּנִיעַ, וַתְּרָנִי; מִתְרַפֵּס

**sup'plement** *n.* (סַפְּלֶמֶנְט) תּוֹסֶפֶת; מוּסָף; נִסְפָּח; הַשְׁלָמָה

sup'plement" *v.t.* הוֹסִיף, הִשְׁלִים, מִלֵּא הֶחָסֵר

**sup'plicate"** *v.i.* & *t.* (סַפְּלִקֵיט) הֶעְתִּיר, הִתְחַנֵּן

**supply'** *v.t.* & *i.* & *n.* (סַפְּלַי) סִפֵּק; צִיֵּד; הִמְצִיא; הִשְׁלִים; מִלֵּא הֶחָסֵר; אַסְפָּקָה, מְלַאי; הֶצֵּעַ; צִידָה, מִצְרָכִים

**support'** *v.t.* & *n.* (סַפּוֹרְט) תָּמַךְ בּ־; סָמַךְ; נָשָׂא; סָבַל; פִּרְנֵס; עוֹדֵד; עָזַר ל־; אִשֵּׁר, חִזֵּק; מִלֵּא תַּפְקִיד שֵׁנִי בְּמַעֲלָה; תְּמִיכָה, תֶּמֶךְ; סָמוֹךְ; פַּרְנָסָה; הַחְזָקָה; סִיּוּעַ

**suppor'ter** *n.* (סַפּוֹרְטֶר) תּוֹמֵךְ; בִּירִית

**suppose'** *v.t.* & *i.* (סַפּוֹז) הִנִּיחַ; שִׁעֵר; נָטָה לְהַאֲמִין; חָשַׁב, סָבַר; יָצָא מִן הַהַנָּחָה

**sup"posit'ion** *n.* (סַפֶּזִשֶׁן) הַנָּחָה

**suppress'** *v.t.* (סַפְּרֶס) הִפְסִיק פְּעִילוּת; בִּטֵּל; עָצַר בְּעַד; עִכֵּב פִּרְסוּם; דִּכֵּא, הִכְנִיעַ

**suppres'sion** *n.* (סַפְּרֶשֶׁן) דִּכּוּי; בִּטּוּל; הַדְחָקָה

**suprem'acy** *n.* (סַפְּרֶמֶסִי) עֶלְיוֹנוּת; סַמְכוּת עֶלְיוֹנָה

**supreme'** *adj.*(סַפְּרִים) עֶלְיוֹן; רָאשִׁי, רִבּוֹנִי; גָּבֹהַּ בְּיוֹתֵר; רִאשׁוֹן בְּמַעֲלָה; מִמַּדְרֵגָה רִאשׁוֹנָה; אַחֲרוֹן

**sure** *adj.* (שֻׁר) בָּטוּחַ, וַדָּאִי; מְשֻׁכְנָע; מְהֵימָן, יַצִּיב; בָּדוּק; הֶכְרֵחִי

make — הָיָה לְגַמְרֵי בָּטוּחַ

— enough בְּוַדַּאי

to be — בְּלִי כָּל סָפֵק

**sur'ety** *n.* (שֻׁרְטִי) עֲרֻבָּה, עֲרֵבוּת; עָרֵב; בִּטָּחוֹן, וַדָּאוּת

**surf** *n.* (סֶרְף) דָּכִי, קֶצֶף גַּלִּים, מִשְׁבָּרִים

**sur'face** *n.* & *adj.* & *v.i.* (סֶרְפֶס) שֶׁטַח, שֶׁטַח חִיצוֹנִי, חֲזִית; מִשְׁטָח; תַּחְבּוּרָה יַבַּשְׁתִּית אוֹ יַמִּית; חִיצוֹנִי, שִׁטְחִי, שֶׁל הַיַּבָּשָׁה, שֶׁל הַיָּם; עָלָה עַל פְּנֵי הַיָּם

**surge** *n.* & *v.i.* (סֶרְג׳) הִסְתָּעֲרוּת, הִתְנַחְשְׁלוּת; מִשְׁבְּרֵי הַיָּם; הַיָּם הַגַּלִּי, גַּעַשׁ; הִסְתָּעֵר, גָּעַשׁ, הִתְנַחְשֵׁל, הִתְפָּרֵץ

**sur'geon** *n.* (סֶרְג׳ן) מְנַתֵּחַ; כִּירוּרְג

**sur'gery** *n.* (סֶרְג׳רִי) מְנַתְּחוּת, כִּירוּרְגִיָּה; חֲדַר נִתּוּחַ

**sur'gical** *adj.* (סֶרְג׳קְל) כִּירוּרְגִי, שֶׁל כִּירוּרְגִיָּה

**sur'ly** *adj.* (סֶרְלִי) גַּס־רוּחַ, זוֹעֵף, עוֹיֵן; קוֹדֵר; מְאַיֵּם

**surmise'** *v.t.* & *i.* (סֶרְמַיז) שִׁעֵר, סָבַר

**sur'name"** *n.* (סֶרְנֵים) שֵׁם מִשְׁפָּחָה; כִּנּוּי לְוַאי

**surpass'** *v.t.* (סֶרְפֶּס) עָלָה עַל; הִצְטַיֵּן; הָיָה מֵעֵבֶר ל־

**sur'plice** *n.* (סֶרְפְּלִס) גְּלִימָה לְבָנָה (בַּעֲלַת שַׁרְווּלִים רְחָבִים)

**sur'plus** *n.* (סֶרְפְּלַס) עֹדֶף; יִתְרָה

**surprise'** *v.t.* & *n.* (סֶרְפְּרַיז) הִפְתִּיעַ; נִתְקַל בּ־ פִּתְאוֹם; הִתְמִיהַּ; הַפְתָּעָה; תִּמָּהוֹן

**surren'der** *v.t.* & *i.* & *n.* (סֶרֶנְדֶר) נִכְנַע; הִתְמַסֵּר ל־; וִתֵּר עַל; כְּנִיעָה; הַסְגָּרָה; וִתּוּר עַל

**sur"repti'tious** *adj.* (סֶרֶפְטִשֶׁס) חֲשָׁאִי; שֶׁבִּגְנֵבָה

**surround'** *v.t.* (סֶרָאוּנְד) הִקִּיף; כִּתֵּר

**surroun'ding** *n.* (סֶרָאוּנְדִּנְג) דָּבָר מַקִּיף; הַקָּפָה; כִּתּוּר

—s סְבִיבָה

**surveil'lance** *n.* (סֶרְוֵילֶנְס) פִּקּוּחַ, מַעֲקָב

**survey'** *v.t.* & *n.* (סֶרְוֵי) סָקַר, עָמַד עַל טִיב; סֶקֶר, סְקִירָה; בְּדִיקָה; מְדִידָה, תֵּאוּר

**survey'or** *n.* (סֶרְוֵיאֶר) מוֹדֵד; מַשְׁגִּיחַ

**survi'val** *n.* & *adj.* (סֶרְוַיְבֶל) הִשָּׁאֲרוּת

בַּחַיִּים; הֶמְשֵׁךְ קִיּוּם; שֶׁל אֶמְצָעֵי קִיּוּם הֶכְרֵחִיִּים

**survive′** *v.i.* (סֶרְוַיב) נִשְׁאַר בַּחַיִּים; הוֹסִיף לְהִתְקַיֵּם

**survi′vor** *n.* (סֶרְוַיבֶר) נִשְׁאָר בַּחַיִּים; שָׂרִיד; שָׁאִיר

**suscep′tible** *adj.* (סֶסֶפְּטִבְּל) רָגִישׁ, נוֹחַ לְקָלוּט, מְקַבֵּל בְּקַלּוּת; מִתְרַשֵּׁם בְּקַלּוּת

**suspect′** *v.t. & i.* (סֶסְפֶּקְט) חָשַׁד; הִנִּיחַ, שִׁעֵר

**sus′pect** *n. & adj.* חָשׁוּד

**suspend′** *v.t. & i.* (סֶסְפֶּנְד) תָּלָה; דָּחָה; הִפְסִיק; הִשְׁעָה

**suspen′ders** *n. pl.* (סֶסְפֶּנְדֶרְז) כְּתֵפִיּוֹת

**suspense′** *n.* (סֶסְפֶּנְס) מֶתַח; אִי־הַכְרָעָה נִסְשִׁית; אִי־וַדָּאוּת

**suspen′sion** *n.* (סֶסְפֶּנְשֶׁן) תְּלִיָּה; הַפְסָקָה; הַשְׁעָיָה; תַּרְחִיף; מִתְלֶה

**suspici′on** *n.* (סֶסְפִּשְׁן) חֲשָׁד; רֶמֶז

**suspici′ous** *adj.* (סֶסְפִּשֶׁס) חָשׁוּד, מְפֻקְפָּק; חוֹשֵׁד

**sustain′** *v.t.* (סֶסְטֵין) תָּמַךְ בְּ־; כִּלְכֵּל; נָשָׂא; עוֹדֵד; הִתְמִיד בְּ־; אִשֵּׁר

**sus′tenance** *n.* (סַסְטֶנֶנְס) מִחְיָה, כַּלְכָּלָה, מָזוֹן

**su′zerain** *n.* (סוּזֶרֶן) רִבּוֹן, שַׁלִּיט עֶלְיוֹן

**swab** *n.* (סְוֹב) סְחָבַת סְפוֹגִים; סְפוֹגִית; דֻגְמָה (שנאספה בספוגית); פְּלַגְלִית; נִקָּה בִּסְחָבָה; מָרַח בִּסְפוֹגִית, מִשֵּׁחַ, נִקָּה בִּסְפוֹגִית; הֶעֱבִיר (סחבה)

**swad′dle** *v.t.* (סְוֹדְל) חִתֵּל, עָטַף

**swag′ger** *v.i.* (סְוֶגֶר) פָּסַע בִּיהִירוּת; הִתְרַבְרֵב בְּקוֹלָנִיּוּת

**swain** *n.* (סְוֵין) אוֹהֵב, מְאַהֵב; בָּחוּר כַּפְרִי; מְחַזֵּר כַּפְרִי

**swal′low** *v.t. & i. & n.* (סְוֹלוֹ) בָּלַע; הֶאֱמִין לְלֹא הַסּוּס; חָזַר בּוֹ; בְּלִיעָה; לְגִימָה; סְנוּנִית

**swam** (סְוֶם) (זמן עבר של swim)

**swamp** *n. & v.t.* (סְוֹמְפּ) בִּצָּה; הֵצִיף; הִטְבִּיעַ; הִשְׁאִיר בְּאַפְסַת כֹּחוֹת

**swan** *n.* (סְוֹן) בַּרְבּוּר

**swank′y** *adj.* (סְוֶנְקִי) גַּנְדְּרָנִי; שֶׁל מוֹתָרוֹת

**swap** *v.t. & i. & n.* (סְוֹפּ) הֶחֱלִיף; חֲלִיפִין

**swarm** *n. & v.i.* (סְוֹרְם) נְחִיל; לַהֲקָה, הָמוֹן; הִסְתַּלֵּק (דבורים); נָע בַּהֲמוֹנִים; הִתְגּוֹדֵד, הִתְקַהֵל; שָׁרַץ

**swar′thy** *adj.* (סְוֹרְדִ׳י) כֵּהֵה־עוֹר, שְׁחַמְחַם

**swash′buck″ler** *n.* (סְוֹשְׁבַּקְלֶר) הַרְפַּתְקָן מִתְרַבְרֵב; בָּז לְסַכָּנוֹת

**swa′stika** *n.* (סְוֹסְטִקָה) צְלַב הַקֶּרֶס

**swat** *v.t. & n.* (סְוֹט) הִכָּה, חָבַט, סָטַר; מַכָּה, חֲבָטָה, סְטִירָה

**swath** *n.* (סְוֹד׳) מִשְׁעוֹל קָצִיר; רְצוּעָה

**swathe** *v.t.* (סְוֵיד׳) כָּרַךְ, חִתֵּל; חָבַשׁ (תחבושת)

**sway** *v.i. & t. & n.* (סְוֵי) הִתְנַעֲנֵעַ; נָטָה; פָּסַח עַל שְׁתֵּי הַסְּעִפִּים; שָׁלַט; נִעֲנַע; הִשְׁפִּיעַ עַל; נִעְנוּעַ; שִׁלְטוֹן; הַשְׁפָּעָה

**swear** *v.i. & t.* (סְוֵר) נִשְׁבַּע; קִלֵּל; נִבֵּל פִּיו; מָסַר עֵדוּת בִּשְׁבוּעָה; הִשְׁבִּיעַ; חִלֵּל הַשֵּׁם, נָשָׂא שֵׁם ד׳ לַשָּׁוְא

**sweat** *n. & v.i.* (סְוֶט) זֵעָה, הַזָּעָה; חֹסֶר סַבְלָנוּת; הַעֲלָאַת לַחוּת; הִזִּיעַ; הֶעֱלָה לַחוּת; חָשׁ מְצוּקָה, נִמְצָא בְּמֶתַח; הִשִּׂיג בַּעֲבוֹדָה קָשָׁה; הֶעֱבִיד בְּפֶרֶךְ; הֶעֱסִיק בִּתְנָאִים גְּרוּעִים

— **blood** הָיָה בְּמֶתַח; עָבַד בְּפֶרֶךְ; חִכָּה בְּחֹסֶר סַבְלָנוּת, דָּאַג

— **out** הִמְתִּין עַד הַגְּמָר; הִתְמִיד; עָבַד קָשֶׁה לְהַגִּיעַ לַמַּטָּרָה

**sweat′er** *n.* (סְוֶטֶר) אֲפֻדָּה; מַזִּיעַ

**sweat′shop″** *n.* (סְוֶטְשׁוֹפּ) מִפְעַל־עֹשֶׁק

**Swede** *n.* (סְוִיד) שְׁוֵדִי

**Swed′en** *n.* (סְוִידֶן) שְׁוֶדְיָה

**Swe′dish** *adj. & n.* (סְוִידִשׁ) שְׁוֵדִי; שְׁוֵדִית

**sweep** *v.t. & i. & n.* (סְוִיפּ) טִאטֵא; הִשְׁמִיד; גָּרַף; פִּנָּה; שָׁטַף; חָלַף בִּמְהִירוּת; נִצַּח נִצָּחוֹן מַכְרִיעַ; טִאטוּא; פִּנּוּי; סְחִיפָה, גְּרִיפָה; טְוָח; מֶרְחָב; כִּוּוּן; תְּנוּפָה; מְנַקֵּה אֲרֻבּוֹת; זְכִיָּה בְּכָל הַפְּרָסִים; נִצָּחוֹן מַכְרִיעַ

**swee′ping** *adj.* (סְוִיפִּנְג) מַקִּיף, בַּעַל הֶקֵּף רָחָב; סוֹחֵף; מִתְקַדֵּם בְּהַתְמָדָה; מַכְרִיעַ

—**s** *n. pl.* פְּסֹלֶת

**sweep′stakes″** *n.* (סְוִיפְּסְטֵיקְס) מֵרוֹץ פַּיִס; פְּרָס; פַּיִס

**sweet** *adj.* (סְוִיט) מָתוֹק; טָרִי; לֹא־מָלוּחַ; עָרֵב; נְעִים־הֲלִיכוֹת; רוּחָנִי; אָהוּב; יָקָר; מְבֻצָּע בְּקַלּוּת; מְתַקְתַּק; דִּמְיוֹנִי

— on נִמְשָׁךְ אַחֲרֵי; מְאֹהָב בְּ־

— *n.* מְתִיקוּת; מַנְעָם; אָהוּב

—s בָּטָטוֹת מְזֻגָּגוֹת; דִּבְרֵי מְתִיקָה

**swee'ten** *v.t.* (סְוִיטְן) הִמְתִּיק; רִכֵּךְ; רִעֲנֵן; הִנְעִים

**sweet'heart"** *n.* (סְוִיטְהַרְט) אָהוּב, אֲהוּבָה; יַקִּיר; אָדָם טוֹב לֵב וְנָדִיר

**sweet'ness** *n.* (סְוִיטְנֶס) מְתִיקוּת, נֹעַם

**sweet' pota'to** (סְוִיט פֵּטֵיטוֹ) בָּטָטָה

**swell** *v.i. & n.* (סְוֶל) תָּפַח; הִתְנַחְשֵׁל; בִּעְבֵּעַ; הִתְנַפֵּחַ; הִתְרַחֵב; הִתְעַצֵּם, גָּבַר; גָּאָה; תְּפִיחָה; הִתְנַפְּחוּת; הִתְרַחֲבוּת; בְּלִיטָה; הִתְעַצְּמוּת, הִתְרוֹמְמוּת; שׁוּרַת גַּלִּים; טַרְזָן; נִכְבָּד

**swel'ling** *n.* (סְוֶלִנְג) נְפִיחוּת, תְּפִיחוּת; בְּלִיטָה; גָּאוּת

**swel'ter** *v.i.* (סְוֶלְטֶר) סָבַל מֵחֹם מֵעִיק

**swept** (סְוֶפְּט) (זמן עבר של sweep)

**swerve** *v.i. & t. & n.* (סְוֶרְב) סָטָה; הִטָּה; סְטִיָּה

**swift** *adj.* (סְוִפְט) מָהִיר; זָרִיז

**swig** *n.* (סְוִג) לְגִימָה

**swill** *n.* (סְוִל) פְּסֹלֶת נוֹזְלִית; אַשְׁפָּה; שְׁפָכִים

**swim** *v.i. & n.* (סְוִם) שָׂחָה; צָף; רִחֵף; הוּצָף, נִשְׁטַף; הִסְתַּחְרֵר; שְׂחִיָּה, דְּאִיָּה

in the — בְּתוֹךְ הָעִנְיָנִים

**swim'mer** *n.* (סְוִמֶר) שַׂחְיָן

**swim'ming** *n. & adj.* (סְוִמִנְג) שְׂחִיָּה; סְחַרְחַר

**swin'dle** *v.t. & n.* (סְוִנְדל) הוֹנָה; הוֹצִיא בְּמִרְמָה, רַמָּאוּת, אוֹנָאָה

**swine** *n.* (סְוַין) חֲזִיר

**swing** *v.t. & i. & n.* (סְוִנְג) נִדְנֵד, נִעֲנַע, נוֹפֵף; אִרְגֵּן; הִתְנַדְנֵד, הִתְנַעְנֵעַ; הִתְנוֹפֵף; פָּסַע בִּתְנוּפָה; כִּוֵּן; הֵנִיף יָד עַל; הָיָה מְעֹרָב בַּהֲוַי הַמּוֹדֶרְנִי; נִתְלָה; נִדְנוּד; נַדְנֵדָה; מֶרְחָב, תְּנוּעָה סִבּוּבִית; מַכַּת־יָד; מִקְצָב יַצִּיב; תְּנוּעַת עֲלִיּוֹת וִירִידוֹת קְצוּבָה; מִשְׁמֶרֶת לַיְלָה; חֹפֶשׁ פְּעֻלָּה

in full — פּוֹעַל בִּמְלוֹא הַיְּעִילוּת וְהַתְּנוּפָה

**swirl** *v.i. & t.* (סְוֶרְל) הִסְתּוֹבֵב; הִתְעַרְבֵּל; סוֹבֵב, עִרְבֵּל

**swish** *v.i. & t. & n.* (סְוִשׁ) נִעֲנַע בִּשְׁרִיקָה; רִשְׁרֵשׁ; הִלְקָה; תְּנוּעָה שׁוֹרֶקֶת

**Swiss** *adj.* (סְוִס) שְׁוֵיצִי

**switch** *n. & v.t. & i.* (סְוִץ׳) שׁוֹט; הַלְקָאָה; גִּבְעוֹל; מֶתֶג; מְסִלַּת עִתּוּק; הַחְלָפָה; הִלְקָה; הֵנִיף; הִפְנָה; מִתֵּג, הִדְלִיק, כִּבָּה; עִתֵּק; הֶחֱלִיף כִּוּוּן; הִתְנַעְנֵעַ

**swiv'el** *n. & v.t.* (סְוִבְל) סְבִיבוֹל; מַמְתֵּחַ חַד־צְדָדִי, סוֹבֵב עַל צִיר

**swol'len** *adj.* (סְוֹלְן) נָפוּחַ, תָּפוּחַ; מְנֻפָּח

**swoon** *v.i. & n.* (סְוּן) הִתְעַלֵּף; נִכְנַס לְמַצָּב שֶׁל הִתְלַהֲבוּת הִיסְטֶרִית; הִתְעַלְּפוּת

**sword** *n.* (סוֹרְד) חֶרֶב; מִלְחָמָה

**swords'man** *n.* (סוֹרְדְזְמֶן) סַיָּף, חַיָּל

**swore** (סְוֹר) (זמן עבר של swear)

**syc'amore'** *n.* (סִקַמוֹר) שִׁקְמָה

**syc'ophant** *n.* (סִיקַפֶנְט) חַנְפָן, טַפִּיל מִתְרַפֵּס

**syl'lable** *n.* (סִלַבְּל) הֲבָרָה; שֶׁמֶץ דָּבָר

**sym"bio'sis** *n.* (סִמְבִּיאוֹסִס) סִימְבְּיוֹזָה

**sym'bol** *n.* (סִמְבֶּל) סֵמֶל; תָּג, סִימָן

**symbol'ic** *adj.* (סִמְבּוֹלִק) סִמְלִי

**sym'bolize** *v.t.* (סִמְבֶּלַיז) סִמֵּל; תֵּאֵר בְּסְמָלִים

**symmet'rical** *adj.* (סִמֶטְרִקְל) סִימֶטְרִי

**sym'metry** *n.* (סִמֶטְרִי) סִימֶטְרִיָּה

**sym"pathet'ic** *adj.* (סִמְפֶּתֶטִק) אוֹהֵד; מִשְׁתַּתֵּף בְּצַעַר, מַבִּיט בְּעַיִן יָפָה; סִימְפָּתִי

**sym'pathize"** *v.i.* (סִמְפֶּתַ׳יז) אָהַד, הִשְׁתַּתֵּף בְּצַעַר; הִסְכִּים לְ־; הִבִּיעַ תַּנְחוּמִים

**sym'pathy** *n.* (סִמְפֶּתִ׳י) אַהֲדָה, הִשְׁתַּתְּפוּת בְּצַעַר, הַסְכָּמָה

**sym'phony** *n.* (סִמְפֶנִי) סִימְפוֹנְיָה

**sympo'sium** *n.* (סִמְפּוֹזִיאֶם) סִימְפּוֹזְיוֹן, רַב־שִׂיחַ

**symp'tom** *n.* (סִמְפְּטֶם) סִימְפְּטוֹם, סִימַן־הֶכֵּר

**syn'agog"ue** *n.* (סִנֶגוֹג) בֵּית כְּנֶסֶת

**syn'chronize"** *v.i. & t.* (סִנְקְרֶנַיז) אֵרַע

בְּעֵת וּבְעוֹנָה אַחַת; קָרָה יַחַד; סִנְכְּרֵן; תֵּאֵם שְׁתֵּי פְּעֻלּוֹת כְּדֵי שֶׁיִּקְרוּ בְּעֵת וּבְעוֹנָה אַחַת; וִסֵּת כְּדֵי שֶׁיּוֹרוּ אוֹתָהּ שָׁעָה; יִחֵס לְאוֹתָהּ תְּקוּפָה

**syn'dicate** *n.* (סִנְדֶקְט) סִינְדִיקָט, אִגּוּד; הִתְאַגְּדוּת

**syn'dicate"** *v.t.* (סִנְדֶקֵיט) אִגֵּד לְסִינְדִיקָט; סִפֵּק לְפִרְסוּם סִימוּלְטָנִי בְּמִסְפַּר עִתּוֹנִים

**syn'onym** *n.* (סִנֶנֶם) שֵׁם נִרְדָּף

**synon'ymous** *adj.* (סִנוֹנִמֶס) נִרְדָּף, זֵהֶה בְּמַשְׁמָעוּת

**synop'sis** *n.* (סֶנוֹפְּסִס) תַּמְצִית, רָאשֵׁי פְּרָקִים, סִכּוּם קָצָר

**syn'tax** *n.* (סִנְטֶקְס) תַּחְבִּיר

**syn'thesis** *n.* (סִנְתֶ'סִס) סִינְתֶּזָה; מִזּוּג

**synthet'ic** *adj.* (סִנְתֶ'טִק) סִינְתֶּטִי

**syph'ilis** *n.* (סִפֶלִס) עַגֶּבֶת

**Syr'ia** *n.* (סִרִיָּה) סוּרְיָה

**syringe'** *n.* (סֶרִנְג') מַזְרֵק

**sy'rup** *n.* (סֶרֶפּ) סִירוֹפ, מִיץ מְרֻכָּז

**sys'tem** *n.* (סִסְטֶם) מַעֲרֶכֶת; שִׁיטָה; מִשְׁטָר

**sys"temat'ic** *adj.* (סִסְטֶמֶטִק) סִיסְטֶמָטִי, שִׁיטָתִי

# T

**T, t** *n.* (טִי) ט׳, הָאוֹת הָעֶשְׂרִים בָּאָלֶפְבֵּית הָאַנְגְּלִי

to a — בְּדִיּוּק

**tab'erna"cle** *n.* (טֶבֶּרְנֶקְל) אֹהֶל, בִּקְתָּה; הַמִּשְׁכָּן; בֵּית תְּפִלָּה; מִקְדָּשׁ

**ta'ble** *n. & adj.* (טֵיבְּל) שֻׁלְחָן; אֹכֶל מֻגָּשׁ לַשֻּׁלְחָן; כְּלֵי אֹכֶל; שֻׁלְחַן הַמּוֹרִים; לוּחַ; טַבְלָה; לְשִׁמּוּשׁ עַל שֻׁלְחָן, שֻׁלְחָנִי; לַאֲכִילָה

on the — נִדְחָה

set the — עָרַךְ הַשֻּׁלְחָן

turn the —s הָפַךְ מַצָּב קַיָּם; הָפַךְ הַקְּעָרָה עַל פִּיהָ

under the — שִׁכּוֹר; כְּשֹׁחַד

wait (on) —s עָבַד כִּמְלָצַר; הִגִּישׁ אֹכֶל

— *v.t.* דָּחָה

**ta'blecloth"** *n.* (טֵיבְּלְקְלוֹת׳) מַפַּת שֻׁלְחָן

**tableau'** *n.* (טֶבְלוֹ) תְּמוּנָה; תְּמוּנָה דְּרָמָתִית; הַצָּגָה דְּרָמָתִית

**ta'bleland"** *n.* (טֵיבְּלְלֶנְד) רָמָה; טַבְלָה

**ta'blespoon"** *n.* (טֵיבְּלְסְפּוּן) כַּף; כַּף לְמָרָק

**tab'let** *n.* (טֶבְּלִט) בְּלוֹק כְּתִיבָה; דַּפְדֶּפֶת; לוּחַ זִכָּרוֹן; טַבְלִית

**tab'loid** *n.* (טֶבְּלוֹיד) עִתּוֹן בְּפוֹרְמָט קָטָן; עִתּוֹן מְצֻיָּר וְרוֹדֵף סֶנְסַצְיוֹת

**taboo'** *adj. & n. & v.t.* (טַבּוּ) אָסוּר; אִסּוּר, טַבּוּ; אָסַר, הֵטִיל טַבּוּ עַל

**tac'it** *adj.* (טֶסִט) שֶׁבִּשְׁתִיקָה; מוּבָן מֵאֵלָיו; שֶׁלֹּא נֶאֱמַר בִּמְפֹרָשׁ

**tac'iturn"** *adj.* (טֶסִטֶרְן) שַׁתְקָן; דּוֹמֵם; מִסְתַּגֵּר

**tack** *n.* (טֶק) מַסְמֵר קָטָן, נַעַץ; מַהֲלָךְ; דֶּרֶךְ־פְּעֻלָּה חֲדָשָׁה

on the wrong — טוֹעֶה; תּוֹעֶה

**tack'le** *n. & v.t. & i.* (טֶקְל) צִיּוּד דַּיִג; גַּלְגֶּלֶת; הַפָּלָה אַרְצָה; נִסָּה לִפְתֹּר; הִפִּיל אַרְצָה

**tact** *n.* (טֶקְט) טַקְט

**tact'ful** *adj.* (טֶקְטְפֶל) בַּעַל טַקְט

**ta'ctic** *n.* (טֶקְטִק) טַקְטִיקָה; תַּכְסִיס

—s טַקְטִיקָה; תַּכְסִיסֵי לְחִימָה; תִּמְרוֹנִים

**tac'tical** *adj.* (טֶקְטִקְל) טַקְטִי; מְחֻכָּם

**tad'pole"** *n.* (טֶדְפּוֹל) רֹאשָׁן

**tag** *n. & v.t. & i.* (טֶג) תָּו, תָּוִית; קֶרַע; ״תּוֹסֶפֶת״; הִדְבִּיק תָּו; עָקַב אַחֲרֵי מִקָּרוֹב

**tail** *n.& v.t.* (טֵיל) זָנָב; אָחוֹר; פַּמַּלְיָה; עָקַב אַחֲרֵי

**tai'lor** *n.* (טֵילֶר) חַיָּט; עָבַד כְּחַיָּט; צִיֵּד בִּבְגָדִים; תָּפַר לְפִי טַעַם אִישִׁי

**taint** *n. & v.t.* (טֵינְט) דֹּפִי; כֶּתֶם; רָקָב; אֶלַח; אֲבַק חֶרְפָּה; הִשְׁחִית; קִלְקֵל; זִהֵם; הִכְתִּים

**take** *v.t. & i.* (טֵיק) לָקַח; חָטַף; תָּפַס; אָחַז; בָּחַר בּ־; קִבֵּל; שָׂכַר; חָתַם עַל; בָּלַע; הֵסִיר; נִכָּה; עָלָה עַל; הוֹבִיל; הִצְלִיחַ לַעֲבוֹר; לָקָה בּ־; סָפַג; מָשַׁךְ; דָּרַשׁ; נָקַט, הִשְׁתַּמֵּשׁ בּ־; בִּצֵּעַ, עָשָׂה; צִלֵּם; רָשַׁם; לָמַד; טִפֵּל בּ־; בָּדַק; הִרְגִּישׁ; סִגֵּל; הֵבִין; לָכַד; רִמָּה; נִצַּח; הִזְדַּוֵּג עִם; הִשְׁתָּרֵשׁ; דָּבַק בּ־; נָשָׂא חֵן; נִקְלַט; הִתְמַסֵּר לְ־

— after דָּמָה לְ־; עָקַב אַחֲרֵי, רָדַף אַחֲרֵי

— away סִלֵּק; הֵסִיר

— back לָקַח בַּחֲזָרָה; הֶחֱזִיר; חָזַר בּוֹ

— care טִפֵּל בּ־; נִזְהַר

— down הִשְׁפִּיל; הוֹרִיד; רָשַׁם; פֵּרֵק

— in הִכְנִיס; הִקְטִין; סִפֵּק מְקוֹם לִינָה, אִכְסֵן; כָּלַל, הִקִּיף; הֵבִין; רִמָּה; הִתְבּוֹנֵן בּ־; הִבְחִין בּ־

— it הִסְכִּים, קִבֵּל; הֶחֱזִיק מַעֲמָד; עָמַד בּ־; הֵבִין

— it out of יִגַּע; דָּרַשׁ תַּשְׁלוּם

— it out on כִּלָּה חֵמָה

— leave עָזַב; הִסְתַּלֵּק

— off הֵסִיר; חָטַף; הִסְתַּלֵּק; הִמְרִיא; הֶעֱבִיר; הֵמִית; עָשָׂה הֶעְתֵּק; שָׂם לְלַעַג, הִצִּיג סָטִירָה עַל

— on שָׂכַר, הֶעֱסִיק; הִתְחַיֵּב לְ־; קִבֵּל; הִתְכַּתֵּשׁ עִם; הִתְרַגֵּשׁ

— out הוֹצִיא; לִוָּה, הִזְמִין לָצֵאת; יָצָא
— over נָטַל מִנְהָל; נָטַל אַחֲרָיוּת
— place אֵרַע, הִתְרַחֵשׁ
— to הִתְמַסֵּר ל־; הִתְמַכֵּר ל־; הִתְיַחֵס בְּחִיּוּב, הִתְחִיל לְחַבֵּב; הָלַךְ לִתְקוּפָה אֲרֻכָּה
— up עָסַק בּ־; הֵרִים, תָּפַס; הִשְׁתַּמֵּשׁ בּ־; כִּלָּה, קָלַט; הִתְחִיל לִתְמוֹךְ בּ־; הִמְשִׁיךְ; נִכְנַס לְתַפְקִיד
— up with הִתְיַדֵּד עִם
— *n.* לְקִיחָה; מַלְקוֹחַ; שָׁלָל; רְוָחִים; סְצֵינָה; הַקְלָטָה; זְרִיקָה שֶׁנִּקְלְטָה
on the — מְחַפֵּשׂ רְוָחִים עַל חֶשְׁבּוֹן אֲחֵרִים

**tale** *n.* (טֵיל) סִפּוּר, מַעֲשִׂיָּה; רְכִילוּת
**tal'ent** *n.* (טֶלֶנְט) כִּשְׁרוֹן; כִּכָּר (כסף)
**tal'isman** *n.* (טֶלִזְמֶן) קָמֵעַ
**talk** *v.i.* (טוֹק) דִּבֵּר; רָכַל; פִּטְפֵּט; נָשָׂא נְאוּם; גִּלָּה סוֹד; דָּן בּ־; הִשְׁפִּיעַ עַל יְדֵי דִּבּוּר
— back עָנָה בְּחֻצְפָּה
— big הִתְרַבְרֵב
— down הִכְנִיעַ בְּדִבּוּרִים; זִלְזֵל בּ־
— over שָׁקַל בְּשִׂיחָה; דָּן בּ־
— up עוֹרֵר הִתְעַנְיְנוּת; דָּן בּ־ בְּהִתְלַהֲבוּת; דִּבֵּר גְּלוּיוֹת וּבְרוּרוֹת, דִּבֵּר לְלֹא הֶסֵּס
— *n.* דִּבּוּר, שִׂיחָה, נְאוּם, הַרְצָאָה; מֶלֶל; וְעִידָה; שְׁמוּעוֹת; רְכִילוּת; שָׂפָה
**ta'lkative** *adj.* (טוֹקֶטִב) פַּטְפְּטָנִי
**tall** *adj.* (טוֹל) גָּבֹהַּ; מֻגְזָם
**tal'low** *n.* (טֶלוֹ) חֵלֶב
**tal'ly** *n.* & *v.t.* & *i.* (טֶלִי) חֶשְׁבּוֹן; חִשּׁוּב; הַתְאָמָה; תָּוִית; רָשַׁם, מָנָה, חִשֵּׁב; הִתְאִים
**tal'on** *n.* (טֶלֶן) טֹפֶר עוֹף
**tam'arisk** *n.* (טֶמֶרִסְק) אֵשֶׁל
**tam"bourine'** *n.* (טֶמְבֶּרִין) טַנְבּוּר
**tame** *adj.* & *v.t.* (טֵים) מְאֻלָּף; מְקַבֵּל מָרוּת; מְשַׁעֲמֵם; חֲסַר־חַיּוּת; רַךְ־לֵבָב; מִתְרַבֶּת; אִלֵּף, בִּיֵּת, הִכְנִיעַ; רִכֵּךְ; הִשְׁתַּלֵּט עַל; עִבֵּד
**tamp** *v.t.* (טֶמְפּ) סָתַם עַל יְדֵי טְפִיחוֹת; דָּחַס

**tam'per** *v.i.* (טֶמְפֶּר) הִתְעָרֵב בּ־; הִתְעַסֵּק בּ־ כְּדֵי לְהַזִּיק; טִפֵּל בּ־ בַּחֲשַׁאי אוֹ בְּצוּרָה מַזִּיקָה; נָהַג בִּשְׁחִיתוּת
**tan** *v.t.* & *i.* (טֶן) בִּרְסֵק; עִבֵּד עוֹר; שִׁזֵּף; הִכָּה; הִשְׁתַּזֵּף
— one's hide הִכָּה נִמְרָצוֹת
— *n.* & *adj.* חוּם צְהַבְהַב; חוּם בָּהִיר; עֶפֶץ
**tan'dem** *adv.* (טֶנְדֶם) אֶחָד אַחֲרֵי הַשֵּׁנִי
in — בְּשׁוּרָה עָרְפִּית
**tang** *n.* (טֶנְג) טַעַם חָרִיף; רֵיחַ חָרִיף; רֵיחַ אָפְיָנִי; חָף
**tan"gerine'** *n.* (טֶנְגֶ'רִין) מַנְדָּרִינָה
**tan'gible** *adj.* (טֶנְגִ'בְּל) שֶׁאֶפְשָׁר לְמַמְּשׁוֹ; מַמָּשִׁי, מוּחָשִׁי
**tan'gle** *v.t.* & *i.* & *n.* (טֶנְגְל) סִבֵּךְ; הִסְתַּבֵּךְ; סְבָךְ
**tank** *n.* (טֶנְק) מְכָל; טַנְק; אוּלַם מַעֲצָר
**tanker** *n.* (טֶנְקֶר) מְכָלִית
**tan'ner** *n.* (טֶנֶר) בּוּרְסִי
**tan'nery** *n.* (טֶנֶרִי) בּוּרְסְקִי
**tan'talize"** *v.t.* (טֶנְטֶלַיז) צִעֵר בְּתִקְווֹת שָׁוְא; הִרְגִּיעַ בְּצִפִּיּוֹת שָׁוְא
**tan'tamount"** *adj.* (טֶנְטֶמָאוּנְט) שָׁקוּל כְּנֶגֶד, שָׁוֶה
**tap** *v.t.* & *i.* & *n.* (טֶפּ) טָפַח, נָגַע; עָשָׂה בִּטְפִיחוֹת קַלּוֹת; הִקִּישׁ; מָזַג; נִצֵּל מַשְׁאַבִּים; טְפִיחָה, נְקִישָׁה; עוֹר לְתִקּוּן סוּלְיָה; בֶּרֶזֶל (על נעל); בֶּרֶז; מְגוּפָה; סִלּוּק נוֹזֵל
on — מוּכָן לְהַגָּשָׁה
**tape** *n.* & *v.t.* (טֵיפּ) סֶרֶט; רְצוּעָה; סֶרֶט דָּבִיק; מַגְלוּל, סֶרֶט מְדִידָה; חִבֵּר בְּסֶרֶט
**taper** *v.i* & *n.* (טֵיפֶּר) הָלַךְ וְצַר; נֵר דַּק
**tap'estry** *n.* (טֶפֶּסְטְרִי) שְׁטִיחַ קִיר
**tap'eworm"** *n.* (טֵיפְּוֶרְם) צֶסְטוֹדָה
**taps** *n. pl.* (טֶפְּס) כִּבּוּי אוֹרוֹת; תְּרוּעַת אַשְׁכָּבָה
**tar** *n.* & *v.t.* (טָר) זֶפֶת, עִטְרָן; מַלָּח; זִפֵּת
beat (knock; whale) the — out of הִכָּה לְלֹא רַחֲמִים
— and feather הֶעֱנִישׁ אוֹ הִשְׁפִּיל עַל יְדֵי מְשִׁיחַת זֶפֶת וְנוֹצוֹת

**tar'dy** *adj.* (טַרְדִי) מְאֻחָר; מְפַגֵּר; אִטִּי; מִשְׁתַּהֶה

**tar'get** *n.* (טַרְגֶט) מַטָּרָה, יַעַד

**tar'iff** *n.* (טֶרִף) מֶכֶס מָגֵן; תַּעֲרִיף

**tar'nish** *v.t.* & *i.* & *n.* (טַרְנִשׁ) חִמְצֵן, פָּגַם בְּצֶבַע, הִכְהָה; הִכְתִּים, טִמֵּא; כָּהָה, אִבֵּד בָּרָק; הִכְתַּם; צִפּוּי כֵּהֶה, שִׁכְבַת תַּחְמֹצֶת

**tarpau'lin** *n.* (טַרְפָּלִן) אַבַּרְזִין, בְּרֶזֶנְט

**tarry** *v.i.* (טֶרִי) שָׁהָה; הִתְמַהְמֵהַּ

**tart** *adj.* & *n.* (טָרְט) חָרִיף; נוֹקֵב; עוּגַת פֵּרוֹת; זוֹנָה

**tar'tar** *n.* (טָרְטָר) שִׁכְבַת סִיד; שִׁכְבַת אֶבֶן

**task** *n.* (טֶסְק) תַּפְקִיד, מְשִׂימָה, חוֹבָה; עֲבוֹדָה

take to — נָזַף; חִיֵּב לָתֵת הַדִּין

**task'mas"ter** *n.* (טֶסְקְמֶסְטְר) נוֹגֵשׂ; מַפְקֵחַ קַפְּדָנִי

**tas'sel** *n.* (טֶסְל) פִּיף

**taste** *v.t.* & *i.* & *n.* (טֵיסְט) טָעַם; אָכַל אוֹ שָׁתָה קְצָת; הִתְנַסָּה בְּ־ בְּכַמֻּיּוֹת מֻגְבָּלוֹת; הָיָה לוֹ טַעַם־; טְעִימָה; טַעַם; שֶׁמֶץ; נְטִיָּה אִישִׁית; חוּשׁ לְהַרְמוֹנְיָה; חוּשׁ לְיֹפִי

**taste'ful** *adj.* (טֵיסְטְפֻל) לְפִי הַטַּעַם הַטּוֹב; טָעִים

**tas'ty** *adj.* (טֵיסְטִי) טָעִים; שֶׁל טַעַם טוֹב

**tat'ter** *n.* (טֶטְר) קֶרַע; סְחָבָה

**tat'tle** *v.i.* (טֶטְל) גִּלָּה סוֹדוֹת (כִּתּוּךְ רִשְׁעוּת), פִּטְפֵּט; רָכַל; הִלְשִׁין

**tattoo'** *n.* & *v.t.* (טֶטוּ) כְּתֹבֶת קַעֲקַע; קִעְקוּעַ; תְּרוּעַת חֲזָרָה לַקְּסַרְקְטִין; דְּפִיקָה; קִעְקֵעַ

**taught** (טוֹט) (זְמַן עָבָר שֶׁל teach)

**taunt** *v.t.* & *i.* & *n.* (טוֹנְט) הִרְגִּיז בְּלַעַג; לִגְלֵג עַל; שְׁנִינָה פּוֹגַעַת; עֶלְבּוֹן לַגְלְגָנִי

**taut** *adj.* (טוֹט) מָתוּחַ; בְּמַצָּב טוֹב, מְסֻדָּר

**tav'ern** *n.* (טֶוֶרְן) מִסְבָּאָה; פֻּנְדָּק

**taw'dry** *adj.* (טוֹדְרִי) צַעֲקָנִי, רַאַוְתָנִי זוֹל

**taw'ny** *adj.* (טוֹנִי) צְהַב־חוּם

**tax** *n.* & *v.t.* (טֶקְס) מַס; הֶטֵּל; מַעֲמָסָה; הִטִּיל מַס; הִטִּיל מַעֲמָסָה עַל; דָּרַשׁ מַאֲמָץ גָּדוֹל מ־; נָזַף

**taxa'tion** *n.* (טֶקְסֵישְׁן) הַטָּלַת מִסִּים, מִסּוּי, מַס; הַכְנָסָה מִמִּסִּים

**ta'xi** *n.* & *v.i.* (טֶקְסִי) מוֹנִית; נָסַע עַל פְּנֵי הַשֶּׁטַח (בְּטוּס)

**tea** *n.* (טִי) תֵּה; מַרִיחוּאָנָה

one's cup of — לְרוּחוֹ

**teach** *v.t.* & *i.* (טִיץ׳) לִמֵּד, הוֹרָה

**tea'cher** *n.* (טִיצְ׳ר) מוֹרֶה

**tea'ching** *n.* (טִיצִ׳נְג) הוֹרָאָה, הַדְרָכָה; לִמּוּד

**team** *n.* (טִים) קְבוּצָה, נִבְחֶרֶת, צֶוֶת; צֶמֶד (בְּהֵמוֹת); סוּס אוֹ חֲמוֹר עִם עֲגָלָה

**tear** *n.* (טִיר) דִּמְעָה; טִפַּת נוֹזֵל

—s יָגוֹן, עֶצֶב

in —s בּוֹכֶה

— *v.i.* דָּמַע

**tear** *v.t.* & *i.* & *n.* (טֵר) קָרַע; חָטַף בְּחָזְקָה; שִׁסַּע; נִקְרַע; דָּהַר; נָע בִּמְהִירוּת רַבָּה; נִסָּה לִקְרֹעַ

— into הִתְנַפֵּל עַל בְּשֶׁצֶף קֶצֶף, הִתְקִיף

— up קָרַע לִגְזָרִים

— *n.* קְרִיעָה; קֶרַע

**tear'ful** *adj.* (טִירְפֻל) בּוֹכֶה, בַּכְיָנִי; מְעוֹרֵר בְּכִי

**tease** *v.t.* & *i.* & *n.* (טִיז) הִרְגִּיז, גֵּרָה; קִנְטֵר; קַנְטְרָן; מְגָרֶה

**tea'spoon"** *n.* (טִיסְפּוּן) כַּפִּית

**teat** *n.* (טִיט) דַּד, פִּטְמָה

**tech'nical** *adj.* (טֶקְנִקְל) טֶכְנִי; מִקְצוֹעִי

**technici'an** *n.* (טֶקְנִשְׁן) טֶכְנַאי, הַנְדְּסַאי

**technique'** *n.* (טֶקְנִיק) טֶכְנִיקָה, כֹּשֶׁר בִּצּוּעַ, שִׁיטַת־יִשּׂוּם מִקְצוֹעִית; שִׁיטָה לְנִצּוּל קֶסֶם אִישִׁי

**technol'ogy** *n.* (טֶקְנוֹלַגִ׳י) טֶכְנוֹלוֹגְיָה; יִשּׂוּם; מֻנָּחִים מִקְצוֹעִיִּים; תַּהֲלִיךְ טֶכְנוֹלוֹגִי

**te'dious** *adj.* (טִידִיאַס) מְשַׁעֲמֵם; מְיַגֵּעַ

**te'dium** *n.* (טִידִיאַם) שִׁעֲמוּם, חַדְגוֹנִיּוּת

**teem** *v.i.* (טִים) שָׁפַע, שָׁרַץ

**teen'a"ger** *n.* (טִינְאֵיגְ׳ר) צָעִיר בִּשְׁנוֹת הָעֶשְׂרֵה

**teens** *n. pl.* (טִינְז) מִסְפְּרֵי הָעֶשְׂרֵה; שְׁנוֹת הָעֶשְׂרֵה

**teeth** (טִית׳) (הָרִבּוּי שֶׁל tooth)

**teethe** *v.i.* (טִיד׳) הִצְמִיחַ שִׁנַּיִם

**teetot'aler** *n.* (טִיטוֹטֶלֶר) נָזִיר מִמַּשְׁקָאוֹת חֲרִיפִים

**tel'egram"** *n.* (טֶלֶגְרֶם) מִבְרָק

**tel'egraph"** *n.* & *v.t.* (טֶלֶגְרֶף) טֶלֶגְרָף; טִלְגְּרֵף, הִבְרִיק

**tel'ephone"** *n.* & *v.t.* & *i.* (טֶלֶפוֹן) טֶלֶפוֹן; טִלְפֵּן

tele'phone directory מַדְרִיךְ טֶלֶפוֹן

— exchange מִרְכֶּזֶת, מִרְכָּזִיָּה

— operator מְרַכְּזָן; טֶלֶפוֹנַאי

**tel'escope"** *n.* & *v.t.* & *i.* (טֶלֶסְקוֹפּ) טֶלֶסְקוֹפּ; הִכְנִיס אֶחָד לְתוֹךְ הַשֵּׁנִי; קִפֵּל, קִצֵּר; נִכְנַס אֶחָד לְתוֹךְ הַשֵּׁנִי; הִתְנַגֵּשׁ בְּהִתְנַגְּשׁוּת שַׁרְשֶׁרֶת

**tell** *v.t.* (טֶל) סִפֵּר, הִגִּיד, הוֹדִיעַ; אָמַר; הִבִּיעַ; גִּלָּה; הִבְחִין, צִוָּה עַל; נִבָּא; הִשְׁפִּיעַ הַשְׁפָּעָה נִכֶּרֶת

— off גָּעַר בִּנְזִיפָה

— on הִלְשִׁין

**tel'ler** *n.* (טֶלֶר) מְסַפֵּר, מַגִּיד; קֻפַּאי; מוֹנֶה

**tell'tale"** *n.* & *adj.* (טֶלְטֵיל) מַלְשִׁין, הוֹלֵךְ רָכִיל; מְגַלֶּה; חוֹשֵׂף

**teme'rity** *n.* (טֶמֶרִטִי) פְּזִיזוּת, הֶעָזָה פְּזִיזָה, פַּחֲזוּת

**tem'per** *n.* & *v.t.* (טֶמְפֶּר) הֲלָךְ־נֶפֶשׁ; שִׁוּוּי מִשְׁקָל; חֲמִימוּת־מֹחַ; תְּכוּנָה רִגְשִׁית; קֹר־רוּחַ; קַשְׁיוּת; חִסּוּם; מִתֵּן; רִכֵּךְ; עִרְבֵּב; עִבֵּד; חִסֵּם, חִסֵּם

**tem'perament** *n.* (טֶמְפְּרַמֶנְט) מֶזֶג; עֶמְדָּה תְּמְהוֹנִית

**tem'perance** *n.* (טֶמְפֶּרַנְס) שְׁלִיטָה עַצְמִית; מְתִינוּת; הִסְתַּפְּקוּת בְּמוּעָט

**tem'perate** *adj.* (טֶמְפֶּרֶט) מָתוּן; מִסְתַּפֵּק בְּמוּעָט; מְמֻזָּג

**tem'perature** *n.* (טֶמְפְּרַצְ׳ר) טֶמְפֶּרָטוּרָה, חֹם

**tem'pest** *n.* (טֶמְפֶּסְט) סוּפָה עַזָּה; הֲמֻלָּה עַזָּה

**tempes'tuous** *adj.* (טֶמְפֶּסְצ׳וּאֶס) חָשׁוּף לִסְעָרוֹת; סוֹעֵר

**temple** *n.* (טֶמְפֶּל) מִקְדָּשׁ; בֵּית הַמִּקְדָּשׁ; הֵיכָל; צֶדַע, רַקָּה; מוֹטָה (של משקפיים)

**tem'po** *n.* (טֶמְפּוֹ) מִפְעָם, קֶצֶב, טֶמְפּוֹ

**tem'poral** *adj.* (טֶמְפֶּרַל) שֶׁל זְמַן; דְּ׳ל הָעוֹלָם הַזֶּה; זְמַנִּי, חוֹלֵף; שֶׁל זְמַנֵּי הַפֹּעַל; חִלּוֹנִי

**tem'porar"y** *adj.* (טֶמְפֶּרֶרִי) זְמַנִּי

**tem'porize"** *v.i.* (טֶמְפֶּרַיְז) הִתְחַמֵּק מִפְּעֻלָּה מִיָּדִית; פָּסַח עַל שְׁתֵּי הַסְּעִפִּים; הִתְאִים עַצְמוֹ לִדְרִישׁוֹת הַמְּאֹרָע; נִהֵל שִׂיחוֹת עַל מְנַת לְהַרְוִיחַ זְמַן; הִגִּיעַ לִידֵי הֶסְכֵּם עִם; הִגִּיעַ לִידֵי פְּשָׁרָה

**tempt** *v.t.* (טֶמְפְּט) פִּתָּה, הִדִּיחַ; מָשַׁךְ; הֶעֱמִיד בְּנִסָּיוֹן, גֵּרָה

**tempta'tion** *n.* (טֶמְפְּטֵישֶׁן) פִּתּוּי; הַדָּחָה; מְשִׁיכָה; גֵּרוּי, מַדּוּחִים

**ten** *n.* & *adj.* (טֶן) עֲשָׂרָה (.m), עֶשֶׂר (.f); שְׁטַר בֶּן עֲשָׂרָה דּוֹלָר

take — הַפְסָקַת מְנוּחָה לְעֶשֶׂר דַּקּוֹת

**tena'cious** *adj.* (טֶנֵישֶׁס) נֶאֱחָז בַּחֲזָקָה, אֵיתָן, חָזָק; מַחֲזִיק הַרְבֵּה; מַתְמִיד, עִקֵּשׁ; דָּבִיק, צָמִיג

**tenac'ity** *n.* (טֶנֶסִטִי) אֲחִיזָה עַקְשָׁנִית, עַקְשָׁנוּת

**ten'ancy** *n.* (טֶנֶנְסִי) הַחְזָקָה, אֲרִיסוּת, חֲכִירוּת, שְׂכִירוּת

**ten'ant** *n.* (טֶנֶנְט) שׂוֹכֵר; דַּיָּר

**tend** *v.i.* & *t.* (טֶנְד) נָטָה; הוֹבִיל; טִפֵּל בְּ־; שָׁמַר עַל; דָּאַג לְ־

**ten'dency** *n.* (טֶנְדֶנְסִי) נְטִיָּה, מְגַמָּה

**ten'der** *adj.* & *n.* & *v.t.* (טֶנְדֶר) רַךְ; עָדִין; חַלָּשׁ; צָעִיר; לֹא־מְבֻגָּר; רָגִישׁ; שֶׁל חִבָּה; הַגָּשָׁה, הַצָּעָה; תַּשְׁלוּם כַּסְפִּי; מִכְרָז; מַשְׁגִּיחַ; הִצִּיעַ, הִגִּישׁ

**ten'derness** *n.* (טֶנְדֶרְנֶס) רֹךְ, רַכּוּת, עֲדִינוּת; חִבָּה

**ten'don** *n.* (טֶנְדֶן) גִּיד

**ten'ement** *n.* (טֶנֶמֶנְט) בֵּית מְגוּרִים; דִּירָה

**ten'fold"** *adj.* (טֶנְפוֹלְד) פִּי עֲשָׂרָה

**ten'nis** *n.* (טֶנִס) טֶנִיס

**ten'or** *n.* (טֶנֶר) מַשְׁמָעוּת, מוּבָן; מַהֲלָךְ הִתְקַדְּמוּת; טֶנוֹר

**tense** *adj.* & *n.* (טֶנְס) מָתוּחַ; זְמַן (בדקדוק)

**ten'sion** *n.* (טֶנְשֶׁן) מְתִיחוּת, מֶתַח

**tent** *n.* (טֶנְט) אֹהֶל

**ten'tacle** *n.* (טֶנְטֶקְל) זְרוֹעַ צַיִד; בַּחֲנִין
**ten'tative** *adj.* (טֶנְטֶטִב) נִסְיוֹנִי; לֹא־וַדָּאִי, עֲרָאִי, הַסְסָנִי
**tenth** *adj.* & *n.* (טֶנְת׳) עֲשִׂירִי/ת; הַחֵלֶק הָעֲשִׂירִי
**ten'ure** *n.* (טֶנְיֶר) וֶתֶק, חֲזָקָה, הַחְזָקָה
**tep'id** *adj.* (טֶפִּד) פּוֹשֵׁר
**term** *n.* (טֶרְם) מֻנָּח; תְּקוּפָה; סֶמֶסְטֶר; מוֹעֵד; לֵדָה
—s תְּנָאִים
bring to —s הִכְנִיעַ
come to —s הִגִּיעַ לִידֵי הֶסְכֵּם
— *v.t.* קָרָא שֵׁם, כִּנָּה
**ter'minal** *adj.* & *n.* (טֶרְמִנְל) סוֹפִי, שֶׁל סִיּוּם; שֶׁל תְּקוּפוֹת מְזֻמָּנוֹת; שֶׁל מָסוֹף; שֶׁל גְּבוּל; מָסוֹף; סוֹף; קָצֶה; תַּחֲנָה סוֹפִית, תַּחֲנָה; קֹטֶב
**ter'minate** *v.t.* & *i.* (טֶרְמִנֵיט) סִיֵּם; הִסְתַּיֵּם, חָדַל
**ter"mina'tion** *n.* (טֶרְמִנֵישְן) סִיּוּם; גְּבוּל; תּוֹצָאָה
**ter'minus** *n.* (טֶרְמִנַס) סוֹף; תַּחֲנָה סוֹפִית, מָסוֹף; תַּכְלִית, מַטָּרָה; גְּבוּל; אֶבֶן גְּבוּל
**ter'race** *n.* (טֶרִס) טֶרָסָה, מַדְרֵגָה; גַּג שָׁטוּחַ; חָצֵר (צמודה לבית)
**terres'trial** *adj.* (טֶרֶסְטְרִיאֲל) שֶׁל כַּדּוּר הָאָרֶץ; יַבַּשְׁתִּי; שֶׁל הָעוֹלָם הַזֶּה, אַרְצִי
**terr'ible** *adj.* (טֶרִבְּל) חָמוּר; קָשֶׁה; נוֹרָא, אָיֹם
**terrif'ic** *adj.* (טֶרִפִק) עָצוּם; מַבְעִית
**ter'rify"** *v.t.* (טֶרִפַי) הִטִּיל אֵימָה, הִפְחִיד, הִבְעִית
**ter"ritor'ial** *adj.* (טֶרִטוֹרִיאֲל) שֶׁל שֶׁטַח מְסֻיָּם; אַרְצִי, מְקוֹמִי; טֶרִיטוֹרְיָאלִי
**ter'ritor"y** *n.* (טֶרִטוֹרִי) חֶבֶל אֶרֶץ, אֶרֶץ; מֶרְחָב, מָחוֹז, אֵזוֹר; תְּחוּם; טֶרִיטוֹרְיָה
**ter'ror** *n.* (טֶרַר) אֵימָה, טֵרוֹר
**ter'rorize"** *v.t.* (טֶרַרַיז) הִטִּיל אֵימָה עַל; הִשְׁתַּלֵּט עַל בְּאֶמְצָעוּת טֵרוֹר
**terse** *adj.* (טֶרְס) קָצָר, תַּמְצִיתִי
**test** *n.* & *v.t.* & *i.* (טֶסְט) בְּחִינָה, מִבְחָן; נִסָּיוֹן; בְּדִיקָה; אֶבֶן בֹּחַן; בָּחַן, עָרַךְ מִבְחָן; נִסָּה; צָרַף, בָּדַק
**tes'tament** *n.* (טֶסְטֻמֶנְט) צַוָּאָה; בְּרִית
New Testament הַבְּרִית הַחֲדָשָׁה
Old — הַתַּנַ"ךְ
**tes'tify"** *v.i.* (טֶסְטִפַי) הֵעִיד, הִצְהִיר, קָבַע
**tes"timo'nial** *n.* (טֶסְטִמוֹנִיאֲל) עֵדוּת בִּכְתָב; הַמְלָצָה; מַתַּת־הַעֲרָכָה
**tes'timo"ny** *n.* (טֶסְטִמוֹנִי) עֵדוּת; הוֹכָחָה, רְאָיָה; הַצְהָרָה קָבָל עַם; לוּחוֹת הַבְּרִית
**tes'ty** *adj.* (טֶסְטִי) רוֹגֵז בְּקֹצֶר רוּחַ
**tet'anus** *n.* (טֶטֲנַס) צַפֶּדֶת, טֶטָנוּס
**teth'er** *n.* (טֶדֶ׳ר) אַפְסָר, חֶבֶל קְשִׁירָה; תְּחוּם פְּעִילוּת, תְּחוּם מַשְׁאַבִּים
at the end of one's — בִּקְצֵה הַגְּבוּל שֶׁל הַמַּשְׁאַבִּים, הַסַּבְלָנוּת אוֹ הַכֹּחַ
— *v.t.* קָשַׁר, כָּלָא
**Te"tragram'maton"** *n.* (טֶטְרַגְרֶמֲטוֹן) שֵׁם הֲוָיָ"ה, הַשֵּׁם הַמְפֹרָשׁ
**text** *n.* (טֶקְסְט) טֶקְסְט, גִּרְסָה, נֹסַח; דִּבְרֵי הַמְחַבֵּר אוֹ הַנּוֹאֵם; נוֹשֵׂא; תַּמְלִיל; סֵפֶר לִמּוּד; פָּסוּק, הַכְּתָב וְהַלָּשׁוֹן (כל המקרא).
— book סֵפֶר לִמּוּד
**tex'tile** *n.* (טֶקְסְטַל) אָרִיג; סִיבֵי אֲרִיגָה; טֶקְסְטִיל
**tex'tual** *adj.* (טֶקְסְטְשוּאֲל) שֶׁל הַטֶּקְסְט; עַל פִּי הַכָּתוּב, שֶׁל הַנּוֹשֵׂא, שֶׁל הַנֹּסַח, שֶׁל הַגִּרְסָה
**tex'ture** *n.* (טֶקְסְצֶ׳ר) מִבְנֶה, מִרְקָם, מַסֶּכֶת, תַּמְצִית; סְגֻלָּה; אָרִיג
**than** *conj.* & *prep.* (דֶ׳ן; בלי הטעמה: דֶ׳ן) כִּי, מֵאֲשֶׁר; כַּאֲשֶׁר; לְעֻמַּת, לְגַבֵּי
**thank** *v.t.* (תֶ׳נְק) הוֹדָה
have oneself to — בְּעַצְמוֹ אַחֲרָאִי; הוּא אִישׁוֹ אָשֵׁם
—s *n. pl.* תּוֹדָה, תּוֹדָה לְךָ
**thank'ful** *adj.* (תֶ׳נְקְפֶל) אֲסִיר תּוֹדָה
**thank'less** *adj.* (תֶ׳נְקְלִס) כְּפוּי טוֹבָה; לְלֹא הַעֲרָכָה רְאוּיָה
**that** *pron.* & *adj.* & *adv.* & *conj.*
זֶה, זֹאת; הַהוּא, הַהִיא; (דֶ׳ט; בלי הטעמה: דֶ׳ט) שֶׁ־; אֲשֶׁר; לְפִי הַמִּדָּה הַמֻּזְכֶּרֶת
**thatch** *n.* & *v.t.* (תֶ׳ץ׳) סְכָךְ; שֵׂעָר; כִּסָּה בִּסְכָךְ
**thaw** *v.i.* & *t.* & *n.* נָמַס; הִתְחַמֵּם, הִפְשִׁיר; הִתְקָרֵב קְצָת; נַעֲשָׂה יְדִידוּתִי יוֹתֵר; הֲמַס; חִמֵּם; קֵרֵב; הַפְשָׁרָה

**the** *definite article* (דִ׳; בלי הטעמה לפני עיצור: דַ׳; בלי הטעמה לפני תנועה: דִ׳י) הַ, הָ, הֶ
— *adv.* מִשּׁוּם כָּךְ, בְּמִדָּה שֶׁ־, כְּכָל שֶׁ־
**the'ater** *n.* (תִ׳אַטֶר) תֵּאַטְרוֹן; צוֹפִים; זִירָה; אוּלָם; מַחֲזוֹת; אֵיכוּת שֶׁל בִּצּוּעַ דְּרָמָתִי
**thea'trical** *adj.* (תִ׳יאֶטְרִקְל) שֶׁל תֵּאַטְרוֹן; מְלָאכוּתִי; מְנֻפָּח, דְּרָמָתִי בְּצוּרָה מֻגְזֶמֶת
**—s** *n. pl.* הַצָּגַת חוֹבְבָנִים
**thee** *pron.* (דִ׳י) אוֹתְךָ (.m), אוֹתָךְ (.f)
**theft** *n.* (תֶ׳פְט) גְּנֵבָה
**their** *pron.* (דֵ׳ר; בלי הטעמה: דַ׳ר) שֶׁלָּהֶם (.m), שֶׁלָּהֶן (.f)
**theirs** *pron.* (דֵ׳רְז) שֶׁלָּהֶם (.m), שֶׁלָּהֶן (.f)
**them** *pron.* (דֶ׳ם; בלי הטעמה: דַ׳ם) אוֹתָם (.m), אוֹתָן (.f); לָהֶם (.m), לָהֶן (.f)
**theme** *n.* (תִ׳ים) נוֹשֵׂא; חִבּוּר; תֵּימָה
**themselves'** *pron. pl.* (דֶ׳מְסֶלְוְז) עַצְמָם (.m), עַצְמָן (.f); אִישִׁיּוּתָם כִּתְמוֹל שִׁלְשׁוֹם
**then** *adv.* (דֶ׳ן) אָז, אַחַר כָּךְ; בְּאוֹתוֹ זְמַן; אַחֲרֵי; מִלְּבַד זֶה; כְּתוֹצָאָה מִכָּךְ, בְּנְסִבּוֹת; לָכֵן, מִכֵּיוָן שֶׁכָּךְ; אֵפוֹא
— and there מִיָּד
— *adj. & n.* שֶׁל אוֹתוֹ זְמַן; אוֹתוֹ זְמַן
now and — מִזְּמַן לִזְמַן; לִפְעָמִים
**thence** *adv.* (דֶ׳נְס) מִשָּׁם; מֵאָז; מֵאוֹתוֹ מָקוֹר; לָכֵן
**thence"forth'** *adv.* (דֶ׳נְסְפוֹרְתְ׳) מֵאָז וָאֵילָךְ
**the"o'logian** *n.* (תִ׳יאָלוֹגְ׳ן) תֵּאוֹלוֹג; חוֹקֵר הָאֱלֹהוּת
**the"olog'ical** *adj.* (תִ׳יאָלוֹגִ׳קְל) תֵּאוֹלוֹגִי
**theol'ogy** *n.* (תִ׳יאוֹלַגִ׳י) תֵּאוֹלוֹגְיָה, חֵקֶר הָאֱלֹהוּת; חֵקֶר הַדָּת
**the'orem** *n.* (תִ׳יאֲרֶם) מִשְׁפָּט (במתמטיקה); כְּלָל; תֵּאוֹרֶמָה
**the"ore'tical** *adj.* (תִ׳יאֲרֶטִקְל) תֵּאוֹרֶטִי; עִיּוּנִי
**the'ory** *n.* (תִ׳יאֲרִי) תֵּאוֹרְיָה; מִשְׁנָה; הַנָּחָה, הַשְׁעָרָה
**ther'apy** *n.* (תֶ׳רַפִּי) רִפּוּי; כֹּחַ מַרְפֵּא; טִפּוּל

**there** *adv. & pron.* (דֶ׳ר) שָׁם; בְּעִנְיָן הַנִּדּוֹן; שָׁמָּה; הִנֵּה; כָּל הַכָּבוֹד לְ־; הַנְּקֻדָּה הַהִיא
— is יֵשׁ
— is not אֵין
— *n.* הַמַּצָּב הַהוּא
**there'about(s)"** *adv.* (דֶ׳רַבַּאוּט[ס]) בְּקִרְבַת אוֹתוֹ מָקוֹם, בְּאוֹתוֹ זְמַן בְּקֵרוּב; בְּאוֹתוֹ זְמַן, בְּאוֹתוֹ מָקוֹם בְּקֵרוּב
**there"by** *adv.* (דֶ׳רְבַּי) בְּזֶה, עַל יְדֵי כָּךְ; בְּקֶשֶׁר לְזֶה, עַל יַד־
**there"for'** *adv.* (דֶ׳רְפוֹר) תְּמוּרַת זֹאת, בִּשְׁבִיל זֹאת
**thre'fore"** *adv.* (דֶ׳רְפוֹר) לָכֵן, מִשּׁוּם כָּךְ
**there"in'** *adv.* (דֶ׳רִן) בְּתוֹךְ זֶה, בְּעִנְיָן זֶה
**there"of'** *adv.* (דֶ׳רוֹב) מִזֶּה, מִתּוֹךְ כָּךְ, מִכָּאן
**there"on'** *adv.* (דֶ׳רוֹן) עַל זֶה; מִיָּד אַחַר כָּךְ, לְסִיכָךְ
**there's** (דֶ׳רְז) (there has; there is קיצור של)
**there"upon'** *adv.* (דֶ׳רַפּוֹן) מִיָּד אַחַר כָּךְ; לָכֵן; כְּתוֹצָאָה מִכָּךְ; עַל זֶה; בְּיַחַס לְזֶה
**thermom'eter** *n.* (תֶ׳רְמוֹמֶטֶר) מַדְחֹם
**these** *pron. & adj.* (דִ׳יז) אֵלֶּה, אֵלּוּ; הָאֵלֶּה, הָאֵלּוּ
**the'sis** *n.* (תִ׳יסִס) הַנָּחָה; נוֹשֵׂא לְחִבּוּר; מוֹנוֹגְרַפְיָה (לקבלת תואר "מוסמך")
**they** *pron.* (דֵ׳י) הֵם (.m), הֵן (.f); אֲנָשִׁים
**they'll** (דֵ׳יל) (they shall; they will קיצור של)
**thick** *adj. & adv.* (תִ׳יק) עָבֶה; סָמִיךְ, צָפוּף; דָּחוּס; עָמֹק; מֻבְהָק, מֻדְגָּשׁ; לֹא־בָּרוּר; שׁוֹפֵעַ; קָרוֹב, אִינְטִימִי; מְטֻמְטָם; מֻסְרָז; בִּצְפִיפוּת; שֶׁיָּצָא עָבֶה
lay it on — גָּמַר הַהַלֵּל
— *n.* עֳבִי, מַעֲבֶה; הַחֵלֶק הַצָּפוּף בְּיוֹתֵר
through — and thin בְּדְבֵקוּת; בְּטוֹב וּבְרָע, בְּכָל מִינֵי מַצָּבִים
**thick'en** *v.t. & i.* (תִ׳יקְן) עִבָּה, הִתְעַבָּה; סִבֵּךְ, הִסְתַּבֵּךְ
**thick'et** *n.* (תִ׳יקֶט) סְבַךְ

**thick'ness** *n.* (תִ'קְנֶס) עֹבִי; שִׁכְבָה
**thief** *n.* (תִ'יף) גַּנָּב
**thieve** *v.t. & i.* (תִ'יב) גָּנַב; בִּצַּע גְּנֵבָה
**thie'very** *n.* (תִ'יבֶרִי) גְּנֵבָה
**thigh** *n.* (תַ'י) יָרֵךְ
**thim'ble** *n.* (תִ'מְבְּל) אֶצְבָּעוֹן
**thin** *adj. & v.t. & i.* (תִ'ין) דַּק, רָזֶה; קָלוּשׁ; דַּל; דָּלִיל; חַלָּשׁ; בָּהִיר; עָשָׂה דַק, דִּקֵּק, עָשָׂה דַק יוֹתֵר; נַעֲשָׂה דַק
**thine** *pron.* (דַ'ין) שֶׁלְּךָ, שֶׁלָּךְ
**thing** *n.* (תִ'נְג) דָּבָר, עֶצֶם; מַעֲשֶׂה; פְּרָט; מַטָּרָה, תַּכְלִית; דָּבָר מַתְאִים, שִׁיטָה מַתְאִימָה; מְלָאכָה, מְשִׂימָה; יְצוּר; יַחַס מוּזָר, בַּעַת
— s עִנְיָנִים; בְּגָדִים; רְכוּשׁ פְּרָטִי; כֵּלִים
**think** *v.i.* (תִ'נְק) חָשַׁב, סָבַר; הִרְהֵר; עִיֵּן; הֶחְלִיט; הִמְצִיא; נִזְכַּר; הִתְכַּוֵּן
— better of שִׁנָּה דַּעְתּוֹ; שָׁקַל שֵׁנִית
— fit חָשַׁב לְמַתְאִים
— up הִמְצִיא
**think'er** *n.* (תִ'נְקֶר) חוֹשֵׁב, הוֹגֶה דֵעוֹת
**thinking** *adj. & n.* (תִ'נְקִנְג) הֶגְיוֹנִי, שִׂכְלִי, נָבוֹן, חוֹשֵׁב; הוֹגֶה מַחֲשָׁבָה, פִּשּׁוּט, הִרְהוּר; חֲשִׁיבָה
**third** *adj. & n.* (תֶ'רְד) שְׁלִישִׁי/ת; הַהִלּוּךְ הַשְּׁלִישִׁי; שְׁלִישׁ; טֶרְצָה
**thirst** *n. & v.i.* (תֶ'רְסְט) צָמָא, צִמָּאוֹן; תְּשׁוּקָה; צָמֵא; הִשְׁתּוֹקֵק
**thirs'ty** *adj.* (תֶ'רְסְטִי) צָמֵא; מִשְׁתּוֹקֵק
**thir'teen"** *n. & adj.* (תֶ'רְטִין) שְׁלֹשָׁה עָשָׂר (.m) שְׁלֹשׁ עֶשְׂרֵה (.f)
**thir'ty** *n. & adj.* (תֶ'רְטִי) שְׁלֹשִׁים
**this** *pron. & adj.* (דִ'ס) זֶה (.m), זֹאת (.f); הַזֶּה, הַזֹּאת (וכן לציון נושא סתמי)
**this'tle** *n.* (תִ'סְל) קוֹצָן, קַרְטָם, דַּרְדַּר, קִפּוֹדָן
**thith'er** *adv.* (תִ'דֶ'ר) שָׁמָּה
**tho** *See* **although**
**thong** *n.* (תוֹ'נְג) רְצוּעַת עוֹר, שְׂרוֹךְ
**thorn** *n.* (תוֹ'רְן) קוֹץ; עֵץ הָעֻזְרָר
**thorn'y** *adj.* (תוֹ'רְנִי) קוֹצָנִי, מָלֵא קוֹצִים; עוֹקֵץ, דּוֹקְרָנִי; מְצַעֵר, מֵעִיק; קָשֶׁה, מְסֻבָּךְ
**thor'ough** *adj.* (תַ'רוֹ) יְסוֹדִי, קַפְּדָנִי; מֻשְׁלָם
**thor'oughfare"** *n.* (תַ'רֶפֶר) כְּבִישׁ מַעֲבָר, רְחוֹב מַעֲבָר; כְּבִישׁ רָאשִׁי, דֶּרֶךְ רָאשִׁית; מַעֲבָר
**those** *pron. & adj.* (דוֹ'ז) הֵם (.m), הֵן (.f); הָהֵם, הָהֵן
**thou** *pron.* (דַ'אוּ) אַתָּה (.m), אַתְּ (.f)
**though** *conj.* (דוֹ') לַמְרוֹת שֶׁ־; אֲפִלּוּ אִם
as — כְּאִלּוּ
**thought** *n.* (תוֹ'ט) מַחֲשָׁבָה, מַחֲשָׁבוֹת; חֲשִׁיבָה; הִרְהוּר, רַעְיוֹן; הָגוּת; כַּוָּנָה; צִפִּיָּה; תְּשׂוּמֶת־לֵב; דֵּעָה
**thought'ful** *adj.* (תוֹ'טְפֶל) שֶׁל מַחֲשָׁבָה, שֶׁל שִׁקּוּל דַּעַת; מְהַרְהֵר; זָהִיר, מִתְחַשֵּׁב
**thought'less** *adj.* (תוֹ'טְלֶס) חֲסַר־מַחֲשָׁבָה, חֲסַר־זְהִירוּת, רַשְׁלָנִי; לֹא־מִתְחַשֵּׁב, חֲסַר־טַקְט; טִפְּשִׁי
**thou'sand** *n. & adj.* (תַ'אוּזֶנְד) אֶלֶף
**thrash** *v.t.* (תְ'רֶשׁ) הִלְקָה; הִכָּה לַחֲלוּטִין; דָּשׁ
**thread** *n. & v.t.* (תְ'רֶד) חוּט; נִימָה; תַּבְרִיג; הִשְׁחִיל; שֵׂרֵךְ דַּרְכּוֹ, תִּבְרֵג
**thread'bare"** *adj.* (תְ'רֶדְבֵּר) מְרֻפָּט, מְהוּהַ; דַּל; נָדוֹשׁ
**threat** *n.* (תְ'רֶט) אִיּוּם; סַכָּנָה
**threat'en** *v.t. & i.* (תְ'רֶטְן) אִיֵּם עַל; סִכֵּן
**three** *n. & adj.* (תְ'רִי) שְׁלֹשָׁה (.m), שָׁלֹשׁ (.f)
**three'fold"** *adj.* (תְ'רִיפוֹלְד) מְשֻׁלָּשׁ; פִּי שְׁלֹשָׁה
**thresh** *v.t. & i.* (תְ'רֶשׁ) דָּשׁ, חָבַט
— out (over) דָּן בְּ־ בִּיסוֹדִיּוּת כְּדֵי לְהַגִּיעַ לִידֵי מַסְקָנָה
**thresh'old** *n.* (תְ'רֶשׁוֹלְד) סַף, מִפְתָּן
**threw** (תְ'רוּ) (זמן עבר של throw)
**thrice** *adv.* (תְ'רַיס) שָׁלֹשׁ פְּעָמִים (ברציפות); פִּי שְׁלֹשָׁה; מְאֹד
**thrift** *n.* (תְ'רִפְט) חִסָּכוֹן
**thrif'ty** *adj.* (תְ'רִפְטִי) חַסְכָנִי
**thrill** *v.t. & i. & n.* (תְ'רִל) הִרְטִיט, הִרְעִיד, רִגֵּשׁ; הִתְרַגֵּשׁ, רָטַט; הִתְרַגְּשׁוּת, רֶטֶט
**thril'ler** *n.* (תְ'רִלֶר) סִפּוּר מֶתַח

**thrive** *v.t.* (תְ׳רַיב) שִׂגְשֵׂג; הִצְלִיחַ
**throat** *n.* (תְ׳רוֹט) גָּרוֹן, לֹעַ
cut one's own — הֵמִיט אָסוֹן עַל עַצְמוֹ
jump down someone's — נָעַר בּ־, גִּדֵּף
lump in one's — הִתְהַדְּקוּת הַגָּרוֹן מֵרֹב הִתְרַגְּשׁוּת
ram something down someone's — כָּפָה עָלָיו הַסְכָּמָה
stick in one's — הָיָה קָשֶׁה לְהַבִּיעַ
**throb** *v.i. & n.* (תְ׳רוֹב) פָּעַם בְּחָזְקָה, דָּפַק; הִתְרַגֵּשׁ; פְּעִימָה, דְּפִיקָה, הַלְמוּת
**throe** *n.* (תְ׳רוֹ) כְּאֵב חָזָק; הֶתְקֵף הִתְרַגְּשׁוּת
—s מַאֲבָק עַז; עֲוִית חָזָק; צִירֵי לֵדָה; פִּרְפּוּרֵי גְסִיסָה
**throne** *n.* (תְ׳רוֹן) כִּסֵּא מַלְכוּת; מַלְכוּת; סַמְכוּת הַמֶּלֶךְ; מֶלֶךְ; כְּהֻנָּה
**throng** *n. & v.i. & t.* (תְ׳רוֹנְג) הָמוֹן; הִצְטוֹפֵף; דָּחַק; מִלֵּא עַד אֶפֶס מָקוֹם; הִקְהִיל
**throt'tle** *n. & v.t.* (תְ׳רוֹטְל) מַשְׁנֵק; חָנַק, שִׁנֵּק; הִשְׁתִּיק
**through** *prep. & adv.* (תְ׳רוּ) דֶּרֶךְ; בְּמֶשֶׁךְ כָּל־; לְאַחַר שֶׁהִגִּיעַ לְסִיּוּם; וְעַד בִּכְלָל; לְאַחַר שֶׁנִּגְמַר בְּהַצְלָחָה; בְּאֶמְצָעוּת; כְּתוֹצָאָה מ־; כָּל הַדֶּרֶךְ; מֵהַהַתְחָלָה וְעַד הַסּוֹף; עַד הַסּוֹף; לְסִיּוּם מֻצְלָח; עַד לְסִיּוּם לַחֲלוּטִין; מִכָּל הַבְּחִינוֹת
— and —
— with נִתֵּק יְחָסִים עִם
— *adj.* גָּמוּר, עוֹבֵר מִקָּצֶה לְקָצֶה; עוֹבֵר מִצַּד אֶל צַד; לְלֹא תַּחֲנוֹת; לְלֹא מַחְסוֹמִים, רָצוּף, יָשִׁיר
**throughout'** *prep. & adv.* (תְ׳רוּאַוּט) בְּכָל חֵלֶק; מֵהַהַתְחָלָה וְעַד הַסּוֹף; בְּכָל מָקוֹם; בְּכָל נְקֻדָּה, סָעִיף סָעִיף
**throw** *v.t. & i.* (תְ׳רוֹ) זָרַק, הִשְׁלִיךְ; הֵטִיל; הֵנִיעַ; הֵנִיחַ בִּמְהִירוּת; הִפְעִיל; הִפִּיל אַרְצָה; יָצַר עַל הָאָבְנַיִם; הִפְסִיד בְּכַוָּנָה; הִדְהִים, בִּלְבֵּל
— a party עָרַךְ מְסִבָּה
— away זָרַק; נִפְטַר מ־; בִּזְבֵּז
— in הוֹסִיף
— off הִשְׁתַּחְרֵר מ־; זָרַק הַצִּדָּה; נִמְלַט מ־; פָּלַט; בִּלְבֵּל, הֵבִיךְ
— oneself at someone (someone's head) הִתְאַמֵּץ לְעוֹרֵר חִבָּה בְּלֵב־
— oneself into עָסַק בְּמֶרֶץ, עָסַק בְּהִתְלַהֲבוּת
— over נָטַשׁ
— together עָשָׂה מַהֵר, עָשָׂה בְּצוּרָה רַשְׁלָנִית; גָּרַם שֶׁיִּתְיַדֵּד
— up הֵקִיא; בָּנָה בְּחִפָּזוֹן; בִּקֵּר
— *n.* זְרִיקָה; מֶרְחַק זְרִיקָה; שְׂמִיכָה קַלָּה; הֲטָלַת קֻבִּיָּה
**thrum** *v.i. & t. & n.* (תְ׳רַם) פָּרַט; נְגִינָה חַדְגּוֹנִית
**thrush** *n.* (תְ׳רַשׁ) קִיכְלִי, טֶרֶד
**thrust** *v.t. & i. & n.* (תְ׳רַסְט) דָּחַף, דָּחַק; תָּחַב, תָּקַע; נִדְחַק; דְּחִיפָה, תְּחִיבָה; מִתְקָפָה; דַּחַף
**thru'way"** *n.* (תְ׳רוּוֵי) כְּבִישׁ מָהִיר
**thud** *n. & v.t. & i.* (תַ׳ד) קוֹל חֲבָטָה; חֲבָטָה; חָבַט
**thumb** *n.* (תַ׳ם) אֲגוּדָל, בֹּהֶן
all —s גַּמְלוֹנִי, מְגֻשָּׁם
—s down תְּנוּעַת מֹרַת רוּחַ
under one's — תַּחַת הַשְׁפָּעָה
— *v.t.* לְכְלֵךְ בָּאֲגוּדָל; דִּפְדֵּף; פָּרַט; בִּקֵּשׁ הַסָּעָה (ע״י ריכוז באגודל)
— one's nose at דָּחָה בְּבוּז; הִתְרִיס כְּנֶגֶד בְּבוּז, "צִפְצֵף עַל"
**thump** *n. & v.t.* (תַ׳מְפּ) חֲבָטָה; חָבַט, הָלַם בּ־
**thun'der** *n.* (תַ׳נְדֶר) רַעַם; אִיּוּם
steal someone' s— הֶחֱלִישׁ רֹשֶׁם (ע״י הקדמתו במעשה או בדיבור)
— *v.t.* רָעַם; אִיֵּם בְּקוֹל; גָּעָה בְּקוֹל
**thun'derbolt"** *n.* (תַ׳נְדֶרְבּוֹלְט) בָּרָק מְלֻוֶּה רַעַם
**thun'derstruck"** *adj.* (תַ׳נְדֶרְסְטְרַק) הָלוּם־רַעַם; מֻכֵּה־תַּדְהֵמָה
**Thurs'day** *n.* (תֶ׳רְזְדֵי) יוֹם חֲמִישִׁי, יוֹם ה׳
**thus** *adv.* (דַ׳ס) כָּךְ; בְּצוּרָה הַזֹּאת; לָכֵן; עַד; לְמָשָׁל, כְּדֻגְמָה
**thwart** *v.t. & n.* (תְ׳וֹרְט) סִכֵּל, מָנַע; מוֹשָׁב

**thy** *pron.* (דַ׳י) שֶׁלְּךָ (m.), שֶׁלָּךְ (f.)

**thyself′** *pron.* (דַ׳יסֶלְף) עַצְמְךָ (m.), עַצְמֵךְ (f.)

**tick** *n.* & *v.i.* & *t.* (טִק) טִקְטוּק; סִימָן; קַרְצִית; טִקְטֵק; עָבַר בְּלִוּוּי טִקְטוּק; סִמֵּן

**tick′et** *n.* & *v.t.* (טִקֶט) כַּרְטִיס; תָּוִית; רְשִׁימַת מֻעֲמָדִים; ״רֶפּוֹרְט״, דו״חַ עַל הֲפָרָה; הַדָּבָר הַמַּתְאִים; הִדְבִּיק תָּוִית עַל

**tick′le** *v.t.* & *i.* & *n.* (טִקְל) דִּגְדֵּג; עָשָׂה נַחַת רוּחַ; בִּדַּח; חָשׁ דִּגְדּוּג; דִּגְדּוּג

**tick′lish** *adj.* (טִקְלִשׁ) רָגִישׁ לְדִגְדּוּג; עָדִין, כָּרוּךְ בְּסַכָּנָה; רָגִישׁ מְאֹד; לֹא־יַצִּיב

**tid′al** *adj.* (טַידְל) שֶׁל גֵּאוּת וָשֵׁפֶל; תָּלוּי בְּגֵאוּת

**tid′bit″** *n.* (טִדְבִּט) חֲתִיכָה מֻבְחֶרֶת

**tide** *n.* (טַיד) גֵּאוּת וָשֵׁפֶל; זְרִימָה; זֶרֶם; מְגַמָּה; עוֹנָה

turn the — שִׁנָּה פְּנֵי הַדְּבָרִים; הָפַךְ הַקְּעָרָה עַל פִּיהָ

— *v.i.* & *t.* זָרַם אָנֶה וָאָנָה; צָף עִם הַזְּרִימָה; נָשָׂא

— over עָזַר עַד שֶׁהִשְׁתַּפֵּר הַמַּצָּב

**ti′dings** *n. pl.* (טַידִנְגְז) חֲדָשׁוֹת, בְּשׂוֹרוֹת

**ti′dy** *adj.* & *v.* & *t.* *i.* (טַידִי) מְסֻדָּר, מְאֻרְגָּן יָפֶה; מִתְקַבֵּל עַל הַדַּעַת, דֵּי טוֹב; נִכָּר; הִכְנִיס סֵדֶר, סִדֵּר

**tie** *v.t.* & *i.* & *n.* (טַי) קָשַׁר; הִדֵּק; כָּפַת; עָנַב; אִגֵּד; חִבֵּר; הִגְבִּיל; חִיֵּב; הִשִּׂיג תֵּיקוּ

— down הִגְבִּיל, כָּלָא, קָשַׁר

— in הִתְקַשֵּׁר; הָיָה עִקְבִי

— one on הִשְׁתַּכֵּר

— up קָשַׁר יָפֶה; עִכֵּב; עָצַר; הִשְׁקִיעַ עַד כְּדֵי מְנִיעַת שִׁמּוּשׁ; הָיָה עָסוּק

— *n.* קֶשֶׁר; חֶבֶל; עֲנִיבָה; זִקָּה; אֶדֶן

**tier** *n.* (טִיר) שׁוּרָה; שִׁכְבָה

**tiff** *n.* (טִף) מְרִיבָה קְטַנּוּנִית; רֹגֶז קַל

**ti′ger** *n.* (טַיגֶר) טִיגְרִיס; אָדָם נִמְרָץ הָעוֹבֵד קָשֶׁה

**tight** *adj.* (טַיט) מְהֻדָּק, הָדוּק; מָתוּחַ; צַר; קָשֶׁה; אָטוּם; מְצֻמְצָם; קָצָר; חָזָק, אֵיתָן; צָפוּף; קַמְצָנִי; שִׁכּוֹר, שָׁתוּי; שֶׁקָּשֶׁה לְהַשִּׂיגוֹ; מֻגְבָּל

**tight′en** *v. t.* & *i.* (טַיטְן) הִדֵּק; הִתְהַדֵּק

**tile** *n.* & *v.t.* (טַיל) מַרְצֶפֶת; רַעַף, רִצֵּף; רִעֵף

**till** *prep.* & *v.t.* & *n.* (טִל) עַד; לִפְנֵי; בִּשְׁעַת־; עִבֵּד; מְגֵרָה, תֵּבָה

**tilt** *v.t.* (טִלְט) הִטָּה; הִסְתָּעֵר עַל; הַטָּיָה; שִׁפּוּעַ; מִדְרוֹן; תַּחֲרוּת; סִכְסוּךְ; תְּחִיבָה

full — בְּכָל הָעָצְמָה; יְשִׁירוֹת

**tim′ber** *n.* (טִמְבֶּר) עֵץ; עֵץ בְּנִיָּה; יַעַר; קוֹרָה

**time** *n.* (טַים) זְמַן; תְּקוּפָה; מוֹעֵד; חֲוָיָה, בִּלּוּי; תְּקוּפַת מַאֲסָר; תְּקוּפַת שֵׁרוּת; פְּנַאי; הַשָּׁעָה; עֵת; הִזְדַּמְּנוּת מַתְאִימָה; תּוֹר; מִסְפָּר; מְהִירוּת צְעִידָה

against — בְּמַאֲמָץ לְסַיֵּם תּוֹךְ תְּקוּפָה מֻגְבֶּלֶת

ahead of — בְּהֶקְדֵּם, מֻקְדָּם

at one — פַּעַם; לְפָנִים; בְּעֵת וּבְעוֹנָה אַחַת

at —s לִפְעָמִים

behind the —s שַׁמְרָנִי, מְפַגֵּר

for the — being לְעֵת עַתָּה; זְמַנִּית

from — to — לִפְעָמִים, מִזְּמַן לִזְמַן

in good — בַּזְּמַן הַמַּתְאִים; בְּהֶקְדֵּם

in no — כִּמְעַט מִיָּד

in — דֵּי מֻקְדָּם; בְּסוֹפוֹ שֶׁל דָּבָר; לְפִי הַקֶּצֶב הַנָּכוֹן

keep — צִיֵּן הַשָּׁעָה; שָׁמַר עַל הַקֶּצֶב; עָשָׂה פְּעֻלּוֹת רִיתְמִיּוֹת בְּקֶצֶב

kill — בִּטֵּל זְמַן כְּדֵי שֶׁיַּעֲבוֹר מַהֵר

make good (bad) — נָסַע בִּשְׁעוּר־מְהִירוּת טוֹב (רַע)

make — פָּעַל בִּמְהִירוּת כְּדֵי לְהַרְוִיחַ זְמַן־אִחוּר

many a — שׁוּב וָשׁוּב, לְעִתִּים קְרוֹבוֹת

mark — דָּרַךְ בַּמָּקוֹם

on — בַּזְּמַן, בְּדַיְקָנוּת; בְּתַשְׁלוּמִים

out of — לֹא לְפִי הַקֶּצֶב הַנָּכוֹן

pass the — of day שׂוֹחֵחַ קְצָרוֹת; הֶחֱלִיף בְּרָכוֹת

take one's — פָּעַל בְּאִטִּיּוּת, הִתְבַּטֵּל

— of one's life תְּקוּפָתוֹ הַנָּאָה

— *adj.* שֶׁל זְמַן; שֶׁל קְנִיָּה בְּתַשְׁלוּמִים

— *v.t.* קָבַע הַזְּמַן; קָבַע מֶשֶׁךְ; כִּוֵּן הַזְּמַן; עָרַךְ לוּחַ זְמַנִּים; הִתְאִים הַזְּמַן; צִיֵּן הַקֶּצֶב

**time'ly** *adv.* (טַימְלִי) בְּעִתּוֹ, בְּשָׁעָה טוֹבָה

**tim'id** *adj.* (טִמִד) הַסְּסָן, חַשְׁשָׁן, פַּחְדָן, בַּיְשָׁן

**ti'ming** *n.* (טִמִדִטִי) חֲשָׁשָׁנוּת, הַסְּסָנוּת, פַּחְדָנוּת

**ti'ming** *n.* (טַימִנְג) עִתּוּי; קְבִיעַת זְמָן מַתְאִים

**tim'orous** *adj.* (טִמְרַס) פַּחְדָן; חַשְׁשָׁן

**tin** *n.* (טִן) בְּדִיל

**tin'der** *n.* (טִנְדֶר) חֹמֶר הַצָּתָה

**tinge** *v.t.* & *n.* (טִנְג׳) גִּוֵּן; נָתַן טַעַם, נָתַן רֵיחַ; גִּוּוּן קַל, שֶׁמֶץ

**tin'gle** *v.i.* & *n.* (טִנְגֶל) חָשׁ רֶטֶט; תְּחוּשַׁת רֶטֶט

**tin'ker** *n.* & *v.i.* (טִנְקֶר) פֶּחָח; בַּעַל מְלָאכָה גָּרוּעַ; בַּעַל מְלָאכָה לְכָל דָּבָר; עָסַק בְּפֶחָחוּת; עָבַד בְּצוּרָה גְּרוּעָה; הִתְבַּטֵּל, עָבַד לָרִיק

— s dam(n) ״קְלִפַּת הַשּׁוּם״

**tin'kle** *v. i.* & *t.* & *n.* (טִנְקֶל) צִלְצֵל; נִגֵּן בְּקַלִּילוּת; צִלְצוּל קַלִּיל

**tin'sel** *n.* & *adj.* (טִנְסֶל) לוּחִית נוֹצֶצֶת; רַאַוְתָנִי חָלוּל

**tint** *n.* & *v.t.* (טִנְט) גָּוֶן, צֶבַע; גִּוֵּן; צָבַע

**ti'ny** *adj.* (טַינִי) זָעִיר; קְטַנְטַן

**tip** *n.* & *v.t.* & *i.* (טִפּ) קָצֶה, חֹד; פִּסְגָּה, קָדְקֹד; כִּסּוּי; קָצֶה; הַטָּיָה, הַסִּיכָה; מַעֲנָק, דְּמֵי שְׁתִיָּה; מֵידָע מְיֻחָד; רַעְיוֹן מוֹעִיל; הִתְקִין כִּסּוּי לְקָצֶה; הִטָּה; הָפַךְ; הֵרִים (כובע); נָתַן מַעֲנָק, נָתַן דְּמֵי שְׁתִיָּה; נָטָה, הִתְהַפֵּךְ

— off מָסַר מֵידָע מְיֻחָד, הוֹדִיעַ; הִזְהִיר

**tip'sy** *adj.* (טִפְּסִי) מְבֻסָּם; עָקֹם

**tip'toe"** *n.* & *v.i.* (טִפְּטוֹ) קְצֵה אֶצְבַּע (של הרגל)

on — עַל קְצוֹת הָאֶצְבָּעוֹת; מִשְׁתּוֹקֵק; מָתוּחַ מִתּוֹךְ צִפִּיָּה; בִּגְנֵבָה, בִּזְהִירוּת

— *v.i.* פָּסַע עַל קְצוֹת הָאֶצְבָּעוֹת

**tip'top"** *n.* & *adj.* (טִפְּטוֹפ) רֹאשׁ הַפִּסְגָּה; הַדַּרְגָּה הַגְּבוֹהָה בְּיוֹתֵר; בַּשִּׂיא; הָאֵיכוּת הַגְּבוֹהָה בְּיוֹתֵר

**ti'rade** *n.* (טַירֵיד) גִּנּוּי מְמֻשָּׁךְ, הִתְפָּרְצוּת מִלּוּלִית; נְאוּם אָרֹךְ וְתַקִּיף

**tire** *v.t.* & *i.* & *n.* (טַיאֶר) הוֹגִיעַ, עִיֵּף, שִׁעֲמֵם, הֶלְאָה; הִתְעַיֵּף, נִלְאָה, רָצָה לִישֹׁן; הִשְׁתַּעֲמֵם; צְמִיג

**tired** *adj.* (טַיאֶרְד) עָיֵף; מְשֻׁתְעֲמָם; נִמְאַס לוֹ; נָדוֹשׁ; חֲסַר־סַבְלָנוּת

**tire'some** *adi.* (טַיאֶרְסֶם) מְיַגֵּעַ; מַרְגִּיז

**'tis** (טִז) (קיצור של it is)

**tis'sue** *n.* (טִשׁוּ) רִקְמָה; נְיָר דַּק

**tit' for tat'** גְּמוּל כִּגְמוּלוֹ

**tithe** *n.* (טַיד׳) מַעֲשֵׂר

**tit'le** *n.* שֵׁם, כּוֹתָר; כּוֹתֶרֶת; תֹּאַר; אַלִּיפוּת; זְכוּת, זְכוּת קִנְיָן

— page שַׁעַר (ספר)

**tit'ter** *v.i.* & *n.* (טִטֶר) צָחַק צְחוֹק עָצוּר; צְחוֹק עָצוּר

**tit'ular** *adj.* (טִטְיֻלֶר) שֶׁל תֹּאַר; בַּעַל תֹּאַר, בַּעַל דַּרְגָּה; בְּשֵׁם בִּלְבַד, שֶׁל שֵׁם

**to** *prep.* & *adv.* (טוּ; בלי הטעמה: טֶ) אֶל, לְ־; עַד; עַל; מֻסְכָּם בְּ־; בְּ־; לִנְקֻדַּת הַסְּגִירָה; לִפְעֻלָּה; מַצָּב הַכָּרָה

— and fro הָלוֹךְ וָשׁוֹב

**toad** *n.* (טוֹד) קַרְפָּדָה; נִבְזֶה, גֹּעַל

**toad'stool"** *n.* (טוֹדְסְטוּל) פִּטְרִיָּה אַרְסִית

**toa'dy** *n.* (טוֹדִי) חַנְפָן מִתְרַפֵּס, מְלַחֵךְ, פִּנְכָה; ״כֶּלֶב״

**toast** *n.* & *v.t.* (טוֹסְט) לֶחֶם קָלוּי, צָנִים; הֲרָמַת כּוֹס לִכְבוֹד־, שְׁתִיַּת לְחַיִּים; בְּרָכָה לִפְנֵי שְׁתִיַּת לְחַיִּים; אָדָם שֶׁלִּכְבוֹדוֹ שׁוֹתִים לְחַיִּים; קָלָה, צָנַם; שָׁתָה לְחַיֵּי־; הֵרִים כּוֹס לִכְבוֹד־

**tobac'co** *n.* (טֶבֶּקוֹ) טַבָּק

**today'** *n.* & *adv.* (טֶדֵי) הַיּוֹם; בְּיָמֵינוּ; כַּיּוֹם, כָּעֵת

**tod'dle** *v.i.* (טוֹדֶל) הָלַךְ בִּפְסִיעוֹת הַסְּסָנִיּוֹת

**to-do'** *n.* (טֶדוּ) הֲמֻלָּה

**toe** *n.* (טוֹ) אֶצְבַּע (של רגל, כפפה,); חַרְטוֹם

on one's —s נִמְרָץ; עֵרָנִי; מוּכָן

step (tread) on someone's —s
— *v.t.* פָּגַע ב־; פָּלַשׁ לְשֶׁטַח הַזּוּלַת, הִסִּיג גְּבוּל; סִפֵּק חַרְטוּם; נָגַע בְּאֶצְבְּעוֹת הָרֶגֶל; בָּעַט בְּאֶצְבְּעוֹת הָרֶגֶל

**togeth'er** *adv.* (טֻגֶדֶ'ר) יַחַד; זֶה אֶל זֶה; יַחְדָּיו; בְּאוֹתוֹ הַזְּמַן; לְלֹא הַפְסָקָה, בִּרְצִיפוּת, בְּשֻׁתָּפוּת

**toil** *n. & v.i.* (טוֹיל) עָמָל, עֲבוֹדָה קָשָׁה; עָמַל, עָבַד קָשֶׁה

**toi'let** *n.* (טוֹילֶט) אַסְלָה; חֲדַר אַמְבַּטְיָה; חֲדַר הַלְבָּשָׁה; הִתְלַבְּשׁוּת; לְבוּשׁ

**tok'en** *n.* (טוֹקֶן) סִימָן, אוֹת; סֵמֶל; מַזְכֶּרֶת; תָּג; אֲסִימוֹן; דֻּגְמָה

by the same — כִּרְאָיָה ל־; יָתֵר עַל כֵּן

in — of כְּאוֹת; כִּרְאָיָה ל־

**told** (טוֹלְד) (זמן עבר של tell)

all — בְּסַךְ הַכֹּל

**tol'erable** *adj.* (טוֹלֶרַבְּל) שֶׁאֶפְשָׁר לִסְבְלוֹ; לֹא רָע; בְּמַצַּב־בְּרִיאוּת טוֹב

**tol'erance** *n.* (טוֹלֶרַנְס) סוֹבְלָנוּת

**tol'erant** *adj.* (טוֹלֶרַנְט) סוֹבְלָנִי; סַבְלָן

**tol'erate"** *v.t.* (טוֹלֶרֵיט) סָבַל, הִתִּיר; הִתְיַחֵס בְּסוֹבְלָנוּת אֶל

**tol"era'tion** *n.* (טוֹלֶרֵישֶׁן) סוֹבְלָנוּת

**toll** *v.t. & i. & n.* (טוֹל) צִלְצֵל; הוֹדִיעַ עַל מָוֶת (בצלצולי פעמון); צִלְצוּל; תַּשְׁלוּם; אַגְרָה; מַס; מְחִיר הַנֵּזֶק; פִּצּוּי

**toma'to** *n.* (טֻמֵיטוֹ) עַגְבָנִיָּה; בַּחוּרָה

**tomb** *n.* (טוּם) קֶבֶר; כּוּךְ

**tom'boy"** *n.* (טוֹמְבּוֹי) בַּת הַמִּשְׁתּוֹבֶבֶת כְּבֵן

**tom'cat"** (טוֹמְקֶט) חָתוּל (זכר)

**tomor'row** *adv.* (טֻמוֹרוֹ) מָחָר

day after — מָחֳרָתַיִם

**ton** *n.* (טַן) טוֹנָה

**tone** *n.* (טוֹן) מִצְלוֹל; טוֹן; צְלִיל; קוֹל; אֵיכוּת קוֹל; טַעַם אָפְיָנִי; מַצָּב נַפְשִׁי בָּרִיא; הֲלָךְ־רוּחַ; אֲוִירָה, סִגְנוֹן; אֶלֶגַנְטִיּוּת

— down רִכֵּךְ

**tongs** *n. pl.* (טוֹנְגְז) מֶלְקָחַיִם

**tongue** *n.* (טַנְג) לָשׁוֹן; סִגְנוֹן דִּבּוּר

hold one's — שָׁתַק, הֶחֱרִישׁ

slip of the — פְּלִיטַת פֶּה

with (one's) — in cheek בְּלַעַג; בִּצְבִיעוּת; מִן הַשָּׂפָה וְלַחוּץ

**tongue'-tied"** *adj.* (טַנְג־טַיד) כְּבַד־פֶּה

**ton'ic** *n.* (טוֹנִק) תְּרוּפַת־מֶרֶץ; מַמְרִיץ; מֵי סוֹדָה

**tonight'** *n. & adv.* (טֻנַיט) הַלַּיְלָה

**ton'sil** *n.* (טוֹנְסִל) שָׁקֵד (בגרון)

**too** *adv.* (טוּ) גַּם; גַּם כֵּן; יוֹתֵר מִדַּי; נוֹסָף; מְאֹד; אָכֵן (לסתור משפט שלילי)

**took** (טוּק) (זמן עבר של take)

**tool** *n.* (טוּל) כְּלִי, מַכְשִׁיר; מְכוֹנָה; כְּלִי שָׁרֵת

**toot** *v.i. & t. & n.* (טוּט) שָׁרַק, צָפַר; הִשְׁמִיעַ קוֹל צְפִירָה; תָּקַע; תְּקִיעָה; צְפִירָה

**tooth** *n.* (טוּת') שֵׁן; טַעַם, מְשִׁיכָה ל־

in the teeth of נֹכַח, בְּעִמּוּת עִם, חֵרֶף, בְּנִגּוּד ל־

**tooth'paste"** *n.* (טוּת'פֵּיסְט) מִשְׁחַת שִׁנַּיִם

**tooth'pick"** *n.* (טוּת'פִּק) מַחְצָצָה, קֵיסָם

**top** *n.* (טוֹפ) רֹאשׁ, פִּסְגָּה, שִׂיא; קָדְקֹד; מִבְחָר; מִכְסֶה; הַתְחָלָה; סְבִיבוֹן

blow one's — הִתְמַלֵּא חֵמָה; יָצָא מִדַּעְתּוֹ, יָצָא מֵהַכֵּלִים

on — מַצְלִיחַ; מְנַצֵּחַ; שַׁלִּיט

on — of מֵעַל, עַל; נוֹסָף עַל; קָרוֹב מְאֹד ל־; שַׁלִּיט בּ־

— *adj.* עֶלְיוֹן, שֶׁבָּרֹאשׁ; הַגָּבוֹהַּ בְּיוֹתֵר; עִקָּרִי, רָאשִׁי

— *v.t. & i.* סִפֵּק רֹאשׁ, סִפֵּק מִכְסֶה; הָיָה בַּשִּׂיא; הִגִּיעַ לַפִּסְגָּה; עָלָה עַל; הֵסִיר הַחֵלֶק הָעֶלְיוֹן; עָלָה, הִתְרוֹמֵם

— off הִשְׁלִים, הִגִּיעַ לְשִׂיא; גָּמַר

**top'ic** *n.* (טוֹפִּק) נוֹשֵׂא

**top'ical** *adj.* (טוֹפִּקְל) אַקְטוּאָלִי; שֶׁל הַנּוֹשֵׂא; מְקוֹמִי

**topog'raphy** *n.* (טֻפּוֹגְרַפִי) טוֹפּוֹגְרַפְיָה

**top'sy-tur'vy** *adv. & adj.* (טוֹפְּסִי־טֶרְוִי) הָפוּךְ, עֶלְיוֹנִים וְתַחְתּוֹנִים בְּעִרְבּוּבְיָה, מְבֻלְבָּל

**torch** *n.* (טוֹרְץ') לַפִּיד, אֲבוּקָה

carry the — for סָבַל מֵאַהֲבָה לְאַ־
מְחֻזֶּרֶת

**tore** (טוֹר) קָרוּעַ (זמן עבר של tear)

**torment′** *v.t.* & *n.* (טוֹרְמֶנְט) עִנָּה;
הִכְאִיב; צִעֵר; הֵצִיק ל־; הִדְאִיג מְאֹד

tor′ment *n.* עִנּוּי, יִסּוּרִים, צַעַר

**torn** (טוֹרְן) (זמן עבר של tear)

**torna′do** *n.* (טוֹרְנֵידוֹ) טוֹרְנָדוֹ

**torpe′do** *n.* & *v.t.* (טוֹרְפִּידוֹ) טוֹרְפֶּדוֹ;
מוֹקֵשׁ תַּת־יַמִּי; מִטְעָן חֹמֶר נֶפֶץ; נַפָּץ; רוֹצֵחַ
שָׂכִיר; טִרְפֵּד; הִשְׁמִיד

**tor′pid** *adj.* (טוֹרְפִּד) חֲסַר־פְּעִילוּת,
מִתְנַהֵל בְּאִטִּיּוּת, אִטִּי, אָדִישׁ, שְׁוֵה־נֶפֶשׁ;
רָדוּם

**tor′por** *n.* (טוֹרְפֶּר) קִהָיוֹן; חֹסֶר פְּעִילוּת;
קִפָּאוֹן; תַּרְדֵּמָה, אֲדִישׁוּת

**tor′rent** *n.* (טוֹרְנְט) שֶׁטֶף; שִׁטָּפוֹן; זֶרֶם
אַדִּיר; גֶּשֶׁם שׁוֹטֵף

**tor′rid** *adj.* (טוֹרִד) חָרֵב, צָחִיחַ; לוֹהֵט

**tor′toise** *n.* (טוֹרְטֵס) צַב־יַבָּשָׁה

**tor′tuous** *adj.*(טוֹרְצ׳וּאֵס) נִפְתָּל, מְפֻתָּל;
עֲקַלְקַל; פְּתַלְתֹּל

**tor′ture** *v.i.* & *n.*(טוֹרְצ׳ר) עִנָּה; עִנּוּי

—s יִסּוּרִים

**toss** *v.t.* & *n.* (טוֹס) זָרַק כִּלְאַחַר יָד;
פִּרְכֵּס; הֵרִים פִּתְאוֹם; זָרַק מַטְבֵּעַ (להפלת
גורל): עִרְבֵּב; זְרִיקָה; הַפָּלַת גּוֹרָל; תְּנוּעָה
פִּתְאוֹמִית

**tot′al** *adj.* & *n.* & *v.t.* (טוֹטְל) כּוֹלֵל,
שָׁלֵם, גָּמוּר; כּוֹלְלָנִי; סַךְ הַכֹּל, סִכּוּם; כְּלָל;
סִכֵּם; הִסְתַּכֵּם בְּ־

**tot′ter** *v.i.* (טוֹטֶר) הִתְנוֹדֵד, הִתְנוֹעֵעַ; הָלַךְ
בִּצְעָדִים מוֹעֲדִים

**touch** *v.t.* & *i.* & *n.* (טַץ׳) נָגַע בְּ־;
מִשֵּׁשׁ; קֵרֵב; הִשְׁתַּמֵּשׁ בְּ־; הִשְׁפִּיעַ עַל; עוֹרֵר
רֶגֶשׁ; דָּן בְּ־; הִגִּיעַ לְ־; שִׁנָּה הַמַּרְאֶה קְצָת;
עָרַךְ בִּקּוּר קָצָר

— down נָחַת

— off הֵצִית, פּוֹצֵץ; הֵבִיא לִידֵי־

— on (upon) הִזְכִּיר דֶּרֶךְ אַגַּב; דָּן בְּ־
אַגַּב

— up שִׁפֵּר בְּשִׁנּוּיִים קַלִּים

— *n.* נְגִיעָה, מַגָּע; מִשּׁוּשׁ; תְּחוּשַׁת מִשּׁוּשׁ;
נְגִיעָה קַלָּה; הַתְקָפָה קַלָּה, קֹרֶטוֹב, נִימָה;
בַּקָּשַׁת הַלְוָאָה; מַלְוֶה בְּקַלּוּת

**touch′ing** *adj.* & *prep.* (טַצִ׳נְג) מְעוֹרֵר
רְגָשׁוֹת; נוֹגֵעַ לַלֵּב; נוֹגֵעַ; בְּיַחַס לְ־; בִּדְבַר־

**touch′stone″** *n.* (טַצ׳סְטוֹן) אֶבֶן בֹּחַן

**touch′y** *adj.* (טַצִ׳י) פָּגִיעַ, נֶעֱלָב בְּקַלּוּת,
רָגִישׁ, דּוֹרֵשׁ זְהִירוּת; דּוֹרֵשׁ זְרִיזוּת; מְסֻכָּן,
כָּרוּךְ בְּסִכּוּן

**tough** *adj.* & *n.* (טַף) חָזָק; מַחֲזִיק מַעֲמָד;
קָשׁוּחַ; קָשֶׁה; חָסֹן; עַקְשָׁן; שֶׁאֵין לוֹ תַּקָּנָה;
שֶׁקָּשֶׁה לְשֵׂאתוֹ; נִמְרָץ, חָמוּר; זְדוֹנִי, מֻרְשָׁע;
בַּעַל אֶגְרוֹף, בִּרְיוֹן

**tough′en** *v.t.* & *i.* (טַפְן) הִקְשָׁה, הִקְשִׁיחַ;
הִתְקַשָּׁה

**tour** *v.i.* & *n.* (טוּר) סִיֵּר; טִיּוּל, סִיּוּר,
תִּיּוּר

**tour′ist** *n.* & *adj.* (טֻרִסְט) תַּיָּר; שֶׁל
מַחְלֶקֶת תַּיָּרִים, שֶׁל תַּיָּרִים

**tour′nament** *n.* (טֶרְנֶמֶנְט) תַּחֲרוּת, טוּרְנִיר

**tou′sle** *v.t.* (טַאוּזְל) סָתַר, פָּרַע

**tout** *v.t.* & *i.* (טַאוּט) בִּקֵּשׁ תְּמִיכָה בְּמַפְגִּיעַ;
תֵּאֵר בַּחֲנֻפָּנוּת; מָסַר מֵידָע אִישִׁי; רִגֵּל

**tow** *v.t.* & *i.* & *n.* (טוֹ) גָּרַר; גְּרִירָה; גּוֹרֵר

in — בְּהַדְרָכַת־; תַּחַת פִּקּוּחַ; בְּחֶבְרַת־

**toward(s)** *prep.* (טוֹרְד[ז]) לִקְרַאת, לְעֵבֶר;
בִּשְׁבִיל; בְּקִרְבַת־; קָרוֹב לְ־; נֹכַח, מוּל;
כְּסִיּוּעַ לְ־, כִּתְרוּמָה לְ־; לְגַבֵּי, בְּיַחַס

**tow′el** *n.* (טַאוּאֶל) מַגֶּבֶת

throw in the — הוֹדָה בִּתְבוּסָה, נִכְנַע

**tow′er** *n.* & *v.i.* (טַאוּאֶר) מִגְדָּל; הִתְרוֹמֵם;
עָלָה עַל

**town** *n.* (טַאוּן) עִיר, עֲיָרָה; תּוֹשְׁבֵי עֲיָרָה;
מְקוֹם מֶרְכַּז הָעִיר

go to — עָשָׂה הֵיטֵב, בִּצַּע בִּיעִילוּת; עָשָׂה
מַהֵר

on the — מְחַפֵּשׂ אַחֲרֵי בִּדּוּר

**tox′ic** *adj.* (טוֹקְסִק) רָעִיל

**toy** *n.* & *v.i.* (טוֹי) צַעֲצוּעַ; דָּבָר חֲסַר־
עֵרֶךְ; חַיָּה זְעִירָה; שִׂחֵק, הִשְׁתַּעֲשֵׁעַ; נָהַג
קַלּוּת רֹאשׁ

**trace** *n.* & *v.t.* & *i.* (טְרֵיס) סִימָן; שָׂרִיד;
רֶמֶז קַל; כַּמּוּת זְעִירָה, שֶׁמֶץ; עָקֵב; עֲקֵבוֹת;
שְׁבִיל; רִשּׁוּם; הָלַךְ בְּעִקְבוֹת־; הִתְחַקָּה עַל

מָקוֹר; עָקַב אַחֲרֵי הִתְפַּתְּחוּת; חָקַר, גִּלָּה, הִתְוָה; טָבַע

**track** *n. & v.t. & i.* (טְרֶק) מְסִלָּה; סִימָנֵי גַלְגַּלִּים; עֲקֵבוֹת; סִימָנֵי רַגְלַיִם; מִשְׁעוֹל; נָתִיב; מַסְלוּל; מַהֲלָךְ; דֶּרֶךְ פְּעֻלָּה; רֹחַב בֵּין גַּלְגַּלִּים; הָלַךְ בְּעִקְבוֹת־; הִשְׁאִיר סִימָנֵי נַעֲלַיִם

— **down** לָכַד

**tract** *n.* (טְרֶקְט) אֵזוֹר, שֶׁטַח; חוֹבֶרֶת, קוּנְטְרֵס; מַסֶּכֶת

**trac'table** *adj.* (טְרֶקְטֶבְּל) מְקַבֵּל מָרוּת, נוֹחַ, וַתְּרָנִי; קַל לַעֲבוֹד

**trac'tor** *n.* (טְרֶקְטֶר) טְרַקְטוֹר

**trade** *n. & v.t. & i.* (טְרֵיד) סַחַר; קְנִיָּה; מְכִירָה; חֲלִיפִין; מִשְׁלַח־יָד; מִקְצוֹעַ; בַּעֲלֵי מִקְצוֹעַ; שׁוּק; תְּחוּם פְּעִילוּת עִסְקִית; לָקוֹחוֹת; סָחַר; קָנָה וּמָכַר; עָסַק בְּעִסְקוֹת חֲלִיפִין; הֶחֱלִיף; עָרַךְ קְנִיּוֹת

— **in** מָסַר חֵפֶץ מְשֻׁמָּשׁ כְּחֵלֶק מִמְּחִיר חֵפֶץ חָדָשׁ

**trade'mark"** *n.* (טְרֵידְמַרְק) סֵמֶל מִסְחָרִי

**tra'der** *n.* (טְרֵידֶר) סוֹחֵר; אִישׁ עֲסָקִים; אֳנִיַּת־סַחַר

**trade' un"ion** *n.* (טְרֵיד יוּנְיֶן) אִגּוּד מִקְצוֹעִי

**traditi'on** *n.* (טְרֶדִשֶׁן) מָסֹרֶת

**traditi'onal** *adj.* (טְרֶדִישֶׁנֶל) מָסָרְתִּי

**traf'fic** *n. & v.i.* (טְרֶפִק) תְּנוּעָה; תַּעֲבוּרָה; סַחַר, מִסְחָר; סָחַר

**trag'edy** *n.* (טְרֶגֶ'דִי) טְרָגֶדְיָה

**trag'ic** *adj.* (טְרֶגִ'יק) טְרָגִי; נוּגֶה; הֲרֵה־אָסוֹן

**trail** *v.t. & i. & n.* (טְרֵיל) גָּרַר; הֵבִיא בְּעִקְבוֹת־; הָלַךְ בְּעִקְבוֹת־; נִגְרַר; סָרַח; נֶחֱלַשׁ; נָחַל תְּבוּסָה; מִשְׁעוֹל; עֲקֵבוֹת; סֶרַח

**trai'ler** *n.* (טְרֵילֶר) עוֹקֵב אַחֲרֵי; נִסְרָח אַחֲרֵי; נִגְרֶרֶת; קָרוֹן

**train** *n. & v.t.* (טְרֵין) רַכֶּבֶת; תַּהֲלוּכָה; שׁוּרָה; שֹׁבֶל; פָּמַלְיָה; סְפִיחַ; תּוֹצָאַת־לְוַאי; מַהֲלָךְ; אִמֵּן, תִּרְגֵּל, הִדְרִיךְ; אִלֵּף; כִּוֵּן

**trai'ner** *n.* (טְרֵינֶר) מְאַמֵּן; מְאַלֵּף

**trai'ning** *n.* (טְרֵינִנְג) אִמּוּן, הַדְרָכָה

**trait** *n.* (טְרֵיט) סְגֻלָּה, טֶבַע

**trai'tor** *n.* (טְרֵיטֶר) בּוֹגֵד

**trai'torous** *adj.* (טְרֵיטֶרֶס) בּוֹגְדָנִי

**tramp** *v.i. & t. & n.* (טְרֶמְפּ) צָעַד בִּכְבֵדוּת; דָּרַךְ; צָעַד; טִיֵּל; שׁוֹטֵט, נָע וָנָד; נָסַע בָּאֳנִיַּת מַשָּׂא מְשׁוֹטֶטֶת; צְעִידָה; דְּרִיכָה; מְשׁוֹטֵט, הֵלֶךְ, נָע וָנָד; פְּרוּצָה; אֳנִיַּת מַשָּׂא מְשׁוֹטֶטֶת

**tram'ple** *v.i. & t.* (טְרֶמְפְּל) צָעַד בִּכְבֵדוּת; רָמַס

**trance** *n.* (טְרֶנְס) חַרְגּוֹן; טְרַנְס; מַצַּב־מְבוּכָה נַפְשִׁי; מַצַּב הַפְּנוּטִי; הִתְפַּשְּׁטוּת הַגַּשְׁמִיּוּת

**tran'quil** *adj.* (טְרֶנְקְוִל) שָׁלֵו, רָגוּעַ

**tran'quili"zer** *n.* (טְרֶנְקְוִלַיְזֶר) מַרְגִּיעַ; סַם הַרְגָּעָה

**tran'quility** *n.* (טְרֶנְקְוִלִטִי) שַׁלְוָה

**transact'** *v.t.* (טְרֶנְזֶקְט) נִהֵל, בִּצֵּעַ

**transac'tion** *n.* (טְרֶנְזֶקְשֶׁן) עִסְקָה; בִּצּוּעַ

**transcend'** *v.t.* (טְרֶנְסֶנְד) עָלָה עַל

**transcribe'** *v.t.* (טְרֶנְסְקְרַיְבּ) הֶעְתִּיק; תִּרְגֵּם

**trans'fer** *v.t. & i. & n.* (טְרֶנְסְפֶר) הֶעֱבִיר; מָסַר ל־; עָבַר; הַעֲבָרָה, מְסִירָה; כַּרְטִיס הַעֲבָרָה; מַחְלִיף מָקוֹם

**transfix'** *v.t.* (טְרֶנְסְפִקְס) דָּקַר; סִמֵּר; שִׁתֵּק בְּמַכְשִׁיר חַד

**transform'** *v.t.* (טְרֶנְסְפוֹרְם) שִׁנָּה מַרְאֶה; שִׁנָּה; הֵמִיר

**trans"forma'tion** *n.* (טְרֶנְסְפֶרְמֵישֶׁן) שִׁנּוּי מַרְאֶה, שִׁנּוּי; פֵּאָה נָכְרִית

**transfor'mer** *n.* (טְרֶנְסְפוֹרְמֶר) טְרַנְסְפוֹרְמָטוֹר, שַׁנַּאי

**transfu'sion** *n.* (טְרֶנְזְפְיוּז'ן) עֵרוּי, עֵרוּי דָּם

**transgress** *v.i. & t.* (טְרֶנְסְגְרֶס) הֵפֵר (חוק); עָבַר עַל; חָטָא

**tran'sient** *adj. & n.* (טְרֶנְשֶׁנְט) חוֹלֵף, עוֹבֵר; זְמַנִּי; עוֹבֵר אֹרַח; אוֹרֵחַ זְמַנִּי

**tran'sit** *n.* (טְרֶנְזִט) מַעֲבָר; שִׁנּוּי; תַּחְבּוּרָה, תַּעֲבוּרָה; תֵּאוֹדוֹלִיט

**transiti'on** *n.* (טְרֶנְזִשֶׁן) מַעֲבָר, שִׁנּוּי, חִלּוּף; אִסְנוּן

**tran'sitive** *adj.* (טְרֶנְסִטִב) חוֹלֵף, יוֹצֵא (פועל)

**tran'sito"ry** *adj.* (טְרֶנְזִטוֹרִי) חוֹלֵף, עוֹבֵר; קָצָר; זְמַנִּי

**translate'** *v.t.* (טְרֶנְסְלֵיט) תִּרְגֵּם; הֵמִיר; בֵּאֵר

**transla'tion** *n.* (טְרֶנְסְלֵישְׁן) הֲמָרָה; תִּרְגּוּם

**transla'tor** *n.* (טְרֶנְסְלֵיטֶר) מְתַרְגֵּם

**transmissi'on** *n.* (טְרֶנְסְמִשֶׁן) מְסִירָה, מִשְׁלוֹחַ; מִמְסָרָה; שִׁדּוּר, תִּמְסֹרֶת

**transmit'** *v.t. & i.* (טְרֶנְסְמִט) מָסַר, הֶעֱבִיר; הֵפִיץ; שִׁדֵּר

**transmit'ter** *n.* (טְרֶנְסְמִטֶר) מַעֲבִיר; מוֹסֵר; מַשְׁדֵּר

**transpa'rency** *n.* (טְרֶנְסְפֶּרֶנְסִי) שְׁקִיפוּת; שְׁקוּפִית

**transpar'ent** *adj.* (טְרֶנְסְפֶּרֶנְט) שָׁקוּף; גָּלוּי; בָּרוּר

**transpire'** *v.i.* (טְרֶנְסְפַּיְאֶר) אֵרַע; פָּלַט; נִפְלַט; הִתְגַּלָּה

**transplant'** *v.t.* (טְרֶנְסְפְּלֶנְט) שָׁתַל; עָבַר לְמָקוֹם אַחֵר; הֶעֱבִיר

**trans'plant'** *n.* שְׁתִילָה, הַשְׁתָּלָה

**transport'** *v.t.* (טְרֶנְסְפּוֹרְט) הוֹבִיל, הֶעֱבִיר; הִקְסִים; הֶגְלָה

**trns'port"** *n.* הוֹבָלָה, תּוֹבָלָה, הַעֲבָרָה; רִגּוּשׁ עַז; אֹשֶׁר עִלָּאִי; גּוֹלֶה

**trans"porta'tion** *n.* (טְרֶנְסְפֶּרְטֵישֶׁן) הַעֲבָרָה; תַּחְבּוּרָה; דְּמֵי נְסִיעָה; גֵּרוּשׁ

**transpose'** *v.t.* (טְרֶנְסְפּוֹז) הֶחֱלִיף סֵדֶר

**trap** *n.* (טְרֶפּ) מַלְכֹּדֶת; מוֹקֵשׁ; מַחְסוֹם מַיִם; פֶּה

**—s** כְּלֵי הַקָּשָׁה

**—** *v.t. & i.* לָכַד; תָּפַס בְּעָרְמָה; טָמַן מַלְכֹּדֶת; לָכַד חַיּוֹת־פֶּרֶא

**trap' door'** *n.* (טְרֶפְּדוֹר) דֶּלֶת מִשְׁטָח

**trap'pings** *n. pl.* (טְרֶפִּינְגְז) קִשּׁוּטִים, לְבוּשׁ הָדוּר; מַלְבּוּשִׁים

**trash** *n.* (טְרֶשׁ) פְּסֹלֶת, אַשְׁפָּה; שְׁטֻיּוֹת; אָרְחֵי־פָרְחֵי; רֵיקָה, אֲסַפְסוּף; סְמַרְטוּט, "חַנְטָרִישׁ"

**travail'** *n.* (טְרֶוֵיל) עָמָל; סֵבֶל, יִסּוּרִים; צִירֵי לֵדָה

**trav'el** *v.i. & n.* (טְרֶוֶל) נָסַע; הִתְקַדֵּם, נָע; הִתְרוֹעֵעַ; נָסַע מַהֵר; נְסִיעָה; תְּנוּעָה

**trav'eler** *n.* (טְרֶוֶלֶר) נוֹסֵעַ; תַּיָּר

**traverse** *v.t. & i.* (טְרֶוֶרְס) עָבַר; חָצָה; עָלָה בַּאֲלַכְסוֹן; הֶעֱבִיר בְּצוּרָה אָפְקִית; בָּדַק; סָתַר, הִכְחִישׁ; צִדֵּד

**trawl** *n. & v.i.* (טְרוֹל) מִכְמֹרֶת; דָּג בְּמִכְמֹרֶת

**tray** *n.* (טְרֵי) מַגָּשׁ; מְגֵרָה

**treach'erous** *adj.* (טְרֶצֶ'רֶס) בּוֹגְדָנִי; עַרְמוּמִי; לֹא־יַצִּיב; מְסֻכָּן

**treach'ery** *n.* (טְרֶצֶ'רִי) בְּגִידָה, מְעִילָה, רְמִיָּה

**tread** *v.t. & i. & n.* (טְרֶד) צָעַד עַל; רָמַס; עָשָׂה עַל יְדֵי צְעִידָה; דִּכֵּא; הָלַךְ; דָּרַךְ; צְעִידָה; קוֹל צְעָדִים; מִדְרַךְ כַּף רֶגֶל; סוּלְיָה (של צמיג), פְּרוֹפִיל

**trea'son** *n.* (טְרִיזְן) בְּגִידָה

**treas'ure** *n. & v.t.* (טְרֶזְ'ר) אוֹצָר; מַטְמוֹן; שָׁמַר בְּקַפְּדָנוּת; הוֹקִיר

**treas'urer** *n.* (טְרֶזְ'רֶר) גִּזְבָּר

**treas'ury** *n.* (טְרֶזְ'רִי) גִּזְבָּרוּת; אוֹצָר; הַכְנָסוֹת; מִשְׂרַד הָאוֹצָר; מְקוֹם שְׁמִירָה

**treat** *v.t. & i. & n.* (טְרִיט) הִתְיַחֵס אֶל; טִפֵּל בְּ־; דָּן בְּ־; עָרַךְ קַבָּלַת פָּנִים לִכְבוֹד־; הִזְמִין; נִהֵל מַשָּׂא וּמַתָּן; הַזְמָנָה (למאכל ומשקה ולבידור); תַּעֲנוּג; תּוֹר לְהַזְמִין

**trea'tise** *n.* (טְרִיטִס) מַסָּה, מוֹנוֹגְרַפְיָה, חִבּוּר

**treat'ment** *n.* (טְרִיטְמֶנְט) טִפּוּל; יַחַס

**trea'ty** *n.* (טְרִיטִי) חוֹזֶה; הֶסְכֵּם

**treb'le** *adj. & n.* (טְרֶבְּל) פִּי שְׁלֹשָׁה; שֶׁל סוֹפְּרָן; סוֹפְּרָן

**tree** *n.* (טְרִי) עֵץ, אִילָן

**up a —** אוֹבֵד עֵצוֹת

**—** *v.t.* הִכְרִיחַ לְטַפֵּס עַל עֵץ

**trel'lis** *n.* (טְרֶלִס) שְׂבָכָה

**trem'ble** *v.i.* (טְרֶמְבְּל) רָעַד, חָרַד; רֶטֶט

**—ling** *n.* רַעַד

**tremen'dous** *adj.* (טְרִמֶנְדֶס) עָצוּם; נוֹרָא

**trem'or** *n.* (טְרֶמֶר) רַעַד; רֶטֶט, תְּנוּדָה

**trem'ulous** *adj.* (טְרֶמְיֻלֶס) רוֹעֵד, חָרֵד, רוֹטֵט; פּוֹחֵד

**trench** *n.* (טְרֶנְץ') חֲפִירָה, חָפִיר; תְּעָלָה

**trend** *n.* (טְרֶנְד) מְגַמָּה; סִגְנוֹן; כִּוּוּן כְּלָלִי

**trep"ida'tion** *n.* (טרפדישן) חרדה; רטט, רעדה

**tres'pass** *n.* & *v.t.* (טרספס) פשע; עברה; הסגת גבול; עבר עברה; הסיג גבול; חטא

**tress** *n.* (טרס) קוצה, תלתל ארך; מחלפה

**tres'tle** *n.* (טרסל) פגום, מתמך, סמך

**trial** *n.* & *adj.* (טריל) נסיון, מאמץ; משפט; מבחן; הוכחה; נסוי; העמדה במבחן, בחינה; מסה; סבל; פגע; של נסוי; נסיוני; של משפט; לדגמה

**tri'ang"le** *n.* (טריאנגל) משלש

**tri'bal** *adj.* (טריבל) שבטי

**tribe** *n.* (טריב) שבט

**trib"ula'tion** *n.* (טרבילישן) תלאה; נגע

**tribun'al** *n.* (טריביונל) בית משפט; מועצת שופטים

**trib'utar"y** *n.* (טרביוטרי) יובל; מעלה מס

**trib'ute** *n.* (טרביוט) מס; הכרת טובה; שי; מס עובד

**trice** *n.* (טריס) זמן קצר מאד, הרף עין

**trick** *n.* (טרק) תחבולה, ערמה, אחיזת עינים; תעלול; תכסיס; כשר; להטוט; הרגל; תור, משמרת; ילד, ילדה

do (turn) the — הביא לידי התוצאות הרצויות

— *v.t.* הערים על; רמה

**trick'ery** *n.* (טריקרי) גנבת הדעת, ערמה, תחבולות

**trick'le** *v.i.* & *n.* (טרקל) טפטף; הלך טפין טפין; טפטוף; כמות זעומה, טפין טפין

**trick'ster** *n.* (טרקסטר) רמאי, נוכל; תחבלן; שובב

**trick'y** *adj.* (טרקי) ערמומי; תחבולני; אוחז עינים

**trid'ent** *n.* (טריידנט) תלת־קלשון

**tried** (טריד) (זמן עבר של try)

**trien'nial** *adj.* & *n.* (טריאניאל) תלת־שנתי; נמשך שלש שנים; יום השנה השלישי; תקופת שלש שנים

**tri'fle** *n.* & *v.i.* (טריפל) דבר חסר־ערך; מעט; נהג קלות ראש כלפי; השתעשע; התבטל

**trifling** *adj.* (טריפלנג) של מה בכך, חסר־משמעות, חסר־ערך, פעוט; שטחי

**trig'ger** *n.* (טרגר) הדק; מנוף שחרור; יזם

quick on the — מגיב מניה וביה; ערני

— *v.t.* יזם תגובה

**trig"onom'etry** *n.* (טרגנומטרי) טריגונומטריה

**trill** *n.* & *v.i.* (טרל) סלסול הקול, חריל; טרלל

**trim** *v.t.* & *i.* & *n.* (טרם) סדר יפה על ידי גזיזה; תקן; גזז; ערך, הכשיר; נפנף; סדר; מצב טוב; קשוט; גזיזה

**trim'ming** *n.* (טרמנג) קשוט

**trin'ity** *n.* (טרנטי) שלישיה

Trinity שלוש

**trin'ket** *n.* (טרנקט) תכשיט זול; דבר חסר־ערך

**trip** *n.* & *v.i.* & *t.* (טרפ) נסיעה; טיול; מעידה; צעד כושל; משגה; כרכור; תקופת סמום; חוית סמים; מעד; הכשיל; תפס בקלקלה; הטה

— the light fantastic יצא במחולות

**tripe** *n.* (טריפ) מעים; הבלים; דבר חסר־ערך

**trip'le** *adj.* & *n.* & *v.i.* & *t.* (טרפל) פי שלשה, שלישיה; הגדיל פי שלשה

**trip'let** *n.* (טרפלט) אחד מתוך שלישיה

—s שלישיה

**tri'pod** *n.* (טריפוד) חצובה, תלת־רגל

**trite** *adj.* (טריט) נדוש

**tri'umph** *n.* & *v.i.* (טריאמף) נצחון; תהלוכת נצחון; נצח; גבר; עלז על הצלחה, חגג נצחון

**triumphant** *adj.* (טריאמפנט) מנצח, מצליח; עולז על הצלחה, חוגג נצחון

**triv'ial** *adj.* (טריויאל) קל־ערך, של מה בכך; קטנוני; חסר־משמעות, פעוט; שגרתי

**triv'ial'ity** *n.* (טריויאלטי) דבר קל־ערך; חסר חשיבות

**trod** (טרוד) (זמן עבר של tread)

**trol'ley** *n.* (טרולי) חשמלית; גלגל מוליך־זרם; קרונית

**troop** *n.* (טְרוּפּ) קְבוּצָה; חֲבוּרָה; פְּלֻגָּה; מַחְלָקָה (כל צופים)

**—s** חַיָּלִים

**—** *v.i.* הִתְקַהֵל; עָבַר בַּסָּךְ; עָבְרוּ בֶּהָמוֹן; צָעַד

**troo'per** *n.* (טְרוּפֶּר) פָּרָשׁ; שׁוֹטֵר רָכוּב

**tro'phy** *n.* (טְרוֹפִי) מַזְכֶּרֶת; עֵדוּת הִצְטַיְּנוּת; מַזְכֶּרֶת הֶשֵּׂג, פְּרָס

**trop'ic** *n. & adj.* (טְרוֹפִּק) חוּג (בגאוגרפיה): טְרוֹפִּי

the **—s** הָאֲזוֹרִים הַטְּרוֹפִּיִּים

**trop'ical** *adj.* (טְרוֹפִּקְל) טְרוֹפִּי

**trot** *v.i. & v.t.* (טְרוֹט) צָעַד בִּזְרִיזוּת: נֶחְפַּז; הִצְעִיד בִּזְרִיזוּת

**— out** הִגִּישׁ לְבִקֹּרֶת; הֵבִיא לְרַאֲוָה

**—** *n.* צְעִידָה זְרִיזָה, רִיצָה קַלָּה

**troub'le** *n.* (טְרַבְּל) צָרָה, קֹשִׁי; טִרְחָה; הִתְפָּרְעוּת; חֹלִי; מַאֲמָץ, רֹגֶז

in **—** הָרָה מִחוּץ לַנִּשּׂוּאִים

**—** *v.t. & i.* הִטְרִיחַ, הִדְאִיג; הִפְרִיעַ; הֵצִיק; הִרְגִּיז; הֶעְכִּיר; דָּאַג

**troub'leshoo"ter** *n.* (טְרַבְּלְשׁוּטֶר) מֻמְחֶה לְיִשּׁוּב סִכְסוּכִים; מֻמְחֶה לְגִלּוּי קִלְקוּלִים וְתִקּוּנָם

**troub'lesome** *adj.* (טְרַבְּלְסַם) מַטְרִיחַ, מַדְאִיג, קָשֶׁה

**trough** *n.* (טְרוֹף) אֵבוּס, שֹׁקֶת; תְּעָלָה; שֶׁקַע

**trounce** *v.t.* (טְרַאוּנְס) הִפְלִיא מַכּוֹת נֶאֱמָנוֹת; עָנַשׁ; הֵבִיס

**troupe** *n.* (טְרוּפּ) לַהֲקָה (נודדה)

**—er** *n.* שַׂחְקָן (בלהקה נודדת): שַׂחְקָן וָתִיק

**trous'ers** *n. pl.* (טְרַאוּזֶרְז) מִכְנָסַיִם

**trou'sseau** *n.* (טְרוּסוֹ) מַעֲרֶכֶת מַלְבּוּשִׁים וּכְלֵי בַּיִת לְכַלָּה

**trout** *n.* (טְרַאוּט) טְרוּטָה

**trow'el** *n.* (טְרַאוּאֶל) כַּף סַיָּדִים; יָעֶה

**tru'ant** *n. & adj.* (טְרוּאַנְט) נֶעְדָּר בְּלֹא רְשׁוּת; מִשְׁתַּמֵּט; נֶעְדָּר מִבֵּית הַסֵּפֶר בְּלֹא רְשׁוּת; רַשְׁלָנִי, עַצְלָנִי

**truce** *n.* (טְרוּס) הֲפוּגָה; שְׁבִיתַת נֶשֶׁק

**truck** *n. & v.t.* (טְרַק) מַשָּׂאִית; קְרוֹן־מַשָּׂא; קְרוֹנִית; מַעֲרֶכֶת גַּלְגַּלִּים; יְרָקוֹת לְשִׁוּק; "חַנְטָרִישׁ"; שִׂיחַ וָשִׂיג; הוֹבִיל בְּמַשָּׂאִית, טָעַן בְּמַשָּׂאִית; נָהַג בְּמַשָּׂאִית

**truck'ing** *n.* (טְרַקִינְג) תּוֹבָלָה בְּמַשָּׂאִיּוֹת

**truck'le** *v.i.* (טְרַקְל) נִכְנַע בְּהִתְרַפְּסוּת, הִתְרַפֵּס

**truc'ulent** *adj.* (טְרַקְיֻלֶנְט) פָּרוּעַ, אַכְזָר; דָּן בְּרוֹתְחִין; תּוֹקְפָנִי, שׁוֹאֵף קְרָבוֹת

**trudge** *v.i.* (טְרַג') הָלַךְ תּוֹךְ לֵאוּת, הִשְׂתָּרֵךְ, שֵׁרֵךְ דֶּרֶךְ

**true** *adj. & n.* (טְרוּ) אֲמִתִּי; נֶאֱמָן; כֵּן; מְדֻיָּק; דִּיּוּק

come **—** הִתְגַּשֵּׁם

**tru'ism** *n.* (טְרוּאִזְם) אֱמֶת בְּרוּרָה

**trul'y** *adv.* (טְרוּלִי) בֶּאֱמֶת; בְּדִיּוּק; כָּרָאוּי; בְּנֶאֱמָנוּת; אָכֵן, אָכְנָם

**trum'pet** *n. & v.i* (טְרַמְפֶּט) חֲצוֹצְרָה; תְּרוּעָה; תָּקַע בַּחֲצוֹצְרָה; הִשְׁמִיעַ קוֹל חֲצוֹצְרָה

**trum'peter** *n.:* (טְרַמְפֶּטֶר) חֲצוֹצְרָן; מַצְהִיר, מְשַׁבֵּחַ, מַסְפִּיד

**trun'cate** *v.t.* (טְרַנְקֵיט) קָטַם, קִצֵּר

**trund'le** *v. t.* (טְרַנְדְל) גִּלְגֵּל; הֶעֱבִיר

**trunk** *n.* (טְרַנְק) גֶּזַע (עץ): אַרְגָּז, מִזְוָדָה גְּדוֹלָה; תָּא־מִטְעָן; גּוּף (כלבד הגפיים): אָפִיק רָאשִׁי, קַו רָאשִׁי; חֶדֶק

**—s** מִכְנְסֵי הִתְעַמְּלוּת

**truss** *v.t. & n.* (טְרַס) קָשַׁר; כָּפַת; צִיֵּד בְּמִתְמָךְ; מִתְמָךְ; חֲגוֹרַת בֶּטֶן

**trust** *n. & v.i.& t.* (טְרַסְט) אֵמוּן; תִּקְוָה; בִּטָּחוֹן; אַשְׁרַאי; הַקָּפָה; אָדָם מְהֵימָן; מְהֵימָנוּת, אַחֲרָיוּת; הַשְׁגָּחָה; נֶאֱמָנוּת; הִתְאַגְּדוּת מוֹנוֹפּוֹלִיסְטִית, טְרַסְט; סָמַךְ עַל; בָּטַח בּ־; נָתַן אֵמוּן בּ־; הֶאֱמִין ל־; צִפָּה; הִפְקִיד בִּידֵי־; מָכַר בְּהַקָּפָה ל־

**trustee'** *n.* (טְרַסְטִי) נֶאֱמָן; אַפּוֹטְרוֹפּוֹס

**trust'ful** *adj.* (טְרַסְטְפֻל) נוֹתֵן אֵמוּן

**trust'wor"thy** *adj.* (טְרַסְטְוֶרְדִ'י) רָאוּי לְאֵמוּן; מְהֵימָן; שֶׁאֶפְשָׁר לִסְמֹךְ עָלָיו

**trus'ty** *n.* (טְרַסְטִי) אָסִיר שֶׁנּוֹתְנִים בּוֹ אֵמוּן

**truth** *n.* (טְרוּת') אֱמֶת, אֲמִתָּה; אֲמִתּוּת; נֶאֱמָנוּת לַמָּקוֹר; יֹשֶׁר; עֻבְדָּה; דִּיּוּק

**truth'ful** *adj.* (טְרוּת'פֻל) דּוֹבֵר אֱמֶת; אֲמִתִּי; נֶאֱמָן לַמְּצִיאוּת

**try** *v.t.* (טְרַי) הִשְׁתַּדֵּל; נִסָּה; בָּחַן, בָּדַק; נִסָּה לִפְתֹּחַ; הֶעֱמִיד לְמִשְׁפָּט; בֵּרֵר מִשְׁפָּט; הֶעֱמִיד בְּמִבְחָן
— on מָדַד
— out נִסָּה; בָּחַן
— *n.* נִסָּיוֹן; מַאֲמָץ
**try'ing** *adj.* (טְרַיאִנְג) מַרְגִּיז מְאֹד, קָשֶׁה, מַכְבִּיד
**tub** *n.* (טַב) אַמְבָּט, אַמְבַּטְיָה; גִּיגִית
**tube** *n.* (טוּב) צִנּוֹר; שְׁפוֹפֶרֶת; קָנֶה; מִנְהָרָה; אַבּוּב, פְּנִימִית
**tuber'cular** *adj.* (טוּבֶּרְקְיַלֶר) שַׁחוּף
**tuber"culo'sis** *n.* (טוּבֶּרְקְיַלוֹסִס) שַׁחֶפֶת
**tuck** *v.t.* & *n.* (טַק) דָּחַק פְּנִימָה; הֵדֵק; כִּסָּה יָפֶה; קִפֵּל; כִּוֵּץ; קֶפֶל
**Tues'day** *n.* (טוּזְדִי) יוֹם ג', יוֹם שְׁלִישִׁי
**tuft** *n.* (טַפְט) צִיצָה; פְּקַעַת חוּטִים
**tug** *v.t.* & *i.* & *n.* (טַג) סָחַב בְּכֹחַ; גֵּרֵר; עָמַל קָשֶׁה; סְחִיבָה בְּכֹחַ; מַאֲבָק; סְפִינַת גֹּרֶר; חֶבֶל סְחִיבָה; שַׁרְשֶׁרֶת
— boat סְפִינַת גֹּרֶר
**tuiti'on** *n.* (טוּאִשְׁן) שְׂכַר לִמּוּד; הוֹרָאָה
**tu'lip** *n.* (טוּלִפּ) צִבְעוֹנִי
**tum'ble** *v.i.* (טַמְבְּל) הִתְהַפֵּךְ, נָפַל; בִּצֵּעַ אַקְרוֹבַּטִיקָה; הִתְמוֹטֵט; נִתְקַל בְּ־ וְנָפַל; מָעַד; הִתְנַהֵל בִּמְבוּכָה; הֵפֵךְ; הָפַךְ; הִפִּיל; פָּרַע; מוֹטֵט; הִתְהַפְּכוּת; נְפִילָה; אַקְרוֹבָּטִיקָה; יְרִידָה; הֶעָנוּת, תְּגוּבָה; עִרְבּוּבְיָה, אַנְדְּרָלָמוּסְיָה
**tum'bler** *n.* (טַמְבְּלֶר) לוּלְיָן; עֶצֶר גְּלִילִי; כּוֹס; "נַחוּם־תַּקוּם"
**tum'or** *n.* (טוּמֶר) גִּדּוּל, שְׂאֵת
**tu'mult** *n.* (טוּמַלְט) הֲמֻלָּה; שָׁאוֹן; הִתְרַגְּשׁוּת
**tune** *n.* (טוּן) נְעִימָה, לַחַן; אַחְדוּת, הַרְמוֹנְיָה
change (one's) — שִׁנָּה דֵּעָה, שִׁנָּה עֶמְדָּה בְּצוּרָה קִיצוֹנִית
sing a different — שִׁנָּה דֵּעָה; שִׁנָּה הִתְנַהֲגוּת
to the — of בְּסְכוּם שֶׁל
— *v.i.* כִּוְנֵן; הִתְאִים; כִּוֵּן טוֹרִים
— in כִּוֵּן רַדְיוֹ; יָרַד לְסוֹף דַּעְתּוֹ שֶׁל

**tu'nic** *n.* (טוּנִק) אִצְטְלָה; מְעִיל קָצָר; טוּנִיקָה
**tun'nel** *n.* & *v.t.* & *i.* (טַנְל) מִנְהָרָה, מְחִלָּה; כָּרָה מִנְהָרָה
**tur'ban** *n.* (טֶרְבֶּן) מִצְנֶפֶת; טוּרְבָּן
**tur'bid** *adj.* (טֶרְבִּד) עָכוּר; סָמִיךְ; מְבֻלְבָּל
**tur'bine** *n.* (טֶרְבַּין) טוּרְבִּינָה
**tur'bulent** *adj.* (טֶרְבְּיַלֶנְט) סוֹעֵר, גּוֹעֵשׁ; מִסְרָע; אַלִּים
**tureen'** *n.* (טֶרִין) קַעֲרַת־מָרָק מְכֻסָּה, מָגֵס
**turf** *n.* (טֶרְף) שִׁכְבַת עֲשָׂבִים; גּוּשׁ כָּבוּל; תְּחוּם שְׁלִיטָה שְׁכוּנָתִי
the — מַסְלוּל מֵרוֹץ (לסוסים), מֵרוֹץ סוּסִים
**tur'gid** *adj.* (טֶרְג'ד) תָּפוּחַ; מְנֻפָּח; רַבְרְבָנִי
**tur'key** *n.* (טֶרְקִי) תַּרְנְגוֹל הֹדּוּ
talk — דִּבֵּר גְּלוּיוֹת
Turkey טוּרְקִיָּה
**Tur'kish** *adj.* & *n.* (טֶרְקִשׁ) טוּרְקִי; טוּרְקִית
**tur'moil** *n.* (טֶרְמוֹיל) אַנְדְּרָלָמוּסְיָה; מְהוּמָה
**turn** *v.t.* (טֶרְן) סוֹבֵב; הָפַךְ; הִטָּה; הֵסֵב; שִׁנָּה מְגַמָּה; שִׁנָּה אֹפִי; חִמֵּץ; שִׁנָּה צֶבַע; גָּרַם בְּחִילָה; תִּרְגֵּם; יִשֵּׂם; נָע מִסָּבִיב; עָבַר מֵעֵבֶר; הִפְנָה לְכִוּוּן מְסֻיָּם; עִבֵּד, שִׁבֵּב; שִׁוָּה צוּרָה עֲגֻלָּה; בִּטֵּא בְּחֵן; כּוֹפֵף, נָקַע; הִקְהָה; בִּצֵּעַ בְּסִבּוּבִים; סָתַר
— *v.i.* הִסְתּוֹבֵב; קָבַע כִּוּוּן; כִּוֵּן; פָּנָה לְ־; הִתְכּוֹפֵף; קָהָה; לָקָה בִּבְחִילָה; לָקָה בִּסְחַרְחֹרֶת; הֶחֱלִיף נֶאֱמָנוּת; תָּקַף; הֶחֱמִיץ; הֶחֱלִיף צְבָעִים; נֶהְפַּךְ לְ־
— away פָּנָה עֹרֶף לְ־
— down הָפַךְ, קִפֵּל; דָּחָה
— in מָסַר; שָׁכַב לִישׁוֹן
— off סָגַר; כִּבָּה; פָּנָה לְדֶרֶךְ צְדָדִית; שִׁעֲמֵם; הֶחֱלִישׁ הִתְעַנְיְנוּת
— on פָּתַח; הִדְלִיק; הִפְעִיל; פִּתָּה לָקַחַת סַם מְשַׁכֵּר; הִגִּיעַ לִידֵי הִתְעוֹרְרוּת רִגְשִׁית (לאחר לקיחת סמים); גֵּרָה, עוֹרֵר הִתְרַגְּשׁוּת אֵצֶל; פָּנָה בְּאֵיבָה אֶל

— out כִּבָּה; הִסִּיק; הִתְבָּרֵר; נַעֲשָׂה

— over הִתְהַפֵּךְ; הָפַךְ; הֶעֱבִיר; מָסַר;
נִדְלַק (מנוע); קָנָה וּמָכַר; עָשָׂה עֲסָקִים
בִּסְכוּם־; הִשְׁקִיעַ וְהִרְוִיחַ

— to פָּנָה בְּבַקָּשַׁת עֶזְרָה אֶל; הִתְחִיל
לַעֲבוֹד; נֶהְפַּךְ ל־

— up קִפֵּל, חָפַת; חָשַׂף, גִּלָּה, מָצָא;
הִגְבִּיר, הִגְדִּיל; קָרָה; הוֹפִיעַ, הִגִּיעַ, נִמְצָא
שׁוּב

— *n.* סִבּוּב; הַפְנָיָה; תּוֹר; פְּנִיָּה;
נְקֻדַּת מִפְנֶה; כִּוּוּן, מְגַמָּה; שִׁנּוּי; תַּפְנִית; סִגְנוֹן,
בִּטּוּי; נְטִיָּה; מִשְׁמֶרֶת; הֶתְקֵף; טוֹבָה; רָעָה;
דְּרִישָׁה; טִפּוּל

at every — בְּכָל מִקְרֶה, תָּמִיד

by —s לְסֵרוּגִין

in — לְפִי הַתּוֹר

out of — שֶׁלֹּא לְפִי הַתּוֹר; בְּצוּרָה לֹא
מַתְאִימָה; בְּצוּרָה טִפְּשִׁית

take —s הִתְחַלֵּף

to a — כַּהֲלָכָה; בְּדִיּוּק כְּמוֹ שֶׁצָּרִיךְ

**turn'coat"** *n.* (טֶרְנְקוֹט) בּוֹגֵד

**turn'ing point"** *n.* נְקֻדַּת מִפְנֶה

**tur'nip** *n.* (טֶרְנִפּ) לֶפֶת

**turn'off"** *n.* (טֶרְנוֹפ) הִסְתָּעֲפוּת, מִסְעָף,
סְטִיָּה

**turn'out"** *n.* (טֶרְנָאוּט) קָהָל, צִבּוּר נוֹכְחִים;
תְּפוּקָה; מַרְאֶה; צִיּוּד

**turn"o'ver** *n.* (טֶרְנוֹבֶר) הֲפִיכָה; מַחֲזוֹר;
פִּדְיוֹן; כִּיסוֹן

**turn'stile"** *n.* (טֶרְנְסְטַיל) מִצְלֶבֶת

**tur'ret** *n.* (טֶרֶט) צְרִיחַ

**tur'tle** *n.* (טֶרְטְל) צָב

**tusk** *n.* (טַסְק) נִיב

**tussle** *v.i.* & *n.* (טַסְל) נֶאֱבַק; מַאֲבָק,
תִּגְרָה

**tu'tor** *n.* & *v.t.* (טוּטֶר) מוֹרֶה פְּרָטִי;
מַדְרִיךְ; לִמֵּד בְּאֹרַח פְּרָטִי; שִׁמֵּשׁ אֶפִּיטְרוֹפּוֹס
ל־; אִמֵּן

**twang** *v.i.* & *t.* & *n.* (טְוֶנְג) הִשְׁמִיעַ קוֹל
רִטּוּט חַד; אִנְפֵּף; מָתַח מֵיתָר (של קשת); צְלִיל
רִטּוּט מֵיתָר; אִנְפּוּף

**'twas** (טְווֹז; בלי הטעמה: טְוַז) (קיצור של
it was)

**tweak** *v.t.* (טְוִיק) צָבַט וּמָשַׁךְ; צְבַט הָאַף

**twee'zers** *n. pl.* (טְוִיזֶרְז) מַלְקֶטֶת

**twelfth** *adj.* & *n.* (טְוֶלְפְת') הַשְּׁנֵים
עָשָׂר (.m); הַשְּׁתֵּים עֶשְׂרֵה (.f); הַחֵלֶק הַשְּׁנֵים
עָשָׂר

**twelve** *n.* & *adj.* (טְוֶלְב) שְׁנֵים עָשָׂר (.m),
שְׁתֵּים עֶשְׂרֵה (.f)

**twen'tieth** *adj.* & *n.* (טְוֶנְטִיאֶת')
הָעֶשְׂרִים; הַחֵלֶק הָעֶשְׂרִים

**twen'ty** (טְוֶנְטִי) עֶשְׂרִים

**twice** *adv.* (טְוַיס) פַּעֲמַיִם; פִּי שְׁנַיִם

**twid'dle** *v.t.* (טְוִידְל) סוֹבֵב

— one's thumbs הִתְבַּטֵּל

**twig** *n.* (טְוִג) זַלְזַל

**twi'light"** *n.* (טְוַילַיט) בֵּין הַשְּׁמָשׁוֹת,
דִּמְדּוּמִים; תְּקוּפַת יְרִידָה; אֲוִירַת חֹסֶר
בִּטָּחוֹן; תְּחוּשַׁת קַדְרוּת

**twin** *n.* (טְוִין) תְּאוֹם

**twine** *n.* & *v.t.* (טְוַין) חוּט שָׁזוּר; שָׁזַר,
כָּרַךְ

**twinge** *n.* (טְוִינְג') כְּאֵב חַד וּפִתְאוֹמִי; יִסּוּרִים;
כְּאֵב נַפְשִׁי חַד

**twin'kle** *v.i.* & *n.* (טְוִינְקְל) נִצְנֵץ; הִבְלִיחַ;
נִצְנוּץ, נִיצוֹץ; הֶרֶף עַיִן

**twirl** *v.t.* & *i.* & *n.* (טְוֶרְל) סוֹבֵב מַהֵר;
זָרַק (כדור); הִסְתּוֹבֵב מַהֵר; סִבּוּב מָהִיר;
הִסְתּוֹבְבוּת מְהִירָה; סְלִיל, חִלָּזוֹן

**twist** *v.t.* & *i.* & *n.* (טְוִסְט) שָׁזַר; כָּרַךְ
מִסָּבִיב; שִׁנָּה צוּרָה; נָקַע; סוֹבֵב וְשָׁבַר; עִוֵּת;
סִלֵּף; עֻוָּה; הִשְׁתַּזֵּר; הִתְפַּתֵּל; פָּנָה לְכִוּוּן
אַחֵר; רָקַד "טְוִיסְט"; סְטִיָּה; פְּנִיָּה; כִּפּוּף;
תְּנוּעָה סִבּוּבִית; שְׁזִירָה; עִוּוּת; צוּרָה
סְלִילִית; עֶמְדָּה מְשֻׁנָּה; טִפּוּל חָדָשׁ; מִפְנֶה
פִּתְאוֹמִי; שִׁנּוּי צוּרָה; כַּעַךְ; "טְוִיסְט" (ריקוד)

**twitch** *v.t.* & *i.* & *n.* (טְוִיץ') מָשַׁךְ
בִּתְנוּעָה מְהִירָה, חָטַף; פִּרְכֵּס; הֵנִיעַ בִּתְנוּעָה
מְקֻטַּעַת וַחֲטוּפָה; קִרְטֵעַ; צָבַט וְהִכְאִיב;
כְּאֵב פִּתְאוֹמִי; תְּנוּעַת גּוּף מְהִירָה וּמְקֻטַּעַת,
פִּרְכּוּס; מְשִׁיכָה פִּתְאוֹמִית

**twit'ter** *v.i.* & *n.* (טְוִטֶר) צִיֵּץ; פִּטְפֵּט;
צִחְקֵק; רָעַד; צִיּוּץ; רֶטֶט

**two** *n.* & *adj.* (טוּ) שְׁנַיִם (.m); שְׁתַּיִם (.f);
שְׁנֵי, שְׁתֵּי

**in —** בִּשְׁנֵי חֲלָקִים נִפְרָדִים

**put — and — together** הִסִּיק מַסְקָנָה נְכוֹנָה, הֵבִין דָּבָר מִתּוֹךְ דָּבָר

**two'fold"** *adj.* (טוּפוֹלְד) פִּי שְׁנַיִם

**type** *n. & v.t. & i.* (טַיְפּ) טִפּוּס, מַעֲמָד, סוּג; דֻּגְמָה, אַבְטִיפּוּס; אוֹת דְּפוּס; כָּתַב בִּמְכוֹנַת כְּתִיבָה, הִדְפִּיס, תִּקְתֵּק; קָבַע סוּג הַדָּם; סִמֵּל, יִצֵּג

**type'write"** *v.t. & i.* (טַיְפְּרַיְט) כָּתַב בִּמְכוֹנַת כְּתִיבָה, תִּקְתֵּק

**typ'ewri"ter** *n.* (טַיְפְּרַיְטֶר) מְכוֹנַת כְּתִיבָה

**— ing** *n.* כְּתִיבָה בִּמְכוֹנָה

**ty'phoid** *n.* (טַיְפוֹיד) טִיפוּס הַמֵּעַיִם

**typ'hus** *n.* (טַיְפֶס) טִיפוּס הַבֶּהָרוֹת

**typ'ical** *adj.* (טִפִּקְל) טִפּוּסִי, אָפְיָנִי, סִמְלִי

**ty'pify"** *v.t.* (טִפֶּפַי) שִׁמֵּשׁ דֶּגֶם טִפּוּסִי, סִמֵּל

**ty'pist** *n.* (טַיְפִּסְט) כַּתְבָן (m.), כַּתְבָנִית (f.)

**tyr'annize"** *v.i. & t.* (טִרַנַיְז) רָדָה בְּ־; הִשְׂתָּרֵר עַל, שָׁלַט בְּאַכְזָרִיּוּת; מָשַׁל בְּעָרִיצוּת

**tyr'anny** *n.* (טִרַנִי) עָרִיצוּת; רוֹדָנוּת; קְשִׁיחוּת מֻפְרֶזֶת; מְדִינָה בְּשִׁלְטוֹן עָרִיץ

**tyrant** *n.* (טַיְרֶנְט) עָרִיץ, רוֹדָן; שַׁלִּיט אַבְּסוֹלוּטִי

# U

**U, u** *n.* (יוּ) י', הָאוֹת הָעֶשְׂרִים וְאַחַת בָּאָלֶפְבֵּית הָאַנְגְּלִי

**ud'der** *n.* (אַדֶר) עָטִין

**ug'liness** *n.* (אַגְלִנֶס) כִּעוּר

**ug'ly** *adj.* (אַגְלִי) מְכֹעָר, מְגֻנֶּה, מָאוּס, בָּזוּי, מְבַשֵּׂר רָע; עוֹיֵן, מְרֻשָּׁע

**ul'cer** *n.* (אַלְסֶר) כִּיב, אוּלְקוּס

**ulter'ior** *adj.* (אַלְטִירִיֶר) מֻסְתָּר; מְאֻחָר יוֹתֵר; מְרֻחָק יוֹתֵר; שֶׁמֵּעֵבֶר ל־

**ul'timate** *adj.* (אַלְטֶמֶט) אַחֲרוֹן, סוֹפִי, מְרֻחָק בְּיוֹתֵר, קִיצוֹנִי; מַכְרִיעַ, מַקְסִימָלִי; יְסוֹדִי, בְּסִיסִי; כּוֹלֵל; נְקֻדָּה סוֹפִית; תּוֹצָאָה סוֹפִית; עִקָּרוֹן־יְסוֹד

**ul"tima'tum** *n.* (אַלְטֶמֵיטֶם) אוּלְטִימָטוּם; הַצָּעַת תְּנָאִים אַחֲרוֹנָה

**umbrel'la** *n.* (אַמְבְּרֶלָה) מִטְרִיָּה; סוֹכֵךְ

**um'pire** *n.* & *v.i.* & *t.* (אַמְפַּאֶר) שׁוֹפֵט; בּוֹרֵר; שִׁמֵּשׁ שׁוֹפֵט; שִׁמֵּשׁ בּוֹרֵר

**un-** *prefix* (אַן) (קִידוֹמֶת בְּמוּבָן "לֹא" "בְּלִי")

**una'ble** *adj.* (אַנְאֵיבְּל) לֹא־מְסֻגָּל; חֲסַר־יְכֹלֶת

**un"affe'cted** *adj.* (אַנְאֶפֶקְטֶד) כֵּן, חֲסַר־יָמְרוֹת, אֲמִתִּי

**unan'imous** *adj.* (יוּנֶנֶמֶס) לְכָל הַדֵּעוֹת, פֶּה אֶחָד, שֶׁל הֶסְכֵּם כְּלָלִי

**un"assu'ming** *adj.* (אַנְסוּמִנְג) עָנָו, צָנוּעַ, חֲסַר־יָמְרוֹת

**un"aware'** *adj.* (אַנְוֵר) לֹא־מוּדָע ל־; שֶׁאֵינוֹ מַכִּיר ב־

**un"becom'ing** *adj.* (אַנְבִּקַמִנְג) לֹא־יָפֶה; לֹא־מַתְאִים; לֹא־הוֹלֵם; פּוֹגֵם בְּרֹשֶׁם

**unbound'** *adj.* (אַנְבַּאוּנְד) חָפְשִׁי; לֹא־מְכֹרָךְ

**unbur'den** *v.t.* (אַנְבֶּרְדֶן) פָּרַק מִטְעָן, שִׁחְרֵר מִמַּעֲמָסָה; נָתַן פֻּרְקָן לַמֵּעִיק עָלָיו, גִּלָּה

**unbut'ton** *v.t.* (אַנְבַּטְן) פָּתַח (כפתור), הִתִּיר

**uncer'tain** *adj.* (אַנְסֶרְטֶן) מְפֻקְפָּק, לֹא־בָּטוּחַ; הַסְּסָנִי; לֹא־מֻגְדָּר, מְעֻרְפָּל; הֲפַכְפַּךְ, לֹא־יַצִּיב; בַּעַל תּוֹצָאוֹת לֹא־צְפוּיוֹת

**uncer'tainty** *n.* (אַנְסֶרְטֶנְטִי) חֹסֶר וַדָּאוּת; סָפֵק; הַסְּסָנוּת; שֶׁאֵין לָדַעַת אַחֲרִיתוֹ

**unchan'geable** *adj.* (אַנְצֵ'ינְגֶ'בְּל) לֹא־מִשְׁתַּנֶּה, שֶׁאֵין לְשַׁנּוֹתוֹ

**unci'vilized"** *adj.* (אַנְסִוַלַיזְד) בַּרְבָּרִי, גַּס, חֲסַר־תַּרְבּוּת

**un'cle** *n.* (אַנְקְל) דּוֹד

**unclean'** *adj.* (אַנְקְלִין) מְלֻכְלָךְ, מְרֻשָּׁע; טָמֵא

**uncomf'ortable** *adj.* (אַנְקַמְפְּטֶבְּל) לֹא־נוֹחַ; לֹא־נָעִים

**uncon'scious** *adj.* & *n.* (אַנְקוֹנְשֶׁס) חֲסַר־הַכָּרָה; חֲסַר־תּוֹדָעָה; תַּת־הַכָּרָתִי; תַּת־הַכָּרָה, תַּת־יֵדַע

**uncouth'** *adj.* (אַנְקוּת') מְגֻשָּׁם, חֲסַר־נִימוּס; מוּזָר

**uncov'er** *v.t.* & *i.* (אַנְקַוֶר) חָשַׂף, גִּלָּה; הֵסִיר מִכְסֶה; הֵסִיר כּוֹבַע, הֵסִיר כּוֹבַע כְּמַחֲוַת כָּבוֹד

**undaun'ted** *adj.* (אַנְדוֹנְטֶד) לֹא־מְיֹאָשׁ; לֹא־חוֹשֵׁשׁ; מַתְמִיד בְּמַאֲמַצִּים, דָּבֵק בַּמַּטָּרָה; לְלֹא־פַּחַד

**un"deci'ded** *adj.* (אַנְדִסַידֶד) לְלֹא דֵּעָה; פּוֹסֵחַ עַל שְׁתֵּי הַסְּעִפִּים

**un'der** *prep.* & *adv.* (אַנְדֶר) תַּחַת; מִתַּחַת לִפְנֵי־; לְפִי סוּג; ב־; פָּחוֹת מ־; כָּפוּף ל־; עַל פִּי; בִּתְקוּפַת כְּהֻנָּה שֶׁל; בְּמַצָּב; בְּמָקוֹם נָמוּךְ יוֹתֵר; מַטָּה

**go —** נִכְנַע; נִכְשַׁל בַּעֲסָקִים

**— adj.** תַּחְתִּי, תַּחְתּוֹן; נָמוּךְ יוֹתֵר; פָּחוֹת; כָּפוּף ל־, מָכוּר ל־

**un"derbid'** *v.t.* (אַנְדֶרְבִּד) הִצִּיעַ פָּחוֹת

**un'derclothes(ing)"** *n. pl.* (אַנְדֶרְקְלוֹז) לְבָנִים

**un"dercov'er** *adj.* (אַנְדֶרְקַוֶר) חֲשָׁאִי; שֶׁל רִגּוּל

**un'dercur"rent** *n.* (אַנְדֶרְקַרֶנְט) זֶרֶם תַּחְתִּי; מְגַמָּה סְמוּיָה

**un'derdog"** *n.* (אַנְדֶרְדוֹג) שֶׁצְּפוּיָה לוֹ מַפָּלָה; נוֹעָד לְכִשָּׁלוֹן; מְקֻפָּח

**un'derdone'** *adj.* (אַנְדֶרְדַן) לא מְבֻשָּׁל לְגַמְרֵי; שֶׁאֵינוֹ דֵי מְבֻשָּׁל

**un"dergo'** *v.t.* (אַנְדֶרְגוֹ) קָרָה לוֹ, נָפַל בְּחֶלְקוֹ, נִגְזַר עָלָיו, הִתְנַסָּה בְּ־;

**un"dergrad'uate** *n.* (אַנְדֶרְגְרֶג'וּאֶט) סְטוּדֶנְט (שעוד לא הוענק לו תואר)

**un'derground'** *adv. & adj.* (אַנְדֶרְגְרָאוּנְד) מִתַּחַת לִפְנֵי הָאֲדָמָה, בַּחֲשַׁאי; תַּת־קַרְקָעִי; חֲשָׁאִי; מַחְתַּרְתִּי; חַדְשָׁנִי

un'derground" *n.* שֶׁטַח תַּת־קַרְקָעִי; מַעֲבָר תַּת־קַרְקָעִי; מַחְתֶּרֶת; תְּנוּעַת חַדְשָׁנִים

**un'dergrowth"** *n.* (אַנְדֶרְגְרוֹת') צִמְחִיָּה נְמוּכָה, סְבַךְ; פִּגּוּר; שִׁכְבַת־שֵׂעָר תַּחְתִּית

**un'derhand" (un'derhan'ded)** *adj.* (אַנְדֶרְהֶנְד) עַרְמוּמִי וַחֲשָׁאִי; כְּשֶׁכַּף הַיָּד כְּלַפֵּי מַעְלָה

**un"derlie'** *v.t.* (אַנְדֶרְלַי) הָיָה מֻנָּח תַּחַת; הָיָה מֻנָּח בִּיסוֹד־, הָוָה הַבָּסִיס ל־

**un'derline"** *v.t.* (אַנְדֶרְלַין) שִׂרְטֵט קַו מִתַּחַת ל־; הִצְבִּיעַ עַל חֲשִׁיבוּת־; הִדְגִּישׁ

**un'dermine"** *v.t.* (אַנְדֶרְמַין) הֶחֱלִישׁ הַיְסוֹדוֹת; עִרְעֵר; חָתַר תַּחַת

**un"derneath'** *prep. & adv.* (אַנְדֶרְנִית') מִתַּחַת ל־; תַּחַת; כָּפוּף ל־; נָתוּן לְשְׁלִיטָה; סָמוּי; מִתַּחַת, מִלְּמַטָּה

**un'derpants'** *n. pl.* (אַנְדֶרְפֶּנְטְס) תַּחְתּוֹנִים

**un"derrate'** *v.t.* (אַנְדֶרְרֵיט) הֵקֵל רֹאשׁ בְּ־, מִעֵט בְּעֶרְכּוֹ

**undersea** *adj.* (אַנְדֶרְסִי) תַּת־יַמִּי

—s *adv.* מִתַּחַת לִפְנֵי הַיָּם

**un"dersell'** *v.t.* (אַנְדֶרְסֶל) מָכַר בִּמְחִיר זוֹל יוֹתֵר; פִּרְסֵם בְּהִתְאַפְּקוּת, מִעֵט בְּפִרְסוּם הַמַּעֲלוֹת

**un'dershirt"** *n.* (אַנְדֶרְשֶׁרְט) גּוּפִיָּה

**un'dersigned"** *adj.* (אַנְדֶרְסַינְד) הֶחָתוּם מַטָּה, הַחֲתוּמִים מַטָּה

**un"derstand'** *v.t. & i.* (אַנְדֶרְסְטֶנְד) הֵבִין, הִכִּיר הֵיטֵב; פֵּרֵשׁ; עָמַד עַל חֲשִׁיבוּת; חָשַׁב כִּמְסֻכָּם; שָׁמַע; הֶאֱמִין; הֵבִין מֵאֵלָיו; תָּפַס; קִבֵּל בְּאַהֲדָה; הָיָה בַּעַל יֶדַע

**un"derstan'ding** *n.* (אַנְדֶרְסְטֶנְדִנְג) הֲבָנָה; תְּבוּנָה; הַכָּרָה, יֶדַע; הֶסְכֵּם בְּעַל פֶּה; חוֹזֶה מֻקְדָּם

**un"derstate'** *v.t.* (אַנְדֶרְסְטֵיט) הִמְעִיט בַּחֲשִׁיבוּת; הִבִּיעַ בְּצוּרָה מְאֻפֶּקֶת, הִבִּיעַ בְּמְתִינוּת

**un"derstood'** *adj.* (אַנְדֶרְסְטֻד) מֻסְכָּם; מְרֻמָּז, לא מֻבָּע בְּמִלִּים; מוּבָן

**un"dertake'** *v.t.* (אַנְדֶרְטֵיק) נָטַל עַל עַצְמוֹ; הִתְחַיֵּב לְבַצֵּעַ; עָרַב ל־; נָטַל אַחֲרָיוּת

**un'derta"ker** *n.* (אַנְדֶרְטֵיקֶר) עוֹרֵךְ הַלְוָיוֹת; מְטַפֵּל בִּקְבוּרַת מֵתִים

**un"derta'king** *n.* (אַנְדֶרְטֵיקִנְג) הִתְחַיְּבוּת, מְשִׂימָה, מִפְעָל; עֲרֻבָּה, הַבְטָחָה

**un'derwear"** *n.* (אַנְדֶרְוֶר) לְבָנִים

**un'derweight"** *n.* (אַנְדֶרְוֵיט) צֹרֶךְ בְּתוֹסֶפֶת מִשְׁקָל

un'derweight' *adj.* פָּחוֹת מֵהַמִּשְׁקָל הַדָּרוּשׁ

**un'derworld"** *n.* (אַנְדֶרְוֶרְלְד) עוֹלָם תַּחְתּוֹן; עוֹלַם הַמֵּתִים; עוֹלָם מִתַּחַת לִפְנֵי הַשֶּׁטַח

**un"derwrite'** *v.t. & i.* (אַנְדֶרְרַיט) הוֹסִיף; חָתַם שֵׁם; אִשֵּׁר; עָרַב ל־; בִּטֵּחַ

**un'dies** *n. pl.* (אַנְדִיז) לִבְנֵי נָשִׁים וִילָדִים

**undo'** *v.t.* (אַנְדוּ) הָפַךְ תּוֹצָאוֹת, בִּטֵּל; מָחָה; הִשְׁמִיד; פָּתַח, שִׁחְרֵר

**undone'** *adj.* (אַנְדַן) לא עָשׂוּי; לא־מְבֻצָּע; הָרוּס; פָּתוּחַ

**undress'** *v.t. & i. & n.* (אַנְדְרֶס) הִפְשִׁיט, הֵסִיר בְּגָדִים; חָשַׂף, גִּלָּה; הֵסִיר תַּחְבֹּשֶׁת; הִתְפַּשֵּׁט; לְבוּשׁ רָגִיל; לְבוּשׁ בֵּיתִי

**undue'** *adj.* (אַנְדוּ) לא־מֻצְדָּק; יוֹתֵר מִדַּי; לא־מַתְאִים, לא־יָאֶה; שֶׁלֹּא הִגִּיעַ לְפֵרָעוֹן

**undu'ly** *adv.* (אַנְדוּלִי) יֶתֶר עַל הַמִּדָּה; בְּאֹפֶן לא־מַתְאִים; בְּצוּרָה לא־מֻצְדֶּקֶת

**undy'ing** *adj.* (אַנְדַיאִנְג) בֶּן אַלְמָוֶת, נִצְחִי

**unearth'** *v.t.* (אַנְאֶרְת') חָפַר מִתּוֹךְ הָאֲדָמָה; גִּלָּה, חָשַׂף

**uneas'iness** *n.* (אַנְאִיזִינֶס) מְתִיחוּת, חֹסֶר מְנוּחָה, עַצְבָּנוּת

**unea'sy** *adj.* (אַנְאִיזִי) מָתוּחַ, עַצְבָּנִי, מֻדְאָג

**un"employed'** *adj. & n.* (אַנֶאמְפּלוֹיד) מְבֻטָּל, מְחֻסַּר־עֲבוֹדָה; בָּטֵל, לֹא בְּשִׁמּוּשׁ, לֹא בְּשִׁמּוּשׁ יַצְרָנִי
**unemployment** *n.* (אַנֶאמְפְּלוֹימֶנְט) אַבְטָלָה, חֹסֶר־עֲבוֹדָה
**une'qual** *adj.* (אַנִאיקְוַל) לֹא־שָׁוֶה; לֹא־מַסְפִּיק; לֹא־מְאֻזָּן, לֹא־סִימֶטְרִי; לֹא יָשָׁר, מִשְׁתַּנֶּה; לֹא־צוֹדֵק
**uner'ring** *adj.* (אַנֶאֶרִנְג) לֹא־טוֹעֶה, מְדֻיָּק מְאֹד; מַתְאִים בְּדִיּוּק
**une'ven** *adj.* (אַנִאיבְן) לֹא־יָשָׁר; גַּבְשׁוּשִׁי; לֹא־אָחִיד; לֹא־צוֹדֵק, לֹא־הוֹגֵן, חַד־צְדָדִי; לֹא־מְאֻזָּן, לֹא־סִימֶטְרִי; לֹא־זוּגִי
**un"expec'ted** *adj.* (אַנֶאקְסְפֶּקְטֶד) לֹא־צָפוּי; מַפְתִּיעַ
**unfair'** *adj.* (אַנְפֵר) לֹא־הוֹגֵן; לֹא־יָאֶה
**unfaith'ful** *adj.* (אַנְפֵיתְ'פֻל) לֹא־נֶאֱמָן; בּוֹגְדָנִי, מוֹעֵל; נוֹאֵף; לֹא־מְדֻיָּק, מְשֻׁבָּשׁ
**un"famil'iar** *adj.* (אַנְפַמִלְיֵר) לֹא־מֻכָּר; לֹא־רָגִיל; לֹא־בָּקִי
**unfa'vorable** *adj.* (אַנְפֵיבֶרַבְּל) שְׁלִילִי, לֹא־טוֹב
**unfee'ling** *adj.* (אַנְפִילִנְג) חֲסַר־רֶגֶשׁ; קְשֵׁה־לֵב; אָדִישׁ
**unfi'nished** *adj.* (אַנְפִנִשְׁט) לֹא־גָמוּר; לֹא־מֻשְׁלָם; לֹא־מְלֻטָּשׁ
**unfit'** *adj.* (אַנְפִט) לֹא־מַתְאִים; חֲסַר־כִּשּׁוּרִים; חוֹלָנִי
**unfold** *v.t. & i.* (אַנְפוֹלְד) גּוֹלֵל; פָּרַשׂ, פָּתַח; גִּלָּה; הִסְבִּיר
**un"forget'table** *adj.* (אַנְפֶרְגֶטַבְּל) בִּלְתִּי־נִשְׁכָּח, שֶׁאִי אֶפְשָׁר לְשָׁכְחוֹ
**unfor'tunate** *adj.* (אַנְפוֹרְצֶ'נִט) אֻמְלָל, חֲסַר־מַזָּל; לֹא־מֻצְלָח; שֶׁיֵּשׁ לְהִצְטַעֵר עָלָיו
**unfriend'ly** *adj.* (אַנְפְרֶנְדְלִי) לֹא־יְדִידוּתִי; לֹא־אוֹהֵד; אָדִישׁ, מִתְרַחֵק; עוֹיֵן
**unfrock'** *v.t.* (אַנְפְרוֹק) הֵדִיחַ מִכְּהֻנָּה (כומר); הִפְשִׁיט
**ungain'ly** *adj.* (אַנְגֵינְלִי) מְגֻשָּׁם, גַּמְלוֹנִי; גַּס
**ungrate'ful** *adj.* (אַנְגְרֵיטְפַל) כְּפוּי טוֹבָה; לֹא־נָעִים
**unhap'piness** *n.* (אַנְהֶפִּינֵס) עַצְבוּת; עֲלִיבוּת; אִי־שְׂבִיעַת רָצוֹן
**unhap'py** *adj.* (אַנְהֶפִּי) עָצוּב, עָלוּב, לֹא־מְרֻצֶּה, לֹא־שָׂמֵחַ
**unheal'thy** *adj.* (אַנְהֶלְתִ'י) לֹא־בָּרִיא, חוֹלָנִי; מַזִּיק לַבְּרִיאוּת; רַע
**unheard' -of"** *adj.* (אַנְהֶרְדֶב) לֹא יָדוּעַ מִקֹּדֶם; לֹא־מֻכָּר; חֲסַר־תַּקְדִּים; מְזַעְזֵעַ
**u'nicorn"** *n.* (יוּנִקוֹרְן) חַדְקֶרֶן; רְאֵם
**u'niform"** *adj. & n.* (יוּנִפוֹרְם) אָחִיד; זֶהֶה; קָבוּעַ, עִקְבִי; מַדִּים, בִּגְדֵי־שְׂרָד
**u"nifor'mity** *n.* (יוּנִפוֹרְמִטִי) אֲחִידוּת; הוֹמוֹגֵנִיּוּת; זֶהוּת; קְבִיעוּת
**u"nilat'eral** *adj.* (יוּנִלֶטֶרַל) חַד־צְדָדִי, חַד־שִׁטְחִי
**u'nion** *n.* (יוּנְיֵן) אִחוּד; הִתְאַחֲדוּת; בְּרִית; אַחְדוּת; סֵמֶל אַחְדוּת (השטח הכחול בדגל ארה״ב); אִגּוּד מִקְצוֹעִי
**unique'** *adj.* (יוּנִיק) מְיֻחָד בְּמִינוֹ; יָחִיד; שֶׁאֵין דּוֹמֶה לוֹ
**u'nison** *n.* (יוּנִסֶן) הַרְמוֹנְיָה, הַתְאָמָה מֻשְׁלֶמֶת; אוּנִיסוֹן; זֶהוּת פְּעֻלָּה וּזְמַן
**u'nit** *n.* (יוּנִט) יְחִידָה
**unite'** *v.t. & i.* (יוּנַיט) אִחֵד; לִכֵּד; הִדְבִּיק עִם, חִבֵּר; גִּלֵּם; הִתְאַחֵד, הִתְלַכֵּד
**—d** *adj.* מְאֻחָד, מְלֻכָּד
**Unit'ed Na'tions** אֻמּוֹת מְאֻחָדוֹת, או״ם
**Un'ited States'** אַרְצוֹת הַבְּרִית
**unity** *n.* (יוּנִטִי) אַחְדוּת; אִחוּד; הַתְאָמָה שְׁלֵמָה; הַסְכָּמָה מְלֵאָה
**u"niver'sal** *adj.* (יוּנִוֶרְסַל) כְּלָלִי; עוֹלָמִי; אוּנִיבֶרְסָלִי; מַקִּיף; שֶׁל הַיְקוּם
**u'niverse"** *n.* (יוּנִוֶרְס) יְקוּם; הָעוֹלָם כֻּלּוֹ; הַמִּין הָאֱנוֹשִׁי; עוֹלָם
**u"niver'sity** *n.* (יוּנִוֶרְסִטִי) אוּנִיבֶרְסִיטָה
**unjust'** *adj.* (אַנְג'סְט) לֹא־צוֹדֵק, לֹא־הוֹגֵן
**unkempt'** *adj.* (אַנְקֶמְפְּט) לֹא־מְסֹרָק; מְרֻשָּׁל, לֹא־מְסֻדָּר; גַּס
**unkind'** *adj.* (אַנְקַינְד) רַע־לֵב; לֹא־מִתְחַשֵּׁב; מַחְמִיר
**unknown'** *adj. & n.* (אַנְנוֹן) לֹא־יָדוּעַ; לֹא־מֻכָּר; לֹא־מְזֹהֶה; שֶׁלֹּא נִתְגַּלָּה, נִסְתָּר; אַלְמוֹנִי; נֶעְלָם
**unlearn'** *v. t.* (אַנְלֶרְן) שָׁכַח, הִתְעַלֵּם מ־
**unleash'** *v.t.* (אַנְלִישׁ) שִׁחְרֵר, הִתִּיר רְצוּעָה

**unleav'ened** *adj.* (אַנְלֶוְנְד) שֶׁל חָמֵץ; שֶׁלֹּא הֶחֱמִיץ
— bread מַצָּה
**unless'** *conj. & prep.* (אַנְלֶס) אִם לֹא; אֶלָּא אִם כֵּן; מִלְּבַד
**unlike'** *adj. & prep.* (אַנְלַיְק) שׁוֹנֶה; שׁוֹנֶה מ־; לֹא כְּדֶרֶךְ־; לֹא טִפּוּסִי ל־
**unload'** *v.t. & i.* (אַנְלוֹד) פָּרַק; הוֹרִיד נוֹסְעִים; הוֹצִיא כַּדּוּר; הֵקֵל מַעֲמָסָה
**unlock'** *v.t.* (אַנְלוֹק) פָּתַח בְּמַפְתֵּחַ; חָשַׂף, גִּלָּה
**unluck'y** *adj.* (אַנְלַקִי) חֲסַר־מַזָּל, בִּישׁ־גַּדָּא, בְּשָׁעָה לֹא־מֻצְלַחַת
**unman'** *v.t.* (אַנְמֶן) שָׁלַל אֹמֶץ, שָׁלַל גְּבוּרָה; שָׁלַל גַּבְרִיּוּת; סֵרֵס
**unmask'** *v.t.* (אַנְמֶסְק) הֵסִיר מַסְוֶה; חָשַׂף אָפְיוֹ הָאֲמִתִּי, גִּלָּה פַּרְצוּף
**unnat'ural** *adj.* (אַנֶּצְ'רַל) לֹא־טִבְעִי; לֹא־תָקִין; מְלָאכוּתִי; לֹא־אֱנוֹשִׁי
**unnec'essar"y** *adj.* (אַנֶּסֶרִי) לֹא־נָחוּץ, לֹא חִיּוּנִי, מְיֻתָּר
**unnerve'** *v.t.* (אַנֶּרְב) רִפָּה יָדַיִם; הֶחֱלִישׁ; הֵמַס לֵב
**unpack'** *v.t. & i.* (אַנְפֶּק) הֵרִיק; הוֹצִיא; פָּרַק מִטְעָן; הוֹצִיא דְּבָרִים מֵחֲבִילָה, הוֹצִיא דְּבָרִים מִמְּזְוָדָה
**unpleas'ant** *adj.* (אַנְפְּלֶזַנְט) לֹא־נָעִים
**unpop'ular** *adj.* (אַנְפּוֹפְּיֻלַר) לֹא־פּוֹפּוּלָרִי; שֶׁאֵינוֹ מוֹצֵא חֵן בְּעֵינֵי הַצִּבּוּר; לֹא־אָהוּד
**unprin'table** *adj.* (אַנְפְּרִנְטַבְּל) שֶׁאֵין לְהַדְפִּיסוֹ, שֶׁל חֹמֶר תּוֹעֵבָה, שֶׁל חֹמֶר פּוֹגֵעַ
**unques'tionable** *adj.* (אַנְקְוֶסְצַ'נַבְּל) לְמַעְלָה מִכָּל סָפֵק, וַדָּאִי; מֵעֵבֶר לְכָל בִּקֹּרֶת, בְּלִי יוֹצֵא מִן הַכְּלָל
**unrea'sonable** *adj.* (אַנְרִיזַנַבְּל) לֹא מִתְקַבֵּל עַל הַדַּעַת; לֹא־הֶגְיוֹנִי; בְּנִגּוּד לַשֵּׂכֶל; לֹא־מַתְאִים; מֻפְרָז
**unru'ly** *adj.* (אַנְרוּלִי) לֹא נִכְנָע לִכְלָלִים; פָּרוּעַ
**un"satisfac'tory** *adj.* (אַנְסֶטִסְפֶקְטַרִי) לֹא מַשְׂבִּיעַ רָצוֹן; לֹא־מַסְפִּיק
**unseen'** *adj.* (אַנְסִין) לֹא־נִרְאֶה; שֶׁלֹּא הִבְחִינוּ בּוֹ; מוּבָן לְלֹא הֲכָנָה קוֹדֶמֶת
**unsel'fish** *adj.* (אַנְסֶלְפִשׁ) לֹא־אָנֹכִיִּי; חֲסַר־פְּנִיּוֹת אִישִׁיּוֹת; מָסוּר לַזּוּלַת, רְחַב־לֵב
**unset'tle** *v.t.* (אַנְסֶטְל) עִרְעֵר, חָתַר תַּחַת הַיַּצִּיבוּת; הִכְנִיס סְפֵקוֹת; צִעֵר
**unsight'ly** *adj.* (אַנְסַיְטְלִי) דּוֹחֶה, לֹא נָעִים לְמַרְאֶה
**unsound'** *adj.* (אַנְסָאוּנְד) לֹא־שָׁלֵם; חוֹלָנִי, פָּגוּם; רָעוּעַ; מֻטְעֶה; רוֹפֵף; לֹא־מְהֵימָן
**unspea'kable** *adj.* (אַנְסְפִּיקַבְּל) שֶׁאֵין לְהַעֲלוֹת עַל הַשְּׂפָתַיִם; שֶׁאֵין לְתָאֲרוֹ; מְתֹעָב, מָאוּס
**unsta'ble** *adj.* (אַנְסְטֵיבְּל) לֹא־יַצִּיב; רוֹפֵף; פּוֹסֵחַ עַל שְׁתֵּי הַסְּעִפִּים, הַסְכְּסְכָן; מִתְנוֹעֵעַ
**unstead'y** *adj.* (אַנְסְטֶדִי) לֹא־יַצִּיב, רָעוּעַ; מִתְנוֹעֵעַ; לֹא־יָשָׁר
**un"succes'sful** *adj.* (אַנְסַקְסֶסְפֻל) כּוֹשֵׁל, לֹא־מֻצְלָח
**unti'dy** *adj.* (אַנְטַיְדִי) לֹא־מְסֻדָּר; פָּרוּעַ מְרֻשָּׁל; מְבֻלְבָּל
**untie'** *v.t. & i.* (אַנְטַי) הִתִּיר, פָּתַח; שִׁחְרֵר; הִתִּיר קֶשֶׁר; פָּתַר; נִפְתַּח, הֻתַּר
**until'** *conj. & prep.* (אַנְטִל) עַד שֶׁ־; לִפְנֵי שֶׁ־; עַד, לִפְנֵי
**untime'ly** *adj.* (אַנְטַיְמְלִי) לֹא בְּעִתּוֹ; בִּזְמַן לֹא־מַתְאִים; לִפְנֵי זְמַנּוֹ
**unti'ring** *adj.* (אַנְטַיְרִנְג) לְלֹא לֵאוּת, מַתְמִיד
**unused'** *adj.* (אַנְיוּזְד) לֹא בְּשִׁמּוּשׁ; חָדָשׁ לְגַמְרֵי; רָגִיל
**unu'sual** *adj.* (אַנְיוּזְ'וּאַל) לֹא רָגִיל; יוֹצֵא מִן הַכְּלָל; מְיֻחָד
**unwar'y** *adj.* (אַנְוֶרִי) לֹא־זָהִיר, פָּזִיז
**unwel'come** *adj.* (אַנְוֶלְקַם) לֹא רָצוּי
**unwell'** *adj.* (אַנְוֶל) חוֹלָנִי, לֹא־בָּרִיא, שֶׁאֵינוֹ מַרְגִּישׁ בְּטוֹב
**unwil'ling** *adj.* (אַנְוִלִנְג) לֹא מֵרָצוֹן; בְּעַל כָּרְחוֹ; מִתְנַגֵּד, מְסָרֵב; מִתְעַקֵּשׁ
**unwit'ting** *adj.* (אַנְוִטִנְג) לֹא מוּדָע ל־; לְלֹא יְדִיעָה; שֶׁלֹּא בְּהַכָּרָה; בִּשְׁגָגָה, שֶׁלֹּא בְּכַוָּנָה
**unwor'thy** *adj.* (אַנְוֶרְדִ'י) לֹא־חָשׁוּב, חֲסַר־עֵרֶךְ; נִקְלֶה, לֹא־יָאֶה, לֹא־רָאוּי

**unzip′** *v.t.* (אַנְזִפּ) פָּתַח רוֹכְסָן

**up** *adv.* (אַפּ) לְמַעְלָה; זָקוּף; מֵהַמִּטָּה; מֵעַל הָאֹפֶק; לַמָּקוֹר; גָּבוֹהַּ יוֹתֵר; לְמָקוֹם שָׁוֶה; בְּמָקוֹם מוֹבִיל; בְּמַגָּע מַתְמִיד; בִּפְעֻלָּה; בְּמַצַּב הִתְרַגְּשׁוּת; לִיצִירָה; לְמַרְאֶה; לְמָקוֹם מִבְטָחִים; לְחִבּוּר; לְמַצַּב הִתְכַּוְּצוּת; לַנְּקֻדָּה הַדְּרוּשָׁה; עַד הַסּוֹף; לַעֲצִירָה

all — with בְּקִרְבַת הַסּוֹף; עַל סַף כִּשָּׁלוֹן

— against נֹכַח, צָפוּי ל־

— against it בִּמְצוּקָה כַּסְפִּית

— and about (around) הַבְרִיא, מְסֻגָּל לָרֶדֶת מֵהַמִּטָּה

— to עַד; עַד ל־, בְּמִמּוּשׁ שָׁלֵם, בְּשִׁמּוּשׁ מָלֵא; מְסֻגָּל לְבַצֵּעַ; מֻטָּל עַל; עוֹסֵק בּ־

— *prep.* בְּמַעֲלֵה־; לְמָקוֹם גָּבוֹהַּ יוֹתֵר; בְּמָקוֹם מְרֻחָק; עַד הַמָּקוֹר שֶׁל; בְּתוֹךְ

— *adj.* לַעֲלִיָּה; מוּדָע ל־; מְעֻדְכָּן; גָּמוּר; מִתְרַחֵשׁ; גָּבוֹהַּ; מוּרָם, זָקוּף; מֵעַל פְּנֵי הַקַּרְקַע; בָּאֲוִיר; מֵעַל הָאֹפֶק; עֵר, מִחוּץ לַמִּטָּה; רָכוּב עַל סוּס; בָּנוּי; כְּלַפֵּי מַעְלָה; כְּשֶׁשִּׁטְחוֹ חָסוּר; מִתְרַגֵּשׁ; מָלֵא הַרְגָּשַׁת בִּטָּחוֹן; לֹא־בְּסֵדֶר; מוּכָן; בַּדֶּרֶךְ ל־; הִגִּיעַ לִנְקֻדָּה לֹא־רְצוּיָה; גָּבוֹהַּ יוֹתֵר; בְּגִיל מִתְקַדֵּם; פָּעִיל; מֻאֲשָׁם בּ־; מוּכָן לְשִׁמּוּשׁ; מוֹבִיל; תֵּיקוּ; בָּא בְּחֶשְׁבּוֹן; שֶׁנִּקְבַּע כְּהָמוֹר; מְרֻחָק וְגָבוֹהַּ; הַהַכְרָעָה בִּידֵי־

— *n.* עֲלִיָּה; שִׁפּוּעַ עוֹלֶה; מַהֲלָךְ בַּעֲלִיָּה

on the — and — גְּלוּי־לֵב, כֵּן

— *v.t. & i.* הִגְדִּיל, הִגְבִּיר; הֶעֱלָה; הִתְחִיל פִּתְאוֹם

**up′-and-com′ing** *adj.* (אַפֶּנְקַמִינְג) עָשׂוּי לְהַצְלִיחַ; פִּקֵּחַ וְשַׁקְדָן

**upbraid′** *v.t.* (אַפְּבְּרֵיד) נָזַף בּ־, הוֹכִיחַ

**up′bringing** *n.* (אַפְּבְּרִנְגִנְג) חִנּוּךְ, רֶקַע חִנּוּךְ וְגִדּוּל

**uphea′val** *n.* (אַפְּהִיבְל) הִתְרוֹמְמוּת; מַהְפֵּכָה

**up′hill** *adj.* (אַפְּהִל) כְּלַפֵּי מַעְלָה; עוֹלֶה; בְּמָקוֹם גָּבוֹהַּ; מְיַגֵּעַ

**uphold′** *v.t.* (אַפְּהוֹלְד) הֵרִים; תָּמַךְ בּ־; הֵגֵן עַל

**uphol′ster** *v.t.* (אַפְּהוֹלְסְטֶר) רִפֵּד

**—er** *n.* רַפָּד

**uphol′stery** *n.* (אַפְּהוֹלְסְטֶרִי) רִפּוּד; רַפָּדוּת

**up′keep″** *n.* (אַפְּקִיפּ) הַחְזָקָה, קִיּוּם, פַּרְנָסָה; הוֹצָאוֹת אַחְזָקָה

**up′land** *n.* (אַפְּלֶנְד) רָמָה; הָרִים בֵּינוֹנִים, אֶרֶץ הָרִים

**uplift′** *v.t.* (אַפְּלִפְט) הֶעֱלָה, הֵרִים; רוֹמֵם; שִׁפֵּר; גָּרַם לְרוֹמְמוּת רוּחַ

**upon′** *prep.* (אֲפּוֹן) עַל, כְּלַפֵּי מַעְלָה; בְּמָקוֹם מֻגְבָּה; בְּמַגָּע עִם; מְמַשְׁמֵשׁ וּבָא; בְּעֵת, מִיָּד לְאַחַר

**up′per** *adj.* (אַפֶּר) עֶלְיוֹן, עִלִּי

**up′per hand′** *n.* (אַפֶּרְהֶנְד) עֶמְדַּת שְׁלִיטָה; יִתְרוֹן

**up′permost″** *adj.* (אַפֶּרְמוֹסְט) גָּבוֹהַּ בְּיוֹתֵר, עֶלְיוֹן, עִלָּאִי

**up′right″** *adj.* (אַפְּרַיְט) זָקוּף; מְאֻנָּךְ; יָשָׁר

**up′roar″** *n.* (אַפְּרוֹר) הֲמֻלָּה, שָׁאוֹן

**uproot′** *v.t.* (אַפְּרוּט) שֵׁרֵשׁ, עָקַר מֵהַשֹּׁרֶשׁ; הִשְׁמִיד כָּלִיל; עָקַר

**upset′** *v.t. & adj.* (אַפְּסֶט) הָפַךְ; הִסְעִיר; הָפַךְ עַל פִּיו, הִכְנִיס תֹּהוּ וָבֹהוּ; קִלְקֵל; הָפוּךְ; שָׁרוּי בְּאִי־סֵדֶר; מִתְרַגֵּשׁ; מֻפְרָע; מְקֻלְקָל

**up′set″** *n.* הֲפִיכָה; מַפָּלָה לֹא־צְפוּיָה; עַצְבָּנוּת, רֹגֶז; אִי־סֵדֶר

**up′shot″** *n.* (אַפְּשׁוֹט) מַסְקָנָה, תּוֹצָאָה סוֹפִית; תַּמְצִית

**up′side down′** (אַפְּסַיְד דָּאוּן) הָפוּךְ, כְּשֶׁהַחֵלֶק הָעֶלְיוֹן לְמַטָּה, בְּמֻהְפָּךְ; בְּאִי־סֵדֶר גָּמוּר; מְבֻלְבָּל

**up′stairs** *adv. & adj.* (אַפְּסְטֶרְז) לְמַעְלָה; בְּקוֹמָה עֶלְיוֹנָה; בַּנֶּפֶשׁ, בָּרֹאשׁ

kick — הֶעֱלָה בְּדַרְגָּה כְּדֵי לְהִפָּטֵר מ־

— *adj. & n.* שֶׁל קוֹמָה עֶלְיוֹנָה; קוֹמָה עֶלְיוֹנָה; קוֹמוֹת עֶלְיוֹנוֹת

**upstan′ding** *adj.* (אַפְּסְטֶנְדִּנְג) זָקוּף; גָּבוֹהַּ וּזְקוּף־קוֹמָה; נִמְרָץ וְסִימְפָּטִי; יָשָׁר, הָגוּן

**up′start″** *n.* (אַפְּסְטָרְט) אָדָם שֶׁזֶּה מִקָּרוֹב עָלָה לִגְדֻלָּה; אָדָם יָמְרָנִי וְרַע־הֲלִיכוֹת שֶׁעָלָה לִגְדֻלָּה

**up'-to-date'** *adj.* (אַפְּטֻדֵיט) מְעֻדְכָּן; נוֹכְחִי; שֶׁלְּפִי הָאָפְנָה הָאַחֲרוֹנָה; לְפִי רוּחַ הַזְּמַן

**up'ward(s)** *adv.* & *adj.* (אַפְּוֶרְד[ז]) לְמַעְלָה, לְמָקוֹם גָּבוֹהַּ יוֹתֵר; יוֹתֵר; לְעֵבֶר עִיר גְּדוֹלָה; לְעֵבֶר מְקוֹרוֹ שֶׁל נָהָר; אֶל פְּנִים הַמְּדִינָה; בַּחֲלָקִים הָעֶלְיוֹנִים; מֵעַל; עוֹלֶה; בְּמָקוֹם גָּבוֹהַּ יוֹתֵר

**ur'ban** *adj.* (אֶרְבֶּן) עִירוֹנִי, שֶׁל עִיר, שֶׁל עֲיָרָה

**urbane'** *adj.* (אֶרְבֵּין) בַּעַל הֲלִיכוֹת נָאוֹת

**ur"baniza'tion** *n.* (אֶרְבֶּנִזֵישְׁן) עִיּוּר

**ur'chin** (אֶרְצִ'ן) זַאֲטוּט; פִּרְחָח קָטָן

**urge** *v.t.* & *i.* & *n.* (אֶרְג') דָּחַף, הֵאִיץ בְּ־; הִפְצִיר בְּ־; זֵרֵז; עוֹרֵר תְּשׂוּמֶת־לֵב בְּמַפְגִּיעַ; הֵמְלִיץ עַל מְאֹד; הַפְצָרָה, זֵרוּז; דַּחַף; חֵשֶׁק

**ur'gency** *n.* (אֶרְגֶ'נְסִי) דְּחִיפוּת

—**ies** דְּרִישׁוֹת דְּחוּפוֹת

**ur'gent** *adj.* (אֶרְגֶ'נְט) דָּחוּף; תָּכוּף; מַתְמִיד, עִקֵּשׁ

**ur'ine** *n.* (יֻרִן) שֶׁתֶן

**urn** *n.* (אֶרְן) אֲגַרְטָל; דּוּד; כַּד־אֵפֶר

**us** *pron.* (אַס) אוֹתָנוּ, לָנוּ

**u'sage** *n.* (יוּסִג') הֶרְגֵּל, נֹהַג; שִׁמּוּשׁ מְקֻבָּל; דְּפוּס לָשׁוֹן; טִפּוּל

**use** *v.t.* & *i.* (יוּז) הִשְׁתַּמֵּשׁ בְּ־; הִפְעִיל; הוֹצִיא; הִתְיַחֵס אֶל; הִרְגִּיל; הָיָה רָגִיל לְ־

— **up** גָּמַר כָּלִיל, הִשְׁתַּמֵּשׁ בְּ־ עַד תֻּמּוֹ, כִּלָּה

— *n.* (יוּס) שִׁמּוּשׁ; הַפְעָלָה; תַּכְלִית; כֹּשֶׁר; תּוֹעֶלֶת; רֶוַח; צֹרֶךְ; נֹהַג; מִנְהָג; טוֹבַת הֲנָאָה; נֹסַח

**have no — for** לֹא הָיָה לוֹ צֹרֶךְ בְּ־; סֵרֵב לְהַשְׁלִים עִם, "לֹא סָבַל"; הִתְיַחֵס בְּחֹסֶר אַהֲדָה לְ־

**make — of** הִשְׁתַּמֵּשׁ בְּ־ לְמַטָּרוֹת אִישִׁיּוֹת

**put to —** הִסִּיק תּוֹעֶלֶת מִ־; הִשְׁתַּמֵּשׁ בְּ־ לְתוֹעַלְתּוֹ

**used** *adj.* (יוּזְד) מְשֻׁמָּשׁ; בָּלוּי, מְמֻרְטָט; שֶׁשִּׁמֵּשׁ לְמַטָּרָה מְסֻיֶּמֶת; רָגִיל, מֻרְגָּל

**use'ful** *adj.* (יוּסְפֶל) מוֹעִיל, שִׁמּוּשִׁי

**use'less** *adj.* (יוּסְלִס) חֲסַר־תּוֹעֶלֶת; חֲסַר־עֵרֶךְ

**ush'er** *n.* & *v.t.* & *i.* (אַשְׁר) סַדְרָן; שׁוֹמֵר סַף; מְלַוֶּה; כָּרוֹז; שִׁמֵּשׁ סַדְרָן; הִצִּיג, הֶרְאָה, לִוָּה; בִּשֵּׂר

**u'sual** *adj.* (יוּז'וּאֶל) רָגִיל, שִׁגְרָתִי

**as —** כָּרָגִיל

**— ly** *adv.* כָּרָגִיל, בְּדֶרֶךְ כְּלָל

**u'surer** *n.* (יוּז'רֶר) מַלְוֶה בְּרִבִּית (קצוצה), נוֹשֶׁה

**usurp'** *v.t.* & *i.* (יוּסֶרְפּ) תָּפַס שֶׁלֹּא כַּדִּין; פָּלַשׁ לְ־; הִשְׁתַּלֵּט עַל; הִשְׁתַּמֵּשׁ שֶׁלֹּא כַּדִּין

**u'sury** *n.* (יוּז'רִי) שִׁעוּר רִבִּית מֻפְרָז; הַלְוָאָה בְּרִבִּית קְצוּצָה

**uten'sil** *n.* (יוּטֶנְסֶל) כְּלִי

**util'ity** *n.* (יוּטִלְטִי) תּוֹעֶלֶת; דְּבַר מָה מוֹעִיל; שֵׁרוּת צִבּוּרִי

**ut'ilize"** *v.t.* (יוּטְלַיז) הֵפִיק תּוֹעֶלֶת מִ־, נִצֵּל

**ut'most"** *adj.* (אַטְמוֹסְט) הַגָּדוֹל בְּיוֹתֵר, הַגָּבוֹהַּ בְּיוֹתֵר; הָרַב בְּיוֹתֵר; קִיצוֹנִי.

**ut'ter** *v.t.* & *adj.* (אַטְר) בִּטֵּא; אָמַר; הִשְׁמִיעַ; הוֹדִיעַ, פִּרְסֵם; גָּמוּר, מֻחְלָט; לְלֹא תְּנַאי

**ut'terance** *n.* (אַטֶרֶנְס) בִּטּוּי, מִלָּה; אֲמִירָה; אֹפֶן הִתְבַּטְּאוּת, חִתּוּךְ דִּבּוּר; קוֹל

# V

**V, v** *n.* (וי) וי (ב), האות העשרים ושתים באלפבית האנגלי
**va′cancy** *n.* (ויקנסי) ריקנות; מקום פנוי; מקום להשכרה; פרצה, פתח; משרה פנויה
**va′cant** *adj.* (ויקנט) ריק, פנוי; בטל
**va′cate** *v.t. & i.* (ויקיט) פנה; יצא מן; בטל
**vaca′tion** *n. & v.i.* (ויקישן) פגרה, חפשה; פנוי; בלה פגרה
**vac′cinate″** *v.t.* (וקסניט) הרכיב אבעבועות; חסן
**vac″cina′tion** *n.* (וקסנישן) הרכבת אבעבועות; חסון
**vaccine′** *n.* (וקסין) תרכיב
**vac′illate″** *v.i.* (וסליט) פסח על שתי הסעפים, הסס; התנועע; התנודד
**vac′uous** *adj.* (וקיואס) ריק, נבוב; בטל, חסר־תכלית
**vac′uum** *n.* (וקיום) ריק, וקואום
**vac′uum clean″er** שואב־אבק, שאבק
**vag′abond″** *n. & adj.* (וגבונד) נודד, נע ונד, בטלן
**va′grant** *adj. & n.* (ויגרנט) נודד, משוטט, הלך
**vague** *adj.* (ויג) מערפל, לא־ברור, סתום
**vain** *adj.* (וין) חסר משמעות; מתנשא; חסר־תכלית, לא־יצלח
**vale** *n.* (ויל) עמק
**val″edic′tory** *n.* (ולדקטרי) נאום פרדה
**val′entine″** *n.* (ולנטין) ברכת־דודים; אהוב; אהובה; מתנה (ביום ולנטין ב־14 בפברואר)
**val′et** *n.* (ולי, ולט) משרת אישי; שמש בגדים
**val′iant** *adj.* (ולינט) אמיץ; גבור; מצטין
**val′id** *adj.* (ולד) מבסס; יעיל; בן־סמך; תקף, שריר
**valid′ity** *n.* (ולדטי) תקף חקי, תקפות; בסוס

**valise′** *n.* (וליס) צקלון, מזודה קטנה
**val′ley** *n.* (ולי) עמק, בקעה
**val′or** *n.* (ולר) עז־רוח, גבורה
**val′uable** *adj.* (וליבל) יקר, שוה כסף רב; רב־ערך
**val′ue** *n.& v.t.* (וליו) ערך, תועלת; שוה כסף; כמות; משמעות; העריך ערך כספי; שקל ערך; החשיב
**valve** *n.* (ולב) שסתום
**vam′pire** *n.* (ומפיאר) ערפד; מוצץ דם
**van** *n.* (ון) חיל חלוץ; טנדר, משאית
**van′dal** *n.* (ונדל) משחית לשמו
**vane** *n.* (וין) שבשבת; להב, משטח
**van′guard″** *n.* (ונגרד) חיל חלוץ, צועד בראש, אונגרד
**vanil′la** *n.* (ונלה) שנף, וניל
**van′ish** *v.i.* (ונש) נעלם; הסתלק בחשאי, התחמק; חדל
**van′ity** *n.* (ונטי) שחצנות; הבל
**van′quish** *v.t.* (ונקוש) הביס, נצח, גבר על
**van′tage** *n.* (ונטג׳) עמדת־יתרון; יתרון
**va′por** *n.* (ויפר) אד, אדים
**var′iable** *n. & adj.* (וריאבל) משתנה; הפכפך
**var′iance** *n.* (וריאנס) שני; מחלקת
**var″ia′tion** *n.* (וריאישן) שנוי, שני, וריציה
**var′ied** *adj.* (וריד) מגון; ממינים שונים; של שנויים
**vari′ety** *n.* (וריאטי) שני, שנוי, רבגוניות; הבדל; מינים שונים; מבחר; סוג; זן; בדור מגון
**vari′ous** *adj.* (וריאס) שונים, מגונים; רבים
**var′nish** *n. & v.t.* (ורנש) לכה; משח לכה; שוה ברק חיצוני מטעה, הסוה
**var′y** *v.t. & i.* (ורי) שנה; גון; השתנה; סטה
**vase** *n.* (ויז) אגרטל

**vas'eline"** *n.* (וָסֶלִין) וָזֶלִין
**vas'sal** *n.* (וָסֶל) וַסָּל, גָרוּר, מְשֻׁעְבָּד; עֶבֶד, מְשָׁרֵת
**vast** *adj.* (וֶסְט) עָצוּם, נִרְחָב, גָּדוֹל מְאֹד
**vat** *n.* (וֶט) מֵכָל גָּדוֹל, גִּגִּית גְּדוֹלָה
**vault** *n. & v.i.* (וּוֹלְט) קִמְרוֹן; חֶדֶר פִּקְדוֹנוֹת; כּוּךְ; כִּפָּה; קָפַץ; קָפַץ בְּמוֹט
**vaunt** *v.i.* (וּוֹנְט) הִתְפָּאֵר בְּ־
**veal** *n.* (וִיל) בְּשַׂר עֵגֶל; עֵגֶל לִשְׁחִיטָה
**veer** *v.i.* (וִיר) שִׁנָּה כִּוּוּן
**veg'etable** *n.* (וֶג'טֶבְּל) יָרָק; צֶמַח, יֶרֶק; אָדָם אָדִישׁ וּמְשַׁעֲמֵם
**veg'etar"ian** *n.* (וֶג'טֶרִיאֶן) צִמְחוֹנִי
**veg'etate"** *v.i.* (וֶג'טֵיט) צָמַח כְּיֶרֶק; חַי חַיִּים סְבִילִים
**veg"eta'tion** *n.* (וֶג'טֵישְׁן) צוֹמֵחַ, צְמִיחָה כְּיֶרֶק; קִיּוּם מְשַׁעֲמֵם וְסָבִיל
**ve'hemence** *n.* (וִיאֶמֶנְס) עֹז, עָצְמָה; הִתְפָּרְצוּת נִמְרֶצֶת; אַלִּימוּת, לַהַט
**ve'hement** *adj.* (וִיאֶמֶנְט) תַּקִּיף, נִמְרָץ, עַז; נִרְגָּז
**ve'hicle** *n.* (וִיאִקְל) כְּלִי רֶכֶב, רֶכֶב; אֶמְצָעִי; כְּלִי
**veil** *n.* (וֵיל) צָעִיף, הִינוּמָה; מַסְוֶה
**take the —** הָיְתָה לִנְזִירָה
**— the** נִדְרֵי נְזִירָה; חַיֵּי נְזִירָה
**— *v.t. & i.*** הִסְתִּיר, כִּסָּה; הִתְכַּסָּה בְּצָעִיף
**vein** *n.* (וֵין) וָרִיד; נִימָה; רֹבֶד
**veloc'ity** *n.* (וֶלוֹסִטִי) מְהִירוּת
**vel'vet** *n.* (וֶלְוִט) קְטִיפָה; זְכִיָּה, רֶוַח נָקִי
**ven'al** *adj.* (וִינֶל) מְקַבֵּל שֹׁחַד; נִתָּן לִקְנִיָּה שֶׁל שֹׁחַד
**vendor(-er)** *n.* (וֶנְדֶר) מוֹכֵר
**veneer'** *n.* (וֶנִיר) צִפּוּי דַּק; לָבִיד; מַרְאֶה חִיצוֹנִי מְלַבֵּב
**ven'erable** *adj.* (וֶנֶרֶבְּל) מְעוֹרֵר יִרְאַת כָּבוֹד, נְשׂוּא־פָּנִים
**ven'erate"** *v.t.* (וֶנֶרֵיט) הִתְיַחֵס אֶל בְּיִרְאַת כָּבוֹד, כִּבֵּד, הֶעֱרִיץ
**vener'eal** *adj.* (וֶנִירִיאֶל) שֶׁל יַחֲסִים מִינִיִּים; שֶׁל מַחֲלָה מִינִית; שֶׁל תְּשׁוּקָה מִינִית; מְעוֹרֵר תַּאֲוָה מִינִית

**ven'geance** *n.* (וֶנְג'נְס) נְקָמָה, תַּאֲוַת נָקָם
**venge'ful** *adj.* (וֶנְג'פֶל) נַקְמָנִי
**ve'nial** *adj.* (וִינִיאֶל) שֶׁנִּתָּן לִמְחִילָה
**ven'ison** *n.* (וֶנִסְן) בְּשַׂר אַיָּל, בְּשַׂר צְבִי
**ven'om** *n.* (וֶנֶם) אֶרֶס
**ven'omous** *adj.* (וֶנֶמֶס) אַרְסִי; זְדוֹנִי
**vent** *n. & v.t.* (וֶנְט) פֶּתַח; מוֹצָא; פִּי טַבַּעַת; בִּטּוּי, אֲמִירָה; בִּטֵּא בְּאֹפֶן חָפְשִׁי; נָתַן פֻּרְקָן לְ־; שִׁחְרֵר; צִיֵּד בִּפְתָחִים
**ven'tilate"** *v.t.* (וֶנְטִלֵיט) אִוְרֵר; הֶעֱמִיד לְדִיּוּן פֻּמְבִּי; בִּטֵּא
**ven"tila'tion** *n.* (וֶנְטִלֵישְׁן) אִוְרוּר
**ven'tilator** *n.* (וֶנְטִלֵיטֶר) מְאַוְרֵר
**ventril'oquis"m** *n.* (וֶנְטְרִלֶקְוִזְם) דִּבּוּר מִפִּי הַזּוּלַת
**ven'ture** *n. & v.t. & i.* (וֶנְצ'ר) מִפְעָל שֶׁסִּכּוּן בְּצִדּוֹ; הַשְׁקָעָה בְּסִכּוּן; סִכֵּן; הִסְתַּכֵּן בְּ־; הִרְהִיב עֹז בְּנַפְשׁוֹ לְהַבִּיעַ; יָצָא לְמַסָּע; הִתְחִיל בְּמִפְעָל
**verac'ity** *n.* (וֶרֶסִטִי) אֲמִתּוּת, אֱמֶת; דִּיּוּק; אֲמִתָּה
**verb** *n.* (וֶרְבּ) פֹּעַל
**ver'bal** *adj.* (וֶרְבֶּל) שֶׁל מִלִּים; שֶׁבְּעַל פֶּה; מִלּוּלִי; שֶׁל פֹּעַל
**verbose'** *adj.* (וֶרְבּוֹס) מַרְבֶּה דִּבּוּרִים, דַּבְּרָנִי
**ver'dant** *adj.* (וֶרְדֶנְט) יָרֹק, מוֹרִיק; חֲסַר־נִסָּיוֹן
**ver'dict** *n.* (וֶרְדִקְט) פְּסַק דִּין; הַחְלָטָה
**verge** *n. & v.i.* (וֶרְג') קָצֶה; סַף; גְּבוּל; שַׁרְבִיט; הָיָה עַל גְּבוּל־, הָיָה עַל סַף
**ver"ifica'tion** *n.* (וֶרִפִקֵישְׁן) אִמּוּת; הוֹכָחָה; אִשּׁוּר רִשְׁמִי
**ver'ify"** *v.t.* (וֶרִפַי) אִמֵּת, אִשֵּׁר; וִדֵּא; הוֹכִיחַ
**vermil'ion** *n.* (וֶרְמִלְיֶן) שָׁנִי כָּתֹם
**ver'min** *n.* (וֶרְמִן) שְׁרָצִים; אֲנָשִׁים בְּזוּיִים; טוֹרְפֵי חַיּוֹת־צַיִד
**vernac'ular** *adj. & n.* (וֶרְנֶקְיֶלֶר) שֶׁל בְּנֵי הַמָּקוֹם, עֲמָמִי; שֶׁל שְׂפַת הַדִּבּוּר; שֶׁל שְׂפַת הָעָם; שְׂפַת הַמָּקוֹם; שָׂפָה מִקְצוֹעִית; הַשָּׂפָה הַמְדֻבֶּרֶת; הַשֵּׁם הַמְקֻבָּל
**ver'nal** *adj.* (וֶרְנֶל) שֶׁל הָאָבִיב, אֲבִיבִי, צָעִיר

**ver'satile** *adj.* (וֶרְסַטְל) מֻכְשָׁר לְכָל מְלָאכָה; סְתַגְלָנִי; רַב־שִׁמּוּשִׁי

**ver"satil'ity** *n.* (וֶרְסַטִלְטִי) הִתְמַצְּאוּת בַּכֹּל, תּוּשִׁיָּה, סְתַגְלָנוּת, רַב־שִׁמּוּשִׁיּוּת

**verse** *n.* (וֶרְס) שׁוּרָה (בשירה); חָרוּז; בַּיִת (בשיר); מִשְׁקָל (בשירה); שִׁיר; שִׁירָה מְחֹרֶזֶת; פָּסוּק

**versed** *adj.* (וֶרְסְט) מְנֻסֶּה, מְיֻמָּן, בָּקִי, מְלֻמָּד

**ver'sify"** *v.t.* & *i.* (וֶרְסִפַי) חִבֵּר בַּחֲרוּזִים, חָרַז

**ver'sion** *n.* (וֶרְזִ'ן) גִּרְסָה; נֹסַח; תַּרְגּוּם

**ver'tical** *adj.* (וֶרְטִקְל) מְאֻנָּךְ, זָקוּף

**ver'tigo"** *n.* (וֶרְטִגוֹ) סְחַרְחֹרֶת

**verve** *n.* (וֶרְב) חִיּוּת, הִתְלַהֲבוּת, מֶרֶץ

**ver'y** *adv.* & *adj.* (וֶרִי) מְאֹד; בְּעֶצֶם; בְּדִיּוּק, מַמָּשׁ; בִּלְבַד; מֻחְלָט; שָׁלֵם; אוֹתוֹ, עֶצֶם

**ves'sel** *n.* (וֶסְל) סְפִינָה, כְּלִי־שַׁיִט; כְּלִי קִבּוּל, כְּלִי; מוּבָל

**vest** *n.* & *v.t.* (וֶסְט) חָזִיָּה (של גבר); הִלְבִּישׁ; הִטִּיל עַל; הֶעֱנִיק

**ves'ted** *adj.* (וֶסְטֶד) קָבוּעַ וּמֻחְלָט; מוּגָן; לָבוּשׁ

**— in"terest** עִנְיָן מְיֻחָד לְשֵׁם טוֹבַת הֲנָאָה אִישִׁית; זְכוּת קְבוּעָה, "אִינְטֶרֶס מְשֻׁרְיָן"

**—s** קְבוּצוֹת שַׁלִּיטוֹת

**ves'tibule"** *n.* (וֶסְטִבְּיוּל) מָבוֹא, פְּרוֹזְדוֹר

**ves'tige** *n.* (וֶסְטִג') סִימָן, שָׂרִיד, עֵדוּת; אֵיבָר מְנֻוָּן

**vet'eran** *n.* & *adj.* (וֶטֶרַן) וָתִיק; חַיָּל מְשֻׁחְרָר, וְתִיק־מִלְחָמָה; מְנֻסֶּה, לָמוּד

**vet'erinar"y** *n.* & *adj.* (וֶטֶרְנֶרִי) רוֹפֵא וֶטֶרִינָר; שֶׁל רִפּוּי בְּהֵמוֹת, וֶטֶרִינָרִי

**ve'to** *n.* & *v.t.* (וִיטוֹ) וֶטוֹ; אִסּוּר מֻחְלָט; דָּחָה עַל יְדֵי הַטָּלַת וֶטוֹ; הִטִּיל וֶטוֹ, אָסַר לַחֲלוּטִין

**vex** *v.t.* (וֶקְס) הִרְגִּיז, קִנְטֵר, עוֹרֵר חֵמָה; עִנָּה, הֵצִיק לְ־; הִדְאִיג; חָלַק עַל

**vexa'tion** *n.* (וֶקְסֵישְׁן) הַרְגָּזָה; הֲצָקָה; הַדְאָגָה; רֹגֶז; מְקוֹר רֹגֶז

**via'duct** *n.* (וַיְאֲדַקְט) גֶּשֶׁר יַבָּשָׁה

**vi'al** *n.* (וַיְאַל) צְלוֹחִית

**vi'and** *n.* (וַיְאֲנְד) מָזוֹן

**—s** מַטְעַמִּים

**vi'brate** *v.i.* & *t.* (וַיְבְּרֵיט) הִתְנוֹדֵד, רָטַט; פָּסַח עַל שְׁתֵּי הַסְּעִפִּים; הִרְטִיט; הֵנִיד

**vibra'tion** *n.* (וַיְבְּרֵישְׁן) תְּנוּדָה, רֶטֶט

**vic'ar** *n.* (וִקְר) מְמַלֵּא מְקוֹם שֶׁל כֹּמֶר, כֹּמֶר־מִשְׁנֶה; כֹּמֶר; עוֹזֵר לְבִישׁוֹף; נְצִיג הָאַפִּיפְיוֹר, נְצִיג בִּישׁוֹף; מְמַלֵּא מָקוֹם, סְגָן

**vicar'ious** *adj.* (וַיְקֵרִיאַס) בִּמְקוֹם אַחֵר; נֶהֱנֶה בְּדִמְיוֹן הֲנָאַת הַזּוּלַת

**vice** *n.* (וַיְס) פְּרִיצוּת; פְּרִיקַת עֹל; זְנוּת; מוּם, מֶחְדָּל; הֶרְגֵּל רַע

**—** סְגַן־, מִשְׁנֶה

**vice'roy** *n.* (וַיְסְרוֹי) מִשְׁנֶה לַמֶּלֶךְ

**vi'ce ver'sa** (וַיְסֶה וֶרְסָה) לְהֶפֶךְ, הִפּוּכוֹ שֶׁל דָּבָר

**vicin'ity** *n.* (וִסִנְטִי) שְׁכֵנוּת, קִרְבָה; שְׁכוּנָה

**vici'ous** *adj.* (וִשֶׁס) מֻשְׁחָת, זְדוֹנִי; מְרֻשָּׁע; לָקוּי

**vicis'situde"** *n.* (וִסִסְטוּד) תַּהְפּוּכָה; שִׁנּוּי

**—s** מַעֲלוֹת וּמוֹרָדוֹת

**vic'tim** *n.* (וִקְטִם) קָרְבָּן

**vic'timize"** *v.t.* (וִקְטְמַיְז) עָשָׂה לְקָרְבָּן; רִמָּה; שָׁחַט

**vic'tor** *n.* (וִקְטֶר) מְנַצֵּחַ

**victor'ious** *adj.* (וִקְטוֹרִיאַס) מְנַצֵּחַ, שֶׁל נִצָּחוֹן

**vic'tory** *n.* (וִקְטֶרִי) נִצָּחוֹן

**vict'uals** *n.* (וִטְלְז) מָזוֹן, מִצְרְכֵי מָזוֹן, אֹכֶל לִבְנֵי אָדָם

**vid'eo** *n.* (וִדְיאוֹ) הַיְסוֹדוֹת הַחֲזוּתִיִּים שֶׁל טֶלֶוִיזְיָה, טֶלֶוִיזְיָה

**vie** *v.i.* (וַי) הִתְחָרָה

**view** *n.* (וְיוּ) רְאִיָּה; תְּחוּם רְאִיָּה; מַרְאֶה, נוֹף; תְּמוּנָה, תַּצְלוּם; הִרְהוּר; דֵּעָה; תַּכְלִית; סֶקֶר כְּלָלִי, סִכּוּם

**in —** בִּתְחוּם הָרְאִיָּה; בְּדִיּוּן

**in — of** לְאוֹר, בִּגְלַל

**on —** לְרַאֲוָה; מֻצָּג

**with a — to** בְּמַטָּרָה לְ־; בְּצִפִּיָּה

**— v.t.** רָאָה, הִבִּיט, סָקַר; בָּדַק; שָׁקַל בְּדַעַת; הִתְיַחֵס אֶל

**view′point″** *n.* (וְיוּפּוֹיְנְט) נְקֻדַּת הַשְׁקָפָה; מְקוֹם הַשְׁקָפָה
**vig′il** *n.* (וִגִ׳ל) תְּקוּפַת עֵרָנוּת
**vig′ilance** *n.* (וִגִ׳לֶנְס) עֵרָנוּת
**vig′ilant** *adj.* (וִגִ׳לֶנְט) עֵרָנִי, עַל הַמִּשְׁמָר
**vig″ilan′te** *n.* (וִגִ׳לֶנְטִי) אֶזְרָח לַאֲכִיפַת הַחֹק; חָבֵר קְבוּצַת אֶזְרָחִים לְהַעֲנָשַׁת פּוֹשְׁעִים
**vig′or** *n.* (וִגֶר) עֹז; חִיּוּת; מֶרֶץ, כֹּחַ
**vig′orous** *adj.* (וִגֶרֶס) עַז, חָזָק; נִמְרָץ; גָּדוֹל בָּרִיא; תַּקִּיף; חָסֹן, תַּקִּיף
**vile** *adj.* (וַיְל) מְשֻׁקָּץ, נִתְעָב; שָׁפָל; מְטֻנָּף; שֶׁל שִׁפְלוּת; זָעוּם
**vil′ify** *v.t.* (וִלִפַי) הִשְׁמִיץ, הוֹצִיא דִּבָּה
**vil′lage** *n.* (וִלִג׳) כְּפָר; מוֹשָׁבָה (כל בעלי הַיִּים)
**vil′lager** *n.* (וִלִג׳ר) כַּפְרִי
**vil′lain** *n.* (וִלֶן) רָשָׁע
**vin′dicate″** *v.t.* (וִנְדֶקֵיט) נִקָּה (מאשמה), הִצְדִּיק; סִנֵּגֵר; תָּבַע; נָקַם
**vin″dica′tion** *n.* (וִנְדֶקֵישֶן) הַצְדָּקָה; נִקּוּי מֵאַשְׁמָה, זִכּוּי
**vindic′tive** *adj.* (וִנְדִקְטִב) נוֹקֵם, נַקְמָנִי
**vine** *n.* (וַיְן) מְטַפֵּס; קִיסוֹס; גֶּפֶן
**vin′egar** *n.* (וִנֶגֶר) חֹמֶץ
**vine′yard** *n.* (וִנְיֶרְד) כֶּרֶם
**vin′tage** *n.* & *adj.* (וִנְטִג׳) יֵין מִשְׁנָה מְסֻיֶּמֶת; בָּצִיר, יַיִן מֻבְחָר (כבציר טוב); תַּעֲשִׂיַּת יַיִן; שְׁנַת יִצּוּר; שֶׁל יַיִן; שֶׁל יֵינוֹת; שֶׁל בָּצִיר מְסֻיָּם; מֻבְחָר; מִסּוּג יָשָׁן, שֶׁאָבַד עָלָיו כֶּלַח
**vi′olate″** *v.t.* (וַיאֲלֵיט) עָבַר עַל, הֵפֵר; חִלֵּל; הִפְרִיעַ; אָנַס
**vi″ola′tion** *n.* (וַיאֲלֵישֶן) הֲפָרָה, עֲבֵרָה; חִלּוּל; הַפְרָעָה; אֹנֶס
**vi′olence** *n.* (וַיאֲלֶנְס) אַלִּימוּת, תּוֹקְפָנוּת; פְּגִיעָה
**vi′olent** *adj.* (וַיאֲלֶנְט) אַלִּים; עַז; חָרִיף; תּוֹקְפָנִי; שֶׁל עַוּוּת
**vi′olet** *n.* & *adj.* (וַיאֲלֶט) סִגָּל, סְגַלְגַּלִּית; סָגֹל
**vi″olin′** *n.* (וַיאֲלִן) כִּנּוֹר
**vi″olin′ist** *n.* (וַיאֲלִנִסְט) כַּנָּר
**vi′per** (וַיְפֶּר) צֶפַע
**vira′go** *n.* (וִירֵיגוֹ) אֵשֶׁת מְדָנִים, קְלִפָּה (אשה)

**vir′gin** *n.* & *adj.* (וֶרְגִ׳ן) בְּתוּלָה; שֶׁל בְּתוּלָה, בְּתוּלִי; זַךְ; טָהוֹר; לֹא־מְנֻצָּל
**virgo** *n.* (וֶרְגוֹ) מַזַּל בְּתוּלָה
**vir′ile** *adj.* (וִרֶל) גַּבְרִי; חָזָק; תַּקִּיף; מְסֻגָּל לְהוֹלִיד
**viril′ity** *n.* (וִרִלְטִי) גַּבְרִיּוּת; כֹּחַ גַּבְרָא, אוֹן
**vir′tual** *adj.* (וֶרְצ׳וּאֶל) בִּמְצִיאוּת, לְפִי הָרֹשֶׁם
**—ly** *adv.* בְּדֶרֶךְ כְּלָל, כִּמְעַט כָּלִיל
**vir′tue** *n.* (וֶרְצ׳וּ) טֹהַר מוּסָרִי; טוּב; יֹשֶׁר; סְגֻלָּה; מִדָּה טוֹבָה; מוּסָרִיּוּת; פְּרִישׁוּת מִינִית; כֹּחַ, יְכֹלֶת
**vir′tuous** *adj.* (וֶרְצ׳וּאֶס) מוּסָרִי; בַּעַל מִדּוֹת טוֹבוֹת; יָשָׁר, צַדִּיק; פָּרוּשׁ מֵחַיֵּי מִין
**vir′ulent** *adj.* (וִרְיֻלֶנְט) אַרְסִי מְאֹד; מַמְאִיר, קַטְלָנִי
**vir′us** *n.* (וַיְרֶס) נְגִיף, וִירוּס; אֶרֶס
**vi′sa** *n.* (וִיזָה) אַשְׁרָה, וִיזָה
**vis′age** *n.* (וִזִג׳) קְלַסְתֵּר פָּנִים, מַרְאֶה
**vis″-à-vis′** *adv.* & *adj.* & *prep.* (וִיזָוִי) פָּנִים אֶל פָּנִים; בְּיַחַס לְ־, לְעֻמַּת; מוּל
**vis′cous** *adj.* (וִסְקֶס) צָמִיג, דָּבִיק
**vise** *n.* (וַיְס) מֶלְחָצַיִם
**vis″ibil′ity** *n.* (וִזֶבִּלְטִי) רְאוּת
**vis′ible** *adj.* (וִזֶבְּל) נִרְאֶה לָעַיִן; גָּלוּי
**vis′ion** *n.* (וִזְ׳ן) רְאִיָּה; מָעוֹף; חָזוֹן; דִּמְיוֹן חַי, צְפִיָּה; מַרְאֶה מַרְהִיב
**visi′onar″y** *adj.* &*n.* (וִזְ׳נֶרִי) הוֹזֶה, בַּעַל דִּמְיוֹנוֹת; בַּעַל חֲלוֹמוֹת; שׁוֹגֶה בַּהֲזָיוֹת; דִּמְיוֹנִי; נִרְאֶה בֶּחָזוֹן
**vis′it** *n.* & *v.t.* & *i.* (וִזִט) בִּקּוּר; שְׁהִיָּה; עֲרִיכַת בִּקֹּרֶת; בִּקֵּר, עָרַךְ בִּקּוּר; עָרַךְ בִּקֹּרֶת; שָׁהָה בְּ־; פָּקַד; הֵבִיא עַל
**vis′itor** *n.* (וִזִטֶר) מְבַקֵּר, אוֹרֵחַ
**vi′sor** *n.* (וַיְזֶר) שִׁרְיוֹן־פָּנִים; מִצְחִיָּה; מָגֵן־שֶׁמֶשׁ
**vis′ta** *n.* (וִסְטָה) מַרְאֶה; רְאִיָּה נַפְשִׁית
**vis′ual** *adj.* (וִז׳וּאֶל) חֲזוּתִי; שֶׁל רְאִיָּה; שֶׁל הָעֵינַיִם; נִרְאֶה; שֶׁל תְּפִיסַת עֵינֵי הָרוּחַ
**vis′ualize″** *v.i.* & *t.* (וִז׳וּאֲלַיְז) הֶעֱלָה בַּזִּכָּרוֹן; רָאָה בְּמַקְּנִים נַפְשִׁיִּים, רָאָה בְּעֵינֵי רוּחוֹ

**vit'al** *adj.* (וַיטְל) חִיּוּנִי, שֶׁל הַחַיִּים; נִמְרָץ; חָשׁוּב מְאֹד; קַטְלָנִי
**—s** *n. pl.* אֵבָרִים חִיּוּנִיִּים; חֲלָקִים חִיּוּנִיִּים
**vital'ity** *n.* (וַיטֶלְטִי) חִיּוּנִיּוּת, חִיּוּת; כֹּחַ חַיִּים
**vi'tamin** *n.* (וַיטֲמִן) וִיטָמִין
**vit'iate"** *v.t.* (וִשִׁיאֵיט) קִלְקֵל; הִשְׁחִית; בִּטֵּל תֹּקֶף
**vitu"pera'tion** *n.* (וַיטוּפְּרֵיישְׁן) גִּדּוּף, חֵרוּף
**viva'cious** *adj.* (וֵויֵשֵׁס) מָלֵא חַיִּים, שׁוֹפֵעַ חִיּוּת, נִמְרָץ וְעֵרָנִי, נִלְהָב
**viv'id** *adj.* (וִוִד) חַי; מָלֵא חַיִּים; נִמְרָץ; חָזָק
**viv"isec'tion** *n.* (וִוִסֶקְשֲׁן) נְתִיחַת גּוּף חַי
**vix'en** *n.* (וִקְסֶן) שׁוּעָלָה; אֵשֶׁת מְדָנִים, מִרְשַׁעַת
**vizier'** *n.* (וִזִיר) וָזִיר
**vocab'ular"y** *n.* (ווֹקֶבְּיֶלֶרִי) אוֹצַר מִלִּים
**vo'cal** *adj.* (ווֹקְל) קוֹלִי; מִתְבַּטֵּא בְּשֶׁפַע דִּבּוּרִים, קוֹלָנִי
**vo'calist** (ווֹקַלִסְט) זַמָּר
**vo'calize"** *v.t. & i.* (ווֹקַלַיז) בִּטֵּא; זִמֵּר; הֶעֱנִיק קוֹל; נִקֵּד; הִשְׁתַּמֵּשׁ בְּקוֹל
**voca'tion** *n.* (ווֹקֵישְׁן) מִשְׁלַח־יָד, מִקְצוֹעַ; דַּחַף פְּנִימִי לְהִתְמַסֵּר לְמִקְצוֹעַ מְסֻיָּם, יִעוּד; יִעוּד מִפִּי הַגְּבוּרָה
**vocif'erate"** *v.i. & t.* (ווֹסִפֶרֵיט) צָעַק, צָוַח
**vogue** *n.* (ווֹג) אָפְנָה; תְּקוּפַת־רָצוֹן; פּוֹפּוּלָרִיּוּת
**voice** *n. n. & v.t.* (ווֹיס) קוֹל; בִּטּוּי; דֵּעָה; רָצוֹן; אֹפֶן (של פועל); בִּטֵּא; הִצְהִיר
**void** *n. & adj. & v.t.* (ווֹיד) חָלָל, רֵיקָנוּת; פִּרְצָה; בָּטֵל, חֲסַר־תֹּקֶף; חֲסַר־תּוֹעֶלֶת; נָטוּל, חָסֵר; בִּטֵּל; הֵרִיק; פִּנָּה
**vol'atile** *adj.* (ווֹלֶטַל) נָדִיף; מָלֵא חֹמֶר נֶפֶץ; הֲפַכְפַּךְ; חוֹלֵף; מִשְׁתַּנֶּה
**volcan'ic** *adj.* (ווֹלְקֶנִק) גַּעֲשִׁי; שֶׁל הַר גַּעַשׁ
**volca'no** *n.* (ווֹלְקֵינוֹ) הַר גַּעַשׁ
**voliti'on** *n.* (ווֹלִשְׁן) רְצִיָּה, רָצוֹן, כֹּחַ רָצוֹן; בְּחִירָה

**vol'ley** *n.* (ווֹלִי) מַטָּח; הִתְפָּרְצוּת
**— ball** כַּדּוּרְעָף
**volt** *n.* (ווֹלְט) ווֹלְט
**vol'uble** *adj.* (ווֹלְיַבְּל) רָהוּט, שׁוֹטֵף, פַּטְפְּטָנִי
**vol'ume** *n.* (ווֹלְיוּם) כֶּרֶךְ; נֶפַח; כַּמּוּת גְּדוֹלָה; סַךְ הַכֹּל, כַּמּוּת; עָצְמַת קוֹל
**volu'minous** *adj.* (וַלוּמֶנֵס) מְרֻבֶּה, מְשֻׁפָּע; רַב מְאֹד, רַב־כַּמּוּת; מְמַלֵּא כְּרָכִים רַבִּים; אָרֹךְ מְאֹד
**vol'untar"y** *adj.* (ווֹלֶנְטֶרִי) שֶׁל הִתְנַדְּבוּת, מֵרָצוֹן; חָפְשִׁי; שֶׁל מִתְנַדְּבִים; שֶׁבְּמֵזִיד; לְלֹא פִּצּוּי; רְצוֹנִי; סְפּוֹנְטָנִי
**vol"unteer'** *n. & adj.* (ווֹלֶנְטִיר) מִתְנַדֵּב; שֶׁל הִתְנַדְּבוּת; שֶׁל מִתְנַדְּבִים
**—** *v.i. & t.* הִתְנַדֵּב; הִצִּיעַ בְּלֹא שֶׁנִּתְבַּקֵּשׁ; הִגִּיד בְּלֹא שֶׁנִּתְבַּקֵּשׁ
**volup'tuous** *adj.* (וַלֶפְּצ׳וּאֵס) שֶׁל תַּעֲנוּגוֹת; שֶׁל עֹנֶג הַחוּשִׁים; חוּשָׁנִי; מְהַנֶּה הַחוּשִׁים
**vom'it** *v.i. & t. & n.* (ווֹמִט) הֵקִיא; יָרַק בְּחָזְקָה; הֲקָאָה, קִיא
**voo'doo** *n.* מַעֲשֵׂה כְּשָׁפִים; מְכַשֵּׁף
**vora'cious** *adj.* (וֵרֵישֵׁס) רַעַבְתָנִי, זוֹלֵל, בּוֹלְעָנִי; שֶׁאֵינוֹ יוֹדֵעַ שָׂבָע
**vorac'ity** *n.* (וֶרֶסִטִי) רַעַבְתָנוּת, זְלִילָה; בּוֹלְעָנוּת, תַּאֲוָה שֶׁאֵינָהּ יוֹדַעַת שָׂבָע
**vor'tex** *n.* (ווֹרְטֶקְס) מְעַרְבֹּלֶת; פְּעִילוּת גּוֹעֶשֶׁת
**vote** *v.i. & t.* (ווֹט) הִצְבִּיעַ, בָּחַר; קָבַע עַל יְדֵי הַצְבָּעָה; תָּמַךְ בְּ־; דָּגַל בְּ־; קָבַע בְּהַסְכָּמָה כְּלָלִית; הַצְבָּעָה; בְּחִירוֹת; זְכוּת בְּחִירָה; זְכוּת הַצְבָּעָה; הַחְלָטָה; קוֹל
**vo'ter** *n.* (ווֹטֶר) בּוֹחֵר; מַצְבִּיעַ
**vouch** *v.i.* (וַאוּץ׳) אִשֵּׁר, הֵעִיד עַל
**vou'cher** *n.* (וַאוּצ׳ר) מְאַשֵּׁר, מֵעִיד; קַבָּלָה
**vouchsafe'** *v.t. & i.* (וַאוּצ׳סֵיף) הֶעֱנִיק; הִתִּיר; הוֹאִיל בְּטוּבוֹ
**vow** *n.* (וַאוּ) נֶדֶר; הִתְחַיְּבוּת חֲגִיגִית; הַצְהָרָה חֲגִיגִית
**take — s** הִצְטָרֵף לְמִסְדָּר דָּתִי
**—** *v.i. & t.* נָדַר; הִתְחַיֵּב חֲגִיגִית; הִבְטִיחַ; הִצְהִיר חֲגִיגִית

**vow'el** *n.* (וַאוּאֶל) תְּנוּעָה; אֵם קְרִיאָה
**voy'age** *n.* & *v.i.* (וֹויאִג') נְסִיעָה. מַסָּע, הַפְלָגָה; נָסַע, עָרַךְ מַסָּע
**voyeur'** *n.* (וֹואַיֶר) מֵצִיץ
**vul'gar** *adj.* (וַלְגֶר) גַּס, הֲמוֹנִי, וּולְגָרִי; מְפֻקָּר; שֶׁל פְּשׁוּטֵי הָעָם; נוֹכֵחַ; פּוֹפּוּלָרִי; שֶׁל שְׂפַת פְּשׁוּטֵי הָעָם
**vulgar'ity** *n.* (וַלְגֶרִטִי) גַּסּוּת, הֲמוֹנִיּוּת, וּולְגָרִיּוּת; מֻפְקָרוּת
**vul'nerable** *adj.* (וַלְנֶרֶבְּל) פָּגִיעַ; חָשׂוּף
**vul'ture** *n.* (וַלְצֶ'ר) עָזְנִיָּה, נֶשֶׁר, רָחָם

# W

**W, w (doub'le'yoo") *n.*** (דַבְּלְיוּ) ר׳.
הָאוֹת הָעֶשְׂרִים וְשָׁלֹשׁ בָּאָלֶפְבֵּית הָאַנְגְלִי

**wad *n.* & *v.t.*** (װֹד) גּוּשׁ, כַּדּוּר; אָנִיץ, מוֹךְ; חֲבִילָה; הַרְבֵּה כֶּסֶף; עָשָׂה חֲבִילָה; בָּלַל בְּמְהֻדָּק; דָּחַס

**waddle *v.i.* & *n.*** (װֹדְל) הָלַךְ כְּבַרְוָז; הָלַךְ לְאַט וּבְנִדְנוּדִים; הֲלִיכַת בַּרְוָז

**wade *v.i.*** (װֵיד) הָלַךְ כְּשֶׁהָרַגְלַיִם בְּמַיִם; שִׂחֵק בְּמַיִם רְדוּדִים; הִתְקַדֵּם בְּאִטִּיּוּת

**— (in) into** הִתְחִיל בְּמֶרֶץ; הִתְקִיף בְּמֶרֶץ

**wa'fer *n.*** (װֵיפְר) אֲפִיפִית, תּוּפִין דַּק, "וָפְלָה"

**waf'fle *n.*** (װֹפְל) לְבִיבַת־סְרִיג

**waft *v.t.*** (װֶפְט) נָשָׂא בְּקַלִּילוּת

**wag *v.t.* & *i.* & *n.*** (װֶג) כִּשְׁכֵּשׁ; נִדְנֵד, נֶעֱנַע; רָכַל; נִעֲנוּעַ; לֵץ

**wage(s) *n.* & *v.t.*** (װֵיגְ'[ז]) שְׂכַר עֲבוֹדָה, שָׂכָר; גְּמוּל; נִהֵל, עָסַק בְּ־

**wa'ger *n.*** (װֵיגְ'ר) הִמּוּר, הִתְעָרְבוּת; תְּנַאי הִמּוּר; הִמֵּר, הִתְעָרֵב

**wag'on *n.*** (װֶגְן) עֲגָלָה; קְרוֹנִית־מִשְׂחָק

**hitch one's — to a star** הָיָה בַּעַל שְׁאִיפוֹת נַעֲלוֹת

**on the —** נִמְנַע מִשְּׁתִיַּת מַשְׁקָאוֹת חֲרִיפִים

**waif *n.*** (װֵיף) יֶלֶד עָזוּב; אֲסוּפִי; חַיָּה חֲסֵרַת בַּיִת

**wail *v.i.* & *n.*** (װֵיל) יִלֵּל; הִתְאַבֵּל; הִשְׁמִיעַ קוֹלוֹת קִינָה, נָהָה; יְלָלָה, נְהִי

**waist *n.*** (װֵיסְט) מֹתֶן; חֻלְצָה; גּוּפִיָּה

**wait *v.i.* & *t.* & *n.*** (װֵיט) חִכָּה לְ־, הִמְתִּין לְ־; צִפָּה לְ־; הִתְעַכֵּב; שִׁמֵּשׁ מֶלְצָר; עִכֵּב

**— on (upon)** שֵׁרֵת; מִלֵּא בַּקָּשָׁה; עָרַךְ בִּקּוּר

**— up** דָּחָה שְׁכִיבָה לִישׁוֹן; נֶעֱצַר וְחִכָּה

**— *n.*** הַמְתָּנָה

**lie in —** אָרַב לְ־

**wai'ter *n.*** (װֵיטְר) מֶלְצָר; מַגִּישׁ; מַגָּשׁ; מַמְתִּין

**wai'ting *n.*** (װֵיטִנְג) הַמְתָּנָה; הַפְסָקָה; עִכּוּב

**in —** עוֹמֵד לְשָׁרוּת־

**wai'tress *n.*** (װֵיטְרֶס) מֶלְצָרִית

**waive *v.t.*** (װֵיב) וִתֵּר, נִמְנַע מִלִּתְבֹּעַ; דָּחָה

**wake *v.i.* & *t.* & *n.*** (װֵיק) הִתְעוֹרֵר; הָיָה עֵר; הִתְנַעֵר; נַעֲשָׂה מוּדָע לְ־; הֵעִיר; עוֹרֵר; שְׁמִירָה; לֵיל שִׁמּוּרִים לְמֵת

**wa'ken *v.t.* & *i.*** (װֵיקְן) הֵעִיר; הִתְעוֹרֵר

**walk *v.i.* & *t.*** (װוֹק) הָלַךְ; טִיֵּל; הִסְתּוֹבֵב, הִתְהַלֵּךְ; עָזַר לָלֶכֶת; לִוָּה; הֶעֱבִיר; מָדַד

**— off** נִפְטַר מִ־ עַל יְדֵי הֲלִיכָה

**— off (away with)** גָּנַב; זָכָה בְּ־

**— out** יָצָא לִשְׁבִיתָה; יָצָא כִּמְחָאָה

**— out on** נָטַשׁ; יָצָא בְּחֹסֶר נִימוּס

**— over** הִתְיַחֵס אֶל בְּבוּז

**— *n.*** הֲלִיכָה; מַהֲלָךְ; צוּרַת הֲלִיכָה; אַסְפָּנִית; פְּעִילוּת, הִתְעַסְּקוּת; שְׁבִיל

**walk'away" *n.*** (װוֹקְאֲוֵי) נִצָּחוֹן קַל

**walk'ing *adj.* & *n.*** (װוֹקִנְג) מִתְהַלֵּךְ, שֶׁל הֲלִיכָה; חַי; הֲלִיכָה; צוּרַת הֲלִיכָה; תְּנַאי הֲלִיכָה

**wall *n.* & *v.t.*** (װוֹל) קִיר, כֹּתֶל, חוֹמָה; הֵקִים חוֹמָה; קָבַר בְּתוֹךְ קִיר

**wal'let *n.*** (װוֹלְט) אַרְנָק

**wall'flow"er *n.*** (װוֹלְפְלַאוּאֶר) מִתְבּוֹדֶדֶת (בנשף), "פִּרְחַת קִיר"

**wal'lop *v.t.* & *n.*** (װוֹלְפּ) הִכָּה מַכּוֹת נֶאֱמָנוֹת, הִפְלִיא מַכּוֹת; חָבַט בְּחָזְקָה; מַהֲלֻמָּה; רֹשֶׁם עַז

**wall'ow *v.i.*** (װוֹלוֹ) הִתְפַּלֵּשׁ; הִתְפַּנֵּק; נָע בִּכְבֵדוּת

**wal'nut" *n.*** (װוֹלְנַט) אֱגוֹז מֶלֶךְ

**wal'rus *n.*** (װוֹלְרַס) סוּס יָם

**waltz *n.* & *v.i.*** (װוֹלְץ) וַלְס; רָקַד וַלְס; נָע בְּקַלִּילוּת; עָבַר בְּלֹא מַאֲמָץ

**wan *adj.*** (װוֹן) חִוֵּר, חוֹלָנִי; דָּפֶה

**wand *n.*** (װוֹנְד) מַטֶּה; שַׁרְבִיט; זַלְזַל

**wan'der *v.i.*** (װוֹנְדְר) נָדַד; הִסִּיחַ דַּעְתּוֹ; תָּעָה; סָטָה

**wan'derer** *n.* (וֹנְדֶרֶר) נוֹדֵד, נָע וָנָד

**wane** *v.i.* (וֵין) הִתְמַעֵט; שָׁקַע; יָרַד; הָלַךְ וּפָחַת; הִתְקָרֵב לַקֵּץ

**wan'gle** *v.t.* (וֶנְגְל) בִּצֵּעַ בְּתַחְבּוּלוֹת, הִשִּׂיג בְּעָרְמָה

**want** *v.t. & i.* (וֹנְט) רָצָה; חָסֵר; הָיָה זָקוּק לְ־; חִפֵּשׂ

— **in** רָצָה לְהִכָּנֵס; רָצָה לְהִצְטָרֵף

— **out** רָצָה לָצֵאת

— *n.* צֹרֶךְ; חֹסֶר; דַּלּוּת; הַרְגָּשַׁת מַחְסוֹר

**wan'ting** *adj. & prep.* (וֹנְטִנְג) חָסֵר; בְּלִי; פָּחוֹת

**wan'ton** *adj. & n.* (וֹנְטֶן) זְדוֹנִי; אַכְזָרִי; מֻפְקָר; מָכוּר לְחַיֵּי מוֹתָרוֹת; פְּרוּצָה

**war** *n. & v.i.* (וֹר) מִלְחָמָה; נִלְחַם בְּ־

**warble** *v.i. & n.* (וֹרְבְּל) סִלְסֵל בַּקּוֹל; סִלְסוּל קוֹל

**ward** *n.* (וֹרְד) אֵזוֹר; מַחְלָקָה; מַעֲצָר; נָתוּן לָאֶפִּיטְרוֹפְּסוּת; קָטִין בְּהַשְׁגָּחַת אֶפִּיטְרוֹפּוֹס; שְׁמִירָה

**war'den** *n.* (וֹרְדְן) סוֹהֵר; מְנַהֵל בַּיִת סֹהַר; מְמֻנֶּה; אֶפִּיטְרוֹפּוֹס

**war'der** *n.* (וֹרְדֶר) שׁוֹמֵר, מַשְׁגִּיחַ

**war'drobe** *n.* (וֹרְדְרוֹב) בְּגָדִים, מַלְבּוּשִׁים; אֲרוֹן־בְּגָדִים; מֶלְתָּחָה

**ware** *n.* (וֵר) סְחוֹרָה, מִצְרָךְ; פְּרַט־טוּבִין; דָּבָר הָעוֹמֵד לִמְכִירָה; סוּג סְחוֹרָה; כְּלִי חֶרֶס

**ware'house"** *n.* (וֵרְהָאוּס) מַחְסָן; בֵּית מִמְכָּר

**war'fare"** *n.* (וֹרְפֵר) לְחִימָה, מִלְחָמָה

**war'like"** *adj.* (וֹרְלַיְק) מוּכָן לְמִלְחָמָה; מְאַיֵּם בְּמִלְחָמָה, מִלְחַמְתִּי

**warm** *adj. & v.t. & i.* (וֹרְם) חָמִים; מְחֻמָּם; יְדִידוּתִי; מְלַבֵּב; עֵרָנִי; נִרְגָּז; חָזָק; קָרוֹב; חִמֵּם; הִלְהִיב; הִתְחַמֵּם; הִתְלַהֵב

**war'mon"ger** *n.* (וֹרְמַנְגֶר) מְחַרְחֵר מִלְחָמָה

**warmth** *n.* (וֹרְמְת׳) חֲמִימוּת, עֵרָנוּת, לְבָבִיּוּת; חִבָּה; עַלִּיזוּת; רֹגֶז קַל

**warn** *v.t.* (וֹרְן) הִזְהִיר; הוֹדִיעַ

**war'ning** *n.* (וֹרְנִנְג) אַזְהָרָה

**warp** *v.t. & n.* (וֹרְפּ) עִקֵּם; עִוֵּת; עִקּוּל; סִלּוּף; שְׁתִי

**war'rant** *v.t.* (וֹרֶנְט) אִשֵּׁר, הֶעֱנִיק סַמְכוּת, יִפָּה כֹּחַ; הִצְהִיר בְּבִטְחָה; עָרַב לְ־; נָתַן אַחֲרָיוּת; הִצְדִּיק; הִתְחַיֵּב; הַרְשָׁאָה; הַצְדָּקָה; עֲרֻבָּה, הִתְחַיְּבוּת; אִשּׁוּר; פְּקֻדַּת חִפּוּשׂ; כְּתַב־מִנּוּי; פְּקֻדַּת תַּשְׁלוּם

**war'ranty** *n.* (וֹרֶנְטִי) כְּתַב־אַחֲרָיוּת; תְּנַאי; הַרְשָׁאָה

**war'ren** *n.* (וֹרֶן) שְׁפַנִּיָּה; מָקוֹם צָפוּף מְאֹד

**war'rior** *n.* (וֹרְיְאֶר) לוֹחֵם; חַיָּל

**wart** *n.* (וֹרְט) פִּטְמִית, יַבֶּלֶת

**war'y** *adj.* (וֵרִי) זָהִיר, עֵרָנִי

**was** (וֹז; בְּלִי הַטְעָמָה: וֶז) (גוּף רִאשׁוֹן וּשְׁלִישִׁי, יָחִיד, עָבָר, שֶׁל הַפֹּעַל be)

**wash** *v.t. & i.* (וֹשׁ) כִּבֵּס; רָחַץ; נִקָּה, גָּרַף; הִרְטִיב; שָׁחַק; כִּסָּה בְּשִׁכְבָה דַּקָּה; הִתְרַחֵץ; הִתְכַּבֵּס; נִשָּׂא עַל יְדֵי מַיִם; נִשְׁטַף

— **down** רָחַץ בִּיסוֹדִיּוּת; הֵקֵל עַל בְּלִיעָה

— **out** סִלֵּק עַל יְדֵי רְחִיצָה; הָרַס עַל יְדֵי מַיִם; נִכְשַׁל, הוּצָא

— **up** רָחַץ פָּנִים וְיָדַיִם; הֵדִיחַ; חִסֵּל בְּחֶרְפָּה

— *n.* רְחִיצָה; כְּבָסִים; זְרִימָה; גַּלֵּי מַיִם; שֹׁבֶל קֶצֶף; תַּרְחִיץ; שִׁכְבָה דַּקָּה, צִפּוּי; בִּצָּה; פֶּלֶג; בְּרֵכָה רְדוּדָה; מַיִם רְדוּדִים

**come out in the** — הִתְגַּלָּה לְבַסּוֹף

**wa'shing** *n.* (וֹשִׁנְג) רְחִיצָה; רַחֲצָה; כִּבּוּס; כְּבָסִים; תּוֹצָאַת שְׁטִיפָה; צִפּוּי דַּק

**wasn't** (וֹזְנְט) (קִצּוּר שֶׁל was not)

**wasp** *n.* (וֹסְפּ) צִרְעָה, דַּבּוּר

**waste** *v.t. & i. & n.* (וֵיסְט) בִּזְבֵּז; לֹא נִצֵּל; שָׁחַק; כִּלָּה, הֵשַׁם; בֻּזְבַּז; כָּלָה; כָּחַשׁ; הִדַּלְדֵּל; הִתְמַעֵט; בִּזְבּוּז; הַשְׁחָתָה; שְׁמָמָה; אַדְמַת בּוּר; פְּסֹלֶת

**lay** — הֵשַׁם; הִשְׁמִיד

— *adj.* שׁוֹמֵם, חָרֵב; מְבֻזְבָּז; מְיֻתָּר; שֶׁל פְּסֹלֶת; לְהַעֲבָרַת פְּסֹלֶת

**waste'ful** *adj.* (וֵיסְטְפֻל) בַּזְבְּזָנִי; הַרְסָנִי

**was'trel** *n.* (וֵיסְטְרֶל) בַּזְבְּזָן; אֲסוּפִי; בַּטְלָן, לֹא־יִצְלַח

**watch** *v.i.* (וֹץ׳) צָפָה, הִתְבּוֹנֵן בְּ־;

חִכָּה בִּתְשׂוּמֶת לֵב; עָמַד עַל הַמִּשְׁמָר, שָׁמַר; נִזְהַר; שָׁמַר עַל; עָקַב אַחֲרֵי

— oneself הָיָה זָהִיר, נָהַג בִּזְהִירוּת

— out נִזְהַר, נִשְׁמַר

— *n.* הַמְתָּנָה, צִפִּיָּה, עֲמִידָה עַל הַמִּשְׁמָר; שְׁמִירָה; הִסְתַּכְּלוּת מַתְמֶדֶת; מִשְׁמֶרֶת; אַשְׁמוּרָה; מִשְׁמָר; שָׁעוֹן (קטן, לשימוש אישי)

on the — עֵרָנִי, עַל הַמִּשְׁמָר

**watch′ful** *adj.* (ווֹצְ׳פֶל) עֵרָנִי, עַל הַמִּשְׁמָר, דָּרוּךְ

**watch′ma″ker** *n.* (ווֹצְ׳מֵיקֶר) שָׁעָן

**watch′man** *n.* (ווֹצְ׳מֶן) שׁוֹמֵר

**wa′ter** *n.* & *adj.* (ווֹטֶר) מַיִם; פְּנֵי מַיִם; מִפְלָס; נוֹזֵל; שֶׁל מַיִם; מֵימִי

—s מֵי נָהָר, מֵי אֲגַם; מַיִם מִינֶרָלִיִּים

above — יָצָא לַמֶּרְחָב; הִשְׁתַּחְרֵר מִבְּעָיוֹת כַּסְפִּיּוֹת

by — בְּדֶרֶךְ הַיָּם

hold — הָיָה הֶגְיוֹנִי, הָיָה תָּקֵף

in deep — בִּמְצוּקָה גְדוֹלָה

— *v.t.* & *i.* הִשְׁקָה; רִסֵּס מַיִם; הִרְטִיב; סִפֵּק מַיִם; מָהַל; מִעֵט בַּחֲשִׁיבוּת, רִכֵּךְ

**wa′tercol″or** *n.* (ווֹטֶרְקַלֶר) צִיּוּר בְּצֶבַע מַיִם, אַקְוָרֶל; צֶבַע מַיִם; צְבִיעָה בְּצִבְעֵי מַיִם

**wa′terfall″** *n.* (ווֹטֶרְפוֹל) מַפַּל מַיִם

**wa′terlogged″** *adj.* (ווֹטֶרְלוֹגְד) רְוּוּי־מַיִם, מוּצָף וּמוּצָא מִכְּלַל שִׁמּוּשׁ

**wa′termel″on** *n.* (ווֹטֶרְמֶלֶן) אֲבַטִּיחַ

**wa′terproof″** *adj.* & *v.t.* (ווֹטֶרְפְּרוּף) אָטִים; עָמִיד בִּפְנֵי מַיִם, חֲסִין־מַיִם; אִטֵּם

—ing *n.* חֹמֶר אִטּוּם; אִטּוּם

**wa′terspout″** *n.* (ווֹטֶרְסְפַּאוּט) מַרְזֵב; עַמּוּד עֲרָפֶל

**wa′tertight″** *adj.* (ווֹטֶרְטַיט) אָטִים; שֶׁאֵין לְהִתְחַמֵּק מִמֶּנּוּ, שֶׁאֵין לְבַטְּלוֹ, מְשֻׁרְיָן

**wa′terworks″** *n. pl.* (ווֹטֶרְוֶרְקְס) רֶשֶׁת אַסְפָּקַת מַיִם

**wa′tery** *adj.* (ווֹטֶרִי) שֶׁל מַיִם, מֵימִי; מוּצָף; דּוֹמֵעַ; דּוֹמֶה לְמַיִם; מְמֻהָל

**wat′tle** *n.* (ווֹטֶל) דַּבְלוּל

**wave** *v.i.* & *t.* & *n.* (וֵיב) הִתְנַעֲנֵעַ, הִתְנַפְנֵף; נִפְנֵף יָד; עָלָה וְיָרַד; נִעֲנֵעַ; הוֹרָה עַל יְדֵי נִפְנוּף; עָשָׂה עֲקָמוֹת עוֹלוֹת וְיוֹרְדוֹת; סִלְסֵל; גַּל, נַחְשׁוֹל; עֲקָמָה; עֲלִיָּה וִירִידָה; נִפְנוּף, נִעֲנוּעַ; סִלְסוּל, תַּלְתַּלִּים

**wa′ver** *v.i.* (וֵיבֶר) הִתְנוֹעֵעַ; פִּרְפֵּר; הִבְלִיחַ, הִבְהֵב; גִּלָּה חֹסֶר יַצִּיבוּת; רָעַד; הִסֵּס, פָּסַח עַל שְׁתֵּי הַסְּעִפִּים; הִשְׁתַּנָּה

**wa′vy** *adj.* (וֵיבִי) גַּלִּי; רוֹעֵד; מְסֻלְסָל

**wax** *n.* & *v.t.* (וֶקְס) שַׁעֲוָה, דּוֹנַג; מִשְׁחָה; דֹּנַג; מָשַׁח בְּשַׁעֲוָה, מֵרֵק בְּשַׁעֲוָה

**wa′xen** *adj.* (וֶקְסֶן) שֶׁל שַׁעֲוָה, מְצֻפֶּה שַׁעֲוָה; מְדֻנָּג; דּוֹמֶה לְשַׁעֲוָה; חַלָּשׁ, רַךְ, מִתְרַשֵּׁם בְּקַלּוּת

**wax′y** *adj.* (וֶקְסִי) שֶׁל שַׁעֲוָה, מְדֻנָּג

**way** *n.* (וֵי) דֶּרֶךְ, אֹפֶן; הֶרְגֵּל; אֶמְצָעִי, שִׁיטָה; בְּחִינָה; כִּוּוּן; סְבִיבָה; מַעֲבָר; רָצוֹן; מַצָּב

by the — דֶּרֶךְ אַגַּב

by — of דֶּרֶךְ; כְּאֶמְצָעִי

come one's — הִגִּיעַ לְמִישֶׁהוּ; פָּגַע בְּ־, עָבַר עַל

give — נָסוֹג, הִסְתַּלֵּק; הִתְמוֹטֵט; נִכְנַע

give — to וִתֵּר לְ־; הִתְפָּרֵץ בְּ־

go out of one's — הִתְאַמֵּץ בִּמְיֻחָד, עָשָׂה בְּזָדוֹן

lead the — שִׁמֵּשׁ מוֹרֵה דֶרֶךְ; נָטַל יָזְמָה; שִׁמֵּשׁ מוֹפֵת

make one's — הִתְקַדֵּם; הִצְלִיחַ

make — הִרְשָׁה לַעֲבוֹר, פִּנָּה דֶרֶךְ

out of the — מְחֻסָּל; מְרֻחָק, נִדָּח; לֹא־הוֹגֵן; יוֹצֵא מִן הַכְּלָל, מְיֻחָד

under — בִּתְנוּעָה, בִּפְעֻלָּה

**way′far″er** *n.* (וֵיפֶרֶר) עוֹבֵר אֹרַח

**waylay′** *v.t.* (וֵילֵי) אָרַב וְשָׁדַד

**way′ward** *adj.* (וֵיוֶרְד) סוֹרֵר, מַמְרֶה; הֲפַכְפַּךְ

**we** *pron.* (וִי) אֲנַחְנוּ

**weak** *adj.* (וִיק) חַלָּשׁ, רָפֶה; רוֹפֵף; תָּשׁוּשׁ

**wea′ken** *v.t.* & *i.* (וִיקֶן) הֶחֱלִישׁ; נֶחֱלַשׁ

**weak′ness** *n.* (וִיקְנֶס) חֻלְשָׁה, רִפְיוֹן; חִבָּה, מוֹקֵד חִבָּה

**wealth** *n.* (וֶלְתְ׳) עֹשֶׁר; שֶׁפַע

**weal′thy** *adj.* (וֶלְתִ׳י) עָשִׁיר

**wean** *v.t.* (וין) גמל; שחרר

**weap'on** *n.* (וֶפן) נשק, כלי נשק

**wear** *v.t. & i.* (וֶר) לבש; נעל; נשא; בלה, כלה, שחק; הציק ל־; החליש; הוגיע; בלה זמן באטיות; התבלה; נשחק; עבר באטיות

— **down** התש; הוגיע; גבר על

— **off** פג, נעלם

— **out** קלקל מרב שמוש; הוגיע

— *n.* לבוש, לבישות; בלאי, בליה; עמידות

**wea'riness** *n.* (ויריִנס) עיפות

**wea'risome** *adj.* (ויריסם) מיגע, משעמם

**wear'y** *adj. & v.t. & i.* (וירי) עיף; מיגע; חסר־סבלנות, שנמאס לו; עיף; נמאס ל־

**wea'sel** *n.* (ויזל) חמוס גמדי; נוכל

**weath'er** *n.* (וֶד'ר) מזג אויר; סופות

under the — חולני; מבסם; סובל מצירי התפכחות

— *v.t.* חשף להשפעת מזג האויר; פגע (השפעת מזג האוויר); החזיק מעמד, גבר על

**weave** *v.t. & i.* (ויב) ארג, קלע; טוה; הגה, הרכיב; שלב; נע מצד אל צד, נע בצורה זיגזגית

**wea'ver** *n.* (ויבר) אורג

**web** *n.* (וֶב) מארג, מסכת, אריג; קורים; שבכה, רשת; קרום שחיה; מרקם, סבך

**wed** *v.t. & i.* (וֶד) נשא, נשא; התחתן; התמסר ל־; מזג; חתן; התמזג

**wed'ding** *n.* (וֶדנג) חתנה; יום השנה לחתנה; מזוג

**wedge** *n. & v.t.* (וֶג') טריז; יתד; משלש; בקע; הכניס טריז; חזק בטריזים; דחק

**wed'lock** *n.* (וֶדלוק) נשואים

**Wednes'day** *n.* (וֶנזדי) יום ד׳, יום רביעי

**wee** *adj.* (וי) קטן, זעיר; מקדם מאד

**weed** *n.* (ויד) עשב רע, עשב שוטה; סיגריה, סיגר; אדם כחוש ומגשם

the — טבק

— *v.t.* נכש; שרש, בער; סלק

**week** *n.* (ויק) שבוע

**week'day"** *n. & adj.* (ויקדי) יום חל; של יום חל

**week'ly** *adj. & adv. & n.* (ויקלי) שבועי; לפי שבוע; של כל שבוע; פעם בשבוע; שבועון

**weep** *v.i. & t.* (ויפ) בכה, בכה; הזיל

**wee'vil** *n.* (ויבל) תולעת זיפית

**weigh** *v.t. & i.* (וי) שקל; מדד; הוסיף כבד; היה בעל משקל; השפיע; הכביד; משקלו־

— **anchor** הרים עגן

— **down** הכביד, הוריד; העיק

— **in** נשקל רשמית

**weight** *n.* (ויט) משקל, כבד, לחץ; משא, מעמסה; חמר; משקלת; חשיבות

carry — השפיע

pull one's — תרם חלקו

throw one's — around נצל השפעתו שלא כיאות

— *v.t.* הוסיף משקל, הכביד, העיק; שקלל; הטה

**weigh'ty** *adj.* (ויטי) כבד, מכביד; בעל משקל, חשוב

**weird** *adj.* (וירד) שלא מהעולם הזה, מוזר

**we'lcome** *interj. & n.* (וֶלקם) ברוך הבא; קבלת פנים

wear out one's — האריך בבקורים עד כדי מרת רוח

— *v.t.* קבל בסבר פנים יפות, קדם בברכה; פגש

— *adj.* מקבל ברצון; רצוי; נעים; מתר ל־; על לא דבר

**weld** *v.t.* (וֶלד) רתך; חבר; מחבר מרתך, רתוך

**wel'fare"** *n.* (וֶלפר) מצב, רוחה; סעד

**well** *adv.* (וֶל) יפה, היטב; כהלכה; בצדק; בעין יפה; במדה נכרת

as — גם כן

as — as באותה מדה

— *adj.* בריא; משביע רצון; טוב, נוח; יאה

leave — enough alone לא לשנות מה שמשביע רצון

— **interj.** אוֹה, אָה
— **n.** בְּאֵר; מַעְיָן; צְלוֹחִית; מִפְלַשׂ
מַדְרֵגוֹת; צַלַּחַת (לצמח)
— **v.t.** נָבַע, בִּעְבֵּעַ
**we'll** (וִיל) (we shall we will ; קיצור של)
**well'be'ing** *n.*(וֶלְבִּיאִנְג) רְוָחָה, חַיִּים נְעִימִים,
קִיּוּם נָאֶה; תְּנָאֵי־חַיִּים, שָׁלוֹם
**well'-known'** *adj.* (וֶל־נוֹן) יָדוּעַ, נוֹדָע;
מֻכָּר
**well'-nigh'** *adj.* (וֶל־נַי) כִּמְעַט
**well'-off'** *adj.* (וֶל־אוֹף) בְּמַצָּב טוֹב, אָמִיד
**well'-preserved'** *adj.* (וֶל־פְּרִזֶרְוְד) בְּמַצָּב
טוֹב; בַּעַל מַרְאֶה צָעִיר
**well-read** *adj.* (וֶל־רֶד) מַשְׂכִּיל
**well'spring"** *n.* (וֶלְסְפְּרִנְג) מָקוֹר; מָקוֹר
לֹא־אַכְזָב; אַסְפָּקָה שׁוֹפַעַת
**well'-to-do'** *adj.*(וֶלְטֶדוּ) עָשִׁיר
**well'-turned'** *adj.* (וֶלְטֶרְנְד) בַּעַל צוּרָה
יָפָה; מֻבָּע בְּצוּרָה אֶלֶגַנְטִית
**well'-wish'er** *n.* (וֶל־וִשֶׁר) דּוֹרֵשׁ טוֹב,
רוֹצֶה בְּטוֹבַת־
**welt** *n.* (וֶלְט) חַבּוּרָה; מַכָּה; רְצוּעָה
**wel'ter** *v.i.* & *n.* (וֶלְטֶר) הִתְגּוֹלֵל, הִתְנַעְנֵעַ;
הִתְפַּלֵּשׁ, הִתְבּוֹסֵס; הִסְתַּבֵּךְ מְאֹד; אַנְדְּרָ־
לָמוּסְיָה; מְהוּמָה, עִרְבּוּבְיָה; הִתְגּוֹלְלוּת
**wench** *n.* & *v.t.* (וֶנְץ') צְעִירָה, נַעֲרָה;
הִתְרוֹעֵעַ עִם פְּרוּצוֹת
**went** (וֶנְט) (go זמן עבר של)
**wept** (וֶפְּט) (weep זמן עבר של)
**west** *n.* & *adj.* (וֶסְט) מַעֲרָב; מַעֲרָבִי
**wes'terly** *adj.* & *adv.* (וֶסְטֶרְלִי) מַעֲרָבִי;
מַעֲרָבָה
**wes'tern** *adj.* & *n.* (וֶסְטֶרְן) מַעֲרָבִי;
מַעֲרָבוֹן
**wes'ternize"** *v.t.* (וֶסְטֶרְנַיז) הֶחְדִּיר הַשְׁפָּעָה
מַעֲרָבִית
**west'ward** *adj.* & *adv.* (וֶסְטְוֶרְד) שֶׁנָּע
מַעֲרָבָה; מַעֲרָבָה
**wet** *adj.* (וֶט) רָטֹב; נוֹזְלִי; מַרְשֶׁה מְכִירַת
מַשְׁקָאוֹת חֲרִיפִים
all — טוֹעֶה לִגְמָרֵי
— behind the ears תָּמִים; חֲסַר־
בַּגְרוּת

— *n.* & *v.t.* רְטִיבוּת, לַחוּת; גֶּשֶׁם;
מְחַיֵּב יִצּוּר מַשְׁקָאוֹת חֲרִיפִים וּמְכִירָתָם;
הִרְטִיב
**wet' nurse'** *n.* (וֶט נֶרְס) מֵינֶקֶת
**wet' wash"** (וֶט וֹשׁ) כְּבָסִים שֶׁלֹּא יֻבְּשׁוּ
**whack** *v.t.* & *n.* (הְוֶק) סָטַר, הִצְלִיף;
סְטִירָה, מַכָּה
**whale** *n.* & *v.i.* & *t.* (הְוֵיל) לִוְיָתָן;
עֲנָק, הַרְבֵּה מְאֹד; צָד לִוְיָתָנִים; הִפְלִיא
מַכּוֹת
**whaler** *n.* (הְוֵילֶר) צַיָּד; צַיֶּדֶת לִוְיָתָנִים (אניה)
לִוְיָתָנִים
**wharf** *n.* (הוֹרְף) רָצִיף
**what** *pron.* & *interj.*(הְוָט; בלי הטעמה: הְוֶט)
מַה; כַּמָּה; כָּל מַה; אֵיזֶה; הַאֻמְנָם
— have you וְכַדּוֹמֶה, וְכֵן הָלְאָה
— if נַנִּיחַ שֶׁ־
— it takes מַה שֶּׁדָּרוּשׁ לְהַשִּׂיג הַמְבֻקָּשׁ
—s — הַמַּצָּב כַּהֲוָיָתוֹ
— *n.* & *adj.* הַטִּיב הָאֲמִתִּי; אֵיזֶה, אֵלֶּה
— *adv.* בְּאֵיזוֹ מִדָּה
— with בְּצֵרוּף
**whatev'er** *pron.* & *adj.* (הְוָטֶוֶר) כָּל מַה,
מַה, וִיהִי מָה; וְגוֹמֵר; בְּכָל כַּמּוּת; בְּלִי
לְהִתְחַשֵּׁב בְּ־; יִהְיֶה אֲשֶׁר יִהְיֶה; כָּלְשֶׁהוּ,
מִכָּל סוּג
**wheat** *n.* (הְוִיט) חִטִּים, חִטָּה
**wheed'le** *v.t.* & *i.* (הְוִידְל) נִסָּה לְהַשְׁפִּיעַ
בַּחֲנֻפָּה; פִּתָּה בַּחֲנֻפָּה; הִשִּׂיג בַּחֲנֻפָּה; הֶחֱנִיף
**wheel** *n.* & *v.t.* (הְוִיל) גַּלְגַּל; גִּלְגֵּל
עִגּוּרִים; הֶגֶה; גִּלְגֵּל; סוֹבֵב; הִסִּיעַ
— and deal עָשָׂה קוֹמְבִּינַצְיוֹת, עָסַק
בְּסַחַר־מֶכֶר
**wheel'bar"row** *n.* (הְוִילְבֶּרוֹ) מְרִיצָה
**wheeze** *v.i.* & *n.* (הְוִיז) הִשְׁמִיעַ שְׁרִיקָה
בִּשְׁעַת נְשִׁימָה, הִתְקַשָּׁה בִּנְשִׁימָה; נְשִׁימָה
שׁוֹרֶקֶת
**whelp** *n.* & *v.i.* (הְוֶלְפּ) גּוּר; "צוּצִיק"
(בזלזול); הִמְלִיט
**when** *adv.* & *conj.* & *pron.* (הְוֶן) מָתַי;
בְּאֵיזֶה זְמַן; כַּאֲשֶׁר; בְּעוֹד שֶׁ־
**whence** *adv.* & *conj.* (הְוֶנְס) מִנַּיִן, מֵאַיִן

**whene'ver** *conj.* (הְוֶנֶוֶר) בְּכָל עֵת, בְּכָל שָׁעָה; מָתַי

**where** *adv. & conj. & pron.* (הְוֶר) אֵיפֹה; כֵּיצַד; לְאָן; מִנַּיִן; בְּמָקוֹם שֶׁ־; בְּמַצָּב שֶׁ־; בַּאֲשֶׁר, לְכָל מָקוֹם; שָׁאָז

**where'abouts"** *adv. & conj. & n.* (הְוֶרְבַּאוּטְס) אֵיפֹה, אֵיפֹה בְּעֶרֶךְ; בְּקִרְבַת אֵיזֶה מָקוֹם; מְקוֹם הִמָּצְאוּת

**whereas'** *conj.* (הְוֶרֶז) בְּעוֹד שֶׁ־; הוֹאִיל וְ־; מֵאַחַר שֶׁ־

**whereat'** *adv. & conj.* (הְוֶרֶט) שֶׁבּוֹ; שֶׁבְּיַחַס אֵלָיו, שֶׁלְּגַבָּיו

**where"upon'** *conj.* (הְוֶרֶפּוֹן) שֶׁעָלָיו; כְּתוֹצָאָה; אַחֲרֵי כֵן

**wherev'er** *conj. & adv.* (הְוֶרֶוְר) בְּכָל מָקוֹם שֶׁ־; בְּכָל מִקְרֶה, בְּכָל מַצָּב; אֵיפֹה

**where'withal"** *n.* (הְוֶרְוִד'וֹל) כֶּסֶף, אֶמְצָעִים

**whet** *v.t.* (הְוֶט) הִשְׁחִיז; גֵּרָה

**wheth'er** *conj.* (הְוֶד'ר) אִם
— or no וִיהִי מָה; יִהְיֶה אֲשֶׁר יִהְיֶה הַמַּצָּב

**whet'stone"** *n.* (הְוֶטְסְטוֹן) אֶבֶן מַשְׁחֶזֶת

**which** *pron. & adj.* (הְוִיץ') אֵיזֶה (.m), אֵיזוֹ (.f); שֶׁ־, אֲשֶׁר; מָה שֶׁ־

**whichev'er** *pron. & adj.* (הְוִיצֶ'וֶר) אֵיזֶה, אֵיזֶה שֶׁהוּא; לֹא מְשַׁנֶּה, כָּל־

**whiff** *n.* (הְוִף) מַשָּׁב קַל; רֵיחַ קָלוּשׁ; שְׁאִיפָה (נְשִׁימָה), נְשִׁיפָה; הִתְפָּרְצוּת קַלָּה

**while** *n.* (הְוַיְל) תְּקוּפָה, פֶּרֶק זְמַן
worth one's — כְּדַאי
— *conj.* בְּשָׁעָה שֶׁ־; כָּל זְמַן שֶׁ־; אַף עַל פִּי
— *v.t.* בִּלָּה בַּנְּעִימִים

**whim** *n.* (הְוִם) קַפְרִיזָה

**whim'per** *v.i & n* (הְוִמְפֶּר) יִבֵּב בְּשֶׁקֶט; יְבָבָה חֲרִישִׁית

**whim'sical** *adj* (הְוִמְזִקְל) קַפְּרִיזִי, הֲפַכְפַּךְ, תִּמְהוֹנִי; בַּעַל הוּמוֹר קַפְּרִיזִי

**whim'sy** *n* (הְוִמְזִי) הוּמוֹר קַפְּרִיזִי; רַעְיוֹן מוּזָר; קַפְּרִיזָה; בִּטּוּי דִּמְיוֹנִי

**whine** *v i & n* (הְוַיְן) יִלֵּל; הִתְלוֹנֵן מִתּוֹךְ חֻמְלָה עַצְמִית; יְלָלָה בַּכְיָנִית

**whip** *n & v.t. & i* (הְוִפּ) שׁוֹט; הַלְקָאָה; מַצְלִיף מִפְלַגְתִּי; מַאֲכַל קַצֶּפֶת; הִצְלִיף, הִלְקָה; אִמֵּן בְּכֹחַ; גָּבַר עַל; מָשַׁךְ פִּתְאוֹם; טָרַף (בֵּיצִים), הִקְצִיף; נָע מַהֵר
— up הֵכִין מַהֵר; שָׁסָּה, הֵסִית

**whip'ped cream"** (הְוִפְּט קְרִים) קַצֶּפֶת

**whir** *v.i. & n.* (הְוֶר) נָע מַהֵר וְהִשְׁמִיעַ זִמְזוּם; זִמְזוּם

**whirl** *v.i. & t. & n.* (הְוֶרְל) הִסְתּוֹבֵב מַהֵר; נָע בִּמְהִירוּת; הִסְתַּחְרֵר; סוֹבֵב מַהֵר; הִסְתּוֹבְבוּת מְהִירָה; סִבּוּב קָצָר; סִבּוּב מָהִיר; סְחַרְחֹרֶת; נִסָּיוֹן

**whirl'pool"** *n.* (הְוֶרְלְפּוּל) מְעַרְבֹּלֶת

**whirl'wind"** *n.* (הְוֶרְלְוִנְד) סוּפָה; טוֹרְנָדוֹ; סוּפָתָה (הושע ה, ז)

**whisk** *v.t.* (הְוִסְק) טָאטֵא בְּקַלִּילוּת; הֵזִיז בִּתְנוּעָה מְהִירָה; חָטַף

**whis'kers** *n. pl.* (הְוִסְקֶרְז) זָקָן .

**whisk(e)y** *n.* (הְוִסְקִי) וִיסְקִי

**whis'per** *v.i. & n.* (הְוִסְפֶּר) לָחַשׁ, הִתְלַחֵשׁ; רִשְׁרֵשׁ; לַחַשׁ, לְחִישָׁה; רִשְׁרוּשׁ

**whis'tle** *n. & v.i.* (הְוִסְל) שְׁרִיקָה, צִפְצוּף; שָׁרַק, צִפְצֵף
— for טָרַח לַשָּׁוְא

**whit** *n.* (הְוִט) קֻרְטוֹב, שֶׁמֶץ

**white'** *adj. & n.* (הְוַיְט) לָבָן; שֶׁל אֲנָשִׁים לְבָנִים; חִוֵּר; מַכְסִיף; כְּעֵין הַשֶּׁלֶג; בָּהִיר; שָׁקוּף; שַׁמְרָנִי מְאֹד; לָבוּשׁ בְּגָדִים לְבָנִים; יָשָׁר, הָגוּן, בַּר־מַזָּל; זַךְ, טָהוֹר, תָּמִים; לֹא־מַזִּיק; לֹבֶן; בְּהִירוּת; חֶלְבּוֹן; אָדָם לָבָן

**whit'en** *v.t. & i.* (הְוַיְטְן) הִלְבִּין

**white'wash"** *n. & v.t.* (הְוַיְטְווֹשׁ) סִיד; הַלְבָּנָה (בְּאַשְׁמָה), חִפּוּי; תְּבוּסָה; סִיֵּד; נִקָּה מֵאַשְׁמָה, חִפָּה עַל; הֵבִיס

**whit'tle** *v.t. & i.* (הְוִטְל) כִּיֵּר בְּאוֹלָר, שִׁבֵּב; גָּזַר קִסְמִים, הִפְחִית

**whiz** *v.i.* (הְוִז) הִשְׁמִיעַ קוֹל זִמְזוּם

**who** *pron.* (הוּ) מִי; שֶׁ־

**whodun'it** (הוּדַנִט) סִפּוּר בַּלָּשִׁי

**whoev'er** *pron.* (הוּאֶוֶר) מִי, אֵיזֶשֶׁהוּ; יִהְיֶה אֲשֶׁר יִהְיֶה

**whole** *adj. & n.* (הוֹל) כָּל; כֻּלּוֹ; שָׁלֵם; כְּלָל; מִכְלוֹל
out of — cloth חֲסַר יְסוֹד; בָּדוּי

on the — לְאַחַר שִׁקּוּל; בְּדֶרֶךְ כְּלָל
**whole'sale"** *n. & adj. & adv.* (הוֹלְסֵיל) סִיטוֹנוּת; סִיטוֹנִי; נִרְחָב; בְּסִיטוֹנוּת
— *v.t.* מָכַר בְּסִיטוֹנוּת
**whole'some** *adj.* (הוֹלְסַם) מֵיטִיב; מוֹעִיל; טוֹב לַבְּרִיאוּת; בָּרִיא
**whol'ly** *adv.* (הוֹלִי) לְגַמְרֵי; כֻּלּוֹ, בִּשְׁלֵמוּת
**whom** *pron.* (הוּם) מִי (אחרי את, ל־, ב־ וכו׳)
**whoop** *n. & v.i.* (וּפּ, הוּפּ) תְּרוּעָה, צְעָקָה; הִשְׁמִיעַ קוֹל צְעָקָה, הֵרִיעַ
**whoop'ing cough"** (הוּפִּנְג קוֹף) שַׁעֶלֶת
**whore** *n.* (הוֹר) זוֹנָה; פְּרוּצָה
**who's** (הוּז) who is; who's there; (קיצור כל (who has
**whose** *pron.* (הוּז) שֶׁל מִי, שֶׁאֶת שֶׁלּוֹ, שֶׁ־
**why** *adv. & conj. & n. & interj.* (הוַי) לָמָּה; מַדּוּעַ; שֶׁבִּגְלַל־; מִפְּנֵי מָה; סִבָּה; אֶה, אוֹי
**wick** *n.* (וִק) פְּתִילָה
**wick'ed** *adj.* (וִקֶד) רַע; חוֹטֵא, רָשָׁע; שׁוֹבָב; מַרְשִׁיעַ; מַזִּיק; מַפְרִיז; מְצֻיָּן
**wick'edness** *n.* (וִקֶדְנֶס) רֶשַׁע, רֹעַ; מַעֲשֵׂה עָוֶל
**wick'er** *n. & adj.* (וִקֶר) נְצָר; קָלוּעַ, שֶׁל נְצָרִים
**wide** *adj.* (וַיד) רָחָב; נִרְחָב, רְחַב־יָדַיִם; פָּתוּחַ לִרְוָחָה; שׁוֹפֵעַ; רָחוֹק
**wide'ly** *adj.* (וַידְלִי) בְּמִדָּה רַבָּה; עַל פְּנֵי שֶׁטַח נִרְחָב; בֵּין אֲנָשִׁים רַבִּים; בְּנוֹשְׂאִים רַבִּים
**wid'en** *v.t. & i.* (וַידְן) הִרְחִיב; הִתְרַחֵב
**wid'ow** *n. & v.t.* (וִדוֹ) אַלְמָנָה; אִשָּׁה שֶׁנֶּעֶזְבָה לְנַפְשָׁהּ; אִלְמֵן
**wid'ower** *n.* (וִדוֹאֶר) אַלְמָן
**width** *n.* (וִדְתְ׳) רֹחַב; חֲתִיכָה בָּרֹחַב
**wield** *v.t.* (וִילְד) הִשְׁתַּמֵּשׁ בְּ־
**wife** *n.* (וַיף) אִשָּׁה, זוּגָה, בַּת־זוּג, רַעְיָה
**wig** *n.* (וִג) פֵּאָה נָכְרִית
**wig'gle** *v.i. & t.* (וִגְל) הִתְנַעְנֵעַ מִצַּד אֶל צַד; נִעְנֵעַ מִצַּד אֶל צַד
**wild** *adj.* (וַילְד) בַּר; פִּרְאִי; שׁוֹמֵם; אַלִּים; סוֹעֵר; מְטֹרָף; מִשְׁתּוֹלֵל; פָּרוּעַ; שְׁלוּחַ־רֶסֶן; מֻפְרָז, דִּמְיוֹנִי; רָחוֹק מֵהַמַּטָּרָה; מִתְלַהֵב; לְפִי רְצוֹן הַמְשַׂחֵק (קלפים)
— *adv.* בְּצוּרָה פְּרָאִית
run — גָּדַל פֶּרֶא; הִתְפָּרֵעַ, גָּדַל לְלֹא מַעְצוֹרִים
— *n.* שְׁמָמָה
**wil'derness** *n.* (וִלְדֶרְנֶס) שְׁמָמָה; יְשִׁימוֹן; שֶׁטַח שׁוֹמֵם; אַנְדְּרָלָמוּסְיָה
**wild'-eyed"** *adj.* (וַילְדַיד) בַּעַל אַרֶשֶׁת־ טֵרוּף; אֲחוּז־חֵמָה; אֲחוּז־יָגוֹן; מְטֹרָף, דִּמְיוֹנִי; שְׁטוּף־הֲזָיוֹת
**wild'fire"** *n.* (וַילְדְפַיְאֶר) חֹמֶר מִתְלַקֵּחַ, אֵשׁ מִשְׁתּוֹלֶלֶת
like — בִּמְהִירוּת הַבָּזָק
**wile** *n.* (וַיל) תַּחְבּוּלָה; עָרְמָה
—s קֶסֶם, כִּשּׁוּף
**will** (וִל) (פועל עזר בגוף שני ושלישי לציין את זמן העתיד ובגוף ראשון לציין את חובת הפעולה)
— *v.* רָצָה, נִסָּה ל־, הָיָה עוֹמֵד ל־; הָיָה מִתְבַּקֵּשׁ ל־; הָיָה צָרִיךְ; הָיָה מִתְעַקֵּשׁ ל־; הָיָה רָגִיל ל־; הָיָה מְסֻגָּל ל־; צִוָּה ל־; הוֹרִישׁ; הִשְׁפִּיעַ עַל בְּכֹחַ הָרָצוֹן; הִשְׁתַּמֵּשׁ בְּכֹחַ הָרָצוֹן; הֶחְלִיט, הִכְרִיעַ
— *n.* רָצוֹן; רְצִיָּה; יַחַס; צַוָּאָה
at — כִּרְצוֹנוֹ
**will'ful** *adj.* (וִלְפֻל) זְדוֹנִי; קְשֵׁה־עֹרֶף, עַקְשָׁן בְּצוּרָה עִוֶּרֶת
**wil'ling** *adj.* (וִלִנְג) מַסְכִּים, נוֹטֶה, מוּכָן בְּרָצוֹן; עָשׂוּי בְּרָצוֹן
—ly *adj.* בְּרָצוֹן, בְּשִׂמְחָה
**wil'low** *n.* (וִלוֹ) עֲרָבָה
**wil'ly-nil'ly** *adv.* (וִלִי־נִלִי) בֵּין בְּרָצוֹן וּבֵין בְּעַל כָּרְחוֹ
**wilt** *v.i.* (וִלְט) נָבַל, קָמַל; תָּשַׁשׁ
**wi'ly** *adj.* (וַילִי) עַרְמוּמִי
**win** *v.i. & t. & n.* (וִן) נִצַּח, זָכָה; הִצְלִיחַ; הִצְלִיחַ לְהַגִּיעַ; הִשִּׂיג; נָשָׂא חֵן בְּעֵינֵי; רָכַשׁ תְּמִיכָה; שִׁכְנֵעַ לְהִנָּשֵׂא; נִצָּחוֹן
**wince** *v.i.* (וִנְס) הִתְכַּוֵּץ מִכְּאֵב
**winch** *n.* (וִנְץ׳) כַּנֶּנֶת, אַרְכֻּבָּה
**wind** *n.* (וִנְד) רוּחַ; סוּפָה; נְשִׁיפָה; כְּלֵי נְשִׁיפָה, כְּלֵי נְשִׁיפָה; נְשִׁימָה; נְשִׁימָה חָפְשִׁית; מְגַמָּה, רֶמֶז, אֲוִיר נוֹשֵׂא רֵיחַ; הֲבָלִים; גַּז (במעיים); כִּוּוּן
— s מְנַגְּנֵי כְּלֵי נְשִׁיפָה

break — הַפִּיחַ נְפִיחָה
how the — blows (lies) מַה הַמְּגַמָּה
in the teeth of the — לְתוֹךְ עָצְמַת הָרוּחַ
in the — מְמַשְׁמֵשׁ וּבָא
take the — out of one's sails חָתַר תַּחַת הַבִּטָּחוֹן הָעַצְמִי; סִכֵּל
— *v.i. & t.* (וַיְנְד) הִתְפַּתֵּל; נִכְרַךְ מִסָּבִיב; הִתְעַקֵּם; הִתְקַדֵּם בְּדֶרֶךְ עֲקַלְקַלָּה; הָיָה מְסוּבָּב; כָּרַךְ; לִפֵּף; סוֹבֵב, כּוֹנֵן; מָתַח (שעון); הִסְתַּנֵּן
— up רָגַשׁ; הִלְהִיב; סִיֵּם; מָתַח (שעון)
**win'ded** *adj.* (וִנְדִד) בַּעַל נְשִׁימָה־; נוֹשֵׁם בְּקֹשִׁי
**wind'fall"** *n.* (וִנְדְּפוֹל) זְכִיָּה לֹא־צְפוּיָה; מַזָּל טוֹב לֹא־צָפוּי
**winding** *n.* (וַיְנְדִנְג) פִּתּוּל; כְּרִיכָה; סְלִיל; לִפּוּף
**wind'mill"** *n.* (וִנְדְּמִל) טַחֲנַת רוּחַ; יָרִיב דִּמְיוֹנִי
**win'dow** *n.* (וִנְדוֹ) חַלּוֹן; זְגוּג; שִׁמְשָׁה; אֶשְׁנָב
**wind'pipe"** *n.* (וִנְדְּפַּיְפּ) קָנֶה
**wind'shield"** *n.* (וִנְ[ד]שִׁילְד) מָגֵן־רוּחַ
**win'dy** *adj.* (וִנְדִי) שֶׁל רוּחַ, שֶׁל רוּחוֹת; חָשׂוּף לְרוּחוֹת; דּוֹמֶה לְרוּחַ; מְנֻפָּח; שָׁדוּף
**wine** *n. & v.t.* (וַיְן) יַיִן; הִשְׁקָה יַיִן
— and dine עָרַךְ מְסִבָּה לִכְבוֹד־; בְּיָד נְדִיבָה
**wing** *n.* (וִנְג) כָּנָף; זְרוֹעַ; אֶמְצָעֵי נְסִיעָה; אֲגַף
—s כַּנְפֵי טַיָּס
on the — מְעוֹפֵף, טָס
**winged** *adj.* (וִנְגְד) בַּעַל כְּנָפַיִם; מָהִיר; נִשְׂגָּב; פָּגוּעַ; פָּצוּעַ קַל
**wink** *v.i.* (וִנְק) קָרַץ; פִּלְבֵּל בְּעֵינַיִם; נִצְנֵץ
— at הִתְעַלֵּם מ־ לְגַמְרֵי
— *n.* קְרִיצָה; רֶמֶז; הֶרֶף עַיִן; נִצְנוּץ; כְּהוּא זֶה
**win'ner** *n.* (וִנֶר) מְנַצֵּחַ, זוֹכֶה
**win'ning** *n.* (וִנִנְג) נִצָּחוֹן, זְכִיָּה, רֶוַח
—s פְּרָס
— *adj.* מְנַצֵּחַ, זוֹכֶה; מְלַבֵּב
**win'now** *v.t.* (וִנוֹ) זֵרָה; נָשַׁף; פִּזֵּר; נִתַּח

**win'ter** *n. & adj.* (וִנְטֶר) חֹרֶף; מֶזֶג אֲוִיר קַר; תְּקוּפַת יְרִידָה, תְּקוּפַת מְצוּקָה; חָרְפִּי
— *v.i.* חָרַף; בִּלָּה הַחֹרֶף
**win'try** *adj.* (וִנְטְרִי) חָרְפִּי
**wipe** *v.t. & n.* (וַיְפּ) נִגֵּב; מָחָה; שִׁפְשֵׁף; תִּקֵּן; נִגּוּב; שִׁפְשׁוּף, מְחִיָּה; מַכָּה
— out הִשְׁמִיד; רָצַח
**wire** *n.* (וַיְאֶר) תַּיִל, חוּט בַּרְזֶל, חוּט חַשְׁמַל; מִבְרָק; טֵלֶגְרָף
pull —s נִצֵּל פְּרוֹטֶקְצְיָה
the — הַשְׁלָפוֹן
— *v.t. & i.* צִיֵּד בְּתַיִל; הִתְקִין מַעֲרֶכֶת חוּטֵי חַשְׁמַל; חִבֵּר בְּחוּטֵי בַּרְזֶל; הִבְרִיק
**wire'less** *adj. & n.* (וַיְאֶרְלֶס) אַלְחוּטִי; אַלְחוּט, טֵלֶגְרָף אַלְחוּטִי, מִבְרָק רַדְיוֹ
**wir'y** *adj.* (וַיְאֶרִי) עָשׂוּי תַּיִל, דּוֹמֶה לְתַיִל; רָזֶה וּשְׁרִירִי, חָסֹן
**wis'dom** *n.* (וִזְדְם) חָכְמָה
**wise** *adj.* (וַיְז) חָכָם; נָבוֹן; בָּקִי; בַּר־דַּעַת; חָצוּף
be (get) — הִכִּיר הַמַּצָּב לַאֲשׁוּרוֹ, לָמַד
get — רָכַשׁ מֵידָע; הִתְחַצֵּף
put someone — הֶעֱמִידוֹ עַל אֲמִתּוּת הַדְּבָרִים
— *n.* דֶּרֶךְ, אֹפֶן
**wise'crack"** *n. & v.i.* (וַיְזְקְרֶק) הֶעָרָה חֲרִיפָה, הֶעָרָה מְבַדַּחַת; הֵעִיר הֶעָרָה חֲרִיפָה אוֹ מְבַדַּחַת
**wish** *v.t. & i.* (וִשׁ) רָצָה, הִשְׁתּוֹקֵק; רָצָה שֶׁתִּתְגַּשֵּׁם רְצִיָּתוֹ; אִחֵל ל־; בִּקֵּשׁ; בֵּרֵךְ ב־; פָּקַד עַל; הִבִּיעַ מִשְׁאָלָה
— on כָּפָה עַל
— upon הִבִּיעַ מִשְׁאָלָה אַגַּב שִׁמּוּשׁ בְּקָמֵעַ
— *n.* רְצִיָּה, רָצוֹן; מִשְׁאָלָה; אִחוּל, בְּרָכָה
**wish'ful thin'king** (וִשְׁפֶל תִ'נְקִנְג) מִתַּן פֵּרוּשׁ מֵהִרְהוּרֵי־הַלֵּב
**wish'y-wash"y** *adj.* (וִישִׁי־וֹשִׁי) מֵימִי; חֲסַר־הַחְלָטִיּוּת; חַלָּשׁ
**w sp** *n.* (וִסְפּ) חֲבִילָה קְטַנָּה; אָנִיץ; צִיצָה; קָטָן וְעָדִין; מַחֲזֶה־שָׁרָב
**wist'ful** *adj.* (וִסְטְפֶל) נוּגֶה וּמָלֵא כִּסּוּפִים; מְהַרְהֵר בְּעֶצֶב

**wit** *n.* (וִט) בְּדִיחוּת הַדַּעַת; מְמֻלָּח; תְּבוּנָה
—s תּוּשִׁיָּה; שֵׂכֶל
have (keep) one's —s הָיָה עֵרָנִי
**witch** *n.* (וִץ) מְכַשֵּׁפָה; מִרְשַׁעַת; זְקֵנָה בָּלָה
**witch'craft"** *n.* (וִץ'קְרֶפְט) כִּשּׁוּף
**witch' doc"tor** *n.* (וִץ' דוֹקְטֶר) רוֹפֵא אֱלִיל
**with** *prep.* (וִד') מְלֻוֶּה; יַחַד עִם; עִם, בְּ־; בְּאֶמְצָעוּת; בַּעַל־; בְּיַחַס לְ־, לְגַבֵּי; מֵחֲמַת, בִּגְלַל; לְפִי דַּעַת־; אֵצֶל; מִן; נֶגֶד; שֻׁתָּף לְדֵעָה; בִּכְפִיפָה אַחַת עִם
— child הָרָה
**withdraw'** *v.t. & i.* (וִד'דְרוֹ) הֶחֱזִיר, לָקַח בַּחֲזָרָה, מָשַׁךְ, הֵסִיר; נָסוֹג, הִתְרַחֵק, הִסְתַּלֵּק; חָדַל לְהִשְׁתַּמֵּשׁ בְּסַם מְשַׁכֵּר
**with'er** *v.i. & t.* (וִדְ'ר) קָמַל, נָבַל; דָּהָה; נָרַם קְמִילָה, פָּגַע בְּ־; בִּיֵּשׁ בְּמַבָּט נוֹקֵב
**withhold'** *v.t.* (וִד'הוֹלְד) עִכֵּב, עָצַר; מָנַע
**within'** *adv. & prep. & n.* (וִדִ'ין) פְּנִימָה; בַּלֵּב; בְּתוֹךְ; בְּ־; בִּתְחוּם, בִּגְבוּל; בְּטֶוַח; בְּמֶשֶׁךְ; בִּפְנִים
**without'** *prep. & adv. & n.* (וִדְ'אוּט) בְּלִי, בִּלְעֲדֵי; חוּץ מִ־; בַּחוּץ
**withstand'** *v.t. & i.* (וִתְ'סְטֶנְד) עָמַד בִּפְנֵי, הִתְנַגֵּד לְ־
**wit'ness** *v.t. & n.* (וִטְנִס) הָיָה עֵד לְ־; הָיָה עֵד רְאִיָּה; רָאָה בְּמוֹ עֵינָיו; הָיָה נוֹכֵחַ; הֵעִיד; שִׁמֵּשׁ עֵד, חָתַם עַל; עֵד; עֵדוּת
**wit'ticis"m** *n.* (וִטִסִזְם) בְּדִיחָה, מַהֲתַלָּה
**wit'ty** *adj.* (וִטִי) שָׁנוּן, חָרִיף, מְבַדֵּחַ
**wives** (וַיְבְז) (רִיבּוּי שֶׁל wife)
**wiz'ard** *n.* (וִזֶרְד) מְכַשֵּׁף, קוֹסֵם; לַהֲטוּטָן; אַשָּׁף
**wiz'ened** *adj.* (וִזֶנְד) קָמֵל, מְצֻמָּק
**wob'ble** *v.i.* (ווֹבְּל) הִתְנַדְנֵד, רָעַד; פָּסַח עַל שְׁתֵּי הַסְּעִפִּים
**woe** *n.* (וֹ) יָגוֹן; מְצוּקָה; תְּלָאָה
**woe'ful** *adj.* (וֹפֻל) אֻמְלָל, נוּגֶה; עָלוּב
**wolf** *n.* (וֻלְף) זְאֵב; פַּרְוַת זְאֵב; רוֹדֵף נָשִׁים
cry — הִשְׁמִיעַ אַזְעָקַת שָׁוְא
keep the — from the door הִרְחִיק רָעָב
— in sheep's clothing רָשָׁע הַמִּתְחַזֶּה כְּצַדִּיק
**wolves** (וֻלְוְז) (רִיבּוּי שֶׁל wolf)
**wom'an** *n.* (וֻמֶן) אִשָּׁה; אֲהוּבָה, פִּילֶגֶשׁ; עוֹזֶרֶת
**wom'anhood"** *n.* (וֻמֶנְהֻד) מַצַּב הָאִשָּׁה, נָשִׁיּוּת; תְּכוּנוֹת נָשִׁיּוֹת; נָשִׁים
**wo'manish** *adj.* (וֻמֶנִשׁ) נָשִׁי; חַלָּשׁ
**wom'ankind"** *n.* (וֻמֶנְקַיְנְד) נָשִׁים; הַמִּין הַנָּשִׁי
**wom'anly** *adj.* (וֻמֶנְלִי) כְּמוֹ אִשָּׁה, יָאֶה לְאִשָּׁה, נָשִׁי
**womb** *n.* (וּם) רֶחֶם; פְּנִים
**wo'men** (וִמֶן) (רִיבּוּי שֶׁל woman)
**won'der** *v.i. & t. & n.* (וַנְדֶר) תָּהָה; הִתְפַּלֵּא; שָׁאַל עַצְמוֹ; פֶּלֶא; תְּמִיהָה; נֵס
**won'derful** *adj.* (וַנְדֶרְפֻל) נִפְלָא
**wont** *adj. & n.* (וֹוּנְט) רָגִיל, הֶרְגֵּל, נֹהַג
**won't** (וֹוּנְט) (קִיצּוּר שֶׁל will not)
**woo** *v.t. & i.* (וּ) חִזֵּר אַחֲרֵי; בִּקֵּשׁ לִזְכּוֹת בְּ־; הִזְמִין; בִּקֵּשׁ לְשַׁכְנֵעַ; הִתְחַנֵּן
**wood** *n.* (וֻד) עֵץ; עֲצֵי בְּנִיָּה; עֲצֵי הַסָּקָה; חָבִית
—s יַעַר
out of the —s בְּמָקוֹם מִבְטָחִים
**wood'craft"** *n.* (וֻדְקְרֶפְט) חָכְמַת הַיַּעַר, בְּקִיאוּת בְּהַוֵי הַיַּעַר; יַעֲרָנוּת; חֲרָשׁוּת עֵץ
**wood'ed** *adj.* (וֻדֶד) מְיֹעָר
**wood'en** *adj.* (וֻדֶן) עֲשׂוּי עֵץ; גַּמְלוֹנִי; חֲסַר־חִיּוּת, אָדִישׁ
**wood'land"** *n. & adj.* (וֻדְלֶנְד) אֶרֶץ יְעָרוֹת, שִׁטְחֵי עֵצִים; שֶׁל יַעַר, שֶׁל יְעָרוֹת
**wood'pec"ker** *n.* (וֻדְפֶּקֶר) נַקָּר
**wood(s)'man** *n.* (וֻד[ז]מֶן) חֲכַם־יְעָרוֹת; כּוֹרֵת עֵצִים
**wood'work"** *n.* (וֻדְוֶרְק) חֲפָצֵי עֵץ; אַבְזְרֵי־עֵץ
**wool** *n.* (וֻל) צֶמֶר
all — and a yard wide אֲמִתִּי; מְצֻיָּן; כֵּן
dyed in the — מֻשְׁבָּע, מָכוּר
pull the — over someone's eyes רִמָּה
**wool'en** *n. & adj.* (וֻלֶן) אֲרִיג צֶמֶר; שֶׁל צֶמֶר

**—s** בִּגְדֵי צֶמֶר

**wool'ly** *adj.* (וְלִי) עָשׂוּי צֶמֶר; דּוֹמֶה לְצֶמֶר; צָמִיר; מְחֻסְפָּס וְדִינָמִי; מְבֻלְבָּל

**—ies** תַּחְתּוֹנֵי צֶמֶר

**woo'zy** *adj.* (וּזִי) מְטֻשְׁטָשׁ, הָמוּם; אֲחוּז־סְחַרְחֹרֶת, חַלָּשׁ

**word** *n.* (וֶרְד) מִלָּה; שִׂיחָה; בִּטּוּי; הַבְטָחָה, דִּבּוּר; יְדִיעָה, בְּשׂוֹרָה; סִיסְמָה; פְּקֻדָּה; אִמְרָה

**—s** דִּבּוּרִים, מֶלֶל; תַּמְלִיל; מְרִיבָה

**be as good as one's —** עָמַד בְּדִבּוּרוֹ

**eat one's —s** הוֹדָה בְּהַכְנָעָה עַל טָעוּת

**have no —s** לֹא הָיָה מְסֻגָּל לְתָאֵר

**in a —** לְסִכּוּם, בְּקִצּוּר

**in so many —s** בִּמְפֹרָשׁ; פְּשׁוּטוֹ כְּמַשְׁמָעוֹ

**man of his —** אִישׁ הָעוֹמֵד בְּדִבּוּרוֹ

**of few —s** מְמַעֵט שִׂיחָה, שַׁתְקָן

**put in a (good) —** דִּבֵּר טוֹבוֹת עַל; הַמְלִיץ עַל

**take one at one's —** הִתְיַחֵס בְּאֵמוּן לְ־

**take the —s out of one's month** הִקְדִּים אַחֵר בַּאֲמִירַת דָּבָר

**— *v.t.*** הִבִּיעַ בְּמִלִּים, נִסֵּחַ

**wor'dy** *adj.* (וֶרְדִי) רַב־מֶלֶל, פַּטְפְּטָנִי; שֶׁל מִלִּים

**wore** (וֹור) (זמן עבר של wear)

**work** *n. & adj.* (וֶרְק) עֲבוֹדָה, עָמָל; מְלָאכָה; מַעֲשֶׂה; יְצִירָה; מִבְנֶה; בִּצּוּר; שֶׁל עֲבוֹדָה

**—s** מִפְעָל; מַנְגָּנוֹן; מַעֲשִׂים טוֹבִים

**at —** בַּעֲבוֹדָה; בִּפְעֻלָּה

**shoot the —s** עָשָׂה מַאֲמָץ לְבַזְבֵּז כָּל הַמַּשְׁאַבִּים

**the —s** הַכֹּל; כָּל הַכָּרוּךְ בָּזֶה; טִפּוּל אַכְזָרִי

**— *v.i. & t.*** עָבַד; הִצְלִיחַ; הִגִּיעַ לִידֵי־; הִשְׁפִּיעַ עַל; הִתְעַנּוֹת; הִתְקַדֵּם תּוֹךְ מַאֲמָץ; הִתְפָּרֵק קְצָת; פָּעַל, תִּפְקֵד; תָּסַס; הִשְׁתַּמֵּשׁ בְּ־; תִּפְעֵל; הֵבִיא לִידֵי; הִשִּׂיג עַל יְדֵי עֲבוֹדָה; הֶעֱבִיד; נִצֵּל; סָרַג, רָקַם; שִׁלְהֵב; הִסְעִיר; הִתְסִיס

**— off** נִפְטַר מִ־ עַל יְדֵי מַאֲמָץ; פָּרַע

**— out** עִבֵּד, פָּתַר; הִסְתַּיֵּם; הִרְחִיב; יָצָא לַפֹּעַל; הִתְאַמֵּן

**— up** עוֹרֵר; הֵכִין; עִבֵּד

**wor'ker** *n.* (וֶרְקֶר) פּוֹעֵל, עוֹבֵד; נְקֵבָה עֲקָרָה (אצל חרקים)

**work'man** *n.* (וֶרְקְמֶן) פּוֹעֵל, עוֹבֵד

**work'manship"** *n.* (וֶרְקְמֶנְשִׁפּ) אוּמָנוּת; בִּצּוּעַ, אֵיכוּת; מוּצָר

**work'out"** *n.* (וֶרְקַאוּט) מִשְׂחַק־אִמּוּן, תִּרְגֹּלֶת

**work'shop"** *n* (וֶרְקְשׁוֹפּ) בֵּית מְלָאכָה; סַדְנָה, סֶמִינָר

**world** *n. & adj.* (וֶרְלְד) כַּדּוּר הָאָרֶץ; עוֹלָם; הַמִּין הָאֱנוֹשִׁי; יְקוּם; כַּמּוּת גְּדוֹלָה מְאֹד; גֶּרֶם שְׁמֵימִי

**for all the —** בְּעַד כָּל תְּמוּרָה שֶׁתֻּצַּע; בְּדִיּוּק

**in the —** בִּכְלָל לֹא, מֵעוֹלָם לֹא; מִכָּל הָאֶפְשָׁרֻיּוֹת

**out of this (the) —** נֶהְדָּר, מְיֻחָד בְּמִינוֹ, שֶׁאֵין כָּמוֹהוּ

**set the — on fire** פָּעַל גְּדוֹלוֹת וּנְצוּרוֹת

**think the — of** הוֹקִיר מְאֹד

**world'ly** *adj.* (וֶרְלְדְלִי) שֶׁל הָעוֹלָם הַזֶּה; חִלּוֹנִי; בָּקִי בְּהִלְכוֹת הָעוֹלָם

**worm** *n. & v.i.* (וֶרְם) תּוֹלַעַת; יְצוּר נִבְזֶה; חִלָּזוֹן; זָחַל לְאַט וּבַעֲגָבָה; הִתְקַדֵּם בַּחֲשַׁאי; הִסְתַּנֵּן; הִשִּׂיג בְּעַרְמוּמִיּוּת

**worm'wood"** *n.* (וֶרְמְוּד) לַעֲנָה

**worm'y** *adj.* (וֶרְמִי) מָלֵא תּוֹלָעִים; מִתְרַפֵּס

**worn** *adi.* (וֹורְן) מְשֻׁמָּשׁ; בָּלוּי, מְמֻרְטָט; מְיֻגָּע; (wear של p.p.)

**— out** *adj.* בָּלוּי, שָׁחוּק; מְיֻגָּע; תָּשׁוּשׁ

**wor'risome** *adj.* (וַרִסַם) מַדְאִיג; חַשְׁשָׁנִי

**wor'ry** *v.i. & t. & n.* (וַרִי) דָּאַג; נָע בְּמַאֲמָץ; הִדְאִיג; הֵצִיק; נִנְעַץ בְּשִׁנַּיִם; דְּאָגָה; צָרָה

**worse** *adj. & n. & adv.* (וֶרְס) רַע יוֹתֵר, גָּרוּעַ; נְחוּת; בְּצוּרָה רָעָה יוֹתֵר, בְּרִשְׁעוּת־יֶתֶר; בְּמִדָּה גְּדוֹלָה יוֹתֵר

**wor'ship"** *n. & v.i. & t.* (וֶרְשִׁפּ) תְּפִלָּה, עֲבוֹדָה, פֻּלְחָן; הַעֲרָצָה; הֶעֱרִיץ מְאֹד; הִתְפַּלֵּל; עָבַד אֶת־

**worst** *adj. & n.* (וֶרְסְט) הָרָע בְּיוֹתֵר; הַגָּרוּעַ בְּיוֹתֵר
at — בְּמַצָּב הַגָּרוּעַ בְּיוֹתֵר
get the — of something הוּבַס
if — comes to — בְּמִקְרֶה הַגָּרוּעַ בְּיוֹתֵר
in the — way מְאֹד, בְּצוּרָה קִיצוֹנִית
— *adv.* בְּצוּרָה הַגְּרוּעָה בְּיוֹתֵר; בְּמִדָּה הַגְּדוֹלָה בְּיוֹתֵר
— *v.t.* הֵבִיס, נִצַּח
**wors'ted** *n.* (וֻסְטִד) אֲרִיג־צֶמֶר חָלָק
**worth** *prep. & n.*(וֶרְתְ׳) שָׁוֶה, כְּדָאִי; אֹפִי מְצֻיָּן; עֵרֶךְ; חֲשִׁיבוּת; כַּמּוּת; עֹשֶׁר, נְכָסִים
for all one is — בְּרָכּוּז כָּל הַמַּאֲמַצִּים
put in one's two cents — חִוָּה דַּעְתּוֹ
**worth'less** *adj.* (וֶרְתְ׳לִס) חֲסַר־עֵרֶךְ
**worth'while'** *adj.* (וֶרְתְ׳הְוַיל) כְּדָאִי
**wor'thy** *adj. & n.* (וֶרְדִ׳י) בַּעַל עֵרֶךְ; רָאוּי לְשֶׁבַח; נִכְבָּד
**would** (וַד; בלי הטעמה: וֻד) הַלְוַאי, מִי יִתֵּן ו־; הַאִם
**would'-be"** *adj.* (וֻד־בִּי) מִתְיַמֵּר לִהְיוֹת, רוֹצֶה לִהְיוֹת; נוֹעָד לִהְיוֹת
**wound** *n. & v.t. & i.* (וּוּנְד) פֶּצַע; פְּגִיעָה, עֶלְבּוֹן; פָּצַע; פָּגַע בּ־; הֶעֱלִיב
**woun'ded** *adj. & n.* (וּוּנְדִד) פָּצוּעַ; נֶעֱלָב
**wove** (ווֹב) (זמן עבר של weave)
**wraith** *n.* (רֵיתְ׳) רוּחַ רְפָאִים
**wran'gle** *v.i. & t. & n.* (רֶנְגֶל) הִתְנַצֵּחַ; רָעָה בָּקָר, אָסַף בָּקָר; קְטָטָה קוֹלָנִית, סִכְסוּךְ
**wrap** *v.t. & i. & n.* (רֶפּ) עָטַף; אָרַז; קִפֵּל, כָּרַךְ; הִסְתִּיר; נִכְרַךְ, הִתְקַפֵּל; מַעֲטֶה, עֲטִיפָה
—s בְּגָדִים עֶלְיוֹנִים
**wrap'per** *n.* (רֶפֶּר) עוֹטֵף; נְיַר־עֲטִיפָה; חָלוּק
**wrath** *n.* (רֶתְ׳) זַעַם, חֵמָה
**wreak** *v.t.* (רִיק) הֵטִיל, בִּצַּע; חוֹלֵל, עוֹלֵל; הוֹצִיא
**wreath** *n.* (רִיתְ׳) זֵר
**wreathe** *v.t. & i.* (רִידְ׳) עִטֵּר בְּזֵר; עִצֵּב בְּצוּרַת זֵר; הִקִּיף בְּצוּרוֹת שְׁזוּרוֹת, שָׁזַר; עָטַף, עִטֵּר; הִתְפַּתֵּל

**wreck** *n. & v.t. & i.* (רֶק) חָרְבָּה; שְׂרִידֵי אֳנִיָּה; הַשְׂרָפוּת אֳנִיָּה; הֶרֶס; אָדָם בְּמַצַּב בְּרִיאוּת יָרוּד; גָּרַם לְהִשָּׂרְפוּת; הֶחֱרִיב; סִבֵּךְ בְּהִתְנַגְּשׁוּת, הֶעֱלָה עַל שִׂרְטוֹן; נֶהֱרַס
**wren** *n.* (רֶן) גִּדְרוֹן
**wrench** *v.t. & i. & n.* (רֶנְץ׳) סוֹבֵב בְּכֹחַ; נָקַע; חָטַף; נָע הַצִּדָּה פִּתְאוֹם; מַפְתֵּחַ בְּרָגִים, מַפְתֵּחַ שְׁוֶדִי; סִבּוּב פִּתְאוֹמִי; נֶקַע; סֵבֶל פִּתְאוֹמִי
**wrest** *v.t.* (רֶסְט) סוֹבֵב בְּכֹחַ; לָקַח בְּכֹחַ; עִוֵּת
**wres'tle** *v.i. & t.* (רֶסְל) הִתְאַבֵּק, נֶאֱבַק; הִתְגּוֹשֵׁשׁ
**wres'tler** *n.* (רֶסְלֶר) מִתְאַבֵּק, מִתְגּוֹשֵׁשׁ
**wres'tling** *n.* (רֶסְלִנְג) הַאֲבְקוּת, הִתְאַבְּקוּת
**wretch** *n.* (רֶץ׳) עָלוּב; נִבְזֶה
**wretch'ed** *adj.* (רֶצִ׳ד) עָלוּב, אֻמְלָל; נִבְזֶה; חֲסַר־עֵרֶךְ, גָּרוּעַ
**wrig'gle** *v.i. & t. & n.* (רִגְל) פִּרְכֵּס, קִרְטֵעַ; הִתְפַּתֵּל; קִרְטוּעַ
**wring** *v.t.* (רִנְג) סוֹבֵב בְּכֹחַ; סָחַט; הִכְאִיב ל־; הֶחֱזִיק בְּכֹחַ
**wrin'kle** *n. & v.t. & i.* (רִנְקֶל) קֶמֶט; קִמֵּט; הִתְקַמֵּט
**wrist** *n.* (רִסְט) פֶּרֶק הַיָּד
**wrist' watch"** שְׁעוֹן יָד
**writ** *n.* (רִט) צַו, כְּתָב, כְּתִיבָה; תְּעוּדָה
**write** *v.t.* (רַיט) כָּתַב; חִבֵּר; רָשַׁם; עָסַק בְּסִפְרוּת
— down רָשַׁם; כָּתַב לְצִבּוּר בַּעַל הַשְׂכָּלָה פְּחוּתָה
— off בִּטֵּל; הֶחְלִיט לִשְׁכֹּחַ; מָחַק
— out הֶעֱלָה בִּכְתָב; כָּתַב בִּשְׁלֵמוּת
— up רָשַׁם עַל כָּל פְּרָטָיו
**wri'ter** *n.* (רַיטֶר) סוֹפֵר, מְחַבֵּר; לַבְלָר, פָּקִיד; יוֹדֵעַ לִכְתּוֹב
the — כּוֹתֵב טוּרִים אֵלֶּה
**write'-up"** *n.* (רַיטְאַפּ) תֵּאוּר בִּכְתָב, דּוּחַ בִּכְתָב
**writhe** *v.i.* (רַידְ׳) הִתְפַּתֵּל, הִתְעַוֵּת; נִרְתַּע מִבְּחִינָה נַפְשִׁית

**wri'ting** *n.* (רַיטִנְג) כְּתִיבָה; כְּתָב; חִבּוּר; כְּתַב־יָד; סִגְנוֹן; סִפְרוּת

**writ'ten** *adj.* (רִטְן) כָּתוּב, שֶׁבִּכְתָב

**wrong** *adj.* & *n.* (רוֹנְג) טוֹעֶה, לֹא־נָכוֹן, מֻטְעֶה; לֹא־צוֹדֵק, רָע; לֹא־יָאֶה, לֹא־מְקֻבָּל; מְקֻלְקָל, לֹא בְּסֵדֶר; עָוֶל, חֵטְא

**get in —** סָר חִנּוֹ

**in the —** טוֹעֶה

**— *adv.*** בְּצוּרָה לֹא־נְכוֹנָה

**go —** נִכְשַׁל, הִשְׁתַּבֵּשׁ; סָר מֵהַדֶּרֶךְ הַיְשָׁרָה

**— *v.t.*** עָשָׂה עָוֶל; הִתְיַחֵס בְּאִי־צֶדֶק; הֵטִיל דֹּפִי בְּ־

**wrote** (רוֹט) (זמן עבר של write)

**wroth** *adj.* (רוֹת׳) כּוֹעֵס, מָלֵא חֵמָה

**wrought** *adj.* (רוֹט) מְעֻבָּד; מְקֻשָּׁט; מְלֻטָּשׁ, רָקוּעַ

**wrought' i'ron** בַּרְזֶל חָשִׁיל

**wrought'-up'** *adj.* (רוֹט־אַפּ) מִתְרַגֵּשׁ, נִרְגָּשׁ, נִסְעָר

**wry** *adj.* (רַי) מְעֻוָּת, עָקֹם; נִפְתָּל; מַמְרֶה; מְסֻלָּף; לִגְלְגָנִי

# X

**X, x** *n.* (אֶקְס) קְס, הָאוֹת הָעֶשְׂרִים וְאַרְבַּע בָּאָלֶפְבֵּית הָאַנְגְּלִי; נֶעְלָם; אוֹת נְשִׁיקָה; סִימַן כֶּפֶל; עַל (לציון מידות); תַּו־חֲתִימָה; סִמּוּן בְּחִירָה; סִמּוּן שְׁגִיאָה

— *v.t.* מָחַק; סִמֵּן בְּחִירָה

**x'-ray"** *n.* & *v.t.* (אֶקְסְרֵי) קֶרֶן רֶנְטְגֶן; תַּצְלוּם רֶנְטְגֶן; בָּדַק בְּתַצְלוּם רֶנְטְגֶן; טִפֵּל בְּקַרְנֵי רֶנְטְגֶן

**xy'lem** *n.* (זַיְלֶם) עֵצָה

**xylog'raphy** *n.* (זַילוֹגְרֶפִי) חֲרִיטַת עֵץ

**xy'lophone"** *n.* (זַיְלֶפוֹן) קְסִילוֹפוֹן

# Y

**Y, y** *n.* (וַי) י׳, הָאוֹת הָעֶשְׂרִים וְחָמֵשׁ בָּאָלֶפְבֵּית הָאַנְגְּלִי

**yacht** *n.* (יוֹט) יַכְטָה; סְפִינַת־טִיּוּלִים

**yam** *n.* (יֶם) טָמוּס, בָּטָטָה

**yank** *v.t. & i. & n.* (יֶנְק) מָשַׁךְ בְּכֹחַ; הֵסִיר פִּתְאוֹם; מְשִׁיכָה בְּכֹחַ, סִלּוּק פִּתְאוֹמִי

**Yank** *n.* אִישׁ נְיוּ־אִינְגְּלַנְד (צְפוֹן־מִזְרַח ארה״ב); אֲמֵרִיקָנִי

**Yankee** *See* **Yank**

**yap** *v.i. & n.* (יֶפ) נָבַח בְּקוֹל צַרְחָנִי; נְבִיחָה צַרְחָנִית; פֶּה

**yard** *n.* (יָרְד) חָצֵר; מִכְלָאָה; יַרְד (0.9144 מֶטֶר); מוֹט

**yarn** *n.* (יָרְן) חוּט (לַאֲרִיגָה אוֹ טְוִיָּה); מַעֲשִׂיָּה, סִפּוּר הַרְפַּתְקָאוֹת

**yawn** *v.i. & n.* (יוֹן) פִּהֵק; נִפְעַר; פִּהוּק; פֶּתַח, תְּהוֹם פְּעוּרָה

**year** *n.* (יִיר) שָׁנָה

—**s** גִּיל; זִקְנָה

— **in and — out** בִּרְצִיפוּת

**year'ling** *n.* (יִירְלִינְג) בֶּן־שָׁנָה, בַּעַל חַיִּים בִּשְׁנָתוֹ הַשְּׁנִיָּה

**year'ly** *adj. & adv.* (יִירְלִי) שְׁנָתִי; פַּעַם בְּשָׁנָה, כָּל שָׁנָה

**yearn** *v.i.* (יֶרְן) נִכְסַף ל־; חָבַב

**yearn'ing** *n.* (יֶרְנִינְג) כִּסּוּפִים

**yeast** *n.* (יִיסְט) שְׁמָרִים; קֶצֶף; תְּסִיסָה

**yell** *v.i. & t. & n.* (יֶל) צָעַק; צְעָקָה

**yel'low** *adj. & n.* (יֶלוֹ) צָהֹב; פַּחְדָן; סֶנְסַצְיוֹנִי, צַעֲקָנִי; חֶלְמוֹן

**yel'lowish** *adj.* (יֶלוֹאִשׁ) צְהַבְהַב

**yelp** *v.i. & t. & n.* (יֶלְפּ) יִלֵּל, הִשְׁמִיעַ יְלָלָה חַדָּה; יְלָלָה

**yes** *adv. & n.* (יֶס) כֵּן; אָמְנָם כֵּן; תְּשׁוּבָה חִיּוּבִית

**yes' man"** חַנְפָן

**yes'terday"** *adv. & n.* (יֶסְטֶרְדֵי) אֶתְמוֹל

**day before —** שִׁלְשׁוֹם

**yet** *adv. & conj.* (יֶט) עֲדַיִן; עוֹד; נוֹסָף עַל; יָתֵר עַל כֵּן; בְּכָל זֹאת

**Yid'dish** *n. & adj.* (יִדִשׁ) יִידִית, אִידִישׁ; יִידִי

**yield** *v.t. & i. & n.* (יִילְד) הֵנִיב; הִכְנִיס; נִכְנַע, וִתֵּר; נָתַן, הִתְמוֹטֵט; תְּנוּבָה; יְבוּל; תְּשׁוּאָה

**yod'el** *v.t. & i. & n.* (יוֹדְל) יִדְלֵל; יִדְלוּל

**yoke** *n.* (יוֹק) עֹל; צֶמֶד; אֵסֶל; צַוָּארוֹן

**yolk** *n.* (יוֹק) חֶלְמוֹן

**yon'der** *adj. & adv.* (יוֹנְדֶר) הַנִּמְצָא שָׁם, הַהוּא; שָׁמָּה

**yore** *n.* (יוֹר) זְמַנִּים שֶׁעָבְרוּ

**you** *pron.* (יוּ; בְּלִי הַטְעָמָה: יְ) אַתָּה (.m), אַתְּ (.f); אַתֶּם (.m. pl), אַתֶּן (.f. pl); אוֹתְךָ (.m), אוֹתָךְ (.f); אֶתְכֶם (.m pl), אֶתְכֶן (.f. pl); לְךָ (.m), לָךְ (.f); לָכֶם (.m. pl), לָכֶן (.f. pl); מִישֶׁהוּ, אָדָם

**you'd** (יוּד) (קִיצוּר שֶׁל you had; you would)

**you'll** (יוּל; בְּלִי הַטְעָמָה: יְל) (קִיצוּר שֶׁל you shall; you will)

**young** *adj. & n.* (יַנְג) צָעִיר; מָלֵא עֲלוּמִים; שֶׁל נְעוּרִים; צְעִירִים, נֹעַר; צֶאֱצָאִים

**with —** מְעֻבֶּרֶת; הָרָה

**young'ster** *n.* (יַנְגְסְטֶר) צָעִיר, נַעַר, יֶלֶד

**your** *pron.* (יֻר, יוֹר; בְּלִי הַטְעָמָה: יַר) שֶׁלְּךָ (.m), שֶׁלָּךְ (.f); שֶׁלָּכֶם (.m. pl); שֶׁלָּכֶן (.f. pl); כָּל ה־; שֶׁל אָדָם

**you're** (יֻר; בְּלִי הַטְעָמָה: יַר) (קִיצוּר שֶׁל you are)

**yours** *pron.* (יֻרְז, יֹרְז) שֶׁלְּךָ (.m), שֶׁלָּךְ (.f); שֶׁלָּכֶם (.m. pl), שֶׁלָּכֶן (.f pl.)

**yourself'** *pron.* (יֻרְסֶלְף; יֹרְסֶלְף) בְּעַצְמְךָ (.m), בְּעַצְמֵךְ (.f); עַצְמְךָ, עַצְמֵךְ; הָאִישִׁיּוּת הָרְגִילָה; בְּעַצְמוֹ

**yourselves'** *pron.* (יֶרְסֶלְוְז, יֶרְסֶלְוְז) בְּעַצְמְכֶם, בְּעַצְמְכֶן; עַצְמְכֶם, עַצְמְכֶן

**youth** *n.* (יוּת׳) נְעוּרִים; צְעִירוּת; עֲלוּמִים; נֹעַר, צְעִירִים; צָעִיר, נַעַר

**youth'ful** *adj.* (יוּתְ׳פֶל) צָעִיר; שֶׁל עֲלוּמִים

**you've** (יוּב; בלי הטעמה: יֶב) (קיצור של you have)

**yowl** *v i & n.* (יַאוּל) יָלַל מְמֻשָּׁכוֹת; יְלָלָה מְמֻשֶּׁכֶת

**yule** *n.* (יוּל) חַג הַמּוֹלָד, עוֹנַת חַג הַמּוֹלָד

# Z

**Z, z** *n.* (זִי) ז', הָאוֹת הָעֶשְׂרִים וָשֵׁשׁ בָּאָלֶפְבֵּית הָאַנְגְּלִי

**za'ny** *adj.* (זֵינִי) מְבַדֵּחַ, לֵצָנִי

**zeal** *n.* (זִיל) לַהַט, הִתְלַהֲבוּת; קַנָּאוּת

**zea'lot** *n.* (זֶלֶט) קַנַּאי

**zeal'ous** *adj.* (זֶלֶס) קַנַּאי ל־; לָהוּט; מָסוּר, נִלְהָב

**ze'bra** *n.* (זִיבְּרָה) זֶבְּרָה

**ze'nith** *n.* (זִינִתִ') זֶנִית; נְקֻדַּת שִׂיא, שִׂיא

**zeph'yr** *n.* (זֶפֶר) רוּחַ קְלִילָה, צֶפְרִיר

**zero'** *n.* & *v.t.* (זִירוֹ) אֶפֶס; לֹא־כְלוּם; כִּוְנֵן, כַּוֵּן לְפִי נְקֻדַּת הָאֶפֶס, אִפֵּס

**— in (on)** רַכֵּז אֵשׁ בְּמֶרְכַּז הַמַּטָּרָה, אִפֵּס; הִתְרַכֵּז בּ־

**zest** *n.* (זֶסְט) תַּעֲנוּג לְבָבִי, הֲנָאָה רַבָּה; טַעַם פִּיקַנְטִי, טַעַם נָעִים; פִּיקַנְטִיּוּת, עִנְיָן, חֵן

**zig'zag"** *n.* (זִגְזֶג) זִגְזַג

**zinc** *n.* (זִנְק) אָבָץ

**Zi'on** *n.* (זַיְאֵן) צִיּוֹן; גַּן עֵדֶן

**Zi'onis"m** *n.* (זַיְאֵנִזְם) צִיּוֹנוּת

**Zi'onist** *n.* *adj.* (זַיְאֵנִסְט) צִיּוֹנִי

**zip** *v.t.* & *i.* (זִפּ) רָכַס; פָּתַח רוֹכְסָן; פָּעַל בְּמֶרֶץ, נָע בִּמְהִירוּת

**zip'per** *n* (זִפֶּר) רוֹכְסָן

**zo'diac"** *n.* (זוֹדִיאֶק) גַּלְגַּל הַמַּזָּלוֹת

**zone** *n.* & *v.t.* (זוֹן) אֵזוֹר; חִלֵּק לַאֲזוֹרִים

**zoo** *n.* (זוּ) גַּן חַיּוֹת

**zoo"log'ical** *adj.* (זוֹאֲלוֹגִ'קְל) זוֹאוֹלוֹגִי

**zool'ogist** *n.* (זוֹאוֹלֲגִ'סְט) זוֹאוֹלוֹג, חוֹקֵר תּוֹרַת הַחַי

**zool'ogy** *n.* (זוֹאוֹלֲגִ'י) זוֹאוֹלוֹגְיָה, תּוֹרַת הַחַי

**zoom** *v.i.* & *n.* (זוּם) נָע בִּמְהִירוּת בְּהַשְׁמָעַת קוֹל זִמְזוּם; נָסַק פִּתְאוֹם בִּמְהִירוּת רַבָּה; שִׁנָּה הַגְדָּלַת מוֹקֵד מַצְלֵמָה